Société Coréenne
de Langue et Littérature Françaises

DICTIONNAIRE
de la
LINGUISTIQUE FRANÇAISE

佛語學辭典

韓國佛語佛文學會編

三和出版社

본 사전의 편찬은 문교부의 학술 연구 조성비의 지원을 받아 이루어졌읍니다.

——한국불어불문학회

Le Gouvernement Français a accordé une subvention pour la publication de cet ouvrage.

——*Société Coréenne de Langue et Littérature Françaises*

머 리 말

韓國佛語佛文學會는 이미 『最新佛韓辭典』(三和出版社, 1971년 3월)과 『韓佛辭典』(韓國外國語大學出版部, 1978년 6월)을 펴낸 바 있고 이 두 사전이 佛語學習을 위해서 기여한 바는 적지 않다고 자부해 왔다. 그러나 우리 학회로서는 수년 전부터 또 하나의 宿願을 품어 왔으니, 그것은 고등학교에서의 교육에 직접적인 도움을 주는 동시에 전문적인 지식을 전달하는 機能을 함께 발휘할 수 있는 형태의 佛語學辭典의 편찬이었다. 그것은 學問的인 측면에서 뿐만 아니라, 우리나라의 국제적 지위의 향상에 따르는 불어의 올바른 습득과 이해의 必要性에 비추어 보아서도 시급히 요청되는 것이었다.

그러나 여기에는 여러가지 어려운 문제가 수반했다. 체재와 분량의 결정, 수록할 項目의 선택, 편찬에 참여할 전문가들의 동원, 서술상의 통일성 등, 그 모두가 일조일석에 이루어질 수 있는 성질의 것이 아니었다. 그 중에서도 가장 큰 어려움은 재정상의 문제였다. 집필과 편집의 과정에서 長期間에 걸쳐 소요될 경비가 막대하리라고 예상되었을 뿐만 아니라, 방대하고도 非營利的인 이런 종류의 사전의 刊行을 선뜻 맡고 나설 호의적인 출판사도 찾기 어려울 것이라고 생각되었다.

이렇듯 실현의 가망성이 희박했던 이 사전의 편찬을 위한 기틀이 잡힌 것은 1977년 3월의 일이었다. 그 때 우리의 취지서와 기본적인 연구계획서를 접수한 교육부는 불어학에 관한 사전의 필요성을 인정하여 특별연구보조비의 지급신청을 승인했던 것이다. 상당한 액수에 이르는 그 연구비의 지급이 없었던들 이 사전의 출간은 전혀 불가능했을 것이며, 그 점에서 우리는 文教部長官, 學術振興局長, 그리고 關係官諸位에게 심심한 감사의 말씀을 드리고자 한다.

이리하여 마침내 구체화된 편찬작업은 몇단계를 거쳐서 진행되었다. 學會는 우선 擴大幹部會議를 열어, 12명으로 구성되는 편집위원회를 정식으로 발족시키고 일체의 작업을 위촉하기로 했다. 이어 위원회는 편찬의 토대가 될 **標題語**의 목록, 집필모델, **記號體系** 등을 月餘에 걸쳐 결정하고 각 항목별로 원고를 쓰기 시작하였다.

작업은 비교적 순조롭게 진행되어 1978년 7월말까지 약 7,000매의 초고가 작성되고 우리는 그 다음달부터 **修正** 및 **校閱**의 단계로 들어섰다. 그러나 집필자들이 초고를 서로 교환하여 검토하는 이 과정에서 여러가지의 새로운 의견들이 제시되어, 처음에 채택한 **編纂原則**을 대폭적으로 변경하는 것이 불가피하게 되었다. 그 중 主要한 원칙수정은 다음의 두가지였다. 첫째로는 근래 획기적으로 발전한 **佛文法**의 연구방법과 그 기술방법을 최대한으로 반영하여 만든 원래의 기호체계를 버리고, 구식 기호의 대부분과 신식기호의 일부분을 混用한 折衷式 **記號體系**를 채택하기에 이르렀다는 것이다. 그것은 사전의 **利用人口**를 고등학교상급반의 학생들에게까지 넓히려는 要請에서, 다시 말하면 그들에게 생소한 새로운 기호를 최소한으로 줄이려는 배려에서 나온 조치였다. 둘째로 우리는 사전을 두 부분으로 大別해서 엮기로 하고, **標題語**로 선택된 **動詞**에 대한 기술은 모두 제2부에 독립적으로 수록하기로 했다. 그 이유는 동사의 **構文表示**를 위해서는 특수한 기호체계가 아무래도 불가피했기 때문이며, 또한 그 **文法의 記述**에 있어서도 제1부와는 다르게 시대적 요청을 반영할 필요성을 느꼈기 때문이다. 아뭏든 中途에서 야기된 이러한 편찬방침과 원칙의 변경은 교열작업을 1979년 2월말까지 늦추게 되는 결과를 초래했다. 그리고 편집위원회는 이로 말미암아 빚어진 과다한 **作業量**을 적절하고도 신속하게 소화하기 위해서 처음부터 참여한 12명 이외로 새로 선임된 7명의 위원의 협력을 구하지 않을 수 없었다. 이리하여 **修正**과 **加筆**을 위한 작업이 진행되어 나가고 또한 신설된 제2부에 상당한 분량의 내용이 보충된 결과, 총원고는 실로 12,000매를 넘어서게 되었다. 그러나 **製本**에 따르는 기술적 문제는 그 막대한 원고의 전체적 수록을 불가능하게 했고, 이에 우리는 그 중 9,000매만을 신중히 가려내어 출판사에 넘기기 위한 결정적 원고의 작성을 서둘렀다. 이러한 여러 고비를 겪어 마침내 조판이 시작된 것은 7月부터였다.

그러나 2년여에 걸친 편집위원들의 노력에도 불구하고, 만일 駐韓佛蘭西大使館의 재정적 뒷받침이 없었더라면 이 사전은 끝내 햇빛을 못 보게 되었을지도 모른다는 것을 여기에 附言해 두지 않을 수 없다. 그 지원은 우리의 後期의 작업, 즉 내용의 재조정에 따르는 수정, 가필, 보충과 확정된 원고의 淸書를 이어나가는 데 큰 도움이 되었다. 이에 우리는 교육부당국과 아울러 불란서 정부의 그 다대한 원조에 대해서도 깊은 사의를 표하는 바이다.

모든 종류의 사전이 그렇듯이 이 사전도 결코 완벽한 것일 수는 없으며 앞으로 補完되어야 할 부분이 한두 군데가 아닐 것이다. 그런 의미에서 이를 이용하고 살피는 모든 분들로부터의 叱正이 있기를 바라며, 또한 집필한 우리들 자신도 재검토와 수정의 작업을 거듭해 나갈 생각이다.

끝으로 이 사전의 출간을 快히 수락하신 三和出版社 柳琦諄會長께, 그리고 원고작성의 多難한 과정에 있어서 계속적이며 적극적인 협조를 아끼지 않은 李東星編輯部長 및 직원 여러분께 감사의 말씀을 드린다. 아울러 오랜 시일에 걸쳐 우리를 도와준 金慧蘭孃, 索引의 작성과 參照記號의 확인을 맡아준 강성영君 및 김애련孃의 노고에 대해서도 감사하는 바이다.

1979年 10月
韓國佛語佛文學會 佛語學辭典編輯委員會
代表 朴 玉 茁

◆ 편집위원 ◆

金根澤	金同顯	金榮昊	金宇珍	金炫郶	朴玉茁	徐禎哲
宋靜姬	吳元敎	吳鉉堣	元潤洙	俞平根	李 桓	鄭明煥
鄭秉熙	鄭智榮	洪承五	洪在星	黃慶子	(이상 19명)	

일 러 두 기

본서는 제1·2부로 나누어서 편찬했으되, 제1부에는 문법 용어 및 동사를 제외한 갖가지 기능어(mots fonctionnels)를 알파벳순으로 망라하였다. 여기에는 물론 기능어가 아니더라도 어형적, 統辭的 또는 발음상의 관점에서 특기할 만한 remarques를 요하는 단어도 포함시켰다. 제2부에서는, 常用동사는 물론, 비교적 어려운 동사까지를 되도록 많이 수록하여, 각 동사의 가능한 모든 구문 방식을 명시하였다.

제 1 부

1. 표제어

1) 표제어는 설명 부분과 용이하게 식별되도록 고딕체를 사용하였다. 문법 사항을 찾을 때 불어 原語를 잘 모를 경우에는 卷末부록의 찾아보기에서 해당 원어를 색출하여 이용하기 바란다.

2) 語源, 또는 기능이 다른 동일 철자의 말은 원칙적으로 별개의 표제어로 하여, 오른쪽 위에 작은 숫자를 붙여 구별하였다:

ce¹, ce²; garde¹, garde²; mot¹, mot²

3) 語義·용법이 완전히 동일하거나 아주 類似하여 함께 다루는 것이 바람직스러운 말들은 동일 표제어로서 병렬하여 실었다:

an, année; tel, telle; un, une 〔성만 변화한 동일어〕
bétail, bestiaux; ceci, cela, ça 〔어의·용법이 유사함〕

4) 복수형 표시 어미 s 및 여성형 표시 e를 특히 밝힐 필요가 있다고 인정되는 경우에는, ( )로 묶어서 표제어에 덧붙여 표시하였다:

certain(e); Pâque(s)

5) 관사, 전치사, 기타 부수적인 한정어를 동반하는 말이 표제어로 될 때에는 그 한정어를 ( )로 묶어 주된 말 뒤에 떼어서 실었다:

agent (complément d'); plupart (la); vain (en)

2. 풀 이

1) 풀이의 구분은, 1°, 2°, 3°…과 같이 나누는 것을 기본으로 하여, 더 세밀한 분류가 필요할 경우에는 下位구분으로서, ①, ②, ③…—a), b), c)…—1), 2), 3)…—i), ii), iii)…의 차례로 세분해 내려갔다. 단, 문법술어 이외의 일반용어는 최초의 분류단위를 ①, ②, ③…으로 잡은 것도 있으며, 알파벳문자의 발음해설 및 註, 또는 備考 표지인 ☆, ★가 딸린 해설에서의 최초 분류단위는 1), 2), 3)…으로 하였다. 그러나, 내용이 극히 복잡할 경우에는, 1°, 2°, 3°…의 上位구분으로서 I., II., III., …을 설정하고, 필요에 따라, 그보다 더 상위인 A., B., C.를 설정하기도 하였다.

2) 문법술어에는 [ ] 안에 그 우리말 譯語를 붙이는 것을 원칙으로 하였다. 역어는 가능한 한 학생들에게 잘 알려져 있는 傳統문법 용어를 사용하였으며, 원어에 대한 통일된 우리말 역어가 없을 경우에는 원어를 그대로 사용하였다.

3) 해설 속에 예문이 필요할 때에는, 예문을 먼저 싣고, 그 직후에 우리 말 번역을 달았으며, 예문 중에서 설명과 직접적으로 관계가 있는 부분은 이탤릭체로 표시하였다. 예문이 여럿 걸칠 경우에는 각 예문을 /로 구분하고, 예문 유형이 앞에 든 예문들과 현저히 다를 경우에는 //로 표시하였다.
4) 용법 및 문형을 나누어 표시할 필요가 있을 경우에는, 그 개괄적인 구분을 〖 〗로 묶어 표시하였다. 문형이 특히 관용어·성구적 성격을 띠었을 경우에는 〖 〗 표시 없이 고딕 이탤릭체로 표시하였다.

3. 기 호

( ) 생략이 가능한 부분, 또는 앞말의 예시나 설명. 예문 다음에서 출전(참고서·작가명·작품명 등)의 표지. 발음에 관한 설명에서 無音子의 표지. 〔표제어에서의 사용 구분 ⇨1의 4), 5)〕.
〔 〕 앞말과 代替가 가능한 부분.
「 」 인용부분 표지. 뜻풀이, 또는 해설 속의 불문 및 그 번역문을 묶어서 인용할 경우에 쓰였다.
〖 〗 용법·문형 구분〔⇨2의 4)〕
《 》 niveau de langue 및 어법의 보충 설명.
~ (성·수가 변화하지 않은 형태의)대표 표제어를 대신.
| 발음, 철자, 또는 단어가 서로 독립된 별개의 것임을 나타낸다.
/, // 예문 구분〔⇨ 2의 3)〕. 예문 이외 부분에서의 / /는 「어휘소 (기호소, 형태소)」를 묶어서 표시한 것이다.
☆ 註 또는 備考. 특히 분류된 해당 항목 전체에 걸치는 경우에는 ★ 로 구별하여 표시하였다.
＞＜ 語源 또는 기타의 기원을 나타낸다.
⇨ 어디를 참조하라는 뜻.
* 이 표지가 있는 말이 표제어로 나와 있으니 그 설명을 참조하라는 뜻. 불어문장 앞에 붙은 이 표지는 非文 phrase agrammaticale 을 나타낸다.

4. 약   어(제 2 부 참조)

제 2 부

1. 표 제 어
제 1부에서와 마찬가지로 고딕체를 사용하여 풀이의 내용과 용이하게 구별되도록 하였다.

2. 풀   이
1) 표제어 직후에는 필요에 따라서 각 해당동사가 가질 수 있는 전반적인 통사·어형·발음상의 특성, 즉 그 동사의 어떤 특정적인 구문에서만 볼 수 있는 통사적 특성이 아닌 전반적 특성을 〔 〕안에 먼저 설명하는 것을 원칙으로 하였다. 단, 이 설명이 지나치게 길 때는 표제어 직후에 **A.** 표지를 하고 그것을 설명했으되, 그런 경우에는 구문공식은 **B.** 표지를 넣어 설명하였다.
2) **구문공식**은 아라비아 숫자 직후에 표제어보다 작은 고딕체로 명시하

였다. 공식의 분류는 구문의 형태에 의거함은 물론, 구문이 같더라도 의미가 다를 때도 구분하여 다루었으되, 그 배열순서는 간단한 구문에서 복잡한 구문으로, 비대명동사에서 대명동사로 옮아가도록 하였다.

3) 공식의 catégorie(품사類別 따위)명에 대한 내용설명이나 제약의 표시가 필요할 때는 공식 직후에 ( )안에 넣었다.

4) 각 구문에 따른 동사의 뜻은 〈 〉기호 안에 넣었으며, 해당 구문이나 뜻이 특수한 계층에서만 쓰이는 것일 경우에는 그것을 〖문어〗, 〖속어〗처럼 표시하여 뜻풀이 앞에 넣었다.

5) 구문공식은 catégorie 명칭(아래 기호 참조)으로 나타냈으되 連結符號는 混同의 우려가 있을 경우에만 + 기호를 사용하고 기타의 경우에는 생략하였다. 또 주어는 특수한 제약이 있을 때에만 동사 앞에 표시하였다.

N(pl) ~은 주어가 복수 명사임을 나타내고 qc ~는 주어가 사물명사임을, qn ~은 주어가 인물명사임을 나타낸다.

6) 공식과 뜻풀이 직후에 예문과 그 번역을 넣었다. 능동의 공식(N V N)을 수동형으로 옮겨 쓸 수 없는 것은 remarque표지◇뒤에 그것을 밝히고, 변형이 가능한 것은 특별히 언급하지 않고 이따금 예문을 능동형 공식 뒤에 삽입하였다.

7) 유사구문, 파생구문, 각 구문의 통사적 특성, 등은 공식 뒤의 ◇표지 뒤에서 설명하였다. 또, 이 ◇표지 뒤에는 특히 본 문법사전의 특징이라고 할 수 있는 pronominalisation(대명사화, 약호는 Pron)의 방법과 타동사의 절대적 용법 (~ ø)의 가능 여부를 밝혀 놓았다.

pronominalisation은 한번 쓰인 표현의 되풀이를 회피하는 방법으로 주로 명사, 명사구, 명사절을 동사의 보어로 대용하여 대답할 때 le, la, les, lui, leur로 받거나 중성대명사 le, en, y로 받는 것을 말하는데 본사전에서는 일반명사의 경우는 제외하고 부정법으로 이루어지는 명사구와 명사절의 대명사화만을 표시하는 데 그쳤다. 이 pronominalisation이 안 되는 경우(—)에는 그 표현을 다시 되풀이하거나 생략하거나 해야 하는데, 보어 부분의 생략은 동사의 성격에 따라서는 안 되는 것도 있다. 이것을 이 사전에서는 ~ ø (—) 또는 ~ ø(+) 처럼 해서 표시하였다.

타동사의 절대구문(~ ø)은 때로 특수한 뜻을 가질 수도 있다. 그런 경우에는 ~ ø 뒤에 뜻풀이를 붙였다.

보기 : 1) **avoir qc** 의 구문에서 ~ø(—)는 목적어 생략이 불가능하므로 대명사를 반드시 붙여서 같은 말의 되풀이를 피한다 : As-tu des crayons?—Oui, j'en ai. (*Oui, j'ai.) 《cf. 영어 : Yes, I have.》.

2) **réussir à qc/Inf/ce que Pind** 의 구문에서는 à qc 는 물론 à Inf, à ce que P ind 의 Pron=y 이다. 그러나 이 구문은 ~ ø (+)이기도 하므로 다음과 같이 쓸 수 있다는 말이다 : As-tu réussi à le convaincre?—Oui, j'y ai réussi. 또는 Oui, j'ai réussi.

3) **venir Inf** 의 구문에서는 Pron-Inf(—) 인 동시에 ~ ø (—)이므로 부정법 부분을 대답에서 되풀이하거나 다른 방법으로 같은 뜻을 나타내거나 해야 한다 : Tu es venu téléphoner?—Non, je ne suis pas venu *pour ça*. 《*Non, je ne suis pas venu. *Non, je ne le suis pas venu.》.

4) **boire qc**의 구문에서 ~ ø는 특수한 뜻을 가지므로 〈술마시다〉처럼 뜻 풀이를 붙였다.

3. 기 호

~ 표제어로 나온 동사의 부정법.
( ) 생략 가능 부분.
〔 〕 代替 가능 부분.
/ 공식중에서 이 표지의 앞뒤의 요소의 代替가 可能함을 나타낸다.
ø 脫落 또는 消滅記號, 예컨대 ~ ø의 경우, 바로 위의 공식에서 표시된 요소 중 표제어 동사의 직후의 제요소가 脫落한 構文을 뜻한다(설명 참조).
〈 〉 공식에 사용된 동사의 뜻풀이.
《 》 대명동사의 경우 과거분사의 변화 여부를 나타낸다. 《가변》은 직접목적어가 앞서는 경우에만 변화할 수 있음을 뜻한다 : la peine qu'il *s'est donnée* 자신에게 준 고통.
〚 〛 niveau de langue를 표시한다.
◇ 備考. 유사구문, 파생구문, 통사적 특성 따위를 설명한다.
(+) 可能함을 뜻한다.
(−) 허용되지 않는 용법.

4. 약 어

(字體는 필요에 따라 고딕체·이텔릭체 등으로 적절히 변경하여 사용하기도 하였다. 또한, 제1부에서는 Inf, Adj, Adv, Prép 등은 소문자로 시작되는 이텔릭체로 표시하였다.)

N	syntagme nominal(명사·명사구, 사물 및 인물)
n	속사명사(한정적 용법 이외에서는 무관사가 보통)
ø N	무관사 명사
Attr	attribut
Inf	infinitif
V	verbe
Adj	adjectif
Adv	adverbe
Prép	préposition
SP	syntagme prépositionnel(전치사+명사로 이루어지는 구)
P	proposition
P ind	직설법을 사용한 절(보통 조건법의 사용까지를 포함함)
P subj	접속법을 사용한 절
P cond	조건법을 사용한 절
P(int. ind.)	간접의문절
qn	quelqu'un(인물명사·유정명사)
qc	quelque chose(사물명사)
Pron-Inf, Pron-que P(설명 참조)	
qp	quelque part(장소의 부사 또는 부사구)
p.p.	과거분사

參 考 書

제 1 부에서는 M. Grevisse 의 Le Bon Usage 와 Asakura 의 「Dictionnaire des Difficultés Grammaticales de la Laugue Française」를 特히 많이 參照했으며, 제 2 부에서는 H. Bonnard 의 Grammatisches Wörterbuch-Franzősisch 와 Winfried Busse 와 Jean-Pierre Dubost 의 Französisches Verblexikon 을 特히 많이 參照했음을 밝혀 둔다. 그리고 例文 引用은 上記한 두 가지 사전 이외의 경우로서 出典을 밝히지 않은 모든 경우, Larousse 의 Dictionnaire du Français Contemporain, P. Robert 의 Dictionnaire de la Langue Française, Grand Larousse de la Langue Française 등에 의거했다. 기타의 參考書는 다음과 같다 (사전에 인용한 경우에는 고딕부분만으로 약자로 삼았음).

Ayer, C., Grammaire comparée de la Langue française, 4ᵉ éd., Bale, Genève & Lyon, H. Georg, 1885.

Asakura, S., Dictionnaire des Difficultés Grammaticales de la Langue Française, 1955.

Brunot, F., La Pensée et la Langue, 3ᵉ éd., Paris, Masson, 1936.

B, *Obs*ervations sur la Grammaire de l'Académie française, Paris, Droz, 1932.

Bauche, H., Le Langage populaire, nouv. éd., Paris, Payot, 1951.

De **Boer,** C., Essais de Syntaxe française moderne, Groningen, Noordhoff, 1922.

Bonnard, H., Grammatisches Wörterbuch-Französisch, Lensing, 1970.

Bottequin, A., Subtilités et Délicatesses de langage, Paris, Bruxelles, Baude, 1946.

Bourciez, E., Précis de Phonétique française, 8ᵉ éd., Paris, C. Klincksieck, 1950.

Brachet et Dussouchet, Grammaire Française, cours supérieur, 24ᵉ éd., Paris, Hachette.

Brunot, F. et Bruneau, Ch., Précis de grammaire historique de la langue française, 3ᵉ éd., entièrement refondue, Paris, Masson, 1949.

Buffin, J-M., Remarques sur les Moyens d'expression de la Durée et du Temps en Française, Paris, Presses Universitaires de France, 1925.

Cayou, C., Laudent, P. et Lods, J., Le Français d'aujourd'hui, Paris, Armand Colin, 1949.

Clarke, G.H., & Charpentier, A., Manuel lexique des difficultés linguistiques du français, London, George G. Harrap, 1929.

Clédat, L., Grammaire raisonnée de la Langue française, Paris, Le Soudier, 1897.

Cohen, M., Histoire d'une langue: Le Français (des lointaines origines à nos jours), nouv. éd., Paris, Les Editeurs Français Réunis, 1950.

Cohen, *Reg*ards sur la Langue française, Paris, Sedes, 1950.

Cressot, M., Le Style et ses techniques, Paris, Presses Universitaires de

France, 1947.
Dauzat, A., Grammaire raisonnée de la Langue française, 2ᵉ éd., Lyon, Editions I.A.C., 1947.
D, *Etudes* de Linguistique française, 2ᵉ éd., Paris, d'Artrey, 1946.
D, Le *Génie* de la Langue française, nouv. éd., revue, Paris, Payot, 1947.
D, *Hist*oire de la Langue française, Paris, Payot, 1930.
D, *Précis* d'Histoire de la Langue et du Vocabulaire français, Paris, Larousse, 1949.
Damourette, S. et Pichon, F., Des mots à la pensée, Essai de grammaire de la langue française, 7 vol., Paris, d'Artrey, 1930-1947.
Darmesteter, A., Cours de Grammaire historique de la Langue française, 4 vol., Paris, Delagrave(Phonétique, 14ᵉ éd., 1930; Morphologie, 14ᵉ éd., 1934; Formation des mots et Vie des mots, 14ᵉ éd., 1934; Syntaxe, 12ᵉ éd., 1931).
Frei, H., La grammaire des fautes, Paris, Geuthner, 1929.
Frey, M. et Guenot, H., Manuel de Langue et de Style français, 3ᵉ éd., Paris, Masson, 1935.
Foulet, L., Petite Syntaxe de l'ancien français, 3ᵉ éd., Paris, Champion, 1930.
Le Français moderne. Directeur scientifique: A. Dauzat. Paris, d'Artrey, 1933 suiv.
Grevisse, M., Le Bon Usage, Cours de grammaire française et de langage français, 4ᵉ éd., revue et augmentée, Gembloux, Duculot; Paris, Geuthner, 1949.
Georgin, P., Pour en meilleur français, nouv. éd., revue et augmentée, Paris, A. Bonne, 1951.
Grammaire de l'Académie française, nouv. éd., Paris, Firmin-Didot, 1933.
Grammaire Larousse du XXᵉ siècle, 90ᵉ à 119ᵉ mille, Paris, Larousse (1ᵉʳᵉ éd., 1936).
Grammont, M., Traité pratique de Prononciation française, 26ᵉ éd., Paris, Delagrave, 1948.
Hanse, J., Dictionnaire des difficultés grammaticales et lexicologiques, Bruxelles, Baude, 1949.
Haase. A., Syntaxe française du XVIIᵉ siècle, trad. et remaniée par M. Obert, 4ᵉ éd., Paris, Delagrave, 1935.
Larousse du XXᵉ siècle, 6 vol., Paris, Larousse, 1928-1933.
Le Bidois, G. et R., Syntaxe du français moderne, 2 vol., Paris, Picard, 1935-1938.
Le Gal, E., Ne *dites* pas... Mais dites, 61ᵉ éd., Paris, Delagrave, 1948.
Legrand, E., Méthode de Stylistique française à l'usage des Elèves, 9ᵉ éd., Paris, Gigord, 1951.
Clark, R.E. and Poston, L., French Syntax List, New York, Henry Holt, 1943.
Marouzeau, J., Précis de Stylistique française, 3ᵉ éd., Paris, Masson,

1950.
Martinon, Ph., Comment on parle en français, 41ᵉ à 47ᵉ mille, Paris, Larousse (1ᵉʳᵉ éd., 1927).
Mart, Comment on prononce le français, 37ᵉ à 43ᵉ mille, Paris, Larousse (1ᵉʳᵉ éd., 1913).
Nyrop, Kr., Grammaire historique de la langue française, 6 vol., Paris, Picard; Copenhangue, Høst, 1899-1930.
Nouveau Petit **Lar**ousse illustré, Paris, Larousse, 1949.
Radouant, R., Grammaire française, 2ᵉ éd., Paris, Hachette, 1922.
Sandfeld, Kr., Syntaxe du français contemporain, t. I (Les Pronoms), Paris, Champion, 1928; t. II (Les Propositions subordonnées), Paris, Droz, 1936.
Sensine, H., L'Emploi des temps en français, éd. défin., Paris, Payot, 1951.
Thomas, A.V., Dictionnaire des difficultés de la langue française, Paris, Larousse, 1956.
Vendryes, J., Le Langage, Introduction linguistique à l'histoire, Paris, A. Michel, 1950.
Wartburg, W.(von) et Zumthor, P., Précis de syntaxe du français contemporain, Berne, A. Francke, 1947.

作 家 名

예문은 정확한 典據에 입각하는 것을 원칙으로 하여, 앞에 든 각 참고서 외에 많은 작가의 작품으로부터도 인용되었다. 다음은 그 여러 작가 중 약호를 사용한 작가명만을 「약호—원명」의 형식으로 밝힌 것이다.

Baudel—Baudelaire
Beaumarch—Beaumarchais
Boss—Bossuet
Buff—Buffon
Chateaubr—Chateaubriand
Corn—Corneille
Daud—Alphonse Daudet
L. Daud—Léon Daudet
Duham—Duhamel
Fén—Fénelon
Flaub—Flaubert
Fléch—Fléchier
Furet—Furetière
La Br—La Bruyère
La Font—La Fontaine
Lamart—Lamartine
La Rochef—La Rochefoucauld
M. du Gard—Roger Martin du Gard
Maupass—Maupassant
Mol—Molière
Montesq—Montesquieu
Rouss—J.-J. Rousseau
Ste-Beuve—Sainte-Beuve
St-Exup—Saint-Exupéri
St-Sim—Saint-Simon
Sév—Madame de Sévigné
Volt—Voltaire

제 1 부

LA PREMIERE PARTIE

기　호

( )　생략이 가능한 부분, 또는 앞말의 예시나 설명.
　　　예문 다음에서 출전(참고서·작가명·작품명 등)의 표지.
　　　발음에 관한 설명에서 無音字의 표지.
〔 〕　앞말과 代替가 가능한 부분.
「 」　인용부분 표지. 뜻풀이, 또는 해설 속의 불문 및 그 번역문을 묶어서 인용할 경우에 쓰였다.
〖 〗　용법·문형 구분.
《 》　niveau de langue 및 어법의 보충 설명.
~　(성·수가 변화하지 않은 형태의)대표 표제어를 대신.
│　발음, 철자, 또는 단어가 서로 독립된 별개의 것임을 나타낸다.
/, ∥　예문 구분의 표지. 단, 예문 이외 부분에서의 / / 는 「어휘소(기호소, 형태소)」를 묶어서 표시하는 데 쓰인 것이다.
☆　註 또는 備考. 특히 분류된 해당 항목 전체에 걸치는 경우에는 ★로 구별하여 표시하였다.
＞＜　語源 또는 기타의 기원을 나타낸다.
⇨　어디를 참조하라는 뜻.
＊　이 표지가 있는 말이 표제어로 나와 있으니 그 설명을 참조하라는 뜻. 불어문장 앞에 붙은 이 표지는 非文 phrase agrammaticale 을 나타낸다.

A

a—불어 alphabet의 첫 글자로 명칭은 [ɑ]. graphie로서의 a 및 다른 글자와 결합한 a의 발음은 대략 다음과 같다.

a 무음 : s*a*oul[su], *a*oût[u].

a [a] 또는 [ɑ] : 구별법 ⇨timbre.

à [a] : *à, là, deçà, déjà, ce livre-là, voilà.*

â [a, ɑ] ⇨timbre.

æ [e] : c*æ*cal, c*æ*cum, etc.

aen [ɑ̃] : c*aen* [kɑ̃].

aën 1) [ɑ̃] : Saint-Sa*ëns* [sɛ̃sɑ̃:s]. 2) [aen] : La*ën*nec [laenɛk].

ai 1) [ə] : nous f*ai*sons [fəzɔ̃], je f*ai*sais [fəzɛ], f*ai*san [fəzɑ̃]. 2) [ɛ, e] ⇨timbre.

aî [ɛ] : ch*aî*ne, il n*aî*t, etc.

aï 1) 직후에 자음이 올 때 [ai] : h*aï*r [ai:ʀ]. 2) 직후에 모음이 올 때 [aj] : *aï*eul [ajœl].

-ail, -aill- [aj], [ɑj], [ɑ:j]⇨timbre.

-âill- [ɑj], **-âille** [ɑ:j]⇨timbre.

-aim, -ain [ɛ̃] : d*aim*, m*ain*.

-am 1) 직후에 모음 또는 m, n이 올 때 및 약간의 외래어에서 [am] : mad*am*e [madam], r*am*asser, fl*am*me, *am*nistie, macad*am*, tr*am*. 2) 그 밖의 경우에는 [ɑ̃] : *am*bassade, ch*am*p, Ad*am*.

-an 1) [ɑ̃] : b*an*c [bɑ̃], d*an*s [dɑ̃], d*an*ser[dɑ̃se]. 2) n 앞에서나 외래어에서 [a] 또는 [an] : *an*née[ane], sportsm*an*, *an*nal [an(n)al].

ao, aô 1) [o] : le S*aô*ne [so:n], le S*ao*nois [sonwa]. 2) 기타의 단어에서 [ao, aɔ] : ch*ao*s [kao], extra*or*dinaire [ɛkstʀaɔʀdinɛ:ʀ].

aon 1) 어미에서는 외래어([-aɔ̃])의 경우 이외에서 [ɑ̃] 또는 [ɔ̃] : p*aon* [pɑ̃], f*aon*, t*aon*, L*aon*[lɑ̃], Saint L*aon* [lɔ̃]; mach*aon*[makaɔ̃], Phar*aon*[faraɔ̃]. 2) 어미가 아닌 경우 n 앞에서 [a, ɑ] : p*aon*ne [pan], f*aon*ner [fane], Cr*aon*nais [kʀanɛ].

aou, aoû 1) [u] : s*aou*l [su], *aoû*t [u]. 2) [au] : c*aou*tchouc [kautʃu].

au [o, ɔ] ⇨timbre.

aü [ay] : Es*aü* [ezay], Sa*ü*l [sayl].

ay 1) [ei] : p*ay*s, p*ay*sage, abb*ay*e [abei]. 2) [ɛ] : s*ay*nète [sɛnɛt], tramw*ay* [tʀamwɛ], La H*ay*e [ɛ]. 3) 모음앞에서 [ɛj] : je p*ay*e [pɛj], bal*ay*age, cr*ay*on. 4) [aj] : pag*ay*e [pagaj], b*ay*er, B*ay*ard, La F*ay*ette.

à—전치사 *préposition으로서 정관사와 결합된 두 가지 축약형 formes contractées **au**(à+le: 자음 또는 h aspiré로 시작되는 단어 앞에 쓰이는 형태), **aux**(à+les: 남·여성 공통)가 있고 명사, 대명사, 부정법 및 ce로 유도되는 절 등의 앞에 놓여 명사, 대명사, 동사, 형용사, 부사 등의 보어 역할을 하는 syntagme를 유도한다.

I. 〖à+N(N은 한정사가 붙은 명사, 한정사가 없는 명사 또는 대명사)〗
1° 〖공간적·시간적 의미를 갖는 à〗
① 〖동작의 방향〗 Je vais *à* Paris. 나는 파리에 간다/Courez *au* but. 목적을 향해서 달려라∥《생략적으로》*A* la porte! 나가시오 ! /En partant ainsi sans armes, il court *à* sa mort. 그렇게 무기도 없이 가다가는 죽기가 십상이오. ☆ aller *au* médecin 〔*au* dentiste〕따위 표현은 속어적. aller consulter le médecin, aller chez le dentiste로 하는 것이 옳다. 단, aller *au* ministre〔*à* l'évêque〕(=aller s'adresser à...)는 널리 쓰이고 있다.
② 〖도착〔귀착〕점〗Il est de retour *à* Paris. 그는 파리에 돌아왔다∥《혼

히 출발점을 표시하는 de 와 함께》 Parti hier *de* Londres, il arrivera demain *à* New York. 어제 런던을 떠난 그는 내일 뉴욕에 도착할 것이다/*De* Séoul *à* Pusan il y a environ 400 kilomètres. 서울 부산 간의 거리는 약 400킬로이다.

③ 〖동작 또는 상태의 장소〗 Il est né *à* Paris. 그는 파리에서 태어났다/J'ai mal *à* la tête. 나는 머리가 아프다/Il a passé deux mois *à* l'hôpital. 그는 두 달 동안 병원에 입원해 있었다.

★ 장소 또는 방향의 à 는 고유명사 앞에서는 **en** 또는 **dans** 이 될 때도 있다. 1)〖도시명〗관사가 있는 것은 au, aux, 기타는 à: aller *à* Paris 〔*à* Avignon〕/Il habite *au* Havre 〔*aux* Baux, *aux* Avants〕.

2)〖국명 및 5대주명〗i) 자음으로 시작하는 남성명사는 au, 여성명사 및 모음으로 시작하는 남성명사 앞에서는 en 이 원칙이다. 그리고 복수로 된 국명에는 언제나 aux를 쓴다: aller *au* Luxembourg 〔*au* Canada, *au* Japon, *au* Vénézuéla, *aux* Etats-Unis, *aux* Pays-Bas, *aux* Indes〕, *en* Afghanistan, *en* Chine, *en* France, *en* Allemagne, *en* Asie, *en* Europe, etc. ii) 그러나 수식어가 붙은 고유명사 앞에서는 dans: *dans* l'Amérique du Nord/*dans* la belle France/*dans* toute la Chine/Les poètes furent nombreux *dans* l'Allemagne romantique. 낭만주의 시대의 독일에는 시인이 많았다. iii) 단, 수식어까지를 한 단위의 고유명사로 생각해서 사용할 때는 en 〔au〕이 가능: *en* Amérique du sud〔centrale〕.

3)〖프랑스의 province 명, 외국의 지방명〗 i) 남성지방명인 le Maine, le Perche, le Velay의 경우만은 dans le (Maine)를 en (Maine)보다 많이 쓰지만, 기타의 모든 프랑스 province 명은 성에 관계 없이 en 을 쓴다: *en* Anjou, *en* Périgord, *en* Champagne, *en* Provence. ii) 외국의 지방명에서는 여성은 en 또는 dans la, 남성은 dans le 또는 au를 쓴다: *en* 〔*dans la*〕 Lombardie, *dans le* New-Jersey, *au* Bengale.

4)〖프랑스의 département 명〗 i) 복합어로 된 주명에서는 그 복합어가 -et-로 연결이 된 것이면 en이 원칙이다 (*en* Seine-et-Oise, *en* Meurthe-et-Moselle, etc). 기타의 복합어는 dans과 정관사를 쓴다: *dans le* Pas-de-Calais, *dans le* Haute-Saône, *dans les* Alpes-Maritimes, etc. ii) 단일어에서는 그 département 명이 옛 province 명에서 온 것이면 en을 쓰고 그렇지 않은 것은 「dans+정관사」를 쓰는 것이 보통: *en* Savoie, *en* Vendée, *dans la* Seine, *dans l'*Eure, *dans le* Jura, etc.

5)〖도서명〗복수 도서명(군도명)에는 aux(*aux* Antilles, *aux* Philippines). 그 밖은 비교적 잘 알려졌거나 큰 섬인 경우에는 en, 작은 섬이나 잘 알려지지 않은 섬에는 à를 쓴다: *en* Corse, *en* Islande, *en* Crète, *en* Nouvelle Guinée; *à* la Réunion, *à* la Martinique, *à* Malte, *à* Majorque, *à* Terre-Neuve.

④〖추출·분리(…에서부터)〗 puiser l'eau *à* la fontaine 샘에서 물을 긴다/On lui(=à lui) a volé sa voiture. 그는 차를 도둑맞았다. ☆à의 이러한 용법은 다음과 같은 특정 동사에서만 가능하다: acheter, arracher, boire, dérober, échapper, emprunter, enlever, escamoter, extorquer, ôter, prendre, puiser, ravir, reprendre, retirer, soustraire, voler, etc.

⑤〖de 와 함께 시간의 한계점을 나타냄〗 *du* matin *au* soir 아침부터 저녁까지/*de* 1971 *à* 1980/*d'*ici *à* demain 오늘과 내일 사이에《이 d'ici à…는 구어에서는 à를 생략하는 것이 보통: d'ici demain, d'ici là 지금부터 그때까지, d'ici peu, d'ici quelques minutes, etc.》.

⑥ 【시각】 A onze heures, il déjeunait. 11시면 그가 식사를 하는 시간이었다/Il n'est pas à la maison à cette heure-ci. 지금쯤은 그는 집에 없다/à ce moment 그때(cf. en ce moment 지금)/Nous sommes déjà à vendredi. 오늘이 벌써 금요일이다.
★ 1) 날짜·요일을 나타내는 위의 마지막 예와 같은 구문에서는 à를 생략하는 용법이 더 현대적이다 : Nous sommes le six juin 〔vendredi〕.
2) 시각의 개념을 나타내는 명사는 전치사 à를 쓰지 않고 한정사와 더불어 부사구로 사용하는 것이 현대적인 용법이다. 따라서 au matin 〔soir〕 따위는 낡은 용법이다 (Il est parti hier (au) soir). 단, la veille, l'avant-veille 및 「서수사+jour」만은 직후에 시각의 명사가 올 때 반드시 à를 써야 한다 : la veille au soir 그 전날 밤에/le quatrième jour au matin 나흘째 되는 날 아침에.
3) 그러나 현재도 문어에서는, 낡은 용법인 「à+시각명사」의 구문이 더러 쓰이고 있다 : (à) chaque fois, (à) la première fois, (à) d'autres jours, etc.
4) 서기연도, 월명 앞에서는 en을, 날짜 앞에는 정관사를 써서 시각을 나타낸다 : Il est arrivé en mai 〔en 1979〕. 그는 5월 〔1979년〕에 도착했다/Nous partons le 4 du mois prochain. 우리는 다음 달 4일에 떠난다 《단, 계절명의 경우는 au printemps, en été, en automne, en hiver 임》.
2° 【결합·첨가】 s'allier à plusieurs pays 여러 나라와 동맹 관계를 맺다/ajouter deux à quatre 2 더하기 4/unir le geste à la parole 몸짓을 해 가면서 말하다.
3° 【원인】 A ces mots, j'ai voulu sauter sur mon épée. 이 말을 듣자 나는 당장에 내 검에 손을 대려 했다/A sa vue, la foule recule d'epouvante. 그를 보자 군중들은 겁에 질려 물러선다/A leurs cris, il s'arrêta. 그들의 고함소리를 듣고 그는 멈추어 섰다.
4° 【정도】 rire aux larmes 눈물이 날 정도로 웃다/aimer qn à la folie …을 열애하다/se mordre les lèvres au sang 자기 입술을 피가 나도록 깨물다.
5° 【용도】 une tasse à thé 찻잔(cf. une tasse de thé 차 한 잔)/ une brosse à dents 칫솔/une pierre à briquet 라이터 돌.
6° 【수단·용구】 peindre à l'huile 유화를 그리다/taper une lettre à la machine 타이프로 편지를 치다/attaquer à la baïonnette 총검으로 공격하다/une arme à feu 화기/un avion à réaction 제트기/écrire à l'encre, laver à l'eau chaude.
★용구를 나타내는 à와 de, par, avec 와의 용법 비교. 1) 일반적으로 동사의 보어로서 「à+N」으로 용구를 나타낼 때는 à뒤의 명사가 총체적인 용법으로 쓰인 정관사 단수형이 붙은 것이어야 한다 : pêcher à la ligne 낚시질하다/se battre à la baïonnette 〔à l'épée〕 총검〔칼〕으로 싸우다/faire sauter à la dynamite 다이나마이트로 폭파시키다/travail 〔travailler〕 à l'aiguille 바느질〔바느질하다〕/cousu à la main 손으로 꿰맨 《단, fermer à clef 열쇠로 잠그다》.
2) 기구·기계를 나타내는 명사의 보어로서는 「à+관사 없는 명사」: machine à vapeur 〔à gaz〕 증기〔가스〕 기관/bateau à vapeur 증기선/moulin à vent 〔à eau〕 풍차〔수차〕/lampe à pétrole 석유등/avion à réaction 제트기.
3) de는 동작주의 몸의 일부 또는 그가 다루는 도구를 나타낸다 : faire signe de la tête 머리로 신호를 하다/montrer du doigt 손가락으로 가리키다/cligner de l'œil 눈을 깜박여 보이다〔눈짓하다〕《(이들 정관사는 소유를 나타내고 특정적)》/Je l'ai vu de mes yeux. 그를 내 눈으로 보았

다/Il le frappa *de* son épée. 그는 자기의 칼로 그를 찔렀다/aider *qn de* ses conseils 조언하다.
4) avec 는 임시로 사용하는 도구를 나타낸다 : attacher *avec* des cordes 끈으로 비끄러매다/écrire *avec* [*au*] crayon 연필로 쓰다/maintenir un careau *avec* du mastic 퍼티로 유리를 고정시키다/frapper *avec* [*de*] sa hache 도끼로 찍다.
5) par는 동작주의 입장에서 볼 때 외부적인 도구를 나타낸다 : conduire *qn par* la main 사람의 손을 이끌다/Il ne voit que *par* tes yeux. 그는 언제나 너의 눈을 통해서만 사물을 본다/attacher *qc par*[*avec*] une chaine 쇠사슬로 …을 매다.
7° 〖교통 수단〗 se déplacer *à* bicyclette [*à* vélo, *à* motocyclette], *à* ski, *à* pied.
★ 1) 일반적으로 몸이 탈것 안에 들어가는 경우는 en(*en* voiture, *en* train, *en* avion, *en* auto, etc.), 몸이 드러나는 경우는 à 이나, *en* vélo, *en* bicyclette, *en* moto 도 쓰인다. 신는 물건에는 en (*en* sabots, *en* pantoufle)을 쓰므로 *à* ski 는 *en* ski 의 형태도 쓰인다.
2) 명사에 한정사가 붙으면 en 은 dans(몸이 가리워지는 경우)으로, à는 sur(몸이 드러나는 경우)로 바뀐다 : Il est venu *dans* sa voiture. 그는 자기 차로 왔다/Il est parti *sur* la bicyclette de son père. 그는 아버지의 자전거를 타고 갔다.
3) 교통수단의 개념을 나타내는 데는 상기 「*à*, sur, en, dans …을 타고」 이외에도 「*par* …을 이용해서」도 쓰인다. 그 경우에는 명사에 따라서 관사가 쓰일 때도 안 쓰일 때도 있다 : *par* bateau 선편으로/*par* avion 항공편으로/*par* (le) paquebot 연락선으로/*par* (le) chemin de fer 철도편으로/*par* le train 기차로/*par* l'autobus 버스로.
8° 〖양태〗 parler *à* haute voix/rire *à* grands éclats 깔깔 웃다/agir *à* son gré 제 마음대로 행동하다/vivre *à* sa fantaisie/voler *à* grands coups d'ailes 날개를 크게 펄럭이면서 날다/passer une rivière *à* la nage 헤엄쳐서 강을 건너다/*à* clochepied 절룩거리면서.
9° 〖특징·부속〗《명사의 보어로서》: un jeune gaillard *au* regard sombre et fier 침착하고 거만한 눈초리를 한 건장한 젊은이/des sardines *à* l'huile 기름에 절인 정어리 통조림/la soupe *à* la viande 고기 수프/une jeune fille *aux* yeux noirs/une bête *à* quatre pattes 네발짐승/une canne *à* bout ferré 끝에 쇠가 달린 지팡이.
10° 〖가격〗 évaluer un tableau *à* six cents francs 그림을 600 프랑으로 감정하다/Je vous le fais *à* dix francs. 그것을 10 프랑으로 드릴께요/vendre[acheter] *qc* (*à*[*pour*]) quatre francs 4프랑에 팔다[사다]/un livre *à* quatre francs 4프랑짜리 책.
☆ 명사의 보어로 쓸 때 *à* 는 염가의 물건 또는 경멸적, de 는 보통의 개념을 나타내며(une cravate *à* deux francs 2 프랑짜리 (싸구려) 넥타이/une cravate *de* trente francs en pure soie naturelle 30 프랑 주어야 사는 순 실크 넥타이), 동사의 보어로 쓰이는 *à* 는 생략되기 쉽고(acheter, coûter, payer, valoir, vendre 의 경우), 또 동사에 따라서는 pour 가 쓰이기도 한다(vendre, céder, recevoir, donner, acheter, etc.).
11° 〖개수〗「(de+) 수사+à+수사」의 형태로 : Il y a *de* quatre *à* cinq cents femmes dans la manufacture. 이 공장에는 여자 노무자가 사오백명 있다/gagner cinq *à* six cents francs par semaine 주급이 오륙백 프랑이다. ☆ 이 경우 *à* 의 앞과 뒤 숫자의 중간수가 성립되지 않는 경우에는 *à* 대신 ou를 쓰는 것이 옳은 표현이다 : cinq *ou* six personnes 오륙명//un filet d'eau de

sept à huit pouces de profondeur 깊이가 7,8인치쯤인 냇물.
12° 〖à (+인칭대명사)+수사〗 se mettre à trois pour soulever un fardeau 셋이 덤벼들어서 짐을 들다/vivre à six dans un logement de deux pièces 방 두 칸 짜리 집에서 여섯명이 살다/A nous quatre, nous en viendrons à bout. 우리 넷이 덤벼들면 할 수 있을 것이다. ☆ 1) à moi seul, à vous seuls 처럼 seul 이 붙으면 「남의 힘을 빌지 않고」의 뜻이 강조된다. 2) Nous avons fait cela, nous trois 는 단순한 동작주의 강조이므로 「한 가지 일이나 같은 종류의 일을 세 사람이 각각 따로」했다는 뜻이 되지만, Nous avons fait cela à nous trois 는 「세 사람이 합동으로」한 가지 일을 했음을 뜻한다.
13° 〖배분〗 Ils étaient alignés deux à deux. 그들은 둘씩 줄지어 서 있었다/Il vit partir un à un tous les invités. 그는 손님들이 한사람 한사람 모두 떠나는 것을 보았다(cf. peu à peu, petit à petit)/des coups de sirène interrompus à intervalles [temps] égaux 같은 간격을 두고 단속적으로 울리는 기적 소리.
14° 〖수량 따위〗 une voiture qui roule à cent kilomètre à l'heure 매시 100킬로로 달리는 자동차/Il a été tiré de cet ouvrage à deux mille exemplaire. 이 작품은 2,000부 인쇄되었다/Il est riche à millions. 그는 백만장자다. ☆위의 10°의 「가격」도 수량 단위로 볼 수 있다.
15° 〖동작주〗 ① 수동태와 더불어 「être mangé aux vers [aux mites] 벌레[좀]에 파먹힌」와 같은 기성어구에서만 쓰인다.
② 사역동사 및 지각동사 구문(faire [laisser]+inf, 지각동사+inf)에선 규칙적으로 쓰인다(⇨faire, laisser): faire[laisser] faire qc à qn …에게 …을 하게 하다[내맡기다]/voir faire qc à qn …가 …하는 것이 보이다/entendre faire qc à qn …가 …하는 것이 들리다.
16° 〖경쟁〗 C'est à qui arrivera le premier. 누가 제일 먼저 닿는지 경쟁하자/C'était à qui serait le plus malin. 누가 제일 영리한지를 겨루는 경쟁이었다. à qui mieux mieux 서로 다투어서.
17° 〖여격의 à〗 일부 자동사나 이중목적어를 취하는 타동사 verbe double와 함께 쓰여서 attribution의 개념을 나타낸다: parler[sourire] à qn …에게 말하다 [미소짓다]/Cela ne vient même pas à l'idée. 그런 생각은 떠오르기조차 하지 않았다/L'idée vient à qn de+inf …할 생각이 …에게 떠오르다/Il est pénible à qn de+inf …하는 것은 …에게는 괴로운 일이다/Je donne ce livre à Pierre. 나는 피에르에게 이 책을 준다/enseigner la grammaire aux enfants 어린이에게 문법을 가르치다/écrire à son père pour demander de l'argent 돈을 보내 달라고 아버지께 편지를 쓰다/demander à Dieu que ses vœux soient exaucés 소원이 성취되길 하느님께 기도하다.
18° 〖소속·소유〗 ① 「à+인칭대명사」는 명사 뒤에 놓여서 소유 개념의 모호성을 없애거나 소유개념을 강조한다: C'est un ami à moi. 그는 내 친구다 《mon ami를 쓰면 발음상 성의 구별이 모호하며, 또 부정관사를 쓸 수 없게 된다》/C'est sa maison à elle. 그녀의 집이다《sa maison은 소유자의 성이 분명치 않다. La maison est à elle이 더 많이 쓰인다》/ C'est mon avis, à moi.《강조》/C'est une conception à lui. 그것은 그 사람의 생각이다. ☆ 「à+명사」의 형태로 앞의 명사를 수식하는 용법은 몇몇 기성어구(une bête à bon Dieu 무당벌레, le dernier à Dieu 고용인에게 주는 팁, la barque à Garon 지옥천의 나룻배, etc.)의 경우를 제외하고는 현재는 속어적 표현에 속한다 : un

fils *à* Joseph 요셉의 아들/un ami *à* ma sœur 내 누이동생의 친구.
② être, appartenir 뒤에서 소유주를 나타내는 속사로 쓰인다 : Ce champ est *à* mon voisin. 이 밭은 내 이웃사람의 소유다/A moi n'appartenait pas l'honneur d'avoir découvert un si beau lieu. (Mérimée) 그렇게도 훌륭한 장소를 발견한 공은 나에게 돌려지지 않았다. ☆ 아래의 구문에서처럼 agent을 나타내는 à 도 이 소유의 개념에서 온 것 : C'est bien aimable *à* vous. 당신은 매우 친절한 분입니다/C'est *à* vous de jouer. 당신이 할 차례입니다.

19° 〖특징의 귀속 관계〗 판단・인지 등을 나타내는 connaître, croire, découvrir, deviner, juger, savoir, soupçonner, trouver, voir등 동사의 목적어가 귀속되는 소유주를 나타낸다 : les superbes peignes d'écaille que l'on voit *aux* femmes de ce pays (W, 363) 이 지방 여인들이 꽂고 다니는 〔…에게서 볼 수 있는〕 멋진 조가비 비녀/Je vois *à* ton air penaud que tu as encore fait une bêtise. 너의 그 어쩔 줄 몰라하는 계면쩍은 표정을 보니 너는 또 못난짓을 저지른 모양이로군/une vieillerie qu'il connaissait *à* sa mère (Daud) 어머니가 갖고 있다는 것을 알고 있던 골동품.

20° 〖간접타동사의 보어〗 간접타동사 뒤에서 목적・경향・대립 등 갖가지 개념을 갖고 목적어를 유도한다 : résister *à* qn〔qc〕 …에 대항하다/se heurter *à* …와 맞부딪치다/s'allier *à* …와 합치다/nuire *à* 해치다/survivre *à* …보다 오래 살다/prendre garde *à* …에 유의하다/obéir *à* …에 복종하다/succéder *à* …을 이어받다, etc.

21° 〖일부 형용사의 보어를 유도〗 pareil *à* qc …와 비슷하다/La terre est chère *à* tout le monde. 대지는 모든 자에게 귀중한 존재다.

22° 〖숙어를 형성〗 ① 속사를 유도하는 동사구에 : prendre *qn à* partie …을 상대하다/prendre *qn à* témoin …을 증인으로 내세우다/prendre *qn à* femme …을 아내로 맞이하다/être réputé *à* sot 바보라고 소문나다/tenir *à* honneur (de+*inf*) (…하는 것을) 명예로 알다.
② 기타의 숙어 :《전치사구》 jusqu'*à*, *à* cause de, *à* l'exemple de, etc./《부사구》 *à* perte de vue, *au* contraire, *à* jamais, *à* vie, *à* l'aise, (rire) *à* gorge déployée, etc./《동사구》 tirer *à* blanc, agir *à* contre-cœur, etc.

II. 〖à+*inf*〗 1° 〖의무・필요성・예정〗 「à+직접 타동사」의 형태로 être 또는 명사 뒤에 놓여서 : Il est *à* plaindre. 그는 불쌍하다/C'est *à* voir. 두고봐야 알 일이다/Cette maison est *à* vendre. 이 집은 팔 집이다/Ce travail est *à* refaire. 이 일은 다시 해야 한다/des enfants *à* nourrir 부양해야 할 자식들/une fille *à* marier 출가시켜야 할 딸/J'ai deux lettres *à* écrire. 편지 두 장을 써야 한다. ☆ 같은 뜻으로 「à+자동사〔간접타동사〕」를 명사 뒤에 놓는 것은 관용으로 굳어진 경우(un enfant *à* naitre 태아)이외는 오용 : une occasion *à* profiter 잡아야 할 기회(→une occasion dont il faut profiter)/Je n'ai plus qu'un seul endroit *à* aller. 내가 갈 곳은 이제 한 곳밖에 없다.

2° 「à+직접타동사」가 다음과 같은 특정 동사 뒤에 놓여 직접 목적어 역할을 하는 경우에는 「quelque chose à+*inf*」 또는 「de quoi+*inf*」의 뜻이 된다(donner, laisser, préparer, apporter, payer, servir, etc.) : Tu me paies *à* diner? 저녁 값을 내겠니?/On vous apportera 〔montera〕 *à* boire. 마실 것을 올려 보낼께요/Ce travail laisse *à* désirer. 이 일은 만족스럽지 못하다.

3° 〖용도〗 une chambre *à* coucher 침실/une salle *à* manger 식당/une machine à écrire 타자기 (cf. un vase à fleurs 꽃병).

4° 「à+*inf*」는 être, demeurer, rester, surprendre, trouver, voici, voilà 등 특정동사 뒤에서 주어 속사 또는 목적어 속사 역할을 하되 동작의 계속을 뜻한다 : Il est là à t'attendre. 그는 저기서 너를 기다리고 있다/Je l'ai trouvé à écrire une lettre. 나는 그가 편지를 쓰고 있는 것을 보았다 (cf. Je l'ai trouvé couché sur le lit.)/Que je le reprenne à rôder par ici, et je préviens la police. (Achard, *Nouv. Hist.*) 이 근처에서 어슬렁거리는 것을 다시 발견하면 경찰에 알릴 테다.

5° 〖정도・도달해야 할 결과〗 être bouleversé à ne savoir que faire 무엇을 어떻게 해야 할지 모를 정도로 당황하다/C'est à mourir de rire. 우스워 죽을 지경이다/dans une langue à être compris de tous 누구나 다 이해할 수 있는 말로/une histoire à dormir de bout 들어서 하품이 나올 시시한 얘기.

6° 〖가정・조건〗 주절의 주어와 무관하게 쓰이는 절대 부정법의 일종 : à vrai dire 사실을 말한다면/à tout considérer 전체적으로 볼 때/à compter de ce jour 오늘부터 계산해서/à l'en croire 그의 말을 믿는다면/à vous entendre 당신 말을 들으면.

7° 「à+*inf*」가 dans[en]+N 을 보어로 취하는 동사의 보어가 되는 경우 : persévérer à faire le bien 어려운 속에서도 선행을 쌓아가다 (cf. persévérer dans le bien (위와 같은 뜻)) /Il excelle à peindre le paysage. 그는 풍경을 그리는 데 능하다(cf. Il excelle en peinture. 그는 그림을 잘 그린다). ☆ 1) 동사의 간접보어는 일반적으로 「전치사+명사」나 「전치사+부정법」의 두 가지 형태 중의 어느 한 가지를 골라서 쓸 수 있게 되어 있다 : rêver[aspirer] à un voyage (또는 rêver[aspirer] à voyager) 여행을 동경하다/Ils conviennent d'un départ précipité [Ils conviennent *de* précipiter le départ]. 그들은 출발을 서두르기로 합의했다/Il faut se laver les mains *avant* les repas[*avant de* manger]. 식사 전에 세수를 해야 한다. 2) 그러나 dans 이나 en 은 부정법을 붙이지 못하므로 동작명사를 쓰든가 à+*inf* 를 써야 한다 : Il a réussi à le retrouver. 그는 그것을 되찾는 데 성공했다(cf. réussir à un examen, réussir dans tout ce qu'on fait).

8° 〖수단・원인〗 A raconter ses maux, souvent on les soulage. (Corn) 고통은 얘기를 하면 덜어지는 때가 많다/Pourtant, à courir ainsi la forêt tout le jour en compagnie du garde, il s'était fait des ennemis. (Daud) 그러나 그는 그토록 진종일 산지기와 함께 숲속을 돌아다니는 바람에 많은 사람들의 적개심을 샀었다/Il passe ses heures à ne rien faire. 그는 빈둥거리며 시간을 낭비한다/Il s'est ruiné à jouer. 그는 도박으로 파산했다/ A trop veiller, il s'est usé les yeux. 밤샘을 너무 해서 그는 눈을 버렸다.

9° 직접목적보어를 요구하는 일부 타동사의 부정법 목적어를 유도한다. 《이때 à 는 의미없는 mot-outil 에 불과함》: Il aime à travailler. 그는 일하기를 좋아한다(cf. Il aime le travail.)/Il m'a offert à dîner. 그는 나에게 저녁식사 대접을 했다(cf. Il m'a offert le dîner.). ⇨infinitif.

10° 막연한 뜻으로 동사의 간접보어인 부정법을 유도한다《이 경우 à +*inf* 는 간접보어이므로 대명사화 pronominalisation 가 가능하면 y 가 된다》: Pensez à faire ton devoir. —Oui, j'y penserai. 숙제할 생각을 하세요. —예, 하겠어요/Il manqua à tenir ses engagements. 그는 약속을 지키지 않았다/exciter qn à se révolter ……을 반항하도록 선동하다/

Elle m'a invité *à* venir dîner chez elle. 그녀는 나를 저녁에 초대했다/ Il a renoncé *à* se marier à elle. 그는 그녀와의 결혼을 포기했다. ☆ *à* +*inf*를 간접보어로 취하는 동사에는 다음과 같은 것들이 있다 : accoutumer, aider, apprendre, aspirer, chercher, consentir, contribuer, encourager, enseigner, exciter, habituer, hésiter, inviter, manquer, parvenir, penser, pousser, renoncer, s'accoutumer, s'acharner, s'amuser, s'appliquer, s'attendre, s'essayer, s'habituer, se mettre, s'obstiner, se plaire, se préparer, etc.

11° 〖형용사의 보어〗 C'est une chose horrible *à* penser. 생각하기도 끔찍스러운 일이다/Il est prompt *à* se fâcher. 그는 성을 잘 낸다/un problème facile *à* résoudre 풀기 쉬운 문제.

12° *C'est un homme*〔*une femme*〕*à*+*inf*, *Il est homme* 〔*Elle est femme*〕 *à*+*inf* (=C'est un homme 〔une femme〕 qui est capable de+ *inf*) : On voyait qu'*il était homme à* soutenir son dire. (Stendhal) 그 사람은 한번 한 말은 꼭 지키는 그런 위인이라는 것을 알 수 있었다/ *Il est homme à* tout tenter. 저 사람은 무슨 일을 해낼지도 모르는 무서운 사람이다. *une bonne à tout faire* 집안 잡일을 다 하는 가정부. *une histoire à dormir debout* 황당무계한 이야기. *trouver à*+*inf* … 할 방도를 찾다 : On ne *trouve* pas facilement *à* se distraire ici. 여기서는 쉽사리 기분전환을 할 수가 없다. *donner à*+*inf* …하도록 맡기다 : Elle lui *donnait à* porter son manteau. 그녀는 그에게 자기 외투를 들게 했다. *venir à*+*inf* 어쩌다 …하게 되다, *en venir à*+*inf* …할 지경에 이르다 : Il *vint à* passer devant ma maison. 어쩌다 그가 우리 집 앞을 지나가게 됐다. Il *en était venu à* mendier. 그는 걸식을 해야 할 지경이 돼 있었다. ☆ 다음 「*en être à*+*inf* …까지 와 있다(진도)), *arriver à*+*inf* 마침내 …할 수 있게 되다, *en arriver à*+*inf* …하지 않을 수 없는 데까지 이르다, etc.」도 다 「정도·결과」따위를 나타내는 같은 종류의 숙어. *avoir à*+*inf* … 해야 한다, *n'avoir qu'à*+*inf* …하기만 하면 된다 : J'*ai à* écrire une lettre. 편지를 한 장 써야 한다/Je *n'ai* pas *à* te remercier. 너에게 감사해야 할 까닭이 없다/Vous *n'avez qu'à* faire ce qu'on vous demande. 당신은 시키는 대로만 하면 돼요/ Qu'*ai*-je *à* dire, sinon rien? 입을 다무는 것밖에 내가 해야 할 말이 무엇이겠는가?

III. 〖*à ce que*+절〗 「*à*+N」이나 「*à*+*inf*」를 보어로 삼는 동사나 형용사가 N 〔*inf*〕 대신 절을 보어로 취할 때는 「*à ce que*+절」의 형태가 된다: Elle ne faisait pas toujours attention *à ce qu'*il n'y eût personne dans la chambre voisine. 그녀는 옆 방에 아무도 듣지 못하게 늘 조심을 하는 것은 아니었다/Je ne m'attendais pas *à ce qu'*il arrivât si tôt. 그가 그렇게 일찍 도착하리라고 나는 기대하지 않았었다/Je ne vois aucun inconvénient 〔Il n'y a pas d'inconvénient〕 *à ce qu'*ils s'aiment. 그들이 서로 사랑하는 것이 나쁠 까닭이 없다. ☆ 1) 다음 동사(구)들은 보어절을 que 뒤에 둘 수도 있고 à ce que 뒤에 둘 수도 있다. que 만을 쓰는 형태가 정식의 용법이고 à ce que는 구어체에 해당한다: aimer, consentir, conclure, demander, faire attention, prendre garde, s'attendre, tâcher, etc. 이 중 aimer, demander, tâcher 는 「que+절」 만이 옳고 「à ce que +절」은 오용이라고 하는 학자도 있다. 2) 그 밖의 모든 「à+N 〔*inf*〕」를 보어로 취하는 동사 또는 형용사들은 보어절을 취할 때 à ce que만을 쓴다. 그 주요한 것들을 들어보

면 아래와 같다 : aboutir, aider *qn*, arriver, attacher de l'importance, attribuer *qc*, avoir intérêt [de la difficulté, etc], chercher, condescendre, contribuer, intéresser, mettre sa fierté, parvenir, réfléchir, renoncer, tarder, tenir, travailler, veiller, venir, viser, voir des inconvénients, il y a des inconvénients [il n'y a pas d'inconvénient], s'appliquer, se décider, s'employer, s'exposer, s'habituer, s'occuper, s'opposer, se refuser, se résoudre; attentif, décidé, intéressé, résolu, etc. 3) 부사절을 유도하는 접속사구 de manière (à ce) que, de façon (à ce) que 에서도 à ce que 보다는 que 가 더 정식적인 표현이다.

abondance—〖 ~ de〗 Il y a ~ *de* poissons dans cette rivière. 이 강에는 물고기가 많이 있다//Il a vécu *dans l'*~. 그는 부유하게 살았다// 〖parler 동사와 함께〗 parler *avec* ~ 능숙하게 말하다/parler *d'*~ 《문어》 준비없이 즉흥적으로 말하다/parler *d'*~ *de cœur* 심정을 터놓고 말하다.//〖en ~〗 Nous y voyons *en* ~ des jouets d'enfants. 우리는 거기서 어린이 장난감들을 많이 본다.

abord—1° *avoir l'*~ [*être d'un* ~] +*adj*: Tous pêcheurs ou laboureurs, les gens d'ici *ont l'*~ rude, peu encourageant. 모든 어부나 농부들 즉 이곳 사람들은 대하는 태도가 거칠고 고무적이 아니다/Il *est d'un* ~ facile et aimable. 그는 대하기 쉽고 상냥하다.

2° *les* ~*s de*: Les ~*s de* Paris sont encombrés aujourd'hui par de longues files de voitures. 파리 주변은 오늘날 긴 차량의 행렬로 혼잡을 이루고 있다.

3° 〖부사구〗 *d'* ~ : Demandons-lui *d'*~ son avis, nous déciderons ensuite. 그에게 우선 그의 의견을 물·읍시다. 그런 다음에 결정을 짓도록 합시다. *au premier* ~, *de prime* ~: cet homme, *au premier* ~ un peu fermé 첫눈에는 약간 폐쇄적으로 보이는 이 남자/Elle avait deviné *de prime* ~ qu'ils avaient en commun bien des rancunes. 그녀는 첫눈에 그들이 많은 원한을 공동으로 품고 있다는 것을 알아차렸다. *dès l'*~ 《문어》: Je ne suis pas fâchée que vous vous rendiez compte, *dès l'*~, du type d'enfant auquel vous aurez affaire. 나는 당신이 애초부터 당신이 대하게 될 아이가 어떤 형의 아이인지 알아차렸다고 해서 섭섭할 것이 없습니다. *en* ~ : La plage du cuirassé était légèrement inclinée *en* ~, à la façon d'un glacis de forteresse. 군함의 갑판이 요새의 비탈처럼 옆으로 약간 기울어져 있었다.

4° 〖접속사구〗 *d'* ~ *que* 《고전불어》: J'ai vu un jeune homme avec elle, qui s'est sauvé *d'*~ *qu'*il m'a vue. 나는 한 청년이 그녀와 함께 있는 것을 보았는데 그는 나를 보자마자 도망쳤다.

abréviation [생략, 단축]—어떤 단어군의 일부로 간략하게 표현하는 것을 말한다. 긴 단어나 전문용어를 줄여서 표기함으로써 노력을 아끼려는 경향은 옛날부터 있었지만, 특히 19세기말 이래로 두드러지게 발전되었다.

I. abréviation du syntagme— parti communiste 란 말을 자주 쓰게 될 때 le parti 라고 줄이거나, Le jardinier du château est venu me voir 라고 말한 다음 계속해 이 사람을 칭할 때 그냥 le jardinier 라고 하는 것처럼 글 중 다른 요소를 묵살하고 한 요소만을 취하는 경우이다.
II. abréviation du mot (simple, dérivé ou composé)—단어의 어느 부분을 삭제하는 것으로 troncation 의 경우이다. 속어에서 흔히 사용하는 방법으로, automobile omnibus 에

abréviation

서 첫 단어의 첫부분과 둘째 단어의 끝부분만 살려 혼성어 mot-valise 인 autobus 가 되고, 다시 첫부분을 삭제하여 bus 가 된다(⇨aphérèse). télévision 이라는 단어에서는 끝 부분을 삭제하여 télé 가 되기도 한다 (⇨apocope).

1° aphérèse [頭音節 생략] : (auto-)bus, (mar)chand, (garde muni-)cipal, (ca)piston, (ca)pitaine, (mas-)troquet, etc.

2° apocope [尾音節 생략] : accu(mulateur), auto(mobile), bénef(ice), ciné(ma)(tographe), colon(el), math(ématiques), météo(gramme), métro(politain), micro(phone), photo (graphie), pneu(matique), prof(esseur), radio(phonie, graphie, graphiste, scopie), stylo(graphe), sana(torium), sous-off(icier), sténo(graphe, graphie), taxi(mètre), tram(way), vélo(cipède), etc./math géné (=mathématiques générales) 일반수학과정《대학 1학년》/Vel' d'Hiv (=Vélodrome d'Hiver) (파리의)동계자전거 경기장.

3° syncope [語中音 생략] : 라틴어에서 프랑스어로 바뀌는 과정에서 단어 속의 비강세 모음이나 음절이 소멸된 경우가 흔히 있다 : calidus > chaud, vérécundiam > vergogne, eremitum > ermite. 군대 속어인 margis 는 mar(échal des lo)gis 이다. 속어에서는 약어의 마지막 모음을 o 로 즐겨 쓴다 : apéro (<apéritif), mécano(<mécanicien), métallo(<métallurgiste), proprio (<propriétaire), camaro (<camarade), convalo(<convalescence), anarcho(<anarchiste), etc.

III. 頭文字만 쓰는 것—국가명, 군대 용어와 전문용어에서 쓴다. 이때 두문자를 따로따로 발음하거나 속어에서는 마치 한단어처럼 읽기도 한다 : U.R.S.S.[yɛrɛses, yRs] (=Union des Républiques Socialistes Soviétiques), O.N.U.[ɔny] (=Organisation des Nations Unies), C.G.T.[seʒete] =(Confédération Générale du Travail), P.T.T.(=Postes, Télégraphes, Téléphones), G.Q.G.(=Grand quartier général), J.O.C.[ʒiose, ʒɔk] (=Jeunesse ouvrière catholique), R.P.R.(=Rassemblement pour la République) (프랑스의) 공화국연합《드골파 정당》, U.D.F.(=Union pour la démocratie française) 프랑스 민주연합. ☆ 한단어처럼 쓰고 읽는 것 : Onu [ɔny] (<O.N.U.), radar [Radaːʀ] (<*ra*dio *d*etection *a*nd *r*anging), Unesco [ynɛsko], Benelux (<*Bel*gique, *Né*erlande, *Lux*embourg), etc.

IV. 생략기호—발음은 본래의 발음과 같다 : M.(=Monsieur), MM(=Messieurs), Mᵐᵉ(=Madame), Mˡˡᵉ(=Mademoiselle), Mᵉ(=Maître), Dʳ (=Docteur), Nº(=Numéro), etc. (<lat. et cætera), op. cit(<lat. opere citato=dans l'ouvrage cité), S.V.P.(=S'il vous plaît) etc.

absolument— 1° 형용사, 부사, 동사의 의미를 강조하여 절대최상급의 가치를 지닌다 : C'est ~ faux. 그것은 전혀 거짓이다/Ceci s'oppose ~ à ce que vous avez dit précédemment. 이것은 당신이 전에 말한 것과 정반대입니다.

2° 부정문에서는 absolument 의 위치에 따라 문장의 의미가 달라진다. 「Voilà deux enfants de plus à nourrir dont nous n'avions pas ~ besoin. 우리가 꼭 필요하지는 않은 아이를 두 명이나 더 양육해야 했다」에 있어서 absolument 의 위치가 바뀌어 「…dont nous n'avions ~ pas besoin」으로 되면 否定이 강화되어 「…dont nous n'avions aucun besoin 우리가 조금도 필요로 하지 않면」의 뜻이 된다.

3° 문법 용어로서 이를테면 employer

un verbe absolument 이라고 할 경우는 타동사를 목적보어 없이 사용하는 것을 뜻한다 : Il a bu. 그는 술을 마셨다/Il a avoué. 그는 죄를 자백했다.

abstraction—*faire ~ de*(=ne pas tenir compte de) : Pour se montrer impartial, il faut *faire ~ de* ses préférences personnelles. 공정한 태도를 보이기 위해서는 개인적인 選好는 배제하여야 한다/*~ faite des* deux semaines où je ne serai pas à Paris, j'aurai tout le temps de faire ce que vous me demandez. 내가 파리에 없게 될 2주일을 제외한다면 당신이 나에게 요구하는 것을 할 시간이 얼마든지 있을 것입니다. *par ~:* Il s'exprime *par ~*. 그는 자기의 생각을 추상적으로 표현한다.

absurde—① 〖N ~, ~ N〗 C'est une femme ~, qui ne sait jamais ce qu'elle veut. 그녀는 자기가 원하는 것이 무엇인지 전혀 알지 못하는 피상한 여인이다/Je vis entrer un ~ monsieur, coiffé d'un ridicule chapeau melon. 나는 우스꽝스러운 중산모를 쓴 한 피상한 신사가 들어오는 것을 보았다.
② 〖~〗 La vie est souvent ~. 인생은 종종 불합리하다.
~ de+inf: vous êtes ~ *de* lui en vouloir pour quelques mots prononcés sous l'effet de la colère. 화가 나서 몇 마디 한 걸 가지고 그를 원망하다니 당신은 어리석습니다. *Il est ~ de+inf:* Avec ce verglas, *il est ~ de* vouloir utiliser la voiture pour aller à Lyon. 이런 빙판에 리용에 가려고 자동차를 이용하려는 것은 정신나간 짓이다.

accent I. [악센트]—일상어에서 어느 나라나 지방 주민의 고유한 억양, 분절법을 말한다. 즉 l'accent italien, l'accent du Midi, l'accent flamand, l'accent verviétois 등이 있는 것이다. 언어학에서의 accent은 음절간의 소리의 강약과 고저의 차이 혹은 강하거나 높은 정점을 말한다.

1° **accent d'intensité, accent d'énergie** [강세 악센트]—단어나 단어그룹의 한 음절을 다른 음절보다 강하게 발음하는 것을 말한다.

① 단어의 경우는 마지막 음절에 온다 : vérit*é*, p*è*re(〖한 음절〗).
② 문장에서 악센트는 율동요소 *élément rythmique 의 끝에 온다. 따라서 단어의 강세는 문장의 강세에 양보하게 된다 : Il parl*ait*. Il parlait *bien*. Tu *viens*? Viens-*tu*? Donnez-*moi* de ce que vous *avez*.
③ 악센트에 따라 전혀 다른 글이 되기도 한다: un signale*ment*, un *si*gne allem*and*/Sa *toi*le était *fai*te. Sa toil*ette* est *fai*te.

★ 프랑스어의 강세악센트는, 게르만어나 지중해 연안의 다른 로망스어들에 비해, 약한 것이 특징이다. sabre, symbole, précision 과 독일어 *Säbel*, *Sy*mbol, Prœ*zi*sion 을 비교해보면 알 수 있다.

2° **accent d'intonation, accent musical**[억양 악센트]—다른 음절이 보다 무겁고 낮게 발음되는데 비해 더 날카롭고 높게 발음되는 것을 말한다. 단어의 경우는 끝에서 둘 혹은 세번째 음절에 온다 : un *man*teau (D, *Gé*nie). 문장의 경우는 ⇨ intonation.

3° **accent d'insistance, accent emphatique** [강조악센트]— 강조하려는 말에 악센트가 온다. Je *le* veux [ʒəlvø]에서 비강세어인 le를 강조하면 [lø]가 된다.

① 경악, 찬양, 명령, 거절 등의 감정을 나타낼 때의 다음절어의 강조 악센트는, 자음으로 시작된 경우에는 첫째 음절에, 모음으로 시작된 경우에는 둘째 음절에 온다 : Ah! le *mi*sérable! C'est *te*rrible. Il a *par*faitement chanté. Tu es ado*ra*ble! C'est im*po*ssible. 강조 악센트가 붙는 음절은 억양악센트를 지닌

accent

채, 자음, 모음이 길게 발음된다.
② 어떤 단어를 명확하게 표현할 경우의 강조 악센트(특히 의미가 반대인 두 단어를 대립시킬 경우)는 원칙적으로 첫째 음절에 온다 : Ce n'est pas o*ff*iciel, c'est o*ff*icieux. 그러나 Le pluriel de cheval est che*vaux* et non che*vals* 같은 것은 특별한 경우이다.

II. [악상]─철자기호 *signes orthographiques의 하나로서 명확한 발음과 다른 단어와의 혼동을 피하기 위해 모음 위에 붙이는 기호이다.

1° **accent aigu**(´)─1520년 R. Estienne가 처음으로 사용한 부호로서 e 위에 오면 원칙적으로 폐음인 [e]를 나타낸다 : v*é*rit*é*, bl*é*, all*é*e, coup*é*s. 그러나 어미가 d, r, f, z 일 때는 악상이 붙지 않는다 (pied, aimer, clef, venez, etc.). accent aigu 가 있음에도 불구하고 *é*v*é*nement, aim*é*-je, abr*é*gement, all*é*gement, all*é*grement, empi*é*tement, cr*é*merie, je prot*é*gerai 등에서는 개음인 [ɛ]로 발음한다. -*é*ge는 19세기까지 쓰이다가 1878년 아카데미 사전에 -*è*ge로 개정되었다. 벨기에의 도시명 Li*é*ge는 본래 Li*é*ge였으나 1946년 정식으로 Li*è*ge로 개정되었다.

2° **accent grave**(`)─1531년 J. Sylvius가 처음 사용했다.
① *è*[ɛ]는, 「자음+무음 e」의 앞이나, 무음의 어미 -s 앞에 쓰인다 : p*è*re, ch*è*re, p*è*lerin, proc*è*s, succ*è*s.
② *à*[a]: dec*à*, d*é*j*à*, hol*à*, voil*à*.
③ 그 밖에 accent grave 는 뜻이 다른 homographe 를 구별하기 위해서 e, a, u 위에 쓰이기도 함 : *à*, il a; c*à*, ça; o*ù*, ou; d*è*s, des.

3° **accent circonflexe**(^)─a, e, i, o, u 위에 붙여져서
① 장모음임을 나타낸다 : c*ô*ne, dipl*ô*me, inf*â*me, extr*ê*me gr*â*ce.
② 옛 철자법에서 s 탈락이나 두 모음의 축약 대신 : b*â*tir (<bastir), t*ê*te(<teste), d*û*(<deu), *â*ge(< aage), cr*û*ment(<cruement), s*û*r(< seur), f*ê*te(<feste), *î*le (<isle).
③ 동음 이의어를 구별하기 위해서 : d*û*, du; cr*û*, cru; je*û*ne, jeune.

★ 어떤 파생어에서는 accent circonflexe 가 없거나 accent aigu로 바뀐다 : c*ô*ne, conique; c*ô*te, coteau; je*û*ne, d*é*jeuner; dipl*ô*me, diplomatie; gr*â*ce, gracieux; extr*ê*me, extr*é*mit*é*. accent circonflexe 역시 1531년 J. Sylvius 가 처음 사용했다.

accord─1° **demeurer d'~; être d'~ avec qn:** Je *suis d'~ avec vous.* 나는 당신과 의견이 같습니다. **mettre d'~:** Il les *a mis d'~* en les renvoyant tous les deux. 그는 그들을 둘 다 해고함으로써 그들의 의견을 조정했다. **se mettre d'~:** Ils *se sont mis d'~.* 그들은 타협에 이르렀다. **tomber d'~:** Ils *sont tombés d'~.* 그 사람들은 의견의 일치를 보았다. **d'~ avec qn:** *D'~ avec* mon père, je suis allée trouver cet homme. 아버지의 동의를 얻어 나는 이 남자를 만나러 갔었다. **d'un commun ~:** Ils ont décidé, *d'un commun ~,* de fonder une société. 그들은 만장일치로 회사를 설립하기로 결정했다. **en ~:** des actes qui ne sont pas *en* ~ avec les promesses faites 기정약속과 맞지 않는 행위. **d'~:** Tu viens demain?─*D'~.* 너 내일 오겠니?─좋아.

2° 문법 용어로 여러 단어 사이의 형태적 대응관계를 일컫는다. 동사와 주어 사이의 수의 일치, 형용사와 명사 사이의 성의 일치 등이 이에 속한다.

accord du verbe [동사의 일치]─「주어는 동사를 지배한다」는 Vaugelas의 말이 시사하듯이 동사는 주어의 수와 인칭에 따라서 그 형태가 변한다.

A. 〖수의 일치〗 **I.** 〖주어가 하나인 경우〗 1° 주어가 단일 명사나 대명사

accord du verbe

일 경우 동사는 단수 주어에는 단수로, 복수 주어에는 복수로 일치한다.
① 〖명사〗 Un enfant *va* à l'école. 한 아이가 학교에 간다/Des enfants *vont* à l'école. 여러 아이들이 학교에 간다//《주어가 집합명사일 경우에도》 La foule *se massait* sur le trottoir. 군중이 인도에 밀집해 있었다.
② 〖대명사〗 Je *me promène*. 나는 산책한다/Nous *nous promenons*. 우리들은 산책한다.
③ 보어가 뒤따르지 않는 beaucoup, combien, la plupart, trop 는 복수의 가치가 지배적이므로 동사는 복수로 일치 : Beaucoup *rêvent* d'une voiture. 많은 사람들이 자동차를 갖기를 열망한다/Combien *ont péri*, faute d'avoir reçu assistance à temps! 얼마나 많은 사람들이 제때에 원조를 받지 못해서 죽었던가/La plupart *pensent* que les problèmes techniques, une fois posés, sont résolus immédiatement. 대부분은 기술적인 문제들이 일단 제기되면 곧 해결된다고 생각하고 있다.
2° 〖주어가 어군일 경우〗 ① 〖관사+집합명사+보어〗 une foule de, une armée de, une nuée de, une infinité de, le plus grand nombre des, un grand nombre de, une grande quantité de, une partie de, la majeure partie des, la majorité des, le reste des, la〔une〕 moitié de, le〔un〕 tiers de, une douzaine de, etc.에서 명사의 집합적인 의미는 보어의 복수에 의해 강화되고 있으나 관사는 단수로 되어 있다. 그러므로 집합명사에 중점을 두느냐 보어에 중점을 두느냐에 따라 동사의 형태가 달라진다 : Une foule de visiteurs *est venue* aujourd'hui. 많은 손님이 오늘 왔다/Une foule de gens *pensent* que c'est faux. 많은 사람들이 그것은 거짓이라고 생각한다/Une nuée d'oiseaux *s'élevait* des arbres. 새떼가 나무에서 날아 오르고 있었다/Une infinité de gens *ont cru* cette nouvelle. 많은 사람들이 이 소식을 믿었다/Une infinité de curieux encombrant la place *fut coupée* en deux par les motos de la police. 광장을 메우고 있는 무수한 구경꾼들이 경찰 오토바이에 의해 두 편으로 갈라졌다/Le plus grand nombre des invités *s'en alla*. 손님들 대다수는 가버렸다/Le plus grand nombre des habitants me *traitèrent* en ami. 대다수의 주민들은 나를 친구로 대했다/Un grand nombre de soldats *fut tué* dans ce combat. 많은 군인이 이 전투에서 전사했다/Un grand nombre de soldats *périrent* dans ce combat. 많은 군인들이 이 전투에서 목숨을 잃었다/Une grande quantité de gens *était venue* du village. 많은 사람이 마을서 왔다/Une partie des gentilshommes *reste* à la cour. 귀족들의 일부는 궁정에 남아 있다/Une partie des domestiques *avaient quitté* l'hôtel. 일부 하인들은 호텔을 떠났다/La majorité des hommes ne *vit* pas autrement. 대다수의 사람은 달리 생활하지 않는다/La majorité des demeures *sont construites* à l'image d'un modèle ancien. 대다수의 처소들은 옛 모형을 따서 세워졌다/Le reste des pensionnaires *occupait* deux tables plus grandes. 그 밖의 기숙생들은 더 큰 두 개의 식탁을 차지하고 있었다/Le reste des hommes *sont* des coquins. 그 밖의 사람들은 무뢰한들이다/ La moitié de mes esclaves *méritent* la mort. 내 노예의 태반은 죽어 마땅하다/La moitié des députés *a voté* pour, et l'autre moitié contre le projet de loi. 의원들의 반수는 그 법안에 찬성 투표를 하고 나머지 반수는 반대 투표를 했다.
② 〖무관사 집합명사+보어〗 force, quantité de, nombre de 뒤의 동사

accord du verbe

는 보어와 일치 : Force sottises *s'impriment* chaque jour dans la presse. 많은 어리석은 일들이 매일 신문에 인쇄된다/Quantité de réfugiés *ont passé* la frontière. 많은 피난민들이 국경을 넘었다/Nombre de témoins *ont pu* le voir. 많은 증인들이 그를 볼 수 있었다.

③ 〖수량부사+보어(복수)〗 assez de, beaucoup de, combien de, peu de, tant de, trop de, etc. 뒤의 동사는 보어와 일치 : Beaucoup de personnes *ignorent* la gravité de cette affaire. 많은 사람들이 이 사건의 중대성을 모르고 있다/Combien de clients *sont venus*? 환자가 몇 사람이나 왔소?/Tant d'amertumes n'*ont* pas *aigri* son courage. 그처럼 많은 쓰라림도 그의 마음을 상하게 하지 않았다/Trop de personnes âgées *demeurent* dans le besoin. 너무나 많은 노인들이 빈궁 속에 처해 있다.

④ **plus d'un** 뒤의 동사는 **a)** 일반적으로 단수로 쓰인다. plus의 보어인 un과 일치한다고 볼 수 있다 : Plus d'un *se rappela* des matinées pareilles. 그와 비슷한 아침을 상기한 사람은 비단 둘만이 아니었다/Jadis plus d'un brigand dans ce puits *se perdit*. 옛날 이 우물에 빠져 죽은 산적이 한둘이 아니다. **b)** 동사가 상호적인 동작을 나타내거나 또는 plus d'un이 반복되어 있는 경우에는 복수로 쓰인다 : A Paris on voit plus d'un fripon qui *se dupent* l'un l'autre. 파리에서는 서로를 속이는 사기꾼이 한둘이 아니다/Je suis bien sûr que plus d'une anguille, plus d'un barbeau, plus d'une truite *suivaient* le courant. 조류를 따라가고 있는 뱀장어, 돌잉어, 송어가 한두 마리 정도가 아니었다고 나는 확신한다.

⑤ **moins de deux** 뒤의 동사는 복수로 쓰이는 것이 보통이다. 이 경우 동사는 moins의 보어인 deux와 일치한다고 볼 수 있다 : Moins de deux mois *se sont écoulés*. 두 달이 좀 못되게 경과했다.

⑥ 〖un des, un de ceux qui...〗 **a)** 〖**un des**+복수보어〗 동사는 단수로 쓰인다 : Un des prisonniers *s'est évadé*. 죄수중의 한 명이 탈옥했다. **b)** 〖**un des**+복수보어〔un de ceux〕+관계대명사절〗 관계대명사 qui가 un에 관계되느냐 보어에 관계되느냐에 따라 동사의 일치가 결정된다. L'astronomie est *une* des sciences qui *fait* le plus d'honneur à l'esprit humain. 천문학은 인간정신을 가장 명예롭게 하는 하나의 과학이다/L'astronomie est une *des sciences* qui *font* le plus d'honneur à l'esprit humain. 천문학은 인간정신을 가장 명예롭게 하는 과학중의 하나다/J'ai interrogé un de *ceux* qui *avaient été* témoins de la scène. 나는 그 장면의 목격자였던 사람들 중의 한명을 심문했다/De toutes les choses de ce monde, la souffrance est certainement *une* de celles qui *ressemble* le moins à une illusion. 이 세상의 모든 일들 중에서 고통처럼 착각과 인연이 먼 것으로 여겨지는 것은 없다.

⑦ 〖기수 형용사+명사〗다수의 단위들로 간주되면 동사는 복수가 되고 하나의 총괄적인 단위로 간주되면 동사는 단수가 된다 : Quarante ans *sont passés*. 40년이 지나갔다/Trente ans *est* un bel âge. 서른살은 좋은 나이다.

⑧ 〖기수사+**pour cent**〗 **a)** 보어가 없는 경우에는 동사는 단수가 된다 : —Quel pourboire donnez-vous? —Vingt pour cent *est* assez. 당신은 팁을 얼마 줍니까?—20퍼센트면 충분합니다.

b) 보어가 있을 때는 보어에 중점을 두느냐 수사에 중점을 두느냐에 따라 동사의 일치가 결정된다 : Vingt

pour cent de la population *s'est abstenue.* 주민의 20%가 기권했다/ 50% des municipalités *s'opposent* au classement de leurs églises. 시민들의 50%가 교회의 분류에 반대한다/90% de notre production *partent* pour l'étranger. 우리나라 생산물의 90%가 외국으로 나간다.
⑨ 〖책 표제〗 **a**) 〖표제가 관사로 시작되는 경우〗 동사는 그 명사의 수에 일치: «Les Martyrs» n'*étaient* pas un livre ennuyeux./«Le Rouge et le Noir» *est* un roman de Stendhal. **b**) 〖표제가 관사로 시작되지 않는 경우〗 동사는 단수가 된다: «Impressions d'Afrique» *laisse* une impression d'Afrique./«Si le grain ne meurt» *est* un récit d'André Gide./ «Guerre et Paix» *est* une véritable épopée.

II. 〖주어가 여럿인 경우〗 **1°** 〖여러 주어가 병치된 경우〗
① 모든 주어가 복수면 동사도 복수가 된다: De vagues ruines, des tas de terre noire, des jardins *faisaient* des masses plus sombres dans l'obscurité. 희미한 폐허, 검은 흙더미, 정원들이 어둠 속에서 더욱 어두운 덩어리를 이루고 있었다.
② 복수 주어들이 동사 앞에서 집합적 의미를 지닌 단수 부정대명사 (tout, rien, personne 등)에 의해 반복될 경우 동사는 단수가 된다: Ses valets de chambres, ses laquais, ses pages, ses trompettes, tout *était fondu* en larmes et *faisait* fondre les autres. 그의 하인들, 시종들, 사환들, 나팔수들, 모두들이 별안간 울음을 터뜨리었고 다른 사람들도 울음을 터뜨리게 하였다/Remords, crainte, périls, rien ne m'*a retenue*. 뉘우침, 두려움, 위험, 아무 것도 나를 붙들지 못하였다.
③ 마지막 주어에 주의를 끌고 싶을 때는 동사를 이에 일치시킨다: Brusquement une plaisanterie, un mot, un geste me *glace.* 갑자기 하나의 농담, 하나의 낱말, 하나의 몸짓이 나를 소름끼치게 한다.
④ 여러 주어가 동일 인물을 나타내는 경우 동사는 단수로 둔다: Un homme, un pèlerin, un mendiant, n'importe! *Est* là qui vous demande asile. 한 남자, 한 순례자, 한 거지, 누구라도 상관없어! 하지만 그가 거기서 당신에게 보호를 요청하고 있다.
⑤ 여러 주어가 하나의 특질이나 하나의 태도를 구성하는 경우 동사는 단수로 둔다: Bien écouter et bien répondre *est* une des plus grandes perfections qu'on puisse avoir dans la conversation. 잘 듣고 잘 대답하는 것은 대화에서 볼 수 있는 최고로 완벽한 태도의 하나이다.

2° 〖여러 주어가 등위 연결된 경우〗
① 여러 주어들 또는 그들중 하나만이라도 복수면 동사는 복수로 둔다: Les élèves et leur professeur *sont partis* pour un voyage d'études. 학생들과 그들의 선생님이 실습여행을 위해 떠났다.
② 여러 주어가 모두 단수일 경우 동사의 일치는 등위연결의 유형에 따라 달라진다. **a**) 〖주어+**et**+주어〗 1) 주어의 복수적인 성격이 뚜렷할 경우 동사는 복수로 둔다: Le soleil et la flamme *illumineront* ensemble ton visage. 태양과 불꽃이 함께 너의 얼굴을 비출 것이다. 2) 여러 주어가 동일 개념의 표현일 경우 동사는 단수로 둔다: Le blanc et le rouge les *rend* affreuses. 울긋불긋한 분이 그녀들을 끔찍하게 만든다. 3) **l'un et l'autre**가 형용사로 사용되면 동사는 단수로 두고 대명사로 사용되면 동사는 보통 복수로 둔다: L'un et l'autre ami *fut* heureux. 양쪽 친구는 행복했다/ L'un et l'autre me *semblaient* identiques. 양쪽이 모두 나에게 동

accord du verbe

일하게 보였다.

b) 〖주어+ou〔ni〕+주어〗 1) 여러 주어가 서로 배제하는 것이 아니라 서로 결합되고 강화되는 경우 동사는 복수로 둔다 : Ni le mari ni la femme ne *regardaient* à l'argent. 남편도 아내도 돈을 아끼지 않았다/Ni l'or ni la grandeur ne nous *rendent* heureux. 황금도 영화도 우리를 행복하게 하지 못한다/La peur ou la misère *ont fait* commettre bien des crimes. 공포나 빈곤이 많은 범죄를 범하게 했다. 2) 여러 주어가 상호 배제적인 뜻으로 쓰였다고 볼 수 있는 경우에는 동사를 단수로 둔다 : Sa perte ou son salut *dépend* de sa réponse. 그가 멸망하느냐 구원되느냐 하는 건 그의 대답에 달려 있다/Ni crainte ni respect ne m'en *peut* détacher. 두려움도 존경도 나를 그에게서 떼어놓을 수 없다/Ni mon grenier, ni mon armoire ne *se remplit* à babiller. 내 곳간도 옷장도 수다를 떤다고 해서 가득 채워지지 않는다.

3) **l'un ou l'autre**는 대명사로 사용되었을 경우나 형용사로 사용되었을 경우나 모두 상호 배제적인 개념을 나타내므로 동사는 단수로 둔다: L'un ou l'autre l'*emportera*. 둘 중 어느 한쪽이 이길 것이다/L'un ou l'autre projet *suppose* de la fatuité. 둘 중의 어느 한 계획은 자만을 전제로 한다.

c) 〖avec, comme, ainsi que, aussi bien que, autant que, de même que, non moins que, non plus que, pas plus que에 의한 등위연결의 경우〗 1) **avec** 뒤에 오는 명사가 주어군에 속하는 것이 아니라 하나의 상황보어 역할을 하는 경우에는 동사는 단수로 둔다. 이 경우「avec+명사」는 앞뒤로 2중의 휴지부에 의해 문장내에서 분리된다 : Le père, avec son fils, *a construit* la maison. 아버지는 아들과 함께 집을 지었다.

☆ 반면에 두 명사가 한 주어군에 속할 경우에는 동사는 복수로 된다. 이 경우 avec는 et와 마찬가지로 등위연결의 역할을 한다고 볼 수 있다 : Le singe avec le léopard *gagnaient* de l'argent à la foire. 원숭이와 표범이 장터에서 돈을 벌고 있었다.

2) **comme, ainsi que**,...으로 두 명사가 결합되고 강화되어 하나의 주어군을 형성하는 경우에 동사는 복수가 된다 : Le chien comme le chat *sont* des mammifères. 개와 고양이는 포유동물이다/Le français ainsi que l'italien *dérivent* du latin. 불어와 이태리어는 라틴어에서 유래한다/Lui aussi bien que sa femme *préfèrent* la mer à la montagne. 그도 그의 아내도 산보다 바다를 더 좋아한다/Votre caractère autant que vos habitudes me *paraissent* un danger pour la paroisse. 당신의 성격도 당신의 습관도 나에게는 본당에 대해 하나의 위험으로 보인다/Sa patience à lui écrire, non moins que les allusions sèches et maladroites qui emplissaient ses lettres, lui en *étaient* des preuves certaines. 그에게 편지쓰는 참을성과 또한 그의 편지를 가득 채우고 있는 무뚝뚝하고 서툰 암시적인 언사들이 그에게는 그 확실한 증거였다/La voix non plus que la silhouette ne lui *étaient* connues. 그에게는 목소리나 옆모습이 모두 낯설었다.

☆ 반면에 첫번째 주어에 중점이 주어지며 접속사는 본래의 비교적인 가치를 지니게 되는 경우 동사는 첫번째 주어와 일치하여 단수가 된다: Lui, comme moi, *aimait* à voyager. 그도 나처럼 여행하기를 좋아했다/Le second acte, ainsi que le premier et tous les autres, *commença* par un festin. 2막은 1막과 다른 모든 막처럼 잔치로 시작됐다/Son visage, aussi bien que son cœur, *avait rajeuni* de dix ans. 그의 얼굴도 마

accord du verbe

음과 마찬가지로 10년이나 더 젊어졌다/Le manque d'air ici, autant que l'ennui, *fait* bâiller. 이곳 공기의 부족은 무료함과 겹쳐서 연신 하품이 나오게 한다/Sa modestie non moins que son grade en *sera* la cause. 그의 겸손이 그의 계급 못지 않게 그 원인일 것이다/Le père, pas plus que le fils, ne *saurait* jamais.... 아버지도 또한 아들처럼 결코 알지 못할 것이다/Mme Bovary, non plus que Rodolphe, ne lui *répondait* guère. 보바리 부인도 또한 로돌프처럼 그에게 거의 대답하지 않았다.

B. 〖인칭의 일치〗 **I.** 〖주어가 하나인 경우〗

1° la plupart, un grand nombre, plusieurs, beaucoup, combien, trop, etc. +de [d'entre] nous [vous]가 주어인 경우 동사는 항상 3인칭 복수로 일치한다:Beaucoup [Plusieurs, La plupart] d'entre nous [vous] *ont réussi*. 우리들[당신들] 중에서 많은 사람들[여러 사람들, 대부분의 사람들]이 성공했다//《보어와의 일치도 가능》 La plupart d'entre nous *avons réussi*. 우리들중의 대부분은 성공했다.

2° 〖관계대명사 qui가 주어인 경우〗 ① 선행사인 대명사가 qui에 선행하는 경우 동사는 대명사의 인칭에 일치한다 : C'est toi qui l'*as nommé*. 그의 이름을 말한 것은 바로 너다.

② 부름말의 뒤에서는 **a)** 원칙적으로 2인칭 : Notre père, qui *êtes* aux Cieux. 하늘에 계신 우리 아버지시여/Etoiles qui *avez lui* sur la tête ...de tous mes ancêtres. (France, *S. Bonnard*, 97) 나의 모든 선조들의 머리위에서 반짝인 별이여.

b) 때로는 3인칭도 쓰인다 : Chère créature, qui ne *parle* que du mal qu'on m'a fait.... Vous ne savez donc pas que....(Daud) 남이 나에게 준 고통밖에 말하지 않는 사랑하는 이여, 그대는….

③ 주절의 주어인 대명사와 qui 사이에 속사가 위치해 있는 경우.

a) 다음과 같은 경우에는 속사와의 일치가 이루어진다. 1) 속사가 정관사나 지시형용사에 의해 한정되어 있는 경우 : Vous êtes le spécialiste qui *connaît* le mieux la question. 당신은 그 문제를 가장 잘 알고 있는 전문가입니다/ Vous êtes ce monsieur qui m'*a porté* secours. 당신이 바로 나를 구원해 주신 그 분입니다. 2) 주절이 부정형이거나 의문형인 경우 : Tu n'es pas un homme qui *abandonne* ses amis dans le besoin. 너는 곤궁에 처해 있는 친구들을 버릴 사람이 아니다/Etes-vous un journaliste qui *soit* débrouillard? 당신은 능수능란한 신문기자입니까?

b) 주절이 긍정일 때에는 선행사를 주어로 볼 수도 있고 속사로 볼 수도 있다. 1) 속사가 「부정관사+명사」일 경우 : Nous sommes des pauvres gens qui n'*ont*[n'*avons*] rien. (Mart, 213) 우리는 무일푼의 가난뱅이다《avons은 Nous, qui n'avons rien, sommes...라고 본 것》. 2) 속사가 지시형용사를 동반하지 않은 고유명사일 경우 : Je suis Pierre, qui vous *a*[*ai*] tant soigné. (Mart, 213).

④ 속사가 관사나 지시형용사를 동반하지 않은 「基數詞+명사」이거나 beaucoup, quelques-uns 등일 경우에는 거의 주어와 일치한다 : Nous étions deux[plusieurs, quelques-uns, beaucoup] qui *voulions* partir. 우리는 둘[몇 사람, 여럿]이 출발하고 싶어하고 있었다.

II. 〖주어가 여럿인 경우〗 1° 한 주어는 1인칭이고 다른 주어는 2인칭이나 3인칭인 경우 동사는 1인칭 주어와 일치한다 : Moi et toi, nous *irons*. 너와 내가 갈 것이다/Mon frère et moi *irons* à Paris. 형과 나는 파리에 갈 것이다.
2° 한 주어는 2인칭이고 다른 주어는 3인칭인 경우 동사는 2인칭 주어와 일치한다 : Pierre et toi, vous *vous entendez* bien. 피에르와 너는 뜻이 잘 맞는다/Lui et toi, vous *irez*. 그와 너는 갈 것이다.

actif(voix active)[능동태]—주어가 직접 동작을 하는 동사형태로서 수동태 *le passif 나 중간태 *voix moyenne 와 대립된다. Paul lit un livre 에서 Paul 은 주어로 lire 의 동작을 하고 이 동작은 le livre 에 어떤 영향을 미친다. 이때의 동사를 능동사, 문장을 능동문이라 한다. 프랑스어에서 능동동사는 ① 타동사 a) 직접 : aimer son père. b) 간접 : obéir à son père. ② 자동사 : marcher, courir 이다. ⇨voix².

action-ligne[선동작], **action-point**[점동작]— 동작의 지속기간을 선으로 표시할 때 동사가 나타내는 동작중 계속적인 동작은 선동작이라고 하고, 선 위에 하나의 점으로 표시될 수 있을 만큼 순간적인 동작은 점동작이라고 한다. 과거시제를 예로 들면 반과거는 선동작을, 단순과거는 점동작을 나타낸다고 볼 수 있다. 이를테면 Je lisais quand il entra 에 있어서의 두 동작은 다음과 같은 그림으로 나타낼 수 있다.

A : action-ligne (Je lisais)
B : action-point (il entra)
P : 현재

adjectif [형용사]—전통 문법에서는 형용사를 사람, 사물, 개념의 성질을 나타내거나(adjectifs qualificatifs), 문장에서 명사를 現動化 actualiser 하기 위해서 명사에 붙여지는 말(adjectifs déterminatifs)이라고 정의하고 있다. 구조언어학에서는 비교급이 있는 것인가(aîné 는 불가능), 형태가 어근형인가 파생형인가(fort, métallique), 속사로 쓰일 수 있는가(solaire 는 불가능), 有精명사 nom animé 의 épithète 로만 쓰이는가(pensif), 아니면 모든 명사의 épithète 로 쓰이는가(grand) 등에 따라 형용사를 분류하고 있다.
★ **locution adjective**[형용사구]— une table *de bois*에서 de bois 는 형용사나 분사(chaise *cassée*)와 같은 역할을 하는데 이런 어군을 형용사구라 한다. fauteuil *Louis XV*에서 「Louis XV 루이 15세 시대의」도 같은 경우이다.

adjectif apposé [동격형용사] ⇨ attribut, adjectifs qualificatifs.

adjectifs composés [복합형용사] —불어의 어휘 형성방법에는 파생법 dérivation 과 합성법 composition 이 있는데 복합형용사란 합성법에 의해 형성된 형용사를 말한다.

〖성·수의 변화〗복합형용사의 종류에 따라 결정된다.
① 〖*adj.*+*adj.*〗 a) 복합어를 형성하고 있는 두 요소가 다 형용사인 경우에는 둘다 성과 수에 있어서 변화한다 : des filles sourdes-muettes 농아 소녀들/des poires aigres-douces 새큼달콤한 배들/les sénateurs sociaux-chrétiens 기독 사회당 상원의원들. b) 첫번째 요소가 -o로 끝나는 경우에는 두번째 요소만 변화한다 : la guerre russo-japonaise 노일 전쟁/des recherches psycho-pédagogiques 교육 심리학적 탐구.
② 〖*adv.* (부사적으로 쓰인 형용사, 전치사)+*adj.*〗 첫번째 요소는 변화하지 않는다 : des gens malintentionnés 악의에 찬 사람들/des enfants bien-aimés 가장 사랑하는 자식들/des signes avant-coureurs 전조/des enfants nouveau-nés 갓난애/des personnes haut placées 고관들/une brebis mort-née 사산된 양/une femme court-vêtue 짧은 옷을 입은 여인/l'avant-dernière page 끝

adjectifs possessifs

에서 두번째 페이지/clause sous-entendue 은연중의 합의사항.
adjectifs démonstratifs [지시형용사]—adjectifs déterminatifs의 일종으로 사람이나 사물을 동일 종류의 다른 것들과 구별하여 명확하게 지시하는 데 사용된다.
① 단순형태 : ce [cet], cette, ces.
② 복합형태 : ce[cet]-ci[-là], cette-ci[-là], ces-ci[-là]. ⇨ce².
adjectif détaché=adjectif apposé.
adjectifs déterminatifs [한정형용사]—사람이나 사물의 특질이나 상태를 나타내는 품질형용사에 대해 비품질 형용사인 한정형용사는 사람이나 사물을 어떤 측면에서 제시함으로써 담화에 도입하는 역할을 한다. 한정형용사에는 여섯가지 종류가 있다 : adj. démonstratifs, adj. possessifs, adj. relatifs, adj. interrogatifs [exclamatifs], adj. indéfinis, adj. numéraux. 이들 중 첫번 다섯가지 형용사는 대명사와 형태가 유사하거나 동일하므로 adjectifs pronominaux 라고 부르기도 한다.
adjectifs interrogatifs [의문형용사] ⇨quel.
adjectifs numéraux [수형용사] ⇨numéraux, numéraux cardinaux, numéraux ordinaux.
adjectifs personnels [인칭형용사]—adj. possessifs 대신 F. Brunot 가 제안한 명칭.
adjectifs possessifs [소유형용사]—한정 형용사의 일종으로 명사의 의미를 실제 상황이나 문맥에 나타나 있는 소유자에게 관련시킴으로써 명사를 현실화하고 한정해 준다.
I.〖형태〗소유자의 인칭과 수, 피소유물의 수와 성(단수인 경우)에 따라 변화한다. 그 형태와 기능의 차이에 의해 두 가지 계열 즉 무강세형과 강세형으로 구분되는데 (⇨ 별표), 이중 무강세형만이 현대불어에서 활용된다.
1° 무강세형 (formes atones) : ma, ta, sa 는 모음이나 무성 h 앞에서는 모음충돌 hiatus 을 피하기 위해서 mon, ton, son 을 대용한다 : *mon* espérance, *ton* histoire, *son* épine.
2° 강세형 (formes toniques) : 소유대명사에서 정관사를 뺀 형태가 바로 강세형이다.
II.〖의미〗1° 구체적 또는 정신적 소유관계를 나타낸다 : Il a vendu *sa* maison. 그는 자기의 집을 팔았다/

※ 별표

변화형	무 강 세 형			강 세 형			
피소유물	단 수		복 수	단 수		복 수	
소유자	남 성	여 성		남 성	여 성	남 성	여 성
단수 1인칭	mon	ma	mes	mien	mienne	miens	miennes
단수 2인칭	ton	ta	tes	tien	tienne	tiens	tiennes
단수 3인칭	son	sa	ses	sien	sienne	siens	siennes
복수 1인칭	notre		nos	nôtre		nôtres	
복수 2인칭	votre		vos	vôtre		vôtres	
복수 3인칭	leur		leurs	leur		leurs	

adjectifs possessifs

Tu aimeras *ton* père et *ta* mère. 너는 네 아버지와 어머니를 사랑해야 한다.
2° 진정한 의미의 소유관계라기 보다는 단순히 사람과 사물과의 관계를 나타낸다.
① 〖관심의 관계〗 Qu'est-ce qu'elle fait, *ta* grande dame? 네가 관심을 갖고 있는 그 귀부인은 무엇을 하느냐? /*Notre* lièvre n'avait que quatre pas à faire. 우리 산토끼(=나와 그 밖의 다른 사람들의 공통적인 관심사인 산토끼)는 몇 걸음만 가면 되었다.
② 〖습관적 관계〗 Tu ne veux pas me jouer *ton* prélude? 너는 네가 늘 연주하던 그 전주곡을 나에게 들려주지 않겠니?
③ 〖의무의 개념〗 Le moine lisait *son* bréviaire. 수도사는 그의 성무일과서를 읽고 있었다.
④ 기타 관용적인 표현에서 사람에게 특유한 관계를 볼 수 있다: Il trompe *son* monde (=les gens avec qui il est habituellement en rapport). 그는 자기와 친근한 사람들까지도 속인다/La peinture ne fait guère vivre *son* homme (=l'homme qui s'y consacre). 그림은 거의 그것에 종사하는 사람을 먹여 살리지 못한다/J'ai tout *mon* temps (=le temps qui m'est nécessaire). 나는 충분한 시간이 있다.

III. 〖감정적 용법〗 소유형용사는 대략 세가지 종류의 감정을 나타내는데 쓰인다.
1° 〖애정〗 Quel jour sommes-nous, *mon* petit homme? 여보, 오늘이 며칠이죠? /*Mon* Lou, je veux te reparler maintenant de l'Amour. 사랑하는 루, 너에게 나는 이제 사랑의 얘기를 다시 하고 싶다. ☆ 소유형용사의 감정적 가치는 무엇보다 사람 이름 앞에서 뚜렷하며 특히 1인칭 소유형용사의 경우가 그렇다.
2° 〖존경〗 주로 호칭에 사용되며 1인칭이 지배적이다.
① 〖경칭〗 Monsieur, Madame, Monseigneur, Sa Majesté 폐하, Son Altesse 전하, Son Excellence 각하.
② 〖군사용어〗 상급장교에 대하여 사용된다: Mon lieutenant 중위님, Mon colonel 연대장님, Mon général 장군님. ☆1) 그러나 maréchal 의 경우는 Mon maréchal 이라고 하지 않고 Monsieur le Maréchal 이라고 한다. 2) 상관이 하급장교를 부를 때, 및 해군에서는 소유형용사 없이 말한다: Colonel, Major. 3) 민간인이 장교에게 말할 때에는 원칙적으로 mon 을 사용하지 않는다. 또 여자는 절대로 mon 을 사용해서는 안된다: Lieutenant, Capitaine. 4) 반면에 젊은 여자가 나이가 지긋한 장교나 고급장교에게 말할 때는 계급명 앞에 monsieur 를 붙이던가 또는 간단히 monsieur 라고만 부른다.
③ 〖종교 단체〗 Mon Père 신부님, Ma Mère 수녀원장님, Ma Sœur 수녀님, Notre Seigneur 우리 주님.
④ 〖친척 관계〗 père, mère, oncle, tante 앞에 사용된 소유형용사는 공손함을 나타내나 너무 예절바르고 딱딱한 인상을 준다: Je dois faire, *mon* père, tout ce qu'il vous plaira de m'ordonner. 아버님, 저는 아버님께서 제게 명하고 싶어하시는 것은 모두 해야 합니다. ☆ 보통은 소유형용사 없이 père, papa, mère, maman, oncle, tante 만이 사용되어 보다 더 친근감을 나타낸다: grand-père, grand-papa, bon-papa, grand-mère, grand-maman, bonne-maman, parrain, marraine 는 소유형용사 없이 사용된다.
3° 〖경멸〗 Voilà *mon* imprudent! 저런 경솔한 놈을 봤나! 《고유명사 앞에 쓰면 더욱 경멸적》 *Votre* M. Lainé est un méchant homme. 당신의 그 래네인가 하는 사람은 고약한 사람입니다/Qu'est-ce qu'ils ont donc tous, avec *leur* Paris! 그

들은 도대체 그 파리 때문에 어쨌다는 건가!
IV. 〖소유형용사와 정관사〗 1° 신체의 부분처럼 소유관계가 명백해서 소유형용사의 사용이 불필요한 경우 소유형용사 대신 정관사가 사용된다 : Il a ouvert *les* yeux. 그는 눈을 떴다 (cf. Il a ouvert *ses* volets).

① 〖동사가 avoir인 경우〗 동사 avoir가 소유의 개념을 나타내므로 다시 소유형용사에 의해 소유관계를 나타낼 필요가 없다 : J'ai mal à *la* tête. 나는 머리가 아프다//《(습관을 나타낼 때는 소유형용사를 사용)》 J'ai mal à *ma* jambe. 말썽꾸러기 다리가 또 아프다.

② 소유관계가 이미 문장 안에 있는 인칭대명사에 의해 나타난 경우 : Je me suis brûlé *la* main. 나는 손을 데었다/Elle *m'*a coupé *les* cheveux. 그녀는 내 머리를 깎았다(cf. Elle m'a reprisé *mes* chaussettes).

③ 소유의 의미가 아주 명백할 때는 보어인칭대명사의 존재도 불필요하다 : traîner *la* jambe 다리를 절름거리다/tirer *la* langue 혀를 내밀다/donner *la* main 악수하다. ☆ main이 특별한 관심의 대상이 되거나 비유적으로 사용되었을 경우에는 소유형용사 : Donnez-moi *votre* main. 당신의 손을 내밀어 보세요《(의사나 장갑 장수의 경우)》/offrir *sa* main à quelqu'un 어떤 사람에게 청혼하다/accorder *sa* main à quelqu'un 청혼을 받아들이다.

2° 신체의 일부분을 나타내는 명사가 형용사를 동반하고 있을 경우 정관사와 소유형용사의 선택은 형용사의 기능에 달려 있다.

① 〖부가형용사 épithète인 경우〗 소유형용사를 사용한다 : Elle ouvrit *ses* yeux verts. 그녀는 그녀 특유한 초록색 눈을 떴다/Elle renversa *son* cou blanc. 그녀는 그 특유한 흰 목을 뒤로 젖혔다.

② 〖속사 attribut인 경우〗 정관사를 사용한다 : Il avait *le* front bas. 그는 이마가 좁았다 《(이런 경우에는 avoir가 소유의 개념을 명백히 나타내고 있다)》. ☆ avoir 뒤에서도 문제의 사물이 사람에게 속한다는 것을 명시하고 싶을 때는 소유형용사 : Il a toujours *ses* pauvres yeux inquiets. 그의 가엾은 눈은 항상 불안스럽다.

3° 의미의 모호함을 피하기 위해 특별히 명시할 필요가 있을 경우에는 소유형용사를 사용한다 : Mets *tes* mains dans *mes* mains. 너의 손을 내 손에다 놓아라. ☆ 상호적 행위를 나타내는 문장에서는 소유형용사 대신 정관사 : Ils se regardèrent, *les* yeux dans *les* yeux. 그들은 서로 눈을 바라보았다.

4° 몸짓을 구체적으로 묘사하는 경우에는 소유형용사를 사용한다 : Il croisa *ses* mains derrière *son* dos. 그는 뒷짐을 지었다.

5° 신체의 일부분을 나타내는 명사가 아니더라도 다음과 같은 관용적인 표현에서는 소유형용사 대신 정관사가 사용된다 : Il *porte l'*épée avec aisance. 그는 힘 안들이고 칼을 차고 있다/Vous aviez donc *perdu l'*esprit? 당신은 도대체 정신이 없었어요?/Ils ont *perdu la vie*. 그들은 목숨을 잃었다. ☆ 위 경우에도 동사를 바꾸어 숙어적인 성격이 없어지면 소유형용사 : Il apporte *son* épée. 그는 그의 칼을 가져온다/Vous n'aviez donc plus *votre* esprit habituel? 당신은 이미 여느때의 당신 정신이 아니었읍니까?/Ils ont gâché *leur* vie. 그들은 그들의 일생을 망쳤다.

V. 〖소유형용사와 en〗 1° 〖소유자가 사람인 경우〗 소유형용사를 사용한다 : Angelo pensait encore à *sa* bague. 앙젤로는 아직도 자기의 반지 생각을 하고 있었다.

2° 〖소유자가 사물인 경우〗 ①〖피소

유물과 소유자가 동일절에 사용되었을 경우』 소유형용사를 사용한다 : L'affaire va vers *son* succès. 일이 성공의 길로 달리고 있다.

② 〖소유자가 선행절에 사용되었을 경우〗 a) 피소유물이 「타동사+직접목적보어」의 주어거나 전치사 뒤에 오는 경우에는 소유형용사를 사용한다 : Le soleil se leva; *ses* rayons caressèrent la cime de la montagne. 해가 떴다. 햇빛이 산봉우리를 어루만졌다/Cette affaire est importante. Je m'attends à *son* succès. 이 일은 중요하다. 나는 그일의 성공을 기대하고 있다. b) 피소유물이 être의 주어거나 주어의 속사 또는 타동사의 직접목적보어일 경우에는 원칙적으로 en을 사용한다 : Cette affaire est délicate, le succès *en* est douteux. 이 일은 까다로와서 그 성공이 의심스럽다(cf. *Son* succès nous *étonne.*)/Mon oncle Jules... était le seul espoir de la famille, après *en* avoir été la terreur. 나의 삼촌 쥘은 집안 식구들의 공포의 대상이었으나, 후에는 그 유일한 희망이었다/Je ne savais rien de cette ville, je n'*en* connaissais que le nom. 나는 이 도시에 대해 아무것도 모르고 있었으며 오직 그 이름만 알고 있었다.

Ⅵ. 〖강세형의 용법〗 문어체 불어에서 사용되는 소유형용사의 강세형은 품질형용사의 용법을 지니고 있다.

1° 부정관사나 지시형용사와 결합하여 부가형용사 épithète 의 역할을 하여 주로 명사 앞에 위치한다 : Il se rendit à Collonches visiter un *sien* domaine. 그는 자기의 소유지를 방문하러 콜롱쉬로 갔다《(이 용법은 예스러운 문학적 표현에 지나지 않는다. 상용불어에서는 ... visiter un domaine à lui 라고 한다)》/une conséquence de cette *mienne* position 나의 이 입장의 결과.

2° 특히 기교적인 문체에서 être,
faire, rendre, vouloir, devenir, regarder comme, se figurer 등과 같은 동사 뒤에서 속사로 사용된다 : Je fais *mienne* cette réponse. 나는 이 답변을 내 것으로 한다/Je suis *tienne* et je resterai *tienne*. 나는 당신의 것이고 앞으로도 당신의 것으로 남아 있을 것이오《(Je suis *tienne* 의 경우 상용불어에서는 Je suis à toi 라고 한다)》.

adjectifs pronominaux [대명사적 형용사]—대응하는 대명사를 지니고 있는 형용사로 adj. possessifs, adj. démonstratifs, adj. relatifs, adj. interrogatifs, adj. indéfinis 가 이에 속한다.

adjectifs pronoms [형용사 대명사]—adjectifs déterminatifs 와 그에 대응하는 대명사를 통틀어 지칭한다 : *mon* livre, le *mien*; *ce* livre, *celui-ci*; *quel* livre, *lequel*; *deux* livres, j'en ai *deux*; le *même* livre, c'est *le même*.

adjectifs qualificatifs [품질형용사]—사람이나 사물을 그 속성이나 양태면에서 특징짓는 역할을 하는 형용사를 말한다.

Ⅰ. 〖형태〗 1° **adjectifs simples** [단일형용사] 한 단어로 구성되어 있다: grand, fort. 2° **adjectifs composés** [복합형용사] 여러 단어로 구성되어 있으며 흔히 (-)로 결합되어 있다: avant-dernier, clairsemé.

Ⅱ. 〖일치〗 어형변화를 하는 품질형용사는 관련된 명사의 성과 수에 일치한다. 성·수에 따른 품질형용사의 형태는 ⇨féminin des adjectifs, pluriel des adjectifs.

1° 〖여러 명사와의 일치〗 ① 〖명사들의 성이 같은 경우〗 a) 명사들이 모두 복수면 형용사는 그들과 수에 일치한다 : des princes et des rois *puissants* 강력한 왕자들과 왕들. b) 명사들이 각각 단수면 형용사는 의미상의 이유로 복수가 될 수 있다 : la langue et la littérature *françai-*

ses 불어와 불문학. **c)** 위 이외의 경우에는 단수가 될 수 있다:un prince et un roi *puissant* 강력한 왕자와 왕.
② 〖명사들의 성이 다른 경우〗 **a)** 형용사가 의미상 각각의 명사에 관련되면 형용사는 남성 복수로 둔다 : Est-ce que papa et maman sont *fâchés?* 아빠와 엄마가 화나셨니 ? ☆ 형용사가 발음에 있어서 남성형과 여성형이 다른 경우에는 형용사를 여성명사에 인접시키는 것을 피한다 : Ta tombe et ton berceau sont *couverts* d'un nuage. 네 무덤과 요람이 구름으로 덮여 있다. **b)** 형용사가 명사들 중의 어느 하나에 특별히 관련된 경우에는 이 명사를 마지막에 위치시키며 형용사는 이와 성·수에 일치한다 : Venez avec votre père et votre frère *aîné*. 당신의 아버지와 형님과 함께 오십시오.
③ 〖N+ou+N+adj.〗 형용사의 일치는 의미에 따라 결정된다. **a)** 형용사가 두 명사 중의 하나에만 관련되는 경우 그와 성과 수에 일치한다 : une statue de marbre ou de bronze *doré*. 대리석이나 금빛의 청동으로 만든 조상. **b)** ou 가 배제적인 의미를 내포하고 있는 경우에도 형용사는 두 명사에 동시에 관계될 수 있다. 그러나 일치는 마지막 명사와 이루어진다 : Vit-on jamais un homme dont le bonheur ou le malheur fût *complet*. 그 행복이나 불행이 완전한 사람을 본 적이 있는가. ☆ 또는 모호함을 피하기 위해 복수로 일치되기도 한다 : On demande un homme ou une femme *âgés*. 나이가 많은 남자나 여자를 구합니다.
④ 〖N+comme, ainsi que+N+adj.〗 접속사가 비교의 가치를 지니고 있을 경우에는 첫번째 명사와 일치하고 연결적인 가치를 지니고 있을 경우에는 두 명사와 동시에 일치한다 : L'aigle a le bec, ainsi que les serres, *puissant* et *acéré*. 독수리는 발톱처럼 강하고 뾰족한 부리를 지니고 있다/Il avait la main ainsi que l'avant-bras tout *noirs* de poussière. 그의 손과 팔은 먼지로 아주 더러워져 있었다.
2° 〖단일 복수명사와 여러 단수형용사의 일치〗 형용사들이 각각 복수명사가 상징하는 여러 단위들 중의 하나에 관계되는 경우 형용사는 단수로 두고 성만 일치시킨다 : Les enseignements *primaire, secondaire,* et *technique* 초등, 중등, 그리고 기술교육. ☆ 이런 경우 흔히 명사를 단수로 하고 각 형용사 앞에서 반복한다:le code civil et le code *pénal* 민법전과 형법전.
3° 〖N+명사보어+adj.〗 의미상 형용사가 명사에 관련되느냐 명사보어에 관계되느냐에 따라서 일치가 결정된다. ① 〖명사〗 Les fenêtres avaient des rideaux de percale *ornés* de galons rouges. 창문에는 붉은 장식술로 장식된 면으로 된 커어튼이 달려 있었다/un tas de feuilles *élevé* 높이 쌓아 올린 나뭇잎 더미. ② 〖명사보어〗 Des colonnes de fumée *bleue* et *légère* montaient dans l'ombre le long des flancs de l'Hymette. 푸르고 엷은 연기의 기둥이 이메트의 산허리를 따라 어둠 속으로 올라가고 있었다/un coupon de toile *écrue* 생마포의 자투리.
③ 〖수량부사와 복수명사 보어의 경우〗 형용사는 복수명사와 일치한다 : Il y a pourtant assez de maux *réels*. 그러나 상당히 많은 실제 재난들이 있다.
4° 〖색채 형용사의 일치〗 ① 〖단일 형용사의 경우〗 명사와 일치 : des cheveux *noirs* 검은 머리/des étoffes *vertes* 초록색 천.
② 〖복합형용사의 경우〗 변화하지 않는다 : des yeux *bleu clair* 연한 푸른색 눈/des uniformes *bleu foncé* 짙은 푸른색 제복/On a coupé ses cheveux *châtain clair*. 그의 연한 밤색 머리를 깎았다/une robe *vert de*

adjectifs qualificatifs

mer 바다색 원피스.
③ 〖명사가 색채 형용사로 사용된 경우〗 변화하지 않는다 : des rubans *orange* 오렌지색 리본/des foulards *cerise* 버찌빛 스카프 / des favoris *poivre et sel* 희끄무레한 갈색 볼수염.
5° 〖일치하지 않는 형용사〗 ① 명사에서 파생한 색채형용사(⇨4°, ③).
② 형용사나 명사에 의해 한정된 형용사(⇨ 4°, ②).
③ 전치사화한 형용사 : *sauf* erreur 오류의 경우는 차한에 부재함/à trois pas de là vraiment, *passé* la rue Saint-Georges 거기에서 몇 걸음 안 가 생 조르주가를 지나서.
④ 부사적으로 한정보어의 역할을 하는 형용사. a) 형용사의 의미가 동사에 가해지는 경우 : Ils crient *fort*. 그들은 큰 소리로 부르짖는다/Elles chantent *faux*. 그녀들은 곡조가 틀리게 노래한다. b) 형용사의 의미가 다른 형용사에 가해지는 경우 : des personnes *haut* placées 고위층. c) 형용사가 부사절의 핵심을 이루는 경우 : *Haut* les mains! 손들어 ! / *Bas* les pattes! 앉아 !
⑤ **nu** 는 명사 앞에 위치하는 경우 부사로 취급되어 변화하지 않는다 : Ne restez pas *nu*-tête au soleil! 모자를 쓰지 않고 햇볕에 있지 마십시오 ! ☆ 명사 뒤에서는 그 명사와 성·수에 일치 : Ah! Pauvre enfant, pieds *nus* sur les rocs anguleux! 아 ! 가엾은 아이, 모난 바위 위에 맨발로 있다니 !
⑥ **demi** 는 명사나 형용사 앞에서는 변화하지 않는다 : *demi*-morte 반쯤 죽은. ☆ 명사 뒤에서는 수는 변화하지 않으나 성은 변화한다 : deux mètres et *demi* 2미터 반/trois heurs et *demie* 3시 반.
⑦ **feu**(=défunt)는 「관사〔소유형용사〕+명사」 앞에서는 변화하지 않는다 : *feu* la reine 고 왕비/Je tiens de *feu* ma femme. 나는 고인이 된 내 아내와 흡사하다. ☆ 한정사와 명사 사이에 위치할 경우에는 보통 형용사처럼 일치한다 : la *feue* reine 고 왕비/Ses *feus* grands-parents l'aimaient beaucoup. 고인이 된 그의 조부모는 그를 매우 사랑하셨다.
⑧ **possible** 은 최상급 뒤에 올 경우 변화하지 않는다 : Il lui adraissait les compliments les plus justes *possible*. 그는 그에게 가능한 한 당연한 치하를 보내고 있었다.

III. 〖기능〗 1° 〖부가형용사 épithète〗 명사의 직전이나 직후에 위치하여 그 명사가 지칭하는 사람이나 사물의 시간을 초월한 속성을 나타낸다 : Cet élève *paresseux* a été renvoyé du lycée. 이 게으른 학생은 중학교에서 퇴학당했다.
2° 〖속사 attribut〗 명사와 형용사의 관계는 동사를 매개로 하여 이루어지기 때문에 속사형용사는 동사의 시제가 나타내는 순간이나 기간 동안의 사람이나 사물의 특질을 나타낸다 : 〖주어의 속사〗 Ses cheveux étaient *blonds*, ses joues *fermes* et *pâles*. 그의 머리는 금발이었고 그의 뺨은 단단하고 창백했다/La vie des forçats peut passer pour *luxueuse* comparée à celle de Sauviat. 도형수들의 생활은 소비아의 생활에 비하면 호화롭다고 인정받을지도 모른다.
3° 〖동격〗 다음과 같은 용법에 쓰이는 형용사는 동격으로 볼 수 있다.
① 동격형용사는 그가 관련된 명사와 문장의 나머지 부분으로부터 휴지부에 의하여 분리되어 있으며 사람이나 사물의 일시적인 특징을 묘사한다. 부가형용사와는 달리 동격형용사는 대명사도 수식할 수가 있다. a) 〖명사의 동격〗 Sa piété, très *sincère*, était sérieuse et profonde. 매우 진실한 그의 신앙심은 진지하고 깊었다. b) 〖인칭대명사의 동격〗 *Menteur*, je me suis vanté de mes calomnies. 거짓말쟁이인 나는 나의 중상적인 언사를 자랑스럽게 생각했

다. c) 〖지시대명사 복합형의 동격〗 Celui-ci, *travailleur*, sera recompensé. 근면한 이 사람은 보답을 받을 것이다. d) 〖소유대명사의 동격〗 Le mien, *paresseux*, sera puni. 게으른 내것은 벌을 받을 것이다.
★ 동격으로 놓인 형용사는 흔히 상황보어적인 의미를 지녀 시간, 원인, 양보 등을 나타내기도 한다. 이런 경우의 형용사를 동격과 구별하여 한정보어라고 하기도 한다 : J'ai eu toute *petite*, une gouvernante anglaise. 나는 아주 어렸을 때 영국인 가정교사가 있었다/Cet élève, *paresseux*, a été renvoyé du lycée. 이 학생은 게으르기 때문에 중학교에서 퇴학당했다/Je t'aimais *inconstant*, qu'aurais-je fait *fidèle*? 너의 마음이 그렇게 변했는데도 나는 너를 사랑하고 있었다. 네가 충실했다면 내가 어떻게 했을 것인가?
② 전치사 de에 의해 부정대명사에 연결되어 있는 경우 : Rien de *nécessaire* ne lie la concavité de mon nez à la convexité de mon front. 내 코의 오목한 모양을 내 이마의 볼록한 모양에 연결시켜 주는 필연적인 관계란 아무것도 없다.
③ 정관사에 의해 명사화되어 고유명사 직후에 휴지부 없이 위치한 경우 : Worms *l'ingrate* s'est révoltée contre moi. 배은망덕한 보름스가 나에게 반항했다.
④ 다음과 같은 특수구문에서 명사화된 형용사는 동격으로 간주될 수 있다 : un *drôle* de bonhomme 이상한 녀석/la *drôle* de guerre 이상한 전쟁.
IV. 〖부가형용사의 위치〗 부가형용사는 명사 앞 또는 뒤에 위치할 수 있다. 일반적으로 불어의 논리적 어순에 의해 부가형용사는 그가 수식하는 명사 뒤에 위치하는 경향이 있으며 (65% 가량) 명사 앞에 위치하는 경우에는 그럴 만한 특수한 이유가 있다고 볼 수 있다. 후치의 경우에 는 형용사가 자신의 독립된 악센트를 지니며 명사와 형용사 사이에서는 연독현상이 일어나지 않는다 :

un endroit ennuyeux
[œ̃n ɑ̃drwa ɑ̃nɥjø]

반면에 전치의 경우에는 형용사는 명사와 밀접히 연결되어 자신의 독립성을 잃고 명사와 함께 하나의 음성군 groupe phonétique을 이루며 형용사와 명사 사이에는 연독현상이 일어난다 :

un ennuyeux endroit
[œ̃ nɑ̃nɥjø zɑ̃drwa]

그리하여 전치의 경우에는 형용사가 명사와 결합하여 하나의 복합명사를 이루는 경우가 드물지 않다 : un bonhomme (≠un homme bon), une sage-femme(≠une femme sage), un simple soldat(≠un soldat simple), un jeune homme(≠un homme jeune). 후치된 형용사가 명사와 복합명사를 이루는 경우는 비교적 드물다 : une carte postale, une chaise longue, une étoile filante.
1° 〖위치에 의한 부가형용사의 분류〗 형용사는 그 위치면에서 볼 때 크게 세 종류로 나뉘어진다 : 위치가 고정되어 있는 형용사, 의미에 따라 위치가 결정되는 형용사, 위치가 임의적인 형용사.
① 〖위치가 고정되어 있는 형용사〗 **a)** 〖*adj.*+N〗 1) 단음절 형용사는 다음절 명사 앞에 위치한다 : de *faux* policiers 가짜 경찰관. 2) 서수 형용사 : son *troisième* anniversaire 그의 세번째 생일. 3) 형용사의 의미가 명사의 의미와 쉽게 결합되는 일상적인 형용사들 : beau, joli, bon, meilleur, méchant, mauvais, pire, court, bref, long, large, petit, grand, gros, haut, jeune, vieux. **b)** 〖N+*adj.*〗 1) 다음절 형용사는 단음절 명사 뒤에 위치한다 : un film *inoubliable* 잊지 못할 영화. 2) 색깔, 형

태, 크기와 같은 물리적인 특징을 나타내는 형용사: une robe *bleu* 푸른색 원피스/une table *ronde* 원탁/un chemin *étroit* 좁은 길. 3) 국적이나 지리적 위치, 종교나 정치 단체에의 소속을 나타내는 형용사: le peuple *français* 프랑스 국민/un climat *méditerranéen* 지중해의 기후/la religion *catholique* 가톨릭교/le parti *communiste* 공산당. 4) 과거분사와 대다수의 -ant 으로 된 동사적 형용사: un élève *doué* 재능이 풍부한 학생/des sables *mouvants* 움직이는 사막.

② 〖의미에 따라 위치가 결정되는 형용사〗 어떤 형용사들은 명사 앞에 위치하느냐 뒤에 위치하느냐에 따라 그 의미가 달라진다: mon *ancienne* maison 나의 옛날 집, une maison *ancienne* 오래된 집/un *brave* homme 친절한 사람, un homme *brave* 용감한 사람/une *certaine* nouvelle 어떤 소식, une nouvelle *certaine* 확실한 소식/la *chère* vie 귀중한 인생, la vie *chère* 비싼 생활비/un *faux* problème 허위 문제, un problème *faux* 그릇된 문제/un *fier* imbécile 이름난 바보, un imbécile *fier* 오만한 바보/un *maigre* repas 변변치 못한 식사, un repas *maigre* 고기 없는 식사/un *pauvre* homme 가엾은 사람, un homme *pauvre* 가난한 사람/sa *propre* maison 그 자신의 집, une maison *propre* 깨끗한 집/un *seul* homme 유일한 사람, un homme *seul* 고독한 사람/une *simple* formalité 단순한 형식, une formalité *simple* 간편한 절차/un *triste* individu 보잘것 없는 사람, un individu *triste* 슬픔에 젖은 사람/un *unique* cas 유일한 경우, un cas *unique* 독특한 경우/un *vieil* ami 옛 친구, un ami *vieux* 늙은 친구/un *vrai* roman 진짜 소설, un roman *vrai* 사실적 소설.

③ 〖위치가 임의적인 형용사〗 기타 형용사들은 명사 직전이나 직후에 임의적으로 위치할 수 있다. 그러므로 작가는 형용사의 전치나 후치의 적절한 사용으로 다양한 문체적 효과를 얻을 수가 있는 것이다. 일반적으로 후치된 형용사는 그 고유의 음조를 지니고 있으므로 명사가 나타내는 사람이나 사물의 우발적인 특성을 나타낸다. 반면에 전치된 형용사는 명사와 일체를 이루므로 사람이나 사물을 구성하고 있는 선천적이고 근본적인 특성을 나타내는 것이다. 따라서 물리적인 특성보다는 더 항구적인 정신적인 가치를 지니게 되는 것이다. 또한 후치된 형용사는 치밀한 판단의 결과를 나타내며 따라서 묘사적인 가치를 지닌다. 반면에 전치된 형용사는 간략한 판단의 결과를 나타내며 또 한편으로는 전치가 지닌 내적인 가치가 정신적인 것과 신체적인 것을 구별하게 해 준다.

2° 〖두 형용사와 단일명사의 결합〗
① 〖형용사가 병치되어 있는 경우〗 명사에 가장 가까운 형용사는 명사와 하나의 그룹을 이루어 이를 다른 형용사가 수식한다. a) 〖(N+adj.)+adj.〗 une activité *sportive*|*épuisante* 지치게 하는 스포츠 활동//((때로는 명사+형용사군이 긴밀히 결합되어 일종의 합성어를 이루기도 한다)) une étoile *filante* | *mystérieuse* 신비로운 유성. b) 〖adj.+(adj.+N)〗 une *belle* | *petite* voiture 예쁜 작은 자동차//((이 경우에는 형용사+명사군이 흔히 합성어를 이룬다)) un *nouveau*|*grand* magasin 새로운 백화점.

② 〖형용사가 등위연결되어 있는 경우〗 두 형용사는 명사에 대해 동일한 위치에 있다고 볼 수 있다: 〖N+adj.+et+adj.〗 une voiture *rapide* et *solide* 빠르고 견고한 자동차/une *solide* et *rapide* voiture 견고하고 빠른 자동차.

③ 〖두형용사가 명사 좌우에 각각 위치하는 경우〗 a) 〖adj.+(N+adj.)〗

adjectifs qualificatifs

un *bon* | roman *policier* 좋은 탐정소설 //((때때로 명사+형용사군이 합성어를 이룬다)) une *magnifique*| carte *postale* 멋진 우편엽서. **b)** 〖(*adj.*+N)+*adj.*〗 이 경우 형용사+ 명사군은 흔히 합성어를 이룬다 : un *jeune* homme | *instruit* 유식한 젊은이. **c)** 〖*adj.*+N+*adj.*〗 la *belle* voiture *jaune* 예쁘장하고 노란 자동차.

★ 이상에서 본 두 형용사의 위치는 다음과 같은 몇 가지 원칙을 따르고 있다.

1) 단독으로 사용되었을 때 명사 앞에 위치하는 두 형용사는, 함께 사용되는 경우 모두 명사 앞에 위치한다 :

    une *belle* voiture
    une *petite* voiture ⟩ une *belle petite* voiture

2) 단독으로 사용되었을 때 명사 뒤에 위치하는 두 형용사는, 함께 사용되는 경우 모두 명사 뒤에 위치한다 :

    un chemin *montant*
    un chemin *sablonneux* ⟩ un chemin *montant* et *sablonneux*

3) 단독으로 사용되었을 때 한 형용사는 명사 앞에, 다른 형용사는 명사 뒤에 위치하는 경우, 함께 사용되면 각기 본래의 위치를 유지한다 :

    un *grand* garçon
    un garçon *instruit* ⟩ un *grand* garçon *instruit*

4) 단독으로 사용되었을 때 한 형용사는 위치가 고정되어 있고 다른 형용사의 위치는 임의적인 경우, 함께 사용되면 전자는 고정된 위치를, 후자는 자유를 유지한다:

une activité *sportive*
une activité *épuisante* 또는
une *épuisante* activité

    une activité *sportive épuisante* 또는
    une *épuisante* activité *sportive*

5) 단독으로 사용되었을 때 위치가 임의적인 두 형용사는, 함께 사용되는 경우 et로 연결되어 모두 명사 앞에 위치하거나 또는 뒤에 위치한다 :

une voiture *rapide* 또는
une *rapide* voiture
une voiture *solide* 또는
une *solide* voiture

    une *rapide et solide* voiture
    une *solide et rapide* voiture 또는
    une voiture *rapide et solide*
    une voiture *solide et rapide*

3° 〖단일 명사와 둘 이상의 형용사〗 셋이나 그 이상의 형용사가 단일 명사에 관계되는 경우 모두 명사 앞에 위치하는 경우는 드물고 모두 명사 뒤에 위치하거나 또는 명사 좌우로 분배된다(⇨별표).

※ 별표

une nuit *douce*
une nuit *calme*
une nuit *tiède*
une nuit *lumineuse*

    une nuit *douce, calme, tiède, lumineuse* 또는
    une nuit *douce, calme, tiède et lumineuse*

une *belle* avenue
une *longue* avenue
une *large* avenue
une avenue *déserte*

    une *belle, longue et large* avenue *déserte*
    une *belle* avenue, *longue, large et déserte*
    une avenue *belle, longue, large et déserte*
    une avenue *belle, longue, large, déserte*

adjectifs qualificatifs

다음 경우의 형용사는 명사 앞에 위치해야 한다. ① 고정된 형용사+명사군에 속하는 형용사 : un *jeune* homme *intelligent et instruit*.
② 위치에 따라 의미가 달라지는 형용사 : un *brave* homme *calme et serein*.

4° 〖명사가 보어를 수반하고 있는 경우〗 ① 가능한 한 명사+보어군의 밀접한 결합을 위해 형용사는 그 앞에 위치한다 (un *agréable* style d'un romancier). 특히 형용사가 전치의 경향을 보이는 형용사라든가 의미에 따라 위치가 결정되는 형용사의 경우가 그렇다 : les *grandes* chaleurs de l'été, une *simple* formalité de routine.

② 의미의 혼동이 일어나지 않는다면 형용사는 명사+보어군 뒤에 위치할 수 있다(un capitaine d'infanterie *sympathique*). 특히 명사+보어군이 다소 숙어적인 성격을 띠고 있을 경우에 그렇다 : une maison de campagne *ensoleillée*.

③ 형용사는 또한 명사와 보어 사이에 위치할 수 있다. 특히 다음과 같은 경우에 그런 경향을 보인다. a) 명사가 동사적인 성격을 지녀 형용사가 양태부사와 같은 역할을 하는 경우 : la séduction *indéfinissable* d'un joli, plaisant et vivant être. b) 보어 자체가 형용사로 끝나는 경우 : une nuit *lumineuse* de ce pays enchanteur. c) 명사+보어+형용사 順이 의미의 혼동을 초래할 위험이 있을 경우 : une ville *pauvre* de province (≠une ville de province *pauvre*). d) 형용사+명사+보어順이 형용사의 의미의 변화를 초래할 경우 : les enfants *pauvres* de ce quartier (≠les *pauvres* enfants de ce quartier).

5° 〖형용사가 형용사보어나 부사를 수반하고 있는 경우〗 ① 〖형용사+형용사보어〗 a) 전치의 경향을 보이는 형용사는 보어를 수반하게 되면 명사 뒤에 위치한다 : un *bon* élève →un élève *bon* à rien/un *amusant* spectacle →un spectacle *amusant* à voir/une *longue* avenue →une avenue *longue* de 2 kilomètres. b) 명사 뒤에 여러 형용사가 오는 경우 보어를 수반하는 형용사가 마지막에 위치한다 : un vieux meuble boiteux *gris* de poussière.

② 〖adj.+adv.〗 a) 다음과 같은 부사들의 경우에는 형용사는 단독으로 사용되었을 때의 위치를 유지한다 : aussi, assez, bien, fort, moins, plus, si, tout, très, trop : un *gros* camion →un *très gros* camion/une femme *élégante* →une femme *fort élégante*. b) 그 이외의 경우에는 전치 형용사는 부사를 수반하게 되면 명사 뒤에 위치하는 경향이 있다 : un *haut* bâtiment →un bâtiment *vraiment haut*/un *vigoureux* cheval →un cheval *remarquablement vigoureux*. 또한 부사 자체가 또 다른 부사를 수반하는 경우, 이 두 부사가 a)에 속하는 경우를 제외하고는 형용사는 명사 뒤에 위치한다 : un *méchant* homme →un *très méchant* homme/un homme *vraiment très méchant*. 그러나 다음과 같은 경우에는 명사 앞에 놓을 수가 있다 : un *bien trop beau* cadeau.

6° 〖위치를 결정하는 요인〗 형용사의 위치를 지배하는 요인을 크게 세 가지로 나눌 수 있다.
① 〖통사론상의 요인〗 (⇨4°, 5°).
② 〖리듬상의 요인〗 붙어의 일반 경향은 점증율 cadence majeure 이므로 형용사의 길이에 따라 위치가 결정될 수 있다(⇨1°, ①, a), b). 따라서 이에 위배되는 점감을 cadence mineure은 표현적인 효과를 지닌다 : Les trapade... ne renonçait pas à son *aventureux* projet. ☆ ① 의 통사적 요인도 결국 리듬의 지배를 받고 있다고 볼 수 있다.
③ 〖의미상의 요인〗 ⇨1°, ①, a),

3) ; 1°, ①, b), 2), 3) ; 1°, ②, ③. 따라서 형용사의 위치는 이러한 세가지 요인이 복합적으로 작용하여 결정된다고 볼 수 있다.
V. 〖비교급, 최상급〗 ⇨degré de signification.

adjectif relatif [관계형용사]—관계대명사 lequel, laquelle... 또는 예외적으로 의문형용사 quel, quelle... 등이 형용사적으로 사용된 경우를 지칭한다. ⇨lequel ; quel II.

adjectif verbal ⇨participe présent II, III.

admirable— ① 〖N ~〗 C'est une œuvre ~ qui ne donne prise à aucune critique. 이것은 조금도 비판의 여지가 없는 훌륭한 작품이다. ② 〖~ N〗 ~ réponse, en vérité, que celle-ci! (DFC) 이것은 참으로 훌륭한 답변이구나! ③ Les tableaux de Renoir sont ~s. (Matoré) 르노와르의 그림들은 훌륭하다. ④ 〖~ de+N〗 Il est ~ de courage. 그의 용기가 놀랍다. ⑤ 〖~ par+N〗 ~ par la qualité 품질이 뛰어난. ⑥ 〖~ de+inf〗 Vous êtes ~ d'être venu à bout de ce travail. 당신이 이 일을 끝까지 해 내시다니 놀랍습니다.

adroit— ① 〖N ~〗 D'un geste ~, il lança une fléchette au centre de la cible. 그는 능란한 동작으로 과녁 한가운데를 향해 화살을 던졌다. ② 〖~ N〗 C'est un ~ manège. 그건 교묘한 술책이다. ③ 〖~〗 Il faut être ~ pour jouer au tennis. (Matoré) 정구를 하려면 재주가 있어야 한다. ④ 〖~ de+N〗 Il est très ~ de ses [des] mains. 그는 아주 손재간이 좋다. ⑤ 〖~+전치사(à, en,...)+N〗 Il est ~ au billard. 그는 당구를 잘 친다/Ma fille est ~e en couture. (DFC) 내 딸은 재봉일에 재주가 있다. ⑥ 〖~ à+inf〗 C'est un homme ~ à tromper. 그는 사람을 잘 속인다.

adverbe [부사]—형용사(구), 부사, 문장을 수식하는 무변화어이다. 예외적으로 변화하는 것들도 있다 (⇨frais, grand, large tout).
I. 〖분류〗 1° 〖형태상 분류〗 ① 〖라틴어를 어원으로 하는 것〗 après (<ad pressum), assez (<ad satis), avant (<ab ante), avec (<apud hoc), bien (<bene), demain (<de mane), ensemble (<insimul), hier (<heri), loin (<longe), mal (<male), moins(<minus), quand (<quando), très (<trans), etc. ② 〖프랑스어에서 만들어진 것〗 a) 〖복합 *composition〗 jamais (ja+mais), aussitôt(aussi+tôt), dedans(de+dans), depuis(de+puis), avant-hier, au-dehors, autour (au+tour), davantage(d'+avantage), sur-le-champ, longtemps (long+temps), toujours (tous+jours), etc. b) 〖파생 *dérivation〗 1) 〖형용사의 전용〗 voir *clair*, chanter *juste* (⇨adj. qualificatifs II). 2) 〖접미사〗 -ment, -on(s): à reculo*ns*, à tâto*ns*, à califourcho*n*.
2° 〖의미상 분류〗 ① 〖양태의 부사〗 a) ainsi, bien, comme, comment, debout, ensemble, exprès, franco, gratis, impromptu, incognito, mal, mieux, pis, plutôt, quasi, recta, vite, volontiers. b) *-ment 의 부사. c) 부사처럼 쓰이는 형용사 (⇨adj. qualificatifs II). d) 〖부사구〗 à dessein, à loisir, à reculons, à tâtons, à l'envi, au hasard, de force, de même, de préférence, en détail, en général, en vain, côte à côte, mot à mot, tête à tête, bon marché, sens dessus dessous, etc.
② 〖양의 부사 혹은 강도〖정도〗의 부사〗 a) assez, aussi, autant, beaucoup, bien, combien, comme, comment (=à quel point), davantage, environ, fort, guère, mais, moins, par (cf. *par* trop), peu, plus, presque, que, quelque (=environ), si,

adverbe

tant, tout, très, trop. b) -ment: affreusement, autrement, bi(bou)grement, diablement, énormément, excessivement, extrêmement, furieusement, horriblement, joliment, rudement, suffisamment, tellement, terriblement, etc.
③ 〖시간의 부사〗 a) alors, après, après-demain, aujourd'hui, auparavant, aussitôt, autrefois, avant, avant-hier, bientôt, déjà, demain, depuis, derechef, désormais, dorénavant, encore, enfin, ensuite, hier, incontinent, jadis, jamais, longtemps, lors, maintenant, naguère, parfois, puis, quand, quelque fois, sitôt, soudain, souvent, tantôt, tard, tôt, toujours, etc. b) -ment: antérieurement, dernièrement, fréquemment, immédiatement, ordinairement, postérieurement, précédemment, prochainement, récemment, soudainement, ultérieurement, etc. c) 〖부사구〗 à jamais, à présent, à la fin, à l'instant, d'abord, de suite, de loin en loin, de temps à autre, de temps en temps, sur-le-champ, tout à coup, tout à l'heure, tout de suite, etc.
④ 〖장소의 부사〗 a) ailleurs, alentour, arrière, autour, avant, çà, ci, contre, dedans, dehors, derrière, dessous, dessus, devant, ici, là, loin, où, partout, près, proche, etc. b) en, y. c) 〖부사구〗 au-dedans, au-dehors, ci-après, ci-contre, en arrière, en avant, là-bas, là-dedans, nulle(quelque) part, etc. voici, voilà 도 여기에 넣을 수 있다.
⑤ 〖긍정의 부사〗 a) assurément, certainement, bien, certes, évidemment, oui, précisément, si, soit, volontiers, vraiment, etc. b) 〖부사구〗 à la(en) vérité, sans doute, si fait, si vraiment, que si, etc.
⑥ 〖부정의 부사〗 non, ne, nenni, aucunement, guère, jamais, nullement, pas, point, etc.
⑦ 〖의혹의 부사〗 apparamment, peut-être, probablement, sans doute, vraisemblablement.

★ 위 분류에서 ①—④ 를 상황의 부사(C, 222), ②—④를 관계의 부사 (Brun, 405)라고도 한다. Cayrou 는 ⑤, ⑥에 의문의 부사를 덧붙여 이것들을 의견의 부사라고 불렀다. 위 분류에서 의문의 부사는 의미에 따라 ①—④ 에 넣을 수 있다.
II. 〖기능〗 1° ①〖동사의 수식〗 Il parle *bien*. 그는 말을 잘 한다.
② 〖동사구 수식〗 aussi(=autant), quelque, si, tout, tout à fait, très 는 동사를 수식할 수 없으나 *aussi,* si, *très 는 동사구를 수식할 수 있다 : J'ai eu *vraiment* peur. 나는 정말 무서웠다.
2° 〖형용사(상당어구) 수식〗 양, 강도의 부사 : Il est *très* heureux(*très* enfant, *très* en colère). 그는 매우 행복하다(어린애 같다, 화가 나 있다). ☆ 부정의 부사 ⇨non; pas.
3° 〖부사(상당어구)의 수식〗 Il écrit *fort* vite. 그는 매우 빨리 글을 쓴다.
4° 〖문장 전체의 수식〗 *Heureusement*, il est indemne. 다행히도 그는 무사하다. *Peut-être* viendra-t-il. 아마도 그가 올 것이다(⇨II, 8°). ☆ 문두에 온 부사는 때로는 que 를 동반한다(⇨que³ VI, 2°).
5° 〖명사적 용법〗 어떤 부사는 관사와 함께 쓰여 명사화하는 것이 있다(cf. le devant, le derrière, le dedans, le dehors, le dessus, le dessous, etc.). 관사 없이 부사가 명사적 역할을 하는 경우도 있다.
① 〖전치사가 앞에 온 것〗 le journal d'*aujourd'hui*(de *demain*, d'*hier*) 오늘(내일, 어제) 신문/les hommes d'*ici* 이곳 사람들/depuis(pendant) *longtemps* 오래 전부터(오랫동안)/ pour *toujours* 영원히/faute de *mieux* 하는 수 없이.

② 〖de+N 을 보어로〗Il a *beaucoup* [*assez, peu, trop*] *de* livres. ⇨Ⅳ, 2°.
③ 〖주어〗Ils pensent que *demain* sera meilleur qu'*aujourd'hui*. (Beauvoir, *Sang*) 그들은 내일이 오늘보다 더 좋을 것이라 생각한다.
④ 〖목적보어〗Je fis *plus*. 그 이상의 것을 했다/mettre *longtemps* à+ *inf* …하는 데 오랜 시간이 걸리다.
6° 〖형용사적 용법〗① 동작명사의 *nom d'action 의 수식: C'était le jour de mon arrivée *ici*. (Daud, *Lett. de M. moul.*) 내가 이곳에 도착한 날이었다 (cf. J'arrivais *ici*.)/l'accueil *à bras ouverts* (Id., *Sapho*) 진심에서 우러난 환영 (cf. accueillir *à bras ouverts*).
② au temps *jadis* 옛날에/le jour *après* 다음 날(⇨après 5°)/le mois *avant* 전달에/la chambre *à côté* 옆방/le paragraphe *ci-dessus* 앞의 항/à l'étage *au-dessus* [*au-dessous*] 위[아래]층에/La ville est tout *près* (=tout proche). 그 고을은 매우 가깝다/Le but est encore *loin*(=éloigné). 목표에 이르기는 아직 멀었다. ☆ 마찬가지로 C'est *bien*[*mal, assez, peu, beaucoup, mieux*]도 형용사로 쓰인 것. ⇨bien 5°; loin; alentour ②; mieux.
7° 〖전치사적 용법〗*sitôt* son dernier souffle (Barrès, *Les Déracinés*) 그가 숨을 거두자마자/*aussitôt* mon arrivée 내가 도착하자마자. ☆ N, Ⅲ, 348 은 이런 용법을 허용하고 있으나 Le B, Ⅱ, 617 은 동작명사가 뒤에 오는 경우만 허용하고 있다. 기타 ⇨dedans, dehors, dessous, dessus, partout.
8° 〖접속사적 기능〗문두의 ainsi, aussi, au[du] moins, cependant, en effet, néanmoins, partant, pourtant, seulement, tant, tellement 등은 접속사적 기능을 갖는다. ⇨conjonction Ⅲ, 1°.
9° 〖절의 대신〗긍정, 부정, 의혹의 부사: Viendra-t-il?—*Oui* [*Non, Sans doute, Certainement*, etc.]./Je crois que *oui*. 그렇다고 생각한다.
Ⅲ. 〖부사의 비교급, 최상급〗어떤 부사들은 형용사처럼 비교급, 최상급을 갖는다(⇨degré de signification).
1° 〖분석형〗① loin, longtemps, près, souvent, tôt, tard, vite.
② 부사적 용법의 형용사: bas, bon, cher 등. ③ -ment 의 부사 대부분: plus loin, aussi noblement, le plus vite.
2° 〖종합형〗beaucoup—plus; bien —mieux; mal—pis; peu—moins.
Ⅳ. 〖부사의 보어〗1° 〖부사〗*très* bien.
2° 〖양의 부사〗assez, autant, beaucoup, combien, davantage, moins, peu, plus, etc.는 「de+명사(상당구)」를 보어로 하여 명사적 기능을 한다: Il a *beaucoup* de livres 《직접목적보어》. *Beaucoup* de gens savent que…《주어》. ☆ Mart, 503; C, 228 은 이런 부사를 명사로, DG, 196 은 집합명사로 보고 있다. 이런 종류의 부사는 부정형용사의 일종으로도 볼 수 있다. 「enormément, extrêmement, infiniment, médiocrement, suffisamment, tellement, terriblement, etc. +de+N」은 위 구문의 analogie 로 이루어진 것이다 (각 항목 참조).
3° 〖어미가 -ment 인 일부 부사〗어간이 되는 형용사에 붙는 전치사를 그대로 매개로 하여 보어를 갖는다: antérieurement à, concurremment avec, conformément avec, conjointement avec, conséquemment à, convenablement à, dépendamment de, différemment de, indépendamment de, inférieurement à, pareillement à, postérieurement à, préférablement à, proportionnellement à, relativement à, supérieurement à, etc.//Il agissait *conformément aux* ordres du gouvernement. 그는 정부의 명령에 따라 행동했다(cf.

adverbe

conforme à ...). ☆ Gr. Lar, 380은 loin de, près de와 마찬가지로 이것들을 전치사구로 보고 있다.
4° 〖비교를 나타내는 부사〗 *ailleurs, *autrement 은 「que+보어」를 갖고, 「plus〔moins〕+de+수사」의 경우는 ⇨plus, moins.
V.〖어순〗 일반적으로 어순은 고정되어 있지 않고 문장의 조화, 강조, 문체상의 이유에 따라 지배된다.
1° 〖감탄·의문의 부사〗 감탄부사 (*que, *comme)는 항상, 의문부사 (combien, comment, où, pourquoi, quand)는 보통 문두에 놓는다(⇨ interrogative (phrase)).
2° 〖문장을 수식하는 부사〗 일반적으로 문두에 온다(*Naturellement* il n'est pas encore arrivé. 물론 그는 아직 도착하지 않았다). D, 317은 「Il faut *bien* s'en aller. 아뭏든 가야 한다」도 문장의 수식으로 보고 있다.
3° 〖동사를 수식하는 부사〗 ① 〖단순시제〗 일반적으로 동사—부사: Nous reviendrons *bientôt*. / Il travaille *beaucoup*.
② 〖복합시제〗 조동사—부사—과거분사, 혹은 조동사—과거분사—부사: Il a *beaucoup* travaillé〔a travaillé *beaucoup*〕./Il a *admirablement* réussi〔réussi *admirablement*〕./Je le lui ai *souvent* dit〔dit *souvent*〕. ☆ 장소의 부사, 몇몇 시간의 부사(tard, tôt, aujourd'hui, hier, demain, etc.), ensemble, 양의 부사 이외의 한 음절의 부사들은 조동사와 과거분사 사이에 놓지 않는다: Il est resté *là* deux heures./Il est arrivé *hier*./Il s'est couché *tard*.
③ 〖동사구〗 동사—부사—보어: Vous avez *bien*〔*parfaitement*〕 raison.
④ 〖부정법〗 a) 부사—부정법, 혹은 부정법—부사: Il ferait mieux de *moins* boire〔boire *moins*〕. 술을 덜 마시는 편이 더 좋겠다.//(〖두음절 이상의 부사는 부정법 뒤에 놓는 것이 보통이고, 앞에 놓는 경우는 강조〗) Je crois entendre marcher *précipitamment* derrière moi. (Chateaubr, Mart.) 뒤에서 급히 걸어가는 소리가 들리는 것 같다/Je l'aimais trop pour ne pas *joyeusement* sourire.(Montherlant) 그를 매우 사랑했기 때문에 유쾌하게 웃지 않을 수 없었다.
b) 비강세대명사가 있을 때는, 부사—대명사—부정법이 보통: Elle ne pouvait *bien me* voir.(Radiguet, Diable) 그녀는 나를 잘 볼 수 없었다/Je n'ai pas resisté au désir de *mieux vous* connaître.(Anouilh, P. noires) 당신을 더 잘 알고 싶은 욕망을 억제할 수 없었다. ☆ 대명사—부사—부정법은 옛날 어순인데 지금도 모방하는 경우가 있으나 피하는 편이 좋다(D, Etudes, k): pour *la mieux* rattraper (Troyat, Vivier)// (《관용구에서》) à *le bien* prendre 잘 생각해보면(=à *y bien* réfléchir)// (《대명동사는》) pour *mieux* se porter (혹은 *se* porter *mieux*) 더 건강해지려고(D, Etudes는 se mieux porter는 허용하지 않음).
⑤ 〖강조적 어순〗 a) 〖문장 앞〗 *Bientôt* il viendra nous voir./*Adroitement*, il s'acquitta de sa mission. (Gr. Lar, 379) 능숙하게 그는 임무를 수행했다. b) 〖주어명사—부사—동사〗 Odile *tout de suite* m'entraina dans l'univers des couleurs, des sens.(Maurois, *Climats*) 오딜은 곧 나를 색채와 감각의 세계로 이끌어 갔다. c) 〖문장 끝〗 Il viendra nous voir *bientôt*. Il s'était précipité par la brèche, *impétueusement*.(Flaub) 그는 맹렬하게 돌파구를 통해 돌진했었다((부사를 동사로부터 분리시켜 문장 끝의 virgule 다음에 놓는 것은 Flaubert의 문체의 특징이다(Thibaudet, *Flaubert*, 295))).
⑥ 〔ne...pas〕 ⇨pas 4°.
4° 〖형용사, 과거분사, 부사의 수식〗 일반적으로 부사가 앞에 온다: *très*〔*bien*〕 joli//(〖시간의 부사의 어순

은 자유)) un homme *encore* jeune (때로는 jeune *encore*)//((드물게 형용사—양태의 부사))Vous êtes aimable *infiniment*.(Mart) 당신은 매우 친절하군요(⇨peu 1°, ①, ②; encore 1°). ☆ 한정사—부사—형용사—명사로 쓰는 작가들도 있다: la lumière d'un *toujours* chaud soleil(Loti, *La Mort*)/une *particulièrement* belle injure (P. Mille, *Barnavaux*).

5° 주의를 끌고 싶은 말에 따라 어순을 바꾸기도 한다: *Précisément* j'ai appelé votre attention sur ce fait ((문장을 수식)). 다음은 이탤릭체 부분에 주의를 끌기 위한 어순이다: J'ai *précisément appelé*...; J'ai appelé *précisément votre attention*...; J'ai appelé votre attention *précisément sur ce fait*.(D)/*Certainement* votre père ne viendra pas; Votre père *certainement* ne viendra pas; Votre père ne viendra *certainement* pas. (Mart, 486). 같은 종류의 부사: justement, seulement, encore, exactement, etc.

adverbes conjonctifs [접속부사]
=adverbes relatifs.

adverbes pronominaux [대명사적 부사]—부사가 어원이며, 현재는 「장소의 *prép.* +N」을 대리하여 장소의 부사로 사용되는 en, y 를 지칭한다.

adverbes relatifs [관계부사]—어원적으로 부사였으나, 현재는 부사적 기능을 잃은 관계대명사 dont, où 를 지칭한다.

adversatif [반의절]—반대, 대립을 나타내는 mais, pourtant, cependant, bien que, tandis que, alors que 등의 접속사(구)나 부사(구)를 말하고 이런 것들로 유도된 절을 반의절 proposition adversative 이라 한다.

advienne que pourra ⇨que¹.

affaire—*avoir* ~ *à* [*avec*] qn …와 볼 일이 있다, …와 관계가 있다: Je n'*ai* jamais *eu* ~ *à* un ministre. 나는 결코 장관하고는 볼 일이 없었다/Ne touche pas à cet outil, sinon, tu *auras* ~ *à* papa. 이 도구를 건드리지 마라. 그렇지 않으면 아빠에게 말듣게 될 거야/Vous *aurez* ~ *à* moi!((위협조)) 당신 어디 두고 봅시다!/J'*ai* ~ *avec* mon directeur. (H) 나는 부장과 할 이야기가 [따질 것이] 있다.

★1) affaire 대신 à faire 를 사용하는 것도 허용된다. 2) affaire 뒤에 전치사 à 가 쓰이면 흔히는 일반적, 일시적 관계를 표현하고, avec 가 쓰이면 계속적 습관적 관계, 공동의 이해, 토의 또는 분쟁의 관념을 표현한다. 3) à, avec 이외에 de 를 사용할 때도 있다: Qu'*ai*-je ~ *de* toutes ces querelles?(S, II, 277) 이 모든 논쟁이 나와 무슨 상관이 있는가?((여기서 que 는 affaire 가 à faire 에서 온 것이므로, faire 의 직접보어 역할을 하는 것이다))//((de 를 사용하면 avoir besoin de 의 의미를 표현할 수 있다)) Qu'*avait*-il ~ *d*'en parler?(Bedel) 그는 이야기를 할 무슨 필요가 있었는가?//Cherchez la femme, a-t-on souvent répété, mais on la trouve quelquefois où l'on n'*en a* pas ~. (Mesnard, *Notice biogr. sur Molière*) 그 여자를 찾으라고 사람들은 자주 되풀이해 말했다. 그런데 어쩌다 그 여자를 찾아 놓고 보면, 그 곳은 그 여자가 필요 없는 곳이다. 4) à 를 쓴 경우에는 다음과 같은 문장과 혼동하지 말아야 한다: J'ai beaucoup *à faire*. 나는 할 일이 많다/J'ai une réparation *à faire* à cette maison. 나는 이 집에 수리할 일이 하나 있다.

être [*se sentir*] *à son* ~ : Il *est à son* ~ quand il s'agit de réparer un poste de radio.(DFC) 라디오를 수리할 때면, 그는 자기 실력을 한껏 발휘한다/Ce travail ne me va pas, je ne *me sens* pas du tout *à mon* ~. (Rietsch) 이 일은 내게 맞지

affaire

않는다. 나는 조금도 내 본령을 발휘할 것 같지 않다.
C'est l'~ de qn: Gagner de l'argent, *c'est l'~ des* hommes; le dépenser, *celle des* femmes. (Rietsch) 돈을 버는 것은 남자의 일이요, 쓰는 것은 여자의 일이다.
C'est une ~ 〔*l'~,~*〕 *de qc*(=question): Il va guérir, *c'est une ~ de* temps. (Rietsch) 그는 나을 것이다. 그것은 시간문제다/*C'est l'~ de* quelques heures. (DFC) 그 일은 몇 시간만 하면 끝낼 수 있다/La peinture *est ~ du* goût (*Ib.*) 그림은 취미의 문제다.
faire l'~ (de qn)(=convenir, aller à *qn*): Ce morceau de ficelle *fera l'~*, le paquet n'est pas gros. (*Ib.*) 이 끈이면 될 것입니다. 꾸러미가 크지 않으니까요/Une chambre à un lit *fait mon ~*. (Rietsch) 침대 하나 있는 방이면 내게는 돼요/Si on partait à 7 heures, est-ce que ça *ferait ton ~*? 7시에 떠나면 너의 형편에 맞을까?
faire une bonne〔*une mauvaise*〕 *~:* Si tu me donnes ton couteau en échange de ma raquette de tennis, tu vas *faire une bonne ~*. 내 테니스 라켓과 교환으로 네 칼을 주면 너는 수지 맞을 거야/Ils *font de bonnes ~s*[*des ~s* d'or]. 그들은 크게 수지 맞는다.
faire son ~ de+N+*inf*: J'ai fait *mon ~ de* le persuader, ne vous inquiétez pas. (DFC) 그를 설득하는 것은 내가 맡았어요. 그러니 걱정 마세요/*J'en fais mon ~*. 그 일은 내가 맡겠다.
se tirer d'~: Avec votre aide, nous allons pouvoir *nous tirer d'~*. 당신이 도와주시니 우리는 곤경에서 벗어날 수 있을 것입니다/*J'étais seul à Paris, mais je me suis bien tiré d'~*. 파리에서 혼자였지만 그럭저럭 잘 견디어 나갔다.

affamé—① 〚N ~〛 Les populations *~es* du nord du Brésil réclamaient la réforme agraire. (DFC) 브라질 북부의 굶주린 주민들은 토지개혁을 요구했다. ② 〚*~ de qc*〛 C'est un homme *~ de* gloire. 이 사람은 명예를 갈망하는 사람이다. ③ 〚*~ de*+*inf*〛 Elle paraissait *~e* d'apprendre quelles sortes d'occupations me retenait loin d'elle. 그녀는 어떤 일들이 나를 그녀로부터 멀리 떼어놓고 있는지를 몹시 알고 싶어하는 듯했다.

affixe [접사]—한 단어의 어간 radical에 첨가되어, 그것의 통사적 기능을 지시하거나(격 표시어미), 그 것의 문법적 범주를 변경시키거나(명사 파생접사) 또는 의미를 변경시키는 역할을 하는 비자율적 형태소 morphème의 총칭. 접사는 어간에 대한 위치에 따라 접두사 préfixe, 삽입사 infix, 접미사 suffixe로 구분한다. 또한 접사는 동사, 명사, 형용사 등의 양태 modalités를 표시하는 굴절접사 affixe flexionnel와 한 단어의 의미나 문법적 범주를 변경시켜 새로운 단어를 생성시키는 데 작용하는 파생접사 affixe dérivationnel (⇨dérivation)로 구분된다.

affligeant—① 〚N ~〛 Il roula les pensées les plus *~es*. (Samain) 그는 가장 비통한 생각들을 되새겼다. ② 〚*~ de*+*inf*〛 Il est *~ d*'apprendre qu'il est mort. 그가 죽었다는 것을 알게 되니 슬프다. ③ 〚*~ que*+*subj*〛 Il est *~ que* l'on *perde* ses parents. 부모를 잃는다는 것은 비통한 일입니다.

affreux—① 〚N ~〛 En entendant l'explosion, j'ai eu une peur *affreuse*. (Matoré) 폭음을 듣고 나는 무서운 공포감에 사로잡혔다. ② 〚*~ N*〛 J'ai été le témoin d'un *~* accident.(DFC) 나는 끔찍한 사고를 목격했다. ③ 〚*~*〛 Ce portrait est *~*. (Matoré). 이 초상화는 흉칙하다/Le temps est

~. 날씨가 지긋지긋하다[지독히 나쁘다]. ④ 〖~ **à**+*inf*〗 Son visage, couvert de pustules, est ~ à voir. (DFC) 농포로 뒤덮인 그의 얼굴은 보기도 끔찍하다. ⑤ 〖(Il est[C'est] ~ **de**+*inf*〗 C'est ~ de le laisser là sans secours.(*Ib.*) 그를 그곳에 다가 도와줄 사람 없이 내버려 둔다는 것은 무서운 일이다. ⑥ 〖Il est ~ **que**+*subj*〗 Il est ~ qu'on ne *puisse* rien pour les sauver. (M) 그들을 구출하는 데 속수 무책이라니 끔찍한 일이다.

afin—① 〖~ **de**+*inf*(=pour+*inf*)〗 Il travaille beaucoup ~ d'obtenir de bonnes notes en classe. (Matoré) 그는 반에서 좋은 성적을 얻기 위해 열심히 공부한다. ② 〖~ **que**+*subj* (=pour que+*subj*)〗 Il marche sur la pointe des pieds ~ qu'on ne l'*entende* pas. (Bonnard) 그는 발소리가 들리지 않도록 발끝으로 걸어간다.

agaçant—① 〖N ~〗 le crissement ~ de la craie sur le tableau (DFC) 칠판에 분필 긁는 불쾌한 소리. ② 〖~〗 Son rire aigu est particulièrement ~.(*Ib.*) 그의 날카로운 웃음소리가 신경을 건드린다. ③ 〖~ **à** [**de**]+*inf*〗 ⇨à II, 8°.

âge —à l'~ **de**: Il est mort à l'~ de 80 ans. (Bonnard) 그는 여든 살에 죽었다. **être en ~ de**+*inf*, **être d'**~ **à**+*inf*: Elle *est en* ~ *de*[*d'*~ à] se marier. (Id.) 그녀는 이제 결혼할 나이다.

âgé—①〖N ~, ~〗 C'était un homme plus ~ que vous. 당신보다 더 나이가 든 사람이었다. ② 〖(N) ~ **de**+N〗 Il est ~ de trente ans.(DFC) 그는 서른 살이다/Les enfants ~s de moins de quatre ans voyagent gratuitement en chemin de fer. (Matoré) 4세 미만의 어린이는 기차에 무임승차한다/Mon frère est plus ~ que moi *de* quatre ans. (Bonnard) 내 형은 나보다 네 살 위다(⇨de). ③〖N ~〗Des personnes ~*es* ne devraient pas être obligées de travailler.(Matoré) 노인들이 일을 해야만 돼서는 안될 것이다.

agent—여자를 가리킬 때도 남성형으로 사용하는 것이 보통이다: une femme ~ de police 여자경찰관/《악의로 쓸 때는 때때로 여성형》 Je découvris que, dans cette intrigue, elle était la principale ~*e*[le principal ~]. (H) 나는 이 음모를 꾸미는 데 있어 그녀가 주모자였다는 것을 알아냈다/《그밖의 의미로 사용될 때는 대체로 보어명사나 형용사와 함께》 ~ secret 간첩/~ de gouvernement 관리.

agent (**complément d'**) —1° 광의로 agent이라 함은 어떤 동작을 행하는 존재를 지칭하며, 동작을 받는 patient과 대립된다. 문장 L'âne mange le chardon에서 manger라는 동작에 대하여 l'âne는 agent을, le chardon은 patient을 각각 표현한다. 불어에서 agent은 주어로 표현된다. 그러나 모든 주어가 agent을 나타내는 것은 아니다(La terre est ronde. Le chardon est mangé.). 또한 수동문에서 동작주 보어로 표현되고 파생관계에서는 주로 **-eur** 라는 접미사로 표현된다(mang*eur*, locut*eur*...).
2° 동작주 보어 complément d'agent 는 능동문으로 변형될 때 주어가 될 수 있는 가능성에 의해 정의될 수 있다. 동작주 보어는 흔히 전치사 **par**나 **de**로 인도되는데, 이와 같은 가능성을 정의의 기준으로 삼을 때, Le chardon est mangé *par l'âne*와 Je suis passé *par le village*는 동일하게 N+être+par+N으로 구성된 문장이지만, par l'âne 만 동작주 보어이고, par le village는 아닌 것이 명백하다.
3° 〖동작주 보어 앞의 전치사〗 ① **de** 를 사용하는 경우는 **a)** aimer, haïr, estimer, respecter 등의 감정동사:

M. Charron était respecté *de* tous ses élèves.(France) 샤롱씨는 그의 모든 학생들로부터 존경을 받았다. b) croire, connaitre, ignorer, oublier 등의 동사 : Je n'ai pas l'honneur d'être connu *de* vous.(France) 나는 당신에게 알려지는 영광을 갖지 못했읍니다. c) accompagner, précéder, suivre 등의 동사 : Elle était suivi *de* son domestique. 그에게는 하인이 따라다녔다. d) saisir, prendre, gagner, envahir, remplir 등의 동사가 감정을 표현할 때:Il faut saisi *d*'une pitié infinie. (R. Rolland) 그는 무한한 동정심에 사로잡혔다. ② de 대신 **par**를 사용하면 agent externe를 표현: Il fut pris *par* les ennemis. 그는 적에게 잡혔다. ③ 위의 모든 경우는 par 로 대치될 수 있다: M. Charron était respecté *par* tous ses élèves./Il fut saisi *par* une pitié infinie.

★ de 와 par 의 교체에 따른 차이는 대체로 다음과 같다. 1) **par** 는 행위가 특수하고 일시적인 경우, 동작주의 일시적이고 적극적인 의지에 의한 행동을 표현하는 경우, 일반적으로 행위와 동작주를 강조하는 경우에 사용한다:L'incendie fut vite éteint *par* les pompiers. 화재는 소방관들에 의해 곧 진화되었다/Il a été puni *par* son père. 그는 아버지에게 야단맞았다/Les chiffres ont été inventé *par* les Arabes. 숫자는 아라비아인들에 의해서 발명되었다《위의 예문들에서 동사시제가 모두 단순과거나 복합과거로 되어 있는 점은 앞에서 설명한 동작의 양상을 반영하며, par 는 de 로 대치될 수 없다》. 2) **de** 는 행위가 관습적이고 항시적인 경우, 시제가 현재나 반과거로 표현되어 동작 자체보다는 동작의 결과인 상태를 표현하는 경우에 사용한다:Un homme obligeant est aimé *de* tout le monde. 친절한 사람은 **누구나 좋**아한다/Le jardin était entouré *d*'une haie. 정원은 울타리로 둘러싸여 있었다. 3) 다음 두 예문의 경우 동작주의 적극적인 의지가 강조되거나 일시적인 행위가 문제되어 있기 때문에 par 가 쓰였다 (⇨passif): Elle fut aimée *par* un jeune homme riche. 그녀는 어느 부유한 청년의 사랑을 받았다/Il fut entouré *par* des agents. 그는 경관에 둘러싸였다. 4)【예외적】 à 가 사용되는 경우도 있다:mangé *aux* vers 벌레가 먹은/*aux* mites 좀이 쏠은/*aux* rats 쥐가 쏠은《이상의 예에서는 de 나 par 의 사용도 가능하다》.

agréable—① 〖N ~〗 Nous avons passé ensemble une soirée ~ au théâtre. 우리는 극장에서 함께 유쾌한 저녁시간을 보냈다. ②〖~ N〗 Nous avons fait une ~ promenade dans les environs. (DFC) 우리는 근방에서 유쾌한 산책을 했다. ③〖~〗 Cette fraicheur matinale est très ~. (Ib.) 아침의 상쾌함은 매우 기분이 좋다. ④〖~ à+inf〗 Sa voix est très ~ à entendre. 그녀의 목소리는 아주 듣기 좋다. ⑤〖~ de+inf〗 Il m'est ~ *de* vous recevoir chez moi. (Ib.) 당신을 저의 집에 모시는 것은 저로서는 즐거운 일입니다《*inf* 의 주어로 pour+N 또는 중성대명사로 표현됨》. ⑥〖~ que+subj〗 Il lui est ~ *qu*'on lui *fasse* des éloges.(M) 사람들이 그에게 칭찬해주는 것이 그에게는 유쾌한 일이다.

avoir pour ~ *que*+*subj* …에 동의하다: Ayez pour ~ que j'attende encore un peu.(M) 제가 조금 더 기다릴 수 있도록 허락해 주십시오.

aide—(=secours). *à l'*~ *de qc* …의 도움으로: Il marche à l'~ *d*'un bâton. 그는 지팡이에 의지하여 걷는다. *avec l'*~ *de qn* … 의 도움으로: Avec l'~ *de* Dieu vous réussirez. (Bonnard) 당신은 신의 도움을 받아

성공하실 것입니다. *venir en ~ à* 〚*à l'~ de*〛 *qn; apporter son ~ à qn* …을 도와주다: Je *lui suis venu en ~.* (Bonnard) 나는 그를 도왔다/ *Venez vite à mon ~.* (*Ib.*) 빨리 나를 도와주세요/Il a bien voulu *m'apporter son ~.* 그는 기꺼이 나를 도와주었다.

aïeul— ~ 조부, ~*e* 조모, ~*s* 조부모, 친·외조부, aïeux 선조(=ancêtres).

ail—복수형 aulx [o]는 15, 16세기에 일시적으로만 사용되었다. 학술용어로는 ails를 사용하며, 일상어에서는 집합명사 취급을 하여 de l'ail로 쓴다.

ailleurs—〚V ~〛 Le libraire du quartier n'a pas ce livre; allons ~. (DFC) 동네 서점에는 이 책이 없다. 다른 곳에 가보자 //〚V+N ~〛 Il avait l'esprit ~. 그는 딴 생각을 하고 있었다/Je vous croyais ~. 나는 당신이 딴 곳에 있는 줄로 생각했는데요//〚~ *que*〛 Vous trouverez cet article ~ *que* dans ce magasin. (DFC) 당신은 그 상품을 이 상점 이외의 딴 곳에서는 찾을 수 있을 것입니다//〚V+d'~(=d'un autre endroit)〛 Ces conserves de crabe ne sont pas fabriquées en France; elles viennent *d'~.* (*Ib.*) 이 게통조림은 불란서제가 아니다. 그것은 외국산이다.

d'~(=en outre, de plus, du reste): Je ne connais pas l'auteur de cette musique, fort belle *d'~.* (DFC) 나는 그 음악의 작곡자를 모른다. 더구나 퍽 아름다운 음악인데 //(=d'autre part) : père injuste, cruel, mais *d'~* malheureux 옳지 않고 잔인하지만, 한편으로는 불행한 아버지.

par ~(=d'autre part, d'un autre côté):Cette méthode scientifique, qui *par ~* a donné de si remarquables résultats, se montre ici inefficace. (DFC) 한편으로는 그렇게 놀라운 결실을 맺게 했던 이 과학적 방법이, 이 점에서는 효과가 없는 것으로 나타난다.

aimable—① 〚N ~〛 Il lui a adressé des paroles ~*s.* 그는 그녀에게 친절한 말을 해주었다. ②〚~ N〛(반어적으로)) ces ~*s* oiseaux(=les hiboux) (Gautier) 붙임성 없는 녀석. ③ 〚~〛 La vendeuse de ce magasin est très ~. (Matoré) 이 상점의 여점원은 매우 상냥하다. ④ 〚~ avec 〔envers, pour〕 *qn*〛 Il est ~ *avec* tout le monde. (DFC) 그는 누구에게나 잘 대해준다/Ils ont été ~*s pour* moi. 그들은 내게 친절했다. ⑤ 〚C'est ~ à *qn*(de+*inf*)〛 *C'est* bien ~ *à* vous (*d'*être venu). (당신이 와주시다니) 참 친절하십니다. ⑥ 〚N+être ~ de+*inf* (N=인물명사)〛Vous *êtes* bien ~ *de* m'avoir attendu. 저를 기다려 주시다니 참 친절하십니다/Vous *seriez* bien ~ *de* m'indiquer le chemin. 제게 길을 가리켜 주신다면 대단히 고맙겠읍니다.

ainsi—1° 〚V ~〛 En écrivant ~, vous faites une faute. (Matoré) 그렇게 쓰면, 틀립니다/〚~ V(proposition indicative)〛 ~ finit cette belle histoire.(DFC) 멋진 이야기는 이렇게 끝난다/~ pensa-t-il.(Bonnard) 그는 이렇게 생각했다/~ soit-il. 아멘(⇨subjonctif B, I, 1°). ☆ ainsi가 문두에 위치하면 흔히 주어가 도치된다.

*C'est ~ que+ind: C'est ~ qu'*il faut dire. (Bonnard) 이렇게 말해야 된다/*C'est ~ que* la chose s'est passée. (DFC) 일이 그렇게 잘 되었다.

2° 〚~ *que*〛 Il fut puni ~ *que* son camarade. (Bonnard) 그는 자기 친구처럼 벌받았다/Sa patience ~ *que* sa modestie étaient connues de tous.(DFC) 그의 겸손함과 더불어 그의 인내심은 모두에게 알려져 있었다((동사의 일치 ⇨accord du verbe

air

A, II, 2°, ②, c) ; adjectifs qualificatifs II, 1°, ④》/Faites en tout ~ qu'il vous plaira. (M) 모든 일을 당신 마음내키는 대로 하십시오.
comme[de même que] ... ~ ...: Comme le pilote conduit le navire, ~ le chef de l'Etat mène le pays. (DFC) 항해사가 배를 조종하듯이 국가원수는 나라를 이끌어간다. ~ *...que+ind:* Son caractère est ~ fait *que* le moindre reproche le blesse profondément. (*Ib.*) 그의 성격이 그렇기 때문에 아무리 사소한 비난일지라도 그에게는 깊은 상처를 준다.
3° 〖속사동사+~〗 Paul est ~ Paul. 폴은 그런 사람이다/Je ne t'ai jamais vue ~. (Vercors, *Anim. dén.*, 279) 나는 결코 당신의 그런 모습을 본 적이 없읍니다 (⇨voir)/La bouche est peut-être un peu trop sensuelle.—Tu l'as ~. (Achard, *Nouv. hist.* 251) 입은 좀 너무 육감적인 것 같은데요. —당신의 입도 그런걸요 (⇨avoir B, 3°).
4° 〖~+절〗 Ce que vous gagnez d'un côté, vous le perdez de l'autre; ~ l'affaire est sans intérêt. (DFC) 당신은 한쪽에서 버는것을 또 한 쪽에서는 잃고 있으니 사업은 이득이 없다. ☆ 1) 이때는 도치구문이 사용되지 않는다. 2) ainsi 는 donc을 덧붙여 강조하기도 한다: ~ *donc* vous ne pouvez pas venir. (*Ib.*) 그러니 당신은 결국 못 오겠다는 거군요.

air—**1°** 〖avoir ~〗 ① 〖N+avoir l'~ +*adj.*〗 **a**) 「avoir l'air paraître [sembler]+*adj.*」와 동일한 의미를 표현하며, *adj.*는 N과 성, 수가 일치:Cette jeune fille *a* l'~ sérieuse. (Bonnard) 이 소녀는 진지해 보인다/Ils *ont* l'~ stupides. (DFC) 그들은 멍청해 보인다. **b**) *adj.*가 용모에 관한 특징을 표현할 때 air는 흔히 physionomie, mine 등의 의미로서, *adj.*는 avoir의 직접보어속사로서, air와 일치한다:Elle *a* pourtant l'~ très *doux*. (Maurois, *Climats*, 212) 하지만 그녀는 매우 온순한 모습을 하고 있다. ☆ a), b)의 구별이 명확하지 않은 경우는 *adj.*는 N과 일치시키는 것이 보통이다. N이 비인물명사일 때 *adj.*는 N과 일치시킨다:Ces arbres *ont* l'~ morts. (Bonnard) 이 나무들은 죽은 것 같다/Ces fruits *ont* l'~ bons. (DFC) 이 과일들은 좋아 보인다《*adj.*를 air와 일치시키는 것은 예외적이다》.
② 〖N+avoir un ~+*adj.*[de+무관사 명사]〗 Elle *a un* ~ majestueux. 그녀는 위엄 있는 태도를 지니고 있다《*adj.*는 air의 수식어로서 항상 그 것과 일치시킴》/Elle *a un* ~ *de fée morte*. (Loti, *Chrys.*, 102) 그녀는 죽은 요정의 모습을 하고 있었다.
③ 〖N+avoir l'~ d'un(e) N〗 Elle *avait* l'~ *d'une* somnambule.(Sartre, *Mur*, 118) 그녀는 몽유병환자 같다/Sa maison *a* l'~ *d'un* château. (DFC) 그의 집은 성채와 같다.
④ 〖N+avoir l'~ de+*inf*〗 Ce problème n'*a* pas l'~ *d'être* difficile. (*Ib.*) 이 문제는 어려워 보이지 않는다/Il *a* eu l'~ *de* ne pas s'en apercevoir. (*Ib.*) 그는 그것을 모르는 듯했다/Le malade m'*a* l'~ *de* vouloir parler. 내가 보기에 환자는 말하고 싶어하는 듯하다. ☆ de+*inf*는 반복되면 en으로 대리되며, 형용사 역시 en으로 대리된다: Il est fou. —Il n'*en* a plus l'~ (=l'~ *d'être* fou). (Beauvoir, *Tous les h.*, 30).
2° 〖V+d'un ~+*adj.*(양태의 보어)〗 *d'un* ~ triste 슬픈 모습으로, 슬피 /*d'un* ~ décidé 단호하게/Gilbert reprit, *d'un* ~ de bonhomie. (Arland, *Ordre*, 207) 질베르는 친절하게[상냥한 모습으로] 말을 계속했다.
★ 1) de 대신 avec 를 사용하기도 한다:*avec un* ~ méchant 심술궂은 태도로, *avec un* ~ de regret 안타까운 모습으로. 2) 때로는 전치사를 생

략하기도 한다: Ah! dis-je, *l'*~ négligent.(Daniel-Rops, *Epée*, 48) 나는 무심코 「아」하고 말했다.

aise—*être bien ~ de qc:* J'en suis bien ~. (Bonnard) 나는 그것에 아주 만족합니다. *être bien ~ de inf:* Je *suis bien ~ de* vous voir à nouveau en bonne santé. (DFC) 다시 건강한 당신을 만나뵙게 되니 기쁩니다. *être bien ~ que+subj:* Je *suis bien ~ que* vous *soyez* venu. (Bonnard) 당신이 와 주셔서 기쁩니다(être bien ~ de ce que+ind도 사용한다).

aisé—①〖N ~〗 Ce n'était pas chose ~*e* de pénétrer ce jour-là dans cette grande salle. (Hugo) 그날 그 큰 방으로 들어가기란 쉬운 일이 아니었다. ②〖~〗 La manœuvre de ces petits bateaux à moteur est très ~*e*. (DFC) 이 작은 모터 보트들은 운전하기가 아주 쉽다. ③〖~ à+inf〗 C'est un livre ~ *à* consulter. (*Ib*.) 이 책은 펴보기 쉬운 책이다. ④〖~ de+inf〗 C'est un jeu très simple et qu'il est ~ aux enfants *de* comprendre. (*Ib*.) 이것은 아주 간단하고 애들이 알기 쉬운 놀이이다.

alentour *adv.*—①〖V ~ 〗 Le chien qui rôdait ~ s'était approché. (Bonnard) 근처에서 어슬렁대고 있던 개가 다가왔다. ②〖N ~〗 L'appareil s'est abattu dans un champ; les débris sont dispersés sur cent mètres ~. (DFC) 비행기는 어느 밭에 추락했다. 파편이 100 미터 주변에 흩어졌다/les montagnes ~ (Loti, *3ᵉ jeunesse*, 309) 근처의 산들. ③〖N+de ~〗 les bois *d'*~ 주변의 숲들. ④〖 ~ de〗 autour de 와 같은 뜻으로 쓰이되 고어법에 속한다.

—*n. m. pl.* ①〖~ de+N(장소)〗 *aux* ~s de Paris(Bonnard) 파리 근교에 /les ~s du château 성의 부근. ②〖aux ~ de+N(시간)〗 aux ~s de 1900 (Gide, *Interv.*, 50) 1900년경 (⇨ environ)/Je passerai vous prendre *aux* ~s de huit heures. (DFC) 8시경 당신을 데리러 들르겠소.

allié—〖N ~ à N〗 une famille ~*e aux* Bourbons 부르봉 왕가와 결합된 일가.

alors—(=à ce moment-là). 1°〖~+절, V ~〗 ~ la tour Eiffel n'était pas encore construite. (Matoré) 그때 에펠탑이 아직 세워지지 않았었다/Je me souviens de l'avoir vu; il avait ~ vingt ans. (DFC) 그를 만났던 것을 기억해. 그는 그때 스무살이었지(과거 또는 미래 시제와 모두 결합되어 사용된다).

jusqu'~: *Jusqu'*~, il n'avait pas dit un mot.(*Ib*.) 그때까지 그는 한마디도 안했었다.

2°《구어체》〖~+절〗 S'il ne répond pas à ma lettre, ~ j'irai le voir. (Matoré) 그가 내 편지에 답장을 안한다면, 내가 그를 보러 가겠다/La viande est trop chère; ~ nous achetons du poisson. (Bonnard) 고기는 너무 비싸다. 그래서 우리는 생선을 산다.

3°〖간투사적 용법〗 분격, 의문, 조바심 등 화자의 감정을 강조 표현한다:~, tu viens?(DFC) 그래 너 오니?/~, que peux-tu ajouter? (*Ib*.) 자 뭐 덧붙일 것이 있니?

alors que—①〖~+ind〗 동시성(=lorsque)(문어)):Il raconta des histoires de son jeune temps, *alors qu'*il travaillait à Boston.(S, II, 290) 그는 자기가 보스턴에서 일하던 젊은 시절의 얘기들을 했다. ②〖~+ind, ~+cond〗 대립 (=tandis que): Il a encore bu du vin, *alors qu'*il avait déjà mal à l'estomac. (Rietsch) 그는 벌써 배가 아픈데도, 또 술을 마셨다/Vous reculez, *alors qu'*il faudrait avancer.(G, 1033) 당신은 앞으로 나아가야 되는데, 뒤로 물러서는 군요.(⇨tandis que). ③〖~+ind〗 원인: *alors qu'*il lui avait donné

alphabet 52

tout ce qu'elle attendait de lui, elle devait, elle aussi, donner ce qu'elle avait fait espérer.(S, II, 296) 그는 그녀에게, 그녀가 그에게 기대했던 것을 모두 주었기에, 그녀 역시 그에게, 기대를 갖게 했던 것을 주어야 했다. ④ 〖~+cond〗 alors qu'il me donnerait 1000 francs, je ne bougerais pas.(Rietsch) 그가 내게 1000 프랑을 준다 해도, 나는 꼼짝 않겠다.

alors même que + *ind* 〔*cond*〕= lors même que. (⇨lors).

alphabet 〔알파벳, 자모〕—대문자 *majuscule 와 소문자 minuscule 두 가지가 있다. 프랑스어의 자모는 26 종인데, 처음에는 j, u, w 가 없는 23 종으로 i, v 가 j, u 를 겸했다가 1762 Académie 사전에 j 와 u 가 등장했고 w 는 외래어들과 함께 들어왔다. a, e, i, o, u, y 를 모음 voyelle, 나머지들을 자음 consonne 이라 한다. 1° ① 단어 속에 있는 자모가 모두 소리를 내는 것은 아니다: com(p)te, doi(g)t, deu(x). ② 둘 이상의 자모가 하나의 음소 phonème 를 나타내기도 한다: eu, eau, an, un, ch, th, etc. ③ 어떤 것들은 철자기호를 갖고 있기도 한다: â, ô, é, è, ï, etc. ④ o 와 e, a 와 e 는 하나로 붙여쓰이기도 한다: bœuf, œil, ægipan, ægosome
2° 〖발음〗 a[ɑ], b[be], c[se], d[de], e[e,ə], f[ɛf], g[ʒe], h[aʃ], i[i], j[ʒi], k[ka], l[ɛl], m[ɛm], n[ɛn], o[o], p[pe], q[ky], r[ɛːʀ], s[ɛs], t[te], u[y], v[ve], w [dublǝve], x[iks], y[igʀɛk], z [zɛd]. é 는 [e 또는 ə] accent aigu 라 읽는다.
3° 〖성〗 ①모음자는 남성: un e muet. ②자음자중 f, h, l, m, n, r, s 의 성은 고정되어 있지 않으나 모두 남성으로 쓸 수 있다(G): un x, un h muet(때로는 une h muette).

alternance vocalique ⇨apophonie.

alternative—Il n'y a pas d'~; il faut continuer.(DFC) 선택의 여지가 없다. 계속해야만 한다/Je vous laisse l'~. 둘 중 하나를 택하시오/ être〔se trouver〕devant une 〔en face d'〕 ~ 양자택일의 기로에 처해 있다((devant une double ~ 나 devant deux ~s 로 사용하는 것은 오류이다. 그러나 devoir choisir entre deux solutions〔deux partis〕)).

amateur—여성형은 amatrice 이나 드물게 사용되고(Rousseau 가 사용한 예가 있음), 여자를 지칭할 때는 une femme amateur 또는 amateur 를 그대로 사용한다: Elle est très ~ de choucroute.(Bonnard) 그녀는 슈크루트를 몹시 좋아한다/musicienne ~ 여류 아마추어 음악가.

ambassadeur—여성형은 ambassadrice.

ambitieux—①〖N ~ 〗 C'était un jeune ménage ~. 그들은 야심 많은 젊은 부부였다/un projet ~ 야심적인 계획. ② 〖~〗 Cet enfant est ~, il réussira dans ses études.(Matoré) 이 아이는 야심이 많아, 공부하는 데 있어 성공할 것이다. ③ 〖~ de qc〗 Il était ~ de gloire. 그는 명예심에 불타고 있었다. ④ 〖~ de +inf〗 Il semblait ~ de la retrouver. 그는 그녀를 다시 찾기를 갈망하고 있는 듯이 보였다.

âme qui vive—*pron. indéf.*(=personne): Il n'y a pas ~. 아무도 없다(⇨personne¹ II, 1°). ☆ 1) personne 의 의미지만 잘 쓰이지 않고 pas 를 보통 사용한다. 2) âme vive 의 예외적인 형태도 사용된다: Il n'y connaissais âme vive. (Gide, *Porte*) 나는 거기서 아무도 아는 사람이 없었다.

ami *n.m.*—〖 l'~ de qn〔qc〕〗 Marat s'appelait l'~ *du* peuple.(Bonnard) 마라는 인민의 친구라고 불리어졌다/Il a fondé une société *des* ~s *de* la musique.(DFC) 그는 음악 애

호가 모임을 만들었다.
—*adj.* ① 〖N 〜〗 les peuples 〜*s* 우 방국민. ② 〖〜 *de qn*〔*qc*〕〗Il est 〜 *de* la précision.(DFC) 그는 정확한 것을 좋아한다. *être* 〜 *avec qn:* Je *suis* très 〜 *avec* son père.(*Ib.*) 나는 그의 아버지와 아주 친하다.

amitié— ① 〖l'〜 de 〔pour〕 *qn*〗 *Mon* 〜 *pour* lui augmentait.(Bonnard) 그에 대한 나의 우정은 두터워 갔다. ② 〖avoir de l'〜 pour *qn*〗 J'ai beaucoup d'〜 *pour* vous.(Bonnard) 나는 당신에게 많은 우의를 느낍니다. *lier* 〜 〔*se lier d'*〜〕 *avec qn:* J'ai lié 〜〔Je *me suis lié d'*〜〕 *avec* lui tout de suite. 나는 그와 곧 친해졌다.

amour—어원인 *lat.* amōrem, dolōrem(>douleur) 등 對格形이 ōrem 으로 끝나는 라틴어 추상명사는 남성이나, 불어에서는 중세 이래 -eur의 어미를 갖고 여성이 되었다. 16세기에는 어원의 성을 따라 다시 남성으로 바뀐 예들이 있는데 amour도 그 중의 하나이다. 그러나 특히 복수형을 여성으로 사용하는 관습이 남아 성의 혼란이 계속되다가 현대어에서는 일반적으로, 단수・복수 모두 남성으로 사용하도록 정착이 되었다: Ça se rencontre dans *tous les* 〜*s.* (Beauvoir, *Sang*) 그것은 모든 연애에서 발견되는 것이다/D'où naquit *mon plus grand* 〜. (Maurois, *Climats,* 31) 거기서부터 나의 가장 열렬한 사랑이 태어났다.
★1) 관용적 표현에는 여성복수형이 아직도 그대로 사용된다:*premières* 〜*s* 첫사랑/*éternelles* 〜*s* 영원한 사랑/*secrètes* 〜*s* 마음속에 감추어진 사랑(⇨pluriel augmentatif)/*folles* 〜*s* 광적인 사랑(이표현에서 여성형의 사용은 euphonie에서 연유한다》.
2) 관용적 표현 이외에도 때때로 여성복수형이 사용되나 이는 고어법이다:*ses querelleuses* 〜*s* (Henriot, *Romantiques*). 싸움만 하는 그의 사랑

3) 문어에서는 여성 단수형이 사용된 예도 볼 수 있다: *cette* 〜 insensée (Musset)이 무모한 사랑.

amusant *adj.* —〖N 〜〗 La marquise bavarde, les mots 〜*s* pétillent. (Faguet) 후작 부인이 수다를 떠는데 재미있는 말들이 튀어나온다//〖〜〗 L'homme n'était pas 〜.(Michelet) 그 사람은 재미있는 사람이 아니다. *C'est* 〜 *de+inf* 〔*que+ subj*〕…하는 것은 재미있다.
—*n.m.* La majorité cherche dans les arts *l'*〜.(Vigny) 대부분의 사람은 예술에서 재미있는 것을 찾는다.

an, année—이 두개의 동의어는 때때로 구별하기 어려우나 용법상 다음과 같은 구분이 가능하다.
① **an**은 시간의 단위로서 한 기간을 가리키거나 수사와 더불어 셈할 때 쓰인다. 또한 격언이나 성구에서도 쓰인다:Il va faire du ski trois fois par *an.* 그는 연 3회 스키하러 간다/Il peut avoir trente *ans* environ. 그 사람은 서른 살쯤 되었겠지/Je voudrais aller en France tous les cinq *ans.* 5년마다 프랑스에 갔으면 한다/le jour de l'*an* 신년 초하루.
☆「bon *an* mal *an* (연)평균해서」의 경우를 제외하고 an은 품질형용사로 수식되지 않는다. un an abondant은 틀린 표현이며 une année abondante로 고쳐 써야 한다.
② **année**는 흔히 품질형용사를 동반하여 1년이란 기간중에 포함된 월과 일의 통합을 나타내며 그 기간중의 사건이 내포된다:mes *années* de jeunesse 내 젊은 시절/travailler toute *l'année* 일년 내내 일하다/Nous resterons à Paris, cette *année.* 금년 우리는 파리에 머물 것이다/un roman que j'ai lu il y a plusieurs *années* 몇년전에 읽은 책//〖부사(분량) +*d'année*〗Depuis combien d'*années* habitez-vous à Séoul? 몇 해 전부터 서울에 사십니까? (cf. Depuis *deux ans* environ. 약 2년 전부터요).

③ an과 année가 구별없이 관용적으로 혼동되는 경우:l'*an* passé[dernier,prochain] ; l'*année* passée[dernière, prochaine]/Je vous envoie mes souhaits du nouvel *an*[de la nouvelle *année*].근하신년/Le revenu national augmente d'un *an*[d'une *année*] à l'autre. 국민소득이 해마다 증가한다/M. Martin compte 10 *ans* [*années*] de service. 마르탱씨는 근속 10년이 된다/Il s'est remarié: il avait perdu sa première femme deux *ans*[*années*] avant. 그는 재혼했다. 그는 2년 전에 상처했었다.

anacoluthe [破格構文]—구문이 일관되지 못한 여러 형태의 문장을 말한다: Toute espèce de divertissement fut défendu à Vienne et observé exactement. (St-Sim) 모든 종류의 오락이 비엔나에서는 금지되었고 이것은 정확하게 지켜졌다 《Toute espèce de divertissement 이 fut observé의 주어가 될 수 없고, et *cette défense* fut observée 라고 해야 옳은 구문이 된다》/Il 〔L'aigle〕 est trop lourd pour pouvoir, sans grande fatigue, le porter sur le poing.(Buff) 독수리는 너무 무겁기 때문에 힘들이지 않고 주먹 위에 얹어 운반할 수는 없다《pouvoir의 주어는 주동사의 주어와 일치하는 것이 옳은 구문이므로, 이 예문처럼 일치 않는 경우에는 주어를 표현하여 pour qu'*on* puisse le porter 라고 하면 정상적인 구문이 된다》/En attendant votre réponse, veuillez agréer.... 경구 ; 경백《편지 끝에 종종 쓰지만, attendre의 주어가 veuillez와 일치하지 않기 때문에 잘못이다. veuillez... 대신 je vous prie d'agréer... 라고 하면 옳은 구문이 된다》.

analogie [類推]—이미 존재하고 있는 原型에 따라 단어나 문법형식을 구성하는 것을 말한다. 즉 choisir>choisirai, petit>petite, jaune>jaunir처럼 이미 알고 있는 변화형식을 모델로 obéir>obéirai, grand>grande, rouge>rougir를 만들 수 있는 것이다. 동사변화나 파생어 형성, 문장구성 등이 모두 유추작용에 의한다. 유추는 언어변화의 설명원리로서, 예외적인 어형의 많은 수가 유추작용에 의해 원형을 발견함으로써 설명된다. 다음은 괄호 안의 것이 원형임:copain>copine(voisin>voisine)/Je m'en rappelle(Je m'en souviens)./quoique ça(malgré cela).

ancien adj. —〖N ~〗(=qui existe depuis longtemps, qui date d'une époque bien antérieure): acheter un meuble ~ 옛날 가구를 사다/l'ami ~ 오랜 친구/les élèves ~s 상급생//〖~ N〗(=qui a été autrefois tel et ne l'est plus):~ ami 옛날 친구/~s élèves 졸업생/~ ministre 전 장관/~s combattants 재향군인//〖~(비교급)〗 Cette partie de l'église est plus ~*ne* que le reste.(Rob) 교회의 이 부분은 나머지 부분보다 더 옛날에 지어졌다/Il est plus ~ que moi dans le métier. (*Ib*.) 이 직종에서 그는 나보다 고참이다.

—n.m. Il est mon ~. 그는 내 선배이다/les ~s 고대인(=les peuples ~s)/les ~s du village 마을의 연장자들.

andalou—여성형은 andalouse.

ange —여자를 가리킬 때도 남성: Cette femme est un ~.(Thomas) 이 부인은 천사 같은 여자이다//《여성형으로 쓰일 때도 있지만 삼가는 것이 좋음》 l'~ *envahie* par les premiers symptômes de l'indigestion (Flaub, *l'Education*)//mauvais ~ 악마/~ gardien 수호신(천사)/Il travaille *comme un* ~(=parfaitement). 그는 완벽하게 일을 한다/bébé qui *rit aux* ~s 잠을 자면서 웃는 아기/discuter sur le sexe des ~s 쓸데없는 토론에 열중하다/

faiseuse d'~*s*(=avorteuse) 《속어》 낙태전문업자.

angora — 남·여성동형 : un chat ~, une chatte ~. 복수형은 ~s:des chats ~*s*, des chattes ~*s*. 그러나 Lit, DG 는 복수 때도 불변이라고 주장한다.

annexé ⇨ci-annexé.

antécédent [선행사]—관계대명사가 대리하는 단어나 절을 말한다.
1° 〖선행사가 되는 것〗 ① 〖명사〗 *le livre* que je t'ai prêté.
② 〖대명사〗 *ce* que j'ai vu/Je l'entendis qui pleurait. 그가 우는 것을 들었다/*Qu'*ai-je dit qui puisse vous effrayer? 내가 무슨 말을 했기에 그렇게 두려워하오?/*Tel* qui rit vendredi, dimanche pleurera. (Racine, *Plaid.*, I) 금요일(오늘)에 웃는 자는 일요일에(내일) 운다.
③ 〖부사〗(대부분 où 의 선행사): *ici* où vous êtes(Lit)/*là* où vous l'avez rencontré (*Ib.*) ⇨où 1°, ①.
④ 〖형용사, 과거분사〗(속사 que 의 선행사): Malheureux que je suis! 나는 정말 불행하구나! (⇨que¹ I, 4°).
⑤ 〖절〗 대부분 ce 나 chose, fait 등으로 유도된다: Françoise, mangeant, but du vin, *ce qu'elle ne faisait pas d'ordinaire*. (Régnier, *Le Mariage*) 프랑스와즈는 식사를 하면서 포도주를 마셨는데, 그것은 보통 하지 않던 짓이다. ⇨quoi A, I, 2°; où 1°, ④; qui¹ I, 1°, ②; que¹ I, 7°; dont 8°.
2° 〖선행사와 관사〗 관계대명사는 일반적으로 무관사명사를 대리할 수 없다(⇨pronom). Il m'a reçu avec *politesse* qui m'a charmé 에서 avec politesse 는 poliment 의 뜻으로 politesse 는 독립성이 없기 때문에, 이것을 qui 로 받는 것은 옳지 않다(옳은 글: avec *une* politesse qui...). 그러나 선행사가 무관사인 경우가 있다.
① 〖옛날 어법의 잔재〗 **a)** 격언: *Pierre* qui roule n'amasse pas mousse. 구르는 돌에는 이끼가 안 낀다, 직업을 자주 바꾸면 돈을 모을 수가 없다. **b)** Il n'est [n'y a]+ N+qui [que](⇨ne I, 2°). **c)** C'est *chose* à quoi il ne pense guère. 그가 거의 생각지 않고 있는 일이다.
② 동격명사 ⇨apposition.
③ 〖en+N〗 Cornudet souriait *en homme* qui sait le mot des destinées. (Maupass, *Boule de S.*) 코르뉴데는 운명의 열쇠를 쥐고 있는 남자처럼 미소를 짓고 있었다.
④ 〖de+N〗 des cris terribles *d'animal* qu'on égorge (Zola) 목이 따여 도살되는 짐승이 내지르는 것 같은 무서운 비명/((de 후의 des, du 가 생략되는 경우)) Il est coupable de *crimes* qui méritent châtiment. 그는 벌을 받아야 할 죄를 범했다.

antérieur— 〖N ~〗 les pattes ~*es* du chien 개의 앞발/futur ~《문법》전미래. **~ à:** C'est un événement ~ *à* notre mariage. 그것은 우리가 결혼하기 전의 사건이다. ☆ antérieur 는 어원적으로 비교급이기 때문에 plus ~, moins ~ 는 피해야 하나, 작가들은 때때로 이것을 원급으로 취급하여, plus, moins 과 함께 쓰기도 한다. très ~ 는 자주 쓰인다: La vocation du naturaliste est chez lui *très* ~*e* à celle du psychologue. (Ch. Du Bos, *Le Dialogue*) 그에게서 자연주의적 취향은 심리분석가적 취향보다 훨씬 이전의 것이다.

antiphrase [반어법]—아이러니나 완곡어법 *euphémisme 의 효과를 내기 위해 단어나 단어그룹이 본래의 의미와는 정반대의 의미로 쓰이는 것을 말한다: C'est gai! 이거 낭패로군/C'est du propre. 당치 않은 일이야/Fiez-vous-y. 어디 믿어보시지.

antonyme [반의어]—의미가 서로 정반대인 말: riche, pauvre; ancien, moderne; long, court; loin, près;

anxieux—발음 [ɑ̃ksjø]. 〖N ~〗 regards ~ 불안을 띤 시선/une attente *anxieuse* 초조한 기다림/〖~ de +N〔*inf*〕〗 vous sans cesse ~ de mon heure dernière(Verlaine, *Am.*) 끊임없이 내 임종을 초조히 기다리는 당신/~ d'acquérir certaines qualités (Gide) 어떤 자질을 갖추고자 초조해하는(=impatient de...).

août—현대의 정식 발음은 [u]이며, [au], [ut]는 사투리.

aphérèse [頭音節생략]—어두의 하나 또는 여러 음절이 생략〔소실〕되는 것: capitaine>pitaine, radioscopie>scopie, Antoine>Toine, autobus>bus. ⇨abréviation (cf. apocope).

apocope [尾音節생략]—어미의 하나 또는 여러 음절이 생략되는 것. 라틴어가 프랑스어에 들어오는 과정에서 흔히 나타난 현상:homo>on, dactylo(graphe), auto(mobile), tram(way), métro(politain). ⇨ abréviation (cf. aphérèse).

apophonie [母音轉換]—어미변화, 접미사의 첨가 등으로, 동일 어간의 파생어에서 악센트의 위치가 바뀌어 모음교체 현상이 일어나는 것을 말한다. alternance vocalique 라고도 한다: cl*ai*r, cl*a*rté; s*a*vate, s*a*vetier; gl*oi*re, gl*o*rieux; je m*eu*rs, n. m*ou*rons.

apostrophe—1° [생략부호]. *élision 으로 a, e, i 가 탈락된 것을 나타내는 부호(')로서 오른쪽 위에 붙인다: l'arme, d'abord, s'il vous plaît. 속어에서는 tu 의 u 가 달락할 때도 있다:T'es pas fâchée?/T'as pas été trop triste? (Maeterlinck, *L'oiseau*). 또 속어의 발음을 그대로 나타내기 위해 apostrophe 를 쓰는 경우도 있다:J'peux pas(=Je ne peux pas)./v'là(=voilà)/Not'père(=notre père). ☆ 아카데미사전 제8판은 entre 의 합성어 중에서 apostrophe 를 삭제한 것이 있다:entracte, s'entraider, entrouvrit, etc.(⇨entre). 또 grand 의 여성합성어는 apostrophe 를 안쓰고 trait d'union 을 쓴다:grand-mère, grand-route, etc.(⇨élision). 2° [호격](=mot mis en apostrope). 직접 상대를 부르는 말로 사람이나 의인화한 사물을 나타내는 명사, 대명사를 말한다: *Poète*, prends ton luth. (Musset, *N. de Mai*) 시인이여, 비파를 들어라/*Vous*, avancez. 당신, 전진하시오/Donnez, *riches!* L'aumône est sœur de la prière. (Hugo, *F. d'Aut.*) 부자들이여, 주어라. 적선은 기도와 같으니라.

apparemment que— *apparemment qu*'il trouve moyen d'être en même temps à Paris et à campagne. (Musset) 필경 그는 동시에 파리에도 시골에도 있는 방법을 알아낸 모양이다.

apparence—① 《복수》「체면」:garder[sauver, ménager] les ~s 체면을 지키다[차리다]/sacrifier les ~s 남의 체면〔명판〕을 손상시키다. ② 《단수 또는 복수》「겉, 외모」:L'état général, malgré l'~, restait inquiétante.(M. du Gard) 전반적인 상태는 겉보기와는 달리 여전히 걱정스러운 것이었다/On doit pas juger sur les ~s. 겉으로만 보고 판단해서는 안된다. *en* ~: Si l'on guérit le mal, ce n'est qu'*en* ~. (Corn) 병이 완쾌된 것은 단지 겉으로 보기에 그럴 뿐이다. *contre toute* ~ 예상과는 달리. *selon toute*(s) ~(s) 십중팔구. *Il est hors d'*~ *que*+*subj*, *Il n'y a pas d'*~ *de*+*inf* …할 기색은 안 보인다.

appas—「appât 미끼」의 복수 古形 《appât 의 보통 복수형은 appâts》: Le sel est un excellent *appât* pour attirer les pigeons. (Ac) 소금은 비둘기를 유인하는 훌륭한 미끼이다/Les vers, les moucherons sont de bons *appâts* pour prendre les pois-

après

sons. (Ac) 벌레와 각다귀는 물고기를 잡는 데 좋은 미끼이다//(appas는 비유적으로 「유혹, 매력, 유방」의 뜻)» les ~ de la gloire 명예를 얻고 싶은 유혹/Aux objets répugnants nous trouvons des ~. (Baudel.) 우리들은 불쾌한 대상에서 매력을 발견한다/se prendre aux ~ de la femme (Ac) 여자의 유혹에 걸려들다.

appointements —「봉급」의 뜻으로 항상 복수로 쓰인다: Il reçoit de gros ~.(Ac) 그는 많은 봉급을 받는다《B, 98 은 un appointement 처럼 단수로 쓴다고 하나, G, 297 은 단수형은 낡았거나 드물게 보일 뿐이라고 한다》.

appositif [동격어] ⇨apposition.

apposition [동격]—명사나 명사에 상당하는 어구에 덧붙여져 그 성질을 한정, 보충해주는 명사, 대명사, 부정법, 또는 절을 말한다:le lion, *terreur* des forêts(La Font, *F*.) 숲속의 깡패 사자/un enfant *prodige* 신동/*Moi*, je n'irais pas. 나는 가지 않겠다/Il ne désire qu'une chose, *réussir*. 그는 한가지 소망밖에 없다. 즉, 성공하는 것/Je ne désire qu'une chose, *que vous soyez heureux*. 나에게는 한가지 소망이 있을 뿐이다. 즉, 당신이 행복해지는 것이다.

1° 동격은 보통 자신이 보충해주는 단어 뒤에 온다: le roi *soleil* 태양왕 (루이 14세)//《때로는 앞에》 un *fripon* d'enfant 개구쟁이.

2° 동격은 자신과 관계가 있는 단어에 바로 덧붙여지기도 하고 전치사 de 를 써서 연결되기도 한다:le roi *Louis* 루이 왕/la ville *de* Paris 파리시/le mois *de* mai 5월.

3° 동격이 단지 épithète 나 단순한 형용사적 역할을 하면 관사를 안 쓴다:la voiture *balai* 행렬의 뒤에 가면서 청소하는 차량/«La Peste», *roman* d'Albert Camus 카뮈의 소설 「흑사병」. ☆ 그러나 이미 알고 있는 사실을 강조할 때는 관사를 쓴다:«La Peste», *le* roman d'Albert Camus/Chio, *l*'ile des vins (Hugo, *Orient*.) 술의 섬 키오스. ⇨article.

âpre—① 〖N ~〗 D'une voix ~, il cria un ordre à ses matelots. (Flaub) 거친 목소리로 그는 선원들에게 명령했다. ② 〖~ N〗 Il neigeait, l'~ hiver fondait en avalanche. (Hugo) 눈이 내리고 있었다. 쌀쌀한 겨울이 눈을 펑펑 쏟고 있었다. ③ 〖~ à+N(*inf*)〗 Il est ~ *au*(=avide de) gain.(Rob) 그는 돈벌이에 악착스럽다/les plus ~*s à* exiger leurs droits 자신의 권리를 요구하는 데 있어 가장 악착스러운 사람들《~ à+*inf* 는 다소 고어법》.

après—1° 〖~ N〖*pron.*〗〗 ① 〖시간, 공간적 후속〗 ~ sa mort 그가 죽은 후에/Au bas de la côte, ~ le pont, commence une chaussée. (Flaub) 언덕 아래 다리 뒤부터 도로가 시작된다/l'un ~ l'autre 차례로.

② 〖원인〗 뒤에 오는 행위가 앞선 행위의 결과로 생각할 수 있는 경우(B, 812): ~ ce qui s'est passé tu ne pourra plus jamais reconstruire un ménage heureux.(Maurois) 그런 일이 있었으니까 당신은 결코 행복한 가정을 다시 꾸밀 수 없을 것입니다. ③ 〖추구〗특정한 동사+~ :attendre ~ *qn*〖*qc*〗 (필요한) 사람〖사물〗을 초조히 기다리다《단순히 기다린다면 attendre *qn*〖*qc*〗》//chercher ~ *qn* 〖*qc*〗 …을 찾아 헤매다《속어적 표현. Thomas 와 G, 744 는 잘못된 어법으로 규정》//courir ~ *qn*〖*qc*〗: Il ne peut voir une fille sans lui *courir* ~〖sans courir ~ elle〗. 그는 여자아이만 보면 뒤쫓지 않고는 못 배긴다/Il ne sert à rien de *courir* ~ la gloire. 명예를 추구해 봤자 헛일이다.

④ 〖구어체에서 contre 와 같은 뜻으로〗 *crier* ~ *qn*:Qu'est-ce que vous avez à toujours crier ~ nous? 도

après

대체 당신은 무엇 때문에 항상 우리에게 호통을 친단 말이오? être ~ qn(=importuner, harceler): Elle est toujours ~ ses enfants. 그녀는 늘 아이들을 못살게 군다. être en colère ~ qn: Son père est souvent en colère ~ sa fille. 아버지는 딸에 대해 자주 화를 낸다.

⑤ 〖부사적 용법〗 Mangeons ensemble. ~, nous pourrons aller au cinéma. 같이 식사합시다. 그 다음에 영화관에 가시지요//〖수사+N+~[+N]〗 Deux heures ~s, nous sommes arrivés à Paris. 두 시간 후에 우리는 파리에 도착했다/Vingt ans ~ la mort de Napoléon, les grognards le pleuraient encore. 나폴레옹이 죽은지 20년이 지나도 노병들은 그를 애도하고 있었다(전치사적 용법).

⑥ (=sur, à). 《속어》 accrocher son pardessus ~ le(=au) portemanteau 외투걸이에 외투를 걸다/grimper ~(=à, sur) un arbre 나무에 기어오르다/Il y a de la boue ~(=à, sur) votre robe. 당신 옷에 진흙이 묻었소/La clé est ~(=à, sur) la porte. 열쇠가 문에 있다.

2° 〖~+부정법 복합형〗 ~ avoir diné 저녁을 먹은 후에//《부정법단순형을 쓴 것은 예외적》 ~ boire(=~ avoir bu)// ~ déjeuner[dîner, souper](G, §929에서는 명사로, DG는 부정법으로 보고 ~ boire 도 함께 포함시키고 있다).

3° 〖~ que+ind〗 ~ qu'il eut prononcé ces paroles, il s'en alla. 그 얘기를 한 후에 그는 가버렸다.

★ 1) ~ que+cond 은 일상어에서 거의 안 쓰이는 낡은 어법. 2) ~ que+subj 는 많이 쓰지만 잘못이다. avant que+subj 의 영향과 단순과거와 접속법 반과거의 혼동에 의한 오류:~ que Vincent eût fermé sa porte (Gide) 뱅상이 문을 닫은 다음에.

4° 〖~ + N+과거분사〗 ~ la paix faite (M) 평화가 이루어진 후. ⇨ aussitôt, depuis, sitôt, fois.

5° 〖형용사적 용법〗 le jour ~ (= suivant) 그 다음날 《d'~를 쓰는 편이 보통》.

~ tout: Mais, madame, ~ tout, je ne suis pas un ange. (Mol) 그러나 부인, 요컨대 나는 천사가 아니오. d'~: d'~ ce que disent les journaux 신문에 의하면. ~ coup (=~ l'événement): Je n'ai compris qu'~ coup. 나는 나중에야 알았다. ~ quoi(=~ cela, ensuite): Nous allon déjeuner, ~ quoi nous mettrons en route. (Ac) 점심을 먹고 그 다음에 떠납시다. ~ vous, monsieur! 먼저 하십시오 〔들어가십시오〕!

après-midi—① 「prép.+N」의 조합으로 남성(⇨nom composé II, 2°)이지만, 어두의 모음과 la matinée 의 영향으로 여성으로도 쓴다:L'~ était beau.(Camus, l'Etranger)/par une courte ~ glaciale de l'hiver(Barrès)//《복수 때도 불변》 des après-midi.

② 상황보어인 때는 직접구조:Je viendrai cet ~ (또는 l'~). 오후에 오겠소/toutes les ~ 매일 오후에. ☆구조가 일정치 않은 경우: L'~ du même jour, Villars fit une promenade. (Arland, Ordre) / dans l'~ de ce jour(Ib.) /hier, dans l'~(Ib.)/ demain ~ (Beauvoir, Invitée). (cf. matin, soir).

apte—〖~ à+N[inf]〗 le Français plus ~ au travail individuel quaux entreprises collectives.(Seignobos) 집단적인 기업보다 개인적인 일에 더 재능이 있는 프랑스인/Moins on sent une chose, plus on est ~ à l'exprimer.(Flaub) 사람은 무엇을 덜 느낄수록 말은 더 하기 쉽다.

aquilin—nez ~. 여성형 aquiline 는 드물게 쓰인다:un nez d'une noble courbe ~e (Gautier, Jettatura).

archaïsme [고문체]—이미 쓰이지 않는 단어나 어구를 사용하는 것: occire(=tuer) / moult(=beaucoup, très)/*devant que d'*evacuer la ville (Gide, *Journal*) 그 도시에서 철수하기 전에(⇨avant)《devant que de 는 17세기 이래로 쓰이지 않고 있다》. (cf. néologisme).

article [관사]—**I.** 〖정의〗 관사는 명사 앞에 놓여, 그 명사가 완전한 한정을 받은 것인지 아닌지를 밝혀 준다. 관사는 또한 그 명사의 성·수를 나타내는 데도 쓰인다. 옛 라틴에서는 관사가 쓰이지 않았기 때문에 프랑스어의 관사는 독창적으로 만들어진 것이다. 프랑스어에서도 관사는 아주 제한된 범위에서만 사용되었으나 그 사용범위가 점점 확대되었고, 명사·형용사의 어미 désinence가 없어지고, 복수 -s와 여성 -e를 발음하지 않게 되자, 성·수의 구별을 위해 관사의 사용이 더욱 필요하게 되었다. 프랑스어에서 관사를 사용하는 규칙이 생기게 된 것은 16세기부터이다.
II. 〖종류〗 관사에는 정관사 article défini, 부정관사 article indéfini, 부분관사 article partitif가 있다.
III. 〖관사의 반복〗 1° 나열된 명사 중 첫째 명사 앞에 관사가 있으면 다른 명사들 앞에도 관사를 써야 한다:Il rencontra *l'*instituteur et *le* curé. 그는 선생과 사제를 만났다/Il boit *de la* bière et *du* vin. 그는 맥주와 포도주를 마신다.
2° 둘째 명사를 설명하는 것에 불과하거나 같은 것을 가리키거나, 명사들 모두로 전체를 이루는 경우에는 관사를 반복하지 않는다: *un* collègue et ami de mon père 아버지의 동료이며 친구인 분/*l'*onagre ou âne sauvage 오나그르 즉 야생 당나귀/*les* arts et métiers 공예/*les* officiers, sous-officiers et soldats 장교, 하사관 및 사병. ★ 1) 옛날에는 등위관계인 **여러 명사 중 첫째 명사 앞에만** 관사를 사용한 경우가 많았는데, 지금도 그 잔재로 몇몇 성구에선 첫째 명사 앞에만 관사를 쓴다:*les* eaux et forêts 治水保林/*les* allées et venues 왕래/*les* us et coutumes 관례와 풍습. 2) 다음과 같이 나열된 명사 앞에 복수형 관사를 사용하는 것은 (첫째 명사가 단수형이어도)상업·관청 문체이다:Vous êtes prié d'assister *aux* convoi, service et enterrement.... (Ac) 장례행렬, 미사, 매장 행사에 참석하시기 바랍니다/*les* 5 et 6 décembre 12월 5, 6일/L'acte de décès contiendra *les* prénoms, nom, âge, profession et domicile de la personne décédée. 《프랑스 민법 79 조》 사망증명서에는 사망자의 이름, 성, 연령, 직업, 주소를 기재해야 한다.
3° et나 ou로 연결된 두 형용사 앞에서 관사는 반복된다. 이때 형용사들이 수식하는 명사는 비록 하나여도 의미상 뚜렷이 구별되는 사람이나 사물을 가리키거나, 특히 형용사들이 서로 양립될 수 없는 성질을 나타내는 경우이다:*les* bons et *les* mauvais anges 천사와 마귀/*au* douzième et *au* treizième siècle de notre ère(Maurois, *Cinq visages de l'amour*) 서기 12세기와 13세기에/ entre *les* lignes allemandes et *les* françaises(Romains, *Les Hommes*, t. XV) 독일군 전선과 프랑스군 전선 사이에.
4° 그러나 두 형용사가 같은 사람이나 사물 또는 같은 종류나 전체적으로 볼 때 하나를 이루는 여러 사람이나 사물을 수식하는 경우에는, 반복되지 않는다: *un* pitoyable et insupportable raisonnement(Boss, *Etats d'or*, IX) 보잘것 없고 견딜 수 없는 논법/jusqu'à *la* troisième et quatrième génération(Chataubr, *Mém.*, I) 3대, 4대에까지/C'est le fils de *la* charmante et triste Octavie.(A. Bellesort, *Virgile*) 아름다우나 슬퍼

하고 있는 옥타비아의 아들이다. ☆
두 형용사가 et 나 ou로 연결되어 있
지 않으면 관사를 반복해야 한다: *la*
grande, *la* belle ville de Paris 장
엄하고 아름다운 파리시/*le* grand,
le sublime Corneille 위대하고 장엄
한 코르네유.
5° 등위관계의 형용사들이 명사 뒤
에 올 때에는 네가지 형식이 있다:
la langue latine et *la* langue grecque
라틴어와 희랍어; *la* langue latine
et grecque; *la* langue latine et
la grecque 《잘 쓰이지는 않는 형식》;
les langues latine et grecque. 예문을
각각 더 들면 다음과 같다.

① Il y a de grandes différences
entre *les* usages antiques et *les*
usages moderns. (Ac) 고대의 관습
과 현대의 관습 사이에는 큰 차이가
있다/*la* poésie dramatique et *la*
poésie lyrique(Duham) 극시와 서
정시.

② *la* syntaxe latine et française
(Maurois) 라틴어와 프랑스어 문장
론/*la* jurisprudence ancienne et
moderne (Lit) 고대와 현대 법률.

③ Je ne considère ni *la* République
romaine, ni *la* batave, ni *l'*helvéti-
que, mais seulement *la* française.
(France, *L'Orme*) 나는, 이탈리아나
바타비아나 스위스 공화국이 아니라
오직 프랑스 공화국만을 고려하고
있다/On dit aussi bien «*L'*histoire
ancienne et moderne» que «*L'*his-
toire ancienne et *la* moderne». (Ac)
「고대 및 현대사」 또는 「고대사 및
현대사」라고도 한다.

④ *les* littératures grecque et latine.
(Renan, *L'Avenir de la science*) 라틴
문학과 그리이스 문학/*les* statuaires
grecque et chinoise(Malraux, *La
Voie*) 그리이스 影像術과 중국 조상
술.

★위에서의 «*la* langue latine et grec-
que» 처럼 관사를 반복 안하면 의미
가 모호해질 때도 있다. 즉, Dans

cette bibliothèque, *la* littérature
romanesque et policière manque 라
고 한다면, romanesque 하고 poli-
cière 한 성격을 지닌 하나의 litté-
rature 인지, 성격이 다른 두 가지
littérature 인지 애매해진다. 이때
관사(명사와 함께)를 반복하면 의미
가 뚜렷해지는 것이다.
6° 절대최상급이 나열될 때(같은 명
사에 관계된)는 각 최상급마다 관사
를 반복해야 한다: Je m'en vais vous
mander la chose *la* plus étonnante,
la plus surprenante, *la* plus mer-
veilleuse.... (Sév, t. II) 나는 가장
놀랍고, 가장 의외이고, 가장 신기
한 일을 당신에게 곧 지시하려 한다.
IV. 〖관사의 생략〗 1° 형용사처럼
명사의 특징을 나타내는 한정보어
앞의 관사는 생략된다: une table de
marbre 대리석 테이블/un poète de
génie 천재적 시인/la gravure sur
cuivre 동판소/les transports par
eau 수상 수송.
2° 격언조의 성구로 유추를 나타내
는 표현이나 속담 또는 격언에서 생
략된다:*Noblesse* oblige. 높은 신분
에는 그에 합당한 의무가 따른다/
blanc comme *neige* 눈처럼 흰;결백
한/Il y a *anguille* sous roche. 어쩐
지 수상하다.

3° 문장에 생동감을 주기 위해, 나
열된 명사들 앞의 관사는 생략된다:
*Vieillards, hommes, femmes, enfants,
tous voulaient me voir.* (Montesq,
L. pers.) 노인들, 남자들, 여자들
그리고 아이들까지 모두들 나를 보
려고 했다.

★특히 짝을 이루어 대조적으로 쓰
인 명사들 앞에서 관사의 생략은 흔
하다:*Patrons et ouvriers* sont d'ac-
cord. 기업주들과 직공들은 의견의
일치를 보았다 / *Pylônes et obélis-
ques*, ce sont bien les deux éléments
qui donnent son caractère générale
à la construction égyptienne. (Her-
riot, *Sanctuaires*) 탑문과 방첨탑은

이집트 건축의 일반적 성격을 나타내는 기본적인 두 요소이다.
4° 단순한 (부가) 형용사 역할만 하는 동격 또는 속사명사 앞의 관사는 생략된다: Il est *avocat*. 그는 변호사이다/Vous êtes *orfèvre*. (Mol, *L'Amour méd*.) 당신은 금은세공사이다/Séoul, *capitale* de la Corée 한국의 수도인 서울. ☆ 그러나 동격명사나 속사명사가 완전히 명사적 가치를 지니고 절대적인 의미, 강조적인 의미로 쓰이면 관사를 사용한다: Etes-vous *le* médecin? (Flaub, Mme *Bovary*) 당신이 바로 그 의사이신가요?/Chio, *l'*ile des vins (Hugo, *Orient*.) 포도주의 섬인 키오스.
5° apostrophe 로 쓰인 명사 앞의 관사는 생략된다: *Ami*, je t'aime pour ton caractère sérieux. (Vigny, *Chatt*., I) 친구여, 나는 너의 신중한 성격 때문에 너를 사랑한다/*Cieux*, écoutez ma voix; terre, prête l'oreille. (Racine, *Ath*., III) 하늘이여, 내 소리를 들으시오. 땅이여, 귀를 기울이시오//《일상어에서는, 특히 복수형 명사 앞에서 관사를 붙이는 경우도 있다》 Venez, *les* enfants. 아이들아, 가자/Il faut partir, *les* amis! (Ac) 친구들이여, 출발해야 한다.
★ monsieur, madame, mademoiselle, monseigneur 따위가 앞에 온, 직함, 작위를 나타내는 명사 앞에선 관사를 사용한다: monsieur *le* comte 백작님/madame *la* générale 장군부인.
6° 동사나 전치사에 밀접하게 결합된 보어명사 앞의 관사는 생략된다: avoir *peur* 두려워하다/avoir *raison* 옳다/donner *congé* 해고하다/garder *rancune* 원한을 품다/prendre *patience* 참다/rendre *justice* 옳다고 인정하다/tenir *parole* 약속을 지키다/aller à *cheval* 말을 타고 가다/mettre une lettre sous *enveloppe* 봉투속에 편지를 넣다/avec *soin* 정성들여/sans *gêne* 버릇없이/par *hasard* 우연히/à travers *champs* 들을 가로질러, etc. ☆ 관사의 사용 여하에 따라 의미가 달라지는 경우도 있다: faire *feu* 발포하다; faire *du* feu 불을 지르다/rendre *justice* 옳다고 인정하다; rendre *la* justice 재판을 하다.
7° 게시문, 작품명, 주소 등에서는 관사를 생략한다: *maison* à louer 셋집/*précis* de géographie 지리학 개론/monsieur X..., 20, *rue* du Commerce 콤메르스街 20 번지 X 씨.
8° soit ... soit, soit ... ou, tant ... que, ni...ni, et...et 로 연결된 명사들 앞에서도 흔히 관사를 생략한다: Soit *crainte*, soit *ignorance*, il ne voulait rien dire. 두려워서인지 몰라서인지 그는 아무 말도 하지 않으려고 했다/Je ne sens pour vous ni *haine*, ni *compassion*. (Camus, *Malentendu*, III) 나는 당신에게 증오도 연민도 느끼지 않는다/Il y avait une centaine de personnes, tant *hommes* que *femmes*. 남, 여 합해서 백명이 있었다.
9° 비인칭구문에서 관사의 생략은 흔히 있다: Il y a *erreur* sur personne. (Achard, *Nouv. hist*.) 사람을 잘못 보았다/Dans la petite chapelle, il n'y avait ce matin-là pas *grand monde*. (Gide, *Porte*) 그날 아침 그 작은 예배당에는 사람이 많지 않았다/Il n'y a *livre* qu'il n'ait lu. 그가 읽지 않은 책은 없다/C'est *dommage*. 유감스런 일이다/C'est *chose* à quoi il ne pense guère. 그것은 그가 거의 생각지 않은 일이다/Il fait *jour*. 날이 밝았다.
10° 월, 요일, 축제일, 종교의식을 가리키는 명사 앞에서도 관사를 생략할 때가 있다: de *décembre* 1978 à *janvier* 1979 1978 년 12 월부터 1979 년 1월까지/Il est venu *dimanche*. 그는 지난 일요일에 왔다/*Noël* approche. 크리스마스가 가까와 오고 있다. ⇨jours[1], mois, Pâques, Noël,

midi, minuit.
★ 1) 위의 것들도 한정을 받으면 관사를 쓴다: le riant avril 아름다운 4월/le mardi 19 décembre 12월 19일 화요일. 2) 어떤 요일에 반복되는 일이 일어날 경우에도 관사를 쓴다: On ne travaille pas le dimanche. 일요일에는 휴업이다/contes du lundi 월요 이야기. 3) 다음과 같은 축일 명사에는 여성관사를 쓴다: l'Ascension 예수 승천절/l'Assomption 성모 승천절/la Toussaint 만성절/la saint-Jean 세례 요한의 축제일.
11° 전치사 par 가 앞에 와서 배분의 뜻으로 쓰인 명사에도 관사를 안 붙인다: deux fois par semaine 매주 두번씩/distribuer par cantons 면별로 분배하다//《전치사 par 가 없으면 정관사가 필요》 deux fois la semaine/Cela coûte six francs la livre. 그것은 파운드당 6 프랑이다.
12° 〖tous deux 와 tous les deux〗 일반적으로 tous les deux, tous les trois, tous les quatre 라고 쓰고 좀 문어체이지만 tous deux, tous trois, tous quatre 처럼 관사를 안 쓰기도 한다: Tous les deux sont morts depuis longtemps. (Lit) 둘 모두 오래 전에 죽었다/Tous deux sont morts. (Hugo, Crép.)/Nous partions donc tous les quatre dès le matin. (Loti, Le Rom. d'un enf.) 그래서 우리는 아침부터 넷이서 떠났다/Et tous quatre nous tâchons de nous endormir. (F. Gregh, l'Age) 우리 넷 모두 잠들려고 애를 썼다. ☆ Lit에 의하면 이 경우 4부터 10까지는 관사를 생략하는 경우가 드물고 10 이상이면 항상 관사를 쓴다고 했다: Nous remonterons là-haut tous les cinq. (H. Bosco, Le Mas Théotime) 우리는 다섯이 모두 위층으로 다시 올라갈 것이다/Toutes cinq, en entendant la porte s'ouvrir, s'étaient brusquement levées. (Giraudoux, Les Contes) 그녀들 다섯은 문이 열리는 소리를 듣자 곧 몸을 일으켰다/Ils sont là tous les dix, les enfants d'Asturie.(Hugo, Lég.) 그들 열명은 모두 아스뛰리의 아이들이다.
V. 〖관사의 위치〗 1° 관사는 명사 직전이나 명사 앞에 온 형용사 직전에 놓인다: L'homme est le roi de la création. 인간은 만물의 영장이다/Quittez le long espoir et les vastes pensées. (La Font, F., XI) 오랜 희망과 원대한 사상을 버려라//《명사가 형용사 tout에 의해 한정을 받으면 관사는 tout와 명사 사이에 놓임》 tout les hommes 모든 사람/tout un hiver 한 겨울 내내.
2° 칭호, 직함, 작위명들은 항상 관사 앞에 온다: monsieur le directeur/monsieur le comte/son Eminence le cardinal Roncalli 롱칼리 추기경 예하.
3° 고유명사 다음에 별명처럼 쓰인 형용사가 오면 정관사는 명사와 형용사 사이에 놓인다: Alexandre le Grand 알렉산더 대왕/Charles le Chauve 대머리왕 샤를르.

article contracté ⇨contraction de l'article.

article défini [정관사]—I. 〖정의〗 정관사는 완전히 한정된 의미로 쓰인 명사 앞에 놓여, 명사가 나타내는 생물이나 사물을 개별화 individualisation 한다: Donnez-moi la clef. 그 열쇠를 나에게 주시오/le livre de Paul 폴의 책.

II. 〖형태〗 남성단수: le, 여성단수: la, 남·여성복수: les. ☆1) 모음이나 무음 h 앞에서는 l'로 모음이 생략된다(⇨élision): l'or, l'arme, l'habit, l'heure. ⇨onze, ouate. 2) le, les 는 전치사 à, de와 결합하여 à le 는 au, à les 는 aux, de le 는 du, de les 는 des 로 각각 축약된다(⇨contraction de l'article, ès).

III. 〖용법〗 1° 〖일반적 용법〗 정관사는 완전히 한정을 받은, 즉 어떤 특수한 종류, 타입, 분명한 개체를 나타내는 의미로 쓰이는 보통명사 앞에 쓰인다: *les* oiseaux migrateurs 철새/*les* Rois mages 동방박사 세 사람/*la* plaine du Pô 포강 평야/*L'*avare est malheureux. 구두쇠는 불쌍하다 / *Les* passions tyrannisent *l'*homme (La Br) 정열은 인간을 괴롭힌다.

2° 〖특수 용법〗 ① 정관사는 이미 언급했거나 눈앞에 보이는 생물, 사물을 나타내는 명사 앞에 마치 지시사 démonstratif처럼 쓰인다: Six forts chevaux tiraient un coche…. Après bien du travail, *le* coche arrive au haut. (La Font. *F*, VII) 힘센 여섯 필의 말이 마차를 끌었다…. 그 마차는 고생 끝에 꼭대기에 도착했다/Prenez garde *au* chien. 이 개를 조심하시오/à *l'*instant 즉시/de *la* sorte 그와 같이/Oh! *le* beau papillon! 아, 저 아름다운 나비!

② 잘 알려져 있거나 습관적 행위의 대상인 것을 나타내는 명사 앞에 쓰인다: Donnez-moi *la* clef. 그 열쇠를 주십시오/mettre *la* table 밥상을 차리다.

③ 문맥으로 보아 소유자가 누구인가 충분히 알 수 있을 경우, 신체나 의복의 일부분, 정신 작용 등을 나타내는 명사 앞에 소유형용사 대신 쓰인다: Il ferme *les* yeux. 그는 두 눈을 감는다/Il s'est cassé *la* jambe. 그는 다리가 부러졌다/saisir quelqu'un *au* collet …의 덜미를 잡다/Il perd *la* mémoire. 기억을 상실했다. ☆ 그러나 이런 용법은 절대적인 것이 아니고, 「avoir *un* front haut, *des* cheveux blonds 이마가 훤하고, 머리가 금발이다」처럼 부정관사도 쓰이고, 「faible d'esprit 지능이 낮은, perdre pied 어찌할 바를 모르다, tenir tête 저항하다」처럼 관사를 안 쓰는 표현도 있다.

④ 총칭적 집합명사 collectif général의 보어명사는 관사를 취한다: La foule *des* curieux encombrait la voie.(Thomas) 호기심 많은 군중들이 길을 메웠다/la foule *des* ignorants 무식한 자들의 떼《전체》.

★ 1) 부분적 집합명사 collectif partitif나 수량부사의 보어명사는 관사를 취하지 않는다: une foule de *soldats* 수많은 군인들《부분》/beaucoup de *fruits* 많은 과일. ⇨nom collectif. 2) 부분적 집합명사나 수량부사의 보어명사라도 한정을 받으면 관사를 취한다: Un grand nombre *des* candidats qui se sont présentés ce matin ont été refusés. (G, § 314) 오늘 아침 출두한 수많은 응시자들이 낙방했다/Beaucoup *des* fruits que vous m'avez envoyés se sont trouvés gâtés. (*Ib.*) 당신이 나에게 보낸 많은 과일들이 썩은 것이었다. 3) la plupart, le plus grand nombre, la plus grande partie, la majorité, la moitié 등의 보어명사는 관사를 취한다: la plupart *des* gens 대부분의 사람들/la majorité *des* hommes 대부분의 사람들.

3° 〖고유명사와 관사〗 일반적으로 사람 이름, 도시 이름의 고유명사는 관사 없이 쓰이지만, 어떤 경우에는 사람 이름, 지리명에도 관사가 붙을 때가 있다.

① 〖사람이름〗 a) 〖때때로 경멸, 무시의 뜻〗 *la* Pompadour (루이 15세의 첩) 퐁파두르/*la* Masson 마송 아줌마/《속어에서》*La* Léontine s'éloigna dans l'ombre vers les Halles.(Barrès, *Les Déracinés*) 레옹틴 그 가시내는 중앙시장을 향해 어둠 속으로 사라졌다/Vous n'auriez pas vu *le* René?(Arland, *Terre nat.*) 르네 그 녀석을 못 보셨겠지요? b) 이태리어의 모방으로, 이태리의 유명한 화가, 작가, 이름 앞에 관사를 쓴다: Montaigne visita *le* Tasse (Chateaubr, *Mém.*, IV) 몽테뉴는 탓소를 방문했다/les tableaux *du* Corrège 코레지오의 그림들. ☆ Dante는 혼히 관사

없이, Titien은 관사를 붙여 le Titien이라고도 하며, Guide는 항상 le Guide로, Poussin은 때때로 le Poussin으로 쓴다. 지리명에서 온 별명이나 이름에는 관사를 붙인다: le Véronèse, le Tintoret, le Corrège, le Caravage, etc. c) 유명한 여가수, 여배우 이름 앞에도 때때로 관사를 쓰는 경우가 있다:la Champmeslé, la Malibran, la Duclos, la Balincourt, la Dumesnil, etc. d) 1) 고유명사가 형용사나 보어로 한정을 받으면 관사를 쓴다:le grand Corneille 위대한 코르네이유/le Racine de «Phèdre»「페드르」의 작가인 라신느. 2) 고유명사 앞에 saint성인, feu, défunt, maître, monseigneur, monsieur, madame, lord, milord 등이 오면 관사를 안 붙인다:le supplice de saint Pierre 성 베드로의 고문/ monsieur Durand, maître Jacques. 3) oncle, tante, cousin, cousine, grand-père, grand-mère 다음에 이름이나 성이 오면 관사는 쓰기도 하고 안 쓰기도 한다:au milieu de ses deux frères et de l'oncle Xavier (Mauriac, Le Mystère) 그의 두 형제와 크자비에 아저씨 가운데에/ L'oncle Planté allumait son bougeoir.(R. Boylesve, La Becquée) 플랑테아저씨는 촛대에 불을 켰다/ une lettre d'oncle Francis (Marcel, Un Homme de Dieu) 프랑시스 아저씨의 편지/Tante Louise est morte. (J.-L. Vaudoyer, La Reine) 루이즈 아주머니는 돌아가셨다. e) 같은 이름의 둘 혹은 여러 사람을 가리킬 때:les Goncourt 공쿠르 형제/les deux Corneille 코르네이유 형제. f) 어떤 인물의 전형, 전 가족, 국민, 종족을 가리킬 때:Tous les Astyanax attendrissent Homère. (Hugo, Lég., t. II) 아스디아낙스 같은 인물은 모두 호메로스를 감동시킨다/les Dupont 뒤퐁씨 가족/les Coréens 한국국민/les Anglo-Saxons 앵글로색슨 민족. g) 작가의 이름으로 작품을 가리킬 때:jouer du Mozart 모짜르트의 작품을 연주하다/A mon gré, le Corneille est joli quelquefois.(Boil, Sat.) 내 생각으로는 코르네유의 작품은 때때로 아름답다/J'étudiais les Véronèse. (Barrès, Un Homme libre) 나는 베로네제의 작품들을 연구했다. h) 강조할 경우에는 한 사람을 지칭할 때도 복수형 관사를 붙인다:Les Corneille, les Racine, les Molière ont illustré la scène française. (G, § 316) 코르네유, 라신, 몰리에르가 프랑스 연극을 빛냈다.
② 〖지리명〗 a) 대륙, 국가, 지방, 산, 바다, 강 이름 앞에는 관사를 쓴다: l'Asie, l'Europe, la Corée, la Bourgogne, le Périgord, les Vosges, la Méditerranée, la Seine, le Rhin.
b) 1) 일반적으로 형용사나 보어가 붙은 도시 이름 앞에도 관사를 쓴다: le vieux Paris/le Bruxelles d'autrefois/ Virgile a visité par l'imagination et par le cœur la Rome qui n'existait pas encore. (A. Bellesort, Virgile) 비르길리우스는 아직 존재하지 않은 로마를 상상력과 마음 속으로 방문했다. 2) 정관사가 본래는 보통명사였던 몇몇 도시 이름의 일부가 된 경우가 있다:la Rochelle, le Havre. 3) 도시명에 수식어가 붙어도 관사를 쓰지 않는 경우도 있다: Bruxelles entier, tout Paris. c) 큰 섬 이름 앞에는 보통 관사를 쓴다 (la Sardaigne, la Sicile, l'Islande, la Nouvelle-Zélande, la Jamaïque). 그러나 유럽의 작은 섬들과 유럽에서 먼 남성 섬 이름 앞에는 관사를 쓰지 않는다: Malte, Madagascar, Bornéo.
③ 국가명 앞에 어떤 경우에는 정관사 없이 en, de를 쓰고, 어떤 경우에는 정관사를 써서 au, du, de la, dans le, dans la를 붙이느냐는 하나의 관례이나, 일반적으로는 다음과 같이 생각할 수 있다. a) 첫자가 자음인 남성명사일 때는 정관사를

article défini

붙인다: aller *au* Pérou, *au* Congo, *au* Canada, *au* Mexique/revenir *du* Brésil, *du* Maroc, *du* Japon. ☆ Danemark 와 Portugal 은 두 경우가 모두 가능하다: Il est réfugié *en* Danemark. (R. Rolland, *Les Précurseurs*) 그는 덴마크에 망명중이다/ J'avais promis de retourner *au* Danemark. (Duham, *Les Espoirs et les Épreuves*) 나는 덴마크로 돌아갈 것을 약속했다/Il y avait *en* Portugal une vice-reine, lors de la révolution de 1640. (Ac) 포르투갈에는 1640년 혁명 당시 女副王이 있었다/Un vieux lui avait appris qu'*au* Portugal on faisait des salaisons de homards. (H. Queffélec, *Un feu s'allume*) 포르투갈에서는 바다가재를 소금에 절인다고 어떤 노인이 그에게 가르쳐 주었었다. b) 첫자가 모음인 남성명사와 모든 여성명사는, 특히 형용사처럼 또는 불확정적인 의미로 쓰인 경우, 정관사를 붙이지 않는다: *en* Afghanistan, *en* Iran, *en* Extrême-Orient/aller *en* France, *en* Chine, *en* Egypte, *en* Suisse / revenir d'Amérique, *de* Tchécoslovaquie / les vins d'Espagne/du fromage *de* Hollande/l'histoire *de* Belgique/l'ambassadeur *de* France.

★ 1) i) 유럽에 가까이 있거나 멀리 있는 여성형의 큰 섬 이름 앞에서는, 그 섬의 위치나 방향을 가리킬 때 en 을 쓴다: *en* Sardaigne, *en* Islande, *en* Nouvelle-Guinée. 그러나 *à* Terre-Neuve 라고 한다. ii) 유럽에서 멀리 있고 여성형인 작은 섬 이름 앞에는 à la 를 쓴다: *à la* Réunion, *à la* Martinique. iii) 유럽의 작은 섬이나 유럽에서 멀리 있는 남성형의 큰 섬이름 앞에는 à를 쓴다: *à* Malte, *à* Chypre, *à* Cuba, *à* Madagascar. 2) i) 프랑스의 옛 주이름 앞에서는 성에 관계없이 en 을 쓴다: *en* Picardie, *en* Limousin. ii) 외국의 여성형 주이름 또는 지방이름 앞에서는 en 또는 dans la, dans l'를 쓴다: *en* [*dans la*] Lombardie, *en* Flandre, *en* Wallonie. iii) 또한 *dans le* Brabant, *dans le* Limbourg, *dans le* Luxembourg(벨기에의 주이름) *au* [*dans le*] grand-duché (de Luxembourg), *au* [*en, dans le*] Luxembourg 라고 한다. 3) i) 프랑스의 도(département) 이름 앞에서는 dans+정관사를 쓴다: *dans la* Gironde, *dans l'*Ain, *dans la* Seine-Maritime 그러나 두 말이 et로 연결된 도이름 앞에서는 en 을 쓴다: *en* Seine-et-Marne. ii) 도이름 앞에 전치사 de 가 올 경우는 원칙적으로 정관사를 쓴다: les habitants *de la* Marne, *du* Gard, *de l'*Ain, *des* Ardennes. iii) 도이름이 합성어이고 첫째 명사가 여성형일 때 어두모음 앞에서 정관사 사용 여부는 자유이다(les habitants d'Eure-et-Loire 또는 *de l'*Eure-et-Loire). 그러나 첫자가 자음이면 정관사를 생략한다: les habitants *de* Saône-et-Loire. 4) 항해용어에서 「프랑스행」이라 할 때 전치사 pour 를 쓸 경우, 보통 정관사를 안 쓴다: Ce paquebot partira demain *pour* France. (Ac) 이 배는 내일 프랑스로 출발한다.

4° 〖최상급과 정관사〗 ① **le plus** [**moins, mieux**]+형용사(또는 분사)에서 정관사 le 는 질 qualité 의 여러 단계간의 비교를 나타낼 때는 불변이고, 부사 plus[moins, mieux]와 함께 부사구를 이룬다: C'est au milieu de ses enfants qu'une mère est *le* plus heureuse. 어머니가 가장 행복해하는 경우는 자식들과 함께 있을 때이다 《즉, heureuse au plus haut degré 의 뜻임》/Mais c'est sur l'Odyssée que ses notes ...sont *le* plus abondantes et significatives. (Lemaitre, *J. Racine*) 그의 주석이 가장 풍부하고 의의가 있는 것은 오딧세이에 관한 주석에서

이다/C'est aujourd'hui qu'elle est *le* mieux habillée. (Thomas) 그여자가 가장 옷을 잘 입은 것은 오늘이다.
② 그러나 다른 사람 또는 다른 사물들과의 비교일 때는, 정관사는 표현된(또는 생략된) 명사에 일치한다: Cette femme est *la* plus heureuse des mères (또는 la mère *la* plus heureuse). 그 여자는 어머니들 중에서 가장 행복하다[가장 행복한 어머니이다]《다른 어머니들과의 비교》/Elle était *la* mieux habillée ce soir-là. (Thomas) 그녀가 그날 저녁 가장 옷을 잘 입었었다《다른 여자들과의 비교》/Ils étaient *les* moins turbulents de la classe. (*Ib.*) 그들이 교실에서 가장 덜 소란을 피웠었다.

★ 1) 어떤 경우에는 보는 견해에 따라 정관사를 일치시키거나 불변으로 둔다: les hommes *le* mieux doués (또는 *les* mieux doués) (Lit) 가장 재능이 풍부한 사람들/les ouvrages qui nous ont été *les* plus (또는 *le* plus) utiles (G, §320) 우리에게 가장 유익했던 작품들.
2) 질의 정도간의 비교인지, 다른 사람 또는 사물과의 비교인지 판별하기 어려울 때가 있으나, 다음과 같이 생각할 수 있다. i) 형용사 다음에 de tous 또는 de toutes 를 넣을 수 있으면 정관사는 변화한다: les ouvrages qui nous ont été *les* plus utiles (*de tous*). ii) 형용사 다음에 le plus possible, le moins possible, le mieux possible, 또는 au plus haut degré, au plus bas degré 같은 표현이 올 수 있으면, 정관사는 불변이다: les ouvrages qui nous ont été *le* plus utiles (utiles *au plus haut degré*). iii) 다음 예는 이 두 경우가 함께 있는 글이다: Nous sommes dans une époque prodigieuse où les idées *les* plus accréditées et qui semblaient *le* plus incontestables se sont vues attaquées, contredites…. (Valéry, *Regards…*) 우리는, 가장 명성을 얻고 가장 이론의 여지가 없는 것처럼 보이던 사상들이 공격을 당하고 반박을 받는, 이상한 시대에 살고 있다. iv) 그러나 현대작가들은 이런 규칙을 잘 지키지 않고 특히 구어에서는 흔히, 어떤 경우이건 관사를 변화시킨다: C'était naturellement autour du Théâtre-Français que la fermentation était *la* plus grande. (Madelin, *Danton*) 민심의 동요가 가장 심한 곳은 자연히 테아트르 프랑세 주변이었다/L'influence du curé de campagne sembla avoir été *la* plus forte vers la fin du XVIIIe siècle. (La Varende, *La Normandie*) 그 신부님의 영향력은 18세기 말경 가장 강력했던 것 같다.

③ **le plus, le moins, le mieux**가 동사, 부사, 또는 부사구를 수식할 때는 관사는 불변이다: Ce sont les raisons que nous avons nous-mêmes trouvées qui nous persuadent *le* mieux. (G, §321) 그것은 우리 스스로 찾아낸 이유들로서 우리를 가장 잘 납득시키는 것들이다/Elle a agi *le* plus noblement. 그녀가 가장 의젓하게 행동했다/ C'est nous qui partons *le* plus à regret. 가장 마지 못해하며 떠나는 것은 우리이다. ☆ le plus, le moins, le mieux 의 수식을 받은 부사가 또 다른 형용사나 분사를 수식할 때는, 다른 사람 또는 사물과의 비교이면, 정관사는 일치한다: Les Egyptiens et les Chaldéens sont les nations *les* plus anciennement policées.(Lit) 이집트 사람과 갈데아 사람들이 가장 옛적에 개화된 국민이다/《정도의 비교일 때는 관사는 불변》 les monuments des nations *le* plus anciennement policées(*Ib.*) 가장 옛적에 개화된 국민들의 기념 건축물《즉, le plus anciennement qu'il est possible 과

같은 뜻)).
④ 최상급이 명사 앞에 놓일 때 관사는 하나만으로 족하나, 명사 뒤에 놓일 때는 관사를 반복해야 한다: *le* plus noble conquête que l'homme ait jamais faite (Buffon, *Cheval*) 인간이 이제껏 이룩한 가장 훌륭한 정복/*le* vers *le* mieux rempli, *la* plus noble pensée(Boil, *Art p*.) 가장 잘 채워진 시, 가장 고귀한 생각.

article indéfini [부정관사]— 1° 〖정의와 일반적 용법〗① 부정관사는 명사가 나타내는 생물이나 사물이 같은 종류의 것들 중에서 불특정의 하나 또는 여러 개체임을 가리킨다: *une* belle fleur/Il y a *des* arbres dans le jardin.
② 부정관사는 같은 종속의 다른 모든 개체를 나타낼 때도 쓰인다. 이때 부정관사의 의미는 n'importe quel 또는 tout 와 같다: *Un* triangle a trois côtés et trois angles. 삼각형이란 세 변과 세 각이 있다/*Une* mère peut-elle haïr son enfant? 어머니가 어찌 자식을 미워할 수 있겠는가?

2° 〖형태〗 남성단수: un. 여성단수: une. 남·여성복수: des.

3° 〖특수용법〗① 부정관사는 부정형용사 certain, quelque 의 뜻으로도 쓰인다: Cet épisode me calma pour *un* temps. (Maurois, *Climats*) 그 에피소드는 한동안 내 마음을 진정시켜주었다.
② 고유명사 앞에 쓰이면 경멸, 과장을 나타내거나 고유명사를 보통명사처럼 사용하는 경우이다: Il était d'*une* maladresse! 그는 형편없이 서툴렀다/Celui-là, c'est *un* officier. (B, 608) 그 남자는 진짜 장교이다/*Un* Néron a pu être adoré comme Dieu! 네로 같은 흉포한 인물이 신처럼 찬양받았다니 ! ☆보통명사 앞에 놓인 때도 위와 같은 의미로 쓰일 수 있다: *Un* soldat ne tremble pas. 진정한 군인은 떨지 않는 법이다/Retourne à ton échoppe:*un* savetier critiquer mes tableaux! (G, §325) 당신 가게로 돌아가. 구두 수선장이가 내 그림을 평하다니 !
③ 상대최상급 앞의 정관사와 같은 기능을 갖는다:C'est *une* chose la plus aisée du monde. (Mol, *Av*., III) 그것은 세상에서 가장 쉬운 일이다.
④ 수형용사(un 포함) 앞에 놓인 부정관사 복수형은 강조, 과장의 뉘앙스가 들어 있다:Il lui fallait rester *des* vingt minutes à attendre. (M) 그는 20분간이나 기다려야만 했다/Marius rentre à présent à *des* une heure du matin! (Hugo, *Les Misér*.) 마리우스는 이제 새벽 한 시에 들어온단말이야 !
⑤ étonnant, extraordinaire 같은 형용사가 생략된 감탄문에서 강조, 과장의 뜻으로 쓰인다:Il fait *un* froid dehors! (Troyat, *Araigne*) 밖은 몹시 춥다 !/Vous nous avez dit ce rôle... avec *une* finesse, *une* grâce, *une* émotion! (J. Lemaître, *Révoltée*, II) 당신은 몹시 섬세하고 우아하고 감동적으로 그 역을 해냈소 !

article partitif [부분관사]—I.〖정의와 의미〗부분관사는 의미상 셀 수 없는 명사 앞에 온 부정관사와 같고, 명사가 나타내는 종속의 일부분을 가리킨다:J'ai bu *du* vin, *de la* bière, *de l'*eau./manger *des* confitures.

II.〖형태〗남성단수: du〔de l'〕, 여성단수:de la〔de l'〕, 복수:des.

1° 고어에서 manger *du* pain은 늘 특정의 빵의 일부분을 나타냈으며, 불특정한 것에 대해서는 manger pain 또는 manger *de* pain 이라고 했다. 그후 총칭적 정관사의 발달과 더불어, 이 형은 17세기에 확립되어 오늘에 이르렀다. 부분관사 복수 des 도 특정한 것의 일부의 뜻에서 불특정한 것의 여러 개의 뜻으로 발전했으나 후자의 경우 des 는 보통 부정관사로 분류된다. 그러나 특정,

불특정 두가지 뜻을 모두 나타내는 경우에도 du, de la 는 부분관사라 하므로 불특정의 des를 부분관사로 취급하는 것도 이유는 있다(Ayer, Darm, N).
2° 부분관사 중에 포함 되는 정관사는 특정 혹은 총칭의 정관사이므로, 부분관사를 de partitif 의 특수용법으로 간주하고, 이것을 정관사에 종속시켜 설명하는 학자들도 있다(Ac, Rad).

★주어와 직접목적보어 앞에 놓이는 부분관사와 한정보어, 간접목적보어, 상황보어를 유도하는 du, de la, de l', de, des 와를 혼동하지 말하야 한다. 즉, la paix du cœur, avoir pitié de l'orphelin, parler de la guerre, tomber des nues, un tableau de Rubens 의 du, de la... 는 부분관사가 아닌 것이다. 이런 경우는 전치사 de 와 정관사의 기능이 각기 독립적인 것이다.

III. 『용법』 1° 부분관사는 셀 수 없는 사물명사 앞에 쓰여 불특정의 양을 나타낸다: boire de la bière 약간의 맥주를 마시다/verser de l'huile sur le feu 난로에 기름을 붓다/vendre du drap 천을 팔다/montrer du courage 용기를 내다/manger des épinards 시금치를 먹다. ☆셀 수 있는 사물명사도 때로는 본래의 의미에서 벗어나 셀 수 없는 명사처럼 비유적으로 쓰일 때는 부분관사를 취한다: manger du cheval(=de la viande du cheval) 말고기를 먹다/Il y a du gibier authentique en Provence, du lièvre, du lapin, du perdreau.(G. Clémenceau, Le Grand Pan) 프로방스에는 산토끼, 집토끼, 자고새 등 진짜 불치 고기가 있다.
2° 양의 부사 bien 의 보어명사 앞에는 du, de la, de l', des 가 온다: bien du monde 많은 사람/bien de la peine 많은 수고〔고생〕/ bien des gens 많은 사람//(「bien d'autres 다른 많은(사람들)」에서는 de 만》 Il en est venu bien d'autres. (Ac) 다른 많은 사람들이 왔다/Bien d'autres apparitions sombres ont hanté les premières années de ma vie. (Loti, Le Rom. d'un enfant) 내 어린 시절은 많은 우울한 환상들이 머리 속을 떠나지 않았다.

★ assez, beaucoup, combien, moins, pas mal, peu, plus, que, trop 의 보어명사 앞에는 de 만을 쓴다: assez de bruit, beaucoup de fautes. 그러나 보어명사가 다른 보어나 관계대명사절로 한정을 받거나, 정말로 부분의 뜻을 나타내려면, du, de la, de l', des 를 쓴다: Trop du vin que vous m'avez envoyé est éventé.(G, §329) 당신이 나에게 보낸 그 많은 술은 변질되었다/Quand cette amitié commença, beaucoup des «Maximes» de La Rochefoucauld étaient déjà écrites. (Maurois, Cinq Visages de l'amour) 그 친교가 시작되었을 때는, 라로슈푸코의 많은 「箴言」들이 이미 쓰여졌었다/Beaucoup des auditeurs étaient cyniques et aigres. 많은 청중들이 냉소적이고 비판적이었다.

3° ① 명사 앞에 형용사가 오면 부분관사 대신 de만 쓰는것이 규칙이다: manger de bonne viande(Ac)/J'ai de bon tabac. (Ib.)/de jolies maisons blanches qu'entourent des bosquets (Vigny, Cinq-Mars) 작은 숲이 둘러싸고 있는 희고 예쁜 집들/J'ai le plus grand plaisir, dit-il, à jouer de bonne musique. (Duham, La Musique consolatrice) 나는 아름다운 음악을 연수하는 것을 가장 큰 기쁨으로 여긴다고 그는 말했다.
② 합성명사나, 형용사가 명사와 한덩어리를 이룬 명사구 앞에서는 du, de la, de l', des 를 쓴다: des grands-pères, des jeunes gens, du bon sens, de la bonne volonté/Donnez-moi des petits pois. (Lit) 풋완두

article partitif

콩을 주시오/dire *des* bons mots (Ac) 재치있는 말을 하다.
③ 형용사가 명사 앞에 오더라도, 명사에 한정보어가 붙거나, 형용사가 나타내는 성질을 강조할 때는 역시 du, de la, de l', des 를 쓴다: J'ai bu *du* bon vin que vous m'avez envoyé. 나는 당신이 보내준 좋은 술을 마셨다/Ce marchand vend *de la* bonne et *de la* mauvaise toile: sachez choisir. (G, §330) 이 상인은 좋은 천과 나쁜 천을 파니까 잘 골라야 하오.
★1) 위와 같은 규칙이 엄격하게 지켜지지 않아서, 일상 용법에서는 i) 단수의 경우, *de* bon pain, *de* bonne soupe 라고 아직도 가끔 쓰여지나 구어체에서는 안 쓰이고, *du* bon pain, *de la* bonne soupe 가 일반적인 어법이다: Tout le monde, dans la ville, savait que le père Rondet l'épicier avait *du* bon café et *de la* bonne eau-de-vie. (Ch.-L. Philippe, *Le Père Perdrix*) 시내에서는 모두들 식료품상 롱데 영감이 좋은 커피와 좋은 술을 갖고 있다는 것을 알고 있었다/*de la* bonne encre et *du* bon papier (Gide, *Journal*) 좋은 잉크와 좋은 종이. ii) 복수의 경우, *de* bons fruits 가 문어체에서는 관용적이고 말을 가다듬어서 하는 사람들에게서 흔히 들리지만, *des* bons fruits 가 구어체에선 더 쓰이고 문어체에까지 파급되고 있다: *des* vieilles chansons(Nerval, *Les Filles*)/*des* mauvaises gens (Barrès, *La Colline*)/*des* petits trous (Loti, *Aziyadé*)/J'ai reçu *des* belles fleurs. (M. Donnay, *L'Autre danger*). 또 문학어에서는 jeunes gens, faux pas 등에서 형용사를 명사와 합체한 것으로 보지 않고 명사와 분리시켜, 그 앞에 부분관사 대신 de를 쓰기도 한다: *de* jeunes gens 또는 *des* jeunes gens(Lit)/dire *de* bons mots (Ac)/*de* nouveaux venus (Alain-Fournier, *Le Grand Meaulnes*). 2) en 이 명사를 대리하고 있고, 부분의 의미를 나타낼 때, 형용사 앞에는 de 만을 쓰는 것이 전통적인 용법이나, 관사를 쓰기도 한다: Du vin, j'*en* ai *de* bon./Mon père acheta des chrysanthèmes; il y *en* avait *de* neigeux, *de* lie-de-vin, d'orangés. (Jaloux, *Le Reste est silence*) 아버지가 국화를 사셨는데, 흰 것, 연보라색의 것 그리고 오렌지색 국화였다/Il y *en* avait (des chiens) de toutes les formes, de toutes les origines, *des* grands et *des* petits, *des* blancs et *des* noirs, *des* rouges, *des* fauves, *des* bleus, *des* gris. (Mirbeau, *Dingo*) 큰 놈 작은 놈, 흰 놈, 검은 놈, 빨간 놈, 갈색 놈, 푸른 놈, 회색 놈 등, 모든 형태와 모든 혈통의 개들이 있었다. 3) un autre(형용사 또는 대명사)의 복수형은 항상 d'autres 이다: Pourquoi faut-il que j'apprenne de tes nouvelles par *d'autres* que par toi! (Montesq, *L. pers.*) 내가 왜 당신 소식을 당신 아닌 다른 사람들을 통해서 알아야 하오! /Zola et *d'autres* romanciers naturalistes 졸라와 다른 자연주의 소설가들.
4° 〖부분관사와 부정〗 ① 부정문에서, 부분을 나타내는 직접목적보어 명사나 진주어 명사 앞에는 de 만을 쓴다. 이 때 명사 앞에 aucun 또는 aucune quantité de 가 올 수 있는 경우로, 절대적인 부정이 된다: Il n'y a plus *de* vin. 이제 술은 전혀 없다/Ne faites-vous jamais *de* projets d'avenir, mon enfant? (Green, *Mont-Cinère*) 얘야, 너는 장래의 계획을 세워보지 않았느냐?
② 부정이 명사에 가해지지 않고 긍정적 의미를 내포할 경우, 즉 절대적 부정이 아닐 때는 du, de la, de l', des 를 쓴다: Je n'ai pas *de l'*argent pour le gaspiller. 나는 낭비할 돈은 없다(=J'ai de l'argent, mais non

pour le gaspiller.)/On n'y voyait presque jamais *des* barques de pêche. (P. Benoit, *Axelle*) 고기잡이 배는 거의 보이지 않았다/Je n'ai pas amassé *des* millions pour envoyer mon unique héritier se faire casser la tête en Afrique!(E. Augier, *Les Effrontés*) 내 유일한 상속자가 아프리카에 가서 고생하도록 내가 큰 돈을 모은 것은 아니다.

★ 1) 명사 다음에 si ce n'est의 뜻인 접속사 que 가 오면, 명사 앞에 de 만 쓴다: Je n'ai *de* volonté que la tienne.(Ac) 당신 의향 외에 내 의향은 없소.
2) être 부정 다음에는 항상 du, de la, de l', des 를 쓴다: Ce n'est pas *du* vin, ni *de l*'eau. 그것은 술도 아니고 물도 아니다/Ce n'est pas seulement *de l*'argent qu'il faut savoir donner. (Mirbeau, *Les Mauvais Bergers*) 줄 줄을 알아야 하는 것은 돈만이 아니다.
3) 경우에 따라서는 절대적 부정인지 상대적 부정인지 판별하기 위해, 문체나 의미상의 뉘앙스를 생각해야 한다: Il n'a *d'*argent que pour ses plaisirs. ＝Il n'a pas d'argent, excepté pour ses plaisirs. (절대적부정)/Il n'a *de l*'argent que pour ses plaisirs.＝Il a de l'argent, mais seulement pour ses plaisirs. (상대적 부정)/Il parle sans faire *de* fautes. 그는 실수를 전혀 않고 말을 한다 (절대적 부정)/Il ne peut parler sans faire *des* fautes. 그는 실수를 않고서는 얘기를 못한다 (상대적 부정)((이런 뉘앙스는 미묘해서 일상어에서는 두 경우를 구별하지 않고 어떤 경우에나 부분관사(완전형)를 쓰는 경향이 있다)).
4) avoir faim, avoir honte, chercher querelle 등, 직접 목적이 동사와 밀접히 결합되어 일종의 동사구를 이룰 때의 부정문에는 전치사 de를 쓰지 않는다: Il n'a pas faim. /N'avez-vous pas honte! (Montherlant, *Le Maitre de Sant.*).

artisan—여성형은 두가지 뜻으로 쓰인다(artisan의 여성형과 artisan의 아내):la classe des ~s et des ~es. cf. partisan.

aspect [相]—동사가 표현하는 동작의 진행의 양태나 성질을 나타내는 문법형식을 말한다. 일반적으로 inchoatif 起動相, instantané 순간상, duratif 지속상, itératif(또는 fréquentatif) 반복상, progressif 진행상, aspect d'accomplissement 완료상, résultatif 결과상 등으로 나누어진다. 동사의 상은 다음과 같은 방법으로 나타난다.
1° 〖동사의 의미〗 poursuivre 가 계속, s'enfuir, s'envoler 가 개시, redire, relire 가 반복을 나타낸다.
2° 〖상황보어〗 pendant trois jours 가 계속, chaque matin 이 반복, de jour en jour 는 진행을 나타낸다.
3° 〖迂言法 *périphrase〗 ① 〖기동〗 commencer 〔se mettre, se prendre〕à+*inf*. ② 〖계속〗 être en train de 〔être à〕+*inf*. ③〖반복〗 ne faire que +*inf*. ④〖진행〗 aller (en)+현재분사.
4° 〖동사시제〗 하나의 시제가 여러 개의 상을 나타내기도 한다. 특히 imparfait de l'indicatif 는 계속, 반복, 진행을, 복합시제는 완료, 결과를 나타낸다.

assez—1° 〖부사로서 형용사・동사・부사를 수식〗 Il n'est pas ~ grand. 그는 그다지 크지 않다/J'ai ~ souffert. 대단히 고통을 겪었다 / Est-elle ~ jolie! 얼마나 예쁜가! 《감탄문과 의문문에서는 상조적》.
2° 〖~ de+N〗 J'ai ~ d'argent〔~ de livres〕. 돈〔책〕은 충분히 갖고 있어. ☆ J'ai de l'argent ~ 의 어순은 고어법: J'ai du bien ~ pour ma fille. (Mol) 딸에게 줄 재산은 충분히 있다《오늘날에는 속어(H, 103). cf. N,VI, 10)》.
3° 〖보어 없이 명사적으로〗 L'avare

n'a jamais ~. 수전노는 결코 만족하는 법이 없다.
~ (de)... pour que+subj 《주어가 같을 때에는 pour+inf》: Il est ~ riche(Il a ~ d'argent) pour acheter ce domaine. 그는 부자이므로 이 집을 살 수 있다/Il est ~ grand pour que je ne le traite plus comme un enfant. 그는 성인이니까 더 이상 어린아이 취급을 할 수 없다/Je ne l'ai pas dit ~ clairement pour pouvoir l'exiger. 분명하게 말하지 않았기 때문에 그것을 요구할 수 없다/《「형용사+~」의 어순은 드물다》 quand on est riche ~ pour se croiser les bras(G, § 842) 팔짱끼고 있을 정도로 돈이 있으면.
C'est ~ de+inf(que+subj): C'est ~ de se faire comprendre. 자신을 이해시키기에는 충분하다/C'est ~ que vous soyez averti. 당신이 알기만 하면 된다. cf. C'est ~ pour+inf(pour que+inf) 그것만으로 … 할 수 있다.

assimilation [동화]—접속해 있는 두 음소 중 하나가 다른 하나의 음의 영향을 받는 것을 말한다.
1° **assimilation progressive** [진행동화]—앞의 음이 뒤의 음에 영향을 주는 경우로 프랑스어에서는 예외적: Alsace [alzas], subsister[sybziste](《유성음 l, b 가 무성음 s 를 유성화한 경우》).
2° **assimilation régressive** [역행동화]—뒤의 음이 앞의 음에 영향을 주는 경우: absent[aps-], obtenir [ɔpt-], disjoindre[diz-], etc.《뒤의 유성음, 무성음이 앞의 음을 동화한 경우》.
★모음의 동화: étais [εtε] (cf. été [ete]), aimé [eme] (cf. j'aime [ʒεm]), pêcher [peʃe] (cf. pêcheur [pεʃœːʀ]). 후속모음과 동화한 경우 (Gram, 13, 41).

assurément que —Assurément qu'il viendra. 그는 확실히 온다/Assurément qu'il viendrait, si vous le vouliez. 당신이 원하신다면 그는 확실히 올 것입니다. ⇨que³ VI, 2°.

astérisque [별표]—(*)의 표. G, 1071은 *signes de ponctuation에 포함시키고 있다.
① 註 등의 참조를 표시한다.
② 1개 또는 3개의 *는 명기하고 싶지 않은 고유명사 대신에 쓰인다: Il allait chez madame de B*** (Musset, Confess., III, 5). 흔히 頭文字 뒤에: monsieur de B***.
③ 언어학에서 가상의 형태 앞에 표기된다: Allègre, du lat. vulg. *alecrus (D, Etym.).

attendu—〖일치〗 Il fut exempté du service militaire, ~ sa faiblesse. (Q) 허약하기 때문에 병역 면제가 되었다《vu, eu égard à 의 뜻의 전치사. ⇨participe passé V, 2°》/~e depuis le matin, ma mère n'est arrivée que le soir fort tard. 아침부터 기다렸지만, 어머니는 밤 늦게야 겨우 도착했다《과거분사》.

attention—*faire ~:* Tu aurais pu faire ~, au moins. 최소한 주의는 할 수 있었을 텐데. *faire ~ à qn (qc)*: Un policier doit faire ~ à tout. 순경은 모든 일에 주의를 해야 한다. *faire ~ à(de)+inf:* Faites ~ à(de) ne pas tomber. 떨어지지 않도록 주의하세요. *faire ~ que+subj:* Faites ~ que le chien ne sorte pas(=Veillez à ce que...). 개가 나오지 않도록 주의하십시오. *faire ~ que+ind:* Tu n'as pas fait ~ (=remarquer) que j'avais une robe neuve. 내가 새옷을 입고 있다는 사실에 너는 주의하지 않았다.
avoir des ~s pour qn: Il a toujours beaucoup d'~s pour ma mère. 그는 항상 나의 어머니에게 친절을 베풀었다.

attraction [牽引]—글의 한 요소가 가까이 있는 다른 요소의 영향을 받아, 그의 성·수·인칭·법·시제 등에 일치하는 일. ① 〖성의 견인〗 *un* *espèce de *vaurien* 돼먹지 않은 자식《오용》. ② 〖수의 견인〗 *ces sortes de gens* 이런 종류의 사람들. ③ 〖인칭의 견인〗 C'est *moi* qui l'*ai* fait. (⇨ce¹ II, 3°, ⑥). ④ 〖법의 견인〗 Je *dirais* hautement que tu *aurais menti*.(Mol, *D. Juan*, I, 1) 네가 거짓말했다고 공공연히 말할 수 있다《현대에서는 tu *as menti*》. ⑤ 〖시제의 견인〗 Je *savais* bien que Nancy *était* une ville élégante. 낸시가 아름다운 도시임을 잘 알고 있었다. ⇨ concordance des temps.

attribut [속사]—주어 혹은 직접목적보어의 성질·상태를 나타내는 말 〖어군, 절〗: Il est *heureux*. 그는 행복하다《heureux 는 주어 il의 속사》/Je le crois *heureux*. 나는 그가 행복하다고 생각한다《heureux 는 직접목적보어 le의 속사》. ☆위의 être, croire 와 같이 주어 혹은 목적보어와 그 속사를 잇는 동사를 verbe copule 계합동사(B, 618의 용어)라고 부른다. 고어에서는 attribut =épithète. cf. Ayer, 13.

I.〖속사가 되는 것〗 1°〖명사〗 Pierre est *architecte*.

2°〖형용사(상당어구)〗 Paul est *petit*./Il est *accommodant*. 그는 서글서글하다/Il est *blessé*. 그는 상처를 입었다/Il est *en colère*〔*à bout de force*〕. 화가 나 있다〔기진맥진해 있다〕/La table est *en bois*. 책상은 나무로 만들어졌다/Cette maison est *à vendre*. 팔 집이다//《형용사적 용법의 부사》 Elle est *debout* 〔*fort bien*〕. 그 여자는 서 있다〔대단한 미인이냐〕.

3°〖대명사〗 Etes-vous dactylo?—Oui, je *le* suis./Etes-vous *la* dactylo?—Oui, c'est *moi*. 당신이 바로 그 타자수입니까?—예, 접니다/ Ce n'est *rien*. 아무것도 아니다/Que deviendrai-je? 나는 어떻게 될까?/Malheureux *que* je suis! 어쩌면 이다지도 불행할까!

4°〖부정법〗 Vivre, c'est *souffrir*. 인생은 고해다/Chanter n'est pas *crier*. 노래는 소리를 지르는 것이 아니다/Le mieux est *d'attendre*. 최선의 길은 기다리는 것이다//《être 가 부정일 때는 흔히 속사 앞에서 de를 쓰지 않는다》 Partir n'est pas toujours *mourir*.

5°〖절〗 Mon espoir est *que vous réussirez*. 나의 희망은 당신이 성공하는 것이다.

II.〖주어의 속사를 인도하는 동사〗 1° 상태(être, se trouver, etc.), 상태의 계속(rester, demeurer), 상태의 변화(devenir, tomber, se faire, etc.), 외관(avoir l'air, paraître, sembler, passer pour, etc.)을 나타내는 동사: Il *se trouve* pauvre tout d'un coup. 그는 별안간 가난하다고 느낀다/Il *demeure*〔*reste*〕 pensif. 곰곰이 생각하고 있다/Il *est devenu*〔*tombé*〕 malade. 그는 앓아 누웠다/Elle *se faisait* toute douce. 그녀는 아주 온순하게 있었다/Il *paraît* 〔*semble, a l'air*〕 fatigué. 그는 피곤해 보였다/Elle *passe pour* très belle. 대단한 미인으로 인정받는다.

2° 동작의 결과로서, 어떤 속성이 주어에 주어진 것: Il *a été appelé* juste. 정의의 사나이라고 불렸다/Il *a été déclaré* coupable. 유죄로 선고됐다/Le plaisir durable *se nomme* bonheur. 영속적인 기쁨은 행복이라고 할 수 있다/Il *a vécu* vieux. (B, 619) 노후까지 살았다//《조동사 없이》 cette prison *nommée* la vie (Vigny, *Journal*, 1832) 인생이라 불리는 이 감옥/cette passagère et sublime marionnette *appelée* l'homme(*Ib.*, 1835) 인간이라 불리는 이 부질없고 숭고한 꼭두각시 인형/l'humaniste *dit* «de gauche» (Sartre, *Nausée*) 좌익이라고하는 휴머니스트.

3° 동작이 이루어질 때 주어의 성질·상태를 나타내는 속사를 인도하는 것: Il *vit* heureux. 그는 행복하게

attribut

살고 있다/Il *était né* poète. 그는 날 때부터 시인이었다/Son fils *est mort* jeune(=Son fils est mort (étant) jeune). 그의 아들은 일찍 죽었다.
★「Il *partit* inquiet. 불안에 떨며 떠 났다」에서 inquiet 는 동작할 때 주어의 상태를 나타내지만, 이 글에서는 Il partit 로 완전한 문장을 이루고 inquiet 는 부수적. 이런 inquiet 를 동격형용사 adjectif apposé, 遊離的 형용사 adj. détaché (Sandfeld, Séchehaye 는 간접속사 attribut indirect)라고 부른다(용법의 예⇨adjectifs qualificatifs III, 3°; nom² IV, 3°, ②; participe passé). 위의 Il vit heureux, Il était né poète 에서는 속사가 주요한 말로 이것을 빼면 완전한 의미를 이루지 못한다.

III. 〖목적보어의 속사를 인도하는 동사〗 1° 넓은 의미의 동작동사 verbe d'action (rendre, faire, mettre), 임명 · 명령(appeler, armer, baptiser, choisir... pour 〔comme〕, consacrer, couronner, créer, désigner... pour, élire, instituer, intituler, nommer, proclamer, qualifier (de), saluer, surnommer, etc.), 단언(déclarer, définir, dire, etc.), 인지 · 감지 · 판단 · 가정(connaitre, considérer comme, croire, deviner, estimer, imaginer, juger, penser, prendre... pour, reconnaitre pour, regarder comme, réputer, savoir, sentir, soupçonner, supposer, tenir (pour), traiter de 〔en, comme〕, trouver, etc.), 의욕 (aimer, exiger, vouloir, etc.), 상태의 지속(garder, laisser, maintenir, tenir, etc.) 등, 이것들과 같은 의미, 비슷한 뜻을 나타내는 다수의 동사, 그것들의 재귀적 대명동사: Cette nouvelle l'*a rendu* triste. 이 소식을 듣고 그는 슬퍼졌다/Il *a fait* son fils avocat. 그는 아들을 변호사가 되게 했다/On le *baptisa* Joseph, du nom de grand-père. 그는 할아버지의 이름을 따서 죠제프라는 이름을 붙였다/Le pape le *couronna* empereur. 교황은 그를 황제로 임명했다/On l'*a élu* président. 그를 의장으로 선출했다/Je ne te *connaissais* pas si lyrique. 네가 그렇게 감격적인 사람인 줄은 몰랐다/Je le *crois* riche. 그를 부자라고 생각한다/Je ne le *savais* pas si méchant. 그가 그처럼 심술궂은 사람인 줄은 몰랐다/Je vous *trouve* fatigué. 당신은 피곤해 보입니다/Je te *veux* heureux. 네가 행복해지기를 바란다/Il *gardait* les yeux baissés. 그는 눈을 내리깔고 있었다/*Laissez*-le tranquille. 그를 조용히 내버려 두시오/Il *se dit* fatigué. 그는 지쳤다고 말하고 있다/Chacun de nous *se croit* le centre de l'univers. (France) 우리 모두가 우주의 중심이라고 믿고 있다∥《(이 밖에 동작의 결과로서 생기는 성질 · 상태를 나타내는 것)》 Comment peindre le fond de ce dessin? Je le *peindrais* bleu.—Moi, je le *mettrais* jaune pâle. (Davau, *Fr. mod*., janv. 1950) 이 그림의 배경을 어떻게 칠할 것인가? 나라면 푸르게 칠하겠는데. —나는 연한 황색으로 칠하지/On lui *a coupé* les cheveux ras.(Clédat, 142) 그는 머리를 짧게 잘랐다(ras 대신에 *court를 쓰면 속사와 부사의 구별이 분명치 않다).

2° 〖상습적 · 일시적인 성질을 나타내는 것〗 Elle *porte* les cheveux longs〔courts〕. 머리를 길게〔짧게〕하고 있다/Il *a* les yeux grands. 그의 눈은 크다.

3° 〖동작이 이루어질 때 성질 · 상태를 나타내는 것〗 Il *trouva*〔*vit*〕la porte fermée. 문이 닫혀 있는 것을 알았다〔보았다〕/Je le *retrouve* lui-même. 다시 만나고 보니 그는 옛모습 그대로다/J'ai *laissé* mon pays libre. 자유스러운 조국을 등지고 떠났다. ☆「Je vous *laisse* libre. 자네를 자유스럽게 해 줌께」는 위의

1°에 속한다.
IV. 〖속사의 구성〗 전치사 없이 구성되는 것을 직접구성 construction directe, 전치사(흔히 de, en, pour, 드물게 à), 부사 comme 를 동반하는 것을 간접구성 construction indirecte 이라고 한다.
1° 〖전치사가 일정치 않은 것〗 *choisir... pour[comme] …로 선출하다/ être *reconnu pour[comme] …로 보이다, 인정받다/*traiter *qn* en [de, comme un] … …로 취급하다.
2° 〖직접구성과 간접구성이 분명치 않은 것〗 *considérer... (comme), *estimer... (comme), *qualifier... (de), *tenir... (pour) 속에서는 간접구성을 직접구성으로 바꾸어 쓰는 경향이 있다: mettre un garçon(comme) pensionnaire dans un lycée (N, VI, 180) 한 아이를 고등학교에 기숙생으로 넣다.
V. 〖속사의 어순〗 1° 〖주어의 속사〗
① 〖일반적인 어순은 주어—동사—속사〗 Françoise est *belle.*/Si j'étais *jeune*….
② 〖속사—동사—주어명사(속사의 강조)〗 *Grande* fut sa surprise. 그의 놀라움은 대단했다/*Rares* sont les véritables amis. 진정한 친구는 드물다/*Plus joyeuses* sont les musiques du matin. (Loti, *Chrys.*) 아침의 음악은 더욱 즐겁다/*Tels* sont ses mérites(=Voilà ses mérites). 그의 장점은 이러하다 (⇨tel 1°, ②). ☆ 감탄문: Combien *étrange* est le destin des héros de Tchekhov! (Maurois, *Alain*) 체홉의 주인공들은 얼마나 불가사의한가 !
③ 〖속사—주어(인칭대명사, 명사)—동사〗 *Radical*, il demeure toujours. (Maurois, *Alain*) 그는 항상 급진적이었다//〖속사를 le 로 반복하기도 함〗 *Jalouse*, elle *l*'est. 샘이 많기로 따지면 그녀가 그러하다/*Modéré*, Jean Robert *le* fut toujours. (G, §210) 온건파 로베르는 항상 그러했다. ☆ 마지막 두 예문에서 형용사는 떨어져 있으므로 le 가 진정한 의미의 속사다. ⇨pour 6°.
④ 〖속사—주어명사〗 악센트가 약한 계합동사를 생략: *Heureux* les pacifiques, parce qu'ils seront appelés enfants de Dieu. 평화를 사랑하는 사람들은 행복하다. 왜냐하면 신의 아들이라 불릴 테니까/*Une jolie femme*, assurément, cette étrangère. (Henriot, *Romantiques*) 그 외국여자는 정말 미인이다. ☆ 감탄문: Oh, combien *fortunés* les fils de l'Italie qui moururent pour leur mère!(France) 아, 어머니를 위해 목숨 바친 이태리의 아들들은 참으로 행복하였지 !
⑤ 〖주어—속사〗 Bernard! *Mort!* (Salacrou, *Théâtre*, V) 베르나르가 죽다니 !
2° 〖목적보어의 속사〗 ① 목적보어가 명사(상당어). a) 〖주어—동사—목적—속사〗 《일반적》: On a appelé les yeux *les fenêtres de l'âme*. (Daud, *Jack*) 눈을 마음의 창이라고 했다/ Supposons cela *vrai*. 그것을 사실이라고 가정하자. b) 〖주어—동사—속사—목적〗 흔히 목적보어가 속사보다 길다: Vous trouverez sans doute *noble* la vie de ceux qui se donnent corps et âme à une grande cause….(G, Exercices 47) 대의에 몸과 마음을 바치는 사람들의 인생을 숭고하다고 여기리라. c) 〖목적보어가 de+inf 혹은 절일 때〗 항상 다음과 같은 순서: Nous avons jugé *prudent* de déloger.(Gide, *Journal 1942-9*, 205) 퇴거하는 것이 사려깊은 일이라고 판단했다/Je trouve *inadmissible* qu'il repousse ta proposition.(W, 159) 그가 너의 제의를 물리친다는 것은 용납할 수 없는 일이다.
② 〖목적보어가 무강세대명사〗 주어—목적—동사—속사: Je le crois *honnête*. (⇨III, 1°).
③ 〖목적보어가 관계대명사 que〗 목적—주어—동사—속사: Il avait

amassé une fortune que l'on disait *considérable*.(Flaub, *Educ*.) 그는 막대하다고 할 수 있는 재산을 모았다.
VI. 〖속사와 *épithète〗 위의 V, 2°, ①의 어순에서 속사의 위치에 있는 형용사가 épithète로 되는 일이 있다: Il avait *les* yeux *bleus*. Il avait des yeux bleus. 첫번째 예에서 bleus는 속사(정관사 les에 유의), 두번째에서는 épithète. 속사는 épithète의 경우보다 의미상의 관계가 밀접하지 못하다. 따라서 les yeux 다음에 가벼운 휴지 pause가 가능하다. ⇨accord du verbe; deux points 3°, ③.

attribution (complément d') ⇨ complément d'object.

aucun(e)—I. *adj. indéf.* 1°〖긍정〗 어원(auque (=quelque)+un)에서 왔으며, 본래는 quelque의 뜻. 오늘날에는 부정어가 되었지만, personne 2°, ①와 같을 경우에는 긍정의 뜻을 갖는다: Il était *plus* capable qu'~ autre d'observer. (France, *Révolte*) 어느 누구보다도 관찰할 수 있었다/Il *ne* s'aperçut *jamais* qu'~ objet eût disparu. (*Ib.*, 26) 무엇 하나 없어진 흔적은 전혀 알 수 없었다/Je *ne* me pardonnerais *plus* de lui faire ~ sacrifice.(Beauvoir, *Invitée*) 저 사람에게 희생을 치르는 것은 더 이상 참을 수 없다(조건)(흔히 plus, jamais와 함께 잘 쓰인다. cf. Dup, 197)/Est-il ~*e* récompense plus belle? 더 이상 훌륭한 댓가가 있겠는가?/Il l'a fait *sans* ~*e* difficulté. 별로 힘들이지 않고 해치웠다/((때로는 강조적으로)) *sans* emphase ~*e* (Gide, *Interv*.) 아무 과장 없이/Vous êtes *sans* patience ~*e*. 인내심이라고는 없군요.
2°〖부정〗① ne... (plus, jamais) ~: Cela *n*'a ~*e* importance. 그건 아무런 중요성도 없다/Il *n*'y a *plus* ~ espoir. 이제는 아무 희망도 없다/Il *n*'a *jamais* fait ~*e* faute. 그는 조금도 실수를 해 본 적이 없다.
② 생략문: ~ son, ~ murmure, ~ gémissement, rien.(Maupass. *Contes*) 소리나, 속삭임이나, 신음소리도, 무엇 하나 들을 수 없다.
3°〖~(e)s〗 단수형으로 쓰이지 않는 명사, 단수형이 될 때 그 의미가 달라지는 명사의 경우는 복수로 쓴다: ~*es* funérailles ne furent si émouvantes. (Gr. Lar, 252) 어떠한 장례도 이렇게 사람을 감동시키지는 못하였다/Je n'ai trouvé ~*s* ciseaux. (D, 297) 가위는 하나도 볼 수 없었다. ☆고전시대에는 어떠한 복수명사 앞에서도 사용하였으며, 현재에도 간혹 같은 예를 찾아볼 수 있다: sans ~*es* preuves(G, 447, c) 아무런 증거도 없이((1901년 교육부령, Le B, I, 217은 이 복수의 용법을 허용하지만, 현재의 관용에서는 예외적이며, 위와 같이 단수, 복수의 발음이 같은 경우에 한정되는 것 같다)).
II. *pron. indéf.* 1°〖긍정〗(=quelqu'un). ①〖~s, d'~s〗(=quelques-uns) 고어투: ~*s* t'appelleront une caricature. (Baudel) 어떤 사람들은 너를 우스팡스러운 인물이라고 할 것이다/D'~*s* croiraient que j'en suis amoureux.(Ac) 어떤 사람들은 내가 그것에 반해 있다고 생각할지 모른다.
② 부정의 관념을 포함한 문장(⇨ I, 1°): De vos soi-disant amis, ~ interviendra-t-il? 소위 친구라는 작자들 중에서 중재에 나설 사람이라도 있소?/Il y avait *plus* de philosophie qu'~ de nous. (France, *Vie litt*.) 우리들 중의 누구보다도 철학을 갖고 있었다/Je *ne* crois *pas* qu'~ puisse parvenir. 그것을 해낼 사람이 있으리라고 생각되지 않는다/Je me demande si ~ d'eux en est capable. 그들 가운데 누가 그 일을 할 수 있을 것인가.
2°〖부정〗(=~ homme, personne).

augmentatif

① ne...(plus, jamais)와 함께 전술한 단어에 관계하거나 보어명사를 동반하는 것이 보통: *Quelques personnes passaient dans la rue, mais ~e* (=*~e de ces personnes*) *ne fit attention à lui.* (Green, *Moïra*) 몇사람이 거리를 지나가고 있었으나 누구 하나 그에게 주의하는 사람이 없었다/*~ d'(entre) eux ne partira.* 그들 중에서 아무도 떠나지 않을 것이다//《주어로서 단독으로 쓰이는 것은 옛 어법》 *~ n'est prophète chez soi.* (La Font, *F.*) 누구든지 자기 나라에서는 예언자가 되지 못한다//《주어의 동격으로 쓰이는 것은 속된 용법》 *Ils ne sont ~s contents de rentrer.*(W) 그들은 누구 하나 되돌아가는 것을 좋아하지 않는다《옳은 구문: *~ d'eux n'est content de rentrer*》.
② 생략문: *Lui connaissez-vous des amis?—~* (=*Je ne lui en connais ~*). 그의 친구를 아나요?—아무도.
III. 〖동사의 일치〗 1°「*~* (+N)+동사」에서는 보통 구문의 동사는 보통 단수, 때로는 복수: *~ oiseau, ~ animal sauvage ne s'enfuyait à notre approche.* (Beauvoir, *Tous les h.*) 새 한마리, 야수 한마리조차 우리들이 접근해도 달아나지 않았다/*~e pensée, ~e émotion ne se lisaient sur ses traits.* (Green, *Mesurat*) 아무런 생각, 아무런 감격도 그녀의 얼굴에서 찾아볼 수 없었다.
2° *~ de nous*〔*vous*〕 다음의 동사는 3 인칭 단수: *~ de nous n'est allé....*

augmentatif 〔확대사〕—접두사(*archi-*, *extra-*, *sur-*, *super-*) 혹은 접미사(*-issime*)가 붙어 의미를 확대하는 (=à un très haut degré, à un point élevé) 경우를 말한다: *extra*dur (=extra+dur), *super*sonique (=super+sonique), *richissime* (=riche+issime).

aujourd'hui—jusqu'(à) *~* 오늘까지. ⇨huit.

auparavant—*un mois ~* (=*un mois avant*) 한 달 전에/*l'année d'~* 전년 (⇨avant)/*comme ~* 그때와 마찬가지로/《동사 앞에 놓일 때는 avant 보다 더 즐겨 쓰인다》 *Vous me raconterez cela, mais ~ asseyez-vous.* 나에게 그것을 이야기해 주세요. 한데, 우선 앉으세요. ☆ 옛날 어법: *~* (=avant) *lui* 그보다 먼저/*~ que de*+*inf*, *~ que*+*subj* (=avant de, avant que...).

auprès—〖*~ de* 와 *au prix de*〗함께 「en comparaison de …에 비하여」의 뜻이지만, au prix de 는 고어투로서 문어체 이외에서는 거의 사용되지 않으며, 「값이 나가는 것, 좋은 의미로 평가할 수 있는 것」에 한한다: *La fortune n'est rien ~ de* (=*au prix de*) *la santé.* (H) 재산은 건강에 비하면 아무것도 아니다. ☆ 그러나 「*Mes malheurs ne sont rien ~ des vôtres.* 나의 불행쯤은 당신의 불행에 비하면 아무것도 아니다」에서 au prix de 의 사용은 좋지 않다.

aussi *adv.* —1° (=au même degré que). si 와 마찬가지로 형용사·부사·동사구를 수식하지만, 항상 비교의 관념을 포함하는 점이 si 와 다르다 (⇨si² 3°). 비교를 나타내는 autant 과 다른 것은 명사적 용법이 없다는 점, 비교의 의미에서 동사를 수식하지 않는 점이다.
① 〖*~* + *adj.*〔*adv.*〕+ **que**〗 *Tu es maintenant ~ grand que ton père.* 이젠 아버지만큼 키가 크구나/*Il est ~ modeste que vaillant.* 겸손하기도 하며 용감하기도 하다/*Je parle ~ vite qu'elle.* 그녀만큼 말이 빠르다/*Il n'est pas ~* (=si) *grand que vous* (⇨si² 3°)《비어·방언에서는 moins 을 피하고 흔히 이 표현을 쓴다》.
② 〖동사구〗 *J'ai ~ faim*〔*soif, sommeil, chaud, froid,...*〕 *que vous.* 단, Le B, II, 257은 형용사 대신 명사가 뒤따르는 구성은 속어적 표현이라고

규정, 다음의 구성을 권하고 있다: J'ai *autant* soif *que* vous. 혹은 J'ai soif *autant que* vous.

③ 〖*que* 이하의 생략〗 Je cherche une maison ~ bien chauffée. 그만큼 난방시설이 잘 되어 있는 집을 찾는다(=...~ bien chauffée que je quitte.)/Lui parle ~ volontiers. (Le B, II, 257) 곧잘 그에게 말을 한다(=... ~ volontiers qu'auparavant.)/ jusqu'à une heure ~ avancée(=à ce point, tellement) 이렇게 밤늦게까지/après l'avoir attendu ~ longtemps 이렇게 오랫동안 기다린 끝에. ④〖반비례적〗 Ma voix était ~ tremblante *que* celle de Jacques hier était assurée. (Gide, *Symph.*) 어제 자크의 음성은 차분하였지만, 나의 음성은 떨리고 있었다. ☆ 반어적: Que le maître soit responsable des erreurs du disciple, il est ~ raisonnable(=déraisonnable) de le soutenir que d'accuser Montgolfier de la mort de Crocé-Spinelli.(France, *Vie litt.*) 스승이 그의 제자의 잘못에 책임져야 한다는 주장은, 크로세의 죽음에 대하여 몽골피에를 꾸짖는 것과 같이 말이 안되는 것이다. (⇨comme *adv.* 3°; autant) ~... *comme*(=~... que) 《비어, 방언》: Il est ~ grand *comme* lui (Bauche, 87 ; D, 134).

d' ~ *loin que* ⇨loin.

2° (=pareillement; en outre). 동사를 수식하거나 또는 생략하여 : Pierre est venu et vous ~. 피에르가 왔는데 당신도 왔구려/Moi ~ je pars. 나도 떠나겠읍니다/Sa femme ~ aime la musique. 그의 아내도 음악을 좋아한다/Il parle l'anglais et ~ (=en outre) l'allemand. 그는 영어도 하지만 독일어도 한다/Portez chez lui cette caisse et cette lettre ~. 그의 집에 이 상자를 전하여 주세요. 그리고 이 편지도.

★〖aussi 와 non plus〗 1)〖부정의 비교에서는 non plus, 긍정 비교에서는 aussi 를 쓴다〗 Elle ne parlait pas, Charles *non plus*. (Flaub) 그 여자는 아무 말 없이 있었다. 샤를르도/Vous ne le voulez pas, ni moi *non plus*. (Lit) 당신이 그것을 바라지 않지만 나도 바라지 않읍니다/Vous le voulez, moi ~ 《고전시대에는 non plus 대신 aussi 를 쓰는 예가 흔히 있었다》. 2)〖부정문에서 aussi 를 쓰는 경우〗 i) aussi 가 부정 안에 포함될 때: Pourvu que Claire *n*'ait *pas* la migraine, elle ~. (Achard, *Nouv. hist.*, 174) 클레르도 두통을 앓지 않으면 좋을 텐데 《따로 두통을 앓는 사람이 있는 것이다. aussi 는 avoir la migraine 라는 긍정표현과 동일함을 나타낸다. non plus 를 쓰면 비교되는 대상도 두통을 앓지 않는 것이 되어 뜻이 전혀 달라진다》/ Tu *ne* vas *pas* me le demander ~? (*Ib.*, 11) 그것도 달라고 하는 것이지? ii) **non que... ne**(긍정에 상당) 뒤에서: *Non que* l'Amérique *n*'eût, elle ~, des fermiers.(Maurois, *Sent. et Cout.*) 미국에도 농부가 없는 것은 아니다. iii) 두 문장이 부정으로 표현되어도 상황의 동일함을 강조할 때:Il *n*'était *pas* bien portant;moi ~ je *ne* me sentais *pas* bien. (H) 그는 건강이 좋지 않았지만, 나도 기분이 언짢았다. iv) **ne ...plus**를 포함하는 문장에서(plus 의 반복을 피하기 위하여):Moi ~, je *ne* le crois *plus*. (H) 나도 인제는 그것을 믿지 않소. v) **ne... que**를 포함하는 문장에서 non plus 혹은 aussi: Je *ne* fais *non plus*〔~〕*que* lire. (Lit) 나도 책만 읽고 있다.

3° 〖**mais** ~(=c'est parce que)〗 Il est très fatigué; *mais* ~, il se surmène. (W, 37) 그는 매우 지쳐 있다. 몸을 지나치게 혹사하고 있기 때문에.

—〖접속사적〗 (=c'est pourquoi, à cause de cela). 흔히 주어 도치:

L'égoïste n'aime que lui, ~ tout le monde l'abandonne. 이기주의자는 자신만을 생각한다. 그래서 모두가 그를 버리게 되는 것이다/Ces étoffes sont belles, ~ coûtent-elles cher. 이 옷감은 좋은 것이기 때문에 값이 비싸다.

~ bien(=après tout, tout compte fait, quel que soit le cas; d'ailleurs, du reste) 《흔히 주어 도치》: Laissez cette affaire; ~ bien, je la connais mieux que vous. 이 일에 간섭 말아요. 요컨대 당신보다 내가 더 잘 알고 있으니까/Il faut patienter un peu; ~ bien n'avez-vous [vous n'avez] que vingt ans. 좀 더 참아요. 자네는 이제 겨우 20살이 되었단말이야.

~ bien que(=de même que): Celui qui écoute une médisance, ~ bien que celui qui médit, sont coupables. (Q) 비방을 듣는 자는 비방을 하는 자와 마찬가지로 죄가 있다/Lui ~ bien que (=ainsi que) sa femme préfère(nt) la mer à la montagne. 그도 그의 아내도 다같이 산보다는 바다를 더 좋아한다. ☆동사・형용사의 일치는 주어를 결합시켜 생각하느냐, 아니면 개별적인 관념에 중점을 두느냐에 달려 있다: La jeune fille, ~ bien que le jeune homme doit s'adonner aux sports. 여자도 청년들과 마찬가지로 스포츠에 전념해야 한다.

~+adj.〔adv.〕+que+subj 《때로는 양보의 si ... que를 대신한다》: ~ chaud qu'ait été le soleil, un peu de brume annonce de loin le crépuscule. (Mauriac, *Thérèse*) 햇살이 뜨겁기는 했지만, 안개가 좀 끼어 있어 멀리 석양을 알리고 있다/~ absurde que cela me *semblât*, je sortis de ma poche une feuille de papier et un stylographe. (St-Exup, *Petit Prince*) 상식 밖의 짓으로 여겨지기는 했지만 주머니에서 종이 한 장과 만년필을 꺼집어냈다. 《위 두 작가는 이 표현을 즐겨 썼다》/ ~ ingénieuse *soit*-elle〔mise en scène〕(P.-H. Simon, *Mauriac*) 연출이 아무리 훌륭하더라도. (⇨si² 4°).

aussitôt— syntagme prépositionnel(=SP)을 구성함.

① 〖~ V; V ~〗(=dans le moment même, sur l'heure): On envoya chercher le médecin, il arriva ~. (BLC) 의사를 불러오게 하자 그 의사는 곧 왔다.

② 〖~ que+*ind*〗(=dès que...): Il se repentit de ses paroles ~ *qu'*il les eut prononcées.(Bonnard) 그는 말하고나서 곧 그 말을 후회했다. ☆이 구문에서는 선립시제 (상대시제 ⇨temps² 2°)가 원칙이나 동시시제 (순간상 aspect momentanné ⇨ aspect)도 가능하다: ~ *qu'*il m'*aperçut*, il *vint* à moi. (Ac) 나를 보자마자 그는 내게로 다가왔다.

③ 〖~+*p.p.*〗 ~ levé, il partit.(Bonnard) 기상하자 곧 떠났다《 ~ *qu'*il se fut levé (상기 ②의 구문)에서 qu'il se fut가 생략된 변형구조이다. 이 구조에서는 종속절의 주어가 주절의 그것과 동일해야 한다》.

④ 〖~+N+*p.p.*〗 ~ votre lettre reçue, je partis. 당신 편지를 받자 나는 곧 떠났습니다.

⑤ 〖~ + 장소의 상황보어〗 ~ dehors, je m'emportais. (Radiguet, *Diable*) 밖으로 나오자 나는 화가 치밀어 올랐다.

⑥ 〖~ N; ~ que+*p.p.*〗 흔히 쓰이나 옳은 용법이 아니다. 전자의 전치사적인 용법의 경우에는 dès나 aussitôt après를 N 앞에 써야 하며, 후자는 archaïsme이다: J'y vais ~ le déjeuner(=~ après le déjeuner). (Maupass, *Le lit.*) 점심을 먹고 나면 곧 갈 거야/J'en cache les deux tiers ~ qu'arrivés. (Corn, *Cid.*) 그들이 도착하자마자 나는 곧 그 중 3분의 2를 감추었답니다《후자의 경우

는 주절의 주어와 상이한 주어이므로 aussitôt qu'ils furent arrivés 처럼 주어를 넣어서 쓰는 것이 현대의 옳은 용법이다》.

★ aussi tôt(aussi tard 의 반대어)와 혼동하지 말 것.

autant—*tant 과 의미가 비슷하나, 비교의 개념이 포함되어 있는 점이 다르고 aussi 와는 용법이 다르다.

1° 〖~ **que**〗(=en même quantité, au même degré que). ①〖동사를 수식〗 Est-ce qu'il étudie ~ que sa sœur? 그는 누이만큼 공부를 하는가?/Je te hais ~ que je t'aime. (Baudel) 나는 너를 사랑하는 만큼이나 너를 미워한다//《que 이하를 생략하기도 한다》 Il ne l'aime plus ~ (=~ qu'auparavant). 그는 예전만큼 그녀를 사랑하지 않는다/S'il continue à fumer ~, il risque d'avoir le cancer. 그토록 담배를 계속 피우면 암에 걸릴 우려가 있다.

②〖형용사를 수식〗이 경우 직접 형용사 앞에 올 수는 없다《이 때는 aussi 가 사용됨》:Il est modeste ~ qu'habile(=aussi modeste qu'habile). (Ac) 그는 재주가 있는 만큼 겸손하다/La vie n'est jamais romanesque ~ qu'on (=aussi romanesque qu'on) l'imagine. 인생이란 사람들이 생각하는 만큼이나 소설적인 것은 아니다. ☆1) 형용사를 수식하는 autant que 의 표현은 흔히 다음과 같은 구문을 취한다. 즉 형용사를 동격구문으로 앞에 제시한 다음 다시 중성대명사로 받아 autant que 와 연결시킨다 : Mécontent, je le suis ~ que vous. 불만스러운 것으로 말하면 나도 당신만큼이나 그렇다/Intelligents, les Chinois le sont ~ que les Indiens. 머리가 좋은 점에서는 중국인도 인도인도 마찬가지다. 2) 17세기에는 ~+adj.의 구문이 사용되었으나 현대에는 비어로 쓰인다: Il n'est pas ~ beau comme lui(=aussi beau que lui).(Bauche, 87) 그는 그 사람만큼 아름답지 못하다.

2° 〖명사적용법〗①〖~ **de**+N+**que**〗 (=le même nombre de, la même quantité de ... que):Il a ~ de défauts que de qualités. 그는 장점만큼의 단점이 있다/Il y a ~ de femmes que d'hommes sur terre. (Beauvoir, 2ᵉ Sexe, I) 지구상에는 남자와 같은 수의 여자들이 있다.

②〖que 이하를 생략해서〗일반적으로 부정문・의문문에서: Je n'imaginais pas qu'il y aurait ~ d'eau. 그렇게 지독한 비가 될 줄은 생각지도 못했다/Je n'ai jamais vu ~ de larmes sur un visage. 그토록 눈물에 젖은 얼굴은 본 적이 없다//《특수한 의미로 주어는 복수》 Tous les Coréens sont-ils ~ d'artistes? 한국인은 모두가 예술가일까?

③ 〖보어 없이〗 Nous lui devons ~ qu'à nos parents. 우리는 부모에게 은혜를 입은 만큼이나 그에게 은혜를 입고 있다. ***C'est ~ de***+특정 *p.p.*: C'est toujours ~ de gagné 〔de perdu, de pris〕. 그래도 그만큼 덕본〔손해본, 빼앗긴〕셈이 된다 《de 는 속사를 유도한다. ⇨de》/Tu as passé deux années à étudier le français avant d'aller en France. — Oui et c'est ~ de gagné. 너는 프랑스에 가기 전에 2년간 프랑스어를 배웠지. — 그래, 그만큼 덕을 본 셈이지.

3° ①〖~ (**vaut**)+*inf*+**que**(**de**)+ *inf*〗 ~ (vaut) faire cela sur-le-champ que (de) différer. 연기하는 것보다 즉시 그것을 하는 편이 낫다//《que 이하 없이》 ~ (vaut) tout recommencer. 모두 다시 시작하는 편이 더 낫다/Il a ~ dire accepter 그는 수락한 거나 다름없다.

②〖~ (**vaut**) **que**+*subj*〗 ~ (vaut) que vous ne vous en occupiez plus. 당신은 이제 그런 것에 상관 않는 편이 좋다/Si l'un de nous doit mourir, ~ que ce soit toi! (Sartre,

autant

Diable) 우리중에서 한사람이 죽어야 한다면, 네가 죽어야지 ! //《(단독으로)》 Cela est fini ou ~ vaut. 그것은 끝난 거나 다름없다.

4° 〚(pour) ~ que+*ind* (때로는 +*subj*) (=dans la mesure où..., à proportion que...)〛(*pour*) ~ que j'en puis[puisse] juger 내가 판단하는 한에는/(*pour*) ~ que je sache 내가 아는 한/(*Pour*) ~ qu'il m'en souvient[souvienne], il était blond. 내가 기억하는 한 그는 금발이었다/ L'homme n'est responsable qu'~ qu'il est libre. (=ne...qu'à condition que...; dans le cas seulement où...). (G) 인간은 자유로운 한에 있어서만 책임이 있다 (cf. S, II, 437-8).

5° 〚**pour** ~ (=pour cela)〛 부정문과 의문문에만 쓰인다: Il a réussi, mais il ne doit pas se croire un génie *pour* ~. 그는 성공했지만 그렇다고 해서 자기를 천재라고 생각해서는 안된다/Pleurera-t-elle *pour* ~? (Bermont, *La poésie*) 그렇다고 해서 그녀가 울까?

6° 〚~ **que**+*subj*〛 양보를 나타내는 어법으로 수·양을 나타낼 때: ~ qu'il ait bu (=Si copieusement qu'il ait bu), il sait à peu près se tenir. (Mauriac, *Les Mal aimés* I, i) 아무리 많이 술을 마셨다 하더라도 그는 그럭저럭 버틸 수 있다/Venez tous, ~ que vous soyez. 아무리 여러 분이 되시더라도 모두들 오세요《Mauriac 이 즐겨 쓰는 어법이다. cf. G, 1031, Rem, 3, n, 1》.

7° 〚~...~〛 ~ de têtes, ~ d'avis 각인 각색/~ il est charmant avec elle, ~ il est désagréable avec nous. 그녀에 대해서 상냥한 만큼 우리에 대해서 불쾌하게 군다.

d'~ plus[moins, mieux] que 《원인절》: La chaleur était suffocante, *d'*~ *plus* qu'on ne sentait pas l'espace et le vent de la mer. (Daud) 공간 그리고 바닷바람이 느껴지지 않았던 만큼 더위는 더욱 숨막히는 것이었다/Cette montre m'est *d'*~ *plus* chère que c'est un souvenir de mon père. 이 시계는 나의 아버지의 선물이기 때문에 나에게는 더욱 귀중하다/Elle s'est *d'*~ *moins* ennuyée que Daniel est fort spirituel. (Pérochon, *Ombres*) 다니엘이 매우 재치가 있기 때문에 그녀는 그만큼 덜 지루했다/Je peux *d'*~ *mieux* le comprendre que j'ai eu la même maladie autrefois. 이전에 같은 병을 앓았던 만큼 그를 더 잘 이해할 수 있다/《(que 이하가 생략되어)》 Faites cela, vous en serez *d'*~ *plus* estimé. 그렇게 하십시오. 그러면 그만큼 더 존경받을 것이오.

d'~ que (=attendu que, vu que): Je ne me sens pas responsable de mon fils, *d'*~ qu'il a 30 ans bien sonnés. 아들이 서른 살이 지났기 때문에 내가 아들에 대해 책임이 있다고는 생각하지 않는다/Je ne remettrai plus les pieds dans ce café, *d'*~ que les garçons ne sont pas polis. 사환들이 친절하지 않으니까 나는 두번 다시 저 술집에 발을 들여 놓지 않겠다.

d'~ plus [moins, mieux]... que ... plus [moins, davantage] 《정도의 비례적 증감을 표현》: Le regret est *d'*~ *plus* vif que la faute est *plus* grave. (Lit) 과오가 크면 클수록 더욱 격렬한 후회를 느끼게 마련이다/L'homme est *d'*~ *moins* pauvre qu'il désire *moins*. 인간은 욕심이 적을수록 덜 가난하다/J'admire *d'*~ *plus* un homme qu'il se vante *moins* de sa valeur. 자기의 장점을 덜 자랑하는 사람일수록 나는 더 존경한다.

d'~ plus (que)... d'~ plus [moins] 《17 세기 때의 구문》=plus ...plus [moins]. ⇨plus I, 5°.

auteur—여성형은 없고, un ~ 혹은 une femme ~ 「여류작가」라고 쓴

다(Elle est l'~ de ce roman. 그녀는 이 소설의 작자이다). 여성형으로 authoresse, autrice를 시험삼아 쓰는 사람이 있으나 일반화되어 있지 않다.

autocrate—여성형으로 autocratrice라고 쓰는 경우는 드물고, une femme ~라 쓰는 편이 더 낫다 (QLF).

automne—① 어원 (<lat. autumnus *n.m.*)과 printemps, été, hiver의 영향으로 남성이고, 여성으로 쓰이는 경우는 드물다(G, §273, 3°).
② 〖en ~, 때로는 à l'~〗 *A l'~, Françoise devint enceinte.* (Arland, *Grâce*) 프랑스와즈는 가을에 임신을 하였다//《한정어가 있으면》 *dans l'~* qui suivit(cf. G, §933)/*à l'~* suivant (Maupass, *Folle*) 다음 가을에 /*à l'~ dernier* (P. Gascar, *Meubles*) 그 전 가을에/*à l'~ de 1800* (Giraudoux, *Ec. romant.*) 1800년도의 가을에.

automobile—형용사에서 명사가 된 것으로, 약어인 auto가 남성 같은 인상을 주기 때문에(어미가 -o인 solo, lavabo, imbroglio는 남성) 쉽게 성이 결정되지 않았으나, voiture가 생략된 것으로 보여져서 지금에는 auto와 마찬가지로 여성으로 쓰는 것이 일반적인 용법이다.

autour *adv.*—*une ville avec des murs tout ~ de:* 주위에 성벽이 있는 도시. *~ de:* La terre tourne ~ *du soleil.* 지구는 태양 주위를 돈다/*Il a ~ de 50 ans.* 그는 약 50세 가량 된다.
—〖형용사적〗*Je fais aussi partie du monde ~.*(Maurois, *Alain*) 나도 또한 주위 세계의 일원이다.

autre *adj.*—1° *adj. indéf.* ① 하나 또는 여러개의 개체에 대립하여 그것들과의 구별을 나타낸다.
a) 〖l'~〗 l'un에 대립시켜 두번째 것을 나타낸다: *dans l'un et l'~ cas* 이 경우에나 저 경우에나(=dans les deux cas)/*l'un ou l'~ sexe* 남성 혹은 여성/*La banque est de l'~ côté de la rue.* 은행은 길 건너편 쪽에 있다.
b) 〖l'un et l'~〗 뒤에 오는 명사·동사의 일치〗 1) 명사는 단수, 동사는 단수 혹은 복수:*L'une et l'~ saison est favorable〔sont favorables〕.* 두 계절이 모두 좋다. 2) 때때로 명사를 복수로 쓸 때도 있다:*L'une et l'~ doctrines sont fausses.* 이 이론도 저 이론도 틀렸다.
c) *les ~s*는 하나의 개체 또는 그 밖의 한 그룹에 대립되는 그룹의 총체:*Tous les ~s passagers ont péri.* 다른 모든 여객들은 죽었다.
d) *un ~, d'~s*는 특정의 사람, 사물 이외의 불특정의 사람, 사물:*C'est une ~ question.* 그것은 다른 문제다/*Je voudrais apprendre d'~s langues étrangères.* 다른 외국어들도 배웠으면 한다. ⇨certain III, 2°.
e) *des ~s*는 속어: *des ~s enfants* (=d'~s enfants). H, 118은 틀린 표현으로 보고 있다.
f) 〖한정형용사+~〗 *quelques〔certains〕 ~s philosophes* 몇몇 다른 철학자들/*Il amena son frère et deux ~s personnes.* 그는 동생과 다른 두 사람을 데리고 왔다《이 때 *~s deux*라고 쓰지 못함》.
★ 이상 모든 경우에 autre는 동종의 다른 것과 비교해서 말해지므로, 「des peintres et d'~s artistes 화가와 다른 예술가」는 말이 되나 des peintres et d'~s sculpteurs라고는 쓰지 않는다(N, V, 397).
② 〖second의 뜻〗 *C'est un ~ Napoléon.* 그는 제2의 나폴레옹이다/*Une ~ semaine s'écoula.* 한 주일이 지나갔다.
③ 〖~ N(때를 나타내는 명사)〗a) 현재에 가까운 불확실한 시기. 1) 과거:*l'~ jour* 요전날, *l'~ nuit* 전번 어느날 밤. 2) 미래: *un ~ jour* 다음 어느날/*Ce sera pour une ~ fois.* 다

autre

음번으로 하지요. b) l'~는 문맥에 따라 과거(=précédent) 또는 미래(=prochain)를 뜻한다:Je l'ai même encore vu à la fin de l'~ semaine.(Maupass, *Pierre et Jean*, V) 나는 지난 주말에 그를 다시 보기까지 했다/Cependant, j'aurais pu vivre jusqu'à l'~ hiver, encore. (Flaub, *La Tentation de S. Antoine* 119) 그러나 오는 겨울까지는 살아 있을 수 있겠지.

④〖**nous**〔**vous**〕**~s**〗 nous, vous를 다른 사람들로부터 고립시킨다: *nous ~s* Français 우리들 프랑스인/Qu'est-ce que vous faites là, *vous ~s*. 그래, 너희들은 거기서 뭘 하고 있는 거냐?//〖**eux**〔**elles**〕**~s**〗 《17세기에 쓰던 어법으로 지금은 속된 표현》*Eux ~s* rarement passent pour des gens de bien.(Mol, *Etourdi*, V, 1666) 그들이 선한 사람들로 알려질 수는 없다.

2° *adj. qualif.* ①〖속사로서 différent 과 같은 뜻으로〗 Il était jeune et elle aussi;elle est tout ~.(Pascal) 그는 젊었고 그녀도 그랬다. 이제 그녀는 전혀 딴 여자가 되었다//〖*que* 와 더불어〗Il est devenu tout ~ *qu*'il n'était. 그는 예전과는 전혀 다른 사람이 되었다(⇨ne explétif I, 1°).

②〖**~;bien〔tout〕**~ (=supérieur, bien plus considérable)〗C'est un ~ homme que vous. 그는 당신과는 차원이 다른 사람이다/C'est un *tout* ~ écrivain. 그는 뛰어난 작가이다. (cf. autrement ③).

③〖 ~ (**chose**) **est de**+*inf*, ~ (**chose**) **est de**+*inf*〗 ~ *est de* savoir en gros l'existence d'une chose, ~ *est d*'en connaître les particularités.(Chataubr, *mem.*, III) 한 사물의 존재를 대략 아는 것과 그 세부를 속속들이 아는 것은 별개의 일이다.

3° 〖무관사의 autre〗 ① 〖**entre ~s** +N〗 Gérard, *entre* ~*s* qualités, avait celle d'être loyal et fidèle. (Boylesve) 제라르는 여러 장점들 중에서도 공정하고 성실하다는 장점을 갖고 있다.

②〖**et ~s**+**N**〗 les fusils *et* ~*s* armes 총과 또 다른 무기들/Descartes *et* ~*s* philosophes du 17ᵉ siècle 데카르트와 17세기의 다른 철학자들.

③ 옛날 어법에선 흔히 무관사:Auriez-vous ~ pensée en tête?(Mol, *Tart.*, V, 414) 당신 다른 생각을 하고 있소? *d'~ part* 또 한편으로.

4° personne (d')~(⇨personne¹ 2°, ②), quelqu'un (d')~ (⇨quelqu'un 1°, ①), rien (d')~(⇨rien¹ 2°).

5° 〖**une ~**〔**d'~s**〕**+N+que**〗 Avez-vous *une* ~ chemise *que* celle-là? 이것 말고 다른 와이샤쓰가 있습니까?/Il n'y a pas *d'~* moyen *que* de chercher à les convaincre. 그들을 설득해 보는 것 외에 다른 방도가 없다.

6° 〖어순〗일반적으로 「~ +N」이나 다음 각 경우에는 「N+~」가 된다.

①〖강조〗C'est une conclusion tout ~ qui se dégage des documents d'argot qu'il a analysés.(D, *Lang. fr. d'auj.*, 21) 이것은 그가 분석한 은어의 자료에서 비롯된 전혀 다른 결론이다.

②〖**N**+*adj.*+**et**+~ 〗 Il s'agit de théories politiques *et* ~*s*. (Séché) 정치, 기타의 학설들이 문제이다.

③〖~ **que**〗 Il a d'~ soucis *que* ceux-là. 그는 그것 이외의〔그것과 다른, 그것보다 더 큰〕근심이 있다(⇨2°, ②) 《「그것과 다른」의 뜻으로 Il a des soucis ~*s que* ceux-là 라고도 한다(W, 90)》.

★명사 앞에 정관사나 否定語+**de** 가 올 때는 다음의 어순이 일반적이다: tous *les* verbes ~*s que* ceux de la première conjugaison 제일규칙동사 이외의 모든 동사/Je *n*'aimerai *jamais d'*~ femme *que* toi. 나는 결코

autre

당신 이외의 여자를 사랑하지 않겠읍니다.
—*pron. indéf.* 1° 이미 나온 명사에 관계하지 않는 경우(⇨nominal).
① 〖l'~〗 a) 문제가 된 두 사람, 두 사물 중의 어느 한편:A *l'~* maintenant! 이번에는 다른 사람 차례다! b) l'un과 함께:*L'un* est riche, *l'~* est pauvre. 한 사람은 부자이고 또 한 사람은 가난하다. *comme dit l'~* 〔*cet ~*〕(=comme on dit généralement).
② 〖les ~s〗 문제가 되어 있는 개인 또는 그룹의 사람 이외의 모든 사람들: Michel, tu sais où sont *les ~s?* 미셸, 다른 사람들이 어디 있는지 아니? ∥《막연히 사람들을 가리켜》Il s'est senti gêné devant *les ~s*. 그는 사람들 앞에서 거북스러웠다/Il se méfie toujours *des ~s*. (Ac) 그는 사람들을 경계한다∥《수형용사와 함께》*Les* onze *~s* n'ont rien deviné.(Mauriac, *Vie de Jésus*, 234) 다른 열한 사람은 아무 것도 눈치채지 못했다.
③〖un ~, d'~s〗 이미 나온 사람이나 話者 이외의 불특정의 한 사람〔여러 사람〕:Tu te trompes, ce n'est pas elle, c'est *une ~*. 자네가 잘못 보았어. 그녀가 아니고 다른 여자야/Parlez-en à *un ~* qui pourrait faire ce travail. 이 일을 할 수 있을 다른 사람에게 가서 얘기하시오/*D'~s* vous diront que vous avez tort. 다른 사람들은 당신이 옳지 않다고 말할 것이다(⇨certain III, 2°)∥《막연히 사람을 가리켜》Beaucoup *d'~s* m'ont encouragé. 많은 사람이 나를 격려해 주었다.
quelque ~ 어떤 다른 사람. *nul ~* 다른 어떤 것도. *tout ~* 모든 다른 사람. *quel ~* 다른 누구가: Quel *~* (=Qui d'~) recommandez-vous? 다른 누구를 추천하십니까?
et (*d'*)*~s*: Zola *et* (*d'*)*~s* 졸라와 다른 사람들 《et가 없으면 d'~s》.

~ que: Un *~ que* Jacques aurait eu peur. 쟈크가 아니었으면 겁이 났을 것이다/Je le donnerai à *d'~s qu'*à vous. (당신 아닌) 다른 사람들에게 그것을 주겠소.
④ ne, sans과 함께 쓰여 personne의 뜻을 지니는 것은 17세기의 용법:Madame, *~* que moi n'a droit de soupirer.(Corn, *Cid*, IV, 2) 공주님, 나 이외의 누구도 한숨을 쉴 수 없읍니다.
2° 〖이미 나온 명사의 생략〗 ① La plupart des hommes emploient la première *partie* de leur vie à rendre l'*~* misérable. (La Br) 대부분의 인간들은 생애의 전반을, 후반을 비참하게 만드는 데 사용한다/d'un *pays* à l'*~* 이 나라에서 저 나라로/d'un *bout* à l'*~* 끝에서 끝까지. ★둘에 대해선 *d'un...à l'~*, 다수의 경우도 대부분 같은 표현을 쓰나 때로는 〖*d'une* personne *à une ~* 이 사람에서 저 사람으로〗의 표현도 쓰인다. 명사를 반복할 경우는: aller *d'une* ville *à une ~* ville 고을에서 고을로 가다/Des femmes dansaient, *d'~s* s'endormaient. (Musset, *Confess.*, II) 몇 여자들은 춤을 추었고 다른 여자들은 잠이 들었다.
② ...une chose et...une *~*:Le mariage est *une chose* et l'amour en est *une ~*. (Maurois, *Climats*) 결혼과 사랑은 별개의 것이다.
③〖관사가 없는 표현〗de temps à *~* 때때로/de part et d'*~* 쌍방에서/parler de choses et d'*~s* 이 얘기 저 얘기하다.
3° comme un *~* 〔*d'~s*〕, comme (tous) les *~s*는 사람, 사물이 평범해서 다른 것과 다르지 않음을 나타낸다:C'est une idée *comme une ~*. (Renard, *Plaisir de rompre*) 그것은 별다른 생각이 아니다/M. Jules Lemaître n'est pas un critique *comme les ~s*.(Giraudoux, *Maîtres*, II) 쥘 르메트르 씨는 다른 비평가들과

4° 〖**entre ~s**〗 ① 앞에 왔거나 뒤에 온 명사[대명사]와 관계를 갖고 쓰이는 것이 보통: J'ai visité les cathédrales d'Espagne, *entre ~s* celle de Tolède. 나는 스페인의 성당들, 그중에도 톨레드의 성당을 구경했다. ② 관계하는 말을 나타내지 않는 용법은 틀린다고 주장하는 학자들이 많으나 오늘날에는 흔히 쓰이고 있다: Il y avait *entre ~s* deux généraux, un cardinal. 그중에는 특히 두 사람의 장군과 추기경이 한 분 계셨다.

5° 〖**~ que** 후의 전치사의 반복〗 ① que 뒤에 주동사가 생략된 것으로 생각될 때는 대부분 전치사를 반복한다: Servira-t-elle (=la vérité) à d'*~s qu'à* moi? (B. Constant, *Adolphe*, III) 그 진리는 나 아닌 다른 사람들에게 소용이 될까?/J'aime mieux avoir affaire à d'*~s qu'à* vous (=que d'avoir affaire à vous). (Mart, 169) 당신(과 상대하기)보다 다른 사람들과 상대하는 것이 더 낫겠다 《이 때 que 는 mieux 에 대응한다》.

② 동사가 생략되지 않을 때는 전치사를 반복하지 않는 것이 원칙이라고 하지만 (Mart, 169; Le G, *Dites*, 2 에선 반복을 금하고 있음), 반복하는 예도 많다. G, 910 은 반복은 임의적이라고 주장하고 있다: Ne parlez pas de cela à d'*~s que* 〔*qu'à*〕 vos amis. (Ac) 당신 친구들외의 다른 사람들에게 그 이야기는 하지 마십시오.

autre chose—중성으로 형용사가 오면 **de** 를 매개로 하며, 일치는 남성으로: Peut-il faire ~? 그가 다른 일을 할 수 있을까?/Donnez-moi ~ *de meilleur.* 더 좋은 것을 나에게 주시오/~ est de parler, ~ *d'agir.* 말하는 것과 행동하는 것은 별개의 문제이다. ☆ 그러나 chose 가 본래의 여성명사로 쓰이는 경우: Quelle ~ désirez-vous encore? 당신은 또 무엇을 원하십니까? / Entre *autres choses*, il lui donna un vase de Chine. 다른 것들 중에서 그는 그에게 중국 꽃병을 주었다/《특히 이미 나온 autre chose 를 반복할 때》 Ce qu'il cherchait, c'était ~ et *cette* ~ nous paraissait d'un prix infiniment supérieur. (Gide, *Interv.*, 117) 그가 구하고 있던 것은 다른 것이었는데 그 다른 것은 무한한가치를 지닌 것처럼 보였다.

rien (d') ~ ⇨rien¹ 2°.

autrement—① 〖**~+que… ne**〗 (⇨ ne explétif I). Il agit tout ~ *qu'il ne* parle. (DG) 그는 말과는 달리 행동한다/《생략문》 Il voit la chose ~ *que* moi. 그는 나와 다르게 사물을 본다/《허사 ne 는 생략될 수도 있다》 Il agissait tout ~ *qu'il* eût voulu.(Gide, *Les Foux-Monnayeurs*, 236) 그는 그가 원하는 것과는 전혀 달리 행동하곤 했다/Les choses vont ~ *que* je (*ne*) m'y attendais. 일은 내가 기대한 것과 달리 진전되고 있다.

② (=sans, sinon): Venez demain, ~ il sera trop tard. 내일 오시오. 그렇지 않으면 너무 늦을 거요.

③ (=beaucoup plus)(⇨autre 2°, ②): Luther se montrera bien ~ brutal. (Seillière, *Romant. et Mor.*) 뤼테르는 훨씬 더 난폭하게 행동할 것이다/Il est ~ savant *que* son frère. 그는 형보다 월등하게 박식하다/〖**~ de+N**〗 avec tout ~ *d'impartialité et d'indulgence* qu'il me serait possible de l'imaginer... (Ste-Beuve, *Poisons*) 상상할 수 없을 만큼 커다란 관용과 공정성으로.

★ 우등비교를 강조하기 위해 autrement 을 쓰는 것은 *pléonasme 이 되어 옳지 않다고 Mart, 93이나 Gide 같은 사람은 주장하지만, B, 739 는 허용했고, 현대작가들은 차차 사용

하는 경향이 있다 (cf. G, §365): Il était devenu ~ *plus* souple. (Tharaud) 그는 훨씬 더 유순해졌다.

④ 〖ne ... pas ~〗 Je *n*'étais *pas* ~ surpris. 별로 놀라지 않았다 (=ne... guère)/Ce garçon *n*'a *pas* ~ de courage. 저 아이는 별로 용기가 없다.

autrui—한정어가 오지 않고 사람에게만 쓰인다.

① 대부분 전치사가 앞에 오고 명사, 동사의 보어로 쓰인다:Il faut penser *à* ~ avant de penser à soi. 자기를 생각하기 전에 남을 생각해야 한다/Ne fais pas *à* ~ ce que tu ne voudrais pas qu'on te fit. 《격언》네가 원치 않는 바를 남에게 하지 말라/Je ne l'ai jamais entendue formuler le moindre grief *contre* ~. (Gide, *Symph.*) 나는 그녀가 다른 사람에게 사소한 불평이라도 하는 것을 들은 적이 없다.

② 직접목적보어 《드물게》: Il faut traiter ~ comme on désire être traité. 우리가 대우받고 싶은 대로 남을 대우해야 한다.

③ 예외적으로 주어로 쓰이기도 한다:~ m'a toujours semblé plus intéressant, plus sûr que moi. (Paulhan) 나에게는 남이 나보다 더 흥미롭고 더 확실한 존재로 보였다/Il est beau d'appuyer l'opinion d'~ quand ~ a raison. (M) 남이 옳을 때 남의 의견을 지지하는 것은 좋은 일이다//《autrui를 주어로 반복하지 않고 대신 il로 받을 수도 있다》 Faisons pour ~ ce que nous voudrions qu'*il* fît pour nous. (M) 남이 우리에게 해주기를 바라는 것을 남에게 해주자.

auxiliaires (verbes) [조동사]—본래의 의미를 잃은 채 동사의 분사, 부정법과 결합되어, 시제, 법, aspect, 태를 나타내는 형태적 요소로 쓰이는 동사를 말한다.

I. 〖avoir와 être〗 복합시제로 만드는 기본적 조동사.

1° 〖être를 조동사로 하는 동사〗 ① 소수의 자동사: aller, arriver, décéder, devenir, *entrer*, intervenir, mourir, naître, *partir, parvenir, *rentrer*, *repartir, *rester, *retourner*, revenir, *sortir, survenir, *tomber, venir, etc. 《이탤릭체는 타동사로도 쓰인다(⇨3°, ①). *표는 각 동사의 항 참조》.

② 모든 대명동사 《비어, 사투리에서 avoir를 쓰는 경우도 있다》:quand je m'*ai* installé(Barbusse, *Le Feu*).

③ 수동태 ⇨passif.

2° 〖avoir를 조동사로 하는 동사〗 모든 타동사와 본래의 비인칭동사, 대부분의 자동사.

3° 〖때에 따라 avoir나 être를 조동사로 하는 동사〗 ① 어떤 동사는 타동사적 용법에서는 avoir, 자동사적 용법에서는 être를 쓴다: *descendre, entrer, *monter, *passer, rentrer, retourner, sortir, tomber, etc. 《*표는 아래 ②》: J'ai *rentré* ma bicyclette. 나는 자전거를 들여 놓았다/Je *suis rentré* à la maison. 나는 집으로 돌아왔다.

② 어떤 자동사는, 과거의 행위를 나타낼 때는 avoir, 완료된 행위의 결과인 상태를 나타낼 때는 être를 쓴다: aborder, *accourir, agrandir, *apparaître, appauvrir, augmenter, baisser, camper, *cesser, changer, chavirer, crever, croître, croupir, débâcler, débarquer, déborder, décamper, déchoir, décroître, dégénérer, déménager, *descendre, diminuer, disparaître, divorcer, échouer, éclore, embellir, empirer, enfler, enlaidir, expirer, grandir, grimper, grossir, maigrir, monter, paraître, passer, pourrir, rajeunir, résulter, sonner, vieillir, etc.: Ce livre *a paru* le mois dernier. 이 책은 지난 달에 나왔다/Ce livre *est paru* depuis un mois. 이 책은 지

난 달부터 나와 있다/La rivière *a débordé* deux fois cette année. 강은 금년에 두번 범람했다/La rivière *est débordée*. 강이 범람하고 있다/Cet enfant *a grandi* pendant mon absence. 이 아이는 내가 없는 사이에 크게 자랐다/Comme il *est grandi*! 정말 많이 컸군! ★ être를 조동사로 한 경우는, 계합동사 être에 형용사적 용법의 과거분사(속사)를 덧붙인 것으로도 생각할 수 있다. 그러나 위의 동사들에 조동사가 항상 논리적으로 쓰이는 것은 아니다. D, 196은 개인적 습관에 따라 avoir 혹은 être를 즐겨 쓰고 일상어에서 구별하여 쓰는 것은 아니라고 했다. 따라서, **a)** 행위를 나타낼 때도 être를 많이 쓴다: Vous *êtes* peut-être *passé* par le parc? (Arland, *Ordre*) 당신은 아마 공원을 통해 오셨지요?((Rad, 191은 교양있는 사람들은 être를 쓰는 경향이 있다고 했다)). **b)** 상태를 나타내는 데 avoir를 쓰는 경우는 더욱 많다: Il *a* changé[*maigri*, *vieilli*]. **c)** 어떤 동사는 사람에 대해 쓸 때 항상 avoir를 조동사로 한다: Il *a paru*./ Elle *a échoué*./Deux hommes *ont péri* noyés (Le Monde).

③ 어떤 동사는 의미에 따라 avoir 혹은 être를 쓴다: *convenir, *demeurer, * échapper, etc.

4° 〖조동사의 생략〗같은 문장 안에서 같은 주어를 갖고 같은 조동사의 복합시제로 쓰인 경우에는 (등위나 병렬 모두) 주어와 조동사를 한번만 쓰는 경우가 보통이다: L'auto *avait traversé* la ville, *traversé* le fleuve et *gagné* la rive gauche. (Duham, *Cri*)/Je n'*ai* ni *tué* ni *volé* (G, § 658).

II. 〖반조동사 verbes semi-auxiliaires〗avoir, être 외에, 동사의 부정법과 결합해서 시간과 aspect의 여러 뉘앙스를 나타내는 동사들을 말한다: aller [s'en aller], avoir à, avoir beau, devoir, être en passe de [sur le point de, près de], être en train [voie] de, être (après) à, être pour, faillir, faire, falloir, laisser, manquer, ne faire que de, penser, pouvoir, savoir, sortir de, venir (à, de), vouloir, etc. (각항 참조).

avance—*une [de] l'~ sur qn*: J'ai *une[de] l'~ sur* tous mes concurrents. 나는 나의 경쟁자를 모두 앞지르고 있다. *l'~, d'~, par ~* 미리, 사전에 ((자체에 포함된 의미의 중복성 때문에 prévoir, prédire, pressentir, prévenir와는 되도록 함께 사용하지 않기를 권하고 있으나 préparer d'~ 는 일반적인 용법이다)): Un questionnaire *avait été préparé d'~*. (D, *Vie et Langage* 1954, 359) 질문서가 미리 마련되어 있었다. *être [arriver] en ~*: Vous *êtes* (de 10 minutes) *en ~*. 당신은 (10분) 먼저 오셨읍니다.

avant *prép.*—1° 〖**avant**과 **devant**〗① avant은 시간, devant은 장소를 나타낸다: Il eat parti *avant* moi. 그는 나보다 먼저 떠났다/Il parut *devant* les juges. 그는 재판관들 앞에 나타났다. ② 서열을 나타내는 avant과 devant의 구별은 곤란하다: L'article se met *avant* (혹은 *devant*) le nom. 관사는 명사 앞에 놓인다. ③ avant은 위치를 나타내는 경우에는 우위의 관념을 내포한다. Marchez *avant* moi 는 선두에서 걷는 것을 우위로 여겨 양보의 뜻을 포함하며 Marchez *devant* moi 는 단순히 위치의 전후관계를 나타낸다. cf. mettre la vertu *avant* la richesse 덕을 부보다 우위로 두다.

2° 〖~ *de* + *inf*〗 J'irai le voir ~ *de* partir. (Ac) 떠나기 전에 그를 만나 보겠어요 ((*inf*의 주어가 주절의 주어와 동일한 점에 주목할 것. auparavant de + *inf* 나 devant de + *inf* 로는 쓰지 못함))/〖~ **que** + **de** + *inf*

는 고전어법)):~ *que de* l'(=une ruche) ouvrir (Maeterlinck, *La vie des Abeilles*, I. 5) 벌통을 열기 전에.

3° 〖~ que (**ne**)+*subj*〗 허사 ne의 사용은 임의적이며 auparavant(또는 devant) que ~라고 쓰는 일은 없다:Ne partez pas ~ *que* tout (*ne*) *soit terminé*. (H, 121) 모든 것이 끝나기 전에는 떠나지 마시오. ☆ ~ que 의 뜻으로 축소된 접속사 que 의 종속문에는 허사 ne 를 반드시 사용하는데 그것은 묵시적으로 avant 에 포함되어 있는 부정의 의미를 대신하게 하기 위해서이다: J'espère bien pouvoir être rentré *que* madame *ne soit arrivée*(Dam. 136) 저는 부인이 도착하기 전에 돌아와 있을 수 있기를 바랍니다/Ne partez pas *que* tout *ne soit terminé*.

—*adv.* quelques jours ~(=auparavant, antérieurement) (Offices, *Le Figaro* 31-12-1938). **en ~:** marcher *en* ~ 전진하다. ***d'***~: Nous aurions dû partir le jour *d'*~(=précédent). (Thomas) 우리는 그 전날 떠났어야만 되었다 《le jour avant 으로 쓰지 않도록 주의》. **en ~ *de* qn 〔*qc*〕:** Cet auteur était *en* ~ *de* son siècle. (Ac) 이 작가는 자기의 시대를 앞서 있었다(=Il avait de l'avance sur son siècle. 또는 Son génie a devancé son siècle). ☆합성어의 avant 은 항상 성과 수에 영향받지 않고 trait d'union 으로 이어진다: une ~-première 시사회/des ~-gardes 전위 / ~-coureur (*f.* une ~-courrière) 선구자.

avantage—*avoir l'*~ *de* qc 〔*sur* qn〕: Ils *ont l'*~ au nombre *sur* nous. 그들은 우리보다 숫적으로 우세하다. *avoir* ~ *à*+*inf*:Vous *aurez* ~ *à* vous taire. 당신은 말하지 않는 것이 좋을것입니다(=Vous ferez mieux de vous taire).

avec—1° 중요한 뜻. ①〖동반·첨가〗 Il se promène ~ (=en compagnie de) ses enfants. 그는 그의 아이들과 산책하고 있다/se marier ~ 〔à〕…와 결혼하다/se fiancer ~〔à〕…와 약혼하다/joindre la sagesse ~ 〔à〕 la beauté 슬기와 미를 겸비하고 있다. ~ *ça* (=de plus, en outre): Il fallait traverser Paris... ~ *ça* il y avait une nuée de monde dans les rues.(Zola, *Assomm*.) 파리를 가로질러 가야만 했다…게다가 거리에는 수많은 사람들이 운집해 있었다. ~ *ça que*(=comme si) 《부정문은 긍정, 긍정문은 부정의 뜻》:~ *ça qu*'il ne s'est jamais trompé! 그가 틀린 적이 한번도 없다고 생각하는 건 당치도 않다! (=Mais si, certainement, il s'est toujours trompé)/~ *ça que* je m'ennuie! 내가 지루해하는 줄 아느냐!

②〖양태〗 Il avance ~ prudence. 그는 조심스럽게 전진하고 있다/~ courage 용감하게.

③〖수단·도구·재료〗 ~ de la persévérance on réussit presque toujours. 인내를 가지고 임하면 거의 언제나 성공한다/ouvrir la boite de conserve ~ un couteau 칼로 통조림을 열다/bâtir ~ des briques 벽돌로 짓다.

④〖동시〗 Je m'en vais tous les matins ~ le soleil. 나는 매일 아침 해가 뜨자마자 떠난다.

⑤〖대립·조건〗 Je t'aime bien tout de même ~ (=malgré) ton sale caractère.(Anouilh, *Antigone*) 너의 고약스러운 성질에도 불구하고 나는 너를 좋아한다/~ un peu de travail, il aurait réussi. 조금만 공부했더라면 그는 성공했을 것이다.

⑥〖원인〗 ~ ces touristes, le village est agité. 이들 관광객 때문에 마을은 웅성거렸다/L'étang a gelé ~ le froid. 추위 때문에 연못이 얼었다.

⑦〖분리〗 divorcer ~ qn …와 이혼

하다/rompre ~ qn …와 절교하다/séparer l'or d'~(혹은 de) l'argent 금과 은을 분리하다/distinguer l'ami d'~ (혹은 du) le flatteur (Ac) 친구와 아첨꾼을 구별하다.
2° 〖avec와 동사의 일치〗 ①보어가 virgule 사이에 놓이면 단수: Le vieillard, ~ son fils malade, *fut hébergé* par les voisins. 그 노인은 그의 병든 아들과 함께 이웃사람들에 의해 수용되었다.
② virgule이 없을 때는 복수: Le vieillard ~ son fils malade *furent hébergés* par les voisins. (Thomas) 그 노인과 병든 아들은 이웃 사람들에 의해 수용되었다.
——〖부사적〗 Il a pris mon manteau et s'en est allé ~. (Ac) 그는 나의 외투를 집어들고 떠나버렸다. ☆보어 없이 부사적으로 쓰이는 avec는 구어체로서 앞에서 언급된 어떤 사람이나 사물을 보어로 함축하고 있다: Nous allons à la plage. Est-ce que vous venez ~? (=Venez-vous avec nous?)(Thomas) 우리는 해변으로 갑니다. 함께 가시겠습니까?

aveugle—*être ~ envers*〖*à l'égard de*〗 *qn*(=ne pas voir ses défauts, s'aveugler sur *qn*): Elle *est ~ envers* son fils. 그 여자는 자기 아들의 결점을 보지 못한다. *être ~ sur*〖*pour*〗 *qc:* Elle *est* complètement *~ sur*〖*pour*〗 les défauts de son fils. 그 여자는 자기 아들의 결점을 전연 보지 못한다. *en ~:* Elle se livre *en ~* (=aveuglément) au bonheur d'aimer.(Stendhal) 그 여자는 사랑의 행복에 맹목적으로 빠져든다.

Avignon (en) ⇨à I, 1°, ③.
avion ⇨à I, 7°.
avis—*Je suis d'~*〖*Il m'est ~; Mon ~ est*〗 *que+ind* 〖*cond, subj*〗*: Je suis d'~*(=crois) *qu*'il a raison. 나는 그가 옳다고 생각합니다/*Il m'est ~* 〖*Il me semble*〗 *que j'aurais* peine à changer d'avis. (Nodier, Contes) 저의 의견을 바꾸기가 어려울 것 같습니다/*Je suis d'~* (=Je pense que le mieux serait) *que nous filions* directement sur Vauquois.(Romains, *Les Hommes de bonne volonté*, t. XXV) 우리가 보크와로 직행하는 것이 좋을 것 같다는 것이 나의 의견이다. *Je suis d'~ de +inf: Je suis d'~* (=Je propose 또는 Je pense que le mieux serait) *de passer* par la route de la montagne. 나의 생각으로는 산길로 지나가는 것이 좋을 것이다. *donner ~ à qn de+inf*〖*que+subj*〗: Je vais *lui donner ~* (=Je vais lui conseiller) *de s'en aller* 〖*qu'il s'en aille*〗 au plus tôt. 나는 그에게 되도록 빨리 떠나가라고 충고해 주겠다.

avocat—여성형으로 avocate 또는 femme avocat 「여변호사」. 공식적으로는 여자에게도 남성형을 쓰며 여성형은 속어조로 쓰이는 것이 보통이다.
avril ⇨mois.

B

b—불어 alphabet의 둘째 글자로 명칭은 [be]. graphie와 발음과의 관계는 다음과 같다.

b 1) 어두와 어간에서는 i)원칙상 [b]: *b*ateau, a*b*ord. ii)고유명사에서는 [v]직전에 있으면 무음:Lefe*b*vre [ləfɛ:vʀ], Fa*b*vier. iii)직후에 [s], [t]가 올 때는 [p]:a*b*cès[apsɛ], o*b*tus, o*b*scène.

2) 어미에서는 i)무음:radou*b*[ʀadu], aplom*b*, plom*b*, Doubs, Colom*b*. ii)외래어에서는 [b]: sno*b* [snɔb], clu*b*, baoba*b*.

bb 1)[b]: a*bb*é[abe], ra*bb*in, a*bb*aye, a*bb*esse, sa*bb*at, etc. 2)[bb]: *gibb*eux [ʒibbø], *gibb*ie, *gibb*on, *gibb*osité. 3)[b] 또는 [bb]: 고유명사 A*bb*as, A*bb*essides에서.

bailli—(왕이나 영주의 이름으로 재판하던) 옛 대법관. 그 부인은 baillie 또는 baillive(<옛 불어의 남성형이 baillif).

banal—복수형은 ~s 혹은 banaux. 13세기 이래 중세 봉건시대의 용어로는 banaux: moulins *banaux* (봉건) 영주 소유의 풍차방아간//(오늘날의 비유적인 의미로는 banals》 des compliments ~s (Ac) 진부한 찬사.

banlieue—*en* [*dans la*] ~*:* Je possède une maison *en* ~. (Rob) 나는 교외에 집을 가지고 있다/Saint-Denis est *dans la* ~ nord. (Lar) 생드니는 북쪽 교외에 있다.

bas *adj.*—① 《고유의 뜻》[N ~] Il parle à voix ~*se*. 그는 낮은 목소리로 말한다(↔... à haute voix.).

② 《비유적인 뜻》[~ N 또는 N ~] une ~*se* naissance 비천한 태생/dire une messe ~*se* 비밀 이야기를 하다.

—*adv.*《불변》:Les hirondelles volent ~. 그 제비들은 낮게〔저공으로〕날아간다/Il habite deux étages plus ~. 그는 두 층 아래에 살고 있다.

—*n.m.* ①《부사구》*à* ~ *:* Nous mettrons(=jetterons) les voleurs *à* ~. 우리는 도둑놈들을 타도할 것이다/ *A* ~ les voleurs! (Vercors, *l'Imp. de Verdun.*) 도둑놈들을 타도하라//《à를 생략하여》 Mettez ~(= Abandonnez) les armes!/~ les armes! 무기를 버리라〔항복하라〕! *en* ~ *:* Il est tombé la tête *en* ~. 그는 거꾸로 떨어졌다/Il habite *en* ~, au rez-de-chaussée. 그는 아래 일층에 살고 있다.

② 《전치사구》*à* ~ *de qc:* Fabrice se jeta *à* ~ *de* son cheval. (Stendhal, *la Chart. de Parme*) 파브리스는 자기의 말 아래로 뛰어 내렸다. *au* [*en*] ~ *de qc:* Ils étaient en[*au*] ~ *de*(=au pied de) la colline. (Ac) 그들은 언덕 아래에 있었다.

bas-bleu—(경멸적) 유식한 체하는 여자: 《드물게》 une ~ (Dam, I, 387, n, 2).

bateau ⇨ à, I, 7°.

battant—*à l'heure* ~(*e*) (=sonnant(e), tapant(e)) 정각에《battant 의 일치 여부는 일정치 않다》: *à* six *heures* ~ (Flaub, *Mme Bov.*) 6시 정각에 / Il est venu *à* six *heures* ~*es.* (Lar) 그는 6시 정각에 왔다. (*tout*) ~ *neuf* (=complètement neuf) 아주 새로운. ☆일치 문제에 있어서는 1)tout, neuf 모두 일치: Deux édifices gothiques ~*s neufs* (Veuillot, *Hist. et Fant.*) 갓 지은 두 채의 고딕식 건물. 2) 모두 불변:la façade ~ *neuf* de l'hôtel(Bourget, *L'Envers du décors*) 갓 단장한 호텔

전면. 3) neuf 만 일치하는 세 경우의 예가 발견되는데 Thomas, 58이나 H, 133의 선택으로는 battant 은 불변, neuf 는 일치:des meubles ~ neufs 새 가구/une batterie de cuisine ~ neuve (한번도 쓰지 않은) 새 주방기구 일습.

beau, bel —1° 〖~ N〗 C'était un *beau* voyage. 멋진 여행이었다《(그러나 남성단수는 모음이나 무성 h (muet)로 시작되는 명사 앞에서는 bel로 변한다》) le *bel* âge (Ac) 청년기/ un *bel* habit (Lar) 예쁜 옷《(접속사 et 앞에서는 bel 과 beau 가 모두 쓰일 수 있다는 것이 Fr. mod.에 의해서 확인되었다》) un *bel* 〔*beau*〕 et charmant enfant 《(그러나 이런 경우 bel 은 beau 보다 고전적인 어법이다》).

★ 여성형은 belle. 본래의 남성형이 었던 bel에서 유래.

2° **avoir beau**+*inf* 는 원래 *inf* 가 명사적 가치를 가지고 beau 의 수식을 받았다:Il *a beau* parler(=Il parle bien). (Goug, 346, n). ☆ 그러나 이 문형은 대립·양보를 나타내는 동사구로 흔히 쓰이며 항상 주절에 선행한다.

① 〖대립〗 Ils *eurent beau* se plaindre, on ne les écouta pas (=s'efforcer en vain).(H) 그들은 아무리 불평을 해도 소용이 없었다. 그들 말에 귀를 기울이지 않았으니까.

② 〖양보〗 Il *a beau* être tard(=Bien qu'il soit tard), je vais me mettre en route. (Lar) 시간이 늦었지만 나는 출발하겠다/《(조건법을 쓰기도 한다》) Il *aurait beau* leur affirmer ... que cette fille ... était une camarade, ils ne le croiraient pas. (Troyat, *Araigne*) 그 소녀가 친구라고 그들에게 단언을 했더라도 그들은 그것을 믿지 않을 것이다.

3° ***Il est beau de***+*inf*: Il n'*est pas beau de* se ronger les ongles. (Lar) 자기의 손톱을 깨무는 것은 좋지 못한 일이다.

Il fait beau+*inf*: Il *fait beau* (=Il est commode 〔agréable de〕) voyager quand on n'a pas d'enfants. 어린아이 없는 여행은 편안하다.

Il ferait beau voir que+*subj*: Il *ferait beau voir*(=Il serait incroyable) qu'ils *agissent* sans notre avis. (Gautier) 그들이 우리들의 의견을 묻지도 않고 행동하는 일은 설마 없을 것이다.

beaucoup—1° 〖**beaucoup 와 bien**〗
① 다같이 동사를 수식한다:Il s'intéresse *beaucoup* à votre affaire.(Ac) 그는 당신의 일에 관심이 많습니다/Il a *beaucoup* travaillé. 그는 일을 많이 했다/Il a *bien* grandi. 그는 많이 자랐다. ☆1) 그러나 bien 이 양태부사일 때는 beaucoup 와 같은 뜻으로 쓸 수 없다:Il travaille *bien*. 그는 일을 잘 한다/*Il a *bien* travaillé. 그는 일을 잘 했다. 2) 허물없는 인사말로「Merci *bien* 〔*beaucoup*〕. 대단히 감사합니다」의 merci 는 je vous remercie 의 뜻(Mart, 506)이므로 실질적인 동사의 수식이라고 할 수 있다.

② 〖형용사·부사의 비교급 앞에서〗 Ce vin est *beaucoup*(=*bien*) *meilleur*. (Thomas) 이것은 훨씬 더 좋은 포도주이다/Il s'est *beaucoup mieux* conduit que vous. 그는 당신보다 처신을 훨씬 더 잘 했다/Il est *bien plus* fort que vous. 그는 당신보다 훨씬 힘이 세다. ☆그러나 비교부사 pis, davantage 의 앞에서는 bien 을 써야만 되고 비교형용사 moindre, pire 의 앞에서는 beaucoup 도 쓰지만 bien 을 더 많이 사용한다(cf. H, 134).

③ 한정받는 명사나 형용사가 en이나 le 로 대신될 때는 beaucoup 를 쓴다: Avez-vous *des livres?* — Oui, j'*en* ai *beaucoup*. 예, 책을 많이 가지고 있습니다/Est-il *riche?* — Oui, il *l'*est *beaucoup*. 예, 그는 대단한 부자입

니다《Oui, beaucoup 만으로 문장을 줄일 수도 있다》.
④ 17세기 말까지는 beaucoup 가 형용사를 수식할 수 있었으나 현재는 bien[très 또는 fort]을 쓴다 : Leur savoir à la France est *beaucoup* nécessaire. (Mol, *les Fem. sav.*) 그들의 지식은 프랑스에 대단히 필요하다.
⑤ 형용사와 부사 앞에서는 bien[très]을 쓴다: Vous êtes *bien aimable.* 당신은 대단히 친절합니다/C'est *bien loin.* 퍽 멀다.
⑥ 과거분사 앞에서는 beaucoup 와 bien 이 모두 쓰인다: un écrivain *beaucoup*[*bien*] admiré (Le B, II, 594) 대단히 칭찬받는 작가.
⑦ 〖beaucoup de+N, bien du[de la, de l', des]+N〗Il a *beaucoup de* souci[*de* peine, *d'*ennuis]./Il a *bien du* souci[*de la* peine, *des* ennuis]. 그는 근심[고통, 걱정]이 많다《bien 은 감탄·동정 등의 주관적인 감정을, beaucoup 는 객관적으로 많은 수량만을 나타낸다(H, 135)》.
a) bien 이 관사 없이 쓰이는 유일한 경우는 형용사 autres 앞에서이다: J'ai vu sous le soleil tomber *bien d'autres* choses que les feuilles des bois et l'écume des eaux. (Musset, *Souvenir*) 물거품과 나뭇잎 외에 다른 많은 것이 백일하에 떨어지는 것을 나는 보았다/Il en est venu *bien d'autres.* (Ac) 다른 사람들이 많이 왔다.
b) bien de 가 단수 명사를 보어로 취할 때는 속속적 뉘앙스를 나타낼 때이다:Il m'a fait *bien du* mal. (Lar) 그는 나에게 해를 많이 입혔다/Il a *bien de l'*argent. (Mart) 그는 돈이 많다.
c) beaucoup 의 보어 명사에 정관사가 쓰일 때는 그 명사가 어떤 보어나 관계전치사에 의해 한정받거나 부분적인 개념을 꼭 표하고자 할 때이다:~ *des* pensées de Valéry(Ben-

da, *La France byzantine*) 발레리 사상의 많은 것/~ *des* auditeurs étaient cyniques et aigres.(Maurois, *Chantiers américains*) 청중 가운데 많은 사람들이 파렴치하고 신랄했다.

2° 〖~와 de ~〗① 형용사의 비교급 뒤, 최상급의 앞뒤, 비교의 의미를 띠고 있는 몇몇 동사의 뒤에서는 de ~:Vous êtes *plus* savant *de* ~. (Ac) 당신은 훨씬 더 박식하다/Il est *de* ~ *le plus* riche des séminaristes.(Mauriac, *Le feu sur la terre*) 그는 신학생들 중에서 가장 뛰어나게 부유하다/Il est *le plus* savant *de* ~. 그는 가장 뛰어나게 박식하다/Ce projet *l'emporte de* ~ *sur* l'autre. (H) 이 계획이 다른 것보다 월등하게 우세하다/Il *surpasse de* ~ son concurrent. (*Ib.*) 그는 그의 경쟁자를 훨씬 앞지르고 있다.
② 형용사의 비교급 앞에서는 (de) ~:Il est (*de*) ~ plus savant. (Ac) 그는 훨씬 더 박식하다.

③ **Il s'en faut (de)** ~의 경우 Ac 는 il s'en faut ~가 성질의 차이를 나타내는 반면, il s'en faut de ~는 수·양의 차이를 나타낸다고 하고 있다:Le cadet n'est pas si sage que l'aîné, *il s'en faut* ~. (Ac) 그 동생은 형처럼 얌전하지 못하다/Vous croyez m'avoir tout rendu, *il s'en faut de* ~ (=bien au contraire, loin de là avec une grande différence). (*Ib.*) 당신은 나에게 모두 돌려주었다고 생각하지만 천만의 말씀이요.
☆그러나 오늘날에는 이러한 구분이 없어지고 성질의 차이를 나타낼 때도 de ~를 사용하는 것이 보통이다 (cf. G, § 844): *Il s'en faut de* ~ qu'il soit laid. (Sand, *Mauprat*) 그가 추남이라는 것은 천만의 말씀입니다.

3° 〖명사적 역할〗①〖주어〗~ sont de notre avis. 많은 사람들이 우리와 같은 의견이다/~ sont venus.

(D) 사람들이 많이 왔다《보어 gens 이나 personnes가 생략된 데 주의》.
② 〖속사〗 Nous étions ~ à cette fête. (G, §844) 그 잔치에 간 우리는 숫자가 많았다/Je n'ai pas gagné au jeu, mais c'est (déjà) ~ d'avoir pu y participer. 돈을 따지는 못했지만 그 도박에 한 몫 낀 것만으로도 대단한 것이다/C'est déjà ~ s'il veut [qu'il veuille] bien vous parler. 그가 당신에게 이야기하겠다는 것만으로도 대단한 것입니다.
③ 〖보어〗 J'ai ~ à faire[à apprendre]. 나는 할 일이[배울 것이] 많다《beaucoup의 보어 choses가 생략됨》/J'en connais ~ qui prétendent.... (Lit) ···을 주장하는 사람들을 나는 많이 알고 있다《en은 beaucoup에 사람이나 personnes가 함축되어 있음을 알림》/Il y en a ~ qui pensent cela. (Thomas) 그렇게 생각하는 사람이 많다/Il est demandé à ~ de boire le calice goutte à goutte. (Mauriac, Pèlerins de Lourdes) 고난의 잔을 한 방울 한 방울 (조금씩)맛보는 일이 많은 사람들에게 요구된다/Pour ~ (...) l'agriculture semblait un avilissement. (Flaub, l'Ed. sent.) 많은 사람들에게 있어서 농업은 타락으로 보였다/Le malheur de ~ est de ne pas savoir passer les soirs dans sa chambre. (Ste-Beuve, Volupté, XV) 많은 사람들의 불행은 저녁을 자기의 방에서 지낼 줄 모른다는 점이다.
4° 〖일치〗 동사나 형용사는 보어의 성·수에 일치하고, 보어가 생략되었을 때는 복수를 쓴다《gens 또는 personnes가 생략된 것으로 간주》: ~ de femmes sont venues. 여자들이 많이 왔다/~ sont venus. (D, 301) 사람들이 많이 왔다/~ de monde a assisté à cette rencontre. (Thomas) 많은 사람들이 이 회의에 참석했다.
★1) 쓰는 사람의 의도가 집단(beau- coup)에 머물 때는 형용사도 그것에 따라 일치한다(cf. G, §376) : ~ de patience serait précieux[précieuse]. 많은 인내가 없어서는 안 될 것이다. 2) liaison은 과거분사, 전치사 à의 앞에서 이뤄진다: Il l'a beaucoup aimée. (Fouché, Traité de pr. fr., 475) 그는 그 여자를 무척 사랑하였습니다/Il y a beaucoup à dire. (Ib.) 할 말이 많다.

bélier—여성형은 brebis 「암양」. bélière는 bélier 「숫양의 목에 다는 방울」을 뜻함.

béni, bénit—bénir의 과거분사.
1° **bénit**는 19세기 이래로 종교적 축복을 받은 사물 choses에 대해 부가형용사나 속사로만 쓰인다: de l'eau ~e 성수/offrir le pain ~ 성체의 빵을 주다《영성체》/Cette cloche, que l'on croyait ~e, ne l'est pas. (G, §652) 축복된 것으로 믿고 있던 이 종은 축복되지 않았다/Les drapeaux du régiment ont été ~s par l'archevêque. (Bescherelle) 그 연대의 군기에 대주교의 축복이 내려졌다.

2° **béni**는 1° 이외의 모든 경우에 쓰임 : Le prêtre a ~ l'assistance[l'eau, les médailles]. (Ac) 신부님이 모인 사람들에게[물에, 메달에] 신의 은총을 빌었다/La foule, ~e, se prosterne. 군중은 축복을 받고서 엎드린다/Les époux furent ~s. 그 부부는 축복을 받았다.

3° 〖수동태에서 béni는 **de**로, bénit는 **par**로 유도되는 것이 보통〗 nation bénie de Dieu 하느님의 축복을 받은 국민/Des armes bénites par l'Eglise ne sont pas toujours bénies du Ciel sur le champ de bataille. (Leveaux) 교회의 축복을 받은 군대가 전장에서 항상 하느님의 축복을 받는 것은 아니다《주어가 사물인데도 bénies가 쓰인 것은 의미상, épithète나 attribut가 아니라 동사이기 때문이다. ⇨1°》/Les médailles ont été *bénies par* le pape. →Le pape a *béni* les médailles.

4° béni를 bénit의 의미로 착각한 예도 있다: un chapelet *béni par* le pape (Barrès, *le Jardin de Bérénice*) 교황의 축복을 받은 묵주.

bénin—여성형은 bénigne「관대한」 (cf. malin의 여성형은 maligne).

besoin—*avoir* ~ *de qn[qc]*: *Avez-vous* ~ *de* moi[quelque chose]? (Ac) 당신은 저를[무엇인가를] 필요로 하세요?/Je *n'ai* ~ *de* rien. 나는 아무것도 필요치 않다《Je n'ai rien ~으로 쓰지 않도록 주의》. *avoir* ~ *de+inf[que+subj]*: J'ai (bien) ~ *de* me reposer[*que* vous me *disiez* la vérité]. 나는 휴식이[당신이 나에게 진실을 말해주는 것이] 필요하다. *Il est* ~ *de+inf[que+subj]*《의문이나 부정형으로 밖에는 거의 쓰이지 않는 비인칭 형식》: *Il* n'est pas ~ *d'y* aller. 그 곳에 갈 필요가 없다/N'*est-il* pas ~ *d'y* aller?/*Il* n'*est* pas ~ *que* je vous *dise* cela. 내가 당신에게 그 이야기를 하는 것은 필요치 않다/*Est-il* ~ *que* je vous *dise* cela?/Qu'*est-il* ~ *que* je vous *dise* cela? 무엇 때문에 내가 당신에게 그 이야기를 할 필요가 있읍니까? *Pas [Point] n'est* ~ *de+inf[que+subj]* …할 필요가 없다《Il 을 생략하여 쓰기도 한다》: *Point n'est* ~ *de* me reposer[*que* je me *repose*]. 나는 휴식할 필요가 없다. *si* ~ *est, s'il (en) est* ~: Téléphonez-moi *si* ~ *est*. 필요하다면 저에게 전화하십시요. *au* ~: pour vous en (=ces cent écus) servir *au* ~ (La Font) 당신이 필요하면 그 돈을 쓸 수 있도록.

bétail, bestiaux—bétail(고어: bestail(le))는 집합명사로 복수는 없고, bestiaux(고어: bestail)는 단수가 없다. 따라서 bestiaux가 bétail의 복수형이라고 말할 수는 없다. 「몇 마리의 가축」을 표현할 때 des têtes de bétail 혹은 des bêtes로 쓴다. un bestiau(Goug, 128)는 방언이며 「des bétails 몇몇 종류의 가축」은 드물게 쓴다.

bête—L'homme n'est ni ange ni ~. (Pascal) 인간은 천사도 짐승도 아니다/ma ~ d'ambition (N, V, 49) 나의 어리석은 야심/un ~ de mariage(P.-H. Simon, *Les Raisins verts*) 어리석은 결혼. ☆ bête의 앞에 놓이는 한정형용사는 de의 뒤에 놓이는 명사에 일치한다. ⇨de IV, 4°; drôle; espèce.

biche—남성형은 *cerf.

bicyclette—aller à ~ (Ac) 자전거를 타고 가다/《때로는 en》Leur père est passé **en** ~. (Gide, *Journ.*, 14 juin 1914) 그들의 아버지는 자전거를 타고 지나갔다. ☆그러나 관사, 소유형용사, 수형용사와 함께 쓸 때는 전치사 *sur*를 그 앞에 놓는다: si vous avez appris à monter *sur une* ~ (Hermant, *Savoir parler*) 당신이 자전거 타는 것을 배웠다면/Il se promène *sur la* ~ de son frère. (G, §886) 그는 자기 형의 자전거를 타고 산책한다/Il partit *sur sa* ~. (Colette, *Le Blé en herbe*) 그는 자기 자전거를 타고 떠났다/Parce qu'ils ont voyagé ensemble à douze *sur six* ~s. (Duham, *Lieu d'asile*) 그들은 12명이 함께 6대의 자전거를 타고 여행했기 때문이다.

bien—1° 《수량부사》 동사, 형용사와 부사의 비교급과 함께 쓰인다: Il boit ~. (Ac) 그는 술을 잘 마신다/Il est ~ plus fort que son frère. 그는 그의 아우보다 훨씬 더 힘이 세다/Ce vin est ~ meilleur. 이 포도주가 훨씬 더 맛이 있다/~ moins vite 훨씬 더 느리게. ☆원급의 형용사, 부사와 어울려 쓰는 것은 bien이고 beaucoup가 아니다: Il est ~ savant. 그는 참으로 박식하다/Il est ~ loin. 참으로 멀다.

2° 《수량의 부정한정사》「~ **du[de la, de l', des]**+N」로서: ~ *des gens*

bien

y sont pris. (La Font, *F*, VII, 4) 여러 사람이 거기에 잡혀 있다/~ *de l'*esprit 많은 재치/~ *de la* peine 많은 괴로움/~ *du* monde 많은 사람들. ☆수량의 개념으로 쓸 때 놀라움, 만족, 공감을 나타내는 감정표현으로 보다 더 주관적이다: Il a ~ *de l'*argent. 그는 참으로 돈이 많구나.

3° 〘V+ ~ +무관사 명사〙 J'ai ~ soif. 나는 대단히 목이 마르다/Vous avez ~ raison. 당신이 정말 옳다/Faites ~ attention. 단단히 주의하시오/C'est ~ dommage. 그것은 대단히 유감스럽다. ⇨très 1°, ⑤.

4° 〘~ des+*adj.*+복수명사〙 Il y a ~ *des* vieilles maisons dans ce village(=Il y a beaucoup de vieilles maisons dans ce village). (Thomas, 61) 이 마을에는 많은 오래된 집들이 있다 《Mart, 504 는 이 형식을 피하고 beaucoup de 를 쓰도록 권하고 있다》/《autre 의 앞에서는》 ~ *d'autres* choses 많은 다른 물건들.

5° 〘형용사적〙 ①〘부가형용사〙 un monsieur très ~ 매우 훌륭한 신사/de gens ~ 착한 사람들.
②〘속사〙건강상태, 육체적 또는 정신적 상태, 재산상태, 인간관계, 그 밖의 사물의 어떤 상태들을 나타내는 문장에서 쓰인다: Le malade est ~. (Ac) 환자의 상태가 좋다/Il a deux filles qui sont fort ~. (*Ib.*) 그는 매우 아름다운 두 딸이 있다/Il est ~ de garder une certaine dignité. (*Ib.*) 어떤 품위를 지니는 것은 좋다/Je ne vois ici rien de ~. 나는 여기서 좋은 것이라곤 전혀 찾아볼 수 없다/Il est ~ dans ses affaires. 그는 사업이 잘 되어가고 있다/Il est ~ (=Il a de la fortune). (Lit) 그는 재산이 있다.

6° (fort) ~은 찬동, 동의의 표시, 상대편의 의견, 설명의 이해 표시, 또는 대화의 계속을 원치 않음의 표시로 쓴다: ~, *fort* ~, je n'y vois aucun inconvénient. (Ac) 좋아, 아주 좋아, 나에게는 아무런 지장도 없다/*Fort* ~, je vois maintenant ce que j'ai à faire. (*Ib.*) 됐어, 이제 내가 해야 할 일을 알았어/~, ~, nous reparlerons de cela. (*Ib.*) 좋아, 좋아, 그 이야기는 다시 하기로 하지.

7° 〘대립의 표현〙 대개 접속사 **mais** 와 대응하여 쓰거나 **mais** ~으로 부정문 다음에 쓴다: J'ai ~ téléphoné, *mais* vous n'étiez pas rentré. 내가 전화를 걸긴 걸었지만, 당신이 댁에 돌아와 계시지 않았지요/La «Puerta del Sol» n'est pas une porte, comme on pourrait se l'imaginer, *mais* ~ une façade d'église. (Gautier, *Voy. en Esp.*, 100) 「푸에르타 델 솔」은 남들이 그렇게 상상하는지 모르지만, 문이 아니고 성당의 건물 전면이다/Pas de rochers, *mais* ~ des masses architecturales. (Loti,*La mort de Philæ*, 211) 암석이 아니라 차라리 건축물이다. ☆bien 이 대립의 제 2 요소 다음에 놓일 수는 없다. 그러나 아래와 같이 쓰는 것은 플랑드르 어법이다: Ce tableau ne me plait pas, *mais* cette aquarelle, ~. 이 그림은 내 마음에 들지 않는다. 그러나 이 수채화는 마음에 든다 《이런 경우 bien 대신에 si 또는 oui 를 써야 한다 (때로는 강조해서 oui bien)》.

bien entendu que ⇨que³ VI, 2°.

bien que—①〘~ +접속법〙 원칙적으로 이 형식이 쓰인다:On ne peut pas compter sur lui *bien qu'*il *l'ait promis*. 그가 그것을 약속하기는 했지만 그 사람을 믿을 수는 없다/Il se décida à lui confier le plus secret de ses rêves ~ leur amitié *datât* d'à peine trois semaines. (Triolet) 그들의 우정이 겨우 3 주일 전부터 시작되었음에도 불구하고 그는 그에게 자기의 가장 비밀스런 꿈을 털어놓기로 결심하였다.

②〘~+직설법〙양보의 종속절에서

사실을 말할 때 드물게 쓰인다:Thérèse d'Avila, ~ nombreux prêtres lui *avaient affirmé* que Dieu agissait dans son âme, ne l'avait pas cru absolument. (Guitton) 테레즈 다빌라는, 여러 신부들이 그녀에게 하나님이 그의 영혼 속에서 역사하고 있다는 것을 확신시켰지만, 그녀는 그것을 전혀 믿지 않았었다/~Ferdinant Brunot, non seulement l'*admet*, mais le recommande ... (Billy) 페르디낭 브뤼노가 그것을 인정할 뿐만 아니라 그것을 권장하고 있지만 …. ☆ Le B 는 bien que, quoique, encore que 다음에 직설법의 사용이 옳다고는 할 수 없으나 인정되는 것으로 보고 있다.

③〖~+조건법〗 일어날 가능성〔우연성〕을 말할 때 쓴다:~ ses péchés *auraient pu*(…) se répandre à tous les coins du diocèse (Flaub) 그의 죄가 교구의 구석구석까지 퍼질 수 있었다 하더라도.

④ bien que 다음에 être 동사는 생략될 수 있으며 또 분사가 쓰일 수도 있다:~ philosophe, M. Hamais respectait les morts. (Flaub) 아메씨는 철학자였지만 죽은자들을 존중하였다/ Ses moustaches étaient assez courtes, ~ jamais *coupées*. (Loti) 그의 콧수염은 한번도 깎은 일이 없었지만 꽤 짧았다.

bien sûr que ⇨sûr.

bilabiale 〔兩脣音〕—두 입술의 접촉으로 吸氣통로가 폐쇄, 협착되어 생기는 脣子音을 말한다. 프랑스어에는 鼻音 [m]과 口腔音 [p], [b]가 있다. ⇨consonne.

billion—trois ~s 3 조 《미국에서는 billion 이 10억으로 통한다. cf. Thomas, 62》. 옛날에는 billion 이 10억(=milliard)으로 쓰였다. 일상어로서는 특히 금전에 관해서는 milliard 가 쓰인다.

bisaïeul—복수형은 ~s 가 규칙에 맞는다. 그러나 때로는 bisaïeux 도 쓰인다: nos *bisaïeux* (Maurois, *Etudes anglaises*) 우리의 증조부모/dans les bouches de nos *bisaïeux* (Daud, *Le Stupide XIX*^{e} *Siècle*) 우리 증조부모님의 입안에.

blanc—관계되는 명사에 일치한다: un papier ~ sale 더러운 백지/une robe *blanche* 하얀 드레스/des draps ~s 하얀 시트/~ comme l'ivoire 상아처럼 흰/~ comme (la) neige 눈처럼 흰/~ comme un cygne 〔comme un lis〕 백조〔백합꽃〕처럼 흰《이 경우와 같이 동물·꽃들의 명사 앞에서만 부정관사를 사용한다》. ☆그러나 다음과 같은 표현에서는 불변이다:~ de lait (Thomas, 63) 젖빛의 하얀/~ de perle (*Ib.*) 진주빛의 하얀/une robe ~ et noir 흑백 혼색의 드레스/des taches ~ grisâtres(=des taches d'un ~ grisâtres)(*Ib.*) 희끄므레한 얼룩들.

bleu—① bleu 와 사물의 명사와의 합성어에는 연결부호 trait d'union 없이 쓴다:~ d'azur, ~ azur 푸른 하늘색/~ de ciel, ~ ciel 하늘색/~ Nattier 나티에의 푸른색/~ horizon (1차 대전시 프랑스 군복의) 푸른색/~ d'outremer 군청색/~ turquoise 터어키 옥색의 청록색. ☆1)색채의 2개의 명사로 이루어지는 합성어일 때는 연결부호를 취한다: un beau ~-vert 아름다운 청록색. 2) 그러나 다음 명사들은 2색의 단어의 합성어가 아니더라도 연결부호를 취한다: un bas-~ 여류문인/un cordon-~ 솜씨 좋은 여자 요리사.

② 위의 명사들의 복수형은 bleu 에만 s 를 붙이는 형태가 되나 ~-vert, bas-~ 만은 불변명사이고 un cordon-~는 des cordons-~s 가 된다. 그러나 위의 합성어들이 형용사로 쓰일 때는 모두가 불변형으로 쓰인다:des robes ~ d'azur〔~ clair, ~ ciel, ~ marine〕하늘빛 푸른색〔밝은 푸른색, 군청색, 감색〕의 드레스들/des yeux ~ verdâtre 푸른

색에 녹색을 띤 눈/des yeux ~-vert 청록색 눈/de l'encre ~-noir 흑청색 잉크.

bœuf—발음 [bœf], 복수형은 ~s [bø]. 예외로 bœuf gras [bøgʀa] (Gram, 94; Mart, 231; P. Lar). 그러나 D, 103에 의하면 이 발음은 1880-90년까지의 옛 발음이고 현재는 단수에는 [bœf]로 한다고 한다. Thomas는 bœuf gras와 nerf de bœuf의 발음은 지금도 모두 [bø]라고 하고 있다. 여성형은 vache.

bon—1° 〖비교급〗 meilleur, moins ~; 〖최상급〗 le meilleur, le moins ~: Ce vin-ci est *meilleur* que celui-là. 이 포도주는 저것보다 더 맛이 좋다/Cela est un peu〔beaucoup〕 *meilleur*. (Ac) 그것이 약간〔훨씬〕 더 좋다.

2° plus ~은 원칙적으로 교양있는 언어 생활에서는 쓰지 않는다. 다만,

①〖다른 형용사와의 비교의 표현에서〗 Il est *plus* ~ que juste. (G, 364) 그는 공평한 사람이기보다는 오히려 착한 사람이다.

②〖simple, crédule의 뜻으로 관용 어법에서〗 Vous êtes ~ de croire cela! Et vous, vous êtes encore *plus* ~ de croire ceci! (G, 364) 당신은 그것을 믿다니 순진하십니다! 그리고 이것도 믿으시다니 참 고지식도 하십니다그려!

③〖plus가 동사에 의해 bon과 떨어져 있을 때〗 *Plus* une œuvre est ~*ne*, plus elle attire la critique. (Flaub, *Corresp*., II, 231) 작품이 좋으면 좋을수록 비평도 더 받는다.

④〖비교급의 plus ~의 관계와 달리 plus와 bon이 다음과 같이 쓰인다〗 Il est ~ *plus* que juste. 그는 공평한 사람이기보다 선량한 사람이다/Il est ~, *plus* qu'on ne le croit. (G, 364) 그는 남들이 믿지 않을 만큼 착하다/Il est, *plus* que son frère, ~ pour ses parents. (G, 364) 그는 그의 형보다 부모에게 더 잘 한다.

⑤〖부사구로서의 **plus ou moins**과 함께 쓸 때〗 Cette phrase sera *plus ou moins* ~*ne* selon que…. (Lit)…에 따르면 이 문장은 다소간은 잘 될 것이다.

⑥〖~+N가 합성명사를 이룬 때〗 On ne saurait être *plus* ~ enfant 〔*plus* ~ vivant〕. (G, 364) 더 이상 착한 어린아이〔호인〕일 수는 없을 것이다.

⑦〖ne…plus ~〗 On *ne* trouverait *plus* ~ vivant à cent lieues à la ronde. (Thomas, 64) 이제는 더 이상 어디에서고 호인을 볼 수 없으리라/Il *n*'est *plus* ~ à rien.(*Ib.*) 이제 그는 아무 일에도 쓸모없는 사람이다. ☆이 두 문장에서는 비교급에 관계된 것이 아니고 ne… plus의 표현임을 주의해야 한다.

⑧〖속어에서는 meilleur 대신에 plus ~을 쓰는 경향이 있다〗 Il est *plus* ~ que nous. (Barbusse, *Clarté*) 그는 우리보다 좋은 사람이다. ☆「*plus* ~ (정상형:*meilleur*) marché 더 값싸게, de *plus* ~*ne*(정상형: de *meilleure*) heure 더 일찍이」는 문어로도 쓴다(Dam, II, 380). 속어에서는 de *meilleure* heure 라고 하지 않는다.

un ~ *homme* (=un homme simple, crédule) 고지식한 사람.

un homme ~ (=un homme obligeant) 친절한〔착한〕 사람.

Il fait ~ *(de)+inf* ⇨faire V.

A quoi ~ 그게 무슨 소용인가? 《17세기에는 「A quoi est ~ de se cacher? (Malherbe) 숨어 있다고 무슨 소용이 있나?, A quoi ~ dissimuler? (Mol) 숨겨 봤자 무슨 소용이 있느냐?」라고 하였지만 17세기 후반 이후부터는 완전히 성구가 되었다》 (+*inf*): *A quoi* ~ continuer? 계속해 봐야 무얼 하겠나?∥(+N)(bon은 불변):*A quoi* ~ tous ces efforts? 이 모든 노력이 무슨 소용이랴?

~ *à+inf* ⇨infinitif IV,4°, ①.

bon-bec—수다스런 자:une *bonbec* (Lit), un *bon bec* (DG), un *bonbec* (M).

bon marché ⇨marché.

bon premier—bon 은 부사적으로 쓰이지만 변화한다:Ils sont arrivés *bons premiers*. (D, 441) 그들은 수월하게 1착했다〔낙승했다〕《스포츠용어》.

bonheur—*avoir le ~ de*+inf:J'ai le ~ de vous rencontrer. 나는 운 좋게도 당신을 만나게 되었다. *porter ~ à qn:* Cela *vous portera* ~(=donner de la chance). 그것은 당신에게 행운을 갖다 줄 것이다. *au petit ~:*Nous sommes partis le chercher *au petit* ~(=au hasard). 우리는 무작정 그를 찾아 떠났다. *par ~:* Par ~(=heureusement), personne n'est encore averti de la chose. (Mol) 다행히 아무도 그 일을 아직 눈치채지 못했다.

bord—au ~, sur le ~의 두 표현은 본래의 뜻대로 구별없이 쓰인다(La maison était *au* 〔*sur le*〕 ~ de la route. 그 집은 길가에 있었다). 그러나 au bord 가 「부근」을 가르키는 것에 비하여 sur le bord 는 보다 더 정확한 지점을 가리킨다고 할 수 있다. 그래서 비유적인 뜻으로는 차라리 au bord을 쓴다:Il était *au* ~ de la ruine. (Thomas, 65) 그는 파멸 일보 직전에 있었다.

bouc—여성형은 chèvre《種屬의 총칭으로도 씀》.

bouche—*à la*〔*en*〕 ~*:* Le peintre ressortit pour marcher à pas lents, un cigare *à la* ~. (Maupass, *Fort comme la mort*) 화가는 여송연을 물고 다시 나와 천천히 걸었다《「입에 …을 물고」라는 표현에서 en ~ 보다는 à la ~를 더 많이 씀》/ Quelques soldats contemplent, la pipe *à la* ~. (Loti, *La Mort de Philæ*)몇몇 병사들은 입에 파이프를 물고서 물끄러미 바라 보고 있다/ tandis qu'il s'asseyait par terre devant l'âtre, pipe *en* ~ (Vercors, *Les animaux dénaturés*) 그가 입에 파이프를 물고 아궁이 앞에 앉아 있는 동안.

boulevard ⇨nom² IV, 2°, ①.

bras—Il *s'est cassé le* ~ (Il a cassé *son* ~ 로 못씀). 그는 팔을 부러뜨렸다/Il est blessé *au* ~ (Il est blessé *à son* ~ 로 못씀). 그는 팔을 다쳤다. *à ~ raccourcis* 있는 힘을 다하여. *à pleins* ~ 한아름(안고). *~ dessus, ~ dessous* 서로 팔을 끼고〔사이 좋게〕. *jeter les*〔*ses*〕 *~ au cou de qn* 목을 껴안다. *offrir le ~ à qn* 편을 들다. *tendre les ~ vers qn* 도움을 청하다. *en ~ de chemise*(=en manches de chemise) 샤쓰바람으로. *saisir qn à ~-le-corps* 양팔로 …의 허리를 껴안다.

brave—un ~ homme 충직한 사람, un homme ~ 용감한 사람.

brebis—「암양」(남성형은 bélier, mouton). mouton 과 함께 種屬의 총칭으로도 쓴다: un troupeau de ~〔mouton〕 양의 무리.

bredouille—형용사적 용법에서 일치가 일정하지 않다:si nous revenions ~s (Silvestre, *Manoir*) 우리가 빈손으로 돌아온다면/Somme toute, nous reviendrons ~s. (Gide, *Voy. au Congo*) 요컨대 우리는 빈손으로 돌아올 것이다. ☆그러나 위의 예문들에서 s 없이도 쓰이고 있다.

but—① 〘발음〙 지방에서는 [byt], 파리에서는 항상 [by] (Mart, 329). ② 비유적 의미로 궁극적 목적을 뜻할 때 but final 이라는 중복법 pléonasme 을 쓰지 않도록 해야 한다. *dans le ~ de* …의 목적으로《dans 은 비슷한 뜻의 dans le dessein de, dans l'intention de 에서의 dans 의 유추이다. cf. dans ce ~ 이 목적으로, Dans quel ~ …? 무슨 목적으로 … ? 때로는 avec le ~ de로

도 쓴다》.

but (expression du) [목적의 표현]—1°〖전치사(구)+(대)명사〗 C'est *pour cela* que je m'impose des sacrifices.(Mauger) 내가 희생을 감수하는 것은 그것을 위해서이다/Il travaille *en vue de l'examen*. 그는 시험을 목적으로 공부한다/Il n'ose pas sortir, *crainte d'accident*. (Thomas) 그는 사고가 날까 두려워 외출을 못한다.

2°〖전치사(구)+inf〗 Je ne suis pas venu ici *dans la vue de demander* votre fille en mariage.(Sand, *Mare*) 당신 딸에게 구혼을 하러 이곳에 온 것이 아니오/On nous mènera à Bonifacio, *histoire de manger* des merles chez le patron Lionetti. (Daud, *Lettres*) 리오네티 영감댁에서 티티새 고기를 먹기 위해 우리를 보니파시오에 데려갈 것이다/On ne peut agir *de façon à contenter* tout le monde. (Mauger) 모든 사람을 만족시키게 행동할 수는 없다.

3°〖부정법〗 동작동사 다음에서: Le chevalier *partit chercher* fortune à Paris.(France, *Le Génie*) 그 기사는 한 재산 모으려고 파리로 출발했다/Il *est allé prendre* un billet. 그는 표를 사러 갔다/Il *est venu me saluer*. 그는 나에게 인사하러 왔다.

4°〖등위절, 병렬절〗 Il fallait empêcher leur rupture;*à cette fin*, je les ai convoqués chez moi.(Mauger) 그들의 불화를 막아야 했다. 그런 목적으로 나는 그들을 내 집에 불렀다.

5°〖접속사 종속절〗 afin que, à cette fin que, à seul fin que, pour que, (de) crainte que, dans la crainte que, de peur que, de façon que, de manière que, pour éviter que, pour empêcher que, (et) que, etc.이 종속절을 이끈다: *Pour que* ce remède fasse son effet, il ne faut pas en abuser. (Thomas) 이 약이 효험을 내기 위해서는 남용하지 말아야 한다/Il surveilla l'évacuation du cantonnement *à cette fin que* personne ne tire au flanc. (Barbusse) 그는 아무도 꾀병을 부리지 못하도록 숙영지 철거 작업을 감독했다/Tu m'enverras les plans, *que* je les examine. (G, §1025) 내가 검토할 수 있도록 계획서를 나에게 보내라.

6°〖관계대명사절〗 Je veux quelqu'un *qui me soit une compagnie*. (Mauger) 나는 내 짝이 될 사람을 찾는다//〖관계사+inf〗 Je cherche une villa *où passer* mes vacances. (Rob) 나는 휴가를 보낼 별장을 찾고 있다.

C

c—불어 alphabet 의 셋째 글자로 명칭은 [se]. graphie 와 발음과의 관계는 다음과 같다.

c 1) 어두・어간에서는 i) graphème e, i, y 앞에서는 [s]:*c*ela[səla], *c*inéma, *c*ygne, *C*écile. ii) 기타의 graphème 앞에서는 [k]:*c*ar[ka:ʀ], *c*onte, *c*œur, *c*uré, a*c*te, *c*roire, mira*c*le, etc. 단, 예외적으로 et cætera[ɛtsetɛʀa], cæsium, cœliaque 에서는 [s];그리고 se*c*ond[səgɔ̃] 및 그 모든 파생어 (seconde, seconder) 에서는 [g]. 라틴어인 secundo 는 [sekɔ̃do] 또는 [səgɔ̃do]로 발음함. 2) 어미에서는 i) 무음:estoma*c*[ɛstɔma], taba*c*, accro*c*, cro*c*, escro*c*, raccro*c*, caoutchou*c* 와 비모음 뒤에서:ban*c*[bɑ̃], tron*c*, fran*c*, blan*c*, etc. ii) 위 이외의 모든 경우에는 [k]: ba*c*[bak], bivoua*c*, ave*c*, éche*c*, ro*c*, etc. 단, *don*c* 은 [dɔ̃:k] 또는 [dɔ̃].

ç 언제나 [s]:*ç*a, re*ç*u, fa*ç*on, etc.

cc 1) e, i, y 직전에서는 [ks]:a*cc*ès [aksɛ], a*cc*ident, etc. 2) 위 이외의 모든 경우에는 [k]가 원칙:a*cc*abler [akable], o*cc*asion, impe*cc*able, a*cc*ord, o*cc*uper, etc. 단, su*cc*ussion [sykkysjɔ̃], pe*cc*ant[pɛkkɑ̃]에서만은 [kk].

cch 모음 앞에서 [k]:ba*cch*ante[bakɑ̃:t], e*cch*ymose[ekimo:z].

ceâ[sa]:dou*ceâ*tre[dusa:tʀ].

ch 1) 어두・어간에서 i) 학술어 및 희랍어에서 들어온 말에서 [k]:*ch*aos [kao], *ch*œur, é*ch*o, or*ch*estre;자음 앞에서는 언제나 [k]:*ch*rétien, te*ch*- nique, *ch*ronologie, etc. ii) 그 밖의 일상 불어 단어에서는 대부분 [ʃ]: *ch*emin[ʃəmɛ̃], *ch*at, *ch*eval, é*ch*ec, *ch*oche, etc. 2) 어미에서는 i) 보통은 [k]:azéroda*ch*[azeʀadak], vare*ch*, auro*ch*, lo*ch*, etc. ii)[ʃ]:《외래어》 farou*ch*[faʀuʃ], tarbou*ch*, etc.;그리고 외래어 발음이 불어화한 pun*ch* [pɔ̃:ʃ]와 lun*ch*[lœ̃:ʃ]에서. iii)[tʃ]: 《외래어》sandwi*ch*, mail-coa*ch*, etc. iv) 무음:alman*ach*[almana].

ck [k]:colba*ck*[kɔlbak], bo*ck*[bɔk].

cq 1)[k]:Leco*cq*[ləkɔk]. 2) 무음: Lecler*cq*[ləklɛ:ʀ].

cqu [k]:a*cqu*érir[akeʀi:ʀ].

-ct《어미》 1)[kt]:ta*ct*[takt], inta*ct*, conta*ct*, exa*ct*, dire*ct*, corre*ct*, etc. 2) 무음:aspe*ct*[aspɛ], circonspe*ct*, respe*ct*, suspe*ct*, distin*ct*, instin*ct*, etc.

ça—일반적으로 cela의 제2형이나 단축형으로 보고 있다(cf. 속어에서 plus>pus;celui>çui). 17세기에 속어로 나타나기 시작했으나 19세기에 들어와서야 Chateaubriand, Stendhal, Hugo, Flaubert, Dumas, Zola 등의 작가에 의해 지반을 굳히게 되었고 20세기에 와서는 더욱 널리 쓰이게 되었으나 cela보다는 덜 점잖은 점이 있다.

1° 동사 앞에서 *ça* 는 élision 을 하지 않는다:*Ça* a passé en un clin d'œil.(Flaub, *Corr.*) 그것은 순식간에 지나갔다∥《être 이외의 동사의 주어인 경우 때때로 élision 이 이루어진다》Ç'avait éclaté lorsque Suzanne était sortie de table.(Duras) 쉬잔느가 식탁에서 물러나왔을 때 그 일이 터졌었다.

2° ① ça 는 사람을 가리킬 수 있으나 흔히 경멸, 사랑 등 감정적인 뉘앙스를 띠게 된다:Elle me tue à petit feu et se croit une sainte, *ça* communie tous les soirs.(Balzac)

그 여자는 나를 계속 괴롭히고 자신을 성녀로 생각하는지 매일 저녁 영성체를 하였다/Ça a à peine trois semaines et ça tête comme un glouton. (Colin, *les Jeux*) 이 놈은 태어난 지가 3주일도 안되었는데 게걸스럽게 젖을 잘 빤다. ② ça는 또 정확하게 지칭하기 싫거나 할 수 없는 생물, 사물을 가리키거나, 비인칭 구문의 il과 유사한, 막연한 주어로도 쓰인다:Devant moi, quelque chose apparaissait; ça semblait instable, perfide....(Loti) 나의 앞에 무엇인가가 나타났다. 그것은 어딘지 불안하고 위험해 보였다/Ça se brouille. Il va pleuvoir.(Lavedan, *Les Beaux Dimanches*) 날씨가 흐려지는데 비가 오겠다.

3° ça를 부사 çà 와 혼동해서는 안된다:çà et là.

4° i와 a의 모음전환에 의해 ça에서 ci가 생겨났다(cf. et patati et patata, bredi-breda, etc.):Il faut faire *ci*, il faut faire *ça*.(Aymé, *Gustalin*) 이것도 해야 하고 저것도 해야 한다/Comme *ci* comme *ça*. 이럭저럭 지냅니다.

5° 〖숙어, 관용적인 어법, 강조〗 Où ça?/Pourquoi ça?/Ça oui!/Avec ça que+ind …라구요, 천만에 ! /comme ça 그렇게, 그러면, 그럭저럭/C'est ça. 그렇소/Ça y est. 좋아, 그렇다/Ça va? 안녕하신가?

cabinets ⇨nombre des noms 7°.

cadeau—*faire un ~ à qn*:Nous *lui avons fait un* beau ~. 우리는 그에게 좋은 선물을 했다. *faire ~ de qc à qn*:Nous *lui avons fait* ~ *d*'un beau livre. 우리는 그에게 아름다운 책을 한권 선사했다.

caleçon—하나의 팬티는 un ~. 보통 복수로 쓴다: porter des ~s (Ac) 팬티를 입다/un crucifix de grandeur naturelle, en ~ (St-Sim, *Mémoires*, XVIII) 실제 크기의 팬티를 입은 그리스도의 수난상. ☆그러나 단수로 점점 쓰고 있다:se mettre en ~ (Ac) 팬티를 입고 있다/~ de popeline (*Ib*.) 포프린 팬티/~ de bain (*Ib*.) 수영팬티. ⇨nombre des noms 6°, ①.

canaille—cette ~ de Guizot (Cl) 저 악당 기조///«속어로는 후속명사의 성에 일치시켜서 때로는» ce ~ de gamin (G, § 246) 저 악동///«형용사적 용법으로는 Lit는 무변화라 하고 DG는 변화시키고 있다» des manières ~(s) 천한 태도.

canard—여성형은 cane. 종속명으로도 쓴다:œuf de ~ 오리알.

candidat—「여자 후보자」도 un ~,때로 une ~e «일반화되지는 않았다».

cantatrice ⇨chanteur.

capable—~ *de qc* 〔+inf〕:Il est ~ d'apprendre les mathématiques. 그는 수학을 배울 능력이 있다.

capot—*adj*. 별안:Elle est demeurée ~. 그녀는 어찌할 바를 몰랐다/Nous sommes ~. 우리는 낭패다.

car—1° 〖car와 **parce que**〗 car는 앞의 글의 이유·설명을 기술하고 parce que는 원인·동기나 pourquoi의 질문에 대한 대답에서의 원인을 나타낸다. car는 언제나 다른 절에 후속하고, parce que 로 시작되는 종속절은 주절에 때로는 선행한다: Vous ne le trouverez pas chez lui, *car* je viens de le voir dans la rue. (Ac) 당신은 그를 그의 집에서 만나지 못할 것이오, 내가 방금 그를 길에서 만났으니까요/Il est tombé *parce que* le chemin était glissant. (*Ib*.) 그는 넘어졌다. 왜냐하면 길이 미끄러웠기 때문이었다. ☆조심하여 쓸 경우에는 car 와 parce que 를 구분하여 사용하지만 구어에서는 혼동하여 쓰고 있으며 작가들은 용어에 변화를 주기 위하여 car, parce que, puisque를 같은 뜻으로 쓰는 일이 있다.

2° 〖car와 **en effet**〗 ⇨effet ③.

3° 〖car... et que〗 Il était bien

obligé, alors, d'accepter un peu de chocolat. Il le faisait volontiers, *car* il l'aimait *et que* c'était le meilleur de Paris.(P. Vialar-Georg, 151) 그때 그는 약간의 초콜렛을 받지 않을 수 없었다. 그는 기꺼이 그렇게 했다. 왜냐하면 그것을 좋아했기 때문이고 또 그것은 파리에서 가장 좋은 것이었기 때문이다((현대작가들이 가끔 쓰고 있는 이 용법(⇨ que³ III)은 잘못된 것으로 여겨진다. 뉘앙스는 다르지만 parce que… et que 로 쓰는 것이 규칙에 맞는 구문이 된다)).

cas—*en*[*dans*]…~:*en* tout ~, *dans* (드물게 *en*) tous les ~ 여하간에/ *en*[*dans*] ce ~ 그렇다면/*en*[*dans*] chaque ~ 모든 경우에/*dans* ce ~-là 그 경우에는/*dans* un ~ pareil [=*en* pareil ~] 이런 경우에는/*en* ~ d'accident[d'échec] 사고가 날[실패할] 경우에는/*dans*[*en*] aucun ~ 어떤 경우에도(결코 …않다). *auquel* ~ (⇨lequel II). *au*[*dans le*] ~ *où* +*cond* 《문어적 표현》:*au*[*dans le*] ~ *où* il *serait* impossible de le voir 그를 못 만날 경우에는. *au*[*en*] ~ *que*+*subj* 1) 《조건》: Je voudrais bien savoir s'il serait venu *en* ~ *qu*'on l'*eût invité*[*au* ~ *où* on l'*aurait invité*]. (Mart, 430) 그를 초대했을 경우 과연 그가 왔을는지 나는 퍽 알고 싶다 《드물게 쓰지만 au ~ que[dans le ~ où]+*ind* (CI), au ~ où+*subj*(S, II, 353)의 표현도 있다》. 2) 《양보》설사 …할지라도. *pour le* ~ *où*+*cond*(드물게 *subj*) …할 경우에 대비하여.

catachrèse[亂喩]—단어가 본래의 의미에서 벗어나 어의가 확장되어 쓰이는 경우를 말한다:Barrême 17세기의 《Comptes faits》를 쓴 작가 이름>barême 계산표/「débarquer(=sortir d'une barque)상륙하다」가 단순히 sortir 의 뜻으로 쓰여「débarquer d'un train 기차에서 내리다」, 「plume깃털」이「펜」으로,「parricide 아버지를 살해한 자>친부모를 살해한 자」가 되는 경우 등이다. ☆ catachrèse 는 일종의 *métaphore 로, 그 용법이 매우 일반화되어 있기 때문에 전혀 과장되었거나 잘못 쓰였다고 느껴지지 않을 정도가 되었다: les pieds d'une table 테이블의 다리/les ailes d'un moulin 풍차의 날개.

catégorie[범주]—1° 같은 통사적 환경 environnement syntaxique 에서 요소들이 작용하고 상호간에 특수관계를 유지하는 부류 classe 를 말한다. 따라서, chaise, table, bibliothèque 등은, Pierre essuie avec un chiffon la…라는 통사적 환경에서 작용할 수 있으므로, 같은 범주에 속하는 것이다. 이런 경우의 catégorie 라는 말은 classe 라는 말과 같은 것이다.
2° catégorie 를 두가지로 구분한다. ① 우선, 문장에서 성분들을 constituants 의 역할의 성격을 규정하는 것이 통사범주 catégorie syntaxique 이다. 그래서 명사구 syntagme nominal 와 동사구 syntagme verbal 는 제 1 급 통사범주(또는 주범주)이다. 반면에 連辭(통합체) syntagme 의 성분들인 품사들은 제 2 급 통사범주이다.
② 두번째로, 제 2 급범주의 요소들의 성, 수, 인칭 등에 따른 변화의 성격을 규정해주는 것을 말하는데, 흔히 catégorie 라고 하면 이런 경우를 두고 말한다. 명사, 형용사, 동사 등은 어휘소 morphèmes lexicaux 이기 때문에 어휘범주 catégorie lexicale 이고, 시제, 인칭, 수, 성은 문법소 morphèmes grammaticaux 이기 때문에(동사어미, 명사의 굴절) 문법범주 catégorie grammatical 이다. 어휘범주는 일차범주 catégorie primaire, 문법범주는 이차범주 catégorie secondaire 라 불린다.

causale (proposition)[원인절]—원인을 나타내는 부사절.

causale (proposition)

1° 원인의 뜻을 유도하는 접속사나 접속사구(⇨conjonction III, 2°, ①): comme, parce que, par cela que, par cela même que, puisque, attendu que, un que, à cause que《고어법》, d'autant que, dès lorsque, du moment que, à preuve que, sous prétexte que, étant donné que.

2° 원인을 나타내는 다른 수단. ① 〖à 〔de, pour, à force de, sous prétexte de, faute de〕+inf〗 Il m'excède *à* me demander dix fois la même chose! (G, 1022) 그는 열 번이나 같은 사실을 묻기 때문에 나를 기진맥진하게 만든다.
② 〖형용사〗 *Honteux* de son échec (=Parce qu'il était honteux), il n'osait se montrer. 실패 때문에 부끄러워 그는 감히 나타나려고 하지 않았다(이 경우는 주어와 동사가 생략된 것으로 간주》. ⇨comme.
③ 〖현재분사·과거분사〗 Il parlait peu *sachant* peu de mots.(France, *Pierre Nozière*) 아는 말이 별로 없기 때문에 그는 거의 말을 하지 않았다/*Approuvée* par tous, cette enfant gâtée est devenue insupportable. (H) 모든 사람들이 뜻을 받아 준 탓으로 버릇없는 이 계집아이는 몹시 비위에 거슬리게 되었다.
④ 〖절대분사〗 Un orage *ayant éclaté*, nous fûmes forcés de retarder notre départ. (G, 1022) 소나기가 쏟아지기 시작했기 때문에 우리는 출발을 늦추어야만 했다. ⇨participe présent.
⑤ 〖gérondif〗 Et rien qu'*en regardant* cette vallée amie, je redeviens enfant. (Musset, *Souvenir*) 정다운 이 계곡을 쳐다보기만 해도 나는 어린 시절로 다시 되돌아가는 것이었다. ⇨participe présent.
⑥ 〖tant(혹은 tellement)〗 Il n'a jamais pu cacher cette erreur, *tant* il est sincère. 그는 그 과오를 감추지 못했다. 그만큼 그는 곧은 사람이다/Il m'exaspère, *tellement* il est bavard. 그는 나를 성가시게 군다. 그만큼 그는 말이 많다. ⇨tant 4°.
⑦ 〖독립절〗 Hâtons-nous, *le temps fuit*. (Boil., *Ep*., 3) 서두릅시다. 시간은 쏜살같이 지나가니까/Ma femme ne sortira pas ce soir; *elle est souffrante*. 나의 아내는 오늘 저녁 외출하지 않을 겁니다. 몸이 불편하니까요.

cause—à ~ que+*ind*(=parce que …)는 17세기에 자주 쓰인 고문체로 오늘날에는 비어 또는 고어 취향의 표현으로 몇몇 작가에게 쓰이고 있다: La grand-mère était dans son lit, *à ~ qu*'elle se trouvait un peu mal. (Perrault, *Contes*) 할머니는 몸이 좀 편찮았기 때문에 잠자리에 누워 계셨다/Ce beau pays que tu traverses, vas-tu le dédaigner, te refuser à ses blandices, *à ~ qu*'elles te seront bientôt enlevées? (Gide, *les Nourritures terrestres*) 이 아름다운 지방을 가로질러 가고 나서는 너는 이 곳을 업신여기고, 이 지방의 아름다운 것들에 눈감아 버리겠는가, 그 아름다운 것들이 너에게서 이내 없어져 버린다고 해서? ☆오늘날은 단순히 cause que 라고도 말한다(cf. S, II, 317).

cause (expression de la) 〔원인의 표현〕—다음 몇 가지 경우가 있다.
1° 〖전치사(구)+명사〔대명사〕〗 à cause de, grâce à, rapport à, par, pour, de, dans, à, pour cause de, pour raison de, vu, attendu, faute de, sous prétexte de, etc.: *A cause d*'eux l'affaire a manqué. 그들 때문에 그 일은 실패했다/Il agit *par* bonté, plus que *par* calcul. 그는 타산 때문이기보다 호의 때문에 행동한다/Il est condamné *pour* vol. 그는 도둑질을 했기 때문에 유죄판결을 받았다/Fermé *pour cause de* décès. 喪中휴업.
2° 〖gérondif 와 분사〗 En voulant

déboucher cette bouteille, il s'est blessé. 그는 병마개를 뽑으려다가 다쳤다/(*Etant*) trop vieux, il fut congédié. 너무 늙었기 때문에 그는 해고당했다/L'aéroport *occupé*, la prise de la ville fut facile. 비행장이 점령당했기 때문에 그 도시를 점령하기는 쉬웠다.
3° 〖전치사(구)+*inf*〗 Il est récompensé *pour* avoir bien travaillé. 공부를 잘 했기 때문에 상을 받았다 《《특히 부정법과거와 함께》》/Il n'ose sortir, *de crainte de* tomber dans la rue. (Thomas) 그는 길에서 넘어질까 무섭기 때문에 감히 외출을 못한다/Il a réussi *à force de* travailler. (*Ib.*) 그는 공부를 했기 때문에 성공했다.
4° 〖접속사(구)+절〗 (⇨conjonctions III, 2°, ①): L'or est précieux *parce qu*'il est rare. 금은 귀하기 때문에 비싸다/*Puisque* vous le voulez, je partirai. 당신이 원하니까 나는 떠나겠다.
5° 〖등위절, 병렬절〗 접속사나 부사에 의해서: Le chien s'est enfui: (car) la corde a cassé. (Mauger) 개가 도망쳤다. 밧줄이 끊어졌기 때문이다 《《이 경우 tant, tellement, tel, aussi (bien) 등이 온다》》.
6° 〖형용사〗 *Honteux* de sa faute (=Parce qu'il était honteux), il ne se montrait plus. (C, 395) 자기의 실수가 부끄러워서 그는 더 이상 나타나지 않았다. ⇨adj. qualif. III, 3°.
7° 〖관계대명사 종속절(직설법)〗 Cède ta place à ce monsieur, *qui est âgé* (=parce qu'il est âgé). 저 분은 나이가 많으니까 자리를 양보해라.

ce¹—중성지시대명사. 고어에서는 강세를 취할 수 있었지만 현대에서는 고어법의 흔적(⇨I)을 제외하고 무강세(강세형은 ceci, cela, ça). être의 주어(⇨II), 관계 대명사의 선행사(⇨III)로 되는 것이 주요한 용법이다.

I. 〖고어법의 흔적〗(=cela). 1°〖devenir, laisser, paraitre, sembler, venir, etc. 의 주어〗 *Ce* devient une grande difficulté. (Barrès—G, § 522) 그것은 대단히 어려워졌다/*Ce* nous *parut* un travail tout aisé. (G, 444) 이것은 우리에게 아주 쉬운 일로 보였다/quand *ce vint* à mon tour(M) 나의 순서가 되었을 때/*Ce resta* longtemps le grand secret de nos adolescences. (Alain-Fournier, *le grand Maulnes*) 그것은 오랫동안 우리 청년시절의 커다란 비밀로 되어 있었다.
ce (*me*) *semble* 《《오랫동안 il (me) semble 와 함께 비인칭동사 앞에서 사용되었다. 오늘날에도 글의 중간 또는 끝에 삽입되어 쓰인다》》: Il vous raille, *ce me semble*. 당신을 비웃는 것 같소. ☆ sembler 동사 다음에 목적어가 올 때에는 ce 대신 il을 써야 한다.
2° 〖직접목적어보어〗 *Ce disant*(=En disant cela), je pris congé. 그렇게 말하면서 작별인사를 했다/*Ce faisant*(=En faisant cela) vous aurez raison. 그렇게 하면 당신이 옳소/Il avait dessein d'attaquer, et pour *ce faire*, il commanda. (Ac) 그는 공격할 의도를 갖고 있었다. 그렇게 하기 위하여 명령했다. ☆ 모두가 문어체. 17세기에는 「*ce* crois-je 내가 믿는 바에 의하면」, 「*ce* dit-on 소문에 의하면」 등의 삽입절이 사용되었다.
3° 〖*prép.*+ce〗 *sur ce:* Allons, *sur ce*(=sur ces mots) je vous quitte. (Mauger, *Gr.*, 127) 자, 여기서 당신과 작별하오/*Sur ce*, il partit.(Ac) 그리하여 그는 떠났다.
4° 〖독립해서〗 Il refuse de m'aider, et *ce*(=et cela) après m'avoir fait les plus belles promesses. (Mauger, *Gr.*, 127) 그는 나를 도와주지 못하겠다고 한다. 더구나 가장 달콤한 약속을 했었는데도.

II. 〖être의 주어가 되는 ce〗 1° 〖형태〗 ① ce는 무강세, 대명사 en과 e로 시작되는 être의 활용형 앞에서는 c'(c'est/C'en est fait.). 기타의 경우에는 어미모음은 탈락되지 않는다:Est-ce assez?/Est-ce à lui que tu l'as donné?

② a로 시작되는 être의 활용형 앞에서는 ç'(ç'a été, ç'aura〔aurait〕été, ç'avait été). 복합형복수 (ç'ont été, ç'auront été, ç'eussent été 등) 또는 의문형 (a-ce été, ont-ce été 등) 은 쓰이지 않는다.

2° 〖예외적 용법〗① ce는 être 이외에 devoir être, pouvoir être의 주어도 된다:C'est vrai. 정말이다/Ce doit〔peut〕être vrai. 틀림없이 정말이다〔정말일지도 모른다〕/Ce ne saurai(en)t être qu'eux. 그들일 수 밖에는 없다.

② 때로는 être를 조동사로 하는 자동사의 복합시제의 주어가 된다: C'est arrivé comme je vous l'ai dit. (Mart, 121) 그것은 내가 당신에게 말한 대로 되었다/C'était venu très tôt. (Maurois, Climats) 너무 빨리 그렇게 되어 버렸다/Comme c'est devenu triste! (Beauvoir, Invitée) 얼마나 적적하게 되었는지 !

3° 〖일반 용법〗① 〖형식주어〗지시사로서의 가치가 약해지고 막연한 형식적인 주어로서 쓰인다. a) C'est bon. 좋소/C'est trop tôt. 너무 이르다/C'est tout. 이것뿐이다/C'était le soir, vers sept heures. 저녁 7시경이었다. b) Ce fut une grande joie. (Ac) 커다란 즐거움이었다/Puis ce furent des insomnies, des alternatives de colères et d'espoir, d'exaltation et d'abattement.(Flaub, Bouv. et Péc., I) 그리고 나서부터는 불면증, 노여움과 희망, 환희와 낙담의 교착이었다/Quand la chèvre blanche arriva dans la montagne, ce fut un ravissement général. (Daud, Chèvre de M. Se-guin) 흰 염소가 산에 이르렀을 때 모든 것이 황홀하게 보였다/Puis ce fut un hurlement dans la montagne. (Ib.) 그 다음에는 산중에서 울부짖는 소리가 들렸다(⇨nom d'action 2°, ②). c) 〖앞의 문장의 설명〗Le chant d'un coq vibra dans l'air. D'autres y répondirent;c'était le jour. (Flaub, St. Julien, II) 수탉의 울음소리가 공중에서 울려퍼졌다. 다른 닭들이 거기에 응하였다. 날이 밝았다. ☆1) 흔히 관계사절이 따른다:La salle était remplie d'un monde en grande toilette. C'était la haute société de Chambéry qui attendait le train d'Aix-les-Bains. (Bordeaux, Peur, I, 1) 대합실은 성장한 사람들로 꽉 차 있었다. 샹베리 상류층의 사람들이 엑스레뱅행 기차를 기다리고 있었다/J'avertirai ton papa que tu musardes et il te grondera. —Madame, c'est Poil de Carotte qui m'a dit d'attendre. (Renard, Poil de Carotte) 네가 놀고 다닌다고 아버님께 고해 바칠 거야. 그렇게 되면 꾸지람받게 될 걸. —할머니, 「홍당무」가 여기서 기다리라고 했어요. 2) 「Qu'est-ce qu'il y a? Qu'est-ce que vous avez donc? 어떻게 된 거지요?」의 대답에 간혹 쓰인다. 하인이 방문객을 알리는 「C'est M. X. X씨가 오셨읍니다」는 이러한 질문에 선행되는 설명. d) C'est un soldat((뒤의 명사에 관사가 앞선다. cf. Il est soldat는 일반적으로 관사 없이 쓰인다)). 단, 속어에서:C'est vicomte, on ne sait comment. (M) 어떻게 해서 됐는지는 모르겠으나 높은 자작이다.

② 〖c'est ici〔là〕=ceci〔cela〕〗명사, 대명사를 속사로 할 때 ceci, cela는 그의 구성요소로 갈라진다. 단, c'est ici는 속사가 장소 혹은 시간을 나타낼 경우에 한한다: C'est ici le moment de parler. (M) 이 순간이야말로 이야기할 때다. ☆ 속사가 장

소, 시간 이외의 것을 나타낼 때는 ceci 혹은 ce...là: *Ceci est* un roman. (Maupass, *le Roman*)/*C'est là* ce qui t'irrite(=Voilà ce qui t'irrite). 너를 성가시게 하는 것은 바로 그것이다/*Ce sont là* des accidents profonds. (Hugo, *Lég*.) 심각한 일은 바로 그것이다. ③ 〖앞에서 기술한 사실을 받을 경우〗 Mourir pour la liberté, *c'est* beau. 자유를 위해서 죽는다는 것은 훌륭한 일이다/Il pleuvra bientôt, *c'est* probable. 곧 비가 올 모양이다/Les enfants rentrent avant midi et demi, *c'est* possible. 애들은 낮 12시 30분 이전에 귀가할 수 있으리라. ④ 〖앞에 놓인 주어를 반복〗 **a)**〖주어가 명사〗1) 속사가 인칭대명사인 경우, 혹은 주어가 단수명사고 속사가 복수명사인 경우는 ce 가 필요하다: Mon meilleur auxiliaire, *c'est* vous. 나의 가장 훌륭한 조수는 당신이오/Les vraies victimes de la guerre, *c'est* nous. (Sartre, *Mur*) 전쟁의 진정한 희생자는 우리다/Le gibier du lion, *ce* ne sont pas moineaux. (La Font, *F*.) 사자의 불치는 참새가 아니다. 2) 속사가 부정법, 또는 절이 속사를 이룰 때는 흔히 ce 를 쓴다: La difficulté, *c'est* de décider. 어려운 것은 결정을 내리는 일이다/Le plus étonnant, *c'est* que je ne l'ai pas reconnu(=Le plus étonnant est que...). 가장 놀라운 일은 그를 알아보지 못한 것이다. 3) 속사가 형용사이면 일반적으로 ce를 쓰지 않는다. ce 의 사용은 감정적 표현: Ah! les coutumes, monsieur, *c'est* ... *c'est* curieux. (Sartre, *Nausée*) 풍속이란 참 이상한 것이야/Ces gens de campagne, *c'est* si rapace. (Daud, *Sapho*) 촌놈이라는 자들은 참으로 욕심쟁이야. ☆이런 구문에서는 속사가 앞에 놓인 어구를 직접 수식하는 것이 아니고, 독립해서 가리키기 때문에 강조적 용법이며, 무

변화. S, I, 292 는 Une main *c'est* laid 와 Une main est laide 는 같지 않으며 Une main est quelque chose de laid에 상당한다고 설명한다. **b)** 〖주어가 ce+관계사절〗1) i) 속사가 명사, 부정법이면 흔히 ce를 사용한다: Ce que j'aime, *c'est* la vérité. 내가 좋아하는 것은 진실이다//(두번째 절에서 ce 를 생략하는 예도 있다)) Ce que je crains (,*c'*)est d'être surpris. 내가 두려워하는 것은 뜻밖의 일이 일어나는 것이다/Ce que les hommes ont nommé amitié n'est qu'une société....(La Rochef, *Max.*, 83) 사람들이 우정이라고 한 것은 사교에 불과하다. ii) 복수명사가 속사이면 ce 가 필요하다:Ce que nous appelons ordinairement amis et amitiés, *ce* ne sont qu'accointances et familiarités. (Montesq, *Ess.* I, 27)우리가 흔히 친구, 우정이라고 부르는 것은 교제나 친교에 불과하다. ***Ce dont*〔*à quoi*〕...*c'est* (*de*〔*à* ...)** 《de 의 사용이 보통》: *Ce dont* j'ai besoin, *c'est de* la liberté. (Mauger, *Gr.*, 128) 나에게 필요한 것은 자유다/*Ce à quoi* je pense, *c'est à* mon pays. (*Ib.*) 내가 생각하고 있는 것은 내 고향이다. 2) c'est 는 간혹 원인절, **pour**+*inf*를 동반한다(S, II, 109):Ce que j'ai fait 〔Si j'ai fait cela〕, *c'est parce qu'*il souffrait. 내가 그렇게 한 것은 그가 피로와하기 때문이다(cf. S'il se tait, *c'est qu'*il est timide 〔*c'est parce qu'*il est timide〕. 그가 말을 않고 있는 것은 수줍어하기 때문이다)/Ce que j'en dis, *c'est pour* te remercier. 내가 그렇게 말하는 것은 너에게 고맙다는 말을 하기 위해서다. **c)**〖주어가 부정법〗1) i) 속사도 부정법일 때는 ce 가 필요하다:Bien écrire, *c'est* tout à la fois bien penser, bien sentir et bien rendre. (Buff, *Style*) 잘 쓴다는 것은, 동시에 옳게 생각하고 느끼며 옳게 표현하는 것이다. ☆그

러나 부정문에서는 일반적으로 ce를 생략한다:Prometttre n'est pas tenir. 약속과 이행은 별개의 것이다/Abuser n'est pas user. 남용과 사용은 다르다. ii) 《드물게》Peindre, *ce* n'est pas copier servilement l'objectif.(Peyre, *Conn. de Baudelaire*) 그린다는 것은 대상을 맹종적으로 묘사하는 것은 아니다. 2) 속사가 명사일 때 ce의 사용은 임의:Mourir pour son pays, *c*'est une belle mort. (Ac) 조국을 위해서 죽는다는 것은 훌륭한 죽음이다/Mais tuer n'est pas la solution. (Camus, *Caligula*, IV, 12) 그러나 죽인다고 해서 해결되는 것은 아니다.

⑤〖절이 주어의 기능을 가질 때〗흔히 ce로 다시 받는다:Et que ce pays honnête m'ennuyât, *c*'est que je savais d'avance. (Gide, *Imm*., III) 그런데 이 소박한 나라가 지루하게 여겨졌던 것은 미리 이 나라를 알고 있었기 때문이다(➪que³ I, 1°).

⑥〖외관적 주어〗논리적 주어는 (대)명사, **de**+inf, 종속절: *C*'est bien loin, *Paris!* (M) 파리는 참 멀다/C'est rare *un tel héroïsme*. 이러한 영웅주의는 드물다/C'est très grave *ce que vous allez me dire*.(Géraldy, *Rob. et Mar*., I, 5) 당신이 말하려고 하는 것은 퍽 중대한 것이다/C'est beau *de mourir pour la liberté*. 자유를 위해서 죽는다는 것은 훌륭한 일이다/C'est grand dommage *qu'il ait échoué*. (DG) 그가 실패했다는 것은 매우 애석한 일입니다 (➪si¹ I, 1°, ⑤, b); quand¹ 3°, ①). *C'est*+*adj*.+*de*+*inf* 〔*subj*〕 ➪ 아래 ⑫, a), 2).

⑦〖*C'est...qui*〗주어의 강조용법. a) *C'est* lui *qui* a brisé ce vase. 이 그릇을 깬 것은 그 사람이다. ☆ 본래는 위의 ⑥의 구성:*C'est* lui,(celui) *qui* a dit cela(➪qui¹ II, 1°, ①). 「누군가가 그렇게 말했다」는 것이 말하는 사람과 듣는 사람 사이에 이미 알려진 사실인 경우, 그 주어를 강조적으로 나타내는 말투. *Qui est-ce qui* a dit cela?(<Qui est-ce, celui qui a dit cela?), *Qu'est-ce qui* est arrivé?(<Qu'est-ce, ce qui est arrivé?)는 C'est 의 속사에 의문사 qui, que 를 쓴 것과 같은 구성. b) *C'est* votre frère *qui* va être ravi!(M. du Gard, *Thibault*, I) 동생도 정녕 기뻐하게 되겠지요/*C'est* le grand *qui* riait (=Le grand, comme il riait!). (Daud, *Contes*, Enfant espion) 큰 녀석이 웃었다네 《주어나 관계사절 내용이 듣는 사람에게는 알려지지 않은 사실. Votre frère va être ravi. Le grand riait의 감정적 표현》. c) 〖관계사절의 동사의 인칭〗qui는 celui qui 의 뜻이므로 논리적으로 동사는 항상 3 인칭으로 두어야 하지만, ce의 속사가 선행사로 여겨져서 동사는 이에 일치한다:C'est *moi* qui *ai* dit cela./C'est *toi* qui *as* dit cela./C'est *nous* qui *avons* dit cela./C'est *vous* qui *avez* dit cela./Ce sont (또는 C'est) *eux* qui *ont* dit cela. ☆ 이 규칙은 17 세기에 이루어졌다. 17 세기에는 또한 다음과 같은 예가 있다:Je vous demande si ce n'est pas *vous* qui *se nomme* Sganarelle. (Mol, *Méd. m. lui*, I, 5).

⑧〖*C'est...que*〗a)〖직접목적보어의 강조〗*C'est* l'erreur *que* je fuis. 내가 피하는 것은 실수이다/*C'est* surtout les sottises humaines *qu'a* peintes Flaubert. (Faguet) 플로베르가 묘사한 것은 특히 인간의 어리석음이다. b)〖속사의 강조〗*C'est ...que*+N:*C'est* un beau pays *que* la France. 프랑스는 아름다운 나라다《이것은 La France est un beau pays 에서 속사인 un beau pays 를 c'est...que 사이에 두어 만들어진 표현. 본래는 *C'est* un beau pays *que* la France est 에서 est 를 생략한 형으로 본다(Mart, 123, n. 3).「*Qu'est-ce que* la littérature? 혹은 *Qu'est-ce que c'est que* la littérature? 문학이란 무엇인가」와 같은 구성 (⇨qu'est-ce que 2°, ②-④))∥*C'est...que* de +*inf:C'est* une belle mort *que de* mourir pour la liberté. 자유를 위해서 죽는 것은 훌륭한 죽음이다(cf. C'est...de+*inf* ⇨위의 ⑥)∥*C'est...que*+*inf*《고어투. 이런 구성은 속사도 부정법인 경우에 한한다고 설명하는 사람이 있지만(cf. Ayer, 616), 속사가 명사일 때도 있다》: *C'est* pouvoir *que* (de) vouloir. (Lar) 뜻이 있는 곳에 길이 있다/ *C'est* encore obéir *que* faire ce que tu fais. (Vigny, *Journal*, 1838) 네가 하고 있는 것은 역시 복종하는 것 이외에 아무것도 아니다/《드물게》 *C'est* une grande erreur *que* faire une confiance illimitée à la méchanceté des hommes.(Montherlant) 악의가 있는 사람을 무한정 믿는다는 것은 커다란 잘못이다∥*C'est...que*+N+Copule:*C'est* bénédictin *que* vous êtes, n'est-ce pas? (Billy, *Madame*) 수도사이시지요, 안 그래요?/*C'est* Georges *que* vous vous appelez?(Anouilh, *P. noires*) 죠르쥬 아니세요?/*C'est* officier *que* je veux être. (W, 338) 내가 되고 싶은 것은 장교다. ☆ 속사가 형용사일 경우 *C'est* malheureux *que* je suis 는 안 된다(D, 427). c)〖기타 요소의 강조〗 1)〖간접목적보어〗 *C'est* à toi *que* je pense. 나는 너를 생각하고 있다. 2)〖동격형용사(간접속사)〗*C'est* monté sur l'hippogriffe *que* Roger délivre Angélique. (P. Lar) 말의 몸에 독수리의 머리와 날개를 가진 괴물 위에 올라 타고 로저는 앙젤리크를 구한다. 3)〖상황보어〗 *C'est* là *que* je voudrais vivre. 나는 그 곳에서 살고 싶다/*C'est* à ce moment *qu'*il entra. 그는 바로 그 순간에 들어왔다/*C'est* avec joie *que* je pense au retour. 기쁨을 가지고 귀향을 생각하고 있다/*C'est* pour te tromper *qu'*il t'a dit cela. 그가 너에게 그걸 말한 것은 속이기 위해서다/*C'est* en badinant *qu'*il dit cela.그는 농담 삼아 그렇게 말했다/*C'est* surtout quand le malheur arrive, *qu'*on est heureux d'avoir une petite épargne. 적은 저금이라도 다행스럽게 여겨지는 것은, 특히 불행이 닥칠 때다. ☆ 1) 간접보어의 강조에는 전치사를 보어 앞에 두는 것이 일반적인 구성. 단, 요즈음에도 때로는 「전치사+관계대명사」에 의해 이런 관계를 나타내는 고어법의 모방이 있다:*C'est* vous *à qui* je parle(=C'est à vous que je parle). (cf. G, 525)/*C'est* vous *pour qui* je travaille(=C'est pour vous que je travaille). /*C'est* Rome *où* il demeure(=C'est Rome qu'il demeure). (⇨où 2°, ①)/*C'est* votre cœur seul *où* j'aspire(=C'est par votre cœur seul que j'aspire). (G, 525)/*Ce n'est* pas la faim *dont* je souffris (=Ce n'est pas de la faim que je souffris). 2) 이런 구성은 다음의 경우에는 필요하다. i) dont, de qui 가 명사의 보어가 될 때:*Ce n'est* pas sa vie réelle *dont* Villon nous fait ici le tableau.(G. Paris—N, V, 12) 비용이 여기에다 그리는 것은 그의 참다운 생활이 아니다. ii) 관계사절이 qui 혹은 que 로 시작되는 다른 관계사절 뒤에 병치되었을 때: *C'est* elle justement *que* je venais voir et *à qui* je voulais parler. (Becque—S, II, 129) 내가 만나서 이야기하고 싶었던 것은 바로 그녀입니다. 3) *C'est à* vous *à qui* je parle. 《전치사를 반복하는 이 구성은 고전시대에는 많이 사용되었으나, 현재는 허용되지 않는다(Lit)/*C'est à* vous, *à* mon esprit, *à qui* je veux parler. (Boil, *Sat*, 9)∥《다음의 구성도 드물다》 *C'était de* cela *dont* elle souriait. (Zola—S, II, 128).

⑨ 〖**C'est...qui〔que〕**에 있어서 C'est 의 시제〗 뒤에 오는 동사의 시제와

는 관계없이 현재를 사용할 수 있다: *C'est* lui qui *parle*〔qui *a parlé*, qui *parlait*, qui *parlera*, etc.〕. cf. *C'est* Marthe qui *vint* m'ouvrir. (Radiguet, *Diable*) 문을 열러 온 것은 마르트다. ☆뒤에 오는 동사가 단순시제일 때는 C'est를 같은 시제로 쓸 수 있다: *C'était* lui qui *parlait*./*Ce fut* lui qui *parla*./*Ce sera* lui qui *parlera*. etc./*Ce fut* Eve que *vint* lui ouvrir. (Sartre, *Mur*) 그에게 문을 열어주려고 온 것은 이브였다/*C'était* bien de chansons qu'alors il *s'agissait*. (La Font, *F.*, VIII, 9).

⑩ 〚*C'est que*〛 a) 다음에 오는 사실에 주의를 끄는 표현법: *C'est qu*'il me le faut pour demain. (B, 31) 내일 그것이 필요합니다. b) 〚감탄적〛 *C'est qu*'il fait froid! 이런 추위는 처음이다. c) (=C'est parce que): Pourquoi ne venez-vous pas avec nous?—*C'est que* je suis malade. 왜 같이 오지 않읍니까?—아프기 때문입니다/《속에서 생략적으로 거절, 망설임을 설명》 Sortez-vous?—*C'est que* je suis bien fatigué.(Mart, 403, n.5) 가세요?—너무 피곤해서요. ☆ si, quand, puisque로 시작되는 절뒤에서 앞의 절의 이유를 가리킨다: *Quand* les cordonniers décorent le cuir, *c'est qu*'il ne vaut rien. (Troyat, *Signe*) 구두장이가 가죽에 장식을 다는 것은 가죽만은 아무 가치가 없기 때문이다/*Puisqu*'elle m'a donné rendez-vous pour demain, *c'est que* tout n'est pas perdu. (Miomandre) 그녀가 내일 나와 만날 약속을 한 것을 보면 만사를 다 포기한 것은 아니다/*Si* je suis porté à lui pardonner, *c'est qu*'il m'est arrivé à moi-même de commettre de telles erreurs. 그를 용서하게 된 것은 나 자신이 그러한 과오를 범하는 일이 있기 때문이다(⇨si¹ II, 1°). d) 〚의문사+*c'est que*〛《구어는 의문사+est-ce que》: *Où c'est que* je signe? (Pagnol, *Fanny*, I, 2, 2) 어디에 서명하지?

⑪ *Ce n'est pas que*+*subj* (=Il ne faut pas dire que, Je ne veux pas dire par là que): *Ce n'est pas qu*'il *faille* renoncer au monde. (Lit) 그렇다고 해서 세상을 하직해야 된다는 것은 아니다(⇨ne II, 3°)∥(=ce n'est pas parce que): Si je renonce à venir, *ce n'est pas que* l'envie me *manque* de répondre à ton invitation. (W, 96) 내가 가기를 단념하는 것은 너의 초대에 응하고 싶은 생각이 없어서가 아니다. *Ce n'est pas que*+*ind* (=après tout, en vérité) 《17세기 어법(G, 1023)》: Si le titre ne vous plait, changez-le: *ce n'est pas qu*'il m'a paru le plus convenable (=qu'il ne m'ait paru le plus convenable). 제목이 마음에 안 들면 바꾸세요. 내 생각에도 가장 적합한 것 같지는 않아요.

⑫ 〚*ce*와 *il*〛 a) 〚C'est〔Il est〕+*adj*.〛 1) ce는 앞에서 이야기한 사실을 받으며 il은 뒤에 논리적 주어를 동반한다: Voulez-vous que je vous accompagne?—*C'*est inutile. 같이 갈까요?—그럴 필요는 없소(⇨위의 3°)/ *Il* est inutile de m'accompagner. 같이 오지 않아도 좋소. ☆단, C'est vrai〔Cela est vrai〕라고도 Il est vrai라고도 한다(⇨il II, 5°). 2) 논리적 주어를 동반하는 경우, ce의 사용은 형용사를 강조하는 감정적 표현: Comme *c'*est bon d'être heureux! (Duham, *Confess.*) 행복하다는 것은 얼마나 즐거운 일인가! (cf. Il est bon d'être heureux는 객관적 기술이다). b) 1) Quelle heure est-*ce*? —*C'*est quatre heures. 지금 몇시입니까?—4시입니다(cf. Quelle heure est-il?). 2) ce와 cela ⇨ceci 14°.

⑬ 〚*c'est*와 *ce sont*〛 16세기까지 ce suis je, ce es tu, ce est-il, ce sommes nous, ce estes vous, ce sont ils의 구성(je, tu...가 주어. 강

세를 취하는 ce는 속사)이 사용되었지만 이와 병행하여 c'est moi[toi, lui, nous, vous]의 구성이 나타나 17세기에 확립되었다. 현재 사용되고 있는 c'est eux와 병행하여 ce sont eux의 표현은 문법학자들의 간섭 때문이다(B, 287). **a)** 복수(대)명사 앞에서《인칭대명사를 제외하고》. 1) ce sont을 쓰는 것이 보통(*Ce sont mes amis.*). c'est는 고전시대에 많이 쓰였다. 오늘날에도 문어체보다는 구어체에서 많이 쓰이며, Ac, 199도 이를 허용하고 있다:*C'était des hommes entre deux âges.* (Beauvoir, *Tous les h.*) 중년의 남자들이었다/*Ceux qui sont dans la voiture, c'est...toujours les mêmes.* (Giono, *Regain*) 차 안에 있는 사람들은 항상 같은 사람들이다//《속어》*Ça, c'est des couillonnades de cinéma.*(Beauvoir, *Sang*) 영화에서나 볼 수 있는 터무니 없는 이야기다《ce sont...이라고는 하지 않는다》.
2) 의문형 seront-ce, furent-ce는 듣기에 어색하기 때문에 Brachet, 360은 sera-ce, fut-ce를 권한다: *Sera-ce vos amis qui vous tireront d'affaire?* 당신을 역경에서 구해주는 것은 당신의 친구들일까요? ☆ **sont-ce**도 동일하게 취급되며, B, 288은 seront[furent]-ce는 barbare 라고 설명한다. 단, 용례는 매우 많으나 피하는 것이 좋다. est-ce+복수명사보다 sont-ce쪽이 오히려 옳은 용법으로 보인다(cf. Nouët): *Sont-ce les mêmes gens qu'hier?* (Beauvoir, *Bouches inut.*) 어제와 같은 사람들입니까? /*Sont-ce là mes affaires?*(Id., *Pyrrhus*)/*Sont-ce des gens ou des filles que vous avez?* (Porto-Riche, *Vieil h.*). 3)〖Ce doit [peut]être, Ce ne saurait être〗 단수, 복수 모두 무방하다(G, 809): *Ce doivent[doit] être vos amis.* 그것은 당신의 친구들일 것입니다.

b)〖Ce sont[C'est] eux〗ce sont eux를 쓰는 전통이 아직 강하지만, c'est는 복수명사 앞에서 보다 많이 쓰인다. 다음의 경우는 c'est를 쓰는 것이 보통. 1) 의문형:*Est-ce eux?* 2) 부정형:*Ce n'est pas eux.* 3) bien을 쓸때:*C'est bien eux* qui l'ont fait. 4) eux가 관계대명사 que앞에 놓일때:*C'est eux que* j'accuse(cf. Mart, 120; H, 51). **c)**〖여러개의 명사 앞에서〗1) 제1명사가 단수, 다음에 놓인 명사가 복수일지라도 c'est가 보통:*C'est l'orgueil et les gaspillage qui l'ont ruiné.*(Mauger, *Gr.*, 299). Ac와 Brachet 360은 이것을 규칙으로 하되 절대적인 것은 아니라고 한다:*Ce sont* le goût et l'oreille qui décident.(Lit)/*Ce sont* le tempérament, le milieu, les circonstances qui mènent ces héros. (Mornet, *Hist. litt. et pens.*). 2) 제 1명사가 복수이면 ce sont이 보통: *Ce sont[C'est]* les gaspillages et l'orgueil qui l'ont ruiné. (Ac, 199). 3) ce가 복수명사, 집합명사를 받아서 그 내용을 분석, 열거할 때는 ce sont을 쓴다:*Il y en a en latin trois genres:ce sont* le masculin, le féminin et le neutre. ☆ ce가 복수명사를 받는 것만으로는 ce sont이 된다고 볼 수 없다. Mart, 120에 의하면 Il y a deux choses qui me manquent:*ce sont* du vin et des fruits 라고 하지 못하는 것은 열거로 볼 수 없기 때문이라 한다. cf. Les deux cercles concentriques, *c'est* Tostes et Yonville. (Thibaudet, *Flaubert*)/Je ne suis pas tout seul. Les autres, *c'est* Durand et le garde première classe Boudousse. (Anouilh, *Antigone*). **d)**〖시간, 가격 등〗시간과 금액을 단순히 한 단위로 볼 때는 단수를 사용한다:*C'est onze heures* qui sonnent(Lit)/*C'est huit francs*, dit le garçon(Beauvoir, *Invitée*). ☆ 속사가 복수의 관념을 상

기시킬 때는 복수(혹은 a)에 따라 단수)를 사용한다: *Ce sont*〔*C'est*〕 *dix heures* qui m'ont paru longues.(H, 52)/*Ce furent* pour moi quatre jours de stupeur. *si ce n'est*(=excepté) 《무변화의 성구》:Qui donc mérite la pitié, *si ce n'est* les orphelins et les veuves? 고아와 과부 이외에 누가 도대체 동정을 받을 만한가《조건절의 구문을 써서 si ce ne sont pas les orphelins도 가능하다(Mart, 120)》.

III. 〖관계대명사의 선행사로서〗이 경우는 à 앞에서도 élision이 되지 않는다:*ce à quoi*.

1° (=la chose). ① Ne tente pas *ce qui* est au-dessus de tes forces. 힘에 넘치는 일은 해볼 것이 못된다/*ce qu'*il a vu 그가 본 것/*ce à quoi* je pense 내가 생각하고 있는 것/*ce dont* il parle 그가 말하고 있는 것. ②〖*ce…de*+*adj.*〗*ce qu'*il a *d'*original 그가 지닌 독창적인 점/Dites-moi *ce qu'*il y a *de* neuf dans le journal. 신문에 새로운 것이 있으면 말해주시오/*ce qu'*il a trouvé *de* beau 그가 찾아낸 아름다운 것(cf. *ce qu'*il a trouvé beau 그가 아름답다고 생각하는 것). ③〖**ce…de plus**+*adj.*〗《최상급》:*ce que* j'ai vu *de plus* beau 내가 본 가장 아름다운 것/Le sacrifice est *ce qu'*il y a *de plus* beau au monde. (Vigny, *Journal*, 1829) 희생은 이 세상에서 가장 아름다운 것이다. ④〖**ce…de**+N〗*ce qui* vous reste *d'*argent 당신에게 남아 있는 돈.

2° 〖때로는 사람을 가리킴〗(=celui, celle):Il est doux de faire du bien à *ce qu'*on aime.(France, *Génie latin*) 사랑하는 사람을 돕는 것은 흐뭇한 일이다/Vous serez *ce que* nous sommes. 현재의 우리와 같이 되십시오.

3° 〖절의 동격〗① 앞에 있는 절의 동격:Il a commencé à me parler de ma mère, *ce qu'*il n'avait jamais fait depuis leur séparation.(Gide) 그는 내 어머니에 대해서 말하기 시작했는데 그들이 헤어진 후로는 그런 적이 없었다/Il est déjà parti, *ce que* je ne savais pas. 그는 벌써 떠났는데 나는 그것을 모르고 있었다/Il veut employer la force, *ce à quoi* je m'opposerai toujours.(M) 그는 폭력을 휘두르고 싶어하지만 나는 언제나 반대할 것이다. ☆관계대명사가 qui, que, dont인 경우에는 ce가 필요(⇨qui¹ I, 1°, ②;que¹ I, 7°;dont 8°). quoi에는 흔히 ce를 쓰지 않는다(⇨quoi A, I, 2°). 이런 동격절은 독립절에 가깝기 때문에, (·), (:), (;)로 나타내는 휴지 pause 뒤에 쓰여질 때가 있다. 다음 성구도 이에 속한다. *ce que disant*〔*voyant*〕그렇게 말하면서〔그것을 보고〕. ② 뒤에 오는 절의 동격, 또는 문장 안에 삽입되어서:Je ne sais plus que dire, et, *ce qui* est plus grave, je ne sais quoi penser.(M. du Gard, *Thibault*) …더욱 중대한 것은 어떻게 생각해야 할지 모르는 것이다.

4° 〖간접의문절로서〗qu'est-ce qui, que〔qu'est-ce que〕는 간접의문절에서 ce qui, ce que로 된다. ①〖**ce qui**〗Dites-moi *ce qui* s'est passé. 무슨 일이 있었는지 말해주시오(직접화법:Qu'est-ce qui s'est passé?). ②〖**ce que**〗 a) 직접목적보어:Dites-moi *ce que* vous faites. 무엇을 하고 있는지 말해 주시오(직접화법:Que faites-vous?). b) 속사:Je voudrais savoir *ce qu'*il est devenu. 그가 어떻게 되었는지 알고 싶은데요(직접화법:Qu'est-il devenu?)/Sais-tu *ce que c'est que de* souffrir? (=En quoi consiste la souffrance?) (Mauger, *Gr*., 304) 고통스러워하는 것이 무엇인지를 아는가?/Vous croyez que je ne sais pas *ce que c'est que* tuer.(Anouilh, *P. noires*) 내가 살인이 무엇인지를 모르는줄 아십니까?/

J'ai voulu que tu saches *ce que c'était de* tuer, d'avoir tué?(*Ib.*, 110) 살인이 무엇인지, 살인한 적이 있다는 것이 어떤 것인지를 자네가 알기를 바랐다《C'est...de+*inf*, que de+*inf*, 혹은 단순히 +*inf*의 구문에 바탕을 둔 것. ⇨위의 II, 3°, ⑥, ⑧》.
c) 부사적 보어(=combien): Je ne sais pas *ce que* j'ai pu être malade. 나는 얼마나 아팠는지 모른다/Tu ne peux pas savoir *ce que* cela me dégoûte. (Daniel-Rops, *Epée*) 그것이 나에게 얼마나 염증을 느끼게 했는지 자네는 모를 거야/Si vous saviez *ce que* les petits jeunes gens que je connais peuvent faire d'erreurs sur mes amies! (Géraldy, *Rob. et Mar.*, I, 5) 내가 알고 있는 하찮은 청년들이 나의 여자 친구들에 대해 얼마나 잘못된 생각을 하고 있는지 만일 당신이 안다면!
5° 〖**ce que**...!〗(=comme, combien, que): *Ce qu'*on a ri, ce soir-là! 그 날 저녁 얼마나 웃었는지!/*Ce que* tu as changé! 너 참 변했구나!/*Ce qu'*il y a *de* moustiques dans ton jardin.(Loti, *Ramuntcho*) 자네 정원에는 온통 모기투성이다/*Ce que* maman a dû avoir *de la* peine! (Sartre, *Nausée*) 어머니는 퍽이나 슬퍼했을 거야《de la 는 속어적》/C'est inouï *ce qu'*il boit. (M) 마시고 또 마시고 엄청난 일이다《S, II, 78; Le B, II, 14; Cr, 178 는 이러한 ce que 를 위의 4°, ②, c)의 종속절이 독립되어서 쓰여진 것으로 본다》.
IV. 〖접속사 que 를 동반해서〗 1° 보족절 앞에 à, de, en, sur 때로는 pour 가 선행할 때, 전치사 다음에 ce 를 써서 à ce que, de ce que, etc.의 형을 취한다(관련된 전치사항 참조).
2° ce+que《기원을 뜻하는 que》: *Ce qu'à Dieu ne plaise*(=Que cela ne plaise à Dieu). 아무쪼록 그런 일이 없도록.
ce²—지시형용사 남성단수(모음 앞에서는 cet), 여성단수 cette, 남성 혹은 여성복수 ces. onzième, yacht 등의 앞에서는 모음 생략을 하지 않는다. ⇨élision.
I. 〖무강세형〗 ce, cet, cette, ces.
1° 〖사람·사물의 지시·특정화〗 Ecoutez *cette* histoire;elle vous amusera. 이 이야기를 들어 보세요. 재미 있을 겁니다.
① 지시적 가치가 약해져서 바로 앞에 있는 사람, 사물〔관념〕을 표시한다: *ce* monde 이 세상/*cette* ville 이 도시/*ce* matin 오늘 아침/*cette* année 금년/Le vin sera bon *cette* année. 금년에 포도주는 맛이 좋겠다/Il fera de l'orage *cette* nuit. 오늘 저녁에는 폭풍우가 일겠다/*ces* temps derniers 요즈음/un de *ces* jours 근간《미래》//《편지의 날짜》 *ce* 10 septembre 1977《le 를 쓰는 것이 보통이다》/*ce* samedi, 10 septembre (혹은 Samedi, 10 septembre).
② 이미 이야기한 바 있는 사람·사물을 가리킨다: Vous m'avez annoncé un visiteur;où est *ce* visiteur? 손님이 한분 오신다고 나에게 알려 주었는데, 그 손님이 어디에 계십니까?/Un loup n'avoit(=avait) que les os et la peau.... *Ce* loup rencontre un dogue. (La Font, *F.*, I, 5) 피골이 상접한 이리 한마리가 있었는데…그 이리가 개를 만났다. ☆두 가지에 관한 것은 일반적으로 정관사를 쓴다: Une colombe vit une fourmi qui se noyait;*la* colombe sauva *la* fourmi. (F-G, 45-6) 한 마리의 비둘기가 물에 빠지려는 개미를 보았다. 비둘기는 개미를 구해 주었다.
③ 〖이미 이야기된 바 있는 관념〗 Il voulut se lever; il eut *ce* courage, et de lui dire que tout ce qu'elle faisait était inutile. (S, I, 253) 그는 일어나고자 했다. 그리고 그녀가 하는 것 모두가 불필요하다고 말할 만한 용기가 있었다(ce courage=le

courage de faire cela). ☆ 이러한 용법에 다음의 표현들도 포함된다: de *cette* façon[manière] (=de la manière indiquée par ce qui précède) / pour *cette* raison (=pour la raison tirée de ce qui précède) / L'existence d'une sonnerie électrique dans l'endroit où je me tiens suffit à troubler ma vie! Pour *cette* raison, il y a des moments où je me félicite d'avoir quitté les bureaux. (*Ib.*) 내가 있는 장소에 초인종이 있기 때문에 얼마나 나의 생활을 불안스럽게 만드는가! 그런 이유 때문에, 사무실을 떠나고 난 후에 그것을 기뻐하는 순간이 있다.
④〖듣는 사람들이 알고 있는 사람・사물〗Et *ce* mariage, où en est-il? 그런데 그 결혼 이야기는 어디까지 진행됐지? / Et *ce* café, garçon? 웨이터, 좀 전에 부탁한 커피는?
⑤〖일반적 지식에 의한 추측〗C'était une de *ces* jolies et charmantes filles, née comme par une erreur du destin dans une famille d'employés. (Maupass, *Parure*) 그녀는 운명의 장난처럼, 월급쟁이 집에 태어난, 아름답고 매력있는 그런 딸 중의 하나였다(특정한 것임을 듣는 사람에게 전하는 한정어를 요한다).
⑥〖한정어로서 특정화된 것〗정관사 보다 강조적: J'ai sur vous *cet* avantage, que j'habite à Paris (= l'avantage que...). 나는 당신보다 파리에서 살고 있다는 유리한 점이 있습니다.

2°〖감정적 용법〗① 〖경멸・풍자〗 Ah! monsieur, *cette* perfide! 이 믿지 못할 여인아! / Voyez *ce* gamin! 저 장난꾸러기를 보시오 / *Ce* Perrichon n'arrive pas! (Labiche, *Perrichon*, I, 1) 페리숑놈 오지 않는데.
②〖과장〗Il s'agit de choisir la meilleure façon de mettre en défaut *cette* terrible police de Milan. (Stendhal) 저 무서운 밀라노 경찰을 속이는 제일 좋은 방법을 골라내는 것이 문제다.
③〖놀라움・감탄・분개〗quel에 가까운 감탄적 의미를 지닌 속어적 용법: *Cette* idée (=Quelle drôle d'idée)! 저런, 그런 생각을 하다니 / *Cette* question (=Cette question est bien saugrenue; Voilà une question bien singulière)! 그 따위 질문을! / *Ce* courage! 용감하구나! / Corneille, Pascal, *ces* génies qui illustrent le XVIIe siècle.... 17세기를 찬란하게 한 천재들인 코르네유와 파스칼··· / *Ces* élèves! 큰일날 학생들이구나!
④〖애정, 기쁨〗상대방 또는 제삼자에게 대해서 말함: *Ce* cher Leslie Wood! Il a de l'esprit! (France, *Etui*) 사랑스러운 우드군! 보통 재주가 아닌데.
⑤〖동정〗*Ce* pauvre ami, quel chagrin pour lui! 가엾은 친구! 얼마나 슬플까!
⑥〖un(e) de ces〗정도가 높은 것을 가리킴: J'ai *une de ces* faims! 지독히 배고프다(뒤에 형용사가 있는 것 같이, 음성을 낮추지 않는다).

3°〖ces messieurs[dames, demoiselles]〗① 하인이 여러명의 주인, 주인의 관계자에 대하여, 또는 웨이터가 손님에게 말할 때 쓰는 표현 (2인칭 vous는 대등관계): Que prendront *ces* messieurs[dames, demoiselles]? 영감님[사모님, 아가씨]은 무엇을 드시겠습니까? / Qu'est-ce que je sers à *ces* dames? 사모님들께서는 무엇을 드시겠습니까?
② 하인이 위에서 말한 사람에게 말할 때, 주인이 하인에게 그 사람들에 대하여 말할 때 쓰인다: *Ces* dames sont près du bassin. 부인들께서는 샘물 근처에 계신다(단수이면 ce 없이 monsieur, madame, mademoiselle이라고 한다).

4°〖반복・생략〗관사에 준한다. ⇨ article IV.

ceci

II. 〖강세형：ce+N-ci〔-là〕〗 1° -ci 는 가까운 것, -là 는 먼 것을 나타낸다：Je prends *ce* livre-*ci*. 나는 이 책을 갖겠다/Je vous laisse *ce* livre-*là*. 저 책을 가지고 가세요《그런데, -là 는 점차 -ci 보다 그 활용이 확대되어, 두 물건의 대립에도 -là 만을 쓸 때가 있다. ⇨celui-ci 1°；ceci 2°；là》.

2° 「때」를 나타낼 때 쓰인다：Nous viendrons vous voir *ces* jours-*ci*. 근간 뵈러 오겠습니다/Je l'ai vu *ces* jours-*ci*. 최근에 그를 만났습니다/A *cette* époque-*là*(=qui est du passé) vous n'étiez pas né. 그 시기는 당신이 태어나기 전입니다/*ces* temps-*ci* 요즈음/*cette* année-*là* 그 해.

3° -là 는 원근관계 없이 강조할 때 쓰일 수 있다：A *ce* prix-*là*, j'accepte. 그 값이라면 좋소.

4° -là 는 경멸의 의미를 나타낸다：*Cette* femme-*là* est insupportable. 그 여자는 정말 질색이다. ☆경멸의 뜻 없이 사람을 가리키려면 ce monsieur-là 보다는 monsieur que voilà 가 바람직하다(B, 144). Mart, 108은 Cette femme est remarquable 이라고 -là 를 덧붙이지 않는 것을 권한다.

ceci, cela, ça—중성지시대명사. 무강세 ce 에 대한 강세형. ça 는 일상어로서 흔히 cela 대신에 쓰인다.

1° 두가지를 대립시켜, ceci 는 가까운 것을, cela 는 먼 것을 지시한다：*Ceci* est beau, *cela* est laid. 이것은 아름다운데, 그것은 보기 흉하다/*Ceci* vaut mieux que *cela*. 이것은 저것보다 더 좋다.

2° 대립 없이 단독으로 쓰이며, ceci 는 말하려고 하는 것, cela 는 이미 말한 것을 나타낸다. 눈앞에 있는 사물, 현재 문제가 되고 있는 일들에 대하여는 ceci 보다는 cela 를 많이 쓴다：Retenez bien *ceci*; prudence est mère de la sécurité. 다음의 말을 명심하시오. 신중함은 안전의 어머니라는 것을/Etre de retour pour diner, *cela* me paraît impossible. 저녁식사를 위해서 돌아올 것 같지 않소/*Cela* est fort beau. 이것은 참 아름답다/Il y a deux ans de *cela*. 그로부터 2년이 지났다.

★1) 속어에서는 ceci, cela 를 구별하지 않고 모두 ça 로 대치하여 쓴다. 예를 들면, 이제부터 말하려는 일, 또는 이미 말한 바 있는 일에 대하여도 ça 로 표현하는 것이 보통이다：Faites bien attention à *ça*. 이 점〔그 점〕에 관하여 주의하시오. 2) 이런 경우 원근관계는 몸짓으로 나타낼 수가 있다(cf. Mart, 114)：J'emporte *ça*, *ça*. (Amiel, *Couple*) 저것, 저것, 저것을 가져갑니다/Nous emportons *ceci*, *ceci*, *ça*, *ça* et *ça*. (*Ib.*, I, 3). 3) ceci, cela 는 de 를 매개로 하여 형용사를 동반한다(⇨3°). 그러나 tout, même, seul 은 전치사 없이 함께 쓰인다：*Tout cela* est absurde. 그것은 모두 터무니 없다/C'est *cela même*. 지당한 말이오. 정말 그렇소.

3° ceci 와 cela 는 모두 다음에 설명되는 일들을 가리켜 **ceci**〔**cela**〕+**que**+절, 혹은 de+*adj*. 를 첨가해서 **ceci**〔**cela**〕 + **de**+*adj*.+**que**+절의 형태을 이룬다. que 다음에 오는 종속절은 ceci, cela 의 동격：La bêtise a *ceci de* terrible *qu*'elle peut ressembler à la plus profonde sagesse. 어리석음은 가장 심오한 예지와 흡사할 수도 있는 무서운 점이 있다/Le mensonge a *cela de* particulièrement dangereux et perfide *qu*'il ne se borne pas à cacher les fautes commises. 허위에는 저지른 죄를 숨기는 데 그치지 않는 지극히 위험하고 허황된 면이 있다/Par *cela* seul *qu*'il pensait, il était un être étrange.... (France, *Anneau*) 무엇을 생각하고 있다는 것 하나만으로도 그는 이상한 인물이었다/à *cela* près *que*... …라는 점을 제외하면.

4° cela, 간혹 ceci 는 문장 전체를 받는 대신 일종의 생략문을 만든다. 대부분의 경우 **et cela** 의 형을 취한다: Elle défit sa chevelure, *et cela* avec la simplicité d'une enfant. (B, 173) 그 여자는 머리를 풀어헤쳤는데, 마치 소녀처럼 자연스럽게 한 것이다/ J'ai passé hier une délicieuse soirée, Mademoiselle!...*et cela* grâce à vous. (S, I, 269) 아가씨, 어제는 즐거운 밤이었읍니다. …그것은 당신 덕이었지요//((간혹 et 없이 cela 로만 쓰일 때도 있다)) Nous nous haïssons encore, *cela* de toute notre âme, mais en le taisant. (S, I, 269) 우리는 아직도 서로 미워하고 있다. 지독히 그러나 겉으로 나타내지 않으면서/Un jour sur deux, elle prenait ses torchons et cirait ses meubles à tour de bras. *Cela* par orgueil de servante réputée. (Pérochon, *Nêne*) 이틀에 한번 그 여자는 걸레를 들고 힘차게 가구를 닦았다. 그것은 소문난 식모의 오만 때문이었다.

5° **cela, ça** 는 앞에 있는 절 중의 명사, 부정대명사를 대신한다:A quelques pas devant lui, quelque chose de noir et gigantesque s'abattit. *Cela* se baissait, flairait la terre, bondissait.(S, I, 266)(cela =quelque chose) 그의 바로 앞에서 검고 거대한 것이 달려들었다. 몸을 굽혀, 땅냄새를 맡더니 펄쩍 뛰는 것이었다/Je ne t'ai jamais confié mes doutes et mes angoisses parce qu'un homme n'avoue pas *ça*. (Géraldy, *Rob. et Mar.*, III, 2)(ça= ses doutes et ses angoisses) 나는 너에게 나의 의혹이나 번민을 털어 놓은 적이 없다. 남자라는 것은 그러한 것들을 입 밖에 말하지 않기 때문이다.

6° 칭찬·혐오 등의 감정을 포함해서: Je m'en soucie comme de *cela*. 그 따위 일에 신경을 쓸 내가 아니오/Pas de *cela*. 그런 일은 그만 두시오/N'est-ce que *cela*? 그것 뿐입니까?/C'est bien *cela*. 바로 그렇습니다.

7° 감정적 용법에서는 때로 사람을 나타낸다:Il est maigrichon et pâlot. *Ça* ne fera pas un fameux soldat. (France, *P. Nozière*) 그는 야위고 창백한 얼굴을 하고 있다. 훌륭한 군인이 못 될 거야((경멸))/Vous voyez comme on est attaché à *ça*. (B, 191) (어머니가 아이들을 가리키며) 내가 이 아이들을 얼마나 사랑하고 있는 지는 아시겠지요((애정)).

8° **ceci, cela** 는 불특정한 의미에도 쓰인다:Nous avons parlé de *ceci*, de *cela*. (Ac, 61) 우리들은 이런 일 저런 일에 관한 이야기를 하였다/On a discuté tantôt sur *ceci*, tantôt sur *cela*. (*Ib.*) 사람들은 어떤 때는 이런 문제, 어떤 때는 저런 문제에 관해서 논의했다.

9° **cela, ça** 는 일종의 강조어. ① 〖생략된 의문문〗 Je l'ai vu hier.—*Où ça?* 어제 그를 만났어. —어디에서?/Je sais pourquoi vous vous êtes battus.—Tiens, par qui *ça?* 왜 너희들이 다투었는지 알고 있어. —뭐라고 누구에게서 들었다구?

② 〖**ça oui**〔**non**〕〗 Enfin, vous êtes bien aise de vous payer vos dimanches!—*Ça oui*. Oh! *ça oui*.(S, I, 178) 그래, 일요일을 잘 지내서 기쁘겠구려. —그건 그래요. 정말 그래요/Il faut lui rendre cette justice, ce n'est pas un hypocrite, *ça non!* (Géraldy, *Aimer*, II, 1) 그의 공적을 인정해야 해요. 위선자는 아니니까. 암, 아니고 말고.

③ A qui M. André pourrait-il ne pas plaire?—Il est charmant... *ça* ...charmant! (S, I, 271) 앙드레씨는 누구 마음에 안들겠어?—그는 인상이 좋은 사람이지, 그렇지 인상이 좋아.

10° **ça** 는 특별한 성구에 쓰여 표현되지 않은 명사를 대신한다:Il a de

ça(=l'argent, le savoir-faire, etc.). 그는 돈이〔솜씨가〕 있다/Comment ça(=la santé, l'affaire, etc.) va-t-il? 기분이 어떻소? 〔사업이 어떻소?〕.

11° **C'est (donc) ça que** 는 지금까지 몰랐던 이유를 알게 된 것을 나타내는 속어적 표현:*C'est donc ça qu'*elle est si belle. (Aragon, *Aurélien*) (미인으로 유명한 여자의 이름을 듣고) 참, 그래서 저렇게 예쁘군 《이 표현은 C'est pour cela que 와는 다르다. 위의 예에서는 pour cela 를 쓸 수 있으나, 「C'est pour cela que je l'aime. 그러기에 나는 그를 사랑하고 있소」에 C'est donc ça 는 쓸 수 없다》.

12° 〔贅言적 용법〕 ① 뒤에 놓여서 문장 앞에 유리된 요소를 반복한다. 이 용법은 널리 사용되어, 부정법·절 뿐만 아니라, 사람·사물을 나타내는 명사들도 성·수에 관계없이 cela 로 반복한다:Etre de retour pour diner, *cela* me paraît impossible. 저녁식사를 위해서 돌아오기는 힘들 것 같소/Voir égorger les bêtes, *cela* m'est penible. 짐승의 목을 졸라 죽이는 것을 본다는 것은 괴로운 일이다/Qu'il ait tort, *cela* est certain. 그가 잘못했다는 것은 틀림없다/Les mères, *ça* vous comprend toujours. 어머니들이란 언제나 이해를 해 주신단 말이야.

② 앞에 놓여서:*Ça* n'est pas étonnant qu'il ait changé d'avis. 그가 생각을 바꾸었다는 것은 놀라운 일이 아니다/Et bien, *ça* va-t-il mieux, les affaires? (France, *P. Nozière*) 어떻소, 잘 되고 있소, 당신 사업은?

★ 1) 직접목적보어로서 종속절 앞에 ça 를 중복하여 쓰는 것은 속어:On lui demanda où *il avait vu ça que* les éléphants adoraient le soleil. (Daud, *Jack*) 사람들은 코끼리가 태양에 절하는 것을 보았느냐고 그에게 물었다. 2) 마찬가지로 속어에서는 dire 의 직접목적보어가 되는 부정법 혹은 종속절 앞에 comme ça 를 삽입한다:Monsieur m'*a dit comme ça* de lui mettre le lit de fer dans son cabinet. (France, *Mannequin*) 주인께서 서재에 쇠로 된 침대를 놓도록 말씀하셨읍니다.

13° 비인칭적 주어, de+*inf* 혹은 que 에 선행되는 종속절을 알리는 외관상의 주어가 되는 **cela, ça:** *Ça* se brouille. Il va pleuvoir.(G, 535, bis) 날씨가 흐려진다. 비가 올 모양이다/*Ça* pleut. 비가 온다/*Ça* sent le brûlé. 탄 냄새가 난다/*Ça* me trouble toujours, de partir. (M. du Gard, *Thibault*) 떠난다는 것은 항상 나를 불안스럽게 한다/*Ça* ne te vexe pas, au moins, que je t'aie fait venir ici quelques jours.(S,I, 284) 며칠 동안 이 곳에 와 있도록 한 것이 너를 화나게 하지 않니?

14° 〔**cela, ça** 와 **ce**〕 ce 는 원칙적으로 être〔devoir être, pouvoir être〕 앞에서만 쓸 수 있지만, cela 는 모든 동사의 주어가 된다. être 의 주어로 쓰이는 경우만을 보면 그 용법의 차이는 다음과 같다.

① 보어없이 être 의 주어에는 cela 를 쓴다:Je le dis parce que *cela* est. (S,I, 271) 그렇기 때문에 그렇게 말하는 것이다. ☆그러나 S가 말하듯 n'est-ce pas 만이 유일한 예외가 아니라 *ce n'était* pas, quand *ce serait* 도 가능하다. ⇨ce¹.

② 속사가 형용사일 때는 ce 와 cela 모두 허용된다:C'〔*Cela*〕 est faux. 그것은 틀렸다《ce 는 형식적주어, cela 는 앞의 문장의 관념을 지시하기 때문에 강조적이다》. 또한 *Ça* est faux 라고는 하지 않지만(B, 191), *Ça n'est pas* faux, *Ça serait* 〔*sera*〕 faux 는 가능하다(S,I, 272-3)》. ☆논리적 주어가 되는 종속절을 동반하는 경우, être 의 외관적 주어에는 ce 를 사용한다(⇨ce¹ II, 3°, ⑥). 다음의 예는 고어법 : *Cela* est

étrange, *que* mes propres enfants me trahissent. (Mol, *Avare*, I, 4).
③ 속사가 (대)명사이면 ce 를 쓴다: *C'est justement ce qu'il m'a dit.* 그것이야말로 그가 나에게 말한 것이다/*C'est ici...la maison de Frantz quand il était petit.* (Alain-Fournier, *le grand Maulnes*) 이곳이 프란츠의 어린시절의 집이다. ☆ cela 는 이런 경우 그 구성요소와 분리되어 c'est là 가 된다. 단, *Ça n'est pas* ce qu'on dit. *Ça doit être* une femme honnête et droite 라고 한다 (S, I, 273).
④ 속사가 부정법이면 보통은 ce 를 사용한다(⇨ce¹ II, 3°, ④, c)). cela 는 「*C'est là* pousser l'antisémitisme à un point que.... (S, I, 273) 그것은 반유태주의를 …할 정도로 철저하게 만든다」로 된다. 그러나, cela 와 est 가 떨어져 있을 경우에는: *Nous avons revendiqué l'Alsace-Lorraine, cela*[ce] *n'était en aucune façon demander une conquête.* (B, 191) 우리는 알사스로렌의 소유권회복을 요구했다. 그것은 결코 점령지를 요구한 것은 아니었다.
15° 〖**cela** 를 주어로 하는 être 의 일치〗 속사가 복수명사인 경우 ce 를 삽입한다: *Tout cela, ce sont des fanfaronnades.* (Porto-Riche) 그것은 모두 허풍들이다. ☆ ce 없이 cela sont 은 옛날 표현이다: *Tout cela ne sont pas des preuves.* (Rouss).

cédille—철자기호 *signes orthographiques 의 하나. 모음 a, o, u 앞의 c 에 [s]음을 주기 위하여 c 밑에 붙이는 부호(ç).

cela ⇨ceci.

célèbre—〖N ~, ~ N〗 un écrivain ~ 유명한 작가/le ~ Vaucanson 유명한 보캉송/〖~ **par**〔**pour**〕 *qc*〗 Voltaire est ~ *par*〔*pour*〕 la limpidité de son style. 볼테르는 문체의 명쾌성으로 유명하다.

celui—여성형은 celle, 남성복수형 ceux, 여성복수형 celles. 무강세의 지시대명사. 항상 보어를 동반, 불특정한 사람을 나타내든가(*nominal 적 용법), 혹은 사람·사물을 나타내는 명사를 대신한다.
1° 〖**celui**+관계대명사, **celui de**+보어〗 ① 〖불특정한 사람〗 Les femmes aiment *celui qui* ne s'abaisse devant personne.(Vigny, *Chatt.*) 여자라는 것은 누구 앞에서도 굽힐 줄 모르는 남자를 사랑한다/tous *ceux qui* parlent de vertu 미덕을 말하는 모든 사람들. ☆ 이런 의미로 de+보어를 동반하는 예는 드물다: Yann et tous *ceux du* bord étaient au pays. (Loti, *Pêch.*) 양을 위시해서 승무원 전부가 고향에 돌아갔다/Qu'est-ce qu'ils font, *ceux du* palais? (Sartre, *Mouches*, II, tab. I, sc. 1). 왕궁의 사람들은 무엇을 하고 있을까?/N'est-ce pas précisément ce désintéressement que *ceux d'*aujourd'hui lui reprochent?(Gide, *Interv.*) 오늘날의 사람들이 그를 나무라는 것은 바로 이 무사무욕이 아닐까? **faire celui qui** 《celui 는 일반적으로 주어의 성과 수에 일치》: *Il fait celui qui ne comprend pas.* 그는 이해하지 못하는 척한다/*Augustine faisait celle qui ne comprend pas.*(Zola, *Assomm.*) 오귀스틴느는 모르는 척하고 있었다/《(간혹 무변화)》 *Elle faisait 'celui qui ne sait rien.* (M)/*Ils faisaient celui qui ne comprend pas.* (S, II, 98).
② 〖명사의 대리〗 J'apporte mes liveres et *ceux*(=les livres) de mon frère. 내 책과 내 동생의 책을 가지고 온다/《(앞에 있는 명사의 수와 일치하지 않는 경우)》 C'était peut-être de tous ses livres *celui*(=le livre) auquel il tenait le plus.(Maurois, *Destins*) 그것은 아마도 그의 모든 저서 중에서 그가 가장 애착을 갖고 있던 것이다.
③ 〖**celui**와 관계대명사, **de**+보어와

의 분리〗 원칙적으로 관계대명사, de+보어는 celui 바로 뒤에 오지만 다른 말에 삽입되는 경우가 있다. **a)**〖celui+de(드물게 parmi)+피대리명사+관계대명사〗 Il a récompensé *ceux de* ses domestiques *qui* l'avaient bien servi. (Ac) 그에게 열심히 봉사한 하인들 중의 몇 사람에게 그는 상을 주었다/*Ceux parmi vous qui* désireraient y assister sont priés de s'inscrire. (Dup, *Encyclop.*) 여러분 중에 그곳에 참석하기를 바라는 사람은 등록하시기 바랍니다. ☆ Dup에 의하면 이것은 세련된 글이 아니며, 오히려 지시대명사와 관계대명사를 밀착시키는 것이 좋다고 한다. Ceux qui parmi vous, désireraient y assister…또는, Ceux d'entre vous qui désireraient y assister …도 바람직하다고 한다. **b)**〖형용사〔과거분사〕의 삽입〗 Le visage tourmenté de Tolstoï frappe bien plus que *celui*, presque banal, *de* Tchékhov. (Maurois, *Destins*) 톨스토이의 고뇌에 찬 얼굴은 체홉의 거의 평범한 얼굴보다 한결 사람의 마음을 사로잡는다/(Il) planta ses yeux brillants dans *ceux*, très clairs, *de* Jésus-la-Caille. (Carco, *Jésus*) 반짝이는 눈초리로 예수의 퍽 맑은 눈을 쳐다보았다. **c)**〖구, 절의 삽입〗 *celui*, quel qu'il soit, *qui*… 어떤 자일지라도 …하는 사람은/*ceux*, de quelque profession que ce soit, *qui* peuvent avoir de grandes et fécondes idées (Gide, *Interv.*) 어떤 직업에 종사할지라도 위대하고 풍부한 사상을 가질 수 있는 사람들/Et puis commence quelqu'une de tes danses ou de tes scènes mimées,—*celle*, par exemple, *du* pêcheur endormi cent ans au fond de la mer;*celle*, tu sais, *qui* exige au dernier tableau un masque de vieillard tout blême.(Loti, *3ᵉ jeunesse*).

2° 〖**celui**+형용사(상당어)〗 ① 〖과거분사〗 Il n'est pas de plus grands crimes que *ceux commis* contre l'unité de la foi. (France, *Orme*) 신앙의 단일성에 대하여 범한 죄보다 더 큰 죄는 없다.

② 〖현재분사〗 La plus surprenante de ces aquarelles, c'était *celle représentant* un cabinet particulier. (Huysmans) 이들 수채화의 가장 놀라운 것은 어떤 작은 방을 그린 것이었다.

③ 〖형용사〗 Cette remarque, ainsi que toutes *celles* purement *grammaticales*, sont pour les étrangers principalement (Volt) 이 비고와 그리고 순전히 문법적인 다른 모든 비고는 원칙적으로 외국인을 위한 것이다.

④ 〖동격명사〗 tous *ceux porteurs* d'un uniforme (M) 같은 제복을 입고 있는 모든 사람들.

⑤ 〖de 이외의 전치사+보어〗 les rails en acier et *ceux en* fer(M) 강철로 된 선로와 철로 된 선로/les lettres livrées et *celles à* expédier(M) 배달된 편지와 발송될 편지/La distinction… est aussi confuse que *celle entre* forme et contenu. (Malraux, *Voix*) 그 구별은 형태와 내용을 구별하는 것 만큼 확실치 않다/Je ne savais pas que son érudition en droit civil égalait *celle en* astronomie.(Bordeaux, *Garde de la maison*) 민법에 관한 그의 박식이 천문학에 관한 박식과 비등한 줄은 모르고 있었다/Récitez-moi *ceux*(=les poèmes) *sur* le sifflet de train dans la nuit.(Troyat, *Araigne*) 밤기차의 기적에 대한 시를 들려 주세요.

★ ①-④에서는, 과거분사・형용사는 부사나 보어를 동반. 정관사를 사용할 경우 Vous m'offrez deux roses, je prends la jaune 대신 celle jaune 라고는 하지 않는다. 이상의 용법은 일반적. 많은 문법학자들은

①, ③ 만을 논하고, 이 구성을 금지하고 있으며, celui+형용사〔과거분사〕+관계대명사(위의 1°, ③, b))를 허용하고 있다(Lit; Lar; Ac, 59–60; Mart, 110–1;Georg, 177). 한편, 진보적인 학자는 이러한 용법의 명쾌함을 지적, celui의 용법의 옳바른 발전을 가져올 수 있다면서, 전면적으로 허용한다(B, 634, Obs., 46; N, V, 298; G, 515; H, 159).
3° 〖표현되지 않은 명사의 대리〗《속어》 Je n'ai pas *celui*(=l'honneur, le plaisir) de vous connaître.(N,V, 297) 당신을 알지 못합니다.
4° 〖생략〗①〖등위된 한정보어의 앞〗 L'invasion allemande bouleversa la face de la France et (celle) *du monde*. (Duham, *Civiles*) 독일의 침입은 프랑스와 세계의 양상을 일변시켰다/ Dans la brume, les haleines de Frédéric et (celles) *du cheval* éparpillaient leur vapeur. (Chateaubr, *Lourd*.) 안개 속에서, 프레데릭과 말의 호흡이 그들의 입김을 분산시켰다.
②〖être〔sembler〕de…〗 Ses yeux *étaient* (ceux) *d'*un enfant.(S,I, 236) 그의 눈초리는 어린애의 그것이었다// 《고어투의 생략체와 지시대명사의 출현이 병행되어 있는 예도 있다》 Bien que ses paroles *fussent* parfois (celles) *d'*un violent, ses actes *étaient ceux d'*un modéré. (*Ib.*) 그의 말은 격렬했지만, 그의 행동은 온건했다《이런 de는 소속을 나타내는 것으로 보고 있다(B, 193, n. 1)》.
③〖비교의 que 뒤〗L'armée se retira sans autre succès *que* (celui) d'avoir désolé le pays. (N, V, 296) 군대는 국토를 황폐시킨 외에는 아무 성과도 거두지 못하고 후퇴했다.
④〖자유로운 구성〗 Il voulut se lever;il eut ce courage, et (celui) de lui dire que tout ce qu'elle faisait était inutile. (Daud, *Sapho*, 311) 그는 일어서려고 했다. 용감히 일어서서, 그녀가 하고 있는 일들을 모두 쓸데 없는 짓이라고 말하였다/ Le son saccadé de la petite cloche se mêlait à (celui d')une autre. (Flaub) 작은 종의 요란스러운 소리가 다른 종소리에 뒤섞여 들렸다.
5° 〖le celui, la celle…〗《비어》 Une bonne? …p't-être *la celle* au marquis(=peut-être celle du marquis). (Maupass, *Le Horla*)하녀? 아마도 후작의 하녀겠지요.(cf. Bauche, 91).

celui-ci, celui-là, etc.—celui의 강세형. 명사와 동일 기능.
1° 사람・사물을 원근으로 구별하며, celui-ci는 가까운 것을, celui-là는 먼 것을 지시한다:Vos bagages sont-ils lourds?—*Celui-ci* est léger, mais *celui-là* est lourd. 당신 짐들이 무겁습니까?—이것은 가벼운데 저것은 무겁습니다. ☆ 1) 그러나 -ci, -là는 원근의 구별을 나타내는 힘이 약해져서 là는 점차로 ci의 영역을 침범하는 경향이 있다. 따라서 원근의 구별을 표시하기 위해 「celui-là *là-bas* 저쪽것」처럼 là 뒤에다 원근을 나타내는 말을 첨가하는 일이 있으며, 때로는 ci와 là를 섞어서 celui-ci, là 라고 말하는 일까지 있다(B, 189, n. 3; Mart, 107):Il la salua à peine, et la conduisait aussitôt vers les fleurs, il s'écria:«*Celle-ci, là*,voyez.». (Bordeaux, *Peur*, II,7). 2) 두 사물을 대립시키지 않고 쓰인 celui-là는 인칭대명사보다 훨씬 강한 지시의 뜻을 지닌다:Et s'il n'en reste qu'un,je serai *celui-là*.(Hugo,*Châtim.*, *Uletima verba*) 그 중의 한 사람만이 남는다고 한다면 내가 바로 그 자일 것이다.
2° 이미 기술한 두명의 사람, 두개의 사물을 지시하며 celui-là는 처음에 기술한 것을, celui-ci는 나중에 기술한 것을 가리킨다:J'ai rencontré un homme et une femme;*celle-ci* était fatiguée,mais *celui-là* ne l'était pas. 나는 한 남자와 여자를 만났는

celui-ci

데 후자(여자)는 피로해 있었고 전자(남자)는 그렇지 않았다. ☆celui-ci 는 celui-là 와 대립하지 않고 문장의 의미를 명료하게 하기 위하여 쓰일 때도 있다:Pierre a volé Paul; *celui-ci* a porté plainte. (Legrand, *Stylist.*) 피에르는 폴의 것을 훔쳤다. 폴은 고소했다《celui-ci 대신에 il 을 쓰면, il 은 구문상 Pierre 를 가리킨다》.
3° celui-là 는 이미 기술한 사람 또는 사물을, celui-ci 는 다음에 기술하려는 사람 또는 사물을 가리킨다: Toute la question est *celle-ci*:comment Crainquebille l'a-t-il dit? (France, *Crainq.*) 문제는 전적으로 다음과 같은 데 있다. 즉 크랭크비유가 어떻게 그런 말을 했는가 하는 것이다/Il y a des imbéciles qui disent qu'un roi n'est qu'un homme; *ceux-là* n'en ont pas vu. (Bazin, *Stéphan*) 국왕도 한 인간에 지나지 않는다고 말하는 바보들이 있다. 그런 무리들은 국왕을 본 일이 없는 자들이다.
4° (=l'un, l'autre;les uns, les autres):Il se plaint de tous ses amis; *celui-ci* bavarde trop, *celui-là* est trop silencieux, cet autre est peu serviable. (Le B, II,99) 그는 자기 친구 모두를 못마땅히 여기고 있다. 즉 한 친구는 너무 말이 많은가 하면 다른 한 친구는 지나치게 조용하며, 또 다른 친구는 붙임성이 별로 없다는 것이다.
5° 〖관계대명사의 선행사〗① 한정적 관계사절과의 사이에 même, seul, seulement 과 같은 강조하는 말이 삽입되는 경우:J'entrai dans le vestibule où m'attendait la gouvernante, *celle-là même qui* m'avait engagé au bureau de placement.(Mirbeau, *Journal*) 현관에 들어가자 가정부가 나를 기다리고 있었다. 직업소개소에서 나를 고용한 그 여자였다(⇨ même I,2°)/*Ceux-là seulement qui* m'ont suivi jouiront de ces privilèges. (W,303) 나를 따라온 자들만이 특권을 누릴 것이다/*Celui-là seul qui* aura fait..../*celui-là même qui* était déjà venu 이미 왔던 그 사람 (cf. Le B, I,98; Mart, 109).
② 문어에서는 관계사절 앞에 주동사를 표현하는 일이 있다:*Celui-là* est battu *qui* se croit battu avant d'avoir seulement commencé la bataille. 전투를 시작하기도 전에 진 것으로 여기는 자는 패배한 자다 《이런 구문은 주절이 관계사절보다 훨씬 짧을 때 쓰인다. 또한 Celui qui se croit battu...est battu 보다 표현적이다》.
③ 설명적 관계사절을 첨가하는 경우: De ces deux élèves, *celui-ci, qui* a menti, mérite une punition. 이들 두 명의 학생중에서, 이 학생은 거짓말을 했으니까 벌받는 것이 당연하다 《관계사절은 부수적이므로 생략될 수 있다. 그러나 「*celui qui* a menti 거짓말을 한 학생」의 관계사절은 한정적이므로 의미가 다르다》.
④ 직접 한정적 관계사절을 동반하는 구문《속어》:*Celui-ci que* tu as choisi est le meilleur. 네가 선택한 이것이 가장 낫다《17세기에는 지시대명사를 강조하기 위하여 이 구문을 사용했었다》.
6° 「de+한정보어」를 동반하는 구문 《방언》:Ces souliers-là, ce sont *ceux-là de* Monsieur. (Gr. Lar, 188) 저기 있는 구두는 주인어른 것입니다.
7° 지시의 뜻과는 관계없이 혐오, 모멸, 빈정거림, 찬탄 등의 감정을 가지고 사람을 지시한다:Ah! *celui-là*, quel imbécile! 아, 저자는 어리석기도 하구나!/Non, mais regarde-moi *celle-là!* (Gr. Lar, 188) 아니야, 하지만 저 여자 좀 봐!/Qu'est-ce que *celui-là* vient faire ici? 저자는 무엇하러 여기 왔을까?/Qu'est-ce qu'elle nous chante, *celle-là?* 저 여자는 무엇을 주절대고 있나?

8° celle-là 는 표현되지 않은 명사 cette histoire, cette action, cette affaire, cette parole, cette nouvelle 등 대신에 쓰인다: Il a été décoré? Oh! *celle-là* est trop forte. 그가 훈장을 받았다고? 저런! 그건 너무 심하군/Je ne m'attendais pas à *celle-là*. 그럴 줄은 전혀 몰랐다.
☆ Mart, 108 이나 B, VII, 192 와는 달리 Lit 는 celui-là 의 사용도 허용하고 있다.

censé—être ～+*inf* …하다고 여겨지다(간주되다)(⇨infinitif III, 2°): Il *est* ～ être â Paris. 그는 파리에 있는 것 같다.

censeur—명사, 형용사 모두 여성형은 없다. 형용사로 쓰이는 예는 극히 드물며, 여성명사로 표현하고자 할 때는 femme 를 첨가하든가, 또는 문맥에 따라 madame le censeur 로 쓸 수 있다(Dup, 394).

cent—**1°** 〖일치〗 ① 배수가 앞에 붙고 端數가 뒤따르지 않을 때에는 s 가 붙는다(deux ～s hommes). 불특정의 배수는 des, quelques 로 나타낸다(quelques ～s mètres 수백미터, depuis ～s et ～s ans 몇 백년전부터)《des 는 강의적》. quelques [deux] ～ mille francs 에서는 mille 을 형용사로 보기 때문에 cent 은 변하지 않는다. 단수(아랫자리수)를 동반할 때에도 변하지 않는다: deux ～ cinquante《*vingt 의 일치와 함께 18세기에 만들어진 규칙. 옛날에는 deux ～s mille》.
② 서수를 대신할 때는 변하지 않는다: page deux ～, l'an huit ～.
③ centaine 를 대신하는 명사로서 상품의 수를 나타낼 때는 s 가 붙는다: deux ～s de fagots 나무 200단.
2° 〖**cent un** 과 **cent et un**〗 수를 셀 때에는 cent un[sɑ̃œ̃]. et 의 삽입은 낡은 표현법. cf. Livre des *Cent et un*(낭만파시대의 책이름). 현대에도 et 를 덧붙인 예를 간혹 볼 수 있다. 또한 막연한 수를 나타내고자 할 때도 cent et un 을 쓴다: Il y a ～ *et un* moyens de se tirer d'affaires. (Dup, 395) 곤경에서 벗어나는 방법은 여러가지 있다. ☆ cent deux 이상의 수에는 et를 쓰지 않으나 cent *et* quelques 에서는 예외다: J'avais dans ma bourse ～ *et quelques* francs. (Vallès, *Les Réfractaires*) 나의 지갑에는 100 몇 프랑이 있었다/quatre ～s *et quelques* députés(Bainville, *Chroniques*) 400 몇명의 의원《이런 경우에 cent 은 아랫자리수가 뒤따르더라도 s 가 붙는다》.
3° 1100-1999 까지의 수에서는 mille 을 쓰는 대신, 흔히 onze cents, douze cents, …이라고 한다: l'an 1978 (=dix-neuf cent soixante-dix-huit). 백자리의 아랫자리수가 없을 때는 dix ～s, vingt ～s 이라고 하지 않고, mille, deux mille 로 표현한다. 「un million ～ [deux ～] mille 110 [120] 만」 대신에 onze [douze] ～ mille 이라고도 한다.
4° pour ～ ⇨accord du verbe A, I, 2°, ⑧.

cependant—**1°** 본래는 pendant cela, pendant ce temps-là 의 뜻을 가진 부사. 이런 뜻으로 쓰이는 경우는 드물어졌으나 완전히 소멸되지는 않았다. 한편 상반되는 행위가 이루어지는 곳에 대립의 뜻이 생겼다. 이런 의미로는 mais 와 같이 등위접속사에 들어가지만 et, mais 와 함께 사용되는 일이 많으며, 문장 도중에 삽입할 수도 있으므로 완전히 접속사로 되어버리지는 않았다: Il se plaint, et ～ il a de la chance. 그는 불평을 하고 있지만 운은 좋다/Le froid est intense, nous essaierons ～ de partir. 추위가 지독하지만 우리는 출발해 보겠다. ☆ 회화에서는 cependant 보다 pourtant 을 더 많이 쓰는 경향이 있다.
2° ～ **que**(=pendant que)는 고풍의 문어체에 속하지만, 현대 산문에서도

가끔 쓰인다:~ *qu'il parlait comme un notaire, les cinq femmes poussaient des cris.*(Barrès, *la Colline inspirée*, VIII) 마치 공증인처럼 그가 말하는 동안 5명의 여자들은 소리를 지르고 있었다. ☆때로는 대립(=tandis que)의 의미를 지닐 때도 있다.

cerf—「수사슴」또는 종족명. 여성형은 biche. 전통적인 발음은 [sɛːr]. 오늘날에는 단수·복수에서 모두 f를 발음한다:[sɛrf](D, 103).

certain(e)—본래는 「확실한(=sûr)」의 뜻을 지닌 품질형용사. 이런 뜻을 지닌 épithète 로 쓰일 때는 근래에 와서는 항상 명사 뒤에 놓인다: des nouvelles ~*es*(=des nouvelles qui ont de la certitude) 틀림없는 소식. ☆그러나 명사 앞에 놓일 때는 그 뜻이 약해져서 「확실해야 할(=qui est à déterminer)」. 따라서 「확정되어 있지 않은(=indéterminé)」의 뜻이 되겠다:~*es* novelles(=quelques nouvelles) 어떤 소식.

I. *adj. indéf.* 1° 〖~ N(단수)〗 ① 셀 수 없는 것을 나타내는 명사 앞에서 부정관사와 함께 불특정한 양을 나타낸다:Je vous suis jusqu'à un ~ point. 어느 정도까지는 당신의 의견을 따르겠소/C'est une personne d'un ~ âge(=assez âgé). 나이가 지긋한 사람이다/après un ~ temps 잠시후/un homme d'un ~ mérite 상당한 공적이 있는 사람.

② 셀 수 있는 것을 나타내는 명사 앞에서 부정관사와 함께, 혹은 관사 없이 사용되어서 성질의 불특정성을 나타낸다: (un) ~ loup 어떤 이리/~ matin [soir] 어느날 아침[저녁].

③ 〖un ~ N(고유명사)〗 경멸의 뜻을 지닌다:Un ~ Durand est venu me voir. 뒤랑인가 하는 사람이 나를 보러 왔었다.

2° 〖~ N(복수)〗 ① quelques 와 거의 같은 뜻이며 불특정한 적은 수를 나타낸다 J'ai eu ~*s* doutes à ce sujet. 그 문제에 대해서 다소 의문을 가지고 있었다/~*s* historiens 몇명의 역사가들《(de ~*s* historiens 이라고도 하나 de의 사용은 점차 사라지고 있다》.

② ~**s** +N...*d'autre* 는 지시사적 가치를 지니며, 대명사 les uns...d'autres 에 해당한다:Dans l'assemblée, ~*es* personnes semblaient parfaitement à leur aise; *d'autres* s'étaient visiblement fourvoyées. (Gr. Lar, 248) 총회에서 어떤 사람들은 편하게 있는 것처럼 보였지만, 다른 사람들은 분명히 당황하고 있었다.

II. *adj. qualif.* 1° 〖N ~〗 C'est un fait ~. 그것은 틀림없는 사실이다/J'ai la preuve ~*e* que Joseph s'est trompé. 죠제프가 틀렸다는 확실한 증거를 나는 갖고 있다.

2° 〖**être** ~〗 ① 〖c'est ~〗 Il est parti en voyage, c'est ~. 그가 여행떠난 것은 확실하다.

② 〖*qn* être ~〗 Je ne suis pas ~, mais elle doit être chez elle. 확실히는 모르지만 그녀는 자기 집에 아마 있을 것이다.

③ 〖명령문에서〗 Il ne te trompera pas, sois-en ~. 그가 자네를 속이지 않을 테니 안심하게.

④ 〖~ **que**〗 a)〖~ que+*ind*〗Jacques est ~ *que* quelqu'un est entré chez lui. 누군가 자기 집에 들어왔었다는 사실을 자크는 확신한다. b)〖Il est ~ que+*ind*〗 *Il est* ~ *qu'il ne l'a pas fait exprès.* 그가 일부러 그것을 하지 않았다는 것이 확실하다. c)〖*qn* être ~ que+*subj*〗 Je ne suis pas ~ *qu'il vienne* maintenant. 그가 지금 올지는 의문이다.

⑤ 〖~〗 devenir, sembler, paraître 등의 동사 다음에서 속사:La victoire de notre club *paraît* ~. 우리 클럽의 승리는 확실한 것으로 보인다.

3° 〖**pour**[**comme**] ~〗 전치사 다음에서 속사:Je le tiens *comme* ~. 나는 그것을 확실한 것으로 여긴다/Je crois *comme* ~ qu'une guerre mondiale n'éclatera plus. 세계대전이 더 이상 일어나지 않을 것으로 나는 확신한다.

III. *pron. indéf.* 1° 불특정 소수의 사람을 나타낸다. 대부분은 주어, 때로는 보어:~*s* prétendent que…. 어떤 사람들은 …라고 주장한다/aux yeux de ~*s* 어떤 사람들이 보기에는《(이런 뜻으로는 여성형의 사용은 드물다)》.

2° 특정의 사람·사물 중의 몇사람, 몇개:~*s* de nous 우리들 중의 몇명/~*es* de ses amies 그의 여자친구들중의 몇명/de belles avenues dont ~*es* sont plantées d'arbres 그 중 몇은 나무가 심어져 있는 아름다운 거리.

~*s… d'autres:* ~*s* le comparaient à un Bacchus asiatiques; *d'autres* à quelque empereur romain; *d'autres* à Apollon lui même. (Gide) 어떤 사람들은 그를 아시아의 박카스에, 다른 사람들은 어떤 로마황제에, 또 다른 사람들은 아폴로 자신에 비유했다(cf. 상기 I, 2°).

certainement—1° 〖개인적인 확신〗 Il a ~ écrit à ses parents(=Je suis certain qu'il a écrit à ses parents). 그는 틀림없이 자기 부모에게 편지를 썼다(어순은 ⇨adverbe V, 5°).

2° 〖의문에 대한 대답〗 Viendrez-vous? —~(=Sans aucun doute). 오시겠습니까? —그럼요《이경우 완전한 긍정적인 대답이라기보다, 다소 의구심의 뉘앙스가 깃들여 있는 것이다》.

3° 〖~ *que*〗 ① (+*ind*):~ *qu'*il viendra. 그는 틀림없이 온다.

② (+ *cond*):~ *qu'*il *irait* se plaindre. 그는 틀림없이 신세타령하러 갈지 모른다.

cesse—cesser 동사에서 온 명사로서 오늘날에는 sans cesse 와 n'avoir pas de ~ que, n'avoir de ~ que+ *subj* 의 부정형의 표현에서만 쓰이고 있다:Il *n'aura point de* ~ *que* vous ne lui *ayez donné* ce qu'il demande. (Ac) 그가 요구하는 것을 당신이 줄 때까지 그는 그치지 않을 것이다 (que=jusqu'à ce que, avant que; ne=explétif)/Je *n'eus de* ~ *que* cela *fût fait*. (Lacretelle, *Amour nup.*) 그렇게 될 때까지는 그치지 않았다.

**c'est à …à〔de〕+*inf*—à 와 de 의 다른 점에 관해서「c'est à moi à+*inf* 이번에는 내가 …할 차례다」, 「c'est à moi de+*inf* …하는 것은 내 의무·권리다, 내가 …해야 한다」라고 설명하는 사람들이(Noël et Chapsal, *Dict.*, être, note; Gr. Lar, 385) 있으며, 이와는 반대로「…à+ *inf* …해야 한다」, 「…de+*inf* … 할 차례다」라고 주장하는 사람(Lafaye, 63; Larousse, *Gr. Sup.*, 221)도 있다. 관용은 이와 같은 구별을 하지 않는다. 이 두가지 표현법은 혼용되고 있으며, 모두 두가지의 의미를 지닐 수가 있다 (G, 923, 3°):Ton père est ton père… *ce n'est* pas *à* toi *à* le juger. (Mirbeau, *les aff. sont les aff.*) 아버지는 아버지야… 네가 이러니 저러니 해서는 안돼/ Après tout, *c'était à* lui *de* me demander pardon. (Loti, *Yves*) 결국 그가 내게 용서를 구해야겠다/*A* vous *à* faire.(Musset, *Il ne faut jurer…*, II, 2) 당신이 하실 차례입니다/*A* vous *de* jouer capitaine. (Daud, *Contes du Lundi*) 대위, 당신이 할 차례요.

★ 1) à〔de〕+*inf* 는 다같이 논리적인 주어다. 의미가 서로 다른 것은 à, de 때문이 아니라 전후의 문맥 관계에 있다. 따라서 모두「…의 차례이다」라고 해석해서는 안된다. 이런 의미로서는 흔히 c'est 를 생략하며, 또한 단순히 C'est à vous 라고도 한다.

2) Lit 는 à, de 를 사용할 때 뜻의 **구**

별을 설정하기 어렵다고 설명하며, Le B, II, 701 은 à 와 de 의 선택은 자유이며, 특히 euphonie 에 의한다고 한다. 어떤 의미이든 간에 de+*inf* 가 옳다고 하는 Mart, 434, n, 1 의 주장은 지나친 편견이다.
3) 이 표현의 모호함을 피하기 위해서 때로는 다음과 같은 구문에 의존하는 수도 있다: **C'est à lui qu'il appartient de** rompre cette liaison. (Maupass, *Une vie*) 이 관계를 끊는 것은 그의 의무다/**C'est (à) votre tour à〔de〕+***inf*. 이번에는 당신이 …할 차례입니다.

chacun(e) —17 세기까지 chaque 와 병행하여 형용사로 사용되었으나, 근대에 와서는 오로지 대명사, 때로는 명사. 복수의 용법도 소멸되었다.
1° 〖∼ N, N ∼〗관계되는 (대)명사의 성에 일치하고 사람·사물을 개별적으로 나타낸다: ∼*e* de ces dames avait une parure différente. 그 부인들 각자가 다른 장식을 하고 있었다/∼*e* des maisons 그 집들 하나하나/Il vend ses tableaux 50 fr. ∼. 그는 자기의 그림 한폭에 50 프랑에 팔고 있다‖《단독으로 사용되어 tout individu de l'espèce humain 의 뜻》∼ en parle. 누구나가 그것에 관해서 말하고 있다.
2° 〖**chacun** 과 소유형용사〗① chacun 이 주어가 될 때, 또는 관계하는 말이 보어로서 표현되어 있지 않을 때는 son, sa, ses 를 쓴다: ∼ a *ses* défauts. 각자 자신의 결점을 갖고 있다/∼ de nous fera *son* devoir. 우리들 각자는 자신의 의무를 수행해야 한다/Payez à ∼ *son* travail. 각자에게 그 품삯을 지불하여 주십시오.
② 주어 nous, vous 에 관계할 때는 notre, nos, votre, vos 를 쓴다: Nous avons fait ∼ *notre* devoir. (Lar) 우리들은 각자 의무를 수행했다/Vous avez fait ∼ *votre* devoir. ☆ 고어에서뿐만 아니라, 현대에서도 상황보어 앞에서 son, sa, ses 를 쓰는 일이 간혹 있다: Nous nous promenâmes quelques instants, ∼ *de son côté*. (Bordeaux) 잠시동안 각각 산보했다(∼ de son côté 는 관용적).
③ 3 인칭복수에 관계될 때는 son, sa, ses 의 사용과 leur(s) 의 사용 모두가 허용되고 있다. **a)** Ils ont apporté ∼ *leur〔sa〕*part. (H, 168) 그들은 각자 자기몫을 냈다. **b)** Remettez ces livres ∼ à *sa〔leur〕*place. (Lar) 그 책을 각각 제자리에 다시 놓으시오. **c)** Les bons citoyens doivent travailler tous au bien du pays, ∼ selon *ses〔leurs〕* forces et *sa〔leur〕* fortune. (Brachet) 훌륭한 시민은 각자 그 능력과 자력에 따라서 모두 나라를 위해서 일하지 않으면 안된다. **d)** Ils sont montés ∼ sur *son〔leur〕* cheval. (H, 168) 그들은 각자 자기 말을 탔다. ☆ Mart, 167 에 따르면 직접목적보어와 함께 쓰일 때(예 a))는 leur(s) 의 사용이 일반적인 예이며, 직접목적보어의 동격이 될 때(예 b))는 son, sa, ses 가 바람직하고, chacun 의 앞에서 문장이 일단 완결되었을 때(예 c))는 거의 언제나 son, sa, ses 를 쓴다고 한다.

3° 〖**chacun** 과 인칭대명사〗① 넓은 의미로 「사람들 각자」의 뜻의 주어가 될 때는 soi 를 사용:∼ travaille pour *soi*. 각자 자신을 위해 일한다.
② 「특정의 몇사람 각자」의 뜻일 경우. **a)** 주어가 될 때에는 lui 의 사용이 일반적: Après cette conversation, ∼ s'en retourna chez *lui*. (H, 169) 담화가 끝나자 (그들) 각자는 자기집으로 돌아갔다. **b)** 복수(대)명사에 관계될 때는 2°의 소유형용사에 대응하는 대명사를 쓴다: Nous faisons ∼ ce qui *nous* plait. 우리들은 각자 자기 마음에 드는 일을 한다/Ils font ∼ ce qui *lui*(혹은 *leur*) plait. **c)**〖∼ de+N〗주어 chacun 이 보어를 동반할 때는 간접보어에는

lui-même를 쓴다:~ *de* vous pense du bien de *lui-même*. 당신들은 각자 자기 자신을 좋게 생각한다//《위의 예 및 다음과 같은 경우에는 lui, eux 대신에 soi를 쓰는 일도 있다》 Ils retournèrent ~ chez *soi*(⇨soi II, 1°, ③, ★ 3)).
4° 〖**un** ~ (=chacun), **tout**(**un**) ~ (=tout le monde)〗 *Tout un* ~ doit connaitre les règlements de la circulation. 누구나 교통법규를 알고 있어야만 한다. ☆ **sa** ~**e**(=sa bien-aimée)는 chacun과 서로 대립해서 쓰이는 고어. 속담에 남아 있다(~ avec *sa* ~*e* 각자 연인과 함께). 다음 예의 복수는 드물다: ~ aime *sa* ~*e*. —Mais en somme, on pourrait échanger *les* ~*s* et *les* ~*es*. (Beauvoir, *Sang*) 각자가 자기 여자를 사랑하고 있는 거야. —그러나, 결국 각자의 그이, 그녀를 맞바꿀 수도 있을 것이다.

chaleur—les ~s de l'été 여름의 더위/durant les grandes〔fortes〕 ~s 폭서, 삼복더위/fuir les ~s 더위를 피하다/les dernières ~s 노염더위. ⇨pluriel augmentatif.

chambre—un ouvrier en ~ (가게를 내지 않고) 자기 집에서 일을 하는 사람/travailler en ~ 자기 집에서 일하다. ☆「방안에서」의 의미로는 dans을 쓰는 것이 보통: Il travaille dans sa ~. 그는 자기 방에서 일하고 있다.

champion—일반적으로 남성형: Cette équipe est le ~ de France. La France est le ~ de la liberté. 그러나 구어에서 「여자 선수」란 뜻으로는 여성형이 쓰인다: C'est une ~*ne* de tennis 〔de natation〕.

chance—~ de *qc*: Ce projet offre des ~s *de* succès. 이 계획은 성공의 가능성이 있다. ~ de+*inf*: J'ai eu la ~ *de* le rencontrer. 다행히도 그와 마주쳤다/~ que+*subj*: C'est une ~ *qu'*un choc aussi rude n'ait pas *cassé* le vase. 그렇게 강하게 부딪쳤는데도 항아리가 깨지지 않은 것은 다행이다/Bonne ~! 행운을 바랍니다/Pas de ~! 운수 나쁘군.

changement〔변화〕—1° variation이라고도 하는 changement은 언어에서 가장 중요한 특징이다. 어떤 두 시대를 놓고 볼 때, 어느 단어나 단어의 일부 또는 형태론적 수단이 똑같지 않음을 알 수 있다. chevaux는 처음에 〔-aws〕로 발음되다가 〔-o〕로 되었고, soupe는 본래 bouillon을 부은 빵조각을 의미했으나, 지금에는 빵조각과 bouillon을 합친 것이나, 액체만을 지칭하기도 한다. 또 지역에 따라 발음뿐 아니라 말까지 다르기도 하다. 같은 말이나 같은 사투리를 쓰는데도 마을과 마을마다 억양이 다를 수도 있다. 서민층이나 상류사회에서 사용하는 말은 너무도 달라서 말하는 사람의 출신성분을 흔히 짐작할 수도 있다. 또한 말할 때의 상황은 커다란 중요성을 갖기도 한다.

2° 음성변화 changement phonétique란 음 son의 발달과정에서의 다소 빠른 변화들을 말한다. 음성변화는, 음운구조 structure phonologique에 영향을 주지 않고 음소 phonème의 발음법의 단순한 변화를 말하는 본래의 음성변화와, 하나 혹은 여러 음소들이 소멸하거나 출현해서 음소구조 structure phonématique에 변화를 초래하는 음운변화 changement phonique〔phonologique〕로 구별해야 한다. 예를 들면, 고대 영어의 stan〔sta:n〕의 장모음이 현대 영어 stone〔stown〕의 이중모음으로의 변천은 음성변화이지만, 옛 프랑스어의 破擦音 affriquée인〔ts〕,〔dz〕가 현대 프랑스어 마찰음 fricative인〔s〕,〔z〕로 변천한 것은 두 음소〔ts〕,〔dz〕가 소멸되고 cire, sire 같은 동음이의 homonymie 현상을 초래했기 때문에 음운변화인 것이다. ☆ 1822년 Jacob Grimm이 음성변화

의 논리와 규칙을 내놓았고, 50년후 W. Scherer, Hermann Paul 같은 학자들은 음성변화가 불변의 법칙에 따르며, 예외는 유추 analogie 와 차용 emprunt 으로 설명했으나, 그 후의 연구들로, 음성변화는 절대적인 법칙보다는 경향 tendances 에 더 따른다는 점을 보여주었다.

chanteur—여성형은 chanteuse. cantatrice 는 이태리어(<lat. cantatrix)의 차용.

chapitre ⇨nom² IV, 2°.

chaque—1° 〖chaque 와 tout〗 chaque 는 집합체를 개별적으로 나타내고, 개개의 다름을 나타낸다. tout 는 전체 속에서 어느 하나를 떼어내도 같은 성질을 갖는 것을 나타낸다: *Chaque* homme a ses défauts. 사람마다 결점이 있다/*Tout* homme a des passions. 어떤 사람에게도 정열은 있다. ☆다음의 예에서는 위에서와 같은 구별을 할 수가 없다: à *chaque* instant [moment]=à *tout* instant [moment].

2° 〖chaque 와 tous les〗 chaque 가 개별적인 것에 대하여, tous les 는 개개의 전체를 표시하나, tous les 도 일·시를 나타내는 명사 앞에서는 개별적인 뜻을 지닌다: Il vient *tous les* jours(=chaque jour). 그는 매일 온다/Il va *tous les* ans(=chaque année) à la campagne. 그는 매년 시골에 간다/*toutes les* fois que(=chaque fois que) …할 때마다. ☆기수사+명사 앞에서는 tous les 를 쓰는 것이 일반적인 예: Cela arrive *tous les dix ans*. 그것은 10년마다 일어난다(같은 뜻의 *chaque dix ans* 은 현재까지 오용으로 간주되어 왔으나, 속어적으로 문학어에서 차츰 쓰여지고 있다(G, 454, Rem,2)).

3° 〖**entre** ~…〗 ⇨entre ①, c).

4° 〖(à) ~ **fois**〗 ⇨fois 3°.

5° 〖동사의 일치〗 ①〖~ N의 병렬〗 동사는 대부분 단수: ~ homme, ~ femme *a* les préjugés de son sexe. (Lar) 어느 남자나 어느 여자나 그 성에 상응하는 편견이 있다.

②〖~ N+et+~ N〗 3인칭 단수소유 형용사를 사용하는 글에서는 동사가 단수: ~ garçon et ~ fille *aura son* prix. (Mart, 167) 어떤 소년이나 어떤 소녀도 상품을 받을 것이다//(소유형용사가 없을 경우) ~ garçon et ~ fille *aura*〔*auront*〕 *un* prix. (*Ib.*, 326).

6° 속어적 용법에서 chacun 을 대신한다: Ils ont bu leur bouteille ~. (B, 131) 그들은 각자 자기의 병을 마셨다. ☆상업문에서는 흔히 사용한다. Mart, 166 은 물건의 가격을 나타내는 경우 이외에서는 피해야 한다고 설명한다: douze volumes de douze cents pages ~ 각 1200 페이지의 책 12 권.

charmé—~ de+N〔de+*inf*, de ce que+*ind*, que+*subj*〕: J'ai été ~ *de* faire votre connaissance. 당신을 알게 되어 기쁩니다. ~ par …에 정신을 빼앗기다.

charmeur—여성형은 charmeuse. 《고어》 charmeresse.

chasseur—여성형은 chasseuse. 《고어, 문학적》 chasseresse.

châtrain—① 보통은 남·여성 동형. 여성형 ~*e* 도 점차 사용되기 시작했다: une femme ~(*e*) 밤색의 머리털을 가진 여자/sa barbe ~*e* (G, 351) 밤색의 수염. ②복수형은 ~*s* (cheveux ~*s*). 드물게 무변화. ③ 복합어는 무변화: cheveux ~ clair 맑은 밤색의 머리털.

chef—여자에 관해서도 chef. 《속어》 cheffesse.

chemin de fer ⇨à I, 7°.

cher *adj*.—1° 〖N ~ (가격)〗 un immeuble ~ 값비싼 가구/une propriété *chère* 값비싼 토지.

2° 〖~ N(감정적)〗 ~ monsieur, *chère* madame/être ~ à *qn*: Cette vieille maison *est chère à* mes parents. 나의 부모에게는 이 낡은

집은 소중하다.
—*adv.* coûter[payer, vendre, acheter] ~: Ces livres sont rares, je les ai achetés ~. 이 책들은 진본이어서 비싸게 샀다/Ils coûtent ~. 이것들은 값이 비싸다.

chéri—~ de[par] *qn*: Masséna, l'enfant ~ *de* la Victoire (Madelin) 승리의 여신의 사랑을 받는 맛세나.

cheval—여성형은 jument. à ~ (⇨ à, I, 7°).

chèvre—「암산양」(*m.* bouc), 혹은 「산양」(종속명).

chevreau, chevreuil — 여성형은 chevrette.

chez—1° 〖~ N〗 Il demeure ~ son oncle. 그는 아저씨댁에 살고 있다/ C'est ~ lui une vieille habitude. 그에게서는 그것이 오래된 관습이나/ Il en est ainsi ~ (=parmi) les Français. 프랑스인 사이에서는 그렇습니다/Hier, je suis allé ~ le boulanger. 어제 빵집에 갔었습니다/Mon mari travaille ~ Citroën. 내 남편은 시트로엥회사에서 일하고 있습니다/~ les abeilles, le sens social est très développé. 벌에게는 사회성이 비상하게 발달되어 있다/Il y a ~ Pascal des restes de Jansénisme. 파스칼에게는 장세니슴의 잔재가 있다.
2° 〖*prép.*+~〗 Je suis sorti *de* ~ lui. 그의 집에서 나왔다/Je passais *devant* ~ lui. 그의 집앞을 지나갔다/Venez *jusque* ~ moi. 내 집까지 오십시오/Je suis passé *par* ~ lui. 그의 집에 들려 왔다.

chic—〖남·여성동형〗 une toilette ~/ des femmes ~ (=élégantes)/C'est un ~ garçon. 그는 마음씨 좋은 소년이다//(간혹 남성복수형은 쓰임) Les gants sont ~s. (Achard, *Nouv. hist.*) 장갑이 멋있다.

choqué—être ~ que+*subj* …에 분개하다.

chose—1° *n.m.* ou *f.* 이름을 잊어버린 사람·사물을 나타낸다 : monsieur[madame] ~ 아무개씨/le petit ~ 꼬마/Si nous arrêtions chez ~ …tu sais, le fameux patissier…. (Daud, *Jack*) 무어라 했더라… 그래, 저 유명한 과자장수네… 거기 들러볼까.
2° 〖절의 동격〗 Et, ~ qui m'a étonné[~ étrange], il s'est laissé convaincre. 놀라운 것은[이상하게도], 그는 설득당했다(⇨nom² IV, 3°, ①, d)).
⇨autre chose, grand-chose, quelque chose, quoi A, I, 1°.

Christ—[krist]. Jésus-Christ[ʒezykri]는 구교도의 발음. 신교에서는 [ʒezykrist]. Dup는 신교의 이러한 발음은 영국이니 독일사람늘의 영향이라면서, 신교도 전체에 통용되는 것은 아니라고 Félix Bovet의 주장을 인용하고 있다(Dup, 435).

chromo—chromolithographie의 단축. 성은 일정하지 않다. 논리적으로는 여성. Lar는 여성, P. Lar는 남성 혹은 여성이라고 하지만, 남성으로 쓰이는 것이 일반적인 예다.

chuintante—[ʃ], [ʒ] 같은 舌端後齒槽音 postalvéolaire, 또는 前部硬口蓋音 prépalatale인 마찰음 fricative을 말한다. 齒擦音 sifflante인 [s]나 [z]와 다른 점은, 調音點 point d'articulation이 약간 후퇴되고, 입술들은 둥글고 앞으로 내밀게 된다는 것이다. ⇨consonne.

ci-annexé, ci-inclus, ci-joint—1° 〖(대)명사 뒤〗 형용사적인 용법으로 그 성과 수에 일치한다: Je reçois à l'instant la lettre *ci-incluse*. (Chateaubr) 나는 방금 동봉한 편지를 받았습니다/Veuillez prendre connaissance des notes *ci-jointes*. (DFC) 동봉한 메모를 읽어 주십시오.
2° 〖명사 앞〗 ① 부사적인 가치를 지닐 때, 즉 문두에 위치하거나 또는 문중, 동사 뒤에서 관사나 다른 한정사

를 수반하지 않은 명사 앞에 놓일 경우에는 변화하지 않는다: *ci-joint* (la) quittance (DFC) 영수증 동봉/Vous trouverez *ci-inclus* copie de la réponse que je lui ai adressée.(*Ib.*) 내가 그에게 한 답장의 사본을 동봉합니다.

② 문중, 동사 뒤에서 정관사를 수반한 명사 앞에 사용되는 경우에는 변화하는 것이 전통적인 용법이다: J'ai l'honneur de vous transmettre *ci-jointes* la réclamation de M. le capitaine, ma lettre....(Stendhal) 나는 당신에게 함장님의 청원서와 나의 편지를 동봉하는 영광을 가집니다. ☆ 그러나 현대 불어의 경향은 후속 명사의 관사 유무에 관계 없이 부사적인 용법에 의해 변화하지 않는다: Recevez *ci-joint* les documents. (Rob) 그 서류들을 동봉합니다/Vous trouverez *ci-inclus* une copie. (*Ib.*) 사본 하나를 동봉합니다.

ciel—두가지 종류의 복수형 cieux 와 ciels 이 있다.

1° 〖**cieux**〗 통상적인 형태로서 일반적으로 단수형 ciel 의 문학적 변이형에 불과하다: Les *cieux* racontent la gloire de Dieu.(DFC) 하늘은 신의 영광을 이야기한다. ☆ ciels 과 대조적으로 cieux 는 정의적, 종교적 뉘앙스를 지닌 집합명사라고 볼 수 있다: Notre père qui êtes aux *cieux*. (Rob) 하늘에 계시는 우리 아버지시여/*Cieux!*, Ô *cieux!*, justes *cieux!* 어머나! (황홀감이나 고통스러운 놀람을 나타내는 감탄).

2° 〖**ciels**〗 다수의 실재 또는 다수의 양상을 나타낸다. ① 그림으로 표현된 하늘: Ses *ciels* surtout m'avaient frappé à cause de leur transparence et de leur légèreté.(Baudel) 그가 그린 하늘들은 특히 그 투명함과 가벼움 때문에 나에게 강한 인상을 주었던 것이다.

② 하늘의 상태, 양상: Chevrier était habitué à décoller (...) avec des *ciels* gris.(J. Koy) 슈브리에는 흐린 하늘과 더불어 이륙하는 데 익숙해져 있었다.

③ 다음과 같은 표현에 사용된다: *ciels* de lit 침대의 天蓋/*ciels* de carrière 갱도의 천장.

3° 다음과 같은 경우에는 두가지 형태가 다 쓰인다: ① ciel 이 sphère concentrique 의 의미를 지닐 때: Tous ces *ciels* étaient supposés solides. (Lit) 이 모든 天球들은 고체라고 생각되고 있었다/les *cieux* des planètes (Ac) 유성의 천구들.

② ciel 이 climat, pays 의 의미를 지닐 때: un de ces *ciels* perfides qui caressent et brûlent la peau tendre des citadins (France) 도시인들의 연한 피부를 어루만져 주며 또한 검게 태워주는 이 믿을 수 없는 기후중의 하나/Il voulait aller vivre sous d'autres *cieux*. (DFC) 그는 다른 나라에 가서 살기를 원하고 있었다.

cinq—〖발음〗① 자음이나 유성 h 로 시작되는 복수형 앞에서 [sɛ̃]: *Cin(q)* puissances disposent à l'O.N.U. du droit de veto.(GLLF) 5대강국이 유엔에서 거부권을 가지고 있다. ②기타의 경우 [sɛ̃k]: espace de *cinq* ans (Rob) 5년이라는 기간/Rangez vous par *cinq*. (GLLF) 다섯씩 정렬하라.

circonspect—〖발음〗[siʀkɔ̃spɛ] 또는 [siʀkɔ̃spɛkt].

① 〖N ∼〗 Nous gardions un silence ∼. (DFC) 우리들은 신중한 침묵을 지키고 있었다. ② 〖∼〗 Il n'est pas assez ∼ dans le choix de ses amis.(Rob) 그는 친구의 선택에 있어서 별로 신중하지 못하다.

circonstanciel ⇨complément circonstanciel. proposition ∼*le*=prop. adverbiale.

cisaille(s)—1° de la ∼ d'argent 은부스러기.

2° caedere(=tailler)의 과거분사.

caesus와 도구를 나타내는 접미사 -aculum 으로 형성된 caesaculum 의 latin populaire형태인 cisaculum에서 유래. ① ~ de tôlier 철판제조인의 재〔절〕단기. ② cisailles 는 「(쇠붙이를 자르거나 나뭇가지를 치는) 큰 가위, 전정가위」: ~s de zingueur 〔de jardinier〕 아연공의 가위〔정원사의 전정가위〕.

ciseau—1° 〖단수〗① ~ de menuisier〔de marbrier〕목수〔대리석공〕의 끌/~ à froid (금속용)정. ② La gaze de Céos et les autres voiles, que les satiriques appelaient des nuages, n'étaient jamais imités par le ~. (Chateaubr) 풍자 시인들이 구름이라고 부르던 세오스의 천과 다른 베일들은 한번도 조각에 의해 모방된 적이 없었다. ③《프로 레스링 용어》다리조이기.

2° 〖복수〗① 가위:~x de couturière〔de chirurgien〕양재사〔외과의사〕의 가위/~x de la censure 글 구절을 삭제하는 검열관의 행위. ②(무용, 수영, 체조 등에서)벌렸다 오무렸다 하는 다리운동.

clair adj. —〖N ~, ~ N〗 Dans les herbages paissaient des bestiaux à robe ~e.(Romains) 풀밭에서 연한 털빛의 가축들이 풀을 먹고 있었다/au fond de l'antre, empli d'un murmure d'eau.(Samain) 맑은 물소리로 가득찬 동굴 속에서. ☆ clair가 색깔을 나타내는 단어 뒤에 올 때는 그 형태가 변화하지 않는다:des tissus bleu ~ 하늘색 천들. *Il est ~ que*+ind〔*subj*〕:*Il est ~ qu'*elle a tort. 그녀가 잘못인 것이 분명합니다/*Il n'est* pas ~ *qu'*elle ait〔*qu'*elle a〕tort. 그녀의 잘못인지 분명치 않다.

—adv. Il fait ~. 날이 밝는다/voir ~ 똑똑히 보다, 이해하다/semer ~ 성기게 씨를 뿌리다/parler ~ 또렷또렷한 목소리로 말하다, 솔직하게 말하다.

—n. le ~ de lune bleu baignait l'horizon. (Hugo) 지평선을 비추고 있던 푸른 달빛. au ~ de (la) lune (=à la lumière de la lune).

clin—오늘날은 clin d'œil 란 표현에서만 사용된다:Dès qu'il l'aperçut dans la foule, il lui fit un ~ *d'œil*. (DFC) 그는 그를 군중 속에서 발견하자마자 그에게 눈짓을 했다//《복수인 경우에는 clins d'œil와 clins d'yeux 의 두가지 형태로 사용》 de rapides ~s *d'œil* (Jaloux) 빠른 눈치들/répondant aux ~s *d'yeux* (Gautier) 눈짓에 답하면서.

en un ~ d'œil(=très vite): Il disparut *en un ~ d'œil*. 그는 눈 깜짝할 사이에 사라졌다.

cochon—1°「더러운 사람, 불성실한 사람, 점잖지 못한 사람」이란 뜻으로 일상어와 특히 속어에서 많이 쓰인다: Il m'a joué un tour de ~. 그는 나에게 치사한 수작을 했다/C'est une ~ne. 체신없는 여자이다, 갈보이다/Eh bien! mon ~《아주 재수가 좋거나 뱃장 좋은 사람에게 경탄하여 쓰는 말》/des trucs ~s 추잡한 장난/Ce n'est pas ~(=Ce n'est pas mal). 쓸 만하다. 2° porc의 속어(f. truie). 종속명으로 쓰인다.

coco adj. —고어 rococo 의 약어. 「구식의(=démodé)」: Et l'abat-jour, est-il assez ~? (Donnay) 그런데 전등갓은 꽤 구식이냐?

—n.m. ①「도깨비」를 의미하는 포르투갈어의 cocho에서 유래. ② noix de ~, ~《고어》「야자의 열매」:des gâteaux à la *noix de* ~ 야자 열매로 된 과자.

coi—다음과 같은 표현에서만 쓰인다. *rester*〔*demeurer, se tenir*〕~ (=rester sans bouger ni parler): L'élève qui avait reçu cet avertissement *se tint* ~ pendant toute la fin du cours. (DFC) 이 경고를 받은 학생은 수업이 끝날때 내내 잠

자코 움직이지 않았다. ***en rester*** ~(=rester muet de stupéfaction) 어리둥절하여 말이 막히다. ☆현재 사용되고 있는 여성형 coite 는 18세기에 출현했고 그 이전에는 coie 로 쓰였다.

collectif ⇨nom collectif.

combien—1° 동사, 형용사, 과거분사, 부사를 수식하는 부사. ① 감탄문이나 의문문에서 양이나 강도를 나타낸다(=quel prix, à quel point). **a)**〖감탄문〗 Si vous saviez ~ je l'aime! 내가 그를 얼마나 사랑하는지 당신이 안다면 좋을 텐데!/~ rares sont les gens désintéressés! 무사무욕한 사람들은 얼마나 드문가!/Ces paroles (...) prouvaient ~ elle était occupée de mon avenir. (Balzac) 이 말은 그녀가 내 장래에 대해서 얼마나 골몰하고 있었는가를 증명해 주고 있었다/~ facilement il se console! 얼마나 손쉽게 그는 마음을 달래는가! **b)**〖의문문〗 ~ coûte ce livre? 이 책은 값이 얼마인가?/~ mesure〔pèse〕cet enfant? 이 아이는 키〔무게〕가 얼마나 나갑니까?

② **Ô combien**(=très, extrêmement)은 문중에서 그가 수식하는 형용사나 부사, 또는 동사의 앞이나 뒤에 삽입된다:Nous avons regretté, ô ~! votre absence. 우리는 당신이 없어서 무척 섭섭했습니다/Il eût été, ô ~! préférable de ne rien dire. 아무 말도 안하는 편이 훨씬 더 나았을 것이다.

2° 〖**combien de**+N(단수·복수)〗① 〖의문문〗(=quel nombre de, quelle quantité de): ~ *d*'invités sommes-nous? 우리들은 몇이나 초대받았습니까?/Je me demande ~ *de* personnes répondront à cette invitation. 나는 몇 사람이나 이 초대에 응할지 자문해 본다/~ *d*'argent vous faut-il? 당신에게 돈이 얼마 필요합니까? ★「~ de+N」가 직접목적보어일 경우나 비인칭동사의 보어일 경우 de+N 은 동사 뒤에 위치할 수도 있다: ~ *de* livres a-t-il?(=~ a-t-il *de* livres?) 그는 책을 몇 권이나 가지고 있습니까?/~ *de* gens a-t-il vus? (= ~ a-t-il vu *de* gens?) 그는 몇 사람이나 보았습니까?《이 경우 복합시제에서 과거분사의 일치에 주의》. ②〖절대적 용법〗「de+명사」의 생략형: ~ (=~ d'hommes) sont venus? 몇사람이나 왔습니까?/A ~(= ~ d'argent) vous revient votre villa? 당신은 당신의 별장에 비용을 얼마나 들였습니까?/Depuis ~ (= ~ de temps) ne nous sommes-nous pas vus? 우리가 서로 못 본 지 얼마나 되었습니까?

③ 〖감탄문〗(=quel nombre important): ~ *de* fois ne lui a-t-on pas répété! 얼마나 여러번 그에게 반복하지 않았던가!

3° 〖**le combien**〗① 〖순위〗 *Le* ~ es-tu dans ta classe? (=Quel est ton rang de classement?) 너는 너의 반에서 석차가 어떻게 되느냐?

② 〖날짜〗 *Le* ~ sommes-nous aujourd'hui?(=Quel jour du mois sommes-nous?) 오늘은 며칠 입니까?

③ 〖빈도〗 Tous *les* ~ passe l'autobus? 몇 분마다 버스가 지나갑니까?

comme *adv.*—1° 〖의문문〗(=comment). ①《고전 불어》직접, 간접의 문제에 사용된다:~ est-ce qu'on s'y porte? (Mol) 어떻게 건강하십니까?/Mais Rome ignore encor ~ on perd des batailles. (Corn) 그러나 로마는 아직도 어떻게 해서 싸움에 지는가를 모르고 있다.

②《현대불어》간접 의문문에서의 사용은 아직도 가능하나 낡은 용법이다:Vous voyez ~ il faut qu'on gouverne. (Gide) 어떻게 통치해야 하는가를 당신은 봅니다.

2° 〖감탄문〗(=de quelle façon, à quel point):~ il vous a traité! (Bataille) 그가 당신을 그렇게 취급

했다니 !
Dieu sait ~ (=Dieu seul sait comment, on ne sait comment)《종종 경멸적 가치를 지닌다》:Ce travail a été fait *Dieu sait* ~! 이 일은 어떻게인지 이루어졌다 !
3° 〖명사나 형용사 앞에서〗(=en tant que, en qualité de).
① 〖무관사 명사 도입〗 Il est très bon ~ acteur, mais non ~ chanteur. 그는 배우로서는 아주 훌륭하나 가수로서는 그렇지 못하다.
② 〖형용사 속사 도입〗 Je considère cette promesse ~ sacrée.(Maurois) 나는 이 약속을 신성한 것으로 간주한다.
~ *tout*(=extrêmement) 《형용사에 최상급의 가치를 부여》:Il est gentil ~ *tout*. 그는 아주 상냥하다.
─*conj*. I.〖비교〗 1° (=de la même façon que):《주절 뒤》 Elle tira ses bas ~ on écorche un lapin.(Giono) 그녀는 토끼 가죽을 벗기듯 양말을 잡아당겨 벗었다/《주절 앞》 ~ un rayon de soleil répand sa clarté sur un sombre nuage, la bonne humeur illumine et transforme les pensées noyées de brume. 햇빛이 어두운 구름 위에 환히 비추듯이 명랑한 기분은 우울에 잠긴 생각들을 환히 비추고 변화시킨다/《생략적》 Les trois copains vibraient ~ une maison de Paris quand passe un autobus.(Romains) 버스가 지나갈 때 파리의 집이 떨리듯이 세명의 친구들이 감동으로 떨고 있었다.
2° **comme si** 는 가정적인 사실에 대한 비교. ① 주절의 시제가 현재나 미래일 경우. **a)**〖~ si+직설법 반과거〗《동시성》 L'homme doit agir ~ s'il pouvait tout, et se résigner ~ s'il ne pouvait rien. (Maistre) 인간은 마치 그가 모든 것을 할 수 있는 것처럼 행동해야 하고 또한 아무 것도 할 수 없는 것처럼 포기해야 한다. **b)**〖~ si+직설법 대과거〗《과거, 완료》 Tu as une mère qui t'aimera ~ *si* elle t'avait mis au monde. (Sand) 너는 너를 낳아준 것처럼 너를 사랑할 어머니가 있다.
② 주절의 시제가 과거일 경우. **a)**〖~ si+직설법 반과거〗《동시성》 Les poteaux des postes ronflaient ~ *si* l'on télégraphiait de tous les cantons à la fois, pour se féliciter d'un si bel après-midi.(Giraudoux) 마치 이렇게 아름다운 오후를 축하하기 위해서 모든 지역에서 동시에 전보를 치는 것처럼 전신주가 윙윙 소리를 내고 있었다. **b)**〖~ si+직설법〔접속법〕 대과거〗《과거에 있어서의 과거, 완료》 Les chevaux fumaient dans la lumière du fanal ~ *si* on les avait baignés d'eau bouillante.(Giono) 말들은 마치 끓는 물로 목욕을 시킨 것처럼 신호등의 불빛 속에서 김을 발산하고 있었다/Toutes les cinq, elles étaient vêtues d'une même robe de toile à carreaux bleus et blancs, ~ *si* elles eussent porté un uniforme. Bosco) 다섯 명이 모두 마치 제복을 입기라도 한 것처럼 파랗고 하얀 바둑판 무늬가 있는 똑 같은 베옷을 입고 있었다.
③ ~ si…!는 감탄적 독립절로서 거절이나 항의를 나타낸다:~ *si* j'avais le temps!(=Vous savez bien que je n'ai pas le temps.) 내가 어디 시간이 있어야지 !
~ *si de rien n'était*(=sans paraître y attacher d'importance): Allons, oubliez votre querelle, et serrez-vous la main ~ *si de rien n'était*. 자, 당신들의 싸움을 잊으시오. 그리고 아무 일도 없었던 것처럼 악수를 하십시다.
3° 〖유사성을 나타내는 comme〗 ~ *qui dirait* 《외부적 유사성》: C'est une fine poudre blanche, ~ *qui dirait* de la farine. 그것은 밀가루같이 보이는 하얀 고운 가루다. ***C'est***

tout ~ (=C'est exactement la même chose): Il n'a pas encore signé le contrat, mais *c'est tout* ~. 그는 아직 계약서에 서명하지 않았다. 그러나 마찬가지다.
4° 《고전불어》동등비교의 두번째 사항을 도입하는 데 사용되었다: Qu'il fasse autant pour soi ~ je fais pour lui.(Corn) 내가 그를 위하여 하는 것만큼 그가 자신을 위해 했으면. ☆현대 불어에서는 이러한 어법은 속되고 부정확한 것으로 간주되며 이런 경우 que 를 사용한다.
5° 비교의 의미의 약화로 인해 단순한 등위연결에의 가치를 지닐 수 있다: L'une ~ l'autre gardent peu de loisir disponible pour l'aventure. (M. Prévost) 둘 다 모험을 위한 한가한 시간을 별로 지니고 있지 못하다.

II. 〖양태〗 1° (=de la façon que): Agissez ~ il vous plaira. 당신 좋으실 대로 행동하시오.
① 〖~ **il faut**〗 **a)**《부사적》(=comme il convient, bien): Faites votre travail ~ *il faut.* 일을 제대로 하십시오. **b)**《형용사적》(=de la bonne société, distingué): une personne très ~ *il faut* 아주 품위있는 사람.
② 〖**quelque chose** ~, ~〗(=pour ainsi dire): Ça coûte *quelque chose* ~ deux cents francs. 그것은 값이 200 프랑 가량이다.
2° 〖명사나 대명사 앞〗(=du même genre que, tel que): Un homme ~ lui est incapable d'une mauvaise action. 그와 같은 사람은 나쁜 행동을 할 수 없다.
3° 〖~ **quoi**〗 ① 《고어투》(=de quelle manière, comment): Vous savez ~ *quoi* je vous suis tout acquise. (Corn) 당신은 내가 어떻게 해서 당신에게 완전히 헌신하게 되었는가를 압니다.
② 《현대불어》(=d'où il suit que): Il a fait très beau aujourd'hui, ~ *quoi* tu n'avais pas besoin de t'encombrer d'un parapluie. 오늘은 날씨가 무척 좋았다. 그러니 너는 우산을 귀찮게 가지고 다닐 필요가 없었다.

III. 〖원인〗 1° 〖주절 앞〗 ~ le loup savait bien qu'il mangerait la petite chèvre de M. Seguin, il ne se pressait point.(Daud) 늑대는 자기가 스갱씨의 어린 염소를 잡아먹으리라는 것을 잘 알고 있었기 때문에 조금도 서두르지 않고 있었다.
2° 〖~ N〗 ~ chef de l'expédition, c'est à lui de décider. 그가 원정대의 우두머리이니까 결정할 의무가 있다.
3° 〖~ + *adj.*〗 Il l'a congédié ~ trop paresseux. 그는 그가 너무 태만했기 때문에 해고했다.
4° 〖~ + 분사〗 En 1802, Lucien donna une fête; j'y fus invité, ~ ayant rallié les forces chrétiennes. (Chateaubr) 1802 년에 뤼시앵은 축연을 베풀었다. 나는 기독교 세력을 가맹시켰기 때문에 거기에 초대를 받았다.
5° 〖형용사〔분사〕+~+절〗 Paresseux ~ il était, il lâchait le travail. 그는 게을렀기 때문에 일을 소홀히 다루고 있었다.

IV. 〖시간〗 직설법 반과거로 된 시간절 도입.
1° 다른 행동이 일어나고 있는 순간에(단순과거나 복합과거로 된 주절의 동사에 의해 표현됨) 진행되고 있던 행동이나 상태를 나타낸다: ~ le soir tombait, l'homme sombre arriva. (Hugo) 해가 저물어 가고 있을 때 그 침울한 남자가 도착했다.
2° 동시성을 나타낸다: Le téléphone a sonné juste ~ j'entrais dans mon appartement. 내가 아파트에 들어가는 바로 그 순간에 전화가 울렸다.
☆《고어투》 lorsque 의 의미로 단순과거나 전과거와 함께 쓰임: ~ il fut sorti de Delphes(...), les Delphiens

comment accourrurent. (La Font) 그가 멜포이에서 빠져 나왔을 때 멜포이 사람들이 달려왔다.

comment *adv.* —1° 〖양태나 수단〗 ① 〖직접의문〗「~+주어의 도치」: ~ allez-vous? 당신은 어떻게 지내십니까?/~ est-ce qu'il a pu entrer? 어떻게 그가 들어올 수 있었느냐? ② 〖간접의문〗 Vous m'expliquerez ~ vous avez réussi ce coup. 당신은 어떻게 이 일을 잘 해내었는지 나에게 설명해 주시오. ③ 〖생략적〗~? (=~ dites-vous?)는 상대방에게 이미 한 말을 되풀이해 주기를 요청하는 데 사용된다. 2° 〖감탄적 용법〗 놀람이나 분노를 나타낸다:~! je vous comble de gentillesses et vous me remerciez par des injures! 뭐라고요! 나는 당신에게 친절을 한껏 베푸는데 당신은 나에게 욕설로 감사하다니!/~! vous avez déjà terminé votre travail? 뭐라고요! 당신은 벌써 일을 끝마쳤습니까? 3° 〖속어법〗 *Et ~!* 《강한 긍정》(=assurément):Tu parles bien le français.—*Et ~!* (Dorgelès) 너는 불어를 잘 한다. —그렇고 말고. ~ *que* 《의문이나 감탄》: ~ qu'il a fait? 그가 어떻게 했느냐?/~ qu'on l'a possédé! 어떻게 그를 홀려 놓았는가! ∥ (=de quelque façon que): Toutes ces gardes, ~ qu'elles soient établies, ne sont pas difficiles à passer. (Courier) 이 보초들이 모두 어떠한 방식으로 배치되어 있건 간에 슬쩍 통과하기는 어렵지 않다. ~... *que*(=de quelle autre façon...que):~ réparerez-vous vos plaisirs illicites qu'en vous abstenant? (Massillon) 삼가는 것 이외에 어떠한 다른 방법으로 당신은 불법적인 쾌락을 속죄할 것입니까? *n'importe ~:* Il travaille *n'importe ~.* 그는 아무렇게나 일한다.

—*n.m.* Il ne s'intéresse pas au ~, il ne voit que le résultat. (DFC) 그는 방법에는 흥미가 없다. 결과만을 본다.

commode—〖N ~〗 un outil ~ 편리한 도구/un mari ~ 관대한 남편∥〖~〗 Cette porte à coulisse n'est pas ~. 이 미닫이 문은 편리하지 않다∥~ pour qn〔qc〕:Ce fauteuil est ~ *pour* les malades. 이 안락의자는 환자들에게 편리하다.

commun—① 〖N ~〗 《일반적》 Ces choses sont d'un usage ~. 이것들은 공용이다. ② 〖~ N〗 《예외적》 *d'un ~ accord* 〔*d'une ~e voix*〕: D'un ~ accord, les patrons et le syndicat déclarent ceci. 고용주들과 조합이 만장일치로 다음과 같은 것을 선언한다.

compagnon—여성형은 compagne. 그러나 때때로 익살스러운 의도에서 compagnonne 라는 형태를 사용하기도 했다.

comparable—~ à qc:Cette nouvelle a produit sur lui un effet ~ à celui d'un coup de matraque. (DFC) 이 소식은 그에게 곤봉으로 치는 것과 비교할 만한 효과를 일으켰다.

comparatif ⇨degré de signification 1°.

comparative (proposition) 〖비교절〗—I. 〖평행체계〗《독립절+독립절》 상관어 mots corrélatifs 의 사용으로 인해 두 절의 형태는 동일하나 첫 번째 절이 비교종속절이고 두번째 절이 주절에 해당된다. 다음과 같은 상관어의 사용을 볼 수 있다. plus〔moins〕...plus〔moins〕, autant〔aussi〕...autant〔aussi〕, meilleur...meilleur, mieux...mieux, tel...tel: *Plus* l'art est libre, *plus* il s'élève. 예술이 자유로우면 자유로울수록 더욱 높이 올라간다/*Plus* il fait froid, *moins* le charbon arrive, car les canaux sont gelés. 날씨가 추우면 추울수록 석탄은 점점 덜 도착한다. 왜냐하면

운하가 얼어 있기 때문이다/*Moins* vous venez, et *moins* on pense à vous. 당신이 오지 않을수록 점점 덜 당신을 생각하게 된다/*Moins* nous sommes sensibles à la perte d'un parent et *plus* il importe d'outrer les marques extérieures de notre deuil.(Mauriac) 우리는 친척을 여읜 데 대해 애통하지 않으면 않을수록 더욱 슬픔의 외부적인 표시를 과장할 필요가 있다/*Autant* Bernard est entreprenant, *autant* Lucien est timide.(Gide) 베르나르가 과감한 만큼 루시엥은 소심하다/*Plus* vous serez attentifs, *mieux* vous comprendrez. 당신들이 주의 깊으면 깊을 수록 더 잘 이해할 것입니다/*Tels* ils étaient alors, *tels* je les vois aujourd'hui.(Duham) 그때 모습 그대로인 그들을 나는 오늘 본다. ☆이런 표현법은 종종 생략적으로 격언에서 많이 사용된다:*Tel* père, *tel* fils. 그 아버지에 그 아들, 부전자전. ⇨proposition.

II.〖접속사절〗1° 상관어에 의해 예고되는 경우. 주절 뒤에 위치하는 비교절은 que에 의해 도입되며 주절 내에서 상관어에 의해 예고된다.

① 〖동등관계〗 **a**) 〖정도나 양〗 *aussi ... que, autant que* ((aussi는 형용사나 부사 앞에서 사용되며 autant은 동사 뒤에 사용된다)): Le prince fut *aussi* vite calmé *qu*'il avait été irrésistiblement enivré. (G. Ohnet) 왕자는 억제할 수 없게 도취되었던 것만큼 빨리 진정되었다/Il estime Rodrigue *autant que* vous l'aimez.(Corn) 당신이 로드리그를 사랑하는 만큼 그는 그를 존경합니다. ☆주절과 비교절의 공통요소, 즉 주절에서 상관어에 의하여 보충되는 요소는 비교절내에서 종종 중성지시대명사 le에 의해 대리 반복된다: C'est une aventure *aussi* triste pour moi *que* celle des moulins à vent *le* fut pour Don Quichotte.(Mérimée) 풍차의 모험이 동키호테에게 그랬던 것 만큼 그것은 나에게 슬픈 모험이다. *si...que, tant que* ((주절이 부정형인 경우 aussi...que, autant que 대신으로 사용됨)):On n'est jamais *si* heureux ni *si* malheureux *qu*'on pense.(La Rochef) 우리는 절대로 우리가 생각하는 것 만큼 행복하지도 불행하지도 않다.

b) 〖동일성이나 질〗 *le même...que, tel que:* Il peint avec *la même* sécheresse *qu*'il parle. 그는 말을 할 때와 같이 무감각하게 그림을 그린다/Il est resté *tel que* nous l'avons connu. 그는 우리가 전부터 알고 있었던 그대로였다.

② 〖부등관계〗 **a**) 〖정도나 양〗 *plus* 〔*moins, mieux, pis, meilleur, moindre, plutôt*〕...*que* ((부등관계는 보통 비교절의 동사 앞에 사용되는 ne(ne expressif)에 의해 강조)): Paris était alors *plus* aimable *qu*'il n'est aujourd'hui. (France) 파리는 오늘날보다 그 때가 더 사랑스러웠다//(여기에서도 동등 비교에서와 마찬가지로 le의 사용을 볼 수 있다)) Elle est *moins* riche *que* je ne (*le*) croyais. 그녀는 내가 생각했던 것보다 덜 부유하다//((부정형이나 의문형 주절 뒤에서 ne의 사용은 임의적이기는 하나 보다 드문 편이다))Paris n'était *pas plus* aimable *qu*'il l'est aujourd'hui. 파리는 오늘날보다 더 사랑스럽지는 않았다.

b) 〖동일성이나 질〗 *autre...que, autrement que*((ne와 le의 사용이 보통이다)):Il m'a donné *autre* chose *que* je n'aurais voulu. 그는 내가 원했던 것과는 다른 것을 나에게 주었다/Il a répondu *autrement que* je ne l'aurais fait. 그는 내가 대답했을 것과는 다르게 대답했다.

2° 〖상관어가 없는 경우〗 비교절은 comme, ainsi que 《문학어》, de même que《문학어》에 의해 도입되며

주절에 선행하거나 후행한다. 敍法으로는 직설법, 경우에 따라서는 조건법이 요구된다:Il me regardait un peu *comme* on regarde un fauve en cage.(DFC) 사람들이 우리 속에 있는 야수를 들여다보기라도 하듯 그는 나를 쳐다보고 있었다/ *Comme* il sonna la charge, il sonne la victoire. (La Font) 그는 종을 울려 공격을 알렸던 것처럼 승리를 알린다. ☆교육적인 문체나 고어체에서는 비교절이 문두에 오는 경우 ainsi 나 de même 와 같은 부사가 상관어로서 주절에 나타날 수 있다:*De même qu*'il y a en Balzac autre chose qu'un réaliste, *ainsi* George Sand ne s'est pas confinée dans le pur idéalisme.(Lanson) 발자크에게 사실주의자 이외의 다른 것이 있는 것과 마찬가지로 조르주 상드는 순수한 이상주의에만 침거하지는 않았다.
3°〖비례적 진행을 나타내는 경우〗정도의 개념에 비례의 개념이 첨가되면 원인관계가 성립됨을 볼 수 있다. *d'autant plus〔moins〕...que... plus〔moins〕, à mesure que, au fur et à mesure que*:La déception fut *d'autant plus* rapide *que* l'espoir avait été *plus* grand.(Troyat) 희망이 컸었던만큼 실망은 더욱 더 빨랐다; 희망이 컸었기 때문에 실망은 더욱 더 빨랐다/*A mesure qu*'on s'approchait de l'eau, le sable devenait plus dur.(Troyat) 물에 가까이 감에 따라 모래는 점점 단단해졌다.

complément [보어]—명사구 syntagmes nominaux 나 절이 직접목적, 간접목적, 상황사 circonstants 로 쓰여 문장의 연사 syntagmes 의 의미를 보충하는 기능 전체를 말한다.
1° 보어와 동사 사이의 의미관계의 성질과 동사가 전치사로 유도되느냐에 따라 관계보어 complément de relation(피보충어는 관계의 뜻을 담고 있고 보어는 이 관계의 대상이 된다: le constructeur *de l'immeuble*), 한정보어 complément de détermination(보어가 피보충어를 명확히 해준다: le chapeau *de Pierre*), 직접목적보어 compl. d'objet direct(Pierre lit *un livre*), 간접목적보어 compl. d'objet indirect(Pierre obéit *à ses parents*), 상황보어 complément circonstanciel(Pierre est *à la maison*)라 한다. Pierre affirme qu'il viendra demain 같은 글에서, que 절의 기능은 affirme 의 보어 명사구의 기능과 같다.
2° 동사구 syntagme verbal 에서 필수적 성분을 술어적보어 complément prédicatif 라 한다(이 때 동사는 연결사 copule 임). 술어적보어는 형용사(Pierre est *heureux*)나 명사구 syntagme nominal(Pierre est *un ingénieur*)이다.
3° 비인칭 동사(구) 뒤에 오는 séquence 로서 전통문법에서 진주어 sujet réel 라 부르는 것을 주어의 보어 complément de sujet 라 한다. Il est arrivé un malheur 에서 malheur 는 주어의 보어(혹은 est arrivé 의 진주어)가 된다.

complément circonstanciel [상황보어]—동사가 표현하는 상태나 동작이 전개되고 있는 상황을 나타낸다. 따라서 동사의 의미에 직접 관련되나(Il est venu *hier*.) 문장 전체에 관련되는 경우도 종종 있다. 특히 부사가 그러한데 이 경우 문의 부사 adverbes de phrase 라고 부르기도 한다:Il n'avait *malheureusement* pas pris son violon. 불행하게도 그는 바이올린을 가져오지 않았었다.
1°〖상황보어의 형태〗①〖전치사+(대)명사〗Le lieutenant marchait *devant ses hommes*. 육군 중위는 부하들 앞에서 걸어가고 있었다.
②〖(대)명사〗Ma mère fermait le magasin *le dimanche*. 나의 어머니

는 일요일이면 상점을 닫곤 하셨다.
③〖부사〗Il parle *bien*. 그는 말을 잘 한다.
④〖형용사〗a) 일치하는 경우 : Elle court *légère*. 그녀는 경쾌하게 달린다. b) 불변하는 경우:Ils boivent *sec*. 그들은 물을 타지 않고 술을 마신다.
⑤〖동사〗a) 동명사((en 과 함께)):*en venant* 오면서. b) 부정법((en 이외의 전치사와 함께)):*pour venir* 오기 위해서.
⑥〖((대)명사+전치사+(대)명사; 명사+형용사〔과거분사〕)〗:Il avançait *les mains dans les poches*. 그는 손을 호주머니에 넣은 채 앞으로 나아가고 있었다/Elle marchait *la tête baissée*. 그녀는 머리를 숙이고 걸었다.
2°〖상황보어의 위치〗비교적 자유스러운 편이나 동사가 나타내는 동작의 상황을 표시해 주는 만큼 동사 뒤에 위치하는 것이 보통이다. 직접목적보어가 있는 경우에는 그 뒤에 위치한다(Il pose la lampe *sur la table*.). 그러나 직접목적보어가 길 경우에는 이에 선행한다(Elle me montra *dans la vitrine* un magnifique bracelet.). ☆복합시제인 경우 다음과 같은 부사들은 조동사와 과거분사 사이에 위치:수량 부사(Il a *beaucoup* dormi.), 양태 부사(Il a *bien* travaillé.), 그리고 몇몇 시간 부사들 (aussitôt, bientôt, déjà, encore, ensuite, jamais, quelquefois, toujours:J'ai *déjà* lu ce livre.).
3°〖의미에 의한 상황보어의 분류〗
①〖시간 상황보어〗Je me baigne *en été*. 나는 여름에 해수욕을 한다/J'ai manqué l'école *quinze jours*. 나는 2주 동안 학교에 결석했다.
②〖장소 상황보어〗Je suis *à Paris*. 나는 파리에 있다/Je vais *à Paris*. 나는 파리에 간다/Je reviens *de Paris*. 나는 파리에서 돌아온다/Je passe *par Paris*. 나는 파리를 거쳐 간다.
③〖원인 상황보어〗Je grelotte *de froid*. 나는 추위서 떨고 있다.
④〖목적 상황보어〗Il faut manger *pour vivre*. 살기 위해서 먹어야 한다.
⑤〖양태 상황보어〗Il travaille *avec zèle*. 그는 열심히 일한다/Il se promène *nu-tête*. 그는 모자를 쓰지 않은 채 산책한다.
⑥〖수단 상황보어〗Je travaille *avec une bêche*. 나는 삽으로 일한다.
⑦ 이 이외에도 문법학자에 따라 더 세밀한 분류가 가능하다:〖동반 상황보어〗Je travaille *avec mon* père. 나는 아버지와 함께 일한다//〖대립 상황보어〗L'enfant s'irrite *contre un morceau de bois*. 어린이는 나무조각에 대해서 화를 내고 있다//〖양보 상황보어〗*Malgré la guerre et tous ses maux* nous aurons de belles surprises.(Apollinaire) 전쟁과 그 모든 불행에도 불구하고 우리들은 뜻밖에 좋은 일들을 경험할 것이다//〖측량, 중량, 가격 상황보어〗Ce phare mesure *quatre-vingts mètres*. 이 등대는 길이가 80미터이다/Il pesait *cent deux kilos*. 그는 무게가 102킬로였다/Le cortège seul coûterait *près de 200,000 francs*. (Zola) 행렬만으로도 비용이 거의 200,000 프랑 들 것이다.

complément d'objet [목적보어]─
1° 전통문법에서는 주어가 하는 동작을 받는 사람이나 사물을 가리키는 명사구 syntagme nominal 를 말한다:Il lit un livre./Il serre la main.
① 타동사의 보어 명사구 앞에 전치사가 오지 않으면 직접목적보어 compl. d'objet direct:Il lâche la corde.
② à 나 de 가 앞에 온 것을 간접목적보어 compl. d'objet indirect(La grêle a nui aux récoltes.)라 한다. 간접목적보어 앞에 놓이는 전치사는 어휘적 가치는 없다.
③ 때때로 아래와 같은 타동사의 직접

목적보어만을 목적보어로 취급하기도 했다: **a**) 명사구의 치환 permutation 불가능성(L'enfant lit le livre.→*Le livre l'enfant lit). **b**) 수동태 가능 (Le livre est lu par l'enfant.). **c**) 의문형(Que lit l'enfant?). **d**) 대명사화 pronominalisation(Il le lit.).
2° 그 자신이 동사가 표현하는 행위를 나타내거나(Il vit une vie agréable.) 자동적 동작 action intransitive 의 결과를 나타내는 목적보어를 동족목적어 objet interne 라 한다.

composition [합성법]—基形 forme de base에 접사 affixe 를 교착시킴으로써(또는 접사를 삭제하거나 교체시켜) 새 어휘 요소를 생성하는 파생법 dérivation에 대해, 두 개의 자립적인 어휘소가 교착되어 하나의 단어로 기능하게 되는 경우를 말한다.
1° 라틴어나 희랍어 요소가 결합되어 합성어 mots composés 를 이루는 경우는, 그 첨가 요소가 프랑스어 어휘 속에 자율적 형태로 존재하지 않으며 또 접두사 파생에 쓰이는 문법소가 기원적으로는 어휘소였던 경우가 있기 때문에 Grévisse 같은 학자는 접두파생법 préfixation 과 composition 을 구분하지 않고 두 방식을 혼합해서 composition 이라 말하거나, 또 프랑스어 어휘 속에서 자율성이 결여된 라틴어나 희랍어 요소가(또는 자율성이 있는 프랑스어 어휘소의 末尾의 형태에 변경이 가해져서) 첨가되는 합성법을 특히 재합성 recomposition 이라 구별하는 학자(A. Martinet, H. Mitterand)도 있다(예: socio-professionnel, mortinatalité).
2° 합성법의 기준은 엄격하지 않다. 전통적인 분류법에서는 요소들이 철자법상으로 완전히 교착되었거나(portefeuille), trait d'union 으로 결합된 경우(chou-fleur)만을 합성으로 인정하고 있으나 지금은 chemin de fer, moulin à vent 과 같은 경우까지 composition 에 포함시키고 있다.
① 합성법에 사용되는 프랑스어 요소는 다음과 같다.
a) 〖명사의 형성〗
1) 명사+품질〔소유〕형용사: bas-fond, monsieur, vinaigre, franc-maçon, système nerveux.
2) 명사+명사: bateau-mouche, timbre-poste, maître cuisinier, chef-lieu.
3) 명사+전치사+명사: aide de camp, gendarme, chemin de fer, sac à main, arc-en-ciel, docteur ès lettres.
4) i) 명사+고유명사 : hôtel-Dieu, dictionnaire Robert. ii) 고유명사+명사: Marie-salope.
5) 명사+et+명사: arts et métiers, ponts et chaussées.
6) 명사+전치사+*inf:* salle à manger, machine à laver.
7) 명사+관사《융합》: lendemain, lingot.
8) 현재분사+명사《병치》: lieutenant, ayant droit.
9) *inf+inf:* savoir-faire, laisser-aller.
10) 명령형+명사〔대명사, *inf*〕: lâchez-tout, rendez-vous, laissez-passer.
11) 동사(직설법)+명사〔부사, 동사〕: abat-jour, couvre-lit, pince-sans-rire, passe-partout, passe-passe, va-et-vient.
b) 〖형용사의 형성〗
1) 형용사+형용사: ivre-mort, gris-bleu.
2) 부사+형용사: malpropre, nouveau-né.
c) 〖부사(구), 전치사(구), 접속사(구)의 형성〗
1) 부사+부사: bientôt, tantôt, jamais.
2) de+전치사: dedans, devant.
3) 전치사+명사: enfin, parfois.
4) 전치사+관사+명사: à l'entour,

autour.
5) 전치사+형용사: à présent, partout.
6) 전치사+부사: au-dehors, en dessous.
7) 형용사+명사: quelquefois, beaucoup.
8) 전치사+합성어: à cloche-pied, à l'emporte-pièce.
9) 동사+동사: peut-être.
10) 전치사+전치사: par-devant, envers.
11) 전치사+명사+de: à cause de, en raison de.
12) 전치사+부사: pourtant.
13) 부사〔전치사〕+접속사: avant que, puisque.
14) 명사+전치사: grâce à, faute de.
15) 문장의 일부: naguère, nonobstant.
d) 〖숙어동사〗 ⇨locution verbale.
② 합성어 형성에 사용되는 라틴어 요소와 희랍어 요소(cf. 정음사, 「불어학개론」어형론 2-4-6).

compris—《구어・생략적》 종종 명령이나 금지를 강조하기 위해 사용된다: Vous allez me faire ce travail immédiatement, ~? 당신은 즉시 나에게 이 일을 해 주시오, 알겠소? *y*〔*non*〕~ 《(대)명사 앞에서는 불변이나 뒤에서는 일치》: Il s'est fâché avec toute la famille, *y* ~ sa sœur. 그는 자기 누이도 포함해서 온 가족과 틀어졌다 / Il dispose de dix mille francs de revenus, sa pension d'invalide *non* ~*e*. 그는 상이군인 연금은 제외하고 10,000 프랑의 연수입을 누리고 있다.

compte—*à bon* ~ (=à un prix relativement bas): La vie ordinaire est en Allemagne *à très bon* ~. (Nerval) 일상 생활비가 독일에서는 매우 싸다. *se rendre* ~ *de qc* (=comprendre): Elle *s'est rendu* ~ *de* mes intentions. 그녀는 내 의도를 알아차렸다. *se rendre* ~ *que* +*ind*: Il *se rendait* ~ *que* celui-là était le plus complet. (Daud) 그는 저것이 가장 완전한 것이라는 것을 깨닫고 있었다 《이 경우 문법학자들은 se rendre ~ du fait que, 또는 voir, remarquer, constater 와 같은 동의어의 사용을 더 권장하고 있다》.

concession (expression de la)
〖양보의 표현〗—*Malgré* ses défauts, je l'aime 라고 하면 「그에게 결점은 있으나 그에 대한 나의 사랑에 아무런 영향을 미치지 못한다」란 뜻으로 양보를 나타내고, Pierre est travailleur, *tandis que* Paul est paresseux 에선 두 사람의 성격의 각기 대조적인 모습을 나타내는 대립 opposition 관계에 있으나 흔히 대립도 concession 과 함께 다룬다.
① 〖전치사(구)+(대)명사〗 Je veux qu'*en dépit de sa bassesse* vous le preniez en pitié. (Mauriac) 그가 비열하지만 나는 당신이 그를 측은히 여기기를 바란다 / *Sans fortune*, il vit à l'aise. (Mauger) 재산이 없는데도 그는 풍족하게 산다 / *Au lieu du succès*, c'est un échec! 기대하던 성공 대신에 실패로군. ☆ 1) 양보, 대립을 나타내는 전치사(구)는 이 밖에 malgré, pour cela, avec(tout), au mépris de, au risque de, nonobstant, en face de, à côté de, auprès de, au prix de 등이 있다. 2) 강세형 인칭대명사를 대립의 뜻을 나타낸다: J'ai du mal à joindre les deux bouts; *lui*, il se paie des vacances en Grèce. (Mauger) 나는 적자를 면하기도 힘든데 그는 그리스에서 휴가를 즐기고 있다.
② 〖전치사+부정법〗 *Pour avoir été condamné*, il n'est pas forcément un bandit. (*Ib.*) 유죄선고를 받기는 했어도 그는 반드시 악당은 아니다 / *Loin de me remercier*, il m'a dit des injures. (Ac) 그는 나에게 감사하기는커녕 욕설을 퍼부었다 / s'avancer sur la glace *au risque*

de tomber 넘어질 위험을 무릅쓰고 얼음 위를 걸어 나아가다.
③〖분사와 gérondif〗 *Moqué* à l'envie par ses maîtres et ses camarades (...), Chazal gardait sa tranquillité. (France, *La Vie en fleur*) 선생들과 친구들이 다투어 자기를 멸시했는데도 샤잘은 침착성을 잃지 않았다/*Voulant* bien faire, j'ai provoqué une catastrophe. (Mauger) 잘 하려고 했었는데 큰 파국을 유발했다/Tout *en faisant* des progrès, cet élève n'atteint pas la moyenne. (*Ib.*) 그 학생은 성적이 나아졌지만 평균점에 이르지는 못한다.
④〖등위절, 병렬절〗 Il est bourru, pourtant il est bon. 그는 퉁명스럽다. 그렇지만 그는 선량하다/Le marchand vantait à sa cliente les avantages de cette étoffe;elle restait indécise. (Mauger) 상인이 손님에게 그 옷감의 좋은 점을 자랑했다. 그러나 손님은 살 결심을 못하고 있었다.
⑤〖접속사, 종속절〗 Il se décida à lui confier le plus secret de ses rêves *bien que* leur amitié datât d'à peine trois semaines. (Triolet) 그들의 우정이 맺어진 지 겨우 삼 주일였는데도 그는 그에게 자신의 가장 은밀한 꿈을 털어놓기로 결심하였다/*Si* Pierre travaille mal, Paul travaille bien. 피에르는 공부를 잘 못하지만 폴은 잘 한다/*Qu*'il vente, *qu*'il pleuve, je fais une promenade quotidienne. 바람이 불거나 비가 오거나 나는 매일 산책을 한다. ☆ 양보, 대립의 접속사(구)는 다음과 같다:alors que, au lieu que, bien que, encore que, loin que, malgré que, même si, si même, nonobstant que, quand,quand même, quoique, si, tandis que, etc.
⑥〖관계대명사절〗 Pierre, *qui a mal travaillé* est récompensé. 피에르는 공부를 잘 못했는데 상을 받았다/Qui que vous soyez, entrez. 당신이 누구이든간에 들어오시오/*Si laide qu'elle soit*, c'est sa fille. (Thomas) 여자가 아무리 못생겼더라도 그의 딸이다.

concordance des temps [시제의 일치] — 주절의 시제와 종속절의 시제 사이의 대응관계를 나타내며 두 시제 사이의 격차를 감소시키는 통사론적 수법이라 할 수 있다.
I. 〖종속절이 직설법 또는 조건법〗
1° 〖주절이 직설법〗 ①〖현재〗 종속절의 시제는 주절의 시제와 같거나 의미에 따라 미래나 과거의 시제로 결정된다. a) 현재. 주절의 동작과 동시적인 동작을 나타낸다:Je crois qu'il *fait* beau aujourd'hui. 나는 오늘 날씨가 좋다고 생각한다. b) 미래. 주절의 동작보다 후에 일어날 미래의 동작을 나타낸다:Je crois qu'il *fera* beau demain. 나는 내일 날씨가 좋을 것이라고 생각한다. c) 복합과거. 주절의 동작보다 먼저 이루어진 과거의 동작을 나타낸다:Je crois qu'il *a fait* beau hier. 나는 어제 날씨가 좋았다고 생각한다.
★ 이외에도 의미가 요구하는 대로 과거나 미래, 조건법의 제 시제가 사용될 수 있다.
②〖미래〗 a) 현재. 주절의 동작과 동시적인 동작을 나타낸다:Il se plaindra qu'il *a faim*. 그는 배가 고프다고 하소연할 것이다. b) 복합과거. 주절의 동작보다 먼저 이루어진 동작을 나타낸다:Il croira qu'il *a perdu* la clef. 그는 열쇠를 잃어버렸다고 생각할 것이다. c) 미래. 1) 주절의 동작과의 동시성은 종속절 동사의 미래형에 의해서는 명백히 나타나지 않지만 문맥에 의해 드러난다:Il se plaindra qu'il *aura faim*. 그는 배가 고프다고 하소연할 것이다. 2) 한편으로 종속절의 미래형은 주절의 동작보다 먼저 또는 후에 일어날 동작을 나타낸다:Il revendra le livre que vous lui *donnerez*. 그

는 당신이 그에게 주는 책을 다시 팔 것이다/Vous lui donnerez un livre qu'il *revendra*. 당신은 그에게 책을 줄 텐데 그는 그것을 다시 팔 것이다. **d)** 전미래. 미래의 어떤 순간에 대해 그보다 먼저 일어날 동작을 나타낸다:Il croira qu'il *aura perdu* la clef. 그는 열쇠를 잃어버렸을 것이라고 생각할 것이다.
③〖과거〗**a)** 반과거. 주절의 동작과 동시적인 동작을 나타낸다:Je m'aperçus qu'il *dormait*. 나는 그가 자고 있는 것을 알아차렸다. **b)** 대과거. 주절의 동작보다 먼저 이루어진 동작을 나타낸다:Je m'aperçus qu'il *s'était endormi*. 나는 그가 잠이 들어버린 것을 알아차렸다. **c)** 조건법 현재. 주절의 동작보다 후에 일어날, 즉 과거에 있어서의 미래의 동작을 나타낸다:Mes amis savaient qu'ils *partiraient* le lendemain. 나의 친구들은 그들이 그 다음 날 떠날 것이라는 것을 알고 있었다. **d)** 조건법 과거. 과거에 있어서의 전미래를 나타낸다:Nous pensions que nous *serions rentrés* à Paris avant le mois de juillet. 우리들은 7월 전에 파리에 돌아와 있을 것이라고 생각하고 있었다.
★이상과 같은 일반적인 대응관계 외에도 종속절이 보편적인 진리나 말하는 순간까지 지속되고 있는 사실을 나타낼 경우에는 현재가, 현재와의 관련에는 상관 없이 과거의 어떤 순간에 완전히 완료된 사실을 나타낼 경우에는 단순과거가 사용된다:Galilée prétendait que la terre *tourne*. 갈릴레오는 지구는 돈다고 주장하고 있었다/Nous disions que vous *êtes* l'orateur le plus éminent du diocèse. (France) 우리들은 당신이 교구에서 가장 훌륭한 연사라고 말하는 중이었습니다/Je vous ai dit qu'un beau jour il *disparut*. 나는 당신에게 어느 날 그가 사라져버렸다고 말했었습니다.

④〖복합과거〗 특히 주절의 동사가 복합과거일 경우에는 종속절에서 현재형과 미래형의 사용이 가능하다. 이는 복합과거가 지닌 과거시제로서의 가치와 과거동작의 결과로서 생기는 현재의 상태를 나타내는 상 aspect 의 가치 중에서 후자에 기인하는 것으로 현재를 기점으로 하여 종속절의 동사 시제가 결정되는 것이다. **a)** 현재: J'ai compris qu'elle *se moque* de moi. 나는 그녀가 나를 비웃는 것을 알아차렸다. **b)** 미래: Vous a-t-on annoncé qu'il *partira* demain? 사람들이 당신에게 그가 내일 떠날 것이라는 것을 알려주었읍니까?
2°〖주절의 조건법〗①〖조건법 현재〗 종속절의 시제는 주절이 직설법 현재나 미래일 경우와 동일하다:Il croirait que tu *mentais*. 그는 네가 거짓말을 하고 있었다고 믿을 것이다.
②〖조건법 과거〗 주절이 직설법 과거일 경우와 동일하다:Il aurait cru que tu *avais menti*. 그는 네가 거짓말을 했었다고 믿었을 것이다.
3°〖주절이 명령법〗 주절이 직설법 현재나 미래일 경우와 동일하다: Sachez qu'il le *faut*. 그렇게 해야 한다는 것을 아십시오.
II.〖종속절이 접속법〗 ⇨subjonctif.
condition—*à (la)* ~ *de*+*inf*(=sous réserve de...):Vous partirez en vacances, *à* ~ *de* réussir votre examen. 당신은 시험에 합격한다는 조건 아래 방학 휴가를 떠나십시오.
à (la) ~ *que*+*subj* 〔ind. fut.〕(= étant bien entendu que...):Je vous accompagne, *à* ~ *que* cela ne vous *dérange* pas. 당신에게 방해가 되지 않는다면 내가 당신을 동반하겠읍니다/J'y consens bien volontiers *à la* ~ *que* vous dînerez chez moi ce soir. (Maupass) 당신이 오늘 저녁 우리집에서 저녁 식사를 한다면 나는 기꺼이 그것을 승

낙하겠습니다.
condition (expression de la) [조건의 표현]—B라는 사실이 실현되기 위해서 A라는 사실이 꼭 필요한 경우를 조건이라 하고, Y라는 사실이 실현되기 위해서 X라는 사실이 꼭 필요한 것이 아니라 충분한 것으로 생각될 때는 조건이 아니고 가정 supposition이다:A quelle condition(A) quitteriez-vous votre appartement(B)? 어떤 조건이면(A) 당신은 아파트를 떠나겠소(B)?/Si vous pardonnez cela(X), vous êtes généreux(Y). 당신이 그것을 용서하면 당신은 너그러운 사람이다. ☆ 그러나 조건과 가정은 밀접히 결합되어 있어 흔히 혼동된다.

① 〖전치사(구)+(대)명사〗 *En cas de pluie*, je me réfugierai sous cet abri. (Mauger) 비가 온다면 나는 이 피난처에 몸을 피하겠다/*Sans toi*, je me rompais le cou. (*Ib.*) 당신이 없었다면 나는 파산했을 것이오/Je ne lui pardonnerai pas, *à moin d'une rétraction* publique. (Ac) 나는 그가 공개적으로 취소하지 않는 한 그를 용서하지 않겠다.

② 〖전치사(구)+부정법〗 *A l'en croire*, il est le plus honnête homme du monde. (Mauger) 그의 말을 믿는다면 그는 세상에서 제일 성실한 사람이다/*A moins d'être* fou, il n'est pas possible de raisonner ainsi. (Thomas) 미친 사람이 아니고서는 그렇게 억지를 부릴 수는 없다/*Faute de répondre* à temps, vous manquerez cette affaire. (Mauger) 제 시간에 답변을 안하면 당신은 이 일을 실패할 것이오.

③ 〖분사, 형용사, gérondif〗 Je pense que, *travaillant* énergiquement, vous aurez le prix. (N) 당신이 열심히 공부한다면 상을 탈 것이라고 생각한다/*Dieu aidant*, nous vaincrons. (G, §1042) 하느님이 도우신다면 우리는 승리할 것이다/Et je ne t'aimerais pas, *différent*.(Gide, *Porte*) 당신이 다른 사람이라면 좋아하지 않을 텐데/*En enseignant*, on s'instruit. (Mauger) 가르치면 배우게 된다/J'attire *en me vengeant* sa haine et sa colère, j'attire ses mépris *en ne me vengeant pas*.(Corn, *Cid*, I) 복수를 하면 그의 증오와 분노를 사게 되고, 복수를 안하면 그의 멸시를 받게 된다.

④ 〖등위절, 병렬절〗 Recule *et* il avancera. 후퇴해라. 그러면 그는 전진할 것이다/Tu reculerais, il avancerait. 네가 후퇴한다면 그는 전진할 것이다.

⑤ 〖접속사 종속절〗 종속절을 유도하는 접속사(구)는 si 외에도 많다:au cas où, dans[pour] le cas où, au cas que, en[dans le] cas que, à (la) condition que, sous (la) condition que, à moins que, en admettant que, dans l'hypothèse où, moyennant que, posé que, supposé que, en supposant que, pour peu que, pourvu que, selon que, suivant que, si tant est que, que si, soit que...soit que, soit que...ou que, etc.∥*Au cas où* il y aurait du verglas, je retarderais mon départ en voiture. (Mauger) 빙판이 깔려 있을 경우에는 차로 출발하는 것을 연기하겠다/Nous partirons demain *à condition que* le temps le permette. (Thomas) 날씨가 허락한다면 우리는 내일 떠나겠다/*Même* s'il s'excusait, je ne lui pardonnerais pas. (Rob) 그가 용서를 빌어도 용서하지 않을 것이다. ⇨si[1].

⑥ 〖관계대명사절〗 *Seul, celui qui est passé* par ces angoisses me comprendra. (Mauger) 이런 고민을 겪은 사람만이 나를 이해할 것이다.

conditionnel (mode) [조건법]—조건법은 아주 다른 두가지 가치를 지니고 있는데 법으로서의 가치와 시제로서의 가치가 그것이다. 법으로서의 조건법은 비현실적인 가상의 사실을 나타내는 데 쓰인다. 이 법은 실현이 불가능한 사실을 가정하는 가정절〔조건절〕과 함께 쓰여 그 가정이 실현될 경우에 일어날 수 있는 사실을 나타내므로 주절에 사용되며 이 가정이나 조건이 표현되어 있지 않은 경우에는 독립절에 사용된다. 반면에 시제로서의 조건법은 주절의 동사가 과거일 경우 종속절에서 미래를 대신하는 과거미래나 과거전미래를 뜻한다.

I. 〖형태〗 1° 〖현재〗 어미는 -rais, -rais, -rait, -rions, -riez, -raient. -r- 로 된 이 형태는 미래에 속한다. 그러나 그 어미에 표시되어 있는 것처럼 과거 속에 삽입됨으로써 이 미래를 표현하는 것이다. 기원은 통속 라틴어의 迂言的인 반과거형「부정법+avoir의 직설법 반과거」와 유래한다: lat. vul. cantāre habēbam> anc. fr. chantereie> fr. mod. chanterais(=J'avais à chanter.).

2° 〖과거〗「조동사의 조건법 현재+과거분사」(J'aurais chanté.). 조건법 과거 제2형이라고 부르는 것은 접속법 대과거형으로 문어에서 조건법과거형 대신에 쓰이기도 한다(J'eusse chanté.).

II. 〖용법〗 1° 〖시제로서의 조건법〗 조건법 현재와 과거는 각각 과거에 있어서의 미래, 전미래를 나타낸다. 이는 직설법에 속하는 용법이다. 이러한「과거에 있어서의 미래」의 가치는 아주 명백한 시간적인 기점을 필요로 하는데 이는 과거시제로 된 진술동사나 사고동사가 지배하는 간접화법문에서 가장 빈번하게 찾아 볼 수 있다.

① 〖보어절 proposition complétive〗 Il déclara qu'il ne *se battrait* pas. (Flaub) 그는 싸우지 않을 것이라고 선언했다《여기서 조건법은 직접화법문이라면 미래시제가 될 것을 déclara를 기점으로 하여 전환시킨 것이다. Il déclara:«Je ne *me battrai* pas.»》/Il a ajouté que celui qui n'*aurait* pas *communié* aurait la tête tranchée.(Camus) 그는 영성체를 받지 않은 사람은 머리가 잘릴 것이라고 덧붙였다《직접화법문이면 Il a ajouté:«Celui qui n'*aura* pas *communié* aura la tête tranchée.»》.

② 〖보어절(또는 그 상당어)에 종속된 상황절〗 Ils promirent de venir se chauffer les pieds aussitôt qu'ils *auraient changé* d'habits. (Aymé) 그들은 옷을 갈아입자마자 발을 녹이러 오겠다고 약속했다.

③ 〖관계절〗 Elle savait qu'Hélène et Françoise appartenaient à un monde où ne *pénétrerait* jamais cette petite Denise Herpain. (Maurois) 그녀는 엘렌느와 프랑스와즈가 이 어린 드니즈 에르펭이 결코 들어가지 못할 그런 세계에 속하고 있었다는 것을 알고 있었다.

④ 〖자유 간접화법의 독립절〗 Je sautai dans un taxi. Il n'*arriverait* jamais. (Sollers) 나는 택시에 뛰어 들었다. 그는 절대로 도착하지 못할 거야《이 문장은 다음과 같은 문장에서 주절이 생략된 것:Je pensais qu'il n'*arriverait* jamais.》.

2° 〖법으로서의 조건법〗 ① 〖가정체계의 주절〗 a) si가 도입하는 종속절과 함께. si가 도입하는 종속절에는 직설법이, 주절에는 조건법이 사용된다. 1)〖현재에 대한 가정〗 Si aujourd'hui j'avais de l'argent, *j'achèterais* une maison. 만약 오늘 내게 돈이 좀 있다면 집을 한 채 살 텐데. 2)〖미래에 대한 가정〗 Si un jour j'avais de l'argent, *j'achèterais* une maison. 만약 언젠가 내게 돈이 좀 생긴다면 집을 한 채 살 텐데. 3) 〖과거에 대한 가정〗 Si autrefois j'avais eu de l'argent, *j'aurais acheté* une maison. 만약 예전에 내게 돈이 좀 있었더라면 집을 한 채 샀을 텐데. b) 가정이 si 이외의 낱말에 의해 표현되거나 문장 내에 암시

되어 있을 경우:Sans cet écriteau, jamais je n'*aurais osé* entrer. (Daud) 이 게시판이 없었더라면 나는 결코 들어올 용기가 없었을 텐데/ Jamais les édifices exposés à l'air ne *se seraient* ainsi *maintenus*. (Staël) 건물들이 바람에 노출되었더라면 결코 그러한 상태로 유지되지는 않았을 것이다.
② 〖si 가 도입하는 종속절〗 이 종속절에 조건법이 사용될 경우는 si 가 일상적인 가치를 지니고 있지 않을 때다. a) si 가 de même que 를 의미하며 가정과 비교를 동시에 표현하는 종속절을 도입하는 경우:*Si vous auriez* de la répugnance à me voir votre belle-mère, je n'en aurais pas moins sans doute à vous voir mon beau-fils.(Mol) 당신이 내가 당신의 의붓어머니가 되는 것을 보기 싫어할 것과 마찬가지로 나도 아마 당신이 내 의붓아들이 되는 것을 보기 싫어할 것입니다. b) si 가 도입하는 종속절이 사실은 아주 단정적인 독립절에 해당되는 경우:*Si jamais batailles auraient dû* être gagnées, ce sont celles-là. (Maurois) 도대체 전투가 마땅히 승리로 끝났어야만 한다면, 그것은 바로 그 전투다. c) si 가 의문의 가치를 지니는 경우. 간접의문 종속절의 경우로 여기서 조건법은 과거미래를 나타낸다:Dans une telle offense, j'ai pu délibérer *si* j'en *prendrais* vengeance. (Corn) 그러한 모욕 속에서도 나는 그 원수를 갚을 것인가를 궁리할 수 있었다.
③ 〖종속절〗 a)〖관계대명사절〗 Nous avons passé par des chemins où les chèvres *auraient hésité* à poser le pied. (Gautier) 우리는 염소들도 발을 들여놓길 망설였을 그런 길을 통과했다. b)〖보어절〗 Il me semble qu'en bonne police on *devrait* étouffer ceux qui sont attaqués de la rage. (Volt) 훌륭한 경찰 치안에

서는 공수병에 걸린 사람들은 말살시켜야 할 것으로 나에겐 생각된다. c)〖원인절〗 J'avais écarté cette profession, parce qu'elle m'*aurait* trop *absorbé*. 나는 이 직업이 시간을 너무 빼앗았을 것이기 때문에 그것을 멀리 했던 것이다. d)〖결과절〗 Le chien tout noir montre ses dents si blanches qu'une femme en *serait* fière. (Renard) 아주 까만 개가 어찌나 하얀 이를 드러내 보이는지 여자라면 그걸 자랑스럽게 여길 것이다. e)〖비교절〗 Il apportait son argent comme il *aurait apporté* son cou. (Zola) 그는 자기 목을 가져왔을 것처럼 자기 돈을 가져오곤 했다. f)〖양보절〗 La règle est qu'il faut résister, quand même on *devrait* succomber à la fin. (Alain) 마지막에 죽어야 된다 할지라도 참고 견디야 하는 것이 규칙이다//《양보접속사 없이》 Il *travaillerait* [*Travaillerait*-il] dix fois de plus, (qu')il n'y *réussirait* pas. 열배를 더 공부해봤자 그는 합격하지 못할 것이다//《주절에 직설법도 가능》 Et je *voudrais* l'oublier que tout *est* pour me le rappeler. (Lavedan, Servir, I, 8) 그것을 잊어버리고 싶건만 여기 모든 것이 나에게 그것을 회상시킨다. g)〖시간절〗 Ce livre vous consolerait quand vous *auriez* du chagrin. 이 책은 당신이 슬플 때 당신을 위로해 줄 것이다.
④ 〖독립절〗 a)〖상상〗 La maison *serait* pleine de roses et de guêpes. (Jammes) 집은 장미꽃과 말벌로 가득찰 것이다//《특히 어린이들 언어에서 명백하게 나타남》 Tu serais un lion. 네가 한 마리의 사자라고 하자. b)〖우발성〗 Leurs pères aussi possèdent des domaines, quoique moins considérables, et *pourraient* à la rigueur vivre du seul produit de leurs terres. (Vailland) 그들의 조상도 덜 크기는 하지만 영지를 소

유하고 있으며 부득이한 경우에는 소유지의 생산물만으로 생활할 수 있을 것이다. c)〖어조완화〗 조건법이 지니는 이 우발성의 가치가 직설법으로 표현되면 너무 절박하게 될 어떠한 요구나 부탁의 노골적인 성격을 완화시키는 것이다:Je *voudrais* de l'encre. 잉크 좀 주십시오/*Voudriez*-vous me dire l'heure? 나에게 시간을 좀 알려 주시겠읍니까? d) 확인되지 않은 사실의 진술〔추측〕의 경우도 조건법의 우발성의 가치에 기인한다:L'armée d'Abdullah *aurait occupé* Jéricho. 압둘라의 군대가 제리코를 점령했을 것이다(1948.4. 27 일자 신문. 이 추측은 그 다음 날 취소되었다). e)〖후회, 비난〗(조건법 과거와 함께)):J'*aurais* mieux *fait* de rester. 나는 남아 있는 게 좋았을 텐데/Vous *auriez dû* me consulter. 당신은 나에게 의견을 물어야 했을 텐데. f)〖감탄〗어떤 우발적인 사실에 대한 분개가 빈정거림을 표현한다:J'*ouvrirais* pour si peu le bec!(La Font) 내가 그런 보잘것 없는 것에 입을 벌릴 것이라니! g)〖질문〗의심의 뉘앙스를 지닌 질문을 나타낸다:*Seriez*-vous *devenu* psychologue, lieutenant? (Triolet) 당신이라면 심리학자가 되시었을까요, 중위님? h)〖외관〗 dire 나 croire의 조건법에 의하여 표현된다:Quelle mauvaise mine! On *dirait* qu'il n'a pas dormi. 안색이 몹시 나쁘구나! 그는 잠을 못 잔 것 같다/On *se serait cru* en pleine mer. (Daud) 바다 한가운데에 있는 것만 같다.

confrère—남성명사로서 원래는 남자를 가리켜서 「동료, 동업자」의 뜻 (mon ~ de l'Académie 한림원의 내 동료). 그러나 이 말은 여성에게도 사용될 수 있으며, 이 경우의 성은 남성 또는 여성으로 취급된다(mon[ma] ~ Mme X). 이 단어의 원래의 여성형인 consœur 가 있기는 하지만 이 말은 여성끼리 「동료」라고 부를 때, 또는 수녀들 사이에서 서로 부를 때, 또는 빈정거리는 어투로 말할 때와 같이 특별한 경우에만 사용된다:La doctoresse fit appeler à une consœur spécialiste. 그 여의사는 한 동료 전문의의 도움을 청하였다.

confus— ~ de+*inf*〔N〕:~ *d'être* pris sur le fait 현장에서 잡혀 몸둘 바를 모르다/~ *de* son erreur 잘못해서 어쩔 바를 모르다.

conjonction〖접속사〗—접속사는 변화하지 않는 말로서, 둘 이상의 절, 어군 또는 단어를 서로 연결시키는 기능을 한다.

I.〖형태〗1°〖단형〗대부분 라틴어에서 물려받은 것으로서 소수이기는 하나 가장 자주 쓰인다:et, mais, ou, ni, quand, que, si, car, comme, donc 등.

2°〖복합형〗둘 이상의 단어로 구성된 것으로서 후기에 와서 만들어진 것. 이와 같은 접속사를 접속사구 locutions conjonctives 라고 한다((그러나 lorsque처럼 완전히 한 단어로 합성된 것을 제외)).

① 〖부사+que〗 alors que, aussitôt que, bien que, encore que, lorsque, non que, sitôt que, tandis que, tant que, etc.

② 〖전치사+부사+que〗 à moins que, de même que, pour peu que, etc.

③ 〖전치사(구)+que〗 avant que, depuis que, dès que, outre que, pendant que, pour que, sans que, etc.

④ 〖전치사+ce+que〗 à ce que, de ce que, en ce que, jusqu'à ce que, parce que, sur ce que, etc.

⑤ 〖전치사+명사+que〗à cause que, à condition que, de crainte que, de sorte que, sous prétexte que, etc.

⑥ 〖동사+que〗 a)〖현재분사+que〗 considérant que, suivant que, etc. b)〖gérondif+que〗 en attendant que, en supposant que, etc. c)〖과 거분사+que〗 attendu que, pourvu que, vu que, etc. d)〖전치사+inf+que〗 à supposer que, etc.

⑦〖기타〗 au contraire, c'est pourquoi, à savoir, c'est-à-dire, d'ailleurs, sinon, etc.《이것은 대부분 접속사로 전성된 것들이다》.

II.〖접속사와 다른 품사〗 1°〖다른 품사를 겸하는 경우〗 et, ou, ni 등은 접속사로서의 기능밖에 갖지 않지만, 경우에 따라서는 동일한 형태의 단어가 접속사로서도 또는 다른 품사로서도 사용되는 수가 있다. 가령 que 는 접속사, 대명사, 부사의 3 가지로 쓰인다: Je vois *que* vous comprenez. 이해하시는 것 같군요《접속사》/*Que* faire? 무엇을 할까?《대명사》/*Que* vous êtes jolie! 당신은 예쁘기도 하지《부사》. ☆이러한 두가지 이상의 다른 품사를 겸하는 접속사로서는 comme, donc, quand, si 등의 예를 들 수 있다(각항 참조).

2°〖부사→접속사〗 한 절의 앞에 놓인 부사는 접속사로 전성되는 일이 자주 있다. ainsi, aussi, encore, toujours, etc. (각항 참조): Il danse *aussi* bien que vous. 그는 당신만큼이나 춤을 잘 춘다《부사》/Ce dictionnaire lui paraissait trop cher, *aussi* ne l'a-t-il pas acheté. 이 사전은 너무 비싸게 생각되었다, 그래서 그는 그것을 사지 않았다《접속사》.

III.〖분류〗 접속사는 그 기능에 따라 등위접속사 conjonction de coordination 와 종속접속사 conjonction de subordination 의 두가지로 크게 나누어진다. 다음은 그 각 접속사를 의미상으로 분류한 것이다.

1°〖등위접속사〗 문장내에서 동일한 문법적 기능을 가진 둘 또는 그 이상의 단어, 어군 또는 절을 결합하는 접속사《아래 ①-⑦에서 〔 〕안은 본래 접속사가 아니지만 접속사로 전성된 것》: J'ai vu monsieur Kim *et* ses enfants. 나는 김씨와 그의 아이들을 보았다/Il est grand, *mais* elle est petite. 그는 크지만 그녀는 작다. ☆위의 첫 예문에서 et 는 voir 의 직접목적보어가 되어 있는 monsieur Kim 과 ses enfants 을 연결시키고 있다. 둘째 예문에서는 mais 가 두 독립절을 결부시킨다.

① 〖첨가·결합〗 et, ni, 〔puis, ensuite, alors, jusqu'à, comme, ainsi que, aussi bien que, de même que, non moins que〕, etc.

② 〖이유〗 car, 〔en effet, effectivement〕.

③ 〖결과·결론〗 donc, 〔c'est pourquoi, aussi, partant, alors, ainsi, enfin, par conséquent, en conséquence, par suite, dans ces conditions〕, etc.

④ 〖소전제〗 or, or donc.

⑤ 〖대립·양보·제한〗 mais, et, 〔au contraire, au demeurant, cependant, toutefois, néanmoins, pourtant, d'ailleurs, aussi bien, au (또는 du) moins, au (또는 du) reste, en revanche, par contre, sinon, encore, seulement〕, etc.

⑥ 〖선택〗 ou, ou bien, 〔soit…soit (ou), tantôt…tantôt, ou au contrairaire〕, etc.

⑦ 〖설명〗 〔c'est-à-dire, (à) savoir, soit〕, etc.

2°〖종속접속사〗 종속절을 주절에 연결시키는 접속사.

① 〖원인〗 comme, parce que, puisque, attendu que, vu que, étant donné que, c'est que, d'autant que, soit que, sous prétexte que, non (pas) que, etc.

② 〖목적〗 afin que, pour que, de peur (또는 crainte) que, par crainte que, que: Viens, *que* je te vois un peu.

③ 〖결과〗 que, de (telle) façon (또는 manière, sorte) que, en sorte que, si bien que, tellement que, au (또는 à ce, à tel) point que, (assez, trop)

...pour que, etc.

④ 〖대립・양보〗 bien que, quoique, encore que, alors (même) que, lors même que, quand même, même si, malgré que, sans que, tandis que, au lieu que, etc.

⑤ 〖조건・가정〗 si, au cas où, en cas que, soit que, supposé que, à condition que, pourvu que, à moins que, si tant est que, etc.

⑥ 〖시간〗 quand, lorsque, comme, avant que, alors que, tandis que, depuis que, dès que, aussitôt que, sitôt que, après que, jusqu'à ce que, pendant que, en attendant que, à mesure que, etc.

⑦ 〖비교〗 comme, de même que, ainsi que, autant que, plus〔moins〕que, selon que, comme si, etc.

⑧ 〖단순형 que〗 여러가지 의미를 띠고 사용된다: Viens, *que* je te vois un peu. 이리 와라, 어디 좀 보게《목적=pour que》/Il y a deux ans *que* je l'ai vu. 내가 그를 본 지 2년이 된다《시간=depuis que》. ⇨que.

★1) 이상의 분류는 다만 편의상의 것에 지나지 않는다. 실제에 있어서 종속접속사의 의미는 문장 속에서만 판별될 수 있기 때문이다. 가령 tandis que 는 다음의 두 문장에서 그 의미가 각각 다르다: Nous sommes arrivés *tandis qu*'il déjeunait. (DFC) 우리는 그가 점심을 먹고 있는 중에 도착하였다《시간=comme, pendant que》/Vous reculez, *tandis qu*'il faudrait avancer. (*Ib*.) 당신은 앞으로 나가야 할 텐데도 뒤로 물러선다《대립=alors que, au lieu que》.

2) 종속접속사와 등위접속사의 구별도 또한 절대적인 것이 아니다. ainsi que의 경우:L'homme primitif avait une civilisation très avancée *ainsi qu*'en témoignent les inscriptions sur bronze.(DMF) 동판에 새겨진 글이 보여주듯이 원시인은 매우 발달된 문명을 가지고 있었다《종속접속사=comme》/Sa patience *ainsi que* sa modestie étaient connues de tous(*Ib*.). 그의 인내심과 겸손한 성격은 모두가 아는 일이었다《등위접속사 =et》.

IV. 〖접속사의 위치〗 1° 접속사는 그것이 연결하는 단어나, 어군 또는 절 앞에 놓이는 것이 보통이다:un ami fidèle *et* loyal(*Ib*.) 충실하고 정직한 친구/Vous serez roi *dès que* vous voudrez l'être. (Volt, *Brut*.) 당신은 바라기만 한다면 즉시 왕이 되실 수 있습니다. ☆ 그러나 어떤 등위접속사(donc, en effet, pourtant, cependant, etc.)는 절의 중간에 혹은 끝에 놓일 수도 있다: Ce sacrifice parait pénible, il est nécessaire *cependant*. (G) 그 희생은 고통스러울 것이다. 그러나 그것은 필요하다.

2° 부사에서 전성된 어떤 접속사들은 한 절의 앞에 놓여 특별한 의미를 띤다(⇨상기 II, 2°).

3° 접속사구 locutions conjonctives 는 원칙적으로 한 단위로서 쓰인다. 그러나 그 사이에 다른 표현이 개재하는 수도 있다. 이 현상은 lorsque 와 같이 이미 한 단어로 합성되어 있는 경우에도 일어난다:pendant *donc* que toute la troupe s'installait... 이렇게 모든 부대가 자리를 잡고 있는 동안에/bien, *dit-on* qu'il nous ait nui... 남들의 말로는 비록 그가 우리를 해쳤다 해도/lors *même* que vous me montreriez cette lettre ... 당신이 비록 그 편지를 내게 보여준다 해도/lors, *en revanche*, que l'on découvre une vérité subitement ... 반대로 어떤 진실을 갑자기 발견하게 될 경우에조차. ☆ puisque 도 옛 표현에서는 puis que 로 분리될 수 있었으나(*puis* donc *qu*'une pensée n'est belle qu'en ce qu'elle est vraie (Boil) 생각은 진실일 경우에만 아름다운 것이니까), 현대어에서는 그 예가 거의 없다.

V. 〖접속사의 반복〗 1° et, ou, mais 등의 등위접속사는 강조를 위하여 et A et B와 같이 연결하려는 표현의 첫머리부터 쓰일 수 있다:J'ai perdu *et* mon père *et* ma mère. 나는 아버지도 어머니도 잃었다/*Ou* nous allons nous promener *ou* nous restons, mais décide-toi. 우리가 산책을 나갈 것인지 그대로 있을 것인지, 하여튼 결정을 내려라.
2° 이와 반대로 종속접속사(구) comme, lorsque, quand, avant que, bien que, quoique, si 등이 둘 또는 그 이상의 종속절을 유도할 때는 둘째번부터는 que로써 선행의 접속사(구)를 대신시킬 수 있다:comme il avait soif et *que* le vin était bon … 목이 마르고 포도주가 맛있었기 때문에. ⇨que³.

conjugaison〖동사의 활용〗—동사의 활용〔변화〕이란 태, 법, 시제, 수, 인칭 등을 나타내는 데 따라서 동사가 여러가지 형태의 어간과 어미변화를 갖게 됨을 뜻한다. 따라서 동사활용에 있어서 중요한 것은 어간 radical과 어미 désinence 다. 어간이란 어떠한 동사변화에 있어서도 일반적으로 변화하지 않는 부분으로서 동사의 개념을 나타내고 있다. chanter, gémir, entendre에 있어서 어간은 각기 chant, gém, entend이다. 그러나 몇몇 불규칙동사에 있어서는 법·태·인칭 등에 따라서는 그 어간이 달라질 수도 있다. 그 예를 pouvoir 동사에서 살펴보면:pouv-(pou*vons*, pou*vez*, pou*vez*), pour-(pour*rais*, pour*rai*), puiss-(puiss*ions*, puiss*iez*), peu-(peu*x*, peu*t*), pu-(pu*s*, p*ûmes*). 한편 동사의 어미의 특징은 인칭·시제·법·태 등을 나타낼 때 여러 형태로 변화하는 점에 있다. 가령 -ons 은 직설법 현재 1인칭 복수, -ât 는 접속법 반과거 3인칭 단수를 나타내는 따위이다.
1° 〖동사활용의 분류〗 오늘날 모든 동사 원형 infinitif 의 어미는 반드시 다음 넷 중의 하나가 된다:-er(par*ler*), -ir (fin*ir*), -oir(recev*oir*), -re (rend*re*). 그러나 동사를 형태적으로 분류할 때는 그 부정법의 어미에 따라 4종으로 분류하지 않고 동사활용의 양식에 따라 세가지군으로 나누는 것이 일반적이다. 그중 제1, 2 군 동사는 규칙동사 verbes réguliers 이다. 제 1 군동사는 원형의 어미가 -er (parler, manger)로 된 동사로서 이것은 모두 일정하게 변한다(aller 및 envoyer 만 제외). 제 2 군동사는 원형의 어미가 -ir 로 끝나는 것 중에서 규칙적으로 변하는 것을 가리킨다 (finir, obéir). 그리고 제 3 군동사는 불규칙동사 verbes irréguliers 로서, 여기에는 ① 위에서 제외된 aller, envoyer, ② -ir 로 된 동사 중에서 불규칙으로 변하는 것(fuir, ouvrir), 및 ③ -oir, -re 로 된 모든 동사가 포함 된다. 오늘날 프랑스어에 있어서 새로 만들어지는 동사들은 원칙적으로 일단 제 1 군 동사의 어미를 택하게 된다(téléphoner, radiographier, pasteuriser 등). 한편 제 2 군 동사의 어미 -ir 로 형성되는 새로운 동사는 특수한 경우(alunir, amerrir) 외는 그리 많지 않다. 그 반면에 제 3 군동사의 어미는 새로운 동사를 결코 만들지 못한다. 뿐만 아니라 이미 존재하던 제3군 동사들도 그 수가 점점 줄어드는 추세다. 따라서 제1,2군동사의 활용을 활변화 conjugaisons vivantes, 제 3 군동사의 활용을 사변화 conjugaison morte 라고 부르기도 한다.
2° 〖-er 의 규칙동사에서 주의할 점〗
① 〖-cer 로 된 동사〗 어미변화할 때 c 다음에 모음 a 나 o 가 오면 ç 가 된다:nous *avançons*, je *plaçais*, il *commença*.
② 〖-ger 로 된 동사〗 어미변화할 때 g 다음에 모음 a 나 o 가 오면 g 다음 e 를 덧붙인다:je *partageais*, son*geant*, nous *rédigeons*.
③ 〖-yer 로 된 동사〗 어미변화할 때

y 다음에 무음 e가 오면 y는 i로 바뀐다:je *nettoie*, nous *déploierons*, qu'ils *appuient*. 그러나 -ayer로 된 동사는 모든 어미변화에 있어서 그대로 y를 유지할 수 있으나 만일 i로 바뀌는 경우엔 발음이 달라진다: je paye[pej], je paie[pɛ]/je bégayerai[begejʀe], je bégaierai[begɛʀe]/nous balayerons, nous balaierons. ☆ -eyer로 된 동사들은 어느 경우에도 y를 그대로 둔다:je grasseye, je grasseyerai, je brasseye, cet enfant susseye.

④ 〖-e+자음+er로 된 동사〗 어미변화 중 두번째 e가 e muet가 되는 경우에 첫번째 e는 [ɛ]가 되는데 가운데의 자음에 따라서 a) semer→je sème, je sèmerai;enlever→il enlève, ils enlèveraient 등으로 accent grave를 붙이는 경우가 있고, b) -eler, -eter인 경우는 appeler→j'appelle, j'appellerai;cacheter →je cachette, je cachetterai 와 같이 자음을 하나 더 붙이는 동사가 있고, celer→je cèle, je cèlerai;geler→je gèle, je gèlerai; acheter→j'achète, j'achèterai 와 같이 첫째번 e가 è로 되는 동사도 있다.

⑤ 〖-é+자음+er로 된 동사〗 첫번째 é는 è로 변한다. 그러나 단순미래나 조건법에서는 그대로 é로 남게 된다: altérer→j'altère, j'altérerai;révéler →je révèle, je révélerais; répéter →il répète, nous répéterons, vous répéteriez. 한편 -éer로 된 동사는 어떤 인칭 변화를 하든 항상 첫번째 é는 그대로 남게 된다:créer→je crée, je créerai; agréer→tu agrées, il agréerait.

connaissance—faire[lier] ~ avec *qn* …를 알게 되다, …와 사귀다. *faire la ~ de qn, faire ~ de qn* 《위와 같은 뜻》:*fait ~ de* Marcel Proust (Mauriac, *Journal d'un homme de trente ans*). *être en pays de ~* 자기가 잘 아는 사람들 또는 환경에 있다.

conquis—être ~ à …에 정복되다, …에 매료되다:Je *suis ~ à* cette doctrine. 나는 그 학설에 매료되었다.

conscience—파생어 철자에 유의. 형용사:consciencieux, 부사: consciencieusement.

conséquence (**expression de la**) 〖결과의 표현〗—1° 〖*prép.*+N〗 Il est blessé *à mort*. 그는 죽을 정도로 부상을 당했다/Mon âme est triste *jusqu'à la mort*. (Mauger) 내 마음은 너무도 서글퍼서 죽을 지경이다/ *Pour le malheur* de la France, Charles VI devint fou. (*Ib.*) 프랑스로서는 불행한 일이지만 샤를르 6세는 미쳐버렸다.

2° 〖*prép.*+*inf*〗 Elle est laide *à faire peur*. 그녀는 소름이 끼칠 정도로 못생겼다/Il est homme *à nous trahir*. 그는 우리를 배반할 만한 사람이다/Apprend un métier et tâche de l'exercer de manière *à gagner* ta vie honorablement. (Duham) 기술을 배워 일을 해서 웬만큼 먹고 살 수 있도록 해라/ Il sortit *sans réveiller* personne. (Mauger) 그는 누구의 잠도 깨우지 않은 채 나갔다.

3° 〖등위절, 병렬절〗 Je l'approuve:*il (en) rougit d'aise.*(*Ib.*) 나는 그를 지지한다. (그래서) 그는 기뻐서 얼굴이 빨개진다/Je le blâme *et il (en) est furieux*. (*Ib.*) 내가 그를 비난하자 (그래서) 그는 화가 났다. ☆ 등위접속사와 부사는 다음과 같은 것들이 있다: et, par conséquent, en conséquence, par suite, partant, c'est pourquoi, aussi, donc, et maintenant, ainsi, ainsi donc, alors, et alors, etc.

4° 〖접속사 종속절〗 Ils le garrottèrent *de manière qu'*il ne pût remuer. (Lautréamont) 그들은 그가 움직이지 못하도록 포박했다/Marie montra *si* peu de repentir *qu'*elle fut punie. (Lacretelle, *La Bonifas*) 마리는 후회하는 빛을 거의 보이지 않았기 때문에 벌을 받았다/Ils se sont assis *sans qu'*une chaise ne grinçât. (Camus, *l'Etranger*)의자 하나도 삐걱거리는 소리를 내지 않은 채 그들은 자리에앉았다. ☆ 결과의 종속절을 유도하는 접속사(구)는 다음과 같다: de (telle) manière que, de (telle) façon que, de (telle) sorte que, en sorte que, tant que, si bien que, si ...que, ainsi...que, au point que, à tel point que, tellement que, tel que, etc.

5°〖관계대명사절〗 J'ai appris la nouvelle à Pierre, *qui a été étonné*. 내가 피에르에게 그 소식을 알렸더니 그는 놀랬다/Nous cherchons un remède *qui lui rende la santé*. (Mauger) 그의 건강을 회복시켜 줄 약을 구하고 있다/《관계대명사가 수단, 장소의 보어이면 부정법을 쓸 수 있다》On leur apporta *de quoi se vêtir*. (*Ib*.) 그들에게 입을 것을 갖다 주었다/Je n'ai pas de maison *où me réfugier*. 나에게는 피난 할 집도 없다.

consœur ⇨confrère.

consonne [자음]—조음시에 입술이나 혀 또는 다른 발음기관의 장애를 거쳐 발음되는 음운으로서 목젖은 진동할 수도 아니 할 수도 있다. 그 자체로서는 음절을 형성할 능력이 없으므로 음절형성에는 반드시 모음의 도움이 있어야 한다. 불어에는 열일곱 개가 있다. 조음 방법에 따라서 여러 가지로 분류하여 설명할 수 있지만 여기서는 구강자음과 비강자음의 두 가지로 크게 나누어 설명해 보기로 한다. 전자는 조음시에 입김이 입으로만 통하는 것인 반면 후자는 입김이 코로만 통하는 자음이다.

1° 구강자음 consonnes orales.
14개가 있는데 이것을 다시 폐쇄음과 협착음의 두 가지로 나눌 수 있다.

① 폐쇄음 consonnes occlusives. 입김의 통로를 일시적으로 막았다가 갑작스레 열어줄 때 나오는 파열음으로 explosives 라고 불리우기도 한다. 불어에는 [h]음이 없으므로 파열시에 영어나 독일어의 파열음에서와 같은 氣息音 aspiration이 동반하지 않는 것이 불어 파열음의 특징이다. 우리말의 ㅍ, ㅌ, ㅋ과 같은 강한 기식음이 섞이는 것을 방지하기 위해서는 파열시에 입술이나 ([p]의 경우) 혀끝이나 ([t]의 경우) 또는 후설부에 ([k]의 경우) 힘을 주어 약간의 압력을 더 가해 주면 된다(ㅃ, ㄸ, ㄲ과 혼동하지 말것). 순간음 momentanées 으로서 조음방법과 조음시에 성대 cordes vocales 가 진동하느냐《유성》, 않느냐《무성》에 따라 다음페이지 ※별표와 같이 분류되는데 6개가 있다(표 1).

② 협착음 consonnes constrictives. 구강내의 어느 부분을 협착하여 입김을 마찰시켜 내보내는 마찰음 fricatives 과, 협착한 부분의 양쪽 빈틈으로 입김을 내보내는 측면음 latérales 의 두가지로 나눈다. 이들은 모두 계속음 continues 인데, 8개가 있다(표 2).

2° 비강자음 consonnes nasales.
[m], [n], [ɲ]의 3개가 있다(표 3).

★1) 자음이 하나만인 경우(단자음 consonne simple)에 대해서 같은 음가를 가진 자음이 둘 연거푸 발음되는 것을 쌍자음 consonne géminée 이라고 한다. 이 후자의 경우에는 쌍자음 중 하나는 앞 음절에, 다른 하나는 뒷 음절에 속하게 되는 것이 원칙이다: immense[imǀmɑ̃:s], illusion [ilǀlyzjɔ̃].

2)[R]외에 [RR](R géminé)와 [R°] (R allongé)가 있다. 전자는 두 개의 [R]를 연이어 발음하는 것이며, 후자는 [R]보다 약간 긴 [R]이다. 전자는 la mer Rouge[lamɛːRRuːʒ]의 경우에 생기는 음이며, 후자는 grou-

consonne

※ 별표 (표 1)

[p]	무 성	양순음(兩脣音) bilabiales	양입술로 폐쇄함.
[b]	유 성		
[t]	무 성	설단치음(舌端齒音) apico-dentales	혀끝을 윗니의 안쪽에 대어서 폐쇄함.
[d]	유 성		
[k]	무 성	후설후부구개음(後舌後部口蓋音) postdorso-postpalato-vélaires	혀의 뒷부분을 구개에 붙여 폐쇄함. 뒤에 오는 모음의 조음점에 따라 [k, g]의 조음점도 약간씩 이동함.
[g]	유 성		

(표 2)

마찰음	[f]	무 성	순치음(脣齒音) labio-dentales	앞윗니 끝을 아랫입술 위에 겹쳐 협착.
	[v]	유 성		
	[s]	무 성	전설치음(前舌齒音) prédorso-dentales	혀 앞 부분과 아래위의 앞니로 협착.
	[z]	유 성		
	[ʃ]	무 성	전설 전부 경구개음 (前舌前部硬口蓋音) prédorso-prépalatales	혀 앞 부분과 경구개가 협착을 조성, 입술을 앞으로 내밈.
	[ʒ]	유 성		
	[ʀ]	유 성	후설 후부 구개음(後舌後部口蓋音) postdorso-postpalato-vélaires	혀의 안쪽 부분을 올려 연구개와 협착을 조성.
측면음	[l]	유 성	설단 치음(舌端齒音) apico-dentales	혀끝을 앞니 안쪽에 붙여 혀의 양 가로 공기를 내보냄.

(표 3)

[m]	유 성	양순음(兩脣音) bilabiales	양 입술로 입김을 폐쇄함. 조음점은 [b]와 같음.
[n]	유 성	설단치음(舌端齒音) apico-dentales	혀 끝을 윗니 뒤쪽에 붙임. 조음점은 [d]와 같음.
[ɲ]	유 성	중설 중부 경구개음 (中舌中部硬口蓋音) médiodorso-médiopalatales	혀의 중앙부를 중앙경구개에 붙임.

pe phonétique 의 첫 자음인 [ʀ]의 경우와, 철자가 -rr-이되 groupe phonétique 의 끝 자음이 아닌 [ʀ]가 이에 해당한다.
3) 유음 liquide(아래 4) 참조)인 [l]와 [ʀ]는 본래 유성음 sonore 이나, *pause 직전에 「자음+l 또는 r」의 철자로 나타날 때, 즉 [-pʀ], [-tʀ], [-bʀ], [-dʀ], [-pl], [-kl], [-bl], [-gl], etc.의 형태로 pause 직전에서 발음될 때는 무성음([l], [ʀ])으로 화한다. maitre[mɛtʀ], aigre[ɛgʀ], peuple[pœpl], table[tabl].
4) 조음 방법에 따른 자음의 분류는 위에 열거한 것 이외에도 여러가지가 있다. 또한 그 분류가 자음 전체를 대상으로 하는 경우도 있지만 부분적인 분류도 있다. 예를 들어 파열음과 마찰음의 경우 무성자음 [p], [t], [k], [f], [s], [ʃ]는 유성자음

보다 조음시의 파열이 더 강하므로 경음 consonnes fortes 이라고 칭하는 반면, 그에 대응하는 유성자음 [b], [d], [g], [v], [z], [ʒ]는 연자음 consonnes douces 이라고 한다. 또 마찰음 fricatives ou spirantes 중 [f], [v]를 특히 吹音 soufflantes, [s], [z]를 齒擦音 sifflantes, [ʃ], [ʒ]를 chuintantes 라고 부르기도 한다. 또 [l], [ʀ]는 流音 liquides 이라고 부른다.

contamination [혼효]—어떤 단어, 구조, 음성적 요소 élément phonique 가 다른 단어, 구조, 음성적 요소에 행사하는 유추작용 action analogique 을 말한다. 예를 들어 fruste 는 rustre 의 유추작용을 받아 contamination 에 의해 의미가 바뀌었다. se souvenir 의 구조가 se rappeler 에 영향을 주어 속어에서 se rappeler *de* 로 쓰이는 것도 contamination 이다. ⇨analogie.

content—être ~ que+*subj*, de ce que+*subj*(*ind*)로 쓸 수 있으나 ~de ce que 는 가급적 피하는 것이 좋다.

continue(**consonne**) [계속음]—소리가 중단되지 않고 계속되는 자음. 넓은 의미로는 마찰음 fricative(f, v, s, z, ʃ, ʒ)이라고 하며, 또한 숨소리와 흡사하다고 하여 좁은 의미로 마찰음 spirante 이라고도 한다. 순간음 momentanée 과 대립함.

contraction de l'article [관사의 축약]—1° 〔형태〕관사 le, les 가 전치사 à, de 와 합쳐져 축약 되는 경우. ① à+le>al>**au**. ② à+les>als, aus>**aux**. ③ de+le>del, deu>**du**. ④ de+les>dels>**des**. ⑤ en+le>el >eu, **ou**(《16세기에 와서 없어짐》). ⑥ en+les>els, ens>**es** (⇨ès).

2° 〔용법〕① 〔관사+고유명사〕**a**) 관사 le 나 les 가 있는 지명(le Havre, le Caire, les Andelys)의 le, les 는 축약된다:Il va *au* Havre./Elle va *aux* Andelys./Il vient *du* Havre./Elle vient *des* Andelys. **b**) 인명 앞에 원래 있는 관사(Le Nain, Le Bon)는 축약되지 않는다 (les tableaux *de Le* Nain, les œuvres *de Le* Sage). 그러나 우연한 기회에 일시적으로 붙여지게 된 관사(⇨article défini III, 3°, ①)는 축약된다:les tableaux *du* Poussin.

② 〔작품의표제〕**a**) 「관사+(형용사)+명사+(형용사)+(명사의 보어)」의 형식의 표제를 갖는 경우엔 일반적으로 관사가 축약된다(l'auteur *du* «Misanthrope», le succès *des* «Croix du bois», Molière songeait *aux* «Précieuses ridicules», l'auteur *des* «Fleurs du Mal»). 그러나 드문 경우이지만 축약이 안되는 예도 있다(créateur *de* «Les Parents terribles»(Colette). 일반적으로는 축약되는 것이 원칙이다.

b) 「관사+명사+ et 〔ou〕+관사+명사인 경우엔 원칙이 없으며 다음 세 가지 예를 들 수 있다. 1) 첫 번째 관사만 축약되고 두 번째 관사는 그대로 있든가 아니면 아주 생략되는 경우: dans la dédicace *du* «coq et l'Arlequin»(Cocteau, *Poésie critique*);la lecture *du* «Rouge et Noir»(R. Kemp, *dans les Nouv. litt.*, 31 mars 1949);des «Feuilles d'automne» *aux* «Rayons et les ombres» (Maurois, dans les *Annales*, mai 1953, 41). 2) 두 관사가 모두 축약되는 경우:le héros *du* «Rouge et du Noir»(P. Guth, *Le Naïf aux 40 enfants*). 3) 두 관사 모두 축약이 안되는 경우:la fin *de* «Le Rouge et le Noir» (Duham, *Défenses des Lettres*);Il manque *à* «Les semailles et les moissons»…(Billy, dans *le Figaro*, 26 mars 1958).

★ 관사없는 표제는 그대로 쓴다(l'auteur *de* «Paul et Virginie»). à, de 아닌 다른 전치사가 관사 앞에 올 때도 그대로 쓴다(dans «Le Rouge et le Noir»). 위와 같이 각기의 관사 앞에 전치사를 반복하든 안하든

간에 그 표현이 좀 어색하고 무거워 보이므로 가장 좋은 방법은 표제 앞에 하나의 동격어로서 종속명 terme générique을 사용하는 것이 좋다. 예컨대 poème, fable, roman, recueil, comédie, tragédie 등을 작품의 표제 앞에 쓰면 전치사 à, de를 관사 앞에 놓을 필요가 없게 된다:Voyez le fin de la *fable* «Le Chêne et le Roseau». (Faguet, *XVII*ᵉ*s.*); le succès de la *comédie* «Le gendre de M. Poirier»(B, 170).

c)「관사+명사+동사」 형태에서는 관사는 보통 축약된다:la reprise *du* «Roi s'amuse»(L. Daud, *le Stupide XIXᵉ s.*); l'auteur *des* «Dieux ont soif». 표제에 대한 동사의 일치는 ⇨accord du verbe A, I, 2°, ⑨.

contraire— en désaccord, défavorable, nuisible, hostile의 뜻으로 일반 형용사와 같은 문법적 기능을 갖는다:Le froid et le chaud sont ~*s*.(H) 찬 것과 더운 것은 서로 상반되는 것이다.

contralto[te]—「콘트랄토 가수」: un ~(P. Lar), une ~(Mart, 16); des contraltos.

contrarié—~ de+N[que+*subj*]… …에 곤욕을 당해서.

contre—① 〖부사적 용법〗 Quand on fit cette proposition, tout le monde s'éleva ~. 그런 제안을 하자 모든 사람은 그것에 반기를 들고 나섰다(G, 894)//〖형용사적 용법〗 ⇨pour *adj*. ② 〖**par** ~〗(=en revanche, au contraire, en compensation). 정통파 문법학자들은 이 표현을 배격하였으나 오늘날에 와서는 일반화되었다. 그러나 contrairement 과 혼동해서는 안된다:S'il est laid, *par* ~ il est intelligent.(DG) 그는 못생기긴 했지만 그 반면 머리가 좋다.

coordination ⇨conjonction III,1°.
copain—여성형은 copine. cf. copin, copiner, copinage.
copule (**verbe**)⇨attribut.

coq—여성형은 poule.
côté—*à ~ de* (때로는 aux ~*s* de, 또는 au ~ de) …의 옆에, 측면에: *aux ~s d'*une silhouette qui balançait un fanal (J. Gracq, *Riv. Syrtes*) 신호등을 흔들고 있는 한 사람의 그 림자 곁에/Gilbert s'éveilla *au ~ de* Germaine.(Arland, *Ordre*) 질베르가 제르멘의 곁에서 깨어났다. *à ~ de lui[d'elle]* (또는 à son ~, 때로는 à ses ~*s*) …의 곁에서, 《복수인 경우엔 때로는 비유적으로》 …를 돕다: Il a toujours des gardes du corps *à ses ~s*. (DFC, 303) 그는 늘 자기 곁에 경호원을 데리고 다닌다/Il se range *aux ~s des* libéraux.(*Ib.*, 303) 그는 자유당원 편에 가담한다//《본래의 뜻으로는 *à ~ de*를 많이 쓴다》Il se met *à ~ de* son père. 그는 자기 아버지 곁에 자리를 잡는다. *de tous(les) ~s, de tout ~* 도처에서, 사방으로. *à ~ l'un de l'autre, l'un à ~ de l'autre* (⇨un IV, 1°, ③, d)). (*d'*) *à ~* 그 옆의:dans l'atelier *d'à ~*(Beauvoir, *Sang*) 그 옆 작업장에/Nous pourrions passer dans la pièce (*d'*)*à ~*. (DFC, 303) 우리들은 옆방으로 들어갈 수도 있을 것이오.

couleur (**de**)—1° ~ de feu[de rose] 불이 타오르는 듯한[장미빛] 색깔 《이런 경우 옛적에는 couleur를 남성으로 써 왔다》/Leur plumage (…) tire sur *le ~ de* rose.(La Font, *Psyché*, I) 그들의 깃털은 분홍빛을 띠고 있다.
2° ~ (**de**)+N 인 경우에는 변화하지 않는 형용사 역할을 한다:des souliers ~ *de* rose (Ac) 분홍빛 신발들. //《속사로 쓰이는 경우》 Ses cachets paraissaient ~ rose.(Vigny).

coup—*tout à ~* (=soudainement, subitement) 돌연, 갑자기, 별안간: *Tout à ~* la lampe s'éteignit.(H, 722) 별안간 등불이 꺼졌다. *tout d'un ~* (=d'un seul coup, en une seule fois) 단 한번으로, 단숨에: La maison s'effondra *tout d'un* ~. (Thomas) 그 집은 일시에 허물어져 버렸다/Il fit sa fortune *tout d'un* ~. (*Ib.*) 그는 단숨에 그의 재산을 모았다. ☆ Ac 는 tout d'un ~ 가 tout à ~의 뜻으로도 쓰일 수 있음을 지적하고 있다: *Tout d'un* ~ la jeune femme du manufacturier poussa un soupir.(Maupass, *Boule de S.*) 갑자기 공장 주인의 부인이 한숨을 지었다.

couple *n. m.* —결혼 또는 자연스러운 감정·공통 의식에 의해 결합된 「한 쌍의 사람 또는 동물」을 나타낸다: un ~ de pigeons 비둘기 한 쌍/un ~ bien assorti 잘 어울리는 부부.
—*n. f.* 사물에 대하여 「둘」이라는 수적인 개념만을 나타낸다: une[un] ~ d'œufs 계란 두개/J'aurai fini dans une[un] ~ d'heures.(Tchov) 두어 시간 후에는 끝나 있을 거예요. ☆ 그러나 deux 의 뜻으로도 couple 을 남성으로 사용하는 경우가 많다.

courant—*fin* ~(=à la fin du moi courant) 월말에:votre lettre du 8 ~, *fin* ~ 당신의 이달 8일, 이달 말의 편지((courant 은 생략된 mois 에 일치하고 있음에 주의)). ⇨fin.

court—*demeurer*[*rester, se trouver*]~ (=ne plus savoir que répondre) 무어라 대답할 바를 모르다 ((이 용법은 아래 couper[tailler] court 에서와 마찬가지로 부사적으로 쓰인 것). *être (à)* ~ *d'argent* 돈에 궁하다, 돈이 떨어지다. *couper* [*tailler*]~ ((부사로 쓰일 때는 불변)):ses cheveux frisottants, coupés ~ (M. du Gard, *Les Thibault*, VII) 짧게 깎은 그의 곱슬머리/((속사로 취급되어 흔하진 않지만 변화하는 경우도 있다. ⇨attribut III, 1°)):Ses cheveux étaient-ils coupés ~*s?* (Troyat, *Signe*)(cf. H, 209). *tout* ~ 《명사 뒤에 놓여서 변화하지 않는 경우「tel quel, sans rien ajouter」의 뜻으로 쓰임》: Là n'est peut-être pas la «vérité dramatique», mais la vérité *tout* ~.(Montherlant, *Fils de personne*, Préf) 어쩌면 극적 진실은 거기에 없을지도 모르나 진실 그 자체는 엿볼 수 있다.

crainte—*la* ~ *que* (*ne*)+*subj:La* ~ *qu'*on *ne* le *surprenne* poursuit le malfaiteur.(DFC) 그 악당은 붙잡히지나 않을까 하는 두려움에 쫓기고 있다. *de*[*par, dans la*] ~ *de*+*inf:*Il marche lentement *de* ~ *de* tomber.(*Ib.*) 그는 넘어질까봐 천천히 걷는다/((*inf* 의 주어는 주동사의 주어와 일치하고 수동의 *inf* 도 가능)) Nous emportons nos imperméables *de* ~ *d'*être surpris.(Bonnard) 우리는 갑자기 소나기를 만날까 두려워서 우비를 가지고 간다. *de*[*par, dans la*] ~ *que* (*ne*)+*subj:*Séparons-nous, *de* ~ *qu'*il(*ne*) nous *voie* ensemble.(J.-P. Colin) 우리가 함께 있는 것을 그가 볼지도 모르니까 헤어집시다. ☆ 상황보어절에서 pas 의 사용에 따른 의미상의 차이에 주의:Ne lui dites rien, *de* ~ *qu'*il *ne* veuille *pas* venir. (Thomas) 그가 오려고 하지 않으면 낭패니까 그에게 아무 말도 하지 마세요.

crochets[각괄호]—*signes de ponctuation 의 하나. 둥근괄호 parenthèses 의 용법과 마찬가지나 덜 쓰이고 있다. 특히 둥근괄호 ( )를 내포하고 있는 요소를 문장으로부터 격리시키고자 할 때 쓰인다:Chateaubriand s'est fait l'apologiste du Christianisme[cf. *Génie du christianisme* (1802)].

croisement ⇨contamination.

culotte—한벌을 지칭할 때 단수, 복수 모두 쓸 수 있다:porter *une*[*des*] ~(*s*). ⇨nombre des noms.

D

d—불어 alphabet 의 네째 글자로 명칭은 [de]. graphie 와 발음과의 관계는 다음과 같다.

d 1) 어두・어간에서는 [d]: demain, admirer, il viendra, etc. 2) 어미에서는 무음이 원칙: pied, accord, nid, froid, chaud, etc. 단, sud 및 소수의 외래어에서는 [d]: celluloïd, lied, yod, Madrid, Alfred, David, etc. 3) *liaison 의 경우와 *assimilation 의 경우에는 각각 무음의 d 나 유음의 d 가 [t]로 발음된다: un grand homme[grɑ̃tɔm], médecin[mɛtsɛ̃], chemin de fer[-tfɛːr].

dd 1) [dd]: adduction, adductif, quiddité, reddition, addenda 에서. 2) 위 단어 이외에는 [d]: addition, additionnel, additionner, paddock, etc.

daim—여성형은 daine 또는 dine.

dame ⇨ madame; ce² I, 4°.

Danemark—남성국명이지만 au ~, en ~ 두 가지 모두 사용된다. de 다음에 사용될 때도 여성국명처럼 관사가 생략될 수 있다: la capitale[la frontière] du ~, le roi de ~.

danger—*Il y a (du, quelque) ~ à+inf: Il y a ~ à agir ainsi.*(DFC) 그렇게 처신하는 것은 위험하다[데에는 위험이 따른다]. *Il n'y a aucun [pas de] ~ à+inf: Il n'y a aucun ~ à camper là.*(Bonnard) 저기서 야영하는 데에는 하등의 위험이 없다. *Il n'y a pas de ~ que+subj: Il n'y a pas de ~ qu'il vienne.*(M) 그가 올 염려는 없다. *Il y a quelque ~ que (ne) +subj: Il y a quelque ~ qu'il parte trop tard.* 그가 너무 늦게 떠나지나 않을까 다소 염려된다.

dans—항상 *한정사가 선행하는 명사하고만 함께 쓰이는 전치사.

I. 〖장소〗 「(안[속])으로; (안)에(서)」의 뜻.

1° 〖**dans**+보통구상명사〗 Nous entrons ~ la classe./Je passerais ~ le feu pour elle. (M) 그녀를 위해서라면 불 속으로라도 지나가겠다/Il a jeté un papier ~ le feu. (Matoré) 그는 불 속으로 종이를 던졌다/Il joue ~ un orchestre.(Lagane) 그는 어느 관현악단에서 연주한다/Il a une poussière ~ l'œil. (Lagane) 그는 눈에 먼지가 들어갔다/Le chien mange ~ ma main. (M) 그 개는 내 손에 든 것을 먹는다/Un épervier plane haut ~ le ciel.(DFC) 새매 한 마리가 하늘 높이 날고 있다.

① 〖**dans**과 **à**〗 à 는 단순히 다른 장소와 대립되는 지점으로서의 장소를 표현하고, dans 을 쓰면 「밖」과 대립되어 「안」의 의미를 표현하게 된다: Qu'est-ce que vous avez à la main? 당신은 손에 무엇을 들고 있읍니까?/Qu'est-ce que vous avez *dans* la main? 당신은 손안에 뭣을 감추고 있읍니까?/Il est *à* la maison(=chez lui). 그는 집에 있다; Il est quelque part *dans* la maison. 그는 집안 어딘가에 있다/Je vous attendrai *à* la gare. 당신을 역에서 기다리겠소/Le bateau vient d'entrer *dans* le port. 배는 항구 안으로 들어왔다.

② 〖**dans**과 **sur**〗 a) 〖도로와 거리〗 1) *rue 에는 dans 을 사용한다: Il y a une boulangerie *dans* la rue voisine.(DFC) 이 근처 거리에 빵집이 하나 있다/Nous nous sommes promenés *dans* les rues de Séoul. 우

리는 서울거리를 산책했다//《집이나 창문의 방향을 나타낼 때는 sur》 une maison qui donne *sur* la rue/ un appartement *sur* la rue/Il a deux fenêtres *sur* la rue. ⇨sur. 2) ruelle 은 dans 을 쓰고, chemin 은 동사에 따라 dans 이나 sur 를 선택하여 사용한다: passer *dans* le chemin 길로/rencontrer quelqu'un *sur* le chemin 길에서. 3) route, chaussée, trottoir, quai, avenue, boulevard, place 등은 sur 를 사용한다. (주소의 표현 ⇨nom² IV,2°, ①). b)〖풀밭〗 1) prairie 와는: s'asseoir *sur* la prairie《dans 의 사용은 불가》. 그러나 Le papillon vole *sur*[*dans*] la prairie (D, 360). 2) herbe 와는: déjeuner *sur* l'herbe. 그러나 s'asseoir 나 marcher 이면 dans, sur 가 모두 가능하다. 3) gazon, mousse, pelouse 와는 s'asseoir *sur*...를 쓴다. c)〖의자, 침대〗 1) chaise, canapé, divan, sofa, banc, tabouret, trône 는 s'asseoir *sur*...를 쓴다. 2) fauteuil 는 s'installer[s'asseoir] *dans*...을 쓴다(sur...도 가능). 그러나 동사 의미에 따라서는 sur 가 필요한 경우도 있다: Il jeta son pardessus *sur* le fauteuil.(As) 그는 안락의자 위로 자기 외투를 집어던졌다. 3) lit 와는: être couché *dans* le lit (잠자기 위해)침대에 누워 있다/se glisser *dans* le lit 침대 속으로 슬그머니 들어가다/coucher qn *sur* le lit (일시적으로) ...를 침대 위에 눕히다/aller[se mettre] *au* lit(=se coucher)/être *au* lit(=être couché). d)〖탈것〗 auto, voiture 는 dans 을 쓰고 barque, vaisseau 는 sur, dans 을 자유롭게 쓴다: Je l'ai vu passer *dans* sa voiture blanche. 나는 그가 자기의 흰차를 타고 지나가는 것을 보았다. e)〖신문, 책〗 livre, journal 은 lire dans ...을 쓰고, registre, mur, affiche, étiquette 등은 lire sur...를 쓴다:

J'ai lu *dans* le journal la nouvelle de cet accident.(DFC) 나는 신문에서 그 사고의 소식을 읽었다. ③ **dans** 과 **en** ⇨en¹ I, 5°.
2° 〖**dans**+고유명사〗 ① 〖dans+도시명〗 Il est de plus en plus difficile de garer sa voiture ~ Paris.(DFC) 파리 시내에서는 차를 주차시키기가 점점 더 어렵다《à를 사용하면 다른 도시와 대립을 표현함》. ② 〖dans+작가명(또는 auteur 등의 보통명사)〗 Cette maxime est ~ Molière (=chez (~ l'œuvre de) Molière). (GLLF) 이 금언은 몰리에르 작품에 나온다. ③ 〖dans+도명〗 Il habite ~ la Nièvre. (DFC). ④ dans 과 à, en ⇨à I, 1°, ③.
3° 〖**dans**+보통추상명사〗 ~ le fond de son cœur, il le regrette. (DFC) 그는 마음속 깊이 그것을 후회하고 있다/Il n'est pas ~ mes intentions de voyager. 나는 여행할 의사가 없다.
II. 〖시간〗 1° 「…에, …의 사이〔동안〕에」: Il a eu une maladie grave ~ son enfance.(Matoré) 그는 어린 시절에 중병을 앓았다/Il est ~ sa trentième année. (DFC) 그는 지금 서른 살이다/Il était très gai ~ le temps(=autrefois). (*Ib.*) 그는 예전에는 매우 명랑했다/~ ce temps-là 그 때〔무렵〕에/~ la suite 후에/~ le temps que ...동안에, ...의 시대에.
2° 「…이내에, …안으로」: Je pourrai réaliser ce projet ~ l'année. (DFC) 나는 연내로 이 계획을 실현시킬 수 있을 것이다/Il faut terminer ce travail ~ les huit jours. 이 일을 일주일 안으로 끝내야만 한다/~ la matinée 오전 중으로/~ la semaine 주내로/~ la huitaine 일주일 내에.

★명사 앞에 항상 정관사를 사용하고 3°의 경우와 달리 언술 énoncé 내의 사건시를 기점으로 해서도 後時性을

표현할 수 있다:Il devait partir ~ les trois mois. 그는 석달 이내에 떠나기로 되어 있었다.
3° 「…후에, …지나서」: ~ combien de temps reviendrez-vous? (DFC) 얼마 후에 돌아오시겠읍니까?/J'irai le voir ~ une semaine. (DFC) 나는 일주일 후에 그를 보러 가겠다. ☆이 때 dans 은 반드시 발화시를 기점으로 해서 얼마 경과한 시기를 표현한다. 이에 반해 après 는 언술중의 사건시를 기점으로 하여 후시성을 표현한다: Deux jours *après*, il m'a téléphoné. (그런 일이 있고 나서) 이틀 후에, 그는 내게 전화했다.

III. 〖상태, 양태, 사정의 표현〗 문맥에 따라서는 원인이나 대립, 직업 등도 표현한다:La maison s'écroula ~ les flammes. (DFC) 그 집은 불길에 휩싸여 허물어져 내렸다/Si vous continuez à dépenser ainsi, vous tomberez ~ la misère. (Matoré) 계속해서 돈을 그렇게 쓰면 빈궁하게 될 것입니다/Il vit ~ l'oisiveté. (DFC) 그는 하는 일 없이 빈둥거리고 있다/Nous sommes ~ une situation difficile.(Bonnard) 우리는 어려운 상황에 처해 있다/~ de si pénibles circonstances, je ne sais que vous dire.(Bonnard) 이렇게 어려운 상황이니 당신에게 무어라고 말씀드려야 할지 모르겠읍니다/Elle disparut ~ un doux bruissement de soie. (M) 그 여자는 부드러운 비단결 스치는 소리를 내며 사라졌다/~ son affolement, elle n'y avait pas songé.(Green, *A. Mesurat*, 232) 그녀는 몹시 당황했으므로, 그것을 생각지 못했었다/Vous ne raisonnez pas trop mal, ~ l'ignorance où vous êtes. (France, *Rôtèsserie*, 120) 당신은 무식하면서 그럴 듯하게 이론을 펴는군/Ses parents sont ~ le commerce(=Ils pratiquent le commerce)./peinture ~ la manière de Raphaël 라파엘풍의 그림.

IV. 〖개략적 평가〗(=environ, approximativement):Ce livre coûte ~ les vingt francs. (DFC) 이 책은 약 20 프랑쯤 된다/Elle a ~ les quarante ans. 그녀는 마흔살쯤 되었다.

Dante—이태리어에서는 성 앞에서, 또 여자 이름 앞에서 정관사를 사용하나 남자이름 앞에서는 사용하지 않는다. Dante 는 남자이름이므로 정관사 없이 les œuvres de Dante 등으로 쓰는 것이 정확하다.

date—1° 요일명 ⇨jours¹, 월명 ⇨mois. 2° 편지의 발신지와 연월일을 쓸 때는 다음의 방식이 있다:(ce) samedi, 2 juillet / Séoul, le 2 juillet 1979 《쉼표의 사용을 주의할 것》. 날짜의 표현에는 기수를 서수 대신 쓰고 1 일만은 서수를 쓴다(⇨numéraux cardinaux II, 2°, ②).
3° 〖날짜 표현 앞의 관사와 전치사〗 ①〖현재〗 Nous sommes le 2 juillet. ②〖과거〗 Nous étions le (또는 au) 1er avril.
4° 〖날짜 표현의 수사의 발음〗① 날짜 표현의 기수와 월명은 분리하여 liaison 하지 않고 읽는다. ② 수사+명사구에서와 달리, six, dix, cinq 등 마지막 자음을 모두 발음한다:le six juin[lə sis ʒyɛ̃].
5° 〖날짜를 묻는 질문〗「Quel jour du mois sommes-nous?/Quel jour du mois avons-nous?/Quel jour du mois est-ce aujourd'hui?」를 주로 사용하고 「Le combien sommes-nous?/Le combien est-ce aujourd'hui?」도 쓰인다. 앞의 세 문장에서 du mois 를 생략하고 사용할 수도 있는데, 그렇게 되면 요일명을 묻는 질문이 될 수도 있기 때문에 혼동의 우려가 있다.
★ 사전이나 문법서에 기재된 다음과 같은 질문은 실제 사용되지 않는다:Quel est le quantième?(Lit)

/Quel quantième〔Quelle date〕 est-ce aujourd'hui? (Le B, II, 599)/ Quel quantième tenons-nous? (Lit)/ Quel quantième du mois avons-nous? (DG)/A quel quantième du mois sommes-nous? (Ac)/Quel est le quantième du mois?(Ib.).

davantage—1° plus 와 동일의미의 우등비교를 표현하는 정도의 부사(⇨adverbe). 그러나 plus 는 명사, 동사, 형용사, 부사와 자유롭게 결합되어 사용될 수 있는 반면, davantage 는 형용사, 부사와의 결합이 불가능하다. 이 점을 beaucoup, très의 특성과 함께 도표로 그리면 다음과 같다.

	de+N	V	adj.	adv.
davantage	+	+	−	−
plus	+	+	+	+
beaucoup	+	+	−	−
très	−	−	+	+

(+ : 결합 가능성, − : 결합 불가능성)

① 〚~ de+N〛 Il y a chaque année ~ de voitures dans les rues.(DFC) 거리에는 매년 차량이 늘어간다.
★ 1) 이때 davantage 의 통사적 특성은 plus 와 동일하여, N 은 무한정사 명사이며 가산명사인 경우는 단수형, 비가산명사인 경우는 복수형이 요구되고, plus 로 대치시켜 사용할 수 있다. 2) de+N 은 en 으로 대명사화 된다: J'en ai ~ que lui.(M) 나는 그보다 더 많이 갖고 있다.
② 〚동사 뒤에서〛 Je l'aime ~. (J.-P. Colin) 나는 그를 더 좋아한다/Pierre a ~ travaillé.(Bonnard) 피에르가 더 많이 공부했다. a) 동사와 결합되면 plus longtemps 의 의미를 나타내는 경우가 있다: Je ne puis rester ~.(Ib.) 저는 더 오래 남아 있을 수가 없읍니다.
b) plus 와 마찬가지로 que+N〔절〕 등이 뒤따를 수 있다: Ce paquet pèse ~ que les autres.(DFC) 이 꾸러미는 다른 것들보다 더 무겁다/Comme cela, je pourrai vous aimer ~ encore que je ne vous aime. (Georg) 그렇게, 나는 지금보다 훨씬 더 당신을 사랑할 수 있을 것입니다. c) 부정문에서 plus que 를 사용하여 의미의 혼동이 생길 우려가 있을 때에는 반드시 davantage que 를 쓴다: Rien ne l'attire ~ que le mystère. (J.-P. Colin) 신비로운 것보다 더 그의 마음을 끄는 것은 없다 ((이 문장에서 plus que 를 쓴다면, 「이제는 신비로운 것 이외에는 그의 마음을 끄는 것이 없다」라는 의미로 해석될 수 있다)).
★ 1) ~+adj.〔adv.〕(또는 형용사, 부사상당어)는 불가능한 결합이다. 그래서 반드시 다음과 같이 써야 된다: Il est plus travailleur.(Bonnard) 그가 더 열심히 공부한다/Ecrivez plus lentement.(H) 더 천천히 쓰십시오/Il est plus à plaindre. 그는 더욱 불쌍한 사람이다/Racontez-moi cette histoire plus en détail. 내게 이 이야기를 더 자세히 해주십시오. 2) 그러나 속사형용사가 le 로 대명사화되어 (⇨le², la, les II, 2°) 동사 앞에 놓이면 plus 를 쓰지 않는다: Vous êtes malheureux, il l'est ~ (Georg) 당신은 불행합니다. 그렇지만 그는 더 불행합니다 ((이 점은 대명사화된 형용사와 함께 très 를 사용할 수 없어 beaucoup 를 쓰는 경우와 마찬가지이다. ⇨beaucoup 1°)). 3) plus 가 bien 이나 encore 로 강조되면 le 와 함께 쓸 수 있다: Vous êtes patient, mais votre ami l'est bien plus〔plus encore〕. (H) 당신은 끈기가 있다. 하지만 당신 친구는 훨씬 더 끈기가 있다.
2° davantage 의 의미를 강조하기 위해서는 bien, encore 같은 또 다른 정도의 부사가 결합된다. 이와 같은 가능성을 다른 정도의 부사와 비교하면 다음과 같다.

	bien	encore	beau-coup
davantage	+	+	—
plus	+	+	+
beaucoup	—	—	
très	—	—	—

(+ : 결합 가능성, — : 결합 불가능성)

즉, beaucoup 와 très 에는 어떤 또 다른 정도의 부사가 결합되어 사용될 수 없고 davantage 와 plus 는 그것이 가능하나, beaucoup 는 davantage 앞에 사용될 수 없다. 이때 encore 는 plus 나 davantage 에 후치된다:Vous êtes content, mais je ne suis ~ encore.(GLLF).

de—모음이나 무성 h 앞에서는 d'로 모음자가 생략되며 정관사 le, les 와 함께 사용되면 du, des 로 축약된다 (⇨contraction).

I. 〖**de**+동사의 상황보어〗 1° 〖출발점 (장소・시간・수량)〗 Il sort à tout propos *de* la pièce. 그는 툭하면 방에서 나간다.
de...à〔jusqu'à, en〕: *de* Paris à Londre 파리에서 런던까지/Il y a *de* quatre *à* cinq cents femmes dans la manufacture. 공장에는 400명 내지 500명의 여자들이 있다/*de* janvier *à* mars 1월부터 3월까지/*du* trois *jusqu'au* vingt de ce mois 이달 3일부터 20일까지/Il est probable que d'aujourd'hui *en* quinze j'arriverai à Paris. 오늘부터 15일내에 내가 파리에 도착할 것 같다.
2° 〖기원〗 une jeune femme dont le visage pensif et les voiles élégantes n'étaient pas *de* ce pays 생각에 잠긴 듯한 얼굴과 우아한 너울이 이 고장 출신이 아니었던 한 젊은 여인/Sa vocation date *de* cette époque. 그의 소명은 이 시기로 거슬러 올라간다.
3° 〖동작이 일어난 시기〗 se lever *de* bon matin 아침 일찍 일어나다/travailler *de* nuit 밤에 일하다. ***de ce temps, du temps de:*** *Du temps de* Molière, les comédiens avaient mauvaise réputation. 몰리에르 시대에는 희극배우들 평판이 나빴다/*de mon temps* 내가 젊었을 때.
4° 〖동작의 지속〗 Je ne dormis pas *de* deux nuits. 나는 이틀 밤 동안 자지 않았다/*de* tout temps 옛부터 언제나/*de* toute éternité 태고적부터/*de* longtemps 오랫동안/*de* ma vie 내 생전에.
5° 〖변화, 과정〗《비유적》:*D'*ouvrier, il devint contremaître. 그는 노동자에서 감독이 되었다. *de...en:*Il s'affaiblit *de* jour *en* jour. 그는 나날이 약해진다. ***d'un jour*〔d'une heure, d'une minute, d'un instant〕 *à l'autre:*** Il a vieilli *d'un jour à l'autre*. 그는 날로 늙어갔다.
6° 〖정도 (시간・공간・양)〗 Cette montre avance *d'*une minute. 이 시계는 1분 빨리 간다/dépasser quelqu'un *de* la tête 어떤 사람보다 머리만큼 더 크다/Ce paquet est trop lourd *de* cinq cents grammes. 이 꾸러미는 500 그람이나 더 무겁다. ☆ 비교의 보어 도입 ⇨plus, moins.
7° ①〖담화의 주제〗 D'ailleurs, le notaire ne parle pas *de* vous. 게다가 공증인은 당신에 관한 이야기를 하지 않습니다. ②〖책이나 장의 표제명〗 *De* l'amour 연애론.
8° 〖수단, 도구〗 frotter *d'*huile 기름으로 문지르다/《신체의 일부분을 나타내는 명사와 함께 쓰임》 Il m'a fait signe *de* la main. 그는 나에게 손짓했다.
9° 〖양태〗 accomplir un devoir *de* grand cœur 기꺼이 의무를 완수하다.
10° 〖특징, 성질, 재료〗 Cet ouvrage semble *d'*une grande utilité. 이 작품은 매우 유익한 것 같다/Ce lieu est *d'*accès difficile. 이 곳은 접근하기 어렵다/La statue est toute

d'or massif. 이 彫像은 온통 순금으로 되어 있다.
11° 〖원인〗 mourir *de* faim 굶어 죽다.
12° 〖수동형 동사의 동작주보어〗 감정이나 상태를 나타내는 동사의 경우 ⇨agent (complément d').
II. 〖de+동사(동사구)의 목적보어〗
1° 〖de+N〗 다음과 같은 간접 타동사와 대명동사의 목적보어를 도입한다(bénéficier, disconvenir, douter, hériter, jouir, profiter, regorger, triompher, s'affubler, s'enquérir, s'éprendre, se repentir, se souvenir, etc.): Il bénéficie *de* l'indulgence du jury. 그는 배심원의 관용을 얻었다/Vous avez raison, je n'*en* disconviens pas. 당신이 옳습니다. 나는 그것을 부정하지 않습니다/Il y a des moments où je doute *de* votre amitié. 내가 당신의 우정을 의심하는 순간들이 있습니다/Il a hérité *d*'une ferme. 그는 농가 한 채를 물려받았다/Nous jouissons *de* sa présence chez nous. 우리는 그가 우리 집에 있는 것이 즐겁다/Il avait profité *du* désordre pour s'enfuir avec les soldats. 그는 혼란을 이용해서 군인들과 도망쳤다/Les magasins regorgent *de* marchandises. 상점들은 상품으로 가득하다/Le meilleur moyen de triompher *de* son adversaire, c'est de lui survivre. 적수를 물리치는 가장 좋은 방법은 그가 죽은 뒤에 살아남는 것이다/Il ne savait pas s'habiller et s'affublait toujours *de* vêtements trop voyants. 그는 옷 입을 줄을 모르며 항상 너무 눈에 띄는 옷을 괴상하게 입고는 하였다/Vous êtes-vous enquis *des* formalités exigées pour ce voyage à l'étranger? 당신은 이 외국여행에 필요한 수속에 관해 알아보셨습니까?/Plusieurs jeunes gens s'étaient épris *de* cette femme. 여러 젊은이들이 이 여인에게 반해 있었다/Il se repent *de* sa mauvaise conduite. 그는 자신의 좋지 못한 행실을 뉘우치고 있다/Je me souviens *de* l'écureuil qui venait s'asseoir sur vos genoux. 나는 당신의 무릎 위에 와서 앉곤 하던 다람쥐를 기억합니다.
2° 〖de+*inf*〗 (accepter, accorder, accuser, achever, affecter, ambitionner, appréhender, arrêter, attendre, avertir, n'avoir garde, blâmer, brûler, cesser, choisir, commander, conjurer, conseiller, convenir, craindre, décider, dédaigner, défendre, désaccoutumer, désapprouver, déshabituer, différer, dire, discontinuer, disconvenir, dispenser, dissuader, douter, empêcher, enjoindre, entreprendre, enrager, essayer, éviter, excuser, feindre, féliciter, finir, frémir, gager, gémir, haïr, hasarder, imaginer, imposer, imputer, inspirer, interdire, jurer, méditer, menacer, mériter, négliger, nier, obtenir, offrir, omettre, ordonner, oublier, pardonner, parier, punir, parler, permettre, prescrire, prier, projeter, promettre, proposer, protester, recommander, redouter, refuser, regretter, reprocher, résoudre, rêver, rire, risquer, rougir, signifier, sommer, souhaiter, soupçonner, suggérer, supplier, supporter, tâcher, tenter, trembler, s'abstenir, s'accuser, s'affliger, s'applaudir, s'arrêter, s'aviser, se charger, se contenter, se dépêcher, se disculper, se dispenser, s'étonner, s'excuser, se flatter, se garder, se glorifier, se hâter, s'indigner, s'ingérer, s'interrompre, se jurer, se mêler, se permettre, se persuader, se proposer, se réjouir, se repentir, se reprocher, se réserver, se retenir, se souvenir, se vanter, etc.): J'essaierai *de* vous satisfaire.

나는 당신을 만족시키려고 애쓸 것입니다/Il a imaginé d'acheter un garage. 그는 차고를 살 궁리를 했다/J'ai peur de ne pas réussir. 나는 성공하지 못할까봐 두렵다/Il regrette de vous avoir parlé si durement. 그는 당신에게 너무 심하게 말한 것을 후회하고 있다/Trois fois il tenta de renverser une bête, et trois fois il échoua. 세번이나 그는 짐승을 넘어뜨리려고 해보았으나 세번 다 실패했다/Dépêchez-vous de partir. 서둘러 떠나시오/Il ne se souvient pas de vous avoir dit cela. 그는 당신에게 그런 말을 한 것을 기억하지 못한다/Il se vantait d'avoir le travail facile. 그는 일손이 재다고 자부하고 있었다.

3° 〖de+절 (de ce que...)〗 de+N 나 de+*inf*를 요구하는 동사들의 다수가 특히 구어나 속어에서 de 가 도입하는 절을 목적보어로서 요구한다(abuser, accuser, applaudir *qn*, avertir *qn*, bénir *qn*, excuser *qn*, frémir, gémir, informer *qn*, louer *qn*, mépriser *qn*, pleurer, prévenir *qn*, profiter, ricaner, rire, rougir, souffrir, en vouloir à *qn*, s'affecter, s'affiger, s'applaudir, s'attrister, s'autoriser, se choquer, se consoler, se contenter, se dégoûter, se désoler, s'effaroucher, s'effrayer, s'émerveiller, s'enorgueillir, s'épouvanter, s'étonner, s'exaspérer, s'excuser, se féliciter, se formaliser, se frapper, se froisser, se glorifier, s'impatienter, s'indigner, s'inquiéter, s'irriter, se lamenter, s'offenser, s'offusquer, se plaindre, se réjouir, se rendre compte, se venger, etc.): Les enfants ont profité de ce que nous n'étions pas là pour faire des bêtises. 아이들은 우리가 거기 없다는 사실을 이용해서 바보같은 짓을 했다/La vieille bonne s'excusa de ce que le dîner n'était pas prêt. 늙은 하녀는 저녁식사가 준비되어 있지 않은 것을 사과하였다/Jammes s'irrite de ce que les critiques ne lui rendent pas justice. 잠은 비평가들이 그의 공적을 인정해 주지 않아서 분노하고 있다/Je me réjouis de ce que vous êtes en bonne santé. 나는 당신이 건강하셔서 기쁩니다.

4° 몇몇 동사들은 목적보어를 도입하는 데 de 가 사용되느냐 다른 전치사가 사용되느냐에 따라 의미가 달라진다: rêver de quelque chose 어떤 것을 열망하다/rêver à quelque chose 어떤 것을 꿈에 그리다/Je tiens de Paul. 나는 폴과 닮았다/Je tiens à Paul. 나는 폴에 애착을 느낀다.

☆ 다음 경우에는 뉘앙스의 차이만을 볼 수 있다: J'ai accepté de dîner chez lui. J'ai accepté à dîner chez lui. 《전자는 「승낙」을 강조하고 있고 후자는 「사실 그 자체」를 표현할 뿐이다》.

III. 〖de+(대)명사 보어〗 1° 〖동사와 관련있는 명사 뒤〗

① de 가 도입하는 명사가 동작의 주체가 되는 경우(=complément subjectif): le grondement du tonnerre(=Le tonnerre gronde.)/le départ du bateau(=Le bateau part.)/la souffrance de Pierre(=Pierre souffre.).

② de 가 도입하는 명사가 피동자가 되는 경우(=complément objectif): la crainte du feu(=On craint le feu.)/la découverte du trésor(=On découvre le trésor.)/un désir de paix(=On désire la paix.).

③ 두 가지 해석이 가능한 경우: la peur des ennemis(=Les ennemis ont peur.≠On a peur les ennemis.)/la crainte du gendarme(=Le gendarme craint.≠On craint le gendarme.).

④ de 가 도입하는 명사가 동사와 함께 사용된 경우와 동일한 상황관계를 나타내는 경우: au départ de

Paris(=partir *de* Paris)/un tremblement *de* peur(=trembler *de* peur).

2° 〖일반 명사 뒤〗 ① 〖소속〗 la maison *du* jardinier 정원사의 집/le pouce *de* la main droite 오른손 엄지손가락.

② 〖가족, 사회관계〗 le fils *de* Pierre 피에르의 아들/le voisin *de* l'instituteur 교사의 이웃.

③ 〖전체, 관계〗 la porte *de* la maison 집의 문/Lequel *des* deux choisissez-vous? 둘 중의 어느 것을 당신은 택하십니까?

★ 1) 양자택일의 각 요소 앞에 사용된다:Qui, *de* lui ou *de* moi, vous paraît le plus sincère? 그와 나 중의 누가 당신에게 더 진실하게 보입니까? 2) 반복된 두 개의 동일 명사 사이에 위치하여 어떤 사실의 극치를 나타낸다:C'est l'as *des* as. 그는 명수 중의 명수다/Voilà le fin *du* fin. 저것이 미묘의 극치다.

④ 〖내용물이나 그 용기〗 un verre *de* vin 포도주 한 잔/l'eau *de* la citerne 물탱크의 물.

⑤ 〖재료〗 sac *de* papier 종이 봉지/une barre *de* fer 철봉.

⑥ 〖측정, 가격〗 un homme *d'*un mètre soixante-dix 키가 1 m 70 cm 되는 남자/une pièce *de* cinquante centimes 50 상팀짜리 동전.

⑦ 〖분배〗 Les Gourds donnaient quatre sous *de* l'heure pour les gros travaux de la maison. 구르家는 집안의 막일에 대한 댓가로 시간당 몇 푼 안되는 동전을 지불하고 있었다.

⑧ 〖종류〗 un livre *de* mathématiques 수학책/couteau *de* cuisine 부엌칼.

⑨ 〖특징, 성질〗 un livre *d'*un grand intérêt 흥미진진한 책/un regard *de* pitié 연민의 시선/Il avait un vêtement *de* coupe élégante. 그는 우아하게 재단된 옷을 입고 있었다.

⑩ 〖명칭〗 le titre *de* comte 백작의 작위/le mois *de* décembre 12月/la ville *de* Paris 파리시.

⑪ 귀족의 성 앞에 사용되어 작위명이나 monsieur, madame, mademoiselle 또는 이름과 성을 연결해 준다:la comtesse *du* Berry, le duc *de* la Rochefoucauld, le chevalier *des* Grieux, madame *de* Maintenon, monsieur *de* Pourceaugnac, Alfred *de* Musset.

★ 그러나 작위명이나 이름이 없을 때에도 다음 경우에는 de를 사용한다. 1) 단음절로 된 성 앞에서:*De* Thou a bien écrit./l'accueil de *de* Gaulle/J'ai vu *de* Sèze. 2) 모음이나 무성 h로 시작되는 성 앞에서:le fils de *d'*Orléans/les *d'*Hausson-ville. 3) du 나 des 는 결코 생략되지 않는다:les vers de *du* Bellay/la terre de *des* Lourdines.

⑫ 장소, 시간, 용도 등 여러 한정관계:la bataille *d'*Austerlitz 오스테르리츠 전투/le train *de* 10 heures 10시 기차/une salle *de* spectacle 극장.

⑬ 수량적인 지시가 따르는 명사나 수사에 관계되는 형용사, 분사, 부사를 도입:Nous avons trois jours *de* libres. 우리에게는 노는 날이 사흘 있다/Il reste encore dix places *de* disponibles. 아직 빈 좌석이 열개 남아 있다/Il y a eu deux femmes *de* tuées. 살해된 여자가 두 명 있었다/Cette barre a dix centimètres *de* trop. 이 철봉은 10센티가 더 길다/Il en reste quinze *de* bons. 좋은 것이 열다섯 남아 있다.

⑭ 다음과 같은 대명사 (quelqu'un, quelque chose, autre chose, grand-chose, personne, pas un, aucun, rien, en, tout, qui, que, quoi, ceci, cela)에 형용사가 붙으면 de로 연결됨:Il se passe quelque chose *d'*étonnant. 어떤 놀라운 일이 일어나고 있다/C'est quelqu'un *d'*honnête. 그는 정직한 사람이다/Il n'y a rien *de* nouveau. 새로운 아무것도 없다/Ils n'en ont jamais lu *de* semblable dans les faits-divers de leur journal. 그들은 신문의 잡보기사에서 그 비슷한 것을 읽은 적이 없다/Sur qui d'autre jetteriez-vous les yeux? 다른 누구에게 당신의 눈길을 돌리겠습니까?/Quoi de plus beau?(=Qu'y a-t-il de plus beau?) 더 아름다운 것이 무엇이 있겠는가?

IV. 〖de+형용사의 보어〗 1° 〖기원, 격리〗형용사 absent, distant, distinct, exempt, indépendant, inséparable, issu, natif, originaire, séparable, veuf, etc. 일 경우 : Il est absent de Paris en ce moment. 그는 지금 파리에 없다/L'église n'est pas distante de la mairie. 교회는 시청에서 멀지 않다/C'est une autre question, distincte de la précédente. 그것은 먼젓번 문제와 뚜렷이 구별되는 다른 문제다/On n'est jamais exempt d'un accident. 결코 사고를 면할 길은 없다/La vitesse de la chute des corps dans le vide est indépendante de leur masse. 진공속에서 물체의 낙하속도는 그 질량과는 관계없다/La foi est inséparable de la contrition. 신앙은 회개와 불가분의 관계다/Tout progrès est issu de l'effort collectif. 진보는 무엇이든지 집단적인 노력에서 결과한다/Il est natif de Séoul. 그는 서울 태생이다/Elle est originaire de Lyon. 그녀는 리용 태생이다/Cette liberté politique parait difficilement séparable des notions d'égalité. 이 정치적 자유는 평등의 개념과 분리하기 힘든 것처럼 보인다/Quand elle a été veuve de Pierre, elle a épousé le frère de celui-ci. 그녀는 남편 피에르를 잃게 되자 그 동생하고 결혼했다.

2° 〖원인〗 형용사 content, envieux, fâché, fier, fou, furieux, heureux, honteux, ivre, joyeux, las, malade, reconnaissant, satisfait, soucieux, triste, etc. 일 경우:Je suis très content de ma voiture. 나는 내 차에 매우 만족하고 있다/Les voisins, envieux de son bonheur, avaient cessé de lui parler. 이웃사람들은 그의 행복에 샘이 나서 그와 이야기를 끊었다/Je suis fâché de ce contretemps. 나는 이 뜻밖의 사고로 화가 나 있다/Il est fier de son fils. 그는 자기 아들이 자랑스럽다/Il est fou de musique. 그는 음악에 미쳐있다/Il est furieux de cet échec. 그는 이 실패 때문에 격노해 있다/Je suis heureux de votre succès. 나는 당신의 성공을 기뻐합니다/Je suis honteux de mon ignorance. 나는 나의 무지를 부끄럽게 여긴다/J'attendais la tombée du soir, ivre d'immensité, d'étrangeté, de solitude. 나는 광막함과 기이함과 고독에 도취되어서 해가 지기를 기다리고 있었다/On est joyeux, sans savoir, d'un rien, d'un beau soleil. 왠지 모르게 우리는 하찮은 것, 아름다운 태양 따위에 즐거워하고 있다/Il était las des affaires et plus encore des gens. 그는 사업과, 더욱이 사람들에게 싫증나 있었다/Il est malade d'inquiétude. 그는 불안으로 병이 날 지경이다/Nous lui sommes très reconnaissants de tout ce qu'il a fait pour nous. 우리는 그가 우리를 위해 해준 모든것에 대해 그에게 매우 감사하고 있다/Votre professeur est satisfait de votre travail. 선생님은 당신의 공부에 만족하고 계십니다/un homme soucieux de sa liberté 자신의 자유에 신경을 쓰는 남자.

3° 〖상대적 최상급의 보어 도입〗 C'est l'élève le plus jeune de la classe. 그는 반에서 가장 나이가 어린 학생이다.

4° 〖한정사+형용사 뒤에 명사 도입〗 un drôle de bonhomme 야릇한 사람/ce paresseux de Pierre 이 게으

른 피에르.

V. 〖de+부사의 보어〗 1° 〖양태부사 뒤〗 une règle qui joue indépendamment *des* circonstances 상황과는 별도로 작용하는 규칙.
2° 〖수량부사 뒤〗 beaucoup *de* travail 많은 일/trop *de* soucis 너무나 많은 근심거리.

VI. 〖de+속사〗 1° traiter, qualifier 뒤에서 목적 보어의 속사 또는 수동태인 경우 주어의 속사를 도입: Il m'a traité *de* menteur. 그는 나를 거짓말쟁이로 취급했다/Il a qualifié *d'*escroquerie cette simple négligence. 그는 이 단순한 태만을 속임수라고 불렀다/Cette réponse a été qualifiée *d'*inconvenante. 이 답변은 부적당하다고 규정지어졌다.
2° 〖être de, être que de〗(구어) si j'étais *de* vous, si j'étais *que de* vous(=si j'étais à votre place) 만약 내가 당신의 입장이었다면/Si j'étais *de* Philippe, je montrerais moins *de* patience. 만약 내가 필립이라면 그렇게 참지 않을 것이다.
3° 〖C'est d'un+*adj.*〗 형용사가 나타내는 특질을 강조한다 : La tente-abri était *d'un* lourd! 그 소형천막이 그렇게 무겁다니!

VII. 〖de partitif〗 1° 〖정관사와의 결합〗 부분관사를 형성한다(du, de la, des) : Prends encore *du* jambon. 햄을 더 들어라/Sers-nous *de la* soupe. 우리에게 수프를 좀 갖다줘.
2° 〖정관사 이외의 한정사 앞〗 단독으로 사용되어 부분적 가치를 지닌다: J'ai bu *de* ce vin. 나는 이 포도주를 좀 마셨다.
3° 〖de+*adj.*+복수명사〗 de 는 부정관사 des 와 동일한 가치를 지닌다: Cela soulève *de* grosses difficultés. 그것은 커다란 난점을 제기한다.
4° 〖부정사 뒤〗 단독으로 사용된다: Il ne boit jamais *de* vin. 그는 결코 포도주를 마시지 않는다.

VIII. 〖de+*inf*〗 1° 〖주제 thème 역할을 하는 부정법을 도입〗 Il est facile *de* se tromper. 잘못 생각하기란 쉬운 일이다/Cela ne me plaît guère *de* partir. 떠나는 것은 별로 내 마음에 들지 않는다/Ça t'amuse *de* nous quitter? 우리를 떠나는 것이 너는 즐거우니?/Il suffit *de* le voir. 그를 보는 것만으로 충분하다/L'un *de* nos jeux était *de* grimper sur ses épauls. 우리들의 놀이 중의 하나는 그의 어깨 위에 기어오르는 것이었다/Je trouve absurde *de* dire cela. 나는 그런 말을 하는 것이 사리에 어긋난다고 생각한다.
2° 〖술어 역할을 하는 부정법 infinitif de narration을 도입〗 Grenouilles aussitôt *de* sauter dans les ondes. 개구리들이 즉시 물결 속으로 뛰어 들어갔다.
3° 〖상황보어 역할을 하는 부정법을 도입〗 *De* l'imaginer seul, malade, sans ressources... les larmes lui venaient aux yeux. 외톨박이고, 병들고 돈 한푼 없는 것을 상상하자 눈물이 그의 눈을 적셨다.
4° 〖명사나 형용사의 보어 역할을 하는 부정법을 도입〗 l'envie *de* voyager 여행하고 싶은 마음/Je suis très heureux *de* vous revoir. 나는 당신을 다시 뵙게 되어 매우 기쁩니다.
5° 〖동사의 보어 역할을 하는 부정법을 도입〗 ⇨II, 2°.

de plus: Je suis fatigué et, *de plus* découragé devant tant de difficultés. 나는 피곤하고 게다가 그처럼 많은 난관 앞에 낙담하고 있다. ***de nouveau:*** *de nouveau*, le silence, la nuit plus trouble 또다시 침묵, 더욱 혼란한 밤. ***de rien*** 《구어》: Pardon, madame.— *De rien*, monsieur. 죄송합니다, 부인. —괜찮습니다, 선생님. ***n'être (plus) de rien à qn:*** si le Christ *ne m'est plus de rien*, s'il n'est plus central 그리스도가 나에게 아무것도 아니라면, 그가 이

미 주요하지 않다면. *C'est à moi de:A toi de* jouer! 네 차례다! *venir de, sortir de* 《구어》:Il vient de partir. 그는 방금 떠났다/Je *sors d'*avoir avec Alice une conversation à ce sujet. 나는 방금 알리스와 함께 이 문제에 관해 대화를 가졌다.

débiteur—여성형은 débitrice 「채무자」, débiteuse 「거짓말, 이야기 따위를 퍼뜨리는 여자」. 「손님을 계산대에 안내하는 점원」의 뜻으로는 위 두가지 형을 다 쓴다.

debout *adv.*—형용사적으로 쓰이나 부사이기 때문에 불변:Ils restèrent ~ à le regarder. (Thomas) 그들은 서서 그를 쳐다보았다/se mettre ~ 일어서다/conte à dormir ~ 싱거운, 믿을 수 없는 이야기/être ~ 서 있다.

—*adj.* 불변: 〖N ~〗 places ~입석/vent ~ 역풍/record encore ~ 《스포츠》 아직 깨뜨리지 못한 기록.

début—discours de ~ 취임연설/le ~ de la semaine 주초/au ~ de 〔dès le ~ de〕 la guerre 전쟁 초기에/《(보어 없이)》 au ~ 〔dès le ~〕 처음에는〔처음부터〕/au ~ que j'étais chez lui (W,51) 그의 집에 내가 있었던 처음 무렵에는《(파리의 비어)》. ☆ 복수로 쓰면 흔히「사회, 사교계, 연예계에의 첫 등장」의 뜻:faire ses ~s à la Comédie-Française 코메디 프랑세즈에 데뷔하다.

deçà— ~ (*et*) *delà* 여기저기에:Je m'en vais ~ *delà*, pareil à la feuille morte. (Verlaine) 나는 마치 낙엽처럼 이리저리 굴러다닌다. *jambe* ~, *jambe delà* (=à califourchon) 걸터앉아.

en ~ : Trois chevaux ont sauté l'obstacle, les autres sont restés *en* ~. (Bonnard) 말 세 필은 장애물을 뛰어넘었으나 다른 말들은 그러지 못했다. *en ~ de:*Jusqu'au coup de pistolet, tenez-vous *en ~ de* cette ligne.(*Ib.*) 권총소리가 날 때까지 이 선 안쪽에 있으시오/rester *en* ~ *de* la vérité 사실을 아직 파악하지 못하고 있다.

décembre ⇨mois.

décontenancé —~ que+*subj* …에 당황하다.

déçu—〖N ~〗 espoirs ~s 이루어지지 않은 희망/~ de ce que+*ind* 〔*subj*〕…에 실망한.

dedans—전치사적 용법은 낡은 어법. 「Il est *dedans* la maison. 그는 집안에 있다」라고는 쓰이지 않는다 (Thomas).

1° *adv.* Avez-vous mis le chèque dans l'enveloppe?— Oui, il est ~. (Rob) 수표를 봉투 속에 넣었소?—예, 그 안에 들어 있소/Un trésor est caché ~. (La Font) 보물이 그 안에 숨겨져 있다. *mettre* ~ *qn:* Si j'ai les cheveux longs, l'adjudant va *me mettre* ~ (=mettre en prison). (Bonnard) 만일 내 머리카락이 길면 상사는 나를 영창에 집어넣을 것이다/Les témoins *nous ont mis* ~ (=tromper). (*Ib.*) 증인들이 우리를 속였다. *de* ~ *:* Ce portail ne peut être ouvert que *de* ~ (=de l'intérieur). (*Ib.*) 이 현관문은 안에서만 열 수 있다. *au* ~ *:*Voici l'écrin, le collier est *au* ~ (=… est ~). 여기 보석상자가 있는데 목걸이가 안에 있소. *en* ~ *:*Cette villa est mieux en dehors qu'*en* ~. (Rob) 이 별장은 내부보다 밖이 더 좋다. *au〔en〕* ~ *de:*les sentiments gardés trop longtemps *au* ~ *de* nous. (Barbey) 우리 마음 속에 너무 오랫동안 간직했던 감정.

2° *n.m.* ~ d'une maison 집의 내부.

défaut—1° 「부족, 결핍」: ~ d'attention 주의력 부족/Le ~ d'exercices est fatal aux enfants. (Balzac) 운동부족은 아이들에게 치명적이다/le ~ de cuirasse 취약점/jugement par ~ 결석재판.

2° 「결함」:se corriger de ses ~s

결점을 고치다. *à[au]* ~ *de:*Nous avons bu de l'eau, *à* ~ *de* vin. 포도주가 없어서 우리는 물을 마셨다. *être en* ~: Sa mémoire *est souvent en* ~. 그의 기억은 자주 틀린다.

défense—~ contre avions 방공(수단)/la ~ d'un idéal 이상의 수호/légitime ~ 정당 방위/~ de fumer 금연/faire ~ à *qn* de+*inf* …에게 …함을 금지하다((낡은 표현)).

défenseur—여성형이 없고 여자를 가리킬 때도 쓴다: Elle fut pour lui un remarquable ~. (Thomas) 그녀는 그에게 있어서 훌륭한 옹호자였다.

défunt—같은 뜻의 *feu 대신 일상어에 많이 쓰이고 있다. feu의 어순처럼「mon ~ père, ~ mon père 나의 선친/ma ~*e* mère, ~*e* ma mère」라고 한다. ((비유적으로)): leurs amours ~*s* (Baudel) 그들의 지나가버린 사랑.

degré de signification [급]—형용사, 부사의 비교 변화의 단계.

1° 〖분류〗① 〖전통적 분류〗 a) 〖원급 positif〗 grand, vite. b) 〖비교급 comparatif〗 1) 우등비교급 comp. de supériorité: *plus* grand, *plus* vite. 2) 동등비교급 comp. d'égalité: *aussi* grand, *aussi* vite. 3) 열등비교급 comp. d'infériorité: *moins* grand, *moins* vite. c) 〖최상급 superlatif〗 1) 상대최상급 sup. relatif: *le plus* grand, *le plus* vite. 2) 절대최상급 sup. absolu: *très* grand, *bien* vite.

② 〖비전통적 분류〗 전통적 분류는 어미에 따라 비교변화를 나타낸 라틴 문법의 용어의 답습으로, 원형을 변화시키지 않고 부사에 의해 비교를 나타내는 분석적인 근대 프랑스어의 현실과는 맞지 않는다. 상대최상급은 個와 群과의 비교에 불과하고, 절대최상급은 高度를 가리키는 표현이다. 정도에는 이 밖에 여러 단계가 설정된다. 여기에서는 종래의 용어를 사용했지만, B, 682가 전통적 분류를 피한 이래로 지금에는 다음과 같은 분류도 행해지고 있다 a) 비교의 급 degrés de comparaison 혹은 상대급 degrés relatifs. 1) 個, 群, 성질 따위의 상호 비교(위의「비교급」). 2) 個와 群의 비교(위의「상대 최상급」). comparatif généralisé (Brun, 207; Goug, 257)라고도 한다. b) 강도의 급 degrés d'intensité 혹은 절대급 degrés absolus: 높은 정도(「절대최상급」) 외에 중위의 정도, 낮은 정도도 포함된다.

★비교, 강도에 여러 단계를 설정할 수 있는 형용사, 부사 및 이에 상당하는 어구(Il est très *en colère.*/Elle est plus *mère* que sa sœur.) 뿐만 아니라, 동사(구)도 마찬가지이다: J'ai plus *faim* que vous./Il *parle* beaucoup[peu].

2° 〖비교급, 최상급의 형태〗① 〖종합형〗 a) 형용사 (3단어): bon—(le) meilleur, (le) mieux(중성); mauvais—(le) pire, (le) pis(중성); petit—(le) moindre. b) 부사 (2단어): bien—(le) mieux; mal—(le) pis. c) (le) plus, (le) moins 은 각기 beaucoup, peu의 비교급, 최상급에 상당. d) 라틴어의 비교급을 어원으로 한 antérieur, citérieur, extérieur, inférieur, intérieur, postérieur, supérieur, ultérieur 는 일반적으로 비교의 뜻을 잃었으나 비교의 부사를 덧붙이는 경우는 드물다.

② 〖분석형〗 부사를 쓰는 것. a) 우등비교: plus, davantage, autrement. b) 동등비교: aussi, autant, si, tant. c) 열등비교: moins. d) 상대최상급: le plus, le moins.

★ le plus 가 비교급을, (un[ce]) plus 가 최상급을 나타낼 때가 있다 (⇨plus I, 8°; II, 1°; mieux ②).

3° 〖강도의 급〗① 〖높은 정도〗 a) 부사 très, fort, bien, tout, remarquablement, excessivement 등을 사용. b) au possible, s'il en fut, des plus(⇨plus II, 5°), on ne peut plus, tout ce qu'il y a de plus(⇨tout), fort comme un Turc, comme tout, fou à lier, laid à faire peur 등 성구를 사용. c) 감탄적 표현:Il est d'une force!(⇨article indéfini 3°, ⑤)/Il est si bon!/Quelle belle nuit!/Comme il est joli! d) 같은 말의 반복 : C'est joli, joli. e) 접두사 extra, super, sur, ultra, archi, 접미사 issime(cf. rarissime, richissime)의 사용.

②〖中位의 정도〗 assez, suffisamment, passablement 등의 사용.

③〖낮은 정도〗 peu, un peu, ne... guère, pas beaucoup, modérément, médiocrement 등의 사용.

4° 〖비교급, 최상급의 보어〗 ① a) plus〔aussi, moins, meilleur,mieux, pire, pis, moindre, etc.〕 ...que+(대)명사, 형용사, 부사(구)절:Il est *plus* riche *que* son frère 〔*que* moi, *que* vous ne l'êtes〕./Il est *aussi* sage *que* vaillant.(Ac) 그는 용감하고 동시에 현명하다/La vie a été alors *plus* agréable *qu'*aujourd'hui. 그때는 오늘날보다 생활이 즐거웠다/Cette chambre est *moins* grande *que* je ne l'avais cru. (Ac) 이 방은 내가 생각했던 것보다 덜 크다/Philippe restait *aussi* calme *que* si rien ne se fût passé.(Arland) 필립은 아무 일도 일어나지 않았던 듯 그 정도로 침착했다(⇨si¹ I, 1°, ⑤). b) plus de, moins de ⇨plus I, 4°; moins I, 3°. c) aussi〔autant〕... comme ⇨aussi 1°; autant 1°, ②.

②〖antérieur〔supérieur, postérieur, inférieur〕+à〗 Le résultat est *inférieur à* nos prévisions.(Thomas) 결과는 우리의 예상보다 못하다. ☆ majeur 와 mineur 는 보어가 붙지 못한다.

③〖최상급+de〔d'entre,que+*subj*〕〗 *le plus* brave des〔*d'entre les*〕 soldats 사병들 중에서 가장 용감한 사병 (⇨de IV, 3°)/le soldat *le plus* brave *que* je *connaisse*. 내가 알고 있는 가장 용감한 사병(⇨subjonctif B, II, 7°, ②).

5° 〖비교, 강도의 급이 없는 형용사〗 절대적 관념을 나타내는 것(aîné, cadet, carré, circulaire, dernier, divin, double, éternel, excellent, excessif, immortel, impossible, infini, parfait, premier, principal, suprême, triple, ultime, unique, universel, etc.). 그러나 이런 형용사들도 상대적 관념을 나타내거나 비유적 의미로 쓰인 때는 여러 급을 가질 수 있다:l'auteur *le plus* divin (Boil, *Art poét.*) 가장 숭고한 작가/des monuments *plus* éternels (Hugo, *Odes*) 더욱 영원한 기념물.

dehors—passer par ~ la ville 도시의 외곽을 따라 가다/Allez coucher ~. 밖에 가서 자라. ☆ 전치사적으로 쓰는 것은 옛날 어법:Dieu n'est ni dedans, ni ~ le monde. (Fén) 신은 세상 안에도 세상 밖에도 없다.

déjà—①〖의문문 끝〗질문의 내용을 모르고 있는 상대편의 주의를 돌리기 위하여:Comment donc s'appelle-t-il ~? 그 사람의 이름이 도대체 뭐더라?

②〖강조의 뜻〗 Ce n'est ~ pas si mal. 그것만으로도 과히 나쁘지 않다 /Il ne faut pas ~ commencer à faire de mauvais rêves.(Beauvoir, *Invit*ée) 지금부터 나쁜 공상을 하기 시작해서는 안된다(《부정문에서도 encore 는 쓸 수 없다》).

déjeuner, dîner, souper—après (le) *déjeuner*〔*dîner, souper*〕 점심〔저녁, 밤참〕 후에 《흔히 le를 쓴다. ⇨après》/au *déjeuner* 〔*dîner, souper*〕 점심〔저녁식사, 밤참〕때에/le petit *déjeuner* 아침 식사.

delà—「~ les monts 산 저쪽에」처럼 전치사적으로 쓰는 것은 옛날 어법. *par* ~, *par-*~: Contournez le champ et attendez-nous *par* ~. 이 밭을 돌아서 저쪽에서 우리를 기다리시오/*par* ~ les mers bada 저쪽에. ***au* ~, *au-* ~** =plus loin. ***au* ~ *de*, *au-* ~ *de*:** L'Islande est *au* ~ *de* l'Ecosse. 아이슬랜드는 스코틀랜드 저쪽에 있다. ★ 1) au delà를 전치사구처럼 써서 au delà les proches frontières (Loti, *Ramuntcho*)라고도 한다. 2) delà를 「de là 그곳으로부터」나 de-là와 혼동해서는 안된다: Je viens *de là*. 나는 그곳에서 온다/Le papillon se pose de-ci *de-là*. 나비가 여기저기 내려 앉는다.

délaissé—〚N ~〛 une épouse ~*e* 버림받은 아내/Elle se souvenait d'avoir été une enfant malheureuse et ~*e*. (Sand) 그녀는 자신이 불행하고 버림받은 어린애였다는 사실을 생각했다. **~ *de*〔*par*〕 *qn*:** Il est ~ *de* tous ses amis. 그는 모든 친구로부터 버림을 받았다.

délice(s)—délice *n. m.* (<lat. delicium, *neutre*), délices *n. f. pl.* (<lat. deliciae, *f. pl.*)는 어원이 다르다. 남성단수는 「C'est un (pur, grand) ~. 그것은 (완전히, 매우) 즐거운 일이다」와 같은 어투 외에는 잘 사용하지 않는다. 보통은 여성복수를 많이 쓴다: les ~*s* de l'amour 사랑의 즐거움/Je regardais avec ~*s* les étoiles. (Maupass) 나는 더없는 기쁨으로 별들을 바라보았다/faire ses ~*s* de *qc* …을 더없는 즐거움으로 삼다. ☆ 그러나 드물지만 남성복수, 여성단수를 쓰는 경우도 있다. un de 다음에선 남성복수를 쓰는 편이 더 좋다(Thomas): *Un de* mes plus grands ~*s* était de canoter sur la Marne.(*Ib.*) 마른느 강에서 보우트 놀이를 하는 것은 나의 가장 큰 즐거움의 하나였다.

demandeur—여성형은 demandeuse 「부탁하는 여자, 질문자」, demanderesse「(법률)원고」(défenderesse의 반대어》.

demi—1° 〚~-N〛 항상 불변이고 trait d'union 으로 명사에 결합된다. Brun, 212; B, 645 는 접두사로 보았다(un ~-litre, une ~-heure, deux ~-heures). 17세기에는 une ~*e* heure 로 쓰는 경우도 드물지 않았었다.

2° 〚N+et ~〛 ①〚명사의 일치〛 앞의 명사의 성에만 일치: deux litres et ~/deux heures et ~*e*.
②〚동사의 일치〛 **a)**「*Un* mois et ~ s'est écoulé. 한달 반이 흘러갔다/*Deux* mois et ~ se sont écoulés.」와 같이 된다. 그러나 「Trois heures et ~*e a* sonné. 세시 반을 쳤다」는 친 것은 반이므로 단수가 옳다(D, 448). 복수 보어가 올 때는: Un mètre cube et ~ de décombres *a été retiré*(또는 ont été *retirés*). (H, 40) 파괴물 1입방미터 반이 치워졌다. **b)** midi〔minuit〕 et ~ 에서는 demi가 une heure의 반을 나타내어 불변이 규칙이며 Lit는 midi et ~-heure로 해석하고 있다. 그러나 관용은 일정치 않아서 ~*e*로 쓰는 작가도 많다.

3° 〚명사〛① $\frac{1}{2}$의 뜻으로는 남성: trois plus *un* ~ $3\frac{1}{2}$/ Quatre ~*s* valent deux unités. $\frac{1}{2}$의 4배는 2에 상당한다/Garçon, *un* ~! 보이, 맥주 한 잔! (un demi-litre 의 맥주가 들어가는 잔).
②「반시간」의 뜻이면 여성: Il faut que *la* ~*e* de sept heures ait sonné. (Colette) 틀림없이 일곱시 반이 되었겠지/Cette horloge sonne les ~*es*. 이 시계는 (매시)반을 친다/Il est *la* ~*e*. 반이오《몇시인지 분명할 때 heure 를 생략하는 어투》.

4° 〚~-형용사〔과거분사〕〛 부사이므로 불변: boîte ~-pleine 반쯤 찬 상자/des yeux ~-fermés 반쯤 감은 눈/des femmes ~-mortes 반쯤 죽은 여자들. ***à* ~** 《부사구》: des fem-

depuis

mes *à* ~ mortes/Etes-vous satisfait?—*A* ~. 만족하시오?—그저 그런 정도요(=partiellement).

demoiselle⇨mademoiselle; ce² I,4°.

démon—여성형이 따로 없어서 여자를 가리킬 때에도 쓴다: Cette fille est *un* ~.(Troyat, *Vivier*) 그 소녀는 악마이다. ☆ 때로는 여성형으로 ~*e* 를 쓰는 작가들이 있다: mon élégante ~*e* (Chateaubr, *Mém.*)/Elle est *la* ~*e*. (Colette).

démonstratifs [지시사]— *adjectifs-pronoms 의 일종. *adjectifs démonstratifs 와 *pronoms démonstratifs 의 총칭.

dentale (consonne) [齒子音]—음성학적으로는 아랫입술과 혀의 끝이나 등을 윗니에 접근시켜서 생기는 자음을 말한다. 조음의 성격에 의하면 아랫입술과 윗니의 접촉으로 생기는 脣齒音 labio-dentale [denti-labiale] ([f], [v]), 이빨 사이에 혀끝이 들어가거나 (스페인어 cinco 의 첫자 c 의 발음 [θ]인 齒間音처럼) 스페인어 suegra의 s발음 [s]처럼 혀끝과 윗니의 접촉에 의한 舌尖齒音 apico-dentale([t]), 이태리어나 스페인어 설첨진동음 [r]처럼 혀끝과 齒槽의 접촉에 의한 舌端齒槽音 apico-alvéolaire, 그리고 프랑스어 sel 의 [s]처럼 혀등의 앞부분과 치조의 접촉에 의한 前舌背齒槽音 prédorso-alvéolaire 이 있다. 음운론적으로는 순치음은 저음이고 확산음이라는 특성 때문에 脣音 labiale으로 분류되나, 다른 것들은 고음 aigu, 확산음 diffus 이므로 치음으로 분류된다. ⇨ consonne.

départ—partir pour 의 구문에 따라 「le ~ pour Séoul 서울을 향한 출발」이 옳은 구문. 그러나 ~ à Séoul 도 쓰임. (*être*) *sur le* ~(=prêt à partir): Il *est sur le* ~. 그는 출발 준비가 다 되어 있다. *au* ~(=au début): Nous n'avons pas prévu cela *au* ~. 우리는 처음에 그것을 예상치 못했다. *faire le* ~ *de qc*(=distinguer nettement...): Il faut savoir *faire le* ~ *du* bien et *du* mal. 《고어》 선과 악을 구별할 줄 알아야 한다.

dépit—*en* ~ *de ce que*+ind …라는 사실에도 불구하고. *en* ~ *que j'en aie[que tu en aies, qu'il en ait*, etc.] 싫건 좋건 간에《(같은 뜻의 *malgré que j'en ai 와 en ~ de(= malgré)의 *contamination 으로 만들어진 것)》.

déplorable—[N ~,~ N] situation ~ 통탄할 상황/élève ~ 한심한 학생/cette ~ façon de gouverner (St-Sim) 이 한심한 통치 방법. *Il est ~ de*+*inf*[*que*+*subj*]: *Il est ~ que* la Révolution française *ait eu* de si maladroits accoucheurs. (Hugo) 프랑스 혁명의 산파역들이 그토록 졸렬했다는 것은 통탄할 일이다.

depuis—1° ① 〖시간〗(⇨dès): ~ le matin jusqu'au soir 아침부터 저녁까지/~ hier 어제부터/~ quand êtes-vous ici? 언제부터 여기 와 계십니까?/~ peu 조금 전부터.
② 〖장소〗 ~ Paris jusqu'à Séoul 파리에서 서울까지/Les Pyrénées s'étendent ~ l'Atlantique jusqu'à la Méditerranée. 피레네 산맥은 대서양에서 지중해까지 펼쳐져 있다/radiodiffusion de «Carmen» ~ le théâtre de l'Opéra 오페라좌로부터의 「카르멘」 방송 / Notre reporter vous parle ~ Bordeaux. 우리 기자가 보르도에서 알려드립니다《(이 때 de 를 쓰면 뜻이 애매해진다)》. ☆ Le B, II, 271 이나 Thomas 는 ~ ma fenêtre 를 허용하지 않는다《(de 를 쓰는 편이 보통)》. 그러나 Denis cria ~ le perron 같은 표현을 현대작가들이 자주 쓰고 있어서 (G, §934 *bis*) 이제 틀린 어법이라고 하기는 곤란하다.
③〖순서〗 ~ le premier jusqu'au

dernier 처음 것[사람]부터 마지막 것[사람]까지/~ Madame Rivals jusqu'à la vieille servante, tout le monde…. (Daud) 리발 부인을 비롯하여 늙은 하녀에 이르기까지 모두들….

★ 〖depuis 와 de〗 depuis 는 de(*de ce jour-là, de* Paris à Séoul, *du* matin au soir, *du* premier au dernier) 보다 강조적이고 de 의 경우처럼 jusqu'à와 함께 쓰인다:~〔*de*〕 la Révolution jusqu'à nos jours. 그러나 depuis… à 는 쓰지 않는다. de… à 는 depuis… jusqu'à 보다 더 우아하다고 한다(Thomas).

2° ① 〖~ que+ind〗 과거의 출발점을 나타낸다: Nous ne l'avons plus revu ~ qu'il est marié. 그가 결혼한 이래로 우리는 그를 보지 못했다/~ *que* nous sommes ici 우리가 이 곳에 와 있은 이후《(현재시제는 행위가 현재까지 계속됨을 나타낸다)》/~ *que* je l'ai vu 그를 만났던 이후《(「만나지 못한」 행위의 시발점이라 생각하여 「~ *que* je ne l'ai (pas) vu (⇨ne II, 5°) 그를 만나지 못한 이후」라고 말할 수 있고, 그 시점부터 지금까지 계속되는 「만나지 못한」상태에 중점을 두면 ~ *que* je ne le vois pas 라고도 할 수 있다)》/~ *qu'il* est mort 그가 죽은 이후 《물론 부정형을 쓸 수 없다》. ②〖~ +N+과거분사〗 ~ votre lettre reçue 당신의 편지를 받은 이후로. ⇨dès.

dérivation 〖파생법〗—**I.** 〖의의〗 넓은 의미로 파생법이라 하면 어휘요소의 형성 절차를 가리킨다. 보다 한정적이나 일반적인 의미로는 합성법 *composition 에 대립되어 쓰인다.

1° 〖어휘 요소의 결합〗 파생법은 어휘요소들의 결합으로 이루어지는데, 적어도 그중 하나는 독립적으로는 쓰이지 않는다. refaire 와 malheureux 는 파생어 dérivé 들인데, re-, -eux 라는 요소는 독립적으로 쓰이지 않고, faire 와 malheur 는 그 자신이 어휘단위로 쓰인다.

2° 〖파생어의 요소〗 ① 어근 radical: 독립어(refaire 에서 faire)나 종속어(réfection 에서 -fec-).
② 接辭 affixe: 어근 앞에 붙으면 (refaire, défaire 에서 re-, dé-) 접두사 préfixe, 뒤에 붙으면 접미사 suffixe (malheureux, pianiste 에서 -eux, -iste)라 부른다.

3° 〖접사의 기능〗 ① 접미사들은 독립적으로 쓰이지 않으나 접두사는 전치사나 부사같이 자율적 어휘단위로 존재할 수 있는 것들이 있다(부사이며 전치사인 contre 는 contredire 에서 접두사이고, 부사이며 명사인 bien 은 bienfaisant 에서 접두사이다). 이 점이 합성법에서 어휘요소의 자율성의 기준에 근거한 파생법과 합성법의 대립의 한계점이다. 즉 contredire 나 bienfaisant 에서의 자율성이 합성어 portefeuille 에서보다 더 적지는 않는 것이다.
② 한편 접두사는 새 어휘의 문법범주에 아무런 영향력도 행사하지 못하지만(dé- 는 défaire, défection, défait 처럼 동사, 명사, 분사형용사를 파생시킨다), 접미사는 문법범주의 변화가 가능하다. 즉, 형용사 noir 는 noircir, noirceur 처럼 동사파생어, 명사파생어를 가질 수 있는 것이다. 이 점은 접두사파생법과 합성법을 가깝게 하여 합성법과 파생법 간의 한계를 더욱 모호하게 만드는 것이다.

★ 1) 전통적인 어휘론에서는, 어휘형태는 같으나 문법범주가 달라지는 경우를 僞파생법 dérivation impropre 이라 부르고 있다. 예를 들면 동사나 형용사의 명사화 substantivation 의 경우이다(boire→le boire, manger→le manger, doux→le doux, amer→l'amer). 2) 합성어나 파생어는 다 같이 같은 환경 속에 나타나는 어휘 단위들처럼 쓰여진다. 예를 들면 un vieux gentilhomme 는 un homme vieux et gentil 가 아니고

un gentilhomme qui est vieux이다. 또 un beau portefeuille를 보면, 합성어의 두 요소를 분리시켜 어느 것에도 형용사를 붙일 수 없음을 뚜렷이 알 수 있는 것이다. un petit bonhomme와 un petit homme bon 사이에 의미상 차이가 있기 때문에 실증된 두 요소의 불가분성 inséparabilité 과 des bonshommes[bɔnɔm]라고 말하는 경향이 있는 데도 불구하고, des bonshommes[bɔ̃zɔm]가 옳다고 주장하는 것은 아마 학교 교육에서 오는 습관일 것이다.

4° 〖파생장〗 어휘론에서는 어휘의 구조에 대한 순수하게 언어학적인 객관적 기준을 찾기 위해 어휘 단위들의 파생장 champs dérivationnels에 관한 연구가 있었다. 파생장에 의한 juste의 두 단위를 구분하면 다음과 같다. ① *juste*¹ *adv.* juste; *subst.* justesse(une pensée juste, penser juste, jouer juste). ② *juste*² justement, injustement, justice, injustice (un homme juste).

II. 〖종류〗 1° 〖접두사파생법 préfixation〗 접두사는 계통에 따라, 민간어파생 dérivation populaire에 사용되는 프랑스어 접두사와, 識者語 파생 dérivation savante에 사용되는 라틴어 기원의 접두사, 희랍어 기원의 접두사로 나누어진다. 한편 공시적 관점에서는 접두사의 첨가로 명사나 형용사가 생성되는 명사적 접두사와 동사가 생성되는 동사적 접두사로 구분된다. ⇨préfixe.

2° 〖접미사파생법 suffixation〗 접미사파생법에 사용되는 접미사도 그 계통에 따라 민간어파생 접미사 suffixe populaire와 식자어파생 접미사 suffixe savant로 구분할 수 있고, 또 기형에 접미사를 첨가함으로써 생성되는 어휘요소의 품사에 따라 명사파생 접미사, 형용사파생 접미사, 동사파생 접미사, 부사파생 접미사로 나누어진다. ⇨suffixe.

3° 〖위파생법 dérivation impropre〗 ① 기형이 명사인 경우. **a**) 명사→대명사: on(<lat. homo(=hommel)), personne, quelque chose, rien(<rem (=chose)). **b**) 고유명사→보통명사: un tartuffe, un chauvin. **c**) 명사→형용사: un ruban rose, des robes marron. **d**) 명사→간투사: Dame! Peste!

② 기형이 대명사인 경우. 대명사→명사: le moi haïssable, le nous indivisible.

③ 기형이 형용사인 경우. **a**) 형용사→명사: la (ville) capitale, un malade, le vrai. **b**) 형용사→고유명사: Legros, Lebon, Gras. **c**) 수사→명사: le 117 et le 83(=des trains). **d**) 형용사→부사: parler haut, voir clair. **e**) 형용사→전치사: sauf votre respect, plein ses poches. **f**) 형용사→간투사: Bon! Ferme!

④ 기형이 동사인 경우. **a**) 부정법→명사: le devoir, l'être, le pouvoir. **b**) 분사→형용사, 명사, 전치사, 부사: un livre intéressant, le passant, un écrit, la vue, excepté, y compris. **c**) 명령형→명사, 간투사: le va-et-vient, un rendez-vous, Allons! Tiens! **d**) 접속법현재→접속사: soit.

⑤ 기형이 전치사, 부사인 경우. **a**) 부사→명사, 형용사, 전치사, 접속사: le pourquoi, Elle est très bien. dessous, aussi. **b**) 전치사→명사, 부사: le pour, avant.

4° 〖병치종합파생법 dérivation parasynthétique〗 기형에 접두사, 접미사가 동시에 첨가되어 새 요소를 구성하는 파생법으로 동사파생, 명사파생이 있다.

① 〖동사파생〗접두어＋명사＋접미어: *abord*er, *s'agenouill*er, *dé*bours*er, *en*rich*ir.

② 〖명사파생〗 *emplace*ment, *ef*fronté, *inter*national, *sou*terr*ain.

③ 〖특수파생〗 à＋기형＋ons: *à recul*ons.

5° 〖역행파생법 dérivation régressive》어미 부분이 탈락함에 따라 새로운 단어가 형성되는 파생법.

① 〘동사 어미 탈락〙 a) 남성명사 : 《어근 불변》 accord (<accorder), bond (<bondir), coût (<coûter), galop (<galoper), labour(<labourer), pli(<plier), refus(<refuser)∥《어근까지 바뀜》 av*eu*(<av*ou*er), *gain*(<g*agn*er), retour(<retour*n*er). b) 여성명사 :《어근+e》 adress*e*(<adresser), amarch*e*(<marcher), visit*e*(<visiter).

② 〘접미사 탈락〙 aristocrate (<aristocratie), démocrate(<démocratie) ∥《(-ant,-ent 가 탈락하고 -er 가 붙음》 somnoler(<somnolent), arc-bouter (<arc-boutant).

③ 〘어미 -e 탈락〙 médecin(<médecine), violet(<violette), carrier (<carrière).

dernier—*le* ~ [*un des* ~*s*] *qui*+ *subj* [*ind*] (⇨*seul):Mon oncle est *le* ~ *à qui* je *puisse* m'adresser. 나의 아저씨는 도저히 내가 말을 건넬 수 없는 사람이다/Mon oncle est *la dernière* personne *que* j'ai consulté. 내 아저씨는 내가 마지막으로 의논한 사람이다. *être le* ~ *à*+*inf* (⇨à II, 4°):Il *a été le* ~ *à* remonter à la surface. 마지막으로 수면 위에 떠오른 것은 그였다/Je *serais le* ~ *à* lui prêter de l'argent.(남들이 그에게 돈을 빌려준다 해도) 나는 절대로 빌려줄 수 없다.

derrière *prép.*—Il marchait ~ les autres. 그는 남들 뒤에서 걸어가고 있었다. *de* ~ :Il sortit *de* ~ la haie. 그는 울타리 뒤에서 나왔다. *par* ~ :Il est passé *par* ~ la maison. 그는 집 뒤로 돌아갔다.

—*adv.* Il marchait ~. 그는 뒤에서 걸어갔다/Il est passé *par* ~. 그는 뒤로 돌아갔다/Il dit du mal de lui *par* ~. 그는 뒤에서 그 사람을 욕한다.

★ *prép.* 과 *adv.* 의 par derrière 는 par-derrière 로 연결선 trait d'union 을 붙여쓰기도 한다:Il le saisit *par-derrière*.(Ac) 그는 그를 등뒤에서 붙잡았다.

—*n.m.* Il est tombé sur le ~. 그는 엉덩방아를 찧었다/Il est entré par la porte de ~. 그는 뒷문으로 들어왔다.

dès—1° 〘**dès** 와 **depuis**〙 ① dès 는 그 보어가 가리키는 시기와 동시에 행위가 시작되는 것을 나타내어 그 시기가 강조되는 데 반해 depuis 는 그 출발점과 동시에 행위가 시작되는 것에 한정되지 않고 그 상태나 계속을 나타낸다:*Dès* le début du voyage il a souffert de maux de tête. 여행을 시작하자마자 그는 두통을 앓았다/Essayez *dès* maintenant. 지금부터 (당장)해보시죠/J'habite cette maison *depuis* vingt ans. 나는 20년 전부터 이 집에 살고 있다/Il est absent *depuis* une semaine. 그는 1 주일전부터 부재중이다.

② 도착점을 가리켜서 jusqu'à, à 와 함께 dès 를 사용하는 것은 고어체로 오늘날에는 이 용법을 쓰지 않는다.

③ dès 는 과거·현재·미래에 통용되며 depuis 는 과거의 출발점만을 가리킨다:*Dès maintenant* je sais à quoi m'en tenir. 이제야 나는 내가 어떻게 생각해야 할지를 알겠다/Je vous *verrai dès* mon retour. 나는 돌아가는 즉시 당신을 만나뵙겠읍니다/*Dès* que tu *sera arrivé* à Montréal, envoie-moi un télégramme. 몬레알에 도착하는 즉시 내게 전보를 치게《(이 경우 depuis 는 쓸 수 없다. 이와 마찬가지로 *dès* qu'il a paru, *depuis* qu'il a paru 는 쓰되, *dès* qu'il paraîtra 의 경우 *depuis* qu'il paraîtra 로는 쓸 수 없다》.

④ dès 는 장소를 표시하는 보어를 동반할 때에도 항상 시간의 관념을 포함한다:~ le seuil, on entendait battre l'horloge. (Arland) 문지방을 넘어서자 벽시계의 치는 소리가 들

려 왔다.
2° 〖~+N+과거분사〗 ~ son baccalauréat passé, il s'est engagé. 대학 입학 자격시험을 치르고 나자 곧 그는 군에 입대하였다(⇨aussitôt ④; sitôt). ~ **en entrant** (Daud, *Jack*) 들어 오자마자. ~ *que possible* 될 수 있는 대로 빨리.

desideratum—복수형은 desiderata. 단수형의 사용은 드물다: Exposez-moi vos *desiderata*. (Ac) 당신의 희망사항을 말씀해 보세요.

désir—le ~ que+*subj* …하기를 바라는 것.

désirable—Il est ~ que+*subj* …하는 것은 바람직하다.

désireux—~ *de*+N: Il est ~ *de* richesses. 그는 부를 갈망한다. ~ *de*+*inf*: Il se montre extraordinairement anxieux et ~ *d'*acquérir certaines qualités qui sont à l'opposé de sa nature. (Gide) 그는 자기의 천성에 반대되는 몇가지 자질을 지니기를 몹시 열망하는 빛을 나타내고 있다. ~ *que*+*subj*: Je suis ~ *que* vous *réussissiez*. 나는 당신이 성공하기를 바랍니다.

désolant—Il est ~ que+*subj* …하는 것은 개탄할 만하다.

désolé—*être* ~ *de*+*qc*: Je *suis* ~ *de* ce contretemps. 나는 이 뜻밖의 사고에 대하여 애석하게 생각한다. *être* ~ *de*+*inf* 〔*que*+*subj*〕: Je *suis* ~ *de* vous avoir fait attendre. 나는 당신을 기다리시게 하여 대단히 죄송합니다. *être* ~ *de ce que*+*subj*〔*ind*〕: Je *suis* ~ *de ce qu'*il y *ait eu* ce malentendu entre nous. 우리들 사이에 이런 오해가 있었던 것을 나는 대단히 유감스럽게 생각합니다.

dessous *adv.*—Soulève cette pierre. Il y a sûrement une écrevisse ~. 저 돌을 쳐들어라. 틀림없이 그 밑에 가재가 있다.

— *prép.* ① 《속어》 Cherchez ~ la table. 책상 밑을 찾아 보세요.

② 〖**par-**~+N〗 passer *par-*~ la porte 문 밑으로 빠져 나가다.

—《명사적》〖N+de ~〗 Le jeune ménage de l'étage *de* ~ est très gentil. 아래 층의 젊은 부부는 퍽 친절하다.

dessus *adv.*—Prenez un coussin et asseyez-vous ~. 방석을 하나 가지고 와서 그 위에 앉으세요. *par-*~ *et dessous:* Il y a des livres *par-*~ *et dessous.* 책들이 위 아래로 흩어져 있다.

— *prép.* ① 고어체이며 현재어에서는 속어적 표현.

② 〖**par-**~+N〗 Mets un gilet *par-*~ ton chandail. 자켓 위에 조끼를 입어라.

—《명사적》〖N+**de** ~〗 Le bébé du locateur *de* ~ a pleuré toute la nuit. 윗층의 주인집 애기가 밤새도록 울었다.

★ Il *m'*a tiré ~ 는 속어이며, 올바른 형태는 Il m'a tiré *sur moi*(⇨pronoms personnels III, 2°).

détachement 〔격리〕—동사나 virgule에 의해, 형용사가 자신과 관계 있는 명사나 대명사로부터 분리되는 것을 말한다. 격리는 보통 문체상의 이유로 이루어진다. 단순한 기술적 가치를 갖거나, L'homme, égaré, divaguait constamment에서 처럼 강조의 뜻을 나타내기도 한다. 또한 원인, 양보의 상황보어 종속절 대신 쓰이기도 한다. 이때에 흔히 부사에 의한 의미가 강조된다(Riche, il aidait les pauvres./Il était, quoique orgueilleux, capable de reconnaitre parfois ses torts). 통사론적으로는 분리된 또는 접속된 형용사는 동격관계절 proposition relative appositive에서 생겨난 것이다.

deux—① 발음[dø], 한 어군의 모든 모음 앞에서는 [døz]: deu(x) lits, deu(x)[z] enfants. 성구의 경우는 deu(x)[z] à deux, deu(x)[z] ou troi(s)[z] enfants.

② 〖명사적 용법〗 Deu(x)[z]|et trois font cinq 《회화에서는 liaison 하지 아니함》. 2 더하기 3 은 5 이다.
③ 〖월일〗 le deu(x)[z] août[avril, octobre]《liaison 하지 않는 것이 보통. ⇨numéraux cardinaux II, 2°》. *nous ~ ton père* 《비어》(=ton père et moi): On pédalait par là souvent, *nous ~ Rosette*. 로제트와 나 두사람이 가끔 거기로 자전거를 타고 가고는 했다.

deuxième ⇨second.

deux points—콜론(:)》, *signes de ponctuation 의 하나.

1° 직접화법을 이끈다: Il s'écria: «Ce n'est pas possible!» 그는 「그럴 수 없다!」라고 외쳤다. ⇨guillemets, tiret.

2° 자유간접화법의 문체를 유도한다. ⇨style indirect libre.

3° 설명적인 절·어구를 이끈다. ① 〖원인·결과〗 Ce ne sont pas des idées que je leur demande: leurs idées sont le plus souvent fumeuses. (Duham, *Cri des profondeurs*) 내가 그들에게 요구하는 것은 어떤 구상〔아이디어〕들이 아니다. 그들의 구상이란 대개의 경우 막연하기 때문이다《원인》/En vain, je voulais haïr la grande-duchesse: je ne pouvais pas. (Benoit, *Kœnig*) 쓸데없이 나는 大公妃를 증오하려 하였다. (끝내) 나는 그럴 수가 없었다《결과》.

② 〖설명적 동격, 열거〗 Trois passions: l'amour, l'ambition et l'avarice, par leurs mélanges, produisent toutes les autres. (Maurois, *Alain*) 3 개의 정열, 즉 사랑, 야망 그리고 인색은 그 혼합에 의하여 모든 다른 정열을 낳게 한다/Je finis cependant par découvrir trois documents: deux imprimés, un manuscrit. (Bosco, *Un Rameau de la nuit*) 그 사이에 나는 3개의 기록, 즉 2부의 인쇄물과 1부의 사본을 마침내 발견하게 되었다.

③ 속사를 돋보이게 한다: Ce dictionnaire devrait s'intituler: ce que savait M. Bayle. (Faguet, *18ᵉs*.) 이 사전은 다음과 같이 표제를 붙여야 마땅하리라: 베일씨가 알고 있던 것.

devant *prép*. —Il marchait ~ les autres. 그는 다른 사람들 앞에서 걸어가고 있었다//~ que de+*inf*《고어체로 드물게 씀》: Les Allemands, traqués, ~ *que d'*évacuer (=avant (que) de…) la ville, font sauter leurs dépôts. (Gide, *Journal* 1942-49, 148) 쫓기게 된 독일사람들은 그 도시에서 철수하기에 앞서서 자기들의 보관품들을 폭파시키고 있다//On le faisait lever ~ l'aurore. (La Font, *F*., VI, II) 동이 트기 전에 사람들은 그를 깨우곤 했다/~ que mourir (Racine, *Bérén*., IV, 5) 죽기 전에.
☆ 이 때의 일반적 용법 ⇨avant 1°.
—*adv*. Il marchait ~. 그는 앞에서 걸어가고 있었다. *comme* ~ 《고어체로 드물게 씀》: Les ailes de son moulin allaient toujours leur train *comme* ~. (Daud, *Lett. de M. moul.*) 그의 방앗간 풍차의 날개는 여전히 예전처럼 돌아가고 있었다/Le voilà Gros-Jean *comme* ~! 모든 것이 헛수고가 되었구나〔도로아미타불이 되었구나〕! N+*de* ~: Il est entré par la porte *de* ~. 그는 앞문으로 들어갔다. *par* ~: Il est passé *par* ~. 그는 앞쪽으로 지나갔다. *aller au-*~ *de*+N: Quand il voit son père, il *va au-*~ *de* lui. 아버지의 모습이 보이면 그는 마중 나간다/Merci pour ton cadeau: tu *es allé au-*~ *de* mes souhaits. 선물 고맙다. 내가 원하던 것을 알아차렸구나.

déverbal [동사파생명사] —역행파생법 dérivation régressive 의 하나로 동사 어근 radical 으로 만들어진 명사를 말한다 (appointement ←apponter, marche ←marcher). 때로는

동사어미를 삭제하여 만들어진 경우만을 déverbal이라고도 한다(bond ←bondir, coût←coûter, pli←plier, soupir←soupirer, combat←combattre, nage←nager, visite←visiter). ⇨postverbal.

diable—① 일반적으로 남성·여성에 다 같이 쓰인다: un ~ d'homme 고약한 남자/cette ~ de fille-là 저 고약한 여자아이/une ~ d'affaire 진절머리 나는 일.
② 여성형 diablesse 는 「고약하고 간사한 여자(고어조)」 또는 「괄괄한 여자」의 뜻으로 쓰인다. 때로는 비유적으로: cette ~sse de fille 저 말괄량이/Quelle ~sse de vie! 그 얼마나 난잡한 생활인가!
du ~ (=excessif, extrême): Il fait un froid *du ~*. 날씨가 매섭게 춥다.
au ~ (=très loin): demeurer *au ~* vauvert[vert] 저 먼 곳에 살다.
C'est bien le ~ si+ind …라면 놀라운 일이다(=ce serait bien étonnant, extraordinaire).

diacre—여성형은 diaconesse.

dieu—여성형은 déesse. *~ sait si:* *~ sait si* je dis la vérité. 내가 진실을 말하는지 아닌지를 신만이 안다. ⇨si[1] III, 2°.

différemment—①〖~ *de*〗 Il se conduit toujours ~ *des* autres. 그는 언제나 남들과는 달리 행동한다.
②〖~ *que*+절〗(드물게 씀) Jamais il ne put la voir en pensée, ~ *qu*'il ne l'avait vue la première fois. (Flaub, *Bovary*) 그는 처음 그녀를 만났던 때와 달리 그녀의 모습을 머리 속에 그릴 수가 없었다 (*autrement... que+ne 의 유추에 의한 구문이다).

différent—①〖N ~〗(품질형용사로서)〗 des sens ~*s* 각각 다른 의미/ J'ai consulté des sources ~*es*. 나는 각각 다른 원전을 참조하였다.
②〖~ N(항상 복수)〗(부정형용사로서)〗 ~*s* (=divers) sens 여러가지의 뜻/~*es* personnes me l'ont dit. 여러 사람이 나에게 그 말을 했다.

difficile—~ *à*+*inf:* Cette notion est ~ *à* faire saisir aux élèves. 이 개념은 학생들에게 이해시키기가 어렵다/C'est une robe ~ *à* laver. 이것은 세탁하기 힘든 옷이다. *Il est ~ (à+qn) de+inf: Il (m')est ~ de* vous contenter. (나로서는) 당신을 만족시키는 것이 어려운 일이다. *Il est ~ que+subj: Il est ~ qu*'un enfant *fasse* mieux. 어린 아이가 더 잘하는 것은 어려운 일이다.

digne—〖~ N, N ~〗 un ~ homme (=un brave homme) 정직한 사람(옛날 문어체)/personne ~ 의젓한 사람. *~ de*+N〖+*inf*〗; *~ que*+*subj:* Je ne suis plus ~ *que* tu m'*appelle*. (Gide) 이제 나는 네가 찾을 만한 인물이 못된다.

diminutif [指小辭]—「작다」 또는 「귀엽다」는 뜻을 표시하는 접미사, 또는 이런 접미사가 붙은 말.
-eau, -elle: monceau(<mont), chevreau(<chèvre), ruelle(<rue).
-et, -ette: jardinet(<jardin), garçonnet(<garçon), cigarette(<cigare), fillette(<fille), Jeannette(<Jeanne).
-ille: charmille(<charme).
-on, -illon, -eron: chaton (<chat), jupon(<jupe), Madelon(<Madelène), négrillon(<nègre), moucheron(<mouche).
-ule, -cule: lunule(<lune), molécule(<lat. moles (=masse)).

dindon—여성형은 dinde.

dîner ⇨déjeuner.

diphtongaison [이중모음화]—共時的 교체 alternance 나 通時的 진화 évolution diachronique 에 의한 음운변화 changement phonique 를 말한다. 이 변화는 하나의 모음을, 한 음절을 이루는 두개의 모음요소 élément vocalique 로 분할하는 데서 생긴다. 이때 한 요소는 다른 것에

diphtongue

비해 폐음 fermé이 된다. 라틴어의 개모음 voyelle ouverte 들은 이태리어에서 이중모음화되었다(위치는 자유롭게): bonum→buono, pedem→piede.

diphtongue [이중모음]—발성 때 음색 timbre이 한번 바뀌어 이중모음의 처음과 끝에 각기 다른 음이 들리는 모음을 말한다. 삼중모음 triphtongue은 음색이 두번 바뀐다. 영어에는 이중모음이 풍부하다(house, fine, boat, bear, etc.). 독일어에도 많고(haus, mein, heute, etc.), 이태리어(uovo, piede), 스페인어(siete, muepte, etc.)에도 있다. 고대 프랑스어에도 이중모음이 역시 풍부해서 fleur, haut, fait 등의 철자법에 그 흔적이 남아 있다. 어느 언어에 이중모음이 나타나는 것은 대부분 이완된 조음 articulation relâchée 방식과 밀접한 연관이 있다. 다른 게르만어들에 비해 몹시 긴장된 tendu 조음 방식을 가진 현대 프랑스어에는 이중모음이 나타나지 않는다.

discours direct [indirect] [직접 [간접]화법]—어떤 사람의 말 또는 생각하고 있는 것을 직접 그 사람의 말 또는 생각하고 있는 대로 옮기는 것을 직접화법이라 하고, 그 말 또는 생각하는 것의 내용을 자기 말로 해서 전하는 것을 간접화법이라 한다 (Il a dit:«Je suis fatigué.» 《직접》 그는 「나는 피곤하다」라고 말했다/ Il a dit qu'il était fatigué. 《간접》 그는 피곤하다고 말했다). 간접화법은 도입동사 avouer, croire, déclarer, demander, dire, penser 따위와 접속사 que(의문문이면 si 또는 의문사)로 인도된다. 직접화법이 간접화법으로 표현될 경우 인칭·시제·법 따위가 변하는 때가 있다.

1° [인칭] Il m'a dit: «*Je te* plains.» 《직접》→Il m'a dit qu'*il me* plaignait. 《간접》 그는 나에게 내가 참 안됐다고 말했다.

2° [시제] 직접화법을 간접화법으로 고칠 때 도입동사의 시제가 현재 또는 미래이면 종속절의 시제가 바뀌지 않는다. 그러나 도입동사의 시제가 과거이면 종속절에서 직접화법의 과거는 대과거, 현재는 반과거, 미래는 과거에 있어서의 미래, 즉 조건법현재 *future dans le passé로 변한다. 자세한 것은 ⇨concordance des temps.

3° [법] 명령법이 부정법 또는 접속법으로 되는 외에는 법의 변화는 없다: «Entrez.»《직접》→Dites-lui d'*entrer*.《간접》 들어오라고 그에게 말하시오./«Fais-le entrer.»《직접》→Dites qu'on le *fasse* entrer.《간접》 그로 하여금 들어오게 하라고 말하시오. cf. «Changez de conduite.»《직접》 →Il m'a dit que je devais changer de conduite.《간접》 그는 나에게 행동을 고쳐야 한다고 말했다.

4° [지시사, 시간·장소의 부사] 도입동사가 현재시제 이외의 경우에는 바뀐다: Qu'on porte cette lettre-*ci*. 《직접》 이 편지를 배달하게 하라 → Il disait qu'on portât cette lettre-*là*.《간접》 그는 그 편지를 배달하게 하라고 말했다/Je suis arrivé *hier*. 《직접》→On disait qu'il était arrivé *la veille*. 《간접》 그가 그전날 도착했다고들 말했다/Je partirai *aujourd'hui* [*demain*]. 《직접》→Il disait qu'il partirait *ce jour-là* [*le lendemain*]. 《간접》 그는 그날[그 다음날] 출발할 것이라고 말했었다. ☆ 단, 오늘 그가 말하였다면 직접화법과 간접화법의 때의 부사가 일치한다: Il m'a dit qu'il partira[partirait] *aujourd'hui* [*demain*]. 《간접》 그는 나에게 오늘 [내일] 떠나겠다고 말했다→Je partirai *aujourd'hui* [*demain*] 《직접》. discours indirect libre [자유 간접화법] ⇨style indirect libre.

dispos—특히 남성 형용사로 쓰인다. 여성은 ~e. *frais et* ~: Quand je suis venu ici, j'étais *frais et* ~ et me voilà roué, brisé comme si j'avais fait dix lieues. (Didier) 여기 왔을 때는 원기 왕성했는데 지금은 10리 길을 걷기라도 한 것처럼 녹초가 되었다.

dissimilation [異化]―바로 붙어 있지는 않으나 가까이 있는 두 음소 간의 차이를 강조하거나 만들어내기 위한 모든 음성변화 changement phonétique를 말한다. 이것은 곧 거리를 둔 인접이화 différenciation 현상이다. 흔히는 같은 두 음소의 불편한 반복을 피하기 위함이다. 강세 모음에 의한 약세모음의 이화 과정은 수많은 진화현상을 설명해주고 있다. 예를 들면 라틴어 nátare는 nótare라는 중간 단계를 거쳐 이태리어 nuótare가 되었고, 라틴어 속어에서, 이중모음 au가 a로 축약된 경우도 있다 (augustus→agustus (=août)). 또한 라틴어 peregrinum이 이태리어 pellegrino로, 라틴어 arbor가 스페인어 arbol, 이태리어 albero로, 옛 프랑스어 couroir가 지금의 couloir로 변화한 것들은 자음의 이화현상이다.

dissyllabe [2음절어]―2음절로 되는 말: a-mi.

distinct―발음 [distɛ̃:kt]. 전통적 발음 [distɛ̃]은 옛것이다.

distinction― ~ de A d'avec B; ~ entre A et B; ~ de A et de B 등은「A와 B와의 구별, A와 B와의 다름」이라는 뜻.

distributif [配分詞]―1개 또는 몇 개씩을 표시하는 말 *chaque와 chacun이 주가 된다.「tous les jours 날마다, tout homme 사람들마다, qui...qui... 어떤 자는…또다른 자는…(⇨qui¹ II, 1°, ⑨)」따위도 배분사에 포함시킬 수 있다. 배분수詞數詞가 프랑스어에는 없기 때문에 基數詞를 써서 迂言法으로 표현할 수 있다: s'avancer *deux à〔par〕deux* 두 사람씩 앞으로 나아가다 (⇨nom² IV, 2°, ⑥).

divers―①〖N ~〗(《품질형용사로서》) (=varié, différent): un spectacle ~ 갖가지 구경거리/des fruits ~ 가지각색의 과일.

②〖~ N〗(《부정형용사로서》) (=plusieurs, différent): ~es personnes 여러사람/Il s'est informé aux ~es sources que je lui avais indiquées. 그는 내가 그에게 알려준 여러가지 원전을 조사해 보았다.

divorce―*faire* ~ (*d'*)*avec*+qn〔qc〕(=divorcer (d')avec...): Il *a fait* ~ *avec* les plaisirs. 그는 방탕과 손을 끊었다.

dix―〖발음〗① 어군의 끝에서, (대) 명사적 용법, 서수의 대용이 될 때는 [dis]: J'en ai ~; page ~; ~ et demi; le ~ mai; le ~ avril 〔août〕 (《이 경우 [diz]로 발음함은 liaison의 남용임》).

② 자음으로 시작되는 명사·형용사의 앞에서는 [di]: ~ livres.

③ 모음으로 시작되는 명사·형용사의 앞에서는 [diz]: ~ ans, ~ hommes.

④ 수사 중의 [dis, diz]: ~-sept[dissɛt], ~-huit[dizɥit], ~-neuf [diznœf](《이 경우는 [dizɥit]의 유추임》).

docile―〖~ à+N〗(《낡은 어투》) ~ *aux* (=obéissant) leçons de ses maîtres 선생들의 가르침에 순종하는/~ *à* ses maîtres (=soumis à ses maîtres) 선생에 복종하는.

docteur―① 남성명사이지만「남여의사·박사」에 공통으로 쓰인다: Mlle X, ~ en médecine 의학박사 X양/Mme le Dr. X 박사 X부인/Mme X est ~ ès lettres. X부인은 문학박사이다/Mme Panigel est un bon ~. 파니젤 부인은 훌륭한 의사이다/une femme ~ 여의사.

② 여성형 doctoresse는「의학박사, 또는 박식한 여자」의 뜻으로 속어, 경멸적 의미를 갖는다: Je viens de consulter *une doctoresse*. 나는 방금 여의사의 진찰을 받았다/Cette *doctoresse* est très habile. 이 여의사는 매우 노련하다.

doge—여성형은 dogaresse. ⇨genre des noms.

dommage—C'est(bien〔grand〕) ~. 그것은 (대단히) 유감스러운 일이다 《이 경우 C' 대신 Il을 쓸 수 없다》. *C'*〔*Il*〕 *est ~(bien) que+subj*; *~ que+subj*; *C'est (un) grand ~ que +subj: C'est ~ qu*'il *soit arrivé* en retard. 그가 늦게 도착한 것은 유감스러운 일이다/*C'*〔*Il*〕 *est ~ que* vous *vous soyez trompés*. 당신들이 오해하였던 것은 유감이다.

donc—접속사로 보통 취급하지만 문장 안이나 문장 끝에 놓일 때는 부사로 취급되어야 한다.

1° 〖발음〗접속사일 때는 [dɔ̃k], 부사일 때는 [dɔ̃], 즉 절의 첫머리에 놓일 때는 [dɔ̃k], 그 이외의 경우에는 [dɔ̃]으로, 또 모음 앞에 놓일 때 [dɔ̃k]는 바르고 우아하지만 반드시 필요한 것은 아니다: Où êtes-vous *donc*[dɔ̃] allé? 도대체 당신은 어디 갔었소?

2° 〖의미상으로〗 ① 논리적 결론: Je lui ai fait adresser un commandement de payer: ~, il lui faut s'exécuter. 나는 그에게 지불명령서를 발송하게 했다. 그러므로 그는 지불해야 한다《결론의 뉘앙스를 완화시키기 위해 il lui faut ~ s'exécuter 라고도 쓴다》. ☆ donc 을 동사 뒤에 놓으면 어조의 완화에서 가정적 의미를 띠게 된다: Je ne le vois pas, il n'est ~ pas venu. 나는 그를 볼 수 없다. 그렇다면 그가 오지 않은 것이다.

② 강조어(부사). 의문•명령의 강조: Il est ~ parti? 그가 떠나긴 떠났소?/Taisez-vous ~. 어서 조용히 하시오/C'est ~ ça que(⇨ceci 11°). ③ 놀라움•감탄을 나타낼 때: Qu'y a-t-il ~? 대관절 무슨 일이냐?/Que ce spectacle est ~ beau! 그 광경이 참 얼마나 아름다운지!

④ 중단되었던 이야기를 다시 계속할 때(발음은 반드시 [dɔ̃k]): ~ pour en revenir à notre sujet... 그런데 우리의 본론으로 다시 돌아가면…/Il se dirigea ~ vers nous. 그래서 그는 우리쪽으로 왔다/Où en étais-je? ...je disais ~ que ... 내가 어디까지 이야기했더라? …그래, …까지 이야기했었지.

dont—1° 원래 기원, 출발점(<lat. *de unde*, d'où)을 나타내는 것이었으나 오늘에 와서는 *de*에 의해 인도되는 보어를 받아 소유, 원인, 양태, 재료 등을 나타내며, 사람 또는 사물을 선행사로 한다.

① 〖소유〗 l'homme ~ les biens ont été vendus (그의)재물이 매각된 그 사람/J'ai un ami ~ la mémoire est remarquable. 나는 기억력이 뛰어난 친구가 한 사람 있다.

② 〖원인〗 la maladie ~ il souffre 그가 앓고 있는 병/le fils ~ il est fier 그가 자랑스럽게 여기는 아들.

③ 〖양태〗 J'ai été offusqué par la façon ~ la vendeuse nous a traités. 나는 여점원이 우리에게 대하는 태도에 불쾌했다/〖재료〗 être du bois ~ on fait les généraux 장군을 만드는 재목이다.

④ 〖수단•도구〗 le coup ~ il fut frappé (Ac) 그가 당한 타격/un journal ~(=avec lequel),il commença par s'eventer (Duham, *le Voyage de Patrice Périot*, 124) 그가 (그것으로) 부채질하기 시작한 신문. ☆ G 는 수단•도구로서의 dont 은 이제 쓰이지 않게 되었다고 말하고 있다(G, 423). 그러나 구문상 de+N 일 때는 수단 도구를 나타내는 dont 이 자주 쓰인다: l'amitié ~ vous m'honorez 당신이 내게 베풀어주시는 우정《honorer *qn* de *qc* 의 구문》/les arbres ~ est planté le côté droit du boulevard 길 오른편에 심어진 나무들《être planté de 의 구문》.

dont

⑤ 〖동작주〗 l'ennemi ~ je suis opprimé (Racine, *Brit.*, II, 6) 내가 그에게서 핍박을 당하고 있는 적/ceux ~ il se croyait attaqué(Faguet, XVIIᵉ S., 304) 그가 (그들로부터) 공격을 당하고 있다고 생각하는 자들《시 또는 고상한 문체》.

2° 대부분의 경우 dont 은 de qui, de quoi, duquel, par lequel, avec lequel 등으로 대치될 수 있다 (la maison ~ [de laquelle] vous êtes propriétaire 당신이 소유주인 그 집/un homme ~ [de qui] la grande affaire est de s'enrichir 돈벌이가 주된 용무인 사람). 그러나 선행사가 ce, cela, rien 일 때 dont 은 duquel, de quoi 로 대치될 수 없다:C'est ce ~ il s'agit. 문제된 것은 바로 이것이다/Ne faites *rien* ~ vous ayez à rougir. 당신이 얼굴을 붉히게 될 그런 일은 아무것도 하지 마시오.

3° dont 은 명사, 대명사, 형용사, 동사, 부분을 나타내는 표현 등의 보어가 된다: le livre ~ j'ai lu quelques passages 내가 그 중 몇 구절을 읽은 책《명사의 보어》/le malheur ~ vous êtes responsable 당신에게 책임이 있는 불행《형용사의 보어》/Voilà ce ~ il faut occuper. 당신이 맡아야 할 일은 바로 이것이다《동사의 보어》/des livres ~ la plupart sont insignifiants 그중 대부분이 쓸모없는 책들《부분적 의미》.

★1) 부분을 나타내는 표현중에는 수사도 포함:Vous m'avez prêté des romans ~ *trois* m'ont fort intéressé. 당신은 내게 소설을 빌려 주었는데 그 중 세권은 몹시 흥미로웠다. 2) 또한 수사 또는 수를 표시하는 부정대명사가 직접목적보어로 쓰일 때 dont 의 사용에 관하여 Martinet, 221 는 이것을 오용이라 하나 G, 423 는 옳은 용법이라 주장한다: Il... possède sept ou huit villas ~ il habite *une*.(Taine, *Voy. en Italie*, t. I, 205) 그는 별장을 일곱여덟 채 가지고 있는데 그 중 한채에 살고 있다/Elle me nommait ses amies, ~ je connaissais quelques-unes. (Ch. Maurras, *La Musique intérieure*, 21) 그녀는 친구들의 이름을 댔는데, 나는 그 중 몇 사람을 알고 있었다.

4° ① dont 은 주어, 동사, 속사 또는 직접보어의 보어가 될 수 있다:une plante ~ les fleurs durent un jour 꽃이 하루 지속되는 나무《주어의 보어》/la maison ~ on rêve 사람들이 꿈꾸는 집《동사의 보어》/une catastrophe ~ nous sommes nous-mêmes victimes (Chateaubr, *Génie*, II, 1, 3) 우리 자신이 희생자가 된 파국《속사의 보어》/ces étoiles extraordinaires ~ on ignore les causes 그 원인을 알 수 없는 기이한 별들《직접보어의 보어》.

② 한편, dont 은 「au suject duquel」의 의미로 주절 앞에 삽입구를 수반할 수 있다:la maison ~ *je sais que* vous êtes propriétaire (Lit, s. v. *dont*, Rem. 5) 당신이 소유주임을 내가 알고 있는 그 집/un homme ~ *on sait que* le talent se double de caractère (Siegfried, *Savoir parler en public*, 40) 재능과 인격을 겸비한 것을 사람들이 알고 있는 그런 사람/cet homme ~ *je sais qu*'il a été marié 결혼한 것을 내가 알고 있는 그 사람.

★ 1) dont 을 보어로서 갖는 주어, 속사, 직접보어에 소유 형용사가 붙을 수는 없다:l'homme ~ *sa* maison brûle 자기 집이 불타는 그 사람《*sa* maison 은 *la* maison 의 잘못》/C'est un livre ~ j'ignore *son* auteur. 그 저자를 내가 알지 못하는 책이다《*son* auteur 는 *l*'auteur 의 잘못》. 2) 또한 관계사절에 선행사를 받는 인칭보어 대명사가 올 때 dont 의 사용은 잘못이다. l'enfant ~ les parents *l*'ont amené 는 「l'enfant *que* ses parents ont amené 부모들이 데리

dont

고 온 아이」로 고쳐써야 한다.
5° ① dont은 「전치사+명사의 한정보어」의 구문에서는 사용되지 않는다. 이때는 de qui 또는 duquel로 고쳐 쓰는 것이 옳다: l'homme ~ je compte sur l'aide 는 「l'homme sur l'aide de qui je compte 내가 그 도움을 기대하는 사람」으로, la maison ~ le voleur s'est introduit à l'intérieur 는 「la maison à l'intérieur de laquelle le voleur s'est introduit 도둑이 그 내부에 침입한 그 집」으로 고쳐 쓰는 것이 옳다. ② 다음과 같은 경우에는 dont의 구문이 허용된다. a) 전치사구의 경우: des difficultés ~ on ne viendra jamais à bout 결코 극복할 수 없는 어려움. b) dont이 관계사절의 주어와 동시에 보어에 걸릴 때: Il plaignit les pauvres femmes ~ les époux gaspillent la fortune.(Flaub, G, 561) 그는 남편에게 재산을 갉아먹히는 가엾은 아낙네들을 불쌍히 여겼다/Il y a ceux... ~ on lit la pensée dans les yeux.(Dumas f., Le fils nat., Prologue, 5) 그 생각을 눈에서 읽을 수 있는 사람들이 있다. ③ a) 「N+de+N」의 구문에서도 때때로 dont이 쓰인다: une femme ~ la grâce des mouvements est remarquable 그 동작의 우아함이 뛰어난 여인. b) 특히 「N+de+N」가 일체를 이루고 있을 때는 구애없이 쓰인다: un homme ~ la force d'esprit est surprenante 정신력이 놀라운 사람.
6° 〖**dont**과 **d'où**〗 ① sortir, descendre 등의 동사와 더불어 출발점을 나타낼 때는 일반적으로 d'où가 쓰인다. 이와 마찬가지로 어떤 결론 또는 결과의 근거를 나타내는 표현에 있어서도 d'où가 쓰인다: d'où je conclus, d'où il suit, d'où il résulte, etc./la ville d'où vous êtes parti 당신이 떠나온 도시/la chambre d'où je sortais 내가 나오던 방/

une harmonie d'où résulte le bonheur (Montesq, Cons., 9) 행복이 (그것에서부터) 유래되는 조화. ② 사람에 관하여 가문, 혈통을 나타낼 때는 dont이 사용된다: la famille distinguée ~ il sortait (Proust, Du Côté de chez Swann, I, 292) 그가 태어난 훌륭한 가문. ★오늘날 위와 같은 구별은 지켜지지 않는다. 1) 특히 문어에서는 사물에 관해서도 출발점으로서 dont이 빈번히 사용되고 있다: le jardin ~ vous venez de sortir (Jaloux, Le Voyageur, 62) 당신이 방금 나온 정원/dans la chambre ~ Justin se retirait (Duham, Le Désert de Bièvres, 106) 쥐스탱이 물러난 방안에서. 2) 반대로 출신을 나타내는 dont 대신 d'où가 쓰일 때도 있다: la famille d'où il est sorti (Ac, s.v. sortir) 그가 태어난 가문. 3) 의문문이나 선행사가 없을 때는 d'où가 쓰인다: D'où descend-il? 그는 어느 가문의 출신인가?/Rappelez-vous d'où vous êtes issu. 당신이 어느 가문의 출신인지 기억하시오.
7° 「dont+SN」로 관계사절에서 동사가 생략될 경우: Quelques-uns étaient là, ~ votre père. 몇사람이 와 있었는데, 그 중에는 당신 아버님도 계셨다 (=et parmi eux il y avait...)/Deux personnes attendent, ~ Marcel Boulenger.(Romains) 두 사람이 기다리고 있는데 그 중에 마르셀 부랑제도 끼어 있다. ☆W, 242는 이 dont을 일종의 adverbe partitif로 간주한다.
8° 절을 받는 dont(《고어법》): La femme Giuseppa lui avait donné d'abord trois filles (~ il enrageait). (Merimée, M. Falcone) 그의 처 귀세파는 처음 세 딸을 낳았다(그는 이것 때문에 크게 노하고 있었다)《이 경우, 보통은 ce dont이 사용된다. ⇨ce¹》.

doublet [雙形語]—같은 어원어 étymon에서 생긴 한 쌍의 단어들을 말하는데, 이 중 한 단어는 음운법칙의 작용으로, 다른 하나는 외국어의 단어를 최소한으로만 개조하여 직접 모방한 模寫語 calque 이다(livrer, librer←라틴어 liberare; natal, Noël ←라틴어 natalis). 또 일반적인 진화과정을 겪은 것을 민간어형 populaire, 직접 모방한 것을 식자어형 savante 이라 한다. 프랑스어에는 약 800개의 쌍형어가 있다(hôtel, hôpital; parole, parabole; raide, rigide; nager, naviguer; poison, potion; frêle, fragile; etc.). 쌍형어 중에는 방언적 요소의 도입으로 생긴 것도 있다: chasse(라틴어), caisse(프로방스어); noir(라틴어), nègre(스페인어, 포르투갈어); échelle(라틴어), escale(이태리어), etc. ☆ F. de Saussure는, 두 단어 중 하나만이 규칙적인 음운 변화를 겪었고 다른 하나는 처음부터 굳어버린 figé형이기 때문에 doublet 라는 표현이 적합하지 않다고 했다.

douce (**consonne**) [軟子音]—상대가 되는 強子音 c. forte 의 경우보다 조음이 약하게 이루어지는 자음을 말한다. 조음면에서 보면, 구강 근육이, 휴지 repos 상태에 가깝게, 이완되고, 입안을 통과하는 공기의 압력이 약하며, 조음점 point d'articulation에 대한 저항도 보다 덜 강하다. 조음점의 이 약한 압력은 짧은 지속성 durée을 수반하게 된다. 프랑스어나 러시아어 같은 언어에서는 douce 와 forte 의 대립은 유성 voisée 과 무성 non-voisée 의 대립을 증대시키고, coupe de champagne 나 rude travail에서처럼 유성을 무성음화 dévoisement 하거나 무성을 유성음화 voisement 하는 독특한 기능을 맡는다. 한편, douce 와 forte 의 대립관계가 없어지는 경우도 있다. 즉, 힘차게 외친 [b]는 [p]와 비등하다. 큰 소리로 bis 라고 하면 pisse 와 큰 차이 없이 들린다. 어떤 언어에서는 연자음이 강자음과 소리의 관여 participation 없이 대립된다. 예를 들면 스위스의 독일어와 남부 코르시카 같은 이태리 방언의 음운 계통에서 그러하다. 연자음과 강자음의 대립성은 이완 lâche 모음과 긴장 tendu 된 모음의 대립과 혼동되어, 요즈음은 douce 와 faible 이라는 말이 lâche 의 동의어처럼 사용되고 있다.

doute—1° 〖**sans ~**〗 문두에 오면 주어, 동사는 도치된다. ① (=probablement). 보통 이 뜻으로 쓰인다: *Sans ~ arrivera-t-elle demain.* 그녀는 아마도 내일 도착할 것이다. ② (=assurément, certainement). 이 뜻으로는 sans aucun[nul] ~ 라고도 한다: *C'est bien lui?—Sans aucun ~.* 바로 그 사람이야?—물론이지. ***Sans ~ que*** 〖*Il est hors de ~ que*〗+*ind*: *Sans ~ qu'il viendra.*∥《의미에 따라 que 절에 조건법도 올 수 있음》 *Sans ~ qu'il accepterait, si vous insistiez.* 당신이 주장한다면 그는 아마 승낙할 것이다 (⇨que³ VI, 2°).

2° 〖**nul ~ que, point de ~ que, Il n'y a pas de ~ que, Il ne fait pas de ~ que**〗 다음의 동사의 법과 허사 ne 의 용법은 ne pas douter 다음의 경우와 같다. ⇨douter; ne explétif IV.

① ((ne)+*subj*) 보통 이 형식이 잘 쓰인다: *Nul ~ qu'il ne fût ivre.* (Arland, *Ordre*) 그가 취했었다는 것은 의심할 여지가 없다.

② (+*ind*): *Il n'y a donc aucun ~ qu'après la mort nous verrons Dieu.* (Claudel) 죽은 다음 우리가 하느님을 보게 된다는 것은 전혀 의심할 여지가 없다.

③ (+*cond*): *Il n'y a pas de ~ qu'en changeant de méthode il réussirait.* 방법을 달리 하면 그가 성공하리라는 사실은 틀림없다《이 경우 가정에 따른 조건법》.

douteux—*Il est ~ que* (*ne*)+*subj*: *Il est ~ qu'il vienne* ce soir. 그가 오늘 저녁에 온다는 것은 의심스럽다/*Il n'est pas ~ que* le christianisme *ait été* une transformation profonde du judaïsme. (Bergson) 기독교가 유태교의 오묘한 변형이라는 사실은 의심할 여지가 없다《(허사 ne는 임의적)》. *Il n'est pas ~ que*+*ind* 〔*cond*〕(nul doute que 의 경우와 같다. ⇨doute 2°).

doux—*Il est*〔*C'est*〕*~ de*+*inf*:*Il est ~ de* pardonner. 용서한다는 것은 흐뭇한 일이다/*C'est ~*, la nuit, *de* regarder le ciel. (St-Exup) 밤에 하늘을 쳐다본다는 것은 감동적인 노릇이다.

douzaine—une *~ de*+N (동사의 일치 ⇨accord du verbe A, I, 2°).

droit *adv*.—Elle marche *droit*. 그녀는 똑바로 걷는다→행실이 올바르다. —*adj*. Elle marche *droite*. 그녀는 몸을 똑바로 세우고 걷는다(=Elle marche le corps *droit*.).

drôle—① 형용사일 때는 남, 여성 공통:*un ~ de* garçon 이상한 아이/*une ~ de* tempête 심한 폭풍우/Il faut *une ~ de* patience pour supporter cela. 그것을 견디려면 엄청난 인내가 필요하다《(구어적 표현=beaucoup de)》/《(때로는)》 une *~sse de* servante 못돼먹은 하녀.

② 명사일 때 여성형은 drôlesse《(비어)》: Cette femme n'est qu'une *~sse*. 그녀는 천한 여자일 따름이다.

dur— *~ à*+*inf*:Il est assez *~ à* cuire. 그는 다루기가 매우 힘든 사람이다. *Il est ~ de*+*inf*:Qu'il est *~ de* haïr ceux qu'on voudrait aimer!(Volt) 사랑하고 싶은 사람들을 미워하기란 얼마나 어려운 노릇인가!

durant—〚**durant**과 **pendant**〛① 전치사 durant은 pendant과 흔히 아무런 구별없이 쓰이나, 그 어원에 따라 durant은 지속되는 기간을, pendant은 어느 기간 중의 한 시기를 나타내도록 구별해 쓰기도 한다: *Durant* la campagne, les ennemis se sont tenus enfermés dans leurs places. (Lit) 그 전쟁 중 적군은 그들의 진지 속에 처박히어 있었다/C'est *pendant* cette campagne que s'est livrée la bataille dont vous me parlez.(*Ib*.) 당신이 나에게 말하는 전투가 벌어진 것은 바로 그 전쟁 때였다.

② 〚N *~*〛이때는 durer의 현재분사:deux heures *~* 두시간 모두/sa vie *~* 일평생. ☆ M은 이때 명사가 한음절일 경우에만 가능하다고 하지만, une année *~* (Arland, *Ordre*)이나 plusieurs semaines *~* (*Ib*.)이라고도 쓴다.

③ 〚*~ que*〛(고어, 문학어로 드물게 쓰임) *~ que* me parlait cet homme (Carco) 그 남자가 나에게 얘기한 동안에.

duratif [지속사]—지속 durée 의 개념을 스스로 나타내는 어휘소. 특히 동사와 형용사를 말하는데 이 개념을 나타내지 않는 비지속사 non-duratif 의 어휘소에 대립된다. 따라서 savoir, posséder, réfléchir 같은 동사와 petit, ivre, rougeaud 같은 형용사들은 지속사이고, 반대로 mourir, allumer, arriver 등의 동사와 étincelant, agacé 같은 형용사들은 비지속사이다. 또 voir, entendre 에 대립하여 regarder, écouter 는 지속사이다.

dure (consonne) [硬子音]—입의 근육이 긴장되어 나는 소리로 doux, lâche, faible 한 음소 phonème 에 대립되는 음소로서 흔히 tendu, 또는 fort 라고도 부른다. 프랑스어에서 무성자음 non-voisée 인 [p], [t], [k], [f], [s], [ʃ]는 유성이고(voisée) 연음 douce 인 자음 [b], [d], [g], [v], [z], [ʒ]와 대립되는 경자음이다.

durée (vocalique) [모음의 길이]
—불어 단어나 문중에 있는 모음은 그 발음이 길 수도 짧을 수도 있다. 긴 모음은 일반적으로 짧은 모음의 약 두배의 길이로 발음된다고 한다.
1° 〖길이의 표시〗 장모음은 발음기호로서는 관계하는 모음의 직후에 두 점[:]을 붙여줌으로써 나타내며 단모음에는 아무런 표시를 하지 않는다.
2° 〖길이에 관한 원칙〗 ① 강세 accent가 없는 음절 syllabe inaccentuée에 있는 모음은 언제나 짧다. ② 강세가 있는 음절 syllabe accentuée의 모음만이 길어질 수 있다. ③ 또, 한 단어의 강세가 있는 음절에서 길게 발음되는 모음이 *groupe phonétique 관계로 syllabe inaccentuée에 속하게 되면 그 길이를 일부 상실하게 되어 단모음보다 약간 더 길게 발음되는 데 그친다. 이것을 발음 기호로써는 [·]처럼 나타낸다(un vase [œ vɑ:z]→un vase de fleurs[œ vɑ·z dəflœ:ʀ]). 그러나 syllabe inaccentuée 속의 모음에 대해서는 발음에 관한 전문 서적 이외에서는 일반적으로 반장음부는 사용하지 않는다.
3° 〖accent이 있는 음절의 모음이 길어지는 경우〗 ① 강세를 받는 모든 비강모음은 발음되는 자음이 뒤따르면 길어진다: enfance[ɑ̃fɑ̃:s], ensemble[ɑ̃sɑ̃:bl], blanche[blɑ̃:ʃ], crainte[kʀɛ̃:t], encre[ɑ̃:kʀ], distincte[distɛ̃:kt], jambe[ʒɑ̃:b], langue[lɑ̃:g].
② 구강모음 [o], [ø], [ɑ] 뒤에 발음되는 자음이 뒤따르면 이들 모음은 길어진다: chaude[ʃo:d], autre[o:tʀ], creuse[kʀø:z], neutre[nø:tʀ], il passe[pɑ:s], il bâcle[bɑ:kl], jaune[ʒo:n], sauce[so:s].
③ accent을 받는 모음 직후에 consonnes allongeantes([ʀ], [ʒ], [z], [v], [vʀ])가 오면 그 모음은 길어진다: envahir[ɑ̃vai:ʀ], blanchir[blɑ̃ʃi:ʀ], vertige[vɛʀti:ʒ], neige[nɛ:ʒ], il pèse[pɛ:z], chaise[ʃɛ:z], grêve[gʀɛ:v], preuve[pʀœ:v], livre[li:vʀ], suivre[sɥi:vʀ], fièvre[fjɛ:vʀ].

E

e—alphabet 명칭은 [e]. graphie 와 발음과의 관계는 다음과 같다.
e [ə], [e] 또는 [ɛ]. ⇨e caduc, timbre.
é [e]가 원칙이나 [ɛ]로 발음될 때도 있음. ⇨timbre.
è, ê, ë ⇨timbre.
eau[o]:*eau*[o], b*eau*, bat*eau*, h*eau*me, etc.
ei [ɛ]:n*ei*ge[nɛːʒ]; [e]: p*ei*ner [pene]. ⇨assimilation, timbre.
eî [ɛ]:r*eî*tre[RɛtR].
-eil[ɛj]:sol*eil*, év*eil*, cons*eil*.
eill-[ɛj]:ab*eill*e[abɛj], v*ieill*e, m*eill*eur.
eim, ein 1) 직후에 모음, m, n 이외의 graphème 가 올 때에는 [ɛ̃]: R*eim*s[Rɛ̃ːs], s*ein*, r*ein*, etc. 2) 위 이외의 경우는 [ɛm], [ɛn]:s*eim*e[sɛm] la S*ein*e[sɛn].
em 1) 직후에 모음, m, n 이외의 글자가 올 때는 [ã]:s*em*bler, m*em*bre, *em*semble, etc. 단, *em*mener [ãm(ə)ne]. 2) 위 이외에서는 [ɛm]:ind*em*ne, dil*em*me. 단, f*em*me 는 [fam], 어미 -*em*ment 에서는 [amã]: violemment, prudemment. 3) 그리고 소수의 외래어 어미에서도 [ɛm]:har*em*, id*em*, Jérusal*em*.
en 1) 모음, m, n 이외의 글자가 뒤따를 때는 [ã]:*en*gager, p*en*dre, l*en*te, par*en*t. 단, 모음이 뒤따르더라도 *en*-이 접두사일 때는 [ã]:*en*hardir, *en*orgueillir, *en*ivrer. 2) 위 이외의 경우에는 보통 [ɛn]:*en*nemi [ɛn(ə)mi], ti*en*ne, si*en*ne, qu'il vi*en*ne, que tu pr*en*nes. 3) 철자가 -éen, -ien, -yen 일 때는 [ɛ̃]:je vi*en*s, coré*en*, moy*en*, chi*en*. 단, cli*en*t 은 [klijã]. 4) 어미에서는 [ɛ̃] 또는 [ɛn]:exam*en* [ɛgzamɛ̃], am*en* [amɛn], spécim*en*[spesimɛn]. 5) 특수한 경우:sol*en*nel 은 [sɔlanɛl], 동사어미 -*en*t 는 무음.

er 1) 어미에서는 동사 및 형용사인 경우에는 일반적으로 [e], 기타의 어미(형용사, 명사 포함)에서는 [ɛːR] 또는 [e]:aim*er* [e(ɛ)me], premi*er*, lég*er*; ch*er*[ʃɛːR], fi*er*, am*er*, etc.; enf*er*[ɑ̃fɛːR], m*er*, cuill*er*, hi*er*; cahi*er*[kaje], dang*er*, aci*er*, roch*er*, etc. 2) 영어에서 온 단어에서는 흔히 [œːR]:steam*er*[stimœːR], pok*er*[pɔkœːR], etc. 3) graphie -*err*-에서는 [ɛR°]:t*err*e[tɛːR], v*err*erie [vɛRRi], etc. 4) 어간에서는 자음 앞에서 언제나 [-ɛR-]:ét*er*nel[etɛRnɛl].
-es 1) 단음절어의 어미일 때는 [e]: l*es*[le], m*es*, t*es*, s*es*, c*es*, d*es*, etc. ⇨timbre. 2) 기타에서는 원칙적으로 무음: ell*es* m'aiment, tu m'aim*es*, des plum*es*, jeun*es* fill*es*, etc. ⇨e caduc.
-ès 1)[ɛ]: d*ès*, succ*ès*, acc*ès*, tr*ès*, etc. 2) 드물게 외래어에서는 [ɛs]: alo*ès*, patagu*ès*.
eu [ø] 또는 [œ] ⇨timbre.
eû [øː]:j*eû*ne[ʒøːn] ⇨timbre.
eun [œ̃]:à j*eun*.
ey 1) 자음 앞에서는 [ɛ]: b*ey*lical [belikal], N*ey*, Dr*ey*fus, etc. 2) 모음 앞에서는 [ɛj]:je grass*ey*e [gRasɛj], nous grass*ey*ons, etc.
e caduc [탈락성의 e]—Grammont이 명명한 용어로서 e instable, e muet 라고도 한다. e 는 때에 따라 무음 또는 [ə] ([œ], [ø]에 가까운)로 발음될 때도 있고 예외적이지만 강세를 나타낼 때는 Fais-le[lø] entrer처럼 [ø]로 발음되기도 한다.

1° 〖3자음의 법칙 la loi des trois consonne 〗Grammont의 e의 탈락에 관한 유명한 법칙으로, e는 원칙적으로 탈락되나 e를 탈락해서 자음 셋이 연속될 때는 탈락시키지 않는다는 것이다. 여기서 말하는 자음은 발음되는 자음이며 자음자를 말하는 것은 아니다. e의 탈락은 전후의 자음에 따라 결정되므로 어군 중의 e는 사전에 나타난 대로 반드시 다루어지지는 않는다.

① e의 탈락: longu(e)ment, naïv(e)té, évén(e)ment, soi(e)ri(e), j'étudi(e)rai, joi(e), fièvr(e).

② [ə]: appartement, fermeté, ornement, propreté《e를 탈락시키면 3자음이 연속됨》. 같은 단어라도 전후의 말에 따라 탈락 혹은 발음된다: la f(e)nêtr(e), un(e) fenêtr(e). e를 포함하고 있는 음절이 계속되는 경우: Ell(e) ne m(e) dit rien. /Vous n(e) le d(e)venez pas. / Qu'est-c(e) que j(e) te f(e)rai.

2° 〖문두음절의 e〗 ① 최초의 자음이 계속음 continue 일 경우. **a)** e를 포함하고 있는 음절이 하나뿐이면 탈락: J(e) répondrai./V(e)nez./c(e) tableau/N(e) l'oublie pas./L(e)vez-vous./R(e)tirez-vous. **b)** 1) e를 포함하고 있는 음절이 둘 이상일 때는 제2음절의 자음이 순간음(p, t, b, d, k, g)이면 제2음절의 e는[ə]: J(e) te dis./ c(e) petit/c(e) que j(e) veux/N(e) te l(e) red(e)mande-t-il jamais? 2) 제2음절도 계속음이면 제1음절의 e는 [ə]가 되고 제2음절의 e는 탈락: Je n(e) sais pas./Je m(e) suis couché./Ne m(e) laiss(e) pas./ Rel(e)vez-vous./ le l(e)ver du soleil/Je n(e) m(e) r(e)but(e)rai pas.

② 최초의 자음이 순간음이면 보통 e는 [ə]: Que dit(es)-vous?/ debout/ Te l(e) rappell(es)-tu?/Que n(e) veniez-vous?

3° 〖3자음의 연속〗 ① s는 [ə]의 뒷받침이 필요 없을 뿐 아니라 그 전후의 자음에 지탱되어 「자음+s+자음」의 연속이 허용된다: lorsque, obscure, texte[kst], un(e) statue, Je compris tout d(e) suit(e) c(e) que [tskə] c(e)la voulait dir(e). 때로는 자음 넷이 연속된다: extrême [kstr], abstrait, une démarch(e) scandaleuse[ʀʃsk].

② 자음+순간음-(혹은 f,v+l, r): arbr(e), pourpr(e), altruism(e), actric(e), j(e) crois, je l(e) trouve, pell(e)t(e)ri(e), pap(e)t(e)rie.

③ 「어미의 자음+l, r 뒤의 e」는 성대가 진동하지 않고 발음기호로 나타내지 않는다: Il enfl(e) de c(e) côté-ci, aussi sombr(e) qu'un caveau. 점잖은 발음으로는 pauvre femme, quatre-vingts. 속어의 발음에서는 l, r를 생략: quat(re) femmes, un mait(re) d'école, l'aut(re) jour. 최근에는 학교교육과 철자의 영향으로 l, r를 발음하는 경향이 있고 le, re 의 탈락을 특히 Paris의 비어이다(Cohen, 325).

④ 기타: Arc de Triomphe/Le rest(e) n'import(e) pas./Plus mort(e) que viv(e)./Rest(e) là.

★ 1) 유음 h 앞에서 e는 탈락 안 됨: une hache. cf. un(e) tach(e). 2) rien, 어미[-lj-], [-ʀj-] 앞의 e는 탈락 안 됨: Je n'ai besoin de rien./ bachelier, chandelier, nous serions, vous aimeriez.

3) *élément rythmique 첫음절의 e는 문두의 e에 따르는 것이 보통: Il ne peut pas|se r(e)tourner./Il fut| sur le point|de s(e) fâcher.

4) je m(e), je l(e), 특히 je n(e)는 고정되어 전후의 음에 좌우되지 않는 경향이 있다: Est-c(e) que je l(e) savais(또는 j(e) le savais)?/Tu t'imagin(es) que|je n(e) te l(e) demand(e)rai pas./Si je l(e) pouvais, j(e) le ferais(또는 je l(e) ferais).

5) 이해하기 쉽도록 필요에 따라 e

를 탈락시키지 않는 경우도 있다:*ce sac/Ne* négliger rien 《ss, nn 을 피하기 위해서》. 사용 빈도가 낮은 말일수록 e를 탈락시키지 않는 것도 같은 이유에서이다:la *femelle*. cf. la s(e)melle.
6) 강세 악센트가 있는 음절의 e는 탈락시키지 않는다:*Je le veux.*
7) 점잖은 발음에선 속어투의 발음보다 e의 탈락이 적다(*Il te dit.*《속어》: I(l) t(e) dit.). 장중한 의미를 지닌 경우에도 e를 탈락 안 시킴:Notre-Dam(e)/Notre Pèr(e), qui est aux cieux./Couvre toi de gloir(e). cf. Couvr(e)-toi d(e) fannell(e). ⇨3°, ③.

e muet ⇨e caduc.

échec—발음은 단수, 복수 모두[eʃɛk].

écho—se faire l'écho de 의 표현에서 과거분사 fait는 항상 불변이다: Ils se sont *fait* l'~ de ces calomnies. (H) 그들은 비방을 되풀이하였다.

écrivain—여성형이 따로 없고 un ~ 이라고 쓴다:Mme de Staël est un grand ~. 스타알 부인은 위대한 작가이다. ☆Colette가 여성형으로 une ~e라 쓴 적이 있으나 일반화되지는 않았다 (cf. Georg, 168).

effet—[**en ~**] ①(=en réalité, en fait): S'il est froid en apparence, il est sensible *en* ~. (C, 271) 겉으로는 냉정해 보이지만 실제로는 인정이 있는 사람이다. ②(=effectivement): Il a très mal agi.—*En* ~. (*Ib.*) 그는 아주 나쁘게 행동했다.—과연 그래. ③(=car):Son échec n'est pas étonnant; *en* ~, il n'a guère travaillé. (H, 155) 그의 실패는 놀라울 일이 아니다. 사실 그는 거의 공부를 안했으니까.

★ 설명을 할 때 **car** 보다 한층 더 논리적 고찰을 뜻하는 데 적합하다. 일반적으로 등위접속사로 보이지만, 문장 끝이나 가운데 들어갈 수 있으므로 접속사라 할 수 없다. car를 쓸 경우에는 두 절 사이의 ;을 ,로 바꾸고 car 뒤엔 ,를 사용하는 것이 보통이다.

effluve—남성명사. 어형이 여성명사의 느낌을 준 탓으로 여성형으로 오용할 경우가 많다.

effrayé—~ *de* son acte [de sa réponse, par l'auto, par cette nouvelle] 그의 행동[그의 대답, 자동차, 이 소식]에 겁을 먹은.

égal—① d'~ à ~에서 égal을 관계되는 단어와 일치시키기도 하지만, Thomas는 변하지 않는 성구로 보고 있다:Il la traite *d'*~ *à* ~*e*. 그는 그녀를 대등하게 대한다/Elle le traite *d'*~*e à* ~. 그녀는 그를 대등하게 대한다.

② **n'avoir d'~ que**에서 égal을 주어에 일치시키느냐 혹은 que 다음의 명사에 일치시키느냐는 일정한 원칙이 없으나, 이 경우도 역시 변화시키지 않는 경향이 있다: Son désintérêt *n'a d'*~ *que* sa courtoisie. (Ch. Du Bos) 그의 무사무욕과 견줄 수 있는 것은 그의 정중함뿐이다/avec un tact et une souplesse qui *n'ont d'*~*e que* sa superbe loyauté (Farrière, *la Seconde Porte*) 그의 훌륭한 성실성 이외에는 비교될 만한 것이 없는 기민성과 유연성으로.

③ **sans ~** 에서 égal은 여성단수, 복수로 변화할 수 있으나 남성복수 (sans égaux)로는 절대 쓸 수 없다: une joie *sans* ~*e*, des perles *sans* ~*es*, des élans *sans* ~, un naturel et une joie *sans* ~ (또는 둘째 명사에 일치해서 *sans* ~*e*). 이 경우에도 égal을 변화시키지 않는 작가가 혼히 있다.

élément rythmique [리듬요소]—Grammont의 용어로, Brunot와 Vendryes는 mot phonétique라 부르고 있다. 문은 몇개의 통일된 개념을 지닌 어군으로 성립되고, 문의 강하거나 높은 악센트는 어군의 마지막 음절에 오는데, 이 강세의 반

복이 문의 리듬을 이루며, 이러한 어군을 élément rythmique 라 한다. Grammont에 의하면 프랑스어 또는 다른 나라 언어의 단 하나의 말로 대치시킬 수 있는가 없는가가 리듬 요소를 분별하는 수단이 된다: Il y avait | une fois | une vieille femme | qui disait | la bonne aventure. ★ 관사, 소유〔지시〕 형용사, 비강세 대명사, 전치사 따위는 한 요소를 이룰 수 없다. 위의 une vieille femme는 젊은이, 남자 노인에 대립되는 개념을 나타낸다(cf. 비어: vieillarde). un jeune homme, un grand homme도 한 요소를 이루나 un homme | grand〔jeune〕는 명사와 형용사가 각기 독립하여 두 요소를 이룬다. 동일 어군이라도 의미에 따라 요소의 구분이 달라질 수 있다. 즉 Les petits enfants | qui vont à l'école에서 vont은 「간다」라는 분명한 의미를 나타내는 것이 아니고 vont à l'école로 étudiant 과 비슷한 하나의 개념을 이루게 되며 vont à는 liaison을 하는 것이다. Les petits enfants | qui vont | à l'école〔à la promenade, à la matinée, au jardin des plantes〕에서의 vont은 독립하여 「간다」라는 의미가 분명히 느껴지는 것이다. 이때 vont과 à는 liaison을 하지 않는다.

élision [어말 모음자 생략]—어말음 소실 *apocope 의 일종으로, 몇몇 어말모음의 탈락이 정서법상의 변동에 대응될 때를 élision이라 한다. 즉 모음이나 *무음 h 로 시작되는 단어 앞에서 어말의 모음철자 e, a, i 가 생략되어 *apostrophe 로 대치되는 경우이다. page huit 는 어말의 [ə] 가 탈락되어 [paːɥit]로 발음되지만, 어말음[ə]의 소실이 순수한 음운변동으로만 머물고, pag'huit 라고 표기하지 않는 한, élision 이라고 말하지 않는다.

※ 별표   주요 ELISION 규칙

생략자	생략자가 생기는 단어	모음자 생략을 일으키는 단어
e	je, me, te, se, le(관사 및 대명사), ce, ne, de, jusque, que, 및 avant que 등 que 접속사구	모음이나 무음 h 로 시작되는 단어: *j'*aime *l'*un(부정대명사), *l'*homme, *c'*est, *jusqu'*en 1789, *jusqu'*alors, celui *qu'*on voit, depuis *qu'*on est là
e	lorsque, puisque, quoique	il, elle, un, une, en, on, ainsi: *lorsqu'*elle chante(cf. lorsque Elsa chante)
e	quelque	un, une 앞에서만: *quelqu'*un(cf. quelque autre)
e	presque	ile 앞에서만: *presqu'*ile(cf. presque épuisé, presque achevé)
e	entre	Académie 사전에 의하면 다음 5동사뿐: s'*entr'*aimer, *entr'*apercevoir, s'*entr'*appeler, s'*entr'*avertir, s'*entr'*égorger (cf. entre eux, entre autres)
a	la(관사 및 대명사)	모음이나 무음 h로 시작되는 단어: *l'*âme, *l'*harmonie, Elle, je *l'*aime.
i	si(접속사)	il, ils 앞에서만: *s'*il veut *s'*ils veulent (cf. si on veut, si elle vient)

elle(s)

1° 주요 élision 규칙 ⇨앞 페이지 별표.
2° 특수한 경우. ① 대명사 le, la 는 동사 뒤에 위치하면 élision 되지 않는다(Fais-*le* en deux jours./Prends-*la* avec soin./Ai-*je* aimé?). 그러나 y, en 앞의 me, te 는 m', t'로 된다:Donnez-*m'*en./Va-*t'*en.
② ce 는 être 동사, 조동사 avoir 및 en 앞에서만 élision 된다. avoir 앞에서는 ç'가 된다: *C'*est vrai.→*Ç'*a été vrai(cf. *ce* à quoi.... ça 는 élision 되지 않는다).
③ grand-mère, grand-route 등 복합어에서는 trait-d'union 을 사용한다.
④ 수사 un, *huit, *onze, huitième *onzième 및 huitaine, *oui 앞에서는 élision 하지 않는다: *le* oui et le non/Je crois qu*e* oui.
⑤ 알파벳 자모 명칭중 a, e, o 앞에서는 보통 élision 하고(*l'*a antérieur, *l'*e muet), 자음은 원칙적으로 안하지만 l'f[lɛf], l'm[lɛm], l's[lɛs]로 표기하기도 한다.
⑥ 다음 단어 앞에서는 élision 되지 않는다:uhlan, ululation, ululement, yacht, yak, yatagan, yole, youtre, youyou, yucca, yalu, wallonie, yougoslavie, yaourt, yod. 마지막 두 단어는 élision 을 하기도 한다(⇨Henri, Henriette, Hugo, hyène, ouate).

elle(s) ⇨lui², pronoms personnels II.

ellipse [생략]—문장 내에서 몇몇 문의 요소나, 또는 단어의 결합내에서 그 일부가 생략되는 현상.
①〖한정어〗 voiture (automobile), dépêche (télégraphique), avoir un grain (de folie) 머리가 약간 이상하다, la Chambre (des députés) 의회.
②〖피한정어〗 un (film)documentaire, un (bateau à) vapeur 기선, une (voiture) automobile, un (train) rapide(⇨genre des noms IV, 7°), habiter au premier (étage) 이층에서 살다, natures mortes(=des tableaux de nature morte), à la (mode) française 프랑스식으로.
③〖전치사〗 cousu (à la) main 손으로 꿰맨(⇨nom² IV, 2°)/Il travaille (pendant) la nuit.
④〖동사의 목적보어〗 mouiller(l'ancre) 닻을 내리다;la bourer (la terre) 땅을 갈다/Ouvrez (la porte)! ⇨verbes transitifs ②.
⑤〖주어〗 ⇨pronoms personnels III, 1°, ①.
⑥〖동사〗(Tournez) à droite 우회전 하시오!/(Allez, Faites)plus vite!/ Combien (coûte) ce livre?/Quoi de neuf?(=Qu'est-ce qu'il y a de neuf?) /Finies les vacances! 방학은 끝났다!/Il y avait dix morts dont trois étudiants. 사망자가 열명이었는데, 그 중 학생이 셋 있었다/ Chacun son goût. 사람마다 제 취미가 있다, 각인 각색.
⑦〖주어와 동사〗 Où allez-vous?— (Je vais) à Paris./Je ne suis plus le même qu(e j'étais) hier. 나는 이제 옛날의 내가 아니다/(Je vous souhaite un) bon voyage!/Il a, parce que trop fatigué, renoncé à venir. 그는 너무 피곤해서 오는 것을 포기했다/Bien que fatigué, il s'est mis à travailler. 그는 피곤했지만, 일을 시작했다, ☆묘사문에서는 표현을 간결하게 하여 문체상의 효과를 얻기 위해 흔히 명사만이 열거된 생략문이 사용된다: Pas un nuage au ciel, pas un souffle dans l'air, pas un accident au sein du sable.... 하늘에는 구름 한점 없었고, 공중에는 바람 한점 안 불고, 사막의 모래 가운데서는 아무 일도 없었다.
⑧〖복합문에서 주절〗 (Tout ira bien) pourvu qu'il vienne! 그가 오기만 한다면…/(C'est vrai) puisque je vous le dis. 글쎄 내가 그렇다고 하잖아요.

elliptique (phrase) [생략문]—동사 또는 주어와 동사가 생략된 문장을 보통 생략문이라 한다. ⇨ellipse

⑥, ⑦.

embarrassé—〖N ~ de+N〗 une pièce ~e de meubles 가구들이 혼잡스럽게 들어찬 방. ~ de+inf: Je serai très ~ de vous le dire.(As, 142) 당신에게 그 말씀을 드리기는 아주 거북한데요. ~ que+subj: Je suis ~ qu'il ait refusé ma proposition. 그가 내 제안을 거절하다니 난처한데.

empereur—여성형은 impératrice. ⇨genre des noms.

empressement—~ à+inf: Il a montré un grand ~ à s'acquitter cette tâche.(DFC) 그는 이 일을 완수하는 데 대단한 열의를 보였다.

emprunt [차용]—A 라는 언어는 갖고 있지 않고 B라는 언어에 존재하던 언어학적 단위나 특성을 A 언어가 사용하다가, 완전히 A 언어에 통합하는 intégrer 경우를 emprunt이라 하고, 그 단위나 특성을 차용어라 한다. 차용은 언어간의 접촉에서 가장 중요한 사회언어학적 현상이다. 차용은 어느 언어가 누리고 있는 명성이나 그 언어를 사용하는 국민의 위세, 혹은 그 언어나 국민에 대한 경멸과 밀접한 연관성을 갖고 있다.
1° 널리 퍼져 있는 일반적인 견해와는 달리 차용은 현대에만 있는 것은 아니다. 프랑스어는, 현대만큼, 예전에도 많은 차용을 특히 라틴어와 희랍어로부터 해왔다. 14 세기부터 학자들이나 성직자들은 프랑스어만큼이나 라틴어를 사용했고 많은 차용어를 만들었다. 의학분야에선 희랍어에서 차용을 했다. 정치용어는, 18 세기에 親英의 계층에서, 영어의 차용이 많았다. 마찬가지로 스포츠에 관한 영어 어휘들의 일부도 19 세기 말 귀족계층에 의해 프랑스에 유입되었다. 이 계층은 경마에 관한 단어들도 들여왔다. 경제, 상업분야에서는 흔히 생산품과 함께 어휘가 외국으로부터 들어오게 된다.
2° 반대로 Auvergne, Savoie, Bretagne, Picardie 지방으로부터의 차용어는(19 세기) 경멸적 가치를 지니고 있다. 현대에 와서 아랍어로부터의 차용어들(barda, bled, smalah 등)도 같은 경우이다.
3° 차용어가 차용자측의 언어에 통합되는 것은 단어나 환경에 따라 여러가지 방법으로 이루어진다. 따라서 같은 외국어 단어라 할지라도 서로 다른 시대에 차용되면 다른 형태를 지닌다.
4° 통합이 완전한 것이냐 부분적인 것이냐에 따라 여러 단계가 있다. 어떤 단어는 B 언어에서 발음되고 쓰여지는 것과 거의 똑같이 재생될 수도 있다. 그러나 이런 경우까지 포함해서 일반적으로는 B언어의 음소가 A언어의 가장 가까운 음소에 동화 assimilation 된다. 즉 사진기 자라는 뜻의 이태리어 *paparazzo 가 프랑스어에 쓰이면 발음은 [paparatso], 복수는 [paparatsi]가 되는데, 복수형은 통합이 안되나 [ʀ]는 통합이 되며 이태리어에서 처럼 끝에서 둘째 음절 [-ʀa-]가 아니라 마지막 음절 [-tso]에 악센트가 주어진다. 어형적이나 음성학적으로 통합이 되지 않음으로 해서 話者 sujet parlant로서는 A, B 두 시스템을 다룰 줄 알아야 하고 약간은 꾸밀 줄도 알아야 한다. 더욱 진전된 통합의 경우에는 B언어의 매우 흔한 특성이 그대로 남아 있기도 한다. 예를 들면 영어 접사 -ing(camping)이나 -er (docker)가 그렇다. 모든 외국어적 특성이 A언어에서 사라져 버리고 B 언어와 가장 가깝거나 그렇지 않은 특성으로 대체되는 경우 통합은 완전한 것이 된다 (게르만어 sauerkraut →프랑스어 choucroute).
5° 모사 calque 와는 달리 차용에서는, 적어도 처음에는, 외국어적 형태나 특성을 반복하기 위한 시도가 요구된다.

ému— ~ que+subj:Je suis très ~ qu'il ait enduré une telle difficulté

en¹

pour moi. 그가 나를 위해 그런 어려움을 견디어 낸 데 대해 나는 감격했다. ~ *de ce que*+*ind*〖*subj*〗: J'ai été ~ *de ce qu*'il avait accepté cette proposition. 그가 이 제안을 수락한 데 대해 나는 감격했다.

en¹—dans 과 유사한 의미를 지니고 있으나 현대불어에서는 주로 무한정사의 명사 앞에 사용된다. 고어에서는 한정사의 존재 유무와 상관없이 dans 보다 폭넓게 사용되었다. 정관사와의 축약형「ou<en+le, ès<en+les」가 존재했으나, ou 는 이와 발음이 유사한 au(<à+le)의 존재로 인해 16세기에 소멸되었고, *ès 는 현재 특별한 경우 이외에는 사용되지 않는다. en la N 에서의 en 은 대부분 dans 으로 대치되었다.

I. 〖**en**+**N**〗**1°**〖en+고유명사〗①〖en+지명〗 ⇨à I, 1°, ④.

② 〖**en**+**인명**〗 인명 앞에서는 en 〖dans〗을 사용하나, 작가명인 경우는 dans l'œuvre de 〖chez〗의 뜻으로 반드시 dans 을 사용한다(⇨dans I, 2°, ②): On reconnaît *en* Pierre un chef. 사람들은 피에르를 우두머리로 인정한다.

2° 〖**en**+**무한정사(보통명사)**〗①〖장소〗 **a)** Il est *en* prison. 그는 투옥되어있다/Comme il habitait *en* banlieue, il mettait une heure pour se rendre à son travail.(G. Matoré) 그는 교외에서 살고 있었기 때문에, 출근하는 데 한 시간씩 걸리곤 했다/J'ai de l'argent *en* poche.(Bonnard) 나는 호주머니에 돈이 좀 있다(cf. *dans* mon sac, *dans* mon porte-monnaie)/On était *en* pleine mer. 사람들은 바다 한가운데 있었다. ☆그 밖에 être *en* plein route 〖*en* plein bois〗, aller *en* classe, dîner *en* ville〖*en* province〗(cf. *dans* la capitale), *en* enfer (cf. *au* ciel, *au* paradis), *en* mer (cf. *sur* un lac). ⇨bas, bouche, chambre.

b)〖sur 와 같은 뜻〗mourir *en* croix 십자가 위에서 죽다/portrait *en* pied 전신상/avoir le casque *en* tête 머리에 헬멧을 쓰고 있다.

② 〖시간〗 **a)**〖달 이름〗 En Corée, il pleut beaucoup *en* juillet. 한국에서는 7월에 비가 많이 온다. ⇨mois. **b)**〖계절명〗 *En* hiver, il y a souvent de la neige dans les pays froids.(G. Matoré) 겨울에는, 추운 지방에서는 눈이 자주 내린다. ⇨automne, été, printemps, hiver. **c)** 〖연도〗Il est né *en* 1940. 그는 1940년 생이다. **d)** 〖어떤 procès 가 완료되는 데 소요되는 시간〗Il est venu chez moi *en* cinq minutes. (G. Matoré) 그는 5분만에 우리집에 왔다/*En* moins de dix minutes, les pompiers étaient maîtres du feu. (Tanabe) 소방수들은 10분도 안 걸려서 불을 껐다/Rome n'est pas fait *en* un jour. 로마는 하루 아침에 이루어진 것이 아니다. **e)**〖시기〗*En* semaine(=Pendant la semaine), il n'est guère possible de le voir. (DFC) (일요일 이외의)평일에는 거의 그를 만나볼 수 없다 (cf. *dans la* semaine 주중에, *en* une semaine 일주일 걸려서, *dans une* semaine 일주일 후에). **f)**〖**de** 와 함께 후시성〗(de) dimanche *en* huit 다음 일요일에. ⇨de I, 1°.

③ 〖상태〗 L'arbre est *en* fleur. 나무에 꽃이 피어 있다/Je suis *en* bonne santé. 나는 건강하다/Laissez-moi vivre *en* paix. (Tanabe) 나를 평화롭게 살도록 내버려 두시오∥((기타)) travailler *en* silence, être 〖se mettre〗 *en* colère, être *en* larmes 〖*en* deuil, *en* voyage, *en* désordre〗.

④ 〖재료〗 Son bracelet est *en* or. (Bonnard) 그녀의 팔찌는 금으로 되어 있다. ⇨de I, 10°.

⑤ 〖수단, 도구〗 **a)** 〖교통기관〗J'y suis allé *en* avion. (Bonnard) 나는 비행기를 타고 거기에 갔다. ⇨à I, 7°. **b)** 기타: Il s'est ruiné *en* folles dépenses. 그는 터무니없이 돈을 낭비하더니 파산했다/Il l'a dit *en* anglais. (Bonnard) 그는 그것을 영어로 말했다.

⑥ 〖역할, 자격, 비교 등〗 Il mourut *en* héros. 그는 영웅으로 죽었다/Il vit *en* parasite. 그는 남에게 얹혀 산다/conduire *en* père de famille 가장으로 처신하다/prendre *qn en* traitre …를 배반자로 취급하다 (⇨ prendre)/traiter *qn en* frère …를 형제로 대우하다/*en* chef 편집장/commandant *en* chef 총사령관.

⑦ 〖변화, 분할〗 L'eau se transforme *en* vapeur sous l'action de la chaleur. 물은 열을 받아 수증기로 변한다/Partageons la poire *en* deux.(Bonnard) 그 배를 둘로 나눕시다/Traduisez cela *en* français. 그것을 불어로 번역하시오/tragédie *en* cinq actes 5막 비극.

⑧ 〖양태, 특징〗 Ce texte existe *en* plusieurs exemplaires.(Lagane) 이 글은 여러 부가 있다/Donnez-moi dix francs *en* monnaie. 10 프랑을 잔돈으로 주세요/un escalier *en* spiral 나선형 계단.

⑨ 〖관점〗 un pays riche *en* produits agricoles 농산물이 풍부한 나라/un élève fort *en* mathématiques 수학실력이 있는 학생/licencé *en* droit 법학사.

3° 〖en+한정사+N〗 ① 〖en+정관사+N〗 대체로 성구적인 또는 문어적인 표현에 한한다. **a)** 〖en la+N〗 *en la* matière 이 문제에 있어서는/Il n'y a pas péril *en la* demeure. 다급한 위험은 없다/Elle croyait en Dieu et *en la* vie éternelle.(Maurois, *Lélia*) 그녀는 신과 영생을 믿었다. **b)** 〖en l'+N〗 *en l'*absence de *qn* …의 부재중에/*en l'*air 공중에, 허공에/*en l'*honneur de *qn* …에게 경의를 표하여/*en l'*air (de grâce) 1977(=à l'an de〔*en*〕 1977) 1977년에.

② 〖en+부정관사, 소유〔지시〕형용사+N〗 dans 을 쓰는 것이 보통이나, en 이 쓰이기도 한다: *en* de nombreux cas(Maurois, *Sent. et Court.*, 81) 많은 경우에/Je sentais *en* mon corps une puissance étrange. (Sartre, *Mur*, 79) 나는 내 몸속에 야릇한 힘을 느꼈다/dans 〔*en*〕 ce cas 그런 경우에는=/dans 〔*en*〕 d'autre matières 다른 과목 (에서)은/*en* 〔*dans*〕 un sens 어떤 의미로는//《다음 경우에는 en 을 사용한다》 *en* d'autres termes 환언하면/*en* un clin d'œil 순식간에/*en* mon absence 내가 없을 때/*en* sa faveur 그를 위하여/*en* cette qualité 이러한 자격으로/Ce n'est pas *en* mon pouvoir. 그것은 내 권한 밖의 일이다.

③ 〖en+부정〔의문〕형용사+N〗 dans 〔en〕의 사용이 일정하지 않다: *dans* 〔*en*〕 chaque cas 매경우에/*dans* 〔*en*〕 aucun cas 어떤 경우에도/*dans* 〔*en*〕 quelque livre 어떤 책에서/*en*〔*dans*〕 quel mois 몇 월에/*en*〔*dans*〕 quel état 어떤 상태에/*en* quelle année 몇 년에/*en* quel siècle 몇 세기에/*En* quelle couleur le peindrez-vous? 당신은 그것을 무슨 색깔로 칠하시렵니까? (cf. peindre *en* vert 녹색으로 칠하다)/*dans* quelle mesure 어느 정도 (cf. *dans* la mesure de)/*dans* quel but 무슨 목적으로(cf. *dans* le but de)//《다음의 표현에서는 en 을 사용한다》 *en* quelque sorte 어떻게 보면, 말하자면/*en* même temps 동시에/*en* tout cas 어떤 경우에도, 어쨌든/*en* toute hâte 부랴부랴/*en* toute liberté 마음대로, etc.

4° 〖en+대명사〗 ① 강세형 인칭대명사 앞에서는 en을 사용하는 것이 보통이다: J'ai confiance *en* vous.(As) 나는 당신을 믿는다/ce qui s'est passé *en* moi 내 속에서 일어난 일/l'homme *en* qui j'ai confiance 내가 신임하는 남자/Son souvenir

en¹

vit *en* nous. 그에 대한 추억은 우리 속에 살아 있다.

② lequel 앞에서는 반드시 dans을 쓴다:l'homme dont ma sœur m'a parlé *dans* lequel j'ai pleine confiance (H) 내 누이가 내게 이야기 해주었고, 내가 전적으로 신임하는 남자.

5° 〖en 과 dans〗 ① 〖의미의 차이가 없는 경우〗 a) 2°의 예에서 명사에 형용사나 「*prép.*+N」 같은 명사를 한정하는 전치사구가 결합되면 명사 앞에 관사를 사용하고 en을 dans으로 대치한다:Il entre *en* colère.→Il entre *dans* une grande colère. 그는 몹시 화를 낸다/Traduisez cela *en* français.→Traduisez cela *dans* le français du moyen âge. 그것을 중세기의 불어로 번역하라/Il fut mis *en* prison.→Il fut détenu *dans* la prison du Temple. 그는 탕플감옥에 구금되었다. ☆ 그러나 「*en* bonne santé/*en* hausse sensible 물가가 눈에 띄게 오르는/*en* grande hâte 부랴부랴」등의 표현에서는 형용사의 존재에도 불구하고 한정사 없이 en이 사용된다. 한편, *en* retard 같은 표현은 **dans un grand retard 나 **en grand retard로 쓸 수 없다 《그런 의미를 표현하려면 très *en* retard만 가능하다》. 또한 단순히 명사에 한정사가 결합되기만 하면 en 대신 dans을 사용한다: *en* pratique →*dans* la pratique/*en* difficulté →*dans* l'embarras/*en* détail →*dans* le détail. b) 한정사+명사 앞에서는 흔히 dans을 쓰지만 3°의 ②, ③에서의 예 이외에도 다음 결합에서 en도 가능한데, en을 사용하면 좀 더 문어적, 성구적, 또는 고문조의 표현이 된다: *en* 〔*dans*〕 un coin /*en* 〔*dans*〕 son for intérieur 마음 속으로(는)/*en* 〔*dans*〕 ce temps-là/ *en* 〔*dans*〕 de telles circonstances 그런 상황에서. ☆ 부고나 청첩장에서는 *en* l'église de, *en* la mairie de, *en* l'hôtel de 로 쓰지만, 일상어에서는 반드시 *dans* l'église 등으로 쓴다.

② 〖의미 차이가 있는 경우〗 aller *en* classe (수업받으러) 학교에 가다; entrer *dans* la classe 교실에 들어가다/diner *en* ville (≠chez soi) 외식하다;demeurer *dans* la ville(≠ en banlieue) 도심지에서 살다/L'idée est *en* l'air. 그 생각은 터무니없는 것이다;L'idée est *dans* l'air. 그 생각은 널리 퍼져 있다/regarder *en* l'air (=vers le haut) 허공을 쳐다보다; voler *dans* l'air 공중을 날다/*en* combien de temps 얼마 걸려서 ?; *dans* combien de temps 얼마후에 ?

6° 〖「en+명사」가 부사구나 전치사구를 형성하는 경우〗

①〖de+무한정사 명사+en+N〗⇨de.

②〖en+무한정사 추상명사 〔형용사, 부사〕〗문장 부사(⇨adverbe)나 접속사적 부사의 역할을 한다:*en* effet, *en* revanche, *en* conséquence, *en* apparence, *en* moyenne, *en* général, *en* particulier, *en* résumé, *en* gros, *en* bref, *en* outre, *en* plus, etc.

③〖en+무한정사 명사〗동사를 수식하는 부사구를 형성한다: se précipiter *en* masse 일제히 달려들다/ raconter une histoire *en* détail 자세히 이야기하다.

④〖en+무한정사 명사+전치사〗다음과 같은 전치사구를 형성한다: *en* raison de, *en* dépit de, *en* face de, *en* souvenir de, *en* présence de, *en* échange de, etc.

II. 〖en+현재분사〗en은 전치사 중에서 유일하게 현재분사와 결합되어 gérondif를 구성한다 ⇨gérondif.

III. 〖en+ce que+절〗 Le roman de Roger Vailland est émouvant toutefois *en ce qu*'il obéit gauchement aux règles du genre que nous venons de définir. (Nadeau, *Litt. prés.*, 234) 하지만 로제 봐양의 소설은, 우리가 방금 규정한 장르의 규칙을 능숙하게 따르지 못하

고 있는 점에서 감동적이다.

en²—본래 de là의 의미를 표현하는 장소의 부사였으나(따라서 pronom adverbial 또는 adverbe pronominal 이라고 지칭되기도 한다), 현대어에서는 de가 선행하는 다양한 명사구, 부정법, 또는 문장(de ce que절)을 대리하는 대명사이다. mot non accentogène 로서, 항상 동사구 내에서 동사의 직전이나 직후에 위치한다. 이 점에서 약세형(또는 결합형) 인칭대명사와 성격이 동일하다. 강세형이 따로 없어, 동사 없이는 절대로 사용될 수 없고, 선행사의 성·수가 표현되지 않는다.

I. 〖명사(구)의 대리〗 1°〖비인물 명사〗① 다음과 같이 다양한 의미의「de+명사(구)」를 대리한다. a)〖출발점, 기원, 이탈 등 장소표현의 de+명사(구)〗이 때는 de+전치사구도 en 으로 대리가 가능하다 : Est-il dans son bureau?—Non, il vient d'*en* (=de son bureau) sortir. (Bonnard)/ Maintenant que tu l'a mis dans la bouteille, il faut l'*en* (=de la bouteille) retirer.(*Ib.*) 네가 그것을 병속에 넣었으니, 그것을 거기서 꺼내야 한다/Avez-vous été chez lui?—Oui, J'*en* (=de chez lui) reviens. b) 〖부분적 의미의 de〗 1) 관사 du, de la, des, de l' 또는 부정문의 de+N: Si elle a eu des torts, j'*en* (=des torts) ai eu moi aussi.(Beauvoir, *Invitée*, 387) 그녀에게 잘못이 있었지만, 내게도 역시 잘못이 있었다/Si vous n'avez pas de livres, je vous *en*(=des livres) prêterez. ☆ 비인칭 구문의 외치주어나 속사명사도 동일조건이면 en 으로 대리된다 : Il reste encore du sel. →Il *en* reste encore./De loin, il a avait cru voir des flammes et c'*en* (=des flammes) étaient. (Pinchon, 11, 27) 멀리서, 그는 불길을 본 것 같았는데, 정말 그것은 불길이었다. 2)〖정도부사+de+N〗 Avez-vous mangé des pommes?—Oui, j'*en* (=des pommes) ai mangé beaucoup./Il a autant d'argent que moi.→Il *en* a autant que moi. c)〖원인〗Il a rougi de sa conduite.→Il *en* a rougi./Je vous *en* aimerai davantage. 나는 그래서 당신을 더욱 사랑할 것입니다. d) 〖소속관계〗J'ai bien reçu la valise mais je n'*en*(=de la valise) ai pas la clef. (M). e)〖화제〗Vous avez appris la nouvelle?—Oui, nous *en* (=de la nouvelle) parlions.(M) /Il *en* a menti. 그는 그것에 관해 거짓말을 했다/Croyez-m'*en*. 거기에 대해서는 나를 믿으십시오/Qu'*en* pensez-vous? 그것을 어떻게 생각하십니까? f)〖명사구문에서 基底文의 주어〔목적어〕 표시의 de〗Le sens de cette expression est ambigu. →Le sens *en* est ambigu./La construction du bâtiment est terminée. →La construction *en* est terminée. g)〖도구, 수단〗Paul prit une pierre et l'*en* (=de la pierre) frappa. 폴은 돌을 하나 집에서 그것으로 그를 때렸다.

② en이 대리하는 **de**+명사(구)의 분포는 다음과 같이 다양하다. a)〖V+de+명사구〗Tes amis commencent à douter de ta sincérité. 네 친구들은 너의 성실성을 의심하기 시작한다. →Tes amis commencent à *en* douter./Nous sommes de ce club alpin. 우리는 이 등산클럽 소속이다. →Nous *en* sommes. b)〖*adj.*+de+명사구〗Etes-vous heureux de cette nouvelle?—Oui, j'*en*(=de cette nouvelle) suis très heureux. c)〖N+de+명사구〗이 구문이 1) 동사 왼쪽, 주어 위치에 실현되는 경우: La porte du parc était fermée.→La porte *en* était fermée. 2) 동사 왼쪽, 목적보어 위치에 실현되는 경우 : Je n'ai pas encore été à Poitiers, mais j'*en* (=de Poitiers) connais les monuments. (Bonnard) 나

en²

는 프와티에에 아직 안 가봤지만, 그 곳의 기념건축물들은 안다. 3) 명사와 de+명사구 사이에 또 다른 명사구가 삽입되는 경우, 전체 명사구의 가장 마지막 de+명사구를 포함한 de+명사구는 항상 en 으로 대리될 수 있는 가능성이 있다:La partie inférieure du bord de la couverture du livre est déchirée. 그 책 표지 가장자리의 아래쪽이 찢어져 있다. →La partie inférieure du bord de la couverture *en* est déchirée. ③ il, elle, le, la, les 등과 달리, 대명사로 대리되는 선행사와 대명사가 공지칭적 *coréférentiel 이 아니더라도, en 은 사용될 수 있다:Avez-vous besoin de cet ouvrage? —Oui, j'*en* ai besoin 《de cet ouvrage의 ouvrage와 en 이 대리하는 de cet ouvrage의 ouvrage 는 동일한 책을 지칭한다》./Avez-vous besoin de revues? —Oui, j'*en* ai besoin 《이 때 de revues의 revues와 en 이 대리하는 de revues의 revues 는 동일한 잡지들을 지칭하는 것이 아니다》. ☆ 다음 a)문장에서 il 은 그것이 대리하는 ouvrier 와 선행절의 un ouvrier 가 동일 인물을 지칭하기 때문에 사용된 것이다. 만일 그렇지 않다면, il 을 사용할 수 없고 b)와 같은 문장이 될 수밖에 없다. **a)** J'ai téléphoné à un ouvrier et il est venu chez moi. **b)** J'ai téléphoné à un ouvrier et un ouvrier est venu chez moi.
④ 명사한정사로 수사나 부정형용사가 실현될 때에는 명사구 전체가 아니라 명사구의 일부인, de 가 선행하지 않는 명사만을 en 이 대리한다: Combien d'enfants avez-vous? —J'*en* ai deux (=deux enfants)./Est-ce un chapeau? —Oui, c'*en* est un (=un chapeau)./Il a lu plusieurs romans pendant les vacances.→Il *en* a lu plusieurs pendant les vacances./ La sœur de Jean-Pierre n'a aucun ami.→La sœur de Jean-Pierre n'*en* a aucun./Il a écrit quelques poèmes.→Il *en* a écrit quelques-uns 《quelques+명사에서 명사가 en 으로 대리되면, quelques 는 명사의 성에 따라 quelques-uns, quelques-unes 가 된다》.
⑤ 명사구의 구성이 「수사〔부정형용사〕+명사」로 되는 이외에 「부정관사〔부분관사〕+명사」로 되는 경우에도, 명사구의 일부인 명사만이 대명사로 대리될 수 있다. 명사한정사 및 기타 명사구내의 실현요소(형용사, 명사보어, 또는 관계절 등)는 남고, 명사만 en 으로 대리되는 것이다: Je n'ai plus de vin. Il faut *en* acheter de bon(=de bon vin). 나는 포도주가 다 떨어졌어. 좋은 것을 사야지/J'ai été à son côté dans toutes les batailles et il y *en* a eu de très dures (=des batailles très dures) (Maurois, *Cercle*, 267) 나는 모든 전투에서 시종 그의 곁을 따라다녔는데, 몹시 힘든 전투도 있었다(⇨de II, 1°)/Ce mot m'*en* rappela un autre (=un autre mot). (Loti, *Chrys.*, 67) 이 말 때문에 다른 말이 하나 생각났다/Il avait une voiture blanche, il *en* voulait une rouge(=une voiture rouge). (Pinchon, II, 27)/Il m'a prêté deux romans de Camus. →Il m'*en* a prêté deux de Camus./ Parmi ces livres, il y *en* a un que j'ai acheté hier. 이 책들 중에는 내가 어제 산 것이 하나 있다. ☆ 수사나 부정형용사 앞에 정관사가 쓰이면 le, la, les 에 의해 명사구 전체가 대명사화된다:Il m'a prêté les deux romans de Camus. →Il me les a prêtés 〔*Il m'*en* a prêté les deux de Camus; *Il me les a prêtés de Camus〕.

2° 〖인물명사〗 다음의 경우에 **en** 은 인물 명사를 대리한다.
① 〖부정관사〔수사, 부정형용사〕+N, 또는 정도부사+de+N〗 Il est arrivé

des invités.→Il *en* est arrivé./Il y a beaucoup d'étudiants dans la bibliothèque.→Il y *en* a beaucoup dans la bibliothèque./Il a interviewé trois joueurs. 그는 세 선수와 인터뷰를 했다.→Il *en* a interviewé trois. ☆ Il y *en* a qui disent…, J'*en* connais qui pensent… 같은 문장에서 선행사 없이 관계절이 뒤따르는 en은 사람만을 나타낸다《des gens의 뜻》.
② 〖동작주 보어, faire의 보어〗 Il l'aime et il *en* est aimé(=d'elle). (M) 그는 그 여자를 사랑하고 있으며, 또 그 여자로부터 사랑받고 있다/Vous aviez une fille aussi…, vous *en*(=de votre fille) avez fait une laveuse de vaisselle. (Sartre, *Mouches*, I, 5) 당신에게는 딸도 하나 있었는데… 당신은 당신 딸을 식모로 만들었다.
③ 그 이외의 경우는 「de+강세형 인칭대명사」를 사용하지만, en이 선행 인물명사를 대신하는 것이 분명한 경우, 「de+강세형 인칭대명사」의 반복을 피하기 위한 경우에는 흔히 en을 사용하고, 동사 앞에 위치하는 대명사를 애호하는 불어의 일반적인 경향에 따라, 일상어 특히 편지나 대화에서는 항상 en을 쓸 수 있다. 이 경우는 de+1, 2 인칭 강세형대명사도 en 으로 대리한다:Il rencontra une jeune fille et *en* devint amoureux. (M) 그는 우연히 한 처녀를 만나 그녀를 사랑하게 되었다/Peut-être ne s'était-il pas assez occupé d'elle, ou peut-être, au contraire, s'*en* était-il trop occupé. (Bernard Pingaud, *L'Amour triste*, 30) 아마도 그는 그녀를 충분히 보살펴주지 않았던 것 같다. 그렇지 않으면, 아마도, 그 반대로, 너무 지나치게 보살펴주지나 않았나 모르겠다《en은 d'elle의 반복을 피하기 위한 것이다》)/Je serais curieux de savoir ce que vous pensez de moi.—J'*en*(=

de vous) ai pensé beaucoup de mal. (Beauvoir, *Tous les h.*, 268) 당신이 저를 어떻게 생각하고 계신지 알고 싶습니다. —나는 당신을 몹시 좋지 않게 생각했어요/Pieu n'avait pas besoin de consulter sa femme pour *en* connaitre exactement la pensée. (Dam, III, 336) 퓨는 자기 처의 생각을 정확히 알기 위해 처에게 물어볼 필요는 없었다《(sa pensée 라고 쓴다면 la pensée de Pieu의 의미로 해석될 가능성이 있으므로, 이와 같은 애매함을 피하기 위해 en이 사용되었다》. ☆ 다음 문장에서는 en 을 쓰면 du bruit 나 de ce qu'ils faisaient du bruit 와 애매함이 생기므로 d'eux를 쓸 수밖에 없다:Ses voisins faisaient beaucoup de bruit. Cependant il ne se plaignait pas *d'eux*(=de ses voisins). (Pinchon, II, 30) 그의 이웃들은 몹시 시끄럽게 굴었다. 그러나 그는 그들에게 불평하지 않았다.

Ⅱ.〖부정법의 대리〗 de+명사구의 경우와 달리, **de**+*inf* 는 대명사화가 불가능할 때가 많고, 또 그것이 가능한 경우, de 가 선행한다고 해서 반드시 en 으로 대리되는 것은 아니다. 또 de+*inf* 는 반복될 때 탈락되는 경우도 흔하다.

1° 〖N+de+*inf*〗 en 으로 대리되나, 항상 탈락 가능성이 있다.

① Je n'avais jamais pensé à la mort parce que l'occasion ne s'*en*(=l'occasion de penser à la mort) était présentée. (Sartre, *Mur*, 16) 나는 결코 죽음을 생각해 본 적이 없었는데, 그것은 그럴 기회가 없었기 때문이었다/Je voudrais passer chez elle, si j'*en* avais le temps(=le temps de passer chez elle). 그럴 시간이 있다면, 그녀집에 들르고 싶은데/J'*en* ai le droit, de mourir. (Vigny, *Chatterton*, III, 8) 나는 죽을 권리가 있다/Il peut réussir, s'il *en* a la volonté(=la volonté de réussir).

② Dansons-nous?—Non, je n'ai pas envie. (Beauvoir, *Tous les h.*, 13)/ Je serai seul. J'ai l'habitude(=l'habitude d'être seul). (Anouilh, *P. noires*, 487).

2° 〖형용사+de+*inf*〗대명사화의 가능성은 형용사에 따라 다르다. 형용사에 따른 보어부정법의 대명사화 가능성〔불가능성〕을 표로 보이면 다음과 같다.

pron-inf 가 가능한 형용사	pron-inf 가 불가능한 형용사
certain, sûr, heureux, malheureux, curieux, triste, honteux, inquiet, content, capable, incapable, étonné, enchanté, désolé...	bête, bon, drôle, dur, gentil, fou, intelligent, méchant, sérieux, courageux, lâche, idiot, sot...

Il n'a pas fait cela, il *en*(=de faire cela) est incapable./Je suis heureux d'avoir vu ce film.→J'*en* suis heureux./Tu es bête de suivre ses conseils. →*Tu *en* es bête.

3° 〖비인칭 구문에서의 외치주어 de+*inf*〗명사구가 외치되면 대명사화가 가능하나, 외치된 de+*inf*는 대명사화가 불가능하다. 그러나 il est question..., il est besoin...같은 문장의 de+*inf*는 en으로 대리된다: Promets-toi, s'il *en* était besoin, d'intervenir.(As, 144) 만약에 필요하다면, 자네가 개입을 하겠다고 약속하여라.

4° 〖상황보어 de+*inf*〗원인을 나타내는 de+명사구와 마찬가지로 en에 의해 대리된다:Il enrage de trouver la place usurpée. 그는 자리를 빼앗긴 것을 보고 화를 낸다. →Il *en* enrage.

5° 〖V+de+*inf*〗동사보어로 사용되는 de+*inf*의 대명사화의 가능성, 대명사 형태 및 de+*inf*의 소거 가능성을, de+*inf*가 보어로 실현되는 동사의 유형에 따라 분류하여, 표로 보이면 ※ 별표와 같다.

Je viens de recevoir une lettre de mon père. →*J'*en* viens./Le bâtiment menace de s'écrouler.→*Le bâtiment *en* menace./Je ne doute pas de le voir bientôt. →Je n'*en* doute pas./Elle s'est efforcée de le chercher.→Elle s'*y* est efforcée./La

※ 별표 〔N_0 =주어명사구, N_1 =보어명사구, V_0 =주문의 동사, V_1^0 =N_0와 주어가 일치되는 보어 부정법, V_1^1 =N_1과 주어가 일치되는 보어 부정법〕

문 형	동 사 예	pron-inf 의 가능성(대명사 형태)	de+*inf* 소거가능성
$N_0 V_0 V_1^0$	venir	—	—
	finir	—	+
	s'arrêter	—	+
	se dépêcher	—	+
	s'empresser	—	+
	se hâter	—	+
	se presser	—	+
	cesser	—	+
	achever	—	+
	oublier	—	+

	essayer	+ (le)	+
	tâcher	−	+
	tenter	−	+
	s'efforcer	+ (y)	+
	menacer[1]	−	+
	accepter	+ (le)	+
	refuser	+ (le)	+
	craindre	+ (le)	+
	attendre	+ (le)	+
	choisir	+ (le)	+
	décider	+ (le)	+
	se moquer	+ (en)	−
	se souvenir	+ (en)	+
	s'occuper	+ (en)	−
$N_0 V_0 N_1$ de $V_1°$	menacer[2]	+ (en)	+
$N_0 V_0 N_1$ de V_1^1	empêcher	+ (en)	−
	prier	+ (en)	−
	remercier	+ (en)	+
$N_0 V_0$ à N de $V_1°$	devoir	+ (le)	−
	promettre	+ (le)	−
	parler	+ (en)	−
$N_0 V_0$ à N_1 de V_1^1	crier	+ (le)	−
	dire	+ (le)	−
	écrire	+ (le)	−
	rappeler	+ (le)	−
	répéter	+ (le)	−
	répondre	+ (le)	−
	télégraphier	+ (le)	−
	téléphoner	+ (le)	−
	défendre	+ (le)	−
	demander	+ (le)	−
	permettre	+ (le)	−
	commander	+ (le)	+
	pardonner	+ (le)	+
	offrir	+ (le)	−
$N_0 V_0$ de N_1 de $V_1°$	obtenir	+ (le)	−

pluie m'a empêché de sortir. →La pluie m'*en* a empêché./Pardonnez-moi d'avoir négligé cette précaution. →Pardonnez-*le*-moi.

★ être obligé(forcé) contraint de +*inf* 의 de+*inf* 는 y로 대리한다: Je suis obligé de partir. →J'*y* suis obligé.

III. 〖문장의 대리〗 *en*은 de가 선행하는 보족절(de ce que+절)을 대리할 수 있다. de ce que+절은 표면적으로는 de ce가 생략되어 que+절 형태로 나타나기도 하지만, 여전히 *en*으로 대리한다:Il s'est beaucoup réjoui de ce que tu as réussi à cet examen.(As) 그는 자네가 이 시험에 합격한 것을 매우 기뻐하였다. →Il s'*en* est beaucoup réjoui./ Je doute fort qu'il ait raison. 나는 그가 옳은지 몹시 의심스럽다. → J'*en* doute fort./Qu'il soit honnête, tout le monde *en* convient. 그가 성실하다는 것은 모든 사람이 인정한다/Il s'était trompé et il s'*en* (= qu'il s'était trompé) est aperçu. (Pinchon, II, 30).

IV. 〖분리구문 *détachement에서의 *en*〗 *en*은 구어체의 강조구문에서 문장의 전방, 또는 후방으로 분리되어 나간 문장의 성분을 대리할 수 있다. 이때 우선 주의할 것은 후방분리구문에서, 「수사[부정]형용사+명사」가 *en*으로 대리될 때, 분리된 명사 앞에는 de가 선행한다는 점이다. 그리고, 전방 분리구문에서 「de+명사구」가 *en*으로 대리될 경우에는, de가 탈락된 명사구만이 분리요소로 나타난다.

1° 〖전방분리구문〗 Du temps, est-ce que j'*en* ai?/Tout ce que je dis, il s'*en* moque.(Troyat, *Signe*, 73) 그는 내가 말하는 것이면 모두 우습게 여긴다/Des dictionnaires, j'*en* ai trois./Vous remplacer, il n'*en* est pas capable. 그는 당신 대신 일할 능력이 없다.

2° 〖후방분리구문〗 C'*en* est une, de fripouille./J'*en* ai vu un, de film./ Il *en* a attrapé plusieurs, de lièvres./Je n'*en* ai pas bu, du vin.

V. 〖관용적 용법〗 1°막연히 de là, de cela, à cause de cela의 뜻을 표현한다:*en* appeler à 호소하다/*en* arriver à 마침내 …하게 되다/*en* finir avec 손을 끊다/n'*en* pouvoir plus 기진맥진하다, 견딜 도리가 없다/ s'*en* aller 가다/s'*en* rapporter à 일임하다/s'*en* falloir de(⇨falloir)/*en* dire long 의미심장하다/*en* savoir long 자세히 알다/*en* être(⇨être)/Il *en* est(va) ainsi(de, pour)(…에 대해서) 사정은 그와 같다/Il *en* est(va) autrement. 사정은 다르다/Il n'*en* est rien. 그럴 리 없다/si le cœur vous *en* dit 마음이 내키시면/J'*en* ai assez. 이제는 질색이다.

2° 표현되지 않는 명사를 대신하는데, 흔히 속어, 구어에서 많이 사용되고, *en*이 막연히 대신하는 명사는 histoires, paroles, choses 등이다: N'*en*(=de paroles, de compliments) jetez pas. 이제 그만 해두세요, 잠자코 좀 계세요/*en*(=de la besogne) abattre 꾸준히 일을 하다/*en* conter(dire) de belles 되지도 않는 소리를 하다, 속이려고 애쓰다/*en* dire de bonnes 마구 잔소리를 해대다/ *en* faire voir de belles 혼내주다/ *en* savoir bien d'autres 더 좋은 방법을 알다/*en* voir de raides (de belles) 혼나다.

VI. 〖en 사용의 제약〗 1° 〖N+de+명사구〗 ① 명사구 속에 인물명사가 올 때. ⇨adjectifs possessifs V.

② 명사구 속에 비인물명사가 온 경우라도 동일 문장내에서 반복되는 명사구는 en을 사용하지 못한다:Cette ville a *ses* agréments. 이 도시는 그것대로의 매력이 있다.

③〖N+de+명사구〗앞에 전치사가 선행하면 en을 못 쓰고 소유형용사로 대리한다: Je me souviens bien de la couleur de son stylo.→Je me souviens bien de sa couleur. *Je m'en souviens de la couleur.

④ 「N+de+명사구」가 주어 위치에 올때는, 동사가 être, devenir, rester, sembler 등 속사자동사이거나, 수동구문인 경우에만 de+명사구가 en 으로 대치될 수 있다(Une cheminée de cette usine fume.→*Une cheminée *en* fume.). 또한 위의 조건에서라도 주어 위치의 de+명사구와 술부내의 어떤 요소가 동시에 대명사로 표현될 수는 없다:La solution de ce problème est simple.→La solution *en* est simple. La solution de ce problème *l'*est. *La solution *l'en* est.

2° 〖부정관사〔부분관사, 수사, 부정형용사〕+N〗

① 동사 왼쪽, 주어 위치에 올 때 명사는 en 으로 대리되지 못하고 탈락된다(Certains livres sont déchirés.→*Certains *en* sont déchirés.→Certains sont déchirés./Aucun invité n'est venu.→*Aucun n'*en* est venu.→Aucun n'est venu.). 그러나 위의 명사구가 주어기능을 유지하면서도 도치구문에서 동사 오른쪽에 놓이면 en 에 의한 대리가 가능하다(A ces liens presque affectifs s'*en* ajoutent aujourd'hui d'autres.). 오늘날에 있어서는 이러한 거의 감정적인 관계에 다른 관계가 첨가된다. 비인칭 구문의 외치 주어일 때는 항상 en 에 의한 대리가 가능하다.

② 위의 명사구에 de 이외의 전치사가 선행하면 명사만 en 으로 대리할 수 없다:J'ai parlé à plusieurs ingénieurs.→*J'*en* ai parlé à plusieurs. →J'ai parlé à plusieurs.

3° de+명사구에서 de 가 다음과 같은 의미일 때는 대명사화될 수 없다: ① 시간, ② 양태, ③ 양의 차이, ④ 성질, 특징 등.

4° 부정형용사 중에서 chaque, nul 또는 정도부사 bien 뒤의 명사는 en 으로 대리할 수 없다.

5° ne ...que 뒤의 de+명사(구), c'est ...que 강조구문에서 강조된 de+명사(구), 동사가 생략된 구문에서의 de+명사(구) 등은 모두 en 으로 대리될 수 없다: Il ne parle que de ses affaires.→*Il n'*en* parle que.→Il ne parle que d'elles.

VII. 〖en 의 위치〗 1° en 은 인칭동사와 함께 사용될 때, 전동사적 위치에 나타날 수 있는 대명사와 결합될 때 가장 뒤에 온다:Je lui *en* donne./Il y *en* a beaucoup./Ne leur *en* donne pas. / Donnez-m'*en*. / Parlez-nous-*en*.

2° 「N+de+명사구」가 주어 위치에 나타난 문장에서, être〔devenir〕+ adj. 같은 속사자동사를 부정법 보어로 취하는 동사들 중에서, sembler, commencer, 시상적 준조동사 aller, venir, 양태의 준조동사 devoir, pouvoir 및 mériter, menacer 등이 사용되면, de+명사구를 en 으로 대리하여 주문 동사 직전에 위치시키는 것이 아니라, 부정법 동사 직전에 위치시킨다:La porte de cette cathédrale semble être fermée.→*La porte *en* semble être fermée.→La porte semble *en* être fermée./La solution de ce problème vient d'être trouvée.→La solution vient d'*en* être trouvée.

3° 〖부정법동사와 함께 사용되는 **en** 의 위치〗 ⇨pronoms personnels.

VIII. 〖en 과 과거분사 일치〗 ⇨participe passé.

enchaînement des mots 〔단어의 연쇄발음〕—단어와 단어가 한 *groupe phonétique 내부에서 서로 인접해 있을 때 그 두 단어는 마치 한 단어에서처럼 연쇄적으로 발음되므로 두 단어 내부의 각 음절 사이에는 전혀 *pause 가 있을 수 없다. 이때, 즉 앞 단어의 끝 음절과 뒷 단어의 첫 음절이 연쇄적으로 발음될 때, *liaison 과 같은 특수 현상이

외에도 일부 음운 *phonème에 대한 발음상의 수정이 가해지는 현상이 일어날 수 있다. 이런 현상을 enchaînement des mots라고 부른다. 이 현상에서는 다음 네 가지 경우가 고려될 수 있다.

1° 〖앞 단어의 끝 모음+뒷 단어의 첫 모음〗 모음으로 끝나는 단어와 모음으로 시작하는 단어가 한 groupe phonétique 내에서 서로 인접하게 될 때 그 두 모음은 한 단어 내부에서처럼 단절 없이 원활히 연독되어야만 한다. liaison현상이 모음과 모음의 충돌 *hiatus을 회피시킴으로써 부드러운 발음, 즉 귀에 거슬리지 않는 발음을 얻기 위해서 무음인 자음을 원용하는 자음 연독 liaison consonantique이라고 한다면, 여기의 이 연독법은 자음의 도움 없이 행해지는 일종의 모음 연독 liaison vocalique 현상이라고 할 수 있다.
① *timbre가 다른 모음끼리를 연이어 발음할 때는 두 모음 사이에 틈 cassure이 없도록 이어서 발음하며 timbre가 같은 모음끼리에서는 앞 모음의 *durée를 두 배로 하여 발음하는 기분으로 발음해야 한다. a) timbre가 다른 모음끼리의 enchaînement (⌒표는 연쇄발음의 표): Je me suis hâté. Tu es honteux. Il est hardi. Je l'ai appris. b) timbre가 같은 모음끼리의 enchaînement: J'ai aimé. Je l'ai élevé. Il a habité à Paris. Il l'a accepté.
② e caduc으로 끝나는 단어와 h aspiré로 시작하는 단어와의 enchaînement은 반드시 [-ə+모음]으로 행해진다: le hasard [ləazaːʀ], une hotte [ynəɔt], cette harangue [sɛtəaʀɑ̃ːg], Il parle haut [ilpaʀləo].
③ liaison vocalique는 앞 단어의 끝 모음에 뒤따르는 자음이 없고 뒷 단어가 모음으로 시작할 때나, 앞 단어의 발음이 모음으로 끝나고(발음되지 않는 끝 자음이 있거나 없거나) 뒷 단어가 h aspiré로 시작할 때 일어난다.

2° 〖모음+자음군〗 뒷 단어의 자음군이 「자음+유음(l 또는 r)」일 때는 아무런 변동이 일어나지 않는다 《「자음+유음」은 하나의 자음처럼 발음되는 발음상의 자음 단위를 형성하므로 서로 떨어지지 않는 성질을 갖고 있다》. 그러나 뒷 단어의 첫 자음군이 「자음+유음 아닌 자음」으로 이루어져 있을 경우에는 발음상으로 그 자음군의 첫 자음이 분리되어 앞 모음과 한 덩어리(발음상의 음절)를 이루는 일이 없도록 해야 한다: un stade [œ̃ stad] ([œ̃s tad]가 아님), il est svelte [ilɛ svɛlt] ([ilɛs vɛlt]가 아님), la sclérose [la sklɛʀoːz] ([las klɛʀoːz]가 아님), la splendeur [la splɑ̃dœːʀ] ([las plɑ̃dœːʀ]가 아님), etc.

3° 〖자음+모음〗 ① 앞 단어가 발음상 단자음으로 끝나고 뒷 단어가 모음으로 시작할 경우에는 앞 단어의 끝 자음과 뒷 단어의 첫 모음이 밀착하여 발음상의 음절을 형성한다: il entend [i lɑ̃tɑ̃], il existe [i lɛgzist], elle écoute [ɛ lekut], un char énorme [ʃa ʀenɔʀm], il part en guerre [il paʀ ɑ̃ gɛːʀ], un art inouï [œ̃ naʀ ʀinwi], etc.
② 앞 단어가 발음상 두 자음으로 끝나고 뒷 단어가 모음으로 시작할 때는 앞 단어의 끝 자음만은 뒷 단어의 첫 모음과 어울려 발음상의 음절을 형성한다: du talc en poudre [dy tal kɑ̃ pudʀ] ([dy talk ɑ̃ pudʀ]가 아님), un parc immense [œ̃ paʀ kimmɑ̃ːs], ils oublient [il zubli], elles attendent [ɛl zatɑ̃ːd], etc.

4° 〖자음+자음〗 「자음+자음」, 「자음+자음군」, 「자음군+자음」, 「자음군+자음군」의 여러 가지 연쇄 방식에 있어서 모든 경우에, 앞 단어의 끝 자음(군)은 그 단어의 끝 음절의 모음과 한 음절을 형성하며, 뒷 단어의 첫 자음(군)은 그 단어의 첫 모음

과 한 음절을 형성하게끔 발음된다: il court[il ku:ʀ], elle parle[ɛl paʀl], il crie[il kʀi], le parc central [paʀk sɑ̃tʀal], un arc-boutant[œ̃naʀk butɑ̃], etc. 그러므로 연쇄 발음 과정에서 음절상으로는 아무런 수정이 가해지지 않는다고 말할 수 있다. 그러나 중요한 것은 끝 자음과 첫 자음의 연쇄 과정에서, 자음의 성격에 수정이 가해질 수 있다는 사실이다.

① 앞 단어의 자음과 뒷 단어의 첫 자음이 같은 음운일 때는 쌍자음 consonne géminée이 발음된다: un diplomate turc[diplɔmattyʀk], chaque quartier, un chef fameux, un arabe blessé, un brave volontaire, un char royal, etc.

② 앞 단어의 끝 자음과 뒷 단어의 첫 자음이 조음 방식이 같은 자음이면서 하나는 유성음이고 다른 하나는 무성음일 때는 자음동화 *assimilation consonantique의 원칙에 따라 앞 자음은 뒷 자음의 성격에 동화된다. 즉 뒷 자음이 유성음이면 앞 자음도 유성음이 되고 뒷 자음이 무성음이면 앞 자음도 무성음이 된다. a) 무성음이 유성화하는 예: une nappe blanche[nap blɑ̃:ʃ](ᚆ는 성대가 울림을 표시함), une carafe vide[kaʀaf̬ vid], une tâche journalière[taʃ̬ ʒuʀnaljɛ:ʀ], etc. b) 유성이 무성화하는 예: une robe propre [ʀɔb̥ pʀɔpʀ](ᚆ는 성대가 울리지 않음을 표시함), une bague cachée [bag̥ kaʃe], un esclave furieux [ɛskla'v̥ fyʀjø], etc.

③ 앞 단어의 끝 자음과 뒷 단어의 첫 자음이 조음 방식이 전혀 다른 자음이고 두 자음이 다 함께 유성음이거나 또는 무성음일 때는 각 자음의 성격에 아무런 수정도 가해지지 않는다. a) 「무성자음+무성자음」: une étape très longue, une tomate pourrie, un sac troué, etc. b) 「유성자음+유성자음」: un rêve délicieux, un visage voilé, une phrase bien tournée, etc.

④ 앞 단어의 끝 자음과 뒷 단어의 첫 자음이 전혀 다른 자음이라도 하나는 유성이고 다른 하나는 무성이면, 위의 ②에서와 같은 자음동화 작용이 일어난다. a) 「무성자음+유성자음」의 경우(앞 자음이 유성화함): une étape douloureuse[etap̬ duluʀø:z], un bec d'aigle[bɛk̬ dɛgl], une classe joyeuse[klɑ:s̬ ʒwaø:z], etc. b) 「유성자음+무성자음」의 경우(앞 자음이 무성화): un globe-trotter [glɔb̥tʀɔtœ:ʀ], une vague promesse[vag̥ pʀɔmɛs], un paysage charmant[peiza:ʒ̥ ʃaʀmɑ̃], etc.

★ 한 단어 내부의 자음 연쇄에서도 자음동화 작용은 일어난다. 따라서 médecin은 [medəsɛ̃]에서 [ə]의 탈락으로 [medsɛ̃]이 되었다가 음절조정과 자음동화로 말미암아 [mɛd̥sɛ̃]이 된다. 또 un cheval도 [œ̃ʃəval] → [œ̃ʃ̬val]이 된다. 이것을 각각 [mɛtsɛ̃], [œ̃ʒval]이라고 표기하는 것은 잘못이나, 활자 관계로 비전문 서적에서는 일반적으로 그런 표기법을 쓰고 있다 (⇨assimilation).

enchanté — ~ *de*+N: Ils étaient ~s de leur séjour en Suisse. 그들은 스위스 체류에 만족하고 있었다. ~ *de*+*inf*: ~ de faire votre connaissance. 당신을 뵙게되어 기쁩니다. ~ *que*+*subj*: Il est ~ qu'on l'ait reconnu du premier coup. 자기를 단번에 알아보아준 것에 그는 기뻐하고 있다.

enclin — ~ *à*+N: Je ne suis pas ~ à l'exagération. 나는 과장하는 버릇은 없다. ~ *à*+*inf*: Il est ~ à faire le contraire de ce qu'on lui dit. 그는 사람들이 하라는 것과 반대의 것을 하는 버릇이 있다.

enclitique [前接語]—앞에 있는 말에 붙어서 그 말과 하나의 악센트를 이루는 비강세 문법소 morphème grammatical를 말한다. Qu'est-ce?

에서의 ce 나 Que vois-je?에서의 je가 전접어이고, 희랍어 anthrôpos tis(=un homme)에서 tis(=un, un certain)도 전접어이다(cf. *proclitique).

encore—① 〖비교의 뜻이 담긴 부사를 강조〗 Ses affaires vont ~ plus mal. 그의 사업은 더욱 더 잘 안되고 있다/S'il est riche, je le suis ~ davantage(혹은 ~ plus, plus ~). 그가 부자라면 나는 더 돈이 많은 부자이다.
② 〖encore 다음의 주어의 도치〗 a) 문두에 encore(혹은 mais ~)가 오고 주어가 인칭대명사, ce 또는 on이면 보통 도치한다(=toutefois, cependant): Tout ceci est terrible; ~ ne sait-on pas tout. 이 모든 것은 끔찍한 일이다. 그렇지만 모르는 일이 아직도 남아 있다. ☆이 경우에도 구어체에서는 도치가 안될 때가 많다: Il nous met tous en retard et, ~, c'est lui qui proteste. 그는 우리를 모두 지각하게 한다. 그런데도 항의하는 것은 그다. b) et ~ 다음의 도치는 임의적이다: Et ~ ne l'a-t-il pas souhaité. (H) 그렇지만 그는 그것을 원하지도 않았다/Et ~ je préfère.... (Mart, 271). c) 조건절이 삽입되어 있을 때는 도치 안한다:~, si vous étiez parti plus tôt, vous seriez arrivé à temps. (H, 282) 게다가 당신이 더 일찍 출발했더라면 제시간에 도착했을 것이오. d) faut-il ~(<~ faut-il): Cette page est admirable, mais pour être admirée d'un consentement unanime, faut-il ~ qu'elle soit signée. (France, Jardin d'Ep.) 이 문장은 훌륭하다. 그러나 만인으로부터 칭찬을 받으려면 또한 서명이 있어야 한다(그러나 이런 경우 Mart, 27은 도치할 수 없다고 주장한다).
③ 〖~ que+subj〗 같은 뜻의 *bien que, *quoique 보다 문학적인 우아한 표현(Mart, 418)(⇨quoique 1°): Il est très sérieux, ~ qu'il soit très jeune. 그는 아주 젊지만 매우 신중하다.
④ 〖pas ~〗(=pas jusqu'à présent). cf. ne...pas déjà(⇨déjà).
⑤ 〖~ si, si ~〗 (⇨si¹ I, 2°, ④).
⑥ 운문에서는 운율을 맞추기 위해 encor 로 쓰기도 한다: Encor qu'il soit sans crime, il n'est pas innocent. (Corn, Nic., II, 1°) 그가 죄를 범하지 않았다 해도 결백한 것은 아니다.

enfant—〖bon ~〗 형용사구로 본래는 불변이다(Elle est vraiment bon ~. 그녀는 정말 착하다). 그러나 때로는 une candeur bonne〔bon〕~ 이라 쓰기도 한다. bon ~ 의 비교급은 plus bon ~이다(⇨bon 2°, ⑥).

énormément—~ de: Il me faut ~ d'argent. (Hugo) 나에게는 엄청나게 많은 돈이 필요하다.

ensuite—본래 après, à la suite 의 뜻이므로 puis ~, et puis ~ 따위는 의미상 중복이 되니까 피해야 한다. ☆ ~ de 는 고어, ~ de quoi 는 구어체.

entour—(=alentours): à l'~ (de) 는 낡은 표현으로 흔히 autour (de) 로 바꾸어 쓴다.

entre—① 공간적, 시간적, 비유적 의미의 「둘 사이」를 뜻하고, ~ A et B, ~ + 복수(대)명사로 표현된다: ~ Séoul et Paris 서울과 파리 사이/ ~ midi et deux heures 정오에서 2시 사이/Il hésite ~ ces deux solution. 그는 이 두 해결책을 두고서 망설인다. a) 〖dans 의 뜻으로〗 tenir un enfant ~ ses bras 어린 애를 팔 안에 안다/tomber ~ les mains de …의 수중에 떨어지다. b) 〖둘 또는 여러 사람 간의 관계〗 un dîner ~ amis 친구들끼리의 저녁식사/Qu'y a-t-il ~ eux? 그들 사이에 무슨 일이 있었소? c) 〖~ chaque +N, ~ chaun de〗 ~ chaque tableau (G, §454) 각각의 그림 사이에

《그러나 이런 표현을 용납하지 않는 학자도 있다(Georg, 182)》.

② 〖다수의 사이〗《au milieu de 뜻》:Il fut trouvé ~ (=parmi) les morts. 그는 사망자들 중에서 발견되었다/choisir ~ (=parmi) plusieurs possibilités 여러가지 가능성 중에서 선택하다/~ autres(⇨autre *adj.* 3°, ①; *pron.* 4°).

★ 〖**entre**와 **parmi**〗 parmi에는 위 ①의 용법은 없다. entre는 한개의 단수명사 앞에서는 쓰이지 않는다 (cf. *parmi* le silence de la nuit).

③ 〖**d'~**〗 **a)** On l'a retiré *d'~*(또는 de) ses mains. 그 사람을 그의 수중에서 구출했다. **b)** celui, 부정〔의문〕대명사, 수량을 나타내는 표현, 최상급의 보어가 인칭대명사일 때:celui *d'~* nous qui…/quelques-uns *d'~* parmi eux《이때 d'eux라고는 안함》/l'un *d'~*〔de〕 nous/ beaucoup〔la plupart〕 *d'~* elles/ le meilleur *d'~*〔de〕 nous / chacun *d'~* 〔d', parmi〕 eux. ☆ 보어가 인칭대명사가 아닐 때는 대부분 entre가 생략된다 (quelques-uns *de* mes amis/l'un *de* trois). 그러나 la plus brave *des*(혹은 *d'~* les) soldats.

④ 〖부사적 용법〗 La pièce doit être dans les fentes du plancher, elle est tombée ~. (B, 411) 동전은 마루의 갈라진 틈 속에 있을 것이다. 그 사이로 떨어졌으니까.

⑤ 〖élision〗 복합어에서 entr'로 쓰는 것은 s'entr'aimer, entr'apercevoir, s'entr'appeler, s'entr'avertir, s'entr'égorger 다섯 단어이다(Ac, §105). 그 외는 e가 완전히 탈락되어 다음 철자에 붙는다:s'entraccorder, entracte 등(cf. entre eux).

entrecôte—지금은 여성형으로 쓰는 것이 보통:*une belle ~ grillée* 석쇠에 구운 갈비고기.

entretemps, entre-temps—trait d'union을 넣는 것이 일반적(*Entre-temps*, il arriva. 그 동안에 그가 도착했다). 명사로도 쓰인다:dans l'*entre-temps*, dans cet *entretemps*.

envers—(=à l'égard de):Il est poli ~ moi. 그는 나에게 공손히 대한다. ☆ 이 밖에도 aimable, charitable, cruel, dur, ingrat, injuste, insolent, sévère 등의 다음에 온다. 같은 뜻으로 pour를 사용하기도 하며(bon, gentil 등), pour, envers가 다 같이 가능한 경우가 많다. 일상 용어에서는 모든 경우에 avec를 쓰기도 한다(⇨avec).

envie—*avoir* ~ *de*+*inf*:J'ai grande〔bonne〕 ~ *de* dormir. 나는 몹시 자고 싶다《이때 수식어로 부사 bien, tellement 뿐 아니라 관용어에서 très, si까지 흔히 쓰인다:J'ai si ~ *de partir.* 나는 몹시 떠나고 싶다》. *avoir* ~ *que*+*subj*:Avez-vous ~ *qu'on se raille partout de vous?* (Mol) 사람들이 사방에서 당신을 비웃기를 바랍니까? *faire* ~ *à qn*:Cette voiture *me fait* ~. 나는 이 차를 갖고 싶다.

environ *prép.*—(=vers). 고어인데 현대 문어에서 다시 쓰이는 경향이 있다:~ 1970 1970년경에/~ le début du XIXᵉ siècle 19세기 초엽에.

—*adv.*(=à peu près): Il a ~ vingt ans(또는 vingt ans ~). 그는 스무 살쯤 먹었다.

—*n. m. pl.* aux〔dans les〕 ~s de Paris 파리 근처에/《보어없이》 On le connait dans tous ~s. (Green, *Mesurat*) 그 부근에선 그를 모두 안다//《단수는 드물다》 dans quelque ~ de Paris 파리의 어느 근교에. ☆ 1) aux ~s de가 시간의 의미를 지니는 경우는 속된 표현으로 비판을 받고 있으나 문어에서도 많이 쓰인다:*aux* ~*s de* Noël 크리스마스 즈음. 2) 가격을 표현할 때, 가령 Elle coûte *aux* ~*s de* 200 francs은 Elle coûte ~ 200 francs이라고 보통 쓴다.

épais, épaisseur—être *épais de* 두

épatant

께가 …이다(=avoir…d'*épaisseur*): Ce livre *est épais de* dix centimètres. 이 책의 두께는 10 센티미터이다.

épatant—C'est ~ que+*subj* …은 멋진〔놀라운〕일이다((구어적 표현)).

épaté—être ~ de ce que+*ind*, ~ que+*subj*: J'ai été ~ *de ce qu*'il était reçu à son examen. 그가 시험에 합격한 것에 나는 깜짝 놀랐다 (= … stupéfait …).

épenthèse [語中音 첨가]—발음 편의상 또는 유추 analogie에 의해 어느 단어나 단어그룹에 어원에 없는 음소를 중간에 삽입하는 현상을 말한다. 라틴어 cannabis에서 온 프랑스어 chanvre의 r나 라틴어 hibernum에서 온 이태리어와 포르투갈어 inverno의 n은 épenthèse로 삽입된 것들이다.

épithète [附加辭]—일반적으로, 매개어 없이 實辭 substantif나 실사 상당어를 한정하는 모든 단위를 épithète라 한다. 이런 점으로 보면 동격 apposition도 épithète이지만, 전통적 분류법으로는 형용사나 형용사 상당어의 경우만을 말해왔다. 「C'est un grand enfant/vivre une aventure extraordinaire/C'est un homme bien.」에서 grand, extraordinaire, 그리고 부사 bien은 épithète이다. 부가형용사는 명사의 성, 수에 일치하나 부가형용사처럼 쓰인 부사는 불변이다. 전통적 분류법으로는, 형용사는 épithète와 attribut라는 두가지 기능만을 갖고 있으나 이런 분류법은 격리되어 쓰이는 형용사 용법의 중요성을 은폐하는 셈이다(⇨détachement). 부가형용사는 자기와 관계가 있는 명사의 앞에 놓일 수 있는데 이 때에는 실사와 한정사 déterminant 사이에 놓인다 (mon *grand* garçon). 논리적으로는, 프랑스어의 모든 부가형용사는 실사의 앞이나 뒤에 놓일 수 있으나, 실제로는「명사―형용사」의 순서가

일반적인 순서이다. 그러므로「형용사―명사」의 경우는 설명이 필요하다. beau, grand, long, petit, vieux 같은 형용사들은 보통 앞에 놓인다. 또 manger à *belles* dents처럼 어휘화된 어구에서도「부가사+명사」의 순서는 의무적이다. 부가사로 쓰이는 어떤 형용사들은 前置냐 後置냐에 따라 그 의미가 달라진다(même, propre, seul, simple 등의 경우가 그렇다). 때로는 un vrai conteur, un conteur vrai; un personnage triste, un triste personnage에서처럼 단지 성격(형용사적 혹은 부사적)만이 달라진다. 부가사의 전치는, une extraordinaire aventure, un surprenant personnage에서처럼 형용사의 성격을 강조하기도 한다. 또 여러가지 이유가(convenance나 euphonie) 단음절형용사의 위치를 결정하기도 한다. 이 모든 경우를 제외하면 부가형용사는 후치가 보통이다.

épouvante ⇨ne explétif II.

épouvanté—être ~ de〔par〕+*qc*: On *est* ~ *de* cette hausse des prix. 이 물가의 앙등에 사람들은 겁을 먹고 있다.

errata, erratum ⇨ pluriel des noms 5°, ②.

erreur—faire ~, faire〔commettre〕 une ~, être dans l'~, par〔sauf〕 ~.

ès—en과 les를 축약한 옛말로 지금에는 칭호(docteur *ès* lettres 문학박사, licencié *ès* sciences 이학사 등)과 법률용어(verser une somme *ès* mains de *qn* …의 손에 어떤 금액을 지불하다)와 간혹, 지명인 Riom-*ès*-Montagnes 같은 경우에만 쓰인다. 단수명사 앞에서는 en을 써서「docteur en médecine〔en théologie〕의학〔신학〕박사」가 된다. 현대의 언어감각으로서는 ès=en+les로 느낄 수 없어「un maitre *ès* prose française 프랑스 산문의 대가」처럼 단수명사 앞에 쓰는 사람

도 있는데 (Baudel), H는 틀린 글이라고 주장한다. 위의 지명과 같은 경우를 제외하고는 *ès* 앞, 뒤의 단어 사이에 trait d'union을 쓰지 않는다. 발음도 본래는 [e]였으나 현재는 자음 앞에서는 [ɛs], 모음 앞에서는 [ɛz]이다:maitre *ès arts*[-ɛza:ʀ] 《고어》문학사.

escalier—여러 단으로 된 계단 전체를 뜻하므로 「monter[descendre] *l'escalier* 계단을 올라[내려]가다」처럼 단수를 쓰는 것이 옳지만, 여러개의 단이 있다는 선입견 때문에 복수를 쓰기도 한다: Je descends *les escaliers*, et sur chaque marche je m'arrête.(H) 나는 계단을 내려오면서 각 단마다 멈추었다.

espèce—〖une ~ de〗 ① espèce가 본래 여성명사이므로 남성명사가 오더라도 une ~ de fou, une ~ de manteau 라고 해야 옳지만, 속어에선 명사에 일치해서 un ~ de vaurien처럼 잘못 쓰기도 한다.

② une ~ de에 관계되는 형용사〔과거분사〕는 명사에 일치한다:*Une ~ de* fou est *entré* subitement chez elle. 미친놈 같은 사람이 그녀의 집으로 급히 들어갔다.

③ ~ de가 사람에 관계될 때는 흔히 경멸적 의미를 갖는다:~ *de* bon à rien! 아무짝에도 쓸모없는 녀석! /Ne te fie pas à cette ~ *d'abruti.* 그런 멍청한 녀석을 믿지 말게.

★ **de toute(s) ~(s)**는 단수로 더 많이 쓰인다:Il se trouvait là des gens *de toute ~*. 여러 부류의 사람들이 있었다.

espérance—~ *de*+*inf:* Si je n'avais *l'~ de* réussir, je ne continuerais pas. 만약 성공하리라는 희망이 없다면 나는 계속하지 않을 것이다. ~ *que*+*ind*(때로는 +*subj*): L'égoïste fait un petit cadeau dans *l'~ qu'*il en recevra un grand. (Ayer, 623) 이 이기주의자는 큰 선물을 받을 것을 기대하고 작은 선물을 한다.

espoir— ~ *de*+*inf:* Nous avons bon ~ *d'*aboutir à un accord. 우리는 합의에 도달하리라는 큰 희망이 있다/J'étais venu dans [avec] *l'~ de* vous voir. 당신을 만나보리라는 희망을 안고 나는 왔리소. ~ *que*+*ind*(때로는 +*subj*):J'ai le ferme ~ *qu'*il réussira. 그가 성공할 것이라는 확고한 희망을 갖고 있다/Si j'écris ces lignes, c'est avec quelque ~ *qu'*elles *puissent* un jour tomber sous ses yeux. (Gide, *Journ*. 1942-1949) 내가 이 글을 쓰는 것은 언젠가 이 글이 그의 눈에 뜨이게 되리라는 약간의 희망을 걸고서이다.

esquimau—여성명사는 une esquimaude 라 흔히 쓰나 une femme ~ 라고도 한다. 형용사의 여성형도「la civilisation esquimaude 에스키모 문화」라 쓰는 것이 합리적인데 드물지만 esquimau, esquimo, eskimo를 성·수 불변으로 쓰기도 한다.

essentiel—L'~, c'est qu'il *sache* dessiner. 중요한 점은 그가 그릴 줄 알아야 한다는 것이다《요구의 뜻》/ L'~, c'est qu'il *sait* dessiner. 중요한 점은 그가 그릴 줄 안다는 점이다 《사실》.

est-ce que—c'est ... que 의 도치형으로, 15세기 이후 의문사로 일반화되었다. 주어의 도치를 피함과 동시에 문장 첫머리에 의문을 강조할 수 있어 보급된 것이다.

① 〖다른 의문사가 없을 때〗 ~ tu partiras?/《특히 1인칭 je의 도치가 필요할 때》 ~ je dors? (⇨interrogative I, 2°).

② 〖다른 의문사와 함께〗 pourquoi [comment, combien, où, quand] ~; qui ~; à [avec, de...] qui ~; qu'~; à [avec, de...] quoi ~; lequel [auquel, duquel, avec lequel...]~; *prép*.+quel+N+~. 그러나 속사 quel 뒤에선 쓰지 못한다.

★ 1) 의문사가 주어인 때는 est-ce qui가 된다(<c'est...qui ⇨ce¹ II, 3°, ⑥): qui 〔lequel, qu'〕 est-ce qui의 용법은 각 의문사의 항목을 참조할 것. 2) 속어가 아니고서는 est-ce que〔qui〕가 간접의문에 쓰이지 않는다. 3) est-ce que는 주어의 도치를 피할 수 있어서 편리하지만, quand 〔comment, pourquoi〕~ 같은 표현은 무거워 보이므로 피하는 것이 좋다고 Gr. Lar, 77은 주장하고 있다. 4) est-ce que는 오늘날 구어체 langue parlée에 속한다. 5) 비어법에선, 의문사 없이 est-ce que 대신 c'est-ti que(⇨ti), 의문사 뒤에선 c'est que(⇨ce¹ II, 3°, ⑨, d), que (⇨que³ VI, 3°), *ti를 사용한다.

et—① **a**) 긍정문 속에서 동일 기능의 두 요소(때로는 형용사(구)와 관계사절), 두개의 긍정절, 두개의 부정절, 긍정절와 부정절을 결합한다. **b**) 때로는 대립을 나타낸다: Il est riche *et* (=pourtant) malheureux. 그는 돈이 많지만 불행하다/Je voulais ouvrir les yeux *et* (=mais, cependant) je ne le pouvais pas. (Pérochon, *Ombres*) 나는 눈을 뜨고 싶었으나 그럴 수가 없었다. **c**) et에 의한 부정문 중의 요소의 결합(⇨ni 1°, ④; 2°, ③; 4°, ①. **d**) 〖강조형〗 *et* son père *et* sa mère. 둘 이상의 요소나 절을 결합할 때는 대부분 A, B *et* C로 쓰고, 「(*et*)A(,) *et* B(,) *et* C」로 쓰면 강조형이 된다: Son père *et* sa mère *et* son frère, toute la famille était là. (W, 31) 아버지와 어머니와 형, 온 가족이 거기에 모였다 《*et* son père *et* sa mère *et* son frère는 한층 웅변투의 문체》).

② 조건〔양보〕절에 해당하는 표현과 주절과의 결합《et를 사용하는 것은 임의적》): Que je puisse seulement voir mademoiselle Rollande, *et* je partirai content. (Romains, *Trouhadec*, I) 롤랑드 양을 볼 수만 있다면 나는 만족해서 떠날 것이다/Sois moins ombrageuse, *et* je serai plus franc. (Porto-Riche, *Vieil h.*, III) 네가 의심을 좀 덜하면 나는 더 솔직해질 것이다.

③ 형용사, 부사(구), 관계사절을 수식받는 말과 페어 강조한다: C'est un poème, madame Nozière *et* charmant. (France, *P. Pierre*) 노지에르 양, 이것은 시인데, 매혹적인 시입니다/Il est sensible, *et* très vivement. (Faguet, *19ᵉs*) 그는 민감하다. 매우 강렬하게/Rentre chez toi, *et* rapidement. (M. du Gard, *Thibault*, I) 집에 돌아가라, 급히.

④ 〖문두의 **et**〗 **a**) 경악, 분개 같은 감정적 표현의 강조, 또는 단순한 의미의 강조: *Et* moi, vous ne me demandez pas mon avis? 그래, 당신은 내게는 의견을 묻지 않으시는 겁니까?/*Et* soudain la porte s'ouvrit. 그러자 갑자기 문이 열렸다//Et...qui 〔que〕(⇨qui¹ I, 1°; que¹ I, 3°). **b**) 글의 뜻에 따라 여러 뉘앙스를 풍긴다: *Et* ton frère? 그래 네 형은(어디 있지)?/*Et* alors? dit-il avec humeur. (*Ib.*, 23). 그래서? 라고 그는 화를 내며 말했다.

⑤ 복수형의 무관사 명사를 et로 연결하여 반복하면 특별한 의미를 갖는다: Il y a *jeunes filles et jeunes filles*. (Daud, *Sapho*) 소녀들에도 여러층이 있다/Il y a *fagots et fagots*. 《격언》 나뭇단에도 여러가지가 있다, 백인 백색.

⑥ et는 다음 말과 liaison을 할 수 없다: un homme et | une femme ⇨accord du verbe A, II, 1°; B, II, 1°; numéraux ordinaux.

étal—복수형은 본래 étaux이지만 étau의 복수형과 같기 때문에 ~s로 쓰는 경우가 많다: Ce boucher a plusieurs ~s. 이 정육점 주인은 푸줏간을 여러개 갖고 있다/Dans la grande rue sale, les ~s se dressèrent. (Rimbaud, *Les Illuminations*) 더러운 거리에 노점들이 들어섰다.

étalon—여성형은 jument 또는 詩語에서 cavale 이라고 쓰기도 한다.

étant donné—①〖전치사적 용법〗《불변》 *Etant donné* sa stupidité on ne pouvait attendre autre chose de lui. (Ac) 그의 어리석음에 비추어 보아 〔그는 어리석으니까〕 그에게서 다른 것을 기대할 수 없었다. cf. attendu, compris.
②〖다음에 오는 명사에 일치〗 *étant donnés* les circonstances présentes (St- Exup) 현재의 상황에 비추어 보아. ☆ ①, ②, 모두 의미상의 차이는 없다.
Etant donné que+*ind*(=en considération, puisque): *Etant donné qu*'il ne vient pas, nous pouvons partir. 그가 오지 않으므로 우리들은 출발해도 되는 것이다.

état—대문자로 쓰면 nation, forme de gouvernement 의 뜻: *Etat* totalitaire 전체주의 국가/raison d'*Etat* 국시/secrétaire d'*Etat* 장관, 대신/les *Etats*-Unis d'Amérique 미합중국/coup d'*Etat* 혁명.

etc.—라틴어 et cætera[cetera]의 약자로 발음은 [ɛtseteʀa]인데 etc., etc.처럼 반복할 수 없고, etc....처럼 points de suspension (...)이 다음에 오지 않는다. Le G, *Dites*, 35 는 사물의 경우에만 쓰인다고 주장하나, 사람의 경우에도 쓰이고 있다: Pierre, Paul, *etc*. (H).

été—① 일반적으로 en ~, 또는 전치사 없이 l'~: Il voyage *en* ~. 그는 여름에 여행을 한다/Ces peuples-là dorment l'hiver, veillent *l'*~. (H. Bosco, *Rameau*...) 저 사람들은 겨울에 잠을 자고 여름에는 깨어 있다. ☆ 1) 그러나 수식어 plein 이 오면 항상 en plein ~: Il boit chaud *en plein* ~. (Ac) 그는 삼복중에 뜨거운 음료를 마신다. 2) à l'~ 는 거의 안 쓰인다.
② 한정어 때문에 관사가 올 경우에는 대개 **dans l'**~가 쓰이고 en l'~ 는 드물게 쓰인다: *dans* l'~ qui suivit (Gide, *La porte étroite*) 그다음 여름에/*dans* l'~ de 1977 1977 년 여름에/*en* l'~ de 1914 (Goblot, *Traité de Logique*, XVII). ⇨hiver.

étrange—*Il est*〔*C'est*〕 ~ *que*+*subj*:*Il est* ~ *qu'il* ne *soit* pas *venu*. 그가 오지 않은 것은 이상한 일이다. *trouver* ~ *que*+*subj*:Il *trouve* ~ *qu'on* ne *l'ait* pas *invité*. 자기를 초대하지 않은 것을 그는 이상하게 생각하고 있다. *L'*~ *est que*+*subj*〔*ind*〕:*L'*~ *est qu'il* ne *soit* pas *venu*. 이상한 일은 그가 오지 않았다는 점이다.

étranger—〖N ~〗 ministre des affaires *étrangères* 외무장관.
~ *à qn*〔*qc*〕:Ce visage ne *m*'est pas ~. 그 얼굴은 낯설지 않다/La pitié, l'amitié et l'amour sont également ~*s à* votre cœur. (Laclos) 동정심, 우정, 사랑은 똑같이 너의 마음과는 무관하다.

étude—maitre d'~, salle d'~(s) 라고 쓴다.

étymologie—étymologie 는 「어원학」 또는 의미를 확대하여 어원 étymon 자체나 이 어원에서 파생어로 이르는 계기적인 변천과정을 지칭한다.
1°〖고대의 어원학〗 고대 희랍어에서는 단어의 형태는 그것이 지칭하는 사물에 대응한다는 생각에서 단어의 진정한 성격을 드러내주는 진정한 étumos 의미를 탐구하기 시작했는데 이것이 어원학의 시초인 것이다. 희랍인들은 어떤 단어를 그와 형태가 막연히 닮은 다른 단어나 단어의 구성음절과 접근시켜 그 정확한 의미를 드러내려고 했다. 예를 들어 Platon 은 Dionysos 를 didoùs tòn oinon 즉, celui qui donne le vin 이라고 해석하여 이 신의 진정한 성격을 설명하고자 했던 것이다. 이러한 고대인의 생각은 현대에도 일부 계승되어 사학자, 고고학자, 인류학자,

étymologie

심리학자에게는 아직도 어원학이란 언어의 해석에 의해 사물의 성질을 연구하는 것이다.
2° 〖현대의 어원학〗 19세기 초의 비교문법에서 비롯했다고 볼 수 있다.
① 通時언어학에 있어서 어원학은 현대 형태를 파생시킨 어원을 찾을 때까지 가능한 한 과거로 거슬러올라가서 단어의 변천을 설명해 주는 분야라고 볼 수 있다. 그리하여 불어에 있어서는 그 어원을 찾기 위해 주로 라틴어까지 거슬러올라가야 한다. 불어의 roi는 라틴어 regem이 겪은 계기적인 음성변화에 의해 설명된다.
② 파생법의 연구에 있어서 어원학은 단어의 형성 즉 어원적인 형태 또는 기존 형태와 그에서 비롯된 형태적, 의미적 파생어와의 관계를 다루는 분야이다. 예컨대 achalandé는 chaland 즉, client에 의해 설명된다.
③ 이 어원학은 그 접근방법의 차이에 따라 대략 다음과 같은 세 부문으로 나뉜다. a) 언어학적 어원학 또는 순수 어원학: 언어 형태의 기원을 수립하고 어원학의 보편적인 규칙을 규정함을 목적으로 한다. b) 역사 어원학: 언어학적인 고찰에 의해 역사적 현실(제도, 기술, 사회상 등)을 연구함을 목적으로 한다. c) 비교어원학: 언어의 기원, 계보, 친족관계 등을 확정함을 목적으로 한다.
3° 〖민중어원 étymologie populaire〗 화자가 언어형태의 유사성에 의해 서로 아무런 어원적 관계가 없는 두 형태를 의식적 또는 무의식적으로 접근시키는 현상을 말한다. 예를 들어 jours ouvrables의 어원적인 뜻은 「jours où l'on travaille」인데 오늘날 「jours où les magasins sont ouverts」로 이해되고 있다. 이 étymologie populaire는 fausse étymologie라고도 불리며 어원과 그 변화 법칙에 대한 지식에 근거를 둔 étymologie savante와 대립된다. 간혹 Trocadéro를 Trois-cadéro로 생각하는 것과 같은 개인적인 오류를 étymologie populaire라고도 한다. 이럴 경우 공인된 오류는 étymologie croisée라고 칭한다.

étymologie populaire ⇨étymologie.

étymon [어원어]—다른 단어를 파생시키는 모든 forme를 말하는데, 접사를 붙여 새 단어를 만드는 어근 radical(또는 基形)이 étymon이다. automobile은 automobiliste의, putsche는 putschist의, 라틴어 turbare(=troubler)는 perturbateur의 étymon들이다. 또 새로운 forme를 생성시킨 옛 forme도 étymon이다. 즉 sanglier의 étymon은 singularis(porcus) (=solitaire)이다. 끝으로 étymon은 하나 또는 여러 forme을 설명하기 위해 설정한 가상적 어간 racine이 될 수도 있다.

eu—avoir의 과거분사. 발음은 [y]. 일치 ⇨avoir.

euphémisme [완곡어법]—어떤 행위나 관념을, 노골적인 점을 피하기 위해서, 부드럽게 표현하는 모든 방법을 말한다. prostituée를 fille로, mourir를 s'en aller로 쓰는 것들이 euphémisme이다. 반어법 antiphrase에서 나타내고자 하는 것에 반대되는 단어나 표현의 사용도 euphémisme이다. 즉 Il est très prudent이 Il est très peureux의 뜻으로 쓰인다면 euphémisme이 된다.

eux ⇨lui².

évident—Il est ~ que+ind: Il est ~ qu'il a menti. 그가 거짓말한 것은 명백하다.

exact—발음은 [εgzakt]. [εgza]로 읽는 경향은 사라져가고 있다.
〖N ~, 《드물게》 ~ N〗 description ~e 정확한 묘사/sciences ~es 정밀과학/C'est l'~e vérité.(Rob) 그것은 명확한 사실이다.
~ à 〔dans〕 qc: Soyez ~ au rendez-vous. 약속시간을 정확하게 지키시오/La météorologie n'est pas

toujours ~*e dans* ses prévisions. 관상대는 일기예보에 항상 정확하지는 않다. ~ *à*+*inf:*Il était toujours ~ *à* payer son loyer. 그는 항상 방세를 정확히 물었다. *Il est* ~ *que*+*ind* 〔*subj*〕*:Il est* ~ qu'il est venu chez moi. 그가 우리 집에 온 것은 확실하다/*Il n'est* pas ~ qu'il *soit* (혹은 *est*) *venu* à dix heures. 그가 열시에 왔는지는 확실치 않다.

exactement—어순 ⇨adverbe V, 5°.

exaspérant—〖N ~〗s'obstiner dans un mutisme ~ 역정나리만큼 침묵을 지키다/un garçon ~ par sa manie de taquiner les autres 남을 성가시게 구는 버릇 때문에 짜증스런 아이. *c'est* ~ *à voir* 보기에 짜증이 난다.

Excellence—Votre 〔son〕 ~. ⇨Majesté.

excellent—exceller의 현재분사 excellant과 혼동해서는 안된다.

〖N ~, ~ N〗 un vin ~, un ~ professeur.

Il est ~ *que*+*subj:* …은 훌륭한 일이다.

excepté—〖~ N〗《전치사이므로 불변》 Toutes ses filles sont mariées, ~ la plus jeune. 그의 모든 딸들은, 가장 어린 딸만 제외하고, 모두 결혼했다//〖N ~〗《형용사이므로 일치》 Ils ont tous péri, cinq ou six personnes ~*es*. 5, 6명만 제외하고 그들은 모두 죽었다.

~ *que*+*ind* 〔+*cond*〕: Ils se ressemblent parfaitement, ~ *que* l'un est un peu plus grand que l'autre. (Ac) 한 사람이 다른 한 사람보다 키가 더 크다는 것 외에는, 그들은 완전히 닮았다/Ils se valent, ~ *que* l'un *serait* plus travailleur que l'autre. (Thomas) 한 사람이 다른 한 사람보다 좀 더 부지런하리라는 점 외에는, 그들은 우열이 없다. ~ *si*+*ind* …의 경우를 제외하고.

excès—① 〖pour ~ de+무관사명사〗 Il peut être condamné *pour* ~ *de* pouvoir. 그는 월권행위 때문에 처벌을 받을지도 모른다/On lui a infligé une amende *pour* ~ *de* vitesse. 그는 과속으로 벌금을 물어야 했다.

② 〖복수〗 Les délégués regrettent *les* ~ de quelques grévistes. 위원들은 몇몇 파업자의 과격한 행위를 유감스럽게 생각하고 있다.

à l'~, *avec* ~, *jusqu'à l'*~: Il est poli *à l'*~. 그는 지나치게 예의 바르다/Il dépense *avec* ~. 그는 지나치게 낭비를 한다.

excessivement—「avec excès 과도하게」의 뜻에서 beaucoup, très, extrêmement 의 뜻으로 바꾸어 쓰는 경우가 있는데, 일부학자는 이 용법을 비난하고 있다:un enfant ~ intelligent 매우 영리한 아이/Mon père se porte ~ bien. 나의 아버지는 지극히 건강하시다.

exclamatif (adjectif) 〔감탄형용사〕⇨quel.

exclamative (phrase) 〔감탄문〕— 찬탄, 원망, 놀라움, 분개 등을 나타내기 위하여 감탄적으로 쓴 글.

① *comme, *que, *quel, *combien, *ce que 와 같은 감탄사로써 감탄을 표시한다 : *Comme* 〔*Qu'*〕 il fait beau! 참, 날씨도 좋군 ! /*Quelle* jolie maison! 그 얼마나 아름다운 집인가 ! /*Ce qu'*il fait chaud! 아이 더워라 ! 《속어적 표현》.

② 의문문으로 감탄을 표시:Cet acteur *joue-t-il* bien! 저 배우는 참 연기가 훌륭하군 ! /Cet enfant *est-il* aimable! 저 애는 정말 상냥하군 !

③ 조건법, 접속법, 부정법도 감탄에 사용된다:Moi, je *pourrais* trahir le Dieu que j'aime! 내가 사랑하는 신을 내가 배반하다니 ! /Moi, Seigneur, *que je fuie!* (Racine, *Mithrid.*, V, 5) 주님, 제가 도망치다니오 ! /Moi, *devenir* président! 내가 회장이 된다구 !

④ 〖주어의 어순〗 감탄어로 시작하는 감탄문에서는 주어를 도치시키지 않는 것이 보통이지만 도치시킬 때도 있다: Combien de larmes j'ai versées[*ai-je versées*]! 그 얼마나 눈물을 흘렸던가!/Quel courage cet homme a montré [*a montré cet homme*]! 그 사람은 그 얼마나 용기를 보여주었던가! 《감탄사가 없는 감탄문에서는 ②의 경우와 같이 주어를 도치시켜 의문문의 형태로 표시한다》.

excuse—Je vous demande ~ (= pardon)는 17세기 이래로 쓰이고 있으나 비논리적이고 속된 표현이다. 정확하게는 「Je vous présente mes ~s./Je vous fais mes ~s./Je vous en fais mille ~s./Excusez-moi./Vous m'excuserez.」라고 표현 (H).

expert—~ *en* [*dans*] *qc*:Il est ~ *en* intrigues. 그는 음모를 꾸미는 데 능란하다/Elle est ~*e dans* cette science. 그녀는 이 학문에 정통하다. ~ *à*+*inf*:Mon mari est ~ *à* faire sauter les crêpes. 내 남편은 크레프뱅을 만드는 데 뛰어나 있다.

explétif [허사]—문장 안에서 의미상 불필요한 말이나 표현, 그러면서도 관례적으로 사용되며 情意的인 뉘앙스를 지니는 수가 있다:Il craint que je *ne* sois trop jeune. 내가 너무 어리지나 않을까 그는 걱정하고 있다/Regardez-*moi* ce maladroit 서투른 그자를 보시오. ☆ heureusement que(⇨que³ VI)와 la ville de Paris의 que, de도 허사라 말하는 학자가 있다.

explosive (**consonne**) [外破音]—현대 음성학에서는, 모음 뒤에 오는 자음인 內破音 implosive에 대해 모음 앞에 오는 모든 자음을 외파음 explosive이라 한다. mer에서 [m]는 외파음이다. 또 흡기·통로의 폐쇄 occlusion 끝에 공기가 갑자기 나올 때 생기는 폐쇄음 occlusive을 말하기도 하는데, 이 때 음절에서의 위치는 문제가 되지 않는다.

exquis—부사형은 DG 및 Lit는 exquisement이라 하나 낡았고, 지금은 대개 (Lar, Rob, Thomas 등) exquisément으로 쓰고 있다.

extérieur—〖N ~〗 politique ~ 대외정책/aspect ~ 표면적인 양상. ~ *à qc*:Le point P est ~ *au* triangle ABC. 점 P는 삼각형 ABC 의 밖에 있다.

extra—①접두사로 쓰이면 보통 trait d'union이 다음에 온다(~-muros 시외에, ~-territorialité 치외법권). 그러나 extraordinaire의 경우는 trait d'union이 없다.
② 명사로 쓰이면 불변:engager deux ~ 두 사람을 임시 고용하다.
③ 형용사나 extraordinaire의 약자로 쓰인 경우에도 불변: des petits pois ~ 최고급 콩/des bonbons ~ 최고급 봉봉 과자/des petits pois ~-fin 최고급 콩/du fil ~-solide 가장 튼튼한 섬유.

extrêmement—Il a ~ *d*'esprit. 그는 대단히 재치가 있다. ⇨infiniment.

F

f—alphabet의 제6자로 명칭은 [ɛf]. graphie와 발음과의 관계는 다음과 같다.

f 1) 어두・어간에서는 [f]: *f*ille, *f*aim, A*f*rique, mé*f*ier, dé*f*iler, etc.

2) 어미에서는 cle*f*[kle], cer*f*[sɛːʀ] 및 복수명사 bœu*f*s[bø], œu*f*s[ø]에서만 무음, 기타에서는 [f]: che*f*, fie*f*, vi*f*, attenti*f*, neu*f*, etc. (단, chef-d'œuvre에서는 무음, *neuf personnes는 무음일 수도 있음).

-ff- [f]: a*ff*aire, a*ff*iche, é*ff*acer, o*ff*ice, etc.

face—*en ~ de*+N: Sa maison est *en ~ de* la mienne. 그의 집은 내 집 앞에 있다/Le chien aboie *en ~ du* danger. 개는 위험을 예감하고 짖는다 《N=추상명사》/《때로는 de 없이》dans la maison *en ~* la mienne (Goncourt, *Journal*). N+*d'en ~*: la maison *d'en ~* 마주 보이는 집// 《Mart, 492는 d'en face의 용법을 틀린 것이라고 하나 보급되어 있다》 sur le trottoir *d'en ~* (Sartre, *Putain*). *en ~*: Il me regardait *en ~*. 그는 나를 정면으로 바라보았다/ Il le lui a dit *en ~*. 그는 그에게 맞대놓고 그것을 얘기했다. *de ~*: Cet édifice est imposant lorsqu'on le voit *de ~*. 이 건물은 정면에서 볼 때 웅장하다. *~ à*+N(=en présence de N): *~ à* ces difficultés, il a changé d'avis. 이 곤란에 직면하자 그는 의견을 달리했다. *~ à ~*: Les deux hommes étaient *~ à ~*. 두 사람은 마주보고 있었다.

fâcheux—〖N *~*, *~* N〗 un événement *~* 난처한 사건, une *fâcheuse* nouvelle 가슴아픈 소식. *~ pour*: Ce scandale est *~ pour* le parti. 이 스캔달은 우리 당에겐 난처한 일이다. *Il est ~ de*+*inf*〔*que*+*subj*〕: Il est *~* qu'elle *soit partie* avant que j'aie pu la voir. 내가 그녀를 만나볼 수 있기 전에 그녀가 떠난 것은 유감스러운 일이다.

facile—〖N *~*〗 un problème *~* 쉬운 문제, avoir la vie *~* 생활이 옹색하지 않다.

~ à〔*pour*〕 *qn*: Cet exercice est *~ pour* un élève de cet âge. 그 문제는 이 나이 또래의 학생에게는 쉽다/Cela m' est *~*. 그것은 내게 쉬운 일이다.

~ à+*inf*: C'est un homme qui n'est pas *~ à* contenter. 그는 만족시키기 어려운 사람이다/un livre *~ à* lire 읽기 쉬운 책/un objet *~ à* se procurer 손에 넣기 쉬운 물건. ☆Mart, 442는 사물을 나타내는 명사 뒤의 부정법에 수동적 의미가 들어 있음을 인정하고, 직접타동사만 올 수 있으며, 대명동사의 경우에는 un objet qu'il est *~* de se procurer 로 쓰기를 권하지만, H, 308은 un livre qu'on lit facilement, un objet qu'on se procure facilement 으로 해석하여, *~ à* se procurer를 옳은 용법으로 간주했다(⇨infinitif). *Il est ~ de*+*inf*: Il est *~* de refuser. 거절하기는 쉽다.

facilité —*~ à*+*inf* 《문어적 표현》: sa *~ à* s'exprimer 의사를 쉽게 표현하는 그의 능력. *~ de*+*inf*: la *~ de* faire un voyage 여행하기 쉬운 점.

façon—〖한정사+ *~ de*+*inf*〗 Ce n'est pas *une ~ de* parler. 그런 식으로 말해서는 안된다/Il a *sa ~ de* travailler. 그는 자기 나름의 공부하

는 방식이 있다/Il connait *une bonne* ~ *de* faire de l'argent. 그는 돈을 버는 좋은 방법을 알고 있다/Comment trouvez-vous *la* ~ *d'agir des jeunes d'aujourd'hui?* 오늘날의 젊은이들의 행동방식을 어떻게 생각하십니까?

la ~ *dont* [*avec laquelle*]+*ind*: J'admire *la* ~ *dont* cette personne se conduit. 나는 이 사람이 행동하는 방식에 경탄한다/Il a été surpris de *la* ~ *avec laquelle* elle l'accueilli. 그는 그녀가 그를 맞이하는 태도에 놀랐다. *à la* ~+*adj*. [*de*+ N]:C'est un plat *à la* (~) chinoise. 이것은 중국식 요리이다/Il parlait *à la* ~ *d'un* orateur. 그는 연설하는 사람처럼 말했다/Il veut vivre *à sa* ~. 그는 자기 방식대로 [나름대로] 살고 싶어한다. *de* [*d'une*] ~ +*adj*.: écrire *de* ~ illisible 읽을 수 없게 쓰다/Elle est habillée *de* ~ élégante. 그녀는 우아한 옷차림을 하고 있다/*d'une* ~ *générale* 일반적으로/On y danse au piano, comme en France, mais *d'une* ~ encore plus moderne. 그 곳에서 사람들은 마치 프랑스에서 처럼 피아노에 맞추어, 그러나 한결 현대식으로 춤을 춘다. *de* ~ *à*+*inf*: Travaillez *de* ~ *à* réussir. 성공할 수 있도록 공부하시오/Il se plaça *de* ~ *à* être vu. 그는 눈에 띄도록 자리 잡았다.

faible—① 〖N ~〗Charles VII était un roi ~ (=sans volonté). 샤를르 7세는 의지가 약한 왕이었다/J'ai trouvé le point ~ de votre raisonnement. 당신의 논리에서 나는 약점을 발견했다.

② 〖~ N〗 A la Bourse, on constate une ~ (=légère) tendance à la hausse. 증권시장에서 주가가 약간 오름세를 보이고 있음을 알 수 있다. ~ *de* [*en*] *qc*: Il est ~ *de* corps et *d'esprit*. 그는 몸이 약하고 지능이 낮다/Elle est forte en français, mais ~ *en* mathématiques. 그녀는 프랑스어는 잘 알지만 수학은 서투르다. ~ *avec* [*pour*] *qn*: Il est trop ~ *avec* ses enfants. 그는 자기 아이들에게 너무 무르다.

fait—발음은 [fɛ]. 단수인 경우 어군의 마지막에 올 때는 t를 발음하는 경향이 있다:en[au] fai*t*[fɛt]. Voici le fai*t*. C'est un fai*t*. 그러나 복수인 경우와 un fai(t) divers, en fai(t) de, tout à fai(t), fai(t) d'armes 에서는 발음 안된다.

famille de mots [語族]—동일한 基形(또는 어간)에서 파생된 단어의 집합을 말한다. 기형 port 에서 파생된 famille de mots 는 porteur, porter, exportation, importation, déporter, emporter, apporter, rapporter 등이다. de chef 와 capital, décapiter 는 라틴어 caput, capitis (=tête)를 어간으로 하는 어족이다.

fasciné—~ *par*:Je restais là, ~ *par* ce feu comme une bête. (Bosco)마치 짐승처럼 그 불빛에 홀려서 나는 그곳에 멍하니 있었다/Renoir était ~ *par* les communistes. (Beauvoir) 르느와르는 공산주의자들에게 현혹당했었다.

fat—거의 남성으로만 쓰이고 발음은 [fat], 드물게 [fa].

fatal—남성복수형은 fatals.

〖N ~, ~〗 une conséquence ~*e* (=nécessaire) 필연적인 결과/La guerre entre eux était ~*e*(=inévitable). 그들 사이의 싸움은 불가피한 것이었다/un accident ~ 치명적인 사고/Il lui a porté un coup ~ (=mortal). 그는 그에게 치명적인 타격을 가했다/une femme ~*e* 요부. ~ *à qn* [*qc*]: Cette décision fut ~*e à* notre entreprise. 이 결정은 우리의 사업에 치명적이었다.

Il est ~ *que*+*subj*:*Il est* ~ *qu*'elle (=l'enfance) *mente*. (Radiguet) 어린애들이 거짓말하는 것은 피할 수

없는 것이다.

faubourg ⇨nom.

faute—① 〖C'est (de) ma ~〗 a) de 를 쓰는 것이 옳지 않다고 주장하는 학자들도 있으나, 두 표현이 모두 쓰이고 있다: Ce n'est pas ma ~, c'est la ~ à Racine. (Goncourt, *La Faustin*) 그것은 내 잘못이 아니고 라신느의 잘못이다/D'ailleurs, c'est *de* ta ~. (Druon, *les Grandes Familles*) 더욱이 그것은 너의 잘못이다. b) faute 다음에 de 가 또 올 경우에는 그 앞의 de 는 사용되지 않는다: C'est la ~ *de* votre petit garçon. c) C'est (de) ma faute si (또는 que)는 Mart, 128은 허용하지 않지만 실제로 자주 쓰이고 있다: C'est sa ~ s'il lui est arrivé un malheur. 그에게 불행이 닥친 것은 그의 책임이다.

② 〖~ de *qc*〖+*inf*〗〗(=par manque de): ~ *de* temps, je n'ai pas pu lui écrire. 시간이 없어서 그에게 편지를 쓸 수 없었다/~ *d'*avoir écouté, je ne comprends pas. 주의깊게 듣지 않았기 때문에 이해할 수 없다.

fauteuil ⇨dans.

faux—여성형은 fausse.

① 〖~ N〗 *fausses* dents 義齒, *fausse* couche 자연유산, *fausse* monnaie 위조화폐, ~ diamant 모조 다이아몬드, ~ nom 가명, ~ témoignage 위증.

② 〖N ~〗 piano ~ 음정이 맞지 않는 피아노, raisonnement ~ 틀린 추리, bijoux ~ 가짜 보석, vers ~ 규칙이 어긋난 시구, balance *fausse* 부정확한 저울.

★ 구별이 미묘해서 어느 쪽도 가능한 표현: ~ rapports, rapports ~ 허위 보고/*fausse* note, note *fausse* 틀린 가락.

favori—옛 동사 favorir 의 과거분사. 여성형은 ~te (<이태리어 favoita): C'est sa lecture ~*te* (=son livre de chevet). 그것은 그가 애호하는 책이다.

féminin des adjectifs [형용사의 여성형]—**I.** 〖성에 따라 남·여성이 다른 것〗 1° 원칙적으로 남성형 어미에 *e* 를 덧붙여 여성형을 만든다: grand→grande, petit→petit*e*, haut →haut*e*, noir→noir*e*.

2° e 를 덧붙일 때 마지막 자음에 철자상, 발음상 변화가 오기도 한다. 다음과 같은 경우에는 마지막 자음을 반복한다. ① -le, -eil→*-elle, -eille* 《nul, gentil 도 이 범주에 속한다》: cruel→cruel*le*, vermeil→vermeil*le*, nul→nul*le*, gentil→gentil*le*.

★1) 형용사 jumeau, manceau, morvandeau, tourangeau 의 여성형은 jumelle, mancelle, morvandelle, tourangelle 이다. 2) *beau, *nouveau, *fou, *mou, *vieux 의 여성형은 본래의 남성형인 bel, nouvel, fol, mol, vieil 에서 만들어진 belle, nouvelle, folle, molle, vieille 이다. 3) fou, mou, andalou (*f.* andalou*se*) 이외의 -ou 로 끝나는 형용사의 여성형은 어미에 *e* 를 붙인다: flou→flou*e*, hindou→hindou*e*, mandchou→mandchou*e*, etc.

② -en, -on→*-enne, -onne:* ancien→ancien*ne*, bon→bon*ne*, paysan→paysan*ne*. ☆ 그러나 1) lapon, letton, nippon 의 여성형은 -onne 또는 -one 이다. 2) *bénin, *malin 의 여성형은 béni*gne*, mali*gne* 이다.

③ a)-et→*-ette:* muet→muet*te*, net→net*te*, cadet→cadet*te*. 《단, complet, incomplet, concret, désuet, discret, indiscret, quiet, inquiet, replet, secret 의 여성형은 -ète 가 된다》. b) -ot 로 끝난 형용사중 다음의 것들은 *-otte* 로 변한다: bellot→bellot*te*, maigriot→maigriot*te*, pâlot→pâlot*te*, sot→sot*te*, etc. 《-ot 로 끝난 다른 형용사들과 -at 의 형용사들은 자음반복을 하지 않는다: idiot→idiote, dévot→dévote, délicat→délicate, etc.》.

④ -s 로 끝난 형용사중 다음의 것들

féminin des adjectifs

은 -*sse*로 변한다: las→las*se*, épais→épais*se*, gros→gros*se*, bas→bas*se*, gras→gras*se*. ((-s로 끝난 다른 형용사들은 자음반복을 하지 않는다: gris→gris*e*, sournois→sournois*e*, dispos→dispos*e*, etc.)). ☆ 1) faux, roux 의 여성형은 faus*se*, rous*se*이고, exprès, profès 는 expres*se*, profes*se* 가 된다. 2) tiers 는 tier*ce*, frais 는 fraî*che*, andalou 는 andalou*se* 가 된다.

3° 여성형이 될 때 마지막 자음이나 모음에 변화가 일어나기도 한다.

① -**er** 의 형용사는 여성형일 때 자음 r 앞의 모음 e에 accent grave 가 붙는다: léger→lég*è*re, premier→prem*iè*re.

② 대부분의 -**x** 의 형용사는 여성형에서 여성어미 e 앞의 x 를 s[z]로 바꾼다: heureux→heureu*se*, jaloux→jalou*se*. 그러나 doux 는 dou*ce*, vieux 는 vi*eille* 가 된다.

③ -**f** 는 -*ve* 가 된다: actif→acti*ve*, naïf→naï*ve*, vif→vi*ve*. 그러나 bref 는 br*ève* 가 된다.

④ -**c** 는 자음 c 를 qu 로 바꾸고 e 를 붙인다: caduc→cadu*que*, public→publi*que*, turc→tur*que*, franc→fran*que*. ☆ 그러나 grec 는 grec*que*, 「franc 솔직한」은 fran*che*, blanc 은 blan*che* 가 되고, sec 의 여성형은 s*èche* 이다. *laïque 는 남・여성형으로 쓰이나, 남성형으로 laïc 가 쓰이기도 한다(Ac).

⑤ long, oblong 의 여성형은 lon*gue*, oblon*gue* 이다.

⑥ -**gu** 는 어미 e에 tréma 를 붙여 여성형을 만든다: aigu→aigu*ë*, ambigu→ambigu*ë*.

⑦ -**eur** 는 특수한 어미를 갖는다.

a) -eur 를 -ant 으로 바꾸어 현재분사가 될 수 있는 동사에서 온 형용사 -eur 의 여성형은 -*euse* 가 된다: menteur→ment*euse*, trompeur→promp*euse* ((예외: enchanteur, pécheur, vengeur 의 여성형은 -*eresse* 이다)).

b) -eur 를 -ant 으로 바꾸어도 현재 분사가 되지 않는 형용사 -teur (exécuteur, persécuteur 는 제외)의 여성형은 -*trice* 이다: consolateur→consola*trice*, destructeur→destruc*trice*. ☆ 본래 비교급인 다음 형용사들의 여성형은 어미에 e 를 붙인다: antérieur, postérieur, citérieur, ultérieur, extérieur, intérieur, majeur, mineur, supérieur, inférieur, meilleur.

⑧ 특수한 형용사: *coi→coi*te*; favori→favori*te*; *hébreu→*juive*, hébraï*que*; rigolo→rigolo*te*, rigolo*tte*; 기타 *maximum, *minimum.

II. 〖남・여성이 같은 형용사〗

1° 무음 e로 끝나는 형용사는 남・여성의 형태가 같다: un livre *utile*, une chose *utile*; un homme *honnête*, une femme *honnête*. ☆ 1) drôle, ivrogne, mulâtre, nègre, pauvre, sauvage, suisse 는 명사 여성형이 되면 -esse 가 되지만, 형용사로 쓰이면 남・여성형이 같다: une histoire *drôle*, une femme *ivrogne*, une servante *mulâtre*, une femme *suisse*.
2) maître, traître 의 형용사 여성형은 maîtresse, traîtresse 이나, traître 는 여성형이 되어도 그대로 쓰이기도 한다: idée *maîtresse* 주개념/ liqueur *traîtresse* 빨리 취하는 술/ La Côte d'Azur est *traître*. (Montherlant, *Fils*) 리비에라 해안은 위험하다.

2° adverse, *angora, bath, *capot, *chic, gnangnan, impromptu, *kaki, mastoc, rococo, rosat, snob 는 대부분 여성형이 되어도 불변이다: une chèvre *angora*; une toilette *chic*; les femmes *chic*; une pendule *rococo*; Elle est un peu *snob*. (Ac); de l'huile *rosat*.

3° 기타 *fort, grand 은 각 항목 참조.

III. 〖하나의 성으로만 쓰이는 형용사〗 1° 여성형으로만 쓰이는 것:

fois

(bouche) *bée*, (porte) *cochère, crasse*, *dive* (bouteille), (soie) *grège*, *mère* (goutte), (dent) *œillère*, (humeurs) *peccantes*, (Arabie) *Pétrée*, (pierre) *philosophale*, (œuvre) *pie*, (glande) *pinéale*, (veine) *porte*, (main) *pote*, (jument) *poulinière*, (toutes et) *quantes* (fois), (eau) *régale*, (fièvre) *scarlatine, suitée*, (vertu) *théologale*, (notes) *tiroriennes*, (rose) *trémière*, (noix) *vomique*, etc.

2° 남성형으로만 쓰이는 것: *benêt*, (pied) *bot, cabochard*, (vent) *coulis*, (œuf) *couvi*, (feu) *grégeois*, (bateau) *langoustier, pantois*, (hareng) *pec*, (bois) *pelard, pers, preux*, (acide) *pyroligneux*, (droit) *régalien*, (marais) *salant*, (hareng) *saur*, (courant) *triphasé*, (bleu) *turquin, vainqueur*, (œil) *vairon, vélin, violat, zain*.

3° 기타 *aquilin, *chatain, *fat, *sterling 등은 각 항목 참조.

IV. ⇨adjectifs composés.

féminins des noms ⇨genre des noms.

feu—항상 명사 앞에 놓인다.

① 〖~+관사〔소유형용사〕+N〗 무변화: ~ *la reine* 故왕비, ~ *ma mère* 돌아가신 어머니, ~ *mes oncles* 돌아가신 삼촌들 《(이 어순은 이태리어의 *fu la regina*(=*fut la reine*)의 *fu*를 feu와 혼동한 것)》.

② 〖~ N〗 일치: *la ~e reine*, *ma ~e mère*, *mes ~s oncles*. 이 표현은 고어투이며 오늘날의 일상어에서는 *défunt 을 쓴다.

février ⇨mois.

fier—~ *de*+N〔*inf*〕, ~ *de ce que* +*ind*〔*subj*〕, ~ *que*+*subj*: Il est ~ *de sa force*. 그는 자기 힘을 자랑으로 여긴다/Elle était *fière de lui servir de guide*. 그녀는 그의 안내를 맡은 것이 자랑스러웠다.

fille—남성은 fils, garçon. fille 가 단독으로 쓰이면 「매춘부」의 뜻도 있으므로 「소녀」를 의미하기 위해서는 jeune ~, petite ~ 라고 한다. ⇨ mademoiselle.

fils—<*lat*. filius. -s 는 주격의 형이 잔존된 것《「fil 실」과의 혼동을 피하기 위하여》. 발음은 18 세기까지 [fi], 철자에 따라 [fis]로 되었다. 여성은 fille.

fin¹—*à la ~ de: à la ~ du* mois 월말에, *à la ~ du* match 시합 끝에, *à la ~ de* juin 6월말에. ☆ 1) 月名앞에서는 생략적으로《(속어적 용법)》: ~ mai 5월말에, ~ juin 6월말에, ~ *courant* 이 달말에 (=à la ~ *du mois courant*) 《(*courant* 은 생략된 *mois*에 일치)》. 2) 때로는 *de* 만을 생략: jusqu'*à la ~* juin (cf. Elle〔La Saint-Michel〕 correspond *à la ~* septembre. (Romains, *Knock*, I) 성 미카엘제는 9월말이 된다). **en ~ *de*** 《(관사 없는 명사 앞에 씀)》: *en ~ de journée* 석양에. **à seul(e) ~ *de* +*inf* 〔*que*+*subj*〕**(=seulment afin de〔que〕) 오로지 …하기 위하여《(afin de〔que〕를 지시사로 강조한 옛날 형태 *à celle ~ de*〔*que*〕의 사투리)》. *à cette ~ de*〔*que*〕, *à cette*〔*la*〕 *seule ~ que*(=à seule ~ de+*inf*)(cf. Le B, II, 470;S, II, 401;B, 87).

fin²—형용사 앞에서 부사적으로 쓰일 때, 성·수의 변화가 일정치 않다: Ils sont ~(s) (=tout à fait) seuls. 그들은 오직 혼자뿐이다/Elle est ~(e) prête. 그녀는 완전히 준비가 됐다(cf. Le B, II, 148;G, 385, Rem, 2).

flambant—(*tout*) ~ *neuf*: maison ~ *neuf*(혹은 neuve) 아주 새로운 집. 일치는 *battant neuf 와 같다.

fois—1° *une ~ que* (=un jour que): *une ~ que nous revenions de la campagne* (P. Lar) 시골에서 돌아오던 어떤 날《(=dès que, lorsque)《(*que* 는 접속사) *Une ~ que vous serez mort, on vous oubliera*. 당신이 세상을 떠나시기만하면 곧 사

람들은 당신을 잊을 것입니다;《문학어》 *quand une* ~ *vous serez mort;* 《생략적으로》 *Une* ~ *mort, vous serez oublié* 《mort의 주어는 원칙적으로 주절의 주어와 같다》. ☆「*Une* ~ (*qu'*il sera) *parti, vous le regretterez.* (DG) 그가 떠나버리면 당신은 그를 몹시 아쉬워할 것이다」도 가능하다. *une* ~+N+*p.p.*: *Une* ~ *la ville prise,* la guerre sera décidée. 도시가 점령되면…. SN+*une* ~+*p.p.*: les limites précises, proches, infranchissables, *une* ~ *atteintes* (Maupass, *Sur l'eau*) 명확하고 가깝고 넘기 힘든 한계에 일단 도달하면. ⇨aussitôt ③;sitôt 1°.

2° *des* ~ 《속어적 표현》 (=quelquefois, parfois, par hasard) : Si *des* ~ vous allez le voir, dites-lui le bonjour de ma part. 혹시 그를 보러 가시면 내 안부를 전해주십시오. *des* ~ *que* (⇨que³ VI, 2°) : *Des* ~ *que* vous trouveriez une voiture. (Beauvoir, *Sang*) 자동차가 보일는지 몰라요. *des* ~ *que*+*cond* (=si par hasard) : Je vais téléphoner à ~ *qu'*il *serait* encore chez lui. 그가 아직 자기 집에 있다면 전화를 걸겠습니다.

3° *chaque* ~ 《속어적으로 *à chaque* ~》 그때마다. *chaque* ~ *que: à chaque* ~ *que* je lis ce récit (Alain, *Balzac*) 이 이야기를 읽을 때마다《S, II, 286에 의하면 문학적 표현》.

force—1° 「힘, 능력」. ~+인칭대명사(간접목적)+*est de*+*inf*: ~ *nous est d'*admettre qu'il a raison. 그가 옳다는 것을 우리는 인정하지 않을 수 없다. *être de* ~ *à*+*inf*(=être de taille à+*inf*, être capable (à même) de+*inf*) : Je ne *suis* pas *de* ~ *à* le rivaliser. 나는 그와 맞설 수 없다. *à* ~ *de*+N(*inf*) : *A* ~ *de* patience, il finira par réussir. 인내하면 그는 성공하고야 말 것이다/*A* ~ *de* penser à Marthe, j'y pensai de moins en moins. 마르트를(너무나도) 생각한 나머지 나는 갈수록 덜 생각하기에 이르렀다. *à toute* ~ (=à tout prix, absolument) : Il voulait *à toute* ~ que nous l'accompagnions. 그는 우리보고 같이 가자고 막무가내였다《생떼를 썼다》. *de toutes*+소유형용사+~*s:* Ils se sont mis à crier *de toutes leurs* ~*s*. 그들은 있는 힘을 다하여 (목이 터지라고) 외치기 시작하였다.

2° 「힘」의 관념으로부터 「양」의 관념으로 확대되어 ~ *de* 라는 표현으로 쓰인다 (faire ~ *de* voiles 돛을 전부 올리다). *de*가 생략되어, 변화하지 않는 부정형용사로도 쓰인다 (=beaucoup de)《오늘날에는 고어조》: Nous nous séparâmes à la porte avec ~ poignées de mains. (Daud) 우리는 서로 수없이 악수를 하며 문간에서 작별했다.

formation des mots [語形成]—문법소 morphèmes lexicaux로부터 새로운 단어를 창조해내는 형태통사적 과정 processus morpho-syntaxiques 전체를 말한다. 단어를 만들기 위해서는 합성법 composition, 파생법 dérivation, 단축 abréviation, 의성어 onomatopée, 차용 emprunt, 의미의 확장 changement de sens 외에, 발명자나 산지의 이름 등을 따서 만들기도 한다. ⇨nom propre.

fort(e)—1° 어원(*lat.* foltem)을 본떠서, 고어에서는 남·여성 동형(⇨grand). 지명 Roche*fort* 등 외에, 「se faire ~ *de*+*inf* …할 것을 약속하다, 장담하다; se porter ~ pour *qn* …의 동의을 얻을 것을 책임지다」 등의 표현에서 무변화로 남아있다. *se faire* ~ *de* 는 오늘날 fort를 주어와 일치시킬 때도 있다(G, 350) : Elle *se faisait* ~(*e*) *d'*amener Octave à des confidences. (Mauriac) 그녀는 옥타브로 하여금 속내 이야기를 하게 할 수 있다고 장담

했다. ☆D, 119는 무변화를 권한다.
2° 〖부사적 용법〗형용사, 부사, 동사를 수식(~ beau 대단히 고운/~ peu 아주 적게/Le vent souffle ~ aujourd'hui. 오늘은 바람이 심하게 불고 있다). très, trop, si 등으로 수식된 fort는 동사만 수식한다(Le B, II, 597): Ne crie pas si ~. 그렇게 심하게 악쓰지 말라.
3° 〖liaison〗부사 fort는 tant 등의 영향으로 liaison이 되는 때가 있지만 일반적으로 하지 않는다 (for(t)-t-aimable). 기타용법에서는 liaison을 하지 않는다: un for(t) avantage, for(t) en anglais. ⇨liaison 2°, ⑦; 3°.

fou—여성형은 folle. 고어의 남성형 fol은 오늘날에는 모음 또는 무성 h로 시작되는 남성단수 명사 앞에서만 쓰인다(un *fol* espoir 헛된 희망. un *fol* amour 열렬한 사랑). 그러나 un amour *fou*; une *folle* dépense, une dépense *folle*; les vierges sages et les vierges *folles*. 명사를 선행하는 예는 많지 않다. 명사 이외의 것 앞에서는 일반적으로 fou를 쓴다(le *fou* rire 억제할 수 없는 웃음, *fou* à lier 단단히 미친). 옛날형 fol은 고어「Souvent femme varie. Bien *fol* est qui s'y fie. 여자의 마음은 자주 변한다. 그것을 믿는자는 미친 놈이다」에 남아 있을 뿐이며, 명사 이외의 모음 앞에서 혹은 자음 앞에서도 쓰일 때가 있다: un *fol* gaspillage (Duham—G, 345, A, 1°).

foule ⇨accord du verbe.

frais—여성형은 fraiche. 부사적 용법(boire〔servir〕~ 찬 것〔음식〕을 마시다〔주다〕에서도 여성형용사 또는 과거분사 앞에서는 흔히 변한다(une fleur *fraiche* éclose 금방 핀 꽃, des roses *fraiches* cueillies 막 잘라낸 장미, des oranges *fraiches arrivées* d'Espagne 스페인에서 막 도착한 오렌지). 간혹 변하지 않는 예도 있다(une tête ~ *tondue* 금방 깎은 머리). W, 205는 성만이 일치하고 수에는 일치하지 않는다고 하지만 이 용법은 일반적이 아니다.

franc-comtois—franc은 성의 변화를 하지 않는다(H). *n. f.* franc-comtoise, *n. m. pl.* francs-comtois, *n. f. pl.* francs-comtoises.

franc de port—「우세〔운임〕를 선납한〔면제된〕」. 문장중에서 명사에 선행할 때는 무변화 (recevoir ~ une caisse). 명사 뒤에 놓일 때는 두가지 (expédier une caisse ~ 〔*franche de port*〕)가 모두 허용된다(1901년 교육부령). 그러나 이것은 옛날 표현이며 요즈음에 와서 편지의 경우에는 une lettre *affranchie*, 소포에는 이태리어 franco(*inv.*)를 쓴다: des colis envoyés *franco*.

fréquentatif 〔반복동사〕—itératif 라고도 하는데, 동사 어간에 표현된 동작의 반복을 나타내는 접사가 붙은 동사형태를 말한다. criailler, redire는 접두사 re-, 접미사 -ailler가 붙은 반복동사이다. 반복상(⇨aspect).

frère—여성형은 sœur.

fricative (**consonne**) 〔마찰음〕—呼氣通路의 한 지점에서 닫혀지지 않을 정도로 접근된 두 발음기관 사이로 공기가 통과할 때 청각적인 면에서 마찰의 인상을 주는 자음. 불어의 마찰음으로는 [f], [v], [s], [z], [ʃ], [ʒ]가 있다. [f, v]는 윗니와 아래입술이 접근하여 마찰 소리를 내는 脣齒音 fricative labio-dentale이고 [s, z]는 前舌背 齒槽音 fricative prédorso-alveolaire, 그리고 [ʃ, ʒ]는 舌端 前硬口蓋音 fricative apico-prépalatale이다. 음향적인 면에서 보면 소란스러운 음파에서 기인하는 불규칙한 검은 줄무늬의 탁한 양상이 스펙트르에 나타난다.

fur ⇨mesure.

furieux —~ *de*+N〔*inf*〕, ~ *de ce que*+*ind*〔*subj*〕, ~ *que*+*subj*: Vous vous imaginez combien il était ~

futur antérieur

de cette réponse. 이 대답에 그가 얼마나 분개하였겠는가 상상하시겠지요/Il est ~ *que* je lui *aie dit* ses vérités. 그가 하고 싶은 말을 내가 다 해버린데 대하여 그는 분개하고 있다. ~ *contre qn:*Son père est ~ *contre* elle. 그의 아버지는 그녀에 대하여 격노하고 있다. ☆구어적 표현에서는 contre 대신 **après**가 쓰인다: Il était ~ *après* la terre entière.(Thérive) 그는 온 세상에 대해 분개하고 있었다.

futur antérieur [전미래]—직설법미래시제의 하나.

I. 〖형태〗 조동사의 단순미래+과거분사.

II. 〖용법〗 1° ① 〖미래의 어떤 시기에 완료될 미래의 동작〗 기점이 되는 미래의 시기는 주절의 단순미래 혹은 상황보어절로 나타낸다:Aussitôt que les ouvriers *auront terminé* la maison, nous l'habiterons. 일꾼들이 집을 완성하기만 하면 곧 우리는 입주하겠다/Il arrivera quand je *serai parti*. 내가 떠난 다음 그가 올 것이다/Tu recueilleras ce que tu *auras semé*. 자기가 뿌린 씨는 자기가 거두어 들인다/Vous serez récompensé parce que vous *aurez* bien *agi*. 처신을 잘 하실 테니 상을 받으시겠지요/Vous serez traité comme vous *aurez traité* autrui. 당신은 다른 사람에게 한 것처럼 대접을 받을 것입니다/Peut-être serez-vous puni alors que vous *aurez* bien *agi*. 당신은 처신을 잘 했는데도 벌을 받을 겁니다.

② 〖미래에 완료될 동작의 결과인 상태〗《흔히 주절: 절대적 용법》:Il arrivera à huit heures. Mais déjà je *serai parti*. 그는 8시에 온대. 그러나 나는 이미 떠나고 없을 거야/En 1980, tout *aura changé*. 1980년이 되면 모든 것이 변화해 있을 것이다/Bientôt, il *aura écrit* son premier roman. 머지않아 그의 첫소설의 집필이 끝나 있을 것이다.

★ 미래의 동작에 선행된 동작은 항상 전미래로 표현되는 것은 아니다. 단순미래는 계속 일어나는 동작을 나타낼 수 있다(⇨futur simple). 전미래는 완료를 나타낸다는 점이 단순미래와 다르다. 전미래가 단지 선행성을 표시한다고 생각하는 것은 옳지 않다.

2° 〖복합 과거 사실〗 사실의 판단을 미래에 맡길 때, 미래의 어떤 기점에 있어 복합과거로 나타내는 사실을 전미래로 표현한다:Ne pouvons-nous pas passer deux mois ensemble d'une manière délicieuse?... Jamais je n'*aurai été* aussi heureux. (Stendhal) 우리는 함께 두달을 달콤하게 보낼 수 없을까요?(그렇게 되면) 나는 그보다 더 행복할 수는 없을 거예요《두달 후를 기점으로 말한 것》/Jusqu'au bout de sa vie, il m'*aura nui*. (Arland, *Ordre*) 목숨이 다할 때까지 그는 나를 괴롭히기만 했을 것이다《그가 죽을 때를 기점으로 말한 것》.

3° 〖과거 사실〗 ① 〖과거사실의 추측〗《복합과거+peut-être 와 같은 뜻》 J'*aurai laissé*(=J'ai peut-être laissé) mes lunettes en haut. Courez vite me les chercher. (Boylesve, *Mlle Cloque*) 윗층에다 안경을 놓고 온 모양이요. 빨리 뛰어가서 그것을 찾아가지고 오시오/Tu *auras compris*(=Tu as peut-être compris), n'est-ce pas, pourquoi je te priais de ne pas venir cette année. (Gide, *Porte*) 왜 금년에는 오지 말라고 했는지 알았겠지?/Il n'est pas là, il *aura manqué*(=il a peut-être manqué) le train. 그가 오지 않았군. 기차를 놓친 모양이다.

★ 예상·추측을 나타내는 단순미래를 과거에 이행시킨 것. 2°의 파생적 용법으로서 Brun, 383은 예 ①의 마지막 예문에서 Quand il sera là,

nous saurons (probablement) qu'il a manqué son train을 의미하는 것이라고 설명한다. 같은 설명을 하는 Marouz, 146 은 미래(주절)—복합과거(종속절)가 전미래로 변하는 것은 일종의 *contamination에 의한 것이라고 한다(cf. Cr, 168).
② 〖단정적 어조의 완화〗특히 다른 사람의 마음이나 생각을 말할 때: Tu *auras* mal *entendu*. 잘못 들으셨 겠지요/As-tu revu l'entrepreneur pour cette réparation? —C'est inutile, il n'*aura* pas *reçu* les matériaux, ou bien il *aura été* souffrant. (Cr, 168) 이 수리 때문에 청부업자를 다시 만났나? —그것은 아무 소용 없어. 재료가 없다거나 아니면 병에 걸렸다는 핑계를 할 거야 《Il n'aura pas reçu. =Il dira qu'il n'a pas reçu.》.
③ 〖분개・유감〗 J'*aurai pris* tant de peine pour rien! 아무것도 아닌 일에 그토록 애를 쓰다니!
4° 〖명령〗① 명령법완료형〔복합형〕에 상당: Vous *aurez fini*(=Ayez fini) à six heures. 6시에는 끝내도록 하시오/Quand vous *aurez fini* de me regarder! (=Cessez de me regarder!) (Imbs, 117) 나를 그만 쳐다보십시오!
② 의문문에서: *Aurez*-vous bientôt *fini*?(=Finissez le plus tôt possible.) (Mart, 357) 빨리 끝내 버리시지요/Quand *aurez*-vous *fini* de me regarder? (Imbs, 117) 나를 그만 쳐다보시지요(⇨quand¹ 4°, ②; quand² 끝부분).

futur antérieur dans le passé (=futur antérieur du passé)〔과거에 있어서의 전미래〕—Brun, 758 의 용어. 과거의 한 시기를 기점으로 미래완료를 나타내는 시제. 따라서 원칙적으로 과거로 표시된 주절에 이어지는 종속절에서 쓰여진다. 조건법과거와 그 형태는 같지만 *futur dans le passé*와 같이 그 용법은 직설법에 속하는 것으로 간주된다: Il a dit qu'il *serait revenu* le lendemain soir. 그 다음날 저녁에는 돌아와 있겠다고 그는 말했다(⇨conditionnel II, 1°)《Il a dit로써 과거의 시점을 표시》. 마찬가지로 과거를 기점으로하여 *futur antérieur sur-composé*로 나타내면: Il m'a dit que, dès qu'il *aurait eu lu* ce livre, il me le rendrait. (Imbs, 133) 그는 책을 다 읽으면 곧 돌려주겠다고 말했다/Il m'a dit qu'il *aurait eu* vite *lu* ce livre. (*Ib.*) 그는 이 책을 빨리 읽어버릴 것이라고 말했다.

futur antérieur surcomposé〔復前未來〕—I. 〖형태〗조동사의 전미래+과거분사.

II. 〖용법〗일반적으로 구어체에서 쓰인다. 1° 〖미래의 어느 시점에 완료될 행위의 강조〗Ils *auront eu rentré* toute la récolte avant l'orage. 그들은 폭풍우가 닥치기 전에 농작물을 모두 거두어 들였을 것이다.
2° 〖행위의 급속한 완료〗En moins d'un instant, il *aura eu fait* cela. (G)그는 순식간에 그 일을 해치울 것이다.

futur dans le passé(=futur du passé)〔과거에 있어서 미래〕—Brun, 755 의 용어. 직설법의 한 시제로서 현재에서 보면 과거이지만, 과거를 기점으로 할 때에는 미래: Il m'a dit qu'il *viendrait* le lendemain. 다음 날 오겠다고 그는 나에게 말했다(cf. Il me dit qu'il *viendra* demain). 형태는 조건법 현재와 같지만 조건의 가치는 없으며, 직설법에 포함된다. ⇨conditionnel II, 1°; temps²; discours indirect; style indirect libre.

futur simple 〔단순미래〕—직설법 미래시제의 하나.
I. 〖형태〗어미는 모두 -**rai**[Re], -**ras**[Ra], -**ra**[Ra], -**rons**[Rɔ̃], -**rez**[Re], -**ront**[Rɔ̃]. 본래는 「부정법+avoir

futur simple

의 직설법현재」의 구조:chanter+ai
[as, a, (av)ons, (av)ez, ont]《미래
와 의무의 뜻을 겸하는 것으로 바꾸
어 말하면 J'ai à chanter—Je dois
chanter 와 같은 뜻》.
1° 〖직·현(단·1)+rai〗 ① 어미 -er
의 규칙동사:mener;mène>mène*rai*,
jeter;jette>jette*rai*, employer;em-
ploie>emploie*rai*. céder형은 é가
무강세 때는 é, 강세 때는 è로 쓰는
것이 규칙: je c*è*de, cé*de*rai[sεdʀe]
《때로는 발음에 따라 cèderai로 쓰
기도 한다》.
② -ir의 특수한 것:cueillir(accueil-
lir, recueillir); cueille>cueille*rai*
(옛날에는 cueillirai). tenir, venir
(같은 변화는 약 25개);tiens>tien-
drai, viens>vien*drai*.

2° 〖inf+ai〗 -ir, -re, -oir의 동사:
partir+ai, mettr(e)+ai, recev(oi)r
+ai.

3° 〖예외〗 ① -er: aller>irai, en-
voyer>enverrai《voir>verrai 의 영
향》.
② -ir:acquérir>acquerrai;courir>
courrai; mourir>mourrai; ouïr>
oirai(혹은 ouïrai. 옛날에는 orrai).
③ -re:être>serai; faire>ferai.
④ -oir: asseoir>assiérai(혹은 as-
seoirai); avoir>aurai; falloir>(il)
faudra; pouvoir>pourrai; prévoir
[pourvoir]>prévoirai [pourvoirai]
《(-ir형을 모방)》; savoir>saurai;
valoir>vaudrai; vouloir>voudrai.
★〖발음상의 주의〗 acquerrai, cour-
rai, mourrai 의 rr는 둘 다 발음된
다:[akεʀʀe], [kuʀʀe], etc. 그러나
enverrai, pourrai, verrai는 r를 하
나만 발음한다.

II. 〖용법〗 1° 〖현재를 기점으로 미
래에 속하는 행위나 상태〗 의도·가
능성을 나타낸다:Je vous *rendrai*
votre livre demain. 당신 책을 내일
돌려드리겠읍니다《(의도)》/Il *neigera*
ce soir. 오늘 밤 눈이 오겠지《(가능
성, 이 경우 실현될 가능성이 희박한

단순한 가정일 때는 다른 법이 사용
된다)》.
★ 수동태의 단순미래는 완료된 행위
의 결과로 인한 상태를 나타낼 수
도 있다:Vous partez trop tard, la
pièce *sera jouée*.(F-G, 139) 지금 떠
나면 너무 늦습니다. 연극은 끝났을
걸요(cf. C'est chose certaine, la
pièce *sera jouée*. 연극은 틀림없이
공연되겠지요《(단순한 미래)》).
2° 〖과거에 있어서의 미래〗 과거의
서술에 있어서 필자가 관점을 과거
에 두고 그때부터 미래에 일어난 일
을 단순미래로 표시할 수 있다. 이
와 같은 용법은 특히 역사적 서술에
많으며 역사적 미래 futur histori-
que 란 이름으로 불리워지기도 한
다:Ainsi fut prise la Bastille, le
14 juillet 1789. Ses pierres *servi-
ront* en partie à la construction du
pont de la Concorde. (Mauger,
Gramm. prat.) 이렇게 해서 1789년
7월 14일 바스티유 감옥은 탈취되었
다. 그 돌의 일부는 (그후) 콩코르드
다리를 건조하는 데 사용되었다/Or,
à ce moment, l'anoblissement était
une faveur...difficile à obtenir.
Citois, médecin de Richelieu, *de-
mandera* longtemps... au Cardinal
de le faire anoblir et ne l'*obtiendra*
pas. (L. Battifol, *Richelieu et Cor-
neille*, 63) 당시 귀족으로 서임되
기란…얻기 힘든 특혜였다. 리슈리
우의 의사 시투와는 오랫동안…귀족
으로 서임되도록 추기경에게 졸라댔
지만 그렇게 되지 않았다.

3° 〖어조의 완화〗 (futur de poli-
tesse) 현재 대신에 쓰인다: Je vous
prierai de venir dîner chez moi ce
soir. 오늘저녁 우리 집에 저녁하러
와주시기 바랍니다/Je ne vous *ca-
cherai* pas que vous l'avez offensé.
당신이 그의 기분을 상하게 했다는
것을 솔직히 말씀드립니다//《(의문형
에서)》 *Pourrai*-je vous demander un
service? 도움을 좀 청해도 되겠읍

니까?/*Aurez*-vous la gentillesse de lui transmettre ce message? 이 메시지를 그에게 전해주실 수 있을까요?

4° 〖분개〗 감탄문에서 현재의 사실에 대한「분개」를 표시한다. 이 때 현재의 사실은 미래까지 계속되는 것으로 간주된다:Quoi! Ils *se moqueront* de moi!(La Font, *F*. XII, 181) 아니, 이자들이 나를 비웃다니!

5° 〖예상·추측〗 구어체에서 avoir, être의 단순미래는「예상·추측」을 나타낸다:Pour qui donc a-t-on sonné la cloche des morts? Ah, mon Dieu, ce *sera* pour Mme Rousseau. (Proust, *Du côté de chez Swann*, I, 84) 도대체 누구를 위해 조종이 울렸는가. 아아! 그것은 루소부인을 위해서겠죠/Notre ami est absent: il *aura*(=il a probablement) encore sa migraine. (G, 732) 그 친구는 오지 않았군. 또 그 놈의 편두통을 앓고 있겠지.

6° 〖명령 또는 권고〗 이 때 말하는 사람의 단호한 의사를 나타내며 그 명령이 실현될 것을 강조한다. 그러나 어조의 뉘앙스로써 내용이 강화되기도 하고 완화되기도 한다:Vous *attaquerez* l'ennemi; vous ne *reculerez* pas. (Gr. Lar, 352) 적을 공격하고 후퇴하지 말아라!《단호한 의사》/Vous *tâcherez* d'être adroit. (*Ib*., 352) 능숙하게 되도록 힘 쓰시오《완화된 표현》∥《의문형에서》 Me *regarderas*-tu en face? Me *répondras*-tu, à la fin? (Sartre, *Mouches*, I, 5) 내 얼굴을 곧바로 쳐다보는 것이 어때? 뭐라고 대답 좀 해보지∥《3인칭에 대한 명령》 Si ta sœur n'est pas contente, elle me le *dira*, à moi.(Maupass, *En famille*) 너의 누이가 기분이 나쁘다면 그 사실을 내게 말하면 돼(cf. Qu'elle me le dise!).

7° 〖일반적 진리〗 Les faibles *seront* toujours sacrifiés. (Gr. Lar, 330) 약자는 항상 희생당하리라.

G

g—alphabet의 제 7 자로 명칭은 [ʒe]. graphie와 발음과의 관계는 다음과 같다.

g 1) 어두나 어간에서는, i) graphie e, i, y 앞에서는 [ʒ]: gel[ʒɛl], gigot, gymnastique, âgé, rougir, argent, argile. ii) 기타의 graphie 앞에서는 [g]: gare [gaːʀ], gobelet, gustatif, bagage, figure, argot, grenier, jongleur, etc. iii) 어미에서 무음인 g (하기 참조)가 파생어 형성 과정에서 어간에 위치하게 될 때는 무음: doigté[dwate], doigtier, doigtier, longtemps, sangsue, vingtaine, vingtième, vingtuple, etc.
2) 어미에서는, i) -rg에서는 [ːʀ]: bourg[buːʀ], faubourg, brandebourg, rachimbourg. ii) graphie가 「모음+ng」이면 g는 무음이고 비모음만 발음한다. -ang, -eng [ɑ̃]: étang, rang, hareng, etc./-aing, -eing, -ing [ɛ̃]: parpaing, blangseing, basting, etc./-oing[wɛ̃], -ong [ɔ̃]: coing, poing, long, oblong/-ung, -eung[œ̃]: Le Mung, Le Meung, etc. iii) joug는 「멍에」라는 물건을 가리킬 때는 [ʒu], 「속박, 부자유」라는 비유적인 뜻에서는 [ʒu] 또는 [ʒug]로 발음된다. iv) 상기 세가지 경우 이외에서는 어미 g는 [g]이다: drag[dʀag], zigzag, grog, bog, etc. v) 외래어에서는 발음이 일률적이 아니다: orang-outang[ɔʀɑ̃utɑ̃], gang [gɑ̃ːg], boomerang[bum(e)ʀɑ̃ːg], shampooing[ʃɑ̃pwɛ̃], gong[gɔ̃ːg], ginsang[ʒinsɛn], camping[kɑ̃piɲ], etc.

gg 1) 직후에 e, i, y가 뒤따르면 [gʒ]: suggérer[sygʒeʀe], suggestif, suggestion[sygʒɛstjɔ̃], Aggée.
2) 기타의 경우에는 [g]: agglomérer [aglɔmeʀe], aggraver, etc.

gh [g]: ghetto[geto], Enghien[ɑ̃gjɛ̃], etc.

gn 1) 일반적으로는 [ɲ]: gnole[ɲɔl], magnétique, magnifique, prégnant, etc. 2) 학술용어 또는 외래어에서 [gn]: cognat[kɔgna], cognation, cognatif, diagnostic, ignition, récognition, stagnant, etc.

gu 1) 모음 직전에서 일반적으로 [g]: guerre[gɛːʀ], guitare, Guy, guaïacol[gajakɔl], baguette, déguiser, narguer, aiguade[ɛgad], aiguage, etc. 2) e나 i 앞이라도 다음 단어에서는 [gɥ]로 발음된다: arguer[aʀgɥe], argueux, inguinal, linguiste, linguistique, onguicule, onguiforme, sanguification, sanguisorbe, unguéal, unguifère, unguineux, aiguiser(및 그 파생어), aiguille, aiguillon(및 그 파생어), aiguïté, ambiguïté, contiguïté, exiguïté. 3) a가 뒤따르는 경우에도 다음 단어에서는 [gw]를 발음한다: guacine[gwasin], guanamides, guanoxalate, guaranine, guastalline, guattérie, guayule, La Guadeloupe, les Guanches, etc. 그리고 외래어 (스페인어계)에서: agua, jaguar, Nicaragua, etc. (단, Paraguay, Uruguay에서는 [-gai]). 4) guy- 직후에 모음이 이어지면 [gɥj] 《주로 고유명사》: La Guyane, Guyenne, etc. 5) 어미 -gu, -guë는 [gy]: aigu[e(ɛ)gy], aiguë, ambigu, ambiguë, contigu, contiguë, etc.

gallicisme—1° 프랑스어 특유의 어법이나 문장구조로, 대부분이 논리적으로 분석되지 않고, 다른 나라 말로 번역이 안된다.

2° 〖종류〗 ① 〖어휘상의 gallicisme〗 한 단어나 어군이 흔히 쓰이지 않는 의미로 쓰이는 경우: A la bonne heure! 마침 잘됐어 ! /Il vient de sortir. 그는 방금 나갔다/prendre la mouche 화내다.
② 성구를 구성하기 위해 짧은 대명사(en, le, y, que, quoi 등)가 본래의 의미를 상실하는 경우: en prendre pour son grade 호되게 질책당하다/Je vous le donne en cent. 어디 해볼 테면 해봐/Que chacun y mette du sien. 각자 성의를 다하라.
③ 비정상적인 어순, 생략 또는 허사의 사용에 의한 문장구조상의 gallicisme: sans coup férir 쉽사리/histoire de rire 장난으로/C'est une belle chose que la science. 학문이란 아름다운 것이다.

garant—*être*〖*se rendre, se porter*〗 ~ *de:* Les puissances signataires *se portent ~es des* frontières actuelles de ce pays. (Bonnard) 서명한 강대국들은 이 나라의 현 국경선을 보증한다. *se porter ~ pour qn:* Relâchez-le, je *me porte ~ pour* lui.(*Ib.*) 그를 놓아주시오. 내가 그의 보증을 서겠소. ☆ garantie, preuve의 뜻으로 쓰이면 남성으로 주어에 일치하지 않는다: Sa conduite passée vous est un sûr ~ de sa fidélité. 과거의 그의 행동이 당신에게 그의 성실성을 확인해주는 증거가 된다.

garçon—여성형은 fille. garçonne는 V. Marguerite의 동명소설(1922년)로 보급되었고 그 이전인 19세기 말엽에도 쓰인 적이 있으나 비방적인 표현이다. garçon은 「아들 fils」의 뜻으로 쓰이지 않음: Mon fils est malade《mon garçon은 불가능》.

garde[1]—복합어에서의 garde.
① 〖~ N〗 사람을 나타낼 때는 명사(gardien)로서 변화하고, 사물을 나타낼 때는 동사로서 변화하지 않는 것이 보통이다: un ~-chasse [des ~s-chasse(s)] 밀렵감시인, un ~-malade[des ~s-malade(s)] 간호인, une ~-robe[des ~-robes]옷장, un ~-manger[des ~-manger]찬장.
② 〖*adv.*+~〗 명사로서 변화: une avant-~[des avant-~s] 전위.
③ 〖~+*adj.*〗 trait d'union 없이 쓰여진다: un ~ républicain, un ~ champêtre, un ~ forestier.

garde[2]—*prendre ~ de*+*inf* (=s'efforcer d'éviter...), *prendre ~ de ne pas*+*inf* (=avoir soin de ne pas...). ☆ 위 두 표현은 옛날부터 같은 뜻으로 쓰이고 있어서, 「넘어지지 않도록 조심하시오」는 Prenez ~ de tomber 또는 속어에서 흔히 Prenez ~ de ne pas tomber 라고도 쓴다. 그러므로 Prenez ~ de ne pas le rencontrer 와 같은 문장은 「그를 만나지 않도록 주의하시오」와 「노력해서 그를 만나도록 하시오」의 두가지 뜻으로 해석될 수도 있다. 그래서 Mart, 568 이나 H 는 ne pas 를 쓰지 말라고 권하고 있다. *prendre ~ à*+*inf* (=avoir soin de...): Il faut *prendre ~ à* ne pas se tromper (=Il faut prendre ~ de se tromper). (Lit) 틀리지 않도록 주의해야 한다/*Prenez ~ à* faire ceci(=Ayez soin de faire ceci). 이 일을 주의해서 하시오. *prendre ~ que ne*+*subj* (=prendre des précautions contre...): *Prenez ~ qu'il ne tombe.* 그가 넘어지지 않도록 주의하시오. ☆ ne 는 éviter 다음의 ne 와 마찬가지로 explétif 로 해석하는 것이 보통이나 P. Lar 와 N, VI, 31 에서는 pas 가 생략된 것으로 보고 있다. 속어에서는 Prenez ~ qu'il *ne tombe pas* 라고도 하지만 Mart, H, Thomas 등 여러 학자들은 사용하지 말라고 권하고 있다. *prendre ~ à ce que*+*subj* (=veiller à ce que ...): Veux-tu *prendre ~ à ce que* toutes les portes *soient* bien *fermées*, et *à ce que* personne ne

gare¹

puisse s'échapper?(Colin) 문이 모두 잠겨 있는지 주의하고 아무도 도망가지 못하도록 주의하기 바라오. **prendre ~ que**+*ind* (=remarquer …):Il ne *prenait* pas ~ *que* tous les yeux étaient fixés sur lui.(Lar) 모든 사람의 눈이 자기를 응시하고 있는 것을 그는 알아차리지 못했다. **se donner ~ de**+*inf* 〔*que ne*+*subj*〕(=prendre ~ 1°, 3°)는 드물게 쓰이고 **se donner de ~ de** 〔*que*〕는 같은 뜻인데 낡은 어법이다. **n'avoir ~** ⇨ne.

gare¹—~ (à)+N: Si vous faites cela, ~ *les*(혹은 *aux*) conséquences! 그 일을 한다면 결과를 조심해! **~ à**+*pron*.〔*inf*〕: ~ *à* toi! 주의해! /~ *à* ne pas se salir! (G, §999, Rem, 2) 옷을 더럽히지 않도록 주의해!

gare²—en ~ (de):le train qui entre *en* ~ (Anouilh, *P. noires*) 역에 들어오는 기차/Le train venait d'entrer *en* ~ de Monfort. (Green, *Mesurat*) 기차가 몽포르역에 막 들어왔었다. **dans la ~ (de)**《가능한 표현》.

gauche—*tenir sa* ~ 좌측통행하다: En Angleterre, il faut que vous *teniez votre* ~. 영국에서는 좌측통행을 해야 한다//《집합적》La ~ s'est opposée au projet de loi. 좌파는 그 법안에 반대했다.

gêne—생물학 용어인 *gène*「유전자」와 혼동하지 말 것. ***être dans la ~:*** Le joueur *est* tombé *dans la* ~ parce qu'il a perdu tout son argent. 그 도박꾼은 돈을 모두 잃었기 때문에 쪼들리고 있다. ***sans ~:*** Je n'ai jamais vu personne d'aussi *sans* ~. (Rob) 그렇게 버릇없는 사람을 아직까지 본 적이 없다.

genre [性]—명사, 대명사, 형용사의 성별을 가리키는 문법범주 catégories grammaticales 의 하나로 프랑스어에는 남성 masculin 과 여성 féminin 이 있다. 희랍어, 라틴어, 독일어, 영어, 네덜란드어 등에는 중성 neutre 이 있으나, 프랑스어에는 형태상으로 보아 명사와 형용사에는 없다. 그러나 의미상으로 보면 대명사에는 중성이 있다(Je n'*en* sais rien./*Cela* me plait./*Que* dites-vous?). 또 명사처럼 쓰인 부정법, 형용사, 부사들도 그렇다(le boire, le manger, le vrai, le beau, le mieux). 이 중성대명사들은 남성과 같이 일치를 한다(rien de *grand*/Cela est *fâcheux*./Quoi de *meilleur?*). 일상어나 속어에서는, 애칭으로 여자에 대해 남성을 쓴다:poulet, mon petit, mon chéri, mon mignon, etc./Ah! Suzon, vous êtes une bath copine, *mon petit*. (Duham, *Suzanne*) 아! 쉬잔느, 당신은 참 멋진 친구이구려. ☆드물지만 남자에게 여성을 쓰기도 한다: Tiens! voilà Mathieu, comment vas-tu, *ma vieille?* (G, §240) 어머나! 마티유 아니야, 안녕하세요?

genre des noms [명사의 성]—명사에는 남성과 여성이 있고 중성은 없다. 일반적으로 생물의 경우 수컷은 남성, 암컷은 여성이지만, 작은 동물이나 야생동물, 이국적이거나 전설적인 동물들에 대해서는 성의 구별을 하지 않는 것이 있다:le ver 벌레, le putois 족제비, la panthère 표범, le dragon 용 《무생물 명사나 추상명사는 형태, 유추, 어원에 의해 성이 결정된다》.

I. 〖명사의 여성형〗 1° 〖남성형+-e →여성형〗 일반적으로 남성형에 -e 만 붙이면 되지만(ami, amie; ours, ourse; marchand, marchande; bourgeois, bourgeoise), 남성형이 특수한 자음으로 끝날 경우에는, 그 어미 부분을 변경시킨 다음에 -e를 붙인다.

① 〖남성형 어미 자음을 겹침〗 **a) -el. -eau**(고어 -l) → ***-elle:*** colonel, colon*elle*; Gabriel, Gabri*elle*; chameau, chamelle; agneau, agnelle; jouvenceau, jouvencelle. ☆ fou (<고어 fol)→folle. b) -en, -on→-enne, -onne: gardien, gardienne; lycéen, lycéenne; baron, baronne; paysan, paysanne. ☆ 1) -an 으로 끝나는 courtisan, faisan, sultan, gallican, persan, Mahométan, etc. 는 -e만 붙인다. 2) -on 으로 끝나는 Lapon, Letton, Nippon 은 e 또는 ne 를 붙인다. 3) -ain, -in 은 e 만 붙인다: châtelain, châtelaine; voisin, voisine. c) 1) -et→-ette: cadet, cadette; coquet, coquette; muet, muette.(예외: préfet, préfète). 2)-at, -ot→-atte, -otte:chat, chatte; linot, linotte; marmot, marmotte; sot, sotte 가 된다. 《다른 -at, -ot 의 명사들은 e만 붙인다: candidat, candidate; dévot, dévote》. d) 1) métis, roux 는 métisse, rousse 가 된다. 2) -s로 끝난 다른 명사들은 e만 붙인다: marquis, marquise; bourgeois, bourgeoise. ☆ Andalou(<고어 Andalous)는 Andalouse.

② 〖남성형 어미를 변경시킴〗 -er →-ère: berger, bergère; fermier, fermière;écolier, écolière./-x→대부분 -se: ambitieux, ambitieuse; époux, épouse.(예외: vieux, vieille)./ -f→-ve: juif, juive; veuf, veuve; serf, serve./-c 로 끝난 소수의 명사는→-que: Frédéric, Frédérique; Franc, Franque; Turc, Turque.(예외: Grec, Grecque).

2° 〖특수한 어미를 갖는 여성형〗 ① 〖-eur 의 명사〗 a) -eur 를 -ant 으로 바꾸면 현재분사가 되는 것들은, 여성형 -euse 이다: menteur, menteuse; buveur, buveuse; danseur, danseuse. ☆예외: enchanteur, pécheur, vengeur 의 여성형은 -eresse. exécuteur, inspecteur, inventeur, persécuteur 는 -trice 가 된다. b) -eur 를 -ant 으로 바꾸어도 현재분사가 되지 않는 (exécuteur, inventeur, inspecteur, persécuteur 는 제외하고) -teur 의 여성형은 -trice 가 된다. 이 -trice 는 라틴어 여성형 -trix, 때로는 이태리어 여성형 -trice 의 차용 또는 모방이다. -trice 로 여성형이 되는 명사들은 다음과 같다: accusateur, acteur, administrateur, admirateur, adorateur, adulateur, animateur, auditeur, aviateur, bienfaiteur, calomniateur, coadjuteur, collaborateur, compétiteur, compositeur, conducteur, conservateur, consolateur, coopérateur, correcteur, corrupteur, créateur, curateur, délateur, dénonciateur, déprédateur, destructeur, détenteur, directeur, dispensateur, dissipateur, distributeur, dominateur, donateur, éducateur, électeur, émancipateur, exécuteur, expéditeur, explorateur, fascinateur, fauteur, fondateur, générateur, imitateur, indicateur, innovateur, inspecteur, instituteur, interlocuteur, interrogateur, introducteur, inventeur, lecteur, legislateur, libérateur, médiateur, modérateur, moniteur, moteur, négociateur, observateur, opérateur, persécuteur, préparateur, présentateur, producteur, promoteur, protecteur, réconciliateur, rédacteur, rédempteur, réformateur, répétiteur, restaurateur, séducteur, spectateur, spoliateur, tentateur, testateur, traducteur, tuteur, usurpateur, violateur, zélateur, etc.

★ 1) -teur 형의 어떤 것들은 여성이 없는 것도 있다(아래 5° 참조). 2) ambassadeur, ambassadrice; empereur, impératrice; autocrate, autocratrice; débiteur, 《의미에 따라》 débiteuse 〔débitrice〕; chanteur, chanteuse 〔cantatrice〕; procureur, procuratrice 〔procureuse〕. c) -eur→-eure《본래 비교급인데 명사화한 것들》: supérieur, supérieure;

mineur, min*eure*; prieur, pri*eure*; inférieur, inféri*eure*. d) 소수의 **-eur** 는 **-eresse** 가 된다((법률용어, 詩語, 성서체 용어)): bailleur, baill*eresse*; défendeur, défend*eresse*; demandeur, demand*eresse*((법률용어)), demandeuse((일반용어)); vendeur, vend*eresse*((법률용어)), vendeuse((일반용어)); chasseur, chass*eresse*((시어)), chasseuse((일반용어)); enchanteur, enchant*eresse*; pécheur, pécheresse; vengeur, veng*eresse*.

② 〖여성형이 **-esse** 가 되는 것〗 abbé, abb*esse*; âne, ân*esse*; borgne, borgn*esse* ((비어)); bougre, bougr*esse*; câpre, câpr*esse*; centaure, centaur*esse*; chanoine, chanoin*esse*; chef, chéf*esse* 〔cheff*esse*〕; clown, clown*esse*; comte, comt*esse*; *diable, diabl*esse*; *drôle, drôl*esse*; druide, druid*esse*; duc, duch*esse*; faune, faun*esse*; félibre, félibr*esse*; gonze 〔gonce〕, gonz*esse*; *hôte, hôt*esse*; ivrogne, ivrogn*esse*; ladre, ladr*esse*; larron, larronn*esse*; *maître, maîtr*esse*; moine, moin*esse*((속어)); mulâtre, mulâtr*esse* 〔mulâtre〕; nègre, négr*esse*; ogre, ogr*esse*; pair, pair*esse*; pape, pap*esse*; patron, patronn*esse* 〔patronne〕; pauvre, pauvr*esse* 〔pauvre〕; piffre, piffr*esse* ((속어)); *poète, poét*esse*; prêtre, prêtr*esse*; prince, princ*esse*; prophète, prophét*esse*; sauvage, sauvag*esse* 〔sauvage〕; seigneur, seigneur*esse*; *singe, sing*esse*; suisse, suiss*esse* 〔suisse〕; tigre, tigr*esse*; traître, traîtr*esse*; type, typ*esse* ((속어)); vicomte, vicomt*esse*; etc.

3° 〖특수한 형태의 여성형〗 남, 여성형이 어근은 같으나, 남성형이나 여성형에 여러가지 특성을 갖고 있는 것들이 있다. 어떤 것은 남성형과 여성형이 나란히 라틴어의 남성형과 여성형에서 비롯된 것이 있고 (roi < regem; reine < reginam), 여성형이 이미 없어진 남성형과 같은 것이 있으며 남성형이 옛 남성형이 mul이였음), 또한 특수한 접미사를 붙여서 여성형을 만드는 것도 있다: bailli, baillive; bêta, bêtasse; buffle, bufflonne (또는 bufflesse); butor, butorde ((속어)); canard, cane; Charles, Charlotte; chevreau, chevrette; cochon, coche((옛)); coco, cocotte; compagnon, compagne; daim, daine; diacre, diaconesse; dieu, déesse; dindon, dinde; doge, dogaresse; Émile, Émilie; Eugène, Eugénie; favori, favorite; fils, fille; gnome, gnomide; gosse, gosseline((속어)); gouverneur, gouvernante; Henri, Henriette; héros, héroïne; Jacques, Jacqueline; Léon, Léonie; lévrier, levrette; loup, louve; Maure 〔More〕, Mauresque 〔Moresque〕; merle, merlette; mulet, mule; neveu, nièce; perroquet, perruche; Philippe, Philippine; poney, ponette; rigolo, rigolote((속어)); roi, reine; sacristain, sacristine; serviteur, servante; speaker, speakerine; sylphe, sylphide; taureau, taure; tsar 〔czar〕, tsarine 〔czarine〕; vieillard, vieille; Yves, Yvonne.

4° 〖남성형과 다른 어근의 여성명사〗 bélier, brebis; bouc, chèvre; cerf, biche; confrère, consœur; coq, poule; étalon, jument((시어에서는 cavale)); frère, sœur; garçon, fille; gendre, bru; homme, femme; jars, oie; lièvre, hase; mâle, femelle; mari, femme; matou, chatte; moine, moniale; monsieur, madame; oncle, tante; papa, maman; parrain, marraine; père, mère; sanglier, laie; singe, guenon; taureau 〔bœuf〕, vache〔génisse〕; verrat 〔porc〕, truie.

genre des noms

5° 〖남성형으로 여성도 나타내는 것〗 일반적으로 남자가 갖거나 보통 남자만이 갖는 직업을 가리키는 다음과 같은 명사들은 여성형이 없다. 따라서 여자에게도 그대로 남성형을 쓰거나 명사 앞에 femme를 붙이거나 관사를 여성형으로 쓰거나 한다: acolyte, agent, agitateur, amateur, apôtre, architecte, assassin, athlète, auteur, avant-coureur, bandit, bâtonnier, bourgmestre, bourreau, censeur, champion, charlatan, chef, chevalier, cocher, condisciple, défenseur, dentiste, déserteur, détracteur, diplomate, disciple, docteur, écrivain, exportateur, filou, géomètre, gourmet, grognon, guide, imposteur, imprimeur, ingénieur, journaliste, juge, lauréat, littérateur, magistrat, médecin, ministre, modèle, monstre, oppresseur, peintre, pionnier, possesseur, précepteur, professeur, sauveur, sculpteur, snob, successeur, témoin, tyran, vainqueur, valet, voyou, etc./ Mme de Sévigné est un grand *écrivain*. (Ac) 세비녜 부인은 위대한 작가이다/une *femme* peintre 여류화가/une *femme* professeur(또는 un professeur *femme*) 여교수.

★ 1) 몇몇 명사들은 그 직위를 갖고 있는 사람의 부인을 가리키는 여성형이 있다: madame l'amirale, la maréchale, la générale, la commandante, la colonelle, la lieutenante 《속어》, la préfète 《속어》, la ministresse, la pairesse, la notairesse, la pastoresse, etc. 2) 여권신장과 사회생활의 발달로 새로운 여성형들이 이미 생겨났고 계속 만들어질 것이다: artisane (Ac), attachée, auditrice (*Ib.*), aviatrice (*Ib.*), avocate (*Ib.*), candidate, championne, chirurgienne, commandante, conseillère, contredame, députée, électrice (*Ib.*), employée (*Ib.*), lauréate, mairesse, la ministre 또는 la ministresse, oratrice, pharmacienne, préfète, sénatrice, techniciennne, etc./ Julien vit une autre *soldate* en uniforme. (Thérive, *Sans âme*) 줄리엥은 유니폼을 입은 또 다른 여군을 보았다/Elle était *commise* dans un magasin. (Toulet, *Béhanzigue*) 그녀는 어느 상점의 여점원이었다/une jeune *avocate* nommée secrétaire de la Conférence (Henri-Robert, *L'Avocat*) 회의 간사로 지명된 젊은 여변호사. 3) 어떤 명사들은 여자에게만 적용되고, 남성형이 없다: amazone, caillette, douairière, harengère, lavandière, nonne, nourrice, modiste, matronne, etc. 4) 어떤 명사들은 남자에게만 적용되는데도 여성이고, 또 어떤 것들은 보통 여자에게만 적용되는데 남성이다: une estafette 기병전령 ; une vigie (해양)망보는 사람 ; une sentinelle 보초병 ; une ordonnance 전령병 ; une recrue 신병 ; une clarinette 클라리넷 부는 사람 ; eût-elle été un *laideron* timide (La Varende, *Cœur pensif*) 그녀가 수줍어하고 못생긴 여자였어도 ; un tendron 묘령의 아가씨 ; un(또는 une) souillon 더러운 여자 ; un bas-bleu 유식한 체하는 여자 ; un trottin 양장점의 심부름 다니는 소녀.

6° 대부분 -e로 끝나는 어떤 인물명사들은 남, 여성 공용으로 관사, 한정사, 때로는 속사로 성을 나타낸다: adversaire, aide, arbitre, artiste, Belge, bigame, camarade, collègue, complice, concierge, convive, copiste, cycliste, élève, émule, enfant, esclave, garde, hypocrite, libraire, locataire, novice, partenaire, patriote, pensionnaire, philosophe, pianiste, propriétaire, pupille, Russe, secrétaire, Slave, soprano, touriste, etc./ *un* bon élève, *une* jeune élève; *un* bel enfant, *une*

aimable enfant.
7° 많은 동물명사들은 종속만을 가리키고, 어떤 것들은 남성형이나 여성형밖에 없는 것이 있다. 이런 경우 성을 나타내려면 한정어를 덧붙인다: un éléphant *femelle* 코끼리 암놈, une souris *mâle* 새앙쥐 숫놈, un héron *mâle* 왜가리 숫놈, *le coq de la perdrix* 자고새 숫놈, *le mâle de l'hyène* 하이에나 숫놈.

II. 〖동음이의어 homonymes〗 1° 어원과 의미가 완전히 다른 동음이의 어들은 성으로 구별된다: aune *n. m.* (<lat. alnum) 오리나무; *n. f.* (<프랑크어 alina) 오느《옛날 길이의 단위》/barbe *n. m.* (<ital. barbero) 바르바리아산 말; *n. f.* (<lat. barba) 수염/barde *n. m.* (<lat. bardus) 켈트족의 음유시인; *n. f.* (<아랍어 barda'a) 말의 갑옷, 고기를 싸서 굽는 라드/carpe *n. m.* (<gr. karpos) 손목뼈; *n. f.* (<lat. carpa) 잉어/coche *n. m.* (<독어 kutsche) 역마차; *n. f.* (<cochon) 암돼지; *n. f.* (어원불명) 팬자리/faux *n.m.* (<lat. falsum) 허위; *n. f.* (<lat. falx) 낫/foudre *n. m.* (<독어 fuder) 큰(술)통; *n.f.* (<lat. fulgur) 벼락/livre *n. m.* (<lat. liber) 책; *n. f.* (<lat. libra) 파운드/moule *n.m.* (<lat. modulus) 鑄型: *n. f.* (<lat. musculus) 섭조개/mousso *n. m.* (<ital. mozzo) (16세 이하의) 소년선원; *n. f.* (<프랑크어 mossa) 이끼/page *n. m.* (어원불명) 사환, 시동; *n. f.* (<lat. pagina) 페이지/platine *n. m.* (<스페인어 platina) 백금; *n. f.* (<형용사 plat) (시계, 추의) 測板/poêle *n. m.* (<lat. pallium) 棺布; *n.m.* (<lat. pensilis) 난로; *n. f.* (<lat. patella) 프라이팬/somme *n. m.* (<lat. somnus) 수면; *n. f* (<lat. summa) 총계; *n.f.* (<후기 lat. sagma) 짐바리/souris *n. m.* (<sourire) 미소; *n. f.* (<lat. sorix, soricis) 새앙쥐 tour *n. m.* (<ital. torno, 일석에는 <tourner) 회전; *n.f.*

(<lat. turris) 탑/vague *n. m.* (<lat. vagus) 모호함; *n. f.* (<옛 독어 wâge) 파도/vase *n. m.* (<lat. vas) 병, 그릇; *n. f.* (<중세 네덜란드어 wase) 진흙, etc.

2° 어원이 같은 동음이의어들도 성에 따라 의미가 다르다: aide *n. f.* 원조> *n. m.* 남자 조수; *n. f.* 여자조수/critique *n. f.* 비평> *n. m.* 비평가/enseigne *n. f.* 군기> *n. m.* (옛)기수, (해군)소위, 중위/garde *n. f.* 수호> *n. m.* 근위병; *n. f.* 간호부(cf. la garde nationale 국민군, un garde nationale 국민군병사, un garde-française 왕실 친위대원)/grand-croix *n. f.* 레지용도뇌르 최고훈장> *n. m.* 최고훈장 패용자/manœuvre *n. f.* 조종> *n. m.* 인부/trompette *n. f.* 트럼펫> *n. m.* 트럼펫 취주자, 나팔수, etc.

III. 〖복합명사의 성〗 한정을 받은 말의 성을 따르는 것이 보통이다 (un *bateau*-mouche 세느강의 유람선; un *bas*-bleu 유식한 체하는 여자; une chauve-*souris* 박쥐). 그러나 다음 것들은 oiseau 의 영향으로 남성이 된다 (un rouge-gorge 울새; un rouge-queue 딱새; etc.). 동사와 보어명사 또는 전치사와 명사로 이루어진 것들은 보통 남성이 된다 (un porte-plume, un abat-jour, un en-tête, un sous-main, etc.). 그러나 다음 것들은 여성이다: boute-roue, croque-abeille, garde-robe, perce-feuille, perce-neige, perce-pierre, contre-approches, contre-attaque, etc.

IV. 〖고유명사의 성〗 일반적으로 어형에 따라 결정되지만 예외가 많다.
1° 〖국명, 州名〗 ① 〖여성〗 a) 주명은 전부 여성: l'Amérique, l'Europe, l'Asie, etc. b) 고대의 국명은 대부분 여성: la Grèce, l'Egypte, la Perse, la Macédonie, etc. c) 보다 새로운 국명도 여성이 많다: la France, l'Allemagne, l'Angleterre, la Belgique, la Hollande, la Suède,

la Norvège, la Pologne, la Russie, la Chine, etc.

② 〖남성〗 le Japon, le Danemark, le Portugal, le Pérou, le Piémont, le Tyrol, etc. ☆어미가 -e이면서도 남성인 고유명사의 예: le Bengale, Hanovre, le Mexique, le Péloponèse, etc.

2° 〖강 이름〗 어미가 **-e** 로 끝난 것은 여성, 그밖의 것은 남성이 원칙이나 예외도 있다: la Seine, la Tamise, le Rhin, le Mississippi, etc. 어미가 **-a**인 것: le Niagara, la Plata, la Léna, etc. 어미가 **-e**인 남성명사: le Tigre, l'Euphrate, le Rhône, le Danube, l'Elbe, etc.

3° 〖도시 이름〗 ① 정관사를 동반한 도시명의 성은 명백히 나타난다 (le Caire, le Havre, la Haye, la Rochelle, etc.). 기타 도시명은 -e 로 끝나는 것은 여성 (Genève), -e 로 끝나지 않은 것은 남성 (Paris)이라고 하지만 예외가 많다. 다음 예에서 여성은 ville의 영향: Arras fut *prise* par Louis XIII. (Lar) 아라스는 루이 13세에게 점령당했다/ Bucarest *triomphante* (Vercel, Conan) 승리를 자랑하는 부카레스트. ☆그러나 Paris, Lyon, Nancy 는 보통 남성으로 쓰인다. -e 로 끝나는 도시명은 오랫동안 여성으로 쓰인 편이 우세했으나 오늘날에는 남성이 보통이다 (특히 프랑스의 도시명: Nice est *beau*./*mon beau* Nice/Lille est plus *grand* que le Havre./ Marseille est *bruyant*.). 성이 의심스러울 경우에는 la ville de 를 쓰는 것이 좋다.

② 〖tout＋도시명〗 ⇨tout I, 1°, ①,c).

4° 〖산, 산맥 이름〗 ① 단수인 것은 대부분 남성: le Parnasse, le Jura, etc. 단, *la* Jungfrau, *la* Gemmi.

② 복수인 것은 대부분 어형에 의한다. **a)** 남성: les Apennins, les Balkans, etc. **b)** 여성: les Pyrénées, les Alpes, les Vosges, etc.

5° 〖선박명〗 1935년 Académie와 해군성은, 선박명은 고유명사의 성에 따르기로 결정했었다 (*la* Jeanne d'Arc 잔느다르크호, *la* Normandie 노르망디호). D는 이 방법을 지지했으나 일반에는 남성으로 쓰는 경향이 많다 (visiter *le* Normandie 노르망디호를 구경하다). 이것은 bateau, navire, vaisseau, paquebot 의 성의 영향이고, 「*la* Normandie 노르망디 지방」과 혼동을 피하기 위해서이기도 하다. D, *Génie*, 134 는 선박명은 無性의 명사가 되었기 때문이라고 설명한다. H, 339 는 항상 남성을 쓰라고 권했다. ☆관사의 생략: 「revenir par Normandie (C, 60) 노르망디호로 돌아오다」는 관용에 반대되는 것으로 금지된 것이다 (G, §269). métaphore에 의한 작은 배의 이름은 보통명사의 성에 따른다: *le* Goéland 갈매기호, *la* Mouette 갈매기호.

6° 〖비행기, 자동차, 로케트 (인공위성) 이름〗 ① 〖비행기〗 프랑스어의 보통명사에서 유래된 것은 그 성에 따른다: *la* Caravelle 카라벨 기. (예외: *le* Concorde 콩코르드 기). 외국어 또는 기호인 것은 남성: *un* Boeing 보잉기, *un* DC 10 DC 10 기, l'Ilyouchine *polonais* 폴란드의 일류신기.

② 〖자동차〗 승용차는 보통 여성, 트럭은 남성: une Jaguar 자가르차, une Citroën 시트로엥차, une 404 404 승용차; un Berliet 베를리에 화물차, un Citroën 시트로엥 화물차.

③ 〖로케트〗 대개 남성: un Spoutnik 스푸트니크, les premiers Surveyor 초기의 서베이어호, les précédents Luna 앞서 발사된 루나호.

7° 어떤 명사들은 생략된 명사의 성을 따른다: du hollande (=du fromage de Hollande) 네덜란드 치즈, du champagne (=du vin de Champagne) 샴페인, un havane (=un cigare de la Havane) 아바나산의

엽궐련, du romanée(=du vin de la Romanée) 로마네산 적포도주, un terre-neuve(=un chien de Terre-Neuve) 뉴우펀들랜드의 개.

V. 〖성을 판별하는 몇개의 규칙〗 예외가 있기는 하지만 명사의 성을 판별하는 데 도움이 되는 규칙을 몇개 적어보면 다음과 같다.

1°〖남성〗 ① 접미사가 -ier, -age, -as, -ement, -ament, -in, -is, -on, -illon, -oir 인 명사: un encrier, le plumage, le plâtras, le logement, le testament, le rondin, le roulis, le coupon, le goupillon, le miroir.
② 나무 이름: le hêtre, le chêne, le bouleau. (예외: une épine, une aubépine, la ronce, la vigne, la viorne, une yeuse).
③ 금속, 화학물질, 라틴어의 동·식물 명사: le cuivre, le fer, l'argent pur, l'or fin, le cobalt, le soufre, le felis rubiginosa, le viola canina.
④ 언어명: le coréen, le français.
⑤ 날, 달, 계절명: le lundi, le riant avril, le printemps.
⑥ -a 로 끝난 명사: le choléra, le mimosa, le falbala. (예외: armada, guérilla, malaria, mazurka, polka, sierra, vendetta, veranda, villa 등 외국어에서 온 명사들은 여성).

2°〖여성〗 ① 접미사 -ade, -aie, -aille, -aine, -aison, -ison, -ande, -ée, -ence, -esse, -eur (honneur, labeur를 제외한 추상명사), -ie, -ille, -ise, -té, -ure 로 끝난 명사: la colonnade, la chênaie, la pierraille, la douzaine, la cargaison, la trahison, une offrande, la poignée, une exigence, la richesse, la douleur, la jalousie, la brindille, la gourmandise, la bonté, la morsure.
② 학문명: la géologie, la chimie, la botanique, la grammaire, la paléographie. (예외: le droit).

VI.〖성을 주의해야 할 명사〗 1°〖남성〗 abime, adage, aéroplane, âge, air, albâtre, amalgame, anathème, anniversaire, antidote, apogée, apologue, après-dîner, armistice, aromate, artifice, asphalte, astérisque, asthme, athéné, atome, auspice, automate, balustre, campanile, capuce, caramel, centime, cèpe, chrysanthème, crabe, décombres, échange, élastique, éloge, emblème, encombre, en-tête, entracte, épiderme, épilogue, épisode, équilibre, équinoxe, escompte, évangile, éventail, exemple, exode, girofle, hectare, hémisphère, hôpital, hospice, humour, hyménée, hypogée, incendie, indice, intermède, interrogatoire, intervalle, isthme, ivoire, jade, jute, légume, libelle, losange, mânes, midi, minuit, monticule, moustique, narcisse, obélisque, obstacle, omnibus, ongle, opuscule, orage, orbe, orchestre, organe, ouvrage, ove, pastiche, pétale, platine, poulpe, quadrige, quinconce, rail, stade, trophée, tubercule, tulle, ulcère, ustensile, vestige, vivres.

2°〖여성〗 abside, absinthe, acoustique, alcôve, amnistie, ancre, antichambre, apothéose, après-dîner, arabesque, atmosphère, auto, avant-scène, besicles, conteste, dent, dynamo, ébène, écarlate, écritoire, épigramme, épigraphe, épitaphe, épithète, équivoque, fourmi, idole, idylle, insulte, météorite, moustiquaire, nacre, oasis, obsèques, offre, opale, orbite, ouïe, paroi, piastre, prémices, primeur, primevère, pulpe, ténèbres, topaze, vêpres, vicomté, vis, volt-face, etc.

3°〖성이 일정치 않은 명사〗 ⇨amour, après-midi, automne, automobile, chromo, entrecôte, interview, jujube, palabre, perce-neige, phalène, sandwich, steppe, etc.

gens—「la gent 국민, 종족」의 복수형. 「droit des gens 국제법」에서만 nations의 뜻이고 그 외는 모두 hommes의 뜻이다.

1° 남, 여 총칭은 남성이므로(⇨genre des noms) 일반적으로 남성으로 다루지만 완전히 남성화가 되지 않았기 때문에 gens 직전에 남성형, 여성형이 다른 형용사가 놓일 경우에는 여성형으로 하고 이에 앞서는 형용사도 여성형을 쓴다(*bonnes ~, vieilles ~, certaines vieilles ~, toutes les vieilles ~*). 그러나 「~+보어명사」가 일종의 복합명사를 이룰 때는 남성이다(*certains ~ d'affaire* 어떤 실업가들, *de sots ~ de lettres* 어리석은 문인들). 기타의 경우에는 모두 남성:*tous* les ~ 《형용사가 직전에 없음》/ les ~ *âgés*, les *vrais* honnêtes ~ 《직전의 형용사는 남, 여성이 동형임》/*Quels* sont ces ~? 저 사람들은 어떤 사람들인가?

2° gens을 대신한 대명사는 보통 남성이다: Qu'est-ce qu'*ils* diraient, *toutes ces bonnes* ~ de ne pas me voir revenir?(Proust) 그 모든 사람들은 나를 보러 다시 오지 않는 데 대해 무어라고 얘기할까?

3° 직업, 성질을 나타내는 말이 첨가되어 복합어가 될 때 homme의 복수형으로 gens이 되는 일이 많다 (homme〔gens〕de bien 선인, homme〔gens〕 de lettres 문인, homme〔gens〕 de mer 선원, jeune homme, jeunes gens 청년 등). 그러나 les deux jeunes(=le jeune homme+la jeune fille)로 될 수 있다.

4° 품질형용사 없이 trois ~, vingt ~ 처럼 수사와 함께 쓰일 수 없으므로 personnes로 바꾸어 쓴다: trois personnes, vingt personnes.

gentil—여성형은 gentille, 부사형은 gentiment.

〖~ N, N ~〗 un ~ garçon, un garçon ~. *être* ~ *avec*〔*pour*〕*qn*: Elle *est gentille avec* moi〔*pour* nos enfants〕. (Bonnard) 그녀는 내게 〔우리 애들에게〕 친절하다. *C'est ~ à vous de*+*inf*: *C'est ~ à vous de* me l'avoir dit. (*Ib.*) 나에게 그 말씀을 해주셔서 고맙습니다. *Tu seras*〔*Vous serez*〕*~ de*+*inf*: *Tu seras ~ de* fermer la porte. 문을 닫아주면 고맙겠다《부드러운 명령》.

gérondif ⇨participe présent VII.

glissement de sens〔의미의 移行〕—Ch. Bally는 glissement을 일종의 암묵적 파생법 dérivation implicite으로 보고 있다. 어떤 단어가 형태의 변화없이 다른 catégorie로 넘어가는 것을 말하며 changement de sens 또는 déplacement이라고도 한다. 전통문법에서는 부정법이나 형용사가 實辭化하여 쓰이는 경우에 한해서 위파생법 dérivation impropre이라는 이름으로 분류해왔다 (le boire et le manger, le doux et l'amer). Ch. Bally는 프랑스어 어휘 형성의 전반적인 과정을 들어, une femme-enfant, monter une caisse au grenier, un à-côté 같은 경우도 glissement으로 보고 있다 《enfant은 품질형용사, monter는 타동사로 쓰여 porter의 뜻, 부사구 à côté는 명사화했다》. 접미사가 붙지 않은 모든 파생법은 암묵적 파생법이다. 어떤 단어가 소속하게 되는 새 catégorie는 외형으로보아 알 수 있다(une situation tragique, le tragique d'une situation). 실사에서는 특히 환유 métonymie 방식이 풍부하다. 물질명사 le cuivre, 추상명사 la gloire는 사물이나 사람을 나타내는 구체명사가 될 수 있는 것이다(faire jouer les cuivres, une gloire de la littérature). 또 여성형이 있는데도 여성형을 쓰지 않는 것도 명사에서의 glissement의 한 경우이다. aller chez la doctoresse 라고 할 수 있으나 madame le doc-

goutte

teur X라고 하는 경우가 그렇다. 여성 파생어를 갖고 있는 명사에서 無標 non-marqué 의 형을 사용하는 것은 dérivation implicite 현상으로 볼 수 있다.

goutte—1° 고어에 쓰이던 ne 의 보어로 지금에는 voir, entendre, comprendre 에만 쓰인다: Il fait noir ici, je *n'y vois* ~. 이곳은 어두워서 전혀 안 보인다 (y=dans ce lieu)/L'affaire est trop compliqué, je *n'y entends* ~. 사건이 너무 복잡해서 전혀 이해하지 못하겠다 (y=à l'affaire). ☆ 그러나 같은 문장에 상황보어가 있으면 y 를 써서는 안된다: C'est un homme qui ne voit ~ *dans les affaires*. (Ac) 그는 사업을 전혀 알지 못하는 사람이다.

2° *se ressembler comme deux ~s d'eau:* Nous *nous ressemblons comme deux* ~*s d'eau*, vous ne vous en êtes jamais aperçue avant? (Sarraute) 우리 두 사람은 꼭 닮았는데 당신은 미처 몰랐었소? ☆ Cet enfant *ressemble* à son père *comme deux* ~*s d'eau* 는 논리적으로 맞지 않으므로 Cet enfant et son père *se ressemblent comme deux* ~*s d'eau* 라고 써야 하지만, 의미가 명백할 때는 허용되고 있다 (H, 184).

gouverneur—「지사, 총독」으로 쓰일 때는 여성형이 없고, 「가정교사」의 뜻으로 쓰일 때 여성형은 gouvernante 「가정교사, 가정부」이다.

grâce—~ *à* 《감사의 뜻이 들어 있기 때문에 좋은 결과를 얻는 때만 쓴다》:~ *au* Ciel, je suis encore jeune!(Thomas) 하느님 덕분에 나는 아직도 젊구나!/Il est arrivé à temps ~ *à* sa bicyclette. 자전거 덕택에 그는 제 시간에 도착했다. ☆ 따라서, 「~ *à* vous, j'ai tout perdu. 당신 때문에 나는 모두 잃었다」같은 글은 反語法의 경우가 아니면 쓸 수 없고, 「*A cause de* vous [*Par suite de* votre inconséquence], j'ai tout perdu. 당신〔당신의 경솔한 행동〕때문에…」같은 표현으로 바꾸어 써야 한다.

grand—1° 《~ N》 명사 앞에 오면 본래의 뜻을 잃는다:~*e* dame 귀부인 (cf. ~*e* femme 큰 여자)/~ peintre〔poète〕대화가〔대시인〕. ~ *homme* 위대한 사람 《본래의 뜻으로 쓸 때에는 형용사를 덧붙이는 것이 보통:un ~ *homme* brun 갈색 머리에 키가 큰 남자; un ~ et bel *homme* 키가 크고 당당한 남자》. *homme* ~ 키 큰 남자 《이 경우에도 다른 형용사와 함께 쓰는 것이 보통 (un *homme* ~ et maigre 〔et fort〕키가 크고 야위〔튼튼한〕남자) 이며 단독으로 쓸 때에는 un homme de haute taille 라고 쓰는 것이 좋다》.

2° 《~-여성명사》 grand 을 남성형 그대로 쓰는 것은 고어에서 남, 여성 동형이었던 잔재이다: ~-chambre 대법정; ~-chose 대수로운 일; ~-faim 심한 굶주림; ~-maman, ~-mère 할머니; ~-messe 대미사; à ~-peine 간신히, 겨우; ~-route 국도; ~-rue 대로, 번화가; etc.(cf. ~*e* chambre〔rue〕넓은 방〔길〕). ☆ 전에는 grand-mère (*pl.* grand-mères)로 썼고 지금도 이렇게 쓰는 작가가 많다. 여성 복수형은 Ac, 92-3; D, 105 에선 trait d'union 을 사용하여 grand*s*-mères 를 권하고 있고, Rob 도 지지하고 있으나, Colin 은 grand-mères 로, Lar 는 두 가지 모두 쓰고 있다. 남성 복합어의 경우는 grands-pères 이다.

3° 《~ ouvert》 형용사 앞에 놓여 부사적으로 쓰인 grand 은 관계가 있는 명사에 일치하는 것이 보통이다: Les grilles d'entrée étaient ~*es ouvertes*.(Romains) 철책대문은 활짝 열려 있었다/Mais il vit qu'elle avait les yeux ~*s ouverts* et fixes. (Sartre) 그녀가 눈을 크게 뜨고 응시하는 것을 그는 보았다. ☆

1) 그러나 부사는 불변이라는 논리에서 어떤 작가들은 변화시키지 않는 때도 있다: Elle se dressa sur son lit, les yeux ~ *ouverts* et brillants. (Duras) 그녀는 눈을 크게 뜨고 번쩍이면서 자리에서 일어났다.
2) 「les ~s blessés 중상자, les ~s malades 중병인」등의 grand도 부사적 가치를 지니고 있으나 위의 통사법과는 관계가 없다.

grand-chose—1° 예전에는 grand'-chose(⇨grand 2°)로 썼다. 중성으로 일치하는 남성. 형용사가 덧붙여지면 de를 매개어로 쓴다. 또 부정문에만 쓰인다:Il n'y a pas ~ de nouveau. 별로 새로운 것이 없다/ Cela ne vaut pas ~. 그것은 대단한 가치가 없다.
2° 경멸조로 사람을 나타낼 때는 관사를 넣어 성을 구별해서 (un[une] pas-grand-chose)쓴다: Ce type-là, c'est *un* pas-~ marié à *une* pas-~. (Colin) 저 놈은 보잘것 없는 여자와 결혼한 보잘것 없는 녀석이다.

grand-ducal—grand은 불변. *n. f.* grand-ducale, *n.m.pl.* grand-ducaux, *n.f.pl.* grand-ducales.

gré—*savoir* (*bon*) ~ *à qn de qc* [+*inf*]: Elle *vous sait* (*bon*) ~ *de ce service*. 그녀는 당신이 이 수고를 해준 데 대해 고맙게 생각한다.
savoir mauvais ~ *à qn de qc* [+*inf*]: Il *vous saura mauvais* ~ *de les avoir aidés*. 그는 당신이 그들을 도와준 데 대해 원망할 것이다.
bon ~ *mal* ~ : Vous ferez cela *bon* ~ *mal* ~. 싫건 좋건 당신은 그 일을 해야 한다.

grognon—남, 여성 동형 : un [une] ~, un homme[une femme] ~. 때로는 ~ne 라고도 쓴다. 형용사로서 사람 이외의 것을 수식할 때에는 여성형을 쓸 수 있다:Je signale encore la compagnie ~*ne* des cochons.... (Ste-Beuve) 나는 또 꿀꿀거리는 돼지 떼들을 지적하는 바이다/humeur ~*ne* (H) 불평을 잘 하는 성격.

groupe ⇨accord du verbe A, I, 2°, ①, ⑥.

guenon—남성형은 singe.

guère—본래는 beaucoup 의 뜻. 보통 **ne** 와 함께 쓰이고 ne 없이도 pas beaucoup 의 뜻이 된다.
1° 〖형용사, 동사, 부사와 함께〗 Il *n*'est ~ aimable. 그는 별로 친절하지 못하다/Il *n'a* ~ changé. 그는 별로 변하지 않았다/Il *ne* s'en est ~ fallu que nous ne l'ayons perdu. (Cl) 자칫했으면 그것을 잃을 뻔했다 《de ~ 는 낡은 어법》/Il *n*'est ~ *plus* riche *que* vous. 그는 당신보다 별로 더 부자가 아니다/Il *n'a* ~ *moins* de trente ans. 그는 삼십도 안 되었다/Je *ne* le voit *plus* ~. 나는 이제 그를 거의 만나지 않는다/ Il *n*'y a ~ *que* (=presque, uniquement) vous qui puissiez faire ce travail. 그 일을 할 수 있는 사람은 당신밖에 없다/Je *n*'ai ~ (= tout au plus) *que* cinq francs. 나는 고작 5 프랑밖에 갖고 있지 않다.
☆부정법과 관계될 때의 어순: Je suis résolu à *ne* parler ~ [à *ne* ~ parler]. (H) 나는 말을 거의 않기로 결심했다.
2° 〖~ **de**+N〗 Il *n'a* ~ d'argent. 그는 돈이 별로 없다/Il *n*'est ~ venu *de* touristes. 관광객이 거의 안 온다.
3° 〖ne 없이〗 Aimes-tu cette personne?—~. 당신 저 사람 좋아해 ? —아니, 별로/Je vais vous verser du vin. —~, je vous prie. (Lit) 제가 술을 따라드리지요. —조금만 주세요.

guerre—de ~ lasse (⇨las).

guide—① 「안내자」의 뜻으로는 여성형이 따로 없다(Cette jeune fille est *un* ~ remarquable. 저 아가씨는 훌륭한 안내원이다). 그러나 「걸

스카웃」 단원은 *une* ~라고 한다.
② 여성복수형은 「고삐(=rêne)」의
뜻: Il a tiré sur *les* ~s pour faire
arrêter le cheval. (Bonnard) 그
는 말을 멈추게 하려고 고삐를 잡아
당겼다.

guillemets [인용부호]—1° guille-
mets(《 》)는 문장에서 어느 단어
나 표현을 돋보이게 하는 데 쓰인다:
Philippe IV fut surnommé «le Bel»./
La mode est en train de gagner
la France de ces publications que
l'on nomme des «digests» dans le
monde anglo-saxon. (Duham, *Tri-
bulations*)/ L'accusé déclara qu'il
«travaillait» dans le cambriolage
et dans le vol à main armée. (G,
§ 1069).

2° guillemets 는 인용문 앞뒤에 붙
여진다. 이때에 행이 바뀔 때마다
guillemet 를 붙이고, 만일 다른 인용
문이 처음 인용문 안에 또 들어가면 행
처음마다 붙인다(흔히《):Mon père
reprit le livre et lut à haute voix:
«Il le rencontra un soir qu'il se
promenait sur le quai.
«Il l'aborda et lui dit: «Pourquoi
«n'avez-vous pas répondu à ma
«demande, pourtant si justifiée?»
«L'homme tourna la tête et ne
répondit pas.»

3° guillemet(《)로 시작된 대화는
tiret(─)로 계속해 가다가 마지막에
guillemet(》)로 끝낸다:
«Où l'avez-vous rencontré?
—A Nantes.
—Est-il accompagné?
—Non.»

4° 인용된 글이 완전한 문장이면(대
문자로 시작된) 마침표[의문부호,
감탄부호] 다음에 guillemet 가 오
고, 불완전한 문장이면 guillemet
다음에 마침표가 온다:
Il lui dit:«Donnez-moi cela.»
On passa les ciseaux dans sa
«chevelure d'or aux boucles sans
pareilles».

5° 계산서, 도표, 카탈로그 등에서
guillemet 는 「nullité 없음」을 나타
낸다.
Bordeau blanc   1946……220 F
    —   —   1947……»
Bourgogne rouge 1937……400 F
((이경우 tiret(─)는 「répétition 반
복」을 뜻한다)).

gutturale [喉音]─喉頭膜에서 생기
거나([k], [g] 같은 소위 軟口蓋音
이나 스페인어 rojo[roxo]의 [x]),
懸擁垂에서 생기는(파리 시민들이
[mɛʀ]를 [mɛʁ]라 할 때의 [ʁ] 같은)
口蓋垂音 uvulaire, 그리고 아랍어의
인두 pharynx, 후두 larynx 음들을
가리키며 때때로 연구개음 vélaire
의 동의어로 쓰이기도 한다.

H

h—alphabet 명칭은 [aʃ]. 발음은 여하한 위치에서도 무음이다. 그러나 문법상으로는 어두의 **h** 에 대해서만은 유성 h(h aspiré)과 무성 h(h muet)의 두가지로 나눈다. 전자나 후자나 실제 발음상으로는 무음이라는 점에서는 동일하나, h aspiré의 경우에는 élision 과 liaison 이 금지되는 반면 h muet에서는 모음으로 시작되는 단어에서와 꼭 마찬가지로 élision 과 liaison 이 꼭 지켜져야 한다는 점에서 양자는 구별된다. 또한 유성 h 앞에서는 *e caduc은 반드시 [ə]로 발음되어야 하며 형용사 중 자음 앞에서와 모음 앞에서 그 형태를 달리하는 것은 자음 앞에서 쓰이는 형태를 택해야 한다: le héros[lə eRo] (cf. l'huile), du héros (cf. de l'huile); ce hareng[sə aRã], ces harengs[se aRã] (cf. cet homme [sɛtɔm], ces hommes[sezɔm]).

habile—~ *à+inf*: Il est ~ *à* vous insinuer ses propres pensées. (Bonnard) 그는 자기 생각을 넌지시 암시하는 데 능란하다.

habitude—*avoir l'*~ *de*: Il a l'~ *de* se lever tôt le matin. 그는 아침에 일찍 일어나는 습관이 있다.
à son ~ (=comme il en avait l'~): *A son* ~, il regarda le réveil. (Bonnard) 습관대로 그는 자명종 시계를 쳐다보았다. *d'*~ (=en général): *D'*~ il se levait à sept heures. 보통 그는 일곱시에 일어났다／ Le café est meilleur que *d'*~.(Rob) 커피가 여느때보다 더 좋다. *par* ~ (=machinalement): *Par* ~ l'agent sortit son calepin. (Bonnard) 경관은 습관〔기계〕적으로 수첩을 꺼냈다.

Hamlet—le monologue *de* ~ (Q) 혹은 … *d'*~ (Lar).

hardi—~ *à+inf*: plus ~ *à* faire qu'*à* parler(Boss) 말하기보다 행동하기에 더 용감한. ~ *de+inf*《경멸적》: Qui te rend si ~ *de* troubler mon breuvage? (La Font) 누가 너를 그렇게 뱃심좋게 만들었기에 내 물을 흐려놓느냐?

harmonie vocalique (=**harmonisation**) 〔모음조화〕— 모음동화 현상으로서 일정한 위치에서의 하나 나 여러 모음의 선택이 자유롭지 못하고 특정한 다른 모음의 존재에 의해 자동적으로 결정되는 현상. 이 모음조화는 피노·우그리아어와 터키어에서 특히 중요한 역할을 한다. 語末의 모음이 근접해 있는 모음의 영향으로 구개화되거나 연구개화된다. 핀란드어에서 어미의 모음은 어간의 모음에 의해 어느정도 결정된다. 동일한 格어미가 어간의 모음에 따라 -ssa 또는 -ssä 로 된다(talo-ssa «dans la maison»; metsä-ssä «dans le bois»). 터키어에서는 단어의 첫 모음이 前母音이냐 後母音이냐에 따라 모든 모음이 전모음이나 후모음이 된다 (at «cheval»의 복수는 atlar인데 gül «rose»의 복수는 güller 인 것이다). 通時的인 면에서 불어를 살펴보면 동일한 모음조화 현상을 볼 수 있다 (*anc. fr.* camerade>*fr. mod.* camarade).

hasard—C'est un ~ qu'il *ait réussi*. (M) 그가 성공한 것은 우연한 일이다 (혹은 C'est un ~ s'il *a réussi*.= C'est par ~ s'il *a réussi*.). ⇨ si[1].

hâte—*avoir* ~ *de+inf*: J'ai ~ *de* partir. 나는 급히 출발하고 싶다.
avoir ~ *que+subj*: Il *avait* ~ *qu'*elle *s'en allât*. 그는 그녀가 어서

가기를 바랐다.
haut—〖~+관사+N〗 부사로 취급하여 불변:~ les mains! 손들어/ tenir 〔porter〕 ~ la tête 당당하게 머리를 치켜들다 《tenir la tête ~*e* 에선 haute 가 la tête 의 속사로 해석되어 일치한다》.
à ~e voix〔*voix ~e*〕 큰소리로:Je répétais ces mots *à voix ~e*.(Beauvoir, *Sang*, 90) (cf. parler ~ 큰소리로 말하다, parler hautement 공공연하게 말하다). *être ~ de, avoir...de ~* (높이가)…이다: La Tour Eiffel *est ~e de* 320 mètres (=La Tour Eiffel *a* 320 mètres *de ~*(*n. m.* =de hauteur)). 에펠탑은 높이가 320 미터이다.

hébreu—Hébreu(복수형은 Hébreux) 「히브리 사람」, 여성형은 Juive. *adj. m.* des mots ~*x*. *adj. f.* 는 사람에 대해선 juive, 사물은 hébraïque 를 쓴다: la langue *hébraïque*. 때때로 *adj. m.*에 hébraïque 도 쓰인다:caractères *hébraïques*.

Henri—보통 H 는 무음: le père d'(H)enri;Vive (H)enri IV!;un (H)enri;deux (H)enri; C'est (H)enri.옛날에는 유음으로 지금도 국왕명에는 흔히 유음:femme *de* Henri II (P.Lar)

Henriette—H 는 무음:C'est (H)enriette. 왕비, 공주의 이름은 유음, 무음으로: l'oraison *d'*(H)enriette d'Angleterre (Mornet, *Hist. litt.*) 혹은 *de* Henriette d'Angleterre (Lar).

héros—여성형은 héroïne. héros의 h 만 유음이고, héroïne, héroïsme, héroïque 등의 h 는 모두 무음이다.

heure—1°〖*tout à l'~*〗① 〖가까운 과거〗(=il n'y a qu'un moment): Il est sorti *tout à l'~*. 그는 방금 외출했다. ② 〖가까운 미래〗(=dans un moment):Je vous le dirai *tout à l'~* 당신에게 곧 그것을 얘기하겠소.
2° 〖시각의 표현〗 ① 〖…시〗 Quelle ~ est-il? —Il est 8 ~*s*. 몇시입니까?—8시입니다《시계가 치고 있을 때는 Quelle ~ est-ce?—C'est 8~*s*.》). ②〖…시 …분〗 8 ~*s et* *demie; ~*s* et (un) quart; 8 ~*s* trente et un(e) 〔moins le(또는 un) quart, moins cinq〕.
③ 〖어느 때의 …시〗 Il est 8 ~*s du matin* 〔*du soir*〕. 아침〔저녁〕8시이다/3 ~*s de l'après-midi* 오후 3 시.
④ 〖동사의 일치〗 8 ~*s ont sonné* 〔《속어》*a sonné*〕. 8시를 쳤다/8 ~*s et demie a sonné* (⇨demi, midi, minuit, quart).
⑤ 〖*à ~*〗 *à* 6 ~*s* sonnant(es)〔battant(es), 《속어》tapant(es)〕여섯시를 칠 때에; *à* 6 ~*s* sonnées 6시를 치자;*à* l'~ sonnant(e)〔battant(e), tapant(e)〕시계가 치는 시간에.

heureusement — ~ *que*+*ind* 〔*cond*〕: ~ *qu*'il est arrivé à temps. 다행히 그가 제시간에 도착했다 《이때 que 를 생략하고 (,)를 쓰기도 한다》. ⇨que³ VI, 2°.

heureux—*Il est*〔*C'est*〕 ~ *que*+*subj*: Il est ~ *que* vous *soyez* des nôtres ce soir. 오늘 저녁 당신이 함께 하여 주셔서 다행입니다. *être ~ que+subj* 〔*de ce que+ind*〕 (때때로 *subj*)〕: Je *suis* ~ *qu*'il *aille* mieux. 그의 건강이 좋아졌다니 다행이다. ☆ ~ de ce que 의 구문은 너무 무거워 보여 피하는 것이 좋다. 특히 종속절이 타동사+직접목적어가 있으면 쓰이지 않는다. 「Je suis ~ *de ce que* vous m'avez appris votre succès. 당신이 당신의 성공을 나에게 알려주어 기쁘게 생각한다」는 안쓰고, Je suis ~ *que* vous m'ayez appris...로만 써야 한다(Le B, II, 341). *être* ~ *de qc*〔+*inf*〕:Je *suis* très ~ *de* votre succès〔*de* vous revoir〕. 당신의 성공을 〔당신을 다시 만나게 되어〕기쁘게 생각합니다.

hiatus 〔모음중복〕—두 모음이 접속되어 두 음절을 이루는 음운 현상을 말한다(kaolin, créer). hiatus를 피하려는 방법은 여러가지가 있는데, 비모음적 non-vocalique 음소를 첨가 (crier[krije]) 하거나, 첫째 모음을 비모음적 요소로 전환시키거나(nuée [nɥe]) 또는 축약 contraction 하는 방법이 있다.

hier ⇨matin, soir.

hiver—*en ~, l' ~* 겨울에는: Comme on est bien dans cette pièce, *l'~*. (Troyat, *Vivier*) 겨울에 이 방에서 지내면 얼마나 아늑할까. *à l'~, dans l'~* 《드물게 쓰임》:Nous sommes *dans l'~*. (Lit.) *~ comme été, été comme ~*. 여름이나 겨울이나.

homme—1° mari 의 뜻으로는 속어에만 쓰인다: Marie vit son *~*. (Sartre) 마리는 제 남편을 보았다. 2° 〖être ~ à+*inf* 〗 (=être capable de): Je ne *suis* pas *~ à* être mené par le nez.(Bonnard) 나는 고분고분 복종하는 사람이 아니다 《긍정문으로는 잘 쓰지 않는다》. 3° 〖복합어〗 un homme d'affaires 〔d'argent, de bien, d'Eglise, d'épée, de journée, de loi, de parole, de qualité〕 등과 homme lige, homme propre 에는 trait d'union 을 안 쓰고 homme(s)-grenouille(s), homme(s)-orchestre(s), homme(s)-sandwich(s), homme(s)-serpent(s) 등에는 trait d'union 을 쓴다.

homographe [同綴字語]—철자가 같고 흔히 발음도 같으나 뜻이 다른 어휘소를 말한다. 예를들면 rue(=voie de circulation)와 rue(=plante vivace)는 동철자어들이다. 이것들은 상이한 어원과 의미를 갖고 있으나 철자와 발음은 같다. 마찬가지로 多意관계 polysémie 의 경우도 동철자관계 homographe 라 말할 수 있다. 또 철자는 같으나 발음이 다를 수 있다(les *fils* de Pierre; les *fils* de laine).

homonyme [同形異意語]—의미는 다르나 발음이 같은(혹은 철자도 같은)단어를 말한다. 특별한 경우를 제외하고 프랑스어에서는 homonyme 가 동시에 동음이의어 homophone 와 동철자어 homographe 인 경우는 흔하지 않다. 때로는, 발음은 같으나 의미와 철자가 다른 homophone 를 homonyme 이라 부르기도 한다. 옛날에는 homophone 를 철자로 구별하는 것을 중요시하여, dessein, dessein; compte, conte 의 철자법을 사용하였고 이런 경향으로 프랑스어에는 영어의 경우처럼 homophone 는 많으나 homographe 는 적어지게 된 것이다.

homophone [同音異意語]—다른 단어와 발음은 같으나 의미가 다른 단어를 말한다 ([so]:sceau, seau, sot, saut). 또 같은 요소를 전사하는 transcrire 두 철자를 homophone 라고도 부른다. 즉 si ça cesse 라는 syntagme 에서 철자 s, ç, ss 는 음소 [s]를 나타내는 것이다. 접미사 -ment(동작동사를 만드는 데 쓰이는)과 -ment(양태의 부사 어미)도 homophone 이다. 프랑스어에서는 철자법으로 흔히 homophone 들을 구별한다. 즉 어원이 같은 두 단어 (lat. computare 에서 온) compter 와 conter 는 발음은 [kɔ̃te]이나 철자법과 뜻이 다른 것이다.

honneur—*en l'~ de qn:* un monument érigé *en l'~ des* soldats inconnus 무명용사들에게 경의를 표하기 위해 세워진 기념비. ☆ en quel *~*(=pourquoi)는 속된 표현: *En quel ~ cette nouvelle toilette?* 무엇 때문에 또 새 화장을 하지?

honteux—*être ~ de qc*〔+*inf*〕:Elle *est honteuse de* ce mensonge. 그녀는 거짓말한 것을 부끄럽게 생각한다. *être ~ que+subj:* Nous *sommes ~ qu'*on vous *ait* oubliés. 우리는 당신들을 잊어버린 것을 부끄럽게 생각한다. *Il est ~ de+inf*〔*que+subj*〕:*Il est ~ de* mentir. 거짓말

hormis 하는 것은 부끄러운 일이다.

hormis—낡은 단어로 흔히 excepté, sauf 로 바꾸어 쓴다(Colin). ~ *que* +*ind*〔*cond*〕(=excepté que...): enfant très bien doué, ~ qu'il est étourdi (DG) 침착치 못한 점만 제외하고는 재능이 있는 아이. ~ *que... ne*+*subj*((고어))(=à moins que...): ~ *que* le printemps *n'arrive* bientôt, je ne sais pas ce que nous allons faire. (Hémon) 봄이 곧 돌아오지 않으면 우리는 어떻게 해야 할지 모르겠다.

hors—① à l'extérieur de 의 뜻으로는 hors de 가 일반적 (Le malade est ~*de* danger. 환자는 위기에서 벗어났다). hors 가 de 없이 쓰이는 경우는 a) 《성구, 전문용어》 ~ (la) barrière 성곽 밖에서; ~ cadre 예비역의; ~ concours 무감사의; ~ courant 전류가 통하지 않는; ~ feu (용광로의)불이 꺼진; ~ jeu 《축구》 옵사이드; ~ la ville 시외에; ~ ligne 뛰어난; ~ rang 비전투부대; ~ la loi 법의 보호를 받을 수 없는 사람, 무법자; etc. b) 《문학적 용어》 la langue tirée ~ la bouche (France) 입에서 혀를 내밀고.
② excepté 의 뜻이면 (대)명사, 종속절 앞에서 보통 hors: ~ cela 그것을 제외하고/ ~ lui, tous étaient là. 그를 제외하고 모두 있었다/~ quand il pleut 비가 올 때를 제외하고.

~ *de*+*inf*: ~ *de* le battre, il ne pouvait le traiter plus mal. (Ac) 그를 때리는 것을 제외하고 더 가혹하게 그를 다룰 수는 없었다. ~ *que*+*ind*〔*cond*〕(=excepté que...):Il lui a fait toutes sortes de mauvais traitements, ~ qu'il ne l'a pas battue. (Ac) 그는 그녀를 때리지만 않고 모든 나쁜 대우를 했다. ~ *que... (ne explétif)*+*subj*((고어))(=à moins que...): ~ qu'un commandement exprès du roi me *vienne* (Mol, *Misanth.*, II, 6) 지엄한 왕명이 나에게 내리지 않으면.

Hugo—H 가 무음이냐 유음이냐는 정해져 있지 않다:la maison *d*'Hugo (Henriot), un dessin *de* Hugo (Maurois).

huit—1° 〔발음〕 형용사로 자음 앞에선 [ɥi], 그 외는 [ɥit]: les hui(t) livres/J'en ai hui*t*./le hui*t* mai/hui*t* ans. ☆ huit 앞에서는 일반적으로 *élision, *liaison 을 안한다: livre huit, chapitre huit, cen(t) huit. 그러나 h 를 무음으로 다루는 경우가 있다: dix-(h)uit [dizɥit], quarant(e)-(h)uit, mill(e) (h)uit cents, pag(e) (h)uit. *d'aujourd'hui*〔*de demain, (de) mardi*〕 *en* ~ 일주일 후의 오늘〔내일, 화요일〕 《요일 앞에선 보통 de 를 생략한다》.

huitième—huitième 앞에서는 *élision, *liaison 을 하지 않는다:le ~.

hyène—l'~, 때로는 la ~:un sourd rugissement *d'*~ (Balzac)/les cris *de* ~ (Id.).

hymne—어원인 라틴어의 hymnus 는 남성. 교회에서 보통 라틴어로 부르는 성가, 찬미가의 뜻으로는 여성 《語頭의 모음과 어미 e 의 영향 ⇨ genre des noms》: une ~ sacrée, les ~s chrétiennes. 나중에 일반적으로 「노래」의 뜻이 되고, 어원의 성을 다시 찾아 남성:u*n* ~ national; des ~s guerriers 《Clédat, 111 에 의하면 찬미가의 뜻에도 남성을 써서 un bel ~ d'église 가 가능하다고 했다》.

hypothèse—*dans l'~ où*+*cond*: Dans l'~ *où* ils *refuseraient* tous, quelle serait la réaction du proviseur? 그들이 모두 거절한다고 가정하면, 교장의 반응은 어떨까요? *en toute* ~ (=en tout cas): *En toute* ~, nous devons être sur nos gardes. 어떤 경우이건 우리는 조심해야 한다.

I

i—alphabet의 제 9 자로 세번째 모음. 명칭은 [i]. graphie와 발음과의 관계는 다음과 같다.

i 1) 자음 앞이나 어미에서와 어미의 e caduc 앞에서는 [i]: *ici*[isi], c*i*ment, d*i*sque, br*i*ser, *i*l oubl*i*e, am*i*e, etc. 2) 어미의 *consonnes allongeantes 앞에서는 [i:]: l*i*vre [li:vR], fin*i*r, pr*i*se, t*i*ge, gr*i*ve, etc. 3) 경모음 *voyelles fermes 앞에서는 [j]: *i*ode[jɔd], plé*i*ade, pér*i*ode, best*i*aux, c*i*eux, etc. 4) 「자음+유음 (l, r)+i+모음」에서는 [-i] 또는 [-ij-]로 발음된다: pl*i*er [plie] 또는 [plije], cr*i*ard, oubl*i*er, févr*i*er, tr*i*age, etc.

î 상기 i의 경우와 같은 규칙이 적용된다: gîte[ʒit], huître, nous fîmes, vous fîtes, île, etc.

ï i와 같다: ovoïde[ɔvɔid], aïeul [ajœl], etc.

-il, -ill- ⇨l.

im 1) 어미에 있거나 자음 b 또는 p 직전에서는 [ɛ̃]: *im*bécile[ɛ̃besil], t*im*bre, Joach*im*, etc. 단, 외래어에서는 [im]: *im*térim[ɛ̃teRim]. 2) 직후에 모음 또는 m이 오면 [im] 또는 [imm]: *im*age[ima:ʒ], *im*iter, *im*moral; *im*mense[immɑ̃:s], *im*médiat, *im*meuble, etc. 단, immangeable는 [ɛ̃mɑ̃ʒabl] 또는 [immɑ̃ʒabl].

in, în 1) 자음 n 앞 또는 모음 앞에서는 [in]: *in*né[ine], *in*novation, *in*nocence, *in*estimé, *in*évitable, *in*accessible, *in*oculer, *in*habitable, *in*humain, etc. 2) 위 이외의 경우는 [ɛ̃]: *in*tact[ɛ̃takt], m*in*ce, f*in*, qu'il t*in*t, qu'il v*în*t, nous v*în*mes, etc.

ici—① 〖명사적〗 Les gens d'~ cultivent des pommes de terre. 이 고장 사람들은 감자를 재배하고 있다/Je ne connais pas bien les coutumes d'~ (=de la région, du pays). 이 고장 풍습을 나는 잘 모르고 있다. ② 〖형용사적〗 C'était le jour de mon arrivée ~. (Daud, *Diligence de Beaucaire*) 그것은 내가 이곳에 도착하던 날의 일이었다.

d'~ (à)... 여기에서〔지금부터〕 …까지 《시간적 의미에서는 à의 사용은 임의》: *d'~ (à)* la fin du mois 지금부터 월말까지 / *d'~ (à)* demain 지금부터 내일까지 / *d'~* le quinze 지금부터 15일 이내에 / *d'~ (à)* quelques jours 지금부터 며칠동안 / *d'~ (à)* quelque temps 지금부터 잠시동안 //《공간적 의미에서는 à를 사용하는 것이 일반적예다. à의 생략은 문체에 힘이 없는 느낌을 준다》: *d'~ (à)* Paris 이곳에서 파리까지 / *D'~ (à)* Chartres, il y a cent kilomètres. 여기에서 샤르트르까지 100킬로의 거리다. *d'~ là* 이곳에서 그곳까지, 지금부터 그때까지. *d'~ peu* 불원간(à를 사용하지 않는다). *d'~ (à ce) que* (=jusqu'à ce que) +*subj*: *d'~ à ce que* tu aies terminé tes études 너의 공부를 끝마칠 때까지. *C'est ~...* (=Ceci est...). ⇨ce¹ II, 3°, ②.

idéal—명사의 복수형은 *idéals* 혹은 *idéaux*의 2가지가 있다. H에 의하면 학술용어로는 *idéaux*, 문학·예술 분야에서는 *idéals*을 사용한다고 한다. 형용사의 남성복수형은 *idéaux*, 드물게 *idéals*.

il(s), elle(s)—무강세주어. 강세를 취할 경우에: D'où vient-*il*? / Viennent-*elles*? 《의문문에서 동사 뒤에 놓일 경우》. 일반적 용법 ⇨ pronoms per-

il(s), elle(s)

sonnels III, 1°①, b).
〖발음〗 il, ils[il]. 일상어에서는 모음 앞에서를 제외하고는 [i]: Il a [ila]; I(l) va; Vient-i(l)?; Y est-i(l) allé?[tjale]. (Gram, 103).

I. 〖il(s), elle(s)〗 1° 〖반복용법〗 ① 강조하기 위하여 주어(대)명사를 반복한다. a) 〖후속〗 La cathédrale, *la très célèbre cathédrale*, dès en arrivant, *elle* s'indique.(Loti) 성당, 그 유명한 성당이 도착할 때부터 눈에 띈다. b) 〖선행〗 Elle avait été longue et cruelle, *cette lutte*.(Id.) 이 투쟁은 길고 참혹했다.
② 속어에서는 명사 바로 뒤에 il(s), elle(s)을 첨가하지만, 명사 뒤에 구점 virgule이 없으므로 강조용법이 아니다(cf. N, V, 212; Dam, III, 211): *Le soleil il* se lève./*Mes enfants ils* sont arrivés./*Les vieilles femmes elles* sont toujours à causer. (Bauche).

2° 〖표현되지 않은 명사를 대신〗 ① 〖ils〗 a) 말하는 사람, 듣는 사람 간에 양해가 있어 새삼스럽게 지명할 필요가 없는 인물을 가리킨다: Vous savez quelle rage de musique *ils* ont dans le Midi. (Daud) 남불 사람들이 얼마나 음악광인지 여러분들이 알고 있는 대로입니다. ☆서민들은 ils로 정부·부자들을 경멸적으로 나타낸다. b) on에 가까운 不定의 뜻: Ils disent que chaque être humain a pour premier devoir d'assurer son indépendance.(Porto-Riche) 세상사람들은 인간은 누구든지 자립하는 것을 제일의 의무로 삼아야 한다고 말합니다. cf. Le mari, à ce qu'*ils* disent (= à ce qu'on dit), est jaloux. (Mol.)
② 〖elle(s)〗(=la femme, les femmes): Elle aussi souriait, de ce sourire qu'*elles* ont pour offrir leur désir…. (Maupass, *Bel Ami*) 여자들이 욕망을 바치려고 할 때 짓는 그 미소로 그녀도 미소를 짓고 있었다.

3° 〖il, elle〗(= tu) 《아이들을 향하여》: *Il* a été gentil? 얌전히 있었니? 《어린아이들의 말투를 모방》.

4° 〖용법상의 주의〗 ① 제1절의 주어가 남성〔여성〕단수이면, 제2절의 il, 〔elle〕은 제1절의 주어에 대신한다: Pierre a volé Paul; *il* a porté plainte. 피에르는 폴의 것을 훔쳤기 때문에 폴은 고발했다《이 문장에서 il은 Pierre을 받는 것이 되므로 *Celui-ci* a porté plainte 라고 해야 뜻과 일치되는 문장이 된다》.
② il, elle 은 관사·한정형용사가 앞에 놓이지 않는 명사를 대신하지 않는다: Paul a demandé *grâce*; elle lui a été accordée. 폴은 용서를 구했다. 그래서 그는 용서를 받았다 《잘못된 문장》. 이 경우 Paul a demandé *sa* grâce 라고 하는 것이 옳은 문장이다. 그러나, 〖집합명사+de〗 다음에 관사 없는 보어명사를 받을 수 있다: J'ai cueilli une multitude de *fleurs*; elles vous seront envoyées.

II. 〖중성의 il〗 1° 〖비인칭동사의 주어〗 *Il* pleut./*Il* neige./*Il* fait du vent. ⇨verbes impersonnels.

2° 〖시간을 나타내는 표현〗 *Il* est une heure./*Il* est deux heures./*Il* est midi./*Il* est tôt〔tard〕. 아직 시간이 이르다〔이미 늦다〕.

3° 〖논리적 주어를 갖춘 구문의 문법적 주어〗 *Il* s'est produit *une accident*. 사고가 일어났다/*Il* lui arrivera *malheur*. 그에게 불행이 닥칠 것이다/*Que* se passe-t-*il*? 무슨 일이야? 어떻게 됐니? /*Il* est honteux *de mentir*. 거짓말하는 것은 수치스런 일이다. ⇨ce¹ II, 3°, ⑪.

4° 〖중성대명사를 대신〗 *Personne* ne peut dire qu'*il* a versé toutes ses larmes. (Porto-Riche) 그 누구도 눈물을 다 흘렸다고는 할 수 없다//〖의문문에서〗 *Tout* est-*il* vrai? 전부가 다 사실이야? /Quand *ça*

finira-t-*il?* 그것은 언제 끝납니까?
5° (=cela) 《성구적》: *Il* est vrai. 그것은 정말이다/*Il* se peut(=*Il* est possible). 그럴는지도 모르지/*Il* suffit. 그것으로 충분하다/*Il* me semble. 그런 것 같다/*Il* ne semble pas. 그런 것 같지는 않다/*Il* n'importe. 상관없다/*Il* y parait. 그것은 분명하다/*Il* n'y parait pas. 그렇게 보이지는 않는다. etc. ⇨incise 2°.
6° il의 생략 ⇨verbes impersonnels 3°.

il y a—항상 보어〔논리적 주어〕를 동반한다: *Il y a* de l'argent dans le portefeuille. 지갑에 돈이 들어 있다/*Il n'y a* pas de doute. 의심의 여지가 없다/*il y a* trois ans 3년전에/le Paris d'*il y a* cent ans 100 년전의 파리.
① 〖보어+(il) y a〗 L'erreur, si erreur *il y a*, n'est pas imputable à Victor. (Henriot) 만약 잘못이 있다면 그것은 빅토르에게 돌릴 것이 아니다.
② 〖il y a que〗 il y a 가 다음의 예와 같이 반복되는 경우 명사절을 보어로 할 수 있다: Qu'est-ce qu'il y a donc?—*Il y a que* tout le monde proteste. 도대체 무슨 일이 있었소? —모두가 항의하고 있습니다.
Il y a cinq ans que(⇨que³ IV, 5°; ne II, 5°). *Il y a congé*(관사의 생략 ⇨article IV, 9°). *Il n'y a que toi qui* [*avec qui*, etc.], *Il n'y a que de+inf+qui*..., *Il n'y a de +adj.+que*(⇨ne... que 4°, 5°, 6°), *Il n'y a pas jusqu'à... qui* (*ne*) (⇨jusque 4°).

imparfait de l'indicatif [직설법 반과거]—I.〖형태〗어미는 모두 **-ais, -ais, -ait, -ions, -iez, -aient.** 어근은 현재분사와 같다. 예외 avoir. 발음에 있어서 croyions 의 경우 Gram, 90에 의하면 [kʀwajɔ̃]이 되어 croyons 과 같으나, Mart, *Pr.*, 195에 의하면 [kʀwaijɔ̃].

II.〖용법〗일반적으로 과거의 어느 시점에 완료되지 않은(<lat. *imperfectum*) 행동을 계속되는 상태로서 (action-ligne) 표시하는 데 사용된다. 「Hier il *pleuvait*. 어제 비가 오고 있었다」는 행위가 계속되고 있는 상태를 표현한 것인데 반해, 「Hier il *a plu*. 어제 비가 왔다」에서는 행위의 한계 즉 완료가 문제된다. 특히 과거의 어떤 행동(단순과거 또는 복합과거)이 일어난 순간에 진행상태에 있는 과거의 다른 행동(반과거)을 나타낼 때 자주 쓰이는데, 이때 반과거는 전자(완료)에 대해서 미완성을 나타낸다. 그렇기 때문에 상대적 시제라 볼 수 있는 반과거는 「과거의 현재」 le présent du passé 의 성격을 띠운다. 「Je *lisais* quand il entra. 그가 들어왔을 때 나는 책을 읽고 있었다」라는 문장의 경우, 「그가 들어왔을 때」는 과거의 다른 행동이 일어난 시점을 나타내고, 「나는 책을 읽고 있었다」는 그 때 진행되고 있던 행동을 나타낸다. 도표로써 설명하면 다음과 같다:

entra	présent réel
↓	↓
↓ lisais ↓	

1°〖과거에 있어서의 현재〗Mart, 343 은 이와 같은 반과거의 특성을 「과거에 옮겨진 현재」, 즉 「현재 대신 과거를 기점으로 바라본 현재」라고 설명하고 있다. Il dit qu'il travaille 의 경우 주동사를 과거시제로 놓으면 종속절의 시제는 반과거로써 그 현재성을 나타낸다: Il a dit [disait, avait dit] qu'il *travaillait*. ☆ 반과거는 과거에 있어서의 현재성으로 인하여 「현재」시제의 거의 모든 용법을 나타낸다.
2°〖행위의 반복·습관〗Il *faisait* une promenade tous les matins. 그는 아침마다 산책을 하곤 했다/ S'il *voyait* un ivrogne chanceler et choir, il le *relevait* et le *répri-*

mandait. (France, *Pierre Nozière*, 98) 그는 주정뱅이가 비틀거리고 쓰러지는 것을 보면 (그 때마다) 그를 일으켜 세우고 호통을 치곤 했다.

3° 지속의 기간을 표시하지 않은 채 과거에 있어서 계속된 행위: Les citoyens romains *considéraient* le commerce et les arts comme des occupations d'esclaves: ils ne les *exerçaient* point. (Montesq, *Consid.*, 10) 로마시민들은 상업과 수공업을 노예들의 일로 간주했다. 그들은 그런 일에 종사하지 않았다/L'espoir de mon père *grandissait* à mesure que le temps *marchait*. 시간이 흘러감에 따라 아버지의 희망이 커갔다 《진행》.

4° 〖과거에 있어서의 과거 및 미래〗 Mes appréhensions se calmèrent: dans deux heures du renfort *arrivait* (=allait arriver). 내 두려움이 진정되었다. 2시간 후에 증원부대가 도착할 참이었으니까/Il *sortait* (=venait de sortir) quand vous êtes entré. (Rad, 196) 당신이 들어왔을 때 그는 막 외출한 후였다 《이 문장은 「…외출하려 하고 있었다 (=allait sortir)」의 뜻으로 해석될 수도 있다》. ☆ 반과거는 미완료의 행위를 나타내기도 한다: Il *finissait* ses études quand son père est mort. 아버지가 돌아가셨을 때 그는 학업을 끝내가고 있었다/La famille *achevait* de dîner. 식구들은 저녁식사를 끝내가고 있었다 (cf. …acheva de… …을 끝냈다).

5° 〖묘사의 반과거 imparfait descriptif〗 동시성 및 계속을 나타냄으로써 반과거는 중심이 되는 행위 un fait essentiel의 배경을 이루는 모든 종류의 상황, 그리고 인물의 성격·심리·모습 등을 묘사하는 데 쓰인다: Le soleil *brillait*; tout *paraissait* limpide, azuré. Edouard n'était pas sorti de trois jours, une immense joie *dilatait* son cœur. (Gide) 태양이 빛나고 있었다…모든 것이 투명하고 푸르렀다. 에두아르는 사흘이나 외출하지 않았었는데, 커다란 기쁨이 그의 가슴을 부풀게 하고 있었다 《언제라는 표시는 없으나 아마도 그가 밖에 나갔을 때의 상황 및 마음의 상태의 묘사》. ☆ 이 부수적 상황의 묘사는 어떤 행위의 설명이 될 수 있으며, 이 때 반과거는 원인을 나타내기도 한다: Hamilcar s'arrêta: de grands arbres calcinés *barraient* le chemin. (Flaub) 아밀카르는 멈췄다. 검게 탄 커다란 나무들이 길을 가로막고 있었던 것이다.

6° 〖회화적 반과거 imparfait pittoresque〗 ① 완료된 순간적 행위를 단순과거 대신 반과거로 표시함으로써 마치 눈 앞에서 행해지는 듯한 생동감 있는 묘사가 될 수 있게 한다: Quand elle avait fait une génuflexion, elle *s'avançait* sous la haute nef…, *ouvrait* le banc de Mme Aubain, *s'asseyait* et *promenait* ses yeux autour d'elle. 그녀는 입구에서 무릎을 꿇은 다음 높다란 중앙 홀 안으로 나아가…오뱅부인의 의자를 펴고 거기에 앉아 주위를 두리번거리었다.

② 직접화법·간접화법을 인도하는 continuer, dire, répondre, s'écrier 등은 흔히 반과거로 쓰인다: Le matelot *disait*: Beau temps, monsieur. (Maupass, *Sur l'eau*, 2) 수부는 말했다: 「날씨가 좋군요, 나리」/Dernièrement, *disait*-il, un grand meeting avait eu lieu…. (*Ib.*, 196) 최근에, 커다란 모임이 있었답니다 …라고 그는 말했다.

③ 특히 반과거는 다른 과거의 사실 직후 또는 일정한 기간 후에 일어난 한가지 사실을 표시한다: un an à peine après la perte de sa femme, il *se mariait*. (N) 아내를 잃은 지 1년도 채 안 돼서 그는 결혼했다/Une demi-heure plus tard, …il *se dés-*

habillait pour se mettre au lit. (Green, *Moîra*, 13) 밤시간 후… 그는 잠자리에 들기 위해 옷을 벗었다.
★ 1) 이와 같은 반과거의 용법은 19세기 초부터 쓰이기 시작했는데 (특히 Goncourt에 의해 자주 쓰였다), Le B는 두 행위 사이에 어떤 계속성을 가정하고 있다. 한편 Ch. Bruneau, *Gr. hist.*, 377은 이 용법을 imparfait de rupture 라고 부르고 있는데, 일반적으로 반과거가 다른 과거의 행위와 동시적인 행위를 나타내는 데 반하여 여기서는 두 행위 사이에 간격이 있기 때문이다.
2) 이 용법이 특히 결과를 표시할 때도 있다: L'oiseau fut mis en cage: huit jours après il *mourrait*.(Cr, 129) 새를 새장 속에 넣었는데 1주일 후에 죽고 말았다.
7° 〖조건법을 대신하는 반과거〗 ① 반과거는 si로 시작되는 조건절에서 미래 또는 현재의 비현실적 가정을 나타내는 데 쓰인다: Si j'*avais* de l'argent, j'achèterais une voiture. 돈이 있으면 차를 한 대 살 텐데.
② 조건이 지배하는 주절에서 과거의 다른 행위의 직접적이고 확실한 행위를 나타낸다(그러나 현실로는 전자가 이루어지지 않았기 때문에 후자가 이루어지지 않았음을 뜻한다): Un pas de plus, j'*appelais*(=j'aurais appelé). 한 발자국만 더 움직였어도 나는 사람을 불렀을 것이다/ Sans moi, vous *laissiez* (=vous auriez laissé) éteindre le feu!(M. du Gard, *Jean Barois*, 35) 내가 없었던들 당신은 불을 꺼뜨렸겠죠.
③ devoir, falloir, pouvoir의 반과거는 과거의 일정한 시기에 있었어야 할, 또는 있을 수도 있었던 일(그러나 실제로는 그렇게 되지 않았던 일)을 나타낸다: Je *devais* le prévoir(=J'aurais dû…)! 나는 그것을 예견했어야 했는데!/Il *fallait* me faire part de vos projets: je vous aurais appuyé(=Il *aurait fallu*…). 나에게 당신의 계획을 알려 주었어야만 했습니다. 그럼 당신을 지지했을 것입니다.
8° 〖요구 또는 희구의 완화 imparfait d'atténuation〗 이 용법에 대하여 Le B, I, 436; Cr, 129는 반과거가 미완료를 나타내기 때문에, B, 57은 요구를 전달함과 동시에 그것을 취소하는 듯이 느껴지기 때문에 어조의 완화가 될 수 있다고 설명하고 있다: Messieurs,… je *voulais* vous demander deux choses….(Taine, *Philos. de l'art*, I, 1) 여러분, 나는 여러분께 두가지를 부탁하고 싶습니다…/Je *venais* vous demander un service. 한가지 부탁드릴 일이 있어 왔습니다.
9° 속어에서 직설법 현재에 대신한다: Voyez cet enfant, comme il *aimait* bien sa mère. (D, 215) 저 애를 보세요, 얼마나 어머니를 좋아하는지!

impatient—~ *de qc:*Le syndicat, ~ *des* (=irrité par) éternelles tergiversations, a annoncé la grève. (Bonnard) 계속적인 핑계에 화가 나서 노동조합은 파업을 선언했다. ~ *de*+*inf:* Il est ~ (=désireux) *de* vous revoir. 그는 당신을 다시 보고 싶어 안절부절못하고 있다.
—〖명사적〗 Les difficultés sont insurmontables pour *l'*~. (Alain) 참을성 없는 사람에게 고난은 극복할 수 없는 것이다.

impénétrable—〖N ~〗 forêt ~ 들어갈 수 없는 숲/les desseins ~*s* de Providence 하느님의 헤아릴 수 없는 의도//〖~ à+N〗 un caractère ~ *aux* douceurs de la persuasion (Joubert) 다정한 설득으로도 감동시킬 수 없는 성격.

impératif 〖명령법〗—명령, 권고, 기원을 나타내는 mode의 하나.
1° 〖형태〗 2인칭 단수, 복수, 1인칭 복수형이 있고 직설법현재형과 같다.

impératif

① 〖어미의 -s〗 a) -er 로 끝나는 동사와 assaillir, couvrir, cueillir, défaillir, offrir, ouvrir, souffrir, tressaillir 동사의 2 인칭 단수명령형형의 어미의 s 를 안 쓴다 : Plante. Marche. Va. Cueille. Ouvre. Souffre. b) 부정법이 뒤따르지 않는 중성대명사 en, y 가 명령법 다음에 오면 s 를 쓴다 : Plantes-en. Vas-y. Cherches-en les raisons. Penses-y plus souvent. c) en, y 다음에 부정법이 오거나 en 이 전치사일 때는 s 를 안쓴다 : Va y mettre ton grain de sel. Va en savoir des nouvelles. Parle en orateur. Mange en silence.

② savoir, vouloir, avoir, être 는 정확히 말해서 명령법이 없고, 접속법을 빌어서 명령의 뜻을 나타낸다 : sache, veuille, aie, sois.

③ 〖apostrophe 와 trait d'union 의 사용〗 a) Parle-m'en. Va-t'en. Mets-t'y 등에서의 apostrophe 는 대명사 me, te 의 élision 을 나타낸다 (cf. Allez-vous-en.). 이 apostrophe 때문에 trait d'union 을 다시 안 쓴다. b) 1) 명령법 동사 (긍정형) 는 인칭대명사나 en, y 와 trait d'union 으로 연결시킨다 : Parle-moi. Dis-le. Chante-lui une chanson. Allez-y. Laissez-le partir. 2) 명령법동사가 자동사이거나, 동사와 대명사가 하나의 groupe de souffle 을 이루지 않을 때는 trait d'union 을 안 쓴다 : Viens |me le raconter. Allez|le chercher. Veuille|me suivre. Ose|le dire. 3) 명령법 동사 뒤에 대명사가 두개 오면 두개의 trait d'union 을 쓴다 : Allez-vous-en. Donnez-le-moi. Faites-le-lui recommencer. Placez-vous-y. ☆ 그러나 두번째 대명사가 그 다음에 오는 부정법과 밀접하게 연결되어 있으면 두번째 trait d'union 을 쓰지 않고 첫째 대명사로부터 분리한다 : Laissez-la lui dire un mot.

④ 보어대명사의 위치 ➪ pron. personnels IV.

⑤ 명령법에 없는 인칭 (3 인칭 단수, 복수, 1 인칭 단수) 에 대한 명령〖기원〗은 「que+접속법」을 쓴다 : Qu'il *entre*. 그 사람을 들어오게 하시오/Que je *meure* à l'instant si j'ai menti. 내가 한 말이 거짓이면 나는 당장에 죽어도 좋다.

2° 〖시제〗 단순형과 복합형 (조동사 명령형+과거분사) 이 있는데 보통 이것들을 「현재」, 「과거」라고도 한다. 그러나 명령은 항상 미래에 대해 행해지므로 Sensine, 59 는 이것을 impératif futur, impératif futur antérieur 라 하고, B, 468 은 후자를 impératif composé 라 부르고 있다.

3° 〖단순형의 용법〗 ① 〖2 인칭〗 명령, 희망, 의뢰, 권고, 금지 (부정의 경우) 등을 나타낸다 : Sortez! 나가시오/Soyez heureux. 행복하기를 빈다/Passez-moi le journal. 그 신문을 이리 주시오/Prenez la rue de droite. 오른쪽 길로 접어드시오/N'entrez pas. 들어오지 마시오. ☆ 명령의 어조완화 : Veuillez〖Voulez-vous, Voudriez-vous, Ayez la bonté (또는 la complaisance) de, Auriez-vous l'obligeance de, Faites-moi le plaisir de, Vous serez bien aimable de, Soyez assez bon pour, etc.〗+부정법.

② 〖복수 1 인칭〗 「자신+상대방」에 대한 명령 (Marchons. 걸읍시다) 을 나타낸다. 때때로 2 인칭에 대해서 語氣완화 (➪nous 3°). 자신에 대한 명령 ➪ 위 1° 끝.

③ 〖가정, 양보〗 Dis-moi qui tu hantes et je te dirai qui tu es. 《격언》사귀는 친구를 보면 그 사람됨을 알 수 있다/Admettons notre hypothèse, quelles sont les conséquences (=Si〖Même si〗 nous admettons …)? (Mart, 375) 우리의 가설을 옳다고 인정한다면 결과는 어떨까?/Parlez toujours, vous ne me convaincrez pas (=Même si vous par-

lez…). 당신이 아무리 얘기를 해도 나를 설득시킬 수 없을 것이다.
④〖반어적 용법〗Fiez-vous à lui(=Ne vous fiez pas à lui). 그를 믿지 마시오.
4°〖복합형의 용법〗① 미래의 어느 시기에 행위가 끝나버리는 것을 나타내며 미래완료 futur accompli 의 가치를 지닌다: Ayez terminé ce travail en deux jours. 이 일을 이틀 안에 끝내시오/Ayez fini avant mon départ. 내가 출발하기 전까지 끝내시오. ☆이런 형식은 드물고 흔히 다른 어법을 쓴다: Aie mangé à huit heures. 여덟시에는 식사를 끝내야 한다. →Arrange-toi pour avoir mangé….(B, 468).
②〖양보〗Ayez fait pis que pendre, vous n'en serez pas moins honoré, si vous êtes riche. 어떤 나쁜 짓을 했더라도 당신이 돈만 있으면 역시 존경을 받을 것이다.
5°〖명령법 이외의 명령〗① 감탄사, 명사, 어군:Chut! 쉿/Silence! 조용히 해/En avant! 전진.
② 직설법 현재, 단순미래:Vous dinez ce soir chez moi. (D. Amiel, *Voyageur*) 오늘저녁 우리 집에 와서 식사를 하시오/Vous prendrez le premier chemin à droite. 오른쪽 첫번째 길로 가시오.
③ 의문법:Veux-tu finir? 이제 그만해 두지/Vas-tu rester tranquille? 좀 조용히 있지 못해?
④ 부정법:Ralentir! 천천히 가시오!
⑤ 조건절:Si vous vous taisiez! 좀 조용히 하시오!
★ vouloir 동사의 명령법에는 두가지 형태가 있다. 접속법에서 빌려온 veuille, veuillons, veuillez 는 흔히 부정법과 함께 긍정으로 쓰이고 (Veuille m'excuser./Veuillez vous asseoir.), 직설법에서 온 veux, voulons, voulez 는 「en vouloir à qn」의 부정명령에 쓰인다(Ne m'en veux pas. 나를 원망하지 마라). 긍정으로는 드물게 쓰이는데 이때는 「강한 의지」를 나타낸다: Qui veut peut; donc veux et tu réussiras.(Thomas) 뜻이 있는 자는 할 수 있다. 그러므로 뜻을 품어라. 그러면 너는 성공할 것이다.

impersonnel—3 인칭 중성대명사 il 이 진주어 sujet réel 를 대리하는 phrase 를 비인칭구문 construction impersonnelle 이라 한다(《이때 진주어는 동사 뒤에 온다》). Il est arrivé un malheur 는 Un malheur est arrivé 에서 나온 비인칭구문이다. 동사 est arrivé 는 표면상의 주어로는 비인칭 대명사 il 을, 진주어로는 un malheur 를 동사 뒤에 갖고 있는 것이다. 비인칭법 mode impersonnel ⇨mode.

important—Il est ~ de+inf〔que+subj〕:Il est ~ d'agir vite. 빨리 행동하는 것이 중요하다/Il est ~ qu'on le sache. 그것을 아는 것이 중요하다. ~ à+inf: C'est ~ à savoir. 이것은 긴하게 알아두어야 할 일이다.

impossible—Il (s')est ~ de+inf〔est ~ que+subj〕: Il est ~ de faire〔qu'on fasse〕mieux. 더 잘 하기는 불가능하다/Il m'est ~ d'arriver plus tôt. 더 일찍 도착한다는 것은 나로서는 불가능하다. *par* ~: si, *par* ~, cette affaire réussissait (Rob) 만일 어쩌다가 이 일이 성공하기를 바란다면.

impromptu—발음 [ɛ̃pRɔ̃pty]. 원칙적으로 불변이나 때때로 여성형을 쓰는 작가가 있고, 수도 남성복수의 사용만 가능하나 여성복수를 쓰는 경우도 간혹 있다: visite ~ 돌연한 방문;deux visiteurs ~s (Ambrière) 두명의 갑작스런 방문자;pas mal de discours ~ (Maurras) 상당히 많은 즉흥연설; cette aventure ~e (Mac Orlan) 즉흥적인 모험; ces visites ~ (M. Prévost); ces excursions ~es. cf. G, § 351, 359.

impropre—~ *à* qc[+*inf*]: Son frère fut réformé comme ~ *au* service militaire.(Balzac) 그의 형은 군복무에 적합치 않아서 퇴역당했다/Cet exercice est ~ *à* développer les muscles. 그 운동은 근육을 발달시키는 데 적합치 않다.

impuissant— ~ *devant* qc: Les pompiers étaient ~s *devant* cet incendie. (Bonnard) 소방수들도 그 화재에는 역부족이었다. ~ *à*+*inf*: ~ *à* maitriser son émotion, l'orateur dut se taire un instant.(*Ib.*) 연사는 감정을 억제할 수 없어서 잠시 입을 다물어야 했다.

incertain—~ *de* qc[+*inf*]: Il flotta, ~ *du* parti qu'il devait prendre. (Mérimée) 그는 자신이 취해야 할 결정에 자신이 없어서 주저했다. ~ *sur* qc: Les météorologues sont eux-mêmes ~s *sur* le temps qu'il va faire.(Bonnard) 기상학자들 자신도 앞으로의 날씨에 대해 잘 모르고 있다.

inchoatif [起動動詞]—앞으로 진전될 동작의 시초를 나타내는 데 적합한 동사형을 말한다. 프랑스어에서는 s'endormir(=commencer à dormir)의 접두사 en 이나 verdir(=devenir vert)의 접미사, 또는 commencer à (+*inf*) 같은 일종의 준조동사들로 표현된다. ⇨aspect.

incise (proposition)[삽입절]—문장 가운데나 끝에 놓이는 짧은 독립절로 인용문의 필자(또는 話者)를 나타낸다. proposition intercalée라고도 한다: Les prix vont, *dit-on*, baisser. (Mauger) 물가가 내려갈 것이라고들 말한다/Vous devez, *je le répète*, apprendre à bien vous connaitre.(G, §174) 되풀이 얘기하지만 당신 자신을 잘 아는 법을 배워야 한다.

1° 주로 dire, demander, répondre 등 dire의 뜻이 들어 있는 동사들이 쓰이지만, 다른 타동사(commencer, s'étonner, etc.)나 자동사(maugréer, soupirer, etc.)도 쓰인다: Hein? *s'étonna* Vasco.(Farrière, *Le Chef*) 뭐라구? 라고 바스코가 놀라서 말했다/Ma foi non, ma petite, *ment-il*. (Gide, *Les Caves*) 정말 아니야 라고 그는 거짓말을 한다.

2° 삽입절에서는 보통 주어와 동사를 도치하나(dit-il, fit-il), je pense, je suppose, j'espère, j'imagine, je crois, je parie, ce semble, il[c'] est vrai 등은 보통 도치하지 않는다: Il arrivera, *j'espère*, avant mon départ. 내가 떠나기 전에 그가 도착하기를 바란다/Il est gredin, *c'est vrai*, mais il a tant de talent. (R. Rolland) 그가 불량배라는 것은 사실이다. 그러나 그는 재주가 많다. ☆속어에서는 que를 써서 도치를 피한다:Où ça? Où ça? *qu'il disait*.(Sartre, *Intimité*) 어디야 어디? 라고 그는 말했다.

incommode—~ *à*+*inf*: un texte ~ *à* traduire 번역하기 까다로운 원문.

incomparable—간혹 différent의 뜻으로 쓰이는 수가 있다: deux choses absolument ~s 완전히 서로 다른 두 사물. ☆incomparable은 보어를 취할 수 없다.

inconcevable—Il est ~ que+*subj*: Il est ~ *que* cet abus ne *soit* pas réformé. (Lit) 이 오류가 교정되지 않은 것은 생각지도 못할 일이다.

inconnu—~ *à*[*de*] qn: Il ne *m*'est pas complètement ~, mais je n'arrive pas à mettre un nom sur son visage. (Rob) 그는 나에게 완전히 알지 못할 사람은 아니지만 얼굴을 보고 이름을 알아맞힐 수가 없다/un frère *à* moi-même ~ (Baudel, *Spleen*) 나 자신도 알지 못할 동생/une voix d'homme, ~e *de* lui (Maurois, *Climats*) 그가 알지 못할 남자의 목소리 《~ *de*는 connu *de*의 *analogie》.

incroyable—*Il est ~ de+inf*〔*que+subj*〕: *Il est ~ que* vous *réussissiez* à l'examen. 당신이 시험에 합격하였다니 믿을 수 없는 일이다.
—〖명사적〗 les *~s*(프랑스 혁명때) 멋쟁이들.

Inde—aux ~s 는 옛날 어투이고 지금에는 단수로 써서 dans l'~ 라고 한다(Georg, *Diff*, 324).

indicatif [직설법]—어느 동작이나 상태를 객관적으로 표현하는 *mode 로 과거, 현재, 미래에 실제로 일어난, 또는 일어날 일을 나타낸다: La terre *tourne*. 지구는 돈다/Jean n'*est* pas *venu*. 장은 오지 않았다/Jean *viendra*-t-il? 장이 올까?
1° 직설법은 명령법, 조건법 대신으로 쓰이기도 한다: *Veux*-tu finir? 그만두지 않겠어? / Tu ne *tueras* point. 살생하지 마라/S'il *fait* beau demain, je partirai. 내일 날씨가 좋으면 떠나겠다.
2° 직설법에는 다음과 같은 시제들이 있다:현재 présent, 복합과거 passé composé, 단순과거 passé simple, 반과거 imparfait, 전과거 passé antérieur, 대과거 plus-que-parfait, 단순미래 futur simple, 전미래 futur antérieur 와 *temps surcomposés 로서 passé surcomposé, passé antérieur surcomposé, plus-que-parfait surcomposé, futur antérieur surcomposé 가 있다.

indifférent—*Il* (*m'*)*est ~ de+inf* 〔*que+subj*〕: *Il m'est ~ de* rester ou *de* partir. 남아 있건 떠나건 (나로서는) 상관없다.

indispensable—*Il est ~ de+inf* 〔*que+subj*〕: *Il est ~ de* graisser une voiture régulièrement. 자동차에 정기적으로 기름을 치는 것은 절대로 필요하다/*Il est ~ qu'*une voiture *soit* régulièrement *graissée*. (위와 같은 뜻).
—〖명사적〗 Il n'y avait, en fait de meubles, que l'~. (Hugo) 가구에 관한 한 필요 불가결한 것만 있었다.

indulgent—*~ pour* 〔*envers, à*〕: Il est trop ~ *pour* ses enfants. (Ac) 그는 자기 아이들에게 너무 관대하다/Le professeur se montra ~ *à*〔*pour, envers*〕 la paresse de ses élèves. (Bonnard) 그 선생은 학생들의 나태에 관대한 태도를 보였다.
☆ Thomas 는 à를 쓰는 것은, 지금에는 낡은 어투라고 했다.

inébranlable—*~ à*〔*dans*〕 *qc*: ~ *à* la violence 폭력에 굴하지 않는; ~ *dans* ses résolutions 결심이 확고한.

inévitable—*Il est ~ que+subj*: *Il est ~ que* cela *soit*. 그렇게 되는 것은 불가피하다.
—〖명사적〗 accepter l'~ 피할 수 없는 것을 받아들이다.

inexact—*~ à qc*: être ~ *à* un rendez-vous 약속 시간을 지키지 않는다. *~ à+inf*: ~ *à* remplir ses devoirs 직무를 소홀히 하는. ***Il est ~ de+inf*** 〔*que+subj*〕: *Il est ~ de* le prétendre. 그것을 주장하는 것은 틀린 짓이다.

inférieur *adj.* — *~ à qc*〔*qn*〕: 6 est ~ *à* 8. 6은 8보다 적다/Comme poète, Voltaire est ~ *à* Racine. (Bonnard) 시인으로서는 볼테르가 라신느보다 못하다.
~ à qn〔*qc*〕 *en qc*: Cette machine est *~e aux* autres *en* rendement. (*Ib.*) 이 기계는 효율면에서 다른 것들보다 못하다.
très〔*de beaucoup, de peu*〕 *~ à*: C'est *très* ~ *à* ce que j'attendais. (H) 내가 기대했던 것보다 훨씬 못하다. ☆ plus ~, moins ~ 는 불가. 그러나 「la plus *~e* des couches 광산의 최하위층」이라고는 할 수 있다 (Lit).
—*n.* Il ne l'invitait plus à dîner, le traitait en tout comme un ~. (Maupass) 그는 더 이상 그를 저

infesté

녁 식사에 초대하지 않았고 매사에 그를 부하처럼 다루었다.

infesté—~ *de:* campagne ~*e de* pillards 약탈자들이 우글거리는 시골/mer ~*e de* requins 상어들이 들끓는 바다/~ *de* mauvaises herbes 잡초가 무성한.

infidèle *adj.* —~ *à qn[qc]*: Il a été ~ *à* son roi [*à* ses serments]. (Bonnard) 그는 왕에게 불충했다[선서를 지키지 않았다].

—*n.* croisade contre *les* ~*s* 이교도에 대항한 십자군/Célimène me trompe et n'est qu'une ~. (Mol) 셀리멘은 나를 배반했고 부정한 여자에 불과하다.

infiniment—『비교급과 함께』L'honneur est ~ *plus* précieux que la vie. (Mol) 명예란 생명보다 한없이 더 고귀하다.

『~ **de**+보어』homme d'~ *d'*esprit, *de* goût(Balzac) 한없는 재치와 멋을 가진 사람/Madame de Bonmont en éprouvait ~ *de* peine et *d'*inquiétude. (France, *Anneau*) 봉몽 부인은 그것에 대해 무한한 피로움을 느끼고 걱정을 했다((beaucoup de, assez de의 유추)). ⇨énormément, extrêmement, suffisamment, terriblement.

infinitif[부정법]—동사의 명사형으로 인칭과 수의 변화없이 동사가 나타내는 관념을 표현한다. 부정법은 동사적 기능뿐 아니라 명사가 갖는 여러 기능도 갖고 있다.

I. 『형태와 시제』 1° 『형태』 어미가 -er(parler), -ir(finir), -oir(savoir), -re(prendre)인 네 가지가 있다.

2° 『시제』 ①『현재』 현재뿐 아니라 미래나 드물지만 과거의 의미로도 쓰인다: Je suis heureux de vous *voir*. 만나게 되어 기쁩니다/Il espère *réussir*. 그는 성공하기를 바란다/Après *boire*, il est irritable. (Mauger) 술을 마시고 나면 그는 성가시게 군다.

②『과거』(=조동사 부정법현재+과거분사). 주절의 동사가 나타내는 동작보다 먼저 완료된 동작을 나타낸다: Il croit *t'avoir vu*. 그는 너를 보았다고 생각한다/Il partit[partira] après *avoir déjeuné*. 그는 점심을 먹은 다음 떠났다[떠날 것이다].

II. 『동사적 용법』 1° 부정법은 특히 부정법절 *proposition infinitive에서 동사 기능을 가지나, 다음과 같은 독립절에서도 동사 역할을 한다.

①직접의문문에서 : Que *faire?* 어쩔 것인가, 어쩐담? /Où *aller?* 어디로 갈까?

②놀라움, 분노, 후회, 기원을 나타내는 감탄문 (또는 의문문)에서 : O tourment! Doña Sol souffrir et moi le *voir!* (Hugo, *Hern.*) 도냐 솔이 피로와하는데 내가 그 모습을 보아야 한다니! /Lui, *avoir fait* ça! 그놈이 그랬다니! /Ah! *dormir* seulement deux heures! 아, 두시간만 잤으면!

③과거를 나타내는 긍정문에서 동작의 급속함을 나타내거나 어느 장면을 실감나게 묘사하기 위해서 「de+*inf*」를 쓰는 경우가 있는데, 이것을 「역사적 또는 서술체 부정법 infinitif historique 또는 infinitif de narration」이라 한다 : Aussitôt les ennemis *de s'enfuir* et *de jeter* leurs armes.(Ac) 적군은 곧 도망치고 무기를 버렸다/Il fit une bonne plaisanterie, et tout le monde *de rire*. (Mauger) 그가 멋진 농담을 했더니 모두들 웃었다/Mme Méringeot appelle la volaille et celle-ci *d'accourir*. (Cl. Ste-Soline, *Journée*) 메링죠 부인이 닭을 부르니까 닭이 달려왔다.

④명령문에서, 어느 한 인칭에 한정하지 않고 모든 사람에 대해 명령하는 것으로, 격언, 게시문, 제조법, 사용법 등에 쓰인다: Ne pas *se pencher* au dehors. 밖으로 몸을 구부리지 말게/*Agiter* la bouteille avant

de s'en servir. 사용 전에 병을 흔드시오/*Prendre* trois gouttes matin et soir. 아침, 저녁, 세 방울씩 복용하시오.
2° 능동형 부정법이 수동적 의미를 갖는 경우가 있다(maison à *vendre* 팔 집/curieux à *voir* 보기에 신기한/Il est à *plaindre*. 그는 불쌍하다). D, 228 은 수동과 능동의 뜻을 함께 갖고 있다고 설명하고 B, 367; Le B, II, 685 는 능동의 뜻만을 인정하고 있다. 다음과 같은 경우는 완전한 능동의 뜻으로 쓰인 것이다.
① 형용사, 명사의 보어인 「à+inf」: Le dîner est à *servir*. (Ac) 저녁을 대접할 준비가 되어 있다/texte facile à *expliquer* 설명하기 쉬운 원문. ☆ 「donner à *manger* 먹을 것을 주다」의 경우도 같다.
② 지각동사와 동작동사 voir, regarder, entendre, sentir, mener 등과 faire 와 laisser 다음에 오는 부정법:la maison que j'ai vu *bâtir*. 지어지는 것을 내가 본 집/Ils n'ont pas laissé *envahir* le territoire. 그들은 영토를 침략하도록 내버려두지 않았다.
III. 〖명사적 용법〗 동사의 명사형 forme nominale du verbe 으로서 부정법은 진정한 명사처럼 쓰이고 관사를 취하기도 하며 어떤 것은 복수형도 있다(les *dires* de qn …의 말; le devoir 의무; le parler 말투; le repentir 후회). 명사로 쓰이는 부정법은 다음과 같다: avoir 재산, baiser 키스, boire 마시기, 음료, coucher 취침, déjeuner 점심, devoir 의무, dîner 저녁식사, dire 말, être 존재, faire 행위, goûter 간식, lâcher 놓아주기, laisser-aller 내버려두기, 무관심, laisser-faire 자유방임, lever 기상, manger 음식, marcher 걷기, 걸음걸이, parler 말투, pouvoir 힘, repentir 후회, rire 웃음, savoir 지식, savoir-faire 수완, savoir-vivre 예절에 밝음, sortir 나옴, 끝남, souper 밤참, sourire 미소, souvenir 추억, 기념품, vivre 식량, 식사, vouloir 의사, etc.
★ 1) 옛날 부정법인 다음 것들은 지금에는 명사만으로 쓰인다: avenir 미래, loisir 여가, manoir 저택, plaisir 기쁨, etc. 2) 부정법을 자유롭게 명사처럼 쓴 것은 13, 14 세기에 빈번했으나 15 세기 이후 차츰 퇴조를 보이기 시작했고 현대에 와선 특히 「au+inf」의 형식으로 상황보어에 가끔 쓰인다: *au tomber* du jour (Suarès, *Le Livre*) 해질 무렵에/pour soutenir l'infanterie jusqu'*au venir* de l'artillerie (Herriot, *Dans la Forêt*) 포병이 올 때까지 보병을 지원하기 위하여.
1° 〖주어〗 ① 〖순수부정법〗 전치사가 앞에 없는 순수부정법 infinitif pur 은 주어로서 일반적인 사실을 나타내는 데 특히 격언투의 문장에서 그러하다: *Vouloir*, c'est pouvoir. 뜻이 있는 곳에 길이 있다/*Etudier* est toujours profitable. 공부한다는 것은 늘 유익하다.
★ 비인칭구문의 부정법주어는 전통적으로 진주어 sujet réel 로 보고 있으나, 비인칭주어 il 이나 ce 를 명확히 규정하거나 보충해주는 것이라고 생각할 수도 있다(Il est beau de *pardonner*. 용서한다는 것은 아름다운 일이다). 그러나 il 이나 ce 가 없는 비인칭구문 mieux vaut, autant vaut 다음의 부정법은 진짜 주어로 생각할 수 있다: Mieux vaut *attendre*. 기다리는 편이 더 낫다/Autant vaudrait *mourir*. 죽는 편이 더 낫겠다.
② 〖de+inf〗 개별적인 사실을 나타내는 주어로 쓰인다:C'est une trompette douloureuse. De l'*entendre* me fait mal. (Duham, *Fables*). 그것은 슬픈 트럼펫 소리다. 그것을 듣는 것은 피로운 일이다/*De voir* sa fille heureuse le rajeunit. (Gide,

Porte) 딸이 행복한 것을 보니 그는 다시 젊어진 것 같았다/Et *de penser à toi me soutiendra.* (Id. *Le Retour*) 너를 생각하는 것으로 나는 기운이 되살아날 것이다.
2° 〖속사〗 ① 〖순수부정법〗 Mourir n'est pas *mourir*, mes amis, c'est *changer*.(Lamart, *La Mort de Socrate*) 여러분, 죽는다는 것은 죽는 것이 아니라 변하는 것이오/Il semble *dormir*. 그는 자는 것 같다/Ce qu'il faut, c'est ne pas *avoir* peur des gens. (Beauvoir, *Invitée*) 필요한 것은 사람을 두려워하지 않는 것이다/J'appelle *être* triste simplement n'être pas aussi bruyant qu'eux.(Gide, *Porte*) 나는 단지 그들만큼 떠들썩하지 못하는 것을 슬픈 것이라고 부른다《직접목적의 속사》.
② 〖de+inf〗 주어가 (대)명사, 동사가 être 일 때 : Le mieux est *de* ne pas lui *parler*. (Bonnard) 그에게 얘기를 안하는 것이 가장 좋다/Sa force est *de céder* à propos. (Lit) 그의 강점은 적당한 때 양보를 한다는 것이다.
3° 〖동사의 보어〗 ① 〖순수부정법〗 의사, 감정, 지각, 운동을 나타내는 동사의 목적보어로 쓰인다 : On entendait *aller* et *venir* dans l'enfer. (Hugo, *Lég.*) 지옥에서 오락가락하는 소리가 들렸다/Je souhaite vous *revoir* bientôt. 곧 다시 만나기를 바랍니다. ☆ 순수부정법을 보어로 삼는 동사들은 다음과 같다 : accourir, affirmer, aimer autant[mieux], aller, apercevoir, assurer, avoir beau, avouer, compter, conduire, courir, croire, daigner, déclarer, descendre, désirer, détester, devoir, dire, écouter, entendre, envoyer, espérer, estimer, être, faillir, faire, falloir, se figurer, s'imaginer, laisser, mener, monter, oser, partir, penser, pouvoir, préférer, présumer, prétendre, se rappeler, reconnaître, regarder, rentrer, retourner, revenir, savoir, sentir, supposer, venir, voir, vouloir, etc.
② 〖de+inf〗 많은 타동사와 대명동사의 보어로 쓰인다 : Toutes les fois que j'ai cessé *d'aimer* une femme, je le lui ai dit.(Musset) 내가 어느 여성을 사랑하기를 그만둘 때마다 나는 그 사실을 그녀에게 얘기했다/Dépêchez-vous *de partir*. (Ac) 어서 떠나시오. ☆ de+inf를 목적보어로 하는 동사들은 다음과 같다 : s'abstenir, accepter, accorder, accuser, s'accuser, achever, affecter, s'affliger, ambitionner, s'applaudir, appréhender, arrêter, s'arrêter, attendre, avertir, s'aviser, avoir droit, n'avoir garde, avoir regret, blâmer, brûler, cesser, se charger, choisir, commander, conjurer, conseiller, se contenter, convenir, craindre, décider, dédaigner, défendre, se dépêcher, désaccoutumer, désapprendre, désespérer, déshabituer, se devoir, différer, dire, discontinuer, disconvenir, se disculper, dispenser, se dispenser, dissuader, se donner garde, douter, empêcher, enjoindre, entreprendre, enrager, essayer, s'étonner, éviter, excuser, s'excuser, feindre, féliciter, finir, se flatter, frémir, gager, se garder, gémir, se glorifier, haïr, hasarder, se hâter, imaginer, imposer, imputer, s'indigner, s'ingérer, inspirer, interdire, s'interrompre, jurer, se jurer, ne pas laisser, offrir, méditer, se mêler, menacer, mériter, négliger, nier, obtenir, omettre, ordonner, oublier, pardonner, parier, parler, permettre, se permettre, se persuader, prescrire, prier, projeter, promettre, propo-

ser, se proposer, protester, punir, recommander, redouter, refuser, regretter, se réjouir, se repentir, reprocher, se reprocher, se réserver, résoudre, se retenir, rêver, rire, risquer, rougir, signifier, sommer, souhaiter, se souvenir, soupçonner, suggérer, supplier, supporter, tâcher, tenter, trembler, se vanter, etc.

③ 〖à+*inf*〗 노력, 경향, 열망, 방향 등을 나타내는 많은 동사의 보어로 쓰인다: Il m'invite de la main *à m'asseoir* près de lui.(Daud) 그는 손으로 나를 그의 곁에 앉도록 권했다/J'espérais, à force de travail, arriver *à reconstruire* notre fortune.(Id.) 일을 열심히 하여 재산을 다시 일으킬 수 있으리라 기대했었다/Il n'a pas réussi *à* me *convaincre*. (Rob) 그는 나를 설득하는 데 성공하지 못했다. ☆ à+*inf*를 보어로 하는 동사는 다음과 같다: s'abaisser, aboutir, s'abuser, s'accorder, accoutumer, s'acharner, aguerrir, s'aguerrir, aider, aimer, s'amuser, s'animer, s'appliquer, apprendre, s'apprêter, arriver, aspirer, assujettir, s'assujettir, s'attacher, s'attendre, autoriser, s'avilir, avoir, avoir bonne grâce, balancer, se borner, chercher, se complaire, concourir, condamner, se condamner, consentir, conspirer, se consumer, contribuer, se décider, destiner, se déterminer, se dévouer, disposer, donner, dresser, employer, s'employer, encourager, s'encourager, engager, s'engager, enseigner, s'entendre, s'essayer, être fondé, s'évertuer, exceller, exciter, s'exciter, exhorter, s'exposer, se fatiguer, habituer, s'habituer, se hasarder, hésiter, inciter, s'ingénier, inviter, mettre, se mettre, monter, nécessiter, s'obstiner, s'offrir, partir, parvenir, pencher, persévérer, se plaire, se plier, pousser, se prendre, préparer, se préparer, provoquer, réduire, se refuser, renoncer, répugner, se résigner, se résoudre, rester, réussir, servir, songer, tarder, tendre, tenir, travailler, trouver, se tuer, viser, etc.

4° ① 어떤 동사들은 à+*inf* 또는 de +*inf*를 의미상의 차이없이 보어로 취한다 (commencer, contraindre, s'efforcer, s'ennuyer, forcer, obliger, solliciter, etc): Il commence *à* goûter le bonheur. (Chateaubr, *Mém.*) 그는 행복을 맛보기 시작한다;quand la nuit commença *de* tomber(Loti, *Le Roman*) 해가 지기 시작했을 때/Le paysan français continue *à* nourrir le tisserand français.(Maurois, *Bernard Quesnay*) 프랑스 농부는 계속해서 프랑스 직조공을 먹여살리고 있다;Elle continua *de* bouder. (R.Rolland, *L'Ame*) 그녀는 계속 토라져 있었다/On le contraignit *à* marcher. (Thomas) 그가 걷도록 강요했다;On la contraignit *d*'épouser un butor. (Lemaître, *Mariage blanc*) 그녀에게 버릇없는 놈과 결혼하도록 강요했다/ Elle s'efforçait en vain *à* sourire. (Gide, *Porte*) 그녀는 웃으려고 애썼으나 허사였다;Il s'efforçait *de* se dérober aux regards. (Rob) 그는 남의 눈을 피하려고 노력했다/s'ennuyer *à* attendre(Lit) (=s'ennuyer *d*'attendre (Ac)) 기다리는 것이 지루하다/Il m'a forcé *à* signer. (Daniel-Rops, *Mort*) 그는 나에게 서명하도록 강요했다;Un devoir impérieux me forçait *de* retourner à Paris.(Nerval, *Aurélia*) 절대적인 의무가 나로 하여금 파리로 돌아가도록 강요했다/lorsque la pluie l'obligeait *à* rester à la maison (Green, *Mont-Cinère*) 비 때문에 그

가 집에 머물러 있어야 할 때; La faim l'obligea *de* sortir. (Barrès, *La Colline*) 배고픔 때문에 그는 밖으로 나올 수밖에 없었다/le désir immense qui sans cesse la sollicitait *à* faire du bien (Boss, *R. d'Angl.*) 그녀에게 선을 베풀도록 끊임없이 촉구하는 그 무한한 욕망; On l'a sollicité *d'*assister à la réunion. (Lar) 그에게 모임에 참석하도록 촉구했다.
② 수동태에서, contraint, forcé, obligé는 실제로 동사 역할을 할 경우 (특히 동작주보어가 있을 때)「à+*inf*」를 보어로 취한다: Il a été contraint[forcé, obligé] par ses chefs *à* faire ce voyage. (Mart, 443) 그는 상관들로부터 그 여행을 하도록 강요를 받았다. ☆ 형용사처럼 쓰이면 de+*inf*: La ville fut contrainte *de* se rendre. (Ac) 그 도시는 부득이 항복하지 않을 수 없었다.
5° 어떤 동사들은 의미에 따라 때로는 「à, 때로는 de+*inf*」를 보어로 한다: décider, défier, demander, s'empresser, se lasser, manquer, s'occuper, prendre garde, se refuser, etc. (각 항목 참조).
6° ① 전치사(구)(à, afin de, au point de, avant de, de façon à, en sorte de, en vu de, jusqu'à, pour, sans, etc.)+*inf*는 상황보어(절)처럼 쓰인다: *A* vous *entendre*, tout est perdu.(G, §762) 당신 얘기를 들어보니 가망이 없다/Conduisez-vous *de façon à* vous *faire* aimer.(Ac) 사랑을 받을 수 있도록 행동하시오.
② **par**+*inf*는 도구, 수단의 뜻으로 commencer, finir, débuter, terminer 다음에 쓰인다: Il commença *par* me *montrer* le poing.(Duham, *La Pesée*) 그는 나에게 우선 주먹부터 보이기 시작했다/Je finis pourtant *par* me *lever*. (Romains, *Quand le Navire*) 그래도 나는 마침내 일어났다/Il débuta *par* me *dire* sa souffrance. (Barrès, *Mes Cahiers*) 그는 우선 자신의 괴로움부터 나에게 말하기 시작했다.
7° 상황보어절에 상당하는 부정법은 문맥을 명확히 하기 위해서 반드시 주문의 주어를 주어로 해야 한다: Il m'a parlé avant de *partir*(=avant qu'il parte).그는 떠나기 전에 나에게 말했다/Tu as confié ton fils à un maître pour en *faire* (= pour que tu en fasses) un homme. (G, §763) 너는 아들을 어른으로 만들기 위해 엄격한 선생에게 맡겼다.

★ 1) 문맥이 모호하지 않을 경우 부정법의 주어는 주문의 주어가 아닐 수도 있다. 특히 부정법의 주어를 밝힌다면 on 같은 부정대명사 일 때: L'Allemagne est faite pour y *voyager*, l'Italie pour y *séjourner*...et la France pour y *vivre*.(D'Alemb, *Eloge*) 독일은 (사람들이) 여행하기에 적합하고, 이탈리아는 머무르기에 적합하며, 프랑스는 살기에 적합하다. 2) 부정법은 예외적이지만 주문의 목적보어에 관계될 때가 있다. 특히 pour+*inf*: Je *vous* donne deux jours *pour réfléchir*. (G, §763) 당신이 생각하도록 이틀 여유를 주겠소/Et moi, que *t'*ai-je fait *pour* m'*oublier* ainsi? (Musset, *La Coupe*) 내가 당신에게 어떻게 했기에 당신은 나를 그토록 잊었소?

IV.〖부정법의 다른 기능〗 1° 〖동격〗 Il n'y a pour l'homme que trois événements: *naitre*, *vivre* et *mourir*. (La Br) 사람에게는 세가지 사건밖에 없다. 즉 태어나고 살고 죽는 것.

2° 〖명사, 대명사의 한정보어〗 à, de, pour 와 함께: une machine *à coudre* 재봉틀/le mot *pour rire* 농담/jusqu'à ce que le grand prince joignît au plaisir *de vaincre* celui *de pardonner* (Boss, *Condé*) 대공께서 정복의 기쁨과 용서하는 기쁨을 함께

가질 때까지.

3° 〖비인칭 표현의 보어(논리적 주어)〗 ① 〖순수부정법〗 il faut, il vaut mieux, mieux vaut, il vaut autant, autant vaut, il (me) semble, il fait cher, il fait bon, etc. 다음에서: Il faut *partir*. 떠나야 한다/Il fait cher *vivre* dans cette ville. (Ac) 이 도시에서는 생활비가 비싸게 든다/Il nous semble les *connaitre* déjà. (Gautier) 우리는 이미 그것을 알고 있는 것 같다.

② 〖de+*inf*〗 다른 비인칭 표현에서: Il est bon *de parler* et meilleur *de se taire*. (La Font, F.) 말하는 것은 좋다. 침묵을 지키는 것은 더 좋다/Il convient *d'agir* ainsi. 그렇게 행동하는 것이 적당하다/Il ne me souviens pas *de m'être ennuyé* un jour avec toi. (Maurois, *Cours de bonheur conjugal*) 당신과 함께 지나면서 하루도 싫증이 났다고는 생각되지 않는다.

4° 〖형용사의 보어〗 ① 〖à+*inf*〗 admirable, adroit, agréable, aisé, âpre, apte, attentif, beau, bon, commode, difficile, disposé, enclin, facile, habitué, habile, hardi, impropre, impuissant, joli, lent, long, nécessaire, patient, prêt, prompt, propre, résolu, sujet, unanime, utile, etc. 다음에서: une voiture facile *à conduire* 운전하기 쉬운 자동차/Il est prêt *à partir*. 그는 출발 준비가 되어 있다/Les hommes les plus fermes... sont sujets *à changer*. (Lesage) 가장 단호한 사람도 변하기 쉽다.

② 〖de+*inf*〗 capable, certain, chargé, content, coupable, désireux, désolé, digne, étonné, fâché, fatigué, forcé, fier, heureux, incapable, las, libre, obligé, pressé, soucieux, sûr, surpris, susceptible, tenté, tenu, triste, etc. 다음에서: Je suis désolé *de* vous *avoir fait* attendre. (Rob) 당신을 기다리게 해서 미안하게 생각합니다/Ils sont sûrs *de s'aimer*. 그들은 서로 사랑한다는 것을 확신하고 있다/fatigué *d'écrire*, ennuyé de moi, dégoûté des autres (Beaumarch) 글 쓰는 일에 싫증이 나고, 내 자신이 지겹고, 다른 사람들이 지긋지긋해서.

③ 〖pour+*inf*〗 les choses nécessaires *pour subsister* 살아가는 데 필요한 것들.

5° 〖비교의 보어〗 tel que, mieux que 등의 que 와 comme 다음에는 보통 de+*inf*: Mieux vaut rester que *de partir*. 떠나는 것보다 남아 있는 편이 더 좋다.//((때로는 de 를 생략)) Plutôt mourir que *se rendre*. 항복하기보다는 차라리 죽는 편이 낫다.

infinitif de narration, infinitif historique ⇨infinitif II, 1°, ③.

infinitive (proposition) 〖부정법절〗—부정법이 동사적 기능으로, 인칭법으로 사용된 동사 대신 절을 만들 때가 있는데 이것을 부정법절이라 한다.

I. 〖부정법의 주어가 나타나지 않은 경우〗 ⇨infinitif II.

II. 〖부정법의 고유의 주어를 갖는 경우〗 1° 부정법이 주문의 동사의 직접목적어인 명사나 대명사를 주어로 가질 때 부정법절은 직접목적보어로 쓰인다. 이때 주문의 동사는 apercevoir, écouter, entendre, ouïr, regarder, sentir, voir 등 지각동사와 empêcher, envoyer, faire, laisser, mener 및 voir의 뜻이 들어 있는 voici 이다: Il entend *un enfant crier*. (La Font, F.) 그는 어린애가 외치는 것을 듣는다/Il distingue *s'avancer* sur le perron *sa mère*. (Gide, *Le Retour de l'Enf*.) 그는 어머니가 층계를 걸어오는 것을 알아본다/Je fais *entrer les enfants*.(Mauger) 나는 아이들을 들어오게 한다/Et voici *commencer le rêve* de Shakespeare.

infinitive (proposition) 252

(Lemaître, *Impressions*) 셰익스피어의 꿈이 시작된다.
2° 부정법절이 dire, croire, savoir 동사 뒤에서 역시 목적보어로 쓰이나 거의 관계대명사 que와 함께 쓰인다: Je ramenai la conversation sur des sujets *que* je savais l'*intéresser*. (B. Constant, *Adolphe*) 나는 그에게 흥미를 주리라고 생각했던 문제로 얘기를 끌고 갔다/Je m'intéressais surtout à Victor considérant *que* je savais *habiter* près de nous. (France, *Pierre*) 우리집 가까이 살고 있다는 것을 아는 빅토르에게 나는 특히 관심이 있었다/ parmi ces Français *que* vous dites *avoir été dénoncé* par Chèvremont. (Marcel, *Rome*) 셰브르몽에 의해 고발당했다고 당신이 얘기하는 이 프랑스인들 중에서
3° 〖부정법절의 구조〗 ① 지각동사나 faire, laisser 다음의 부정법이 직접보어를 갖지 않을 때 부정법의 주어는 對格 accusatif, 즉 직접목적으로 둔다: Il fait trembler *les méchants* (=Il *les* fait trembler). 그들을 떨게 만든다/Je ferai renoncer *cet homme* à ses prétentions. (Lit) 나는 그 사람이 요구를 철회하도록 하겠다/ Personne au monde ne *le* fera changer d'avis. (Cocteau, *Bacchus*) 이 세상 아무도 그가 견해를 바꾸게 하지 못할 것이다/Je vois venir *votre père* (=Je *le* vois venir). 당신 아버지가 오는 것을 본다. ☆ 때때로 여격 datif, 즉 간접목적으로 두기도 한다(특히 faire, laisser 뒤에서): J'aurais fait changer d'avis *à Lucile*.(Marivaux, *Les Serments*) /Laissons faire *aux poètes*.(Gide, *Attendu que...*) 시인들이 하도록 맡기자.
② 〖부정법이 직접목적어를 가질 때〗 a) faire 다음에서 부정법의 주어는 보통 여격이나 par+주어로 둔다: Je ferai bâtir ma maison *à* 〔*par*〕 *cet architecte*. (Lit) 내 집을 그 건축가가 짓게 하겠다/la romance que je *lui* ai fait chanter (G, § 1008) 그가 부르도록 한 연가//부정법의 주어가 인칭대명사이면 때때로 대격(직접목적)으로 둔다:Des nouvelles un peu moins bonnes *les* firent précipiter leur départ. (Gide, *Porte*) 좀 좋지 않은 소식을 듣자 그들은 출발을 서둘렀다/Je *l*'avais fait jurer qu'il viendrait. (Billy, *Madame*) 그가 다시 오겠다고 맹세하게 했다.
b) 지각동사와 laisser 다음에서 부정법의 주어는 여격, 대격 어느 것이나 쓸 수 있고, 때로는 「par+주어」를 쓴다: J'ai vu *ces jardiniers* planter des choux. (G, § 1008) 나는 정원사들이 배추를 심는 것을 보았다/Je *la* sentis serrer mon bras. (Arland, *La Vigie*) 나는 그녀가 내 팔을 꼭 잡는 것을 느꼈다/si encore on *le* laissait emmener sa femme (M. Prévost, *La Nuit*) 만일 그가 아내를 데리고 가도록 내버려 둔다면/Je *lui* ai même entendu dire qu'il avait appris la flûte. (Romains, *Lucienne*) 나는 그가 풀루트를 배웠다고 말하는 것을 듣기까지 했다/Nous *lui* vîmes enfiler des aiguilles fort menues. (Dider, *Lett. sur les aveugles*) 우리는 그가 아주 작은 바늘에 실을 꿰는것을 보았다/Un garde a laissé admirer *par ma femme* son poignard. (Genevoix, *Afrique*) 근위병은 내 아내가 그의 단도를 보고 감탄하도록 내버려 두었다/J'ai vu planter des choux *à* 〔*par*〕 *ces jardiniers*. les jardiniers *à* 〔*par*〕 *qui* j'ai laissé planter des choux.
★ 1) i) 부정법의 주어와 목적어가 둘 모두 인칭대명사로 주문의 동사 앞에 놓이면, 주어대명사는 여격(간접목적)으로 둔다: Ce devoir, je le *lui* ferai recommencer. 나는 그가 이 숙제를 다시 하도록 하겠다/Ce livre,

ne le *leur* laissez pas lire. 그들이 이 책을 읽도록 내버려두지 마시오. ii) 두 대명사가 주문의 동사 앞에 모두 있지 않으면 부정법의 주어대명사는 대격(직접목적보어)으로 둔다: Je *l*'ai vu la battre.(M Prévost, *La Nuit*) 나는 그가 그녀를 때리는 것을 보았다/Elle ne veut pas, peut-être, qu'on *la* voie me regarder (Sarment, *Jean*) 아마 그녀는 그녀가 나를 바라보는 것을 다른 사람이 보기를 원치 않는 것 같다. 2) 부정법이 대명동사이면 주어를 대격으로 둔다:Je *la* vis se rapprocher de sa sœur. (Fromentin, *Dominque*) 나는 그녀가 누이에게 가까이 가는 것을 보았다/Une mollesse parfois *la* faisait s'étendre sur l'herbe drue d'une pente. (Maupass, *Une Vie*) 때때로 나른해지면 언덕의 무성한 풀밭 위에 그녀는 눕곤 했다. 3) 지각동사나 특히 faire, laisser 가 대명동사형이면 부정법의 주어는 par, de로: Il se fait estimer *de tous*. 그는 모두로부터 존경을 받고 있다/Il se sentait envahir *par une tristesse* mortelle. (G § 1008) 그는 견딜 수 없는 슬픔에 잠겨 있다고 느꼈다.

infixe [삽입사]—한 단어의 중간에 삽입하여 그 의미나 기능을 전환시키는 데 사용되는 일종의 접사 affixe: clou-*t*-er, bijou-*t*-ier, fin-*iss*-ons.

ingénieux—~ *à*+*inf:* Les mères sont *ingénieuses à* observer jusqu'aux moindres choses. (Boss) 어머니들은 가장 작은 일까지도 관찰하는 재간이 있다.

injuste—~ *envers*〔*pour, avec*〕: Il a été très ~ *envers* 〔*pour, avec*〕 son fils. 그는 자기 아들에 대하여 매우 불공평하였다. *Il est* ~ *de*+*inf* 〔*que*+*subj*〕: Il est ~ *d'agir* ainsi 〔*qu'il agisse* ainsi〕. 그처럼(그가) 행동하는 것은 옳지 못하다.

inouï—*Il est* ~ *de*+*inf* 〔*que*+*subj*〕 …한다는 것은 말도 안된다.

inquiet—~ *de* 〔*sur, au sujet de, pour*〕+N: Elle est *inquiète de* votre silence. 그녀는 당신의 침묵에 대해서 불안해 하고 있다/~ *au sujet de* la santé de *qn* …의 건강에 대하여 걱정하다/Je suis ~ *sur* son sort. 나는 그의 운명에 대하여 근심스럽다/Il est ~ *pour* l'avenir de son fils. 그는 아들의 장래에 대하여 걱정하고 있다. ~ *de*+*inf*: Elle est *inquiète de* ne pas avoir de nouvelles. 그녀는 소식이 없어서 걱정하고 있다. ~ *de ce que*+*ind* 〔*subj*〕, ~ *que*+*subj*:Je suis ~ *de ce qu'il n'est* 〔*soit*〕 *pas arrivé*. 나는 그가 도착하지 않은 것을 불안하게 생각한다.

instant— Un ~, s'il vous plaît! 잠깐만 기다리세요!/Sauter sur le train qui démarrait, ce fut l'affaire d'un ~. 출발하는 기차에 뛰어올라타는 것은 순간적인 일이었다/ à chaque 〔*tout*〕 ~ 줄곧/ à 〔*dans*〕 l'~ 금방, 당장/ à l'~ même, au même ~ 바로 그 순간에. *à l'*~ *où*+*ind: A l'*~ *où* je terminais cette lettre, le facteur me remit la vôtre. 내가 그 편지 쓰기를 마쳤을 때 우체부가 당신의 편지를 내게 배달했습니다. *dès l'*~ *que*+*ind: Dès l'*~ (=Aussitôt) *qu'il* nous vit, il se mit à nous insulter. 그는 우리를 보자마자 우리에게 욕을 퍼붓기 시작했다/*Dès l'*~ *que* 〔Puisque〕 vous êtes l'ami de Monsieur, vous êtes mon ami. 당신이 그분의 친구인 이상, 당신은 나의 친구입니다. *d'*~ *en* ~(=continuellement): *D'*~ *en* ~, le rapide augmentait de vitesse. 시시각각으로 급행열차는 속도를 높였었다.

instantané (**aspect**)[순간상]—동사가 나타내는 동작의 결과가 순식간에 이루어지는 것을 표현하는 문법 범주를 aspect instantané이라고 한다. 불어에서는 전과거 passé antérieur 나 접두사 re- 가 순간상을 나타낼 수 있다:Et le drôle eut lappé le tout en un moment. (La Font)/ Je monte et je *redescends*. ⇨aspect.

intérieur—어원적으로 본래 비교급의 형태이므로 plus ~, moins ~, très ~ 라고 하지 말아야 할 것이다. 그러나 현대작가들에게서도 이런 표현은 간혹 볼 수 있다:Il y a une salle *plus* ~*e*.(Romains, *Les hommes de bonne volonté*) 더 안쪽의 방이 하나 있다/Ce n'est pas une religion très ~*e*. (Thibaudet, *Histoire de la litt. fr.*) 그것은 지극히 내적인 종교는 아니다.

★ intérieur 의 동의어로 interne 를 쓴다. 그러나 1) intérieur 는 일상어에, interne 는 학문적 표현에 쓰인다:un mal *intérieur* 속병; des douleurs *internes* 심적 고통. 2) intérieur 는 외적인 것, 표면에 나타나는 것에 대립되는 관념을 표현하는 반면에 interne 는 감추어져 있는 관념, 찾아내기 어려운 관념을 나타내는 데 쓰인다: une cour *intérieure* 안마당/ les causes *internes* des troubles politiques 정치적 불안의 내면적 이유들.

interjection [간투사]—I. 〖정의〗 1° 마음의 상태, 명령, 경고, 부름 등을 표시하기 위하여 이야기하는 중에 사용되는 일종의 외침으로서, 그것 자체로서는 문법적 기능을 갖지 않는다: Ah!, Allons!, Ça!, Gare!, Holà!, Pst! 2° 간투사 중에는 두 개 또는 그 이상의 낱말의 결합으로 형성된 것이 있으며 이것을 「간투사구 locution interjective」라고 부르기도 한다:Hé quoi!, Eh bien!, Fi donc!,Juste ciel! 3° 간투사(구)에는 감탄부호(!)를 붙이는 것이 일반적이다.

II. 〖형태〗 1° 〖본래적 간투사〗 단순한 외침소리로서, 대개의 경우 단음절로 구성되어 있으며, 또 의성어가 많다: Ah!, Eh!, Heu!, Ohé!, Ouf!, Bah!, Chut!, Holà!, Hélas!, Pst! 2° 〖다른 품사 또는 표현에서 전성된 것〗

① 단순한 명사, 또는 한정사, 형용사 또는 전치사가 붙은 명사:Attention!, Courage!, Juste ciel!, Ma parole!, Ma foi!, Par exemple! ② 단순한 형용사 또는 부사가 첨가된 형용사: Bon!, Ferme!, Bravo!, Tout doux! ③ 부사 또는 부사구: Bien!, Comment!, Eh bien!, Or ça!, En avant! ④ 동사의 변화형, 특히 명령형:Allons!, Gare!, Tiens!, Suffit!, Dis〔Dites〕 donc! ⑤문장: Fouette cocher! 자아 가자 ! /Vogue la galère! 될 대로 되라지 !

III. 〖의미〗 1° 간투사 중에는 그 의미가 일정한 것도 있다(Aïe! 아야, Hé! 여봐요). 그러나 어떤 간투사의 의미는 객관적으로 주어져 있다기보다는, 그것을 사용할 때의 상황(억양, 표정, 몸짓 등)에 따라서 결정되는 수가 있다. 가령 Ah!는 「Ah! vous arrivez enfin. 아아, 드디어 오셨군요」와 같은 문장에서는 안도의 감정을 나타내는 반면에, 「Ah! je vous plains sincèrement. 아아, 정말 딱하게 되셨군요」에서는 피로움의 뜻이 된다.

2° 다른 품사나 표현에서 전성된 간투사는 그것이 본래 가지고 있던 의미를 잃고 새로운 의미를 떠는 일이 많다. 특히 종교적인 의미를 띠고 있던 것이 단순한 한탄이나 심지어 구어에서는 욕설의 표현으로 전화되는 일이 자주 일어난다: Tiens! 저런; Dis donc! 여봐;Mince! 저런;Dame! (←Notre-Dame) 그럼; Sacrebleu! (← sacré Dieu) 제기랄.

interrogative (**phrase, proposition**) [의문문, 의문절]—독립절로 표현된 물음을 「직접의문 interrogation directe」이라고 한다(*Où allez-vous?*). 이에 반하여, 주절에 종속된

interrogative

물음을 「간접의문 interrogation indirecte」이라고 하며 이렇게 간접의문을 나타내는 종속절을 「간접의문절 proposition interrogative indirecte」라고 부른다: Distes-moi *si vous partez*. 떠나실지 아닌지 말해 주시오.
I. 〖직접의문〗 1° 〖어조에 의한 의문〗 평서문을 그대로 사용하고 어조를 높인다: Tu pars déjà?(=Pars-tu déjà?)/Tu ne leur portes pas à boire? 그들에게 먹을 것을 갖다 주지 않을래? ⇨intonation.
2° 〖의문사가 없는 의문문〗 ①〖주어가 무강세 인칭대명사, on, ce〗 단순도치 inversion simple: Ai-je tort?/Comprenez-vous?/Est-ce possible?/Part-on? ☆ **je**는 약간의 단음절동사의 경우에만 도치된다(Ai-je?, Suis-je?, Dis-je?, Dois-je?, Puis-je?, Sais-je?, Vais-je?). 그 이외의 동사의 경우, 특히 동사가 비모음 또는 유음으로 끝나 있을 경우에는 도치를 피하고 est-ce que를 사용하는 것이 일반적이다: Finis-je?→Est-ce que je finis?/Rends-je? →Est-ce que je rends?/Sors-je?→Est-ce que je sors? 《동사가 -e로 끝날 때도 Est-ce que je chante? 처럼 되지만, 문어에서는 Chanté-je?로 놓는 수가 있다》.
②〖주어가 명사 또는 강세대명사〗 복합도치 inversion complexe: L'enfant comprend-il?/Votre mère viendra-t-elle?/Tout est-il prêt?/Quelqu'un est-il venu?
3° 〖의문사가 있는 의문문〗 ①〖주어가 의문사 혹은 의문사를 포함한 것〗 어떠한 도치현상도 일어나지 않는다: Qui vient?/Lequel des deux est le plus original? 두 사람중의 누가 더 독창적인가?/Quel peuple habite cette île? 이 섬에는 어떤 사람들이 살고 있소?/Combien de gens ont le courage de dire la vérité? 얼마만큼의 사람이 진실을 말할 용기가 있을까?

★ 1) 그러나 주어가 que인 경우에는 반드시 Qu'est-ce qui를 쓴다: *Qu'est-ce qui* vous fait rire? 무엇이 당신을 웃기는가? 2) 현대불어에서는 주어가 「lequel, quel, combien de+명사」의 경우에 복합도치된 문장이 가끔 쓰이지만 그것은 정식 구문이 아니다: Combien de femmes avaient-*elles* habité le château?(Daniel-Rops) 얼마나 많은 부인들이 그 성에 살았었는가?/Quel homme de l'occident comprendra-*t-il* l'âme chinoise? (P. Audiat) 서양의 어떤 사람이 중국인의 정신을 이해하겠는가?
②〖주어가 무강세인칭대명사, ce, on〗 단순도치: Qui est-*ce*?/Qui êtes-*vous?*/Qui a-*t-elle* vu? 그녀는 누구를 보았는가? / Que deviendrai-*je?* 나는 어떻게 될까? /Où vas-*tu?*/Pourquoi pleure-*t-il?* ☆그러나 je의 경우에는 의문사가 있어도 위의 2°, ①에서 언급한 것처럼 est-ce que를 사용할 때가 많다: Qui *est-ce que* je rencontre? 나는 누구를 만나는가?
③〖주어가 명사 또는 강세형 대명사〗 **a)**〖속사 qui, que, quel〗 단순도치: Qui est *cette personne?* 이 사람은 누구인가? /Quel est *votre nom?* 당신의 이름은 무엇인가? /Qu'est devenu *cet homme?* 그 사람은 어떻게 되었오? **b)** 직접목적보어 1) 〖qui〗 복합도치: Qui Paul regarde-*t-il?* 폴은 누구를 바라보는가?《이 경우 Qui regarde Paul?이라고 하면 「누가 폴을 바라보는가?」의 뜻이 된다》. 2) 〖que〗 단순도치: Que veut *cet homme?* 이 사람은 무엇을 바라는가? / Qu'a dit *votre père?* 당신의 아버지는 뭐라고 하시던가? 3) 〖quel 〔combien de〕+명사〗 단순 또는 복합도치: Quel prix aura *cet élève?*(=Quel prix cet élève aura-*t-il?*) 이 학생은 어떤 상을 탈 것인가? ☆그러나 「quel+명사」가 주어로 해석될

우려가 있을 경우에는 복합도치: Quelle amie votre sœur invite-*t-elle?* 당신의 누이는 어떤 친구를 초대하는가? ((만일 Quelle amie invite votre sœur?라고 하면 Quelle amie가 주어가 되어 「어떤 친구가 당신의 누이를 초대하느냐?」의 뜻이 된다)). c) 〖간접보어, 의문부사〗 단순 또는 복합도치: Où conduit *ce chemin?* (=Où ce chemin conduit-*il?*) 이 길은 어디로 가는가?/Comment va *votre mère?* (=Comment votre mère va-*t-elle?*) 자당께서는 안녕하십니까?/Combien a coûté *ceci?* (=Combien ceci a-*t-il* coûté?) 이것은 얼마였소?/A qui succède *ce prince?* (=A qui ce prince succède-*t-il?*) 이 왕자는 누구의 뒤를 잇는 겁니까? ☆ 1) 그러나 「où+être」의 경우에는 단순도치만을 하는 것이 관례이다: Où est *la table?*/Où sont *vos livres?* 당신의 책들은 어디 있소? 2) 다음과 같은 경우에는 반드시 복합도치를 시킨다. i) pourquoi 의 다음에: Pourquoi ton frère ne vient-*il* pas? 형은 왜 안오니? ii) 속사나 직접목적보어가 함께 쓰였을 때: Quand M. Kim a-*t-il* écrit ce roman? 김씨는 언제 이 소설을 썼소?/Comment cet homme serait-*il* sage? 이 사람이 어떻게 현명할 수가 있단 말인가?
④ 〖속어〗 속어에서는 위에서 설명한 어순을 정확히 지키지 않고 a) 의문사를 평서문에서와 같은 위치에 놓는다: Vous partez *quand?* (←Quand partez-vous?) 당신은 언제 떠나는 거요?/Ça coûte *combien?* (←Combien coûte cela?) 그것 얼마요? b) 의문사를 문두에 놓아도 주어를 도치시키지 않는다: Comment *ça* va (←Ça va-t-il)? 안녕하쇼?/Combien *je* vous dois(←Vous dois-je)? 얼마죠?/Où *vous* étiez (←Etiez-vous)? 당신 어디 계셨오? ☆ 이 경우 「의문사+que+주어+동사」도 흔히 사용된다: Où que tu as trouvé ça? (←Où as-tu trouvé ça?) 너 그것 어디서 찾았지? c) 의문사의 생략: Vous désirez?(←Que désirez-vous?) 무엇을 드릴까요? ((점원이 손님에게 자주 쓰는 표현))/Tu dis?(←Que dis-tu?) 무슨 말이냐?
⑤ 〖생략적 의문문〗 의문문은 반드시 동사를 포함하는 완전한 문장으로만 성립되는 것이 아니다. 동사의 생략으로부터 단 하나의 의문사의 사용에 이르기까지 여러가지의 생략법이 가능하다: Combien ce bijou? 이 보석은 얼마요?/Pourquoi pas? 왜 안된단 말이요?/Où donc? 어디 말이요?/Quand? 언제?
⑥ 〖의문사+부정법〗 ⇨infinitif.
4° 〖주어도치의 회피〗 ⇨est-ce que, c'est que(ce¹ 참조), ti, que.
5° 〖의문문의 의미〗 의문문은 단순한 물음뿐만 아니라 다음과 같은 의미를 나타내기 위해서 사용될 수도 있다.
① 〖반어적 의문문 interrogation oratoire〗 형식상의 의문문으로서, 사실은 그반대의 대답이 당연하다는 것을 암시한다. 긍정의문문은 부정평서문에, 부정의문문은 긍정평서문에 상당한다: Est-il possible qu'il ait fait une telle faute?(=Il n'est pas possible....) 그가 그런 실수를 했다는 것이 가능할까?/Ne vous avais-je pas averti? (=Je vous avais averti.) 내가 당신에게 미리 알리지 않았소?
② 〖명령문의 대신으로〗 Voudriez-vous bien ouvrir la fenêtre? 창을 열어주시지 않겠오?/Voulez-vous bien vous taire? 좀 잠자코 계시구려; Vous tairez-vous? 잠자코 계시오; Va-tu te taire! 잠자코 있지 못하겠니! ((이 예문에서 뒤로 갈수록 명령의 뜻이 강해진다)).
③ 〖가정적 진술〗 Veut-on devenir négociant? On apprendra l'anglais (←Si on veut...). 상인이 되고 싶으

면 영어를 배우시오.
④〖감탄문〗드물게 의문문이 감탄문으로 해석된 경우가 있다: Quelle sottise a-t-il encore faite? 그가 또 무슨 실수를 저질렀담 !
II. 〖간접의문〗간접의문의 구성에서 일반적으로 주의할 일은 1) 의문사 que와 qu'est-ce qui 는 각각 ce que와 ce qui 로 바뀐다. 다른 의문사에는 변화가 없고, 의문사 없는 의문문은 si 로 유도된다. 2) 주절의 동사에 따라 시제가 변한다(⇨concordance des temps).

1° 〖주어의 위치〗① 〖주어가 무강세 인칭대명사, ce, on〗항상 「주어+동사」: Qui êtes-vous?→ Dites-moi qui *vous êtes*. 당신이 누구인지 말하시오/Que cherchez-vous?→Dites-moi ce que *vous cherchez*. 당신이 무엇을 찾는지 말하시오. /Comment est-ce possible?→Je me demande comment *c'est* possible. 그것이 어떻게 가능한지 모르겠군/Viendra-t-il?→Je ne sais s'*il viendra*. 그가 올지 모르겠군.

② 〖의문대명사, que〔combien de〕+명사가 주어〗그 위치에 변화가 없다. 다만 qu'est-ce qui→ce qui 로 달라진다:Qui vient?→Dites-moi *qui vient*. 누가 오는지 말하시오/Qu'est-ce qui te fait rire?→Je ne sais *ce qui* te fait rire. 무엇이 당신을 웃기는지 모르겠소/Quel métier te plairait?→Dites-moi *quel métier* te plairait. 어떤 직업이 당신의 마음에 들지 말하시오.

③ 〖주어가 명사 또는 강세대명사〗일반적으로 a) 직접의문에서 복합도치가 필요한 것은 「주어+동사」로 正置: Votre mère viendra-t-elle?→Je ne sais si *votre mère viendra*. 당신의 어머니가 오실지 모르겠군(이 경우…si viendra votre mère 라고 하는 것은 극히 비정규적인 구문이다)/Qui Paul regarde-t-il?→Dites-moi qui *Paul regarde*. 누가 폴을 바라보는지 말하시오/Quand M. Kim a-t-il écrit ce roman? →Dites-moi quand *M. Kim a écrit* ce roman./Pourquoi ton frère ne viendra-t-il pas?→Dis-moi pourquoi *ton frère* ne *viendra* pas. b) 〖qui와 quel이 속사가 되는 경우〗단순도치:Qui est cet homme?→Dites-moi qui *est cet homme*./Quelle est votre intention? →Dites-moi quelle *est votre intention*. c) 〖정치와 단순도치가 모두 가능한 경우〗1) que→ce que 가 될 때: Qu'est devenu cet homme?→Dites-moi *ce que* cet homme est devenu (=ce qu'est devenu cet homme)./Qu'a dit votre père?→Dites-moi *ce que* votre père a dit(=ce qu'a dit votre père). 2) 의문사가 간접보어 또는 부사일 때: Dites-moi *où* ce chemin conduit(=où conduit ce chemin)./Dites-moi *combien* ceci a coûté(=combien a coûté ceci). ☆ 그러나 「où+être」의 경우에는 반드시 단순도치:Où est la table?→ Dites-moi *où est la table*. 3) 「quel〔combien de〕+명사」의 경우:Dites-moi *quels livres〔combien de lirves〕 Pierre a achetés*(=a achetés Pierre). ☆ 그러나 「의문사+명사」가 주어로 해석될 염려가 있을 때는 반드시 정치:Dites-moi quelle ami votre sœur invite.(cf. 상기 I, 3°, ③, b)).

★ 이상과 같이 두가지 구문이 모두 가능할 경우, 주어가 길고 동사가 짧을수록 도치될 가능성이 크다. 가령 Dites-moi de quoi vos parents parlent 보다는 Dites-moi de quoi *parlent vos parents*이라고 말하는 편이 낫다. 특히 être, avoir, aller 등은 뒤에 오지 않는다:Dites-moi où (comment) *va votre sœur*./Dites-moi quelle place *a cet élève*.

2° 〖간접의문절의 독립적 용법〗① 〖제목, 표제〗Comment on prononce le français 불어 발음법/Pourquoi nous travaillons 우리는 왜 일을 하

는가.
② 〖예상되는 물음을 앞질러 할 때〗 Pourquoi la littérature est passionnante? C'est ce que nous allons voir. 문학이 왜 재미있느냐고요? 그것을 이제 말씀드리죠.//《또는 의문점을 문두에 놓고 상대방의 관심을 끌 때》 Avec quelle impatience il attendait la cérémonie, je n'ai pas besoin de vous le dire. 그가 그 기념식을 얼마나 초조하게 기다렸는지 당신에게 말할 필요도 없다. ☆ 1) 그러나 이런 경우에 직접의문문을 사용할 수도 있다. 이 때는 뒤에 「모른다」는 의미를 나타내는 절이 온다: Elle avait disparu: pourquoi?... comment?... où était-elle allée? On ne savait. 그녀는 사라져 버렸다. 왜?… 어떻게?… 어디로 갔었느냐구? 그것은 알 수 없는 일이었다/Comment vivra-t-il après, il ne semble pas s'en préoccuper. 그후 어떻게 살 것인지, 그는 염두에 두지 않은 것 같다. 2) 위의 예문들에서 보는 바와 같이 의문부호의 사용은 자유롭다.

3° 〖속어〗 속어에서는 간접의문문 대신에 직접의문문이 사용되기도 한다: Je me demande où est-ce qu'il a pris cela. 그가 그것을 어디서 찾아냈는지 모르겠다/Elle lui a demandé qu'est-ce qui l'avait rendu malade. 그녀는 그에게 왜 아팠느냐고 물었다/Je me demande à quoi me sert-il de rester ici. 여기에 머무르는 것이 무슨 소용이냐고 생각해 본다. ☆ 속어가 아니더라도 직접의문문과 간접의문문이 혼용된 다음과 같은 예를 볼 수 있다: On se demandait: qu'y a-t-il? et pourquoi *le suffète ne distribuait* pas l'argent. (Flaub, *Salambô*) 무슨 일일까, 그리고 왜 집정관이 돈을 나누어주지 않을까 하고 이상하게 생각했다.

4° 〖관계사절의 사용〗 「quel+명사」의 뜻으로 사용된 관계사절: Vous ne savez pas la femme que je suis(=quelle femme je suis). 당신은 내가 어떤 여자인지 모르시겠죠/Il m'a demandé l'heure qu'il était (=quelle heure il était). 그는 내게 몇시냐고 물었다.

5° 〖접속법의 사용〗 간접의문문에서 예외적으로 동사를 접속법으로 놓는 수가 있다. 이것은 특히 18세기 이전에 자주 있었던 현상이다: A un homme qui n'a rien, il importe assez peu...en quel gouvernement il *vive*. (Montesq) 아무 것도 가진 것이 없는 사람에게는 어떤 정부하에서 살건 별로 문제가 아니다/Il est presque indifférent à quelle table on *se mette*. (Rouss) 어떤 자리에서 먹건 거의 문제가 아니다/Il ne lui importe guère de quels moyens elle *se serve*. (Balzac) 어떤 수단을 사용하건 그녀에겐 거의 문제가 아니었다. ☆ 이런 용법은 주절에 불확실성의 뜻이 포함되어 있어서 그 영향이 간접의문문에 미친 것으로 생각될 수 있다.

interview—영어에서 온 차용어. 발음은 [ɛ̃tɛʀvju], 동사형 interviewer의 발음은 [ɛ̃tɛʀvjuve].

intonation [억양]—음소나 음절이 아니라 하나의 단어나 여러 단어의 연속과 같은 보다 긴 연속체에 관계되며 문장의 선율곡선을 형성하는 성음의 높이의 변화를 intonation이라고 한다. 기본 억양으로는 서술, 의문, 명령 그리고 감탄의 네 가지 억양이 있다. 서술 억양은 言述의 끝에서 성음의 하강에 의해 나타나고 의문 억양은 성음의 상승에 의해 나타난다. 그리하여 불어에서 서술 억양과 의문 억양은 두 有意단위를 대립시키는 역할을 하기도 한다 (Il pleut./Il pleut?) 그러므로 두 기호소 monèmes의 차이가 그렇듯이 억양의 차이는 유의적 significative이라고 볼 수 있다. 그렇다고 해서 언술 끝에서의 성음의 상승에 일정한 가치가 있고 성음의 하강에 일정한 가치가 있어서 서로 대립되는 것은 아니다. 언술의 정확한 의미는 성음의 상승과 하강의 정도에 따라서 달라지는 것이다. 따라서 억양의 문체적인 중요성이 크다고 볼 수 있다. 억양은 스스로 지니고 있는 감정적, 내포적, 심미적 정보요소에 의해 話者의 사고의 표현에 감정이나 감동을 곁들이는 것이다. Passy에 의하면 성음의 높이와 결합하여 억양이 oui 라는 단어에 일곱 가지 서로 다른 의미를 부여할 수 있다고 한다. 또한 Jakobson에 의하면 모스크바에 있는 Stanislavski 극장의 한 연극배우는 성음과 억양만을 이용하여 Segodnja večerom «le soir»이라는 표현으로 50개의 서로 다른 메시지를 나타낼 수 있었다고 한다.

intransitifs ⇨verbes intransitifs.

inversion[도치]—보통의 어순을 바꾸는 것. 주어의 도치(⇨sujet² III), 속사의 도치(⇨attribut V), 목적보어의 도치(⇨complément d'objet).

irrité—~ *de*+*inf*: Il est ~ d'avoir dû attendre si longtemps. 그는 그렇게 오래 기다려야 했던 것에 대해 화를 낸다. ~ *que*+*subj*: Il est ~ *qu*'on l'*ait fait* attendre. 그는 자기를 기다리게 한 것을 화내고 있다. ~ *de ce que*+*ind*[*subj*]:Il est ~ *de ce qu*'on l'a fait[*ait fait*] attendre. 그는 자기를 기다리게 한 것에 대해 화가 나 있다.

itératif (aspect) [반복상]—동작의 반복을 나타내는 상이다. 과거에 있어서의 반복상은 반과거와 대과거에 의해 표현될 수 있다:Que *faisiez-vous au temps chauds?—Je chantais.*(La Font). 또는 접두사 re- 나 접미사 -ailler(경멸적 뉘앙스와 함께)에 의해 표현된다 : Il m'a dit et *redit./fumailler.* ⇨aspect.

ivre mort—복수형에서는 모두 일치한다: Ils sont *ivres morts.* 그들은 정신 없이 취해 있다.

ivrogne—여성형은 ivrognesse. 형용사로는 남녀동형(une femme ~ 술주정뱅이 여자). 그러나 때로는 femme ~*sse*로도 쓴다 (Lar).

J

j—alphabet 제 10자로 명칭은 [ʒi]. graphie 로서의 발음은 어떤 위치에서나 항상 [ʒ]이고 어미에는 쓰이지 않는다: *jabot*[ʒabo], *joie, ajonc, bajoue*, etc.

jadis *adv.*—(=il y a longtemps, autrefois): Ce palais fut ~ la demeure du roi. (Ac) 이 대궐은 옛날 임금님의 거처였다. cf. naguère 는 일반적으로 il y a peu de temps, récemment 의 뜻. *de* ~: Elle n'a plus la fraîcheur *de* ~. (Bonnard) 그녀에게는 옛날의 신선미가 이제는 없다.

—*adj.* 《불변》: Cela était bon au temps ~. (Ac) 옛적에는 좋았다/les châteaux du temps ~ 지난 시절의 성.

jais—des cheveux noirs comme (du) ~, 《또는 noir 불변으로》 des cheveux noir (de) ~ (=d'un noir de ~) (H) 새까만 머리털. ☆ noir comme geai 는 잘못된 표현. geai 는 새까만 색이 아니라 회청색의 날짐승이다.

jaloux—여성형은 jalouse. être ~ *de qc* [*de*+*inf*]: une âme belle, *jalouse* (=désireuse, soucieuse) *d*'être parfaite 완전해지고자 애타는 아름다운 심혼.

jamais—이 부사는 일반적으로 **ne ... jamais** 로 사용되어 「결코 …아니다」는 부정의 뜻을 지닌다. ne 없이 단독으로 사용될 때는 긍정, 부정의 두 가지 뜻을 지닐 수 있으며, 또 형식상 긍정적으로 보이더라도 그 내용에 있어서는 부정적으로 쓰이는 경우가 많다.

1° 《긍정》 (=en un temps quelconque, à un moment quelconque, en quelque temps que ce soit).

① *à* ~, *à tout* ~, *pour* ~ (=pour toujours, sans retour, dans tout le temps à venir): La mort les a réunis *à* (*tout*) ~. (H) 죽음이 그들을 영원히 결합시켰다.

② 《*si* 로 시작되는 절》 *Si* vous venez ~ me voir, je vous montrerai mes bibelots. (Ac) 언젠가 저를 만나러 오시면 저의 골동품을 보여드리겠읍니다/C'est un homme consciencieux, s'il en fut ~. (*Ib.*) 보기 드문 양심가이다.

③ 《최상급의 종속절》 (=jusqu'ici, jusqu'à maintenant): C'est la femme *la plus* savante que j'aie ~ rencontrée. (Thomas) 그 여자는 내가 지금까지 만나본 중 가장 박식한 여자다.

④ 《비교접속사 *que* 뒤》 La paix du monde dépend *plus que* ~ de la bonne volonté des peuples. (Bonnard) 세계 평화는 그 어느 때보다도 각 국민의 선의에 달려 있다/Madame Forestier est *aussi* belle *que* ~. 포레스티에 부인은 여전히 아름답다.

⑤ 《의문문》 Avez-vous ~ été à Marseille?—Pas encore. 당신은 전에 마르세이유에 간 적이 있읍니까?—아직 없어요.

⑥ 부정 또는 부정의 관념을 띠고 있는 말에 종속된 부정법, 절과 함께: Il partait au dernier moment sans toutefois ~ manquer le train. (Bonnard) 그는 마지막 순간에 떠나기는 했지만 기차를 놓치는 일은 없다/Je vous défends d'en parler ~. 절대로 그 이야기를 해서는 안됩니다/Souvent il rentrait soûl sans que ~ sa femme lui fît des remontrances. (Bonnard) 그는 자주 취해서 돌아오곤 했지만 아내가 잔소리를 하는 일은 결코 없었다/Je doute qu'il vienne ~. 나는 그가 오리라고는 믿지 않는다. ☆ 이런 경우에 있어서는 jamais 는 부정적 의미 내용을 지니는 것으로 볼 수 있다: Je vous défends d'en parler ~. → N'en parlez ~./Je doute qu'il vienne ~. →Il ne viendra ~.

2°〖부정적 의미〗(=en aucun, temps, en nul temps, à aucun moment). ①〖부정사 **ne** 와 함께〗이 경우 부정을 나타내는 대명사, 형용사 또는 부사 (plus, guère, personne, rien, nul, aucun, encore 등)과 겸용될 수 있다. 다만 pas 및 point 과는 함께 쓸 수 없다: Je *ne* l'ai ~ rencontré. 나는 그를 한번도 만난 적이 없다/ Je *ne* lui parlerai *plus* ~. 나는 더 이상 그에게 말하지 않을 것이다/ *Personne ne* m'en a ~ parlé. 아무도 나에게 그 이야기를 해 준 일이 없다/Il *n'*a ~ eu *aucun* ennemi. 그는 일찍이 어떤 적도 가져본 일이 없었다.

②〖단독으로〗**a**)〖부정사와 동사의 생략〗Irez-vous la voir?—~.(Thomas) 그 여자를 만나러 가시겠어요?—절대로 안 가겠소/Est-ce que vous voyez quelquefois des choses intéressantes? —Moi, ~. 당신은 가끔 재미있는 것을 보시오?—나는 통 그런 일이 없어요/Tu peux prendre ce remède n'importe quand, mais ~ avant de te coucher. 너는 이 약을 언제 먹어도 좋지만, 자기 전에는 절대 안된다/C'est le cas 〔le moment〕 *ou* ~ *de* le dire (=ou ce ne le sera ~). (H) 그 이야기를 할 다시 없는 〔천재일우의〕 기회다/C'est aujourd'hui ou ~. 오늘뿐이다. **b**)〖분사나 형용사의 앞〗Son style est élégant, ~ recherché. (Ac) 그의 문체는 우아하다. 결코 꾸민 문체가 아니다/des souliers ~ *cirés* 조금도 약칠하지 않은 구두. **c**)〖속어〗Il m'obéira ~ (=Il ne m'obéira ~). 그는 결코 나에게 복종하지 않을 것이다.

③〖성구적 표현〗**a**) *au grand* ~ (= en aucun temps, quoi qu'il arrive) 《회화에서만 사용된다》: *Au grand* ~ je ne ferai cela.(Ac) 나는 결단코 그런 짓을 안할 것이다. **b**) 생략된 형식으로 동등비교와 함께: Elle m'aime *comme* 〔*autant que*〕 ~ (=Elle m'aime comme elle ne m'a ~ aimé). 그 여자는 여태껏 볼 수 없었을 정도로〔언제보다도 더〕나를 좋아한다. **c**) ~ *de la vie!* 결코, 조금도.

3°〖어순〗①〖강조〗jamais 는 문장 앞에 놓이는 일이 많다: Je ne l'ai ~ rencontré. →~ je ne l'ai rencontré. / Je ne lui pardonnerai *plus* ~ (또는 ~ *plus*). →~ *plus* je ne lui pardonnerai 〔~ je ne lui pardonnerai *plus*〕.

★ 주어가 명사인 경우에는 1)부정관사가 탈락되는 일이 있다《이 경우에는 감탄적 의미》: ~ homme ne fut plus estimé. 그토록 존경받은 사람은 없었다. 2)드물게 주어 다음에 jamais 가 놓이는 수가 있다: L'idée (...) ~ plus ne changera. (Le B, II) 그 생각은 결코 다시는 달라지지 않을 것이다.

②〖부정법동사와 함께〗**a**)〖현재〗ne ~ +*inf*: l'intention de *ne* ~ tromper/pour *ne* ~ oublier cela/《드물게 ne + *inf* + ~》 C'est le meilleur moyen de *ne* se tromper ~. (Le B, II) 그것이야말로 절대로 오해하지 않는 최상의 방법이다. **b**) 〖과거〗Je crois *ne* l'avoir ~ rencontré 〔*n'*en avoir ~ parlé, *n'*en avoir ~ rien vu〕. 나는 그를 한번도 만난 일이 없다고〔그 이야기를 한번도 한 일이 없다고, 그것에 관해서는 아무것도 본 일이 없다고〕생각한다. **c**) **rien** 이 직접보어로 올

때 복합시제에서 다음의 4가지 구성이 가능하다: 1) ~ je n'ai *rien vu de si beau*. 일찍이 나는 그렇게 아름다운 것을 못 보았다. 2) ~ je n'ai *vu rien de si beau*. 3) Je n'ai ~ *rien vu* .... 4) Je n'ai ~ *vu rien* .... 《이 중에서 일반적으로 쓰이는 것은 rien이 과거분사 앞에 오는 경우이다. ⇨ 1), 3)》.

je―① 〚의문형〛 a) 직설법〔접속법〕현재형, 특히 단음절의 동사가 올 때도 도치를 피하여 est-ce que 다음에 사용한다 (*Est-ce que je cours bien?/Est-ce que je prends ma part?*). 그러나 자주 쓰이는 동사 avoir, être, dire, faire, pouvoir, savoir, voir 등의 경우에는 도치를 할 수 있다: Ai-je...? Dis-je...? Puis-je...? Sais-je...? etc. b) 문어에서는 e muet로 끝나는 동사 뒤에 도치시키고 이때 e→é로 바꾸어 쓰인다 (Aché*té*-je...? Chanté-je...? Dussé-je...?). 이때 é의 발음은 [ɛ]. 그러나 -ge로 끝나는 것은 문어에서도 도치를 안하고 est-ce que 가 사용된다: Est-ce que je songe?
② 〚e의 생략〛 모음으로 시작하는 동사 앞에서 j' (*j'aime, j'étudie*). 속어에서는 자음의 앞에서도 생략: *j'*suis, *j'*viens.
③ 〚**je** 강세형〛 《고어법》 je는 오늘날 약세형이지만 옛 어법에서는 강세형으로 쓰였다. 그 흔적으로 기성의 법률적 용어로서 「*Je* soussigné certifie.... 아래 서명한 나는 …을 증명합니다」라는 표현이 남아 있다.
④ (je=tu, il, elle). 애정이 담긴 표현으로 어린이에 대해서 tu 대신 je를 쓸 때가 있다: Est-ce que *j'*aime (=*tu* aimes) toujours les gâteaux? (G, §468, N. B.) 너는 과자가 그렇게 좋니? ∥《je 는 il, elle 대신 쓰이기도 한다》 Il bondit sur sa mitrailleuse: et *je* t'en fauche .... (*Ib.*) 그는 기관총이 있는 곳으로 달려가서 쏘아댔다 《정경이나 행동을 생기 있게 묘사하기 위해서 話者가 이야기 속의 인물로 대신 들어선 것》/*Je ne sais qui* 〔*quoi, quel, comment, où, etc.*〕 savoir.

jeu―《비유적》 Ce sera pour lui un ~ *d'enfant*. (DFC) 그것은 그에게는 어린애 장난 같은 〔아주 쉬운〕 일이다(=C'est très facile). *avoir beau ~ de* 〔*pour*〕+*inf* …하기에 매우 좋은 형편에 있다: Il *a* beau ~ *de* vous reprocher maintenant votre dédain. (*Ib.*) 그가 지금 당신의 멸시를 비난하기에 십상이다. *se faire* (*un*) ~ *de qc* 〔+*inf*〕 거뜬히 해내다: Il *se fera un* ~ *de* soulever cette pierre. 그는 이 돌을 거뜬히 들어올릴 것이다.

jeudi ⇨jours.¹

jeune *adj*.― un homme ~ 중년 이전의 젊은 사람, 또는 젊어 보이는 사람; un ~ homme 18세~25세 정도의 미혼청년. ☆복수는 des ~*s* gens, 또는 드물게 des ~*s* hommes. ―〚명사적〛 un club de ~*s* 청년클럽/La chatte a fait des ~*s*. (H) 암코양이가 새끼를 몇마리 낳았다.
―*adv*. Il s'habille ~ (=comme les personnes jeunes). 그는 옷을 젊은이처럼 입는다.

joint―① 〚~ *que*〛「첨가」의 뜻: Il n'a pas fait votre affaire, parce qu'il était malade, ~ *qu'*il n'avait pas les papiers nécessaires. (Ac) 병중이었기 때문에 그는 당신의 도움이 되지 못했읍니다. 게다가 필요한 서류를 가지고 있지 않았죠. ☆ 그러나 현대어에서는 거의 쓰지 않는 낡은 어법으로 대신 joint à ce〔cela〕que 또는 ajoutez que 를 사용한다. ② 〚동사의 일치〛 ⇨accord du verbe. ③ *ci-*~ ⇨ci-annexé.

joli―c'est ~ à regarder. 그것은 보기에 예쁘다 / ~ *à croquer* 〔*comme un cœur*〕 매우 아름다운, 퍽 귀여운 / faire le ~ *cœur* 지나치게 교태를 부리다.

〖반어적 의미〗 un ~ personnage 신통치 않은 사람/Elle est ~*e* votre idée. 네 생각은 말도 안된다/Nous voilà dans un ~ pétrin. 야단났군/ C'est (du) ~ de dire du mal des absents. 없는 사람의 욕을 하다니 더러운 짓이야.

joug—발음 [ʒu]: mettre les bœufs au ~ 소에 멍에를 메우다. ☆ 그러나 비유적 의미로 쓰일 때는 [ʒug]: faire passer sous le ~ (Fouché) 굴복시키다.

jour—① 〖명사〗 **a)**「날」: le ~ de son arrivée 그가 도착하던 날/ Choisissez un ~ pour notre rendez-vous. 우리가 만날 날을 고르시오. **b)**「낮, 햇빛」:en plein ~ 대낮에/ Le ~ se lève. 해가 뜬다/Les volets fermés ne laissent entrer qu'un faible ~ dans la pièce. 덧창이 닫혀 있어서 방안에 약한 빛밖에 안 들어온다.
② 〖부사〗《문중에서》: Il est resté deux ~s à Séoul. 그는 서울에 이틀 동안 머물렀다/Venez donc un autre ~. 언제 다른날 오시라니까/ Un beau ~, vous verrez ce qui arrivera. 언젠가는 결과를 알게 되겠지.
③ 〖접속사구의 형성〗 *un ~ que* +*ind*: Un ~ que je me promenais le long de la Seine, j'ai rencontré un vieillard très intéressant. 어느날 센느강가를 산책하다가 아주 재미있는 노인을 만났다/Je t'aiderai *un ~ que* j'aurai moins de travail. 일이 좀 적어지면 너를 도와주지. *le ~ où*+*ind* 《특정된 날을 가리킨다》: Le ~ où tu viendras chez moi, tout sera prêt. 네가 우리집에 오는 날에는 모든 것이 준비되어 있을 것이다.

journal— J'ai lu cela *dans le* ~ [*dans les journaux*]. (Ac) 나는 그것을 신문에서 읽었다. ☆ lire *sur le journal*은 문어에서도 쓰이지만 보통 속어로 간주된다.

journée—jour가 24시간으로 구성된 「하루」라는 단위를 가리키는 반면에, 이 말은 「해가 떠서 질 때까지의 한나절」을 가리킨다: une ~ d'été 여름의 한나절, 여름날/ pendant toute la ~ 진종일/Il passe ses ~s à dormir. 그는 진종일 자기만 한다/ Nous avons eu une ~ très agréable à Versailles. 우리는 베르사이유에서 재미있는 하루를 보냈다. ☆ 그러나 실제 관용에 있어서는 journée를 jour로 바꿔써도 좋은 경우가 많다. 가령「De nos jours, on parle beaucoup de la journée de 7 heures. 요새는 하루 7시간 노동이라는 것이 화제에 많이 오른다」라는 문장에서 journée는 「하루의 노동」의 뜻이므로 jour로 대치할 수 없지만, 다음과 같은 문장들에서는 jour를 대신 사용해도 무방하다: Nous avons eu trois ~s de repos. 우리는 3일 동안 휴가를 가졌다/Il faut compter deux ~s complètes. 이틀은 꼬박 걸릴 거다.

jours¹(noms des)〔요일의 이름〕— 모두 남성.
1° 첫자를 소문자로 쓰는 것이 원칙이다.
2°〖순서〗 lundi, mardi, mercredi, jeudi, vendredi, samedi, dimanche의 차례로 월요일, 화요일 … 일요일 《예전에는 dimanche를 먼저 놓았다》.
3°〖요일명과 관사〗① 〖무관사〗 **a)** 현재나 현재를 기준한 직전·후의 요일명: *lundi*, 19 décembre 12월 19일 월요일/Je partirai *mardi* [mardi prochain]. 나는 이번 화요일에 떠나겠다/Je suis arrivé *mercredi* [mercredi dernier]. 나는 이번 수요일에 도착했다. **b)** 속사: Nous sommes [C'est aujourd'hui] *mardi*. 오늘은 화요일이다/C'était *jeudi*. 그날은 목요일이었다 《화제에 오른 주 또는 그 전주의 요일. cf. C'était

jours¹ (noms des)

un jeudi. 그것은 어느 목요일이었다》.

② 〖정관사〗 a) ① 이외의 특정한 요일명: *le* mardi qui suivit mon retour de Suède (Maurois, *Climats*) 내가 스웨덴에서 돌아온 다음의 화요일/Jacques annonça qu'il arriverait *le* samedi prochain. 자크는 그 다음 토요일에 도착할 것이라고 기별했다. b) 날짜와 함께 쓸 때: C'est aujourd'hui *le* mardi 7 octobre. 오늘은 10월 7일 화요일이다/La cérémonie aura lieu *le* samedi 12 décembre. 그 식은 12월 12일 토요일에 거행될 것이다. c) 같은 요일의 습관적 행위를 나타낼 때《총칭관사》: Il vient *le* mardi [les mardis](=chaque mardi, tous les mardis). (DFC) 그는 화요일마다 온다/On ne travaille pas *le* dimanche. (G, §314) 일요일은 휴일이다/En vente *les* jeudis et samedis (=les jeudi et samedi de chaque semaine). 매 목요일과 토요일에 판매《둘 이상의 요일명이 올 때는 처음에 복수관사 les를 쓰고 둘째번 요일명부터는 관사를 안 쓴다》. cf. peintre *du* dimanche 일요화가, habits *du* dimanche 나들이옷, conte *du* lundi 월요 이야기.

③ 〖부정관사〗 Vous viendrez *un* mardi (=un mardi quelconque) du mois. (DFC) 이번 달 어느 화요일에 오십시오/Le lendemain était *un* vendredi. 그 이튿날은 금요일이었다.

4° 〖요일명 앞의 전치사〗 원칙적으로는 요일 앞에 전치사 *à*를 붙이게 되어 있다: Nous ne sommes encore qu'*à* lundi. (Lit) 아직 월요일밖에 되지 않았다/On était *au* samedi. (Flaub) 토요일이었다. ☆ 그러나 보통 à를 생략한다: Nous sommes mardi. 오늘은 화요일이다/On était le jeudi 6 novembre. (Estaunié, *Le babyrinthe*) 11월 6일 목요일이었

습니다.

5° 〖요일명의 문답〗 Quel jour (de la semaine) sommes-nous (또는 est-on [est-ce] aujourd'hui)? 오늘은 무슨 요일인가요?/Nous sommes (또는 On est [C'est] aujourd'hui) samedi. 토요일입니다. ☆ 요일을 물을 때는 보통 de la semaine를 붙이지 않는다. 이 물음이 때로는 날짜를 뜻하는 경우도 있지만 그때는 더욱 분명히 하기 위해 du mois를 붙여 구별하기도 한다: Quel jour *du mois* sommes-nous? 오늘은 며칠입니까?

jours² [날짜] ⇨date.

joyeux —~ *de*+*inf*, ~ *de ce que* +*ind* [*subj*], ~ *que*+*subj* …을 기뻐하다: Il est ~ à la pensée *de* la revoir. 그 여자를 다시 만난다는 생각으로 그는 기뻐하고 있다.

juge —un ~ 남 [여] 판사. 《여성의 경우 때때로》 une ~ 비판자, 감식가: Ma femme est *bon* (또는 *bonne*) ~ (en matière) de cuisine. 나의 아내는 요리의 감식력이 있다. **faire** qn ~ *de* qc: Je *vous fais* ~ *de* son honnêteté. 그의 정직성에 대한 판단을 당신에게 맡깁니다.

juillet, juin ⇨mois.

jujube —Lit나 Lar는 의미와 성을 두 가지로 구분하고 있다. 즉, *n. m.* 이면 「대추의 즙 (=pâte extraite, suc de ~)」, *n. f.* 이면 「대추 (= fruit du jujubier)」. 그러나 Ac, H, Thomas, Rob 등은 두 가지 의미 모두 남성으로 통일하고 있다: un ~ (=fruit), du ~(=suc).

jumelle(s) —「쌍안경」: une jumelle 또는 des jumelles. ⇨nombre des noms.

jusque—모음 앞에서는 jusqu': jusqu'à, jusqu'alors, jusqu'ici.

1° 〖~ +*prép.*〗 Je vous attendrai ~ *vers* onze heures et demie. (Rob) 나는 10시 반쯤까지 당신을 기다리겠읍니다/Il m'accompagne ~ *chez* moi. (Thomas) 그는 나의 집에까지 나를 따라온다/Il y avait des souris ~ *dans* le buffet de la salle à manger. (DFC) 식당 찬장 속에까지 새앙쥐가 있었다/Il fouilla partout et regarda ~ *sous* le lit. (*Ib.*) 그는 사방을 뒤지고 침대 밑에까지 들여다보았다/si nous remontons *jusqu'en* 1800 (M) 만일 우리가 1800년까지 거슬러 올라간다면 / Il avança *jusqu'en face de la porte.* (Malraux, *La Voie Roy.*) 그는 문앞에까지 나아갔다.

jusqu'à 〔**au, aux**〕《〈공간적 의미〉》: depuis Pusan *jusqu'à* Séoul 부산에서 서울까지 내내/Je vous suivrai *jusqu'au* bout du monde. 나는 당신을 이 세상 끝까지 따라가겠읍니다//《〈시간적 의미〉》 Il a plu *jusqu'à* minuit 〔*jusqu'à* près de deux heures, *jusqu'à* il y a 5 minutes, *jusqu'à* avant-hier〕. 자정까지 〔두시경까지, 5분전까지, 그저께까지〕 비가 내렸다 / *jusqu'à* maintenant 〔demain, hier〕 지금 〔내일, 어제〕까지 《《à를 생략하여 jusque maintenant 〔demain〕, jusqu'hier 로 쓰기도 하지만 (Mart, 488), 보편적인 용법은 아니다 (G, § 939)》》.

jusqu'(à) aujourd'hui 《《사실은 aujourd'hui (=au jourd'hui)에 이미 à 가 포함되어 있어서 jusqu'aujourd'hui 로 쓰는 것이 옳은 표현이지만 jusqu'à aujourd'hui 라고도 많이 쓰인다》》: J'ai différé *jusqu'(à) aujourd'hui* à vous donner de mes nouvelles. (Ac) 당신에게 저의 소식 보내는 일을 오늘날까지 미루어 왔읍니다.

jusqu'à*+*inf 《〈강한 정도〉》: Elle s'est enhardie *jusqu'à* lui *écrire.* 그녀는 그에게 대담하게도 편지를 쓰기까지 했다//《《특히 aller, pousser 다음에서 자주 쓰임》》 Il est allé *jusqu'à* *prétendre* qu'on ne l'avait pas averti. (Rob) 마침내 그는 통지를 받지 못했다고 주장하기에 이르렀다/pousser son dévouement *jusqu'à faire* telle ou telle chose 이러이러한 일을 할 정도로 헌신하다.

2°〔**~+*adv.***〕 alors, ici, là, où 등과 함께 쓰일 때, 또는 assez, aussi, bien, fort, si, très, un peu, tout 등의 강세부사가 시간, 장소의 부사를 수식할 때는 à 를 생략: *jusqu'alors* 그때까지/*jusqu'ici* 여기까지; 지금까지/*~-là* 거기까지; 그때까지; 그만큼이나/*Jusqu'où* vas-tu? 너는 어디까지 가느냐?/Je m'étais arrangée pour faire durer *jusqu'assez* tard (=~ très tard) ma soirée. (Romains, *Lucienne*) 나는 나의 야회가 퍽 늦게까지 계속되도록 준비를 해 놓았었다/~ *fort* 〔*bien*〕 loin 대단히 멀리까지/Le régime était resté, ~ *tout* récemment, aristocratique. 그 제도는 극히 최근까지도 여전히 귀족적이었다.

3° 〔**jusqu'à**+(대)명사〕 (=même, y compris). ① 〔주어〕 *Jusqu'au* son de leur voix m'étonnait. 그들 목소리까지도 나를 놀라게 했다/Les traits m'échappent et *jusqu'à* la couleur des yeux. 그 표정이 생각나지 않는다. 심지어 눈빛까지도.

② 〔직접목적보어〕 Il aime *jusqu'à* ses ennemis. (Ac) 그는 그의 원수들까지도 사랑한다 《《jusqu'à 자체가 même 의 뜻이므로 Il aime *même jusqu'à* ses ennemis 라고는 쓰지 않는다》》.

③ 〔간접목적보어〕 Il fait sa cour à tout le monde, *jusqu'au* chien du logis. (Ac) 그는 누구의 마음에라도 들려고 애쓴다. 집안의 개의 마음에까지도. ☆ 중복되는 à (jusqu'à 와 간접보어를 유도하는 à)를 줄인 이 어법은 예문처럼 의미상 모호한 점이 전연 없어야 가능하다. Il prête *jusqu'à* ses valets 라고 쓰면 ses valets 가 직접보어가 되어 「그는 제

jusque

하인들까지도 빌려준다]의 뜻으로 읽히기 쉽다. 이런 경우에 「하인들에게까지도 돈을 빌려준다」라는 뜻을 나타내려면 Il prête *même à* ses valets 라고 쓰는 것이 더 좋다. 따라서 일반적으로 jusqu'à를 간접보어와 함께 쓸 수 있는 것은 의미상의 혼동이 전혀 일어나지 않을 경우에 한한다. 이것은 주로 앞의 예문에서처럼 간접보어를 나타내는 à 가 à tout le monde로 먼저 나와 있고 그 다음에 jusqu'à 가 후속되는 경우이다. 다른 예로: L'odeur de la truffe y était mêlée *à tout, jusqu'à* la salade. 송로의 냄새가 모든 음식에 섞여 있었다. 심지어 샐러드에까지도.

④〖상황보어〗「*prép.*+명사(구)」로 된 상황보어 앞에서는 à를 생략해서 même의 뜻으로 사용될 수 있다 (⇨상기 1°): ~ *dans* sa colère, il sait être juste. 그는 화날 때조차도 공평하게 될 줄 아는 사람이다/Il répandait ~ *sur* les pauvres animaux la pitié qui remplissait son cœur. 그는 가슴에 가득 담긴 자비심을 불쌍한 동물에게까지도 베푸는 것이었다.

4°〖〖Il n'est pas 〖Il n'y a pas〗 jusqu'à+N+관계사절〗〗 ① (+qui ne+ *subj*): Il *n'est pas jusqu'aux* enfants *qui ne sachent* cela. (M) 어린애까지도 그것을 모르는 사람은 없다 (=Même les enfants le savent.)/ Il *n'y avait pas jusqu'aux* domestiques *qui ne montrassent* un zèle inusité à me servir. (Boylesve, *Le Meilleur Ami*) 하인들까지도 나의 시중을 들어주는 데 특별한 열성을 보이지 않는 사람은 없었다.
② (+qui ne+*ind*)《드물게》: Il n'était pas jusqu'à Janzen *qui ne l'avait ébranlé.* (Zola) 장쟁까지도 그의 마음을 동요시켰다.
③ 종속절의 ne가 생략되고 직설법으로 이루어지기도 한다: Il *n'est pas jusqu'aux* valets *qui s'en mêlent.* (Bescherelle) 하인들까지도 그 일에 관계한다//《Il n'est pas 는 생각에서 지워지고 jusqu'à (=et même) 만 남은 형태도 있음》 *Jusqu'à* mon meilleur ami qui ne m'a pas cru. 심지어 가장 친한 친구조차도 내 말을 믿지 않았다《이 관계절은 다만 형식적이며 사실에 있어서는 독립절로 간주할 수 있다》 (=Même mon meilleur ami ne m'a pas cru).

5°*jusqu'à ce que*+*subj*: Travaillez ferme *jusqu'à ce que* vous *réussissiez.*(Ac) 당신이 성공할 때까지 열심히 공부하시오/Je verrai cet instant *jusqu'à ce que* je *meure.* (Rob) 내가 죽을 때까지는 이런 순간을 보게 될 것이다//《고전불어에서는 확실한 과거의 사실을 표시하기 위해서 que+*ind*를 사용했으나 오늘날에는 거의 쓰이지 않고, 그럴 경우에는 jusqu'au moment où+*ind*의 형식을 이용하는 것이 보통》 Il recula *jusqu'au moment où* il atteignit le lit. (H) 그는 침대에 닿을 때까지 뒷걸음질했다/Il a été malheureux *jusqu'au moment où,* par hasard, il l'a rencontrée. (DFC) 그가 그 여자를 우연히 만나기까지 그는 불행했다. *jusqu'à tant que* + *subj* 《옛 · 속어》) = jusqu'à ce que.

jusques—《옛 · 시》=jusque(⇨s adverbial). 모음 앞에서 쓰이며 반드시 연음을 해 읽는다: *jusques à* quand (=jusqu'à quand). 이것은 특히 시에서 음절을 하나 더 늘리기 위한 방법으로 사용되어 왔는데 (*jusqu'à* quand은 3음절, *jusques à* quand 은 4음절), 산문에서도 볼 수 있었다. 그러나 오늘날에는 그 용례가 많지는 않다: Cette nouvelle n'était pas encore venue ~ *à* moi.(Ac) 그 소식은 내게까지는 아직 오지 않았다/~ *au fond du cœur* 마음 깊은 곳까지.

~ *et y compris* 《현대어》 …까지 포함해서: ~ *et y compris* la page vingt. (Rob) 20페이지까지, 그것을 포함해서 (=jusqu'à la page vingt incluse).

juste *adv.*—《불변》(=justement, précisément, exactement): Vous trouverez le café ~ au coin de la rue. (DFC) 바로 길 모퉁이에서 그 다방을 찾을 수 있을 것입니다/J'ai reçu votre lettre ~ à l'heure où j'allais partir. (H) 바로 떠나려던 때 당신 편지를 받았읍니다 / à neuf heures ~ (=~ à neuf heures 단, 이때 à neuf heures ~s처럼 형용사로 간주하여 일치시키기도 함) 9시 정각에/Il est arrivé tout ~. 그는 간신히 시간에 대서 왔다/Il est chaussé ~. 신발이 꼭 끼었다/deviner [chanter, tirer, frapper, calculer, peser, etc.] ~ 정확하게 판별하다[노래하다, 사격하다, 때리다, 계산하다, 달다, 등].

au ~ (=exactement): Tu ne sais pas *au* ~ ce qu'il faut faire. (DFC) 너는 해야 할 일을 정확하게 모른다.

comme de ~ (=comme il est juste, comme de raison): Ce furent les femmes, *comme de* ~, qui s'agitèrent.(R. Benjamin, *Valentine*) 흥분한 것은 당연히 부인들이었다.

justement—C'est ~ (=précisément) ce qu'il ne fallait faire. 그것이 바로 해서는 안 되었던 일이다. ☆문장 앞에서 두 행위의 부합점을 나타낸다: Il va venir; ~ le voici. 그가 올 거야. 마침 오는군/Il sera peiné de l'apprendre, ~ ne lui dites rien. 그것을 알게 되면 그는 슬퍼할 거야. 그러니 그에게 아무 말도 하지 말아요.

K L

k—alphabet의 제11자로 명칭은 [ka]. 발음은 어떤 위치에서나 [k]이며 희랍어에서 온 소수의 단어 및 외래어에서만 사용된다:*k*ermesse[kɛRmɛs], *k*aléidoscope, *k*ilo, boc*k*[bɔk], etc.

l—alphabet 의 제12 자로 명칭은 [ɛl]. graphie 와 발음과의 관계는 다음과 같다.

l 1) 어두·어간에서는, i) 원칙적으로 [l]: *l*ettre[lɛtR], *l*as, ca*l*cul, ma*l*heur, si*l*houette, pi*l*ier, etc. 단 genti*l*homme 는 [ʒɑ̃tijɔm]. ii) 보통명사 au*l*née[one]에서와 약간의 고유명사 Au*l*naye, Au*l*noy, Gau*l*tier, Pau*l*mier, Sau*l*nier, Sau*l*teux, etc. 에서 무음. 2) 어미에서는 i) 원칙적으로 [l]: calcu*l*[kalkyl], consu*l*, se*l*, fi*l*, etc. ii) charti*l*, cheni*l*, courti*l*, couti*l*, douzi*l*, fourni*l*, frasi*l*, fusi*l*, genti*l*, nombri*l*, outi*l*, persi*l*, sourci*l*, cu*l*, cu*l*-de-sac, tape-cu*l*, soû*l* 에서는 무음. iii) 어미 -ail[aj], -eil [ɛj], -ieil[jɛj], -ueil[œj], -euil[œj], -œil[œj], -ouil[uj]에서는 [j]로 발음된다: *ail*[aj], b*ail*, ém*ail*, r*ail*; appar*eil*[apaRɛj], cons*eil*, sol*eil*; vi*eil*[vjɛj]; accu*eil*[akœj], cerc*ueil*; d*euil*[dœj], faut*euil*; *œil*[œj]; fen*ouil*[fənuj], etc.

ll i 이외의 모음 뒤에서는 단어에 따라 [l] 또는 [ll]로 발음된다: a*ll*er [ale], a*ll*aiter, a*ll*ouer, a*ll*umer, a*ll*ure, ba*ll*et, co*ll*ège, insta*ll*er, va*ll*ée, etc.; a*ll*écher[alleʃe], a*ll*usion, co*ll*ectif, pa*ll*ier, etc.

-ill- 1) 원칙적으로 [ij] : br*ill*ant [bRijɑ̃], b*ill*ard, f*ill*e, etc. 2) 소수의 단어에서는 [l]:tranqu*ill*e [tRɑ̃kil], tranqu*ill*ité, v*ill*age, v*ill*e, v*ill*ageois, m*ill*e, m*ill*ier, m*ill*ion, b*ill*ion, imbéc*ill*ité, etc. 3) osciller, vasciller에서는 [-ije] 또는 [-ile].

là— (↔ici). 원래는 ici와의 대조 하에서 멀리 있는 것을 가리키지만, 원근의 대조가 없을 때는 가까운 것도 là로 표시하는 경향이 있다. 또한 이 부사는 장소만이 아니라 시간을 나타내기도 한다:Ne restez pas ici, allez *là*. (Thomas) 여기에 있지 말고 저기로 가시오/Il est allé à Londres et de *là* à New York. (DFC) 그는 런던으로, 그리고 그곳에서 뉴욕으로 갔다/Je l'ai vu *là*. 나는 그를 거기서 보았다/Venez me voir à Noël, mais écrivez moi d'ici *là*. (Rob) 성탄절에 나를 만나러 오세요. 그러나 지금부터 그때까지 나에게 편지하세요/A quelques semaines de *là*, il sortit de l'hôpital. (DFC) 그때부터 몇 주일후 그는 퇴원했다.

① 〖être 〔rester〕 là〗(=être présent):Puis-je lui parler?—Non, il n'*est* pas *là*. 그를 대주시겠어요? —아니오, 그는 부재중이오/Qu'as tu fait ce dimanche?—Je *suis* resté *là* à regarder la télévision. 당신은 지난 일요일에 뭘했지?—여기서 텔레비전을 보고 있었지.

② 〖là où〗 Je vivrai *là où* je suis né. 나는 내가 태어난 곳에서 살겠다. ☆그러나 c'est là où...는 속어이고 보통 **que**를 쓴다:c'est *là que* je suis né. 내가 태어난 곳이다.

③(↔ci). là는 지시형용사 **ce**와 함께 쓰인 명사(수 명사) 뒤에서는 연결선으로 연결되어 방금 문제가 되었거나 더 먼 거리의 대상을 지적한다:cet enfant-*là* 그 아이, ce jour-*là* 그날, cette nuit-*là* 그날 밤,

ces deux[bandits]-*là* 그 두 사람 [강도]/《(이 경우에 지시사 대신 정관사를 쓰는 것은 정상적 구문이 아니며 방언에서 있는 일이다)》Regarde donc *l'homme là*. (Brun, 144) 《Lorraine 지방 방언》 아이구 저 사람을 좀 보아라.
④ 〖지시대명사와 복합을 이룰 때〗 celui-*là*, celle-*là*, ceux-*là*, celles-*là*.
⑤ 〖부사 앞에 쓰여 부사구를 이룰 때〗 *là*-dessus 그 위에, *là*-dessous 그 아래, *là*-contre 그것에 대하여 《(là contre 로 연결선 없이 쓰는 예는 DG 및 많은 작가에게서 발견된다)》: J'ai beau me révolter *là contre*. (Prévost, *le Jardin Secret*) 제가 그것에 대하여 아무리 대항해보아도 소용이 없습니다》, *là*-dedans 그 속에, *là*-bas 거기에(서), *là*-haut 저 높은 곳에.
⑥ 〖분리할 수 없는 부사구〗 de-ci(,) de-*là*; par-ci(,) par-*là* 여기 저기.

labiale[脣音]—두 입술을 둥글게 하여 생기는 자음을 脣子音 consonne labiale 이라 하고, [p], [b] 처럼 두 입술이 작용하면 兩脣音 bilabiale, [f], [v] 처럼 아랫입술과 윗니의 작용으로 생기면 脣齒音 labiodentale 이라 한다. 음향적인 면에서 보면 순음은 확산음 diffus 이고 저음 grave 이다.

labiodentale[脣齒音]—아랫입술과 윗니의 접근 혹은 접촉으로 생기는 자음으로 dentilabiale 이라고도 한다 ([f], [v]). 순치음은 순음의 음향적 특성을 갖고 있으나(확산음, 저음), 입술에 앞서 치아의 방해를 받기 때문에 같은 계통의 다른 자음들보다 더 날카롭다.

laïc (또는 **laïque**)—일반적으로는 laïque 로 양성을 표시. ① *adj*. habit *laïque* (*m*.) 평복, école *laïque* (*f*.) 비종교학교. ② *n*. un[une] *laïque* 비종교인, 속인/les *laïques* et les religieux 속인들과 성직자들. ☆ 그러나 간혹 남성의 경우에는 laïc 를 쓰는 예도 볼 수 있다: enseignement *laïc* 비종교교육/Ce professeur est un *laïc*. 이 교수는 비종교인이다.

laideron—「못생긴 여자」. 어미 때문에 일반적으로 남성: Sa fille est un ~. 그의 딸은 추녀이다/C'est un ~, mais qui plaît par son esprit. (Ac) 못생긴 여자지만 재치가 있어서 사랑받는다. ☆ 1) 간혹 여성: pour danser avec une ~ comme moi. (Rob) 나 같은 추녀와 춤추시려고. 2) 속어에서는 *une* laideron*ne* 도 사용한다.

laie—「멧돼지의 암컷」. 남성형은 sanglier.

large—~ *de*: une avenue ~ *de* 20 mètres 폭이 20미터인 길.
—〖명사적〗 L'avenue a 20 mètres de ~(=la largeur). 그 길은 폭이 20미터이다.

large ouvert—이때 large 는 부사이지만 관용상 형용사로 간주하여 변화시키는 것이 보통이다: Il partit en laissant les portes *larges ouvertes*. (Thomas) 그는 문을 활짝 열어놓고 떠났다. cf. La porte était *grande* ouverte, toute *grande* ouverte.

larron—여성의 경우에는 Cette femme est un ~ (또는 une larronne).

las—*être* ~ *de qc*[+*inf*]: Je *suis* ~ *de* tout. 나는 모든 일에 싫증이 난다/Elle *est* ~*se de* répéter l'explication. 그 여자는 설명을 되풀이 하다가 지쳤다. *de guerre* ~*se* 할 수 없이, 마지 못해(←étant las de guerre 싸우다 지쳐): *De guerre* ~*se*, il lui acheta la voiture qu'elle désirait. (DFC) 그는 그녀가 바라는 차를 할 수 없이 사주었다.

latérale[側音]—口腔通路의 중앙에서 舌端이나 舌背가 硬口蓋와 접촉되고 이 調音點의 양쪽으로 공기가 새어나오면서 내는 소리를 말한다. 이 음이 실현될 때 공기가 혀의 양쪽으로부터 새어나올 수도 있고

latérale

(bilatérales) 흔히는 한쪽으로만 새어나온다(unilatérales). 그러나 이 경우에 음향적인 차이는 없다. 불어의 [l](lit, loup, aller)은 전형적인 측음이다. 혀끝이 윗니나 잇몸에 닿아서 혀의 양쪽으로 공기가 새어나올 때 혀의 측면에서 공기가 마찰하여 생기는 자음으로 舌端齒音 apico-dental이라고 볼 수 있다. 영어는 舌端齒槽音 l apico-alvéolaire을 지니고 있는 데 특히 語末에서는 舌背의 뒷부분이 모음 [u]를 발음할 때처럼 軟口蓋쪽으로 올라가 특이한 음색을 낸다. 이를 l «dur», l «sombre» 또는 l «vélarisé»라고 부르며 [ɫ]로 표기한다(fill [fiɫ]).

고대불어도 이 [ɫ]을 지니고 있었는데 舌端調音의 상실로 後母音 [u]로 변했다. 그리하여 고대불어의 복수형 chevals에서 [ɫ]이 [u]로 변했고 이중모음 [aw]는 [o]로 단일화되었다. 여기서 현대불어의 cheval, chevaux [ʃəval], [ʃəvo]의 대립이 생긴 것이다. 러시아어와 같은 몇몇 언어에서는 [l]와 [ɫ]는 음운론적으로 대립된다. 측음에는 이외에도 권설음 l rétroflexe [ɭ]과 구개음 l palatal [ʎ]이 있다. [ɭ]은 인도어에서, [ʎ]은 스페인어와 이태리어에서 발견된다. 스페인어의 calle «rue»와 이태리어의 figlio «fils»의 l은 latérale dorso-palatale인 것이다. 고대불어에도 습음 l «mouillé»이라고 부르는 l palatal이 있었으나 현대불어에 와서 yod로 대치되었다 (fille[fiʎ]>[fij]). 측음은 보통 성대진동을 수반하는 유성음인데 특정한 음맥에서는 무성화될 수도 있다 (peuple[pœpl̥]). gallois처럼 유성음 l과 무성음 l을 구별하는 언어에서는 무성 l이 마찰음이 되는 경향이 있어서 소리의 결여를 마찰소리가 보충해 준다. 이 경우 공기의 통로는 한 쪽에만 생기고 그 통로가 좁혀져서 공기의 마찰이 일어나는 것이다. ⇨consonne.

latitude—*avoir*[*donner, laisser à qn*] *toute* ~ *de*+*inf*:J'ai toute ~ d'accepter ou de refuser. (Rob) 나는 아주 자유롭게 승낙하거나 거절할 수 있다/Il m'a laissé toute ~ de partir ou de rester. 그는 내 마음대로 떠나거나 남아 있게 해주었다. *sous toutes les* ~*s* (=sous tous les climats, dans toutes les régions):La nature humaine est la même *sous toutes les* ~*s*.(Bonnard) 인간의 본성은 어느 지역에서나 똑같다

latrines ⇨nombre des noms.
lavabos ⇨nombre des noms.
lazzi ⇨pluriel des noms.
le¹, la, les ⇨article défini.
le², la, les *pron. pers.*—3인칭 무강세형. 모음 앞에서 le, la는 l'로 줄고 les는 연음 liaison 한다(Je l'aime. Je les aime.). 긍정명령형 뒤에서 강세를 취하면 le는 [lø]로 발음되고 모음생략이나 연음을 하지 않는다(Donne-*le*[*la, les*] à ton frère [dɔn lø (la, le] a tɔ̃ frɛːr]). 그러나 다른 인칭대명사가 뒤에를 때에는 그 대명사로 강세가 옮겨진다(Donne-*le*-moi[dɔnləmwa].). 이 때 le는 무강세이고 moi 가 강세, y 나 en 앞에서 le, la는 l'로 생략된다:Faites-*l'en* retirer. 그것을 거기서 빼내도록 하시오/Menez-*l'y*. 그를 그곳에 데리고 가시오.

I. 〖**le, la, les**〗 사람이나 사물을 나타내는 명사 또는 대명사를 대신하여 그 성·수에 일치. 직접목적보어 또는 속사로 쓰인다.

1° 〖직접목적보어〗 ① 가장 일반적인 경우(Je regarde Paul.→Je *le* regarde.) 외에 다음(②-④)과 같은 용법들이 있다.

② 〖후속절에 나오는 말을 미리 대신〗 Bien que tout le monde *l*'admire, cette fille n'est pas si intelligente. 누구나 칭찬하지만, 그 계집애는 그렇게 똑똑하지 못하다.

③〖贅言적 용법〗 **a)** 선행:Je *la* trouve charmante, *cette petite*. 이 소녀는 호감이 가는 것같이 생각된다. **b)** 후속:*Ces abus*, je me suis décidé à *les* dénoncer. 그 잘못을 나는 고발하려고 마음먹었다.
④ 관용구 gallicisme에 쓰여서 나타나지 않는 명사를 대신한다(*le* céder à *qn* 양보하다/*le* disputer avec *qn* …와 겨루다/*l*'emporter sur *qn* …보다 우세하다/*la* faire à *qn* …을 속이다/*le* payer:Tu me *le* paieras. 어디 두고 보자/Je vous *le* donne en cent. 어디 해보려면 해봐). 이런 표현들 중에는 그 대명사의 본래의 뜻을 알 수 있는 것들도 있다:Je vous *la* souhaite bonne. 새해 복 많이 받으세요(la=l'année)/se *la* couler douce 편안하게 살다(la=la vie). 또한 다음과 같은 표현 「*la* bailler belle〔bonne〕:Vous me *la baillez belle*! 그런 수작에 넘어갈 줄 알아!/*l*'échapper belle 위험을 간신히 모면하다/*la* manquer belle 좋은 기회를 놓치다, 위기를 모면하다」 등은 원래 「엣정구 jeu de paume」에서 나온 것으로 la 는 la balle 를 의미했다. 그러나 오늘날에는 그 본래의 뜻이 느껴지지 않기 때문에 복합시제가 되어도 Il *l*'a manqué belle와 같이 과거분사를 일치시키지 않는 것이 일반적이다.
⑤ 〖위치〗 **a)** 긍정명령형을 제외하면 모두 동사 앞에 놓인다. 복합시에는 조동사 앞:Je *le*〔*la, les*〕 regarde./Nous *l*'〔*les*〕 avons vu(s). **b)** 긍정명령형의 보어대명사 위치 (⇨pronoms personnels). **c)** infinitif 의 보어로 쓰일 때는 그 *inf* 의 바로 앞에 놓이는 것이 보통(Je veux *le* voir./Je saurai *les* comprendre.). 고전시대에는 Je *le* veux voir. Je *les* saurai comprendre 와 같이 주동사의 앞에 놓는 일이 많았고 현대에도 작가에 따라 이런 구분을 취하는 수가 있다: si on *la* devait perdre 만일 그녀를 잃게 된다면(Boylesve; G, §482).
☆ *inf* 가 écouter, entendre, faire, laisser, mener, regarder, sentir, voir 등에 종속될 때는 본동사 앞에 놓는다:Ce paquet, je *le* ferai prendre./Cette maison, je *l*'ai vu bâtir. ⇨infinitive proposition II.
2° 〖속사〗 ① 정관사〔지시・소유형용사〕+명사를 대신한다:Etes-vous la gouvernante de ces enfants?—Je *la* suis. (H) 당신은 이 아이들의 가정교사입니까?—그렇습니다/J'ai défini les bons citoyens; ces bons citoyens, vous *les* serez. (G) 훌륭한 시민의 뜻을 밝혔습니다. 여러분은 그러한 시민이 되십시오/Etes-vous leurs délégués officiels?—Nous *les* sommes. (H) 여러분은 그들의 공식대표인가요?—그렇습니다.
★ 1) 그러나 이상은 옛날 용법으로 특히 구어에서는 la, les 를 속사로 쓰는 일이 없고 oui, non 으로 대답하거나 c'est moi〔nous〕 등을 붙여쓴다: Etes-vous la mère de l'enfant?—Oui 〔Oui, c'est moi〕.
2) 문어에서도 명사에 일치된 대명사 대신에 중성 le 를 종종 사용한다 (⇨ II, 2°, ③, ④).
3) c'est 다음에는 lui, elle, eux 등 강세형 대명사를 사용하는 것이 일반적이다:Est-ce votre mère?—Oui, c'est *elle*./Vos parents?—Ce sont *eux*./Est-ce votre chien?—C'est *lui*, c'est *lui* qui aboie. (G, §486).
4) 그러나 고전불어에서는 사물을 대신하는 경우는 되도록이면 le, la, les 를 사용했다:Est-ce là votre chapeau?—Ce *l*'est./Sont-ce là vos gants?—Ce *les* sont. (H).
② 옛날 어법이나 현대 속어에서 형용사를 대신하는 경우도 있으나 정식 용법은 아니다:Vous êtes *satisfaite*, et je ne *la* suis pas. (Corn, *Pomp*.)/Je n'ai jamais été vraiment *amoureuse*, à présent, je *la* suis. (Colette). ⇨II, 2°.

le²

II. 〖중성대명사 le〗 1° 〖직접목적보어〗 ① 앞서 나온 중성 대명사, 부정법 또는 절을 대신한다: Tout cela, elle *le* lui pardonnait. (Loti, *Pêch. d'Isl.*) 그 모든 것을 그 여자는 그에게 용서하고 있었다/Faut-il *partir?* —Oui, il *le* faut. 떠나야 합니까 ? —그렇소, 떠나야 하오/Que ces deux êtres détestassent Thérèse, il *le* savait. (Bourget) 이 두 사람이 테레즈를 몹시 미워한다는 것을 그는 알고 있었다. ☆그러나 앞서 나온 표현이나 절을 반드시 그대로 받는 것은 아니다:Que faites-vous là?— Ma foi, vous *le*(=ce que je fais) voyez.

② 뒤에 나올 부정법이나 절을 대신한다:Si vous *le* voulez,vous pouvez *nous accompagner.* (Thomas) 원하시면 우리와 함께 가셔도 좋습니다 《이렇게 후속 *inf*를 미리 대신하는 *le*의 사용은 임의적이어서 생략이 가능》/《그러나 후속 독립절을 대신하는 *le*의 용법은 필수적이다》 Nous *le* jurons tous, *tu vivras.* (H) 우리 모두 맹세하지만 너는 살 거야// 《보어절을 앞서 대신하는 *le*의 사용은 일상어에서 자주 일어나며 강조의 효과가 있다》 Je *le* savais bien *que vous viendriez.* (*Ib.*) 나는 당신이 오리라는 것을 잘 알고 있었습니다// 《삽입절》 Il paraît que *la fille est, comme tu le dis, ravissante* (Maurois, *Climats*) 네가 말한 것처럼 그 소녀는 예쁜 것 같다.

③ 〖*le*의 생략〗 dire, savoir, penser, croire, pouvoir, vouloir, faire 같은 동사와 함께 쓰이는 경우 *le*는 생략되는 일이 많다. 그러나 일정한 것은 아니다. a) plus, moins, aussi, comme 등 비교를 나타내는 말이나, si, quand의 뒤에서:Il est *plus* grand que je ne (*le*) pensais. 그는 내가 생각하던 것보다 키가 더 크다/Il est *aussi* intelligent que je (*le*) croyais. 그는 내가 생각하던 것만큼 총명하다/C'est un homme exigeant, *comme* tu (*le*) sais. (H) 네가 알고 있는 것처럼 까다로운 사람이다/Je viendrai *si* on (*le*) veut. 좋다면 오겠다/Vous viendrez *quand* vous (*le*) pourrez. (H) 가능할 때 오십시오. ☆그러나 보어가 있을 때는 *le*를 생략할 수 없다:Je suis heureux cette année que je ne *l'*étais *l'année dernière.* (*Ib.*) 나는 작년보다 금년에 더 행복하다/Il est plus fort que je ne *l'*étais *à son âge.* (Thomas) 그는 그 나이 때의 나보다 더 건강하다. b)〖삽입절〗 je crois, je pense, je suppose, j'imagine, j'espère, je vois, je t'assure 등에서는 *le*의 생략이 보통이다:Il a raison, je suppose, dans cette affaire. (W, § 298) 내 생각으로는 이 문제에서 그가 옳다/Nous avons, je crois, la religion de tout le monde. (Volt, *Candide*) 우리는 아마 만인의 종교를 가지고 있다. c) 아래와 같은 부정적 대답에서:je ne crois pas, je ne pense pas, je ne veux pas, ils n'ont pas voulu, je ne sais〔savais〕 pas, je ne peux pas, jamais tu ne pourras, je ne suppose pas, je ne vois pas(=je ne crois pas), je ne dis pas(=je ne dis pas le contraire) 등. 그러나 질문에 *le*가 쓰였으면 대답에서도 필수적으로 써야 한다: Le pensez-vous?—Non, je ne *le* pense pas./Le voulez-vous?—Non, je ne *le* veux pas. 아니 그럴 작정이 아닙니다. ☆H는 문법학자들이 다루기를 꺼려하는 이 어려운 문제의 참고서로서 S, 65-68과 M, 278-280을 추천한다.

2° 〖속사〗 ①〖형용사나 무관사명사를 대신〗 Etes-vous *chrétienne?*—Je *le* suis. (Volt, *A M*ᵐᵉ *du Deffand*) 당신은 기독교인이요? —그렇습니다/J'étais *fatigué* tout à l'heure, maintenant je ne *le* suis pas. (Musset, *Conf.*) 조금 전까지 피곤

했는데 이제는 피곤하지 않다/Etes-vous *frères?*—Non, nous ne *le* sommes pas. (Thomas) 너희들은 형제인가?—아니요, 우리는 형제가 아닙니다. a) 일반적으로 le가 대신하는 명사나 형용사의 성·수는 선행절의 명사, 형용사와 동일하다: Vos parents sont *bons*(*m. pl.*), les miens *le* sont(=sont cela, *bons* aussi). (G, §485) 당신의 양친은 선량하시고 나의 양친도 그렇습니다. ☆ 그러나 성·수가 서로 달라질 수도 있다:Elle était *chrétienne*. Son père et sa mère *l'*avaient été (=avaient été *chrétiens*). (*Ib.*) 그녀는 기독교인이었는데 그의 부모가 기독교인이었다/Mes sœurs sont *folles:* heureusement que je ne *le*(=*fou*) suis pas autant qu'elles. (H) 나의 누이들은 어리석다. 다행히도 나는 그들만큼 어리석지 않다. b) le는 보어를 동반하여 쓰이기도 한다: Ceux qui sont *amis* de tout le monde ne *le* sont *de personne*. 누구나와 친구인 사람들은 아무와도 친구가 못된다/Les villages étaient presque *abandonnés*, les fermes *l'*étaient *complètement*. 마을은 거의 버림받은 상태였다. 농가에는 완전히 사람이 없었다. c) 최상급표현과 함께 쓰인 형용사를 대신한다:Nous défendons *le plus précieux* de nos biens: notre langue maternelle. Toutes les langues ne *le* (= précieuses) sont pas au même degré. (R. de Flers) 우리는 우리의 가장 값진 재산인 우리의 모국어를 지키고 있다. 모든 언어가 똑같은 정도로 값진 것은 아니다. ☆ 이러한 경우에 형용사만을 le로 받는 일은 피해야 한다고 하는 Le B, I, 133의 의견이 있음에도 불구하고 S, I, 61 나 H, 403는 이 용법에 대해서 관용적인 태도를 보이고 있다.

② 〖부정관사와 함께 쓰인 명사 대신〗 Ma sœur est *une enfant* et je ne *le* suis pas. (Musset, *Espr.*, XXV) 누이동생은 어린애다. 그런데 나는 어린애가 아니다/Ce ne sont pas *des soldats*, ils ne veulent pas *l'*être. (R. Rolland, *Les Précurseurs*) 그들은 군인이 아니다. 군인이기를 원하지 않는다. ☆ 1) 때로는 le 대신 en 으로 보어대명사를 삼는 예도 있다: *Des amis*, nous *en* seront, si vous voulez. (G, §485) 당신이 좋다고 하신다면 우리는 친구가 될 것입니다. 2)「Est-ce + 부정관사 + 명사」로 된 의문문에 대해서는 반드시 en을 써서 대답한다:Est-ce un Français?—Oui, c'*en* est *un*.

③ 〖소유형용사와 함께 쓰인 명사 대신〗 *Vos sujets?* Ils ne *le* sont plus. (R. Rolland, *Les Léonides*) 당신의 신하라고요? 이제는 아닙니다/Je passe ici pour *votre maîtresse*(…), mais je ne *le* suis point. (Hugo, *Angelo*) 이곳에서 나는 당신의 정부로 인정받지만 전혀 그렇지가 않습니다.

④ 〖정관사와 함께 쓰인 명사 대신〗 *Les menteurs* croient volontiers que les autres *le* sont. (Mart) 거짓말쟁이들은 다른 사람들을 곧잘 거짓말쟁이로 생각한다. cf. *Les modérés*, pourquoi *le* (=modérés) sont-ils? (Faguet, *17ᵉs*) 온건한 사람들은 어째서 온건할까요? 《이런 예문에서 le는 앞에 나온 명사를 대신하면서도 형용사적 가치를 갖는다》.

⑤ a) 〖수동적 과거분사 대신〗 Nous ne serons pas *vaincus* (…). →Nous ne *le* serons pas. (Farrère, *La bataille*) 우리는 정복당하지 않을 것이다/Il est *aimé* parce qu'il mérite de *l'*être. (Thomas) 그는 사랑받을 만하기 때문에 사랑받는다. b) 때로는 le가 *inf* 나 능동태로 표시된 동사를 과거분사로 나타내기 위해서 사용된다:De manière à n'*éditer* rien qui ne nous paraisse digne de *l'*être (=édité). (Gide, *Corresp. Claudel-Gide*) 출판될 가치가 없어보이는 것은 아무것도 출판하지 않도록/Que de gens guillotinaient pour ne pas *l'*être (=guillotinés)! (Madelin, *Danton*) 얼마나 많은 사람들이 스스로 목을 잘리지 않기 위해서 남의 목을 잘랐던 것인가! ☆ Lit, Thomas 등은 능동태 동사의 과거분사를 le 가 대신하는 것을 금하거나 비난하지만 G이나, Mart, 특히 H 는 동사를 수동형으로 반복하는 것보다 훨씬 경쾌하며 편리하고 명료한 어법이라고 권장하고 있다.

⑥〖le 의 생략〗비교를 나타내는 plus, moins, comme, autant, aussi 의 뒤에서는 중성 속사 le를 생략하는 일이 많다: Tout est bien *plus* simple que vous ne pensez. (Maurois, *Cercle de fam.*) 모든 것이 당신의 생각보다 훨씬 간단합니다. ☆ 그러나 le 가 보어를 가질 때는 생략되지 않는다: Il fut content comme on *l'*est d'une bonne action accomplie. (Maupass, *Pierre et Jean*) 우리가 선행에 만족하는 것처럼 그는 만족했다.

ledit—「전술의, 상기의」. *f.* ladite, *m. pl.* lesdits, *f.pl.* lesdites. 전치사 à, de 다음에서는 le, les 가 축약되어 audit, auxdit(e)s, dudit, desdit(e)s 로 된다. 명사 앞에 쓰이는 문어로 법률·행정 용어이다: le prix *dudit* terrain 전술한 토지의 가격, *audit* lieu 전술의 장소에.

légitime—Il est ~ que+*subj* …은 정당한 일이다.

legs—고어 lais(<laisser)의 variante. 발음은 [lɛ] (Fouché, Mart, M) 또는 [lɛg] (Ac, Thomas). faire [recevoir] un [des] ~ 유산을 물려주다[물려받다].

leitmotiv—leitmotif 라고도 쓴다. 복수형에는 leitmoti*v*e, 또는 leitmoti*f*s 의 두 가지 형태가 있다. 발음은 단·복수 모두 [lajtmɔtif].

lendemain—1° 항상 관사와 함께 쓰여서 과거나 미래를 기준으로 「다음 날, 이튿날」의 뜻: Le ~ de son arrivée à Rome, il alla[ira] voir le Colisée. (DFC) 로마에 도착한 다음날 그는 콜로세움을 구경하러 갔다 [갈 것이다].

2° 〖어떤 사건의 직후〗 au ~ (= aussitôt après) de la victoire (Rob) 승전 직후에.

3° 〖장래·결말〗 Il ne pense jamais *au* ~. 그는 장래를 조금도 생각하지 않는다/bonheur fugitif, sans ~ 덧없는, 일시적인 행복/Cette affaire a eu de sombres ~s(=conséquences). (DFC) 이 사건의 결말은 암담한 것이었다.

du jour au ~ (=subitement, en très peu de temps): *Du jour au* ~, son attitude à mon égard changea complètement. (DFC) 돌연히 나에 대한 그의 태도가 완전히 변했다.

lent—~ *à*+*inf*〖*qc*〗: Il est ~ *à* se décider (↔prompt à…). 그는 결정이 느리다∥~ *à* la colère 여간해서는 골을 안 내다.

lequel—(<정관사+quel). *n. f.* la-quelle, *n. m. pl.* lesquels, *n. f. pl.* lesquelles. 전치사 à, de 뒤에서는 le, les 가 축약: **auquel, auxquel(le)s; duquel, desquel(le)s.**

—*pron. rel.* 전치사 다음에 쓰이는 사물 또는 동물을 나타내는 명사를 주로 대신하나, 사람을 표시하는 명사를 대신하여 주격으로 쓰이기도 한다.

1° 〖주어〗설명적 관계사절로서 주로 문어에서만 쓰이며 대명사의 반복이나 선행사의 모호성을 피하기 위해서 사용한다.

① 〖**qui** 의 반복을 피해서〗 Ce n'est pas la Faculté, mais l'Administration de l'Université qui nomme les Lecteurs, *lesquels* ne font pas partie du Corps enseignant. (Le

lequel

B, I, 296) 강사를 임명하는 것은 학부가 아니라 대학 행정부이고 그 강사들은 교수단에 속하지 않는다 《이것은 임의적인 용법이며 의미 혼동의 우려가 없는 경우에는 qui를 반복하는 수도 있다》.
② 선행사가 성이 다른 보어명사를 가지고 있어서 qui를 쓰면 모호해질 경우: Un homme s'est levé au milieu de cette assemblée, *lequel* a parlé d'une manière extravagante. (Ac) 이 모임 가운데에서 한 사람이 일어섰는데 그는 엉뚱한 발언을 했다/Avez-vous remarqué le portail de la cathédrale, *lequel* a été restauré au 19e siècle? (H) 19 세기에 복원된 그 성당의 정면 현관을 주의하여 보셨어요? 《만일 이런 경우에 de la cathédrale 대신에 du temple이 온다고 하면, duquel을 쓰나 qui를 쓰나 모호함을 회피할 수는 없다. 또한 일상어에서는 어떤 경우이건 간에 qui를 사용하는 일이 많다》.
③ 관계대명사에 지시적 관념을 동시에 나타내기 위한 임의적 강조용법: La lettre était déposée dans un coffret clos, *lequel* (=et ce coffret) se dissimulait dans la mousse. (Gide, *Si le grain ne meurt*) 그 편지는 닫힌 상자 속에 들어있었는데 그 상자는 이끼 속에 숨겨져 있었다/Il rencontra un médecin de sa connaissance *lequel*(=et ce médecin) était aux gages de madame de Sablé. (France, *Le génie latin*) 그는 의사를 만났는데 그 의사는 사블레부인에 고용되어 있었다.
④ 법률·행정용어로 보존되어 있다: On a entendu trois témoins, *lesquels* ont dit…. (Ac) 세 사람의 증언을 들었는데 그들 이야기〔진술〕로는 …/On a lu le mémoire de la réclamante, *laquelle* sollicite un dégrèvement. (Ac) 그 청구자의 진정서를 읽어본 바 그(청구자)의 진정은 감세이다.
★1) lequel은 등위관계절에는 쓰이지 않는다. 즉 접속사 et 뒤에는 쓰지 못한다.
2) lequel에 관사가 포함되어 있다는 생각에서 고유명사를 선행사로 가질 수 없다는 의견은 타당하지만, 실용상 그런 규칙은 지켜지고 있지 않다: Damien avait une sympathie particulière pour Jean-Pierre, *lequel* était employé de banque. (Daniel-Rops, *Deux hommes en moi*) 다미앙은 은행원인 장 피에르에게 특별한 동정을 하고 있었다.
3) 문장의 의미상 불가결한 관계절인 한정절 prop. déterminative에는 lequel은 쓰이지 않는다: Procure-toi un dictionnaire *qui* soit complet. 완전 무결한 사전을 마련해라(cf. Je possède le dictionnaire N…, *lequel* est très complet. 나는 사전 N을 가지고 있는데 그 사전은 매우 완벽한 것이다).
2° 〖직접목적보어〗 현대어에서는 관계대명사로서의 lequel이 직접목적보어로 쓰이는 일은 드물다: (…) et il les jouait avec respect: les sonates de Bach pour violon seul, les sonates pour violon et piano, *lesquelles* il esquissait (…) sans accompagnement. (Duham, *La pesée des âmes*) 그는 그것들을 경건하게 연주했다. 바하의 무반주바이올린 소나타, 바이올린과 피아노를 위한 소나타, 그는 그것들을 무반주로 묘사했다.
3° 〖전치사+**lequel**〗 원칙적으로 선행사가 사람일 때는 전치사+qui, 중성대명사(ce, rien, quelque chose 등) 또는 선행 문장의 관념일 때는 전치사+quoi이다. 한편 선행사가 사물이나 동물일 때는 반드시 전치사+lequel이다.
① 〖선행사가 사물을 나타낼 경우〗 Les lettres *auxquelles* je dois répondre. (NDFC) 답장을 내야 할 편지

lequel

/le vaisseau *sur lequel* nous naviguons. (Lar) 우리가 항행하고 있는 배/le cheval *pour lequel* doit venir le vétérinaire. (Le B) 수의사가 보러 오기로 되어 있는 말/l'énergie *avec laquelle* il mène toute chose. (DFC) 그가 모든 일을 처리하는 힘/Je cherche la boite *dans laquelle* j'ai mis ce bijou. (H) 내가 이 보석을 넣어두었던 상자를 나는 찾고 있다/une retraite *après laquelle* je soupire (Vigny, *Cinq-Mars*) 내가 갈망하는 은퇴

★ 〖**dont** 과 **duquel**〗 다음과 같은 경우 이외에 duquel, de laquelle… 이 dont 대신 쓰이는 일은 거의 없다.
1) 모호함을 없애기 위해서:un témoignage de la bonté de Dieu, *de laquelle* il ne faut jamais douter (=ne jamais douter de la bonté) (Le B, I, 308) 절대로 의심해서는 안되는 하느님의 자애로움의 증거.
2) 전치사와 같이 쓰인 명사의 보어가 될 때(⇨dont):La maison à la conservation *de laquelle* il tient tant a besoin d'être réparée. (Ac) 그가 보존에 그토록 집착하고 있는 그 집은 수리를 필요로 한다/une complicité sans l'aide *de laquelle* ils n'auraient pas réussi. (H) 그 도움이 없었던들 그들이 성공하지 못했을 공모.
3) 위 1), 2)의 경우는 원칙적으로 dont이 쓰이지 않으며 선행사가 사람일 때도 마찬가지다. ⇨3°, ②, a).
②〖선행사가 사람을 나타낼 경우〗 **a**) qui를 쓰는 것이 보통이지만 모호한 선행사를 분명히 밝히기 위해서:Paul est celui de ses enfants *pour lequel* elle a fait tant de sacrifices. (Le B, I, §532) 폴은 그 여자의 아이들 가운데에서 그를 위해 그 여자가 그처럼 많은 희생을 치른 아들이다(⇨1°, ②) (cf. Paul est l'enfant *pour qui* elle a fait…). **b**) 전치사 avec 와 sous 뒤에서는 qui 보다도 lequel을 쓰는 일이 더 많다:L'homme *sous lequel* la marine française s'était relevée contre l'Angleterre. (Michelet, *Hist. de la Rév. fr.*, IV) 프랑스 해군이 그의 휘하에서 영국에 대항하여 재기한 그 사람/La jeune fille *avec laquelle* Paul a dansé est ma sœur. 폴이 함께 춤을 춘 소녀는 나의 누이동생이다. **c**) 전치사와 같이 쓰인 명사의 보어가 될 때:l'homme au fils *duquel* j'ai parlé (Goug) 내가 그의 아들에게 이야기한 그 사람(⇨3°, ①, ★ 2)) /l'ami dans la bibliothèque *duquel* j'ai trouvé cet ouvrage (W) 그의 서재에서 내가 이 작품을 찾아낸 그 친구. ☆ 이럴 경우는 qui를 써도 좋다:l'homme à la probité *duquel*〔qui〕je me fie. 내가 그 정직성을 믿는 사람.

③ parmi 의 뒤에서는 항상, entre 의 뒤에서는 대부분의 경우에 **lesquels**을 쓴다. 선행사가 사람일 때도 마찬가지이다:Là, il connut des jeunes gens instruits, *parmi lesquels* Maucroix. (Faguet, 17ᵉs) 그곳에서 그는 유식한 젊은이들을 사귀었는데 그 중에 모크루아가 있었다/les deux hommes *entre lesquels* j'étais assis (NDFC) 내가 그 사이에 앉아 있던 두 사나이.

④ **lequel** 이 en 으로 유도되는 일은 드물지만 문어체로는 예가 있다: cette poussière *en laquelle* toutes formes terrestres se perdent. (France, *Pierre Nozière*) 지상의 모든 형상이 그 속으로 사라져 없어지는 이 먼지.

—*adj. rel.* 「**lequel**+N」의 형식으로 현대불어에서는 행정사법문제, 상업문제, 의미를 분명히 하기 위한 문어체에서만 그 예를 찾아볼 수 있다. 이 경우 lequel은 선행절에 포함된 명사 또는 그 내용을 가리킨다.
1° 〖**auquel cas**〗 *Auquel cas* je ne

lequel

puis rien faire. (DFC) 이런 경우 나는 아무것도 할 수 없다(=Dans ce cas [cette circonstance]...).
2° 〖관청 또는 사업문체〗 Nous avons convoqué les témoins, *lesquels témoins* (=et ces témoins) nous ont fait savoir. (D) 우리는 증인들을 소환했는데 그 증인들은 우리에게 진술했다/Je vous envoie une somme de dix mille francs, *sur laquelle somme* (=et sur cette somme) vous remettrez mille francs à mon fils. (Le B, I, §535) 10,000 프랑의 금액을 보내오니 그 금액 중에서 1,000 프랑은 저의 아들에게 건네주십시오.
3° 〖명확성을 나타내기 위해서〗 La mère du Président était la fille d'un médecin de Posen, *lequel médecin*(=et ce médecin) fut l'ami intime....(Tharaud, *Paris-Soir* 3-8-1934) 대통령의 모친은 포장의 한 의사 딸이었는데 그 의사는… 가까운 친구였다/L'amitié intime de la Mole pour Coconasso, *lequel Coconasso* (=et ce Coconasso)... s'appelait Annibal. (Stendhal, *R. et N.*) 코코나소에 대한 라몰르의 친밀한 우정, 그 코코나소는… 아니발이라 불리웠다. ☆ 이상 두 예문의 lequel은 형용사로 주어를 수식하고 있다.
—*pron. interr.* 단순형 qui, que, quoi 는 불특정한 가치를 가진데 반해서, lequel은 앞에 언급되었거나 뒤에 언급될 사람, 동물, 사물 등을 나타내는 명사중에서 특정한 것을 선택해서 묻기 위해서 사용된다. lequel의 보어는 de, d'entre 또는 parmi로 유도되며, 간접의문에서 다음과 같은 기능을 갖는다.
1° 〖주어〗 *Lequel des* quatre généraux était le maréchal Ney? [*Des* quatre généraux, *lequel*...?] 그 네명의 장군 중에 누가 네이원수였느냐? /*Parmi* ces étoffes, *laquelle* vous plairait le plus? 이 옷감들 중에서 어느것이 가장 당신의 마음에 듭니까? ☆ 위 두 문장을 간접의문으로 놓으면:Il ne put deviner *lequel des* quatre généraux était le maréchal Ney. (Stendhal, *Char. de Par.*) 그는 네명의 장군 중에 네이원수가 누군지를 분별할 수 없었다/*Parmi* ces étoffes, voyez *laquelle* vous plairait le plus.(Ac) 이 옷감 중에 어느것이 제일 당신의 마음에 들을지 보세요.
2° 〖직접목적보어〗 *Lequel de* ces livres préférez-vous? [*De* ces livres, *lequel*...?] 이 책 중에서 어느 것을 좋아하십니까? →《간접의문》 Je veux savoir *lequel de* ces livres vous préférez. 이 책 중에 어느 것을 좋아하시는지 알고 싶습니다/Je voudrais vous poser une question.—*Laquelle?*(=Quelle question?) 당신에게 질문을 했으면 좋겠는데요—무슨 질문이요?/*Laquelle de* ces étoffes choisis-tu? Dis-moi *laquelle* tu choisis. (G, §577) 이 옷감 중에 어느 것을 고르겠나? 네가 어느것을 고르는지 말해다오.
3° 〖속사〗 *Laqulle* es-tu, l'aînée ou la jeune? 너는 어느쪽인지, 누이야 누이동생이야?/Dis-moi *lequel* il est, ami ou ennemi. 그가 친구와 적의 어느쪽인지 말해다오.
4° 〖전치사＋**lequel**〗 *Auquel des* employés dois-je m'adresser? (DFC) 직원중에 어느 직원에게 말을 해야 합니까? →Vous ne savez pas *auquel des* employés je dois m'adresser./*A laquelle de* tes amies as-tu écrit? 네 여자 친구중 누구에게 편지를 썼느냐?/*Duquel de* ces auteurs avez-vous lu les œuvres? (*Ib.*) 이 작가중 어느 작가의 작품을 읽으셨습니까?/Je me demande *sur lequel des* deux je puis compter. 두 사람중 누구를 신용해서 좋을지를 생각하고 있다/*Duquel de* ces

hommes parlez-vous? 당신은 이 사람들중에 어느 사람에 대해서 이야기합니까?
5° 〖중성〗 Lequel (=Lequel de ces deux partis) préférez-vous, partir ou rester? (Ac) 떠나는 것과 머무는 것중 어느 편이 좋으십니까? 《그러나 Que préférez-vous? (Ib.)로 묻는 편이 일반적이다》.
★ 1) 직접의문에서 주어인 경우 est-ce qui를 사용, 기타의 경우 est-ce que를 사용할 수 있다: Lequel est-ce qui a fait cela de vous autres? 당신들 중의 누가 그것을 했느냐?/Lequel est-ce que vous voulez acheter? 당신은 어느 쪽의 것을 사려는가?/Auquel est-ce que vous avez écrit? 당신은 어느 사람에게 편지를 썼는가?/《속어》 Lequel 〔C'est〕 qui ira? (=Lequel ira?)/Lequel que〔C'est que〕 vous voulez?
2) 사람에 대해서 lequel de... 대신에 qui de...를 쓰는 수도 있지만 현대불어에서는 정식용법은 아니다: Qui des deux avait raison? 두 사람 중의 누가 옳았는가?
3) 한편 사람이건 사물이건 quel로서 lequel을 대신하는 예가 간혹 보이지만 회피해야 할 용법이다: Je vous livre un secret.—Quel? (G, §577) 당신에게 비밀을 한가지 털어놓겠소.—어떤 것인데요?/On ne savait jamais quel des deux serait vainqueur. (G, §577) 두사람 중의 어느쪽이 승리할지 알 수 없는 일이었다.

lès, les *prép.* ⇨lez.
leste—~ *à*+ *inf* 민첩하게 …하다.
avoir la main ~ (=être prompt à frapper) 걸핏하면 때리다.
lettres [문자] ⇨alphabet.
leur ⇨lui¹; adj. poss.; pron. poss.
lévrier—여성형은 levrette.
lexicologie [어휘론]—사전편찬을 다루는 사전편찬술 lexicographie 과 대립하여 lexicologie는 어휘의 과학적인 연구를 지칭한다.
1° 〖어휘론의 기본단위 unité lexicologique〗 ① 어휘연구는 단어를 출발점으로 삼고 있다. 어휘연구에서 단어는 음소 phonème에 의해 실현되며 새로운 문장을 형성하기 위해 문장 내에서의 대치 commutation가 가능하고 항상 식별이 가능한 有意단위로 정의된다. 그러나 이 단어라는 개념은 언어현실에 항상 부합되지는 않으므로(바스크어와 에스키모어와 같은 언어에서는 言述은 계기적인 문장으로밖에 분할할 수가 없다) A. Mantinet는 mot 대신에 기호소 monème 라는 술어를 제안했다. 이 monème는 하나의 의미와 하나의 음성 형태를 지닌 최소단위인 것이다. 그리고 상호 긴밀한 관계를 맺고 있는 monèmes들의 결합체를 syntagme 連辭 또는 統合體라고 칭한다. 그러나 이 술어도 문제점이 없는 것이 아니므로 일반적으로 언어학자들은 최소 의미단위를 morphème, 기본 어휘단위를 lexème 이라고 하여 구별하고 있다.
② 한편 종래의 문법의 구분이 재검토되었고 그러한 재검토가 새로운 관점을 도입시켰다. 구조문법에서는 독립적인 형태론 morphologie의 구분이 사라지는 경향이 있으며 생성문법에서는 형태론이 음운론에 연결되어서 문법의 형태・음운론 부문을 이루고 있다. 그리하여 단어보다 상위의 유의단위를 구분할 필요성이 생긴 것이다. E. Benveniste의 synapsies 나 B. Pottier의 lexies 가 이런 유의단위를 지칭한다. machine à laver, faire une niche 등은 synapsies이며 lexies complexes에 해당하는 것이다. 따라서 어휘론은 파생법의 여러가지 수단들도 함께 취급하게 되었다.
2° 〖사회・역사적 관점〗 ① 전통적으로 단어의 역사를 연구하는 어원학은 고립된 단위를 대상으로 하여 계보적인 면을 다루었다. 예를 들어

불어의 parler 는 俗라틴어 *paraulare 에서 나왔으며 이는 또한 희랍어 parabolē 에서 나왔다고 설명한다. 이렇게 해서 전혀 의미는 고려에 넣지 않고 다만 단어 형태의 역사가 고립적으로 이루어진다. 어휘의 체계적인 성격은 전혀 고려하지 않는 이 관점은 Saussure에 의해서 비판되었다. 어원 연구에서의 구조적인 분석의 결과, 단어의 의미의 변화는 형태의 기원에 대한 고찰이 아니라 그 언어의 다른 단어들과의 대립관계에 의해 설명되어야 한다는 사실이 인정되었다.

② 어휘의 동향에 대한 연구는 사전의 비교연구에서 출발하여 많은 정보를 제공해 준다. 어휘집단의 변천과 특정한 접미사나 접두사의 발달 등에 관해 결론을 내릴 수가 있게 되었다. 가령 -erie 나 -oir 로 된 파생어는 사라지는 경향이 있거나 또는 고어풍을 지닌다든가 반면에 -isme 이나 -iste 와 같은 접미사는 여전히 활발히 파생어를 생성하고 있다는 것을 알 수 있다.

3°〖구조적 관점〗구조언어학은 과학적인 어휘론을 수립하고저 여러가지 접근을 시도했다. 단어는 고립되어 존재하는 것이 아니라 형태나 의미가 비슷한 다른 단어에 연결되어 있다는 생각에서 어휘연구는 장 champ에 따라 행해진다. 이 장은 관념장 champ conceptuel 과 어휘장 champ lexical 로 구분된다. 전자는 언어외적인 경험에서 나오는 관념의 총체로 이러한 관념장의 연구는 주로 인류학자들에 의해 행해졌다(친척관계의 어휘, 가축의 어휘 등). 후자는 일반체계 내에서 소체계를 성성하는 언어단위 사이의 독특한 관계가 이루는 장이다(불어의 père, mère, frère, sœur 의 어휘장, 이 단어들은 동일한 語末자음의 사용으로 친척관계 내에서 음성적인 소구조를 이루고 있다). 성분분석 analyse componentielle 도 어휘연구에 적용되어 어휘단위의 의미를 의미의 특징들 sèmes 로 분석하며 의미의 특징들을 수록하는 구조적 사전의 가능성을 보여준다.

4°〖통계적 관점〗어휘의 기술에 통계적인 방법을 적용하는 것이다. 통계는 어휘의 객관적인 富 richesse 에 관한 문체적인 문제를 해결해 준다. 즉 어떤 텍스트의 시기와 작가의 추정을 가능케 한다. 또한 이러한 양적인 접근으로 기본불어 français fondamental 의 수록이 가능하다. 외국어로서의 불어 교육의 편의를 위해 가장 많이 사용되는 단어들을 결정하는 것이다. 기초사전 dictionnaire élémentaire 의 2000 단어가 모든 텍스트에서 75~80%를 차지하고 있다.

5°〖생성문법적 관점〗구조어휘론의 결과를 통합하는 외에 문법에 있어서 사전의 위치를 설정한다. 즉 의미부문 composante sémantique 의 위치 설정이다.

6°〖言述분석적 관점〗텍스트의 어휘·의미적 조직이나 통사·의미적 조직을 파악하고자 고립된 문장이나 언어보다 상위 단계에서 언어표현을 분석하는 언술분석 analyse de discours 의 발달로 어휘론의 문제점들이 새로운 표현으로 제기된다. 고립된 어휘단위의 연구가 아니라 어휘의 분석은 이제 언술분석의 일부를 이루며 그와 불가분의 관계에 놓이게 된 것이다.

lez—(=à côté de, près de). 지명에만 쓰인다:Plessis-*lez*-Tours(= Plessis près de Tours). lès, les 라고도 쓴다 (D, 363).

liaison[리에종, 연독, 연음]—한 단어의 발음되지 않는 마지막 자음이 다음에 오는 모음 또는 무음 h 로 시작되는 단어와 연결되어 나는 소리의 현상. 음절구분에 있어 그 자음은 연음된 모음에 속한다:tro(p)-p-aimable, peti(t)-t-homme. 그러나 avec 나 pour 처럼 마지막 자

liaison

음이 발음되는 경우, 다음에 오는 모음이나 무성 h 앞에서 liaison 된다고 말하지 않으며 그 소리는 다음 음절로 옮겨진다고 한다: ave|c elle [a-vɛ-kɛl], pou|r aller[pu-ʀa-le]. liaison 규칙은 문어 langue littéraire, 연설, 시, 산문 등의 낭독에서는 거의 절대적으로 지켜지나, 일상 회화나 특히 젊은 세대에서는 점차 흐려지는 경향이 있다.

1° 〖연음될 때 소리가 변하는 경우〗
① s, x→[z]: pa(s)-z-à pas, deu(x)-z-hommes.

d→[t]: gran(d)-t-effort, quan(d)-t-on voit.

g→[k]: lon(g)-k-oubli, lon(g)-k-hiver.

f→[v] 《다음의 경우에 한해서 [v] 소리로 변한다》: neuf ans, neuf autres, neuf heures, neuf hommes 《때때로 neuf enfants 도 포함》. ☆ 오늘날에 와서는 neuf arbres, vif argent, neuf élèves 를 연음하지 않는다.

② -ain, -ein, -en, -on 으로 끝나는 품질형용사가 명사 앞에서 연음될 때 비모음 voyelle nasale 을 보통모음 dénasalisation 으로 변화시킨다: certai(n)-n-espoir, plei(n)-n-air, moye(n)-n-âge, bo(n)-n-auteur. ☆ 그러나 소유형용사 mon, ton, son 은 일반적으로 비모음이 그대로 발음된다: Mon-n-ami[mɔ̃nami], ton-n-espoir, son-n-image. P. Fouché 에 의하면 소유형용사의 경우 보통 모음화시키는 것 dénasalisation 보다는 비모음으로 발음하는 것이 더 좋다고 한다.

③ -in 으로 끝나는 형용사 뒤에선 비모음이 보통모음화할 수도 있고 비음 그대로 발음될 수도 있다: malin-n-esprit[malɛ̃nɛspʀi] 또는 mali(n)-n-esprit[maliɛnɛspʀi]. divin-n-Homère 혹은 divi(n)-n-Homère.

④ un, aucun, commun, on, rien, bien, en, combien, non 뒤에서는 비모음이 그대로 발음된다: un-n-ami, aucun-n-homme, d'un commun-n-accord, on-n-ira, bien-n-agréable, non-n-aveu.

2° 〖항상 연음을 하는 경우〗① 관사와 명사, 관사와 형용사, 형용사와 명사 사이에서: les-z-années, les-z-hommes, les-z-anciens Belges, aux-z-autres mots, grand-t-enfant, ces-z-arbres, tout-t-âge, deux-z-anciens-z-amis. ☆ 날짜를 말할 때 deux 와 trois 는 다음에 오는 月名과 연음될 수 있으나 (le deux-z-avril, le trois-z-octobre) G, §100 에 의하면 우아한 발음에서는 이를 삼간다고 한다.

② 주어 인칭대명사, on+y, en+동사 사이에서: nous-z-avons, vous-z-en-n-avez, ils-z-y sont, je vous-z-entends, on-n-ira.

③ 동사와 인칭대명사 또는 on 사이에서: dit-t-il, prend-t-elle, courons-z-y, cueillez-z-en, dirait-t-on.

④ c'est 와 보어를 지닌 전치사 사이에서: C'est-t-après cela./C'est-t-envers vous.

⑤ 동사와 속사, 또는 속사형용사사이에서: Je suis-z-homme./Il est-t-élève./Nous sommes-z-heureux.

⑥ 3인칭의 조동사와 과거분사 사이에서: il est-t-allé, il avait-t-oublié, ils auront-t-élevé, qu'ils soient-t-entrés 《3인칭의 동사와 부정법 사이에서도 마찬가지: il veut-t-aller, il vit-t-arriver》.

⑦ 부사 다음에서 《단, 조금이라도 의미상의 상호 연관이 있을 때》: pas-z-aujourd'hui, plus-z-ici, ne jamais-z-oublier, tout-t-entier, plus-z-important, moins-z-âpre, bien-n-aise, assez-z-ouvert, trop-p-heureux, point-t-encore. ☆ 1) -rd, -rs, -rt 로 끝나는 부사 다음에서는 연음이 안된다: tar(d) éclos, ailleur(s) encore, alor(s) aussi, dehor(s) enfin, volontier(s) aussi. 2) 그러나 다음의 경우 연음을 한다.

《관용》: fort-*t*-utile, toujours-*z*-aimable.
⑧ 전치사(avant, devant, pendant, dans, dès, sans, chez, sous, en)와 그 보어 사이에서: avant-*t*-eux, devant-*t*-elle, dans-*z*-aucun cas, sans-*z*-âme, sous-*z*-un arbre, en-*n*-Asie《à travers, hors, hormis, selon, vers, envers 는 그 보어와 결합되는 것은 아니다. 따라서 연음이 불가능》.
⑨ quand, dont 다음에서: quand-*t*-on voit, dont-*t*-il est.
⑩ 대부분의 관용구와 복합어에서: de mieux-*z*-en mieux, de temps-*z*-en temps, vis-*z*-à vis, mot-*t*-à mot, d'un bout-*t*-à l'autre, de haut-*t*-en bas, Champs-*z*-Elysées, Pyrénées-*z*-Orientales, Etats-*z*-Unis.

3°〖연음을 해서는 안되는 경우〗① 의미상 관련이 없는 말 사이에는 연음이 안되므로 구두점 signe de ponctuation 이 있거나 그렇지 않더라도 휴지 pause 가 가능한 말 이후에는 연음하지 않는다: Vieillards,| hommes, | femmes, | enfants, tous voulaient me voir. (Montesq)/ Toutes ces choses du vieux temps | étaient un cadre.... (Theuriet)/ Allez-vous | en voitures?
② 유음 h 로 시작되는 말 앞에서: les haches, les héros, des hérissons, aux Hollandais. ☆ 어떤 사람들은 hiatus 의 h 를 유음으로 간주하고 있다: sans paraître s'apercevoir *du* hiatus(Claudel, *L'Oeil écoute*)/C'est donc un sort que ce «hiatus». (Barbey) (cf. G, §101, Rem.).
③ 수사중에서 un, une, huit, huitième (dix-*z*-huit, dix-*z*-huitième, vingt-*t*-huit, vingt-*t*-huitième 는 예외), onze, onzième 앞에서: sur les une heure, les onze, ils sont onze《그러나 Il est-*t*-onze heures 라고 할 수 있다》.
④ 명사 uhlan, ululation 및 감탄사 oh! ah! ouf!, 이 밖에 인용된 말 앞에서: les *ah*! et les *oh*! Dans *apparemment*, il faut mettre deux m. /Vous avez mis deux *aussi* dans cette phrase. ☆ hélas 앞에서는 연음된다: De grands-*z*-hélas.
⑤ 발음이 [w]로 시작되는 몇몇 단어와 [j](외래어)로 시작되는 단어: les *oui*, je dis *oui*, mais *oui*, un [des] oustiti(s), des *yachtmen*, un yaourt.
⑥ 마지막 자음이 발음 안되는 단수명사와 형용사 사이: lou(p) affamé, suje(t) intéressant, regar(d) insolent, sor(t) affreux, ne(z) épaté, discour(s) agréable, poin(t) énorme, Bruxelle(s) est grand, Charle(s) ira, Duma(s) était.
⑦ 복합어의 복수(명사+명사, 또는 명사+전치사+명사의 형태)에서 첫번째 명사 다음에는 연음을 안한다: Des char(s) à bancs, des guet(s)-apens, des arc(s)-en-ciel, des porc(s)-épics, des moulin(s) à vent, des ver(s) à soie.
⑧ -es 로 끝나는 직설법현재, 접속법현재 다음에서《단, 운문은 제외》: Tu porte(s) un fardeau./ si tu continue(s) ainsi/ tu chante(s) agréablement/que tu reste(s) ici.

libéral—être ～ de *qc* envers [pour] *qn* 어떤 사람에게 …을 아낌없이 주다.

libre—① 명사 앞에 놓여 행동의 자유를 표시: ～ échange 자유무역, ～ service 셀프서비스, ～ penseur 자유 사상가.
② 명사 뒤에서 품질이나 특성을 표시: l'école ～ 사립학교, entrée ～ 무료입장, du temps ～ 한가한 때. *être* ～ *de qc*[+*inf*]:Je suis ～ *de* mon temps.(NDFC) 나는 시간이 자유롭다/Je *suis* ～ *de* refuser. (Bonnard) 나는 자유롭게 거절할 수 있다. *être* ～ *à qn de*+*inf:* ～ *à vous*

lied [lid]—*pl.* **lieder**(←독일어)《-음악용어》:*les lieder* de Schubert 슈베르트의 가곡; **lieds**(프): *les lieds* (=ballades) de Gœthe 괴테의 발라드.

Liége, Liège—벨기에의 도시명, 1946년 리에즈 시의회의 결의에 따라서 Liège로 통일(cf. un Liégeois 리에즈 사람; liégeois *n. m.* 리에즈 말, *adj.* 리에즈의).

lieu—*au ~ de qc*[+*inf*]:Il a pris le cartable de son frère *au ~ du* (=à la place de) sien. (DFC) 그는 자기 것 대신에 동생의 손가방을 가져갔다/*Au ~ de* vous lamenter, essayez de réagir. 한탄하는 대신에 분발해 보세요. *au ~ que*+*ind* 《현실적으로 고려되는 사실의 표시》: Cet employé était actif, *au ~ que* (=alors que) son remplaçant *est* paresseux.(H) 그의 후임이 게으른데 반해 그 직원은 부지런했었다. *au ~ que*+*cond* 《우발성을 표시하려 할 때》:Un véritable ami s'offrira à vous aider, *au ~ qu'*un autre s'empresserait de chercher un prétexte. (H) 진정한 친구는 자진하여 도와주는 반면에 그렇지 못한 친구는 구실을 찾는 데 바쁠 것이다. *au ~ que*+*subj* 《실현성이 없는 단순한 생각으로 대립을 표시》:*Au ~ qu'*il *reconnaisse* ses erreurs, il s'entête à soutenir l'impossible. (DFC) 그는 자기 잘못을 인정하기는 커녕 그 불가능한 일을 완강하게 주장한다.

lieux ⇨nombre des noms.

lièvre—여성형은 hase. *lever*(soulever 가 아님) *un ~*: Ce chien *a levé* trois *~s* en une heure. (Thomas) 이 개는 한 시간 동안에 토끼 세 마리를 몰아냈다//《비유》 Il ne fallait pas *lever ce ~-là*.(Ac) 그 문제를 갑자기 제기해서는 안되었다.

linceul—발음[lɛ̃sœl], 옛:[lɛ̃sœ:j].

liquide (consonne) [流音]—고대 문법학자들에게서 물려받은 명칭으로 l과 r을 지칭한다.

1° 유음의 두 유형인 l과 r의 구분은 서구어에서는 명백하나 극동어에서는 존재하지 않는다. 예를 들면 한국어에는 하나의 유음 음소밖에 없는데 이것이 음맥에 따라 [r]이나 [l]로 실현되는 것이다.

2° 유음은 모음에 가까운 有聲度를 보이며 음향스펙트럼에는 formants 의 구조가 뚜렷이 나타나 유음의 모음적인 특징을 말해준다. 음향적인 면에서 유음은 자음인 동시에 모음인 것이다. 유음이라는 명칭은 특히 舌側音 l을 지칭하는데 이는 l을 조음할 때 혀의 양쪽에서 새어나오는 공기가 물이 흐르는 듯한 인상을 주기 때문이다. ⇨consonne.

listel—복수형은 listels[listɛl] 또는 listaux[listo](Ac). liteau에서 유래된 것으로 보이는 옛 단수형 listeau 의 영향.

lit ⇨dans.

litote[곡언법]—수사학 réthorique 용어로 반대말의 부정을 사용하여 긍정을 나타내는 법:Ce n'est pas mauvais (=C'est très bon). 대단히 좋다.

locution[구, 숙어]—의미나 기능상으로 한 개의 단위로 굳어버린 어군을 말한다. 따라서 하나의 부사, 형용사, 접속사, 감탄사, 전치사 또는 동사와 똑같은 의미와 기능을 갖게 되는 것을 각각 부사구 locution adverbiale, 형용사구 loc. adjective, 접속사구 loc. conjonctive, 감탄사구 loc. interjective, 전치사구 loc. prépositive, 동사구 loc. verbale 라고 부른다:mettre le feu(*loc. ver.*) =allumer;en vain(*loc. adv.*)=vainement.

locution verbale[동사구]—하나의

관념을 나타내며 동사의 역할을 하는 어군으로 항상 동사가 포함되어 있다. 구조상으로 구분하여,

① 〖V+N〗 avoir besoin 필요로 하다, avoir peur 두려워하다, prendre garde 주의하다∥《대부분 무관사명사이지만 관사와 함께 이뤄지는 것도 있다》 avoir l'air …처럼 보이다, prendre le change 속다, prendre la fuite 도망가다∥《관사의 유무에 따라 의미가 달라지기도 한다》 rendre justice à qn …을 옳다고 인정하다; rendre la justice 재판을 하다.

② 〖V+prép.+N〗 prendre à témoin 증인으로 삼다, mettre au jour 낳다, 공표하다.

③ 〖V+adj.〗 avoir beau …해도 소용이 없다, se faire fort 책임지다.

④ 〖V+V〗 faire savoir 통지하다, faire avancer 추진하다.

⑤ 〖V+adv.〗 aller mieux 건강이 좋아지다, couper court 이야기를 간단히 끝내다.

★이상의 동사구는 단순한 동사와 마찬가지로 자동사나 직접 또는 간접 타동사의 기능을 한다. 1)〖자동사〗 avoir raison 옳다, prendre 〔avoir〕 fin 끝나다. 2)〖직접타동사〗 aimer mieux qc …이 더 좋다. 3)〖간접타동사〗 tenir tête à qn〔qc〕 …에 대항하다, avoir besoin de qc …을 필요로 하다.

loi phonétique〔음운법칙〕—음성변화 changement phonétique 는 규칙에 맞게 일어난다는 원리를 음운법칙이라 하는데 19세기 후반 Scherer, H. Paul 같은 학자들에 의해 사용된 후 일반화된 용어이다. 이 언어학자들은 음운법칙들이 요지부동한 것으로 보고 있다. 즉 주어진 음성학적 환경에서, 같은 음소는 일정한 기간 동안 그 언어의 모든 단어에서 같은 변화를 받는다는 것이다. 예를 들면 라틴어 [a]는 갈로로망의 북부에서 [ɛ]로 바뀌는데 이 변화는 프랑스어에 보존된 모든 라틴어 단어에 일어난다는 것이다. 인정되는 예외들도 다른 법칙에 일치되는 변화이거나 유추 analogie 에 의한 변천으로 보고 있다. 음운법칙들 중에서 가장 중요한 것은, 게르만어의 자음 변화를 설명하기 위해 Grimm 이 만든 법칙이다.

loin—(bien) ~ de+inf, (bien) ~ que+subj 《강한 대립》: Mon fils est ~ de me donner toute satisfaction dans son travail(=Mon fils ne me donne pas du tout satisfaction). (DFC) 나의 아들이 그가 하는 일에서 나를 만족시키기는 어림도 없다/ ~ que les crimes aient diminué ils ont augmenté. (M) 범죄가 줄기는커녕 늘어났다. (d')aussi ~ que 〔au(du) plus ~ que, de si ~ que〕+ind〔cond, subj〕《cond 은 장소, subj 는 시간을 나타내는 것이 보통》: Aussi ~ que la vue allait, tout était nu. (Maupass, Au Soleil) 시선이 미치는 한 모든 것이 벌거숭이었다/Aussi ~ que votre vue irait, vous ne verrez que le désert. (G, §1018) 당신의 시선이 미치는 한 사막밖에 보이지 않을 것입니다/ D'aussi ~ que je m'en souvienne, je l'ai toujours haï. (Rob) 내가 기억할 수 있는 한 나는 그를 항상 미워했다∥《예외적으로 ind 가 시간을, subj 가 장소를 나타내는 수도 있다》 aussi ~ que nous pouvons remonter 우리가 거슬러 올라갈 수 있는 한 먼 옛날에/au plus ~ que ma vue puisse s'étendre 시선이 미치는 한. au ~: Il entendait au ~ (=à une grande distance) un grand bruit. 먼 곳에 큰 소리가 들렸다《같은 뜻으로 au lointain 을 쓰는 일은 없으나 dans le lointain 은 무방하다》. de ~: Je le vis arriver de ~ (=d'une grande distance). 나는 그가 오는 것을 멀리서부터 보았다. de ~ en ~, (de) ~ à ~

이따금 한번씩.
—〖형용사적〗《불변》 un pays très ~ 멀고 먼 나라, les jours déjà ~ 아득한 옛날이 된 나날. ~ *de:* Orléans n'est pas ~ *de* Paris. 오를레앙은 파리에서 멀지 않다/Nous sommes encore ~ *des* vacances. 방학은 아직 멀다.
—〖명사적〗 Il y a ~ de la gare au centre de la ville. (Rob) 역에서 시내까지는 멀다.

l'on ⇨on.

long—모음자 앞에서 liaison 될 때 [lɔ̃k]:un lon(g)-k-intervalle(Thomas), le lon(g)-k-espoir(Mart). 그러나 시에서가 아니면 [g] 軟音을 유지하는 경향이 짙고 일상회화에서는 특히 그러하다(lon(g)-g-hiver, lon(g)-g-espoir). 더구나 산문에서는 복합어까지도 liaison 없이 읽힌다:de lon(g) | en large.
être ~ *à* [lɔ̃a]+*inf:* Papa *est* ~ *à* revenir. (Bonnard) 아빠가 돌아오시는 데 시간이 오래 걸린다/Cette histoire *est longue à* raconter. 이 이야기는 하는 데 시간이 오래 걸린다.
—〖명사적〗 Cette rue a deux kilomètres de ~ (또는 de longueur) (=Cette rue a une longueur de deux kilomètres.=Cette rue est *longue* de deux kilomètres). 이 길은 길이가 2킬로이다.

longtemps—관사 없이 전치사 de, depuis, pendant, pour 또는 il y a, voici, voilà 등의 보어가 되어 명사적 기능도 가진다. *de* ~ 1) =depuis ~. 2) 당분간《미래와의 관련에서 부정문에만 씀》:De ~ on ne verra son pareil. (M) 당분간 그에 당할 자를 볼 수 없을 것이다. *de* 〔*depuis*〕 ~ 오래 전부터. *pendant* ~ 오랫동안. *il y a* 〔*voici, voilà*〕 ~ *que* …한 지 오래다:*Il y a* ~ *qu'*il est ici (=Il est ici depuis ~)《Il est ~ ici 라고는 하지 않는다》. *mettre* ~ *à*+*inf* …하는 데 오랜 시간이 걸리다.
★형용사와 명사로 분리되는 **un long temps**:Il vous parle *un long temps*. (Faguet, *17ᵉs*) 그는 당신에게 오랫동안 이야기합니다/après *un long temps* d'angoisse fort pénible (Gide, *Journal*) 오랫동안의 대단히 고통스러운 불안 끝에.

lorgnon—「코안경」. 원래 외알박이 monocle 를 의미하다가 후에 두 알이 되었기 때문에 des lorgnons (des lunettes 의 영향)으로 쓰기도 하지만 binocle, pince-nez 와 함께 단수로 쓰는 것이 보통:*un* ~ en or (Ac, Lit, Lar) 금테 코안경/Ote ton ~. (Xanrof, *le Fiacre*) 너의 코안경을 벗어라.

lors—옛날에는 「alors 그때, 그 당시」의 뜻이었으나 현재는 「~ *de* …의 때 (=au moment de)/depuis ~ 그 때부터 (=depuis ce temps-là)/dès ~ 그 때부터;그렇기 때문에 (=à partir de ce temps-là;conséquemment)/dès ~ *que* …할 때부터;…이기 때문에 (=dès que, du moment que;puisque)」 등 숙어로만 쓰인다:
~ *de* votre arrivée dans ce village, les gens étaient intrigués. (DFC) 당신이 이 마을에 도착했을 때 사람들은 당황하고 있었습니다/Je ne l'ai pas revu *depuis* ~. (Thomas) 나는 그때부터 그를 다시 보지 못했다.
~ *même que* 1) (+*ind*)《대립》(=même lorsque):Dans tout pays le chant naturel de l'homme est triste, ~ *même qu'*il *exprime* le bonheur. (Chateaubr, *René*) 어느 곳에서나 인간의 꾸밈없는 노래는 슬픈 것이다. 그 노래가 행복을 나타낼 때라도. 2) (+*cond*)《양보》 (=bien que, quand même):~ *même que* vous l'*exigeriez*, je ne pourrais vous satisfaire.(Ac) 당신이 그것을 요구한다 할지라도 나는 당신을 만족시키지 못할 것입니다.

lorsque—끝의 모음은 il(s), elle(s) on, un(e) 앞에서는 항상 lorsqu'로 생략되고 기타의 경우에도 흔히 생략된다 (Thomas, H): *lorsqu'en* 1768 Louis XV eut réuni la Corse au royaume ... (Bainville, *Napoléon I*) 1768년 루이 15세가 코르시카 섬을 왕국에 병합시켰을 때 …/ *lorsqu'à* des propositions (H).

1° 〖~ +*ind*〗 ① 〖동시성〗 ~ vous y *penserez*, vous me rapporterez ce livre. (DFC) 생각날 때 이 책을 나에게 돌려주시오. ② 〖원인〗(〖일반적으로 대립〗) Pourquoi as-tu fait cette dépense, ~ nous *avons* si peu de ressources? (G, §1022) 우리에게 돈이 거의 없는데도 왜 이 지출을 했지?

2° 〖~ +*cond*〗 〖양보〗 la nourriture de luxe réservée aux heureux, *lorsqu'*elle *devrait* être à tous(Zola, *Travail*) 만인의 것이 되어야만 할 것임에도 행복한 사람들에게만 마련된 호사한 양식.

3° 〖생략절〗 Nombres d'êtres, ~ jeunes encore (=lorsqu'ils sont jeunes encore), n'ont nul besoin de…. (Gide, *Journal*) 아직 젊을 때는 많은 사람들이 …이 조금도 필요치 않다.

4° lorsque는 quand과 동의어로 의미상 눈에 띄는 차이가 없다 (Lit). 따라서 lorsque가 이끄는 절의 특수한 기능(주어, 속사, 형용사적 보어 등)에 대해서는 quand의 경우를 참조할 것.

louchon—「여자 사팔뜨기」를 뜻할 때는 un ~ (P. Lar, Q) 대신 une ~ (M, DG)으로도 쓴다. 《비어》 une louchonne.

loulou—여성형은 louloutte.

loup—여성형은 louve. loup와의 복합형(~-cervier 삵괭이, ~-garou 늑대 요술쟁이)의 복수형: des ~*s*-cerviers, des ~*s*-garous. 그러나「dent-de-~(양피지, 종이, 가죽 따위의) 연마기, saut-de-~ 둘러진 도랑, tête-de-~ 긴 자루 달린 먼지떨이」의 복수형은: des dents-de-~, des sauts-de-~, des têtes-de-~.

lourd—Il fait lourd. 날씨가 무덥다.「Il fait un temps lourd, accablant.」은 Il fait beau 〔froid〕 등의 형식에 따른 구어적인 표현.

lui¹, leur—1° 〖형태〗 남, 여성 동형의 간접목적어보어 무강세형: Je *lui* parle(←Je parle à M. 〔à Mᵐᵉ〕Kim). /Je le *leur* donne(←Je le donne à mes frères 〔à mes sœurs〕). 강세형: Donnez-le-*lui*〔*leur*〕. ⇨pronoms personnels III, 2°, ②

2° 〖용법〗 동물이나 사물을 대신하여 쓰이는 경우 Lit 는 lui, leur 가 사물에 대해 쓰이는 것을 금하고 있지만 사람에 대한 표현이라고 해석할 염려가 없는 경우, comparer, conférer, demander, devoir, donner, faire+*inf*, préférer, reprocher 등과 함께 쓸 수 있는 것이 보통이다. 특히 장소 관계를 주로 환기시키는 y(=à *qc*)로 대신하기가 곤란한 배분, 수여〔귀속〕의 뜻을 나타내게 하기 위해서 사용함이 원칙이다: Ces arbustes vont périr si on ne *leur* donne de l'eau. 그 나무는 물을 안 주면 죽을 것이다/Ta poupée est cassée, il faut *lui* raccommoder le bras. 네 인형은 부서졌다. 그 팔을 고쳐야겠다/Je peux bien avouer ces larmes-là; je *leur* dois le meilleur instant de ma vie. 나는 그런 눈물을 흘렸다는 것을 고백해두어도 좋겠다. 그것이 내 인생의 가장 좋은 한 순간이었으니까. ☆그러나 penser, songer, rêver 등 사람을 보어로 취할 때 à+강세형을 요구하는 동사는 사물을 보어로 갖게 될 경우 y를 사용: J'y pense. 나는 그 일을 생각한다(cf. Je pense à lui 〔à elle〕. 나는 그〔그녀〕를 생각한다). 예외적으로 à lui 가 사물을 나타내는 일이 있다(⇨lui² 2°, ②, f)).

lui², eux, elle(s) —강세형. ⇨ pronoms personnels II, 2°; III, 2°; V.

1° 〖주어〗 moi, toi 와는 달리 직접 주어가 될 수 있다: *Lui*, (il) dit./*Elle*, (elle) dit./*Eux*, (ils) disent. 무강세형을 사용하지 않을 때 elle(s)의 뒤에는 쉼표 virgule가 필요하고 lui, eux 뒤에서는 쉼표의 사용이 일정하지 않지만 그 뒤에는 항상 짧은 휴지 pause가 있으므로 다음 말의 모음과 liaison되지 않는다(Eu(x)│entrent.).주어명사의 강조: Ton père, *lui*, aime le sport. (Bonnard) 너의 아버지, 그분은 운동을 좋아하신다.

2° 〖lui, elle이 동물이나 사물을 표시할 경우〗

① 일반적으로 de lui, à lui[d'elle, à elle]로 동물이나 사물을 대신하는 일은 피하고 en, y를 쓰며 「sur, sous, dans, devant, derrière+lui[elle]」 대신에 그에 대응하는 부사 dessus, dessous, dedans, devant, derrière를 사용한다: Cet arbre va tomber, éloignez-vous-*en*. (Thomas) 이 나무가 쓰러지려고 합니다. 물러서세요/Connaissez-vous la Provence?—J'*y* suis allé cet été. (DFC) 프로방스 지방을 아십니까?—금년 여름에 그곳을 다녀왔읍니다/Mon bureau est là; mettez ce livre *dessus*. (G, §901) 나의 책상이 저기 있읍니다. 이 책을 그 위에 두세요/Regardez cette pierre, il y a sans doute une vipère *dessous*. (DFC) 이 돌을 보십시오. 아마 그 밑에 살무사가 있을 겁니다/Faites vos malles et mettez *dedans* tout ce que vous pourrez. (Thomas) 짐을 꾸리고 그 속에 넣을 수 있는 것을 모두 다 넣으십시오/Un cierge brûlait, et une femme se tenait agenouillée *devant*. (Loti, *Pêche d'Isl.*) 큰 양초가 켜져 있었는데 그 앞에 한 여자가 무릎을 꿇고 있었다 ((devant lui로 쓰지 않으며 그 이외로 쓰이는 전치사가 있다)).⇨préposition.

② lui, elle등으로 사물을 대신하는 일도 드물지 않으며 elle(s)은 lui, eux보다 쉽게 사물을 표현한다. 그것은 다음과 같은 경우이다. **a)** 전치사의 부사적 용법이 불가능하거나 속어같이 들리는 경우: Le bouc laissait *après lui* des relents désagréables. (Thomas) 그 염소는 불쾌한 악취를 뒤에 남겼다/Ils voulaient *la liberté*. Ils ont donné leur sang *pour elle*. (Beauvoir, *Tous les h.*) 그들은 자유를 원했다. 그들은 자유를 얻기 위해 피를 흘렸다/Je retenais la moindre de *ses phrases*; je les comparais *entre elles*. (Maurois, *Climats*) 그녀의 이야기를 극히 사소한 것까지 기억하고 있어서 그것들을 서로 비교해보았다. **b)** 재귀대명사의 경우 (⇨soi). **c)** 부분사 de partitif로 다른 말에 연결될 경우: J'entendais *les salves*(...); à chacune *d'elles*, je tressaillais. (Sartre, *Mur*) 일제사격 소리가 들렸는데 그 때마다 나는 소스라쳤다. **d)** ne...que 뒤에서: C'est là que *l'amour* règne en maître et qu'il *n*'est question *que de lui*. (Gide, *Interv.*) 그 곳에서는 연애가 군림하고 연애만이 문제가 되고 있다/*La raison pure*, s'ils *n*'avaient écouté *qu'elle*, les eût conduits...aux conclusions les plus monstrueuses. (France, *Jardin d'Ep.*) 순수이성은, 만약에 그들이 그것에만 귀를 기울였더라면, 그들을 가장 흉측한 결론으로 이끌었을 것이다. **e)** 다른 말과의 대립을 강조할 경우: *L'Italie* est destinée à devenir bientôt la proie du roi de France ou votre proie; je ne m'intéresse plus *à elle* mais au monde. (Beauvoir, *Tous les h.*) 이탈리아는 곧 프랑스 왕의 먹이가 되거나 당신의 먹이가 될 운명에 놓여 있다. 나는 이미 이탈리아에는 관심이 없고 세계에 관심이 있다. **f)** en, y로는 뜻이

lutin

모호할 경우: J'ai besoin que tu croies à mon *amour* (...).—Je crois à *lui*. (Anouilh, *P. noires*) 네가 나의 애정을 믿어주는 일이 필요하다. —나는 너의 애정을 믿는다 《J'y crois를 쓰면 J'ai besoin...을 믿는 것이 된다》/Le sentiment de la possession des *choses* m'est inconnu; je jouis *d'elles* comme si elles m'étaient prêtés.(Benda) 물건에 대한 소유감은 내게는 없다. 나는 물건들이 마치 내게 대여된 것처럼 즐길 따름이다. **g)** 다만 강조하기 위해서 드물게: *Ces vacances*, il jouissait d'*elles*. (Larbaud) 그 휴가를 그들은 즐기고 있었다. ☆ 다른 기능에서도 강세형이 사물을 표시한다: *Ma lingerie, elle,* reste en haut? (Géraldy, *Rob. et Mar.*) 나의 속옷 가지가 (옷장의) 윗층에 있는가?/ Tout à l'heure viendra *le refrain:* c'est *lui* surtout que j'aime.(Sartre, *Nausée*) 곧 후렴을 하게 될 것이다. 나는 특히 그것을 좋아한다.

lundi ⇨jours¹.

lunette(s) ⇨nombre des noms.

lutin *n.m.*—「작은 요정, 장난꾸러기」의 뜻. 매우 활발한 소녀를 말할 때도 un[ce] ~.

—*adj*. 여성형은 lutine.

M

m—alphabet의 제13자로 명칭은 [εm]. graphie와 발음과의 관계는 다음과 같다.

m 1) 「모음+m」로 비모음을 형성할 경우(각 모음자 참조)를 제외하고는 원칙적으로 [m]: matin[matɛ̃], intime, deuxième, somnifère, automnal, indemnité, omnibus, etc. 2) automne[ɔtɔn], damner, condamner의 세 단어 및 그 파생어에서는 무음.

mm 1) [m]: ardemment [aʀdamã], plaisamment [plɛzamã], commencer [kɔmɑ̃se], commerce, dommage, sommet, etc. 2) 학술용어 따위의 비교적 어려운 단어에서 [mm]: ammoniate [ammɔnjat], gemmation, mammifère, sommité, etc. 그리고 특히 imm- 로 시작하는 모든 단어에서: immaculé[immakyle], immanent, immense, immatériel, etc. 3) 접두사 emm-, remm-로 시작하는 단어에서는 [ām-], [ʀām-]: emmagasiner[āmagazine], emmener, remmailler [ʀāmaje], remmener, etc. 4) 소수의 단어에서는 [m] 또는 [mm]이 발음된다: ammoniac [a-(m)mɔnjak], commémorer, commenter, commisération, commotion, grammaire, sommaire, etc.

ma ⇨adjectifs possessifs.

madame—복수형은 mesdames.
1° 〖경칭〗 기혼여자 이름 앞에 붙여 쓴다. 이때 약어 $M^{me}(s.)$, $M^{mes}(pl.)$ 로 쓸 수 있다: *Madame* Dubois est un bon professeur. 뒤브와 여사는 좋은 선생이다/le président de la République et *madame* Pompidou 프랑스공화국 퐁피두 대통령과 同令夫人/Il rencontre Mme Dupont. 그는 뒤퐁 부인을 만났다/Mme une telle 某夫人/*Mesdames* X et Z(=Mmes X et Z) X부인과 Z부인/*Madame* le docteur Bouvin 의학박사 부뱅 여사.
2° 〖호칭〗 Oui, *Madame*. Bonjour, *Madame* et Monsieur(혹은 *Madame*, Monsieur)∥(*pl*.)Bonjour, *Mesdames* et Messieurs(혹은 *Mesdames*, Messieurs)∥《비어》 Bonjour, messieurs et dames(혹은 Messieurs, dames).
⇨adjectifs possessifs.

3° 〖명사〗 une dame, des dames (속어, 경멸적 표현: une *madame*, des *madames*)∥Je ne suis pas jalouse des gens que vous aimez—même des «belles *madames*». (Montherlant, *Jeunes filles*) 나는 당신이 사랑하시는 사람들을 질투하지 않습니다—아름다운 아주머니일지라도.

4° 〖기타〗 ① Madame 을 관사 없이 명사로서 쓰는 것은 하인이나 상점의 판매원의 입장에서이다: *Madame* vous appelle. 아주머니가 부르신다/*Madame* est servie. 마님, 식사준비가 다 되었습니다/Veuillez m'annoncer à *Madame*. 주인 마님께 내가 왔다고 말씀드려요/*Madame* désire? 아주머니 무엇을 드릴까요? ② 「Madame+칭호」는 존경의 뜻을 나타낸다: *Madame* votre femme 영부인/*Madame* votre mère va-t-elle bien? 자당님은 안녕하신가? (⇨monsieur). ③ les *madame* Dupont 뒤퐁부인 같은 여자들 (⇨article défini).

mademoiselle—복수형은 mesdemoiselles(약어: Mlle, Mlles).

★ *demoiselles, des mademoiselles* 의 용법은 *madame에 준한다. une demoiselle, des demoiselles 을 대신

하여 오늘날은 보통 une jeune fille, des jeunes filles를 쓴다.

mai ⇨mois.

main—1°〖명사, 명사적 표현〗~-d'œuvre 노동력 / ~-forte 협력(→prêter ~-forte 협력하다)/mainlevée 취소, 압류해제 (→donner *mainlevée de qc* …을 취소하다)/mainmise 압류, 몰수/mainmorte 재산의 이전 불능/ ~ courante 계단의 난간((때로는 ~ coulante. cf. Thomas, *Dict. des diffi.*)).

2°〖보어적 표현〗poignée de ~ 악수(*pl.* des poignées de ~)/homme de ~ 활동가/en ~(*s*) propre(s) 본인에게(→remettre *qc* en ~ *propre* …을 본인의 손에 넘겨주다)((단수가 보통))/prendre *qc* en [dans, la] ~ …을 손에 쥐다/tenir sa canne à la [en] ~ 손에 단장을 가지다/prendre *qc* à deux ~*s* [dans les ~*s*] 두 손으로 …을 잡다/un livre en ~*s* 두 손으로 책을 쥐고. *de*+소유형용사+(*propre*) ~:Cette lettre est écrite *de ma* (*propre*) ~. 이 편지는 내가 손수 썼다.

3°〖관용적 표현〗*de longue* ~ (=depuis longtemps): Les gangsters ont préparé ce coup *de longue* ~. 그 강도들은 이 범행을 오래 전부터 준비했다. *de* ~ *morte* (=doucement): Les paras n'y sont pas allés *de* ~ *morte*. 낙하산병들은 맹공격을 했다. *en bonnes* ~(*s*): Votre affaire est *en bonnes* ~*s*. 당신의 사업은 유능한 사람의 손에 맡겨졌다[…걱정할 것이 없다].

maint—1° 단수로도 복수로도 쓴다 (à ~*e*(*s*) reprise(s) 몇번이고 반복해서 ; ~*e*(*s*) fois 여러 차례((복수가 보통)). 이 단어는 이 두가지 표현 이외에는 문어체에서만 쓰이며, 복수형으로 써야 하는 명사 앞에서는 물론 복수형으로 놓지만(~*es* gens 여러 사람들), 그 외에는 단수 표현으로 놓는 것이 원칙으로 되어 있다:Je l'ai rencontré en ~*e* occasion. 나는 이런 저런 기회에 그를 만났었다/Il m'a fait ~*e* et ~*e* difficulté. 그는 나에게 되풀이해서 이의를 제기했다//((그러나 복수형으로 쓰이는 일도 가끔 있음)) ~*es* personnes vous diront que…. 여러 사람들이 당신에게 …라고 말할 것이다((물론 ~*e* personne vous dira que …로도 씀))/Il lui fit ~*s* coups de bâton. 그는 그를 몽둥이로 여러 차례 때렸다.

2° 강조하기 위해서 ~ et ~ 이 쓰인다. 일반적으로 단수형으로 놓는다:Je fis ~*e et* ~*e* remarque. 나는 여러번 주의시켰다//((그러나 복수형도 가능)) J'ai reçu ~*s et* ~*s* conseils. 나는 수없이 충고를 받았다. ☆ ~*e*(*s*) *et* ~(*e*)*s* fois, à ~*e*(*s*) *et* ~(*e*)*s* reprise(s)에서는 단·복수를 다같이 쓰나 복수형이 더 많다.

3°〖대명사〗현대불어에서는 maint 은 형용사로만 쓰이는 것이 통칙으로 되어 있다. 그러나 그것이 대명사로 사용되었던 옛 용법의 흔적이 현대작가에게서도 가끔 나타나는 적이 있다:comme ~*s* l'assurent (Benda, *Exercice d'enterré vif*)여러 사람들이 그렇다고 단정하듯이/Les difficultés temporelles augmentaient, pour ~ et ~. (Duham, *La pesée des âmes*) 많은 사람들에 대해서 일시적인 어려운 점들이 늘어가고 있었다.

mais *adv.* —1° *n'en pouvoir* ~ (=ne pouvoir faire plus, n'y pouvoir rien)((어원적 의미(=plus <lat. magis)가 남아 있는 유일한 성구로 문학적 표현)): Vous m'accusez, mais je *n'en peux* ~. (DFC) 당신이 나를 책망하는데 나로서는 어쩔수 없는 일이오/Si le père a fait une faute, le fils *n'en peut* ~. (Ac) 아버지가 잘못했다고 해서 그것이 아들탓은 아니다/Je *n'en puis* ~, j'ai tant couru. (Lar) 어떻게 달렸던지

이제는 지쳤다.

2° 〖强意語〗① 〖동일어의 반복〗 C'était d'un drôle, ~ d'un drôle!(DFC) 그것은 이상한 일이었다. 참 이상한 일이었다/Elle fut reçue très bien, ~ très bien. 그녀는 아주 잘 대우를 받았지, 정말 아주 잘/Il m'a trompé, ~ trompé d'une manière indigne. 그는 나를 속였지, 속여도 아주 치사하게 속였지.
② 〖한 단어 또는 표현의 강조〗 ~ oui! [mɛwi]/ ~ si!/~ non! (→~ *non*, je vous assure, je n'ai reçu aucune lettre. 천만의 말씀, 아무 편지도 안 받았다니까요)/Cherche dans le Larousse, ~ vite. 라루스 사전을 찾아 봐라, 빨리 빨리말이야/A l'instant, il s'éleva dans tout Israël un seul cri, ~ éclatant, ~ unanime. 그 순간 온 이스라엘에 단지 한 외침소리가 터졌다. 아주 우렁차고, 이구동성의 외침소리가.
③ 감탄문, 의문문의 문두에 놓여서 격렬한 감정(놀라움, 초조, 주장 따위)을 표시한다: ~ c'est très bien! 그거 아주 잘 되었소!/Comment, il n'a rien dit, ~ c'est impossible! 뭐라구, 그가 아무 말도 안했다구, 설마 그럴 수가 있나!/Ah ça, ~ ! ne me dites pas que vous ne l'avez pas fait exprès. (DFC) 기막혀서! 일부러 그런 것이 아니란 말을 나에게 하지도 마시오!
④ 문두에서 상대편의 주의를 끌게 한다: ~, qu'avez-vous donc? 도대체 어떻게 된 일입니까?/ ~ j y pense, que faites-vous demain? 참 내일 무엇을 하실 겁니까?/ ~, à propos, avez-vous de bonnes nouvelles de votre fils? 그런데말이야, 당신 아들한테서 좋은 소식 받았소?/ ~ passons (=Ne nous appesantissons pas). 자, 너무 신경 쓰지 맙시다.
—*conj.* 1° 동일기능의 문의 요소나 절과절을 결합하고 대립을 표시한다. 이 경우 대개 mais 앞에 virgule 이 놓인다:Il est fort honnête homme, ~ il est un peu brutal. (Ac) 그는 매우 정직한 사람이기는 하지만 약간 거칠다/Il est intelligent, certes, ~ très paresseux. 그는 똑똑하긴 하지만 매우 게으르다/Ils ne sont pas là, ~ il est déjà huit heures. 그들은 오지 않았는데 시간은 벌써 8시다. ☆그러나 어떤 경우에는 보다 빠른 또는 보다 어울리는 리듬을 부여하기 위하여 virgule 을 쓰지 않는다(특히 유사한 2개의 어휘 사이나 동사를 갖지 않은 짧은 어귀 사이에서):Il est bon ~ non intelligent. 그는 착하지만 똑똑하지는 못하다/Il est brave ~ intrépide. 그는 성실하지만 대담하다.
2° 대립의 요소가 2개 이상 있을 때는 보통 ~ A et B로, 문학적 표현에서는 강조적으로 ~ A, ~ B로 쓴다:Il ne travaille pas, ~ s'amuse *et* fait du sport(또는 ~ s'amuse, ~ fait du sport). (W, 33) 그는 공부는 하지 않고 놀기나 하고 운동이나 한다/Ce n'est pas un travail, ~ un jeu *et* un sport (또는 ~ un jeu, ~ un sport). (*Ib.*) 이런 것은 일이라 할 수 없다. 장난이나 스포츠에 지나지 않는다.
3° 대립을 뜻하는 부사와도 병용이 가능하다: ~ cependant, ~ toutefois, ~ pourtant, etc.

non seulement... ~ (encore). non pas... ~, ~ non pas(⇨non 3°): *Non seulement* son frère, ~ sa sœur avait été invitée. (Lar) 그의 동생뿐만 아니라 그의 누이도 초대받았었다/*Non seulement* il est bon, ~ il est généreux. (Lit) 그는 선량할 뿐만 아니라 너그럽기도 하다. ⇨parce que ①, b).

maître—여성형은 maitresse.
① 〖주인〗:le ~ 〔la ~sse〕 de maison 집의 바깥주인〔안주인〕. *être ~ 〔~sse〕 de qc*《비유적》: Je ne suis

pas pressé, je *suis* complètement ~ *de* mon temps. 나는 시간이 급하지 않다. 나는 나의 시간을 완전히 마음대로 쓴다/En face du serpent venimeux, elle *fut* (resta) ~sse *d*'elle même. 독사를 맞대고도 그녀는 전혀 동요됨이 없었다.
② 「선생, 스승」의 뜻. 이 뜻으로는 여자일 경우에도 남성형을 쓴다(Elle est mon ~.). 그 까닭은 여성형에 「情婦」의 뜻이 있기 때문이다. Flaubert 가 G. Sand를 maitre로 불렀지만 이것에 부가되는 형용사의 일치에 어려움을 느껴 *chère* maitre, si *grand*, si *doux*; *chère bon* maitre *adoré*; *mon chère* maitre 라 불렀으며 간혹 *ma chère* maitre 라 쓰기도 했다. ⇨confrère.
③ 〖경칭〗 a) 변호사, 공증인, 소송대리인 등에 대해서 : ~ X(약어: M^e X), avocat à la cour 법정변호인 X 씨/J'admire votre plaidoyer, ~. 변호사 선생님, 나는 선생의 변론에 감탄해 마지 않습니다. b) 예술가, 문필가 또는 저명한 학자 등을 상대해서 말할 때: Que boirez-vous, (cher) ~? 선생님, 무엇을 마시겠습니까?/Servez à boire au ~. 선생님께 술을 갖다 드리시오.
④ 〖여성형으로 된 표현들〗 Rome fut la ~sse du monde. (Ac) 로마는 세계의 으뜸가는 도시였다/ ~sse femme 재원/ ~sse servante (또는 servante ~sse) 우두머리 하녀/Ces sortes de broderies régnèrent en ~sses. 이런 종류의 자수가 일세를 풍미했다.
⑤ maitre 와의 복합어는 보통 연결선 trait d'union 없이 쓰인다 : ~ assistant, ~ chanteur, ~ couple, ~ imprimeur, ~ queux, etc.(예외: ~-autel, petit-~), ~ de conférences, ~ d'étude, ~ de forges, ~ ès arts, grand ~, ~ d'hôtel, ~ d'équipage, premier ~ (cf. Rob: premier-~), second ~ (그러나 quartier-~).

majesté—1° 왕, 황제를 상대하여 「Votre ~ 폐하」라고 말할 때 이것을 주어로 삼는 동사는 3인칭으로 놓고, 또 주어 대명사도 3인칭 여성형을 쓰는 것이 일반적이다: *Votre ~ est* le père du peuple. 폐하는 백성의 아버지이십니다/*Votre ~ partira* quand *elle* voudra. 폐하께서 마음 내키실 때 출발해 주십시오.
2° 목적보어와 소유형용사는 le, la, lui, sa 를 쓰는 것이 보통이지만 때로는 vous, votre 로도 쓴다. **sa ~** +N 의 뒤에서의 대명사는 후속명사와 일치한다: *Sa ~ le roi* viendra-*t-il*? (G, §466, Rem, 5) 국왕폐하께서 오실까?
☆약어는 Votre ~ 가 V.M., Vos ~s 가 VV.MM., Sa ~ 가 S.M., Leurs ~s 가 LL.MM. 으로 된다.

majorité—**la ~ des**+N, **une ~ de** +N 다음의 동사는 대개 단수형이 된다(cf. Thomas, *Dict. des diffi.*): *La ~ des* Français *professe* la religion catholique. (Ac) 대부분의 프랑스 사람들은 가톨릭교를 믿는다/*Une ~ de* candidats de couleur *se présenta* à ce poste. 유색인종의 많은 지원자들이 이 직무를 지원하고 나섰다. ⇨accord du verbe.

majuscule [대문자]—그 주된 용법은 다음과 같다.
1° ① 문장, 싯귀, 인용문의 첫단어의 첫글자: *Un* homme dit: 《*Je* passerai la mer....》 어떤 사람이 말했다:「나는 바다를 건너가겠소…」.
② 의문부호(?), 감탄부호(!) 또는 중단표(…)로 한 문장이 끝나고 다음 문장이 시작될 때 첫글자: *Ah*! mon Dieu, miséricorde! *Qu*'est-ce que c'est donc que cela? *Quelle* figure! 아아, 하느님 맙소사! 도대체 어떻게 된 심판이요? 그 얼굴이라니! ☆1) 위의 예문에서 보는 바와 같이 Ah!, Oh!, Eh bien! 등의 다음에서, 또 삽입절의 다음에서는

majuscule

소문자를 쓰는 것이 보통이다: Eh bien! alors? 그래서 어쨌다는 거지? /Le fiscal Boccage vous a, je crois bien? reçu à sa table. 세무서원 보카즈가 당신을 식사에 초대했었다는 거지? 2) 콜론(：)다음에는 인용문이 아닌 이상 대개 소문자로 쓴다(La loi est la loi:il faut obéir. 법은 법이니까 복종해야지).
2°〖고유명사와 대문자〗① 인명, 지명, 인종명, 왕조명 등 고유명사 일반：Jean, la Belgique, Séoul, la Seine, les Bourbons, les Coréens. ② 신 또는 신적인 인물의 이름 (Dieu, le Créateur, l'Eternel, le Messie, le Père, le Seigneur, Notre-Seigneur). 다신교의 신은 un dieu, une déesse. 하느님의 뜻은 ciel은 일정하지 않다: C'est un arrêt du ciel. 그것은 하늘의 명령이다/Le Ciel m'en préserve! 하늘이시여, 저를 그것에서 지켜 주십시오! ☆신을 나타내는 대명사는 원칙적으로 소문자로 놓는다(Dieu parle；écoutons-le, il ne peut nous tromper. 신이 말씀하신다. 그 말씀을 듣자. 신은 우리를 속이는 법이 없다). 그러나 때로는 대문자로 놓는 예도 볼 수 있다: Pourquoi Dieu donne-t-il la lumière... à celui qu'Il cerne de tout part? 신은 그가 백방으로 괴롭히는 자를 왜 태어나게 한단말인가?
③ 신화에 나오는 인물이나 또는 擬神化된 명사, 성좌의 이름 따위: Jupiter, Mars, le Temps, les Furies, l'Envie, Sirius, Uranus. ☆ 물이나 숲의 요정을 나타내는 명사는 소문자(대부분 복수로 사용): les tritons, les naïades, les faunes, les sylphes.
④ 고유명사화된 보통명사：la Vierge 성모마리아/l'Orateur romain 키케로《Cicéron》/la Pucelle 오르레앙의 처녀, 잔다르크《Jeanne d'Arc》/la Réforme 종교개혁/la Révolution 프랑스 혁명. ☆ 반대로 고유명사가 보통명사화되어 소문자로 쓰이는 예도 많다：C'est un vrai tartufe. 그는 진짜 위선가이다/Il se prend pour un adonis. 그는 스스로 미남이라고 생각하고 있다.
⑤ 정치적 또는 사회적 단체명, 기관명 : l'Eglise 가톨릭교회 / l'Etat 국가/l'Assemblé nationale 국회/le Ministère de la Justice 법무부/la Faculté de Médecine 의과대학.
⑥ 방위를 나타내는 명사가 특정된 지역을 가리킬 때：les peuple de l'Orient 동양사람들/les pays du Nord 북유럽의 나라들/Il est du Midi. 그는 남프랑스 사람이다. ☆ 장소를 나타내는 보어가 뒤따를 때에는 소문자(le nord de la France 프랑스 북부지방/dans le midi de la France 프랑스 남부지방에). 그러나 이 규칙은 절대적이 아니며 보어가 와도 대문자로 쓰는 일이 있다: la plupart des Juifs de l'Est de l'Europe 유럽 동부지방의 대부분의 유태인들/faire une tournée dans l'Ouest de la France 프랑스의 서부지방을 한 바퀴 돌다.
⑦〖작품의 이름〗 Les Caractères de La Bruyère 라브뤼에르의 「성격론」/les Glaneuses de Millet 밀레의 「이삭줍는 여인들」☆ 몇개의 단어로 구성된 긴 제목에서는 첫자만 대문자로 놓는 수도 있고, 또 다른 주요단어에도 대문자를 쓰는 수도 있다: les Progrès de la civilisation (또는 Civilisation) au XXe siècle 20세기 문명의 진보.
⑧〖칭호, 존칭〗 Sa Majesté 폐하, Son Excellence 각하, Monsieur le Président 회장님. ☆그러나 1) Monsieur는 그 다음에 오는 직함과 함께 소문자로 나타내는 예도 드물게 있다: Je désirerais, monsieur le directeur, vous demander un conseil. 원장님, 충고의 말씀을 듣고 싶은데요. 2) 성직자를 나타내는

여러가지 칭호(abbé, curé, père, mère, frère, sœur 등)는 대문자 또는 소문자를 임의로 쓴다: le *père* Gaucher 또는 le *P*ère Gaucher.
3° 〖형용사를 대문자로 놓는 경우〗
① 명사와 결합하여 한 단어가 되어 있는 경우: les Etats-*U*nis, la Comédie-*F*rançaise. ☆Saint 은 지명인 경우 대문자, 聖者 자신을 가리킬 때는 소문자: rue *S*aint-Paul 생폴거리 / le supplice de Saint Pierre 성베드로의 수난.
② 「*adj.*+N」로 된 고유명사에서: La *D*ivine Comédie 신곡 / la *N*ouvelle Héloïse 신 엘로이즈 // 『N+*adj.*』의 경우에는 상기 ①의 경우를 제외하고는 일반적으로 소문자》 Académie *f*rançaise 프랑스 한림원 / l'Histoire *n*aturelle de Buffon 뷔퐁의 박물지 / Ecole *p*olytechnique 공과대학.
③ 지리명으로 사용된 형용사: La mer *M*éditerrannée 지중해 / le mont Blanc 몽블랑 / le golfe *P*ersique 페르샤만 / l'océan *A*tlantique 대서양.

mal *adv.*—〖비교급〗 aussi ~, plus ~(⇨pis), moins ~. // 〖최상급〗 le plus ~ (때로는 le pis): Comment vous sentez-vous ce soir?—De plus en plus ~. 오늘 밤은 기분이 어떠냐?—점점 더 나빠. (cf. pis, pire).
pas ~ (=assez, suffisamment) 《Thomas 는 assez 와 beaucoup 의 중간쯤으로 보고 있음》: il n'est *pas* ~ effronté. (DG) 그는 어지간히도 뻔뻔스럽다 // 《대개는 ne 없이 씀》 Aujourd'hui, j'ai *pas* ~ de travail à faire. 오늘 나는 할일이 꽤 많다 / Il y a *pas* ~ de fourberie dans son attitude. 그의 거동은 꽤나 교활하다 / Il est *pas* ~ instruit pour son âge. 그는 나이에 비해서는 제법 잘 교육을 받았다.
—〖형용사적〗《불변》 mal은 고어에서는 형용사로 쓰였지만(*n.f.* male) 오늘날에는 그 흔적으로서 성구(bon an ~ an 일년 평균; bon gré ~ gré 별수 없이)와 복합어(malchance 불운; maladresse 서투름, 실수)등이 남아 있을 뿐이다. 그러나 현대 불어에서는 mal은 다음의 예문과 같이 형용사적으로 쓰이는 일이 많다 《무변화》: Cela est ~. 그것은 나쁜 짓이다 / Elle n'est pas ~. 그녀는 괜찮게 생겼다 / une jeune fille pas ~. 예쁜 처녀 / Il est ~ 〔C'est ~〕 de mentir à ses parents. 부모에게 거짓말을 하면 안된다.
—*n.m.* Les Fleurs du *Mal* de Baudelaire 보들레르의 악의 꽃. *avoir* ~ *à*+정관사+N : J'ai ~ *à* la tête 〔*à* l'estomac, *aux* dents〕. 나는 머리〔배, 이〕가 아프다. *avoir un*〔*le*〕 ~ *de*+N: J'ai un terrible ~ *de* tête〔des maux *de* tête terribles〕. 나는 머리가 몹시 아프다 / Le mousse a eu le ~ *de* mer. 어린 선원은 배멀미를 했다.

malgré— ~ *qc:* Les deux alpinistes sont partis ~ le mauvais temps. 두 등산가는 날씨가 나쁜데도 불구하고 출발했다 / Il peut avoir raison ~ tout. 어쨌든 그가 옳을지도 모른다. ~ *qn:* Molière se fit acteur ~ son père (=contre la volonté de son père). 몰리에르는 아버지의 뜻을 거역하고 배우가 되었다. ~ *soi:* J'y ai acquiescé ~ *moi* (=bien à contre-cœur). 나는 마지못해 그것에 동의했다.

malgré que—1° *malgré que j'en aie* 〔*que tu en aies, qu'il en ait,* etc.〕 좋건 싫건 별수없이 《quel que mal(=mauvais) gré que j'en aie 의 뜻으로 que 는 관계대명사이다》.
2° ①(=bien que, quoique). 위의 1°의 본뜻이 없어지고 이것이 일반적인 용법이 되어 있다. 19세기이후 새로 생긴 접속사구로서 문어에 쓰이며, 동사는 bien que, quoique에 준하여 접속법(드물게 직설법)으로 놓는다: *malgré qu*'il *soit*〔*est*〕 bête

malhonnête

그는 바보지만/Les voilettes de sa femme sentaient le tabac, *malgré qu*'il ne *fumât* jamais. (Daud) 그는 담배를 피우는 일이 없지만, 그의 아내의 베일에서는 담배냄새가 났다. ☆ 학자에 따라서는 접속사구를 비정규적인 것으로 보고 있으나 오늘날 많이 사용되고 있다.
② (=quoi que). quoique(=malgré que)와 quoi que의 혼동에서 오는 오용이다: *malgré qu*'on *ait* pu dire ici (Id.) 여기서 사람들이 뭐라고 했다하더라도.

malhonnête—사물과 사람을 지칭하며 예의, 성실성, 명예에 어긋나는 것을 뜻한다: un livre ~ 외설서적/engager un procès ~ (Lar) 파렴치한 소송을 제기하다/un homme ~ 버릇없는 사람/un ~ homme 성실치 못한 사람.

malin—여성형은 maligne. 속어로는 maline (fin> fine *analogie).

maman ⇨adjectifs possessifs.

manière—1° (*pl.*) 「거동, 태도」: Je n'aime pas vos ~s (=attitude). 나는 당신의 태도를 좋아하지 않는다/Cette jeune fille fait trop de ~s (=Elle n'est pas assez naturelle). 그 아가씨는 너무 태깔을 부린다.
2° une ~ de+N에 관계되는 형용사는 후속명사에 일치한다 (⇨sorte 2°):C'est *une* ~ *de* (=une sorte de) secrétaire particulier. 그는 개인비서와 같은 사람이다.
3° *de* (*telle*) ~ *que* (+ind) ((이루어진 결과, 때로는 방법의 뜻)):Le professeur a parlé *de* (*telle*) ~ *qu*'on l'a compris. 선생은 자기의 말을 알아들을 수 있게 이야기했다/Tout s'est passé *de telle* ~ *que* chacun est content. (DG) 모든 것은 각자가 만족할 수 있게 행해졌다 ‖(+*subj*)((이루어져야 할 결과 또는 목적)):Fermons la porte, *de* ~ *qu*'il *soit obligé* de sonner. 그가 벨을 누르지 않을 수 없도록 문을 잠급시다/Le professeur parle *de* (*telle*) ~ *qn*'on le *comprenne*. 선생은 자기 말을 알아듣도록 이야기를 한다. *de* ~ *à ce que*+ *ind* [*subj*]((오직 목적만을 나타내며, 대개의 문법가들이 비난하는 표현이지만 문어에서 보급되고 있다 (G, § 977))): un portique disposé *de* ~ *à ce qu*'on *trouvât* de l'ombre à toute heure (France) 언제나 그늘이 지도록 배치된 문. *de* ~ *à*+*inf*(=de façon à...): Il parle lentement, *de* ~ *à* être compris. 그는 알아듣도록 말을 느리게 한다/On met des bourrelets aux fenêtres, *de* ~ *à* éviter les courants d'air. 외풍이 없도록 창문에 틈막이를 한다.
4° *de* [*d'une*] ~ +*adj.*:Exprimez-vous *de* [*d'une*] ~ plus simple. 보다 더 간결하게 생각을 표현하시오/*D'une* certaine ~, il a raison. 어떤 점에서 보면 그의 말이 옳다/*d'une* [*de*] ~ irrécusable (=irrécusablement) 거절하기 어렵도록/*d'une* ~ générale 일반적으로, 대체적으로. ⇨façon.

marché—〖bon ~〗①〖부사〗acheter [avoir, vendre] (à) *bon* ~ 값싸게 사다[손에 넣다, 팔다]/J'ai acheté ces fruits (à) très *bon* ~. 나는 이 과일을 매우 싸게 샀다/Le vend-elle (à) *meilleur* ~ que nous? 그녀가 그것을 우리보다 더 싸게 팝니까? ‖((이상의 용법에서 à의 사용은 임의적, 그러나 비유적 표현에서는 à를 빼지 않는다)) s'en tirer *à bon* ~ 별일없이 모면하다/être généreux *à bon* ~ 값싼 관대성을 베풀다.
②〖형용사〗((불변)) des articles *bon* ~ 값싼 물건들/Ces objets sont très *bon* ~. 이 물건들은 대단히 싸다.
③〖명사〗faire *bon* ~ de qc: faire *bon* ~ *de* la vie (Lit) 목숨을 아끼지 않다/*le bon* ~ *d*'un produit 제품의 싼값.

mardi ⇨jours¹.
mars ⇨mois.
masculin ⇨genre.
match—복수형은 ~es 혹은 ~s.
matériau ⇨pluriel des noms 2°, ②.
matière—*en* ~ *de*+*qc*, **en** ~ + *adj*.: *en* ~ *de* religion 종교문제에 관해서는/*en* ~ juridique 법률적으로 보자면. ~ *à* +N [*inf*]: Il y a là ~ *à* plainte [*à* réfléchir]. 그것은 불평할 만한 [반성할 만한] 일이다. *donner* [*être*] ~ *à*+*inf* [*qc*]: donner ~ *à* plaisanter 놀림거리가 되다/*être* ~ *à* réflexion 반성해볼 만하다.
matin—1° 상황보어로 쓸 때 전치사를 넣는 수도 빼는 수도 있다 (demain [hier, après-demain, le lendemain, le surlendemain, lundi] (*au*) ~ 내일 [어제, 모레, 그 다음날, 그 다음다음날, 월요일] 아침). 그러나 이럴 경우에는 au를 쓰지 않는 일이 더 많다. 그러나 다음 경우에는 항상 au를 쓴다 (la veille [l'avant-veille, le 10 novembre, ce jour-là, tous les jours, chaque jour] *au* ~ 그전날 [그 전전날, 11월 10일, 그날, 매일] 아침). 단독으로 쓸 때는 「le ~ 아침에」이라고 하는 것이 보통이다. au ~ 도 가끔 사용되나 이때는 「아침이 되자」라는 의미를 지니게 된다: Ils partirent *au* ~.
2° 〖관용적 용법〗 un ~ 어느날 아침/tous les ~*s* 아침마다/ce ~ 오늘 아침/de grand ~, de bon ~, dès le [au] petit ~ 아침 일찍/le [au] troisième ~ 사흘째 되던 날 아침/un beau ~ 어느 날/On était au ~ du lundi. 월요일 아침의 일이었다/Il faut prendre ces cachets ~ et soir. 아침저녁으로 이 약을 먹어야 한다/Il s'est levé ~, très ~, trop ~. 그는 일찍, 아주 일찍, 너무 일찍 일어났다 《(이 경우에는 matin 자체를 부사로 사용한 것)》/*en* ce ~ d'octobre 1901 1901년 10월의 그날 아침 《(이처럼 전치사 en 을 사용하는 일은 많지 않다)》.
★ tous les dimanches ~(*s*)는 「일요일 아침마다」의 뜻. 단수·복수 모두 쓰인다. 단수의 사용은 au 가 생략된 것으로 설명될 수 있으며, 복수의 사용은 tout les matins이라는 개념이 내포되어 있기 때문이라고 이해할 수 있다.
mauvais ⇨pire 1°.
maximum *n.m.*—복수형은 maxima 또는 ~s: Les ~*s* [*maxima*] de température du mois d'août sont élevés. 8월의 최고 기온이 올라갔다.
—〖형용사적〗 복수형은 maxima 또는 ~s. ① *m. s.*: le prix ~ 최고가격. *m. pl.*: les prix ~*s* [*maxima*]. ② *f.s.*: la vitesse ~ [*maxima*]. *f. pl.*: les altitudes ~*s* [*maxima*]. ⇨minimum; pluriel des noms 5° ②.
★ 1) L'Académie des sciences 는 1959년 2월 23일자 회보 (Comptes rendus)에서 다음과 같이 규정하고 있다:「maximum 과 minimum 은 남성명사이며, 그 복수형은 각각 ~s 로 쓰는 것이 좋다. 한편 이것들이 형용사로 사용되지 않도록 하고, 형용사의 경우에는 maximal, minimal (*m.pl.* maximaux, minimaux; *f.s.* maximale, minimale; *f.pl.* maximales, minimales)를 써야 한다」(cf. Thomas, *Dict. des diffi.* 254). 2) **au** ~ 라는 최상급 표현에서 *au grand* ~ 로도 쓰는 것은 일종의 pléonasme 으로 grand은 필요하지 않다.
me ⇨pronoms personnels.
méchant ⇨adjectifs qualificatifs.
mécontent ⇨content.
médecin—「여의사」는 un ~, une femme ~ (=une doctoresse): Elle était ~ de l'un des hôpitaux chinois. 그녀는 중국병원의 의사였

meilleur

다/Mme Renoir est *un* ~ excellent. 르느와르여사는 훌륭한 의사다//《다음과 같이 une ~ 이라고 쓰는 것은 파격적》On n'a noté qu'*une* seule ~ auxiliaire dans les hôpitaux de front. 일선 병원에서는 단 한사람의 보조 여의사 외에는 찾아볼 수 없었다 (B, 90).

meilleur—1° bon 의 비교급. 최상급은 le ~ : Ce vin est ~ que l'autre. 이 포도주가 저것보다 더 낫다/Il s'est levé de ~*e* heure. 그는 더 일찍 일어났다/C'est la ~*e* pièce que j'ai vue. 그것은 내가 본 중에서 가장 훌륭한 연극이다/Mes ~*s* vœux de bonne année 근하신년. ⇨bon, degré de signification.

2° beaucoup ~는 좋은 표현은 못되더라도 부정확한 어법은 아니다. 그러나 **bien** ~ 가 보다 더 좋은 표현으로 알려져 있다:Ce vin est *bien* ~. 이 포도주가 훨씬 더 맛이 좋다.

3° 《비어》(=bon):C'est lui le plus ~ de tous les autres. (Bauche) 그밖의 사람들 중에서는 그가 가장 훌륭하다/C'est bien plus ~. (*Ib.*) 그쪽이 훨씬 좋다.

4° 부사적 용법으로 쓰인 bon 의 비교급으로서 「Cette rose sent ~ que celle-là. 이 장미꽃이 저것보다 훨씬 냄새가 좋다」라고 말할 수 있느냐는 점에 대해서는 문법학자 사이에 의견이 일치되어 있지 않다. Mart, 95 -6은 인정하나 이 경우 Cette rose a une ~*e* odeur 를 권하고 있다. H, 429-30은 허용하고 있다.

même—품사 여하에 따라서(형용사 또는 부사), 또 위치에 따라서 뜻이 달라진다.

I. *adj. indéf.*「동일성, 유사성」을 나타낸다. 이 경우 지시적인 의미를 내포한다는 견지에서 이를 지시형용사 *adj.* démonstratif 로 보는 학자도 있다(Mart).

1° 〖관사〔한정사〕 + ~ + N〗 Il était dans la ~ classe que moi. 그는 나와 같은 학급이었다/Nous sommes tous du ~ avis. 우리는 모두 의견이 같다/Il les regardait s'en aller d'un ~ pas joyeux. 그들이 같은 쾌활한 걸음걸이로 떠나는 것을 그는 지켜보고 있었다/Ecoutez cette ~ chanson que l'on entend partout. 어디에서나 듣게 되는 그 같은 노래를 들어보시오.

★〖관사나 한정어의 생략〗1) 고전시대의 불어에서 또는 詩語에서 : avec ~ chaleur (Mol) 똑같이 신바람이 나서/Toujours ~ acteurs et ~ comédie. (Musset) 늘 같은 배우에 같은 연극이로다//《19세기 이후의 산문에서의 생략은 파격적》L'on reçut ~ réponse de l'archevêque. (Michelet) 대주교로부터 같은 대답을 받았다. 2) 주로 숙어 및 일상적 표현에서:en ~ temps 동시에/deux plantes de ~ espèce 같은 종류의 두 식물. *le* 〔*la*〕 ~《명사 없이 대명사적으로 사용된 것》:Ils ne sont plus *les* ~*s*. 그들은 이미 옛날과 다르다/Cela revient *au* ~ (=à la même chose). 그것은 결국 같은 이야기가 된다《성구》.

2° 〖(대)명사+~ 〗①「바로 그 자신」의 뜻《même 는 그 (대)명사에 일치》:Ce sont les paroles ~*s* qu'il a prononcées. 이것이 그가 말한 바로 그 말이다/Son intention est de partir le soir ~. 그의 의향은 바로 그날 저녁 떠나려는 것이다/Voici Annette, celle-là ~ qui m'a rendu un grand service l'an dernier. 이분이 아네트야. 작년에 내가 큰 신세를 진 바로 그 여자이지. ☆인칭대명사 강세형과 함께 사용할 때는 이음표 trait d'union 를 사용: moi-~, toi-~ .../Essayer vous-~*s*. 당신 자신이 해보시오.

②「…조차도」의 뜻(=lui-même):Ces murs ~*s* ont des oreilles. 이 벽들까지도 귀를 가지고 있다/Ceux ~*s* qu'il avait sauvés l'ont trahi. 그

même

가 구해준 자들조차도 그를 배반했다(⇨II).

③ 추상명사와 함께 쓰여서 매우 높은 정도를 나타낸다:Dieu est la sagesse ~. 신은 지혜의 화신이다/Lui, c'est la patience ~. 그는 정말로 참을성이 많다//《고전불어에서는 même가 명사 앞에 놓이기도 했다》 Sais-tu que ce vieillard fut la ~ vertu? (Corn) 이 노인이 덕의 상징과 같은 분이였다는 것을 아느냐? ④ 병치된 두개 이상의 명사 뒤에 놓인 même는 그 모든 명사들과 일치시키는 수도 있고 마지막 명사에만 일치시키는 수도 있다:elle qui était la sagesse, la droiture et la vérité ~s. 그토록 현명하고 강직하고 참된 그녀/Son fils était l'honneur et la bonté ~. 그의 아들은 명예와 선의의 표본이었다.

II. *adv.* 「…조차도」의 뜻을 띠면서, 형용사, 부사(구), 동사, 또는 명사 등과 함께 널리 사용된다:1°〖 ~ +*adj.*〔부사, 부사구〕〗《대립・양보》: ~ malade, il ne veut pas aller chez le médecin. 아플 때조차도 그는 의사를 보러 가려 하지 않는다/~ loin, je n'oublie pas les miens. 멀리 있어도 나는 가족을 잊지 못한다/Je ferais ça, ~ pour lui. 나는 그를 위해서조차도 그것을 하겠다.

2°〖동사와 함께〗Ils s'offraient ~ de nous accompagner. 그들은 우리와 동행하겠다고 나서기까지 했다/Il lui dit des injures et ~ le frappa. 그는 그에게 욕설을 퍼붓고 때리기까지 했다.

3°〖 ~ +(대)명사, (대)명사+ ~ 〗 ~ les rois 〔Les rois ~〕 doivent respecter les lois. 임금조차도 법을 존중해야 한다/~ un savant ne pourrait résoudre ce problème. 학자조차도 그 문제를 못 풀 것이다/Sa femme, ses enfants, ses amis ~ se sont dévoués pour lui. 그의 아내도 아이들도, 심지어 친구까지도 그에게 정성을 다했다/~ lui, je l'aurais refusé. 그 사람조차도 나는 받아들이지 않았을 것이오.

★「명사+ ~ 」의 구성을 취할 때 même는 형용사로도 부사로도 볼 수 있다. 형용사로 볼 때는 même를 일치시키고 (cf. 상기 I, 2°), 부사로 취급될 때는 일치가 되지 않는다. 그것을 어떻게 보느냐는 것은 임의이다 (Ces murs ~(s) ont des oreilles.). 다만「명사+ ~ 」의 구문은,「 ~ +명사」에 비해 적으며, 이 경우에는 「명사+lui-~」로 놓는 일이 많다:Les grandes personnes *eux-~s* n'ont pas compris le film. 어른들조차도 그 영화를 이해하지 못했다.

III. 〖même를 포함하는 성구적 표현〗 *à ~:* boire *à ~* la bouteille (=directement à la bouteille) 병채로 들여마시다《옛표현:boire *à ~* d'une bouteille)/se coucher *à ~* le sol (=directement sur le sol) 땅바닥에 막바로 눕다《심지어 *à ~* 를 directement 으로 보고「à ~ dans l'herbe 막바로 풀밭에」라고 말하기도 한다》. *de ~* 똑같이:Il en va *de ~*. 똑같은 이야기다, 그것도 마찬가지다//《문두에 올 때 예외적으로 도치되는 수도 있다》De *~ estimait-elle* plus Saint-Loup que Morel. 마찬가지로 그녀는 모렐보다도 생루를 더 높이 평가했다. *de ~ que:*Son teint blafard, *de ~ que* ses yeux battus, lui donnait un aspect fantomal. 창백한 안색과 힘없는 눈매 때문에 그는 유령처럼 보였다//《(+절)일 경우에는 둘째절(주절) 앞에 de ~를 반복하거나 혹은 ainsi를 놓는 것이 보통》De *~ qu'*un poison subtil se répand dans les veines, *de ~*(또는 *ainsi*) les passions s'insinuent dans l'âme. 강한 독이 혈관에 퍼지듯이 정념도 영혼 속으로 스며든다. *~ que* 《속어적 표현》:Je l'ai vu, *~ que* j'ai pu lui causer. 나는 그를 만났다. 심지어 함께 이야기할 수도 있

었다. **tout de ~**: 《「de ~ 마찬가지로」의 강조형으로 쓰이는 것이 본래의 용법. 그러나 그것은 이미 낡은 표현이 되어 있다》Il aurait pu réussir tout de ~ avec d'autres moyens. 그는 다른 수단을 썼어도 똑같이 성공했으리라 // 《오늘날에는 구어에서 「어쨌든, 그래도 역시 (= malgré ce qui vient d'être dit, en dépit de ce qui est arrivé ou pourrait arriver)」의 뜻으로 사용》 Quoique vous soyez en retard, entrez tout de ~. 늦긴 했지만 아무튼 들어오시오/Tout de ~, vous ne ferez pas cela. 어쨌든 간에 그러지 마시오.

~ si, si ~ 《양보절을 형성》: Il continuera à jouer aux cartes ~ s'il perd. 그는 지더라도 트럼프 놀이를 계속할 것이다/~ s'il y avait un tremblement de terre, je ne bougerais pas. 비록 지진이 일어난다 해도 나는 꼼짝 않을 것이다/Une femme n'est jamais tout à fait insensible à l'amour, si ~ l' homme qui l'aime ne l'émeut point. 여자는, 자기를 사랑하는 남자에게 전혀 감동하지 않는다 하더라도, 사랑에 대해서 완전히 무감각한 법은 없다.

~ quand [lorsque], *lors[alors] ~ que, *quand ~.

-ment—형용사를 부사로 만들기 위한 접미사.

1°〖일반 규칙〗형용사를 여성화하고 -ment를 붙인다. 이것은 -ment의 어원인 라틴어의 mens(esprit의 뜻)가 원래 여성명사이기 때문이다 (général→générale→généralement; actif→active→activement; sot→sotte→sottement). 그러나 모든 형용사를 이 방식으로 부사화할 수 있는 것은 아니다. 다시 말하면 -ment을 붙일 수 없는 형용사가 상당히 많다(content, fâché, concis, mobile, familial 등). 이런 형용사를 부사적으로 전환시키기 위해서는 d'une manière(또는 de manière), d'une façon(또는 de façon), d'un air 등의 표현을 사용한다: Il répondit d'une manière concise [d'un air content]. 그는 간결하게[흐뭇한 낯으로] 대답했다.

2°〖특수 규칙〗 ① -ant, -ent→-amment, -emment(모두 발음은 [-amã]): puissant→puissamment; prudent→prudemment; violent→violemment. ☆예외: lentement, présentement, véhémentement.

② -ai, -é, -i, -u →-ai[-é,-i,-u]ment: vrai→vraiment; sensé→sensément; poli→poliment; résolu→résolument. ☆예외: assidûment, congrûment, continûment, indûment, nûment((ˆ는 e를 대신한다)); gai→gaiement [gaîment]; gentil→gentiment; impuni→impunément((③의 유추형)).

③ -e→-ément:commodément, communément, énormément, expressément, importunément, précisément, profondément 등. ☆ 1) aisé→aisément; aveuglé→aveuglément. 이것들은 형용사 aise, aveugle가 있기 때문에 aise→aisément이 되었다고 설명될 수 있으나 모든 학자가 그런 설명방법을 따르고 있는 것은 아니다. 2) exquisement (Lit, DG), exquisément (P. Lar); opiniâtrement (P. Lar), opiniâtrément (Lit, DG)은 사전에 따라 일정하지 않다.

3°〖-ment 사용의 확대〗 -ment의 첨가로 부사가 될 수 있는 것은 원칙적으로 품질형용사이나, 그 중에는 부정형용사, 부사 또는 형용사적으로 사용된 명사 등으로부터 유래된 것도 있다. ①부정형용사로부터: tellement, quellement. ②형용사화된 부사로부터: bêtement, diantrement, diablement. ③현재분사로부터: notamment(←notant←noter). ④부사로부터: comment(←comme), quasiment(←quasi).

★어떤 부사의 경우에 있어서는 그

것이 만들어진 본래의 말(주로 형용사) 그 자체는 오늘날 소멸되어 있다: brièvement←brief(이 형용사는 이미 존재하지 않고 bref 로 쓰인다). 마찬가지로 journellement←journel (×), prodigalement←prodigal (×) 등.

merci *n.*— 여성과 남성의 두 경우가 있다. ①〖고어로부터 온 여성형〗「자비, 연민, 호의」의 뜻: N'espérez aucune ~ de vos vainqueurs. 정복자로부터는 결코 아무런 동정도 바라지 마시오. *être à la ~ de qn* 〔*qc*〕:Ce petit navire *est à la ~ des* flots déchainés. 저 작은 배는 작은 파도에 시달린다. *sans ~*: 중단 없고 무자비한 전투 *Dieu ~* 천만다행으로, 덕분에(⇨nom² IV,1°,②,a)). ②〖남성〗「감사(=remerciement)」의 뜻:Dites un grand ~ à votre père. 댁의 아버님께 대단히 감사하다고 말씀해 주세요/Mille et un ~s. 대단히 감사합니다.

—*adv.* (=Je vous remercie): ~ bien〔beaucoup, mille fois〕. 대단히 고맙습니다/ ~ à vous. 당신에게 감사합니다. *~ de qc:* ~ *de* tous ces cadeaux que vous m'avez envoyés. 저에게 보내주신 이 모든 선물에 대하여 감사합니다/ ~ *de* votre obligeance. 당신의 친절에 대하여 감사합니다//((위의 예문과 같이 de 의 사용이 정상적이지만 pour 도 쓰이는 경향이 있다)) ~ *pour* ta visite. (M. du Gard, *Les Thibault*) 네가 찾아와 주어 고맙다//((그러나 부정법을 동반할 때에는 언제나 de 를 쓴다)) ~ *d'*être venu me voir 나를 보러 와주어서 감사합니다/ ~ *de* m'avoir laissé espérer encore. 아직도 저에게 희망을 갖도록 해 주셔서 감사합니다.

mercredi ⇨jours¹.

mère ⇨adjectifs possessifs, article.

merveille— *C'est ~ de*+*inf* 〔*que*+*subj*〕: *C'est ~ qu*'il *ait échoué*. 그가 실패한 것은 놀라운 〔불가사의한〕 일이다. *Ce n'est pas ~ de + inf* 〔*si*+*ind*〕: *Ce n'est pas ~ s*'il a échoué. 그가 실패한 것은 놀라운 〔불가사의한〕 일이 아니다.

mes ⇨adjectifs possessifs.

mesure—*à ~ que*+*ind:* Il recule *à ~ que* j'avance. 그는 내가 앞으로 나아감에 따라 물러선다/(au fur et) *à ~ que*+*ind*…함에 따라 ((au fur et à ~ 는 고어체))/((비교의 부사를 붙여 쓸 때는 d'autant plus que... plus 에 가까운 뜻)) Vous l'aimerez *plus à ~ que* vous le connaitrez *mieux*. (B, 771) 당신이 그를 알면 알수록 당신은 그를 점점 더 좋아하게 될 것이다.

métaphore 〔은유〕—비교를 나타내는 요소 없이, 추상적 개념을 표현하기 위해 구체어를 사용하는 것을 métaphore 라 하는데, 넓은 뜻으로는 comme 같은 비교를 나타내는 요소를 삭제하고 어떤 말 대신 다른 말을 사용하는 경우를 말한다. 「Il brûle d'amour. 열렬히 사랑한다」는 첫째 케이스의 métaphore 이고, 「Cette femme est une perle. 그 부인은 아주 유능한 사람이다」는 둘째 케이스의 métaphore 이다. 「Cette femme tend les filets de ses charmes pour chasser le gibier des naïfs. 그 여자는 순진한 사람들을 낚기〔유혹하기〕 위해 매력의 그물을 치고 있다」의 경우처럼 métaphore 가 여러 개 계속되기도 하고, 「Le char de l'Etat navigue sur un volcan. 국가의 마차가 화산위를 항해하고 있다→국가가 위기에 처해 있다」에서처럼 양립될 수 없는 두 개념을 비교할 경우에는 métaphore 가 충돌하기도 한다. 이와 같이 métaphore 는 어휘를 만드는 데 중요한 역할을 한다. 비유적 의미 sens figuré 로 쓰이는 경우의 대부분이 métaphore 에 의한 것이다.

métathèse[音位轉換]—어떤 음소들이 發話 연쇄 chaîne parlée 안에서 위치가 바뀌는 현상을 말한다. 때로는 음소들이 거리를 두고 있는 경우만을 말하고, 접촉해 있는 경우를 인접음위전환 intervension 이라 부르기도 한다. 프랑스어의 fromage(<라틴어 formaticum), 이태리어 chioma(<comula)등이 음위전환 현상에 의한 것들이다.

métonymie [환유]—어떤 사물을 표현하는 데 있어서 밀접한 관계가 있는 다른 사물로 대치하여 말을 쓰는 것을 가리킨다.

1° 원인>결과:Ce peintre vit de son *art*. 이 화가는 그의 예술로 생계를 유지한다(art 예술> produit de l'art 예술품).

2° 결과>원인:On lui servit un verre de chicorée glacée: c'était lui verser *la mort*. 그에게 차디찬 풍상치차 한잔을 대접했다. 그것은 그에게 죽음의 잔을 부어주는 것이었다 (la mort> le poison).

3° 용기>내용:avaler un *verre* de cognac 코냑 한잔을 마시다 (verre> le contenu, la mesure du contenu).

4° 능기>소기:quitter *la robe* pour *l'épée* 법관을 그만두고 군인이 되다 (la robe> la magistrature;l'épée> la carrière des armes).

5° 추상>구상:*Le mérite* n'a besoin que de lui-même. 재능 있는 사람은 남의 도움이 필요 없다(le mérite> l'homme de mérite).

6° 신체>정신:*un homme de tête* 견실한 사람(> un homme intelligent).

7° 소유자>피소유물:*Mon voisin* brûle. 나의 이웃집이 불에 타고 있다 (mon voisin> la maison de mon voisin).

8° 부분>전체:*le cœur noble* 숭고한 마음(> l'homme qui possède le cœur noble).

mezzo—「메조소프라노가수」: une ~ (Mart, 16).

mi—demi의 약어로 언제나 불변이며 trait d'union 으로 다른 낱말과 결합하여 쓰이는 일종의 접두사이다 (cf. Brun, 212).

〖**mi**-명사〗명사가 계절・달 등을 나타낼 때 정관사는 여성: la *mi*-août 팔월 중순, la *mi*-été 한여름, la *mi*-carême 사순절 제3주째의 목요일, la *mi*-temps 하프타임//〖**à mi**-명사 (무관사)〗*à mi*-jambes 정강이 중턱까지, *à mi*-chemin 중도에서, s'arrêter *à mi*-côte 산 중턱[중도]에서 멈추는, parler *à mi*-voix 낮은 목소리로 말하다//〖**mi**-형용사[과거분사], 또는 **mi**-형용사적 용법의 명사〗avoir les yeux *mi*-clos 눈을 반쯤 감고 있다, un tissu *mi*-fil, *mi*-coton 반모 반면의 직물, une réponse *mi*-figue, *mi*-raisin 애매모호한 대답, *mi*-triste 반 슬픈, *mi*-gai 반쯤 즐거운//〖**mi**+*prép*.+N〗 Nous étions assis *mi à* l'ombre, *mi au* soleil. 우리는 응달과 양지 중간에 앉아 있었다.

midi—①「정오」의 뜻. 이 뜻으로는 일반적으로 무관사: ~ vient de sonner. 방금 정오를 (시계가) 쳤다/~ est sonné(≠a sonné). 정오를 쳤다/J'arriverai à ~ précis [à ~ et quart, à ~ et un quart]. 나는 정각 12시에[12시 15분에] 도착할 것이다/Cela se termine à ~ vingt. 그것은 12시 20분에 끝난다《midi와 minuit 다음의 分의 표시는 언제나 문자로 한다》/avant ~ 정오 전에/après ~ 정오 후에//《avant[après] ~의 표현에 따라서 vers ~, sur [vers] le ~ 도 쓴다》Je me rendrai là à ~ [sur le ~]. (Ac) 나는 거기에 정오에 갈 것이다《속어로 sur [vers] les ~가 쓰이는 것은 sur les deux heures, vers les six heures du soir, etc. 의 복수 표현으로부터 유래한 것일 것이다(⇨article défini)》//《(전치사 없는 표현)chaque ~ 정오마다/l'autre ~ 저번날 정오에/le ~ du second jour 두째날 정오

mieux

에 (G, §436)/《ce matin, ce soir 의 표현에 따라서 ce ~의 표현을 쓰는 것은 논란의 대상이 되고 있다》 Nous l'attendons *pour ce ~*. (Gide, *Symph.*) 오늘 정오에 그가 올 것을 우리는 기대하고 있다∥ *~ sonne.* 12시를 친다 (cf. Six heures sonnent.) / à ~ précis 정각 12시에 《à six heures *précises*에 따라서 속어에서 à ~ *précise* 라는 표현을 쓰고 있다 (N, V, 76)》∥ *~ et demi(e)* (⇨demi 2°; minuit).

② 「남쪽」의 뜻: La chambre est exposée au ~. 방이 남쪽으로 향해 있다 / Il s'est retiré dans le ~ de la France 〔...dans le *Midi* 《이 경우는 반드시 대문자라야 함》〕. 그는 남불지방으로 피신했다.

mie— 「빵부스러기」의 뜻에서 온 말로 ne의 보어로서 처음에는 pas, point 보다도 많이 쓰였지만 15세기에는 드물어졌다. 오늘날에는 방언에나 남아 있고 문어에는 드물다: Tu *n'es ~ raisonnable*. (Suarès) 너는 조금도 분별이 없다.

mien(s), mienne(s) ⇨pronoms possessifs, adjectifs possessifs.

mieux *adv.*—bien의 비교급. le ~는 최상급, 동사·분사(때로는 형용사)를 수식한다: La malade va ~. 환자가 건강이 좋아진다 / Je te trouve ~ avec cette robe. 너는 이 드레스를 입으니까 더 어울려 보인다 / Je le connais ~ *que* vous. 내가 당신보다 그를 더 잘 안다 / Il va ~ *que* je ne (le) croyais. 그는 내가 생각하던 것보다 건강이 더 좋아졌다 (⇨ne explétif) / J'aime ~ cela. 그쪽이 더 좋다(mieux 는 davantage 의 뜻) / Il est ~ élevé. 그가 보다더 예의바르다 / des gens ~ intentionnés 한층 더 호의를 가진 사람들 / un devoir ~ (=plus) soigné 더욱 공들인 숙제 / ~ je sais ces rapports, *plus* je m'intéresse à l'œuvre. 나는 그 관계를 더 잘 알게 될수록 그 작품에 흥미를 느낀다 / Il travaille le ~ qu'il peut. 그는 할 수 있는 최선을 다하여 일하고 있다 / les hommes les ~ doués (Lit) 가장 재능이 있는 사람들. *de ~ en ~:* Je me porte *de ~ en ~*. 나는 갈수록 더 건강해진다.

— 《형용사적》《meilleur 의 중성어》 Je vous trouve ~ ces temps-ci. 당신은 요사이 건강이 더 좋아보이십니다 / Il n'y a rien de ~. 더 좋은 것은 아무것도 없다 / ce qu'il pouvait souhaiter de ~ 그가 희망할 수 있는 가장 좋은 것 / C'est peut-être ~ qu'il soit mort. 아마도 그는 죽는 편이 더 좋았을 것이다 / Elle est ~ que sa sœur. 그녀가 그의 여동생보다 더 낫다.

— 《명사적》 ① (=ce qui est ~, quelque chose de ~): Il y a ~, mais c'est plus cher. 더 좋은 것이 있지만, 그것은 더 비싸다 / faute de ~ 이 이상 좋은 수가 없기 때문에, 별수없이 / Je m'attendais à ~, je suis déçu. 나는 더 나은 것을 기대했는데 실망했다 / Il a ~ que cela. 그는 그것보다 더 나은 것을 가지고 있다 / Je ne demande pas ~. 더 이상 바랄 나위 없다. *de mon*〔*ton, son,* etc.〕 *~:* Il fait *de son ~*. 그는 최선을 다하고 있다. *au ~:* Ces choses vont *au ~*. 일들이 가장 순조롭게 풀려간다. *être au ~ avec* +qn: Il *est au ~ avec* la comtesse. 그는 백작부인과 더할 수 없이 친하다. *des ~:* Ce tableau n'est pas *des ~*(=très bien). 이 그림은 아주 좋지는 못하다.

② *le ~:*《비교급의 의미》 *Le ~* est l'ennemi du bien. 욕심을 내다가는 그나마도 잃고 만다 / *Le ~* se soutient. (병자에 대하여)회복되고 있다 ∥《최상급의 의미》 *Le ~* est de+*inf* …하는 것이 최선의 길이다 /《다른 사람·사물간의 개체의 비교를 할 때는 최상급의 관사가 명사에 일치한다》

mille

Elle était la ~ habillée (de toutes) ce soir-là. 그녀가 그날저녁 (모든 여자들중에서)가장 옷을 잘 입었다/Ils étaient les ~ préparés (de tous) à la recevoir. 그들이 (모든 사람들 중에서) 가장 그녀를 맞아들일 차비가 되어 있었다/《(그러나 같은 사람·사물에서 정도의 차이를 비교할 때는 관사가 붙힌이다)》C'est aujourd'hui qu'elle est le ~ habillée. 그녀가 옷을 가장 잘 입은 것은 오늘이다/《(대명사적 의미)》C'était la ~ des trois sœurs. 세 자매 중에서 가장 미인이었다.

mille—기수 형용사 또는 명사.

1°《(불변)》: ~ kilos, deux ~ francs, le chiffre des ~ 천단위의 숫자/ dix pour ~ 천분의 10/gagner des ~ et des cents 많은 돈을 벌다/《(그러나 거리의 단위인「마일」을 의미할 경우에는 복수표시를 해야 한다)》Ce navire parcourt tant de ~s à l'heure. 이 배는 시속 …마일이다.

2°[**mille**와 **mil**] 연호를 나타낼 때 100 단위 이하의 숫자가 없으면 mille, 그것이 있으면 mil로 쓰는 것이 일반적이다(aux environs de l'an *mille* 기원 천년경에, quand l'an deux *mille* arrivera 기원 2000년이 되면, l'an *mil* sept cent 기원 1700년, autour de *mil* huit cent soixante-quinze 1875년경에). 그러나 이 규칙은 잘 지켜지지 않는다. 단수가 없는 경우에도 mil이라고 쓰는 작가들도 있다(aux approches de l'an *mil* 기원 천년경에). 한편, 서력기원 이전 또는 그 이외의 경우에는 단수가 와도 mille로 쓴다: l'an *mille* cinq cent avant J.-C. 서력 기원전 1500년.

3° ~ (*et*) *un* 《(정확한 수를 표시할 때는 mille un이지만 막연한 수를 나타낼 때는 et를 넣음)》: A peine trouve-t-on quelques renseignements exactes dans les ~ *et une* brochures écrites sur cet événement. (Ac) 그 사건에 관해 기술한 수많은 팜플렛들 속에서 몇가지 정확한 재료를 겨우 찾아낸다/Il y a ~ *et une* façons de se débrouiller. (D, 307) 고비를 넘길 방법은 여러가지가 있다. ☆ Don Juan의 손에 들어간「~ *et trois femmes*」도 같은 것이다(Mart, 189). 다음의 책이름에도 et를 쓴다(Les ~ *et une* nuits 千一夜話, les ~ *et un* jours 千一晝話). 그 밖에「~ *et quelques* francs 천 몇프랑」이외에는 et를 쓰지 않는다.

4° ~ *cent* =onze cents.

milliard, million—복수형은 ~s. de를 개입시켜 보어를 갖는다(vingt *milliards de* francs 200억 프랑, dix *millions* de mètres 1,000만미터). 그러나 서수가 계속될 때는 de가 개입되지 않는다(deux *milliards* trois *millions* six cent mille francs 20억 360만프랑). 또 보어가 없는 경우: deux *millions* (et) cent mille 《(et를 넣지 않는 것이 보통임)》. ☆milliard나 million을 숫자로 쓸 때에도 보어명사와의 사이에 de를 넣는다 (2,000,000 *de* soldats, 2,000,000,000 *de* molécules). 동사는 de 다음의 보어명사에 일치된다: Des *millions de tonnes ont été extraites*. 수백만 톤이 채굴되었다.

millier—「*un* ~ *de* + N」의 동사의 일치 ⇨accord du verbe.

mimosa—Mansion은 *n.m.* 혹은 *n.f.*로 표기하고 있으나 오늘 날에는 항상 *n.m.* (H).

minimum *n.m.* — (*pl.* ~s 또는 minima). 복수형에 있어 일상어에서는 ~s를, 학술어에서는 minima를 쓴다. *à minima, à minimâ* 최소로: faire appel *à minima* 부당하게 가벼운 형벌에 대해 검사가 상고하다.

—*adj.* ① *m.s.*: Cette maison vend toujours au prix ~. 이 집에서는 항상 최저가격으로 물건을 판다/ *m.pl.*: les prix ~s (또는 *minima*, 또

는 불변).

② *f.s:* la largeur ~(또는 *minima*) 최소한의 넓이/*f. pl.:* les températures ~s (또는 *minima, minimales*) 최저기온. ☆ minimal의 *m.s.; m.pl.*은 minimaux; *n.f.*는 minimale(s)로 쓴다. ⇨maximum.

minuit― nuit를 포함한 복수명사이기 때문에 17세기까지는 여성, 17세기에 midi의 유추로 남성으로 되었다. 어떤 작가는 여성을 부활해서 vers la ~ (Duham―G, 272)라고 복합요소를 분리하여 썼다:Ça pouvait être *la mi-nuit* ou plus. (Giono, *Regain*) 한밤중이든가 아니면 그보다 더 늦었을는지도 모른다∥~ sonne, ~ précis/vers ~, vers〔sur〕le ~, vers〔sur〕les ~ (⇨midi, article défini)/~ et demi(e) (⇨demi).

mi-parti―고어 mi-partir (=partager en deux)의 과거분사:un costume ~ vert, ~ jaune 반은 초록, 반은 노랑색의 옷/des robes ~*es* bleues, ~*es* rouges (또는 ~*es* de bleu, ~*es* de rouge, 또는 ~*es* de bleu et de rouge) 반은 청색, 반은 붉은 색의 드레스《un costume ~*e* vert, ~*e* jaune로 써서 mi-partie를 à moitié의 뜻의 부사구로 하여 불변으로 취급하는 경향이 있다. mi+partie(명사)로 본 것이다. Le G, *Dites*에서는 비난하지만 널리 쓰이고 있다》.

miracle―*C'est (un)* ~ *si*+*ind:Ce fut,* ~ *s*'il ne mourut pas de faim. (Zola) 그가 굶어죽지 않은 것은 불가사의할 정도이다. *C'est (un)* ~ *que*+*subj: C'est* ~ *qu'il réussisse.* 그가 성공한다는 것은 기적이다.

miss―복수형은 ~es, 때로는 miss: les ~*es* sentimentales de Figeac (J. Lorrain, *Histoires de masques*) 피제의 감상적인 아가씨들.

mode 〔법〕―동사가 표현하는 동작이나 상태에 대한 화자의 태도를 나타내는 문법범주를 말한다. 어떤 동작이나 상태를 보는 화자의 정신이 그것을 현실적인 사실로 간주하느냐 또는 의심스럽거나 비현실적인 것으로 간주하느냐, 지적인 태도로 보느냐 또는 감정적인 태도로 보느냐에 따라 동사의 법이 다르게 나타난다. 법은 크게 인칭법 modes personnels 과 비인칭법 modes impersonnels 으로 나눌 수 있다. 문법적인 인칭이 특수한 굴절어미로 나타나는 인칭법에는 직설법, 접속법, 명령법, 조건법이 있으며 인칭 어미를 지니고 있지 않은 비인칭법에는 부정법과 분사법이 있다. 비인칭법은 별도의 체계에 속하므로 불어에서는 보통 네 가지로 법을 구분하고 있다.
1° 〔직설법〕話者의 정신이 아무런 긴장 없이, 무관심한 상태에서 動狀 procès을 객관적인 사실로서 나타내는 법이다. 무엇보다 지적인 법인 직설법은 mode au degré zéro라고 할 수 있다. 긍정형이나 부정형, 평서문 또는 의문문에 사용된다(Pierre vient./Pierre ne vient pas./Pierre vient-il?/Pierre ne vient-il pas?). 간접 평서문이나 간접 의문문의 법도 직설법이다: Je dis que Pierre est venu./Je demande si Pierre est venu.
2° 〔접속법〕사고의 이중적인 태도를 나타낸다. 첫째, 화자는 확실한 현실의 사실을 주시하는 것이 아니고, 둘째, 정신이 안정되어 있지 않고 욕구라든가 후회, 두려움과 같은 감정으로 긴장되어 있다. 情意的인 법이라고 할 수 있다. 간접 명령문이나 기원문에서도 접속법이 사용된다(J'ordonne que Pierre vienne./Je souhaite que Pierre vienne./Puisse Pierre venir demain). 그러나 접속법이 심사숙고 후의 결단 fiat 을 나타내는 경우를 제외하고는 긴장의 감소나 강화, 확신이나 의심의 정도에 따라서 직설법과 상호 교체가 가능하다:Es-tu sûr qu'il soit mort?/ Es-tu sûr qu'il est mort?

3° 〖조건법〗 우발적이거나 비현실적인 動作을 나타낸다. 가정체계의 주절에서 이러한 가치를 나타내며 독립절에서도 여러가지 가치와 함께 사용된다:Si j'étais riche, je ne serais pas plus heureux./ Si la guerre éclatait, je m'engagerais./ Voudriez-vous me dire l'heure?/ J'ouvrirais pour si peu le bec!

4° 〖명령법〗 행동을 대화자(또는 화자와 대화자로 구성된 집단)의 관점에서만 고려하는 특수한 법이다. 따라서 명령법에는 3인칭이 없다. 또한 1인칭 단수도 없는데 이는 스스로에게 자신의 욕구나 결의를 명시적으로 전할 필요가 없기 때문이다: Va, cours, vole, et nous venge./ Faites ce devoir. / Aidons-nous mutuellement.

★이상과 같은 법의 구분은 오늘날 재검토 단계에 있다. 대부분의 학자들은 조건법은 직설법의 한 시제로, 명령법은 접속법이나 직설법의 한 형태라고 본다. 그리고 부정법이나 분사법은 동사의 명사형이나 형용사형으로 간주되어 결국 직설법과 접속법의 대립만이 남게 된다. 또한 접속법도 통사론이나 어휘・의미론적 제약에 의해 사용이 결정되는 것으로 직설법의 한 결합변이형이라고 보는 사람도 있다.

modèle―「모델女」는 un(또는 une) ～. ⇨genre des noms.

moi ⇨pronoms personnels.

moindre―petit의 우등비교급. le ～ 는 최상급이다. 대개 추상적 의미로 쓰이고 bien, beaucoup로 강조될 수 있다((très 는 불가))(=moins grand, moins grave):Cela est de (*bien*) ～ importance. 그것은 (훨씬) 덜 중요하다/une faute *bien* 〔*beaucoup*〕～ 아주 더 작은 과오/L'inconvénient sera *beaucoup* ～ 〔sera *beaucoup* de ～〕. (Ac) 불리한 점이 훨씬 덜할 것이다. ～ *que*+N: Son audace est ～ *que* sa vantardise. 그의 대담성은 그의 자만심보다 못하다/Son mal n'est pas ～ *que* le vôtre. 그의 피로움은 당신의 피로움보다 덜하지 않다. ～ *que*+ind 〔*subj*〕:La distance est ～ *que* vous ne croyez. (Ac) 그 거리는 당신이 생각하고 있는 정도는 안된다(⇨ne explétif)/C'est le ～ service *que* je lui rendrai. 이것이 내가 그에게 해줄 수 있는 최소한의 도움이다/C'est la ～ récompense *qu*'on lui *doive*. 그것이 그에게 마땅히 갚아야 할 최소한의 사례이다/Je n'ai pas la ～ confiance en lui. 나는 그를 조금도 신뢰하지 않는다/Il n'a pas dit le ～ mot. 그는 일언반구도 말이 없었다/s'il avait eu le ～ bon sens 그가 다소라도 양식이 있었다면.

★ 1) 일상어에서는 추상적 의미에서도 때로는 plus petit를 쓴다:Tu frappes ta femme sans le *plus petit* égard pour elle. (Becque, *Parisienne*)너는 너의 아내를 조금도 생각하지 않고 때리는구나. 2)((드물게)) ～ de+수사 「…이하의」 (cf. moins de, plus de). 이 경우 대개는 inférieur à를 쓴다. 3)구체적인 크기의 비교에는 plus petit, le plus petit를 쓴다:Ma maison est *plus petite* que la tienne. 나의 집이 너의 집보다 더 작다/De ces trois voitures, la mienne est *la plus petite*. 저 세 대의 자동차 중에서 내것이 가장 작다.

moine―여성형은 moinesse((경멸적 표현)). 다른 말로 moniale이 있다.

moins―Ⅰ.〖열등비교〗 peu의 비교급, 비어, 방언에서는 드물게 사용되며 대개 pas aussi 〔si〕를 쓴다:Il possède peu, et moi encore ～. 그는 가진 것이 별로 없다. 그리고 나는 그보다도 더 없다.

1° moins이 수식하는 말 (⇨plus). ①〖형용사(상당구)〗L'hiver a été ～ rude *que* l'année dernière. 올겨울은 작년 겨울보다 덜 추웠다/Il est ～ sévère *que* méchant. 그는 엄격하기

보다는 십숩궂다/Si son frère est très intelligent, il l'est ~. 그의 형은 매우 영리하지만 그는 그 정도가 못된다/Je le suis beaucoup ~〔bien ~, ~ encore, encore ~〕. 나는 훨씬 그렇지 못하다/Il est hardi, mais ~ *que* vous *ne* pensez. 그는 대담하지만 당신이 생각하는 그런 정도는 아니다(⇨ne explétif).

② 〖부사〗 Venez ~ tard. 더 좀 빨리 오시오/Il a travaillé ~ bien(=Il a ~ bien travaillé). 그는 일을 더 잘하지는 못했다.

③ 〖동사〗 Travaillez ~. 일을 좀 덜 하시오/Il a ~ travaillé. 그는 일을 더 적게 했다.

④ 〖동사구〗 J'ai ~ peur 〔envie, faim,…〕 que vous. 나는 당신보다 덜 무섭다〔하고 싶다, 배고프다, …〕.

2° 〖 ~ *de*+N 〗 J'ai ~ *de* titres *que* lui. 나는 그사람보다 직함이 적다/Il a ~ *de* capacité *que* de bonne volonté. 그는 선의가 없는 것 보다도 능력이 더 없다/J'accorde à ceux-ci de ~ en ~ d'importance. (Gide, *Journal 1942-9*) 나는 거기에 점점 중요성을 주지않게 된다.

3° ~ *de*가 ~ que의 뜻일 경우.

① 〖~ *de*+수사〗 Elle a ~ *de* trente ans. 그녀는 30세 미만이다/Nous avons fait ~ *de* 100 kilomètres. 우리는 100 킬로미터를 못 갔다/Je l'ai acheté pour ~ *de* mille francs. 나는 천원도 안주고 그것을 샀다/Il était ~ d'une heure. (M. du Gard, *Thibault*, I) 1시가 못 되었다/~ *du* double 〔*du* quart〕 2배 〔4분의 1〕이하. *en* ~ *de* huit jours 1주일 이내로(cf. *en* ~ *de rien* 순식간에). ☆ 두 수를 비교할 때는 que가 필요하다:Un mille est ~ *que* deux kilomètres. 1마일은 2킬로미터가 못된다.

② ~ *d'*〔~ *qu'*〕*à demi* 〔*moitié*, etc.〕:Ce travail est ~ *d'*〔*qu'*〕*à demi* 〔*moitié*〕 fait. 그 일은 반도 안 되었다 / La bouteille était ~ *d'*〔*qu'*〕*aux trois quarts* pleine. 그 병은 4분의 3도 차지 않았었다.

③ ~ *de deux*+N 을 주어로 하는 동사는 복수이다: ~ *de deux* ans *sont passés*. 2년이 다 지나지 않았다/ ~ *de deux* ans *se sont écoulés*. (Le B, II, 158) 2년이 되지 않았었다.

4° *ne...pas* ~... *que; non* ~ ... *que* (=autant, aussi):Il *n'a pas* ~ de capacité *que* vous. 그는 당신 못지않은 능력이 있다/Je suis très entêtée. —Je *ne* le suis *pas* ~. (Beauvoir, *Tous les h.*) 나는 아주 고집이 세단 말이야—나도 당신못지 않게 그렇소/Puis surgit la crise morale, *non* ~ inévitable *que* la crise économique. (Maurois, *Sent. et Cout.*) 계속해서 경제적 위기에 못지않게 불가피한 정신적 위기가 나타났다. *n'en ...pas* ~ (=malgré cela, néanmoins)(en=pour cela): La Bastille, pour être une vieille forteresse, *n'en* était *pas* ~ imprenable. (Michelet) 바스티유는 낡은 요새이긴하지만 그래도 난공불락이었다/Il peut venter ou pleuvoir, je *n'en* sortirai *pas* ~. 바람불거나 비가 올는지 모른다. 그래도 나는 외출할 것이다. *ne pas* ~ *de:* Ce mur *n'a pas* ~ *de* 90 centimètres d'epaisseur. 이 벽은 적어도 두께가 90 센티미터는 된다.

5° ~...(*et*) ~ 〔*plus*, etc.〕: ~ on a de richesses, ~ on a de peines. 돈이 적으면 적을수록 괴로움도 적다/ ~ tu travailles, *et plus* tu risques de te faire mettre à la porte. 너는 일을 안하면 안할수록 내쫓길 위험성이 더욱 크다.

6° *de* ~ (*que*): Il y a mille francs *de* ~. 1,000 프랑이 모자란다/J'ai la tête *de* ~ *que* lui. 나는 그 사람 보다 머리부분만큼 키가 작다(cf. rien (de) ~ ⇨rien[1] 5°, ④).

7° *à ~ de*(때로는 *que de*), 《고어체》 *à ~ que*+*inf.*:Je ne ferai pas cela *à ~ d'*être payé (=…si je ne suis pas payé). (DG) 나는 돈을 받지 못하면 그 일을 할 수 없다/Je ne pouvais pas lui parler plus nettement, *à ~ que de* le quereller. (Ac) 그를 책망하지 않고서는 나는 그에게 보다더 단호하게 말을 할 수가 없다. *à ~ que* (*ne*)+*subj* 《ne explétif》: Je vous verrai ce soir, *à ~ qu'*il *ne soit* trop tard quand je sortirai. 내가 외출할 때 시간이 너무 늦지 않을 것 같으면 오늘 저녁 당신을 찾아뵙겠습니다/*à ~ qu'*il *ne cachât* quelque déception (Troyat) 그 사람이 어떤 실망을 감추지 않을 것 같으면/《ne를 생략하는 경향이 현저하다》 *à ~ que* tu *fasses* exprès de ne pas comprendre (Mauriac, *Nœd*)네가 고의로 모르는 척하고 있는 것이 아닐 것 같으면/《종속절이 진실한 부정의 뜻을 지니면 ne ~ pas》 *à ~ qu'*on *ne* me nomme *pas* 나를 임명하지 않으면.

II. 〚*le* 〔*la, les*〕 *~*:최상급〛

1° 용법은 le plus (⇨plus)와 같다: l'homme *le ~* intelligent que je connaisse 내가 알고 있는 중에서 가장 머리가 나쁜 남자/Ils sont *les ~* responsables. 그들은 가장 책임이 없다/C'est elle qui a *le ~* d'argent 〔qui en a *le ~*〕. 가장 돈이 없는 사람은 그녀이다/《다른 사람·사물과의 비교에서는 정관사가 명사에 일치하지만 같은 사람·사물에서의 정도의 차이의 비교일 때는 관사는 불변》 Elle était *la ~* riche du groupe. 그녀가 그 그룹에서 가장 덜 부유하였다/Ils étaient *les ~* turbulents de la classe. 그들이 교실에서 가장 덜 시끄러웠다/C'est à cette soirée qu'elle a été *le ~* timide. 그녀가 가장 덜 수줍어했던 것은 그 날밤이다. ☆정관사의 일치, des *~*+형용사〔부사〕(⇨4°)도 plus에 준한다.

2° *C'est* (*bien*) *le ~ qu'il puisse faire.* 그는 적어도 그쯤은 해야 되겠다/*C'est bien le ~ qu'il* vous *ait remercié.* 그가 적어도 당신에게 감사의 뜻을 표시했다는 것은 당연하다.

3° *du*〔*au*〕 *~* 는 이미 말한 의견에 대한 제한, 정정을 표시하는 뜻으로 쓰인다. 주어가 도치되는 일이 자주 있다. (특히 du *~*의 다음에서): Il n'est pas beau, mais, *au ~*, il est intelligent. 그가 미남은 아니다. 그러나 어쨌든 그는 똑똑하다/Si vous ne voulez pas l'aimer, *au ~* ne le haïssez pas. (Q) 당신이 그를 사랑하고 싶지는 않더라도 그런대로 미워하지는 마세요/Il n'est pas laid, *au ~*? 적어도 그가 못생기지는 않았지요?/S'il n'est pas beau, *du ~ est-il* intelligent. 그가 미남은 아니지만 그래도 똑똑하긴 하다/S'il est peu riche, *du ~ a-t-il* de quoi vivre honnêtement. 그가 부유하지는 못하더라도 그런대로 분수에 맞게 생활해 나갈 것은 가지고 있다. ★1) *au ~* 의 다른 뜻: i) (=sur toutes les choses): *Au ~* gardez le secret. 적어도 그 비밀은 지켜주세요. ii) (=au minimum):L'appartement vaut *au ~* cinquante mille francs. 그 아파트는 적어도 5만프랑 나간다. 2) **tout au *~*, pour le *~*** 도 이와 비슷한 뜻으로 쓰이는 것들이다:Donnez-lui *tout au ~* 〔*pour le ~*〕 de quoi vivre. (Ac) 적어도 먹고 살것은 그에게 주시오/Il y a dix ans *pour le ~* 〔*au ~*〕 que je ne l'ai vu. 내가 그를 만난 지가 적어도 10년은 되었다.

4° *des ~* 에서는 명사·대명사가 복수로 형용사에 일치한다(des personnages *des ~* reluisants 가장 훌륭하지 못한 인물들). Ac에 따르면 명사·대명사가 단수이더라도 형용사는 복수로 놓아야 한다(Ce travail est *des* ~ (=parmi les ~) *faciles*. 이 일은 가장 어렵다). 그러나 이런 뜻으로 형용사가 단수로 놓이는 것을 때로는 볼 수 있다(Cet homme est *des* ~ aimable. 이 남자는 가장 불친절하다). 형용사가 중성대명사에 걸칠 때는 반드시 단수이어야 한다 (Cela n'est pas *des* ~ pénible pour lui. 그것은 그에게 가장 고된 것이다). 구어체에서는 des ~ 이 부사 앞에 놓여 쓰이기도 한다: Il parle *des* ~ correctement. 그는 가장 부정확하게 말을 한다.

mois (noms des)[월명]—모두 남성 명사.

1° 월명은 일반적으로 語頭에 소문자로 쓴다(le 6 *mai* 5월 6일; le mois de *janvier* (Ac) 정월; Paris, le 26 *juillet* 7월 26일, 파리에서 《편지에서 쓰는 표현》; être né en *mai* 5월에 출생하다). le 2 *janvier*, le 15 *février*, etc. 라고 쓰며 le 2 de *janvier*, le 15 de *février* 라고는 쓸 수 없다. le premier, le deuxième, le troisième jour...du mois 그달 초하루, 이튿날, 사흘날…(또는 보어 없이 le 1ᵉʳ, le 2, le 3... du mois)라고 쓴다: Quel jour du mois sommes-nous? 오늘이 며칠이냐?/Quel est le quantième du mois? (Ac) 며칠이냐?/payer par[au] mois 매월 지불하다/le coup d'Etat du 2-Décembre [du Deux-Décembre] 12월 2일 쿠데타(cf. Le coup d'Etat du 2 décembre 1851).

2° 월명은 무관사로 쓴다: *Avril venait de finir*. (Loti, *Matelot*) 4월이 마침 지난 때였다/en janvier[février...]1[2…]월에(=au mois de *janvier, février*...)/de *septembre* 1953 à *mars* 1954 1953년 9월부터 1954년 3월까지.

★〖관사+월명〗(⇨article IV, 10°, ★ 1)) avant *l'*août de 1914 (Benoit, *Kœnigs.*) 1914년 8월 이전에 (단, en août 1922 (Maurois, *Destins*) 1922년 8월에)/*le* joli mai 아름다운 5월/*un* février sec, plein de soleil (Vercors, *Yeux et lum.*) 햇빛 가득하고 공기 건조한 2월 (⇨ liaison 2°, ①).

3°〖월명을 물을 때〗En [Dans] quel mois sommes-nous?—Nous sommes au mois de *mai*. 지금은 몇월이냐?—5월이다.

moitié—① *plus d'*[*qu'*]*à* ~ (⇨ plus), *moins d'*[*qu'*]*à* ~ : une besogne *moins d'*(*qu'*)*à* ~ faite 반도 안된 일. *une* [*la*] ~ *des*+ N (⇨accord du verbe).

② 다음과 같은 표현들이 쓰인다: La ~ de 4 est 2. 4의 반은 2이다/mettre la ~ d'eau [~ d'eau] dans son vin. (Ac) 포도주에 물을 절반 타다/ augmenter [diminuer] une longueur de ~ [de la ~] (*Ib.*) 길이의 반을 늘이다[줄이다]/Le malade vit ~ assis, ~ couché. 환자가 반쯤 앉아서, 반쯤 누운 상태로 생활한다/Vous avez acheté ce livre ~ trop cher. 당신은 이 책을 정가의 1배 반을 더 주고 샀다/Les charges seront réparties par ~. 그 짐들은 절반씩 나눌 것이다.

moment—*à*[*en*] *ce* ~ 《à ce ~은 과거에 대하여, en ce ~ 은 현재에 대하여 쓰여진다》: Ce fut *à ce* ~ qu'entra Gilbert. (Arland, *Ordre*) 질베르가 들어온 것은 그때였다/Elle me hait *en ce* ~.(Beauvoir, *Invitée*) 그녀는 지금은 나를 싫어한다∥《희곡에서 배우의 동작을 지시하는 문장에는 현재형으로 쓰지만 à ce ~도 쓴다. en ce ~은 드물게 과거에 대해서도 쓰여진다》 *En ce* ~ elle leur ressemblait à tous. (Green, *A. Mesurat*) 그때 그녀는 그들 모두와 닮았었다. *à tout* ~ 《대개 단수로 쓰이나 복수(à tout ~s)로 쓰는 것도 볼 수 있다》: Je crois *à tout* ~ le voir et l'entendre. (Ac) 나는 끊임없이 그를 만나고 그의 말을 듣고 있

다고 믿는다. *par ~s* 《대개 복수형으로 쓰인다》: *Par ~s, je me demande si j'ai bien fait.* (*Ib.*) 때때로 나는 내가 잘 했는지를 자문해보곤 한다. *du ~ que*+*ind* 《고어체로 지금은 드물게 쓰임》: *Du ~ qu'il* (=Puisqu'il) *refuse, il n'y a rien à faire.* 그가 거절하는 이상 이젠 별 수가 없다. *dans ces ~s* 《드물게 쓰임》: *Dans ces ~s, il se manifestait en elle une activité singulière.*(Green, *A. Mesurat*) 그때 그녀에게는 불가사의한 활동력이 나타났었다. *au ~ que* 〔*où*〕《au ~ que는 고어체의 맛이 나고 오늘날에는 au ~ 쪽을 더 많이 쓴다》.

momentané (consonne) 〔순간자음〕— 聲道 chenal buccal가 갑자기 열렸다가 완전히 폐쇄되어 나오는 소리로 폐쇄음, 진동음, 파찰음 등 ([p], [t], [d], [tʃ], [r])을 말하며 계속음 continue에 대립된다. ⇨consonne.

mon ⇨adjectifs possessifs, liaison.

monde—1° (=le globe, les cinq continents): *Le Nouveau ~* 신세계 (=l'Amérique)/*dans le ~ entier* 전세계에/*dans l'autre ~* 저승에 (=au ciel). *être de ce ~: Son grand-père est encore de ce ~.* 그의 할아버지는 아직 살아계시다. *mettre qn au ~: Vous n'avez pas honte de parler ainsi à la femme qui vous a mis au ~.* 당신은 당신을 낳아주신 분에게 그와 같이 말하는 것이 부끄럽지 않은가.
2° (=gens, société). ① *Il y a du ~* (=des invités) *chez vous ce soir?* 오늘 저녁에 댁에 손님들이 오십니까?/*Il y avait beaucoup de ~ au théâtre hier.* 어제 극장에 사람들이 많았다 《이 경우보다 강한 표현은 un ~ fou》. *tout le ~: Tout le ~ n'a pas les mêmes goûts.* 누구나 취미가 같지는 않다.
② 주어로 쓰였을 때 집합적 의미를 지니므로 동사는 단수로 쓰인다: *Un ~ de savants leur remettait des textes.* 많은 학자들이 그들에게 원문을 돌려주었다.

monème 〔기호소〕— A. Martinet가 제안한 술어로 하나의 음성형태 signifiant와 하나의 의미 signifié를 지닌 최소단위로서 언어의 1차 분절 première articulation의 산물이다. 예를 들어 Je suis allé à la plage에는 6개의 기호소가 있다. 기호소는 하나의 단어일 수도 있고 어간, 어미 또는 접사일 수도 있다. travaillons과 같은 단어는 두 개의 기호소로 구성되어 있다 《일정한 유형의 행동을 의미하는 travaill-/travaj/ 라는 기호소와 화자와 그외의 사람들을 의미하는 -ons/õ/이라는 기호소로 되어 있다》.
1° 이 기호소에는 크게 두가지 유형이 있는데 어휘소와 문법소가 그것이다. 문법이 아니라 개방목록인 어휘에 속하는 기호소를 어휘기호소 monèmes lexicaux 또는 어휘소 lexèmes 라고 하고 폐쇄목록인 문법에 속하는 기호소를 문법기호소 monèmes grammaticaux 또는 문법소 morphèmes 라고 한다 《travaill-는 어휘소, -ons 은 문법소로 구별할 수 있다》.
2° 기호소를 통사적 기능에 따라 분류하면 다음과 같다.
① 〔자율기호소 monèmes autonomes〕기호소와 言述과의 관계가 기호소의 의미내용에 내포되어 있어서 모든 위치에 나타날 수 있으므로 자율 기호소라 한다. 즉, 독자적으로 통사관계를 나타낼 수 있는 어휘소를 말한다. 예를 들어 Hier, il y avait fête au village에서 Hier가 이에 속한다.
② 〔기능기호소 monèmes fonctionnels〕 자체내에 통사관계를 지니고 있지 않은 기호소 앞에 위치하여 그 기호소의 통사관계를 표시해 주는 역할을 하는 기호소로 전치사나 종속접속사 등이 이에 속한다. 즉, 다

른 기호소의 기능을 표시해 주는 문법소를 말한다. Il a donné le livre à Jean에서 전치사 à가 이에 속한다.

③〖의존기호소 monèmes dépendants〗이는 자율기호소도 기능기호소도 아닌 언어의 대다수의 기호소를 지칭한다. 이 의존기호소는 통사관계의 표시를 기능기호소나 위치에 의존해서 나타낸다. avec les grosses valises에서 기능기호소 avec를 제외한 모든 기호소는 의존기호소이며, Pierre bat Paul에서 의존 기호소 Pierre와 Paul은 동사에 대한 위치에 의해 그 기능이 나타난다. 의존기호소에는 두 가지 종류가 있다. 피지배 기호소 monèmes régis 와 한정기호소 monèmes déterminants가 그것이다. 피지배기호소는 의존기호소 중에서 일차적 기능을 지닌 기호소를 말하며(valises), 한정기호소는 피지배기호소를 통해서만 언술 전체와의 관계를 지니는 기호소를 말한다(정관사/l/, 복수 한정사/e/와 어휘소/gros/).

④〖양태사 modalités〗자율기호소도 아니고 기능기호소도 아닌 문법소로서 다른 의존기호소를 한정해 주는 역할을 한다. 즉 한정기호소 중 문법적한정사를 지칭한다. Le chasseur tue la bête에서 le와 la는 양태사다.

⑤〖술어기호소 monèmes prédicatifs〗언술 자체를 파괴하지 않고는 언술에서 사라질 수 없는 기호소를 말한다. 이 술어기호소를 핵으로 하여 그 주위에 언술이 형성된다. Il boit 에서 boit는 술어기호소다.

★이상의 사실들을 예문을 통해 요약해 보면 다음과 같다.

monème	Pierre	est	parti	hier	avec	son	frère	ainé.
	dépendant régi		autonome	fonctionnel		dépendant régi		
		prédicatif			modalité			dépendant déterminant

moniale ⇨moine.

monosyllabe [단음절어]—1음절로 이루어지는 말:cri, mer, port.

monseigneur—약어는 M^{gr}이고 복수형은 messeigneurs이다. 이것은 약어가 없다. 복수의 경우 상대방을 직접 대면해서 말할 때는 messeigneurs이고, 그들에 관해서 타인에게 말할 때는 nosseigneurs를 쓴다. nosseigneurs 의 약어는 NN.SS.이다. 이름 앞에 붙일 때에는 반복해서 Monseigneur X et Monseigneur Y 라고 쓴다. 속어에서는 명사로 des monseigneurs 라고도 한다.

monsieur—1° 발음이 예외적이다: [məsjø]. 일상회화에서는 모음 뒤 [ə]가 탈락한다:Oui, monsieur [wi msjø]. 이 발음을 나타내기 위하여 때로는 m'sieur 로 철자를 쓴다. 손위의 사람에게 이야기하는 정중한 발음에서는 항상 [ə]를 붙여서 [wi məsjø]로 발음한다.

2° 복수형은 호칭·경칭은 messieurs (ces messieurs)이다: *Messieurs* X et Y X씨와 Y씨. ☆명사:un ~, des messieurs. 속어 des monsieurs 는 경멸적인 용법이다. Bonjour, messieurs (et) dames. ⇨madame.

3° 「monsieur+칭호」다음의 대명사는 vous이다:~ le préfet, voulez-*vous*...?(또는 한층 더 정중한 표현으로는 il을 쓴다:~ le préfet, veut-*il*...?).

4° 상대방을 직접 대하여 말할 때는 단순히 monsieur 만을 쓴다. M. X는 비속한 표현이다. ⇨adjectifs possessifs.

5° 다음 경우에는 monsieur를 약어 (M.)로 쓰지 못한다. ① 편지의 겉봉, 또는 인사말에서:*Monsieur* Du-

rand, notaire à... 공증인 뒤랑 씨/ *Monsieur* le Maire de... 시장 귀하/ Recevez, *Monsieur*, mes sincères salutations 敬具(편지의 맺음말).
② 작품, 저작 등의 제목에서:*Monsieur des Lourdines*.
③ 사람을 직접 대하여 말할 때 (⇨ 4°): Je vous en prie, *monsieur* le Président 천만에요, 회장님.
④ 고유명사를 쓰지않고 어떤 사람에 대하여 말할 때: Je viens de renconter *monsieur* votre père. 내가 댁의 아버님을 방금 뵈었습니다.
6° 하인이 주인에게 직접 말할 때, 주인에 관하여 말할 때를 표현하는 경우에는 Monsieur의 첫글자는 대문자이다:Je n'ai pas vu *Monsieur* de la journée. 나는 주인어른을 하루종일 못뵈었다/A quelle heure dois-je reprendre *Monsieur*? 몇 시에 어르신네를 모시러 올까요?

monstre—여성이 없다. 여자에 대하여 말할 때도 그렇다: Tu es *un* ~. (Maurois, *Cercle*) 너는 인정머리 없는 계집이다/Cette femme est *un* ~. 저 여자는 매정한 계집이다/Quel petit ~ que cette enfant. 저 계집아이는 참 무서운 아이구나. ☆ 관용적으로 enorme, extraordinaire의 뜻으로 형용사적으로도 쓰인다: On a servi un déjeuner ~. (Ac) 진수성찬의 점심식사를 내놓았다/des parades ~*s* 굉장한 퍼레이드.

montagne—Nous allons passer quelques jours *en* ~. (Maurois, *Climats*, 191) 우리 산에서 몇일 지내자(*dans la* ~로도 말한다).

moratoriun—라틴어의 단어로 반쯤 붙어화한 것이다. 복수는 ~s. 완전히 붙어화한 형태의 단어는 moratoire(s)이다.

morphème [형태소]—이 술어는 학자에 따라서 상이한 의미를 지닐 수 있다.
1° Vendryes에게서 볼 수 있는 아주 오래된 의미로 semantèmes (mots pleins)와 대립되는 개념이다. 즉 morphèmes는 mots vides로서 mots pleins이 표현하는 개념들간의 관계를 표시하는 문법적인 요소를 지칭한다. 전치사, 접속사와 같은 문법요소나 접사뿐만 아니라 聲調 악센트의 위치, 어순 등이 모두 이에 속한다.
2° 미국의 분포언어학에서 morphème는 최소기호 즉 의미를 지닌 가장 작은 언어형태를 지칭한다. 그러므로 언어의 1차분절의 단위이며, 그런 의미에서 2차분절의 단위인 음소 phonème에 대립된다. Martinet의 monème에 해당되는 개념이다. Bloomfield는 morphèmes libres 와 morphèmes liés를 구별하고 있다. 단독으로는 절대로 나타날 수 없는 단어의 구성단위를 morphèmes liés라고 하고(approximativement의 -ment), 단독으로 나타날 수 있는 단위는 morphèmes libres라고 한다(à, moi, si, blé, altère).
3° Martinet에게 있어서 morphème는 1차분절의 최소단위인 monèmes 중에서 폐쇄목록에 속하는 monèmes grammaticaux를 지칭한다. 어휘 기호소인 lexèmes에 대립되는 개념이다. travaillons에서 -ons을 morphème이라 한다.

morphologie [형태론]— 1° 〖전통문법에서〗통사론, 즉 기능의 연구와 대립하여 단어 형태의 연구를 지칭한다. 이 형태론은 여러 품사에 대해서 다음과 같은 것을 다룬다.
① 〖굴절 현상〗 언술내 다른 단어와의 관계를 나타내는 단어형태의 변화 (동사의 활용이라든가 라틴어에 있어서 명사의 격변화 등).
② 〖파생법 현상〗 접두사 파생법 (cadrer, encadrer), 접미사 파생법 (jeune, jeunesse)과 같은 접사에 의한 파생 현상이든가 문법범주의 전환(형용사의 명사전환 le rouge, 동사의 명사전환 le boire 등)에 의한 파생 현상.

③〖합성법현상〗명사基形 합성(pomme de terre, pied-noir, avant-propos, abat-jour, laissez-passer, passe-partout 등), 형용사기형 합성(sourd-muet, avant-coureur 등), 동사기형 합성(avoir peur, prendre la fuite 등)과 같은 합성 현상. ☆이와같이 전통적 형태론은 매우 성격이 다른 현상을 다루는데 항상 단어를 기준으로 삼는다.
2° 〖현대 언어학에서〗 대략 다음과 같은 두가지 방향이 있다.
① 단어의 내부 구조를 지배하는 규칙(단어 형성의 규칙)에 대한 기술과 이 단어가 성, 수, 시제, 인칭 또는 격과 같은 범주에 따라 취하는 여러 형태(단어의 굴절어미)의 기술을 지칭한다. 이런 의미에서 문장을 구성하기 위한 어휘소 상호간의 결합의 규칙을 기술하는 통사론과 대립된다.
② 단어의 내부 구조의 규칙과 동시에 문장을 형성하기 위한 단어 또는 連辭 syntagmes 간의 결합규칙을 기술한다. 그러므로 형태론은 단어의 형성, 굴절, 통사관계의 연구를 내용으로하며 어휘론과 음소론에 대립되는 것이다. 이 경우에는 흔히 형태•통사론 morphosyntaxe 이라 부른다.

mort *n.f.*— C'était une question de vie ou de ~ pour le fugitif. 도망자에게는 사느냐 또는 죽는냐의 문제였다. *à ~:* Il est blessé *à ~*. 그는 치명적인 상처를 입었다/*A* ~ Louis XVI! 루이 16세를 죽여라! *être à l'article de la ~:* Le passage où le Père Goriot *est à l'article de la* ~ est l'un des puissants dans l'œuvre de Balzac. 고리오영감이 죽음에 처해 있는 대목이 발자크의 그 작품에서 힘찬 대목 중의 하나이다.
—*n.m.*「죽은 사람」의 뜻. *faire le* ~ 1) 「(브리지 같은 트럼프놀이에서) 자기 패를 모두 깔아놓고 놀이에서 빠지는 자가 되다」《이러한 뜻에서는 mort 는 불변》:C'est ma femme qui *fait le* ~. 응답하지 않는 것은 나의 여왕이다. 2)「죽은 체하다」(=faire semblant d'être mort):Elle *fit le* ~ [*la* ~*e*] pendant un quart d'heure. 그녀는 15분 동안 죽은 체하였다.
—*adj.* une nature ~*e* 정물(화)/eau ~*e* 고인 물/poids ~ 死重(기계 자체의 무게)/œuvres ~*es* 배의 홀수선의 윗부분/être à demi ~ 반쯤 죽어 있다/être ivre ~ (Ac) 만취한 상태이다.

mort-né—여성형은 mort-née, 복수형은 mort-né(e)s.

mot¹—다음 「ne dire ~ 한마디도 말을 않다, sans ~ dire 〔dire ~〕한마디도 말하지 않고」는 고어법의 잔재이다(➪ne). 근대의 통사법에 따라 ne pas dire un ~ 로도 말한다. 이와 같은 뜻의 ne souffler ~ 는 Mart, 542, n, 1에 의하면 결코 un 도 pas 도 쓸 수 없다고 하지만, DG에는 ne pas souffler ~의 형밖에는 실려 있지 않다 (cf. J'étais bien décidé à *ne pas* souffler ~ de mon histoire. (Duham, *Confess.*) 나는 나의 내력에 관해서 한마디도 하지 않기로 결심하고 있었다). 그 밖의 다른 동사들과 함께 쓰일 때:ne (pas) sonner (=souffler) ~ de …에 대해서 한마디도 말하지 않다/traduire ~ à ~ 축어적으로 번역하다/faire le ~ à ~ d'une version (Ac) 축어역을 하다 《le ~-à-~ 를 더 많이 쓴다》/rapporter ~ à ~ (또는 ~ pour ~) [tout ce qu'on a entendu dire] (*Ib.*) 한마디 한마디 그대로 〔말하는 것을 들은 대로〕 보고하다/parler 〔s'exprimer〕à ~*s* couverts 힌트를 주다/comprendre à demi-~ (*Ib.*) 말을 다 듣지도 않고 이해하다/Je ne comprenais ~. (Arland, *Terre nat.*) 나는 한마디도 알아듣지 못하였다/《기타》 maître ~ 주문/des ~*s* croisés 크로스워드《단수형은 없음》

mot²

/jeu de ~s 멋있는 말.

mot² [語]—1° 〖전통 언어학에서〗하나나 여러개의 음소로 구성된 有意 단위로 그 내부에 다른 요소의 삽입이 불가능하며 글자로 표기가 가능하고 두 공백 사이에 위치한다. 단어는 여러가지 통합적인 용법에서 그 형태를 완전히 또 부분적으로(굴절되는 경우) 보존한다. 그리고 사물(명사), 동작이나 상태(동사), 품질(형용사), 관계(전치사)등을 표시해 준다. 그러나 이러한 단어의 개념은 다음과 같은 점에서 문제점에 봉착한다. 즉 단어는 일반적으로 하나의 의미가 아니라 여러개의 의미를 지닌다는 사실, 품질이나 동작과 같은 개념이 상이한 문법적인 성격을 지닌 단어에 의해 표시될 수 있다는 사실(품질을 나타내는 데 blanc, blancheur, 동작을 나타내는 데 bondir, bond 등)등이다.

2° 〖구조 언어학에서〗이 단어라는 말은 그 엄밀성의 결여로 구조 언어학에서는 피하는 경향이 있으나 다음과 같은 대립 개념을 나타내기 위해서는 사용되고 있다.

① 〖terme와 mot의 대립관계〗terme 辭項는 單意적인 가치를 지닌다. 개념과 술어 사이에 정확한 대응관계를 유지하려는 학문 분야에서 어휘단위의 單意的 용법을 지칭하는 것이다 (rayon X의 rayon). 여기에 대립하여 mot는 주로 多意的인 일반 어휘의 어휘단위를 지칭한다(chef de rayon, rayon de soleil, roue à rayons의 rayon).

② 〖mot와 vocable의 대립관계〗통계 어휘론에서 mot는 두 공백사이에 쓰여진 텍스트의 단위로서 어휘록의 단위인 vocable에 대립된다. 예를들어 congénère를 소설 속에서 보게 되면 그것은 텍스트의 단위인 mot이고 사전의 항목으로서 보게 되면 어휘단위인 vocable인 것이다. Le petit garçon caresse le petit chat 라는 문장은 7개의 mot를 사용하고 있는데 petit라는 vocable이 두 번 사용되고 있다.

3° Martinet에 있어서는 최소 유의 단위로서 mot의 개념이 monème, syntagme의 개념으로 대치된다.

mot composé [합성어]—둘 혹은 둘 이상의 어휘소를 지니고 하나의 의미 단위를 나타내는 단어를 말한다. 즉 chou-fleur, malheureux, pomme de terre 등은 합성어들이다. ⇨composition.

mot derivé [파생어]—基形 (또는 어근)에 접사 affixe를 첨가(또는 삭제, 교체)시켜 생성된 단어를 말한다. refaire, lampiste, défait 등은 파생어들이다. ⇨dérivation.

mot phonétique ⇨élément rythmique.

mots-outils [도구어]—B, 5의 용어. Gr. Lar, 25; D, 48도 답습, 널리 쓰이고 있다.

moto(cyclette) — à (때로는 en) ~ 오토바이를 타고. ⇨bicyclette.

mou—여성형 molle은 남성古形 mol에서 나왔다. mol은 오늘날에는 모음 또는 무음 h로 시작되는 남성단수명사 앞에 쓰인다(un *mol* oreiller 물렁물렁한 베개). 명사 이외의 모음 앞에서는 *mol*(혹은 *mou*) *au toucher* 촉감이 부드러운(cf. un mouvement *mol* et doux (Bedel) 부드럽고 가벼운 운동). 때로는 자음 또는 복수명사의 앞에 mol을 쓰는 현대 작가도 있다(G, §345). 남성복수는 항상 mous이고 남성 mou, mous는 명사에 부가적으로 쓸 때는 항상 명사 뒤에 쓰인다:un oreiller ~.

moustache(s) ⇨nombre des noms. un monsieur à ~ (France, *Le livre de mon ami*) 코밑 수염을 기른 신사/un vieux monsieur aux ~s de mastic (Renard, *La Lanterne sourde*) 헝클어진 코밑 수염을 가진 노신사. ☆Ac는 단수만을 주장하고 Lit도「단수 moustache를 복수로 오용하고 있다」고 주석을 붙여 놓았다.

mouton—「숫양」(*n.f.* brebis) 또는 양의 종속명.

moyennant— ~ finance 보수를 받고. ~ *que*+*subj* [*ind*] (=à condition que) 《에스러운 어귀로 드물게 쓰인다》: On aura ses services ~ *qu'*on le payera. (Lit) 댓가를 지불하면 그의 도움을 받을 것이다 / ~ *que* l'été me *fournit* un pavot rouge (Colette, *Paris de ma fenêtre*) 여름이 나에게 빨간 양귀비 꽃 한송이를 갖다주기만 하면.

mulâtre— 명사는 une ~ 또는 ~esse, 형용사는 남·여성동형 : une servante ~ (Ac) 흑백혼혈의 하녀.

mulet—여성형은 mule ⇨genre des noms.

multiplicatifs [배수사]— *numéraux 의 일종, 배수를 나타낸다 (double, triple, quadruple, quintuple, sextuple, septuple, décuple, centuple, multiple). 형용사 (보통은 *adj. qualif.*에 포함시킨다)와 명사로 쓴다: fortune *triple* de la mienne 나의 재산의 3배의 재산 / Six est *le triple* de deux. 6은 2의 3곱이다.

mûr—대개 명사 뒤에 쓰인다 (des fruits ~s 익은 과일, un homme ~ 원숙한 사람, l'âge ~ 중년). 그러나 명사 앞에서도 간혹 쓰인다: Après ~*e* réflexion, j'accepte. 심사숙고한 끝에 나는 수락한다. *être* ~ *pour*+*qc:* Il n'*est* pas encore ~ *pour* le mariage. 그는 아직 결혼할 만큼 성숙하지 못했다.

N

n—alphabet의 제 14자로 명칭은 [ɛn]. graphie와 발음과의 관계는 다음과 같다.

n 「모음+n」으로 비모음을 형성하는 경우(각 모음자 참조)를 제외하고는 언제나 [n]:*n*oce [nɔs], *n*uit, ac*n*é, dam*n*er, calom*n*ie, etc. 단, mo*n*sieur [məsjø] 및 동사 어미 -ent에서만은 무음.

nn 1) 보통은 [n]:dictio*nn*aire [diksjɔnɛːʀ], bo*nn*et, i*nn*ocent, a*nn*ée, ca*nn*e, etc. 2) 학술용어 등에서는 [nn]:a*nn*al [annal], bie*nn*al, déce*nn*al, sta*nn*ifère, quadrie*nn*al, etc. 그리고 **inn**-으로 시작하는 단어는 innocent, innocence, innocemment을 제외하고는 모두 [inn-]으로 발음한다: *inn*avigable [innavigabl], *inn*é, *inn*ombrable, etc. 3) **enn**-으로 시작하는 단어 중의 일부는 [ɑ̃n-]으로 발음한다: *enn*oblir [ɑ̃nɔbliːʀ], *enn*ui, *enn*uyer, etc. (cf. ennemi [ɛnmi]).

n mouillé [습음 n]—[ɲ]의 음. ⇨ consonne.

naguère—<n'a guère(=il n'y a guère de temps). 따라서 il y a peu de temps의 뜻이므로 jadis (=il y a longtemps)의 뜻으로 쓰는 것은 잘못이다:On arrive à haïr ce qu'on aimait ~. (Hugo) 얼마 전까지 좋아하던 것을 싫어하게 되는 법이 있다/Ce palais fut *jadis* la demeure du roi. (Ac) 이 궁전은 옛날 왕의 처소였다.

nasale [비음]—*mal*의 [m], *pont*의 [ɔ̃]같은 비음운 phonème nasale은 調音面에서 볼 때 목젖이 낮아짐에 따라 입김이 喉頭에서 나와 극소량은 口腔을, 그리고 나머지 대부분은 鼻腔을 거쳐서 배출되면서 생기는 음운이다. 이렇게 숨이 둘로 갈라지므로 구강 이외에 비강도 공명기 résonateur 역할을 하게 되는 것이다.

1° 口腔자음과 鼻자음간의 차이는 몇몇 언어의 경우를 제외하고는 세계적 현상이다. 모든 조음부로(脣音, 齒音, 경구개음, 연구개음) 비자음을 만들 수 있으나, 가장 흔한 비음은 脣鼻音 nasale labiale인 [m]와 치음 [n]이다. 프랑스어에는 또 경구개비음 nasale palatale [ɲ]가 있다 (agneau). 영어의 경우는 연구개비음 nasale vélaire [ŋ]이 있다(song).

2° 비자음은 보통 有聲 voisée이다. 그러나 어미 -isme [-ism]에서 처럼 [m]이 무성화할 때가 있는가 하면, 반대로 communisme, prisme 같은 단어에서의 [-izm]처럼, 無聲 nonvoisée 음소와 접촉하여 그 자음을 유성화하는 것과 같은 이른바 동화작용 assimilation을 일으키는 경우가 있다.

3° 프랑스어와, 부분적이기는 하나 폴란드어나 포르투갈어의 경우를 제외하고는 비모음과 구강모음간의 대립은 드물다. 프랑스어는 조음점이 다르지만 상응하는 네개의 구강모음에 대립해서 네개의 비모음을 갖고 있다 ([ɑ̃], [ɛ̃], [ɔ̃], [œ̃]). 그런데 파리어 말에서는 [ɛ̃], [œ̃]을 혼동하는 경향이 있어서 brin과 brun을 구별하지 않고 둘다 [bʀɛ̃]처럼 발음하고 있다. 구강모음에서는 볼 수 없는 이런 혼동은 곧 비음성 nasalité의 구별이 어려움을 보여주는 셈이다. 사실 프랑스 어린이의 음운체계에서 비모음과 구강모음의 구분은 늦게야 나타난다.

natal—남성복수형은 극히 드물게

쓰이는데, Rob, Thomas, Lar, G 등은 ～s로 적고 있는데 반하여 Lit와 Dam은 nataux로 적고 있다.

〖N ～〗le pays ～ 고향, la langue ～e 모국어.

nature—*de* ～ *à*+*inf* …할 수 있는, …하기에 알맞는:Cet article est *de* ～ *à* te créer des ennuis. (Bonnard) 이 기사는 네게 걱정을 끼칠 수 있는 것이다//《형용사, 부사적으로 쓰이면 불변》Je préfère les huîtres ～. (Rob) 나는 생굴을 더 좋아한다/Ces enfants sont ～. 이 아이들은 순진하다//《부사로 쓰이면 속어에서 naturellement의 뜻》《—Quoi, du riz?— ～, du riz.》(Dorgelès) 뭐야, 쌀이야?—물론, 쌀이지.

naturel—*Je trouve* ～ 〔*Il est* ～〕 *de*+*inf*:*Je trouve* ～ *d'*aider ses parents. (Bonnard) 부모를 돕는 일은 당연하다고 생각한다. *Je trouve* ～ 〔*Il est* ～〕 *que*+*subj*:*Il est* ～ *qu'*on leur *vienne* en aide. (*Ib.*) 그들을 도와주는 것은 당연한 일이다.

ne—否定부사로서, 고어에서는 단독으로 쓰였으나 無强勢語여서, pas, point, mie, brin, goutte, mais 등과 점차 함께 쓰이게 되어, 17세기 초엽에는 ne... pas〔point〕가 부정어로 되었고, pas, point 혹은 plus, guère, jamais, rien, personne, aucun(ement), nul(lement) 등이 없이 단독으로 쓰이는 것은 예외적이 되었다. 이들 ne의 보어의 대부분은 처음엔 긍정의 뜻을 지녔고 ne와 함께 쓰임으로써 부정의 뜻을 갖게 되었지만, 부정의 가치는 무강세의 ne로부터 강세어인 보어로 옮겨져, 보어는 ne 없이도 부정을 나타내기에 이르렀다:C'est *pas* vrai (=Ce *n*'est *pas* vrai). (보어의 경우는 각 항목을 참조할 것. 또한 ⇨ âme qui vive, mot, qui〔quoi〕que ce soit). 따라서 ne의 단독 사용은 부정표현의 첫단계에 속하고 근대에 와선 숙어나 전통적인 특수한 구문 속에만 쓰이고 있다. 옛날부터 굳어져버린 구문에서도 완전부정 ne... pas로 대치되는 경향이 있다.

〖ne의 단독용법〗 I. 〖독립절, 주절에서〗

1° 〖숙어, 동사구〗 (il) *n*'importe (⇨importer[2])/ (il) *n*'empêche (⇨ empêcher)/*n*'avoir de *cesse/n*'avoir cure de …에 개의치 않다/*n*'avoir garde de …할 생각은 조금도 없다/*n*'avoir que faire de …이 필요 없다/*N*'ayez crainte. 염려 마시오/Il *ne* m'en chaut. 내겐 상관없다/A Dieu *ne* plaise que.... …하는 일이 없기를 바란다/*ne* vous en déplaise 실례지만/Qu'à cela *ne* tienne. 그건 아무래도 좋다, etc.

2° *Il n'est* 〔*n'y a*〕...*qui* 〔*que*〕:*Il n'est* pire sourd *que* celui qui ne veut pas entendre. 《격언》 남의 말을 들으려고 하지 않는 사람은 귀머거리보다 더 나쁘다/*Il n'est* plaisir *qui* ne prenne fin. (Daud) 어떤 쾌락도 반드시 끝이 있는 법이다. ☆위와 같은 표현은 모두 격언조인 옛날 문체로서 일반적으로는 현대의 통사법에 따라 pas를 넣는다:*Il n'est pas* d'homme *qui* ne désire être heureux. 행복을 바라지 않는 사람은 없다. (종속절의 ne는 ⇨II, 1°).

3° 〖특수한 동사와의 연관 관계〗
① **ne cesser de**+*inf*가 faire constamment의 뜻으로 쓰인 때에는 대부분 pas를 생략한다: Il *ne cesse* (*pas*) *de* travailler. 그는 끊임없이 일을 한다. ☆행위의 계속에 한계를 두는 보어나 대립을 나타내는 보어가 있어「중단 않는다」의 뜻이 강하게 나타날 때, cesser의 목적보어가 명사이든가 혹은 생략되어 있을 때는 pas를 쓴다: Je *ne cesse pas de* travailler avant midi. (Mart) 나는 정오 전에는 일을 중단하지 않겠다/Il *ne* cesse *pas* son travail./Il *ne* cesse *pas*.

② **n'oser**+*inf*는 pas를 생략하기도 하나 흔히 pas를 쓴다: Je *n'ose* (*pas*) le faire. 나는 감히 그렇게 할 용기가 없다/Il *n'osait* fumer tout son saoul, par égard pour sa mère. (Gide) 그는 어머니 때문에 마음껏 담배를 피울 수 없었다. ☆ 부정법을 생략하는 경우에도 pas의 생략은 가능하다: Je voudrais vous dire ce que je pense, mais je *n'ose* (*pas*). 제가 생각하는 바를 말씀드리고 싶은데 그럴 용기가 안 나는군요.

③ **ne pouvoir**+*inf*는 흔히 pas를 생략한다: Je *ne* puis (*pas*) le faire. 나는 그럴 수가 없다/Il *ne* pouvait tenir en place. 그는 가만히 있을 수가 없었다. ☆1) 《단독으로》 Je *ne* puis (보통 pas를 생략)./Je *ne* peux (*pas*) (pas를 쓰는 편이 바람직하다). 2) pas를 쓰면 부정이 강조되므로 불가능한 사실에 대해선 pas를 생략하지 않는다: Vous *n'y* pouvez *pas* entrer, puisque voici la clef. 당신은 그곳에 들어갈 수 없다. 열쇠가 여기 있으니까. 3) ne pas+*inf*를 동반할 때도 pas를 생략하지 않는다: Il *ne* peut *pas* *ne* *pas* venir. (Sartre, *Mouches*, II) 그는 오지 않을 수가 없다.

④ **ne savoir**는 a) 어떤 사실이나 학문에 대해 알지 못한다의 뜻에는 pas를 쓴다: Je *ne* savais *pas* qu'il était là. 그가 그곳에 있는 것을 나는 몰랐다/Je *ne* sais *pas* l'allemand. 나는 독일어를 모른다/Il *ne* sait *pas* encore nager. 그는 아직 수영을 할 줄 모른다. b) 간접의문 앞에선 pas를 생략하거나 사용하거나 모두 가능하다. 1) ne savoir는 i) 불확실성을 나타낸다: Je *ne* sais si je rêve. 꿈인지 아닌지 잘 모르겠다/Je *ne* sais quand il m'a quitté. 언제 그가 가버렸는지 모르겠다. Il *ne* sait ce qu'il dit. 그는 자기도 모를 얘기를 하고 있다(=Il déraisonne). ii) 특히 「의문사+*inf*」가 올 때: Je *ne* sais que faire. 나는 무엇을 어떻게 해야 할지 모르겠다/Il *ne* savait comment vivre. 그는 어떻게 살아갈지 몰랐었다/《아래와 같은 경우도 pas의 사용은 가능》 Je *ne* sais *pas* que faire. (Arland, *Ordre*)/《그 밖에》 je *ne* sais quel (qui, quoi) (⇨savoir). 2) ne pas savoir는 부정의 강조: Je *ne* sais *pas* si ce que j'ai fait est bon. 내가 한 일이 좋은 일인지 아닌지 나는 알지 못한다/Je *ne* sais *pas* ce que j'ai, mais je t'assure que je suis malade. 무엇인지는 모르지만 내가 아프다는 것은 틀림 없다. c) savoir가 pouvoir의 완화된 뜻으로 쓰인 「조건법+*inf*」의 구문에선 pas를 생략한다: Je *ne* saurais faire ce que vous me dites. (Ac) 당신이 나에게 얘기한 것을 나는 할 수 없소/Les hommes *ne* sauraient se passer de religion. (Duham, *Biographie de mes fantômes*) 인간은 종교 없이는 살 수 없으리라. ⇨savoir.

⑤ **ne bouger**는 옛날 어법이고 현대에선 pas를 덧붙여 쓴다: Je *ne* bouge *pas* de chez moi aujourd'hui. (Rob) 나는 오늘 집에 꼼짝 않고 있겠다. ☆그러나 de là 앞에선 예외적으로 「Ne bougez de là. (H) 거기에 꼼짝 않고 있어」라고도 한다.

4° 《의문대명사〔형용사〕 다음에서》
① **qui**와 주어인 **quel**+명사가 반어적으로 긍정의 뜻을 지닐 때는 흔히 pas를 생략한다: *Qui* de nous *n'a* ses défauts? 우리들 중 누군들 결점이 없으랴?/*Quel* homme *n'a* éprouvé l'inquiétude de l'au-delà? (H) 내세의 불안을 느끼지 않는 사람이 있었을까? ☆ ☆1) 때로는: *Qui* *n'a* *pas* ses imperfections? (Porto-Riche, *Vieil h.*) 결점 없는 사람이 어디 있소? 2) qui donc 다음에선 pas를 생략 안한다: *Qui* donc *ne* le

ferait *pas* aussi bien que lui?(H) 그 사람 만큼 그 일을 할 사람이 없단 말이오?

② **que**(=pourquoi) + **ne**는 희망, 유감, 비난을 나타낼 때 pas를 생략한다:*Que ne* le disiez-vous? 어째서 그것을 말하지 않았던가요? (⇨que² *adv. interr.*). ☆이런 표현에선 que와 ne는 분리되지 않으므로 *Que* votre père *n*'est-il venu plus tôt? 라고 해선 안되고(Mart), pourquoi를 쓰는 것이 좋다.

③ **que**(직접보어가 되는 의문대명사) 다음에선 보통 ne...pas를 쓴다: Elle se connaît en médecine, en magie, en astronomie. *Que ne* fait-elle *pas*! (Mérimée, *Chronique*) 그녀는 의학, 마술, 천문학에 정통하다. 그녀는 무엇 하나 안 하는 것이 없구나!/*Que n*'aurais-je *pas* donné pour pouvoir dire tout au long cette fameuse règle des participes.... (Daud, *La dernière classe*) 그 유명한 분사 규칙들을 줄줄이 욀 수만 있었더라면 나는 무슨 희생이라도 아끼지 않았을 것이다. ☆따라서 다음 「*Que n*'a-t-il *pas* mangé? 그가 무엇을 안 먹었겠는가? (대부분의 경우→) 무엇하나 안 먹은 것이 없다」와 「*Que n*'a-t-il mangé? 그는 왜 안 먹었을까?」의 구별이 생길 수 있다. 그래서 다음「*Que ne* donnerais-je pour être aussi savante que tu es! (Mauriac, *Thérèse*) 내가 당신만큼만 유식해질 수 있다면 무슨 희생도 아끼지 않겠다!」에서 pas를 생략한 것은 잘못이라고 H는 지적하고 있다 (H, 462).

5° 〖de+때를 나타내는 보어가 올 때〗 pas의 사용 여부는 일정하지 않으나 오늘날엔 pas를 쓰는 편이 보통이다:aux bien-aimés qu'il *ne* reverra *de plusieurs années* (Daud, *Sapho*) 그가 여러 해 동안 만나지 못할 가장 사랑하는 사람들에게/Je *n*'ai *pas* dormi *de la nuit*.(Anouilh) 나는 밤새도록 자지 않았다. ⇨de I, 4°.

6° **ne**...(**pas**) **d'autre** ...**que**에서는 pas를 생략하는 편이 보통: Je *n*'ai (*pas*) *d'autre* désir *que* de vous plaire. (Darm, IV, 207) 나는 당신의 마음에 드는 것 밖에는 다른 소원이 없다. ☆이런 경우 autre를 생략하면 pas는 반드시 생략되어 다음과 같은 구문이 된다:Je *n*'ai *de* volonté *que* la sienne. 나는 그의 의지 이외의 의지를 갖고 있지 않다(⇨ne...que 8°).

7° ni와 함께 쓰이는 경우 ⇨ni.

8° **ne**...**que** ⇨ne...que.

★ 「Depuis plus de dix ans il *n*'avait dirigé son fusil contre un homme. (Mérimée, *Mateo F.*) 십여 년 전부터 그는 그 누구에게도 총을 겨누어 보지 않았다」에서 ne의 단독 사용은 contre un homme가 contre personne의 뜻이기 때문이다 (Le B, II, 648-9).

II. 〖종속절에서〗 1° 〖관계사절에서〗 ① 부정의 주절에 종속되는 관계사절의 동사는 접속법을 쓰고 보통 pas를 생략한다:Il n'y a personne qui *ne* comprenne cela. (M, *qui*) 그것을 이해하지 못하는 사람은 없다//《peu도 부정에 준한다》 Il est peu de beautés que le temps *ne* détruise. 세월이 지나도 파괴되지 않는 미는 드물다.

② 긍정의문이 부정의 뉘앙스를 담고 있을 때는 부정에 준해서 pas를 생략하는 것이 보통이다:Y a-t-il un homme dont elle *ne* médise? (Lit) 그녀가 욕하지 않는 사나이가 있을까?//《pas의 사용도 가능》 Qu'a-t-il accompli qui *n*'ait *pas* péri avec lui? (M) 그는 자기와 함께 망하지 않을 어떤 일을 이루었단 말인가?// 《주절에 부정의 뜻이 들어 있지 않을 경우에는 pas를 쓴다》 Il me faut 〔Connaissez-vous, Ne connaissez-vous pas) quelqu'un qui *ne* soit *pas* trop exigeant. (Mart, 543) 너무 까다롭지 않은 사람이 나에게 필요하다[…사람을 아시오? …모르시오?].

2° **ne...pas si [tellement, à tel point] ...que** 다음에선 pas를 생략한다: Il *n'est pas tellement* malade qu'il *ne* puisse m'accompagner. (Thomas) 나를 동반하지 못할 만큼 그가 아픈 것은 아니다.

★ 부정의 뜻이 담긴 긍정의문문 다음에서도 pas를 생략하는 것이 보통이다: Est-il *si* vieux qu'il *ne* puisse travailler? 그가 일을 할 수 없을 만큼 늙었는가?

3° **non que, ce n'est pas que** 다음에서도 pas를 생략한다: *Non que* je *n'*en aie eu l'envie. (Colette, *Le Fanal bleu*) 그러고 싶은 생각이 없었던 것은 아니다.

4° 〖조건절을 유도하는 **si** 다음에서〗 일상어법에선 흔히 pas를 생략한다: Il ne pouvait pas s'endormir *si* je *ne* l'avais embrassé. (R. Bazin, *De toute son âme*) 내가 그에게 키스를 안해주면 그는 잠을 이룰 수가 없었다. ☆1) 물론 pas를 쓰기도 한다: *Si* vous *ne* lui barrez *pas* le chemin, M. Guitrel entre dans l'épiscopat. (France, *L'Orme du Mail*) 당신이 그의 계획을 방해하지 않으면 기트렐씨는 주교단에 들어간다. 2) 비현실의 조건을 나타낼 경우에는 pas를 생략하는 편이 좋다. *si ce n'est* =excepté (⇨si¹ IV). *si ce n'était (pas), si ce n'eût (pas) été*=sans (⇨être; si¹ IV). *si je ne me trompe (pas)* 내 생각이 틀리지 않는다면.

5° **depuis que, il y a [voici, voilà] ...que** 다음에서.

① 종속절의 동사가 직설법 현재 혹은 반과거일 경우에는 ne...pas [plus]를 쓴다: Il y a six mois que je *ne* le *vois pas*. 그를 못 만난 지 여섯 달이 되었다/Il y avait bien quinze jours que je *ne* lui *parlais plus*. (G) 그와 얘기를 안한 지 보름이 되었었다/depuis que nous *ne* nous *voyons pas* (Lit) 우리가 못 만난 이후. ⇨que³ IV, 5°.

② 종속절의 동사가 복합시제이면 보통 ne만을 쓴다: Voici bientôt quinze jours que je *ne l'ai rencontré*. (Thomas) 내가 그를 못 만난 지 곧 보름이 된다/Il y avait bien trois semaines que je *ne l'avais vu*. (Benoit, *Le soleil de minuit*) 내가 그를 못 본 지 3주일이 되었었다∥《그러나 pas의 사용도 일반화되어가고 있다》Il y a longtemps que mon père *n'a pas donné* de ses nouvelles.(Duham, *Les Maîtres*) 아버지가 소식을 안 보내온 지 오래 되었다/Voici bien longtemps que nous *ne nous sommes pas promenés* ensemble? (Jaloux, *L'Alcyone*) 우리가 함께 산책을 안한 지 매우 오래 되었지요?/Il y a combien de temps que tu *n'as pas bu?* (Sartre, *Le Diable et le Bon Dieu*) 술을 안 마신 지 얼마나 되었나? ⇨que³ IV, 5°.

ne dubitatif [의혹의 ne]—Lit가 사용한 용어. craindre que 다음의 ne와 같이 의혹을 나타내나 부정의 가치가 없는 것. *ne explétif II의 경우이다.

ne explétif [허사의 ne]—분명한 부정을 나타내지 않고 종속절에 잠재하는 부정의 관념을 반영하는 ne를 말한다. 이 ne의 유무는 글의 뜻에 변화를 주지 않으므로 문법학자들은 여러가지 규칙을 만들어 이의 용법을 고정시키려고 노력했음에도 불구하고 오늘날에 이르러서도 용법이 확정되어 있지 않다. 1901년 프랑스 교육부령은 아래의 모든 경우에 ne explétif의 사용의 자유를 인정했고 현대의 규범문법도 이에 따르고 있다. 이 교육부령은 실제

용법과는 다른 편협하고 번잡한 규칙을 일소하는 장점은 있으나, 그 대신 너무 지나친 점도 있다(예를 들면 *défendre 다음의 ne 허용). ne 의 용법은 확정되어 있지 않지만 각각의 경우에 어떤 경향이 있는 것은 인정할 수 있다.

I. 〖불평등비교를 나타내는 **plus, moins, mieux, meilleur, moindre, pire, autre, autrement, plutôt** 등의 다음에서〗

1° 〖긍정 다음에서〗 보통 ne 를 쓴다: Il est *plus* heureux *que* vous *ne* l'êtes. (Ac) 그는 당신보다 더 행복하다/Paris était alors *plus* aimable *qu*'il *n*'est aujourd'hui. (France, *La vie en fleur*) 당시 파리는 오늘날보다 더 사랑스러웠다/Le temps est *meilleur qu*'il *n*'était hier. (Ac) 어제보다 오늘 날씨가 더 좋다//((때로는 ne 를 안 쓰기도 한다)) Il agissait tout *autrement qu*'il eût voulu. (Gide, *Les Faux-Monnayeurs*) 그는 자신이 원했던 것과는 아주 다르게 행동했다/Elle jeta *plutôt qu*'elle quitta sa robe. (Bordeaux, *Le Remorqueur*) 그녀는 옷을 벗는다기보다 차라리 내던졌다. ☆ne 의 생략은 17세기에 빈번했으나(B, 732; Haase, 263) 오늘날에는 거의 규칙적으로 ne 를 쓴다. ne 의 사용은, 다음 「Paul est *plus* riche *que n*'est Pierre. 폴은 피에르보다 더 부자이다」가 Paul est plus riche que Pierre 와 Pierre n'est pas aussi riche que Paul 의 뜻을 포함하고 둘째번 문장의 부정이 ne 로 표시되었다고 해석하는 것이 보통이다(B, 732; Brun 4; Ayer, 671; Darm, IV, 208; N, VI, 43). D, 332 는 Elle est *plus* belle *que n*'est la rose.<고어법 Elle est belle plus qu'est rose+Elle est belle, plus n'est rose (=la rose ne l'est pas plus). 로 해석하고 있다.

2° 〖부정 다음에서〗 ① 종속절에 부정의 관념이 포함되어 있을 때는 ne 를 쓴다(**ne...pas plus...que ne** 의 구성): Je *ne* le connais *pas plus que* vous *ne* le connaissez(=Vous ne le connaissez pas, et moi je ne le connais pas plus que vous). 나는 당신과 마찬가지로 그를 모른다/Il *n*'y a *pas plus* de critique objective *qu*'il *n*'y a d'art objectif. (France) 객관적 예술이 존재하지 않는 것처럼 객관적 비평도 존재하지 않는다.

② 종속절이 긍정의 뜻을 지닐 때는 **a)** ne 를 쓰지 않는 것이 종래의 규칙: On *ne* peut *pas* être *plus* heureuse *que* je le suis(=Je suis heureuse, et on ne peut pas être plus heureuse que moi). (Chamson, *Désordres* III) 나보다 더 행복할 수는 없다/Il *n*'agit *pas autrement qu*'il parle. (Ac) 그의 행동은 그의 말과 다르지 않다. **b)** 유추에 의해 ne 를 쓰는 경우: *Rien ne* troublait Gilbert *plus que ne* faisaient ces (=des rafales) voix amères. (Arland, *Ordre*) 그 쓰라린 바람 소리보다 질베르의 마음을 더 괴롭히는 것은 없다/Il *ne* parle *pas autrement qu*'il *ne* pense. (Mart, 570) 그는 생각과 다르게 말하지 않는다.

★ Mart 에 의하면 a)는 오히려 문어이고 일반적으로는 문어이건 구어이건 ne 를 쓴다고 했다. 그러나 「Il *n*'est *pas plus* riche *qu*'il *ne* l'était. 그는 옛날이나 지금이나 부자가 아니다」(①의 경우)의 종속절에 긍정의 뜻이 있어 「옛날에는 돈이 있었다. 옛날 이상으로 부자가 아니다. 옛날이나 지금이나 같은 정도의 돈을 갖고 있다」의 뜻을 나타낼 수 있는데, 이런 표현은 피하는 것이 좋다. 이런 뜻을 나타낼 때 종래의 문법책에선 ne 를 생략하여 qu'il l'était 로 하는 것이 규칙으로 되어 있었다(Ayer, 672). 그러나 qu'il était 로

써서 위와 같은 뜻을 나타내게 하는 경우는 드물다. 간단히 Il est aussi riche qu'autrefois. 로 쓰는 것이 제일 좋다.
3° 〖의문 다음에서〗 ne의 사용 여부는 일정하지가 않다. Mart 는 ne 의 사용을 권하고 있다: Ecrivez-vous mieux 〔Ne pouvez-vous écrire mieux〕 que vous *ne* parlez? 말하는 것보다 글을 더 잘 씁니까〔더 잘 글을 쓸 수 없읍니까〕?

II. 〖불안을 나타내는 **craindre, avoir peur, trembler, redouter, appréhender, de 〔dans la〕 crainte que, de peur que** 등의 다음에서〗 (각 항목 참조). ne의 사용은 이를테면 「Je *crains qu*'il *ne* vienne. 나는 그가 오지 않을까 두렵다」는 Je désire qu'il ne vienne pas 라는 부정의 소원을 담고 있어, 이의 잠재적 관념에 의해 쓰이게 된 것으로 설명하고 있다(N, VI; Darm, IV, Le B, II). D, 332 는 라틴어의 표현 Timeo *ne* veniat (=Je *crains qu*'il *ne* vienne)의 영향이라 하고, Lit (ne, 14°)도 마찬가지로 ne 가 의혹을 표시한다고 설명했다.

1° 주절이 부정이면 의혹이 없으므로 ne를 안 쓴다: Je *ne crains pas qu*'il vienne. 나는 그가 오는 것을 두려워 않는다.

2° ne의 사용은 craindre 와 유사한 의미를 갖는 표현에 관계되는 종속절에서는 보통 가능하다: J'étais tenté de croire qu'il s'agissait d'une tête à couper, et j'*avais quelques soupçons* (=*crainte*) *que* cette gorge *ne* fût la mienne. (Mérimée, *Carmen*) 나는 그것이 목을 자르는 얘기라고 생각하게 되었는데, 그 목이 바로 내 목이 아닐까 하는 걱정이 생겼다/*Ma seule crainte était qu*'il *ne* s'y ennuyât. (Maurois, *Climats*) 나의 유일한 불안은 그가 그곳에서 권태로와하지 않을까 하는 점이었다/*Mon unique frayeur est qu*'il *ne* vous punisse. (Destouches) 나의 유일한 공포는 그가 당신에게 벌을 주지나 않을까 하는 점이다/*La peur la prenait que* je *ne* l'aimasse moins. (Radiguet) 내가 그녀를 이제 덜 사랑하지나 않을까 하는 불안이 그녀를 사로잡았다/Il vivait *dans l'épouvante que* la vieille dame *ne* fît flamber la maison de bois. (France, *Orme*, 189) 그는 노파가 그 목조건물을 태우지나 않을까 전전긍긍하면서 살고 있었다.

3° 기타 ➪(se) défier, risque, danger, (s')inquiéter.

III. 〖방해, 주의를 나타내는 **empêcher, éviter, garder, prendre garde** 등의 다음에서〗 (각 항목 참조) (➪ défendre, interdire). ne의 사용은 II와 마찬가지로 이를테면 「Il faut *empêcher* qu'il *ne* vienne. 그가 오는 것을 막아야 한다」가 Il faut prendre soin qu'il ne vienne pas 라고 하는 부정의 뜻을 지니고 있기 때문이다. 그러나 Il faut l'*empêcher de venir* 로 생각하면 종속절이 긍정이 되므로 ne의 사용은 일정치 않다.

IV. 〖부정, 의혹을 나타내는 **douter, mettre en doute, il est douteux, nier, disconvenir, désespérer, contester, méconnaître, dissimuler** 등의 의문형과 부정형, **nul doute que, point de doute que** 다음에서〗 (각 항목 참조). ne pas douter, ne pas nier 는 croire, affirmer와 같지 않고, 막연한 불확실성이나 일말의 의혹이 남게 되므로, 이 불확실성, 의혹도 접속법과 *ne dubitatif 로 표현된다. B, 525; Ayer, 618 은 이런 동사의 부정형은 보통 확신, 단정을 나타내는 것으로 생각하며 ne 와 접속법의 사용은 단순히 문법상의 한 메카니즘에 불과하다고 설명했다. 단정을 나타내기 위해선 ne 없이 직설법을 쓴다. 긍정형의

douter, nier 등은 그 자체가 의혹, 부정을 나타내는 말이므로 그 다음에 ne는 안 쓴다.

V. 〖비인칭으로 쓰인 **tenir, s'en falloir**와 **avant que, à moins que, hors〔hormis〕que** (=à moins que), **sans que, que**(=sans que) 등의 다음에서〗(각 항목 참조).

VI. 〖**ne...pas** 의 사용〗허사 ne 가 부정의 관념을 담고 있는 것은 고어법과 사투리에서 완전부정의 사용에 의해 증명되고 있다: un étranger que je ne pourrais aimer, quand il serait encore plus riche qu'il n'est pas. (Scarron B, 733) 지금보다 더 부자가 된대도 내가 사랑할 수 없을 낯선 사람/Il fait plus froid qu'il n'a pas fait jusqu'ici. (Auvergne 지방 사투리—N, VI, 402) 지금까지 없었던 가장 심한 추위이다/《최근에 완전부정을 사용하는 경우가 많아지고 있다》Je ne nie pas que des actes regrettable n'aient pas été commis. 유감스런 행위가 저질러진 점을 부인하지는 않는다/avant que sa victime ne tentât pas de renouveler son geste 그의 희생자가 다시 움직이기 전에/Ce n'est pas possible sans que cette réforme n'ait pas été adoptée globalement. (Cohen, Reg. 94) 그 개혁이 총괄적으로 채택되지 않고서는 불가능하다. ☆ 그러나 이런 표현은 피해야 한다고들 말하고 있다.

ne modal 〖法의 ne〗—B, 525 의 용어로 *ne explétif II 이하의 용법에 쓰인 ne 를 말한다.

ne... pas plus tôt〔plutôt〕que
⇨tôt; plutôt.

ne... que—=seulement. que 는 excepté의 뜻 (⇨que³).

1° ne...que 는 주어, 주동사 이외의 요소를 제한한다: Je n'ai qu'un livre. 나는 책을 한권만 갖고 있다/L'homme n'est qu'un roseau. 인간은 갈대에 불과하다/Il n'est que blessé. 그는 부상을 당했을 뿐이다/Je n'ai parlé que de toi. 자네에 대해서만 얘기했다/Je ne pense qu'à toi. 나는 자네만을 생각한다/On ne loue d'ordinaire que pour être loué. (La Rochef, Maximes) 사람은 칭찬을 받기 위해서만 보통 남을 칭찬하는 법이다/Un sot n'est loué que par un plus sot. 어리석은 자는 더 어리석은 자에 의해서만 칭찬을 받는다/Je ne vous donne mon avis que parce que vous avez bien voulu le demander. 내 의견을 제시하는 까닭은 오직 당신이 요청했기 때문이다/Vous n'y entrerez que si je vous invite. 내가 요청할 때만 당신은 이곳에 들어올 수 있소 (⇨oui)/《비인칭 구문의 진주어도 제한할 수 있다》 Il ne faut qu'une longue patience. 오랜 인내만이 필요하다.

ne...que trop〔plus, mieux, etc.〗《ne...que 는 trop, plus 등을 강조》: Elle ne serait sans doute que trop sensible, confiante comme elle est, aux premières paroles d'amour qu'elle entendrait. (Gide, Symphonie) 그녀는 순진하기 때문에 처음으로 사랑 얘기를 듣게 된다면 정말 너무나 충격을 받을 것이다/On chante, on rit toute la journée, et le travail n'en va que mieux. 하루종일 노래하고 웃었더니 일은 더 잘 되어만 간다.

★〖동사의 제한〗1) 단순시제로 쓴 동사는 ne...que 로 제한할 수 없으므로 ne faire que+inf (⇨faire III, 2°)를 쓴다. 즉「Il ne tuera pas le sanglier, il le blessera. 그는 멧돼지를 죽이지 않고 상처만 입힐 것이다」에서 둘째 절을 ne...que 로 제한할 수 없으므로 ...il ne fera que le blesser 로 바꾸어 쓰든가 간단히 il le blessera seulement 으로 써야 한다. 2) 복합시제도 대부분 ne faire que 로 제한하나 드물게 ne...que 도

쓰인다:Je *n'ai fait que* le voir. (Lit) 나는 그를 보았을 뿐이다// Un oiseau tomba..., que ma flèche *n'avait que* blessé. (Gide, *Le Retour de l'enfant prodigue*) 내 화살이 상처를 입혔을 뿐인데 새가 떨어졌다/Plût à Dieu qu'il *n'eût que* volé! (Mérimée, *Carmen*) 그가 도둑질만 했으면 좋았을 텐데!

ne...que seul [*seulement*]: Je *ne* dirai *qu'*un *seul* mot. 나는 단 한마디만 하겠다 (이런 표현은 허용되고 있으나 Je *ne* dirai *seulement qu'*un mot 는 피하는 것이 좋다 (Mart, 547)).

2° *ne...plus* [*jamais, guère, rien, personne*] *que:* Il *n'y a plus que* la lune dehors. (Renard) 바깥에는 이제 달밖에 없다/On *n'est jamais* malheureux *que* par sa faute. (Mauriac) 사람은 자신의 과오에 의하지 않고는 결코 불행하지 않다/Il *n'avait guère* invité à sa table *que* des hommes d'affaires. (Troyat) 그는 실업가들이 아닌 사람은 식사에 거의 초대하지 않았다/On *n'entendait rien que* le grincement des plumes sur le papier. (Daud, *La dernière classe*) 종이 위에 펜 긁는 소리 외에는 아무 소리도 들리지 않았다.

3° *ne...pas* [*point*] *que* 는 pas, point이 단독으로 부정을 나타내게 되었으므로(⇨pas 1°), *ne...que*를 pas, point이 부정하여 *ne...pas seulement*을 의미하게 된 새로운 어법이다: Alexandre *ne* travaillait *pas que* pour l'argent. (Daud, *la petite Paroisse*) 알렉상드르씨는 돈 때문에만 일하는 것은 아니었다/L'homme *ne* vit *pas que* de pain. 인간은 빵만으로 사는 것은 아니다. ☆1) Ac, 209-210은 이런 표현을 틀린 것으로 보고 있으나 오늘날에는 널리 쓰이고 있는 어법이다. 그러나 이런 경우 같은 뜻인 ne...pas seulement을 써도 좋다:L'homme *ne* vit *pas seulement* de pain.//Il *n'a pas* dit *seulement* cela. (Thomas) 그가 그것만 말한 것은 아니다. 2) 고어법에선 ne...pas [point] que =ne...que로 간주하여 「Nous *n'avons point* de roi *que* César. (Boss) 우리는 시이저 이외의 왕을 갖고 있지 않다」와 같이 쓴다. 이것은 ne...pas [point]로 부정을 나타내고 que (=excepté)를 덧붙인 어법이다(⇨2°).

4° 〖*ne...que*+관계사절〗 이를테면 「Il *n'y a que* le mal *qui* soit pur et sans mélange de bien. (Vigny, *Journal*, 1835) 순수하고 선이 섞이지 않은 것은 악일 뿐이다」라는 문장은 Il n'y a (rien) qui soit pur ...que (=excepté) le mal과 같은 구문으로, 관계사절은 il y a의 보어가 된다. 따라서,

① 〖관계사절의 동사의 인칭〗 a) 논리적으로는 보통 3인칭. cf. 1) 옛날 어법:Je *ne* vois *que vous* qui le *puisse* arrêter. (Corn, *Nicomède* I) 그를 막을 수 있는 사람은 당신뿐이라고 생각한다. 2) 속어: Il *n'y a que moi* qui *soit* au courant. (Estaunié) 사정을 아는 사람은 나뿐이다. b) 일반적으로는 ne...que 다음에 오는 말이 선행사로 간주되고 관계사절의 동사를 이와 일치시킨다:Il *n'y a que toi* qui *puisses* arranger les choses. (Beauvoir, *Invitée*) 일을 처리할 수 있는 사람은 당신뿐이다.

② 〖관계사절의 동사의 법〗 일반적으로 접속법을 쓰지만 현실이나 가정의 사실을 나타내기 위해서는 직설법, 조건법을 쓰는 것도 회화에선 보통이다:Il *n'y avait que* toi qui le *disais*. (Anouilh, *P. brille*) 그 얘기를 한 사람은 오직 당신뿐이었다/Il *n'y a que* la police qui *pourrait* quelque chose contre eux. (Gascar, *Meubles*) 그들에게 무슨

짓을 할 수 있는 것은 경찰뿐이다. ***ne...que** de*+*inf*+관계사절]:Il *n'y* a *que* d'être aimée qui compte. (S II, 135) 중요한 것은 사랑을 받는 것뿐이다.

5° 〖Il n'y a que...관계대명사와 전치사〗 *Il n'y a que* toi *avec qui* je puisse causer. (Bataille, *Résurr.*, III, 1) 내가 얘기를 나눌 수 있는 사람은 자네뿐이다 《(이 문장은 Il n'y a (personne) avec qui que (=excepté) toi 의 형식과 같다. cf. c'est moi à qui ⇨ce¹ II, 3°, ⑦ 》/*Il n'y a qu'à* moi *que* ces choses-là arrivent. (S, II, 137) 그런 일은 나에게만 일어난다 (cf. c'est à moi que)/*Il n'y a qu'en* France *où* l'imagination soit si correcte. (P. Gautier, *Ame fr.*) 상상력이 그토록 정확한 곳은 오직 프랑스에서뿐이다 (cf. c'est à moi à qui) 《그러나 Il n'y a qu'en France que 라고 하는 편이 보통이다》.

6° 〖**ne...de**+형용사+**que**〗 ① La conclusion est mélancolique et *n'a de* brutal *que* l'apparence. (Lemaître, *Contemp.*, VIII) 결론은 우울한 빛을 띠고 있고 거칠게 보이는 것은 외관뿐이다/Il *n'y* avait *de* vivantes *que* les deux sentinelles de la prison (Høybye) 살아 있는 사람은 영창의 보초 두 명뿐이었다. ☆첫째 예문은 n'a (rien) de brutal que 로 생각하여 형용사는 불변이고, 둘째 예문에서는 de vivantes 를 sentinelles의 속사로 생각하여 이에 일치시키고 있다(⇨de). 이런 경우의 일치 여부는 임의적이다. G, § 377 bis 는 불변이 보통이라고 설명하고 있지만, Høybye 는 일반적으로 일치시킨다고 설명하고 있다 (cf. H, § 25).

② Il *n'y* avait *que* lui *de* changé. (Daud, *P. chose*, II) 변한 것은 그 사람뿐이었다 / Il *n'y* avait *plus que* cette phrase-là *de* vraie. (Id., *Jack*) 진실한 것은 이제 그 문구뿐이었다. ☆4°에 의하면 qui fût changé, qui fût vraie 로 된다. 이런 위치에서 어떤 때는 둘째 예문처럼 일치시킨다.

7° 〖**ne...rien** 〔**personne**〕 **que** de+형용사〗 Je *n'y* ai vu *personne que de* très aimable. (Mart, 546) 나는 매우 친절한 사람 이외에는 보지 못했다/Il *n'a rien* fait *que de* très ordinaire. (*Ib.*) 그는 매우 평범한 일을 한 것뿐이다.

8° 〖**ne...de**+N+**que**〗 Les choses n'ont *de* prix *que* (=n'ont d'autre prix que) celui que nous leur attachons. (Lemaître, *Contemp.*, IV) 사물은 우리가 그것들에게 부여하는 가치 이외의 가치는 갖고 있지 않다. ☆6°, ②에 따라 「Il *n'y a que* vous *d'*officier. (Mart, 546) 장교는 당신뿐이오」라는 따위의 표현도 가능하다.

néanmoins—대립을 나타내는 부사. 때로는 문두에서 접속사적으로도 쓰인다:Corneille a écrit des choses indignes de lui; ~ c'est un de nos plus grands poètes. (Bailly) 코르네이유는 그에게 어울리지 않은 것들을 쓴 적도 있다. 그럼에도 그는 우리나라의 가장 위대한 시인의 하나이다.

nécessaire—~ *à qn*: Le mensonge est ~ *aux* hommes. (France) 인간에게는 거짓말이 필요하다. ~ *à* 〔*pour*〕 *qc*: Le pain est ~ *à* la vie humaine. (Bonnard) 빵은 사람이 살아가는 데 필요하다/Un couteau est ~ *pour* l'épluchage. (*Ib.*) 껍질을 벗기는 데 칼이 필요하다. ~ *pour*+*inf*: Le repos est ~ *pour* être en forme. 컨디션을 찾기 위해서는 휴식이 필요하다. *Il est* ~ *de*+*inf* 〔*que*+*subj*〕: Il est ~ *d'*en parler. (Rob) 그것에 대해 이야기하는 것이 필요하다/Il est ~ *qu'*on *agisse*

négatif [부정어]—부정을 나타내는 말이나 接辭.

① 〖부사〗 ne, non, pas, point, plus, guère, jamais, goutte, mie, brin; aucunement, nullement, peu, brin; ment 도 포함된다:Il vient *rarement* nous voir. 그는 좀처럼 우리를 찾아오지 않는다/Il travaille *peu*. 그는 거의 일을 안한다.

② 〖형용사〗 aucun, nul, pas un. 《대명사로도 쓰임》.

③ 〖대명사〗 personne, rien, qui [quoi] que ce soit, âme qui vive.

④ 〖전치사〗 sans.

⑤ 〖접속사〗 ni.

⑥ 〖접두사〗 a-(*aphone*), des-(*désagréable*), in-(*indocile*). 동화형: *il*lisible, *im*mobile, *ir*résolu), mal-(*mal*adroit), non-(*non*-sens).

négation [부정]—단언 assertif, 서술 déclaratif, 의문 interrogatif, 명령 impératif 형식의 기저문 phrase de base 이 술어 prédicat 를 부정하는 양식이다. Paul n'est pas heureux 는 부정적 단언이고, Paul n'est-il pas heureux? 는 부정의문, Ne viens pas 는 부정명령이다.

nègre—여성형은 명사일 때는 une nègresse, 형용사일 때는 남성형 그대로 쓴다(une tribu ~). 그러나 nègre 나 nègresse 는 오늘날 식민주의의 잔재로 경멸의 뜻이 풍기기 때문에 흔히 noir 로 바꾸어 쓴다 (Le problème noir se pose aux U.S.A. d'une façon aiguë. 미국에선 흑인 문제가 격렬하게 대두되고 있다). 그러나 이미 굳어버린 표현에서는 nègre 를 그대로 쓴다:travailler comme un ~ 억척스럽게 일하다/ l'art ~ 흑인 예술.

n'empêche que—(=il n'empêche que, cela n'empêche que+*ind*): Il a dû se soumettre, *n'empêche qu*'il avait raison. 그는 복종해야만 했다. 하지만 그는 옳았다.

néologisme [新造語]—새로운 단어, 기존 단어의 새로운 의미, 차용어(외국어나 어떤 직업이나 사회계층의 특수어에서의 차용어), 소멸되었다가 다시 나타난 단어들을 지칭한다:tergal, alunir (terse, atterrir 와의 유추적 파생어), bouclier(우주비행학적 의미), software(영어에서의 차용어), sadiner (Verlaine 가 다시 사용한 archaïsme) 등.

1° 새로운 현실을 지칭하기 위해 만들어지는 신조어는 크게 형태적 신조어 néologisme de forme 와 의미적 신조어 néologisme de sens 로 나눌 수 있다. 형태적 신조어는 접두사 파생법(mini-jupe), 접미사 파생법(vietnamiser), 절단법 troncation(une mini), 頭字사용 약어법 siglaism (UER=Unité d'Enseignement·et de Recherche) 등에 의한 신조어를 말한다. 외래어도 이에 해당된다고 볼 수 있다. 의미적 신조어는 고정된 은유나 환유, 문법범주의 전환, 의미의 변화 등에 의해 이루어진다 (gentillesse → faire des gentillesses).

2° 붙어는 학문, 기술, 문화 부문에서 급격한 발전을 보이고 있는 현대에 와서 신조어의 필요성을 절실히 느끼게 되는데 주로 차용어에 의지하고 있다. 차용은 주로 영어에서 이루어 지는데 불어와 영어 사이의 음소적 차이가 크므로 실제적인 난점이 없는 것이 아니다. 한편 새로운 어휘단위의 형성에도 문제점이 없지 않다. 이렇게 형성된 기술 용어는 항상 사용자들에게 공인받지 못하고 있는 실정이다 (oléoduc, gazoduc, ingénieurerie 등).

nerf—발음은 본래의 뜻으로 쓰이면 단수, 복수 모두 [nɛːʀ] (un ner(f) de bœuf 소의 힘줄로 만든 채찍, les ner(fs) sensitifs 지각신경). 그러나 le nerf optique [nɛʀfɔ-] 시신경. 비유적으로 쓰이면 [nɛʀf]:

avoir du ner*f* 원기가 있다.

n'est-ce pas ⇨oui.

net—~ *de:* Ma conscience est ~*te de* tout reproche. 내 양심은 비난을 받을 것이라고는 손톱만큼도 없다. *au* ~ 《명사적 용법》: Il écrivait sa composition directement *au* ~, sans une rature. (Larbaud) 그는 작품을 삭제, 수정함이 없이 곧 바로 정서해가며 썼다.
—〖부사적〗《불변》: Il s'arrêta ~. 그는 갑자기 섰다/Elle a refusé ~. 그녀는 단호하게 거절했다.

n'était, n'eût été ⇨être; ne II, 4°.

neuf[1]—基數詞.〖발음〗① 어군의 마지막, (대)명사적 용법, 序數的 대용인 경우에는 [nœf]: J'en ai neu*f*; page neu*f*; neu*f* par neu*f*; le neu*f* mai[avril]. ② 기수형용사로서 자음으로 시작되는 말 앞에서는 [nœ]가 정식이나 [nœf]도 보급되고 있다:neu*f* sous[francs], neu*f* gants [nœf gā] (Mauger, *Cours*, I), dix-neu(*f*) cents[diznœ(f)sā]. ③ 모음 앞에서 : neuf heures [nœvœːʀ], neuf ans[nœvā]의 두 경우에선 [-v]가 되고, neuf hommes, neuf autres 에서도 흔히 [-v]로 발음하나, 그외는 전부 [-f]로 발음한다: neu*f* amis, neu*f* élèves.

neuf[2]—여성형은 neuve. 대부분 「갓 만들어진, 아직 사용하지 않은」의 뜻으로 쓰인다. 이에 비해 nouveau 는 「새로운, 최근의」 의 뜻으로 쓰여, 「un nouveau maître 새 선생, le Nouveau monde 신대륙」으로 쓰는데, 구어에서의 「Quoi de ~? Qu'y a-t-il de ~? 무슨 새로운 일이 있나?」는 ~ de nouveau 로 써야 옳다고 하지만 허용되고 있다. ~ *à*[*dans*]: Il est ~ *aux* affaires. 그는 사무에 미숙하다. *à* ~ (=en donnant de nouveau l'apparence): Il faut repeindre *à* ~ les volets. (Bonnard) 새로와 보이도록 덧문을 다시 칠해야 한다. *de* ~ (=en utilisant des objets ou des vêtements neufs):être habillé *de* ~ 새 옷을 입고 있다/appartement meublé *de* ~ 새 가구를 갖춘 아파트.

neutre [중성]—1° 성 genre 을 셋으로 구분할 때 남성 masculin, 여성 féminin 에 대립하는 하나의 문법성 genre grammatical 이다. neutre 는 항상 그렇지는 않으나 흔히 자연성 genre naturel 에서 無精 non-animé 의 개념을 나타낸다. 즉 사람이나 동물(mâle, masculin 과 femelle, féminin 으로 구분되는) 같은 有精의 것 animés 과 無精物을 대립시킨 경우에서 말이다. 프랑스어에서 유정과 무정의 대립은 대명사에서 나타난다(quelqu'un, quelque chose 와 qui? que? quoi?). 그래서 어떤 문법학자들은 프랑스어에 중성이 있다고 주장하는 것이다.
2° 프랑스어 petit[pəti]의 [ə]처럼 개음도 아니고 폐음도 아니며 前音도 아니고 後音도 아니며 입술이 둥글게 되거나 수축되지도 않아서, 기본 위치 중에서 중간에 위치하는 모음을 중성모음 voyelle neutre 이라 한다.
3° casser, brûler 같은 대칭동사 verbes symétriques 를 능동도 수동도 아닌 중성 동사 verbes diathétiquement neutres 로 부른다.

neveu—여성형은 nièce.

ni—동일 부정문에서 동일 기능을 갖는 어(군), 절을 결합하거나 혹은 여러개의 부정문을 결합하는 접속사로 긍정문의 et, 때로는 ou 에 상당한 말이다.
1° 〖동일 부정문중의 여러개의 주어, 부사 혹은 여러 보어의 결합〗
① 〖**ne**+동사+**ni...ni**,《주어의 경우》 **ni...ni...ne**+동사〗 가장 보편적인 구문:Ni ami, *ni* maîtresse *ni* parents *ne* l'attendaient. (Arland, *Ordre*) 친구도 연인도 부모도 그를

기다리지 않았다/Ce *n'était ni* une mauvaise mère, *ni* une méchante femme. (Id., *Terre nat.*) 그녀는 나쁜 어머니도 악한 아내도 아니었다/L'homme *n'est ni* ange *ni* bête. (Pascal) 인간은 천사도 짐승도 아니다/Il *n'est ni* bon *ni* juste. (Bonnard) 그는 착하지도 공정하지도 못하다/Cela *ne* nous regarde *ni* vous *ni* moi. (Vercors, *Anim. dén.*) 그것은 당신에게도 나에게도 관계없는 일이다/Je *ne* sens pour vous *ni* haine, *ni* compassion. (Camus, *Malentendu*) 나는 당신에게 증오도 동정도 느끼지 않는다/J'ai la certitude de *ne* faire *ni* une lâcheté, *ni* un mensonge. (Maurois, *Lélia*) 나는 비열한 짓도 거짓말도 하지 않는다고 확신한다/Je *ne* connaissais *ni* la solitude *ni* la défaite *ni* l'angoisse. (Sartre, *Diable*) 나는 고독도 패배도 고뇌도 알지 못했다/Je *n'ai* qualité *ni* pour condamner *ni* pour absoudre. (*Ib.*) 나는 단죄할 자격도 죄를 용서할 자격도 없다/Je *ne* vous parlerai *ni* de politique *ni* de religion. (Thomas) 나는 당신에게 정치에 대해서도 종교에 대해서도 얘기하지 않겠다. **ne**+동사+**...ni** 《고문조》: puisqu'elle *n'avait* père, frère, *ni* sœur... (Giraudoux, *Siegf. et Lim.*) 그녀는 아버지도 형제도 자매도 없었기 때문에//《다음과 같은 예문도 드물게 쓴다》 Mais Jacques, *ni* Bernard, *ni* Marcel, *ni* même Roger, *ne* sont des philosophes. (France, *P. Noz.*) ☆*Ni* Jacques, *ni*...로 쓰는 것이 보통 구문이다. **ne...pas〔point〕ni...ni...**《옛날 어법》: Je *n'ai point* exigé *ni* serments *ni* promesses. (Boil) 나는 서약도 약속도 요구하지 않았다. ②〖**ne**+동사+**pas**〔**point**〕**...ni...**〗 ne...ni...ni보다 어조가 약하다: Je *n'ai pas d'*amis, *ni* (même) de camarades. 나에게는 친구도 동료(조차)도 없다(cf. Je *n'ai ni* amis *ni* camarades.)/Elle *n'a pas* quitté son fauteuil *ni* son ouvrage. (Vercors, *Silence*) 그녀는 의자에서 떠나지도 일을 그만두지도 않았다/Il *n'a pas* envie de bavarder *ni* de se mêler aux autres. (Anouilh, *Antigone*) 그는 떠벌리고 싶은 생각도 남들과 어울리고 싶은 생각도 없다/Je *n'entends pas* beaucoup en peinture, *ni* en sculpture. (Arland, *Ordre*) 나는 회화도 조각도 잘 이해하지 못한다/Il *n'était pas* franchement intellegent *ni* particulièrement bête. (Thomas) 그는 참으로 영리하지도 특별히 어리석지도 않았다. ☆ pas 없이 ne 가 사용될 수 있을 때(⇨ne)는 위와 같은 구문에서 pas 를 생략할 수 있다: Je *ne* puis distinguer mon bateau, *ni* mes mains elles-mêmes. (Maupass) 나는 나의 배도 내 손까지도 알아볼 수 없다.
③〖**〔ne...plus〔jamais,personne,rien, aucun,** etc.〕**〕(ni)...ni...**〗 Il *n'a plus* de parents *ni* d'amis. (Thomas) 그에게는 이제 부모도 친구도 없다/Je *n'ai jamais* vu (*ni*) son père *ni* sa mère. (Mart, 563) 나는 그의 아버지도 그의 어머니도 만나 본 적이 없다/Je *ne* connais *rien* (*ni*) de plus beau *ni* de plus rare. (*Ib.*) 나는 더 이상 아름다운 것도 더 이상 진귀한 것도 알지 못한다 《이때 ni의 반복은 강조적 어법》.
④〖**et, ou의 사용**〗 위 ①,②,③의 구문에서 et 나 ou 가 쓰이지 않는 것은 아니다: Il *n'a pas* écouté mes conseils *ni* (*et*) mes prières. (Le B, II, 664) 그는 내 충고도 간청도〔충고와 간청도〕듣지 않았다. cf. *Jamais* elle *ne* songeait à son enfance *et* à sa jeunesse sans une espèce de lassitude (Green, *Mesurat*). ☆ et 가 두 말을 강하게 결

합하는 데 반해 ni 는 두 말을 분리시킨다. 따라서 뉘앙스의 차이는 있지만 다음과 같은 구문이 가능하다 (H, 466, 468) : Je n'ai ni ennemis, ni rivaux, ni concurrents./Je n'ai pas d'ennemis, ni de rivaux, ni de concurrents./Je n'ai pas d'ennemis, pas de rivaux, et〔ou〕 pas (même) de concurrents./N'espérez ni que je le voie, ni que je lui écrive《종속절이 짧을 경우》./N'espérez pas que je le voie ni que je lui écrive./ N'espérez pas que j'aille le voir et〔ou〕 que je lui écrive.
2°〚동일한 주어를 가지는 등위절〛
① 이를테면 「Je ne l'aime (pas,) ni ne l'estime. (Mart) 나는 그를 사랑하지도 존경하지도 않는다」에서 pas 를 넣으면 절의 결합이 약해져서 virgule 이 필요하다. 주어가 명사〔강세대명사〕일 때는 드물지만 옛 어법을 따른다 : Cela ni ne nous surprend ni ne nous gêne. (Bremont) 그것은 우리를 놀라게도 당황하게도 하지 않는다.
②《문어조》 Ni je ne l'aime, ni je ne l'estime (Mart, 564).
③ Je ne l'aime pas et ne l'estime pas. (cf. H, 468)와 같이 종속절이 등위 관계에 있으면 et 를 쓰는 것이 보통 : s'ils ne connaissent pas ces règles et s'ils ne les observent pas (S, II, 339) 그들이 규칙을 알지 못하고 또 준수하지 않는 것은. ☆ 종속절이 짧을 경우는 ni 를 쓸 수 있다 : si vous ne sortez ni ne marchez (혹은 si vous ne sortez pas et si vous ne marchez pas).
④ 동사가 같은 조동사로 이루어진 복합시제일 경우 : Je ne l'ai ni aimé ni estimé. 그를 사랑하지도 존경하지도 않았다/Philippe Décugis n'avait pas prononcé un mot ni fait un geste. (Arland, Ordres) 필립은 한 마디 말도 안했고 몸짓도 안했다.

⑤ Je ne l'aime ni ne l'aime pas. (M) 나는 그를 좋아하지도 싫어하지도 (안 좋아하지도)않는다《ni 는 ne...pas 를 취소하고 있다》.
3°〚서로 다른 주어를 가지는 등위절〛
Ni la garnison ne se rendra, ni la ville ne sera prise. (Mart) 수비대가 항복도 안할 것이고 그 도시가 점령당하지도 않을 것이다/《혹은》 La garnison ne se rendra pas et la ville ne sera pas prise.(H).
4°〚긍정 동사에 종속되는 부정형의 부정법 또는 종속절〛
① 부정법이 ne pas〔rien〕를 동반할 때 : Je vous promets de ne pas lui parler et de ne pas le voir. 나는 그에게 말을 하지도 않고 그를 만나지도 않겠다고 약속합니다/Je vous promets de ne rien dire ni rien faire (혹은 de ne rien dire et de ne rien faire). 아무 말도 아무 행동도 않겠다고 약속합니다 (cf. Mart, 563).
② 종속절의 경우는 2°에 준한다 : Je vois que vous ne l'aimez ni ne l'estimez (혹은 Je vois que vous ne l'aimez pas et ne l'estimez pas).
5°〚〚ne 없이 쓰이는 ni〛 ① 여러 부가형용사의 부정 : J'entendis de loin un pas bien connu, ni traînant, ni trop vif. (Arland, Terre nat.) 질질 끌지도 활발하지도 않은 귀에 익은 발걸음 소리가 멀리서 내게 들려 왔다.
② 생략절 : Comment la trouvez-vous? —Ni belle ni laide. (Lit) 그 여자를 어떻게 생각해? —예쁘지도 못나지도 않았어.
③ 부정의 뜻이 담긴 말, 또는 부정적 의미를 갖는 의문절에 종속하는 말의 결합 : Il est impossible que ni lui ni son frère puissent y réussir. 그나 그의 형이 그것을 완수한다는 것은 불가능하다/Je désespère d'y arriver (ni) par force ni par

adresse. 힘으로도 책략으로도 성공할 수 없다고 단념한다 (cf. Mart, 565).
④ 불평등 비교:Il travaille mieux que Pierre *ni* Jean. (W, 162) 그는 피에르나 장보다 일을 더 잘 한다 (cf. Il travaille mieux que Pierre *et* Jean. 그는 피에르와 장 두 사람 몫 이상의 일을 한다).
⇨sans 1°; accord du verbe A, II, 7°; virgule II, 2°.

n'importe—① 〖무관심〗 Quelle cravate mets-tu?—Oh! ~. 무슨 넥타이를 매겠지 ?—아무것이나.
② 〖양보・대립〗 Son roman est très discuté, ~, il a eu beaucoup de succès. 그의 소설은 말이 많아, 무슨 상관이 있어, 대단한 인기를 끌고 있는데.
~ *où* 〔*comment, quand*〕 《장소, 태도, 시간을 나타냄》:Je partirai *où*, mais je m'en irai. 아무데라도 가겠어, 어쨌든 가기는 갈 거야.
~ *qui* 〔*quoi, lequel, quel*〕《사람 또는 불확실한 사물을 가리킴》: Donnez moi ~ *lequel*. 어느것이라도 (상관없으니) 하나 주시오/Venez à ~ *quelle* heure. 어느 시간에라도 오시오. ⇨importer.

noce—어원 (lat. nuptiae *n.f. pl.*) 때문에 17세기까지는 복수였다 (D, *Etym*.). 지금은 mariage 의 뜻으로는 복수(épouser en secondes ~*s* 재혼하다, le jour de ses ~*s* 그의 결혼일, les ~*s* d'argent(d'or) 은(금) 혼식). 그러나 「결혼 의식, 잔치, 손님」의 뜻으로는 단수(aller à la ~, un cadeau de ~)를 쓰며 un voyage de noce(s), un repas de ~(s)는 단수, 복수의 어느쪽으로나 다 쓰인다.

Noël—보통 무관사(les arbres de ~ 크리스마스 트리, les vacances de ~ 크리스마스 휴가). 한정어가 오면 (bien que ce fût un ~ de guerre (H) 전시중의 크리스마스였는데도 불구하고, ses ~*s* d'enfance 그의 어린시절의 크리스마스). 그러나 Ils nous invitaient à passer ~ 1938 chez eux. (Maurois, *Mémoires* II) 그들은 1938년의 크리스마스를 자기들 집에서 보내도록 우리를 초대했다.
★소문자로 쓰면 「chant ou cantique de Noël」의 뜻:chanter des *noëls* anciens 옛 크리스마스 노래들을 부르다.
à (*la*) ~ (=à la fête de ~) 크리스마스날에. ⇨article IV, 10°, 3).

nom¹— Il porte le ~ de Pierre. = Il a pour ~ Pierre. =Son ~ est Pierre. 그의 이름은 피에르이다. *au* ~ *de qn* 〔*qc*〕: au ~ *de* la loi 법에 의하여. *de* ~: Nous ne le connaissons que *de* ~. 우리는 그를 이름밖에 모른다.

nom² 〖명사〗—사람, 사물, 관념의 호칭으로 쓰이는 말. 옛날에는 명사, 형용사의 총칭으로 쓰여 명사를 (nom) substantif, 형용사를 nom adjectif 라 불렀다. 현재에도 **substantif** 實詞의 명칭을 사용하는 학자가 많다.
I. 〖분류〗 1° 〖의미에 따른 분류〗
①보통명사 nom commun 와 고유명사 *nom propre.
②個體명사 nom unitaire(혹은 individuel)와 집합명사 *nom collectif.
③구상명사 *nom concret 와 추상명사 *nom abstrait.
★ 위 각 항에서 설명하는 바와 같이 어떤 명사가 어떤 분류에 속하는가는 그 명사가 문중에서 쓰여진 의미에 따라 결정된다.
2° 〖형태에 따른 분류〗 단일명사 nom simple 와 복합명사 *nom composé.
II. 〖명사와 형용사〗 형용사가 관사를 동반하면 쉽게 명사화한다 (⇨ adjectifs qualificatifs). 무관사 명사는 그것이 사람, 사물의 속성을 나타내어 쉽게 형용사화하므로 양자 간의 명확한 경계는 없다. 「형용사와 실사〔명사〕는 같은 단어의 다른 용법에 지나지 않는다」 (Cr, 103) : un air *gamin* 개구쟁이 같은 모습/une aventure *farce* 우스팡스런 사건/un époux *modèle* 모범적인 남편/une femme vraiment *femme* (Maurois, *Sent. et Cout.*) 진실로 여자다운 여자/un homme vraiment *homme* (*Ib.*) 진실로 사나이다운 사나이/Denise est très *musicienne* (Id., *Cercle*) 드니즈는 음악을 아주 좋아한다/Elle était terriblement «*chatte*». (Id., *Climats*) 그녀는 굉장히 아양을 잘 떨었다/Je ne suis pas si *amie* avec Xavier. (Beauvoir, *Invitée*) 나는 크자비에와 그렇게 친하지 않다/si les parents ne sont pas trop *vieille école* (Anouilh, *P. noires*) 부모들이 너무 구식이 아니라면. ☆ 색깔을 나타내는 명사 ⇨adjectifs qualificatifs II, 4°.
III. 〖명사의 성과 수〗 ⇨genre des noms, nombre des noms, pluriel des noms.
IV. 〖명사의 기능〗 주어 (⇨sujet), 속사(⇨attribut), 목적보어 (⇨complément d'objet), 동작주보어 (⇨complément d'*agent), 부사 및 형용사의 보어(⇨adverbe IV; adjectifs qualificatifs)가 되는 이외에 다음 용법이 있다.
1° 〖명사의 보어〗 ① 〖간접구조〗 전치사가 앞에 오는 일반적인 구조. **a)** 1) 〖소유〗 le livre *de mon frère*. 2) 〖재료〗 une montre *en or*. 3) 〖성질〗 une vie *sans espoir*. 4) 〖기원〗 les vins *de France*. 5) 〖방향〗 le train *pour Paris* 등, 보어의 의미는 전치사로 표시된다. **b)** 동작명사 *nom d'action의 1) 〖주어〗 l'arrivée *du maréchal* 원수의 도착. 2) 〖목적어〗 l'amour *de la patrie* 조국애. ☆ un homme *de distinction* 출신이 고귀한 사람(⇨de III, 2°, ⑨), un *fripon* d'enfant (⇨de IV, 4°), sur *l'indigo* de la mer. ② 〖직접구조〗 전치사의 잔재. 1) 〖피한정어—한정어 (cf. la fille *le* roi=la fille du roi)의 구조〗 i) la Fête-*Dieu* 성체첨례, l'Hôtel-*Dieu* 파리의 시립병원. ii) 〖지명〗 Choisy-*le-Roi*, Bourg-*la-Reine*. iii) 〖성〗 Henri *Bernard* 베르나르 家의 앙리, les fils *Roland* 롤랑의 아들들. iv) 〖회사, 학교, 마을 등의 이름〗 librairie *Hachette* 아세트 출판사, le ministère *Barre* 바르 내각, l'affaire *Dreyfus* 드레퓌스 사건, le tour *Eiffel* 에펠 탑. 2) 〖한정어—피한정어〗 한층 더 낡은 구조. i) 복합어: banlieue (=lieue, territoire du ban), chèvrefeuille (=feuille de chèvre). ii) 地名: Romainville (=la villa (=domaine) de Romain). iii) Dieu *merci (=par la grâce de Dieu) 등이 남아 있다. **b)** 생략형식인 현대어의 구문, 상업용어나 속어에서 자주 쓰인다: timbre-*poste* (=timbre de 〔pour〕 la poste) 우표, fin *septembre* (=à la fin de septembre) 구월 말에, comptes *profits et pertes* (=comptes qui représentent les profits et les pertes) 손익계산, drap *pure laine* 순모직의 나사, flanelle *coton* 면플란넬, étoffe *grande largeur* 넓은 폭의 피륙, tableau *grandeur nature* 실물 크기의 그림, revolver *dernier modèle* 최신형 권총, au point de vue *éducation* 교육의 견지에서 보면, assurance *vieillesse* 양로보험, une jeune fille *genre midinette* (=dans le genre de) 여점원 같은 아가씨, des gâteaux *maison* (=faits à la maison) (어느 가게에서) 직접 만든 케익. **c)** 〖부사적 어군〗 La statue représentait une femme nue, debout, *les bras pendants, la tête*

couchée sur l'épaule. (Troyat, Signe) 그 影像은 두 팔을 늘어뜨리고 머리를 어깨 위에 눕히고 서 있는 裸婦를 나타내고 있었다.
2° 〖상황보어〗 상황보어로 쓰이는 명사는 흔히 전치사로 유도되지만 (⇨ complément circonstanciel), 때로는 전치사 없이 직접 구조인 경우도 있다.
① 〖장소〗 **a)** 〖rue (**avenue, boulevard, place, quai, faubourg**)+고유명사〗 Il demeure *rue Pierre-Curie [avenue Victor Hugo].* 그는 피에르퀴리街[빅토르 위고路]에 산다/aller [retourner, venir, se rendre, mener qn, conduire qn] *rue X*/《같은 방법으로》 Menons-la dîner *rive droite.* (Benoit, Kœnigs) 그녀를 세느 강 右岸으로 데리고 가서 저녁을 먹이자/《이런 경우 전치사와 관사를 쓸 때도 있다》 Nous habitons *(dans la) rue* de Rivoli [*(au)* 19 *(de la) rue* de Rivoli]. (D, 347) 우리는 리볼리街 (19번지)에 살고 있다. **b)** On trouvera *p. 40* et *Chapitre VI* les indications sur l'écriture phonétique. (Cohen) 제40페이지와 제6장에서 음표문자에 관한 지침을 보게 될 것이다《빈번히 쓰이는 간략한 문체》. ☆*à la* page 40, *au* chapitre II, *au* §4, *au* livre V 등이 정식 문체이다.
② 〖때〗 **a)** 〖시기〗 Il est venu *ce matin.* 그는 아침에 왔다/《기타》 ce soir 오늘 저녁, cet après-midi 오늘 오후, cette nuit 오늘 밤, 어젯밤, le lendemain 그 이튿날, la veille 그 전날, tous les matins [soirs] 매일 아침[저녁], un jour [soir] 어느 날[저녁], lundi prochain [dernier] 다음 [지난] 월요일, le 3 décembre 12월 3일에. ⇨ matin, soir, après-midi, été, hiver, fin. **b)** 〖기간〗 Cette guerre dura *cinq ans.* 그 전쟁은 5년 계속되었다/Il a travaillé *toute la journée*

[nuit]. 그는 하루종일 [밤새껏] 일을 했다/Il demeura *un instant* [*un moment*] silencieux. 그는 잠시 입을 다물고 있었다/《기타》 quelque temps, quelques instants 한동안, un long moment 오랫동안, une bonne demi-heure 반시간 남짓, une seconde 잠시동안. ☆이상의 여러 표현에 *pendant을 함께 사용할 수 있으며 그럴 경우에는 「기간」의 뜻이 명시된다.
③ **a)** 〖가격〗 Ce livre coûte 200 *francs.* 이 책값은 200 프랑이다/Cette maison vaut 200,000 *francs.* 이 집값은 20만 프랑 나간다/Je l'ai acheté 500 *francs.* 나는 그것을 500 프랑 주고 샀다/《기타》 vendre, payer qc 500 *francs*/《그러나》 avoir [donner, céder] qc pour 500 francs 500 프랑으로 …을 손에 넣다[내주다, 양도한다]/solder [trouver] qc *à* 500 francs 500 프랑으로 …을 팔아버리다[손에 넣다]. **b)** 〖중량〗 Ce sac pèse 50 *kilogrammes.* 이 가방은 무게가 50킬로이다. **c)** 〖거리〗 Il a couru [marché] 3 *kilomètres.* 그는 3킬로미터를 뛰었다[걸었다]/Ce navire cale 10 *pieds.* 이 배는 흘수가 10피트이다.
④ 〖양태〗 Il me parlait *les yeux baissés.* 그는 눈을 내리깔고 나에게 얘기했다/Il marchait *(la) tête haute.* 그는 머리를 쳐들고 당당히 걸어갔다/Elle le regardait, *bras ballant, la mâchoire tendue.* (Troyat, Vivier) 그녀는 팔을 늘어뜨리고 턱을 내밀며 그를 바라보았다/《기타》 les bras ouverts 두 팔을 벌리고, les sourcils froncés 눈살을 찌푸리고, la [une] canne à la main 손에 지팡이를 들고, la sueur au front 이마에 땀을 흘리고. ☆명사 다음에 반드시 형용사, 과거분사, 전치사+명사를 동반한다. 이 경우 정관사+명사+…가 보통 쓰이고 때로는 무관사(⇨article IV), 소유형

용사, 부정관사가 쓰일 경우도 있다. ⑤ 〖화제〗 *parler *musique* 음악 얘기를 하다, *causer *politique* 정치를 논하다. ⇨disserter.
⑥ 〖배분〗 étoffe qui vaut cent francs *le mètre* 1미터당 100프랑하는 천(⇨article défini)/Ils coûtent cent francs *pièce.* 그것들은 하나에 100프랑씩이다/trois fois *l'an*(혹은 *par an*) 매년 세번.
⑦ 〖수단, 도구〗 brodé *main* 〔*machine*〕 손〔기계〕으로 수놓은, cousu *main* 손으로 꿰맨. ☆이상은 패션관계 서적에서 자주 쓰는 어법인데 *à la* main, *à la* machine으로 쓰는 것이 정식이다.
⑧ 〖원인〗 *prudence* ou *timidité* 조심해서인지 수줍어서인지 (⇨ou, soit²)/*Peur* d'une question, *honte* de ma solitude, je courus m'abriter derrière un buisson. (Arland, *Terre nat.*) 무슨 질문이 두려워서였거나 나 혼자 있다는 것이 부끄러워서였거나 나는 달려가서 덤불숲 뒤에 몸을 숨겼다.
3° 〖동격〗 명사는 동격어로 쓰인다 (⇨apposition) ① 〖동격명사가 덧붙여지는 것〗
a) 〖명사의 동격〗 Louis XIV, *roi* de France 프랑스 국왕 루이 14세/Louis XII, *le père* du peuple 국민의 아버지 루이 12세 (⇨article IV, 4°)/Hugo, ce grand poète 이 위대한 시인 위고//〖先行〗 Le *roi* Louis XII 국왕 루이 12세. ☆명사 직후에 virgule 없이 덧붙여진 동격 명사는 형용사와 같은 것이다: un enfant prodige (=prodigieux) 神童 (⇨위 II)/la ville de Paris (⇨de III, 2° ⑩). b) 〖대명사의 동격〗 Voilà ce qu'ils ont décidé, eux, *mes copains.* (Sartre, *Huis clos*) 그들, 내 동료들이 결정한 것은 이와 같다. c) 〖부정법의 동격〗 ⇨apposition. d) 〖절의 동격〗 Son père ne bougeait pas de sa chambre, *indice* que les choses ne pressaient pas. (Chateaubr, *Lourdines*, II) 그의 아버지는 방에서 꼼짝않고 있었다. 일이 바쁘지 않다는 표시였다/Il se leva, et *chose* qu'il n'avait pas faite depuis longtemps, il alla l'embrasser. (*Ib.*, II) 그는 일어나서, 그녀에게 키스를 하러 갔는데 그것은 오래전부터 그가 하지 않았던 짓이다.
② 〖동격명사가 나타내는 의미〗 대부분의 경우 단지 설명적으로 덧붙여지지만, 생략적인 부사절의 속사에 해당하여, 여러 가지 뜻을 나타낼 수 있다 ((adjectifs qualicatifs III, 3° 과 같은 용법)). a) 〖때〗 un petit lac mystérieux où *jeune homme* j'avais été quelquefois patiner (Gide, *Symphonie*) 젊었을 때 내가 때때로 스케이트를 타러 갔었던 신비로운 작은 호수/Si vous l'aviez connu *jeune homme!* (Géraldy, *Rob. et Mar.*) 젊었을 때의 그 사람을 당신이 아셨다면! ☆표현되지 않은 말에 관계되는 경우도 있다: *Enfant*, ces choses-là sont indifférentes. (N, V, 169) 어린 시절에는 그런 것은 아무래도 좋은 것이다. b) 〖원인〗 *Bon mathématicien*, il rendait claires pour elle des questions qui en classe lui avaient paru incompréhensibles. (Maurois, *Cercle*) 수학에 뛰어난 그는, 교실에선 이해하기 어렵게 생각되었던 문제들을 그녀에게 설명해주었다. c) 〖조건〗 *Soldat*, il aurait fait un excellent soldat. (France, *Orme*) 군인이었다면 그는 훌륭한 군인이었을 것이다. d) 〖대립, 양보〗 L'autre nuit, je me suis trouvé, moi *misérable pécheur*, à la porte du paradis. (Daud, *Curé de Cucugnan*) 전번날 밤 나는, 내 자신 불쌍한 죄인인데도, 천당 문 앞에 있는 나를 보았읍니다.
4° 〖분리적 요소〗 ① 호칭(⇨apost-

rophe 2°).
② 문장의 요소를 文頭에 분리시켜 강조하는 어법. 문장 밖으로 나오므로 文中에서 동일어로 반복하든지, 대명사로 받든지, 지시〔소유〕형용사에 의하든지 하여 그 기능을 분명히 할 필요가 있다:*Pierre*, jamais *ce* nom ne pourrait éveiller une souffrance. *Gilbert*, elle ne se souciait plus de *Gilbert*. (Beauvoir, *Invitée*) 피에르, 결코 이 이름은 고뇌를 불러 일으킬 수는 없었다. 질베르, 그녀는 이미 질베르에 대해 신경을 쓰고 있지 않았다(⇨le² I, 1°, ②; II, 1°, ②; en² IV). ☆ 문중에 tel, moins 등 보어를 생략할 수 있는 말이 있을 때는 반복을 하지 않는다:*La mort*, il n'y a rien de *tel* pour guérir tous les maux. 죽음, 모든 고뇌를 치료하는데 이것보다 더 나은 것은 없다.

nom abstrait [추상명사]―*nom concret에 대응하여, 사유의 대상이 될 뿐 지각되지 않는 것을 나타내는 명사를 말한다. 추상명사는 속성을 나타내나 이 속성을 갖는 사람, 사물, 말, 행위 등을 나타낼 때는 구상명사가 된다:beauté 미인(<미), célébrité 저명인사(<저명), douceur *pl*. 과자, 달콤한 말(<단맛), lâcheté 비겁한 짓(<비겁), bêtise 어리석은 짓〔말〕(<어리석음).

nom collectif [집합명사]―같은 종류의 개체의 집합을 나타내는 명사(la foule 군중, un régiment 연대, le peuple de Paris 파리 주민, la jeunesse 청년들, la vieillesse 노인들, la marmaille 어린이들, le bétail 가축, etc.). 이에 반해 개체를 나타내는 명사를 개체명사라 할 수 있다(D, 59). 집합명사에 의해 표현된 개체의 집합이 하나의 단위를 구성한다고 생각될 경우에는 집합명사는 개체명사와 비슷한 취급을 받아 복수형으로도 쓰인다:trois *familles* 세 가족, la Société des *Nations* 국제연맹, les *peuples* de l'Asie 아시아의 여러 국민.

1° 어떤 명사는 집합명사도 개체명사도 된다. ① 의미가 다른 것:porter la *livrée* 하인의 제복을 입다, 하인이 되다(개체), la *livrée* du prince 공작의 하인들(집합); une *maison* 집, Toute la *maison* est en émoi. 온 가족이 걱정하고 있다(집합). ② 의미가 같은 것: les *pratiques* d'un épicier 식료품 가게의 단골손님들(개체), attirer la *pratique* 단골손님을 끌다(집합);un *domestique* 하인(개체), avoir un nombreux *domestique* 수많은 하인을 부리다(집합). ③ 기타, 명확한 수를 나타내는 것(dizaine, centaine), les Alpes 알프스 산맥, les Pyrénées 피레네 산맥, les entrailles 내장, les broussailles 가시덤불, etc. 와 같이 복수형으로 나타내는 것도 집합명사로 볼 수 있다.

2° 집합명사는 집합의 총체 혹은 특징의 일부분을 나타내는가, 불특정의 일부분을 나타내는가에 따라서 총칭적집합명사 n. coll. général 와 부분적집합명사 n. coll. partitif 로 나누어지는 일이 있다. 전자는 흔히 정관사가, 후자는 부정관사가 앞에 온다:la multitude des soldats 병사의 무리(전체), une multitude de soldats 수많은 병사. ⇨accord du verbe A, I, 2°.

nom commun [보통명사]―*nom propre에 대응해서, 동일종속에 소속하는 개체에 적용되는 명칭으로 쓰이는 명사를 말한다. Ac, 18 과 Rad, 71 에는 *nom abstrait를 포함시키고 있으며, D, 57은 다시 *nom de matière 까지도 포함시키고 있다. le soleil, la lune처럼 1종속 1개체를 나타내는 보통명사는 고유명사에 가깝다. 혈연관계를 나타내는 보통명사는 때로 고유명사로 취급할 수도 있다 (Je prendrai tous mes repas chez *maman*). 보통명사가 특정의 개체를 나타낼 때는 고유명사로서, 대문자로 쓰인다 (la Vierge 성모 마리아, la Pucelle= Jeanne d'Arc le Sauveur, etc.). 擬人化에 의한 것: la Justice 정의의 여신.

nom composé [복합명사]—복합 *composition에 의해 만들어진 명사. 명사를 형태상에서 본 분류이며 단일명사 nom simple에 대응된다.
I. 〖구성〗⇨composition.
II. 〖복합명사의 성〗 1° 명사+명사, 명사+전치사+명사(부정법), 명사와 형용사, 부사+명사의 조합인 때는 피한정어인 명사의 성을 따른다: un *bateau*-mouche, un *sabre*-baïonnette, un *timbre*-poste, la ban*lieue*, une chauve-*souris*, un *chef*-d'œuvre, une avant-*garde*, etc. 그러나 i) 의미상의 영향: un rouge-gorge, un grand-croix. ii) un chèvrefeuille, un chiendent. iii) 「수형용사+명사」일 때는 남성: un deux-points, un trois-mâts∥《예외》 une mille-feuille.
2° 전치사+명사, 동사+명사, 짧은 절은 남성〔중성〕: un portefeuille, un brise-lames, un contrepoison, un en-tête, un qu'en-dira-t-on. 그러나 une soucoupe, une garde-robe는 어미의 영향으로, une avant-scène는 loge 의 영향(「무대전면」의 뜻인 avant은 부사이므로 1°에 의해 여성), une garde-malade 는 의미의 영향으로 여성이다. ⇨ après-midi, perce-neige.
III. 〖복합명사의 복수형〗 1° 한 말로 되어 있는 것은 단일어의 경우와 같다: gendarmes, portemanteaux∥〖예외〗 bonshommes (속어: bonhommes), gentilshommes 및 *monsieur, *madame, *mademoiselle, *monseigneur.
2° 구성 요소가 분리되어 있는 것은 각 요소의 성질, 기능에 따라 복수 기호를 붙인다.

①〖명사+동격명사〔형용사〕〗모두 변화한다: Chefs-lieu*x*, cafés-concert*s*, beau*x*-frère*s* cerf*s*-volant*s*. 그러나 chevau-léger*s*, terre-plein*s*은 단일어의 경우에 따른다. des reines-Claude (Ac, M)를 Lit는 ~·~, 혹은 ~s·~s, P. Lar, Thomas, Colin 등은 ~s·~s로 적고 있다. des malles-postes (Ac, Collin)의 poste 를 보어명사로 보아 P. Lar 는 des malles-poste로 적고 있다. grand-mères, grands-oncles에 대해선 ⇨grand 2°. des pur-sang처럼 생략적 구성의 경우는 ⇨아래 ⑥.
②〖명사+보어명사〔부정법〕〗전치사의 유무에 불구하고 제1명사만이 변화하는데 이 경우 복수기호는 *liaison 을 안한다.: Fêtes-Dieu, Hôtels-Dieu, timbres-poste; arcs-en-ciel [aʀkɑ̃sjɛl], chefs-d'œuvre, crocs-en-jambe[ˈkʀɔkɑ̃ʒɑ̃b], salles à manger[salamɑ̃ʒe]. 그러나 des pot-au-feu 는 불변이다.
③〖동사+보어명사〗동사는 항상 변하지 않고, 명사는 의미에 따라 변화하거나 않거나 한다. a)〖명사가 변화하는 것〗 bouche-trou*s*, chausse-pied*s*, couvre-chef*s*, couvre-lit*s*, passe-droit*s*, prête-nom*s*, tire-bouchon*s*, etc. b)〖명사가 불변인 것〗 abat-jour, abat-vent, brise-raison, couvre-feu, crève-cœur, gagne-pain, porte-parole, porte-monnaie, prie-Dieu, trouble-fête, etc. 이런 명사를 분석하면 des abat-jour=des instruments qui abattent *le jour* 가 되어 명사의 무변화가 설명된다. des réveille-matin 은 matin(=matinalement)이 부사처럼 쓰인 것이다. c) 명사가 변화하는 것인지 무변화인 것인지 일정치 않은 것: croque-note(s), garde-chaîne(s), garde-nappe(s), grippe-sou(s), etc. d) 어떤 명사는 제2 요소가 복수의 관념을 내포하고 있기 때문에

단수형에도 s를 갖고 있는 것이 있다: brise-lames, chasse-mouches, chauffe-pieds, compte-gouttes, porte-allumettes, porte-clefs, etc. ☆ 어떤 명사는 단수형일 때 제 2 요소에 s를 붙이느냐 안 붙이느냐 일정치 않은 것이 있다(casse-noisette(s), cure-dent(s), couvre-pied(s), essuie-main(s), porte-habit(s), porte-serviette(s), etc.). s를 붙이는 편이 논리적이다. 이런 것의 복수형은 흔히 무변화이므로 두가지 복수형이 성립된다(des essuie-main(s)). 어떤 복합명사는 단수형 제 2 요소에 s를 붙이느냐 안 붙이느냐에 따라 의미가 달라지기도 한다: porte-aiguille 《의학》持針器, porte-aiguilles 바늘쌈; porte-cigare (pl. ~~s) 시가 파이프, porte-cigares 시가 케이스; porte-cigarette (pl. ~~s) 궐련용 파이프, porte-cigarettes 궐련 케이스; porte-montre 《복수불변》 회중시계 놓는 곳, porte-montres 회중시계 진열장, etc.
④ 〖전치사〔부사〕+명사〗 명사가 변화한다: avant-coureurs, en-têtes, contre-amiraux. 그러나 des *après-midi.
⑤ 혼성을 나타내는 복합어의 제 1 요소가 -o, 드물게 -i로 끝날 때는, 제 1 요소는 항상 불변: électro-aimants, radio-conducteurs, tragicomédies,
⑥ 〖생략적 구성인 것〗 명사화된 절은 불변: pur-sang (=chevaux de pur-sang), sang-mêlé (=homme de sang mêlé), coq-à-l'âne, pied-à-terre, passe-partout, qu'en-dira-t-on, on-dit.
⑦ 〖외래어〗 ⇨pluriel des noms.
★ 요컨대 복합명사의 복수형의 철자는 논리에 따라 혹은 변화시키고 혹은 불변이지만, 논리적 분석에 의해 이 문제를 해결하는 것은 어려운 일이어서, 사전, 문법책에 따라 쓰이는 법이 일정치 않은 것이 아주 많다. 1901년 결정에는 두가지 말이 小辭 particule로 결합되지 않은 경우에 한하여 (예를 들면 chef-d'œuvre) 한 말로 쓰는 것을 허용했다. E. Philipot는 자기가 chemins de fer z'étrangers 라고 liaison의 잘못을 왕왕 범하고, 또 다른 사람들도 이런 실수를 범하는 일이 있음을 잘 알고 있노라고 고백했었다 (N, II, Addition au §327). 이 고백은 복합명사가 복수로 되는 경우 그 내부 구조를 바꾸지 않고 다만 어미에 복수기호를 덧붙인다고 하는 철자개량론자의 주장을 지지하는 것이다.

nom concret 〖구상명사〗—*nom abstrait에 대응하여, 감각에 의해 지각될 수 있는 것을 나타내는 명사를 말한다 (un homme, une table, un cri). 구상명사가 추상명사로 되는 일이 있다: cœur 심장>애정 (→n'avoir point de cœur 무정하다), tête 머리>이성 (→perdre la tête 이성을 잃다).

nom d'action 〖동작명사〗—동작, 상태를 나타내는 명사. 전통적인 단어 (amour, jet, saut), 차용어 (flirt), 분사, 부정법 (entrée, le devoir) 이외에 동사의 파생어 (cri<crier, découverte<découvrir)가 있다.

1° 〖동작명사의 주어, 보어를 나타내는 방법〗 ① 〖소유형용사+동작명사, 동작명사+de+보어〗 a) 〖자동사적 동작명사의 경우는 보통 주어관계〗 l'arrivée de mon père 〔son arrivée〕 아버지〔그〕의 도착. b) 〖타동사적 동작명사의 경우〗 1) 〖주어관계〗 la découverte de Colomb 〔sa découverte〕 콜롬부스〔그〕의 발견 / Il avait perdu le respect de sa femme. (Maurois, Lélia) 그는 아내로부터의 존경을 잃었다. 2) 〖직접목적보어 관계〗 la découverte de l'Amérique 아메리카의 발견 / le respect des lois 법의 준수 / l'amour des parents 부모의 사랑; 부모에 대

한 사랑/la crainte de l'ennemi 적이 품는 공포;적에 대한 공포, etc.처럼 두가지 뜻으로 해석되는 경우도 있다.
② 〖주어와 직접목적보어의 동시 표현〗 a) 1) 동작명사+de+주어명사+pour+목적어: l'amour d'une mère pour ses enfants 자기 자식에 대한 어머니의 사랑. 2) 소유형용사+동작명사+de〔pour〕+목적어: sa haine de〔pour〕… …에 대한 그의 증오/son dédain de〔pour〕… …에 대한 그의 경멸/son amour de l'art 예술에 대한 그의 사랑/mon amour pour toi 당신에 대한 나의 사랑. b) 동작명사+de+목적어+par+주어: la découverte de l'Amérique par Colomb 콜롬부스의 아메리카 발견/la constatation des faits par l'historien 역사가에 의한 사실의 확인.
③〖간접보어〗 la soumission à l'autorité 권위에의 복종 (cf. se soumettre à)/un voyage par mer 항해/la chasse au renard 여우 사냥.
2° 〖동작명사의 역할〗 동작명사는 법과 시제를 나타낼 수 없지만 동사보다 간결한 표현이 가능하므로 즐겨 쓰인다:dès son arrivée (=dès qu'il fut〔sera〕 arrivé) 그가 도착하자마자.
① 〖동사 없이 문장을 이루는 경우〗 (⇨phrase nominale):Au jour, fureur de l'ogre; poursuite des fugitifs avec des bottes qui font franchir sept lieues d'une seule enjambée. (N. Lar) 날이 밝자 도깨비는 화가 나서, 한번 껑충 뛰기만 하면 칠십리를 뛰어넘는 장화를 신고 도망가는 놈들을 뒤쫓았다//(일기, 메모식 문체) Départ de chez nous à 10 h., déjeuner dans le train, arrivée à Tours vers 3 h., visite de la ville, le lendemain excursion aux environs. 열시에 집에서 출발, 기차에서 점심, 세시경 투르 도착, 시내 구경, 이튿날 근교를 여행.
② 〖avoir+동작명사〗 Il eut un cri 〔un soubresaut〕. 그는 외쳤다〔펄쩍 뛰었다〕(Il cria 〔soubresauta〕 보다도 명사에 주의를 집중시킨다 (B, 209)〗. ☆ Il y eut〔Ce fut〕 un cri 는 동작의 주체가 나타나 있지 않으므로 한층 un cri 가 강조된다. 동사를 생략해서 Soudain, un cri 라고 하면 위 ①의 구문이 된다.

nom de matière 〖물질명사〗―보통명사 *nom commun의 일종. l'eau, la bière, le fer 처럼 물질을 나타내는 것. ⇨article, article partitif, nombre des noms 2°.

nom propre 〖고유명사〗―*nom commun에 대응하여, 개체를 개별화하여 나타내는 명사를 말한다. 예를 들면 사람의 이름, 성, 나라, 고을, 산, 강의 명칭. 첫자를 *majuscule로 써서 보통명사와 구별한다. 동일한 고유명사가 둘 이상의 사람, 사물에 적용되는 경우가 있으나 (Villeneuve, Villefranche 등 고을 이름, Pierre, Paul 등 사람 이름, Lebrun, Lefebvre 등의 성), 보통명사와는 달리, 공통의 속성을 갖는 것은 아니다. 또한 성은 가족 전체에 적용되며, 고을의 주민이나 국민을 나타내는 명사(les Parisiens, les Français)도 다수를 포함하고 있으나, 다른 성을 가진 사람, 다른 고을, 나라의 주민에 대해 개별화된 것이므로, 고유명사로 간주되는 것이다.
I. 〖고유명사의 기원〗 1° 〖인명〗 13세기까지는 성이 존재하지 않았고 13세기에서 15세기에 성이 만들어졌다. ①〖세례명에서〗 Perrot (<Pierre), Guillemin (<Guillaume), etc. ②〖직업에서〗 Boulanger, Boucher, Meunier, Fèvre (=forgeron), etc. ③〖육체적, 정신적 특징에서〗 Leroux, Lebrun, Legros, Petit,

Lebon, Lesage, etc. ④《거주지의 특징에서》 Dupont, Dumont, Duchêne, Fresnay, etc. 《(집이 pont, mont, chêne, frênaie 근처에 있었음을 나타냄)》. ⑤《가족의 고향에서》 Picard (<Picardie), Bourguignon (<Bourgogne), Flamand (<Flandre), Langlois (=l'Anglais), Derennes (=de Rennes), etc. ⑥ 《동식물명에서》 Lavigne (=la vigne), Mouton, etc. ⑦《기타》 Boileau, Boivin (qui boit de l'eau, du vin), etc.

2°《지명》 지명의 기원은 매우 오래되었다. 순수한 프랑스어로 만들어진 것을 보면, ①《토지의 특징》 Eaux-Chaudes, Bellevue, etc. ② 《건설자, 소유자의 이름》 Château-Thierry, la Ferté-Milon (=la forteresse de Milon), Charleville (=domaine de Charles), etc. ③ 《성인, 수호신의 이름》 Saint-Denis, etc. ④《고을의 특권》 Villefranche, etc. ⑤《중심이 되는 승원》 Moutier (=monastère), Le Monastier, etc. ★인명의 연구를 anthroponymie, 지명의 연구를 toponymie, 고유명사의 일반적 연구를 onomastique 라 칭하고, 많은 연구서들이 있다: A. Dauzat, *les Noms de personnes;* Id., *les Noms de famille de France;* Id., *les Noms de lieux;* Id., *la Toponymie française;* Aug. Longnon, *les Noms de lieux de la France,* etc. 또한 A. Dauzat의 감수로 *Revue Internationale d'onomastique* 가 간행되어 있다.

II. 《고유명사의 보통명사화》 고유명사와 보통명사와의 경계는 명확치 않다. 보통명사가 고유명사화되듯이 (⇨nom commun), 고유명사도 때로는 보통명사화하며, 어떤 것은 첫자를 *minuscule로 쓴다.

1°《인명》 ①그 이름의 사람과 같은 성질을 가진 사람·사물을 나타낼 때: un Judas 배반자, une Madeleine (막달라마리아>) 죄를 회개한 여자, un don Juan 호색한, un don Quichotte 과대망상가, un tartuffe (Molière의 희극중의 인물>) 위선자, un harpagon (위와 같음>) 수전노, etc.

②그 이름의 사람과 관계가 있는 사물을 나타낼 때. a)《제작품, 발명품》 un beau Rembrandt 아름다운 렘브란트의 그림/Il avait un Racine à la main. 그는 라신느의 작품 한 권을 손에 갖고 있었다/un chassepot 샤스포식 총/un quinquet 캥케식 램프, etc. b)《화폐》 un napoléon, un louis (제왕의 모습을 새겨넣은) 금화.

2°《국민명》 어느 국민에게서 특유하게 보이는 성격을 가진 사람을 지칭할 때: un flandrin (Flandre 사람>) 키다리, un gascon (Gascogne 주 사람>) 허풍선이, un grec (그리이스 사람>) 사기꾼, un juif (유태인>) 고리대금업자, etc.

3°《지명》 ①《산물》 un angora (<Angora 산) 앙고라 고양이〔염소, 토끼〕, du bordeaux (<Bordeux) 보르도 포도주, du cachemire (<Cachemire) 캐시미어 직물, du champagne (<Champagne) 샴페인 술, du damas (<Damas) 다마 직물, un japon (<Japon) 일본 도자기, du(un) manille (<Manille) 마닐라 연초〔밀짚모자〕, du moka (<Moka산) 모카 커피, un panama (<Panama) 파나마 모자, un terre-neuve (<Terre-Neuve) 뉴우펀들랜드산 개, du tulle (<Tulle) 튈르 명주〔망사〕.

②《춤, 노래 등》 un java (<Java) 자바춤, un pont-neuf (<옛날 파리의 Pont-neuf 다리에서 퍼뜨린) 민요, etc.

③《지명과 관계 있는 성질》 un *Waterloo* 大敗/On a oublié de chauffer. C'est une *Sibérie*. (Amiel, *Voyageur*) 방을 덥히는 것을 잊었

다. 꼭 시베리아(>추운 나라) 같다, etc.

III. 〖고유명사와 복수〗 고유명사는 여러 사람·사물의 호칭으로 쓰일 수 있으며 또한 쉽게 보통명사화할 수 있으므로 복수의 개념이 적용될 때가 있다. 지방·나라의 주민명을 제외하고 복수형에 s를 붙이느냐 않느냐의 문제가 생기며, s기호 사용에 관한 종래의 규칙은 논리가 일정치 않은 것도 사실이다. 많은 학자들이 합리적으로 이 문제를 해결하려 했으나, Ayer는 모든 경우에 s를 붙이지 말라고 권했고, Darm, Clédat는 모든 경우에 s를 붙이라고 권하는 등, 의견이 일치되지 않았다. 1901년 프랑스교육부령은, 복수관사가 고유명사 앞에 온 때는 고유명사에 s를 붙이는 것을 허용했다. 학교 문법에서도 종래의 규칙을 따른것, 교육부령에 따른 것 등 여러가지이다. 이렇듯 합리적 해결 방법이 일치하지 않아서 그 관용도 매우 유동적이다.

1° 〖동명이인, 동일가족의 전체 또는 여러명을 나타낼 때〗 보통 무변화 (les Goncourt 공쿠르 형제/La colère suffoque les Lepic. (Renard, Poil de C.) 분노로 르픽 가족들은 숨이 막힐 지경이다). 그러나 마가복음 15장 40절에 나오는 세명의 마리아는 전통적으로 les Saintes Maries, les Trois Maries로 쓴다 (cf. Il y avait en lui d'autres Philippes possibles. (Maurois, Climats) 그에게는 있을 수 있는 또다른 필립들의 모습이 존재하고 있었다). ☆옛날 왕가, 역사상 유명한 가문의 사람들에게는 복수형을 쓰는 것이 종래의 규칙:les Ptolémées (이집트) 프톨레미 왕가, les Capets 카페 왕가, les Bourbons 부르봉 왕가, les Guises 귀즈가, les Condés 콩데가, les Montmorencys 몽모랑시가, etc. 「les Gracques 그라크스 형제, les trois Horaces 호라티우스 3형제」는 라틴어에 따라, 「les Stuarts 스튜아트 왕가, les Tudors 튜더 왕가」는 영어에 따른 것이다. 그 나라에서 s를 붙이지 않는 외국의 왕가에는 역시 s를 안붙이는 것이 보통 (les Habsbourg 합스부르크 왕가, les Romanov 로마노프 왕가). 종래의 규칙에 따라 les Bonaparte는 s를 붙이지 않는데, s를 붙일 만큼 유명도가 있느냐 없느냐의 한계는 애매하다.

2° 〖과장해서 한 사람을 복수형으로 나타낼 때〗 보통 무변화 (⇨pluriel augmentatif 3°): Les drames en vers qu'écrivent encore les Bornier, les Coppée, les Parodi et les Richepin sont cornéliens. (Lemaître) 보르니에, 코페, 파로디, 리슈팽이 지금도 쓰고 있는 운문극은 코르네이유식이다.

3° ① 〖신문, 잡지의 이름, 책의 제목〗 보통 무변화:Il a acheté deux *Figaro*. 그는 피가로紙 두 부를 샀다/Envoyez-moi trois *Télémaque* (=trois exemplaires du Télémaque). 텔레마크 세 권을 나에게 보내주시오. ② 〖그림의 제목〗 보통 s를 붙인다:les *Annonciations* des peintres chrétiens 기독교 화가들의 「천사 가브리엘의 성모 마리아 방문」의 그림들/les *Descentes* de croix 그리스도의 십자가 강하도.

4° 〖사람 이름〗 (1) 그 사람과 같은 성격의 사람, (2) 그 사람이 만든 작품, (3) 그 사람을 표현한 예술작품을 나타낼 때는, 문법상 규칙이나 관용이 일정치 않다.

① 규범 문법책에는 사람 이름이 보통명사화한 것으로 생각하여 보통명사의 경우처럼 s를 붙이고 있다: les Homères (=les poètes tels que Homère) 호메로스 같은 시인들/des Raphaëls (=des tableaux de Raphaël) 라파엘의 그림들/plusieurs Virgiles (=plusieurs exemplaires des œuvres de Virgile)

nombre¹ 338

비르길리우스의 여러 권의 작품.
② 혹은 생략된 구조로 생각해서 (des poètes comme Virgile) 고유명사를 변화시키지 않기도 한다. D, 107-8은 위의 (1), (2)를 불변으로, (3)은 s를 붙이고 있다.
③ 두 말로 이루어진 사람 이름은 보통 불변:des La Fontaine, des lord Byron, des don Juan. 그러나 des Don Quichottes (Ac, DG, Robert), 또는 des Dons Quichottes (Lit).
5° 〖정치적이나 행정적으로 분할되는 국명〗 복수기호를 붙인다:les Amériques 남, 북 아메리카 대륙, les Gaules (→la Gaule Cisalpine+la Gaule Transalpine), les deux Guinées 兩 기니, les Indes 인도, 인도차이나와 부근에 있는 섬들의 총칭, les Flandres (→F. française +F. flamande+F. occidentale), etc. ★1) 나라, 고을 이름 등에 여러 양상을 염두에 두고 복수로 나타낼 때 s기호의 용법은 일정치 않다:Il y a deux France. (A. Hermant)/ Mais y a-t-il réellement deux Allemagnes distinctes? (H. Bordeaux). 2) 어떤 지명 특히 諸島, 산맥 이름은 언제나 복수형으로 쓴다 (les Andes 안데스 산맥, les Antilles 서인도 제도). 그러나 le Caucase 코카서스 산맥, le Jura 쥐라 산맥.

nombre¹—〖동사의 일치〗 ① un grand 〔petit, certain〕 ~ de+N에서 동사의 일치는 쓰는 사람의 의향에 따른다:Un grand ~ de soldats *fut tué* dans ce combat. (Lit)/Un grand ~ de soldats *périrent* dans ce combat. (Ac) 수많은 군인들이 그 전투에서 죽었다.
② **le plus grand 〔petit〕 ~ des**+N 의 경우에는 보통 동사를 단수로 쓴다:Le plus grand ~ des invités *s'en alla*. (Tharaud, *Quand Israël n'est plus roi*) 다수의 손님들은 가 버렸다. ☆그러나 이 경우에도 복수를 쓰기도 한다: Le plus grand ~ des jeunes étudiants *habitent* chambres déplaisantes. (Barrès, *Les Déracinés*) 대부분의 학생들은 언짢은 방에서 살고 있다.
au ~ de: Les rois mages étaient *au ~ de* trois. (Rob) 동방박사는 세 사람이었다. ***être du ~ de:*** *Serez*-vous *du ~ des* invités? (혹은 생략해서 *Serez*-vous *du ~?*) (*Ib.*) 당신도 초대받은 사람들중에 들어있을까요? 당신도 초대받을까요? ***en ~ :*** Les candidats se sont présentés *en ~*. 후보자들이 수없이 나타났다. ***~ de+N***《동사는 복수》: ~ *de* gens (=Beaucoup de gens) s'enrichissent aujourd'hui. (Bonnard) 오늘날 수많은 사람들이 부유해지고 있다.

nombre²〔수〕—하나와 많음의 개념을 나타내는 문법 범주. 프랑스어의 수에는 단수 singulier와 복수 pluriel의 두가지 종류가 있다. 원칙적으로 단수는 하나의 개체를, 복수는 동일 종속에 속하는 둘 이상의 개체를 나타내지만, 명사의 단수형, 복수형은 다 함께 집합을 나타내고, 복수형은, 때로는 수의 개념을 떠나서 양의 개념에도 적용되므로(⇨pluriel augmentatif), 단수, 복수의 개념과 단수, 복수의 형태와는 반드시 일치하지는 않는다. 수에 따라 형태를 변화시키는 것은 명사, 대명사, 형용사, 관사 및 부사이다.

nombre des noms 〔명사의 수〕— 1° 〖수로 셀 수 있는것과 수로 셀 수 없는 것〗 명사를 「수로 셀 수 있는 것 choses comptables」을 나타내는 명사와 「수로 셀 수 없는 것 choses non comptables」을 나타내는 명사로 나눌 수 있다. 수로 셀 수 있다는 것은 일정한 형태 또는 한계를 갖고, 책상, 집 따위의 물질과, 시간, 거리, 행위 따위의 비물질에 대해서도 하나의 단위를 기초로 해서 수로 셀 수 있는 것이며, 이러한 것을 나타내는 명사는 수의 개념이 분명한 것이다. 한 개의 개체는 단수이며 두개 이상의 개체는 복수로 표현한다(un livre, des livres). 수로 셀 수 없다는 것은, 물, 공기처럼 수로 셀 수 있는 단위가 존재하지 않든가, 모래, 쌀처럼 그 한 알맹이를 수의 단위로 쓰지 않는 것을 말한다. 이러한 물질에는 하나와 많음과의 차이는 생각지 않고 양의 다과를 고려하는 것이다(Il boit de l'eau [beaucoup d'eau].). 이들의 물질을 세려면 특별한 단위를 사용한다 (deux *morceaux* de viande 고기 두 조각, cinq *feuilles* de papier 종이 다섯 장, trois *tasses* de thé 차 석 잔). 그러나 수로 셀 수 없는 것을 나타내는 명사도 어떤 경우에는 수의 개념이 생기고, 수로 셀 수 있는 것을 나타내는 명사가 수의 개념을 잃을 때도 있다.

2° 〖물질명사〗 다음 경우에 수의 개념이 생긴다. ①여러가지 종류, 품질을 생각할 때. 예를 들면, 차라는 물질의 호칭으로서 차라고 할 때는 le thé이지만, 홍차, 녹차 등 종류를 염두에 두고 이것들을 총칭으로 차라고 할 때는 les thés가 되는 것이다: le commerce *des thés* 차 사업/le cours *des blés* 밀 시세/ *Les farines* baissent. 밀가루 시세가 떨어졌다/Il y a *des aciers* plus durs que d'aures. 다른 것들보다 더 단단한 강철들이 있다.

②물질명사가 그 물질로 만들어진 제품을 표시할 때: *un verre* 컵, *des cuivres* (구리로 만든) 금관악기, *des bronzes* 동상, une collection de *marbres* 대리석 세공품의 수집.

③일정한 형태를 갖는 개체를 표현할 때. 예를 들면, 빵은 일반적으로 양밖에 생각지 않지만, ××빵처럼 일정한 형태를 갖춘 빵은 un pain, deux pains으로 셀할 수 있다.

3° 〖추상명사〗 2°와 같이 생각할 수 있다. ①여러가지 양태를 생각할 때:

Il a toutes *les ambitions*. 그는 여러 종류의 야심을 품고 있다.

②추상명사가 나타내는 속성을 지닌 행위, 말을 표현할 때: dire *des sottises* 어리석은 얘기를 하다/faire *des maladresses* 실수를 저지르다/*les cruautés* de Néron 네로의 잔인한 짓.

③구상적 사물을 나타낼 때: *des peintures* 여러 폭의 그림, *des sculptures* 여러 조각물, *des antiquités* 고미술품, *des arithmétiques* 산술책.

4° 〖유일물을 나타내는 명사와 수〗 ①유일물을 나타내는 명사도 여러 종류의 양태를 염두에 두었을 때, 그 양태의 여러 개 혹은 총체에 대해서 복수를 쓸 수 있다: entre deux *soleils* 해질 때부터 해뜰 때까지.

②의미의 전환으로 수를 셀 수 있는 것을 나타낼 때: Les étoiles sont *des soleils*. 별들도 태양처럼 발광체이다/des soleils 해바라기 / des paradis 낙원.

5° 〖고유명사, 집합명사〗 ⇨nom propre, nom collectif.

6° 〖두 부분으로 이루어진 사물, 한 쌍을 이루고 있는 사물〗 ①가위, 바지처럼 두 부분으로 이루어진 사물을 나타내는 명사에는 한 개를 복수로 표현하는 것들이 있다(⁺ciseaux 가위, ⁺cisailles 큰 가위, forces 큰 가위, ⁺pincettes 핀셋, lunettes 안경, ⁺jumelles 쌍안경, besicles 구식 안경, bretelles 바지의 멜빵, chausses 짧은 바지, trousses 짧은 바지, braies 옛 고울 사람의 바지, etc.). 두 부분이 복수의 관념을 환기시킬 때는 한 쌍을 나타내는 une paire de와 함께 쓰여도 명백해진다(une paire de ciseaux[bretelles] 가위[멜빵] 하나. cf. 영어:a pair of spectacles[of scissors]). 독일어에선 단수로 생각한다(eine Brille, eine Schere). 본래 한 개를 나타내므로 프랑스어에서도 쉽게 단수로 바꾸어 쓰이기도 한다. 위 ⁺표의 단

어는 단수에도 쓰이고, 다음「*pantalon 긴 바지, *pince-nez 코안경, *lorgnon 코안경, binocle 코안경」은 보통 단수로 쓰인다. 다음「culotte(s) 반 바지, caleçon(s) 팬츠, pince(s) 핀셋, tenaille(s) 못뽑이」는 일정치 않다.

② 한 쌍을 이루어 사용되는 것은 일반적으로 복수(mettre ses souliers [ses bas] 구두〔양말〕를 신다/être en pantoufles 슬리퍼를 신고 있다/ une paire de chaussures〔de bottes〕 신발〔장화〕 한 켤레). 이들 명사는 사용을 염두에 두지 않았을 때는 단수로 쓰인다(Il est haut comme une botte. 그는 키가 장화만큼 크다 (=키가 작다)/Cela vous va comme un bas de soie〔comme un gant〕. 그것은 마치 명주 양말〔장갑〕이 꼭 끼듯이 당신에게 잘 어울린다). 한 쌍을 이루는 인체의 부분도 일반적으로 복수를 쓴다(froncer les sourcils 눈살을 찌푸리다, remuer les lèvres 입술을 움직이다, hausser les épaules 어깨를 으쓱해 보이다). 그러나 이들 명사를 단수로 나타낼수도 있다((특히 비유적인 뜻으로)): défroncer le sourcil 근심에 잠긴 눈살을 펴다 / dresser 〔tendre〕 l'oreille 귀를 기울여 엿듣다/prêter l'oreille 주의해서 듣다/ Il ne put fermer l'œil. 그는 눈을 붙일 수 없었다(⇨œil). 마찬가지로 la moustache 혹은 les ~s.

7° 〚pluriel pudique〛 복수형은 불쾌한 말을 부드럽게 해주는 역할을 한다. 예를 들어「변소」를 나타내는 말은 복수로 쓴다(les latrines, se rendre aux cabinets, aller aux toilettes, Où sont les lavabos?, les goguenots 《속어》, les lieux (d'aisance), des feuillées 《군대 은어》, les W.C., les waters). Cohen, Reg., 51 은 이것을 pluriel pudique 로 부르고 있다 그는 les culottes, les chausses, les caleçons, les pantalons 도 이에 포함시키고 있다.

8° 〚항상 또는 일반적으로 복수로만 쓰이는 명사〛 accordailles, affres, agissements, agrès, aguets, alentours, ambages, annales, *appas, archives, armoiries, arrérages, arrhes, béatilles, *bestiaux, broussailles, broutilles, complies, confins, décombres, dépens, échecs 장기, entrailles, environs, épousailles, errements, fastes, fiançailles, frais, funérailles, hardes, jonchets, laudes, lupercales, mânes, matines, mœurs, obsèques, pierreries, prémices, Quatre-Temps, ténèbres, vêpres, vivres, etc. 그리고 6°의 일부. ☆ 라틴어의 복수형을 어원으로 하는 것이 많지만(annales, fastes, mânes, mœurs, ténèbres 등), accordailles, épousailles, funérailles 등은 의식, 연회의 총합을, alentours, environs 은 les lieux qui sont autour 를, archives, entrailles, décombres 등은 사물의 집합을 나타내는 것처럼, 대부분이 복수의 관념을 내포하고 있다. 이런 복수를 Goug, 128 은 집합복수 pluriel d'ensemble 로 부르고 있다. 이런 종류의 말이 늘 단수의 관념을 배제하는 것은 아니다: la broussaille (Hugo), un décombre (Id.). (cf. B, 98).

9° 〚항상 단수로 쓰이는 명사〛 물질명사, 추상명사, 유일물을 나타내는 명사는 일반적으로 단수로 쓰이지만, 복수의 관념을 받을 수도 있기 때문에(⇨2°-4°) 엄밀히 말하자면 복수로 쓰이지 않는 명사는 매우 적으나, 명사화한 부정법, 형용사의 어떤 것 (le manger, le boire; le beau, le vrai)은 복수로 쓰기가 어렵다.

10° 〚복수형이 단수형에는 없는 의미를 나타내는 것〛 arrêt 체포; pl. 근신, 금족/assise 지층, 열; pl. 중죄재판/bretelle 가죽끈; pl. 멜빵/ ciseau 끌; pl. 가위/croc 갈고리;

pl. 이빨/effet 결과; *pl.* 재산, 의류/gage 담보, 전당; *pl.* 급료/humanité 인간성; *pl.* 고전연구/lettre 편지; *pl.* 문학/lunette 망원경; *pl.* 안경/manière 방법; *pl.* 태도, 예의/vacance 빈자리; *pl.* 휴가, etc. 그러나 복수형에도 단수형이 나타내는 의미가 보존되어 있으므로 복수형이 되면 새로운 의미가 첨가되는 것이다.

11° 〖보어명사〗 ① à, de 가 앞에 온 무관사인 보어명사는 그 의미에 따라 수가 결정된다: un baril d'huile [d'olives] 기름[올리브] 한 통(= qui contient de l'huile [des olives]), un marchand de lait[de vins] 우유[술]장사(=qui vend du lait, des vins ➪2°, ①), un fruit à noyau[à pépins] 핵이[씨가] 있는 과일(=qui a un noyau, des pépins), des hommes de talent 재주 있는 사람, un homme à talents 여러가지 재주를 가진 사람, des caprices de femme 여성의 변덕, un cercle de femmes 부인 클럽, etc. 마지막 두 예에서, 단수는 보편적인 종속명을, 복수는 개체를 나타낸다. 그러나 어느쪽으로도 생각할 수 있으므로 쓰는 법이 일정치 않은 경우가 많다: des habits de femme(s), un coiffeur pour dame(s), des poignées de main(s), une salle de bain(s) [d'étude(s)], etc.

☆「groseille 까치밥나무 열매」는 물질명사로서 de la groseille(cf. de l'œuf, du fruit)라고도 하고, des groseilles(cf. des œufs, des fruits) 라고도 하기 때문에 gelée de groseille(s)가 된다.

② 부정어와 함께 쓰이게 된 때의 보어명사는 그 문장이 긍정적 의미를 가진 경우에 주어져야 할 수를 취한다: L'arbre n'avait plus de feuilles. /Il était sans argent [sans amis, sans parents].

③ **a)** 각자가 하나밖에 갖지 않는 것은 단수·복수 어느 관념을 생각하느냐에 따라 수를 결정한다: Ils ont ôté leur(s) chapeau(x). 그들은 모자를 벗었다 《단수, 복수 어느쪽도 가능하나 단수가 보다 일반적임》.

b) 복수의 사용으로, 각자에게 여러개의 관념을 나타낼 수 있는 경우에는 단수가 필요하다: Nous prenons *une tasse* de café. 우리는 차를 한 잔 마신다. **c)** 소유형용사 대신으로 정관사를 쓰는 경우에는 (➪adjectifs possessifs) 단수로 표현한다(Il baisse la tête.>Ils baissent *la tête.*). 이 경우 소유형용사를 사용하면 숙어적 성격을 잃고, 복수형으로도 쓰인다(Ils tournèrent tous *le visage [leurs visages]* de ce côté. 그들은 이쪽으로 모두 머리를 돌렸다). des fruits à *noyau*(➪11°, ①) 도 마찬가지로 생각할 수 있다.

nombreux—être ~ à+*inf:* Les ouvriers *furent* ~ à faire grève. (Bonnard) 노동자들은 많은 수가 파업했다.

nominal—1° 술어 prédicat에 동사도 계사 copule도 없는 서술문을 명사구문 phrase nominale이라 한다. 예를들어 Omnia praeclara rara 라는 라틴어 문장은 계사인 sunt가 없다. 또 동사가 없는 명령문, 의문문, 강조문 emphatique 들을 명사구문이라고도 한다. Admirable, ce tableau! 는 강조명사구문이고, Silence! 는 동사가 없는 명령문이다.

2° 수, 인칭, 접사 affixe 도 없이 명사적 기능과 형용사적 기능을 갖는 부정법과 현재[과거]분사를 동사의 명사형 formes nominales du verbe 이라 한다.

3° 경우에 따라서는 관사, 지시사 같은 한정사가 앞에 온 명사로 이루어진 연사 syntagme를 명사구 syntagme nominal (약자:SN)라 한다. 즉, Pierre dort. Le chat dort 에서 Pierre와 le chat 는, 하나는

단 하나의 명사, 다른 하나는 한정사가 앞에 온 명사로 이루어진 SN이다. 또한 하나의 한정사와 명사로 이루어지는 기본 SN의 모든 확장 expansion을 SN으로 정의한다. 즉 Le chat de la concierge dort에서 le chat de la concierge는 le chat의 expansion인 SN이고, Le petit chat gris dort에서 le petit chat gris도 SN이다. 따라서 명사는 SN에서 「머리 tête」같은 위치를 차지한다.

non—*ne의 강세형으로 다음에 오는 모음과 liaison을 하지 않는다.

1° 이미 나온 말, 절을 부정적으로 표현.

① 〖긍정, 부정의 질문에 대한 대답〗 Vous venez?—~. 오겠소?—아니오/Vous ne venez pas?—~. 안 오겠소?—예// 〖강조형〗 ~ pas; ~ certes; ~ assurément; ~ vraiment; oh! ~; ~, ~; mais ~; ma foi, ~; dame [mon Dieu] ~; certainement [bien sûr que] ~; ~ et ~; que ~; (⇨oui); que ~ pas [point]; etc. oui, si와 non ⇨oui, ④.

② 〖대답이 아니고 절을 대신해서〗 Pourquoi ~? 왜 그렇지 않소? (대부분 반어적. Pourquoi *pas?*를 쓰는 편이 보다 보편적). cf. sinon (< si+*non*) 그렇지 않으면((때로는 si ~으로 쓰기도 한다. Gide, *Interv.*))// Ça me paraît la meilleure solution, ~? 그것이 나에게는 최선의 해결책으로 생각되는데, 안 그런가?

③ **ou ~**은 부정의 등위절에 상당: Venez-vous *ou* ~? 오겠소 안 오겠소?/Venez-vous, oui *ou* ~? 오겠소 안 오겠소, 어느쪽이오? 《상대방의 대답을 기다리는 안타까움을 나타냄》/Oui *ou* ~, pourrais-tu aimer une autre fille que moi? (Beauvoir, *Sang*) 어느쪽이예요, 당신이 나 아닌 다른 여자를 사랑할 수 있어요?/Dites-moi si vous irez *ou* ~. 당신이 갈 것인지 아닌지 나에게 말하시오/Habillé *ou* ~ (=Qu'il soit habillé *ou* ~), je veux le voir. (Mart, 528) 그가 옷을 입었거나 안 입었거나 간에 나는 그를 만나고 싶다/Méchanceté *ou* ~ (=Que ce soit méchanceté *ou* ~), voilà ce qu'il a fait. (*Ib.*) 악의가 있어서였건 아니건 간에 이것이 그가 한 짓이다.

④ 〖주어 다음에 동사의 반복을 피하기 위해서〗 Il viendra, mais elle, ~. (H) 그는 오겠지만 그녀는 오지 않을 것이다. ⇨pas.

⑤ 〖補足節에서〗 *oui ③의 경우: J'ai l'impression que ~. 아니라는 인상을 받았다/Probablement que ~. 아마 아닐 것이다/Il paraît que ~. 아닌 것 같다/Il répondit que ~. 그는 아니라고 대답했다((Il répondit ~. 이라고도 함)).

2° 문장 처음이나 끝에서 부정을 강조한다: ~, tu n'as pas de pitié. 정말 자네는 인정도 없군/Il ne mourra pas, ~. (Pagnol, *Fanny*) 그는 죽지 않습니다, 죽다니요.

3° 〖**~ (pas)**형 표현〗(*et, mais*) **~ (pas)** 《주동사 이외에 선행하는 긍정적 요소와 동일 기능의 요소를 부정하여 대립을 나타낸다》: Mon avis, ~ le vôtre, doit prévaloir. 당신의 의견이 아니라 내 의견이 우세함이 틀림없다 / Il est fatigué, *et*[*mais*] ~ (*pas*) malade. (Mart) 그는 피곤한 것이지 아픈 것은 아니다/Vous pouvez me tuer, ~ me juger. (Camus, *Justes*) 당신은 나를 죽일 수는 있겠지만 나를 재판할 수는 없소. **~ (*pas*[*point*])...mais** 《부정하고 싶은 말을 먼저 표현하는 경우 긍정하고 싶은 말 앞에 mais를 씀》: Elle était ~ *pas* heureuse, *mais* calme. (Arland, *Ordre*) 그녀는 행복한 것이 아니라 평온했다/Il craignait, ~ d'avoir peur, *mais* de le paraître. (*Ib.*) 그는 겁을 먹어서 두려워 하는 것이 아니라 그렇게 보이지나 않을까 두려워했다/Vous avez en face de vous ~ *point* un agent du fisc, *mais* un ami. (Romains, *Knock*) 자네 앞에는 세무서원이 있는 것이 아니라 한 사람의 친구가 있네/J'écris mal, ~ parce que la lumière est insuffisante, *mais* parce que ma main tremble. (Pérochon, *Ombres*) 빛이 어두워서가 아니라 내 손이 떨려서 글씨를 잘 쓸 수 없다. ~(*pas*) *que*+*subj* (=ce n'est pas que..., il ne faut pas croire pour cela que...): ~ *pas*, dit-elle, *que* j'en *fasse* cas. (Musset, *Confess.*) 그렇다고 내가 그것을 소중히 하는 건 아니라고 그녀는 말했다/~ *que* je *veuille* vous le reprocher, mais je regrette que vous l'ayez fait. (Mart, 528-9) 너에게 그걸 꾸짖을 생각은 없지만, 그런 짓을 한 것은 섭섭한 노릇이다. ⇨ne II, 3°; aussi 2°, ☆ 2), ii)∥(=parce que):Et je continuai, ~ *qu'*il me *restât* rien à ajouter, *mais* parce que je ne pouvais supporter son silence. (Gide, *Symphonie*) 나는 얘기를 계속했다. 무슨 덧붙일 얘기가 있어서가 아니라 그녀의 침묵을 참을 수가 없었기 때문이다. ~(드물게~ *pas*) *seulement…mais* (*encore*) (또는 *mais aussi, mais même, mais de plus*): ~ *seulement* il n'est pas savant, *mais* il est très ignorant. (Ac) 그는 박식하지 않을 뿐만 아니라 매우 무식하다/Un chrétien doit aimer ~ *seulement* ses amis, *mais même* ses ennemis. 크리스트교도는 친구 뿐만 아니라 원수까지도 사랑해야 한다. ☆원칙적으로 상응하는 두 요소 앞에 각기 놓아 대조적으로 쓰인다(첫째 예문에선 절과 절, 둘째 예문에선 목적어와 목적어가 상응하고 있음). 따라서 위 예문을 Il n'est pas ~ *seulement* savant, mais...; ~ *seulement* un chrétien doit aimer ses amis, mais

...라고 쓰면 그 대조가 깨어져서 좋지 않다(cf. Mart, 529; H, 474). 그러나 이런 구문을 쓰는 작가들도 때로는 있다:Et ~ *seulement* le mariage est chose à faire, *mais* chose sans cesse à refaire. (Maurois, *Sent. et Cout.*) 결혼이란 해야 할 일일 뿐 아니라 끊임없이 다시 해야 할 일이다.

ne… pas seulement…mais ⇨seulement.

4° 〖~+부사〔전치사〕〗 ~ *plus* ((부정문에 계속되는 부정문에서 aussi 의 대신(⇨aussi 으로)):Si vous n'y allez pas, je n'irai pas ~ *plus*(또는 moi ~ *plus* je n'irai pas). 당신이 그곳에 가지 않는다면 나도 가지 않겠다/Vous n'y êtes pas allé, (ni) moi ~ *plus*. 당신은 그곳에 가지 않았고 나도 가지 않았다. ~ *plus que* (=de même que):Vous n'êtes pas de trop, ~ *plus que* Verdelet. (Augier, *M. Poirier*, II) 당신이 있어도 방해가 안됩니다. 베르들레도 마찬가지입니다((이때 ni Verdelet ~ *plus*라고 써도 좋다)). ~ *moins que* (=autant, aussi que): Il mérite des éloges, ~ *moins que* son frère. (M) 그도 형〔아우〕만큼 칭찬을 받을 만하다. ~ *loin de :* ~ *loin de* la ville 도시에서 멀지 않은 곳에. ~ *sans:* ~ *sans* efforts 노력 않는것이 아니라 꽤 노력을 하여/Il s'éloigna ~ *sans* se retourner plusieurs fois. 그는 여러번 뒤돌아보면서 사라져 갔다.

5° 〖~+형용사〔과거분사〕〗 une leçon ~ sue 이해하지 못한 학과, un débiteur ~ solvable 지불능력이 없는 채무자.

6° 〖복합어의 요소로서〗 접두사적 용법: ~-sens 무의미, 넌센스/~-valeur 무가치/~-combattant 비전투원, etc.

nonobstant―<non+obstant (=faisant obstacle). 부사(=cepen-

dant, néanmoins), 전치사(=malgré), 접속사구 ~ que (=bien que, quoique)는 낡은 표현이며 드물게 문어에서 쓰인다. 숙어인 ce ~(= malgré cela)도 법률 용어에서나 쓰인다. 같은 뜻인 ~ ce는 더욱 드물게 쓰인다.

nos, notre ⇨adjectifs possessifs.

nôtre ⇨pronoms possessifs, adjectifs possessifs.

nous—주어, 보어, 속사로 쓰이는 인칭대명사. 기능, 위치에 의하여 무강세(~ disons./Il ~ dit.), 또는 강세(Dites-le-~./C'est ~./Chez ~.) 이다. 일반적으로 (1) je+vous, (2) je+il(s) [elle(s)], (3) je+vous+ il(s)[elle(s)]의 뜻이다. 일반적 용법은 ⇨pronoms personnels. 아래는 특수한 용법들이다.

1° 넓은 의미로 쓰이는 일종의 부정대명사로서:~ sommes lundi. 오늘은 월요일이다/~ sommes le(또는 au) 10 décembre. 오늘은 12월 10일 이다/Ce que c'est que de ~! 우리는[인간은] 참으로 불쌍한 존재이다.

2° (=je). ① 국왕, 법왕, 사제, 지사등의 글에서 장엄함을 나타낸다 (pluriel de majesté). 로마 황제의 포고문에서 비롯된 표현형식이다:~, préfet de la Seine... 센주 지사인 본관은….

② 자존심, 오만을 나타낸다. 일종의 *pluriel augmentatif: Je me trouvais parfois découragée; — pas longtemps: ~ sommes têtue. (Arland, Grâce) 나는 때때로 낙담하는 때가 있다. 그러나 오랫동안 그런 것은 아니다. 나는 고집이 세니까.

③ 책의 서문에서 저자가 자신을 가리킬 때 쓴다. 문제의 의견이 저자 고유의 것이 아닌 것임을 나타내는 「겸양」의 어투이다. Ac, 48은 pluriel de convention littéraire 라 부르고 있다: ~ sommes convaincu que cette étude pourra aider les lecteurs. (Colin) 이 연구가 독자들에게 도움을 줄 수 있으리라 믿는 바이다.

3° (=tu). ① 어린애, 여성, 환자에 대해 애정의 표시 nous de sympathie로: Voyons, est-ce que ~ allons être calme? (Arland, Ordre) (교장이 학생에게) 자, 좀 침착할 수가 없을까? /Alors, ~ ne voulons pas ~ coucher, aujourd'hui. (Thomas) 자, 잠을 자야지 (cf. Allons! mioches, ne *pleurons* plus! (Daud, Contes) 자, 애들아 이제 그만 울어야지).

② 빈정대는 어투로:Dépêchons-*nous*, ma petite dame. (Arland, Ordre) 부인, 서두르시오/Ne ~ emballons pas! (Troyat, Araigne) 너무 흥분하지 마라.

4° (=il, elle). 말하는 사람의 관심을 표시하는 과장적인 용법, 속어: On l'a fait apercevoir plusieurs fois de sa faute, mais ~ sommes opiniâtre, ~ ne voulons pas ~ corriger. (Ayer, 423) 그가 틀렸다는 것을 여러번 알려주었으나 그는 고집이 세어 고치려들지 않는다.

5° ~ deux Pierre (=Pierre et moi) (⇨deux). 형용사의 일치 ⇨ adjectifs qualificatifs II.

nouveau—1° 여성형은 **nouvelle**. 남성 古形 **nouvel**은 모음 혹은 무음 h로 시작하는 남성단수 명사 앞에서 쓰인다 (Le *nouvel* an 새해). 「~+et+adj.」의 경우에는 nouveau를 쓰는 것이 보통:un livre ~ et intéressant (Mart, 69) 새로 나온 흥미있는 책, un ~ et rare moyen (Lit) 새롭고 드물게 보이는 수단. ☆그러나 때로는 nouvel et (특히 모음으로 시작되는 남성단수 명사 앞에서):un *nouvel et* éclatant exemple (M) 새롭고 싱싱한 예 (cf. Dam, II, 103).

2° ~ N은 「종전과는 다른」, N ~

nul, nulle

는 「새로 발명, 간행, 수확, … 된」의 뜻으로 구별될 때가 있다: un *nouvel* habit 지금까지 입은 옷과는 다른 새 옷/un habit ~ 최신 유행의 옷/Goûtez-moi ce ~ vin. 지금까지 마신 것과는 다른 이 술을 좀 맛보세요/du vin ~ 새로 만든 술. ▷ neuf².

3° 〖~+형용사〔과거분사〕〗 부사적 기능을 갖기 때문에 불변 (des vins ~ tirés (=nouvellement) 술통에서 새로 꺼낸 술, une fille ~-née 갓 태어난 딸). 명사적 용법의 과거분사 앞에서는, ~-né 이외에는 명사를 수식하는 형용사이므로 변화한다 (la *nouvelle* mariée 신부, les ~x mariés 신혼부부, les ~x convertis 〔*novelles* converties〕 새로 개종한 남〔여〕자들, les ~x venus 〔*nouvelles* venues〕 새로 온 남〔여〕자들). 그러나 une ~-née, des ~-né(e)s 갓난애(들).

4° 〖de ~, à ~〗 순수성을 주장하는 사람들은 「de ~ 또, 또다시 (= une fois de plus), à ~ 다른 방법으로 (=de façon complètement différente)」로 구별한다: On l'a emprisonné *de* ~. (Bonnard) 그를 또 감옥에 넣었다/Ce travail est manqué, il faut le refaire *à* ~. 이 일은 잘못 되었다. 다른 방법으로 다시 해야 한다. ☆그러나 오늘날에는 à ~를 de ~ 의 뜻으로 쓰는 경우가 많다: La sonnerie d'entrée tinta *à* ~. (Beauvoir, *Tous les h.*) 입구의 초인종이 또 울렸다.

novembre ▷mois.

nu—「nu-명사」는 불변 (aller *nu*-pieds 맨발로 가다, *nu*-tête 모자를 안 쓰고, *nu*-jambes 다리를 드러내 놓고). B, 645; W, 205에서는 nu 를 일종의 접두사로 보고 있다. 「N +nu」는 명사에 일치: aller les pieds *nus*, la tête *nue*, les jambes *nues*. ☆이것은 17세기 이후의 규칙으로, 그때까지는 nu 가 명사에 일치했고 17세기에도 *nue* tête로 쓴 것을 볼 수 있다. 「la **nue** propriété 虛有權 《법률용어》」도 이 잔재이다. 1901 년의 프랑스 교육부령에서는 「nu-명사」의 일치를 허용했고, D, 441 에도 인공적인 위의 규칙을 버리라고 주장하고 있다.

à nu: découvrir son cœur *à nu* 흉금을 털어놓다/A ce moment, j'ai vu son sale caractère *à nu*. (Bonnard) 나는 그때 그의 비열한 성격을 적나라하게 보았다.

nuit—à la ~ (= à la tombée de la ~) 해질 무렵에/la ~ (=pendant la ~) 밤중에/~ et jour [nɥite-] 밤낮으로/la ~ du 〔de〕 samedi au 〔à〕 dimanche (Cl) 토요일에서 일요일로 넘어가는 밤/cette ~ 오늘 밤; 어제 밤. ▷nom² IV, 2°, ②, a).

nul, nulle—1° 〖~ N〗 *adj. indéf.* (=aucun). 지금에는 「*nulle* part 아무데도」 이외에는 주로 문학어, 관청문체, 전통적 성구에서만 쓰이고, 점차 aucun으로 바꾸어 쓰는 경향이 있다. ① 〖ne, sans 과 함께〗 Je *n*'ai *nulle* envie de partir. (Bonnard) 나는 떠날 의향이 전혀 없다/sans *nul* doute 의심할 나위 없이. ② 〖생략문〗 *nul* bien sans mal. 악이 따르지 않는 선이란 없다. ☆「nul(le)s+복수명사」=aucun(e)s.

2° 〖N ~, 또는 속사〗 *adj. qualif.* (=sans valeur): un homme *nul* 무능한 사람, Le testament a été déclaré *nul*. 그 유서는 무효로 선언되었다.

3° *pron. indéf.* 대개는 personne 로 바꾸어 쓴다. ne를 동반해서 거의 주어로만 쓴다. ① 단독으로 쓰이면 거의 남성 주어: *nul* n'est content de son sort. 아무도 자신의 운명에 만족해 하는 사람은 없다/*nul* que vous (=excepté vous) ne pourra finir cette œuvre. (N, V, 423) 당신을 제외하고는 아무도 이 일을 완성할

nul doute que

사람이 없다. ☆여성 주어로 쓰이는 경우는 예외적: Parmi nos femmes écrivains, *nulle* n'a eu plus de talent que Colette. (Bonnard) 우리 여류 작가들 중에서 콜레트보다 재능이 더 많은 작가는 아무도 없었다. ② 한정보어를 동반하거나 가까이 있는 명사를 받을 수 있다. 이 때에는 nulle 도 보통: *nul* de〔d'entre〕nous 우리들 중 아무도/Vous avez été sévère pour ces femmes; *nulle* pourtant ne le méritait. 당신은 이 여자들에게 가혹하게 굴었다. 그러나 (그녀들 중) 아무도 그런 대우를 받을 만한 여자는 없었다.

nul doute que—*Nul doute* (=Il n'y a aucun doute) *qu*'il ne soit déjà arrivé. 그가 이미 도착했으리라는 사실을 아무도 의심치 않는다. ⇨doute, ne explétif.

numéraux[수사]—수를 나타내는 말. 형용사, 대명사로도 쓰인다. *adjectifs-pronoms의 일종. 일반적으로 (1) 基數詞 *num. cardinaux (2) 序數詞 *num. ordinaux 로 나누어지는데, D, 305에선 이것들 외에 (3) 倍數詞 *multiplicatif 와 분수 fraction (⇨numéraux ordinaux 2°), (4) 配分詞 *distributif 를 덧붙여 네가지로 나누었는데, 여기에 다시 dizaine, centaine... 등의 집합명사, 연수와 관계되는 명사 (cinquantaine...), 그리고 미터법 용어를 첨가할 수 있다.

numéraux cardinaux[基數詞]— *numéraux의 일종. *numéraux ordinaux에 대응되고, 수 nombre 를 나타낸다.

I.〖형태〗**1°**〖단일형〗① un 부터 seize 까지, 10 자리의 수(vingt, trente, quarante, cinquante, soixante). 17세기까지 사용된 septante 70, octante 80, nonante 90 (남프랑스, 벨기에, 스위스에는 남아 있음)는 지금 안 쓰이는 말이고 복합형이 대신 쓰이고 있다. ② *cent, *mille. ③ *zéro 와 100 만 이상의 基數 *million, milliard 10억(=billion), billion 1조(=10^{12});옛날에는 10억, trillion 10^{18}; 10^{12}, quadrillion 10^{24}; 10^{15}, quintillion 10^{30}; 10^{18}, sextillion 10^{36}; 10^{21}, septillion 10^{42}; 10^{24}, octillion 10^{48}; 10^{27} 등은 명사로 취급된다(⇨II, 1°, ④). billion (<bimillion), trillion (<tri-million)...은 지금에는 million×1000, billion×1000 이지만 16, 17세기에는 어원에 따라 $million^2$, $million^3$을 표현했었다. 영어는 어원에 따르고 미국어는 지금의 프랑스어 수사를 따르고 있다.

2°〖복합형〗① 덧셈에 의한 것: dix-sept, dix-huit, vingt et un, vingt-deux. ② 곱셈: quatre-vingts, deux cents mille, onze mille. ③ 덧셈과 곱셈: quatre-vingt-neuf, deux cent cinquante.

★1) vingt을 기초로해서 수를 만드는 것은 20진법 système vicésimal 의 잔재이다. 옛날에는 six-vingts (6×20=120), sept-vingts (7×20=140), huit-vingts (8×20=160) 등을 사용했었다. six-vingts은 18세기에도 사용했다. 지금은 quatre-vingts 과 l'Hôpital des *Quinze-Vingts* (루이 9세가 파리에 세운 300명 수용의 맹인병원)이 남아 있다. 2)〖et의 사용〗고어에서 덧셈에 의한 복합수사를 흔히 et로 결합시켰다: soixante *et* trois livres (Mol, *Mal. im.*, I). 17세기말부터 et의 사용이 드물어졌고, 지금에는 21, 71 등 un, onze 가 덧붙여지는 수에 남아 있다 (vingt *et* un, soixante *et* onze). 그러나 드물게 soixante *et* douze pages (Flaub, *Madame Bovary*), 반대로 vingt-un, trente-un (D, 306)이라고 역시 드물게 쓴다. 81 이상의 경우에는 et를 넣지 않는다: quatre-vingt-un〔onze〕, *cent un, *mille un. 3)〖trait d'union의 사용〗일반적

으로 10자리의 수와 1자리의 수를 결합할 때 trait d'union을 쓴다: dix-huit mille quatre cent cinquante-deux 18452. 1901년의 교육부령은 trait d'union없이 dix huit 로 쓰는 것을 허용했다. et로 결합한 경우에 trait d'union을 사용하지 않는 것이 보통이다. 그러나 Ac, 76; D, 306은 soixante-et-un으로 적고 있다.

4) 〖일치〗 기수사는 명사적 용법에서도 불변이다. 예외:*un, *vingt, *cent, 명사 *million, *milliard 등은 s를 취한다.

5) onze〔douze…〕 cents은 ⇨cent 3°.

6) 〖발음〗 어군의 마지막, 모음 앞, 자음 앞 등 위치에 따라 발음이 달라지는 것들이 있다. ⇨un, deux, trois, quatre, cinq, six, sept, huit, neuf¹, dix, onze, vingt.

II. 〖용법〗 1° 〖기수로서〗 ①〖형용사〗 J'ai *trois* livres. 《불특정》, les *trois* livres 《특정》, ces〔mes〕 *trois* livres/Nous étions *cinq*. 우리는 다섯명이었다. ⇨zéro.

②〖대명사〗 dans un mois ou *deux* 1, 2개월 후에/Sur vingt élèves, *trois* seulement ont achevé leur devoir. 20명 학생 중에서 3명만이 숙제를 끝냈다/Il pouvait avoir cinquante ans; il était jeune et frais comme à *trente*. (Sartre, *Nausée*) 그가 50세쯤 되리라 생각했는데, 30세처럼 젊고 싱싱했다//《관념의 대리(중성)》 Il vaut mieux être *sage* que *belle*.—Mais on peut être *les deux* en même temps! (M) 미녀보다는 정숙한 여자가 되는 편이 더 좋다. 그러나 두가지 면을 동시에 지닐수도 있다/《Ni *vérité*, ni *passion*, ni *fantaisie*.» dit le petit chose… Alphonse Daudet a *les trois*. (Lemaître, *Contemp*., VIII) 진실도 정열도 공상도 없다라고 꼬집는 말했었다. 그러나 도예는 이 세가지를 갖고 있는 것이다.

③〖이미 나온 말의 대신〗 (⇨nominal): manger comme *quatre* 4인분을 먹다/marcher *deux* par *deux* 둘씩 걷다.

④〖명사〗 *Cent onze* s'écrit avec trois un. 111은 세개의 1로 쓰여진 다/le *dix* de cœur 《트럼프》 하트의 10/les *Quarante* de l'Académie 아카데미 프랑세즈의 40명 회원. ☆ *million, *billion 등은 명사이다.

2° 〖서수사의 대용〗 ①〖年〗 l'an 1〔un〕de la République 공화력 제 1년, l'an (또는 l'année) mil neuf cent soixante-dix-sept 1977년//《때로는 1000자리와 100자리의 수를 생략한다(특히 역사상 유명한 연도)》 quatre-vingt-treize (17)93년, la guerre de 70 (18)70년의 전쟁.

②〖날짜〗 le 10 décembre (cf. 고어법:le dixième jour de décembre> le dixième décembre, le dix de décembre). 그러나 초하루는 premier를 쓴다:le 1ᵉʳ octobre.

③〖왕과 이에 준한 것〗 Henri IV〔quatre〕 앙리 4세, etc. 그러나 premier는 un으로 대체될 수 없다: Napoléon 1ᵉʳ (cf. 고어법:Charles *septième*, Charles-*Quint*).

④〖시간〗 *une* heure, *deux* heures.

⑤〖페이지, 번호, 장 등〗 page *trente*, numéro *cinq*, acte〔scène〕*trois*, tome *deux*, au chapitre *quatre* du livre *trois*. 그러나 acte *premier* (혹은 *un*)(⇨un). 또한 acte〔chapitre〕 *deuxième* 〔*troisième*〕이라고도 한다.

⑥ les *douze* et *treizième* siècles ⇨numéraux ordinaux 1°, ③.

⑦〖명사적 용법〗 au début du *trois* (=de l'acte troisième) 제3막 처음에/C'était hier le *quatre* (=le quatrième jour du mois). 어제는 4일이었다/Qu'avez-vous fait entre *deux* et *trois*? (Maurois, *Climats*) 두시와 세시 사이에 무엇을 했소?

3° 어떤 기수사는 막연한 소수 또는 다수를 나타낸다:J'ai *deux* mots à lui dire. 그에게 좀 할 말이 있다/Il demeure à *quatre* pas d'ici. 그는 이 부근에 살고 있다/J'en ai pour *cinq* minutes. 5분 정도면 끝 마칠 수 있다/Cela peut se dire en *dix* lignes (=en peu de lignes). 그것은 열줄 정도로 얘기될 수 있다/Je vous l'ai déjà dit *dix* 〔*vingt, cent, mille*〕 fois (=bien des fois). 나는 당신에게 열번도〔스무번…〕더 얘기했다/Il demande *trente-six* fois la même chose. 그는 같은 것을 여러번 묻는다/faire ses *trente-six* volontés 자기 마음대로 하다/J'ai eu un mal des *cinq cents* diables à faire ma fortune. (Flaub) 돈을 모으는데 나는 무척 고생을 했다/Mais nous aussi, on a demain, *trente-six mille* choses à faire. (Amiel, *Couple*, I) 허지만 우리도 내일 할 일이 태산같다.

4°「기수사+명사, 기수사 + pour cent」 다음의 동사의 일치 ⇨accord du verbe A, I, 2°, ⑦, ⑧.

numéraux ordinaux [序數詞]— *numéraux의 일종. *numéraux cardinaux에 대응하여 서열 ordre을 나타낸다.

1° 〖형태〗① 〖라틴어를 어원으로 하는 것〗 premier, *second, 기타 숙어, 교회, 음악, 검도, 의학 등의 특수한 어법에 남아 있는 것 (prime, tiers (*f.* tierce), quart, quint, sixte, octave, none, dîme, etc.): de *prime* abord 우선 첫째로, une *tierce* personne 제3자, la fièvre *quarte* 四日熱, Charles-*Quint* 카를로스 5세.

② 〖기수사+접미사 ième〗 deuxième부터 전부 기수사가 e로 끝난 것은 e를 없앤다:quatre>quatrième, treize>treizième. cinquième, neuvième도 철자에 변화가 있다. 복합어는 그것을 한 단위로 생각하여 마지막에 ième를 붙인다 (vingt-deuxième). **unième** 는 복합어에서만 사용된다 (vingt et *unième*). trait d'union과 et의 용법은 numéraux cardinaux I, 2°, ②, ③과 같다.

③ 여러개의 서수사가 et, ou로 결합되어 있을 때는 마지막 것에만 ième를 붙일 수 있으나 드물다: la quatre ou cinquième page (=la *quatrième* ou cinquième page), du vingt-sept au vingt-huitième de longitude (Vigny, *Cachet rouge*). 서수사는 관계되는 단어의 성과 수에 일치한다:les *premières* années.

2° 〖용법〗①〖형용사〗la *troisième* maison/Je suis *premier*. ②〖대명사〗Il est arrivé *le troisième*. 그는 세번째로 도착했다/Il est *le dixième* de sa classe. 그는 반에서 10등이다. ③〖명사〗appartement au *deuxième* 〔*troisième*〕 (=deuxième 〔troisième〕 étage) 3〔4〕층에 있는 아파트/voyager en *troisième*《철도》3등으로 여행하다/un élève de *quatrième* (중등교육 제3학년에 해당하는) 제4학급 학생/la *troisième* du un 제1막 제3장/L'abside est du *quinzième?* (Arland, *Monique*) 성당의 後陣은 15세기 것인가?

★〖분수 fractions〗 남성명사로서의 서수사는 분수를 나타내는 데 쓰인다:le 〔un〕 cinquième 1/5, deux cinquièmes 2/5, 특수한 형:1/2=un *demi*, une *moitié*; 1/3=un tiers; 2/3=deux tiers; 1/4=un *quart*; 3/4=trois quarts. *Le tiers* de neuf est trois. 9의 1/3은 3이다.

3° 〖어순〗 일반적으로 명사 앞. 卷, 章, 幕 등을 가리킬 때는 명사 앞 또는 뒤:le *troisième* chapitre 또는 le chapitre *troisième;* le *second* tome 또는 le tome *second*. 명사 뒤에 올 때는 기수사를 쓸 수 있다. ⇨numéraux cardinaux II, 2°, ⑤.

O

o—alphabet의 제15자로서 명칭은 [o]. graphie와 발음과의 관계는 다음과 같다.

o [ɔ, o] ⇨timbre.

ô 1) 강음절에서 자음이 뒤따를 때는 [o:], 뒤따르는 자음이 없으면 [o]: côte[ko:t], hôte, le nôtre, dôme, le Rhône, etc.; tôt [to], rôt, etc. 2) 약음절에서는 [o, ɔ]. ⇨timbre.

œ [e]: œsophage [ezɔfa:ʒ], cœliaque, etc.

œil, œill- [œil]: œillet.

œu [œ, ø] ⇨timbre.

oi, oî [wa, wɑ] ⇨timbre.

oin [wɛ̃]: loin [lwɛ̃], soin; [wɛ̃:] 《강음절에서 발음되는 자음이 뒤따를 때》: moindre [mwɛ̃:dʀ], poindre, rejoindre, etc.

om 1) 어미에서나 자음 p 또는 b 앞에서 [ɔ̃]: plomb [plɔ̃], ombre, bombe, nom, dom, etc. 2) 모음이나 m, n가 뒤따르면 [ɔm]: homme, calomnie, gastronomie, je nomme, etc. 단, automne는 [ɔ(o)tən].

on 1) 모음 또는 자음 n가 뒤따를 때는 [ɔn]: bonne, bonheur, honneur, carbone, etc. 2) 기타의 경우는 [ɔ̃]: gond, rond, tronc, oncle, etc. 단, monsieur [məsjø]에서는 무음.

ou, où, oû 1) [u]: ou, où, outil, goûter, etc. 2) 모음 앞에서는 [w]: ouest [wɛst], jouir, souhait, douane, marsouin [maʀswɛ̃], babouin, Baudouin, etc. 단, 「자음+유음+ou+모음」에서는 [u]로 발음됨: il cloua [klua], il trouait [tʀuɛ], écrouer, éblouir, etc. 3) 끝음절에서 consonne allongeante가 뒤따르는 경우는 [u:]: amour [amu:ʀ], rouge, blouse, louve, il ouvre, etc.

-ouil, ouill- [uj]: fenouil [fənuj], grenouille, bouillon, etc.

-oy 1) 모음 앞에서는 [waj]: noyau [nwajo], nous croyons, voyou, voyage, moyen [mwajɛ̃], etc. 2) 어미에서나 자음 또는 e caduc 앞에서는 [wa] 《고유명사에만 있음》: Troyes, Roy, Millevoye, Roye, Loyson, etc.

objet [목적어] ⇨complément d'objet.

obsédé—Il est ~ de la pensée du suicide. (Lit) 그는 자살하고자 하는 생각에 사로잡혀 있다/~ par la préoccupation de défendre un système politique (Barrès) 정치제도를 수호하겠다는 집념에 사로잡혀서.

occasion—à l'~:A l'~, venez dîner. 기회가 있으면 저녁식사나 함께 하게 오세요. d'~: livres d'~ 헌 책, vente d'~ 바겐세일.

occlusive [폐쇄음]—주로 구강통로의 폐쇄로 이루어지는 자음이다. 이 경우 소리는 공기의 흐름을 급작스럽게 터뜨리거나 정지시킴으로써 발생한다. 이 폐쇄음의 조음은 일반적으로 세 단계로 이루어지는데 발음기관을 접촉시키는 단계 catastase, 지속단계 tenue, 그리고 발음기관을 이완시키는 단계 métastase가 그것이다. 이 세 단계는 단어에 있어서 모음 사이에 위치한 폐쇄음의 경우에는 필수적이다. 그러나 語頭나 語末, 자음 앞이나 뒤에서는 세 단계 중의 하나가 감퇴되거나, 완전히 결여될 수가 있다. une dam(e) passe에는 catastase가 (소리는 métastase 단계에서 발생하며 이를 外破音이라 한다), le cap Matapan 에서는 métastase 단계가 결여된다

(소리는 catastase 단계에서 발생하며 이를 內破音이라고 한다). 폐쇄음은 폐쇄가 일어나는 조음점에 따라 붙어서는 다음과 같이 분류된다: 兩脣폐쇄음 [p, b], 舌端齒폐쇄음 [t, d], 舌背音[k, g]. 음향적인 면에서 폐쇄음은 스펙트럼에 불연속적인 검은 선으로 특징지어진다. 폐쇄음 상호간의 구별은 앞이나 뒤에 오는 모음의 formants의 추이, 즉 이 formants이 지향하는 진동수를 가리키는 그 폐쇄음의 locus에 의해 구별된다.

★ 순수 폐쇄음은 폐쇄와 공기의 흐름을 동시에 지니는 破擦音 affriquées과 구별된다. 폐쇄 조음의 제3단계인 métastase가 마찰음으로 식별되는 것이다. 그래서 이 파찰음을 반폐쇄음 mi-occlusives, semi-occlusives, demi-occlusives이라고 부른다. 영어나 스페인어에서 볼 수 있다(child, mucho). 현대 불어에는 존재하지 않으나 고대 불어에서는 볼 수 있었다(cire [tsiʀ] 또는 [ciʀ]). 이 고대불어의 파찰음은 첫머리의 폐쇄요소를 상실함으로써 마찰음으로 화했다. ⇨consonne.

octobre ⇨mois.

œil—① 〔복수형〕 **a)**〔형태〕 1) **œils**는 복합명사의 구성요소에 쓰인다: des ~s-de-bœuf 둥근 창, des ~s-de-chat 猫晴石. 2) **yeux** (ueilz>ueus>ieus(⇨dissimilation)>yeux)는 본래의 뜻으로든 바뀐 뜻으로든 간에 하나의 단어로서 쓰일 경우의 복수형이다: J'ai mal aux *yeux*. 나는 눈이 아프다/les *yeux* du bouillon〔du pain〕 수프에 뜨는 기름기〔빵의 氣泡〕. **b)**〔용법〕두 눈을 예상할 수 있을 때에는 일반적으로 yeux 를 쓴다: avoir les larmes aux *yeux* 눈에 눈물이 글썽하다.
②〔단수형 **œil**〕 **a)**「한쪽 눈」: Il cligne un ~ vers Marius. (Pagnol, *Marius*) 그는 마리우스를 향해 한쪽 눈을 찡긋했다((보통은 cligner (de)

l'~)). **b)**「시선, 눈초리」((비유적인 뜻)): avoir l'~ dur 눈초리가 험악하다/Elle suivait de l'~ son poète. (Daud, *Jack*) 그녀는 눈으로 시인의 뒤를 쫓았다((suivre des yeux가 보통))/Il se levait, l'~ sombre.(Id., *Sapho*) 그는 우울한 시선을 보이며 일어났다/Arsule tourne vers lui un ~ tendre et caressant.(Giono, *Regain*) 아르쉴르는 그를 향해 다정하고 상냥한 시선을 던졌다/ne pouvoir fermer l'~ 눈을 붙일 수〔잠을 잘 수〕가 없다/avoir l'~ sur〔à〕…을 주시〔감시〕하다(cf. avoir les yeux sur *qn* 주의깊게 바라보다). **c)**「두 눈」Il (=le vieux hibou) m'a regardé avec son ~ rond. (Daud, *Lettres de m.m.*) 늙은 올빼미는 그의 둥근 눈으로 나를 보았다. **d)** 보어인 경우: des clignements d'~((혹은 d'yeux) 눈짓(⇨clin).
③ les〔des, aux〕yeux속 빈번히 liaison이 되므로 속어에서는 [zjø]를 복수형으로 간주한다: Elle a de drôles de z-yeux.(Aragon, *Aurélien*) 그녀는 야릇한 눈초리를 하고 있다/ entre quatre-z-yeux (⇨quatre).

œuf—발음은 [œf], ~s [ø] 혹은 [œf]. 복수형은 [z] 다음에선 [ø]가 되나(les ~s, des ~s, trois ~s, douze ~s), 단수형, 복수형의 단일화의 결과 다른 경우에는 [œf]가 보통: quatre〔huit〕~s [œf], combien d'~s, vous n'avez pas d'~s (Mart, *Pr.*, 232; D, *Génie*, 22).

œuvre—일반적으로 여성. 복수로는 항상 여성: les ~s complètes de Corneille 코르네이유 전집.
① gros œuvre, grand œuvre 에서 만은 항상 남성 단수: Le gros ~ de la maison a été terminé en automne. (Colin) 그 집의 기초공사는 가을에 끝났다/Il passa sa vie à la recherche du grand ~. (Thomas) 그는 일생을 化金石을 찾는 데에 보냈다.

② 「화가, 작가, 작곡가의 전집;작곡가의 하나하나의 작품」의 뜻으로도 남성단수:le premier ~ de Mozart 모차르트의 첫째번 작품/l'~ complet de Gibbon 기번 전집/tout l'~ de Musset 뮈세의 전작품. ☆그러나 Clédat, 112 는 이런 뜻으로 쓸 때도 여성형을 사용하라고 권했고, 오늘날에 와서는 건축, 연금술 용어 (gros ~, grand ~)를 제외하곤 모든 경우에 여성형으로 쓰는 경향이 많아졌다:toute l'~ de Claudel(G, §260; H, 485).

oi—발음 ⇨o.

ombre—*à l'~ de:* Il grandit *à l'~ de* la maison paternelle. (Rob) 그는 부모의 보호하에 성장했다.

dans l'~: vivre *dans l'~* 사람들에게 망각되어 살다.

sous (*l'*) ~ *de* (=sous l'apparence [sous (le) prétexte) de): Il a attrapé bien des gens *sous l'~ de* la dévotion, *sous l'~* de la pitié. (Ac) 그는 신앙심과 동정심을 가장하여 많은 사람들을 속였다.

C'est comme l'~ et le corps. (몸뚱이와 그림자처럼) 늘 같이 붙어다닌다.

on—명사 homme의 옛 주격 cas sujet인 on은 不定의 뜻을 갖게 되었고 원칙적으로 3인칭 남성형이고 주어로만 쓰인다.

① 하나 또는 여러 사람을 가리키다: *On* frappe à la porte. 누군가가 문을 두드린다/*On* a souvent besoin d'un plus petit que soi. 《격언》 자기보다 못한 사람의 도움을 받아야 할 때도 있다.

② 때로는 때때로 한정된 하나 또는 여러 사람을 가리키고, 인칭대명사 je, tu, nous, vous, il(s), elle(s)의 대신으로 쓰인다. 이때 on은 겸손, 경멸, 애정, 비방, 비난의 뜻을 갖는다:Ces notes furent écrites en 1910. *On*(=Je) était fort loin de penser qu'on les donnerait au publique.

(Valéry) 이 註解는 1910년에 쓰여졌다. 본인은 이것들을 독자에게 내놓게 되리라고는 생각지 않았다/A-t-*on* (=tu) été sage, mon enfant? 얘야, 얌전히 있었나 ?/Qu'est-ce qu'*on* (=nous) fait aujourd'hui?(Colette) 오늘 우리는 무엇을 할까 ?/Après la cérémonie, *on* (=nous) a été boire un verre. (Thomas) 의식이 끝난 후 우리는 한잔 하러 갔었다/ Allons, qu'*on* (=vous) sorte tous. (Q) 자, 모두들 나가시오/Où en êtes-vous avec la comtesse? Vous rend-*on*(=elle) heureux? (Hervieu) 백작부인과는 어느 정도까지 이르렀소? 그녀가 당신을 행복하게 해주나요?

③ **a)** 여자를 가리키는 것이 분명하면, on 의 속사는 여성이 된다:*On* n'est pas toujours jeune et *belle.* (Ac) 여자란 항상 젊고 예쁜 것은 아니다/*On* devient *patiente,* quand on est maman. (Thomas) 여자란 어머니가 되면 인내심이 강해진다.

b) 분명히 복수의 뜻으로 쓰이면 on 의 동격이나 속사는 복수로 쓴다:*On* n'est pas *des esclaves* pour endurer de si mauvais traitements. (Ac) 그토록 나쁜 대우를 참고 견딜 정도로 노예는 아니다/*On* dort *entassés* dans une niche. (Loti, *Vers Ispahan*) 우리는 개집과 같은 곳에서 웅크리고 잠을 잤다//《이 때 동사가 대명동사이면 과거분사는 보통 복수》: *On* ne s'était jamais *séparés.* (G. Chérau, *Valentine*) 우리는 결코 헤어지지 않았다/sept longues années qu'*on* ne s'était *vus* (R. Rolland, *Léonides*) 우리가 서로 만나지 않은 긴 칠년 동안.

④ on에 일치하는 소유형용[대명]사는 원칙적으로 son, sa, ses, le sien, la sienne, les sien(nes)이고 재귀대명사는 soi이다: *On* ne sent vraiment bien que *sa* peine. (G, §426) 인간은 자기의 고통만을

진정으로 느낀다/Comme on fait son lit, on se couche.《(격언)》자업자득/ on a souvent besoin d'un plus petit que soi. ☆그러나 뜻을 명확히 하기 위해 notre, nos, le nôtre, votre, vos, le vôtre 등을 쓰기도 한다: On ne refuse pas le bonheur quand il frappe à votre porte. (Chamson, Adeline) 행복이 당신 집 문을 두드리는데 거절할 수는 없다.

⑤ on이 서로 다른 뜻을 가질 때 on 의 반복은 피해야 한다:Nous devons (≠On doit) respecter ce qu'on nous a donné. (Thomas) 우리가 받는 것을 우리는 존중해야 한다.

⑥ 여러 동사의 주어일 때에는 동사 앞에서 매번 반복한다:On a mangé et on a bu comme des goinfres. (Colin) 식충이처럼 먹고 마셨다//《그러나 on을 생략해도 뜻이 모호하지 않으면 생략할 수 있다》On a bien mangé et bien bu.

⑦ 모음 앞의 on은 n'가 뒤에 올 때의 발음과 같으므로(on entend, on n'entend) 문어의 부정문에서 n'를 생략하지 않도록 주의해야 한다(On n'est pas plus aimable). 이런 경우 on을 n으로 끝나지 않은 je, nous, l'homme으로 바꾸어 쓰는 편이 안전하다:J'entends..., L'homme n'est pas plus aimable.

⑧〖on과 l'on〗 음조화 euphonie 때문에 et, ou, où, que, à qui, quoi, si 다음의 on을 l'on으로 바꾸어 쓴다: Il vint, et l'on put s'expliquer./Si l'on nous attendait.(Ac)/A l'heure où l'on n'entend plus rien. (Duham) /Ce que l'on conçoit bien s'énonce clairement. (Boil)//《그러나 다음과 같은 자음운 alliteration은 피해야 한다》Et l'on lui lava la tête./Si l'on le lui disait. (Thomas).

★문두에 l'on을 쓰는 작가들이 있으나 음조화와는 아무 관계가 없으므로 요즈음은 쓰는 편이 드물다:L'on ne vient à bout des sauvages que par une sauvagerie perfectionnée. (France, les Opinions).

on dirait—~ (de) que ⇨dire.
on ne sait quel ⇨savoir.
onomatopée[擬聲語]—자연적인 소리를 모방해서 만든 어휘.

1° 동물, 악기, 기계, 자연 현상 등의 소리를 재생한 것(cocorico, cricri, tic-tac, glouglou, pan, crac). 그러나, 일반적으로 소리를 모방할 때 차이가 있기 때문에 의성어들은 언어에 따라 차이가 있다. N, III, 18에서 지적한 바와 같이, 오리의 울음 소리를 프랑스어에서는 couin couin으로 표현하는데 영어에서는 quack, 독일어에서는 gack gack, 덴마아크어에서는 rap rap, 루마니아어에서는 mac mac, 러시아어에서는 kriak로 나타내고 있는 것이다.

2° 기능면에서 보면, 의성어들은 명사(un coucou, un cricri), 감탄사(chut, crac), 부사(aller cahin caha), 동사(caqueter, cocoriquer, ronronner) 등으로 쓰인다. 음절을 반복하는 어린애들의 말도 의성어에 속한다(toutou, dada, coco). 또 의미가 없는 노래의 후렴들도 있다(tra deri dera, mironton tonton mirontaine, la faridondaine).

3° 프랑스어는 다른 나라 언어에 비해 의성어를 적게 수용하고 있는데 영어는 의성어가 풍부할 뿐 아니라 의성어의 파생어들도 많다(splash, to splash, splasher, splashy).

4° 겉으로는 의성어처럼 보이나 사실은 음성학적 진화에 의한 어휘들도 많다. fouet 나 siffler가 비언어학적인 소리를 모방한 듯 보이지만 라틴어 원인 flagellum과 sibilare는 의성어와는 거리가 먼 것들이다.

onze—① 앞에 온 단어와는 일반적으로 *élision을 하지 않는다:le ~ [lə͡ɔːz] mars;une lettre du ~ octobre; un enfant de ~ ans. 그러나, a) élision 하는 것:Belle-d'~-heures (=dame d'~-heures) 나리과 식물

의 일종. bouillon *d'*~ heures 독약이 든 음료.
b) élision이 일정치 않은 것: le train [la messe] *de* [*d'*]~ [dəɔ̃:z[dɔ̃:z]] heures. Nous n'étions *que* (*qu'*)~ [kəɔ̃:z [kɔ̃:z]].
c) 발음상의 변화를 일으키는 것: page ~ [pa:ʒɔ̃:z], entre ~ [ɑ̃tRɔ̃:z] heures et midi (cf. chapitre [ʃapitRə] ~, livre [livRə] ~).
★아라비아숫자로 쓸 때도 같다: le 11 《l'11이라고는 쓸 수 없음》.
② 앞에 온 말과 liaison을 안한다: Ils étaient | ~; quatre-vingt- | ~; ses | ~ enfants. 그러나 Il est ~ heures. (Mart, *Pr*, 358; Cl; H) 또는 Il est | ~ heures.

onzième—*onze의 경우처럼 élision 하지 않는다(Vous êtes *le* [*la*] ~. 당신이 11번째요). l'~ 는 옛날 어투: *l'*~ livre (France, *P. Noz.*). 그러나 Q 는 친밀한 사이의 회화에서는 Vous êtes *l'*~ 으로도 쓴다고 했다.

opiniâtre— ~ *à*+*inf*: 끝끝내…하려고 하는. ☆부사형을 D, *Etym.*; P. Lar; Thomas; Colin; Rob 는 opiniatrement 으로 적고 Lit; DG 는 opiniatrément 으로 적고 있다.

opposition ⇨concession.

optimum—명사 복수형은 optimum*s* 또는 optima. 형용사로 쓰는 때는 *maximum에 준한다(température *optimum* [*optima*] 최적온도). 그러나 형용사로는 optimal(~e, ~aux) 을 더 잘 쓴다: Cette expérience nous a permis d'obtenir des résultats *optimaux*. (Colin) 그 경험이 우리에게 가장 좋은 결과를 얻게 해주었다.

orange—형용사로서 쓰이면 불변 (Des rubans ~ 오렌지색 리본). Le B, II, 149; W, 204 는 일치시키고 있으나 불변이 보통이다.

orateur—여성형도 un ~, 또는 une femme ~ 라 하고, une oratrice 는 드물게 쓰인다.

ordinaire—*Il est* ~ *de*+*inf*: *Il est* encore assez ~ *de* mépriser qui nous méprise. (La Br) 우리를 경멸하는 사람을 우리가 경멸하는 것은 매우 정상적인 것이다. (*comme*) *d'*~, (*comme*) *à l'*~: *D'*~, quand nous allions dans les champs, mon père m'expliquait beaucoup de choses.(Guilloux) 우리가 전원에 갔을 때 아버지는 보통 많은 것들을 나에게 설명해 주셨다.

ordonnance—「(장교의) 당번병」의 뜻으로는 본래 여성형이지만, 흔히 남성으로도 쓴다:Vous avez connu Biggs, mon *ancienne* ~? (Maurois, *les Discours du docteur O'Grady*) 당신은 옛날 나의 당번병인 비그스를 알지요? /Il écrivit à Charamon, son *ancien* ~. (Druon, *les Grandes Familles*)그는 옛 당번병인 샤라몽에게 편지를 했다.

ordre—*donner* ~ *de:* Elle lui *a donné* ~ *de* ne laisser entrer personne. (Laclos) 그녀는 아무도 들어오지 못하게 하라고 그에게 명령했다. *Il est dans l'*~ *que: Il est dans l'*~ *que* les parents meurent avant leurs enfants. (Lit) 부모가 자식들보다 먼저 죽는 것은 당연하다.

ordre des mots [어순]—어미변화가 있는 굴절언어 langue flexionnelle 에서는 단어들의 위치가 그것들의 기능상 큰 중요성을 갖지 않는다. 물론 몇몇 관례가 특정적인 위치를 갖게 하는 수는 있다 (라틴어에서 어떤 경우 동사가 문장 끝에 오는 경향이 있다). 보어들은 자신과 관계있는 단어의 앞이나 뒤에 오는 경향이 있다. 그런데 어떤 어순이 관례가 된 경우, 어순이 바뀌면 표현이 더 강해진다.
1° 라틴어에서는 어순이 중요성을 갖지 않는다고 말하는 것은, 어순만으로는 주어와 목적보어를 구분할 수 없다는 뜻. Agnum est lupus

(=Le loup mange l'agneau)와 Lupus est agnum 는 같은 뜻이고, 이 경우 어순이 바뀌어도 의미가 달라지지 않는다(프랑스어에서 L'agneau mange le loup! 라고 하면 웃을 것이다). 실제로 모든 언어는, 어순이 엄격히 정해진 경우와 약간의 자유가 허용되는 경우들을 갖고 있다. 프랑스어에서는 라틴어에서보다는 어순이 더 중요한 문장구성 방식이다. 2° 일반적 규칙에 가장 일치하는 어순을 문법적 어순 ordre grammatical 또는 규칙적 어순 ordre canonique이라 하고, 사고 pensée 의 방식에 일치하는 어순을 논리적 어순 ordre logique, 말하는 사람의 정신상태에 의한 어순을 심리적 어순 ordre psychologique 이라 한다.

oreille—ouvrir l'~ 주의 깊게 듣다 (cf. ouvrir les ~s 남의 제의를 호의적으로 듣다)/dresser l'~ [les ~s] 귀를 기울여 엿듣다.

orge—본래 라틴어의 중성명사인 hordeum 을 어원으로 하고 있어서 18세기까지 성이 결정되지 않았으나, 지금에는 다음과 같은 「~ mondé 탈곡한 보리, ~ perlé 정백한 보리쌀」이외에는 일반적으로 여성이다 : L'~ est *semée* en automne ou au printemps. (Colin) 보리는 가을이나 봄에 파종한다. ☆그러나 D, 85 는 다른 곡물명(blé, froment, seigle...)의 성의 영향 때문에 남성으로 돌아가는 경향이 있다고 지적했다.

orgue—<라틴어 organum(중성). 어원의 복수 organa 는 여성어미 a 와 혼동되어 옛날에는 복수 orgues 는 여성, 단수는 성이 모호했었고 지금에도 단수는 남성, 복수는 여성이라고 주장하는 사람이 많으나 정확치 않다.

① 단수는 남성 : De l'église venait le son d'*un* ~. (Maurois, *Climat*s) 교회에서 오르간 소리가 들려왔다.

② 복수는 **a)** 여러개의 악기를 나타낼 때는 남성 : C'est un des plus *beaux* ~ que j'aie vus. (Thomas) 그것은 내가 본 오르간 중 가장 훌륭한 오르간이다.

b) 여성복수로 교회에 있는 한개의 오르간을 나타냄. 일종의 強意의 복수이다. Dam, I, 456 는 내부구조의 복잡성 때문에 복수의 개념이 생겼다고 설명하고 있다(cf. ciel) : Cette cathédrale a *de belles* ~s. (H) 이 성당에는 (한개의) 훌륭한 오르간이 있다. ☆그러나 Mart, 24 는 이 복수는 불필요하고 과장된 것이라고 하며 남성단수의 사용을 권하고 있다.

orthographe [正書法]—한 언어에 고유한 書記체계에 맞고 이 언어의 다른 하위체계 (형태론, 어휘론, 통사론 등)와의 여러 관계에 따라서 옳게 단어를 쓰는 방법을 지칭한다. 정서법이라는 개념은 서기법적인 규범을 인정하는 데서 나온다. 규범에 대한 고려를 내포하고 있지 않은 서기법 graphie 과 대조적으로 정서법은 문어에 옳은 형태와 옳지 않은 형태의 구분을 가정하는 것이다. 한 언어의 음운체계가 문자체계에 충실히 대응된다면 서기법적인 문제만이 제기되지 결코 정서법적인 문제는 발생하지 않을 것이다. 그러나 하나의 서기법적 기호가 여러개의 음소에 해당되기도 하고 (ch—[ʃ] [k]), 한 음소가 여러개의 서기기호에 의해 나타나기도 하기 ([o]—o, au, eau, ot) 때문에 정서법이 필요하게 되는 것이다. ☆불어의 알파벳 기호는 흔히 어원적인 기능을 지니며 (temps <lat. tempus), 또한 형태적, 통사적, 어휘적, 문체적 기능도 지닐 수 있다 (j'irais—j'irai; les amies que j'ai rencontr*ées*; dessein—dessin; j'aimois—j'aimais).

orthographiques (signes) ➪signes orthographiques.

orthographisme [철자주의]—올바른 발음이 잊혀져 철자가 나타내는 음에 따라 무음의 문자를 읽는다는 것을 말한다. 예를 들면 legs [lɛ], cheptel [ʃətɛl], encoignure [ɑ̃kɔɲyːʀ]를 각각 [leg], [ʃeptɛl], [ɑ̃kwaɲyːʀ]로 읽는 따위이다. 이렇게 철자에 따른 발음이 일반화되고 올바른 발음을 배척하는 경향이 있다.

os—발음은 단수는 [ɔs], 복수는 [o] 또는 [ɔs]. ⇨pluriel des noms.

ôté—〖∼+N (=excepté)〗 전치사로 취급하여 불변: ∼ deux ou trois chapitres, cet ouvrage est excellent. (Ac) 두세 개의 장을 제외하고는 이 작품은 훌륭하다.

ou—일반적으로 긍정문에서 동일기능의 요소, 절과 절을 결합, 둘 중 하나의 선택, 대립을 나타낸다: On y va par bateau *ou* par avion. 배나 비행기로 간다《전치사의 반복이 필요함》/Prudence *ou* timidité, il n'a rien dit. (B, 806) 조심해서인지 수줍어서인지 그는 아무말도 안했다 (⇨soit)∥《강조형》 *Ou* il payera *ou* (*bien*) il ira en prison. 그는 돈을 갚든지 감옥에 가든지 해야 할 것이다/le baobab *ou* arbre à pain 바오바브, 즉 빵나무(이 경우 제 2 명사는 특정화되지 않은 한 무관사).

où *adv. interr.*—*Où* vas-tu?/*Où* est-ce que tu vas? (비어: Ousque tu vas? *Où* (c'est) que tu vas?)/D'*où* venez-vous? 어디에서 오시오?/Par *où* est-il passé? 어디를 지나서 갔을까?/Jusqu'*où* les a-t-il suivis? 그는 어디까지 그들을 따라갔을까?∥《간접의문》 Dites-moi *où* vous allez 〔d'*où* vous venez,…〕.∥《+*inf*》 *Où* le trouver? 어디에서 그를 만날 수 있을까?/Par *où* passer? 어디로 지나가야 할까?/Je ne sais *où* aller. 어디로 가야 할지 모르겠다(⇨infinitif II, 1°, ①). *D'où vient que* vous êtes 〔soyez〕 en avance? 어찌하여 당신은 일찍 왔읍니까?《이때 접속법을 사용하면 놀라움, 부인의 뉘앙스를 띠게 된다. cf. Le B, II, 323》.

où que+subj: où que j'aille 내가 어디에 가도/*d'où qu*'il *vienne* 그가 어디에서 오더라도.

—*adv.* 〔*pron.*〕 *rel.* 1° 〖선행사와 함께〗 ① 〖장소〗 la maison *où* il a vécu dix ans 그가 10년 동안 살고 있었던 집/tous les lieux *où* je savais qu'elle allait 그녀가 가는 것을 내가 알고 있던 모든 장소/un livre *où* j'écris ma pensée 내 생각을 적어 놓은 책/Je m'écartai du groupe *où* elle se trouvait. (Maurois, *Climats*) 그녀가 있는 무리로부터 나는 멀리했다/la table *où* mon père était occupé à écrire. (France, *P. Pierre*) 아버지가 열심히 글을 썼던 테이블/un bas de coton blanc *où* elle faisait des reprises. (Flaub, *Bov.*) 그녀가 꿰매고 있던 흰 무명 양말《auquel 도 가능》∥《비유적》 l'ignorance *où* j'étais de l'âge de maman. (Camus, *l'Etranger*) 내가 어머니의 나이를 모르던 일《이런 구문에서 où je suis, où je me trouve, etc. 는 소유형용사에 상당》∥〖부사+où〗 *là où* vous irez 당신이 가는 곳/*partout où* vous irez 당신이 가는 곳은 어디나∥〖장소의 전치사+(대)명사+où〗 Elle regardait …*devant elle ou* il n'y avait pourtant que la route sans promeneurs….(Loti, *Ramuntcho*) 그녀는 자기 앞을 바라보았다. 그러나 거기에는 걸어가는 사람도 없는 길이 있을 뿐이었다. *de*〔*par, jusqu'à*〕 *où:* la maison *d'où* il est sorti 그가 나온 집/le chemin *par où* il a passé 그가 지나 온 길. ☆다른 전치사는 쓰일 수 없기 때문에 l'endroit vers le quel…대신 vers où《고어법》로는 쓰지 못한다. cf. dont 과 d'où(⇨dont 6°).

② 〖시간〗〖*où* 와 **que**〗 a) 1) 상황보어가 되는 선행사가「정관사〔지시사〕+명사」인 경우에는 보통 où: au moment *où* il arrivera 그가 도착할 때/dans le temps *où* il était jeune 그가 어렸을 때에∥《기타》 au 〔du〕 temps

où

où, à l'époque [l'heure, l'instant] *où*, le jour *où*. 2) que의 사용은 문학적이든가 비어(⇨que¹ Ⅰ, 6°): le jour *qu'*elle l'apprit (Arland, *Ordre*) 그녀가 그것을 알았던 날∥《숙어》 toutes les fois *que*, du moment *que*. b) 상황보어가 되는 선행사가 부정관사+명사, 정관사+seul [premier, dernier, 序數詞]+명사, 때를 나타내는 부사인 경우는 보통은 que, 일상어에선 où: *la première fois que* nous les voyons (Daud, *P. Chose*) 우리가 그것들을 처음 볼 때/*la première fois où* j'ai pensé que... (Daniel-Rops, *Epée*) 처음으로 내가 …라고 생각한 때∥《기타》 un jour [soir] *que* [*où*], aujourd'hui *que* [*où*] ∥《숙어적》 maintenant *que*, à présent *que*, une *fois *que*. c) 선행사가 계속적인 기간을 나타내는 상황보어인 경우에는 que를 쓴다:pendant les quatre mois *qu'*ils furent enfermés ensemble. (France, *Livre*)그들이 함께 감금되어 있던 넉달 동안/les trois ans *qu'*(=durant lesquels) il a régné 그가 지배한 삼년. **tout le temps que** [*où*] …하는 동안 내내. d) 선행사가 상황보어가 아니면 문어에서도 où가 보통 쓰인다:Le seul beau moment d'un ouvrage est celui *où* on l'écrit. (Vigny, *Journal*) 저술의 유일한 즐거운 순간은 그것을 쓰는 때이다.

③ (=auquel, dans lequel). 장소, 시간 이외의 뜻으로 쓰는 옛날 어법, 문어: C'est une chose *où* il ne faut nullement se fier. (Faguet, *18ᵉˢ*) 그것은 조금도 신용할 수 없는 것이다.

④ **d'où** 는 선행하는 절을 대신할 수 있다(=de là): *D'où* je conclus que…. 그러므로 나는 …라고 결론한다/*D'~* il résulte [suit] que…. 따라서 …라는 결과가 된다∥《때로 동사를 생략하여》 Il ne m'avait pas prévenu de sa visite:*d'où* mon étonnement. (Rob) 그는 자기의 방문을 나에게 알리지 않았다. 그래서 나는 놀랐다.

⑤〖où 의 반복〗⇨pronoms relatifs. 2°〖선행사 없이〗①〖주어〗a) *Où*…, *c'est où* [*quand, lorsque, prép.*+N, *de*+*inf*]: *Où* sa colère ne se contint plus, *ce fut quand* il apprit que…. (Arland, *Ordre*) 그가 분노를 억제하지 못하게 된 것은 …라는 것을 그가 알았을 때였다/*Où* tu te trompes, *c'est de* croire qu'il y a des raisons de vivre.(Daniel-Rops, *Epée*) 자네가 잘못 생각하는 것이란, 살 이유가 있다고 믿기 때문이다/*Où* il excelle, *c'est dans* la poésie. 그가 뛰어난 것은 시에서이다. ☆위의 구성에서는 là où… c'est quand [dans, de+*inf*]도 가능 (S, Ⅱ, 118). b)〖논리적 주어〗 C'est loin, *d'où* (=l'endroit d'où) je viens! (Pérochon, *Ombres*) 먼 곳이다. 내가 그 곳에서 온 곳은. c) *C'est* Rome (*là*) *que* [*où*] …한 것은 로마[거기]이다. ☆ …à Rome [là] que 가 더 정규형(⇨ce¹ Ⅱ, 3°, ⑦) 그러나 특히 là où도 드물지 않다:C'est là *où* vous voulez en venir. (Anouilh, *P. noires*) 그 이야기를 하려는 것이었군.

②〖속사〗 C'est *où* (=en quoi) il se trompe. (Gr. Lar) 그가 잘못 생각하는 것은 바로 그점이다.

③ *voici* [*voilà*] *où*: *Voilà* pourtant *où* t'a conduit la passion des belles rimes! (Daud, *Lettres de m.m.*) 아름다운 韻에만 열중하니까 그런 결과가 된 것일세.

④〖부사적 보어〗 Allons *où* vous voulez (=à l'endroit *où* vous voulez aller). 당신이 가고 싶은 곳으로 갑시다/Il se détacha *d'où* (=de l'endroit *où*) il était. 그는 자기가 있던 장소에서 빠져 나왔다/Tu ferais mieux de retourner *d'où*(=à l'endroit *d'où*) tu viens. (Anouilh,

P. brill.) 자네가 온 곳으로 다시 돌아가는 것이 좋겠어. ☆ 전치사는 때때로 이중의 역할을 한다: Je ne viens pas *d'où* tu crois (=*de* l'endroit *d'où* tu crois que je viens). (Daud, *P. Chose*) 나는 자네가 생각하고 있는 그 장소에서 오는 것이 아니야.

ouate —la ~, 혹은 l'~. cf. une boule *de* ~ (Vercel, *Conan*); un tampon *d'*~ (Beauvoir, *Invitée*).

oui—①〖긍정의문에 대한 긍정의 답〗 As-tu fini?—~ (j'ai fini).//〖강조형〗 ~ certes; ~-da 《속어》; ~, ~; ~ vraiment; mais ~(⇨⑥); oh! ~; que ~(⇨③); vraiment ~//〖동격절을 동반하여〗《속어》: Les temps sont durs.—Que ~, *qu'*ils sont durs. (S, II, 49) 각박한 세상이야—그래, 각박해.

②〖단정의 강조〗 Eh bien ~: il a pu faire tout ça, mais.... (Sartre, *Nausée*) 물론이지. 그는 모든 것을 다 할 수 있었어. 그러나….

③〖생략절〗 a) assurer, croire, dire, espérer, juger, jurer, prétendre, répondre, savoir, supposer, voir; avoir l'impression [la conviction], être sûr [certain], il paraît, peut-être, probablement, etc.+*que* ~:Je *crois que* ~(속어:*qu'*~). 나는 그렇다고 생각한다/Il *répondit que* ~ 그는 그렇다고 대답했어((Il répondit ~라고도 하므로 Il répondit que: ~는 Il répondit:que ~로 생각되어 강조형 que ~ 가 되었다. 이 경우의 que는 단순한 강조어임)). b) *si* ~ 만일 그렇다면. c) A cet âge, vous étiez déjà marié? —*Moi*, ~. (Pagnol, *Fanny*) 당신은 그 나이에 벌써 결혼을 했었소? —그렇소. d) *C'est* ~? (Green, *Mesurat*) 좋은가?

④〖**oui**와 **si, non**〗 원칙적인 용법은 As-tu fini?—*Oui* (j'ai fini) [*Non* (je n'ai pas fini).]./N'as-tu pas fini? —*Si*(j'ai fini) [*Non* (je n'ai pas fini).]. 그러나 미묘한 뉘앙스를 지니고 oui가 si, non을 대신하거나, 때로는 oui밖에 쓸 수 없을 때도 있다. a) 부정의문이 긍정의 뜻을 나타낼 때:N'avez-vous pas sommeil? — *Oui*(또는 *Si*), j'ai sommeil. 졸리지 않은가? —응, 졸리는군/Vous ne le croyez pas?—*Oui*, Gilbert. (Arland, *Ordre*)/ N'avait-elle pas un enfant avec elle? —*Oui*, un petit enfant qui a pleuré. (Sand, *Mare*). b) 부정으로 나타나게 되는 사실을 긍정할 때:*Oui*, vous, vous n'aviez pas la vocation. (Romains, *Knock*) 그래, 당신에게는 천직이 없었군/Je n'avais pas besoin de surprise. —Oh! oui. On n'a pas besoin de surprise. (Arland, *Ordre*). c) *n'est-ce pas* 다음에서:Nous n'en parlerons jamais, *n'est-ce pas?*— *Oui*. (*Ib.*) 그 얘기는 절대 하지 맙시다. 안 그래요? —그렇소. d) ne ...*que*가 들어 있는 의문문은 긍정의문으로 취급한다: *N'avez-vous que* cela à faire?—*Oui*(=Je n'ai que cela à faire). 할 일이 그것뿐이요? —그렇소((이때 non을 쓰면 j'ai autre chose à faire의 뜻이 된다. 뜻을 분명히 하기 위해서 oui 대신에 certainement 또는 assurément을, non 대신에 Oh! non 따위를 쓰는 편이 좋다(Mart, 526))).

⑤ 이름을 부를 때의 대답, 어조에 따라 여러가지 뜻을 지닌다:Marraine? —*Oui?* (Achard, *Nouv. hist.*) 대모님 —왜? /Marius!—*Oui?* (Pagnol, *Marius*) 마리우스! —예! ⇨intonation.

⑥ oui 앞에서는 *élision이나 *liaison을 안한다:mais | ~, Je dis | ~, un | ~, le | ~. Je crois que | ~ 《qu'~ 는 속어투》.

ours—발음은 단수, 복수 모두 [urs]. des our(s)는 옛날 발음. 그러나 단수이어도 자음으로 시작하는 형용사 앞에서는 [u:r]로 발음될 때가 있다: un *our(s)* brun (D, 103)

outils grammaticaux ⇨mot².

outre *prép.*—① au delà de 의 뜻으로는 숙어 외에는 그다지 쓰이지 않는다: ~-mer 해외에, ~ mesure 과도하게, ~-monts 알프스산 저쪽으로, ~-Rhin 라인강 저편에, etc./ poursuivre l'ennemi ~ Somme 솜 므강을 건너 적을 추격하다.
② 일반적으로는 en plus de 의 뜻이다:~ leurs photographies, les deux jeunes gens avaient échangé leurs confidences.(Romains) 두 젊은이는 그들의 사진 이외에 속내 이야기까지 주고받았다.
en ~ de(=outre ②). Lit; Gr. Lar, 388 은 틀린 표현이라고 했으나 보급되고 있다: Même à la cour, l'usage s'est établi qu'un homme ait une amie régulière *en ~ de* sa femme légitime. (Montherlant) 왕궁에서조차, 남자는 합법적인 아내 이외에 정식 애인을 한사람씩 둔다는 풍습이 이루어졌다. *~ que*+*ind* 〔*cond*〕: ~ *qu*'elle est riche, elle est belle et sage. (Ac) 그녀는 부자일 뿐만 아니라 아름답고 정숙하다.
—*adv.* *passer* 〔*aller*〕 *~:*Il tournait le dos au chemin et ne me voyait pas. Je *passai* ~ sans l'interpeller. (Bosco) 그는 길쪽으로 등을 돌리고 나를 안 보고 있었다. 나는 그에게 말을 걸지 않고 지나쳐갔다. *passer ~ à:*Je me gardai bien, au début, de *passer ~ à* cette réserve du partenaire. (Duham) 처음에 나는 그 파트너라는 조건을 무시하지 않으려고 조심했다. *en ~:* Il est tombé en malade, et *en ~*, il a perdu sa place. (Rob) 그는 병이 들었고 그리고 또 지위까지 잃었다.

outré—*être ~ de* 〔*par*〕 *qc:*Je *suis ~ de* son ingratitude.(*Ib.*) 나는 그의 배은망덕에 화를 내고 있다. *être ~ de*+*inf* 〔*que*+*subj*〕 …을 분개하다.

P

p—alphabet 의 제16자로 명칭은 [pe]. graphie 와 발음과의 관계는 다음과 같다.

p 1) 어두·어간에서는 다음 2)의 경우를 제외하고는 [p]:*p*ère, *P*aris, *p*sychologie [psikɔlɔʒi], é*p*ée, cor-ru*p*tion, se*p*tembre, Egy*p*te, etc. 2) 그러나 어간에서도 다음 단어에서는 p는 무음이다:ba*p*tême, ba*p*tisme, ba*p*tiser 및 이 단어들의 모든 파생어, se*p*tain, se*p*tième; com*p*ter 및 그 모든 파생어, dom*p*ter 및 그 파생어, escom*p*ter, exem*p*ter, sculter 등 동사 및 그 모든 파생어, prom*p*tement, prom*p*titude, Cham*p*-, Dam*p*-, Dom*p*-으로 시작하는 고유명사(Cham*p*fort, Dam*p*léger, Dom(*p*)remy, etc.)에서. 3) 어미에서는, i) 다음 단어에서는 무음:dra*p*, sparadra*p*, galo*p*, siro*p*, tro*p*, beaucou*p*, cantalou*p*, cou*p*, lou*p* 및 Saint-Lou*p* 를 위시한 몇몇 고유명사에서. ii) 다음 단어에서는 p 가 발음된다:ca*p*, hana*p*, jala*p*, ce*p*, jule*p*, sale*p*, se*p*, bicho*p* 및 감탄사 hi*p*!, ho*p*!, sto*p*!, to*p*!, hou*p*!.

ph [f]:*ph*are, eu*ph*émisme, *ph*oque, *ph*rase, *ph*lébite, *ph*tisie, etc.

pp 모든 경우에 [p]로 발음되는 것이 보통이나 hipp-로 시작하는 단어 (hi*pp*odrame, hi*pp*opotame, etc.) 및 a*pp*endice, a*pp*endicite, a*pp*étence, a*pp*étition, a*pp*ogiature, li*pp*itude, phili*pp*ique 에서는 [pp]로도 발음된다.

-pt 어미로서의 이 철자는 1) 무음: prescri*pt* [pʀɛskʀi]. 2) [-t]: se*pt* [sɛt]. 3) [-pt]:ra*pt*[ʀapt], conce*pt*, transe*pt*, abru*pt* 및 A*pt* 등 몇몇 고유명사에서.

page—à la ~ 30 30페이지에, 《(간략하게)》 ~ 30 (⇨nom² IV, 2°, ①, b))/à la première ~ [à la ~ un] 제1페이지에/《(신문용어)》 en troi-sième ~ 제3면에/suite en 3ᵉ ~ 제3면에 계속.

pair *adj.*— numéro ~ 짝수, voie ~*e* (철도)상행선.
—*n.m.* Chambre des ~s 영국의 상원/~ de France (1814-1848년의) 프랑스 상원의원/~ du change (외국환의)법정평가.
à ~ (=sans salaire):répétiteur *au* ~, c'est-à-dire sans appointements (Renan) 침식만 제공받는 즉 월급이 없는 복습교사.

palabre—어원(<esp. palabra(=parole))에 따라 여성이나 흔히 남성으로도 쓰이고, Ac 도 남, 여성 모두 허용했다. 일반적으로 복수로 쓰인다:Ces ~*s* me sont intolérables. (Duham) 그 장황한 얘기가 견딜 수 없다/Il se complaît à des ~*s* oiseux[oiseuses]. (Colin) 그는 쓸데없는 잡담을 좋아한다.

palatale—주요 조음이 硬口蓋 부분에서 이루어지는 음성을 구개음이라고 한다. 프랑스어나 스페인어의 [ɲ] (montagne, mañana), 이태리어나 스페인어의 [ʎ](maglia, calle), 프랑스어의 [j](rayon), 그리고 전모음(i,e,ɛ,y,ø)등이 이에 속한다. ⇨consonne, voyelle.

pamplemousse—Ac, DG, Lit 는 여성이라고 주장하지만 Lar, Rob, Thomas, Colin 등 지금에는 보통 남성으로 쓰이고 있다.

pantalon—하나의 「바지」라고 할 때는 단수로 취급하여 un ~ 이라고 한다. chausses, braies 등 처럼 des

papa

~s 이라고 하는 것은 옛 표현: La rapidité de ses jambes découvrait ses petits ~s brodés. (Flaub, *Cœur simple*). 지금도 방언이나 비어에 복수가 쓰이기도 한다: Tu devrais t'acheter une paire de ~s et une veste. (Giono, *Regain*) /Si elle mettait les ~s de papa? (Sartre, *Mur*).

papa—*à la ~* (=sans se hâter, tranquillement): conduire *à la ~* 천천히 운전하다.

Pâque(s)—① **la ~** 는 「(이스라엘 사람들의 이집트 탈출을 기념하는) 유월절」. 첫자를 소문자로 쓰기도 한다: Notre-Seigneur célébra *la pâque* avec ses disciples. (Ac).

② ~(s) 는 「부활절」. 항상 무관사. 단수라도 거의 항상 s를 붙인다. 「~s closes 부활절 직후의 일요일, ~s fleuries 부활절 직전의 일요일, faire ses ~s 부활절 전후 각 1주일 사이에 성체를 배수하다, joyeuses ~s 즐거운 부활절」의 경우에는 여성 복수이고, 그 외는 모두 남성 단수이다: ~ est tard cette année./Je vous paierai à ~ prochain. (Ac) 돌아오는 부활절에 당신에게 지불하겠읍니다.

par—1°〖통과하는 장소〗 entrer ~ la fenêtre 창문으로 들어오다/se promener ~ la campagne 들판에서 산보하다((*~ dans* la campagne 라고도 함. par 는 공간적 넓이를 느끼게 함))/Il a reçu un coup de fouet ~ la figure. 그는 얼굴에 매를 맞았다.

2°〖날씨〗 ~ une belle nuit étoilée 별이 빛나는 아름다운 밤에/~ un matin de soleil 해가 빛나는 아침에/~ cette pluie 이렇게 비가 내리는 때에. ☆ 명사는 품질형용사(구)를 동반한다((~ une nuit, ~ un matin 이라고는 안 함). 그러나 명사 그 자체가 날씨를 나타낼 때는 「voyager ~ la neige 눈이 내리는데 여행을 하다」라고 할 수 있다(DG).

3°〖원인, 동기〗 faire *qc* ~ pitié 가련해서 …를 해주다/Il a fait cela ~ amitié pour moi. 그는 나에 대한 우정 때문에 그 일을 했다.

4°〖동작주〗 ① ➩agent(complément d'), faire, entendre, laisser. ② apprendre ~ *qn* que... …로부터 …을 들어서 알다. ③ 작자: «Madame Bovary» ~ Flaubert 플로베르작 보바리 부인.

5°〖양태〗 attaquer ~ surprise 기습 공격을 하다.

6°〖수단, 도구〗 appeler *qn* ~ son nom …의 이름을 부르다/apprendre ~. cœur 암기하다/arriver ~ le train 기차로 오다/réussir ~ l'intrique 술책을 써서 성공하다/((관사를 생략해서)) ~ avion / rentrer ~ bateau (Vercors, *Anim. dén.*) /prévenus ~ téléphone (*Ib.*). ➩ à I, 6°, 7°.

7°〖분배〗 deux fois ~ semaine 일주에 두 번/classer les animaux ~ genres et espèces 동물을 屬과 種으로 분류하다/entrer deux ~ deux 둘씩 들어가다/~ endroit(*s*) 〔instant(*s*), intervalle(*s*), moment(*s*), place(*s*)〕((일반적으로 s를 붙임)).

8°〖*~+inf*〗 ① commencer, continuer, débuter, finir, terminer 의 다음에 쓰인다 (➩각항). ②「원인」의 뜻으로 다른 동사 뒤에 쓰는 것은 옛 어법. M는 오늘날에도 드물게 쓰인다고 했다: Il se fatigue ~ trop écrire. 그는 글을 너무 써서 피곤하다.

9°〖*de ~*의 표현〗 ①(=de part 〔de la part de〕): Monsieur, vous êtes appelé *de ~ le roi*. (Jarry) 귀하는 왕명으로 소환됐습니다. ② *de ~ le monde* (=quelque part dans le monde): Il a *de ~ le monde* un cousin qui a fait une grande fortune. (Ac) 그에게는 거부가 된 사촌이 이 세상 어딘가에 있다. ③(=à cause de, par l'effet de)《새로운 어법》:Il était, *de* ~ sa complexion, franc du service militaire. (Duham, *Le Temps de la Recherche*) 그는 그의 체질 때문에 병역을 면제받았다.

10°〖부사 **par**〗 옛날에 강조어로 쓰였던 흔적. ~ *trop*(=vraiment trop):Bonaparte est vraiment ~ *trop* charlatan. (Vigny) 보나파르트는 정말로 너무 선동적이다. ☆ 옛날에 이미 없어진 「~ ainsi 따라서」도 때때로 쓰인다:Je mettais des semelles d'amiante dans mes souliers, qui ~ *ainsi* devenaient trop étroits. (Colette, *L'Etoile Vesper*) 석면 구두창을 붙였더니·구두가 너무 좁아졌다.

parasynthétique(formation)〖병치종합〗—어간에 접두사와 접미사를 동시에 붙여 새 단어를 형성하는 것을 말한다:éborgner(é+borgne+er), encolure(en+col+ure). 병치종합에는 명사나 형용사에 접두사와 동사접미사(er, ir)를 붙여 동사를 만들거나(*abord*er, *accol*er, af*front*er, s'*alit*er, *aplat*ir, ap*pauvr*ir, dé*bours*er, é*gren*er, etc.), 명사에 접두사와 명사접미사를 붙여 명사나 형용사를 만드는 경우가 있다(em*branch*ement, em*place*ment, en*coign*ure, en*verg*ure, ef*front*é, en*jou*é, inter*cost*al, inter*nation*al, sou*terr*ain, etc.).

parataxe〖병렬〗—종속 혹은 등위의 小辭 particule 에 의해 그들간에 존재하는 종속관계를 명시함이 없이 phrase 들을 나란히 놓는 juxtaposer 문장구성 방식이다. Cet homme réussira *parce qu'*il est habile;Cet homme est habile, *aussi* réussira-t-il; Cet homme est habile, *et* il réussira 는 모두 명시적 종속 hypotaxe 인데 비해, *Cet homme est habile, il réussira* 는 parataxe 이다. 종속 subordination 이나 등위 coordination 와 대립시켜 juxtaposition 이라고도 한다.

병렬에 의해 여러가지 뜻을 나타낼 수 있다. ① 〖시간〗 Elles veulent travailler, elles travaillent./Elles veulent rêver, elles rêvent(=Chaque fois qu'elles veulent…). (J.-J. Bernard, *Invitation*). ② 〖원인〗 Bourais leva les bras, il éternua, rit énormément;une candeur pareille excitait sa joie(=car une candeur…). (Flaub, *Cœur simple*). ③ 〖조건〗 Vous mettez (=Si vous mettez) une goutte d'eau de Javel dans un litre d'eau, elle devient aseptique. (B, 870). ④ 〖양보〗(⇨conditionnel II, 2°, ③, f)). ⑤ 〖대립〗 (⇨imparfait de l'indicatif). ⑥ 〖결과〗 (⇨deux points 3°). ⇨coordination.

parce que—(⇨puisque, car).

① ne… pas… parce que 는 **a**) 부정이 parce que 에 파급 안됨:Il *n'a pas* pu venir, *parce qu'*il était malade. 그는 앓고 있었기 때문에 올 수 없었다《parce que 는 행위가 이루어지지 않았던 원인을 나타낸다》. **b**) 부정이 parce que 에 파급된다:Je *ne* dis *pas* ça ~ c'est ma mère. (Renard, *Poil de C*.) 나의 어머니이기 때문에 이 이야기를 하는 것은 아니다∥《참다운 원인은 mais 로 유도된다》 Je *ne* l'ai *pas* fait ~ je l'ai voulu, *mais parce qu'*on me l'a demandé (=Je l'ai fait, *non pas* ~ je l'ai voulu, *mais* ~ …). (Mart, 403) 내가 원해서 그 일을 한 것이 아니라, 사람들이 나에게 요구했기 때문에 한 것이다. **c**) 주절의 부정과 함께 원인의 불충분을 나타낸다: ~ les autres trahissent, on *n'a pas* le droit de trahir. (Daniel-Rops, *Epée*) 다른 사람들이 배반한다고 해서 남을 배반할 권리는 없다/ L'imprimerie *ne* chômerait *pas*, ~ tu prendrais un jour de vacances. (Porto-Riche, *Vieil h*.) 당신이 하루 쉬었다해서 인쇄소가 휴업하지는 않

을 거요/Ce n'est pas une raison
~ .... …라고 하여 이유는 안된다.
② 〖주어와 동사의 생략〗 Nous sommes têtus, ~ Franc-comtois. (Colin) 우리는 프랑슈콩테 사람이므로 고집이 세다/Il repoussa notre offre parce qu'arrivée trop tard. (W, 148) 우리의 제의가 너무 늦었기 때문에 그는 이 제의를 거절했다.
③ 〖단독으로〗 C'est impossible.— ~? (S, II, 312) 불가능해. —왜?《상대방이 이유를 설명하는 것을 독촉하는 pourquoi의 뜻》/ Pourquoi? demanda le comte, surpris.— ~, répondit-elle lentement. (Zola) 왜? 라고 백작은 놀라서 물었다. —그거야 어디 라고 그녀는 천천히 대답했다.
④ 〖**parce que**와 **par ce que**〗 후자는 par cela même que, par la chose que 의 뜻:Si l'on en juge par ce que vous dites, le succès est certain. (G, §955) 당신의 말에 따라 판단해 보면 성공은 확실하다//《parce que 를 어원적 구성에 따라 par ce que(que 는 접속사)로 쓰는 것은 예외적이고 현학적이다》 Je me suis réveillé par ce que j'avais de plus en plus mal aux reins.(Camus, *Etranger*) 점점 허리가 더 아팠기 때문에 나는 잠에서 깨어났다.

par-dessus—~ *le marché* (=en plus): Déjà vous avez perdu la guerre, vous n'allez pas nous faire tuer ~ *le marché*. (Sartre) 벌써 당신들은 싸움에 졌소. 우리를 죽게 만들기까지야 하지 않겠지. ☆ trait d'union 이 없는 **pardessus** 는 남성 명사로 「외투(=manteau)」의 뜻.

pareil *adj*.—① **a**) 〖N ~〗 deux anneaux ~s. **b**) 〖~ N〗 de ~les aventures. **c**) 〖속사〗 Ce n'est pas ~. 그 것은 같지 않다. ~ *à:* L un est ~ *à* l'autre. 그 둘은 비슷하다.
★~ que(=même que)는 비어법에서 유래한 것으로 피하는 것이 좋다.
「La distance est ~*le* par ce chemin *que* par l'autre. 이 길로 가거나 저 길로 가거나 거리는 같다」는 틀린 글이고, La distance est ~*le* 〔la même〕 par ces deux chemins. (Le G, *Dites*, 103)이라고 써야 한다. 또 「Votre robe est ~*le que* la mienne. 당신 옷이 내 것과 같다」도 틀린 글이고, Votre robe est ~*le à* la mienne 라 해야 한다.
② 부사처럼 쓰는 것도 잘못이다:Ils sont habillés ~. 그들은 똑같이 옷을 입고 있다《de même 가 옳음》. 그러나 점차 부사로 쓰는 경향이 있다 (cf. Georg, 205):Ça se prononce ~ et ça s'écrit autrement.(Perry) 이것은 발음은 같으나 철자가 다르다.
③ 때때로 무관사:Je priai Mme Grangier de m'excuser de la déranger à ~*le* heure. (Radiguet) 나는 이런 시간에 방해한 것을 용서하라고 그랑지에 부인에게 요청하였다《물론 à *une* ~*le* heure 라고도 한다》/~ exemple n'est pas bon à suivre. (Q) 그런 예는 본받을 만한 것이 못된다. **en** ~ **cas** 이런 경우에.
—*n*. Cette étoffe est très belle, il faudra trouver *la* ~*le*. (Rob) 이 천은 매우 아름답다. 같은 것을 찾아야 한다. *sans* ~(*le*)《pareil 는 관계하는 명사에 일치하는 것이 보통》: ces fables, d'une naïveté *sans* ~*le*, vrai trésor de mythologie celtique (Renan) 비할 데 없이 순박한, 켈트 신화의 참 보물인 이 우화들//《pareil 가 불변인 경우도 있다》 des perles *sans* ~ (Thomas).

pareillement—les gamins, vêtus ~ à leurs papas (Flaub) 아빠들과 같은 옷차림을 한 아이들/La santé est bonne et l'appétit ~. (Rob) 건강은 좋고 식욕 역시 그렇다/Bonne année.—Et à vous ~. 새해 복 많이 받으세요. —당신께도 같은 인사를 드립니다《상대방의 인사와 같은 인사를

할때 대신 씀)).
parenthèse—*par* ~ (=en passant): Je vous envoie des œufs qui, *par* ~, ne sont pas encore payés. (Thomas) 당신에게 달걀을 보내는데, 말 나온 김에 하는 말이지만 아직 달걀값은 치르지 않았소. ☆ par ~ 의 뜻으로 **entre** ~**s**를 쓰기도 한다: C'est un garçon fort intelligent, et qui, *entre* ~s, a eu une très belle conduite pendant la guerre. (G. Marcel, *Rome*) 그는 매우 지성적인 청년이고, 말이 나온 김에 하는 이야기지만, 전쟁중에도 행동이 훌륭했었다.

parenthèses [괄호]—삽입어구, 삽입절, 인용어구의 출처, 설명 등 문장의 부수적 요소를 본문에서 분리하기 위해 쓰는 표지이다(( )): Il y a de Balzac (brochure de H. Favre) une lettre sur la jeunesse.... (Barrès, *Mes Cahiers*) /L'épouvante (elle vit naturellement dans un pareil monde), l'épouvante elle-même surgit d'une fiction. (Bosco, *Un Rameau*).

paresseux—~ *pour*[(옛) *à*]+*inf*: Il est ~ *pour* se lever. (Rob) 그는 잘 일어나려고 하지 않는다.

parfait [완료시제]=passé composé (D, 212; Cr, 126).

parmi—<par+mi(=au milieu de).
① 복수(대)명사, 집합명사 앞에 쓰는 것이 보통이다(~ les ennemis/Il se mêla ~ eux./~ la foule). 17세기까지는 집합명사가 아닌 단수명사 앞에서도 쓰였으나 지금에는 낡은 어법이다:~ ce grand bonheur (M. Prévost). parmi 다음의 관계대명사는 항상 lesquels: ces gens ~ *lesquels* j'ai vécu (Thomas) 내가 그들 가운데서 살았던 그 사람들((이때 qui 는 쓸 수 없음)). 관계사절의 동사는 생략이 가능하다: Pilar avait fait relever les hommes exténués, ~ *lesquels*, le sous-officier d'Oli-venza. (Peyré) 피라르는 기진맥진한 사람들을 일으키게 했는데 그들 중에 하사관 올리벤자가 있었다.
② 부사로 쓰이는 경우는 드물다: Il y en a de bons ~. (Lit) 그 중에는 좋은 것도 있다.

paronyme [類音語] — collusion 과 collision, allocution 과 allocation 처럼 형태는 비교적 비슷하나 의미가 다른 단어들을 말한다. paronyme 는 흔히 유음견인 attraction paronymique, 혹은 민간어원 étymologie populaire 현상의 영향을 받는다.

part—*de* ~ *en* ~ 한쪽에서 한쪽으로. *de toute(s)* ~(*s*) 사방에서: Le vieux roi se trouva attaqué *de toutes* ~s. (Michelet) 늙은 왕은 사방에서 공격을 받았다. *de la* ~ *de* …의 이름으로: Dites bonjour *de ma* ~. 안부 전해 줘요. *à* ~ *moi*[*lui*] 마음속으로: A ~ *lui*, il pense que sa femme était irrémédiablement idiote. (Henriot) 마음속으로 그는 자기 아내가 어떻게 해볼 수 없을 만큼 어리석다고 생각한다. *à* ~ 1) (=excepté): A ~ lui nous ne connaissons personne dans ce voisinage. (Maurois) 그를 제외하고 부근에 아는 사람이 없다. 2)「따로」: On les enferma *à* ~, d'un côté les serviteurs et de l'autre les enfants. (Michelet) 한쪽에는 하인들, 다른 쪽에 아이들, 이렇게 그들을 따로 가두었다. *prendre* ~ *à*... …에 참여하다; 관심을 갖다. ~ *à deux*! 우리끼리 나누어 갖자!

participe(**mode**) [분사법]—동사의 형용사형 forme adjective 으로 동사의 성격과 형용사의 성격을 함께 갖고 있다 (Je l'ai trouvé *lisant*./une besogne *terminé*). 동사처럼 목적어와 상황보어를 가질 수 있고, 형용사처럼 부가형용사, 속사로 쓰일 수 있으며 성, 수의 변화도 있다. 분사법에는 현재분사 (aimant, étant aimé)와 과거분사 (aimé, ayant aimé,

ayant été aimé)가 있다.
participe passé [과거분사] — I. 〖형태〗 1° **-é**: -er 로 끝나는 동사 전부와 naître (chant*é*, all*é*, n*é*).
2° **-i**: -ir 로 끝나는 동사의 대부분 (fin*i*, part*i*).
3° **-u**: -oir 로 끝나는 동사(seoir, asseoir, surseoir 제외)와 -re 로 끝나는 동사 대부분, -ir 로 끝나는 courir, férir, tenir, venir, vêtir 와 이것들의 복합어(reç*u*, v*u*, rend*u*, cour*u*).
4° **-s**: acqui*s*, conqui*s*, enqui*s*, requi*s*, circonci*s*, mi*s*, occi*s*, pri*s*, si*s*, clo*s*, absou*s*, dissou*s*, résou*s*, remi*s*, surpri*s*, assi*s*, sursi*s*, etc.
5° **-t**: confi*t*, di*t*, écri*t*, fri*t*, fai*t*, trai*t*, mor*t*, couver*t*, ouver*t*, souffer*t* 와 -indre 및 -uire(fu*i*, lu*i*, nu*i* 제외)로 끝나는 동사의 과거분사 및 이것들의 복합어(redi*t*, défai*t*, etc.).
☆ 여성형은 어미에 e 를 붙이면 되지만 예외가 있다: absou*s*, absou*te*; dissou*s*, dissou*te*; résou*s*, résou*te*.
6° **-û**: devoir, redevoir, mouvoir, croître, recroître 의 과거분사. 여성형은 -ue: d*ue*, cr*ue*, m*ue*.
II. 〖기능〗 과거분사는 때로는 동사, 때로는 순수한 형용사와 같다.
1° 〖동사적 기능〗 ① 조동사 avoir 나 être 와 결합하여 모든 복합시제를 이룬다: J'*ai compris*./Ils *sont partis*./Le coupable *sera gracié*.
② 조동사가 없을 때도 있다: Cet ouvrage, *achevé* si hâtivement, ne saurait être bien fait. (G, §774) 그 일은 너무 조급히 끝냈기 때문에 잘 되었을 리가 없다.
2° 〖형용사적 기능〗 과거분사는 형용사처럼 품질형용사, 속사로 쓰인다: des manières *distinguées*/Ces enfants sont mal *élevés*. 이 아이들은 버릇이 없다.
3° 〖태〗 ① 조동사 avoir 와 결합한 과거분사는 항상 능동적 의미를 갖는다: J'*ai suivi* vos conseils. 나는 당신의 충고를 따랐소/Il *a parlé*. 그는 말했다/Il *a neigé*. 눈이 내렸다.
② 대명동사와 운동이나 상태의 변화를 나타내는 몇몇 자동사들(aller, arriver, décéder, devenir, échoir, éclore, entrer, mourir, naître, partir, rentrer, rester, retourner, sortir, tomber, venir, revenir, etc.)의 과거분사는 조동사 être 와 결합하는 데도 능동적 의미를 갖는다: Il *s'est trompé*. 그가 잘못 생각했다/Les oiseaux *se sont envolés*. 새들이 날아가 버렸다/Il *est allé* à Londres. 그는 런던에 갔다/Il *est entré* par ici. 그는 이쪽으로 들어왔다.
③ 수동태에서의 과거분사는 수동적 의미를 갖는다: L'accusé *sera interrogé* par le juge. 피고는 재판관의 심문을 받을 것이다.
④ 〖조동사 없이 단독으로 쓰인 과거분사〗 a) 보통 수동적 의미를 갖는다: un chef *respecté* 존경받는 우두머리/des esclaves *maltraités* 학대받는 노예. b) 몇몇 타동사, 자동사, 대명동사의 과거분사는 능동적 의미로 쓰인다: un homme *avisé* 사려깊은 사람/une personne *repentie* 뉘우친 사람/un jeune homme *rangé* 견실한 청년/des oiseaux *envolés* 날아가버린 새/un commerçant *failli* 파산한 상인.
4° 〖시제적 가치〗 ① 주동사가 나타내는 행위보다 앞서 완료된 행위를 나타낸다: Je me rappelle 〔me rappelais, me rappellerai〕 les promesses *faites*. 나는 약속이 이루어진 것을 기억한다〔기억했다, 기억할 것이다〕.
② 때로는 주동사의 행위에 대해 동시성을 나타낸다: *Assis* dans un fauteuil, il lit 〔lisait, lira〕. 안락의자에 앉아 그는 책을 읽고 있다〔읽었다, 읽을 것이다〕.
5° 「명사+과거분사=동작명사+보어명사」일 때가 있다: après les Maures *défaits*=après *la défaite* des Maures 무어족이 패배한 후/la cloche...

annonçant *les classes finies*(Estaunié, *L'Empreinte*) 수업이 끝났음을 알리는 종소리/Jusqu'à *son adolescence formée*, il a été hanté par des visions. (La Varende, *Le Roi*) 청년기에 도달할 때까지 그는 환상에 사로잡히곤 했다.

III. 〖과거분사의 용법(동사)〗 과거분사는 상황보어 종속절의 기능을 갖고 여러가지 의미를 지닌다.

1° 〖시간〗 Une fois *parti*, je ne reviendrai plus. (Ac) 이번에 떠나면 다시 돌아오지 않겠다.

2° 〖원인〗 Mon frère, *brisé* de fatigue, finit par sommeiller. 내 아우는 기진맥진해서 마침내 졸고야 말았다.

3° 〖조건, 가정〗 L'action, *commencé* deux heures plus tôt, eût été fini à quatre heures. (Hugo, *Les Misér.*) 행동이 두시간 일찍 시작되었더라면 네시에 끝났을 텐데.

4° 〖대립〗 *Aperçus* de l'ennemi, ils réussirent pourtant à s'enfuir. (Mauger) 적군에게 발각되었지만 그들은 도망치는 데 성공했다.

IV. 〖절대분사절〗⇨participe présent VI.

V. 〖과거분사의 일치〗 **1°** 〖일반규칙〗 ① 부가형용사로 쓰인 과거분사는 자신이 수식하는 단어의 성, 수에 일치한다:une affaire *manquée* 실패한 일/des enfants *abandonnés* 버림받은 아이들.

② 조동사가 être 일 때 과거분사는 주어의 성, 수에 일치한다:Ils sont *arrivés* hier. 그들은 어제 도착했다/L'affaire a été *portée* devant les tribunaux. 그 사건은 법정으로 옮겨졌다.

★ 1) 수동동사와 몇몇 자동사(운동, 상태의 변화를 나타내는)의 조동사는 être이고 과거분사는 주어의 속사이다. 대명동사의 조동사도 être이다.

2) être 이외의 계사 verbe copule 다음의 속사 과거분사도 주어의 성, 수에 일치한다:Ces fleurs paraissent 〔semblent〕 *flétries*. 이 꽃들은 시든 것 같다/Ils resteront *enfermés*. 그들은 계속 갇혀 있을 것이다.

3) 직접목적보어의 속사 과거분사는 물론 그 직접목적보어에 일치한다: Ces fleurs, vous les trouverez *flétries*./une besogne qu'on croit *terminée* 끝난 것으로 생각한 일.

4) 주어가 부정대명사 on이고 조동사가 être이면 과거분사는 보통 남성단수이다:On était *resté* bons camarades.(Hugo, *Les Misér.*) 그들은 여전히 좋은 친구사이였다//(그러나 on이 분명히 여성이나 복수를 나타내면 과거분사도 여성이나 복수로 둔다))Eh bien! petite, est-on toujours *fâchée?* (Maupass, *Notre Cœur*) 자, 이 아가씨야, 아직 화가 나 있어?/Hélas! on est toujours *séparés* pendant les vacances. (Thomas) 아! 우리는 방학중에 항상 떨어져 있구나.

5) 계사가 생략된 감탄문의 첫머리에 오는 fini는 보통 주어에 일치한다:*Finie*, la comédie. (Daniel-Rops, *Deux Hommes*) 연극은 끝났다/*Finie* la vie glorieuse, mais *finis* aussi la rage et les soubresauts. (Camus, *La chute*) 영광스런 삶도, 열광과 감동도 끝났다//(그러나 fini를, 표현되어 있지 않은 중성대명사 ce 또는 cela에 관계된다고 생각하여 변화시키지 않는 경우도 있다))*Fini* les livres! (J.-J. Brousson, *An. France*).

③ 조동사가 avoir 일 때 직접목적보어가 과거분사 앞에 오면 과거분사는 직접목적보어의 성, 수에 일치한다: On vous a longtemps *cherchées*, mesdemoiselles. 아가씨들, 당신들을 오랫동안 찾았소/Ces conséquences, je les avais *prévues*. 내가 그러리라 예상했던 결과다. ☆ 직접목적보어가 없거나 있어도 동사 뒤에 오면 과거분사는 불변이다:Ils ont *chanté* hier. 그들은 어제 노래했다/J'avais *prévu* ces conséquences.

2° 〖특수한 규칙〗 ① **attendu, compris, non compris**, etc. a) 과거분사 attendu, compris, entendu, excepté, ôté, ouï, passé, supposé, vu 등이 명사나 대명사 앞에 오면 전치사가 되어 불변이다: Tout le monde consentait à s'en mêler, y *compris* les personnes les plus âgées. (Loti, *Le Roman*) 나이가 많은 사람들까지 포함해서 모두들 가담하기로 동의하였다/Toutes les filles sont mariées, *excepté* la plus jeune. (Ac) 가장 어린 딸을 제외하고 모든 딸들은 결혼했다/*Passé* trois semaines j'aviserai le propriétaire. (Thomas) 삼주일 후 집주인에게 알리겠다.
b) 이 과거분사들이 명사나 대명사 뒤에 오면 형용사의 기능을 되찾아 변화한다: Les événements *attendus* se présentèrent ce jour-là. (*Ib.*) 예상했던 일이 그날 일어났다 / Tout ce qui était sur le pont, nous *exceptés*, avait été balayé par-dessus bord. (Baudel, *Histoires extraord.*) 우리를 제외하고 갑판에 있던 모든 것이 물결에 씻겨 배 밖으로 떨어졌다. ☆ 1) passé 가 명사 앞에 올 때 일치시키는 경우도 드물지 않다: *passée* cette espèce d'extase (Romains, *Quand le Navire*) 황홀경 같은 것이 지나자/*passés* les temps d'équinox (Colette, *Journal*) 춘분〔추분〕이 지나서. 2) étant donné도 compris, excepté 등과 같다: *étant donné* sa stupidité (Ac) 그의 어리석음에 비추어/*étant donné* les circonstances (Duham, *Les Voyageurs*) 사정에 비추어. 3) 그러나 뒤의 명사에 일치시키기도 한다: *étant données* les circonstances (Jaloux, *Le Dernier Acte*)/*étant données* les circonstances présentes (St-Exup, *Pilote*) / *étant donné* deux droites (또는 deux droites *étant données*) 두 직선이 주어졌을 때.

② **ci-annexé, ci-joint, ci-inclus** 는, a) 형용사로 쓰였으면 (부가형용사, 속사) 변화한다: Vous trouverez *ci-incluse* la copie que vous m'avez demandée. (Ac) 당신이 요구한 사본을 동봉하니 받으시오/Vous lirez également la lettre *ci-jointe*. (Thomas) 동봉한 편지를 읽으시오.
b) 부사적으로 쓰이면 불변: Trouvez *ci-joint* les 2,000 francs que nous vous devons. (H. Bazin, *La Tête*) 우리가 당신에게 갚을 2,000 프랑을 동봉하니 받으시오/Je vous remets *ci-joint* quittance et duplicata. (Thomas) 당신에게 영수증과 사본을 동봉해서 보냅니다/*ci-inclus* les quittances (G, §785).

③ 〖몇몇 자동사의 과거분사〗 a) coûter, valoir, peser, mesurer, marcher, courir, vivre, régner, durer, reposer 등의 자동사는 전치사 없이 가격, 무게, 길이, 시간, 거리를 나타내는 상황보어를 동반하는데, 이때 상황보어는 목적보어가 아니므로 과거분사는 불변: les trois mille francs que ce meuble m'a *coûté* (Ac) 이 가구가 나에게 치르게 한 삼천 프랑/les trois heures que j'ai *marché*〔*couru*〕 내가 걸었던〔뛰었던〕 세 시간/les soixante-quinze ans qu'il a *vécu* 그가 살았던 75년간/les 50 kilos que j'ai *pesé* 내 몸무게였던 50 킬로그램.
b) 이런 자동사들이 비유적으로 쓰이면 타동사가 되고 과거분사는 앞에 온 직접목적보어에 일치한다: les dangers que nous avons *courus* 우리가 무릅쓴 위험/les efforts que ce travail m'a *coûtés* 이 일이 나에게 지불하게 한 노력/les belles années que nous avons *vécues* 우리가 살아온 좋은 시절/votre proposition que j'ai *pesée* 내가 깊이 생각해본 당신의 제안.

④ 〖비인칭동사의 과거분사〗 비인칭동사나 비인칭으로 쓰인 동사의 과

거분사는 항상 불변이다:Je suis resté chez moi les trois jours qu'il a *plu*. (Thomas) 비가 내린 사흘동안 나는 집에 있었다/La révolution qu'il y a *eu* dans ce pays a causé bien des malheurs. (*Ib*.) 그 나라에서 일어난 혁명은 많은 불행을 가져왔다/Quels soins il a *fallu* pour maintenir sous un ciel implacable cette végétation luxuriante! (Tharaud, *La Fête*) 무자비한 하늘 밑에서 저 무성한 초목을 유지하기 위해서 얼마나 많은 수고가 필요했을까!/les grandes chaleurs qu'il a *fait* cette année 금년의 폭서.

⑤ **dit, dû, cru, su, pu,** etc. 과거분사는 직접목적보어가 생략된 부정법이나 절일 경우에 불변이다. 앞에 온 대명사 que는 생략된 동사의 직접목적보어이지 과거분사의 목적어가 아니다:J'ai fait tous les efforts que j'ai *pu*(faire 가 생략). 나는 내가 할 수 있는 모든 노력을 다 했다/Il m'a donné tous les renseignements que j'ai *voulu*(qu'il me donnât 가 생략). 내가 원한 모든 정보를 나에게 주었다/Il a commis toutes les erreurs que son ignorance lui a *permis* (de faire 가 생략). 그의 무지 때문에 범하게 된 모든 실수를 다 했다.

★ 1) 그러나 pu 를 제외하고 이 과거분사들은 앞에 직접목적보어를 가질 수 있다. 이 때 과거분사는 변화한다:Il a cité toutes *les paroles* que j'avais *dites*. 그는 내가 한 모든 말을 인용했다/Vous avez obtenu *la réparation* que vous avez *voulue*. 당신은 당신이 바란 배상을 받았다/Il débita *des histoires* que nous n'avons pas *crues*. 그는 우리가 믿지 않는 이야기들을 지껄였다.

2) 과거분사 앞의 관계대명사 que 가 과거분사 뒤에 온 동사의 직접목적보어일 때 과거분사는 불변이다. 이 때 과거분사의 목적어는 뒤에 온 절이기 때문이다:C'est une faveur qu'il a *espéré* qu'on lui accorderait. 그것은 그에게 주기를 원했던 호의이다(=Il a espéré qu'on lui accorderait *que*.... que=la faveur)/à travers la porte que Lyonnette avait *commandé* qu'on fermât(E. Bourges, *Le Crépuscule*) 닫으라고 리요네트가 명령한 문 너머로.

3) 과거분사 앞에 que 가 오고 뒤에 부정법 보어절이 와도 과거분사는 불변이다:J'ai pris la route qu'on m'a *assuré* être la plus courte.(Thomas) 나에게 가장 가까운 길이라고 다짐받은 길을 나는 택했다/les histoires qu'on avait *cru* être fausses 사람들이 거짓이라 믿었던 얘기들.

⑥ 과거분사 앞에 직접목적보어가 오고 뒤에 목적보어의 속사가 오면, 과거분사는 흔히 직접목적보어에 일치한다:des femmes qu'il avait *crues* veuves 그가 과부라고 생각한 여자들/Je l'avait *crue* toute à son deuil. (Arland, *La Vigie*) 그녀가 비탄에 잠겨 있다고 생각했다/Cette nouvelle l'a *rendue* folle d'inquiétude. (Thomas) 그 소식을 듣자 그녀는 불안으로 미칠 지경이었다. ☆ 그러나 과거분사와 속사를 한덩어리로 본 옛 어법의 영향으로 과거분사를 불변으로 둘 때도 있다:une maison blanche... si fraîche qu'on l'eût *dit* vernie (Dorgelès, *Saint Magloire*) 너무도 선명해서 와니스 칠을 한 것 같은 하얀 집/des cheveux qu'on eût *dit* frisés au fer (Thérive, *Fils*) 아이론으로 곱슬곱슬하게 만든 것 같은 머리카락.

⑦ 중성대명사 **le** 를 직접보어로 갖는 과거분사는 불변이다. 이때 le 는 cela 에 상당하고 하나의 개념 또는 절을 받기도 한다:Cette étude est moins difficile que je ne *l*'avais *présumé*. (G, §790) 그 연구는 내가 생각했던 것보다 덜 어렵다(=...que je n'avais présumé *cela*. cela=

participe passé

qu'elle était difficile)/Ma soirée fut aussi agréable que je l'avais *escompté*. (Romains, *Lucienne*) 저녁 파티는 내가 기대했던 대로 재미있었다/Janot trouva plus dure qu'il ne l'aurait *cru* tout d'abord la vie de caserne. (Jammes) 자노는 자신이 처음에 생각했던 것보다 군대 생활이 더 힘들다고 생각했다. ☆ 그러나 le(l')가 중성대명사가 아니고 명사를 받은 인칭대명사로서 과거분사 앞에 온 직접목적보어면 과거분사는 일치시킨다:Nous montâmes à ma chambre, qui était telle que je l'avais *laissée*. (T. Bernard, *Secrets d'Etat*) 우리는 내 방으로 올라갔는데, 그 방은 내가 둔 그대로였다/La maison était certes grande, et moins pourtant que nous ne l'avions *jugée*. (Duham, *Le Désert*) 집은 물론 컸지만 우리가 생각했던 것보다는 덜했다.

⑧ 〖집합명사, 수량의 부사와 과거분사〗 **a**) 집합명사가 보어명사와 함께 과거분사 앞에 올 경우, 과거분사는 의미나 의도에 따라 집합명사나 보어명사에 일치시킨다:la foule d'hommes que j'ai *vue*(=j'ai vu la foule) 내가 본 사람의 무리/une foule d'hommes que j'ai *vus* (=j'ai vu les hommes) 내가 본 수많은 사람들/La moitié du village est *brûlé(e)*. (G, §791) 그 도시의 반이 불탔다. **b**) 과거분사 앞에 le peu 가 보어명사와 함께 올 경우 le peu 가 le manque de 의 뜻이면 과거분사는 le peu 에 일치하므로 결국 불변이다: Le peu de confiance que vous m'avez *témoigné* m'a ôté le courage. (Lit) 당신이 나에게 보인 부족한〔아주 적은〕신뢰가 내 용기를 앗아갔다/Le peu d'exigences que cette servante a *formulé* me l'a fait choisir. (H) 이 하녀가 제시한 요구조건이 아주 적은 것이어서 나에게 그녀를 택하게 했다. ☆ 그러나 le peu 가 quelque, une quantité suffisante 의 뜻이면 과거분사는 보어명사에 일치한다. 이때 peu 는 없어도 뜻이 통한다:Le peu de *confiance* que vous m'avez *témoignée* m'a rendu le courage. (Lit) 당신이 나에게 보여준 상당한 신뢰는 나에게 용기를 되찾게 해주었다/Le peu de *troupes* qu'il a *rassemblées* ont permis de tenir la place. (Thomas) 그가 모은 상당한 병력으로 요새를 지킬 수 있었다(⇨peu). **c**) 수량부사가 보어명사와 함께 과거분사 앞에 오면 과거분사는 보어명사에 일치하고, 보어명사가 과거분사 뒤에 오면 불변이다:Combien d'*heures* ai-je *perdues*? (*Ib.*) 나는 얼마나 많은 시간을 허비했을까? (그러나 Combien ai-je *perdu* d'heures?)/Un peu de *neige* était encore tombée. (J. Malègue, *Augustin*) 약간의 눈이 또 내렸다. ☆ 조동사가 être 면 수량부사를 중요시하게 되어 과거분사는 수량부사에 일치하여 결국 불변이다:Trop de patience serait *regardé* comme une faiblesse. (G, §791) 지나친 인내는 무기력으로 보일 것이다/Un peu d'animation était *revenu* au village. (M. du Gard, *Les Thibault*) 마을에는 약간의 생기가 다시 솟아났다. ⑨ 〖비교의 접속사로 연결된 두개의 선행사와 과거분사〗 **a**) ainsi que, aussi bien que, autant que, comme, de même que, non moins que, non plus que, pas plus que 등이 비교의 뜻으로 선행사를 연결할 때, 과거분사는 첫째 선행사에 일치한다:C'est *sa fille*, aussi bien que son fils, qu'il a *déshéritée*. (Girault-Duvivier) 그는 아들과 마찬가지로 딸에게서 상속권을 박탈했다/C'est *sa vertu*, autant que son savoir, que nous avons *admirée*. (G, §792) 우리가 경탄한 것은 그의 학식과 미덕이다. ☆ 그러나 접속사가 부가 l'addition 의 뜻을 나타내면

두 선행사에 함께 일치시킨다:C'est votre patience non moins que votre courage qu'on a *loués*. 우리가 칭찬한 것은 당신의 용기와 인내심이다/C'est sa bonté de même que sa simplicité que nous avons *admirées*. 우리가 감탄한 것은 그의 순박함과 친절함이다. b) moins que, plus que, non, et non, et non pas, plutôt que 로 연결되면 첫째 선행사에 일치한다:C'est son mérite, non sa naissance, qu'on a *considéré*. 우리가 중요시하는 것은 그의 재능이지 그의 가문이 아니다/C'est une nouvelle, plutôt qu'un roman, que vous avez *écrite*. 당신이 쓴 것은 장편이라기보다 중편소설이다.

⑩ 〖접속사 **ou, ni** 로 연결된 선행사〗 a) 접속사가 부가의 뜻으로 쓰였으면 두 선행사에 일치한다:La peur ou la misère, que les hommes ont toujours difficilement *supportées*, ont fait commettre bien des fautes. (H) 인간이 항상 견디기 어려웠던 공포와 빈곤은 과오를 범하게 했다/Ce n'est ni ton frère ni ta sœur que j'ai *invités*, c'est toi. (G, §792) 내가 초대한 것은 네 형도 누이도 아니고 너다. b) 선행사들이 서로 대립관계에 있으면 마지막 선행사에 일치시켜왔으나 지금에는 어느 쪽이 더 강조되느냐에 따라 그것에 일치시키거나 둘째 선행사에 일치시키거나 한다:Est-ce une louange ou un blâme qu'il a *mérité*? 그가 받은 것은 칭찬인가 비난인가?/C'est ce jeune homme ou sa sœur qu'on aura *chargé* (또는 *chargée*) de vous prévenir. (Mauger) 당신에게 미리 알릴 책임을 맡은 사람은 그 청년이나 그 누이다/Ce n'est ni mon frère ni ma sœur qu'on a *choisie* pour porter le drapeau. (G, §792) 기를 들도록 선택된 사람은 내 아우도 누이도 아니다.

⑪ 〖**un(e) des, un(e) de** 와 과거분사〗 a) un(e) des, un(e) de 가 보어명사와 함께 직접보어로 과거분사 앞에 오면 흔히 과거분사는 보어명사에 일치한다:Je vous rapporte un des *livres* que vous m'avez *prêtés*(=un (livre) parmi les livres que vous m'avez prêtés). 당신이 나에게 빌려준 책 중 한권을 돌려준다/Voici un des plus beaux *romans* que j'aie *lus* depuis longtemps. (Jaloux, *Figures*) 이것은 오래 전부터 내가 읽은 가장 아름다운 소설중의 하나이다. b) 그러나 행위가 여러 사람, 사물 중에서 어느 하나에 대해 일어나면 un 이나 une 에 일치시킨다:J'ai reçu *une* de vos amies, que vous m'aviez *recommandée*. (Mauger) 당신이 당신 여자 친구들 중에서 추천한 그 한 여자를 채용했다/Un des habitants que la faveur populaire avait *désigné* fut choisi pour chef de l'entreprise(=Un (habitant) que la faveur populaire avait désigné entre les habitants;la faveur populaire avait désigné un habitant). (G, §793) 대중의 인기로 지명을 받은 한 주민이 그 회사의 우두머리로 선출되었다. ☆1) un de ceux que, une de celles que 의 경우에는 과거분사는 ceux, celles 에 일치한다:Voici un de *ceux* que vous avez *sauvés*. 이 사람은 당신이 구해준 사람중의 하나이다. 2) un(e) de(s) ...que 가 속사이면 과거분사는 보통 보어명사에 일치한다:C'est une des plus belles *actions* qu'il ait *faites*. (Lit) 그것은 그가 한 가장 아름다운 행동의 하나이다/Son roman est un des plus *hardis* que j'aie *lus*. (Thérive, dans *le Temps* 3 mars 1948) 그의 소설은 내가 읽은 가장 대담한 소설 중의 하나이다. 3) 그러나 관용적 용법인 c'est ...que 에 의해 강조된 un(e) des, un(e) de 의 경우에는 un, une 에 일치한다:C'est *un* de nos généraux qu'on a *choisi*

(=On a choisi un de nos généraux). 우리 장군들 중 한 사람을 택했다. ⑫〖**부정법이 뒤에 올 때의 과거분사**〗 **a**) 조동사가 avoir 이고 부정법이 뒤에 올 때 직접목적보어가 앞에 오고 동시에 부정법의 주어이면, 과거분사는 직접목적보어에 일치한다:la femme que j'ai *entendue* chanter (Thomas) 노래하는 것을 내가 들었던 여자/les fruits que j'ai *vus* mûrir 익어가는 것을 내가 본 과일/ Elle s'est *laissée* mourir. (Bernanos, *Mons. Ouine*) 그녀는 죽어갔다/ les comédiens qu'on a *empêchés* de jouer (G, §794) 연기를 못하게 한 배우들. **b**) 반대로 동사(과거분사)의 목적보어가 앞에 온 명사[대명사]가 아니고 뒤에 온 부정법이면 과거분사는 불변이다:la chanson que j'ai *entendu* chanter (그 노래를) 부르는 것을 들었던 그 노래/les comédies qu'on a *empêché* de jouer 상연하지 못하게 한 희극 작품(이 때 chanson 과 comédies 는 부정법 chanter, jouer 의 목적보어이다). ☆ a), b) 에 해당되는 동사는 지각동사와 envoyer, laisser, mener 등이다. **c**) 부정법이 사역동사 faire 뒤에 오면 과거분사는 항상 불변이다:Ils ont *fait* pleurer les enfants. 그들은 아이들을 울게 했다/Je les ai *fait* combattre, et voilà qu'ils sont morts! (Hugo, *Hern.*) 나는 그들을 싸우게 했는데, 아, 그들은 죽었구나!/Cette femme s'est *fait* peindre. (Ac) 이 부인은 자신의 초상화를 그리게 했다.
⑬ 전치사 à 또는 de 가 과거분사와 부정법 사이에 오고 앞에 있는 목적어가 과거분사의 직접목적이면 과거분사는 일치하고, 부정법의 목적어이면 과거분사는 불변이다:ces habits, je les ai *donnés à* retoucher (Thomas) 내가 고치라고 주었던 옷들(=J'ai donné ces habits à retoucher.)/les gens qu'on a *empêchés* de partir (*Ib.*) 떠나는 것을 우리가 막은 그 사람들/Il se rappela les lettres qu'elle lui avait *données à* mettre à la poste. (Proust, *Jean Santeuil*) 그녀가 우체통에 넣으라고 그에게 준 편지들이 생각났다/les contrées qu'ils ont *eu à* explorer (Thomas) 그가 탐험했어야 할 나라들(=Ils ont eu à explorer les contrées.)/la contrainte qu'elle avait *eu à* subir (Green, *A. Mesurat*) 그녀가 겪어야 했던 속박/la rançon qu'il avait *eu à* payer (Goncourt, *R. Mauperin*) 그가 지불해야 했던 몸값.
⑭〖**en 과 과거분사**〗 **a**) 동사의 직접목적보어가 앞에 있고 en 이 과거분사에 영향을 미치지 못하면 과거분사는 직접목적보어에 일치한다:J'ai écrit à Paris, voici *les nouvelles* que nous *en* avons *reçues*. (Thomas) 파리에 편지를 보냈는데 이것이 우리가 그곳으로부터 받은 소식들이다 《en 을 생략해도 뜻이 통함》/C'est un véritable ami, je ne pourrai jamais oublier *les services* que j'*en* ai *reçus*. (Mauger) 그는 진정한 친구이다. 내가 그에게서 받은 도움을 결코 잊을 수 없을것이다. **b**) en 이 직접보어 역할을 하는 경우에도 en 은 de cela, de lui, d'eux 의 뜻이 중성이기 때문에 과거분사는 불변이다:J'ai cueilli des fraises et j'*en* ai *mangé*. 나는 딸기를 따서 그것들을 먹었다/J'ai tiré sur dix lapins, j'*en* ai *tué* deux. (Thomas) 나는 토끼 열마리를 쏘았는데 두마리만 잡았다. **c**) en 앞에 수량의 부사(beaucoup, combien, tant, trop, plus, que, etc.)가 오면 과거분사는 보통 일치하고, 수량부사가 뒤에 오면 과거분사는 보통 불변이나, 이런 규칙은 지켜지지 않는 경우가 많다:Des livres de ce genre, *combien* en avez-vous *lus*? (Thomas) 당신은 이런 종류의 책을 얼마나 읽었소?/Des

participe passé

films, *combien* en as-tu *vu?* (Mauger) 영화를 너는 얼마나 보았느냐?/J'en ai *tant vu,* des rois! (Hugo, *F. d'aut.*) 나는 왕들을 많이 보았다/des gens comme nous en avons *tant connus* (Péguy, *Souvenirs*) 우리가 많이 알고 있던 것과 같은 사람들.
⑮『대명동사의 과거분사 일치』(⇨ verbes pronominaux). 대명동사에서 재귀대명사(me, te, se, etc.)는, 때로는 직접목적보어나 간접목적보어이고(재귀적 대명동사와 상호적 대명동사에서), 때로는 아무 의미가 없거나, 수동적인 의미를 갖는다. 대명동사의 조동사는 être이나 재귀적, 또는 상호적 대명동사에서 재귀대명사가 직접목적인가를 판별하려면 조동사 être를 avoir로 바꾸어 생각하면 된다 : Ils se sont *donnés* aux Romains (Ils ont donné qui?—*se*. se=eux-mêmes) ; Ils se sont *donné* un maître (Ils ont donné qui?—*un maître*)/Ils se sont *imposé* des pénitences (Ils ont imposé quoi?—*des pénitences*) ; Il se sont *imaginé* qu'on les persécutait (Ils ont imaginé quoi?—*qu'on les persécutait*). a) 1) 재귀적, 상호적 대명동사의 과거분사는 재귀대명사가 직접목적보어일 때 재귀대명사에 일치한다 : Ils se sont *baignés* (Ils ont baigné *se*. se=eux-mêmes). 그들은 목욕〔해수욕〕을 했다/Pierre et Paul se sont *battus,* puis se sont *réconciliés*. 피에르와 폴은 싸웠으나 화해했다/Ils se sont *entraidés*. 그들은 서로를 도왔다. ☆ 간접목적보어인 재귀대명사 외에 직접목적보어도 가질 수 있다 : *les choses* qu'ils se sont *imaginées* 그들이 생각한 일들/*les droits* qu'il s'est *arrogés* 그가 가로챈 권리. 2) 부정법이 뒤에 올 경우는 위 ⑫의 경우와 같다 : Elle s'était *laissée* mourir. (A. Bellesort, *Virgile*) 그녀는 죽어갔다/Leur leçon se sont *fait* entendre. (Fromentin, *Un Eté*) 그들의 학과 읽는 소리가 들렸다/Elle ne s'est pas *sentie* mourir. (Arland, *Terre*) 그녀는 죽는다는 느낌이 들지 않았다/Elle s'est *senti* piquer par un moustique. (G, §769) 그녀는 모기에 물린 것처럼 느꼈다. 3) 다음 동사들은 직접목적보어를 가질 수 없기 때문에 과거분사는 항상 불변이다(se convenir, se nuire, s'entre-nuire, se parler, se plaire, se déplaire, se complaire, se ressembler, se sourire, se succéder, se suffire, se survivre) : Ils se sont *nui*. 그들은 서로 해를 입혔다/Ils se sont *plu* l'un à l'autre. 그들은 서로 마음에 들었다. 4) 어떤 동사들은 때에 따라 재귀대명사가 직접목적보어 또는 간접목적보어가 된다 : Nous nous sommes *assurés* de cette nouvelle. 우리는 그 뉴스를 확인했다/Nous nous sommes *assuré* des vivres pour six mois. 우리는 육 개월분의 식량을 확보했다. b) 재귀대명사가 직접목적도 간접목적도 아닌 허사일 때 과거분사는 주어에 일치한다 : Ils se sont *échappés*. 그들은 도망갔다/Nous nous sommes *aperçus* de notre erreur. 우리는 과오를 깨달았다/Elle s'était *jouée* de lui. (Jaloux, *L'Alcyone*) 그녀는 그를 농락했다. ☆ 『예외』「se rire 비웃다」, 「se plaire 좋아하다, 즐기다」, 「se déplaire 싫증나다」, 「se complaire 만족하다」의 과거분사는 불변이다 : Elles se sont *ri* de nos projets. (Lit) 그녀들은 우리의 계획을 비웃었다/Elle s'est *plu* à le tourmenter. (Thomas) 그녀는 그를 괴롭히는 것을 좋아했다/Elles se sont *complu* à ce spectacle vulgaire. (Colin) 그녀들은 저속한 그 흥행물을 좋아했다. c) 수동적 대명동사의 과거분사는 주어에 일치한다 : Les légumes se sont bien *vendus* aujourd'hui. (Thomas) 오늘 야채가 잘 팔렸다/Votre maison

s'est *construite* en six mois. (Mauger) 당신 집은 6개월동안에 지어졌다/La bataille s'est *livrée* ici. 전투가 이곳에서 벌어졌다.

participe présent [현재분사]―현재분사의 어미는 **-ant**이다. 현재분사는 때로는 동사처럼, 때로는 형용사처럼 쓰인다.

I. 〖동사적 기능〗 1° ① 동사처럼 쓰인 현재분사는 보통 주동사가 나타낸 행위와 동시에 일어난 행위를 나타낸다. 따라서 주동사의 시제에 따라 현재, 과거, 미래를 가리킨다: Je le vois *lisant* (=qui lit). 나는 책을 읽고 있는 그를 본다/Je l'ai vu *lisant* (=qui lisait). 나는 책을 읽고 있던 그를 보았다/Je le verrai *lisant* (=qui lira). 나는 책을 읽을 그를 볼 것이다. ② 현재분사는 항상 능동적 의미를 갖고 목적보어를 가질 수 있다: un homme *parlant* quatre langues (=qui parle quatre langues) 4개국어를 하는 사람.

2° 현재분사는 불변이다: Il réveilla ses fils *dormant*. (Hugo, *Lég*.) 그는 자고 있는 아들들을 깨웠다/Elle les vit *revenant* de la chasse. (Thomas) 그녀는 사냥에서 돌아오는 그들을 보았다. ☆ 몇몇 법률용어에서 현재분사가 변화하는 것이 있다: les *ayants* cause 권리 계승인, les *ayants* droit 권리 소유자, des *oyants* compte 회계 감사관, maison à lui *appartenante* 그의 소유의 집, toute(s) affaire(s) *cessante*(s) 만사를 제쳐놓고, fille majeure *usante* et *jouissante* de ses droits 권리행사를 할 수 있는 성년의 처녀, deux requêtes *tendantes* à même fin 같은 목적이 있는 두가지 청원, la partie *plaignante* 원고, etc., 이외에 명사처럼 쓰인 les allants et venants 오가는 사람들, les tenants et aboutissants 인접지, les payants 유료입장객, etc.가 있다.

II. 〖형용사적 기능〗 1° 현재분사는 형용사로 쓰이면 관계가 있는 단어의 성, 수에 일치하고 부가형용사나 속사가 된다. 이런 현재분사를 동사적 형용사 adjectif verbal이라 한다: Je l'ai trouvée toute *tremblante*. (Mauger) 나는 그녀가 몹시 떨고 있는 것을 알았다/des fruits *mûrissants* 익어가는 과일.

2° ① 동사적 형용사는 보통 능동적 의미를 갖는다 (la femme *tremblante* (=qui tremble)). 그러나 뜻이 바뀌어 수동적인 의미를 갖거나, 능동, 수동, 어느 의미도 갖지 않을 때도 있다: couleur *voyante* (=que l'on voit, qui est vue) 눈에 띄는 (화려한) 색깔, billet *payant* 유료 입장권, avocat〔médecin〕 *consultant* 고문변호사〔입회의사〕, rue *passante* (=où l'on passe) 왕래가 많은 거리, endroit *commerçant* 상업지역, poste *restante* 국유치 우편, café *chantant* 음악을 들려주는 카페, soirée *dansante* 무도회. ② 동사적 형용사는 때때로 대응하는 대명동사가 갖는 의미를 나타낸다: personne bien *portante* 건강이 좋은 사람, à nuit *fermante* 해질 무렵에, personne *méfiante* 의심많은 사람.

3° 어떤 현재분사는 대응하는 동사적 형용사 (-ent 또는 -ant)와 철자가 다르다: abstergeant—abstergent, adhérant—adhérent, affluant—affluent, coïncidant—coïncident, communiquant—communicant, compétant—compétent, confluant—confluent, convainquant—convaincant, convergeant—convergent, déférant—déférent, déléguant—délégant, détergeant—détergent, différant—différent, divergeant—divergent, émergeant—émergent, équivalant—équivalent, excellant—excellent, expédiant—expédient, extravaguant—extravagant, fatiguant—fatigant, influant—influent, intriguant—intrigant, naviguant—navigant,

négligeant—négligent, précédant—précédent, provoquant—provocant, somnolant—somnolent, suffoquant—suffocant, vaquant—vacant, violant—violent, zigzaguant—zigzagant.
III. 〖현재분사와 동사적 형용사의 차이〗 1° 현재분사는 한정된 기간에 일시적으로 일어나는 동작을, 동사적 형용사는 다소간 오래 지속되는 성질을 나타낸다:On aime les enfants *obéissant* à leurs parents. (Thomas) 부모에게 복종하는 아이들을 사랑한다/des cheveux *grisonnants* 희끗희끗한 머리.
2° 다음과 같은 경우는 현재분사이다. ① 직접목적보어를 가질 때:les chiens *poursuivant* le chat 고양이를 쫓는 개들/une femme *aimant* son mari 남편을 사랑하는 여인.
② 간접목적보어나 상황보어를 가질 때:des discours *plaisant* à chacun 모두에게 재미있는 연설 / Je n'entendis plus que les plumes *courant* sur des papiers. (Fromentin, *Dominique*) 종이 위를 달리는 펜 소리밖에 들리지 않았다.
③ 부정부사 ne 또는 ne... pas 와 함께 쓰일때: *Ne pouvant* sortir de ce bois, nous y avons campé. (Chateaubr, *Voy. en Amér.*) 그 숲에서 나올 수 없었기에 우리는 그곳에서 캠핑을 했다/Les conscrits *ne buvant pas* furent hués. (Thomas) 술을 마시지 않는 신병들은 야유를 받았다.
④ 부사(구)가 뒤에 올 때:Il marche entre deux lignes de peupliers encore sans feuilles, mais *verdissant déjà*. (Romains, *Lucienne*) 아직 잎은 없으나 이미 푸르러진 두줄의 포플라 나무들 사이로 그는 걸었다/La cantatrice *chantant mal* fut congédiée. 노래를 잘못 부르는 여가수가 해고당했다.
⑤ 대명동사의 현재분사:les chiens *se poursuivant* 서로 쫓는 개들/

certaines syllabes sourdes ou sonores *se correspondant* (Fromentin, *Dominique*) 서로 어울리는 무성과 유성의 음절.
⑥ 준조동사 aller (s'en aller, 때로는 être)와 함께 쓰일 때:Ses forces *vont croissant*. 그의 세력은 점점 커간다.
⑦ 고유의 주어를 갖고 분사절을 이룰 때:La fatigue *aidant*, je ne pus dormir. (France) 피곤까지 겹쳐서 잠을 잘 수 없었다. ⇨아래 VI 절대분사절.
⑧ 전치사 en이 앞에 올 때:Ils ont fait la route *en mendiant*. (Thomas) 그들은 구걸하면서 길을 갔다. ⇨아래 VII gérondif.
3° 다음과 같은 경우는 동사적 형용사이다.
① 속사나 부가형용사일 때:Ces oiseaux sont *charmants*. 이 새들은 예쁘다/la clarté *tremblante* des deux cierges allumés sur la table (France, *Le Livre de m. ami*) 식탁 위에서 타고 있는 두 양초의 흔들거리는 불빛.
② ne 이외의 부사가 앞에 올 때:Ce sont deux couleurs *fort approchantes* l'une de l'autre. (Ac) 그것들은 서로 아주 가까운 두 색깔이다/des personnages *toujours agissants* 항상 활동적인 인물들.
IV. 〖현재분사의 의미〗 현재분사는 상황보어종속절처럼 다음과 같은 것을 나타낸다.
1° 〖시간(동시성)〗 Je l'ai surpris *lisant*(=au moment où il lisait) cette lettre. 그 편지를 읽고 있던 그를 현장에서 발견했다/Lui *prenant* la main, il le regarda affectueusement. 그의 손을 붙잡으며 그는 정답게 그를 보았다.
2° 〖원인〗 Un riche laboureur, *sentant*(=parce qu'il sentait) sa mort prochaine, fit venir ses enfants. (La Font, *F.*) 돈많은 농부는 죽음이

가까이 온 것을 느끼고 자식들을 오게 했다/Il a refusé *craignant* d'être trompé. (Mauger) 그는 속을까 두려워서 거절했다.

3° 〖대립, 양보〗 Il veut, *ignorant* (=bien qu'il ignore) tout, parler de tout. (C, 395) 그는 아무것도 모르면서 무엇이나 얘기하려 한다/Il est parti en mer *sachant* la tempête imminente. (Mauger) 폭풍우가 곧 닥쳐올 것을 알고서도 그는 출항했다.

4° 〖조건, 가정〗 Je pense que, *travaillant* (=si vous travaillez) énergiquement, vous aurez le prix. (N) 열심히 공부하면 당신은 상을 탈 것이라고 생각한다/Elle réussirait mieux, s'y *prenant* autrement. (Mauger) 다른 방법으로 한다면 그녀는 더 잘 성공할 텐데.

V. 〖현재분사 완료형〗 (=과거분사 복합형). 「조동사의 현재분사+과거분사」로 보통 주절의 동사의 행위보다 먼저 끝난 행위를 나타낸다: *Ayant pris* un somnifère, il s'endormit. 수면제를 복용한 다음 그는 잠이 들었다/*Ayant été aperçus* de l'ennemi, ils réussirent pourtant à s'enfuir. (Mauger) 적군에게 발견되었지만 그들은 도망하는데 성공했다/*S'étant réveillée* dès l'aube, elle put partir à 7 heures. (Ib.) 새벽부터 잠을 깨었기 때문에 그녀는 일곱시에 출발할 수 있었다/《수동적으로 쓰이거나 조동사가 être 인 자동사(aller 제외)이면 조동사를 흔히 생략한다》 *aperçus* de l'ennemi.../*Arrivé* à midi, nous sommes repartis à 2 heures. (Ib.) 정오에 도착한 우리는 두시에 다시 출발했다.

VI. 〖절대분사절 proposition participe absolue〗 분사가 고유의 주어를 갖고 상황보어 종속절의 기능을 갖는 것을 말한다. 1° 절대분사절은 주절에 대해 독립절이다: Dieu *aidant*, nous vaincrons. (G, §803) 신의 도움이 있으면 우리는 이길 것이다/Le train *ralentissant*, les malfaiteurs purent sauter sur le ballast. (Mauger) 기차가 천천히 갔기 때문에 악당들은 레일의 자갈밭으로 뛰어내릴 수 있었다/Le marché *conclu*, nous avons éprouvé une vive satisfaction. (Ib.) 계약이 체결되었기 때문에 우리는 커다란 만족을 느꼈다/L'homme et l'enfant *partis*, pourquoi pas elle? (Daud, *Sapho*) 남자와 아이는 떠났는데 왜 그녀는 안 떠났소?

2° 절대분사절에서 조동사 étant, ayant été 는 흔히 생략한다: Les parts(*étant*) *faites*, le lion parla ainsi. (G, §803) 분배가 끝나자 사자는 이렇게 말했다.

3° 절대분사절은 독립절이지만, 분사절의 주어가 주절 속에 보어대명사로 나타나거나, 분사절의 보어대명사가 주절의 주어를 나타내기도 한다: *Les oies* saignées, on *les* ouvre, on *les* fend. (J. de Pesquidoux, *Chez nous*) 거위가 죽자 거위의 배를 가르고 몸을 잘랐다/L'ennemi *la* menaçant, *la ville* fut incendiée par les habitants. (G, §803) 적군이 그 도시를 위협하자 주민들이 도시를 불태웠다.

VII. 〖gérondif〗 1° gérondif 는 동사의 부사형 forme adverbiale 으로 문장 안의 다른 동사가 나타내는 동작의 여러 상황을 나타낸다. 형태상으로는 현재분사와 같고, 현재분사처럼 변화하지 않으나, 오늘날에는 전치사 en 이 앞에 오고, 현재분사가 주로 명사나 대명사를 수식하는 데 비해서 gérondif 는 동사를 한정한다: C'est *en forgeant* qu'on devient forgeron. 《격언》 자꾸 단련해야 숙달한다/Il est tombé *en courant*. 그는 뛰다가 넘어졌다.

2° 어떤 성구는 옛 어법대로 전치사 en 이 없다: chemin *faisant* 가는 도중에, argent *comptant* 현금, tam-

bour *battant* 요란하게, généralement *parlant* 일반적으로 말하면, ce *disant* 그렇게 말하면서, etc.
3° 〖의미〗 ① 〖시간(동시성)〗 Ne lis pas *en mangeant*. 음식을 먹으면서 글을 읽지 말아라/*En débarquant*, je l'avais déjà remarqué. (Daud, *Lett. de M. moul.*) 내릴 때에 나는 이미 그를 알아보았다.
② 〖원인〗 *En voyant* son embarras, l'agent se fit plus aimable. (Mauger) 그가 당황해하는 것을 보았기 때문에 순경은 좀더 친절해졌다/Il se tut... *en voyant* que sa femme pleurait. (Maupass, *Parure*) 아내가 우는 것을 보았기 때문에 그는 입을 다물었다.
③ 〖조건, 가정〗 J'attire *en me vengeant* sa haine et sa colère, J'attire ses mépris *en* ne *me vengeant* pas. (Corn. *Cid*) 내가 복수를 하면 그의 증오와 분노를 사고, 복수를 안하면 그의 경멸을 사게 된다.
④ 〖양보, 대립〗 Tout *en protestant* de sa fidélité, il nous a trahis. (G, §801) 자기의 충성을 확약해놓고 그는 우리를 배신했다/Vous n'êtes pas venu, tout *en sachant* très bien que je vous attendais. (Mart, 466) 내가 기다리는 것을 잘 알면서도 당신은 오지 않았다.
⑤ 〖수단, 방법〗 C'est *en forgeant* qu'on devient forgeron. 《격언》 자꾸 단련해야 숙달한다/On apprend *en étudiant*. 공부를 해야 알게 된다.
⑥ 〖양태〗 Il parle *en bégayant*. 그는 더듬거리며 말을 한다.
4° 원칙적으로 gérondif 는 주절의 주어를 주어로 한다:*Il* riait *en me regardant*. 그는 나를 보면서 웃었다. ☆그러나 문장의 뜻이 애매하지 않을 때, 주절의 주어가 아닌 다른 말에 관계될 때도 있다:*En* les *voyant*, une sorte de choc, électrique secoua *Sally*. (Maurois, *Meīpe*) 그들을 보자 일종의 충격, 전기의 충격 같은 것이 살리의 마음을 흔들어 놓았다/*En rouvrant* les yeux, la mémoire *m*'est revenue aussitôt. (Bernanos, *Journ. d'un Curé*) 눈을 다시 뜨자 나에게 기억이 곧 되살아 났다.
5° gérondif 를 강조하기 위해 tout (대립, 양보), rien que(독점)를 앞에 쓰기도 한다:*Tout en prétendant* m'aider, il a organisé mon échec. (Mauger) 나를 돕는다고 주장했지만 그는 내 실패를 꾀했다/*Rien qu'en l'écoutant*, vous serez fixé. (*Ib.*) 그 사람 말을 듣기만 하면 당신의 마음은 결정될 것이다.

particulier—*en* ~ (=à part):Je voudrais vous parler *en* ~. 은밀히 말씀드리고 싶습니다/un élève très doué, *en* ~(=particulièrement) pour les mathématiques 특히 수학에 재주가 뛰어난 학생. *à titre* ~ 개인 자격으로. *en tant que* ~ 사적으로.
—〖명사적〗 Tu le connais toi, ce ~? 너 저 사람 아니 ?

partie—une (grande〖petite〗) ~ de +N, la majeure〖plus grande〗 ~ des+N 은 뒤의 동사에 일치. ⇨ accord du verbe.

parties du discours [품사]—통사론적 기준에 의하거나(형태상의 정의) 의미론적 기준에 의해(개념상의 정의) 단어들을(혹은 어휘범주) 분류한 것을 품사 또는 espèce de mots 라고도 한다.
1° 통사론적인 분류란, ① phrase 의 구성에서 단어들의 상호적 역할 (SN 의 우두머리격인 명사가 동사구(syntagme verbal, 약자 SV)의 우두머리격인 동사에 phrase 를 구성하기 위해 결합함)과, ② 굴절의 특성(통사론적 기능과 특유한 양태에 의한 단어의 변화)에 의해 정해진다. a) 명사의 굴절 flexion 은 성과 수를, 동사의 굴절은 인칭과 시제를 각기 나타내어 명사와 동사는 서로 구별되

는 것이다(적어도 인도유럽어족에서는 그렇다). b) 통사적 기능에 의해, 명사, 대명사, 동사, 형용사, 한정사(관사), 부사, 전치사, 접속사, 감탄사 등 아홉개로 분류한다. c) 굴절현상의 유무에 따라 변화하는 품사(명사, 대명사, 형용사, 동사, 한정사)와 불변품사(전치사, 접속사, 감탄사)로 구분된다.
2° ①의미론적으로 보면 각 품사는 특수한 의미에 연결되어 있다. 명사는 사람, 사물, 장소를 지칭하는 실사 substantifs이다. 동사와 형용사는 事行 procès과 상태 états를 나타낸다. 동사는 특히 procès를, 형용사는 특히 qualité를 나타내는 것으로 동사와 형용사는 구별된다. 부사는 형용사와 같은 특성을 갖고 있으나, procès에 관계되기도 하고 (동사처럼), qualité에 관계되기도 한다(동사적 성격이 있기 때문에 이름이 adverbe임). 전치사와 접속사는 품사들이나 phrase들 사이의 논리적 관계를 나타낸다. 관사는 실사들을 한정하고, 대명사는 명사를 대신하거나 코뮤니케이션의 행위자 actant이다. 감탄사는 화자 sujet parlant에 의해 말속에 직접 뛰어든 요소로 통사적 기능이 없다. ②의미를 지니고 있는 명사, 동사, 형용사, 부사들을 주품사 parties de discours majeures, 그 자체는 아무 의미도 없는 전치사와 접속사를 부품사 parties de discours mineures라 한다. 또한 이것들을 세가지 catégorie로 구분한다. 즉 1차범주를 이루는 명사는 2차범주를 이루는 동사나 형용사와 결합하여(계사와 함께) phrase를 구성하고, 부사는 동사와 형용사에 결합하기 때문에 3차범주인 것이다.

partisan—여성형도 un ~ (⇨genre des noms). 때때로 une ~*e*, 일상어에서는 une ~*te*(ant> ante의 *analogie)도 보통(Dam, I, 307; Gr. Lar).

partout—~ *où:*~ *où* j'ai voulu dormir... (Musset) 내가 잠을 자고 싶어한 곳은 어디서나. *de* ~:Il souffre. *De* ~:de la bouche, des jambes, du dos. (M. du Gard) 그는 아프다. 온 몸이(어디든지). 입, 다리, 등이.
★전치사적 용법은 드물다:Je l'ai cherché ~ Paris. (B, 412) 나는 그를 파리 도처에서 찾았다.

pas—부정의 부사. 본래는「한 걸음」의 뜻인 명사. Je n'irai *pas*는「한 걸음도 안 가겠다」(pas는 행위의 분량을 나타낸 상황보어)의 뜻이었으나 일찍부터 어원적 의미를 상실하여. 단지 ne의 보어가 되었고 마침내는 ne 없이도 부정을 나타내기에 이르렀다. ⇨ne, point, non, article indéfini.
1° 〖pas의 단독사용〗 ①〖생략적인 답변에서〗 Avez-vous de l'argent? —~ trop. 돈 있어? —많지는 않아.
☆이런 경우 항상 다른 말과 함께 쓰인다:~ beaucoup;~ assez;~ du tout; absolument ~ ; ~ toujours; ~ encore, etc.
②〖그 밖의 생략절〗 J'ai regardé partout:~ le moindre croûton de pain. (Sarraute) 사방을 둘러보았으나 빵조각이라고는 하나도 없었다/Vous m'écrirez? ~ ? (=N'est-ce pas?) (Rimbaud) 나에게 편지하겠지요? 그렇지요?/~ de ça. 제발 그러지 마시오/~ vrai? 그렇잖소?
③〖격식을 피한 문체에서〗(=non). 어(군)를 부정하여 때때로 동사 혹은 절 전체를 대신한다:un homme simple, ~ orgueilleux 거만하지 않은 단순한 사람/Je me jugeais sotte, ~ très jolie. (Maurois, *Climats*) 나는 자신을 어리석고, 예쁘지도 못하다고 생각했다/Je le fais pour elle et ~ pour moi. (*Ib.*) 나는 그것을 그녀를 위해서 하는 것이지 나를 위해서 하는 것은 아니다/Il pensait bien souffrir, mais ~ à cette acuité. (Daud, *Sapho*) 그는 고통을 받으

리라고는 생각했으나 그렇게 심한 고통을 받으리라고는 생각지 않았다/Il y avait un petit bois, ~ loin de mon ancienne maison. (A. Dhôtel, *Premiers temps*) 나의 옛 집으로부터 멀지 않은 곳에 작은 숲이 있었다 (⇨non 4°)/Il a besoin de moi, pensa-t-elle. Moi ~. (Maurois. *Le Cercle*) 그는 나를 필요로 하는구나 라고 그녀는 생각했다. 나는 그렇지 않은데. ☆의미에 애매함이 없을 때는 ~ moi 라고도 한다:Vous m'en voyez navré.—~ moi, repartis-je. (Colette, *Chambre*) 당신은 내가 그것 때문에 괴로와하고 있다고 생각하겠죠. —나는 안 그래요 라고 나는 대꾸했다/Qu'il vienne ou ~ cela m'est égal. (M) 그가 오건 안 오건 상관없다/amiral ou ~ 제독이건 아니건간에/Pourquoi ~? (⇨non 1°, ②).
④ pour ~ que(⇨pour)/ne...~ que (⇨ne... que).
⑤ 〖의문문에서〗 17세기에 많이 쓰였다. Hugo는 archaïsme으로 즐겨 사용했다:Suis-je ~ votre frère? 나는 당신의 형이 아닌가?
⑥ 《속어, 비어》 C'est ~ vrai(=Ce n'est ~ vrai)./Connais ~ (=Je ne le connais ~)./Dérangez-vous ~ (=Ne vous dérangez ~). (Bauche, 121) 《vous의 위치에 주의할 것》.
2° 〖감탄문에서의 **ne... pas**〗 ne... pas 가 부정의 뜻이 아니고, 반박을 불허하는 강한 어조를 글에 나타나게 한다 (Le B, II). 주어는 의문문에서처럼 도치된다: Quelle sottise n'a-t-il ~ 〔cet enfant n'a-t-il ~〕encore faite! (H, 386) 그는〔그 아이는〕 어떤 어리석은 짓을 또 저질렀단 말인가!/Quelle ne fut ~ ma joie! (France, *S. Bonnard*) 내 기쁨이 얼마나 컸으랴! (cf. 일반적 감탄문: Quelle sottise il a encore faite!).
3° 〖**ne pas**의 허사적 용법〗 ⇨ne explétif VI.
4° 〖**ne pas**의 어순〗 ① 〖동사가 단순시제일 때〗 Je *ne* chante ~./Ne parle ~./Ne chantes-tu ~?
② 〖동사가 복합시제일 때〗 Je n'ai ~ chanté./N'as-tu ~ chanté? ☆ 비강세 인칭대명사가 온 경우는 ⇨pronoms personnels.
③ 〖동사가 부정법 단순형일 때〗 **a)** Pour *ne* ~ *le* déranger. ☆Le B, II, III에 의하면 18세기 이래의 구문으로 지금에는 이것이 가장 보편적이다:Je voudrais *ne* ~ partir./Mieux vaux *ne* ~ te le dire./Pourquoi *ne* ~ s'en contenter? **b)** *Ne le* ~ déranger. ☆ 일반적으로 문어조:J'aurais dû *ne le* ~ recevoir. (Maupass. *Attente*)∥《그러나 대명사가 en 일 때는 회화에서도 쓰일 수 있다》 Mieux vaut *n'en* ~ parler. (Mart, 525). **c)** *Ne (le)* déranger ~. ☆일반적으로 문어조. 이 형이 문장 끝에 오는 경우는 오늘날에는 드물다. 목적보어, 상황보어, 속사를 동반할 때는 회화에서도 쓰일 수 있다: Pour *n'avoir* ~ l'air inoccupé. (Arland)/Je me méprise de *n'en* avoir ~ la force. (Achard).
④ 〖동사가 부정법 복합형일 때〗 다음과 같은 어순들이 함께 쓰인다. **a)** Je regrette de *ne* ~ *l'*avoir rencontré. (H)/Vous m'excuserez de *ne* ~ *vous* avoir répondu. (Arland). **b)** Je regrette de *ne l'*avoir ~ rencontré. (H). ☆ 1) 대명사가 없으면 이 어순이 일반적:Pourquoi *n'*avoir ~ annoncé ton arrivée? (Camus, *Malentendu*). 2) 대명사가 en, y 이면 이 어순을 즐겨 사용한다:Mieux vaudrait *ne m'en* avoir ~ parlé〔n'y être ~ allé〕. (Mart, 535).
5° 〖**ne pas**의 移行〗 ⇨devoir¹ I, ◇ 3); falloir 3°, ◇ 2); prétendre¹; semblant; vouloir.
pas mal ⇨mal.
pas un(e) *adj.*—aucun 보다 의미가 강하다. un 은 수사. 부정어와 함

passé

께 쓰여서: Il n'y a *pas un* nuage au ciel. 하늘에는 구름 한 점 없다. ☆때때로 seul로 강조되어 pas un seul이라고도 한다. 생략문에서는 ne 없이: *Pas un* mot d'étonnement. 놀랄 말은 한마디도 안했다.

pas un... qui+*subj*: *Pas un* bachelier sur dix qui sache vraiment le français. (H, 533) 열명의 대학입학 자격자중에서 한명도 확실히 프랑스어를 아는 사람은 없다.

—*pron.* (=personne, nul, aucun)
① *Pas un* ne recula. (Hugo, *Chât.*) 아무도 물러서지 않았다//《생략문》 Qui le croira?—*Pas un.* 누가 그것을 믿겠는가?—아무도.
② 〖(de)+형용사로 수식〗 De tous ces fruits, il n'en reste *pas un* (*de*) mûr. (G, §582) 이 과일들 중에서 익은 것은 하나도 남아 있지 않다.

comme*[*aussi... que*] *pas un (= comme personne) 누구보다도(⇨ personne 2°, ②): Il me connaît *comme pas un*. 그는 누구보다도 나를 잘 안다/une si brave femme,... qui faisait marcher les ouvrières *comme pas une*(Pagnol, *Marius*) 누구보다도 여직공들을 잘 다룬 훌륭한 여자.

passé *adj.*—〖N ~〗 명사에 일치: Il était neuf heures ~*es*. 아홉시가 지났었다/La belle saison ~*e*, la campagne devient triste. 아름다운 계절이 지나버리면 시골은 쓸쓸해진다.

—*prép.* 〖~ N〗 일반적으로 불변: ~ 20 heures, les portes seront fermées. (Thomas) 밤 열시가 지나면 문은 닫힐 것이다/~ les arbres, le vent criait moins. (Clavel) 나무들이 있는 곳을 지나자 바람소리가 덜 났다. ☆그러나 이 경우 명사에 일치시키는 일도 드물지 않다: ~*e* cette seconde d'étourdissement (Perret) 잠시동안의 현기증이 사라지자/~*s* les remparts de la vieille forteresse (Gracq) 그 오래된 요새의 성벽을 지나서. ☆일치시키는 것은 논리적이어서 허용되고 있는 셈이다: la belle saison ~*e*>~*e* la belle saison.

passé antérieur [전과거]—「조동사의 단순과거+과거분사」인 직설법 과거시제의 하나이다.

1° 주절의 과거시제(흔히 단순과거이나, 역사적 현재, 반과거, 복합과거, 대과거가 올 때도 있음)가 나타내는 동작 직전에 완료된 동작을 나타내며, quand, lorsque, dès que, aussitôt que, après que 등의 접속사(구)로 시작된 종속절에 쓰인다: Dès que j'*eus protesté*, il se tut. 내가 항의를 하자 그는 곧 입을 다물었다/à Tahiti où il vivait après qu'il nous *eut quittés* (Mauriac, *La Robe*) 그가 우리와 헤어진 후 살았던 타히티에서/Après que Jacques *fut reparti*, je me suis agenouillé près d'Amélie. (Gide, *Symphonie*) 쟈크가 다시 떠난 후 나는 아멜리 곁에 꿇어앉았다.

2° 독립절〖주절〗속에 쓰인 전과거는 동작이 급속하게 완료된 것을 나타내며, 흔히 bientôt, vite, à peine, en un instant, enfin 등의 상황보어와 함께 쓰인다: On apporta une assiette de lait; et bientôt le chat *eut* tout *lapé*. (Mauger) 우유 한 그릇을 가져다 주니 고양이는 곧 핥아 먹었다/En quelques semaines, le notaire *eut achevé* de régler la situation de Marie Bonifas. (J. de Lacretelle, *La Bonifas*) 몇 주일내에 공증인은 마리 보니파스 사건을 해결해버렸다/En quatre mois, il *eut dépensé* ainsi près d'un dixième de sa fortune. (Aymé, *Le Passemuraille*) 이렇게 해서 그는 넉달 동안에 그의 재산의 십분지 일 가량을 써버렸다.

3° 회화에서 단순과거 대신 복합과거가 쓰이듯 전과거 대신 중복합과거 passé surcomposé 가 쓰인다: Dès que *j'ai eu fini*, je suis sorti. 나는 일을 끝내자마자 외출했다(cf. Dès que *j'eus fini*, je sortis). ⇨passé surcomposé.

passé antérieur surcomposé [중복합 전과거]—「조동사의 전과거＋과거분사」인 중복합시제 temps surcomposés의 하나로, G, §661의 복합시제표에는 빠져 있으나 Ayer, 227에는 들어 있고, Dam, V, 455는 주절의 단순과거에 대해 종속절에 쓰인 예를 들었으며, W, 103은 독립절에서 동작의 급속한 완료를 나타내는 다음 예문을 들었다:En cinq minutes, il *eut eu saccagé* le jardin. 5분동안에 그는 정원을 엉망으로 만들었다.

passé composé [복합과거]—「조동사의 현재＋과거분사」인 직설법 과거시제의 하나로 부정과거 passé indéfini 라고도 한다.

1° ① 복합과거는 현재로 보아 완료된 행위, 과거의 행위의 결과인 현재의 상태를 나타낸다:Es-tu quitte de ton travail?—Oui, *j'ai tapé* le rapport. (Mauger) 너는 너의 일을 끝냈느냐?—응, 보고서타자를 끝냈어/Le facteur *est passé*, et voilà votre courrier. (*Ib.*) 우체부가 지나갔는데 이것이 당신의 우편물이오.
② 현재와 밀접한 연관이 있어서 현재와 가까운 시기에 일어난 과거 사실이나 그 사실이 현재까지 연장되고 있음을 나타낸다:Aujourd'hui 5 janvier, je *suis parti* de Naples à sept heures du matin.(Chateaubr, *Voy. en Italie*) 오늘 1월 5일 오전 일곱시에 나는 나폴리를 출발했다/Depuis mille ans, cet édifice *a bravé* les intempéries. (Mauger) 천년전부터 (지금까지) 이 건물은 악천후를 무릅쓰고 우뚝 서 있다.

2° 복합과거는 단순과거처럼 일반적인 진리, 경험에서 얻은 사실, 격언 등을 나타내기도 한다. 이런 경우 toujours, jamais, souvent 같은 시간적 한정어와 함께 흔히 쓰인다:Le monde n'*a* jamais *manqué* de charlatans. (La Font, *F.*) 세상에는 결코 사기꾼이 없은 적이 없다 / Jamais mauvais ouvrier n'*a trouvé* bon outil. 《격언》 서투른 일꾼은 늘 연장타령만 한다/Quand il *a déjeuné*, il fait un tour dans le jardin. (G, §722) 그는 점심후에는 늘 정원을 한바퀴 돈다.

3° 조건절 si 다음에 전미래의 뜻으로 쓰인다:Si demain il n'*a* pas *répondu*, j'irai le voir. 내일 그가 답변을 안하면 나는 그를 만나러 가겠다/Si vous *avez fini* avant deux heures, vous m'en avertirez. 두시 전에 끝나면 나에게 알리시오.

4° 회화에서는 단순과거 대신 복합과거가 쓰이는데, 그 사실이 현재에서 아주 먼 과거에 일어난 경우에도 복합과거를 쓰는 것이 타당하다: César *a vaincu* Vercingétorix à Alésia. (Mauger) 시이저는 알레지아에서 베르셍제토릭스를 물리쳤다.

5° 가까운 미래에 완료될 행위나, 미래의 행위의 확실성을 강조한다: J'*ai fini* dans un instant. 나는 곧 끝내겠다/Si tu avances, tu *es mort*. (Mart, 349) 앞으로 나아가면 너는 죽는다《이때 주절을 tu mourras로 쓰면 단순한 미래의 행위를 나타내나, 복합과거를 쓰면 행위의 완료를 나타내므로 확실성이 강조된다》.

passé défini [정과거] ⇨passé simple.

passé indéfini [부정과거] ⇨passé composé.

passé simple [단순과거]—1° 〖형태〗 단순과거 어미변화에는 세가지 계통이 있다. ① -ai, -as, -a, -âmes, -âtes, -èrent:어미가 -er 인 동사.
② -is, -is, -it, -îmes, -îtes, -irent: 어미가 -ir인 동사, -re 로 끝나는 동사 대부분, asseoir, surseoir, voir 동사 및 합성어(pourvoir 제외 : je pourvus). 예외:tenir, venir 및 그

합성어:je tins, je vins, etc.
③ -us, -us, -ut, -ûmes, -ûtes, -urent: 어미가 -oir 인 동사, courir, mourir, 그리고 어미가 -re 인 다음 동사들 (boire, conclure, connaître, croire, croître, être, exclure, lire, moudre, paraître, plaire, repaître, résoudre, taire, vivre).
★특히 être 와 avoir 의 3 인칭단수 단순과거형에 accent circonflexe 를 붙이지 않도록 주의해야 한다:il *fut*, il *eut*(cf. il fût, il eût 는 접속법 반과거임).
2° 【용법】① 단순과거 (옛날에는 정과거 passé défini 라고 했음)는 현재와 아무 연관성 없이 과거의 일정한 시기에 완료된 사실을 나타낸다. 단순과거에는 계속성이나 동시성의 의미가 들어있지 않는 點行爲 *action-point 를 나타낸다: L'hiver du 1709 *fut* extrêmement rigoureux. (Mauger) 1709년의 겨울날씨는 몹시 추웠다/Je sais que l'an dernier, un jour, le douze mai, pour sortir le matin tu *changeas* de coiffure. (Rostand, *Cyrano*) 작년 5 월 12 일 당신이 외출하려고 머리 모양을 바꾼 것을 나는 알고 있다.
② 단순과거는 일반적 진리, 경험에 의한 사실, 격언 등을 현재시제처럼 나타낼 수 있는데, 이때 toujours, jamais, souvent 같은 시간적 한정어와 보통 함께 쓰인다:Qui ne sait se borner ne *sut* jamais écrire. (Boil, *Art poét.*) 자제할 줄 모르는 사람은 결코 글을 쓸 수 없다/Souvenez-vous bien qu'un dîner réchauffé ne *valut* jamais rien. (Id., *Lutr.*) 다시 데운 음식〔재탕〕은 아무 쓸모가 없다는 것을 기억해 두시오.
③ 단순과거는 계속성을 내포하지 않고 상당히 긴 기간에 이루어진 사실을 나타내기도 한다. 이때의 기간은 한정적으로 나타난다: Il *marcha* trente jours, il *marcha* trente nuits. (Hugo, *Lég.*) 그는 30 일간 낮과 밤을 걸었다/Il *contempla* longtemps les formes magnifiques... il *rêva* jusqu'au soir.... (Id., *Ray. et Omb.*) 그는 화려한 모습을 오랫동안 주시하였으며 저녁때까지 몽상에 잠겼다.
④ 단순과거는 현재로 볼 때, 독자적이고 단순한 동작이 반복된 것을 나타낼 수 있다(반과거는 과거에서 볼 때 다른 동작과 관계가 있는 동작을 나타냄). 이런 경우 단순과거는 보통 bien des fois, souvent, chaque fois 같은 시간적 한정어와 함께 쓰인다:Cent fois, dans mes rêveries, je vous *vis* prendre le voile, je vous *entendis* me dire adieu, et je ne *pleurai* point. (L. Veuillot, *Historiettes*) 몽상중에 나는 여러번 당신이 수녀가 된 것을 보았고, 나에게 작별인사를 하는 것을 들었으나 나는 울지 않았소.
⑤ 단순과거는 과거에 계속 일어났던 사실을 나타낸다. 그래서 서술 narration 에 적합하다(반과거는 사건의 배경을 묘사 description 하는데 적합하다) : Claire *écrivit* la lettre. Mais, le soir, elle *se plaignit* d'être fatiguée et elle *monta* dans sa chambre plus tôt qu'à l'ordinaire. (J. de Lacretelle, *La Bonifas*) 클레르는 편지를 썼다. 그러나 저녁때에 피곤하다고 넉두리를 하더니 여느때보다 더 일찍 자기 방으로 올라갔다.
⑥ 어미변화가 까다로운 단순과거는 회화에서는 안 쓰이나(대신 복합과거를 쓰거나 때로는 반과거를 쓴다) 노르망디와 남부 프랑스 방언에는 남아 있고, 신문과 라디오에서는 아직 자주 쓰인다:«Los Angeles, le 10 juin:Une dame de 74 ans voulait, il y a un an, prendre des leçons de danse pour pouvoir paraître à la télévision. Elle *paya* 10,000 dollars pour 2,480 heures. Comme elle n'a fait aucun progrès, elle *pour-*

suivit en justice son professeur». (Mauger, *Fr. accéléré*) 로스앤젤레스 6월 10일 발. 74세인 어느 부인은 텔레비전에 나가기 위해 1년전 댄스 교습을 받고 싶었다. 그녀는 2,480 시간 교습비로 1만달라를 지불했다. 그러나 아무 진전이 없자 그녀는 교사를 고소했다.

passé surcomposé [중복합과거]—「조동사의 복합과거＋과거분사」인 중복합시제 *temps surcomposés의 하나이다.

1° 단순과거가 회화에서 쓰이지 않게 되자, 「조동사의 단순과거＋과거분사」인 전과거 대신 쓰이게 된 중복합시제이다. 문어에서는 너무 무거워 보여 쓰이는 경우가 드물다. 주절이 복합과거(때로는 반과거)일 때 종속절의 중복합과거는 주절의 동사가 나타내는 행위 직전에 완료된 행위를 나타낸다: Aussitôt que *j'ai eu envoyé* mon paquet, j'ai appris, ma bonne, une triste nouvelle. (Sév, t. III) 여보, 내가 짐을 부치자 마자 슬픈 소식을 들었소/Dès que Louis XIV *a eu rendu* le dernier soupir, la cour s'est senti plus libre. (Mauger) 루이 14세가 숨을 거두자 궁전은 곧 더욱 자유롭게 느껴졌다.

2° 전과거 대신 독립절 속에 쓰이면 「완료」의 뜻이 강조된다: En trois minutes, il *a eu fini*. (Mart, 351) 3분 동안에 그는 끝마쳤다.

3° 수동태가 되면 과거분사가 셋이나 놓이게 되어 쓰기가 거의 어려워 다른 어법으로 바꾸어 쓴다: Quand il *a eu été décoré*를 Après avoir été décoré로 쓴다 (Thomas).

passif [수동태]—능동문의 주어가 동작주 l'agent가 되고 (프랑스어에서는 전치사 de나 par가 유도함), 능동문의 목적어는, 조동사 être에 타동사의 과거분사로 구성된 동사의 주어가 되어, 타동적 능동문에 상응하는 phrase를 수동태 phrase passive이라 한다. 즉, Le vent a cassé la branche 라는 타동적 능동문에 상응하는 수동문은, La branche a été cassée par le vent인 것이다. 그리고, 수동동사의 동작주를 삭제한 변형을 수동태의 동작주 생략 ellipse 또는 삭제 effacement 라고 한다 (La vitre a été cassée par quelqu'un〔quelque chose〕.→La vitre a été cassée.).

1° 수동태의 형태는 언어에 따라 달라진다. 수동태를 주어—목적어의 통사론적 역할의 전환 inversion (어휘상으로, 의미상으로 같은 가치를 지닌 채)으로 생각하면, 프랑스어에는 수동문에 세개의 큰 형태가 있다고 생각할 수 있다. 즉, Le soleil jaunit le papier.→① Le papier est jauni par le soleil. ② Le papier se jaunit au soleil. ③ Le papier jaunit au soleil. 위에서 ①은 전통문법에서 말하는 수동태이고, ②는 수동적 의미를 지닌 대명동사, ③은 자동사를 사용한 형태이다. ①에는 전치사 de나 par 또는 à가 쓰이나 ②, ③에서는 동작주를 생략하는 것이 원칙이다.

2° ① 원칙적으로 직접타동사는 수동동사가 되나 모든 직접타동사가 수동구문을 만드는 것은 아니다 (*avoir* un verger, *pouvoir* tout sur les peuples, *vouloir* le bonheur, *perdre* sa femme, *aimer* les fruits, *fumer* sa pipe, *voir* ses enfants, *baisser* les yeux, etc.).

② 반대로 간접타동사, 자동사가 직접타동사처럼 쓰여 수동구문을 만들기도 한다 (*répondre, obéir, désobéir, pardonner, vivre,* etc.).

③ 「être＋p.p.」의 형태는 수동적 동작자체를 나타내기도 하고, 동작 후의 상태를 나타내기도 한다. être가 본래 상태를 나타내는 기능을 갖고 있기 때문에 뒤에 오는 과거분사를 형용사적 기능을 하도록 동화하는 경향에서 온 현상이지만, 수동적 동작자체를 가리키지 않는 경우는 procès

의 양태로서의 態라 할 수 없고 흔히 주어의 속사로 보는 경향이 많다. 이런 경우 동작주가 표시되면 수동태로 단정할 수 있으나 동작주가 안 나타나 속사구문으로 해석될 우려가 있으면 대명동사의 형태를 사용하거나 준명사 on을 주어로 하는 능동태로 표현할 수도 있다(La porte est ouverte:상태/La porte est ouverte chaque matin par le concierge:수동동작/La porte s'ouvre(=On ouvre la porte)).

3° ① 문어체에서는 직접목적어가 부정법이나 절일 때는 문법적 주어 il을 주어로 하는 수동구문을 많이 쓴다:Il a été arrêté qu'on se réunirait chez vous.

② 현대 프랑스어에서는 비인칭 구문의 수동태를 제외하고 「être+p.p.」형식의 수동태는 다른 언어에서처럼 많이 쓰이지 않는 경향이 있다.

patron—여성형은 patronne. patronnesse는 본래 형용사로 「dame *patronnesse* 자선사업을 주재하는 부인」처럼 쓰이는데 명사화하여 une patronnesse 라고도 한다.

pauvre—형용사는 남, 여성 동형 (une ~ femme 불쌍한 여자, une femme ~ 가난한 여자). 여성명사형은 pauvresse 라고도 한다(고어). ~ *de:*~ *d'*argent 돈이 없는, ~ *d'*esprit 재치가 없는. ~ *en:*La brigade trouvait le village ~ *en* estaminets et *en* belle filles.(Maurois) 여단 장병들은 그 마을에 술집과 아름다운 여자들이 없다는 것을 알았다.

payant—spectateurs ~*s* 유료 입장객/entrée ~*e* 무료 입장 사절/L'affaire ne fut guère ~*e*. 그 일은 별 이익이 없었다.

—*n.* les invités et les ~*s* 초대객과 유료 관람객.

peine—1° *Ce n'est pas la ~ de*+*inf* 〔*que*+*subj*〕: *Ce n'est pas la ~ de* me le répéter. 그것을 나에게 거듭 말할필요는 없다. *avoir* (*de la*) ~ *à*+*inf:*J'ai de la ~ à marcher. 나는 걷기가 힘들다/Il *a* (*de la*) ~ *à* admettre son triste sort. (Colin) 그는 자신의 가혹한 운명을 받아들일 수가 없다. *valoir la ~ de*+*inf:* Cela *vaut la ~ d'être vu*〔*lu*〕. 그것은 볼〔읽을〕 가치가 있다. ☆여기서 voir, lire의 주어를 주동사의 주어 cela에 일치시켜 수동태로 놓는다. 단「Cela vaut la ~ *d'essayer*. (M) 그것은 해볼 만한 가치가 있다」라고도 하기 때문에 절대적인 것은 아니다. 자동사이면「Cela ne vaut pas la ~ *d'en parler*. 애써 그 얘기를 할 필요는 없다」라고 한다.

2° *à* ~ 이하는 거의 항상 주어를 도치. *à* ~ ...*que*(=quand)《(가장 보편적인 구성)》:*A* ~ le soleil était (-il) levé 〔Le soleil était *à* ~ levé〕, *qu'*on aperçut l'ennemi. 해가 떠오르자 적군의 모습을 볼 수 있었다. *à* ~ ... *quand* 〔*lorsque*〕《à ~가 글 첫머리에 없을 때 이 구성이 가능(H, 539;S, II, 264)》: Il achevait *à* ~ son repas *quand* une jeune fille... vint à la fontaine. (France, *Contes de J. T.*) 그가 식사를 다 끝내기도 전에 한 소녀가 샘으로 왔다. *à* ~ ... *et*《(드물게)》:*A* ~ avait-on commencé, *et* c'était fini. (Zola) 시작하자마자 끝나버렸다. *à* ~ (*que* 생략):*A* ~ suis-je dans la rue, voilà un violent orage qui éclate. (Daud) 내가 거리에 나가자마자 비바람이 심하게 불었다《(작가들이 흔히 즐겨 쓰고 있으나 Mart, 410 은 que 의 생략이 부자연하다고 했다)》. *à* ~ +과거분사〔상황 보어〕:*A* ~ *endormi*, il se mit à ronfler. (Rob) 잠들자 마자 그는 코를 골기 시작했다/*A* ~ *dans la voiture*, notre héros s'endormit profondément. (Stendhal) 마차에 들어가자 마자 우리 주인공은 깊이 잠이 들었다//《(때때로 à ~ +N+과거분

사)》 *A ~ la marquise sortie*, Clélia appela. (Id.) 후작부인이 나가자 마자 클레리아가 불렀다(La marquise *à ~ sortie* 라고도 함). cf. Le B, II, 435. (⇨aussitôt, fois). *à ~ que* ((비어)): *A ~ qu*'il était loin, je suis sorti. (W, 48) 그가 사라지자 나는 곧 밖으로 나갔다.
3° (*C'est*) *à ~ si*:*C'est à ~ si* elle peut marcher. (Halévy, *Criquette*) 그녀는 거의 걸을 수도 없다/*A ~ si* nous échangions quelques paroles. (Porto-Riche, *Vieil h*.) 우리는 겨우 두세마디를 서로 주고 받았을 뿐이었다. ⇨si¹ II, 4°.
4° 〔기타 용법〕 *à grand-~*: Il n'y réussi qu'*à grand-~*(=avec peine). (Thomas) 그는 가까스로 성공했을 뿐이다. *prendre*〔*se donner*〕*la ~ de*:*Donnez-vous la ~ d*'entrer. 들어오시기 바랍니다. *sans ~* (=facilement):Je le crois *sans ~*. 나는 그것을 확신한다. *sous ~ de:* Défense d'afficher *sous ~ d'*amende. 함부로 벽보를 붙이면 벌금형에 처함.

peintre—여성형은 따로 없으므로, une femme ~, une artiste ~.「Cette femme est un ~ de talent. (Thomas) 저 부인은 재능있는 화가이다」이라고 말한다. 여성형 une peintresse 는 경멸적인 듯이다.

péjoratif—의미나 형태가 경멸적, 비방적인 뉘앙스를 지니고 있는 요소를 일컫는다. 접미사 -ard, -aud, -asse 등은 경멸적 접미사 suffixe péjoratif 라고 볼 수 있다(fuyard, lourdaud, bonasse).

pendant *prép.*—*~ quelques mois*〔*plusieurs jours, deux nuits*〕:*~ les quatre mois qu'ils furent enfermés ensemble*(France) 그들이 함께 갇혀 있던 넉달 동안/*~ sa convalescence, elle s'occupa beaucoup à chercher un nom pour sa fille*. (Flaub) 회복기에 들어있는 동안 그녀는 딸에게 지어줄 이름을 생각하는 데 몰두했다.
*~ que:*Amusons-nous *~ que* nous sommes jeunes. 젊을 때 즐깁시다 (동시성)/Faut-il demander pourquoi des joueurs très habiles se ruinent au jeu, *~ que* d'autres hommes y font leur fortune? (Vauven) 다른 사람들은 도박에서 돈을 모으는데 반해 능란한 노름꾼이 왜 도박에서 망하는가를 물을 필요가 있을까? (대립성 =tadis que).
★**pendant** 과 **durant** (⇨durant). pendant 의 생략(⇨nom²). 부사적 용법(⇨préposition).

perce-neige—Lit, DG, P. Lar, Le G 에는 여성으로 되어 있으나 논리적으로는 남성이고(⇨nom composé II), 흔히 남성으로 쓰고들 있다(G, 273; D, 77; Colin).

perce-pierre *n.*— Lit, Q, Rob 은 여성으로 분류하고 D, 77은 perce-neige 처럼 남성으로 분류.

perfection—*à la ~* (=d'une manière parfaite):Elle danse *à la ~*. (Ac) 그녀는 훌륭하게 춤을 춘다. ☆ 같은 뜻으로 dans la ~, en ~ 이 있으나 지금에는 낡은 표현이다:Tu joues du violon *en ~*. (Maupass) 너는 바이올린을 훌륭하게 연주한다.

période—일반적으로는 여성 (une longue ~ de pluie 장마철, une ~ révolutionnaire 혁명시대, ~ électorale 선거기간). 그러나 어원(lat. periodus)의 남성 어미 때문에 성에 혼란을 일으켜「le plus haut ~ 정점, 절정」라고 하게 되었다:Démosthène et Cicéron ont porté l'éloquence à *son plus haut ~*. (Ac) 데모스테네스와 키케로는 웅변을 최고의 경지로 이끌었다. 또 드물지만「le dernier ~ 최후의 단계」의 경우도 남성이다:Ce jeune garçon qui était vigoureux et sain lors de son arrestation, est aujourd'hui *au dernier ~ de la phtisie*. (France) 체포당할 때 튼튼

하고 건강했던 그 소년은, 지금에는 폐결핵 말기이다.

périphrase [迂言法] — 우언법이란 적절하고 특유한 뜻을 지닌 어느 말 대신 다른 단어들이나 locution 을 사용하여 그 말을 정의하고 설명하는 하나의 文彩 figure de rhétorique 이다.
1° périphrase 는 같은 형으로 여러 개념을 나타내는 굴절언어이고 종합적 언어인 라틴어와 각 개념을 서로 자율적이고 때로는 분리할 수 있는 상이한 철자법의 단어들로 나타내려는 경향이 있는 분석적 언어인 프랑스어와의 교류 correspondance 를 이해하게 해준다. 즉, 라틴어 feci 는 프랑스어 j'ai fait 로 번역되는데, feci 는 같은 형태속에 faire 라는 어근과 相(완료상), 직설법, 그리고 화자 locuteur—행위자 actant 의 관계 (1인칭 단수)등을 모두 통합하고 있다. 한편 j'ai fait 는 이것들을 세가지 형태속에 배분하는 것이다(인칭은 je 와 ai 에, 시제는 ai, 상은 ai+fait, 동사 어간은 fait 에).
2° 언어의 분석적 경향에 기인하는 문법적 périphrase 와 시적, 문체론적 périphrase 와는 구별해야 한다. 후자는 작가가 어떤 개념을 지칭할 때, 단순한 지칭대신에 그 개념의 중요 성격을 나타내는 일련의 단어들을 사용하는 경우이다. 즉, la grande bleue 는 la mer 를 지칭하는 périphrase 가 된다.

perroquet—여성형은 perruche.

pers—Gr. Lar, Ayer, Rob 에는 남성형용사(la déesse aux yeux ~ 《신화》미네르바). 그러나 Lit, DG 에는 여성형 perse 도 적고 있다: toile ~e (P. Lar).

personne[1] *n.f.*—「사람(남, 여)」의 뜻으로 17세기에는 *syllepse 에 의하여 남성복수로 썼다: Jamais je n'ai vu deux ~s être si *contents l'un* de l'autre. (Mol, *D. Juan*) 두 인간이 그토록 서로를 만족하게 생각하고 있는 것을 나는 본 적이 없었다.

en ~ 《불변》: Ils sont venus *en* ~. 그들 자신이 왔다/Il est impassible, il se moque de tout, c'est vraiment le calme *en* ~. (Henriot) 그는 냉정하고 무엇에나 아랑곳하지 않는다. 그는 정말로 침착의 화신이다.

—pron. indéf. 1° (=quelqu'un). 위 명사의 뜻에서 부정어로 넘어가는 단계. 비교를 나타내는 que, sans, sans que, avant que, avant de, trop pour que, trop pour+*inf*, 부정의(또는 부정의 뜻이 담긴) 주절 다음, 부정의 뜻이 담긴 의문문, 조건문에서: Vous le savez mieux [aussi bien] *que* ~. 당신은 누구보다도 그것을 잘 알고 있다/Il a parlé *sans que* ~ le contredit. (Ac) 그는 누구의 반박도 받음이 없이 말을 했다/*avant de* soupçonner ~ (G, §588) 누구를 의심하기 전에/Il est *trop* bon *pour* soupçonner ~. (*Ib.*) 그는 너무 착해서 남을 의심하지 못한다/Je doute *que* ~ y réussisse. (Ac) 누가 그 일에 성공할 수 있을지 의심스럽다/Connaissez-vous ~ de plus laid? (Thomas) 더 못생긴 사람을 알고 있소?/si vous le révélez jamais à ~ (G, §588) 만일 당신이 이것을 누구에게 누설하면.

★*ne explétif 와 함께: Je tiens à toi *plus que* je *n'*ai tenu à ~. (Beauvoir, *Sang*) 다른 누구에게 보다 너에게 마음이 끌린다/Il se passa un bon moment *avant que* ~ vînt. (Green, *Mesurat*) 누가 오기 전에 상당한 시간이 지나갔다.

2° (=aucun homme). ① 〖**ne** 와 함께〗 ~ *n'*est parfait. 아무도 완전무결한 사람은 없다/《plus, jamais 등과 병용》 Je n'ai *jamais rien* refusé à ~. 나는 아무에게도 무엇 하나 거절한 적이 없다.

② 〖부정어 없이〗《생략문》 Qui vient?

Qui m'appelle? ~. (Musset, *N. de mai*) 누가 오나? 누가 나를 부르지? 아무도 아니다//((형용사의 보어)) son secret révélé encore à ~ 아직 아무에게도 누설되지 않은 그의 비밀//((다른 명사와 대등관계)) J'épouserai ma cousine ou ~. 나는 사촌 누이와 결혼할 것이고 아니면 아무도 결혼 안 할 것이다. *comme* ~ 누구 못지 않게, 누구보다도 잘:Pour jolie, elle l'avait toujours été *comme* ~. (Loti, *Pêcheur*) 예쁘기로 말하자면 그녀는 항상 누구보다도 더 예뻤었다. ~ *de*+(대)명사:~ *de vous* ne m'a vu. (G, §588) 당신들중 아무도 나를 보지 못했다. ~ *de*+*adj.*:Il n'y a ~ *de* vraiment *heureux* ici-bas. (DG) 이 세상에는 누구도 진실로 행복한 자는 없다/Il n'y a ~ *de blessé*. (*Ib.*) 부상자는 하나도 없다. ~ *d'autre* 그 밖의 누구도: Je n'ose m'adresser à ~ *d'autre*. (Barrès, *Au Serve de l'Allem.*) 그 밖의 누구에게도 나는 감히 얘기할 수 없다//((문어에서는 ~ autre 로 쓰기도 한다)) Ne parlons plus jamais de M. Pauper, ni de ~ *autre*. (Becque, *M. Pauper*) 이제 포페씨나 다른 누구의 얘기도 더 하지 맙시다.

★〖형용사의 일치〗 personne 가 명백히 여성으로(aucune femme 의 뜻으로) 쓰일 때 속사형용사(또는 명사)는 여성으로 한다(~ n'était pas *belle* que Cléopâtre. 클레오파트라 이상의 미인은 없다). 그러나 Je ne connais ~ si heureuse qu'elle (형용사는 속사가 아님)이라고는 말하지 않고, Je ne connais aucune ~ (또는 ...connais point de ~) plus heureuse qu'elle (personne 는 명사), 혹은 Je ne connais ~ d'aussi heureux qu'elle (H, 544)이라고 한다. 또 화자가 여왕이면 「Il n'y a ~ de plus *puissant* que moi. (Thomas) 나보다 더 강한 자는 없다」

라고 할 수 있을 것이다.
③((비어)) ne 없이, 또는 ne... pas 와 함께:~ veut 〔~ *ne* veut *pas*〕 ça. (Bauche, 96) 아무도 그것을 원치 않는다.
④ *ne... ~ qui*+*subj.*:Elle *n'*avait vu ~, à l'arrêt de Vierzon, *qui ressemblât* au grand Meaulnes. (Alain-Fournier) 그녀는 비에르종 정류장에서 키다리 몬느와 닮은 사람을 한 사람도 보지 못했다.

personne² 〖인칭〗—의사소통의 자연적 필요에서 생겨난 문법범주로 話者 locuteur, 對話者 interlocuteur 또는 allocutaire, 그리고 제3자의 관계를 나타내는 제1,2,3 인칭의 세가지 인칭으로 나뉜다.
1° 제1인칭은 화자가 자신을 담화의 주체로 지칭하기 위해 사용하며, 2인칭은 상대방을 지칭하는 데 사용되고, 3인칭은 화자나 대화자가 아닌 제3의 인물이나 사물을 지칭하기 위해 사용된다. 이 세 인칭간의 관계는 다양하다. 우선 의사소통의 중심 인물인 「나」와 「나」가 아닌 것이 구별되고 다음으로 「나」가 아닌 것에는 대화에서 스스로 화자가 될 수 있는 대화자 「너」와 대화의 대상인 사람이나 사물인 「그」가 구별된다.
2° 또한 1인칭 복수는 대화자를 포함하느냐(moi et toi, nous disons que), 또는 대화자 이외의 제3자를 포함하느냐(moi et lui, moi et elle, moi et eux, nous disons que)에 따라 포괄적 1인칭 복수 inclusive 와 배타적 1인칭 복수 exclusive 로 구별된다. 이와 마찬가지로 2인칭 복수도 또 다른 대화자를 포함하느냐(toi et toi, vous dites que), 그렇지 않으냐(toi et lui, toi et eux, vous dites que)에 따라 포괄적 2인칭 복수와 배타적 2인칭 복수로 구별된다. 어떤 언어에서는 이런 구분이 모든 문장에 체계적으로 나타나며 형태적으로 구별되는 두개의 대명사에 의해 달리 표현된다.

petit

3° 1인칭과 2인칭은 사람을 나타내며 고유명사와 비슷한 의미적, 통사적 특징을 지닌 인칭명사 noms personnels에 의해 표현된다. 3인칭은 사람이나 사물을 나타내며 명사적 連辭 syntagme nominal와 비슷한 특성을 지닌 인칭대명사 pronoms personnels에 의해 표현된다. 이 둘은 문법에서 인칭대명사라는 이름으로 동일 범주로 결합될 수 있다. 4° 이러한 인칭은 동사에서 주어의 인칭과 일치하여 표시된다. 명령법에서는 이러한 인칭의 동사적 표시만이 문장에 나타나는 유일한 인칭 표시인 것이다.

petit ⇨moindre.

peu adv.—동사, 형용사, 부사(구)를 수식하고 비교급은 aussi peu, *moins, 최상급은 le moins이다.

① (=en petite quantité)《부정적인 의미》:Il travaille ~. 그는 거의 일을 하지 않는다/C'est ~ intéressant. 재미가 거의 없다/Il agit ~ adroitement. 거의 능란하게 행동하지 못한다. ⇨ne II, 1°.

② un ~ 《구어:un (tout) petit ~》《긍정적인 의미》: Attendez-moi un ~. 잠깐만 기다려 주시오/Il est un ~ nerveux. (Colin) 그는 약간 신경질적이다/Il est ~ ...라고 하면 반대의 뜻)/L'histoire est toujours abstraite un ~. (Alain) 역사란 늘 약간은 추상적이다(이 어순은 드물다)/Il viendra un ~ tard. 그는 좀 늦게 올 것이다. ☆〖un ~ 의 특수 용법〗 1) 명령에서의 어조완화(허사적):Venez un ~. 좀 오세요. 2) 감탄문에서 (=certainement, non moins que d'autres):Il était un ~ père, lui! (Balzac) 그가 바로 아버지였다.

un ~ bien〔beaucoup〕(=excessivement)《古文 또는 속어조》:C'était un ~ bien hardi. (Mirbeau, Dingo) 그것은 아주 대담한 짓이었다.

—〖명사적〗 ① 〖~ de+보어〗 Il prend ~ de repos. 그는 거의 휴식을 취하지 못한다/Il prend un ~ de repos. 그는 휴식을 좀 취한다.

le 〔mon, ce〕 ~ de 소량《긍정적》; 결여《부정적》:le ~ d'argent que je possède 내가 갖고 있는 약간의 돈/Excusez mon ~ de mémoire. (Ac) 내가 기억하지 못한 점을 용서하시오.

② 〖보어 없이〗 a)〖사물〗(=peu de chose):Il se contente de ~. 그는 적은 것으로도 만족해한다/à ~ près 약간을 제외하고, 거의. b)〖사람〗 Beaucoup ont été invités, mais ~ sont venus. 많은 사람들이 초대를 받았으나 온 사람은 아주 적었다.

③ 〖전치사+ ~〗 avant〔dans, sous〕 ~ 머지않아, 쉬이/depuis ~ 조금 전부터.

④ *Il s'en faut de ~ que... (ne)*+*subj*《지금에는 항상 de ~를 쓴다. 질에 관계될 때 de 없이 peu를 사용하는 것은 옛날 어법이고 지금에는 질과 양 모두에 대해 de와 함께 쓰인다》:*Il s'en fallut de ~ que* M. l'abbé Coignard *ne fût* entraîné dans la rivière. (France) 코냐르 신부님은 자칫하면 강물에 빠질 뻔 했다/*Il s'en faut de ~ que* ce vase *ne soit* plein. (Ac) 이 병에 물이 가득 차기에는 약간 부족하다. ~ *s'en faut que... (ne)* (peu 다음에 de를 안 씀):~ *s'en fallut qu'*elle *ne* pleurât. (Boylesve) 그녀는 울 뻔했다∥《ne 없이》~ *s'en était fallu qu'*elle eût introduit Paphnuce lui-même au péché de la chair(France,*Thaïs*). ∥《que 없이》Il a fini son travail ou ~ *s'en faut*. 그는 일을 끝낸 것이나 다름없다.

—〖동사와 과거분사의 일치〗 ① 「~ de+보어」를 주어로 하는 동사는 보어에 일치:~ *de* personnes *sont disposées* à prêter. (Lar) 빌려주려고 하는 사람은 적다.

② 〖le ~ de의 경우〗 a) le ~가 「소

량」을 의미할 때, 동사, 과거분사는 보어에 일치: Le ~ de connaissances qu'il a lui *sont* bien utiles. 그의 약간의 지식이 그에게 매우 유익하다/ Le ~ de nourriture qu'il a *prise* l'*a sauvé*. 그가 먹은 약간의 음식이 그의 생명을 구출했다. b) le ~ 가 「결여」를 의미할 때는, 동사, 과거분사는 peu에 일치하여 남성단수: Le ~ de connaissances qu'il a lui *nuit*. 그의 무식은 그에게 해를 끼치고 있다/C'est le ~ de nourriture qu'il a *pris* qui a causé sa mort. 그가 죽게 된 것은 그가 음식을 거의 안 먹었기 때문이다.

★ 1) 의미상 le ~를 생략할 수 있는 경우는 보어에 일치시키고, 생략할 수 없는 경우는 peu에 일치시킨다고 생각하면 된다. 즉 Les connaissances qu'il a lui sont bien utiles은 성립되지만, Les connaissances qu'il a lui nuisent는 의미가 전혀 달라 le peu를 생략할 수 없는 것이다. 2) Ac, 197; Le B, II, 157 도 위와 같이 설명하였다. Mart, 323 은 a), b)의 경우를 「그에게 도움이 되는 것」도 「그에게 해를 끼치는 것」도 모두 「지식의 소량」인 것으로 생각해서 항상 peu에 일치시키고, Clédat, 167, 200 은 모두 「얼마 안 되는 지식」의 결과이므로 항상 보어에 일치시킬 수 있다고 설명했다.

③ **un ~ de** 다음의 동사 일치는 자유(Brachet, 358; Le B, II, 157): Un ~ de connaissances *suffit* [*suffisent*].

C'est ~ de+inf[*que*+subj]:*C'est ~ d'être* concis, il faut être clair. (Ac) 간결한 것만으로는 충분치 않고, 명확해야 한다/*C'est ~ qu'il veuille* être le premier, il voudrait être le seul. (*Ib*.) 그는 제일인자가 되는 것만으로는 충분치 않고 유일한 존재가 되기를 바란다. *~ ou point:* On y trouve ~ ou point d'amis. (Thomas) 친구를 거의 볼 수 없다. *pour ~ que*+subj: *Pour ~ qu'on encourage* une amante passionnée, elle est intrépide. (Volt) 정열적인 연인은 조금만 격려해주어도 대담해진다. (*un*) *tant soit ~:* Il n'est pas possible qu'une femme *tant soit ~* propre puisse habiter dans ces endroits. (Giono) 조금이라도 깨끗한 여자는 이곳에 살 수 없다. *en ~ de mots* 간단히 말해서. *~ à ~* 점점. *quelque ~* 약간. *si ~ que* 조금이라도 …하면.

peur—*de ~ que* (*ne*)+subj 《혼히 ne 를 사용》:Couvrez-le bien *de ~ qu'il n'ait* froid. (Thomas) 그가 추울까 두려우니 옷을 잘 입혀라. *avoir ~ que* (*ne*)+subj 《허사 ne 의 사용은 *craindre que의 경우와 같다. 그러나 긍정 뒤에서도 ne를 사용 않는 경우는 craindre보다 더 많다》:J'ai ~ qu'il *ne* lui *soit arrivé* malheur.(Id.) 그에게 불행이 닥치지나 않았는지 걱정이다/C'est son seul bien, il *a ~ qu'on le* lui *vole*. (Claudel) 그것이 그의 유일한 재산이어서, 누가 그에게서 그것을 훔쳐가지 않을까 걱정하고 있다. ☆드물게 avoir ~ que+ind (Cl, 301). ⇨ne explétif II.

peut-être—trait d'union이 없는 **peut être**(복수:peuvent être)와 혼동해서는 안 된다:Son foie *peut être* malade, il boit quand même. (Thomas) 그의 간장은 병이 들었을 텐데, 그래도 그는 술을 마신다/Il *peut être* midi. 정오가 되었을 것이다.

★ 1)〖어순〗 ~ viendra-t-il(⇨sujet² III, 6°, ①)/~ il viendra 《드물게》/ ~ qu'il viendra(⇨que³ VI, 2°)/ Il viendra ~. 2) 문장 끝에 오면 간투사적, 도전적인 단정을 나타낸다: Je suis libre de faire ce que je veux, ~! (France, *Hist. com*.) 내가 하고 싶은 짓을 자유롭게 할 수 있소. 암 그렇구말구 ! (cf. H, 549; W, 315; N, VI, 48).

phalène—Lit, Lar, Thomas, Colin 에는 여성. DG, Rob에는 남성, 또는 여성으로 되어 있고 실제로 쓰는 경우에도 성이 일정치 않으나 남성이 우세한 것 같다(G, §273, 12°).

philologie [文獻學]— linguistique 와 혼히 혼동을 하는데 구별해야 한다. 물론 이 구별은 linguistique가 19세기말에 와서야 발달했기 때문에 최근의 일이다.

1° 문헌학은 후세에 남겨진 문헌을 통해 과거의 문화를 알려는 것을 목적으로 하는 역사학이다. 문헌은 우리에게 고대사회를 이해하고 설명해 주는 것이다.

2° 고고학 archéologie이 물질적 유물들을 통해 고대를 이해하려 하는 반면에, 문헌학은 프랑스에서 써 온 의미로는, 특히 글로 쓰여진 문학적 증거물 témoignages을 연구하는 학문이다. 그래서 문헌학은 碑銘學 épigraphie, 古錢學 numismatique, 그리고 파피루 연구 papyrologie 등과 같은 급수인 역사학의 보조 학문이다. 모든 역사학이 내적, 외적인 고증으로 텍스트의 정확성과 진실성을 확인하려고 노력하듯이, 문헌학도 텍스트의 고증인 것이다. 원본, 이본들의 비교, 원고의 역사 등 내적, 외적 기준과 문학사, 경제사, 사회사 혹은 언어통계학 같은 외적 메이타로 텍스트를 작성하는 것이 문헌학의 목적이다. 따라서 문헌학자들의 중요 작업은 텍스트의 간행이다. 그래서 콤퓨터의 사용은, 시간 절약과 이런 연구에 나타나기 쉬운 주관적인 경향을 줄여 합리화를 기할 수 있게 해준다.

phonème [音素]— 언어의 2차분절의 단위로서 의미를 지니지 않은 음성 형태의 최소단위를 음소라 한다.

1° 각 언어에는 일정한 수의 음소가 있는데(20 내지 50개. 1940년 이후에 출생한 파리 사람들 간에는 31개의 음소체계가 많이 사용되고 있다), 이 음소가 단독으로 또는 다른 음소와 발화연쇄를 따라 계기적으로 결합하여 1차분절의 단위인 monèmes 의 signifiants 을 형성하고 발화연쇄의 각 지점에서 불연속적인 단위로서 상호 대립하여 메시지의 의미를 구별해 준다. 이와 같이 의미를 구별해 주는 것이 음소의 기본적 기능이므로 음소는 혼히 최소의 변별적 단위 unité distinctive minimale 로 정의된다. C'est une bonne bière 라는 言述에서 기호소 bière/bier/는 네 개의 연속적인 음소에 의해 식별이 되는데 이 음소 하나 하나는 이 음맥에 나타날 수 있는 다른 모든 음소와 다르다는 사실에 의해서 변별적 역할을 하는 것이다. 이러한 본질적인 음소 기능 이외에 음소는 또한 대조적 기능을 지닐 수 있다. 즉 언술을 계기적인 단위로 분석하는 데 도움이 된다. 영어의 /h/는 기호소의 頭位에서만 나타날 수 있기 때문에 한계를 획정하는 대조적 기능을 변별적 기능과 겸하여 지니고 있다(hill).

2° 모든 언어는 음성적 성격을 지니므로 그 단위인 음소도 이 음성적인 특징에 의해 정의된다. 각 음소는 그 언어에 특유한 변별적인 특징 traits distinctifs 또는 pertinents 이라고 불리는 음성적 특징들로 구성되어 있으며 이것이 각 음소를 상호 대립시켜 주는 것이다. 예를 들어 불어에서 /p/는 bilabial, sourd, non nasal(oral)이라는 변별적 특징으로 구성되어 있다. 이 변별적 특징들은 결코 단독으로 발화연쇄의 한계점에 나타나는 것이 아니라 음맥이나 발화 상태, 話者의 개성 등에 따라 변하는 다른 음성적 특징(비변별적 특징 traits non-distinctifs) 과 결합되어 나타난다. 그리하여 동일 음소는 상이한 음성에 의해 구체적으로 실현될 수 있는데 이 음성들은 개방적인 목록을 형성하지만 모두 이 음소를 동일 언어의 다른 음소들과 구별시켜 주는 특징을 공

통적으로 지니고 있는 것이다. 이와 같이 동일 음소를 실현해 주는 여러 가지 다른 음성들을 變異音 variantes 또는 allophones이라고 부른다. 가령 불어의 /r/은 [r], [ʀ], [ʁ]로 실현될 수 있다.

3° 음소는 각 언어에서 수가 정해져 있고 또 언어에 따라 그 성질과 상호 관계가 다르므로 각각 다른 언어에 속하는 두 음소가 완전히 같을 수는 없다. 왜냐하면 각 음소는 그가 속하고 있는 언어의 다른 음소와의 대립에 의해서만 정의되기 때문이다. 불어의 /s/는 자음, 치음, 마찰음, 무성음으로 정의되는데 비해 스페인어의 /s/는 무성음을 제외한 특징으로 정의된다. 스페인어에는 유성 齒擦音은 존재하지 않고 /s/가 음맥에 따라 [s]나 [z]로 실현되는 것이다. 한 언어의 음소수가 적을수록 더 많은 변이음을 나타낸다고 볼 수 있다.

phonétique [음성학]—1°〖의의〗언어의 음성을 그 언어기능과는 독립적으로 구체적인 실현면에서 연구하는 학문이다. 그러한 점에서 음성학은 음운론에 대립된다. 음성학은 지각할 수 있는 모든 음성의 차이를 대상으로 하는 반면 음운론은 음성이 어떤 특정한 언어에서 수행하고 있는 기능을 중요시하여 변별적 특징을 지닌 음성적 특징만을 대상으로 한다.

2°〖분류〗음성학은 그 연구 대상의 성질이 복잡하고 탐구 영역이 광범위하기 대문에 각기 다른 목표를 지닌 여러 연구분야로 나뉜다.

①〖음성에 대한 접근방법에 따라〗

a) 調音음성학 또는 생리음성학 phonétique physiologique ou articulatoire : 언어행위에는 話者와 청취자의 존재가 전제된다. 이 생리음성학은 화자를 대상으로 하여 화자가 메시지를 발할 때 그 발음기관의 움직임을 연구한다.

b) 음향음성학 또는 물리음성학 phonétique acoustique ou physique: 음성의 물리적인 구조를 음향·물리적인 표현으로 분석한다.

c) 청취음성학 phonétique auditive: 청각의 반응을 연구한다.

d) 실험음성학 또는 기계음성학 phonétique expérimentale ou instrumentale: 특수 분야라고 할 수도 있고 상술한 분야의 한 부문이라고 할 수도 있다. 음성학자가 자신의 감각에 의하여 음성을 직접 관찰 연구하는 고전적 음성학(위 a), b), c))에 대해 현대적 음성학이라고 할 수 있는 이 실험음성학은 직접관찰의 결과를 보충하고 명시하며 교정하기 위해 기계를 사용한다.

②〖탐구 범위에 따라〗

a) 일반음성학 phonétique générale: 모든 언어에 있어서의 인간의 온갖 음성적 실현을 연구한다.

b) 불어음성학, 영어음성학 등 phonétique française, phonétique anglaise, etc. : 특정한 언어나 방언의 음성적인 특성을 연구한다.

c) 비교음성학 phonétique comparée: 둘이나 여러 언어에 있어서의 음성을 비교 연구한다.

d) 通時음성학 phonétique historique ou diachronique: 언어의 역사를 통해 음성의 변화를 연구한다.

e) 기술음성학, 共時音성학 phonétique descriptive ou synchronique: 음성을 변화의 한 순간에 공시적으로 연구한다.

③〖교육적 의도에 따라〗

a) 교정음성학 phonétique corrective: 외국어의 정확한 발음을 습득하게하고 발음을 교정하기 위해 교실에서나 언어실험실에서 실시되는 방법과 기술을 내용으로 한다. 청취면에서는 음소의 식별 훈련, 조음면에서는 발음 연습 등이 교정음성학의 훈련에 속한다.

b) 결합음성학 phonétique combinatoire : 음성적 연쇄에서 음성들이 서로 어떠한 영향을 주며 어떠한 방

법으로 변화하는가를 연구한다. 이 분야는 일반적으로 음성의 언어학적 측면 특히 음소에 관심을 갖는다는 점에서 phonologie corrective 와 phonologie combinatoire 라고 칭하고 음소론에서 다루는 것이 적절할 것이라고 간주되고 있다.

phonologie [음운론]—1° 〖의의〗언어음성의 기능적인 면의 연구이다. 따라서, 음성요소의 조음적, 음향적 현실이나 무수한 개인적인 변이음을 무시하고 메시지의 이해에 이바지하는 음성적 구분만을 다룬다.
2° 〖분류〗음성학과 동일한 대상을 다루므로 음운론도 그와 비슷한 여러 분야로 나뉘어짐을 볼 수 있다.
① 〖음성의 성격에 따라〗
a) 음소론 phonématique: 주어진 언어의 제한된 수효의 음소, 동일 언어의 여러 음소들을 상호 대립시키는 변별적 특징, 발화연쇄내에서의 음소들의 배열 규칙을 연구한다.
b) 운율론 prosodie: 비분할적인 음성요소 즉 둘이나 여러개의 음소의 실현에 수반되는 음성요소를 다룬다 (악센트, 聲調, 억양 등).
② 〖탐구 범위에 따라〗
a) 개별음운론(불어음운론, 영어음운론 등): 특정 언어의 음운체계의 특수성을 연구한다.
b) 일반음운론 phonologie générale: 모든 언어의 음운체계의 기능을 지배하는 일반적인 법칙을 연구한다.
c) 비교음운론 또는 대조음운론 phonologie comparée ou contrastive: 둘이나 여러 언어의 음운체계 사이의 유사점과 차이점을 비교 연구한다.
d) 通時음운론 phonologie historique ou diachronique: 언어의 역사를 통해 음운체계의 변화를 연구한다 (phonologisation, déphonologisation, rephonologisation 현상 등).
e) 기술음운론 또는 共時음운론 phonologie descriptive ou synchronique: 언어의 일정한 상태에서의 음운체계를 연구한다.

③ 생성음운론 phonologie générative: 음소는 특징의 복합체라는 구조적인 관점을 계속 유지하면서 morphème 단계와 traits 단계의 중간단계 즉 phonèmes 자체의 존재를 부정하기에 이르렀고 morphème 단계에서 직접 실현된 언술에 있어서의 표준발음의 음성형태의 단계로 넘어가는 분석을 제안한다. 생성음운론에 의하면 morphème 이나 message 를 상호 대립시키는 것은 음소가 아니라 변별적 특징이라는 것이다. 가령 bain[bɛ̃]과 pain[pɛ̃]을 대립시키는 것은 有聲音이라는 변별적 특징이라는 것이다. 생성음운론에서는 특징을 두가지로 구분한다. 두 개의 morphème 를 대립시키는 음운론적 특징과 발음을 지칭하는 음성적 특징이 그것이다. 그래서 불어의 mer 는 語末에 流音, 非側音이라는 음운적 특징을 나타내며 반면에 음성적 특징은 발음에 따라 [r]이나 [ʀ] 또는 [ʁ]일 수 있는 것이다.

phrase [文]—1° 전통 문법에서는 phrase를 완전한 의미를 나타내는 단어들의 모임으로 여러개의 절 proposition을 가질 수 있다고 보고 있다 (phrase composée 와 phrase complexe). 그러나 이런 정의는 커다란 장애에 부딪치는 경우가 있다. 왜냐하면, 같은 내용이 하나의 phrase에 나타날 수도 있고(Pendant que je lis, maman coud.), 두개의 phrase에 나타날 수도 있기 때문에(Je lis. Maman coud.), phrase를 정의하는데 의미의 단위를 내세울 수는 없는 것이다. 게다가 문장 해석이 오로지 우리의 교양이나 주관성에 따르는 시적인 phrase 나, Moi y en a pas d'argent 같이 phrase 는 아니면서 분명한 의미를 지닌 「단어들의 집합」의 경우 문제가 생기는 것이다.
2° 현대 문법에선 phrase를 정의하기 보다, phrase를 만드는 것이 무엇인지, 혹은 phrase 라 불리우는 것 속에서 우리가 찾아볼 수 있는 여러

특징들의 목록을 제시하는 쪽을 택하고 있다. 이런 관점에서 보면 phrase 란, 성분 constituants 들이 각각 기능을 갖고, 말 parole 로 표현할 때는 intonation 이 따르는 하나의 言述 énoncé 이다. 동사가 없는 phrase 에선 intonation 으로, 그것이 하나의 단어인지, fonction 이 없는 단어의 집합인지, 하나의 단어로 구성되어 있더라도 phrase 인지 (문상당어 mot-phrase) 알아볼 수 있는 것이다. phrase 는 또 정해진 의도 fin 를 갖고 있다. 즉 어떤 사람이나 어떤 것 (주제 thème)에 의해 어떤 사실을 기술하는 것이다 (술어 prédicat). phrase 는 요소로 thème 하나만이 있을 수도 있고, thème 는 표현되지 않고 prédicat 만 있는 경우도 있으며 (Formidable!), 동사 없이 두 요소로 이루어질 수도 있다 (Bon, ce gâteau.). 동사를 가진 phrase 는 단문 phrase simple 과 복문 phrase complexe 으로 나누어진다. 단문은 동사 (mode personnel 이나 infinitif)를 중심으로 하나의 membre 로 구성되고, 복문의 proposition 이라 부르는 여러 membre 를 갖고 있는데, 이 proposition 들은 병렬절, 동위절, 종속절이 된다. 복문에서 병렬절이나 동위절은 경우에 따라 단문 역할을 할 수 있는 완전한 문법적 자율성을 갖고 있으나, 종속절은 반대로 단문역할을 할 수 없고, 주절의 support 가 필요한 것이다. Chaque matin, il constatait qu'on lui avait volé des poires 에서 qu'on lui avait 는 종속절로 constatait 에 종속되고, chaque matin, il constatait 는 이 종속절의 support 이다. 단문이나 복문은 서술문 phrase énonciative, 감탄문 phrase exclamative, 의문문 phrase interrogative, 혹은 명령문 phrase impérative 으로 구분된다. phrase 를 「대문자로 시작되고 마침표 point 로 끝나는 일련의 단어들」이라고 규정하는 것은 phrase 의 정의가 아니다.

phrase nominale[명사문]—1° 주어-繫合동사-속사로 이루어지는 문장(Il est grand.). 주어-동사-(보어)로 이루어지는 문장 phrase verbale 과 대비된다(Vend, 143).
2° 동사 없이 명사를 중심으로 하는 어군으로 이루어지는 문장: Finies, les vacances! 방학이 끝났구나(⇨ nom d'action 2°, ①). Marouz, 154 는 다음과 같은 글도 생략으로는 생각하지 않고 명사문에 포함시켰다: La nuit est tombée. Devant nous, toute la mer.... Soudain, un calme. Plus d'éclairs. (Renard) 밤이 되었다. 우리 앞에는 넓은 바다…. 갑자기 고요해졌다. 번개가 그친 것이다.

phrase verbale[동사문] ⇨phrase nominale.

pièce—Cela coûte mille francs (la) ~. 그것은 하나에 천프랑씩이다. ⇨ article défini.

de toutes ~*s:* être armé *de toutes* ~*s* 완전 무장을 하고 있다. *tout d'une* ~ : marcher *tout d'une* ~ 뻣뻣하게 걷다. être *tout d'une* ~ 솔직하다. ~ *à* ~ : Il voyait s'écrouler ~ *à* ~ (=progressivement) tout son échafaudage de gloire. (Hugo) 그는 자신의 영예의 발판이 차례차례 무너져가는 것을 보았다.

pied—코끼리, 말, 당나귀, 노새, 소, 낙타, 양, 돼지의 발은 pied 라고 하지만, 할퀼 수 있는 날카로운 발톱이 있는 개, 늑대, 사자, 고양이, 호랑이, 곰, 토끼, 원숭이, 쥐, 두꺼비, 개구리, 방울새, 닭 등의 발은 patte 이고, 맹금류의 경우는 serre 라고 한다.

sur ~ (=debout, rétabli) : Dès cinq heures il est *sur* ~. 다섯시부터 그는 일어나 있다/Le malade sera *sur* ~ dans quelques jours. (Rob) 환자는 몇일후면 회복될 것이다. attendre *de* ~ *ferme* 태연히 기다리다. *de la tête aux* ~*s*, *de* ~ *en cap* 머리에서 발끝까지. *au* ~ *levé* 준비 없이. *portrait en* ~ 전신의 초상화. *lever le* ~ (돈을 가지고) 도망가다.

pince-nez—복수불변. 한 개의 「코안경」은 un *pince-nez* 인데 속어에서 des *pince-nez* 라고도 한다(Dam, I, 457). ⇨nombre des noms 6°, ①.

pire *adj.*—mauvais의 비교급. le ~ 는 최상급. (le) plus mauvais 도 쓰인다.

1° 〖(**le**) **pire** 와 (**le**) **plus mauvais**〗
① pire 는 비유적 의미(=plus dangereux, nuisible, pénible) : une catastrophe ~ que la guerre (M) 전쟁보다 더 나쁜 재난/mon ~ ennemi 나의 최악의 적/un individu de la ~ espèce 최하등 인간/Ce vin est ~(=de plus mauvais qualité) que je ne le pensais. (Q) 이 포도주는 생각했던 것보다 더 나쁘다 (⇨ne explétif I)/Le café est ~ (=plus nuisible à la santé) que le thé. 커피는 홍차보다 더 해롭다; Le café est *plus mauvais* (=a plus mauvais goût) que le thé. 커피는 홍차보다 맛이 더 나쁘다. ☆1) Mart, 96에는 위 구별은 절대적이 아니라고 했다. cf. Ce vin-là est encore ~ que le premier. (Ac) 이 포도주는 처음것보다 더 나쁘다. 2)두가지 형을 다 쓸 수 있는 경우: Cette excuse est ~ 〔*plus mauvaise*〕 que la faute. (Le B, II, 277) 변명은 실수보다 더 나쁘다.

② meilleur 와의 대응, mal과의 비교, mauvais의 반복을 피해야 할 경우에는 pire 를 쓴다:Les femmes sont meilleures ou ~*s* que les hommes. (La Br) 여자는 남자보다 더 뛰어나거나 더 못하다/La crainte du mal est ~ que le mal même. 악을 두려워하는 것은 악 그 자체보다 더 나쁘다/Si le premier est mauvais, le second est ~. (Mart, 96) 처음 것이 나쁘지만 두번째 것은 더 나쁘다.

③ 결함을 나타낼 때는 대개 plus mauvais를 쓴다:Il a les yeux *plus mauvais* que son frère. 그는 동생보다 눈이 더 나쁘다.

④ 부사적 용법의 mauvais의 비교급은 늘 plus mauvais:Cela sent mauvait. →Cela sent *plus mauvais*. 더 나쁜 냄새가 난다.

2° (=pis). 속어법에서 일반화하여: Ce serait encore ~. 그것은 더 나쁠 것이다/ce qui est ~ 더욱 나쁜 것/ce qu'il y a de ~ (Mart, 98) 최악의 것/C'était ~ que s'il l'eût tout à fait dédaignée. (Beauvoir, *Tous les h.*) 그것은 그녀를 완전히 경멸한 것보다 더 나쁜 짓이었다/ Rien ne peut arriver de ~ que ce que j'ai souffert aujourd'hui. (Green, *Mesurat*) 내가 오늘 당한 것보다 더 나쁜 일은 일어날 수 없다. ☆ tant ~ pour lui(Renard, *Poil de C.*), ~ que pendre 는 피해야 할 비어법이다. ⇨pis.

—〖대명사적〗 tomber d'un mal dans un ~ (=dans un mal ~)(M) 점점 곤경에 빠지다/De deux maux, il faut éviter le ~(=le mal qui est ~: 비교급). (Q) 두가지 악 중에서 보다 나쁜 것을 피해야 한다/ les ~*s*(=ceux qui sont les ~*s*: 최상급) de tous les flatteurs 아첨꾼들 중에서 가장 나쁜 놈들/le ~ des maux 악 중에서 가장 나쁜 것.

—〖명사적〗 (le ~ =le plus mauvais, ce qu'il y a de plus mauvais). le pis의 대신:Le ~ est que…. 가장 나쁜 것은 …이다/Le ~ de tout est d'adorer l'opportunisme.(Alain) 무엇보다도 나쁜 것은 기회주의를 좋아한다는 것이다《Mart, 98은 옳지 않은 용법이라고 평했다》/Le ~ n'est pas arrivé. (Romains) 최악의 사태는 오지 않았다/Je m'attends à tout

et au ~. (Gide) 모든 경우, 최악의 경우를 각오하고 있다/C'est de ~ en ~. (Vercors, *Anim. dén.*) 더욱 더 나빠지고 있다/mettre les choses au ~ (⇨pis).
plus ~ 《비어법》:C'est devenu de plus en *plus* ~. (Pagnol, *Fanny*) 그것은 더욱 더 못 쓰게 되었다/Il va de *plus* ~ en *plus* ~. (*Ib.*) 그의 건강은 더욱 더 나빠지고 있다.
pis—본래는 부사 mal의 비교급. 그러나 (le) plus mal이 보통 쓰여서, pis는 형용사, 명사 이외는 거의 안 쓰이게 되었다.
1° 〖형용사적 용법〗 *pire의 중성. 중성대명사와 관계하여 쓰인다:C'est bien ~. 그 편이 더 나쁘다/Cela est ~ que je ne le croyais. (Q) 생각했던 것보다 더 나쁘다(⇨ne explétif I)/quelque chose de ~ 더 나쁜 어떤 것/Il n'y a rien de ~ que cela. 그것 이상으로 나쁜 것은 없다/Il est sot et, qui pis est, méchant. (Lar) 그는 어리석고 게다가 (더욱 나쁘게도) 심술궂다(⇨qui¹ I, 1°, ②)/Quoi de ~? 더 이상 나쁜 일이 있을까?/Qu'est-ce qui peut m'arriver de ~? (Arland, *Ordre*) 그이상 어떤 나쁜 일이 나에게 일어날 수 있을까?/*Tant* ~ *pour* lui. 그에게는 참으로 딱한 일이군(tant=d'autant) (⇨pire 2°)//《드물게 사람에 대해서》 Le malade est ~. (M) 환자는 용태가 더 나빠졌다.
2° 〖명사적 용법〗 ① 〖무관사〗 Il a fait ~. 그는 더욱 나쁜 짓을 했다/Il a fait ~ que cela〔vous〕. 그는 그것〔당신〕보다 더 나쁜 일을 했다/Il en dit ~ que pendre(=plus qu'il ne faut pour le faire pendre). 그는 그를 마구 욕했다/Il y a ~. 더 심한 일이 있다/Cela va de mal en ~〔de ~ en ~〕. 더욱 더 나빠져가고 있다/(par) crainte de ~ 더 나쁜 경우가 오지 않을까 두려워서/Je m'attendais à ~. 나는 더 나쁜 사태를 각오하고 있었다.
② le ~ 는 「가장 나쁜 것〔일〕」의 뜻:C'est le ~. 최악의 사태이다/Le ~, pour les jeunes filles, c'est de pleurer sans savoir pourquoi. (Michelet) 소녀들에게서 가장 나쁜 일은 이유도 모르고 운다는 것이다/le ~ qu'on puisse faire (Thomas) 사람이 할 수 있는 가장 나쁜 일/mettre〔prendre〕 les choses au ~ 최악의 경우를 생각하다. *au* ~ *aller* 최악의 〔부득이한〕 경우에는(⇨pire).

plaisir—à ~ (=comme il plaît, autant qu'on veut):C'est un vieux mensonge à ~ inventé. (Musset) 그것은 일부러 꾸며낸 진부한 거짓말이다.

plat—*se mettre à* ~ *ventre* (=se montrer servile):Ils *se mirent à* ~ *ventre*, rampèrent devant l'Assemblée. (Michelet) 그들은 국회 앞에서 굽실거리고 비굴하게 굴었다. ~ *de côtes*(또는 ~*es* côtes) 소의 갈비고기. Sa maladie l'a mis *à* ~. (Rob) 병이 그를 기진맥진하게 만들었다.

plein—① 〖(*tout*) ~ +관사〖한정형용사〗+명사〗 전치사로 취급되어 불변:Ils ont des billets (*tout*) ~ les poches. 그들은 주머니에 가득히 지폐를 갖고 있다(cf. avoir les poches (*toutes*) ~*es* d'argent. 주머니가 돈으로 가득차 있다).
② (*tout*) ~ *de*(=beaucoup de)《속어》:Il y avait ~ *de* gens dans l'antichambre. (Aragon) 대기실에 많은 사람들이 있었다/Il y a *tout* ~ *de* monde dans les rues. (H) 거리에는 사람들이 많이 있다.
③ 〖관용적 어구들〗 *en* ~ :*en* ~ air 야외에서, *en* ~ hiver 엄동설한에, *en* ~ jour 대낮에, *en* ~*e* mer 바다한복판에. *en* ~ *sur*〔*dans*〕 (=exactement): La bombe est tombée *en* ~ *sur* la gare. (Rob) 폭탄은 정확히 역에 떨어졌다. *avoir le cœur* ~ 가슴이 벅차다. *de* ~ *droit* 당연히,

tout ~ 《구어》 아주, 완전히.

pléonasme[중복법, 贅辭法]—1° 정해진 어떤 내용을 표현할 때, 표현 요소가 필요 이상으로 많은 경우를 말한다(suffisamment, assez).
2° 본래의 phrase의 의미를 수정하지 않고, 수식어 qualificatif적 견지에서 볼 때 덧붙여지는 것이 하나도 없는 부가 addition에 의한 변형을 췌사적 변형 transformation pléonastique 혹은 pléonasme이라 부른다. 즉, J'ai mal à *mon* bras gauche는 J'ai mal au bras gauche의 췌사적 변형이다.
★ pléonasme에 대해 비판적인 문법학자들이 있으나 오래 전부터 존재해 왔고, 대중어에서는 많이 쓰이고 있으며, 표현이 풍부하고 생생해서 작가들도 즐겨 쓴다: sortir dehors; encore un peu plus; prédire l'avenir; suivre derrière; joindre ensemble/Je l'ai vu, de mes yeux./ pendant des mois et des mois/ C'est très, très joli.

plupart (la)—〖동사의 일치〗① 보어가 3인칭일 때 동사는 보어에 일치. 보어가 생략되어 있을 때 동사는 3인칭 복수: La ~ de ces *messieurs se préparaient* à la chasse. (Boylesve) 대부분의 신사들은 사냥 준비를 하고 있었다/La ~ du *temps se passait* en jérémiades. (Thomas) 대부분의 시간이 푸념을 하면서 지나가버렸다/La ~ *des gens prétendent* que.... 대부분의 사람들은 …라고 주장하고 있다/La ~ *croient* que le bonheur est dans la richesse. (Lar) 대부분의 사람들은 행복이 재산에 있다고 믿는다.
☆ 마지막 예에서 동사를 단수로 놓는 것은 예외적이다(G, §806, a).
② 보어가 nous, vous이면 동사는 복수 3인칭(드물게 단수 3인칭): La ~ d'entre *nous* ne *se creusèrent* pas la tête. (Hériat) 우리들의 대부분은 머리를 쥐어짜지〔깊이 생각하지〕 않았다《동사를 nous, vous에 일치시키는 일은 드물다(G, §806, a, Rem, 5)》.

pour la ~ (=quant à la majorité): Les gens de ce pays sont *pour la* ~ indolents. (Ac) 이 지방 사람들은 대개 게으르다/《전치사 pour를 생략하기도 함》: Ces pièces d'or sont *la* ~ fausses. (*Ib.*) 이 금화들은 대부분 가짜이다.

pluriel ⇨nombre, nombre des noms, pluriel des adjectifs, pluriel des noms.

pluriel augmentatif[强意복수]— B, 97의 용어로, 보급되어 있고 pluriel hyperbolique (D, 93), pluriel emphatique라고도 한다. 수의 개념을 떠나 강의적, 과장적 의미를 나타내는 복수형.
1° 〖물질명사〗 아주 다량으로 존재하는 물질은 그 다량의 관념이 복수형으로 나타난다: les *glaces* du pôle 極地의 氷原, les *eaux* de la mer 바다의 물, les *sables* du désert 사막의 모래, les *neiges* éternelles 만년설.
2° 〖추상명사〗 강의의 관념이 복수형으로 나타난다: les *splendeurs* de sa parure 그녀의 장신구의 화려함/ des *amoncellements* de nuages 뭉게뭉게 일어나는 구름/Mes *respects* 〔*hommages*〕 à Madame votre mère. 모친께 안부 전해 주십시오.
3° 〖고유명사〗 실제로는 한 사람만이 존재하는 인물을 염두에 두고 고유명사를 복수로 사용하는 것도 과장적 복수의 일종으로 생각할 수 있다: *Les* Corneille et *les* Racine ont illustré la scène française. 코르네이유와 라신느는 프랑스 연극을 유명하게 만들었다(=Corneille et Racine...).

pluriel d'ensemble ⇨nombre des noms 8°.

pluriel de majesté, de modestie ⇨nous.

pluriel des noms

pluriel des adjectifs [형용사의 복수]—1° 명사처럼 단수에 s 를 붙이면 복수가 된다 (grand, grands; grande, grandes). 형용사 여성복수형은 여성단수형에 항상 s 만 붙이면 되나, 형용사 남성복수형을 만들 때 아래와 같은 예외가 있어서 주의해야 한다.

2° **-s** 나 **-x** 로 끝나는 형용사는 복수가 되어도 불변이다:un mot *bas*, des mots *bas*; un homme *heureux*, des hommes *heureux*.

3° **-eau** 로 끝나는 형용사(beau, nouveau, jumeau, manceau, morvandeau, tourangeau)는 복수가 되면 *x* 를 붙인다:les beau*x* jours, des frères jumeau*x*, mots nouveau*x*.

4° 형용사 bleu, *feu(=défunt)는 *s* 를 붙인다:des contes bleus, les feus rois de Suède et de Danemark (Ac).
☆ 형용사 hébreu 는 x 를 붙인다: des mots hébreu*x*.

5° **-al** 로 끝나는 형용사는 보통 **-aux** 가 된다(loyal, loy*aux*; brutal, brut*aux*). 그러나 -al 로 끝나는 소수의 형용사는 s 를 붙인다(naval, fatal, natal, final, bancal):combats navals, sons finals, des mendiants bancals.

6° *angora, bath, capot, *chic, gnangnan, *k(h)aki, mastoc, rococo, rosat, sterling 은 불변이다: des chats *angora*, les gens les plus *chic*, toutes les femmes *chic* de Saïgon (Cl. Farrère, *Les Civilités*), les uniformes *kaki*, cinquante livres *sterling*. ☆ 이 형용사들은 매우 불안정해서(특히 chic) 복수 때 s 를 붙이는 경우도 있다:les trois chats angoras (J.-L. Vaudoyer, *Laure*), tous les artistes chics (Daud, *L'immortel*), des gens chics (Proust, *Le temps retrouvé*), chez les maîtresses de maison les plus chics (Troyat, *Les Semailles*), vêtus d'uniformes kakis (Tharaud, *Dingley*).

7° bredouille, snob 는 보통 *s* 를 붙인다:Ils sont rentrés bredouilles. (Colin) 그들은 빈손으로 돌아왔다/ Ils sont un peu snobs (Bordeaux, *Le Remorqueur*) 그들은 좀 속물 같다//((때로는)) dans quelques cerceles *snob* (Montherlant, *La Petite Infante*). ⇨impromptu.

8° ⇨adjetcifs composés.

pluriel des noms [명사의 복수] ⇨nombre², nombre des noms.

1° 〖일반 규칙〗 단수형 어미에 *s* 를 붙이면 복수가 된다:un livre, des livres.

2° 〖예외와 주의사항〗 ① **-s** 나 **-x** 그리고 **-z** 로 끝나는 명사들은 복수가 되어도 불변이다:un palais, des palais;une croix, des croix;un nez des nez.

② 어미가 **-al** 인 명사는 복수가 되면 **-aux** 가 된다(un cheval, des chev*aux*). 그러나 다음 명사들은 복수가 되면 s 를 붙인다(bal, cal, carnaval, chacal, festival, régal). 그리고 드물게 쓰이지만, aval, bacchanal, bancal, cantal, caracal, cérémonial, choral, copal, corral, final (음악용어=finale), galgal, gavial, gayal, mistral, narval, nopal, pal (pals 또는 드물게 paux), récital, rorqual, santal, serval 은 s 를 덧붙일 수 있다.

★ 1) val 은 「par monts et par *vaux* 산 넘고 골짜기를 넘어」와 Les *Vaux*-de-Cernay 같은 지명 외에는 vals 이 된다:les vals d'un fleuve.
2)「universaux 일반개념」, matériaux (건축, 연구)재료」의 단수형 universal, matérial 은 안 쓰이고 자매어인 universel, matériel 이 쓰인다. ⇨étal, idéal, listel.

③ 어미가 **-au**, **-eau**, **-eu** 인 명사의 복수형은 어미에 *x* 를 붙인다(un tuyau, des tuyau*x*;un bateau, des bateau*x*;un cheveu, des cheveu*x*).

그러나 landau, sarrau, bleu, pneu 와 드물게 쓰지만 「émeu 오스트레일리아산 큰새」와 「lieu (물고기)대구의 일종」은 s를 붙인다(des landaus, des pneus, des émeus, etc.). 그 중 sarrau는 x를 붙일 때도 있다:des sarrau*x* noirs (Larbaud) 검은 작업복들/Nous enfilâmes des sarrau*x*. (Duham, *La Pesée*) 우리는 작업복을 걸쳤다.

④ 어미가 -ail인 명사는 s를 붙인다 (un chandail, des chandails; un éventail, des éventails). 그러나 aspirail, bail, corail, émail, fermail, soupirail, *travail, vantail, ventail, vitrail의 복수형은 -ail를 -aux로 한다. ⇨bétail.

⑤ 어미가 -ou인 명사의 복수형은 s를 붙인다(un clou, des clous). 그러나 bijou, caillou, chou, genou, hibou, joujou, pou는 x를 붙인다: des bijou*x*.

⑥ 복수형이 둘이 있어 의미나 용법이 서로 다른 것 ⇨aïeul, ail, ciel, œil, travail.

3° 고유명사의 복수 ⇨nom propre.
4° 합성명사의 복수 ⇨nom composé.
5° 〖외래어 명사의 복수〗

① 빈번히 사용되어 완전히 프랑스어가 된 것들의 복수형은 s를 붙인다: accessit, agenda, album, alcali, aléa, alibi, alinéa, alléluia, alto, andante, aparté, autodafé, aviso, bénédicité, bengali, bifteck, bill, boa, boléro, boni, bravo, camélia, cicerone, concerto, contralto, dahlia, débet, diorama, distinguo, duo, écho, embargo, examen, fac-similé, factotum, factum, falbala, fandango, fantasia, fémur, folio, guérilla, hidalgo, hortensia, hosanna, hourra, imbroglio, impromptu, lavabo, lord, lumbago, macaroni, magister, meeting, mémento, mémorandum, muséum, musico, numéro, obit, opéra, oratorio, ordo, pacha, palladium, pallium, panorama, paria, pensum, piano, placet, quatuor, quidam, quintette, quiproquo, quolibet, récépissé, recto, reliquat, rémora, sofa, sola, spahi, spécimen, tilbury, toast, toréador, tréma, trio, ultra, vendetta, vertigo, villa, visa, vivat, zébu, zéro.

② 어떤 외래어는 불변이거나 원어의 복수형을 쓴다.

a) 〖라틴어〗 불변:admittatur, amen, ana, Avé, confiteor, credo, déficit, deleatur, duplicata, errata, exeat, exequatur, extra, forum, Gloria, intérim, magnificat, miserere, pater, requiem, salvé, satisfecit, stabat, Te Deum, triplicata, veto. ☆ ana와 déficit의 복수형으로 s를 붙이는 경우도 있다:des anas, des déficits. ⇨errata, maximum, minimum.

b) 〖이태리어〗 이태리어식으로 복수형을 *-i* 또는 *-e*로 한다 (bravo 〔assassin〕, carbonaro, condottiere, dilettante, graffito, lazarone, libretto, pizzicato, soprano): brav*i*, carbonar*i*,etc. prima donna는 prim*e* donn*e*가 된다. ☆ 1) dilettante는 s를 붙이기도 한다: une foule de dilettantes (R. Rolland, *Jean-Christophe*). 2) 어떤 음악용어는 강약, 속도를 나타내는 부사가 명사처럼 쓰이면 불변이나(des crescendo, des forte, des piano, des smorzando), 그런 부사가 지시한 대로 연주되는 곡을 나타낼 때는 s를 붙인다: de beaux andante*s*, des adagio*s*, des allégro*s* (Ac).

c) 〖영어〗 1) barman, cabman, clubman처럼 **-man**의 복수형은 영어식으로 *-men*:bar*men*, cab*men*, etc. 2) baby, dandy, garden-party, lady, tory, whisky 등도 영어처럼 **-y**를 *-ies*로 한다:des bab*ies*, des dand*ies*, etc. 그러나 프랑스어식으로 s를 붙일 수 있다:des *wattmans*, des *babys*, des *whiskys* à l'eau(Romains, *Les Hommes*), des jeunes *clubmans* (Daud, *L'Immortel*). ⇨match, miss, sandwich.

d)〖독일어〗 1) lied 는 음악인들의 용어로는 독일어식으로 lieder, 일반적인 용법에서는 프랑스어식으로 s를 붙인다:les *lieder* de Schubert(Thomas) 슈벨트의 가곡/Il choisit une trentaine de ses «*Lieder*». (R. Rolland, *Jean-Christophe*) 그는 가곡 30 여편을 골랐다/les *lieds* de Gœthe 괴테의 담시/Les bateliers chantaient des *lieds* sentimentaux.(Maurois, *Ariel*) 뱃사공들은 감상적인 민요를 불렀다. 2) leitmotiv 의 복수형은 leitmotive(des *leitmotive*). 때로는 프랑스어식으로 des leitmotifs 로 쓴다:un des *leitmotifs* du volume (Thérive).

6°〖우연히 명사로 쓰인 것들의 복수형〗인칭대명사, 부사, 전치사, 접속사, 감탄사, 문자, 숫자, 음표 등이 명사로 쓰이면 불변이다:tes enfants, ces autres *toi*-même.(Lit) 또 다른 너인 너의 아이들/Il y a trois «qui» et deux «faire» dans cette phrase. (G, § 296) 이 문장에는 세 개의 qui 와 두개의 faire 가 있다/les *pourquoi* des enfants 아이들의 질문/Tout se résout par des *oui* ou par des *non*. (Lar) 모든 것은 찬성이냐 반대냐로 결정된다/pousser des *ah*! et des *oh!* 감탄의 말을 연발하다/écrire deux *sept* 7 자를 두개 쓰다/trois *fa* 세개의 「파」음/sur l'affreux chevalet des *X* et des *Y* (Hugo, *Cont*.) 무시무시한 X 형과 Y 형의 고문대에서. ⇨zéro.

7° 단수형 또는 복수형만 있는 명사 ⇨nombre des noms.

pluriel emphatique=pluriel augmentatif.

plus—I. 〖우등비교를 나타낼 경우〗 1° plus 가 수식하는 말(⇨davantage).

①〖형용사(구)〗 un ~ beau livre/un livre ~ beau/Il est ~ petit que moi./Il est ~ bête que méchant. 그는 십술이 나쁜 이상으로 어리석다/Il est ~ à plaindre que toi. 그는 너보다 더 불쌍한 사람이다/Il est ~ en colère que je ne pensais. 그는 생각했던 것보다 더 화를 내고 있다(⇨ne explétif I, 1°).
②〖부사〗Il est allé ~ vite que toi.
③〖동사〗Il gagne ~ que moi.
④〖동사구〗J'ai ~ sommeil(soif, faim,...) que lui./J'ai ~ sommeil que faim.//((que 이하 없이)) Ceci est ~ beau./Parlez ~ lentement.

2°〖명사적 용법〗①〖~ de+N〗(= une plus grande quantité, un plus grand nombre de):Il a reçu ~ d'argent que les autres./Elle avait ~ d'aigreur que de hauteur.(Retz) 그녀는 거만하다기보다 표독스럽다.
②〖보어 없이〗Je fis ~. 나는 그 이상의 일을 했다/J'ai ~ fait que vous ne pensez. 나는 당신이 생각하는 이상으로 일을 했다/Il y a ~. 그뿐만이 아니다/qui ~ est 게다가(⇨qui¹ I, 1°, ②)/Je n'ai jamais espéré ~. (Maurois, *Cercle*) 나는 그 이상의 희망을 품지 않았다/J'ai sacrifié ~ que ma vie. (Beauvoir, *Bouches inut*.) 나는 생명 이상의 것을 희생했다.

3° (*ne*)... *pas* ~ ...*que* : Il *n*'est *pas* ~ riche *que* moi(=Nous ne sommes riches ni l'un ni l'autre). 그는 나나 마찬가지로 돈이 없다/*Pas* ~ haut *qu*'une botte, il faisait des pièges à prendre des oiseaux. (France, *Vie en fl*.) 키가 장화만 했을[꼬마였을] 무렵에 그는 벌써 새를 잡을 덫을 만들었었다// (=aussi [autant]...que):Le paysan cauchois *n*'est *pas* ~ dur, ~ cupide, ~ barbare *que* le paysan des autres provinces.(Dumesnil, *Maupassant*) 「코 Caux」지방 사람은 다른 지방 사

plus

람들과 마찬가지로 거칠고 욕심이 많고 잔인하다/Je souffre partout, disait-elle, mais *pas* ~ dans une partie du corps *que* dans l'autre. (Vigny, *Journal*, I) 나는 온 몸이 아파요. 그렇다고 뚜렷하게 어디가 아픈 것은 아닌데 라고 그녀는 말했다. *non* ~ (*que*) ⇨non 4°.
4° 〖~ **de** =~ **que**〗 16세기에 없어진 고어법 ~ vaillant *de* lui (=que lui) (B, 731; Brun, 208)의 잔재. 고정적인 어법이 남아 있다.
① 수사 앞:Cela coûtera ~ *de* mille francs. 그것은 천프랑 이상의 값이 나갈 것이다/~ *d'*un mois 한 달 이상/Il s'est trompé ~ *de* dix fois. (Lar) 그는 열번 이상 틀렸다.
② à demi(moitié), aux trois quarts, etc. 앞에서는 ~ d' 또는 ~ qu': Cela est ~ d'〔*qu'*〕à demi fait. (Ac) 그것은 반 이상 되어 있다. ☆ Mart, 510 은 ~ qu'à demi, ~ d'aux trois quarts 라고는 전혀 쓰지 않으며, ~ d'à moitié 도 드물다고 했다: ~ du double〔de la moitié, du quart〕두 배〔반, 4 분의 1〕이상《때로는》 ~ que le double (Mart).
③ ~ **d'un**+N 의 동사 일치. **a)** 일반적으로 동사는 단수:~ *d'un* (soldat) y *périra*.‖《한정보어가 있으면 복수로도 씀》 ~ *d'un* de〔parmi〕vos soldats y *périra*〔*périront*〕. **b)** ~ d'un이 둘 이상 있을 때, 또는 동사가 상호적 동작을 나타낼 때는, 동사는 복수: ~ *d'un* père, ~ *d'une* mère en *seront* inconsolables./ ~ *d'un* fripon *se dupent l'un l'autre*.
5° ~ ... (*et*) ~ 〔**moins**, etc.〕는 정도의 비례적 변화를 나타낸다:~ ils tardaient (*et*) ~ je désirais leur venue. 그들이 늦어지면 늦어질수록 나는 그들이 오는 것을 바라고 있었다/~ on se dépêche, *moins* on réussit. 《격언》서둘면 서둘수록 일이 잘 안된다/~ on a souffert, *mieux* on sait consoler. 피로움을 당한 사람일수록 남을 더 잘 위로할 줄 안다/~ l'encre est noire, *meilleure* elle est. 잉크는 검을수록 상등품이다. ☆ 1) 둘 이상의 절이 있을 때 비례하는 사실을 식별하는 것은 글의 뜻에 따를 수밖에 없다:~ le sol d'un pays est ingrat, ~ le climat en est rude, ~ il a de charmes pour nous. (Chateaubr, *Génie*) 그 나라의 땅이 메마르고 기후가 견디기 어려울수록 우리에게 주는 큰 매력을 지니는 것이다/~ notre ennemi est petit et fragile, ~ il est tendre, ~ il est pur, ~ il est innocent, ~ il est redoutable. (Anouilh) 우리의 적이 보잘것없고 연약하고 부드럽고 순수하고 고지식할수록, 더욱 위험한 적인 것이다/~ il est jovial avec moi, *et* ~ je le redoute *et moins* je le respecte. (Troyat, *Signe*) 그가 나에게 쾌활한 얼굴을 보일수록 나는 그가 더 무서워지고 그를 덜 존경하게 된다. 2) 같은 뜻인 ~ **que**... ~ **que** 는 속어법 (S, II, 451).
6° *de* ~ (*que*):Il a trois ans *de* ~ *que* moi. 그는 나보다 세살 많다/Il a la tête *de* ~ *que* toi. 그는 너보다 키가 머리 하나만큼 더 크다/Il *n'*est *rien de* ~ *qu'*un pauvre homme. 그는 가련한 사나이에 지나지 않는다.
7° *de* ~ **en** ~ 《때로는 de+명사를 동반한다》:Il la regarde avec *de* ~ *en* ~ *de* curiosité. (Camus, *Malentendu*, II) 그는 점점 더 호기심을 갖고 그녀를 바라본다.
8° 최상급을 나타낸다《드물게》:l'un d'eux qui semblait ~ considérable (Flaub, *Bovary*) 가장 유력해보이는 그들중의 한 사람/Il y a toujours *une* ~ belle personne de Paris. (Dam, II, 300) 언제나 파리 제일의 미인은 있다. ☆ 반대로 le ~ 도 비교급을 나타낼수 있기 때문에 (⇨아래 II, 1°, ⑦) 최상급, 비교급은 결

9°「N+ ~ que+N」은 뒤의 동사에 일치⇨accord du verbe A, II, 2°.

II. 〖le 〔la, les〕 ~ 의 표현〗 1° 〖le ~ +adj.〗 ① 〖N+le ~ +adj.〗 le livre *le* ~ intéressant(⇨article défini III, 4°, ②), mon ami *le* ~ fidèle, les hommes *les* ~ remarquables. 정관사의 사용은 17세기에 규칙화되었다. 17세기에는 le cœur ~ dévot(=le ~ dévot)의 형으로도 쓰였다(Brun, 207).

② 〖le〔mon〕 ~ +adj.+N〗 *la* ~ belle ville du monde, *les* ~ grands artistes des temps modernes, *mon* ~ beau livre.

③ 〖le ~ +adj.+des+N〗 Je suis *le* ~ malheureux *des* hommes. 나는 인간들중에서 가장 불행하다//《(보어없이)》 Il achetait des joujoux pour ses meilleurs élèves, pour *les* ~ sages et *les* ~ gentils. (Maupass, *Moiron*) 그는 그의 가장 훌륭한 학생들을 위해서, 가장 영리하고 가장 착한 학생들을 위해 장난감을 샀다.

④ 〖대리하는 명사 없이〗 la raison *du* ~ fort 가장 강한 자의 논리 / *les* ~ indifférents 가장 무관심한 사람들.

⑤ 〖속사〗 les ouvrages qui nous ont été *les* ~ utiles 우리에게 가장 유익했던 작품들.

⑥ 〖중성〗 le ~ frappant de sa physionomie 그의 얼굴에서 가장 눈에 뜨이는 특징/*au* ~ profond de la forêt 깊은 숲속에/*Le* ~ sage〔sûr〕 est de.... 가장 현명〔확실〕한 것은 …이다.

⑦ 〖비교급을 나타내는 le ~〗 위 ②, ③, ⑤에서 두개의 것을 비교할 때는 비교급의 뜻이 된다: le gros soldat et *la* ~ grosse bonne 뚱뚱한 군인 과 그보다 더 뚱뚱한 하녀/*la* ~ jeune des deux femmes 두 여인중 젊은 여인/*la* ~ vieille des deux 두 사람중 나이가 더 많은 여자. ☆ Yvon (*Fr. mod.* 1950)은 위 ①, ③, ⑤의 le를, 자신이 대리하는 말의 성, 수에 일치한 대명사, ②의 경우는 관사, ④는 nominal, ⑥은 중성대명사로 각각 보았다.

2° 〖le ~ +adv.〔V〕〗 Elle a agi *le* ~ noblement. C'est la femme que j'ai *le* ~ aimée.《(le ~ 는 무변화의 부사구)》.

3° 〖정관사의 일치〗 ① 같은 종류의 다른 것과 비교할 때는 정관사가 변화한다: Vous êtes *la* ~ belle des femmes(⇨1°, ①-⑤).

② 자체의 성질의 정도를 비교할 때는 문법 규칙으로는 무변화((le ~ 는 부사구. =au plus haut degré): C'est au matin que la rose est *le* ~ belle./C'est au milieu de ses enfants qu'une mère est *le* ~ heureuse./C'est pendant le mois de mars qu'elle a été *le* ~ malade 〔que sa maladie a été *le* ~ dangereuse〕. (Mart, 104)《(la ~ 를 사용하면 논리적으로 la ~ malade des femmes, la ~ dangereuse des maladies의 뜻이 된다)》. ☆ 그러나 지금에는 이 규칙이 잘 지켜지지 않고 글의 뜻이 뚜렷하게 변질되지 않는한 거의 모든 경우 정관사를 일치시키는 경향이 있다(Rad, 153).

③ 〖le ~ +adv.〗 동사를 수식할 때는 불변이다(⇨2°) (ceux qui sont venus *le* ~ souvent). 그러나 구어에서는 C'est elle qui se lève *la* ~ tard 라고도 한다. 「le ~ +부사+형용사」는 논리적으로는 ①, ②와 같은 구별이 성립되지만 이것도 모든 경우에 일치시키는 경향이 있다: les compliments *le*〔*les*〕 ~ joliment tournés (H, 96).

4° 〖le ~ (de+N)〗《(명사적 용법)》: C'est elle qui a reçu *le* ~ d'argent.

plus

가장 돈을 많이 받은 사람은 그녀이다/le ~ que je puisse faire 내가 할 수 있는 최대한의 것. ☆ moins 과 대립 시킬 때는 비교급의 뜻이다:Qui peut le ~ peut le moins. 그 이상의 것을 할 수 있는 사람은 그 이하의 것도 할 수 있다.

5° 〖des ~ +adj.〗 C'est un homme des ~ loyaux(=parmi les ~ loyaux)./Ce travail est des ~ difficiles. ☆ 1) 본래의 의미가 잊혀져서 「des ~=extrêmement」으로 생각하여 간혹 형용사를 단수로 놓기도 한다:M. Coutre était des ~ satisfait de sa femme. (Henriot, Aricie) 쿠트르 씨는 자기 아내에 대해 매우 만족하게 생각했다《B, 692 이 일치는 자유라고 했다》. 2) 형용사가 중성대명사와 관계가 있으면 단수로 쓴다: C'était, en effet, des ~ intéressant. (P. Vialar)/Cela devient des ~ désagréable.(Thomas). 3) des ~ + adv. (=extrêmement+adv.)는 위 경우의 발전적 용법:Il travaille des ~ sérieusement.

6° ce que j'ai vu de ~ beau(⇨ce¹ III,1°); **tout ce qu'il y a de ~** beau(⇨tout I,1°, ①).

7° 〖tout au ~ +주어도치〗 Tout au ~ voulut-elle connaître l'emploi du temps de Gilbert.(Arland, Ordre) 그녀는 기껏해야 질베르가 어떻게 시간을 보내고 있는가를 알려고 했을 뿐이다. **C'est**(tout) **au ~ si....** ⇨si¹ II, 4°.

III. 〖(ne)... ~〗 부정의 부사 구실.
1° 다른 부정어 aucun, guère, jamais, personne, rien 과 함께 쓰인다:Il n'a ~ guère le temps de travailler. 그는 이제 일할 시간이 거의 없다/On ne peut ~ rien pour lui. 그를 위해 이제 아무것도 할 수 없다/Je ne sens ~ aucune douleur. 이제 나는 아무런 고통도 느끼지 않는다/Il ne viendra ~ personne. 이제 아무도 오지 않을 것이다. **ne...**

~ que ⇨ne... que 2°.

2° 〖다른 부정어 없이〗 Paris était mort, ~ d'autos, ~ de passants. (Sartre) 파리는 죽은 도시였다. 이제 자동차도 없고 통행인도 없었다/ une femme ~ très jeune(=qui n'est ~ très jeune) 이제 그렇게 젊지 않은 여자/~ de guerres, ~ de sang! (Baudel) 이제 전쟁도 없고 피도 흘리지 않기를!

3° 〖ne... ~ 의 어순〗 문두에 놓이는 때가 많다:~ rien ne rappelait son existence.(Troyat, Signe)/Médecin qui n'exerce ~ guère./Il ne sent ~ rien./Il ne pourrait ~ jamais recommencer.//(기타) ne pas(⇨pas 4°)의 경우에 따른다.

IV. 〖발음〗 1° 일반적으로 [ply], liaison을 할 때 [plyz].

2° [ply:s]가 되는 경우. ① ~ que 로 계속될 때(pas, d'autant 의 다음은 제외하고) [ply] 또는 [ply:s]: J'ai fait plu[s] que vous ne pensez./J'ai cinq ans de plu[s] que lui.//((특히)) plus que content, plus qu'à moitié.

② 수학에서:le signe plus 플러스 기호, trois plus deux 3 더하기 2.

③ *élément rythmique 의 최후에서:il y a plus, trois jours au plus, de plus, après mille ans et plus. 그러나 ne, non 과 함께 쓰인 경우는: moi non plu(s). 회화에서 J'en veux plus (=davantage)와 J'en veux plu(s)(=Je n'en veux plus) 의 구별 같은 것은 유의해야 한다.

plusieurs adj. indéf. pl.—남, 여성 동형. 적은 수를 나타낸다(~ fois 여러 번, ~ personnes 여러 사람). 둘보다 많은 수를 나타내므로 때로는 「deux ou ~ 둘 혹은 여러개」라고도 한다.

—pron. indéf. pl. (=un certain nombre de ~):D'autres dormaient dans coins;~ mangeaient.(Flaub) 다른 사람들은 구석에서 자고 있었

고, 몇 사람은 식사를 하고 있었다/
~ de mes amis 내 친구 몇 사람/
ce jargon ridicule dont ~ de nos
pièces modernes sont cruellement
infectées (D'Alemb) 우리의 현대작
품중 여러개가 그것으로 심하게 오
염된 우스꽝스런 이 은어.

plus-que-parfait de l'indicatif
[직설법 대과거]—「조동사의 반과거
+과거분사」인 직설법 과거시제의
하나이다.
1° 전과거처럼 과거의 어느 동작보
다 앞서 끝난 동작을 나타낸다. 대
과거는 불특정의 先行性을 나타내
고, 독자적인 동작뿐 아니라 반복·
습관적인 동작도 나타낸다:Depuis
qu'il *avait reçu* cette lettre, il res-
tait songeur. (Mauger) 그는 그 편
지를 받은 후로 깊은 생각에 잠겼었
다/Quand il *avait* bien *déjeuné*, il
était de bonne humeur. (*Ib.*) 점심을
잘 먹은 다음이면 늘 기분이 좋았다.
2° 종속절의 대과거에 대해 주절의 동
사는 반과거뿐 아니라 단순과거, 복
합과거, 대과거도 올 수 있다:Parce
qu'il n'*avait* pas *reçu* de nouvelles,
il *a été* inquiet trois jours. 그는 소
식을 받지 못했기 때문에 사흘간이
나 불안했다/Elle lui *demanda* s'il
avait reçu la lettre. 그가 편지를 받
았는지를 그녀가 그에게 물었다.
3° 주절이나 독립절 속의 대과거도
어느 과거 사실보다 앞선 동작을 가
리키고, 상황보어와 함께 쓰여, 급
속하게 이루어진 동작이나 반복·습
관적인 동작을 나타낸다:L'orage
avait cessé quand *sonna* l'heure du
départ. 출발 시간이 되었을 때 소
나기는 이미 멈추었었다/En trois
minutes, il *avait fini*. (Mart, 352)
삼분내에 그는 끝마쳤다/Tous les
jours, on *apportait* au chat une
assiette de lait;et, en cinq minutes,
il *avait* tout *lapé*. (Mauger) 매일
고양이에게 우유 한 그릇을 갖다주
면 고양이는 5분동안에 핥아 먹었

었다.
4° 과거에 실현되지 않은 사실을 나
타내기 위해서 주절의 조건법과 함
께 si 다음에 쓰인다:S'il *avait fait*
beau, je serais parti. 날씨가 좋았더
라면 나는 출발했었을텐데. ☆ si 로
시작된 독립절에 쓰이면 기원, 후
회, 두려움, 권유 등을 나타낸다:Ah!
si j'*avais su!* 아! 내가 알았었다
면!

plus-que-parfait surcomposé
[중복합 대과거]—「조동사의 대과거
+과거분사」인 temps surcomposés
의 하나로, ① 특히 회화에서 대과거
대신 쓰인다:S'il *avait eu achevé* ses
devoirs, nous l'emmenions (=nous
l'aurions emmené) avec nous.(Tho-
mas) 그가 숙제를 끝냈었더라면 우
리는 그를 데려갔을 것이다. ② 동작
의 완전한 완료를 나타낸다((대과거
보다 강조됨)):Ah! ils *avaient eu* vite
tourné le câble autour des bittes!
(Vercel, *Remorques*) 아, 그들은 기
둥에 밧줄을 빨리 감았다. ③ 대과거
로 표현된 동작보다 먼저 완료된 동
작을 나타낸다: Quand il *avait eu
déjeuné*, il avait rédigé son cour-
rier. (Mauger) 그는 점심을 먹은 다
음에 편지를 쓰곤 했었다. ④ 접속법
중복합 대과거 (⇨subjonctif).

plutôt—1° 〖~ *que*의 표현〗①(+
N(*adj.*)):Il est indolent ~ *que* pa-
resseux.그는 게으르다기보다 차라리
느리다/~ la mort *que* l'esclavage!
노예가 되기보다는 차라리 죽음을!
②(+de+*inf*):Il mourrait ~ *que*
d'avouer ses torts.(Ac) 그 자신의
죄를 고백하기보다는 차라리 죽고
싶었다. ☆ 두개의 부정법을 비교할
때의 de의 사용은 자유:~ mourir
*que d'*y renoncer(Aymé, *Les contes
du chat*)/Je préférerais mourir ~
que rien lui demander. (F. de Roux,
Jours sans gl.) 그에게 무엇을 부탁
하기보다는 차라리 죽는 편이 낫다.
⇨aimer 6°.

③(+종속절)((혼히 *ne explétif 를 사용)):Je remplissais un devoir ~ que je *ne* jouissais d'un plaisir. (Chateaubr) 나는 쾌락을 맛보기보다 차라리 의무를 이행했었다.
2° 〖비교어를 생략하는 용법〗①(=assez, passablement):Il est ~ maigre((que gros 의 생략)). (뚱뚱하다기보다는) 꽤 수척한 편이다. ②(=très): Il est ~ barbant, celui-là! (Rob) 그 녀석은 정말 진저리난다. ☆현대 용법으로 B는 이 뜻은 ①의 뜻이 소멸되었다고 했다. 비교를 나타내는 말이 강의어로 되는 것은 *autrement 과 같다.
3° ne... pas ~ que 에서 plutôt 는 어원적으로 plus tôt 와 같으므로 고전시대에는 이 둘을 혼동해서 썼다. 지금에는 이 혼동이 허용되지 않으나, ne... pas plus tôt que 에서 plutôt 로 쓰는 때가 드물지 않다: L'un *n*'avait *pas* ~ exprimé une idée *que* l'autre la faisait sienne. (France, *Les Sept Femmes*) 어떤 사람이 사상을 발표하자마자 다른 사람이 그것을 자기 것으로 만들곤 했었다. ☆그러나 Lit 나 Ac 는 plus tôt 로 쓰는 것이 합리적이라고 했다.
4° ~ que 로 결합된 주어가 둘일때 동사는 단수로 한다: Le sommeil, ~ qu'une réelle fatigue, l'*avait vaincu*. (Thomas) 정말로 피로하다기보다는 졸려서 그는 쓰러졌다.
ou ~ (=pour être plus précis): Le prochain congrès aura lieu à Orléans le 10 mars prochain... *ou* ~ à Tours, excusez-moi. (Colin) 다음번 대회는 돌아오는 3월 10일 오를레앙에서, 아니 투르에서 개최됩니다. 죄송합니다.
poche—Il a les mains dans les[ses] ~s(때로는 Il a ses mains dans ses ~s). 주머니에 두손을 넣고 있다/ Il met ses mains dans ses ~s. 두 손을 주머니에 집어 넣는다/Il tient la main droite en ~ (또는 ...sa main droite dans sa ~). 오른손을 주머니에 집어넣고 있다/mettre la main à la ~ 한 손을 주머니에 넣는다/mettre[fourrer] qc en[dans sa] ~ (또는 dans ses ~s) ...을 주머니에 넣다(H, 64-5).
poète—여성에게도 un ~ 라 한다. 여성형 poétesse 도 일반화되고 있다:Sapho est une *poétesse* célèbre. (Lar). Mart, 14 는 이 여성형은 경멸적인 뜻이 담겨 속어적이기 때문에 여성에게도 C'est *un* de nos meilleurs *poètes* 라고 해야 하며, C'est *une* de nos meilleures *poétesses* 라고 하면 마음속에서 반드시 칭찬을 나타낸다고 할 수는 없다고 설명했다.
point¹—부정의 부사. 본래는 「한 점, 극소부분」의 뜻인 명사. 특히 「de+명사」를 동반하여 오랫동안 명사적 가치를 잃지 않았으나 마침내는 ne 의 보어가 되었고, ne 없이도 부정을 나타내기에 이르렀다. non 의 강조에도 쓰인다. ⇨ne, pas, non.
1° 〖**pas** 와 **point**〗 ① point 은 17세기에는 빈번히 쓰였으나 지금은 pas 에 비해 사용빈도가 매우 떨어졌다. 흔히 문학적 어휘로 쓰인다. 방언 이외의 회화에서는 드물고 비어에서는 안 쓰인다. 「한 점」은 「한 걸음」보다 작은 것을 나타내기 때문에 17세기 Vaugelas 이래로 지금까지 point 쪽이 pas보다 의미가 강하다고 설명해 왔으나 B, 496-7;Mart, 532-3;G, 685;H 는 이런 의미상의 구별은 인정하지 않고 있다.
② 어원적인 의미의 차이에서 전통적으로 용법의 차이가 생겼다. 이를테면, point 은 절대성을 띠므로, 부정을 제한하는 말, 예를들면 비교, 양의 부사, 비교급의 형용사(meilleur, moindre, etc.), 수사 등의 앞에서는 pas 를 쓴다:Je n'en ai *pas* beaucoup〔deux〕. 그것을 많이〔두개〕 갖고 있지 않다/Ne parle *pas* trop vite. 너무 빨리 말하지 말라/Je n'irai *pas* demain. 내일은 가지 않겠다.

☆ Je n'en ai *pas*〔~〕에서는 부정은 절대적이지만, beaucoup를 붙이면 「조금은 있다」의 뜻이 되므로 부정은 절대적이 아니다. 그러나 드물게: un garçon mince, ~ *trop* laid (Troyat, *Signe*).
2° 〖**point**의 단독 사용〗 ① 〖생략적인 대답《드물게》〗 En voulez-vous? —~. 더 드릴까요? —조금도《pas에는 이 용법이 없다 ⇨pas 1°, ①》. 흔히 *point* du tout 라고 한다.
② 〖기타 생략절〗 ~ de vraie civilisation sans une collaboration des deux sexes. (Maurois) 남성과 여성의 협력 없이 진정한 문명은 없다.
③ 〖*pas 1°, ③의 경우〗 un homme d'action, ~ psychologue du tout (France) 인간의 심리를 전혀 이해하지 않는 행동가/L'amour peut être aveugle;l'amitié ~. (Gide) 사랑은 맹목적일 수 있으나 우정은 전혀 그렇지 않다/les gens *peu ou* ~ (= presque ~) instruits 거의 교양이 없는 사람들. *ne... ~ que*(⇨ ne... que).
3° 〖감탄문에서의 **ne... point**〗(⇨pas 2°):Quelle *n*'eût ~ été sa gloire s'il avait été fidèle jusqu'au bout à cette sublime Constitution.(France, *Liv. de mon ami*) 만일 그가 최후까지 그 숭고한 헌법에 충실했었더라면 그의 명성은 얼마나 컸었으랴.
4° 〖**ne point**의 어순〗 ne pas에 준한다(⇨pas 4°).
point²〖종지부〗—① 文 phrase이 끝난 것을 나타내거나 생략의 표시로도 쓰인다:Il assiste impassible à la prise en possession et au partage de ses terres./On établit des titres de propriété./Un nouveau cadastre s'enregistre. (Cendrars)/ P. T. T. (=Postes, Télégraphes, Téléphones)/Chap. II, etc.
② 현대작가들은 주절로부터 종속절이나 문의 어느 요소를 분리시켜 강조하기 위해 virgule 대신 쓰기도 한다:Mais tout de même, il n'y avait plus de joie, nulle part, et plus d'illusions. Ni de fleurs. (H. Lavedan, *Mme Lesoir*) 그러나 기쁨과 꿈은 어디에도 없었다. 꽃도 없었다.
③ 도량형학자들은 단위를 나타내는 약어에는 point을 쓰지 말기를 권하고 있다:150km(=kilomètres), 100 km/h(=kilomètres par heure), 12 min(=minutes), 50 s(=secondes), 200 F(=francs). ⇨abréviation.
point d'exclamation〖감탄부호〗—감탄을 나타내는 단어, 어구, 절 다음에 쓰는 부호(!)이다:Hélas! Ô dieux hospitaliers!/Je l'entendais dire tout bas en sanglotant:《Oh! la canaille! la canaille!》(Daud, *Contes*)/Vous oseriez renier votre parole! (G, §1061).
① 간투사 ô는 혼자 쓰이지 않고 다른 말이 뒤에 오는데, point도 ô다음에 오지 않고 ô+명사 다음에 온다:Ô douleur! ô regret! (Ac)/Ne crois pas, ô poète! que la chanson soit vaine. (G, §1032).
② 돈호법에서는 감탄부호 대신 virgule을 쓸 때도 있다:Nous ne te lâcherons pas, ô bienheureux, tant que tu ne nous auras pas répondu. (Hermant, *Xavier*).
③ eh(또는 hé) bien, eh(또는 hé) quoi는 bien이나 quoi 다음에 감탄부호를 붙인다:Eh bien!
④ 간투사를 반복하면 마지막에 붙인다:Ah, ah!/Oh, oh!/Hi, hi, hi!
⑤ 감탄부호 다음에, phrase가 끝나면, 다시 대문자로 시작하고, phrase가 계속되면 소문자로 시작한다: Quelle sottise! Au moins avait-on prévu cela?/Il cria:《Vive le roi!》et mourut aussitôt/Hélas! quel grand malheur!
point d'interrogation 〖의문부호〗—직접의문문 끝에 쓰는 부호(?)이다:Et toi, vis-tu?/Est-il possible

que tu vives loin de moi?/Vous n'avez pas entendu un coup de feu? (Salacrou).

① 간접의문문에는 의문부호를 절대 붙이지 않는다:Je me demande pourquoi il a fait cela.

② 다른 부호로 끝나는 phrase에 의문이 가해지면 의문부호를 안 쓴다: Vous rappelez-vous les mots désespérés de don Diègue:«Ô rage! ô désespoir! ô vieillesse ennemie!» (Corn, *Cid*).

③ 의문문 다음에 삽입절이 오면 의문부호는 의문문 다음에 쓴다:A quoi bon si vite? balbutiai-je.(Hermant, *Xavier*)/Vous iriez voir mon fils? me demanda-t-il d'une voix presque indistincte. (Fr. Ambrière, *Le Solitaire*).

points de suspension [중단표]— 감동, 주저, 상대방의 대답 등으로 표현이 완전히 끝나지 않은 것을 나타내는 부호(…)이다:Il me regardait affectueusement. Il était ému au possible…. Toute sa moustache tremblotait…. (Céline) 그는 나를 다정하게 바라보았다. 그는 몹시 흥분해 있었다… 그의 코밑 수염은 떨고 있었다/L'abbé Martin était curé… de Cucugnan. (Daud, *Lett. de M. moul.*) 마르탱 신부는 큐큐냥의… 사제였다.

① 때로는 표현되지 않은 생각의 연장을 나타낸다:C'est à partir de Khartoum que je voudrais remonter le Nil…. (Gide, *Journal*) 카르툼에서부터 나일강을 거슬러 올라가고 싶었는데….

② 중단표가 어떤 어구의 삭제를 의미할 때, 작가가 삭제한 것이 아니고 인용할 때 편의상 삭제한 것임을 나타내기 위해 중단표를 crochets (〔 〕)나 parenthèses(( )) 안에 넣는다:Il leur était certainement arrivé quelque chose, un bonheur inattendu(…), parce qu'ils avaient commandé du champagne.(Sartre) 틀림없이 그들에게 어떤 일, 뜻밖의 기쁜 일이 일어난 것이다… 왜냐하면 그들이 샴페인을 주문했으니까/ Il regarda au loin〔…〕 et la reconnut bientôt.(Thomas) 그는 멀리 바라보았고… 곧 그녀를 알아보았다.

③ 이름을 다 밝히고 싶지 않을 때 첫글자 다음에 쓴다:la belle Mme L… 아름다운 L부인.

④ 약자 etc. 다음에는 절대 중단표를 안쓴다(etc…는 안됨).

point de vue—au〔du〕 ~ éducatif (또는 de l'éducation) 교육적 견지에서 보면/se mettre au ~ de *qn* …의 견지에 입각하다, envisager *qc* au〔du〕 ~ de… …의 견지에서 …을 생각하다. ☆au point de vue 다음에 de 없이 바로 명사를 놓는 것은 현대에 보급되어 있으나 피하는 것이 좋다:au ~ moralité는 au ~ *de la* moralité가 옳으며, au ~ amour (Anouilh)는 au ~ *de l'*amour 라고 쓰는 편이 좋다.

point-virgule [포욍비르귈, 쌍반점]—*point과 *virgule의 중간 정도의 휴지를 나타내는 부호(;)로 phrase의 여러 부분을 나누기 위해 쓰는데, 이때 하나 이상의 부분은 이미 virgule로 세분되어 있는 경우가 보통이다. 또 상당히 긴, 같은 성격의 proposition들을 나눌 때도 쓰인다:Le devoir du chef est de commander;celui du subordonné, d'obéir. (G, §1064) 상관의 의무는 지휘하는 것이고 부하의 의무는 복종하는 것이다/Ce que nous savons, c'est une goutte d'eau;ce que nous ignorons, c'est l'océan. (*Ib.*) 우리가 아는 것은 물방울이지만 우리가 모르는 것은 대양이다. ☆이 부호는 요즈음은 덜 쓰이지만 문장이 길어서 독자가 읽기 힘들다고 생각할 때 사용하는 것은 좋다. point et virgule이라고도 부른다.

polysyllabe [다음절어]—여러 개의

음절로 이루어진 말:in-dis-so-lu-bi-li-té.

ponctuation[구두법]—문장의 각부분의 관계를 나타내고 의미의 전달을 정확하게 하기 위해 기호로 나타내는 수단. ⇨signes de ponctuation.

ponctuel—~ *à*+*inf*:Je serai ~ à vous écrire.(Lit) 나는 당신에게 어김없이 편지를 쓰겠소.

poney—여성형은 ponette. ⇨genre des noms I, 3°.

porc—여성형은 truie. 발음은 [pɔːR] 또는 [pɔRk]. 「돼지고기」의 뜻으로는 [pɔːR] (du por(c) salé). 사람에 대해 경멸조로 쓸 때는 [pɔRk]. 복수형은 [pɔːR] 때로는 [pɔRk](Mart, Pr., 215).

portée—*à* ~ *de*:L'arme était *à* ~ *de* sa main.(Vailland) 무기는 그의 손이 미치는[닿는] 거리에 있었다. *à la* ~ *de*《비유적》:Cette méthode est *à la* ~ *de* tous.(Colin) 그 방법은 누구나 사용할 수 있다. *hors de(la)* ~ *de:*Ce bonheur est *hors de ma* ~. 그 행복은 나에게 닿지 않는 곳에 있다.

Portugal—en[au] ~. le roi *de*[la décadence *du*] ~. ⇨à I, 1°, ③, ★ 2); article défini III, 3°, ③.

positif ⇨degré de signification 1°.

possible *adj*.—1° 생략절을 이룬다. ①〖종속절〗 aussitôt[dès] que ~ 가능한 한 빨리/autant que ~ 가능한 한/si ~ 가능하면. ②〖주절〗《속어》 ~! 그럴는지도 모른다/Pas ~! 설마;그럴 리가/~ que... (=Il est ~ que...).

2° 〖일치〗 ①최상급을 동반하지 않은 경우에는 일치시킨다:Il a éprouvé tous les malheurs ~s. (Ac) 그는 있을 수 있는 모든 불행을 겪었다. ②최상급을 동반한 경우에는 생략된 비인칭절의 속사로 생각되어 무변화: Un conquérant, afin de perpétuer son nom, extermine le plus d'hommes ~. (Lar) 정복자란 자기의 이름을 오래도록 남기려고 가능한 한 많은 사람을 죽인다(=... qu'il lui soit ~ d'exterminer)/ Ils ne songent qu'à payer le moins d'impôts ~. (Thomas) 그들은 가능한 한 세금을 적게 낼 생각만 한다. ☆ les lois les plus parfaites ~s (Faguet, 17*e*s)은 드문 용법으로 피하는 편이 좋다. le meilleur des mondes ~s (Volt)은 「le meilleur parmi les mondes ~s (=imaginables) 상상할 수 있는 한 세계중에서 가장 좋은 것」의 뜻이므로 위 ①에 따른 경우이다.

Il est〖속어:*C'est*〗 ~ *que*:《보통은 +*subj*》 Il est ~ qu'il *fasse* froid cette nuit. (Rob) 오늘 밤은 추워질 것 같다/《드물게+*ind*》 Il est ~ qu'il en *sait* plus long qu'il ne veut dire. (M) 그는 얘기하려는 것 이상으로 더 자세히 알지도 모른다. *Est-il* ~ *que*+*ind*: *Est-il* ~ *que* vous serez toujours aussi bête? (Thomas) 당신은 계속 그렇게 어리석을 수 있소?

Il (lui) est ~ *de*+*inf*: Il (lui) *est* ~ *de* venir.

—〖명사적〗 Je ferai mon ~. 나는 힘닿는 데까지 하겠소. *au* ~ (=extrêmement):Il est gentil *au* ~. (Rob) 그는 몹시 착하다.

postérieur—antérieur 처럼 본래 비교급이므로 plus(또는 moins) ~ 라고는 할 수 없으나 très, bien, de beaucoup 는 앞에 올 수 있다:les poètes français ~s *à* Hugues Capet (Renan) 위그 카페왕 이후의 프랑스 시인들/Le document est *très* ~ *à* l'année 1800. (Rob) 이 문서는 1800년대보다 훨씬 후의 것이다.

postulatum—복수형은 ~s 또는 postulats. 드물게 postulata.

postverbal[동사파생]—역행파생법 dérivation régressive 중 가장 중요한 것으로 동사의 어미를 삭제하여(formation postverbale), 행위, 도구, 동작주를 나타내는 명사 noms postverbaux를 생성시킨다.

① 남성명사 — accord(<accorder), coût(<coûter), galop(<galoper), labour(<labourer), pli(<plier), refus(<refuser), dédain(<dédaigner), soupir(<soupirer), bond(<bondir), choix(<choisir), combat(<combattre), refend(<refendre), etc.

② 여성명사 — adresse(<adresser), agrafe(<agrafer), attaque(<attaquer), chicane(<chicaner), nage(<nager), visite(<visiter), transe(<transir), etc.

★ 남성명사를 만들 때 때때로 음운변화가 있을 수 있다. 즉 ou→eu (avouer>aveu), ch→c(accrocher>accroc), gn→(i)n(gagner>gain; dédaigner>dédain), r 뒤의 n을 탈락(retourner>retour).

pot—~ *à qc* …을 넣는 병, 단지, 항아리:~ *à* beurre, ~ *à* confitures, ~ *à* moutarde/~ *à* eau[pɔtao] 물병, 세수대야/~ *à* lait[pɔtalɛ] 우유통, 우유병/~ *à* tabac[poataba] 담배통, etc. ~ *de qc* …이 가득 든 병, 단지, 항아리:~ *de* confitures, ~ *d'*eau chaude, ~ *de* yaghourt, ~ *de* fleurs, etc. ☆1) 제2 요소 앞의 정관사는 거의 안 쓰이고, 성구(découvrir le pot *aux* roses 비밀을 캐다, pot *au* noir 농무지역)등의 경우에만 남아 있다 (Colin). 2)「~-au-feu《복수불변》 고기와 야채로 만든 수우프 / ~(s)-de-vin 뇌물, 사례금 / ~(s)-pourri(s) 접속곡; 잡금;잡탕, etc.」에는 trait d'union이 있다.

potage ⇨manger.

poulain—여성형은 pouliche.

poule—남성형은 coq.

pour—1°〖~+*inf*〗① 〖목적〗Lisez ~ vous instruire. 지식을 넓히기 위해서 책을 읽으시오. ☆운동을 나타내는 동사 뒤의 pour의 사용과 생략 (⇨infinitif). ~ *être sincère*, je ne suis pas à mon aise ici.(Camus) 솔직히 말해서 나는 이 곳에서 마음이 편치 않다《주절 앞에 je dois vous dire que 같은 절을 보완해서 생각지 않으면, pour와 주절과 논리적인 연결이 안된다》. ~ *tout dire*, je ne pense pas que ce soit difficile. 한 마디로 말해서 나는 그것이 어렵다고는 생각지 않는다. ~ *ainsi dire* 이를테면. ~ *moi lire*(=pour que je lise)《고어법으로 법률용어, 프랑스 동부, 북부의 방언에 남아 있다》.

② 〖원인, 이유〗 **a)** L'enfant est récompensé ~ avoir bien étudié. (Mauger) 그 아이는 공부를 잘 했기 때문에 상을 받았다. ☆거의 항상 부정법 복합형을 쓴다. 17세기에는 단순형도 쓰였으나 지금은 드물다: L'on avait toujours peur d'être grondées ~ être en retard. (Boylesve) 그들은 지각 때문에 꾸중을 들을까봐 항상 두려워했다.

b) Il faut que, devoir, 또는 의문문 뒤에서:Il faut que mademoiselle Préfère vous aime beaucoup ~ être devenue tout d'un coup si bonne avec moi. (France, *S. Bonnard*)프레페르 선생이 갑자기 나에게 친절하게 대하는 것을 보니 당신을 좋아함이 틀림없다/Qu'est-ce que j'ai fait ~ être si malheureuse? (Daud, *Jack*) 어떻게 했기에 내가 이토록 불행할까?《pour가 결과를 나타내는 것이라고 생각할 수도 있으나, 결과가 주절의 단정, 의문의 동기가 된다》.

③ 〖대립, 양보(=bien que, quoique)〗 ~ avoir été condamné, il n'est pas forcément un bandit. (Mauger) 유죄 선고를 받았다고 해서 그가 반드시 악당은 아니다/~ passer une nuit dehors nous n'en mourrons point. (Sand, *Mare*) 밖

에서 하루밤을 지낸다고 해서 우리가 죽는 것은 아니다. ☆주절은 흔히 부정, 때로는 의문문으로 놓이지만, 불가결의 조건은 아니다. 요는 그 원인에 대해 당연히 일어날 결과가 일어나지 않을 때 양보, 대립의 뜻이 생긴 것이다. 이 경우 부정법 복합형, 단순형 모두 쓰인다. 이런 용법은 지금에는 다소 낡은 것이다.

④〖결과〗 *trop(*assez)... ~, suffire ~. B, 829, 831; Le B, II, 494-5 는 il faut, être nécessaire, avoir besoin 뒤의 pour 도 결과를 나타낸다고 생각했다. 도달할 목적에 도달한 상태에서 생각하니까 결과의 관념이 생기지만, 이것들을 목적으로도 생각할 수 있다.

⑤〖계속 일어나고, 차례로 일어나는 사실〗 La chèvre s'est battue toute la nuit avec le loup ~ être mangée(=et elle a été mangée) le matin. (Daud, *Chèvre de M. Seguin*) 염소는 밤새껏 늑대와 싸웠고 아침에 늑대에게 잡아먹혔다.

n'être pas ~ (=n'être pas de nature à 〔capable de〕): C'est une aventure qui *n'est pas* ~ être longtemps secrète. (F-G, 140) 그것은 오랫동안 사람들에게 비밀로 남아 있을 수 없는 사건이다. *être* ~ 《가까운 미래》(=être sur le point de): Il *était* ~ partir. 그는 막 출발하려는 참이었다《특히 과거에 쓰이지만 현재도 가능하다(Dam, III, 657)》. *Il n'y a que* vous ~ avoir de l'esprit. (Arland, *Ordre*) 재치 있는 사람은 오직 당신뿐이다《CI 는 Il n'y a que vous qui ayez...에 상당한 것으로 설명했다》.

2°〖~ **que**+*subj*〗 목적, 혹은 위 1°, ②, b);④ 같은 경우의 원인, 결과를 나타낸다:~ *que* les passagers fussent à l'aise, le capitaine réduisit la vitesse du bateau. (Mauger) 선객들이 편안하도록 선장은 배의 속력을 줄였다《목적》//Que t'a-t-il dit, ~ *que* tu sois ainsi bouleversé? (*Ib.*) 그가 너에게 무어라고 했길래 너는 이렇게 정신이 나가 있느냐?《결과》. ~ (*ne*) *pas que:* Il faut fermer la porte ~ *ne pas qu'*il sorte(=pour qu'il ne sorte pas). 그가 나가지 못하도록 문을 닫아야 한다《N, VI, 164; S, II, 401은 ~ ne pas+*inf*의 *analogie 로 해석하고 있다. 이 구문은 속어에서 문어로 들어왔지만, 사용의 옳고 그름에 대해선 의견이 대립되어 있다. B, 849; N은 부정의 목적을 나타내는 새로운 접속사구로 보고 있다》.

3°〖~+*adj.*(N)+**que**〗 대립 (=bien que, quoique), 양보(=à quelque degré que, quelque... que)를 나타낸다.

① (보통+*subj*): L'eau, ~ profonde *qu'*elle *soit*, n'en est pas moins transparente à ravir.(Bazin, *Tache d'encre*) 물은 아주 깊지만, 그래도 아주 맑다《대립》// ~ pauvre *que* l'on *soit*, on peut être heureux. (Lar) 아무리 가난해도 행복할 수는 있다《양보》.

② (때때로 +*ind*) ~ petite *qu'*elle est, elle est précieuse. (France, *P. Nozière*) 그것이 아무리 작다 해도 값진 것이다《대립》//《드물게 que 이하를 생략해서》 Pierre, ~ agile de corps, était lent d'esprit. (M) 피에르의 몸은 민첩해도 머리는 둔하다. ~ *si*〔*aussi*〕 ...*que:*~ *si* précieux *qu'*il le tînt, Bonaparte entendait ne pas le mettre au pinacle. (Madelin) 보나파르트는 그를 소중하게 여겼지만 찬양하고 싶지는 않았다//《드물게》 Cette critique du capitalisme, ~ *aussi* vive *qu'*elle soit, n'était après tout qu'une critique. (S, II, 389) 그 자본주의 비판은 아무리 신랄해도 결국은 하나의 비판에 지나지 않는다《~ ...que +*si*〔*aussi*〕... que 에 의해 양보를

나타내게 된 것으로 Georg, 158은 잘못된 구문이라 했고, Thomas 나 Colin 도 피하는 것이 좋다고 했다》.
★ pour... que 에서 que 는 속사가 된 관계대명사. pour 다음에 부사나 직접목적보어인 명사를 쓴 구문「~ matin *que* je sois levé (Balzac) 아무리 아침에 일찍 일어나도/~ faveur *que* j'obtiens (La Font) 아무리 호의를 받아도」는 고어법으로 지금에는 *quelque... que 를 쓴다. 그러나 성구「~ peu que 조금이라도…하면」는 지금도 자주 쓰인다.

4° 〖시간의 뜻을 나타내는 **pour**〗 방향(partir ~; le train ~ Paris)의 뜻에서 옮아온 것. 현재, 과거에서 보아 미래(현재 포함)에 있어서 행위가 이루어지는 시기, 기간을 나타낸다: Le concert était ~ hier〔est ~ demain〕. 연주회는 어제 있었다〔내일 있을 예정이다〕/Vous partez? —Oui, c'est ~ ce soir. (Apollinaire) 떠나신다구? —예, 오늘 저녁에 떠날 예정이오/~ quand est-ce? 그것은 언제요?/C'est ~ dans un an. 일년후예요/C'est ~ maintenant. 지금이오/~ le moment 당장은, ~ l'heure 지금으로서는(⇨ quand¹ 3°, ⑤)//Je vais en France ~ huit jours. 일주일 예정으로 나는 프랑스에 가오/~ combien de temps? 얼마동안 예정이요?/Je n'en ai pas ~ cinq jours. 닷새도 걸리지 않는다/~ toujours〔jamais〕 영원히.

5° (=**quant à**). 문중의 요소를 문두로 끌어내어 그것을 강조한다. 때로는 ~ *ce qui est de* 도 쓴다: ~ moi, je le pense. 나로서는 그렇게 생각한다/~ coléreux, il l'est vraiment. 화를 내기로 말하자면 그가 정말 화를 잘 낸다/~ la connaître, vous la connaissez aussi bien que moi. (N, VI, 236) 그녀를 안다는 점에서는, 당신도 나만큼 그녀를 잘 알고 있다/~ (*ce qui est de*) son courage, nous en reparlerons. (H) 그의 용기에 관해서는 다시 얘기합시다/~ cela, non. 그것만은 안돼요. ~ *ce que*...! 《부정, 때로는 단정을 감정적으로 나타내는 어법》: Il nous laissera la binette à meilleur marché... ~ *ce que* ça lui coûterait! (Arland, *Terre nat.*) 그는 더 싼 값에 괭이를 우리에게 넘길 거야…원래는 얼마 값나가지도 않았으니까!/Je t'assure que tu as maigri, dit-elle.— ~ *ce que* je m'en moque! (Troyat, *Signe*) 당신은 수척해졌군요. —그런 것은 아무래도 좋아.

6° 〖속사를 이끄는 **pour**〗 교환, 가격을 나타내는 pour(échanger sa vieille montre ~ une neuve/vendre *qc* ~ mille francs)는 「n'avoir ~ arme qu'un bâton 무기로는 몽둥이 밖에 없다」에서 본래의 뜻을 완전히 잃고 있지 않으나, 다음 경우에는 단지 속사를 이끄는 기호에 지나지 않는다: prendre ~ femme 아내로 만들다, passer ~ …라고 인정받다, tenir ~ …로 간주하다, reconnaître ~ …로 인정하다.

—〖형용사적〗 Il y a huit voix ~ et sept voix contre. 찬성투표 8표에 반대투표 7표이다//《명사처럼 쓰여서》 entendre le ~ et le contre 찬반의견을 듣다.

—〖부사적〗 La majorité a voté contre, moi j'ai voté ~. 대다수는 반대 투표를 했으나 나는 찬성투표를 했다//《속사로 쓰여서》 Je suis ~. 나는 찬성이다.

pour cent—문어체에서는 기호(%) 대신 pour를 쓰는 편이 좋다: Ils perdirent 30 pour 100 de leurs hommes. (Colin) 그들은 부하 30%를 잃었다. ☆기호(%)는 대부분 이율, 금액의 백분율을 나타낼 때 쓴다(la rente 5%). 여러가지 비례, 통계에서는 pour를 p.로 쓴다: De 10 p. 100, le rabais passe à 30 p.

100. (*Ib.*) 에누리가 10%에서 30%로 내려갔다/Il y a 20 p. 100 d'yeux bleus dans cette race. (Thomas) 이 인종에는 눈이 푸른 사람이 20%이다《반은 문자, 반은 숫자로 쓰는 것은 잘못이다(Colin): 30 pour cent》. 동사 일치는 ⇨accord du verbe.

pourquoi—〖원인 또는 목적에 관한 질문〗 ~ faites-vous cela?(속어: ~ *est-ce que* vous faites cela?/비어: ~ *que* vous faites cela?). 주어가 명사, 강세대명사일 때는 항상 복합도치: ~ cet enfant pleure-t-il? (~ pleure cet enfant? 은 불가). ⇨pas 1°, ③; non 1°, ②. ~ *faire?* 무엇 하러? (Pour quoi faire? 라고도 쓴다), 왜? *la raison* ~ (=pour quoi) il s'est suicidé 그가 자살한 이유《S, II, 178 에 의하면 낡은 표현으로 일반적으로는 la raison pour laquelle...을 쓴다고 했다》.

pour sûr ⇨sûr.

pourtant— *cependant 보다 강한 표현. 문두에 접속사적으로 쓰이는 경우가 많으나, **et**〖**mais**〗 ~ 외에도 문중에 쓰여 부사적 기능을 잃지 않고 있다: C'est une note grave, douce *et* ~ pénétrante. (Gautier) 그것은 장중하고 부드러우면서도 폐부를 찌르는 가락이다/Oh! argent que j'ai tant méprisé... tu as ~ ton mérite.(Chateaubr) 아! 내가 그토록 경멸했던 돈이여, 그래도 너에게 장점이 있구나.

pourvu—~ *de:* Il est ~ *de* vêtements chauds. (Rob) 그는 따뜻한 옷들을 갖추고 있다. ~ *que*+*subj:* ~ *qu'il* y *consente,* je me charge du reste. 그가 그것을 동의만 하면 나머지는 내가 맡는다//〖독립절〗(희망》: ~ au moins, *qu'il s'en rende* compte! (Romains) 최소한 그가 그것을 이해만 한다면!

pratique—「손님, 고객」의 뜻으로는 지금은 드물게 쓰인다: J'ai cherché à m'établir sous un autre nom dans quelque endroit où la ~ ne me manquerait pas. (Camus) 환자가 적지 않은 어떤 곳에서 다른 이름으로 개업하려고 노력했다.

précis—시간의 표현에서는 중요한 요소인 명사 heure(s), midi, minuit 에 일치시킨다(Il est neuf *heures* et demie ~*es*. 9시 30분 정각이다/ une *heure* et quart ~*e* 정각 1시 15분/*minuit* ~ 정각 밤 12시/*midi* et demi ~ 정각 12시 반). 그러나 때로는 à onze heures et demi ~*e* (Troyat, *Signe*)라고도 한다.

prédicat[술어, 속사]—1° 하나의 SN+SV 로 이루어진 기본 phrase 에서 SV 의 기능을 술어 prédicat 라 한다. 즉, Pierre écrit une lettre à sa mère 에서 SN 은 주어(바꾸어 말하면 phrase 의 주제 thème)이고, SV 인 écrit une lettre à sa mère 가 술어(즉, thème 의 설명)이다.
2° SV 가 계사 copule (être 동사)나 계사와 같은 동사(rester, paraître, etc.)로 구성되어 있으면, SV 의 성분들인 형용사, SN, 또는 전치사구 syntagme prépositionnel 를 술어 또는 속사 prédicat 라 한다. Pierre reste à la maison; Pierre est heureux; Pierre est devenu un ingénieur 에서 à la maison, heureux, un ingénieur 들은 prédicat 이다.
3° 전통 문법에서는 copule 인 être 와 함께 phrase 를 구성하는 형용사 속사 attribut 만을 prédicat 로 부르기도 한다. Pierre est intelligent 에서 intelligent 이 prédicat 이다.

préférence—*de* ~: Je fréquentais soit les petites rues de la Montagne Sainte-Geneviève, soit les allées du Luxembourg, le matin *de* ~. (Duham) 나는 특히 아침에는 몽타뉴 쎈트즈느비에브의 거리나 룩상부르그의 산책로를 자주 다녔다. *de*〖*par*〗 ~ *à* …보다는 오히려:

Choisissez ce tissu *de* ~ *aux autres*. 다른 천보다는 이 천을 택하십시오.
préfixe [접두사]—명사, 형용사, 동사, 분사 앞에 놓여 본래의 의미를 변화시키고 부차적인 뜻을 부여하는 小辭 particule(전치사, 부사)나 단음절 또는 두음절의 요소를 말한다. 접두사에는 *composition 외에도 독립된 단어로 쓰일 수 있는 분리가능한 접두사 préfixes séparables (à, avant, bien, contre, en, entre, mal, moins, non, par, plus, pour, sous, sur, sus)와, 라틴어와 그리이스어에서 차용한, 독립적으로 쓰일 수 없는 분리되지 않는 접두사 préfixes inséparables 가 있다 (dé-, dés-, é-, for-, in-, mé-, pré-, re-, archi-, para-, anti-, etc.).
1° 민간에서 발달한 접두사 composition populaire 로 대부분 라틴어에서 온 것이다. **ad-, a-, ac-, af-, ag-, al-, an-, ap-, ar-, as-, at-**(<lat. ad)「방향, 추세」:*ab*attre, *aper*cevoir, *ad*joindre, *af*faiblir, *al*longer, *an*noter, *ap*porter, *ar*rondir, *at*tirer.

après- (<lat. ad+pressum) : *après*-midi, *après*-demain.

arrière- (<lat. ad+retro) : *arrière*-pensée, *arrière*-garde.

avant- (<lat. ab+ante) : *avant*-coureur, *avant*-hier.

be-, bé- (<lat. bis=deux fois) : *bé*vue.

bien- (<lat. bene) : *bien*-aimé, *bien*veillant.

ca-, co-, cha- (어원에 대해서는 이론이 많음) ((경멸어)): *ca*bosser, *coli*maçon, *cha*mailler.

contre- (<lat. contra) 「상호, 반응, 대립」: *contre*balancer, *contre*mander, *contre*coup, *contre*poids, *contre*façon.

dé-, dés- (<lat. dis) 「분리, 구분, 부정」: *dé*charger, *dé*border, *dés*honneur.

é- (<lat. ex) 「추출, 강조, 상실」: *é*branler, *é*clair, *é*mouvoir.

en-, em- (<lat. in=dans) : *en*terrer, *em*pocher, *em*poter.

en-, em- (<lat. inde)((운동동사와 결합)): *en*lever, *em*mener.

entr(e)- (<lat. inter) 「상호작용 또는 au milieu de, à demi」의 뜻: *s'en*traider, *entre*lacer, *entr*ouvrir.

for-, hors- (<lat. foris=hors de) : *for*clore, *for*ban, *hor*mis.

mal-, mau- (<lat. male) : *mal*adroit, *mal*honnête, *mau*ssade.

mé-, més- (<프랑크어 missi-, 독일어 miss-) 「부정, 경멸」: *mé*plat, *més*aventure, *mé*content.

mi- (<lat. medius) 「중앙」: *mi*-carême, *mi*lieu.

non (<lat. non) 「부정」: *non*-sens, *non*obstant.

outre- (<lat. ultra) 「초과」: *outre*passer, *outre*-Rhin.

par- (<lat. per) 「완성」: *par*achever, *par*faire.

plus- (<lat. plus) : *plus*-value, la *plu*part.

pour- (<lat. pro) : *pour*chasser, *pour*parlers.

re-, r-, res-, ra- (<lat. re) 「반복」: *re*faire, 「대립」: *re*pousser, 「강조」: *r*emplir, 「순간적 동작」: *ra*lentir, *ré*veiller.

sans- (<lat. sine) : *sans*-cœur, *sans*-gêne.

sou-, sous- (<lat. subtus) : *sou*lever, *sous*ligner.

sur- (<lat. super) : *sur*charger, *sur*exciter.

tres-, tré- (<lat. trans) 「초월」: *tré*passer, *tres*saillir.

vi- (<lat. vice) 「대신」: *vi*comte, *vi*dame.

2° 라틴어에서 학자들이 차용한 것 composition savante.

ab-, abs- 「멀어짐」: *ab*diquer, *abs*-

préfixe

tinence.
anté-, anti- (<lat. ante):*anté*cédent, *anti*dater.
bis-, bi- (<lat. bis=deux fois): *bi*pède, *bis*sac.
circum-, circon-, circom- (<lat. circum=autour): *circum*navigation, *circom*polaire.
cis- (<lat. cis=en deçà):*cis*rhénan, *cis*alpin.
com- col-, con-, cor-, co- (<lat. cum=avec):*col*lection, *con*férer, *con*disciple, *com*patriote.
dis- (<lat. dis)「분리, 부정」:*dis*corde, *dis*semblable, *dis*proportion.
ex- (<lat. ex=hors de):*ex*clure, *ex*patrier, *ex*-ministre.
extra- (<lat. extra=en dehors): *extra*légal, *extra*parlementaire, *extra*-terrestre, *extra*-fin.
in-, im-, il-, ir- (<lat. in=dans, 또는 「부정」):*in*docile, *im*plorer, *il*licite, *in*filtrer, *in*exact, *ir*responsable.
inter- (<lat. inter=entre):*inter*national, *inter*jeter, *inter*poser.
intra- (<lat. intra=au-dedans): *intra*dos, *intra*veineux.
juxta- (<lat. juxta=auprès de): *juxta*poser, *juxta*linéaire.
pén(é)- (<lat. pœne=presque): *péné*plaine, *pén*ombre.
post- (<lat. post=après):*post*communion, *post*dater.
pré- (<lat. prœ=en avant, devant):*pré*avis, *pré*supposer.
pro- (<lat. pro=en avant):*pro*jeter, *pro*poser.
quasi- (<lat. quasi=comme si): *quasi*-contrat, *quasi*-délit.
ré- (<lat.re):*ré*imprimer, *ré*armer.
simil(i)- (<lat. similis=semblable):*simil*or, *simili*-marbre.
sub- (<lat. sub=sous):*sub*diviser, *sub*ordonner.
super- (<lat. super=au-dessus): *super*poser, *super*fin.
trans- (<lat. trans =au-delà):*tran*satlantique, *trans*poser.
tri- (<lat. tri=trois):*tri*folié.
ultra- (<lat. ultra=outre):*ultra*violet, *ultra*-libéral.
vice- (<lat. vice=à la place de): *vice*-roi, *vice*-président.

3° 희랍어에서의 차용어나 識者語형성 formation savante에 쓰인 접두사.

a-, an- 「결핍, 부정」:*a*moral, *an*ormal.
amphi- (=autour, des deux côtés): *amphi*bie, *amphi*théâtre.
ana- 「전환, 반복」:*ana*thème, *ana*baptiste.
anti-, anté- (=contre):*anti*alcoolique, *anté*christ.
apo- 「멀리 떨어짐」: *ap*hélie, *apos*tasie.
archi-, arch- 「최고위」:*archi*duc, *arch*evêque. 《민간어 형성 formation populaire에서도 쓰임》:*archi*millionnaire, *archi*paresseux.
cata- (=en bas, sur):*cata*strophe, *cata*plasme, *cata*combes.
di-, dis- (=double):*dis*syllabe, *dip*tère.
di(a)- 「분리, 구분, 관통」: *dia*critique, *dia*mètre, *di*orama.
dys- 「곤란, 장애」:*dys*pepsie, *dy*surie.
en- (=dans):*en*céphale, *en*crine.
end(o)- (=dedans): *endo*mose, *endo*carpe.
épi- (=sur, vers):*épi*zootie, *épi*carpe, *épi*derme.
eu- (=bien, bon): *eu*phonie, *eu*charistie.
hyper- (=au-dessus, sur):*hyper*trophie, *hyper*bole.
hypo- (=au-dessous, sous): *hypo*carpe, *hypo*gée.
méta-「변화」:*méta*morphose, *méta*physique.

par(a)- (=contre, auprès, le long de) : *para*tonnerre, *para*mètre, *para*phrase, *par*allèle.

péri- (=autour) : *péri*phrase, *péri*hélie.

pro- (=pour, devant, en avant) : *pro*gramme, *pro*gnathe, *pro*lepse.

syn- (=avec, ensemble) : *syn*thèse.

premier—① Napoléon Ier. ⇨numéraux cardinaux II, 2°.

② 〖~ N〗 ~ acte 제1막, ~ Ministre 수상.

③ 〖N ~〗 다른 수에 대립하는 경우: matières *premières* 원료.

être le ~ à+inf 맨먼저 …하다.

le ~ 〔*un des ~s*〕 *qui+subj*〔*ind*〕: Tu es *le ~* à *qui* je *dise* ça, avoua Palaiseau. (Troyat) 내가 이 얘기를 하는 것은 당신에게가 처음이오 라고 팔레조는 고백했다/la *première* fille qu'on *a prise* dans ses bras (Brassens, *Chansons*) 품에 안았던 맨 처음의 처녀 (⇨seul). *bon ~* ⇨bon premier.

★부사적으로 쓰여도 변화 : de grand matin les ~s arrivés dans la cour (Alain-Fournier) 아침 일찍 운동장에 맨먼저 도착한 사람들.

premier-né—남성 복수형은 premiers-nés. 여성형 (première(s)-née(s))의 사용은 드물다: Votre *première-née* est superbe. 일반적으로는 l'aînée, la fille aînée 를 쓴다.

préposition 〔전치사〕—명사, 대명사, 부정법, 형용사, 부사를 문장중의 다른 요소에 결합시키는 무변화어의 하나.

I. 〖분류〗 1°〖라틴어에서 유래한 것〗 ① 라틴어의 전치사에서: à, contre, de, en, entre, hors, outre, par, pour, sans, sous, sur, via.

② 전치사+전치사〔부사〕의 복합 : après (<ad pressum), avant (<ab ante), avec (<ab hoc), dans (<de intus), depuis, derrière, devant, dès, jusque, selon.

③ 명사 : chez (<casa = maison), lez (<latus =côté); 분사: près (<pressum).

2°〖프랑스어에서 형성된 것〗 ① 〖다른 품사의 전용〗 **a**) 형용사 : plein, proche, sauf. **b**) 현재분사 : concernant, durant, moyennant, pendant, suivant, touchant, etc. **c**) 과거분사 : attendu, y 〔non〕 compris, excepté, passé, supposé, vu, etc. **d**) 접속사 : quoique (卑語 : quoique ça).

② 〖복합〗 parmi (<par+mi), malgré (<mal (=mauvais)+gré).

③ 〖전치사구〗 à cause de, à côté de, à défaut de, afin (<à+fin) de, à fleur de, à force de, à l'abri de, à la faveur de, à la merci de, à la mode de, à l'égard de, à l'encontre de, à l'envie de, à l'insu de, à moins de, à raison de, à travers, au-dedans de, au-dehors de, au-delà de, au-dessous de, au-dessus de, au-devant de, au lieu de, auprès de, au prix de, autour de, au travers de, aux dépens de, aux environs de, avant de, de crainte de, de façon à, de manière à, de peur de, du côté de, en deçà 〔dedans, dehors〕 de, en dépit de, en face (de), en faveur de, en raison de, étant donné, faute de, grâce à, hors de, loin de, par rapport à, près de, proche de, quant à, sauf à, vis-à-vis (de), etc.

II. 〖전치사의 지배어 régime〗

1° (대)명사 : Il est arrivé à *Séoul*./ Nous allons avec *eux*.

2° 부정법 : Il faut travailler pour *vivre*.

3° en+현재분사《드물게》: dès *en naissant* 태어나면서부터 곧.

4° 부사: depuis *quand?* 언제부터, depuis *longtemps*〔*lors*〕, dès *lors*《부사는 명사화했다》.

5° 절 : Notre départ est remis à *je ne sais quand*. ☆ 1) 관용적인 표현

을 제외하고 「전치사+종속절」이 차츰 보급되어 간다고 말하나, 정규 용법은 아니다(⇨quand¹ 3°, ⑤;selon; si¹ I, 1°, ⑤, e)). 2) avant qu'il vienne (=avant sa venue) 같은 경우는 「전치사+명사절」로 다루지 않고, 전통적으로 「접속사구+종속절」로 본다.
6° 전치사가 붙은 보어 :Nous sommes partis dès *avant le jour*. 날이 밝기 전부터 출발했다/les souvenirs d'*avant mon mariage*(B, 419) 내 결혼전의 추억/L'accouchement est pour *dans quinze jours*.(Troyat, *Araignée*) 출산은 보름 후에 있을 예정이다/Elle tira de *dessous le lit* un saladier de cristal. (Cocteau, *Les Enfants terr*.) 그녀는 침대 아래에서 샐러드용 수정 그릇을 꺼냈다 / levant les yeux de *sur les cartes*(Henriot, *Aricie Brun*) 카아드로부터 눈을 들고. ⇨chez, dessous, dessus.

III. 〖전치사와 지배어의 접근〗 전치사는 발음상, 의미상 지배어와 일체를 이루고, 양자간에는 liaison이 이루어진다(⇨liaison 2°, ⑧; 3°, ⑦). 따라서 원칙적으로 전치사는 지배어 직전에 놓이며 영어처럼 지배어와 떨어져 문장 끝에 놓일 수는 없다 (cf. Whom did you speak *of*?).
1° 〖전치사와 지배어의 분리〗 무강세인칭대명사, tout, rien, 부정어의 삽입 :sans *me le* dire, pour *tout* dire, sans *rien* dire, pour *ne pas* courir.
2° 〖성구〗 sans *mot* dire, geler à *pierre* fendre.
3° 〖부사, 상황보어의 삽입〗 depuis *déjà* une semaine (N,VI,77)/sans, *pour cela*, prétendre que…(*Ib.*)/le désir de *toujours* réussir (B, 417)/ On est si peu d'accord sur, *par exemple*, le nombre des victimes. (Gide, *Journal*)/Nous voici au premier, où se trouve la chambre avec, *en face*, la bibliothèque. (Brousson, *An. France en pantoufles*)《*avec 는 지배어와 떨어지는 경우가 많다》.
IV. 〖반복〗 전치사에 따라 다르다.
1° 〖à, de, en〗 ① 일반적으로 반복: Il écrit *à* Pierre et *à* Jean./Son panier était plein *de* viande, *de* pâtes et *de* fruits. (Thomas)/Elle fut surprise *en* lisant, *en* relisant, *en* recommençant encore ces quatre pages de prose.(Maupass, *Notre Cœur*).
② 반복 안하는 경우. **a)** 여러개의 명사가 하나의 덩어리를 이룰 때, 또는 성구인 경우:école *des* arts et métiers 공예학교/Je suis las *d'*aller et venir. 왔다 갔다 하기에 지쳤다/ Il en a fait part *à* ses amis et connaissances. 그는 친구와 친지들에게 그것을 알렸다/*à* ses risques et périls 모든 책임을 자기가 지고/*en* mon âme et conscience 진심으로//《(동일한 것)》J'en parlerai *à* M. Dupont, votre associé. 당신 조합원인 뒤퐁씨에게 얘기하겠다/*à* mon collègue et ami 내 동료이며 친구인 …에게. ☆ 한덩어리를 이룬다고 생각하는 것은 때에 따라 자유이다:Et *de* Claude et moi, que dit-on? (Amiel, *Couple*) 클로드와 나에 대해서 무어라고 얘기해 ?
b) 열거. 반복하느냐 생략하느냐는 일정치 않다:les chefs-d'œuvre *de* l'Abbé Prévost, Balzac, Stendhal, Mérimée, Flaubert(Fillon, *Maurois*) /Tu gaspillerais toutes nos économies *à* élever des enfants abandonnés, soigner des chats malades, nipper des filles-mères et secourir des artistes. (Troyat, *Signe*) 당신은 버린 아이를 기르고 병든 고양이를 돌보고, 미혼모에게 옷을 입히고, 예술가들을 도와 주느라고 우리가 저축한 돈을 모두 탕진할 것이오/Il a appris *à* lire, *à* écrire et *à* comp-

ter en très peu de temps. (Colin) 그는 짧은 시간에 읽고 쓰고 셈하는 법을 배웠다(하나 하나를 강조).
2° 〖다른 전치사〗 ① 보통 반복하지 않는다: Elle charme tout le monde *par* sa bonté et sa douceur. (Thomas) 그녀는 호의와 미모로 모든 사람을 매혹시킨다/Sardanapale passait sa vie *dans* la mollesse et l'oisiveté. (Gr. Lar) 사르다나팔은 하는 일 없이 일생을 보냈다/Ils regardent mon dos *avec* surprise et dégoût. (Sartre, *Nausée*) 그들은 놀랍고 불쾌하다는 표정으로 내 뒤를 바라보았다/ J'avance *à travers* les herbes, les orties, les mousses, les lianes et l'épais humus. (Chateaubr, *Voy. en Amér.*) 나는 잡초, 쐐기풀, 이끼, 칡, 두터운 부식토층을 건너 앞으로 나아갔다.
② 반복하는 경우는 각각의 지배어를 강조하거나 대립적 의미를 지닐 때, 특히 même, sinon, excepté, mais, comme 의 뒤에서이다: Réponds-moi seulement *par* oui ou *par* non. (Bourget, *Lazarine*) 그렇다 아니다 라고만 대답해라/*dans* la paix comme *dans* la guerre 평시에도 전시에도/des hommes libres, libres *de* tout, sauf *de* leurs femmes (Colette, *L'étoile Vesper*) 아내들에게서만 제외하고 모든 것에서 자유로운 남자들.
★1) *autre que 이외의 비교의 que 다음에서는 전치사를 반복: J'aime mieux travailler *pour* vous que *pour* lui. (H, 579) 그를 위해서보다 당신을 위해서 일하는 편이 더 좋다. ⇨autre *pron. indéf.* 5°.
2) 〖수사+ou+수사〗 반복하지 않는다: *à* cinq ou six mètres d'un précipice (G, §908) 낭떠러지로부터 5, 6미터지점에/Il est sorti *avec* deux ou trois amis. 그는 두세 명의 친구와 함께 나갔다.
3) 〖동격명사〗 a) 보통은 반복하지 않는다: Il avait dit ces derniers mots *d*'une voix blanche, sa voix *de* somnambule. (Daniel-Rops, *Epée*) 그는 그 마지막 말을 힘없는 목소리, 몽유병 환자 같은 목소리로 말했다.
b) 반복하면 동격어가 강조된다: Le roi Rack-Mâdon-Ghézô était fier *de* son fils, *de* l'héritier du trône. (Daud, *Jack*) 라크마돈게조 왕은 그의 아들, 왕위 계승권자를 자랑스럽게 생각했다.
4) 표제 ⇨contraction de l'article 2°, ②.
5) l'un et[ou, ni] l'autre. ⇨un.
6) Ce dont[Ce à quoi] ..., c'est de [à].... ⇨ce¹ II, 3°, ④.
7) à, de로 끝나는 전치사구의 반복: 《일반적으로》 *à cause de* vous ou *de* moi 당신이나 나 때문에.

V. 〖서로 다른 전치사〗 하나의 지배어에 대해 서로 다른 전치사가 쓰일 수 있다: *avant* et *après* la guerre 전쟁 전과 전쟁 후에/voter *pour* et *contre* la loi 법안에 찬부의 투표를 하다/*envers* et *contre* tout 무슨 수를 쓰더라도《숙어적》/Tu m'aimes mieux *avec* ou *sans* ceinture? (Troyat, *Tête*) 내가 벨트를 매는 것이 좋을까 안 매는 것이 좋을까?
1° 동일구성의 전치사구의 경우: *en dépit* ou *à cause de* sa fine fourrure (Vercors, *Anim. dén.*) 고급 모피옷을 입었는데도 혹은 그 때문에.
2° 구성이 다른 전치사와 함께 쓰일 때는 보어의 반복이 필요하다: Il y en a d'autres *au-dessous de* lui et *après* lui. (Thomas) 그보다 못한, 아래에 있는 사람들도 있다《au-dessous et après lui 는 불가》.
3° 동일구성인데도 반복하면 대립이 강조된다: Serais-je *pour* lui ou *contre* lui? (Troyat, *Tête*) 나는 그의 편이어야 할까 적이 되어야 할까?

VI. 〖전치사가 붙은 보어의 기능〗
1° 〖상황보어〗 Il vit *à Séoul*.

2° 〖간접목적보어〗 Il écrit une lettre *à sa mère*.

3° 〖명사의 보어〗 l'amour *de la patrie*/un voyage *autour du monde* ⇨nom² IV.

4° 〖형용사의 보어〗 une conduite digne *d'éloges*. ⇨adjectifs qualificatifs.

5° 〖부사의 보어〗 contrairement *à son habitude*. ⇨adverbe.

VII. 〖전치사의 부사적 용법〗 après, avant, devant, derrière, outre 등은 부사로 쓰이고 있지만, à, chez, de, en, par, sur, vers 와 다른 품사에서 전치사로 전용된 것을 제외하고, 전치사는 그의 지배어를 생략하여 부사적으로 쓰이는 경향이 있는데, 옳은 용법이냐 아니냐의 구별은 명확치 않다:Comment voulez-vous que je sache ça? Je n'ai jamais dîné *avec*. (Toulet, *Béhanzigue*) 내가 어찌 그것을 알아요? 나는 한번도(그와) 함께 저녁을 먹은 적이 없어요/Chacun a son manteau, on ne sort pas *sans*. (Goncourt) 각자 망토가 있기 때문에 망토 없이 외출하지 않는다/Nous l'avons vu dimanche, mais pas *depuis*. (Rob) 우리는 그를 일요일에 만났으나 그후로는 보지 못했다/Ma sœur n'a pas assisté à toute la messe, elle est arrivé *pendant*. (B, 411) 누이는 미사 처음부터 끝까지 참석하지 않았다. 그녀는 미사 도중에 도착했으니까/passer *outre* 무시하며, 지나쳐 버리다/voter *pour*〔*contre*〕 찬성〔반대〕 투표를 하다(⇨entre ④). ☆전치사구>부사:Passons *à côté*. 옆방으로 건너 갑시다《à côté de ⋯의 곁에》/Ils étaient assis *vis-à-vis*. 그들은 마주 대하고 앉아 있었다《vis-à-vis de ⋯와 마주 대하고》.

VIII. 〖전치사와 접속사〗 어떤 전치사는 때로 접속사적으로 쓰이기도 한다. cf. avec(=et) (⇨accord du verbe A, II, 2°, ②, c)).

IX. 〖전치사의 생략〗 상황보어, 명사의 보어를 이끄는 전치사는 때로 생략된다.

près *adv.*—〖**près de** 와 **auprès de**〗 ① **a)** 다 같이 공간적 접근을 나타낸다:Sa maison est ~ 〔*auprès*〕 *de* l'église. 그의 집은 교회 가까이 있다/l'un ~ 〔*auprès*〕 *de* l'autre(또는 ~ 〔*auprès*〕 l'un de l'autre) 서로 가까이. **b)** 습관적으로 다른 사람 곁에 있다는 것을 의미할 경우에는 auprès de 를 쓴다:Il passe sa vie *auprès de* sa mère. 그는 일생을 어머니 곁에서 보내고 있다.
② en comparaison de「⋯와 비교하면」의 뜻으로 près de 는 현대에는 드물게 쓰인다: Mais combien les phrases, hélas! devenaient pâles ~ *des* actes! (Gide) 아, 글이란 행동에 비하면 얼마나 힘이 없을까!
③ Il est ~ *de* dix heures. 열시 가까이 되었다/être ~ de+*inf*「막 ⋯하려 하다」의 뜻으로는 auprès de 를 쓸 수 없다.

—*prép*. (=~ de). 성구와 외교, 법률, 행정용어로 쓰인다(Il est avocat ~ la Cour. 그는 법원 소속 변호사이다/ambassadeur ~ le gouvernement français 주불대사). 보통 문장에서 필자가 복고적 취미로 쓰기도 한다: le rond-point ~ l'escalier du potager(Gide, *Porte*) 채소밭 계단 곁에 있는 광장.

—〖형용사적〗 La ville est tout ~ (=proche). 그 도시는 아주 가까이 있다/Il a été tout ~ de mourir. 그는 거의 죽을 뻔했다/prendre le morceau le plus ~ 가장 가까이 있는 것을 잡다.

présent *adj.* —J'ai ~ à la mémoire, comme si je le voyais encore, le spectacle dont je fus témoin. (Chateaubr) 내가 목격한 그 장면을, 지금도 눈 앞에 보는 듯, 나는 잘 기억하고 있다.

★출석을 부를 때 여자도 Présent!

présent de l'indicatif

이라고 남성형으로 대답한다(N, V, 106; Thomas).
—*n.m.* *à* ~ *que*(=maintenant que): *A* ~ *que* ses yeux étaient clos.... (Gide) 이제 그는 눈을 감았으니.... *d'à* ~ (=actuel): Sa solitude *d'à* ~ s'augmentait de ce secret horrible.(Maupass) 현재의 그의 고독은 그 무서운 비밀 때문에 더욱 커가고 있었다. *pour le* ~ 당장에는. *jusqu'à* ~ 지금까지. *quant à* ~ 지금은 어떤가 하면.
—*n.f.* 「이 편지 (=la présente lettre)」: Faisons [Faire] savoir par ces [les] ~es que.... 이 문서에 의해 …임을 증명함.

présent de l'indicatif[직설법현재] —I. 〖어미 형태〗 1° 〖단수〗 ① -e, -es, -e. -er 어미 동사와 assaillir, couvrir, cueillir, défaillir, offrir, ouvrir, souffrir, tressaillir.
② -s, -s, -t. 기타 동사.
③ 예외: avoir, pouvoir, valoir, vouloir, aller, vaincre, -andre, -endre, -ondre, -dre, asseoir, seoir ⇨각 항목 참조.
2° 〖복수〗 -ons, -ez, -ent. 예외: être, dire, faire, aller, avoir, maudire, prédire, contredire.
II. 〖용법〗 1° 엄격한 의미로 보면 현재는 말하고 있는 시각에 이루어지는 행위나 상태를 나타낸다. 이것을 순간적현재 présent momentané 라 한다: J'écris en ce moment. 나는 지금 글을 쓰고 있다/Voici mon frère qui *vient*. 내 동생이 온다.
2° 넓은 뜻으로나 비유적으로도 쓰인다.
① 〖습관적 행위〗 Je *me lève* à 6 heures. 나는 6시에 일어난다/Une cigarette?—Merci, je ne *fume* pas. (Mauger) 담배 태우시겠소?—아니오, 나는 담배를 태우지 않소. ☆ 순간적 현재와 습관적 현재 présent d'habitude 는 구별될 수 있다: Fumez-vous?—Oui, je *fume*, mais aujourd'hui je ne *fume* pas. 담배 피우십니까?—예, 피웁니다. 그러나 오늘은 안 피웁니다《처음의 je fume 는 습관적 현재, 마지막 je ne fume pas 는 순간적 현재》.
② 일반적 진리, 격언, 경험에 의한 사실 등을 나타낸다: Cinq et quatre *font* neuf. 5 더하기 4 는 9/Quand on ne sait pas, on *se tait*. 모를 때에는 입을 다무는 법이다/Qui *se ressemble s'assemble*. 끼리끼리 모이게 마련이다.
③ 가까운 과거나 미래에 일어난[일어날] 사실을 나타낸다: Il *sort* d'ici. 그는 방금 여기에서 나갔다/Je *descends* au prochain arrêt. (G, § 715) 다음 정거장에서 내리겠다.
④ 어떤 행위의 직접적인 결과인 미래 사실을 나타낸다: S'il m'échappait un mot, *c'est* fait de votre vie. (Racine, *Bajaz*.) 내가 한마디만 하면 당신 생명은 끝장이다/Deux mots de plus, duègne, vous *êtes* morte! (Hugo, *Hern*.) 두마디만 더하면, 아주머니, 당신은 죽어요.
⑤ 과거에 일어난 사건을 말하고 있는 순간에 일어나고 있는 듯 현재로 나타낼 때가 있는데, 이것을 역사적 현재 présent historique 또는 설화적 현재 présent narratif 라 한다: J'ai voulu le rencontrer hier. J'*arrive* de bonne heure; je *sonne*, on ne *répond* pas. (Mauger) 나는 어제 그를 만나고 싶었다. 그래서 나는 일찍 도착했다. 나는 초인종을 눌렀으나 아무 대꾸도 없었다. ☆ 역사적 현재는 다른 과거시제와 함께 쓰일 수 있는데 이 때 역사적 현재는 본질적인 사실을, 과거시제는 부수적인 사실이나 설명등을 나타낸다: Je regardais avec inquiétude la lumière des lampes.... Tout à coup une harmonie semblable au chœur lointain... *sort* du fond de ces demeures sépulcrales: ces divins accents expiraient et renaissaient

tour à tour.... Je *me lève* et je *m'avance*.... (Chateaubr, *Mart.*) 나는 등불을 불안스럽게 바라보고 있었다. 갑자기 멀리서 들려오는 합창 같은 화음이 무덤 속에서 흘러나왔다. 그 신성한 음악은 들리지 않다가 다시 들리곤 했다. 나는 일어나서 앞으로 나아갔다.

⑥조건을 나타내는 si 절에서 미래의 뜻으로 쓰인다:Si vous *partez* demain, je vous accompagnerai. 내일 당신이 떠나면 나는 당신과 함께 가겠소/S'il y *a* nécessité, je vous téléphonerai. (Mauger) 필요한 경우에는 전화를 걸겠소.

presque—1°「presqu'île 반도」이외에는 *élision이 안 되는 것이 규칙이다(~ achevé 거의 끝마친). 그러나 때로는 presqu'aussitot, presqu'illisible (M. du Gard, *Cahier gris*) 라고도 쓴다.
2°〖기능〗동사, 형용사, 부사를 수식하는 외에 ①문중의 다른 요소를 수식:C'est ~ de la folie. 거의 미친 짓이다/~ sans exception 거의 예외 없이/~ personne 거의 아무도.
②〖형용사적 용법〗la ~ totalité des affaires humaines(Caillois) 인간사의 거의 대부분은/malgré la ~ absence de femmes 여자들은 거의 불참했는데 불구하고.
3°〖어순〗Elle pleurait ~./Elle a ~ pleuré./Je finirai par ne ~ plus dormir[par ne dormir ~ plus]./ l'avis de ~ tous les grammairiens [l'avis ~ de tous les...]/dans ~ tous les cas [~ dans tous...]/ Il resta ~ un an(때로는 un an ~)./~ maternellement//(때로는) Il lui parle doucement, maternellement ~. (Anouilh, *P. brill.*) (cf. H, 580; W, 315).

prêt—~ *à*:Il est ~ *à* partir. 그는 출발준비가 되어 있다/~-*à*-porter 기성복(17세기에는 à 대신 de를 써서 Je me sens *prêt*, s'il veut, *de* lui donner ma vie.(Racine, *Athalie*, IV) 라고 했고, prêt à, prêt de 가 près de 의 뜻으로 쓰이는 경우가 19세기와 지금에도 있으나 이런 혼용은 피해야 한다》Rome, ~*e à* succomber (Boss, *Hist.*)/Il ne vit pas qu'elle était ~*e à* pleurer. (M. du Gard, *Les Thibault*). ~ *pour* la guerre 전쟁 준비가 되어 있는.

prétendu—〖~ N〗un ~ savant 자칭 학자, ~ voleur 도둑놈이라고들 하는 사람//〖N ~〗《매우 드물다》un gendre ~ (=promis) 약혼한 사위감. ⇨soi-disant. ☆명사로 쓰이는 것은 방언:le[la] ~(*e*) 약혼자.

prétérit—imparfait, aoriste, parfait의 구별이는 언어에서 과거를 표현하는 동사 형태를 지칭한다. 영어나 독일어의 과거시제로서 불어의 단순과거와 반과거에 해당된다.

prétexte—*sous aucun* ~ (=en aucun cas):Ne sortez pas *sous aucun* ~. (Rob) 어떤 사정이 있더라도 외출하지 마시오. *sous* (*le*) ~ *de*+*inf*:Sous ~ *d*'aider son frère, Alissa avait appris avec moi le latin. (Gide) 알리사는 동생을 도와준다는 구실로 나와 함께 라틴어를 배웠다. *sous* (*le*) ~ *que*+*ind*:M. Jo avait décidé de prolonger son séjour... *sous* ~ *qu*'il avait à surveiller.... (Duras) 죠씨는 감시해야 한다는 구실로 그곳에 머무는 것을 연장하기로 결심했다.
★ un *faux* ~는 의미상 *pléonasme 이 되기 때문에 쓸 수 없으나 un ~ *fallacieux, spécieux* 또는 un *mauvais* ~라고는 쓴다(Thomas).

préventorium—복수형은 ~s. 드물게는 préventoria.

preuve — *à* ~ 《구어》: L'histoire démontre que l'amateur tombe souvent le professionnel. *A* ~ Pasteur. (Duham) 아마추어가 흔히 전문가를 쓰러뜨린다는 것은 역사가

증명하고 있다. 그 증거로 파스퇴르가 있다. *à ~ que*+*ind*: Mais je ne me cache pas!... *à ~ que* je viens de frapper chez elle. (Estaunié) 내가 숨은 것은 아니야! 그 증거로 나는 방금 그녀의 집 문을 두드렸다.

principal— Le ~ est de guérir sa défiance. (Fén, *Tél.*) 중요한 점은 그의 의심을 해소시키는 것이다. ☆ 같은 뜻으로 Le ~ est que+*subj*.

printemps—au ~ 봄에, au ~ de 1978 1978년도의 봄에, un ~ 어느 봄에, dans le ~ de sa vie 청춘시절에.

priorité— actions de ~ 《상업》 우선주, véhicule qui a ~ sur un autre à un croisement 교차로에서 다른 차보다 앞서 갈 우선권을 가진 차. ☆ 비슷한 뜻인 primauté에는 위와 같은 시간적인 의미는 없고 논리적인 의미로 「제1위, 상위」의 뜻으로 쓰인다: Il s'est assuré dans son métier une *primauté* indiscutée. (Colin) 그는 자기 분야에서 누구나 인정하는 제1인자의 자리를 확보했다.

prix— le ~ Nobel de physique 노벨 물리학상, distribution de ~ 상장〔금, 품〕수여.

n'avoir point de ~; être sans ~ (=être de très grande valeur): Ce portrait est un chef-d'œuvre qui, un jour à venir, *n'aura point de ~*. (Dider) 이 초상화는 걸작품으로 장차 값을 정할 수 없을 만큼 가치가 있는 것이다. *à tout ~* (=coûte que coûte): Louis XVIII voulait sa tranquillité *à tout ~*. (Chateaubr, *Mém.*) 루이 18세는 어떻게 해서든지 자기의 평온을 원했다. *au ~ de*(=en échange de): Je ne l'ai obtenu qu'*au ~ de* grandes peines. (Thomas) 나는 그것을 무진 고생을 해서 겨우 획득했다. (⇨ auprès).

probable—Il est ~ que + *ind* 〔*cond*〕: Il est ~ qu'il viendra. 그는 (틀림없이) 올 것 같다//《최근 접속법을 쓰는 경향이 있으나 잘못된 용법》 Il est ~ que le gouvernement *fasse* donner des explications sur son attitude. (Cohen, *Reg.*) 정부는 그의 태도를 해명할 것 같다. *peu ~ que*+*subj*: Il est *peu* ~ 〔Il n'est pas ~〕 *qu'elle vienne*. 그는 올 것 같지 않다.

probablement—Viendra-t-il?—~. 그가 올까?—아마 올 거야//~ qu'il viendra(=Il est probable qu'il...) (⇨que³ VI, 2°).

prochain—〖N ~, ~ N〗 la semaine 〔l'année〕 ~*e* 다음 주〔내년〕, dimanche ~ 다음 일요일, la ~*e* fois 다음번, ~ village 이웃 마을//《생략적》 A la ~*e*(=Au revoir)!《구어》다음에 또 봅시다!

—〖명사적〗 Tu aimeras ton ~ comme toi-même. (St. Math) 네 이웃을 너 같이 사랑하라/Descendez à la ~*e*(=~*e* station).《구어》다음 정거장에서 내리시오.

proche *adj.*—Ces deux maisons sont fort ~*s*. 그 두 집은 아주 가까이 있다/les maisons ~*s* de la rivière 강에서 가까운 집/La nuit est ~. 밤이 가까왔다/le *Proche*-Orient 近東지방.

—*adv*.(=près)《고어》: Ils habitent tout ~. 그들은 이 근처에 산다《보통은 ici près, tout près 라고 한다》. *de ~ en ~* (=peu à peu): Des épidémies d'esprit qui gagnent les hommes *de ~ en ~* comme une espèce de contagion. (Rouss) 사상의 유행이 마치 일종의 전염병처럼 사람들을 사로잡는다.

—*prép.* ① 《드물게》Ils habitent ~ de chez moi. 그들은 우리 집에서 가까운 곳에 산다/Nous étions ~(*s*) de la ruine. 우리는 곧 파산할 지경이었다《부사로도 해석할 수 있

다. 지금에는 이런 경우 près de 를 쓴다)).
②〔~N〕《고어투나 속어에서》des cheveux qui retombent ~ les sourcils (Chaigne, *Vies et œuvres*) 양미간 가까이 내려온 머리.
—*n.m.pl.* =~s parents.

proclitique [後接語]—자신의 악센트는 잃고 다음에 오는 단어에 붙어 하나의 악센트단위를 이루는 단어를 후접어라 한다. 프랑스어에서는 관사, 결합된 conjoint 대명사들이 후접어이다(*La vertu, Je* dis.).

procureur—여성형은 procuratrice 여대리인/procureuse 《속어》 검사부인; 투쟁이 여자.

professeur—「여자교수」는 un ~, 또는 une femme[dame] ~, un ~ femme[dame](Goug, 124), 《학생용어》 une ~ (Rad, 73).

progressif [진행상]—동작이 진행 중임을(미완료) 나타내는 aspect 로, Le mal *va croissant, de jour en jour*, 또는 imparfait de l'indicatif 등으로 표현된다. 특히 영어에서 -ing 형(I am going)의 동사형을 말한다. ⇨aspect.

prompt(e)—발음[prɔ̃], 여성형 발음 [prɔ̃:t].
~ *à*[prɔ̃a]+N[*inf*]:~ *à* la colère 걸핏하면 골내는/Un jeune homme ... est ~ *à* recevoir l'impression des vices. (Boil, *Art poét.*) 청년은 악의 영향을 급히 받는다.

pronom[대명사]—1° 모든 언어에는 이미 사용한 말을 대리하거나(emploi anaphorique, 照應용법), 커뮤니케이션의 참가자 또는 言述 énoncé 의 순간에 있던 사람이나 사물을 나타내는데(emploi déictique, 지시적 용법) 쓰이는 단어들이 존재한다. 환경에 따라 대체되는 remplacé 단어는 어떤 명사도 가능할 뿐 아니라 (그래서 pronom이라는 이름이 생겼음), Es-tu *courageux?*—Oui, je *le* suis 에서처럼 형용사, *Vas-tu écrire à ta mère?*—Je suis en train de *le* faire 에서처럼 phrase 도 가능하다. 그래서 대명사를 대리사 substituts 로 부르는 경향이 있는 것이다.

2° phrase 안에서의 성격, 기능, 의미에 따라 전통문법에서는 인칭대명사 pron. personnels, 소유대명사 pron. possessifs, 지시대명사 pron. démonstratifs, 관계대명사 pron. relatifs, 부정대명사 pron. indéfinis, 의문대명사 pron. interrogatifs 로 구분한다. 전통적인 정의에 의하면 고유명사 noms propres 도 포함시킬 수 있을 것이다. 즉, Jacques est venu 에서 이름인 Jacques 는 그 자체는 보통명사가 아니나 un homme 처럼 명사 대신 쓰인 것이다. 그러므로 인칭대명사에 관해서 언어학자들은, 한편으로는 이른바 「인칭대명사」(3인칭 단수, 복수)와 다른 한편에는 「인칭명사 noms personnels」 (전통문법에서 1인칭, 2인칭 단수, 복수)로 구분하는데, 후자는 고유명사 역할을 하는 것이다.

pronoms adverbiaux [부사적 대명사]=adverbes pronominaux.

pronoms conjonctifs [접속사적 대명사]=pronoms relatifs.

pronoms démonstratifs [지시대명사]—1° 생물, 사물을 가리키거나 명사 또는 어떤 개념을 대신하는 대명사이다: Prenez *ceci*. 이것을 받으시오/Comment appelez-vous *cela?* 저것 이름이 무엇이오? /Ce sont deux beaux livres, mais je préfère *celui-ci à celui-là*. 이것들은 두권의 아름다운 책이다. 그러나 나는 저 책보다 이 책이 더 좋다/Honte à *celui* qui ment. 거짓말하는 자는 창피를 당해야 한다.

2° 지시대명사에는 단순형(*celui, celle, ceux, celles, *ce(중성))과 복합형(celui-ci[-là], celle-ci[-là], ceux-ci[-là], celles-ci[-là]), *ceci, cela, *ça(중성)가 있다.

pronoms indéfinis[부정대명사]—

1° 사람이나 사물을 막연하고 불확정하게 가리키는 대명사이다: *Aucune de ces explications ne le satisfait.* 그 해명의 어느것도 그를 만족시켜 주지 못한다/*On ne loue jamais personne sans intérêt.* (La Rochef, Max.) 이해관계 없이 다른 사람을 칭찬하는 법은 결코 없다.

2° 부정대명사에는 다음과 같은 것들이 있다.

① 인칭대명사의 기능을 갖는 것: on.

② 긍정 또는 부정의 혼합된 기능을 갖는 것: aucun, nul, pas un, personne, quelque chose, rien.

③ 수량과 배분을 나타내는 것: quiconque, quelques-uns, peu de chose, grand-chose, certains, chacun. 그리고 부사인 assez, beaucoup, combien, peu, trop 등도 독립적으로 쓰인 경우 사람이나 사물의 불특정의 수량을 나타내므로 부정대명사에 포함시킬 수 있다.

④ 전체나 복수성을 나타내는 것: tout, plusieurs, plus d'un, maint, etc.

⑤ 지시대명사의 기능을 갖는 것: l'autre, les autres, un autre, d'autres, l'un... l'autre, l'un et l'autre, l'un ou l'autre, ni l'un ni l'autre, je ne sais qui[quoi], n'importe qui [quoi], qui que, quoi que, quelqu'un, autrui, le même, tel.

3° 전통적으로 부정대명사로 보는 것들 중에는 문장에서 어떤 명사를 대신하지 않는 경우가 있는데, 엄격히 말하면 이때 이런 대명사는 명사 nominaux로 보는 것이 옳다: *Tout n'est pas dit.* 아직 할 얘기가 있다/*Rien n'y fit.* 아무 소용도 없었다.

4° aucun, certains, le même, nul, pas un, plus d'un, plusieurs, tel, tout, autre 는 대명사뿐 아니라 형용사로도 쓰인다.

pronoms interrogatifs [의문대명사]—사람이나 사물에 관해서 질문을 하는 데 쓰이는 대명사로 단순형 (*qui *que, *quoi, *quel)과 복합형 (*lequel, auquel, duquel 등)이 있다. 구어에서는 qui est-ce qui, qui est-ce que, qu'est-ce qui, qu'est-ce que, 전치사+qui est-ce que, 전치사+quoi est-ce que, lequel est-ce que, 전치사+lequel est-ce que 등이 쓰인다.

pronoms personnels [인칭대명사]—I. 〖의미〗 말을 하고 있는 사람 (1인칭), 말을 듣는 상대방 (2인칭), 화제의 대상이 되는 사람이나 사물 (3인칭)을 나타내는 대명사이다.

① 1인칭 복수형은 말하는 사람+하나 또는 여러 사람, 2인칭 복수는 말을 듣는 사람+하나 또는 여러사람, 3인칭 복수는 화제의 대상이 되는 사람들 또는 사물들을 나타낸다.

② **a**) 1인칭, 2인칭은 성의 구별이 없고 경우에 따라 남성 또는 여성이 되며, 복수형 nous, vous 는 동시에 남·여성을 가리키기도 한다. **b**) 3인칭은 성의 구별이 있다 (il, elle, le, la). **c**) 형용사나 어떤 개념, 절을 받는 3인칭 대명사는 중성이다 (Je vous *le* répète: il faut travailler./Généreux, vous *l'*êtes./Faut-*il* partir?).

③ 부사 en 과 y 도 대명사로 쓰일 수 있고 재귀대명사 se, *soi 도 포함시킬 수 있다.

II. 〖형태〗 1° 〖비강세형〗 ① 주어: je, tu, il, elle, nous, vous, ils, elles. ② 직접목적보어: me, te, le, la, nous, vous, les. ③ 간접목적보어: me, te, lui, nous, vous, leur.

2° 〖강세형〗 moi, toi, lui, elle, nous, vous, eux, elles. 강세형은 주어, 직접〔간접〕목적보어를 강조할 뿐 아니라, 전치사의 보어로 쓰이고, 긍정 명령문에서 1인칭, 2인칭 비강세형 인 me, te 대신 쓰이기도 한다 (moi, toi). 강세형은 동사 다음에 놓여 속사로 쓰이기도 한다 (C'est *moi.*).

3° 비강세형 je, me, te, le, la, 와 재귀대명사 se 는 모음이나 무음 h 앞

에서 j', m', t', l', s'가 된다. 강세를 취하면 모음이 탈락하지 않는다 (Faites-*le* entrer.). 속어에서는 자음 앞에서 je가 j'로, 모음 앞에서 tu가 t'로된다(*J'*viens. *T'*as vu ça?).

III. 〖용법〗 1° 〖주어〗 ① a) 주어가 되는 인칭대명사는 거의 대부분의 경우 비강세형 je, tu, il, elle, nous, vous, ils, elles이다. 발음이 같은 동사의 인칭을 서로 구별해 주는 중요한 역할을 한다: (je) parle, (il)parle/(je)parlais, (il)parlait/(tu) iras, (il) ira/(nous) serons, (ils)seront. b) 동사 직후에 온 tu, il(s), elle(s), nous 는 강세를 취한다: Viens-*tu?*/Où va-t-*il?*/Puissiez-*vous* réussir! ☆1) 중세에는 동사의 어미에 인칭이 표시되어 주어 대명사가 흔히 생략되는데 그 잔재로 몇몇 성구(Fais ce que dois. 의무를 다하라)가 남아있다. 2) je, tu, il은 16세기까지 강세형으로 쓰이면 동사로부터 떨어져 있었는데 (*Je* et mi chevalier en loames Dieu. =Moi et mes chevaliers en louâmes Dieu.), 지금도 「*Je* soussigné déclare que…. 아래에 서명한 나는 …을 선언한다」에서 Je는 강세형으로 동사로부터 떨어져 있다. ② 다음과 같은 경우에는 주어로 강세형 moi, toi lui, elle, nous, vous, eux, elles이 쓰인다. a) 동격이나 형용사가 다음에 올 때: Je m'énervais, *moi* toujours *silencieux*, de ne pouvoir parler vite. (Radiguet, *Diable*) 항상 말이 없던 나는 말을 빨리 할 수 없어서 안타까웠다/Si dom coursier voulait…. *Lui, loup*, gratis le guérirait. (La Font, *F*.) 말님이 원하면 늑대가 무료로 고쳐 줄 텐데.

b) 관계대명사의 선행사일 때; *Toi qui* parles, qu'es-tu? (*Ib*.) 그렇게 말하는 너는 무어냐?

c) 강한 대립이나 완전한 구별을 나타내고 싶을 때, 특히 총괄적으로 생각한 주어를 분해할 때:*Eux* le sentaient, vaguement, *lui*, plus nettement. (R. Bazin, *Les Nœllet*) 그들은 그것을 막연히 느꼈으나 그는 더 분명히 느꼈다/Ils s'étaient promis l'un l'autre, *lui* de ne point le faire, *elle* de ne pas le désirer. (Vercors, *Anim. dén*.) 그들은 서로 약속을 했다. 그는 그것을 하지 않기로, 그녀는 그것을 원하지 않기로. ☆1) 마찬가지로 주어를 강조하고 싶을 때도 쓴다:Je le sais bien, *moi*. Sais-tu, *toi*, le prix d'un tel sacrifice? 나는 잘 안다. 너는 그런 희생의 가치를 아느냐? 2) 이런 경우 pour, pour ce qui est de, quant à 등이 대립의 뜻을 나타내어 앞에 오기도 한다:*Quant à moi*, j'ai de grands projets. (Stendhal) 나로서는 커다란 계획이 있다.

d) 동사가 생략된 글에서, 특히 답변이나 비교절에서:Qui vient?—*Moi*. 누구요?—나요/Je suis plus grand que *lui*. 나는 그보다 더 크다.

e) 다른 주어와 동위, 병렬상태에 있을 때:Ton père, *toi*, tes enfants, serez honorés à jamais. (G, §471) 너의 아버지, 너, 너의 아이들은 영원히 존경받을 것이다. ☆다음의 「*Nous deux* mon frère, nous l'avons fait. 동생과 둘이서 그 일을 했다」는 속어이므로, Nous l'avons fait, mon frère et moi 또는 Mon frère et moi, nous l'avons fait로 쓰는 편이 좋다.

f) 감탄이나 의문형의 부정법이나 서술체 부정법 infinitif de narration 의 주어로서:*Lui*, faire ça! 그가 그것을 했다니!/*Moi*, vous trahir? 내가 당신을 배반하랴?/*Eux* de recommencer la dispute à l'envi. (La Font, *F*.) 그들은 앞을 다투어 토론을 다시 시작했다.

g) 절대분사절의 주어로:*Lui* parti, la réunion fut plus gaie.(Mauger)

그가 떠나자 모임은 훨씬 즐거웠다/ Vous partis, j'ai perdu le soleil, la gaîté. (Hugo, Voix int.) 당신들이 떠나자 나는 태양과 즐거움을 잃었다.

h) C'est... qui 구문에서: C'est *moi* qui suis responsable. 책임이 있는 사람은 바로 나이다/C'est *toi* qui l'as nommé. (Racine, Phèdre) 그를 임명한 사람은 너이다.

i) même, autre, aussi, non plus, seul 등 강조어가 뒤에 올 때: *Lui-même* l'a promis. 그 사람 자신이 그것을 약속했다/*Lui aussi* presentait le péril.(Mauriac, Le Sagouin) 그 역시 위험을 예견했다/*Toi seule* nous convaincs de notre bassesse. (Boss, Mort) 당신만이 우리에게 우리의 비천함을 깨닫게 해준다.

③ 대명사 il은 비인칭동사나 비인칭으로 쓰인 동사와 함께 쓰이면 중성이다: *Il* neige. 눈이 온다/*Il* est deux heures. 두 시이다/*Il* convient que vous veniez. 당신이 오는 것이 좋다.

④ 여러 동사가 같은 주어를 가질 때 주어는 첫째 동사와 함께 한번만 쓰는 것이 일반적이다: *Il* ne lit ni écrit. 그는 읽지도 쓰지도 않는다/ *J'*ouvris la porte, pénétrai dans la chambre. 나는 문을 열고 방안으로 들어갔다. ☆그러나 문체상 효과를 얻기 위해 주어를 흔히 반복하기도 한다. 시제가 바뀔 때 주어의 반복은 일반적이고, 부정에서 긍정으로 바뀔 때도 주어의 반복이 필요하다: *Il* ouvre de grands yeux, *il* frotte ses mains, *il* se baisse, *il* la(=une tulipe) voit de plus près. (La Br) 그는 눈을 크게 뜨고 두 손을 비비며 몸을 구부리고 튜립을 아주 가까이 들여다보았다/*J'*avais réfléchi et *je* pris la résolution de partir. (G, §473) 나는 깊이 생각한 끝에 떠나기로 결심했다/*Il* ne menace plus, *il* supplie maintenant. (Ib.) 그는 이제 협박하지 않고 간청하고 있다.

2°〖목적보어〗① a) 동사 앞에 오는 목적보어 대명사는 비강세형 me, te, se, le, la, lui, nous, vous, les, leur 이다: On *me* voit./Tu *lui* obéis./Ne *me* trahis pas./Ne *leur* dites rien.
b) me, te, lui, nous, vous, leur 는 소유관계를 나타낼 때도 있다: Le cœur *lui* battait. (Boylesve, Mlle Cloque) 그의 가슴이 두근거렸다.

② 동사 뒤에서는 목적보어로 강세형 moi, toi, soi, lui, elle, nous, vous, eux, elles 이 쓰인다. a) 목적보어 대명사가 같은 기능의 명사, 대명사와 등위관계일 때: Il contemplait la foule sans distinguer ni *moi* ni personne.(France, L'Etui) 나도 아무도 알아보지 못한 채 그는 사람들을 응시했었다/Je rends ces lettres à *vous* ou à *lui*. (Vigny, Mar. d'Ancre) 나는 이 편지들을 당신이나 그에게 돌려 주겠다. b) 주어와 동사가 생략된 글, 특히 답변이나 비교절에서: Qui blâme-t-on?—*Toi*. 누구를 비난하는가?—너를/Ceci me convient moins qu'à *lui*. (G, §475) 그것은 그에게보다 나에게 덜 적합하다. c) ne... que(=seulement) 다음에: On n'admire que *lui*. 그만을 찬양한다/Je n'obéirai qu'à *eux*. 나는 그들에게만 복종하겠다. d) C'est... que 구문에서: C'est *moi* que vous cherchez, messieurs? 여러분, 나를 찾으시오?/C'est à *moi* qu'il a parlé. 그가 말한 것은 나에게이다.

★ 1) 긍정명령문의 목적어 대명사는 강세형이다(Crois-*moi*. Dis-le-*lui*). le, la, les, leur 도 단음절어가 뒤에 오지 않으면 강세를 지닌다: Dis-*le*; Obeis-*leur* 《그러나 Dis-le-lui, Prenez-le donc의 le는 비강세이다》.
2) 긍정명령문에서 1인칭, 2인칭 단수형대명사는, 대명사 en, y가 뒤에

오면, me, te가 되어, 결국 m', t'로 축약된다 : Donnez-*m'en*./Va-*t'en*./ Mène-*m'y*./Jette-*t'y*.
③ 목적보어를 강조하기 위해서는 인칭대명사를 다시 쓰며 전치사가 붙은 보어대명사로는 강세형이 쓰인다 : Mais je ne sais pas ce qu'il *lui* a dit, à *elle*. (Cl. Farrère, *Le Chef*) 그가 그녀에게 무슨 말을 했는지 나는 모른다/Il finissait par *l'*accuser, *elle*, de l'ignominie.... (Thérive, *Sans âme*) 그는 마침내 그녀를 비열하다고 책망했다/Nous pensons à *toi*. 우리는 너를 생각한다/renoncer à *eux* 그들을 단념하다/venir vers *nous* 우리쪽으로 오다/Sans *lui*, vous ne pouvez rien. 그 사람이 없으면 당신은 아무것도 못한다.
④ 형용사처럼 쓰인 과거분사 앞에 오는 간접보어 대명사는 항상 「à+강세형」이다 : On a quantité de lettres *à elle* adressées... par son fils. (Ste-Beuve, *Port-Royal*) 그녀의 아들이 그녀에게 보낸 많은 편지를 갖고 있다/ce troupeau de petits garçons *à eux* confié(Daniel-Rops, *Les Années*) 그들에게 맡겨진 어린 소년들의 무리.
⑤ le 는 중성보어대명사로 쓰인다. **a**) 동사나 절 전체에 들어 있는 개념을 나타내거나 예고할 때 : Tu te justifieras après si tu *le* peux. (Corn, *Cinna*) 할 수 있으면 나중에 무죄를 증명해라/Nous *le* jurons tous: tu vivras!. (G, §478) 우리는 모두 이 점을 단언한다. 너는 살 것이다. **b**) 확실한 의미를 갖고 있지 않은 gallicisme 에서 : Il *le* prend de haut. 그는 거만하게 군다/*l'*emporter 이기다/Je me *le* tiendrai pour dit. 나는 명심하겠다. ☆1) 대명사 la 도 속어에서는 중성대명사처럼 쓰인다 : Je *la* connais. 나는 속속들이 알고 있다/Il se *la* coule douce. 그는 편안하게 산다/Il *la* trouve mauvaise. 그는 불만스럽게 여긴다. 2) 다음 「*la* bailler belle à *qn* ···를 속이려하다, *la* manquer belle 좋은 기회를 놓치다, 위기를 벗어나다, *l'*échapper belle 위험을 모면하다」의 la 는 지금은 중성처럼 쓰이지만 본래는 명사「balle 공」를 의미했었다.
c) autre, autrement, aussi, comme, plus, moins 등으로 유도되는 비교절에서 중성대명사 le 의 사용 여부는 임의적이다 : Je vaux moins que vous *le* pensez.(Mauriac, *Asmodée*) 나는 당신이 생각하는 것보다 쓸모가 없는 사람이다/Paris était alors plus aimable qu'il n'est aujourd'hui. (France, *La Vie*) 당시 파리는 요즈음보다 더 사랑스러웠다/Il est autre que je croyais[que je ne croyais, que je ne *le* croyais]. 그는 내가 생각했던 것과는 다르다.
⑥ dire, faire, pouvoir, savoir 등 많이 쓰이는 동사가 있는 비교절에서 보어대명사 le 의 생략은 매우 흔하다 : Il a travaillé pendant cette saison plus qu'il n'avait fait depuis dix ans. (G, §478) 그는 이번 시즌에 지난 십년 이래로 했던 것보다 더 많이 일을 했다/Il m'a aidé autant qu'il a pu. 그는 그가 할 수 있는 만큼 나를 도왔다/Il est très avare, comme chacun sait. 그는 모두 알듯이 매우 인색하다. ☆1) pouvoir, vouloir 가 들어 있는 시간, 조건절에서도 때로는 생략된다 : Je ferai ce travail quand vous voudrez. 당신이 원할 때 그 일을 하겠다/Viens chaque fois que tu pourras. 네가 올 수 있을 때마다 오너라. 2) 부정문으로 된 의사 표시에서도 흔히 생략한다 : je ne pense pas, je ne crois pas, je ne dis pas, je ne vois pas, je ne veux pas. 3) 그러나 이상의 모든 경우에서도 강조하고 싶으면 중성대명사 le 를 쓴다 : ...comme vous *le* dites 당신이 말한대로/...plus qu'il ne *l'*aurait

fait 그가 했을 것보다 더, ...quand vous le pourrez 당신이 그럴 수 있을 때, ...je ne le pense pas 나는 그렇게 생각 안한다.

⑦ 병렬 혹은 등위관계인 동사들이 같은 인칭대명사를 목적보어로 가질 때 반복 여부는 다음과 같다.

a) 대명사의 기능이 같을 때(직접목적보어이거나 간접목적보어) 1) 단순시제일 때는 주어가 반복되지 않더라도 보어대명사를 반드시 반복한다:Je les vois et (je) les entends./Il nous parle et (il) nous pardonne. 2) 복합시제일 때는, 조동사가 반복되었으면 대명사도 반복하고, 조동사가 반복되어 있지 않으면 대명사도 반복 안됨:Je les ai vus et les ai entendus./Je les ai vus et entendus./Elle m'a écrit de Florence et envoyé son livre. (France, Le Lys rouge) 그녀는 피렌체에서 나에게 편지를 썼고 책을 보냈다.

b) 대명사가 두 기능을 가질 때(하나는 직접목적보어, 하나는 간접목적보어). 1) 단순시제이면, 보어명사를 반드시 반복한다:Il me blesse et (il) me nuit./Il nous jugera et nous pardonnera. 2) 복합시제에서도 조동사와 함께 반복하는 것이 보통이다:Il nous a jugés et (il) nous a pardonné./Ils vous ont abordés et (ils) vous ont parlé.

⑧ pronom expressif d'intérêt atténué는 말하는 사람이 행위에 관심을 품고 있음을 나타내거나, 상대방 또는 독자의 관심을 끌기 위해서 1인칭, 2인칭 보어 대명사를 일부러 붙이는 것을 말한다:Tu m'as l'air gaillard ce matin. (Maupass, Bel Ami) 오늘 아침에는 쾌활한 것 같군요/Regardez-moi cette misère. (Thérive, Sans âme) 저 비참한 모습 좀 보시오/Si c'était mon fils, je te le dresserais. (Mauriac, Désert) 그가 내 아들이라면 잘 가르쳐 놓을 텐데. ☆때로는 이런 허사적 대명사를 두개나 쓰는 경우도 있다:Avez-vous vu comme je te vous lui ai craché à la figure? (Hugo, Les Misér.) 내가 그의 얼굴에 어떻게 침을 뱉았는지 보았지요?

IV. 〖보어대명사의 어순〗 1° 〖명령문〗

① 긍정명령문에서는 보어대명사가 동사 뒤에 온다(Regarde-moi./Prenez-le./Obéissez-lui./Voyez-les partir.). 지각동사와 laisser, faire, envoyer, mener 의 명령문에서 부정법의 보어대명사는 주동사와 부정법 사이에 들어간다: Cette romance, écoute-la chanter./Ce paquet, faites-le prendre.

② 부정명령문에서 보어대명사는 동사 앞에 온다(Ne me regarde pas comme ça./Ne leur obéissez pas.). 지각동사와 laisser, faire, mener, envoyer의 명령문에서 부정법의 주어이며 주동사의 목적보어인 대명사는, 부정법이 자동사나 간접타동사이면, 對格(즉, 직접목적보어형)으로 놓는다(Ne les laissez pas partir. 그들이 떠나도록 내버려두지 말라/Ne la faites pas venir. 그녀가 오지 않도록 해라/Ne la laissez pas nuire à sa famille. 그녀가 집안의 명예를 손상하도록 내버려두지 말라). 부정법이 직접타동사이면 보어대명사는 대격 또는 與格(즉, 간접목적보어형)으로 놓는다: Ne les 〔leur〕laissez pas lire ce livre. 그들이 이 책을 읽도록 내버려두지 마시오.

③ 긍정명령문에서 보어대명사가 둘이면, 직접목적보어를 간접목적보어 앞에 놓는다(Dites-le-moi. Envoyez-les-lui). 지각동사와 faire, laisser, mener, envoyer 의 긍정명령문에서, 직접타동사인 부정법과 주동사가 각각 보어대명사를 가지면, 부정법의 보어대명사를 대격(le, la, les)으로 먼저 쓰고, 주동사의 보어대명사를 여격(moi, toi, lui, nous, vous, leur)

pronoms personnels

으로 다음에 쓴다(Ce livre, laisse-*le-moi* lire./Ces livres, regardez-*les-lui* relier.). 또는 주동사 바로 뒤에 주동사의 보어대명사를 두고(대격 moi, toi, le, la, nous, vous, les) 부정법의 보어대명사(me, te, le, la, nous, vous, les)를 부정법 앞에 놓기도 한다:Ce livre, laisse-*moi le* lire./Ces livres, regardez-*le les* relier. ④ 부정명령문에서는 lui와 leur를 제외하고 간접목적보어를 먼저 쓴다: Ne *me* le répétez pas./Ne le *lui* dites pas./Ce livre, ne *me* le laisse pas oublier, ne le *lui* laisse pas lire(또는 Ce livre, ne *me* laisse pas *l'*oublier, ne *le* laisse pas *le* lire.).

2° 〖명령문이 아닐 때〗 ① 목적보어 대명사는 일반적으로 동사(또는 조동사) 앞에 오고 비강세형이다(On *le* voit./On *nous* a vus./Nous *leur* obéirons./Qu'on *vous* obéisse!). 강조하기 위해 덧붙인 보어대명사(항상 강세형)는 동사 앞 또는 뒤에 두는데, 이 어순은 문체상의 문제가 될 뿐이다:*Lui*, je le connais 〔Je le connais, *lui*〕. 나는 그를 안다.

② **a)** 전치사가 붙은 보어대명사는 동사 뒤에 온다(항상 강세형):Vous allez à *lui*./Qu'on parte sans *eux*! 그들을 제외하고 떠나도록! **b)** C'est ... que 구문에선 동사 앞에 온다: C'est de *lui* qu'il s'agit. 그 사람이 문제이다.

③ 동사 앞에 두개의 보어대명사가 올 때는, lui, leur를 제외하고 간접목적보어를 먼저 쓴다:Tu *me* le dis./Ces fautes, je *te* les pardonne./Nous le *lui* dirons./Qu'on les *leur* envoie.

★ 위 III, 2°, ⑧(pron. expressif d'intérêt atténué)의 경우가 아니고는, me, te, se, nous, vous 는 서로 나란히 놓이거나, lui와 leur 곁에 놓일 수 없다. 따라서 Tu *me lui* présenteras 는 틀린 글이고, 「Tu *me* présenteras à *lui*. 나를 그에게 소개해라」라고 해야 한다: J'écris au baron de T... pour *vous* recommander à *lui*. (B. Constant, *Adolphe*) 나는 당신을 T 남작에게 소개하려고 그에게 편지를 쓴다/Il m'offrit de *me* présenter à *vous*. (Dumas f., *Le Fils*) 그는 나를 당신에게 소개하겠다고 제의했다.

④ 부정법이 앞에 온 동사의 보어이면, 부정법의 보어대명사는 부정법 직전에 놓인다:Je veux *le* voir. 나는 그를 보고 싶다/J'ai voulu *m'*exiler de France. (Musset, *N. de Déc*.) 나는 프랑스에서 떠나고 싶었다. ☆1)그러나 부정법이 지각동사나 faire, laisser, mener에 종속되면, 부정법의 보어대명사는 주동사의 앞에 온다:Cette maison, je *l'*ai vu bâtir./Ce paquet, je *le* ferai prendre. 2)부정법이 envoyer 동사에 종속되면 두가지 구조가 다 가능하다: Nous *l'*enverrons chercher 〔Nous enverrons *le* chercher〕. 우리는 그를 찾으러 보내겠다. 3)주동사의 보어대명사는 주동사 앞에 온다:Ces hommes, je *les* vois venir./Je *le* 〔*lui*〕 laisse lire ce livre. 4)주동사와 부정법이 각기 보어대명사를 가지면 대명사는 각 동사 앞에 놓인다:On *me* voit *me* lever./Je *les* entends *te* parler./Tu *les* laisses *m'*insulter. (Mauriac, *Passage*) 너는 그들이 나를 모욕하도록 방임했다/Elle *m'*a fait *la* quitter. (Léautaud, *Journal*) 그녀는 내가 그녀와 헤어지게 했다. 5)그러나 부정법의 보어대명사가 le, la, les이면 주동사의 보어대명사와 주동사 앞에 병렬시킬 수 있다:Ce livre, on *nous le* laisse lire./Cette chanson, je *vous l'*écoute chanter./Ces paroles, je *les lui* entends prononcer.

V. 〖속사〗 1° 강세형 인칭대명사는 속사가 될 수 있다. 특히 c'est 다음에서:Vous êtes papa et maman.

Vous êtes bien *vous!* Alors pourquoi faites-vous comme si vous n'étiez pas *vous?* (Duham, *Les Plaisirs*) 아빠와 엄마시군요. 정말 그렇군요. 그런데 왜 아닌 척하세요?/L'Etat, c'est *moi.*《루이 14세의 말》국가는 바로 짐이다.

2° 「정관사(소유, 지시형용사)+명사 속사」를 대명사로 받을 때는 그 명사에 일치하는 le, la, les를 사용한다(《문어에서》):Je ne *la* suis plus, cette Rosine que vous avez tant poursuivie! (Beaumarch, *Mariage de F.*) 당신이 그토록 쫓아다닌 그 로지나가 나는 이제 아니에요./Je ne serai jamais sa maîtresse, je ne *la* serai jamais de personne. (Henriot, *Les Occasions*) 나는 결코 그의 정부도 누구의 정부도 되지 않을 것이다. ☆1) 구어나 일상어에서는 la, les를 속사로 잘 쓰지 않고 다른 표현을 쓴다:Etes-vous les députés?—Oui(Oui, c'est nous [Certainement, nous sommes les députés.]). 당신들이 대표(의원)들이오?—예(예, 우리가 그렇소〔물론이오. 우리가 대표들이오〕). 2) 문어에서도 때로는 la, les 대신 le를 쓴다: Vos sujets? Ils ne *le* sont plus. (R. Rolland, *Les Léonides*) 당신 신하들이라구요? 그들은 이미 그렇지 않소/Vous n'êtes pas ma mère.—Il me semble que je *le* suis, en vous entendant parler. (Id., *Les Tragéd. de la foi*) 당신은 나의 어머니가 아니요—네가 말하는 것을 들으니 내가 그런 것 같은데.

3° 형용사, 분사와 정관사나 다른 한정사가 없는 명사 속사를 대명사로 받을 때는 중성 le를 사용한다: Etes-vous chrétienne? Je *le* suis. (Volt, *A Mme du Deffand*) 당신은 기독교 신자요?—그렇소/Ma sœur est une enfant, et je ne *le* suis plus. (Musset, *A quoi rêvent les j. f.*) 내 누이는 어린애지만 나는 이미 그렇지 않다/Je les appelle assassins parce qu'ils *le* sont. (A. Suarès, *Vues sur l'Europe*) 그들이 암살자들이니까 그들을 암살자라 부른다. ☆속어, 일상어에서는 이런 경우 속사대명사로 en을 쓰기도 한다:On les appelle assassins, et ils *en* sont, en effet./Voyons si ce liquide est de l'eau ou si ce n'*en* est pas. (G, §485) 이 액체가 물인지 아닌지 봅시다.

4° c'est 다음의 속사대명사 3인칭 (lui, elle(s), eux)은 사람뿐 아니라 동물, 사물도 나타낸다:Est-ce votre mère?—Oui, c'est *elle.*/Vos parents?—Ce sont〔C'est〕*eux.*/Est-ce votre chien?—C'est *lui* (qui aboie)./Est-ce votre maison?—C'est *elle* (que vous voyez).

VI. 〖부사적 대명사 en, y〗⇨en², y².

1° 〖용법〗⇨en², y².

2° 〖en과 y의 위치〗① en과 y는 동사〔조동사〕앞에 온다(Il *en* rit. Il *en* a ri./J'y crois. J'y ai cru./N'*en* parle pas./N'y va plus). 그러나 긍정명령문에서는 동사 뒤에 오는데 trait d'union으로 연결된다: Prends-*en.*/Penses-*y.*

② 다른 대명사와 함께 쓰이면 en, y는 그 대명사 다음에 온다:Il vous *en* parlera. 그는 당신에게 그것에 관해서 말할 것이다/Ne nous *en* parlez pas./Soyons-leur-*en* reconnaissants. 그것에 대해서 그들에게 고맙게 여기자/Il nous *y* a conduits. 그는 우리를 그곳에 안내했다/Je vous *y* verrai venir. 나는 당신이 그곳에 오는 것을 볼 것이다.

③ 명령문에서 1인칭, 2인칭단수 me, te와 함께 쓰이면 en, y는 그 다음에 쓰고 me, te는 m', t'로 축약된다 (Donnez-*m'en.* Croyez-*m'en.* Mène-*m'y.* Réfugie-*t'y.* Ne *m'en* veuille pas. Ne *t'y* fie pas.). 그러나 m'y, t'y는 거의 쓰이지 않고 y-moi, y-toi를 더 잘 쓴다:Mènes-*y-moi.* (Lit)/

Confies-*y-toi*. (*Ib.*). 그러나 G, §505 는 이 구조 역시 잘 쓰이지 않고 je vous prie de…, je vous conseille de… 등 다른 어법으로 바꾸어 쓴다고 한다.
④ en, y 가 부정법의 보어이면 부정법 앞에 두거나 주동사 앞에 두거나 한다(Je veux *en* parler./Je désire *y* revenir./J'*en* veux parler./J'*y* puis prétendre.). en, y 가 지각동사나 faire, laisser, mener, envoyer 에 종속된 부정법의 보어이고, 주동사도 보어인칭대명사를 갖고 있으면, 주동사 앞에 주동사의 보어인칭대명사와 함께 놓이거나 부정법 직전에 놓인다:Vous m'*en* entendrez parler [Vous m'entendrez *en* parler]. 당신은 내가 그것에 대해 말하는 것을 듣게 될 것이다/Je *vous y* verrai venir [Je vous verrai *y* venir]. 나는 당신이 그곳에 오는 것을 볼 것이다/《명령문》 Ecoute-moi *en* parler [Ecoute-m'*en* parler]. 내가 그것에 대해 얘기하는 것을 들어라/Ne m'*en* laisse pas parler [Ne me laisse pas *en* parler].
⑤ en 과 y 가 동시에 오면 y 를 먼저 쓴다:Mettez-*y-en*. (Lit)/Il n'y a pas de soieries en cette ville… expédiez-*y-en*. (*Ib.*) 이 고을에는 견직물이 없으니 그것을 이곳에 보내시오/Je n'*y en* ai point vu.(Mol, *Crit. de l'Ec. des f.*) 나는 그곳에서 그것을 전혀 보지 못했다. ⇨soi, nous, vous.

pronoms possessifs [소유대명사] ⇨adjectifs possessifs.
I. 〖의미〗 어떤 명사의 개념에 소유의 개념을 덧붙여 그 명사를 대리하는 대명사이다:Voici mon livre;voilà *le tien*. 이것은 내 책이고 저것은 너의 것이다.
II. 〖형태〗 소유형용사 강세형 앞에 정관사를 붙인 것이다.
1° 〖소유자 단수〗 ① 1인칭:le mien, la mienne, les miens, les miennes. ② 2인칭:le tien, la tienne, les tiens, les tiennes. ③ 3인칭:le sien, la sienne, les siens, les siennes.
2° 〖소유자 복수〗 ① 1인칭:le〔la〕nôtre, les nôtres. ② 2인칭:le〔la〕vôtre, les vôtres. ③ 3인칭:le〔la〕leur, les leurs.
III. 〖용법〗 1° 소유대명사는 보통 한정을 받은 명사를 나타낸다:Mes pensées s'accordent avec *les tiennes*. (Mauger) 내 생각은 너의 것과 일치한다/Je n'ai de volonté que *la tienne*. (Ac) 내 의사는 너의 것과 같을 뿐이다.
2° 그러나 다음과 같이 소유대명사는 독립적으로 쓰이기도 한다.
① 남성복수형은「부모, 친척, 가족, 동료」를 가리킨다:Le père travaille dur pour nourrir *les siens*. (Mauger) 아버지는 가족들을 먹여살리기 위해서 힘들여 일한다/Devant ces assauts répétés *les nôtres* tenaient bien. (*Ib.*) 계속되는 그 공격 앞에서 우리 병사들은 잘 버티었다/Ne serez-vous pas *des nôtres*? (Ac) 우리와 함께 가시〔계시〕지 않겠어요?
② 중성단수형 (즉, 남성단수형)은「재산, 재능, 양보」를 뜻한다:Je ne demande que *le mien*. (*Ib.*) 나는 내 몫을 요구할 뿐이다/Que chacun y mette *du sien*, et tout ira bien. (Mauger) 각자 성의〔노력〕를 다하면 만사는 잘 될 것이다.
③ 여성복수형이 faire 의 목적보어로 쓰이면「습관적인 버릇, 장난」을 뜻한다:Ce garçon a encore *fait des siennes*:il m'a cassé une vitre.(*Ib.*) 그 소년이 또 나쁜 장난을 했다. 내 유리창 한장을 깨뜨렸다.
④ 권위, 겸손을 나타내기 위하여 le mien, la mienne, les miens, les miennes;le tien, la tienne, etc. 대신 le〔la〕nôtre, les nôtres;le〔la〕vôtre, les vôtres 를 쓸 때가 있다(⇨nous, vous): la dignité de l'Etat et *la nôtre*. (G, §511) 국가와 짐의 존엄

성/Cette opinion n'est pas *la nôtre*. (*Ib.*) 이 의견은 필자의 것이 아닙니다.
⑤ 소유대명사는 propre를 덧붙여 강조되기도 한다:Un homme est plus fidèle au secret d'autrui qu'*au sien propre*. (La Br) 인간은 자기 자신의 비밀보다 남의 비밀을 더 잘 지킨다/préoccupé du bien public autant ou plus que *du mien propre*(Gide, *Thésée*) 내 자신의 이익만큼 아니 그 이상으로 공익에 전념하여.
⑥ 수사가 정관사 다음에 놓이기도 한다:Les *deux* nôtres(=des hirondelles) vivaient perchées sur l'épaule, sur la tête. (Colette, *La Maison de Claudine*) 우리 제비 두마리는 어깨와 머리 위에 앉아서 살았다.

pronoms réfléchis[재귀대명사]— 주어와 같은 인칭의 보어대명사를 말한다. 1,2인칭 대명사 me, moi; te, toi; nous; vous 는 재귀대명사로 쓰이나, 3인칭은 se, soi를 쓴다. 3인칭 강세형 lui, eux, elle(s)은 soi와 병행해서 재귀적으로 쓰일 때가 있다. ⇨verbes pronominaux; soi.

pronoms relatifs [관계대명사]—
I. 〖의미〗 대명사와 접속사의 기능을 동시에 갖는 대명사를 말한다. 「J'ai retrouvé le livre *qui* me manquait. 나에게 없던 그 책을 다시 찾았다」에서 qui 는 le livre 를 나타낸다(= Ce livre me manquait). 따라서 qui 는 대명사이다. 또 주절의 le livre 가 종속절의 qui 로 바뀜과 동시에 qui 는 주절과 종속절을 연결하는 접속사 역할을 한다. 그래서 관계대명사를 접속대명사 pronoms conjonctifs 라고도 부른다. 그리고 관계대명사가 대리하는 명사나 대명사를 선행사 *antécédent 라 한다(위의 le livre).

II. 〖형태〗 ①〖단순형〗성, 수 불변: qui, que, quoi, dont, où. ②〖복합형〗성, 수에 따라 변하는 것:lequel.

III. 〖용법과 일치〗 각 항목을 참조할 것.

IV. 〖위치〗 1° 보통 관계대명사는 선행사 직후에 놓인다(Il y a dans la vie *des maux qu*'il faut supporter avec patience. (G, §564) 인생에는 참고 견디어야 할 재난이 있다). 따라서 On vit paraître *un chef* à la tête de l'armée *dont* la bravoure ranima les courages abattus 는 잘 못된 글이고, 「On vit paraître à la tête de l'armée *un chef dont* la bravoure ranima les courages abattus. (*Ib.*) 부대 선두에 한 장수가 나타나는 것이 보였는데 그 용맹함이 땅에 떨어진 사기를 다시 북돋아 주었다」로 써야 한다.

2° 그러나 관계대명사가 선행사 직후에 오기 어렵거나 qui, que, dont, à qui 등을 사용하면 뜻이 모호해질 경우에는, 관계대명사를 lequel, auquel 등으로 바꾸거나, 다른 어법으로 바꾸어 쓰는 것이 좋다. 즉 Il y a une édition de ce livre qui se vend fort bon marché 대신 「Il y a *une édition* de ce livre, *laquelle* se vend fort bon marché. 그책에는 또 하나의 版이 있는데 그 판은 매우 싸게 팔리고 있다」로 써야 한다.

3° 글의 뜻이 애매하지 않을 경우, 관계대명사는 선행사 옆에 직접 놓이지 않을 수 있다. 흔히 선행사가 celui-là, ceux-là, tel, quelqu'un 혹은 비강세 인칭대명사일 때 흔히 그렇다:*Celui-là* est riche, *qui* reçoit plus qu'il ne consume. (La Br) 소비하는 것보다 많이 받는 사람은 부자이다/*Tel* est pris *qui* croyait prendre. (La Font, *F.*) 혹 떼러 갔다가 혹 붙여 온다/*Il* est là *qui* dort. 그가 저기서 자고 있다/Nous *le* vîmes *qui* avait jeté à terre sa belle chemise blanche. (Loti, *Mon Frère Yves*) 그의 예쁜 흰 셔츠를 땅바닥에 내던지는 그를 우리는 보았다.

4° 의문사 다음에서 : *Que* voyez-vous *qui* vous plaise? (Mauger) 당신은 무엇이 당신 마음에 든다고 생각합니까?

V. 〖관계대명사의 반복〗 1° 회화에서는 형태와 기능이 같은 관계대명사라도 반복하는 경향이 있다 : les affaires *que* je crée et *que* je dirige (Mauger) 내가 만들고 운영하는 사업.

2° 문어에서는 반복하지 않는 경우가 많다(les affaires *qu*'il crée et dirige). 그러나 부가, 대립을 강조하기 위해 관계대명사를 반복하기도 한다 : Voilà un fait *qui* étonnera, *qui* scandalisera. 그것은 놀라게 하고 분노를 일으킬 사건이다/Voilà un fait *qui* scandalisera les uns, mais *qui* amusera les autres. (Mauger) 그것은, 어떤 사람은 분통을 터뜨릴 것이나, 다른 사람은 재미있어 할 사건이다.

3° 형태는 같으나 기능이 다른 관계대명사는 보통 반복한다 : l'homme *que* tu es devenu et *que* je connais bien 어른이 된 너, 그리고 내가 잘 아는 어른인 너《처음의 que 는 속사, 뒤의 que 는 목적격》/celui *dont* je vous ai parlé et *dont* je vous ai montré la photo 내가 당신에게 얘기했고 그의 사진을 보여준 그 사람《처음의 dont 은 간접보어, 뒤의 dont 은 명사의 보어》.

pronominale (voix) [代名態]—주어가 하는 동작이 주어로 되돌아오는 제3의 *voix 로 중간태 voix moyenne 또는 재귀태 voix réfléchie 라고도 부른다. 그러나 이 제3의 대명태는 결국 능동태의 특수한 경우로 볼 수 있다.

pronominaux ⇨verbes pronominaux, adverbes pronominaux.

prononciation[발음]— 음운 *phonème 이나 기호소 *monème 또는 *phrase 에 대해서 음성적 형태를 부여하는 일. 따라서 이에는 *phonème, *accent, *intonation, *timbre des voyelles, *durée vocalique 모음의 길이, *enchaînement des mots, *liaison, *assimilation(이상 각 항 참조) 등이 포함된다. 그러나 좁은 의미로는 흔히 *orthoépie 의 뜻으로 쓰이는 수도 있고, 특히 가장 일반적으로는 *graphie 와 phonème 와의 관계(어떤 글자가 어떻게 읽히느냐)를 뜻한다. 본서에서는 각 문자 *graphème 마다 alphabet 의 순으로 발음을 표시해 놓았다. (둘 또는 그 이상의 graphème 이 모여서 하나의 철자 단위를 형성하는 것들에 대한 발음은 그 groupe de graphème 의 첫 글자(예를 들어 ch 는 c 에서, eau 는 e 에서) 항에서 다루었다. 모음의 timbre([e]와 [ɛ], [o]와 [ɔ], [ø]와 [œ], [a]와 [ɑ])의 구별법에 대해서는 timbre 를 볼 것.

proportion (proposition de) [비례절]—부사절의 일종(⇨proposition subordonnée). 정도의 비례적인 변화를 나타내는 것. d'autant plus〔mieux, moins〕 que... plus〔davantage, moins〕(⇨autant), plus〔moins〕... (et) plus〔moins〕 (⇨plus I, 5°; moins I, 5°), (au fur et) à *mesure que, à proportion que 등으로 유도된다.

propos—*à ~ : A ~*, camarade, ma femme va être forcée d'aller passer un jour à Paris. (Zola) 여보게, 그런데 말씀이야, 내 아내가 파리에 가서 하루를 보내게 될거야/On peut dire que tu viens *à ~*. (France) 자네가 때마침 잘 왔다고 얘기할 수 있겠군. trouver〔juger〕 *à ~ de*+*inf* : La geôle étant en mauvais état, M. le juge d'instruction *trouve à ~ de* transférer Champmathieu. (Hugo) 감옥의 상태가 나쁘기 때문에 예심판사는 샹마티유를 이송하는 것이 옳다고 생각했다. *hors de ~* 함부로, 당치않게. *à ~* : répondre avec *à ~* 알맞게 답변

하다.
proposition[절]—I. 인상, 감정, 판단, 의지 등 정신에 관계되는 행위를 나타내는 어군을 말한다(J'ai froid./L'homme est mortel./Qu'il parte!). 절은 흔히 여러 단어로 구성되나, 몸짓, 억양, 표정의 도움을 받아 한 단어가 완전한 생각을 나타내기도 한다:Sortez!/Partir?/Sauvé!
II. 〖분류〗절 상호간의 관계로 보면, 절은 독립절 prop. indépendante, 주절 prop. principale, 종속절 prop. subordonnée 로 나누어진다.

1° 〖독립절〗 다른 절에 종속되지도 않고 다른 절을 종속시키지도 않는 그 자체로 충분한 절을 말한다:La moquerie est souvent indigence d'esprit. (La Br) 조소는 흔히 재치의 부족에서 온다/On m'élit roi,| mon peuple m'aime. (La Font, *F.*) 나를 왕으로 선출했다. 내 국민은 나를 사랑한다.

2° 〖주절〗 하나 이상의 절을 종속시키고 있는 절:On a perdu bien peu 《주절》quand on garde l'honneur. (Volt, *Adél. du Guesclin*) 명예를 간직하고 있는 한 잃은 것은 극히 적다.

3° 〖종속절〗 다른 절에 종속되어 그 절을 보충해준다:Le camp ressemblait à une ville《주절》, tant il était rempli de monde et d'agitation《종속절》. (Flaub, *Salammbô*) 야영지는 도시와 흡사했다. 그토록 사람이 많고 술렁거렸다. ⇨incise (proposition).

III. 절을 「판단의 진술 énoncé」(Brachet, 271), 「사실, 사상, 명령, 희망, 질문의 진술」(QLF)로 정의하여 긍정절, 부정절, 의문절로 구별하는데, 이렇게 생각하면 절은 단문 phrase simple 과 같다:Les passions tyrannisent l'homme. (La Br) 욕망이 인간을 괴롭힌다 / L'homme n'est ni ange ni bête. (Pascal) 인간은 천사도 짐승도 아니다/Qui vient? Qui m'appelle? (Musset, *N. de Mai*) 누가 왔나 ? 누가 나를 부르는가 ?

proposition complétive ⇨proposition subordonnée.

proposition infinitive[부정법절] ⇨infinitif.

proposition participe[분사절]⇨ participe passé, participe présent.

proposition relative[관계사절]—
I. ①관계대명사나 관계부사가 유도하는 종속절이다(⇨pronoms relatifs):l'enfant *que* le Seigneur aime (Racine, *Athalie*) 예수가 사랑하는 어린이/Cette mer *où* tu cours est célèbre en naufrages! (Boil, *Ep.*) 네가 가는 바다는 파선으로 유명하다.

②관계대명사는 흔히 명사나 대명사를 대리하지만 절전체를 나타내기도 한다. 이때의 절은, 중성대명사 ce 나 일반적 의미의 chose, fait 같은 명사로 다시 나타내거나 앞서 나오기도 한다:Mon père se versa un grand verre d'eau et le vida d'un trait avant d'avoir rien mangé, *acte qu*'il prohibait toujours sévèrement. (Jaloux, *Le Reste*) 아버지는 물 한잔을 따르고, 아무것도 먹기 전에 단숨에 마셨다. 그것은 그가 항상 엄격히 금지하던 행위였다.

II. 〖의미〗 1° 관계대명사절은 형용사적 기능 이외에 명사절처럼 쓰이기도 하고(*Qui ne dit mot* consent. 말하지 않는 것은 승낙의 표시이다/ Il n'a pas *où reposer sa tête.* 그는 몸 둘 곳이 없다), 아래와 같은 의미의 상황보어절처럼 쓰이기도 한다.

①〖원인〗 Cède ta place à ce monsieur, *qui* est âgé. (Mauger) 연세가 많으니 그분께 자리를 양보해라 (=...parce qu'il est âgé).

②〖목적〗 Il a besoin d'un secrétaire *qui* puisse travailler le soir. 그는 밤에 일을 할 수 있는 비서를 찾고 있다.

③〖대립, 양보〗 La mort, *qui* avait éteint ses yeux, n'avait pu effacer toute sa beauté. (Fén, *Tél.*) 죽음이 그의 안광을 꺼버렸으나 모든 그의 아름다움을 말살하지는 못했다.

④〖가정〗Une femme *qui* m'eût aimé aurait chéri ma gloire. (Mauriac, *Nœud*) 나를 사랑한 여자라면 내 명예도 소중히 여겼어야 할 것이다.

⑤〖동시성〗 Vos amis sont là *qui* vous attendent. 당신 친구들이 저기서 당신을 기다린다.

2° 관계대명사절은 선행사를 보완한다는 기본 역할뿐 아니라, 선행사를 한정 또는 설명하기도 한다.

① 한정관계사 relatives déterminatives 는 의미상 불가결한 요소를 선행사에 첨가하여 선행사를 한정, 제한한다. 한정관계사는 선행사와 virgule 로 분리되지 않는다:Les soldats *qui* ne s'étaient pas sauvés furent faits prisonniers. 도망가지 못했던 병사들은 포로가 되었다/J'ai vendu les tableaux *qui* étaient dans mon salon. (Mauger) 내 응접실에 있던 그림들을 팔았다.

②설명적관계사 relatives explicatives 는 선행사에 부수적인 설명을 첨가한다. 설명적관계사절은 생략해도 문장의 기본적 의미는 바뀌지 않는다. 보통 선행사와 virgule 로 분리된다:Son cocher, *qui était ivre*, s'assoupit tout à coup. (Flaub, *Mme Bovary*) 그의 마부는 취해 있었는데 갑자기 졸았다/Les soldats, *qui ne s'étaient pas sauvés*, furent faits prisonniers. 병사들은 도망가지 않았기 때문에 포로가 되었다.

③한정적, 설명적이 아닌 속사적관계사절 prop. rel. attributives 이 있다. 이 관계사절은 être, rester, se trouver, 지각동사, 혹은 découvrir, rencontrer, trouver, avoir 등의 동사 다음에 오고, 주절의 주어나 직접목적보어의 속사가 된다:*Il est là bas qui arrose*. (Boylesve, *Mlle Cloque*) 그는 저기서 물을 뿌리고 있다/Régine *le* voit *qui se cache* le visage dans les mains. (Bordeaux, *La Revenante*) 레지느는 그가 손으로 얼굴을 가리는 것을 본다 / Je *l*'ai rencontré *qui se promenait*. 나는 산보하던 그를 만났다.

proposition subordonnée [종속절]—종속절은 다른 절에 종속되어 그 절을 보충해준다. 종속절을 기능에 따라 크게 세가지로 구분한다.

I.〖명사절 prop. substantive〗 명사처럼 주어, 목적보어, 속사, 동격, 형용사의 보어, 부사의 보어로 쓰인다.

1°〖접속사 que+종속절〗 Je crains *qu*'on ne me trompe. 나를 속이지 않을까 두렵다.

2°〖접속사구+종속절〗 Il s'attend *à ce que* je revienne. (Ac) 그는 내가 돌아오기를 기대한다.

3°〖간접의문절〗 J'hésitais *si* j'accepterais l'invitation. (Billy, *Le Narthex*) 그 초대를 받아들여야 할지 어떨지 망설였다.

4°〖관계사절〗 Voici en *quoi* il se trompe. 그가 잘못 생각한 점이 바로 이것이다.

II.〖형용사절 prop. adjective 또는 관계사절 prop. relative〗 ⇨proposition relative.

III.〖부사절 prop. adverbiale 또는 상황절 prop. circonstancielle〗 부사나 상황보어 역할을 하는 종속절로, 시간, 장소, 원인, 목적, 대립〔양보〕조건, 비교, 결과를 나타낸다:*Quand nous aurons fini*, nous partirons. 우리가 일을 끝내면 떠날 것이다/Je n'ai qu'à m'en retourner *d'où* je viens. (Mol, *Don Juan*) 내가 온 곳으로 다시 돌아가기만 하면 된다/L'or est précieux *parce qu*'il est rare. 금은 귀하기 때문에 값이 비싸다/Parlez *de façon qu*'on vous comprenne. 당신을 이해할 수 있도록 말하시오/*Bien que* j'aie rencontré cet homme deux fois, je ne me rappelle plus ses traits. 나는 그를 두번 만났지만 그의 모습을 기억할 수 없다/S'il pleut demain, je ne sortirai pas. 내일 비가 오면 나는 외출하지 않겠다/Paul travaille *comme* son père travaillait. 폴은 그의 아버지가 일했던 것처럼 일한다/Marie montra *si* peu de repentir *qu*'elle fut punie. (Lacretelle, *La Bonifas*) 마리는 뉘우치는 빛을 거의 보이지 않았기 때문에 벌을 받았다.

★1) 어떤 학자들은, 단문에서 단어나 어군이 주어, 속사, 목적보어 등의 기능을 갖는 것처럼, 복문에서 절도 주어절, 속사절, 목적보어절 등으로 분류하기도 한다. i) 주어절: *Que le bombardement eût cessé* avait fait naitre de l'espoir. (Lacretelle, *La Bonifas*) 폭격이 끝난 사실이 다시 희망을 낳게 했다. ii) 목적보어절: J'attends *qu'il parte*. 그가 떠나는 것을 기다린다/Je consens *qu'il parte*. 그가 떠나는 것을 동의한다. iii) 상황보어: J'aviserai *dès que je serai de retour*. 돌아오자마자 결정하겠다. iv) 명사의 보어: l'héritage *que nous ont laissé nos parents* (La Font, *F.*) 부모가 우리에게 남긴 유산. v) 동격절: Je désire une seule chose: *que vous soyez heureux*. 나는 단 한가지 소망이 있다. 당신이 행복해지는 것이다. vi) 형용사, 부사의 보어: Il est faux que nous soyons dignes *que les autres nous aiment*. (Pascal) 다른 사람들이 우리를 사랑할 가치가 있다는 것은 거짓이다.

2) 어떤 학자들은 종속절을 보어절 prop. complétive, 관계절 *prop. relative, 상황절 *prop. circonstancielle 로 나누기도 한다. 보어절은 앞의 명사절 *prop. substantive 과 같은 것으로 목적보어, 주어 역할을 한다.

3) S는 종속절을 넷으로 구분하고 있다. i) 보어절 prop. complétive: Je veux *qu'il parte*. ii) 간접의문절 prop. interrogative indirecte: Je ne sais pas *s'il viendra*. iii) 관계절: *Qui ne dit mot* consent./Pierre *qui roule* n'amasse pas mousse. 《격언》 구르는 돌은 이끼가 끼지 않는다. iv) 부사절 prop. adverbiale: Nous partirons *quand vous voudrez*. 우리는 당신이 원할 때 떠날 것이다.

propre—1° 〖어순과 의미〗 les ~*s* termes 말한 대로의 말/les termes ~*s* 적합한 말/C'est, en ~*s* termes, ce qu'il m'a répondu. (Ac) 그는 바로 그런 말로 나에게 답변했다/C'est un grand talent que d'employer les termes ~*s*. (Thomas) 적합한 말을 사용한다는 것은 훌륭한 재주이다.

2° 〖소유형용사〔대명사〕의 강조〗 le sien ~ 그 자신의 것/mon ~ habit 내 자신의 옷/mon habit ~ 나의 깨끗한 옷. ☆그러나 소유형용사를 강조할 때, 때로는 어순을 바꾸기도 한다: défendre *son* bonheur ~ (Troyat, *Signe*) 그 자신의 행복을 지키다.

~ *à*: L'enfance a des manières de voir, de penser, de sentir qui *lui* sont ~*s*(=particulier). (Rouss) 어린이들은 그들의 독특한 방식으로, 보고 생각하고 느낀다/un lieu ~ *à* la rêverie et *aux* rendez-vous (Henriot) 꿈꾸고 밀회하기에 적합한 장소.

—*n.m.* le ~ de cette nation 그 국민의 특성.

en ~: Les universités possédaient des biens *en* ~, comme le clergé. (Staël) 대학들은 성직자처럼 자기 소유로 재산을 갖고 있었다. *au* ~: employer un mot *au* ~ (=au sens ~) 낱말을 본래의 뜻으로 사용하다.

prudent—*Il est* ~ *de*+*inf*: Je sais à présent qu'*il n'est* pas ~ *de* vouloir travailler quand même.

(Gide) 그래도 일을 하고 싶어하는 것은 신중하지 못한 생각이라는 것을 나는 이제 알겠다.

public *adj.*—여성형은 publique.
〖N ~〗 bien ~ 공익, service ~ 공무, 공익사업, jardin ~ 공원, séance *publique* 공개회의, opinion *publique* 여론.

—*n.m.* conquérir un vaste ~ 광범한 독자(관중)를 얻다/interdit au ~ 일반인에게 (출입이)금지된. *en ~*: Il ne pouvait supporter de s'exhiber *en ~*. (R. Rolland) 그는 대중 앞에 모습을 나타내는 것이 견딜수 없었다.

puis—1° 시간적인 계속(=ensuite): Il chantonne tout bas, ~ moins bas, ~ tout haut. (R. Rolland) 그는 아주 낮게, 그후에는 조금 덜 낮게, 그후에는 아주 크게 콧노래를 부른다.
2° *et ~* (=d'ailleurs): Il ne le voudra pas, *et ~* à quoi cela servirait-il? (Lar) 그는 그것을 원치 않을 것이다. 게다가 그것이 무슨 소용이 있겠는가 ? ☆ensuite, après cela의 뜻으로 et ~는 흔히 쓰이고, et ~ après, et ~ ensuite 도 *pléonasme이 된다 하여 쓰기를 피하라고 권하지만, 일상어에서 자주 쓰이고 있다: J'étais comme ça quand j'étais jeune, j'étais terrible. *Puis ensuite* bien sûr, j'ai changé. (Duras) 나는 어렸을 적에 그랬었어. 아주 깜찍했지. 그후에는 물론 변했지. *Et ~ après (quoi)?* 그래서 어떻다는 거야 ?

puisque—<puis+que. 본래는 depuis que의 뜻이었으나 원인의 뜻으로 바뀌었다. 대개의 학자들은 il(s), elle(s), on, un(e)의 앞에서만 *élision이 이루어져 **puisqu'**가 된다고 하지만, 때때로 다른 경우에서도 élision이 이루어진다: *puisqu'Ariane* le veut ainsi (Colin).
1° 이미 알고 있는 원인, 또는 인과 관계로 보아 쉽게 알수 있는 사실을 나타내며, 주절은 논리적, 필연적인 결과를 표현하게 된다: *Puisqu'*il a du talent, ~ nous avons des moyens, il serait injustice de ne pas l'aider. (Troyat) 그는 재능이 있고 우리는 재력이 있는 만큼 그를 돕지 않는 것은 옳지 못할 것이다/Il y a de cela vingt ans, ~ j'avais trente ans et que j'en ai cinquante. (Maupass) 내가 당시 30세였고 지금은 50세이니까, 그때부터 20년이 되었다.

★〖**puisque**와 **parce que**〗 1)다같이 원인절을 유도하므로 어떤 경우에는 미묘한 뉘앙스의 차이를 지닌 채 어느쪽도 쓸 수 있다: Je me tais ~ j'écoute 는 「듣고 있기 때문에 입을 다물고 있는 것이 당연하다」는 뜻이고, *parce que* j'écoute 는 단지 객관적인 원인을 나타낸다.
2)항상 parce que 를 쓰는 경우. i) pourquoi에 대한 답으로. ii) 원인절이 의문을 담고 있을 때: Dites-vous cela *parce que* c'est votre opinion? 그것이 당신 의견이기 때문에 그런 말을 하시는 거죠 ? iii) justement, précisément, uniquement 등의 부사, 비교의 que 다음에서. iv) c'est 다음에서: C'est *parce qu'*elle se croit jolie qu'elle est si sûre d'elle-même. (W, 55) 그녀가 그토록 자신을 믿는 것은 자기를 미인이라고 생각하기 때문이다. v) 주절의 부정이 원인절에 까지 미칠 때 (⇨parce que ①).
2° 주절의 동기를 나타낸다: ~ vous voulez savoir, il a eu l'air d'un petit prince offensé. (Beauvoir, *Invitée*) 당신이 알고 싶어하니까 얘기하는데, 그는 모욕당한 어린 왕자 같은 모습이었소 《주절에 *je vous dirai qu'*il a eu... 라고 덧붙여 보면 원인, 결과의 관계가 뚜렷해진다》. *puisqu'il est question de, puisqu'il s'agit de* (=à propos

de): *Puisqu'il s'agit de* votre ami, comment se fait-il que nous ne l'ayons plus rencontré. (H, 593) 당신 친구에 관한 얘기인데 이제 그를 만날 수 없으니 어찌된 일이오?

3° 의문 뒤에서, 질문의 이유를 표시한다: Pourquoi vient-il ici, ~ je l'ai défendu? 내가 오지 말라고 했는데, 그가 왜 여기에 오지? 《위 ★ 2), ii) 의 경우와는 전혀 다르다》.

4° 주어와 동사의 생략: Sa faute était impardonnable, ~ préméditée et voulue. (N, V, 20) (=*puisqu*'elle était...) 그의 과실은 계획적이고 고의적이었으므로 용서할 수 없었다.

5° 감탄적으로 독립절에 쓰인다:~ *je vous le dis*! 내가 그렇다고 말하니까 틀림없어!/Mais ~ *je vous dis* qu'il n'y a pas de jardinier. (Mauriac) 허지만 정원사가 없다고 내가 말하지 않소《긍정을 강조》.

pur *adj.*—~ *et simple*(=sans restriction): Je vous demande une acceptation ~*e et simple*. (Rob) 나는 당신에게 무조건 수락을 요구합니다.

~ *de* (=exempt de): une âme ~*e de* l'iniquité de son siècle (Boss, *Le Tel*) 그 시대의 부패에 전혀 물들지 않은 고매한 인물/une liqueur ~ *de* tout mélange 불순물이 섞이지 않은 술.

—〖명사적〗 les ~*s* de leur parti (Balzac) 그들 당파의 골수분자. *à* ~ *et à plein* (=entièrement): être absous *à* ~ *et à plein* 완전히 죄를 용서받다.

Q

q — alphabet의 제16자로 명칭은 [ky]. 발음은 다음과 같다.

q 어미로서는 co*q* [kɔk]와 *cin*q* [sɛ̃:k]에서만 쓰임.

qu 모음과 결합한 qua, que, qui, quo는 각각 [ka], [ke, kɛ, kə], [ki], [kɔ]가 상용 붙어에서의 원칙적인 발음이다: *qua*tre [katʀ], *qua*rt, *qua*lifier, etc.; *que*l [kɛl], *que*relle [kəʀɛl], *que*ue [kø], *que* [kə], *qué*mander [kemɑ̃de], etc.; *qui* [ki], *qui*tter, co*qui*lle, etc.; *quo*tidien [kɔtidjɛ̃], *quo*te-part, *quo*libet, etc. 그러나 라틴어에서 들어온 상당수의 識者語에서는 모음 앞의 qu가 [kw-] 또는 [kɥ-]로 발음되는 것이 보통이다: *qua*tuor [kwatɥɔ:ʀ], *qua*ntum [kwɑ̃tɔm], a*qua*relle [akwaʀɛl], é*qua*teur [ekwatœ:ʀ], *quin*quagénaire [kɥɛ̃kwaʒenɛ:ʀ]; *que*tsche [kwɛtʃ], *que*storien [kɥɛstɔʀjɛ̃], déli*que*scent [delikɥesɑ̃]; *quin*quagénaire [kɥɛ̃kwaʒenɛ:ʀ], *qui*dam [kɥidɑ̃], é*qui*dé [ekɥide], *quin*quennal [kɥɛ̃kɥɛnal], etc.

qû pi*qû*re [piky:ʀ].

quai—Le Quai d'Orsay (=le Ministère des Affaires étrangères). ⇨nom² IV, 2°.

quand¹ *conj.*—1° 〖의미〗 ① 〖동시성〗 ~ il [kɑ̃til] fait beau, nous faisons une promenade. 날씨가 좋을 때 우리는 산책을 한다/~ il arriva, il vit que tout était en ordre. 그가 도착했을 때 모두가. 정상적인 것을 알았다.

② 〖대립〗 En France, on bâcle trop vite les mariages, ~ un mariage dispose d'une vie, d'une famille, d'un avenir. (Bordeaux, *Roquv.*) 결혼이란 한 사람의 생애, 하나의 가정, 하나의 미래를 좌우하는 것인데 프랑스에서는 결혼을 함부로 해치운다.

③ 〖원인〗 Mais, va donc... ~ je te dis d'y aller. (Maupass, *Bel-Ami*) 내가 가라고 했으니까 어서 가.

④ 〖양보〗 〖~ ((**bien**) **même**)〗 a) (+*cond*) 《가상적 사실》: ~ ((bien) même) vous *seriez* le chef de l'Etat, je ne *pourrais* vous vendre une marchandise que je n'ai pas. (Bonnard) 설사 당신이 국가원수라 할지라도 나는 없는 물건을 당신에게 팔 수는 없을 것이오//《주절의 동사는 의미에 따라 직설법도 가능》 ~ bien même il *aurait* tort, je *dois* lui obéir. (DG) 설사 그가 틀린다 할지라도 나는 그에게 복종해야 한다//《드물게》 ~ bien même le *connaîtrait-on* depuis dix ans (Jaloux) 십년 전부터 그를 안다 해도 (*conditionnel II, B, 3°의 영향). b) (+*ind*, 때로는 même quand +*ind*) 《가능한 사실》: ~ (bien) même on *a* la peine 힘든 일이 있더라도. c) (+*ind*) 《현실의 사실》 (=bien que): Je veux bien le (=que vous avez deux enfants) croire ~ même je ne les ai pas vus. (S, II, 378) 내가 그들을 본 것은 아니지만 그렇다고 해두자. d) 《생략적 숙어》: Partons ~ même (=malgré tout). 그래도 떠납시다.

2° 〖quand의 반복〗 주어가 여럿일 때 강조하기 위해 각 주어 앞에서 quand을 반복할 때가 있다: ~ une femme et ~ un homme... ont cette chance rare de s'atti-

quand¹

rer...(S, II, 257) 한 여자와 한 남자가 서로 마음이 끌리는 그러한 드문 행운을 가질 때에는 (⇨si¹ I, 1°, ④; que³ VIII, 2°).

~... et que[~] ⇨que³ III.

3° 〖quand으로 시작된 종속절의 기능〗 위와 같이 부사절이 되는 외에,
① 〖논리적 주어〗 C'est fort rare ~ il se grise. (Loti, *Pêch.*) 그가 취하는 일은 매우 드물다.
② 〖속사〗 Où était-ce? Ah! oui, ~ elle lui dit tout. (Troyat) 어디까지 읽었나? 아, 그래, 여자가 남자에게 모든 걸 털어놓는 데까지지.
③ 〖직접목적보어〗 Moi, j'aime ~ il y a du soleil. (Renard, *Poil de Car.*) 나는 해가 비칠 때가 좋다.
④ 〖**comme ~**〗 *comme* ~ il était parti 그가 출발했을 때처럼.
⑤ 〖*prép.*+~〗 《quand...은 명사절에 상당》 Je réservais ça *pour* ~ tu serais grand.(S) 네가 클 때 주려고 남겨 놓았었다/Je me souviens, moi, *de* ~ elle est arrivée. (Giono, *Regain*) 나는 그녀가 여기 왔을 때의 일을 기억한다/cette expression laide et touchante *de* ~ il était enfant. (Mauriac, *Nœud.*) 그가 어렸을 때의 그 추하고 가련한 표정.
⑥ 〖설명적 동격〗 Nous revoici à l'époque d'Homère ~ les déesses présidaient d'un nuage aux batailles des héros. (S) 우리는, 여신들이 구름 위에서 영웅들의 전투를 지휘했던 호메로스 시대로 되돌아간 것이다.
⑦ 〖형용사적 보어〗 C'est ta figure ~ tu étais jeune(=la figure que tu avais quand...). (Maupass, *Donneur.*) 이건 네 어렸을때 모습이다/Cela m'a rappelé ton pauvre papa ~ il parlait de moi au temps de nos fiançailles. (Maurois, *Cercle*) 이것은 우리 약혼 때 내 애기를 하던 너의 불쌍한 아빠를 생각나게 해주었다.

4° 〖독립절로서〗 ① ~ je vous (le) dis! 틀림 없다니까요, 글쎄! (~ je le dis, il faut bien me croire.> Je vous l'assure.)/ ~ je vous le disais! 내가 뭐라고 합디까! (~ je le disais, il fallait me croire.> C'est bien ce que je disais.)/~ je[on] pense que...! …이라니 놀랍군!
② 〖~+전미래〗 명령을 나타낸다: ~ vous aurez fini de vous bécoter!(Daud, *Sapho*) 키스는 이제 끝내는 게 어때! ⇨quand².
③ 〖~+단순미래〗 a) 〖금지〗 ~ tu resteras là comme une empotée. (Arland, *Ordre*) 멍하니 서 있는 것은 그만 둬! b) 〖부정〗 ~ tu me verras faire de ces gaffes-là. (S, II, 299) 내가 그런 실수를 할 리가 없지!
④ *Et* ~ *cela*(때로는 *ce*) *serait!* 그렇다 해도 상관없어!
⑤ (=et alors): Il allait au pas, ... ~, tout à coup, sa monture s'arrêta. (Bordeaux) (말을) 보통 걸음으로 타고 갔다. 그런데 갑자기 말이 멈추었다《quand을 대문자로 써서 완전한 독립절로 만들 수도 있다》.

5° ~ (*et*) *moi* (= avec moi)《옛날 어법으로 사투리에 남아 있는 전치사적 기능》:Il est arrivé ~ *moi*. 그는 나와 함께 (동시에) 도착했다/Mon père me menait ~ *et lui* à la chasse. (Chateaubr) 아버지는 사냥에 자신과 함께 나를 데리고 갔었다.

quand² *adv. interr.*―〖직접의문〗 ~ viendrez-vous? 또는 ~ est-ce que vous viendrez?//〖간접의문〗 Dites-moi ~ vous viendrez.//〖*prép.*+~〗 *A* ~ remettez-vous votre départ? 출발은 언제로 연기합니까?/*A* ~ le départ? 출발은 언제요?/*De* ~ est ce journal? 이 신문은 언제 것이오?/*Pour* ~ est la réunion? 회합은 언제죠?/*Depuis* ~ est-il absent? 그는 언제부터 결석이죠?/Dites-moi jusqu'*à* ~ vous serez à

que¹

Séoul. 언제까지 서울에 있을지 말씀하시오//〖~+전미래〗(강한 명령):~ auras-tu fini de parler par énigmes? (Troyat, *Araigne*) 수수께끼 같은 말을 그만두지 못해? ⇨quand¹ 4°, ②.

quant à —(＜lat. quantum ad = autant que cela intéresse).

~ qn : Il a beaucoup voyagé, ~ moi je n'ai presque jamais quitté le pays.(Bonnard) 그는 여행을 많이 했으나 나는 거의 이 나라를 떠난 적이 없었다. ~ qc: ~ son caractère, je le crois vif et emporté. (Rouss) 그의 성격에 대해 말하자면 흥분을 잘하고 성을 잘 낸다/ ~ ce qui est de regarder les gens en face, je ne peux pas.(Sartre, *Age*) 사람의 얼굴을 마주 바라본다는 것은 할 수 없다(~ pour ce qui est de (⇨ pour 5°)의 contamination). ~ +inf: ~ parler de fraude, c'est vraiment exagéré. (Bonnard) 사기라는 말을 쓰는 것은 정말 지나치다.

★ **quant-à-moi, quant-à-soi** 는 관계하는 말의 인칭에 관계없이 쓰인다. 때로는 trait d'union 없이 쓰인다: si elle se tient sur son *quant-à-moi* (La Font, *Psyché*) 그녀가 점잖빼다면/Je suis restée sur mon *quant à soi*. (Green, *Minuit*) 나는 관망하기만 했다/Tu te tiens sur ton *quant-à-moi*〖ton *quant-à-soi*〗. (G, §466).

quantième ⇨date 5°.

quantité—La ~ de marchandises a diminué alors que le franc augmentait. (Maurois) 프랑의 가치가 올라가는데 상품의 양은 줄었다/Une ~ d'amis l'ont félicité. 많은 친구들이 그를 축하했다. ☆ une grande 〖petite〗 ~ de N과 동사의 일치 ⇨ accord du verbe A,I,2°, ①. **en ~:** Il a reçu des lettres *en* ~(= en grand nombre). 그는 편지를 많이 받았다.

quart—① 시간, 도량형을 나타내는 표현 다음에서: six heures et (un) ~ 6 시 15 분/un mètre et (un) ~ 1 m 1/4 《(et ~ 가 가장 일반적)》/six heures 〖un mètre〗 trois ~s 6 시 45 분 〖1 m 3/4〗《(et trois ~s 는 낡은 표현)》/six heures moins le〖un〗 ~ 6 시 15 분 전《(moins ~는 불가)》/ 《(생략적)》Il est le ~. 15 분이다/Il est moins le ~. 15 분전이다/Les aiguilles marquaient le ~ 〖les trois ~s〗 de〖après〗 six heures. 바늘이 6 시 15 분〖45 분〗을 가리켰다/le ~ avant six heures 6 시 15 분 전.

②〖동사 일치〗 Le ~ de six heures sonna〖Les trois ~s de six heures sonnèrent〗. 6 시 15 〖45〗분을 쳤다/le 〖un〗 ~ de+N ⇨accord du verbe A, I, 2°.

quatre—*entre* ~ *yeux* [katzjø]: J'ai quelques mots à vous dire *entre* ~ *yeux*(=en tête à tête, sans témoins). 둘이서 조용히 할 얘기가 있소. ☆이 발음 때문에 때로는 철자를 quatre-z-yeux, quat'z yeux 로 적으나 점잖치 못하다

quatre-vingt ⇨vingt.

que¹ *pron. rel.*—성·수 불변, 모음 또는 무성 h 앞에서는 qu'.

I.〖선행사와 함께〗 1°〖주어〗 que 가 주어의 기능을 갖는 예는 성구에서만 찾아볼 수 있다 (Faites ce *que* bon vous semblera 〖ce qui vous semblera bon〗. 당신 좋으실 대로하십시오). que 의 기능에 관하여 Lit; Mart, 211 은 de faire 가 생략된 것으로 간주, 직접목적어로 보며, B, 179 는 주어, Dup 는 진주어라고 한다. 16 세기까지 qui 와 que 는 모두 주어로 쓰일 수 있었다.

2°〖비인칭표현의 보어, 논리적인 주어〗 Il ne sait ce *qu'*il lui faut. (Ac) 그는 자신에게 무엇이 필요한가를 모르고 있다. 《비인칭표현에서 que 는 부정법, 생략된 부정법의 보

어, 또는 논리적인 주어가 된다》.
① 《보어》 Nous ferons le chemin qu'il reste à parcourir. 아직 남아 있는 길을 가자/Je fais ce qu'il me plaît (de faire). 내가 하고 싶은 대로 하겠다.
② 《논리적인 주어》 Il arrivera ce qu'il arrivera. 될 대로 되겠지.
☆ 인칭동사가 비인칭으로 사용될 때는 qu'il 과 qui 가 구별 없이 사용되는 예가 많다(cf. G, 547). ⇨arriver, plaire, rester.
3° 《직접목적보어》 la nouvelle que j'apporte 내가 가지고 오는 소식/la petite histoire que voici 다음과 같은 짧은 이야기(⇨voici) 《어순, 반복에 관해서는 ⇨pronom relatif IV, V》 《관계사절의 부정법, 관계사절에 종속되는 보어절동사의 직접목적보어》 les économies que nous avons eu le bonheur de faire 우리가 운좋게 해놓은 저축/la réponse qu'il savait que nous donnerions 우리가 하리라고 그가 알고 있던 회답/《생략된 동사, 절의 직접목적보어》 Fais ce que tu voudras(faire). 네가 하고 싶은 대로 해라/Il a fait toutes les promesses qu'on a voulu (qu'il fît). 사람들이 바라던 모든 약속을 그는 했다(⇨participe passé)/《선행사가 하나의 절을 이루는 경우》 Il n'est pas marié, que je sache. 내가 아는 바로는 그는 결혼하지 않았다(⇨savoir 5°)/《분사법과 함께, 관용구》 ce que voyant 그것을 보고/ce que disant 그렇게 말하고/《감정적 용법》 Et mon parapluie que j'ai oublié. 그런데 우산을 잊어버렸군/《부정법절의 주어로서》 les idées que je savais être si vitales 내가 알기에는 지극히 중대한 생각. ⇨infinitif III, 3°, ①.
4° 《속사》 선행사는 (대)명사, 형용사. ① 《관계사절의 주어의 속사》 Il est resté ce qu'il a toujours été. (Le B, I, 317) 그는 전과 다름이 없었다/De radical qu'il était, il devient socialiste. 전에 급진당원이었던 그는 사회당원이 되었다/C'est un drôle de garçon que Pierre. 피에르는 이상한 소년이다/On ne pouvait prévoir ce que cela deviendrait.(Le B, I, 317) 그것이 어떻게 될지 예측할 수가 없었다/《(en, comme 다음에서)》 Il se méfiait des pauvres, en paysan qu'il restait.... (Romains, Amours enf.) 그는 농부이면서 가난한 사람들을 경계하고 있었다/Le conquérant se relève sanglotant comme un pauvre bébé qu'il est. (Duham, Plaisirs et Jeux) 정복자는 불쌍한 어린애처럼 흐느끼면서 다시 일어섰다/《être 를 포함한 보어절의 생략》 Il n'était pas l'homme heureux qu'elle croyait (qu'il était). (Le B, II, 71) 그녀가 믿고 있듯이 그는 행복한 사람은 아니었다/《감탄문》 Misérables que nous sommes(=Comme nous sommes misérables)! 우리는 비참하기도 하다/《원인절》 Ingrat que je suis, je vous inquiète à chaque instant. (Porto-Riche, Vieil.h.) 나는 은혜를 모르기 때문에 끊임없이 당신에게 걱정을 끼쳐드리고 있소. ☆ 원인의 뜻은 que 에 의한 것은 아니다. ⇨adjectif qualificatif. cf. Le B, II, 72.
cf. tout... que, pour... que, tel que, quelque... que, quel que, qui que.
② 《관계사절의 직접목적보어의 속사》 Innocent qu'il se savait(=qu'il se savait être). 그는 자신이 결백한 것으로 알고 있었다.
5° 《접속사적 부사 adverbe conjonctif》
① 《가격, 거리, 무게》 les cent francs que m'a coûté ce livre 이 책은 가격이 100 프랑/les trois kilomètres que j'ai couru 내가 달린 3킬로미

터/les cent kilos *que* ce ballot a pesé 이 화물의 무게는 100킬로.
② 〖때〗 l'hiver *qu'*il fit si froid 심히 추웠던 겨울/les jours *qu'*il faisait beau 쾌청했던 나날/du temps *que* les bêtes parlaient(La Font) 짐승들이 말하던 시절/depuis une semaine *que* je suis à Paris 내가 파리에 온 일주일 이래로.
★ **que** 와 **où** (⇨où): Il y a〔Voici, Voilà, Cela fait〕une semaine *que* je suis ici. 이곳에 있은 지 한 주일이 됐다. ⇨que³ Ⅳ, 5°.
③ 〖장소〗 L'arbre est tombé du côté *qu'*il se penchait.(Le B, Ⅰ, 320) 그가 몸을 기울이는 쪽으로 나무가 쓰러졌다/de l'endroit *qu'*il vient 그가 출발하여 오는 곳.
④ 〖양태〗 「de+정관사+명사+**que**」 17세기까지는 양태 등을 나타낼 때 dont 의 뜻으로 que 를 사용하였다: Me voyait-il de l'œil *qu'*il me voit aujourd'hui?(Racine, *Andr*., Ⅱ,7) 지금 나를 보듯이 그런 눈으로 나를 보고 있었는가?/ du ton *que* vous avez dit cela (Le B, Ⅰ, 320) 그것을 말한 어조로/de la manière *qu'*il nous a parlé (W, 124) 우리에게 말한 태도로.
6° 〖비어에 사용된 **que**〗 ① 다른 관계대명사〔부사〕, 전치사+관계대명사를 대신하여: le moyen *qu'*(= dont) il se sert pour tromper le monde (B, 669) 사람들을 속이기 위해서 그가 사용하는 수단/l'endroit *que*(=où) je l'ai rencontré 내가 그를 만난 장소/une chose *que*(=à laquelle) je n'ai pas fait attention 내가 주의하지 않았던 일/un bâton *qu'*il(=avec lequel ...) le tapait 그가 가지고 때리던 방망이.
② que 의 기능이 다른 말을 표시하는 경우: C'est moi *que* je paie(= qui paie). 지불할 사람은 나다/l'enfant *que* j'y(=lui) ai dit de venir 오라고 한 어린아이/le pont *que* j'ai passé *dessus*(= sur lequel) 그 위로 지나온 다리.
7° 〖절을 선행하는 **que**〗 ① **que je sache** 내가 아는 한(⇨savoir), **que je crois〔pense〕** 등은 삽입절로 쓰인다: Il n'est pas rentré, *que je sache*. 내가 아는 한 그는 들어오지 않았다/Tu n'est pas, *que je pense*, un homme scrupuleux.(Hugo, *R. Blas*, Ⅰ, 2) 내가 생각하는 바로는 너는 양심적인 사람이 아니다 《que je sache 의 뜻으로 que je me rappelle 을 사용하는 예도 간혹 있다(cf. G, 747)》.
② 속어의 삽입절에서 dire 동사 등과 함께: Va-t-en, chien! *qu'*on me *dit* toujours.(Hugo, *Misér*.) 꺼져버려, 빌어먹을 놈아! 사람들은 항상 나에게 그렇게 말한다.
③ 속어에서 dire, croire 등과 함께 사용되어, 상대편의 말을 정정하고자 할 때 쓰인다: Je terminerais bientôt ce travail. — *Que tu dis*! 이 일을 곧 마칠 거야. —너 무슨 말을 하고 있는 거야!《위의 경우 외에는 앞에 놓인 절을 선행사로 하는 que 앞에서는 ce 를 사용한다(⇨ce¹ Ⅲ, 3°)》.
Ⅱ. 〖선행사 없이〗 성구적인 표현들로서 다음과 같은 경우에 쓰인다.
1° 〖주어〗 *advienne que pourra*(= advienne ce qui pourra advenir) (⇨que¹ Ⅰ, 1°) 어떤 일이 일어나도.
2° 〖접속사적 부사〗 *coûte que coûte*(=que cela coûte ce que l'on voudra que cela coûte) 어떤 일이 있었더라도. *vaille que vaille* (=que cela vaille ce que l'on voudra que cela vaille) 어떻든 간에: Enfant et poulets furent confiés, *vaille que vaille* aux soins de la nurse. 어린애들과 병아리들은 어떻든간에 보모의 손에 맡겨졌다. ☆ Le B, Ⅰ, 313 은 qu'il en coûte peut, 혹은 ce qui pourra coûter; que cela vaille ce qui peut être sa valeur

로 보고 que를 주어라고 주장한다. G, 546와 B, 179 역시 Le B와 의견이 같다. Mart, 217은 전치사 없이 사용된 간접보어라고 주장한다. 3° 〖직접목적보어〗《고어》 faire *que sage*(= faire ce que ferait un sage) 현인처럼 하다/disant qu'il ferait *qu'*un sage(La Font, *F.*) 현인처럼 하겠다고 말하면서.

que² *pron. interr. neut.*—사물에 관한 물음. 무강세이프로 항상 동사와 결합하며, 선행사가 앞에 놓이는 일은 없다. 주어가 명사라도 복합도치는 하지 않는다.

1° 〖기능〗 ①〖논리적 주어(비인칭동사의 보어)〗 *Que* s'est-il passé? 무슨일이 있었습니까?/*Qu'*y a-t-il de nouveau? 어떤 새로운 일이 있습니까? ☆G, 573은 논리적인 주어. 반면 W, 31은 성구에서 쓰인 표현이외는 비인칭동사와 함께 사용되었더라도 「목적보어」라고 한다/《(il 없이 (성구)》 *Que* t'en semble? 그것을 어떻게 생각하니?/*Que* vous semble(-t-il) de cette maison? 이집을 어떻게 생각하십니까? ☆인칭동사의 주어에는 *qu'est-ce qui를 쓴다.

②〖속사〗 *Qu'*est-il devenu? 그는 어떻게 되었습니까?/*Qu'*est devenu cet homme? (혹은 Cet homme, qu'est-il devenu?) 그 사람은 어떻게 되었습니까?/*Qu'*est-ce que je vais être grondée, en rentrant! (Arland, *Ordre*) 되돌아가서 나는 얼마나 꾸지람을 들을까!《(que je vais...가 논리적 주어)》/《(부정법과 구성될 수 있다)》 *Que* devenir? 어떻게 될까?/《(간접의문에서는 ce que를 쓴다(ce¹ III, 4°). 단, 17세기어법에서는)》 Je ne sais *qu'*est devenu son fils. (Racine) 그의 아들이 어떻게 되었는지 나는 모른다. ☆「*Qu'*est-ce? 이것은 무엇인가?/*Qu'*est la vérité? 진리란 무엇인가?」라는 표현보다는 「*Qu'est-ce que* c'est?/*Qu'est-ce que* la vérité?」라는 표현을 더 많이 쓴다. 위의 est-ce que의 être는 속사를 유도하고 있다. que 다음에 est-ce que를 써서 의문문을 만드는 (Qu'est-ce que vous faites? 따위) est-ce que와는 그 기능이 다르다.

③〖직접목적보어〗 a) *Que* faites-vous? 무엇을 하십니까?/*Qu'*a fait Pierre? 피에르는 무엇을 했습니까?/*Que* dit Pierre? 피에르는 무어라고 합니까?《(「*Que* Pierre a-t-il fait?/*Que* Pierre dit-il?」처럼 복합도치를 해서는 안된다). ☆1)《(부정법 앞에서)》 *Que* faire dans ce cas-là? 이런 경우 어떻게 할까? (➪infinitif). 2) **que**+*inf* (faire, dire, penser 등)은 ne savoir 다음에서 간접의문으로 된다: Je ne sais (pas), *que* faire 〔dire, penser〕 어떻게 해야〔말해야, 생각해야〕할지를 모르겠다《(pas 없이 쓰이는 것이 보통이다). 3) 인칭법으로 쓰인 동사 앞에서는 **ce que**: Je sais *ce que* je ferai. 나는 어떻게 할 지를 알고 있다《(이러한 두개의 구성의 *contamination에 의해서 속에서는 Je ne sais *ce que* faire〔dire〕라고 한다). b) (=lequel): *Que* voulez-vous, du café ou du thé? 커피와 홍차 중 어느 것을 드시겠습니까?

④〖접속사적 부사〗 *Que* coûte ce livre? 이 책은 값이 얼마요?《(일반적으로 Combien ...을 쓴다)》/*Que* peut bien durer ce voyage? (W, 22) 이 여행은 얼마나 걸릴까요? ➪que¹ I, 5°.

⑤〖간접보어〗《(성구)》 *Que*(=A quoi) sert de s'irriter? 화를 내서 무엇하나?/*Qu'*importe! (=En quoi importe-t-il!) 그런들 어떠랴!(무슨 상관이 있어!)/*Qu'*(=En quoi) a-t-il besoin de mes conseils? 나의 충고가 그에게 무슨 소용이 있겠는가? ☆à quoi, en quoi는 대개의 경우 물음, que는 반어적. ➪quoi.

2° 〖**de**+형용사〗 *Qu'*y a-t-il *de* nouveau dans le journal ce soir? 석간 신문에 새로운 것이 있습니까? / *Qu'*avez-vous fait *de* mal?(Loti, *Ramuntcho*) 무슨 나쁜 짓을 했습니까?

—*adv. interr.* (= pourquoi): *Qu'*avez-vous besoin de tant de conserves?(Daud) 그토록 많은 통조림을 필요로 하십니까? ∥《흔히는 부정의 ne 와 함께 쓰여서 기원, 유감, 비난의 뜻을 나타냄》 *Que* n'est-il encore vivant! 그가 아직 살아 있으면 좋겠는데! / *Que ne* le disiez-vous? 어째서 그것을 말하지 않았습니까? 《말했으면 좋았을 텐데라는 뜻》. ⇨ne I, 4°, ②.

—*adv. exclam.* ① (=comme). 속사가 되는 형용사, 동사, 부사를 수식한다: *Que* je suis heureux! 얼마나 나는 행복한가! / *Qu'*il parle bien! 그는 말을 참 잘한다!

② *que de* (=combien de): *Que de* fois elle a pleuré! 그녀는 얼마나 자주 울었는가!

que³ *conj.* —가장 중요한 종속접속사로서 다양한 기능을 가진다.

I. 명사절 proposition substantive 을 인도한다.

1° 〖que 로 시작되는 명사절의 기능〗 ①〖주어〗 *Qu'*il ne m'en ait pas parlé m'étonne beaucoup. 그가 나에게 그것을 말하지 않은 것은 정말 놀라운 일이다《명사절이 짧을 때는, 직접주어가 되지만, 흔히는 명사절을 ce(⇨ce¹ II, 3°, ④), cela(⇨ceci 12°), la chose, le fait, voici, voilà 로 반복한다(⇨que³ I, 3°)》∥《동사 뒤에 놓여》 D'où vient *que*...? …한 것은 어째서일까? / De là vient *que*... 따라서〔그래서〕…하게 된다/ Qu'importe *que*.... …한들 무슨 상관이랴 ∥《논리적주어(비인칭표현의 보어)》 Il est vrai *que* votre réussite est complète. 당신의 성공이 완전무결한 것은 사실이다/ Il est possible *qu'*il vienne. 그가 올지 모른다/C'est certain *que* vous avez raison. 확실히 당신이 옳다(⇨ce¹ II, 3°, ⑤).

②〖속사〗 Le vrai est *qu'*il y a quelques mépris entre eux deux. 그들 두 사람 사이에 어떤 오해가 있는 것이 사실이다/Le fait est *que* .... 사실은 …이다/La raison en est *que*.... 그 이유는 …이다. ⇨ce¹ II, 3°, ④, a).

③〖직접목적보어〗 **a)** 1) 의사표시, 판단의 동사 (affirmer, assurer, avouer, croire, déclarer, dire, jurer, nier, raconter, etc.) 뒤에서 : Je crois *qu'*il viendra. 2) 의사, 명령, 감정의 동사(craindre, demander, désirer, ordonner, regretter, souhaiter, vouloir, etc.)와 이런 동사들을 대신하는 동사구(avoir hâte, avoir peur, être d'avis, mettre sa main au feu(=jurer), etc.) 뒤에서 : Je désire *qu'*il vienne./J'ai peur *que* vous ne soyez fâché. 당신이 노하지나 않았나 걱정됩니다.

b) 어떤 동사는 반복되는 경우에만 명사절이 직접목적보어가 된다. ⇨ avoir, faire.

④〖간접 보어〗「**à〔de〕**+N〔*inf*〕」를 보어로 하는 아래 동사는 명사절을 보어로 할 때 que를 쓴다.

a) (+**à**). conclure, consentir, faire attention, etc.

b) (+**de**). assurer *qn*, avertir *qn*, convenir, convaincre *qn*, désespérer, douter, s'ennuyer, s'étonner, s'indigner, informer *qn*, se plaindre, prévenir *qn*, se réjouir, se rendre compte, se souvenir, etc. 다음에서 :Convenez *que* vous avez tort. 당신이 틀렸다는 것을 인정하십시오(cf. Convenez *de* votre erreur.). cf. à ce que(⇨à III), de ce que(⇨de), en ce que(⇨en¹), sur ce que(⇨sur).

⑤〖형용사의 보어〗affligé, bien aise,

certain, confus, content, convaincu, désolé, enchanté, étonné, fâché, froissé, furieux, heureux, honteux, irrité, joyeux, malheureux, mécontent, ravi, satisfait, suffoqué, etc. 다음에서: Je suis fort content *que* vous ayez réussi à l'examen. 당신이 시험에 합격해서 대단히 기쁩니다.
⑥ 〖(대)명사의 동격〗 **a)**《설명적》 Est-ce que c'est vrai *ce* qu'on dit, *qu*'il est communiste?(Aragon, *Serv.*) 그가 공산주의자라고 하는데 그것이 사실인가요?/Elle ne demandait qu'*une grâce*,... *qu*'il revînt de temps à autre.(Daud, *Sapho*) 그녀의 단 한가지 간청은 그가 이따금 돌아오는 것이었다/La mort a *ceci* de bon *qu*'elle réconcilie les pires ennemies. (Fr. Coppée, *La Bonne Souffr.*) 죽음은 가장 나쁜 적들을 화해시켜주는 좋은 점이 있다(⇨ ceci 3°, 12°).
b)《한정적》명사 앞에 정관사, 지시형용사가 놓인다:l'idée *qu*'il pourrait venir 그가 올지도 모른다는 생각/Avez-vous la certitude *que* vous réussirez? 당신이 성공하리라는 확신을 갖고 계십니까?/J'ai l'impression *que*.... …라는 인상을 받았다/Je dois lui rendre cette justice *qu*'il ne m'a pas laissé un seul mauvais souvenir.(France, *Livre*) 그가 추호의 나쁜 추억도 남기지 않은 것은 인정해 주어야겠다//《동격절이 주어가 첨가될 때는 흔히 동사 뒤에 놓인다》 Le bruit court *que*.... …라는 소문이 돌고 있다/Le moment est venu *que* je vous mette au courant de la situation. (Montherlant, *Les Célib.*) 상황을 당신에게 알려 드려야 할 순간이 왔읍니다/L'idée m'est venu *qu*'il est peut-être malheureux.(M. du Gard, *Thibault*, I) 그가 어쩌면 불행한지도 모르겠다는 생각이 들었다.

⑦ 〖전치사+**que**〗 après, attendu, avant, depuis, dès, durant, excepté hormis, hors, malgré, moyennant, outre, pendant, pour, sans, sauf, selon, suivant, supposé, vu, etc.+명사절:avant *que* je parte 내가 출발하기 전에(cf. avant *mon départ*)/pendant *que* tu es jeune 네가 젊은 동안(cf. pendant *ta jeunesse*).
2° 〖불완전한 주어에 종속되는 명사절의 기능〗
① ⇨*voici que, *voilà que.
② 〖생략적 주절〗 Ah! plutôt *qu*'il ignorât tout. (Bourget) 아, 그가 아무것도 모르는 편이 낫다(=Je préfère plutôt que....)/Possible *que* (=Il est possible que, peut-être que) je te suivrai. 너를 따를지 모른다/Dommage *que* vous ne puissiez l'attendre. 당신이 그를 기다릴 수 없는 것은 유감스러운 일이다/Point de 〔Nul〕 doute *qu*'il ne se soit trompé. 그가 틀렸다는 데는 의심의 여지가 없다//《감탄문》 Quel dommage〔Quelle chance〕 *que*...! …는 얼마나 유감스러운〔다행스러운〕 일인가!《위에서 C'est가 생략된 것으로 간주》/Oui, *que*...(⇨oui ①), Non (pas) *que*...(⇨non 3°), Heureusement *que*...(⇨que³, VI, 2°).
3° 〖문두에 유리된 명사절〗 명사절이 비교절이 될 때를 제외하고는 기능에 따라 주어이며, 그것을 ce 〔cela〕, le, en, y 따위로 반복한다. 즉 명사절은 완전히 고립된다. 주어는 문장 앞에 있는 것이 정상적인 어순이므로 명사절이 주어가 되는 경우에는 그것을 특별히 ce 따위로 반복하지 않을 때가 있다:Qu'il ait tort, *cela* est certain. 그의 잘못이 확실하다/Que tu sois sage, j'en suis certain. 네가 현명하다는 것을 나는 확신한다/Que la mort nous fasse périr tout entier, je n'y contredis point. (France, *Jardin d'Ep.*) 죽음이 우리를 모조리 멸망

시킨다는 사실에 나는 조금도 이의를 제기하지 않는다/*Qu'on eût choisi ce décor pour y donner la fête de la région, rien de plus naturel.* (Lacretelle, *Ame cachée*) 사람들이 이런 배경을 골라서 그 지방의 축제를 했는데 이 보다 더 자연스러운 것은 없었다. ☆1) 이때 명사절의 동사가 직설법으로 사용되기도 하나 접속법을 쓰는 것이 보통이다(cf. *J'affirme qu'il est travailleur; Qu'il soit travailleur, je l'affirme*). B, 291, 521 에서는 이러한 접속법은 비논리적인 용법으로서 사색의 논리적 연쇄와는 아무런 관계가 없는 「문법상의 메카니즘 mécanisme grammatical」이라고 한다. 반면 Mart, 392 은 문장 앞에 있는 명사절은 주절이 표현될 때까지는 「가설적인 성질」을 띠기 때문에 접속법의 사용을 정당화하고 있다. 2) 직설법의 사용《현실성의 강조》: *Qu'elle l'aimait, il le savait depuis longtemps.* (Billy, *Princesse folle*) 그녀가 그를 사랑하고 있었다는 것을 그는 오래 전부터 알고 있었다/*Que l'homme est né pour le bonheur, certes toute la nature l'enseigne.* (Gide, *Les Nourrit. terr.*) 인간은 행복을 위해서 태어났다는 것을 자연 전체가 가르쳐주고 있다.

II. 〖**que**+*subj* (독립절)〗 1° 〖명령·기원〗 *Qu'il entre!* 그를 들여보내세요! / *Qu'il réussisse!* 그가 성공하기를! ☆이러한 que 는 Je souhaite〔ordonne〕que...의 생략으로 간주하여, 명령, 소망의 형식을 띠고 있는 것으로 볼 수 있다(cf. Mart, 373; Dup, II, 2148).

2° 〖놀라움·분개〗 *Moi, que je me taise!* (= Vous prétendez〔voulez〕que...) 나더러 말을 말라구! / *Moi, que je vous haïsse!* (= Pouvez-vous croire〔Est-il possible〕que...) 내가 당신을 증오하다니! / *Qu'il se soit oublié à ce point!* (=Est-il possible que...) 그토록 자기자신을 잊어버릴 수가 있을까!《이 경우 Mart, 376; Le B, I, 328 은 주절이 생략된 것으로 본다》.

III. 〖반복되는 접속사를 대신하는 **que**〗 앞에 놓인 접속사는 comme, quand,(comme) si, afin que, après que, avant que, bien que, pour que, lorsque, puisque, quoique, etc.: *bien que* le temps fût orageux et *qu*'il fit très froid 비바람이 휘몰아 치고 날씨가 매우 추웠는데도 불구하고/*Quand* je suis triste et *que* je ne sais pas quoi faire, je lis des romans policiers. 우울하고 무엇을 해야 좋을지 모를 때 나는 탐정소설을 읽는다/*parce qu*'il est jeune et *qu*'il manque d'expérience 그는 젊고 경험이 부족하기 때문에. (*comme*) *si... que*(+*subj*): *Si* elle regardait et *qu*'il ne *fût* pas là, elle en était toute triste. (Zola, *le Rêve*) 쳐다보았는데 그가 그곳에 없으면 그녀는 아주 슬퍼졌다/*s*'il vient me voir et *qu*'il me *plaigne*. 그가 나를 만나러 와서 나를 불쌍히 여기면〃(+*ind*) *si* j'avais une fille et *que* j'*étais* du monde riche... (Proust, *Sodome et G.*) 나에게 딸이 하나 있고 내가 부유층에 속한다면《현대어법》. ☆1) 그러나 처음의 접속사를 que 로 대치하지 않고 반복할 수도 있다: *Si* j'invite un camarade à dîner, et *s*'il n'accepte pas tout de suite, je n'insiste jamais. (Romains, *Le diner des corps*) 친구 한사람을 저녁식사에 초대했는데 그가 즉시 응하지 않으면 나는 강요하는 일이 없다《이와 같이 접속사를 반복하면 여러개의 절을 독립시키는 것이며, 반면 que 로 대치할 때는 그것을 일체로 나타낸다》. 2) 동사가 생략된 두번째 종속절 앞에서는 접속사가 반복되지 않으며 que 도 쓰이지 않는다: quand le paquet était trempé par la pluie et *les gâteaux à* *demi gelés...*(Maurois, *Cercles*) 상자가 비에 젖고 과자가 절반쯤 얼어버렸을 때. *car... et que* ⇨car.

IV. 〖여러가지 접속사(구)에 해당하는 que〗 **1°**(=avant que, sans que, jusqu'à ce que): Tu n'auras point de repos ni de sommeil *que* ton tonneau ne soit rempli. (Mironneau) 너의 통이 가득 채워지기 전에는 너는 휴식도 수면도 취하지 못할 것이다《주절이 부정이면 avant que는 que로 대치되며, 종속절에 허사 ne를 쓴다. 이 경우 ne는 다분히 부정의 의미를 지닌다: si ton tonneau n'est pas rempli》. ☆ 예외: 1)《주절이 긍정》 J'espère bien pouvoir être rentré *que* Madame ne soit arrivée.(Dam, I, 134) 부인이 도착하기 전에 돌아갈 수 있기를 나는 바란다. 2)《que 다음에서 ne의 생략》 avant que, sans que 다음에서 ne를 쓰지 않는 구문의 영향: Il *ne* se passait *pas* de jours *qu'*on me menaçait de mon oncle. (S, II, 418) 아저씨를 데려오겠다고 나를 위협하지 않는 날이 없었다.

2°(=afin que). 명령, 의문 다음에서: Approche-toi *que* nous puissions parler un peu. 서로 이야기를 나눌 수 있도록 다가오너라/Levez-vous *que* je mette un coussin sur votre chaise. 당신 의자 위에 방석을 깔게 일어서시오《목적이 의문의 동기는 아니다》.

3°(=puisque): Est-il malade, *qu'*on ne le voit plus depuis deux mois? 두달째 그를 볼 수 없는데 앓고 있는가요? ☆ se réjouir, se plaindre, s'étonner, se repentir, etc. 및 비슷한 뜻의 형용사 heureux, confus, furieux, content, etc. 다음의 que (⇨I, 1°, ④, ⑤)도 원인의 뜻을 지닌다. cf. c'est que(⇨ce¹, II, 3°, ⑨, c), non que (⇨non), surtout que.

4°(= tellement que): Il crie, *qu'*on ne s'entend plus. 하도 큰소리를 질러서 잘 들리지 않는다/Mes pantalons sont dans un état *que* c'est une horreur. 내 바지는 보기에도 끔직할 정도의 상태다. ☆ 또한 *si (*tellement, *tant, *tel)... que의 que도 결과를 나타낸다.

5°(=depuis que). 이 경우에는 **Il y a〔Voici, Voilà, Cela fait〕...que** 의 구문이 되는데, 이 구문에서의 que를 관계대명사로 보는 사람이 많다(cf. W, 240; G, 549; S, II, 170–1).

① 〖동사가 단순시제〗 현재까지 계속되는 행위의 기점을 나타낸다: *Voilà* deux ans *que* j'habite ici. 여기서 살고 있은 지 2년이 됐다/*Il y a* deux ans *que* je ne le vois pas 〔*Il y avait* deux ans *que* je ne le voyais pas〕. 그를 만나지 못한 지가 2년이 된다〔되었다〕.

② 〖동사가 복합시제〗 과거의 행위의 완료로부터 현재까지 경과한 기간을 나타낸다: *Il y a* deux ans *que* je l'ai vu. 그를 만나서부터 2년이 된다《이것은 결국 「2년전부터 만난 일이 없다」는 것에 지나지 않으니까 「만나지 않게 되었던」 과거의 한 시기를 기점으로 생각하면 「Il y a deux ans *que* je ne l'ai (pas) vu(⇨ne II, 5°). 그를 만나지 않게 된 지 2년이 된다」가 되고, 그때부터 현재까지 계속되는 「만나지 않은」 상태에 중점을 두면 Il y a deux ans *que* je ne le vois pas가 된다. 「Voilà longtemps *qu'*il est mort. 그가 죽은 지 오래 됐다」에서는 글의 뜻으로 보아 부정을 쓸 수 없다》.

6° (=si): *Qu'*elle vînt s'excuser, il lui pardonnerais(=Si elle venait...). 그녀가 사과하러 오면 그는 용서해 줄 텐데(⇨et)∥(=même si): *Que* la terre entière s'arme contre la vérité, on n'empêchera pourtant pas qu'elle ne triomphe. (Ayer, 664) 지구 전체가 진리에 대항하여 무장한다 할지라도 진리가 승

리하는 것을 막지는 못할 것이다.
7°(=soit que): *Que* vous veniez *ou que* vous ne veniez pas, j'irai quand même. 당신이 오든 안 오든 나는 어쨌든 가겠다/*que* vous vouliez *ou non* 당신이 원하든 아니든 간에.

8°(=lorsque) ① La prière était finie *que* le nouveau tenait encore sa casquette. (Flaub) 기도는 끝났는데 새로 온 사람은 여전히 모자를 들고 있었다/Coupeau dormait déjà *qu'*-elle continuait ses aménagements. (Zola) 쿠포는 이미 잠들었는데 그녀는 집안 정돈을 계속하고 있었다. ☆ que 로 결합되는 절은 어느 한쪽(흔히는 첫번째 절)이 부정이든가, 모두가 긍정인 경우에는 한쪽 또는 양쪽 절에 시간의 부사(흔히는 déjà, encore)를 쓰는 것이 보통이다. à peine…que 의 que 도 같은 용법. Le B, I, 319; II, 436-7 은 que 를 et 에 가까운 접속사이면서, 두 절을 더욱 밀접하게 연결시켜 주고 있는 것으로 본다.
② 〖**que** 의 생략〗(《드물게》) Il n'avait pas fait vingt pas: quelqu'un marcha rapidement derrière lui. (Arland, *Ordre*) 20 보도 가지 않았는데 누군가가 그의 뒤에서 빨리 걸어왔다(⇨peine 2°).

9°(=si ce n'est, excepté). 부정・의문 다음에서: Personne ne le méprise, *que* les dévotes. (Stendhal) 독실한 신앙가 이외에는 아무도 그를 깔보지 않는다/Rien n'est beau *que* le vrai. (Boil) 진실밖에는 아름다운 것이 아무것도 없다/Personne *que* vous ne peut m'aider à sortir de peine. (Romains, *M. le Trouhadec*) 당신 이외는 아무도 내가 난관을 벗어나도록 도울 수 없다.

V.〖비교를 나타내는 형용사・부사의 보어를 인도〗⇨autre, meilleur, moindre, pire, pis; aussi, autant, autrement, davantage, plus, mieux, moins.

VI.〖연결어로서〗 1°〖양보절 혹은 조건절과 주절과의 연결〗Il l'affirmerait *que* je ne le croirais pas. 그가 아무리 그것을 단언한다 할지라도 나는 믿지 않을 것이다/Je le voudrais *que* je ne le pourrais pas. 하려고 해도 할 수 없을 것이다((이런 que 는 종속절과 주절을 연결시켜 주기 때문에 생략해도 상관없다. ⇨ conditionnel II, 2°, ③, f)).

2°〖부사(구)+**que**〗apparemment, assurément, avec ça, bien entendu, bien〔pour〕sûr, certainement, heureusement, même, peut-être, plus souvent, probablement, sans doute, sûrement, surtout, vraisemblablement, etc. 다음에서: *Peut-être*〔*Probablement*〕*qu'*il viendra. 아마 올 것이다/*Certainement*〔*Sûrement*〕*qu'*il vous écrira. 틀림없이 그는 당신에게 편지를 쓸 겁니다. ☆ 이런 구성은 위의 I, 2°에 준해서 불완전한 주절에 명사절이 종속된 것이라고 설명하는 경우도 있다(B, 27; G, 180). S, II, 45 는 *Heureusement qu'*il est venu 는 C'est heureux qu'il soit venu 와 Heureusement il est venu 와의 *contamination 에 의한다고 설명한다. Le B, II, 585 는 단순한 연결어로 본다. 속어「*A ce qu'il paraît qu'*il y est allé. (Mart, 217) 보아하니 그는 그곳에 간 것 같다」를 종속절로 설명하는 것은 곤란할 것이다.

3°〖의문사+**que**〗(《속어》) Où *que* vous allez?(= Où allez-vous?) 어디 가시죠?/Pourquoi *que* vous n'êtes pas venu?(= Pourquoi n'êtes-vous pas venu?) 어째서 오지 않았습니까?/ Comment *que* tu t'appelles? 네 이름이 무어냐?

4°〖**que**+삽입절〗(《속어》) «Où ça? où ça?» *qu'*il disait. (Sartre, *Intimité*) 어디에, 어디에, 라고 말하는 것이다(⇨faire)((이런 que 는 관계 대명사로 해석할 수 있지만(⇨que¹

I, 6°), 도치를 피하기 위한 연결어라고도 볼 수 있다》.

5° **si j'étais que de vous**(= si j'étais de vous, si j'étais vous, si j'étais à votre place)라는 구문을 설명하기는 곤란하나 Qu'est-ce que de nous?(Boss), Ce que c'est que de nous! 와 마찬가지로 이루어진 표현으로 볼 수 있을 것이다(cf. Dup, Que XIII). ⇨de.

VII. 〖특수용법〗 **que si** (=si donc)는 라틴어 quod si를 따른 것으로서, que는 si에 주의를 기울이게 하는 작용을 한다 《옛・문서》: *Que si vous en doutez, je donnerai des preuves.* 만약 당신이 의심한다면 증거를 제시하겠소.

que oui, que non, que si ⇨oui ③.

VIII. 〖que의 반복〗 **1°** 같은 동사에 주어가 다른 여러개의 절이 종속될 때는 개개의 앞에서 que를 반복한다: *Ils pensent... que le passé fut obscur et misérable, et que l'avenir sera beau.* (France, *Vie litt.*, I) 과거는 어둡고 비참했으며 미래는 아름다울 것으로 그들은 생각한다//《동사가 생략되는 절 앞에서는 que를 쓰지 않는다》 *Il ne savait pas que la terre est si vaste et la vie si courte.*(Beauvoir, *Tous les h.*) 그는 지구가 그렇게 넓으며 인생은 참으로 짧다는 것을 모르고 있었다.

2° 종속절이 여러개의 주어를 갖게 될 때 개개의 주어를 강조하기 위하여 그 앞에서 que를 반복하는 일이 있다: *Il semblait ne pas savoir que le printemps, que l'été, que l'automne, que l'hiver ont... des plaisirs nouveaux.*(Maupass, *Première neige*) 그는 봄, 여름, 가을, 겨울이 각각 색다른 즐거움을 갖고 있다는 것을 모르고 있는 것 같았다. ⇨ quand¹ 2°; si¹ I, 1°, ④.

3° **ne... que, plus〔mieux〕... que,**

ainsi que 따위 뒤에 여러개의 말이 계속될 때도 2°과 같다: *Pour Maurois écrivain il n'est qu'une loi, qu'une foi, qu'un guide et qu'un maître.*(Fillon, *Maurois*) 작가 모로와에게는 단 하나의 법칙, 하나의 신념, 한 사람의 안내자, 한 사람의 은사밖에는 없다/*Ce ricanement était plus lugubre que la nuit, que la peur elle-même.*(Kessel, *Steppe*) 이런 조소의 소리는 어두움과 공포 그 자체보다도 더 서글픈 것이었다/ *Luce devait être en route, ainsi qu'Elisabeth et que Marie-Claude.* (Troyat, *Araigne*) 엘리자벳과 마리 클로드와 마찬가지로 뤼스도 출발했음에 틀림없다.

IX. 〖que의 생략〗《속어》 *Tu veux je vienne* (= que je vienne)?/ *Faut je m'en aille*(=Faut-il que ...)?(S, II, 18).

quel(s), quelle(s) —원래 quel과 lequel은 형용사나 대명사로 쓰였으나, 르네상스 이후로 quel은 특히 형용사로, lequel은 거의 대명사로만 쓰이게 되었다(G, §441).

I. *adj. indéf.* **1°** ~ **que**+*subj* 는 속사로서 양보절에 쓰인다. 동사는 흔히 être 나 기타 계합동사《때때로 준조동사 devoir, pouvoir 가 앞에 온다》. 어순은 「~ que+동사+명사(주어)」 또는 「~ que+무강세 인칭대명사+동사」: *Il affronte tous les dangers, ~s qu'ils soient.* (G, §452) 그는 무슨 위험에건 과감히 도전한다/*~ que soit le rôle que tu aies joué dans cette affaire, Ferdinand est l'aîné.* (H. Bazin) 네가 이 일에서 어떤 역할을 하걘 간에 페르디낭이 연장자이다/*~ que doive être le prix de cette noble liberté, il faut bien le payer aux dieux.*(Montesq, *Sylla et Eucrate*) 이 고귀한 자유의 값이 얼마이건 간에 신들에게 지불해야 한다.

☆1) ~ *qu'il soit* (때때로 =qui qu'il

soit) 그가 누구이건(⇨아래 III, 1°, ⑤). 2) quel이 간혹 직접목적보어의 속사인 경우도 있다:~s que vous les supposiez (G, §452) 당신이 그들을 어떤 인간들이라고 생각하건 간에.
2° ~ soit-il(=~ qu'il soit)는 si grand qu'il soit 대신에 si grand soit-il(⇨si² 4°)이라고 쓰는 형태를 모방한 것이다. G는 이 형태가 작가들의 단순한 변덕 때문이라고 한다:Je demande une besogne, ~ le soit-elle. 나는 어떤 것이든 일거리를 찾는다//《이런 어순은 주어가 명사인 경우에도 볼 수 있다》 ~le soit leur valeur et leur compétence personnelle... 그들의 개인적인 가치와 능력이 어떤 것이든간에.
3° ~ +N+que 는 「quelque+N+que(⇨quelque III, 2°)」의 옛 형식으로 현대어에는 드물다:En ~ lieu *que* ce soit, je veux suivre tes pas. (Mol) 그곳이 어디이건 나는 당신 뒤를 따라가고 싶소/Toute sa vie Jules Renard refusera la contrainte. De ~le nature *qu*'elle soit. 쥘 르나르는 일생동안 구속받기를 거절했다. 그것이 어떤 성격의 것이건 간에.
II. *adj. relatif.* (=*lequel). 고어법으로 지금은 거의 안 쓴다:dans ~ cas(=auquel cas) 그런 경우에는.
III. *adj. interr.* 명사에 수반되거나 속사로 된다.「~+명사」는 주어, 속사, 직접보어, 간접보어로 직접의문, 간접의문에 쓰인다.
1°〖의미〗① 〖성질·종류〗「어떤, 어느, 무슨」:~ film avez-vous vu? 어떤 영화를 보았읍니까?/~ est votre nom? 당신의 이름은 무엇이요?/~ chemin prenez-vous? 어느 길로 가시겠소?/~ homme est-ce? 그는 어떤 사람인가?/Y a-t-il un problème? ~ est-il?(Beauvoir, *2e sexe*, I) 문제가 있어요? 어떤 문제요?/De ~le tribu est-il? 그는 어느 종족에 속하는가?
② 〖정도〗「어느만큼」: Vous savez ~le confiance j'ai en vous. 내가 당신을 얼마만큼 신뢰하고 있는지 당신은 알고 있소.
③ 〖수량〗「얼마나, 몇」:~le est la longueur de ce pont? 이 다리의 길이는 얼마나 됩니까?/~ âge a-t-il? 그는 몇 살인가?/~ est votre numéro de téléphone? 당신 전화 번호는 몇번입니까?
④ 〖순위〗「몇번째의」:En ~ siècle sommes-nous? 지금은 몇 세기인가?/~le heure est-il? 몇 시인가?/Je ne sais plus ~ jour il m'a téléphoné. 그가 어느 날 내게 전화를 걸었는지 모르겠다.
⑤ 〖사람〗「누구, 어떤 사람」. 사람에 대해서 물을 때 qui와 quel을 다같이 사용할 수 있다: ~le[*Qui*] est cette femme? 이 부인은 누구요?/*Qui* est ce monsieur qui vient de parler? 지금 막 발언한 분은 누구요?/ ~ est ce vieux monsieur distingué? 이 멋있는 노인은 어떤 분이요? ☆그러나 현대불어에서는 다음의 경우에 qui와 quel을 구별해 쓰는 것이 보통이다. 1) 주어가 인칭대명사 또는 ce의 경우에는 qui: *Qui* es-tu?/*Qui* est-ce?/*Qui* suis-je et que dois-je être? 나는 누구이며 무엇이 되어야 하나? 2) 주어가 지시대명사(celui)인 경우에는 quel:~ est celui-ci? 이 사람은 누구요?/~ est celui qui peut se vanter d'être vraiment sincère? 진실로 성실하다고 자랑할 수 있는 자는 누구인가?
⑥(=de quoi):En ~ honneur(= En l'honneur de quoi) a-t-il offert ce dîner? —Pour son anniversaire. 그가 무엇 때문에 저녁을 냈소?—생일 턱이지/à ~ propos(= à propos de quoi) 무슨 까닭으로.
2°〖주어의 도치〗⇨interrogative.
3°〖일치〗주어가 둘 이상이면 quel

도 복수로 쓰는 것이 원칙이지만 최초의 주어에만 일치하는 일이 있다 (⇨accord du verbe): ~s que soient *le nombre* et *la valeur* des ennemis, il ne s'effraye point.(G, §452) 그는 적의 수가 얼마이건 용맹성이 어떠하건 전혀 두려워하지 않는다/~ que soit *le monde*, et l'homme, et l'avenir. (Hugo, *F. d'aut*., XV) 세상과 인간과 미래가 어떻든/ ~*le* que puisse être *votre valeur*, votre mérite, soyez modeste.(G, §452) 당신의 재능이, 자질이 어떤 것이건 겸손해야 하오.

4°《비어》~ livre(C'est-il) que vous voulez?(=~ livre voulez-vous)?

IV. *pron. interr*.(=lequel). 1°〖옛날 어법〗 Je viens vous annoncer la meilleure nouvelle du monde. — ~*le*?(Mol, *Bourg*. IV) 당신에게 가장 좋은 소식을 전하러 왔소—어떤 소식을?/~s de vos diamants me faut-il lui porter? (Corn) 당신의 다이아몬드 중의 어떤 것을 그에게 갖다 줄까요?《이러한 「~ de+명사」형태는 오늘날 詩에만 남아 있다》.

2°〖현대 용법〗① 직후의 명사를 생략하여《속어》:Il y avait tant de choses! —~*les*?(R. Rolland) 많은 일이 있었소.—어떤 일들이?/《다음과 같은 글은 옛날 어법의 모방》Je vous livre un secret. —~? (Rostand, *Cyrano*, I) 당신에게 비밀을 털어놓겠소.—어떤 비밀을?

②〖주어〗이 용법은 빈번하다:De nous deux, ~ est le plus méprisable?(Daud) 우리 둘 중에서 누가 더 비열한가?

V. *adj. exclam.* 1°〖~+N〗놀라움, 감탄: ~ malheur! 얼마나 큰 불행인가!/ ~ homme! 굉장한 사람이군!/~*le* idée! 괴상한 생각이군!/〖~+N+*adj*.〗 ~*le* erreur grossière! (Anouilh, *P. noires*) 얼마나 끔찍한 실수인가!/ ~ gamin impossible! (Troyat, *Vivier*) 아무도 다룰 수 없는 놈이야!/〖~+*adj*.+N〗 ~*le* jolie maison!(Chardonne) 참 아담한 집이군!/~ grand plaisir il me fit ce jour-là! 그날, 그는 얼마나 큰 기쁨을 나에게 주었던고!《quel이 부사적으로 쓰인 것이다(B, 691)》.

2°〖속사〗~s ne furent pas mon horreur et mon étonnement!(Baudel) 나의 무서움과 놀라움이 얼마나 컸던가! ⇨pas 2°; point¹ 3°.

quelconque *adj. indéf*.—(=n'importe quel, quel qu'il soit). ① 보통 「N+~」의 어순: Donnez-lui une récompense ~. (Lit) 어떤 것이든 그에게 보상을 하시오.

②(l')un ~ de는 un의 불특정의 강조:devant *une* ~ *des* îles(Daud) 섬들 중의 어느 하나 앞에서/Prenons *un* ~ *de* ces nombres. (G, §453) 이 수들 중에서 어느 하나를 택합시다.

③「**ne**...+무관사 단수명사+~」는 옛어법:Il *n'*y a *homme* ~ qui ne sache cela.(Lit) 어떤 사람도 그것을 모르는 사람은 없다.

—*adj. qualif*.(=commun, banal, médiocre, ordinaire). ① Les meubles étaient ~s, en acajou de bonne qualité, mais sans plus. (Simenon) 가구들은 고급 마호가니 제품일 뿐 그 이상의 것은 없는 평범한 것들이었다/Je suis un homme ~, un homme insignifiant. (Duham) 나는 대수로울 게 없는 하찮은 사람이다/C'est un roman très ~.(Gr. Lar) 이것은 매우 평범한 소설이다. ② un ~ +N는 불특정과 경멸적 의미를 함께 갖는다:*un* ~ pauvre diable (G, §453) 보잘것 없고 가련한 놈/Il a été attaqué par *de* ~s voyous.(Malraux, *Conquérants*) 그는 형편없는 깡패들로부터 공격을 받았다.

quelque —(<quel+que). 복합어 quelqu'un의 경우 외에는 모음 앞에

서도 e를 탈락시키지 않는 것이 규칙이다. 때때로 quelqu'ennemi(Vercors, *Marche*), quelqu'autre endroit(Vildrac, *M. Auclair*)로 쓰는 작가가 있으나 모방해서는 안된다. 또 비어의 발음이 [kɛk]를 나타내기 위해 quéqu'로 쓰는 일도 있다.

I. *adj. indéf.* 1° 〖단수〗 ① 수로 셀 수 없거나 수로 세지 않는 명사와 함께 쓰여 불특정의 적은 양 une petite quantité de 을 나타낸다: Elle lui présentait ~ bon bouillon, ~ tranche de gigot.(Flaub) 그녀는 그에게 약간의 맛있는 수우프와 양고기 토막을 제공했다/J'ai besoin de ~ argent. 돈이 좀 필요하다. ② 수를 셀 수 있는 명사와 함께 쓰여 불특정의 성질을 표현한다《(하나를 나타내기 때문에 수에 대해서는 특정)》: ~ jour(= un jour indéterminé) 어느날/Envoyez-moi ~ livre. 어떤 것이든 책을 한권 보내주시오.

2° 〖복수〗 불특정의 작은 수를 나타낸다(=plusieurs): Il faudrait ici un sergent et ~s hommes. (Romains) 이곳에는 하사관 한명과 사병 몇명이 필요하겠다/il y a ~s jours 며칠 전에/vingt et ~s pages 20여 페이지/J'avais encore quarante ans au lieu de soixante *et* ~s. (Becque) 나는 60세가 넘은 것이 아니라 그때는 아직 40세였다《이 용법에선 20이상의 경우에 et ~s를 덧붙이고 10이상일 때는 dix et ~s 라 하지 않고「dix au moins 적어도 열」이라 한다(Le B, I, 231)》/*les* ~s mots dont je ne comprenais pas le sens. (Butor) 내가 그 뜻을 이해할 수 없는 몇 마디 말/*Ces* ~s paroles l'ont consolé. 그 두세 마디 말이 그를 위로했다.

II. *adv.*(=environ, à peu près) 《(고문투, 문학적 표현)》 Il s'est marié il y a ~ vingt ans.(Thomas) 그는 약 20년전에 결혼했다/Falcone marcha ~ deux cents pas dans le sentier. (Mérimée, *M. Falcone*)팔코네는 오솔길을 약 200 보쯤 걸었다.

☆ 1) 17세기까지는 때로 ~s로 썼다: Il peut y avoir ~s huit jours. (Corn, *Clit*, II) 약 일 주일쯤 전일 것이다. 2) Vaugelas가 이 경우의 quelque는 불변이라고 주장한 이후로 지금에는 불변이 되었다.

III. 〖~... que〔qui, dont, etc.〕+ *subj*(양보절)〗

1° 〖~+*adv*.〔*adj*.〕+*que*〗(=à ~ degré que). quelque는 强度의 부사로 불변, que는 부사 뒤에서는 접속사, 형용사 뒤에서는 속사가 되는 관계대명사이다: ~ savants *qu*'ils soient, il leur reste beaucoup à apprendre.(Colin) 그들이 아무리 박식해도 배워야 할 것이 많이 있다/~ habilement *que* vous raisonniez, vous ne convaincrez personne.(G, § 452) 당신이 아무리 능란하게 이론을 펴도 아무도 설득할 수 없을 것이다.

2° 〖~+N+*que*〗 quelque는 형용사로 명사에 일치. ① que는 직접목적보어가 되는 관계대명사: ~s efforts *que* vous fassiez 당신이 아무리 노력을 해도.

② que가 속사가 되는 관계대명사《(드물게)》:Il est bien inutile de faire ~ révolution *que* ce soit. (Faguet, *19ᵉs*.) 어떤 혁명이건 혁명을 일으키는 것은 무익한 일이다《(~ révolution...은 부사절이 아니라 faire의 목적보어)》.

3° 〖*prép*.+~+N+*que*〗 명사가 다음 동사의 간접보어가 되는 경우의 구문으로 que는 접속사:*sur* ~ sujet *que* se portât la conversation (Gide) 대화가 어느 문제에 미치더라도/*à* ~ parti, *que* nous appartenions 우리가 어느 당파에 속하더라도/*de* ~ manière *qu*'on examine la question 어떤 방법으로 그 문제를 검토하더라도/*de* ~ côté *qu*'il vienne 그가 어느 방향에서 오더라도/*avec* ~

soins *qu*'on le surveille 아무리 조심스럽게 그를 감시하더라도/*pour* ~ raison *que* ce soit 어떠한 이유에서든지 간에.

4° 〖~+N+**dont**〔**où, qui, à qui**〕〗 《고전시대의 구문》: ~ indignation *dont* leur cœur soit rempli (= de ~ indignation que leur cœur...) (La Font, *F.*) 그들의 가슴이 어떤 분노로 가득차 있더라도/~ trouble *où* tu sois(=dans ~ trouble que tu sois)(Corn, *Othon.*) 당신의 마음이 아무리 착잡하더라도/Travaillez à loisir ~ ordre *qui* vous presse.(Boil, *Art, p.,* I) 무슨 명령이 당신을 독촉해도 천천히 일을 하시오. ☆현대에는 고어투:~ lien *qui* pût nous unir, je l'avais rompu pour toujours.(Musset) 어떤 유대가 우리를 결합시킬 수 있었더라도 나는 영원히 끊어 버렸다/*dans* ~ condition *où* l'on se trouve (France, *Rôtis*) 어떤 직업에 종사하더라도《위 3°의 구성 dans ~ condition que 와 ~ condition où 와의 混淆. ⇨contamination》/*à* ~ distance *qui* me séparât de toi (Hervieu) 당신과 나와를 갈라놓은 거리가 아무리 멀더라도.

5° 〖~+*adj.*+N+**que**〗 ①「형용사+명사」가 주어의 속사, 목적보어의 속사가 될 때는 quelque 는 속사를 수식하는 부사가 되기 때문에 불변이다: ~ bons médecins *qu*'ils soient 그들이 아무리 훌륭한 의사들이라도/~ bons juges *que* vous les croyiez, ces gens peuvent se tromper. (G, §452) 당신이 그들을 아무리 훌륭한 법관들이라고 믿더라도 그들도 과오를 범할 수 있다.

②「형용사+명사」가 목적보어가 될 경우, quelque 는 명사를 수식하는 형용사이므로 일치:~s bonnes raisons *que* vous donniez(*Ib.*) 당신이 어떤 훌륭한 이유를 내세우더라도.

☆위 ①, ②의 구별은, 형용사를 생략할 수 있으면 quelque 는 명사와 관계가 있기 때문에 형용사가 되어 일치, 형용사를 생략할 수 없으면 quelque 는 형용사와 관계가 있기 때문에 부사가 되어 불변이라고 생각하면 된다.

quelque chose *pron. indéf.* —17세기까지는 quelque+chose(*n.f.*)로 생각하였지만 지금에는 중성대명사로 무변화인 복합어로서 취급하고 있다.

① 일치는 남성, 형용사는 **de** 를 매개로 하여 덧붙여진다: Il lui est arrivé ~.(Rob) 그에게 무슨 일이 일어났다/Voulez-vous prendre ~? 무얼 좀 드시겠소?/Savez-vous ~ *de* nouveau?(Thomas) 무슨 새로운 소식이라도 아시오?/S'il vous manque ~, je vous *le* donnerai. (Ac) 부족한 것이 있으시면 드리겠소.

② 그러나 다음 경우에서는 chose 가 본래의 여성명사의 기능을 한다: *quelque* belle *chose* 무언가 아름다운 것/C'est assommant, *quelque chose* insignifiante qu'on fasse, de penser que des yeux vous voient.(Proust, *Du côté de chez S.*) 아무리 하찮은 일을 하더라도 사람들의 눈이 우리를 보고 있다는 것을 생각하면 진저리가 난다.

③ **un** 〔**le, ce**〕 ~ 의 경우에는 명사 기능: ce ~ de gai, de rieur 이 유쾌하고 즐거운 것/un petit ~ 무언가 사소한 것.

④ 때때로 속사로 쓰여진다(=personnage ou chose considérable): Il se croit ~. 그는 자기가 상당한 인물이라 생각한다/De loin c'est ~; et de près, ce n'est rien.(La Font, *F.*) 멀리서 보면 대단한데 가까이 보니 아무것도 아니다.

⑤ 부정문에서:Pourquoi ne dites-vous pas ~?(Green, *Moïra*) 왜 당신은 아무 얘기도 하지 않습니까?

quelquefois —(=parfois, certaines fois, des fois):Elle passe ~

devant ma fenêtre. (Thomas) 그녀는 가끔 내 창문 앞으로 지나다닌다/pensées souvent originales, ~ paradoxales, mais toujours touchantes (Baudel) 흔히는 독창적이고 때로는 괴팍하기도 하지만 항상 감동적인 사상.

~ *que*+*cond*, *si* ~+*ind*(=au cas où, si par hasard) 《속어》:Il faut attendre encore un peu, ~ qu'il *irait*. (B) 설사 그가 간다 해도 좀 더 기다려야 한다/Si ~ tu le *voyais* cet après-midi, dis-le-lui.(Colin) 오늘 오후에 혹시 그를 만나면 그에게 그 얘기를 해라.

★부사인 quelquefois 와 「형용사+명사」형인 quelques fois(=plusieurs fois)는 구별해서 써야 한다:Il est venu *quelquefois*(=parfois) me voir. 그는 가끔 나를 보러 왔다/Il est venu me voir *quelques fois* (=plusieurs fois) cette année. 그는 금년에 나를 보러 몇번 왔었다.

quelqu'un(e), quelques-un(e)s—
1° 〖**quelqu'un**〗 ①〖불특정의 사람〗(= une personne quelconque).

a) 사물을 나타내는 quelque chose에 대비된다:On dirait que ~ joue du piano quelque part.(Alain-Fournier) 누군가가 어디에서 피아노를 치는 것 같다//《위 뜻으로는 여자를 가리킬 때도 남성형을 쓴다》 Quelle est cette personne que tu n'as pas reçue tout à l'heure? —~ de Paris. —Qui? —Mme Allain.(Porto-Riche, *Vieil h.*, I) 방금 당신이 만나주지 않고 돌려보낸 사람이 누구요?—파리 사람이오. —누구?—알랭 부인이오.

b) 〖~ **de**+*adj.*〗 si tu trouves ~ *de* sûr(Flaub) 만일 당신이 믿을 수 있는 어떤 사람을 찾으면//Aimerais-tu ~ *d'autre*?(Troyat, *Les Semailles*) 당신은 누군가 다른 사람을 사랑할 수 있을까?/Tu aurais épousé ~ *d'autre*.(Jaloux, *La Branche morte*) 당신은 다른 사람과 결혼했어야 하는데//《여자를 가리킬 때에도 형용사는 남성형》 Lulu est ~ *de charmant*. (Sartre, *Mur*) 룰뤼는 멋있는 사람이다. ☆형용사〔과거분사〕가 보어를 갖고 있을 때는 de를 생략할 수 있다:comme ~ absorbé par une passion profonde(Gautier, *Le Capit, Fracasse*, V) 심각한 열정에 사로잡힌 사람처럼/~ (d")autre que lui 그 이외의 누군가가.

c) 〖~과 **personne**〗 Il ne trouvait pas autour de lui *quelqu'un* pour l'aimer. (S, I, 357) 그는 자기 주위에 자기를 사랑할 사람을 발견하지 못했다《personne를 쓸 수 있다》/Vous n'attendez pas *quelqu'un*? —Si. 누구가를 기다리는 것이 아니오?—기다리오《긍정의 답을 예상한 질문》. cf. Vous n'attendez *personne*? —Non. 누구를 기다리는 것이 아니군요?—기다리지 않소《부정의 답을 예상한 질문》(*Ib.*).

d) 〖ce〔un〕 ~〗 J'aperçois ~ qui marche derrière moi…. *Ce* ~ presse le pas. (S, I, 343) 누구가 내 뒤를 걸어오는 사람이 있다…. 이 누구가가 걸음을 빨리한다.

②〖~ **de**+보어〗 (=un entre plusieurs). un 보다 더 한층 막연함을 나타낸다:~ *de* ces hommes 이 사람들의 어느 누구//《드물게 사물에게도 쓰인다》 ~ *de* ces portiques sacrés (Loti, *Chrysanth.*) 이 성스러운 문들 중의 어느 하나《(l')un de 가 보통》.

③ (=une personne d'importance, de mérite):Il se croit ~. 그는 자신을 대단한 인물로 생각하고 있다//《위 뜻으로는 여성, 복수를 나타낼 때도 불변》 Elle se croit ~. /Elle est devenue ~ grâce à son mari. (Thomas) 그녀는 남편 덕택에 상당한 인물이 되었다/Ils sont ~ dans leur village. (M) 그들은 마을에서 유지들이다//《속어에서는 사람뿐 아

quelqu'un(e)

니라 사건(=quelque chose d'extra-ordinaire)에 대해서도 쓴다》 Quel incendie! C'était ～.(Queneau) 큰 화재였소! 굉장했었지.
④〖특정의 인간을 불특정의 인간으로 표현할 때〗 ～ que je connais 내가 아는 어떤 사람.
⑤〖지시대명사 역할〗 ～ qui aime a toujours besoin de le dire. (Boylesve) 사랑하는 자는 항상 그 사실을 얘기할 필요가 있다.

2°〖**quelques-uns**〗 ① 불특정의 몇몇 사람. 불특정의 의미는 질뿐 아니라 수에도 미치므로 단수보다 훨씬 더 막연함을 나타낸다 : ～s affirment que ce poème est un chef-d'œuvre.(G, §590) 어떤 사람들은 이 시를 걸작이라고 주장한다/Il ne faut plus réserver ton enseignement à ～s. (Brieux, *La Foi*, II) 당신의 교육을 더 이상 일부에게만 국한시켜서는 안된다//《직접목적보어로 쓰일 때는 대개 보어가 뒤에 온다》J'ai lu ～s de ses livres.(Ac) 나는 그의 책중 몇 권을 읽었다. ☆ 보어 없이 목적보어로 쓸 수는 없다. 즉, J'ai vu ～s 이라고는 않고, 아래 ②에서처럼 J'en ai vu ～s 또는 J'ai vu ～s d'entre eux 라고 한다.
② 특정의 사람, 사물 중의 몇 사람, 몇개의 뜻. 흔히 「de+대명사」, en 을 보어로 갖는다:～s des assistants se mirent à rire.(Michelet) 청중들 중의 몇 사람이 웃기 시작했다/～s de〔d'entre〕nous 우리 가운데 몇 사람/Parmi ces livres, j'en ai trouvé ～s d'intéressants. 이 책들 중에서 나는 몇 권의 재미있는 것들을 발견했다//《보어가 앞 문장에 나타나 있어서 en 을 쓰기가 곤란할 때는 생략한다》Les invités interdits ne savaient que faire, demeuraient assis ou debout. ～s voulurent s'en aller. (Maupass) 손님들은 당황해서 어쩔 줄을 모르고 앉아 있거나 서 있었다. 그들 중 몇 사람은 가버리고 싶었다

《～ d'entre eux 라고 쓰면 군더더기가 되고, en 은 쓸 수 없다》.
nous sommes ～s qui 다음의 동사의 일치 ⇨accord du verbe B, I,2°.

3°〖**quelqu'une, quelques-unes**〗
① (～e=une femme quelconque)《속사투》보어가 없을 때는 보통 남성형으로 여성도 표현(⇨1°, ①):Il se sera arrêté à parler à ～e. (Gr. Lar) 그는 어떤 여자와 얘기하느라고 걸음을 멈춘 것일 것이다.
② 특정의 인물, 사물의 불특정의 한 사람, 한 개, 몇 사람, 몇 개(《2°, ②와 같은 구문》): ～e de ces dames 이 부인들중의 어느 누구/Le peintre a voulu exprimer ～e de ses fantaisies.(Montesq, *L. pers.*) 화가는 자신의 환상들 중의 어느 하나를 표현하고 싶어했다/～es d'entre vous 당신들 중의 몇 사람/Il a fait de multiples découvertes... il n'en a révélé que ～es. (G, §590) 그는 많은 발견을 했으나 그중의 몇가지만 발표했다/Vous avez eu beaucoup d'aventures, monsieur?—～es.(Sartre, *Nausée*) 당신은 많은 모험을 하셨지요?—몇가지 했지.

qu'est-ce que —que² 의 강조형. ⇨ce¹ II, 3°, ⑦, b).
1°〖기능〗①〖논리적 주어〗 *qu'est-ce qu'il vous faut?* 당신에게 무엇이 필요하오?/*qu'est-ce qu'il y a (donc) que tu reviens déjà?* 어째서 너는 벌써 돌아오니?
②〖속사〗～ nous deviendrons? 우리는 무엇이 될까?/～ c'est? 이것은 무엇이냐?/～ c'est cette clé? (Sartre, *Diable*, I) 이 열쇠는 무엇인가?/～ c'est que la littérature? 문학이란 무엇인가?/～ tu crois que c'est, l'amour?(Anouilh, *P. noires*) 사랑이란 무엇이라고 생각하나?
③〖직접목적보어〗 ～ vous cherchez? 무엇을 찾습니까?/～ vous voulez? 무엇을 사시〔드시〕겠습니까?

④〖간접목적보어〗 ~ (=en quoi) vous avez besoin d'aller lui dire ça? (M) 그것을 그에게 얘기해야 할 필요가 무엇이 있소?
⑤〖부사적 보어〗 ~ valent les veaux, actuellement? (Romains, *Knock* II) 요즈음 송아지 값이 얼마입니까?
⑥ (=combien (de))《속어》: *Qu'est-ce qu'elle a dû pleurer quand elle a appris la mort de son garçon!* (Proust) 아들의 죽음을 알았을 때 그녀는 얼마나 울었을까/ ~ vous êtes *de* personnes ici? (M) 당신들은 여기에 몇명이 있소?
⑦〖감탄부사 que의 강조〗 *Qu'est-ce qu'il travaille!* (W) 어쩌면 그렇게도 일을 많이 할까!
2°〖구문상의 주의〗① 간접의문에 쓰는 것은 속어, 일상어에도 ce que를 쓴다. Je ne sais pas *qu'est-ce qu'il lui a pris*는 옳지 못한 글이고, 「Je ne sais pas *ce qu'il lui a pris*. (Colin) 나는 그가 무슨 영문으로 저러는지 모른다」, 또는「*Qu'est-ce qu'il lui a pris, je ne sais pas!*」라고 해야 한다. cf. Vous savez *qu'est-ce qu'elle fait?*—Ne dis pas *qu'est-ce qu'elle fait....Ce qu'elle fait.* (Maurois, *Cercle*).
② ~+N〖*inf*〗: ~ la mort〖mourir〗? 죽음이란〖죽는다는 것은〗 무엇인가? 《C'est... que+N〖*inf*〗(⇨ce¹ II, 3°, ⑦)의 속사에 que를 쓴 형식》.
③ ~ **c'est que** ça〖cet homme〗? 저것은〖저 남자는〗 무엇인가?《속사로 qu'est-ce que를 사용한 구문》.
④ ~ **c'est que** tu dis? 무얼 얘기 하는 것이오?《인칭변화를 한 동사와 함께 쓰인 이 구문은 비어》.
⑤ ~ **c'est,** la vie? 인생이란 무엇인가?《C'est..., 명사 (⇨ce¹ II, 3°, ⑤)의 속사로 qu'est-ce que를 사용한 구문》.
⑥〖~+de+*adj.*〗 ~ j'ai dit *de* si grave, l'autre soir? (Maurois, *Cli-mats*) 요전날 저녁에 내가 어떤 중대한 말을 했을까?

qu'est-ce qui —의문대명사, 주어. ⇨ce¹ II, 3°, ⑥, a).
①〖사물〗 ~ vous fait rire? 무엇이 우스워 ? / ~ est arrivé? 무슨 일이 일어났는가?
②〖사람〗《속어》 ~ t'a raconté cela? (Arland, *Terre nat.*) 누가 당신에게 그것을 얘기했소?//《간접의문에 쓰는 경우도 속어》 Je sais ~ (=ce qui) t'a rendu malade. 왜 병이 났는지 나는 안다/Je ne savais pas ~(=qui) était là. (M) 누가 그곳에 있는지 나는 몰랐다.
③〖~ + *de*+*adj.*〗 *Qu'est-ce donc qui persiste de blanc, après que la neige est fondue.* (Loti, *3ᵉ jeunesse*) 눈이 녹아버린 다음인데 무엇이 희게 남아 있을까?

question—① *Il est* ~ *de* + N〖*inf*, *que*+*subj*〗(=on parle de, il s'agit de): *Ensuite il fut* ~ *de la valeur des terrains.* (Flaub) 다음에는 땅값에 관한 얘기〖문제〗였다/*Il n'est pas* ~ *que l'Etat prenne à sa charge cette dépense.* (Rob) 국가가 그 지출의 부담을 안을 수는 없다//《때로는 **il y a** ~을 쓴다》 *Il n'y a pas de* ~. 그것은 확실하다.
②〖~+N〗《속어》 ~ ravitaillement, ça ne va pas tout seul. (Cohen, *Reg.*) 식량공급은 그렇게 간단한 문제가 아니다《question은 à l'égard de, en ce qui concerne의 뜻인 전치사적 기능을 갖는다》. ☆ 그러나 부정법이 보어로 오면 de를 써야 한다: ~ *de changer* les idées (Giono) 생각〖기분〗을 바꾸는 점에 관해서는

queue—queue-de로 이루어지는 합성어의 복수형은 queue에만 s를 붙인다: des ~*s*-d'aronde《건축》열장장부, des ~*s*-de-chat 노끈 채찍, des ~*s*-de-cochon 나사 송곳, 등.

qui¹ *pron. rel.*— I.〖선행사와 함께〗
1°〖주어〗①〖(대)명사(사람, 사물,

qui¹

중성어)의 대리] l'enfant *qui* travaille bien 공부를 열심히 하는 아이/ce *qui* est vrai 진실한 것. ⇨pronoms relatifs IV, V, 1°; proposition relative I, 2°.
a) la montre qu'elle dit *qui* est perdue 그녀가 잃어버렸다고 말하는 시계((17세기에 흔히 쓰던 구문으로 지금에는 낡은 어법으로 문어에서 쓰인다. dire 를 계합동사로 하여... qu'elle dit perdue 로 하는 것이 정상적인 현대 어법이다)).
b) (et)... qui 는 감정적 용법:*Et moi qui ne me doutais de rien.* (Arland, *Ordre*) 그런데 나는 전혀 눈치채지 못했었다/*Pauvre Louis, lui qui avait une telle horreur des discussions violentes.* (Maurois, *Cercle*) 가련한 루이, 그는 격렬한 논쟁을 몹시 싫어했다((qui 의 결합력은 약하고 *Et moi, je..., Pauvre Louis, il...*와 같다(Le B, II, 379))).
c) *C'est* l'aînée *qui* sera contente. 큰 딸이 아마 기뻐할 거요. ⇨ce¹ II, 3°, ⑥, b).
d) Il est là *qui* vous attend. 그가 저기서 당신을 기다리고 있소((qui 이하는 il 의 동격이다)). ⇨proposition relative II, 2°, ③.
e) Je la vois *qui* coud près de la fenêtre. 그녀가 창문 곁에서 바느질하는 것이 보인다((qui 이하는 la 의 속사)). ⇨prop. relative II, 2°, ③.
f) qui 와 qu'il ⇨que¹ II, 2°.
g) ne... pas si... qui (=qu'il). ⇨ si² 2°, ②.
h) qui 뒤의 동사 일치 ⇨accord du verbe A, I, 2°, ⑥; B, I, 2°.

② 〖절의 대리〗 고전시대의 용법:Elle fut admonestée, *qui* est légère peine. (Sév) 그녀는 꾸중을 들었는데, 그것은 가벼운 벌이다((지금에는 완전히 고문투. 보통은 ce qui(⇨ ce¹, III, 3°), chose qui 를 쓴다)).

qui mieux est 더욱 좋은 일은. *qui plus est* 그 이상, 게다가. *qui pis est* 더욱 나쁘게도. ☆위 각 성구에서의 mieux, plus, pis 는 속사: Il est paresseux et, *qui plus est*, ivrogne. (DG) 그는 게으르고, 게다가 술주정군이다.

2° 〖*prép.*+qui〗 ① a) 원칙적으로 사람을 대신한다: celle *à qui* j'ai parlé ce matin (Thomas) 내가 오늘 아침에 얘기를 나눈 여자/Il cherche quelqu'un *avec qui* jouer. 그는 함께 놀 사람을 찾고 있다.
b) parmi, entre, au nombre de 다음에서는 lesquels 을 쓴다. ⇨lequel *pron. rel.*, 3°, ③.

★〖de qui 와 dont〗 1) de qui 는 명사의 보어가 될 수 있으나 dont 을 쓰는 편이 보통이다:Seriez-vous M. Frédéric Moreau, *de qui* (=*dont*) j'ai beaucoup connu la famille à Beauvais?(Balzac, *Auberge*) 당신은 모로씨이지요? 보베에 있는 가족을 내가 잘 알고 지냈읍니다만《de qui 의 사용은 지금에는 좀 멋을 부린 어법이다(S, II, 162)》.
2) 동사의 보어로는 dont 이 보통: l'homme *de qui*(=*dont*) vous parlez (H) 당신이 얘기하는 그 사람 《이렇게 한정적인 관계사절에 de qui 를 쓰는 경우는 매우 드물다》.
3) 출처, 기원의 보어로는 de qui 가 바람직하다:l'homme *de qui* j'ai reçu une lettre 내가 그로부터 편지를 받았던 그 사람(Le B 는 이 경우 dont 은 전통에 어긋난다고 했고, H, 256 은 dont 을 피하는 편이 좋다고 설명했다. 옛날 문법(Ayer, 451)에는 구별이 안 되어 있고, W, 242 는 「la personne *dont* 〔*de qui*〕 je tiens cette nouvelle 내가 그로부터 이 소식을 들은 그 사람」을 들고, de qui 편이 기원의 관념을 명확히 해주므로 더 좋다고 주장했다》.
4) 전치사가 앞에 온 명사의 보어로는 de qui, duquel 을 쓰고 dont 은 쓰지 않는다:l'enfant *à la famille de qui* (*duquel*) je m'intéresse 내가 그

가족에 흥미를 갖고 있는 그 소년 《à la famille *dont* je m'intéresse 나 *dont* je m'intéresse à la famille 는 불가》. ▷lequel *pron. rel.*, 3°, ①; dont 5°.
② 동물, 특히 가축, 의인화된 사물을 대신한다:un chien *à qui* elle fait mille caresses (Ac) 그녀가 몹시 귀여워 해주는 개/ce pays éblouissant *à qui* tu as donné ton cœur (Vercors, *Marche*) 자네가 애정을 쏟은 그 찬란한 나라.
③ 사물의 대리. 옛날 어법에서는 사물에 대해서도 「전치사+qui」가 쓰였으나 17세기 이래로 옳지 않은 어법으로 여겨졌다. 지금에도 때때로 보이지만 archaïsme 일뿐 정상어법이 아니므로 모방해서는 안 된다:On sait qu'il y a des fleurs *de qui* l'épanouissement est nocturne.(Colette, *Paris*) 밤에 피는 꽃들이 있다는 것을 안다/ce château de S., *à qui* l'automne prêtait de nobles parures (Duham, *Civilisation*) 가을이 고상하게 장식해주는 그 S성.
II. 〖선행사 없이〗 1° 〖사람을 나타냄〗
① 〖주어〗(=celui qui, quiconque). 일종의 부정대명사. a) 동사는 단수. 지금에는 고문투로 관용구, 격언, 혹은 이것들을 모방한 표현에 쓰인다:*Qui* vivra verra. 때가 되면 알게 될 것이다/*Qui* a bu boira. 제 버릇 개 못준다/*Qui* s'est vaincu lui-même ne craint plus les autres.(Maurois, *Destins*) 자신을 이겨낸 사람은 다른 사람들을 두려워하지 않는다.
b) **qui dit... dit** 는 두 사물이 밀접한 관계에 있음을 나타낸다:*Qui dit* Russe *dit* Asiatique. (S, II, 86) 러시아인을 얘기하는 자라야 아시아인을 얘기한다.
c) 도치형으로 된 관용구:Sauve *qui* peut. 도피할 수 있는 자는 도피해라. 알아서 피하라《선박이 조난당했을 때 명령》/Ecrive *qui* voudra.(Boil, *Sat.*) 글을 쓰고 싶은 자만 글을 써라/Rira bien *qui* rira le dernier. 마지막에 이기는 자가 진정한 승리자다/Les hommes sont volages, bien folle est *qui* s'y fie.(Queneau) 남자의 마음은 잘도 변하니 믿는 여자는 바보다/N'est pas un mauvais homme *qui* veut.(Claudel, *Annonce*) 악한 자가 되고 싶어하는 사람은 악한 자가 아니다.
d) qui 로 시작된 독립 관계사절은 주어 외에 직접·간접보어로도 쓰인다:J'aime *qui* m'aime. 나는 나를 사랑하는 자를 사랑한다/Il a toujours commencé par adorer *qui* lui faisait accueil.(Faguet, *18ᵉ s.*) 그는 항상 자기를 환대하는 자를 우선 사랑했다/Une main peut, pour *qui* sait l'observer, refléter les émotions aussi bien qu'un visage. (Vercors, *Silence*) 그것을 관찰할 줄 아는 사람에게는, 손도 얼굴과 마찬가지로 감동을 나타낼 수 있는 것이다.
② 〖직접목적보어〗(=celui que):Aimez *qui* vous aime.(Ac) 당신을 사랑하는 자를 사랑하라/Choisis *qui* tu voudras.(Corn, *Cid.*, IV) 선택하고 싶은 자를 선택하시오/J'imite *qui* je veux (=celui que je veux imiter). (Renard, *Journal*)모범으로 삼고 싶은 사람을 모범으로 삼는다《vouloir 를 쓴 이런 구문이 보통》.
③ 〖간접목적보어〗 Il trouvera *à qui* parler. 그는 좋은 상대를 만나게 될 것이다/A *qui* perd tout Dieu reste encore.(Musset, *N. d'Août*) 모든 것을 잃은 자에게는 하느님이 아직 남아 있다/Il le raconte *à qui* veut l'entendre. (G, §544) 그것을 듣고 싶어하는 자에게 들려준다//《생략적》 Je le dirai *à qui* je voudrai(=à celui à qui je voudrai dire). 얘기를 해주고 싶은 자에게 얘기하겠다/ Travaillez *chez qui* vous voudrez (=chez celui chez qui vous voudrez travailler). 일하고 싶은 사람

의 집에서 일을 하시오.
④ 〖속사〗《드물게》J'ai cherché de vous dire comment je devins *qui* je suis.(Gide, *Immor.*) 어떻게 지금의 내가 되었는가를 당신에게 얘기하려고 했소.
⑤ (=si on, si quelqu'un, quel qu'il soit): Tout vient à point *qui* sait attendre. 《격언》 기다리면 좋은 기회가 온다《qui에 가정의 뜻이 있는 것을 모르고 위 격언에 qui 대신 à qui를 쓰기도 했었다》/Bah! *qui* prévoirait tous les risques, le jeu perdrait tout intérêt. (Gide, *Les Caves*) 쳇! 만일 모든 위험을 예측할 수 있다면 승부는 흥미를 잃게 될 것이다/《관용적 표현》*Qui* de cinq ôte trois reste deux. 5에서 3을 빼면 2가 남는다.

comme qui dirait (=comme si l'on dirait>à peu près, quelque chose comme): Tu sais dans quelles conditions je suis venu ici: *comme qui dirait* à titre amical. (Romains) 내가 어떤 자격으로 여기에 왔는지 자네는 알고 있네. 이를테면 친구 자격이지/Nous étions *comme qui dirait* voisins.(Arland, *Ordre*) 우리는 말하자면 이웃간이었소.

⑥ **qui de droit**는 생략적 성구: L'héritage échut à *qui de droit* (=à qu'il devait échoir de droit). (DG) 유산은 받을 자격이 있는 사람의 손에 떨어졌다/Il faut, pour votre démarche, vous adresser à *qui de droit*.(Colin) 당신 수속에 대해서 말하자면 자격이 있는 사람에게 문의해야 할 것이다. ☆ 이러한 구문에서 시작되어, 주어나 목적보어로 쓰이기에 이르렀다: consulter *qui de droit* 자격이 있는 사람에게 문의하다.

⑦ 〖à qui+직설법미래 (또는 조건법)〗 경쟁을 나타낸다. 특히 C'est 다음에서: C'est à *qui arrivera* le premier. 제각기 먼저 도착하려고 한다《C'était à *qui arriverait* le premier에서의 조건법은 과거에서의 미래》/Elles font à *qui* ne *passera* pas. (Loti, *Chrys.*) 그녀들은 서로 길을 안 지나가려고 〔양보하려고〕 한다. ☆ Le B, I, 280은 Chacun aspire à être celui *qui* arrivera le premier의 뜻이라고 했고, Mart, 243은 à qui는 간접의문을 표시하여 pour savoir qui에 상당한 것이라 했고, S, II, 69는 직접의문(C'est à: qui arrivera...?)에서 생긴 것이라고 했다.

⑧ **à qui mieux mieux**는 a)「경쟁하여 (=à l'envie)」의 뜻. 복수주어일 때만 쓸 수 있다: Les grandes maisons de la trahison continuent de publier *à qui mieux mieux*.(Vercors) 반역적인 대출판사들은 서로 다투어 출판을 계속하고 있다.
b) Ils travaillent *à qui mieux mieux*. 그들은 다투어 일을 한다《S, II, 95; N, V, 18은 Ils travaillent à: qui travaillera mieux, travaillera mieux 의 뜻이라고 설명하고 있다. 경쟁의 관념은 노력의 관념을 낳게 하여 위 글은「Ils travaillent de toutes leurs forces. 온 힘을 다 하여 일을 한다」의 뜻이 되었다》. c) (=extrêmement): Elles sont *à qui mieux mieux* charmantes. 그녀들은 그지없이 사랑스럽다.

⑨ **qui... qui**는 l'un... l'autre, les uns... les autres의 뜻으로 a) 원칙적으로 동사를 동반하지 않는다: Les clients de l'hôtel prenaient, *qui* du thé, *qui* du porto, *qui* un cocktail, *qui* un whisky au soda.(Bourget, *Le Danseur*) 호텔 손님들은, 어떤 사람은 차를, 어떤 사람은 포도주를, 어떤 사람은 칵테일을, 어떤 사람은 위스키를 들었다.
b) 드물게 동사를 동반한다: *Qui cherche* un sarment, *qui fend* du bois, *qui fourbit* les chauderons. (Pesquidoux, *Chez nous*, I) 어떤 사람은 포도나무 가지를 찾고, 어떤

사람은 장작을 패고 어떤 사람은 솥을 닦고 있다.
à qui... à qui《드물게》 어떤 사람에게… 어떤 사람에게는《Nyrop 는 이 용법의 기원은 분명치 않다고 했고(N, V, 323; S, I, 354), D, 291 은 의문의 qui 와 관계가 있다고 했다》.
2°〚중성〛(=ce qui). 항상 주어: *Qui fut dit, fut fait.* 말한대로 이루어졌다//《특히 **voilà, voici** 다음에서》 *Voilà qui est certain.* 그건 확실하다. ☆ N, V, 319 는 voilà〔voici〕 qui 와 voila〔voici〕 ce qui 간의 명확한 구별은 없다고 했고, S, II, 108 은 전자는 voilà〔voici〕 une chose qui, 후자는 오히려 Je viens de vous dire〔Je vais vous dire〕 la chose qui 의 뜻이라고 설명한다. *Qui mieux est* 등에 대해서는 ⇨I, 1°, ②.
III.〚**qui que**+*subj*〛양보를 나타냄.
1° que 는 속사가 되는 관계대명사, 동사는 être: *qui que vous soyez* 당신이 누구이건/*Qui qu*'elle soit, je l'aime encore.(Anouilh, *P. noires*) 그녀가 누구이건 나는 아직도 그녀를 사랑한다. ☆ qui qu'il soit 는 흔히 quel qu'il soit 로 바꾸어 쓴다. ⇨quel I, 1°.
2° que 가 직접보어일 때《드물게》: *Qui qu*'elle *fréquentât*, désormais elle resterait pour tout le monde marquise de Saint-Loup. (Proust) 그녀가 누구를 자주 만났건 이제부터 그녀는 모든 사람에게 생루 후작부인이다.
3° 주어가 될 때, 옛 형태 qui qui 대신에 다음 형을 쓴다: *Qui que ce soit qui* vous l'*ait dit*, il s'est trompé.(Ac) 당신에게 그것을 얘기한 사람이 누구이건, 그는 잘못 안 것이다.
4° 전치사 다음에서: *à qui que ce soit que* vous *parliez* 당신이 누구에게 얘기하더라도/*de qui que ce soit que* vous *ayez* à vous plaindre 당신이 누구에 대해 불평을 하더라도. ⇨qui que ce soit *pron. indéf.*

qui² *pron. interr.* —원칙적으로 사람에 대한 질문. 직접의문이나 간접의문에도 쓰인다.
1°〚주어〛①〚사람을 나타냄〛**a)** *Qui a fait cela?* 누가 그랬느냐?《*Qui a-t-il fait?* 는 불가》/Je demande *qui a fait cela.* 누가 그랬는지 묻고 있다/*Qui vous l'a dit?* 누가 당신에게 그런 얘기를 했소?《나는 그런 얘기를 한 적이 없다는 뜻을 담고 있는 경우가 많다》.
b)〚**qui de**+보어〛(=lequel): *Qui des deux avait raison?* 두 사람 중에 누가 옳았습니까?/*Qui de nous n'a trouvé du charme à suivre des yeux les nuages du ciel?*(Vigny, *Cinq-Mars*) 우리 중에 누가 하늘의 구름을 지켜보는데 아름다움을 느끼지 않았겠소?《S, I, 307 은 이런 qui의 용법은 드물고, lequel을 쓰는 편이 좋다고 했다》.
c) 1) qui 자체는 남성단수 취급을 받는다. 분명히 복수로 써야 할 경우에도 「Devinez *qui est* arrivé les premiers.(M) 누가 맨먼저 도착했는지 알아맞히오」가 된다. 2) 그러나 속사로 쓰일 때 (동사는 être): *Qui sont les protégés de tante Adèle?*(Estaunié) 누가 아델 아주머니의 보호를 받고 있는 사람들인가?《이런 예에서 qui 가 주어인가 속사인가는, 구문에서는 결정할 수 없으므로 전후 관계로 보아 식별할 수밖에 없으나 속사로 생각하는 편이 많다》. 물론 *Qui sont venus?* 같은 용법은 불가능하다. 3) 드물지만 여성이 되기도 한다: *Qui est idiote? Ma sœur, ma mère, ma nièce?*(Giraudoux, *L'Apollon*) 누가 바보란 말인가? 내 누이가? 어머니가? 조카딸이?
d) qui ne...(pas) ⇨ne I, 4°, ①.
②〚중성〛(= qu'est-ce qui)《17세기의 용법》*Qui vous presse?*(La Font, *F.*) 무엇 때문에 서두르시오?/

qui²

《현대속어》 *Qui* t'amène à cette heure? (Musset, *N. d'octobre*) 어떻게 이런 시간에 오셨소?/Qu'avez-vous mademoiselle? *Qui* vous peine? vous pleurez? (Carco) 아가씨 왜 그러시오? 무엇 때문에 슬퍼하시오? 울고 있군요?《그러나 이런 경우 qu'est-ce qui를 쓰는 편이 물론 좋다》//《드물게 간접의문》 Je ne sais *qui* m'émeut davantage: la colère d'être joué ou le danger que courait Etienne. (Arland, *Etienne*) 무엇이 나를 더 흥분시키는지 모르겠다. 내가 농락을 당해 화가난 탓인지, 아니면 에티엔느가 처해 있는 위험 때문인지《ce qui를 쓰는 편이 보통이다》.
2° 〖속사〗 *Qui* êtes-vous? 당신은 누구요?/Dis-moi *qui* tu es. 당신이 누구인지 말하시오/*Qui* est-ce donc, M. Godet? 고데라는 사람은 대체 누구요?《복수인 경우에도 Qui est-ce? 라 하고, Qui sont-ce? 라고는 안한다》/On sonne. —Va voir *qui* c'est. 초인종이 울린다.—누구인지 가 보아라. cf. quel III, 1°, ⑤.
3° 〖직접목적보어〗 *Qui* désignera-t-on? 누구를 임명할까?/Dites-moi *qui* vous cherchez. 누구를 찾고 있는지 말하십시오. ▷interrogative I, 3°, ③.
4° 〖*prép.*+qui〗 *De qui* parlez-vous? 누구 얘기를 하는 것이요?/*A qui* le dites-vous? 누구에게 그런 얘기를 하는 거요?《내게 그런 얘기를 할 필요는 없다의 뜻》/*Avec qui* êtes-vous venu? 당신은 누구와 함께 왔소?/*Pour qui* travaillez-vous? 누구를 위해 일을 하시오?/*Chez qui* demeurez-vous? 누구의 집에 살고 있소?/*A qui* (est) la faute? 누구 잘못이요?/*De qui* est-il le fils? 그는 누구의 아들이요?/Nous ne savons *sur qui* compter. (G, §571) 우리는 누구를 믿어야 할지 모르겠다.
5° 〖생략적 용법〗 *Qui* ça 〔donc〕. (도대체)누구죠?/Il ne vous a rien dit? —*Qui* ça, il? 그가 당신에게 아무 얘기 안했소?—그러니 누구말이요?/ C'est moi. — *Qui* (ça) moi 〔vous〕? 나요.—나라니 〔당신이〕 뉘요?/Quelqu'un est venu, devinez *qui*. 어떤 사람이 왔소. 누구인지 알아맞히시오/J'ai parlé à quelqu'un, savez-vous *à qui?* 어떤 사람에게 얘기를 했소. 누구에게인지 알겠소?/Allo! Vous voulez parler à Claire? De la part de *qui?*(전화에서)여보세요, 클레르양을 찾으세요? 누구신데요?
6° 〖속어의 어순〗 문두에 나오지 않고 분명치 않은 말의 위치에 바로 놓인다: Monsieur *qui* 누구시죠?/ Félix *qui?* —Félix Marbeau? 펠릭스라니 누구요?《姓을 물음》—펠릭스 마르보입니다/C'est *de qui?* —C'est de Pablo Picasso. 이것은 누구의 작품이요? —피카소 작품이오.
7° 〖~ de+*adj.*〗 A *qui d'autre* demanderais-je cela?(Gide, *Symph.*) 다른 누구에게 그것을 물어야 한단 말인가?
8° 《비어》 *Qui* (*c'est*) *qui* a fait ça? (=Qui a fait ça?)/*Qui que c'est qui* 〔*Qui c'est-il qui*〕est venu?(=Qui est venu?)/*Qui qu'c'est* 〔*Qui c'est i qu'*〕 ces gens là?(=Qui sont ces gens là?)/*Qui c'est-il que* tu as salué? (=Qui as-tu salué?) (Bauche, 94).

qui est-ce que —qui² 의 강조형.
① 〖직접목적보어〗 ~ vous cherchez? 당신은 누구를 찾습니까? ② 〖간접목적보어〗 Avec ~ vous etes venu? 누구와 함께 오셨습니까?/De ~ vous parlez? 누구 얘기를 하십니까?

qui est-ce qui —qui² 의 강조형(▷ce¹ II, 3°, ⑥). ① 〖주어〗 ~ est venu? 누가 왔소? ② 〖간접의문〗《속어》Je ne sais pas ~ vous a dit ça.(M) 누가 당신에게 그런 얘기를 했는지 모르겠소.

qui que ce soit *pron. indéf.* —①

quitte

긍정문에서 「누구든지 (=n'importe qui)」의 뜻으로: Parlez-en à ~. 누구에게든지 그것을 얘기하시오/Il avait défendu qu'on laissât entrer *qui que ce fût* dans son cabinet de travail. 누구든지 서재에 들어오는 것을 그는 금지했다《부정의 뜻으로 넘어가는 과정》.

② 〖ne... ~〗 (=ne... personne): Je *n*'y ai trouvé ~. 나는 그곳에서 아무도 보지 못했다/sans dire un mot à ~ 아무에게도 한마디 없이.
★ qui que ce soit 는 주어로는 쓰이지 않는다. 부정대명사로서 응결된 표현이지만, 때때로 주동사의 시제의 영향을 받아 qui que ce fût 라고 한다(⇨위 ①).

quiconque — 1° 부정대명사와, 주어가 되는 관계대명사의 기능을 함께 가지며, 두개의 서로 다른 절에 동시에 속한다: toute personne qui, celui, quel qu'il soit, qui, qui que ce soit qui 의 뜻이지만, 일상어에서는 이런 뜻으로는 별로 안 쓰인다: J'appelle bourgeois ~ pense bassement. (Flaub) 나는 저속하게 생각하는 자는 누구나 속물이라 부른다/Le maquis est la patrie de ~ s'est brouillé avec la justice. (Mérimée, *Mosaïque*) 밀림지대는, 법과 갈라진 자는 누구이든 그들의 고향이다.

① 일반적으로 남성이지만, 분명히 여자를 나타내는 경우에는 관계되는 형용사를 여성으로 쓴다: ~ sera *paresseuse* ou *babillarde* sera *punie*. (Lit) 게으름을 피우거나 떠드는 자는 누구든지 벌을 받을 것이다.

② 주어가 되는 quiconque 를 il로 받는 옛날 용법은, 주동사와 멀리 떨어져 있을 때는 지금에도 가능하다 (Le B, I, 228). 그러나 일반적으로는 「*Quiconque* veut me faire plaisir, *il* n'a qu'à m'offrir des fleurs. 나를 기쁘게 해주고 싶은 사람은 누구든지 내게 꽃을 가져오기만 하면 된다」보다는 Quiconque veut... plaisir n'a...로 쓴다(cf. Thomas). 또 항상 3인칭 단수인데, 이것을 복수 대명사로 바꾸거나 동사를 2인칭으로 쓰는 것은 옛날 어법이다.

2° 순전히 qui que ce soit, n'importe qui, personne 의 뜻으로는 17, 18세기에는 드물게 쓰였으나 19세기 후반부터 일반화되었다. 비교의 que 다음에 쓰이는 경우가 많다: Au vrai, elles ne riaient pas plus de Raymond que de ~. (Mauriac) 사실 그녀들은 레이몽도 누구도 더 이상 비웃지 않았다/Goneret n'a jamais donné un radis, ni une pelure de pomme de terre à ~. (Daud, *Le sang*.) 고느레는 무우 하나 감자 껍질 하나도 결코 누구에게도 주지 않았다/Il m'aidera mieux que ~. 그는 누구보다도 나를 더 잘 도울 수 있을 것이다/Il enferma, sans en faire part à ~, ce cahier.(Jammes, *M. le Curé*) 그는 아무에게도 알리지 않고 그 노트를 덮었다.

quidam —발음 [kɥidam]. 여성형은 quidane.

qu'importe —경멸을 나타내는 표현: ~ son avis! 그의 의견이 무슨 상관이 있어 ! ⇨동사 importer.

quitte —~ *de*: J'ai évité les fatigues de la vie sédentaire, un métier, une maison à conduire.... Voilà ce *dont* je suis ~.(Gobineau) 나는 변화가 없는 생활의 고역, 직업이라든가 꾸려나가야 할 집안 일 따위를 피했다. 이제 나는 그런 일에서 벗어났다. ~ *à*+*inf* (=au risque de, à charge de)《일반적으로 불변》: ~ *à* être querellés, nous le répéterons.(H) 꾸중을 듣는 한이 있더라도 우리는 그것을 되풀이할 것이다/Nous resterons peut-être plus longtemps en Egypte que nous ne l'avions décidé, ~ *à* sacrifier ou *à* bâcler le reste de notre voyage. (Flaub, *Corr*., I) 우리는 나머지 여행을 희생하거나 대강

해치워서라도, 결정했던 것보다 더 오래 이집트에 머물 것이다 《quitte 는 불변》/《그러나 quitte 를 「형용사＋보어」의 형태로 생각해서 변화시키기도 한다》 Techniquement rien n'empêchait une cinquantaine de gros bombardiers de franchir l'océan, ~s à ne pas rejoindre leurs bases. (Romains, *Violation*) 기지로 다시 돌아오지 못하리라는 점만 각오한다면 50대의 중폭격기가 대양을 횡단하는 것은 기술적으로 가능하다.

quoi —que 의 강세형.

A. *pron. rel.* 옛날에는 사람, 사물을 나타내는 명사를 받아 「Ce n'est pas le bonheur après ~ je soupire. (Mol, *Tart*, III) 내가 열망하는 것은 행복이 아니다」와 같이 썼다. 18세기에 이와 같이 명사를 대신하는 용법은 없어졌고 중성대명사나 관념만을 대신할 수 있는 것으로 정해졌었지만 현재에는 옛 어법이 다시 부활하고 있다.

I. 〖선행사와 함께 쓰이는 경우〗 보통 전치사가 앞에 온다.

1° ce, rien 등의 중성대명사 혹은 중성어에 준하는 un point, chose 등에 관계된다:Il n'y a *rien sur* ~ l'on ait tant disputé. (Ac) 그토록 격렬하게 토론을 벌인 일은 아무것도 없다/tout *ce à* ~ il n'a pas cessé de penser 그가 끊임없이 생각하는 모든 것/Qu'a-t-il dit *à* ~ je ne puisse répondre? (Mart) 그는 내가 대답을 할 수 없는 무슨 얘기를 했는가?/C'est *un point sur* ~ il y a lieu d'insister. (*Ib*.) 그것은 반드시 주장해야 할 점이다/Ce sont *des choses à* ~ vous ne prenez pas garde. (Ac) 그것이 당신이 주의하지 않은 문제들이다/Il y a *quelque chose à* ~ je tenais plus qu'à tout le reste. (Sartre, *Nausée*) 다른 모든 것들보다도 내가 가장 생각한 것이다/*cette chose sur* ~ je suis assis (*Ib*.) 내가 앉아 있는 이것.

2° 앞에 나온 절 혹은 이에 포함된 관념을 대신한다.

① 〖*prép.*＋~〗 Elle devait aller en ville, *sans* ~ elle mourrait de faim et de froid. (Kessel, *Steppe*) 그녀는 시내로 가야 했다. 그렇지 않으면 춥고 배가 고파서 죽을 것이다/Elle partit sans me dire adieu, *à* ~ je fus très sensible. (Bordeaux, *Le pays*) 그녀는 나에게 작별인사도 않고 떠났다. 그 점에 대해 나는 매우 가슴 아프게 생각했다//après ~ 그 후에, en ~ 그 점, faute de ~ 그렇지 않으면, 등. ☆드물게 ce à [en] ~ 따위를 쓴다(⇨ce¹ III, 3°). 이 경우 ce 는 앞에 나온 절의 동격이고 앞절과의 관계는 ce 가 없는 경우보다 더 밀접하고 ce 앞에는 (,)를 넣는 것이 보통이다.

② 〖직접목적보어〗 (고어투) (en) ~ faisant 그러면서, ~ disant 그렇게 말하면서.

3° 〖사물명사의 대리〗 옛 어법의 부활:C'était *une idée à* ~ je ne pouvais pas me faire. (Camus, *Etranger*) 그것은 내가 익숙해질 수 없는 생각이었다/*Le dos, avec* ~ l'on repose, le dos aussi a trahi. (Gautier, *M*^*lle* *de Maupin*) 우리가 기대고 쉬는 등까지도 배반을 했다/Je m'asseyais sur *une* de ces *bornes à* ~ l'on amarre les bateaux. (Mauriac, *La Robe*) 나는 그 말뚝 중의 하나 위에 앉았는데 말뚝은 배를 걸어매는 데 쓰이는 것이다.

4° 〖인물명사의 대리〗 옛 어법의 부활로 드물게 쓰인다:sa maîtresse *à* ~ l'attachait un lien inconnu de lui-même (Bordeaux) 그 자신도 알 수 없는 어떤 유대가 그와 결합시키고 있는 여인. ☆Le B; N, V, 338 등은 틀린 용법으로 보고 있다.

II 〖선행사 없이 쓰이는 경우〗

1° C'est, Voici, Voilà 다음에서 《ce 의 생략》: C'est *à* ~ je n'avais pas

quoi

songé. (France, *La Rôtisserie*) 그것은 내가 생각하지 않았던 것이다/ C'est *en* ~ vous vous trompé. (Ac) 그것이 바로 당신이 잘못 생각한 점이다/Voici *de* ~ il s'agit. 문제는 바로 이것이다.
2° c'est에 의해서 반복되는 구문: A ~ 〔Ce à ~〕 il ressemble le plus, c'est à.... 그가 가장 닮은 것은 …이다.
3° 〚**de** ~ +*inf*〛① 〖동기, 원인〗 Il n'y a pas là *de* ~ se fâcher. 화낼 이유가 없다.
② (=la chose nécessaire pour): Il a *de* ~ vivre. 그는 먹고 살 만한 것을 갖고 있다/Donnez-moi *de* ~ écrire. 쓸 것(종이, 펜)을 줘요.
③ (=quelque chose à + *inf*): Je vous demande *de* ~ lire. 무엇이든 읽을거리 좀 주시오/Apportez-moi *de* ~ boire. 무엇이든 마실 것을 갖다 주시오《이런 표현은 「avoir *de* ~ dîner 저녁거리가 있다(< dîner de... 저녁을 …을 먹다)」와 같이 de가 도구를 나타내는 표현의 확장이다(S, II, 107)》.
④ 〖부정법의 생략〗 이미 나온 부정법 혹은 다른 법으로 표현된 동사를 반복할 필요가 없을 때 :Pour se chauffer, il faut avoir *de* ~. 따뜻하게 하려면 그렇게 할 것이 필요하다/Ne vous fâchez pas, il n'y a pas *de* ~. 화를 내지 마시오. 화낼 것이 하나도 없소/Je vous remercie. —(Il n'y a) pas *de* ~. 감사합니다 —천만에요《그런 인사를 할 필요가 없다는 뜻》. **avoir *de* ~**(= de ~ vivre, de ~ payer) 먹고 살 만큼 있다, 재산이 있다:Je t'enverrai *de* ~ tous les mois.(Arland, *Terre nat.*) 매월 생활비를 보내주겠다.
III. 1° ~ que+*subj* 는 양보를 나타내는 접속사구.
① 〖논리적 주어〗 ~ *qu*'il *arrive* 무슨 일이 일어나더라도/~ *qu*'il en

soit, vous avez tort. 그것은 어쨌든 당신이 틀렸소.
② 〖직접목적보어〗 ~ *que* vous *fassiez*, il est maintenant trop tard. (Thomas) 당신이 무엇을 한대도 이제는 너무 늦었소/~ *que* vous *ayez* à me dire, je ne m'en offenserai pas.(Romains, *Lucienne*) 당신이 나에게 무슨 얘기를 해도 화를 안 내겠소. ~ *que ce soit qu*'elle dise 그녀가 무슨 얘기를 해도. ~ *que j'en aie* 어쩔 수 없이(< *malgré que j'en aie. cf. S, II, 393).
③ 〖간접보어〗 de ~ *qu*'elle *s'occupât* (S, II, 392) 그녀가 무슨 일에 종사했건//《명사적 기능》 A ~ *que* ce *soit* qu'on lui dise ou qu'on lui demande, il s'oppose.(Gide, *Journal*) 그에게 무슨 얘기를 하거나 무슨 부탁을 해도 그는 거절한다《전치사 à 는 s'opposer 가 요구하는 전치사》.
2° ~ qui+*subj* 가 주어로 되는 경우는 드물다:~ *qui* vous *afflige*, ne vous laissez pas abattre.(DG)무엇이 당신을 슬프게 할지라도 낙심하지 마시오. ☆이 용법은 Lit; M에도 있으나 D, 291은 불가능하다고 했고, 주어에는 ~ **que ce soit qui** 를 쓴다고 설명하고 있다.
B. *pron. interr.* 사물에 대한 질문.
I. 〖주어〗 1° 〖생략문〗 ① ~? 무엇이 ? /Il m'est arrivé quelque chose de surprenant. —~ donc? 내게 놀라운 일이 일어났다. —대체 뭐가?
② 〚~ **de**+*adj.*〛 ~ *de* nouveau? 무슨 새로운 일이 있소? / ~ *de* plus rare qu'un véritable ami? 진정한 친구보다 더 귀한 것이 있겠는가?
③ 《감탄적》 ~ *de* plus beau que de mourir pour la patrie? 조국을 위해 죽는 것보다 더 아름다운 것이 무엇이 있겠는가!
2° 동사와 함께 쓰이는 것은 특별한 경우에 한한다《보통은 * qu'est-ce qui 를 사용》.
① 다른 의문대명사와 병렬:*Qui* ou ~

quoi

vous a donné cette idée?(M) 누가 혹은 무엇이 당신에게 그런 생각을 갖게 했는가?

② 다른 말을 덧붙여서: ~ *donc* me retient auprès d'elle?(Colette) 대체 무엇이 나를 그녀 곁에 붙잡아두고 있을까?/~ *donc* t'étonne? 대체 무엇 때문에 놀라시오?/~ *d'autre* pourrait m'amener chez toi? (M) 네게 올 이유는 달리 없지 않은가?

II. 〖직접목적보어〗 대개는 que, qu'est-ce que를 쓰고 quoi는 다음 경우에만 쓰인다.

1° ① faire, dire, répondre 등의 부정법 앞에서: ~ faire? 어떻게 해야 할까?/~ répondre?(Daniel-Rops, *Le Cœur*) 무어라고 대답을 할까?/~ dire? 무어라고 말할까?《*Que* faire[dire]?보다 강조적, 속어적》.

② 간접의문: Je ne sais pas ~ vous répondre. 무어라고 대답해야 할지 모르겠소/Tu sais bien ~ faire, ~ dire en pareil cas. 이런 경우 어떻게 해야 할지, 무엇을 말해야 할지 너는 알고 있다.

③ 부정문에서는「Il ne sais *que* faire. 그는 어찌 해야 할지 모른다」가 옳은 글이고(⇨que² *pron. interr.*, 1°, ③), Il ne sais *quoi* faire 는 속어투이다. 긍정문에서는 quoi 가 보통 쓰인다 (Le B, 368; B, 353).

④ **Je ne sais quoi**는 일종의 *pron. indéf.* ⇨savoir.

2° 동사 뒤에 오는 경우(회화체): Vous demandez ~? 무엇을 바라시오?/Devinez ~. 무엇인지 알아맞히시오/Il m'a répondu savez-vous ~? 그가 나에게 무어라고 대답했는지 아시오?/Comment n'avais-je pas compris! Compris ~? 왜 내가 깨닫지 못했을까! 무엇을 깨달아?/Je suis curieux de savoir ~. 무엇인지 나는 알고 싶소.

3° 〖~+현재분사〗 En ~ faisant? (Bataille, *Masque*, II) 무엇을 했느냐?《En faisant ~? 라고도 한다》.

4° 〖생략문〗 Voulez-vous quelque chose? ~? 무엇을 원하시오? 무엇을?//〖관사+~〗《속어》 Passe-moi le dictionnaire. —Le ~? 사전을 이리 주게. —무슨 사전을?/Elle buvait un cocktail. —Un ~?(M) 그녀는 칵테일을 마시고 있었다. —어떤 칵테일을?

III. 〖간접보어〗 가장 보편적인 용법.

1° 〖인칭법과 함께〗 ① A ~ cela sert-il? 그것이 무슨 소용이 있겠는가?《A ~ sert...?는 Que sert...?와 같이 반어적으로「무슨 소용이 있는가?」의 뜻에도 쓰인다》/A ~ pensez-vous? 무엇을 생각하십니까?/De ~ parlez-vous? 무슨 얘기를 하십니까?/En ~ cela vous intéresse-t-il? 어떤 점에서 당신은 그것에 흥미를 갖소?/Sur ~ faut-il compter à présent? (G, §575) 이제 무엇을 기대해야 할까?

② 〖*prép.* + ~ +**est-ce que**〗 《속어투》 A ~ *est-ce que* cela sert?/*De* ~ *est-ce que* vous parlez?《est-ce que는 주어나 속사가 되는 quoi 뒤에서는 안 쓴다》.

③ 〖간접의문〗 Dites-moi *de* ~ vous parlez. 무슨 얘기를 하는지 나에게 말하시오/Il nous demanda *en* ~ il pouvait nous être utile. 그는 우리에게 자기가 무슨 소용이 되겠느냐고 물었다.

2° 〖부정법과 함께〗 *Sur* ~ compter? 무엇을 믿지?/*Pour* ~ faire? 무엇을 하려고? ⇨pourquoi.

3° à ~ bon? ⇨bon.

4° 〖명사의 보어〗《속어》 Je crois que vous serez un grand homme. —Oh! sûrement non... un grand homme *en* ~?(Maurois, *Cercle*) 당신은 큰 인물이 될 것이라 생각하오. —오, 천만에 말씀이오, 무슨 큰 인물이 되겠소?

IV. 1° 속어에서, 듣지 못한 것을 되풀이해서 말해달라고 할 때 단독으로 쓰인다. pardon 대신 실례한다

quoique

는 표현:On te demande, mon enfant? —~?(M) 애야, 너를 찾는구나. —뭐라구요?
2° 생략적인 질문으로:Alors, ~? 그래 어떻게 된 거야?/Ne m'irritez pas...parce que.... —Parce que ~? 나를 성가시게 굴지 마… 왜냐하면… —왜냐하면 뭐야?
V. 《비어》 ~ c'est-il que vous voulez?/~ (que) vous voulez?(=Que voulez-vous?)/~ c'est qu'elle lui a dit?(= Que lui a-t-elle dit?)(Bauche, 95)/~ c'est?(=Qu'est-ce que c'est?).
C. int. ~! Mais ~! En ~! ~ donc! 《놀라움을 나타냄》. quoi! 는 일상어에서는 n'est-ce pas 와 같이 가벼운 뜻:Elle vous aime, ~! 그녀가 당신을 사랑하고 있다는 거군요.

quoi que ce soit pron. indéf.—1° 긍정문에서 「무엇이건 =quelque chose que ce soit, n'importe quoi)」의 뜻: Montrez-lui ~. 무엇이건 그에게 보여주시오.
~+de+adj.: Amélie n'admet pas qu'il puisse y avoir ~ de déraisonnable ou de surraisonnable dans l'enseignement de l'Evangile.(Gide, Symph.) 아멜리는 복음서의 가르침 중에서 무엇이건 반이성적이거나 혹은 초이성적인 것이 존재할 수 있다는 점을 인정하지 않는다.
2° ne... ~ (=ne... rien): Il ne réussit en ~. 그는 아무 일에도 성공하지 못했다/Je ne doute de ~. 나는 무슨 일도 의심하지 않는다// 《부정대명사로서 응결되어버려 대개는 불변이지만 주동사가 과거일 때는 quoi que ce fût 를 쓸 수도 있다》 Je ne l'ai jamais vue indifférente à quoi que ce fût.(Vildrac, Pèlerin, sc. 1) 나는 그녀가 무슨 일에도 무관심해 하는 것을 본 적이 없다/Je ne parvins plus à faire quoi que ce fût de mon programme.(Duham) 나는 내 계획의 어느 것도 달성하지 못하였다. ☆quoi que ce soit 는 주어로는 안 쓰인다.

quoique—il(s), elle(s), on, en, un(e) 앞에서는 규칙적으로, 때로는 그 밖의 모음으로 시작되는 말 앞에서도 quoiqu' 로 쓴다.
1° 대립을 나타내는 종속접속사. 회화에서는 같은 뜻의 *bien que 보다 즐겨 쓰이는 것 같다(W, 74).
① a)〖~+subj〗 Il ne pleut pas, ~ le ciel soit très nuageux.(Colin) 하늘에 구름이 많은데도 비는 오지 않는다. ☆종속절의 내용이 사실을 나타낼 때에도 문법은 항상 접속법을 요구하고 있다(⇨servitudes grammaticales). 17세기까지는 mode 는 자유였는데 17세기 후반부터 접속법을 쓰는 것이 규칙이 되었다(B, 866). b)〖~+ind〔cond〕〗현실성을 강조하기 위해서 직설법을, 특히 미래에 확실히 일어날 사건을 나타내기 위해서 미래시제를 쓰고, 가능성을 나타내거나 어조를 부드럽게 하기 위해서 조건법을 쓰는 것은, 문법적 구속으로부터 벗어난 속어조이나 문어에서도 쓰이고 있다:Je le regrette, quoiqu'il était vraiment difficile de caractère.(B, 867) 나는 그가 죽은 것을 애석하게 생각한다. 그는 정말로 까다로운 사람이었지만/quoiqu'il lui faudra pourtant suivre les autres(Flaub, Bovary) 그는 다른 사람 뒤를 쫓아가야 할 테지만/~, vous le saviez, vous n'y étiez pas obligée. (Anouilh, P. brill.) 사실 당신도 알고 계셨지만 꼭 그렇게 하지 않으면 안 되는 것은 아니었다/On ne l'a pas fait, quoiqu'il aurait bien fallu le faire.(B, 867) 그는 그것을 꼭 했었어야 하는데도 그것을 하지 않았다/ ~ cela serait peut-être plus digne (Giraudoux, Sodome) 혹시 그것이 더 가치가 있더라도. ☆이런 경우 혼히 종속은 외관뿐이며, quoique 는 malgré tout, cependant 의 뜻에 가깝다(B, 27, 867). 회화에서는

quoique 앞에서 음조가 내려가고, quoique 뒤에서 짧게 쉰다(W, 75, 130). 따라서 quoique를 독립절의 첫머리에 놓고(위 마지막 예문), 그 다음에 (,)을 넣는 일이 있다:~, je t'accompagnerai. (Georg, *Diff*.). Le B, II, 510은 조건법과 미래시제 이외는 허용 않고, Mart, 417과 D, 389는 이런 직설법과 조건법의 사용을 정확하지 못한 것으로 보고 있다.

② 〖~+형용사〔명사, 부사, 전치사+명사〕〗 Je viendrai ~ malade. 아프지만 가겠다/Les professeurs Cocks et Hanson confirment cette opinion, ~ pour des raisons différentes.(Vercors, *Anim. dén*.) 콕스, 핸슨 두 교수는 다른 이유에서지만 그 의견을 인정했다/Cela s'est vu, ~ rarement.(P. Margueritte) 드물긴 하지만 그런 일이 일어났다.

③ 〖~+분사(흔히 완료형)〗 ~ *souffrant*, je suis sorti.(Lit) 나는 몸이 불편했지만 외출했다/Ils ont tout oublié, ~ n'*ayant* rien *appris*. (Cl. Farrère, *les Civilisés*) 그들은 아무것도 알아채지 못하고서도 모두 잊었다/~ *aimé* de tous, il partit seul. (Thomas) 그는 모두로부터 사랑을 받았지만 홀로 떠났다/espoir toujours renaissant, ~ toujours *trompé* (Balzac) 늘 기대에 어긋나건만 늘 되살아나는 희망.

2° ~ ça (=malgré ça)는 전치사적 용법《비어》:Que tu es bête mon pauvre petit! ... et ~ *ça*, tu es bien gentil. (Stendhal) 애야 너 참 어리석구나! 그렇지만 너는 착한 아이다.

3° =quoi que 《틀린 용법》.

R

r —alphabet의 제18자로 명칭은 [ɛʀ]. graphie와 발음과의 관계는 다음과 같다.

r 1) 어두·어간에서는 [ʀ]: région [ʀeʒjɔ̃], rouge, parmi, premier, etc. 2) 어미에서도 -er의 경우(⊃e)를 제외하고는 [ʀ]: bar[baʀ], dormir, désir, loisir, air, chair, obéir, avoir, vouloir, boudoir, trottoir, cuir, butor, décor, dûr, pur, saur, ardeur, douleur, amour, vautour, mûr, etc. 단, monsieur [məsjø], gars [gɑ] 는 예외.

rr 1) 원칙적으로 어간에서는 언제나 [ʀ°]이고 어미(-rre)에서는 [ʀ]이다: arracher[aʀ°aʃe], arriver, larron, etc.; verre[vɛ:ʀ],il serre, terre, etc. 2) courir, mourir, quérir (및 그 복합어)의 단순미래 및 조건법 현재에서의 -rr-는 [ʀʀ]로(첫 [ʀ]는 앞음절에, 그리고 둘째 [ʀ]는 뒤 음절에 속함). 발음하여 같은 동사의 반과거나 현재 변화의 발음과 구별해야 한다: je courrai[kuʀʀe], je courrais [kuʀʀɛ] (cf. je courais [kuʀɛ]), nous mourrons[muʀʀɔ̃], (cf. nous mourons[muʀɔ̃]), nous mourrions [muʀʀjɔ̃] (cf. nous mourions[muʀjɔ̃]), etc.

racine [어근] —한 단어에서 접사 *affixe를 제거한 나머지 부분을 가리키는 말. 예를 들어 arriverons에서 arriv-, concevable에서 concev-가 racine이다. 일반적으로는 어간 radical과 같은 뜻으로 사용되고 있으나 학자에 따라서는 접사를 제거한 부분이 불어에 존재하는 단어일 때는 radical, 그렇지 않은 것은 racine라고 구별해서 사용하기도 한다. 이런 정의를 따른다면 entourer에서 tour는 radical(불어 단어로 존재하므로), aimable에서 aim-는 racine인 셈이다. racine는 어원적 고찰을 주로 하는 역사문법(또는 통시 언어학)에서 주로 쓰이는 용어이고 radical은 공시적 고찰을 목적으로 하는 기술문법 grammaire descriptive에서 주로 쓰이는 용어이다. 구조문법에서 말하는 *sémantème, *morphème [*monème] lexical, *lexème 등도 명사, 형용사, 부사, 동사의 경우에는 racine나 radical의 개념과 일치할 수 있으나, racine나 radical은 어디까지나 한 단어의 파생 *dérivation 과정을 고찰함에 있어서 affixe와 대립적 관점에서 붙여진 이름이므로 문법적 형태소 morphème[monème] grammatical 와 대립적 관점에서 붙인 명칭인 상기 lexème, etc.와 일치할 수는 없다. 뿐만 아니라 후자는 경우에 따라서는 affixe의 일종인 préfixe까지를 포함시키는 개념으로 사용되기도 한다. 즉 recommençons에서 radical은 commenc-이나 lexème는 recommenc-인 것이다. ☆ dérivation으로 생겨난 단어들로서 racine와 같은 단어군을 어족 famille de mots이라고 한다.

radical [어간]— 다양한 파생어를 만들기 위해 어근 racine에 의해 형성된 forme이다. 그래서 모든 어간의 基形이 되는 추상적 forme인 어근과 그 어근의 표현체 manifestation인 어간과는 구별되어야 한다. 즉 어근 ven은 ven-과 vien-이라는 두 어간을 갖고 있으며, 문법적 어미를 첨가해서, venons, venue, venait, vienne, viennent 등으로 나타나게 된다. 마찬가지로 어근 chant

은 chant-, cant- 두개의 어간을 갖고, chantait, chantre, chanteur, cantatrice, cantilène 등을 만들어낸다. 어떤 어근은 하나의 어간만을 갖는 것이 있는데, 이런 경우 어근과 어간은 합치되는 것이다. 즉 희랍어 어근 lu(=délier)는 어간으로 역시 lu 만을 갖고 있고 luô, luete, leluka 등을 만들고 있다. 이처럼 어간은 基形으로서, 접사를 첨가하여 파생어들이 생겨난다. 희랍어의 어간 gonos 같은 것을 어간이 있는 것 thématique 이라 하는데, 왜냐하면 어근 gen에서 유래했고 어간모음 voyelle thématique -o를 첨가하고(gono-) e→o의 모음교체 alternance vocalique가 있다. 어간 thé(=poser)는 어근과 합치되는 것으로 어간이 없는 것 athématique 이라 하는데, 어간모음 e→o 교체없이 접사가 바로 어근에 붙어 tithémi(=je place), théso(=je placerai)등을 만들기 때문이다. ⇨racine.

rage —~ de dents 견디기 어려운 치통.

raide— 같은 뜻으로 쓰이는 roide 는 문어체 이외에서는 볼 수 없게 되었다:Elle tomba ~ par terre. 그녀는 땅바닥에 쓰러져 뻗었다/Elles tombèrent ~s mortes [Elles ont été tuées ~s]. 그녀들은 즉사했다∥《부사적 용법에서는 일치하지 않는다》 Les chemins montent ~ dans ce pays. 이 지방의 길은 경사가 급하다.

raison— *avoir* ~ *de*+*inf* : Tu *as* ~ *de* ne pas partir avec lui. 그와 함께 떠나지 않은것은 잘한 짓이다. *Ce n'est pas une* ~ *pour*+*inf* 〔*pour que*+*subj*〕: *Ce n'est pas une* ~ *pour* arrêter ton travail〔...*pour que* tu *arrêtes* ton travail〕. 그렇다고 해서 일을 중단하면 안되지.
à ~ *de* (=à proportion de):Vous serez payé *à* ~ *du* travail que vous aurez effectué. 당신은 당신이 한 일의 분량에 따라 보수를 받을 것입니다.
en — *de*(=à cause de, en considération de):Il n'a pu obtenir cet emploi *en* ~ *de* sa santé. 그는 건강상태 때문에 그 일자리를 얻지 못했다.
à plus forte ~ 《흔히 주어도치》: J'aurai fini dimanche; *à plus forte* ~ si l'on m'aide. 일요일까지는 끝낼 거야, 더구나 누가 나를 돕는다면 말할 것도 없고/*A plus forte* ~ ne puis-je rien tirer d'une bibliothèque qui n'est pas à moi.(Alain, *Balzac*, 8) 하물며 내 자신의 것이 아닌 장서로부터는 아무 것도 꺼낼 수가 없다.

raisonnable —*Il est* ~ *de*+*inf* 〔*que*+*subj*〕: *Il* n'*est* pas ~ *de* se conduire comme vous le faites. 당신의 그와 같은 행동은 옳지 못해요/*Il est* ~ *qu*'un fils *se conforme* aux vœux de ses parents. 아들이 부모의 소원대로 행동하는 일은 타당한 일이다.

rapide— ~ *dans*〔*à*〕 *qc*: un homme ~ *à* la course 달리기 잘하는 사람/un homme ~ *dans* son travail〔*dans* la réalisation de ses projets〕 일이 빠른〔계획실천이 빠른〕 사람. ~ *à*+*inf*:un homme 〔Il est〕~ *à* comprendre 이해가 빠른 사람〔그는 이해가 빠르다〕.

rapport— *en* — *avec* 《형용사구로서 épithète 나 attribut 로 쓰이며 비교 및 정도의 부사는 en 앞에 놓인다》):Ses résultats ne sont pas *en* ~ *avec* ses capacités. 그가 얻은 결과는 그의 능력과 상응하지 않는다(실력에 비해 결과가 미약하다)/Cherchez une place plus *en* ~ *avec* vos goûts. 당신 취미에 더 잘 어울리는 일자리를 찾으시오. *sous le* ~ *de:* Cette voiture est excellente *sous le* ~ *du* confort. 안락이라는 관점에서 볼때 이 차는 아주 훌륭하

다(「이런 관점에서는」은 sous ce rapport 가 되고 「어떤 각도로 보나」는 sous tous les rapports 가 된다). ~ à(= à cause de)《속어》: Il a été absent ~ à l'accident qu'il a eu. 그는 사고 때문에 결석했다.

rare— Il est ~ de+inf〔que+subj〕: Il est ~ de réussir dans tout ce qu'on entreprend. 하는 일에 늘 성공하기란 극히 드문 일이다/Il est ~ qu'il vienne sans prévenir. 예고 없이 그가 찾아오는 일은 드물다.
C'est (bien) ~ si+ind: C'est bien ~ s'il ne vient pas nous voir le dimanche. 일요일에 그가 우리를 만나러 오지 않는 일은 드물다.
un des ~s+N+qui+subj : une des ~s notes de l'abbé Calou qui ait directement trait à Hortense Voyod...(Mauriac) 칼루 사제가 쓴 극히 드문 글 중에서 브와이오와 직접적으로 관계가 있는 짧은 메모.

rarement — 1° 「거의 …하지 않는다」는 뜻이지만 긍정문에 쓰여야만 이러한 부정적인 뜻이 되므로 ne … rarement 처럼 ne 를 병용해서는 안된다: ~, pour ne pas dire jamais, j'avais bu un aussi bon vin. 「한 번도」라고는 말하지 못한다 하더라도, 이런 맛있는 포도주를 마셔본 일은 정말 드물다《Rarement... je n'avais bu...라고 쓰면 틀림》.
2° 문체에서는 문두에 놓이면 일반적으로 주어를 도치하게 된다.

rassir ⇨rassis.

rassi(e) ⇨rassis.

rassis(e) —du pain ~〔une miche ~e〕약간 굳어진 빵. ☆위의 rassis 가 rasseoir 의 과거분사에서 만들어진 형용사라는 것을 모르는 대중들이 남·여성을 다 같이〔ʀasi〕로 발음하고 철자도 du pain rassi, une miche rassie처럼 쓰게 되어 마침내 여기서부터 거꾸로 rassir (=devenir rassis) 동사를 만들어서 쓰기에까지 이르렀다: Ce pain commence à (se) rassir. 이 빵은 굳어지기 시작한다.

ravi(e) — être ~ de+inf: Je suis ~ de vous connaître. 당신을 알게 되어 매우 기쁩니다. être ~ que+subj〔de ce que+ind(또는 subj)〕: Je suis ~e que vous soyez encore un peu folle. (Sév) 나는 아직도 당신의 흥분이 가라앉지 않고 있다는 것이 무척 기뻐요.

rebours – à ~ de, au ~ de《전자가 더 많이 쓰인다》: Il fait tout à ~〔au ~〕de ce qu'on lui dit. 그는 무슨 일이든지 남이 시키는 것과 반대로 한다.

reconnaissance — 「타동사+de la ~」구성에서 전치사 de가 앞에 오면 부분관사는 탈락하며 형용사가 붙으면 부분관사 대신 부정관사를 쓴다: Je me sens pénétré de ~ pour toutes vos bontés. 당신이 베푸신 갖가지 친절에 깊이 감사하고 있읍니다/Je lui en ai une vive ~. 나는 그 일에 대해서 그 분에게 깊은 감사를 느끼고 있읍니다.

reconnaissant — ~(à qn) de qc〔de+inf〕: Il m'en est ~. 그는 그 일에 대해서 내게 감사하고 있다/Je vous suis ~ de m'avoir accueilli. 저를 대접해주셔서 감사합니다《이 경우에 de+inf 대신 de ce que+ind 도 쓸 수는 있으나, 보어로 쓰인 à qn이 부정법의 명백한 주어로 나타나 있으므로 de ce que 로 시작하는 절을 쓸 필요가 없다》.

recours — avoir ~ à+N: Le gouvernement a eu ~ à l'armée pour maintenir l'ordre. 질서를 유지시키기 위해서 정부는 군대를 동원했다//《간접보어인 N 이 대명사라도 접합형간접보어를 쓰지 못하며, 전치사 à 와 분리형을 사용해야 함》: Il a eu ~ à moi. 그는 내게도 도움을 청했다.

rection〔制辭, 지배〕—동사가 보어

réfléchi

를 취하는 일, 또는 전치사가 명사를 지배하는 일을 가리킨다. 주로 지배의 방식에 관심을 두고 쓰는 용어이므로, 예컨대 Pierre mange une pomme에서 동사 manger는 보어 pomme를 「직접적으로」 지배한다든지, Il obéit à ses parents에서 obéir는 보어 parents을 「간접적으로」 취한다고 말함으로써 rection을 설명하는 것이 보통이다. 특히 라틴어 같은 종합어에서는 동사가 취하는 보어 명사의 격 cas(datif, accusatif, ablatif, etc.)이 문제가 되며, 전치사도 어떤 격의 명사를 지배하느냐가 문제가 되는 등, rection이 매우 중요하다.

réfléchi ⇨pronoms réfléchis; verbes réfléchis.

refus —*le* ~ *de*+*inf*: Nous nous attendions à *leur* ~ *de* se soumettre. 우리들은 그들이 복종을 거부할 줄을 알고 있었다.

registre— inscrire(=mettre)〔lire〕 *qc* sur〔dans〕 un ~ 장부에〔서〕 … 을 기입하다〔읽다〕.

règle—*Il est de* ~ *de*+*inf*〔*que*+*subj* (또는 *ind*)〕:*Il est de* ~ *que* l'on s'excuse quand on arrive en retard. 지각을 했을 때는 사과를 하는 법이야/*Il est de* ~ *que* vous *fassiez* vous-même la demande. 그 요청은 당신이 직접하는 것이 타당하다. *avoir pour* ~ *de* + *inf*: J'ai *pour* ~ *de* ne jamais désespérer. 나는 어떤 일이 닥쳐도 절망하지 않기로 하고 있다.

regret —~ *de* +*inf*:Il a montré du ~ *de* n'avoir pas pris parti. 그는 자기 태도를 결정짓지 못한 것을 후회했다/J'ai le ~ *de* ne pouvoir vous recevoir aujourd'hui. 오늘 당신의 방문에 응해드리지 못해 죄송합니다/Je suis au ~ *de* vous annoncer que votre fils n'est pas reçu à l'examen. 아드님이 시험에 유감스럽게도 불합격했음을 알려 드립니다.

regrettable —*Il est* ~ *que* + *subj: Il est* ~ *qu*'il l'*ait appris* si tard. 그가 그것을 진작 알지 못했다니 유감스럽다.

reine-Claude — [Rɛnklo:d]. 서양자두 prune(*n.f.*) de la reine Claude의 준말. 복수형은 des *reines-Claudes* 또는 *reine-Claudes*.

relatifs [관계사]— *pronoms relatifs, *adverbes relatifs, *adjectif relatif의 총칭.

remerciement — remercîment은 지금은 쓰이지 않는 옛날 철자이다. 단수는 「lettre de ~ 감사장, discours de ~ 감사를 표명하는 연설, ~ 아카데미 회원수락 연설, 학위 수여 수락 연설」등의 표현에서만 쓰고, 기타의 경우에는 복수를 쓴다:faire des ~s 사의를 표명하다/avec tous mes ~s 심심한 사의를 갖고/Recevez〔Agréez〕 mes ~s 《경구; 편지 끝에 쓰는 인사말》.

représentant [代名語]—Brunot의 용어로서 이른바 대명사 *pronom 중에서 「앞에서 한번 쓰인 명사나 대명사를 대신해서 쓰이는 대명사」만을 가리키는 말이다. 3인칭 인칭대명사, 소유대명사, 지시대명사 복합형(celui, celle, etc.), 중성대명사 en, y 따위가 이에 속한다. 이 représentant을 제외한 나머지 대명사는 *nominal이라고 불리운다.

respect — 발음은 보통 [Rɛspɛ]. ~ humain의 경우에는 [Rɛspɛkymɛ̃] 처럼 [k]로 liaison한다.

le ~ *pour qn, le* ~ *de qc*〔*qn*〕: *le* ~ *pour* les morts 죽은자에 대한 존경심/*le* ~ *de* soi〔*pour* soi〕 자존심/*le* ~ *de* l'étiquette 예의범절의 존중

reste —1° 〚les ~s de qc 〔qn〕〛 *les* ~s *d*'un bâtiment détruit 파괴된 건물의 폐허/*les* ~s *d*'un repas 먹다 남은 음식/*les* ~s *d*'une armée vaincue 패잔병.

2° 〖les ~s〗 Il faut jeter *les* ~*s* aux ordures. 음식 찌꺼기는 쓰레기통에 버려야 한다.

3° 〖un ~ de *qc*〗 Il doit y avoir *un* ~ *de* beurre au garde-manger. 찬장 안에 아직 버터가 조금 남아 있을 게다/On voyait dans ses yeux *un* ~ *de* fureur. 그의 두 눈에는 아직도 약간의 노기가 서려 있었다. (cf. avoir de beaux ~*s* (늙은이가) 젊었을 때의 미모를 아직도 좀 간직하고 있다).

4° 〖le ~ de *qc*〗 *le* ~ *d*'une somme d'argent 어떤 금액의 나머지/*le* ~ *de* sa vie 여생/La plupart du temps il est au bureau; et *le* ~ *du* temps il est à la maison. 대개는 사무실에 있지만 그밖의 시간에는 늘 집에 있다.

5° 〖le ~, son〖mon, leur, etc.〗 ~〗 Je m'en fiche *du* ~. 기타의 사항에 대해서는 나는 알 바 없다/surprendre la moitié d'un secret et deviner *le* ~ 비밀의 반을 알아내고 나머지를 추측하다/Il n'a pas demandé *son* ~. 그는 황급히 물러갔다/sans demander *son* ~ 지체하지 않고 [아무말 없이] 물러나다.

restriction de sens [의미의 제한] ―의미변화형 중의 하나로 의미화 前과 그 後의 의미영역의 양적인 비교에 근거를 둔다. 의미의 제한이란 변화 후의 의미영역이 전보다 제한되는 경우를 말한다. 이 경우 의미영역의 제한은 보다 더 풍부해진 의미에 의해 보상을 받는다고 할 수 있다. 그 단어는 보다 더 적은 사물에 적용되지만 그 의미는 좀 더 명확해지는 것이다. 예를 들어 俗라틴어의 vivenda 에서 나온 불어의 viande 는 17세기까지도 온갖 종류의 식량을 의미했다. 그런데 그 후에 동물의 chair 에 대치됨으로써 (chère 와의 同音異義현상으로 인해)의미가 제한되고 전문화된 것이다.

résultatif [결과사] ―이루어진 행위의 결과인 현재의 상태를 나타내는 어휘소 특히 동사들을 말한다(완료사 accomplis). 즉 savoir, tenir, vivre, rester 같은 동사들로, 진행중인 행위나 순간적인 동작을 나타내는 apprendre, prendre, naître, venir 같은 동사들(미완료사 non-accomplis)과 대립된다. 결과를 나타내는 동사들은 흔히 다른 동사들의 완료相(복합과거)과 같은 의미를 갖는다. 즉 je sais 는 j'ai appris 의 뜻을, je tiens 은 j'ai pris, il vit 는 il est né, il reste 는 il est venu 의 뜻을 각각 내포하고 있는 것이다. ⇨aspect.

retour ―*de* ~ (= être revenu): Il sera *de* ~ demain. 그는 내일 돌아올 것이다. ***de*〖*au*〗 ~ *de* quelque part** …에서 돌아온 〖돌아오자〗: *De*〖*au*〗 ~ *de* Paris, il est venu me rendre visite. 그는 파리에서 돌아오자 내게 인사하러 왔다/*De* ~ *chez* moi, j'ai trouvé votre lettre. 집에 돌아와서 당신 편지를 보았습니다.

***à mon*〖*son, ton,* etc.〗 ~ (de quelque part)** …의 귀로에, …이 돌아오자((이 경우에 de mon 〖ton, etc.〗 ~ 라고 할 수는 없음): *à mon* ~ *du service militaire* 내가 제대하자.

~ *de* (=de ~ de): J'ai rencontré récemment mon ami ~ *d*'Amérique. 나는 최근에 미국에서 돌아온 내 친구를 만났다/ces gens, ~ *de* Londres, racontent que… 런던에서 돌아온 그 사람들이 얘기하기를….

riche―~ *en qc*((en 다음에는 구체명사가 오는 것이 보통)): une bibliothèque ~ *en* ouvrages de toutes sortes 각종의 도서가 풍부히 갖추어진 도서관/un musée ~ *en* peintures 그림이 많은 미술 전시관.

~ *de qc* ((de 다음에는 추상명사가 오는 것이 보통): un livre ~ *d*'enseignements 배울 것이 많은 책.

rien[1] ―부정대명사 *pronom indé-

rien¹

fini 로서 이른바 준명사 *nominal 에 분류되며 항상 사물만을 가리킨다. 구조식에서는 N로 표시되나 문법적 한정사 *déterminants grammaticaux 가 붙지 않는다.

1° 주어·직접목적어·속사·전치사의 보어 등 여러가지 기능으로 쓰일 수 있으나 직접목적어로 쓰이는 경우의 어순은 다음과 같다.

① 단순 시제로 놓인 부정법의 목적어일 때는 동사에 앞서는 것이 원칙이고, 뒤에 놓이면 강조가 된다 : Sans ~ dire./Il fait mine de ne ~ voir./ Je lui ai dit de n'en ~ faire. 나는 그에게 그런 짓은 하지 말라고 했다/Je ne peux ~ vous ajouter de plus. 당신에게 더 이상 할말이 아무것도 없다《sans ajouter ~ 은 강조》.

② 복합시제로 놓인 동사의 목적어일 때는 과거분사 직전에 놓인다:Je n'ai ~ vu./Je n'ai jamais ~ vu de si beau./sans avoir ~ dit《Je n'ai vu ~ de si beau는 강조》.

③ 기타의 경우에는 동사 뒤에 놓인다:Je ne vois ~.

2° rien에 형용사가 붙을 때는 de를 개입시킨다. 단, rien autre 의 경우만은 정식 형태인 rien d'autre 와 병용되고 있으나 전자는 현재 잘 쓰이지 않는 고어투에 속한다:Nous n'avons ~ de nouveau à vous dire. 새삼스레 할 말은 없읍니다/ Je n'ai ~ ajouté d'autre. 나는 딴 아무 말도 덧붙이지 않았다/Il n'y a ~ de tel qu'un bon repas. 맛있는 음식처럼 좋은 건 없다.

3° 〖rien의 기타 용법〗 ① 〖긍정문에서〗 (=quelque chose. cf. 영어의 anything).

② 〖의문문에서〗 Y a-t-il ~ de si ridicule? 그렇게까지 우스꽝스러운 일이 또 있을까?/Est-il ~ de plus beau? 그보다 더 아름다운 것이 무엇이 있을까?《Y a-t-il quelque chose de si ridicule? 가 단순한 질문인 데 반하여 이 물음은 부정적인 대답, 즉 Il n'y a ~ de si ridicule 라는 대답을 예상할 때만 쓰는 물음이다》.

③ 주절이 부정문일 때는 ne 없이 rien 만이 쓰인다:Je ne veux pas qu'on en dise ~. 거기 대해서 누구든 이러니 저러니 하는 것은 싫다/Non qu'il connaisse ~. 그가 아는 것이 있다는 건 아니다.

④ 〖조건절에서〗 Vous me désobligeriez si vous touchiez à ~. 아무것에도 손을 대지 마셔야지, 그렇지 않으면 저는 화를 낼 거예요.

⑤ 동사가 나타내는 뜻이 어떤 동작의 실현을 부정, 금지, 방해하거나, 의심, 공포 따위를 나타내는 경우, 및 sans, sans que, avant de, avant que, trop pour (que), assez pour (que), suffisamment pour (que) 따위가 쓰이는 절에서:Il m'était interdit d'y ~ prendre. 나는 거기 있는 아무것도 가져서는 안된다는 금지 명령을 받고 있었다/La bonne vieille est loin de ~ soupçonner. 그 노파는 무엇인가를 의심하는 기색이 전혀 없었다/Il désespère de ~ réussir. 그는 무슨 일에도 성공할 희망이 없다/Il était incapable de ~ dire. 그는 아무 말도 할 수가 없었다/Il ne m'est pas permis de ~ écrire. 내게는 아무 것도 쓸 권한이 없다/Un homme de mon âge ne doit pas vivre sans ~ faire. 내 나이쯤 되면 아무 것도 하지 않고 살아서는 안된다/Il était trop troublé pour réfléchir à ~. 그는 너무 당황해서 아무 생각도 할 수가 없었다.

4° 〖부정문에서〗 ① ne 와 함께 부정문에서:Qui ne dit ~ consent. 대답이 없는 것은 찬성을 뜻한다/~ ne me verra plus, je ne verrai plus ~. 이 세상의 아무것도 나를 보지 못할 것이며, 나도 또한 아무것도 보지 못할 것이다/Je ne pense à ~. 나는 아무 생각도 하지 않는다/

Ce n'est ~. 그건 아무것도 아니다/ Je ne dirai jamais ~. 결코 아무 말도 하지 않겠다.
② 동사가 생략됨으로 해서 ne 도 함께 탈락한 문에서: Qu'a-t-il répondu? ―~(= Il n'a ~ répondu). 그는 무어라고 대답했니? ― 아무 대답도/Vois-tu quelque chose? ― ~. 뭐가 보이니? ―아무것도/~ de plus(= Il n'y a ~ de plus) joli qu'une ville éclairée, vue de la mer. 바다에서 바라보이는 휘황찬란한 도시처럼 아름다운 것도 없다.
③ 부정문에서 ne의 생략《속어》: J'ai ~ fait. 나는 아무 일도 안했어/J'ai passé le jour à ~ faire(=… à ne ~ faire.) 종일 아무 일도 하지 않았다.

5° 〖특수한 구문〗 ① 긍정 또는 부정문에서 「無」의 뜻으로 사용할 때: Je veux tout ou ~. 전부가 아니면 아무것도 바라지 않는다/Dieu a créé le monde de ~. 신은 무에서 세계를 창조했다/L'affaire s'est réduite à ~. 사업은 무로〔수포로〕 돌아갔다.

② 몇몇 관용적 표현에서: J'ai eu cette maison pour ~. 나는 이 집을 공짜로〔아주 헐값으로〕 얻었다/C'est un homme de ~. 그는 아무것도 아니다〔신분이 낮은 사람이다〕.

③ **ne … ~ moins que** 는 「조금도 …지 않다」는 부정의 뜻(= nullement)과 「다름아닌 바로 …이다」라는 긍정적인 뜻으로 혼용되고 있다: Je ne suis ~ moins qu'un philosophe. 난 조금도 철학자가 아니다/Le marquis n'est ~ moins que féroce. 후작은 조금도 표독하지 않다/Il n'a fallu ~ moins que l'expédition des croisés. 필요했던 것은 바로 십자군의 파견이었다/Qui parle ainsi? ― Ce n'est ~ moins que Cervantès. 누가 이렇게 말했던가? ―그것은 바로 다름아닌 세르반테스다.

④ **ne… ~ de moins que** 는 긍정적인 뜻, 즉 「다름아닌 바로 …이다, 어김없는 …이다」의 뜻으로만 쓴다: Il n'est ~ de moins qu'un héros. 그야말로 틀림없는 영웅이다/Il ne s'agissait de ~ de moins que du plus beau musée de Paris. 그것은 바로 파리에서 가장 훌륭한 미술관에 관한 이야기였다.

⑤ **~ que** 는 「오직, 단지(=uniquement, seulement)」의 뜻으로 부사적으로 쓰인다: Jurez-vous de dire toute la vérité, ~ que la vérité? 진실만을 말할 것을 맹세합니까? 《법정용어》/C'est à moi, ~ qu'à moi. 그것은 내 것이다. 나만의 것이다/~ que d'y penser, j'en suis choqué. 나는 그 생각만 해도 기분이 언짢다.

rien² *n.m.* ― 1° 주어로 쓰일 때는 다른 일반 명사와 마찬가지로 직후의 동사와 liaison 을 하지 않는다: Un ~ effraie cet enfant.[œ̃ ʀjɛ̃ efʀɛsɛtɑ̃fɑ̃]

2° 〖**un ~, des ~s**〗(=peu de chose; chose futile): Il perd son temps à *des* ~s. 그는 쓸데없는 일에 시간을 허비한다/Il fait des histoires pour *des* ~s. 그는 아무 것도 아닌 일로 말썽을 피운다/*Un* ~ le froisse. 그는 별것도 아닌 걸 갖고 짜증을 낸다/Elle a été punie pour *un* ~. 그녀는 별것 아닌 일로 벌받았다.

3° 〖**un ~ de**〗(=un petit peu de): J'aimerais que notre arrivée gardât *un* ~ d'imprévu. 우리의 도착이 약간 뜻밖의 것이 되었으면 해요/En voulez-vous encore? ―*Un* ~. 더 드릴까요? ―조금만/Il était prêt en *un* ~ de temps. 그는 눈 깜짝할 사이에 준비를 마쳤다.

4° (=néant): Et tandis qu'on philosophait sur le ~ de cette existence, il triomphait, ce ~, jusque dans la mort. 이 생존의 허무에 대한 논의가 한창인 동안에도 바로 그 허무는 죽음 속에서까지도 군림하는 것이었다.

rien³

5° ~ *du tout n.m.* ou *n.f.*(=personne de ~):Oh! ces ~*s du tout*, on sait comment elles le gagnent, l'argent. 그 못난 것들이 돈을 어떻게 벌고 사는지 뻔하잖아.

rien³ *adv.*— 《속어》「매우, 되게」의 뜻:Il fait ~ froid. 지독하게 추운 날씨구나/Elles sont ~ drôles. 저 여자들 정말 우습구나.

rigolo — 여성형은 rigolote 또는 rigolotte.

rigueur— *Il est de ~ de+inf:Il était de ~ de les en informer.* 그들에게 그것을 꼭 알려야만 하게 되어 있었다.

risque— *le ~ de qc* [*de+inf*]: Evitez *le ~ d'*incendie. 화재 위험을 피하십시오/*Le ~ de* tomber m'a retenu de vous suivre. 넘어질 것 같아 당신을 쫓아가는 것을 그만두었오.

au ~ de qc[*de+inf*]:Il m'a sauvé *au ~ de* sa vie[*de* se tuer]. 그는 생명의 위험을 무릅쓰고 나를 구해 주었다.

courir[*s'exposer à*] *un ~*:Je *courrais ~ qu'*il *ne* m'abandonnât. (Ayer) 그가 나를 저버릴지도 모를 위험을 안고 있었다. ⇨ne explétif.

rue —*descendre dans la ~*:Les étudiants *sont descendus dans la ~* pour manifester contre cette décision. 학생들은 그 결정에 반대하는 시위를 하기 위해서 거리로 나갔다.

dans la ~ 행길의 어떤 일정한 장소에서, *dans les ~s* 행길의 여기 저기에서《위의 뜻으로 sur la ~, sur les ~s 라고 쓰는 것은 잘못임》: Les enfants jouaient *dans la ~*. 애들이 길거리에서 놀고 있다/Il voulait se promener *dans les ~s*. 그는 나가서 거리를 방황하고 싶었다.

sur la ~ 《상태를 나타내는 동사하고만 쓰임》:habiter [demeurer, loger] *sur la ~* 큰 길가에 산다.

demeurer [*habiter*] *~* X 《주소·거주지명·번지등과 함께 쓰이면 전치사를 쓰지 않음》:Il *habite ~ de la* Paix. 그는 라 페가에 살고 있다/Il demeure numéro 22,*~* Montparnasse. 몽파르나스가 22번지에 살고있다.

être à la ~ 집없이 방황하다.

jeter qn à la ~ 내쫓아 빌어먹게 하다.

S

s—alphabet의 제 18자로 명칭은 [ɛs]. graphie에 따른 발음은 다음과 같다.

s 〖어두・어간에서〗 1) 아래 2)의 경우를 제외하고는 [s]: sirop [siʀo], soupente, asphalte, squelette, ski, mesquin, presque, sieste, esprit, persan, etc. (단, jersey [ʒɛʀzɛ], nansouk [nɑ̃zuk]은 예외). 그러나 다음 단어에서와 일부 고유명사에서 (이 경우는 일정한 규칙을 세우기 어려움)는 무음이다: groslot [gʀolo], meslie, meslier, mesdames, mesdemoiselles, desdits, desdites, lesdits, lesdites, desquels, desquelles, lesquels, lesquelles; Descartes, Boismorand, Chesnay, Grosbois, Mesnil, etc. 2) i) 모음과 모음 사이에서는 [z]: besogne [bəzɔɲ] chose, asile, causer, désolé, désaccord, mésaventure, bisaïeul, dysécie, etc. 그러나 합성어에서 제 1요소(또는 접두사)가 모음으로 끝나고 제 2 요소가 s로 시작하는 단어에서는 [s]로 발음한다: havresac [avʀəsak], girasol, parasol, tournesol, présalé, soubresaut, vraisemblance, asexué, aérosol, antiseptique, contresens, entresol, homosexuel, microsillon, vivisection, etc. ii) 「trans-+모음 (또는 h)」으로 시작하는 단어에서도 [z]: transaction [tʀɑ̃zaksjɔ̃], transalpin, transiger, transit, transition, transhumer, transhumant, etc. intransigeant, intransigeance에서도 [z]. 그러나 transept [tʀɑ̃sɛpt], Transylvanie에서는 [s], transir, transi에서는 [z]와 [s]가 발음되나 후자가 더 보통이다. iii) 「-ls+모음」의 철자에서는 Alsace [alzas], alsacien, 및 balsa- 로 시작하는 모든 단어에서 「balsamine [balzamin], balsamique, balsamite, etc.」만 [-z-], 기타의 모든 단어에서는 [-s-]이다 : expulser [ɛkspylse], valser, compulser, convulsion, révulsif, etc.

〖어미에서〗 1) 일반적으로 무음일 때가 많다. 특히 변화어의 복수 어미 -s와 동사의 활용 어미로서의 -s는 언제나 무음이다: des amis, des numéros, des cas, des fois; je suis, tu es, tu chantes, que tu sois, je faisais, que tu fisses, tu seras, je chanterais, tu chantas, etc. 단, 단수에서 발음되는 -s는 복수에서도 발음되는 것이 원칙: un atlas [atlɑ:s], des atlas [atlɑ:s]; un albatros [albatʀo:s], des albatros [-ʀo:s]. (단 un os [ɔs] ⇨des os [o]는 예외). 2) 복수 또는 동사어미의 경우를 제외하면, 어미의 -s는 어미의 철자와 단어에 따라서 유음일 때도 무음일 때도 있다.

-as -s는 무음 또는 유음《상용어에서는 -s가 무음이 보통》. 1) s가 무음: amas, appas, bras, cas, compas, fracas, repas, etc. 2) s가 유음: as, atlas, hélas!, madras, mas, etc. (⇨timbre).

-es 1) 앞의 e가 무음이면 s도 무음이다(주로 고유명사): Charles, Limoges, Malesherbes, Troyes, etc. d'ores et déjà는 [dɔʀedeʒa] 또는 [dɔʀzedeʒa]로 발음함. 2) 앞의 e가 e caduc이 아닌 때는, 단음절어에서는 s가 무음(ces, des, les, mes, ses, tes)이고, facies [fasjɛs] 및 기타 라틴어 성구에서는 유음이다: ab uno disce omnes, divide ut

imperes, do ut des, etc.
-ès 1) [ɛ]:abcès, accès, congrès, cyprès, dès, décès, excès, exprès, grès, insuccès, près, procès, profès, succès, très. 2) [ɛs]《위 이외의 모든 단어에서》: agnès, alkermès, cortès, etc.
-ais [ɛ]:Anglais, désormais, épais, jamais, palais, etc.
-ois [wa]: anchois, danois, gaulois, etc.
-uis [ɥi]: buis, depuis, huis-clos, puis, etc.
-ouis [wi]: louis, cambouis.
-ïs [is]: maïs.
-is 이 어미가 자음이나 h 뒤에 오면 상용어에서는 일반적으로 [i], 비상용어에서는 [is]가 보통이다. 1) [i]:abattis, avis, brebis, colis, coloris, exquis, permis, sursis, tapis, vis-à-vis [vizavi], etc. 2) [is]: ibis, iris, jadis lis, métis, myosotis, oasis, etc.
-os 일반 용어에서는 [o], 학술어에서는 [o:s]. 1) [o]:chaos, clos, dos, gros, héros, repos, campos, dispos, éclos, enclos, forclos, huis-clos, los, propos. 2) [o:s]《위 단어 이외의 단어에서》: albatros, cosmos, logos, rhinocéros, etc.
-us 1) 자음 직후의 -us도 역시 일반 상용 단어에서는 s가 무음이고, 기타에서는 유음이다. i)[y]: abus, camus, conclus, confus, dessus, etc. ii)[ys]:agnus, angélus, anus, cactus, chorus, etc. 2) 모음 뒤의 -us 어미에서는 -ous의 경우 이외는 s가 유음이다.
-ous 1) [u]:dessous, entrevous, nous, remous, rendez-vous, sous, vous. 2) [us]《기타의 단어에서》: couscous, burnous, Bascous, etc.
-aus [o:s]:blockhaus.
-éus [eys]:iléus.
-eus [ø:s]:basileus.
-ius [jys]:olibrius, médius, nonius, radius, etc.
-ays [ei]:pays.
-sc graphie e, i, y 앞에서는 [s], 기타의 경우에는 [sk]: scie [si], science, scélérat, scythe, discerner, disciple, etc.; scandale [skãdal], scorpion, sculpter, escargot, escompte, etc.
-sch 외래어에서만 쓰이되 단어에 따라서 [ʃ] 또는 [sk]로 발음된다. 1) [ʃ]:schédule, schisme, schème, etc. 2) [sk]:scholasque, schizophrène, etc.
sh [ʃ]《외래어》:Shakespeare, shah, etc.
-ss- [s] assassin, dessous, chasse, poisson, etc.
s adverbial [부사의 s] —plus, moins 등의 어미의 s를 본떠서, 중세 불어에서 부사・접속사・전치사의 어미에 어원적 관점으로 보아서 의미가 없는 s를 붙이던 습관을 가리킨다:avecques (=avec), doncques (=donc), encores (=encore), jusques (=jusque), naguères (=naguère), guères (=guère) 따위. 이런 철자 중 tandis (라틴어 tamdiu), sans (라틴어 sine), volontiers (라틴어 voluntarie)는 굳어져서 현대어에 계승되었다.
sacristain—여성형 sacristaine은 古形. 현재는 sacristine만을 사용한다.
sage—명사 앞 또는 뒤에 놓일 수가 있다:une décision ~ (또는 une ~ décision) 현명한 결정 《그러나 명사가 모음으로 시작되는 단음절일 때는 명사 뒤에 놓인다:une âme ~》.
Il est ~ de+inf: Il serait plus ~ d'y renoncer. 포기하는 것이 더 현명할 것이다.
être ~ à+inf: Vous êtes ~ à ne pas le faire (=Vous êtes assez ~ pour ne pas le faire). 당신은 현명하시니까 그런 짓은 하지 않으실 테죠.

saint—1° 성자의 이름 앞에서는 소문자로 써야 한다. 그리고 인명과의 사이에는 trait d'union을 쓰지 않는다: Le supplice de *saint* Pierre 성 베드로의 수난/*saint* Paul 성 바오로/*sainte* Geneviève 성녀 쥬느비에브.
2° 지명, 축제명칭, 도로명, 건물명칭 따위를 나타내는 경우에는 saint을 대문자로 쓰고 trait d'union으로 고유명사와 연결한다. 이 때는 명칭이 인명이라도 마찬가지다: le *Saint*-Pierre 성 베드로 성당/la *Saint*-Nicolas 성 니콜라 祭日/Il est né à *Saint*-Cloud. 그는 생클루(도시명)에서 태어났다/Il habite rue *Saint*-Paul. 생폴가에 살고 있다.
3°「la *Sainte* Vierge (또는 la *sainte* Vierge) 성모, la Semaine *sainte* (또는 la Semaine *Sainte*, 또는 la semaine *sainte*) (부활절 전의) 성주간」처럼 철자가 일률적이 아닌 것도 더러 있다.

sainteté—경칭으로 쓰는 Votre[Sa] *Sainteté* 의 용법은 *Majesté 의 경우와 마찬가지이다.

sale—① 명사 뒤에서는 구체적, 물질적인 뜻: de l'eau ~ 불결한 물/logement ~ 지저분한 방/une servante ~ 지저분한 하녀.
② 명사 앞에서는 비유적, 정신적인 뜻: les ~s maladies(=les maladies honteuses) 성병/une ~ affaire 뜻대로 안되는 사업/un ~ type 더러운 녀석 (cf. un type ~ = un type malpropre).

salisson— 일반적으로는 *n.f.* 으로「옷차림이 지저분한 소녀」의 뜻. *n.m.* 으로 쓰는 것은 이례적.

salle—「~ de conférences 회의실, 강연회장, ~ d'armes 펜싱 연습장」은 보어가 항상 복수. 「~ d'étude(s) 자습실, ~ de bain(s) 욕실, ~ de concert(s) 음악회당」은 보어가 단수 또는 복수. 단, 단수를 많이 쓴다. 기타는 단수: ~ de spectacle 극장, 연예관, ~ de bal 무도회장, ~ de danse 무용장. ~ de vente(=~ des ventes) 판매장.

samedi ⇨jours¹.

sanatorium—[sanatɔʀjɔm]. 복수형은 ~s ((드물게 sanatoria 도 쓰임)). 일반 구어에서는 forme abrégée인 sana (*n.m.pl.*은 sanas)를 많이 쓴다.

sandwich—[sɑ̃dwitʃ]. 복수형은 ~s 또는 ~es.

sang—「suer ~ et eau 피땀을 흘리다」에서는 [sɥe sɑ̃ke o], 그리고 프랑스 국가 la Marseillaise 중의 sang impur 는 [sɑ̃kɛ̃py:ʀ]로 liaison 하지만 기타의 모든 경우에는 어미 -g 는 liaison 하지 않는다.

sanglier—「멧돼지」의 뜻. 여성형은 laie, 남성형은 종족의 대표로도 쓰인다.

sans—1°『~ +N』 부사적 또는 형용사적 기능을 하는 syntagme를 형성한다. sans 뒤의 N 이 보통명사일 때는 특정적 한정사(정관사·지시형용사·소유형용사)는 붙을 수 있으나 부정관사와 부분관사는 원칙상 탈락한다. 단, 명사에 형용사가 붙어 종류의 개념이 생길 때는 부정관사를 붙일 수 있다: L'inculpé a refusé d'être interrogé ~ son avocat. 피고는 자기 변호사의 입회 없이는 심문을 받지 않겠다고 거절했다/un enfant ~ frère *ni sœur 형도 누이도 없는 어린애/Il est ~ argent (=Il est ~ le[un] sou). 그는 무일푼이다/un document ~ indication de date 날짜가 적혀 있지 않은 문서/chambre d'hôtel à trente francs par jour, ~ le petit déjeuner 아침식사를 제공하지 않고 하루에 30 프랑씩 받는 호텔 방/ ~ toi j'étais mort. 네가 아니었던들 나는 틀림없이 죽었을 게다/Je voudrais mon café ~ sucre. 내 커피에는 설탕을 넣지 마세요/ C'est ~ espoir. 절망적이다/Il y parvint non ~ peine. 그는 간신히 성공할 수 있었다/~ une longue expérience, on n'y parviendrait pas facilement. 오랜 경험 없이는 그 일을 해내기는 어려울 것이다.

2° 〖~ aucun 〔nul〕+N〗 On ne pourrait pas bien le faire ~ aucune expérience. 전혀 경험이 없으면 그 일을 제대로 해내지 못할 것이다/Il doit être malade, ~ aucun 〔nul〕 doute. 틀림없이 그는 앓고 있을 게다/Il a agi ~ nulle crainte. 그는 조금도 겁내지 않고 행동했다.

3° 〖~ guère 〔jamais, presque, même〕 de+N(N은 무관사, 단수 또는 복수)〗 ~ jamais de curiosité puérile 어린애 같은 호기심을 갖는 일도 전혀 없이/~ presque d'efforts 거의 힘도 들이지 않고/~ guère de chance 거의 언제나 운이 나빠/ ~ même d'inclination 애정마저도 없이.

4° 〖~+inf〗 Les gens de qualité savant tout ~ avoir jamais rien appris. 덕이 있는 사람이란 아무것도 배우지 않아도 모든 것을 다 아는 법이다/Il est sorti ~ fermer la porte. 그는 문을 닫지 않고 나갔다/Cela va ~ dire. 물론이다/Il parle ~ faire de fautes. 그는 틀리지 않게 말을 한다/Il a passé une journée entière ~ boire de café. 그는 하루종일 커피를 마시지 않고 참았다/Il a réussi à l'examen ~ toutefois avoir ouvert ses livres. 그는 공부도 하지 않았지만 시험에는 합격했다《sans과 부정법 사이에는 흔히 même, pourtant, toutefois, pour autant, pour cela 와 같은 부사 또는 부사구가 삽입되는 일이 있다》.

★ 부정법에 비특정적인 목적어가 붙으면 부정의 부분관사 de를 쓴다 (Il parle ~ faire de fautes.). 이것은 否定동사 뒤의 목적어가 수량적으로 제로일 때의 구문과 마찬가지이다 (Je n'ai pas de livres.). 그러나 부분적・상대적 否定일 때는 부정・부분관사는 그 완전한 형태를 써야 한다: Je n'ai pas acheté *des* livres pour te prêter. 나는 너에게 빌려주기 위해서 책을 산 건 아니다 (책을 산 것은 사실이니까)/Il ne peut parler sans faire *des* fautes. 그가 말을 할 때는 언제나 틀린다.

5° 〖~ que+*subj*〗 Ne faites pas cela ~ *qu*'il *soit averti*. 그 사람에게 알리기 전에는 그렇게 하지 마세요/Il est parti ~ *que* personne le *sache*. 그는 아무도 모르게 떠났다/Je n'ai jamais causé avec un Italien ~ *que* la conversation ne *tournât* de suite à la politique. 내가 이태리인과 얘기를 할 때마다 얘기는 곧 정치문제로 도는 것이었다/Je l'ai compris ~ même *qu*'il *ait ouvert* la bouche. 그가 입을 열기도 전에 나는 그가 하고 싶은 말을 짐작했다.

★ 1) sans que 뒤에서는 *ne explétif를 쓰지 않는 것이 원칙이다. 그러나 드물게 ne를 쓰는 경우도 간간이 보이며, 특히 주절이 부정문일 때에(上記예문 ...sans que la conversation ne....) ne를 쓰는 예를 자주 볼 수 있다. G는 ne의 사용을 회피하도록 권고하고 있다. 2) sans과 que 사이에는 위의 4°에서 열거한 것과 같은 부사 또는 부사구가 삽입되는 수가 있다(위의 예문 ...sans même qu'il ait ouvert la bouche).

6° 〖n'être pas ~ + inf〗 Je *ne suis pas* ~ y songer sérieusement. 나는 그 일을 진지하게 생각하지 않을 수가 없다/Vous *n'êtes pas* ~ savoir qu'il est malade. 그가 앓고 있는 것을 당신은 모르지 않지요/Elle *n'a pas été* ~ remarquer notre absence. 그녀는 우리가 없는 것을 깨닫지 못했을 리가 없습니다.

——〖부사적〗 Pourquoi porter des lunettes si vous y voyez ~ ? 안

경 없이도 잘 보이는데 왜 안경을 쓰나요? 《이런 용법은 「les jours ~ et le jours avec (2차대전 중의 식량통제 시대의)술과 고기를 못먹는 날과 그것을 먹을 수 있는 날」과 같은 형용사적 용법과 더불어 드물게 쓰이는 용법이다》.

sauf *adj.*— 여성형은 sauve: être sain et ~ 별고 없다/avoir la vie *sauve* 생명이 안전하다/laisser la vie *sauve* à qn ⋯를 살려주다.

—*prép.* ① 〖~ *qc*〗(=excepté): J'ai tout perdu ~ l'honneur. 명예를 제외하고는 모든 것을 다 잃었다/Tous les invités étaient là ~ la marraine. 대모를 제외하고는 초대받은 사람들은 모두 와 있었다.

② 〖~ +*inf*〗《동사가 순수부정법을 목적어로 삼을 수 있을 때》:Qu'ils fassent d'elle ce qu'ils veulent ~ la tuer. 죽이는 일만 제해 놓고는 그녀를 어떻게 해도 좋다.

③ 〖~ +*prép.*+N〗 Il y en a pour tous ~ *pour* lui. 그 사람 몫만 빼놓고 모두의 것이 다 있다/J'ai répondu à toutes les questions ~ *à* la dernière. 나는 마지막 질문만 빼놓고 모든 질문에 답변했다/Ma santé est toujours bonne ~ *en* hiver. 겨울만 제외하고는 난 언제나 건강하다.

④ 〖~ **que**+*ind*〗 ~ *qu*'il avait tellement grossi, il avait gardé bien des choses d'autrefois. 좀 심하게 뚱뚱해졌다는 점을 제외하고는 그에게는 옛날 모습이 많이 남아 있었다/C'est un très bon élève ~ *qu*'il s'absente quelquefois des cours. 그는 때때로 결석하는 것만 빼놓으면 좋은 학생이다.

⑤ 〖~ **que**+*subj*〗《절이 목적어절의 기능을 하고 주절의 동사가 접속법을 요구할 때》:Je ne désire rien, ~ *que* vous me *laissiez* en paix. 나를 귀찮게 하지 말고 가만히 내버려 두어 달라는 것 말고는 당신에게 부탁할 게 없어요/Qu'est-ce que tu as à craindre, ~ *que* tu *te fasses* mouiller un tout petit peu. 조금 몸이 젖기야 하겠지마는 그 밖에 겁낼 게 무엇이 있다고 그래?

⑥ 〖~ **si**+절〗(=à moins que): Vous ne pourrez pas entrer ~ *si* vous avez une carte d'identité. 신분증이 없으면 입장하지 못할 것입니다.

⑦ 〖~ **à**+*inf*〗(=quitte à):Je consens, ~ *à* revenir sur ma décision. 우선 동의는 하지만 후에 생각을 바꿀지도 몰라요/Il n'en est pas un qui ne désire ma condamnation, ~ *à* pleurer comme un sot quand on me mènera à la mort. 내가 사형대로 이끌려갈 때 바보처럼 엉엉 울 놈들이기는 했어도 나의 형집행을 원하지 않는 이는 아무도 없었다.

⑧ 〖~ N(N은 일반적으로 무한정사)〗 ~ avis contraire 별도 통고가 없는 한/Ce sont les chiffres, ~ erreur de notre part. 우리 측의 계산 착오가 없다면 이것이 그 액수〔숫자〕입니다.

sauvage—명사일 때는 남성·여성이 동형이며, 여성형을 sauvagesse로 쓸 수도 있다. 형용사로서는 남·여 동형.

sauveur *n.m.* —Sauveur 는 「구세주(=Jésus-Christ, Messie, Rédempteur)」의 뜻. 명사에는 여성형이 없다.

—*adj.* 여성형은 salvatrice 《sauveuse 도 더러 쓰임》.

scandaleux—*Il est ~ que*+*subj*: Il est ~ *que* ce haut fonctionnaire *fût impliqué* dans une affaire aussi malhonnête. 그 고관이 그런 치사스런 사건에 관련되었다니 정말 언어도단이다.

scandalisé—*être ~ que*+*subj* 〔*de ce que*+*ind*〕:Nous *sommes* ~s *de ce qu'*on traite les enfants

aussi cruellement. 어린애들을 그처럼 학대하는 것을 보고 우리는 분개하지 않을 수 없다.
sculpteur—médecin 과 마찬가지로 여성형이 없다: Cette femme est un bon ~. 그 여자는 훌륭한 조각가이다《여성형으로 꼭 써야 할 경우에는 une femme ~ 를 씀》.
se—재귀인칭대명사 pronom personnel réfléchi의 약세형 forme inaccentuée [conjointe] 이다(강세형은 *soi). 항상 동사 직전에 놓여 그 동사와 함께 대명동사 *verbe pronominal를 형성하는 데 쓰이며, 명사·인칭대명사·부정대명사 및 관계대명사 등을 대신하며 남성·여성·중성 그리고 단수·복수를 받을 수 있다.
1° 〖직접목적어〗① 〖재귀적 대명동사를 형성〗 Il s'est tué. 그는 자살했다/Elle se regarde dans la glace. 그녀는 거울을 들여다본다/Il veut se lancer dans les affaires. 그는 사업에 투신할 작정이다.
② 〖수동적 대명동사를 형성〗 Ce sont des choses qui ne se font pas. 그런 짓은 해서는 안 되는 법이야/Ces périodiques se vendent dans les kiosques. 이 잡지들은 가두 판매점에서 팔고 있다.
③ 〖상호적 대명동사를 형성〗 Ils se cherchent les uns les autres. 그들은 서로 찾고 있다/Ils se haïssent l'un l'autre. 그들은 서로 미워한다.
④ 부정법절을 목적어로 하는 타동사의 직접목적어로 쓰일 때《이 경우의 se 는 부정법의 주어이기도 하다》:Elle s'écoute parler. 그녀는 제 자신의 말에 귀를 기울인다/Il ne s'est pas vu mourir. 그는 죽지 않았다/Sa forte voix sonnait, faisait (se) retourner tout le monde. 그의 세찬 목소리가 울려퍼지자 모두가 뒤돌아 보았다/J'ai envoyé (se) promener mon petit frère. 나는 동생을 산책하러 보냈다.
★1) 사역동사 faire 와 envoyer, laisser, mener, emmener 등 뒤에 놓이는 부정법이 대명동사일 때는 흔히 se를 생략한다《위의 마지막 두 예문》. 그러나 이 se의 생략은 결코 의무적인 것은 아니다. 2) 기타의 부정법절에서는 se를 생략하지 못한다.
2° 〖간접목적어〗① 〖재귀적 대명동사를 형성〗 Il s'attribua tout le mérite de la victoire. 그는 승리의 모든 공적을 자신에 귀속시켰다/Il ne se l'est pas fait dire deux fois. 그는 당장에 그 청을 받아들였다. (즉, 그것을 두번 되풀이해서 자기에게 말하게 하지 않았다).
② 〖상호적 대명동사를 형성〗 Ils se sont appris réciproquement des choses dont ils sont également instruits. 그들은 다같이 알고 있는 정보를 서로 교환했다/Ils se sont dit des choses les plus intimes. 그들은 가장 은밀한 얘기를 서로 주고 받았다.
3° 본질적[순수] 대명동사를 형성할 때는 se의 기능을 판별하지 못한다: Elle s'évanouit à cette nouvelle. 이 소식을 듣고 그녀는 까무라쳤다/Il s'en est moqué. 그는 그것을 무시했다/Elle s'en va. 그녀는 떠난다. ⇨verbe pronominal.
séant—*seoir 의 현재분사에서 만들어진 형용사로 같은 동사의 현재분사인 seyant 과 마찬가지로 「어울리는」의 뜻이나 séant 은 비유적인 뜻으로도 쓸 수 있지만 seyant 은 그렇지 못하다.
① 〖N ~ (à qc)〗 C'est une coiffure ~e. 머리모양이 잘 어울린다/Elle avait une robe d'après-midi extrêmement *seyante*. 그녀는 아주 잘 어울리는 외출복을 입고 있었다/Les sourcils noirs sont très ~s aux blondes. 금발 여자에게는 검은 눈썹이 잘 어울린다.

②〖Il est ~ de+inf〖que+ind〗〗(이 구문에서는 seyant을 쓸 수 없음): Le service militaire... une calamité insupportable, à laquelle il était ~ de chercher à se soustraire.(Gide) 어떻게 해서든지 면하는 것이 상책인, 견딜 수 없는 개인적 수난이라고 할 수 있는 이 병역 의무는….

sec—여성형은 sèche.

second(e)— 序數사로 발음은 [səgɔ̃] 또는 [zgɔ̃]. 복합서수사(vingt-deuxième, trente-deuxième, etc.)를 형성하지 못하는 점만 제외하면 모든 경우에 뜻이나 용법이 deuxième와 같다. 일부학자들은 두 가지에 대해서 「첫째, 둘째」할 때에만 second을 써야 하고 셋 이상에 대한 순서에서는 deuxième를 써야 한다고 주장하지만 실용면에서는 이 이론은 외면당하고 있다. 단, 「지엽적인, 부차적인;중요성이 없는」이라는 비유적인 뜻으로 쓰일 때는 deuxième로 대용이 불가능하다.

secrétaire—un ~ 남자 비서, une ~ 여비서.

selon—뒤에 모음으로 시작하는 단어가 오더라도 liaison하지 않는다: selon elle[səlɔ̃ ɛl].
1° 〖~ N〗「suivant+N」과 같은 뜻이나 suivant의 경우는 N이 인칭대명사일 수 없다. 즉, selon moi, selon toi처럼 쓸 수 있고 suivant moi(toi)는 허용되지 않는다:Il a agi ~ vos désirs. 그는 당신이 원하는 바에 따라서 행동했다/On doit dépenser ~ ses moyens. 각자는 자기의 경제적 능력에 따라서 돈을 써야 한다/~ les journaux, le mauvais temps ne devrait pas durer. 신문에 의하면 나쁜 날씨는 오래 가지 않을 것이라고 한다/~ moi 내 의견으로 말하면/Evangile ~ saint Jean 요한복음.
2° 〖~ que + ind〗 (=suivant que +ind): ~ que vous travaillerez ou non, vous gagnerez plus ou moins. 당신이 일을 열심히 하느냐 하지 않느냐에 따라서 수입의 다과도 결정된다.
3° 〖~+절〗 C'est ~ comment ils ont été élevés. 그것은 그들이 어떻게 길러졌느냐에 달렸다.
4° C'est ~ (=C'est suivant). 그것은 경우에 따라 다르다.

semaine—때를 나타내는 다음과 같은 표현들이 있다:Cela a lieu une fois la ~ 〔par ~〕. 그 행사는 일주일에 한 번씩 있다/au milieu de 〔à la fin de, au début de〕la ~ 주중〔주말, 주초〕에/pendant la ~ 〔en ~〕 주중에(공휴일 이외의 평일에) / dans une ~ 〔d'aujourd'hui en huit〕 일주일 후에/dans deux ~s (à compter d'aujourd'hui) 〔d'aujourd'hui en quinze〕(오늘부터) 이주일 후에/chambre louée à la ~ 일주일 단위로 빌리는 방/travailler à la ~ 주급제로 일하다/ être de ~ 주번이다/ un officier de ~ 주번 장교.

sémantème 〖의미소〗—1° 〖Vendryes의 관점〗 mot vide에 대립되는 mot plein의 동의어이다. 표현면에서 morphème 〔mot vide〕는 단어의 비어휘적 부분이고 이에 대립되는 sémantème 〔mot plein〕은 단어의 어휘부분이다. dans la maisonnette에서 maison은 sémantème이고 la와 -ette는 morphème이다.
2° 〖Bally의 관점〗 내용면에서 단어의 어휘부분의 가치 즉 어휘소에 해당하는 내용의 단위를 지칭한다.
3° 〖Pottier의 관점〗 내용면에서 의미소 sémèmes의 구성요소로 오직 특수意素 sèmes spécifiques로 구성된 총체를 지칭한다. 여기서 sémèmes는 lexèmes를 구성하고 있는 sèmes의 총체를 말하며, sèmes spécifiques란 예를 들어 배, 복숭아, 살구를 구별해 주는 의미의 최소특징을 말한다. ⇨morphème.

sémème	dénotatif	connotatif
ensemble des sèmes	génériques (classème)	connotatif (virtuème)
	spécifiques (sémantème)	

sémantique [의미론]—1° 〚通時的 관점〛 Bréal에게 있어서 의미론은 의미의 변화, 새로운 표현의 선택, 숙어의 생성과 소멸을 지배하는 언어의 지적 법칙을 연구하는 것이다. 이와 같이 의미론은 단어의 의미의 역사로 간주되어 통시적인 성격을 띠었다.
2° 〚共時的 관점〛 단어나 문장의 의미를 공시적으로 연구하는 의미론에는 두 가지 방향이 있다. 우선 단어의 의미를 먼저 파악한 다음 문장의 의미에 접근해야 한다는 의미론자들이 있다. 이들의 입장은 문장의 총체적 내용은 문장의 구성요소인 단어의 의미와 통사론에 의해 결정된다는 원칙에서 출발한다. 이와 반대로 다른 의미론자들은 의사소통의 진정한 단위는 문장이므로 직접 문장의 단계에서 의미를 연구해야 한다고 주장한다. 이들은 문장의 총체적 내용은 결코 구성단어들의 의미의 총화와 동등하지 않으며 단어의 배열에 기인한다고 생각한다.
① 〚구조 의미론 sémantique structurale〛 이는 언어의 표현과 의미 사이의 평행체계 isomorphisme의 가정에 근거를 두고 있다. 구조의미론에 있어서 의미구조는 의미세계를 분절하는 최소의미단위인 意素 sèmes로 구성되어 있다. 제한된 수의 최소의미단위들의 결합으로 무한한 수의 보다 큰 의미단위 특히 단어의 의미를 설명하려고 한다. 의미의 최소 변별적 단위로 의미를 분해하는 것을 意素 분석 analyse sémique 또는 성분분석 analyse componentielle 이라고 한다.

② 〚Katz와 Fodor 이론〛 문장의 의미를 표시하는 수단이다. Chomsky의 생성문법에 근거를 둔 이론으로 문장의 의미적 해석을 지배하는 일반 규칙을 설명하는 역할을 하여 문법, 사전, 투영 규칙의 존재를 필요로 한다:
a) 문법으로는 생성문법이 있다.
b) 사전은 어휘소의 문법범주 catégories grammaticales와 의미범주 catégories sémantiques 그리고 의미분류표시 différenciateurs sémantiques를 표시해 주어야 하며 별표 1(p. 481)과 같이 도식화한다.
c) 투영규칙은 통합체 표지 indicateurs syntagmatiques와 Katz-Fodor형의 사전과의 연결을 도모한다. 즉 어휘의 의미를 나타내는 樹型圖의 각 가지와 이 어휘가 통합되는 統辭구조와의 일치를 가능케 해주는 규칙을 말하는 것이다.
③ 〚현행 러시아 의미론〛 의미에 기초를 둔 생성문법을 만들려는 Chomsky의 반대파 미국언어학자들의 생성의미론과 유사점이 많다. I. A. Mel'čuk과 A. K. Žolkovskij의 출발점은 언어란 의미를 텍스트로 옮겨놓는 메카니즘이라는 가정으로 어떻게 의미를 특정 언어로 표현하느냐 하는 것이다. 그들의 최초의 목표는 의미종합 synthèse sémantique이라는 메카니즘으로 문장을 생성하는 것이다. 표시의 첫 단계는 의미기재 inscription de sens인데 이는 언어외적 상황을 의미 구조로 표시한 것이다. 이 이론에서는 同義性 synonymie의 개념이 기본을 이룬다. 왜냐하면 언어의 이론적 mo-

sémantique

※ 별표 1.

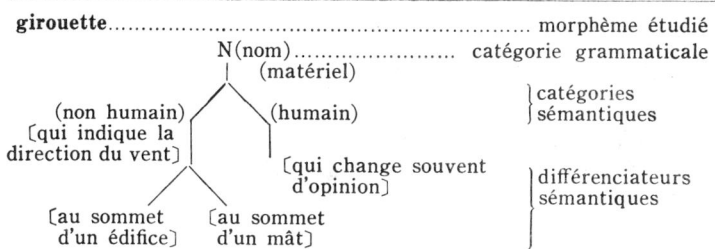

dèle에 언어외적 내용을 도입하는 것은 동의어나 일정한 상황에서 일정한 의미가 취하는 모든 표현을 설명해 줄 수 있기 때문이다.
3° 〔생성 의미론 sémantique générative, 해석의미론 sémantique interprétative〕생성변형 문법에서 나온 언어이론으로 Chomsky 이론의 기본원칙의 일부를 재검토한 것이다. Chomsky에 의하면 統辭的 심층구조는 의미부문의 해석을 받으며 (여기서 sémantique interprétative 라는 명칭이 나온다) 변형부문으로의 입구 역할을 한다. 그리고 이 변형부문은 계기적인 작업을 거쳐 표면구조에 이르고 이 표면구조는 음운부분의 음성적 해석을 받아 문장으로 실현되는 것이다. 생성의미론에서는 심층통사단계가 없어지고 심층의미구조가 일련의 변형을 거쳐서 직접 표면구조에 이른다. 이 의미구조는/cause/causatif/와 같은 述語型 특징이나/vivant/과 같은 實辭型 특징들의 총체로 구성되어 있다. 그리하여 Pierre tue Georges의 심층의미구조는 Pierre fait que Georges devient non-vivant이 되며 이것은 다음과 같은 특징들의 연속을 내포한다:/Pierre/, /cause/, /Georges/, /devenir/, /non/, /vivant/. 이 특징들의 결합은 어휘소가 될 수도 있고 되지 않을 수도 있다(tuer =faire devenir non-vivant). 해석의미론과 생성의미론의 차이는 다음과 같다.

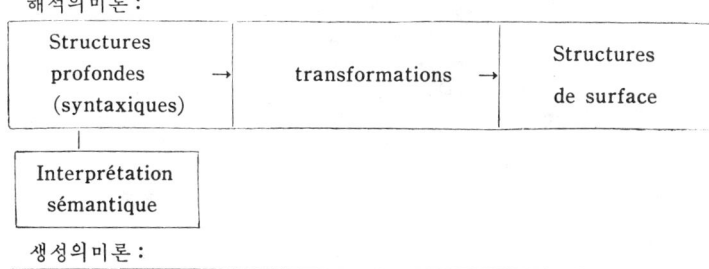

semblant—*faire ~ de*+inf: Il croyait que j'avais *fait ~ d'*oublier. 그는 내가 일부러 잊어버린 척한 줄로만 생각하고 있었다/J'ai fait ~ *de* ne pas le voir. 나는 그를 못 본 척했다. *ne faire ~ de rien:* Il *n'a fait ~ de rien.* 그는 아무것도 모르는 척했다.

semi- —「半」을 뜻하는 접두사.

① 형용사와는 trait d'union 으로 연결되며 불변이다. 단, 형용사 grand 앞에 놓일 때만은 trait d'union 을 쓰지 않으며 épithète 로만 사용된다: propriétés ~-conductrices 반도체의 특성/des produits ~-finis 반제품/Vous n'êtes pas un grand menteur, vous n'êtes qu'un ~ grand menteur. 당신은 대단한 거짓말쟁이가 아니라 쩨쩨한 거짓말쟁이에 불과하다.

② 명사 앞에서 접두사로 쓰일 때도 trait d'union 을 사용하며, 또한 불변이다: les ~-voyelles 반모음, des ~-produits 반제품.

semi-auxiliaires ⇨ auxiliaires (verbes).

semi-voyelles [반모음]— 모음이면서도 단독으로 음절을 형성하는 능력을 잃고 자음처럼 다른 강모음 voyelles fermes (⇨voyelle)에 기대어 비로소 음절을 형성하게 되는, 말하자면 모음이면서도 자음의 성격을 함께 갖춘 음운을 말한다. semi-consonne 반자음이라고도 한다. 불어에서는 [j], [ɥ], [w](각기 yod [jɔd], ué[ɥe], oué[we]라는 이름으로 불리고 있다)의 세 가지가 있는데 순서대로 각각 [i], [y], [u]를 짧게 발음하여 직후의 모음과 음절이 되게 한다([j]의 경우만은 직전의 모음과 음절을 형성할 수도 있음. 아래 예 참조). 두 모음이 한 음절을 형성하는 점에서는 영어의 이중모음 diphtongue 과 마찬가지이나 이 후자는 두 모음의 길이가 같다는 점에서 전자와 **구별**이 된다. 불어에는 diphtongue 는 존재하지 않는다: yeux[jø], œil[œj], huit[ɥit], oui [wi]. ☆ 위의 예에서 보듯이 모음 [i], [y], [u]는 이 경우 마찰음으로 바뀌어 발음됨으로써 자음화했다고 말할 수 있다. ⇨prononciation.

sens—발음은 ~ commun, ~ dessus dessous, ~ devant derrière[sɑ̃kɔmœ̃, sɑ̃dsydsu, sɑ̃dvɑ̃dɛrjɛːʀ]에서만 -s 가 무음이고 기타의 모든 경우에는 [sɑ̃ːs]이다.

séparation—보어를 붙일 때에는, la ~ de A et de B 및 la ~ de A d'avec B의 두 가지가 가능하다. 그리고 la ~ des deux frères, la ~ entre le mot et l'idée와 같이 쓰일 수도 있다.

sept—『발음』 고전적인 발음에서는 자음으로 시작하는 단어 앞에서 형용사로 쓰일 때 [sɛ](*sept femmes [sɛ fam])라고 발음하는 것이 원칙이었으나 ces[se], ses[se]의 발음과 혼동될 우려가 많으므로 현대에 와서는 형용사, 명사적인 용법을 가리지 않고 모든 경우에 [sɛt]라고 발음한다.

septante—[sɛptɑ̃ːt]. 벨기에, 스위스 및 프랑스 동부 지역에서 soixante-dix 의 뜻으로 쓰는 방언.

septembre ⇨mois.

serf—발음은 [sɛʀf].

serviteur —여성형은 servante.

servitudes grammaticales [문법적 구속]—Ferdinand Brunot 가 처음 사용한 술어로 형성 당시에는 논리적인 구문이었지만 현 언어상태에는 이미 상응하지 않는데도 불구하고 문법적으로 강요되는 구문을 지칭한다.

① Je voudrais qu'il vînt demain 에서 주절의 조건법이 과거시제로 느껴지는 한 종속절에서의 접속법 과거 시제의 사용이 정당화될 수 있다. 그러나 이 예문에서처럼 조건법이 과거 시제로서의 가치를 지니지 않을 때는 접속법 반과거의 사용은

문법적 구속에 지나지 않는 것이다. ② quoique 나 bien que 와 같은 접속사구도 종속절에서 표현된 사고의 뉘앙스가 어떻든 접속법의 사용을 강요한다: Quoique le film fût bon, la soirée ne lui parut pas agréable./ Bien que sa voiture fût en rodage, il ne la ménageait guère.

seul —형용사로서 *épithète(아래 구문 ▷1°, 2°, 3°), *attribut(▷5°, 8°, 11°) 및 *apposition(▷4°, 10°, 12°)의 세 가지로 두루 쓰인다. 동격으로 사용되는 seul은 의미상으로 볼 때 부사적인 가치를 가지므로 seulement으로 대치될 수가 있다. 부사적인 용법이면서도 동격이라고 분석되는 까닭은 어디까지나 seul이 관계하는 명사와 성·수의 일치를 하는 형용사적 기능을 그대로 보유하기 때문이다. 구문 12°에서 볼 수 있는 속사적 용법에서만은 seul이 의미에 따라서 일치를 하는 것이 원칙이지만, 관용상 부사구로 굳어졌다고 느껴지기도 하므로 불변일 때가 많다. 그리고 구문 6°, 7°, 8°, 9°에서의 seul은 뒤따르는 명사의 생략으로 명사화한 것이다.

1° 〖un ~+N〗《un+N의 강조형》: Je n'ai qu'*un* ~ frère. 내게는 형제가 하나밖에 없다/Il l'a achevé d'*un* ~ coup. 그는 한 방으로 그를 해치웠다/Une ~*e* allumette jetée par terre suffit pour mettre le feu à toute une forêt. 성냥 한 개비를 땅바닥에 잘못 던지기만 해도 숲 전체를 태울 수 있다.

2° 〖le ~ + N〗 Je vous dis cela dans *le* ~ but de vous aider. 단지 당신을 도울 생각에서 나는 그런 말을 하는 것이다/La ~*e* difficulté que je verrais, c'est que nous ne disposons pas d'assez de temps. 유일한 지장이 있을 수 있다면 우리들에게 충분한 시간이 없다는 것입니다.

3° 〖N+~〗《épithète적 용법이나 위 1°, 2°와 뜻이 다르며, 아래 4°의 동격적 용법과도 혼동 말 것》: Un homme ~ est toujours en mauvaise compagnie. 혼자 사는 남자는 항상 나쁜 친구와 어울린다/compartiment pour dames ~*es* (기차의) 부녀자 전용 객실.

4° 〖동격〗《동격적인 용법으로 seul의 위치는 비교적 자유롭다. 속사적 용법과 혼동 말 것》: ~ un alpiniste aussi fort que lui peut faire cette ascension. 그 사람처럼 능한 등산가만이 능히 그 산을 정복할 수 있다/Un homme ~(=~ un homme) ne peut mener à bien une telle entreprise. 한 사람만의 힘으로는 이 사업을 감당할 수 없다/Les premiers ne seront pas ~*s* récompensés. 先番者들만이 상을 타는 것은 아니다(cf. Les premiers ~*s* ne seront pas récompensés. 先番者들만은 상을 타지 못할 것이다)/Je pourrai le faire ~. 나는 혼자서 그것을 할 수 있을 것이다.

5° 〖속사〗《동사는 être, devenir 등 속사동사 및 기타 상태·이동을 나타내는 자동사》: Je suis ~. 나는 혼자 있다/Je me sens ~. 나는 외롭다/Ils se sont trouvés ~*s*. 자리에는 그들만이 있었다/Il était ~ avec son amie. 그는 그녀와 단 둘만이었다/Il vit ~. 그는 혼자서 산다/Je pars ~. 나는 혼자 떠난다.

6° 〖un ~ de+N〗 Je n'ai pas encore fini *un* ~ *de* mes devoirs. 나는 숙제를 아직 하나도 마치지 못했다/Il est *le* ~ *de* mes amis qui m'ait manifesté de la sympathie. 친구 중에서 내게 호감을 준 사람은 그 사람뿐이다(cf. 7°)/Il n'a pas rempli *une* ~*e de* ses obligations. 그는 자기가 진 신세를 하나도 갚지 않았다.

7° 〖le ~ (de+특정적 한정사+복수명사)+관계대명사+접속법 〔직설법〕〗 Il est *le* ~ *de* ma famille *qui*

seulement

ait fait un voyage à l'étranger. 그는 우리 집 식구 중에서 해외를 다녀온 유일한 사람이다/C'est *le* ~ homme *qui puisse* vous renseigner. 그 사람만이 당신에게 정보를 제공할 수 있을 것입니다/C'est *le* ~ livre *qui restait* chez le libraire. 책방에는 그 책 한 권만이 남아 있었어요.

8° 〖*le* ~ *à*+*inf*〗 Ils étaient *les* ~s *à* avoir compris. 이해할 수 있었던 사람은 그들밖에 없었다/Sommes-nous *le* ~ jeune ménage *à* élever un chat? 고양이를 기르는 젊은 부부는 우리밖에 없나요?

9° 〖한정사+~〗 C'est une des raisons mais ce n'est pas *la* ~e. 그것도 이유 중의 하나이긴 하지만 이유는 그것만이 아니다/*Un* ~ de mes amis veut rester, mais les autres veulent partir. 친구들 중의 한 사람만이 남아 있겠다고 하고 나머지는 모두 떠나려고 한다.

10° 〖대명사+ ~〗 인칭대명사의 경우는 강세형을 쓴다: Je voulais partir mais c'est *lui* ~ qui m'en a empêché. 출발하려고는 했지만 그 사람 혼자만이 그것을 만류했다/*Celui-là* ~ qui aura de l'endurance jusqu'à la fin gagnera la course. 최후까지 버틸 수 있는 자가 경주에 이길 것이다.

11° 〖*tout* ~ 〔*à*+인칭대명사+~〕〗 Elle part *toute* ~*e*. 그녀는 혼자서 떠난다/Nicole a pu faire cela *à elle* ~*e*. 니콜은 혼자서 그것을 할 수 있었다.

12° 〖~ *à* ~〗 《seul 은 관계하는 말과 일치하지 않는 경우가 많다》: Allons plus loin, nous serons ~ *à* ~*e*. 좀더 멀리 가요. 그러면 우리 둘만이 될 거예요/Madame, il faut que je vous parle ~ *à* ~. 마님, 단 둘이서만 얘기할 게 있어요.

seulement — 1° 「단지(= simplement, uniquement)」의 뜻. 긍정문에서: Un escalier très raide en haut duquel il y avait ~ deux logements. 경사가 아주 심한 계단이 있고 그 위에는 허술한 집이 두 채만 있었다.

2° *pas* ~ :L'homme ne vit *pas* ~ de pain. 사람은 빵만으로 사는 것은 아니다/Il n'y a *pas* ~ des fleurs dans ce jardin. 이 정원에는 꽃만 있는 것이 아니다.

3° (=même) 《부정문 또는 의문문에서》:Il ne savait ~ pas comment on charge un fusil. 그는 총알을 어떻게 재는지조차 몰랐다/Cet homme que l'on disait mort n'a pas ~ été malade. 사람들이 죽었다고들 하던 그 사람은 앓지조차 않았다/sans avoir ~ le temps d'avaler sa soupe…수프를 마실 틈도 없이….

4° 〖시각을 나타내는 부사〗 Partir déjà? Mais vous arrivez ~. 벌써 떠나다니? 방금 도착해 놓고서/Il vient ~ d'arriver. 그는 방금 도착했다/Ce fut ~ vers dix heures que le docteur Finet reparut.(Zola) 열 시가 되어서야 (겨우) 의사 피네 씨가 다시 왔다.

5° *si* ~… 《소원을 나타냄》:*Si* ~ je pouvais dormir! 제발 잠이 좀 왔으면!

—〖접속사적〗《항상 문두에 놓임》 Leurs temples sont trois fois hauts comme le tien … ~ ils ne sont pas solides. 그들의 사원은 너희네 것의 세 배나 높아…다만 튼튼하지는 못하지만/Parlez librement: ~ respectez les convenances. 말은 마음대로 하세요. 그러나 예의는 지키세요.

sévère —~ *à*+*inf* 심〔엄〕하게 …하다.

seyant ⇨séant.

si[1] *conj* —직후의 단어가 il 또는 ils 일 때에 한해서 s'il(s)처럼 élision이 된다.

I. 〖가정〗 1° 주절을 동반하는 종속

절에 쓰인다.
① 〖순수 가정〗 이럴 수도 저럴 수도 있는 경우에 어느 한쪽으로 임시적으로 가정할 경우 hypothèse pure et simple의 용법은 다음과 같다.
a) 〖미래에 대한 가정〗 1) si 로 유도되는 가정절〔종속절〕에 동사를 직설법 현재를 쓰고 그 결과절〔주절〕에는 직설법 단순미래를 쓴다:S'il *pleut* cet après-midi, je *resterai* à la maison. 오늘 오후에 비가 오면 집에 있겠다.
2) 종속절에 미래를 나타내는 부사가 없어서 미래에 대한 가정인지 현재에 대한 가정(cf. 아래 ②)인지 분간하기 곤란할 경우에는 **devoir** 나 **venir à** 를 조동사로 사용해서 미래 가정임을 명시할 수 있다:si cela *doit*〔*vient à*〕 se reproduire…(장차) 그런 일이 또 일어나면….
3) 주절의 동사는 超時的 현재(항구불변의 진리·습관)일 때만은 직설법 현재로 둔다:Si je *suis* triste, je *me trouve* grotesque. (Gide) 나는 슬플 때는 좀 이상해진다.
b) 〖현재에 대한 가정〗 1) 가정절에는 직설법 현재, 결과절에는 의미에 따라서 직설법의 각 시제가 쓰인다:S'il *est* deux heures, il *est* déjà *parti*〔tu *peux* partir;il *partira* dans une demi-heure〕. 지금 두 시라면, 그는 이미 떠났다〔너는 떠나도 좋다;그는 반 시간 후에 떠날 것이다〕.
2) 주절이 초시적 행위를 나타낼 경우에는 직설법 현재를 써야 한다:S'il *pleut*, je *prends* mon parapluie. 비가 오면 (언제나) 나는 내 우산을 휴대한다.
c) 〖과거에 대한 가정〗 1) si 절에는 직설법 과거의 해당 시제가 쓰이고 결과절에도 의미에 따라 직설법의 각 시제가 쓰인다:S'il *est parti* à deux heures, il *est arrivé* à trois heures〔il *arrivera* dans une demi-heure; il *peut arriver* en ce moment; il *sera arrivé* à six heures〕. 두 시에 떠났다면 세 시에는 도착했다〔반 시간 후에는 도착할 것이다;지금 도착할지도 모른다; 여섯 시까지에는 도착해 있을 것이다〕/Si tu *as admis* cette opinion, tu *as eu* tort. 네가 그 의견에 동조했다면 그것은 네가 잘못한 짓이다.
2) 습관적인 행위에 대한 가정과 그 결과는 반과거로써 나타낸다:S'il *pleuvait*, ils *entraient* au Musée. 비가 올 때면 언제나 그들은 박물관으로 들어가는 것이었다.
★ 1) 결과절이 명령·소원을 나타낼 때는 명령법 또는 접속법이 직설법 미래 대신 사용된다:Si tu *viens* en ami, *entre*. 친구로서 온 것이라면 들어오게/S'il *vient* en ami, qu'il *entre*. 그가 친구로 온 것이라면 들여 보내라.
2) 가정절에서는 직설법 미래 대신 직설법 현재가 쓰이듯이 직설법 전미래(미래 완료의 뜻) 대신으로는 직설법 복합과거가 쓰인다: S'il *pleut* demain, je ne sortirai pas. 내일 비가 오면 나가지 않겠다/Si demain le mal *a empiré*, vous me rappellerez. 내일 병이 악화되거든〔악화했거든〕 나를 부르시오.
② 〖사실에 반하는 비현실적 가정 hypothèse irréelle 및 실현 가능성 potentiel이 희박한 가정〗.
a) 〖현재 또는 미래에 대한 가정〗 조건절에는 「si+직설법 반과거」 또는 「si+직설법 대과거」(완료 동작을 나타내고자 할 때)를 쓰고 결과절에는 의미에 따라서 조건법 현재 또는 조건법 과거를 쓴다:J'en *achèterais* un si j'*avais* assez d'argent. 돈만 모자라지 않으면 하나 살 텐데/S'il *pleuvait* demain, je ne *partirais* pas. 만에 하나라도 내일 비가 오면 나는 떠나지 않을 거야《S'il pleut demain, je ne partirai pas 보다 의심이 훨씬 더 많은 가정》/S'il *avait mangé*, il *partirait*. 식후라면〔밥을 먹었다면〕 그는 떠날 텐데《밥을 아

si¹

직 안 먹었을 때 》/Si elle *était* malade, elle l'*aurait dit*. 앓고 있다면 그렇다고 말했을 텐데/Si j'*étais* en bonne santé, je l'*aurais entrepris*. 내 몸만 건강하다면 그 일을 착수했을 거야.
b) 〖과거에 대한 가정〗 조건절에는 「si+직설법 대과거(문어체에서는 접속법 대과거, 즉 조건법 과거 제 2 형)」, 결과절에는 의미에 따라서 조건법 과거(문어체에서는 접속법 대과거) 또는 조건법 현재를 쓴다:Si j'*avais su*, je ne *me serais* pas *dérangé*. 그런 줄 알았더라면 가지 않았을 거야/Si le nez de Cléopâtre *eût été* plus court, toute la face de la terre *aurait changé*.(Pascal) 클레오파트라의 코가 조금만 더 낮았더라면 지구의 전 표면이 달라졌을 것이다/S'il *eût réfléchi*, il *eût hésité*. 잘 생각해 보았든들 주저했을 거야/Si j'*avais* beaucoup *travaillé*, je *réussirais* à l'examen qui aura lieu à la fin de ce semestre. 공부를 많이 해 놓았더라면 이번 학기말에 있을 시험에 합격할 텐데.
★ 1) 결과절에 쓰이는 조건법 현재는 종속절인 가정절의 시제와 관계없이 언제나 현재 또는 미래에 일어날지도 모를 일을 나타내며, 조건법 과거는 과거에 일어났을지도 모를 일을 나타낸다(위 각 예문 참조).
2) 어떤 조건이 주어지는 이상 반드시 그런 결과가 일어날 것이라는 「결과의 필연성」을 강조하기 위해서 결과절인 주절에서 흔히 조건법 현재 대신에 직설법 현재를, 조건법 과거 대신에 직설법 반과거를 쓴다:S'il m'*échappait* un mot, c'*est* fait de votre vie(=..., ce serait fait...). 내 입에서 한마디가 떨어지기만 하면 네 목숨은 없다/Si vous n'étiez pas venu, je vous *faisais* appeler (=..., je vous aurais fait appeler). 당신이 오지 않았더라면 사람을 시켜 부르러 보내려고 했어요.

3) irréel 또는 potentiel 의 가정절에 강조하는 gallicisme 이 쓰일 때, 즉 si c'était... qui〔que〕, si ç'avait été... qui〔que〕, si c'eût été...qui〔que〕가 가정절을 유도할 때 qui〔que〕 직후의 동사는, 구어체에서는 직설법 반과거 또는 대과거를, 그리고 문어체에서는 직설법 또는 접속법의 반과거 또는 대과거를 써야 한다:si c'était moi qui *avais fait* cela,... 그것을 한 사람이 만일 나라면···/Si c'était moi qui *commandais*. 내가 지휘를 했으면 해요/Que diraient-ils si c'étaient eux-mêmes qui *fussent* coupables d'irréligion? 비종교적이라는 비난을 자기 자신들이 받게 된다면 과연 그들은 무어라고 할 것인가?/comme si c'était eux qu'on *eût assaillis*... 마치 포위 당한 것이 자기들이기나 하듯이···.
4) 가정절에 조건법을 쓰는 것은 속어에 속한다:Si tu *voudrais*, on travaillerait ensemble. 네가 원한다면 함께 일을 해도 좋아.
③〖même si〗 조건을 강조할 때는 même si가 쓰이며 양보절을 형성하여 위 ① 및 ②의 용법으로 쓰일 수 있다: *Même s*'il s'excusait, je ne lui *pardonnerais* pas. 설사 그가 사과를 한다 하더라도 나는 용서하지 않을 것이다/*Même si* je ne te *fais* pas de reproches, ça ne *veut* pas dire que je sois content de toi. 내가 너를 꾸짖지 않는다고 해도 너에게 만족하고 있는 것은 아니다/*Même si* vous *insistez*, je ne vous le *permettrai* pas. 아무리 보채도 그건 허락할 수 없어.
④〖si 의 반복〗서로 주어가 다른 조건절이 둘 이상 연이어 올 때는 두번째 조건절부터 si 대신 que를 쓸 수 있다. que로 대치된 조건절은 문어체에서는 접속법의 사용을 요구하나 구어체에서는 직설법을 허용한다. que로 대치하는 대신 조건절마다 si를 반복해도 무방하다:*si* elle *est*

jolie et *que* vous ne l'*aimiez* pas... 그녀가 예쁜데도 네가 좋아하지 않는다면…/*s'il survenait* un client et *que* sa fille *fût* absente... 어쩌다 손님이 나타났을 때 그의 딸이 없으면…/*s'il fuit* et *qu*'il ne *sait* même pas où coucher le soir... 도망을 쳐서 밤에 잘 곳도 없으면…/*s'il fait* beau et *si* tu ne *veux* sortir... 날씨가 좋아도 나가기 싫으면…. ⇨ que³.

⑤ 〖si 로 유도되는 조건절의 기능〗 조건절은 원칙상 상황보어절로서 부사의 기능을 가진다. 그러나 명사적 기능을 가질 때도 있다.

a)〖상황보어〗 *S'il vient et que je sois absent*, dites-lui de m'attendre. 내가 없을 때 그가 오면 기다리라고 일러 주십시오//《특히 조건절은 시간절(quand..., lorsque...)과 마찬가지로 비교의 제 2 항으로 que 뒤에 자주 놓인다》 J'ai plus de souvenirs que *si j'avais mille ans*. 나는 천 살 먹은 노인보다도 더 많은 추억을 가지고 있다/Il m'a traité plus mal que *si j'avais commis quelque grand crime*. 나는 무슨 큰 범죄를 저지른 사람보다도 더 학대를 받았다 (cf. Je ne peux être plus malheureux que quand tu n'es pas là. 나는 네가 없을 때보다 더 불행할 때는 없다).

b)〖논리적주어(명사절)〗 Ce fut miracle *si cet imprudent ne se rompit pas le cou*. 그 경솔한 놈의 목이 부러지지 않은 것은 정말 기적이다/C'est vous méprendre *si vous croyez que je vais vous suivre*. 내가 당신을 따라 가리라고 생각하신다면 그것은 착각입니다.

c)〖직접목적보어(명사절)〗 J'appellerais suppression du corset *si on se contentait d'un soutien-gorge en étoffe*. 헝겊 브레지어만을 하는 것을 나는 코르셀의 폐지라고 부르고 싶습니다《si 이하는 직접목적보어, suppression du corset 는 목적어 속사》.

d)〖속사(명사)절〗 Le seul mal qu'il pourrait me causer encore, ce serait *si mon Renée se mettait à souffrir de ne voir que rarement son père*. 르네가 또 나에게 걱정을 끼칠 수 있는 일이 있다면, 그것은 아빠를 자주 만나지 못하는 것을 슬프게 생각하기 시작하면 어떻게 하나 하는 거죠.

e)〖전치사의 보어절〗 J'aimerais mieux bâtir, excepté *si je trouvais une maison convenable*. 적당한 집이 발견되지 않는 경우에는 집을 지을까 하고 있어요/Restez chez vous sauf *si je vous rappelle*. 내가 다시 부르지 않는 한, 집에 계세요/J'ai pris mon parapluie pour *s'il allait pleuvoir*. 비가 올지도 모르는 경우에 대비해서 우산을 들고 나갔다《속어》.

2° 주절 없이 조건절 자체가 독립절의 기능을 가질 때.

① 〖의문문에서〗 Et *si* elle se fâche? *si* elle rompt? Tant pis. 그녀가 화를 내서 절교한다면 어떻게 하겠느냐고? 그럼 할 수 없는 노릇이지/*Si* c'était moi qui te la donnais, la couronne...? (Gide) 그래 그 관을 너에게 주는 이가 만일에 나라면…?

② 감탄적 표현에서 주절의 뜻이 쉽사리 짐작될 때: Dieu! *s'il allait me parler à l'oreille! s'il était là, debout et marchant à pas lents!* ....(Hugo) 하나님 맙소사! 그 사람이 귀에다 대고 내게 말을 한다면! 그 사람이 저만치 와서 서있다면! 그리고 천천히 걷는다면 이를 어떻게 하지!

③ 〖기원〗 *Si je pouvais être ce monsieur qui passe!* 내가 저기 가는 저 신사였으면 얼마나 좋을까! /Ah! *s'il avait pu l'empêcher! si elle avait pu se rouler le pied avant de partir!* (Proust) 그녀를 만류할 수

있었더라면, 그리고 그녀가 떠나기 전에 발이라도 좀 녹이고 잘수 있었더라면 좋았을 것을 ! /Si seulement je pouvais dormir! 제발 잠이 좀와 주었으면 !
④〖후회・유감〗 Si seulement je l'avais su! 내가 그걸 알기만 했어도 ! /S'il m'avait écouté! 내 말을 들었더라면 좋았을걸 ! /Si vous m'aviez écouté! 내 말을 듣지 않다니 그것 보라고 ! /Si encore il faisait un effort! 좀 더 노력을 하는 게 좋으련만 ! /Encore si ce banni n'eût rien aimé sur terre! 그 유배자가 지상의 아무 것에도 애착을 느끼지 않았더라면 또 몰라《위 예문에서 볼 수 있듯이 유감・소원이 엇갈린 후회를 표현하는 데는 단순한 si 말고도 si seulement, si encore, encore si 등이 접속사로 자주 쓰인다》.
⑤〖분개〗 Si je l'avais pris au mot tout de même! 내가 그 말을 그대로 받아들였을 것 같아? 어림도 없지.
⑥〖강한 단정〗 Si ce n'est pas dégoûtant! 그럼, 불쾌하지 않고 ! (불쾌하고말고 !)/Si vous croyez que je ne vous ai pas compris! 당신 말을 내가 알아듣지 못한 줄 아세요? (=N'allez pas croire que...).
⑦〖권유〗 Si on allait voir un film? 영화 구경 가지 않겠니 ? /Si vous vouliez bien vous asseoir. 좀 앉아 주시겠어요 ?
⑧〖명령〗 Si vous vous taisiez! 입 좀 다물지 못할까 !
★ 이상에서 설명한, 가정을 나타내는 절에서는 직설법 미래나 조건법이 쓰이지 못하는 것이 원칙이나 다음과 같이 s'il est vrai〔si on admet; si on considère〕 que 등의 가정절에서는 그것의 사용이 허용된다:Qui donc attendons-nous s'ils ne reviendront pas?(Hugo) 그 사람들이 돌아오지 않을 것이라는데 우리는 도대체 누구를 기다리고 있는 거요? /Si jamais batailles auraient dû être gagnées, ce sont celles-là. 누가 보아도 꼭 이겼어야만 한다고 여겨지는 전투가 있다면 이번의 전투가 바로 그런 것이었다.
II. si 로 유도되는 종속절은 가정아닌 사실을 나타내는 때도 있다.
1° 이유절이 뒤따르는 구문에서 사실을 나타낸다. 이유절은 c'est (parce) que 로 유도되며, si절에는 의미에 따라 직설법의 각 시제가 쓰인다: Si elle *dépensait* peu, c'était qu'elle avait que de besoins. 그녀의 지출이 적은 것은 그녀에게는 부족한 것이 없었기 때문이다/Si je n'*ai* pas *bougé*, c'est parce que vous ne m'y avez pas invité. 내가 꼼짝도 않은 것은 당신이 그렇게 하라는 말을 하지 않았기 때문입니다.
2° si 절 자체가 주절에 대해서 이유절 역할을 한다. si 절 내부의 동사의 법과 시제는 의미에 따라 결정된다:Si j'*ai parlé*, devez-vous m'en blâmer? 내가 말을 했다고 해서 그 때문에 나를 나무랄 것입니까?/ Comment l'aurais-je fait si je n'*étais* pas *né*(=...puisque je n'étais pas né)? 내가 태어나지 않았으니 어떻게 내가 그 일을 했겠느냐 ?
3° 감정을 나타내는 동사 뒤에서 이유를 나타내는 상황보어절로 쓰인다. 이때는 que 또는 de ce que 로 유도되는 간접보어절에 해당한다:Ne vous étonnez pas s'il perdit cette bataille(=... de ce qu'il perdit...). 그가 이 싸움에 졌다고 해서 놀랄 것은 없다/Il ne faut pas vous plaindre si je vous ai repris (=... de ce que je vous ai repris). 내가 당신을 나무란다고 불평해서는 안됩니다/ Vous me pardonnerez, maître, si je vous quitte pour quelques minutes. 선생님, 잠깐만 실례하겠습니다.
4° 형식주어 ce 또는 cela 로 시작하

는 주절에 대해서 그 형식주어를 설명하는 논리주어절로 쓰인다. 이 때도 si절은 조건절이 아니므로 동사는 의미에 따라 직설법 또는 조건법의 각 시제로 놓인다:Ce fut merveille s'il ne se rompit pas les membres. 그의 사지가 부러지지 않은 것은 기적이었다/Si cet homme est pauvre, est-ce une raison pour le mépriser? 그 사람이 가난하다고 해서 그것이 그를 경멸할 이유가 될 수 있을까?/Cela ne me surprend pas s'il est arrivé trop tard. 그가 늦게 도착했다고 해도 나는 조금도 놀라지 않아/C'est déjà beaucoup si l'on a pu faire soi-même cette dérisoire maison de briques. (Camus) 이런 너절한 벽돌집이라도 자기 손으로 세울 수 있었다는 건 대단한 일이다.

★ 이런 용법에서는 특히 (c'est) à peine si, c'est (tout) au plus si, (c'est) tout juste si, c'est (un) miracle si, c'est rare si, c'est un [par] hasard si, c'est (de) sa faute si, ça ne m'étonne[ne me surprend] pas si, c'est bien le diable si, (c'est) tant mieux[tant pis] si 따위의 표현들이 자주 쓰이며 si절의 동사는 언제나 직설법이다.

5° si가 toutes les fois que의 뜻으로 쓰일 때도 사실을 나타내므로 직설법이 요구된다(cf. I, 1°, ①):Si je dis oui, elle dit non. 내가 그렇다고 할 때마다 그녀는 아니라고 한다/S'il pleuvait, nous ne sortions pas. 비가 올 때는 외출을 않는 습관이었다.

6° 대립 opposition이나 양보 concession를 나타낼 때도 si가 쓰인다. 이 경우에도 직설법이 사용된다.

①〖대립〗Si la pauvreté est la mère des crimes, le défaut d'esprit en est le père. 가난이 죄악의 어머니라면 지혜의 결핍은 그 아버지이다/Si la ville a ses agréments, la campagne a les siens. 도시는 도시 나름의 즐거움이 있고, 시골은 시골대로 즐거움이 있다.

②〖양보〗Si ce n'est pas grand, c'est très compliqué. 크지는 않을지 몰라도 매우 복잡하다/S'il a du talent, il a un sale caractère. 재주가 있기는 하나 성질이 고약하다.

III. 〖간접의문절을 형성하는 si〗의 문사를 포함하지 않는 의문문은 타동사의 목적어가 되면 접속사 si 뒤에 놓여 목적어절인 간접의문절을 형성한다. si로 유도되는 간접의문절에서의 동사는 언제나 직설법 또는 조건법으로만 사용된다.

1° 종속절의 내용을 모르거나, 알고 싶거나 하는 의미를 담은 동사가 주절에 올 때(주요한 동사:(se) demander, discuter, disputer, examiner, hésiter, ignorer, s'informer 등과 constater, comprendre, décider, dire, se rappeler, savoir, se souvenir 등), 위의 동사와 함께 부정형, 의문형, 명령형, 단순미래 또는 조건법의 형태로 자주 쓰인다: Dites-moi si vous acceptez. 수락하시겠는지 말씀해 주십시오/J'ignore si ce projet vous plaira. 이 계획이 당신 마음에 드실지 모르겠군요/J'hésitais si j'accepterais l'invitation. 나는 초대에 응해야 할지 망설였다/Je ne sais pas[Je voudrais savoir; Savez-vous] s'il viendra. 그가 오는지 모르겠다〔알고 싶다; 아느냐?〕/Je me demande s'il a raison. 그가 옳은지 잘 모르겠다/Il faut constater d'abord s'il l'a dit. 그가 그 말을 정말 했는지부터 확인할 필요가 있다.

2° 주절의 동사가 penser, savoir, songer, voir일 때는 si가 combien, comme의 뜻이 될 때가 많다:Vous pensez s'ils étaient fiers! 그들이 얼마나 의기양양했을 것인지 상상할 수 있겠죠/Vous voyez si j'ai confiance en vous. 내가 당신을 얼마

나 믿고 있는지 아시겠죠/Dieu *sait si* j'ai travaillé. 내가 얼마나 열심히 일했는지 하나님께서는 알고 계시다. ☆그러나 「Vous allez bien voir si nous sommes des lâches. 우리가 비겁한 사람인지는 두고보면 아실거예요」같은 데에서는 si가 간접 의문절을 유도하는 접속사의 본래의 뜻으로 쓰였다. si를 어느 뜻으로 받아들여야 하는지는 오직 주절의 뜻에 좌우된다.
3° 간접의문절은 속사절로 쓰일 때도 있다:Ce qu'on peut discuter, c'est s'il faut le faire ou ne pas le faire. 우리가 토론해야 할 것은 그렇게 해야 할지 그렇게 하지 않아야 할지 하는 문제다.
4° 독립절처럼 주절 없이 단독적으로 쓰이는 간접의문절은 의문문을 대신하거나 강한 긍정의 뜻으로 쓰이거나 한다:*Si* vous voulez que je vous accompagne? 함께 갈까요? (=Voulez-vous que...?) (《이것은 Dites-moi si vous voulez...에서 온 표현이다》)/C'est vrai ce que ta mère me dit?—*Si*, c'est vrai? 너의 엄마 말씀이 정말이니?—정말이고 말고 (=Tu demandes si c'est vrai?)//《이 구문은 감탄의 부사하고 쓰일 때가 많다》:En êtes-vous sûr? —Comment, *si* je suis sûr? 확실히 그래요?—뭐라고요, 확실하냐구요? 확실하고 말고요《이 구문은 항상 의문부가 붙고 발음에서도 note montante가 되는 것이 특징이다》. ⇨ intonation.
5° 의문문이 연이어 둘이 오되, 선택의 뜻을 갖고 쓰이면 두번째 의문문을 「ou (bien)+si」로 유도되는 간접의문절」로 대치하는 경우가 있다. 이 구문은 고전불어시대에 자주 쓰였으나 현재는 거의 쓰이지 않는다: Est-ce que vous viendrez, *ou si* c'est lui? 당신이 올거예요, 아니면 그가 올 거예요?/Voudriez-vous qu'on vous serve à part, *ou si* vous mangerez dans la même salle que ces messieurs? 따로 잡수시겠어요, 아니면 저 분들과 같은 방에서 잡수시겠어요?

IV. 〖성구에 쓰이는 si〗 *si ce n'est* (=excepté), *si ce n'étai(en)t* 〖*si ce n'eût été, si ce n'eussent été*〗(=sans) (《전치사구로 쓰인》): Si *ce n'est* eux, quels hommes eussent osé l'entreprendre? 그들 말고 누가 감히 그 일에 손을 댈 수 있겠는가?/*Si ce n'était* mon rhumatisme, je vous accompagnerais. 신경통만 아니라면 따라 가겠습니다만.

n'étai(en)t, n'eût été, n'eussent été 《si를 생략한 형태》: N'étaient les hirondelles qui chantent, on n'entendrait rien.... 제비 소리만 아니라면 아무 소리도 들리지 않을 것이다/*N'eût été* sa toilette verte, on l'eût pris pour un magistrat. 그의 푸른 옷차림만 아니었던들 사람들은 그를 법관으로 오인했을지도 모른다.

si ce n'est que, si ce n'était que 〖*si ce n'eût été que*〗(=excepté que)(《접속사구로 쓰이며 직설법 또는 조건법을 요구한다》):Il vous ressemble, *si ce n'est qu*'il est plus petit. (Ac) 그는 키가 좀 작다는 점을 제외하고는 너와 꼭 닮았다/Le latin m'ennuie, et *si ce n'était qu*'il faut être reçu bachelier, je n'en ferais de ma vie. 라틴어는 정말 지겨워. 대학입학자격 시험에 합격해야 하는 것만 아니라면 절대 나는 그 공부는 하지 않겠는데.

si tant est que 만일 《강한 의심을 내포하는 조건을 나타내는 접속사구로 언제나 접속법을 요구》):Elle doit être bien vieille, *si tant est qu*'elle vive encore. 그녀가 아직도 살아 있다고 한다면 아주 늙었을 것이다 (=s'il est vrai que...)/Il a l'intention de préparer le concours de l'agrégation, *si tant est qu'*il soit capable de le faire. 만일에 그럴 능력만 있다면 그는 교수자격 시험 준비를 하고 싶어한다.

***s'il en fut** (**jamais**)*《직설법 단순 과거를 si 뒤에 쓰는 형태로 굳어져 버린 표현으로 최상급에 해당하는 뜻을 나타낼 때 명사 뒤에 쓰임》: un honnête homme *s'il en fut* 매우 점잖은 신사/un coquin *s'il en fut* 희대의 악한. ☆같은 뜻으로 s'il en est, s'il en était, s'il en avait été, s'il y en a, s'il y en eut 도 더러 쓰인다.

du diable 〔***au diable***〕 ***si, diable*** (***m'***)***emporte si, c'est bien le diable si*** 《강한 부정을 나타내는 접속사구로서 si절의 조건적인 뜻이 약화되어 직설법이 쓰이며, 특히 단순미래 및 조건법도 쓰일 수 있다》: *Au diable si* l'on m'y *rattrape*. 내가 쉽게 속아넘어갈 줄 알아?/*Du diable si* je vous *aurais reconnu*. 당신을 전혀 알아볼 수가 없었어요/Ce que tu es, *du diable si* je le *saurai* jamais. (France) 너의 정체를 나는 영영 알 길이 없을 거야.

si² —강도〔수량〕를 나타내는 부사 adverbe d'intensité〔de quantité〕이냐 비교의 부사로도 쓰인다.

1° 단독적 용법에서는 「매우」라는 뜻으로 쓰인다.

① 〖**si**+형용사(상당어) 또는 형용사구〗 un homme *si sage, si estimé,* qui parle *si bien* 매우 총명하고, 매우 존경받고 말도 아주 잘 하는 사람/Il est *si en colère*. 그는 몹시 화가 나 있다/Il est *si enfant*. 그는 아주 유치하다.

② 〖**si**+부사(구)〗 Je joue *si mal*. 내 연주는 형편없어요/ Il me l'a raconté *si en détail*. 그는 그 얘기를 내게 아주 상세히 해 주었어요.

③ 〖**si**+무관사 명사〗 동사와 무관사 명사가 동사구를 형성하는 경우에 si 는 이 동사구를 수식할 수 있다: J'ai *si faim*. 나는 몹시 배가 고프다/J'ai *si envie* de la voir. 그녀가 몹시 보고 싶다/la tranquillité d'esprit dont j'*aurais* pourtant *si besoin* 내가 몹시 필요로 할 마음의 평화.

④ 수동적인 뜻으로 동사적 가치를 갖고 쓰인 과거분사를 수식할 수 있다: après la mort de ce monarque *si craint, si envié, si respecté* de tous et *si haï* de quelques-uns... (Volt) 모든 사람들이 그다지도 무서워하고 선망하고 존경하던 반면에 일부 사람들은 그렇게도 미워하던 이 군주가 죽은 후에는…/l'alchimie, *si niée* et *si raillée* depuis deux siècles…(Hugo) 2세기 전부터 맹렬히 부인되고 비난받고 있는 연금술은…. ☆이런 동사적 가치를 갖는 과거분사를 수식할 수 있는 수량부사는 원칙적으로 tant 또는 autant 이지만 si를 쓰는 경향도 많아져서 bon usage로 인정되고 있다.

2° que 와의 상관적 용법에서는 결과절을 유도한다.

① 〖**si**+*adj.*〔*adv.*〕+**que**+*ind*〗 주절이 긍정문일 때 「하도 …이기 때문에 …」라는 뜻으로 쓰는 구문: Je trouve cela *si beau que* je *me sens* vraiment très ému. 그것은 하도 아름다와서 나를 감동케 한다/Il marchait *si vite qu'*il *était* difficile de le suivre. 그가 하도 빨리 걸어서 따라가기가 힘들었다.

② 〖**si**+*adj.*〔*adv.*〕+**que**+*subj*〗 ①과 같은 뜻이지만 주절이 의문문 또는 부정문일 때 쓰이는 구문이다: Est-il *si habile qu'*il ne *soit* sans rivale? 그는 하도 능란해서 대적할 사람이 없느냐?(그와 겨룰 사람이 없을 정도로 그는 능란한가?)/Il n'est pas *si sévère qu'*on ne *puisse* toucher son cœur. 그는 감동할 줄 모를 정도로 그렇게 엄하지는 않다.

③ 〖**si**+*adj.*+(**que**) **de**+*inf*〗 주절

이 부정문, 의문문 또는 조건문일 때 쓰이는 구문이다: Je ne suis pas *si* naïf *que de* le croire. 나는 그것을 믿을 정도로 어리석진 않다/s'il était *si* hardi *que de* me déclarer son amour…(Mol) 그가 나에게 사랑을 고백할 수 있을 정도로 대담하다면…/Es-tu toi-même *si* crédule *que de* me soupçonner d'un courroux ridicule? 내가 당치않게 노했다고 생각할 정도로 너는 어리석으냐?/Qui te rend *si* hardi *de* troubler mon breuvage? 내가 마실 물을 더럽힐 수 있는 용기가 누구 때문에 생기느냐?
3° 〖동등 비교를 나타내는 si〗 aussi와 같은 뜻으로 쓰이는 이 si는 부정문 또는 의문문에서만 사용된다. 이때 물론 si 대신 aussi를 써도 무방하다: Mais Rodrigue ira-t-il *si* loin *que* vous allez?(Racine) 헌데 로드리그도 당신처럼 행동할까?/Rien n'est *si* dangereux *qu'*un ignorant ami.(La Font) 무식한 친구처럼 위험한 것도 없다/Nulle part, Monsieur, je n'ai trouvé *si* bon accueil *qu'*à Paris. 어디를 가도 파리에서와 같은 환대를 받지는 못했읍니다.
★ 1) 이 구문에서는 비교의 제 2 항이 생략되는 경우도 많다: Jamais il ne s'était senti *si* misérable, *si* inutile, *si* petit garçon. 그는 그때까지 자신이 그처럼 비참하고, 쓸모없고 소인으로 느껴진 적이 없었다《qu'alors 가 생략됨》/Est-il *si* à plaindre? 그는 그토록 불쌍한가?《que ça 가 생략됨》.
2) *si* peu *que* vous voudrez〔*si* peu *que* rien〕《이 성구도 이 구문에 속한다》.
4° 〖양보절을 형성하는 si〗 ① 〖si+ *adj.*〔*adv.*〕+que+*subj*〗 (=quelque …que+*subj*): *Si* sympathique *qu'*elle *soit*, elle n'est pas la plus populaire de la classe. 그녀는 어질기는 하나, 반에서 제일 인기가 있는 것은 아니다/*Si tard qu'*il *soit*, je lui téléphonerai. 시간은 좀 늦었지만 그래도 전화를 해야겠다/*Si mal qu'il ait agi*, il faut lui pardonner. 아주 못난 짓을 하긴 했지만 그래도 그를 용서해 주어야 한다.
② 〖si+*adj.*+soit-il〔soit-elle〕〗 que 절의 동사가 être 일 때에는 이 구문처럼 que를 생략하고 대신 주어를 도치시켜서 양보절을 구성할 수 있다. 주어가 명사일 때도 이 도치 구문이 가능하나 자주 쓰이지는 않는다: *Si intelligent soit-il*, il n'est pas capable de déchiffrer cela. 아무리 그가 영리하다고 해도 그것은 해독할 수 없다/*si courte soit notre mémoire*… 아무리 기억력이 없다 할지라도….
si bien que+ind, tant et si bien que+ind(=de sorte que): La chance tourna, *si bien qu'*il perdit tout ce qu'il avait gagné. 운이 바뀌어서 그는 딴 돈을 모두 잃고 말았다.
si³ —1° 긍정의 부사. 부정 의문문에 대한 긍정적인 답을 할 때 쓰인다: N'êtes-vous pas d'accord?—*Si*, je suis d'accord. 찬성하지 않아요?—아니, 찬성입니다.
2° 의문문이 아니라도 부정문에 대한 대립적 개념을 나타내고자 할 때도 쓰인다: Vous n'avez pas suivi mes conseils. —*Si*. 내 충고를 따르지 않았군요. —천만에, 따랐읍니다/Je ne partirai pas. —Moi, *si*. 난 안 떠나겠어. —난 떠나겠어. ☆si를 강조할 때는 si vraiment, si certes, si fait, mais si, que si 등의 형태로 쓴다.
3° 접속사 que 뒤에서 si는 절을 대신할 수 있다: «N'êtes-vous pas content?» A cette question, il a répondu *que si*(=… qu'il était content). 「기쁘지 않아요?」이 물음에 대해서 그는 기쁘다고 대답했다. ⇨oui.

sien(s), sienne(s) ⇨pronoms possessifs, adjectifs possessifs.

sifflante [齒擦音] —조음할 때 발생하는 비교적 날카로운 소리(진동수 8000~9000 Hz)가 주는 청각적 인상에 기인한 명칭으로 마찰음의 일종이다. 조음적인 면에서 볼 때 이러한 청각적 효과는 혀의 특수한 위치에서 기인한다. 혀의 중앙부가 도랑처럼 오목해져서 그곳으로만 공기가 새나가는데, 이때 공기가 앞니 사이에서 강한 마찰을 일으키는 것이다. 불어의 치찰음 [s] [z]은 前舌背齒槽音 prédorso-alvéolaires 이며 (sou [su], zone[zo:n]), 스페인어의 유일한 치찰음 [s]는 舌端齒조음 apico-alvéolaires 이다: kasa [ka-sa].

signes de ponctuation [구두점] —구와 구, 문과 문의 관계를 표시하기도 하고 발음상의 휴지, 음조 따위를 나타내기도 하는 언어학적 기호를 말하되, 다음과 같은 것들을 가리킨다: point(.), virgule(,), point-virgule(;), deux points(:), point d'interrogation(?), point d'exclamation(!), points de suspension(...), parenthèses (( )), crochets([ ]), guillemets(« »), tiret(—). 각 항 참조.

signes orthographiques [철자기호] —일부 문자의 음을 구별하게 나 또는 단어의 철자 방식을 보충하기 위해서 사용되는 철자상의 기호로 *accents, *tréma, *cédille, *apostrophe, *trait-d'union 등을 가리킨다.

s'il en fut jamais ⇨si[1].

s'il vous plaît ⇨plaire.

simple —1° 〖~ N〗(=qui n'est pas complexe ou multiple; seul): un moyen bien ~ 아주 간단한 방편/une robe toute ~ 검소한 부인복/Ce n'est qu'une ~ formalité. 그것은 순전히 형식에 지나지 않다// 〖N ~〗(=rien de plus que): un ~ soldat 단순한 병졸/un ~ coup de téléphone 간단한 전화 한통.
2° 〖~ à+*inf*〗 C'est très ~ à faire. 그건 하기가 간단한 일이다.
3° 〖Il est ~ de+*inf*〗 *Il n'est* pas ~ *de* trouver la solution de ce problème. 이 문제를 푸는 일은 그리 간단하지 않다.
4° 〖Il est ~ que+*subj*〗 *Il est* très ~ *qu'on mette* fin à cet état de choses. 이런 상태가 더 계속하지 못하도록 하는 것은 어렵지 않다.

singe —여성형은 guenon. 그러나 비유적인 뜻으로는 guenon 대신 옛날 형태인 singesse 도 이따금 쓰인다.

singulier ⇨nombre².

sinon —「si+non」. 접속사로서 언제나 생략문 proposition elliptique 을 형성한다.

I. si ce n'est 의 뜻.

1°〖~ N[*adj*.]+du moins+N[*adj*.]〗 Il est ~ russe *du moins* slave. 그는 러시아인이 아닐지는 몰라도 적어도 슬라브인임에는 틀림없다/Ça a été ~ une expérience, *du moins* une aventure amusante. 그것은 하나의 경험이라고 할 수는 없는지 몰라도 재미있는 사건이기는 했다.
2° 〖N[*adj*.]+~+N[*adj*.]〗 Il a du talent ~ du génie. 그는 천재는 아닐지라도 재능은 있다/Sa réponse était bête ~ effrontée. 그의 대답은 뻔뻔스럽다고 할 수 없을는지는 몰라도 바보스러웠다고 할 수는 있다.
3° 〖~+부사(구)〗 Il faut travailler, ~ par goût, au moins par désespoir. (Baudel) 하고 싶어서 일을 하는 것이 아니라면 적어도 절망적이 되어서라도 일은 해야 한다/J'accomplissais ma besogne avec ponctualité, ~ avec enthousiasme. (Daud) 나는 내 일을 열성적으로는 못했다고 할망정 적어도 정확하게 해내었다.

sitôt

4° 〖~ que+ind〗 Je ne peux rien te dire ~ qu'André est parti hier à deux heures. 앙드레가 어제 두 시에 떠났다는 것 말고는 나는 네게 할 말이 없다/Le chef de police n'a rien voulu déclarer ~ que le crime a été commis dans la nuit entre une heure et trois. 경찰서장은 그 범행이 밤중 한시에서 세시 사이에 저질러졌다는 것 말고는 아무것도 공표하려 들지 않았다.

5° 〖~+(prép.)+inf〗 A quoi cette poésie peut-elle servir ~ à égarer notre bon sens? 이런 시는 우리의 양식을 오도하는 결과 이외에 어떤 효과가 있단말인가?/Que faire, ~ les attendre? 그들을 기다리는 수밖에 없다.

★ 1) 위 3°, 4°, 5°의 구문은 의문문이나 부정문에 특히 많이 쓰인다.

2) 상관적 용법 emploi corrélatif 으로 쓰이는 autre… que, autre chose… que, rien que 등의 표현에서 que 대신 sinon을 쓰는 일이 있다:Il ne possède rien autre chose ~ quelques outils. 그에게는 연장 몇 벌 말고는 아무것도 없다/Pouvait-il faire autre chose, ~ fuir? 도망가는 길 말고는 다른 도리가 없었다.

II. (=autrement). 단독적 용법에서 sinon이 하나의 조건절을 대신할 때:Garde bien mon secret, ~ tu me causeras des ennuis. 비밀을 잘 지켜다오. 그렇지 않으면 귀찮은 일이 생길 테니까/Cessez ce discours, ~ je me retire. 그런 얘기는 그만 두세요. 그렇지 않으면 저는 나가겠어요.

sitôt —시간의 부사 adverbe de temps.

1° 〖~ +과거분사〗 주절의 주어와 동일한 주어를 가지는 경우에 쓰이는 시간 분사절:~ entré, il salua d'un air galant. 들어가자마자 곧 그는 친절한 태도로 인사를 했다/~ arrivé, il m'a téléphoné. 도착하자 곧 그는 나에게 전화를 했다.

2° 〖ne pas+V+de ~〗 이때 de si tôt로 철자하는 경우가 많다:Il ne rentrera pas de ~. 그는 그렇게 일찍 돌아오지는 않을 것입니다/Je ne l'attendais pas de ~. 나는 그렇게 일찍부터 그를 기다리고 있었던 건 아니다.

3° 〖~ avant〔après〕(+N)〗 부사구로도 전치사구로도 쓰인다:Venez me voir ~ avant le cours. 강의가 시작되기 직전에 나를 만나러 오세요/Il est parti ~ après le repas. 식사가 끝나자 곧 떠났다/Tu y verras une petite église, et ~ après tu arriveras sur la place. 거기에 조그마한 교회가 하나 있을 거야. 그곳을 지나면 곧 그 광장에 다다를 거야.

4° 〖~ (après) que+ind〗 que 절의 동사는 주절의 동사에 대해서 先立性을 나타내는 것이 원칙이다: ~ (après) que j'ai eu passé ma maîtrise, je suis parti en Autriche. 나는 석사학위를 따자마자 곧 오스트리아로 떠났다/~ que je serai arrivé, je vous télégraphierai. 도착하면 곧 전보치겠어요/~ qu'elle sera réveillée, servez-lui le petit déjeuner. 그녀가 깨면 곧 아침을 차려 주세요.

★ 1) sitôt avant+N, sitôt que+ind, sitôt+과거분사 등의 구문대신 흔히 sitôt+N도 쓰인다: ~ le repas 식사를 마치자/~ le seuil 문지방을 넘어서자마자 / les enfants morts ~ le jour…(France) 날이 새자 죽어간 아이들….

2) sitôt의 철자는 si tard에 반대되는 뜻일 때만은 si tôt로 분철하는 것이 옳다. 그러나 이 규칙을 지키지 않는 사람이 많아서 둘이 혼용되고 있다.

six —dix와 마찬가지로 수명사일 때는 [sis], 수형용사로 자음으로 시작하는 단어 앞에 놓이면 [si], 역시 수형용사로 모음으로 시작하는 단어 앞에 놓이면 [siz]로 각각 발음된다.

ski —「en skis 스키를 타고」는 「en pantoufles 슬리퍼를 신고」와 마찬가지로 신발로 보기 때문이다. à skis 는 오용이라고 한다. faire du ~ 스키를 타다〔스키를 타는 운동을 하다〕.

snob —1° 명사일 때는 남성으로도 여성으로도 쓰며 복수에서는 s를 취하는 것이 보통이다 (une ~, des ~s). 구어에서는 snobette 또는 snobinette 를 여성형으로 쓰고 있다.
2° 형용사일 때는 남성・여성 불변이다. 그러나 복수에서는 대개의 경우 s를 취하나 불변인 경우도 많이 보인다: Ils sont un peu ~s. (Bordeaux) 그들은 멋을 부린다/ Elles sont ~. (Rob) 멋쟁이 여자들이다/ dans quelques cercles ~ (Montherlant) 몇몇 멋쟁이들의 클럽에서.

social-chrétien —형용사와 형용사로 이루어지는 복합 형용사 또는 복합 명사는 원칙상 두 요소가 다 변화하므로 복수형은 sociaux-chrétiens 이다. 그러나「social-démocrate 민주 사회당」은 sociaux-démocrates 를 많이 쓰지만 독일 정당 이름일 때는 독일어처럼 social-démocrates 로 첫 요소를 변화시키지 않는 이들도 많다.

soi —재귀인칭대명사 pronom personnel réfléchi 의 강세형(강조형은 soi-même)이지만 해당하는 약세형인 *se(⇨verbe pronominal)와 용법이 같지 않다.
I. 〖기능〗 1°〖주어 또는 주어와 동격〗부정법으로 쓰인 동사의 주어 또는 인칭 동사의 주어: Prendre *soi-même* une décision est parfois difficile. 혼자서 무슨 결정을 내리는 것이 어려울 때도 있다/ Il faut être *soi-même* bien sot pour ne pas voir la sottise des autres. 남의 어리석음을 보지 못하는 걸 보면 자신도 어지간히 어리석은가 보다; Il faut qu'on soit *soi-même* bien sot pour ne pas voir la sottise des autres 《위 예문과 같은 뜻이나 이 경우는 주어 on과 동격》.
2°〖속사〗 Je crois qu'on est plus *soi* quand on chante. (R. Rolland) 노래를 부르는 동안은 무아의 경지에 빠지는 거라고 나는 생각해요/Il faut toujours être *soi*. 언제나 자기의 본심을 잃어서는 안된다.
3°〖직접목적보어〗 동사와 직결될 때는 약세형 se를 써야 하므로 대명동사 형태를 취하지만 다른 요소가 동사와의 사이에 개입되면 강세형 *soi*를 쓴다. 또 간접목적보어는 이런 경우 전치사+soi(cf. 4°)의 형태로 바뀐다: On ne peint bien que *soi* et les siens. 자기와 자기의 측근자 이외의 사람을 묘사하기는 쉬운 일이 아니다.
4°〖전치사의 보어〗 Il faut veiller sur *soi*. 제 몸을 조심해야 된다/ Chacun dit du bien de *soi*. 사람은 모두 제 자신을 좋게 평하려 든다.
5° 형용사 또는 부사의 비교급의 보어로서 접속사 que 뒤에: On a souvent besoin d'un plus petit que *soi*. 사람이란 흔히 자기보다 더 작은 사람〔약한 사람〕이 필요한 법이다.
II.〖용법〗soi 는 사람 또는 사물에 관해서 쓰이며 일반적으로 不定的인 주어와 관계한다.
1°〖사람을 나타내는 경우의 **soi**〗
① on, plus d'un, nul, personne, tel, chacun, quiconque, tout le monde, celui qui 등과 같은 부정적인 뜻을 가진 주어가 쓰인 문중에서 주어와 동일인을 지칭하기 위해서 쓰인다: *Chaque homme* renferme en *soi* un monde à part. 사람은 제각기 자기 나름대로의 세계를 자신 속에 감추고 있다/*Chacun* travaille pour *soi*. 사람은 모두 자기를 위해서 일한다/

Quiconque ne pense qu'à *soi* ne peut être aimé. 자기 생각밖에 안 하는 사람은 남의 사랑을 받을 수가 없다.

★ 1) chacun, aucun, celui qui 가 주어일 때는 흔히 비재귀적 인칭대 명사가 쓰인다:Chacun prenait soin de *lui-même*. 각자는 제 몸을 돌보았다/Chacun porte au fond de *lui* comme un petit cimetière de ceux qu'il a aimés. 사람은 저마다 가슴속 깊이 옛 애인의 묘지 같은 것을 지니고 다닌다/ceux qui se jugent les plus maîtres d'*eux-mêmes*... 자제심이 강하다고 자처하는 사람들은….

2) aucun, chacun 등이 한정 보어를 대동하는 경우에는 비재귀적 대명사를 사용하는 것이 오히려 정상적이다:Chacun de nous porte en *lui* ses propres menaces. 우리들은 저마다 자기자신 속에 자신을 위협하는 무엇인가를 지니고 다니는 법이다.

② 부정법과 함께 쓰일 때나 주어가 명시되지 않은 문 중에서 그 명시되지 않은 주어와 동일인을 가리킬 때: Rester *soi*, c'est une grande force. 자신을 잃지 않는다는 것, 그것은 하나의 큰 힘이다/n'écrire jamais rien qui de *soi* ne sortît…(Rostand) 제 자신의 마음에서 우러나지 않는 것은 아무 것도 쓰지 않는 것…/Mais que sert de conter aux autres ce qui n'a de sens que pour *soi*?(필자) 자신에게 밖에는 의미가 없는 것을 남에게 얘기해 본들 무슨 소용이 있겠는가?

③ 비인칭동사와 함께 쓰일 때도 soi 는 명시되지 않은 의미상의 주어와 동일인을 가리킨다:Il faut toujours pour *soi-même* une juste sévérité. 자신에 대해서는 공정한 엄격성이 요구된다/Il est toujours intéressant d'entendre parler de *soi*. 자기 얘기를 하는 것을 듣는 것은 언제나 흥미있는 일이다.

④ 재귀적 동작을 나타내는 뜻으로 동작 명사의 한정 보어로 쓰일 때: l'amour de *soi*, le respect de *soi* 자존심.

★ 1) 개체적·특정적인 뜻으로 쓰인 주어와 동일 인물을 가리킬 경우에는 비재귀적 인칭 대명사 lui(-même), elle(s)(-même(s)), eux(-mêmes)를 사용하는 것이 원칙이다: Racine avait contre *lui* toute la vieille génération. 노인 세대는 모두가 라신의 적이었다/Elles sont rentrées chez *elles*. 그녀들은 자기네 집으로 돌아갔다/Il ne pense qu'à *lui*(-*même*). 그는 자기 생각밖에 하지 않는다.

2) 그러나, 주어와 다른 인물을 가리키는 것으로 오해될 우려가 있을 때는 -même(s)를 붙인 강조형을 사용하는 것이 바람직하며, 강조형을 사용해도 같은 문 중의 다른 인물을 가리킬 우려가 있을 때는 재귀대명사를 사용해야 한다:Elle est contente d'*elle*. →…d'*elle-même*. 《주어와 다른 elle 을 가리킬 우려가 있으니까》/L'ami de mon frère me parle toujours de *soi*. 형의 친구는 늘 제 얘기만 한다《soi 대신 lui 을 쓰면 mon frère 를 받는 것으로 오해할 수 있다》.

3) 현대 문어체에서는 위 1)의 경우에도 재귀대명사(soi, soi-même)를 쓰는 고전적 용법이 부활하는 경향이 있다:Elle hochait la tête regardant droit devant *soi*. 그녀는 자기 앞을 응시하면서 고개를 저었다/Il s'obligeait *soi-même* à ne jamais capituler devant eux. 그는 절대 그들 앞에 항복하지 않기로 자신에게 다짐했다.

4) 주어인 명사가 총체적·총괄적인 뜻(類型의 대표적인 뜻)으로 쓰였을 때도 재귀대명사를 써야 된다:*L'égoïste* ne vit que pour *soi*. 이기주의자는 자기 자신을 위해서만 산다/

Un grand homme, c'est *un homme* qui ne vit plus pour *soi,* mais pour les autres. 위인이란 제 자신을 위해서가 아니고 남을 위해서 사는 자를 가리킨다.

5) soi 는 단수로 쓰이는 것이 일반적인 방법이지만 주어가 복수일 경우에도 쓰일 수 있다. 다만 이 경우에는 강조형(soi-mêmes)을 쓰지 못한다:Ils avaient, l'un et l'autre, trop de confiance en *soi* pour être jaloux. 그 둘은 서로가 너무 자신만 믿어서 시기할 줄을 몰랐다/On parle entre *soi* des histoires des autres. 모두들 남의 얘기를 서로 주고 받았다.

2°〖사물을 가리키는 경우의 **soi**〗
① 주어가 사물을 가리킬 때는 주어와 동일물을 가리키는 재귀적 용법에서도 비재귀적 인칭대명사 lui, elle, eux, elles 또는 그것들의 강조형(-même(s)가 붙은 형태)을 사용하는 것이 원칙이다:Le mont Icare laissait voir derrière *lui* la cime sacrée du Cithéron. 이카로스산 뒤로 시테롱산의 聖峰이 보였다/Les fautes entraînent après *elles* les regrets. 과실은 후회를 몰고 온다∥《soi, soi-même 를 이런 경우에 사용하는 것은 이미 낡은 용법이나 문어체에서 가끔 나타난다》les remords que le crime traîne après *soi* 죄를 지은 후에 느끼는 자책감/L'amour sacrifie tout à *soi.* 사랑은 모든 희생을 강요한다.

② de soi, en soi 는 굳어진 표현으로 주어가 사물을 나타내는 경우 성・수에 구애됨 없이 언제나 쓸 수 있다:Le repos est agréable *en soi.* 휴식이란 그 자체가 본래 상쾌한 것이다/Il va *de soi* que tu t'occuperas du reste. 나머지는 네가 책임져야 하는 것은 물론이다.

soi-disant —1° 형용사로 불변. 사람을 나타내는 명사 앞에서 épithète 로만 쓰이고 attribut 로는 쓰이지 않는다:un ~ héritier 자칭 상속자/la tourbe vulgaire des ~ grands 자칭 거물이라고 으스대는 그 못난 무리들/les ~ fanatiques de l'antiquité, qui ne sont pas capable de discerner une statue grecque d'une statue romaine (Gautier) 희랍 조각과 로마의 조각을 식별할 줄도 모르는 자칭 골동품 애호가들.

2° 형용사 또는 형용사 상당어, 부사, 부사구, 부사절 앞에 놓여서 부사의 기능을 나타내기도 한다:Notre père est venu à Paris, ~ pour affaires.... (Bordeaux) 우리 아버지는 사업차 파리에 오셨다고 한다/Ils sont ~ cousins. 그들은 (모르긴 하지만) 사촌간이란다/Il est parti ~ pour ne plus revenir. 그는 (말로는) 다시는 오지 않겠다고 하면서 떠났다/Elle ajoute un g à tambour ~ parce que sa plume crache. 그녀는 잉크가 튀어서 그렇다고 하면서 tambour 란 단어에 g자를 붙여 썼다.

3° 사물을 나타내는 명사 앞에서도 prétendu 라는 뜻으로 형용사적으로 쓰이나 《불변》, 이것을 오용이라고 규탄하고 대신 prétendu 를 써야 한다고 주장하는 학자들이 많다:les choses ~ sérieuses 소위 중대하다고들 하는 일들/ce ~ défaut... 소위 이 결점은….

soir —때의 명사로 그 용법은 *matin 과 같다.

soit¹ *adv.* —발음은 [swat]. 긍정을 나타내는 부사로 bien, bon 등과 같은 뜻이다. 양보를 나타내는 경우가 많다:~, je te pardonne. 좋아, 용서해주지/Il la pria de lui jouer encore quelque chose.—《~, pour te faire plaisir!》(Flaub) 그는 한 곡만 더 연주해 달라고 그녀에게 부탁했다.—「좋아요, 기쁘게 해드리기 위해」/Elle est intelligente, ~! mais pas toujours prudente. 그녀는 영리해. 그건 인정해. 그러나 조심성이

모자랄 때가 있거든.
soit² *conj.* —발음은 [swa]《모음 앞에서는 [swat]》.
1° 〖선택〗 ~ l'un, ~ l'autre 둘 중 어느 한쪽/~ lui ~ un autre viendra. 그 사람이거나 아니면 다른 누군가 오겠지/~ indifférence, ~ crainte superstitieuse, elle ne parlait jamais de religion. 무관심에서인지 아니면 미신적인 공포감 때문인지 그녀는 결코 종교 얘기를 하는 적이 없었다. ~ *que+subj*, ~ (*ou*) *que+subj*; ~ *que+subj ou non*:~ *que je me taise*, ~ *que je dise* quelque chose, on me donne toujours tort. 내가 말을 하지 않아도, 말을 해도, 나를 나쁘다고 한다/~ *qu'il vienne* ou non 그가 오든 말든.
2° (=à savoir, c'est-à-dire): des signes qui tombent sous le sens, ~ bruit, son, image... 우리의 감각에 잡히는 여러가지 징후, 즉 소리, 음, 영상.../trois objets à dix francs, ~ trente francs 10 프랑 짜리 물건 셋, 즉 30 프랑.
3° 〖가정〗 ~ les deux hypothèses suivantes. 다음과 같은 두 가지 가설을 설정하자/~ le triangle ABC. 삼각형 ABC 가 있다고 하자.
soldat—남·여 동형 명사이므로 「여자 병사」의 뜻으로도 un soldat 를 써야 한다. 흔히 une soldate 와 같이 쓰는 사람도 있기는 하다.
son, sa, ses ⇨adjectifs possessifs.
sonnant —1° 「정확히 …시에」의 뜻으로 쓰일 때의 sonnant 은 heures 에 일치시키기도 하고 남성 단수형으로 일치시키지 않기도 한다. 후자의 경우는 à six heures juste 에서의 juste 처럼 부사로 느끼는 것이다: à six heures ~*es*[battantes, 《구어》 tapantes, toquantes] 또는 à six heures ~ [battant, 《구어》 tapant, toquant] 여섯 시 정각에.
2° 「시간을 쳐서 알리는」의 뜻일 때는 보통 형용사와 마찬가지로 명사와 일치해야 한다:une horloge ~*e* 타종 시계.
sonore(consonne) [유성 자음]—조음 기간중 성대가 진동하는 자음을 말한다. 무성 자음에 대립하여 [b], [d], [g], [v], [z], [ʒ]가 유성 자음이다. ⇨consonne.
soprano —*n.f.* 또는 *n.m.* 「소프라노 가수」라는 뜻으로는 남성으로도 여성으로도 쓰인다(un ~ 또는 une ~). 복수형은 보통 des ~s 가 많이 쓰이나 des soprani 도 더러 쓰인다.
Sorbonne —여성 고유명사. étudier en ~ 소르본느대학에서 공부하다/ professeur à la ~ 소르본느 대학 교수.
sorte —*toutes* ~*s de*+N (복수): Il nous a fait *toutes* ~*s de* recommandation avant son départ. 그는 떠나기 전에 우리에게 온갖 충고를 다 해주었다/Dans les collectivités, on rencontre *toutes* ~*s de* gens. 단체 생활에서는 가지각색의 사람들과 만나게 된다.
une ~ *de*+N(단수 또는 복수):Il s'est adressé à *une* ~ *d'*avocat qui n'a pas l'air très sérieux. 그는 태도가 착실치 못한 어떤 변호사 같은 이에게 말을 걸었다/Monsieur Roquefort est *une* ~ *de* médecin à qui je n'aimerais pas confier ma vie. 로크포르씨는 안심하고 내 생명을 맡기고 싶지 않은 그런 타입의 의사다.
V+*de la* ~ 《주로 부정문, 명령문 또는 의문문에서 쓰인다》:Il ne faut *s'adresser de la* ~ à un supérieur. 상관에게 그런 식으로 말을 해서는 안된다/Qui vous a autorisé à *parler* et à *agir de la* ~? 누가 너에게 그 따위 언동을 하도록 허가했니?/Arrête de me *regarder de la* ~. 나를 그런 눈으로 바라보지 마세요.
faire en ~ *de*+*inf*〔*que+subj*〕:Tâ-

chez de *faire en* ~ *d'*être à l'heure. 되도록이면 시간에 늦지 않도록 하세요/*Faites en* ~ *de* ne pas arriver en retard. (위와 같은 뜻)/ *Faites en* ~ *que* tout *soit* prêt à l'heure. 모든 준비가 시간에 늦지 않게 완료되도록 하시오.

de (*telle*) ~ *que*+*ind*, *en* ~ *que* +*ind*《결과》:Les résultats ne sont pas encore officiellement publiés *de* ~ *que* je ne peux vous faire connaître vos résultats. 성적이 아직 공표되지 않았으니까, 당신 성적을 알려 드릴 수가 없어요/Il a agi *de telle* ~ *que* tout le monde l'a félicité. 그는 모든 사람이 기뻐하게 행동했다(=그의 행동은 모든 사람을 기쁘게 했다)(cf. Il faut agir *de telle* ~ *que* tout le monde soit content. 누구나가 다 기뻐하게끔 행동해야 한다).

de (*telle*) ~ *que*+*subj*, *en* ~ *que* +*subj* 《위와는 달리 주절의 동작의 목적·방향을 나타냄》: Parlez *de telle* ~ *qu'*on vous *comprenne*. 남이 알아듣도록 말을 하시오.

de ~ *à*+*inf* (위와 같은 뜻):Tu n'as pas toujours agi *de* ~ *à* dissiper leur malheureuse erreur. (France) 너는 그들의 불행스러운 실책을 잊게 하는 방향으로 언제나 행동을 해 온 것은 아니다.

en quelque ~ (=pour ainsi dire): Il a été pour moi un père *en quelque* ~. 그는 나에게 대해서 아버지와 같은 존재였다.

soucieux —1° 〖~ **de**+N〖*inf*〗〗 …하려고 신경을 쓰다:Il m'écoute patiemment, ~ *de* me marquer sa déférence.(Gide) 그는 나에게 대한 존경심을 표시하려고 내 말을 참을성 있게 들어준다/des gens ~ *de* leur seul repos 그저 자신의 휴식만 열망하는 자들.

2° 〖~ **que**+*subj*〗 peu ~ *qu'*on nous *ignore* ou *qu'*on nous *voie*

(Verlaine) 남들이 우리를 보아주건 보아주지 않건 조금도 신경을 쓰지 않고.

soufflante (**consonne**)—souffle이 들리는 것이 특징인 자음을 지칭한다. 이 명칭은 sifflantes에 적용되며 일반적으로 fricatives에도 적용된다. ⇨consonne.

souillon —*n. m.* 또는 *n. f.*「막일하는 하녀」라는 뜻으로 남성(un souillon), 또는 여성(une souillon)으로 사용된다.

soûl —발음은 남성형 [su], 여성형은 ~e [sul]. saoul(e)는 옛 철자.

tout son ~ 실컷, 마음껏 : Seule, elle pourrait sangloter *tout son* ~. 혼자라면 그녀는 실컷 울 수 있을 것이다.

soupçon —avoir quelque(s) ~(s) que+*ind*:J'ai quelque ~ *que* c'est votre ami qui a téléphoné. 나는 전화 건 사람이 당신 친구가 아닐까 하고 생각하는데요. ⇨soupçonner, ne explétif.

soupe ⇨manger.

souper ⇨déjeuner.

sourcil —발음은 [suRsi]. 수에 관해서는 ⇨nombre des noms.

sourde(**consonne**)[무성 자음]—성대의 진동을 수반하지 않는 자음을 지칭한다. 무성 자음의 조음 시에는 聲門이 닫혀서 폐에서 나온 공기는 후두를 통해 지나가지 않는다. 따라서 후두적인 음파는 없는 것이다. 이 경우 소리는 뒤에 오는 모음의 실현을 위해 성문이 열릴 때나 앞에 오는 모음의 조음이 끝나고 성문이 닫힐 때 구강통로의 공기의 진동으로 발생하는 것이다. 불어에서는 다만 여섯 자음만이 음운론적으로 무성음이다:[p], [t], [k], [f], [s], [ʃ]. ⇨consonne.

sous —1° 〖장소를 나타낼 때〗 ①〖접촉되는 하부〗 un oreiller ~ la tête, des coussins ~ les bras 머리 밑에는 베개를, 팔 밑에는 팔방석을 놓

고/rester longtemps ~ l'eau 물속에 오래 머물다/porter un paquet ~ son bras 꾸러미를 겨드랑이에 끼다. ②〖엄폐〗 mettre quelque chose ~ enveloppe 무엇을 봉투에 넣어서 봉하다/se promener ~ son manteau 외투를 입고 산책하다/Elle dissimulait tant de bonté ~ des dehors austères. (Mauriac) 겉으로 보기에 엄한 그녀는 속에 무한한 친절성을 감추고 있었다.//《비유적》 ~ prétexte de …라는 구실을 내세우고. ③〖격리된 하부〗 Rien de nouveau ~ le soleil. 하늘 밑에는 아무런 새로운 일도 없다/~ un arbre〔une voûte, un toit〕 나무〔둥근천장, 지붕〕밑에서/s'abriter ~ un parapluie 우산 속에서 비를 피하다/~ les yeux de qn 누가 보는 데서. 2°〖추상적 관계를 나타낼 경우〗① 〖종속·예속 관계〗 ce vieillard qui avait servi ~ sept rois de France (Balzac) 프랑스 왕을 7대에 걸쳐 모신 일이 있는 이 노인/~ un régime socialiste 사회주의 제도하에서/~ la direction de qn …의 지도하에서/Le fer se dilate ~ l'action 〔le coup〕 de la chaleur. 쇠는 열의 작용을 받으면 팽창한다/Il est ~ l'empire de sa femme. 그는 부인의 지배하에 놓여 있다. ②〖시간적인 뜻〗 a) 시대를 나타낸다:C'est ~ Charles X que la petite est née. 그 어린 소녀가 태어난 것은 샤를르 10세 시대였다/ ~ l'Ancien Régime〔l'Empire〕 앙시엥레짐〔제정 프랑스〕 시대에. b) 어떤 시간이 흐르기 전에:~ huitaine 일주일 내로/~ peu 근간에, 얼마 안 가서/si je ne m'expliquais pas nettement ~ quinzaine 2주일 내로 내가 내 태도를 분명히 밝히지 않는다면. ③〖이유〗 Il est bon de frémir ~ la caresse et davantage encore ~ la morsure. (Gide) 애무를 받고 떠는 것도 좋지만 깨물리고 더 심하게 떠는 것도 좋다/~ la pression de qn …의 압력을 받고. ④〖관점〗 ~ cet angle〔cet aspect, ce rapport〕 이런 각도〔측면, 관계〕에서 볼 때.

sous- —접두사로서의 sous 는 명사와 결합하면 trait d'union 으로 연결되어 새로운 명사를 형성한다. 이렇게 형성되는 복합명사는 그 복수형을 둘째 요소인 명사의 어미에 s를 붙여서 만드는 것이 원칙이다(des sous-barbes, des sous-chefs, des sous-titres, des sous-genres, etc.). 그러나 des sous-gorge 처럼 불변인 것도 있고, des sous-main(s), des sous-ordre(s)처럼 일정하지 않은 것도 있다.

soussigné(e) —약세형인 주어 je 에 동격으로 사용될 때 이례적으로 동사와 약세대명사 주어와의 사이에 쪼개어 들어갈 수 있는 단어이다《문서용어》:Je ~ certifie que…. 하기 서명자인 본인은 …임을 증명함.

souvent —*Plus* ~ 《속어》(=Sûrement pas; Jamais de la vie. 절대로 그런 일 없어요):Veux-tu m'accompagner? —*Plus* ~. 너 따라오겠니?—천만에. *plus* ~ *que*+ind 《속어》 절대로 …하지 않는다:*Plus* ~ *qu*'elle se donnerait encore du tintouin (=Sûr qu'elle ne se donnerait plus de tintouin).(Zola) 앞으로 그녀는 다시는 고생을 하려 들지 않을 것이다.

speaker —[spikœːʀ].「아나운서」의 뜻으로는 여성형이 일반적으로 speakerine[spikʀin]이다. 일부 학자들은 이 anglicisme 을 배격하고 annonceur, annonceuse 를 쓸 것을 권하고 있다.

spirante [(마)찰음] —청각 인상에 의한 명칭으로 fricative 나 constrictive 와 같은 뜻으로 사용된다. 그러나 특히 呼氣통로가 좁혀지는 단계에서 공기의 마찰이 뚜렷하게 느껴지는 대신 오히려 공명이나 souffle이 들릴 때는 狹擦音이라고 부른다. 이 협찰음의 조음시에 들리는 souffle은 폐쇄음을 조음할 때 폐쇄가 불완전한 경우에도 들린다. 이런 현상은 스페인어에 나타나는데 유성 폐쇄음 b, d, g 는 모음 사이에서 [β, δ, γ]로 약화된다: cabo/kabo/[kaβo] «bour», moda/moda/[moδa] «mode», soga/soga/[soγa] «corde». 이런 현상을 협찰음화 spirantisation 이라고 부르며 일반적으로는 약화 lénition 이라고 한다. ⇨consonne.

steppe —남성으로도 여성으로도 쓰이지만 여성으로 쓰이는 것이 더 일반적인 경향이다.

sterling —[stɛrliŋ]. livre 뒤에서만 쓰이는 형용사로 언제나 불변이다: une livre ~ 英貨 1 파운드, douze livres ~ 영화 12 파운드.

stupéfait(e) —~ de+N[de+inf, que+subj, de ce que+ind]: ~e de le voir en pantoufles dans la rue(Zola) 한길에서 슬리퍼를 신고 다니는 그를 보고 깜짝 놀라서/Il a été ~ qu'il fût[de ce qu'il était] refusé à son examen, alors qu'il était dans les premiers de sa classe. 자기 반에서도 우등생인 그가 시험에 낙방해서 어이없어했다.

style direct, style indirect ⇨ discours direct, discours indirect.

style indirect libre [자유간접문체] —사전의 서술을 목적으로 하는 문체에서 사용하는 화법 discours 의 한 가지로, 서술의 신속성·경쾌성 따위를 노려서 간접화법 *discours indirect 의 주절 부분을 생략하고 종속절 부분을 독립절 형태로 꾸며서 표현하는 방법을 말한다. 이때 독립절로 탈바꿈하는 종속절에서 일어나는 변화는 접속사로 쓰인 que 나 si(의문사가 포함되지 않은 간접 의문절의 경우)가 제거된다는 사실만에 국한될 뿐, 다른 아무런 수정도 가해지지 않는다. 따라서, 간접화법과 같은 내용을 독립절의 형태로서 표현하는 이 자유간접 문체는 직접화법과 간접화법의 중간에 위치하는 화법이라고 볼 수 있다.
1° 자유간접화법, 간접화법, 직접화법의 세가지를 실례를 들어서 비교해 보면 다음과 같다:
(1) 〖자유간접화법〗 Madame Benoît s'informa de son oncle. *Comment allait ce bon parent? N'avait-il pas un arrière-cousin en Amérique?*
(2) 〖간접화법〗 Madame Benoît demanda comment allait ce bon parent, s'il n'avait pas un arrière-cousin en Amérique.
(3) 〖직접화법〗 Madame Benoît s'informa de son oncle:«Comment va ce bon parent? N'a-t-il pas un arrière-cousin en Amérique?» 브느와 부인은 숙부에 관해서 물었다: 「그 어지 숙부님 건강은 어떠세요? 미국에 먼 친척 아우가 살고 있는 걸로 들었는데요?」.
2° 같은 내용의 얘기를 세 가지 다른 문체로 표현한데 불과한 위의 세 가지 화법 중 (1)와 (2)를 비교해서 그 차이점을 요약하면 다음과 같다.
① (2)에서 언제나 나타나는 주절과 접속사가 (1)에서는 생략된다 《단, 의문사를 포함하는 간접의문절의 경우에는 생략할 접속사가 없다》. 그러므로 (1)의 경우 penser, dire, demander 등을 동사로 사용한 주절을 항상 보충해서 생각할 수 있다.
② (1)의 인칭대명사, 시간·장소의 부사, 시제, 법은 바로 (2)의 그것이다. ⇨discours indirect.
③ 그러나 의문사를 포함하지 않는 의문문의 경우, (1)는 직접의문문의 순서를 따르나 (2)는 그렇지 않다.
★자유간접화법의 다른 예: Brigitte ouvrit la porte du salon et nous appela: *Ne voulions-nous pas un peu de thé? Cela nous réchaufferait après*

cette course. (Mauriac, *La pharisienne*) 브리지트는 객실 문을 열고 우리를 불렀다. (그리고 말했다.)「차 좀 마시지 않으련? 그래야 밖을 다녀온 몸이 녹지 않겠니」((:) 뒤부터가 자유간접화법이다. Ne voulions-nous pas …는 직접화법으로 옮기면 Ne voulez-vous pas…에 해당하고, Cela nous réchaufferait…는 Cela vous réchauffera…에 해당한다)).

stylistique [문체론]—이 용어는 독일어에서 따온 말로서, 18세기 말엽 시인 Novalis 가 수사학, 즉 표현술의 동의어로서 사용한 것이 그 시초이며 그후 여러가지 의미로 쓰여 왔는데, 그 모두가 문학의 개념에 가까왔던 것이다.

1° 〖초창기의 문체론〗「한 언어의 독특한 특이성, 특히 採態 figure 와 고유어법 idiomatisme 에 관한 실질적인 습득을 목적」으로 삼았던 Marouzeau 의 정의가, 오늘날에 와서는 이미 낡아버리기는 했지만, 수사학의 후신이며 19세기 말엽에 비로소 언어학의 한 분야로 등장한 문체론의 변천과정을 설명하는 데는 좋은 지표가 될 것이다.

2° 〖Charles Bally 의 언어의 문체론〗 20세기초에 이르러 문체론이라는 말은 의미상으로 많은 변질을 가져다 주었다. 특히 Saussure 의 후계자이며 그의 구조주의 개념의 영향을 받은 Charles Bally 에 의하여 새로운 의미를 지니게 되었다. 애당초 Bally 는 불어에서 동의어간에 존재하는 차이라든가, 또는 불어에 능통치 못한 외국인에게는 난해한 말, 즉 고상한 표현, 관용어, 또는 속어 등을 구별하여 이해시키고자 하는 목적에서 문체론이라는 새로운 학문의 필요성을 주장하였던 것이다. 따라서 Bally 가 추구하는 문체론은 그의 저서 *Traité de stylistique française* 에서 밝혔듯이 「한 언어의 표현수단의 문체론적 가치에 관한 연구, 즉 의미를 아름답게 해 주는 정의적, 미적인 뉘앙스의 추구를 목적」으로 한다. 이것은 한 작가나 문학을 대상으로 하는 것이 아니라 언어 그 자체를 문제삼고 있으며, 정신적 요소와 감정의 표현을 위하여 작용하는 언어의 문체론적 잠재성을 규명하고자 한다.

3° 〖Spitzer 의 개인의 문체론〗 Croce, Vossler 에 의하여 시작된 개인의 문체론은 Spitzer 에 이르러 성숙되었다. Bally 의 언어의 문체론은 한 언어의 표현수단에서 정의적 가치를 대상으로 하고 있는데 반하여, Spitzer 에게서는 언어분석의 문제는 도외시되며 작품분석에 중점을 두고 있다. 따라서 문학비평에까지 그 영역을 확대하고 있다고 하겠다. 물론 인간의 감성의 문제는 말할 것도 없고 정신적 요소도 고려의 대상이 되고 있다.

4° 개인의 문체론에 관한 연구는 한 작가에만 국한되는 것은 아니다. 그 영역을 두개의 방향으로 확대해서 고찰할 수도 있다. 개인을 떠나 어떤 학파 또는 어떤 문학운동에서 볼 수 있는 특유한 문제, 더 나아가서는 한 세기 전체를 통하여 고유한 문제를 대상으로 삼을 수도 있다.

5° 옛 수사학의 후신인 문체론은 오늘날에 이르러 가장 적극적이며 생기발랄한 언어학의 한 분야로 등장하고 있다. 물론 그 목적과 방법에 있어서 불확실한 부분이 없는 것은 아니지만, 어쨌든 현재의 추세로 보아 언어학에는 물론 문학비평에도 유익한 영향을 미치리라는 점에서는 의심의 여지가 없다.

subjonctif (mode) [접속법]—직설법 *indicatif 과 대립하는 법으로서 원칙적으로는 가상적인 사실, 현실화되지 못했거나 현실화되기 이전의 상태로 남아 있는 주관적·상상적 사실을 나타낸다. 원래 접속사 뒤의 종속절에서만 쓰이는 법이라고 해서 접속법(subjonctif 의 어원적 의미)이라는 이름이 붙어 있듯이 **que** 로

subjonctif (mode)

시작되는 종속절에 사용되는 것이 그 본래의 용법이다. 이 점에서 역시 상상적인 사실을 나타내는 조건법과 근본적으로 다르다. 그러나 이와 같은 접속법의 근본적인 본래의 특성에도 불구하고 실제에 있어서는, 접속법은 가상적 사실이 아닌 현실적 사실을 나타내는 경우에도 사용될 때가 있으며(*analogie, *servitudes grammaticales), 종속절 아닌 주절 또는 독립절에서도 사용되는 경우가 있다.

A. 〖형태〗 **I.** 〖현재〗 1° avoir(il ait, nous ayons, vous ayez)와 être(je sois, tu sois, il soit, nous soyons, vous soyez)의 경우를 제외하고는 어미는 항상 -e, -es, -e, -ions, -iez, -ent 이다.
2° 어간은, 아래 제시하는 예외를 제외하고는, 직설법 현재 3인칭 복수형의 변화에서 어미 -ent를 제거한 나머지로 구성된다: ils parl*ent* → que je *parle*; ils finiss*ent* →que je *finisse*; ils tienn*ent* →que je *tienne*《tenir, valoir 등 일부 강변화 동사는 복수 1·2인칭에서만은 직설법 반과거 변화를 차용함. ⇨conjugaison》; ils reçoiv*ent* →que je *reçoive*《tenir 와 같은 강변화 동사》.
☆ 예외: avoir (j'*aie*), être (je *sois*), aller(j'*aille*), faire(je *fasse*), pouvoir(je *puisse*), savoir(je *sache*), valoir(je *vaille*), vouloir(je *veuille*).
II. 〖반과거〗 1° -er 동사에서는 어미가 -asse, -asses, -ât, -assions, -assiez, -assent, 기타의 동사에서는 -i[u]sse, -i[u]sses, -i[û]t, -i[u]ssions, -i[u]ssiez, -i[u]ssent 이다. 단, **venir** 및 그 동변화의 동사에서는 -insse, -insses, -int, -inssions, -inssiez, -inssent 이다.
2° 어간은 직설법 단순과거 2인칭 단수형에다 -s를 더해서 만든다: tu parlas →que je *parlasse*, tu finis →que je *finisse*, tu rendis →que je *rendisse*.
3° 3인칭 단수변화의 모음 위에 붙는 accent circonflexe는 tréma 가 붙어 있는 모음에는 붙지 않는다: qu'il *hait*, qu'il *ouît*.
III. 〖과거〗 조동사의 접속법 현재+과거분사: que j'*aie parlé*.
IV. 〖대과거〗 조동사의 접속법 반과거+과거분사: que j'*eusse parlé*.

B. 〖용법〗 독립절·주절에서 쓰이는 용법, 종속절에 쓰이는 용법, 그리고 특수용법의 세 가지로 나누어서 요약하면 다음과 같다.

I. 〖독립절·주절에 쓰이는 접속법〗 1° 명령·금지·권고 따위를 나타내기 위해서 **que**로 유도되는 독립절에 접속법이 사용된다: Que chacun *se retire* et qu'aucun n'*entre* ici. (Corn) 모두 물러나게 하고 여기엔 아무도 들어오지 못하게 해/Que personne ne *sorte*! 아무도 밖에 나가지 말아라/Je voudrais vous presser tous sur mon cœur; que j'*embrasse* au moins votre drapeau.(Napoléon) 나는 너희들을 모두 껴안고 싶은 심정이다. 그러지 못하는 이상 너희들의 군기에나마 키스를 하게 해다오.

★que 가 없는 독립절에서도 같은 뜻을 나타낼 수 있다(고어투): Qui veut venir avec moi voir à Ispahan la saison des roses *prenne* son parti de cheminer lentement à mes côtés. 이스파한으로 장미의 계절을 구경하러 가고 싶은 자는 내 옆에 천천히 따라올 결심을 해라.
2° 소원·욕망·후회·불안 등을 감탄적으로 나타내는 데 쓰인다: Que Dieu vous *entende*! 신이 당신 말을 들어주시기를!/Ah! qu'elle ne *fût* jamais née! 아, 그녀가 차라리 태어나지 않았더라면!

★ 1) 기원을 나타내는 접속법 subjonctif optatif 은 que 없는 독립절을 형성하는 경우가 많다. 이 경우에는 주어와 동사는 단순도치 inversion simple 를 해야 한다: *Périssent* les

subjonctif (mode)

colonies plutôt qu'un principe! (Robespierre) 원칙을 따르지 못할 바에야 차라리 전 식민지가 망해버리는 게 낫다.

2) 이러한 optatif의 용법은 특히 성구에 많으며 pouvoir 동사는 3인칭은 물론 1·2인칭까지도 언제나 도치된 optatif를 사용할 수 있다:Dieu vous *garde!* 신의 보호가 있기를!/*Vive* le roi! 국왕 만세!/*Puissent* vos beaux yeux ne jamais pleurer! 그대의 아름다운 눈에 눈물이 고이는 일이 없기를!/*Puissé*-je réussir! 제발 성공했으면!/*Puissiez*-vous jouir d'une meilleure santé que la mienne! 당신이 나보다 더 건강해지기를!

3° 감탄문 또는 의문문에서 분개·경악을 나타낸다 : Moi, Seigneur, moi, que j'*eusse* une âme si traîtresse!(Corn) 제가요, 나으리, 제가 그런 배반자였다니요!/Moi, Seigneur que je *fuie!*(Racine) 나으리, 이 내가 도망가다니요.

4° 〖성구적 표현〗 ① je ne **sache** pas〔rien, personne〕에서 단정을 완화하는 표현으로 쓰인다:Je ne *sache* rien de plus beau. 그것보다 더 아름다운 것은 없을 것 같습니다/Je ne *sache* personne qui puisse lui être comparé. 그 사람과 비교될만한 사람은 아마 없을 줄로 압니다.

② autant qu'on sait 라는 뜻으로 쓰이는 que je **sache**, que tu **saches**, qu'on **sache**, que nous **sachions**, que vous **sachiez** 는 언제나 부정문 또는 의문문과 함께 쓰인다:Il n'est pas rentré, *que je sache.* 내가 아는 한 그는 안 돌아왔어요/Il n'a point été à la campagne, *que je sache.* 내가 아는 한 그는 절대 시골에는 다녀오지 않았어요/Est-il venu quelqn'un, *que vous sachiez?* 당신이 알기로는 누군가가 왔을 것 같아요?

★ 조건법과거의 대신으로 쓰이는 접속법 대과거(조건법 과거 제2형)의 용법에 대해서는 ⇨conditionnel (mode).

II. 〖종속절에 쓰이는 접속법〗 종속절이 문중에서 맡은 바 역할에 따라서 여덟 가지로 분류할 수 있다.

1° 〖주어절〗 ① 필요·가능성·의혹·의무 및 감정을 나타내는 비인칭 형태의 동사 또는 동사구 뒤에서《이때 que로 유도되는 절은 논리적 주어》: Il importe que chacun *fasse* des efforts pour devenir meilleur. 보다 나은 인간이 되기 위해서 저마다가 노력하는 것이 중요하다/Il faut qu'on *obéisse* à la raison. 이성을 따라야만 한다/Il est temps que vous *partiez.* 당신이 떠나야 할 시간이다/Il est heureux que tu *reviennes* à la santé. 네가 건강을 회복하고 있다니 다행스러운 일이다/C'est dommage qu'il ne *comprenne* pas mieux les avantages de l'étude. 그 사람이 그 연구의 이득을 이해하지 못하는 것은 슬픈 일이다.

② 진실성·명백성을 나타내는 비인칭 형태의 주절이 否定形, 의문형이거나 또는 조건〔가정〕을 나타낼 때: Il n'est pas certain que nous *parvenions* à l'âge de la vieillesse. 우리가 늙도록 살 수 있을는지는 확실치 않다/Est-il sûr que cet homme *ait commis* une pareille infamie? 이 사람이 그같은 치사스러운 일을 과연 저질렀을까?/S'il est vrai que tu *sois touché* de mes maux, fais-le mieux paraître. 네가 나의 불행을 동정하고 있는 것이 사실이라면 좀 더 그런 것이 태도에 나타나도록 해라.

★ 그러나 종속절의 뜻이 사실이나 명백성을 나타낼 때는 직설법을 써야 한다:N'est-il pas certain que l'ordre *vaut* mieux que le désordre et que la paix *est* préférable à la guerre? 질서가 무질서보다 낫고, 평화가 전쟁보다 바람직하다는 것은 분

subjonctif (mode)

명한 사실이 아닌가? /Est-il certain que vous *viendrez*? 분명히 오시는 거죠?

③ que로 유도되는 주어절이 문두에 위치할 때:Que le bombardement *eût cessé* avait fait naître de l'espoir. 폭격이 멎어서 희망을 갖게 되었다/Que tu *prennes* une telle décision, cela me surprend. 네가 그런 결정을 내리다니 놀랍구나.

★ d'où vient que...? 에서 que로 유도되는 주어절은 직설법 또는 접속법을 사용할 수 있다:D'où vient que vous *partez*(*partiez*) si vite? 왜 벌써 떠나시려는 거지요?

④ 기타의 경우에는 주절에 직설법이 사용된다:Il est certain(sûr, évident) que vous *vous trompez*. 당신이 잘못 생각하고 계신 것이 분명합니다/Il est probable que nous *partirons* demain. 아마도 우리는 내일 떠날 것입니다.

★1) Il me(te, lui, etc.) semble que 뒤에서는 일반적으로 직설법이 사용되고, Il semble que 뒤에서는 확실성의 정도에 따라 직설법 또는 접속법이 사용된다:Il me sembla que je *voyais* Achille. 나는 내 눈 앞에 아실이 나타난 것 같은 느낌이 들었다/Il semble qu'on *soit transporté* en Afrique. 아프리카에 온 것 같은 느낌이었다.

2) 직설법을 사용해야 하는 주어절에서도, 어떤 조건이 실현될 경우에 일어날 수 있는 가상적 사실을 나타내려면 조건법을 사용해야만 한다:Il est évident que vous *feriez* bien ce travail. 당신이라면 이 일을 멋지게 해치울 수 있을 것이 분명합니다/Il est certain que vous *réussiriez*, si vous étiez plus méthodique. 좀더 일을 조직적으로 한다면 당신은 분명히 성공할 것입니다/D'où vient que tant de gens *voudraient* changer de condition? 그럴 수만 있다면 자신의 처지를 바꾸었으면 하고 생각하는 이들이 그다지도 많은 까닭이 도대체 무엇일까? /Qui *trahirait* son pays serait indigne de vivre. 조국을 배반하는 자는 (누구나 조국을 배반하면) 살 자격이 없다.

2° (속사절) ① que로 유도되는 속사절의 내용이 비현실적사실, 또는 의욕·소원, 이밖에 감정을 나타낼 때((이 경우 일반적으로 주절의 주어로 쓰인 명사가 나타내는 뜻이 종속절의 접속법 사용을 결정한다고 할 수 있다)):Mon désir est que tu *fasses* ton devoir. 내가 바라는 것은 네가 네 의무를 다하는 일이다/L'essentiel est que nous *ayons* la victoire. 중요한 일은 승리를 얻는 것이다/Ma crainte est qu'il n'*arrive* trop tard. 내 걱정은 그가 지각하지 않을까 하는 것이다/Quel bonheur que j'*aie* sur moi son adresse! 그 사람의 주소가 내게 있다는 것이 얼마나 다행한 일인지 모르겠다.

★ 주절의 주어가 나타내는 뜻이 뒤의 4°(목적보어절)에서 열거하는 동사들과 같은 뜻을 내포하고 있는 경우에는 언제나 접속법을 사용한다고 할 수 있다.

② 이 밖의 경우, 즉 종속절의 뜻이 사실을 나타내는 경우에는 직설법 또는 조건법을 쓴다(⇨1°, ★2)): Mon opinion est que tu *fais* ton devoir. 네가 네 의무를 다 하고 있다는 것이 나의 의견이다/La vérité est que, si nous agissions sans retard, nous *aurions* la victoire. 지체없이 행동을 하면 승리를 얻으리라는 것은 사실이다.

3° (동격절) ① 가상적 사실이나 의욕·감정 등을 나타내는 명사 또는 대명사와 동격으로 두어진 종속절에서:On s'élève contre votre supposition que tous les hommes *soient* égaux en intelligence. 모든 인간은 지적으로 평등하다고 하는

subjonctif (mode)

당신의 가정에 대해서 모두들이 반대하고 있다/Cette chose est tout à fait inadmissible que Biche *doive* mourir. 비쉬가 죽을 거라는 그 생각은 도저히 용납될 수 없다.
★ 종속절과 동격으로 두어진 명사가 나타내는 뜻이 4°에서 열거하는 동사와 같거나 비슷할 때, 종속절인 동격절에서도 접속법을 쓴다고 요약할 수 있다.
② 기타의 경우에는 직설법 또는 조건법(⇨1°, ★ 2))이 사용된다 : Le fait qu'il *reprend* courage présage sa guérison. 그가 용기를 되찾기 시작했다는 사실은 그의 회복을 예언하고 있다/Je reviens à ce principe que les hommes *seraient* meilleurs s'ils se connaissaient mieux eux-mêmes. 우리들 인간이 좀 더 자신을 잘 안다면 우리들은 보다 나은 사람이 될 것이라는 이 원칙으로 저는 되돌아옵니다.
4°〖목적보어절〗 ① que 로 유도되는 직접 또는 간접 목적보어절은 의욕·명령·기원·소원·기대·금지·방해 등을 나타내는 의욕 동사 verbes de volonté 뒤에 놓이면 접속법을 사용한다(cf. 2°(속사절), ★) : accepter, accorder, aimer mieux, approuver, attendre, commander, compter, concéder, consentir, crier(demander, ordonner en criant 과 같은 뜻일 때), défendre, demander, désapprouver, désirer, dire(ordonner 와 같은 뜻일 때), empêcher, entendre(vouloir 와 같은 뜻일 때), éviter, exiger, implorer, ordonner, permettre, préférer, prétendre (vouloir 와 같은 뜻일 때), prier rêver, s'attendre, signifier(ordonner 와 같은 뜻일 때), s'opposer, souffrir, souhaiter, supplier, tâcher, tolérer, trouver bon, trouver mauvais, veiller, vouloir, etc./Je veux〔souhaite, désire〕 qu'on m'*obéisse*. 내 말을 따라주기를 바란다/L'honneur défend que vous *fassiez* cette injustice. 당신의 명예를 생각하신다면 이런 불공평한 일은 못 하실 것입니다/Empêchez qu'il ne *sorte*. 그 사람이 외출하지 못하도록 하세요/Je consens volontiers à ce qu'il *vienne* avec nous. 그 사람이 우리와 함께 가는 것에 나는 기꺼이 동의합니다.
★ 1) consentir, dire, écrire, entendre, être d'avis, faire savoir, prendre garde, prétendre, signifier 등과 같은 동사들은 쓰이는 의미에 따라서 의욕 동사이면 접속법을, 의견 동사이면 직설법을 요구한다 : Je dis qu'il *vient*. 나는 그가 온다고 말하고 있는 것이다 ; Je lui dis qu'il *vienne*. 나는 그 사람에게 오라고 한다/Je consens qu'il n'*est* pas coupable. 나도 그가 무죄라는 의견이다 ; Je consens que vous le *fassiez*. 당신은 그렇게 해도 좋다《허가》/J'entends qu'on *vient* pour la prière. 누군가 기도드리러 오는 소리가 들린다 ; J'entends qu'on m'*obéisse*. 내 명령을 따르라.
2) arrêter, commander, convenir, décider, décréter, établir, exiger, ordonner, prescrire, régler, résoudre 등 다음에 que 로 유도되는 목적어절이 오면 일반적으로 직설법(미래시제)을 사용한다. 이것은 숙고·협의의 결과 얻어진 결정 사항을 객관적으로 표현하는 방식이다. 단, 이 때 이 결정 사항을 주어의 의욕으로서 표현할 수도 있는데 그 경우에는 접속법을 쓸 수 있다.
i)〖직설법〗 Aujourd'hui, j'arrête que l'exécution *aura* lieu demain. 오늘 나는, 사형을 내일 집행하도록 결정하노라/L'Assemblée décidait que l'échafaud *serait dressé* de nouveau sur la place de la Révolution. 국민의회는 혁명광장에 다시금 교수대를 설치할 것을 결정했다.
ii)〖접속법〗 La Cour a ordonné

subjonctif (mode)

que ce témoin *fût entendu*. 법정은 그 증인의 진술을 듣도록 명령하였다.
3) Le Ciel permit que, Le malheur veut que, Le hasard voulut que, Je veux bien que(=J'admets que) 등의 표현이 실제 일어난 사실을 객관적으로 진술하는 경우에는 직설법을 요구하며, 의욕 동사로서의 뜻이 담겨 있으면 접속법을 요구한다.
i)〖직설법〗 Le Ciel permit qu'un saule *se trouva*. 마침 버드나무 한 그루가 있었다/Le malheur voulut qu'il y *eut* ballottage. 불행히도 선거는 당선자를 내지 못했다.
ii)〖접속법〗 Le sort voulut que ces paroles *fussent* prophétiques. 운명은 이와 같은 말이 예언의 구실을 하게 하였다/Le malheur voulut qu'un matin je l'*aie rencontré*. 불행히도 어느 날 아침 나는 그와 마주치게 되었다.
4) Il n'empêche que, N'empêche que, Cela〖Ceci, Ça, Ce qui〗 n'empêche pas que 가 「그렇지만, 그렇긴 하나(=et cependant)」라는 뜻으로 접속사적으로 사용되면 직설법〖조건법〗을 요구하며, empêcher 가 동사로 사용되면 접속법을 요구한다.
i)〖직설법〗 N'empêche que cette aventure me *laissa* un certain sentiment de malaise. 그렇긴 했지만 이 사건은 왠지 내게 어떤 불안감을 남겼다/Il n'empêche qu'à cause de vous, mes petites *auront* plus de peine à se faire une place dans la maison. 그렇더라도 역시 당신 때문에 내 손녀들은 이 집에서 기를 펴지 못하기는 마찬가지예요/ Ça n'empêche pas qu'il y *va*. 그래도 역시 그는 거기 간다.
ii)〖접속법〗 Cela n'empêche pas qu'il *ait écrit* une histoire fort édifiante. 이러한 사실에도 불구하고 그는 매우 교훈적인 역사책을 쓸 수 있었다.

② que 로 유도되는 직접 또는 간접 보어절이 다음과 같은 감정을 나타내는 동사(구) verbes de sentiment 뒤에 놓이면 접속법을 사용한다: admirer, adorer, affectionner, s'affliger, aimer, appréhender, attendre, craindre, dédaigner, déplorer, désirer, détester, enrager, s'étonner, se fâcher, se féliciter, s'impatienter, s'indigner, s'irriter, se lamenter, mépriser, se plaindre, redouter, refuser, regretter, se réjouir, rêver, souhaiter, trembler, avoir hâte〖honte, horreur, peur, regret〗, etc./Je regrette qu'il *ait fait* cela. 그가 그런 짓을 했다니 유감스럽다/Je m'étonne qu'il ne *soit* pas là. 그가 거기에 없다니 놀란다.
★ 감정을 나타내는 간접 타동사는 보어절을 직접 연결하여 접속법을 사용할 수도 있으나, 접속사구 de ce que 로 유도되는 보어절을 사용할 수도 있다. 이때는 보통 직설법이 쓰이지만 문어체에서는 접속법도 사용된다:Il s'étonne de ce qu'il n'*est*〖ne *soit*〗 pas *venu*. 그가 오지 않은 것을 그는 놀라와 한다/Il se plaint de ce que cet enfant *est*〖*soit*〗 difficile. 그는 그 애의 성미가 까다로와서 불만스럽게 생각하고 있다.
③ que 로 유도되는 목적보어절이 의혹 doute 이나 불확실성 incertitude 을 뜻하는 주절 동사(구)의 뒤에 놓일 때도 접속법을 사용한다.
a) 의혹이나 否定 따위를 나타내는 다음과 같은 동사(구) 뒤에서:s'attendre, contester, démentir, désespérer, disconvenir, dissimuler,douter, ignorer, imaginer, nier, etc./ Je doute que la richesse *rende* heureux. 돈으로 행복하게 될 수 있다는 것을 나는 의심한다/Je nie que cela *soit* vrai. 나는 그것이 진실이라는 것을 부인한다/Je conteste qu'il *ait* raison. 나는 그가 옳

subjonctif (mode)

다는 것을 인정하지 못하겠다.
b) 다음과 같은 의견·認知를 나타내는 동사 verbes d'opinion et de perception 가 부정형·의문형 또는 조건문의 형태로 사용되면 que로 유도되는 그 보어절에는 접속법을 사용한다: admettre, affirmer, annoncer, apercevoir, s'apercevoir, apprendre, assurer, avertir, avouer, certifier, comprendre, compter, concevoir, conjecturer, convaincre, convenir, crier, croire, déclarer, dire, se douter, écrire, entendre, espérer, estimer, être [demeurer, tomber] d'accord, être d'avis, feindre, se flatter, s'imaginer, juger, jurer, parier, penser, présumer, prétendre, prévenir, proclamer, promettre, reconnaître, réfléchir, remarquer, se rendre compte, savoir, sentir, songer, soupçonner, soutenir, se souvenir, supposer, télégraphier, téléphoner, voir, etc./Crois-tu donc que je *sois* comme le vent d'automne? 그래 너는 내가 가을 바람 같다고 생각하니?/Il ne se doutait pas qu'on *eût* des preuves contre lui. 그는 자기에 불리한 증거가 있으리라고는 짐작하지 못했었다/si vous croyez que cela *soit* vrai... 그것이 정말이라고 생각하신다면….
★ 1) 위에 열거한 의견 동사들은 주절이 긍정 평서문일 때는 직설법을 요구하는 동사들이다:Je sais qu'il *est* là. 그 사람이 거기 있는 줄 나는 알고 있다/Je crois qu'il *a* raison. 나는 그가 옳다고 생각한다.
2) 종속절의 내용이 객관적인 사실임이 분명할 때, 또는 그것이 사실임을 강조하고자 할 때는, 주절이 의문·부정형이거나 가정을 나타내더라도 직설법을 사용해야 한다:Il ne croit pas que la santé *vaut* mieux qu'un trésor (=La santé vaut mieux qu'un trésor, et il ne le croit pas). 건강이 재물보다 낫다는 것을 그는 믿지 않는다/Pensez-vous que la véritable amitié *est* rare? 진실한 우정이란 게 드물다고 생각하시죠?/Il ne s'aperçoit pas qu'il *va* à sa ruine. 그는 자신이 파산으로 치닫고 있다는 사실을 깨닫지 못하고 있다//《종속절에서의 이러한 직설법의 사용은 특히 주절이 부정 의문형일 때 자주 일어난다》 Ne croyez-vous pas qu'il *viendra*? 그가 온다고 생각하지 않아요?/Pourquoi ne m'as-tu pas dit que tu *étais* malade? 왜 병이라는 것을 내게 말하지 않았어?
3) 의혹·부정의 동사는 부정또는 의문형으로 쓰이더라도 보통 접속법을 요구한다《그러나 사실의 현실성을 강조하기 위해서 직설법을 사용할 때도 있다》:Je ne doute pas qu'il ne *vienne* bientôt. 그가 곧 오리라는 것을 나는 의심하지 않는다//Je ne doute pas qu'il *fera* tout ce qu'il pourra. 그가 최선을 다하리라는 것을 나는 의심하지 않는다.
④ que로 유도되는 직접 또는 간접 보어절이 문두에 놓이면 언제나 접속법이 사용된다《이 경우에는 이 보어절이 중성 대명사로 뒤에 나오는 주절에 되풀이되는 것이 보통이다》:Que le travail *soit* un trésor, vous le savez. 일이 보배라는 것은 당신도 알고 있죠/Que la richesse ne *fasse* pas le bonheur, il s'en aperçoit. 돈이 행복의 관건이 아니라는 것을 그도 깨닫고 있다/Qu'il *doive* terminer son travail avant la fin de la semaine, il n'y pense pas. 금주 내로 그 일을 끝마쳐야 한다는 것도 그는 잊고 있다.
⑤ 부정관계대명사 qui 또는 quiconque로 유도되는 목적보어절에서는 추구의 대상이 되는 가상적인 사실을 나타낼 때에 한해서 접속법이 사용된다. 이때 주절의 동사는 주로 chercher, trouver와 같은 추구의

뜻을 나타내는 동사가 많이 사용된다. 그 밖의 경우에는 직설법 또는 조건법이 사용된다: Cherchez qui vous *comprenne*. 당신을 이해하는 자를 찾으시오./J'aimerais quiconque me *plaise*. 나의 마음에 드는 사람이면 누구나 다 나는 사랑하겠습니다(cf. 7°, ①).

5° 〖상황보어절〗 ① 시간 상황보어절에서는, 접속사 avant que, en attendant que, jusqu'à ce que 로 유도되는 경우에만 접속법을 사용하고 그 밖의 경우에는 직설법 또는 조건법을 사용한다:J'irai le voir avant qu'il *parte*. 그가 떠나기 전에 나는 그를 만나러 가겠다/En attendant que vous *acquériez* de l'expérience, rapportez-vous-en à vos parents. 너희들이 경험을 쌓기 전에는 부모님들 시키는 대로 하여라/Je resterai ici jusqu'à ce que vous *reveniez*. 당신이 돌아올 때까지 나는 여기 있겠어요.

★ jusqu'à ce que 는 「사실의 현실성」을 강조하고자 할 경우에는 직설법을 쓸 수 있다:Je restais devant lui jusqu'à ce que je *saisis* de mes bras ses genoux frêles.(Gide) 나는 한동안 그의 앞에 가만히 있다가 마침내 두 팔로 그의 가냘픈 무릎을 껴안았다/Il marcha jusqu'à ce qu'il *fut arrivé* à la ville. 그는 그 도시에 도착할 때까지 계속 걸었다.

② 이유의 상황보어절은 일반적으로 직설법(또는 조건법)이 사용되나, 잘못된 이유를 부정하는 경우에 쓰는 non que, non pas que, ce n'est pas que 뒤에서만은 접속법이 쓰인다:Non qu'il *fût* paresseux, mais il aimait le loisir. 그는 게으름뱅이였던 것은 아니고 한가한 시간을 즐기는 사람이었다/Ce n'est pas que j'en *veuille* le moins du monde à ces révolutions politiques. 그렇다고 내가 그와 같은 정치적 혁명을 싫어하는 것은 결코 아니다/Non pas que j'*admette* la compétence d'un écrivain à juger de son œuvre. 그렇다고 제 작품을 평가할 능력이 작가에게 있다는 것을 인정하려는 것은 아니다.

③ 목적 상황보어절을 유도하는 que, afin que, pour que, de crainte que, crainte que, de peur que 등의 접속사 뒤에서:Hâtez-vous, de crainte qu'il ne *soit* trop tard. 늦지 않도록 서두르세요/Si vous faites l'aumône pour qu'on vous *voie* et qu'on vous *loue*, votre charité est vaine. 남에게 보이기 위해서 또는 남의 칭찬을 받기 위해서 당신이 시주를 한다면, 당신의 자선행위는 헛된 일입니다/Ôte-toi de là, que je m'y *mette*. 내가 거기 앉게 거기 좀 비켜나세요.

④ 〖결과 상황보어절〗 a) assez ... pour que, trop ... pour que, trop peu ... pour que, suffisamment ... pour que 로 유도되는 종속절에서:L'affaire de notre avenir est trop grave pour que nous la *prenions* à la légère. 우리의 미래의 일은 경솔하게 다루기에는 너무도 중대하다/Il ne parle pas assez haut pour qu'on l'*entende*. 그의 목소리가 낮아서 잘 들리지 않는다.

b) si〔tant, tel, tellement〕 ... que 로 유도되는 결과절에서는 주절이 의문형이거나 부정형일 때만 접속법을 사용한다:Il n'est pas si habile qu'il *soit* sans rival. 그는 따라올 이가 없을 만큼 능란한 것은 아니다/Est-il tellement habile qu'il *soit* sans rival? 대적할 상대가 없을 정도로 그는 능란한가?

c) si〔tant, tel, tellement〕 ... que, au point que, de façon que, de manière que, en sorte que, de sorte que, si bien que 등으로 유도되는 결과절이 결과를 나타내는 동시에 도달해야 할 목표를 나타낼 때

subjonctif (mode)

는 접속법이 사용된다:Faites les choses de manière que chacun *soit* content. 모든 사람들이 만족할 수 있도록 일을 하시오/Je l'ai installé dans la chambre à côté de la mienne, de sorte que je *puisse* recevoir des visites sans le déranger. 나는 그를 방해하지 않고도 방문객을 받아들일 수 있도록 그를 내 옆방에 있게 했다.

★ 상황보어절이 목적의 개념 없이 순수한 결과만을 나타낼 때는 직설법이 사용되어야 한다:Il a fait les choses de manière que chacun *est* content. 그는 모두가 만족하게 일을 했다/Il a beaucoup travaillé, en sorte qu'il *a réussi* à l'examen. 그는 열심히 공부해서 그 결과 시험에 합격했다.

⑤ 양보절을 유도하는 au lieu que, bien que, encore que, loin que, malgré que, pour … que, quoique, où que, quel que, quelque … que, quelque … qui, qui que, quoi que, si … que, aussi … que 등의 접속사 뒤에서는 접속법이 쓰인다:Quels que *soient* les humains, il faut vivre avec eux. 인간들이 어떻든 간에 우리는 그들과 함께 살아야 한다/Quelques richesses que vous *possédiez*, soyez modestes. 아무리 돈이 많더라도 겸손할 줄 알아야 한다/Bien qu'il *soit* pauvre, il ne se plaint pas. 그는 가난하지만 불평을 하지 않는다.

★ 1) **tout … que**는 i) 직설법을 요구한다: Tout malin qu'il *est*, il s'est trompé. 그는 영리하긴 하지만 잘못을 저질렀다.

ii) 그러나 접속법을 사용할 수도 있다:Il avait en lui, tout vieux qu'il *fût*, des coins d'âme d'enfant qui n'avait pas vieilli. 비록 늙기는 했어도 그에게는 옛 그대로 조금도 늙지 않은 어린애 같은 마음씨의 일면이 남아 있었다.

2) 본래는 시간상황보어절이었으나 양보절을 형성하는 접속사로 변한 quand, quand même, quand bien même, alors même que, lors même que 등 접속사는 조건법을 요구한다:Lors même que nous n'en *aurions* pas l'idée distincte, nous sentirions vaguement que notre passé nous reste présent. 비록 우리는 우리의 과거에 대해서 어떤 분명한 개념을 가질 수는 없다 하더라도 막연하게나마 우리는 그것이 우리 속에 현존하고 있다는 것을 느낄 것이다.

3) **tandis que, alors que**가 양보절을 형성할 때는 뜻에 따라서 사실을 나타내면 직설법을, 가상적인 사실을 나타내면 조건법을 쓴다:Sa santé décline alors qu'on le *croyait* guéri. 그가 건강을 회복했다고 생각했는데도 실지로는 그의 건강이 나날이 악화되고 있다/Vous reculez tandis [alors] qu'il *faudrait* avancer. 앞으로 나아가야 할 것 같은데도 당신은 물러서는군요.

⑥ 조건 상황보어절이 **que**를 포함하는 접속사구(à (la) condition que, sous (la) condition que, à moins que, en admettant que, pour peu que, pourvu que, soit que… soit que, soit que… ou que, supposé que, à supposer que)로 유도될 때는 언제나 접속법을 요구한다:On te pardonnera, pourvu que tu *fasses* ta soumission. 네가 복종만 맹세한다면 용서해주겠다/Il le fera, pour peu que vous lui en *parliez*. 그 애기를 하기만 하면 그는 그대로 해줄 것이다/Nous resterons dimanche chez nous, à moins que le temps ne *s'améliore*. 날씨가 좋아지지 않는 이상 우리는 일요일에 집에 있을 것입니다.

★ 1) **si**로 유도되는 조건절에서의 법의 용법에 대해서는 si를 볼 것.

2) à (la) condition que, sous (la) condition que 뒤에서는 직설법도

subjonctif (mode)

쓸 수 있다. 그 경우에는 단순미래나 과거미래가 쓰인다: Je vous donne cet argent à condition que vous *partirez*〔*partiriez*〕 demain. 너희가 내일 떠난다는 조건으로 이 돈을 준다/Les Grecs renoncèrent à les poursuivre, à condition qu'ils *se retireraient* de la Tronde. 희랍인들은 그들이 트롱드에서 철수한다는 조건 하에 그들을 추적하지 않기로 했다.

3) **où** 로 끝나는 조건절(au cas où, dans le cas où, dans l'hypothèse où)에서는 조건법이 쓰인다: Au cas où une complication *se produirait*, faites-moi venir. 문제가 복잡해지면 나를 부르세요.

⑦ 기타의 모든 상황보어절에서는, 양태 상황보어절을 유도하는 **sans que, que … ne**(= sans que)만이 접속법을 요구할 뿐, 다른 접속사(구) 뒤에서는 언제나 직설법 또는 조건법을 쓴다: Les dents lui poussèrent sans qu'il *pleurât* une seule fois. 이가 나는 동안 그는 한 번도 울지 않았다/Vous ne sauriez lui dire deux mots qu'il ne vous *contredise*. 그는 한 마디 말만 걸어도 반드시 반박한다.

6°〖동작주보어절 **par**〔**de**〕+ **qui**〔**quiconque**〕+*subj*〗 동작주보어가 절의 형태를 취하는 경우는, 부정관계대명사 qui 또는 quiconque로 유도되는 명사절이 동작주보어를 유도하는 전치사 par 또는 de 뒤에 놓이는 경우뿐이다. 이 경우에는 동작주보어절이 비현실적인 사실을 나타낼 때에 한해서 접속법이 쓰인다: Puissiez-vous être instruits par qui vous *comprenne*. 너희들을 잘 이해할 수 있는 분에게서 너희들이 지도를 받을 수 있기를 바란다/Ils souhaitaient être loués par quiconque leur *parlât*. 그들은 자기들에게 말을 거는 모든 사람에게서 칭찬받기를 바랐다.

7° 관계절〔형용사절〕에서는 다음 네 가지 경우에만 접속법이 쓰이고 그 밖의 경우에는 직설법 또는 조건법이 사용된다.

① 관계절의 뜻이 추구의 대상이 되는 어떤 명사를 수식할 때: Je cherche un médecin qui *puisse* me guérir. 나는 나를 고칠 수 있을 의사를 찾고 있다/On envoya un courrier qui *annonçât* la victoire. 승리를 알릴 사자를 파견했다(cf. On envoya un courrier qui *annonça* la victoire. 사자를 보내서 승리를 알렸다)/Montre-moi quelque asile qui *puisse* me sauver. 나를 구제할 수 있을 은신처를 가리켜 주시오.

② 관계절이 최상급을 동반하는 선행사를 수식하거나 또는 최상급과 유사한 뜻을 가진 seul, premier, dernier, unique, suprême 와 같은 형용사를 동반하는 선행사를 수식할 때: C'est le meilleur homme que je *connaisse*. 저이는 내가 알고 있는 제일 좋은 사람이다/C'est l'unique poste que vous *puissiez* remplir. 그거야말로 당신이 맡을 수 있는 유일한 직책이다.

★ 1) 이 용법은 최상급과 유사한 뜻을 가진「un(e) des+복수 형용사+복수명사」나「il n'y a que+N」의 뒤에 관계절이 올 때도 적용된다: C'est une des grandes erreurs qui *soient* parmi les hommes. 그거야말로 인간들에게서 볼 수 있는 가장 큰 잘못 중의 하나다/Aimes-tu ce livre? C'est un des beaux qu'on *ait faits*. 이 책 좋아하니? 정말 잘 만든 책이야/Il n'y a que lui qui *puisse* le faire. 그것을 할 수 있는 사람은 그 사람밖에 없다.

2) 그러나 이 경우에도 객관적인 사실임을 강조하고자 할 때는 직설법이 쓰인다: Les mauvais succès sont les seuls maîtres qui *peuvent* nous reprendre utilement. 실책이

야말로 우리를 채찍질해줄 수 있는 유일한 스승이다/Les visites de Swann avaient été les dernières qu'elle *avait reçues*. 스완이 한 몇 차례 방문이 그녀가 받은 마지막 방문이었다.
③ 형태상으로 또는 의미상으로 부정·의문·조건을 나타내는 주절에 걸리는 관계절에서 : Il n'y a pas d'homme qui *soit* immortel. 죽지 않는 사람은 없다/Est-il un trésor qui *vaille* la vertu? 덕보다 더 귀중한 보물이 있을까?/Si vous avez un ami qui vous *reprenne* de vos fautes, gardez-le. 당신 잘못을 타일러주는 친구가 있거든 그를 잃지 마세요/Il y a peu d'hommes qui *sachent* véritablement aimer. 진실로 사랑할 줄 아는 사람은 드물다.
★그러나 현실적 사실을 나타내는 경우에는 관계절에 직설법이 사용된다: On n'estime pas l'homme qui *ment*. 거짓말하는 사람은 존경받지 못한다/Oublierons-nous les lieux qui nous *ont vus* naître? 우리가 태어난 고장을 우리는 잊을 수 있을까?/Si vous blâmez l'ami qui vous *reprend* de vos fautes, vous avez tort. 당신의 잘못을 일러주는 친구를 나무라는 일은 잘못이다.
④ 접속법이 사용된 절에 종속하는 관계절에서 : Je ne crois pas que ce *soit* cet homme que je *prenne* jamais pour conseiller. 내가 조언자로 택할 사람은 이 사람이라고 나는 생각하지 않는다/Jean n'était pas même sûr que ce *fût* lui qu'elle *attendît*. 장은 그녀가 기다리고 있는 사람이 자기인지 아닌지조차 알 수가 없었다/Pensez-vous que vous *ayez* affaire à un homme qui *vende* son suffrage? 당신은 내가 돈을 받고 투표권을 파는 사람인 줄로 아시나요?
8° 〖형용사의 보어절〗 ① 감정을 나타내는 형용사(aise, affligé, charmé, content, curieux, désolé, digne, enchanté, étonné, fâché, fatigué, furieux, heureux, honteux, impatient, irrité, las, malheureux, ravi, saisi, stupéfait, surpris, triste, etc.)의 보어절에서는 접속법이 쓰인다 : Je suis heureux qu'il *ait fait* cela. 그가 그 일을 해서 기쁩니다/Je suis las qu'on me *plaigne*. 나는 불평을 듣는 데 지쳤다/Je suis bien aise que la force vous *revienne* un peu. 다시 원기를 회복하셔서 매우 기쁩니다.
★이런 감정을 나타내는 형용사의 보어절은 que 대신 de ce que 로 유도될 수 있다. de ce que 뒤에서는 보통 직설법이 쓰이나 문어체에서는 접속법이 쓰이기도 한다 : Heureuse de ce que ses enfants *sont*〔*soient*〕 bien portants, cette mère est attentive à ce que rien ne leur manque. 자식들이 건강해서 행복스러운 그 어머니는 혹시 그 애들에게 부족한 일이 없을까 신경을 쓴다.
② 의견·판단을 나타내는 sûr, certain 과 같은 형용사의 경우에 주절이 부정·의문·조건문의 형태를 취할 때만 접속법이 쓰인다(《그러나 그 경우에도 보어절이 현실적 사실을 나타낼 때는 직설법이 사용된다》): Je ne suis pas certain qu'il *vienne*. 그가 올는지 확실치 않다/Etes-vous sûr qu'il *ait* raison? 그가 옳다고 당신은 확신해요?(cf. Etes-vous sûr qu'il n'*est* pas *venu* hier? 그가 어제 오지 않은 것은 확실합니까?).
III. 〖특수 용법〗 1° 접속법 현재는 다음과 같은 두 가지 경우에는 조건을 나타내는 데 쓰인다.
① si 로 유도되는 조건절이 반복될 때, 두번째 조건절부터는 접속사 si 대신 que 를 쓰고 동사를 접속법으로 둘 수 있다. ⇨que³.
② venir 의 접속법 현재는 단순도치 inversion simple 의 형태로 조건과 때를 동시에 나타낸다 : *Vienne* encore

un procès et je suis achevé. 소송 사건이 또 일어나는 날이면 나는 완전히 망할 것이다.
2° 접속법 반과거는 접속사 que 없이 양보절 및 조건절을 형성하는 데도 쓰인다.
① a) **avoir, être, devoir** 등 조동사는 접속법 반과거의 형태로 주어를 도치함으로써 양보절을 구성한다《이때 devoir만은 단순도치를 하나 그 밖에는 복합도치를 해야 하며 주어는 대개의 경우 3인칭 단수이다》: *eût*-il[son père *eût*-il] cent fois raison 그가[그의 아버지가] 백번 옳다손 치더라도/Je n'y toucherai pas, *fût*-ce du bout du doigt. (절대) 손가락 끝도 대지 않겠어요.
b) 이 용법은 다른 인칭, 다른 동사에서도 가끔 볼 수 있으며 특히 상기 조동사 이외의 경우에는 que로 유도되는 조건절 (주절) 앞에서 쓰이는 일이 많다: Le *voulût*-elle, l'*essayât*-elle d'ailleurs qu'elle n'y réussirait pas. 그녀가 그것을 원하더라도, 또 그것을 시도한다고 해도 그 일을 해내지 못할 것이다. ⇨que³.
② **comme si** 다음에서 과거 시제로 두어진 주절과 동시성을 나타내기 위해서 직설법 반과거를 대신하여 조건을 나타내는 경우가 있다: Il toisa le rosier jaune comme si ce *fût* la jeune fille à la belle voix. 마치 그것이 아름다운 목소리를 지닌 처녀이기라도 하듯이 그는 노란 장미나무를 눈여겨 보았다.
3° 접속법 대과거는 조건·가정·양보를 나타내는 데 쓰이며 또한 유감·놀라움 따위를 나타내는 감정적 용법으로도 사용된다. 이와 같은 접속법의 용법은 조건법의 가치를 가지므로 이러한 접속법을 일반적으로 조건법 과거 제2형 *seconde forme du conditionnel passé이라고 부르고 있다.
① 비현실적인 가정을 나타내는 조건절(종속절)을 받는 결과절 (주절)에서 비현실적인 결과를 나타낸다: Il *eût pensé* qu'elle dormait s'il n'avait vu briller ses yeux. 그녀의 눈이 반짝이는 것을 보지 않았더라면 그는 그녀가 자고 있는 줄로 알았을 것이다/Sans elle, il *eût été* un autre homme. 그녀가 없었던들 그는 전혀 딴 사람이 되었을 것이다.
★ 이런 용법의 접속법 대과거는 과거에 대한 가상적 결과만을 나타낸다. 따라서 현재완료 또는 미래완료로 사용되는 조건법과거는 접속법대과거로 대용할 수가 없다:Si j'avais été là, il ne *serait* pas mort. 내가 거기 있었더라면 그는 죽지 않았을 것이다《현재 완료의 뜻으로 fût mort라고 할 수는 없음》/S'il commençait tout de suite, il *aurait fini* avant vous. 그가 만일 지금 당장 시작한다면 당신보다 먼저 끝나버릴 텐데《미래 완료의 뜻이므로 역시 eût fini를 대용할 수는 없음》.
② 과거에 있어서의 비현실적인 가정을 나타내는 조건절에서도 접속법 대과거가 쓰일 수 있다.
a) 접속법 si 뒤에서 직설법 대과거를 대신한다:Il eût encore crié plus fort s'il n'*eût* pas grelotté. 만일 몸이 떨리지만 않았더라면 더 큰 소리로 외쳤을 텐데/Il aurait réussi s'il *eût été* plus patient. 좀더 참을성이 있었더라면 성공했을 텐데《이 문장은 Il aurait réussi s'il avait été plus patient 또는 위 ①의 용법을 적용하여, Il eût réussi s'il avait été plus patient 또는 Il eût réussi s'il eût été plus patient으로 쓸 수도 있음》/《특히 이 용법은 비교절인 que si, comme si에서 자주 쓰인다》 Pauline arpentait la pièce comme si elle *eût été* seule. 폴린은 마치 자기밖에 없는 것처럼 방안을 왔다 갔다했다/Madame Trépot n'avait pas plus compris mon discours que si c'*eût été* du grec. 트레포

subjonctif (mode)

부인은 희랍어같이 내 말을 전혀 알아듣지 못했다.

b) si 없이 도치 형식으로도 조건을 나타낼 수 있다: *Eussé*-je *emporté* avec moi et *pris* aussitôt de la quinine, j'aurais sans doute mieux tenu le coup. 키니네를 갖고 와서 그것을 곧 먹었더라면 아마도 그 충격을 좀더 견뎌낼 수 있었을 것이다/ N'*eût été* sa toilette verte, on l'eût pris pour un magistrat. 녹색 의복만 아니었더라면 그는 사법관으로 오인되었을지도 몰랐다.

③ 도치 구문으로 양보를 나타내기도 한다(Se *fût*-elle *trouvée* seule avec lui qu'elle n'eût rien su lui dire d'autre. 그녀가 그와 단둘만이 되었다 하더라도 그녀는 그에게 딴 아무 말도 못했을 것이다). 이때 접속사 que를 쓰지 않고 그 대신 그 자리에 virgule를 써도 좋으며 또 도치를 안해도 무방하다: Elle *se fût trouvée* seule avec lui, (qu')elle n'eût....

④ comme 로 시작되는 비교절에서나 또는 관계절에서 접속법 대과거는 가정적인 사실을 나타내기도 한다: Elle parlait d'une voix claire et monotone, comme elle *eût récité* une leçon. 그녀는 마치 어떤 교재의 한 귀절이라도 외듯이 맑고 단조로운 목소리로 말을 했다/Qui m'*eût vu* alors se fût fait une idée assez juste d'un mouton enragé. 그때 만일 누가 나를 보았다면 성난 양이 어떤 것인지를 꽤 정확하게 이해할 수 있었을 것이다.

⑤ 감탄문 또는 의문문에서 유감·놀라움을 나타내는 데도 접속법대과거가 쓰인다: *Eût*-on jamais *pensé* que cet homme eût pu commettre un tel crime? 그 사람이 그와 같은 죄를 저지르줄 누가 생각했겠는가?/ Mais comment *eussé*-je *pu* prévoir la question qui la tourmentait? 그러나 그녀를 괴롭히고 있는 이 물음을 어떻게 예견할 수 있었겠는가?

C. 〖시제〗접속법은 4가지 시제밖에 없다.

I. 〖접속법의 4 가지 시제와 직설법·조건법의 시제의 상호관계〗

1° 〖접속법 현재〗직설법의 현재와 미래에 해당하는 시제(다만, 접속법에는 미래형이 없으므로 미래의 사실임을 나타내고자 할 때에는 「devoir의 접속법 현재+*inf*」의 형태를 차용한다: Je doute qu'il *doive partir*): Je doute qu'il *parte* en ce moment. 그가 지금 떠난다는 것을 나는 의심한다. Je doute qu'il *parte* demain. 나는 그가 내일 떠나리라는 것을 의심한다 (cf. Je crois qu'il *part* en ce moment. 그가 지금 떠난다고 나는 생각한다. Je crois qu'il *partira* demain. 나는 그가 내일 떠나리라고 생각한다).

2° 〖접속법 반과거〗직설법 반과거, 단순과거, 과거미래 및 조건법 현재에 해당한다: Je doutais qu'il *partît*. 나는 그가 떠나는 것을 의심하고 있었다. Je doute qu'il *partît* alors. 나는 그가 떠났다는 것을 의심한다 (cf. Je croyais qu'il *partait*. 나는 그가 떠난다고 생각하고 있었다. Je crois qu'il *partit* alors. 나는 그때 그가 떠났다고 생각한다)/Je doutais qu'il *partît* bientôt. 나는 그가 곧 떠나리라는 것을 의심하고 있었다. Je doute qu'il *partît*, si son père le lui permettait. 만일에 아버지만 허가한다면 그는 떠날 것이라는 것을 나는 의심한다(cf. Je croyais qu'il *partirait* bientôt. 나는 그가 곧 떠나리라고 생각하고 있었다. Je crois qu'il *partirait*, si son père le lui permettait. 아버지만 허가한다면 그는 출발할 것이라고 나는 생각한다).

3° 〖접속법 과거〗직설법의 복합과거 및 전미래에 해당한다: Je doute qu'il *soit parti*. 그가 떠났다는 것을 나는 의심한다. Je doute qu'il *soit parti* à midi. 그가 정오까지에

는 출발하고 없을 것이라는 것을 나는 의심한다 (cf. Je crois qu'il *est parti*. 나는 그가 떠났다고 생각한다. Je crois qu'il *sera parti* à midi. 나는 그가 정오까지에는 출발하고 없을 것이라고 생각한다).
4°〖접속법 대과거〗 직설법의 전과거, 과거 전미래 futur antérieur du passé 및 조건법 과거에 해당한다: Je doute qu'il *eût fini* en un instant. 나는 그가 순식간에 일을 마쳤다고는 생각하지 않는다. Je doutais qu'il *fût parti*. 나는 그가 떠났다는 것을 의심했었다(cf. On dit qu'il *eut fini* en un instant. 남들이 말하는 바로는 그는 순식간에 일을 마쳤다. Je croyais qu'il *était parti*. 나는 그가 떠났다고 생각했었다)/Je doutais qu'il *fût parti* à midi. 나는 그가 정오까지에는 떠나고 없으리라는 것을 의심했다. Je doute qu'il *fût parti* si son père le lui avait permis. 아버지만 허락했더라면 그가 떠났으리라는 것을 나는 의심한다(cf. Je croyais qu'il *serait parti* à midi. 나는 그가 정오까지에는 떠나고 없을 것이라고 생각했었다. Je crois qu'il *serait parti* si son père le lui avait permis. 나는 그의 아버지가 허락했다면 그는 떠났으리라고 생각한다).
★ 이상에서 본 종속절에서의 접속법의 각 시제와 기타 법의 각 시제 상호간의 관계를 도시하면 별표와 같다.
II. 종속절에서의 접속법 시제의 용법을 주절 동사의 시제와의 상관관계에서 설명하면 다음과 같다.
1° 주절의 동사가 직설법 현재 또는 미래일 때, ① 주절에 대해서 종속절이 동시성·후시성을 나타낼 때는 종속절에 접속법 현재를 쓴다: J'ordonne qu'il *parte* demain[tout de suite]. 나는 그가 내일[곧] 떠날 것을 명령한다/J'ordonnerai qu'il *revienne* sans tarder. 그가 지체말고 곧 돌아오기를 명령하겠다.

※ 별표

접속법	기 타 의 법
현 재	직설법 현재 직설법 미래
반과거	직설법 반과거 직설법 단순과거 직설법 과거미래 조건법 현재
과 거	직설법 복합과거 직설법 전미래
대과거	직설법 전과거 직설법 대과거 직설법 과거 전미래 조건법 과거

② 주절의 동작에 대해서 先立性을 나타내거나 어떤 미래 시점 이전에 완료되어 있을 동작을 나타내거나 할 때는 종속절에 접속법 과거를 쓴다: Je ne crois pas[Je ne croirai pas] qu'il *ait commis* cette faute. 그가 그런 잘못을 저질렀다고는 생각하지 않아요[생각하지 않겠어요]/Il faut qu'avant un quart d'heure, tu *aies pris* une décision. 너는 15분 내로 어떻게 할 것인지를 결정지어야 한다.
2° 주절이 직설법 과거(복합과거, 반과거, 단순과거, 전과거, 대과거)일 때, ① 주절이 나타내는 사실에 대해서 종속절의 사실이 동시성 또는 후시성을 나타낼 경우에는 종속절에 접속법 반과거를 쓴다: J'ai ordonné[J'ordonnai, J'ordonnais, J'avais ordonné, Quand j'eus ordonné] qu'il *partît* sur le moment[le lendemain]. 나는 그가 곧[다음 날] 떠나도록 명령했다[명령하자마자…].
② 주절이 나타내는 사실에 대해서 종속절의 사실이 선립성을 나타낼

subjonctif (mode)

때 또는 어떤 과거의 시점에 이미 완료되어 있는 동작을 나타낼 때는 종속절에 접속법 대과거를 쓴다: Je regrettais qu'il *fût parti*. 그가 떠난 것을 나는 아쉬워했다/Je doutais qu'il *fût parti*. 나는 그가 떠났다고는 생각지 않았다/Marcelle ouvrit sa porte avant qu'il n'*eût atteint* le palier. 마르셀은 그가 계단을 다 올라오기 전에 문을 열었다/Je ne croyais pas qu'il *eût fini* avant dix heures. 나는 그가 열시 이전에 마쳐버리리라고는 생각지 않았다.
3° 주절의 동사가 조건법 현재일 때는 원칙상 종속절에는 접속법 반과거가 쓰여야 하나(《문어체》), 접속법 현재를 대신 쓰는 경향이 짙다: Il faudrait que chacun *donnât* son superflu aux pauvres. 사람은 모두 쓰고도 남을 물건을 가난한 자들에게 적선할 필요가 있을 것이다/Je voudrais qu'il *vînt*〔*vienne*〕. 그가 와 주었으면 좋겠다/Il me serait agréable que cela *se fît*〔*se fasse*〕. 그렇게 된다면 좋겠습니다만.
★B에 의하면 위의 끝에서 두 번째 예문에서 Je voudrais qu'il vînt처럼 접속법 반과거를 쓰면 비현실적 사실을 나타내며 (오지 않는 사람에 관해서 「그가 왔으면」하고 바랄 때), Je voudrais qu'il vienne처럼 접속법 현재를 쓰면 있을 수도 있는 사실을 나타내는(올 수도 아니 올 수도 있는 사람에 관해서 하는 말) 미묘한 뉘앙스가 있다고 하나, 구어체에서는 현재만을 쓰는 경향이 있다.
4° 다음 네 가지 경우에는 위의 1°, 2°, 3°의 원칙에도 불구하고 특수한 시제가 쓰인다.
① 주절에 직설법 현재가 쓰이더라도 종속절이 나타내는 사실이 과거에 있어서의 습관적 내지 지속적 행위에 관한 것일 때는 접속법 반과거를 써야 한다: Il ne faut pas croire que sa raison *fût* en désordre. 그가 정신착란을 일으키고 있었다고 생각해서는 안된다 (cf. Il faut croire que sa raison *était*....)/Je ne puis croire que Robert ne *fût* pas prêt. 로베르가 준비가 되어 있지 않았다고 생각할 수가 없어 (cf. Je crois que Robert *était* prêt.)/J'aime qu'Herbert Spencer *travaillât* avec le portrait de la reine Victoria au-dessus de sa table. 에르베 스팡세가 자기 책상 위에 빅토리아여왕의 초상화를 걸어놓고 일을 하는 습관이 있다는 것이 내게는 마음에 든다.
② 주절의 동사가 단순미래일 때 그 종속절이 나타내는 사실이 주절에 대해서 선립성을 나타내더라도, 화자가 말을 하는 시점에서 보아 현재의 사실이면 종속절에 접속법 현재를 쓴다: Cet employé me rendra trop de services pour que je le *renvoie* (en ce moment). 이 종업원은 지금 내가 내쫓기에는 앞으로 너무도 쓸모 있을 사람이다.
③ 주절의 동사가 과거 시제이라도, 종속절이 나타내는 사실이 화자가 말하는 시점에서 보아 아직도 현재 또는 미래에 속하는 일이거나 항구불변의 진리에 속하거나 할 때는 종속절에 접속법 현재를 써야 한다: Il a voulu la paix, quoiqu'il *fasse* la guerre. 그는 현재 전쟁을 하고 있기는 하나 평화를 원했었다/Le général a donné l'ordre que l'on *parte* demain. 장군은 내일 떠나라는 명령을 내렸다/Dieu a voulu que l'homme *se repose* le septième jour de la semaine. 사람은 하느님의 뜻에 의해서 일 주의 제칠일은 휴식을 취한다.
★「rien qui vaille 신통한 일〔것〕이라고는 전혀, âme qui vive 단 한 사람도, coûte que coûte 어떤 값을 치르더라도, vaille que vaille 어떻든 간에, quoi que ce soit 어떻든 간에, 무엇이든」과 같은 표현에서는 접속법의 시제의 사용이 주절의 시제와 관계없이 현재로 고정

되어 있다:Il voulait se débarrasser de moi *coûte que coûte*. 그는 어떻게 해서라도 나를 제거하려고 했다.

④ 주절에 직설법의 현재 또는 미래 시제가 쓰이더라도 종속절이 나타내는 뜻이 어떤 조건에 따라 일어날 수 있는 결과를 나타낼 때는 조건법 대신에 접속법 반과거(조건법 현재에 해당) 또는 접속법 대과거(조건법 과거에 해당)를 쓴다:(La guerre, si elle éclatait, entraînerait des maux incalculables.→) On craint que la guerre, si elle éclatait, n'*entraînât* des maux incalculables. 만일 전쟁이 터지면 헤아릴 수 없는 불행이 초래되지 않을까 모두들 걱정한다/Il n'y a pas de saint qui ne *devint* enragé si on le traitait comme un petit enfant. 아무리 성자라도 어린애 취급을 당해서 노하지 않을 사람은 없다.

★ 1) 이때 조건은, si 로 유도되는 조건절로만 나타나는 것이 아니고 부사구의 형태로 나타날 수 있을 뿐더러, 조건절이 아주 생략되어 없을 수도 있는 것은 물론이다(⇨conditionnel):Il est douteux que *sans cette précaution*, nous *eussions* pu faire le trajet de Tolède à Madrid en une journée. 그와 같은 사전 대책이 없었다면 과연 톨레드에서 마드리드까지 하루만에 갈 수 있었을는지는 의심스럽다/Il n'y a rien que je ne *fisse pour vous obliger*. 당신을 돌보기 위해서라면 하지 못할 일이 없을 것입니다/En est-il un seul parmi vous qui *consentît*? (만일 그런 제안이 있다면) 당신들 중에 단 한 사람이라도 동의할 사람이 있겠어요?

2) 조건법을 대신하는 이런 접속법의 용법에서도 다른 경우와 마찬가지로 구어체에서는 접속법 반과거 대신에 접속법 현재를, 그리고 접속법 대과거 대신에 접속법 과거를 사용한다 (⇨하기 III).

III. 〖접속법반과거의 회피〗 접속법 반과거는 현대불어의 구어체에서는 avoir (eût)와 être (fût)의 3인칭 단수형 이외는 거의 쓰이지 않으며, 문어체에서도 avoir, être 및 기타 동사의 3인칭 단수에서만 쓰일 뿐이다. 현대 구어체불어에서 이미 안 쓰이게 된 접속법 반과거를 피하기 위해 다음 세가지가 주로 쓰이고 있다.

1° 접속법 현재의 대용. 반과거가 쓰이는 모든 경우에 현재를 대용한다. 따라서 접속법 대과거도 접속법 과거로 대용된다:Peu s'en est fallu qu'il ne *soit tué*. 하마터면 그는 죽을 뻔했다/Elle attendait, anxieusement, que je l'*approuve* ou la *condamne*. 그녀는 불안스럽게 나의 동의 내지 반대를 기다리고 있었다/Je voudrais que vous *parliez* avec mon mari. 제 남편과 얘기를 해 보세요/Je doutais qu'il *soit venu*. 나는 그가 왔으리라고는 생각하지 않았다/Je ne pensais pas qu'il *soit arrivé* avant nous. 나는 그가 우리보다 먼저 도착해 있으리라고는 생각하지 않았다.

2° 가능할 경우에는 부정법을 사용한다:Il faudrait que j'y allasse.→ Il faudrait〔Je devrais〕 y aller. 거기 가야할 것 같다/Il arriva qu'il vînt me voir. →Il lui arriva de venir me voir. 어쩌다 그가 나를 만나러 오는 일이 있었다.

3° 주절의 주어와 종속절의 주어가 달라서 위 2°의 방법을 쓰지 못할 경우에는 **voir** 동사를 사용해서 부정법 구문으로 고친다 (⇨동사 voir):Je voulais qu'ils m'obéissent. →Je voulais les *voir* m'*obéir*. 나는 그들이 내 말을 따르기를 원했다/Je désirais que vous réussissiez.→ Je désirais vous *voir réussir*. 나는 당신이 성공하기를 바랐습니다.

subordination ⇨proposition subordonnée.

substantif ⇨nom².

substantifs verbaux ⇨ dérivation.

succinct(e) —발음은 남성이 [syksɛ̃] 또는 [syksɛ̃:kt], 여성형은 [syksɛ̃:kt] 또는 [syksɛ̃:t].

sucre —보통은 Donnez-moi du ~ 처럼 단수형 물질명사를 쓰나 「morceau de ~ 덩어리 설탕」의 뜻으로 쓸 때는 개체 명사로 수사를 붙여서 단수・복수로 사용할 수 있다:Mettez deux ~s dans mon café, s'il vous plaît. 제 커피에는 각설탕 둘만 넣으세요.

suffisamment —다른 수량의 수사처럼 명사 보어를 붙여서 사용할 수 있다(=assez):Il a ~ de bien pour vivre. 그에게는 넉넉한 생활비가 있다/Il en a ~. 그는 그것을 충분히 갖고 있다.

suffixe [접미사] —단어의 어간 *lexème 뒤에 붙어 문법적 기능・품사・의미 등이 달라지는 새 단어를 만드는 데 쓰이는 접사 *affixe 의 일종. 어간 lexème을 떠나서는 통사적으로나 의미적으로 아무런 기능을 발휘하지 못하는 형태소이다. 넓은 뜻으로는 가변어 mots variables 의 굴절어미 suffixes flexionnels (je chant*ais*의 -*ais*, personne*s*의 -*s*)와 새 단어의 형성에 사용되는 파생어미 suffixes dérivationnels (lente*ment*의 -*ment*, pass*age*의 -*age*)의 두 가지를 포함하나 좁은 의미(본 사전에서도 이 뜻으로 사용함)에서는 후자의 뜻으로 쓰이는 것이 보통이다. 생성변형문법에서는 전자의 뜻으로 사용한다.

A. 〖접미사의 분류〗관점에 따라서 접미사를 분류하는 방법도 여러가지이다. 기원에 따라서 라틴어계, 희랍어계, 게르만어계, 불어계로 나눌 수 있는가 하면 현용접미사 suffixe vivant 와 폐용 접미사 suffixe mort (조어 능력을 이미 상실한 것)로 나눌 수도 있고, 의미에 따른 분류법 (예컨대 행위자 -eur, -ateur; 주민 -ain, -ois, -ien; 동작 -age, -ation, etc.)도 가능하다. 또 일상 생활에 자주 쓰이는 단어를 만드는 상용어 접미사 suffixe populaire와 학술적 용어를 만드는 데 쓰이는 학술 접미사 suffixe savant의 두 가지로 나누는 이도 있다. 그러나 가장 널리 통용되는 분류법은 전성품사의 종류에 따라 나누는 법으로, 접미사를 붙여서 얻게 되는 단어가 명사 또는 형용사로 사용되는 경우, 동사로 사용되는 경우, 부사로 사용되는 경우 등으로 분류하는 것이다.

B. 〖주요 접미사〗위 분류법에 따라서 주요한 접미사를 소개하면 다음과 같다. (괄호 안은 접미사가 붙는 어간의 종류를 표시한다).

I. 〖상용어 접미사 suffixe populaire〗

1° 〖명사・형용사를 만드는 접미사〗 (명사로만 사용되는 것은 괄호 안에 「→명」으로, 형용사로만 사용되는 것은 「→형」으로 표시하고, 명사로도 형용사로도 사용되는 것은 아무런 표시도 하지 않았음).

-able(명사, 동사) 가능성・성질:blâmable, véritable, valable.

-ade(명사, 동사 →명) 집합・행위・경멸:colonnade, glissade, galopade.

-age(명사, 동사→명) 집합・상태・행위: feuillage, servage, brigandage.

-aie[**-oie**](명사 →명) 식물의 집합: aunaie, saulaie, chênaie, charmoie, ormoie.

-ail(동사 →명) 기구・용구: attirail, épouvantail, éventail.

-aille(명사, 동사 →명) 집합・경멸・행위의 결과:pierraille, valetaille, trouvaille.

-ain, -aine(명사, 형용사 →명) 사람・집단:châtelain, châtelaine, prochain, prochaine, mondain, douzaine, trentain.

-ais, -ois(명사) 주민: Marseillais, Français, Chinois, villageois.

-aison, -ison, -oison(동사 →명) 행위:pendaison, inclinaison, guérison, garnison, trahison, pâmoison.

-ance(동사 →명) 행위(의 결과):alliance, puissance, gérance, obligeance.

-ande(동사 →명) 해야 할 것:offrande, viande.

-andier, -anderie(동사 →명) 행위자, 행위의 장소:lavandière, buanderie, taillanderie.

-ant(동사 →분사, 형용사, 명사) 행위자:appartenant, changeant, levant.

-ard(동사, 명사, 형용사) 사람((경멸적인 뜻을 내포할 때가 많음)):montagnard, richard, grognard, vantard, chauffard.

-as, -asse, -ace(동사, 명사, 형용사 →명) 다수·경멸·과장: plâtras, rosace, fadasse, lavasse.

-âtre(형용사) 근사(近似)·비방:rougeâtre, marâtre, gentillâtre.

-aud, -aut(명사, 형용사) 경멸:courtaud, rustaud, levraut.

-é(명사 →명) 직위·직책:vicomté, évêché;(명사 →형) 성질·속성: azuré, imagé.

-eau, -elle, -ereau, -erelle(명사, 형용사, 동사 →명) 지소사(指小辭): drapeau, taureau, traîneau, ruelle, dentelle, tombereau.

-ée(명사 →명) 내용·계속·제품·수량 단위:ondée, matinée, araignée, cuillerée.

-elet, -elette(명사, 형용사) 지소사: aigrelet, bracelet, odelette, côtelette.

-ement(동사 →명) 동작((장소)): logement,recueillement,battement.

-eret, -eresse(명사, 동사 →명) 추상명사·사물:chardonneret,couperet, forteresse, sécheresse.

-erie(형용사, 명사, 동사 →명) 추상명사(성질·행위)·행위의 결과·행위의 장소·집합·생산업: fourberie, causerie, brasserie, argenterie, biscuiterie.

-esse, -ise(형용사 →명) 추상명사·사물:finesse, richesse, souplesse, franchise, marchandise.

-et, -ette(명사, 형용사, 동사) 지소사:propret, archet, jouet, fourchette, sonnette.

-eur(형용사 →명) 추상명사: blancheur, grandeur.

-eur, -euse(형용사, 명사 →명) 행위자·연장:chercheur, torpilleur, batteuse.

-eux, -euse(명사, 동사) 성질·풍부: courageux, boiteux, boueux.

-ie(명사, 형용사 →명) 성질·집단·지방: courtoisie, seigneurie, Normandie, Wallonie.

-(i)er, -(i)ère(형용사, 명사, 동사) 행위자·용기·성질·나무:chapelier, herbier, hospitalier, pommier, soupière, sapinière, lingère, archer.

-if(동사, 형용사, 명사 →형)성질: tardif, maladif, instinctif, explosif, craintif.

-il(명사 →명) 저장소·축사(畜舍): fenil, fournil, chenil.

-ille(명사 →명) 지소사: brindille, flottille, chenille.

-in, -ine(명사, 형용사, 동사) 지소사·경멸사:enfantin, limousin, moulin, alpin, argentin, chevalin, plaisantin.

-is(명사, 동사 →명) 추상명사·집단명사·행위의 결과〔장소〕:roulis, éboulis, fouillis, patrouillis.

-oir, -oire(동사 →명) 행위의 장소·기구:parloir, arrosoir, baignoire.

-on, -illon(명사, 형용사, 동사 →명) 지소사((사람·동물·사물)):espion, ânon, bouchon veston,

oisillon, négrillon.
-ot, -otte, -ote(명사, 형용사, 동사 →명) 지소사: pâlot, billot, pierrot, menotte.
-té, -eté, -ité (형용사 →명) 추상명사:bonté, fierté, cherté, honnêteté, intimité.
-u (명사 →형) 특성:bossu, charnu, feuillu, ventru.
-ure(명사, 형용사, 동사 →명) 수동 동작(의 결과)·집합:brûlure, piqûre, meurtrissure, chevelure, denture.
2° 〖동사를 만드는 접미사〗 ①〖직접 파생 dérivation immédiate〗
-er[-ter](명사, 형용사): baser, boxer, loger, bavarder, griser, clouter, numéroter.
-ir[-cir](명사, 형용사): garantir, meurtrir, blanchir, maigrir, noircir, obscurcir.
②〖간접 파생 dérivation médiate〗 어간과 동사 형성 접미사 -er 와의 사이에 다른 접사가 끼어들어서 동사의 aspect 를 나타내거나, nuance péjorative 나 nuance diminutive 를 가미하는 경우.
-ailler, -iller, -ouiller 반복·지소적 뜻:criailler, mordiller, chatouiller.
-asser 확대사·경멸사: écrivasser, rêvasser.
-eler:bosseler, craqueler, denteler.
-eter, -oter 반복 또는 지소사: becqueter, voleter, grignoter, vivoter.
-iner 지소사: trottiner.
-ocher, -nicher, -ifler: effilocher, flânocher, pleurnicher, écornifler.
-onner 반복 또는 지소사:chantonner, griffonner, mâchonner.
-oyer: chatoyer, coudoyer, foudroyer, nettoyer, tutoyer.
3° 〖부사를 만드는 접미사〗
-ment 양태:vivement, doucement, sottement, grandement, bellement.
II. 〖학술 접미사 suffixe savant〗
1° 〖Latin 어에서 온 것〗 ①〖명사·형용사를 만드는 것〗
-acé (식물의) 특징:renonculacées, rosacées.
-aire 사람:lapidaire, mousquetaire, millionnaire, moscoutaire.
-al (→형) 성질: banal, médicinal, original, partial.
-an, -ane (지명·인명 →형) 형용사:gallican, rhénan, persan, castillan, mahométan.
-ana (인명 →명) 일화〔경구〕집: Voltairiana, Ménagiana.
-(i)at(명사, 형용사 →명) 추상명사:généralat, assassinat, syndicat, secrétariat, prolétariat.
-ateur (동사) 행위자: admirateur, explorateur.
-ature(명사, 동사 →명) 추상명사: dictature, littérature, signature, ossature.
-bond (→형) 형용사: moribond, furibond, nauséabond.
-bus (→명) 차량:autobus, aérobus, électrobus.
-é, -ié 특징:constellé, folié, salarié.
-éen 사람:lycéen, vendéen, Européen.
-ence 추상명사:permanence, adhérence.
-esque 형용사:arabesque, funambulesque, dantesque, moliéresque.
-ible 성질:corruptible, susceptible, comestible.
-ien, -ienne (명사)성질·사람: musicien, physicien, israëlien, napoléonien.
-ique (명사) 형용사:chimique, volcanique, érotique.
-isme (명사, 형용사 →명) 주의·특성·상태:héroïsme, chauvinisme, romantisme.

-iste (명사, 형용사)성질·사람:défaitiste, journaliste, romantiste.

-ité (형용사 →명) 추상명사:actualité, mondanité, inviolabilité.

-itude(형용사) 추상명사: plénitude, certitude, platitude.

-ose 학술명:nivôse, morose, cellulose.

-tion, -sion 추상명사:ignition, bifurcation, compromission, démoralisation, comparution.

-toire (동사 →형) 용도·목적:blasphématoire, diffamatoire.

-ueux (명사 →형) 성질: torrentueux, fructueux, voluptueux, délictueux.

-ule 지소〔경멸〕사:globule, ovule, libellule.

② 〖동사를 만드는 것〗

-er 상용어에서 동사를 만드는 데 가장 대표적으로 쓰이는 이 접미사는 Latin 어 어간에 붙어서 mot savant을 만드는 데도 쓰인다: majorer, relater.

-iser 불어의 명사 또는 형용사의 어간에 붙기도 하지만 Latin 어 어간에 붙어서 동사를 형성하기도 한다: réaliser, dramatiser, neutraliser, vulgariser.

2° 〖희랍어에서 온 것〗 다음과 같은 희랍어에서 온 접미사들은 주로 학술적 용어를 만드는 데 사용된다.

-ie 추상명사:agronomie, photographie.

-ique 형용사:anatomique, anesthésique,

-ose 병명:névrose, chlorose.

-ite 의학 용어:bronchite, conjonctivite, otite.

-ite 광물명:anthracite, lignite.

suisse —형용사로 쓰일 때에는 남성·여성 동형으로 국적을 나타내나, 명사에서의 여성형, 즉 「스위스 여자」는 suissesse 이다:le peuple ~ 스위스 국민, les Alpes ~s 스위쪽에 있는 알프스 산맥, un ~ 스위스인, une suissesse 스위스 여자.

suite —*de* ~ : pendant trois jours *de* ~ 사흘 동안 계속해서/Ce premier manuscrit était écrit *de* ~, sans section. 첫 원고는 분단 없이 이어진 것이었다/《구어체에서는 tout de ~ (=immédiatement)의 뜻으로》 Le concierge revient *de* ~. 수위는 곧 돌아온다.

suivant ⇨selon.

sujet[1] —*avoir* ~ *de*+*inf:* Nous avons ~(=lieu) *de* nous plaindre. 우리에게는 불평할 만한 이유가 있다. ~ *à*+*inf:*Les hommes les plus fermes sont ~*s à* changer. (Lesage) 가장 확고한 정신을 가진 남자들도 변하기 쉽다.

sujet[2] 〔주어〕 —**I.** 言述 énoncé의 기점이 되는 말로, 동사가 나타내는 동작을 하거나 받는 생물이나 사물을 말한다(*L'élève* écrit. 학생이 글을 쓴다/*Le ciel* est bleu. 하늘은 푸르다). 문장에서 주어를 가려내려면 동사 앞에 qui est-ce qui...?《생물》, qu'est-ce qui...?《사물》를 넣어 보면 된다:Mon frère part(Qui est-ce qui part? *Mon frère*)./Le feu brûle(Qu'est-ce qui brûle? *Le feu*).

1° 주어가 되는 것은 대부분의 경우, 명사나 대명사이고, 형용사, 부정법, 분사, 불변품사, 절도 주어로 쓰일 수 있다: *Une femme* conduit la voiture. 여자가 자동차를 운전한다/*Il* est grand./*Qui* est venu?/*Le vrai* seul est admirable. (Boil, *Ep.*) 진실만이 훌륭하다/*Mentir* est honteux. 거짓말하는 것은 부끄러운 일이다/*Le blessé* souffre. 부상자가 괴로와한다/*Vos pourquoi* sont hors de saison. (Lit) 당신의 질문들은 시기에 맞지 않다/*Qui a bu* boira. 《격언》제 버릇 개 못 준다.

2° 〖외관상주어 sujet apparent 와 사실상의 주어 sujet réel〗 ① 비인칭 동사나 비인칭적으로 쓰인 동사는 사실상의 주어(또는 논리적 주어

sujet logique)에 대응하는 대명사 il 또는 ce를 외관상주어(또는 문법적주어 sujet grammatical)로 동반한다:*Il* convient de partir. 떠나는 것이 좋다/*Il* faut du courage. 용기가 필요하다/*C'*est un crime de trahir. 배반하는 것은 죄악이다. ☆ 위 예문들에서 il, ce 는 외관상의 주어, de partir, du courage, de trahir 는 사실상의 주어이다.
② 그러나 il, ce 는 짧고 모호한 주어이고 둘째 요소(즉, 사실상의 주어)가 보충해주기 때문에, 사실상의 주어를 주어의 보어 complément du sujet로 생각할 수도 있다.
③ 본질적 비인칭동사 구문인 Il pleut, Il gèle 등의 경우에서는, 주어 il을 보충해주는 말이 없다. 「Il pleut *des balles*. 총탄이 비오듯한다」처럼 비유적으로 쓰인 경우는 제외된다.
II. 〖주어의 위치〗 1° ① 주어는 보통 동사 앞에 놓인다:*Jean* conduit la voiture. 장이 차를 운전한다.
② 주어가 둘 이상 있을 때 하나만 동사 앞에 놓고 다른 것들은 뒤에 놓는 경우가 있다:Mais la logique le veut, et *la nécessité*. (Bainville, *Napoléon*) 논리가 그러기를 바라고 필요성도 그러기를 바란다.
2° 의문문의 경우 ⇨ interrogative (phrase).
3° 삽입절의 경우 ⇨ incise (proposition).
4° 감탄문의 경우 ⇨ exclamative (phrase).
5° 속사형용사가 문두에 오면 주어는 동사 뒤에 온다:Rares sont *les jours* sans nuages. 구름이 없는 날이 드물다/Telle est *ma volonté*. 내 의사는 이러한 것이다.
6° 다음과 같은 경우에는 주어의 위치가 확정되어 있지 않다.
① à peine, ainsi, aussi, au moins, difficilement, du moins, (et) encore, en vain, vainement, rarement, peut-être, à plus forte raison, aussi bien, sans doute 등 대부분 제한이나 대립을 나타내는 부사(구)로 시작된 글에서, 주어가 인칭대명사나 ce, on 이면, 주어를 흔히 동사 뒤에 쓰나, 동사 앞에 쓸 수도 있다:A peine est-*il* hors de son lit./A peine *il* est hors de son lit. (Ac)//Peut-être viendra-t-*il*.(*Ib.*)/Peut-être *il* redoute mon contact. (Jouhandeau, *Carnet*). à peine 다음에서는 거의 도치하고, peut-être, sans doute 다음에서도 흔히 도치.
★ 1) toujours (=en tout cas), encore, mais encore (=malgré cela), tout au plus 다음에서 주어가 인칭대명사나 ce, on 이면 도치해야 한다.
2) 주어가 인칭대명사나 ce, on 이 아니면, 주어는 동사 앞에 오는데, 동사 뒤에 인칭대명사를 다시 쓰는 것은 임의적이다:à peine *le soleil* était(-*il*) levé (Ac)/sans doute *cela* est(-*il*) nécessaire(G, § 187).
② 주어가 인칭대명사나 ce, on 이 아닌 경우, 주어를 동사 앞에나 뒤에 놓을 수 있을 때가 있는데, 이것은 문체나 어조상의 이유로 결정할 문제이다.
a) 관계사절에서:les efforts que *ce travail* a coûtés(또는 qu'a coûtés *ce travail*).
b) 간접목적보어, 상황보어 또는 부사(특히 시간, 장소, 양태의 부사)로 시작된 글에서 다른 보어가 없을 때:Aux pieds du trône était *la Mort*. (Fénel, *Tél*)/Alors s'éleva *une clameur* (또는 *une clameur* s'éleva). (G, § 187).
c) 접속사(구)(특히 시간, 비교의)로 시작된 글에서:avant que se termine *la fête* (또는 *la fête* se termine)/Nous ferons comme *nos pères* ont fait (또는 ...ont fait *nos pères*).
d) 대립을 나타내는 quelque ... que,

pour ... que, tout ... que, si ... que 절에서: quelque grandes que soient *vos richesses* (또는 ... que *vos richesses* soient).

★이상 모든 경우에 주어가 인칭대명사나 ce, on 이면, 주어는 반드시 동사 앞에 써야 한다: les livres que j'ai lus/Au pied du trône, *on* voyait la Mort./avant que *ce* soit fini/quelque grands qu'*ils* soient.
③ 문체상의 이유로 동사가 주어 앞에 오기도 한다: Vint *le jour* fixé pour le départ. (Barrès, *L'Ennemi*)/Cependant arriva *le mois* d'août. (Flaub, *L'Éd-sent*)/Restent *les films* composés par des spécialistes modernes. (Duham, *Défense*).

III. 〖주어의 생략〗 1° 〖명령문에서〗 보통 생략된다: Creusez, fouillez, bêchez.(La Font, *F*.). ☆ 명령문에서 동작을 할 상대방을 지적하고 싶으면 호격을 쓴다(《주어가 아님》):*Cieux*, écoutez ma voix.(Racine, *Ath*.) 하느님 제 소리를 들으십시오/Avancez, *les hommes*.(G, § 229) 장병들아, 전진하라.
2° 〖옛날 어투, 특히 격언, 속담, 시에서〗 Fais ce que dois. 의무를 다 하라/Grand bien vous fasse. 복 많이 받으시기를.
3° ① 둘 이상의 절이 같은 주어를 가질 때 첫째 절에만 주어를 쓸 수 있다: *Il* s'est levé et a marché avec beaucoup d'aisance.(Romains, *Lucienne*).
② 그러나 부정에서 긍정으로 바뀌고, 등위접속사가 없을 때는 주어를 써야 한다: Il ne se pressa pas de quitter le comptoir; *il* alluma une pipe. (Thérive, *Sans âme*).
③ 주어가 도치된 경우에도 써야 한다: Peut-être viendra-t-*il* et restera-t-*il* avec nous.
④ 시제가 바뀔 때도 보통 주어를 쓴다: Je le jure devant vous et *je* le soutiendrai devant Dieu! (Vigny, *Chatt*.).

IV. 〖주어의 반복〗 1° 주어는 강세형 인칭대명사나 ce, cela를 사용함으로써, 표현을 강조하기 위하여 반복될 수 있다: Je ferai ceci, *moi*; *toi*, tu feras cela./Soixante ans, *cela* compte!
2° 3인칭 비강세형 대명사나 ce, cela를 동사 앞에 먼저 쓰고 주어를 뒤에 놓기도 한다: *C*'est grave, cette affaire./*Elle* me fit peur, cette lettre. (Vigny, *Serv. et Gr. m.*).
3° 때로는 주어를 강조하기 위해서 비강세형 인칭대명사를 주어 뒤에 다시 쓰기도 한다: Cette sainte montagne, au milieu de nos pays de l'Est, *elle* brille comme un buisson ardent.(Barrès, *Au Serv. de l'Allem.*).
4° 직접의문문에서 ⇨ interrogative (phrase).

supérieur —~ *à qn* 〖*qc*〗:Il se croit ~ *à* sa femme.(Bonnard) 그는 자신이 아내보다 낫다고 생각한다/La vérité est ~*e à* toutes les fictions. (Renan) 사실은 어떤 허구보다도 낫다. ☆ supérieur 는 inférieur 와 같이 plus 〖moins〗 supérieur 라고는 쓰지 못하나 très supérieur, si supérieur 라고 흔히 말하고 les talents *les plus* supérieurs (Volt)라 할 수 있다.

superlatif ⇨degré de signification 1°, ①.

supposé —1° 〖N ~〗 형용사로 일치: sous un nom ~ 가명으로, cette circonstance ~*e* 그 가상적 상황.
2° 〖~ N〗 전치사로 불변: ~ même sa conversion 그가 개종했다 하더라도. ~ *que*+*subj:* Aucun n'a la petite vérole une seconde fois, ~ *que* l'inoculation *ait été* parfaite.(Volt, *Lettres philos*.) 예방 접종이 완벽했다고 가정하면, 아무도 천연두에 두번 걸리지 않는다. *être* ~+*inf* ⇨infinitif.

supposition —*une* ~ *que*+*cond* (때때로+*subj*) (=supposons que...) 《구어, 속어》: *Une* ~ *qu'*on lui *aurait donné* un chiquenaude, à coup sûr, il ne se serait pas relevé. (Zola) 그를 조금만 건드린다고 가정하면, 틀림없이 그는 다시 일어서지 못할 것이다/*Tenez, une* ~ *que* ce garçon *ait eu* l'idée d'écrire tous les jours une petite lettre à son père. (Pagnol, *Fanny*) 자, 그 소년이 매일 아버지에게 짤막한 편지를 쓰겠다는 생각이 들었다고 가정하자. *dans la* ~ *que*+*subj*(=*supposé que*...) ···이라고 가정할 경우에.

suprême —*au* ~ *degré*(=au plus haut, au dernier degré):Ce livre est intéressant *au* ~ *degré*. (Bonnard) 이 책은 최고로 재미있다.

sur —1° 〖장소〗 ⇨dans.

① 〖접촉〗 ~ la table/~ la chaise/Il a son nom ~ sa porte. 그의 문에 문패를 달고 있다(cf. au-dessus de sa porte 문의 윗 부분에)/Il ne levait jamais les yeux *de* ~ son journal.(P. Hamp, *l'Atelier*) 그는 결코 신문으로부터 눈을 들지 않았다 《de dessus 가 옳다고 하지만 너무 무거워 보여, 이의 사용은 의무적이 아님》/jurer ~ l'Evangile 복음서에 손을 얹고 선서하다(cf. jurer ~ la tête de son père 아버지의 목숨을 걸고 선서하다/déclarer ~ l'honneur que... 명예를 걸고 ···라고 단언하다)∥〖부착, 소지〗 avoir de l'argent ~ soi 돈을 몸에 지니고 있다∥〖접근〗 une maison ~ le bord de la mer 바다를 향[면]한 집 (cf. *au* bord de la mer 바닷가에)/ une maison ~ le(또는 au) bord de la route 길가에 있는 집.

② 〖방향〗 tourner ~ la droite [gauche] 우[좌]로 돌다《à droite 가 보통》/tirer ~ *qn* ···를 향해 발포하다 (cf. tirer un coup de revolver à *qn* ···에게 권총을 쏘다)/

La porte donne[s'ouvre] ~ la rue. 문이 한길쪽으로 나 있다∥〖급속한 운동의 방향〗 L'armée marche ~ Paris. 군대는 이리로 파리를 향해 진군하고 있다/fondre ~ l'ennemi 적에게 덤벼들다/se jeter ~ *qn* ···에게 달려들다.

③ 〖「위」〗 Des avions volent ~ la ville. 비행기들이 시가지 위를 비행한다(cf. ...volent au-dessus de nos têtes. ····우리 머리 위를 나른다) /Il est toujours ~ les livres. 그는 항상 책을 읽는다.

2° 〖때〗 ① 〖동시, 직후〗 ~ ces mots [~ ce] il sortit. 그렇게 말하고 곧 그는 나갔다/~ l'heure 즉시(cf. à l'heure 정각에)/~ ces entrefaites (=pendant ce temps-là).

② 〖직전〗 Il est ~ son départ. 그는 막 떠나려 하고 있다.

③ 〖「···경, 무렵」〗 ~ le midi(=vers midi) 열두시 경/~ le soir 저녁 무렵에/~ les onze heures(=vers (les) onze heures) 열한시 경.

④ 〖방향〗 Elle allait ~ 30 ans. 그녀는 30세를 바라보고 있었다.

3° 〖우월, 지배〗 régner ~ un pays 나라를 지배하다/agir[influer] ~ *qn* ···에게 영향력을 행사하다/l'emporter ~ *qn* ···보다 우세하다/remporter la victoire ~ *qn* ···를 무찌르다, 승리하다.

4° 〖근거, 기준〗 Ne jugez pas ~ l'apparence. 사람을 외모로 판단하지 마시오/~ un signe de l'agent, les autos s'arrêtent. 교통순경의 신호에 의해 자동차들이 멈춘다/prêter ~ gages 담보를 잡고 돈을 빌려주다/faire *qc* ~ le désir de *qn* ···의 희망에 따라 ···을 하다.

5° 〖화제〗 discourir ~ *qc* ···을 논하다/interroger *qn* ~ *qc* ···을 ··· 에게 묻다/faire une conférence ~ Baudelaire 보들레르에 관해 강연을 하다/une étude ~ le jansénisme 얀센파의 교리에 관한 연구

6° 〖비율〗 prendre une partie ~ un tout 전체에서 일부를 취하다/lever un morceau ~ une dinde 칠면조에서 한 토막을 자르다/neuf Français ~ dix 프랑스인 열명중 아홉명(=90 pour cent des Français)/une fois ~ mille 천번에 한번/un jour ~ trois 사흘에 하루/économiser ~ ses revenus 수입중 일부를 절약하다.

7° 〖두 척도의 대비〗 une chambre de 3 mètres ~ 5 3 m에 5 m인 방/Cette table a 1 mètre de long ~ 2 de large. 이 테이블은 길이 1 m에 폭 2 m이다.

8° 〖태도〗 Il parla ~ un ton de commandement. 그는 명령하는 태도〔어조〕로 말했다/Ne copiez pas ~ votre voisin. 이웃 사람 흉내를 내지 마시오.

sûr —〖N ~〗 C'est un homme ~ (=à qui l'on peut faire confiance). 믿을 만한 사람이다/mettre qn 〔qc〕 en lieu ~ …을 안전한 곳에 두다〔숨기다〕/moyen ~ 확실한 방법.

à coup ~: Avec ce cheval, vous gagnerez *à coup* ~. 이 말을 타면 당신은 틀림없이 이길 것이다.

être ~ de qn 〔*qc*〕 (또는 +*inf*) : Je *suis* ~ de cet employé. 나는 이 직원에 대해 책임을 진다/J'*en suis* ~. 틀림없습니다/Qaund on *est* ~ *de* s'aimer … quelle sérénité dans l'âme.(Musset) 서로 사랑한다는 것을 확신할 때는… 마음이 얼마나 평온한지.

être ~ si + *ind* (또는 *que* + *ind* 〔*subj*〕) : Je ne *suis* pas ~ *si* j'ai fermé la porte. 문을 닫았는지 확실치 않다/Je *suis* ~ *qu*'il viendra. 나는 그가 올 것을 확신한다/Je ne *suis* pas ~ *qu*'il *vienne*〔viendra〕./Il *est* ~ *que* la vie deviendra plus chère. 물가가 더 비싸지리라는 것은 틀림없다.

bien ~ : Avez-vous accepté?—*Bien* ~(=Oui, naturellement). 승낙했나요?—물론이지요/ *Bien* ~ *qu*'il acceptera. 틀림없이 그는 승낙할 것이다.

—〖명사적〗 *Le plus* ~ est de ne pas trop compter sur les autres. 가장 좋은〔확실한〕 일은 남을 너무 믿지 않는 것이다.

sûrement — ~ *que*+*ind*: Mais ~ *qu*'elle ne les emportait pas avec elle, ses mille francs.(Zola) 틀림없이 그녀는 천 프랑을 가져가지 않았다.

surprenant —Il est ~ de+*inf* 〔*que*+*subj*〕: *Il est* ~ *que* tu ne l'*aies* pas *vu*.(Bonnard) 네가 그를 보지 않았다니 놀라운 일이다//Rien de ~ si…. …이라 하더라도 조금도 놀랄 일은 아니다.

surtout —Ils enverront des motards en reconnaissance. ~ ne tirez pas dessus.(Sartre) 오토바이 정찰대원들을 파견할 것이다. 무엇보다도 그들에게 발포하지 않도록 하라. ~ *que*(=d'autant〔plus〕que, surtout parce que) 《속어법이라고 비난하는 사람들이 있으나 문어에도 쓰이고 있음》: Ce que j'en dis est pour tranquilliser Marinette. ~ *qu*'elle est un peu inquiète. (Aymé, *Les Contes du Chat*.) 내가 그 이야기를 하는 것은 마리네트를 안심시키기 위한 것이다. 그녀가 약간 불안해하기 때문이다/Je ne le payerai pas, ~ *qu*'il me doit encore trois mille francs. (W, 55) 그에게 지불할 수 없다. 더욱이 그는 아직도 삼천프랑의 빚이 있으니까 《~ que는 진짜 종속절이라기보다 que³ VI, 2° 의 구문이다. ~ 앞에는 보통 休止가 있다(W)》.

susceptible —~ *de qc*: Cette loi est ~ *d*'interprétations diverses. (Bonnard) 이 법은 여러가지 뜻으로 해석될 수 있다. ~ *de*+*inf*: Joseph avait un chauffeur et un valet de pied ~ (=capable de) lui aussi de tenir le volant. (Duham) 조제프는 운전사와, 역시 운전을 할 줄 아는 하인을 데리고 있었다// des propositions ~s de vous intéresser (Rob) 당신에게 흥미를 줄 수 있는 제안.

suspect *adj.* — 전통적인 발음은 [syspɛ]이지만 보통 [-pɛkt]라 하고, 남부의 방언에서는 [-pɛk]라고도 한다.
~ de qc:~ d'anglophilie ... il eut bientôt la nation contre lui. (Morand) 친영주의에 가담하지 않았나 의심을 받자 그는 곧 조국에 반대하기 시작했다. ~ de+inf:Le blouson noir serait ~ d'avoir participé au hold-up de vendredi. (Bonnard) 검은색 잠바를 입으면 금요일의 강도사건에 가담하지 않았나 하는 혐의를 받을 것이다.
—〖명사적〗les ~s d'une enquête policière 경찰 수사 용의자.

syllepse [意義的 일치] —어떤 단어를 관계하는 단어에 문법규칙상 일치시키지 않고, 그 의미를 염두에 두고 일치시키는 것을 말한다:On est tous *égaux* devant la loi. 사람은 모두 법 앞에 평등하다/Je ne saurais dire avec quel beau courage *le peuple* belge supporte cette situation angoissante. *Ils* sont terriblement gênés dans leur industrie et dans leur commerce. (Duham, *Positions fr.*) 벨기에 국민이 그 괴로운 사태를 얼마나 용감하게 견디고 있는지 얘기할 수가 없다. 그들은 공업과 상업 분야에서 몹시 궁핍하다/*Une personne* me disait un jour qu'*il* avait une grande joie et confiance en sortant de confession.(Pascal, *Pensée*) 어느날 어떤 사람이, 고해를 하고 나오니 몹시 기쁘고 마음이 편하다고 나에게 말했다.

syncope [語中音消失] —진화 과정에서 자주 일어난, 단어 속의 하나 혹은 여러 음소의 소멸 현상이다. 특히 비강세 모음과 음절이 소멸되기 쉽다. 라틴어 calidus, verecundiam, eremitum이 로망어로 옮겨질 때 syncope 현상에 의해 chaud(이태리어에서는 caldo), vergogne, ermite 가 되었다.

synecdoque [提喩] —어느 話者 locuteur 가 특히 문학적 이유에 의해 고의적으로, 또는 어떤 언어 공동체가 무의식적으로, 어느 단어가 갖고 있는 일반적인 내용보다 더 광범위한 내용을 그 단어에 부여하여 사용하는 경우를 말한다. navire의 뜻으로 voile 를《부분이 전체를 가리킴》, l'espèce porcine 의 뜻으로 le cochon 을《개체로 전체를 나타냄》쓰는 경우 등을 말한다. 반대로 「l'équipe de France 프랑스 팀」의 뜻으로 la France 를 사용하듯, 부분 la partie을 나타내는 데 전체 le tout 를 사용하는 경우도 역시 synecdoque 이다.

syntaxe [통사론・통사법] —과거의 전통 문법에서는 일반적으로 「구문론」이라고 소개되어 오던 syntaxe 에는 두 가지의 다른 개념이 내포되어 있다. 첫째로는 어떤 특정 언어에서 의미를 띤 기호로서의 최소 단위인 기호소 *monème(또는 형태소 *morphème)나 단어 mot 들이 모여서 하나의 사고 단위인 énoncé를 형성할 때 따라야 하는 규칙 전체를 연구 대상으로´하는 학문 분야를 가리키는 명칭으로서, 이때는「통사론」이라고 번역되는 것이 보통이다. 따라서 국어 통사론이 있고, 불어 통사론이 있는 셈이다. 둘째로는 동사의 syntaxe, 관사의 syntaxe,「tout」의 syntaxe 따위로 쓰이는 경우로, 한 언어의 특정적 요소 élément 에 관해서 그것이 문중에서 일정한 뜻을 나타내기 위해서 꼭 지켜야 하는 제반 규칙을 일컫는 말로서 이 때는「통사법」이라고 번역되어야 마땅할

syntaxe

것이다. 이 후자의 경우는 「용법 emploi」이라는 말과 뜻이 흡사하다. 통사론은 문법 *grammaire 의 한 분야로서, 마찬가지로 문법의 한 분야인 형태론 *morphologie 과 대립한다. morphologie 가 성·수·인칭·법·태·시제 등등에 따른 명사·동사·형용사 등 변화어의 변화 형태를 연구하는데 대해서, 통사론은 문중에서의 단어의 위치, 그것이 갖는 기능 및 지배관계 *rection(한 단어가 다른 단어를 보어로 취할 때, 예를 들어 동사가 보어를 취할 때, 그 보어가 어떤 형태로 종속〔연결〕되느냐 하는 것을 따지는 일)를 주로 연구한다. 그러므로 예를 들어 어떤 동사의 형태적 연구라고 하면 그 동사의 활용에 따른 어미·어간 따위의 어형 변화를 고찰하는 것을 말하고, 통사적 연구라고 하면 문중에서의 동사의 위치, 그것이 취할 수 있는 보어의 종류, 주어와의 일치 *accord 현상 따위를 고찰하는 것을 말한다.

T

t—alphabet의 제20자로 명칭은 [te]. graphie와 발음과의 관계는 다음과 같다.

t 1) 어두・어간의 t의 [t]: *t*aureau, ba*t*eau, é*t*offe, fu*t*ile, ac*t*if, etc. 단 hautbois[obwa] 및 Haut-, Font-, Mont-, Pont-으로 시작하는 고유명사에서는 t는 무음: Mon*t*parnasse, Fon*t*claireau, Pon*t*carré, etc. 2) 어미에서는 동사어미 및 기타 대부분의 일상 용어에서는 무음이 원칙이다. 그러나 단어와 어미에 따라서는 발음될 때도 있다. i) 동사어미 (항상 무음): il fini*t*, croi*t*, croî*t*, chantai*t*, serai*t*, qu'il chantâ*t*, etc. ii) 기타 어미. ⇨다음 각 항.

-at 1) [at]: exéa*t*, fa*t*, fia*t*, ma*t*, magnifica*t*, pa*t*, staba*t*, transéa*t*, vénia*t*, à Dieu va*t*, priva*t*. 2) [a] (위 이외의 단어): acha*t*, comba*t*, immédia*t*, syndica*t*, etc.

-ât 1) [ɑ]: bâ*t*, mâ*t*. 2) 고유명사 Ghâ*t*, Touâ*t*에서는 [-ɑ:t].

-et 1) 일반 불어 단어에서는 [ɛ]로 발음된다: alphabe*t*, bille*t*, guiche*t*, poigne*t*, fre*t*, etc. 2) [ɛt]: ane*t*, ne*t*의 두 단어 및 라틴어・외래어에서만.

-êt 고유명사 이외에서는 언제나 [ɛ]: prê*t*, apprê*t*, genê*t*, etc.

-it¹ (「자음+it」의 경우) 1) [i] (대부분의 불어 단어): acabi*t*, crédi*t*, écri*t*, inédi*t*, profi*t*, etc. 2) [it]: aconi*t*, pruri*t*, ri*t*, susdi*t* 및 라틴어 단어에서.

-it² (「모음+it」의 경우) 어미 -ait [ɛ], -oit[wa], -uit[ɥi], -ouit[wi] 의 모든 경우에 t가 무음이다 (수명사 hui*t*[ɥit]만 예외): abstrai*t*, bienfai*t*, lai*t*, adroi*t*, détroi*t*, endroi*t*, brui*t*, frui*t*, rédui*t*, étroi*t*, Loui*t*, etc.

-ït [it]: coï*t*, introï*t*.

-oît [wa]: beno*î*t, noro*î*t, suro*î*t.

-ot 1) [o]: argo*t*, gigo*t*, po*t*, sabo*t*, etc. 2) [ɔt]: lo*t*에서만.

-ôt [o]: aussi*t*ô*t*, bien*t*ô*t*, si*t*ô*t*, tan*t*ô*t*, etc.

-ut¹ (「자음+ut」의 경우) 1) [y]: attribu*t*, débu*t*, institu*t*, salu*t*, etc. (bu*t*는 운동용어에서는 [byt]). 2) [yt]: azimu*t*, bru*t*, cajepu*t*, chu*t*l, compu*t*, lu*t*, occipu*t*, ru*t*, scorbu*t*, sincipu*t*, u*t*, zu*t*! 에서.

-ut² (「모음+ut」의 경우) -aut, -out 의 두 가지 어미가 있는데 각기 [o], [u]로 발음되는 것이 원칙이다: artichau*t*, défau*t*, sau*t*, atou*t*, bou*t*, partou*t*, tou*t*, etc. 단, 다음 외래어에서는 t가 발음됨: knou*t*[knut], vermou*t*, lock-ou*t*[lɔkawt], raou*t* [raut], stou*t*[stawt].

-ût 1) 자음 뒤에서는 [y]: affû*t* fû*t*. 2) 모음 뒤에서는 다음 단어에서만 쓰이는 어미로 t는 무음이다: qu'il eû*t*[y], aoû*t*[u], coû*t*[ku], dégoû*t*, goû*t*, moû*t*, ragoû*t*.

-th [t]: *th*éâtre, a*th*ée, an*th*ologie, *th*rène, my*th*e, etc. 단 as*th*me[asm] (및 그 파생어 as*th*matique, etc.), is*th*me[ism] (및 그 파생어 is*th*mique, etc.)에서는 무음.

-ti 이 철자 직후에 모음이 오면 발음이 [si], [sj] 또는 [ti], [tj]의 두 갈래로 나올 수 있다. 1) [si, sj]: acroba*ti*e[-si], aristocra*ti*e, diploma*ti*e, etc.; insa*ti*able[-sja-], ini*ti*al, pa*ti*ence, pa*ti*ent, quo*ti*ent, ambi*ti*eux, minu*ti*eux, etc. 2) [ti, tj] i) s, x 직후: ques*ti*on[-tj-], dynas*ti*e, bes*ti*al, mix*ti*on, etc. ii) 고어에서 t 직전에[s]가 있었던 단어에서:chré*ti*en, châ*ti*er, É*ti*enne, etc. iii) 이미 -*ti*é(추상명사), -*ti*er, -*ti*ère(명사・형용사 어미), -*ti*ème(서수사)에서: ami*ti*é, pi*ti*é, moi*ti*é, héri*ti*er, héri*ti*ère, bijou*ti*er, rou*ti*er, charcu*ti*er, sep*ti*ème, pénul*ti*ème, etc. iv) 어두에서:*ti*ède, *ti*ers, *ti*erce. v) tenir 와 그 복합어의 변화 또는 파생형에서:je *ti*ens, qu'il *ti*enne, main*ti*en, tu entre*ti*ens, etc. vi) 어미가 -*ti*er[sje]인 동사 이외의 동사의 변화형이나 파생형에서:nous por*ti*ons, vous por*ti*ez, elle est sor*ti*e[par*ti*e, bâ*ti*e], etc. vii) 다음과 같은 약간의 독립어에서:galima*ti*as, so*ti*e, tu*ti*e, etc.

-tt 1) 일반적으로 [t]:a*tt*acher, a*tt*entif, flo*tt*er, ba*tt*re, cro*tt*e, se blo*tt*ir, etc. 2) [tt]:a*tt*icisme, a*tt*iciste, a*tt*icurge, a*tt*ique에서. 3) [t] 또는 [tt]:ba*tt*ologie, a*tt*itude, ga*tt*ilier, gu*tt*ural, intermi*tt*ence, intermi*tt*ent, li*tt*érature, li*tt*éraire, li*tt*éral, li*tt*oral.

-tz 외래어에만 있는 철자. 1) [ts] 또는 [dz]:her*tz*ien, quar*tz*eux, quar*tz*ifère 및 quar*tz*의 모든 파생어. 고유명사 Biarri*tz*, Auster*li*tz, Fri*tz*, etc. 2) [s]:고유명사 Me*tz*, Sel*tz*, etc. 3) 무음:고유명사 Be*tz*, Lame*tz*, Li*tz*, etc.

t analogique ⇨ti.

ta ⇨adjetifs possessifs.

tandis que—1° 발음은 [tādi(s)k]. s를 발음하는 것을 피하는 편이 낫다(Mart, *Pr*.).
2° 〖의미〗 ①〖동시성〗(=pendant que): Travaillons, ~ nous sommes jeunes. (M) 젊을 때 일하자.
② 〖대립〗일반적으로 (+*ind*), 의미에 따라 (+*cond*)도 쓴다: Tout le monde le croit heureux,*tandis qu*'il est rongé de soucis et de remords. (Ac) 그는 불안과 후회로 피로와하고 있는데, 반대로 모두들 그를 행복하다고 생각한다/Vous reculez, *tandis qu*'il faudrait avancer. (G, §1933) 전진을 해야 할 텐데 반대로 당신은 물러서고 있다.

tant—1° 〖tant이 수식하는 말〗 ① 동사:votre oncle Adolphe qui vous aimait ~ (Proust) 당신을 그토록 사랑하던 당신 아저씨 아돌프/Oh! argent que j'ai ~ méprisé. (Chateaubr) 아, 내가 그토록 경멸했던 돈!/cette femme ~ aimée (Ac) 그토록 사랑받는 그 여인 (⇨si²).
② 동사구:Ça me fait ~ plaisir. (Arland, *Ordre*) 무척 기쁘다/J'en ai ~ besoin. (*Ib*.) 그것이 매우 필요하다.
③ 형용사《낡은 어법. 보통은 si를 쓴다》:Je trouvai la philosophie qu'on m'avait enseignée ~ sotte, ~ inepte, ~ absurde, ~ niaise, que…. (France, *Vie en fl*.) 나에게 가르쳐준 철학을, 나는 아주 바보스럽고, 무능하고, 터무니 없고, 어리석다고 생각했기 때문에….
2° 〖명사적 용법〗 ① 〖~ de+N〗 Il a ~ d'amis. 그는 친구가 많다/C'est un débrouillard comme il y en a ~. (Bonnard) 그는 흔히 있는 것같은 약삭빠른 사람이다. ⇨accord du verbe.
② 보어 없이 (⇨nominal): Il m'a ~ promis. 나에게 많은 것을 약속했다 (=Il m'a promis ~ *de* choses.)/J'ai ~ à dire.(Salacrou, *Poof*) 할 얘기가 많다.
3° 〖~ (de)… que〗 que 이하는 결과절:Il a ~ mangé *qu*'il n'a plus faim. 그는 너무 먹어서 이제 배가 고프지 않다/A-t-il ~ *de* besogne *qu*'il n'ait aucun loisir? (G, §1026) 그토록 일이 많아서 그에게는 여가가 없는가?《주절이 부정, 의문이면 que+*subj*》/Il y a ~ *d*'hommes *qu*'on ne peut les compter. 사람이 너무 많아서 셀 수가 없다.

4° 〖접속사적 용법〗 Elle ne pouvait plus parler, ~ elle pleurait. (Maupass, *En voyage*) 그녀는 더 얘기할 수 없었다. 그만큼 울고 있었으니까 (cf. Elle pleurait ~, qu'elle ne pouvait plus parler. 그녀는 너무 울었으므로 얘기할 수 없었다).

5° 〖~ ... que〗 동등비교를 나타낸다.
① 〖ne... pas ~ (=autant) que〗 Il n'a pas ~ de goût *que* son frère. 그는 형만큼 취미가 없다/Vous ne me plaisez pas ~ qu'elle. (Bussy-Rabutin) 당신은 그녀만큼 내 마음에 들지 않소/Je n'en ai pas ~ que je voudrais. (Bonnard) 내가 원하는 만큼 그것을 갖고 있지 않다.
② 〖관용구〗 Il travaille ~ qu'il peut. 그는 힘껏 일한다/~ bien que mal 이럭저럭/tous ~ que nous sommes 우리들 모두.
③ (=aussi bien... que): Les hôtels sont complets, ~ à la mer qu'à la montagne. 바닷가도 산에도 호텔은 만원이다/J'aime les romans, ~ anciens *que* modernes. 옛날 것이든 현대 것이든 나는 마찬가지로 소설을 좋아한다/~ pour elle *que* pour Alice (France, *Vie en fl.*) 그녀를 위해서나 알리스를 위해서나// L'essentiel... n'est pas ~ de réussir *que* d'être d'une qualité supérieure. (Porto-Riche, *Vieil h.*) 중요한 것은 성공하는 것보다도 훌륭한 장점을 갖는 데 있다/Ce n'était pas ~ la jalousie qui me faisait souffrir, *que* la peur. (F. de Roux, *Jours sans gl.*) 나를 괴롭히는 것은 질투심에서라기보다는 오히려 공포 때문이었다/Je quêtais de l'avenir *non* ~ le bonheur *que* l'effort infini pour l'atteindre. (Gide, *Porte*) 나는 미래에서의 행복보다도 차라리 행복에 도달하기 위한 무한한 노력을 추구했다.
④ (=aussi loin que): ~ *que* la vue peut s'étendre 눈길이 닿는 한.

⑤ (=aussi longtemps que): Nous n'allons pas dans la montagne ~ qu'il y a de la neige. 산에 눈이 남아 있는 한 우리는 산에 가지 않는다.
⑥ ~ vaut l'homme, ~ vaut la terre. 《격언》인간의 노력은 토지의 수익과 비례한다《낡은 어법으로 지금은 거의 안 쓴다》.

6° 〖명확하지 않은 양, 가격을 나타냄〗 Supposons que ce meuble coûte ~ et le transport ~.(H, 113) 이 가구의 값이 얼마이고 운임이 얼마라고 가정하자/un marchand... chez qui on payait *à* ~ (=à raison de ~) par mois (Daud, *Sapho*) 매월 얼마라고 정해서 지불하면 되는 상인.

7° 〖~ + *adj.*+*que*+*subj*〗 양보를 나타낸다《고어법》:~ parfait et ~ heureusement né qu'il *puisse* être (Descartes, *Méth.*) 아무리 완전하고 행복하게 태어났다 할지라도//《드물게 que 없이 도치법으로》~ fût-il immonde (Michelet, *Jeanne d'Arc*) 그것이 아무리 더럽더라도.

8° 〖~ plus (que)... ~ plus (que)〗 (=plus... plus) 《속어》: ~ *plus* ils sont tristes, ~ *plus* ils sont vieux. (Bernanos, *Mons. Ouine*) 슬퍼하면 할수록 더 늙어간다.

9° 〖~ qu'à〗 속어로서 문어에까지 들어와 있다. ① (=*quant à*): ~ qu'à moi, ce sont les premiers bessons que je vois. (Sand, *La petite F.*) 나로서는 처음 보는 쌍둥이들이다. ② 〖~ qu'à+*inf*〗 원인의 뜻이 들어 있다:~ qu'à faire, nous aurion pu aller chez moi. (P. Benoit, *Bethsabée*) 어차피 그럴 바엔 내 집으로 갈 수도 있었을 텐데.

tantôt—**1°** 직설법 현재 또는 voici 와 함께 쓰여 bientôt의 뜻:Il est ~ midi. 곧 정오가 된다/Voici ~ 5 ans que.... …한지 5년이 된다// 《낡은 어법으로 보통은 bientôt를

쏜다》Il sera *bientôt* midi./Il y aura *bientôt* 5 ans que....
2° 같은 날의 가까운 과거 혹은 미래 (=peu après 혹은 il y a peu de temps dans la même journée)를 나타낸다. 흔히는 cet après-midi 의 뜻이다(Le B, II, 618; H). D, 322는 파리 지방에서는 「오후」의 뜻이 된다고 한다. G, §866 처럼 「오후」란 뜻으로만 쓰는 것은 좁게 본 것이다.
① 〖미래〗 Je reviendrai〔reviens〕~. 나중에 다시 오겠소//《명사적 용법》Au revoir, à ~. 그럼 또 뵙겠어요//《속어》sur le ~ (=dans l'après-midi)/à ce ~ (=à ~)//à 2 heures du ~ (M)《방언》오후 두시에.
② 〖과거〗 Je suis venu ~. 조금 전에 왔소/une affaire pareille à celle de ~ 조금 전과 같은 일.
~ ... ~ : ~ à pied, ~ avec toute la vitesse de son automobile (Proust) 때로는 걸어서, 때로는 자동차로 전속력으로.
tapant— à midi ~정각 열두시에, à 9 heures ~(*es*) 9시 정각에, à l'heure ~*e* 정각에. ⇨battant.
tard *adv.*—se coucher ~ 늦게 잠자리에 들다/Mieux vaux ~ que jamais.《격언》늦더라도 하지 않는 것보다는 낫다/plus ~ 나중에, au plus ~ 늦어도, tôt ou ~ 조만간, pas plus ~ qu'hier 바로 어제, 아주 최근에.
—*adj.* Il n'est jamais trop ~ pour bien faire.《격언》일을 잘 하기만 하면 아무리 늦어도 상관없다/Comme tu es ~! 너 몹시 늦었구나.
—*n.* Nous devenons imaginatifs sur le ~. (Colette) 우리는 만년에 가서야 상상력이 풍부해진다!
taureau—여성형은 vache, taure.
tautologie 〖동의어 반복〗—동의어나 의미가 비슷한 말을 반복하는 경우로 *pléonasme 의 일종이다:C'est sûr et *certain*./arriver sain et *sauf*/

Il est *évident* et *manifeste* que....
☆속어에서 혼히 puis ensuite, car en effet 라고 쓰는데 이런 반복은 피해야 한다.
te, t' ⇨tu, pronoms personnels.
tel, telle *adj.*—일반적으로 부정형 용사로 분류되나, Goug, 68 은 품질형용사에, Mart, 135 는 지시형용사에 넣고 있다.
1° 유사, 동일 (=pareil, semblable) 혹은 강도(=si grand)를 나타내고 지시사적 가치를 갖는다.
① 〖부정관사+~+ N〗 une ~*le* action 그와 같은 행위, *de* ~*les* choses 그럴 일, *une* ~*le* obstination 그다지도 끈질긴 고집(강도)//《혼히 유사, 동일의 뜻과 강도의 뜻을 함께 나타낸다》 une ~*le* action〔conduite〕은 찬탄 혹은 혐오의 감정까지도 포함한다//《부정관사+ N +~는 강조적》 dans *une* occasion ~*le* (N, V, 403) 그러한 경우에는.
② 〖속사〗 이미 말한 사건, 앞으로 말할 사건을 나타낸다:S'il les a décrits ~*s*, c'est qu'il les a vus ~*s*. (Fillon, *Maurois*) 그가 그들을 그렇게 묘사한 것은 그들을 그렇게 보았기 때문이다/~ est mon avis. 내 의견은 이상과 같다/Ses paroles furent ~*les*. 그의 얘기는 다음과 같았다.《위의 두 예문은 그 어순에 따라 의미가 달라진다》//《때때로 한 단어를 가리킨다》Si je vous dis qu'ils sont *mauvais*, c'est que je les crois ~*s* (=mauvais). (Mart, 136) 내가 그들을 나쁘다고 당신에게 말하는 것은 그들이 그렇다고 생각하기 때문이다.
2° 성질의 비교를 나타내기도 한다.
① 〖~ que〗(=comme) a) 〖부가형용사〗 une lassitude ~*le* qu'on éprouve par un jour orageux (M) 비바람이 부는 날에 느껴지는 것과 같은 권태/une homme ~ lui (=~ *qu*'il est) 그 같은 사람/une œuvre poétique ~*le que* «Jocelyn»

조슬렝 같은 시작품/une tyrannie ~le que le monde n'en a pas encore connu (Amiel, *Journal*) 이 세상이 아직까지 본 적이 없는 그런 폭정. ⇨comme *conj.* I, 1°.
b) 〖속사〗 Il est ~ que son père était à son âge. (Bonnard) 그는 그의 아버지가 그의 나이 또래였을 때와 같다/Je vois les choses ~les qu'elles sont. (M) 나는 사물을 있는 그대로 본다∥〖동격(간접속사)〗 ~ que je l'ai connu, il dut souffrir cruellement. (S, II, 439) 내가 알고 있는 대로의 그였으므로 몹시 피로와 했을 것이 틀림없다/Cela s'est passé ~ que je vous l'ai dit.(*Ib*., 440) 그것은 내가 당신에게 얘기한 대로 일어났다.
Il n'y a rien de 〔Il n'est〕 ~ que +N〔*de*+*inf*〕…만큼 좋은 것은 없다(~=aussi bon. rien ~ ⇨rien¹ 2°) 《때로는 비교의 보어를 문두에 놓고 que 없이》: Un bon repas, *il n'y a rien de* ~. (Mart, 137) 좋은 식사보다 나은 것은 없다.
② 〖tel(=comme)과 일치〗 a) 후속 명사와 일치《가장 일반적》: Il se tenait debout, ~le une statue de bronze. (M) 그는 동상처럼 서 있었다 《tel 다음에 동사 être 가 생략된 것으로 생각한다》.
b) 주어 또는 앞에 있는 명사와 일치: dans *les pays*, ~s la Suisse ou la Belgique (D, *Lang. fr. d'auj.*) 스위스나 벨기에 같은 나라에서. ☆ a)의 경우도 ~ une statue 라고 쓸 수 있다.
③ ~ père, ~ fils (=Le fils est ~ que le père). 그 아버지에 그 아들/~le tu m'as connue au couvent ~le je suis encore. (Bataille, *Marche nupt.*) 나는 지금도, 당신이 수도원에서 나를 알았던 때와 꼭 같다∥《부사적 용법》 ~ font les pères, ~ feront les enfants. (M) 아버지들이 하는 대로 아이들도 그대로 할 것이다.
④ 〖~ quel〗 a) (=~ qu'il est, sans changement): la nature ~le quelle (Valéry) 있는 그대로의 자연/ A mon retour, j'ai retrouvé mon apartement ~ quel (=~ qu'il était lors de mon départ). (Ac) 돌아와서 내 아파트가 그대로 있는 것을 알았다.
b) (=médiocre): un homme ~ quel 평범한 사람, des raisons ~les quelles 진부한 이유.
★ ~ que =~ quel, ~ qu'il est 의 뜻으로 쓰는 것은 잘못이다. 따라서 J'ai laissé les choses ~les que 라 하지 말고,「J'ai laissé les choses ~les quelles. 그것들을 그대로 내버려 두었다」라 해야 한다.
3° 〖~ …que〗 (=si grand…que) 강도를 나타낸다. que 이하는 결과절이다.
① 〖속사〗 Le bruit des machines est ~ qu'on ne s'entend plus. (Bonnard) 기계 소리가 너무 커서 들리지 않는다/~le était la vertu de ces religieux, qu'elle soumettait à son pouvoir jusqu'aux bêtes féroces. (France, *Thaïs*) 그 수도사들의 덕은, 맹수들까지도 그 힘에 굴복시킬 정도로 컸었다.
② 〖부정관사+~+N(또는 N+~) … que〗 Tous avaient *un* ~ respect pour Bayard, qu'ils descendaient de cheval pour le saluer. (Bruno, *Tour de la Fr.*) 모두들 바이야르에게 대단한 존경심을 품고 있어서 그에게 인사를 하기 위해서 그들은 말에서 내렸었다/Je pénétrais les choses avec *une* sensibilité ~le, que c'était comme une lame fine qui m'entrait à tout instant dans le cœur. (Ste-Beuve, *Mes poisons*) 나는 예리한 감성으로 사물을 꿰뚫어 볼 수 있었기 때문에, 그것은 마치 끊임없이 날카로운 칼로 가슴을 찌르는 것 같다고 생각

했었다//ne... pas à ~ point que+ne (⇨ne II, 2°)/de ~le sorte que (⇨sorte).

4° 〖~ que+*subj*(=quel que...),~+N+que+*subj*(=quelque...que...)〗 ~ *que* tu *puisses* être (Corn, *Cinna*, V) 당신이 누구이건《Vaugelas가 비난한 이 어법은 18세기말까지도 유행했으나 지금은 드물다:~*s que pussent* être leurs sentiments à mon égard... (Hermant, *Platon*) 나에 대한 그들의 감정이 어떠했다 하더라도》.

5° 〖불특정의 것을 나타낸다〗 ① 〖~+(대)명사(관사 없이)〗 Il y a ~ hôtel à Mons où, le samedi, les gens... viennent exprès dîner.... (Taine, *Philosophie*) 몽스에는 토요일이면 사람들이 저녁을 먹으려고 일부러 오는 어떤 호텔이 있다//《특정의 것을 명확하게 표현하지 않고》 La réunion se tiendra ~ jour, en ~ endroit. 집회는 모일 모장소에서 열릴 것이다《이 뜻으로도 17세기에는 부정관사가 쓰였다: en *un* ~ lieu (La Font, *F.*)》.

② 〖~ et〔ou〕 ~+N〗 혼히 단수:Il m'a dit ~*le et* ~*le* chose.(Ac) 그는 나에게 이러이러한 말을 했다/Que m'importe que ~ *ou* ~ numéro sorte de l'urne. (Valéry) 투표함에서 이 번호가 나오건 저 번호가 나오건 나에게는 상관없다//《복수도 가능하다》 la présence de ~*s et* ~*s* hommes (Mauriac, *le Bâillon*) 이러이러한 사람들의 출석. ☆단수의「~ et〔ou〕 ~+N」가 주어일 때 동사는 보통 단수이나 원칙적으로는 l'un et〔ou〕 l'autre (⇨un IV, 1°, ④, ⑤)의 경우와 같다.

—*pron. indéf.* 불특정의 사람(드물게 사물)을 나타낸다.

1° 〖(un) ~〗 *Un* ~ vous dirait que vous avez raison; moi, je vous dis franchement que vous avez tort. (Gr. Lar) 어떤 사람은 당신이 옳다고 하겠지만, 나는 당신이 잘못이라고 솔직히 말한다/M. *un* ~某氏, Mme *une* ~*le* 모부인, Messieurs *un* ~ et *un* ~ 모씨와 모씨, Les *un* ~ 모씨 부부〔가족〕.

2° 〖~ et〔ou〕 ~〗 Je sais bien que ~ *ou* ~ est avare. (H. de Régnier, *Le Bon Plaisir*) 나는 이런이런 자가 구두쇠라는 것을 잘 안다/s'adresser à ~ *et* ~ 이러이러한 사람에게 문의하다. ☆복수 des ~*s* et des ~*s* 은 드물다. 주어일 때 ~ et ~ 다음에서 동사는 복수, ~ ou ~ 다음에서는 단수가 보통.

3° 〖~ qui〗 celui qui 보다 막연한 뜻:~ *qui* était à son aise autrefois avec dix mille francs de rente, se trouve aujourd'hui fort gêné. (Labiche, *Poudre aux yeux*) 옛날에 1만프랑의 연금을 받으며 편안하게 지내던 자가 지금은 몹시 궁하다/~ *qui* rit vendredi, dimanche pleurera.《격언》오늘 웃는 자는 내일 운다/~ est pris *qui* croyait prendre. (La Font, *F.*) 속이려는 자가 속다《이런 어순이 많이 쓰인다》.

4° 〖~ ... ~ (autre)〗 ~*le* l'en blâmait, ~*le autre* l'en approuvait. (France, *Anneau*) 어떤 여자는 그것을 비난했고, 어떤 여자는 그것을 인정했다/Onze sections! ... ~*le* concerne la géographie et la navigation, ~*le autre* l'anatomie et la zoologie. (Duham, *Manuel*) 열한개의 분과! 어떤 분과는 지리학과 항해술에, 또 어떤 것은 해부학과 동물학에 관계되는 것이다. ☆un ~ ...un ~(autre)의 구문도 쓰인다(S, I, 350).

tellement—1° (=si). 특히 형용사, 동사구를 수식:Il est ~ éloquent! 그는 그토록 구변이 좋다/J'ai confiance en elle *que* je ne le croirai pas. (Pagnol, *Fanny*) 나는 그녀를 그토록 신뢰하고 있기 때문에 그것을 믿을 수가 없다//ne... pas ~

que+ne ⇨ne.

2° (=tant): Il travaille ~. 그는 일을 아주 열심히 한다/Il y a ~ de bruit. 몹시 소란하다/J'ai ~ de choses à faire que je ne sais par où commencer. (B, 835) 해야 할 일이 너무 많아서 무엇부터 시작해야 할지 모른다/Ne lui apportez plus de jouets, il en a ~. (Q) 그에게 장난감을 더 갖다주지 마시오. 많이 가지고 있으니까/[접속사적](⇨tant 4°): Il m'exaspère, ~ il est bavard. (G, §1024) 그를 만나면 짜증이 난다. 그토록 그는 수다스럽다.

3° [~+비교급, plus, davantage] Il est ~ plus sage [~ meilleur] que vous. (Mart, 523) 그는 당신보다 훨씬 현명[훌륭]하다/Je m'y intéresse ~ plus [~ davantage]. 나는 그 편이 훨씬 더 흥미가 있다/Il est ~ au-dessus des autres. 다른 사람들보다 훨씬 더 낫다. ☆이런 경우 si, tant은 쓰지 않는다.

~ quellement (=tant bien que mal)《옛날 표현으로 지금은 안씀》: Le nuage flottant au-dessus de nos têtes nous garantissait ~ quellement de la piqûre des maringouins. (Chateaubr, Mémoires) 우리 머리 위에서 떠도는 구름이 우리에게 모기가 달려드는 것을 그럭저럭 막아주었다.

témoin—**1°** 여자일 경우에도 남성형을 쓴다: Cette femme est un ~ oculaire. (Lar) 이 부인이 눈으로 본 증인이다. ⇨genre des noms I, 5°.

2° 문두에 놓여서 je prends à ~ (DG), j'invoque le témoignage de (Lar) 와 같이 쓰이면 불변: Ils se sont vaillamment battus, ~ leurs glorieuses blessures. (Bonnard) 그들은 용감하게 싸웠다. 그 증거로는 그들의 영광스런 부상을 들 수 있다. ☆ 옛날 어법에서 형용사, 과거분사가 수식하는 말 앞에 올 때 이것들을 변화시키지 않은 경우와 같다 (B, 644). 그러나 다음 말에 일치시키기도 한다: ~s les exemples suivants. (Dam, V, 73) 아래의 예들이 그 증거이다《1901년의 교육부령은 이 일치는 임의적이라 했다》.

prendre à [**pour**] **~**: Je les ai pris tous à ~ (=Je les ai pris tous pour ~s). (Thomas) 나는 그들을 모두 증인으로 삼았다《prendre à ~ 에서는 불변이나 prendre pour ~ 에서는 직접목적 보어의 속사이므로 일치한다》.

être ~ de qc: Mes yeux en sont ~s. 그것은 내 눈으로 직접 보았다.

être ~ que+ind: Je suis ~ que l'accusé n'a pas quitté le bureau à midi. (Bonnard) 나는 피고가 정오에 사무실을 떠나지 않았었다는 사실의 증인이다.

temps¹—① [à ~] au ~ de Napoléon [des croisades] 나폴레옹[십자군]시대에/Elle est arrivée à ~. 그녀는 제시간에 도착했다/Je l'ai connu au ~ où il était déjà malade. 그가 앓고 있을 때 나는 그를 알았다.

② [dans 다음에] dans le ~ (=autrefois) 옛날에, dans mon jeune ~ 내가 젊었을 때.

③ [de 다음에] de mon ~ 내가 젊었을 때/de tout ~ 언제 어느 시대나/de ~ en ~, de ~ à autre 때때로/Il faut être de son ~. 그 시대에 순응해야 한다/du ~ de Napoléon 나폴레옹 시대에/du ~ où j'étais jeune 내가 젊었을 때에.

④ [en 다음에] en ce ~-là 그 때에는/en ~ voulu 알맞은 때에/en ~ de paix [de guerre] 평시[전시]에/en même ~ 동시에.

passer son ~ à qc [+inf]: Il passe son ~ à la chasse [à chasser]. 그는 사냥을 하며 시간을 보낸다.

Il est ~ de+inf [**que**+subj]: Il

est ~ de partir[*que* nous *partions*]. 떠날 때이다.

Il y a beau ~ qu'il *est* parti. 그가 떠난 것은 벌써 오래 전 일이다.

le ~ de+N [*de+inf, que+subj*]: Et, *le ~ d*'un éclair, tout lui parut aplani. (M. du Gard, *Thibault*) 눈 깜짝할 사이에 모든 것이 해결된 듯이 보였다/*Le ~ de* prendre mon chapeau, je vous rejoins. (G, § 1018) 모자만 쓰면 곧 따라가겠다/*Le ~ d*'aller jusqu'à la plage(=Quand nous serons arrivés à la plage), il sera sept heures. (H) 해변까지 가고 보면 일곱 시가 될 것이다/Attendez-moi un peu, *le ~ que* je *dise* quelques mots à ma femme. (Bonnard) 아내에게 몇마디 하는 동안 잠시 기다려 주시오.

temps² [시제]—동사의 문법범주 catégorie grammaticale 의 하나로 현실적 réel 시간의 여러 분류 catégorisation 로 나타난다. 동사의 어간에 굴절어미가 붙는 종합적 굴절형 formes à flexion synthétique 과 조동사(avoir 또는 être)의 굴절에 과거분사로 이루어지는 분석적 굴절형 formes à flexion analytique 의 두가지 형태가 있다. 시제를 의미적 관점에서 보면 절대시제 temps absolus, 상대시제 temps relatifs, 超時的 시제 temps virtuels ou atemporels, 그리고 전환시제 temps transposés 등 넷으로 분류할 수 있다. 이 네개의 시제 체계를 직설법의 경우를 들어 설명하면 다음과 같다.

1° 〖절대시제〗 현재, 과거, 미래라는 3개념간의 대립관계에서 성립되는 시제를 말한다. 話者가 말하는 시점을 현재로 나타내고 그 시점에서 볼 때 과거에 속하는 動狀 procès 은 과거(문자언어에서는 원칙적으로 passé simple 과 imparfait, 음성언어에서는 passé composé 와 imparfait 를 쓴다), 미래에 속하는 procès 는 미래 futur simple 로 나타내는 시제이다. 이 시제 체계에서는 현재, 과거, 미래가 서로 연관성이 없는 시기로 이해되어야 하므로 여러 propositions 으로 이루어지는 phrase 안에 이 세 시제가 함께 쓰이지는 못한다. 그러므로 이 세 시제간의 대립은 인정되나 비교를 위한 시제가 아니므로 절대시제라 부르는 것이다: L'hiver de 1709 *fut* extrêmement rigoureux.(Mauger)/ En ce moment Jean *travaille*. (*Ib*.) /Les élections *auront* lieu dans quelques années. (*Ib*.).

2° 〖상대시제〗 절대 시제중 한 시제를 기준으로 하여 생기는 先立, 동시, 後時性의 상대 관계를 나타내는 시제를 말한다.

① 현재를 기점으로 삼을 때 생기는 상대관계를 나타내는 시제체계가 있는데 이 경우 선립, 동시, 후시성은 각기 복합 과거, 현재, 미래로 표현된다. 이 때 미래의 일에 선행하는 다른 동작이 있으면(후시선립미래) 전미래를 쓸 수 있다: Comme il n'*a* pas *achevé* sa tâche, il *pense* qu'il la *reprendra*[quand il *aura déjeuné*]. (정음사,「불어학 개론」).
② 화자가 과거에 속하는 얘기를 할 때 그 과거를 기점으로 선립, 동시, 후시성을 나타낼 경우, 기점은 의미에 따라 단순 과거, 복합과거, 반과거 또는 대과거로 나타내고, 선립성은 대과거나 전과거, 동시성은 반과거를 보통 쓰나 단순과거도 쓰이며, 후시성은 과거미래를 쓴다. 과거미래(후시과거)의 동작에 앞서서 완료되는 다른 동작이 있으면(후시선립과거) 과거전미래를 쓴다: Comme il n'*avait* pas *achevé* sa tâche, il *pensa* qu'il la *reprendrait* le lendemain[quand il *aurait déjeuné*].(*Ib*.).
③ 미래를 기점으로 할 때 동시성은 미래, 선립성은 전미래로 나타내고, 후시성을 나타내는 양태 형태소는 없으므로, devoir 나 falloir 등 현재

의 能記로서도 미래의 所記를 나타낼 수 있는 말을 미래로 두거나 또는 단순미래로 대용한다. 이 시제체계에는 후시선립미래는 없다: Quand il *aura achevé* sa tâche, il *estimera* sans doute qu'il *faudra* la *reprendre*. (*Ib*.). 그러나 이런 상대시제체계에 속하는 시제는 늘 상대적 용법으로만 쓰이는 것이 아니고 특수한 뉘앙스를 갖고 절대 시제로도 쓰인다:En quelques semaines, le notaire *eut achevé* de régler la situation de Marie Bonifas. (Lacretelle, *La Bonifas*)/J'aurai laissé mes lunettes en haut.(R. Boylesve, *Mlle Cloque*).

3°〖超時的 시제〗시간 개념을 초월하여 존재하는 일반성을 띤 영구 불변의 진리를 표현할 때 쓰는 시제로 대부분 현재를 사용하고 절대 현재 présent absolu, 초시적 현재 présent atemporel ou intemporel, 격언적 현재 gnomique 현재라 한다. 그러나 단순과거, 복합과거, 단순미래도 적당한 부사와 함께 격언적인 뜻으로 쓰일 수 있다:La terre *tourne autour* du soleil./Jamais mauvais ouvrier *ne trouva* bon outil. (Mauger)/Les faibles *seront toujours* sacrifiés. (Gr. Lar).

4°〖전환시제〗위 세가지 시제가 話者가 말하는 시점을 현재로 보는 시제인데 대해서, 화자의 상상에 의해서 말하는 시점인 현재를 과거나 미래로 옮겨서 표현하는 시제로, 위의 현실적 시제 temps réels에 대해서 가상시제 temps figurés ou fictifs 라고도 한다.

① 화자가 기점을 현재 대신 과거로 옮길 때는 과거가 현재로 표현되는 소위 역사적 현재 présent historique 또는 설화적 현재 présent narratif 라는 시제 체계를 이룬다. 과거의 일을 마치 현재 눈앞에서 보듯이 묘사하여 생기를 더하는 이 용법에서 현실적 시제인 단순 과거, 복합과거, 반과거는 현재로 나타나고, 대과거는 복합과거, 과거미래는 단순미래로 나타난다:J'*arrive* de bonne heure; je *sonne*, on ne *répond* pas. (Mauger).

② 현재 시점을 미래로 옮겨, 미래를 현재로 나타내는 때도 있다. 이 경우 전미래는 복합과거로 나타낸다: Je *me sauve* cette nuit; en deux jours, par des chemins de traverse où je ne *crains* nul gendarme, je *suis* à Besançon.(정음사, 「불어학개론」).

temps³ (**expression du**) 〖시간의 표현〗—1° 시간을 나타내는 접속사 (구) (⇨conjonction) +종속절:Elle entrait *quand* il sortait. 그가 나갈 때면 그녀는 들어오곤 했다/*Une fois que* je serai parti, je ne reviendrai plus. 내가 일단 떠나면 다시 돌아오지 않겠다/Cueillez quelques fleurs *avant qu*'il (ne) fasse nuit.밤이 되기 전에 꽃 몇송이를 꺾으시오.

2°〖*prép.*+*inf*〗*A vaincre* sans péril on triomphe sans gloire.(Mauger) 위험이 없이 이길 때 영광 없이 승리하는 것이 된다/*Après avoir* bien *travaillé*, on mérite quelque repos. 일을 잘한 다음에는 약간의 휴식을 취할 자격이 있다/*Avant de commander*, apprenez à obéir. 명령하기 전에 복종하는 법을 배워라.

3°〖gérondif와 분사〗*En passant* par la Lorraine, j'ai rencontré trois capitaines. 로렌느 지방을 지날 때 나는 세 명의 장수를 만났다/La nuit *venue*, nous allumions la lampe. 밤이 오자 우리는 불을 켰다/*Ayant réuni* les officiers, le général leur exposa son plan. 장교들을 집합시킨 다음 장군은 계획을 그들에게 설명했다.⇨participe présent IV, 1°;VII, 3°;participe passé III, 1°.

4°〖(*prép.*)+(대)명사〗*sur* le soir 저녁 무렵에/*à* midi 정오에/Il arrivera *lundi*. 그는 다음 월요일에 도착할 것이다/Nous sommes *en été*. 지금은 여름이다/*Sur ce*, il sortit. 그리고 나서 그는 나갔다.

5° 〖부사(구)〗 Il partira *demain./Là-dessus* il partit. 그리고 나서 그는 떠났다/Nous partirons à 9 heures; mais *auparavant* nous aurons déjeuné. 9시에 출발할 것이다. 그러나 그전에 아침을 먹을 것이다/Revenez la semaine prochaine, *d'ici là* j'aurai fini. 다음 주에 다시 오시오. 그때까지 다 끝내겠소.

6° 〖être가 생략되고 문두에 나온 속사〗 *Jeune*, on conserve pour la vieillesse; *vieux*, on épargne pour la mort. (La Br, VI) 젊을 때는 노년을 위해 절약하고, 늙으면 죽음을 위해 아낀다.

7° 〖문두에 온 **vienne**〗 흔히 미래의 뜻: Des flatteurs l'entourent; *vienne* une disgrâce, il sera seul. (Ac) 지금 아첨꾼들이 그를 에워싸고 있으나, 그가 (왕의) 총애를 잃으면 그는 혼자 남게 될 것이다/*Viennent* les beaux jours, il partira. (Thomas) 날씨가 좋은 계절이 오면 그는 떠날 것이다.

temps surcomposés [중복합시제] ―「조동사의 복합시제+과거분사」로 이루어지는 시제. 일반적으로 시제표에서는 제외되어 있으나, 명령법 이외의 모든 복합시제는 그에 대응하는 중복합시제를 가질 수 있다.

1° 〖종류〗 ① *passé surcomposé (j'ai eu aimé). ② *plus-que-parfait surcomp.(j'avais eu aimé). ③ *passé antérieur surcomp.(j'eus eu aimé). ④ *futur antérieur surcomp.(j'aurai eu planté). ⑤ passé surcomp. du *conditionnel (j'aurais eu planté). ⑥ passé surcomp. du subj.(j'aie eu planté). ⑦ plus-que-parfait surcomp. du subj.(j'eusse eu planté). ⑧ passé surcomp. de l'infinitif(avoir eu aimé). ⑨ passé surcomp. du participe (ayant eu aimé). 이것들 중에서 ①,②,④가 많이 쓰인다. Brun, 359에는 ③,⑨가 없고 G, §661에는 ③,⑦이 제외되어 있다. ①은 passé antérieur 대신 일상어에서 쓰인다. 이것들은 모두 완료상을 강조한다(*표의 항목 참조).

2° 중복합시제는 중세 때 이미 쓰였고, 17세기에 문어에 들어왔으나 드물게 쓰여서, Corneille, Boileau, La Fontaine, Racine 등 대가들은 쓰지 않았다. 이들 시제는 품위가 없고 둔해 보여, 특히 구어에서 쓰일 뿐이고, 그중에서도 종속절에 많이 쓰인다(cf. G, §661).

tenaille(s)―한개의 「못뽑이」도 보통 des ~s로 쓴다:arracher un clou avec *des ~s* (Ac)∥((간혹 단수도 쓰인다)) une ~ d'emballeur(Lar). ⇨nombre des noms 6°, ①.

tendance―Il a *des ~s* royalistes. 그는 왕정주의 성향을 갖고 있다. ~ *à qc*: une faible ~ *à* la hausse 물가의 약한 오름세. *avoir ~ à+inf*: On *a ~ à*(=être enclin à) se flatter. (Gide) 사람은 자만하는 버릇이 있다. *avoir une ~ à qc* [*à+inf*]: Il *a* une ~ *à* bavarder. (Bonnard) 그는 수다를 떠는 버릇이 있다.

tendant à―현재분사가 변화한 옛 어법의 잔재로 흔히 형용사로 분류되어 변화한다(semer des libelles *tendants à* la sédition 반란을 목적으로 하는 팜프렛을 뿌리다). 법률적 성구에서 「deux requêtes *tendantes à* même fin (G, §768) 같은 목적의 두 청원」과 같이 쓰인다. 그러나 일반적으로 현대 통사법에 따라 불변: des démarches ~ obtenir …(H) …얻을 것을 목적으로 하는 교섭.

ténèbres―복수로 쓰는 것이 보통이나 문학어에서 때때로 단수로도 쓴다:marcher à tâtons dans *les ~*

terme

(Gr. Lar) 어둠속을 더듬으며 걷다/ l'immuable *ténèbre* d'un incompréhensible ciel (Huysmans, *En rade*) 이해할 수 없는 하늘의 변함없는 암흑.

terme—1°(=fin): Elle touchait enfin au ~ de ses tribulations. (M. du Gard) 마침내 그녀의 고통은 끝나갔었다.

mettre un ~ à qc: Mettez un ~ à(=faire cesser) vos discussions. 논쟁을 그치시오. *mener qc à ~*: Pourrons-nous *mener à* ~ la construction de cet édifice? (Bonnard) 우리는 이 건물의 건축을 끝까지 해 낼 수 있을까? *être à ~*: Cette femme *est à* ~ (=sur le point d'accoucher). 이 부인은 아이를 낳을 달이 찼다 (cf. enfant né avant terme 조산아).

2° (=mot, expression, élément): Les ~s de cet article sont bien choisis. 이 조항[기사]의 표현들은 잘 선택되었다.

aux ~s de qc: aux ~s de (=d'après) notre contrat 우리의 계약조문에 의거하여. *moyen ~*: Il faut nous allier, ou nous combattre, il n'y a pas de *moyen* ~ (=de solution intermédiaire). 우리는 서로 단결을 하든가 아니면 싸워야지 그 중간의 해결책은 없다.

3° *n.m.pl.*: Nous sommes en bons ~s (=rapports). 우리는 사이가 좋다.

terre—*sur (la)* ~ 《무관사는 옛 어법의 잔재》: Il n'y a pas de bonheur éternel *sur (la)* ~. (Bonnard) 이 세상에 영원한 행복은 없다.

sous ~: Le spéléologue est partout guetté par des dangers *sous* ~. 지하의 위험이 사방에서 동굴학자를 노리고 있다.

à [par] ~ 《Lit에 의하면 지상과 접촉하고 있지 않던 것이 떨어질 때는 à, 지상에 접촉하고 있던 것이 넘어질 때는 par를 쓴다고 주장하나 혼히 이런 구별없이 쓴다》: La chaise tomba *par* ~. (Ac) 의자가 마루바닥에 넘어졌다/Le fil qui les tenait s'étant cassé, les perles tombèrent *à* ~. (*Ib.*) 진주알들을 꿰고 있던 실이 끊어지자 진주알들이 땅에 떨어졌다/se jeter *à [par]* ~, se coucher *à[par]* ~//《성구》 courir ventre *à* ~ 쏜살같이 달리다/mettre pied *à* ~ (차, 말에서) 내리다/aller *par* ~ 육로로 가다.

entre ciel et ~: Avant de tomber, il resta un instant suspendu *entre ciel et* ~. 땅에 떨어지기 전에 그는 잠시 공중에 떠 있었다//Elle *remua ciel et* ~ (=usa de tous les moyens) pour obtenir le passeport. 그녀는 여권을 얻기 위해서 갖은 애를 다 썼다.

~ à ~: Ce garçon est très ~ à ~ (=de vues peu élevées). 이 소년은 저속하다.

terrible—enfant ~ 깜찍한 아이/ une ~ catastrophe 끔찍한 재난// 〖C'est[Il est] ~ de+*inf*〗 *C'est ~ de* ne pouvoir compter sur lui. (Rob) 그를 믿을 수 없는 것은 개탄할 노릇이다.

terriblement—Il faisait ~ chaud. 지독하게 더웠다/C'est ~ cher. 그것은 엄청나게 비싸다//〖 ~ de+N〗 Pour vingt mille francs, on peut avoir ~ *de* choses.(S, II, 79) 2만 프랑으로 많은 것들을 손에 넣을 수 있다. ⇨infiniment.

tes ⇨adjectifs possessifs.

tête—Autant de ~s autant d'avis. 《격언》 각인 각색.

de ~: L'éditorial est souvent l'article *de* ~ d'un journal. 사설은 흔히 신문의 머리기사이다/L'enfant calcula *de* ~ (=mentalement). 이 아이는 머리로[암산으로] 계산했다.

derrière la ~: Il a une idée *derrière la* ~. 그는 숨겨진 의도를

갖고 있다 (=des arrière-pensées).
à tue-tête: Ils chantaient *à tue-~.* 그들은 목청을 다해서 노래했다.
des pieds à la ~ [***de la ~ aux pieds***]: Ils étaient couverts de boue *des pieds à la ~.* 그들은 발끝에서 머리끝까지 진흙을 뒤집어쓰고 있었다.

tête-à-tête—① Ils ont de fréquents ~. (Lar) 그들은 잦은 대담을 갖는다/offrir un ~ à de jeunes mariés 신혼부부에게 커피세트를 주다.

② 부사구로 쓸 때는 (**en**) **tête**(-)**à**(-)**tête**: Ils ont dîné *tête à tête.* (Thomas) 그들은 단둘이서 저녁을 들었다/le père et le fils, *tête-à-tête* dans la salle à manger (M. du Gard)/Laissons ces amoureux *en tête à tête.* (Rob) 저 연인들을 단둘이 있도록 하자.

ti, t-il—어미가 -er 인 동사의 3인칭 단수 의문형은 finit-*il*, part-*il* 등의 영향으로 16세기부터 aime-*t-il* 로 발음했는데, 이 t 를 「t analogique 유추의 t」라 한다. t 자의 삽입은 17세기에 Vaugelas 가 적극 주장한 것이다. 이렇게 해서 t-il (발음 [ti])이 모든 동사의 단수 3인칭 의문형에 쓰이게 되어, ti 는 일찍부터 의문사의 가치를 갖기에 이르렀다.

① 오늘날에는 비어와 방언에서 주어의 도치를 피하는 수단이 되어 ti 를 모든 인칭의 의문문에 쓴다: Je pars *ti?*/C'est *ti* que j'pars? (=Est-ce que je pars?)/Vot'père i part *ti?* (=Votre père part-il?)/Vot'père, c'est *ti* qu'i part? (=Est-ce que votre père part?).

② 쓰는 법도 일정치 않아 ty, t'y, t-y, t-il; t 로 끝나는 말 다음에서는 -i, -il, -y 로도 쓴다: C'es*t-il* que tu veux mourir? (Pérochon, *Nêne*)/ C'est-*i* point permis d'asseoir sur la route.(Maupass, *Contes*)/C'est-*y* un garçon ou une fille? (Philippe, *Contes*)/Vous êtes-*t-y* prêts? (Dorgelès, *Le Cabaret*)/J'puis-*t-y* entrer. (Duvernois, *Crapote*).

③ 감탄문이나 의문문(도치된)에도 쓰인다: Nous avons-*ti* bu! (N, II, 172)/Voulez-vous-*t'y* que je vous embrasse? (Daud, *Jack*)∥《voilà 와 함께》 Voilà-*t-il* pas une instructive histoire? (Barrès, *Les Maitres*)/Ne voilà-*t-il* pas une tragédie...? (Rouss, *Lett. à d'Alemb.*).

tien(**s**)—여성형은 tienne(s). ⇨pronoms possessifs; adj. possessifs.

tiers *adj.*—여성형은 tierce. le ~ état 제3계급, 평민층/une *tierce* personne 제3자/le ~(-)monde 제3세계.

—*n.m.* J'ai mangé le ~ du mélon. 나는 멜론 3분의 1을 먹었다/La ville est destruite aux deux ~ (= Les deux ~ de la ville sont destruits). 시가지의 3분의 2가 파괴되었다/se moquer du ~ et[comme] du quart 아무나 놀리다. ☆ 동사의 일치는 ⇨accord du verbe.

tiret—*signes de ponctuation 의 하나로 (—)표이다.

1° 〖대화에서〗 화자가 바뀌는 것을 나타낸다: Il rattrapa Louvois:—Dites. Quel âge a-t-il à peu près?—Dans les trente à trente-cinq.—Pas plus? Vous êtes sûr?—Non. (Romains, *Les Hommes*).

2° 〖부수적 요소〗 M. Claude Mauriac—dont chacun admire la puissante originalité—pouvait écrire à propos des femmes....(Beauvoir, *2ᵉ sexe*).

3° 〖앞에 있는 어구의 반복, 부연〗 Il me fallut plusieurs jours de travail—et de travail soigné, utile—pour me faire une raison. (Bosco, *Un Rameau*).

4° 〖앞에 한 말의 수정〗 Il ne pensait à rien,—il s'empêchait de penser à rien. (Vercors, *Yeux*).

titre

5° 〖계산서, 카탈로그, 도표에서〗 반복을 나타낸다(cf. guillemet 는 제로).

titre [표제]―표제와 동사·형용사의 일치 (⇨accord du verbe), tout+표제(⇨tout I, 1°, ①), 관사의 축약(⇨contraction), 표제의 복수(⇨ nom propre III, 3°).

tmèse [합성어 분리법]―합성어, 특히 접속사구의 두 요소 사이에 하나 또는 여러 단어가 삽입되어 분리된 것을 말한다: bien, dit-on, qu'il nous ait nui (Béranger, *Les Souven. du peuple*)/pendant donc que toute la troupe s'installait (J. Martet, *Azraël*)/lors, en revanche, que l'on découvre une vérité (Hermant, *Le Rival*)/ma chère dame 《속어》(chère madame이 정식).

toi ⇨tu, pron. personnels.

toilettes ⇨nombre des noms 7°.

ton¹ ⇨adj. possessifs, liaison.

ton²―Je vais changer de ~. 나는 태도를 바꾸겠다/Ne me parlez pas sur ce ~. 그런 투로 말하지 마시오/Si vous le prenez avec moi sur un ~ de supériorité... je le ferai chanter sur un autre ~.(Ac) 당신이 나에게 거만한 태도로 대하면 그런 태도를 바꾸게 해주겠소/Dans la haute société, les Françaises ont longtemps donné le ~ de l'élégance. (Bonnard) 상류사회에서 프랑스 여자들은 오랫동안 우아함의 모범을 보였다/Avec cette robe longue, tu n'es plus dans le ~.이 긴 드레스 때문에 당신은 주위와 조화가 안된다//〖Il est de bon ~ de+inf〔que+subj〕〗 *Il serait de bon ~ que vous parliez* moins fort. 당신이 더 작은 소리로 얘기하면 점잖을 텐데.

tort―*être en ~* 〔*dans son ~*〕: C'est le chauffeur de la camionnette qui *est en ~* 〔*dans son ~*〕, puisqu'il n'a pas tenu sa droite. (Bonnard) 트럭운전사 자신이 나쁘다. 우측통행을 안했으니까. *faire (du) ~ à qn*: Il n'a pas voulu vous *faire du ~*. 그는 당신에게 피해를 입히고 싶지 않았다. *à ~:* On l'a accusé *à ~*. 그를 부당하게 비난했다. *à ~ ou à raison:* Je passe *à ~ ou à raison* pour un esprit fort. (Bernanos) 옳건 그르건 나는 자유사상가로 통하고 있다. *à ~ et à travers:* Elle parle *à ~ et à travers* (=inconsidérément). 그녀는 함부로 말한다/dépenser *à ~ et à travers* 돈을 함부로 쓰다.

tôt adv.―*plus ~* (=de meilleure heure): Il est arrivé *plus ~* que moi. 그는 나보다 더 일찍 도착하였다 《plus tard의 반대》. *plus ~ que plus tard* (=au plus vite) 될 수 있는 대로 빨리 《*plutôt* plus ~ que plus tard 의 뜻》. *ne...pas plus ~ que* (=à peine...que): Nous *n'étions pas plus ~* rentrés à Paris qu'une dépêche rappelait ma mère au Havre. (Gide) 우리가 파리에 닿자마자 어머니더러 르아브르로 오시라는 전보가 왔다//《à peine 다음의 que를 생략할 수 있듯이, 드물지만 que 없이》Cette bouteille *ne* fut *pas plus ~* sur la table, Dufouqueblize s'en saisit. (S, II, 266) 그 병이 테이블에 놓이자마자 뒤푸크블리즈는 병을 잡았다 (⇨plutôt). *de si ~* (=sitôt): sachant qu'elle ne trouverait pas à se louer *de si ~* (France, *Mannequin*) 그렇게 빨리 일자리를 발견하지 못하리라고 알았으므로.

―〖형용사적〗 Il est déjà un peu tard pour aller dîner en ville, encore un peu ~ pour se rendre au spectacle. (Romains) 밖에 나가 저녁을 들기에는 벌써 늦었고 구경 가기에는 좀 이르다.

toujours―Les absents ont ~ tort. 《속담》자리에 없으면 언제나 손해를 본다//〖~(=du moins, néanmoins)+주어의 도치』Si je n'ai pas réussi, ~ ai-je fait mon devoir. (Lit) 성공하지는 못했어도 어쨌든 내 의무는 다했다.

~ *est-il que*+*ind:* ~ est-il que je l'ai vu. 어쨌든 그를 본 것은 사실이다. *pour* ~ : Ils se sont dit adieu *pour* ~. 그들은 영원히 이별했다. ~ *plus*[*moins*]+*adj.* (=de plus en plus[de moins en moins]): ~ *plus* nombreux sont ceux qu'assomme le vacarme des autobus et des taxis. (Mauriac) 버스와 택시의 소음으로 고통을 당하는 사람들이 갈수록 더 많아지고 있다.

tour—c'est le[au] ~ de...à[de]+*inf* 는 *c'est à...à[de]+*inf*와 마찬가지로 à[de]+*inf*가 논리적 주어이고 다음 네가지 형식이 있다.

① *Ce fut le ~ du noir à trouver folles et extravagantes les propositions du blanc.* (Mérimée, *Mosaïque*) 이번에는 흑인들이 백인들의 제안을 터무니 없고 엉뚱하다고 생각했다. ② *Ce fut ensuite le ~ de M. Roux d'aller à la porte.* (France, *Mannequin*) 이번에는 루 씨가 문앞으로 갔다. ③ quand *ce fut à mon ~ de l'interroger* (*Ib.*) 내가 그녀에게 질문할 차례가 되었을 때. ④ *C'est à vous de...* signifie «*c'est à votre ~ à...*». (Lar, *Gr. Sup.*, 221 —2) C'est à vous de... 는 「당신이 할 차례」를 의미한다.

à mon[*ton, son*] ~ : Il se défendit en l'accusant *à son* ~. (Maupass) 그는 자기도 그를 비난하며 자기 변호를 했다/chacun *à son* ~ 각자 제 차례대로. *à ~ de rôle:* Les trois enfants ont récité leurs poèmes *à ~ de rôle.* (Bonnard) 세 아이가 차례대로 그들의 시를 읊었다.

tournemain—*en un ~ :*Il a résolu cette difficulté *en un ~*. (DFC) 난점을 순식간에 해결했다《같은 뜻인 en un tour de main을 더 많이 쓴다 (Lit, Thomas)》.

tout(e)—남성복수형은 tous, 여성복수형은 toutes. 복수형 tous 는 gent> *gens 과 마찬가지로 고어의 복수형 잔재로, tous 의 발음은 형용사이면 [tu], 대명사이면 [tus]이다《복수명사 mœurs 처럼 복수기호가 발음되는 예외적인 것》.

I. *adj. qualif.* 1° 부가형용사로 명사, 대명사 앞에 온다.

① (=entier). **a)**〖~+관사[지시·소유형용사]+명사〗 ~*e* la nuit 밤새도록, ~*e* la Corée 한국 전부, ~ le pays (특정의) 그 나라 전체, ~ un pays 어떤 나라 전체, ~*e* ma vie 나의 전생애//《~ un, ~*e* une 는 과장적인 뜻으로 쓰임》 C'est ~*e une affaire*(=une très grande affaire)! 그것은 큰 일이다/Son histoire est ~ *un roman.* (M) 그의 사건은 정말 소설 같다《때로는 ~ une 처럼 tout 를 변화시키지 않고 쓸 때가 있으나 피하는 편이 좋다 (⇨아래 V, 6°)》. ~ *un chacun* ⇨chacun.

b)〖관사가 없는 성구〗à ~*e* bride, à ~*e* vitesse, à ~*e* vapeur 전속력으로/en ~*e* liberté 완전히 자유롭게/en ~*e* conscience 아주 정직하게/avoir ~*e* raison [~ lieu] de+*inf* …하는 충분한 이유가 있다/donner ~*e* liberté d'agir 마음대로 행동하게 하다.

c)〖~+도시명〗 옛 규칙으로는 「~ Rome (=~ le peuple de Rome) 로마의 전시민, ~*e* Rome (=~*e* la ville de Rome) 로마시 전체」의 구별이 있었으나 (Lar, *Gr. sup.*, 418; P. Lar), 1901년의 문교부령은 어느 경우에도 ~(*e*) Rome 을 허용했고, S, I, 404는 어느 경우도 변화시키지 않는 것이 보통이라 했다. H는 시민의 뜻으로는 변화시키지 말고, 도시의 뜻으로는 일치는 자유라 했다: ~ Rome l'acclamait. 로마 전시민이 그를 환영했다/~(*e*) Rome brûlait. 로마시 전체가 불타고 있었다.

☆『정관사＋～＋도시명』《tout는 불변》그 도시의 명사들을 가리킨다: le ～-Paris (때로는 le ～ Paris) (Le B, I, 234) 파리의 명사들.
d) 『～+작가명』《불변》: J'ai lu ～ Mademoiselle Scudéry (=toutes les œuvres de S.). 나는 스퀴데리 양의 작품을 전부 읽었다.
e) 『～+작품명』 1) 남성명사, 여성 무관사 명사 앞에서는 불변: J'ai lu ～ «les Misérables», ～ «Madame Bovary». 2) 「관사＋단수여성명사」 앞에서는 변화시키지 않을 수도 있으나 ～e가 바람직하다(H): J'ai lu ～e «la Porte étroite». 3) 「관사＋복수여성명사」 앞에서는 역시 일치시키거나(Thomas) tout를 피하고 다른 표현으로 쓰는 편이 좋다(H): J'ai appris ～es «les Femmes savantes»./J'ai lu en entier «les Fleurs du mal». 4) 관사가 작품명의 일부가 아닐 때는 tout는 변화한다: ～es les «Oraisons funèbres» de Bossuet.
f) 『～+대명사』 C'est ～ ce que je vous demande. 내가 당신에게 바라는 것은 이것이 전부요/ ～ cela, ce sont des folies. 이 모든 것들은 미친 짓이다.
～ ce qu'il y a de (plus)+adj. 《de +adj.는 ce를 수식하고, de plus는 최상급. ⇨ce¹ III》: ～ ce qu'il y a d'intéressant dans ce rapport sont des idées empruntées (보통은 …, ce sont…). (H, 724) 이 보고서에서 가장 흥미있는 점은 모두가 빌려온 사상이란 것이다/～ ce qu'il y avait de plus distingué dans la ville se pressait pour l'entendre. (Ib.) 고을의 명사들은 모두 그의 얘기를 들으려고 모였다《Tout ce…를 주어로 하는 동사는 être 이외는 단수로 둠》.
～ ce qu'il y a de+N: ～ ce qu'il y avait de notabilités assistait à la réunion. (H) 명사들은 모두 회합에 참석했다/～ ce qu'il y a de beauté dans cette œuvre, est gâté par son manque de style. (W, 24) 이 작품의 모든 아름다운 점이 문체의 결여로 망쳐버렸다《동사의 일치는 임의적이나 단수로 두는 것이 바람직하다. cf. G, §806》.
～ ce qu'il y a de plus (=extrêmement)+adj.: C'est ～ ce qu'il y a de plus drôle. (M) 그거야말로 가장 우스꽝스러운 것이다/《(비어법에서는 plus를 생략)》 J'ai un remplaçant ～ ce qu'il y a de bien.(Pagnol, Marius) 나에게는 아주 훌륭한 대리인이 있다/《de 다음의 형용사는 중성으로 보아 그대로 두는 것이 보통이나 때때로 일치시키기도 한다 (G, §377)》 Ces poires sont ～ ce qu'il y a de bon. (Ib.) 이 배들은 아주 좋다/C'est une mort ～ ce qu'il y a de plus naturelle. (Pialar, M. Dupont) 그것은 아주 자연스런 죽음이다.

② (=parfait, extrême) 강조용법. a) 『～+무관사명사』 de ～e beauté 매단히 아름다운/de ～ cœur 진심으로/de ～e importance 가장 중요한/être à ～e extrêmité 빈사상태에 있다.

b) 『관사[지시·소유형용사]＋～＋명사』 sa ～e bonté 그의 더할 수 없는 친절함, sa ～e jeunesse 그가 아주 어렸을 무렵 《(～ bon, ～ jeune가 그대로 명사화한 것). cf. ～e sa jeunesse 그의 청년시대 내내.

2° (=tout entier) 동격형용사: Elle était ～e à son travail. (Rob) 그녀는 자기 일에 열중하고 있었다/ La maison est ～e (= ～e la maison) en feu. 집 전체가 타고 있다. être ～ à (⇨아래 V, 6°, ⑤).

II. adj. indéf. 수에 따라 의미가 다르다.

1° 『～(e)+N』 ① (=chaque, n'importe quel): ～ homme est mortel. 사람은 누구나 죽는다/à ～e heure 줄곧/en ～ temps 언제 어느 때에도 (⇨아래 2°, ④). ☆위의 I, 1°, ①, b)와는 의미가 다르다. chaque와

의 차이는 ⇨chaque.
② 〖**pour ~+N**〗 tout 는 seul 처럼 제한적 의미를 갖는다: Elle a *pour* ~ domestique deux servantes. 그여자는 하인이라고는 하녀 둘밖에 없다/ *Pour* ~*e* arme il avait une canne. (M) 무기라고는 지팡이 하나 뿐이었다.

2° 〖**tous, toutes**〗 ① 〖tous〔toutes〕+les〔소유·지시형용사〕+N〗 개체의 총체 la totalité des individus 를 나타낸다. *Tous les* hommes sont mortels 은 Tout homme est mortel 과 같은 의미이나, 후자는 인간 개개인이 갖는 공통의 성질을 나타내고, 전자는 인간 전체를 총괄적으로 나타낸다: *toutes ces* fleurs 이 꽃들 전부, *tous mes* livres 내 책 전부// 《단순히 강조적》 Ecoutez de *toutes vos* oreilles. 명심해서 들으시오/ regarder de *tous ses* yeux 주시하다.

② 〖tous les+수형용사, 시간〗 chaque 처럼 배분사적: *tous les* jours 매일, *toutes les* heures 매시간, *tous les* samedis 매주 토요일, *tous les* trois jours 사흘마다, *toutes les* dix pages 10페이지마다, *tous les* cent mètres 백 미터마다.

③ 〖tous+대명사〗 Il connaissait à présent *tous ceux* qui venaient aux offices. (Maupass) 그는 이제 미사에 오는 모든 사람을 알았다.

④ 〖tous+무관사명사(=tous les...)〗 옛 어법에 한정사를 때때로 생략했던 잔재로 남아있는 것.

a) 성구: écrire en *toutes* lettres 생략하지 않고 쓰다, à *toutes* jambes 전속력으로, à *tous* égards 모든 점에서, *toutes* sortes de 모든 종류의, de *toutes* couleurs 모든 색의, *toutes* voiles dehors 돛을 모두 올리고, rompre *toutes* relations avec *qn* …와 모든 관계를 끊다. cf. La Toussaint (<tous+saints) 萬聖節, toujours (<tous+jours), toutefois (<toutes+fois). ☆〖tout+명사와 tous+명사〗개별적으로 보느냐 총괄적으로 보느냐에 따라 tout 와 tous 를 쓰나, 어느 쪽으로도 쓸 수 있는 성구가 있다 (à *tout*〔*tous*〕 venant(s) 누구에게나, à *tout*〔*tous*〕 moment(s) 끊임없이, à *tout*〔*tous*〕 propos 무슨 일에나, de *toute*(*s*) sorte(s) 모든 종류의, etc). 그러나 단수쪽을 많이 쓰는 경향이 있다 (G, §375). 복수형 성구들은 현대 통사법에 따라 관사를 쓰는 경향이 있다: à tous *les* égards, de tous *les* côtés, de toutes *les* sortes, toutes *les* sortes de, de toutes *les* couleurs.

b) 문학적 혹은 관청식 문체에서는 때때로 옛 어법처럼 관사없이 쓴다: *Toutes* infractions à cette règle seront punies. 이 규칙을 위반하면 모두 벌을 받을 것이다/ *Tous* bruits s'éteignaient alentour. (Arland, Terre nat.) 주위에서는 모든 소음이 사라져 갔다//〖tous+(les)+수사〗 Je les ai vus *tous* (*les*) deux. 나는 그들을 둘 모두 보았다. ☆ deux, trois, quatre 앞에서 관사의 사용은 일정치 않으나 관사를 쓰는 편이 더 많다. Lit 는 4 이상 10 까지에서 관사의 생략은 드물고, 10 이상에서는 항상 관사를 쓴다고 했다. Lar, Gr. sup., 238 과 N, V, 418 은 관사를 사용하는 경우는 각 인물을 개별적으로 생각하고, 관사의 생략은 인물들을 밀접하게 결합해서 생각하거나 동시에 행동한 것을 나타낸다고 해석했다. 결국 관사를 쓰는 편이 (2 에서 4 까지도) 좋다 (cf. G, §337, Thomas).

⑤ 〖tous 의 반복〗 a) 등위로 놓인 명사 앞에서는 보통 반복한다: *tous les* hommes et *toutes les* femmes.

b) 나열된 여러 명사 앞에서는 관사와 함께 생략될 때가 있다: *toutes les* affections, haines, curiosités (Lanson) 모든 애정, 증오, 호기심.

c) 의미가 같거나 다소 관련이 있는

명사 앞에서는 관사만을 반복할 때가 있다:*tous les* instincts et *les* sens de l'homme primitif (Maupass) 원시인이 갖는 모든 본능과 감각.

3°〖**tout, tous** 와 부정〗Lit 는 *Tous* les champs ne sont pas ravagés 는 「밭이 모두 황폐한 것은 아니다」와 「모든 밭이 황폐된 것은 아니다」로 해석할 수 있음을 지적하고, 첫째 뜻으로는 Les champs ne sont pas *tous* ravagés, 두번째 뜻으로는 Aucun des champs n'est ravagé 라 해야 한다고 설명했다. 이런 애매함은 있다 해도, 「tout〔tous〕+주어명사」뒤의 ne...pas 는 tout 만을, ne...plus〔jamais, guère, etc.〕는 문장 전체를 부정할 때가 많다:~*e* la ville *n'est pas* en flammes. 시가 전체가 타고 있는 것은 아니다/~ ce qui reluit *n'est pas* or. 《격언》번쩍이는 것이 모두 금은 아니다/*Tous* ces bâtiments *n'existent plus*. 이 모든 건물은 현존하지 않는다.

★예외적:~ homme (=Aucun homme), ami des arts, *n'a pu passer à* Séville sans visiter l'église de Charité.(Mérimée, *Ame*) 예술을 사랑하는 자는 누구도 세빌리아에 와서 샤리테 교회를 구경 안할 수는 없다.

III. *pron. indéf.* 1°〖**tout**〗① 중성대명사(toute chose, toute sorte de choses)로 사물뿐 아니라, 낡은 어법이지만 사람(tout le monde, tout ce qu'il y a des gens)도 때로는 나타낸다:Paul a ~ mangé. 폴이 전부 먹었다/Il mange de ~. 그는 무엇이든지 먹는다/~ est bien qui finit bien.《격언》끝이 좋으면 다 좋은 것이다/Femmes, moine, vieillards, ~ était descendu. (La Font, *F.*) 여자도, 승려도, 노인도, 모두 내려와 있었다/avant ~ 무엇보다도 먼저/après ~ 결국.

②〖~ **de**+보어〗J'ai ~ oublié *du* grec. 희랍어는 모두 잊어 버렸다/Il ignore ~ *de* nos projets. 그는 우리의 계획에 대해서 조금도 모르고 있다. *avoir* ~ *de* (=avoir toutes les qualités de, ressembler tout à fait à):Il *a* ~ *de* son père (=lui ressemble beaucoup). 그는 아버지를 꼭 닮았다/Sa maison *a* ~ *d'*un château. 그의 집은 대궐 같다.

③〖열거된 말들의 요약〗court de bras, de jambes, de cou, de nez, de ~ (Maupass) 팔도, 다리도, 목도, 코도, 모두 짧은/Les citernes, les bassins, les viviers, ~ était infecté.(Daud, *Lett. de M. moul.*) 웅덩이도, 연못도, 양어장도, 모두 오염되어 있었다.

④〖어순〗직접보어일 때:Il mange ~. Il a ~ mangé./Il m'a ~ avoué. Il m'a avoué ~.《강조》/Il faut ~ savoir. Je veux savoir ~.《강조》/Il faut ~ lui〔lui ~〕avouer.

2°〖**tous, toutes**〗①「tous 모든 인간(=les hommes en général)」. 때로는「tous 모든 남자, toutes 모든 여자」:Jésus-Christ est mort pour le salut de *tous*. (Ac) 예수는 모든 인간의 구원을 위해 죽었다/Elle dînait chez *toutes*. (France) 그녀는 모든 여자들 집에서 저녁을 들곤 했다/Aimer, n'est-ce pas...préférer à *tous* et à *toutes* une certaine personne? (Halévy, *Abbé Const.*) 사랑한다는 것은 어떤 남자보다도 어떤 여자보다도 어느 한 사람을 더 좋아한다는 것이 아니겠는가.

② 앞에 나온 하나 혹은 여러 명사나 대명사를 받아 사람, 사물을 가리킨다:Regardez ces arbres: *tous* sont en fleurs. (Bonnard) 저 나무들을 보시오. 모두 꽃이 피어 있소/Il fut fêté par ses concitoyens, *tous* vinrent au-devant de lui. (Ac) 그는 동향인들로부터 환영을 받았다. 모두들 그를 마중나왔다.

③〖열거된 말들의 요약〗Vieillards, hommes, femmes, enfants, *tous*

voulaient me voir. (Montesq, *L. pers.*) 노인들도, 남자들도, 여자들도, 어린애들도, 다 나를 보고 싶어했다. ④〖동격〗 Elles sont *toutes* là. 그녀들은 모두 그곳에 있다/Il faut *tous* faire votre devoir. 당신들은 모두 자신의 의무를 다해야 한다/Sortez *tous*. 모두 나가시오. ☆직접보어로 쓰이는 경우는 매우 드물다:J'aime *tous* et n'accuse aucun. (Verlaine, *Sagesse*) 나는 모두를 사랑하고 아무도 비난하지 않는다.
⑤〖어순〗 On devrait *les* fusiller *tous* (때로는 *tous les* fusiller). (S, I, 396) 그들 모두를 총살해야 할 텐데. ☆동격 tous 가 속사와 일치하는 경우:Ce que vous dites là, ce sont *tous* contes à dormir. (N, V, 415) 당신이 지금 얘기하는 것은 모두 싱거운 얘기들이다.

IV. *n.m.* (복수형은 **touts**). 「la chose entière, la somme des parties, l'essentiel, l'important」의 뜻으로 관사나 한정사와 함께 쓰인다:Il montra son passeport, sa lettre de mission... le fonctionnaire examina le ∼. (Romains) 그는 여권과 임명장을 제시했고 관리는 모두 검토했다/Ce n'est pas *le* ∼. 그것만으로는 안된다/ne...pas *du* ∼ 전혀 …아니다/rien *du* ∼ 전혀 아무 것도 아니다/changer *du* ∼ *au* ∼ 완전히 변하다∥Vous pouvez réussir, *le* ∼ *est* [lətuɛ] *de* travailler. (Bonnard) 당신은 성공할 수 있다. 요는 공부〔일〕하는 것이다∥《복수형은 아주 드물다》 Il avait envie de penser à lui-même et à son existence comme à *des touts*. (Romains) 그는 다른 모든 것과 마찬가지로 자신과 자신의 존재를 생각하고 싶었다.

V. *adv.* 1° (=tout à fait, entièrement). 형용사(구), 부사(구)를 수식한다:marcher ∼ lentement 아주 천천히 걷다/ ∼ jeune 아주 어린/ C'est ∼ un. 그것은 마찬가지다/∼ à l'heure 방금, 곧/∼ au plus 기껏해야.
2°〖**tout** 와 **très**〗① 다같이 높은 정도를 나타내지만, tout 는 절대적, 초월할 수 없는 정도를 뜻한다: *tout* puissant 전능의/*très* puissant 아주 강력한/《정도의 차이를 설정할 수 없는 표현에는 tout 만 쓴다》 *tout* plein 완전히 찬/*tout* en larmes 한없이 눈물을 흘리고/*tout* hors d'haleine 아주 숨을 헐떡이며/ *tout* au fond 아주 속에/*tout* seul 오직 혼자서∥*très* seul 아주 고독한《정신적인 의미》.
② 흔히 양쪽을 다 쓸 수 있으나, tout 는 주관적, 감정적, très 는 객관적이다(Il est *tout* 〔*très*〕 pâle. 그는 아주 창백하다). H, 715 는 très 는 습관적 혹은 일시적 성질에 쓰이나 tout 는 그 사용에 제한이 있어, 특히 일시적 성질의 수식에 알맞다고 한다:Il est *très* aimable. 그는 매우 친절하다 ∥ La voilà *très* 〔*tout*〕 aimable. 어머, 오늘은 아주 친절한데.

3°〖∼+gérondif〗 동시성, 대립을 강조한다. ⇨participe présent.
4°〖∼+형용사(명사, 부사)+que〗
①〖∼... que+*ind*〗 a) (=bien que, quoique). 대립을 나타낸다:∼ enfant *que* j'*étais*, le propos de mon père me révoltait. (Chateaubr, *Mém.*) 내가 아무리 어린애였지만 아버지의 얘기에 화가 났었다/∼ princes *que* vous *êtes* 당신들이 아무리 왕자이지만. ☆위 두 예문에서 어린애라는 것과 왕자라는 것은 틀림없는 사실이기 때문에 직설법의 사용은 자연스럽다.
b) (=quelque 〔si〕...que). 양보를 나타낸다:∼ princes *que* vous *êtes* 는 「당신들이 아무리 왕자들이라 하더라도」의 뜻도 된다.
②〖∼ ... que+*subj*〗 16세기와 고전시대에 때때로 쓰인 접속법이 지금에는 직설법보다 훨씬 더 많이 쓰

tout (e) 546

인다. **a)** quelque[si]... que 와 거의 마찬가지로 가능한 일을 나타낸다. 「~ juste *qu'il soit* 그가 아무리 옳다 하더라도」는 「malgré toute la justice qu'il *peut* avoir et qui monte *peut-être* à un degré fort élevé」의 뜻으로 의혹의 뉘앙스가 접속법에 나타나 있다(Mart): ~ redoutable cependant *que soit* un pareil rival, je suis peu disposé à en être jaloux. (Gautier, *Mlle de Maupin*) 그와 같은 적수가 아무리 두렵다 하더라도 시샘할 생각은 없다.

b) 직설법을 쓰는 경우와 같은 사실을 나타내나, quelque [si]...que+*subj* 의 *analogie 에 의해서:~ bachelier *qu'il soit*...(Bonnard) 그가 아무리 대학입학 자격자여도.

★「Ils ne disaient plus rien, ~ concentrés *qu'ils* étaient dans une attente de plaisir. (Loti, *Yves*) 그들은 쾌락을 기다리느라고 너무 정신을 빼앗기고 있었기 때문에 이제 아무 말도 안했었다」에서 원인을 나타내는 형용사+que 를 tout 가 강조하고 있다. ➪adj. qualif. III, 3°, ①; que¹ I, 4°.

5° 〖부사 tout 의 일치〗 부사처럼 쓰인 형용사를 변화시킨 중세 어법의 잔재로, 변화할 때가 있다(➪grand 3°; frais).

① 부사 tout 는 자음 또는 유음 h 로 시작된 여성형용사 앞에서는 성, 수의 변화를 하지만 모음 앞에서는 불변이다((17세기 이래의 규칙)):Il est *tout* triste. Elle est *toute* triste. Ils sont *tout* tristes. Elles sont *toutes* tristes./Il est *tout* ému. Elle est *tout* émue. Ils[elles] sont *tout* émus [émues].

② 「Ils sont *tout* tristes. 매우 슬퍼한다; Ils sont *tous* tristes. 모두들 슬퍼한다」에서는 부사와 대명사가 명확히 구별되지만, Elles sont *toutes* tristes 의 toutes 는 부사인지 대명사인지 확실치 않다. 구어에서는 부사인 경우 toutes+tristes 를 한덩어리로 발음하고, 대명사일 때는 toutes 에 강세를 두고, tristes 와의 사이에 짧은 休止를 둔다.

6° 〖부사 tout 와 형용사 tout〗 ① 〖~(e) **autre**〗 **a)** 「n'importe quel autre」의 뜻으로는 형용사로 변화한다:Parlez-moi de ~*e autre* chose (=de ~*e* chose autre que celle dont vous me parlez). (Thomas) 다른 얘기를 하시오/~*e autre* personne (=~*e* personne autre) l'eût compris. 다른 사람이면 누구나 그것을 이해했을 것이다.

b) 「entièrement, tout à fait」의 뜻으로는 부사로 불변:C'est ~ *autre* chose (=tout à fait autre chose) que je désirais. 그것은 내가 바라던 것과는 전혀 다른 것이다./Sa maison est ~ *autre* qu'elle n'était. (Ac) 그의 집은 옛날 모습과는 전혀 다르다/C'est *une* ~ *autre* affaire (=une affaire entièrement autre). 완전히 다른 문제이다. ☆ 위 **a)** 의 용법에서는 관사가 없고 「~ autre+명사」의 어순이 된다. 명사+~ autre (cf. des projets ~ *autres* 전혀 다른 계획), 또는 ~ autre 가 속사일 때는 tout 가 부사이다.

② 〖~+형용사적 용법의 명사〗 Brachet, 327;C, 150 은 부사이므로 불변을 주장하나 관용은 일정치 않다. DG 는 품질형용사로, W, 177 은 형용사와 부사의 경계에 있는 것으로 보았다.

a) 〖~+여성추상명사〗 Il est [Ils sont] ~*(e)* énergie[~*(e)* raison). 그는[그들은] 아주 정력적[이성적]이다. ☆Le B, I, 252;H, 716 은 「~ +형용사」에 준해 「~ énergie, ~*e* raison」을 권하고 있다. 특히 자음 앞에서는 ~*e* 가 보통이다(Mart, 179). 주어도 속사도 여성이면 혼히 ~*e* 로 쓴다.

b) 〖~+사물명사〗 tout 는 불변:elle, en poupée de luxe, ~ volants et dentelles (S, I, 425) 호화로운 인형처럼 장식과 레이스를 두른 그녀//《성구적》불변: Elles sont ~ yeux 〔~ oreilles〕. 그녀들은 주의 깊게 본다〔귀를 기울인다〕/des tissus ~ laine 〔soie〕 순모직〔견직〕 옷감.

③ 〚~ de+N〛「de+명사」가 형용사로서 부가형용사가 될 경우, tout 는 형용사 앞에서처럼 변화한다: une vie ~e de travail (=~e laborieuse) 아주 근면한 생활/des œuvres ~es d'imagination 상상력이 풍부한 작품. ☆그러나 「être vêtu ~ de noir 검은 옷을 입고 있다」에서 de noir 는 vêtu 의 보어, tout 는 불변: Ils sont vêtus ~ de noir (cf. Ils sont vêtus tous de noir. 그들은 모두 검은 옷을 입고 있다)《tous 는 동격 대명사》.

④ 〚~ d'une pièce, ~ de travers〛 a) 부사구《불변》: La groupe se déporta ~ d'une pièce vers la droite. (Thomas) 그 그룹은 모조리 길을 벗어나 오른쪽으로 향했다/Vous prenez les choses ~ de travers. (G, §457) 당신은 이 일을 곡해하고 있다.

b) 형용사구: des caractères ~ d'une pièce (Flaub, Corr.) 철저한 성격/des tentures ~ de travers (G, §457) 비뚤어진 벽지//《때때로 일치》Monique se leva soudain, froide, raide, ~e d'une pièce. (Duham, Cri) 모니크는 갑자기 냉담하고 뻣뻣하게 우뚝 일어났다 / des idées ~(es) de travers (H) 틀린 생각//《속사일 때는 애매한 ~es 를 피해 변화시키지 않는 것이 좋다》Ces tables sont ~ de travers. (H, 719) 이 테이블들은 비뚤어져 놓여 있다.

⑤ 〚~ à+N〛 a) 관계있는 말이 여성단수명사〔대명사〕이면 동격으로 취급하여 보통 ~e: Elle était ~e (때로는 ~) à ses devoirs. 그녀는 자신의 임무에 전력하고 있다.

b) 복수 (대)명사에 관계될 때는 애매함을 피하기 위해 불변: Elles〔Ils〕 sont ~ à leur devoir(cf. ~es 〔tous〕à leur devoir). 모두들 의무를 다하고 있다《~es〔tous〕는 대명사》.
c) Je suis ~(e) à vous 는 편지 끝에 자주 쓰는 인사말. je 가 여자인 경우, ~(=tout à fait) à vous 는 「Je suis toute disposée à vous rendre service. 언제나 도와드릴 수 있읍니다」의 뜻이 의례적인 어투이고, ~e (=tout entière) à vous 는 「Je suis prête à vous consacrer ma vie, ma personne, mon existence. 나의 몸과 마음을 당신에게 바칩니다」의 뜻으로 애정의 표현이다. 그러나 이런 구별은 논리에는 맞으나 반드시 지켜지는 것은 아니고, S, I, 423 은 이런 구별은 완전히 가공적이라고 일축했고, H, 719 는 이 구별을 지키기를 권하고 있다.

⑥ 〚~ en+N〛 tout 는 보통 불변 (Ils〔Elles〕 sont ~ en larmes. 한없이 눈물을 흘리고 있다/des tissus ~ en soi 순견직 옷감). 그러나 여성단수 명사에 관계될 때는 임의적: Elle était ~ en larmes. (Ac)/une jupe ~(e) en soi (Thomas).

toutefois—문장 첫머리, 동사 뒤, 문장 끝에 놓인다: ~, il convient que la raison entreprenne sur le sentiment. (France) 그렇지만 이성이 감정을 침범하는 것이 적합하다/Il vous regarde avec confiance, sans naïveté ~. (Romains) 그는 당신을 신뢰하고 있으나 순진하게 그러는 것은 아니다.

tout-puissant—tout 는 여성명사에 관계될 때만 변화한다: une personne toute-puissante 절대적인 권력을 가진 인물/des personnes toutes-puissantes //《남성복수》 des gens tout-puissants. ——〚명사적〛 les tout-puissants, le Tout-Puissant (=Dieu).

train¹—le ~ de Paris (=le ~ en direction de P. ou le ~ en provenance de P.) 파리행 (또는 파리발)

train² 열차/un ~ de voyageurs[de marchandises] 객차[화차].
train²—=allure.
aller son ~: L'affaire *va son* ~(=suit son cours). 일이 순조롭게 되고 있다. *aller*[*marcher, courir*] *bon* ~: Notre charrette *allait bon* ~. 우리의 수레는 빨리 달렸다. *en* ~: Je ne suis pas *en* ~. (기분이, 몸이) 좋지 않다. *à fond de* ~: Il est parti *à fond de* ~(=à toute vitesse). 그는 전속력으로 떠났다. *être en* ~ *de*+inf: Il *est en* ~ *de* travailler. 그는 일을 하고 있는 중이다//((être en humeur de 의 뜻으로 부정문에 쓰이는 경우는 낡은 어법)) Il *n'est pas en* ~ *de* rire. (Ac) 그는 웃고 싶은 생각이 안난다. *au* ~ *dont* [*du* ~ *où*] *vont les choses* 일이 이런 추세로 진행되면.
trait—*d'un* ~: Il a vidé son verre *d'un* ~(=d'un seul coup). 그는 단숨에 잔을 비웠다. *à grands* ~s [*à longs* ~s]: Il peint *à grands* ~s. 그는 대충 그린다/Il but *à longs* ~s. 그는 벌컥벌컥 마셨다.
trait d'union [연결선]—*signes orthographiques 의 하나로 (-)표임. 여러 단어를 하나로 연결하는 부호이다.
① 〔합성어〕 arc-en-ciel, demi-heure, semi-circulaire, nu-tête, après-midi, avant-coureur, contre-attaque, entre-voie, extra-légal, sans-gêne, sous-préfet, vice-roi, aigre-douce, peut-être, rendez-vous//((합성명사에서 trait d'union 용법은 모순이 많다)) portefeuille, porte-allumettes; chef-d'œuvre, pomme de terre, etc. ☆ 수사와 trait d'union ⇨numéraux card. I, ★③.
② 〔동사 -(t)-주어 대명사〕 dis-je, a-t-il, est-ce, voit-on.
③ 〔명령형동사-인칭대명사〕 Crois-moi./Allez-vous-en. 그러나 Donnez-nous en. Trouvez-vous y. (D, 425) 라고도 쓴다. Veuillez | me suivre. Ose | le dire 에서는 trait d'union 을 안 쓴다.
④ 〔부사 ci, là〕 celui-ci[là], cet homme-ci[là], ci-joint, ci-gît, là-bas//((그러나)) là contre, de là, par là, dès là.
⑤ 〔대명사-même〕 moi-même, eux-mêmes.
⑥ 〔고유명사, 세례명〕 Louis-Charles-Alfred de Musset//〔지명〕 la rue Saint-Jacques. ☆ 이름과 성을 trait d'union 으로 연결해서 쓰는 지명(rue Charles-Nodier)으로 사용하는 체신부의 관용은 보급되어 있고 D, 43 은 오류로 보고 있으나 작가들은 자주 쓰고 있다: Il est professeur au lycée Louis-le-Grand. (Ac) /au coin de la rue Alphonse-de-Neuville (Henriot).
⑦ 한 단어를 둘로 나누어 행을 바꾸어 쓰는 경우.
traître—여성형은 traîtresse. 때때로 traître (G, § 349).
〔N ~〕 un procédé ~ 기만적인 방법/un vin ~ 쉽게 취하는 술/une insinuation traîtresse 배신적인 중상//〔~ N〕 un ~ mot ((이 경우뿐)): Vous ne direz pas *un* ~ *mot*. 한 마디도 말하지 마세요.
travail—「노동, 공사(<travailler)」의 뜻으로 복수형은 travaux. N, II, 227 에 의하면 이 경우 파리의 속어에서 des travails 라고 할 때가 있다고 한다. 「말을 잡아매는 틀(<lat. tripalium)」의 복수형은 travails 이다.
travers—*à* ~+*qc*[*au* ~ *de*+*qc*]: Je vous ai vu *à* ~ la palissade [*au* ~ *de* la palissade]. (Bonnard) 나는 울타리 너머로 당신을 보았다 ((*à* ~ *de*+*qc*, *au* ~+*qc* 은 옛날 어법으로 지금도 드물게 보이나 모방해서는 안된다 (H))).
en ~ [*en* ~ *de*]: La route est barrée par un camion arrêté *en*

~. (Bonnard) 트럭이 길을 가로질러 멈추어 있어서 길이 막혀 있다/Des barres étaient mises *en* ~ *de* la porte. (*Ib.*) 문을 가로질러 빗장들이 걸려 있었다. *de* ~*:* Il doit être pris, il marche *de* ~. 그는 취한 것이 틀림없다. 비뚤비뚤 걷고 있다/ tout *de* ~ (⇨tout V, 6°, ④).

tréma [트레마]—*signes orthographiques의 하나로 (¨) 표이다. 모음 e, i, u 위에 붙여져서 앞 모음과 뒷 모음을 분리해서 발음하는 것을 나타낸다 (haïr[ai:ʀ], Saül[sayl]). guë[gy]는 gue[gə]와 구별하는 표식이다: aiguë. 몇몇 고유명사에서 tréma 가 있는 모음은 발음이 안된다 (Saint-Saëns, Mᵐᵉ de Staël). 16세기에 만들어졌고 u 와 v 를 구별하기 위해 u 나 그 직후의 모음 위에 붙여 쓰기도 했다. 옛 철자 poëte, poëme 는 1878년 프랑스 아카데미에 의해 poète, poème 로 바뀌었다.

très—1° 다음 것들을 수식한다. ① 부사: ~ lentement∥《속어》 Nous reviendrons ~ bientôt. (G, §855) 곧 돌아오겠소.
② 형용사, 형용사적 과거분사: ~ bon, ~ connu.
③ 형용사적 용법의 명사: Il est ~ enfant. 그는 정말 어린애 같다.
④ 부사적, 형용사적 어군: Il est ~ à l'aise. 그는 매우 유복하다/J'étais ~ en retard. 나는 아주 늦었었다.
⑤ 동사+~+무관사명사 《속어적》: J'ai ~ faim(soif, chaud, peur)./ Vous avez ~ raison./Il a ~ envie de..../Je fais ~ attention./C'est ~ dommage (⇨bien 3°). ☆Mart, 94 는 이런 어투는 너무 보급되어서 구어체에서 금지하기 곤란하다고 하였다. 또한 très 는 bien 보다 강하다 (*Ib.*, 507).
⑥ 드물게 동사(복합시제): mon maître Victor Delbos, que j'ai ~ aimé (Malègue, *Augustin*) 내가 아주 좋아했던 델보스 선생/ayant ~ observé la vie et les hommes (N, VI, 9) 인생과 인간을 충분히 관찰하고서. ☆그러나 이런 표현은 모방해서는 안된다.
2° 속어에서 단독으로: Etes-vous satisfait? —~ [Pas ~]. 만족하시오?—예, 대만족이오[아니 그리 만족하지는 않소]. ☆Mart, 98 은 이런 표현을 허용 않고 있다. 긍정에서는 extrêmement, 부정에서는 pas beaucoup 를 쓰는 것이 정식이다.
3° 〖tout 와 très〗⇨tout V, 2°.

trillion—예전에는 10¹² 이었으나 1948년 이후로 10¹⁸ (=un milliard de milliards)을 가리키고 (Rob), 명사로서 복수일 때는 s를 붙인다: deux ~*s*.

triphtongue [삼중모음]—고대 프랑스어 ancien français의 beau 나 영어 단어 fire, house 처럼, 상이한 세개의 모음 음색 timbre vocalique 을 갖는 모음을 말한다.

trisaïeul—① 복수형은 ~s. 때로는 드물지만 trisaïeux: Jusqu'à nos *trisaïeux* il faut rétrograder. (Destouches, *L'Homme*) 우리 고조부모까지 거슬러올라가야 한다.
② 여성형은 ~e: Quant à la ~*e*, elle était droite, mince, propre et active. (Sand) 고조모님은 몸이 곧 바르고 여위고, 깨끗하고 활동적이었다.

tris(s)yllabe [3음절어]—세 음절로 이루어진 단어: a-mi-cal, vé-ri-té.

triste—être ~ de+*inf* 〔~ que+*subj*〕: Nous *sommes* ~ *qu'il soit mort*. 그가 죽은 것을 슬퍼한다∥Il est ~ de+*inf*〔~ que+*subj*〕: *Il est* ~ *de se voir traité de la sorte*. 자신이 그렇게 대우를 받는 것을 보니 괴롭다.

trois—발음 [tʀwa]. liaison: troi(s)[z] ans∥《명사적용법》 Troi(s)[z]|et quatre font sept.∥《날짜》 le troi(s)[z]|août[octobre]/le troi(s) [z] avril 《[ɑa]를 피하기 위해서지만

trop

liaison 안할 때도 있다》.

trop—1° 지나친 정도를 나타내어, 형용사, 부사, 동사를 수식한다: des cravates ~ blanches 너무 흰 넥타이/se lever ~ tôt 너무 일찍 일어나다/Elle aimait ~ le bal. (Hugo) 그녀는 춤을 너무 좋아했다//《동사구에서》 On a ~ chaud [froid, faim, peur...]. ☆ 때로는 =beaucoup, très 《특히 의례적 표현에서》: Vous êtes ~ aimable[bon]. 당신은 정말 친절하시군요/Je suis ~ heureux de vous voir. (Ac) 당신을 뵙게 되어 무척 기쁩니다.

par ~《par 는 옛 어법에서 강조어》: Voilà qui est *par* ~ fort(=réellement ~ fort).(Lar) 그건 정말 너무하군.

2°〔명사적 용법〕① 〔~ de+N〕 Nous avons ~ de rêves. 우리에게는 꿈이 너무 많다/Il y *en* a ~. 그것이 너무 많다//《동사, 형용사의 일치》 ~ *de bonté* est *cruelle* à la vanité d'autrui. (Vercors, *La Marche*) 지나친 친절은 남의 자존심을 가혹하게 건드린다/ ~ *de* précipitation pourrait devenir *dangereux*.(Mart, 325) 서두름이 지나치면 위험할 수 있다. ☆ 처음 예문에선 보어 bonté에 일치해서 여성(cruelle), 뒤의 예문에선 trop에 일치해서 남성단수(중성). ⇨accord du verbe A, I, 2°, ③.

② 〔보어 없이〕 C'est ~ dire. 말이 너무 지나치군《trop 는 dire 의 직접보어》/Qui ~ embrasse mal étreint. 《격언》 욕심이 많으면 손해본다.

3° 〔부정과 trop〕 ① 〔trop 만 부정〕 trop 는 의미가 약해져서 très 에 가깝다: Je ne sais ~ ce qu'il en a fait. 그가 그것을 어떻게 했는지 잘 모른다/Je ne sais ~ que dire. 뭐라고 말해야 할지 잘 모르겠다.

② 〔절 전체의 부정〕 On ne saurait ~ le (또는 le ~) répéter. 그것은 아무리 되풀이 말해도 지나치지 않는다/On ne prend jamais ~ de mesures. 아무리 조심해도 부족한 법이다.

de〔*en*〕 ~: Vous m'avez donné cent francs *de* ~. (Ac) 당신은 나에게 백 프랑을 더 주셨소/Il n'y a pas dans son discours un mot *de* ~. (Ib.) 그의 강연은 필요없는 말이 한마디도 없다/Il y *en* a quelques-uns *de*〔*en*〕~. (G, § 853) 몇개의 여분이 있다/Je crois que nous sommes *de* ~ dans cette petite fête de famille. (Flaub, *L'Educ.*) 이 조촐한 가족 잔치에 우리는 귀찮은〔불필요한〕 존재라고 나는 생각한다/Vous n'êtes pas *de* ~. 여기 계십시오〔당신은 귀찮은 존재가 아니오〕. cf. Vous n'êtes pas ~(=pas ~ nombreux)./Cette épithète est *de* ~. (Péguy. *L'Esprit*) 이 형용사는 군더더기이다.

~ ... *pour que*+*subj*〔*pour*+*inf*〕《pour 이하의 부정의 뜻이 담긴 결과절(⇨pour 1°, ④)》: Il a ~ *de* bon sens *pour* agir ainsi. (Ac) 그는 풍부한 양식을 갖추고 있어서 그렇게 행동하지는 않는다/Elle a ~ dansé *pour ne pas* être fatiguée. 그녀는 춤을 너무 추었기 때문에 피곤하지 않을 수 없다《부정법의 주어와 주동사의 주어가 같다》//《주어들이 다를 때는 ...que》 Il est ~ menteur *pour qu'on* puisse le croire. (Thomas) 그는 거짓말을 너무 잘해서 (우리는) 그를 믿을 수 없다/Il a ~ souvent fait preuve d'excès de bonté *pour que je* ne le mette pas en garde. (Ib.) 그는 자주 지나친 친절을 보였기 때문에 나는 그를 경계 안할 수가 없다. ☆ 따라서 Gide, *Journal* 은 「Le rebord du vallon était ~ haut *pour* le franchir. (Flaub, *St. Julien*) 골짜기 가장자리는 너무 높아서 넘을 수가 없었다」를 틀렸다고 했다.

trottin—여자도 un ~ (DG;P. Lar.)

때로는 une ~ (Dam, I, 388).
tsar—tzar, czar 라고도 쓰나 tsar 가 가장 일반적 철자. 발음은 [tsa:ʀ 또는 dza:ʀ]. 여성형은 tsarine.
tu—비강세 주어이나, 의문문에서 동사 바로 뒤에 trait d'union 으로 연결될 때는 강세를 취한다: Où vas-*tu?* 《성구》 être à *tu* et à toi avec *qn* ···와 친한 사이이다. ☆속어에서는 모음 앞에서 t': *T*'as vu ça, toi? (Bauche, 98).
〖단수 2인칭의 사용 tutoiement〗
*vous 도 단수 2인칭에 쓰이지만, tu, te, toi; ton, ta, tes 는,
① 친밀함을 나타내어, 부부, 부모와 자식, 형제, 친구, 아이들, 청년들 사이에 쓰인다. 사회적 환경이나 습관에 따라 달라져서, 상류가정에서는 부부간이나 자식이 부모에 대해서나 vous 라고 한다.
② 자기 자신을 가리킨다: Bonnard, me dis-je, *tu* sais déchiffrer les textes, mais *tu* ne sais pas lire dans le livre de la vie.(France, *S. Bonnard*).
③ 손 아랫 사람을 가리킨다.
④ 경멸, 증오를 나타낸다.
⑤ 성서의 문체: *Tu* ne tueras pas. 살인하지 마라.
⑥ 新敎에서 神에 대해, 시인들이 신・제왕에 대해 쓰는데 열렬한 숭배를 나타낸다:Notre père qui *es* aux cieux 하늘에 계신 우리 아버지《구교에서는 ...qui êtes...》.
tutoiement ⇨tu.
ty, t-y, t'y ⇨ti.
tyran—여자나 여성명사에 관계될 때도 un ~ 이라 한다:Beaucoup de femmes sont de fâcheux ~s. (Lar) 많은 여자들이 다루기 힘든 폭군이다/C'est un petit ~, cette fille. (Beauvoir, *Invitée*)이 아가씨는 어린 폭군이다/La mode est un ~. (Ac) 유행이란 전제군주와도 같다. ☆ 여성형으로 une tyranne 를 쓰려고 시도했으나 일반화하지 않고 있다:cette petite *tyranne* de Cosette (Hugo).

U

u—alphabet의 제21자로 명칭은 [y]. graphie와 발음과의 관계는 다음과 같다.

u 1) 원칙적인 발음은 [y]《강음절에서는 consonne allongeante 앞에서 [y:]》: *u*sage[yza:ʒ], *u*ni, b*u*ffet, d*u*rcir, h*u*ppe, l*u*ne, étend*u*e, r*u*e, aig*u*ë, di*u*rne, ré*u*ssir, éc*u*, etc.; r*u*se[Ry:z], c*u*ve, no*u*ure, etc.

2) 직후에 모음이 올 때는 [ɥ]: h*u*ile [ɥil], h*u*it, c*u*ir, autr*u*i, fr*u*it, pl*u*ie, h*u*er, d*u*el, diss*u*ader, d*u*o, sin*u*eux, affect*u*eux, vac*u*um[vakɥɔm], etc. 그러나 「자음+유음+u+i 이외의 모음」의 경우에는 [y]로 발음됨: cr*u*el[kRyɛl], afflu*u*ence[aflyɑ̃:s], nous excl*u*ons[ɛksklyɔ̃], etc. (cf. br*u*it[bRɥi], tr*u*ite[tRɥit], etc.).

3) 외래어에서는 발음이 일률적이 아니다: Sch*u*bert[ʃubɛRt], p*u*zzle[pœzl], etc.

û [y]: off*û*t, br*û*ler, nous f*û*mes, vous f*û*tes, m*û*r, etc.

ü [y]: Sa*ü*l[sayl].

ueil, ueill-, ueille 《c, g 직후에서》 [œj]: acc*ueil*[akœj], org*ueil*, je c*ueille*, orgu*eill*eux.

um 1) 자음 b, p 앞에서 하기 2)의 경우 이외의 모든 경우 [œ̃]: h*um*ble[œ̃bl], parf*um*, H*um*bert, etc.

2) [ɔ̃]: *um*bracule[ɔ̃bRakyl], *um*braticole, cons*um*ptibilité, cons*um*ptible, pl*um*béine, rés*um*pté, rés*um*ption, subs*um*ption.

3) 라틴어에서 직수입된 단어에서 [ɔm]: alb*um*[albɔm], ar*um*, décor*um*, errat*um*, fact*um*, for*um*, etc.

4) 기타 외래어에서 [um]: d*um*-d*um*, la Beg*um*, etc.

un 1) 일반적으로 [œ̃]: l*un*di[lœ̃di], auc*un*, déf*un*t, les H*un*s[lœ̃], etc.

2) 라틴어에서 직수입된 단어에서는 [ɔ̃]: *un*cial[ɔ̃sjal], *un*ciforme, *un*ciné, *un*guinal, acup*un*cteur, etc.

uy- 모음이 뒤따르면 [ɥij]: il app*uy*a [apɥija], f*uy*ard, éc*uy*er, ess*uy*er, br*uy*ant, etc.《bruyant, bruyamment, tuyau, tuyère의 발음은 [ɥij-]가 옳고 [yj-]은 사투리 또는 속어에 속한다》.

ultimatum—복수형은 ～s. 드물게 ultimatima.

un, une—I.《élision과 liaison》 1° 수명사일 때는 élision도 liaison도 안 한다: Mettez le un avant le trois. 3 앞에 1을 써넣어라/le un 제1막/au début de un 제1막 처음에/la une (신문의) 제1면/Trois| un de suite font cent onze.《불변》 1을 셋 연달아 쓰면 111이 된다.

2° 형용사적, 대명사적 용법에서는 보통 élision과 liaison이 이루어진다: Il n'en est resté qu'un. (Ac)/pour le prix d'un franc cinquante (R. Bazin)/le train d'une heure//《그러나》 le repas de une heure 한시에 드는 식사; le repas d'une heure 한시간 계속되는 식사/l'un l'autre, les uns les autres, quelques-uns. pas un arbre//《때로는》 quatorze pièces de un franc (Daninos)/des enfants de un à onze ans (Lit)/vers les| une heure.

II. *adj. num.* 1°(=premier): tome un, livre un, acte un, strophe un, page un, numéro un, l'an un, etc.《이때의 un은 번호를 나타내는 수로서 불변이다(⇨numéraux cardinaux II, 2°, ⑤)》.

2° vingt et *un*[*une*] mille livres de rente.

III. *pron. indéf.* 1° ① (=quelqu'un). 옛날 어법이나 지금도 「관계대명사, de+명사」와 함께 쓰인다:C'est *un* de la classe. (Gr. Lar) 같은 반 사람이다/*Un* que je plains de tout mon cœur...c'est Gaspard. (Daud) 내가 진심으로 동정하는 사람은 가스파르이다.

② (=une chose).《(중성, 옛날 어법)》: Promettre est *un*, et tenir est un autre.(La Font) 약속하는 것과 약속을 지키는 것은 별개의 문제이다.

2° ① 보어를 동반하여 사람, 사물을 나타내는 말 대신:De trois hommes, il n'en est resté qu'*un*. 세 사람 중 한사람만 남았을 뿐이다/*Un* des deux bois du cerf est effacé. (Benda, *Songe*) 사슴 뿔 두 개 중 하나가 없어졌다.

② 〖(l')**un de**+(대)명사〗 Henri IV fut *un* de nos plus grands rois. (Thomas) 앙리 4세는 우리의 위대한 왕들중의 하나였다/Cet élève est (*l'*)*un des* meilleurs de la classe. (*Ib*.) 이 학생은 반에서 가장 우수한 학생의 하나이다/《(보어가 대명사일 때는 l'un de가 더 잘 쓰임)》 Nous nous adressâmes à *l'un d'eux*. 우리는 그들 중 한 사람에게 부탁했다. ☆「de deux choses *l'une* 둘 중에서 하나, de deux jours *l'un*(=un jour sur deux) 이틀 중 하루」처럼 보어가 앞에 오고 둘만이 문제가 될 때는 항상 l'un(e)을 쓴다.

un des...que+*subj*:C'est *un des* bons tireurs *que* je *connaisse*. (Mart, 389) 그는 내가 아는 뛰어난 사격수 중의 한 사람이다《*Un des* meilleurs tireurs *que* je *connaisse*의 analogie 이고 의미도 최상급을 쓴 경우와 같다》. *un des...qui* 《(다음의 동사 일치 ⇨accord du verbe A,I,2°, ⑥; 과거분사 일치 ⇨participe passé)》. *un de ces:*Vous êtes *un* de *ces hommes* qui *nient* même l'évidence. (Thomas) 당신은 명백한 사실조차도 부인하는 그런 사람 중의 하나이다《(동사 nient는 hommes에 일치)》/《(그러나) J'allais justement chez *une de ces femmes*, qui *habite* rue Pauquet. (Romains, *les Hommes*) 나는 이 부인들 중 한 부인의 집에 갔었는데, 그녀는 포케가에 산다《(동사 habite는 une에 일치)》. ⇨ce² I, 3°, ⑥.

3° (l')*un*은 이미 나온 말 대신 쓰인다(un이 보통): Elle... criait en détresse au milieu de ses rêves. *Un*, surtout, l'obsédait. (Flaub, *Cœur simple*) 그녀는 비탄에 젖어 꿈들을 꾸면서 울부짖었다. 특히 하나의 꿈이 그녀를 몹시 괴롭혔다.

IV. 정관사를 앞세워 autre와 대응시켜 쓰는 것이 un의 가장 보편적인 용법.

1° *pron. indéf.*: celui-ci, celui-là 처럼 두 사람〔사물〕, 또는 두 그룹을 대립시켜 나타낸다. 이 용법에서는 un의 복수형으로 uns이 쓰인다.

① **l'un...l'autre;les uns...les autres**는 a) 이미 얘기한 두 사람〔사물〕, 두 그룹〔사물〕을 대립시켜, l'un, les uns은 먼저 얘기한 것을, l'autre, les autres는 후에 얘기한 것을 나타낸다:*L'un* n'a-t-il pas sa barque et *l'autre* sa charrue? (Hugo, *Ray. et omb*.) 한 사람은 배가 없고 다른 한 사람은 쟁기가 없다는 것인가요?

b) 이미 얘기했거나 또는 보어로 표시된 둘을 대립시킨다:Puis deux femmes passèrent, *l'une* jeune, *l'autre* vieille. (Renard, *Vigneron*) 그리고 두 여자가 지나갔다. 한 사람은 젊고 또 한 사람은 늙은이가/le chemin par où *l'un* de ses fils était parti, par où *l'autre*, tout à l'heure, allait rentrer...(Bazin, *Terre*) 그 길을 통해 그의 아들 하나가 떠났고, 그 길을 통해서 또 다

른 아들이 이제 곧 돌아올 그 길….
② l'un…un autre; les uns…d'autres는 많은 사람, 사물중 임의의 둘(단수), 임의의 두 그룹(복수)의 대립으로, 앞의 ① 과는 달리 l'un 과 un autre, les uns 과 d'autres 에는 전체가 표현되지 않으므로 l'un…un autre…un autre(un troisième); les uns …d'autres… d'autres (les autres)라고 계속될 수 있다: *Les uns veulent des maladies, d'autres la mortalité, d'autres la guerre, d'autres la famine.* (Rouss, *Inégalité*) 어떤 자들은 질병을, 어떤 자들은 죽음을, 또 어떤 자들은 전쟁을, 또 어떤 자들은 기근을 바란다/*Les uns fumaient, d'autres s'étaient mis à jouer, un petit nombre restait à table.*(Musset, *Confess.*)어떤 사람들은 담배를 피우고, 또 다른 사람들은 노름을 시작했으며, 소수의 사람들은 식탁에 남아 있었다//《(때때로 un… un autre)》 *Quand une* (d'elles) *se relevait pour s'en aller, une autre tout de suite, prenait sa place.* (Pérochon, *Nêne*) 한 여자가 가려고 몸을 일으키자 다른 한 여자가 곧 그 자리를 차지했다. ☆ l'un… l'autre… le troisième…도 쓰이나 정상적인 어법이 아니다:On lisait sur *l'un*:«Au Commerce»;sur *l'autre*:«A l'Agriculture»;sur *le troisième*:«A l'Industrie» et, sur *le quatrième*:«Aux Beaux-Arts». (Flaub, *Bovary*)그 것 발 중의 하나에는 「상업만세」, 다른 하나에는 「농업만세」, 세번째 것에는 「공업만세」, 네번째 것에는 「예술만세」라고 적혀 있었다.
③ l'un l'autre; les uns les autres 는 상호성을 나타낸다:Aimez-vous *l'un l'autre*(*les uns les autres*). 서로서로 사랑하시오/Ils se trompent *l'un l'autre*. 그들은 서로 속인다//《(l'un l'autre 는 두사람, les uns les autres 는 여러 사람에 대해 쓴다. l'un(les uns)은 주어, l'autre 는 항상 보어이다)》:Ils se trompent; *l'un* trompe *l'autre.*
④ l'un(les uns) + 전치사+l'autre (les autres)의 형식에서
a) 전치사가 동사 때문에 오는 경우: Elles se sont écrit des lettres *l'une à l'autre*. 그녀들은 서로 편지를 썼다 (cf. écrire à *qn* …에게 편지를 쓰다)/Ils se sont battus *l'un contre l'autre*. 그들은 서로 싸웠다 (cf. se battre contre …와 싸우다)/Ils se sont éloignés *l'un de l'autre*. 그들은 서로 멀어졌다/Il frotte *l'une contre l'autre* ses longues mains. (Sartre, *Nausée*) 그는 기다란 두 손을 서로 부빈다/*L'une après l'autre*, toutes les boutiques ferment.(Gide, *Journal*) 모든 가게들은 하나씩 차례로 문을 닫는다.
b) 전치사가 형용사 때문에 오는 경우:Ils sont dévoués *l'un à l'autre*. 그들은 서로에게 헌신적이다 (cf. dévoué à *qn* …에게 헌신적인)/Ils étaient aimables *l'un pour l'autre*. 서로 친절하다 (cf. aimable pour *qn* …에게 친절한)/Je les crois jaloux *l'un de l'autre*. 그들이 서로 질투한다고 생각한다 (cf. jaloux de *qn* …에 대해 질투하는).
c) 전치사가 명사 때문에 오는 경우: la haine des hommes *les uns pour* (*contre*) *les autres* 인간 상호간의 증오/les rapports des sexes *l'un avec l'autre* 양성 상호 관계.
d) de를 동반한 전치사구는, l'un 과 l'autre 사이에 놓일 때도 있고, de 만 l'un 과 l'autre 사이에, 다른 것들은 l'un 앞에 놓을때도 있다:Elles s'étaient assises *l'une à côté de l'autre*. (Bertrand, Mlle *de Jessincourt*) 그녀들은 서로 나란히 앉아 있었다/assis *en face l'un de l'autre* (Daud, *Sapho*) 서로 마주보고 앉아서. ☆ 기타 auprès de, vis-à-vis de, près de, autour de, au-dessus de 등이 이런 두가지 구조를 갖는다.

다음 경우는 de 만이 l'un 과 l'autre 사이에 놓인다: *dans les bras l'un de l'autre* 서로 껴안고.
e) 「*prép.*+**l'un l'autre**」는 사투리. 정규형이 아니다: Ils restaient debout *devant l'un l'autre*. (Loti, *Pêcheur*) 그들은 서로를 향해 서 있었다.
⑤ **l'un[les uns] et l'autre[les autres]**는
a) 주어 《동사는 흔히 복수가 되나 단수로도 쓴다》: *L'un et l'autre sont venus* (드물게 *est venu*). 두 사람 모두 왔다.
b) 직접보어: Je connais *l'un et l'autre*. 나는 그들 둘을 다 안다.
c) 주어·직접보어의 동격: *Ils sont venus l'un et l'autre.*/Je les crois mauvais *l'un et l'autre*. 나는 그들 두 사람을 다 나쁘다고 생각한다.
★〖전치사와 **l'un et l'autre**〗 l'un 과 l'autre 를 구별해서 생각할 때 전치사를 반복하고, 하나로 생각할 때는 반복하지 않는다: Il en veut *à* l'un et *à* l'autre. (Ac) 그는 두사람을 모두 원망한다/une singularité que j'ai observée *chez* l'un et *chez* l'autre (Valéry, *Disc. sur Verhaeren*) 두 사람 가운데 관찰한 특이성// *Dans* l'une et l'autre rue, les fenêtres s'éclairaient. (Thomas) 양쪽 거리의 창문들은 불이 밝혀져 있었다/*Chez* l'un et l'autre le dévouement était égal pour le service du roi. (P. de La Gorce, *Charles X*) 두사람에게 있어서 왕에 봉사하는 그 열성은 같았다.
⑥ **l'un ou l'autre** 는 동격: Ils viendront *l'un ou l'autre*. 그들중 어느 한사람이 올 것이다//《주어일 때 동사는 거의 단수로 씀》 La nature et l'art sont deux choses, sans quoi *l'une ou l'autre n'existerait* pas. (Hugo, *Préf. de Cromw.*) 자연과 예술은 그것 없이는 어느 하나도 존재하지 못할 두가지의 것이다//《현대에는 tel ou tel, quelques-uns 의 뜻으로도 자주 쓰임》 En longeant *l'un ou l'autre* des cafés de Solissane, il jetait un coup d'œil à l'intérieur. (Jaloux, *Sous les oliviers*) 솔리산느의 몇몇 카페 곁을 지나가면서 그는 술집 내부들을 힐끗 보았다//《전치사는 거의 규칙적으로 반복》Il devait combattre *avec* l'un ou *avec* l'autre. (Fustel, *La Cité*) 그는 둘 중 어느 하나와 싸워야 했다.
⑦ **ni l'un ni l'autre** 는 2중 부정: Ils ne sont venus *ni l'un ni l'autre*. (Lit) 그들은 둘 다 오지 않았다. ☆ 1) ni l'un ni l'autre 가 l'un et l'autre 의 부정을 의미할 때 이것을 주어로 하는 동사는 복수 혹은 단수: Ni l'un ni l'autre ne *sont venus*[*n'est venu*]. (Lar). 2) 그러나 두 주어가 동시에 행동할 수 없을 때, 즉 l'un ou l'autre 의 부정에 상당할 때는 단수: Ni l'un ni l'autre ne *sera élu* président. (Thomas) 둘 중 누구도 회장으로 선출되지 않을 것이다/Ni l'un ni l'autre n'*est* son père. (*Ib.*) 둘 중 누구도 그의 아버지가 아니다. 3) 뒤에 보어가 오면 동사는 단수 (Clédat, 164): Ni l'une ni l'autre de ces hypothèses n'*est* vraisemblable. 이 가설들의 어느것도 그럴법하지 못하다. 4) 전치사는 항상 반복: Je n'irai ni *chez* l'un ni *chez* l'autre. (G, §910, Rem, 2) 나는 그들 누구의 집에도 가지 않겠다.
⑧ 〖중성〗 Est-ce dans votre intérêt ou dans le mien que vous me demandez cela?—*L'un et l'autre*. (Beauvoir, *Tous les h.*) 당신이 그것을 요구하는 것은 당신을 위해서요 나를 위해서요?—양쪽 모두요/Ont-elles menti? Ont-elles trahis? —Elles ont fait *l'un et l'autre*. (G, §594, Rem, 2) 그 여자들이 거짓말을 했소? 배반을 했소?—두가지 모두 했소//《두 여성명사를 받을 때는

보통 *l'une*》 Ma mère et ma tante sont très aimables *l'une* pour *l'autre*. (G, §594, Rem, 2) 어머니와 아주머니는 서로 친절하다//《때로는 불변》 Le nombre n'est rien sans l'organisation et la volonté. Nous avons *l'un* et l'autre. (Cl. Vautel, *Je suis un affreux bourgeois*) 조직과 의지가 없으면 수란 무의미하다. 우리는 이 두가지를 다 갖고 있다//《성이 다를 때는 l'un은 흔히 불변》 Est-ce de l'amitié ou de l'amour? —Exactement ni *l'un* ni l'autre. (H, 417) 그것은 우정인가 애정인가?—둘 모두 전혀 아니다//《그러나 여성명사를 l'une로 받을 수도 있음》 Flaubert a la poésie et l'humour. Bourget n'a ni *l'une* ni l'autre. (Duham, *Refuges*) 플로베르는 시정과 유머를 갖고 있으나 부르제에게는 둘 모두 없다.

2° *adj. indéf. l'un et l'autre*+N: l'une et l'autre *hypothèse* (Barrès, *Le Jardin*) 두 가설/de l'un et l'autre côté (Tharaud, *La Tragédie*) 양쪽의//《위와 같이 단수명사가 오는 것이 정상이나 복수가 올 때도 있음》 l'une et l'autre *doctrines* (Bergson, *L'Evolution*) 양쪽 학설//《동사는 복수로 쓰는 경우가 많으나 단수명사가 온 때는 단수로도 쓸 수 있음》 L'une et l'autre hypothèse *sont* également plausibles. (Lancelot) 두 가설이 모두 그럴듯하다/L'une et l'autre saison *est* favorable. (Ac) 두 계절이 다 알맞다.

l'un ou l'autre: Donnez-moi *l'un ou l'autre* livre [l'un ou l'autre de ces livres]. (H) 책들 중 아무 책이나 주시오//《l'un ou l'autre+명사[보어]가 주어일 때 동사는 거의 단수》 L'une ou l'autre expression *est* permise. (H) 둘 중 어느 표현이나 허용된다.

ni l'un ni l'autre: Ni l'un ni l'autre escadron n'*arriva*. (Michelet, *Jeanne d'Arc*) 어느 기병대도 오지 않았다/Ni l'un ni l'autre raisonnement n'*est* juste (또는 Ni l'un ni l'autre *de* ces raisonnements ne *sont* justes [n'*est* juste]). (H) 어느 논리도 옳지 않다《Ces raisonnements ne sont justes ni l'un ni l'autre 라고 하는 편이 가장 좋다》.

Il passa *de l'une à l'autre* pièce (=d'une pièce à l'autre). (H) 그는 한쪽 방에서 다른 쪽 방으로 건너갔다.

V. ⇨article indéfini.

unanime—être ~ *à* [*pour*]+*inf*: L'Assemblée *a été* ~ *à* rejeter cette proposition. (Bonnard) 국회는 만장일치로 그 제의를 부결시켰다.

unième—복합서수사에만 쓰인다: vingt et ~, cent ~, mille et ~.

unipersonnels (**verbes**) 〔單人稱動詞〕 ⇨verbes impersonnels.

unique—〖N ~, ~ N〗 son espoir ~ (=son ~ espoir) 그의 유일한 희망/fille ~ 외동딸/sens ~ 일방통행//《supérieur à tous les autres의 뜻으로는 N ~》 un talent ~ 탁월한 재주. ☆ 따라서 「un tableau ~ 뛰어난 그림」과 「un ~ tableau 유일한 그림」은 구별해야 한다.

universaux ⇨pluriel des noms.

urgence—mesures d'~ 긴급조치/en cas d'~ 긴급한 경우에는/il y a grande ~ à ce que+*subj* 지급으로 …하는 것을 요한다.

utile— ~ *à* qn[*en* qc]: les animaux ~s *à* l'homme 인간에게 유익한 동물. ~ *à* qc: des explications ~s *à* la compréhension du texte 원문을 이해하는 데 유익한 설명. ~ *à*+*inf*: C'est un homme ~ *à* connaître. 그는 알아두면 유익한 사람이다. *Il est* ~ *de*+*inf*[*que*+*subj*]: Il serait ~ *que* tu *mettes* de l'eau dans le radiateur. (Bonnard) 라디에이터에 물을 넣는 것이 유익할 것이오.

V

v—alphabet의 제22자로 명칭은 [ve]. 발음은 외래어 이외에서는 언제나 [v]: *v*ache, a*v*ide, a*v*ancer, *v*rai, sua*v*e, etc.

vague—〖N ～〗 une silhouette ～ 희미한 윤곽, une robe ～ 꼭 맞지 않는 의상//〖～ N〗 une ～ casquette 그 어떤 모자, un ～ désir 하찮은 욕망.

vain (en), vainement—(=inutilement): Mais c'est *en vain* qu'elle tourna la poignée. (Bernanos) 그녀가 손잡이를 돌린 것은 부질없는 일이었다.//《대개 en vain이 문두에 놓이면 주어가 도치가 됨》*En vain* reprit-il ses arguments. (Barrès) 그는 쓸데없이 논쟁을 다시 벌렸다.

veille—la ～ du jour où je l'ai quitté 내가 그와 헤어지던 날의 바로 전날 《(la ～ que je l'ai quitté 는 불가)》 (Thomas, 422)/la ～ de mon départ 나의 출발 전날《(la ～ du jour de mon départ 는 불가)》(*Ib.*). *à la ～ de*+N[*inf*]: *à la ～ de* la catastrophe 재앙이 일어나기 직전에/*à la ～ de* la guerre mondiale 세계대전이 발발하기 직전에/Nous sommes *à la ～ de* faire fortune. 우리는 바야흐로 갑부가 되려 하고 있다.

veine—C'est une ～〔Quelle ～〕 que+*subj*:C'est une ～ que nous *nous soyons rencontrés*! 우리가 서로 만났으니 참 운이 좋구나!

vélaire [軟口蓋音]—연구개(palais mou 또는 voile du palais)라 불리우는 구개의 뒷부분에서 이루어지는 음소를 연구개음소라 하고, 프랑스어 모음[u, o, ɔ, ɑ]와 자음[k, g] 등은 **연구개 모음, 연구개 자음**이며, 때로는 후부구개음 postpalatales이라고도 한다. 음운론적으로는 vélaire 의 뜻이 넓게 쓰여, 입천장 뒤쪽 모든 부위(연구개, 목젖, 咽頭, 喉頭)에서 생기는 음소들을 말하며 이 음소들의 음운론적 차이는 없다. 사실 연구개 자음은 모두 중음 grave이고 연구개 모음도 음운론적으로는 중음이다.

vélo, vélocipède—(=bicyclette). Nous irons à〔en〕～. 우리는 자전거를 타고 갈 것이다.

vendredi—「vendredi saint 聖금요일;부활절 직전 금요일」은 두 단어 사이에 trait d'union 없이, 그리고 대개 saint 의 s를 소문자로 쓴다 (Lit, Lar, Rob). 그러나 Ac는 Vendredi Saint이라고 V와 S를 대문자로 쓰고 있다. ⇨jours¹.

vent—*aller contre ～ et marée* 만난을 무릅쓰다 《(그러나 Ac에서는 aller contre ～s et marées 라고 함)》: Son devoir, elle l'accomplissait *contre ～s et marées*. (Gide) 그녀는 그녀의 의무를 만난을 무릅쓰고 완수해 나갔다.

venu—*être bien*〔*être mal*〕 ～ +*à* (때로는 *de*)+*inf*:Nul n'est si *bien ～ à* demander des grâces pour lui-même que pour un autre. (Rouss. *N. Hél.*) 남을 위해서가 아니고 자기를 위해서 부탁을 드리는 것은 환영받지 못한다/Il *est mal ～ à* lui reprocher cette action. (Ac) 그의 그 행위를 비난하는 것은 온당치 않다/Nous *serions* certes *mal ～s de* lui reprocher des préférences. (Mauriac, *Journal* 1932-39) 그에게 몇몇 기호에 대해서 비난한다면 분명 우리가 온당치 못할 것이

다/Il *serait* donc *mal* ~ *de* s'étonner. (Cocteau, *Maalesh*) 놀란다면 그것은 잘못일 것이다.

vêpres—sonner les ~ 晩禱의 종을 치다/aller à ~ 〔《고어투》 aux ~〕 만도에 가다.

verbe [동사]—1° 전통 문법에서는 동사란, 주어가 하는 동작(L'enfant écrit 처럼), 받는 동작(Cet homme sera battu 처럼), 주어의 존재(les méchants existent 처럼), 주어의 상태(Les feuilles jaunissent 처럼), 혹은 속사와 주어와의 관계(L'homme est mortel 처럼)등 動狀 procès 을 나타내는 단어이다. 또한 「동작을 하다 faire l'action」라는 개념은 의미상으로는 옳지 않지만 순전히 인습적으로, La maison a reçu une bombe(실제로는 la maison 이 동작을 받는데) 같은 phrase 에까지 확대되는 것을 인정해 왔다.

① 동작의 목표를 가리키는 목적보어를 원칙적으로 갖는 타동사와, 원칙적으로 목적보어를 갖지 않는 자동사로 동사를 구분하고, 타동사는, 목적보어 앞에 전치사가 오지 않으면 직접타동사, 전치사가 오면 간접타동사로 다시 나누어진다.

② 프랑스어의 동사는 동사 특유의 방식에 따라 변화하는데, a) 주어가 직접 말을 하느냐, 他者가 그에게 말을 하느냐 그에 대해서 말하느냐에 따르는 인칭, b) 주어가 하나이냐 여럿이냐에 따른 數, c) 동작의 記述에서 주어에게 부여하는 역할에 따른 態, d) procès 의 구상과 진술 방법인 法 mode, e) procès 의 진행과 진술의 순간 사이에 이루어지는 관계에 의한 시제 등에 따라 변화하는 것이다. 동사 변화는 어근 radical (또는 어간)과 어미 terminaison (또는 désinence) 라는 동사의 요소들의 변화로 이루어진다.

③ 동사의 의미와 구조에 따라 완전한 의미의 동사들과, 시제 형태소로 쓰이는 조동사 auxiliaires(être 와 avoir), 態 voix 의 조동사(être), 부정법과 함께 쓰여 시제나 aspect 의 여러 nuance 를 나타내는 aller, devoir, être sur le point de, être en train de, venir de, pouvoir 등의 준조동사 semi-auxiliaires 로 나누어진다. 끝으로 완전한 conjugaison 을 나타내는 대부분의 동사들과는 달리 缺如동사 verbes défectifs가 있는데, 이것은 absoudre, advenir, ardre, braire, chaloir, éclore, férir, gésir, moudre, occire, oindre, ouïr, paître, poindre, promouvoir, saillir, sourdre 등의 동사들처럼, 어떤 시제나 어떤 인칭에서는 변화형이 없는 동사이다.

2° 구조 언어학에서는, 동사란 자신이 우두머리 tête 인 동사구 syntagme verbale 의 성분 constituant 으로, 프랑스어에서는 주어명사구 SN sujet 가 앞에 오고 경우에 따라서는 목적어명사구 SN objet 가 뒤에 따르는 환경 environnement 으로 정의된다. 또 동사는 시제, 인칭, 수의 표지 marques 로도 정의된다.

verbes actifs [능동동사]—능동태에 쓰이는 동사:Je *prend* ce livre. 나는 이 책을 쥔다(직접타동사)/Tu *nuis à* ta santé.너는 건강을 해치고 있다(간접타동사)/Il *dort*. 그는 잔다(자동사). ⇨actif(voix).

verbes attributifs [속사동사]—17세기 및 18세기 문법이론가들 (Lancelot, Arnauld, Condillac 등)이 동사분류를 존재동사(être)와 속사동사로 구분하도록 하여 모든 동사를 「être+속사」의 형태로 표현한다는 주장에서 나온 명칭(L'élève écrit.=L'élève *est écrivant*.). 이 표현은 동사의 개념변천으로 쓰이지 않게 되었다.

verbes copules [계합동사] 주어에 속사를 연결시키는 동사:être, sembler, paraître, avoir l'air, passer pour, devenir, se faire, se

verbes impersonnels [비인칭동사]—한정주어와 상관없는 3인칭 단수의 중성대명사 il, ce(때로는 ça)와 함께 사용되는 동사. 그래서 때로는 단인칭동사 verbes unipersonnels 라고도 불리운다. 명령법이 없고, 과거분사는 불변이며 조동사 없이 단독으로 쓰지 못한다.

1° 〖본질적 비인칭동사〗 ① a) falloir 와 그 밖에 자연현상을 표현하는 동사들: Il pleut. 비가 온다/Il repleut. 비가 다시 온다/Il tonne. 천둥친다/Il retonne. 다시 천둥친다/Il éclaire. 번개친다/Il gèle. 얼음이 언다/Il regèle. 다시 언다/Il grêle. 우박이 떨어진다/Il regrêle. 다시 우박이 떨어진다/Il neige. 눈이 온다/Il reneige. 다시 눈이 온다/Il vente. 바람분다/Il brume. 짙은 안개가 낀다/Il brumasse. 엷은 안개가 낀다/Il verglace. 빙판이 진다.

b) 또 faire 동사가 기상현상의 형용사나 명사와 함께 쓰일 때도 비인칭동사로 간주된다: Il *fait* chaud[froid, bon, beau, frais, sec, doux, clair, sombre, étouffant]. 날씨가 덥다[춥다, 쾌적하다, 좋다, 서늘하다, 건조하다, 온화하다, 밝다, 어둡다, 숨막히게 덥다]/Il *fait* jour[nuit]. 날이 밝았다[어두워졌다] / Il *fait* déjà grand soleil. (Ac) 이미 대낮이다/Il *fait* du soleil. (*Ib.*) 〔Il *fait* soleil. (Lit)〕 해가 났다/Il *fait* du verglas. (*Ib.*) 빙판이 덮였다/Il *fait* soleil maintenant. (Mauriac, *Le Sagouin*, 93)/Il *fait* clair de lune. (Ac) 달빛으로 환하다/Il *fait* beau temps. 날씨가 좋다/Il *fait* du vent 〔de la pluie, du brouillard, de l'orage〕. 바람이 분다〔비가 온다, 안개가 낀다, 雷雨가 온다〕/Il *fait* noir. 캄캄하다/Il *fait* bon vivre dans ce pays. 이 지방에서는 살기가 쾌적하다.

② 본질적 비인칭동사들 중에서 비유적 용법으로 인칭주어를 갖는 것들이 있으며 이런 경우에는 비인칭동사 용법에서는 전혀 있을 수 없는 복수형 어미 활용, 명령법, 현재분사와 gérondif 의 용법이 될 수 있다: Boulets, mitraille, obus, mêlés aux flocons blancs, *pleuvaient*. (Hugo, *Châtim.*, V,13) 흰 눈송이에 섞여 포탄과 霰彈과 大砲彈이 비오듯하였다/Des pétales *neigent* sur le tapis. (Gide, *L'immor.*) 꽃잎들이 카페트에 눈나리듯 내린다/*Tonnez*, canons. 대포들이여, 포효하라.

③ 비유적 용법에서 il 을 주어로 하여 몇몇 비인칭동사는 명사를 보어로 뒤에 갖는다: Il *avait bruiné* une poussière d'eau. (Zola, *Au Bonh. des Dames*, IV) 물보라가 이슬비처럼 내렸었다/Il *pleut* de grosses pierres dans son jardin (France, *Pierre Nozière*) 커다란 돌들이 그의 정원에 비오듯 떨어진다/Il *neige* lentement d'adorables pâleurs. (Samain, *Au jardin de l'Infante*) 기막히게 멋진 微光이 서서히 눈발처럼 내린다.

④ 비인칭동사는 때로 인칭주어와 직접목적보어를 갖기도 한다: Je *pleuvrai* des pains du ciel. (Boss, *Œuv. orat.*, t. IV) 나는 하늘로부터 빵을 내릴 것이다/La lune *neige* sa lumière sur la couronne gothique de la tour du tombeau de Metella. (Chateaubr, *Mém.*, IV) 메텔라의 무덤의 탑의 고딕형 왕관 위에 달빛이 내리고 있다.

2° 〖인칭동사의 비인칭동사적 용법〗 ① 다수의 인칭동사 (자동사, 수동동사, 대명동사)가 il 을 주어로 하여, 명사, 대명사, 동사의 부정법 또는 절을 뒤에 갖는다: Tous les lundis, il *part* maintenant pour Grenoble plus de soixante charrettes. (Balzac, *Le Médecin de campagne*, 60) 요즈

음 월요일마다 60대 이상의 짐수레들이 그르노블을 향해 떠난다/Il souffle un vent terrible. (Romains, Quand le Navire) 사나운 바람이 분다/Il est venu quelqu'un. 누군가가 왔다/Il est bon de parler et meilleur de se taire.(La Font, F., VIII) 웅변은 은이요 침묵은 금이다/Il convient que vous veniez. 당신이 오는 것이 좋다/Il sent le brûlé dans la cuisine. (Lit) 부엌에서 탄내가 난다.

② 대개 인칭동사의 비인칭형의 용법은 주어의 중요성의 감소, 또는 주어의 완전 배제로써 그 동사에 부여된 동작의 가치를 보다 더 강하게 부여할 수 있는 수단으로 쓰인다. 이 경우 타동사, 자동사, 대명동사가 다 비인칭의 수동태형, 또는 수동적 의미로 쓰인다:Il est arrivé du renfort (cf. Du renfort est arrivé). 증원군이 왔다/Il se débite bien des sottises (cf. Bien des sottises se débitent). 많은 어리석은 말이 오고 간다/Il est rappelé au public que... (cf. L'administration rappelle que...). 당국은 국민들에게 …을 상기시킨다/Il en sera parlé. (Lit) 그것에 대하여 언급될 것이다.

③ 비인칭동사는 때로는 간접목적의 인칭대명사를 갖기도 한다:Il me vient une idée. 나에게 한 착상이 떠오른다/Il ne me souvient pas de m'être ennuyé un jour avec toi. (Maurois, Cours de bonheur conjugal) 너와 함께 지내며 하루도 지루했었다는 기억이 나에게는 없다/Il lui prend des accès d'humeur. (Ac) 그는 울화가 폭발한다//Il me faut partir. 나는 떠나야 한다《동사의 부정법은 전통적으로 논리적 주어로 취급되어 오므로 Brunot의 견해 (Le Pens. et la L.)에 의하면 간접목적보어대명사 me는 부정법동사의 주어인 동시에 faut의 목적보어가 된다》.

④ 자주 쓰는 어구인 il y a는 존재를 표기하기 위하여 être와 대등하게, 또는 지나간 때를 가리키기 위한 전치사와 대등하게 쓰이며, 이 어구는 특히 격조높은 문체나 시에서는 il est로 대치되기도 한다:Il y a donc un bon et un mauvais goût. (La Br, I) 따라서 좋은 취미와 나쁜 취미가 있다/Il n'y a pas moyen de faire cela. (Ac) 그것을 할 수가 없다/Il y a deux jours qu'il n'est venu. 그가 왔다 간 것은 이틀 전이다/Il est des nœuds secrets, il est des sympathies.... (Corn, Rodog., I) 감추어진 인연이 있다. 마음이 통하는 점이 있다/Il n'est pire douleur qu'un souvenir heureux dans les jours de malheur. (Musset, Le Saule) 불행할 때의 행복한 추억보다 더 쓰라린 괴로움은 없다/Il est aux bois des fleurs sauvages. (France, Pierre Nozière) 숲에는 야생의 꽃들이 있다.

⑤ 고전적 어법에서의 Il n'est que de+inf 는 「…하는 것보다 더 나은 것은 없다(=il n'y a rien de tel que de)」,「가장 훌륭한 것은 …이다(=le mieux est de)」의 뜻으로 쓰인다:Il n'est, à son avis, que d'être marié. (Corn, Suite du Ment., I, 1) 그의 견해로는 결혼하는 것밖에는 더 나은 것이 없다/Il n'est que de jouer d'adresse en ce monde. (Mol, Mal. im., interm, I) 이 세상에서는 재치 있게 노는 것밖에는 더 나은 것이 없다/Il n'est que d'être roi pour être heureux au monde. (Chénier, Elég.) 이 세상에서 행복하기 위해서는 왕이 되는 길밖에는 없다/Il n'est que de se soumettre aux usages dont la raison nous est cachée. (Gide, Feuillets d'automnes) 그 이유가 우리에게 밝혀져 있지 않으나 관습에 따를 수 밖에는 없다. ☆ 이 표현이 현대적 용법으로는 또한 「…이면 충분하다(=il

verbes intransitifs

suffit de)」, 「…하기만 하면 된다 (=il n'y a qu'à)」의 의미도 지닌다: *Il n'était que de* pousser la grille (…), et l'on se perdait dans un parc.(Tr. Derème, *La Libellule violette*) 철책문을 밀기만 하면 되었다. 그러자 공원 안으로 사라졌다/Oui, c'est la vérité:*il n'est que de* regarder ce moignon. (Genevoix, *Rroû*) 그렇다, 사실이지. 이 절단 부분을 보는 것으로 충분하다/Quelques vers restaient à composer:*il n'était que de* s'y mettre et Romains s'y mit sans retard. (Duham, *Le Temps de la Recherche*, XII) 몇연의 詩作을 해야 했었다. 그것을 시작하기만 하면 되었는데 로맹은 지체없이 그것을 시작하였다/Tout prenait une âme; *il n'était que de* rester silencieux, immobile, pour la sentir. (Arland, *Terre natale*) 모든 것이 다 생동하였다. 그것을 느끼기 위해서는 고요히 움직이지 않고 있는 것으로 충분하였다/Il faut, en premier lieu, la participation d'une éminente personnalité. (…) M. Herriot semble l'homme nécessaire. *Il n'est que de* le décider. (de Gaulle, *Mém.*, t. II) 먼저 탁월한 인물의 협력이 필요하다. 에리오씨는 필요한 사람같이 여겨진다. 그를 결심시키기만하면 된다.
⑥ **a)** Il est de besoin 의 표현은 남불지방에서 아직도 통용되지만 실은 낡은 어투이다:J'aurais soin de vous encourager, s'*il en est de besoin*. (Mol, *F. sav.*, V,2) 필요하다면 나는 너를 돕기 위해 신경을 쓰겠다.
b) Il est besoin도 낡은 표현이다: *Il est besoin* de partir.(Lit) 떠나는 것은 필요하다/*Il est besoin* que je parte bientôt. (*Ib.*) 내가 곧 떠나야 한다/Qu'*est-il besoin* de…? (Ac) …하는 것이 어째서 필요한가?/Qu'*est-il besoin* que…?(*Ib.*) …하는 것이 어째서 필요한가? 《Ac는 의

문문을 제외하고는 il est besoin은 부정문으로만 쓰인다고 주의시키고 있다:*Il n'est pas besoin* de…, *Il n'est pas besoin* que…》.
3° 〖il 의 생략〗고어에서는 흔히 il 이 쓰이지 않았으며 12세기부터 쓰이기 시작하여 16세기에 일반화되었다(B, 258).
① 〖관용구〗M'est avis que+*ind* 나는 …라고 생각한다(⇨avis)/Pas n'est besoin de+*inf*〔que+*subj*〕 …할 필요가 없다 (⇨besoin)/Peu 〔Tant〕 s'en faut que+*subj* …하기는 커녕 어림도 없다(⇨falloir)/Peu 〔Qu', N'〕 importe 상관없다(⇨importer²)/comme bon vous semble (=si bon vous semble) 당신 좋으실 대로(⇨sembler)/comme si de rien n'était 아무 일도 없었던 듯이 (⇨comme *conj.* I, 2°, ③)/reste à+ *inf* 어쨌든 …해봐야 한다(⇨rester 4°), 등.
② 《속어》*Faut* pas y aller (=Il ne faut pas y aller). 거기에 가지 말아야 한다/*Parait* que(=Il paraît que) nous avons beaucoup de traits communs. (Achard, *Nouv. hist.*) 우리는 많은 공통점을 가지고 있는 것처럼 보인다.
verbes intransitifs 〔자동사〕─동사가 표시하는 동작이 주어에만 한정되고 다른 대상에 미치지 않는, 다시 말해서 목적보어를 갖지 않는 동사를 말한다. 주어동사라고도 한다:Il *dort*. 그는 잔다/Il *arrive*. 그가 도착한다/Sa réputation *déchoit*. 그의 명성이 실추된다/La neige *tombe*. 눈이 내린다.
① 자동사와 타동사의 절대적 한계가 있는 것은 아니다. 상태의 동사를 제외한 대부분의 자동사는 뜻을 바꾸거나 또는 바꾸지 않고서 타동사로 쓰일 수 있고 또 목적보어를 가질 수 있다:Le temps *passe*.《자동사》 세월이 지나간다;*passer* les déserts 《타동사》 사막을 통과하다/Il aspire

à *descendre*. 《자동사》 그는 내려가기를 갈망한다;*descendre* une malle du grenier《타동사》다락방으로부터 트렁크를 내려오다/*Pleurez*, mes yeux.《자동사》나의 눈이여, 눈물을 흘려라;*pleurer* sa jeunesse perdue《타동사》헛되이 보낸 청춘을 한탄하다/Laissez-moi *réfléchir* un instant.《자동사》잠깐 생각하게 해주세요; *réfléchir* la lumière du soleil《타동사》햇빛을 반사하다/La mer *écume*.《자동사》바다에 거품이 일어난다;*écumer* la soupe《타동사》수프의 거품을 걷어내다.
② 몇몇 자동사들은 그 동사의 어간을 가진 명사 또는 그 어간의 뜻에서 유추되는 명사를 직접목적어로 가짐으로써 타동사로 쓰는 것도 있다. 이때의 직접 목적명사는 부가어나 한정어를 반드시 갖는다:*vivre* sa *vie* 생활을 즐기다/*jouer* gros *jeu* 큰 도박을 하다/*Dormez* votre *sommeil*. (Boss, *Le Tellier*) 당신의 잠을 주무시오/Quel *rêve*, grand Dieu, je *rêvai*. (Lamart, *Harm.*) 어머나, 내 어떤 꿈을 꾸었던고/Bien! Aimez vos *amours* et guerroyez vos *guerres*! (Hugo, *Odes*, II, 10) 자, 그럼 당신의 사랑을 사랑하시오 그리고 당신의 싸움을 싸우시오/ quand nous *aurons tremblé* nos derniers *tremblements* (Péguy, *Les Tapisseries*) 우리가 우리의 마지막 공포에 전율할 때/Faut-il *mourir* une *mort* qui n'est plus utile à personne? (Th. Maulnier, *Jeanne et les juges*) 어느 누구에게도 이제는 쓸모없는 죽음을 죽어야 하는가?
☆ 이런 유사어 구문에 의해서 다음과 같은 표현도 쓴다:trembler la fièvre 열로 몸을 떨다《Ac에 따르면 속어임》/trembler le frisson 와들와들 떨다/grelotter la fièvre 오슬오슬 한기가 나다/brûler la fièvre 신열로 몸이 불같다/Je les laisse *trembler* leurs *fièvres*. (Hugo, *Châtim.*, VI, 6) 나는 그들로 하여금 신열로 떨게 한다/Seigneur évêque, répliqua Modernus, qui dans sa robe de chambre *grelottait la fièvre*.... (France, *Les Sept Femmes de la Barbe-bleue*) 주교님, 하고 실내복 차림으로 오한에 몸을 떠는 모데르뉴스가 대꾸했다.
③ 어떤 자동사들은 강력한 축약을 하여 때·양태의 상황보어를 직접목적보어로 써서 타동사가 된다:J'ai bâillé ma vie (=J'ai vécu ma vie en bâillant). (Chateaubr) 나는 평생을 하품하며 살았다/dormir une conférence 강연하는 동안 계속 잠을 자다/causer une valse 왈츠를 하는 동안 춤을 추지 않고 조잘대다. cf. B, 313; Brun, 318; Cr, 116.

verbes neutres [자동사]—《고어》 =verbes intransitifs 와 verbes transitifs indirects.

verbes objectifs [목적동사]—동사가 나타내는 행위가 목적어에 미치는 것을 뜻한다. *verbes subjectifs에 상대적인 표현이다. Ayer, 212에 따르면 *verbes transitifs를 말하며, B, 309는 여기에 대명동사 (s'apercevoir de ····을 깨닫다, se souvenir de ····을 생각하다 따위)와 동사구(faire peur à 〔=effrayer〕, faire tort à 〔=nuire à〕, porter secours à 〔secourir〕 따위)를 덧붙이고 있다.

verbes pronominaux [대명동사]—동사의 주어(il s'enfuit, nous *nous* enfuyons)와 같은 인칭의 재귀대명사(se, me, te, nous, vous)가 앞에 오는 동사를 말하고, 복합시제에서는 être가 조동사로 오며(Pierre s'*est* vexé), 이런 구문을 대명태 voix pronominale 라 한다. 전통적 분석에 따르면 대명동사나 대명태의 용법을 몇가지로 구분할 수 있다.
I. 〖의미상 분류〗 1°〖재귀적 대명동사 verbes pronominaux réfléchis〗 주어의 행위가 주어 자신에게 미치

verbes pronominaux

는 경우이고 재귀 대명사는 직접 혹은 간접목적보어가 된다.
① 〖se=직접목적보어〗 Ils *se sont donnés* à leurs études. 그들은 학업에 몰두했다/Elle *s'est cachée* derrière un arbre. 그녀는 나무 뒤에 몸을 숨겼다/Il *se leva* et *se tourna* du côté de la plaine.(Merimée) 그는 일어나서 벌판쪽으로 몸을 돌렸다/Quelques-uns *se jetèrent* à la mer ou *se poignardèrent*.(Id.) 어떤 사람들은 바다속으로 몸을 던지거나 단도로 몸을 찔렀다/《속사와 함께》 Elle *s'est crue* sauvée. 그녀는 자신이 구조되었다고 생각했다.
② 〖se=간접목적보어〗 a) se 는 「자신에게」의 뜻으로, 타동사가 직접목적보어(명사, 대명사, 부정법, 절)를 갖고 있는 경우: Ils *se sont donné* beaucoup de peine. 그들은 많은 고생을 했다/Ils *se sont approprié* le dépôt qui leur était confié. (Rob) 그들은 자기들에게 맡긴 돈을 횡령했다/Elle *s'est attiré* beaucoup d'ennemis. 그녀는 많은 적을 만들었다/Il *se promit* de tirer parti de cette visite in extremis. (Balzac) 그는 그 마지막 방문을 이용하기로 결심했다/Je *me disais* que tout était fini. 나는 만사가 끝났다고 생각했다.
b) se 는 소유를 나타내는 간접보어(⇨pronoms personnels III, 2°, ①): Elle *s'est caché* la figure. 그녀는 얼굴을 가렸다/Elle *s'est blessé* le doigt. 그녀는 손가락을 다쳤다《se 를 직접목적보어로, doigt 를 상황보어로 하여, Elle *s'est blessée* au doigt 라고도 함》/Il *s'est cassé* la jambe en faisant du ski. 그는 스키를 타다가 다리를 부러뜨렸다《강조할 경우에는 소유형용사를 쓸 수도 있다. ⇨adjectifs possessifs IV,1°, ③》.
c) se 는 간접타동사의 목적보어: Ils *se sont nui* par leur mauvaise conduite. 그들은 자신들의 나쁜 행동 때문에 화를 입었다/Sur cent écrivains il n'y en a que deux ou trois qui *se survivent*. 백명의 작가 중에서 후세에 이름이 남는 자는 두 세명뿐이다《se survivre =survivre à soi>conserver après sa mort une réputation》.
2° 〖상호적 대명동사 v. pr. réciproques〗 복수주어의 행위가 상호간에 동시에 미치는 경우로, Ils se regardent 는 「자신들의 모습을 보다」의 뜻이면 재귀적 용법이지만, 「서로 바라보다」의 뜻이면 상호적 용법이 된다. 그러나 이 경우도 동작이 미치는 것은 주어 자신이므로 재귀적 용법과 다른 점이 없기 때문에, 상호적 대명동사는 결국 재귀적 대명동사의 특별한 경우에 불과하다.
① 〖se=직접목적보어〗 Les troupes *se sont battues* pendant trois jours. 부대들은 사흘 동안 서로 전투를 했다/Jamais ils ne *se querellaient*, étant tous deux calmes et placides. (Maupass) 그들은 두사람 모두 성격이 온순하고 침착해서 결코 서로 싸운 적이 없었다/Leurs regards *se sont croisés*. 그들의 시선이 서로 교차했다.
② 〖se=간접목적보어〗 a) 타동사가 직접목적 보어를 갖고 있는 경우: Elles *se sont écrit* des lettres. 그녀들은 서로 편지들을 썼다/Ils *se sont jeté* des pierres. 그들은 서로 돌을 던졌다/Il n'y avait qu'une timbale. On *se la passa* après l'avoir essuyée. (Maupass, *Boule de S.*) 잔이 하나밖에 없어서 그 잔을 씻은 다음 차례로 돌렸다.
b) se 는 간접타동사의 목적보어: Ils *se ressemblent* comme deux gouttes d'eaux. 그들은 서로 똑같이 닮았다/D'autres coups de fusil se succédèrent. 다른 총성들이 계속 들렸다.
☆상호적 의미를 강조하기 위해서, ensemble, mutuellement, l'un l'au-

tre 〔les uns les autres〕, 접두사 entre- 등을 함께 쓰기도 한다:Elles se sont écrit des lettres *l'une à l'autre.*/Aidons-nous *mutuellement.*
3° 〖수동적 대명동사 v. pr. passifs〗 재귀동사는, 주어가 행위를 하는 동시에 행위를 받기 때문에, 수동적 의미를 낳게 한다. 따라서 Le B 는 이것을 재귀적 대명동사의 특별한 경우로 보고 있다:Ce mot ne *s'emploie* guère. 이 단어는 거의 쓰이지 않는다/Les blés *se sèment* en hiver. 밀은 겨울에 파종된다/Cela *se trouve* partout. 그것은 어디에서나 볼 수 있다//《용법의 확장》 du papier qui *s'écrit* facilement 쉽게 글씨가 쓰여지는 종이//《수동적 대명동사의 현재시제는 완료를 나타내지 않으므로, 한계가 있는 행위의 현재 혹은 초시적 현재를 나타내는 데 필요하게 된다》 Le blé *se vend* bien. 밀이 잘 팔린다 (「Le blé *est* bien *vendu.* 밀이 잘 팔렸다」는 현재완료. *On vend* bien le blé 는 행위를 강조하고, Le blé *se vend* bien 은 행위의 대상(주어)을 강조한다》.
★〖수동적 대명동사의 사용 제한〗
1) 원칙적으로 3 인칭에만 쓰인다. B, 369 는 「Je *m'appelle* 〔me *nomme*〕 Paul. 내 이름은 폴이다」를 예외로 보고 있다.
2) 주어는 거의 사물이고, 주어가 사람일 경우는 보통 재귀적 의미이다 (Il *s'est pendu* par désespoir. 그는 절망해서 목매달아 죽었다). 수동적 의미로도 때로는 사람을 주어로 할 수 있다(Le brave ne *se connaît* qu'à la guerre. (Ayer) 용감한 자는 전쟁 때에 알아볼 수 있다). *s'appeler, se nommer* 도 같은 경우이다. 비인칭적 표현의 논리적 주어일 때는 재귀적 의미가 아니다:Il *s'est rencontré* des hommes extraordinaires. (Lar) 비범한 사람들이 있었다.
3) 동작주보어가 오지 않는다. 옛날에는 「Tout *se fit* par les prêtres. (Racine) 모든 것은 승려들의 손으로 이루어졌다」처럼 동작주보어가 있기도 했으나, 현대 통사법에서는 동작주보어가 표현되지 않는다. 표현되지 않은 동작주는 on, quelqu'un 등의 부정 대명사이다. 「La porte *se ferme* par un verrou. 문이 빗장으로 잠겨있다」에서 par un verrou 는 수단, 도구를 나타내는 보어이다.
4°〖본래적 대명동사 v.pr. propres〗 재귀대명사가 의미상 목적보어가 아닌 경우로 v. pr. proprement dits 라고도 한다.

① 〖se+자동사〗 se 는 단순히 주어를 강조한다. 고어에서는 많은 자동사가 대명형과 단일형 두가지로 쓰였다:(s')apparaître, (se)disparaître, etc. 현대에는 자유롭게 대명사를 사용할 수 없다.
a) 고어에서와 같은 뜻으로 두가지 형을 사용한 동사 중 combattre, devenir, disparaître, dormir, éclater de rire, jouer, sourire 등은 단일형에만 쓰인다. 그러나 속어나 방언에서 se battailler, se bouger, se languir 등이 쓰이는 이외에 작가가 문학적 효과를 노려 대명형을 쓰는 경우가 있다.
b) se démener, se désister, s'évader, se lamenter, se taire 등은 대명형에만 쓰인다.
c) 어떤 자동사는 대명형과 단일형의 의미가 다르다:mourir 죽다, se mourir 죽어가다; jouer avec *qn* …와 놀다, se jouer de *qn* …를 놀리다; etc. 운동을 나타내는 자동사 중에는, 장소로부터 이탈을 나타내는 부사 **en** 을 덧붙여 대명형을 만드는 것들이 있다:s'en aller, s'enfuir, s'envoler, s'en retourner, s'en revenir, s'en sortir.
d) 몇몇 자동사는, 오늘날에도 두가지 형이 같은 뜻을 나타낸다:(se) pâmer de rire 포복 절도하다, (se) rire de 비웃다.

② 〖se+타동사=자동사〗s'agrandir, se détruire, s'effrayer, s'ennuyer, s'essouffler, s'étonner, s'éveiller, se fâcher, s'obscurcir, se répandre, se tromper, se révéler, etc. 의미상 s'agrandir 「자기 몸을 크게 하다」, s'éveiller 「잠자는 사람이 자신의 눈을 뜨다」로는 해석하기 어려우므로 se+타동사가 자동사로 된 것으로 생각하는 것이다(Ayer, 459;B, 297). 특히 주어가 사물일 경우에는 타동사적 의미로 해석하기 어렵다. 어떤 대명동사는 재귀동사로도 자동사로도 된다: La température s'est beaucoup élevée. 《자동사》 온도가 많이 높아졌다/Il s'est élevé par sa propre mérite. 《타동사》 그는 자신 공덕으로 출세했다 《의지가 작용하느냐 않느냐의 문제이므로 구별하기 어려운 경우도 많다》.
③ 〖se+타동사의 결합으로 새 의미를 낳는 것〗 원래의 타동사와는 구성이 다르게 전치사를 매개로 하여 보어를 취한다(apercevoir 알아보다, s'apercevoir 을 깨닫다; attaquer 공격 하다, s'attaquer à 도전하다; attendre 기다리다, s'attendre à 기대하다; aviser 알리다, s'aviser de …을 생각해내다; battre 때리다, se battre avec …와 싸우다; douter qc 《고어》 의심하다, se douter de 알아채다; louer 칭찬하다, se louer de 만족하게 여기다; servir 시중을 들다, se servir de 사용하다; etc.). 이들 대명동사의 의미는 단일형의 의미로는 설명이 안된다. 따라서 재귀대명사는 목적보어가 아니고, se+타동사의 결합으로 새로운 의미를 갖는 동사가 되었다고 생각하는 것이다.
★ 대명동사를 본질적 대명동사 v. essentiellement pronominaux 와 우연적 대명동사 v. accidentellement pronominaux 로 분류하는 경우가 있는데, 전자는 단일형 없이 대명형으로만 사용되고 후자는 보통의 타동사, 자동사가 대명형으로 쓰인 것을 말한다. 전자의 대부분은 옛날에는 단일형에도 쓰였으므로 본질적으로 후자와 다를바 없다. 이 분류를 Ayer, Darm, N, Le B 는 비난하고, Gr. Lar 는 전혀 언급도 하지 않았다.
II. 〖대명동사와 같은 뜻의 자동사〗 1° 어떤 타동사는 재귀대명사를 동반하여 자동사적 대명동사가 되고 차차 재귀대명사를 생략하여 같은 뜻의 자동사 된다(approcher 가까이 가져가다 > s'approcher 가까이 오다 > approcher(같은 뜻). 기타: (s')arrêter 멈다, (s')augmenter 증가하다, (se)baisser 낮아지다, (se)casser 깨어지다, (se)divorcer 이혼하다, (se)changer 변하다, (se)dessouler 술이 깨다, (se)gonfler 부풀다, (se)pencher 기울다, (se)plonger 잠기다, (se)raidir 뻣뻣해지다, (se)rompre 끊어지다, (se)tourner 돌다, etc.). 어떤 경우에는 대명형과 단일형의 의미가 완전히 같은 것도 있다: Son bras commence à (se)desenfler. 그의 팔은 부기가 빠지기 시작했다/Le métier (s')arrête. 기계가 멈춘다/La pluie s'est changé en pluie. 비가 눈으로 바뀌었다.
2° 어떤 자동사는, 재귀적, 수동적 의미의 재귀대명사를 생략한 것으로 볼 수 있다. 특히 일상어에서는 대명사를 생략하는 경우가 많다: baigner 적시다, 잠기다/boutonner 단추를 채우다/coucher 자다/fermer 닫혀지다/lever 싹이 트다, 반죽이 부풀다/ouvrir 열리다/Cette robe (se)boutonne par derrière. 이 드레스는 뒤에서 단추를 채운다. ☆ 흔히는 대명동사와는 의미와 용법이 다르다.
III. 〖재귀대명사의 생략〗 1° 형용사처럼 쓰인 현재분사, 과거분사 앞에서 재귀대명사를 생략한다: le soleil *levant* (=qui se lève) 돋는 해/un homme bien *portant* (=qui se porte bien) 건강한 사람/un souvenir

évanoui(=qui s'est évanoui) 사라져버린 추억/un fille repentie(=qui s'est repentie) 회개한 윤락녀/Elle est évanouie. 그녀는 의식이 없다 (cf. Elle s'est évanouie. 그녀는 의식을 잃었다).
2° 대명동사의 부정법 앞에서. ① faire 뒤에서는 대명사를 생략할 수 있다:de peur de faire en aller mon rêve (Daud, Lett. de M. moul.) 내 꿈이 사라지게 될까봐 두려워서/Cela fit évanouir mes espérances. 그것은 내 희망을 사라지게 했다((특히 faire asseoir, faire repentir, faire souvenir, faire taire 는 관용적이다)).
a) 오늘날에는 관용적 구성인 경우에도 대명형을 쓰는 경향이 있다: Nous essayons de le faire s'asseoir. 우리는 그를 앉히려고 한다/Je l'en ai fait se souvenir. 나는 그에게 그것을 생각나게 했다.
b) 대명사의 생략으로 의미가 애매해질 때, 특히 상호적 의미의 대명사는 생략 안 한다:Il le fit s'arrêter. 그는 그를 멈추게 했다(cf. Il le fit arrêter. 그를 붙들려 가게 했다)/Je les ai fait se connaitre. 그들을 서로 알게 했다((상호적)).
② envoyer, laisser, mener, sentir, voir 등의 뒤에서도 생략이 가능하다((고문조 혹은 관용적)):Ne laissez pas éteindre le feu. 불이 꺼지지 않도록 하시오((s'éteindre le feu 라고는 안 한다. 그러나 Ne laissez pas le feu s'éteindre 가 ·일반적이다))/Le vieux mène son chien promener. (Camus, L'Etranger) 노인이 개를 끌고 산보하러 간다/J'ai vu lever le soleil. 해가 솟아오르는 것을 보았다((옛날에는 voir se lever le soleil (Darm, IV, 105)도 가능했다. 보통은 J'ai vu le soleil se lever. 따라서 se의 생략은 어순과도 관계가 있다)).
IV. 〖대명동사의 조동사〗 의미에 관계없이 항상 être 를 조동사로 한다. 고어에서 단일형에도 대명형에도 쓰이는 자동사가 être 를 조동사로 했기 때문에 재귀동사도 이를 모방했다(DG, 263). 아주 옛날에는 재귀동사도 avoir 를 쓴 적이 있다(Ib.). 오늘날에는 방언, 비어에서 avoir 를 쓴다:Je m'ai trompé(=Je me suis trompé). (B, 331; Bauche 116).
V. 〖재귀대명사의 인칭〗 항상 주어와 동일 인칭이나 卑語에서는 주어의 인칭과 관계 없이 se를 쓰기도 한다 : Je s'ai trompé(=Je me suis trompé). (Bauche, 116)/En se pressant un peu, vous arriverez à temps (=En vous pressant...). (G, §600).
VI. 〖과거 분사의 일치〗 1° 재귀대명사가 간접보어가 아니면 과거분사는 주어에 일치시킨다. 본래의 대명동사중 se rire, se plaire, se déplaire, se complaire 의 과거분사는 불변이나 마지막 셋은 일치시키는 경우도 있다(G, §796, b).
2° 재귀대명사가 간접보어인 경우는 (⇨I, 1°, ②;2°, ②) avoir를 조동사로 하는 타동사처럼, 직접목적보어가 과거분사 앞에 오면 그것에 일치시키고, 직접목적보어가 과거분사 뒤에 오면 과거분사는 불변이다:Ils se sont écrit des lettres; les lettres qu'ils se sont écrites; Ils se les sont écrites.

verbes réfléchis [재귀동사]⇨verbes pronominaux I, 1°.

verbes subjectifs [주어동사]—동사가 나타내는 행위가 주어에만 미치고 목적어에 미치지 않는 것을 뜻한다. *verbes objectifs와 상대적인 표현이다. Ayer, 212에 따르면 *verbes intransitifs 를 말하며, B, 296-9 는 여기에 자동사적 대명동사 (se tromper 잘못 생각하다, 등 ⇨ verbes pronominaux I, 4°, ①, ②)와 동사구(perdre courage 낙담하다, prendre fin 끝나다, avoir chaud 덥

다, 등)를 덧붙이고 있다.

verbe substantif [실체동사]—「존재」의 뜻을 나타내는 être 동사를 뜻한다.

verbes transitifs [타동사]—주어로부터 나오는 어떤 행위가 대상에 미치는, 다시 말해서 목적보어를 갖는 동사를 말한다. 목적동사라고도 한다.

① **a)** 전치사의 도움을 받지 않고 직접 목적보어를 취하는 동사를 직접타동사라고 한다:Je *prends* ce livre. 나는 이 책을 집는다./J'*honore* mes parents. 나는 나의 부모님을 존경한다.

b) 전치사의 도움을 받아 간접적으로 목적보어를 취하는 동사를 간접타동사라고 한다:Cet enfant *obéit à* son père. 저 어린이는 자기 아버지에게 복종한다/Tu *nuis à* ta santé. 너는 너의 건강을 해친다/Il *use de* son droit. 그는 자기의 권리를 행사한다.

② 목적보어가 동사의 상황에 따라 너무도 명백하여 그것을 표현하지 않을 때도 있다. 이런 경우의 동사는 자동사가 아니고 타동사로서 절대적 용법으로 쓰이고 있는 것이다: Cet homme *boit*. 저 남자는 술을 마신다/C'est à vous à *couper* (les cartes). 카드를 나누는 것은 당신 차례다/Cet enfant n'*obéit* pas. 저 어린애는 순종하지 않는다.

③ 직접목적보어와 간접목적보어를 모두 갖는 2중타동사 verbes transitifs doubles 도 있다:Il *enseigne* la grammaire aux enfants. 그는 아이들에게 문법을 가르친다/On *livre* le condamné au bourreau. 사형수를 사형집행인에게 넘겨준다.

④ 상당한 수의 동사들은 의미를 바꾸거나 또는 바꾸지 않고 때로는 직접타동사로 때로는 간접타동사로 쓰이고 있다. 이 두 분류는 단순한 구성의 차이일 뿐 성질상의 차이는 없다:Dieu vous *aide!*《직접》하느님이 그대를 돕기를!;*aider à* la nature《간접》자연에 도움이 되다/Il *prétend* qu'on le trompe.《직접》그는 사람들이 자기를 속이고 있다고 주장한다;*prétendre aux* honneurs《간접》권좌에 오르기를 열망하다/*insulter qn* …를 모욕하다;*insulter à* la misère de *qn* …의 가난을 멸시하다/*manquer* le but 목표를 못 맞히다;*manquer à* sa parole 약속을 어기다/*commander* le feu 발포를 명령하다;*commander à* ses passions 흥분을 억제하다.

vers—①〖장소〗동작동사 없이:Il habite ~ (=du côté d') Orléans. 그는 오를레앙 근처에 산다.

②〖방향〗동작동사와 함께:Les troupes marchent ~ le (=dans la direction du) nord. 부대들이 북쪽을 향하여 진군한다.

③〖개략적인 때〗(=environ): ~ la fin de l'Empire (Lar) 나폴레옹의 제 1 제정 말기에/ ~ midi (Ac) 정오경에/ ~ (les) quatre heures (*Ib.*) 4 시 쯤에.

vert—〖N ~〗《일반적 형식》: une jupe ~*e* 초록색 스커어트/la langue ~*e* 은어 (=argot)/une robe ~ clair 밝은 녹색 의상/des rubans ~ foncé 짙은 녹색 리본/〖 ~ N〗《문장의 형식 때문에》:sous les ~*s* feuillages, la ~*e* Normandie 푸른 나뭇잎에 싸인 푸른 노르망디 지방.

vibrante [진동음]—調音部(혀의 끝, 두 입술, 목젖)의 진동으로 呼氣 통로에서 한번이나 여러번 폐쇄를 일으키며 조음이 이루어지는 자음을 말한다. 로망어와 슬라브어에서 가장 흔히 볼 수 있는 [r]는 진동 舌尖齒音 vibrante apico-dentale 이다. 프랑스의 프로방스어 franco-provençal 에서 [r]음소를 강하게 하거나, 진동음 [r]와 마찰음 [r] 사이의 모든 변천 과정에서 볼 수 있는 경우는 구개수진동음 vibrante uvulaire 이다. 진동은 한번의 폐쇄 occlusion로 이루어지기도 하고(單打 진동음, vibrante battue 혹은 *flap*), 여러번의 폐쇄로 이루어질 수도 있다 (顫動音, vibrante roulée 혹은 *trill* 이라 한다).

vide *adj.*—La boîte est à moitié ~. 상자가 반쯤 비었다. **~ de qn** [*qc*]:Le wagon était ~ *de* voyageurs[*de* bagages]. 객차〔화차〕에는 승객〔화물〕이 없다.
—*n.m.* Sa mort laisse un ~ dans la famille. 그의 죽음은 집안에 허전함을 남겨놓는다. **à ~ :** Le dernier autobus circule le plus souvent *à* ~. 마지막 버스는 대개 텅 빈 채로 운행된다/A cause du verglas, les roues tournent *à* ~. 빙판이 져서 바퀴가 헛돈다.

vieillard—*n.m.* 이것의 상대적인 여성형은 une vieille (femme), une femme âgée이며, une ~*e*는 경멸적 뉘앙스를 나타낸다:une ~*e* hideuse qui tient une horrible auberge (Hugo, *France et Belgique*) 무시무시한 여인숙을 경영하는 흉측스럽게 생긴 노파/La ~*e* s'affaissa dans un évanouissement lamentable. (Louÿs, *Les aventures du roi Pausole*) 노파는 애처로운 쇠약상태에 빠졌다/dans les traits de l'hilare ~*e* (Green) 명랑한 노파의 모습에서.

vieux, vieil, vieille *adj.*—① 남성 단수 **vieil**는 모음 또는 무음 h로 시작되는 명사 앞에 쓰인다:un *vieil* homme 노인/un *vieil* ami 옛친구 (cf. un ami *vieux* et usé 늙고 허약해진 친구)/un *vieil* aveugle 늙은 장님 (cf. un vieux aveugle 눈먼 늙은이. 이 경우 vieux는 명사, aveugle는 형용사로 두 단어 사이에는 연독하지 않음)/une *vieille* femme (=une femme *vieille*) 노파.
② **vieux** homme은 뜻을 두드러지게 하기 위하여 쓰이기도 한다:Je suis un *vieux* homme qui va sur la route. (Hugo) 나는 길을 걷고 있는 한 늙은이이다/Depuis que je suis près de vous, il me semble que je suis comme un *vieux* homme. (Claudel) 나는 당신 곁에 있으면서부터 늙은이가 된 것같이 여겨진다.
③ **vieil**가 자음으로 시작되는 명사 앞에 쓰이는 것은 오늘날은 매우 드물다(고어법):un *vieil* savorados (France).
④ (=âgé):Il n'a que vingt ans et vous en avez vingt-cinq, vous êtes plus *vieux* que lui. (Ac) 그는 20살밖에 안 되었고 당신은 25살이다. 당신이 그사람보다 나이가 더 많다/Il est plus *vieux* que moi de six ans. (*Ib.*) 그는 나보다 6살 더 먹었다/un *vieux* mari 연상의 남편.
—*n.* 《행정용어에서 vieillard가 vieux로 대치되는 경향이 있음》La retraite des *vieux* est surtout un thème de discours électoral. 노인들의 연금은 특히 선거연설의 주제가 되고 있다/《일상어에서도 마찬가지로 쓰임》 Ce pauvre *vieux* est mort de froid. 이 가련한 노인은 얼어 죽었다/《조소적 뉘앙스를 갖기도 함》 C'est un *vieux*, il ne comprend plus rien à ce qui se passe. 그는 늙은이다. 무슨 일이 일어나고 있는지 이제는 전혀 모른다.

vif—① 〖N ~〗 une haie *vive* 생나무 울타리, un enfant ~ 발랄한 어린아이, l'air ~ 맑고 쌀쌀한 공기, le froid ~ 살을 에는 듯한 추위, des propos ~s 격한 말투.
② 〖~ N〗 de *vives* couleurs 선명한 색, de ~s reproches 신랄한 비난. **~ à+***inf*:~ *à* sentir les injures (Lit) 모욕에 대해서 예민하다 /~ *à* reconnaître les bienfaits (*Ib.*) 호의을 날쌔게 간파하다.

ville—à〔dans〕la ~, en ~ ⇨à.

vingt—①〔발음〕끝자음 t가 자음 앞과 음절 끝에서는 발음되지 않는다 (ving*t* [vɛ̃] maisons, Ils étaient ving*t* [vɛ̃]). 모음 또는 무음 h 앞에서, 그리고 21 부터 29 까지의 복합어에서는 발음된다(ving*t* ans[vɛ̃tɑ̃], ving*t* et un[vɛ̃ te œ̃], ving*t*-cinq [vɛ̃tsɛ̃k]). vingt-deux 의 t 는 다음 자음 d 의 견인에 의하여 [d]로 발음된다.

② 『**vingt** 과 **vingts**』 a) 다른 基數에 의한 倍數가 될 때 s 가 붙는다: quatre-*vingts* 80, les Quinze-*Vingts* (루이 9 세가 파리에 세운 300 명 수용의)맹인병원.

b) quatre-vingts 다음에 수형용사가 부가될 때는 s 를 안쓴다: quatre-*vingts*-quinze ans 95 세 (cf. quatre-vingts ans 80 세)/Il entre dans sa quatre-*vingt*-onzième année. 그는 91세에 접어든다/quatre-*vingt* mille francs 80,000 프랑((mille 은 수형용사))(cf. quatre-vingts millions[milliards] 8,000 만[800 억]. million, milliard 는 명사이므로. quatre-vingt*s* 이라고 s 가 붙음].

c) quatre-vingt 이 서수형용사적으로 쓰일 때, 즉 quatre-vingtième 의 의미로 쓰일 때는 s 가 없다: page quatre-*vingt* 제 80 페이지/article quatre-*vingt* 제 80 조/année mil huit cent quatre-*vingt* 1880 년.

d) cent 또는 mille 다음에는 언제나 vingt 이다: cent *vingt* francs 120프랑/mille *vingt* hommes 1,020 명.

③ 『vingt 과 연결선 trait d'union』
a) 「vingt et un 21, vingt mille 20,000」은 연결선 없이 쓰인다((그러나 「le vingt-et-un 카드 놀이의 일종」은 연결선이 있어야 한다)).

b) 22부터 29까지와 81부터 99까지의 수사에서는 연결선이 있다: vingt-deux=22, vingt-trois=23, quatre-vingt-un=81, quatre-vingt-dix-neuf=99.

virgule [쉼표]—구두점의 하나로서 짧은 휴지부(,)이다.
I. 『절 안에서』 1° 등위접속사로 연결되지 않는 유사요소들(주어, 보어, 부가어, 속사)을 분리시키기 위하여 :Les honneurs, les richesses, les plaisirs nous rendent-ils pleinement heureux? 권세, 부, 쾌락, 이것들은 우리를 전적으로 행복하게 만드는 것일까?/La charité est douce, patiente, bienfaisante. 사랑은 친절하고 끈기있고 자비로운 것이다/On aime la compagnie d'un homme bon, juste, affable. 사람들은 선하고 올바르고 상냥한 사람과 자리를 같이 하기를 좋아한다/Il avait appris seul à nager, à plonger, à lancer le trident. (Peisson, *Les Ecumeurs*, 103) 그는 헤엄치고 잠수하고 삼지창던지기를 혼자 익혔다.

① 하나의 동사가 여러개의 주어를 가질 때,

a) 그 중 마지막 주어가 et 로 앞의 주어와 연결되면 그 주어와 동사 사이를 virgule 로 분리시키지 않는다: L'injustice, le mensonge et l'ingratitude m'inspirent de l'horreur. 부정과 거짓과 배신은 나에게 혐오를 불러 일으킨다.

b) 마지막 주어가 앞의 것과 단순히 병렬되었더라도 그 주어와 동사를 virgule 로 분리시키지 않기로 한다: Un mot, un regard, un geste, un silence, une combinaison atmosphérique l'avaient tenue sous le charme. (Dumas f, *Un père prodigue*, Préf.) 한마디의 말, 하나의 시선, 동작, 침묵, 분위기의 조화는 그녀를 도취시켰다/Les montagnes, le ciel, la mer sont comme des visage. (Camus, *Noces*) 산들, 하늘, 바다는 사람의 얼굴 같다.

c) 병렬된 주어에서 마지막 주어와 동사 사이에 virgule 을 쓰지 않는 것이 절대적인 것은 아니다. 때로는 virgule 을 쓰기도 한다: L'Inde, la Perse, l'Asie Mineure, l'Afrique, sont représentées par des meubles, des stores, des tentures....(R.Bazin,

virgule

Terre d'Espagne) 인도, 페르시아, 소아시아, 아프리카는 가구와 벽과 벽지…로 묘사된다/Une confidence, un souvenir, une simple allusion, ouvrait des perspectives insoupçonnées. (M. du Gard, *Les Thibault*, III) 은밀한 이야기와 추억과 단순한 암시가 상상하지 못했던 세계를 열어놓았다.

② 여러개의 주어가 점층법 gradation 을 이루고 있거나 한 단어로 요약될 때에 이 주어들 전체를 뜻하는 단어와 동사 사이에 virgule을 넣지 말아야 한다:Un souffle, une ombre, un rien lui donnait la fièvre. 한 줄기 바람, 하나의 그늘, 아무 것도 아닌 사소한 것도 그에게 공포감을 안겨주었다/Et tout de suite, sac, couverture, chassepot, tout disparut dans le grand chapeau cabriolet. (Daud, *Contes du Lundi*) 그리고는 곧 배낭과 담요와 샤스포 소총, 이 모두가 챙이 커다란 여자용 모자 속에 자취를 감추었다.

③ 전체 수량의 각각 다른 단위 사이에는 virgule을 넣지 않는다:une dépense de vingt francs cinquante centimes 20프랑 50상팀의 지출/ l'espace parcouru en deux heures dix minutes trente secondes 2시간 10분 30초 걸려서 주파한 거리. ☆숫자로 표시되는 수에서는 전체 수에서 소수 이하의 부분앞에 virgule 을 쓴다:2 693, 25; 0, 275 42.

④ et, ou, ni에 의한 등위 요소에는 **a)** 원칙적으로 virgule을 넣지 않는다:La richesse et les honneurs séduisent bien des hommes. 부와 권력은 인간의 마음을 잘 유혹한다/ Ils veulent vaincre ou mourir. 그들은 정복하거나 아니면 죽기를 원한다/Ni Corneille ni Racine n'ont encore été surpassés. (Ste-Beuve, *Caus. du Lundi*, t. IX) 코르네이유도 라신도 아직 타의 추종을 불허했다.

b) et, ou, ni가 2개 이상의 등위요소에 쓰일 때는 virgule이 각각의 등위요소 사이에 들어간다:Et les champs, et les bois, et les monts, et les plaines, s'éclairaient brusquement. 밭들도 숲들도 산들도 벌판들도 갑자기 밝아졌다/Un bon financier, dit La Bruyère, ne pleure ni ses amis, ni sa femme, ni les enfants. 훌륭한 징세관은 자기 친구들이든 자기 부인이든 자식들이든 전혀 사정을 보지 않는다고 라브뤼에르는 말했다.

2° 순전히 설명적인 뜻을 갖는 모든 요소들을 분리시키기 위하여:Saint-Malo, riche cité de pierre, ramassée sur son île entre ses nobles remparts, était vers 1740 une ville prospère, vigoureuse et hardie. (Maurois, *Chateaubriand*) 고상한 성벽 사이의 섬 위에 웅크리고 있는 돌투성이의 도시 생 말로는 1740년 경에는 번창하고 활기에 차고 자유분방한 도시였다/《(직접·간접목적보어는 동사와의 사이에서 virgule을 절대로 갖지 않음)》 La lecture procure un plaisir délicat. 독서는 묘한 즐거움을 안겨준다/La fortune sourit aux audacieux. 행운은 대담한 자들에게 미소짓는다.

3° 문두에 상황보어가 놓이고 이것이 상당한 길이를 가질 때:Dans les champs, c'était une terrible fusillade. A chaque coup, je fermais les yeux.(Daud, *Contes du Lundi*) 들판에서는 무시무시한 일제사격이 있었다. 총소리가 날 때마다 나는 눈을 감았다.

① 문두의 상황보어가 **a)** 지극히 짧을 때는 원칙적으로 virgule을 넣지 않는다:Ici nous trouverons le calme et le silence. 우리는 여기에서 평온과 고요를 얻을 수 있을 것이다.

b) 그 상황보어 직후에 동사가 올 때 virgule로 상황보어와 동사를 분리시키는 것은 임의적이다. 그러나 문

두의 상황보어가 매우 짧을 때는 원칙적으로 virgule을 넣지 않는다: Devant l'entrée, gisaient des amas de débris monstreux. (Loti, *La Galilé*) 출입문 앞에 이상한 파편들이 무더기로 있었다/Par la fenêtre, entrait un rayon de soleil. (Troyat, *Etrangers sur la terre*) 창을 통해서 한 줄기 햇빛이 들어오고 있었다/Vers le milieu de la pièce, plus près des fenêtres, régnait une très grande table. (Romains, *Les hommes de b. vol.*, t.VII) 방 한복판, 창가에 더 가까운 곳에 매우 큰 탁자 하나가 자리잡고 있었다/Sur une des chaises traînait une robe de chambre usagée. (*Ib.*) 그 의자들 가운데 한 의자 위에 낡은 실내가운 하나가 늘어져 있었다/Partout régnait un profond silence. 어디에나 깊은 침묵이 흐르고 있었다.

② 원칙적으로 문두의 간접목적보어 다음에, 또는 한정보어 다음에는 virgule을 넣지 않는다: A un tel homme comment désobéir? 그런 사람에게 어떻게 거역할 수 있겠는가/D'un pareil adversaire les attaques sont redoutables. 그와 같은 적수의 공격은 가공할 만하다.

③ 장소를 나타내는 명사 다음의 날짜표시 앞에서는 virgule을 생략하지 못한다:Paris, le 5 janvier... 파리에서, 정월 5일.

4° 贊辭法이나 重疊法으로 쓰인 말들을 분리시키기 위하여:Rompez, rompez tout pacte avec les méchants. 끊어라, 그 악인들과의 모든 약속을 끊어라/Je vous assure, moi, que cela est. 나, 나는 그렇다고 당신에게 확언해둔다.

5° 頓呼法으로 쓰인 말들을 분리시키기 위하여:Observe, Phèdre, que le Démiurge, quand il s'est mis à faire le monde, s'est attaqué à la confusion du Chaos.(Valéry, *Eupalinos*) 페드르여, 관찰하라, 조물주가 세상을 창조하기 시작했을 때 창조 이전의 혼돈상태의 혼미에 도전했던 것을.

II. 〖여러 절로 이루어진 문장안에서〗 1° 일반적으로 등위접속사로 연결되지 않은 같은 성질의 여러 절을 분리시키기 위하여:On monte, on descend, on débarque les marchandises. (Peisson, *Les Ecumeurs*) 사람들은 올라가고, 내려오고, 또 상품들을 배에서 내리고 한다.

2° et, ou, ni 이외의 등위접속사로 인도되는 절 앞에서:Il ne faut pas faire telle chose, car Dieu le défend. (Ac) 그런 일은 하지 말아야 한다. 왜냐하면 하느님이 그것을 막으시니까/Il est fort honnête homme, mais il est un peu brutal. (*Ib.*) 그는 대단히 성실한 사람이지만 약간 거칠다/Je pense, donc je suis. (Descartes) 나는 생각한다. 고로 나는 존재한다.

① 접속사 et, ou, ni는 대개 앞에 virgule을 쓰지 않는다:Il croit et il espère. 그는 믿고 희망한다/Je ne le plains ni le blâme. 나는 그를 동정하지도 나무라지도 않는다/Il ne faut ni s'en étonner ni s'en indigner. (Lemaître, *Jean Racine*) 그것을 이상히 여기지도 분개하지도 말아야 한다/J'ignore s'il restera ou s'il partira. 나는 그가 그대로 있을 건지 또는 떠날건지 모른다/La philosophie stoïcienne enseigne que toutes les fautes sont égales et que tous les mérites se valent. 스토아 철학은 모든 과오는 다 마찬가지이고 모든 공적은 우열이 없다고 가르치고 있다.

② 그러나 접속사 et, ou, ni가 2개 이상의 절을 연결하는 데 쓰이거나, 또는 같은 주어를 함께 갖지 않는 2개의 절을 연결하거나 서로 대립되는 2개의 절을 연결할 때, 그리고 문체상의 어떤 이유로 해서 2개의 절

을 분리할 필요가 있을 때는 이 접속사들 앞에 virgule 을 넣는다 : Je ne veux, ni ne dois, ni ne puis obéir. 나는 복종하기를 원치 않고 복종하지도 못하겠고 할 수도 없다/La tempête s'éloigne, et les vents sont calmés. (Musset, *Le Saule*) 폭풍우는 멀리 가버리고 바람은 잔잔해졌다/L'ennemi est aux portes, et vous délibérez! 적이 문턱에 있다. 그런데 당신은 망설이고 있구나/Nous vaincrons, ou nous mourrons! 우리는 정복할 것이다. 그렇지 못하면 죽을 것이다.
3° 단순히 설명적 의미만을 갖는 상황 보어절 앞에 : Je le veux bien, puisque vous le voulez. (Ac) 나는 그것을 원한다. 당신이 그것을 바라기 때문에. ☆그러나 다음과 같은 절들에서는 virgule 이 들어가지 않는다. 왜냐하면 상황보어절이 주절의 의미에 밀착되어 있고 또 아무런 休止도 요구되지 않기 때문이다 : Il est tombé parce que le chemin est glissant. (Ac) 길이 미끄럽기 때문에 그가 넘어졌다/J'irai le voir avant qu'il parte. (*Ib.*) 나는 그가 떠나기 전에 그를 만나러 갈 것이다.
4° 문두에 놓인 상황보어절 다음에 : Quand la démission de l'ambassadeur fut publique, la presse ministérielle attaqua Chateaubriand. (Maurois, *Chateaubr.*) 대사의 해직이 공표되자 官報는 샤토브리앙을 공격하였다.
5° 설명적으로 쓰인 관계절을 분리시키기 위하여 : Bérénice, qui attendait son ami de Nîmes, ne tarda pas à nous quitter. (Barrès, *Le Jardin de Bérénice*) 베레니스는 님므의 그의 친구를 기다리고 있어서 지체없이 우리와 작별하였다. ☆그러나 한정적 관계절은 virgule 로 선행사와 분리되지 않는다. 그러나 관계절이 대단히 길 때는 관계절 끝에 virgule 이 들어간다 : La vertu dont nous parlons le plus volontiers est quelquefois celle qui nous manque le plus. 가장 쉽게 우리가 이야기하는 미덕이 때로는 우리에게 가장 부족한 것이기도 하다/L'homme qui ne pense qu'à soi et à son intérêt dans la prospérité, restera seul dans le malheur. 자기만을 생각하고 윤택한 속에서도 자기의 이익만을 생각하는 사람은 불행 속에서 고독하게 살게 될 것이다.
6° 절대분사절이나 삽입절을 분리시키기 위하여 : La pêche finie, on aborda parmi les hautes roches grises. (Daud, *Contes du Lundi*) 고기잡이가 끝나자 높은 잿빛 바위들이 있는 곳에 닿았다/Il devrait, toute honte cessant, enfourcher un âne. (Taine, *Voy. aux Pyrén.*) 부끄러움이 사라지면 그는 나귀등에 걸터앉을 것이다.
7° 앞에 나온 절에서 쓰인 동사나 다른 어떤 낱말의 생략을 표시하기 위하여 : Les grands yeux étaient éteints et mornes, les paupières, striées de rides, les commissures des narines, marquées de plis profonds. (Jaloux, *La Branche morte*) 그 큰 눈은 흐릿하고 생기가 없었으며 눈꺼풀은 잔주름이 지고 콧구멍이 맞닿는 부분에는 깊은 주름이 푹 패였었다. ☆그러나 뜻이 모호하지 않거나 休止가 요구되지 않을 때는 virgule 을 쓰지 않는다 : Parmi les contemporains, les uns le (=Pyrrhus) trouvaient trop violent et trop sauvage, et les autres trop doucereux. (Lemaître, *Jean Racine*) 동시대인들 중에서도 일부 어떤 사람들은 그[피루스]가 너무 과격하고 야성적이라 생각했고 다른 사람들은 그를 너무 다정다감하다고 생각하였다.

vis-à-vis *adv.* — ① 어원상으로는 visage à visage 에서 나온 표현으로 2개의 연결선이 들어가며 (nez à nez, face à face에서 연결선이 없는 것과 비교해보라) 「juste en face de」의 뜻으로 쓰인다: ~ la mairie (Lar) 시청을 마주보고/ la fenêtre qui donnait sur une ruelle, ~ une vieille petite église (Hermant, *l'Aube ardent*) 한 골목길쪽을 향하여 어느 낡고 작은 교회를 마주보고 있는 창.

~ *de:* ~ *de* la mairie (Ac) 시청 맞은편에 / Ma maison est ~ *de* la vôtre. (Lit) 나의 집은 당신 집 맞은편에 있다 《au ~ *de* la vôtre 로는 쓸 수 없음》.

② 대명사 앞에 쓸 때는 반드시 de가 들어간다: Je me plaçai ~ *de* lui. 나는 그의 맞은편에 자리잡았다// 《~ de는 비유적으로 「…에 관하여 (=envers, à l'égard de, en ce qui concerne)」의 뜻으로도 쓰인다. 프랑스어의 정통고수파들은 이 용법을 사용하지 말라고 주장하나 모든 계층의 말에서 사용되고 있으며 아카데미사전도 격에 맞지 않는 말이라는 단서와 함께 쓰고 있음》 avoir une attitude déplaisante ~ *de* ses supérieurs 상관들에 대해서 불쾌한 태도를 취하다/ce que j'ai fait ~ *de* vous (Boylesve, *Sainte-Marie-des-Fleurs*) 내가 당신에 대해 한 것/Rien n'égale l'impertinence de cet enfant ~ *de* ses parents. 그 어린아이의 자기 부모에 대한 버릇없는 행동은 아무 것과도 견줄 수가 없다.

—*n.m.*(=personne placée en face d'une autre, face-à-face, siège destiné à la conversation à deux): Notre appartement n'a pas de ~ (=pas de fenêtres en face des nôtres). 우리 아파트는 우리 창과 마주뵈는 창이 없다/le reflet, répété à l'infini dans un ~ de miroirs, des quatre becs de gaz (Courteline) 거울들에 마주 비쳐 무한히 되풀이되는 4개 가로등의 반사광.

vite—17세기까지는 형용사로 쓰였다(~ comme le vent 질풍같이 빠른). 현대에 와서는 스포츠 용어로 흔히 쓰인다(Ce sont les coureurs les plus ~s du monde. 그들은 세계에서 가장 빠른 육상선수들이다). 또한 문학적 표현에서도 간혹 형용사로 쓰고 있다:Les idées lui viennent plus ~s, plus nombreuses. 보다 더 빠르고 보다 더 많은 생각들이 그에게 떠오른다/Son parler est de plus en plus ~ et indistinct. (Gide) 그의 말씨가 점점 빨라지고 불분명하다. *avoir ~ fait de*+*inf:* Nous aurons ~ *fait de* laver cette vaisselle. 우리는 이제 곧 설거지를 끝낼 것이다.

vive(nt)…!—간투사로 취급되며 일반적으로 vive로 불변이나 때로는 vivre의 접속법으로 취급하여 명사에 일치시키기도 한다 (⇨vivre): ~ Venceslas et la Pologne! (Jarry) 국왕 벤세슬라 3세폐하와 폴란드 만세 !/Et~les récipiendaires! (Vian) 그리고 신입회원 만세 !/~ les gens d'esprit! (Lit) 천재 만세 ! / ~ les Vacances! 바캉스 만세 ! /~*nt* donc les enterrements! (Camus) 매장되는 자들이여 고이 잠들기를 !

vivement— ~ *que* + *subj* 《비어》: ~ *ce soir qu'on se couche!* 제발 오늘 밤에는 자다오! / ~ *que ça finisse!* 제발 그 일이 끝났으면 ! / ~ *qu'on s'en aille.* 제발 가버려라.

voici, voilà—동사 voir의 명령법 단수의 옛 형태인 voi와 ci, là의 복합어로 된 것이다.

1° **voici**는 현재 말하고 있는 사람, 가까이에 있는 사람·사물, 또는 이제 곧 이야기하려는 사물과 현재의 상태를 강조하는 데에 쓰인다:Me *voici*. 나 여기 있소/La *voici* justement près de vous. 바로 당신 곁에 그녀가 있소/*Voici* le temps des assassins. (Rimbaud) 바야흐로 암살자들의 시대가 되었구나/*Voici* ma tâche pour ce soir. 이것이 오늘 저녁에 내가 할 숙제다/*Voici* le livre dont on a parlé. (Ac) 사람들이 이야기하던 책이 이것이다/*Voici* que des intellectuels parmi les plus connus se mettent à discuter des vrais problèmes. (*le Monde*) 가장 저명한 인사들 중의 몇몇 지성인들이 실제의 문제들을 토론하기 시작한다.

① 〖**voici**+*inf*〗 특히 「~ +venir」는 도착, 근접, 또는 즉각적인 동작을 나타낸다《이 경우 voilà 는 쓰지 않음》: *Voici venir* la foudre. (Corn, *Pomp.*, II, 2) 벼락이 닥쳐온다/*Le voici venir*. (Mol, *Et.*, V, 9) 그가 온다/*Voici venir* une voix.(Chateaubr, *Génie*, I, 9) 한가닥 목소리가 들려온다/*Voici*, de la maison, *sortir* un Salavin épineux et glacé. (Duham, *Deux Hommes*) 괴팍하고 쌀쌀맞은 살라뱅 같은 사람이 집에서 나오고 있다/*Et voici commencer* le rêve de Shakespeare. (Lemaître, *Impressions de théâtre*, t. I) 이제 셰익스피어의 꿈이 시작된다《voici 가 voir 의 본래의 뜻을 지녀 지각동사적으로 부정법의 동사와 그것의 의미상의 주어를 취한 형태이다》. ☆ 이와 비슷한 어법으로 다음과 같은 표현도 있다: *Voici revenus* les beaux jours. 날씨 좋은 계절이 다시 찾아왔다.

② 〖N+**que voici**〗 la petite histoire *que voici* 다음과 같은 小話/Mon ami *que voici* vous le dira. 여기 있는 친구가 당신에게 그것을 말할 것이다.

③ voici 와 voilà 가 2개의 요소를 대응시킬 때 동시에 쓰인다: *Voici* la maison du maire (et) *voilà* celle du curé. 여기는 시장의 집이고 저기는 사제의 집이다/*Voici* votre place et *voilà* la mienne. (Ac) 이것은 당신의 좌석이고, 저것은 내 좌석입니다.

2° **voilà** 는 대화의 상대자로부터 약간 떨어져 있는 사람・사물, 방금 언급된 것과 관계되는 어떤 사물, 또는 다음에 있을 또는 현재의 상태를 강조하는 데에 쓰인다: *Voilà* votre père qui passe dans la rue. 저기 당신 부친이 거리를 지나가신다/*Voilà* un homme qui s'avance vers nous. (Ac) 저기 한 남자가 우리에게로 다가오고 있다/*Voilà* qui est fait. 이상과 같다/Aimer, prier, chanter, *voilà* toute ma vie. (Lamartine, *Nou. Méd.*, IV) 사랑하고 기도하고 노래하고, 이것이 나의 온 생애다/ *Voilà* mes raisons, qu'en pensez-vous? 이상이 나의 이유입니다. 당신은 그것들을 어떻게 생각하시오?/*Voilà* vingt ans qu'on laisse perdre ainsi de la belle herbe. (Ramuz) 훌륭한 목초를 이처럼 황폐하게 버려둔 지가 20년이나 되었군/*Voilà* qu'on nous apprend ce matin que la Bulgarie a proclamé son indépendance. (Romains) 불가리아가 독립을 선포했다는 사실을 오늘 아침에야 우리는 알게 되었다. ① voilà 가 흔히 voici 에 대신하여 쓰이고 있다. 「voici, voilà 에서 선택하여 써야 할 특별한 이유가 없는 한 언제나 사람들은 voilà 를 즐겨 쓴다」(Mart, 581): *Voilà* l'heure de partir. 이제 떠날 시간이다/*Voilà* l'argent. (Lar) 돈이 여기 있다/*Voilà* qu'on sonne. (Ac) 벨 소리가 난다/Le *voilà* qui vient. 그가 온다 《Le voilà qu'il vient 은 안됨》/*Voilà* qu'il pleut. 비가 온다.

② 대개 voilà 는 이미 언급된, 또는 행해진 것에 관계되고, voici 는 이제 언급될, 또는 행해질 것에 관계된다: *Voilà* ce que vous avez fait, *voici* ce qui vous reste à faire. (Lit) 이것은 당신이 해놓은 것이고, 이것은 당신이 해야 할 것이다/*Voilà* tous mes forfaits;en *voici* le salaire. (Racine, *Britannicus*, IV, 2) 이것은

모두 내가 청부 맡았던 것이었고, 이것은 그것에서 얻은 대가이다/Un jour tout sera bien, *voilà* notre espérance; tout est bien aujourd'hui, *voilà* l'illusion. (Volt, *Poème sur le désastre de Lisb.*) 어느날인가는 만사가 좋아질 것이다 라는 것은 우리의 희망이다. 그러나 오늘날 만사가 잘 되었다는 것은 망상이다.

③ **revoici, revoilà** 는 「voici, voilà de nouveau」의 뜻이며 이것들은 대개 me, te, le, la, les, nous, vous, en 중의 한 대명사를 앞에 놓아 쓴다: Les *revoilà* encore qui viennent me dire adieu. (Sév, t. VII) 그들이 나에게 작별인사를 하러 다시 왔다/Me *revoici*. 내가 다시 여기에 있다.

④ 사물을 제시 또는 제공할 때 voici, voilà 를 쓰기도 한다: Remettez-moi cette lettre, s'il vous plaît.—*Voilà* (또는 *Voici*), monsieur. 그 편지를 저에게 돌려줘요.—여기 있어요, 선생님/Auriez-vous l'obligeance de me donner la clef?—*Voici*, monsieur. 열쇠를 저에게 주시기 바랍니다.—여기 있습니다/Ayez la bonté de m'apporter ce livre.—*Voilà*, monsieur. 그 책 좀 제발 갖다 주세요.—여기 있습니다《(이런 경우의 voici, voilà 대신에 je vous en prie 를 쓸 수 있다》).

⑤ voici, voilà 가 depuis, il y a 의 의미로 전치사의 구실을 한다: Elle a décampé *voilà* quinze jours. (M. du Gard) 2주일 전에 그녀가 도망쳤다/Cela s'est passé *voilà* 〔*voici*〕 dix ans. 10년전에 그것이 일어났다/Le garde était mort *voilà* trois semaines. (Montherlant) 3주일 전에 관리인이 죽었다/*Voilà* trois mois que je lis exclusivement de la métaphysique. (Flaub) 3개월전부터 나는 형이상학에 관한 독서를 하고 있다/*Voilà* trente ans que je la vis pour la première fois. (France) 내가 그녀를 처음으로 만난 것은 30년 전이다/*Voilà* dix ans que je n'ai vu le soleil. (Flaub) 내가 태양을 못본 지 10년이 되었다/*Voici* tantôt mille ans que l'on ne vous a vue. (La Font, *F.*, III, 15) 당신을 못본 지가 곧 1,000년이 되는구나/*Voilà* longtemps qu'il n'a tué quelqu'un. (Hugo, *Lég.*, t. II) 그가 누군가를 죽이지 못한 지가 오래되었다《(「voici 〔voilà〕+시간의 표현+que」 다음에 복합시제가 될 때 부정부사는 ne 만을 대개 쓴다. ne … pas 의 완전부정의 표현도 볼 수 있기는 하지만》).

⑥ **voici que, voilà que** 다음에는 주어의 도치를 흔히 볼 수 있다: *Voilà qu'*arrive le maire (=*Voilà que* le maire arrive). 시장이 이제 도착한다/*Voilà que* s'affrontent deux puissances, l'étranger et l'indigène. (Barrès) 외국인과 토착민, 두 세력이 대치하고 있다/Puis soudain *voici que* lui survenait un grand orage de dure actualité. (Céline) 그리고는 갑자기 어려운 현실의 격동이 그에게 몰아닥쳤다.

⑦ 〚**voilà**+*inf* (또는 과거분사)〛 *Voilà* bien instruire une affaire. (Racine, *Plaid.*, III) 본분을 잘 가르치고 있구나.

⑧ **voilà ce que c'est de, voilà ce que c'est que de** 의 두 표현 중에서 일반적으로 후자가 더 많이 쓰인다: *Voilà ce que c'est que de* désobéir. (Ac) 말을 듣지 않으니까 그 모양이지.

⑨ **en voilà (un qui…)**는 감탄문에서 강조형: *En voilà un qui* fera son chemin! 출세할 사람이야!

⑩ **(ne) voilà-t-il pas** 는 의문 또는 감탄문에서 쓰이는 속어적 표현이다: *(Ne) voilà-t-il pas* qu'il se fâche? 그는 화를 내고 있는 건 아닌가?

voire—① 고어에서는 어원에 따라 「vraiment」의 뜻으로 쓰였으며 아직도 고어 취미에 의해서 의심을 부인하거나 또는 표명하기 위하여 문두에 쓰이는 경우가 있으며 아이로니의 뉘앙스, 의구심을 나타내기도 한다:C'est le plus grand écrivain de cette époque. —~ . (Ac) 그는 이 시대의 가장 위대한 작가이다.— 그럴까.
② 명령법 뒤에 철자 voir 로 써서 「vraiment」의 뜻으로서 강조의 표현으로 쓴다《속어》:Et regardez voir M. Beaucamp. (Thérive, Fils du jour) 그리고 정말 보캉씨를 보세요.
③ 현대어에서는 「même」「et même」의 뜻으로만 쓰이고 있다:Tout le monde était de cet avis, ~ monsieur un tel qui n'est jamais de l'avis de personne. (Ac) 누구나 다 그런 생각이었다. 개인적인 생각을 전혀 갖지 않고 있는 모씨도 마찬가지이다/Mais la plupart d'entre eux rencontraient M. Prosper Coutre à la Chambre de commerce, ~ au cercle de la maison Gobineau. (Henriot, *Arcie Brun*) 그러나 그들의 대부분은 프로스페르 쿠트르씨를 상업회의소에서는 물론, 고비노家의 모임에서도 만나곤 하였다 / Vous concevez donc l'espèce de soulagement, ~ d'ivresse, que je ressentais. (Duham, *Civilisation*) 그리하여 당신들은 내가 느꼈던 마음의 위안 같은 것, 감동 같은 것마저 느끼고 있다/ On a coutume de dire qu'au dix-septième, ~ au dix-huitième siècle, tout le monde écrivait bien. (Hermant, *Xavier*) 사람들은 17세기에, 또 18세기에도 마찬가지로 모든 사람들이 글을 잘 썼다고 입버릇처럼 말하고 있다.

voisin— ~ *de:*Les régions ~*es de* l'équateur 적도에 가까운 지방들/ un immeuble ~ *de* la cathédrale (Mart) 성당 옆의 건물. ~ *à* 《 시적인 표현으로 고어에서 사용》: celui de qui la tête *au* ciel était ~*e* (La Font) 머리가 하늘에 가까운 자의 그것.

voiture ⇨à I, 7°.

voix¹—à haute ~ 큰 목소리로; à mi-~ (=à ~ basse) 작은 목소리로;d'une ~ irritée 성난 목소리로.
avoir ~ au chapitre(=pouvoir donner son avis):Je pense que j'*ai* tout de même ~ *au chapitre?* (Colette) 그래도 내가 발언권이 있다고 생각할 수 있을까?

voix² [態]—태란 동사와 주어 또는 동작주 l'agent 그리고 목적어간의 문법적 관계를 가리켜 주는 동사에 관계되는 문법 범주이다. 모든 태는 동사 특유의 굴절 flexion 으로 나타난다(어미와 접두사, 조동사의 여러 형태 등).
1° 동사의 주어가 목적어에 행사하는 동작의 주인 l'agent이면, 동사는 능동태 voix active 로 쓰인 것이고, 이 때 phrase 를 능동문 phrase active 이라 한다(Pierre écoute Paul).
2° phrase 의 주어가 사실상 능동동사의 목적어이면, 동사는 수동태 voix passive 로 쓰인 것이고, phrase 는 수동문 phrase passive 이다. 즉, Pierre a été blessé par Paul 은 Paul a blessé Pierre 라는 phrase 에서 유래했는데, 능동문의 주어 Paul 는 새로 만들어진 수동문의 동작주(보어)가 되었고, 능동문의 목적어 Pierre 는 주어가 된 것이다. Pierre a été blessé 에서는 능동문일 때의 주어이고 수동문의 동작주가 될 말이 나타나 있지 않다. 동작주를 명시하지 않고 문장을 만드는 것도 수동태의 중요 목적이다. 프랑스어에서는 조동사 être 에 타동사의 과거분사를 붙여 수동태를 나타낸다.
3° phrase 의 주어가 동시에, 동사가 나타내는 동작의 목적어이면(이 주어가 동작주이건 아니건), 중간태 voix moyenne 이다. 희랍어에서 볼 수 있는 이 중간태는 프랑스어에서는 ① 代名態 voix pronominale(즉,

Pierre lave Pierre,=Pierre se lave 에서 Pierre 는 주어임과 동시에 목적어이고 동작주이다), ② 자동사형 forme intransitive (Le rocher bouge에서 le rocher 는 주어이나 반드시 동작주는 아니다. 중간태는, 희랍어에서, 수동태에서 본래 유래했기 때문에 수동태와 가깝다), ③ 대명동사형(Pierre se cire ses chaussures에서처럼 주어〔동작주〕는 명시된 목적어에뿐 아니라 자신에게도 동작을 행사하므로 두개의 목적어를 갖는 셈이다)에 해당되는 것이다.
4° 프랑스어에서 능동태, 수동태, 대명태는 일반적으로 구분이 되지만 (Le vent a cassé la branche. La branche a été cassée. La branche s'est cassée.), 흔히 능동태는 희랍어에서의 능동태와 중간태를 동시에 내포할 수 있다(《능동문이 타동사적, 자동사적으로 쓰일 수 있으므로》): Pierre fuit Paul. Pierre fuit 〔s'enfuit〕.
votre ⇨adjectifs possessifs.
vôtre ⇨pronoms possessifs, adjectifs possessifs.
vous—주어 • 보어 • 속사로 쓰인다. 기능과 위치에 따라 강세 또는 비강세가 된다(⇨nous).
① 2인칭 단수 tu, te, toi 를 대신하여 경어체로서 모르는 사람, 친하지 않은 사람, 부인, 노인에 대하여 쓰고 상류가정에서는 부부간, 또는 자녀가 부모에 대하여 쓴다. 보통 tu 로 말할 수 있는 사이에 쓰면 냉대 또는 비난의 뉘앙스를 갖는다. 이와 같은 2인칭 단수 대신에 vous 를 사용할 경우에는 속사 형용사나 과거분사는 「nous」의 경우와 마찬가지로 단수가 된다: ~ êtes trop *aimable*. 당신은 너무 친절하십니다/ ~ êtes *parti* le 10. 당신은 10일에 출발하셨읍니다.
② 다수의 표현인 beaucoup, combien, un grand nombre, la plupart, plusieurs, peu 따위의 보어가 될 때 동사는 대개 3인칭 복수형이 된다: Beaucoup d'entre ~ *ont perdu* tout ce qu'ils possédaient. 당신들 중의 많은 이들은 갖고 있던 모든 것을 잃어버렸다/La plupart d'entre ~ *se décideront* un jour. 너희들 중의 대부분은 어느날인가 결단을 내릴 것이다/Dix parmi ~ *ont réussi*. 너희들 중의 10명은 성공했다/Nombre d'entre ~ *seraient* peu disposés à accepter ces propositions. 당신들 중의 다수는 그 제의를 받아들일 생각일 것이다.
③ on 의 목적보어(《공유 관계가 아닐 때》):Peut-on faire bonne mine à ces gens qui ~ insultent? 남을 모욕하는 저런 사람들을 좋은 얼굴로 대할 수 있겠는가? / Quand on se plaint de tout, il ne ~ arrive rien de bon. (Chardonne, *Claire*) 만사에 불평하는 자에게는 아무 좋은 일도 생기지 않는다/《말하는 사람이 공유관계에 놓일 때는 nous 를 쓴다》 *Nous*, on s'aime bien. 서로 퍽 좋아한다/Alors, *nous*, on risque de servir d'otages. (Romains) 그러면 인질이 될 위험이 있다.
voyelle 〔모음〕—1° 불어가 갖는 서른 여섯 개의 음운 *phonème 중에서 성대 corde vocale 를 진동시키는 동시에 입김이 혀나 입술이나 구강 내의 기타 발성기관의 장애를 받지 않고 자유로이 입 밖으로 배출되는 상태에서 조음되는 것들로서, 불어에는 口腔 開閉의 모양과 조음점의 차이에 따라 열 여섯 개가 있다. 모음의 특징은 자음과는 달리 독자적으로 언제나 음절을 형성할 수 있다는 것이다.
2° 모음은 발음시에 입김이 구강을 통해서만 나오는 구강모음과 입김이 구강과 鼻腔으로 동시에 나오는 비강모음의 두가지로 나뉜다.
① 〖구강모음 voyelles orales〗
4개의 전모음 voyelles antérieures [i][e][ɛ][a]와 4개의 후모음 voy.

postérieures [u][o][ɔ][ɑ]와 4개의 복합모음 voy. composées[y][ø][ə][œ], 합계 12개가 있다. 전모음이란 조음 articulation 시에 혀의 앞부분이 硬口蓋를 향해 올라가는 것을 말하고, 후모음이란 조음시에 혀의 뒷부분이 軟口蓋를 향해 올라가는 것을 말한다. 따라서 전자를 경구개모음 voy. palatales, 후자를 연구개모음 voy. vélaires 이라고 부르기도 한다. 또한 후모음은 조음시에 입술이 둥글게 되는 특징이 있어 이것을 圓口母音 voy. arrondies 이라고 부르는데 반하여, 전모음은 조음시의 입술 모양이 원형이 아니므로 이를 비원구모음 voy. non-arrondies 이라고 부르고 있다. 원구모음은 입술을 동그랗게 하는 동작과 동시에 반드시 두 입술을 돌출케 하는 동작이 수반되는 것이 또한 특색이다. 복합모음이란 전모음과 후모음의 특징을 겸비한 데서 온 명칭으로, 후자의 특징인 조음시에 입술을 둥글게 함 arrondissement 과 동시에 그것을 앞으로 내미는 동작 projection 을 수반하면서도 조음점 point d'articulation 으로 보아 여전히 전모음인 사실을 두고 이르는 말이다. ☆ 이상 성질이 서로 다른 3계열의 모음, 즉 비원구전모음, 원구후모음, 원구전모음에는 각기 4개씩의 모음이 포함되는데, 같은 계열에 속하는 이들 4가지 모음 상호간에 나타나는 音價상의 차이는, 조음시의 입술의 개폐도 aperture 에 단계적 차이가 있는 데서 오는 차이이다(도표 참조). ② 〖비강모음 voyelles nasales〗 [ɛ̃][œ̃][ɔ̃][ɑ̃]의 4가지가 있다. 해당 구강모음 [ɛ][œ][ɔ][ɑ]를 발음할 때와 같은 혀모양과 같은 입술 모양으로 각기 음을 발음하되, 입김만은 코로해서 내보내도록 하면 얻어지는 음이다. 그러나 실지의 조음점과 입술의 개폐도는 약간씩 달라지며 입을 벌리고 있으므로 입김도 전혀 코로만 통하는 것은 아니다(도표 참조).

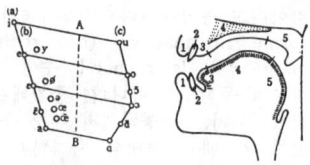

〔도표 설명〕
왼편 그림의 중선 AB에서 왼쪽으로 올수록 조음점이 오른편 그림의 1쪽으로 옮아감을 말하며, 중선의 오른쪽으로 갈수록 그것이 오른편 그림의 5쪽으로 옮아감. 또 왼편 그림의 위에서 아래로 내려오면서 입술이 더 크게 벌어짐. (a)는 비원구, (b) (c)는 원구모음임.

★ 원구전모음 [ə]는 불어의 모든 모음 중 accent tonique 를 받을 수 없는 유일한 모음이다. 또 음절을 형성할 수 있는 능력을 갖고 있기는 하지만 開音節 syllabe ouverte 에 있을 때는 대부분의 경우 탈락하여 그 음절이 소멸되기가 쉽다. 이러한 특성 때문에 [ə]는 철자상으로 e muet, e caduc 등의 이름으로 불리어지며, 발음상으로는 「voyelle neutre 중성모음」이란 이름으로 불리어진다. voyelle neutre 에 대해서 [ə] 이외의 다른 모든 모음을 voyelles fermes 라고 부르고 있다. 위에서 말한 바와 같이 이 [ə]는 accent 을 받지 못하게 되어 있으나 통사 규칙상 부득이 끝음절에 놓이게 될 경우에는 발음이 [ø]로 바뀐다:Prenez-le.[pʀənəlø].

vrai—명사 vérité 에서 파생된 vrai 는 절대적인 것을 나타내며 이와 동의어인 véritable 은 정해진 기준이나 기대에 대한 상대적인 의미로 쓰인다.

① 〖N ~ 〗 une nouvelle ~e 틀림없는 소식, des faits ~s 틀림없는 사실들, la bonté ~e 참된 친절.
② 〖 ~ N〗 un ~ Anglais d'Angleterre 순수한 영국사람 / un ~ coquin 진짜 깡패/Cette bonne est une ~e perle. 저 하녀는 흠잡을 데

없는 미인이다/Cette voiture est une ~e guimbarde. 저 자동차는 진짜 고물 자동차이다.
à ~ dire 〔*à dire ~*〕:Ce n'est pas un individu désagréable;*à ~ dire*, il est plutôt sympathique. 그는 기분나쁜 사람이 아니다. 사실을 말하자면 그는 차라리 호감이 간다/*A dire ~*, je le connais mal. 사실을 말하자면 나는 그를 잘 모른다. *pour de ~* 《속어 또는 어린아이들 표현이다. 이것보다는 pour de bon 의 사용이 더 바람직하다》:Ta femme est partie *pour de ~?* 자네 부인이 정말 떠나갔나? *il est ~* 《양보구로서》:J'étais toujours premier en classe;j'avais, *il est ~*, un an de plus que mes camarades. 나는 언제나 반에서 1등이었지, 사실을 말하면 급우들 보다 1살 위였으니까. *il est ~ que*+*ind* (=toujours est-il ~ que...):*Il est ~ que* j'avais un an de plus que mes camarades. 내가 급우들보다 1살 더 먹었던 것은 사실이다. *être dans le ~ :* Vous *êtes dans le ~.* 당신 말씀이 지당하십니다(=Vous avez raison). *au ~ :* Voilà *au ~* comment ces choses se sont passées. (Ac) 그 일들이 어떻게 되었는지는 실은 이러했다.

vraisemblable—비인칭의 「il est + ~ que」의 표현에서 종속절의 동사는 다음과 같다.

① 〖que+*ind*〗《긍정서술문에서 실제적인 사실로 간주될 때》:*Il était ~ qu'il allait* perdre son argent. 그가 돈을 잃어 가고 있던 것은 사실인 듯하였다.

② 〖que+*cond*〗《종속절이 명사의 기능을 수행하고 우연적, 가정적 사실을 말할 때》:*Il était ~ que* l'effet de ce nouveau traitement *serait* le même. 이 새로운 처리법의 결과는 같은 결과가 될 것 같았다.

③ 〖que+*subj*〗《주절이 부정문 또는 의문문일 때》:*Il n'est* pas *~ qu'il se soit trompé.* 그가 잘못 생각했던 것 같지 않다.

vraisemblablement que ⇨que³ VI, 2°.

vu—동사 voir 의 과거분사형이 명사 또는 대명사 앞에 놓일 때는 전치사로 취급되어 불변이다: *~ les circonstances* 상황을 참작하여, *~ la difficulté de passer la rivière* 渡江의 어려움에 비추어//《생략적 용법으로》 *~ par la cour les pièces mentionnées* (Ac) 법정에 의하여 上記 기록들을 검토한 끝에.

~ que+*ind* (=attendu que..., puisque...):Je m'étonne qu'il ait entrepris cela, *~ qu'il* n'est pas très hardi. (Lar) 그가 지극히 대담하지는 못하다는 사실에 비추어 그것을 기도했다는 사실이 나에게는 놀랍다. *au ~ et au su de*《낡은 어투의 성구이지만 어떤 행동의 선전에 역점을 둘 때는 어울리는 표현이다》: *au ~ et au su de* tout le monde 만인이 보는 앞에서, 공공연하게/cette femme entretenue *au ~ et au su de* toute la ville, qui étalait un luxe insolent (Mauriac) 온 도시가 다 보는 앞에서 엄청난 사치를 과시하고 있는 그 소첩.

W, X, Y, Z

w—alphabet의 제23자로 명칭은 [dubləve]. 외래어에서만 사용되는 글자로 발음은 단어에 따라 [v] 또는 [w]가 보통이다: *w*agon[vagɔ̃], tram*w*ay[tʀamwɛ], etc.

x—alphabet의 제24자로 명칭은[iks]. 발음은 위치에 따라 [ks], [gz], [s], [z] 따위로 나온다.

1) 어두에서는, i) [gz]: *x*anthe[gzɑ̃:t], xanth- 로 시작하는 모든 단어 (*x*anthaline, *x*anthène, etc.), *x*antoline, *x*araffe, *x*atardie, *x*emple.

ii) 상기 단어 이외에서는 [ks]: *x*énophobe[ksenɔfɔb], *x*érophage, *x*ylophone, *x*ylographie, etc.

2) 어간에서는 단어에 따라 [gz] 또는 [ks]로 발음한다.

i) [gz]. ex- 로 시작하는 단어와 hexa- 로 시작하는 단어에서: e*x*act, e*x*agérer, e*x*alter, e*x*emple, exempt; he*x*acorde, he*x*agyne, he*x*apode, etc.

ii) [ks]. 기타의 단어에서: a*x*iome, bo*x*er, comple*x*ion, lu*x*ure, o*x*yton, parado*x*al, sa*x*ophone, se*x*uel, ta*x*i, ve*x*er, etc.

iii) [s]. soi*x*ante, soi*x*antaine의 두 단어 및 약간의 고유명사에서: Au*x*erre, Au*x*onne, Bru*x*elles, etc.

iv) [z]: deu*x*ième(ment), di*x*ième(ment), si*x*aine, si*x*ième(ment), di*x*-neuf.

3) 어미에서는, i) 무음이 원칙 《특히 -aix, -oix, 자음+ux, -aux, -eux, -oux 등 순수 불어 어미에서》: pai*x*, choi*x*, croi*x*, voi*x*, flu*x*, reflu*x*, tau*x*, fau*x*, amicau*x*, égau*x*, cieu*x*, feu*x*, neveu*x*, affectueu*x*, je peu*x*, tu veu*x*, mieu*x*, bijou*x*, genou*x*, jalou*x*, dou*x*, etc.

ii) [ks] 《식자어나 고유명사에서》: anthra*x*, thora*x*, Aja*x*, phéni*x*, bomby*x*, sty*x*, inde*x*, sile*x*, sphin*x*, etc.

iii) [s]: si*x*, di*x*.

y¹—alphabet의 제25자로 명칭은 [igʀɛk]. graphie y 의 발음 규칙은 i의 그것을 따른다.

y 1) [i] 또는 [i:]: chr*y*santhème, c*y*cle, r*y*thme, *Y*vetot, Valm*y*, etc; anal*y*se[anali:z], l*y*re, etc.

2) [j]《모음 앞에서》: *y*eux[jø], h*y*acinthe, *y*acht, L*y*on. 단 embr*y*on [ɑ̃bʀiɔ̃]《「자음+유음」의 직후에서. ⇨i 》.

a*y*, e*y*, o*y*, u*y* ⇨a, e, o, u.

ym, yn im, in의 규칙에 따라 발음된다: c*ym*bale[sɛ̃bal], th*ym*, s*ym*bole; l*yn*x[lɛ̃:ks], s*yn*thèse, etc.

y²—1° 어원상 장소의 부사로서 là를 의미하며, 이처럼 부사로서 계속 쓰이다보니 보어대명사 à lui, à elle(s), à eux, à cela에 상당하는 의미를 갖게 되었다. 그리하여 대명부사 adverbe pronominal 또는 부사적 대명사 pronom adverbial 라고도 불리운다.

① 부사적 의미로 쓸 때는 장소의 부사로서 「거기에(là), 문제의 그 장소에」의 뜻이다: N'allez pas là, il *y* fait trop chaud. (Ac) 거기에 가지 마시오. 그곳은 너무 덥습니다/Va-t-il partout? —Oui, il *y* va. 그가 어디든지 가느냐? —예, 아무데나 갑니다/Est-il ici? —Oui, il *y* est. 그가 여기 있소? —예, 여기 있읍니다.

② 「à+N」 또는 「장소의 의미의 전치사(en, dans, sur, sous, 등)+N」에 대응하여 쓰일 때는 대명사적으

로 동사, 또는 형용사의 보어가 된다:N'y touchez pas, il est brisé. (Sully Prudhomme, *Stances et Poèmes*) 그것을 건드리지 마시오, 그것은 깨졌으니/Voici une lettre, vous y répondrez. 편지 한통이 여기 있소. 답장을 하시오/Le mal est grave;peut-on y remédier? 병이 중하다. 고칠 수 있을까?/La défiance? je n'y suis pas enclin. 의심한다구? 나는 그런 버릇은 없다/Dès que vous aurez fait une dépense, vous me ferez parvenir l'état y relatif. (Stendhal, *Corr.*, t. VIII) 지출을 하는 즉시 나에게 그에 관한 보고서를 전달하시오/Quelle grande maison! on y vit à l'aise. 집이 참 크구나! 여기서 편히 살겠구나/Il a un grand jardin; il y cultive toutes sortes de légumes. 그는 커다란 뜰을 가지고 있다. 거기에 온갖 채소를 심는다/Mon trône vous est du(...). Je vous y place. (Racine, *Mithr.*, III) 나의 王座는 당신 덕택이오(…). 나는 당신을 여기에 앉히오/J'ai visité sur le front de Madrid une école installée à cinq cents mètres des tranchées (...). Un caporal y enseignait la botanique. (St-Exup, *Terre des hommes*) 나는 마드리드 전선의 참호에서 500 미터 떨어진 곳에 위치하고 있는 한 학교를 방문하였다. 한 하사가 거기에서 식물학을 가르치고 있었다/La table était grise de poussière;il y écrivit son nom avec l'index. 테이블은 먼지로 잿빛이 되어 있었다. 그는 그 위에 집게손가락으로 자기 이름을 썼다.
③ 중성대명사적으로 관념, 행위, 어떤 사실을 나타낼 때는 「à cela」의 뜻이 된다:Je voulais vous apporter ce livre, je n'y ai plus pensé. 나는 당신에게 그 책을 가져와야겠다 했었는데, 그 생각을 못했었군/Je ne partirai pas;rien ne m'y oblige. 나는 떠나지 않을 것이다. 그 무엇도 나를 떠나게는 못한다/Rien ne sert de courir, réfléchissez-y. 달려가 보았자 아무 소용없소. 그 점을 깊이 생각해 보시오.
④ 때로는 사람을 가리키는 데 사용되기도 한다:C'est un homme équivoque, ne vous y fiez pas. (Ac) 그는 수상쩍은 사람이오. 그를 믿지 마시오/Vous vous intéressez à lui? Je ne m'y intéresse pas.(E. Augier, *Les Effrontés*, II) 당신은 그에게 관심이 있읍니까? 나는 그에게 관심이 없읍니다/Pourquoi t'intéresses-tu à lui? Il y a des milliers d'enfants comme celui-là, tu n'y arrêtes même pas ta pensée. (Mauriac, *L'Agneau*) 왜 너는 그애에게 흥미를 느끼니? 그애 같은 아이들이 수천명이나 있는데. 너는 그애에 대한 너의 생각을 끊지도 못하는구나.
★ 1) 이와 같은 y 는 penser, se fier, croire, s'intéresser 따위와 같은 동사에 있어서만 사람과 관계가 지어질 뿐이다.
2) 예전에는 y 의 용법이 오늘날보다 더 넓게 쓰였으며, 특히 사람과 관계될 때는 현대의 용법보다도 더 자유롭게 쓰였다:Vouloir oublier quelqu'un, c'est y penser. (La Br) 어떤 사람을 잊으려고 하는 것, 그것은 곧 그를 생각하는 것이다/L'on me dit tant de mal de cet homme et j'y en vois si peu. (Id.) 사람들은 나에게 그 사람에 대하여서 나쁘게 말하는데 나는 그에게서 그런 것을 별로 볼 수 없다/Je romps avec vous et j'y romps pour jamais. (Mol, *Dép. am.*, IV, 3) 나는 당신과 절교한다. 영원히 당신과 절교한다/On se fait un plaisir de vivre avec eux et on ne veut pas y être enterré. (Volt, *A Damilaville*, 18 juill. 1762) 사람들은 그들과 같이 사는 기쁨을 마음속에 품어보지만

그들과 함께 땅속에 묻히기를 원치 는 않는다(y=avec eux).
⑤ 다음과 같은 표현에서 때로는 막연하게 대명사적으로, 때로는 막연하게 부사적으로 쓰여 지극히 불명료한 의미를 갖는 경우가 있다: Il y a.... ⋯이 있다/Il y a de l'honneur. 명예가 걸려 있다/n'y voir goutte 전혀 보이지 않는다/Vous n'y êtes pas. 그렇지 않습니다/y regarder à deux fois 곰곰히 생각하다/Il s'y prend mal. 그는 처신을 잘못한다.
⑥ 동사 aller 의 단순미래와 조건법 현재형 앞에서는 음조화상 생략된다: Avez-vous été à Paris?—J'irai. (Ac) 당신 파리에 가신 적이 있읍니까?—갈 것입니다/Non, non, vous n'irez pas à cette porte! Non, non, vous n'*irez* pas!(Hugo, *Angelo*, II, 5) 안돼, 안돼요, 그 문으로 가지 마시오. 안돼, 안돼요, 거기로 가지 마시오.

2° 〖위치〗 ① 복합시제의 경우에는 조동사 앞에 위치한다: J'y crois. 나는 그것을 믿는다/J'y ai cru. 나는 그것을 믿었다/N'y va plus. 이젠 거기 가지 마라/《긍정명령에서는 동사 뒤에 위치하고 trait d'union 으로 이어진다》 Pensez-y. 그것을 생각해 보시오.
② 보어대명사를 갖는 문에서는 보어대명사 뒤에 위치해야 한다: Menez-nous-y. (Lit) 우리를 거기로 데려가 주세요 / Menez-les-y. (*Ib.*) 그들을 거기로 데려가세요/Si cet enfant aime le cirque, menez-l'y. 그 어린애가 서커스를 좋아하거든 그 애를 거기에 데려가세요/Il a sa chambre; mène-l'y. 그는 자기 방이 있다. 그를 거기로 데리고 가라/Laissons-l'y en paix. (Ch. Bruneau, *Combat*, 25 avr. 1949) 그를 거기에 조용히 내버려 둡시다/Ne nous y menez pas. 우리를 거기로 데려가지 마세요/Il nous y a conduits. 그는 우리를 거기로 인도했다/On les y contraindra. 그들에게 억지로 그것을 하게 할 것이다/Je vous y verrai venir. 나는 당신이 오는 것을 볼 것이다.
③ 1·2인칭단수의 보어대명사를 갖는 긍정명령문에서는 대명사 뒤에 위치하는데, 비강세형(me, te)의 보어대명사들은 모음생략에 의해 m', t'가 된다: Jouez-vous-y.(Mol, *G.Dandin*, I, 6) 그에게 덤벼드시오/Jette-t'y. (Lit) 거기에 뛰어들어라/Mène-m'y. (*Ib.*) 나를 거기로 데려가다오. Réfugie-t'y. (*Ib.*) 거기로 피신해라// 《부정명령문에서는 「보어인칭대명사+y」의 이 짝이 동사 앞에 위치한다》 Ne t'y fie pas. 그것을 믿지 말아라.
④ 긍정명령형 다음에서 일반적으로 m'y, t'y 를 피하고 (cf. Vaugelas, *Rem*, 95) y-moi, y-toi 를 즐겨 쓴다: Mènes-*y-moi*. (Lit)/ Confies-*y-toi*.(*Ib.*) 거기에 기대를 걸어라/Pré-pares-*y-toi*. (Corn, *Imit.*, I) 그것에 대비하라/Mets-toi à leur place à ces deux femmes, mets-*y-toi* un peu.(Céline, *Voy. au bout de la nuit*) 저 두 여인의 자리로 가라. 거기에 잠시 있거라.
★ 1) 그러나 Mènes-y-moi, Confies-y-toi 는 널리 쓰이지 않고 대개의 경우 이것들은 다음과 같은 다른 표현으로 된다: Je vous prie de.... ⋯해주기를 간청한다, Je vous conseille de.... ⋯하기를 권한다, 따위.
2) 《속어》 Mène-moi-z-y./Si donc vous n'êtes pas forcé de quitter la rue Pigale avant mon arrivée, attendez-moi-z'y.(Sand, *Corr.*, t. V) 만약 내가 도착하기 전에 피갈街를 떠나도록 강요당하지 않고 계신다면 거기서 나를 기다려주세요.
⑤ -er 동사의 경우 고어법의 잔재로 2인칭 단수 긍정명령형에 있어 부정법이 따르지 않고 명령법 바로 뒤에 y 가 위치할 때는 명령법은 어미에 s 가 붙는다(Vas-y. 거기로 가거라/ Penses-y. 그것을 생각해 보아라).

그러나 y 다음에 부정법이 따를 때는 -er 동사의 2인칭단수 명령법 어미에 s도 없어지며, 명령법과 y 사이에 연결선도 없다: Va y mettre ordre. 결말을 지으러 가라.

⑥ 대명사 tout, rien 이나 부사 assez, tant, trop, beaucoup, peu, bien, mieux 따위 중의 어느 하나와 함께 부정법 앞에 쓰일 때는 이 대명사나 부사들 앞, 또는 뒤에 위치한다: Il avoue n'y rien comprendre〔ne rien y comprendre〕. 그는 그것에 대해 아무 것도 이해할 수 없다고 솔직히 시인한다/Il m'était interdit d'y rien prendre. (France, *Le Livre de m. ami*) 거기에서 무엇이고 가져가는 것이 나에게 금지되어 있었다.

⑦ 어떤 동사에 지배되는 전치사 없이 쓰인 부정법의 보어, 또는 부정법 다음에 오는 어떤 어휘의 보어로 쓰일 때 이 부정법 앞에 위치한다: Je désire y revenir. 나는 거기로 돌아가고 싶다/Je désire les y ramener. 나는 그들을 거기로 돌려 보내고 싶다/Ce sentiment, je voudrais y être enclin. 이런 감정에 내가 기울었으면 좋겠는데. ☆ 그러나 문어체에서는 아직도 자주 주동사 앞에 위치한다: J'y puis prétendre. 나는 그것을 가지고 있다고 자부할 수 있다/Rien de condamnable ne s'y pouvait découvrir. (France, *L'orme du Mail*) 아무런 벌줄 것이 거기에서 드러날 수 없었다/Ce désert(…), je n'y saurais rien découvrir. (St-Exup, *Courrier Sud*) 나는 거기에서 아무 것도 발견할 수 없으리라.

⑧ voir, entendre, écouter, sentir, laisser, faire, regarder, envoyer, mener 따위의 동사 중의 어느 하나에 지배되는 부정법의 보어로 쓰일 때, 위의 동사들이 인칭대명사의 보어를 가지고 있으면 이 보어인칭대명사와 연결시켜 주동사 바로 앞에 위치할 수도 있고 또는 부정법 바로 앞에 위치할 수도 있다: Je vous y verrai venir 〔Je vous verrai y venir〕. 나는 당신이 거기에 오는 것을 볼 것이다/Le médecin était inquiet de la voir y participer. (P. Vialar, *La Grande Meute*, I, 10) 의사는 그녀가 거기에 참가하는 것을 보고 불안하였다.

⑨ 대명사 en 과 동시에 쓸 때는 앞에 위치한다: Il s'y en donna. (Lit) 그는 거기서 마음껏 즐겼다/Je m'y en vais. (Sév, 28 août 1675) 나는 거기로 간다/L'on me dit tant de mal de cet homme, et j'y en vois si peu…. (La Br, VIII, 39) 사람들은 나에게 그 사람을 대단히 욕한다. 그런데 나는 그에게서 그런 걸 별로 보지 못하겠다/Il y a, je crois, plus de philosophie dans cette réponse qu'il ne prétend y en mettre lui-même. (Dider, *Lettre sur les Aveugles*) 내가 생각하기로는 그 회답 안에는 거기에 그이 자신이 넣는다고 주장하는 것 보다도 더 많은 철학이 들어있다/Mettez-y-en. (Lit) 거기에 그것을 좀 넣으시오/Il n'y a pas de soieries en cette ville(…); expédiez-y-en.(*Ib.*) 이 시중에는 비단이 없습니다. 여기로 그것을 좀 보내 주세요. ☆ 1) Lit 는 y en, y-en 의 짝지어진 표현이 s'en retourner, s'en aller, s'en revenir 같은 동사의 명령형에서, 또 인칭 대명사 뒤에 쓰이고 있음을 지적하고 있다: Retournez-vous-y-en. 거기로 돌아가시오/Allez-vous-y-en. 거기로 가시오/Retourne-t'y-en. (Boil, *Héros de rom.*) 거기로 돌아가라/Va-t'y-en. (Dancourt, *Gal. jard.*, 10) 거기로 가라. 2) 그러나 오늘날 어법에서 그런 구문들은 전혀 무시되고 있으며 y-en 의 짝은 il y en a, y en a-t-il 의 관용어를 제외하고는 별로 쓰이지 않는 것으로 il s'y en donna, mettez-y-en, expédiez-y-en

과 같은 표현들은 드문 예이다. y-en 은 명령형, 또는 인칭대명사 뒤에 거의 쓰이지 않는 낡은 어투이다.
3° 〖관용적인 표현〗이 경우의 y 는 막연한 사물을 가리킨다.

① **n'y pouvoir rien** 은 무력함, 무책임함을 나타내며 「반대할 수 없다 (=être hors d'état de s'opposer à cela)」, 「막을 수 없다(=ne pouvoir empêcher qn〔remédier à cela〕)」, 「전혀 바꿔놓을 수가 없다(=ne pouvoir rien changer à cela)」, 또는 「…의 잘못이 아니다(=ce n'est pas sa faute)」의 뜻이다: Tu vois bien que je *n'y peux rien*. Rien à faire contre ma cruelle destinée. (Gide, *Attendu que...*) 너는 내가 어찌 할 수 없다는 것을 잘 안다. 나의 가혹한 운명과 맞서서 할 것이란 아무 것도 없다/Cela ne m'intéresse plus; je suis dégoûté; je *n'y peux rien*. (Maurois, *Bernard Quesnay*) 그것이 이젠 나에게는 흥미 없다. 나는 진저리가 난다. 나는 이런 느낌을 어쩔 수 없다/Ils cognent avec des bancs contre la porte du couvent (...). Je *n'y puis rien*. (Sartre, *Le Diable et le Bon Dieu*, I) 그들은 긴 의자들로 수도원의 출입문을 쾅쾅 두드린다. 나는 못하게 손을 쓸 수 없다/Ce n'était pas sa faute. Il *n'y pouvait rien*. (Flaub, *Salambô*, VII) 그것은 그의 잘못이 아니었다. 그의 탓이 아니었다/Si on vous révoque, dit le garde, ce sera de votre faute. Moi, je *n'y puis rien*. (Pagnol, *le Château de ma mère*) 「당신이 해고당하면 그것은 당신 잘못 때문일 것이오. 나, 내 잘못은 아니오」하고 관리인이 말한다.

② **s'y connaître en, se connaître à〔en〕**이라는 두 표현 중에서 후자는 사전에서나 언급되는 고전적 표현이다. 뜻은 「…에 정통하다(=pouvoir bien juger de)」:C'était un vieux singe qui *s'y connaissait en* grimaces.(Maurois, *Les Discours du Dr O'Grady*, 61) 그는 짐짓 꾸민 태도를 잘 간파하는 늙은 주인이었다/ Il *s'y connaissait en* décors. (Cocteau, *Maalesh*) 그는 무대장치에 정통했었다/Ce huron *s'y connait en* peinture. (R. Kemp, dans *les Nouv. litt.*, 22 avril 1954) 이 버릇 없는 사람은 그림에 정통하다. ☆ se connaître à〔en〕과 같은 뜻으로 s'entendre à〔en〕이 쓰이고 이것을 본떠서 s'y connaître en 과 마찬가지로 **s'y entendre en**이 쓰이고 있다: dire à un homme(...) qu'il ne *s'y entend* pas *en* peinture (R. Kemp, dans *les Nouv. litt.*, 31 juillet 1958) 그가 그림에 정통하지 못하다는 것을 어느 사람에게 말하다.

③ **s'y entendre comme à ramer des choux〔comme à faire un coffre, comme une truie à dévider de la soie〕**는 「그일을 조금도 모른다」의 뜻. 여기의 y 는 문제의 그 일 즉 s'entendre à cela에 해당할 것이며 동사의 일부를 이루고 있는 것으로 고려될 수는 없다.

④ **s'y retrouver** 는 「손해를 보지 않다(=faire ses frais), 빌려준 돈을 돌려받다(=rentrer dans ses débours)」의 뜻:C'est elle qui dirigea la première tournée de Mistinguett; les mauvaises langues disent même qu'elle y perdit beaucoup d'argent, mais Mistinguett *s'y retrouva* fort bien. (L. Treich, dans *le Soir*, 19 janvier 1954) 미스탱게트의 첫번째 지방순회를 안내했던 것은 그녀이다. 독설가들은 그녀는 거기서 많은 돈을 잃었지만 그러나 미스탱게트가 빌려주었던 돈을 잘 돌려 받았다고까지 말하고 있다 / Le patron a des frais, mais il *s'y retrouve*. (Rob) 주인이 비용을 좀 냈지만 그는 입체해준 돈을 돌려 받는다.

⑤ **y ayant**은 옛날에는 비인칭 구문인 il y a의 현재분사구문이므로 주어 없이 절대구문으로 사용되었다: Les soldats même étaient jaloux de la liberté de leur patrie, quoiqu'ils la détruissent sans cesse, n'*y ayant* rien de si aveugle qu'une armée. (Montesq, *Consid.*) 맹목적 군대밖에는 없지만 군인들마저도 자기들의 조국의 자유를 부단히 파괴하고 있을지라도 그 자유에 집착하고 있었다. ☆이 표현은 대개 고문투이지만 현재「있기 때문에(=puisqu'il y a)」의 뜻으로 쓰이고 있다:On peut en effet entendre par mariage infamant un mariage d'argent, n'*y ayant* point d'exemple d'un ménage où la femme, ou bien le mari se soient vendus. (Proust, *A l'ombre des jeunes filles en fleurs*) 사실 금전상의 결혼이란 창피한 결혼으로 통할 수 있다. 아내나 남편이 팔려간 그런 부부의 예가 없는 이상은.

⑥ **y compris**는 a)「포함해서」의 뜻으로 명사·대명사의 앞에 위치하여 전치사적으로 쓰이며 불변이다:Tout le monde consentait à s'en mêler, *y compris* les personnes les plus âgées. (Loti, *Le Roman d'un enfant*, XXIII) 모든 사람들이 그것에 참견하자는 데 동의하였다. 가장 나이 많은 사람들까지도.

b) 명사·대명사 뒤에 위치할 때는 변화한다:les indications *y comprises* (Ac) 지시사항들을 포함하여/ De toute la maisonnée, cuisinière *y comprise*, c'est lui qui s'y reconnaît le mieux dans les tickets d'alimentation. (Montherlant, *Fils de personne*, III, 3) 식모까지 포함해서 온 가족 중에 식량배급표에서 자신의 처지를 가장 잘 인식하는 것은 그이이다.

c)「…도 또한, …조차도(=aussi, même)」의 뜻으로 전치사를 동반한 보어, 상황보어절, 부사, 또는 형용사와 함께 쓰여서 부사적 의미를 가질 수 있게도 되었다:L'enseignement sera gratuit à tous les degrés, *y compris* dans les facultés. (B. Poirot-Delpech, dans *l'Étude de la langue franç.*, mai 1959) 교육은 각급학교에서, 대학에서도 역시 무상으로 될 것이다/ …dont il défend tous les intérêts, *y compris* lorsqu'il approuve… (G. Besse, *Ib.*) 그가 또한 …을 인정까지 하면, 그는 그 모든 이익을 옹호하는 …/d'où une apologie de toutes les manifestations du libre arbitre, *y compris* dans le divorce (R. Las Vergnas, dans *les Nouv. litt.*, 20 février 1960) 이혼에 있어서까지를 포함하여 자유의지의 모든 표명의 하나의 변명.

d) **y compris** 다음에 오는 말이 어떤 전치사의 지배를 받을 때는 그 전치사를 반복하지 않을 수 있지만 대개의 경우 반복한다:Il se moque *de* tout, *y compris* la vertu 〔Il se moque *de* tout, *y compris de* la vertu〕. 그는 모든 것을, 도덕까지도 우롱한다.

y³—C'est-*y*. ⇨ti.

yeux ⇨œil.

z—alphabet의 제26자로 명칭은[zɛd]. 발음은 다음과 같다.

z 1) 어두·어간에서는 [z]:zèle[zɛl], zézayer, azur, douzaine, zigzag, etc. 단, zêta[dzeta], Zeus[dzø:s]에서는 [dz].

2) 어미에서는 gaz[gɑ:z], fez[fɛ:z] 두 단어를 제외한 순수 불어 단어에서는 언제나 무음:vous chantez, vous chantiez, chanterez, chanteriez, assez, chez, nez, etc. 그러나 고유명사 및 외래어에서는 발음이 되는 경우도 있다: Suez[sɥɛ:z], rémiz, Hafiz, Berlioz, Luz, etc. 또한 발음이 [ts](Leibniz[laipnits]), [s](Veracruz[vɛʀakʀus])일 때도 있다.

zz 외래어에서만 쓰이는 철자로 단어에 따라 [z] 또는 [dz]:razzia [ʀazja], blizzard[blizaːʀ];mezza [mɛdza], mezzo[mɛdzo], etc.

zéro—① 복수에는 s 를 갖는다:Trois ~s après un quatre font quatre mille.(Ac) 4 다음의 세개의 0 은 4000 이다/Vu cette feuille vide, le professeur ne pouvait faire autrement que flanquer un ~ à ce candidat. 이 백지를 보고서 선생은 이 응시자에게 0점을 줄 수밖에 없었다/Ma sœur est un ~ en maths. 내 여동생은 수학에는 백지다/Le budget n'est qu'un jeu vertigineux avec des ~s. 예산이란 여러 개의 0 으로 현기증을 일으키는 놀음에 지나지 않는다.
② 형용사로는 쓰이지 않으므로 명사 앞에 절대 부정을 표시하려면 nul, aucun, pas un 을 쓴다. 그러나 간혹 zéro 가 쓰이기도 한다: ~ faute 하나도 틀리지 않음/ ~ degré 영도/depuis ~ franc, ~ centime(H. Lavedan, *Leur Cœur*) 무일푼으로부터/partir[repartir] de ~ 무에서 (재)출발하다//(전치사 de 를 쓰는 것이 바람직하다. 그러나 à 의 사용이 간혹 보이는데 이것은 구어체》 L'usage tend à s'introduire de numéroter les heures *de 0* heure à 24. (Ac) 어법은 0 시에서 24 시까지 시간을 번호로 붙이는 쪽으로 가는 경향이다/*A 0* heure, cette nuit, les cheminots devaient se mettre en grève.(dans *le Figaro*, 17 avril 1957) 오늘밤 0시에 철도 종사원들은 동맹파업에 들어가지 않을 수 없었다/*A 0* heure 20(...), M. Mitterland expliquait les raisons de son refus. (dans *le Monde*, 12 juin 1957) 0시 20분에 미테랑씨는 자기의 거부이유를 설명하였다/Il me reste ~ franc ~ centime. (Colin) 내게는 한푼도 남아 있지 않다/L'Espagne mène par 4 (buts) *à* ~. 스페인은 4 대 0으로 리드하고 있다/Dans ce trou froid, le thermomètre ne monte jamais au-dessus *de* ~. 이 추운 감옥에서는 온도계가 영도 이상으로 전혀 올라가지 않는다/Ce film, c'est ~. 이 영화는 형편없다.

제 2 부

LA SECONDE PARTIE

기 호

- ~ 표제어로 나온 동사의 부정법.
- ( ) 생략 가능부분.
- 〔 〕 代替 가능 부분.
- / 공식중에서 이 표지의 앞뒤의 요소의 代替가 可能함을 나타낸다.
- ø 脫落 또는 消滅記號, 예컨대 ~ ø의 경우, 바로 위의 공식에서 표시된 요소 중 표제어 동사의 직후의 제 요소가 脫落한 構文을 뜻한다(설명 참조).
- 〈 〉 공식에 사용된 동사의 뜻풀이.
- 《 》 대명동사의 경우 과거분사의 변화 여부를 나타낸다. 《가변》은 직접목적어가 앞서는 경우에만 변화할 수 있음을 뜻한다: la peine qu'il *s'est donnée* 자신에게 준 고통.
- 〖 〗 niveau de langue를 표시한다.
- ◇ 備考. 유사구문, 파생구문, 통사적 특성 따위를 설명한다.
- (+) 可能함을 뜻한다.
- (−) 허용되지 않는 용법.

약 어

N	syntagme nominal(명사·명사구, 사물 및 인물)
n	속사명사(한정적 용법 이외에서는 무관사가 보통)
ø N	무관사 명사
Attr	attribut
Inf	infinitif
V	verbe
Adj	adjectif
Adv	adverbe
Prép	préposition
SP	syntagme prépositionnel(전치사+명사로 이루어 지는 구)
P	proposition
P ind	직설법을 사용한 절(보통 조건법의 사용까지를 포함함)
P subj	접속법을 사용한 절
P cond	조건법을 사용한 절
P(int. ind.)	간접의문절
qn	quelqu'un(인물명사·유정명사)
qc	quelque chose(사물명사)
Pron-Inf, Pron-que P(설명 참조)	
qp	quelque part(장소의 부사 또는 부사구)
p.p.	과거 분사

A

abaisser¹ 1° ~ qc 〈내리다, 낮추다〉 ~ le rideau 〔la température, le niveau de vie〕 커튼을 내리다 〔온도, 생활수준을 낮추다〕.
2° qc s'~ (qp) 《변화》 Le champ *s'abaisse* vers la route 〔du côté de la route〕. 그 밭은 길 쪽을 향해서 내리막이 된다.

abaisser² 1° ~ qn 〈꺾다, 약화시키다〉 Pierre cherche à ~ ses adversaires. 피에르는 상대방을 꺾으려고 한다. Le jour où *seront abaissés* les puissants et magnifiés les humbles…. 권세 부리는 자들이 몰락하고 겸허한 자들이 영광을 얻는 날….
2° qn s'~ devant qn 《변화》 Il *s'abaisse* devant ses supérieurs. 그는 상관 앞에서 비굴하게 군다〔아첨한다〕.
3° qn s'~ (jusqu')à qc 〈…할 정도로 자신을 낮추다〉 Il *s'abaisse* (jusqu')à des travaux humiliants. 그는 천한 일까지도 하게 될 정도로 비굴해졌다.
4° qn s'~ (jusqu')à Inf Je ne *m'abaisserai* pas à répondre à ton ignoble question. 비굴하게 너의 더러운 질문에 답하지 않겠다.

abandonner I. 1° ~ qc 〈버리다, 포기하다〉 Son père *avait abandonné* Colleville pour la ferme des Ecots. (Flaub) 그의 아버지는 에코농장을 경영하기 위하여 콜르비유를 아주 떠나버렸다. Ce n'était pas une raison pour ~ le voyage de la Bretagne. (Flaub) 그것은 브르따뉴지방 여행을 단념할 만한 이유가 못 되었다. Il *a abandonné* le pouvoir après sept ans de règne. 그는 7년간의 통치 후에 권좌에서 물러났다.
◇ ~ ø Le boxeur *abandonna* au troisième round. 그 권투선수는 3회전에서 경기를 포기했다.
2° ~ qc à qn 〈넘겨주다〉 Elle *abandonne* la gestion de sa terre à un intendant. 그녀는 자기 토지의 관리를 한 감독관에게 넘겨준다. La ville *fut abandonnée* aux ennemis. 그 도시는 적의 수중에 넘겨졌다.
3° ~ qn 〈버리다〉 une misérable qui *abandonne* son enfant pour courir après un amant (R. Rolland) 情夫를 쫓아다니기 위해 자기 아이를 돌보지 않는 가련한 여인. Elle *était abandonnée* de tous. 그녀는 모든 사람들로부터 버림을 받았다.
II. 1° s'~ 《변화》 〈버티기를 포기하다; 몸을 내맡기다〉 Pensez à vos enfants, et ne *vous abandonnez* pas ainsi. 당신 애들을 생각해서, 그렇게 단념하지 마시오. Défaillante, tout en pleurs, avec un long frémissement et se cachant la figure, elle *s'abandonna*. (Flaub) 기력이 빠지고 온통 눈물에 젖은 그녀는 떨면서 얼굴을 가리고 몸을 내맡겼다.
2° s'~ à qc Il *s'abandonne* à la paresse. 그는 마냥 게으름을 피운다. Il gémissait de la sorte et *s'abandonnait* à la tristesse. 그는 그렇게 한탄하며 슬픔 속으로 빠져들고 있었다.

abattre 1° ~ N 〈쓰러뜨리다〉 Le vent *a abattu* un arbre sur la route. 바람이 노상의 나무를 쓰러뜨렸다.
2° ~ qn/qc de qn La maladie l'*a*

abattu. 그는 병으로 쓰러졌다. La maladie *a abattu* ses forces. 병으로 그는 기력을 잃었다.

3° **s'~** (qp) 《변화》 〈쓰러지다; 떨어지다; 달려들다〉 Tout à coup, la jeune fille *s'abat* par terre. 갑자기 소녀가 땅에 쓰러졌다. Un malheur *s'est abattu* sur la famille. 어떤 불행이 그 집안에 닥쳤다. L'aigle *s'abattit* sur sa proie. 독수리가 먹이에 달려든다.

abdiquer 1° ~ **qc** 〈…에서 물러나게 하다〉 Le roi *a abdiqué* le trône. 왕은 왕위에서 물러났다. ~ son autorité 권력에서 물러나다.
2° ~ Le roi vient d'~. 왕은 퇴위하셨다.

abhorrer 1° ~ **N** 〈혐오하다〉 Sa sœur *abhorrait* tous les hommes, le frère avait toutes les femmes en défiance. (Daud) 그의 누이는 모든 남성을 몹시 미워하고 있었고, 형은 모든 여성을 불신하고 있었다.
2° ~ **de Inf/que P subj** Il *abhorre* qu'on lui fasse des éloges. 그는 칭찬받는 것을 몹시 싫어한다.

abîmer 1° ~ **qc** 〈망가뜨리다〉 La pluie *a abîmé* mon chapeau. 비를 맞아서 모자가 못 쓰게 됐다.
2° **s'~** 《변화》 〈망가지다〉 Mon réveil *s'est abîmé* en tombant par terre. 자명종이 떨어져 망가졌다.
3° **s'~** (**dans qc/qp**) Le navire *s'est abîmé* dans les flots en quelques instants. 배는 수분 동안에 바다 밑에 가라 앉았다. Il *s'abîme* dans ses pensées. 그는 생각에 깊이 빠져든다.

abjurer ~ **qc** 〈포기하다〉 ~ sa foi [son passé, ses opinions] 신앙을 [과거를, 의견을] 공식적으로 버리다.

abolir 1° ~ **qc** 〈(어떤 제도를) 폐지하다〉 ~ la dictature [l'esclavage, la peine de mort] 독재를 [노예제도, 사형제도를] 폐지하다.
2° **qc s'~** 《변화》 〈폐지되다〉 Une loi *s'abolit*. 어떤 법률이 폐지된다.

abominer 1° **qn** ~ **N** 〈증오하다〉 Ce sont des scélérats; je les *abomine*. 그 놈들은 대죄인들이야, 난 그 놈들을 증오해.
2° **qn** ~ **que P subj/de Inf** J'*abomine* que l'on me contraigne. (= J'abomine d'être contraint.) 난 강요당하는 것이 질색이다.

abonner 1° ~ **qn à qc** 〈…을 …에 예약시키다〉 On *l'a abonné* aux Temps Modernes. 그를 les Temps Modernes 월간지의 독자가 되도록 구독신청을 시켰다.
2° **qn s'~ a qc** 《변화》 〈…의 구독을 예약하다〉 Je *me suis abonné* au Monde. 나는 le Monde 지의 구독신청을 했다.

aborder¹ 1° ~ **Prép N** (*Prép*은 à, dans, en 또는 sur 임) 〈접안·접근하다〉 Nous *abordâmes* à une des petites anses de l'île. (Lamart) 우리는 그 섬의 작은 만들 중의 하나에 닿았다.
◇ ~ ø Le vent nous empêche d'~. 바람이 불어 우리는 배를 댈 수가 없다.
2° ~ **qc** 〈…에 닿다, …와 부딪다〉 Des gros temps qui le tenaient parfois cinq ou six jours errait entre les deux pays voisins sans pouvoir ~ l'un ou l'autre. 거칠은 날씨 때문에 그는 인접한 두 나라 사이에서 어느 한쪽 해안에도 닿지 못한 채 때로는 5, 6일 동안이나 표류하곤 했다. Un cargo norvégien *a abordé* un pétrolier anglais dans la Manche. 노르웨이의 한 화물선이 영불해협에서 영국의 유조선과 충돌하였다.
3° **s'~ Prép N** 《변화》 〈(…에) 다다르다〉 *s'~* dans la rue 길거리에 다다르다.

aborder² 1° ~ **qn** 〈…에게 (말을

걸기 위해) 다가가다〉 Elle l'*aborde* pour lui demander des nouvelles de son fils. 그녀는 자기 아들의 소식을 물으려고 그에게 다가간다.

2° ~ **qc** 〈(어떤 문제에 대해서)생각해 보다〉 Je ne pensais jamais à ces sortes de problèmes, et lorsque je les *abordai* enfin, ce fut du point de vue de la politique. (Mauriac) 나는 이런 종류의 문제를 전혀 생각해 본 적이 없었는데 마침내 내가 그런 문제에 손을 댔을 때는 정치적인 관점에서였다.

3° **N s'~** (*N*은 인물·집단[복수] 명사) 《변화》〈서로 접근하다〉 Tout le monde *s'abordait*, s'interrogeant sans se connaître. (Volt) 모든 사람들은 서로 알지도 못하면서 서로 말을 걸려고 다가가서 서로 질문하고 있었다.

aboutir 1° ~ **Prép N** (*Prép*은 à, dans, en 또는 sur 등임)〈(길 따위가) …로 빠지다[나가다]〉 Cette rue *aboutit* dans l'avenue Wilson. 이 거리는 윌슨로로 통한다. La Loire *aboutit* à l'Atlantique. 루아르강은 대서양으로 흘러든다.

◇ ~ ø 〈(길이)끝이 막히다〉 (Au Caire) il y a dix impasses pour une rue qui *aboutit*. (Nerval) (카이로에는) 출구가 있는 길 하나에 대해 막다른 골목이 10개나 있다.

2° ~ **à qc** 〈…에 귀착하다〉 Tout l'effort immense des civilisations *aboutit* à l'embellissement de la vie. 문명의 온갖 거대한 노력은 인생을 미화시키는 것으로 귀착된다.

3° ~ **à Inf** Tous vos prétextes *aboutissent* à ne rien faire. 당신의 모든 핑계는 결국 아무 소용도 없군요.

4° ~ **à qc** 〈…을 실현하다, …을 획득하다〉 Avec lui vous pourriez peut-être ~ à quelque chose. (Baudel) 그와 함께라면 당신은 아마도 무엇인가를 해낼 수 있을 것입니다.

◇ ~ ø 〈열매를 맺다, 성공하다〉 Mes démarches n'*ont* pas *abouti* (=n'*ont* *abouti* à rien). 내 교섭은 실패로 끝났다. Après un long travail fastidieux, j'*ai* enfin *abouti*. 오랜 지루한 작업 끝에 나는 결국 성공했다. Les discussions *ont* enfin *abouti:* tout le monde est d'accord pour construire l'autoroute. 토의는 결국 결말이 났다. 모두 고속도로의 건설에 동의했던 것이다.

aboyer ~ **à/après/contre N** 〈…을 향해 짖다〉 Le chien *aboie* après [contre] le facteur. 개가 우체부를 보고 짖는다. Le chien *aboie* à la lune [à une voiture]. 개가 달을 보고[차를 보고] 짖는다.

abréger 1° ~ **qc** (**de**+ 수량보어) 〈축약하다〉 Vous devez ~ votre discours. 연설을 더 줄이셔야 해요. *Abrégez* votre discours de dix minutes. 연설을 10분만 줄이세요.

◇ ~ ø Cet article est trop long. *Abrégez* au maximum. 이 논문은 너무 길어요. 최대한으로 줄이세요.

2° **s'~** 《변화》〈줄다, 간략해지다〉.

abreuver¹ 1° ~ **N** (*N*은 사람 또는 동물) 〈…에게 물을 먹이다〉 Il *abreuve* le bétail. 그는 가축에게 물을 먹인다.

2° **s'~** (**qp**) 《변화》〈물을 먹다〉 La vache *s'abreuve* dans un seau. 소가 물통의 물을 먹는다.

abreuver² 1° ~ **qn/qc de qc** 〈…을 …로 적시다〉 Quand tu *auras abreuvé* la terre de tes larmes, alors tu te réjouiras de tout. 땅에 눈물을 실컷 쏟아놓고 나면 무슨 일이든 너는 기쁨을 느낄 수 있을 것이다. ~ **qn** d'injures [d'outrages] …에게 욕설을 퍼붓다.

2° **s'~ de qc** 《변화》 Ils *s'abreuvent* d'alcool frelaté. 그들은 술을 카테일해서 마신다.

abriter 1° ~ **qn/qc (de/contre**

abroger

N) (qp) 〈…피하게 하다〉 Nous avons *abrité* le foin de la pluie dans la grange. 우리는 건초가 비를 맞지 않게 창고 안에 넣었다. J'ai *abrité* Marie de[contre] l'orage sous mon parapluie. 나는 마리가 소나기를 맞지 않게 내 우산 밑으로 들어오게 했다.
2° qc ~ qn 〈수용하다〉 Cet hôtel peut ~ vingt personnes. 이 호텔은 20명을 수용할 수 있다.
3° s'~ (de/contre N) (qp)《변화》〈피하다〉 Allons nous ~ de la pluie sous cet arbre. 비를 안 맞게 저 나무 밑으로 피신하자.

abroger ~ qc 〈(법률 따위를)폐지하다〉 ~ une loi [un décret] 법률[법령]을 폐지하다.

abrutir 1° ~ qn (de qc) 〈바보가 되게 하다; 괴롭히다〉 ~ qn de travail [de paroles] 일[말]로 사람을 진력나게 하다.
◇ ~ ∅ une propagande qui *abrutit* 사람을 바보로 만드는 선전.
2° s'~ (de qc)《변화》 s'~ de travail 일로 지쳐버리다. Pierre *s'abrutit* au travail pour oublier. 피에르는 잊기 위해서 일을 하여 몸을 지치게 한다.

absenter(s') s'~ (de qp)《변화》 Il *s'absente* rarement (de l'école). 그는 (학교에) 결석하는 일이 드물다. Ses occupations l'obligent à s'~ souvent de chez lui. 그는 일때문에 집에 없을 때가 많다.

absorber 1° qc ~ qc 〈흡수하다〉 La route arrive à peine à ~ le trafic. 이 도로는 교통량을 겨우 감당해낸다. Le noir *absorbe* la lumière. 흑색은 빛을 흡수한다.
◇ ~ ∅ Cette éponge *absorbe* bien. 이 해면은 흡수력이 좋다.
2° qn ~ qc [속어] 〈마시다〉 Jean *absorbe* des quantités impressionnantes d'alcool. 장은 술을 무지무지하게 마신다.

3° ~ qn/qc (de qn) 〈…의 시간을 빼앗다; …에 전념케 하다〉 La préparation de son examen *l'absorbe* entièrement. 그는 시험준비에 온통 시간을 뺏기고 있다. Il *absorbe* l'attention de son auditoire. 그는 청중들의 주의를 집중시킨다.
4° Cela ~ qn que P subj/Que P subj, cela ~ qn Qu'il doive préparer son examen, cela *l'absorbe* entièrement. 시험을 준비해야 하기 때문에 그는 시간의 자유가 전혀 없다.
5° Cela ~ qn (que) de Inf Cela *l'absorbe* entièrement (que) de devoir préparer son examen. (위와 같은 뜻).
6° s'~ 《변화》〈흡수되다〉 L'encre *s'absorbe* bien avec ce buvard. 이 흡인지는 잉크를 잘 흡수한다.
7° qn s'~ dans qc 〈…에 전념하다〉 Il *s'absorbe* dans la préparation de son examen. 그는 시험준비에 열중한다.

absoudre A. [apsudʀ]. 현재분사: absolvant, 과거분사: absous, absoute.
B. 1° ~ N 〈(…의 죄)를 용서하다〉 Il est mort.—Dieu *l'absolve* et l'ait en son giron. 그는 죽었다. 하느님이 그의 죄를 사하시고 그를 품안에 거두시기를. Pour ma part, j'*absous* volontiers les fripons, les coquins et les misérables. 나로서는 사기꾼들과 불한당들 그리고 가난뱅이들을 기꺼이 용서해준다. La voix publique s'élève d'âge en âge pour ~ et pour honorer la désobéissance du vicomte d'Orte. 오르트 자작의 반항을 용서하고서 명예롭게 하기 위한 여론이 대대로 일어난다.
◇ ~ ∅ Pendant que la bouche accuse, le cœur *absout*. (Musset) 입으로는 비난하면서 마음으로는 용서한다.

2° ~ qn de qc Le prêtre l'*a absous* de ses péchés. (Bonnard) 신부는 그의 죄를 사했다.

3° s'~ **de qc** 《변화》〈자신의 (죄·잘못을) 용서하다〉 Elle *s'est absoute* de ses fautes passées. 그녀는 자신의 과거의 잘못을 스스로 용서하였다.

abstenir(s') 1° s'~ **de qc**《변화》〈…을 그만두다〉 Le cardiaque *s'abstiendra* de café. 심장병환자는 커피를 끊으십시오. Si vous êtes malade, *abstenez-vous* de vin. 몸이 불편하시면, 포도주를 드시지 마세요. Il *s'est abstenu* de tout commentaire. 그는 일체의 비평을 삼갔다.

2° s'~ **de Inf** Ils *se sont abstenus* de participer à la course. 그들은 경주에 참가하지 않았다.

3° s'~ 〈그만두다, 기권하다〉 Dans le doute, *abstiens-toi*. 의심스러울 때는 가만히 있어라. Cinq pour cent de la population *s'est abstenue* aux élections législatives. 국민의 5%가 국회의원 선거에서 기권했다.

abstraire 1° ~ **qc (de qc)**〈추출하다, 빼내다〉 ~ un élément de son contexte 어떤 내용에서 요점을 추출하다. On *abstrait* une idée quand on la détache du sujet pour la considérer uniquement. 하나의 개념을 추출한다는 것은 그것을 주제에서 분리시켜서 그것만을 따로 고려하는 것을 말한다.

◇ ~ ø Je cherche toujours à ~, afin de me donner des vues d'ensemble. 나는 사실을 개관하기 위해서 언제나 따로 떼어놓고 보려고 한다.

2° s'~ **(de qc)** 《변화》〈(…에서) 빠져나오다〉 Peut-on *s'~* de son époque? 자기 시대에서 탈출할 수 있을까? Il arrive à *s'~* dans ce bruit infernal. 그는 그 무지무지한 소음 속에서 자신을 되찾는 데 성공한다.

abuser 1° ~ **de qc/qn**〈남용하다〉 ~ de son pouvoir 자기 권력을 남용하다. ~ d'une femme 간음하다.

◇ ~ ø Tu *abuses!* 너 너무하는구나!

2° ~ **qn/qc**〈착각을 일으키게 하다〉 La ressemblance vous *abuse*. 너무 닮아서 당신은 착각하시는군요. Les sens *abusent* la raison. 감각이 이성을 오도할 수 있다.

3° qn s'~ 《변화》〈착각하다〉 Il y a de cela cinq ans, si je ne *m'abuse*. 내가 틀리지 않는다면 그것은 5년 전의 일이다.

accabler 1° ~ **qn**〈압박하다, 괴롭히다〉 La chaleur *accablait* tous les touristes peu habitués à ce climat. 그런 기후에 별로 익숙치 못한 관광객들은 더위로 지쳤다. Le départ de son meilleur ami l'*accable*. 그의 가장 친한 친구가 떠나게 되어 그의 마음이 무겁다. Le paysan *était accablé* de dettes. 그 농부는 빚에 시달렸다.

2° ~ **qn de qc**〈…으로 …를 괴롭히다〉 Il nous *a accablés* de reproches. 그는 우리에게 비난을 퍼부었다. L'enfant *accablait* son père de questions. 그 애는 아버지에게 계속 질문을 해서 괴롭히곤 했다. Le roi *accabla* le peuple d'impôts. 왕은 세금으로 백성을 못살게 굴었다. Il *fut accablé* d'injures par son adversaire. 그는 자기 상대편으로부터 욕설을 뒤집어썼다.

3° s'~ **de qc**《변화》〈…으로 시달리다〉 Il *s'accable* de travail. 그는 일에 시달리고 있다.

accaparer 1° ~ **qc**〈독점·매점하다〉 Pendant la guerre, certains *accaparaient* les pommes de terre pour les revendre au marché noir. 대전중에는 감자를 매점해서 암시장

에서 팔아 넘기는 자들이 있었다.
2° **s'~ qc** 《가변》 〈독점하다〉 Le directeur *s'est accaparé* tous les pouvoirs. 사장이 권력을 전부 독점해 버렸다.

accéder 1° **~ à N** (*N*은 장소의 명사) 〈접근하다, 도달하다〉 Il *accède* péniblement au sommet de la montagne. 그는 간신히 산꼭대기에 도달한다. On *accède* à la mer par un petit chemin privé. 바다로 가려면 조그마한 사유 도로를 이용해야 한다.
2° **qn ~ à qc** 《(어떤 권력에) 오르다》 Il *aurait* facilement *accédé* à la présidence. 그는 대통령의 자리에도 쉽게 오를 수 있었을 것이다. **~ à de hautes fonctions** 고관의 자리에 오르다.
3° **qn ~ à qc** 〈…에 동의하다〉 Après de nombreuses démarches, l'inspecteur *a accédé* à ma demande de mutation. 복잡한 절차를 거친 후 장학관은 나의 전근을 허락해주었다. Il est trop bon et *accède* à tous tes désirs. 그는 너무 마음씨가 고와서 너의 요구를 무엇이든 들어준다.

accélérer ~ qc 〈가속하다〉 Ce médicament *accélère* les mouvements du cœur. 이 약을 먹으면 심장의 고동이 빨라진다.
◇ **~ ø** Jean *accélère*. 장은 차의 속도를 올린다.

accentuer 1° **~ qc** 〈…에 악센트를 넣다, 강조하다〉 *Accentuez* la dernière syllabe. 마지막 음절에 악센트를 넣어서 발음하세요. La lumière *accentue* les contours de la montagne. 광선 때문에 산의 윤곽이 뚜렷해진다.
◇ **~ ø** *Accentuez* correctement. 악센트를 정확하게 넣어서 발음하세요[accents graphiques 를 바로 쓰세요].
2° **s'~** 《변화》〈강해지다, 강조하다〉 Le halètement *s'accentuait* et devenait pénible à entendre. 숨소리가 가빠져서 듣기에 고통스러웠다.

accepter 1° **~ N** 〈승낙·승인하다, 받아들이다〉 Ils insistèrent vivement pour me faire ~ leur offre. (Lamart) 그들은 내가 그들의 제의를 받아들이도록 하기 위해 몹시 고집을 부렸다. Il apportait ses nippes à raccommoder et elle *acceptait* cette besogne. (Flaub) 그는 허름한 꿰멜 옷들을 가져왔으며, 그녀는 그 일을 맡곤 했다. Il *accepte* son sort avec résignation. 그는 체념 속에서 자신의 운명을 감수한다. Je ne peux pas ~ votre interprétation de ce texte. 나는 이 텍스트에 대한 당신의 해석에 찬동할 수 없다. Il *a été* aussitôt *accepté* par tous les parents et amis de sa femme. 그는 곧 아내의 모든 친척과 친구들에 의해 그들의 일원으로 받아들여졌다.
◇ **~ ø** Vous êtes libre d'~ ou de refuser. 수락하거나 거부하는 것은 당신 자유입니다. Puisque vous insistez, j'*accepte*. 당신이 고집을 부리시니 승낙을 하겠읍니다.
2° **~ qc de qn** ~ un cadeau de mon rival? Jamais! 내 적수로부터 선물을 받는다고? 어림도 없지.
3° **~ qn (pour/comme+n)** 〈…로서 받아들이다〉 On ne l'*acceptera* jamais comme arbitre. 사람들은 결코 그를 심판으로 받아들이지 않을 것이다.
4° **~ de Inf** Il *a accepté* de présider la séance. 그는 회의 주재를 수락했다. Il *accepte* d'aller au bord de la mer pour les grandes vacances. 그는 여름 방학에 해변가에 가는 데 동의했다.
5° **~ que P subj** J'*accepte* qu'il vienne. 나는 그가 오는 것을 허락한다. Avez-vous ou non le droit d'~ qu'un homme tel que M. Puy-

baraud (...) vous sacrifie les fruits de son apostolat? 당신은 퓌이 바로씨와 같은 분이 당신을 위하여 자신이 사도로서 이루어 놓은 성과를 희생하는 것을 그대로 내버려둘 권리가 있습니까? 없습니까?

acclamer 1° ~ qn/qc 〈…에 박수갈채를 보내다〉 La foule *acclame* le vainqueur à son entrée sur la piste du vélodrome. 군중은 승리자가 자전거 경기장의 트랙으로 들어서자 갈채를 보냈다. La presse entière *a acclamé* les nouvelles mesures fiscales. 모든 신문이 이번의 새 재정 조치에 갈채를 보냈다.
2° ~ qn+n (n은 무관사 속사) 〈박수로써 …를 …의 자리에 앉히다〉 ~ *qn* roi 박수갈채로 …를 즉위케 하다.

acclimater 1° ~ qn/qc (à qc) 〈(…에) 적응시키다〉 ~ un oiseau exotique aux températures nordiques 남국의 새를 북국의 온도에 적응케 하다. Il réussit à ~ de jeunes panthères noires. 그는 어린 흑표범을 길들이는 데 성공했다.
2° s'~ (à qc)《변화》〈…에 적응하다〉 Le petit paysan commençait à *s'*~ à la vie du lycée. 그 어린 시골 소년은 차츰 고교 생활에 익숙해지기 시작했다. Cet usage *s'est* très vite *acclimaté* en France. 이 풍속은 프랑스에서 급속도로 정착해 버렸다.

accoler 1° ~ qc (qc는 복수명사)〈짝을 이루게 하다〉 ~ deux bâtiments 두 건물을 나란히 연결하다. ~ les deux parties d'une photo déchirée 찢어진 사진의 두 쪽을 맞추다.
2° ~ qc à qc 〈…에게 …을 짝지어주다〉 ~ une péniche à une autre 배와 배를 매달다. ~ son oreille à la porte du voisin 옆방의 문에 귀를 대다.

accommoder I. 1° ~ qc 〈조리하다〉 Maman sait très bien ~ (= préparer) un civet de lapin. 엄마는 토끼고기의 스튜요리를 아주 잘 만들 줄 안다.
2° ~ qc à qc 〈…에 적응시키다〉 Proust sut ~ les puissances d'une vie intérieure singulièrement riche et curieusement travaillée à l'expression d'une petite société qui veux être et qui doit être superficielle. (Valéry) 프루스트는 유난히 풍요하고 기묘하게 다듬어진 내적인 삶의 힘을 피상적이기를 원하고, 또 그래야만 하는 소사회의 표현에 적응시킬 줄 알았다.
3° ~ qc avec qc 〈…와 조화시키다〉 Il cherche toujours à ~ ses actes avec ses paroles. 그는 늘 자기 행동을 말과 일치시키려고 노력한다.
II. 1° s'~ à qc《변화》〈…에 적응하다〉 Au bout de deux ans, elle *s'était* enfin *accommodée* (=s'était habituée) aux conditions de sa nouvelle existence. 그녀는 2년후에는 새 생활조건에 드디어 익숙해졌다.
2° s'~ avec N 〈조화하다; 타협하다〉 Le maréchal *s'est accommodé* avec ses créanciers. (Sév) 그 원수는 자기 빚쟁이들과 타협을 지었다. Ses recherches de métallurgiste (...) *s'accommodaient* en lui avec l'ardente passion pour la peinture. (Valéry) 제철업자로서의 그의 탐구는 그의 내부에서 미술에 대한 강렬한 정열과 조화를 이루고 있었다.
3° s'~ de qn/qc 〈…에 만족하다; …에 익숙해지다〉 Il a dû *s'*~ (= se satisfaire) de cette chambre d'hôtel inconfortable. 그는 이 불편한 호텔방에 만족하는 수밖에 없었다. Je suis sûr que nous pourrons *nous* ~ l'un de l'autre. (Sartre) 우리는 서로 만족할 수 있으리

라고 확신한다.

accompagner I. 1° ~ qn 〈…를 따라가다; …에게 반주하다〉 Jacques *accompagne* sa sœur à l'école. 쟈크는 학교까지 자기 누이와 함께 간다. Pouvez-vous m'~ au cinéma? 영화관까지 저와 함께 가 주시겠어요? Un certain sentiment de supériorité *accompagnait* cette hâtive utilisation de l'enseignement scientifique. (Aragon) 과학교육의 이와 같은 성급한 이용에는 일종의 우월감이 내포되어 있었다. Mme Dubois *accompagnera* le chanteur. 뒤브와 부인이 그 가수의 반주를 할 것이다. Le ministre *était accompagné* de son secrétaire. 장관은 자기 비서를 대동하고 있었다. Le chanteur, *accompagné* par Mme Dubois, ravit l'auditoire dès le début. 뒤브와 부인의 반주로 노래한 그 가수는 처음부터 관중을 매료했다.
◇ ~ ø 〈반주하다〉 Cette pianiste *accompagne* à la perfection. 이 피아니스트는 완벽하게 반주를 한다.
2° ~ qn à N (N은 악기명) 〈…로 …를 위해 반주하다〉 Je vous *accompagnerai* au piano. 나는 피아노로 너를 위해 반주할 것이다.
3° ~ qc de qc 〈…에 …을 수반케 하다〉 Il *accompagna* (=ajouter) sa réponse d'un sourire bienveillant. 그는 친절한 미소를 띠며 대답했다.
II. 1° s'~ de qc 《변화》〈…을 수반하다〉 L'expansion économique devrait toujours *s'~* d'un accroissement du niveau de vie. 경제성장에는 항상 생활수준의 향상이 뒤따라야 한다. L'excès de sévérité *s'accompagne* presque toujours du désir de révolte chez des hommes trop humiliés. 지나친 억압은 거의 언제나 너무 굴종을 당한 사람들에게 있어 반항의 욕구를 불러일으킨다.

2° s'~ de N (N은 악기명) 〈…로 반주하다〉 Il chante en *s'accompagnant* de la guitare. 그는 기타로 반주하며 노래한다.
◇ s'~ ø Et s'étant fait donner la mandoline, il chanta en *s'accompagnant*. (Mérimée) 그는 만돌린을 가져오게 해서, 그 반주로 노래했다.
accomplir 1° ~ qc 〈성취・완수하다〉 *Accomplissez* ce qui vous a été commandé. 시킨 일을 하세요. *A-t-il accompli* son service militaire? 군복무를 마쳤나요?
2° qc s'~ 《변화》〈성취・완수되다〉 Une transformation totale *s'est accomplie* dans ce domaine. 그 분야에서는 완전한 개혁이 이루어졌습니다.
accorder I. 1° ~ qc 〈일치시키다〉 Il faut ~ correctement les participes. 분사들을 정확하게 일치시켜야 한다.
2° ~ qc à qn 〈허가하다; 주다〉 Il lui *a accordé* la main de sa fille. 그는 그를 사위로 맞아들일 것을 허락했다.
3° ~ qc à/avec qc 〈…와 일치・조화시키다〉 J'*ai accordé* mes goûts à [avec] ceux de ma femme. 나는 내 취미를 아내의 취미에 맞추었다.
4° ~ à qn de Inf 〈…에게 …하는 것을 허가해 주다〉 On lui *accorda* de voir sa femme. 그에게 아내를 만나는 것을 허락했다.
5° ~ que P subj Le directeur *accorde* que le prisonnier voie sa femme. 교도소장은 죄수가 그의 아내를 만나는 것을 허락한다.
6° ~ (à qn) que P ind 〈…을 인정하다〉 Je vous *accorde* que j'ai eu tort. 내가 잘못한 것을 인정합니다.
II. 1° s'~ 《변화》〈어울리다〉 Ils ne peuvent *s'~*. 그들은 성격상 어울릴 수 없다. Leurs goûts *s'accordent* bien. 그들은 취미가 서로 잘 맞는

다.
2° s'~ avec qn/qc 〈…와 일치〔조화〕하다〉 Il *s'accorde* bien avec elle. 그는 그녀와 잘 어울린다. Le participe passé conjugué avec le verbe «être» *s'accorde* en genre et en nombre avec le sujet. 「être」 동사와 함께 변화하는 과거분사는 주어와 성·수 일치한다.
3° s'~ à/pour Inf 〈…하는 데 의견이 일치하다〉 Mes amis *s'accordent* à me plaindre. 내 친구들은 나를 동정하는 데 의견이 일치했다. Ils *se sont accordés* pour faire tomber la responsabilité de l'affaire sur moi. 그들은 그 일의 책임을 내게 전가시키는 데 의견이 일치했다.

accoster 1° ~ qc 〈(배가) …에 접안하다〉 Un voilier *accoste* le quai. 범선이 부두에 정박한다.
2° ~ qp (*qp*는 à+장소명사) Un voilier vient d'~ au quai. 범선이 조금 전에 부두에 닿았다.
◇ ~ ∅ Le paquebot *accostera* dans deux jours. 연락선은 이틀 후면 닿을 것이다.
3° ~ qc (*qc*는 배를 뜻하는 명사) 〈정박시키다〉 Le remorqueur tente d'~ le cargo en détresse. 예인선이 난파한 화물선을 정박시키려 하고 있다.
4° ~ qn 〈말을 걸려고 다가가다〉 Un passant l'*accosta* pour lui demander l'heure. 행인이 시간을 물으려고 그에게 다가왔다. Il *fut accosté* dans la rue par deux jeunes voyous qui le menacèrent. 젊은 두 깡패가 그에게 다가와서는 그를 협박했다.

accoucher 〔조동사는 동작 또는 상태에 따라 avoir, être를 선택하여 쓰나 지금엔 avoir를 쓰는 편이 많다〕.
1° ~ d'un enfant 〈아기를 분만하다〉 Elle *a accouché* de jumeaux qui se portent bien. 그녀는 쌍둥이를 분만했는데 쌍둥이는 건강하다.
◇ ~ ∅ (**qp**) Elle *a accouché* dans une clinique parisienne. 그녀는 파리의 어느 의원에서 애를 낳았다.
2° ~ qn 〈…의 분만을 돕다〉 La sage-femme l'*a accouchée*. 산파가 그녀의 분만을 도왔다.

accouder(s') **qn s'~ qp** (*qp*는 sur〔contre, à〕+N임) 〈팔꿈치를 괴다〉 *s'~* sur la table 〔contre le comptoir, au comptoir〕 탁자 위에 〔카운터에〕 팔꿈치로 몸을 괴다.

accoupler 1° ~ qc(*qc*는 짝을 이루는 복수명사) 〈짝지어 주다〉 ~ deux choses 둘을 짝짓다. ~ deux animaux 동물을 흘레시키다. Vous *avez accouplé* dans cette phrase deux expressions contradictoires. 당신은 이 문장 안에서 서로 모순되는 두 표현을 썼다.
2° ~ qc à/avec qc 〈…와 짝지어 주다〉 ~ une vache à un taureau 소를 흘레시키다. ~ un rouage à 〔avec〕 un autre 두 톱니바퀴를 맞물게 하다.
3° s'~ (주어는 동물)《변화》〈흘레하다〉.

accourir 〔조동사는 avoir/être〕.
1° ~ à qc 〈…하러 뛰어가다〉 Ils *sont accourus* à notre aide. 그들은 우리를 도우러 달려왔다.
2° ~ vers/jusqu'à qn 〈…에게로 달려가다〉 Nous *accourûmes* vers lui. 우리는 그에게 달려갔다.
3° ~ Le garçon *accourut*. 소년은 달려왔다.
4° ~ pour Inf Ils *accourent* pour m'aider. 그들은 나를 도우러 달려오고 있다. Les enfants *ont accouru* pour voir passer les soldats. 애들은 군인들이 지나가는 것을 보기 위해 뛰어왔다.
◇ 다른 Inf와 마찬가지로 목적의 표현에는 ~ Inf의 구문도 가능하나 흔히 ~ pour Inf를 사용한다.

accoutrer 1° ~ qn (en N) (*N*은

인물 명사로 무관사) 〈…처럼 옷을 입히다〉 Il l'*accoutre* en dandy. 그는 그에게 옷을 멋쟁이로 입힌다. Elle l'*accoutre* toujours curieusement. 그녀는 그에게 언제나 이상한 옷차림을 시킨다.
2° ~ qn de qc 〈…에게 …옷을 입히다〉 ~ son enfant d'un habit ridicule. 자기 아이에게 야릇한 옷을 입히다.
◇ être accoutré de qc 〈(어떤 옷을) 입고 있다〉 Elle *est accoutrée* d'un habit trop court. 그녀는 지나치게 짧은 옷을 입고 있다.
3° s'~ (de qc)《변화》〈(어떤 옷을) 입다〉Elle s'*accoutre* toujours d'une manière étonnante. 그녀는 언제나 남을 놀라게 하는 복장을 하고 다닌다.

accoutumer I. 1° ~ qn à qc 〈…에 익숙해지게 하다〉 Il faut ~ les enfants à l'obéissance. 아이들에게 복종하는 습관을 붙여주어야 한다.
2° ~ qn à Inf Il faut ~ les enfants à se lever tôt. 아이들에게 일찍 일어나는 습관을 붙여주어야 한다.
◇ être accoutumé à qc/Inf/ce que P subj Je n'*étais* pas *accoutumé* à ce qu'on traitât ainsi. 나는 그렇게 대우받는 데 익숙하지 못했다. Cet enfant *est accoutumé* à faire tous ses caprices. 이 아이는 제멋대로 하는 습관이 들어 있다.
II. 1° s'~ à N《변화》〈…에 익숙해지다〉 Elle s'*est accoutumée* au froid. 그녀는 추위를 견디는 데 익숙해졌다.
2° s'~ à Inf On s'*accoutume* à tout faire. 사람은 무엇이나 다 하도록 적응이 되게 마련이다.
3° s'~ à ce que P subj Je ne pouvais m'~ à ce qu'on me traitât ainsi. 나는 나를 그렇게 대우하는 것에 익숙해질 수 없었다.

accréditer 1° ~ qc (auprès de qn) 〈(소문 따위를) 퍼뜨리다, 믿게 하다〉 Les journaux ont *accrédité* cette nouvelle auprès de l'opinion publique. 신문이 이 소식을 세상에 널리 알렸다. Les journalistes arrivent à ~ n'importe quelle nouvelle. 신문이란 무슨 뉴스든지 믿게 할 수 있다.
2° ~ qn (auprès de qn) 〈(…에게) 신임장을 제정하다〉 La France a *accrédité* M. Dupont auprès du gouvernement italien. 프랑스는 뒤퐁씨로 하여금 이태리 정부의 신임장을 제정케 했다.

accrocher I. 1° ~ N 〈걸리게 하다; 붙잡다; 부딪치다; 〖구어〗따내다〉 En sortant du parking, j'*ai accroché* la voiture voisine. 주차장에서 나오다가 옆차를 들이받았다. Je l'*ai accroché* au sortir du bureau. 사무실에서 나오는 길에 그와 마주쳤다. ~ une récompense 상을 타다. ~ des lambeaux de conversation au passage 지나치는 길에 남의 이야기를 엿듣다. Le titre du journal *accrochait* les passants. 그 신문의 제목이 행인들의 시선을 끌었다.
◇ ~ ∅ 〈충돌하다; 지장이 생기다〉 Les négociations ont *accroché* sérieusement. 협상은 심각한 난관에 부딪쳤다.
2° ~ N (qp) 〈…에 걸리게 하다, …에 걸다〉 Il a *accroché* le manteau (au mur de sa chambre). 그는 (방벽에) 그 그림을 걸었다. J'*ai accroché* mon bas un clou qui dépasse. 튀어나온 못에 내 스타킹이 걸렸다.
II. 1° s'~ à qc《변화》〈…에 걸리다, …에 매달리다〉 Les idées ne s'*accrochent* pas au clou comme les épées. 사상이란 칼처럼 못에 걸어둘 수는 없는 것이다.
2° s'~ à qn 〈…에 매달리다〉 Sa maîtresse ne l'aime plus, mais lui s'*accroche* à elle. 그의 애인은 이제

그를 좋아하지 않는다. 그러나 그는 그녀를 귀찮게 쫓아다닌다.
3° **s'~ avec qn** 〖구어〗〈…와 싸우다〉Il s'est *accroché* avec un de ses collègues. 그는 자기 동료 중의 한 사람과 싸웠다.

accroire 〔부정법형으로 faire ~, laisser ~의 형태로만 쓰임〕.
1° **qn faire/laisser ~ qc (à qn)** 〈믿게 하다〉Il nous a fait ~ cette histoire. 그는 그 이야기를 우리에게 믿게 하려 든다.
2° **qn faire/laisser ~ (à qn) que P ind** Il nous a fait ~ qu'il était riche. 자기가 부자라고 우리를 속이려 한다.
◇ **s'en faire/laisser ~** 〈으시대다〉Je ne redoute rien tant que de m'en laisser ~. (Gide) 내 자신을 과신하는 것보다 내가 더 두려워하는 것은 없다.

accroître 〔croître 처럼 어미 변화를 하지만 직설법현재 삼인칭 단수형과 단순미래, 조건법 현재형의 모든 인칭의 i에만 accent circonflexe가 붙음: il accroît, j'accroîtrai 등. 과거분사는 accru. 자동사로 쓰이는 경우 조동사는 être 또는 avoir〕.
1° **~ qc** 〈늘이다〉 ~ la productivité d'une entreprise 기업체의 생산능력을 증대하다.
2° **s'~ (de N)** 《변화》〈(…만큼) 증대하다〉En un an, les prix de détail *se sont accrus* en France de 9%. 일년 사이에 프랑스에서는 소매 물가가 9퍼센트나 올랐다.

accroupir(s') **s'~ (qp)** 《변화》〈쭈그리고 앉다〉Il *s'accroupit* derrière la porte. 그는 문 뒤에 쭈그리고 앉았다.
◇ **être/rester accroupi** 〈쭈그리고 앉아 있다〉Le chasseur resta *accroupi* derrière la haie en guettant le vol de la perdrix. 사냥꾼은 자고새가 날기를 기다려서 담장 뒤에 몸을 쭈그렸다.

accueillir 1° **~ qn (Adv)** 〈맞다, 접대하다〉 ~ les visiteurs avec chaleur 방문객을 뜨겁게 맞아들이다. Le chef d'Etat *a été accueilli* à Orly par le président lui-même. 국가원수를 대통령이 직접 오를리 공항으로 마중나갔다.
2° **~ qc Adv** (언제나 양태 부사(구)를 동반함) 〈받아들이다〉Il *a accueilli* cette demande avec un sourire ironique. 그는 비꼬는 듯한 웃음을 띠우면서 그 요구를 받아들였다. La nouvelle *a été accueillie* avec une grande satisfaction. 그 소식을 듣고 크게 만족해했다.
3° **~ Adv que P subj** Il *a* mal *accueilli* qu'on ne lui ait rien dit. 그는 자기에게 아무 말도 하지 않은 것을 못마땅하게 생각했다.
4° **~ Adv de Inf** Il *a* mal *accueilli* de ne pas avoir été mis au courant. 그는 자기에게 아무 말도 하지 않은 것을 못마땅하게 여겼다.

acculer 1° **~ qn (qp)** 〈몰아붙이다〉 ~ l'ennemi à la mer 적을 바다 쪽으로 밀어붙이다. Il se vit ~ au mur, sans espoir de fuite. 그는 벽으로 몰려서 빠져나갈 길이 없게 되었다.
2° **~ qn à qc** 〈몰아넣다; 강요하다(=pousser)〉La ruine de la famille l'*a acculé* au désespoir. 집안의 파산이 그를 절망으로 몰아넣었다. La grève générale *a acculé* le ministre à la démission. 총파업은 장관이 사임하지 않을 수 없게 만들었다.
3° **~ qn à ce que P subj** Les syndicats *ont acculé* le ministre à ce qu'il démissionne. 노동조합은 장관이 사표를 내지 않을 수 없게 만들었다.
4° **~ qn à Inf** Les syndicats *ont acculé* le ministre à démissionner. (위와 같은 뜻).

accumuler 1° ~ qc (qc는 물질명사 이외의 경우는 항상 복수) 〈쌓아올리다〉 ~ des pierres 돌을 쌓아올리다. ~ des renseignements [de l'argent] 정보를 수집하다 [돈을 모으다]. Il *accumule* les erreurs et les maladresses. 그는 실수와 실책을 거듭한다.
2° ~ qc sur qc (qc는 무관사명사로 sur 앞·뒤로 되풀이됨)〈되풀이하다〉 Il *a accumulé* erreur sur erreur[mensonges sur mensonges]. 그는 실책을 [거짓말을] 거듭한다.

accuser I. 1° ~ qn 〈비난하다; 나타내다〉 Tout le monde l'*accuse*. 모두 그를 비난한다. Sa façon de marcher *accuse* son âge. 그의 걷는 모양이 그의 나이를 말해준다.
2° ~ qn de qc 〈…를 때문에 고발[비난]하다〉 On l'*a* faussement *accusé* de vol. 그는 절도를 범한 것처럼 잘못 고발되었다.
3° ~ qn de Inf Ses parents l'*accuse* de négliger ses études. 그의 부모는 그가 공부를 소홀히 한다고 책망한다. Il *est accusé* d'avoir renversé accidentellement un piéton. 그는 행인을 과실로 치었다고 고발되었다.
II. 1° s'~ 《변화》〈자신을 책망[고발]하다; 드러나다〉 Qui s'excuse s'*accuse*. 변명하는 것은 자기의 죄를 인정하는 셈이 된다. Son mauvais caractère s'*accuse* avec l'âge. 그의 못된 성격은 나이들수록 더 드러난다.
2° s'~ de qc/Inf Il s'*accuse* de ses péchés. 그는 자신의 죄를 뉘우친다. Il s'*accuse* d'avoir triché. 그는 속임수를 쓴 것을 참회한다.

acharner 1° ~ N contre/sur/après qc 〈…로 하여금 …을 추격하게 하다〉 Il *a acharné* les chiens contre le gibier. 그는 사냥개들을 부추켜 짐승들을 잡도록 독려했다.
2° s'~ contre/sur/après N 〈…을 추격하다〉 On s'*acharna* contre l'ennemi en fuite. 패주하는 적군을 악착스럽게 추격했다.
3° s'~ à/sur qc 〈…에 열중하다〉 Il s'*acharna* à [sur] l'étude de ce problème. 그는 이 문제의 연구에 골몰했다.
4° s'~ à Inf Il s'*acharna* à trouver la solution de ce problème. 그는 이 문제의 해답을 찾으려고 전념했다.

acheminer 1° ~ qn/qc (qp) 〈(…로) 보내다〉 Ils *ont acheminé* les livres à Paris. 그들은 책을 파리로 송부했다. ~ des troupes vers les lieux de combats 싸움터로 군대를 보내다. L'abus de l'alcool l'*achemine* doucement vers la déchéance. 알콜의 과용이 그를 서서히 파멸로 몰아가고 있다.
2° s'~ (qp) 《변화》〈(…로)가다〉 Il alluma une cigarette et s'*achemina* vers le petit bois. 그는 담배를 한 대 피워 물고 작은 숲을 향해서 걸어갔다.

acheter 1° ~ qc〈사다〉 J'*ai acheté* une voiture d'occasion. 나는 중고차를 한 대 샀다. On n'*achète* plus les juges. 요즘은 판사에게 뇌물을 주는 일이 없어졌다. ~ des suffrages 돈으로 표[투표권]를 사다.
◇ 1) ~ ∅ n' ~ que chez le grossiste 물건을 도매상에서만 사다.
2) ~ + 가격표현 +de N; ~ pour + 가격표현 +de N 《(얼마)어치의 …을 사다》 J'*ai acheté* un franc de pain. 나는 빵을 1프랑어치 샀다. Il *a acheté* pour dix mille francs de soieries. 그는 1만 프랑어치의 견직물을 샀다.
2° ~ N à/de qn (pour qn) 〈…에게서(…에게 주려고)사다〉 Il *a acheté* ce terrain à [d'] un industriel. 그는 그 땅을 어떤 실업가에게서 구입했다(=Il le lui *a acheté*. 이 때는 de lui는 쓰지 않음). Je lui *ai*

acheté une poupée. 나는 그녀에게 인형을 사 주었다(=J'ai *acheté*... pour elle). Je la lui *ai achetée* pour elle. 나는 그것을 그녀에게 주기 위해서 그에게서 샀다. ~ du sucre à [chez] un épicier 식료품 가게에서 설탕을 사다.

◇ 이 구문에서는 혼동의 우려가 있을 때마다 〈…에게 주기 위해서〉라는 표현에 pour을 쓰는 것이 바람직 하다.

3° ~ N+ 가격표현 (명사 〔부사, 전치사〕+명사로 이루어지는 부사구) 〈(얼마에)사다〉 Je l'*ai acheté* cent francs. 나는 그것을 백 프랑에 샀다. Il *a acheté* cette montre très bon marché [très cher, à mille francs]. 그는 그 시계를 아주 싼 값으로[아주 비싸게, 천 프랑으로] 샀다.

4° s'~ 《변화》〈사지다, 구입되다〉 Ce ne sont pas des choses qui *s'achètent*. 그건 돈으로는 살 수 없는 물건이다.

achever 1° ~ qc〈완성·준공하다, 끝마치다〉 Il *a achevé* son repas. 그는 식사를 끝냈다. Ils *ont achevé* l'opération à temps. 그들은 수술을 제 때에 완료했다.

◇ ~ ø A peine *avait*-il *achevé* que tous applaudirent. 그가 끝내자마자 모두들 박수갈채를 보냈다.

2° ~ de Inf J'*ai achevé* de ranger mes papiers. 나는 서류정리를 끝냈다.

◇ qc être achevé de Inf Cet ouvrage *a été achevé* d'imprimer le 30 mai 1977. 이 저작은 1977년 5월 30일에 인쇄를 끝냈다. 《Georgin은 부정법이 뒤따르는 이런 수동태 용법은 옳은 것이 아니라고 주장. 그러나 서적의 표지 안쪽에 쓰이는 Achevé d'imprimer le...는 On a achevé...로 해석되므로 무난한 표현임》.

3° s'~ 《변화》〈끝내다〉 Ainsi *s'a-chèvent* nos émissions de la soirée. 이로써 오늘 저녁 방송을 마칩니다. L'opération *s'est achevée* à la satisfaction de tous. 수술은 모든 사람에게 만족스럽게 끝났다.

achopper 1° qn ~ sur/à qc 〈발이 …에 부딪치다〉 Il *achoppa* sur une pierre et il serait tombé sans la corde qui le retint. 그는 돌에 부딪쳐서, 몸을 묶고 있던 밧줄이 아니었던들 떨어졌을 것이다.

2° ~ sur/à qc (주어는 사람 또는 동작명사)〈주춤하다〉 Il *achoppe* toujours sur les problèmes de géométrie. 그는 기하 문제에서 언제나 주춤하게 된다. Les négociations *achoppèrent* sur un différent mineur. 사소한 의견 차이로 교섭이 난관에 부딪쳤다.

3° qn s'~ à qc 《변화》[문어·고어] s'~ à une situation sans issue 진퇴유곡에 처하다.

acquérir [직설법 현재: j'acquiers [-kjɛːʀ], 단순미래: j'acquerrai [-kɛʀʀe]].

1° ~ qc〈획득하다〉 On veut ~ de la gloire. 사람은 영광을 얻고 싶어한다. Cette voiture d'occasion *a été acquise* dans de bonnes conditions. 이 중고차는 좋은 조건으로 매입되었다.

2° ~ qc à qn〈얻어주다〉 l'aisance que ses efforts lui *ont acquise* 그의 노력이 그에게 얻게 해준 생활의 여유.

3° s'~ 《변화》〈획득되다〉 une habitude qui *s'acquiert* difficilement 붙이기 힘든 습관.

4° s'~ qc 《가변》〈자신에 만들어 주다, 획득하다〉 Elle *s'est acquis* l'estime de ses amis. 그녀는 친구들의 존경을 받았다.

acquiescer ~ à qc 〈…에 묵종하다〉 J'*acquiesce* aux conditions énoncées dans votre lettre. 귀하의 편지에서 명시된 조건에 동의합니다.

◇ ~ ø Il *acquiesce* d'un signe de tête. 그는 머리를 끄덕여 동의를 표한다.

acquitter 1° ~ qn 〈면죄하다〉 Le tribunal *a acquitté* l'accusé. 재판정은 피고를 무죄로 방면했다.
2° ~ qc 〈지불하다〉 ~ la facture d'électricité [une note d'hôtel, ses impôts] 전기료 청구서 [호텔 계산서, 세금]를 지불하다.
3° s'~ de qc 《변화》〈지불하다 ; (의무를) 다하다〉 s'~ de ses dettes [d'une promesse, d'une tâche] 빚을 갚다 [약속을 지키다, 맡은 일을 다하다].

actionner ~ qc 〈운전하다〉 ~ un levier 지렛대를 쓰다. Le moulin à café *est actionné* par un petit moteur électrique. 커피 빻는 기계는 조그마한 전기 모터로 가동된다.

activer 1° ~ qc 〈활기를 불어넣다〉 ~ les travaux 일을 재촉하다. L'incendie *était activé* par un violent mistral. 강한 계절풍으로 화재는 더 걷잡을 수 없게 되었다.
2° qn s'~ (à qc/autour de N/à Inf) 《변화》〈서두르다〉 s'~ à son travail [à travailler] 일을 서두르다. Allons, *activez-vous* un peu, le train n'attend pas. 자, 좀 서둘러요. 기차는 제 시간이 되면 떠나니까.

adapter 1° ~ qc à qc 〈…에 적합하게 만들다〉 ~ sa conduite aux circonstances 행동을 정세에 맞추다 [임기응변으로 행동하다]. ~ un roman au cinéma 소설을 영화로 각색하다.
2° s'~ à qc 《변화》〈적응하다〉 Il *s'adapte* mal au climat tropical. 그는 열대의 기후에 적응을 못한다.

additionner 1° ~ qc (*qc*는 복수명사)〈가산하다, 덧셈하다〉 ~ des nombres 수를 합계하다.
◇ ~ ø *Additionnez* correctement. 합산을 정확하게 하세요

2° ~ qc à qc 〈더하다, 가산하다〉 ~ un nombre à un autre 한 수에다 다른 수를 보태다. Des produits chimiques *ont été additionnés* aux aliments. 그 식료품에는 화학물질이 첨가되어 있다.
3° ~ qc de qc 〈…에 ～를 섞다〉 ~ d'eau un verre de vin 한 잔의 포도주에 물을 섞다. vin *additionné* d'eau 물탄 포도주.
4° s'~ 《변화》〈가산되다, 더해지다〉 Ces complications *s'additionnent* pour rendre la situation inextricable. 이러한 모든 복합요인이 모여서 일을 매우 혼란스럽게 만들고 있다.
5° s'~ à qc Un nombre *s'additionne* à un autre. 한 수에 다른 수가 가산된다.
6° s'~ de qc 〈…가 더해지다〉 Le sirop *s'additionne* d'eau minérale. 시럽에 광수를 타다.

adhérer 1° ~ qp 〈들러붙다, 밀착하다〉 La viande, mise à feu trop vif, *adhérait* au fond de la poêle. 너무 센 불에 올려 놓았던 고기가 프라이팬에 눌어붙었다. Le papier gommé *adhérait* à son doigt. 접착지가 손가락에 들러붙었다.
◇ ~ ø Cette colle *adhère* bien. 이 풀은 접착력이 강하다.
2° ~ à qc (*qc*는 단체 또는 학설·의견을 나타내는 명사)〈…에 가입하다〉 ~ à une organisation 어떤 단체에 회원으로 가입하다. ~ à une opinion 어떤 의견에 동조하다. Quelques-uns s'incorporaient à Vichy, beaucoup *adhéraient* à de Gaulle. 어떤 이들은 비시정권의 편을 들었으나 대부분의 사람들은 드골을 따랐다.
◇ ~ ø Il a cessé d'~ depuis deux ans. 그는 2년 전부터 단체에 관계하지 않는다.

adjoindre ~ qc/qn à qc/qn 〈…에 첨부·첨가하다〉 J'*adjoins* un exem-

administrer

plaire du document à ma lettre. 이 편지에 그 서류의 사본 한 부를 동봉합니다. On m'*a adjoint* une secrétaire pour assurer le courrier. 우편물 처리를 위해서 내게 여비서를 보내주었다.

adjuger 1° ~ qc à qn 〈(경매 또는 심사 끝에) …을 …에게 주기로 결정하다〉 Le commissaire-priseur *adjuge* le tableau au plus offrant. 경매인은 최고 입찰자에게 그 그림을 양도한다. ~ une récompense aux meilleurs élèves 우등생에게 상품을 주다. Les objets mis aux enchères *sont adjugés* au plus offrant. 경매에 붙여진 물건은 최고 입찰자에게 낙찰된다. Le prix lui *fut adjugé* à l'unanimité des présents. 참석자는 만장일치로 상금을 그에게 주기로 결정했다.

2° s'~ qc 《가변》〈…을 자기의 것으로 만들다, 탈취하다〉 Jamais cette équipe de football n'avait donné l'impression de pouvoir *s'~* le trophée. 이 축구팀은 트로피를 결코 탈취할 수 있을 것 같지 않았다.

adjurer ~ qn de Inf 〈…에게 … 할 것을 간청하다〉 On *adjura* le ministre de recevoir la délégation. 사람들은 장관에게 대표단을 접견하도록 간청했다.

admettre 1° ~ qn Prép N (*Prép* 은 à, dans 또는 parmi 임)〈넣어주다, 받아들이다〉 On ne m'*a* pas *admis* à ce concours. 나는 이 경쟁시험에 합격하지 못했다. Il l'*a admis* parmi ses intimes. 그는 그 사람을 자기의 아주 친한 친구로 쳤다. ~ *qn* dans une société〔dans une réunion, à une école, à un hôpital〕입회〔집회〕에 참석, 입학, 입원〕을 허락하다. Les chiens ne *sont* pas *admis* dans la maison. 개들은 집안에 들여 놓지 못한다. Il n'*a* pas *été admis* à l'Ecole Nationale d'Administration. 그는 국립행정학교에 입학하지 못했다.

2° ~ qn comme+n/Adj 〈…로서 받아들이다〉 Le jury ne les *a* pas *admis* comme témoins. 배심원은 그들을 증인으로 채택하지 않았다.

3° ~ qc 〈허용·인정하다〉 Cette règle n'*admet* aucune exception. 이 규칙은 어떤 예외도 허용하지 않는다. J'*admets* les raisons que vous me donnez. 나는 당신이 제시하는 이유를 인정합니다.

4° ~ qn à Inf 〈…에게 …하는 것을 허용·인정하다〉 On n'*a* pas *admis* ce candidat à concourir. 이 응시자는 시험치르는 것이 허용되지 못했다. J'*ai été admis* à suivre les cours de français à l'université. 나에게는 대학에서 불어를 수강하는 것이 허용되었다.

5° ~ que P subj 〈허용·가정하다〉 *Admettons* que j'aie tort. 내가 틀렸다고 가정하자. Il n'*admet* pas qu'on lui réponde. 그는 사람들이 자기에게 대답하는 것을 허락하지 않는다.

6° ~ que P ind/subj (주절이 의문·부정이면 *subj*) 〈인정·시인하다〉 Il *admet* qu'il a eu tort. 그는 자기가 잘못했다는 것을 시인한다. Il n'*admet* pas qu'il se soit trompé. 그는 자기가 잘못이었다는 것을 인정하지 않는다.

7° Il est admis que P ind 〈…는 인정된다〉 Il *est admis* que le gouvernement ne peut tenir longtemps contre la volonté déterminée d'un peuple. 사람들은 정부가 국민의 단호한 의지에 대해 오래 버틸 수 없다는 점을 인정한다.

administrer 1° ~ qc à qn 〈주다〉 ~ à *qn* une gifle 따귀를 때리다. ~ à *qn* un remède 약을 복용케 하다. ~ une preuve à *qn* 증거를 대다.

2° ~ qc 〈통치하다〉 ~ un pays

[les biens de *qn*] 한 나라를 통치하다[…의 재산을 관리하다].
3° s'~ 《변화》〈통치·관리되다〉 Ce pays *s'administre* bien. 이 지방은 행정이 훌륭하다.

admirer 1° ~ N 〈…에 탄복하다, 격찬하다〉 On le craignait et on l'*admirait* mais on ne l'aimait pas. 사람들은 그를 두려워하고 그에게 탄복했으나, 그를 좋아하지는 않았다. Tous les touristes *admirent* Notre-Dame de Paris. 모든 관광객들은 파리의 노트르담 성당을 보고 감탄한다. Il *est admiré* et aimé de tous. 그는 모든 사람들로부터 찬미와 사랑을 받는다. Il *fut admiré* même par ses ennemis. 그의 적들도 그에게 탄복했다.
2° ~ que P subj J'*admire* que vous restiez impossible devant tant de sottises. 나는 당신이 그 많은 어리석은 짓들을 보면서 태연하다니 놀랍다.

adonner(s') s'~ à qc 《변화》〈…에 몰두하다〉 Depuis ce grand malheur, il *s'adonne* à la boisson. 그런 불행이 있은 후부터 그는 술만 마신다. Il *s'adonne* uniquement à l'étude. 그는 연구에만 몰두하고 있다.

adopter 1° ~ qn/qc 〈입양시키다; 채택하다〉 ~ un enfant trouvé 주은 아이를 양자로 삼다. ~ une hypothèse 어떤 가설을 채택하다. ~ une attitude [une règle de conduite] 태도[행동원칙]를 정하다.
2° s'~ 《변화》〈입양·채택되다〉Un enfant [Une attitude] *s'adopte*. 어린애가 양자로 간다[태도가 결정된다].

adorer 1° ~ N 〈매우 사랑하다〉 Je vous *adore*. 나는 당신을 열렬히 사랑합니다. Il *adore* la chasse. 그는 사냥을 무척 좋아한다. Elle *est adorée* de ses filles. 그녀는 자기 딸들로부터 무척 사랑을 받는다.

2° ~ Inf Elle *adore* monter à cheval. 그녀는 승마를 몹시 좋아한다.

adosser 1° ~ qc à/contre qc 〈(…에)기대게 하다, …에 이서하다〉 ~ une échelle au mur 사다리를 벽에 세우다.
2° s'~ à/contre qc 《변화》〈(…에)등을 기대다〉 Il *s'adossa* à un pilier pour allumer une cigarette. 그는 원주를 등지고 서서 담뱃불을 당겼다. Le château *s'adossait* au flanc du coteau. 성은 구릉을 등지고 서 있었다.

adoucir 1° ~ qn/qc 〈온화하게 [부드럽게] 만들다〉L'air de la mer *adoucit* le climat. 바다의 공기는 기후를 온화하게 만든다. ~ *qn* par ses paroles 말로써 …의 마음을 위로하다.
2° s'~ 《변화》〈온화해지다, 부드러워지다, 진정되다〉 Le temps *s'est adouci*. 날씨가 풀렸다.

adresser 1° ~ qc à qn 〈…에게 향하게 하다〉 ~ à *qn* la parole [une question, des excuses, un salut] …에게 말을 걸다[질문을 하다, 변명을 하다, 인사를 하다]. ~ un faire-part de mariage à tous ses amis 자기의 모든 친구들에게 결혼 청첩장을 보내다.
2° ~ qn à qn 〈사람을 …에게 보내다, …의 도움을 받게 하다〉 Son médecin habituel *adressa* le malade à un spécialiste. 그의 주치의는 그 환자를 다른 전문의에게로 보냈다.
3° qc s'~ à qn 《변화》〈…에게 보내어지다(=être destiné)〉 Ces mots ne *s'adressent* pas à vous. 이 말은 당신에게 하는 말이 아니다.
4° s'~ à qn 〈…에게 문의하다〉 Il faut *vous* ~ directement au ministère pour obtenir ce renseignement. 거기 관해서 알고 싶은 것은 직접 관계 관청으로 가셔야 합니다.

advenir A. 조동사는 être. 부정법, 분사법 및 각 시제의 3인칭에서만 사용되는 verbe défectif. 현재분사 advenant은 공문서 이외에는 별로 사용되지 않음: *advenant* le décès de l'un d'eux 그들 중에 한 사람이 죽는다면. le cas *advenant* qu'il se marie dans l'année 그가 올해 안에 결혼하는 경우에는.
B. 1° N ~ 〈일어나다, 닥쳐오다〉 On ne peut prévoir tous les cas qui *adviendront*. 일어날 수 있는 모든 경우를 다 예상할 수는 없다.
2° Il ~ qc (de qc) 〈(…에서)…가 발생하다〉 Quoi qu'il *advienne*, nous devons continuer son œuvre. 무슨 일이 있어도 우리는 그의 사업을 계속해야 한다. Il n'en *advint* que de la peine. 그 결과 생긴 것은 걱정뿐이었다. Que peut-il ~ d'un pareil projet? 그런 계획의 결과가 어떻게 될까?
3° Il ~ (à qn) de Inf 〈…하는 일이 …에게 생기다〉 Il m'*advient* quelquefois d'oublier le numéro de téléphone des amis les plus intimes. 나는 때때로 가장 절친한 친구들의 전화번호를 잊어버리는 때가 있다.
4° Il ~ que P ind(사실)/subj (가능성) Il *advint* qu'elle tomba malade et durant plusieurs mois ne put bouger de son lit. 그녀는 병이 나서 여러달 동안이나 침대에서 꼼짝도 못했던 일이 있었다. s'il *advient* qu'il ait à les dire 만약 그가 그것들을 말해야 되는 경우가 생긴다면.
◇ 1) que P에서의 동사 서법의 용법은 il arrive que P 의 경우와 동일하다.
2) advienne que pourra (⇨que¹ II, 1°).

aérer 1° ~ qc 〈…에 통풍시키다〉 Il faut ~ la chambre tous les matins en ouvrant largement les fenêtres. 아침마다 창문을 활짝 열어서 방을 환기시켜야 한다. Il *a aéré* son exposé par des anecdotes. 그는 발표를 지루하지 않게 하기 위해서 가벼운 일화를 섞었다.
2° s'~ 《변화》 Les manteaux *s'aèrent* sur le balcon. 외투를 발코니에다 내걸어 통풍시키고 있다. J'ai besoin d'aller m'~ un peu à la campagne. 나는 시골에 가서 바람을 좀 쐴 필요가 있다.

affaiblir 1° ~ qn/qc 〈약화시키다〉 La maladie l'*a affaibli*. 그는 병때문에 쇠약해졌다. ~ la résistance de ses adversaires 적의 저항을 약화시키다.
2° s'~ 《변화》〈약해지다〉 Sa vue s'est *affaiblie*. 그의 시력이 약화됐다.

affairer(s') 1° qn s'~ autour/auprès de qn/qc 《변화》〈분주하게 [열심히] 돌보다〉 Ils *s'affairaient* tous les trois autour de la voiture. 그들은 셋이 모두 차 둘레에서 분주하게 일을 하고 있었다. Sa mère, un domestique et une femme de chambre *s'affairaient* auprès d'elle. 그의 어머니와 하인과 식모가 그녀를 돌보느라 분주했다.
2° qn s'~ à qc/Inf 〈…하느라고 분주하다〉 Il *s'affaire* à un travail [à inspecter le moteur de sa voiture]. 그는 일을 하느라[차의 엔진을 검사하느라] 분주하다.

affaisser 1° ~ qc 〈내려앉히다〉 Les fortes pluies de ces jours derniers ont *affaissé* la route. 최근의 심한 강우로 도로가 내려앉았다.
2° s'~ 《변화》〈내려앉다〉 Le plancher s'est légèrement *affaissé*. 방바닥이 약간 꺼졌다. Il *s'affaissa* dans son fauteuil, fatigué. 그는 지쳐서 소파 위에 쓰러졌다.

affaler(s') qn s'~ qp 〖구어〗〈지쳐서 쓰러지다〉 Cette longue marche

m'avait éreinté; je n'avais qu'une pensée, m'~ sur une chaise dans un café. 오랫동안 걸어서 나는 몹시 지쳐 있었다. 그래서 나는 다방으로 들어가서 의자 위에 쓰러졌으면 하는 생각밖에 없었다.
◇ être/rester affalé 〈쓰러져 있다〉 être [rester] affalé dans un fauteuil sans rien faire 하는 일 없이 의자에 쓰러져 있다.

affamer ~ qn 〈굶기다〉 assiéger une ville pour en ~ la population 주민을 기아에 몰아넣기 위해서 도시를 포위하다.

affecter 1° ~ N 〈…인 척하다, 위장하다 (=feindre, faire semblant)〉 Il affectait l'air distrait. 그는 방심한 척하고 있었다. Il affecte le savant. 그는 학자인 체한다. La roche affectait une forme curieuse. 바위는 야릇한 형태를 하고 있었다.
2° ~ de Inf Il affecte d'être savant. 그는 박식한 척한다.
3° ~ N à qc 〈…에 할당하다(=donner un emploi à qn)〉 Je vous demande de m'~ à un autre service. 저를 다른 업무를 하도록 배치해 주십시오. On affectera la salle à des usages divers. 그 방은 여러 용도로 사용될 것이다. C'est une porte exclusivement affectée à la sortie. 이곳이 전용 출구이다.
4° ~ N 〈…에 영향을 미치다〉 La grève affecte plusieurs usines. 파업은 여러 공장에 파급되고 있다. La maladie de sa femme l'a sérieusement affecté. 부인의 병 때문에 그는 몹시 근심했다. Il a été vivement affecté de cette nouvelle. 그는 이 소식에 접하자 매우 슬퍼하였다. Il est très affecté par la chaleur. 그는 몹시 더위를 탄다.
5° s'~ de qc[que P subj, de ce que P ind/subj] 〈…때문에 슬퍼하다〉 Il s'est affecté d'un incident sans gravité. 그는 별로 대단치 않은 사고인데도 슬퍼했다.

affectionner 1° ~ qn/qc 〈몹시 좋아하다〉 Il affectionne son enfant [les romans policiers]. 그는 자기 아이를 [탐정 소설을] 무척 좋아한다.
2° ~ de Inf Il affectionne de nous rendre visite. 그는 우리에게 놀러 오는 것을 퍽 좋아합니다.

affermir 1° ~ qc/qn 〈강화하다, 튼튼하게 하다〉 Les difficultés ont affermi son caractère. 역경이 그의 성격을 강인하게 만들었다. ~ son pouvoir 자기 권력을 강화하다. ~ qn dans ses opinions …의 소견을 확고부동하게 하다 (=~ les opinions de qn).
2° s'~ 《변화》〈튼튼해지다〉 Sa santé s'est affermie depuis son séjour à la montagne. 산에 체재한 이래로 그의 몸이 아주 튼튼해졌다.

afficher[1] 1° ~ qc qp 〈붙이다〉 On a affiché l'horaire du cours dans le couloir. 복도에 강의 시간표가 붙었다.
◇ ~ ø Défense d'~. 벽보 첨부 금지.
2° ~ que P ind 〈…라고 공고하다〉 La mairie a affiché que les élections seraient reportées. 시 당국에서는 선거가 연기되었다고 공고했다.
3° Il est affiché+간접 의문절 (il 은 형식주어이고 si 또는 의문사로 시작하는 간접 의문절이 의미주어) Il n'a pas encore été affiché si le cours aura lieu ou non [quand le cours aura lieu]. 강의가 있을는지 없을는지[언제 있는지]에 대해서 아직 공고가 없었다.

afficher[2] 1° qn ~ qc 〈과시하다〉 Il affiche envers tous les hommes le mépris. 그는 모든 사람에게 대

해서 공공연하게 경멸적인 태도를 취한다.

2° ~ qn 〈자기 애인을 자랑스럽게 데리고 다니다〉 Les femmes les plus brillantes *affichaient* des amants moins respectables. 미모의 여인들이 어수룩한 남자들을 자랑스럽게 데리고 다녔었다.

3° ~ **une femme** 〈어떤 여자와의 관계를 소문내다〉.

4° **s'~** 《변화》〈과시되다〉 Cette débauche, loin de se cacher, *s'affiche* et s'étale. 이런 방탕적인 생활이 비밀리에 행해지는 것이 아니고 보라는 듯이 공공연히 행해진다.

5° **s'~ avec qn** 〈…와 가깝다는 것을 과시하다〉 Il *s'affiche* avec sa maîtresse pendant toutes ses vacances. 휴가 때는 늘 그는 보라는 듯이 자기 애인과 함께 돌아다닌다.

affilier 1° ~ N à N 〈가입시키다〉 Un ami l'*affilia* à la franc-maçonnerie. 어떤 친구가 그를 그 비밀 단체에 가입시켰다.

2° **s'~ à N** 《변화》〈가입하다〉 Je me suis *affilié* à la sécurité sociale. 나는 사회 보험에 가입했다.

affiner 1° ~ qc 〈다듬다, 정련하다〉 ~ du cuivre 구리를 정련하다. ~ le goût 기호를 다듬다.

2° **s'~** 《변화》〈다듬어지다〉 Depuis son arrivée à Paris, son goût s'est singulièrement *affiné*. 파리에 온 이후로 그의 취미가 이상할 정도로 세련되었다.

affirmer I. 1° ~ qc (à qn) 〈단언·확언하다〉 Il (nous) *a affirmé* exactement le contraire. 그는 (우리에게) 꼭 그 반대되는 내용을 주장했다.

◇ ~ ø On ne peut ~. On peut tout supposer. 단정할 수는 없다. 단지 무엇이고 추정할 수 있을 뿐이다.

2° ~ **Inf** Il *affirme* avoir payé cette dette. 그는 이 빚을 분명히 갚았다고 주장한다.

◇ **Inf** 는 le로 대치 가능함: A-t-il *affirmé* m'avoir aperçu dans le métro?—Oui, il *l'a affirmé*. 그가 나를 지하철에서 보았다고 합니까? 예, 그러던데요.

3° ~ (à qn) que P ind/subj (주절이 부정·의문이면 *subj*) Je vous *affirme* que j'ai payé toutes mes dettes. 당신에게 단언하지만 나는 내 빚을 모두 갚았읍니다. Il n'*affirme* pas qu'il soit innocent. 그는 자기가 결백하다고 주장하지는 않는다.

II. 1° **s'~** 《변화》〈확언되다, 확실해지다〉 L'épidémie *s'affirme*. 전염병이라는 것이 분명해졌다.

2° **s'~ Attr** Beaucoup de ses observations *se sont affirmées* justes. 그가 지적한 많은 점들이 옳다는 것이 입증되었다.

affleurer ~ (à) qc 〈스치다〉 La tête du crocodile *affleurait* la surface de la rivière. 악어의 머리는 강의 수면 위로 나올 듯 말 듯 했다.

affliger 1° qn ~ qn 〈…의 가슴을 아프게 하다〉 Sa mort *a affligé* tous ceux qui le connaissaient. 그의 죽음은 그를 알던 모든 사람들을 몹시 슬프게 했다. Elle *a été* très *affligée* par la mort de son oncle. 그녀는 숙부의 죽음을 몹시 슬퍼했다. Il *était affligé* d'un rhumatisme chronique. 그는 만성 류마티즘에 걸렸다.

2° qn **s'~ de qc** 《변화》〈슬퍼하다〉 Il *s'afflige* de la perte de son ami. 그는 자기 친구의 죽음을 몹시 슬퍼한다.

◇ ~ ø Ne *vous affligez* pas ainsi. 그렇게 상심하지 마세요.

3° **s'~ de Inf** Nous *nous affligeons* de les voir dans la misère. 우리는 그가 빈곤하게 지내는 것을 보니 몹시 서글프다.

affluer

4° s'~ (de ce) que P subj Nous *nous affligeons* qu'ils soient dans la misère.

affluer 1° qc ~ qp 〈흐르다〉 Le sang lui *afflua* au visage. 그의 얼굴은 피로 상기되었다. L'argent *afflue* dans les caisses. 〚비유적〛금고에는 돈이 얼마든지 있다.

2° qn ~ qp (qn은 항상 복수 또는 집단명사) 〈모여들다〉 La foule *afflue* dans le métro dès six heures du soir. 지하철에는 저녁 여섯시가 되자 사람들이 들끓는다. Les volontaires *affluaient* de toutes parts. 지원자들이 사방에서 물밀듯이 모여들었다.

affoler 1° ~ qn 〈깜짝 놀라게 하다〉 La nouvelle semble l'~. 그 소식은 그에게 충격적인 모양이다. Sa façon de conduire m'*affole;* il finira par avoir un accident. 그의 운전법은 불안해 죽겠어. 기어코 사고가 나고 말 거야.

2° s'~ 〚변화〛 〈겁내다, 당황하다〉 Ne *vous affolez* pas; nous allons arranger ça. 너무 걱정마세요. 우리가 그 일을 해결할 테니까요.

affranchir 1° ~ qn (de qc) 〈(…에서) …을 해방하다〉 Il faut ~ le pays de la domination étrangère. 이 나라를 외국의 지배로부터 해방시켜야 한다. L'emprunt fait par l'Etat *est affranchi* de toute taxe. 국채는 모든 세금이 면제된다.

2° ~ qn 〚속어〛〈…에게 비밀을 알려주다〉 Il ne paraît pas connaître leurs machinations; *affranchissons-le.* 그는 그들의 흉계를 모르고 있는 모양이야. 알려 주자.

3° ~ qc (qc는 우편물)〈…의 우송료를 우표로 붙이다〉 ~ une lettre [un colis] 편지에 [소포에] 우표를 붙이다.

affronter 1° ~ qn/qc 〈…와 맞서다〉 ~ la mort [un danger, ses parents] 죽음과 [위험과, 부모와] 맞서다.

2° ~ N (N은 복수명사) 〈…을 서로 마주치게 하다, 견주다〉 ~ deux théories [deux puissances] 두 학설을 대조하다〔두 국가를 대적케 하다〕.

3° N s'~ (N은 복수명사) 〚변화〛 〈서로 대치하다〉 Deux puissances *s'affrontent*. 두 국가가 서로 대적한다. Deux points de vue *s'affrontent*. 두 의견이 상충한다.

4° s'~ à qn/qc 〈…와 맞서다〉 Les manifestants *se sont* violemment *affrontés* aux forces de l'ordre. 데모대들은 격렬하게 경찰에 대항했다. Les troupes *se sont affrontées* à une résistance acharnée. 그 부대는 끈질긴 저항을 받았다.

5° qn s'~ avec qn 〈…와 맞서다〉 Il *s'est affronté* avec ses parents. 그는 부모와 맞섰다.

affubler 1° ~ qn de qc (qc는 의복·모자 따위) 〈…에게 …을 입히다〔쒸우다〕〉 ces singes que l'on *affuble* d'une robe 몸에 옷을 걸치는 저 원숭이들.

2° s'~ de qc 〚변화〛〈…을 입다〉 Elle *s'affubla* de la robe du prêtre. 그녀는 그 승려의 법의를 입었다.

affûter ~ qc ~ un couteau [une scie] 칼을〔톱날을〕 갈다.

agacer 1° qc ~ les dents 〈이를 시큰하게 하다〉 Le citron *agace* les dents [la gencive]. 시트론은 이를〔잇몸을〕 시큰하게 한다.

2° ~ qn 〈…의 신경을 거스르다; …에게 아양떨다〉 Je *suis agacé* par ce bruit continuel. 저 계속적인 소음이 신경에 거슬린다. Elle tente de l'~ par des mines et des attitudes qui le font sourir. 그녀는 그를 웃게 만드는 태도와 표정으로 그에게 아양을 떨었다.

3° Cela ~ qn que P subj 〈…하는

것이 신경에 거슬리다〉Cela m'*agace* qu'il n'ait pas pensé à me prévenir (=Qu'il n'ait pas pensé à me prévenir, cela m'*agace* bien). 내게 알릴 생각을 하지 않았다는 것이 기분 나빠.

agencer 1° ~ qc (en qc) 〈배열하다〉J'ai du mal à ~ mes mots en phrases. 단어를 적절히 배열해서 문장으로 꾸며내기가 내겐 무척 어려워. l'art d'~ les scènes d'une pièce 극작품의 무대 배치법.
2° N s'~ Adv (*N*은 복수명사)《변화》〈조화되다〉Ces deux couleurs s'*agencent* bien. 이 두 빛깔은 서로 잘 어울린다.
3° qc s'~ Adv avec qc〈…와 조화되다〉une architecture qui s'*agence* bien avec le paysage 경치와 잘 조화가 되는 건물.

agenouiller(s') s'~ (qp)《변화》〈무릎 꿇다〉 s'~ devant l'autel 제단 앞에 꿇어앉다.

agglomérer 1° ~ qc〈(한 덩어리로) 모으다〉~ du sable et du ciment 모래와 시멘트를 섞다. Le vent *a aggloméré* la neige contre les murs de la maison. 바람이 불어서 눈을 집의 벽쪽으로 쓸어 모았다.
2° ~ qc en qc ~ des sables en dune 모래들이 몰려서 砂丘를 이루다.
3° s'~《변화》〈모이다〉Les mouches s'*aggloméraient* au bord du pot de confitures. 파리 떼들이 잼통 가에 모여들고 있었다.
4° s'~ en qc 〈모여서 …을 이루다〉Les immigrés *se sont agglomérés* en une ville. 이주민들은 모여 살면서 하나의 도시를 형성하였다.

agglutiner 1° ~ N (*N*은 복수명사)〈들러붙게 하다〉La chaleur avait *agglutiné* les bonbons dans le sachet. 봉지 안의 눈깔사탕은 더

위에 녹아서 서로 들러붙어 있었다.
2° s'~《변화》〈들러붙다〉Les passants s'*agglutinaient* devant la vitrine. 행인들이 쇼우윈도우 앞에 몰려 있었다.

aggraver 1° ~ qc〈악화·가중시키다〉La crise du cabinet *a aggravé* la situation. 내각 위기가 정세를 악화시켰다.
2° s'~ 《변화》〈악화되다〉L'état du malade s'*est* brusquement *aggravé* dans la nuit. 밤중에 환자의 상태는 갑작스레 악화됐다.

agir I. 1° ~〈행동하다〉Je n'aime pas sa façon d'~. 나는 그의 행동 방식이 마음에 안든다.
2° ~ en+n (*n*은 무한정 인물명사)〈…으로서 행동하다〉Vous *avez agi* en vrai ami. 당신은 진정한 친구로 행동하였습니다.
3° en ~ bien/mal/ainsi+avec/envers qn〈…에게 잘〔못, 이렇게〕대하다〉Est-ce ainsi que vous en *agissez* avec moi? 당신은 나에게 이렇게 대하기입니까?
4° ~ auprès de qn〈…에게 운동하다〉Il faudrait essayer d'~ directement auprès du ministre. 장관에게 직접 운동을 해보도록 해야 할 것입니다.
5° ~ sur qn/qc〈…에 영향을 미치다, …에 작용하다〉Quels facteurs *agissent* sur la prononciation? 발음에 영향을 미치는 요인들이 무엇입니까? Les remèdes n'*agissent* plus sur le malade. 그 약들은 이제 그 환자에게 듣지 않는다.
II. 1° Il s'~ de N (불변)〈…이 문제다〉Dans cette affaire, il s'*agit* des intérêts du pays. (Rietsch) 이번 일은 국익의 문제이다.
2° Il s'~ de Inf Il ne s'*agit* que de les rendre heureux. 그들을 행복하게 하는 것만이 문제이다.
3° Il s'~ que P subj Il s'*agit* qu'on s'entende. 마음이 맞아야 된

다.
4° **s'agissant de qn/qc** *S'agissant des problèmes de pollution, nous les examinerons au cours du conseil d'administration.* 공해문제라면 우리는 심의회 석상에서 검토할 것이다.

agiter 1° ~ N 〈흔들다; 동요시키다; 토의하다〉 ~ **son mouchoir** 〔**un drapeau**〕 손수건을〔기를〕 흔들다. ~ **le peuple** 국민을 동요케 하다. ~ **une question** 〔**un problème**〕 어떤 문제의 해결책을 남과 토론하다.
2° **s'** ~ 《변화》〈흔들리다; 동요하다〉 *La mer commence à s'~.* 바다의 파도가 일기 시작한다. *Les branches s'agitent.* 나뭇가지가 흔들린다. *Le peuple s'agite.* 국민이 동요한다.

agonir 1° ~ **qn d'injures** 〔**de sottises**〕〈…에게 마구 욕설을 퍼붓다〔…를 멍청이라고 욕설을 퍼붓다〕〉 *Il m'a agoni de sottises parce que je l'ai bousculé.* 내가 그를 밀쳤다고 그는 내게 욕설을 퍼부었다.
2° **se faire** ~ (**d'injures**) 〈욕을 얻어먹다〉 *Je me suis fait ~ d'injures pour avoir osé lui reprocher sa fainéantise.* 그의 게으름을 비난했다고 해서 호되게 욕을 얻어먹었다.

agoniser ~ 〈죽어가다〉 *L'accident venait d'avoir lieu; un blessé agonisait sur le bas-côté de la route.* 사고가 일어난 직후 한 부상자가 길 아래쪽에서 신음하고 있었다.

agrandir ⇨auxiliaires I, 3°, ②.

agréer 1° ~ **qc** 〈받아들이다〉 *Il a agréé ma demande.* 그는 내 요구를 받아들였다. *Veuillez ~, Monsieur, l'expression de mes sentiments distingués.* 나의 경의를 받아 주시기 바랍니다, 경구《(편지끝의) 인사말》).
◇ **se faire** ~ **par/dans un groupe** 《변화》〈어떤 그룹에 끼다〉 *Il s'est fait ~ dans ce milieu si fermé de la bourgeoisie sud-américaine.* 그는 아주 폐쇄적인 남미 부유층의 그 사교계에 끼어들 수 있었다.
2° ~ **que P subj** 〖문어〗〈허용하다〉 *Agréez que je vous envoie cet exemplaire de ma thèse.* 외람되지만 저의 이 논문 한 부를 보내 드립니다.
3° **qc** ~ **à qn** 〖문어〗〈…의 마음에 들다〉 *Ma réponse vous agrée-t-elle?* 저의 대답이 마음에 드십니까?
4° **Cela/Il** ~ **à qn de Inf/que P subj** 〖문어〗〈…의 마음에 들다〉 *Cela vous agrée-t-il que je vous rende visite?* 제가 방문을 해도 괜찮을까요? *Il ne lui agréait pas de se conformer à ce projet.* 이 계획을 따르는 것을 그는 좋아하지 않았다.

agréger 1° ~ **qc en qc** 〈직접목적어는 복수명사 또는 et로 연결되는 단·복수명사〉〈한 덩어리로 만들다〉 *La glaise a agrégé les graviers en une masse compacte.* 점토가 자갈을 응결시켜 단단한 덩어리가 되게 했다.
2° ~ **qn à qc** 〈…에 입단시키다〉 ~ **quelques éléments jeunes à la direction d'un parti** 정당의 지도부에 몇몇 젊은 당원을 받아들이다.
3° **s'** ~ **qn** 〈주어는 단체를 뜻하는 명사〉《가변》〈(어떤 단체가) …을 가입시키다〉 *La troupe théâtrale s'est agrégé quelques nouveaux acteurs.* 그 극단은 새로이 몇몇 배우를 입단시켰다.

agrémenter 1° ~ **qc de qc** 〈…에 …를 곁들여 멋을 붙이다〉 *Jean agrémente ses conférences de citations classiques.* 장은 강연을 할 때마다 케케묵은 인용을 일삼는다.
◇ **être agrémenté de qc** *Le salon était agrémenté de tentures*

rouge et vert du plus bel effet. 응접실은 극히 효과적인 적색과 녹색의 벽포로 장식되어 있었다.
2° ~ qc 〈(간접보어 없이)〉〈장식하다〉 Des citations érudites *agrémentent* le discours du capitaine des pompiers. 소방대장의 연설은 유식한 인용이 많다.

agresser ~ qn 〈공격하다〉 Deux individus l'*ont agressé* la nuit dernière. 두 명의 괴한이 지난 밤에 그를 습격했다. Un passant *a été agressé* dans le quartier cette nuit. 지난 밤에 한 행인이 이 동네에서 습격당했다.

agripper 1° ~ qn/qc 〈움켜잡다; 낚아채다〉 Il *agrippa* la main de son ami et la serra. 그는 친구의 손을 덥석 잡고는 악수했다. Le voleur *agrippa* le sac de la passante et s'enfuit sans que personne eût le temps de l'arrêter. 도둑은 그 여자행인의 핸드백을 낚아채서 아무도 미처 그를 잡을 여유를 주지 않고 달아났다.
2° qn s' ~ à qn/qc 《변화》〈…에 늘어붙다, 매달리다〉 L'enfant ne savait pas nager et *s'agrippait* au cou de son père. 그 어린애는 헤엄을 칠 줄 몰라서 아빠의 목에 매달렸다. George avait saisi son bras et *s'y agrippa*. 조르주는 그의 팔을 잡고 거기 매달렸다.

aider I. 1° ~ N 〈돕다, 보조하다〉 Pourquoi ne l'*avez*-vous pas *aidée* plus tôt? 당신은 왜 그녀를 좀 더 일찍 돕지 않았습니까? Cette méthode *aide* la mémoire. 이 방법은 기억력을 돕는다.
◇ 1) ~ à qn 은 옛날 어법.
2) ~ qn de qc Peut-il l'~ de son avis? 그의 의견이 그에게 도움이 될까요?
3) ~ ∅ Le temps *aidant* (=avec le temps), sa douleur finira par s'atténuer. 시간이 가면, 그의 고통은 결국 가라앉을 것이다.
2° ~ qn à/dans qc Il m'*a aidé* dans mon travail. 그는 내가 일하는 것을 도와주었다. Il a besoin d'*être aidé* dans ce travail. 그는 이 일을 하는 데 다른 사람의 도움을 받을 필요가 있다.
◇ ~ ∅ à qc Un peu de vin pur après le repas *aide* à la digestion. 식사후의 약간의 순포도주는 소화를 돕는다.
3° ~ qn à Inf 〈…으로 하여금 …하도록 돕다〉 Comme mes valises étaient lourdes, il m'*a aidé* à les porter jusqu'à la gare. (Matoré) 내 가방이 무거웠으므로, 그는 내가 그것을 역까지 운반하는 것을 도와주었다.
◇ 1) à Inf 는 y 로 대치 가능함: Qui vous *a aidé* à vous relever? —Une passante m'y *a aidée*. 누가 당신이 일어나는 것을 도와주었나요?—어느 행인이 그랬어요.
2) ~ qn ∅ Pierre *a aidé* Marie à travailler? — Oui, il l'*a aidée*.
4° ~ qn à ce que P subj 〈(…가) …하도록 도와주다〉 Elle *aidait* Alzire à ce qu'il ne manquât de rien. 그녀는 알지르에게 아무 부족한 것이 없도록 그를 도와주었다.
II. 1° s'~ 《변화》〈스스로 돕다; 서로 돕다〉 *Aide-toi* et le ciel t'aidera. 하늘은 스스로 돕는 자를 돕는다. Ils *s'aident* mutuellement. 그들은 상호부조한다.
2° s'~ de qc (pour Inf) 〈(…하기 위해) …을 사용하다〉 Il *s'est aidé* de son bâton pour sortir du trou. 그는 구멍에서 빠져나가기 위해 자기 지팡이를 이용했다.

aigrir 1° ~ qn/qc 〈화나게 하다〉 Ses déceptions sentimentales *ont aigri* son caractère. 실의에 찬 그는 성격이 신경질적이 되었다.
◇ être aigri Ce vin *est aigri*. 이 포도주는 시어졌다.

aiguiller

2° ~ 〈시어지다(=s'aigrir)〉 Par ce temps d'orage, le lait *aigrit* facilement. 이렇게 비가 많은 철에는 우유가 잘 변한다.

3° s'~ 《변화》〈시어지다; (성격이) 까다로와지다〉 Mon oncle *s'est aigri* avec l'âge. 늙어가면서 우리 아저씨는 점점 성격이 까다로와져 갔다. Le vin *s'aigrit*. 포도주가 시어 간다.

aiguiller [egɥije].

1° ~ **un train** (qp) 〈열차를 전철하다〉 ~ un train sur une voie de garage 기차를 차고선으로 전철하다.

2° ~ **qn/qc vers/sur qc** 〈…으로 향하게 하다〉 Il *aiguilla* la conversation sur son prochain voyage. 그는 앞으로 있을 자기 여행으로 얘기를 돌렸다. Les élèves *seront aiguillés*, selon leurs capacités, vers un enseignement court ou un enseignement long. 학생들은 장차 제각기의 능력에 따라서 단기 또는 장기 교육으로 갈려나가게 할 것입니다.

aiguillonner [egɥijɔne].

~ **qn/qc** 〈자극하다, 분발케 하다〉 Le paysan *aiguillonne* ses bœufs. 농부가 소들을 몰아친다. Il *est aiguillonné* par la proximité de l'examen. 그는 시험이 가까와져서 분발한다.

aiguiser [egize, egɥize].

~ **qc** 〈…의 날을 세우다, …을 날카롭게 하다〉 ~ une hache avant de s'en servir 사용하기 전에 손도끼의 날을 세우다. Les ciseaux ont besoin d'*être aiguisés*. 가위의 날을 세워야겠다. Ces petits gâteaux salés *aiguisent* l'appétit. 이 짭짤한 과자들은 식욕을 돋군다. Le contact avec ce milieu cultivé a *aiguisé* son jugement. 그 교양있는 인사들과의 접촉은 그의 판단력을 예리하게 만들어 주었다.

aimer I. 1° ~ **qn/qc** 〈사랑하다, 좋아하다〉 Il *aime* ses enfants par-dessus tout. 그는 무엇보다 자기 자식들을 사랑한다. *J'aime* la lecture. 나는 책읽기를 좋아한다.

◇ 1) 보어명사 앞에는 부정관사 혹은 부분관사의 사용이 불가능하다. 단, aimer 가 조건법으로 사용될 때는 가능하다: *J'aimerais* du cognac. 나는 코냑을 마셨으면 좋겠어요. *J'aimerais* un café. 나는 커피를 한 잔 했으면 좋겠어요.

2) ~ qc 의 구문(예: *J'aime* les fruits)은 수동형이 불가능하다.

3) 〈매우〉의 뜻으로 정도부사를 사용할 때는 bien, beaucoup 를 다 쓸 수 있다: *J'aime* bien ses chansons. 나는 그의 노래를 아주 좋아한다. Il n'*aime* pas beaucoup les sorties de sa femme. (Rietsch) 그는 자기 부인의 외출을 별로 좋아하지 않는다.

4) ~ ø Il n'a jamais *aimé*. 그는 사랑해 본 적이 없다 《〈…를 사랑하다〉의 뜻으로만 보어없이 사용할 수 있다》.

2° ~ **Inf** 〈…하기를 좋아하다〉 *J'aime* lire. 나는 책읽는 것을 좋아한다. *J'aimerais* entendre ce disque. 나는 이 레코드를 듣고 싶다.

◇ 1) Inf 앞에 de 를 사용하는 예가 있는데 이는 옛날 어법의 잔재이다. 한편 ø Inf 대신 à Inf를 쓰기도 한다.

2) 이 구문에서의 Inf 는 le 로 대치될 수 없고 cela 나 ça 로 대치되거나 생략될 수 있다: *Aimez*-vous regarder la télévision? —*Oui, je l'aime*./Oui, j'*aime* ça.

3° ~ **que P subj** *J'aimerais* que l'on me laisse en repos. 나를 쉬게 내버려 두면 좋겠다.

◇ que P subj 는 접속법 사용을 피할 수 있는 「voir[entendre] N Inf」로 표현할 수도 있다: Ses parents n'*aiment* pas la voir rentrer

tard. 그녀의 부모는 그녀가 늦게 돌아오는 것을 좋아하지 않는다.
4° ~ **mieux qc/qn que qc/qn** J'*aime* mieux le vin que la bière. 나는 맥주보다 포도주를 더 좋아한다.
5° ~ **mieux Inf que (de) Inf** J'*aime* mieux rester chez moi le dimanche que (de) respirer l'essence sur les routes. 나는 일요일에는 길에 나가 휘발유 냄새를 맡는 것보다 집에 있는 것이 좋다.
6° ~ **mieux que P subj** 〈…하는 편이 더 좋다〉 J'*aimerais* mieux que vous ne sortiez pas. 나는 당신이 외출하지 않으면 더 좋겠어요.
◇ 1) ~ **mieux que P subj (plutôt) que de Inf** 〈…하기보다는 …하는 편이 더 좋다〉 J'*aime* mieux qu'il vienne (plutôt) que d'aller le chercher. 나는 내가 그를 찾으러 가기보다는 그가 오면 좋겠다.
2) ~ **mieux qc/que P subj** que 뒤에는 que P가 올 수가 없으므로 ~ mieux 와 동일주어의 Inf 로 바꾸어 표현한다. 이때 Inf 는 「약세보어인칭대명사」+ Inf + (약세보어인칭대명사)+Inf」의 구성이 된다: J'*aime* mieux qu'il parte que de le voir partir 《문어에서는 que P subj 를 si P로 대치시켜 사용하기도 한다: J'*aime* mieux qu'il parte que s'il reste.》.
3) aimer 가 le mieux 와 결합되면, C'est... que N *aime* le mieux 또는 Ce que N *aime* le mieux, c'est …의 강조구문을 사용한다: C'est Gide que j'*aime* le mieux. 내가 가장 좋아하는 작가는 지드이다. Ce que j'*aime* le mieux, c'est de prendre un bon bain en rentrant chez moi. 내가 가장 좋아하는 것은 집에 돌아가다가 기분좋게 목욕을 한번 하는 것이다.
II. 1° **s'~ Prép N** 《변화》〈…을 좋아하다〉 Il s'*aime* à la campagne. 그는 시골에서 사는 것을 좋아한다. Je m'*aime* avec ce chapeau. 나는 이 모자를 쓰는 것이 좋다.
2° **s'~** 〈서로 사랑하다〉 Ils s'*aiment* et n'osent se l'avouer. 그들은 사랑하지만 감히 서로 고백하지 못한다.

ajourner ~ **qc (à N)** 〈연기하다〉 Le conseil de planification *a ajourné* sa séance (au lendemain). 기획 자문회는 회의를 (다음날로) 연기했다. La session de l'Assemblée Nationale *a été ajournée* d'une semaine. 국회의 개회가 일주일 연기되었다.

ajouter 1° ~ **qc** 〈덧붙이다, 추가하다〉 Il n'*ajouta* pas un mot. 그는 한마디도 덧붙이지 않았다.
◇ ~ ø (-).
2° ~ **qc à qc** J'ai *ajouté* dix lignes à mon paragraphe. 나는 내 항에 열 줄을 덧붙여 썼다.
3° ~ **Inf** 〈…하다고 덧붙여 말하다, 부언하다〉 Il *a ajouté* avoir fait son service militaire. 그는 군복무를 마쳤노라고 부언했다.
4° ~ **que P ind** 〈…라고 부언하다〉 Il *ajouta* qu'il avait faim. 그는 배 고프다고 덧붙여 말했다.
5° ~ **si P(int. ind.)** 〈(…인지 아닌지) 덧붙여 묻다〉 Il *a ajouté* qui avait répondu. 그는 누가 대답했느냐고 덧붙여 물었다.
6° ~ **à qc** 〈…에 덧붙여지다; …을 증대시키다〉 Le mauvais temps *ajoute* encore aux difficultés de la circulation. 불순한 일기가 교통난을 더욱 심하게 한다.
7° **s'~ à qc** 《변화》〈…에 덧붙다, 추가되다〉 A ce facteur s'en *ajoute* d'autres. 이 요인에 다른 요인들이 첨가된다.

ajuster 1° ~ **qc à qc** 〈…을 …에 맞추다〔조정하다〕〉 ~ un tuyau à un robinet 수도꼭지에 호스를 맞추다. Le tailleur *ajuste* le costume

alarmer 614

à la taille du client. 재단사가 옷을 손님의 몸에 맞춘다.
2° ~ qc 〈정돈하다〉 Elle *ajusta* un peu sa coiffure avant d'entrer dans le salon. 그녀는 응접실로 들어서기 전에 머리에 약간 손질을 했다.
3° ~ qn/qc 〈겨누다〉 Le chasseur *ajuste* le lièvre. 사냥꾼이 토끼를 겨냥한다. bien ~ son coup 잘 겨냥하다.
4° s'~ à qc 《변화》〈…에 맞다〉 On doit s'~ aux usages du pays où l'on réside. 사람은 자기가 살고 있는 고장의 습관에 맞추어서 살아야 한다.
5° s'~ 〈서로 들어맞다〉 Les pièces du mécanisme *s'ajustent* parfaitement. 이 기계의 각 부품은 다 잘 맞는다.

alarmer 1° ~ qn 〈불안하게 만들다〉 La rupture des négociations *alarma* l'opinion publique. 협상의 결렬은 세인을 불안케 했다.
2° s'~ de qc 《변화》〈…을 불안해 하다〉 Je *me suis alarmé* en vain de son retard. 나는 그가 늦을까 하고 공연한 걱정을 했다.
3° s'~ de ce que P ind/subj; s'~ que P subj; s'~ de Inf 〖문어〗〈…할까 걱정하다〉 Il *s'alarme* de ce que nous devions le quitter. 그는 우리가 그에게서 떠나게 될까 걱정한다. Il *s'alarme* qu'on lui demande de quitter le pays. 그는 자기더러 출국하라고 하지 않을까 걱정한다. Il *s'alarme* de quitter le pays. 그는 출국하게 될까 걱정한다.

alerter ~ qn (sur qc) 〈(…에 대해서) …에게 경고하다, …에게 알리다〉 ~ la police (위급한 일이 생겼을 때) 경찰에 알리다. Son travail est vraiment mauvais; il faut ~ le père sur les conséquences de cette insuffisance. 그의 성적이 형편없다. 그의 아버지에게 이런 무능의 결과에 대해서 경고를 해둘 필요가 있다. Il y a une fuite d'eau, *alerte* les voisins. 수도물이 새어요. 이웃 사람들에게 알려요.

aliéner 1° ~ qn/qc 〈양도하다; 버리다〉 Ils *ont aliéné* leur petite maison de campagne contre une rente viagère. 그들은 조그마한 시골집을 넘겨주는 대신 종신 연금을 받게 되었다. Renoncer à créer des industries de base, c'est ~ l'indépendance nationale. 기간 산업의 개발을 포기한다는 것은 국가의 독립을 포기하는 것이나 마찬가지이다.
2° ~ qn à qn 〈…를 …에게서 소외시키다〉 Les augmentations d'impôts lui *ont aliéné* les esprits les plus favorables. 그의 고과세 정책은 그에게 제일 잘 동조하던 사람들마저도 그에게 등을 돌리게 만들었다.
3° qn s'~ qc 《변화》〈잃다〉 Par sa négligence, il *s'est aliéné* toutes les sympathies déjà acquises. 자신의 소홀함으로 말미암아 그는 기왕에 획득해 놓았던 모든 친구들의 동정을 잃고 말았다.

aligner 1° ~ N (N은 복수명사) 〈늘어 세우다, 늘어놓다〉 ~ ses pions au début du jeu 장기를 시작할 때 말을 제자리에 늘어놓다. Après la bataille le général ne pouvait plus ~ que quelques régiments. 전투가 끝난 후 장군은 겨우 수 개 연대밖에는 더 정렬시킬 수가 없었다.
2° ~ qc sur qc 〈…을 …와 합치게 하다〉 Le gouvernement *aligne* toute sa politique sur la stabilité. 정부는 모든 정책을 안정성 추구의 기반 위에 둔다.
3° s'~ (qp) 《변화》〈정렬하다〉 Les livres *s'alignent* sur les rayons de la bibliothèque. 책들이 서재의 책꽂이에 줄지어져 있다.

aller

4° s'~ sur qc 〈(어떤 행동노선에) 동조하다〉 Il *s'aligne* sur la position officielle de son parti. 그는 자기 정당의 공식 노선에 동조한다.

alimenter 1° ~ qn de qc 〈…에게 …를 먹이다〉 On *alimente* les nouveaux-nés de lait. 신생아에게는 모유를 먹인다.

2° ~ qn/qc 〈…의 자료를 주다〉 ~ une conversation 이야기거리를 제공하다. Il faut continuellement ~ la chaudière pour qu'elle ne s'éteigne pas. 보일러가 꺼지지 않도록 계속 연료를 대주어야 한다. ~ un malade avec des bouillons 환자에게 수프를 먹이다.

3° ~ qn/qc en qc 〈…에 …을 공급하다〉 Le barrage *alimente* en eau les villes voisines. 그 댐은 인근 도시에 물을 공급한다. La région *est alimentée* en électricité par une centrale thermique. 이 지역은 수력 발전소가 전기를 공급하고 있다.

4° s'~ (de qc) 《변화》〈(…을) 먹고 살다(=se nourrir)〉 Elle fait la grève de la faim. Elle ne *s'alimente* plus depuis trois jours. 단식 스트라이크를 하는 그녀는 사흘 전부터 음식을 전폐하고 있다. Il ne *s'alimente* que de fruits. 그는 과일만 섭취한다.

allaiter ~ qn 〈…에게 젖을 먹이다〉 La jeune mère *allaite* son bébé. 나이 어린 어머니가 어린애에게 젖을 먹이고 있다.

◇ ~ ø Elle n'*allaite* plus depuis trois semaines. 그 여자는 젖을 먹이지 않기 시작한 지가 3주일이나 된다.

allécher ~ qn 〈유혹하다〉 Il l'*a alléché* en lui faisant miroiter un gain plus élevé. 그는 더 많은 수입을 기대할 수 있다고 하면서 그를 유혹했다. maître Renard, par l'odeur *alléché*… 여우 선생님은 냄새에 이끌려….

alléger ~ qn/qc 〈…의 짐〔무게〕을 덜어주다〉 ~ la charge d'un camion 트럭의 화물을 줄이다. ~ les petits contribuables 영세 납세 의무자들의 세금을 경감하다. ~ la souffrance de *qn* …의 고통을 덜어 주다. Le toit de la voiture est trop chargé; *allégez*-le d'une valise. 차 지붕 위에 짐이 너무 많이 실렸다. 트렁크 하나만 내려라.

alléguer 1° ~ qc 〈(증거로서) …을 제시하다〉 ~ un texte 〔un auteur, un fait〕 입증 자료로 어떤 글〔저자의 말, 사실〕을 내세우다. Quelle excuse pourra-t-il ~? 그는 무슨 변명을 내세울까?

2° ~ que P ind Il *allègue* que la liberté excessive se détruit enfin elle-même. 지나친 자유는 결국 자멸하고 만다고 그는 주장한다.

3° ~ Inf Il *allégua* avoir été mal informé. 그는 충분한 정보 제공을 받지 못했다고 주장했다.

aller A. 1° 활용상 심한 불규칙성은 세 개의 서로 다른 라틴어 어간에서 연유한다. (1)ire→irai (직설법 미래), irais(조건법현재) (2)vadere →vais, vas, va, vont(직설법현재) (3) alare→allant, allons, allez 등 기타 변화형.

2° 명령법 단수 2인칭형은 va이나 y 앞에서는 vas-y[vazi]로 -s를 끼운다. 그러나 「y 또는 en+Inf」의 앞에서나 전치사 en 및 그 밖의 모음으로 시작되는 단어 앞에서는 va를 사용한다(-s를 붙이지 않는다) : *Va* en chercher. *Va* y voir. *Va* en paix. *Va* entendre ce qu'il dit.

B. I. 1° ~ qp(*qp*는 장소의 부사 또는 전치사+명사) 〈가다〉 Je *suis allé* loin〔à Paris, au restaurant〕. 나는 멀리〔파리에, 식당에〕 갔다.

◇ à qn이 보어로 올 때 à qn은 약세보어인칭대명사로 대치할 수 없

다. (⇨pronoms personnels III, 2°, ③). 또 이 뜻으로 N ~ ø의 구문은 허용되지 않는다. 그러나 ir-가 어간인 변화형은 N ~ ø가 가능하지만 그 경우에도 y와 결합될 수는 없다: *Je *suis allé*. J'y *suis allé*. J'*irai*. *J'y *irai*. J'*irais* si je pouvais. 그럴 수만 있다면 가볼 텐데요. 《단, Ça *va?* 와 같은 특수 구문에서는 N ~ ø도 가능하다》.

2° ~ Inf 〈…하러 가다〉 Il *est allé* se promener. 그는 산책하러 갔다.

◇ 1) 이 구문에서도 ~ ø는 안 된다. 그리고 Inf 는 y로써 대명사화가 가능하다: *Est*-il *allé* se promener?—Oui, il y *est allé*. 또, 이 때 Inf 의 사용에도 제약이 있다: *Il est allé* avoir fini. * Il *est allé* avoir peur.

2) 이 구문은 Inf 의 위치가 고정(aller 의 직후)되어 있는 데 반해서 ~ pour Inf 의 구문에서는 pour Inf 의 위치가 가변적이다.

3° ~ Adv 〈지내다; (일)진행되다, 되어가다; (기계)움직이다〉 Je *vais* bien(=Ma santé est bonne). Comment *allez*-vous? Ma montre ne *va* pas bien(=fonctionne mal).

◇ 1) 건강상태를 표현하는 「aller+bien」은 단순시제로만 사용되며, 복합시제로는 「être+bien」을 쓴다: J'ai été bien(이 때 bien 은 양태부사가 아니므로 *J'ai bien été 라고 할 수 없다).

2) ~ ø Ça *va?* 재미좋은가?, 어때?, 됐어요?

4° ~ (en)+현재분사 (사태가 점차적으로 진행되어가는 것을 표현) Sa maladie *va* en s'aggravant de jour en jour. 그의 병세는 나날이 중해져간다.

◇ ~+현재분사 의 구문은 문어에 속한다.

5° qc ~ à qc 〈…로 통하다, …에 이르다〉 La route *va* jusqu'à l'église. 이 길은 교회까지 통하는 길이다.

6° qc ~ à qn 〈…에 어울리다; …에 맞다; …의 마음에 들다〉 Ton costume *ira* à ton frère. 네 옷이 네 동생에게 맞겠다. Je vais le vendre pour 30 francs. Ça vous *va?* 나는 그것을 30 프랑에 팔려고 하는데 괜찮겠어요?

◇ à qn은 약세보어인칭대명사로 대치된다: Mon manteau ne me *va* pas: il est trop long. 내 외투는 내게 맞지 않는다. 그것은 너무 길다.

7° qc ~ à qc 〈…에 어울리다, …에 맞다〉 la clef qui *va* à la serrure 자물쇠에 맞는 열쇠.

8° qc ~ avec qc 〈…에 어울리다, …에 맞다〉 Est-ce que ce sac de cuir *va* avec la veste? 이 가죽 백이 상의와 어울리니?

9° ~ Inf 〈곧 …하려 하다〉 J'*allais* partir quand il s'est mis à pleuvoir. 내가 떠나려 하는데 비가 오기 시작했다.

◇ 1) 이때 aller 는 결여동사 verbe défectif 로 직설법현재 및 반과거에서만 사용된다. 따라서 *Il *ira* [*est allé*] avoir peur. *Il veut ~ avoir peur.

2) Grevisse (Le Bon Usage 583)는 「aller+aller」의 결합중 Nous allons aller 등은 cacophonie 에 의해 회피되고 두 aller 동사 사이에 삽입되는 요소가 존재하는 경우에만 가능하다고 서술하고 있으나 Nous allons aller travailler 는 가능한 문장이다.

10° ~ Inf 의 구문이 특수한 뜻을 나타내는 경우

(1) qn ~ Inf (긍정문 2, 3 인칭에서 명령을 나타냄. 화자의 의지) Tu *vas* obéir. 복종하여라.

(2) (N) ne pas ~ Inf(금지명령) Vous n'*allez* pas vous fâcher. 화내면 안됩니다. N'*allez* pas croire cela. 그런 말은 믿지 마십시오.

(3) ø ~ (donc) Inf (반어적 명령,

도전) *Allez* donc essayer d'apaiser un tel fanatique! 저런 광적인 사람을 진정시키겠다니 어디 해볼 테면 해보세요! 《불가능하거나 터무니 없는 일을 반어적으로 표현》.
(4) 의문문(책망 섞인 명령) *Vas-tu* donc cesser de pleurer? 뚝 그치지 못하겠니? *Vas-tu* me fermer cette porte? 그 문을 냉큼 닫지 못하겠니?
(5) ~ **Inf**(가정, 가능성) Que n'irat-il pas supposer? 그는 무엇인들 가정하지 않겠습니까? S'il *allait* ne pas venir! 그가 만약 안 온다면!

II. 1° s'en ~ Inf 《변화》〈…하러 가다〉 Il *s'en alla* combattre les Maures. 그는 무어인들과 싸우러 갔다.
◇통사적 성격은 비대명동사 aller와 동일.

2° s'en ~ Inf 〈곧 …하려 하다〉 Je *m'en vais* le dire à votre père. 나는 당신 아버님께 그 이야기를 하려는데요.
◇ 직설법 현재단수 1 인칭으로만 쓰인다.

3° s'en ~ + 현재분사 〈계속적으로 …하다〉 Le fleuve *s'en allait* grossissant. 강물이 점차로 불어가고 있었다.

allier **1° ~ N** (*N*은 사물명사로 복수이거나, 또는 et로 연결되는 두 개의 명사) 〈합금〔화합〕시키다〉 ~ divers métaux 여러가지 금속을 합금하다. ~ le fer et le cuivre 철과 동을 합금하다.

2° ~ qc avec qc ~ l'or avec l'argent 금과 은을 합금하다.

3° ~ N (*N*은 인물·사물 명사로 복수명사이거나 et로 연결되는 두 개의 단·복수명사) 〈결합시키다〉 Des intérêts communs ont *allié* les deux pays〔le Mali et la Malte〕. 공통적 이해관계가 두 나라를 〔말리와 말타를〕 결합시켰다.

4° ~ N à/avec N 〈…를 …와 결합시키다〉 ~ la force à la prudence 힘과 용의주도성을 겸비하다. *être allié* à une famille noble 지체 높은 집안과 결연하다.

5° s'~ à/avec qn/qc 《변화》〈결혼하다; 어울리다〉 Il *s'est allié* à une des plus riches familles de la ville. 그는 시내에서 제일 가는 부잣집 딸과 결혼했다. Ces deux couleurs *s'allient* très mal ensemble. 이 두 빛깔은 조화가 전혀 안된다.

allonger **1° ~** 〈길어지다〉 Avec le printemps, les jours *allongent* vite. 봄이 되면 해가 급속히 길어진다.

2° ~ qc 〈길게 하다, 뻗치다〉 ~ le bras 팔을 펴다. ~ les jambes sur la chaise 의자에 앉아서 두 다리를 뻗다. Il *allongeait* inutilement l'entrevue. 그는 쓸데없이 면담을 질질 끌었다.

3° ~ qc à qn 〔구어〕 〈안겨주다〉 ~ un pourboire au coiffeur 이발사에게 팁을 주다. Il lui *a allongé* un coup de poing sur la figure. 그는 그의 얼굴을 주먹으로 갈겼다.

4° s'~ (1) **qc s'~** 《변화》〈길어지다〉 Les jours *s'allongent*. 해가 길어진다. La route *s'allonge* tout droit devant nous. 우리 앞에는 길이 곧장 뻗어 있다. A cette nouvelle, son visage *s'allongea*. 이 소식을 듣자 그의 얼굴에는 실망의 빛이 감돌았다.

(2) **qn s'~** 〈길게 드러눕다, 땅바닥에 쓰러지다〉 Il *s'est allongé* sur le lit, écrasé de fatigue. 피로에 못이겨 그는 침대 위에 길게 드러누웠다. Ils *s'allongeaient* derrière la haie pour guetter son arrivée. 그들은 그가 도착하는 것을 엿보려고 울타리 뒤에 매복해 있었다.

allumer **1° ~ qc** 〈켜다; 자극하다〉 *Allume* le gaz et mets la casserole sur le feu. 가스불을 켜고 거기에 냄비를 올려놓아라.

◇ ~ ø 〈불을 켜다〉 Il fait sombre, il va falloir ~. 어둡다. 불을 켜야 되겠다.

2° s'~ 《변화》〈불이 켜지다; 빛나다〉 Ses yeux s'allumèrent à ces mots. 이 말에 그의 눈은 빛났다.

alourdir ~ N 〈무겁게 하다; 둔하게 하다〉 Le fardeau qu'il porte sur ses épaules *alourdit* sa démarche. 어깨에 진 짐이 그의 발걸음을 무겁게 한다. L'âge commençait de l'~. 그는 나이가 들어 몸이 둔해지기 시작했다. Cette tournure *alourdit* la phrase. 이런 표현을 쓰면 문장이 무거워진다.

altérer 1° ~ N 〈(색을) 바래게 하다; 변하게 하다〉 Le soleil *a altéré* la couleur de sa chemise. 그의 셔츠 색이 햇빛에 바랬다. Cette interprétation *altère* le sens du texte. 이러한 해석은 원문의 뜻을 왜곡하는 것이다.

2° s'~ 《변화》〈변색·변질하다〉 Les couleurs de cette toile *se sont altérées*. 이 천은 색이 바랬다.

alterner 1° N ~ (N은 복수명사) 〈교대하다, 번갈아 …하다〉 Les deux conducteurs *alternèrent* au volant pendant tout le voyage. 여행하는 동안 내내 그 두 운전수가 교대해가며 운전했다. Diverses couleurs *alternaient* dans un rythme rapide. 여러 가지 색깔이 빠른 리듬으로 교대되었다.

2° ~ avec N 〈…와 교대하다〉 Les vents violents *alternaient* avec des calmes plats. 강풍이 멎으면 고요함이 찾아들곤 했다. Les périodes d'activité intense *alternent* avec de longs moments d'inaction. 심한 활동의 시기와 긴 무위의 시간들이 번갈아 온다.

3° ~ qc (qc는 복수) ~ les cultures pour éviter l'épuisement des sols 토양의 황폐를 막기 위해 윤작〔돌려 짓기〕하다.

alunir ~ (qp) 〈(달에) 착륙하다〉 Les cosmonautes *ont aluni* (dans la mer des tempêtes). 우주 비행사들은 달(의 폭풍의 바다)에 착륙했다. La fusée passa à côté de la Lune, au lieu d'~. 그 로케트는 달에 착륙하지 않고 달 옆을 비켜 지나갔다.

amadouer 1° ~ qn 〈…을 꼬시다, …에게 아첨하다〉 Il chercha à l'~ par des paroles habiles. 그는 감언이설로 그를 꼬시려 들었다. J'ai été *amadoué* par son air modeste et réservé. 그의 겸손하고 말없는 태도가 내 마음에 들었다.

2° s'~ 《변화》〈마음이 흐뭇해지다〉 Au début elle était farouche; puis elle *s'amadoua* et abandonna sa réserve. 그녀는 처음에는 몹시 딱딱하게 굴었으나 마음이 편해지자 태도가 사근사근해졌다.

amaigrir 1° ~ qn 〈야위게 하다〉 Ce long séjour dans les pays chauds l'*avait* considérablement *amaigri*. 더운 지방에 오래 머문 그의 몸은 몹시 야위었다. Il sortit de l'hôpital très *amaigri*. 그는 핼쑥해져서 퇴원했다.

◇ ~ ø La maladie *amaigrit*. 질병은 사람을 야위게 만든다.

2° s'~ 《변화》 Il vieillit; ses joues *s'amaigrissent*, des rides apparaissent. 그는 늙어간다. 볼에 살이 빠지고 주름살이 여기저기 잡히기 시작한다.

amalgamer 1° ~ qc (qc는 복수) 〈화합〔혼합〕하다〉 Le Bohémien *amalgame* le soufre et l'étain dans sa petite casserole. 그 보헤미아인은 자기의 조그만 냄비 안에다 유황과 주석을 화합시킨다. Mirabeau *amalgamait* dans sa parole sa passion personnelle et la passion de tous. 미라보의 말에는 자기 개인의

정열과 모든 사람들의 정열이 함께 담겨져 있다. ~ sans critique des documents de nature diverse 분석도 해보지 않고 성격이 다른 기록을 한데 묶다.
2° ~ qc avec qc ⟨…와 혼합하다⟩ ~ l'argent avec l'acier 은과 강철을 합금하다.

amarrer ~ qc (qp) ⟨정박시키다, 매어놓다⟩ ~ un navire au quai 배를 부두에 정박시키다. ~ solidement une malle sur la galerie de la voiture 트렁크를 자동차 지붕의 짐시렁에 단단히 매어놓다.

amasser 1° ~ qc (qc 는 물질명사 이외의 경우는 복수) ⟨쌓아 올리다, 한데 모으다⟩ Le vent *amasse* les feuilles dans les fossés. 바람이 불어서 낙엽이 도랑안에 쌓인다. ~ sou à sou de l'argent pour acheter une maison 집을 사기 위해서 돈을 한푼 한푼 모으다.
2° s'~ 《변화》⟨쌓이다⟩ Les preuves s'*amassent* contre lui. 그에게 불리한 증거가 자꾸 쌓인다.

ambitionner 1° qn ~ qc ⟨열망하다⟩ Pendant toute sa vie, il avait *ambitionné* un poste tranquille. 그는 조용한 자리〔직장〕를 갖는 것이 평생 소원이었다.
2° qn ~ de Inf/que P subj ⟨…하기를 열망하다⟩ Le poète frustré *ambitionne* que son fils devienne académicien. 낙심한 시인은 자기 아들이 한림원 회원이 되기를 갈망한다. Il *ambitionne* de devenir ministre. 그는 장관이 되기를 갈망한다.

améliorer 1° ~ N ⟨개선하다⟩ Les hommes ont toujours cherché à ~ leur état. 인간은 언제나 자기의 형편의 개선에 노력해 왔다. ~ les hommes 인간을 개선하다.
2° s'~ 《변화》⟨개선되다⟩ Le climat international s'est *amélioré* ces dernières semaines. 국제관계가 요즘에 와서 좀 개선되었다.

aménager ~ qc ⟨정비〔설비·정돈〕하다⟩ Il a fini d'~ son appartement. 그는 자기 아파아트 정리를 끝마쳤다. On va ~ une chambre de bonne dans mon appartement. 내 아파아트에 가정부 방을 하나 꾸밀 거야.

amener 1° ~ qn ⟨데리고 오다; 끌어들이다⟩ Quel bon vent vous *amène* ici? 웬 바람이 불어 여기를 왔소?
◇ 대중적 어법으로는 qc 가 보어로 사용되어 apporter 의 뜻을 나타낸다.
2° ~ qn Inf ⟨…하게 하도록 …를 데리고 오다⟩ J'ai *amené* ma sœur voir des amis. 나는 친구들을 만나 보게 하려고 나의 누이를 데리고 왔습니다.
◇ Passif (—).
3° ~ qn/qc à qc ⟨…을 …로 데리고 가다, 향하게 하다⟩ Le taxi vous *amènera* directement à la gare. 이 택시가 당신을 역까지 직접 데려다 줄 것입니다. Les faits nous *amènent* à cette conclusion. 사실들은 우리로 하여금 이러한 결론에 이르게 했다. J'ai été *amené* à cette opinion par divers témoignages. 여러 증거에 의해 나는 이와 같은 의견에 도달했다.
4° ~ qn/qc à Inf ⟨…에게 …할 마음이 나게 하다⟩ Les circonstances nouvelles ont *amené* le gouvernement à reprendre les négociations. 새로운 상황의 전개는 정부로 하여금 협상을 재개토록 했다. Il a été *amené* peu à peu à modifier sa manière de penser. 그는 조금씩 조금씩 사고방식을 바꾸게 되었다.
◇ à Inf 는 대명사 y 로 대치 가능함.

ameuter 1° ~ N (N 은 복수명사) ⟨선동하다, 웅성거리게 하다⟩ ~ les foules 대중을 선동하다. Ses cris

amouracher(s')

finirent par ~ les passants. 그의 고함 소리는 마침내 행인들을 모여 들게 만들었다.

2° **N s'~** (N은 복수 명사) 《변화》 〈응성대다, 폐를 짓다〉 Les gens s'ameutent dans les rues. 한길에서 사람들이 응성대고 있다.

amouracher(s') **s'~ de qn** 《변화》 〈…에게 반하다〉 Elle s'est amourachée de ce grand dadais. 그녀는 그 바보같은 녀석에게 홀딱 빠지고 말았다.

amputer 1° **~ qc à/de qn** 〈…을 절단하다〉 Le chirurgien a dû ~ son bras gauche(=… a dû lui ~ le bras gauche). 의사는 그의 왼팔을 절단해야 했다.

2° **~ N (de qc)** 〈…에서 …을 절단[제거]하다〉 ~ qn …의 팔[다리]을 절단하다. ~ qn d'un bras[de sa liberté] …의 팔을 절단하다[자유를 빼앗다]. ~ une pièce de théâtre d'une scène 어떤 극작품에서 한 場을 삭제하다. ~ un article 논문에 가위질 하다 《보어없이》. Il a dû être amputé de la main droite. 그는 오른손을 절단해야만 했다.

amuser 1° **~ qn** 〈즐겁게 하다; …의 관심을 사로잡다; (적당히 얼버무려) …를 속이다〉 Le cirque amuse les enfants. 서커스는 애들을 즐겁게 해준다. Paul amuse Marie. 폴은 마리의 관심을 사로 잡는다. Amuse-le pendant qu'on ouvrira son coffre. 그의 금고를 열 동안 그 사람에게 적당히 수작을 걸게. N'essayez pas de nous ~: il nous faut une réponse nette. 적당히 얼버무리려 하지 마십시오. 우리는 명확한 대답을 들어야겠습니다.

◇ 1) ~ ø (—).

2) 주어가 사물명사이면 수동태가 가능하다: Son comportement amuse Marie. →Marie est amusée de son comportement. 주어가 인물명사일 때는 수동문이 불가능하다: *Marie est amusée de Paul.

3) Inf 및 que P가 주어인 경우 분리구문이 가능하다: Ça m'amuse, de jouer au football. 나는 축구하는 것이 재미있다. Ça amuse Pierre, que ça se soit passé comme ça. 일이 그렇게 되어버린 것이 피에르에게는 즐겁다.

2° **s'~** 《변화》 〈즐기다, 재미보다〉 Il s'amuse au lieu de travailler. 그는 공부를 안하고 논다. Ne vous amusez pas en chemin; revenez au plus vite. 도중에서 빈둥거리지 말고 가능한 한 빨리 돌아오시오.

3° **s'~ avec qn/qc** 〈…와 함께 (…을 가지고) 놀다〉 Cet enfant s'amuse avec sa petite voiture. 이 아이는 자기 작은 장난감 자동차를 가지고 논다.

4° **s'~ à qc** 〈…으로 즐기다; …으로 시간을 보내다〉 Je me suis amusé à ce film. 나는 이 영화를 재미있게 보았다. Il s'amuse à des bagatelles. 그는 시시껄렁한 일들을 하며 시간을 보낸다.

5° **s'~ à Inf** 〈…을 하며 즐기다·놀다〉 Sur la plage, les enfants s'amusaient à construire des châteaux de sable. 해변에서 어린애들은 모래성을 쌓으면서 놀고 있었다. Il s'amuse à étudier la botanique. 그는 식물학연구를 재미있어 한다.

6° **s'~ de qn/qc** 〈…을 조소하다, 놀리다〉 Elle s'est amusée de toi. 그녀는 너를 놀렸다.

ancrer 1° **~ N (qp)** 〈(…에) …를 정박시키다〉 Il a ordonné d'~ le bateau dans la rade. 그는 배를 정박지에 정박시키도록 명령했다.

2° **~ (qp)** 〖문어〗 〈(=être ancré, mouiller)〉 Nous ancrâmes, dans une mauvaise rade, sur une base de roches. 우리는 암석으로 쌓아진 형편없는 정박지에 배를 세웠다.

3° **~ qc dans la tête/l'esprit de**

qn 〈…(어떤 생각)을 염두에 두게 하다〉 ~ une idée dans la tête de *qn* …에게 어떤 생각이 머리 속에 뿌리 박히게 하다((qn 이 인칭대명사이면 à qn 의 형태가 됨. →la lui ~ dans la tête))

4° **~ dans la tête [l'esprit] de [à) qn que P ind/que P subj** (요구되는 동작을 나타내는 que P 는 접속법) 〈…하도록[…이라는 것을]일깨워 주다〉 On m'*a ancré* dans la tête que la terre est ronde. 지구가 둥글다는 사실은 내 머리 속에 깊이 뿌리 박고 있다. Il *a ancré* dans l'esprit de son enfant qu'il doive se moucher et dire bonjour à Madame. 그는 자식에게 코를 풀고 주인마님께 인사를 드리도록 타일렀다. Je lui *ai ancré* dans la tête de ne pas oublier son intérêt. 나는 그에게 제 이익을 잊어서는 안된다고 타일렀다.

5° **s'~** (qp) ((변화)) 〈정박하다〉 Nous nous sommes *ancrés* dans une crique. 우리는 포구에 정박했다.

angoisser 1° **~ N** 〈괴롭히다〉 L'idée de l'examen l'*angoisse*. 시험 생각이 그를 괴롭힌다.

◇ **~ ∅** un cauchemar qui *angoisse* 무서운 악몽.

2° **qn s'~ de N** ((변화)) 〈…때문에 피로와하다〉 Nous *nous angoissons* d'un danger que nous pressentons plutôt que nous ne le connaissons. 현실적으로 닥쳐 왔다기 보다는 예감되는 어떤 위험 때문에 우리는 몹시 불안해하고 있다.

3° **qn s'~ de ce que P ind/de Inf** 〈…때문에 불안해하다〉 Il *s'angoisse* de ce qu'il ne parvient pas à terminer son travail à temps. 그는 일을 제 때에 끝마치지 못해서 불안해 하고 있다. Il *s'angoisse* de ne pas parvenir à son but. 그는 목적을 달성하지 못해서 피로와하고 있다.

animer 1° **~ qc/qn** 〈활기를 띠게 하다; 부추기다〉 Le désir *anime* son regard. 그의 시선은 욕망으로 빛나고 있다. Cet enfant *anime* la maison. 이 아이가 집안에 활기를 띠게 한다. Il *est animé* du désir de bien faire. 그는 잘 해보려는 욕망에 불타고 있다. Il *était animé* d'une colère terrible. 그는 머리끝까지 화가 치밀어 있었다.

2° **~ qn contre qn/qc** 〈자극하여 …을 반대하게 하다〉 Il cherche à ~ la foule contre l'agent. 그는 경찰에 대항해서 군중을 선동하려 한다.

3° **s'~** ((변화)) 〈활기를 띠다, 생기를 띠다; 격노하다〉 Quand on se mit à parler politique, la conversation *s'anima*. 정치 이야기가 나오자 대화는 활기를 띠었다. Ses yeux *s'animent* dès qu'il la voit. 그녀를 보자 그의 눈은 빛난다. Rien ne sert de t'~ ainsi, tu n'y peux rien. 네가 그렇게 화내봐야 소용없다. 너는 어쩔 수 없어.

annexer 1° **~ N** 〈합병하다〉 La France *a annexé* Nice au siècle dernier. 프랑스는 전세기에 니스를 합병했다.

2° **~ N à N** 〈첨가·첨부하다〉 ~ une clause à un paragraphe de loi 법률에 부칙을 붙이다. ~ des pièces à un dossier 서류에 증빙서류를 첨가하다. Il *a annexé* ce bois à son domaine. 그는 그 임야를 재산에 추가했다.

3° **s'~ N** ((가변)) 〈합병하다〉 La France *s'est annexé* Nice. 프랑스는 니스를 합병했다.

annoncer 1° **~ qc (à qn)** 〈(…에게) …을 알리다, 예고하다〉 Je vais vous ~ une bonne nouvelle. 좋은 소식을 알려드리겠습니다. La radio vient d'~ l'arrivée à Paris du Premier Ministre de Grande-Bretagne. 라디오방송은 방금 영국수상

anticiper

의 파리 도착을 보도했다. Le baromètre *annonce* de la pluie pour demain. 청우계는 내일 비가 오리라는 것을 예고해주고 있다.

2° ~ qn 〈…의 내방을 알리다〉 *Annoncez*-moi. 내가 온 것을 알려주세요. *Avez*-vous *été annoncé?* 당신의 방문을 알고 있었습니까?

3° ~ (à qn) Inf 〈(…에게) …하는 것을 알리다, 통고하다〉 Paul *annonce* pouvoir travailler. 폴은 일할 수 있다고 알린다.

4° ~ (à qn) que P ind Il a *annoncé* à ses amis qu'il allait bientôt se marier. 그는 친구들에게 곧 결혼할 것이라고 알렸다. Il m'a *annoncé* qu'il partirait demain. 그는 내게 내일 떠난다고 알려줬다.

5° s'~ 《변화》〈알리다; 전망이 …하다〉 Il *s'annonce* pour demain. 그는 내일 오겠다고 알린다. La journée *s'annonçait* admirable. 그 날은 쾌청할 것 같았다.

anticiper 1° ~ qc 〈미리 행하다; 미리 맛보다〉 ~ un paiement (de cinq jours) (닷새나) 미리 돈을 지불하다. ~ un succès [une douleur] 성공을 미리부터 기뻐하다 [미리부터 피로와하다].

2° ~ (sur qc) 〈미리 말하다; 미리 향락하다〉 ~ sur l'avenir 미래 일을 미리 말하다 ~ sur ses revenus 수입을 앞당겨 쓰다. Je me retiens d'~ sur le récit que j'écrirai plus tard. 후에 쓰게 될 소설 이야기를 미리부터 하는 것은 그만 두겠다. N'*anticipons* pas! 지레 짐작은 하지 말자고요.

apercevoir 1° ~ N 〈얼핏 보다; 발견하다〉 Il me semble l'*avoir aperçu* ce matin dans le métro. 나는 그를 오늘 아침 지하철에서 얼핏 보았던 것 같다. Enfin nous *aperçumes* un hôtel. 드디어 우리는 호텔을 하나 발견했다. Son air de découragement *fut aperçu* de Julien, qui aussitôt en profita. 줄리앙은 그녀의 낙담하는 기색을 포착하고 지체 없이 그것을 이용했다.

◇ 1) ~ ø (−).

2) voir 등 다른 지각동사처럼 「~ N +Inf」의 구문은 별로 쓰이지 않고, 대신 「~ N en train de Inf」로 사용하며, ~ qui P는 가능하다 : J'*ai aperçu* les enfants en train de jouer au coin de la rue(=J'*ai aperçu* les enfants qui jouaient…). 나는 길 모퉁이에서 놀고 있는 그 애들을 얼핏 보았다.

2° s'~ 《변화》〈눈에 띄다〉 un bateau qui *s'aperçoit* à peine 보일듯 말듯한 배.

3° s'~ de qc 〈…을 알아차리다, 깨닫다〉 Elle *s'est aperçue* de son erreur. 그녀는 자기 잘못을 깨달았다.

◇ 1) ~ ø (−).

2) de qc는 en으로 대치 가능함 : Il *s'est aperçu* de mon trouble. → Il *s'en est aperçu.*

4° s'~ que P ind 〈알아차리다, 깨닫다〉 Je me *suis aperçu* qu'il était temps de partir. 나는 떠날 시간이 되었다는 것을 알아차렸다.

◇ 1) 부정문에서 que P는 ind 또는 subj:Je ne *me suis* pas *aperçu* que l'heure était déjà avancée. 나는 시간이 이미 오래된 것을 깨닫지 못했다.

2) ~ ø (−).

3) que P는 en으로 대치 가능함 : Je *m'en suis aperçu.*

4) s'~ de ce que P ind Je *me suis aperçu* de ce que je m'étais trompé. 나는 내가 잘못했다는 것을 깨달았다.

5° s'~ P(int. ind.) 〈…인지 알아차리다〉 Je *me suis aperçu* où j'étais. 나는 내가 어디 있는지를 알아차렸다.

◇ 이때는 Je *me suis aperçu* de

l'endroit où j'étais와 같은 명사구문을 더 많이 사용한다.

apitoyer 1° ~ N ⟨…에게 동정심을 일으키게 하다⟩ Son sort m'*apitoie*. 그의 불운은 나에게 동정심을 일으킨다.
2° ~ N (sur N) ⟨(…에 대해서) …에게 동정심을 일으키게 하다⟩ Il essaie de m'~ (sur son sort). 그는 (자기의 운명에 대해서) 나에게 동정심을 일으키게 할려고 애를 쓴다.
3° qn s'~ (sur N)《변화》⟨(…에) 동정하다⟩ Il a fini par s'~ (sur mon sort). 그는 끝내 (나의 불운을) 동정하게 되었다.

apparaître¹ 〔조동사는 être〕.
~ ⟨모습을 나타내다⟩ Le jour n'*apparaît* pas encore(=se lève). 아직 날이 새지 않았다. Une voiture *apparut* brusquement sur la gauche. 돌연 왼쪽에서 차가 나타났다. La vérité *apparaîtra* un jour ou l'autre. 진실은 언젠가는 드러날 것이다.
◇ 비인칭구문: Il *est apparu* une difficulté. 난점이 하나 생겼다.

apparaître² 〔조동사는 être 또는 avoir〕.
1° ~ **Attr** (à qn) ⟨(…에게) …로 보이다〔느껴지다〕⟩ Ces chansons du début du siècle nous *apparaissent*, aujourd'hui bien démodées. 세기초의 이 노래들이 오늘날 우리에게는 아주 낡은 것처럼 보인다. Les mesures prises *apparaissent* insuffisantes. 취해진 조치는 불충분한 것 같다.
2° Il ~ que P ind/subj (비인칭구문)⟨…임이 드러나다, …인 것 같다⟩ Il *apparaît*, d'après l'enquête que le crime a été commis par un des familiers de la maison. 조사 결과 그 집을 잘 아는 사람 중의 하나가 범인이라는 것이 밝혀졌다. Il n'*apparaît* pas que tous aient compris. 모두들 이해한 것 같지는 않다. Il n'*apparaît* pas que les mesures prises sont insuffisantes. 취해진 조치가 불충분한 것 같지는 않다.

appareiller 1° ~ (pour N) ⟨출범·출항하다, 출항 준비를 하다⟩ Le navire *appareille*(pour une destination lointaine). 배는 (긴 항해를 위해서) 출항 준비를 한다. Nous *avons appareillé* de bonne heure. 우리들은 아침 일찍 출항했다.
2° ~ N (N은 복수 명사)⟨짝지어 주다⟩ ~ des couverts 수저의 짝을 맞추다. ~ des verres et des assiettes 접시와 유리컵을 짝지어서 차리다.
3° ~ N à N ⟨…와 짝을 맞추다⟩ ~ des verres à des assiettes 접시 수에 따라 유리컵을 짝지어서 놓다.
4° ~ N avec N 〖드물게〗 ~ des verres avec des assiettes (위와 같은 뜻).

apparenter(s') 1° qn s'~ (qn은 복수) 《변화》⟨서로 혈연 관계를 맺다⟩ C'est une tribu où les familles ne s'*apparentent* qu'entre elles. 그것은 서로 한 가족끼리밖에는 혼인 관계를 맺지 않는 부족이다.
2° qn s'~ à N ⟨…와 혼인 관계를 맺다⟩ s'~ à la noblesse 〔à une famille riche〕 귀족과〔부자와〕 혼인하다.
3° qc s'~ (qc는 복수) ⟨서로 비슷하다, 닮다⟩ Leurs points de vue s'*apparente*. 그들의 견해는 서로 비슷하다.
4° qc s'~ à qc ⟨…와 비슷하다⟩ Son point de vue s'*apparente* au mien. 그의 견해는 나의 견해와 비슷하다. Sa méthode s'*apparente* au structuralisme. 그의 방법론은 구조주의와 닮은 데가 있다.

apparoir 법률용어로서 부정법 단순형 및 직설법 현재 3 인칭 단수형: il appert(=il est manifeste)으로

appartenir

만 쓰인다.

appartenir 1° ~ à N 〈…에 속하다〉 Ce livre n'est pas à moi, il *appartient* à mon frère. 이 책은 내 것이 아니고 내 형 것이다. Cet homme *appartient* à la police. 이 사람은 경찰에 소속되어 있다.

◇ 1) à N이 à qn일 때는 약세 인칭대명사 간접보어의 형태로 대치 가능함: Ce stylo vous *appartient*-il?
2) ~ ø (—).
3) 명사주어의 경우 비인칭구문은 안됨: Ces décisions *appartient* à Paul 은 *Il appartient à Paul ces décisions 처럼 고쳐 쓸 수 없음.

2° Il ~ à qn de Inf (비인칭구문) 〈…하는 것은 …의 일〔권한·의무〕이다〉 Il vous *appartient* de soigner vos enfants. 당신 애들을 돌보는 것은 당신 의무이다. Il m'*appartient* d'en décider. 그것을 결정하는 것은 내게 달려 있다.

3° s'~ 《불변》〈자유다, 구애받지 않다〉 Il est occupé toute la journée et pratiquement il ne s'*appartient* plus. 그는 하루 종일 바쁘다. 그래서 실제로 그는 더이상 여유가 없다. (⇨ c'est à...de+Inf).

appauvrir 1° ~ N 〈빈곤·빈약하게 하다〉 Les dépenses superflues l'*ont appauvri*. 쓸데없는 낭비가 그를 가난하게 만들었다. Cette vie paresseuse *avait* singulièrement *appauvri* sa pensée. 그 게으른 생활이 그의 사고를 몹시 메마르게 만들었다.

2° s'~ 《변화》〈궁핍해지다〉 La région, privée d'industrie importantes, *s'appauvrissait* lentement. 그 지역은 주요 산업이 발달되지 않아 천천히 궁핍화되어 가고 있었다.

appeler¹ 1° ~ N 〈부르다, 청하다〉 *Appelons* vite un médecin. 빨리 의사를 부릅시다. La voisine se mit à la fenêtre et *appela* son fils qui jouait dans la cour. 이웃 여자는 창가로 와서, 마당에서 놀고 있는 자기 아들을 불렀다. Sa mauvaise conduite *appelle* une sanction. 그의 나쁜 행실은 제재를 요한다. Le médecin *a été appelé* par téléphone. 의사는 전화로 왕진 요청을 받았다.

◇ ~ ø Je crois que votre fils *appelle*. 당신 아들이 부르고 있는 것 같아요.

2° ~ qn à qc (혼히 Passif로)〈…을 …에 청하다, 명하다〉 Le général *a été appelé* à un nouveau commandement. 그 장군은 새 사령관직에 임명되었다. ~ ses voisins au secours 〔à l'aide〕 이웃에게 도움을 청하다.

3° ~ qn à Inf 〈…에게 …하도록 명하다〉 Ses grandes qualités l'*appellent* à prendre la direction de l'entreprise. 그는 대단한 자질로 해서 그 기업의 운영을 맡게 된다. Il *a été appelé* à comparaître devant le tribunal. 그는 법정에 출두하도록 소환당했다. Notre ami *a été appelé* à former le ministère. 우리 친구는 組閣을 위촉받았다.

◇ à Inf 는 y 로 대치 가능함.

4° en ~ de qc 〈…에 이의를 제기하다〉 Il veut en ~ de(=refuse d'admettre comme définitive) sa défaite. 그는 자기 패배에 이의를 제기한다.

◇ ~ ø (+).

5° en ~ à qn/qc 〈…에 맡기다, 위임하다〉 J'en *appelle* à votre décision. 나는 당신의 결정에 따르겠다. J'en *appelle* à d'autres juges. 나는 다른 판사들에게서 재판을 받겠소.

appeler² 1° ~ qn/qc Attr 〈…이라고 칭하다, 이름붙이다〉 Tu *appelles* cela nager? 너 그것을 수영한다고 그러니? Si j'ai une fille, je l'*appellerai* Louise. 내게 딸이 생기면 루이즈라고 이름짓겠다.

2° s'~ Attr 《변화》〈…이라고 불

리다〉 Comment *vous appelez*-vous? 당신 이름이 무엇입니까? En français, cet object *s'appelle* une fourchette. 불어로는 이 물건을 후르셰트라고 한다.

appesantir 1° ~ N 〈…을 무겁게 하다〉 Un gros manteau *appesantit* sa démarche. 두꺼운 외투 때문에 그의 걸음걸이가 무거워진다.
◇ être **appesanti** de qc 〈…로 무거워지다〉 Le dimanche, aux courses, les tribunes se garnirent de femmes *appesanties* de perles. 일요일에 경마장에서는 온몸에 보석을 잔뜩 두른 여자들로 중앙 관람석이 꽉 찼었다.
2° ~ N sur N 〈…로써 …을 짓누르다〉 Le dictateur *appesantit* sa domination sur le pays. 그 독재자는 학정으로써 그 나라를 짓누른다.
3° qc s'~ sur N 《변화》〈…을 짓누르다〉 La dictature *s'appesantit* sur le pays. 독재가 그 나라를 짓누른다.
4° qn s'~ sur N 〈…을 길게 늘어놓다〉 *s'*~ sur un sujet [sur les détails] 어떤 주제 [내용]에 대해서 너무 세세하게 늘어놓다.

applaudir 1° ~ N 〈박수갈채하다〉 A la fin de la pièce, le public a longtemps *applaudi* les acteurs. 공연이 끝나자 관객들은 오랫동안 배우들에게 박수갈채를 보냈다. La chanson *fut applaudie*. 그 노래는 박수갈채를 받았다.
◇ ~ ø (+).
2° ~ à qc 〈…에 찬성하다〉 J'*applaudis* à votre projet d'agrandissement de l'usine. 나는 당신의 공장 확대 계획에 찬성입니다. Paul *applaudit* à cette réussite (=Paul *applaudit* cette réussite). 폴은 그 성공에 찬사를 보냈다.
◇ ~ à qn (—).
3° s'~ de qc/à Inf 《변화》〈…을 기뻐하다〉 *s'*~ d'une décision heureuse 다행스러운 결정을 기뻐하다. Ils *s'applaudissaient* d'y jouir de toutes les libertés. 그들은 그곳에서 온갖 자유를 누릴 수 있음을 기뻐했다.

appliquer 1° ~ qc à/sur/contre qc (장소)〈…에 대다, 붙이다; 걸쳐 놓다〉 *Appliquez* soigneusement le papier au [sur le] mur. 조심해서 종이를 벽에 붙이세요. ~ l'oreille au trou de la serrure 열쇠구멍에 귀를 갖다대다. ~ un baiser sur la main 손등에 키스를 하다. ~ une échelle au [contre le] mur 사다리를 벽에 기대놓다. Cette lampe *est appliquée* au mur. 이 등은 벽에 걸려 있다.
2° ~ qc (à qc) 〈(…에) 적용하다〉 *Appliquez* les théorèmes que vous connaissez au problème que je viens de donner. 내가 방금 내준 문제에 여러분들이 알고 있는 定理를 적용해보세요. Il faut ~ la loi dans toute sa rigueur. 법률은 엄격히 적용해야 한다. Il *a appliqué* dans son travail une méthode rigoureuse. 그는 그의 연구에 엄격한 방법을 적용했다. Cette loi a été votée, mais elle n'*a* jamais *été appliquée*. 이 법률은 의결되었으나, 한번도 시행되지 않았다.
3° s'~ à qc 《변화》〈…에 들어맞다;…에 골몰하다〉 Ce jugement *s'applique* parfaitement à son cas. 이 판단은 그의 경우에 꼭 들어맞는다. Il *s'applique* à l'étude du français. 그는 불어공부에 전념한다.
4° s'~ à Inf 〈…하는 데 골몰하다〉 Il *s'applique* à garder tout son calme. 그는 침착성을 잃지 않으려고 애쓴다.

apporter 1° ~ qc 〈가져오다〉 Cette découverte *apportera* un changement profond dans nos habitudes. 이 발견은 우리 관습에 상당한 변화를 초래할 것이다. L'ou-

vrier avait oublié d'~ ses outils. 직공은 연장 가져오는 것을 잊었다.
2° ~ qc à qn 〈…에게 갖다주다〉 Le facteur m'*a apporté* trois lettres. 배달부가 나에게 세 통의 편지를 갖다 주었다.
◇ ~ ø à qn (—).
3° ~ qc à qc 〈…에 제공·제시하다; …에(주의 따위를) 기울이다〉 Il *a apporté* une grande attention à l'examen de l'affaire. 그는 그 일을 검토하는 데 많은 주의를 기울였다. Il *apporte* des obstacles à notre projet. 그는 우리 계획을 방해한다. Il n'*apporte* aucune preuve à ce qu'il avance. 그는 자기 주장에 어떤 증거도 못 대고 있다.
4° ~ qc à Inf 〈…하는 데 (주의 따위를) 쏟다〉 Il *a apporté* beaucoup de soin à exécuter le travail commandé. 그는 주문받는 일을 하는 데 많은 정성을 들였다.
apprécier 1° ~ N 〈높이 평가하다〉 Il *apprécie* le bon vin. 그는 맛좋은 포도주를 높이 평가한다.
2° ~ de Inf/que P subj (que P *subj* 는 남용임) 〈…을 기쁘게 〔고맙게〕여기다〉 J'*apprécie* d'être aussi chaleureusement accueilli. 나는 이렇게 열렬한 환영을 받는 것을 고맙게 여깁니다. J'*apprécie* que tu veuilles m'aider. 네가 나를 도와주고 싶어하는 것을 나는 고맙게 생각한다.
appréhender 1° ~ qn 〈체포하다〉 Les inspecteurs l'*ont appréhendé* au moment où il s'enfuyait. 사복경관들은 그가 도주하려는 순간 체포했다. L'escroc *a été appréhendé* au sortir de son domicile. 사기꾼은 자기 집에서 나오다가 체포되었다.
2° ~ qc 〈두려워하다〉 Il *appréhende* cet examen. 그는 이번 시험을 두려워하고 있다.
◇ ~ ø (+).
3° ~ de Inf 〈…하는 것을 두려워하다〉 Il *appréhendait* de laisser les enfants seuls à la maison. 그는 애들만 집에 남겨두는 것을 걱정했다.
4° ~ que P ne subj 〈…하지 않을까 걱정하다〉 J'*appréhende* qu'il n'arrive trop tard. 나는 그가 너무 늦지 않을까 걱정이다.

apprendre¹ 1° ~ qc 〈배우다, (듣고·읽고) 알다〉 Elle a beaucoup de mémoire; elle *a appris* le français en quelques mois. 그녀는 기억력이 좋아서 불어를 몇 달만에 배웠다. J'*ai appris* la mort de Pierre hier soir. 나는 피에르의 죽음을 엊저녁에 알았다.
◇ 1) ~ ø Il *apprend* vite! 그는 빨리 배운다.
2) ~ qc avec qn J'*ai appris* le français avec un professeur français. 나는 프랑스 선생에게서 불어를 배웠다.
3) ~ qc dans qc *Avez*-vous *appris* cela dans un livre? 당신은 그것을 책에서 배웠읍니까?
4) ~ qc par/de qn; ~ qc par qc 〈…을 통해서〔…에게서 듣고〕 알다〉 C'est de Jean que j'*ai appris* cette nouvelle. 내가 이 소식을 안 것은 장에게서이다. J'*ai appris* cela par un ami 〔par sa lettre〕. 나는 친구를 통해서〔그의 편지를 보고〕 그것을 알았다.
2° ~ à Inf 〈…하는 것을 배우다〉 J'*ai appris* à lire à l'âge de cinq ans. 나는 다섯 살 때 글 읽는 것을 배웠다. Il *a appris* à danser pendant les vacances. 그는 방학 동안에 춤을 배웠다.
3° ~ P (int. ind.) 〈…인지 알다, 배우다〉 J'*ai appris* comment conduire. 나는 어떻게 운전하는지를 배웠다.
4° ~ que P ind 〈알다〉 *Avez*-vous *appris* que son voyage a été retardé? 당신은 그의 여행이 연기된 것을 알았읍니까?

apprendre² 1° ~ qc à qn (주어

제약 없음) 〈…에게 가르치다, 알려 주다〉 Il *apprend* la grammaire aux élèves. 그는 학생들에게 문법을 가르친다. Pierre *apprend* à Marie la mort de Jean. 피에르는 마리에게 장이 죽었다고 알린다.

◇ 1) ~ ø (-).
2) Inf 나 que P가 주어일 때 분리 구문됨: Ça m'*a appris* beaucoup de choses, d'avoir été en classe. 학교 다녀서 나는 많은 것을 배웠다. Ça m'*a appris* beaucoup de choses, qu'on m'ait envoyé là. 그곳에 파견되어 나는 많은 것을 배웠다.

2° à qn ~ à Inf 〈…에게 …하는 것을 가르치다〉 Je lui *ai appris* à nager. 나는 그에게 수영을 가르쳤다. Cela vous *apprendra* à vivre. 그것이 당신에게 교훈이 될 것입니다.

◇ 1) à Inf 는 le로 대치 가능함.
2) à qn ø C'est lui qui m'*a appris*. 그 사람이 내게 가르쳐 주었다.

3° ~ P (int. ind.) Pierre *apprend* à Marie comment faire. 피에르는 마리에게 어떻게 하는지를 가르쳐 준다.

4° ~ à qn que P ind 〈…에게 알리다〉 On lui *a appris* que son ami était mort. 사람들은 그에게 친구가 죽었다고 알렸다.

◇ 1) ~ ø (-).
2) que P 는 le로 대치가능함: Il lui *apprend* qu'il est reçu. → Il le lui *apprend*.

5° s'~ 《변화》〈습득되다, 외어지다〉 Ces vers s'*apprennent* facilement. 이 시는 쉽게 외어진다.

apprêter 1° ~ qc 〈준비·채비하다〉 L'intendant a dû ~ le repas. 하인은 식사를 준비해야만 했다. Elle est en train d'~ des bagages. 그녀는 짐을 꾸리고 있다.

2° ~ 〈요리하다〉 Ce cuisinier *apprête* bien. 그 요리사는 요리를 잘한다.

3° s'~ qc 《가변》〈차리다; 자초하다〉 Nous *nous apprêtons* un petit déjeuner copieux. 우리는 푸짐한 아침상을 차리고 있다. Vous vous *apprêtez* le malheur. 당신은 불행을 자초하고 있다.

4° s'~ à qc 《변화》〈…에 대비하다, …의 준비를 하다〉 Ils s'*apprête* à la lutte. 그들은 싸움에 대비한다.

5° s'~ à Inf 〈…할 준비를 하다〉 Il s'*apprête* à partir pour l'Afrique. 그는 아프리카로 떠날 준비를 한다.

6° s'~ 〈몸단장을 하다〉 Elle s'*apprête* pour le bal. 그녀는 무도회에 가기 위해 화장을 한다.

apprivoiser 1° ~ N 〈길들이다, 순하게 하다〉 ~ un écureuil 다람쥐를 길들이다. Il a du mal à ~ son enfant farouche. 그는 완강한 자기 자식을 교육하는 데 어려움을 느낀다.

2° qn s'~ 《변화》〈길이 들다, 온순해지다〉 L'enfant s'*apprivoise* peu à peu. 그 어린애는 차츰차츰 성질이 온순해진다.

3° qn s'~ à/avec qc 〖드물게〗〈익숙해지다〉 Je m'*apprivoise* mal à mon nouvel entourage. 나는 내 새 환경에 쉽게 익숙해지지 않는다.

approcher I. 1° ~ 〈가까이 가다〔오다〕〉 La nuit *approche*. 밤이 다 가온다. Noël *approche*. 크리스마스가 가까와 온다. *Approche*, j'ai deux mots à te dire. 이리 와, 네게 한두 마디 할 말이 있다.

2° ~ de qc/qn 〈…에 가까이 있다〉 Nous *approchons* de la gare. 우리는 역에 가까이 왔다. N'*approchez* pas de moi. 내게 가까이 오지 마세요. Il *approche* du but qu'il s'est fixé. 그는 자기가 정한 목표에 거의 도달했다.

3° qn 〈…의 곁에 가다〉 Je n'ose pas ~ mon patron. 나는 감히 주인 곁에 가지 못한다. Ne m'*approchez* pas. 내게 가까이 오지 마십시오.

approprier

4° ~ qc de qc/qn 〈…을 …에 가까이 가져가다〉 Il *approcha* une chaise de la table et se mit à manger. 그는 의자를 식탁 곁으로 갖다 놓고 먹기 시작했다. Il *approcha* la chaise de son invitée. 그는 의자를 손님 곁으로 갖다 놓았다.

II. 1° s'~ 《변화》〈다가서다(=approcher)〉 La nuit *s'approche*. 밤이 다가온다. *Approche-toi*. 가까이 오너라.

2° s'~ de qc/qn 〈…에 가까이 가다〉 Elle *s'est approchée* de la fenêtre pour voir s'il pleuvait. 그녀는 비가 내리고 있는지 보기 위해 창가로 갔다. Le monsieur *s'approche* de moi. 그 분은 내게로 다가왔다.

approprier 1° ~ N à N 〈…에 적응시키다, …에 적합하게 하다〉 ~ les remèdes au tempérament du malade 약을 환자의 체질에 맞추다.

2° s'~ N 《가변》〈제것으로 만들다, 가로채다〉 Qui *s'est approprié* le livre que j'avais sur mon bureau? 책상 위의 내 책을 누가 가로채었느냐? les pouvoirs que le gouvernement *s'est* injustement *appropriés* 정부가 부당하게 차지한 권력.

approuver 1° ~ qn/qc 〈동의하다; 인정하다〉 Le sénat *a approuvé* le projet de budget. 상원은 예산안에 동의했다. Je n'*approuve* pas vos idées. 나는 당신의 의견이 좋다고 할 수 없읍니다. J'*approuve* mon père. 나는 아버지를 지지합니다. L'ouvrage *a été approuvé* par les autorités universitaires. 그 저술은 대학 당국의 인정을 받았다. Le nouveau médicament *a été approuvé* par une commission. 새 의약품은 위원회의 인정을 받았다. Il se sentait *approuvé* par tous ses amis. 그는 모든 자기 친구들로부터 지지를 받고 있다고 느꼈다.

2° ~ qn de Inf 〈…이 …하는 것을 칭찬하다〉 Je vous *approuve* d'avoir tenté cela. 나는 당신이 그것을 시도한 것을 칭찬합니다.

3° ~ que P subj 〈…에 동의하다〉 Vous *approuvez* qu'il agisse de la sorte? 당신은 그가 그렇게 행동하는데 동의를 합니까?

approvisionner ~ N (de/en N) 〈…에게 …을 공급하다〉 ~ un boucher de viande 고기 장수에게 고기를 공급하다. ~ la ville en électricité 도시에 전기를 공급하다.

appuyer 1° ~ qp (qp 는 sur, contre 또는 à)〈누르다 (sur), 기대다 (contre, à)〉 Pierre *appuie* sur un bouton. 피에르는 버튼을 누른다. Il *appuie* contre la porte. 그는 문에 기댄다. L'armoire *appuie* contre le mur [au mur]. 장롱이 벽에 기대어져 있다. Un pied de la table n'*appuie* pas sur le sol. 테이블의 다리 하나가 땅바닥에 닿지 않는다.

2° ~ N (qp) 〈…을 기대게 하다, …을 갖다 대다〉 ~ une échelle contre un mur 사다리를 벽에 세우다. ~ ses coudes sur la table 팔꿈치를 테이블에 괴다. ~ le pied sur l'accélérateur 가속 페달을 밟다.

3° ~ N (avec N) 〈괴다, 지탱하다〉 ~ un mur avec des poutres de soutien 벽을 굄대로 받치다.

4° ~ N (de N) 〈지지하다, 후원하다〉 ~ qn de son encouragement …를 응원하여 뒷받침해 주다. ~ une demande (de son soutien) 어떤 요청이 받아들여지도록 뒷바라지해 주다. ~ son raisonnement d'arguments solides 확고한 이론으로 그의 주장을 뒷받침해 주다.

5° qn ~ sur N 〈힘주다, 강조하다〉 Il *appuya* particulièrement sur le mot «transformation». 그는 특별히「transformation」이란 말에 힘

을 주었다.

6° s'~ (qp) 《변화》 〈기대다〉 s'~ sur la table 테이블 위에 기대다. s'~ au mur 벽에 기대다.

7° s'~ sur N 〈…에 근거를 두다〉 Jean [La thèse de Jean] *s'appuie* sur des faits solides. 장의 주장은 확고한 사실에 기반을 두고 있다.

8° qn s'~ N 《가변》〖속어〗〈할 수 없이 감수하다; …을 즐기다〉 C'est encore à moi de *m'*~ cette corvée. 이번에도 또 내가 그 일을 맡아야 하는구나. Il *s'appuya* trois verres de cognac. 그는 코냑을 석 잔 들이켰다.

arguer [[aʀgɥye] 活用時에 때로는 u 뒤에 tréma를 사용하기도 한다 (j'arguë, nous arguïons). 또 예외적으로 j'argüais 로 표기하기도 한다].

1° ~ de qc 〈…을 내세워 이용하다〉 Le maire *argue* des mérites de ce candidat pour faire retenir sa candidature. 시장은 이 후보자가 선발되도록, 그의 공적을 추켜세웠다.

2° ~ que P ind 〈…을 내세워 구실로 삼다〉 Il *argue* qu'il a de lourdes charges familiales pour demander une augmentation. 그는 임금인상을 요구하기 위해 자신이 무거운 부양의무를 지고 있음을 내세운다.

argumenter **1°** ~ (avec qn) 〈거론하다, 궤변을 늘어놓다〉 Il ne cesse d'~. 그는 쉴 새 없이 자기 이론을 늘어놓는다. Il *argumente* sans cesse avec des contradicteurs pour essayer de soutenir des hypothèses invraisemblables. 그는 근거가 있을 것 같지도 않은 가설을 입증하려고 반론자하고 끊임없는 토론을 벌인다.

2° ~ contre qc/qn 〈…에 대해서 반론을 제기하다〉 ~ contre son adversaire [contre une thèse opposée] 반론자를 [반대 주장을] 공박하다.

3° qn ~ de N pour Inf 〈…하기 위해서 …에 대해서 이론을 제기하다〉 Il *argumenta* de cette loi pour obtenir son droit. 그는 자기의 권리를 얻기 위해서 이 법률에 반론을 제기했다.

armer **1°** ~ N 〈무장시키다, 대비시키다〉 Faute de troupes régulières, on va ~ la milice. 정규군이 부족하므로 민병을 무장시키려 한다. La philosophie nous *arme* contre les passions. 철학은 정념으로부터 우리를 지켜준다. Je *suis* bien *armé* contre toutes les objections qu'on peut me présenter. 나는 내게 가해질 온갖 반대에 대해 잘 대비하고 있다.

2° ~ qn de qc 〈…으로 장비하다〉 Il faut ~ le gouvernement de pouvoirs exceptionnels. 정부에 비상권을 부여해야 한다. Il *est armé* de sa seule bonne volonté. 그가 지닌 것이라고는 선의뿐이다.

3° ~ qn Attr   ~ *qn* chevalier …에게 기사 칭호를 주다.

4° s'~ de qc 《변화》 〈…으로 무장하다〉 Il *s'arma* d'un bâton pour faire face à son adversaire. 그는 자기 적과 맞서기 위해 몽둥이를 무기로 썼다. *Armez-vous* de courage. 용기를 내세요.

arracher I. **1°** ~ qc 〈뽑아내다〉 Il faut ~ les mauvaises herbes. 잡초를 뽑아야겠다. Bientôt on commencera à ~ les pommes de terre. 곧 감자캐기가 시작될 것이다. Il faut que les pommes de terre *soient arrachées* afin la fin du mois. 월말 전에 감자를 캐내야 한다.

2° (1) ~ qc/qn à qc/qn 〈가지고 있는 人・物로부터 탈취하는 경우〉 〈…에게서 빼앗다; …에서 벗어나게 하다〉 ~ une dent [la vie] à *qn*

arranger

…의 이를 빼다〔생명을 빼앗다〕. ~ un enfant à sa mère 어머니에게서 아이를 빼앗다. ~ qn à la misère 〔à la mort〕 …를 빈곤으로부터 〔위험한 고비에서〕 구해주다. Il m'a tellement questionné qu'il a fini par m'~ mon secret. 그는 내게 그렇게 질문을 해대더니, 결국은 나에게서 내 비밀을 캐내고 말았다.

(2) ~ qc de qc (밀접해 있는 장소로부터 떼어내는 경우) 〈…으로부터 떼어놓다〉 une dent de la bouche de qn …의 입으로부터 이를 빼내다. ~ un enfant des bras de sa mère 어머니의 팔에서 아이를 빼앗다. La sonnerie du réveil m'*arracha* du sommeil. 자명종 소리가 나를 잠에서 깨웠다.

◇ 신체 부위명사가 de 뒤에 올 때 de qn은 약세보어인칭대명사로 대치된다: Elle lui *arracha* le livre des mains. 그녀는 그의 손에서 책을 빼앗았다. On lui *arracha* le pain de la bouche. 그의 입에서 빵을 빼앗았다.

II. 1° s'~ à/de qc 《변화》〈…에서 자기를 억지로 떼어놓다〉 Je ne puis *m'~* à mes livres. 나는 아무래도 책에서 떨어질 수가 없다. L'enfant *s'arracha* à mes bras. 그 아이는 내 팔에서 빠져나갔다.

2° s'~ qn/qc 《가변》〈(qc 가 신체부위 명사일 때) 자기의 …을 뽑다; 서로 빼앗으려고 하다〉 Elle *s'arracha* les cheveux. 그녀는 자기 머리칼을 쥐어 뜯었다. On *se l'arrache* (= C'est à qui l'invitera). 저마다 그를 끌어가려고 한다.

arranger I. 1° ~ qc〈정리・수선・개조・조정하다〉 Nous avons *arrangé* les papiers. 우리는 서류를 정리했다. J'ai fait ~ mon armoire. 나는 내 장을 수선시켰다. Il y a un malentendu entre eux, je vais tâcher d'~ les choses. 그들 사이에 오해가 있는데, 내가 조정해 보겠다. Nous *avons arrangé* cette pièce en chambre d'ami. 우리는 이 방을 친구방으로 꾸몄다.

2° ~ qc à qn〈…에게 …을 바로 잡아주다〉 Je vais lui ~ la cravate. 내가 그의 넥타이를 고쳐 매주겠다. Un chirurgien lui *a arrangé* le nez. 어느 외과의가 그의 코를 교정해 주었다. Je vais vous ~ votre affaire. 당신 일은 내가 해결하겠다.

3° ~ qn〈만족시키다(=plaire à)〉 Gardez-les, si cela vous *arrange*. 마음에 들면 가지세요.

◇ 비인칭구문:Cela m'*arrange* qu'il y ait un train de bonne heure le matin. 아침 일찍 기차가 있다니 나에게는 잘됐다.

II. 1° s'~ 《변화》〈잘 되어가다, 잘해나가다; 옷차림・화장을 고치다〉 Tout *s'arrangera*. 모두 잘 되겠지. Ça *s'arrangera*. 어떻게 되겠지. Je *m'arrange* bien tout seul. 나는 혼자 잘 해 나간다. Elle est allée *s'~*. 그녀는 화장을 고치러 갔다. *Arrangez-vous*. 좋도록 하세요.

2° s'~ avec qn 〈…와 타결하다〉 C'est un homme avec qui on peut toujours *s'~*. 그는 같이 잘 지낼 수 있는 사람이다.

3° s'~ de qc 〈…을 해결하다〉 Ne vous inquiétez pas, je *m'en arrangerai*. 걱정 마세요. 내가 해결할 테니까요.

4° s'~ pour/de manière à Inf〈…하도록 준비하다〉 *Arrangez-vous* pour le voir. 그를 만날 수 있도록 준비하세요. *Arrangez-vous* pour avoir fini avant cinq heures. 5시 전에 끝내놓도록 하세요.

5° s'~ pour que/de manière à ce que P ind〈…하도록 준비하다〉 *Arrangez-vous* pour que〔de manière à ce que〕 nous partions à l'heure. 우리가 정시에 떠날 수 있도

록 준비하세요.

arrêter I. 1° ~ qn 〈체포하다〉 La police *a arrêté* le voleur. 경찰은 도둑을 체포했다. Plusieurs suspects *ont été arrêtés*. 여러 명의 용의자가 체포되었다.

◇ ~ ø (−).

2° ~ qc 〈결정하다〉 Nous *avons arrêté* le jour de notre départ. 우리는 우리 출발 날짜를 결정했다.

3° ~ qc/qn 〈멈추다; 가로막다; 중단시키다〉 J'*ai arrêté* ma voiture. 나는 차를 멈춰 세웠다. Rien ne peut nous ~. 아무것도 우리를 가로막지 못한다. *Arrêtez* la radio. 라디오를 끄세요. Quand je l'ai vu dans la rue, je l'*ai arrêté* pour lui parler. 길에서 그를 만났을 때, 나는 그에게 이야기하려고 그를 멈춰 세웠다. La file des camions *est arrêtée* sur la route nationale par un barrage. 길을 막아 놓아서 국도상에 트럭들이 늘어서 있다. Le trafic ferroviaire *est* complètement *arrêté*. 철도 운행이 전면적으로 중단되었다.

◇ 1) ~ ses regards sur qn/qc 〈시선을 …에 고정하다〉 Il *a arrêté* ses regards sur le magnifique paysage qui s'étendait devant lui. 그는 자기 앞에 펼쳐진 멋진 풍경을 물끄러미 바라보았다.

2) ~ ses soupçons sur qn 〈…에게 혐의를 두다〉 Sur qui *arrêtez*-vous vos soupçons? 당신은 누구를 의심하세요?

4° ~ 〈정지·정거하다(=s'arrêter)〉 *Arrêtez* devant cette maison. 이 집 앞에서 세워 주십시오.

5° ~ de Inf 〈…하기를 중지하다〉 Il n'*arrête* pas de parler. 그는 끊임없이 말한다. Ils n'*arrêtaient* pas de fumer. 그들은 끊임없이 담배를 피웠다〔그들은 담배 피우는 습관을 끊지 않았다〕.

◇ 1) Pron-Inf (−).

2) ~ ø (+).

6° ~ que P ind 〈결정하다〉 On *a arrêté*(=décidé) qu'on ne passerait plus par cette rue. 이제 이 길로는 다닐 수 없게 되었다.

◇비인칭 수동 구문: Il a été arrêté qu'on ne passerait plus cette rue.

II. 1° s'~ 《변화》 〈정지하다(=arrêter)〉 La voiture *s'arrêtera* devant votre porte. 차는 당신 집 문 앞에 멈출 것입니다. Ma montre *s'est arrêtée* à midi. 내 시계는 정오에 멈추었다. L'automobiliste *s'arrêta* au feu rouge. 자동차 운전수는 빨간 신호등에 멈춰 섰다.

2° s'~ à/sur qc 〈…을 염두에 두다; …에 마음을 굳히다〉 Il ne faut pas *vous* ~ à des détails. 자세한 데 신경 쓰실 것 없읍니다. Il *s'est arrêté* finalement à notre projet initial. 그는 결국 우리의 처음 계획대로 하기로 정했다.

3° s'~ de Inf 〈…하기를 중지하다〉 Il *s'arrête* de lire. 그는 읽기를 멈춘다.

◇ 1) Pron-Inf (−).

2) ~ ø (+).

arriver 〔조동사는 être〕.

I. 1° ~ 〈도착하다; 일어나다; 출세하다〉 Quand *sont*-ils *arrivés* à Paris? 그들은 언제 파리에 도착했느냐? Quand la guerre *arriva* nous étions en vacances. 전쟁이 일어났을 때 우리는 휴가 중이었다. Un malheur n'*arrive* jamais seul. 불행은 겹치게 마련이다. Il voulait ~. 그는 출세하기를 원했다.

◇ Inf 나 que P 가 주어일 때 분리 구문가능: Ça *arrive*, que le train soit en retard. Ça *arrive* souvent, de me tromper. Que le train soit en retard, ça *arrive*. Me tromper, ca m'*arrive* souvent.

2° ~ à qc 〈…을 달성하다, …에 다다르다〉 Vous n'*arriverez* pas à

arriver

votre but. 당신은 목표에 도달하지 못할 것입니다. Il est arrivé à un âge où il faut se reposer. 그는 은퇴해야 될 나이가 되었다.
3° ~ **Inf** 〈…하러 오다〉 J'arrive tout de suite prendre vos valises. 당신 짐을 가지러 곧 오겠읍니다.
◇ Pron-Inf (—).
4° ~ **à Inf** 〈드디어 …하고야 말다, …하기에 이르다(=réussir, parvenir)〉 Je suis arrivé à le convaincre. 나는 그를 설득시키고야 말았다. Je suis arrivé à avoir ce que je voulais. 나는 내가 원하는 것을 갖게 되었다.
◇ 1) à Inf 는 y 로 대치 가능함.
2) **en ~ à Inf** 〈마침내 …하다, 결국 …하지 않을 수 없게 되다〉 J'en arrive à me demander s'il pense ce qu'il dit. 나는 그가 말하는 것이 정말 그의 생각인지를 자문하게끔 되었다.
5° ~ **à ce que P subj** 〈…할 수 있도록 하다〉 Je suis arrivé à ce qu'il le reconnaisse. 나는 결국 그가 그 점을 인정하도록 했다.
◇ à ce que P 는 y 로 대치 가능함.
II. 비인칭구문 1° **Il ~ (à qn) qc/qn** 〈(…에게) …이 일어나다, …가 오다〉 Il arrive souvent des accidents à ce carrefour. 이 네거리에서 사고가 자주 난다. Il lui est arrivé un malheur. 그에게 불행이 닥쳤다. Il est arrivé ce qui ne s'était jamais produit. 이때까지 보지 못하던 일이 일어났다. Il est arrivé à votre voisin ce qu'il craignait depuis longtemps. 당신 이웃에게 그가 오래 전부터 두려워하던 일이 일어났다.
2° **Il ~ à qn de Inf** 〈…가 …하는 경우가 있다〉 Il m'arrive souvent de me tromper. 나는 자주 착각을 하는 경우가 있다.
3° **Il ~ que P ind/subj** 〈…하는 일이 일어나다〉 Il arriva que son frère mourut. 어쩌다 그의 형이 죽었다. Il arrive souvent qu'une brebis perde son agneau. 어미 양이 자기 새끼를 잃어버리는 일이 종종 있다. Il arrive que le mois d'août soit pluvieux. 8월에 장마가 지는 일이 생기기도 한다.
◇ 1) 어쩌다 실제로 한 번 일어나는 일일 경우에는 직설법을 쓰고, 되풀이하여 일어나는 일일 경우에는 접속법을 쓴다.
2) ~ ø (—).
3) Pron-que P (—).
*Il l'arrive, que Jean boive. (cf. Il le faut, que Jean vienne).

arroger(s') qn s'~ **N** 《가변》〈찬탈하다, 탈취하다〉 Le ministre s'est arrogé des pouvoirs. 장관은 지나치게 권리를 남용했다.

arroser 1° ~ **N (de N)** 〈…에 물을 주다 ; …으로 …을 축이다[적시다]〉 Jean est en train d'~ le gazon. 장은 잔디밭에 물을 주고 있는 중이다. ~ les fleurs 꽃에 물을 주다. ~ un chiffon d'essence 헝겊에다 휘발유를 묻히다. ~ son café de cognac 커피에다 코냑을 쉬다. Les manifestants ont arrosé de pierres les forces de l'ordre. 시위자들은 경찰관에게 돌멩이질을 했다.
◇~ ø 〈물을 주다〉 Jean est en train d'~. 장은 화초밭에 물을 주고 있는 중이다.
2° ~ **N (à N)** 〖구어〗〈…을 위해 축배를 들다〉 Tu as réussi, on va ~ ça au champagne. 네가 성공을 했으니까 샴페인으로 그 성공을 위해 축배를 들자.

asperger ~ **N (de N)** 〈…에 물을 뿌리다 ; …을 …에 뿌리다〉 ~ qn d'eau …에게 물을 뿌리다. ~ le trottoir 인도에 물을 뿌리다. La voiture m'a aspergé en passant dans une flaque d'eau. 자동차가 웅

덩이를 지나가면서 내게 물을 튀겼다.

aspirer 1° ~ qc 〈들이마시다, 빨아 올리다〉 On peut ~ de l'eau avec[au moyen d']une paille. 스트로오를 가지고 물을 마실 수 있다. Il ouvrit la fenêtre pour ~ un peu d'air frais. 그는 시원한 공기를 좀 들이마시기 위해 문을 열었다.
◇ ~ ø 〈공기를 들이마시다〉 *Aspirez*, puis expirez complètement. 숨을 들이 쉬세요. 그리고 완전히 내쉬세요.
2° ~ à qc 〈…을 열망·갈망하다〉 Il *aspirait* aux biens et aux honneurs. 그는 재산과 명예를 갈구했다.
3° ~ à Inf 〈…하기를 열망하다〉 Il *aspirait* à être nommé directeur. 그는 교장으로 임명되기를 열망했다.
◇ à Inf 는 y 로 대치 가능함.

assaillir 1° ~ N 〈포위하다, 둘러싸다〉 Des voyous *ont assailli* une femme dans une rue déserte. 깡패들이 통행인이 없는 길에서 어떤 여자를 포위했다. A la sortie de l'Olympia le chanteur *fut assailli* par une nuée d'admiratrices. 올림피아 극장에서 나서자 그 가수는 일단의 여성 팬들에게 둘러싸였다.
2° ~ N de N 〈…으로써 …을 괴롭히다〉 ~ qn de questions …을 질문으로 괴롭히다.

assaisonner 1° ~ N 〈…에 양념을 치다〉 ~ un aliment 음식에 양념을 치다.
◇ ~ ø Le vinaigre *assaisonne* bien. 식초는 훌륭한 양념감이다.
2° ~ N à qc (*qc* 는 양념 이름) 〈…에 …(양념)을 치다〉 ~ les poireaux à l'huile et au vinaigre 파에다가 기름과 식초를 치다.
3° ~ N de N 〈…으로 …을 재미있게 하다〉 Il *assaisonnait* la conversation de quelques mots plaisants. 그는 언제나 대화에 농담을 조금 섞는 버릇이 있었다.

assener, asséner ~ N à N 〈(타격 따위를) 가하다〉 Il lui *asséna* sur le nez un coup de poing qui le fit saigner. 그는 그의 코에 주먹질을 해서 코피를 흘리게 했다. ~ une réplique 말대꾸를 하다. la propagande *assénée* par les journaux et les ondes… 신문이나 라디오로 행해지는 선전 공세….

asseoir A. 부정법, 과거분사, 단순과거, 접속법 반과거 이외에는 j'assieds(직·현), j'asseyais(직·반), j'assiérai(직·미). 또한 j'ass(e)oie, j'ass(e)oyais, j'ass(e)oirai(-oi 는 부정법의 영향)형의 변화도 있다. 부정법을 본떠 e 를 넣는 경향이 있다. -oi 형은 옳은 것이기는 하지만 속어에서 쓰는 변화(D, 167). Mart, 315 는 시골투의 말이라고 한다. H, 103 은 그런 표현을 피하도록 권한다. 단순미래와 조건법현재에는 이외에 j'asseyerai(s) (asseyions, 접·현 asseye 의 유추형)가 있다. D 는 이 형을 권하지 않는다.
B. 1° ~ qc (sur qc) 〈(…에) …을 확립하다, 기초를 놓다〉 Comment ébranler une théorie que son auteur *assied* sur de si nombreuses expériences? 그 주창자가 그렇게 수많은 실험에 근거를 둔 이론을 어떻게 꺾을 수 있겠는가?
2° ~ qn 〈앉히다〉 On *a assis* le malade sur son lit. 환자를 침대 위에 앉혔다.
3° s'~ 《변화》〈앉다, 자리잡다〉 Je *me suis assis* sur une chaise [dans un fauteuil]. 나는 의자 위에[안락의자에] 앉았다.
◇사역·동사 구문에서 흔히 se 를 생략하고 쓸 수 있다: Nous essayons de le faire (s') *asseoir*.

asservir 1° ~ N 〈예속[종속] 시키다〉 Alexandre a fini par ~ les

pays de l'Orient. 알렉산더 대왕은 동방의 여러 나라를 예속시키고 말았다.
2° s'~ à N 《변화》〈예속[추종, 굴복]하다〉 s'~ à une puissance étrangère 외세에 굴복하다.

assigner **1°** ~ qc à qn 〈…에게 …을 제공하다, 주다〉 Dans la distribution des logements, on lui *a assigné* l'appartement du troisième étage. 주택 분배에서, 그에게는 3층의 아파트가 배당되었다. Le travail qui lui *a été assigné* ne lui convient pas. 그에게 맡겨진 일은 그의 마음에 들지 않는다.
2° ~ qn à un poste/un emploi 〈…한 자리에 …를 배치하다〉 On l'*a assigné* à une fonction de grande responsabilité. 그는 아주 책임있는 자리에 배속되었다.
3° ~ qn à Inf 〈…에게 …하도록 명하다; 소환하다〉 ~ *qn* à comparaître …에게 출두를 명하다.

assimiler **1°** ~ N à N 〈同類視하다, …을 …와 비슷하다고 생각하다〉 Dans son éloge, il *a assimilé* ce savant aux plus grands hommes de l'histoire. 그는 그의 찬사를 통해서 이 학자가 역사상의 가장 위대한 인물들과 비견된다고 말했다.
2° ~ N 〈동화하다, 흡수하다〉 Les plantes *assimilent* l'oxygène. 식물은 산소를 동화한다. Il est capable d'~ les théories les plus difficiles. 그는 매우 복잡한 이론까지도 흡수[소화, 이해]할 능력이 있다.

assister **1°** qn ~ à qc 〈…에 입회하다; …을 목격하다〉 ~ à une opération [à un accident] 어떤 작업에 참가하다[어떤 사건의 현장에 입회하다].
2° qn ~ qn (dans N) 〈…에 있어서 …를 돕다〉 Il m'*a assisté* dans mon travail jusqu'au bout. 그는 끝까지 내 일을 도와주었다.

3° qn ~ qn de N 〈…으로써 돕다〉 Il m'*assiste* de ses conseils. 그는 그의 충고로써 나를 도와준다.

associer **1°** ~ N (*N*은 복수명사) 〈연합·단결시키다〉 L'intérêt *associe* ces groupes hétérogènes. 이해관계가 이들 이질적인 단체를 단결시키고 있다. Le rêve *associe* les images selon ses lois. 꿈은 제나름대로의 법칙에 따라서 영상들을 서로 결합시킨다.
2° ~ N à N 〈…를 …에다 연결·결합시키다〉 ~ la malice à l'habileté 간사함과 능숙함을 겸비하다. ~ une image à une idée 어떤 생각과 영상을 결부시키다.
3° ~ qn à N 〈참여·참가시키다〉 ~ les ouvriers aux bénéfices d'une entreprise 노무자들을 사업의 이익에 참여시키다. Le personnel doit être pleinement *associé* à la mort d'un collaborateur. 전 인원은 협력자의 죽음의 슬픔을 함께 나누어야 한다.
4° qn s'~ à N 《변화》〈…에 참여·참가하다〉 s'~ à une équipe [au travail d'une équipe] 어떤 단체와 협력하다[어떤 단체의 일에 참여하다].
5° qn s'~ avec qn pour Inf 〈…를 위해서 …와 제휴하다[…와 손잡다]〉 Il *s'est associé* avec son frère pour ouvrir une boutique. 그는 형과 손을 잡고 가게를 열었다.

assommer **1°** ~ N 〈쓰러뜨리다, 때려눕히다〉 ~ son adversaire 상대방을 때려눕히다. ~ un bœuf 소를 타살[도살]하다. être *assommé* par la chaleur 더위로 허덕이다.
2° qn ~ qn (de/avec qc)〈…를 …로 괴롭히다〉 ~ *qn* de travail …에게 과도하게 일을 시키다. Arrête! Tu m'*assommes*(avec tes histoires). 그만 그만! 네 얘기에는 진력이 난다.

3° qc ~ qn 〈괴롭히다, 지루하게 만들다〉 Tes histoires m'*assoment*. 네 얘기에는 진력이 난다.

assortir 1° ~ N (*N*은 복수명사) 〈조화시키다〉 ~ deux couleurs 두 빛깔을 잘 조화시키다.
2° ~ N à N 〈…와 조화·배합시키다〉 ~ une couleur pâle à une couleur vive 연한 색깔에다 진한 색깔을 배합시키다.
3° ~ N de N 〈수반케 하다, 갖추어 주다〉 ~ un traité d'un préambule 조약에 전문을 붙이다. Le prêt de la C.E.E. à l'Italie *sera assorti* de conditions très rigoureuses. 이태리에 대한 유럽공동체의 융자에는 엄격한 조건이 붙을 것이다.
4° ~ N (de N) 〈…에게 …을 대주다, 공급하다〉 ~ un détaillant 소매상에게 상품을 공급하다. ~ une boutique de marchandises 가게에 상품을 대주다.
5° s'~ 《변화》〈어울리다〉 Ces deux couleurs *s'assortissent* bien. 이 두 빛깔은 서로 배합이 잘된다. Nos caractères ne *s'assortissent* pas. 우리들 성격은 서로 잘 맞지 않는다.
6° s'~ à N 〈…과 배합·조화되다〉 Son manteau *s'assortit* à la robe. 그녀의 외투는 옷과 잘 어울린다.
7° s'~ de qc 〈…으로 수반되다〉 Le traité *s'assortit* d'un préambule qui en limite la portée. 이 조약은 그 적용 범위를 규정하는 전문이 붙어 있다.

assujettir 1° ~ qn 〈…의 행동을 구속하다, 제압하다〉 Il tentait de l'~ en lui imposant chaque jour des obligations nouvelles. 그는 그에게 매일 새 임무를 부과하여 그의 행동을 구속하려 했다.
2° ~ qn à qc (흔히 Passif 로) 〈…를 …에 잡아매다, 묶다〉 Il *est assujetti* à un horaire impitoyable. 그는 지독히 엄격한 일과에 얽매여 있다.
3° ~ qn à Inf 〈…에게 …할 것을 강요하다(=obliger)〉.
4° s'~ à qc 《변화》〈…에 따르다, 복종하다〉 Elle *s'assujettit* aux exigences de la mode. 그녀는 유행의 요구에 따른다.

assurer I. 1° ~ qc 〈확실히 하다, 굳건히 하다〉 Ce traité *assurera* la paix de toutes les nations. 이 조약은 모든 국가의 평화를 굳건히 할 것이다.
2° ~ qn de qc 〈…에게 …을 단언·보증하다〉 Il m'*a assuré* de son aide. 그는 나에게 그의 도움을 약속했다.
3° ~ qc à qn Mais si je vous *assurais* le contraire! 그와 반대를 보증할 수 있으면 좋겠건만!
4° ~ qn/qc contre qc 〈…보험에 …을 넣다, 가입시키다〉 On l'*a assuré* contre les accidents de travail. 그를 재해보험에 가입시켰다. La maison *a été assurée* contre l'incendie. 그 집은 화재보험에 들었다.
5° ~ à qn Inf 〈…에게 …을 단언하다〉 Je lui *assurai* avoir vu le monstre de mes propres yeux. 나는 그에게 괴물을 내 눈으로 똑똑히 보았노라고 단언했다.
◇ Inf 는 le 로 대치 가능함.
6° ~ à qn que P ind Elle m'*a assuré* que son amie n'a que vingt ans. 그녀는 자기 친구가 스무살밖에 안됐다고 확언했다.

II. 1° s'~ de qc 《변화》〈…을 확인하다〉 Nous *nous sommes* tous *assurés* (=rendus certains) du parfait état de la voiture. 자동차의 상태가 완전무결하다는 것을 우리 모두가 확인했다.
2° s'~ que P ind *Assure-toi* que la portière est fermée. 승강구의 문이 닫혀 있는지를 확인해라.
3° s'~ qc (직접목적보어로는 흔히 추상명사가 쓰임)《가변》〈확보하다〉

astreindre

Elle *s'est assurée* (=garantie) une vieillesse heureuse, en gardant une poire pour la soif. 훗날을 위하여 절약함으로써 그녀는 행복한 노후를 보장받았다.
4° **s'~ contre qc** 《변화》〈…보험에 들다〉 Nous *nous sommes assurés* contre les accidents de travail. 우리는 재해보험에 들었다.

III. 1° **être assuré contre qc** 〈…보험에 들어 있다〉 La maison *est assurée* contre l'incendie. 그 집은 화재보험에 들었다.
2° **être assuré de qc** 〈…을 확신하고 있다〉 Nous *sommes assurés* du succès. 우리들은 성공을 확신하고 있다. (⇨participe passé V, 2°).

astreindre 1° **~ qn à qc** 〈…에 …를 강요하다〉 Le médecin m'*a astreint* à un régime sans sel. 의사는 내게 짜게 먹지 말도록 했다.
2° **~ qn à Inf** 〈…을 강제로 …하게 하다〉 On ne put jamais l'~ à travailler. 단 한번도 그를 억지로 일을 시킬 수는 없었다. Il *a été astreint* à travailler tous les matins de très bonne heure. 그는 매일 아침 아주 일찍 일을 하지 않으면 안 되었다.
3° **s'~ à qc** 《변화》〈…을 마지못해 따르다〉 Il *s'est astreint* à un régime sévère. 그는 엄격한 식이요법을 따라야 했다.
4° **s'~ à Inf** 〈억지로[애써서] …하다〉 Il *s'est astreint* à examiner tout le dossier minutieusement. 그는 할 수 없이 서류 전체를 자세히 검토해야 했다.

attacher 1° **~ qn/qc (à/sur qc, etc.)** 〈(…에) …을 매다; 부여하다〉 Il *attacha* les deux paquets avec une ficelle. 그는 그 두 꾸러미를 끈으로 묶었다. Le soldat *attacha* son cheval (à un arbre). 병정은 그의 말을 (나무에) 매었다. Il *attache* beaucoup d'importance à la question de la forme. 그는 형태에 관한 문제에 대단한 중요성을 부여한다. Il *attacha* les yeux sur la porte. 그는 문을 향해서 시선을 던졌다.
◇ **~ ø** (—).
2° **~** 〈(요리) 달라붙다〉 Le gâteau *attache*. 케이크가 달라붙는다.
3° **s'~ à qn/qc** 《변화》〈…에 달라붙다; …와 친해지다〉 Le chien *s'est* vite *attaché* à nous. 그 개는 즉시 우리와 친해졌다. La poix *s'attache* aux doigts. 송진이 손가락에 달라붙는다. Il *s'attache* trop à l'argent. 그는 돈에 너무 집착한다. Il faut voir l'ensemble sans trop *s'~* (=s'arrêter) aux détails. 세부에 너무 신경 쓰지 말고 전체를 보아야 한다.
4° **s'~ à Inf** 〈…하는 데 전심하다, 집착하다〉 Ils *s'attachent* avant tout à remplir leur devoir. 그들은 무엇보다도 그들의 의무를 이행하는 데 전념한다.
◇ à Inf는 y로 대치 가능함.

attaquer 1° **~ N** 〈공격하다〉 ~ *qn* dans son honneur …의 명예에 공격을 가하다. ~ *l'ennemi* 적을 공격하다.
◇ **~ ø** La troupe *attaque*, 부대는 공격을 개시한다.
2° **~ N** 〖구어〗〈침식하다; 착수하다〉 La rouille *attaque* le fer. 녹이 쇠를 침식한다. La maladie *attaque* le foie. 그 병으로 간이 나빠진다. ~ un travail 일을 시작하다. ~ le fromage avant le dessert 디저트를 먹기 전에 치즈부터 먹기 시작한다.
3° **qn s'~ à N** 《변화》〈…에게 대들다, …을 덮치다〉 *s'~* au gouvernement 정부를 공격한다. *s'~* à *qn* …에게 대들다.

attarder 1° **~ N** 〈지체하게 하다〉 Le mauvais temps nous *a attardé*.

악천후로 우리들은 지체했다.
2° qn s'~ (qp) 《변화》〈…에서 지체하다〉Je *me suis attardé* chez mon ami. 나는 친구집에서 지체했다.
3° qn s'~ sur/à N 〈…으로 지체하다〉Je *me suis attardé* sur la traduction d'un texte. 나는 어떤 텍스트의 번역으로 몹시 시간을 끌었다. Il *s'est* longuement *attardé* sur son sujet. 그는 그 문제를 가지고 오랫동안 얘기를 했다. *s'*~ à des détails sans importance 대수롭지 않은 지엽적인 문제로 시간을 끌다.
4° qn s'~ à Inf 〈…하느라고 시간을 끌다〉Il *s'est attardé* à nous raconter tous les détails de l'histoire. 그는 우리에게 그 얘기의 세밀한 내용을 얘기하느라고 시간을 많이 끌었다.

atteindre 1° ~ qc 〈(…에) 도달하다, 달성하다〉Il *avait atteint* l'un des plus hauts sommets de la gloire. 그는 가장 높은 명예에 이르렀었다. Partie à sept heures de Paris, la voiture *atteignit* Lyon à trois heures de l'après-midi. 차는 7시에 파리를 출발하여 오후 3시에 리용에 다다랐다.
2° ~ qn 〈…에게 상처를 입히다; 맞히다〉Le coup de feu *l'a atteint* à la jambe. 총알이 그의 다리에 맞았다. Il *fut atteint* par〔d'〕une pierre. 그는 돌에 맞았다. Il *fut atteint* d'un remord 〔de la fièvre typhoïde〕. 그는 양심의 가책을 받고 있다〔장티푸스에 걸렸다〕.
3° ~ à qc 〈…을 달성하다, …에 도달하다〉Tu sais combien, il est difficile d'~ à la perfection(=d'~ la perfection). 완성의 경지에 달한다는 것이 얼마나 어려운 일인가를 알겠지.

atteler 1° ~ N (à N) 〈(수레에) (말을) 달다〉~ les chevaux (à la diligence) (역마차에) 말을 달다.
2° ~ N 〈말에다 (수레 따위를) 매달다〉~ la diligence 역마차를 말에 연결하다.
3° ~ qn à N 〈…에 얽매다, …에 종사시키다〉~ *qn* à une entreprise de longue haleine …를 장구한 시일이 걸리는 사업에 종사케 하다.
4° qn s'~ à N 《변화》〈…에 종사하다, …에 착수하다〉Il *s'est attelé* à un travail long et difficile. 그는 오래 걸리고 또 어려운 일에 착수하였다.

attendre I. 1° ~ N 〈기다리다, 준비하고 대기하다〉J'*attends* mon ami. 나는 친구를 기다린다. J'*attends* de vos nouvelles. 당신 소식을 기다립니다. Juillet, août! Ces deux mois *sont attendus* avec impatience par toute la jeunesse. 7월과 8월! 이 두 달은 모든 젊은이들이 애태워 기다리는 달이다.

◇ 1) ~ ∅ Je ne puis ~ plus longtemps. 나는 더 이상 오래 기다릴 수가 없다.
2) ~ qc de qn Qu'*attendez*-vous de lui? 당신은 그에게서 무엇을 기대하세요?
2° ~ de Inf *Attendez* de voir le résultat. 결과를 알 때까지 기다리세요.
3° ~ que P subj J'*attends* que cela soit fini. 그것이 끝나기를 기다리고 있다.

◇ 1) ~ jusqu'à ce que P subj (attendre que 보다 드물게) Nous *attendons* jusqu'à ce qu'il revienne. 그가 되돌아올 때까지 우리는 기다리고 있다.
2) 주절의 주어와 종속절의 주어가 일치하면 「~ de Inf」 구문으로 축소시킬 수 있으나, que P의 사용이 더 빈번하다: Pierre *a attendu* qu'il ait un peu plus d'argent. 피에르는 자기가 좀 더 많은 돈을 갖게 되기를 기다렸다.

attendrir

3) de Inf 및 que P는 반복될 때 탈락시킨다.

4° ~ **après qc/qn** 〈…을 갈망하다, 기대하다〉 Je n'*attends* pas après cet argent. 나는 이 돈을 바라지는 않는다.

II. 1° **s'~ à qc** 《변화》〈…을 기대하다, 예상하다〉 Nous *nous attendons* à de la pluie pour demain. 우리는 내일 비가 올 것으로 예상하고 있다. Je ne *m'y attendais* pas. 나는 그것을 기대하고 있지 않았다.

2° **s'~ à inf** Il ne *s'attendait* pas à me voir arriver si tôt. 그는 내가 그렇게 일찍 도착하는 것을 보리라고는 예상하지 못했다.

3° **s'~ à ce que P ind/subj** Je *m'attendais* à ce que tu viennes en retard comme toujours. 여느 때와 다름없이 네가 늦게 오리라고 예상했다.

4° **s'~ que P ind/subj** Je *m'attends* qu'il viendra. 나는 그가 오기를 기대하고 있다. Il ne *s'attend* pas que nous allions le voir. 그는 우리가 자기를 만나러 가리라고 생각하지 않는다.

III. 1° **en attendant**〈…할 때 까지〉 La soupe chauffe; en *attendant*, buvons un verre. 스프가 드겁습니다. 식을 동안 한잔 합시다.

2° **en attendant de Inf** En *attendant* de déjeuner, nous allons boire un apéritif. 점심식사가 나올 때까지, 아페리티프나 한잔 합시다.

3° **en attendant que P subj**〈…를 기다리는 동안〉 En *attendant* qu'il revienne, asseyez-vous là. 그가 되돌아올 때까지 그곳에 앉아 계세요.

◇ 1°~3°에서 en attendant 은 전치사구·접속사구로 취급된다.

attendrir 1° ~ **N**〈연하게 하다; 측은해하게 하다〉 Le boucher *attendrit* le bifteck avec son couteau. 정육상은 칼로 고기를 연하게 다진다. Vos paroles m'*ont attendrit*. 당신의 말씀이 저를 감동시켰습니다.

2° **qn s'~ (sur N)** 《변화》〈측은히 여기다, (…에) 감동되다〉 *s'~* sur (le sort de) *qn* …의 불운을 측은히 여기다.

3° **s'~ de Inf/de ce que P ind**〈…하는 데 감격〔감동〕하다〉 *s'~* d'entendre son enfant prononcer ses premiers mots〔de ce que son enfant prononce ses premiers mots〕자기 아기가 말을 처음 시작하는 것을 보고 흐뭇해하다.

attenter ~ **à N**〈…을 해치다〉 ~ à la vie de *qn* …의 살해를 기도하다. ~ à ses jours〔à sa vie〕자살을 기도하다. ~ à la sûreté de l'Etat 정부 전복의 음모를 꾸미다.

attester 1° ~ **qc**〈증명〔증언〕하다〉 J'*atteste* la vérité de ses paroles. 그의 말이 진정이라고 증언하는 바입니다. Le fait *est attesté* par les témoins. 그 사실은 증인들의 말로 증명이 됩니다.

2° ~ **de qc**〈…에 대한 증명이 되다〉 Les ruines *attestent* de la violence de l'incendie. 타다 남은 폐허는 화재가 얼마나 심했었는지를 증명하고 있다.

3° ~ **que P ind/Inf**〈…임을 증명하다〉 J'*atteste* que M. Dupont a suivi le cours de littérature. 본인은 뒤퐁씨가 문학 강의를 수강했음을 증명합니다. Ces paroles *attestent* qu'il n'a rien compris. 이 말로 그가 전연 이해를 못했다는 것을 알 수가 있다. J'*atteste* avoir assisté à l'accident. 사고의 현장에 있었음을 증언합니다.

4° ~ **qn de qc/que P ind**〖드물게〗〈…를 …에 대한 증인으로 내세우다〉 J'*atteste* les dieux〔les cieux, le ciel〕de la vérité de ce fait. 이 일이 사실임을 맹세합니다. J'*atteste* les dieux que le fait raconté est vrai. 이야기한 것은 틀림없는 사실

임을 맹세합니다. J'en *atteste* les dieux. 그것은 틀림없는 사실입니다.

attirer 1° ~ N (qp) 〈유인하다〉 ~ *qn* dans un piège …를 함정으로 유인하다.

2° ~ N sur N 〈…을 …쪽으로 이끌다〉 ~ l'attention de *qn* sur *qc* …의 주의를 …로 이끌다.

3° qc ~ N à qn 〈…에게 …을 초래하다〉 Cela va vous ~ des ennuis. 그건 당신을 곤란하게 만들 것이다.

4° ~ N 〈끌어당기다, 유인하다〉 La lumière *attire* les moustiques. 불빛은 모기를 유인한다. Il *attira* tous les regards de l'assemblée. 그는 회합에 모인 모든 사람들의 시선을 끌었다.

5° qn s'~ N 《가변》 〈…을 자초하다〉 Il *s'est attiré* la fureur de tous ses voisins. 그는 모든 사람들의 분노를 자초했다.

attraper 1° ~ qn/qc 〈잡다; 잡아타다; 파악하다; 속이다〉 On *a attrapé* un renard au piège. 덫으로 여우 한 마리를 잡았다. Il a réussi à ~ le train de dix heures. 그는 10시 기차를 타는 데 성공했다. Je n'ai pu ~ que quelques mots de leur conversation. 나는 그들 대화 중에서 몇 마디밖에 알아들을 수 없었다. Ce marchand *a attrapé* un de ses clients. 이 장수는 고객중의 한 사람을 속였다. J'ai *attrapé* la grippe l'hiver dernier. 나는 지난 겨울에 유행성 감기에 걸렸었다.

◇ ~ ø (−).

2° ~ qn à Inf 〈…이 …하는 현장을 붙들었다〉 Je l'*ai attrapé* à voler des fruits. 나는 그가 과일을 훔치는 것을 붙잡았다.

3° s'~ 《변화》 〈(병이) 옮다〉 Ne vous apprcchez pas de lui, sa maladie *s'attrape*. 그에게 가까이 가지 마세요 그의 병은 전염성입니다. Avec ce temps-là, un rhume *s'attrape* facilement. 이런 날씨에는 감기가 쉽게 전염된다.

attribuer 1° ~ qc à qc 〈…을 …의 탓으로 돌리다〉 Tout le monde *attribue* son échec au manque de préparation. 모두가 그의 실패를 준비심이 부족한 것에 돌린다.

2° ~ qc à qn Quelques spécialistes *attribuent* ce tableau à Léonardo. 어떤 전문가들은 이 그림을 레오나르도의 작품이라고 한다. A qui *attribuez*-vous le mérite de cette invention? 당신은 이 발명을 누구의 공적으로 돌리십니까? Le metteur en scène lui *attribua* le rôle principal du film. 감독은 그녀에게 그 영화의 주역을 맡겼다. La propriété que sa mère possédait dans le Midi lui *fut attribué* par le testament. 그의 모친이 남불에 소유하고 있던 부동산은 유서에 의해 그의 소유가 되었다.

◇ 1) à qn 은 약세보어인칭대명사로 대치 가능함.

2) à qc 는 y 로 대치 불가능함: *On y *attribue* cette défaite, à la mauvaise qualité de l'équipe. 그러나 à qc 는 cela 로 대치 가능함: On *atttribue* la défaite à cela.

3° s'~ qc 《가변》〈…을 자기 것이라 주장하다〉 Il *s'attribue* ce qui ne lui appartient pas. 그는 제 것이 아닌 것을 제 것이라고 우긴다.

attrister 1° ~ qn 〈슬프게 하다〉 La nouvelle de ce décès m'*a* profondément *attristé*. 이 사망 소식은 나를 깊은 슬픔에 빠뜨렸다.

2° s'~ de Inf 《변화》〈…함을 슬퍼하다〉 Je m'*attriste* de le voir désemparé et accablé. 나는 그가 어찌할 바를 모르고 시달리는 것을 보는 것이 슬프다.

augmenter 1° ~ qc/qn 〈증가시키다; (…의) 급료를 올리다〉 On a dû ~ le prix du pain. 빵값을 인상해야만 했다. Les fonctionnaires

n'*ont* pas *été augmentés*. 공무원의 봉급이 올라가지 않았다. Le salaire des mineurs *a été augmenté*. 광부들의 임금이 인상되었다.
2° ~ 〈증가하다; 물이 붇다〉 La vie *augmente* beaucoup (=les prix montent). 생활비가 많이 올랐다. Il faut absolument empêcher les prix d'~. 물가가 앙등하는 것을 반드시 막아야 된다.
3° ~ de qc 〈…의 …이 증가하다〉 Ses tableaux *ont* beaucoup *augmenté* de prix. 그의 그림값은 대단히 비싸졌다.
◇ 복합시 조동사의 사용 ⇨auxiliaires I, 3°, ②.

augurer 1° ~ Adv de N 〈…에 대해서 (어떻게)예측케 하다〉 Ce début laisse bien ~ de la suite. 일의 시초로 보아서는 결과도 좋을 것 같다.
2° ~ N de N 〈…에 대해서 …을 예측하다〉 Je n'*augure* rien de bon de cette décision. 이런 결정이 좋은 결과를 가져오리라고는 기대하지 않는다.
3° ~ de N que P ind 〈…을 보고 …라고 예측하다〉 Il *a auguré* de mon silence que je l'approuvais; mais il n'en est rien. 그는 내가 아무 말 않고 있는것을 보고 찬성하는 것이라고 추측한 모양이지만 그건 그렇지가 않다.

autoriser 1° ~ qc 〈허용하다, 정식허가하다〉 Le conseil municipal *a autorisé* ce projet. 시 의회는 그 계획을 허가했다. La réunion publique *a été autorisée* par le préfet. 공식집회가 지사에 의해 허가되었다.
2° ~ qn à Inf 〈…에게 …하는 것을 허가하다〉 Le médecin l'*a autorisé* à reprendre le travail. 의사는 그가 일을 다시 시작하는 것을 허락했다. Jean *a été autorisé* par le médecin à faire demain sa première sortie. 장은 의사로부터 내일 첫번째 외출을 하는 것을 허락받았다.
◇ à Inf 는 y 로 대치 가능함,
3° ~ que P subj 〈…을 허용하다(= permettre)〉
4° s'~ de qn/qc 《변화》〈…의 권위를 빌다, …을 핑게로 내세우다〉 Je m'*autorise* de votre père. 나는 당신 아버지를 대리한다.

avancer 1° ~ qc 〈앞으로 내밀다; 제기하다〉 Il *avança* le bras et saisit la lampe. 그는 팔을 내밀어 등불을 집어들었다. Demain, nous *avancerons* l'heures du dîner. 내일은 저녁식사 시간을 앞당길 것이다. Il *a avancé* des idées nouvelles. 그는 새로운 사상을 제시했다. Il *avance*(↔retarde) sa montre. 그는 그의 시계를 빨리 가게한다. La réunion *a été avancée* du 14 au 7. 모임은 14일에서 7일로 앞당겨졌다.
◇ ~ ø (-).
2° ~ qn 〈…의 도움이 되다〉 Cela ne t'*avancera* pas (=Cela ne te donnera aucun avantage). 그것은 너에게 이익[도움]이 되지 못할 것이다.
3° ~ 〈앞서다, 전진하다〉 Il est onze heures; votre montre *avance* de cinq heures. 지금은 11시입니다. 당신 시계는 5시간이 빠릅니다. Il *avança* de quelques pieds. 그는 몇 피트쯤 앞으로 나아갔다.
4° s'~ 《변화》〈앞으로 나가다; 성공하다; 말이 지나치다〉 Le bateau s'*avance* (=*avance*) sur l'eau. 배는 물 위로 미끄러져 나갔다. La nuit s'*avance* (=*avance*). 밤이 깊어간다. Les rochers s'*avancent* sur le précipice. 바위가 벼랑 위로 돌출해 있다. Il a fait tous ses efforts pour s'~. 그는 출세하기 위해 온갖 노력을 기울였다. Ne *vous avancez* pas trop. 너무 지나치게 굴지 마세요.
◇ se hâter, se dépêcher 의 뜻으로 혼동하지 않도록 주의할 것: Il est tard. Dépêchez-vous 〔*Avancez-

vous].

aventurer 1° ~ N 〈위태롭게 하다, 위험스럽게도 …을 걸다〉 Il *a aventuré* sa vie dans cette périlleuse ascension. 그는 이 위험스러운 등반에 자기의 목숨을 걸었다. ~ sa réputation dans une affaire douteuse 성공 여부가 의심스러운 일에 목숨을 걸다.
2° **qn s'** ~ **qp** 《변화》〈모험하다〉 s' ~ sur un pont branlant 흔들거리는 다리 위를 위험스럽게 걸어가다. s'~ la nuit dans les bois 어두운 밤에 숲 속으로 들어가다.
3° **qn s'~ à Inf** 〈위험을 무릅쓰고 …하다〉 s'~ à jouer gros au jeu 노름판에서 큰 돈을 걸어서 모험하다.
4° **s'~** 〈모험하다〉 Comme il n'en savait rien, il préféra ne pas trop s'~. 사정에 정통하지 못한 관계로 그는 모험은 삼가기로 했다.

avérer [12 ~18세기까지 réaliser, accomplir, manifester, approuver 등의 뜻으로 활발히 쓰였으나 현대어로는 효력이 없어지고 대개는 형용사적 용법의 과거분사나 부정법 infinitif 으로 쓰인다].
1° ~ 〈확인하다〉 Il *fut* bientôt *avéré* que les Français ne guillotinaient personne. 프랑스 사람들이 아무도 참수형에 처해져 있지 않다는 사실이 곧 확인되었다. C'est une chose qu'on ne peut ~. 그것은 확인할 수 없는 일이다.
2° **se** ~ 《변화》〈확인되다〉 un subterfuge où *s'avéra* (=se verifia) sa fertile ingéniosité 그의 많은 잔꾀가 입증된 계략.
3° **se** ~ **Adj** 〈…임이 판명되다〉 Cloclo, à mesure que la perte *s'avérait* (=se montrait) définitive, perdait de son sang-froid. 그 손실이 결정적인 것으로 판명됨에 따라서 클로클로는 그의 침착성을 잃고 있었다.

◇그러나 s'avérer 의 본래 의미(= se révéler vrai, se faire reconnaître pour vrai)와 중복되는 vrai 나 그에 배반되는 faux, inexact 등과의 병용은 옳지 못하니 Il est avéré que P ind 나 se révéler, apparaître 또는 단순한 être 의 이용을 권한다: *Les renseignements donnés se sont avérés* faux. → Il *est avéré* que les renseignements donnés sont faux [Les renseignements donnés se révèlent faux]. 제공된 정보가 거짓임이 밝혀졌다.

avertir 1° ~ **N(de N)** 〈(…에 대해서)…에게 알리다〉 N'oubliez pas d'~ ton ami. 네 친구에게 알리는 것을 잊지 말게. Il m'*a averti* de son arrivée. 그는 내게 자기의 도착을 알려 왔다. ~ son ami d'un danger 친구에게 위험을 경고해 주다. Je vous en *avertis*. 그 일을 미리 당신에게 경고해 둡니다.
2° ~ **N (de ce) que P ind** 〈…에게 …하다는 것을 알리다〉 Nos voisins nous *ont averti* de ce que la maison avait brûlé. 이웃사람들은 집이 불타버렸다는 것을 우리에게 알려 주었다. Je vous *avertis* que je ne viendrai pas. 나는 오지 못한다는 것을 미리 알리는 바입니다.
3° ~ **N de Inf** 〈…하도록 …에게 경고하다〉 Il nous *a averti* de bien faire attention sur la route. 도로에서 특히 조심하도록 그는 우리에게 타일렀다.
4° ~ **N P(int. ind.)** 〈…인지 …에게 알리다〉 Il va nous ~ quand il viendra. 그는 언제 올는지 우리에게 알릴 것이다.

aveugler 1° ~ **N** 〈눈이 멀게 하다; 눈부시게 하다〉 Les phares l'*ont aveuglé*. 헤드라이트의 불빛으로 앞이 안 보였다. Il *a été aveuglé* par l'explosion d'une bombe. 포탄의 폭발로 그는 장님이 되었다. Il

aviser

est aveuglé par la passion. 그는 정열에 사로잡혀 눈이 멀었다.
◇ ~ ∅ Une lumière trop forte *aveugle*. 강한 빛은 눈이 부셔서 앞이 안 보이게 한다.
2° **qn s'~ sur qc** 《변화》〈…에 눈이 멀다, 맹신하다〉 Ne *vous aveuglez* pas sur lui, il n'a pas toutes les qualités que vous lui reconnaissez. 그를 과신 말아요. 당신이 인정하고 있는 그런 장점을 그는 몽땅 갖고 있지는 않아요.
3° **s'~** 〈눈이 부셔 안 보이다〉 Ils n'osaient pas bouger, ils *s'aveuglaient* à regarder les flammes ardentes. 그들은 감히 움직이지 못했다. 강한 불꽃을 본 바람에 눈앞이 캄캄했기 때문이다.

aviser I. 1° **~ N** 〈발견하다, 눈에 들어오다〉 Il *avisa* un café au coin de la rue. 마침 길 모퉁이의 다방이 하나 눈에 띄었다. Il manquait de cigarettes, mais il *avisa* un bureau de tabac. 그에게는 담배가 없었다. 그러나 담배가게를 하나 발견했다.
2° **~ qn (de qc)** 〈…에게 …을 알리다〉 ~ les automobilistes des encombrements sur les routes 운전사들에게 도로상의 차량의 혼잡을 알리다.
3° **~ qn (de ce) que P ind** Il m'*avisa* qu'il fallait venir plus tôt. 그는 내게 더 일찍 와야 한다고 알려 주었다.
4° **~ qn de Inf** 〈…하도록 일러 주다〉 Il m'*avisa* de venir plus tôt. 그는 내게 더 일찍 오라고 일러 주었다.
5° **~** 〈대책을 강구하다, 결단을 내리다〉 Il est temps d'~. 결정을 내려야 할 때가 왔다. Il faudrait ~, au cas où il ne viendrait pas. 그가 안 올 경우에 대비해야 할 것이다.
6° **~ à qc/à Inf/(à ce) que P subj** 〈…에 대비하다, …하도록 유의하다〉 Il faut ~ au plus pressé. 제일 급한 일부터 대비해야 한다. J'y *aviserai*. 거기 대책을 생각해 보겠어. *Avisez* (à ce) que tout se passe dans l'ordre. 모든 것이 순조롭게 되도록 손을 쓰도록. Veuillez ~ à prendre les mesures nécessaires. 필요한 조치를 취하도록 손을 써주세요.
II. 1° **qn s'~ de N** 《변화》〈깨닫다, …에 생각이 미치다〉 Je ne *me suis avisé* de sa présence que quand il s'est mis à rire. 그가 웃기 시작했을 때 비로소 나는 그가 그 자리에 와 있는 것을 알았다.
2° **qn s'~ que P ind** Il *s'est avisé* qu'il avait oublié les papiers dans la voiture. 그는 차 속에 서류를 두고 온 것을 깨달았다.
3° **s'~ de Inf** 〈…할 생각을 해 보다〉 Ne *vous avisez* surtout pas de recommencer. 앞으로 또 그런 짓을 되풀이할 생각일랑 아예 말아라. Un soir à table, je m'*avisai* de mettre une pincée de poivre sur la tarte. 어느날 저녁에 나는 식탁에 앉았을 때 과일 파이에 후춧가루를 좀 쳐서 먹어 볼까 하는 생각이 들었다.

avoir A. 1° 접속법 현재 : que j'*aie*, que tu *aies*, qu'il *ait*, que nous *ayons*, que vous *ayez*, qu'ils *aient*.
2° 직설법 현재 : ils *ont* 은 sont(être), vont(aller), font(faire)과 함께 3인칭 복수 변화어미가 ont 로 끝나는 특별한 변화이다.
3° 발음 : j'ai[ʒe]이지만 ai-je[ɛ:ʒ]는 열린 발음. avoir 의 P.P. 인 eu 를 비롯하여 단순과거형 (j'*eus*, nous *eûmes* 등)과 접속법 반과거형 (j'*eusse*, nous *eussions* 등) 인칭 변화중 eu 의 발음은 모두 [y]이다.
4° 명령법 : *aie, ayons, ayez*.
5° 접속법 반과거 도치의문형 : *eus-*

avoir

sé-je? [ysɛːʒ], eût-il?
6° 모든 타동사와 비인칭동사, 대부분의 자동사의 복합시제를 만드는 기본 조동사로 동작의 완료된 상태를 나타낸다: J'ai chanté. 나는 노래를 했다. Je les *avais* déjà vus. 나는 벌써 그들을 만났었다. (⇨auxiliaires).

B. 1° ~ **N** ⟨가지다⟩ J'ai(=possède) une maison à la campagne. 나는 시골에 집을 한 채 가지고 있다. J'ai deux sœurs. 내겐 누이가 둘 있다. Ce bébé n'a pas encore de dents. 이 애는 아직 이가 안 났다. La tour Eiffel *a* trois cent vingt mètres. 에펠탑은 높이가 320 m이다.
◇ 1) ~ ø (—).
2) Passif (—).

2° ~ **qn** 〖속어〗 ⟨속이다, 골려주다⟩ Vous m'*avez* eu (=dupé). 당신이 나를 속였소. Elle *a été eue*. 그 여자는 속았다.

◇ 이 구문은 Passif를 허용함(avoir가 Passif로 쓰일 수 있는 유일한 경우로 attraper, duper, tromper, posséder의 뜻이 있다).

3° ~ **N Adj** (*Adj*는 목적어 속사) Elle *a* (=possède) des cheveux noires. 그 여자는 검은 머리털을 가지고 있다. Elle *a* les cheveux noirs. 그녀의 머리는 검다.
◇ 1) 전통문전에서는 이때 Adj를 N에 대한 속사 attribut로 보며, 또 동사 avoir를 être와 같은 계사 copule로 본다. 의미상으로 *Ses cheveux sont noirs와 같다고 보기 때문이다. 또 N에 붙는 한정사의 종류에 따라 뉘앙스가 있다는 것이 일반적 견해이다. (⇨article défini).
2) 이 구문에서는 속사를 목적어 앞에 둘 수 있다 : Elle *avait* très vif le sens des réalités. 그녀의 현실감은 대단히 예민하다.

4° ~ **N pour/comme+n** (*n*은 속사로 쓰이는 명사) ⟨…으로서 …을 갖고 있다⟩ Vous *avez* pour ami un de mes maîtres. 저의 선생님 한분이 당신의 친구입니다. Vous *avez* une cabane comme logement. 당신 숙소는 오두막집이군요.

5° ~ **pour+n de Inf/que P ind** (속사 *n*은 추상명사) ⟨…이 …하는 일이다⟩ J'ai pour but [principe] de Inf [que P ind]. 나는 …하는 것을 나의 목적[원칙]으로 삼고 있다.

6° ~ **qn en+n** (속사 *n*은 감정을 뜻하는 추상명사) ⟨…에게 어떤 감정을 품다⟩ Vous *avez* votre père en grande estime. 당신은 아버님을 매우 존경하는군요.

7° ~ **l'air** (⇨air).

8° (1) ~ **qc P.P.** (*qc*는 신체부위 명사로 정관사 또는 소유형용사가 붙음) ⟨자기의 …를 (어떻게)하고 있다⟩ Elle *avait* les coudes appuyés sur sa table, et la tête penchée sur sa main. 그 여자는 팔꿈치를 식탁에 의지하고 고개를 손 위에 기울이고 있었다. Jacques *avait* toujours ses yeux rivés à ceux d'Antoine. 자크는 줄곧 자기의 눈을 앙투안느의 눈에 고정시키고 있었다.
(2) ~ **qc P.P.** (*qc*는 부정관사가 붙음) Il *a eu* une jambe emportée par un obus. 그는 한 쪽 다리를 포탄에 빼앗겼다. Cette pauvre femme *a* un fils tué à la guerre. 이 불쌍한 여인은 전쟁으로 자식 하나를 잃었다.
(3) ~ **qc P (rel)** (*qc*는 정관사 또는 소유형용사가 붙는 명사) J'avais la langue qui me démangeait de raconter ça au curé. 나는 그것을 사제에게 지껄이고 싶어 못견뎌했었다. J'avais ma petite maison qui ne se louait pas. 나의 작은 집은 셋집으로 인기가 없었다.
◇ avoir의 목적어가 관계절의 선행사이거나 인칭대명사이기 때문에 어순이 바뀌는 경우 : les lunettes chaussées au bout du nez qu'il

avait gros et rond 크고 둥근 그의 코끝에 끼어 있는 안경. La confiance dans la science que nous *avions* si forte, est plus qu'à demi perdue. 우리가 과학에 대해서 가지고 있는 매우 강한 신뢰는 태반이 상실되었다. Il demanda qu'on lui attachât les mains de manière qu'ils les eût croisées sur sa poitrine, au lieu de les *avoir* liées derrière le dos. 그는 자기의 손이 등 뒤로 묶이는 대신에 가슴 앞에 포개어지도록 묶어 달라고 부탁했다.

9° ~ à Inf 〈…해야 한다, …할 일이 있다〉 J'ai à (=dois) faire une visite. 나는 방문을 하지 않으면 안된다. Il *a* bien des choses à nous apprendre. 그는 우리들에게 가르쳐줄 것이 많다.

10° ne ~ qu'à Inf 〈단지 …하기만 하면 되다〉 Vous n'*avez* qu'à (=Il vous suffit de) tourner le bouton. 당신은 스위치를 돌리기만 하면 됩니다.

11° Il y a N 〈(존재) …이 있다; (시간) …전에〉 Il y *a* encore du beurre. 아직 버터가 남아 있다. Il y *a eu* plusieurs blessés. 부상자가 몇명 있었다. Il y *a* longtemps qu'il est parti. 오래 전에 그가 떠났다.

12° Il n'y a qu'à Inf 〈…하기만 하면 된다〉 Il n'y *a* qu'à le laisser parler. 그가 말하도록 내버려 두기만 하면 된다.

avouer 1° ~ qc(à qn) 〈(…에게) 고백하다, 자백하다〉 Elle (lui) *a avoué* (=déclaré) son amour. 그 여자는 자기의 사랑을 (그에게) 고백했다. L'accusé *a avoué* son crime. 피고는 자기 범죄사실을 자백했다.

◇ ~ ø 〈죄를 자백하다〉 Le coupable *a avoué*. 그 죄인은 자백하였다.

2° ~ Inf Il *avoue* avoir tué la vieille femme. 그는 그 노파를 살해했다고 자백한다.

3° ~ que P ind 〈…함을 인정·시인하다〉 J'*avoue* (=admets) que je l'ignore. 내가 그것을 모르는 것을 시인합니다.

4° ~ N pour+n (n은 속사로 쓰이는 명사) 〈…을 …으로 인정·인지하다〉 Il *avoue* l'enfant [le livre] pour sien. 그는 그 아이를 자기 자식으로 [그 책을 자기 것으로] 인지한다.

5° s'~ Adj 《변화》〈자기가 …임을 시인하다〉 Il s'*avoua* enfin coupable de ce crime atroce. 그는 마침내 자기가 그 끔찍한 범죄자임을 시인했다.

axer ~ qc sur qc 〈…쪽으로 지향하게 하다〉 ~ sa vie sur des principes immuables 확고 부동한 철칙에 따라 살다. Le programme d'étude *est axé* sur l'acquisition de la langue. 본 교과목은 언어 습득이란 목표를 위해서 짜여진 것이다.

B

badiner ~ (avec/sur N)〈장난삼아 하다〉Il ne *badine* pas avec [sur] la discipline. 그는 규율에 대해서는 근엄하다. Je ne *badine* pas sur ce point. 나는 이 문제를 경솔히 다루지 않는다. J'ai dit cela pour ~. 장난삼아 해본 말이다.

bagarrer 1° ~ pour Inf 〖구어〗〈열변을 토하다〉J'ai dû longtemps ~ pour arriver à le convaincre. 나는 그를 설득하려고 오랫동안 열변을 토해야 했다. Il va falloir ~ pour l'obtenir. 그렇게 할 수 있으려면 열변을 토해 설득할 필요가 있을 것이다.

2° N se ~(N은 복수명사)《변화》〖구어〗〈서로 싸우다〉des enfants [des chiens] qui *se bagarrent* 싸움질하는 어린애들[개들].

3° se ~ avec N〈…와 싸우다〉La petite Nicolas et sa sœur *se bagarrent* avec les enfants du voisin. 어린 니콜라스와 그 언니는 이웃집 애들과 싸운다.

baigner I. 1° ~ qn/qc 〈적시다; 멱감기다〉On *baigne* un bébé tous les jours. 갓난아이를 매일같이 목욕시킨다. La Loire *baigne*(=arrose) les murs de nombreux châteaux. 르와르강은 수많은 성벽을 적셔준다.

◇ 1) être baigné de qc 〈…으로 젖다〉Le visage de l'ouvrier *était baigné*(=mouillé) de sueur. 그 일꾼의 얼굴은 땀으로 젖어 있었다. Elle eut les yeux *baignés* de larmes. 그녀의 눈은 눈물로 젖었다.
2) ~ ∅(—).

2° ~ dans qc 〈…속에 잠기다〉des cerises *baignant*(=trempant) dans l'alcool 술에 담근 버찌. Il *baignait* dans son sang. 그는 피투성이었다 (=Il était couvert de sang 또는 Il perdait beaucoup de sang.).

II. 1° se ~《변화》〈목욕하다, 해수욕하다〉Vous êtes-vous déjà *baigné(s)* dans la mer [en rivière, dans une piscine]? 당신(들)은 벌써 바다〔강, 수영장〕에서 해수욕을 하셨어요?

2° se ~ N(N은 신체부위명사)《가변》〈(물에) 자기의 …을 담그다 [적시다]〉Elle *s'est baigné* seulement les pieds. 그여자는 자기의 발만 적셨다. →Les pieds qu'elle *s'est baignés*.

bâiller 1° ~ (de qc)〈…때문에 하품하다〉La faim ou le sommeil font souvent ~. 배고프거나 졸리면 종종 하품이 난다. ~ de sommeil [de fatigue, de faim, d'ennui] 졸려서〔피곤해서, 배고파서, 지루해서〕하품하다.

◇ 1) 비유적으로: une porte qui *bâille* 반쯤 열린 문. Mon gilet *bâille*. 나의 조끼가 벌어진다.
2) bayer aux corneilles(=regarder bêtement en l'air, la bouche ouverte)와 뜻을 혼동하여 쓰인 예가 있다: quand tu seras là à ~ aux corneilles 네가 입을 벌리고 멍청히 허공을 쳐다보며 그곳에 있을 때.

2° ~ sa vie 〈인생을 빈둥빈둥 보내다〉J'ai *bâillé* ma vie. 나는 나의 인생을 빈둥빈둥 보냈다 (=J'ai vécu ma vie en *bâillant*.).

baisser 〔아래 2°의 경우에는 조동사가 avoir 또는 être〕. 1° ~ qc 〈…을 내리다, 숙이다〉S'il fait chaud, *baissez* le store. 더우면 차양을 내리시오. *Baissez* un peu le poste

balancer

de radio, il est 10 heures passées. 라디오 볼륨을 낮추어라. 10시가 지났다.
◇1) ~ N (N은 신체부위 명사)〈자기의 …을 숙이다〉 Il a baissé la tête. 그는 머리를 숙였다.
2) ~ ø (—).
3) baisser qc 보다는 faire baisser qc의 사역구문을 더 많이 사용한다: J'ai fait ~ les notes.
2° ~ 〈낮아지다, 내리다; 쇠하다〉 Les prix ont baissé subitement. 물가가 갑자기 떨어졌다《동작》. Les prix sont baissés. 물가가 떨어졌다《상태》. Il avait bien baissé pendant les dernières années de sa vie. 그는 말년에 건강이 대단히 쇠약해졌었다.
3° se ~ (주어는 인물명사)《변화》〈몸을 굽히다, 구부리다〉 Il se baissa pour examiner les traces que le voleur avait laissées. 그는 도둑이 남긴 혼적을 살피기 위하여 몸을 굽혔다.

balancer I. **1°** ~ qn/qc 〈좌우로 흔들다〉 Les vagues balancent(=bercent) les navires à l'ancre. 파도가 정박중인 배들을 가볍게 흔든다. Il a été balancé(=congédié) de l'usine la semaine dernière. 그는 지난 주 공장에서 해고당했다.
2° ~ 〈흔들리다〉 Le lustre balançait(=se balançait 또는 oscillait) dangereusement. 샨데리아가 위험스럽게 흔들리고 있었다.
3° ~ à〔de〕Inf 〈…할 것을 주저하다〔망설이다〕〉 Il balance(=hésite) depuis longtemps à prendre cette décision. 그는 이 결심을 하는데 오래 전부터 망설이고 있다.
4° ~ si P ind 〈…을 할까 망설이다〔주저하다〕〉 Je balance si j'irai. 나는 갈 것인가 망설인다.
II. **1°** se ~ 《변화》〈좌우로 흔들리다; 시이소오를 타다〉 pousser un enfant qui se balance 그네타고 있는 어린애를 밀다.

2° s'en ~ 〔속어〕〈대수롭지 않게 여기다〉 Je m'en balance (=Je m'en moque). 나는 그런 것은 아랑곳하지 않는다.

balayer 〔활용할 때 e모음 앞에서 y를 유지할 수 있다: je balaye 또는 balaie 등. ⇨payer〕.
~ qc 〈쓸다; 소탕하다; 해고하다〉 Il y avait des miettes dans la salle à manger, parce qu'on ne l'avait pas balayée. 식당을 쓸지 않았었기 때문에 빵부스러기들이 떨어져 있었다. Les ennemis ont été balayés. 적들은 완전히 소탕되었다.
◇ ~ ø (+).

bannir ~ N(de N)〈(…에서) 몰아내다, 물리치다〉 ~ qn d'un pays …를 국외로 추방하다. J'ai banni depuis longtemps l'usage du tabac. 나는 오래 전부터 담배를 끊고 있다. ~ de son langage une expression incorrecte 자기 말에 부정확한 표현을 쓰지 않다.

baptiser 〔발음은 [batize]〕. **1°** ~ qn/qc 〈…에게 세례를 주다; …에 명명하다〉 Le prêtre baptise le nouveau-né. 신부가 갓난애에게 영세를 준다. ~ une cloche〔un navire〕 종〔배〕에 명명하며 축복하다. Mon fils a été batisé à l'église Saint-Nicolas. 내 아들은 성 니콜라스 교회에서 영세를 받았다.
2° ~ qn/qc N (de qn/qc)(N은 속사로 쓰이는 명사)〈(…의 이름을 따라서) …라고 명명하다〉 On le baptisa Joseph(du nom de son grand-père). (그의 조부 이름을 따라서) 그를 조세프라 이름지었다. Léon l'(=la pièce)avait baptisée «le laboratoire»; c'était une salle de bains désaffectée. 레옹은 그 방을 「실험실」이라 명명했었다. 그 방은 용도를 변경한 욕실이었다.

barboter 1° ~ (qp)〈(물・진창 속에서)철벅거리다〉 des enfants〔des canards〕 qui barbotent dans l'eau

[dans la boue] 물[진창] 속에서 절벅거리는 어린애들[오리들].
2° ~ N(à N)《속어》〈(…에게서)훔치다〉 On m'*a barboté* mon fric dans le train. 나는 기차에서 돈을 도둑맞았다.

barder 1° ~ N(de N)〈(금속 따위를) 입히다〉 Au moyen âge les hommes combattaient *bardés* de fer. 중세에는 철갑으로 무장하고 싸웠다. *être bardé* de décorations 훈장을 가득 달고 있다.
◇이 구문은 주로 수동형으로 쓰인다.
2° ça ~ 《속어》〈험악해지다〉 S'il se met en colère, cela va ~! 그가 한번 화를 내는 날이면 큰일이 난다. On entend des éclats de voix à travers la porte: ça *barde* entre eux deux. 문 밖으로 높은 언성이 들린다. 그들 둘 사이에 큰 야단이 난 모양이다.

barioler 1° ~ N qp 〈얼룩덜룩하게 칠하다〉 les peaux de bisons sur lesquelles les Sioux *bariolaient* leurs textes hiéroglyphiques 수우족(族)이 그들의 상형문자를 얼룩덜룩하게 그려놓은 들소 가죽. une étoffe *bariolée* 잡색 천
2° ~ N (de N) 〈…을 (…으로)얼룩덜룩하게 칠하다〉 Les enfants s'amusent à ~ leurs cahiers de dessins de ton criards. 아이들이 스케치북에 요란스러운 색깔로 그림을 그리며 논다.

barrer 1° ~ N 〈가로막다〉 Un camion *barre* la route. 트럭 한대가 길을 가로막고 서 있다. La rue *est barrée* à cause des travaux. 공사 때문에 길이 막혀 있다.
2° ~ N à N 〈…(의 길)을 가로막다〉 ~ la route à l'ennemi 적을 막으려고 길을 봉쇄하다. Des rochers détachés de la montagne nous *barraient* la route. 산에서 떨어져 나온 바위 덩어리들이 우리 길을 가로막고 있었다.
3° qn se ~ (de qp) 《변화》《속어》〈도망치다〉 Il *s'est barré* de la prison. 그는 감옥에서 도망쳤다.

baser 1° ~ N sur N 〈…에 …의 기초를 두다〉 Il *a basé* son argumentation sur des faits solides. 그의 논증은 확고한 사실에 기초하여 세워진 것이다.
◇ *être basé* sur N 〈…에 기초하다〉 Son argumentation *est basée* sur des faits solides. (위와 같은 뜻).
2° se ~ sur N 《변화》〈…에 기초를 두다〉 Il [Son argumentation] *se base* sur des faits solides. 그는 [그의 논증은] 확고한 사실에 의거하고 있다.

batailler 1° ~ pour Inf 〈싸우다, 논쟁하다〉 Les syndicats ont dû ~ longtemps pour obtenir un compromis. 조합은 타협을 얻기위해 오랫동안 투쟁해야 했다.
2° qn se ~ contre N 《변화》〈…와 싸우다〉 Il est toujours prêt à *se* ~ contre l'injustice. 그는 언제나 불의와 싸울 태세가 되어있다.

bâtir ~ (N)(sur N)〈(집 따위를) 세우다〉 On *a* beaucoup *bâti* ces dernières années. 근년에는 많은 건물이 세워졌다. La Tour de Pise *a été bâtie* sur un terrain qui s'enfonce. 피사 탑은 함몰해 가는 땅위에 서 있다.

battre I. 1° ~ qn/qc 〈때리다; 쳐부수다〉 L'ivrogne *battait* sa femme[son chat]. 그 술주정뱅이는 자기 부인을[고양이를] 때리곤 했다. Paul *a été battu* par ses camarades. 폴은 그의 동료들에 얻어 맞았다. L'ennemi capitula avant d'*être* complètement *battu*. 적군이 전멸하기 전에 항복했다. Reims *bat* Nîmes par 1 à 0. 랭스팀이 님팀을 1 대 0으로 격파한다. Les gendarmes *ont battu* la région pour

battre

retrouver les voleurs. 경관들은 도둑을 찾아내기 위해 그 지역을 수색했다.
◇1) ~ ø(-).
2) ~ **son plein** 〈최고조에 달하다〉 La mer *bat* son plein. 만조〔밀물〕때다. Les grèves russes *battent* leur plein. 러시아의 파업은 절정에 달했다《여기서 son을 명사, plein을 형용사라고 주장하는 사람들의 모순을 Littré, Académie 그리고 Bruneau, Dauzat 등 많은 사람들이 지적하고 있다. ⇨G, §425》.
2° ~ 〈울리다, 고동치다; 후려치다〉 Il a couru et son cœur *bat* très vite. 그는 뛰고 나서 심장이 몹시 뛴다.
◇1) ~ **en retraite** 〈후퇴하다〉 A Moscou, Napoléon fut forcé de ~ en retraite. 모스크바에서 나폴레옹은 퇴각하지 않을 수 없었다.
2) N ~ **à** qn(N은 신체부위명사) 〈…의 …이 뛰다〔고동치다〕〉 Le cœur lui *bat*. 그의 가슴이 뛴다.
3) ~ **de** N(N은 신체부위명사)〈…을 치다〔마주치다〕〉 Les enfants, heureux, *battirent* des mains. 애들은 기뻐서 손뼉을 쳤다. Il *battit* des cils. 그는 눈을 깜박였다.
II. 1° **se** ~ 《변화》〈서로 싸우다; 싸우다〉 L'équipe tricolore s'est bien *battue*. 프랑스팀은 잘 싸웠다. Clémenceau *se battit* plusieurs fois en duel. 클레망소는 여러번 결투를 했다. Les jeunes gens *se sont battus*(=combattus) à coup de poing. 그 젊은이들은 서로 주먹다짐을 했다.
◇ Pierre et Paul se battent 같이 주어가 복수인 문장은 다음과 같이 두가지로 서로 다르게 해석된다: Ils *se battent* l'un contre l'autre. 그들은 서로 싸운다. Ils *se battent* tous les deux contre *qn* d'autre. 그들은 다른 어떤 사람에 대항해서 함께 싸운다.

2° **se** ~ **avec/contre qn**〈…와 싸운다〉 Cet enfant *se bat* souvent avec les galopins du quartier. 이 아이는 자주 동네 개구쟁이들과 싸운다. L'agent dut *se* ~ contre trois assaillants. 경관은 동시에 세 명의 공격자와 싸워야만 했다.

bavarder (**avec qn sur/de qc**) 〈(…와 …에 관해서) 수다떨다; 담소하다〉 Cet élève perd son temps à ~. 이 학생은 떠드느라고 시간을 낭비한다. ~ avec le concierge de 〔sur〕 l'inflation 물가고에 대해서 수위와 잡담하다.

baver 1° ~ 〈(침·거품 따위를) 흘리다;(잉크 따위가) 번지다〉 ~ et postillonner en parlant 말할때 침을 튀기다. L'encre *a bavé* et fait une tache. 잉크가 번져서 얼룩이 생겼다.
2° **en** ~ 〖속어〗〈(힘든 일 따위에) 혼이 나다〉 Lui qui n'était pas habitué à travailler de ses mains a dû s'y mettre;il en *a bavé* les premiers temps. 자신이 직접 일하는 습관이 없었던 그는 그 일을 해야 했다. 그래서 처음에는 혼이 났다.

bénéficier 1° qn ~ **de qc** 〈…의 이익·혜택을 입다; …을 얻다〔받다〕〉 Je n'*ai* pas *bénéficié* de ces informations. 나는 그 정보를 제공받지 못했다. Il *bénéficie* d'un salaire confortable. 그는 넉넉한 봉급을 받고 있다. Il *bénéficie* de la sympathie de ses collègues. 그는 동료들의 호감을 사고 있다.
2° ~ **de ce que** P ind 〈…하는 혜택을 누리다〉 Il n'a pas su ~ de ce qu'on l'a aidé. 남을 도와 주었지만 그는 그것을 선용할 줄 몰랐다.
3° qc ~ **à** N 〈…에 유리하다, 혜택을 주다〉 Ses informations n'*ont bénéficié* à personne. 그의 정보는 아무에게도 도움이 되지 않았다. Les mesures prises par le gouvernement n'*ont* pas *bénéficié* aux

syndicats. 정부에 의해 취해진 조치는 조합에 유리하지 않았다.

bénir [과거분사는 béni. 단, 형용사적으로 사용될 때와 〈신성하게 하다〉의 뜻일 때는 bénit].
1° **qn ~ N** (*qn*은 승려) 〈축복하다〉 Le prêtre *bénissait* l'assemblée. 사제는 會衆을 축복했다.
2° **~ le ciel[les dieux] (pour N)** 〈신의 은총[가호]을 빌다〉 Je *bénis* le ciel pour votre guérison. 당신의 쾌유를 위해서 신의 은총이 있기를.
3° **~ le ciel[les dieux] de ce que P ind/subj; ~ le ciel[les dieux] que P subj** 〈…하는 것을 기쁘게 생각하다〉 Je *bénis* les dieux de ce que tu aies[as] pensé à cela. 네가 그런 생각을 했다니 정말 기쁘다. Je *bénis* le ciel que tu aies pensé à cela. (위와 같은 뜻).
4° **~ qn de Inf** 〈(…가 한 것을) 축복하다〉 Je te *bénis* d'y avoir pensé. 네가 그런 생각을 했다니 가상한 일이다. Je *bénis* les dieux d'avoir échappé à cet accident. 그 사고를 면한 것을 신께 감사한다.

bercer 1° **~ N** 〈가볍게 흔들다; 진정시키다〉 ~ un enfant dans ses bras 아이를 품에 안아 흔들어 재우다. un canot *bercé* par les vagues 파도에 가볍게 흔들리는 보우트. ~ une peine [une douleur] 고통을 가라앉히다.
2° **qn ~ qn de N** 〈현혹하다〉 ~ *qn* de promesses mirobolantes 믿기 어려운 약속으로 …을 현혹하다.
3° **qn se ~ de N** (변화) 〈…을 품다〉 Il *se berce* de faux espoirs. 그는 헛된 희망을 품고 있다.

blaguer 1° **~ (sur qn/qc)** 〈(…에 대해서) 허풍떨다; 농담하다〉 Il ne cesse pas de ~. 그는 늘 농담만 하고 다닌다. Il *blague* sur tout. 그는 무엇에나 허풍을 떤다. Nous *blaguions* sur Lucien avec ses pantoufles du matin. 우리는 아침의 그 슬리퍼件으로 뤼시앙을 놀리는 것이었다.
2° **~ de qc** 〈…을 놀리다〉 Tout le monde *blague* de sa stupidité. 모두가 그의 어리석음을 놀려댄다.
3° **~ qc** 〈…을 비웃다〉 Quelquefois il *blaguait* le pacifisme de Hugo. 때때로 그는 위고의 평화주의를 비웃었다.
4° **~ qn sur N** 〈…의 …에 대해서 놀리다〉 Il *blague* son fils sur sa coiffure. 그는 아들의 머리 모양을 보고 놀린다.
5° **~ qn de ce que P ind/subj; ~ qn de Inf** 〈…가 …하다고 놀리다[비웃다]〉 Tout le monde le *blague* de ce qu'il ne pense qu'à travailler. 그는 공부밖에 모른다고 모두들 놀린다. Tout le monde le *blague* de ne penser qu'à travailler. (위와 같은 뜻).

blâmer 1° **~ qc** 〈비난하다〉 ~ une décision [la conduite de *qn*] 어떤 결정을[…의 행동]을 비난하다.
2° **~ que P subj** 〈…한다고 비난하다〉 Ne me *blâmez* pas que je vous contredise. 당신 의견에 반박한다고 나무라지 마십시오.
3° **~ qn (de/pour/sur N)** 〈(…의 …에 대해서) 비난하다〉 ~ *qn* de [pour, sur] ses actes …의 행동을 비난하다.
4° **~ qn de ce que P subj** 〈…가 …하다고 비난하다〉 ~ *qn* de ce qu'il agisse de telle façon …가 그런 식으로 처신한다고 비난하다.
5° **~ qn de/pour Inf** ~ *qn* d'avoir [pour avoir] agi sans réfléchir 생각해 보지도 않고 행동했다고 …를 나무라다.

blasphémer 1° **~ (contre N)** 〈모독적인 말을 하다〉 Il *blasphème* contre Dieu [contre la religion]. 그는 신을[종교를] 모독하는 언사를 쓴다.
2° **~ N** 〈모독하다〉 ~ la religion

blêmir

종교를 모독하다.
blêmir ~ de N〈…로 창백해지다〉 ~ de peur [de rage] 공포로 [분노로] 창백해지다.
blesser[1] 1° ~ qn 〈…에게 상처를 입히다〉 Il l'*a blessé* involontairement. 그는 본의아니게 그에게 상처를 입혔다. Il *a été blessé* d'une balle à la main. 그는 손에 彈傷을 입었다. Il *a été blessé* au bras d'un coup de couteau. 그는 팔에 칼을 맞았다. Il *a été blessé* dans un accident d'automobile. 그는 자동차 사고로 부상을 당했다.
◇ 1) ~ qn Prép N de/avec qc (*N*은 신체부위명사)〈…을 …으로 상처입히다〉 Le géant *a blessé* Guillaume au visage d'un coup de masse. 거인은 기음의 얼굴을 큰 망치로 한 대 쳐서 상처를 입혔다.
2) ~ N(*N*은 신체부위명사)〈…에 상처를 입히다;(눈・귀에)거슬리다〉 La balle *a blessé* le poumon droit. 탄환이 오른쪽 폐에 상처를 입혔다. Cette musique *blesse* les oreilles. 이 음악은 귀에 거슬린다.
2° **se**~《변화》〈상처를 입다〉 Elle s'est *blessée* en tombant. 그녀는 넘어져서 몸을 다쳤다.
3° **se** ~ N《불변》(*N*은 신체부위명사)〈자기의 …을 다치다〉 Elle s'est *blessé* la main droite. 그녀는 오른손을 다쳤다.
blesser[2] 1° ~ qn/qc 〈…의 감정을 해치다〉 Il m'*a blessé* en me traitant de menteur. 그는 나를 거짓말쟁이 취급을 해서 내 감정을 상하게 했다. Ce reproche *blesse* votre orgueil. 이 비난은 당신의 자존심을 상하게 한다. Ceci *blesse* les règles les plus élémentaires de la politesse. 그것은 가장 초보적인 예의범절에도 어긋난다. J'*ai été blessé* au vif par ses reporches. 나는 그의 비난 때문에 몹시 기분이 상했다. Il *a été blessé* dans son amour-propre.

그는 자존심이 상했다.
◇ 1) ~ qn dans qc〈…의 …을 손상하다〉 Cela vous *blesse* dans votre orgueil. 그것은 당신 자존심을 상하게 한다.
2) ~ ∅〈남의 기분을 해치다〉 Il a des paroles qui *blessent* profondément. 그는 몹시 모욕적인 말을 한다.
2° **se** ~ **de/pour** qc《변화》〈…에 기분이 상하다〉 Il *se blesse*(=s'offense) de peu. 그는 사소한 일로도 화를 낸다.
bloquer 1° ~ N 〈가로막다; 동결하다〉 Un accident *bloquait* l'autoroute. 사고로 도로가 막혀 있었다. ~ les prix[salaires] 물가[임금]를 동결하다.
2° ~ N sur qc (*N*은 복수명사)〈한데 모으다〉 ~ ses jours de congé sur le mois de septembre 휴가일을 9월로 몰다. ~ plusieurs questions sur une seule intervention (한번 발언권을 얻어서)여러가지 문제를 한꺼번에 다루다.
boire 1° ~ qc(=prendre)〈…을 마시다〉 ~ du vin[du café, du thé, une tasse de café] 포도주를 [커피를, 차를, 한잔의 커피를] 마시다. Il *a bu* son verre jusqu'à la dernière goutte. 그는 마지막 한방울까지 컵의 술을 다 마셨다.
◇ ~ qc+Adj(*Adj*는 속사) *Buvez* le café chaud(=*Buvez* le café pendant qu'il est chaud). 커피는 따끈하게 마셔야 합니다.
2° ~ ∅ 〈마시다; 술을 마시다〉 ~ dans un verre 컵으로 마시다. ~ à la source 샘에서 물을 마시다. ~ à même la bouteille 병채로 마시다. Depuis que sa femme est morte, il s'est mis à ~. 자기 부인이 죽은 이후로 그는 술을 마시기 시작했다. Ne *buvez* pas trop, si vous voulez conserver la santé. 건강을 유지하려거든 술을 너무 마시지 마세요.
◇ 복합시제의 조동사는 avoir 이나

boucher

être bu의 표현이 사용되기도 한다: Laissez-le dormir, il *est bu*(=il est ivre). 그를 자도록 내버려 두시오. 그는 취했소.
3° ~ **à qc** ⟨…을 위하여 건배하다⟩ Je *bois* à votre réussite. 나는 당신 성공을 위해 술을 든다. Nous allons ~ à votre santé. 당신의 건강을 위하여 건배합시다.

boiter ~ (**de N**) ⟨다리를 절다⟩ Il *boite* du pied droit. 그는 오른쪽 다리를 전다.

bondir 1° ~ **qp** ⟨튀어〔뛰어〕오르다; 덤벼들다⟩ L'animal *bondit* sur sa proie. 짐승이 먹이에 달려든다. Quand on sonna, Il *bondit* vers la porte. 벨이 울리자 그는 재빨리 문으로 달려갔다.
2° ~ **de N** (*N*은 무관사 명사)⟨(…때문에) 뛰다⟩ Je *bondis* de joie en apprenant son arrivée. 그의 도착을 알고 나는 기뻐서 펄쩍펄쩍 뛰었다. Quand je lui dis cela, il *bondit*(de rage). 내가 그 얘기를 하자 그는 화가 나서 펄펄 뛰었다.

border 1° ~ **qc** ⟨…의 가장자리를 이루다; …에 접하다⟩ des ormeaux qui *bordent* le chemin 길가에 늘어서 있는 느릅나무들. Un fossé *borde* le jardin. 정원 주위에는 도랑이 있다. La route *est bordée* de maisons. 길 양쪽으로는 집들이 늘어서 있다. la route *bordée* par des fossés 양쪽으로 쭉 도랑이 파진 길.
◇~ **qc de/avec qc** ⟨…으로 두르다〔둘러싸다〕⟩ Il faudra ~ les allées de rosiers. 통로 양쪽에는 장미나무를 심어야 될 것이다. Elle *a bordé* le col d'un manteau avec de la fourrure. 그녀는 외투깃에 털을 대었다.
2° ~ **qn**〔**le lit**〕⟨…의 이불깃을 자리 밑으로 접어넣다⟩ L'enfant demandait à sa mère de venir le ~ chaque soir. 그 아이는 어머니에게 매일 저녁 자기에게 와서 이불깃을 자리 밑으로 여미어 넣어 달라고 부탁하곤 했다.

borner I. 1° ~ **qc** ⟨…의 경계를 이루다; …을 억제하다⟩ Les Pyrénées *bornent* la France au sud. 남쪽에서는 피레네산맥이 프랑스의 국경을 이루고 있다. Il faut savoir ~ ses désirs. 자기 욕망을 억제할 줄 알아야 한다.
2° ~ **qc à qc** ⟨…에 한정하다〔제한하다〕⟩ La police *a borné* son enquête aux familiers de la victime. 경찰은 희생자와 가까이 지내던 사람들에 대해서만 수사를 한정했다.
3° ~ **qc à Inf** ⟨…하는 데에 한정하다〔그치다〕⟩ Il *borne* ses efforts à gagner sa vie. 그는 생활비 버는 것에 한해서만 노력을 기울인다.
II. 1° **se** ~ **à qc** 《변화》 ⟨…에 한정되다⟩ Ses séjours à Lyon *se bornaient* chaque mois à une visite de cinq à six jours. 그의 리용방문은 매달 5~6일 체류하는 것이 고작이었다.
2° **se** ~ **à Inf** ⟨…하는 것으로 그치다⟩ Je *me bornais* à venir signer la feuille de présence. 나는 출석부에 서명하러 오는 것만으로 만족했다. Il faut *se* ~ aujourd'hui à fixer les grandes lignes du projet. 오늘은 계획의 대체적 윤곽을 확정하는 것만으로 그쳐야 됩니다.
3° **se** ~ ⟨만족하다, 자제하다⟩ Il faut savoir *se* ~ dans un discours. 연설할 때는 말을 간단히 할 줄 알아야 한다.

boucher 1° ~ **qc** ⟨막다, 봉하다⟩ Le maçon *a bouché* les trous du mur avec du plâtre. 미장이는 회반죽으로 벽의 구멍들을 막았다. Ne *bouchez* pas le passage. 길을 막지 마시오. Le tuyau d'écoulement du lavabo *est bouché*. 세면대의 하수관이 막혔다.
◇~ ø(─).

2° se ~ 《변화》〈막히다〉 L'évier s'est bouché. 수채가 막혔다.

3° se ~ N(N은 신체부위명사)〈자기의 …을 막다〔가리다〕〉 Il vaut mieux se ~ les oreilles plutôt que d'entendre de pareilles sottises. 그런 말같지도 않은 소리를 듣느니 귀를 막는 것이 낫다. Il se bouche les yeux pour ne pas voir la réalité. 그는 현실을 보지 않으려고 눈을 가린다.

bouger 1° ~〈움직이다〉 Surtout, ne bouge pas quand on te photographie. 특히 사진 찍을 때는 움직이지 마라. Je n'ai pas bougé de chez moi cet après-midi. 나는 오늘 오후에 집에서 꼼짝않고 있었다. Si les syndicats bougent, le gouvernement risque d'être en difficulté. 조합이 움직이면 정부가 난처해질지도 모른다.

2° ~ N(N은 신체부위명사)〖구어〗 Attention, ne bouge pas la tête. 조심해라, 머리를 움직이지 마라. Il n'a pas bougé un doigt. 그는 손가락하나 까딱하지 않았다.

3° se ~ 《변화》〖구어〗〈몸을 움직이다〉 Bouge-toi de là, tu embarrasses le chemin. 거기 비켜라, 길을 막고 있잖아. On n'obtient rien sans se ~(=faire des démarches). 손을 쓰지 않으면 아무 것도 얻지 못한다.

bouillir〔단수, 복수 3인칭 이외에는 별로 쓰이지 않음〕. 1° ~〈끓다;(감정이) 끓어 오르다〉 L'eau bout à 100°C. 물은 섭씨 100 도에서 끓는다. La casserole bout. 냄비가 끓는다. Mon sang bout quand je le vois toujours victime de son indulgence. 나는 그가 늘 마음이 너그럽기 때문에 당하는 것을 보면 화가 치민다. Il bouillait en entendant ces mots. 그 말을 들으면 그는 화를 내곤 했다.

2° ~ de qc〈…으로 (속이) 끓다〔타다〕〉 Je bouillais d'impatience. 나는 초조해서 속이 탔다.

3° ~ de Inf〈…하고 싶어 못견디다〉 Il bouillait de s'en aller. 그는 가고 싶어 안절부절했다.

4° **faire/mettre ~ qc/qn** 〈끓이다, 삶다; 애태우다〉 Elle fait ~ des pommes de terre dans une grande casserole. 그녀는 큰 냄비에다 감자를 삶는다. On fait ~ le lait avant de le boire. 우유는 마시기 전에 끓인다. Tes hésitations continuelles me font ~. 너의 끊임없는 망설임은 나를 몹시 화나게 만든다. As-tu mis ~ l'eau? 너 물 끓였니?

◇ ~ qc〈삶다, 끓이다〉의 구문도 더러 쓰임.

bouillonner 1° ~〈끓다〉 L'eau bouillonne dans la casserole. 물이 냄비 속에서 끓는다.

2° ~ de N〈…로 (감정이) 격해지다〉 ~ de colère 〔d'impatience〕 격노하다〔안달하다〕.

bouleverser ~ N〈뒤엎다〉~ une armoire〔un bureau〕 옷장〔책상〕을 뒤죽박죽으로 만들다. ~ les plans de qn …의 계획을 뒤집어 엎다. Cette musique me bouleverse. 이 음악은 내게 감동을 준다. Je suis bouleversé par la nouvelle de la catastrophe. 나는 그 재앙의 소식에 충격을 받았다.

bourrer ~ N (de qc)〈(…을) 다져넣다, 틀어넣다〉 ~ sa pipe(de tabac) 파이프에 담배를 다져넣다. ~ un fauteuil 의자에 속을 넣다. ~ la tête des élèves de connaissances inutiles 무익한 지식을 학생에게 주입하다. qn de coups 강타하다.

◇ 1) se ~ de qc 《변화》〈…을 잔뜩 먹다〉 Ne te bourre pas de pain. 빵을 너무 먹지 말아라.

2) se ~ les poches de bonbons 《불변》〈자기 주머니에 사탕을 가득 넣다〉.

brancher ~ N (sur N) 〈…에다 연결하다, …과 접촉시키다〉 ~ un poste sur le secteur 초소에 전선을 끌어들이다. ~ une nouvelle maison sur le réseau électrique urbain 새 집에 도시 전기 배전선을 끌어들이다. ~ une lampe 전등을 꽂다. ~ la télé 텔레비젼을 전원에 연결하다. La standardiste *branche* l'abonné sur son correspondant. 전화 교환수가 가입자를 통화자와 연결시켜 준다. Le médecin de famille m'*a branché* sur un spécialiste. 주치의는 나를 어떤 전문의에게 보냈다. ~ la conversation sur un autre sujet 대화를 다른 주제로 연결하다.

braquer 1° ~ N sur/en direction de+N 〈…으로 향하게 하다〉 ~ une arme sur [en direction de] qn 무기를 …에게로 겨냥하다. Elle avait ses yeux *braqués* sur moi. 그녀는 나를 주시하고 있었다.
2° ~ 〈(자동차 따위가) 방향을 급각도로 꺾다〉Cette voiture *braque* bien. 이 차는 방향 조종이 잘 된다.
3° ~ N 〈…의 방향을 돌리다〉 Le trottoir m'empêche de ~ les roues de ma voiture. 인도 때문에 내 차의 바퀴 방향을 돌릴 수가 없다.
◇ ~ ø 〈방향을 돌리다〉 *Braque* davantage! 핸들을 더 꺾어!
4° ~ qn 〈…의 기분을 상하게 하다〉Sa réponse m'*a braqué*. 그의 대답은 나의 반감을 샀다.
5° ~ N contre N 〈…에 대해 반대하게 하다〉 Son intransigeance le *braque* contre toute idée nouvelle. 그의 완강함이 그로 하여금 모든 새로운 의견에 반대하게 한다.

bricoler 1° ~ 〖구어〗〈이것저것하다〉 Il n'a pas de travail fixe; il *bricole* pour l'un ou pour l'autre. 그는 일자리가 없어 이일저일하며 살아간다. Il passe ses dimanches à ~ dans son appartement. 그는 집안의 잔일을 하면서 일요일을 보낸다.
2° ~ N 〖구어〗〈만들다, 손질하다〉 Papa m'*a bricolé* un cerf-volant. 아빠가 연을 만들어 주셨다.

briller ~ (de N)〈(…로) 빛나다〉 Ses yeux *brillaient* (de joie). 그의 눈이 (기쁨으로) 반짝였다. Le ciel *brille* de mille étoiles. 하늘이 무수한 별들로 빛난다. Le coureur cycliste *a brillé* dans la dernière étape. 《비유적》 그 자전거 경주자는 종반에 접어들자 두각을 나타냈다.

briser 1° ~ N 〈깨뜨리다〉 ~ un verre [la glace] 유리컵[거울]을 깨뜨리다. ~ un contrat 계약을 파기하다. ~ une conversation 대화를 중단시키다. ~ une grève 동맹파업을 방해하다. ~ la résistance de l'ennemi 적의 저항을 분쇄하다. ~ les espoirs de qn …의 희망을 꺾다. Cela lui *a brisé* le cœur. 이 사실이 그를 상심하게 했다.
2° ~〈부서지다〉Les vagues *brisent* (sur la plage). 파도가 (해변에) 부서진다.
3° ~ avec N 〈절교하다; 포기하다〉 Elle *a brisé* avec Paul. 그녀는 폴과 절교했다. ~ avec des habitudes [préjugé] 어떤 버릇[편견]을 버리다.
4° se ~ (contre/sur N)《변화》〈(…에 부딪혀) 깨지다, 부서지다〉 Le verre *s'est brisé*. 유리컵이 깨졌다. Le bateau *s'est brisé* sur les rochers [contre le rocher]. 배가 암초에 부딪혀 산산조각 났다. Tous les efforts *se sont brisés* sur cette difficulté. 이러한 난점에 부딪혀 온갖 노력이 좌절되고 말았다.

bronzer 1° ~ 〈갈색이 되다〉 Je *bronze* vite. 나는 볕에 쉽게 그을린다. Il *a bronzé* pendant son séjour à la montagne. 그는 산에 머무르는 동안 피부가 갈색이 되었다.

2° ~ N〈(피부를) 갈색으로 만들다〉 Le soleil *bronze* la peau. 햇볕은 살갗을 태운다.

◇ ~ ∅〈피부를 갈색으로 만들다〉 Le soleil Méditerrané *bronze* vite. 지중해의 태양은 피부를 금방 갈색으로 만들어 버린다.

brouiller 1° ~ N(N은 복수명사)〈뒤섞다, 엉클어 뜨리다〉 ~ les cartes 카드를 잘 섞어 치다. Le témoin *a* par ses aveux *brouillé* les pistes. 증인은 자기의 증언으로 행적을 모연하게 만들었다.

2° ~ qn(qn은 복수)〈사이를 나쁘게 하다〉 Cette affaire les *a brouillés*. 이 일로 해서 그들 사이는 틀어졌다.

3° ~ N avec N〈…와 불화하게 하다〉 Cette affaire *a brouillé* Pierre avec[et] moi. 이 일로 피에르와 나 사이에 불화가 생겼다.

◇ être brouillé avec N〈사이가 나쁘다; 혼동하다〉 Il *est brouillé* avec ses cousins pour une affaire d'argent. 그는 금전관계로 사촌들과 사이가 좋지 않다. Je *suis brouillé* avec les chiffres. 나는 계산에 약하다. Tu *es brouillé* avec l'orthographe. 너는 철자법이 엉망이구나.

4° qn se ~ (qn은 복수)《변화》〈사이가 나빠지다〉 Ils *se sont brouillés*. 그들은 사이가 나빠졌다.

5° qn se ~ avec N〈…와 불화하다〉 Pierre s'*est brouillé* avec Jean. 피에르는 장과 사이가 나빠졌다.

brouter ~ N〈(풀 따위를) 뜯어먹다〉 Les vaches *broutent* de l'herbe dans les champs. 소들이 들판에서 풀을 뜯고 있다.

◇ ~ ∅〈풀을 뜯어먹다〉 Les vaches *broutent* dans les champs. (위와 같은 뜻).

bruiner Il ~ 〈이슬비가 내리다〉 Il *bruine* depuis hier. 어제부터 이슬비가 내리고 있다.

bruire A. 결여동사 verbe défectif 로서 부정법, 현재분사(bruissant), 직설법 현재 3인칭(il bruit, ils bruissent) 이외에는 거의 쓰이지 않는다. 이러한 변화형은 명사 bruissement의 영향(D, Etym)을 받은 것으로 Mart, 316은 17세기 이래로 이런 변화가 쓰이고 있다고 한다. 고어의 현재분사형 bruyant은 형용사로, 과거분사형 bruit는 명사로 오늘날 남아 있으며 고어의 반과거형 il bruyait, ils bruyaient도 아직 때로는 쓰이고 있다(G, Le Bon usage, §701, 8)

B. ~ 〈희미한 소리를 내다; 살랑거리다〉 les mouvements agiles de l'eau qui *bruit* et ruisselle 졸졸 소리내다가 또 철철 흘러가는 시냇물의 빠른 움직임. au milieu de ces corps olivâtres, qui *bruissaient* légèrement, comme un champs d'avoine sous le vent… 바람 속의 귀리밭처럼 가볍게 살랑거리는 이 올리브빛깔 무리들의 한복판에서. L'auberge est *bruissante* de chansons. 그 주막에는 노래 소리가 울려퍼지고 있다. Ses compagnons *bruyaient* comme des bêtes. 그의 동료들은 짐승처럼 꿍꿍 소리를 내고 있었다.

◇위의 -iss의 변화로부터 유추하여 부정법이 bruisser, 또는 bruiter인 것 처럼 착각하여 사용하는 경우가 더러 있다: On entendit des voix *bruisser*. 목소리가 희미하게 울리는 것이 들렸다. La jungle *bruisse*. 밀림이 윙윙 소리를 내고 있다. La chose *bruissa*. 물체가 희미한 소리를 냈다. La porte du presbytère *bruita*. 사제관의 문이 가벼운 소리를 냈다.

brûler I. 1° ~ qc/qn〈태우다; 흥분시키다; 멈추지 않고 통과하다〉 J'ai *brûlé* des papiers dans la cheminée. 나는 벽난로에 종이를 태웠다. L'incendie *a brûlé* une partie de la forêt. 화재로 숲의 일부가 탔다. Le train *brûle* toutes les

petites stations. 기차는 작은 역들은 모두 지나친다. Deux personnes *ont été brûlées* vives dans l'incendie de l'hôtel. 두 사람이 호텔 화재로 타죽었다. Jeanne *a été brûlée* vive. 잔은 화형을 당했다.
◇ ~ ø(+).
2° ~ 〈타다; 타는 듯이 뜨겁다〉 Le bois *brûle*. 장작이 탄다. Ne posez pas la main sur ce radiateur, il *brûle*. 이 라지에타에 손을 얹지 마세요, 뜨겁습니다. Ce gâteau a brûlé. 이 케이크는 탔다.
3° ~ de qc 〈…으로 불타다〉 Il *brûle* d'ambition. 그는 야망에 불타고 있다. Je *brûle* d'envie de vous revoir. 나는 당신을 다시 만나보고 싶어 못 견디겠습니다.
4° ~ de Inf Je *brûle* de vous revoir.
II. 1° se ~ 《변화》〈불에 데다; 타죽다〉 Un moine *s'est brûlé* vif. 승려가 한사람 타 죽었다. Pierre *s'est brûlé*. 피에르는 불에 데었다.
2° se ~ N 《불변》(N은 신체부위 명사)〈자기의 …을 태우다 [데다]〉 Elle *s'est brûlé* les doigts avec de l'eau bouillante. 그녀는 끓는 물에 손가락을 데었다.

buter 1° ~ de N(qp) (N은 신체부위명사, qp는 주로 contre qc, sur qc 임)〈(…에) …을 부딪치다〉 J'ai *buté* du nez contre une porte fermée [contre un tronc d'arbre en saillie]. 나는 닫혀 있는 문에 [돌출해 있는 나무 줄기에] 코를 부딪혔다. J'ai *buté* du pied sur une pierre. 나는 돌멩이에 발을 부딪혔다.
2° ~ sur/contre N 〈(장애물에) 부딪치다〉 Il *a buté* contre la marche de l'escalier et il est tombé. 그는 계단의 발판에 부딪쳐 넘어졌다. ~ sur [contre] une difficulté 난관에 봉착하다.
3° ~ N 〈반대하다, 거역하다〉 Je veux dire ne pas ~ Michel, être habile…. 내 말은 능란한 사람인 미쉘의 말에 거역하지 말라는 것이다.
4° ~ N 〖속어〗〈때려 눕히다, 죽이다〉 Il s'est fait ~. 그는 얻어 맞았다. Si tu bouges, je te *bute*. 움직이면 죽어 !
5° se ~ à/contre N; se ~ à Inf 《변화》〈…에 부딪치다;…할 것을 고집하다〉 *se* ~ à [contre] un problème [une difficulté] 어떤 문제에 [난관에] 부딪치다. *se* ~ à vouloir résoudre à tout prix un problème 어떻게 해서라도 문제를 풀 것을 고집하다.
6° qn se ~ (dans N) 〈(…에 있어) 고집을 부리다〉 *se* ~ dans le mensonge [dans le silence] 거짓을 고집하다 [끝끝내 침묵을 지키다].

C

câbler ~ N (à N) 〈전보로 알리다〉 Je vous *câblerai* une dépêche. 당신에게 전보를 치겠다. Notre correspondant à l'étranger vient de *câbler* cette nouvelle. 외국에 있는 우리의 펜팔이 방금 이 소식을 전보로 알려왔다.

cacher I. 1° ~ qn/qc 〈…을 감추다, 숨기다〉 La bête effrayée, *cache* sa tête. 짐승은 겁을 먹고 머리를 감춘다. L'aubergiste *avait caché* deux prisonniers évadés. 여관집 주인은 두 탈옥수를 숨겨주었다. ◇ ~ ø(—).

2° ~ qc à qn 〈…에게 …을 숨기다〉 Vous n'avez pas le droit de me ~ la vérité. 당신은 내게 진실을 숨길 권리가 없다.

3° ~ (à qn) que P ind Il vous *a caché* qu'il m'avait vu. 그는 당신에게 나를 본 사실을 감추었다. Il lui *avait caché* qu'il partait pour ne pas lui faire de peine. 그는 그녀를 괴롭히고 싶지 않아 떠난다는 사실을 그녀에게 감추었다.

◇ ~ P(int. ind.) Elle ne m'*a* pas *caché* qui elle aimait. 그녀는 자기가 누구를 사랑하는지를 숨기지 않았다.

II. 1° se ~ 《변화》〈숨다, 은신하다〉 Il est recherché par la police, il *se cache*. 그는 경찰에 쫓기고 있어 피신을 한다. *Cachez-vous* sous le lit. 침대 밑에 숨으세요.

2° se ~ de qn 〈…을 피하다, 몰래 하다〉 L'enfant avait fumé en *se cachant* de ses parents. 그 아이는 부모 몰래 담배를 피웠었다. Il lit, en *se cachant* de ses professeurs, tous les livres qu'il peut trouver. 그는 선생님들 몰래, 자기가 구할 수 있는 책들은 모조리 읽는다.

3° se ~ de qc/Inf 〈…을[하는 것을] 비밀로 하다〉 Je n'ai pas à *me* ~ de la sympathie que j'ai pour lui. 내가 그에 대해 느끼고 있는 호감을 숨길 필요가 없다. Il ne *se cache* pas(=ne se gêne pas) de le dire. 그는 거리낌없이 그 이야기를 해버린다.

cadrer 1° ~(N) 〈(사진·영화에서 화면을) 안배하다〉 ~ un paysage 어떤 풍경을 넣어 찍다. La photo est ratée, j'ai mal *cadré*. 이 사진은 망쳤다. 화면 안배가 잘못됐다.

2° qc ~ ensemble (*qc* 는 복수) 〈걸맞다, 어울리다〉 Ces meubles ne *cadrent* pas ensemble. 이 가구들은 서로 어울리지 않는다.

3° ~ avec N 〈…와 일치하다〉 Son attitude ne *cadre* pas avec ses idées. 그의 태도는 생각과 일치하지 않는다.

calculer 1° ~ 〈셈하다〉 Il *calcule* vite. 그는 셈이 빠르다.

2° ~ N 〈계산하다〉 Il *calcule* ses profits. 그는 자기 이익을 계산한다 [타산적이다].

3° ~ que P ind 〈추정하다〉 J'ai *calculé* que cela me reviendrait trop cher. 이는 내게 너무 비싼 댓가를 요구할 것으로 생각되었다.

4° ~ P(int. ind.) 〈계산하다, 어림하다〉 J'ai *calculé* combien de temps il a mis pour venir. 나는 그가 오는 데 얼마나 걸리나를 따져보았다.

5° ~ Inf 〈셈하다〉 J'ai *calculé* avoir encore trois jours de congé. 따져보니 아직도 휴가가 3일 더 남았다.

6° ~ **de Inf** 〈계획하다〉 *J'ai calculé* de partir de nuit afin d'arriver à temps. 나는 정시에 도착하기 위해서 밤에 떠나기로 했다.

calomnier ~ **qn**(**de ce que P ind**) 〈(…에 대해)…을 비방하다〉 Il *a calomnié* son rival pendant la campagne électorale. 그는 선거유세중에 상대방을 비방했다.

calquer ~ **N**(**sur N**) 〈(…을) 베끼다, 모방하다〉 ~ un dessin(sur un modèle) 본을 보고 그대로 베껴 그리다. ~ le comportement de *qn* d'autre 다른 사람의 행동을 본뜨다. ~ son comportement sur celui de *qn* d'autre 다른 사람의 행동을 본떠 그대로 행동하다.

cambrioler ~ **qn/qc** 〈불법침입하다, 강도질하다〉 On *a cambriolé* la banque. 은행이 털렸다. *J'ai été cambriolé.* 나는 도난을 당했다.

◇ ~ ∅ On *a cambriolé* chez moi. 우리집에 강도가 들었다.

camper ⇨auxiliaires I, 3°, ②.

capituler ~ (**devant N**) 〈타협하다, 항복하다〉 L'ennemi *a capitulé.* 적은 항복해 왔다. Jean *a capitulé* (devant la difficulté). 장은 난관에 굴복하고 말았다.

captiver 1° ~ **N** 〈마음을 끌다, 매혹하다〉 ~ l'attention 〔l'intérêt〕 de *qn* …의 주의〔관심〕을 끌다. Ce spectacle m'*a* particulièrement *captivé*. 그 광경이 특히 나를 매혹시켰다.

2° **qn se** ~ **à/pour N** 《변화》〈…에 열중하다〉Il *se captive* pour le feuilleton de la télévision. 그는 텔레비전 연속물을 열심히 시청한다. *se* ~ à la lecture d'un roman 소설 읽기에 열중하다.

caractériser 1° **qc** ~ **N** 〈특징을 이루다〉L'impressionnisme *caractérise* son style. 인상주의가 그의 문체의 특징을 이룬다.

2° **qn** ~ **N**(**de Adj**) 〈특징짓다〉 Je *caractériserais* son style d'impressionniste. 그의 문체는 인상주의적이라고 특징지을 수 있겠다.

3° **se** ~ **par N** 《변화》〈…으로 특징지어지다〉 Sa peinture *se caractérise* par l'étrangeté des sujets. 그의 그림은 주제의 기발함으로 특징지어진다.

caresser ~ **N** 〈쓰다듬다, 어루만지다; (희망 따위를) 품다〉 Elle *caressa* ma main 〔Elle me *caressa* la main〕. 그녀는 내 손을 어루만졌다. L'ayant lu, je me *caressai* le menton, perplexe et indécis. 그것을 읽고 나서 나는 당황하고 어쩔 줄 몰라 턱만 만지고 있었다. Depuis longtemps nous *caressions* le projet de faire une croisière en Méditerranée. 우리는 오래 전부터 지중해 여행을 꿈꾸고 있었다.

carotter 1° ~ **N**(**à qn**) 〔구어〕 〈속여 빼앗다〉 On lui *a carotté* dix francs. 그는 속아서 10 프랑을 빼앗겼다.

2° ~ **qn** 〈갈취하다〉 On m'*a carotté*. 나는 돈을 갈취당했다.

3° ~ (**N**)(**sur N**) 〈(…에서) 착복하다〉 Il *a carotté* une somme considérable (sur le budget de l'entreprise). 그는 회사의 예산에서 거액의 돈을 사취했다.

causer¹ 1° ~ **qc** 〈…을 일으키다, 야기하다〉 L'inondation *a causé* d'importants dégâts. 홍수로 큰 피해가 났다.

2° ~ **qc à qn** 〈…에게 …의 원인이 되다〉 Cet enfant *cause* beaucoup de peine à ses parents. 이 아이는 부모에게 많은 걱정을 끼친다.

causer² 1° ~ **de qc** 〈…에 대해서 이야기하다〉 Ils *ont causé* de choses et d'autres. 그들은 이런 이야기, 저런 이야기를 하였다. Ils *ont causé* de la pluie et du beau temps. 그들은 시시한 잡담을 했다.

◇ ~ ∅ **qc** ~ littérature〔voya-

2° ~ **avec qn** 〈…와 이야기하다〉 J'ai l'intention de ~ un moment avec lui pour connaître son avis sur cette question. 나는 이 문제에 대한 그의 견해를 알기 위해 잠시 그와 이야기해보고자 한다.

◇ 1) ~ **à qn** 〖속어〗 Je ne lui *ai* jamais *causé*. 나는 그에게 이야기해본 적이 없다 《이 구문은 parler à qn의 유추적인 표현으로 17세기부터 사용되기 시작했다. 현대어에서는 차차 문어에서도 쓰인다. Bonnard, Georg 등은 이것을 용인하지 않는다》.

2) ~ **avec qn de/sur qc/qn** Le président de la République a reçu le ministre des Affaires étrangères, avec lequel il *a causé* pendant une heure de la situation internationale. 대통령은 외무부장관을 접견하고 한 시간 동안 국제정세에 관해 의견을 나누었다.

3° ~ **(le) français** 〖속어〗 《접차로 문어에서도 사용된다. H 나 Thomas 는 이 구문을 허용하지 않는다》.

céder 1° ~ **devant/sous N** 〈굽다, 꺾이다〉 La branche *a cédé* sous le poids. 나뭇가지가 무게를 못 이겨 휘었다. Les troupes *ont cédé* devant l'ennemi. 군대는 적에 굴복했다. Il *a cédé* devant mes menaces [sous la pression]. 그는 나의 위협에 [압력에] 꺾이고 말았다.

2° ~ **à N** 〈…에 굴복하다, 양보하다〉 Il *a cédé* à mes demandes. 그는 나의 요구에 지고 말았다. Il m'*a cédé*. 그는 나에게 양보했다.

3° ~ **qc (à N)** 〈양도하다, 팔아넘기다〉 Il m'*a cédé* son vieux tourne-disque. 그는 나에게 그의 오래된 전축을 넘겨주었다. Les voisins lui *ont cédé* du terrain. 이웃사람들은 그에게 땅을 팔아넘겼다. Après les élections, le parti en place a dû ~ le pouvoir à l'opposition. 선거가 끝나자 여당은 반대당에 정권을 넘겨주어야 했다. ~ un magasin 가게를 매도하다. ~ sa [la] place 자리를 내주다. Les troupes *ont cédé* du [le] terrain (à l'ennemi). 군대는 (적에 눌려) 후퇴했다. ~ du terrain dans des négociations 〖드물게〗 협상에서 지다. Les antagonismes politiques *cèdent* le pas à la circulation pacifique des capitaux. 정치적 적대관계도 평화적인 자금유통 문제에 대해서는 차선적인 것이다. ~ la priorité à *qn* …의 우위를 인정하다.

4° ~ **qc (à N)** (부정으로만 쓰임); **le ~ en qc à qc/qn** 〈…에 있어서 …에 뒤지다〉 Je ne le *cède* à personne en malice. 교활하기로 말하자면 아무도 나를 못 따라간다. Jean ne le *cède* à rien à son frère. 장은 무엇에 있어서나 그의 형에 못지않다. La qualité de cette voiture ne le *cède* en rien à celle de ses concurrentes. 이 차의 질은 어느 점에 있어서도 다른 차의 질에 떨어지지 않는다.

ceindre 1° ~ **N** 〈(몸·머리에) 두르다〉 Il *ceint* son écharpe [épée]. 그는 (어깨에) 현장을 걸친다 [검을 찬다]. La reine *a ceint* la couronne. 여왕은 왕관을 썼다. Un diadème *ceint* son front [lui *ceint* le front]. 그는 머리에 왕관을 쓰고 있다.

2° **qn ~ N de N** 〈…에 …을 씌워 [걸쳐]주다〉 La reine *a ceint* son front d'un diadème [La reine *s'est ceint* le front d'un diadème]. 여왕은 자기 머리에 왕관을 썼다.

centrer 1° ~ **N** 〈중심에 두다〉 ~ une roue 바퀴를 중심에 갖다 끼워 맞추다. photo mal *centrée* 중심을 잘못 잡은 사진.

2° ~ **N sur N** 〈…에 집중시키다〉 Le critique *a centré* son compte rendu sur les points les plus faibles de l'ouvrage. 그 비평가는 작품의 약점에 집중하여 서평을 썼다.

certifier 1° ~ N(Adj) 〈증명하다, 보증하다〉 ~ un document 어떤 문서의 확실성을 증명하다. ~ un manuscrit authentique 어떤 원고가 진짜임을 증명하다.
2° ~ (à qn) N 〈…에게 …을 보증[증명]하다〉 ~ à *qn* l'authenticité d'une nouvelle …에게 어떤 소문이 진짜임을 보증하다.
3° ~ qc(à qn) que P ind/subj(주절이 의문·부정이면 *subj*, 기타는 *ind*) 〈…임을 보증하다〉 ~ qu'une nouvelle est authentique 어떤 소문이 사실임을 보증하다. Je ne peux pas vous ~ que cette nouvelle soit authentique. 나는 이 소문이 사실이라고 보증할 수 없어요. Pourriez-vous me ~ que cette nouvelle est[soit] authentique? 그 소문이 사실이라고 내게 보증할 수 있겠어요?
4° ~ Inf 〈보증하다〉 Je *certifie* avoir entendu la nouvelle. 나는 분명히 그 소식을 들었어요. Je *certifie* posséder deux voitures. 나는 정말로 차가 두 대 있어요.

cesser A. Littré 는 동작을 나타낼 때는 조동사 avoir, 동작의 결과인 상태를 나타낼 때는 être 를 취하는 동사에 넣고 있으나, 오늘날에 와서는 어느쪽도 avoir 를 사용하는 것이 일반적인 예로 되어 있다. 특히 사람에 관해서는 avoir 밖에 쓰이지 않는다:Le vent *a cessé*. 바람이 멎었다.
B. 1° ~ qc 〈그만두다, 멈추다〉 *Cessez* vos discussions. 말다툼을 그만두시오.
2° ~ de Inf 〈…하는 것을 멈추다〉 *Cessez* de discuter. 논쟁하는 것을 그치시오.
◇ 1) ne (pas) ~ de Inf 〈계속해서 …하다〉 Vous ne *cessez* (pas) de discuter. 당신들은 끊임없이 말다툼하는구려. Il ne *cesse* de pleuvoir. 비가 그치지 않고 온다.
2) ~ ø(+).
3) Pron-Inf(−).
3° ~ 〈멎다, 그치다〉 On *a cessé* le travail. →Le travail *a cessé*. Nous pouvons sortir. car la pluie *a cessé*. 비가 그쳤으니 우리는 나갈 수 있다.
4° cesser 는 대명동사로 쓸 수 없다. 비슷한 의미의 arrêter, finir 등은 대명동사가 존재한다. cesser 는 arrêter 와 마찬가지로 단 한번의 동작이나 여러번 반복되는 동작을 다 표현한다. 따라서 다음 문장은 그 의미가 모호하다(Arthur *cesse* de fumer). 그러나 finir 는 일회적 동작만을 표현한다(Arthur *finit* de fumer).

chagriner 1° ~ N 〈슬프게 하다; 걱정을 끼치다;불쾌감을 주다, 화나게 하다〉 Ce refus m'*a* vivement *chagriné*. 그 거절은 나에게 깊은 슬픔을 가져왔다. Cela me *chagrine* de savoir que tu vas rouler en voiture toute la nuit par ce mauvais temps. 네가 이렇게 나쁜 날씨에 자동차로 밤새 달려야 할 것이 걱정된다. Dans son explication il y a un détail qui me *chagrine*, c'est qu'il néglige un point essentiel. 그의 설명 중에는 내 맘에 들지 않는 부분이 있는데, 그것은 그가 요점을 놓치고 있다는 사실이다.
2° se ~ (de N) 《변화》 〈슬퍼하다; 짜증내다〉 Il *s'est chagriné* de cette réponse. 그는 그 답장을 받고 슬퍼졌다. Il *se chagrine* vite. 그는 쉽게 노한다.
3° se ~ de ce que P ind/subj 〈…를 슬퍼하다〉 Il *se chagrine* de ce que son fils lui écrit [écrive] rarement. 그는 아들이 편지를 좀처럼 하지 않아 슬프다.
4° se ~ que P subj 〈…를 슬퍼하

다〉 Il *se chagrine* qu'on lui écrive si rarement. 그는 좀처럼 편지를 받지 못해 슬프다.
5° **se ~ de** Inf 〈…를 슬퍼하다〉 Il *se chagrine* d'être délaissé par ses enfants. 그는 자식들이 그를 돌보지 않아 슬퍼한다.

chahuter 1° **~** 〈소란을 피우다〉 Les élèves *chahutent*. 학생들이 야단법석이다.
2° **~ qn** 〈…에게 떠들어대다〉 Les élèves *chahutent* leurs professeurs. 학생들이 선생에게 뭐라고 떠들어댄다.
3° **~ qc** 〖구어〗 〈뒤집어 엎다〉 Ne *chahutez* pas la valise, elle contient des explosifs. 가방을 함부로 다루지 마라. 폭발물이 들어 있으니까.

chamailler(se) 1° **qn se ~** (*qn*은 복수)《변화》〈서로 싸우다〉 Les enfants *se chamaillent*. 아이들이 서로 싸운다.
2° **se ~ avec N** 〈…와 싸우다〉 Pierre et Jean *se chamaillent* avec Marie. 피에르와 장이 한편이 되어 마리와 싸운다.

changer 1° **~ qc/qn** 〈바꾸다, 변화시키다〉 Après les hors-d'œuvre, on *changera* les assiettes. 前菜 다음에는 접시를 바꿉시다. J'ai dû ~ l'ampoule électrique qui était cassée. 나는 깨진 전구를 갈아 끼워야 했다. Il *a changé* sa façon de vivre. 그는 생활방식을 바꾸었다. Partez en vacances, ça vous *changera* un peu. 휴가를 떠나십시오. 기분전환이 좀 될테니까요. Le directeur *a été changé*. 부장이 갈렸다.
◇ **~ ø**(−).
2° **~ qc/qn en qc/qn** 〈…을 …으로 바꾸다〉 La pluie *a changé* le chemin en bourbier. 비가 와서 길이 진창으로 변해버렸다. Dauphiné *fut changée* en laurier. 도피네는 월계수로 변해버렸다.
3° **~ qc/contre qc** 〈…과 교환하다, 바꾸다〉 Il *a changé* sa vieille auto contre une moto neuve. 그는 자기 낡은 차를 새 오토바이와 바꾸었다. Je voudrais **~** le franc contre le won. 프랑화를 원화로 바꾸고 싶은데요.
4° **~ qc à qc** 〈…에 …을 바꾸어놓다〉 Il n'avait rien voulu **~** à ses habitudes. 그는 자기 습관을 조금도 고치려 하지 않았다. Ça ne *change* rien à la question. 그것은 문제를 조금도 해결해주지 못한다.
◇ **à qc**는 **y** 로 대치 가능함: Ça n'y *change* rien.
5° **~ de qc/qn** (무관사 명사) 〈…을 갈다, 바꾸다〉 Pourquoi *a*-t-il *changé* d'avis? 어째서 그는 생각을 바꾸었는가? Le rayon *a changé* de chef. 판매장은 책임자가 바뀌었다. **~** d'assiettes〔de voiture, d'adresse, de couleur, de coiffure, de métier, de professeur〕.
◇ 1) **de qn**은 의문문에서 **de qui**로 대치 불가능: De quoi Pierre *a*-t-il *changé*? — Il *a changé* de chemise. *De qui Pierre *a*-t-il *changé*? —Il *a changé* de femme de ménage.
2) **~ de qc avec qn** 〈…와 …을 바꾸다〉 Tu ne voudrais pas **~** de place avec moi? 너 나하고 자리 바꾸지 않을래?
6° **se ~** 《변화》〈옷을 갈아입다; 품행을 고치다〉 Elle *se change*(=Elle *change* de vêtements) dix fois par jour. 그녀는 옷을 하루에 열번이나 갈아 입는다.
7° **se ~ en qc/qn** 〈…으로 바뀌다〉 La pluie *s'est changée* en neige. 비가 눈으로 변했다.

chanter 1° **~ qc** 〈…을 노래하다〉 Il se mit à **~** un air d'opéra. 그는 오페라곡을 노래하기 시작했다. Le poète *chante* la nature. 시인은 자연을 노래한다.
2° **~** 〈노래부르다; 지저귀다〉 On

entendit ~ les oiseaux. 새들이 지저귀는 소리가 들렸다. Notre voisine *chante* faux. 우리 이웃 여자는 음정이 틀리게 노래한다.

3° ~ qc à qn(+).

chaparder 1° ~ N 〖구어〗〈훔치다, 날치기하다〉 On l'accuse d'*avoir chapardé* des poires. 그는 배를 훔쳤다고 고발당했다.

◇ ~ ø 〖구어〗〈훔치다〉 Il *chaparde* dans les grands magasins. 그는 백화점에서 물건을 훔친다.

2° ~(N) (à N)〖구어〗〈((…에게서) (…을) 훔치다〉 Il nous a *chapardé* des poires dans notre jardin. 그는 우리 집 뜰에서 배를 훔쳤다.

charger 1° ~ qc 〈(짐을) 싣다〉 On *chargea* d'abord l'un des navires. 우선 배 한 척에 짐을 실었다. Le camion a été lourdement *chargé*. 트럭에는 짐이 가득 실렸다.

◇ ~ ø(-).

2° ~ qc de qc 〈…에 …을 맡게 하다 [싣다]〉 On *chargea* le camion des bagages(=On *chargea* des bagages dans le camion). 트럭에 짐들을 실었다. On a *chargé* de l'enquête un nouveau commissaire de police. 신임 경찰서장에게 수사를 의뢰했다. Vos parents m'*ont chargé* de vous (=vous ont confié à moi). 당신 부모님이 내게 당신을 맡기셨다. Mon ami *fut chargé* de cette mission délicate. 내 친구에게 어려운 임무가 맡겨졌다.

3° ~ qn de Inf 〈…에게 …할 것을 위임하다〉 Je l'*ai chargé* de me tenir au courant. 나에게 끊임없이 경과를 알리도록 그에게 부탁했다.

◇ 1) être chargé de qc/Inf 〈…의 [할]임무를 띠고 있다〉 Je *suis chargé* de grands devoirs. 나는 중책을 맡고 있다. Nous *étions chargés* de présenter un rapport sur la question. 우리들은 그 문제에 관한 보고서를 제출할 임무를 띠고 있었다.

2) de Inf 는 en 으로 대치 가능함.

3) ~ ø de Inf(-), ~ ø ø(-).

4° se ~ de qc/qn 《(변화)》〈…을 떠맡다〔책임지다〕〉 Je *me charge* de cette affaire. 내가 이 일을 떠맡는다. Je *me chargerai* des enfants pendant ton absence. 너 없는 동안 애들은 내가 맡지.

5° se ~ de Inf 〈…할 것을 책임지다〉 Qui veut *se* ~ de faire cette démarche? 이 교섭하는 것을 누가 맡겠소?

charmer ~ qc/qn 〈마술을 걸다; 매혹하다〉 ~ un serpent 뱀을 부리다. Sa voix me *charme*. 그의 목소리는 매혹적이다.

◇ 1) ~ ø 〈매혹하다〉 Ce qui *charme* chez elle, c'est la voix. 그녀에게서 매력적인 것은 목소리이다.

2) être charmé 〈(…로, …하여) 매우 기쁘다〉 Je *suis charmé* de votre visite 〔de ce que vous soyez venu, que vous soyez venu, de pouvoir vous recevoir chez nous〕. 이렇게 방문해주셔서 정말 기쁩니다.

chausser 1° qn ~ qc/qn 〈신다, 신겨주다〉 Pierre *chausse* ses chaussures〔ses chaussettes, des bas〕. 피에르는 구두를 〔긴 양말을〕 신는다. ~ des gants 〔des lunettes〕 〖구어〗 장갑〔안경〕을 끼다. ~ un bébé 아기에게 신을 신겨주다.

◇ ~ ø 〈신다〉 Je *chausse* du 40. 나는 사이즈 40의 신을 신는다.

2° qc ~ (qn) 〈(…의) 발에 맞다〉 Ces chaussures vous *chaussent* bien. 이 구두는 당신 발에 잘 맞는다. Ces bottes *chaussent* large. 이 장화는 (발에)크다.

chercher 1° ~ N 〈찾다, 구하다〉 On vous *cherche* partout. 도처에서 당신을 찾고 있읍니다. Elle le *cherchait* des yeux. 그녀는 눈으로 그 것을 찾고 있었다.

◇ 1) ~ **querelle** (**des histoires**) **à qn** 〈…에게 싸움을 걸다〉 Je ne

lui *chercherai* pas querelles(des histoires) pour si peu. 하찮은 일 때문에 그와 싸우지 않겠다(~ noise à qn은 범속한 표현).
2) ~ ø On m'avait dit:la bouche de métro est juste à la sortie. Je *cherchais*, mais je ne voyais rien. 나는 지하철 입구가 바로 역 출구 앞에 있다는 말을 들었었다. 그래서 찾아보았으나 아무것도 안 보였다.
2° ~ à Inf 〈…하려고 애쓰다[노력하다]〉 Elle *cherche* à vous nuire. 그녀는 당신을 해치고자 한다. J'ai bien *cherché* à éviter l'accident, mais je n'ai pas pu. 나는 사고를 피하려고 했으나 그럴 수가 없었다.
3° ~ à ce que P subj Il *cherche* à ce que cela soit fait simplement. 나는 그것이 간단히 되도록 해본다.
◇ à ce que P subj 는 대명사화가 불가.
4° aller[venir, envoyer] ~ qn/qc 〈…을 데리러[찾으러] 가다[오다, 보내다]〉 Ils sont venus me ~. 그들은 나를 찾으러 왔다. Va ~ le médecin. 의사를 부르러 가거라. Ayez la bonté d'envoyer ~ le médecin. 제발 의사를 부르러 사람을 보내십시오.

chevaucher 1° N (se) ~ (N은 복수명사)《변화》〈포개지다, 겹치다〉 des dents [des tuiles] qui (*se*) *chevauchent* 서로 포개져 있는 치아[기와]. Il faut harmoniser ces deux emplois du temps qui *se chevauchent*. 겹쳐 있는 이 두 시간표를 조절해야 한다.
2° se ~ avec N 〈…와 겹치다〉 Le séminaire de M. Dupont *se chevauche* avec celui de M. Kim. 뒤퐁씨의 세미나는 김씨의 그것과 겹친다.

chicaner 1° ~ sur N 〈…에 대해 어거지부리다; 쓸데없이 궤변을 늘어놓다〉 Il *chicane* sans cesse(et sur tout). 그는 언제나 매사에 어거지를 부린다. Nous n'allons pas ~ sur ces détails. 이런 하찮은 일로 왈가왈부하지 말자.
2° ~ N sur N 〈…에 대해 …를 트집잡다〉 Il aime me ~. 그는 나를 트집잡기 좋아한다. ~ un poète sur le défaut de précision des mots et des images 단어와 이미지의 정확성이 결여되어 있다고 어떤 시인을 트집잡다.
3° ~ N à qn 〈…를 가지고 …에게 인색하게 굴다; …를 가지고 …와 다투다〉 un sous-officier à qui l'on *chicanait* sa pension de retraite 퇴직 연금을 에누리당한 하사관. On lui *chicane* ses frais de déplacement. (치사스럽게도) 그의 출장비를 홍정하고들 있다.
4° Ça ~ à qn 〖구어〗〈…를 괴롭히다, 애먹이다〉 Ça me *chicane*.

chiffrer 1° ~ N à N 〈계산하다, 견적하다〉 A combien *chiffrez*-vous la population de ce pays? 이 나라의 인구를 얼마로 추산하십니까? Pourriez-vous ~ à l'avance les dépenses de votre voyage? 당신의 여행 경비를 미리 견적해낼 수 있어요?
2° ~ 〖구어〗〈큰 금액이 되다 ; 번호를 매기다(거듭되다)〉 Nos dépenses commencent à ~. 우리의 지출이 커지기 시작한다. C'est la dixième fois que cela nous arrive, cela commence à ~. 이런 일이 벌써 열번째다. 번호를 매겨야 할 지경이다(여러번 거듭된다).
3° se ~ à N《변화》〈…로 계산되다〉 Mes frais de déplacement *se chiffrent* à mille marks. 나의 여비를 계산해보니 천 마르크 정도가 된다.
4° se ~ en/par N Les pertes *se chiffrent* en [par] milliers de marks. 피해액은 수천 마르크로 추산되고 있다.

chiper 1° ~ (N) (à N) 〖구어〗〈…에게서 …을 훔치다〉 Il nous *a chipé*

cent francs. 그는 우리 돈 백 프랑을 훔쳤다.
◇ 1) ~ N 〈…을 훔치다〉 Il a chipé cent francs. 그는 백 프랑을 훔쳤다.
2) ~ 〈《물건을》 훔치다〉 Il chipe toujours. 그는 좀도둑이다.
choir 〔부정법으로 쓰이는 이외에는 주로 faire, laisser 와 함께만 쓰임〕.
~ 〈떨어지다, 넘어지다〉 Prenez garde de ~(=tomber). 떨어지지 않도록 주의하시오. faire ~ 타도하다. se laisser ~ dans au fauteuil 팔걸이 의자에 털썩 주저앉다.
choisir 1° ~ qn/qc 〈추리다, 뽑다, 선택하다〉 Il a choisi un autre partenaire. 그는 다른 한 사람의 상대를 선정했다. Nous avons choisi la liberté. 우리는 자유를 선택했다.
◇ ~ ø(+).
2° ~ qn/qc entre/parmi/de 〈…중에서 …을 고르다〔선정하다〕〉 Choisissez entre〔parmi〕 ces bagues celle qui vous plaît. 이 반지들 중에서 당신 마음에 드는 것을 고르시오. Ils ont choisi leur représentant entre〔parmi〕 plusieurs candidats. 여러명의 후보중에서 그들의 대표를 선정했다. De ces deux solutions, je choisis la plus simple. 이 두 해결책 중에서, 나는 더 간단한 것을 택한다.
3° ~ de Inf 〈…하는 것을 택하다〉 Il faut ~ de partir ou rester. 떠나느냐 남느냐 양자택일을 해야 한다.
◇ 1) de Inf 는 le로 대치 가능함. 2) ~ ø(+).
3) ~ que P subj J'ai choisi qu'ils viennent me chercher. 나는 그들이 나를 찾으러 오는 방법을 택했다.
4° ~ si P ind Vous devez ~ si vous partez ou si vous restez. 떠날 것인가 남을 것인가 당신이 양자택일을 해야 합니다.
5° ~ P(int. ind.)〈…하는 곳〔때〕를 정하다〉 Choisis où tu veux aller en vacances. 네가 휴가 가고 싶은 곳을 골라라.
6° ~ qn/qc Prép N (Prép N은 목적을 나타냄)〈…을 …용으로 고르다〔뽑다〕〉 Elle a choisi sa robe pour le mariage. 그녀는 결혼식을 위해서 이 옷을 골랐다.
7° ~ qn pour/comme+n 〈…을 …으로 선정하다〉 On l'a choisi pour juge dans cette affaire. 그를 이 사건의 담당판사로 선정했다.
choper 1° ~ N 〖구어〗〈붙잡다; (병에) 걸리다〉 Il a chopé un rhume. 그는 감기에 걸렸다.
◇ **se faire** ~ 〈붙잡히다〉 Il s'est fait ~ dans une rafle. 그는 경찰의 일제단속에서 붙잡혔다.
2° ~ N à qn 〈…에게서 …를 훔치다〉 On m'a chopé mon briquet. 나는 라이터를 도둑맞았다.
chuchoter 1° ~ 〈속삭이다〉 Marie chuchote. 마리가 소근거린다.
2° ~ N à (l'oreille de) qn 〈…의 귀에 대고 속삭이다〉 ~ des gentillesses à l'oreille de sa voisine de table 제 짝의 귀에 대고 상냥한 말을 속삭이다.
cingler 1° ~ N 〈때리다, 휘몰아치다〉 La pluie cingle les vitres. 빗방울이 유리창을 때린다. Le vent cingle notre visage 〔nous cingle le visage〕. 바람이 우리 얼굴에 몰아친다.
2° ~ N(de N)〈비난하다〉 Il cingla son interlocuteur d'une réponse impitoyable. 그는 가혹한 대답으로 상대방을 몰아세웠다.
3° ~ qp 〈向路를 잡다〉 Nous cinglâmes vers le port, en direction du Nord. 우리는 북쪽으로 항구를 향해 나아갔다.
circonscrire 1° ~ N 〈둘러싸다; 한정하다〉 Un mur circonscrit le jardin. 벽이 정원을 둘러싸고 있다. Les sauveteurs creusent des tranchées pour ~ l'incendie. 구조대는

circuler

화재가 더 번지는 것을 막기 위해 구덩이를 팠다. Le conférencier a commencé par ~ son sujet. 연사는 주제를 한정시키는 것으로부터 시작했다.
2° ~ N de N 〈…로 …을 둘러싸다〉 Nous avons circonscrit le jardin d'un mur. 우리는 정원을 벽으로 둘러쌌다.

circuler 1° ~(qp) 〈왕래〔순환, 유통〕하다〉 Les voitures *circulent* vite. 차들이 질주한다. On *circule* mal dans cette ville. 이 도시는 교통이 원활하지 못하다. Le sang *circule* dans le corps. 체내에는 혈액이 순환한다. Le bruit *circule* que Jean s'est marié. 장이 결혼했다는 소문이 돌고 있다.
2° Il ~ N (N은 비한정 명사)〈내왕하다〉 Il *circule* beaucoup de gens dans la rue. 거리에는 많은 사람들이 나다닌다. Il *circule* d'étranges bruits à son sujet. 그에게 관해서 이상한 소문이 나돌고 있다.
◇ 한정적인 명사 또는 형용사절이 붙는 명사가 논리주어이면 특정 한정사가 붙는다:Il *circule* l'étrange bruit que Jean s'est marié.

claquer 1° ~ 〈(부딪는) 소리가 나다〉 Le fouet *claque*. 회초리가 찰싹한다. Le drapeau *claque* au vent. 깃발이 바람에 펄럭인다.
2° ~ de qc 〈…으로 소리를 내다〉 ~ des mains 손뼉을 치다. ~ des dents de peur 〔de froid〕 무서워서〔추워서〕 이가 떨린다.
3° qn ~ qc 〈…을 쳐서 소리를 내다;(재물을)낭비하다〉 En sortant il *claqua* la porte derrière lui. 그는 나가면서 문을 쾅 하고 닫았다. En un mois il *a claqué* tout son héritage. 한달만에 그는 유산을 탕진해 버렸다.
4° qc ~ qn 〈지치게 하다〉 Ce travail m'*a claqué*. 그 일을 하느라고 나는 몹시 지쳤다.

5° qn ~ qn 〈…의 뺨을 치다〉 Il m'*a claqué*. 그는 내 뺨을 쳤다.
6° qn ~ 〖속어〗〈죽다〉 Les pauvres bougres allaient ~ dans leur cave. 그 불쌍한 놈들은 지하실에서 죽어가고 있었다.

classer 1° ~ N 〈분류하다, 처리하다〉 ~ des documents 〔le courrier〕 서류를 〔우편물을〕 분류하다. ~ des timbres par pays 나라 별로 우표를 분류하다. ~ des insectes selon leur genre 곤충을 유별하다. ~ qn 사람의 인품을 판단하다. Pour ma part, je considère cette affaire comme *classée*. 나로서는 이 사건은 처리된 것으로 봅니다.
2° ~ N parmi/à N 〈…안에 분류하다〉 ~ le chien parmi les animaux domestiques 개를 가축으로 분류하다. La Joconde *est classée* au nombre des grands chefs-d'œuvre de la peinture. 모나리자는 유화의 걸작품 중에 들어간다.
3° qn se ~ parmi/à N 《변화》〈…로 분류되다〉 Il *s'est classé* dans ce concours parmi les premiers〔au premier rang〕. 그는 이 시험에서 우수한 성적을 얻었다〔수석이었다〕.

cligner 1° ~ de l'œil 〈윙크하다〉 Il *cligna* de l'œil d'une mimique dégoûtante. 그는 몹시 불쾌한 동작으로 내게 윙크했다.
2° ~ les yeux/des yeux 〈눈을 지그시 감다;눈을 깜빡이다〉 Il regarda longuement le tableau en *clignant* des yeux. 그는 눈을 지그시 감고 그 그림을 오랫동안 응시했다. Les myopes *clignent* les yeux. 근시는 잘 보기 위해서 눈을 지그시 감는다.
3° les yeux ~ 〈눈을 깜빡이다〉 des yeux qui *clignent* sans cesse 쉴 새 없이 깜빡거리는 눈.

clore A. verbe défectif 로 다음 형태로만 사용된다:부정법 ; 직설법 현

재: je clos, tu clos, il clôt, ils closent 〖드물게〗; 단순미래: je clorai, etc.; 조건법 현재: je clorais, etc.; 명령법: clos; 접속법 현재: que je close, etc.; 현재분사: closant〖드물게〗; 과거분사: clos(e).
B. 1° ~ qc 〈닫다; 막다; 끝내다, 마무리다〉 Et la servante *a clos* les portes de la cour. 그리고 하녀는 마당의 문들을 닫았다. Je n'avais pas encore *clos* ma pré. 나는 아직 목장에 울타리를 치지 않았다. Il est temps de ~ le débat. 토론을 종결지을 때가 되었다. La liste des candidatures *sera close* dans deux jours. 후보자 신청은 이틀 후에 마감된다.

◇ 1) ~ qc à qn 〈…에게 …을 닫다〔봉하다〕〉 ~ sa porte à un intrus 침입자가 못 들어오게 문을 잠그다.

2) ~ N(N은 신체부위 명사)〈(…의) …을 닫다〔감추다〕〉 ~ l'œil 〔la paupière〕 잠들다, 죽다. ~ les yeux de *qn* 죽은 사람의 눈을 감기다, 임종을 지켜보다. Il est temps de ~ le bec 〔la bouche〕 à l'épouse du farouche Clotaire. 비사교적인 클로테르의 아내의 입을 다물게 할 때이다.

2° ~ 〈닫히다〉 Cette porte ne *clôt* pas bien. 이 문은 잘 닫히지 않는다.

3° se ~ 《변화》〈닫히다; 끝나다〉 Cette porte ne *se clôt* pas.

clouer 1° ~ qc(qp)〈못으로 박다〉 ~ un tableau(au mur) 그림을 못으로 쳐서 벽에 걸다. ~ le couvercle d'une caisse 상자의 뚜껑을 못으로 박다.

2° ~ qn(à N)〈…에 묶어두다〉 Une maladie m'*a cloué* au lit〔à la chambre〕. 나는 어떤 병으로 침대를〔방을〕 뜨지 못했다.

3° ~ **le bec à qn** 〈…의 입을 다물게 하다〉 Un bon pourboire lui *a cloué* le bec. 팁을 듬뿍 주었더니 그는 입을 다물었다. J'ai une riposte toute prête pour lui ~ le bec. 내게는 단 한 마디로 그의 말문을 닫게 할 수 있는 답변이 준비되어 있다.

coaliser 1° ~ N(contre N)(N은 복수명사)〈(…에 대항하기 위해서) 단합하게 하다〉 Il *a coalisé* tous ses amis contre nous. 그는 우리에게 대항하기 위해서 자기의 모든 친구들을 단합시켰다.

2° ~ N avec N contre N〈…에 대항하기 위해서 …과 …을 단합시키다〉 Cet événement *a coalisé* Pierre avec Paul contre Jean. 이 사건은 장에 대항하기 위해서 피에르와 폴을 뭉치게 만들었다.

3° se ~ 《변화》〈단합하다〉 Trois des candidats *se sont coalisés* contre le quatrième. 입후보자들 중의 세 사람이 다른 네째번 입후보자에 대항하기 위해서 단합했다.

coexister 1° N ~ (N은 복수명사) 〈공존하다〉 Des tendances diverses *coexistent* dans le parti. 당내에는 여러가지 경향이 공존하고 있다.

2° ~ avec N 〈…와 공존하다〉 Une tendance dominante *coexiste* avec une tendance minoritaire. 지배적인 경향이 소수의 경향과 공존하고 있다.

cogner 1° ~ **sur/contre/dans**+ **qn** 〈치다, 두들기다〉 Il *cogne* de toutes ses forces sur le piquet pour l'enfoncer. 그는 말뚝을 힘껏 두드려 박는다. redresser une barre en *cognant* dessus à coup de marteau 망치로 위를 두들겨서 휘어진 철판을 바로하다. ~ du poing sur la table d'un air furieux 화가 나서 테이블을 주먹으로 두들기다. Le caillou est venu ~ contre la carrosserie. 돌멩이가 날아와서 차체를 때렸다.

2° ~ **à qc** 〈두들기다(신호를 하기 위해서 또는 불만의 표시로)〉 En passant devant chez moi, tu *co-*

gneras au volet. 우리 집 앞을 지나갈 때 덧문을 두들겨다오. Il était convenu que le visiteur *cognerait* trois coups à la porte. 방문객은 문을 세번 노크해야 했다. Le tapage des voisins du dessus n'a cessé que quand j'*ai cogné* au plafond. 내가 천장을 여러번 쳤을 때야 비로소 위층 사람들의 소음이 멎었다.
3° ~ qc 〖구어〗〈…에 충격을 가하다〉 Apporte-moi la carafe et fais attention à ne pas la ~. 물병을 나에게 갖고와. 떨어뜨리지 않도록 조심해.
4° ~ qn 〈부딪다, 치다〉 Il m'*a cogné* du coude. 그는 팔꿈치로 나를 쳤다.
5° se ~(qp)《변화》〈부딪히다〉 Cet enfant pleure parce qu'il *s'est cogné* contre le buffet. 찬장을 받았기 때문에 그 애는 울고 있다.
6° se ~ la tête contre les murs 《불변》〈절망적인 상황에 처하다〉.

cohabiter **1°** N ~ (*N*은 복수명사)〈함께 살다〉 Nous *avons cohabité* durant trois ans. 우리는 삼년 동안 함께 살았다.
2° ~ avec N 〈…과 같이 살다〉 Il *cohabite* avec nous depuis trois ans. 그는 삼년 전부터 우리와 함께 살고 있다.

coiffer **1°** qn ~ qn de qc 〈…을 씌우다〉 La maman *coiffe* son bébé d'un bonnet. 엄마는 아가에게 모자를 씌운다.
◇ être coiffé de qc Il *est coiffé* d'un béret. 그는 베레 모자를 쓰고 있다.
2° qc ~ qn Adv 《(모자 따위가) …에게 어울리다〉 Ce chapeau vous *coiffe* bien. 이 모자는 당신에게 잘 어울린다.
3° qn ~ qc(*qc*는 부분관사를 동반함)〈(어떤 크기의 모자를) 착용하다, 쓰다〉 Du combien *coiffez*-vous? 당신 모자의 치수는 얼마입니까?

Je *coiffe* du 30. 나는 사이즈 30의 모자를 쓴다.
4° qn être coiffé de qn/qc 〖구어〗〈…에 빠져 있다, …을 열애하다(= être épris de *qn*[*qc*])〉 Il *est coiffé* de sa petite amie. 그는 자기의 여자 친구에 완전히 빠져 있다.
5° qn ~ qn 〈…의 머리를 빗다, …의 머리 손질을 하다〉 La fillette, munie d'une brosse et d'un peigne, *coiffe* sa poupée. 소녀는 솔과 빗을 가지고 자기 인형의 머리를 단장한다.
6° qn ~ qn 〈이발·조발하다〉 Va te faire ~, tu as les cheveux trop longs. 머리 깎으러 가라. 네 머리가 너무 길다.
7° ~ N 〈다스리다〉 Ce syndicat *coiffe* plusieurs syndicats catégoriels. 이 조합은 여러 분야별 조합을 총괄하는 단체다.
8° ~ N 〈앞지르다〉 Le coureur *a coiffé* le favori à l'arrivée. 그 주자는 우승 후보 선수를 결승점에서 앞질렀다.
9° se ~ 《변화》〈이발하다〉 Elle a passé une demi-heure devant sa glace pour *se* ~. 그녀는 거울 앞에서 머리를 만지느라고 반 시간이나 보냈다.

coïncider **1°** N ~ (*N*은 복수명사)〈우연히 일치하다〉 Le premier de ce mois deux fêtes *coïncident*. 이번 달의 초하루는 두 가지 축제일이 겹해졌다.
2° ~ avec N 〈…와 일치하다〉 Cette année Pâques *coïncide* avec le premier avril. 금년은 부활절이 4월 초하루가 된다.

collaborer **1°** N ~ (*N*은 복수명사)〈협력하다〉 Plusieurs pays *collaborent* dans ce domaine. 이 분야에서는 여러 국가가 서로 협력하고 있다.
2° ~ avec N 〈…와 협력하다〉 La France *collabore* avec l'Italie dans

ce domaine. 이 분야에서 프랑스와 이태리가 서로 협력하고 있다.
3° ~ à N 〈…에 협력하다〉 Jean *collabore* à notre projet. 장은 우리 프로그램에 협력하고 있다.
4° ~ à Inf 〈…하는 데 협력하다〉 Il *a collaboré* à réaliser ce projet. 그는 이 계획을 실현하는 데 협력했다.

coller 1° ~ qc(qp) 〈풀로 붙이다〉 ~ une affiche au mur 벽에 벽보를 붙이다. ~ un timbre sur une lettre 편지에 우표를 붙이다.
2° ~ qc à/contre qc 〈갖다대다, 접근시키다〉 Il *avait collé* son oreille à la porte pour tâcher de surprendre quelques mots. 그는 귀를 문에다 대고 말을 훔쳐 들으려고 했다. Ce fauteuil *est* trop *collé* contre le mur. 이 의자는 너무 벽쪽으로 붙어 있다.
3° ~ qc(qp) 〖구어〗 〈처박다〉 *Colle* ton paquet dans le coin et viens avec nous. 그 보따리는 구석에다 팽개치고 우리를 따라오게. Tais-toi ou je te *colle* mon poing dans la figure. 입다물어, 그렇지 않으면 얼굴에다 한대 갈기겠다.
4° qc ~ à qc 〈달라붙다〉 La glaise *colle* aux semelles. 점토가 구두바닥에 묻는다. un maillot qui *colle* au corp 몸에 찰싹 달라붙는 팬티.
5° ~ à qc 〈…와 합치·일치하다〉 Cette description *colle* à la réalité. 그 기술은 사실과 일치한다.
6° ça ~ 〖구어〗 〈잘 되어가다〉 Ça ne *colle* pas(=Ça ne vas pas). 일이 잘 돼가지 않는다.
7° ~ 〖구어〗 〈잘 되어가다〉 S'il y a quelque chose qui ne *colle* pas, préviens-moi. 만일 여의치 못한 일이 생기거든 내게 알려다오.
8° ~ qn 〖구어〗 〈(시험에) 낙제시키다; (답변에) 막히게 하다〉 Le jury *a collé* le candidat. 심사원은 지원자를 낙제시켰다. J'*ai été collé* l'examen. 나는 시험에 낙제했다. Il sait tout, tu ne le *colleras* pas. 그는 아는 것이 많아. 그를 답변에 궁하게 만들 수는 없어.
9° ~ qn 〖구어〗 〈…에게 벌을 세우다; …의 속을 썩이다〉 Si tu *es collé* jeudi, tu ne pourras pas nous accompagner. 네가 목요일에 벌을 서게 돼 있다면 너는 우리와 함께 가지 못할 것이다.
10° ~ qn 〖속어〗 〈…에게서 떨어지지 않다, 귀찮게 굴다〉 Il ne me quitte plus, qu'est-ce qu'il me *colle*! 그는 늘 나를 따라다닌다. 정말 귀찮은 녀석이야.

combattre 1° ~ qc 〈타도·박멸하다〉 ~ l'analphabétisme 문맹을 없애다. Les pompiers *combattent* l'incendie. 소방수들은 화재와 싸운다.
2° ~ qn 〈…와 싸우다, …에 대항하다〉 Nos troupes *ont* vaillamment *combattu* un ennemi supérieur en nombre. 우리 부대는 숫적으로 우세한 적과 용감스럽게 대항해서 싸웠다.
3° ~ (avec/contre/pour N) 〈…와 [에 대항해서, …을 위해서] 싸우다〉 Les armées ont cessé de ~. 군대는 전투를 중지했다. un mercenaire qui *a combattu* pour〔contre〕 la Prusse 프러시아를 위해서〔프러시아에 대항해서〕 싸웠던 용병.
4° ~ de qc avec qn(qc는 무관사) 〈…에서 맞서다〉 ~ de politesse avec qn …와 서로 다투어서 예의를 지키다.

combiner 1° ~ N (N은 복수명사) 〈결합하다〉 ~ deux couleurs 두 색을 섞다.
2° ~ N à/avec N 〈…과 …을 결합시키다; …과 …을 겸비하다〉 ~ l'hydrogène et〔à〕 l'oxygène 수소와 산소를 결합시키다. ~ le cynisme avec l'habileté 파렴치와 재치를 겸비하다.

3° ~ N 〈미리 짜다, 계획하다〉 J'ai combiné mon voyage à l'avance. 나는 사전에 여행 계획을 짰었다. ~ une intrigue 어떤 음모를 꾸미다.
4° ~ de Inf 〈미리 계획하다〉 Il avait combiné de me faire passer par telle ville. 그는 미리 계획을 짜서 나로 하여금 모 도시를 통과하게 만들었다.

combler 1° ~ N 〈메꾸다〉 ~ un trou[un fossé, un déficit] 구멍[도랑, 결손]을 메꾸다.
2° ~ qn de qc 〈…으로 만족시키다〉 Cet événement me comble de joie. 그 사건은 나를 한없이 기쁘게 만들었다. Il a été comblé d'honneurs. 그는 명예 속에 파묻혔다.
3° ~ qn 〈만족시키다〉 C'est pour moi, ces jolies fleurs? Vous me comblez, monsieur. 이 예쁜 꽃 제게 주시는 거예요? 정말 감사합니다.

commander¹ 1° ~ qn/qc 〈명령하다; (감정을)불러 일으키다; (기계를)움직이다〉 Est-il plus malaisé de gouverner et de ~ les Allemands que les Français? 프랑스인들보다 독일인들을 통치하고 지휘하는 것이 더 힘듭니까? Cette conduite commande le respect. 이 행동은 존경심을 불러 일으킨다. La forteresse de Gibraltar commande l'accès à la Méditerranée. 지브롤터 요새가 지중해로의 접근을 통제한다. Cette manette commande la sonnerie d'alarme. 이 손잡이로 경종을 울린다.
2° ~ à qn/qc 〈…을 지배[지휘]하다〉 Le général fut nommé pour ~ à toutes les troupes alliées. 그 장군이 전 연합군을 지휘하도록 임명되었다. Elle commande à son mari. 그녀는 남편을 손아귀에 쥐고 있다. J'ai réussi à ~ à ma colère. 나는 분노를 억제하는 데 성공했다.
3° ~ qc à qn 〈…에게 …을 명하다〉 Le docteur avait commandé aux parents un silence absolu. 의사는 부모에게 절대로 입을 열지 말라고 지시했다.
4° ~ à qn de Inf 〈…에게 …하도록 명령하다〉 Le professeur a commandé aux élèves de prendre leurs livres. 선생님은 학생들에게 책을 집어들라고 명했다. L'officier a commandé à ses soldats de se réunir dans la cour. 장교는 사병들에게 연병장에 집합하도록 명령했다.
5° ~ à qn que P subj Je commande à mon fils qu'il fasse son travail. 나는 내 아들에게 자기 일을 하라고 명령한다.
6° qc ~ que P subj 〈…할 것을 명령[요구] 하다〉 L'intérêt général commande que l'on fasse taire les rivalités. 전체의 이익은 경쟁의 억제를 요구한다.
7° ~ 〈명령하다, 지휘[지배] 하다〉 C'est moi qui commande ici. 여기서는 내가 명령한다. Chez les Dupont, c'est Madame qui commande. 뒤퐁씨 집에서는 부인이 휘두른다.
8° se ~ 《변화》〈자제되다, 제어되다〉 La pitié ne se commande pas. 연민의 정은 마음대로 되지 않는다. Dans l'appartement de ma grandmère, tous les pièces se commandaient: de sorte que, pour gagner leur chambre, mes parents devaient traverser la salle à manger. 내 할머니 아파트에는 모든 방들이 서로 통하게 되어 있었다. 그래서 나의 양친은 당신들 방으로 가기 위해 식당을 지나가야만 했다.

commander² ~ qc Prép N 〈(…에게) 주문하다〉 Il faut ~ dès maintenant vos pommes de terre. 지금부터 당신이 필요한 감자를 주문

해 놓아야 한다. *J'ai commandé* un costume chez le tailleur. 나는 양복점에 양복을 한 벌 주문했다. Il *a commandé* deux cafés au garçon. 그는 웨이터에게 커피를 두 잔 주문했다.

commencer 1° ~ qc 〈시작하다, 착수하다; …의 처음에 있다〉 *J'ai commencé* ma lecture jeudi dernier. 나는 지난 목요일에 책을 읽기 시작했다. Ce mot *commence* la phrase. 이 단어가 문장 첫머리에 온다. Le spectacle *a déjà été commencé*.

◇ 1) ~ qc par qc 〈…을 …부터 시작하다〉 Il *commence* sa journée par une séance de culture physique. 그는 운동을 한번 하는 것으로 하루 일과를 시작한다.

2) ~ ∅ Assez bavardé, il faut ~. 실컷 지껄여댔으니 이제 시작해야 된다. L'important, c'est de bien ~. 중요한 것은 첫발을 잘 내딛는 것이다.

3) commencer 는 대명동사가 불가능함.

2° ~ L'été *commence* le 21 juin. 여름은 6월 21일부터 시작이다. Le déjeuner *a commencé* à midi et s'est terminé vers une heure. 점심식사는 12시에 시작되어 1시쯤 끝났다.

◇ 복합시제에서 조동사는 avoir, être 의 교체가 가능하다(⇨auxiliaires): Les fêtes *ont commencé* au début du mois dernier. 축제는 지난달 초순에 시작되었다. L'année *est commencée*. 새해가 시작되었다.

3° ~ à Inf 〈드물게 de 도 사용, 주어 제약 없음〉〈…하기 시작하다〉 *J'ai commencé* à lire votre livre hier soir. 나는 어제저녁에 당신 책을 읽기 시작했소. Les montagnes *commençaient* à se couvrir de bouquets de bois. 산들이 숲으로 덮이기 시작하고 있었다. La chose la plus difficile, quand on *a commencé* d'écrire, c'est d'être sincère. 글을 쓰기 시작했을 때 가장 어려운 일은 성실해지는 것이다. Il *commence* à faire froid. Il *commence* à neiger.

◇ 1) à Inf 는 대명사화가 불가능함.

2) ~ ∅ Ton frère *a-t-il déjà commencé* à parler?—Oui, il *a commencé*.

4° ~ **par Inf/qc** 〈우선 …하는 것부터 시작하다〉 Le spectacle *a commencé* par un ballet. 공연은 무용으로 시작되었다. Il *commença* par s'emporter. 그는 화부터 냈다.

commercer 1° N ~ **entre eux**〈N 은 복수명사〉〈서로 교역하다〉 Les pays de l'Est *commercent* entre eux. 동유럽의 제국은 서로 교역을 한다.

2° ~ **avec N** 〈…와 교역하다〉 La Chine *commerce* avec la France. 중국은 프랑스와 교역한다.

commettre 1° ~ qc 〈(죄악·잘못을) 범하다〉 ~ une erreur〔un crime〕 잘못을〔죄를〕 범하다.

2° se ~ 《변화》〈범해지다〉 Bien des erreurs *se commettent*. 많은 잘못들이 범해진다.

3° Il se ~ N 《불변》〈범해지다〉 Il *se commet* bien des erreurs. 수많은 잘못들이 범해진다.

4° qn se ~ **avec qn** 《변화》〈…와 어울리다〉 *se* ~ avec des voyous 깡패들과 어울리다.

communiquer 1° N ~ (N은 복수 명사) 〈통신하다; 통하다〉 Nous pourrons ~ par téléphone. 우리는 전화로 서로 통화할 수 있을 것이다. pièces d'une maison qui *communiquent* entre elles 서로 통하는 방들.

2° ~ **avec N** 〈…와 통하다〉 La salle à manger *communique* avec la cuisine. 식당은 부엌과 통해 있다.

3° ~ qc(à qn) ⟨…을 …에게 전달하다⟩ Le fer *communique* la chaleur. 철은 열을 전도한다. ~ un message à *qn* …에게 메시지를 전달하다.
4° ~ à qn que P ind ⟨…라고 …에게 전하다⟩ Je lui *ai communiqué* que nous arriverons bientôt. 나는 그에게 우리가 곧 도착할 것이라고 연락했다.
5° ~ à qn Inf Je lui *ai communiqué* avoir retrouvé son portefeuille. 나는 그에게 그의 가방을 찾아냈다고 연락해주었다.

comparer I. 1° ~ deux choses/deux personnes ⟨…을 비교하다⟩ En *comparant* ces deux textes, on remarquera la plus grande valeur du premier. 이 두개의 본문을 비교함으로써 첫번째 것의 아주 큰 가치를 알게 될 것이다. Ils *ont comparé* leurs travaux. 그들은 자기들이 한 일을 비교했다.
2° ~ deux choses/deux personnes entre elles/ensemble ⟨…을 서로 비교하다⟩ On peut bien ~ ces deux écrivains entre eux. 우리는 이 두 작가들을 서로 비교할 수 있다.
3° ~ qc/qn et qc/qn ⟨…와 …을 비교하다⟩ ~ l'anglais et l'allemand 영어와 독일어를 비교하다.
4° ~ qc/qn à qc/qn ⟨…을 …에 비교[비유]하다⟩ Si je *compare* ma vie à la tienne, je ne saurais dire laquelle est préférable en soi. 내가 내 생활을 네 생활에 비교하는 경우 나는 어느쪽이 그 자체로서 더 나은지 말할 수 없을 것이다.
5° ~ qc/qn avec qc/qn ⟨…을 …와 비교하다⟩ 《이 경우는 4°보다 더 세밀한 비교 검토를 나타냄》 Il ne faut pas ~ les chagrins de la vie avec ceux de la mort.(Musset) 삶의 슬픔을 죽음의 슬픔과 비교해서는 안된다.
II. 〔특히 pouvoir 동사 뒤에서 사용된다〕.
1° se ~ 《변화》⟨비교되다⟩ Ces choses ne sauraient *se* ~. 이것들은 도저히 비교할 수 있는 물건들이 아니다.
2° se ~ à ⟨…에 비교되다⟩ Telle fable de La Fontaine peut *se* ~ à une comédie. 라 퐁텐의 어떤 우화는 희극에 비교될 수 있다.
3° se ~ ⟨…와 비교되다⟩ *se* ~ avec un pays plus riche 더 부유한 나라와 비교되다.

compatir ~ à qc (de qn)⟨…에 동정하다; …을 함께 나누다⟩ Je *compatis* à votre souffrance. 당신의 괴로움을 이해합니다.

compenser 1° qc ~ N ⟨보상하다⟩ Les primes *compensent* l'insuffisance de son salaire. 보너스가 월급의 부족을 메꾸어 준다.
2° ~ qc par N ⟨…으로 보상하다⟩ ~ une perte par un gain 손해를 이득으로 보상하다.
3° N se ~(N은 복수명사)《변화》⟨상호 보상하다⟩ Les inconvénients de ce travail et les avantages salariaux *se compensent* (entre eux). 이 작업의 어려움과 월급상의 이점은 서로 상쇄된다.

complaire(se) 1° se ~ dans N 《변화》⟨…에서 만족을 느끼다⟩ Il *se complaît* dans ses difficultés. 그는 난관 속에 있으면서도 만족을 느낀다.
2° se ~ à Inf ⟨…하는 데 만족해 하다⟩ *se* ~ à critiquer les autres 남을 비평하는 데 만족을 느끼다.

complimenter 1° ~ qn(pour/sur qc)⟨…때문에 …를 치하・축하하다⟩ Je vous *complimente* à l'occasion de votre succès[sur votre succès, pour votre succès]. 당신의 성공을 치하합니다.
2° ~ qn de Inf ⟨…가 …한 것을 축하하다⟩ ~ *qn* de faire des pro-

comploter 1° N ~ (contre qn) ⟨N은 복수명사⟩⟨…에 대해서 음모를 꾸미다⟩ Les colonels *ont comploté* (contre le régime en place). 대령들은 (현 체제에 대해서) 음모를 꾸몄다. L'armée *a comploté*. 군이 음모를 꾸몄다. Tout *complote* contre moi. 만사가 나에게 불리하게만 되어간다.
2° ~ qc ⟨(음모를) 꾸미다, 획책하다⟩ ~ une affaire louche 수상쩍은 일을 꾸미다. Ils *complotaient* un coup d'Etat. 그들은 쿠데타를 획책했다.
3° ~ de Inf ⟨…할 것을 획책하다, …할 음모를 꾸미다⟩ Il *a comploté* d'éliminer son adversaire. 그는 반대자를 제거할 음모를 꾸몄다.

comporter 1° ~ N ⟨내포하다⟩ Le programme *comporte* quatre points. 이 계획은 네가지 요점을 포함한다. Cela *comporte* des risques. 그것은 위험을 내포하고 있다.
2° ~ que P ind/subj ⟨…할 것을 포함하다⟩ Le règlement *comporte* que l'on doive[doit] balayer la chambre. 이 규칙에는 각자가 방을 청소해야 한다는 것도 포함되어 있다.
3° se ~ Adv 《변화》⟨(어떻게) 행동하다⟩ Comment *se comporte*-t-il avec vous? 그는 당신에게 대해서 어떻게 행동합니까? Il *se comporte* bien. 그의 행실은 좋습니다.

composer 1° ~ N ⟨구성하다⟩ Trois parties *composent* cet ouvrage. 이 작품은 세 부분으로 구성되어 있다.
2° ~ N(de N)⟨(…으로) …을 구성하다⟩ ~ un bouquet(de fleurs de champs) (들꽃으로) 화환을 만들다.
3° ~ qc(qc는 악곡) ⟨…을 작곡하다⟩ Il *compose* des symphonies depuis huit ans. 그는 8년전부터 교향곡을 작곡하고 있다.
◇ ~ ø Il *compose* depuis huit ans. 그는 8년전부터 작곡에 종사하고 있다.
4° ~ ⟨작문하다; …의 답안을 쓰다⟩ Les élèves sont en train de ~. 학생들은 작문을 하고 있는 중이다. des élèves qui *composent* en mathématiques 수학 답안을 쓰고 있는 학생들.
5° ~ qc ⟨편집하다, 쓰다⟩ Il nous faut ~ une dissertation sur J-J. Rousseau. 우리는 루소에 대한 논문을 써야 한다.
6° N ~ (N은 복수명사)⟨타협하다⟩ Au cours de la négociation, les divers partis ont dû ~. 그 협상 도중에 각 정당 대표들은 타협을 해야만 했다.
7° ~ avec N ⟨…와 타협하다⟩ ~ avec ses créanciers[les difficultés, l'ennemi] 채권자들과[어려움과, 적과] 타협하다.
8° qc se ~ de N 《변화》⟨…으로 이루어지다, 구성되다⟩ Cet ouvrage *se compose* de trois parties. 이 책은 3부로 이루어져 있다.

comprendre 1° ~ qc/qn ⟨깨닫다, 이해하다; 포함하다⟩ J'*ai* très bien *compris* vos explications. 나는 당신의 설명을 아주 잘 이해했습니다. Sans doute, il a tort et je ne l'approuve pas, mais je le *comprends*. 아마도 그가 잘못인지 모른다. 그리고 나는 그를 찬성하지 않는다. 그러나 나는 그를 이해한다. Personne ne me *comprend*. 아무도 나를 이해 못한다. Nous *avons compris* dans ce total les diverses taxes. 우리들은 이 총액 속에 여러가지 세금을 포함시켰다. La maison *comprend* en outre une cave et un garage. 집은 그 외에도 지하실 하나와 차고 하나를 포함하고 있다. Dans ce tableau de la population, les étran-

compter

gers ne *sont* pas *compris*. 이 인구 도표에는 외국인은 포함되지 않았다. Cette situation *est comprise* de tous. 이 사정은 누구나 다 이해한다.
◇ ~ ø Il faut ~.
2° ~ qc à qc 〈…의 …을 이해하다〔납득하다〕〉 Je ne puis rien ~ à ce baragouin.(Mol) 나는 이 영문 모를 말을 알아들을 수 없다. Je n'y *comprends* rien.
3° ~ que P ind 〈…하다는 것을 알다〉 Je *compris* qu'il s'ennuyait en ma présence. 나는 그가 내가 있는 데서 지루해 하고 있는 것을 깨달았다.
◇ que P는 반복되면 생략된다:Tu a *compris* qu'il avait tort?—Oui, je *comprends*.
4° ~ que P subj〈과연 …하리라고 생각하다〉 Je *comprends* qu'il soit mécontent. 나는 과연 그가 불만이리라고 생각한다. Je *comprends* que je me soit trompé.(Goffic) 나는 왜 내가 틀렸는지를 알겠다. Je ne *comprends* pas que vous n'ayez pas répondu à ma lettre.(Id.) 나는 어째서 당신이 내 편지에 답장을 안했는지 모르겠다.
5° ~ P(int. ind.)〈…인지를 알다〉 Je *comprends* pourquoi cela ne marche pas. 나는 왜 일이 잘 되어가지 않는지 안다. Marie ne *comprend* pas pourquoi Pierre est en retard. 마리는 왜 피에르가 늦었는지 이해하지 못한다.
6° se ~ 《변화》〈서로 이해하다; 이해되다〉 Cela *se comprend* de soi. 그것은 당연한 일이다. Chacun pense à soi, cela *se comprend*. 각자 자기 생각을 하는 것은 당연하다. Ils ne *se sont* jamais *compris*. 그들은 전혀 서로를 이해하지 못했다.
compter I. 1° ~ 〈세다; 중요하다〉 Il a appris à ~. 그는 수 세는 것을 배웠다. Les places sont à dix francs, mais les enfants ne *comptent* pas. 좌석표는 10프랑이나 아이들은 고려에 넣지 않는다. C'est le résultat qui *compte*. 중요한 것은 결과다.
◇분리구문:Ça *compte* beaucoup, d'avoir bien répondu. 잘 대답하는 것이 매우 중요하다. Ça *compte*, que vous soyez venu. 당신이 와주신 것이 중요하다.
2° ~ qc/qn 〈세다, 수에 넣다〉 Le maître *comptait* ses élèves. 선생님은 학생들을 세고 있었다. Il m'a surpris lorsque j'étais en train de ~ mon argent. 그가 나를 발각했을 때 나는 내 돈을 세는 중이었다. La muraille était parfaitement verticale, mais elle *comptait*, à distances régulières, des encoches pour le pied. 성벽은 완전히 수직이었으나 규칙적인 간격으로 발 딛을 홈을 지니고 있었다.
◇ ~ ø (一).
3° ~ qc à qn 〈…에게 치르다〔지불하다〕〉 *Comptez*-lui cent francs. 그에게 100프랑을 지불하시오.
4° ~ qc/qn parmi 〈…으로 치다〔여기다〕〉 Je le *compte* parmi mes ennemis. 나는 그를 내 적으로 친다. On *compte* ce livre parmi les meilleurs de l'auteur. 사람들은 이 책을 그 작가의 가장 좋은 책으로 친다.
5° ~ qn/qc pour 〈…으로 여기다〔간주하다〕〉 Il *compte* cela pour beaucoup. 그는 그것을 중요시한다.
6° ~ pour 〈…의 값어치를 지니다〉 A table, il *compte* pour deux. 식탁에서 그는 두사람 몫을 한다. Un fruit comme celui-là *compte* pour deux. 저것과 같은 과일은 두 개의 값어치를 지닌다.
7° ~ avec qn/qc 〈…을 알아주다〔염두에 두다〕〉 Il a de l'influence et il faut ~ avec lui. 그는 영향력이 있다. 그러니 그를 알아주어야 한

다. Il faut ~ avec la fatigue. 피곤을 염두에 두어야 한다.
8° ~ **parmi qn/qc** 〈…으로 여겨지다〉 Il *compte* parmi les plus violents adversaires de cette politique. 그는 이 정책의 가장 맹렬한 반대자의 한 사람이다. La maison Portal *compte* parmi les cusités de l'endroit. 포르탈家는 그곳의 명물 중의 하나다.
9° ~ **sur qn/qc** 〈…을 기대하다[믿다]〉 *Comptez* sur moi. 나를 믿으시오. Ne *comptez* pas trop sur vos amis. 당신 친구들을 너무 믿지 마십시오. Il *compte* trop sur son adresse. 그는 자기 재주를 너무 믿고 있다.
10° ~ **là-dessus; y ~** 〈…에 기대를 걸다〉 Il m'a promis de m'aider, mais je ne *compte* pas trop là-dessus [je n'y *compte* pas trop]. 그는 나에게 나를 도와주겠다고 약속했다. 그러나 나는 별로 거기에 기대를 걸지 않고 있다.
11° ~ **sur qn pour Inf** 〈…이 …을 해 주리라고 믿다〉 J'ai *compté* sur vous pour veiller sur mes enfants. 나는 당신이 내 아이들을 돌봐주리라고 믿고 있었다.
12° ~ **Inf** 〈…할 셈이다[작정이다]〉 Je suis seulement venue vous demander ce que vous *comptez* faire. 나는 단지 당신이 무엇을 할 작정인가를 물어보러 왔다. Je *compte* aller vous voir demain. 나는 내일 당신을 보러 갈 작정이다. Qu'est-ce que vous *comptez* faire maintenant? 이제 당신은 무엇을 할 작정입니까?
◇ 1) à Inf 는 y 로 대치 가능함: Je *compte* travailler cet été. →J'y *compte*.
2) ~ **de Inf**〖고전어, 문학어〗 Je *compte* d'être cet hiver à Paris. (Sév) 나는 올 겨울에 파리에 있을 예정이다.

13° ~ **que P ind/subj** 〈(부정문이나 의문문에서)〈…하리라고 생각하다〉 Je *compte* qu'il viendra me prendre à la gare. 나는 그가 역으로 나를 데리러 오리라고 생각한다. Je ne *compte* pas que ton ami vienne nous voir. 나는 네 친구가 우리를 보러 오리라고 생각하지 않는다.
Ⅱ. 1° **se ~** 《변화》〈계산되다, 수에 들다〉 Ses erreurs ne *se comptent* plus. 그의 잘못들은 셀 수 없다.
2° **se ~ parmi N** 〈…의 부류로 여겨지다〉 Il *se compte* parmi les honnêtes gens. 그는 교양인 중의 한 사람이다.
3° **se ~ Attr** 〈…으로 여겨지다〉 Il *se compte* le dernier à céder. 그는 도저히 양보할 사람이 아니다.

concéder 1° ~ **N à qn** 〈허가·인정하다〉 L'administration m'a *concédé* le droit de bâtir. 행정당국은 나에게 건축 권리를 인정해 주었다. C'est l'adjoint au maire qui *concède* les licenses de bar. 술집의 허가를 내주는 이는 부시장이다.
2° ~ **à qn de Inf** 〈…가 …하는 것을 허가하다〉 Ils m'*ont concédé* de construire sur ce terrain. 그들은 내가 이 대지 위에 건축하는 것을 허가해 주었다.
3° ~ **N(à qn)**〈동의·인정하다〉 Je vous *concède* la justesse de votre argumentation. 나는 당신의 이론이 옳다는 것을 인정합니다.
4° ~ **(à qn) que P ind** 〈…라는 것에 동의하다〉 Je vous *concède* que cela est possible. 그것이 가능하다는 것은 나도 당신에게 동의합니다.
5° ~ **(à qn) Inf** Je vous *concède* avoir fait une erreur. 내가 잘못을 저질렀다는 것을 인정합니다.

concentrer 1° ~ **N (qp)** 〈집결시키다, 모으다〉 ~ ses troupes (dans la plaine [à la frontière]) 부대를 (평야에[국경에])집결시키다.

concerter

2° ~ N 〈농축하다〉 ~ du lait[une solution chimique] 우유를[화학용액을] 농축하다.

3° ~ N sur N(직접보어인 N은 추상명사) 〈…에 집중시키다〉 ~ son esprit[son attention, son regard] sur qc 정신을[주의를, 시선을] …에 집중하다. ~ ses efforts sur la résolution d'un problème 어떤 문제의 해결을 위해 노력을 집중하다.

concerter 1° N ~ N(앞의 N은 복수) 〈협의해서 짜다, 의결하다〉 Nous avons concerté une excursion en Languedoc. 우리들은 랑그독으로 소풍을 나가기로 결정했다.

2° ~ N avec N 〈…와 의논해서 짜다〉 Paul a concerté un plan avec Pierre. 폴은 피에르와 의논해서 계획을 짰다.

3° ~ (avec N) de Inf 〈(…와 의논해서) …하기로 결정하다〉 Pierre et Paul ont concerté de partir ensemble. 피에르와 폴은 함께 떠나기로 결정했다.

4° N se ~ (pour Inf)《변화》〈(…하기 위해서) 협의하다〉 Ils se sont concertés pour trouver une solution en commun. 그들은 함께 해결책을 발견하기 위해서 협의했다. Sans nous être concertés, nous avons eu la même réaction. 우리들은 의논한 일도 없는데 같은 반응을 일으켰다.

concevoir 1° ~ qn/qc 〈수태하다; 생각하다〉 ~ un enfant 아이를 잉태하다. On pourrait ~ d'autres solutions. 다른 해결책을 생각해 낼 수도 있을 것이다. En pensant à son voisin, il concevait tantôt de la jalousie, tantôt du dépit.〚문어〛 그는 자기 이웃을 생각하면서 때로는 질투를 느끼기도하고, 또 때로는 원한을 품기도 했다.

◇ ~ ∅ femme qui ne peut plus ~ 이제는 임신 불능인 여자.

2° ~ qc pour qn 〈…에 대해 …을 품다〉 Elle conçoit du mépris pour un malotru. 그녀는 보기흉한 사람에 대해 경멸을 품고 있다. Il a conçu beaucoup d'amitié pour vous. 그는 당신에게 많은 우의를 품고 있었다.

3° ~ P(int. ind.) 〈…한지를 이해하다[납득하다]〉 On conçoit comment l'architecture du Parthénon a des proportions si heureuses. 파르테논의 건축양식이 어떻게 그렇게 조화가 잘 되어 있는지를 우리는 이해한다.

4° (1) ~ que P subj 〈…이 당연하다고 생각하다〉 Je conçois qu'il n'ait pas été satisfait de votre conduite. 나는 그가 당신의 행동에 대해 만족하지 않은 것이 당연하다고 생각한다.

(2) ~ que P ind Tu conçois bien que je ne me laisserai pas faire. 너는 내가 남이 하라는 대로 하지 않으리라는 것을 잘 안다.

(3) ne pas ~ que P subj On concevrait mal qu'il ne réponde pas à l'invitation. 사람들은 그가 초대에 응하지 않는다는 것을 생각하지 못할 것이다.

5° se ~《변화》〈생각되다; 이해되다〉 Cela se conçoit facilement. 그것은 쉽게 이해된다.

concilier 1° ~ qc(qc는 복수) 〈타협·일치시키다〉 Comment ~ ces deux points de vue? 이 두 의견을 어떻게 조정할 것인가?

2° ~ N avec N 〈…와 타협·일치시키다〉 Essayons de ~ les dépenses à faire avec l'exiguïté du budget. 예산의 부족을 감안해서 지출을 조정하자.

3° ~ qn(qn은 복수) 〈화해시키다〉 ~ des antagonistes 적대자를 서로 화해시키다.

4° ~ N à N 〈얻게 하다〉 Son attitude intègre lui a concilié beaucoup d'amis. 그의 청렴한 태도는 많

condamner

은 친구들을 그에게 만들어 주었다. **5°** se ~ N《가변》〈얻다〉Il a su se ~ bien des amis par son attitude intègre. 그는 청렴한 태도로 해서 많은 친구들을 얻을 수 있었다.

conclure 1° ~ qc 《〈조약 따위를〉 맺다, 체결하다〉Songez à ~ avec la reine un bon traité de commerce. 여왕과 훌륭한 통상 조약을 체결할 생각을 하시오. Après de nombreuses difficultés, la paix *a* enfin *été conclue*. 많은 어려움 끝에 드디어 강화 조약이 체결되었다. ◇ ~ ø 〈끝을 맺다〉Cet écrivain ne sait pas ~. 이 작가는 결론을 내릴 줄 모른다. **2°** ~ qc par qc 〈…로써 끝마치다 [결말을 짓다]〉Il *a conclu* son allocution par un appel à l'unité. 그는 단결을 호소하며 연설을 끝맺었다. **3°** ~ qc de qc 〈…에서 결론을 이끌어내다〉De ce premier examen, on peut ~ deux choses. 이 첫번 조사에 의거하여 두 가지를 결론내릴 수 있다. **4°** ~ (de qc) que P ind Il n'a pas répondu à ma lettre, j'en *conclus* qu'il était absent. 그는 나의 편지에 회답하지 않았다. 그래서 나는 그가 부재중인 것이라고 결론지었다. **5°** ~ à qc[(à ce)que P subj]〈…이란 결론을 내리다〉Pour admettre cet acte, il fallait ~ à la folie. 이 행위를 용납하려면 정신병이라는 결론에 도달해야만 했다. Les experts *ont conclu* à la responsabilité totale de l'accusé. 전문가들은 전적으로 피고에 책임이 있다고 결론지었다. Je *conclus*(à ce) qu'il rende ce qu'il a pris. 그가 취한 것은 돌려줘야 된다고 나는 결론지었다.

concorder 1° qc ~(qc 는 복수)〈일치하다〉Tous les témoignages *concordent*. 모든 증언은 일치하고 있다. Les avis ne *concordent* pas sur ce point. 이 점에 관한 의견은 일치하지 않고 있다. **2°** ~ avec N 〈…와 일치하다〉Son avis *concorde* avec le mien. 그의 의견은 나의 의견과 일치한다.

concourir 1° ~ 〈경쟁하다〉Cette année beaucoup de candidats *ont concouru*. 금년에는 많은 지원자들이 응시했다. **2°** qc ~ à qc 〈…에 협력하다, 도움이 되다〉Cela *a concouru* à la réussite de l'entreprise. 그것이 사업의 성공에 큰 도움이 되었다. **3°** qc ~ à ce que P subj[à Inf] 〈…하는 데 도움이 되다〉Bien des facteurs *ont concouru* à ce que festival soit devenu une réussite. 그 축제가 큰 성공을 거두는 데에는 많은 요인들이 도움이 되었다. Tout *concourt* à nous faire abandonner. 만사가 우리로 하여금 포기하도록 만들고 있다.

condamner [kɔ̃dane] **1°** ~ qc 〈비난·책망하다〉~ l'attitude de qn …의 태도를 비난하다. **2°** ~ que P subj 〈…하는 것을 비난하다〉Je *condamne* que tu agisses ainsi. 나는 자네가 그와 같은 행동을 하는 것을 비난한다. **3°** qn ~ qn de Inf 〈…에게 …하는 것을 비난하다〉Je te *condamne* d'agir ainsi. 나는 네가 그 같은 행동을 하는 것을 책망한다. **4°** qn ~ qn à N 〈…을 …으로 선고하다〉Les juges *ont condamné* le coupable à deux mois de prison. 판사들은 죄인을 2개월의 징역에 처했다. **5°** ~ qn 〈…에게 유죄선고를 하다〉Les juges *ont condamné* le coupable. 판사들은 범인에게 유죄를 선고했다. **6°** ~ à qc 〈…에 처하다〉Les juges *ont condamné* à trois mois de prison. 판사들은 3개월의 징역에 처했다. **7°** ~ ø 〈유죄선고하다〉Dans ce

procès, on s'attendait à un acquittement, mais les juges *ont condamné*. 그 재판에서 사람들은 무죄 석방을 기대했었으나 판사들은 유죄를 선고했다.
8° ~ qn à ce que P subj 〔à Inf〕 〈···하도록 선고·명령하다〉 Le tribunal *a condamné* à ce qu'il quitte le pays. 법정은 그에게 출국을 명령했다. On l'*a condamné* à quitter le pays. 그는 국외 추방선고를 받았다. Les difficultés l'*ont condamné* à ce qu'il abandonne son magasin. 여러가지 난관이 그로 하여금 가게문을 닫도록 만들었다. Tout cela l'*a condamné* à abandonner son magasin. 그러한 모든 일이 그로 하여금 그의 가게문을 닫도록 만들었다.

condenser 1° ~ N(en N) 〈(기체를) 액체화하다; 응축시키다; 압축하다〉 ~ un gaz en liquide 기체를 액체화하다. ~ un article 기사를 압축[요약]하다.
2° se ~ (en qc) 《변화》 〈액체화하다; 응축하다〉 Le gaz *s'est condensé*(en liquide). 기체가 액체로 압축되었다. La vapeur d'eau *s'est condensée* contre la vitre. 수증기가 유리 위에 (액체로) 응축했다.

condescendre 1° ~ à N 〈···에 쾌히 응하다〉 Il *a condescendu* à une réponse rapide. 그는 조속한 회신을 줄 것을 쾌히 약속했다. Il *a condescendu* à nos désirs. 그는 기꺼이 우리의 소원을 받아들였다.
2° ~ à Inf 〈···할 것을 쾌히 승낙하다〉 Il *a condescendu* à faire la besogne lui-même. 그는 그 일을 자신이 할 것을 쾌히 승낙했다.

conduire 1° ~ qn/qc 〈이끌다, 인도하다; 몰다〉 Le chien *conduisait* partout son maître aveugle. 그 개는 눈먼 주인을 어디든지 인도했다. Il *conduit* sa voiture avec beaucoup de maîtrise. 그는 아주 재간 좋게 자기 차를 몬다. L'aveugle *est conduit* par son chien. 그 장님은 자기 개에 이끌려갔다. Les fouilles *ont été conduites* par un archéologue célèbre. 발굴은 어느 유명한 고고학자에 의해 진행되었다.
◇ ~ ø 〈운전하다〉 Savez-vous ~ ? 당신 운전할 줄 아세요? Il *conduit* très prudemment. 그는 아주 조심스럽게 운전한다.
2° ~ qn/qc à qc 〈···로 데리고 가다, 이끌다〉 La mère *a conduit* sa fille à l'école. 어머니는 딸을 학교에 데리고 갔다. Les faits m'*ont conduit* à cette conclusion. 나는 사실에 의거하여 이와 같은 결론에 도달했다.
3° ~ à qc 〈···로 이르다, 통하다〉 Quel est le chemin qui *conduit* à la gare? 역으로 가는 길이 어느 것입니까? une politique qui *conduit* à l'inflation 인플레를 초래하는 정책.
4° ~ qn Inf 〈···하러 데리고 가다〉 J'*ai conduit* Jean chercher son frère. 나는 장을 그의 동생을 찾도록 데리고 갔다.
◇ 1) Inf 가 타동사일 경우 지각동사 verbe de perception 와는 달리 Inf 의 주어 및 목적보어가 모두 Inf 뒤에 놓일 수 없다:*J'ai conduit chercher son frère par〔à〕Jean. Inf 가 자동사일 경우는 ~ Inf qn 이 가능하다:~ paître des animaux 짐승들을 풀 뜯어먹이러 데려가다.
2) Inf 의 주어 및 목적보어가 동시에 약세 보어 인칭대명사로 대치되어 conduire 앞에 놓일 수 없다: *Je le lui *ai conduit* chercher.
3) Inf 는 y로 대치 가능함: *Avez-vous conduit* Jean chercher son frère? —Oui, je l'*ai conduit* 〔Oui, je l'y *ai conduit*〕.
4) Inf 는 verbe de mouvement 의 경우와 마찬가지로 의문사 où 에 대응하는 표현이다: Où *avez*-vous *conduit* Jean? — Je l'*ai conduit*

chercher son frère.

5° ~ qn à Inf 〈…하도록 만들다〉 La crainte nous *conduit* à combattre la maladie par le régime et les remèdes. 우리는 두려움 때문에 식이요법과 의약품에 의해 병을 퇴치하게 된다. Je *fus conduit* à conclure que l'on m'avait menti. 나는 사람들이 내게 거짓말을 했었다는 결론에 도달하게 되었다.

◇ à Inf 는 y로 대치 가능함.

6° se ~ Adv〔comme+n〕(avec/envers qn)《변화》〈…에 대해서〉처신하다, 행동하다〉 Il *se conduit* mal depuis qu'il a quitté ses parents. 그는 자기 부모 곁을 떠난 이후 버릇없이 군다. Vous *vous êtes* mal *conduits* avec〔envers〕 moi, mais je vous pardonne. 너희들은 내게 버릇없이 굴었으나 내가 용서한다. Il *s'est conduit* comme malappris. 그는 버릇없이 굴었다.

◇ 특별한 경우가 아니면 양태부사나 속사를 생략할 수 없다: Marie sait *se* ~(=Marie sait comment *se* ~). 마리는 예절에 밝다(그러나 *Marie se conduit.).

conférer 1° ~ N(à N) 〈수여하다, 주다〉 ~ un titre 어떤 자격을 수여하다. L'Etat ne *confère* que rarement des brevets. 국가가 면허장을 수여하는 것은 드문 일이다. Trop s'agiter au sujet de cette affaire, c'était lui ~ une importance qu'elle n'avait pas sans doute pas. 이 문제에 관해서 너무 소란을 피우는 것은 그것을 필요 이상으로 중요시하는 일이었다.

2° N(pl) ~ (de/sur N)〈(…에 관해서) 회담하다〉 Les ministres *ont conféré* pendant toute la matinée. 장관들은 오전 내내 회담을 계속했다. Ils *ont conféré* de〔sur〕 la situation sociale. 그들은 사회 정세에 관해서 회담했다.

3° ~ avec qn(de/sur qc)〈(…에 관해서) …와 회담하다〉 Le ministre *a conféré* avec les syndicats de 〔sur〕 la situation sociale. 장관은 조합측과 사회 정세에 관해서 회담했다.

confesser I. 1°~ qc(à qn)〈(…에게) 고백하다〉 J'ai *confessé* mes péchés (à un prêtre). 나는 (어느 신부에게)고백했다.

2° ~ (à qn) que P ind Il (m')*a confessé* que c'était lui qui avait écrit le pamphlet. 그는 (나에게)그 소책자를 쓴 것은 자기였다고 고백하였다.

3° ~ qn 〈…의 참회를 듣다〉 Le prêtre l'*a confessée*. 그 신부는 그녀의 고해를 받았다.

II. 1° se ~ 《변화》〈고해하다〉 Elle *se confesse* toutes les semaines. 그녀는 매주 고해를 한다.

2° se ~ Attr (*Attr* 는 *n* 또는 *Adj*) 〈자기가 …이라고 고백하다〉 Il *se confessa* vaincu. 그는 자기가 패했다고 자인을 했다. Il *s'est confessé* l'auteur du pamphlet. 그는 자기가 그 소책자의 저자라고 고백을 했다.

3° se ~ de qc à qn 〈…에게 …을 고백하다〉 Paul *se confesse* de cette affaire à Marie. 폴은 마리에게 그 일에 대해 고백한다.

confier 1° ~ N à qn 〈위임하다, 맡기다〉 Je vous *confie* les clefs de mon appartement. 제 아파트의 열쇠를 당신에게 맡기겠습니다. ~ des enfants à une colonie de vacances 어린애들을 임간학교에 위탁하다.

2° ~ qc à qn 〈(어떤 비밀스러운 일을) 털어놓다, 말하다〉 Il m'*avait confié* son projet. 그는 나에게 자기의 계획을 말해 주었다.

3° ~ à qn que P ind 〈…라고 일러주다〉 Je lui *ai confié* qu'elle pense beaucoup de bien de lui. 나는 그에게 그녀가 그를 몹시 좋게 생각하고 있다고 말해 주었다.

confiner

4° ~ à qn Inf 〈…라고 털어놓다〉 Il m'*a confié* avoir découvert le secret. 그는 그 비결을 알아내었다고 내게 털어놓았다.

5° qn se ~ à N 《변화》〈…에게 비밀을 말하다;…에게 자신을 맡기다〉 Il est venu *se* ~ à moi. 그는 내게 내밀 얘기를 하러 왔다. Il ne *se confie* à personne. 그는 아무에게도 자기 비밀을 말하지 않는다. Il *se confie* au hasard. 그는 운명을 하늘에 맡기고 있다.

confiner 1° ~ à N 〈…과 인접하다〉 une conduite qui *confine* à la trahison 배신과 다름없는 행위.

2° ~ N qp 〈…에 유폐하다〉 ~ des prisonniers dans des cachots sordides 죄수들을 더러운 감방 안에 가두다. ~ *qn* dans un travail monotone …를 단조로운 일에 묶어두다. Je *suis confiné* dans ce bureau toute la journée. 나는 종일 이 사무실에 갇혀 있는 신세다.

3° se ~ qp 《변화》〈…에 갇히다〉 *se* ~ chez soi 집안에 틀어박히다.

confirmer 1° ~ N(à qn)〈확인·확언하다〉 Je lui *ai cofirmé* cette nouvelle. 나는 그에게 그 소식이 진실한 것이라고 확언했다. Il n'*a pas confirmé* sa venue. 그는 자기가 올 것이라는 것을 재차 확언하지는 않았다.

2° ~ (à qn) que P ind 〈(…에게)…이라고 확언하다〉 Je vais lui ~ que nous comptons arriver demain. 나는 그에게 우리가 내일 도착할 것이라는 것을 확언하려고 한다.

3° ~ (à qn) P(int. ind.) 〈…인지를 확인하다〉 Je vais vous ~ si je viens ou non. 내가 올 것인지 오지 않을 것인지 당신에게 확인하겠소.

4° ~ à qn Inf 〈…라고 확언하다〉 Il *a confirmé* avoir l'intention de venir nous voir. 그는 우리를 만나러 올 의향이 있다는 것을 확언했다.

5° ~ qn dans qc 〈…의 …을 굳히다〉 ~ *qn* dans ses opinions …의 의견을 확고하게 만들다. J'hésitais à continuer, mais il m'*a confirmé* dans mon entreprise. 나는 그 일을 계속할까 말까 망설이고 있었는데 그때 마침 그가 나의 계획에 있어서의 나의 결심을 더욱 굳혀주었다.

confondre 1° ~ N(N은 복수명사)〈혼동하다〉 ~ plusieurs expressions 몇가지 표현을 서로 혼동하다. ~ plusieurs personnes 사람들을 혼동하여 잘못 알다.

2° ~ N avec N 〈…와 혼동하다〉 ~ le chameau avec le dromadaire 낙타와 단봉낙타를 혼동하다. ~ Pierre avec Henri 피에르를 앙리로 잘못 알다.

3° ~ (qc de) qn 〈당황하게 만들다〉 Il *a confondu* publiquement ses accusateurs. 그는 공식석상에서 자기 비난자들을 당황하게 만들었다[모욕했다]. J'*étais confondu* de gratitude devant tant de générosité. 그 인자스러운 태도 앞에서 너무나도 황공해서 나는 어쩔 줄을 몰랐다.

4° N se ~ (N은 복수명사)《변화》〈혼동되다〉 Ces deux couleurs *se confondent* de loin. 이 두 색깔은 멀리서 보면 서로 헷갈린다.

5° se ~ avec N 〈…와 혼동되다〉 Il *se confond* avec la foule qui l'entoure. 그는 그를 둘러싸고 있는 군중들과 혼동되어 잘 구별되지 않는다.

6° qn se ~ en N 〈다급하게 …하다〉 *se* ~ en remerciements[en excuses, en politesses] 다급하게 감사의 말을 늘어놓다[변명의 말을 늘어놓다, 친절을 베풀다].

conformer ~ N à N 〈…에 맞추다, …와 일치시키다〉 ~ son comportement aux exigences de la situation 그 상황에 맞는 행동을 하다.

~ ses projets aux possibilités 가능성을 고려해서 계획을 조성하다.
confronter 1° ~ qc(pl)/qn(pl) ⟨…을 비교하다, 대질케 하다⟩ Le tribunal *a confronté* les divers témoignages[l'accusé et le témoin]. 법정은 여러 증언을 서로 비교했다[피고와 증인을 대질케 했다].
2° ~ N avec/à N ⟨…와 대조해보다⟩ ~ une copie à[avec]l'original 사본을 원본과 대조하다.
conjecturer 1° ~ sur N ⟨…에 관해서 억측·추측하다⟩ ~ sur l'avenir 미래에 대해서 추측을 하다. ~ sur l'issue des élections 선거 결과를 억측해 보다.
2° ~ N ⟨예견하다⟩ ~ l'évolution économique d'un pays 국가의 경제적인 발전을 예견하다.
3° ~ que P ind/subj ⟨주절이 부정 또는 의문형일 때는 접속법⟩ ⟨…라고 추측하다⟩ Les experts *ont conjecturé* que la reprise économique serait lente. 전문가들은 경기 회복이 느릴 것이라고 내다보았다. Les experts n'ont pas osé ~ que la reprise économique puisse avoir lieu. 전문가들은 경기 회복이 있을 것이라고 감히 점칠 수가 없었다.
4° ~ P(int. ind.) ⟨…인지 추측하다⟩ Les experts ont tenté de ~ quel sera l'avenir du pays. 전문가들은 이 나라의 장래가 어떻게 될 것인지 추측해 보려 했다.
conjuguer 1° N(pl) ~ N(pl) ⟨모으다, 합치다⟩ Plusieurs pays *ont conjugué* leurs efforts pour lutter contre la famine. 여러나라가 이 기근에 대항하기 위해서 서로의 힘을 합쳤다.
2° ~ N(pl) avec N ⟨…와 …을 모으다⟩ L'Egypte *a conjugué* ses efforts avec (ceux de) la Chine pour irriguer le Sahara. 이집트는 사하라 사막에 물을 대기 위해서 중국과 노력을 합쳤다.

3° ~ un verbe (à N) (N은 동사의 형태) ~ un verbe (à la troisième personne du singulier[au passé simple]) 동사를(3인칭 단수로[단순과거로]) 변화시키다.
conjurer 1° ~ qn de Inf ⟨…해 달라고 간청하다⟩ Je vous *conjure* de ne pas faire cela. 제발 그렇게 하지 말아 주시기 바랍니다.
◇ de Inf 는 중성대명사 en 으로 대치 가능함: Je vous en *conjure*. 제발 부탁입니다.
2° ~ qc ⟨면하다, 피하다⟩ Il nous faut tout mettre en œuvre pour ~ la catastrophe. 이 재앙을 면하기 위해서 우리는 모든 일을 다해야 할 것이다.
3° N(pl) ~ qc ⟨…을 위해 음모를 꾸미다⟩ Ils *ont conjuré* la mort du tyran. 그들은 그 폭군을 죽이기 위해서 음모를 꾸몄다.
4° ~ qc avec qn ⟨…와 함께 …을 위해서 음모를 꾸미다⟩ Les officiers *ont conjuré* avec la C.I.A. la chute de Diem. 장교들은 C.I.A.와 함께 디엠 정권을 타도하기 위해 음모를 꾸몄다.
5° N(pl) se ~ contre N ⟪변화⟫ ⟨…에 반대하기 위해 공모하다⟩ Les militaires *se sont conjurés* contre le gouvernement. 군인들은 정부 전복의 음모를 꾸몄다.
6° qn se ~ avec qn contre qn ⟨…에 반대하기 위해서 …와 공모하다⟩ M. le Curé *s'est conjuré* avec M. le Notaire contre M. le Maire. 신부는 공증인과 합세해서 시장에 대한 음모를 꾸몄다.
connaître I. 1° ~ qn/qc ⟨알다; (…에) 밝다, 정통하다; 경험하다⟩ J'ai beaucoup entendu parler de votre frère mais je ne le *connais* pas, car je ne l'ai jamais vu. 나는 당신 형님에 대해 말하는 것을 많이 들었읍니다. 그러나 나는 그분을 알지는 못합니다. 한 번도 뵌 적

connaître

이 없으니까요. Je connais bien cette ville, où je vais souvent. 나는 이 시를 잘 압니다. 나는 거기를 자주 갑니다. Il connait toutes les difficultés de la langue française. 그는 불어의 어려운 점들을 낱낱이 알고 있다. Sa comédie a connu un grand succès. 그의 회극은 대성공을 거두었다. Elle est connue de tout le monde. 그녀는 모든 사람들에게 알려져 있다.
◇ 1) ~ ø(—).
2) ~ qn/qc de qc 〈…을 통해서 알다〉 Je ne le connais que de vue [de réputation, de nom]. 나는 그를 보기만했다[평판만 들어 알고 있다, 이름만 안다].
2° ~ qc de qn 〈…에 대해서 알다〉 Je ne connais(=sais) rien d'elle. 나는 그녀에 대해 아는 바 없다.
3° ~ qc/qn à qn 〈… 에(게) …이 있음을 알다〉 Tu as fait preuve d'une sincérité que je ne te connaissais pas. 너는 내가 네게서 보지 못했던 성실성을 보여 주었다. On ne lui connait pas d'amis. 사람들은 그에게 친구들이 있는 줄 모른다. Je ne connais rien à cette question. 나는 그 문제에 대해 아무것도 모른다.
4° ~ qn Attr(Attr 는 n 또는 Adj) 〈…한 (상태의)…을 알다〉 Je l'ai connue enfant. 나는 그녀를 그녀가

어렸을 때 알았다. Je l'ai connue jeune. 나는 그녀가 젊었을 때 알았다. Je ne te connaissais pas si lyrique. 나는 네가 그렇게 서정적인 줄은 몰랐다.
5° ~ qn pour/comme+n 〈…임을 알다, …로 인정하다, …로 간주하다〉 On connut le duc pour[comme] un loyal gentilhomme. 사람들은 그 공작을 성실한 귀족이라고 생각했다.
6° faire ~ (à qn) que P ind 〈(…에게) …임을 알리다〉 La grosse dame revint avec la voisine. Celle-ci fait ~ qu'elle avait en effet besoin d'un électricien pour deux réparations. 뚱뚱한 부인은 이웃집 여자와 함께 온다. 이웃집 여자는 두 군데 수리할 것이 있어 정말 전기 기사를 필요로 했다고 알린다[말한다].
II. 1° se ~ 《변화》 〈자신을 알다; 서로 알다〉 Connais-toi toi-même. 너 자신을 알라. Nous nous connaissons depuis longtemps. 우리는 오래 전부터 아는 사이입니다.
2° se ~ à qc 〈…을 훤히 알다〉 Il se connait à tout cela. 그는 이 모든 것을 안다.
3° se ~[s'y ~] en qc 〈…에 정통하다, 밝다〉 Il se connait en musique[peinture, cuisine]. 그는 그림[음악·요리]에 정통해 있다.

	~ qn	~ qc	~ qc à qn	~ qn Attr	~ Inf	~ que P	~ P(int. ind.)
connaître	+	+	+	+	—	—	—
savoir	—	+	+	+	+	+	+

III. savoir 와의 비교 (+는 허용되는 구문, —는 그 구문이 불가함을 나타냄).
위의 도표에서 볼 수 있듯이 connaître 와 savoir 가 둘 다 허용하는 구문이 셋 있는데 그 중 비인물명사가 목적보어로 사용되는 경우가 가장 중요하다. 이 경우는 다시,
1) 동일명사가 똑같이 보어가 될 수 있되 의미가 다른 경우,
2) 의미의 차이없이 동일명사가 똑같이 보어가 되는 경우,
3) 동사에 따라 보어 명사의 제약이 있는 경우로 나누어 볼 수 있다.

1) connaître une prière 〈기도문의 존재를 알다〉.
savoir une prière 〈기도문을 외고 있다〉.
connaître sa leçon pour demain 〈내일 배울 과목이 무엇인지, 무엇을 배울지 알다〉.
savoir sa leçon pour demain 〈내일 배울 과목 내용을 (공부해서) 알고 있다〉.

2) connaître [savoir] son adresse [la nouvelle, 언어명, 학문명, 예술 분야], 또는 ne rien connaître [savoir] 등.

3) En ce temps-là, on ne *connaissait* [*savait*] pas l'électricité ((connaître 는 경험적, 실존적 앎을 표현하고 savoir 는 추상적 지식으로서의 앎을 표현하기 때문에 3)의 예문에서 savoir 는 사용할 수 없다. (⇨ savoir)).

connecter 1° ~ N(pl) 〈잇다, 연결하다〉 ~ deux extrémités de câble 케이블의 양단을 잇다.
2° ~ N à/avec N 〈…와 …을 연결하다〉 ~ un fil à[avec] un autre 선을 연결하다.

conquérir 1° ~ N 〈정복하다〉 ~ un pays [une ville] 한 나라를 [어떤 도시를] 정복하다. ~ les cœurs 여러 사람의 사랑을 획득하다. ~ l'amour d'une femme 어떤 여자의 사랑을 획득하다.
2° qc ~ N à N 〈…에게 …을 획득해주다〉 Sa franchise lui *a conquis* bien des amis. 그의 솔직담백한 태도는 그에게 많은 친구들을 만들어 주었다. ~ qn à ses idées 자기의 생각에 동조하는 사람을 얻다.

consacrer 1° ~ N(à N) 〈(신에게) 바치다; 신성화하다〉 ~ une basilique à un saint 성당을 어떤 성인에게 바치다. On vient de ~ l'église paroissiale. 교구의 성당의 성축식을 올렸다.
2° ~ N à N 〈…에 희생하다, …에 충당하다〉 ~ sa vie à la musique 일생을 음악에 바치다. ~ son temps entièrement à ses enfants 자기 어린애를 위해서 모든 시간을 바치다. se ~ entièrement à ses enfants (위와 같은 뜻).
3° ~ N à ce que P subj [à Inf] 〈…에 …를 바치다〉 Il *consacre* tout son effort à ce que ses élèves fassent des progrès. 그는 자기의 제자들의 실력을 키우기 위해서 모든 노력을 바친다. Il *consacre* tout son effort à faire progresser ses élèves. (위와 같은 뜻).

conseiller 1° ~ qn 〈충고하다, 조언하다〉 On nous *a* mal *conseillés*. 사람들은 우리에게 충고를 잘못 해주었다. Dans cette affaire délicate, *j'ai été conseillé* par un bon avocat. 이 어려운 일을 처리하는 데 있어, 나는 어느 훌륭한 변호사의 조언을 받았다.
2° ~ qc à qn 〈…에게 …을 충고하다, 권하다〉 On lui *a conseillé* la prudence. 그는 신중을 기하라는 충고를 받았다. Le médecin lui *a conseillé* le bord de la mer. 의사는 그에게 바닷가로 휴양을 가라고 권고했다.
3° ~ à qn de Inf 〈…에게 …하라고 충고하다, 권하다〉 Je lui *ai conseillé* de se taire. 나는 그에게 잠자코 있으라고 충고했다.

consentir 1° ~ à qc 〈…에 동의하다〉 Il *a consenti* à votre mariage. 그는 당신 결혼에 동의했다.
◇ 고어 및 법률·외교용어에서는 ~ qc의 구문도 드물게 사용된다.
2° ~ à Inf 〈…하는 데 동의하다〉 Le directeur *consent* à lui accorder deux jours de congé. 부장은 그에게 2일간의 휴가를 주는데 동의한다.
◇ 1) ~ ø(+).
2) à Inf 는 y 로 대치 가능함.
3° ~ (à ce) que P subj Je *consens* (à ce) que vous le fassiez. 나는

당신이 그 일을 하는 데 동의합니다.
4° ~ qc à qn ⟨…에게 …을 동의·허가하다⟩ On nous *a consenti* un prix réduit. 우리에게 값을 할인해 주었다.

considérer 1° ~ qn/qc ⟨주시하다; 고려하다; 존경하다⟩ Il m'*a* longuement *considéré*. 그는 오랫동안 나를 주시했다. Tout bien *considéré*, je pense que vous avez raison. 모든 것을 잘 따져보니, 당신이 옳다고 생각됩니다. J'ai longtemps *considéré* cette question. 나는 오랫동안 이 문제를 생각해 보았다. Il *est* fort *considéré*(=estimé) dans son pays. 그는 자기 나라에서는 대단히 존경을 받고 있다.
2° ~ qn/qc comme Attr⟨*Attr* 는 n, *Adj* 또는 분사⟩ ⟨…으로 보다, 간주하다⟩ Je le *considère* comme mon ami. 나는 그를 내 친구로 생각한다. On peut ~ le travail comme terminé. 일은 끝난 것으로 생각할 수 있다. Je *considère* cela comme impossible(=Je *considère* cela comme étant impossible). 나는 그것은 불가능하다고 생각합니다.
◇ qn(qc) comme si P의 구문도 쓰인다: Paul *considère* Jean comme s'il était fou. 폴은 장을 마치 미친 사람인 것처럼 생각한다.
3° ~ que P ind/subj ⟨…이라고 간주하다, 생각하다⟩ Je *considère* que nous n'avons pas assez de temps pour faire ce que nous voulions. 나는 우리가 원하던 일을 하기에는 시간적 여유가 넉넉지 못하다고 생각합니다. Je ne *considère* pas qu'il soit trop tard. 나는 너무 늦었다고 생각되지는 않는다.
4° ~ comme Attr que P subj Paul *considère* comme une erreur que Marie ait fait cela. 폴은 마리가 그렇게 한 것을 잘못이라고 생각한다.

consister 1° ~ en/dans N⟨소유형용사나 정관사가 붙은 명사 앞에서는 dans, 기타의 경우는 en을 씀⟩ ⟨…으로 구성되다, …으로 이루어지다⟩ Cette langue *consiste* en(de) nombreux dialectes. 이 언어는 여러 가지의 방언으로 구성되어 있다. Ce cours *consiste* en un approfondissement des connaissances de base. 이 강의는 기초지식의 심화를 목적으로 하고 있다. Sa fortune *consiste* en actions. 그의 재산은 주식으로 이루어져 있다. Le bonheur ne *consiste* pas dans la vertu. 행복은 덕으로 이루어지는 것은 아니다. La solution *consiste* dans une décision rapide. 해결책은 빠른 결정에 있다. La solution *consiste* dans des mesures immédiates. 해결책은 즉각적인 조치를 취하는 데 있다.
2° ~ à Inf ⟨…하는 데 있다, …하는 것으로 구성되다⟩ Son travail *consiste* à emballer des bouteilles. 그의 일은 병을 상자 안에 넣는 것이다.

consoler 1° ~ qn de qc ⟨…의 …을 위로하다⟩ Cela m'*a consolé* de mon échec. 그것이 나의 실패를 위로해 주었다.
◇ 1) ~ N ⟨위로하다⟩ ~ un enfant tombé 넘어진 어린애를 달래다. ~ un chagrin(une douleur) 슬픔(괴로움)을 가라앉히다.
2) ~ de N ⟨…을 위로하다⟩ Boire *console* de bien des déboires. 음주는 여러가지 환멸감으로부터 우리를 위로해 준다.
3) ~ ⌀ Il trouve toujours des paroles qui *console*. 그는 언제나 남을 위로하는 말을 잘 한다.
2° ~ N de ce que P ind(de Inf) ⟨…이 …한 것을 위로하다⟩ Je l'*ai consolé* de ce que son fils a échoué à l'examen. 나는 그의 아들이 시험에 낙제한 것에 대해서 위로했다. Je l'*ai consolé* d'avoir perdu son portefeuille. 나는 그가 지갑을 잃어버린 것에 대해서 그를 위로했다.

conspirer 1° ~ (contre N)⟨(…에 대해서) 음모를 꾸미다⟩ L'armée *a conspiré* (contre le roi). 군대가(국왕에 대해서) 음모를 획책했다.
2° ~ N⟨…을 꾸미다, 획책하다⟩ ~ la chute[la mort] d'un empereur 황제의 몰락을[살해를] 획책하다.
3° qc ~ à N⟨…에 협력하다⟩ Tout *conspire* à notre perte. 모든 것이 우리의 멸망으로 이끌고 있다.
4° ~ qc à Inf ⟨…하는 데 협력하다⟩ Tout *avait conspiré* à le rendre malheureux. 모든 것이 그를 불행하게 만드는 결과를 낳게 했다.

constater 1° ~ qc⟨확인하다⟩ J'ai *constaté* plusieurs erreurs dans ce qu'il disait. 나는 그가 말한 것 중에서 틀린 데를 여러 곳 확인했다.
2° ~ que P ind/subj⟨…이라는 것을 확인하다⟩ L'architecte *constata* que les fondations de la maison n'étaient pas solides. 건축가는 그 집의 기초가 단단하지 못하다는 것을 확인했다. *Avez-vous constaté* qu'il soit rentré chez lui? 당신은 그가 집에 돌아왔는지 확인하셨읍니까?
3° ~ P(int. ind.)⟨…인지 확인하다⟩Il faudra ~ d'abord s'il l'a dit. 그가 그 말을 했는지를 우선 확인해야 할 것입니다(⇨si¹ III, 1°).

constituer 1° ~ N⟨구성하다, 이루다, …이다⟩ Le réarmement *constitue* une menace pour notre sécurité. 재무장은 우리의 안보에 대한 위협이다. M. Kohl vient de ~ son cabinet fantôme. 코올씨는 자기의 괴뢰 내각을 막 구성했다.
2° ~ N+A(*A* 는 특정 한정사가 붙은 명사 또는 무관사 명사로 이루어지는 속사)⟨…이 되게 하다, …으로 지적하다⟩ ~ *qn* son héritier …를 후계자로 지명하다. ~ *qn* juge … 를 판사로 임명하다.
3° ~ N à N⟨…에게 마련해 주다⟩ ~ une rente à *qn* …에게 연금을 받게 하다.
4° qn se ~ A(2°참조)⟨(변화)⟨…가 되다⟩ *se* ~ prisonnier 포로가 되다, 자수하다.
5° se ~ qc 《가변》⟨자신에게 …을 마련하다⟩ J'ai commencé à *me* ~ une bibliothèque. 나는 책을 모아 장서를 꾸미기 시작했다.

construire 1° ~ qc ⟨짓다, 건조하다, 구성하다⟩ Il a fait ~ sa maison sur la colline. 그는 자기 집을 언덕 위에 지었다. Cette usine *construit* deux cents voitures par jour. 이 공장에서는 매일 200 대씩 차를 제작한다. Le pont *a été construit* il y a deux ans. 그 다리는 2년전에 건조되었다. Cette phrase *est* mal *construite*. 이 문장은 잘못 꾸며졌다.
◇ ~ ø(+).
2° ~ qc à qn⟨…에게 지어주다⟩ Il *a construit* une petite maison à ses parents. 그는 부모에게 조그마한 집을 지어드렸다.
3° se ~ 《변화》⟨건설되다, 세워지다⟩ Une maison *se construit* sur la colline. 언덕 위에 집이 한 채 세워지고 있다.
4° se ~ qc 《가변》⟨자신을 위해 짓다⟩ *se* ~ une villa 자기 별장을 짓다.

consulter 1° ~ ⟨진찰하다⟩ Ce médecin ne *consulte* que le matin. 그 의사는 오전밖에는 진찰하지 않는다.
2° ~ N ⟨…와 의논하다, …의 자문을 받다, 조회하다⟩ ~ un avocat 변호사의 자문을 받다. ~ un médecin 의사의 진찰을 받다. ~ l'avis de *qn* …의 의견을 묻다. ~ un dictionnaire[un horaire] 사전을[시간표를] 보다.
3° qn(pl) se ~ 《변화》⟨협의하다⟩ Nous *nous sommes consultés* avant d'agir. 우리는 행동을 취하기 전에 의논을 했었다.

consumer 1° qc ~ qc 〈삼키다, 소모·소비하다〉 Le feu *a consumé* tout le bois. 불은 그 나무를 다 태워버렸다. La chaudière *consume* d'énormes quantités de charbon. 보일러는 엄청난 양의 석탄을 삼킨다.
2° ~ qn 〈쇠약·쇠진하게 하다〉 Le chagrin d'amour le *consume*. 실연으로 그는 마른다.
3° se ~ 《변화》 〈소모·소비되다〉 La cigarette achevait de se ~ dans le cendrier. 담배가 재떨이 안에서 다 타버렸다.
4° qn se ~ de qc 〈…때문에 쇠약해지다〉 Il *se consume* de chagrin. 피로움으로 그의 몸은 말라간다.

contenter 1° ~ qn 〈만족시키다〉 Sa réponse ne me *contente* pas. 그의 회답은 만족할 만한 것이 못된다.
2° qn se ~ de N 《변화》 〈…을 만족히 여기다〉 Je *me contente* de cette réponse. 나는 그 회답에 만족한다. Je *m*'en *contente*. 나는 그것에 만족하고 있다.
3° qn se ~ de Inf 〈…하는 것으로 만족하다〉 Le garagiste s'est *contenté* de réviser superficiellement ma voiture. 정비공은 내 자동차를 간단히 점검하는 데 그쳤다.

conter 1° ~ qc (à qn) 〈이야기하다, 말하다〉 Je lui *ai conté* fleurette. 나는 그녀를 구슬렸다. *Contez*-nous votre entrevue avec cette personne. 그 사람과의 대담 내용을 우리에게 얘기해 주세요.
2° ~ (à qn) que P ind 〈…라고 이야기하다〉 Il m'*a conté* qu'il était allé en Chine. 그는 중국에 갔었다고 내게 말했다.
3° ~ (à qn) Inf 〈…라고 이야기하다〉 Il m'*a conté* être allé en Chine. (위와 같은 뜻).

contester 1° ~ qc 〈…에 대해서 이의를 제기하다〉 On peut ~ la légalité de cette décision. 이 결정의 합법성에 대해 이의를 제기할 수 있다. Ce point *a été* beaucoup *contesté*. 이 점에 대해서는 많은 이의가 제기되었다.
2° ~ qc à qn 〈…에게 …에 대해서 이의를 제기하다〉 Il nous *a contesté* le droit de dire ce que nous pensions. 그는 우리에게 우리가 생각하는 바를 말할 권리가 있느냐고 이의를 제기했다.
◇ ~ qc ø(−).
3° ~ que P subj 〈…이라는 사실에 대해 이의를 제기하다, 인정하지 않다〉 Je *conteste* qu'il en soit ainsi. 나는 일이 그렇게 되었으리라는 것에 이의를 제기합니다. Je *conteste* qu'il n'ait pas été averti. 나는 그가 연락을 받지 않았다고는 생각할 수 없습니다. Je ne *conteste* pas qu'il n'ait fait son possible. 나는 그가 최선을 다 했으리라는 것에 대해 의심하지 않는다 (⇨ne explétif).

continuer 1° ~ qc 〈계속하다〉 *Continuez* votre travail sans hésiter. 머뭇거리지 말고 일을 계속하세요.
◇ ~ ø *Continuez!* 계속하세요.
2° ~ à/de Inf 〈…하기를 계속하다〉 Nous *avons continué* à[de] marcher tout droit. 우리는 똑바로 계속 걸었다.
◇ 1) ~ ø(+).
2) de Inf 나 à Inf 는 대명사화하지 못함.
3) à/de Inf 의 차이점은 모호한데 구태여 구별을 한다면 ~ à Inf 는 이미 시작된 어떤 행동의 계속성을 강조하고 (Il *continue* à boire. 그는 지금도 계속 마시고 있다), ~ de Inf 는 어떤 습관·몸가짐의 지속성, 따라서 ne pas cesser 의 뜻을 강조한다고 볼 수도 있다.
3° ~ par Inf 〖드물게〗 〈…함으로써 계속하다〉 Il bavarda beaucoup, *continua* par chanter, acheva par pleurer. 그는 몹시 수다를 떨고 노

contrôler

래를 하기 시작하더니 종당에는 울어버렸다. 《혼히는 gérondif가 오는 것이 보통이다》) Il *a continué* en lui demandant des nouvelles de sa santé. 그의 건강이 어떤지를 물어보면서 그는 이야기를 계속했다.
4° ~ 〈계속되다〉 Le beau temps *continuera*. 좋은 날씨가 계속될 것이다. La leçon *continue*. 수업은 계속된다.
5° se ~ 〈계속되다〉 Le travail *se continue*(=*continue*). 일이 계속된다. La même politique financière *se continue* avec le nouveau gouvernement. 새 정부에 의해서도 동일한 재정 정책이 추구된다.

contraindre 1° ~ qn à qc 〈…에게 …을 강요하다〉 La maladie l'*a contraint* au repos. 병 때문에 그는 휴식을 취하지 않을 수가 없었다.
2° ~ qn à/de Inf 〈…에게 …하도록 강요하다〉 Les circonstances l'*ont contraint* à[de] prendre cette mesure. 상황이 그로 하여금 그러한 조치를 취하도록 (강요)하였다. Il faut le ~ à céder. 그로 하여금 양보하도록 강요해야 한다. Il *a été contraint* par les circonstances à prendre cette mesure. 그는 그때의 상황으로 말미암아 그런 조치를 취하지 않을 수 없었다.
◇ 1) ~ qn de Inf 는 거의 쓰이지 않는다. 동작주가 명시되는 수동태의 경우도 위 예문처럼 à Inf 가 그대로 쓰인다. 다만, être contraint de Inf 〈…하지 않을 수 없는 상황에 처해 있다〉《이것은 수동태가 아니고 상태를 나타내는 형용사 구문임》)의 경우에만 de 가 쓰인다: Je suis *contraint* d'obeir. 나는 복종할 수 밖에 없는 처지다.
2) à[de] Inf 는 y 로 대치 가능함: Il faut l'y ~. J'y suis obligé.
3° se ~ à qc/Inf (변화) 〈자신으로 하여금 …할 것을 강요하다〉 Il *se contraint* à se lever très tôt tous les matins. 그는 매일 아침 일찍 일어나기로 결심한다.

contraster 1° N(pl) ~ 〈대조를 이루다〉 Ces couleurs *contrastent* violemment(entre elles). 이 빛깔들은 서로 강한 대조를 이룬다.
2° ~ avec N 〈…와 대조를 이루다〉 Ce bleu *contraste* avec ce rouge. 이 청색은 그 적색과 대조를 이룬다.
3° ~ N 〈대조시키다; 눈에 띄게 하다〉 ~ plusieurs couleurs dans un tableau 표에서 여러 색깔이 대조를 이루게 하다. bien ~ un tableau 표가 눈에 잘 띄게 하다.

contrevenir ~ à N 〈…에 위배·위반하다〉 ~ à la loi[au code de la route, à la morale] 법률에[도로교통법에, 도의에] 위배되다.

contribuer 1° ~ à qc 〈…에 공헌하다〉 Tous les habitants du village peuvent ~ à son embellissement. 모든 마을 사람들이 마을의 미화에 공헌할 수 있다.
2° ~ à Inf 〈…하는 데 기여하다〉 Ce succès *a* beaucoup *contribué* à la rendre heureuse. 이번 성공이 그녀를 행복하게 하는 데 큰 몫을 했다.
◇ à Inf 는 대명사 y 로 대치 가능함.

contrôler 1° ~ N 〈관장하다, 감독하다, 단속하다〉 Les douaniers *contrôlent* les voyageurs[les bagages]. 세관 관리들은 여행자들을[짐을] 검사한다.
◇ ~ ø La douane *contrôle* à la frontière. 세관은 국경에서 단속 업무를 행한다.
2° ~ que P ind/subj 〈확인하다; 단속하다〉 ~ que l'on a bien éteint la lumière 불을 분명히 껐는지 확인하다. Les douaniers *contrôlent* que les chiens importés soient bien vaccinés. 세관원들은 들어오는 개들이 예방접종을 받았는지를 단속한다.
3° ~ P(int. ind.) 〈…인지를 확인하

다〉 Je viens ~ si la porte est fermée. 문이 잘 닫혔는지 확인하러 왔다.

convaincre 1° ~ qn de qc 〈…에게 …을 확신시키다〉 Je l'ai convaincu de mon innocense. 나는 그 사람에게 내가 무죄라는 것을 확신시켰다.

◇ 1) ~ qn 〈…을 확신시키다〉 Vous m'avez convaincu. 당신은 나에게 확신감을 주었어요.

2) ~ ø 〈확신하게 만들다〉 Son argumentation convaincu. 그의 이론은 설득력이 있다.

2° ~ (qn) de ce que P ind 〈(…에게) …을 확신케 하다〉 Je l'ai convaincu de ce qu'il est parfaitement capable de faire cela. 나는 그가 얼마든지 그 일을 할 수 있는 능력이 있다는 것을 그로 하여금 확신케 만들었다.

◇ ~ (qn) que P ind/subj J'ai réussi à le ~ qu'il est parfaitement capable de faire cela. 그가 그런 일을 얼마든지 할 능력이 있다는 것을 그에게 설득하는 데 나는 성공했다. Il faut que tu m'aides à ~ Louis qu'il me fasse faire de l'action directe. 내가 직접적인 행동을 취하도록 루이를 설득시키는 일을 너는 도와주어야 된다.

3° ~ (qn) de Inf 〈…하도록 (…에게) 설득시키다〉 J'ai mis longtemps à ~ le douanier de ne pas regarder dans ma valise. 나는 세관원이 내 트렁크를 열어보지 말도록 설득시키는 데 오랜 시간이 걸렸다.

◇ être convaincu (de ce) que P ind 〈…이라는 것을 확신하고 있다〉 Je suis convaincu (de ce) qu'il a tort [d'avoir tort]. 나는 그가 잘못했다는 것을 확신하고 있다.

convenir¹ 〔조동사는 avoir〕. 1° ~ à qn/qc 〈…의 마음에 들다; …에 알맞다〉 Cette robe m'a convenu. 이 옷이 내 마음에 들었다. Ces fleurs conviennent à votre jardin. 이 꽃들이 당신 정원에 알맞습니다.

2° Il ~ de Inf (비인칭구문) 〈…하는 것이 좋다, 적합하다; …해야 한다〉 Vous savez vous-même ce qu'il convient (=ce qu'il est nécessaire〔souhaitable〕) de faire. 무엇을 해야 좋을지는 당신 자신이 알고 있습니다.

3° Il ~ que P subj (비인칭구문) Il convient (=il faut) que vous aidiez votre frère. 당신은 동생을 도와야 합니다.

convenir² 〔조동사는 avoir 또는 être〕. 1° ~ de qc 〈…을 인정·결정하다〉 Nous avons〔sommes〕 convenu(s) d'un lieu de rendez-vous. 우리는 만날 장소를 결정지었다. Il a convenu lui-même de (=a reconnu) son erreur. 그는 자기 잘못을 스스로 인정했다 《reconnaître의 의미로는 항상 조동사는 avoir》. Le prix du terrain a été convenu. 땅값이 정해졌다.

2° ~ de Inf 〈…하기로 합의하다〉 Les délégués ont convenu de tenir une nouvelle séance la semaine prochaine. 의원들은 다음 주일에 다시 회의를 열기로 합의했다.

◇ de Inf 는 en 으로 대치 가능함.

3° qn ~ Inf 〈…한 것을 시인하다〉 Je conviens avoir dit cela. 내가 그 말을 한 것을 인정했다.

4° ~ que P ind〔(avec qn) que P subj/ind〕〈…이라고 인정하다 (=reconnaître); …하기로 (…와) 합의하다 (=décider)〉 Il faut ~ qu'il a raison. 그가 옳다고 인정해야 합니다. Ils conviennent que chacun suive〔suivra〕 son tour. 그들은 각자 자기 차례대로 할 것에 의견을 모았다. Il a convenu avec moi que nous commencerions demain. 그는 나와 내일부터 일을 시작하기로 결정했다.

◇ Il est **convenu**(avec qn) que P **ind** (비인칭 수동구문)⟨(…와) … 하기로 합의되다⟩ Il *est convenu* avec la direction que des places vous seront réservés. 당신들에게 일자리가 주어지도록 경영진과 합의가 되었다.

converger 1° N(pl) ~ (qp)⟨모이다⟩ deux lignes qui *convergent* vers un point 한 점으로 모이는 두 선.
2° ~ **avec** N(qp)⟨…와 (…으로)모이다⟩ La ligne rouge *converge* avec la ligne bleue vers le point C. 붉은 선이 푸른 선과 함께 C점을 향해서 모인다.

converser 1° N(pl)~ (de/sur qc) ⟨(…에 관해서) 대화를 나누다⟩ Ils *ont conversé* longtemps (de[sur] le prix du beurre). 그들은 오랫동안 (버터의 가격에 대해서) 얘기를 나누었다.
2° ~ **avec** qn(de/sur qc)⟨(…에 관해서) …와 함께 얘기를 나누다⟩ La concierge *a* longtemps *conversé* avec son voisin sur l'augmentation du prix du lait. 수위는 우유값의 인상에 대해서 이웃사람과 오랫동안 얘기를 나누었다.

convertir 1° ~ N(en N)⟨(…으로)바꾸다⟩ ~ ses actions en devises 주식을 현금으로 바꾸다.
2° ~ qn(à qc)⟨개종시키다⟩ ~ qn au christianisme …를 기독교로 개종시키다.
3° qn se ~ (à qc)⟪변화⟫⟨(…으로)개종하다⟩ Il *s'est converti*(au catholicisme). 그는(천주교로) 개종했다. Il *s'est converti* au libéralisme économique. 그는 자유 경제체제의 찬성자가 되었다.

convier 1° ~ N à N ⟨초대하다⟩ Seules quelques personnalités importantes *ont été conviées* au banquet. 단지 몇몇 유명인사들만 그 연회에 초청을 받았다.
2° ~ N à N ⟨…하도록 권유하다⟩ Je vous *convie* à la réflexion. 나는 당신에게 반성해 보시도록 권합니다.
3° ~ N à Inf ⟨…하도록 …에게 권하다⟩ Je vous *convie* à revenir sur vos décisions. 당신이 결정을 재고해 주셨으면 좋겠읍니다.
4° ~ N à ce que P subj ⟨…하도록 권하다⟩ Je vous *convie* à ce que vous revoyiez votre point de vue. 당신의 그 견해를 재검토해 주셨으면 합니다.

coopérer 1° N(pl) ~ ⟨협력하다⟩ La France et l'Allemagne *ont coopéré* dans ce domaine. 프랑스와 독일은 이 분야에서 서로 협력했다.
2° ~ **avec** N ⟨…와 협력하다⟩ La France *a coopéré* avec l'Allemagne dans ce domaine. 프랑스는 독일과 이 분야에서 공동 노력을 하였다.
3° ~ à N ⟨…에 협력하다⟩ Je *coopère* depuis longtemps à ce projet. 오래 전부터 나는 이 계획에 협력을 하고 있읍니다.

copier 1° ~ N ⟨베끼다, 복사하다⟩ ~ à la main une lettre 편지를 써서 베끼다. ~ des documents par photocopie 서류를 사진 복사하다.
◇ ~ ∅ L'appareil *copie* mal. 이 기계는 복사가 잘 되지 않는다.
2° ~ N ⟨본뜨다, 모방하다⟩ ~ le comportement de qn(=~ qn) …의 행동을 모방하다.
3° ~(N) sur N ⟨…에 따라 베끼다; …을 따르게 하다⟩ ~ son comportement sur celui de qn d'autre 자기의 행동이 남의 행동과 같도록 하다. Jean *a copié* son devoir sur son voisin. 장은 자기의 숙제를 옆자리 학생의 것을 보고 베꼈다. Il *a copié* sur son voisin. (위와 같은 뜻).

correspondre 1° N(pl) ~ ⟨일치하다⟩ L'adresse et le numéro de téléphone ne *correspondent* pas. 주소와 전화번호가 일치하지 않는다.
2° ~ à N ⟨…와 일치하다, …와

부합하다〉 L'adresse ne *correspond* pas au numéro de téléphone. 주소가 전화번호와 일치하지 않는다. La page 10 de l'édition allemande *correspond* à la page 12 de l'édition française. 독어판의 10페이지는 불어판의 12페이지에 해당한다. 3° ~ **à ce que P subj** 〚드물게〛〈…와 같다, …에 해당하다〉 Votre proposition *correspond* à ce que l'on abandonne le projet. 당신의 제안은 결국 그 계획을 포기하자는 것과 마찬가지이다. 4° ~ **à Inf** 〈…하는 것과 같다〉 Cela *correspond* à dire le contraire. 그것은 결국 그 반대의 말을 하는 거나 마찬가지다. 5° **N(pl)** ~ 〈서로 통신하다〉 Nous *avons correspondu* pendant des années. 우리들은 수년 동안 서로 교신했다. 6° ~ **avec N** 〈…와 교신하다〉 Marie *correspond* avec Jeanne. 마리는 잔느와 교신한다. 7° **N(pl)** ~ **(par N)** 〈(…으로해서) 통하다, 상통하다〉 La cuisine et l'entrée *correspondent*(par un couloir). 부엌과 현관은(복도로해서) 서로 통하고 있다.

corriger 1° ~ **N** 〈고치다〉 ~ une faute 잘못을 고치다. ~ le trajet d'une fusée 로케트의 비행코스를 정정하다. ~ un enfant 어린아이의 버릇을 고치다. 2° ~ **qn de qc** 〈…의 …을 고치다, 교정하다〉 Cela m'*a corrigé* de ma curiosité. 그것은 나의 호기심을 없애주었다.

costumer ~ **N (en N)** 〈(…처럼) 옷을 입히다〉 Il *est costumé* en pierrot. 그는 피에로처럼 옷을 입었다. *se* ~ **en indien** 인디안처럼 옷을 입다.

cotiser 1° ~ **(à N)** 〈(…에) 회비를 바치다〉 Les membres *ayant cotisé* recevront une carte. 회비를 낸 회원은 회원증을 받을 것이다. ~ à la sécurité sociale 사회보장 수납의 분담금을 내다. 2° **N(pl) se** ~ **(pour N/Inf)** 《변화》〈(…을 위해서) 분담금을 내다〉 Nous *nous sommes cotisés* pour (offrir) un cadeau au professeur. 우리들은 선생님께 선물을 하기 위해서 각자 분담금을 갹출했다. 3° **se** ~ **avec qn** 〈…와 돈을 분담하다〉 Pierre *s'est cotisé* avec Paul pour faire un cadeau à Jeanne. 피에르는 잔에게 선물하기 위해서 폴과 돈을 분담했다.

coudre A. 과거 분사는 cousu. 직설법현재: je couds, tu couds, il coud, nous cousons, vous cousez, ils cousent; 반과거: je cousais; 단순과거: je cousis; 단순미래: je coudrai; 명령형: couds, cousons, cousez; 접속법 현재: que je couse; 접속법 반과거: que je cousisse; 현재분사: cousant. B. 1° ~ **qc(à qn)**〈(…에게) 꿰매 (주)다〉 Elle *a cousu* ces deux morceaux de tissu. 그녀는 그 두 헝겊 조각을 꿰맸다. J'ai perdu un bouton de chemise, veux-tu m'en ~ un autre? 나는 샤쓰 단추를 하나 잃어버렸다. 딴것을 내게 하나 달아 주겠니? 2° ~ 〈바느질하다〉 Elle a appris à ~ très jeune. 그녀는 아주 젊어서 바느질을 배웠다.

couler 1° ~ **qc** 〈흐르게 하다; (시간을) 보내다; 침몰시키다〉 On *a coulé* du métal dans ce trou. 이 구멍으로 쇳물을 부었다. Il *coule* des jours heureux. 그는 행복하게 산다. Le bateau *a été coulé* par l'ennemi. 배는 적군에 의해 침몰되었다. 2° ~ **qc à qn** 〈…에게 (눈길을) 돌리다〉 Il nous *a coulé* un regard d'envie. 그는 우리에게 선망의 시선을 던졌다. 3° ~ 〈흐르다; 침몰하다〉 Le sang

coule de la blessure. 상처에서 피가 흐른다. Pendant la tempête le bateau *a coulé*. 폭풍우에 배가 가라앉았다. stylo〔robinet, récipient〕 qui *coule* 새는 만년필〔수도꼭지, 그릇〕.
4° **se ~** 《변화》〈슬그머니 (들어)가다〉 Il *se coula*(=se glissa) le long du mur. 그는 살금살금 벽을 따라갔다.

couper 1° **~ qc** 〈자르다, 베다〉 Mon fils ne veut pas ~ ses cheveux. 아들 아이는 머리를 자르려 하지 않는다. Le père prit son couteau et *coupa* du pain pour ses enfants. 아버지는 칼을 집어서, 애들에게 주기 위해 빵을 잘랐다. La communication téléphonique *a été coupée*. 전화 소통이 중단되었다.
◇ **~ ø** Mon couteau ne *coupe* pas bien. 내 칼은 잘 안 든다.
2° **~ qc à qn** 〈…의 …을 끊다; 가로막다〉 Cette vue terrible m'*a coupé* le souffle. 그 무서운 광경에 나는 숨이 끊어질 지경이었다. Je lui *ai coupé* la parole. 나는 그의 말을 가로막았다. Le chagrin lui *coupe* l'appétit. 그는 시름으로 식욕을 잃었다.
3° **se ~**〈N/**Prép** N〉(N은 신체부위명사)《변화》〈칼에 상처를 입다, 자기의 …을 베다〉 Il s'*est coupé* le doigt〔au doigt〕. 그는 손을 베었다. Je *me suis coupé* en me rasant. 나는 면도하다 살을 베었다.

courir 〔조동사는 avoir〕.
1°**~ (à qn)**〈(…에게) 달려가다; (소문 따위가) 퍼지다〉 Si vous *courez*, vous pouvez encore attraper le train. 뛰어가시면 아직도 기차를 타실 수는 있습니다. Le bruit *court* que Jean va se marier avec sa cousine. 장이 자기 사촌누이와 결혼하려 한다는 소문이 돈다.
◇ 1) à qn 이 보어로 사용될 때 약세 보어 인칭대명사로 대치 될 수 없다: Paul *courut* à elle. 폴은 그녀에게로 달려갔다. (⇨pronoms personnels III, 2°, ③).
2) **Il ~ N**(비인칭 구문) Il *court* de faux bruits sur sa réputation. 그의 명성에 대한 헛소문들이 돌고 있다.
2° **~ Inf** 〈…하러 뛰어가다〉 J'*ai couru* le prévenir. 나는 그에게 알리러 뛰어갔다.
◇ Inf의 대명사화는 y로 대치가 능함.
3° **~ à qc**〈…을 자초하다〉 En mécontentant l'armée, le dictateur *court* à sa perte. 군부의 불만을 사서, 독재자는 파멸을 자초한다.
4° **~ après qn/qc**〈…을 쫓아다니다; 추구하다〉 Mon frère *court* après les femmes. 내 동생은 여자들을 쫓아다닌다.
5° **~ qc**〈휩쓸다; 자주 드나들다; (어떤 거리를) 달리다;(위험에) 처하다〉 Cette rumeur *court* les milieux militaires depuis longtemps. 이 소문은 오래 전부터 군부에 퍼져 있었다. Il *court* les cafés. 그는 다방에 자주 드나든다. Il *a couru* un cent mètres et il a battu le record du monde. 그는 100 미터 경주에 출전해서 세계 기록을 수립했다. Vous *courrez* de grands dangers en faisant ce voyage. 여행을 하면, 당신은 큰 위험을 겪을 것입니다.
◇ 과거 분사의 일치 : 자동사로 쓰일 때는 변화하지 않고(le cent mètres qu'il *a couru* 그가 달려온 100 미터), 타동사로 쓰일때는 일치(les dangers qu'il *a courus* 그가 겪은 위험).

couronner **~ N(de N)**〈…으로 만든) 관을 씌우다〉 ~ un vainqueur (de fleurs) 승리자에게 (꽃으로 만든) 관을 씌워주다. Le pape *a couronné* Charlemagne. 교황은 샤를마뉴 대제의 대관식을 집행했다. Des fleurs *couronnent* son front. 그의 이마에는 꽃 면류관이 씌워졌다. Ce

succès *couronne* sa carrière. 이 성공은 그의 전생애를 빛낸다.
coûter 1° ~ +│가격│/cher/bon marché 〈값이 …이다〉 Ce tableau *coûte* cinq mille francs. 이 그림은 5천 프랑이다. Les légumes *coûtent* cher en hiver. 겨울에는 채소값이 비싸다. Combien *coûte* ceci? 이것은 얼마입니까?
◇ 과거분사는 앞서는 가격표현과 일치하지 않는다: les 20 francs que ce livre m'*a coûté* 이 책값 20 프랑.
2° ~ (à qn)+│가격│/cher/bon marché/beaucoup...〈(…에게) 값이 … 들다〉 Ce tableau m'*a coûté* 5,000 F. 이 그림을 사는데 5,000 프랑이 들었다. Mon voyage m'*a coûté* plus cher que je n'avais prévu. 내 여행은 예상보다 비용이 더 비싸게 들었다. Six enfants à élever *coûtent* beaucoup. 애 여섯을 기르자면 돈이 많이 든다. Ce travail me *coûte*. 나는 이 일이 힘이 든다.
3° Il ~ à qn de Inf (비인칭구문) 〈…하는 것이 …에게 고통스럽다〉 Il me *coûte* de vous quitter. 당신과 헤어지기가 괴롭다.
◇ 1) Il en ~ à qn de Inf (비인칭구문) Il nous en *coûte* de vous faire ces reproches. 당신에게 이런 비난하기는 우리로서도 괴롭다.
2) Il en *coûte* la réputation. 명예에 관한 문제다.
3) Il *coûte* qc à qn que P subj 〈…하는 데 …에게 값이 …들다〉 Il *coûte* beaucoup d'argent à Paul que ses parents fassent ce voyage. 폴은 부모님의 이번 여행에 많은 돈을 지출했다.
4° ~ qc à qn 〈…에게 …을 치르게 하다〉 Ce travail m'*a coûté* beaucoup d'efforts. 나는 이 일을 하느라 많은 노력을 기울였다. Il a oublié les larmes que lui *ont coûtées* les mathématiques dans son enfance. 그는 어린 시절에 산수공부하느라고 흘린 눈물을 다 잊어버렸다.
◇ 1) 목적어가 선행하는 경우, 이 구문에서는 과거분사는 일치함: les efforts que ce travail m'*a coûtés* 이 작업에 소요된 내 노력.
2) ~ ø Cela(me) *coûte*. 그것은 매우 힘드는 일이다.
5° **coûte que coûte** (⇨que¹ II, 2°).
craindre 1° ~ qn/qc 〈두려워하다〉 Je ne *crains* pas les voleurs. 나는 도둑을 무서워하지 않는다. Nous *craignons* la tempête de neige. 우리는 폭설을 우려한다. Il est *craint* de tout le monde. 모두들 그를 두려워한다.
◇ 1) ~ ø(-).
2) être à ~ 〈무섭다〉 Ceci est à ~. 그것은 우려가 되는 일이다 《여기서 à craindre 는 형용사적 성격을 지니므로 정도부사 très 와 결합이 가능하다(Ceci est très à ~.). 그러나 Ce livre est à lire. 이 책은 읽을 만하다. →*Ce livre est très à lire.》.
2° ~ qc pour qn 〈…을 위해서 …을 염려하다〉 Elle *craint* le pire pour son neveu. 그녀는 자기 조카에게 최악의 사태가 일어나지 않을까 걱정한다.
3° ~ de Inf 〈…하지 않을까 염려하다〉 Je *crains* de m'exposer au ridicule. 나는 웃음거리가 될까 걱정이다.
4° ~ (de qn/qc) que P subj 〈(…에 대해서) …을 걱정하다〉 Je *crains* qu'il ne vienne(=Je voudrais qu'il ne vienne pas). 그가 오지나 않을까 걱정이다. Paul *craint* de Marie qu'elle ne s'en aille. 폴은 마리가 가버릴까봐 걱정이다.
◇ 종속절에서의 허사 ne 의 사용 (⇨ne explétif II)은 1) 주절이 긍정일때는 ne 를 쓰는것이 원칙이나 안써도 무방함: Je *crains* qu'il ne pleuve, mais je ne *crains* pas qu'il neige. 나는 혹시 비나 오지 않을까 두려우나 눈오는 것에는 두렵지

않다. 그러나 허사 ne가 왕왕 생략될 때도 있다:Sans doute pourrai-je ~ que tu déchire cette lettre. 당신이 이 편지를 혹시 찢어 버리지나 않을까 제가 두려워할 수도 있습니다. (cf. Je *crains* qu'elle ne vienne pas. 나는 그녀가 오지 않을까봐 겁난다).
2) 주절이 부정일 때는 허사 ne를 사용하지 않음:Je ne *crains* pas qu'il fasse cette faute. 나는 그가 그런 과오를 범하리라고는 생각〔두려워〕하지 않는다.
3) 주절이 긍정 의문문 또는 부정의 문문일 경우 ne의 사용은 자유: *Craignez*-vous qu'il vienne? 그가 혹시나 올까봐 두렵소? Ne *craignez*-vous pas qu'il ne vienne? 〔...qu'il vienne?〕 그가 혹시 올까 두렵지 않소?

creuser 1° ~ 〈구멍을 파다〉 Il *creuse* dans la terre. 그는 땅을 판다.
2° ~ qc 〈파다〉 Ils *sont creusé* un puits. 그들은 우물을 하나 팠다.
◇ ~ ø Il a fallu ~ profondément pour atteindre la nappe d'eau. 지하수층에 도달하기 위해서는 깊이 파야만 했다.
3° ~ N à qn(N은 신체부위명사)〈...의 ...을 움푹하게 하다〉 La maladie lui *a creusé* les joues. 그는 병을 앓더니 뺨의 살이 빠졌다.
4° ~ l'estomac 〈배를 고프게 하다, 식욕이 나게 하다〉 Le grand air *creuse* l'estomac. 야외에 나오니 식욕이 난다.
◇ ~ ø La marche *creuse*. 걸으니 식욕이 난다.
5° se ~ 《변화》〈파지다〉 Le sol s'est *creusé* sous l'effet de l'érosion. 침식작용으로 땅이 패였다. Je *me suis* longtemps *creusé* pour trouver une solution. 나는 해답을 찾느라고 한참 애썼다.
6° se ~ N(N은 la tête, la cervelle, l'esprit, le cerveau 따위)《가변》〈머리를 쥐어짜다, 골똘히 생각하다〉 J'ai eu beau *me* ~ la tête pour trouver une solution. 나는 해답을 찾으려고 아무리 머리를 짜내봐야 소용이 없었다.

crever 1° ~ 〈터뜨리다;...의 구멍을 뚫다〉 ~ les pneus 타이어에 펑크를 내다. ~ la peau d'un tambour 북을 찢어지게 하다. La poussée des eaux *a crevé* le barrage. 거세게 불어난 물이 댐에 구멍을 내었다.
2° ~ qc à qn(qc는 신체부위 명사)〈...의 ...을 해치다, 못쓰게 만들다〉 Un éclat de métal lui *a crevé* un œil. 금속의 파편이 눈에 들어가서 그의 눈을 해쳤다.
◇ 1) ~ le cœur à qn 〈...을 상심케 하다, ...의 가슴을 에이게 하다〉.
2) ~ les yeux(à qn) 〈명명백백하다, 뚜렷하게 드러나다〉.
3° ~ qn 〈지쳐빠지게 하다〉 Cette longue marche nous a tous *crevé*. 너무 오랫동안 계속 걸어서 우리들은 모두 지쳐빠졌다.
4° qc ~ 〈터지다, 구멍이 나다〉 une bulle de savon qui *crève* 터져서 삭아지는 비누방울. La digue *a crevé*. 둑이 터졌다. Le pneu avant *a crevé*. 앞 타이어가 펑크났다.
5° qn ~ 〈...의 차가 펑크나다〉 J'ai *crevé*. 내 차가 펑크났다. Ce cycliste-là *a crevé*. 저 사이클리스트의 자전거가 펑크났다.
6° qn ~ 〖구어〗〈죽다, 뒈지다〉 Une partie du bétail *a crevé* pendant l'épidémie. 가축의 일부가 이번 유행병으로 죽었다. Il criait qu'il ne voulait pas ~ dans la misère. 그는 비참하게 죽어가기 싫다고 외쳤다.
7° qn ~ de qc 〖구어〗〈...으로 죽을 지경이다〉 ~ d'envie〔de chaleur, de faim, d'ennui〕 부러워〔더

cribler 위, 배고파, 갑갑해] 죽을 지경이다.
cribler 1° ~ N〈체로 치다〉~ des pierres[des graines, du sable] 돌[곡식, 모래]을 체질하다
2° ~ N(de N)〈(…로써) 구멍투성이가 되게 하다〉La mitraillette *avait criblé* la voiture(de balles). 경기관총탄이 그 자동차를 벌집으로 만들어 놓았다. Les balles *avaient criblé* le mur. 총탄은 그 벽을 구멍투성이로 만들어 놓았다.
3° ~ N(de N)〈(…으로써) 혼을 내놓다〉~ *qn* d'injures …에게 욕설을 퍼붓다. ~ *qn* de questions …에게 질문의 화살을 퍼붓다. *être criblé* de dettes 빚투성이가 되다.

crier 1° ~〈소리치다〉Cessez donc de ~. 제발 소리 좀 그만 그쳐요.
2° ~ de qc〈…때문에 소리치다〉L'enfant se brûla la main et *cria* de douleur. 그 아이는 손을 데고는 아파서 소리쳤다.
3° ~ qc〈…을[라고] 소리쳐 말하다〉Le pilote *criait* ses ordres. 조종사는 소리쳐 명령했다.
4° ~ qc à qn〈…에게 …을 소리쳐 말하다〉Le commandant *criait* ses ordres à l'équipage. 함장은 승무원에게 소리쳐 명령했다.
5° ~ (à qn) Inf〈(…에게)…하라고 소리쳐 말하다〉Pierre lui *a crié* être obligé de partir. 피에르는 그녀에게 자기는 떠나야 된다고 소리쳐 말했다.
6° ~+ 직접화법의 인용문 Elle *a crié*: «Au secours!» 그녀는 「사람 살려요!」하고 외쳤다.
7° ~ que P ind〈…이라고 외치다〉Il *criait* qu'il était innocent. 그는 자기는 결백하다고 외쳐 댔다.
8° ~ P(int. ind.)〈…인지 소리쳐 묻다〉Il m'*a crié* si je la connaissais. 그는 나에게 그 여자를 아느냐고 소리쳐 물었다. Pierre *crie* à Marie où elle va. 피에르는 마리에게 어디 가느냐고 소리쳐 묻는다.
9° ~ à qn de Inf〈…에게 …하라고 소리치다〉Il leur *cria* d'apporter une échelle. 그는 그들에게 사다리를 하나 가져오라고 소리쳤다.
10° ~ que P subj〈…하라고 소리치다〉Il *cria* qu'on apportât une corde. 그는 끈을 하나 갖다 달라고 소리쳤다.
11° ~ après qn〈…를 야단치다, …에게 호통치다〉Sa mère *crie* toujours après lui. 그의 어머니는 늘 그를 야단친다.
12° ~ vers Dieu〈신에게 호소하다〉.
13° ~ à+ 정관사 +N ~ à l'aide 도와 달라고 외치다. ~ au secours 구해 달라고 외치다. ~ au feu 「불이야」하고 외치다. ~ au voleur 「도둑이야」하고 외치다. ~ à la trahison[à l'injustice, au scandale] 배신[부정, 파렴치한 짓]을 규탄하다. ~ (au) miracle 경탄하다.
14° ~ + 무관사 명사 ~ gare [casse-cou] 위험하다고 소리치다. ~ famine[la faim] 배고픔을 호소하다. ~ misère 빈곤을 호소하다. ~ vengeance 복수하겠다고 외치다, 벌받아 마땅하다.

critiquer 1° ~ N〈비평하다, 비난하다〉~ une remarque 누구의 말을 비평하다. ~ une décision 어떤 결정을 비난하다.
◇ ~ ∅ Il est facile de ~. 비평하기는 쉽다.
2° ~ que P subj〈…이라고 비난하다〉On *a critiqué* que cette décision n'ait pas été appliquée. 사람들은 그 결정이 채택되지 않았다고 비난했다.
3° ~ qn de/pour qc〈…의 …을 비난·비평하다〉~ *qn* de son attitude …의 태도를 비평하다. ~ *qn* pour son attitude(위와 같은 뜻).
4° ~ qn de ce que P ind/subj〈…이 …한 것을 비난하다〉On *a critiqué* le maire de ce qu'il a[ait] fait détruire le centre de la ville.

시장은 도심지를 파괴했다는 비난을 들었다.
5° ~ qn de Inf 〈…가 …한 것을 비난하다〉 On *a critiqué* le maire d'avoir détruit le centre de la ville. (위와 같은 뜻).
croire I. **1°** ~ qc/qn 〈…(의 말)을 믿다〉 Je *crois* ce qu'on m'a raconté. 나는 사람들이 내게 해준 이야기를 믿는다. Il ne *croit* pas ses amis. 그는 자기 친구들의 말을 믿지 않는다. Ne le *croyez* pas, il n'est pas sérieux. 그의 말을 듣지 마세요. 그는 믿음직스럽지가 못합니다. Ce témoin mérite d'*être cru*. 이 증인은 신용할 만하다. Le menteur n'*est* jamais *cru*. 사람들은 결코 거짓말쟁이를 믿지 않는다.
◇ en ~ qn/qc 〈그 점에 대해서…을 믿다〉 Vous pouvez m'en ~. 그 점에 대해서는 저를 믿으셔도 됩니다. A l'en ~, il est innocent. 그의 말을 믿는다면, 그는 결백하다. Je ne pouvais pas en ~ mes yeux [mes oreilles]. 나는 하도 놀라와서 내 눈을[귀를] 의심했다.
2° ~ à qn/qc 〈…의 존재・실재를 믿다; …일 것이라고 생각하다〉 Tu *crois* encore au Père Noël? 너 아직도 산타클로스 할아버지가 있다고 믿니? Je ne *crois* pas aux revenants [aux fantômes, au diable, aux sorcières]. 나는 유령[악마, 마녀]의 존재를 믿지 않는다. Je *crois* à la justice. 나는 정의를 믿는다. Le médecin *crut* à la fièvre scarlante. 의사는 그 병이 성홍열이라고 믿었다. Je ne *crois* pas à ses promesses. 나는 그의 약속을 믿지 않는다. Ils *croyaient* à la guerre. 그들은 전쟁이 일어나리라고 믿고 있었다.
3° ~ en qc/qn 〈…의 권위・인격을 믿다, 인정하다〉 Je *crois* en la médecine. 나는 의학을 믿는다. Il *croit* en ses amis. 그는 자기 친구들을 믿는다. Je *crois* en Dieu. 나는 신을 믿는다. Moi, je *crois* en l'homme. 나는 인간을 믿는다.
◇ 1) ~ ø Il n'est pas athée, il *croit*. 그는 무신론자가 아니다. 그는 신앙을 갖고 있다.
2) 정관사가 붙은 복수명사 앞에서는 en les의 결합을 피하기 위해 en les를 사용한다: Mais dans le camp de concentration, j'ai appris à ~ dans les hommes. 하지만, 포로수용소에서 나는 인간을 신뢰하는 것을 배웠다.
4° ~ Inf 〈…하다고 생각하다〉 Il *croit* avoir raison. 그는 자기가 옳다고 생각한다. Je *crois* avoir agi correctement. 나는 내가 예의바르게 행동했다고 생각한다.
◇ 1) Inf 의 주어는 반드시 주문의 주어와 일치해야 한다. 그렇지 않을 때에는 Inf 의 주어가 관계절의 선행사가 되는 경우에만 Inf 의 사용이 가능하다: J'ai pris le médecin que je *croyais* être le meilleur. 나는 내가 가장 훌륭하다고 생각하는 의사를 모셨다. (⇨infinitive(proposition) II, 2°)
2) Inf 의 대명사화는 le 또는 ~ø로 행함: *Croyez*-vous avoir trouvé la solution? —Oui, je (le) *crois*. 당신은 해결책을 찾아내었다고 생각하십니까? —예, 그렇게 생각합니다.
5° ~ que P ind 〈…이라고 생각하다〉Je *crois* qu'il a raison. 나는 그가 옳다고 생각한다. Je ne *crois* pas qu'il puisse réussir 나는 그가 합격할 수 있다고 생각하지 않는다. (⇨subjonctif B, II, 4°, ③).
◇ 1) que P의 대명사화는 le 또는 ~ø로 행함:*Croyez*-vous que l'enfant ait été tué? —Non, je ne (le) *crois* pas. 당신은 그 아이가 살해되었다고 생각하십니까? —아니오, 그렇게 생각하지 않습니다.
2) que P는 que oui[que non]으로 대치될 수 있다. (⇨oui, ③).
6° ~ P(int. ind.) 〈…인지 상상하다〉

Vous ne sauriez ~ à quel point j'ai été touché de ce geste. 당신은 내가 이 행동에 얼마나 감동했는지 상상도 못하실 것입니다.
7° ~ qn Attr/SP (*Attr* 는 형용사, 과거분사 또는 명사, *SP* 는 부사 또는 전치사+*N*)〈…을 …이라고〔…한 상태에 있다고〕 생각하다〉 Il me *croit* honnête. 그는 내가 성실하다고 생각한다. Il me *croit* honnête homme. 그는 나를 성실한 사람이라고 생각한다. Il me *croit* son ami. 그는 나를 자기 친구로 생각한다. On le *croyait* ailleurs. 사람들은 그가 딴 곳에 있다고 생각했다. Je te *croyais* rentré à la maison. 나는 네가 집으로 돌아간 줄 알았다. On *croit* ce pays à la veille de la guerre. 사람들은 이 나라에 바야흐로 전쟁이 발발하려 한다고 생각한다.
8° ~ qc de qn 〈…이 …하다고 생각하다〉 Je ne peux pas le ~ de lui. 나는 그가 그렇다고는 믿을 수 없다. Qu'allez-vous ~ de moi? 당신은 내가 어떻다고 생각하시렵니까?
9° ~ qc à qn 〈…에게 …이 있다고 생각하다〉 Je lui *croyais* du talent. 나는 그에게 재능이 있다고 생각했다. Je lui *croyais* une grosse fortune. 나는 그가 큰 재산을 가졌다고 믿었다.
II. 1° se ~ Attr/SP (*Attr* 는 형용사, 명사, 과거분사, *SP* 는 부사 또는 전치사+*N*)(변화) 〈자기가 …하다고 생각하다〉 Il *se croit* intelligent(=Il *croit* être intelligent). 그는 자기가 똑똑하다고 생각한다. Il *se croit* un grand homme. 그는 자신을 위인이라고 생각한다. La secrétaire *s'est crue* forcée de donner sa démission. 비서는 사직을 해야겠다고 생각했다. Il *se croit* perdu. 그는 자기는 틀렸다고 생각한다. Il fait froid. On *se croirait* en plein hiver. 날씨가 추운게 마치 한겨울 같다. Dans ce petit restaurant, on *se serait cru* à Paris. 그 작은 식당에 있으면 마치 파리에 있는 것 같은 기분이었다.
2° se ~ qc 《가변》〈자기에게 …이 있다고 생각하다〉 Elle *se croit* du talent〔du génie〕. 그녀는 자기에게 재능이 있다고 생각한다. Il *se croit* de l'esprit. 그는 자기가 재치있다고 생각한다.
3° se ~ qc Attr 〈자기의 …이 …하다고 생각하다〉 Il *se croit* tout permis. 그는 자기에게 모든 것이 허용된다고 생각한다.

croître A. 1° 활용상의 주의 : t 가 뒤따르는 i 와, croire 의 변화형과 발음이 동일한 변화형에서의 i, u 에는 항상 accent circonflexe 를 쓰는데, 단 과거분사는 남성 단수형에만 사용한다 : il croitra, je crois, il crût, crû, crus, crue, crues.
2° 조동사의 사용 (⇨auxiliaires I, 3°, ②).
B. ~ (de N)(*N* 은 수치)〈증가하다, 붇다 ; 자라다〉 La tension n'a cessé de ~ pendant l'assemblée générale. 총회가 열리고 있는 동안 긴장은 더해가기만 했다. La rivière *a crû* de cinq pieds. 강물은 5피트나 붇었다. Avec cette pluie, l'herbe *croit* à vue d'œil dans le jardin. 이렇게 비가 오니 정원의 잡초가 눈에 띄게 자란다.

croupir 〔⇨auxiliaires I, 3°, ②〕.
1° ~ (qp)〈(…에서) 썩다〉 L'eau *croupit* dans la mare. 늪에서는 물이 썩는다.
2° ~ (qp)〈(…에) 칩거하다〉 Il *croupit* depuis des années en prison. 그는 수년 전부터 감옥에서 썩고 있다.
3° ~ dans N 〈…에 빠지다〉 Il *croupit* dans la paresse〔le vice, l'ignorance〕. 그는 나태〔악, 무지〕에 빠진다.

cuire 1° ~ qc 〈삶다, 굽다〉 On *cuit* les nouilles en les jetant dans l'eau bouillante. 국수는 끓는 물에 넣어서 삶는다.
◇ 1) 이때는 사역동사 구문을 많이 사용한다: J'ai fait ~ un poulet(= J'*ai cuit* un poulet).
2) ~ ø Il faut ~ à feu doux pendant une demi-heure. 약한 불에 30분간 삶는다. Le boulanger *cuit* deux fois par jour. 빵장수는 하루에 두 번 빵을 굽는다.
2° ~ 〈주어는 비인물명사〉〈익다, 삶아지다〉 La soupe *cuit* à feu doux. 수프는 약한 불에 끓인다. On fait ~ la soupe à feu doux. (위와 같은 뜻).
3° se ~ 《변화》〈익다, 삶아지다〉 La viande *se cuit* à l'eau. 고기는 물로 삶는다.

cultiver 1° ~ qc 〈경작하다, 재배하다, 배양하다〉 Dans cette région, les paysans *cultivent* leurs champs avec des tracteurs. 이 지역에서는 농부들이 트랙터로 밭을 간다. La Beauce est une région où l'on *cultive* du blé. 보스는 밀을 재배하는 지방이다.
◇ ~ ø(-).
2° qc se ~ 《변화》〈경작·재배·배양되다〉 Ces plantes *se cultivent* dans des régions chaudes. 이 교목은 더운 지방에서 재배된다.
3° qn se ~ 〈교양을 쌓다〉 Il *se cultive* dans la bibliothèque. 그는 도서관에서 독서를 통해서 교양을 쌓아 올린다.

D

daigner ~ Inf 〈…하여 주시다〉 Il n'*a* même pas *daigné* répondre. 그 분은 대답마저도 안해 주셨다.

dater 1° ~ qc (*qc*는 작품 또는 사건)〈…의 날짜를 추정하다〉 ~ un monument ancien 고대 건물의 날짜를 추정하다.

2° ~ qc (*qc*는 편지·서류 따위)〈…에 날짜를 기입하다〉 ~ une lettre 편지에 날짜를 기입하다.

◇ être daté de qc (*qc*는 날짜)〈…의 날짜가 적히다〉 Cette lettre *est daté* de jeudi [de 25 avril, d'hier]. 이 편지는 목요일의 [4월 25일의, 어제의] 날짜로 되어 있다.

3° ~ de N (*N*은 시일·시각을 나타내는 명사)〈…부터 시작되다, …으로 거슬러 올라가다〉 Ce monument *date* de l'époque romaine. 이 건물은 로마 시대의 것이다. Cette voiture *date* de quinze ans. 이 차는 15년 전에 나온 것이다.

4° ~ 〈낡아지다〉 Cette chanson commence à ~. 이 노래는 벌써 유행에서 벗어나기 시작한다.

5° ~ 〈획기적이다〉 C'est un événement qui *datera* dans l'histoire. 이것은 역사에 길이 남을 사건이다.

débâcler ⇨auxiliaires I, 3°, ②.

débarasser 1° ~ qc (de qc)〈…에서 걷어치우다〉 ~ sa cave (de vieux meubles) 지하실에 있는 낡은 가구들을 걷어치우다. ~ un chemin encombré 혼잡한 길을 말끔히 치우다. ~ la table 탁자 위의 것을 치우다. Vous pouvez ~ (la table). 상을 치워도 좋습니다.

2° ~ qn de N〈…의 […에게서] …을 벗기다 [없애다, 제거하다]〉 Puis-je vous ~ de votre valise [de votre manteau]? 당신 가방을 치워 [당신 외투를 벗겨] 드릴까요? *Débarassez*-moi de ce casse-pieds! 이 귀찮은 녀석을 좀 데려가게. Il faut enfin le ~ de cette habitude. 아무튼 저 녀석의 그 버릇을 없애주어야 해.

3° qn se ~ de N 《변화》〈자기의 …을 제거하다〉 *se* ~ d'une vieille habitude [d'un préjugé] 자기의 낡은 버릇을 [편견을] 없애다. Le dictateur *s'est débarassé* de ses ennemis politiques. 그 독재자는 자기의 정적을 제거해 버렸다.

débarquer [⇨auxiliaires I,3°,②].

1° ~ qn/qc 〈하선·하차시키다; 면직시키다〉 Le car *a débarqué* plusieurs voyageurs. 시외버스는 여러 승객을 내려놓았다. Les marins *débarquent* les marchandises sur les quais. 선원들은 부두에 상품들을 내려놓는다. Plusieurs membres du comité *ont été débarqués* lors de la réunion plénière. 위원회의 여러 위원들이 총회 때 면직되었다.

2° ~ 〈상륙·하차하다〉 Voici l'endroit où les troupes alliées *ont débarqué* en 1944. 여기가 연합군이 1944년 상륙한 지점이다. Dans quel port *avez*-vous *débarqué?* 당신은 어느 항구에서 내렸읍니까?

3° ~ 〖구어〗〈갑자기 도착하다〉 Un beau matin, les cousins *débarquèrent* chez nous. 어느 화창한 날 아침에 사촌들이 우리 집으로 들이닥쳤다.

débattre 1° N(pl) ~ N 〈토론·흥정하다〉 L'assemblée *a débattu* le problème des impôts. 국회는 세금 문제를 토의했다. Les ministres

ont débattu l'affaire entre eux. 장관들은 서로 그 문제를 논의했다. Le marchand et le client *débattent* le prix du tapis. 상인과 손님은 융단의 가격을 흥정한다. accepter un prix sans le ~ 흥정 없이 어떤 가격을 그대로 받아들이다.
2° ~ N (avec qn) 〈(…와) …에 대해서 토론하다〉 *J'ai débattu* avec le propriétaire les conditions du bail. 나는 임대 조건에 대해서 소유주와 의논했다.
3° se ~ 《변화》〈발버둥하다, 안간힘을 쓰다〉 Le poisson *se débat* dans le filet. 물고기가 그물 안에서 몸부림을 친다.

débiter 1° ~ N en N(pl) 〈(…으로) 자르다, 썰다〉 ~ un tronc d'arbre en planches 통나무를 켜서 널빤지가 되게 하다.
2° ~ N 〈소매하다; 생산·배출하다; 말하다, 지껄이다〉 ~ des marchandises (au détail) 상품을 소매하다. ~ des boissons 술을 소매하다. L'usine *débite* vingt tracteurs par jour. 이 공장에서는 하루에 스무 대의 트랙터를 생산한다. La dynamo *débite* cent kilo-watts. 발전기는 백 킬로와트를 발전한다. La source *débite* cent litres d'eau par seconde. 이 샘물에서는 초당 백 리터씩의 물이 나온다. Il ne fait que ~ des phrases incohérentes. 그는 모순투성이의 말밖에는 하지 않는다. ~ des mensonges 거짓말을 하다.

déblatérer 1° ~ contre qn/qc 〈…에 대해서 독설을 퍼붓다〉 Elle *déblatérait* contre le café, que personne n'aimait, suivant elle…. 그녀는 커피가 나쁘다고 말하곤 했다. 그녀의 말로는 아무도 그것을 좋아하지 않는다는 것이었다.
2° ~ qc 〈(말을)험하게 해대다〉 ~ des injures [des sottises] 욕을[바보같은 소리를] 하다.

déblayer 1° ~ N 〈치우다〉 ~ la neige devant la porte 문 앞의 눈을 쓸어서 치우다.
2° ~ N (de N) 〈(…을 걷어서) 치우다〉 ~ la porte (de la neige qui s'y est entassée) (문 앞에 쌓인 눈을 걷어치워서) 문 앞을 청소하다.

déborder 〔조동사는 avoir, 또는 être〕.
1° ~ 〈넘쳐흐르다, 범람하다〉 La rivière *a débordé* la nuit dernière. 강물이 간밤에 범람했다.
◇ brûler, baisser, 또는 cuire 처럼 faire ~ qc의 사역동사 구문을 많이 사용한다: La tasse était si pleine que les deux morceaux *ont fait* ~ le café. 잔이 가득 차 있어서 설탕 두 덩어리를 넣었더니 커피가 넘쳐 흘렀다.
2° ~ de qc 〈…으로[에] 넘치다〉 Cet homme *déborde* de santé. 이 사람은 너무나 건강하다. La foule *débordait* de joie. 군중은 기쁨에 넘쳐 있었다. ~ de vitalité [d'enthousiasme] 생기가 넘치다[몹시 열광하다].
3° ~ qn/qc 〈…의 한계를 넘다〉 Cette pierre *déborde* le mur de deux centimètres. 이 돌은 벽 위로 2 cm 솟아 있다. Les événements nous *débordent*. 그 사건들은 우리로서 어쩔 수 없다.

déboucher 1° ~ (de qp) (sur qp) 〈(좁은 데서부터) (넓은 데로) 나오다〉 L'avenue *débouchait* soudain sur une place de terre battue. 가로는 갑자기 정지 작업이 된 넓은 광장으로 열려갔다. Une voiture *déboucha* brusquement d'une rue latérale. 옆길에서 갑자기 차 한 대가 불쑥 튀어나왔다. Nous escaladâmes l'escalier, et nous *débouchâmes* sur le hall. 우리는 계단을 올라갔다. 그랬더니 넓은 홀 안으로 들어가게 되었다.
2° ~ sur N 〈…에 이르다, 도달하

다〉 une philosophie qui *débouche sur l'action* 직접 행동으로 연결되는 철학.

débrouiller 1° ~ qc 〈풀다, 해결하다〉 Il faut ~ ce paquet de fil. 이 실꾸러미를 풀어야 한다. Le juge avait à ~ une affaire difficile. 판사는 어려운 일을 해결해야만 했다.

◇ ~ ø (─).

2° se ~ 《변화》〈적절한 조치를 취하다〉 Il n'y avait pas de train avant le soir; il fallait pourtant *se* ~ pour arriver dans l'après-midi. 저녁까지는 기차가 없었다. 그러나 오후에 도착할 수 있도록 어떻게 해 봐야만 했다. *Débrouillez-vous.* 당신이 알아서 어떻게 해보시오.

débuter 〔조동사는 avoir〕.

1° ~ Prép qc 〈(…에) 첫발을 내딛다, 시작하다〉 Dans quel film cet acteur *a-t-il débuté?* 이 배우는 어느 영화에서 데뷔했습니까? Le conférencier *a débuté* sur une anecdote. 연사는 어느 일화를 소개하면서 이야기를 시작했다. La symphonie *débute* par un allégro. 이 교향악은 알레그로로 시작된다.

2° ~ par Inf (=commencer par Inf)〈우선 …부터 시작하다〉.

3° ~ qc 〈개시하다〉 ~ la séance par un discours 연설로 개회하다.

décamper ⇨auxiliaires I, 3°, ②.

déceler 1° ~ N 〈찾아내다, 발견하다〉 ~ une erreur dans une facture 계산서에서 계산 착오를 발견하다. Sa voix *décelait* sa confusion extrême. 그의 목소리는 그가 몹시 당황하고 있음을 보여 주고 있었다.

2° ~ que P ind 〈…라는 사실을 나타내다〉 Sa voix *décelait* qu'il était anxieux. 그의 목소리는 그가 몹시 불안스러워 하고 있다는 것을 보여 주고 있었다.

décevoir 1° ~ N 〈실망시키다〉 Vous m'*avez déçu.* 당신은 나를 실망시켰습니다. L'issue des événements *a déçu* mon attente. 그 사건의 결말은 나의 기대를 어긋나게 만들었다.

◇ ~ ø Cette invention *déçoit* à tout point de vue. 이 창안은 어느 모로 보나 기대에 어긋나는 것이다.

2° que P subj (cela) ~ N〈…하는 것은 실망시킨다〉 Que vous ayez épousé votre concierge (cela) me *déçoit.* 당신이 당신 집지기와 결혼을 했다는 사실은 나를 실망시킵니다.

3° Il/Cela ~ N que P subj 〈…하는것은 실망적이다〉 Il〔Cela〕 me *déçoit* que vous ne veniez pas. 당신이 오지 않는다니 나는 실망했습니다.

4° Cela ~ (N) de Inf; (de) Inf (cela) ~ (N) 〈…하는 것은 실망시킨다〉 (De) boire du champagne tiède (cela) (me) *déçoit* beaucoup. 미지근한 샴페인술을 마시게 되어 (나는) 몹시 실망했다. Cela (me) *déçoit* de devoir boire du champagne tiède. (위와 같은 뜻).

décharger 1° ~ qc/qn 〈…의 짐을 내리다; …의 무게를 덜어주다〉 Aidez-nous à ~ le camion. 우리가 트럭의 짐을 부리는 것을 도와주십시오. Ce témoignage tendait à ~ l'inculpé. 이 증언은 혐의자의 죄를 경감시켜 줄 것 같았다.

◇ ~ ø Les livreurs *déchargent.* 배달인들이 짐을 부린다.

2° ~ qc/qn de qc 〈…의〔에게서〕 …을 덜어주다〉 ~ qn d'impôts …의 세금을 덜어주다. Les employés le *déchargent* de presque tout. 그의 고용인들이 그의 일을 거의 모두 대신해준다. Il a demandé, pour raison de santé, à *être déchargé* de ce travail écrasant. 그는 건강상 이유로, 그 벅찬 일을 면제해달라고 요청했다.

3° se ~ de qc 《변화》〈…이 면제

되다〉 Il s'est déchargé de toute responsabilité. 그에게는 모든 책임이 면제되었다.
4° se ~ sur qn de qc 〈…에게 …을 전가하다〉 Il se décharge sur les autres de tout le travail. 그는 모든 일을 남에게 맡긴다.

déchirer **1°** **~ qc/qn** 〈찢다〉 Il a déchiré cette lettre en menus fragments. 그는 그 편지를 갈기갈기 찢었다. Ma fille a déchiré sa robe à un clou. 내 딸은 못에 옷을 찢겼다. Plusieurs pages de ce livre ont été déchirés. 이 책은 여러 장이 찢겼다.
◇ 1) ~ ø (-).
2) **~ qc de qn** (qc 는 신체부위 명사) de qn 은 약세보어인칭대명사로 대치된다: Cette nouvelle m'a déchiré le cœur. 이 소식에 나는 가슴이 찢어질 듯 슬펐다. Il m'a déchiré les oreilles [l'oreille]. 그는 귀청이 터질듯이 요란한 소리를 냈다.
2° ~ 〈찢어지다〉 Il faut des étoffes qui ne déchirent pas. 찢어지지 않는 천이 필요하다.
3° se ~ 《변화》〈찢어지다〉 Ces étoffes ne se déchireront pas facilement. 이 천들은 쉽게 찢어지지 않을 것이다.
4° se ~ qc (qc 는 신체부위 명사)《가변》〈자기의 …을 찢다〉 Il s'est déchiré les doigts aux aspérités du rocher. 그는 거친 바위에 긁혀 손가락에 상처가 났다.

décider **I. 1° ~ qc** 〈결정하다〉 Nous avons décidé une promenade. 우리는 산책을 하기로 결정했다. Le jour du départ a été décidé. 출발 날짜가 정해졌다. L'intervention de ce député a décidé la chute du ministère. 이 국회의원의 간섭이 내각의 와해를 초래했다.
◇ ~ ø Le juge décida en faveur de l'accusé. 판사는 피고에게 유리하게 결정을 내렸다.

2° ~ de Inf 〈…하기로 결정하다〉 J'ai décidé de m'en aller au plus tôt. 나는 가능한 한 일찍 가기로 결정했다.
◇ 1) de Inf 는 le 로 대치 가능함.
2) ~ ø (+).
3° ~ que P subj/ind 〈결정하다〉 J'ai décidé que chacun me fasse un rapport sur cette question. 나는 각자 내게 이 문제에 대한 보고서를 내도록 결정했다. Le président décide que la séance reprendra le lendemain. 의장은 그 이튿날 회의를 속개하기로 결정한다. Le gouvernement a décidé que les impôts seraient augmentés. 정부는 세금이 인상되도록 결정했다.
◇ 1) que P 는 le 로 대치 가능함.
2) ~ ø (+).
3) **Il est décidé que P ind** (비인칭 수동구문, que P ind 는 미래 또는 과거미래). Il sera décidé que tout le monde partira. 모든 사람들이 떠나도록 결정이 내려질 것이다.
4° ~ P (int. ind.) 〈…인지 결정하다〉 On peut difficilement ~ qui a raison. 누가 옳은지 판단하기가 곤란하다. Je n'ai pas encore décidé si je partirai. 나는 떠날 것인지를 아직 결정하지 못했다.
5° ~ de qc 〈…을 결정하다〉 Ce point a décidé de la partie. 이 점수가 승부를 결정했다. Le chef de l'Etat décide de la paix et de la guerre. 국가 원수가 전쟁이냐 평화냐 하는 문제를 결정한다.
6° ~ qn à qc 〈…에게 …을 결심시키다〉 Je l'ai enfin décidé à ce voyage. 나는 결국 그가 이 여행을 하도록 결심시켰다.
7° ~ qn à Inf 〈…에게 …하도록 결심시키다〉 J'ai décidé mon frère à vous écrire une lettre. 나는 내 동생이 당신에게 편지를 내도록 결심시켰다.

déclamer

◇ 1) à Inf는 y로 대치 가능함.
2) ~ qn ø Il faut ~ mon père. 아버지가 마음을 정하시도록 해야 한다.
3) ~ ø ø (—).
II. 1° se ~ 《변화》〈결정되다; 결심하다〉 Son sort va bientôt *se* ~. 그의 운명은 곧 결정될 것이다. Réfléchissez bien avant de *vous* ~. 결심하기 전에 잘 생각해 보세요.
2° se ~ à qc/pour qn/qc 〈…으로 결심・결정하다〉 Il *s'est décidé* à la poursuite des travaux. 그는 연구를 계속하기로 작정했다. Nous *nous sommes décidés* pour le premier candidat. 우리는 첫 번 후보자로 결정했다. Elle *s'est décidée* pour la robe blanche. 그녀는 흰 옷으로 결정했다.

◇ se ~ ø Il est temps de *se* ~; de quel côté veux-tu aller? 이제 결단을 내릴 때가 되었다. 어느 쪽으로 가겠냐? Comme tu *te décides* vite! 결정을 참 빨리 내리기도 하는구나!
3° se ~ à Inf 〈…하기로 결심하다〉 Je *me suis* enfin *décidé* à apprendre à nager. 결국 나는 수영을 배우기로 작정했다.

◇ 1) se ~ ø (+).
2) à Inf는 y로 대치 가능함: Je *m'y suis décidé*.

déclamer 1° ~ N 〈낭독・낭송하다〉 ~ un poème 시를 낭송하다.
◇ ~ Il *déclamera* demain au Conservatoire. 그는 내일 연극 학교에서 대사 낭독을 할 것이다.
2° ~ contre N 〈헐뜯다, 비난하다〉 ~ contre la débauche 방탕한 생활을 비난하다. Ils s'étaient mis à ~ follement contre les libéraux. 그들은 미친 듯이 자유주의자들을 헐뜯기 시작했다.

déclarer I. 1° ~ qc (à qn) 〈(…에게) 공표하다; 고백하다〉 Il *a déclaré* ses revenus. 그는 자기 연수입을 신고했다. Il n'osait pas lui ~ son amour. 그는 그녀에게 감히 사랑을 고백하지 못했다. L'Italie *déclara* la guerre à la France. 이태리는 프랑스에게 선전포고를 했다. Les guerres ont parfois commencé sans *avoir été déclarées*. 전쟁은 가끔 선전포고 없이 시작되었다.
2° ~ qn/qc Attr 〈…라고 선언・선고하다〉 Le président *déclara* la séance ouverte. 의장은 개회를 선언했다. Le jury l'*a déclaré* coupable. 배심원들은 그의 유죄를 평결했다. Il *fut déclaré* roi. 그의 즉위가 선포되었다.
3° ~ Inf (passé) 〈…했음을 공표・진술하다〉 Le témoin *déclare* avoir observé tous les détails de l'accident. 증인은 사고의 전말을 자세히 목격했노라 진술했다.
4° ~ (à qn) que P ind 〈(…에게) 신고・공표하다〉 J'ai *déclaré* à la douane que je transportais plusieurs paquets de cigarettes. 나는 담배를 여러 갑 가지고 있다고 세관에 신고했다. Il *déclara* qu'il avait tout observé. 그는 모든 것을 다 보았다고 언명했다.
II. 1° se ~ 《변화》〈자기 생각을 고백하다; 갑자기 일어나다〉 Ce jeune homme ne *s'est* pas encore *déclaré*. 이 젊은이는 아직도 자기 감정을 고백하지 않았다. L'incendie *s'est déclaré* à l'hôpital. 병원에서 갑자기 화재가 발생했다.
2° se ~ pour/contre qn/qc 〈…에 대해 찬성〔반대〕의 뜻을 표명하다〉 Il *s'est déclaré* pour une méthode différente. 그는 다른 방법에 찬성한다는 뜻을 밝혔다. Le peuple *s'est déclaré* contre lui. 국민은 그를 반대하는 의사를 밝혔다.
3° se ~ Attr 〈자기가 …임을 공언하다〉 Ils *se déclaraient* prêts à suivre M. Roux. 그들은 루씨를 따를 준비가 되어 있음을 밝혔다.

décoller 1° ~ N (de qp) 〈뜯다, 벗기다, 떼다〉 ~ une affiche du mur 벽에서 광고를 뜯다. ~ une tapisserie 벽지를 벗기다.
2° ~ de qp (부정 형태로만 쓰임) 〖구어〗〈떠나다, 떨어지다〉 Il ne *décolle* pas d'ici. 그는 이곳에서 떠나려 들지 않는다. Il ne *décolle* pas des jupes de sa mère. 그는 어머니의 치맛자락에서 떨어지지 않는다.
3° ~ (de qp) 〈이륙하다〉 L'avion *décolle* (de la piste d'envol). 비행기가 (활주로에서부터) 이륙한다. L'avion *décolle* d'Orly à huit heures. 그 비행기는 오를리 공항에서 8시에 이륙한다.
4° qn ~ 〖구어〗〈마르다, 야위다〉 Il a drôlement *décollé* depuis sa maladie. 그는 앓고 난 후에 몹시 야위었다.

décommander 1° ~ N 〈(주문·집회 따위를) 취소하다〉 ~ un taxi 부른 택시를 도로 보내다. ~ un livre commandé 주문한 책을 취소하다. ~ une invitation 초청을 취소하다.
2° qn se ~ (de N) 《변화》〈(…의) 참석을 취소하다〉 Elles *s'étaient décommandées* du dîner où allait le duc. 그녀들은 공작이 가게 되어 있었던 만찬회에 가는 것을 그만 두었다. Je *me suis décommandé* pour le banquet du maire. 나는 시장의 연회에 참석하기 위해서 그 약속을 취소했다.

décomposer 1° ~ N (en N(pl)) 〈분해·해체하다〉 Le prisme *décompose* la lumière en radiations simples. 프리즘은 빛을 단일 광선으로 분해한다. ~ une phrase en ses propositions constituantes 문을 그것을 구성하는 여러 절로 분석하다.
2° ~ qc 〈분해하다〉 La chaleur *décompose* les matières végétales. 열은 식물성 물질을 분해한다.
◇ ~ qc à qn (qc 는 신체부위) ~ le visage de qn …의 얼굴을 일그러지게 하다. L'angoisse *décomposait* son visage (=lui *décomposait* le visage). 그 피로움으로 그의 얼굴이 일그러지는 것이었다.
3° se ~ 《변화》〈분해되다; 일그러지다〉 La viande *se décompose* à la chaleur. 고기는 열을 받으면 분해된다. Son visage *se décomposa* de terreur. 그의 얼굴은 공포로 일그러졌다.

décompter ~ N (de N) 〈공제하다, 할인하다〉 ~ ses frais de voyage de sa déclaration d'impôts 세금 신고액에서 여비를 공제하다. On m'*a décompté* dix pour cent. 나는 1할의 할인을 받았다.

déconseiller 1° ~ N (à qn) 〈…을 나쁘다고 하다, 말리다, 만류하다, 그만두게 하다〉 Je vous *déconseille* ce médicament. 이 약을 드는 것을 저는 만류하겠읍니다.
2° ~ (à qn) que P subj 〈…하는 것을 만류하다〉 On m'*a déconseillé* que je fasse trop de sport. 나는 너무 운동을 하지 말라는 충고를 받았다.
3° ~ (à qn) de Inf 〈…하는 것을 만류하다〉 Je vous *déconseille* de prendre le volant dans cet état. 당신은 그와 같은 건강상태로써는 운전을 해서는 안 됩니다. M. de Talleyrand se vantait d'*avoir déconseillé* à Napoléon la fatale invasion de l'Espagne. 탈레랑씨는 나폴레옹에게 그 치명적인 스페인 침공을 그만두도록 만류를 한 것을 자랑했었다.

déconsidérer 1° qc ~ qn 〈…의 평판이 나빠지게 하다〉 Ce scandale l'*a déconsidéré*. 이 추문이 그의 평판을 떨어뜨렸다.
2° qn se ~ (auprès de qn)(par/pour qc) 《변화》〈(…때문에) (…에게) 신용을 잃다〉 Il *s'est décon-*

décorer

sidéré auprès de tous par son attitude insolente. 그는 그의 거만한 태도로 말미암아 모든 사람에게 신용을 잃었다.

décorer ~ qn/qc 〈장식하다; (훈장 따위를) 수여하다〉 On *a décoré* l'église pour la nuit de Noël. 크리스마스 전야를 위해 교회내부를 장식했다. Le ministre *a décoré* mon collègue. 장관은 내 동료에게 훈장을 수여했다. Cette chambre *est décorée* de nombreux tableaux. 이 방은 많은 그림들로 장식되었다. Il va *être décoré* par ses belles actions. 그는 훌륭한 무공으로 훈장을 수여받을 것이다.

◇ ~ ø (-).

découler 1° ~ de qp 〈방울방울 떨어지다; 흘러내리다〉 De grosses larmes lui *découlèrent* des yeux. 굵은 눈물 방울이 그의 눈에서 떨어졌다.
2° ~ de N 〈…에서 유래하다, …에서 생기다〉 La liberté ne *découle* pas du droit politique. 자유는 정치적 권리에서 생기는 것이 아니다.
3° que P subj (cela) ~ de N 〈…이라는 것은 …에서 결과되다〉 Que vous arriviez à une conclusion erronée (cela) *découle* de vos prémisses fausses. 당신이 잘못된 결론을 얻게 되는 것은 당신이 그릇된 전제를 내걸었기 때문이다.
4° ~ de ce que P ind 〈…라는 데 기인하다〉 Votre conclusion erronnée *découle* de ce que vous n'avez pas vérifié vos prémisses. 당신의 잘못된 결론은 당신이 당신의 전제를 검토해보지 않은 데서 나오는 것이다.
5° Il ~ de N que P ind 〈…인 것은 …에서 유래한다〉 Il *découle* de votre résultat que vous avez commis une erreur au départ. 당신이 출발점에서 벌써 잘못을 저질렀다는 것은 당신의 결과로 알 수 있다.
6° Il ~ de ce que P ind+que P ind 〈…이라는 사실은 …이라는 사실에 기인한다〉 Il *découle* de ce que vous avez des prémisses fausses que vos résultats le sont aussi. 당신이 잘못된 결과를 얻게 되는 것은 결국 당신이 잘못된 전제를 설정한 데 기인한다.

découper 1° ~ N〈자르다, 썰다〉 ~ une planche 나무판을 자르다. ~ un poulet 닭고기를 썰다.
2° ~ N en N(pl) 〈(여러 동강·조각으로) 썰다, 자르다〉 ~ un gâteau en plusieurs morceaux 과자 하나를 여러 조각으로 잘라서 나누다.
3° ~ N dans N 〈…에서 …을 도려[잘라]내다〉 ~ un article dans un journal 신문에서 한 논설을 오려내다. ~ des images dans un livre 책에서 그림을 오려내다.
4° ~ N qp (*qp*는 sur[dans] *N*이 보통) 〈…의 윤곽을 드러내다〉 Un beau muezzin apparaissait, *découpant* son ombre blanche dans le bleu profond de la nuit. 밤의 깊은 청색 속에 그 백색 의복의 윤곽을 선명히 그리면서 예쁜 회교 승려가 나타났다.
5° se ~ qp (*qp*는 sur *N*이 보통) 《변화》〈…의 윤곽을 드러내다〉 La silhouette du château *se découpait* sur l'horizon. 지평선 위에 성의 윤곽이 또렷이 드러났다.

décourager 1° ~ qn (de N)〈(…할) 용기를 없애다, 실망시키다〉 Cela m'*a découragé* d'une nouvelle tentative. 그 일로 하여 나는 새로운 시도를 할 용기를 잃어버렸다. Cet échec m'*a découragé*. 이번의 실패가 나의 용기를 꺾었다.
2° ~ de N 〈…할 용기를 없애다〉 Un tel échec *décourage* d'une nouvelle tentative. 그와 같은 실패는 새로운 시도를 할 용기를 꺾어버린다.

◇ ~ ø Les circonstances ne sont pas sans ~. 지금의 현국이 사람들

의 용기를 꺾고 있는 것은 사실이다.
3° ~ N de ce que P subj 〖드물게〗 〈…이 …할 용기를 없애다〉 Il y a de quoi ~ Jean de ce qu'il recommence. 장이 다시 시작해 볼 엄두를 못 내는 것도 당연하다.
4° ~ N de Inf Cela me *décourage* de recommencer. 그것은 내가 다시 시작할 의도를 꺾어버린다.

découvrir I. 1° ~ qc/qn 〈발견하다, 찾아내다; (…의) 덮개•뚜껑을 열다〉 On *découvrit* la victime dans la voiture abandonnée. 버려진 차에서 희생자가 발견되었다. Du haut de la colline, il *découvrit* le village dans le lointain. 그는 언덕 위에서, 멀리 있는 마을을 발견했다. Elle n'osa pas ~ le pot. 그녀는 감히 항아리 뚜껑을 열 수 없었다.
◇ 1) ~ qn/qc qui V (qui절은 속사절 구실을 함) On les *a découverts* qui jouaient au coin d'une rue. 사람들은 그 애들이 길모퉁이에서 놀고 있는 것을 발견했다.
2) ~ qn/qc Inf (→).
2° ~ qc à qn 〈…에게(비밀•의도 따위를) 드러내다〉 Il m'*a découvert* son cœur. 그는 내게 자기 속마음을 털어놓았다.
3° ~ que P ind 〈알아차리다〉 J'*ai découvert* que vous avez raison. 나는 당신이 옳다는 것을 알았다.
4° ~ P(int. ind.) 〈…인지 알아내다, 밝혀내다〉 Je n'ai pu ~ qu'il était 〔quand il était arrivé, ce qu'il a fait〕. 나는 그가 누구인지〔언제 도착했는지, 무엇을 했는지〕 알 수 없었다.
II. 1° se ~ 《변화》〈모자를 벗다; (하늘이) 개다, 맑아지다〉 Il *se découvrit* pour saluer son directeur. 그는 부장에게 인사하기 위해 모자를 벗었다. Le ciel 〔Le temps〕 *se découvre*. 날이 개인다.
2° se ~ qc 《가변》〈자기에게 …이 있음을 〔자기가 …임을〕 발견하다〉 Ma femme *s'est découvert* un talent pour la peinture. 내 처는 자신이 그림에 재능이 있음을 알았다.

décrasser 1° ~ N 〈…의 때를 벗기다, 소제하다, 씻다, 깨끗이 하다〉 ~ une cheminée 굴뚝을 소제하다. ~ les mains d'un enfant 어린애의 손의 때를 벗기다. ~ une pipe 파이프 구멍을 소제하다.
2° ~ N de N 〈…의 …을 없애다, 씻다〉 ~ une cheminée de la suie 굴뚝의 그을음을 없애다.

décréter 1° ~ qc 〈포고•선언•결정하다〉 Le gouvernement *décréta* la mobilisation. 정부는 동원령을 내렸다. L'état de siège *a été décrété* par le gouvernement. 계엄령이 선포되었다.
2° ~ que P ind (*ind*는 미래 또는 과거 미래) Nous *décrétons* que vous partirez demain. 우리는 당신이 내일 출발하도록 결정했소.

décrire 1° ~ N (à N) 〈(…에게) 묘사하다〉 ~ un événement 어떤 사건을 묘사하다. ~ un paysage inconnu à des touristes 여행자들에게 미지의 경치를 묘사하다.
2° ~ (à N) P(int. ind.) 〈…인지를 설명•묘사하다〉 Pourriez-vous me ~ comment l'accident s'est passé? 저에게 그 사건이 어떻게 일어났는지 설명해 주시겠어요?
3° qc ~ N 〈그리다, 긋다〉 Le fleuve *décrit* un méandre autour de la ville. 그 강은 도시 둘레를 곡선을 그리면서 흐른다. Les planètes *décrivent* des orbites elliptiques du soleil. 유성은 태양의 둘레를 타원 궤도를 그리면서 돈다.

décrocher 1° ~ N (de qp) 〈(걸려 있는 곳에서) 벗기다〉 ~ un tableau (du mur) (벽에서) 그림을 떼다. ~ l'écouteur du téléphone 전화기에서 수화기를 들다.
◇ ~ ø 〈수화기를 들다〉 Je l'ai

décroître

appelé plusieurs fois, mais personne n'*a décroché*. 나는 그에게 여러 번 전화를 걸었지만 아무도 대답하는 이가 없었다.
2° ~ N 〖구어〗〈받다, 얻다〉 Il *a décroché* un prix. 그는 상을 받았다. Il *a décroché* la mention bien. 그는 「우」의 성적을 받았다.
3° ~ 〖군사〗〈종적을 감추다〉 Les troupes *ont décroché* pendant la nuit. 부대는 밤 동안에 적에서부터 완전히 종적을 감추었다.

décroître 〔⇨auxiliaires〕.
~ 〈줄다, 감소하다〉 Ses revenus *décroissent* peu à peu. 그의 수입이 조금씩 줄어든다. En automne, les jours *décroissent*. 가을이 되면 낮이 짧아진다.

dédaigner 1° ~ qc/qn 〈무시하다; 업신여기다〉 Il *dédaigne* tout ce que nous lui offrions. 그는 우리가 그에게 준 것은 모두 거들떠보지도 않는다. Bernard *dédaigne* son oncle. 베르나르는 자기 아저씨를 경멸한다.
2° ~ de Inf 〈얕보아 …하지 않다〉 Il *dédaigna* de leur répondre. 그는 그들에게 대답조차 하지 않는다.

dédicacer ~ N (à qn) 〈(책 따위를) 헌정하다〉 ~ à un ami un exemplaire de son roman 친구에게 자기가 지은 소설 한 부를 헌정하다.

dédier ~ N à N 〈…에 헌사를 써서 …에게 바치다〉 L'auteur *a dédié* son livre à sa femme. 저자는 자기 책의 권두에 헌사를 써서 그 책을 부인에게 바쳤다.

dédire 1° se ~ 《변화》〈한 말을 취소하다〉 Il s'est engagé un peu légèrement et il n'ose plus *se* ~. 그는 조금 경솔하게 약속해버려서 이제 취소할 수도 없다.
2° se ~ de qc 〈(약속을) 어기다〉 Il *s'est dédit* de son engagement. 그는 약속을 안 지켰다.

dédommager ~ N (de N) 〈…에게 (…의) 배상을 하다〉 Nous l'*avons* largement *dédommagé* de l'accroc fait à son vêtement. 우리는 그의 옷이 찢긴 데 대해서 충분한 배상을 했습니다. J'*ai été dédommagé* de mes frais. 나는 내 비용을 보상받았다.

déduire 1° ~ N (de N) 〈공제하다; 연역하다〉 Quand on *déduit* les frais, on voit que le bénéfice est mince. 경비를 덜어내면 결국 이익은 별로 많지 않다. ~ les faits de la cause 원인에서 결과를 추측하다. Connaissant sa destination, j'en *ai déduit* la route qu'il prendrait vraisemblablement. 나는 그의 목적지를 알고 있었기 때문에, 그것으로부터 그가 아마도 경유할 것 같은 길을 추측해 냈다.
2° ~ (de N) que P ind/subj (부정·의문문에서는 *subj*가 쓰임)〈(…에서부터) …이라는 사실을 추측해 내다〉 Je *déduis* de sa pâleur qu'il est malade. 그의 얼굴이 창백한 것을 보고 나는 그가 앓고 있다고 결론 짓는다. On peut ~ de ses paroles qu'il se ralliera à notre avis. 그의 말을 들으면 그도 우리의 의견을 따를 것이라는 결론을 내릴 수가 있다.
3° ~ N de ce que P ind 〈…이라는 사실에서부터 …이라고 결론짓다〉 Je *déduis* de son grand âge de ce qu'il marche courbé. 그 사람이 허리를 구부리고 걷는 것을 보고 나는 그가 나이가 많다고 결론을 내린다.
4° ~ que P ind/subj de ce que P ind 〈…이라는 사실에서 …이라고 추측하다〉 De ce que vous êtes mouillé je *déduis* qu'il pleut. 당신 옷이 젖어 있는 걸 보고 나는 비가 온다고 추측을 한다. De ce que les femmes sont écervelées, en *déduis*-tu qu'il n'en soit aucune qui fasse

preuve de raison? 여자들이 일반적으로 경솔하다고 해서 너는 분별있는 여자가 한 사람도 없다고 말하느냐? De ce qu'il fait beau aujourd'hui, je n'en *déduis* pas qu'il doive faire beau demain. 나는 오늘 날씨가 좋다고 해서 내일도 날씨가 좋을 것이라고 결론 짓지 않는다.

défaillir 〔⇨auxiliaire〕.
~ 〈(기력 따위가) 쇠약해지다〉 Il était sur le point de ~ quand il arriva au terme de sa longue marche. 그가 오랫동안 걸어서 도착했을 때, 그는 기운이 다 빠져 기절할 지경이었다. Ses forces commencent à ~. 그는 기운이 빠지기 시작한다.

défaire 1° ~ N 〈해체하다, 풀다〉 ~ un nœud 매듭을 풀다. ~ sa chevelure 머리를 풀다. ~ sa malle 자기의 짐을 풀다.
2° qn se ~ de N 《변화》 〈(…을) 처분하다, 없애다; 쫓다〉 *se* ~ d'une voiture 차를 처분하다. *se* ~ de vieux vêtements 낡은 옷을 버리다. *se* ~ d'un importun 귀찮은 녀석을 쫓아버리다. *se* ~ d'une mauvaise habitude 나쁜 버릇을 없애다.

défalquer ~ N (de N) 〈(…에서) 공제하다〉 ~ les acomptes du montant d'une facture 청구서의 금액에서 선불금을 공제하다.

défendre[1] I. 1° ~ qn/qc 〈지키다, 방어하다, 옹호하다〉 La lionne *défend* ses petits. 암사자는 새끼들을 보호한다. *Défendons* la liberté! 자유를 수호합시다! Les soldats se sont battus pour ~ leur patrie. 병사들은 조국을 수호하기 위해 싸웠다. L'accusé *était défendu* par un avocat de grand talent. 그 피고는 아주 유능한 변호사가 변론을 했다.
◇ ~ ø (−).
2° ~ qn/qc contre qn/qc 〈…로부터 지키다〉 Nous *avons défendu* notre village contre les ennemis. 우리는 적으로부터 우리 마을을 지켰다.
3° ~ qn de qc 〈…로부터 지키다〉 Les vêtements nous *défendent* du froid. 의복은 우리를 추위로부터 막아준다.
◇ ~ ø qc (+).
II. 1° se ~ 《변화》 〈몸을 지키다; 자기 변호를 하다〉 Il sait très bien *se* ~. 그는 자기 자신을 잘 방어할 줄 안다. Il *s'est défendu* par les articles de presse. 그는 신문에 글을 써서 자기 입장을 옹호했다.
2° se ~ de/contre qc 〈…로부터 자기를 방위하다〉 Je portais un manteau pour *me* ~ du froid. 추위를 막기 위해 외투를 입고 다녔다. Les colons devaient *se* ~ contre les moustiques. 식민지 주민들은 모기에게 물리지 않도록 막아야만 했다.
3° se ~ de Inf (*Inf*는 완료형)〈…했음을 부인하다〉 Il *se défend* d'avoir volé un portemonnaie. 그는 자기가 지갑을 훔치지 않았다고 했다.

défendre[2] I. 1° ~ qc (à qn) 〈(…에게) …을 금지하다〉 Le docteur lui *a défendu* l'alcool. 의사는 그에게 금주를 명했다. La chasse *est défendue* pendant le printemps. 봄에는 수렵이 금지되어 있다.
◇ ~ ø ø (−).
2° ~ à qn de Inf 〈…에게 …하는 것을 금지하다〉 La mère *a défendu* à ses enfants de jouer dans la rue. 어머니는 애들이 길에서 노는 것을 금했다.
◇ **Il est défendu de Inf** (비인칭수동구문) 〈…하는 것은 금지되어 있다〉 Il *est défendu* de traverser les voies. 그 길들은 횡단이 금지되어 있다. Il lui *est défendu* de fumer. 그에게는 담배피우는 것이

déférer

금지되어 있다.
3° ~ **que P subj** 〈금하다〉 Il *défend* qu'on aille le voir. 그는 그를 면회하러 가는 것을 금했다.
◇ 1) 2°, 3° 구문에서 de Inf, que P 는 le로 대치 가능함.
2) ~ ø (—).

II. 1° **se ~ de qc** 《변화》〈…을 삼가다, 피하다〉 Je n'ai pas pu *me ~* d'un sentiment de pitié. 나는 동정심이 생기는 것을 어쩔 수 없었다.
2° **ne (pas) pouvoir se ~ de Inf** 〈…하지 않을 수 없다〉 Il ne put *se ~* de penser souvent à elle. 그는 자주 그녀 생각이 나는 것을 어쩔 수 없었다. Il ne pouvait pas *se ~* de rire. 그는 웃지 않을 수 없었다.

déférer 1° **~ qn en justice/à un tribunal** 〈…를 법정에 나오도록 하다, 법정으로 넘기다〉.
2° **~ à qc de qn** 〈…의 …에 복종하다〉 ~ à la demande 〔au désir, à l'avis〕 de *qn* …의 요구〔소원, 의견〕를 따르다.

défier 1° **~ qn/qc**〈도전하다; 무릅쓰다〉 Il *défia* son ennemi. 그는 적과 맞섰다. Il *a défié* cent fois la mort. 그는 수없이 죽음을 무릅썼다.
2° **~ qn à qc**〈…에게 …을 하자고 도전하다〉 Je vous *défie* aux échecs 〔à la course〕. 나는 당신에게 장기시합하자고〔경주를 해보자고〕 도전하는 바입니다.
3° **~ qn à Inf** Il me *défie* à courir 100 mètres 〔à boire〕. 그는 내게 100m 경주를〔마시기 시합을〕 하자고 도전한다.
◇ **~ qn à qui V** (*V* 는 단순미래형) ~ *qn* à qui boira le plus … 에게 마시기 시합을 하자고 도전하다.
4° **~ qn de Inf**〈할 수 있으면 해보라고 도전·도발하다〉 Je vous *défie* de courir les cents mètres en 12 secondes (=Je parie que vous n'en être pas capable). 당신은 100 m를 12초에 뛸 수 없을 것이오(할 수 있으면 해 보십시오. 어디 봅시다). Je vous *défie* de distinguer la copie de l'original. 당신은 사본을 원본과 구별 못할 거요.
5° **~ que P subj** Nous *défions* bien qu'on en fasse autant. 그만큼 할 수 있는 사람이 있으면 어디 해 보십시오.
6° **se ~ de qn/qc** 〈…을 의심하다, 믿지 않다〉 Je *me défie* de moi-même. 나는 자신이 없다. *Défiez-vous* de ses promesses. 그의 약속을 믿지 마세요.

définir 1° **~ qc/qn** 〈규정·규명하다〉 On ne peut pas facilement ~ les causes de ce phénomène. 이 현상의 원인을 쉽게 규명할 수가 없다.
2° **~ qc/qn comme Attr** 〈…라고 정의하다〉 On *définit* le triangle comme une figure qui a trois angles et trois côtés. 삼각형은 세 변과 세 각을 지닌 도형으로 정의된다.
3° **se ~** 《변화》〈정의되다〉 Cela *se définit* de soi-même. 그것은 자명한 일이다.

dégager 1° **~ N (de N)** 〈(…에서) 빼내다, 구출하다, 해방시키다; 제거하다〉 Elle *dégagea* sa main(de la mienne). 그녀는 (내 손에서) 자기의 손을 빼냈다. ~ un chemin de ce qui l'encombre 길을 막고 있는 것을 치우다. Les pompiers *ont dégagé* les blessés de la voiture. 구조대원들은 차에서 부상자를 구출했다. ~ sa montre du mont-de-piété 전당포에서 시계를 끄집어내다.
2° **~ N** 〈풍기다, 발산하다, 뚜렷이 드러내다; 풀어주다〉 La fleur *dégage* un parfum agréable. 꽃에서 향기로운 냄새가 난다. ~ la

balle 공을 빼내다. La robe *dégage* largement le dos. 그 부인복은 등을 많이 드러낸다. Le ministre *a dégagé* les crédits bloqués. 경제부처에서는 동결된 자금을 풀어 놓았다.
3° ~ N 〈취소하다〉 ~ sa parole [sa promesse] 약속을 취소하다. L'administration *dégage* toute responsabilité en cas d'inobservation du règlement. 규칙을 어기는 경우에는 행정당국은 모든 책임을 질 수가 없다.
4° se ~ (de N) 《변화》 〈(…에서) 빠져나오다; 걷히다; 해방되다〉 La rue embouteillée *s'est dégagée* peu à peu. 차들로 꽉 막힌 길이 차츰차츰 트였다. Le chien *s'est dégagé* de la laisse. 개가 묶인 줄에서 빠져 나갔다. Le ciel *s'est dégagé*. 하늘의 구름이 걷혔다. Une fumée épaisse *se dégageait* de l'immeuble en flammes. 불타고 있는 건물에서 한 줄기의 짙은 연기가 올라오고 있었다.

dégeler 1° ~ N 〈녹이다, 용해시키다; …에게 생기를 불어넣다〉 ~ des aliments surgelés 꽁꽁 얼어붙은 음식을 녹이다. ~ ses mains au-dessus du poêle 난로 위에서 손을 녹이다. Rien n'a pu le ~ pendant toute la soirée. 야회 동안 그는 내내 기분이 풀리지 않았다. Le ministère vient de ~ des crédits bloqués. 정부는 금융 동결을 풀었다.
2° ~ 〈녹다〉 La rivière *dégèle*. 강물이 녹는다.
3° Il ~ 〈얼음이 녹다〉 Il *dégèle* depuis hier. 어제부터 해동이다.
4° qn se ~ 《변화》〈몸을 녹이다〉 Il a mis du temps à *se* ~. 그는 몸을 녹이는 데 오랜 시간을 들였다.

dégénérer 1° ~ 〈타락하다; 퇴화하다; 퇴폐하다〉 Les vieillards accusent les jeunes d'*avoir dégénéré*. 늙은이들은 젊은이들이 타락했다고 비난한다. Le goût musical paraît *dégénéré*. 음악에의 기호가 퇴폐적이 되어가는 것 같다.
2° ~ en N (de N) 〈(…에서) …으로 타락하다; …이 되다〉 La dispute *a dégénéré* en bataille. 언쟁이 싸움으로 변했다. Bientôt le chahut *dégénéra* en tumulte. 고함소리는 어느새 싸움으로 변해 버렸다.

dégoûter 1° ~ qn 〈싫증나게 하다, 지긋지긋하게 하다〉 Vous me *dégoûtez*; allez-vous-en. 당신은 지긋지긋하다. 저리 가시오. Son hypocrisie me *dégoûte*. 그의 위선에 혐오감을 느낀다.
2° ~ qn de qc 〈…에 싫증나게 하다〉 Ses échecs successifs aux examens l'*ont dégoûté* des études. 시험에 연거푸 낙방을 하자 그는 공부하는 데 싫증이 났다.
3° ~ qn de Inf 〈…에게 …할 마음을 없애버리다〉 Ils m'*ont dégoûté* de continuer mes recherches. 그들은 내가 연구를 계속하지 못하도록 했다.
4° se ~ de qc/qn 《변화》〈…에 싫증나다〉 Il *s'est dégoûté* de son métier. 그는 자기 직업에 싫증이 났다.

déguerpir ~ (de qp) 〈도망치다〉 Les cambrioleurs *ont déguerpi* à l'arrivée de la police. 경찰이 도착하자 도둑들은 뺑소니를 쳐버렸다. Il *déguerpit* de sa cachette. 그는 은신처에서 도망쳐버렸다.

déguiser 1° ~ N 〈숨기다, 위장하다, 가장하다〉 ~ ses intentions [sa pensée] 자기의 의도를[생각을] 숨기다. Ils ont passé leur vie à ~ sous de beaux noms les sentiments les plus vils. 그들은 저열한 감정을 아름다운 명칭으로 위장하는 데 그들의 일생을 보냈다.
2° ~ N en N 〈…으로 변장·위장하다〉 ~ un enfant en cow-boy 어린애에게 카우보이 같은 복장을 시키다.

déjeuner

3° se ~ (en N) 《변화》〈(…으로) 변장·위장하다〉 Il s'était déguisé en clochard. 그는 거지로 변장했었다.

déjeuner 1° ~ 〈아침[점심]식사를 하다〉 Il a l'habitude de ~ à midi et demi. 그는 12시 반에 점심을 먹는 습관이 있다.

2° ~ de/avec qc 〈아침[점심]식사로 …을 먹다〉 Il a déjeuné d'une tasse de café et de deux croissants. 그는 커피 한 잔과 크르와상 두 개로 아침식사를 했다.

délecter 1° ~ qn (de qc) 〈(…으로) 아주 기쁘게 만들다〉 Il me délecte de ses histoires humoristiques. 그는 그의 유머 섞인 얘기로 나를 즐겁게 만들어 준다.

2° qc ~ N 〈즐겁게 만들다〉 Vos bonnes histoires me délectent. 당신의 재미있는 얘기가 나를 즐겁게 합니다.

3° qn se ~ de/à Inf 〈…하는 것을 무척 좋아하다〉 Je me délecte à écouter de la musique. 나는 음악을 듣는 것을 몹시 좋아한다. Elisabeth se délectait de détruire des points de vue essentiels. 엘리자벳은 가장 요긴한 견해를 반박하고 나서는 데 큰 기쁨을 느꼈다.

déléguer 1° ~ qn (à qc) 〈대표로 파견하다〉 ~ une personne à un congrès 회의에 어떤 사람을 대표로 파견하다.

2° ~ qc à qn 〈(어떤 권리를) …에게 위임하다〉 ~ ses pouvoirs à qn …에게 권한 대행을 시키다. ~ son droit de vote à qn 자기의 투표권을 …에게 위임하다.

délester 1° ~ N (de N)〈…의 …를 덜어주다〉 ~ un navire de son lest 배의 밑짐을 덜다. ~ qn d'un fardeau …에게서 짐을 덜어주다.

2° ~ qn de qc 〈…에게서 …을 빼앗다〉 ~ qn de sa fortune …에게서 재산을 박탈하다. ~ qn de cent francs …에게서 백 프랑을 빼앗다.

délibérer 1° N(pl) ~ (de/sur qc) 〈(…에 관해서) 숙의하다, 토론하다〉 Les membres du jury vont se retirer pour ~. 심사 위원들은 협의를 하기 위해서 물러갈 것이다. Le gouvernement délibère de [sur] l'état actuel de l'économie. 정부는 현 경제상태에 관해서 협의중에 있다.

2° N(pl) ~ P(int. ind.) 〈…할지 말지 협의하다〉 On délibéra longtemps si l'on voulait aller au théâtre ou non. 극장에 가야 할지 말지 우리들은 오랫동안 협의했다.

3° N(pl) ~ de Inf 〈…할 것을 토의하다〉 Les ministres ont délibéré d'augmenter les prix agricoles. 장관들은 농산물의 가격을 올릴 것인지에 대해서 토의했다.

4° ~ avec qn (de/sur qc) 〈…와 (…에 관해서) 토의하다〉 Le ministre a délibéré avec son collègue sur la majoration des prix agricoles. 장관은 동료와 농산물의 가격인상에 관해서 토의했다.

5° qn ~ 〈숙고하다〉 Il a délibéré longtemps avant de prendre une décision. 그는 결정을 취하기 전에 오랫동안 곰곰 생각했다.

délier 1° ~ N 〈풀다, 끄르다; 해방하다〉 ~ un fagot 묶은 단을 풀다. ~ un prisonnier 포로를 풀어주다. Le vin délie les langues. 술을 먹고 나면 말문이 열린다. Après quatre verres de calvados, sa langue se délia. 넉 잔의 칼바도스를 마시고 나자 그는 말문이 열려 지껄이기 시작했다.

2° ~ N de N 〈…에서 해방하다〉 ~ qn d'une obligation 어떤 의무에서 …를 해방하다. Il se considère comme délié de son serment de fidélité. 그는 자기가 충성의 맹세에서부터 해방된 걸로 생각한다.

délivrer 1° ~ N (de N) 〈(…에서부터) 해방하다〉 ~ un prisonnier

demander

(des mains de *qn*) 포로를 (…의 손으로부터) 석방해주다. ~ *qn* d'un souci [d'une contrainte] …를 걱정[구속]에서 해방시켜 주다. 2° ~ N (à N) ⟨(…에게) 인도하다; 교부하다⟩ On m'a *délivré* un paquet. 상품 상자가 내게 배달되었다. La préfecture *délivre* les cartes d'identité. 경시청에서 신분증을 발부한다. Le médecin *délivre* des ordonnances. 의사가 처방전을 교부한다.

déloger 1° ~ N (de qp) ⟨(…에서부터) 몰아내다; 퇴거시키다⟩ ~ un animal de sa cachette 동물을 집에서 몰아내다. ~ l'ennemi de ses positions 적을 진지에서 몰아내다. ~ un locataire 하숙인을 퇴거시키다. 2° ~ (de qp) ⟨(…에서) 퇴거하다; 이사하다; 철수하다⟩ Nous sommes obligés de ~ bientôt (de chez nous). 우리는 (지금 집에서) 불원 이사를 해야만 하게 되었다.

demander I. 1° ~ qn ⟨(면회·전화 따위에서) 신청하다⟩ On *demande* M. Roux au téléphone. 루씨에게 전화가 왔다. On vous *demande*. 면회입니다[전화왔읍니다]. 2° ~ qc ⟨청구하다, 요구하다; 필요로 하다⟩ Je vais ~ des dommages-intérêts. 나는 손해배상을 청구하겠다. Ce travail *demande* du temps. 이 일은 시간이 필요하다. Les grands malades *demandent* un repos complet. 중환자들에게는 완전한 휴식이 필요하다. 3° ~ qc à qn ⟨…에게 …을 바라다, 묻다; 요구하다⟩ Nous lui *demandons* son avis. 우리는 그에게 그의 의견을 묻는다. Il me *demande* le chemin de la gare. 그는 내게 역으로 가는 길을 묻는다. J'ai oublié mon portefeuille, et j'ai dû ~ de l'argent à mon père. 나는 지갑을 두고 나와서 아버지에게 돈을 달라고 했다.

◇ ~ ∅ à qn Vous pouvez toujours lui ~, mais je ne vous garantis pas qu'il vous le donnera. 어쨌든 그에게 달라고 요구할 수는 있읍니다. 그러나 그가 당신에게 그것을 내주리라고 보장은 못합니다. 4° ~+ 가격 +de qc ⟨…의 값으로 얼마를 요구하다⟩ Il *demande* 10,000 francs de sa voiture. 그는 차값으로 10,000 프랑을 요구한다. 5° ~ à qn de Inf ⟨…에게 …해 달라고 하다⟩ Je lui *demande* d'être exact. 나는 그에게 시간을 잘 지키라고 했다.

◇ **ne pas ~ mieux que de Inf** ⟨…이야말로 안성마춤이라고 하다⟩ Il ne *demande* pas mieux que de rester avec nous. 그는 우리와 함께 남아 있으라니 정말 잘됐다고 한다. 6° ~ à Inf ⟨…하기를 원하다⟩ Il *demande* à entrer. 그는 들어오겠다고 한다. Je *demande* à voir ce que vous avez dessiné. 나는 당신이 그린 것을 보기를 원한다.

◇ **ne ~ qu'à Inf** ⟨단지 …하기만을 원하다⟩ Je ne *demande* qu'à vous être utile. 나는 당신에게 도움이 되기만을 바랄 뿐입니다. 7° ~ **que P subj** ⟨…하기를 원하다⟩ Je *demande* que chacun participe à ce travail. 나는 각자 모두 이 일에 참여할 것을 원한다. 8° ~ **à ce que P subj** J'ai *demandé* à ce que cela soit vite fait. 나는 그 일이 빨리 이루어지기를 바랐다.

◇ 1) à ce que P subj 는 le [cela]로 대치된다.
2) ~ ∅(+).
9° ~ **à qn P(int. ind.)** ⟨…에게 …인지 묻다⟩ *Demandez*-lui s'il peut venir. 그가 올 수 있는지 물어보세요. Le touriste *demanda* à un passant où se trouvait le château. 관광객은 지나가는 사람에게 그 성이

어디 있는지를 물었다. Il ne faut pas ~ pourquoi il n'a pas protesté. 그가 왜 항의하지 않았는지는 물을 필요도 없다.
10° ~ à qn+직접인용문 Paul demande à Marie: «Es-tu venue hier?». 그러나 *Paul demande à Marie:«Tu es venue hier».
II. 1° se ~ 《변화》〈문제가 되다〉 Cela ne se demande pas. 그것은 문제가 안된다.
2° se ~ qc 《가변》〈자문하다〉 Je me demande le but de ces manifestations. 나는 이번 데모의 목적이 무엇인가를 자문해본다.
3° se ~ P (int. ind.) 《불변》〈…인지 의아하게 생각하다; 망설이다〉 Je me demande pourquoi il m'a dit cela. 나는 왜 그가 내게 그 말을 했는지가 의심스럽다. Je me demande si j'irai. 나는 갈까말까 망설인다.

démarquer 1° ~ N〈(작품을) 표절하다〉 ~ une œuvre littéraire 문학 작품을 표절하다.
2° ~ N〈…의 상표를 떼다〔갈아달다〕〉 ~ des marchandises 상품의 상표를 떼다〔갈아달다〕.
3° ~ N (de N) 〖운동〗〈마크를 받지 않게 하다〉 ~ un joueur de la surveillance de ses adversaires 어떤 선수를 상대방 팀의 마크를 받지 않게 하다.
4° se ~ (de N) 《변화》〈적의 마크를 피하다〉 L'avant-centre se démarque de ses adversaires. 센터포워드가 적의 마크를 피한다.

démêler 1° ~ N 〈(헝클어진 것을) 풀다〉 ~ une pelote de laine 털실 뭉치를 풀다.
2° ~ N 〈간파하다; (사건을) 해결하다〉 Il faut essayer de ~ le part de vérité dans ce qu'il raconte. 그가 말하는 것 중에서 참된 부분을 파악하려고 노력해야 한다. ~ les intentions de qn …의 의중을 간파하다. ~ un différend 분쟁을 해결하다. avoir qc à ~ avec qn …의 일로 …와 말썽이 있다.
3° ~ N(pl) 〈분별·분간하다〉 ~ le superflu et le nécessaire 필요없는 것과 필요한 것을 구별하다.
4° ~ N de/d'avec N 〈…와 …를 구별·분별하다〉 ~ le vrai du faux 참과 거짓을 분별하다. ~ la vertu d'avec ses apparences 덕과 덕처럼 위장된 것과를 구별하다.
5° qn se ~ de N 《변화》〈…에서 헤어나다〉 se ~ d'une situation compliquée 복잡한 상황에서 헤어나다.

démembrer ~ N (en N(pl))〈분할·분석하다〉 ~ un pays 나라를 분할하다. ~ une phrase en ses constituants 문을 그 구성요소로 분석하다.

déménager ⇨auxiliaires.

démentir 1° ~ qc/qn〈…(의 말)을 거짓〔허위〕이라고 반박하다; 부인하다〉 Tu ne dois pas ~ ta mère. 어머니의 말씀이 틀렸다고 하면 안된다. Après avoir annoncé le divorce de cette actrice, les journaux ont démenti la nouvelle. 신문들은 이 여배우의 이혼소식을 보도했다가 그것이 사실이 아님을 확인했다. La nouvelle a été démentie. 그 소식은 사실이 아님이 밝혀졌다.
2° ~ que P ind/subj 〈부인하다; 거짓이라고 단정하다〉 Un porte-parole a démenti que ces contacts aient été pris à Tunis. 대변자는 그와 같은 접촉이 튀니스에서 취해졌다는 것을 부인했다.
◇ ne explétif의 사용은 nier의 그것에 준함.
3° se ~ (흔히 부정문에서) 《변화》 〈지속하지 못하다〉 Son amitié pour moi ne s'est jamais démentie. 나에 대한 그의 우정은 조금도 변함이 없었다.

démériter 1° qn ~ (au yeux de

qn/auprès de qn) 〈(…에게 대해서) 존경받지 못할 짓을 하다〉 A partir de ce moment-là il *a démérité* à mes yeux 〔auprès de son patron〕. 그 순간부터 그는 나에게서〔그의 주인에게서〕 신용을 잃었다.
2° qn ~ en N 〈(어떤 짓을 해서) 신망을 잃다〉 En quoi *a-t-il démérité?* 그가 무슨 짓을 했기에 저렇게 신망을 잃었느냐?

démettre 1° ~ N 〈탈구시키다〉 ~ son bras (=se ~ le bras) 자기 팔을 탈구시키다.
2° ~ N de N 〖고어〗〈…에서 파직하다〉 ~ *qn* de ses fonctions …를 그 직책에서 면직시키다.
3° qn se ~ (de N) 《변화》〈(…을) 사임하다〉 Le général *s'est démis* de ses fonctions. 장군은 그 직책에서 물러났다. Il songeait à *se* ~ de ses fonctions de président. 그는 자기의 회장직을 사임할 생각을 하고 있었다.

demeurer 1° ~ Attr/SP (조동사는 être, *SP*는 전치사+명사)〈(같은 상태에) 있다, 머물러 있다〉 Il *est demeuré* silencieux en écoutant mes reproches. 그는 내 질책을 들으면서 묵묵히 있었다. Il *est demeuré* muet depuis cet accident. 그는 이 사고 이후로 벙어리가 되었다. La voiture *est demeurée* toute la semaine au garage. 차는 한 주일 내내 차고에 있었다.
◇ 비인칭구문 : Il *demeure* peu de choses de nos amours passés. 우리의 흘러간 사랑으로부터 남은 것이 별로 없다.
2° ~ Prép N (조동사는 avoir, *N*은 장소명사)〈거주하다(=habiter)〉 Il *a demeuré* dans ce village. 그는 이 마을에 살았다. Où *demeurez-vous?* 당신은 어디 사십니까?

démolir ~ qc 〈파괴하다, 무너뜨리다〉 On est en train de ~ ce mur. 사람들은 이 벽을 허물고 있는 중이다. La ville *a été démolie* par un bombardement. 시가는 폭격으로 파괴되었다.
◇ ~ ø (—).

démontrer 1° ~ N (à N) 〈증명・논증하다〉 ~ une théorie 어떤 이론을 증명하다.
2° ~ (à N) que P ind/subj (주절이 의문・부정이면 *subj*)〈…이라는 사실을 증명하다〉 Ceci *démontre* que X est égal à Y+2. 이것은 X가 Y+2와 같다는 것을 증명하는 것이다. Je lui *ai démontré* que son argumentation était fausse. 나는 그에게 그의 이론이 틀렸다는 것을 증명해 주었다. Il n'*est* pas du tout *démontré* qu'il ait été coupable. 그가 죄인이라는 것은 전혀 증명이 되어 있지 않다.
3° qn ~ (à N) Inf 〈…했음을 증명하다〉 Il m'*a démontré* avoir dit la vérité. 그는 진실을 말했음을 나에게 증명했다. Il *a démontré* avoir compris le problème. 그는 그 문제를 잘 이해하고 있다는 것을 증명했다.

démordre qn ~ de qc (특히 부정문에서)〈포기하다〉 Il ne *démord* pas de son avis. 그는 자기 의견을 고집한다. Il prit la résolution de s'enfuir la nuit suivante, et rien ne put l'en faire ~. 그는 다음 날 밤에 도망치려고 결심을 했다. 그리고 아무 것도 이 결심을 바꾸게 할 수는 없었다. Il n'en *démordra* pas. 그의 고집은 대단하다.

démunir 1° ~ N de N 〈…이 갖고 있던 …을 없애다〉 On *a démuni* le parc de ses plus beaux arbres. 그 공원은 제일 아름다운 나무들이 없어졌다.
2° ~ qn (de qc) 〈…의 …을 없애 버리다〉 Cet achat m'*a* complètement *démuni* (de mon argent). 그 쇼핑으로 내 돈이 다 떨어졌다. En lui empruntant cette somme, je

l'*ai* totalement *démuni*. 그에게서 그 금액을 꾸어와서 나는 그의 돈을 다 털어버린 셈이다.
◇ 1) **être démuni** 〈돈이 떨어졌다〉 Je *suis* complètement *démuni*, est-ce que tu peux me prêter de l'argent? 나는 돈이 다 떨어졌어. 돈을 좀 꾸어줄 수 있을까?
2) **être démuni de qc** 〈…이 없다〉 Il *est* totalement *démuni* d'esprit critique. 그는 비평정신이 전혀 결여되어 있다.

dénier 1° ~ N 〈부인하다〉 Il *dénie* sa participation à cette affaire. 그는 그 사건에 가담한 것을 부인한다. Il *a dénié* toute responsabilité dans cette affaire. 그는 그 일에서의 자기의 모든 책임을 부인했다.
2° ~ **que P subj** 〈…이라는 것을 부인하다〉 Il *dénie* qu'il ait participé à cette affaire. 그는 그 사건에 참여했다는 것을 부인한다.
3° ~ **Inf** 〈…함을 부인하다〉 Il *dénie* avoir participé à cette affaire. 그는 이 사건에 관여했음을 부인한다.
4° ~ **qc à qn** 〈…에게 …이 있다는 것을 부인하다〉 Je vous *dénie* le droit de me juger. 나는 당신이 나를 판단할 권리를 인정할 수 없다.

dénoncer 1° ~ N (à qn) 〈고발하다〉 ~ un voleur (à la police) (경찰에) 도둑을 고발하다.
2° ~ (à qn) **que P ind** 〈…라고 고발하다〉 Un coup de téléphone *dénonça* à la police que l'I.R.A. avait déposé une bombe à la gare. 전화가 울려서 I.R.A.가 역에 폭탄을 장치했다고 경찰에 알려왔다.
3° ~ (à qn) **P**(int. ind.) 〈…인지를 폭로하다〉 Jules *a dénoncé* comment Jacques a fait pour cambrioler Jim. 쥘은 자크가 짐에게 어떻게 강도질을 했는가를 폭로했다.
4° ~ (à qn) **Inf** 〈…함을 폭로하다〉 Un personnage anonyme *a dénoncé* à la police avoir aperçu un voleur cambrioler une maison. 이름을 밝히지 않는 어떤 사람이, 도둑이 어떤 집을 터는 것을 보았다고 경찰에 알렸다.
5° **qc ~ N** 〈보여주다, 나타내다〉 Ses manières *dénoncent* son origine. 그의 행동 태도가 그의 출신을 나타내고 있다.
6° **qc ~ que P ind/subj** (주절이 부정·의문일 때는 *subj*) 〈…이라는 것을 보여주다, 나타내다〉 Son regard *dénonça* qu'il m'avait reconnu. 그가 나를 알아보았다는 것은 그의 시선을 보아서 알 수 있었다. Son regard *a-t-il dénoncé* qu'il t'ait reconnu? 그가 너를 알아보았다는 눈치가 보이던가?
7° **qc ~ P** (int. ind.) 〈…인지 아닌지를 표시하다〉 C'est le regard qui *dénonce* si l'on est inquiet ou non. 사람이 불안한지 그렇지 않은지를 나타내는 것은 시선이다.
8° ~ **N** 〈규탄하다〉 ~ les essais nucléaires dans l'atmosphère 대기권에서의 핵실험을 규탄하다.
9° ~ **que P ind/subj** 〈…하는 것을 규탄하다〉 L'Inde *dénonce* que la France fasse [fait] de telles expériences. 인도는 프랑스가 그와 같은 실험을 하는 것을 규탄한다.
10° **se** ~ 〈자수하다〉 *se* ~ à la police 경찰에 자수하다.

dénouer 1° ~ **N** 〈풀다; 해결하다, 밝히다〉 ~ une corde 끈의 매듭을 풀다. ~ une intrigue 어떤 음모를 밝혀내다. ~ une difficulté 어떤 어려움을 해결하다.
2° **se** ~ (**par qc**) 《변화》〈…으로 결말이 나다, 해결되다; 풀리다〉 La situation *s'est dénouée* par la mort. 그 위험스러운 국면은 결국 죽음으로 결말이 났다. La langue *se dénoue*. 혀가 풀린다[말이 쉽사리 나오기 시작한다]. La crise *s'est* enfin *dénouée*. 위기가 마침내 해결되었다.

départager 1° ~ N(pl) 〈분리하다〉 Une haie *départage* les deux prairies. 담장이 하나 사이에 있어서 두 목장을 분리시키고 있다.
2° ~ N(pl) 〈판별하다〉 ~ le vrai et le faux 참과 거짓을 판별하다.
3° ~ N de N 〈…와 …을 판별하다〉 ~ les bons des méchants 선인들과 악인들을 판별하다.
4° ~ N 〈…의 균형을 깨다, …의 석차를 매기다〉 Le cas échéant, le président *départage* l'égalité du nombre des votes. 필요한 경우에는 의장이 찬반 동수에 대한 결정을 내린다. Une question subsidiaire *départagera* les gagnants. 수상자들 간의 석차 순위는 보조적인 질문을 내어서 결정할 것이다.

départir 〔partir와 동일변화〕.
1° ~ qc à qn 〈…에게 분배하다〉 les fonctions qui lui *ont été départies*(=attribuées) 그에게 부여된 임무.
◇ 이 구문은 수동형으로만 쓰임.
2° se ~ de qc 《변화》 〈…을 포기하다, 버리다〉 Il ne *s'est* jamais *départi* de son calme. 그는 결코 침착성을 잃지 않았다.

dépêcher 1° ~ qn/qc 〈급파·급송하다〉 Le président a eu l'idée de ~ aussitôt à Berlin le premier ministre. 대통령은 수상을 즉시 베를린으로 급파할 생각을 했다.
2° qn se ~ de Inf 《변화》 〈서둘러 …하다〉 *Dépêchez-vous* de dîner, si vous ne voulez pas être en retard pour aller au théâtre. 극장에 가는데 늦지 않으시려거든 저녁식사를 빨리 하십시오.
◇ 1) de Inf 는 대명사화가 불가능.
2) ~ ø Si vous ne *vous dépêchez* pas, nous arriverons trop tard. 당신이 서두르지 않으면, 우리는 너무 늦게 닿겠습니다.
3) 구어에서는 명령문에서 se없이 사용되기도 한다: *Dépêche*, tu vas être en retard. 서둘러라, 늦겠다.

dépeindre 1° ~ N (à N) 〈(…에게) 묘사하다, 설명하다〉 ~ un événement (à qn) (…에게) 어떤 사건의 경위를 설명하다.
2° ~ (à N) P(int. ind.) 〈…인지를 설명하다〉 Il m'*a* parfaitement *dépeint* à quoi ressemblait le Japon. 그는 나에게 일본이 대략 어떤 나라인지를 소상히 설명해 주었다.

dépendre 1° ~ de qn/qc 〈…에 복종하다; …에 달려 있다〉 Les jeunes enfants *dépendent* complètement de leurs parents. 어린애들은 전적으로 자기 부모의 말에 따른다. Le succès *dépend* de votre ténacité. 성공은 당신의 끈기에 달려 있다.
◇ ~ ø (다음의 표현에서만 사용) Viendrez-vous? —Cela[Ça] *dépend*. 가시겠어요? —글쎄요. 형편을 봐서요.
2° Il ~ de qn de Inf/que P subj 〈…하는 것은 …에게 달려 있다〉 Il ne *dépend* que de lui d'apaiser le conflit. 분규를 가라앉히는 것은 오로지 그에게 달려 있다. Il n'a pas *dépendu* de moi que l'affaire réussisse ou échoue. 일의 성패는 내게 달려 있지 않았다. Il *dépend* de vous que cela se fasse ou ne se fasse pas. 그 일이 되고 안되고는 당신에게 달린 문제이다. Il *dépend* du président qu'il soit gracié. 그가 특사를 받는 것은 대통령에게 달려 있다.
◇ 1) 부정문, 의문문에서는 드물게 que P subj 에 허사 ne 를 사용하기도 한다.
2) 속어조에서는 Il ~ de qn 뒤에 P (int. ind.)를 사용하기도 한다: Ça *dépend* jusqu'où ils sont allés. 그것은 그들이 어디까지 갔느냐에 달린 문제다.

dépenser 1° ~ N (pour Inf) 〈(…하기 위해서) 소비하다〉 ~ son argent pour acheter des livres 책

을 사기 위해서 돈을 쓰다.
2° ~ N à Inf 〈…하는 데 소비하다〉 ~ son énergie à faire du tennis 테니스를 하는 데 정력을 쓰다. Ils *dépensent* leur temps précieux à flâner dans les rues. 그들은 그 귀중한 시간을 길거리를 쏘다니는 데 허비한다.
dépeupler ~ N (de N) 〈(…의 주민·서식물을) 없애다〉 L'exode rural *a dépeuplé* la région (de ses habitants). 시골 사람들의 이주는 그 지역을 황폐하게 했다〔그 지역의 주민들을 감소시켰다〕. La polution *a dépeuplé* le Rhin de ses poissons. 공해로 말미암아 라인강은 물고기가 없어졌다. ~ une forêt 숲의 나무를 없애다.
déplacer 1° ~ N ((de) qp) 〈(…에서 …으로) 옮기다〉 ~ un meuble de l'endroit où il se trouve vers un autre 가구를 현재 있는 장소에서 다른 곳으로 옮기다. ~ une virgule dans une phrase 문장에서 쉼표의 자리를 옮기다. ~ un fonctionnaire de son poste 공무원을 그 직책으로부터 다른 곳으로 이동시키다.
2° ~ N (vers/sur N) 〈…의 핵심을 바꾸다〉 En disant cela vous *déplacez* le problème. 그런 말을 하는 것은 문제의 핵심을 바꾸는 결과가 됩니다. C'est ~ la question non la résoudre. 그것은 문제의 핵심을 바꾸는 것이지 문제를 해결하는 것은 아닙니다.
3° se ~ ((de) qp) 《변화》〈(…에서 …으로) 이동하다, 옮아가다〉 Ne *vous déplacez* pas de l'endroit où vous êtes. 지금 있는 곳에서 자리를 옮기지 마세요. Il ne *se déplace* qu'en taxi. 그는 택시만 타고 다닌다. Le soleil *se déplace* de l'est à l'ouest. 태양은 동쪽에서 서쪽으로 이동한다. Vous pouvez le voir d'ici sans *vous* ~. 당신은 자리를 옮기지 않고도 여기서 그것을 볼 수 있읍니다.
4° se ~ (sur/vers N) 〈…의 핵심이 바뀌다〉 Le débat *s'est déplacé* sur d'autres points. 토론의 핵심이 다른 쪽으로 옮아갔다. L'intérêt *s'est déplacé* de Zurich vers Dar-Es-Salaam. 관심이 취리히로부터 다르에스살라암쪽으로 옮겨갔다.
déplaire 1° ~ à qn 〈…의 마음에 들지 않다, …을 불쾌하게 하다〉 Cette ville *déplaît* a beaucoup de gens. 많은 사람들이 이 시를 마음에 안들어 한다.
◇ 1) à qn은 약세보어인칭대명사로 대치 가능함: Sa manière de vivre me *déplaît* beaucoup. 그의 생활태도는 몹시 내 마음에 안든다. 2) ~ ∅ Cette allusion *a* profondément *déplu*. 이러한 암시가 사람들을 몹시 불쾌하게 만들었다.
2° (1) **n'en déplaise à qn/qc** 〈…에게 실례되겠지만; …에도 불구하고〉 La pièce obtient un beau succès, n'en *déplaise* aux critiques. 비평가들에게는 안됐지만, 그 작품은 대단한 성공을 거두고 있다.
(2) **ne vous en déplaise** 〈실례이지만〉 Je me permets de ne pas être de votre avis, ne vous en *déplaise*. 죄송스럽지만, 저는 당신과 의견을 같이 할 수 없읍니다.
◇ 비인칭구문:**Il/Cela me déplaît de Inf/que P subj** 〈…하는 것은 내게 불쾌하다〉 Il me *déplaît* d'être obligé de vous punir. 당신을 벌할 수밖에 없는 것이 나로선 유쾌하지 못한 일이다. Cela me *déplaît* que vous m'interrompiez. 당신이 내 말을 가로막다니 나로선 불쾌하다.
3° se ~ 《불변》〈서로 마음에 들지 않다〉 Ils *se sont* immédiatement *déplu*. 그들은 즉시 서로 싫어했다.
4° se ~ **Prép N** (N은 장소명사)〈…에서 싫증나다〉 Ils *se sont déplu* à la campagne. 그들은 시골

이 싫증났다.

déplorer 1° ~ qn/qc 〈비탄하다; 애도하다〉 Un incendie s'est déclaré;on *déplore* plusieurs victimes. 갑자기 화재가 발생해서, 여러 희생자가 난 것을 슬퍼한다.
2° ~ de Inf 〈…하는 것을 유감으로 생각하다〉 Je *déplore* de ne pas l'avoir su à temps. 나는 내가 제때 그 사실을 알지 못한 것이 유감스럽다.
3° ~ que P subj Je *déplore* qu'il ne soit pas venu. 그가 오지 않은 것이 유감이다. Je *déplore* que cette lettre se soit égarée. 그 편지가 분실된 것이 유감스럽다.

déposer 1° ~ N (qp) 〈놓다, 내려놓다; 위탁하다〉 ~ sa valise (sur le sol) 자기 트렁크를 (땅바닥에다) 놓다. ~ un verre sur la table 컵을 테이블 위에 놓다. ~ des bijoux à la banque 보석을 은행에 위탁하다. ~ de l'argent dans une compagnie immobilière 부동산 회사에 돈을 위탁하다. Je vous *déposerai* à la gare. 나는 (차로) 당신을 역까지 모셔다 드리겠읍니다.
2° ~ qc (qp) (*qc*는 서류) 〈제출하다〉 ~ plainte en justice (contre *qn*) (…를) 고소하다. ~ son dossier de candidature à une université 대학에 지원서류를 제출하다.
3° ~ qc (de qc) 〈(설치된 물건을) 떼다, 철거하다〉 ~ un tableau du mur 벽에서 그림을 떼다. Il a fallu ~ le chauffe-eau pour réparer la fuite. 물이 새는 것을 고치기 위해서 온수기를 떼어야만 했다.
4° ~ qn (de qc) 〈면직·폐위시키다〉 ~ *qn* (de ses fonctions) …를 (그의 직책에서) 해임하다. ~ un roi 왕을 폐위시키다. ~ un fonctionnaire 공무원을 면직하다.
5° ~ 〈가라앉다, 침전하다〉 Le marc de café *dépose*. 커피 찌꺼기는 가라앉는다.
6° qn ~ (contre/en faveur de qn) 〈(…에게 불리한[유리한]) 증언을 하다〉 Aucun des témoins n'*a* encore *déposé* (contre moi). 증인 중의 아무도 아직까지는 (내게 불리한) 증언을 하지 않았다.
◇ 1) qn ~ que P ind 〈…라고 증언하다〉 Le témoin *a déposé* qu'il avait aperçu le jardinier au moment du crime. 증인은 범죄 당시에 정원사를 목격했다고 진술했다.
2) qn ~ Inf 〈…함을 증언하다〉 Il *déposa* avoir été de son portefeuille dans le métro. 지하철 안에서 지갑을 탈취당했다고 증언했다.
7° qc se ~ (qp) 〈(변화)〉 〈가라앉다, 침전하다〉 Le tannin du vin *se dépose* au fond de la bouteille. 포도주의 탄닌은 병 밑바닥에 가라앉는다.

déposséder ~ N (de N) 〈(…의 소유권을) 박탈하다, …에게서 …을 박탈하다〉 ~ *qn* de ses terres …에게서 토지를 빼앗다. ~ *qn* de ses fonctions …에게서 그 직책을 박탈하다.

dépouiller 1° ~ N (de N) 〈…의 껍질을 벗기다; 벌거숭이로 만들다; …에게서 …을 빼앗다〉 ~ un lièvre 토끼 가죽을 벗기다. La tempête *a dépouillé* les arbres. 폭풍우 때문에 나무는 잎사귀가 다 떨어졌다. ~ *qn* de son argent …에게서 돈을 빼앗다. La révolution *dépouilla* les nobles de leurs titres. 혁명은 귀족들에게서 그 지위를 빼앗아 버렸다.
◇ ~ qn 〈…의 돈·재산을 빼앗다〉 les histoires de paysans qui laissent mourir leurs vieux de faim après qu'ils les *ont dépouillés* 노인네들의 소유 재산을 빼앗고 그들을 굶어 죽도록 내버려두는 농부들의 이야기.
2° ~ N 〚문어〛 〈벗다; 버리다〉 Le serpent *dépouille* sa peau. 뱀이 허

물을 벗는다. Les arbres *ont dépouillé* leurs feuilles. 나무들은 잎사귀 옷을 벗어버렸다. Graziella *avait dépouillé* ses vêtements de lourde laine. 그라지엘라는 무거운 털옷을 벗어버렸다.
3° **se ~ (de qc)** 《변화》〈…을 벗다; 빼앗기다〉 Les arbres *se sont dépouillés* (de leurs feuilles). 나무들은 벌거숭이가 되었다[잎사귀를 완전히 벗어버렸다]. Jean *se dépouille* de ses vêtements. 장은 자기 옷을 벗는다. Je cherche à *me ~* de mes affections et à n'être qu'un froid philosophe. 나는 내 감정에서 완전히 탈피해서 단지 냉정한 철학가가 되려고 노력한다.
déranger 1° **~ qc/qn** 〈어지르다; 훼방을 놓다〉 Mes enfants *dérange* toujours mes papiers. 우리집 애들은 늘 내 서류를 어질러 놓는다. Ne le *dérangez* pas, il sommeille. 그를 건드리지 마세요, 잠들었어요. J'*ai été dérangé* dans mon travail par mes amis. 나는 친구들이 와서 하던 일을 중단했다.
◇ 1) **~ ø (-)**.
2) **~ qc** (*qc*는 신체부위 명사)〈탈이 나게 하다〉 Ce repas lui *a dérangé* l'estomac. 그 식사로 그는 배탈이 났다.
2° **se ~** 《변화》〈일손을 멈추다〉 Ne *vous dérangez* pas. 그대로 계세요. 일을 그냥 계속하세요.
dériver 1° **~ N (qp)** 〈…의 방향을 바꾸다〉 ~ un cours d'eau 물의 흐름의 방향을 바꾸다. ~ une rivière vers une autre direction 강물을 다른 쪽으로 흐르게 하다.
2° **qc ~ (qp)** 〈표류하다〉 une barque qui *dérive* au fil de l'eau 물에 둥실둥실 떠다니는 배.
3° **qn ~ (qp)** 〈문제에서 벗어나다〉 Vous *dérivez* sans cesse: revenez donc à la question centrale. 당신은 계속 문제의 주변만 돌고 있어요. 그러니까 빨리 중심 문제로 되돌아오세요.
4° **~ un mot de qc** 〈파생시키다〉 Les grammairiens *dérivent* ce mot du sanscrit. 문법학자들은 이 단어를 산스크리트어에서 파생시켰다.
5° **un mot ~ de qc** 〈…에서 파생하다〉 Ce mot français *dérive* du celtique. 이 불어 단어는 켈트어에서 온 것이다.
6° **qc ~ de qc** 〈…에서 유래하다〉 Le théâtre profane du Moyen Age, en France, *dérive* du théâtre religieux. 프랑스 중세기의 세속적인 연극은 종교극에서 나온 것이다.
◇ 1) **que P subj (cela) ~ de qc [de ce que P ind]** 〈…하는 것은 …에서 유래한다〉 Que le résultat soit faux (cela) *dérive* d'une erreur initiale. 결과가 옳지 않은 것은 처음의 잘못에 기인한다. Ce résultat *dérive* de ce que le calcul était faux. 이런 결과는 계산이 잘못되어 있었다는 데 기인한다. Que ce résultat soit faux *dérive* de ce que le calcul lui-même était faux. 결과가 잘못된 것은 계산 자체에 잘못이 있었다는 데 기인한다.
◇ 2) **il ~ que P ind de N[de ce que P ind]** D'une erreur initiale, il *dérive* que le résultat est faux. 결과가 잘못된 것은 처음 잘못에 기인한다. De ce que le calcul était faux, il *dérive* que le résultat lui aussi faux. 틀린 답이 나오는 것은 계산이 틀려 있었기 때문이다.
dérober 1° **~ N à qn** 〈슬쩍하다, 훔치다〉 ~ de l'argent à *qn* …에게서 돈을 훔치다.
2° **~ N à N** 〈숨기다, 감추다〉 Un nouvel immeuble *dérobe* le parc à notre vue (=…nous *dérobe* la vue du parc). 새로 선 건물이 시야를 가려서 공원이 보이지 않는다. ~ un coupable à la justice 범인을 은닉하다. Il cherchait à lui prendre

les mains, mais elle les *dérobait* avec adresse et les cachait derrière son dos. 그는 그녀의 손을 잡으려고 했으나 그녀는 교묘히 그 손을 빼돌려서 등 뒤로 감추어 버리는 것이었다.
3° qn se ~ (à N) 《변화》 〈…을 피하다, …에서 빠져 나가다〉 Il *se dérobe* à son devoir. 그는 자기 의무를 회피한다. Au lieu de répondre, il *s'est dérobé*. 그는 대답을 하지 않고 피했다.
4° qc se ~ sous N 〈(발·다리 따위의)힘이 빠지다; (지면이) 꺼지다〉 Ses jambes semblaient *se ~ sous lui*. 그는 온 다리에서 힘이 빠지는 듯 했다. Je me sentis mal et je crus que le sol *se dérobait* sous mes pieds. 나는 몹시 기분이 좋지 않았으며 발밑에서 땅이 꺼지는 것처럼 느꼈다.

déroger 1° ~ à N 〈…에 어긋나는 짓을 하다〉 ~ à une loi 법을 위반하다. ~ à ses habitudes 습관에 어긋나는 짓을 하다.
2° qn ~ 《문어》〈체면을 손상시키다〉 Il croyait ~ en faisant ce métier. 그는 이 직업을 갖게 되면 체면이 손상된다고 생각했다.

désaccoutumer 1° ~ N de N 〈…의 습관을 없애다〉 ~ *qn* de l'alcool …의 술마시는 버릇을 없애다. La vie à la campagne *l'a désaccoutumé* du cinéma. 시골에서의 생활이 그의 영화구경 가는 습성을 없애버렸다.
2° ~ N de Inf 〈…하는 습관을 없애다〉 ~ *qn* de boire de l'alcool …의 술마시는 버릇을 없애다.

désagréger ~ N (en N(pl)) 〈(…으로) 해체시키다〉 ~ un atome 원자를 분열시키다. ~ un rocher en mille morceaux 바윗돌을 산산조각으로 깨뜨리다. Les luttes de fractions *ont désagrégé* le parti. 분파 싸움이 당을 분열시켰다.

désapprendre 1° ~ N 〈…을 잊다〉 J'ai *désappris* tout ce que je savais. 나는 알고 있던 모든 것을 잊어버렸다.
2° ~ de/à Inf 〈…하는 법을 잊다〉 Avec lui j'avais *désappris* de〔à〕 penser. 나는 그와 사귀는 동안에 생각하는 법을 잊어버렸다.

désavouer 1° qn ~ N 〈…의 말을 부인하다〉 ~ son passé 자기의 과거를 부인한다. ~ ses paroles 자기의 말을 부인하다. ~ le porte-parole du gouvernement 정부 대변인의 말을 부인하다.
2° qn ~ qn (de Inf) 《문어》〈…이 …한 것을 인정하지 않다〔비난하다〕〉 Je vous *désavoue* d'avoir pris cette décision. 나는 당신이 그런 결정을 취한 것을 인정하지 못하겠읍니다.
3° qc ~ qc 《문어》〈…와 모순되다〉 Ses actes *désavouent* ses paroles. 그의 행동은 말과 일치하지 않는다.

descendre I. 〔조동사는 être〕.
1° ~ 〈내리다; 내려오다〔가다〕〉 Les flocons de neige *descendent*. 함박눈이 내린다. Le baromètre *est descendu*. 기압계가 내려갔다. Je *descends* tout de suite. 나는 곧 내립니다.
◇ 1) ~ de qc 〈…에서 내리다〉 Il *est descendu* de la voiture pour réparer un pneu. 그는 타이어를 고치기 위해 차에서 내렸다.
2) ~ de qn 〈…의 혈통을 받다〉 Il *descend* d'Henri IV. 그는 앙리 4세의 후손이다.
3) ~+ 기타 전치사 +qc Je *descend* à la prochaine (station). 나는 다음에 내린다. Il *est descendu* à la cave. 그는 지하실로 내려갔다. Quand je vais à Lyon, je *descends* toujours à l'hôtel. 나는 리옹에 갈 때면 늘 호텔에 묵는다.
4) Il **descend** qn/qc Il *descend* beaucoup de monde à cette station.

그 정류장에서 많은 사람들이 내린다.
2° ~ Inf 〈…하러 내려가다[오다]〉 Il est descendu chercher son journal comme d'habitude. 그는 늘 그렇듯이 신문을 찾으러 내려갔다.
◇ Inf 는 y 로 대치 가능함: Il y est descendu.
II. [조동사는 avoir]. ~ qc/qn 〈(언덕·계단 따위를) 내려가다; 내려놓다; 격추시키다〉 J'ai descendu l'escalier en moins de 10 secondes. 나는 10초도 안 걸려서 층계를 내려왔다. Il a descendu la poubelle. 그는 휴지통을 내려놓았다. Ils ont descendu deux avions ennemis. 그들은 적기를 두 대 격추했다.
◇ ~ ø (-).

désespérer I. 1° ~ 〈절망하다〉 Il ne faut pas ~, tout s'arrangera bien. 절망해서는 안된다. 모든 일이 다 잘 될 것이다.
2° ~ qn 〈실망시키다〉 Il a désespéré ses maîtres. 그는 자기 선생님들을 몹시 실망시켰다.
3° ~ de qc/qn 〈…에 대해 실망·절망하다〉 Ils finissent par ~ du général. 그들은 결국 장군에 대해 실망하게 되었다. Il ne faut pas ~ de la guérison. 완쾌되리라는 희망을 잃어서는 안된다.
4° ~ de Inf 〈…할 수 없다고 단념하다〉 Je commençais à ~ de le revoir. 나는 그를 다시 만날 가망이 없다고 생각하기 시작했다. Il ne désespère pas de réussir un jour. 그는 언젠가는 성공할 것이라는 희망을 갖고 있다.
5° ~ que P subj 〈…할 가망이 없다고 생각하다〉 Je ne désespère pas qu'il (ne) réussisse. 나는 그가 성공하리라는 희망을 아직 버리지 않고 있다 《ne pas ~ que P subj 에서 허사 ne의 사용은 임의적》.
II. 1° se ~ 《변화》〈절망하다(=désespérer)〉 Les assiégés se désespéraient. 포위당한 사람들은 절망했다.
2° se ~ de Inf (passé) 〈…해서 낙담하다〉 Il se désespère de n'avoir pas réussi. 그는 성사시키지 못했기 때문에 낙담하고 있다.
3° se ~ que P subj Il se désespère que vous n'ayez pas réussi. 그는 당신 일이 잘 되지 않아 낙담하고 있다.

déshabiller 1° ~ qn/qc 〈(…의) 옷을 벗기다〉 Elle a déshabillé sa poupée. 그녀는 인형의 옷을 벗겼다. La maman déshabilla l'enfant pour le coucher. 엄마는 아이를 자리에 눕히려고 옷을 벗겼다.
◇ ~ ø (-).
2° se ~ 《변화》〈옷을 벗다〉 Il est très long à se ~. 그는 옷벗는 데 퍽 오래 걸린다.

déshabituer 1° ~ (qn) de N 〈…의 습관을 버리게 하다〉 ~ un fumeur du tabac 끽연가에게 담배 피우는 버릇을 없애게 하다. Le sport déshabitue du tabac. 운동은 담배 피우는 버릇을 없애준다.
2° ~ (qn) de Inf 〈…하는 버릇을 없애다〉 ~ qn de prendre de la drogue …의 마약 복용 습관을 없애다.
3° qn se ~ de N/de Inf 《변화》〈…하는 [(…의)] 버릇이 없어지다〉 Grand fumeur, il a fini par se ~ du tabac. 담배를 몹시 피우던 그도 결국은 담배 피우는 버릇이 없어지고 말았다. Il s'est déshabitué de prendre de la drogue. 그는 마약을 복용하는 습관이 없어졌다.

déshériter ~ N (de N) 〈…에게서 (…의) 상속권을 박탈하다〉 ~ son fils (de sa part d'héritage) 아들의 상속권을 박탈하다(아들이 자기몫의 상속을 받는 것을 거절하다).

désigner 1° ~ N 〈나타내다, 표시하다〉 Les substantifs désignent des choses. 명사는 사물을 나타낸다.

désobéir

2° ~ N comme N 〈…이라고 지칭하다〉 La Prusse *était désignée* par le Pape comme un péril public. 교황은 프러시아를 공적으로 위험한 존재라고 지칭했다.

3° ~ N par N 〈…으로 호칭하다〉 ~ *qn* par son sobriquet …를 그 별명으로 부르다.

4° ~ N sous N 〈…(의 이름)으로 부르다〉 les sociétés que l'on *désignait* sous le vocable de holding 사람들이 지주회사라고 부르고 있는 회사들.

5° ~ N de qc (*qc*는 신체부위 명사) 〈…으로 가리키다〉 ~ *qn* du doigt …를 손가락으로 가리키다.

6° ~ N pour N 〈…으로 지명·지적하다〉 ~ *qn* pour un poste 어떤 자리에다 …를 지명하다.

7° ~ N pour Inf 〈…하도록 지명하다〉 ~ *qn* pour faire un travail …에게 어떤 일을 하도록 지명하다.

8° ~ qn 〈지명하다〉 ~ son successeur 자기의 상속자를 지명하다.

9° ~ N (à qn) 〈(…에게) 지적하다〉 ~ (à *qn*) une ville sur la carte (…에게) 지도상의 어떤 도시를 지적하다.

◇ ~ N à l'attention/à l'admiration/aux mépris+de qn 〈…을 …의 주목〔찬양, 경멸〕의 표적으로 만들다〉 Ce roman *a désigné* à l'attention du public un auteur jusqu'alors inconnu. 그 소설은 그때까지 잘 알려지지 않은 작가에 대해서 공중들의 주의를 끌게 만들었다. ~ *qn* à la vindicte publique …를 공중의 규탄의 대상이 되게 하다.

désintéresser(se) se ~ de N 《변화》 〈…에 대해서 무관심해지다〉 Il *se désintéresse* de son amie. 그는 자기의 여자 친구에 대해서 관심이 없어졌다.

◇ se ~ (보어 없이) 〈초연해지다〉 Il ne travaille plus; il *se désintéresse*. 그는 일도 하지 않는다. 만사가 그에게는 귀찮아졌다.

désirer 1° ~ qc/qn 〈바라다〉 Que *désirez*-vous? 당신은 무엇을 원합니까? Il *désire* une bicyclette. 그는 자전거를 갖고 싶어한다. Je *désirerais* une cravate en soie. 비단 넥타이를 하나 사고 싶은데요. Elle *avait* longtemps *désiré* ce fils. 그녀는 오랫동안 이 아들이 태어나기를 바랐었다.

◇ ~ ø (─).

2° ~ qc de qn 〈…으로 부터 …을 바라다〉 Il *désire* une réponse claire de vous. 그는 당신으로부터 명확한 대답을 바라고 있다.

3° ~ Inf (~ de *Inf*는 고어체)〈…하기를 바라다〉 Il faudra travailler si vous *désirez* réussir. 당신은 성공하기를 바라면 일을 해야 할 것입니다.

4° ~ que P subj Il *désire* que tout le monde fasse ce qu'il veut. 그는 모든 사람들이 자기가 원하는 것을 하기를 바란다. Nous *désirons* que vous soyez heureux. 우리는 당신이 행복하시기를 원합니다.

5° laisser (qc) à ~ 〈만족스럽지 못하다, 부족한 점이 많다〉 Ce travail laisse à ~. 이 일은 만족스럽지가 못하다. Cela laisse beaucoup 〔un peu〕 à ~. 그것은 부족한 점이 많다〔조금 있다〕. Ma santé ne laisse rien à ~. 나는 매우 건강하다.

désister(se) qn se ~ (en faveur de qn) 《변화》 〈(…을 위해서) 입후보를 취소하다〉 ~ un candidat qui *se désiste* en faveur d'un autre pour faire échec à leur adversaire commun 공동의 정적을 낙선시키기 위해서 다른 입후보자를 위해서 입후보를 철회하는 어떤 입후보자.

désobéir ~ à qn/qc 〈…에 복종하지 않다, 거역하다〉 Cet officier a osé ~ à son général. 그 장교는 감히 장군의 말에 거역했다. Il *a* *désobéi* à ses ordres. 그는 그의 명령을 따르지 않았다. Il n'admettait pas *être désobéi*. 〚드물게〛 그는 사람들이 자기 말에 따르지 않는 것을 용납하지 않았다.

◇ 1) ~ ø Ces enfants *ont désobéi*. 저 애들은 순종하지 않았다.

2) à qn은 약세보어인칭대명사로, à qc는 y로 대치 가능함: Les parents aimeraient que leurs enfants ne leur *désobéissent* jamais. 부모는 자식들이 늘 순종하기를 원한다.

3) 수동적 대명동사는 불가능함.

désoler 1° ~ N 〈슬프게 만들다〉 La mort d'empereur *désola* la nation. 황제의 죽음은 온 국민을 슬프게 만들었다.

2° qn se ~ (de qn) 《변화》〈(…을) 슬프게 여기다, 유감으로 생각하다〉 Il *se désole* de la tournure que prennent les événements. 그는 사건의 추이를 유감스럽게 생각한다.

3° qn se ~ de ce que P ind Il *se désole* de ce que la situation prend cette tournure. 정세가 그와 같이 돌아가는 데 대해서 그는 유감스럽게 생각하고 있다.

4° qn se ~ que P ind Il *se désole* que les choses en soient arrivées là. 그는 일이 그와 같이 되어 버린데 대해서 유감스럽게 생각하고 있다.

5° qn se ~ de Inf Je *me désole* de devoir déjà vous quitter. 당신 곁을 벌써 떠나야만 하는 것을 슬프게 생각합니다.

◇ être désolé de qc/de Inf/de ce que P ind Je *suis désolé* de devoir déjà vous quitter. 벌써 헤어져야 하니 유감스럽습니다.

désolidariser 1° ~ N 〚드물게〛〈…의 협력을 무너뜨리다〉 Le pourrissement de la grève *a désolidarisé* les ouvriers. 파업의 악화가 노동자들의 단결을 해이케 했다.

2° N(pl) se ~ 《변화》〈…의 단결이 무너지다〉 Par suite de conflits internes, les grévistes *se sont désolidarisés* (les uns des autres). 내부 분쟁으로 말미암아 파업자들의 단결이 무너지고 말았다.

3° se ~ de/d'avec N 〈…와 결별하다〉 *se* ~ de qn 〔d'avec qn, d'une action politique〕 …와〔어떤 정치노선과〕 결별하다.

dessaisir 1° ~ un tribunal d'une affaire 〈법원에서 소송을 취하하다〉 Le tribunal *a été dessaisi* de cette affaire. 재판소는 그 사건을 취하했다.

2° qn se ~ de N 《변화》〈포기하다, 내놓다〉 Il *s'est dessaisi* de tous ses meubles. 그는 자기의 모든 가구를 내다 팔았다.

dessiner 1° ~ qc/qn 〈그리다〉 Il *dessine* une nature morte. 그는 정물화를 그린다.

◇ ~ ø Il *dessine* bien. 그는 그림을 잘 그린다.

2° se ~ 《변화》〈나타나다〉 Un sourire *se dessina* sur ses lèvres. 미소가 그의 입술에 떠올랐다.

destiner 1° ~ N à qn 〈…에게 할당·배당하다〉 Je lui *destine* ma maison le jour où je prendrai ma retraite. 내가 은퇴하게 되면 나는 이 집을 그에게 줄 예정이다. Il *destine* ce terrain à la culture du blé. 그는 이 땅에다가 밀을 경작할 예정이다.

2° ~ qn à qc 〈…에게 …에 종사토록 하다〉 Ils *destinèrent* leur fils à la magistrature. 그들은 그들의 아들을 법관으로 만들 생각이었다.

3° ~ qn à Inf 〈…에게 …하도록 만들다〉 Je n'*ai* pas *été destiné* à faire ce genre de travail. 나는 이런 종류의 일을 할 사람이 아니다.

destituer ~ qn (de N) 〈(…에서부터) 면직하다〉 ~ un fonctionnaire (de son poste) 공무원을 (그의 직에서) 면직하다.

détacher 1° ~ N (de N) 〈(…에서)떼어놓다, 떨어지게 하다 ; 풀다〉 ~ une feuille d'un bloc 철해진 종이 뭉치에서 종이 한 장을 뜯어내다. ~ une affiche du mur 벽에서 광고를 떼어버리다. ~ un chien (de sa laisse) 묶어놓은 개의 줄을 풀다. ~ un wagon (d'un train) (열차에서) 차량 하나를 떼다. Je ne pouvais ~ mes yeux de ce spectacle. 그 광경에서 나는 눈을 뗄 수가 없었다. Sa fortune subite *l'a détaché* de son milieu. 그가 벼락부자가 되자 그는 주위 사람들에게서 경원을 당하게 되었다.
2° ~ N (qp/auprès de qn) 〈파견하다〉 ~ un ambassadeur auprès d'un gouvernement étranger 외국정부로 대사를 파견하다. ~ un fonctionnaire à l'étranger 공무원을 해외로 파견하다. ~ une patrouille pour une reconnaissance 정찰임무를 위해서 정찰대를 파견하다.
3° ~ qc 〈…의 단추를 풀다〉 ~ ses vêtements 옷의 단추를 풀다. ~ un pantalon 바지 단추를 끄르다.
4° se ~ de N 《변화》 〈…에서 떨어지다〉 La colle tient mal et l'affiche *se détache* (du mur). 풀이 잘 붙지 않아서 광고지가 (벽에서) 떨어진다.

déteindre 1° ~ sur qc 〈…의 빛깔이 …에 옮아 물들다〉 une étoffe qui *déteint* sur une autre 다른 천에 물이 들게 하는 천. Son entourage *a déteint* sur lui. 그의 주변 인물들이 그에게 영향을 미쳤다.
◇ se ~ sur qc 《변화》 Le ruban *s'est déteint* sur ma robe. 리본 빛깔이 내 옷에 물들었다.
2° ~ N 〈…의 빛깔을 퇴색하게 하다〉 Le soleil *a déteint* mes chemises. 태양 광선으로 내 셔츠의 빛깔이 퇴색했다.

déterminer 1° ~ qc 〈결정하다 ; 밝히다〉 Les experts *n'ont* pas encore *déterminé* les causes de l'accident. 전문가들은 아직 사고의 원인을 규명하지 못했다. Le mot *est* quelquefois *déterminé* par celui qui le précède. 말은 때로는 그 말에 앞서 나온 말에 의해서 그 뜻이 정해진다.
2° ~ de Inf/que P ind 〈…임을 규명하다〉 L'enquête *a déterminé* que l'assassin était le jardinier. 수사는 하수인이 정원사라고 결론지었다.
3° ~ qn à qc 〈…에게 …을 결심시키다〉 Nous *l'avons* enfin *déterminé* à ce voyage. 우리는 결국 그가 이번 여행을 하도록 결심시켰다.
4° ~ qn à Inf 〈…에게 …하도록 결심시키다〉 Qu'est-ce qui le *déterminera* à agir? 어떻게 하면 그가 움직이도록 결심시킬 것인가?
◇ être déterminé à Inf Il *est déterminé* à agir enfin. 그는 결국은 자기가 나서기로 결심이 서 있다.
5° se ~ à Inf 《변화》 Il *s'est déterminé* à se retirer. 그는 은퇴하기로 결심했다.

détester 1° ~ qn/qc 〈미워하다, 증오하다〉 Il *déteste* son frère. 그는 그의 동생을 미워한다. Il n'y a rien que je *déteste* comme les calomnies. 중상모략처럼 내가 혐오하는 것은 없다. Il *est détesté* de [par] tout le monde. 그는 모든 사람들의 미움을 받고 있다.
2° ~ (de) Inf 〈…하기를 몹시 싫어하다〉 Il *déteste* (de) se lever tôt. 그는 일찍 일어나는 것을 싫어한다.
◇ Inf 는 cela 또는 ça 로 대치가 가능하나 le 로는 불가능함.
3° ~ que P subj Il *déteste* qu'on vienne le déranger. 그는 사람들이 그를 귀찮게 하러 오는 것을 싫어한다.
4° se ~ 《변화》 〈서로 미워하다〉 Les deux frères *se détestent* l'un l'autre. 그들 형제는 서로 미워한다.

◇ 수동적 대명동사는 불가능함.

détourner 1° ~ N (de N) ⟨(…에서) 벗어나게 하다, 빗나가게 하다⟩ ~ un avion (de son but) vers une destination inconnue 비행기를 (본래의 목적지로부터) 빗나가게 하여 미지의 곳을 향하게 하다. ~ son regard (de qn) (…에게서) 시선을 돌리다.
2° ~ qn de N (…에서 돌아서게 하다, …을 포기하게 하다⟩ J'escomptais le ~ de son projet. 나는 그로 하여금 그의 계획을 포기하게 만들 심산이었다. ~ qn de son but … 에게 그의 목적을 포기하도록 하다.
3° ~ qn de Inf ⟨…하는 것을 포기하게 하다⟩ Je l'ai détourné d'entreprendre ce projet. 나는 그에게 그 계획에 착수하는 것을 포기시켰다.
4° qn se ~ (qp) 《변화》⟨몸을 돌리다⟩ Il se détourna vers moi. 그는 나에게로 돌아섰다.

détromper 1° ~ qn (de N) ⟨…을 각성시키다, …의 잘못을 깨닫게 하다⟩ ~ qn (de son erreur) …에게 잘못을 깨닫게 하다.
2° qn se ~ (de N) 《변화》⟨각성하다, 잘못을 깨닫다⟩ Détrompez-vous. 각성하시오.

développer 1° ~ N (à qn) ⟨(…에게) 부연 설명하다⟩ Il nous a développé son projet. 그는 우리에게 자기 계획을 소상히 설명했다.
2° ~ (à qn) que P ind Il nous a longuement développé qu'il avait réinventé le procédé. 그는 우리에게 그 방법을 재개발했다고 오랫동안 설명했다.
3° ~ (à qn) P(int. ind.) Il nous a développé comment la situation a évolué. 그는 우리에게 정세가 어떻게 변화했는지를 설명했다.
4° ~ (à qn) Inf Il a longuement développé avoir réinventé le procédé. 그는 자기가 그 방법을 다시 발명했다고 장황하게 늘어놓았다.

devenir 〔조동사는 être〕. ~ **Attr** ⟨…이 되다⟩ (1) ~ **Adj** Les jours deviennent plus longs. 낮이 더 길어졌다《전치사구의 형태를 띠는 형용사도 속사로 올 수 있다: Les «blue-jeans» sont devenus à la mode. 블루진이 유행하게 되었다》.
(2) **de Adj** ~ **Adj** De pauvre, il est devenu riche. 가난하던 그가 부유해졌다.
(3) ~ + 부정관사 +qn/qc ; ~ + 부분관사 +qc L'édifice est devenu une école de garçons. 그 건물은 남학교가 되었다. La glace est devenue de l'eau. 얼음이 물이 되었다.
(4) ~ + 정관사 / 소유형용사 +qc/qn (정관사+qc(qn)의 표현은 다음 (5)와 비교) Il est devenu le doyen de la Faculté de Médecine. 그는 의과대학 학장이 되었다. La philatélie est devenue mon passe-temps favori. 우표수집은 내가 아주 좋아하는 취미가 되었다.
(5) qn ~ ø qn (직업, 국적을 나타냄) Il veut ~ médecin. 그는 의사가 되기를 원한다. Mohammed est devenu Français. 모하메드는 국적을 취득해서 프랑스사람이 되었다.
(6) **de** ø qn/qc ~ ø qn/qc De simple chasseur d'hôtel, il est devenu, en quelques lustres, propriétaire d'usines. 호텔의 종업원이었던 그가 몇해 사이에 공장주가 되었다.
(7) qc ~ ø qc Son rêve est devenu projet, puis réalité. 그의 꿈은 계획으로 옮겨졌고, 그다음 실현되었다.
(8) que〔ce que, comment〕 qn/qc ~ Jeannot, qu'est-ce que tu deviens? (=comment vas-tu?) 쟈노, 너 무슨 일을 하고 지내니? Que devient votre projet de départ en province? 시골로 떠난다는 당신 계획은 어떻게 되었습니까? Je ne sais ce qu'il est devenu. 나는 그가 어떻게 되었는지 모른다.

◇ ~ Inf의 표현은 쓰지 못하며 그 대신에 en venir à Inf로 쓴다: Il en *est venu* à aimer les études. 그는 공부를 좋아하게 되었다 《Il *est devenu* aimer les études는 쓸 수 없다》.

dévier 1° ~ N (de N) 〈(…에서) 빗나가게 하다; 굴절시키다〉 ~ le trafic 차량들을 우회시키다. ~ un fleuve (de son cours) 강물의 흐름을 바꾸다. Le prisme *dévie* les rayons lumineux. 프리즘은 광선을 굴절시킨다.

2° ~ (de N) 〈(…에서) 빗나가다, 굴절하다〉 La balle *a dévié* (de sa trajectoire). 총탄은 (탄도에서) 빗나갔다. Le conférencier *a dévié* de son sujet. 연사는 주제에서 벗어난 얘기를 했다.

deviner 1° ~ qc 〈점치다, 예언하다〉 Elle prétendait ~ l'avenir en consultant le marc de café. 그녀는 커피찌꺼기를 가지고 예언을 할 수 있다고 주장한다.

2° ~ qc/qn Attr 〈…이라고 예측하다〉 Je le *devinais* sentimental. 나는 그가 감상적인 사람이라고 예상했었다.

3° ~ que P ind 〈예측하다, 알아차리다〉 Il *devine* que l'on aura une surprise. 그는 사람들이 뜻밖의 일을 당할 것이라고 예언한다. Il avait l'air gêné et j'*ai deviné* qu'il mentait. 그는 어색한 표정을 지었다. 그래서 나는 그가 거짓말하고 있다는 것을 알아차렸다.

4° ~ P(int. ind.) 〈…인지 알아맞히다〉 *Devinez* qui est là. 누가 있는지 알아맞혀 보세요. *Devinez* comment il est venu. 그가 어떻게 왔는지 알아맞혀 보세요.

5° ~ ø 〈알아맞히다〉 Je *devine*? 내가 알아맞혀 볼까?

dévoiler 1° ~ (à qn) N 〈밝히다, 공개하다, 폭로하다〉 ~ ses pensées à un ami 친구에게 자기의 생각을 말하다.

2° ~ (à qn) que P ind Le journaliste *a dévoilé* que la nouvelle était fausse. 기자는 그 뉴스가 거짓이라고 폭로했다.

3° ~ (à qn) P(int. ind.) Le journaliste *a dévoilé* comment le cambriolage s'est passé. 기자는 그 강도 행위가 어떻게 일어났는지를 공표했다.

4° ~ (à qn) Inf ~ à *qn* avoir découvert un secret …에게 비밀을 알아내었다고 귀띔하다.

devoir¹ I. ~ Inf (1) 의무·필연·필요·타당성을 나타낸다. 〈…해야 한다; …하기 마련이다〉 Un bon fils *doit* respecter son père. 훌륭한 아들은 자기 아버지를 공경해야 한다. Tous les hommes *doivent* mourir. 사람들은 누구나 죽게 마련이다. Elle *devait* vous aider. 그녀가 당신을 도와주었어야 했는데 《*devait*=aurait dû ⇨imparfait de l'indicatif II, 7°, ③》. On *devrait* planter des arbres le long de cette route. 이 길가에는 나무를 심으면 좋을 텐데.

(2) 추측·가능성을 나타낸다. 〈아마도 …일 것이다, …임이 틀림없다〉 C'est lui qui *doit* avoir fait cela. 아마도 그가 그것을 했을 것이다. Je ne le sais pas, mais elle *doit* être à la piscine. 모르긴하지만 그녀가 수영장에 가 있을지도 모른다. Vous *avez dû* vous tromper dans votre addition. 당신 계산이 틀리신 것 같습니다(단정의 변화).

(3) 의도·미래를 나타낸다. 〈…하기로 되어 있다, …할 예정이다〉 Je *dois* aller à la campagne. 나는 시골에 가려고 한다. Il *doit* partir demain. 그는 내일 떠나게 되어 있다. Il songeait à sa vieille mère qu'il ne *devait* plus revoir. 그는 이제는 다시 뵙지 못할 그의 늙은 어머니를 생각하고 있었다 (과거에서의

devoir¹

미래).
(4) 미래를 표시하는 시제가 없는 법 mode, 또는 미래시제를 쓰지 않는 어법에서 미래시제 개념이 빠진 것을 보충하기 위하여 devoir를 사용하는 경우가 있다: Il pense ~ réussir. 〖드물게〗 그는 성공할 것이라 생각하고 있다. S'il *doit* venir à Paris, il me préviendra. 그는 파리에 온다면 나에게 미리 알릴 것이다. *Devant* partir demain, je commence mes préparatifs. 내일 떠나게 되어 있어서 나는 출발 준비를 시작한다. Le départ *devant* être retardé, je cesse mes préparatifs. 출발이 늦추어지게 되어 있어서 나는 출발 준비를 중지한다. Je ne suis pas sûr qu'il *doive* réussir. 나는 그가 성공하리라는 것을 확신할 수 없다 (cf. Je suis sûr qu'il réussira.). Je n'étais pas sûr qu'il *dût* réussir. 나는 그가 성공하리라는 것을 확신할 수 없었다(cf. J'étais sûr qu'il réussirait. 과거에서의 미래). Ce *doivent* [*doit*] être mes amis. 그들은 나의 친구임에 틀림없다 (⇨ ce¹, II, 3°, ⑫, a), 3)).

◇ 1) ~ ø 및 Pron-Inf (의무·필연성을 뜻하고 주어가 인물명사인 경우에는 Inf는 le로 대치되거나 생략될 수 있다): Jacques *doit* venir. →Jacques le *doit*. Ce remède *doit* se prendre à jeun. →*Ce remède le *doit*. Il *doit* neiger au sommet de la montagne. →*Il le *doit*(개연성을 나타낼 때는 Pron-Inf가 불가능하다).
2) Inf는 명사 또는 의문사 que로 대치될 수 없다: *Qu'est-ce que vous *devez*? —Je *dois* partir.
3) ne pas ~ Inf (동작을 하는 의무의 부정이 아니고 동작을 하지 말아야 하는 의무를 뜻한다) 〈…해서는 안된다〉 On ne *doit* pas fumer (=On a l'obligation de ne pas fumer). 담배를 피우지 말아야 한다

의 뜻이 아니다》.
4) Inf는 Passif로 사용될 수 있다: Je *dois* être inscrit.
5) 의무 또는 필연성을 나타낼 때는 Inf(passé)의 사용이 불가능하다. 개연성을 나타낼 때는 가능하나, 이때는 흔히 devoir를 완료형으로 바꿔 쓴다: Je *dois* m'être trompé. →J'*ai dû* me tromper.
(5) 양보를 표시하는 접속법 반과거: Je ne me chargerais pas d'un enfant maladif et cacochyme, *dût*-il vivre quatre-vingts ans. (Rouss) 나는 병약하고 약골인 어린 것은 떠맡지 못하겠다. 그 애가 비록 80살을 산다 하더라도. *dût* le monde en périr (Sartre) 비록 세계가 멸망한다 하더라도 《주어를 항상 도치한다. 주어가 명사일 경우에는 「dût+주어」의 형태를 취한다. 「주어+dût-il(dussent-ils)」은 예외적이며, 단수 1인칭·3인칭에 일반적으로 쓰인다》. *dussions*-nous nous battre(Gautier) 〖드물게〗 우리가 서로 싸우더라도. (⇨subjonctif B, III, 2°).

II. 1° se ~ 《변화》〈당연하다〉 Cela se *doit*. 그것은 당연하다.
2° se ~ à qc 〈…에 이바지할 의무가 있다〉 Nous *nous devons* à notre patrie. 우리는 조국에 이바지할 의무가 있다.
3° se ~ de Inf 〈…할 의무가 있다〉 Tout homme qui se respecte *se doit* d'aider ses vieux parents. 자기의 체면을 존중하는 사람은 누구나 자신의 노부모를 봉양할 의무가 있다.

devoir² **1° ~ qc à qn** 〈…의 덕택이다; …에게 빚지다; …에게 치를 의무가 있다〉 C'est à Pasteur que nous *devons* le vaccin contre la rage. 우리가 광견병 왁찐을 사용하게 된 것은 파스퇴르 덕택이다. Combien vous *dois*-je? — Vous me *devez* trois cents francs. 내가 당신에게

얼마를 치르면 되겠소? —나에게 300 프랑을 치르시면 됩니다. ~ du respect à *qn* …를 존경해야 한다. ~ obéissance [réparation] à *qn* …에게 복종[속죄]해야 한다.

◇ ~ ø On sent que cet homme est seulement habile à se faire payer bien exactement ce qu'on lui doit et à payer le plus tard possible quand il *doit*. 이 사람은 다른 사람이 자기에게 빚진 것은 아주 정확히 받아내지만 자기가 빚졌을 때는 될 수 있는 대로 늦게 갚는 데에만 능란한 사람이라는 것을 느낄 수 있다.

2° ~ à qn de Inf ⟨…하는 것은 …의 덕택이다(=être redevable de Inf à *qn*)⟩ Je vous *dois* d'être encore en vie. 내가 아직도 살아 있는 것은 당신 덕택이다.

◇ 1) ~ à qn de Inf (passé) Je *dois* à Pierre d'avoir trouvé du travail. 내가 일자리를 구한 것은 피에르 덕분이다.
2) Inf 는 대명사 le 로 대치 가능함.
3) de Inf 는 의문사 que 에 대응될 수 있다.

3° ~ à qn que P subj Je *dois* à Pierre qu'on m'ait offert du travail. 내게 일자리가 생긴 것은 피에르 덕이다.

4° être dû à qc/qn Son succès *est dû* à sa persévérance. 그의 성공은 그의 끈기의 덕분이다.

dévouer(se) 1° se ~ à N《변화》⟨…에 헌신하다⟩ *se* ~ à son travail. 일에 헌신하다. Il est toujours prêt à *se* ~. 그는 언제나 몸을 바칠 각오가 되어 있다.

2° se ~ pour qn/Inf Il *s'est* beaucoup *dévoué* pour nous [pour nous trouver un appartement]. 그는 우리를 위해서 헌신적으로 노력했다[우리에게 아파트를 구해주느라고 무진 애를 썼다].

dicter 1° ~ (à qn) N ⟨(…에게) 받아쓰게 하다; 강요하다⟩ J'ai *dicté* une lettre à la secrétaire. 나는 여비서에게 편지를 받아쓰게 했다. Je viens de ~ une lettre. 나는 방금 편지를 받아쓰게 했다. L'attitude prise par le gouvernement français *est dictée* par le souci de chercher un équilibre des forces en Angola. 프랑스 정부가 취한 태도는 앙골라에서의 힘의 균형을 얻고자하는 노파심에서 강요된 것이다.

◇ ~ ø Prenez note, je *dicte*. 내가 부를 테니까 받아쓰세요.

2° ~ à qn que P ind/subj (첫번째 뜻에는 직설법, 두번째 뜻에는 접속법) ⟨…에게 시사하다; …에게 강요하다⟩ Je lui *ai dicté* que les marchandises sont trop chères. 나는 그에게 상품이 너무 비싸다고 시사했다. Il nous *a dicté* que nous fassions comme il l'entend. 그는 우리에게 자기가 하라는 대로 하라고 명령했다.

3° ~ à qn de Inf ⟨…하라고 명하다⟩ Il nous *a dicté* de faire comme il l'entend. 그는 우리에게 자기가 원하는 대로 하라고 명했다.

différencier 1° ~ N(pl) ⟨구분하다⟩ ~ le vrai et le faux 참과 거짓을 구분하다. ~ deux espèces botaniques voisines 비슷한 두 종의 식물을 구분하다.

2° ~ N de/d'avec N ⟨…와 구분하다⟩ ~ une espèce botanique de [d'avec] une autre espèce voisine 한 가지 식물 종류를 비슷한 다른 식물 종류와 구분하다.

différer[1] 1° ~ qc ⟨연기하다, 미루다(=remettre à plus tard)⟩ Il *a différé* son depart. 그는 출발을 연기했다. En raison du mauvais temps, la promenade *a été différée*. 날씨가 궂어서 산책은 연기되었다.

◇ ~ ø A quoi bon ~? 늦춘다고 무슨 소용이 있소?

2° ~ de/à Inf ⟨…하는 것을 미루

다〉 Ne *différez* pas de lui écrire. 그에게 편지 쓰는 것을 미루지 마세요.
différer² 1° ~ 〈상이하다 (=être différent)〉 Nos opinions *diffèrent* souvent. 우리는 종종 의견이 갈린다. Nous *différons* sur cette question. 우리는 이 문제에 대해 의견이 다르다.
2° (1) ~ **de qn/qc** 〈…과 다르다〉 Il *diffère* beaucoup de son frère. 그는 자기 형과 아주 다르다.
(2) ~ **de qc** 〈…이 다르다〉 Ils *diffèrent* d'opinion. 그들은 의견이 다르다.
diminuer 1° ~ **N (de N)** 〈(…만큼) 줄이다, 덜다, 감소시키다〉 ~ les heures de travail de *qn* … 의 노동 시간을 줄이다. On *a diminué* mon horaire de trois heures. 내 수업 시간을 세 시간 줄였다. La maladie *a diminué* ses forces. 병은 그의 힘을 약화시켰다.
2° ~ **(de N)** 〈(…만큼) 줄다, 감소하다〉 L'argent *diminue* dans les caisses. 금고 속의 돈이 점점 줄어든다. Les jours *ont diminué* d'une heure depuis la fin de l'été. 여름이 끝날 무렵부터 낮의 길이가 한 시간이나 줄었다.
dîner 1° ~ 〈저녁식사를 하다〉 Nous *dinons* généralement vers 7 heures du soir. 우리는 보통 7시에 저녁을 먹는다.
2° ~ **de qc** 〈저녁식사로 …을 먹다〉 Ils *dinèrent* de pain et de fromage. 그들은 빵과 치즈로 저녁을 먹었다.
dire I. 1° ~ 〈말하다〉 Il a l'art de bien ~. 그에게는 말을 잘 하는 기술이 있다.
2° ~ **qc** 〈…을 말하다〉 Il n'ouvre la bouche que pour ~ des sottises. 그는 입을 열면 바보같은 소리만 한다. *Dis* donc quelque chose. 무슨 말을 좀 해 봐라. Un homme est venu vous voir; il n'*a* pas *dit* son nom. 어떤 사람이 당신을 만나러 왔는데, 자기 이름은 말하지 않았습니다. L'auteur *dit* (=récite) lui-même ses poèmes. 시인이 자기 시를 낭송한다. Pas un mot de fat-*dit* au hasard. 허튼 소리는 한마디도 안 나왔다.
◇ ~ **qc en**+언어명 Comment dit-on «porte» en russe? 문을 러시아어로 무어라고 합니까?
3° ~ **qc (à qn)** 〈(…에게) 말하다, 이야기하다〉 Il ne nous *a* pas *dit* tout ce qu'il pensait. 그는 우리에게 자기가 생각하는 바를 다 이야기하지 않았다. *Dites*-moi franchement ton avis. 솔직히 자네 의견을 말해주게. Que voulez-vous que je vous *dise?* 당신은 내가 당신에게 무슨 말을 하기를 원하십니까?
◇ 1) ~ **qc (à qn)** (*qc*는 특정어구) Elle m'*a dit* adieu en pleurant. 그녀는 울면서 나에게 작별인사를 했다. Va ~ bonjour à ta grandmère. 너의 할머니에게 아침인사를 드리러 가거라. Je ne *dis* pas non, je vais y penser. 안하겠다는 것은 아닙니다. 생각해보지요.
2) ~ ø à qn (—).
4° ~ **qc (à qn) de/sur qn/qc** 〈…에 관해서 (…에게) 말하다, 이야기하다〉 Je *dirai* cela de vous. 나는 당신에 관해서 그 이야기를 하겠다. Il ne m'*a* rien *dit* de son projet. 그는 자기 계획에 대해 나에게 아무 말도 안했다. On *dit* beaucoup de bien de ce roman. 사람들은 이 소설을 아주 좋게 이야기한다. Que *diriez*-vous d'un verre de porto? 포트와인 한 잔 하는 것 어떠세요? J'ai l'impression qu'on ferait mieux de rester à la maison, il fait froid dehors, qu'est-ce que tu en *dis?* 집에 있는 것이 더 좋을 것 같은데, 밖은 추워, 너는 어떻게 생각하니?
5° ~ **(qc) à qn** 〈…의 마음에 들

다(=plaire)〉Ce ragoût ne lui *disait* rien. 그는 그 스튜요리를 조금도 먹고 싶은 생각이 나지 않았다. Il étudie seulement quand ça lui *dit* (quelque chose). 그는 마음이 내킬 때만 공부한다. Si on allait à Inchon, ça te *dirait*? 인천에나 가 볼까요? 어때요?

◇ 비인칭구문 : Ça ne me *dit* rien d'aller en promenade le dimanche. 나는 일요일에 산책가는 것이 조금도 흥미가 없다. Est-ce que ça vous *dirait* que nous fassions un grand voyage à travers l'île de Cheju? 우리, 제주도 일주 여행을 하는 것이 어떨까요?

6° ~ **qn/qc Attr** 〈…을 …이라고 […하다고] 말하다〉Personne n'*a dit* Balzac homme d'Etat. 아무도 발자크를 정치가라고는 하지 않았다. Vous *dites* ce tableau superbe? 당신은 이 그림이 훌륭하다고 말하시는 겁니까? Ses amies la *disaient* fière de sa naissance et de sa fortune. 그녀의 친구들은 그녀가 자신의 가문과 재산을 자랑스럽게 여긴다고 말하곤 했다 (⇨attribut III, 1°).

7° (1) **on dirait (de);on aurait/eût dit**(de) 〈마치 …같(았)다〉On *dirait* (d')un carnaval. 마치 카니발 같다. De loin, on *dirait* sa mère, tellement elle lui ressemble. 멀리서 보면 그녀의 어머니인 줄 알겠다. 그렇게도 그녀는 어머니를 닮았다.

(2) **on dirait[on aurait dit] qn/qc Attr** 〈…은 마치 …같(았)다〉On *aurait dit* d'un jacassement assourdi de perruches. (Camus, *l'Etranger*) 마치 앵무새가 귀따갑게 조잘대는 것 같았다. Son visage restait impassible, on l'*aurait dit* taillé dans du bois. (Beauvoir) 그의 낯빛은 태연자약하였다. 그 낯빛은 마치 목각으로 되어 있는 것 같았다.

8° ~ (**à qn**)+직접인용문 Nos amis nous *ont dit* en partant: «Nous vous enverrons de nos nouvelles». 우리 친구들은 떠나면서 「당신에게 우리 소식을 전하지요」라고 말했다. Le mot «impossible» n'est pas français, *a dit* Napoléon. 「불가능」이란 단어는 불어에 없다라고 나폴레옹은 말했다.

9° ~ (**à qn**) **Inf** 〈…하다고 말했다〉Il *dit* avoir été malade. 그는 앓았다고 말한다. Pierre *dit* à Marie être obligé de partir. 피에르는 떠나야만 된다고 마리에게 말한다.

◇ 1) ~ ø ø (—), ~ à qn ø (—).
2) Inf는 le로 대치 가능함:Pierre le lui *a dit*.
3) dire의 주어와 Inf의 주어가 일치하지 않을 때에도 Inf의 주어가 관계대명사화되면 ~ Inf의 구문을 사용할 수 있다 : l'homme que je *dis* être venu ce matin 오늘 아침에 왔다고 내가 말한 그 남자 (⇨infinitif III, 3°, ①).

10° ~ (**à qn**) **de Inf**〈(…에게) …하라고 하다, 명하다, 지시하다(=demander, ordonner)〉Je suis venu vous ~ de venir chez moi pour déjeuner. 점심 잡수시러 우리집에 오시라고 당신에게 말씀드리려고 왔읍니다. Ils m'*ont dit* de revenir vers quatre heures. 그들은 나를 보고 네 시쯤 돌아오라고 말했다.

◇ 1) ~ ø ø (—).
2) ~ à qn ø (—).
3) Inf는 le로 대치 가능함.

11° ~ (**à qn**) (**de qn/qc**) **que P ind/subj** 〈(…에게) (…에 관해서) …이라고 말하다〉Il m'*a dit*, dans sa dernière lettre, que sa mère était très malade. 그는 지난번 편지에서 어머님이 몹시 편찮으시다고 했다. On *dit* que les Français sont les plus grands buveurs de vin du monde. 프랑스인들이 세계에서 가장 포도주를 많이 마시는 사람들이라고들 한다. On ne peut pas

~ de cet auteur que c'est un génie. 이 작가가 천재라고는 말 할 수 없다. D'anciens linguistes *disaient* du japonais que c'est une langue ouralo-altaïque. 옛날 언어학자들은 일본어가 우랄·알타이어족에 속하는 언어라고 말했다.

◇ 1) ne pas ~ que 의 종속절의 동사는 내용이 의혹을 표시하면 subj 이고 단정적인 내용을 표시하면 ind 이다 : Je ne *dirai* pas qu'il vous ait menti [a menti]. 나는 그가 당신에게 거짓말을 했으리라[했다]고는 생각할 수 없을 것이다.

2) ~ ø ø (→).

3) ~ à qn ø (→).

4) que P 는 le 로 대치가능함 : Est-ce qu'il *a dit* que nous aurions un test aujourd'hui?—Oui, il l'*a* bien *dit*. 그는 우리가 오늘 심사를 받을 것이라고 했지요? —예, 그가 바로 그렇게 말했어요.

5) que P 는 que oui 또는 que non 또는 que si 로 대치될 수 있다: Il m'*a dit* que non. 그는 내게 그렇지 않다고 말한다. Il fera beau demain? —La météo *dit* que oui. 내일 날씨가 좋을까? —일기예보는 그렇다고 하는데.

6) **on dirait que;vous diriez que; on aurait/eût dit que** (=Il semble [semblait] que). 일반적으로 종속절의 동사는 ind 로 쓰나 때로는 subj 로 쓰기도 한다. (17세기에는 subj 가 일반적이었음): Regarde les nuages, on *dirait* qu'il va pleuvoir. 저 구름 좀 봐. 비가 오겠다. On *eût dit* qu'elle lui était attaché malgré elle. (Arland, *Ordre*) 본의 아니게 그녀가 그에게 집착되어 있는 것 같았었다. On *eût dit* qu'elle fût à jeun depuis plusieurs jours. 그녀가 여러날째 단식을 하고 있는 것 같았었다.

◇ **on (le) dirait** Il est vraiment chipé. —On le *dirait*. (Beauvoir) 그가 참말 반했어. —그렇다고 할 수 있지. Il fait beau ce matin. —On *dirait*. 오늘아침 날씨가 쾌청합니다. —그런 것 같아요.

7) **(et) ~ que/si...!** (⇨si¹ III, 1°; participe passé V, 2°, ⑤; que¹ I, 4°, 7°) Votre fille est en train de tondre le gazon.—Et ~ que ce matin elle n'a même pas voulu faire son lit! 따님은 지금 잔디를 깎고 있지요.—뭐요, 오늘 아침 자신이 자고난 침대 손질조차도 않하려고 했는데요! Votre mari nous a bien aidés.—Tiens! et ~ qu'il ne laverait pas une seule assiette à la maison! 당신 남편이 우리를 많이 도와주셨어요.—저런! 집에서 같으면 접시하나도 닦지 않을 텐데.

12° ~ **(à qn) que P subj** 〈(…에게) …하라고 하다, 명하다, 지시하다(=demander, ordonner)〉 *Dites*-lui qu'il vienne me voir. 그에게 나를 보러 오라고 하십시오. Il *a dit* que tout soit fini pour demain. 그는 내일 중에 모든 것을 끝내놓으라고 말했다.

◇ 1) ~ ø ø (→).

2) ~ à qn ø (→).

3) que P 는 le 로 대치 가능함.

13° ~ **si P/P (int. ind.)** 〈…인지를 말하다〉 Est-ce que vous pourriez me ~ si le train venant de Bordeaux a du retard? 보르도발 열차가 연착을 하는지 제게 말해 주실 수 있으세요? *Dites*-moi simplement si elle est de retour. 그녀가 돌아왔는지만 말해주세요. Je vous *dirai* quand nous commencerons. 우리가 언제 시작할지 말씀드리지요. Les journaux n'*ont* pas *dit* comment on avait arrêté le voleur. 신문은 어떻게 도둑을 체포했는지는 보도하지 않았다.

II. 1° se ~ (수동적)《변화》〈말해지다〉 Cela ne *se dit* plus. 그 말은

이제 쓰이지 않는다.

◇ **se ~ en**+언어명 Comment se dit le mot cheval en espagnol? 스페인어로 말을 무엇이라고 합니까?

2° **se ~ qc** (상호적) 《가변》 〈서로 말하다, 이야기하다〉 A la fin, on *s'est dit* au revoir. 마지막으로 사람들은 작별인사를 했다. Qu'est-ce que vous *vous êtes dit* quand vous vous êtes rencontrés? 당신들이 서로 만났을 때 무슨 이야기를 주고 받았읍니까?

3° **se ~ Attr**/상황보어 《변화》 〈자기가 …이라고[…하다고] 말하다〉 Il *se dit* votre ami. 그는 자기가 당신 친구라고 말합니다. Ils *se disent* heureux à Besançon. 그들은 브장송에 있으니 행복하다고 말한다.

◇ **on se dirait Attr**/상황보어 On *se dirait* en France. 마치 프랑스에 와 있는 듯한 기분입니다.

4° **se ~**+직접인용문 (재귀적) 《불변》 〈생각하다, 속으로 말하다〉 Elle a trouvé qu'il n'était pas assez riche. Alors elle *s'est dit*: «Mieux vaut ne pas me fiancer avec lui». 그녀는 그가 대단한 부자는 아니라고 생각했다. 그래서 그녀는 「그와 약혼하지 않는 것이 낫겠어」하고 생각했다.

5° **se ~ que P ind** 〈…이라고 생각하다〉 Qu'est-ce que tu *t'es dit* quand tu as appris la nouvelle? 그 소식을 들었을 때 어떻게 생각했니? Je ne vous ai pas écrit parce que je *me suis dit* que j'arriverais avant ma lettre. 나는 편지보다 먼저 도착하게 될 거라고 생각해서 당신에게 편지를 드리지 않았읍니다.

diriger 1° **~ N (qp)** 〈향하게 하다〉 ~ un tir sur une cible 표적을 향해서 사격하다. ~ son regard sur [vers] un objet 어떤 물건을 향해서 시선을 돌리다. ~ un train vers une autre destination 열차가 다른 목적지를 향하게 하다. ~ un étudiant vers d'autres matières 학생으로 하여금 다른 과목의 공부를 하게 하다.

2° **~ N contre N** 〈…을 반대하도록 이끌다〉 ~ la critique contre *qn* …를 반대하게끔 비평을 유도하다.

3° **~ N** 〈지도·감독하다〉 ~ une entreprise 사업을 지도하다. ~ la construction d'un barrage 댐 건설을 지휘하다.

4° **se ~ qp** 《변화》 〈…쪽으로 방향을 잡다, …쪽을 향하다〉 Jean *se dirige* vers le comptoir. 장은 카운터 쪽으로 향해 간다. Le fleuve *se dirige* vers le Nord. 강물은 북쪽을 향해서 흐른다.

5° **se ~ contre N** 〈…을 반대하도록 유도되다〉 Il y a des jugements hostiles qui *se dirigent* contre moi. 나를 노리는 적의에 찬 비판도 있다.

disconvenir 1° **~ à qn** 〈…에 적합하지 않다〉

◇ 1) 이 구문보다는 ne pas convenir가 더 자주 쓰임.

2) 조동사는 avoir.

2° **~ de qc** 〈…을 부정하다 (=ne pas convenir de, nier)〉 Il *n'est* pas *disconvenu* de cela. 그는 그것을 부정하지 않았다.

◇ 조동사는 être.

3° **que P ind/P(ne) subj** Je ne puis ~ que ce mot ne soit juste. 나는 그 어휘가 올바르다는 것을 부정할 수 없다.

◇ 1) 위 예문의 종속절에서의 ne의 용법은 nier와 같음.

2) que P는 en으로 대치가능함: Son père était chevalier, banquier, usurier; il n'en *disconvenait* pas. 그의 부친은 기사요, 은행가이면서 고리대금업자였는데, 그는 그 사실

…을 부인하지 않았다.

discourir ~ (de/sur N) ⟨(…에 대해서) 연설하다⟩ Ils *discourent* de la montée des prix et sur les remèdes à y apporter. 그들은 물가고와 거기에 대한 대책에 대해서 연설을 하고 있다.

discréditer ~ N (auprès de qn) ⟨(…에 대해서) …의 신용을 실추시키다⟩ ~ une personnalité en vue 유망한 인사의 신용을 떨어뜨리다. Cette malhonnêteté l'*a* complètement *discrédité* aux yeux de son entourage. 이 부정직성이 그의 주변 사람들의 눈에 그의 신용을 완전히 떨어뜨리고 말았다.

disculper ~ N (de N) ⟨(…에 관해서) 무죄임을 증명하다⟩ Les témoins ont *disculpé* l'accusé. 증인들은 피고가 무죄라는 것을 증명했다. ~ qn des fautes qui lui étaient imputées …에게 그가 저지른 잘못이라는 누명을 벗겨주다.

discuter 1° ~ qc/qn ⟨토의하다, 논의하다; 문제로 삼다⟩ La jeune femme n'essaya pas de ~, en elle-même, la vraisemblance du propos. 그 젊은 여자는 그 말의 진실성을 속으로 의심해보려 하지 않았다. On ne *discute* pas les ordres du directeur. 부장의 명령에 대해서는 왈가왈부하지 않는다. Le président *a été* très *discuté*. 의장은 많은 성토를 당했다.

◇ ~ ∅ Ils *discutent* sans cesse. 그들은 끊임없이 토론한다. Taisez-vous et ne *discutez* pas. 입다물고 이러쿵 저러쿵 하지 마세요.

2° ~ de qc ⟨…을 논의하다⟩ ~ d'un projet du budget à l'Assemblée 의회에서 예산안을 심의하다. J'ai rencontré Paul tout à l'heure, on a pris un café et on *a discuté* de son divorce. 나는 조금 전에 폴을 만나서, 우리는 커피를 한 잔 들며 그의 이혼문제를 논의했다.

◇ de qc 는 en 으로 대치가능함: Ce film, on en *a* beaucoup *discuté*.

3° (1) ~ qc avec qn ⟨…에 대해서 …와 논의하다⟩ ~ philosophie avec son jardinier 정원사와 철학을 논하다.

(2) ~ sur/de qc avec qn ~ sur de graves sujets avec ses amis 친구들과 중대한 내용을 의논하다. Le directeur du théâtre *discuta* de la nouvelle pièce avec les acteurs. 단장은 배우들과 새 작품에 대해 토의했다.

(3) ~ ∅ avec qn On ne peut pas ~ avec François, il se met tout de suite en colère. 프랑스와는 금방 화를 내기 때문에 그 하고는 의논을 할 수 없다.

4° se ~ 《변화》⟨토의・토론 되다⟩ Cette affaire *se discute* en conseil des ministres. 이 문제는 閣議에서 토의되고 있다.

disparaître 〔조동사는 avoir 또는 être. ⇨auxiliaires I, 3°, ②〕. ~ ⟨사라지다; 달아나다⟩ Tous ses amis *avaient* subitement *disparu*. 그의 모든 친구들이 갑자기 사라졌다.

dispenser 1° ~ N de N ⟨…에게 …을 면해주다⟩ ~ qn de gymnastique …에게 체조 과목을 면제해주다. ~ un soldat d'exercice 어떤 군인에게 훈련을 면제해주다.

2° ~ (N) de Inf ⟨…에게 …하는 것을 면제해주다⟩ Vos succès ne vous *dispensent* pas de suivre vos efforts. 너희들이 성공했다고 해서 그것이 앞으로 노력을 계속하지 않아도 된다는 것은 아니다. Etre modeste ne *dispense* pas d'être savant. 겸손하다고 해서 학식이 풍부하지 않다는 것은 아니다.

3° ~ N ⟨내다, 발하다⟩ Ce corps *dispense* de la chaleur. 이 물체는 열을 방출한다.

4° ~ N à qn ⟨주다, 나누어주다; 베풀다⟩ ~ ses conseils à *qn* …에

게 충고를 해주다. ~ des paroles d'encouragement à *qn* …에게 격려의 말을 하다. ~ des soins à un malade 환자를 열심히 돌보아주다. Des universités *dispensaient* à une partie de la population de solides connaissance en latin classique. 대학에서는 일부 주민들에게 고전 라틴어의 강의를 해주었다.

disposer 1° ~ qc 〈배치하다; 정리하다, 준비하다〉 ~ des sièges 의자를 정돈하다. Elle *disposa* les livres soigneusement sur le bureau. 그녀는 책들을 책상 위에 정성들여 정돈해 놓았다.
2° ~ qn à Inf 〈…을 …에 준비시키다〉 Rien ne *dispose* mieux le corps à supporter la fatigue qu'un entraînement régulier. 규칙적인 훈련 이외에는 아무것도 신체를 피로에 보다 잘 견디게 할 수는 없다.
3° ~ de qc/qn 〈…을 마음대로 처분하다; …을 양도하다〉 *Disposez* de moi comme vous voudrez. 필요하실 때는 언제나 저를 부르세요. Il *dispose* de beaucoup d'argent. 그는 돈을 마음대로 쓸 수 있다.
4° ~ Vous pouvez ~. 당신 마음대로 하십시오.
5° se ~ à qc 《변화》 〈…할 각오를 하다〉 Ils *se disposèrent* à la résistance. 그들은 저항할 각오를 했었다.
6° se ~ à Inf Il *se dispose* à vendre sa maison. 그는 자기 집을 팔 생각이다. Il répondit: Il y a longtemps que je *me suis disposé* à mourir. 나는 오래 전부터 죽을 각오가 되어 있다 라고 그는 대답했다.

disputer I. 1° ~ 〈다투다, 경쟁하다〉 Ils aiment à ~. 그들은 다투기를 좋아한다.
2° ~ qc à qn 〈…와 …을 다투다〉 Cet élève *dispute* la première place à ses camarades. 이 학생은 친구들과 일등을 다툰다. Ils ont essayé de lui ~ son droit. 그들은 그와 권리 다툼을 했다.
3° ~ de/sur qc 〈…에 관해서 토의하다〉 ~ d'un grave problème 중대문제에 관해서 토의하다. ~ sur le sexe des anges 천사의 性에 대해 논쟁을 벌이다.
4° ~ si P ~ si l'optimisme est raisonnable 낙관론이 타당한지를 토의하다(⇨si¹ III, 1°).
II. 1° se ~ 《변화》 〈다투다, 싸우다 (=se quereller)〉 Ces jeunes mariés ne cessent pas de *se* ~. 이 젊은 부부는 다투기를 그치지 않는다.
2° se ~ avec qn Catherine, arrête de *te* ~ avec ton frère, rends-lui son jouet. 카트린느야, 동생하고 그만 좀 다퉈라. 그애에게 장난감을 돌려줘라.
3° se ~ qc 《가변》 Les deux pays *se sont* longtemps *disputé* la maîtrise de la Méditerranée. 두 나라는 지중해 지배권을 두고 오랫동안 서로 다투었다.

disserter ~ de/sur qc 〈논설하다; 논하다〉 Les candidats avaient à ~ sur la pensée de Pascal. 수험생들은 파스칼의 사상을 논해야 했다. Il se mit à ~ de la situation politique. 그는 정세를 논하기 시작했다.
◇ 1) ~ ø Il aime ~. 그는 논설을 펴기를 좋아한다.
2) ~ ø qc ~ philosophie 철학을 논하다. ~ finance 재정을 논하다.

dissimuler 1° ~ qc 〈감추다, 숨기다; 속이다〉 Il ne *dissimule* pas son inquiétude. 그는 자기의 불안을 숨기지 못한다. L'avare *dissimulait* sa fortune. 그 수전노는 자기 재산을 숨겼다.
◇ ~ ø Il *dissimule* sans cesse. 그는 끊임없이 자기 감정을 숨긴다.
2° ~ (à qn) P subj/ind Il *dissimula* qu'il eût [avait] eu part à

l'affaire. 그는 자기가 그 일에 가담했었다는 것을 감추었다.

◇ ne pas ~ (à qn) que P ind Le docteur ne lui *dissimule* pas que son cas est très grave. 그 의사는 그에게 그의 병이 매우 중하다는 것을 감추지 않는다.

3° se ~ qc 《가변》〈인정하지 않다〉 *se* ~ ses erreurs 자기의 과실을 인정하지 않다.

4° se ~ (SP) 《변화》〈몸을 숨기다〉 Il *se dissimule* derrière la tenture. 그는 벽포 뒤로 숨는다. Son égoïsme *se dissimule* derrière des affirmations généreuses. 그의 너그러운 말 속에는 이기심이 감추어져 있다.

5° se ~ que P ind 《불변》〈인정하지 않다〉 *se* ~ que la vie est dure 인생은 냉혹하다는 것을 인정하지 않는다.

◇ ne pas se ~ que P ind/P(ne) subj (종속절의 동사는 nier²에 준함)〈…을 인정하다〉 Il ne *se dissimule* pas qu'il n'ait plus de chance de succès. 그는 더 이상은 성공할 운이 없다는 것을 인정한다. Je ne *me dissimulais* pas que je ne pouvais le trouver que dans de certaines conditions. (Dumas f., *l'Etrangère*) 나는 몇몇 조건에서만 그를 찾아낼 수 있다는 것을 인정하였다. Mais il ne *se dissimule* pas que le jeu ne saurait durer indéfiniment. (Romains, *Les hommes de b. vol.*) 그러나 그는 노름이 무한정 계속될 수는 없으리라는 것을 인정한다.

dissocier 1° ~ N (en N(pl))〈(…으로) 분리시키다; 해리시키다〉 ~ un corps chimique en ses composants 화학 물질을 그 성분으로 해리시키다. ~ un mécanisme 기계 장치를 분해하다.

2° ~ N(pl)〈분리하다, 해체하다〉 ~ les deux aspects de la question 문제의 양 면을 분리시키다. Les dissensions *ont dissocié* l'équipe. 불화로 말미암아 팀이 해체되었다.

3° ~ N (de N)〈이간시키다, 떼어 놓다〉 Son intention était de ~ le patron de la firme de son associé. 그의 의도는 그 상사의 주인과 그의 동업자를 이간하려는 것이었다.

dissoudre 〔단순과거 je dissolus, 접속법 반과거 je dissolusse 는 쓸 수 없다. 과거분사는 dissous —여성형은 dissoute〕.

1° ~ qc 〈용해시키다; 해산하다, 붕괴시키다〉 L'eau *dissout* le sel. 물은 소금을 용해시킨다. Le président de la République a le pouvoir de ~ l'Assemblée Nationale. 공화국 대통령은 국회 해산권을 갖는다.

2° se ~ 《변화》〈용해되다; 분열하다〉 Le sel *se dissout* dans l'eau. 소금은 물에 용해된다. L'association a décidé de *se* ~. 협회는 자진 해체하기로 결정했다.

dissuader 1° ~ N de N 〈…에게 …을 그만두게 하다, 포기하게 하다〉 J'ai tenté de le ~ de sa décision irréfléchie. 나는 그에게 그의 경솔한 결정을 포기시키려고 했다.

2° ~ N 〈만류하다, 말리다〉 Son argumentation m'*a dissuadé*. 그는 설교해서 나를 말렸다.

3° ~ de N 〈…을 하지 못하게 하다〉 La force de frappe est censée ~ d'éventuelles agressions. 기동 타격대란 있을 수 있는 공격을 미연에 방지하는 것이라 할 수 있다.

4° ~ ø Est-ce que vous croyez que la force de frappe *dissuade* vraiment? 당신은 기동 타격대가 제지력이 있는 줄로 생각하세요? Je ne dis cela que pour ~. 나는 단지 만류하기 위해서 그런 말을 하는 것입니다.

5° ~ N de ce que P subj 〖드물게〗〈…이 …하는 것을 말리다〉 Je vais le ~ de ce qu'il entreprenne

ce voyage. 나는 그 사람이 그 여행을 하려는 것을 말릴 참이오.
6° ~ N que P subj 〖드물게〗 J'essaie de le ~ qu'il entreprenne ce voyage. 나는 그가 그 여행을 하지 못하도록 설득해 본다.
7° ~ N de Inf 〈…하지 못하도록 말리다〉 Cela ne doit pas nous ~ d'agir. 그것 때문에 우리가 행동을 하지 말아서는 안 된다.

distinguer 1° ~ qc/qn 〈알아보다, 식별하다〉 Comment pourrait-on ~ un pickpocket parmi cette foule? 이 군중 속에서 어떻게 소매치기를 골라낼 수 있을까?
◇ 1) ~ qc/qn et qc/qn 〈구별하다, 판별하다〉 Sais-tu ~ le blé et l'orge? 너 밀과 보리를 구별할 줄 아니?
2) ~ qc/qn de/d'avec qc/qn La raison *distingue* l'homme des animaux. 이성이 인간과 동물을 구분한다. On peut toujours ~ un honnête homme d'avec un menteur. 진실한 사람과 거짓말쟁이는 언제나 구별된다.
3) ~ ∅ 〈구별을 짓다〉 Il faut ~. 구별해야 한다.
4) ~ entre qn/qc Il faut ~ entre ces arguments. 이 논거들 중에서 선택을 해야 한다.
2° se ~ 《변화》〈유명해지다; 두드러지다〉 Dans la guerre, il *s'est distingué* par sa bravoure. 전쟁중에 그는 그의 용맹으로 해서 유명해졌다. Il cherche à *se* ~. 그는 두각을 나타내려고 애쓴다. La phonétique et la phonologie *se distinguent* par leur objet et par leurs méthodes. 음성학과 음운론은 그 대상과 연구방법에 있어서 서로 구별된다.
3° se ~ de qn (par qc) 〈구별되다, 다르다〉 Il *se distingue* de ses camarades (par son intelligence). 그는 두드러지게 똑똑한 점에서 그의 급우들과는 다르다.

distraire 1° ~ N de N 〈…에서 떼어내다, 제거하다〉 ~ une somme d'argent d'un dépôt 예금에서 일부 금액을 떼어내다. ~ quelque minutes de l'emploi du temps 시간(사용계획)표에서 몇 분을 떼어내다. La direction du musée *a distrait* plusieurs tableaux de la collection impressionniste. 그 미술관의 관리실은 인상주의 콜렉션에서 그림 여러 폭을 빼버렸다.
2° ~ N 〈…의 기분을 전환시키다; …의 정신을 산만하게 하다〉 Ce spectacle nous *a* bien *distrait*. 그 구경으로 우리 기분이 매우 풀렸다. Je m'excuse de ~ votre attention. 당신의 주의를 산만하게 해서 죄송합니다.
◇ ~ ∅ Voilà un spectacle qui *distrait* bien. 이거야말로 기분전환을 시키는 데 아주 좋은 구경거리다.

distribuer 1° ~ N(pl) (qp) 〈배치하다, 할당하다〉 ~ les cartes sur la table 카드를 테이블 위에 배치하다. ~ le courrier(dans les boîtes aux lettres) 우편물을 여러 편지함 속에다 분류해서 넣다.
2° ~ N(pl) à/parmi/entre qn (pl) 〈나누어주다, 배포하다〉 ~ des tracts parmi les assistants 참가자에게 삐라를 나누어주다. ~ son héritage entre ses enfants 유산을 자식들에게 분배하다. ~ des tracts aux passants 통행인들에게 삐라를 배포하다.
3° ~ N en N(pl) 〈…으로 구분하다〉 J'*ai distribué* ma chambre en deux parties. 나는 내 방을 두 부분으로 나누었다.

diverger 1° N(pl) ~ 〈분기하다, 갈라지다〉 Les deux chemins *divergent* à partir d'un certain point. 이 두 길은 어느 지점에서부터 갈라져 나간다.

2° qn(pl) ~ (sur/dans qc) ⟨(…에서) 갈라지다, 대립하다⟩ Nous *divergeons* sur ce point. 우리는 이 점에서 서로 대립하고 있다. Nous *divergeons* dans nos opinions. 우리들은 의견이 서로 엇갈린다.

3° qn ~ avec qn (sur qc) ⟨(…에서) …와 대립하다⟩ Je *diverge* avec vous sur ce point. 나는 이 점에서 당신과 의견이 다르다.

diviser 1° ~ N (en N(pl)) ⟨(…으로) 분할하다, 나누다, 쪼개다⟩ ~ une pièce en deux par une cloison 칸막이가 벽으로 방을 둘로 나누다. Le fleuve *divise* la ville en deux. 강이 그 도시를 이분하고 있다. Une frontière *divise* le pays. 경계선이 그 나라를 이분하고 있다.

2° ~ N par N ⟨…으로 나누다⟩ ~ dix par quatre 10을 4로 나누다.

3° ~ N(pl) ⟨대립시키다; 이간하다⟩ Ce contentieux diplomatique *divise* les deux gouvernements (entre eux). 그 외교상의 분쟁이 두 정부를 서로 대립시키고 있다.

divorcer ~ avec/d'avec qn ⟨…와 이혼하다⟩ Il *a divorcé* avec [d'avec] sa seconde femme. 그는 두번째 부인과 이혼했다. J'ai *divorcé* avec [d'avec] la société. 나는 사회와의 교섭을 끊었다.

◇ 1) 조동사 없이 과거분사를 쓸 때는 divorcé (d')avec, 또는 divorcé de로 말하기 때문에 divorcer de 라는 표현도 생겨났다(⇨auxiliaires I, 3°, ②).

2) ~ ø Il *a divorcé* il y a trois ans. 그는 3년전에 이혼했다. Ses parents *ont divorcé*. 그의 부모는 이혼했다.

divulguer 1° ~ N (à N) ⟨(…에게) 누설하다, 폭로하다⟩ ~ une nouvelle (au public) (공중에게) 어떤 뉴스를 폭로하다.

2° ~ (à N) que P ind La presse *a divulgué* que l'on avait vendu des armes à une dictature. 신문은 독재정권에 무기가 판매되었다고 폭로했다.

3° ~ (à N) P(int. ind.) La presse *a divulgué* comment la vente d'armes a eu lieu. 신문은 무기 판매가 어떻게 행해졌는지를 폭로했다.

4° ~ (à N) Inf Le gouvernement *a divulgué* ne pas avoir vendu d'armes. 정부는 무기를 판매하지 않았음을 공표했다.

documenter 1° ~ qc ⟨…에게 자료를 제공하다⟩ bien ~ un ouvrage scientifique 어떤 학문적 저작을 위해서 충분한 참고 자료를 수집하다.

2° ~ qn (sur qc) ⟨(…에 관해서) …에게 정보를 제공하다⟩ Le bibliotécaire m'*a documenté* sur cette question. 그 도서관 직원이 그 문제에 관한 충분한 정보를 나에게 제공해 주었다.

dominer 1° ~ (dans N) ⟨(…에서) 우위를 차지하다, 위세를 떨치다, 압도하다⟩ Les femmes *dominent* dans l'usine. 공장에서는 여자 직공의 수가 압도적이다.

2° ~ (sur N) ⟨(…을) 압도하다⟩ L'équipe *a dominé* (sur ses adversaires) tout au long du match. 그 팀은 경기중 시종(적팀을) 압도했다.

3° ~ N ⟨지배하다, 통치하다; 누르다; 제어하다⟩ Ce pays a tenté plusieurs fois de ~ ses voisins. 이 나라는 여러번 이웃 나라를 지배하려고 시도했다. Jean *domine* sa peur. 장은 자기의 겁을 억제한다. Il *domine* la situation. 그가 정세를 지배한다.

4° ~ N ⟨굽어보다, 내려다보다; …보다 우세하다⟩ Un grand chêne *domine* le parc. 공원에는 큰 도토리나무가 우뚝 솟아 있다. La cathédrale *domine* toute la plaine. 사원은 평야 전체를 내려다보고 있다. Il

domine de loin ses concurrents. 그는 자기의 경쟁자들보다 훨씬 우세하다.
donner I. 1° ~〈수확이 많다; (군대가) 싸우다; 비추다; 주다〉 Mes poiriers *ont* beaucoup *donné* cette année. 나의 배나무들은 올해 수확이 많았다. Les troupes de réserve n'*avaient* pas encore *donné*. 예비군은 그때까지 싸우지 않았었다. Depuis quelques jours, la lumière ne *donnait* plus dans la cuisine. 며칠 전부터 부엌에 불이 안 들어온다.
2° ~ SP (1) ~ **sur qc** 〈향하고 있다, 면하다〉 Cette fenêtre *donne* sur le jardin. 이 창문은 정원으로 나 있다.
(2) ~ **en ø qc** Cette maison *donne* en plein sud. 이 집은 정남향이다.
(3) ~ **dans qc**〈빠지다, 탐닉하다〉 Ce peintre *donne* dans le cubisme. 이 화가는 입체주의를 추구한다.
3° ~ **qc** 〈주다; 산출하다; 제공하다〉 Ses recherches n'*ont* *donné* aucun résultat. 그의 연구는 아무런 결실도 못 얻었다. Ces oranges *donnent* beaucoup de jus. 이 오렌지는 즙이 많다.
◇ ~ **ø** (—).
4° ~ **qc à qn** Le facteur m'*a donné* le courrier. 우편배달부가 내게 우편물을 주었다. Je vous *donne* dix minutes pour faire ce travail. 당신에게 이 일을 하도록 10분간의 여유를 주겠소. Pourriez-vous me ~ l'heure? 몇시인지 말해 주시겠읍니까?
◇ 1) ~ **ø à qn** (—).
2) ~ **ø ø** Son plaisir, c'est de ~. 그의 기쁨은 남에게 베푸는 것이다.
3) ~ **ø qc (à qn)** ~ soif [envie, chaud, faim, raison] 목마르게 [(…에게)선망을 일으키게, 덥게, 배곯게, (…이)옳다고 인정]하다. Le sel *donne* soif. 짠것을 먹으면 갈증이 난다.
4) ~ + 가격 + **à qn de qc** Je vous en *donne* mille francs. 당신에게 그 값으로 100프랑 내겠소.
5° ~ **à qn de Inf** 〈…에게 …하기를 허락하다(=permettre)〉 Il n'*est* pas *donné* à tout le monde de faire un tel voyage. 그런 여행은 아무나 할 수 있는 것이 아니다.
6° ~ **(à qn) qc à Inf** 〈…에게 … 할 것을 주다〉 Pierre m'*a donné* trois livres à lire. 피에르는 내게 책 3권을 읽게 주었다.
◇ 1) qc 가 P.P.로 대치되었을 때 과거분사는 대개 불변이나 직접목적보어 일치도 가능하다 : Ces devoirs, on me les *a donné(s)* à faire. 이 숙제들, 이것들이 나에게 하도록 주어졌다 《이 예문의 과거분사의 일치는 les 를 donner 의 직접목적보어로 보는 경우이고 과거분사의 불변은 donner à faire=ordonner de faire 로 풀이하고 les 를 faire 의 직접목적보어로 보는 경우이다》.
2) ~ **(à qn) ø à Inf** Ces mots nous *donnent* à penser. 이 말은 우리에게 뭔가 생각을 하게 한다 《donner à manger ⇨à, II, 2°》.
7° ~ **qn/qc (à qn) pour qn/qc** 〈…라고 추측하다, 짐작하다〉 On nous l'*a donné* un génie. 그는 우리에게 천재로 알려져 있다.
◇ 1) ~ **qn/qc pour qn/qc** (상황보어)〈…을 위해 …을 주다〉 Il *donnerait* sa vie pour sa patrie. 그는 조국을 위해서라면 목숨까지도 바칠 것이다.
2) ~ **(à qn) qn/qc pour Adj** 〈(…에게) …을 …하다고 제공하다〉 Je ne vous *donne* pas cette information pour certaine. 나는 당신에게 이 정보를 확실한 것으로 제공하는 것은 아닙니다.
II. 1° **se** ~ **qc** 《가변》〈자신에게 주다〉 Il remporta des prix sans *se* ~ beaucoup de peine. 그는 크게 고생하지도 않고 상을 탔다. Elle *s'est*

dormir

donné beaucoup de mal pour passer dans la classe supérieure. 그녀는 상급학년으로 진학하는 데 몹시 힘들었다.
2° **se ~ à qc** 《변화》〈자기를 바치다, 종사하다〉 Il *se donne* au travail. 그는 일에 전념한다.

dormir ~ 〈자다, 잠들다; 정지상태에 있다〉 Les enfants *dorment* plus que les grandes personnes. 애들은 어른보다 잠을 더 많이 잔다.
◇ 1) 비인칭구문: Il *dormait* un chat dans un coin de la pièce. 방구석에서는 고양이 한 마리가 자고 있었다.
2) 비인칭 수동구문: Il *a été* beaucoup *dormi* ici. 많은 사람들이 여기서 잤다.
3) ~ **qc** 타동사처럼 쓰여 동족목적어(somme, sommeil)를 가질 수가 있다: ~ son dernier sommeil 죽다. ~ la grasse matinée 〖구어〗 늦잠자다.
4) 복합시제의 P.P.는 불변: Combien d'heures *avez*-vous *dormi?* 당신은 몇 시간을 잤읍니까? (⇨participe passé, V, 2°, ③). trois nuits mal *dormis* 잠을 못 잔 사흘밤 《dormis는 완전한 형용사가 되어 nuits의 성, 수에 일치한 경우이다》.

doter 1° ~ **une femme/une fille** 〈…에게 지참금을 붙여주다〉 ~ sa fille qui se marie 시집가는 딸에게 지참금을 주다.
2° ~ **N de qc** 〈…에게 …을 갖추게 하다, 장비시키다; …에게 …을 붙여주다〉 On nous *avait dotés* d'un important matériel. 우리는 상당한 금액의 물자를 갖추고 있었다. un appareil *doté* des derniers perfectionnements 가장 최신의 장비를 갖춘 기계.

doubler 1° ~ 〈배가하다〉 Le nombre des trafiquants de drogue *a doublé*. 마약 밀매업자의 수가 배가했다.
2° ~ **N** 〈배가시키다〉 ~ sa fortune en dix ans 십년만에 재산을 두 배로 늘리다.
◇ 이 뜻으로는 se doubler 는 쓰지 못함.
3° ~ **N** 〈안을 대다〉 ~ un manteau 외투에 안을 대다.
4° ~ **(N)** 〈앞지르다〉 La 2 CV *double* (un camion). 2마력짜리 자동차가 (트럭을)앞지른다.
5° ~ **qn** 〈…의 대역을 하다〉 ~ un acteur dans une scène d'acrobatie 곡예 장면에서 어떤 배우의 대역을 하다.
6° ~ **qn** 〖구어〗〈속이다〉 Le gang s'est fait ~ par des concurrents plus habiles. 그 강도들은 더 능한 동업자들에게 속아 넘어갔다.
7° **se ~ de qc** 《변화》〈(…으로 말미암아) 배가하다〉 Le malaise fiscal des Gaulistes *se double* des inquiétudes que suscitent les dernières prises de position du général Méry. 드골 파의 재정적인 불안은 메리장군의 최근의 득세가 야기하는 여러 불안으로 말미암아 배가되고 있다.

douer 1° ~ **qn de qc** 〈…을 갖고 태어나게 하다〉 La nature l'*a doué* d'une intelligence exceptionnelle. 그는 특별한 지능을 갖추고 있다〔갖고 태어났다〕.
◇ **être doué de qc** 〈…을 태어날 때부터 갖고 있다〉 Cet enfant *est doué* d'une excellente mémoire. 이 어린애는 비상한 기억력을 갖고 있다.
2° **être doué pour qc** 〈…에 특별한 재질을 갖고 있다〉 Il *est doué* pour les mathématiques. 그는 수학에 뛰어난 재질을 갖고 있다.
◇ **être doué** 〈머리가 좋다〉 Il n'*est pas doué*. 그는 머리가 좋지 않다.
《이 동사는 능동태에서는 복합시제에만 사용되며 그것도 일반적으로

3인칭 단수에서만 사용되는 것이 보통. 그 밖에는 「être+과거분사」의 형태로만 쓰임》.

douter I. 1° ~ de qc/qn 〈…을 의심하다, 믿지 않다〉 Tes amis commencent à ~ de ta sincérité. 네 친구들은 너의 성실성을 의심하기 시작한다. Elle *doute* d'elle-même. 그녀는 자신을 의심한다.

◇ 1) de 없이 사람을 보어로 받는 경우도 있다: Je *doute* moi-même si je n'ai pas rêvé. (France, *la Rôtisserie*) 내가 혹시 꿈을 꾸지 않았는지 스스로를 의심하고 있다.
2) 보어로 중성대명사 en이 올 수 있는 것은 자명한 사실이다: Est-ce qu'il sera à temps? —J'en *doute*. 그가 제시간에 올까요? —글쎄요.

2° ~ de Inf Je ne *doute* pas de le voir bientôt. 그를 곧 만나게 되리라는 것을 의심치 않는다. Je *doute* d'avoir dit cela. 내가 그런 말을 했는지 의심스럽다.

◇ Inf 앞에 de 가 없는 경우는 드물다.

3° ~ que P subj/ind (1) (긍정문에서) ~ que P subj Je *doute* qu'il puisse mieux faire. 그가 더 잘 할 수 있을지 의심스럽다.

(2) 부정문, 의문문에서 i) (대부분) que P(ne) subj (⇨ne explétif IV) Je ne *doute* pas qu'il (ne) vienne bientôt. 그가 곧 오리라는 점을 의심치 않는다. *Doutez*-vous donc qu'il (ne) nous aime? 그가 우리를 사랑한다는 사실을 당신은 의심합니까? 《이런 경우 허사 ne를 생략하면 사실의 확실성을 나타낸다》. ii) ~ que P ind Je ne *doute* pas qu'il viendra. 그가 올 것을 의심치 않는다《현실성을 강조하는 경우로 허사 ne 는 안쓴다》.

◇ 1) que P는 en 으로 대치 가능함.
2) ~ de ce que P subj Je *doute* de ce qu'il soit capable de venir. 나는 그가 올 수 있으리라는 것이 의심스럽다.
4° ~ si P ind Je *doute* s'il acceptera. 그가 승낙할지 어떨지 의심스럽다. Je *doute* si j'accepterais un tel poste. 그 자리를 맡는 것을 승낙해야 할지 모르겠다.

II. 1° se ~ de qc 《변화》〈짐작하다, 의심하다〉 Je me *doute* de ses sentiments à mon égard. 그가 나에게 어떤 감정을 갖고 있는지 짐작한다. Il ne se *doute* pas de ce qui l'attend. 무슨 일이 그를 기다리고 있는지 그는 짐작하지 못하고 있다. 《위의 ce처럼 대부분 부정대명사가 보어로 온다: Je m'en *doutais* bien. 그럴 거라고 생각하고 있었다. Je ne me suis *douté* de rien. 나는 꿈에도 생각지 않았다》.

2° se ~ que P ind (=se rendre compte que P *ind*) Je me *doutais* bien que vous ne m'aviez pas dit toute la vérité. 당신이 나에게 진실을 전부 얘기하지 않았다고 생각했다. Nous ne *nous doutions* pas que si peu de temps après nous aurions à supporter ensemble une si grande épreuve. 조금 후 우리 모두가 그토록 엄청난 시련을 겪게 되리라는 사실을 우리는 짐작하지 못했었다. 《그러나 부정문에선 접속법이 쓰이기도 한다: Je ne me *doutais* pas qu'il fût là. 그가 그곳에 있다는 것을 나는 몰랐었다》.

draper 1° ~ N 〈덮다, 싸다〉 Le drapeau tricolore *drape* le cercueil. 삼색기가 관을 덮고 있다.
2° ~ N de N 〈…으로 싸다, 덮다〉 On *avait drapé* le cercueil d'un drapeau tricolore. 그 관은 삼색기로 덮여져 있었다.
3° se ~ dans N 《변화》〈(…안에) 싸이다, …을 두르다, …을 걸치다〉 Il se *drape* dans son manteau. 그는 망토를 걸친다. Il se *drape* dans une froide dignité. 그는 냉엄한 태도를 취한다.

dresser 1° ~ N 〈세우다, 설치하다; 훈련하다〉 ~ un monument 기념비를 세우다. ~ une tente 텐트를 치다. ~ un chien 개를 훈련시키다.
2° se ~ 《변화》〈몸을 일으키다, 서다; 윤곽이 뚜렷이 나타나다〉 Le chien *se dresse* sur ses pattes arrière. 개가 뒷다리로 선다. Tout d'un coup, la silhouette du château *se dresse* dans la brume. 갑자기 성의 모습이 농무 속에 뚜렷이 나타났다.
3° se ~ contre N 〈…에 대항하기 위해서 궐기하다〉 *se* ~contre *qn* …에게 반항하다, …에 대항해서 궐기하다.

droguer 1° ~ N (de N) 〈약을 남용케 하다, …의 약을 먹이다〉 ~ *qn* d'opium …에게 아편을 먹이다. ~ *qn* …에게 마약을 먹이다, 흥분제를 먹이다.
2° se ~ (de N)《변화》〈약을 남용하다, (…을) 복용하다〉 Il *se drogue* pour mieux dormir. 그는 잠을 잘 자기 위해서 약을 복용하고 있다. La jeunesse, hélas, de nos jours *se drogue*. 젊은이들이 요즘 마약을 복용하는 버릇이 생겼다.

E

ébahir 1° ~ (N)⟨깜짝 놀라게 하다, 어이없게 하다⟩ Il lance parfois des répliques qui *ébahissent* (ses amis). 그는 혼히 (친구들을) 깜짝 놀라게 하는 말대꾸를 한다.
2° qn s'~ (de N)⟪변화⟫⟨…로 깜짝 놀라다⟩ s'~ d'une réplique 어떤 말대답을 듣고 어이없어하다.
3° qn s'~ de ce que P ind/subj ⟪변화⟫⟨…라는 사실에 깜짝 놀라다⟩ Il *s'ébahit* de ce que son enfant sait déjà marcher. 그는 자기 아이가 벌써 걸을 수 있다는 것을 알고 깜짝 놀란다. Je *m'ébahis* que le coût de la vie augmente aussi vite. 생활비가 이렇게까지 빨리 오르는 데 경악을 금할 수 없다.
4° qn s'~ de Inf ⟨…하는 데 깜짝 놀라다⟩ Je *m'ébahis* de voir le coût de la vie augmenter aussi vite. 생활비가 이렇게까지 급등하는 것을 보고 놀라지 않을 수 없다.

ébruiter 1° ~ N⟨(비밀 따위를) 탄로시키다; (소문을) 퍼뜨리다⟩ Le gouvernement *a ébruité* un secret. 정부는 어떤 비밀을 공개했다.
2° ~ que P ind ⟨…이라고 소문을 퍼뜨리다⟩ Il *a ébruité* qu'un putsch se préparait. 그는 정부를 전복하기 위한 무장폭동이 준비되고 있는 중이라는 소문을 퍼뜨렸다.
3° ~ Inf ⟨…하리라는 소문을 내다, …하리라고 공개하다⟩ La direction *a ébruité* vouloir licencier du personnel. 사무국은 직원의 일부를 해임할 의사가 있음을 밝혔다.
4° s'~ ⟪변화⟫⟨…이 공개되다; …이라는 소문이 퍼지다⟩ Les plans secrets de la direction *se sont ébruités*. 사무국의 비밀계획이 탄로되었다.

écarter I. 1° ~ qn/qc ⟨열다; 헤치다⟩ Il *écarta* la foule pour passer. 그는 군중을 헤치고 지나갔다. Elle alla vers la fenêtre et d'un seul coup *écarta* les rideaux. 그녀는 창문으로 가서 단번에 커튼을 열었다.
◇ ~ qc (*qc*는 신체부위 명사) Il *écarta* ses bras. 그는 팔을 벌렸다. Il *écarta* les doigts et laissa tomber ce qu'il tenait. 그는 손가락을 벌려서 쥐고 있었던 것을 떨어뜨렸다.
2° ~ qn/qc de qc ⟨사이를 떼어놓다; 나누다⟩ Ne l'*écartez* pas du droit chemin. 正道에서 그를 벗어나게 하지 마시오. *Écarte* le divan du mur. 의자를 벽으로부터 떼어 놓아라.
II. 1° s'~ ⟪변화⟫⟨옆으로 비키다; 나뉘다⟩ La foule *s'écarta* pour lui ouvrir passage. 군중은 그에게 길을 터주기 위해 비켜섰다.
2° s'~ de qc ⟨빗나가다⟩ *Écarte-toi* du cheval. 말에서 비켜서시오. Le candidat *s'est écarté* de la question. 그 후보자는 문제의 핵심에서 빗나갔었다.

échanger 1° N(pl) ~ N(pl) ⟨…을 교환하다⟩ Les mariés *ont échangé* leurs cadeaux. 신랑 신부는 서로 선물을 교환했다. Ils se promenèrent longtemps sans ~ une parole ni un regard. 그들은 오랫동안 한 마디 말도 나누지 않고 또 한번도 서로 쳐다보지도 않은 채 거닐었다.
2° ~ N (contre/pour N)⟨(…와) …을 바꾸다⟩ Paul *a échangé* ses billes contre un stylo. 폴은 자기

échapper

의 구슬을 만년필 하나와 바꾸었다. Il *a échangé* son appartement en ville pour une maison à la campagne. 그는 자기의 도시 아파트를 시골의 별장과 바꾸었다.

3° ~ N(pl) (avec qn) ⟨(…와) …을 바꾸다⟩ Jeanne *échange* des timbres avec Marie. 잔느는 마리와 우표를 서로 교환한다.

échapper A. 조동사는 뜻에 따라, 동작을 나타내면 avoir, 동작의 결과인 상태를 나타내면 être(Il *est*〔Il *a*〕 *échappé* de prison. 그는 탈옥했다(=Il *s'est échappé* de prison.)). 그러나 「부주의로 …하다」의 경우에는 흔히 être를 사용한다(Il est impossible qu'une pareille bévue lui *soit échappée*. 그가 그런 큰 실수를 저지를 리가 없다). 반대로 「잡히지 않다, 벗어나다」의 뜻일 때는 흔히 avoir가 쓰인다(J'ai compté dix fautes dans ce devoir, il y en a d'autres peut-être qui m'*ont échappé*. 나는 그 숙제에서 틀린 곳을 열 개나 찾아내었는데 내 눈에 띄지 않은 실수가 아마도 여러개 더 있을 것이다).

B. I. 1° ~ à qn/qc ⟨…을 모면하다, …에서 벗어나다(=se soustraire à, se dérober à)⟩ Le prisonnier *a échappé* à ses gardiens. 그 죄수는 간수들의 감시를 빠져나왔다. Elle s'était réfugiée au Maroc afin d'~ à la police. 그녀는 경찰의 감시로부터 벗어나기 위해 모로코로 피신했다. La voile *échappa* bientôt à la vue. 돛단배는 곧 시야에서 벗어났다.

2° ~ de qc ⟨…에서 탈출하다, 빠져나가다(=se sortir, se sauver)⟩ La plume m'*a échappé* des mains. 펜이 내 손에서 떨어졌다. Cela m'*a*〔m'*est*〕*échappé* de la mémoire. 그것은 기억이 나지 않는다.

3° (1) laisser ~ ⟨놓치다; 배출하다; 누설하다⟩ L'enfant laissa ~ un cri bref. 그 아이는 짤막한 비명을 질렀다.

(2) 비인칭 구문: Il m'*est échappé* de la tutoyer en public. 나는 무심코 사람들 앞에서 그녀에게 반말을 했다. Il ne lui *a* pas *échappé* que vous étiez mécontent. 당신이 불만스러워하는 사실을 그는 알고 있었다((~ que 절에서는 직설법)).

(3) l'~ belle ⟨⟨(과거형으로)⟩ 위험을 간신히 모면하다⟩ (⇨ le², la, les, l, 1°, ③).

II. 1° s'~ ⟨⟨변화⟩⟩ ⟨도망치다, 사라지다⟩ Deux prisonniers *se sont échappés* ce matin. 두 죄수가 오늘 아침 탈출했다.

2° s'~ de qc ⟨스며나오다, 분출하다⟩ La vapeur *s'échappe* de la chaudière. 김이 솥에서 새어나온다.

◇ 비인칭 구문: Il *s'échappait* de ces boîtes je ne sais quelle odeur fanée. 그 상자에서 어떤 시든 냄새가 풍겨나왔다.

échelonner 1° ~ N sur N ⟨…에 걸쳐 …를 늘어놓다〔배치하다〕⟩ ~ des payements 분할지불하다. J'ai décidé d'~ mon congé annuel sur plusieurs mois. 나는 나의 연례 휴가를 여러 달에 분산시켰다.

2° s'~ ⟨…에 걸쳐 계속되다⟩ Les travaux du métro *s'échelonne* sur cinq ans. 지하철 공사는 5년간에 걸쳐서 행해진다.

échoir 〔결여동사 verbe défectif로 각 시제의 3인칭 단수, 복수 이외에는 거의 사용하지 않고 조동사는 être이다. 특히 3인칭 단수 직설법현재 변화형의 철자에 주의해야 한다〕. ~ ⟨일어나다; 굴러들어오다⟩ C'est un grand honneur qui m'*échoit*. 나에게 주어진 큰 영예이다((이때 qui m'échoue라 쓰지 말 것)).

échouer 1° ~ (qp) ⟨좌초하다⟩ Le bateau *a échoué* (sur des récifs). 배는 암초에 좌초했다.

2° ~ N(qp) ⟨좌초시키다⟩ La tem-

pête *a échoué* le bateau (sur les rochers). 폭풍우는 배를 바윗돌 위에 좌초시키고 말았다.
3° qn ~ qp 〈…에 다다르다, 이르다〉 Après avoir cherché un hôtel pendant des heures, il *a* lamentablement *échoué* à l'Armée du Salut. 여러 시간동안 호텔을 찾아서 헤매던 끝에 그는 결국 슬프게도 구세군의 신세를 지게 되고 말았다.
4° ~ **dans/à** N 〈실패하다〉 Il *a échoué* dans ses efforts. 그의 노력이 실패하고 말았다. Il *a échoué* à un examen. 그는 시험에 낙제했다. Le gouvernement *a échoué* dans sa tentative de juguler l'inflation. 정부는 물가고를 잡으려는 시도에서 실패하고 말았다.
5° ~ **à** Inf 〈…하는 데 실패하다〉 Il *a échoué* à sauver la situation. 그는 난국을 타개하는 데 실패하고 말았다.

éclaircir 1° ~ qn/qc 〈밝게 하다; 연하게 하다; 뚜렷하게 하다; 이해하기 쉽게 하다〉 s'il refusait de l'~ sur ce point 그 점에 대해 그가 그에게 가르쳐 주기를 거절한다면. pour ~ les doutes qui me restaient encore 나에게 아직 남아 있던 의혹을 풀기 위해서. ~ la voix 목소리를 가다듬다. Les assassins ont avoué et le mystère qui entourait le crime *est éclairci*. 살인자들이 자백을 해서 범죄를 둘러싼 의혹이 밝혀졌다.
2° **s'**~《변화》〈개다; 밝아지다; (의문이) 풀리다〉 Le ciel *s'éclaircit*. 하늘이 맑아진다. Il pleut encore, mais le temps commence à *s'*~. 아직 비가 오지만 날이 개이기 시작한다.

éclairer 1° ~ qn/qc 〈밝히다; 해명하다; 알리다〉 Attendez, je vais vous ~ avec ma lampe de poche. 기다리시오. 내 손전등으로 (당신의 길을) 밝혀 드리겠소. Deux admirables yeux noirs *éclairaient* son visage. 찬란하고 검은 두 눈이 그의 얼굴을 환히 비추었다. *Eclairez*-moi sur ce détail. 이 점에 대해 자세히 밝혀 주시오. Son visage *est éclairé* par la lampe. 그의 얼굴은 램프불에 비추어졌다.
◇ ~ ø Cette lampe *éclaire* mal. 이 램프는 밝게 비추지 않는다.
2° Il ~ 〈번개가 친다〉 Avant l'orage, il *avait* déjà *éclairé* plusieurs fois. 소나기가 오기 전에 여러번 번개가 쳤다.
3° **s'**~ 《변화》〈얼굴빛이 밝아지다; 명백해지다〉 A ces mots, sa figure *s'est éclairée*. 그 말을 듣자 그의 얼굴은 밝아졌다. Nous *nous sommes éclairés* à l'électricité. 전기불이 우리를 밝게 해주고 있었다.

éclater 1° qc ~ (en N) 〈파열·폭발하다, 쪼개어지다〉 Un pneu[un obus] *éclate*. 타이어가 [폭탄이] 터진다. L'eau chaude a fait ~ le verre. 물이 뜨거워서 유리컵이 터지고 말았다. La bouteille *a éclaté* en mille morceaux. 병이 산산조각이 났다. L'orage *a éclaté*. 소나기가 쏟아졌다. Le chemin *éclate* plus loin en trois directions. 좀 더 가서 길은 세 갈래로 갈라진다. Le parti *a éclaté* en plusieurs tendances. 그 정당은 갖가지 경향별로 분열되었다.
2° qc ~ 〈터지다, 발발하다〉 La nouvelle affaire d'espionnage *a éclaté* le mercredi 2 juin. 이 새로운 간첩 사건은 6월 2일 수요일에 일어났다. Le scandale *éclata* à minuit chez la comtesse. 그 추문 사건은 백작부인 집에서 밤중에 일어났다. La guerre vient d'~. 전쟁이 발발했다. Il ne put se contenir et sa colère *éclata*. 그는 견딜 수가 없게 되어 마침내 노기가 폭발했다.
3° qn ~ **de** N 〈…이 터지다〉 Il *éclata* de rire. 그는 웃음이 터졌다. N'en pouvant plus, il *éclata* de rire

éclore

[de colère]. 더 이상 참을 수가 없어서 그는 웃음을[노여움을] 터뜨리고 말았다.

4° qn ~ en N 〈갑자기 …하다〉 Elle *éclata* en sanglot[en larmes]. 그녀는 갑자기 흐느껴 울기 시작했다[눈물을 쏟았다].

éclore [clore 처럼 결여동사. 직설법 현재 3인칭 단수형은 il *éclôt* 로 ô 가 보통 쓰인다. 조동사는 대개 être 이지만 행위를 강조할 때는 avoir 가 오기도 한다].

~ 〈부화하다; 꽃이 피다〉 L'œuf *est éclos*. 알이 부화했다. Les fleurs *ont éclos* pendant la nuit. 꽃이 밤사이에 피었다.

économiser **1°** ~ sur N 〈…을 절약하다〉 ~ sur l'essence 휘발유를 절약하다. Il *économise* sur tout. 그는 무엇이든지 아껴 쓴다.

2° ~ N 〈덜 쓰다, 아껴쓰다〉 ~ son argent[ses efforts] 돈을 아껴 쓰다[노력을 아끼다]. Ce procédé *économisera* du temps et de l'argent. 이 방법은 시간과 돈을 절약해줄 것이다.

écouter **1°** ~ qn/qc 〈듣다; 따르다; 청강하다〉 Parlez, je vous *écoute*. 말하시오. 당신말을 듣고 있소. Je ne perdrai pas mon temps à ~ ses doléances. 그의 하소연을 듣느라고 시간을 허비하지 않겠다.

◇ ~ ø Il n'*écoute* que d'une oreille. 그는 별로 귀담아 듣지 않는다.

2° ~ qn/qc Inf Nous *avons écouté* chanter le coucou. 우리는 뻐꾸기가 노래하는 것을 들었다. Nous l'*écoutons* chanter. 우리는 그가 노래하는 것을 듣는다.

◇ 1) Pron-Inf(−), ~ qn/qc ø (+), ~ ø Inf(+).

2) entendre 와 달리 ~ que P 는 불가, Inf 의 주어 및 목적보어와 동시에 P.P. 로 대치되어 écouter 에 선행할 수 없다:Je la lui ai entendu jouer. *Je la lui *ai écouté* jouer.

3) Inf 가 타동사이고 주어가 뒤에 놓이면~ Inf qn/qc à qn/qc 의 구문을 쓴다. 즉 entendre 와 달리 Inf 의 주어 앞에 전치사 à/par 를 자유로이 교체해서 쓸 수 없다(⇨infinitive (proposition) II).

3° s'~ 《변화》 〈자기 몸을 아끼다; 자기가 …하는 것을 듣다〉 Elle *s'écoute* trop. 그녀는 건강에 너무 신경을 쓴다. Il *s'écoute* parler. (자기 말에 도취한듯) 그는 천천히 말한다.

◇ s'~ Inf 의 구문은 se voir Inf, se faire Inf 와 달리 자유롭게 사용될 수 없다.

écraser **1°** ~ qn/qc 〈눌러부수다, 으깨다, 괴멸시키다〉 Il *a écrasé* un fruit avec son pied. 그는 발로 과일을 짓밟았다. La voiture *a écrasé* une poule en traversant le village. 자동차가 마을을 지나다 암탉을 한마리 치었다. Il *fut écrasé* par un éboulement de terre. 그는 산사태로 몸이 깔렸다. Il *fut écrasé* par une voiture. 그는 자동차에 치었다. 《그러나 수동태에서 비유적인 뜻일 때는 전치사를 사용한다:Le peuple *était écrasé* d'impôts. 국민들이 과중한 세금 때문에 죽을 지경이었다》.

◇ ~ ø(+).

2° s'~ 《변화》 〈부서지다, 으스러지다〉 Une Caravelle *s'écrasa* à l'atterrissage. 카라벨기가 착륙하면서 부서졌다.

écrier (s') **1°** s'~ 《N》 《변화》 〈…라고 외치다〉 《Sapristi!》 *s'écria*-t-il. 「제기랄!」하고 그는 외쳤다.

2° s'~ que P ind 〈…라고 크게 외치다〉 Il *s'écria* qu'il avait été trompé. 그는 나는 속았다라고 고함을 쳤다.

écrire **1°** ~ qc 〈쓰다, 작성하다, 기입하다〉 Sur le sable[sur la neige], j'*écris* ton nom. 모래 위에[눈 위에] 나는 너의 이름을 쓰노라. Victor Hugo *a écrit* de belles poésies. 위고는 아름다운 시를 썼다. Ses lettres *sont* très bien *écrites*. 그의 편지들은 아주 잘 쓰여졌다.

◇ ~ ∅ Plus on *écrit*, moins on pense. 사람들은 글을 많이 쓸수록 생각을 적게 한다.

2° ~ qc à qn Il *écrivait* une longue lettre à sa mère. 그는 긴 편지를 어머니에게 쓰곤 했다. Il *a été écrit* un grand nombre de lettres à Marie. 마리에게 여러 통의 편지가 왔다.

◇ ~ ∅ à qn Je lui *ai* déjà *écrit*. 나는 그에게 벌써 편지썼다. Il *a été écrit* à Marie. 마리에게 편지가 왔다.

3° ~ (à qn) de Inf 〈…에게 …하도록 편지로 알리다〉 Je lui *ai écrit* de venir passer ses vacances chez nous. 나는 그에게 우리집에 와서 방학을 보내라고 편지했다.

◇ de Inf 은 le로 대치 가능함.

4° (1) ~ (à qn) que P ind Il m'*a écrit* qu'il avait assez de nous. 우리가 지긋지긋하다고 그는 나에게 편지했다.

(2) ~ que P subj (충고, 명령의 뜻) Je lui *écris* qu'il parte. 나는 그에게 떠나라고 편지한다.

5° s'~ 《변화》〈쓰이다; 서로 편지하다〉 Appeler *s'écrit* avec deux p. Appeler는 두개의 p로 쓰여진다. Ils *s'écrivent* régulièrement. 그들은 규칙적으로 서로 편지한다.

écrouler 1° ~ qc 〈무너뜨리다〉 ~ des montagnes 산을 무너뜨리다.

2° s'~ 《변화》〈무너지다; 망하다; 날아가다〉 Au cours de l'incendie, la cheminée de l'usine *s'est écroulée*. 화재 때 공장의 굴뚝이 무너졌다. Ses projets *se sont écroulés*. 그의 계획들은 허사로 돌아갔다. Il *s'écroule* dans un fauteuil. 그는 안락의자에 주저앉는다.

écumer 1° ~ 〈거품이 일다〉 La mer *écume*. 바닷물에 거품이 인다.

2° ~ N 〈거품을 걷어내다〉 ~ la soupe 수프에 뜨는 거품을 걷어내다.

3° ~ de rage 〈노발대발하다〉 Paul *écume* de rage. 폴은 노발대발한다.

4° ~ N 〈지배하다〉 Une bande de gangsters *écume* le quartier. 일단의 악당들이 그 구역을 장악하고 있다. Au sud, ce sont les pirates sarrasins qui *écument* les côtes de la Méditerranée. 남쪽으로 지중해 연안 지역을 휩쓸고 다니는 것은 사라센 해적들이다.

effacer 1° ~ qc/qn 〈지우다, 잊게 하다, 마멸시키다〉 *Effacez* ce qui est écrit au tableau. 흑판에 쓰여진 것을 지우시오. Cette péronnelle croit ~ son mari. 그 어리석은 여자는 남편을 압도하는 줄로 믿고 있다. Le crime était puni, mais *effacé* par la contrition. 그 범죄는 벌을 받았으나 회개로 지워졌다.

◇ ~ ∅ Ajoutez quelquefois et souvent *effacez*. 가끔 덧붙이고 자주 지워라.

2° s'~ 《변화》〈지워지다; 비켜서다; 잊혀지다〉 un regret qui ne *s'effaçait* pas 지워지지 않던 후회. Il faut que le virtuose *s'efface* devant le compositeur. 위대한 연주가라도 작곡가에겐 윗자리를 양보해야 한다. Il *s'est effacé* (=s'est dissimulé) derrière la porte. 그는 문 뒤로 몸을 숨겼다.

effaroucher 1° ~ qn/qc 〈질겁하게 하다; 언짢게 하다〉 N'*effarouchez* pas le poisson. 물고기를 놀라게 하지 마시오. Tout m'*effarouche*, tout me rebute. 모든 것이 나를 질겁하게 만들고 나를 언짢게 한다.

2° s'~ de 《변화》〈겁내다; 의심을 품고 멀리하다〉 Le lecteur se scandalise et *s'effarouche* de tout. 독자는 무엇에나 얼굴을 찡그리고 감정을 상한다.

efforcer(s') 1° s'~ vers qc 《변화》〈…을 향하여 노력하다, 애쓰다〉

Tous ces jeunes gens *s'efforcent* vers la gloire. 이 모든 청년들은 영예를 위해 노력하고 있다.
2° **s'~ de Inf** 〈…하려고 애쓰다〉 Il *s'efforce* de soulever un fardeau. 그는 짐을 들어올리려고 애쓴다. Elles *se sont efforcées* de vous faire plaisir. 그녀들은 당신을 즐겁게 해주려고 노력했다.
◇ 1) **s'~ à Inf** 〖드물게〗 Ne vous *efforcez* pas à parler. 말을 하려고 애쓰지 마세요.
2) à Inf 는 y 로 대치가능함: Il *s'efforce* de le faire. →Il *s'y efforce*.
3) s'~ de qc/qn (一).
4) **s'~ ø** 〖문어〗 Dans la rivière, il *s'efforce* et nage quelque temps, puis s'abandonne. 강에서 그는 애써서 한동안 헤엄을 치더니 포기해 버린다.

effrayer 1° **~ N** 〈겁을 주다, 겁에 질리게 하다〉 On ne les *avait* jamais *effrayés* en leur disant que Dieu réserve des punitions terribles aux enfants ingrats. 배은망덕한 아이들에게 하느님은 무서운 벌을 내리신다고 아무리 그들에게 말을 해봐도 그들은 조금도 겁을 내지 않았다.
2° **qn s'~ de N** 《변화》 〈…을 무서워하다〉 Le chien *s'effraie* d'un rien. 개는 아무 것도 아닌 일에도 잘 놀란다.
3° **qn s'~ de ce que P ind/subj** 〖드물게〗 〈…하는 데 겁을 먹다〉 Il *s'effraie* de ce qu'on attende tant de lui. 모두들 자기에게 너무나 큰 기대를 갖고 있는 데 그는 겁을 집어먹는다.
4° **qn s'~ de Inf** Il *s'effayait* de voir qu'il n'y arriverait pas. 그는 성공하지 못하리라는 것을 알고 겁이 났다.

égaler **~ N(en N)** 〈…에서 …와 대등하다〉 Pierre *égale* Paul en habileté. 피에르는 능숙함에 있어서 폴과 동등하다. ~ un record du monde 세계 기록과 같은 기록을 세우다. A *égale* B. A 는 B 와 같다.

élargir 1° **~ N** 〈넓히다〉 ~ une veste 저고리의 품을 넓히다. ~ une rue 길을 폭을 넓히다. ~ l'horizon de qn …의 시야를 넓히다. Le gouvernement tente d'~ sa majorité. 정부는 국회내의 여당의 세력을 확대하려고 시도한다.
2° **~ N à N** 〈…으로 확대하다〉 La conférence *a été élargie* à l'ensemble des pays du tiers monde. 그 회의는 제 3 세계의 모든 국가들에게까지 확대되었다. Georges Sand a contribué à ~ la peinture des mœurs à celle de la province. 조르주 상드는 풍속의 묘사를 지방의 묘사에까지 확대시키는 데 공헌했다.
3° **~** 〖구어〗 〈어깨가 벌어지다〉 Jean *a élargi*, la veste est devenue trop étroite. 장은 어깨가 더 넓어져서 저고리의 품이 그에게 너무 좁아졌다.
4° **s'~ (en N)** 《변화》 〈확대되다, 확대되어 …이 되다〉 La rue *s'élargit*. 길의 폭이 넓어진다. L'allée est bordée d'arbres et *s'élargit* en un vaste rond-point où sont alignées cinq ou six voitures. 양쪽에 나무들이 심어진 그 작은 길은 점점 넓어져서 대여섯 대의 자동차가 줄지어 있는 넓은 로타리와 합류하게 된다.

élever 1° **~ N** 〈올리다, 높이다; 세우다〉 ~ le prix du beurre 버터 값을 올리다. ~ le niveau de vie de la population 주민들의 생활수준을 높이다. ~ une maison d'un étage 집을 한 층 더 높이다. ~ un monument 기념 건물을 세우다.
2° **~ N à N** 〈…까지 올리다[높이다]〉 ~ le niveau de la route à la hauteur des bas-côtés 도로의 높

이를 인도의 높이까지 올리다. ~ qn au grade[à la dignité, à la distinction] de capitaine[évêque] …의 계급[신분]을 대위[대주교]까지 올리다.
3° ~ N〈기르다〉Le père de Jean *élève* des taureaux et des lapins. 장의 아버지는 소와 토끼를 기르고 있다. Paul *a été élevé* chez les jésuites. 폴은 예수회 교도 집에서 교육을 받았다.
4° qc s'~ à N《변화》〈…까지 높여지다〉Les frais de réparation *s'élèvent* à trois mille francs. 수리비가 삼천 프랑이 된다.

élire 1° ~ N〈선정하다, 선출하다〉Les Etats-Unis viennent d'~ leur président. 미국은 이제 막 대통령을 선출했다. Il vient d'*être élu* à l'Académie. 그는 아카데미에(아카데미 회원으로) 선출되었다.
◇ ~ domicile *qp*〈…에 거처를 정하다〉.
2° ~ N+n(n은 속사로 쓰인 명사)〈…를 …로 선출하다〉M. O'Brien vient d'*être élu* président du comité national démocrate. O 씨는 민주당 중앙위원회의 회장으로 선출되었다.

éloigner 1° ~ N〈멀리하다, 피하다〉*Eloignez* un peu ce fauteuil qui me bouche le passage. 통로를 막고 있는 이 의자를 좀 비켜주세요. ~ un danger 위험을 멀리하다. ~ une échéance 지불 기일을 연기하다. ~ ses visites 방문이 뜸해지다.
2° ~ N de N〈…에서 멀리하다, 피하다〉~ un fauteuil de la fenêtre 의자를 창에서 멀리 치워놓다. Depuis qu'il s'est marié, il *a éloigné* de lui ses compagnons de jeunesse. 그는 결혼하고부터 총각때 친구와 멀어졌다. Son peu de goût pour les compromissions *l'avait éloigné* de la vie politique. 타협을 싫어하는 성미가 그로 하여금 정계에서 손을 떼게 했다.
3° s'~《변화》〈멀어지다; 물러서다〉des souvenirs qui *s'éloignent* 점점 희미해져가는 추억. La tempête *s'éloigne*, et les vents sont calmés. 폭풍우가 물러가고 있고 바람은 잔잔해졌다. *Eloignez-vous!* 비켜서시오.
4° s'~ de N〈…에서 멀어지다, …와 거리가 있다〉Le train démarre, puis *s'éloigne* de la gare. 기차가 출발하여 역에서 점점 멀어진다. Il *s'éloigna* pendant quelque temps de sa famille. 그는 얼마동안 가족을 떠나있었다. une théorie qui *s'éloigne* trop de l'observation des faits 사실의 관찰과는 너무나 거리가 먼 이론. un orateur qui *s'éloigne* de son sujet 주제에서 빗나가는 연사.
◇ être éloigné de〈…와 동떨어진〉Je *suis* très *éloigné* de cette conception. 나의 견해는 전혀 그런 것이 아니다. Il n'*était* plus très *éloigné* de croire que l'affaire réussirait. 그는 그 일이 거의 성공하리라고 믿고 있었다.

émaner ~ de N〈(냄새·빛 따위가) …에서 발산되다; …에서 발원하다〉un parfum qui *émane* d'un corps 몸에서 풍겨나는 향수 냄새. La lumière *émane* du soleil. 빛은 태양으로부터 나온다. En démocratie, le pouvoir *émane* du peuple. 민주주의에서는 권력의 근원이 민중에게 있다.

embarquer 1° qn ~ (qp)(pour N/Inf)〈승선·승차하다〉Nous *avons embarqué* sur le «France» pour New York. 우리는 뉴욕행「프랑스」호에 승선했다. Nous *avons embarqué* sur le «France» pour (faire) une croisière. 우리는 해상유람을 하기 위해「프랑스」호에 승선했다.
2° ~ N〈배[기차, 비행기]에 싣다〉Le bateau *embarque* du matériel.

배가 원료를 싣고 간다.
◇ ~ (N)⟨(배가) 파도를 뒤집어쓰다⟩ Le canot *embarque* (des paquets de mer). 보우트 위로 큰 파도가 휘몰아친다.
3° qn ~ N(qp) ⟨(…에) 싣다⟩ On a *embarqué* du charbon sur le cargo. 사람들은 화물선에 석탄을 실었다.

embarrasser 1° ~ qc/qn ⟨가로막다; 당황하게 하다⟩ Posez donc votre parapluie, il vous *embarrasse*. 당신 우산이 거추장스러울 테니 이리 놓으세요. Sa question m'*embarrasse*. 그의 질문은 나를 당황하게 한다.
2° ~ qn de qc ⟨…으로 …을 당황하게 하다⟩ Il aime ~ les autres de remarques ironiques. 그는 비꼬는 말로 다른 사람들을 난처하게 만들기를 좋아한다.
3° s'~ de qc 《변화》⟨…을 귀찮게 여기다; 근심하다⟩ Je *me suis* très *embarrassé* des paquets. 나는 짐꾸러미들 때문에 몹시 귀찮았다. Il ne *s'embarrasse* pas de l'avenir. 그는 앞일을 걱정하지 않는다. Plus il réfléchit, plus son esprit *s'embarrasse*. 그는 깊이 생각하면 할수록 머리가 더욱 산란해진다.

embellir 1° ~ qc/qn ⟨아름답게 하다, 윤택하게 하다⟩ Les arbres en fleurs *embellissent* la campagne. 꽃핀 나무들로 들판이 아름답다.
2° ~ ⟨더욱 아름다와지다⟩ Jacqueline *a embelli* depuis quelques mois. 자클린느는 몇달 전부터 예뻐졌다. Elle *est* bien *embelli*. 그녀는 아주 예뻐졌다. (⇨auxiliaires I, 3°, ②).
3° s'~ 《변화》⟨아름다와지다⟩.

embrancher 1° ~ N(pl) ⟨…을 서로 연결하다⟩ ~ des tuyaux 파이프를 연결하다.
2° ~ N à/sur N ⟨…에 연결하다⟩ ~ une nouvelle voie ferrée à [sur] la voie principale 새 철로를 간선에 연결하다.

embrasser I. 1° ~ qn ⟨껴안다; 입맞추다⟩ Il *embrassa* (=donna un baiser à) sa fille avant le départ du train. 그는 기차가 떠나기 전에 자기 딸에게 입을 맞추었다.
◇ ~ ∅(-).
2° ~ qn à/sur N(N은 신체부위명사) ⟨…에 입맞추다⟩ Il *embrasse* la jeune fille au[sur] le front. 그는 그 여자의 이마에 키스를 한다.
3° ~ qc ⟨(직업을) 택하다; (주의, 학설 따위를) 신봉하다; 포함하다⟩ Ses recherches *embrassent* un domaine très large. 그의 연구는 아주 광범위하다. Mon fils *embrasse* la carrière médicale. 내 아들은 의사의 직업을 택한다. Il *embrassa* la religion chrétienne. 그는 기독교 신자가 되었다.
II. 1° s'~ 《변화》⟨서로 껴안다; 신봉하다⟩ Les deux amoureux *se sont embrassés*. 두 연인은 서로 포옹했다.
2° s'~ à/sur N(N은 신체부위명사) ⟨…에 입맞추다⟩ Ils *s'embrassaient* sur la bouche. 그들은 서로 입맞추고 있었다.

embrayer 1° ~(N) ⟨(모터에) 연결하다⟩ Il *embraya* (la deuxième). 그는 세컨드 기어에 넣었다. Le conducteur *embraya* doucement et la voiture démarra. 운전수가 천천히 클러치를 넣자 차는 움직이기 시작했다.
2° ~ N 〖구어〗⟨(일을) 다시 시작하다⟩ ~ une discussion 토론을 계속하다.
3° ~ sur N 〖구어〗⟨…에 언급하다⟩ Dès qu'il *embraie* sur ses souvenirs de la guerre, on ne peut plus l'arrêter. 그가 전쟁 회고담을 시작하기만 하면 그칠 줄을 모른다. Il *embraya* aussitôt sur ma remarque. 그는 곧 내가 한 말에 언

embrigader ~ qn dans N ⟨(어떤 단체에) 입단시키다⟩ ~ la jeunesse dans des organisations de masse 청년들을 대중조직에 가담케 하다. Il ne se laisse pas ~ facilement. 그는 쉽게 남의 말을 따르려 듣지 않는다.

embrouiller 1° ~ N(pl) ⟨얽히게 하다; 뒤섞다⟩ ~ des fiches[un fichier] 카드[카드함]를 뒤죽박죽으로 만들다. des fils électriques tout *embrouillés* 몹시 얽혀 있는 전깃줄. N'*embrouillez* pas davantage la question par des digressions. 주제에서 벗어난 이야기로 질문을 더 복잡하게 만들지 마세요.
2° ~ qn ⟨혼란시키다⟩ Ses explications m'*ont embrouillé*. 그의 설명을 들어도 뭐가 뭔지 몰랐다.
3° qn s'~ dans N 《변화》 ⟨…에서 혼동하다⟩ Il s'*est embrouillé* dans ses explications. 그의 설명에서 혼돈에 빠지고 말았다.

émerger 1° ~ (de N) ⟨드러나다, 나타나다⟩ Le clocher de l'église *émerge* des toits du village. 교회 종탑이 마을의 지붕들 위로 우뚝 솟아 있다. Il *émergea* brusquement de l'ombre. 어둠 속에서 불쑥 그가 나타났다.
2° ~ ⟨드러나다⟩ La qualité de son travail *émergeait* par rapport aux autres. 그의 일솜씨는 다른 사람보다 뛰어났다.

émerveiller 1° ~ qn ⟨감탄[경탄]하게 하다⟩ La beauté du paysage a *émerveillé* des touristes. 그곳 풍경의 아름다움은 관광객들을 감탄케 했다.
2° s'~ de N 《변화》 ⟨…에 감탄하다, 경탄하다⟩ Tout le monde s'*est émerveillé* du talent de l'artiste. 모든 사람들이 예술가의 재능에 경탄했다.
3° s'~ que P subj/de ce que P subj/ind ⟨…에 경탄하다⟩.

émigrer ~ ((de) qp)⟨이주·이민하다⟩ ~ de son pays 모국을 떠나다. ~ à l'étranger 외국으로 이민하다.

emmener 1° ~ qn ⟨데리고 가다⟩ Il *a emmené* ses enfants au cinéma. 그는 애들을 영화관에 데리고 갔다. Il *fut emmené* en prison. 그는 투옥되었다.
◇1) 구어체에서는 비인물 명사를 보어로 사용한다: Il *a emmené* (= a emporté) un livre pour se distraire. 그는 기분전환을 위해 책을 한권 가지고 갔다.
2) ~ ø(—).
2° ~ qn Inf ⟨…하러 데리고 가다⟩ Je l'*ai emmené* passer l'hiver en Italie. 나는 이태리에서 겨울을 보내도록 그를 데리고 갔다. Il *emmena* ensuite Julien se faire habiller. 그리고 나서 그는 줄리앙에게 옷을 입히려고 데리고 갔다.
◇1) Inf 는 y 로 대치 가능함:Il y *emmène* les enfants, ramasser les coquillages. 그는 애들을, 조개껍질을 주우러 데리고 갔다.
2) 보어 부정법의 주어 명사구와 보어 명사구를 모두 부정법 뒤에 위치시킬 수 없고, 또 모두 대명사화하여 emmener 앞에 위치시킬 수 없다:*Il *emmène* ramasser les coquillages aux enfants. *Il les leur *emmène* ramasser. Il l'*emmena* les voir.

emmitoufler 1° ~ N dans N 〖구어〗 ⟨…속에 포근하게 싸다⟩ ~ ses enfants dans des vêtements chauds 자기 아이들을 따뜻한 옷 속에 감싸다. des passants bien *emmitouflés* 옷으로 중무장한 행인들.
2° s'~ dans N 《변화》 〖구어〗 ⟨자기를 포근하게 싸다⟩ Par ce froid, il s'*est emmitouflé* dans un gros manteau de fourrure. 그 추위에 그는 자기 몸을 두꺼운 털외투로 폭 쌌다.

emmurer

emmurer 1° ~ N 〈성벽으로 둘러싸다; 유폐하다〉 La cité ancienne *avait été emmurée* au moyen âge. 그 古都는 중세에는 성벽으로 둘러싸여 있었읍니다. Un éboulement *a emmuré* toute une équipe de mineurs dans un puit. 사태로 말미암아 한 조의 광부 모두가 갱 속에 갇혔다.
2° s'~ dans N 《변화》 〖드물게〗 〈《비유적》 속에 유폐되다〉 s'~ dans sa solitude 은둔하다. s'~ dans le silence 무거운 침묵을 지키다.

émouvoir 1° ~ (N) 〈마음을 움직이게 하다〉 Il y a des destinées qui *émeuvent*. 연민을 불러일으키는 숙명적 인생들이 있다. Cet artiste *émeut* son public. 그 예술가는 관중을 감동시킨다. J'ai appris ce qu'il avait enduré pour moi, et j'en *suis* tout *ému*. 나는 그가 나를 위해 무엇을 참고 견디어냈는가를 알고 크게 감동했다.
2° qn s'~ (de N) 《변화》〈마음이 움직이다〉 s'~ de pitié pour *qn* …를 불쌍히 여기다. s'~ sur le sort de *qn* …의 운명에 대해 동정하다. Il apprit sans s'~ que le tribunal l'avait condamné à mort. 법정이 그에게 사형선고를 내렸다는 것을 알고도 그는 눈하나 깜짝하지 않았다.
3° s'~ de ce que P ind/subj 〈《정신적으로》움직이다〉 En tout cas, l'opinion médicale *s'émeut* de ce que trois communiqués aussi catégoriques aient publiés avant même que les résultats de cette analyse soient connus. 아무튼, 분석의 결과도 채 알려지기 전에 그렇게도 명백한 세 부의 公報가 발간되었다는 사실에 대하여 의학계는 흥분으로 들썩거렸다. s'~ de ce que *qn* a[ait] été la victime d'un attentat …가 어떤 음모의 희생물이 되었다는 것을 측은하게 여기다.
4° s'~ de Inf Il *s'émeut* de voir cette belle jeunesse s'adonne à la drogue. 그는 이 젊고 아름다운 여자가 약물복용을 한다는 것을 알고 측은한 생각이 든다.

emparer(s') s'~ de N 《변화》〈…을 탈취하다; 사로잡다〉 s'~ du pouvoir 권력을 탈취하다. s'~ d'une ville fortifiée 방어된 도시를 점령하다. Un désir immodéré de richesse *s'était emparé* de lui. 그는 터무니없는 물욕에 사로잡혀 있었다. Il *s'est emparé* du premier prétexte venu. 그는 생각나는 대로 아무 구실이나 내세웠다.

empêcher 1° ~ qc 〈방해하다, 못하게 하다〉 J'ai tout fait pour ~ ce mariage. 나는 이 결혼을 막기 위해 온갖 노력을 다했다.
◇ ~ ø(―).
2° ~ qn/qc de Inf Tu *empêches* les autres de travailler. 너는 다른 사람들이 일을 못하게 한다. Rien ne m'*empêchera* de faire ce que j'ai décidé. 아무 것도 내가 결정한 것을 실행하지 못하도록 나를 막지 못할 것이다.
◇ 1) ~ qn/qc de N(―).
2) ~ ø de Inf Ça *empêche* de prendre froid. 그것은 감기들지 않도록 해준다.
3) de Inf 는 en으로 대치 가능함: Qu'est-ce qui vous en *empêche*? 무엇이 당신을 그렇게 하지 못하도록 합니까?
3° ~ que P subj/ind C'est pour ~ qu'on se fasse mal. 그것은 사람들이 다치지 않도록 하기 위한 것이다. Ta mauvaise conduite n'*empêche* pas que tu es notre fils (= Malgré ta mauvaise conduite, nous n'oublions pas que tu es notre fils).
◇ 1) 종속절에는 ne explétif의 사용이 원칙이나 안 써도 무방함.
2) 부정문에서는 que P에 허사 ne

를 사용하지 않는다:Le mauvais temps n'*empêche* pas que nous sortions. 궂은 날씨가 우리의 외출을 막지 못한다.
4° **Cela n'empêche (pas) que P subj/ind** 〈그래도 역시 …이다〉 Cela n'*empêche* pas que c'est un homme très malade (=Cependant, ...). 그래도 그는 몹시 아픈 사람이다.
5° **(Il) n'empêche que P ind** 〈역시 …이다〉 N'*empêche* que j'ai raison(=J'ai quand même raison). 그래도 역시 나는 옳다. Il n'*empêche* que vous êtes trompé. 그래도 당신이 착각했다.
6° **s'~ de Inf** 《변화》〈자제하다, 삼가다〉 Il ne pouvait pas s'*~* de rire. 그는 웃지 않을 수가 없었다.

empêtrer 1° **~ N(qp)** 〈옭아매다〉 Chaque mouvement *empêtrait* davantage l'oiseau dans le filet. 그 새는 몸부림칠수록 더욱 더 올가미에 얽혀들었다.
2° **~ qn** 〈(…의 행동을) 방해하다〉 De gros vêtements nous *empêtrent*. 우리는 두꺼운 옷이 거치장스럽다.
3° **~ qn dans N** 〈난국에 처하게 하다〉 *~ qn* dans une affaire louche …를 수상한 사건에 얽어매다.
4° **s'~ (qp)**《변화》〈옭매이다〉 L'oiseau s'*empêtre* dans un filet. 새가 그물에 옭매어 있다.
5° **s'~ dans N** 〈…에 얽혀들다〉 Il s'*empêtre* dans ses contradictions. 그는 자가당착에 빠진다.

empiéter ~ sur N 〈…을 침범·침해하다〉 ériger un mur qui *empiète* sur la propriété voisine 이웃집 땅을 침범하는 벽을 세우다. *~* sur les droits d'autrui 타인의 권리를 침해하다.

empirer 1° **~** 〈더욱 악화되다〉 Son état *a empiré* depuis hier. 그의 병세는 어제부터 더욱 악화되었다. (➪ **auxiliaires** I, 3°, ②).
2° **~ qc** 〈더욱 악화시키다〉 Le traitement n'a fait qu'*~* le mal. 치료는 병을 악화시키기만 했을 뿐이었다.
3° **s'~**《변화》〈더욱 악화되다〉 Son mal s'*est empiré*. 그의 병은 악화되었다.

emplir 1° **~ N** 〈가득 채우다〉 Une foule énorme *emplit* la salle. 엄청난 관중이 홀을 가득 채우고 있다. le bouleversement qui *a empli* ma vie sanglante et vaine 피로 물든 헛된 내 생애를 충만시켜준 그 혁명 사건.
2° **~ N de N** 〖문어·雅語〗〈…로 …을 채우다〉 *~* une bouteille de vin 병을 포도주로 채우다. La manière dont il m'avait protégé m'*avait empli* de reconnaissance. 나를 지켜주는 그의 태도가 나로 하여금 감사하는 마음으로 넘치게 했었다.

employer I. 1° **~ qc/qn** 〈사용하다; 고용하다; 이용하다〉 Il *emploie* un terme impropre. 그는 부적당한 말을 쓴다. Il *emploie* bien son temps. 그는 시간을 유익하게 쓴다. Cette entreprise *emploie* plusieurs milliers d'ouvriers. 이 기업체는 수천명의 직공을 고용하고 있다. Je peux vous *~* comme secrétaire. 나는 당신을 비서로 채용할 수 있다. Ce mot n'*est* plus *employé*. 이 단어는 이제 사용되지 않는다.
◇ **~ ø(-)**.
2° **~ qc/qn à qc** 〈…하는 데 …을 쓰다〉 Nous *emploierons* notre temps à quelque chose de plus intéressant. 우리는 좀더 흥미있는 일을 하는 데 시간을 보낼 것이다. Il *a employé* une grosse somme à l'achat de cette voiture. 그는 이 차를 사는 데 많은 돈을 썼다.
3° **~ qc/qn à Inf** Il *emploie* tout son argent à soutenir ses vieux parents. 그는 자기의 늙은 부모를

봉양하는 데 돈을 모두 쓴다. Je peux vous ~ à faire la cuisine. 나는 당신을 요리사로 채용할 수 있다.

◇ à Inf 는 y 로 대치 가능함: Elle *a employé* tout son argent à acheter des robes. →Elle y *a employé* tout son argent.

II. 1° s'~ 《변화》〈사용되다〉 Cette expression ne *s'emploie* plus. 이런 표현은 사용되지 않는다.

2° s'~ à qc 〈…에 바쁘다, 전념하다〉 Tous les élèves *s'employaient* à la préparation de la fête. 모든 학생들이 축제준비에 여념이 없었다.

3° s'~ à Inf Il *s'est employé* de son mieux à réparer les dégâts. 그는 최선을 다해 피해 복구 작업을 했다.

4° s'~ pour/à/en faveur de qn 〈…을 위하여 애쓰다〉 Tous les professeurs *se sont employés* (= sont intervenus en sa faveur) pour cet élève. 모든 교사들이 이 학생을 위하여 애썼다.

emporter 1° ~ qc/qn 〈가져가다, 데려가다; 앗아가다; 격하게 하다〉 Il est parti en voyage en *emportant* la valise. 그는 그 가방을 갖고 여행 떠났다. L'inondation *a emporté* le pont. 홍수로 다리가 떠내려갔다. On *emporta* le blessé dans l'ambulance. 그 부상자를 구급차로 실어갔다. Le choléra l'*emporta*. 그는 콜레라로 죽었다. La colère l'*a emporte*. 그는 노여움에 격했다.

◇ ~ ø(−).

2° l'~ 〈이기다〉 Notre équipe l'*a emporté* par trois buts à un. 우리 팀이 3 대 1 로 이겼다.

◇ l'~ sur qn/qc 〈…에 이기다, …보다 우세하다〉 Killy l'*emporta* sur tous ses concurrents. 킬리는 경쟁자들을 모두 물리쳤다. Le bon l'*emporte* sur le mauvais. 선이 악을 이긴다.

3° s'~ contre qn/qc 《변화》〈…에 대하여 격노하다〉 Il *s'est emporté* contre ses conseillers. 그는 자기에게 충고해 주는 사람들에게 화를 냈다.

empreindre 1° ~ N qp 〖드물게〗 〈…에 새기다; 흔적을 남기다〉 ~ ses pas dans la neige 눈 위에 발자국을 남기다.

◇ 1) être empreint qp 〈…에 새겨진〉 Les traces de nos pieds *étaient empreintes* dans la neige. 우리들의 발자국이 눈에 새겨져 있었다.

2) être empreint de N 〈《비유적》 …이 새겨진〉 Cette musique *est empreinte* de mélancolie. 이 음악은 우울한 음조를 띠고 있다.

2° qc(de qn) s'~ de N 《변화》〈…의 자국이 나다〉 Son visage *s'empreignit* de crainte. 그의 얼굴에는 공포의 빛이 역력했다.

empresser(s') 1° s'~ de Inf 《변화》〈서둘러 …하다〉 Il *s'empressa* de répondre à ma lettre. 그는 급히 내 편지에 답장을 했다.

◇ de Inf 의 대명사화는 불가능하므로 s'~ ø 로 대신한다: *S'est*-il *empressé* de finir son travail?—Oui, il *s'est empressé*. 그는 서둘러서 일을 마치려고 했어요?—예, 그렇게 했어요.

2° s'~ à/de Inf 〈열심히 …하다〉 Il *s'est empressé* à secourir des malheureux. 그는 열심히 불행한 사람들을 도왔다.

3° s'~ pour Inf 〈…하기에 열의를 보이다〉 Elle *s'est empressée* pour soigner des malades. 그녀는 열의를 다해 환자를 돌보았다.

4° s'~ auprès de/pour/en faveur de qn 〈…에게 친절을 다하다〉 Il *s'empresse* toujours auprès des jolies femmes. 그는 늘 예쁜 여자들에게 환심을 사려고 친절히 군

다.
5° s'~ **autour de qn** 〈(군중이) 몰려오다〉 La foule *s'empressa* autour de l'orateur. 군중은 연사 주위로 몰려들었다.

emprunter 1° ~ **qc** 〈이용하다〉 Défense de traverser les voies. ~ les passages souterrains. 횡단금지. 지하도를 이용할 것.
2° ~ **qc de qc** 〈…에서 받다, 얻다〉 La lune *emprunte* sa lumière du soleil. 달은 태양으로부터 빛을 받는다.
3° ~ **qc à qn/qc** 〈…에서 차용하다, 빌리다〉 A qui *as*-tu *emprunté* cette somme? 너는 이 돈을 어디서 꾸었니? Nos auditeurs peuvent ~ des livres à la bibliothèque de l'institut. 여러분들은 본 연구소의 도서관에서 책을 빌리실 수 있읍니다. Le français *a emprunté* des mots à d'autres langues. 불어는 다른 언어에서 단어를 차용했다.
◇ 1) 비유적 의미로는 à 대신 de 를 쓸 수 있다:un mot *emprunté* du 〔au〕 latin 라틴어에서 차용한 단어.
2) ~ **qc ø** Les gens qui *empruntent* des livres oublient souvent de les rendre. 책을 빌려간 사람들은 흔히 돌려주는 것을 잊는다.
3) ~ **ø à qn** Il *a emprunté* à un usurier. 그는 어느 고리대금업자에게서 돈을 꾸었다.
4) ~ **ø ø** Au lieu d'économiser il *emprunte*. 그는 절약을 하지 않고 남에게서 돈을 꾼다.
4° s'~ **qc** 《가변》〈서로 빌다〉 Ils *se sont emprunté* de l'argent. 그들은 서로 돈을 꾸어 썼다.

encadrer 1° ~ **N(de N)**〈(…으로) 테두리를 하다, 둘러싸다;…의 지휘·감독을 하다〉 J'ai fait ~ ce tableau. 나는 이 그림을 틀에 끼우도록 했다. ~ de rouge un article important dans un journal 신문의 주요 기사를 붉은 선으로 두르다. Un cercle de collines *encadre* la ville. 낮은 산들이 그 도시를 둥글게 둘러싸고 있다. Il *était encadré* de deux policiers. 그는 두 명의 경관에 둘러싸여 있었다. Les sous-officiers *encadrent* les nouvelles recrues. 하사관들이 신병을 지도한다. Un corps de technocrates *encadre* une administration. 일단의 전문가들이 행정 업무를 관리한다.
2° ~ **qn** 〖속어〗〈…(의 짜증나게 하는 행동)을 참아내다〉 Je ne peux pas l'~. 그 녀석은 정말 참을 수가 없다.

enceindre 1° ~ **N de N** 〖문어〗〈…으로 둘러싸다〉 La ville *a été enceinte* au moyen âge. 그 도시는 중세에 성벽으로 둘러졌다.
2° ~ **N** 〈둘러싸다〉 Une haie vive *enceint* le jardin. 튼튼한 울타리가 정원을 둘러싸고 있다. La ville *est enceinte* d'un cirque de collines. 그 도시는 구릉으로 둥글게 둘러싸여 있다.

enchaîner 1° ~ **N** 〈사슬로 얽어매다, 속박하다〉 ~ un prisonnier 죄수를 속박하다. un peuple *enchaîné* par la puissance occupante 점령 세력에 의해 예속된 국민. un gouvernement qui *avait enchaîné* les libertés 자유를 구속했었던 정부.
2° ~ **N(pl)**〈연속시키다〉 ~ ses pensées〔des mots〕생각을〔말을〕(논리적으로) 잇다.
3° ~ **(sur N)**〈(…에) 연속시키다, 이어받다〉 Après son introduction il *a enchaîné* avec 〔par〕 une longue série d'explication. 도입을 하고 난 다음 그는 긴 설명으로 이어갔다. Il *enchaîna* sur ma remarque. 그는 내 말을 받아 즉각 응수했다.

enchanter 1° ~ **qn/qc** 〈매우 기쁘게 하다; 매혹시키다〉 L'annonce de ce jour de congé *a enchanté* tous les élèves. 그 날이 휴일이라고 알리

enchérir

자 모든 학생들은 기뻐 어쩔 줄 몰랐다. Il *enchanta* ma vie. 그는 내 삶을 황홀하게 만들었다.
2° **être enchanté de qc/ Inf/ que P subj** 〈…에 대해 매우 기뻐하다〉 Je *suis enchanté* de ma voiture. 나는 내 차에 만족했다. Je *suis enchanté* de vous connaître. 당신을 알게 되어 기쁩니다. Il *est enchanté* qu'on l'ait reconnu du premier coup. 그는 사람들이 단번에 자기를 알아봐서 기뻐했다.
3° **s'~ de qc** 《변화》 〈…에 대해 매우 기뻐하다〉 Elle *s'est enchantée* du spectacle. 그녀는 그 광경을 보고 매우 기뻐했다.

enchérir 〔조동사는 avoir 또는 être〕. 1° **~** 〈값이 오르다〉 Le poisson *a enchéri* à cause des tempêtes. 폭풍우 때문에 생선값이 올랐다. Le blé *est enchéri* depuis quelque temps. 밀값은 얼마 전부터 올라 있다.
2° **~ sur qn/qc** 〈…을 능가하다; …보다 비싼 값을 붙이다〉 Personne n'*a enchéri* sur moi. 아무도 나를 능가하지 못했다. Je ne peux ~ sur une pareille somme. 나는 그 액수보다 더 비싼 값을 부를 수 없다.

enchevêtrer 1° **~ N(pl)** 〈엉클어지게 하다〉 Dans cette rue ancienne, les maisons *sont enchevêtrées* (les unes dans les autres). 이 오래된 거리에는 집들이 서로 뒤얽혀 있다.
2° **~ N dans N** 〈…에 얽히게 하다〉 Un pêcheur *a enchevêtré* sa ligne dans celle du voisin. 낚시꾼의 낚싯줄이 옆사람의 줄에 얽혀들었다.

enclore 1° **~ N(de N)** 〈(…로) 둘러싸다〉 ~ son jardin(d'une) barrière 정원을 울타리로 둘러싸다.
2° **~ N** 〈둘러싸다〉 Une barrière *enclot* son jardin. 울타리가 그의 정원을 둘러싸고 있다.

encombrer 1° **~ N** 〈혼잡하게 하다, 방해하다〉 Des valises *encombrent* le couloir. 가방들이 복도를 가로막고 있다. Ne restez pas là, vous *encombrez* le passage. 여기 있지 마세요. 통행에 방해가 되니까요.
2° **~ N(de N)** 〈(…로) 혼잡하게 하다〉 Vous *encombrez* le couloir (de vos valises). 당신 가방들이 복도를 가로막고 있잖아요. ~ son esprit (=s'~ l'esprit) de détails inutiles 하찮은 일들로 머리를 복잡하게 하다.
3° **s'~ de N** 《변화》 〈…로 방해되다〉 Il n'a pas voulu *s'~* de ses enfants pour ce voyage. 그는 그 여행에 자기 아이들을 데리고 가 짐이 되는 것을 원치 않았다. Quand il part en voyage, il *s'encombre* toujours d'un tas de livres qu'il ne lit jamais. 그는 여행을 떠날 때마다 읽지도 않는 많은 책을 짐스럽게 가지고 다닌다. Il *s'encombre* de scrupules. 《비유적》 그는 가책으로 마음의 짐을 진다〔괴로와한다〕.

encourager 1° **~ qn/qc** 〈장려하다, 격려하다〉 Les concurrents *furent encouragés* par la foule. 선수들은 관중들로부터 격려를 받았다. Louis XIV *a encouragé* les arts. 루이 14세는 예술을 장려했다. Applaudissez-le pour l'~. 그를 격려하기 위해 그에게 박수를 보내세요.
2° **~ qn à Inf/qc** 〈…하도록 격려하다〉 Ses amis l'*ont encouragé* à se défendre hardiment. 친구들은 그가 용감하게 자신을 변호하도록 격려했다. Ils l'*encouragent* au bien. 그들은 그를 격려하여 선행을 하게 한다.
◇ à Inf는 y로 대치 가능함.
3° **s'~ à Inf** 《변화》 〈…하도록 스스로를 격려하다〉 Elle *s'est encouragée* à mieux faire. 그녀는 더 잘하기 위해서 스스로를 격려했다.

encroûter qn s'~ dans N 《변화》 〈…속에 갇히다〉 Il *s'encroûte* dans ses préjugés. 그는 편견에 사로잡혀 있다. Il *s'encroûte* par routine dans un travail stupide. 그는 바보스러운 일에 묶이는 것이 일과가 되어 있다.

endetter 1° ~ qn 〈빚지게 하다〉 Mes achats m'*ont endetté*. 나는 물건을 사느라고 빚을 졌다.
2° qn s'~ par N 《변화》 〈빚지다〉 *s'*~ par des achats 물건을 사느라고 빚지다. Alors ils *s'endettaient* et payaient des mensualités astronomiques. 그 당시 그들은 빚을 지고 있어서 엄청난 월부금을 지불하고 있었다.

enduire ~ N(de N) 〈…를 …로 바르다, 칠하다〉 ~ un mur de chaux 벽에 석회칠을 하다. ~ de graisse l'axe d'un moteur 모터의 축에 기름을 치다.

endurcir 1° ~ N 〖드물게〗〈굳게 하다(=durcir)〉 Le froid *endurcit* le plastic. 플라스틱은 냉각하면 굳어진다.
2° ~ 〈굳다〉 Ce plastic *endurcit* au froid. (위와 같은 뜻).
3° ~ (qc de) qn 〈단련하다〉 Les épreuves l'*ont endurci* [ont *endurci* son caractère]. 시련이 그를[그의 성격을] 강건하게 만들었다.
4° ~ N(à N) 〈…가 …를 견디어낼 수 있게 하다〉 L'entraineur *a endurci* les sportifs à des efforts soutenus. 코치는 줄기찬 노력을 견디어 낼 수 있게 선수들을 단련시켰다.
5° ~ N à Inf Il les *a endurci* à soutenir des efforts prolongés. 그는 그들이 장시간의 노력을 참아낼 수 있도록 단련시켰다.
6° qn s'~ contre N《변화》〈냉혹해지다;…을 견디어낼 수 있게 되다〉 Il *s'est endurci* par égoïsme. 그는 이기주의로 무장되어 있다. Avec le temps, il *s'est endurci* contre les souffrances. 시간이 흐름에 따라 그는 고통을 견디어낼 수 있게 되었다.
7° s'~ à N/Inf 〈…에 견디어낼 수 있게 되다〉 Il *s'est endurci* au froid. 그는 추위에 익숙해졌다. Il *s'est endurci* à soutenir le froid. 그는 추위를 견디어낼 수 있게 되었다.

endurer 1° ~ qc 〈견디어내다, 참아내다〉 Je ne veux plus ~ tes insolences. 나는 더 이상 너의 무례를 참을 수 없다. ~ le froid [la faim, la fatigue, la chaleur] 추위를[배고픔을, 피곤함을, 더위를] 견디다.
2° ~ de Inf 〈…하는 것을 참아내다〉 J'*ai enduré* d'habiter ce taudis. 나는 그 누추한 집에서 참고 살았다.
3° ~ que P subj Je n'*endurerai* plus que tu reviennes si tard. 네가 그렇게 늦게 돌아오는 것을 나는 더 이상 용납하지 않겠다. Jusqu'à quand *endurerez*-vous qu'on vous traite ainsi? 사람들이 당신을 그렇게 대하는 것을 언제까지 참고 견딜 셈이요?
4° ~ ø 〈참다, 견디다〉 Qui veut durer doit ~. 견디고 싶은 사람은 참고 견디어야지.

énerver 1° ~(qn) 〈신경질나게 하다〉 Son bavardage m'*énerve*. 그의 수다는 내 신경을 건드린다. Un café trop fort *énerve*. 너무 진한 커피는 신경을 자극한다.
2° qn s'~ (de N)《변화》〈화가 나다〉 Il *s'énerve* du retard du train. 그는 기차의 연착에 화를 낸다.
3° qn s'~ de ce que P ind/subj; qn s'~ de Inf 〈화가 나다, 신경질이 나다〉 Il *s'énerve* que le train est[soit] en retard. 그는 기차가 늦어 화를 낸다. Il *s'énerve* de devoir attendre. 그는 기다려야 하니 화가 난다.

enflammer 1° ~ N 〈태우다〉 Une

cigarette *a enflammé* la forêt. 담뱃불 하나가 숲을 태웠다.
2° ~ N 〈흥분시키다, 열띠게 하다〉 La révolte *avait enflammé* les esprits. 그 폭동은 사람들을 열광시켰다. L'orateur *enflammait* son auditoire. 그 웅변가는 청중들을 열광시키곤 했다.
3° qn s'~ pour qc/qn 《변화》〈…에 열광하다〉 *s'~* pour une jeune fille 어떤 처녀를 사모해 마음을 태우다. *s'~* pour un morceau de musique 어떤 악곡에 열광하다.

enfler 1° ~ 〈부풀다; 붓다〉 Sa cheville foulée *a enflé* rapidement. 삔 복사뼈가 금새 부어 올랐다.
2° ~ qc 〈부풀게하다; 과장하다〉 Les pluies *enflent* les rivières. 비로 강물이 불어난다. L'orateur *enfle* la voix. 연설자가 목소리를 높인다.
3° ~ qc à qn(*qc*는 신체부위명사)〈…의 …을 부어오르게 하다〉 Un abcès dentaire lui *a enflé* la joue. 잇몸이 곪아서 그의 볼이 부어 올랐다.
4° être enflé de qc 〈…으로 의기양양하다〉 Il *est enflé* de ses succès. 그는 성공으로 가슴이 부풀어 있다.
5° s'~ 《변화》〈부풀다; 커지다〉 Sa voix *s'enflait* avec le prolongement de la discussion. 토론이 끌수록 그의 목소리는 높아져 갔다.

enfoncer 1° ~ N(qp) 〈넣다; 박다〉 J'*enfonçai* les pans de ma chemise dans mon pantalon. 나는 셔츠 자락을 바지 속에 넣었다. ~ à coup de marteau un clou dans un mur 망치로 쳐서 벽에 못을 박다.
◇ ~ qc dans la tête de qn 〈…의 머리속에 …을 억지로 주입하다, 명심하게 하다〉 Je lui *ai enfoncé* dans la tête que deux et deux font quatre. 나는 둘 더하기 둘이 넷이라는 것을 그에게 억지로 납득시켰다. Je lui *ai enfoncé* dans la tête qu'il doive faire attention en traversant la rue. 길을 건널 때 조심해야 한다고 나는 그에게 명심하게 했다.
2° ~ N 〈파괴하다〉 ~ une porte fermée 닫혀 있는 문을 부수다. Quarante mille Italiens *avaient enfoncé* à V le front républicain. 4만명의 이태리인은 V에서 공화주의 전선을 파괴했다.
◇ 1) ~ des portes ouvertes 〈자명한 것을 애써 증명하다〉.
2) ~ N 〖구어〗〈능가하다〉 Le sportif *a enfoncé* son concurrent. 그 선수는 경쟁자를 앞질렀다. ~ son adversaire 상대방을 능가하다.
3° (s') ~ (qp) 《변화》〈(…에) 빠지다, 가라앉다〉 Nous (*nous*) *enfonçons* dans la neige. 우리는 눈 속에 푹푹 빠진다. Il (*s'*) *enfonce* jusqu'aux genoux. 그는 무릎까지 잠겨 있다. Le navire (*s'*) *enfonça* dans les flots. 배는 바다 속에 가라앉았다.
◇ s'~ dans N 《《비유적》…에 몰두하다〉 Il *s'est enfoncé* tout entier dans son travail. 그는 일에 몰두했다.
4° (s') ~ sous N 〈…의 무게에 눌려 깊이 들어가다〉 Le sol (*s'*) *enfonce* sous nos pas. 땅이 우리발 밑에서 푹푹 꺼진다. Les coussins (*s'*) *enfoncèrent* sous son poids. 그의 무게로 쿠션이 푹 들어갔다.

enfuir (s') s'~ ((de) qp) 《변화》〈달아나다〉 *s'~* (de prison) 감옥에서 달아나다.
◇ s'~ 《변화》《《비유적》빨리 지나가다〉 Nos années de jeunesse *se sont enfuies*. 우리의 청춘시절은 훌러가 버렸다.

engager I. 1° ~ qn/qc 〈구속하다; (명예를) 걸다; 약속하다; 개시하다; 고용하다〉 Le diplomate ne veut rien dire qui puisse l'~. 외교관은 자신을 구속할 만한 얘기는 전혀 하지 않으려고 한다. J'*engageai* mon honneur, *engageant* ma parole. 나는 약속을 했고 명예를 걸었다. L'ennemi *engagea* la bataille dès le matin. 적군은 아침부터 전투를 벌였다. Jacques *a été engagé* comme chauffeur. 자크는 운전수로 채용되었다.

2° ~ qn à qc 〈…을 …하도록 권유하다〉 Je vous *engage* à la prudence. 나는 당신에게 신중하라고 권한다. Cela ne vous *engage* à rien. 그것은 당신을 조금도 구속하지 않는다.

3° ~ qn à Inf Marat *engageait* les soldats à massacrer les chefs. 마라는 병사들에게 장수들을 학살하라고 교사했었다.

◇ à Inf 는 y 로 대치 가능함.

II. 1° s'~ 《변화》〈입대하다; 고용되다〉 Je n'étais pas mobilisable, j'ai voulu *m'~*. 나는 징집을 당할 수 없는 사람이지만 입대하고 싶었다.

2° s'~ à/dans/sur qc 〈구속되다; 들어가다〉 Je ne *me suis engagé* à rien. 나는 아무 것에도 구속되지 않았다. Le train *s'engage* dans le tunnel. 기차가 터널로 들어간다. Ne *t'engage* pas sur l'autoroute, tu as vu la file de voiture. 고속도로에 들어서지 마라. 너 자동차가 늘어선 것을 보았지. Il *s'est engagé* à dix-huit ans dans la marine. 그는 17살에 해군에 입대했다.

3° s'~ à Inf 〈…할 결심을 하다, …할 마음이 내키다〉 Il *s'est* formellement *engagé* à faire de la Tchécoslovaquie une fédération. 그는 체코슬로바키아를 연방으로 만들겠다고 명백히 약속했다. Il *s'est engagé* à rembourser la somme en dix ans. 그는 10년 동안에 그 금액을 상환하겠다고 약속했다.

englober 1° ~ N 〈총괄하다〉 Cette théorie récente *englobe* et dépasse les théories précédentes. 이 최신 이론은 이전의 이론들을 총괄하며 또 능가한다.

2° ~ N dans N 〈…에 포함시켜 하나로 만들다〉 ~ un ancien article dans un nouveau recueil 어떤 오래된 저작물을 새 문집에 포함시키다.

engluer 1° ~ N(de N) 〈끈적거리는 것으로 바르다〉 ~ le tronc d'un arbre contre les chenilles 송충이를 잡으려고 어떤 나무의 줄기를 끈끈한 것으로 바르다. Il *s'est englué* les doigts de confiture. 그의 손가락에 잼이 묻어 끈적거린다.

2° ~ N 〈속이다, 함정에 빠뜨리다〉 l'art d'~ les gens 사람들을 속이는 기술.

engouer(s') 1° s'~ pour qn/qc 《변화》[문어] 〈…에 반하다, 열중하다〉 s'~ pour *qn* [pour une nouvelle mode] …에게[새 유행에] 반하다.

2° s'~ de qc 《변화》[드물게] s'~ d'une nouvelle mode (위와 같은 뜻).

enguirlander 1° ~ N(de N) 〈화환으로 두르다, 장식하다〉 Le houblon *enguirlandait* maintenant les fenêtres jusqu'aux toits. 호프가 자라서 창문을 뒤덮고 지붕에까지 기어오르고 있었다. Le rossignol varia son thème, l'*enguirlanda* de vocalises. 나이팅게일은 선율을 바꾸어, 그것을 발성연습으로 꾸며 노래했다.

2° ~ N 〖구어〗〈욕지거리하다〉 Il se mit à m'~. 그는 나에게 욕지거리하기 시작했다.

enhardir 1° ~ qn/qc 〈대담해지게 하다〉 Ce bon succès l'*a enhardi*. 그 훌륭한 성공이 그를 대담해지게 만들었다. obscurité douce, qui *enhardit* l'amour timide (Laclos)

enivrer

수줍은 사랑을 대담하게 만드는 아늑한 어두움.
2° ~ qn à Inf 〈…을 격려하여 …하게 하다〉 Nous *avons enhardi* le solliciteur à demander une audience. 우리는 그 탄원자에게 면담신청을 해보라고 격려했다.
3° s'~ à/jusqu'à Inf 《변화》〈용기를 내어 …하다〉 Il *s'enhardit* jusqu'à lui demander…. 그는 대담하게 그에게 …을 요구했다.

enivrer 1° ~ (N) 〈취하게 하다〉 C'est un petit vin qui *enivre* vite. 그것은 빨리 취하게 하는 천연의 포도주이다. Ce parfum fort nous *enivre*. 이 짙은 향기가 우리를 취하게 한다. Les flatteries l'*enivrent* facilement. 《비유적》 그는 조금만 치켜 세워도 의기양양해진다.
2° s'~ à N 《변화》〈…에 취하다〉 Hier soir, il *s'est enivré* au whisky. 어제 저녁에 그는 위스키에 취했다.
3° s'~ de N 《《비유적》 …로 취하다〉 Qui *s'enivre* d'irrationnel tombe dans le viol des foules. 비이성적인 것에의 열중은 대중에 대한 폭행이다.

enjamber 1° ~ N 〈건너뛰다; 걸치다〉 ~ un fossé 도랑을 건너뛰다. Un pont de bois *enjambe* le précipice. 절벽에 나무다리 하나가 걸쳐 있다.
2° ~ sur N 〈(싯귀가 다음 행으로) 걸치다〉 Un vers *enjambe* sur un autre. 한 싯귀가 다음 싯귀에 걸쳐 있다.

enjoindre 1° ~ qc 〈명령하다, 엄명하다〉 Il *a enjoint* cet ordre. 그가 이 명령을 내렸다.
2° ~ qc à qn Je sais ce que l'honneur m'*enjoint*. 명예가 나에게 무엇을 명령하는지 나는 알고 있다.
3° ~ à qn de Inf 〈…하도록 강력히 명령하다〉 On lui *enjoint* de répondre. 답변을 하도록 강력히 명령받았다. Je lui *ai enjoint* de se conformer à vos directives. 나는 그에게 당신 지령대로 움직이라고 강력히 명령했다.

enjoliver 1° ~ N(de N) 〈…로 장식하다〉 ~ une façade (d'ornements architecturaux) 건물의 전면을 건축장식으로 꾸미다. ~ un récit de quelques fabulations 이야기를 허구로 꾸며 재미있게 하다.
2° ~ N 〈장식하다〉 Des dorures *enjolivent* le plafond baroque. 황금빛 장식이 바로크식 천장을 아름답게 꾸미고 있다.

enlaidir 1° ~ 〈추해지다〉 Avec l'âge, elle *a enlaidi*. 나이 들어감에 따라 그녀는 추해졌다.
◇ 조동사는 avoir 또는 être(⇨ auxiliaire).
2° ~ qc/qn 〈추하게 하다〉 Ces panneaux publicitaires *enlaidissent* le paysage. 이 광고간판들이 거리 모습을 보기 흉하게 만든다.

enlever 1° ~ qn/qc(de qc) 〈없애 버리다; 들어올리다〉 Le choléra l'*enleva* à l'âge de trente ans. 콜레라가 그의 나이 서른살 때 그의 목숨을 앗아갔다. Elle *enleva* son chapeau, ses gants.(Green) 그녀는 모자와 장갑을 벗었다. *Enlève* tes coudes de la table. 탁자에서 팔꿈치를 치워라. La femme de cet industriel *a été enlevée*: les bandits demandent une grosse somme d'argent. 이 실업가의 부인이 납치 당했다. 악당들은 거액의 돈을 요구한다.
2° ~ qc/qn à qn 〈빼앗다, 가지고 가다〉 Vous m'*enlevez* tout espoir. 당신은 나에게서 모든 희망을 빼앗아간다. La mort nous l'*enlevait*. 죽음이 우리에게서 그를 앗아갔다. Je vais vous ~ votre mari pour la soirée. 야회를 위해 당신에게서 당신 남편을 좀 데리고 가겠습니다.
3° s'~ 《변화》〈없어지다; 벗겨지

다〉 une tache qui ne peut pas ~ 없어지지 않을 얼룩. La tache d'encre s'enlève avec un produit spécial. 잉크 얼룩은 특수한 화학 물질로 제거된다.

ennuyer 1° ~ qn 〈귀찮게 굴다; 지루하게 하다〉 Si cela vous *ennuie*, ne le faites pas. 그것이 싫거든 하지 마시오.

2° **Cela/Il ~ de Inf** 〈…하는 것이 싫증나다〉 Il m'*ennuie* d'entendre toujours les mêmes choses. 항상 같은 얘기를 듣는 것이 싫다.

◇ 현대어에서는 Il ~ de Inf 보다 Cela/Ça ~ de Inf 를 많이 사용한다.

3° **Cela ~ que P subj** Cela *ennuie* sa femme qu'il fasse de la compétition. 그가 운동을 하는 것을 아내는 싫어한다. Ça vous *ennuie* que j'ouvre la porte? 문 여는 것이 싫으세요?

4° **s'~** 《변화》 〈지루하다〉 Je ne m'*ennuie* jamais avec vous. 당신과 함께 있으면 나는 지루하지 않다.

5° **s'~ de qn/qc** 〈…이 없어 쓸쓸하다〉 Revenez au plus tôt; je m'*ennuie* de vous. 되도록 빨리 돌아오세요. 당신이 없어서 쓸쓸해요. En vacances, il s'*ennuie* de sa maison. 휴가중 그는 집을 그리워한다.

6° **s'~ à/de Inf** 〈…에 싫증나다, 지루하다〉 Les amants et les maîtresses ne s'*ennuient* point d'être ensemble. 연인들은 함께 있으면 지루해하지 않는다.

enorgueillir 1° ~ qn 〈거만하게 만들다, 뽐내게 하다〉 Les succès l'*enorgueillissent*. 성공이 그를 거만하게 만든다.

2° **s'~ de qc** 《변화》 〈뽐내다, …으로 의기양양하다〉 C'est une faiblesse habituelle à l'homme qui trouve quelque chose de s'en ~. 그것은 뽐낼 수 있을 점을 찾은 인간에게 항상 볼 수 있는 약점이다. Il s'*enorgueillit* de l'approbation qu'il a reçue. 그는 자기가 받은 칭찬을 자랑스럽게 여긴다.

3° **s'~ de Inf** Il s'*enorgueillit* d'être le premier à avoir, réalisé un tel exploit. 그는 자기가 최초로 그러한 최고기록을 수립한 것을 뽐낸다.

4° **s'~ de ce que P ind/subj** Il s'*enorgueillit* de ce que son frère était le premier à avoir réalisé un tel exploit. 그는 자기 형이 최초로 그런 최고기록을 세운 것을 자랑스럽게 생각한다.

enquérir (s') 1° **s'~ de qc** 《변화》 〈조사하다, 알아보다; 걱정하다〉 L'ignorant ne sait pas même de quoi s'~. 무식한 사람은 무엇에 대해 물어야 할지조차 모른다. Dès son arrivée, il s'*est enquis* d'un appartement(=il s'est mis en quête[à la recherche] d'un appartement). 그는 도착하자마자 아파트를 하나 구하려고 했다. Personne ne s'*était enquis* des deux alpinistes depuis leur départ. 아무도 그 두 등산객이 산으로 떠난 후 그들의 행방을 알아보지 않았었다.

2° **s'~ P(int. ind.)** Il s'*enquérait* si les planètes étaient habitées. 별에 사람이 사는지 어떤지를 그는 물었다. *Enquérez-vous* à quelle heure passe le train. 기차가 몇시에 지나가는지 물어 보세요.

enquêter ~ **sur N** 〈…에 관해 조사하다〉 Une commission *enquêtera* sur les circonstances de la mort de l'évêque. 위원회는 그 주교의 죽음의 진상에 대해서 조사할 것이다. Il est nécessaire aussi d'~ pour savoir dans quelles conditions un tract peut être distribué. 어떤 조건 속에서 삐라가 뿌려질 수 있는가를 알기 위해서 조사하는 일도 필요하다. Dans un premier temps, l'entreprise doit ~ par ses propres moyens. 첫 단계에서 그 회사는 제

나름대로의 방법으로 앙케트를 진행해야 한다.

enraciner 1° ~ N(qp) 〖드물게〗 〈뿌리박게 하다〉 ~ un pommier (dans son jardin) (정원에) 사과나무를 심다.
2° ~ qp N 〈(마음·정신에) 뿌리박게 하다〉 ~ une idée dans la tête de qn(=la lui ~ dans la tête) …의 머리 속에 어떤 생각을 뿌리박게 하다. des préjugés qui *sont enracinés* dans cette société provinciale 이 시골 사회에 깊이 뿌리박힌 편견.
3° ~ qp que P ind 〈…라는 사실을 (마음속에) 뿌리박게 하다〉 On lui *a enraciné* dans la tête qu'il n'était bon à rien. 그가 아무짝에도 쓸모 없는 인간이란 사실을 사람들은 그의 머리 속에 깊이 뿌리박아 놓았다.
4° s'~ (qp) 《변화》 〈뿌리를 박다〉 une plante qui *s'enracine* même sur le roc 바위에까지 뿌리를 박은 식물.
5° qc/qn s'~ (qp) 〈뿌리박다; 자리잡다〉 Ces habitudes nuisibles *se sont enracinées* rapidement. 이 해로운 습관이 잠깐 동안에 뿌리를 박았다. Il *s'est* vite *enraciné* dans son nouvel entourage. 그는 새로운 사회에서 금방 자리를 잡았다. Il ne faut pas laisser s'~ un voisin importun. 성가신 이웃사람이 눌러앉아 있도록 내버려두지 말아야 한다.

enrager 1° ~ 〈분하게 여기다; 몹시 괴로와하다〉 En pensant qu'on aurait pu partir hier, j'*enrage*. 어제 떠날 수 있었으리라 생각하니 화가 난다.
◇ 사역구문을 흔히 사용한다: Cet enfant ne cesse de nous faire ~. 이 아이는 끊임없이 우리를 화나게 한다.
2° ~ de Inf J'*enrage* de me taire et d'entendre mentir. 나는 입을 다물고 거짓말하는 것을 듣자니 화가 난다. J'*enrageais* de ne pas pouvoir fournir la preuve de mon innocence. 나는 내가 결백하다는 증거를 댈 수 없어 분통이 터졌다.
3° ~ que P subj J'*enrage* que mon père et ma mère ne m'aient pas bien fait étudier dans toutes les sciences quand j'étais jeune. (Mol, *B. Gent*) 어렸을 때 부모들이 나에게 모든 분야의 학문을 공부시키지 않은 것을 분하게 생각한다.
◇ ~ de ce que P ind(+).
4° s'~ à Inf 《변화》 〈…하려고 애를 쓰다〉 Il *s'enrageait* à faire mieux. (R. Rolland) 그는 더 잘해보려고 끈질기게 애를 썼다.

enregistrer 1° ~ N 〈기입·기록하다, 등록하다; 지켜보다〉 ~ ses dépenses 지출을 기록하다. ~ un disque (sur bande magnétique) 음반의 곡을 녹음테이프에 녹음하다. Cet acte de vente doit *être enregistré*. 이 판매 행위는 등록되어야 한다. On *a enregistré* quelques chutes de neige. 우리는 눈이 내리는 것을 지켜보았다.
◇ faire ~ ses malles 〈짐을〔수하물을〕부치다〉.
2° ~ que P ind 〈…라고 기재하다〉 Le ministre de l'Intérieur *a enregistré* que la majorité avait maintenu ses positions. 내무부 장관은 대다수의 사람들이 자기의 자리를 지키고 있었다고 말했다.

enrichir ~ (N) (de N) 〈(…로) 풍부하게 하다〉 La spéculation *enrichit*. 사색은 인생을 풍요롭게 만든다. des lectures qui *enrichissent* l'esprit 마음을 살찌게 하는 독서. Le cabaret *enrichit* son programme (de nouveaux numéros). 그 술집은 (새로운 순서를 넣어) 프로그램을 다양하게 만든다.

enrober 1° ~ N (de N) 〈두르다, 입히다〉 Les dragées sont des

amandes *enrobées* de sucre. dragée란 설탕을 씌운 편도를 말한다. On *enrobe* certains médicaments amers d'un produit moins désagréable au goût. 쓴 약은 먹기에 덜 역한 물질로 두른다.
◇ ~ la pilule 〈사탕발림하다〉.
2° ~ N de N 〈…로 …을 은폐하다〉 ~ des reproches de paroles flatteuses 부드러운 말로 꾸짖다. ~ les faits de commentaires tendancieux 경향성을 띤 해석으로 사실을 은폐하다.

enseigner 1° ~ qc (à qn) 〈가리키다; 알려주다; 가르치다〉 *Enseignez* la raison, la justice et les mœurs. (Volt) 판단력, 정의감, 덕성을 가르치시오. Il faut toujours ~ la vérité aux hommes. (D'Alemb) 사람들에게 항상 진리를 가르쳐야 한다.
◇ ~ ø Il *enseigne* le matin. 그는 아침에 가르친다.
2° ~ qn Ma femme *enseigne* les jeunes filles, au lycée Fallières. 내 처는 팔리에르중학교에서 여학생들을 가르친다.
3° ~ à qn à Inf 〈…에게 …을 가르치다〉 Il *enseigne* aux enfants à travailler méthodiquement. 그는 아이들에게 체계적으로 공부하는 법을 가르친다. Ils lui *ont enseigné* à se défendre. 그들은 그에게 자신을 방어하는 법을 가르쳤다.
◇ à Inf 는 y 로 대치 가능함.
4° ~ (à qn) que P ind L'histoire, l'expérience nous *enseigne* que la dictature conduit à la guerre. 독재는 전쟁으로 이르게 된다는 사실을 역사와 경험이 우리에게 가르치고 있다.
5° s'~ 〈변화〉 〈교육의 내용이 되다〉 Cela *s'enseigne* aujourd'hui dans les écoles. 오늘날 학교에서 이것이 가르쳐지고 있다.

ensemencer ~ N (de N) 〈씨를 뿌리다〉 ~ son parterre de fleurs 화단에 꽃씨를 뿌리다.

ensevelir 1° ~ N qp 〈매장하다, 매몰시키다; 감추다〉 ~ un mort 죽은 사람을 매장하다. L'avalanche *a enseveli* le village. 눈사태가 그 마을을 삼켜버렸다. un incident *enseveli* dans un profond oubli 깊은 망각 속에 감추어진 사건.
2° qn s'~ dans N 《변화》 〈…에 파묻히다〉 *s'*~ dans sa retraite 은둔하다. Il *s'ensevelit* dans le mutisme. 그는 무거운 침묵을 지켰다.

ensuivre (s') A. 부정법과 3인칭 단수형으로만 쓰인다. 의미상(=découler) de là 를 덧붙여 흔히 s'ensuivre de là, s'en ensuivre 로 쓰기 때문에 복합시제는 결국 tout ce qui *s'était ensuivi*(Ac)와 Une discussion *s'en est ensuivi* 로 써 왔고 Littré 나 Grévisse 같은 학자들도 지지하는 경향이 있고, 지금에 와서는 Thomas 같은 사람은 반대하고 있으나 Martinon 은 찬성하는, 좀 어색하지만 en 과 suivre 를 떼어 그 사이에 조동사를 넣는 것이 보통이다: Il *s'en est suivi*....
B. 1° s'~ 《변화》〈결과로서 일어나다〉 La phrase était ambiguë, une longue discussion *s'ensuivit*. 그 문장은 모호해서 긴 토론이 벌어졌다.
2° Il s'~ qc 《불변》〈…하는 결과가 되다〉 Il *s'en est suivi* de grands périls. 그 결과 큰 위험이 뒤따랐다.
3° Il s'~ que P ind/subj Il *s'ensuit* que le morceau le plus applaudi passe toujours pour le plus beau. 박수를 가장 많이 받는 작품이 항상 가장 아름다운 작품으로 통하는 결과가 된다. La première opération est fausse, il *s'ensuit* que tout le calcul est à refaire. 첫번째 계산이 틀려서 모든 계산을 다시 해야 한다. Il ne *s'ensuit* pas que vous ayez raison. 그렇다고 해서 당신이 옳은 것은 아니다.

entasser 1° ~ qc(pl) 〈쌓다〉 ~ du sable[des documents] 모래를[서류를] 쌓아 올리다.

◇ ~ N sur N 〈거듭하다〉 Il *entasse* erreur sur erreur[mensonge sur mensonge]. 그는 실책을[거짓말을] 거듭한다.

2° ~ qn(pl)〈한 곳으로 몰아넣다〉 On *entassait* les prisonniers dans des wagons à bestiaux. 죄수들은 짐승용 칸으로 몰아넣어졌다.

◇ qn(pl) s'~ 《변화》〈모여들다, 붐비다〉 Aux heures d'affluence la foule *s'entasse* dans le métro. 러시아워에는 지하철에 사람들이 모여들어 붐빈다.

◇ Ils vivent *entassés* dans une seule pièce. 그들은 단 한 칸의 방에서 비좁게 산다.

entendre¹ I. 1° ~ qn/qc 〈듣다, 들리다〉 On monte; *j'entends* du bruit dans l'escalier. 누가 올라온다. 층계에서 나는 소리가 들린다. On *entend* le sifflement d'un train. 기차의 기적소리가 들린다. Je vous *entends* mal, parlez plus fort. (전화걸 때) 잘 안 들려요. 더 크게 말씀하세요. Les cris du bébé ne *furent entendus* de personne. 어린애 소리가 아무에게도 안 들렸다.

◇ ~ ø Laisse le chien tranquille. Tu *entends*? 개 좀 내버려 둬라. 너 내 말 안 들리니?

2° ~ qn/qc Inf 〈…이 …하는 것이 들리다〉 J'*entends* les enfants chanter. 나는 애들이 노래하는 것을 듣는다. J'ai déjà *entendu* Paul jouer ce morceau. 나는 이미 폴이 이 곡을 연주하는 것을 들어보았다.

◇ 1) Inf 가 자동사일 때는 ~ Inf qn/qc 의 어순이 가능함: J'*entends* chanter les enfants du voisin. 나는 이웃집 애들이 노래하는 것을 듣는다.

2) Inf 가 목적보어가 생략될 수 있는 타동사일 경우는 ~ qn/qc Inf ø 와 ~ ø Inf qn/qc 를 구분해야 된다: J'*entends* mon père appeler. 나는 아버지가 부르는 소리를 듣는다/J'*entends* appeler mon père. 나는 아버지를 부르는 소리를 듣는다.

3) Inf 가 타동사일 때 Inf 의 주어가 후치되면 ~ Inf qn/qc à/par qn/qc 로 표현한다: J'ai *entendu* votre ami chanter cette romance.→J'ai *entendu* chanter cette romance à[par] votre ami. 나는 당신 친구가 그 연가를 부르는 것을 들었다. 경우에 따라서는 Inf 의 주어가 후치되지 않더라도 ~ à/par qn/qc Inf 로 쓰기도 한다: J'ai *entendu* à[par] mon père dire que…. 나는 아버지가 …라고 이야기하는 것을 들었다.

4) Inf 의 주어 및 목적보어의 대명사화. i) 주어는 대명사, 목적보어는 명사일 때: J'ai *entendu* Pierre monter.→Je l'*ai entendu* monter. J'ai *entendu* votre ami chanter cette romance. →Je l'*ai*[lui *ai*] *entendu* chanter cette romance./J'ai *entendu* chanter par lui cette romance.

ii) 주어는 명사, 목적보어가 대명사일 때: J'ai *entendu* votre ami chanter cette romance.→J'ai *entendu* mon ami la chanter./Je l'*ai entendu* chanter par mon ami. *Entends*-la chanter par mon ami.

Je l'*ai entendu* dire à mon père 는 보통 「J'ai *entendu* que mon père le disait. 아버지가 그 얘기를 하는 것을 나는 들었다」의 뜻이지만, 「J'ai *entendu* qu'on le disait à mon père. 아버지에게 그 얘기를 하는 것을 들었다」의 뜻으로도 해석될 수 있으므로, à 대신 par 를 쓰면 모호함을 피할 수 있다.

iii) 주어, 목적보어가 모두 대명사일 때: J'ai *entendu* mon ami chanter cette romance.→Je la lui *ai entendu* chanter./Je l'*ai entendu* la chanter. 또는 드물게 Je l'*ai entendu*

chanter par lui.(Clédat).
iv) Inf가 간접보어를 동반할 때 Inf의 주어는 entendre의 직접보어 혹은 par를 써서 표현한다: J'ai entendu mon père parler d'elle. J'ai entendu parler d'elle par mon grand-oncle.(Bazin, *Tache d'encre*). 간접보어가 사람이 아닐 때는 J'en ai entendu parler par lui. Je l'ai entendu en parler〔parler de cela〕.
5) entendu의 일치: 부정법의 주어인 직접목적보어에 일치하는것이 보통이다(la femme que j'ai *entendue* chanter 노래하는 것을 내가 들은 그 여인). 그러나「la chanson que j'ai *entendu* chanter (내가) 부르는 것을 들은 그 노래」에선 chanson이 chanter의 직접목적보어이지 entendre의 목적보어가 아니므로 불변이다. 결국 les enfants que j'ai vus jouer, les enfants que j'ai vu punir의 경우와 같다.
6) Pron-Inf(−).
7) ~ qn/qc ∅ Avez-vous entendu Marie jouer cette pièce?—Oui, je l'*ai entendue*. 마리가 그 작품을 연주하는 걸 들었어요? —예, 들었읍니다.
8) ~ ∅ Inf J'ai entendu dire qu'il ira à Tunis. 나는 그가 튀니스에 간다는 말을 들었어요. *Avez*-vous entendu parler des Misérables de Victor Hugo? 당신은 빅토르 위고의「레 미제라블」에 관해 이야기하는 것을 들어보셨읍니까?
9) ~ se Inf(*Inf*의 주어는 보통 entendre의 직접보어) Elle les entendit se disputer. 그녀는 그들이 다투는 소리를 들었다.
3° ~ qn/qc qui V Entendez-vous la mer qui gronde?(→L'entendez-vous qui gronde?) 당신은 포효하는 파도소리가 들립니까? J'entends les voisins qui rentrent.(→Je les ai entendus qui rentrent.) 이웃사람들이 돌아오는 소리가 들린다.

4° ~ que P ind J'ai entendu que les voisins rentraient. 이웃사람들이 돌아오는 소리가 들렸다. J'ai entendu que le réveil sonnait. 나는 자명종이 울리는 소리를 들었다.
◇1) que P는 le로 대치 가능함.
2) ~ ∅(+).
II. 1° s'~ 《변화》〈들리다; 이해되다〉Tout le monde criait si fort que je ne *m'entendais* plus moi-même. 모두들 큰소리로 외치고 있었기 때문에 내 목소리는 더이상 들리지 않았다. Sa voix ne *s'entend* pas à plus de trois mètres. 그의 목소리는 3미터 밖에서는 들리지 않는다.
2° qn s'~ Inf(par qn)〈(…이) 자기를 …하는 것을 듣다〉Il *s'entendit* appeler par son père. 그는 아버지가 자기를 부르는 것을 들었다. Il *s'entend* critiquer. 그는 자기를 비판하는 소리를 듣는다.
◇1) qc s'~ Inf(par qc)(−).
2) qc s'~ Inf(par qn)(−).
3° qn s'~ Inf qc(par qn)〈(…이) 자기에게 …하는 것을 듣다〉Il *s'entend* reprocher sa négligence. 그는 자기의 소홀함을 비난하는 소리를 듣는다. Il *s'est entendu* qu'il avait gagné le tiercé. 그는 자기가 세마리의 말에 거는 내기에서 이겼다는 말을 들었다. Je ne suis pas venu à cette réunion pour *m'*~ dire qu'on n'a pas besoin de moi. 나는 내가 필요없다는 말을 들으러 이 모임에 나온 것은 아니다.
entendre² I. 1° ~ qn/qc 〈의미하다; 이해하다; 해석하다〉Comment faut-il ~ ce mot? 이 말을 어떻게 이해해야 할까요? Je vous *entends*, mais le principe demeure. 당신 말에 이해는 갑니다. 그러나 원칙은 원칙입니다. J'*entends* ce que vous voulez dire. 당신이 무슨 말을 하시는지 알겠읍니다.

◇ ~ qc par qc/là 〈(…을, 그 말을) …의 뜻으로 쓰다〉 Qu'entendez-vous par les mots «en toute liberté»?「전적으로 자유」라니 무슨 뜻으로 그 말을 하시는 것입니까?
2° ~ qc à qc (직접목적보어인 qc 는 quelque chose, grand-chose, rien) 〈정통하다, …의 소양이 있다〉 Elle n'entend rien à la politique. 그녀는 정치에 대해선 전혀 모른다. Je n'entends pas grand-chose aux mathématiques. 나는 수학에는 별로 소양이 없다.
◇ à qc 는 y 로 대치 가능함: Il n'y entend rien. 그는 그런 것에는 전혀 소양이 없다.
3° ~ Inf 〈원하다, 바라다; 의도하다〉 Il entend n'en faire qu'à sa tête. 그는 자기 고집대로만 하려고 한다. J'entends être obéi. 나는 남이 내 말에 따르기를 바란다.
4° ~ (par là) que P ind 〈(그 말을) …의 뜻으로 이해하다〉 J'entends bien qu'on veut m'éloigner. 나는 사람들이 나를 멀리 하려는 것을 이해한다. Si on entend par là que je suis d'accord avec lui, on fausse ma pensée. 그 말을 내가 그에게 동의하는 것으로 받아들인다면 내 생각을 오해하는 것이다.
5° ~ que P subj 〈…을 바라다〉 Nous entendons qu'on fasse tout ce qui est possible pour éviter de tels incidents. 나는 사람들이 그러한 사고를 미연에 방지하기 위해 가능한 모든 것을 하기를 원한다.
◇ que P 는 le 로 대치 가능함: Faites comme vous l'entendez. 당신 좋으실 대로 하세요.
6° Il/C'est (bien) entendu que P ind 〈결정되어 있다; 물론 …이다〉 Il est entendu que l'université vous paiera les frais de voyage. 대학측에서 당신에게 여비를 지불하기로 결정되어 있다. Il est entendu que vous viendrez. 당신은 물론 와야 된다.
7° faire/laisser ~ 〔donner à ~〕 à qn que P ind 〈암시하다, 넌지시 비치다〉 Ce mot pourrait donner à ~ que tout cela ne sert à rien. 그 말은 그 모든것이 아무 데도 소용이 없다는 말로 들릴지도 모르겠다. Il m'a fait ~ que j'étais de trop. 그는 내가 성가신 존재라는 점을 나에게 넌지시 암시했다.
II. 1° s'~ 《변화》〈서로 뜻이 맞다; 서로 이해하다〉(주어가 복수명사일 때) Après trois heures de discussion, les deux parties se sont finalement entendues. 3시간의 토의 끝에 쌍방은 합의에 도달했다. (주어가 단수명사일 때) Ce mot peut s'~ de diverses manières. 이 말은 여러 가지로 해석될 수 있다.
◇ 1) s'~ bien/mal 〈서로 뜻이 잘 맞다〔잘 안 맞다〕〉 Ces jeunes époux s'entendent bien〔mal〕 (= sont en bons〔en mauvais termes〕). 이 젊은 부부는 사이가 좋다〔나쁘다〕. Dès la première rencontre, nous nous sommes bien entendus. 우리는 처음 만났을 때부터 서로 마음이 잘 맞았다.
2) s'~ sur/au sujet de qc Les deux partis politiques se sont entendus sur un programme commun. 양당은 공동강령에 합의를 보았다. Entendons-nous bien sur ce point; vous vous engagez à me rembourser dans un an? 이 점을 분명히 합시다. 당신은 내게 일년 뒤에 상환하기로 약속하시는 겁니까?
2° s'~ bien/mal avec qn 〈…와 뜻이 맞다〔안맞다〕〉 Il ne s'entend pas avec ses voisins. 그는 이웃과 사이가 좋지 않다. Elle s'entend très bien avec sa belle-mère. 그녀는 시어머니와 아주 사이가 좋다.

◇ s'~ **avec qn sur qc** 〈…와 …에서 뜻이 맞다〉 Les socialistes *se sont entendus* avec les communistes sur un programme commun de réformes. 사회당은 공산당과 개혁을 위한 공동강령에 합의를 보았다. Avec lui, je ne peux *m'*~ à peu près sur rien. 그와는 거의 모든 것에 대해서 의견의 일치를 볼 수 없다.

3° s'~ **pour Inf** (주어는 복수명사) 〈…하기로 합의하다〉 Ils *se sont entendus* pour me tromper. 그들은 나를 속이기로 의견을 모았다. Nous *nous sommes entendus* pour ne rien entreprendre en son absence. 우리는 그가 없는 동안에는 아무 일도 추진하지 않기로 합의했다.

◇ s'~ **avec qn pour Inf** Je *me suis entendu* avec ma femme pour ne pas parler de ce problème devant les enfants. 나는 내 처와 애들 앞에서는 그 문제를 이야기하지 않기로 결정했다.

4° s'(y) ~ **à/en qc** 〈…에 정통하다, 밝다〉 Maurice *s'y entend* aux ordinateurs. 모리스는 컴퓨터에 정통하다. Je ne *m'entends* pas du tout en archéologie. 나는 고고학에는 조금도 소양이 없다.

5° s'(y)~ **à Inf** 〈…하는 데 소질이 있다〉 Il *s'entend* à berner les gens. 그는 사람들을 잘 속여 먹는다. Il *s'entend* admirablement à rendre accessibles au grand public les questions les plus complexes. 그는 극히 복잡한 문제들을 일반대중이 이해할 수 있도록 하는 데 아주 뛰어나 있다.

◇ s'y ~ **pour Inf** Vous *vous y entendez* pour ne dire de la vérité que ce qui est à votre avantage. 당신은 사실을 말하는 데 있어 당신에게 유리한 것만을 이야기하는 데 재주가 있다.

III. 1°(C'est) entendu 〈좋다, 알았다〉 Je compte sur vous, *c'est entendu?* 당신에게 기대를 걸겠어요. 괜찮겠지요? Appelez-moi à huit heures. —(*C'est*) *entendu.* 8시에 내게 전화하세요. —알았어요.

2° **bien entendu** 〈물론〉(=évidemment) Je suis allé le voir et bien *entendu* il venait de sortir. 내가 그를 만나러 갔으나, 그는 물론 막 외출하고 없었다. Tu viens avec nous? — Bien *entendu!* 너 우리하고 같이 가는 거지? —물론이죠!

entêter (s') 1° s'~ **de qn/qc** 《변화》〈…에 열중하다, 몰두하다〉 Il *s'est entêté* de cette femme. 그는 이 여자에게 홀딱 반했다.

2° s'~ **dans qc** 〈고집하다〉 On a beau le presser d'accepter, il *s'est entêté* dans son refus. 그가 수락하도록 해봐야 소용없다. 그는 끝까지 거부했다.

3° s'~ **à Inf** 〈완강하게 …하다〉 Il *s'entête* à ne pas reconnaître cette femme. 그는 이 여자를 알아보지 못하겠다고 완강히 고집한다.

enthousiasmer 1° ~ (N) 〈열광·흥분시키다〉 Le football *enthousiasme* les foules. 축구는 관중을 열광시킨다. Ce chanteur a cessé d'~. 그 가수는 인기를 잃었다.

2° s'~ **pour N** 《변화》〈…에 열광하다〉 Il *s'enthousiasme* pour le football. 그는 열렬한 축구팬이다.

enticher (s') s'~ **de qc/qn** 《변화》〈…에 열중·심취하다〉 s'~ de cinéma[de littérature] 영화에[문학에] 심취하다.

entortiller 1° ~ N dans N 〈…속에 싸다〉 ~ une bouteille dans du papier 병을 종이 속에 싸다.

2° ~ N autour de N 〈…둘레에 감다〉 ~ une ficelle autour d'un carton 끈을 마분지에 감다.

3° ~ N 〖구어〗〈감언이설로 속이

다, 꾀다〉 ~ son interlocuteur par des paroles flatteuses 아첨하는 말로 상대방을 속아넘어가게 하다.

entourer 1° ~ qn/qc 〈둘러싸다, …의 주위에 있다〉 La foule *entourait* le vainqueur. 군중들이 정복자 주위에 몰렸다.

◇ ~ ø(−).

2° ~ qc/qn de qc 〈…로 둘러싸다; 위로하다〉 Sa mère l'*entourait* de soins. 그의 어머니는 그를 극진히 돌보았다. Il *est entouré* d'amis. 그의 주위에는 친구가 많다. La maison *est* bientôt *entouré* par des agents. 그 집은 곧 순경들에게 포위당했다. Il *fut entouré* de soins par sa mère. 그는 어머니로부터 극진한 사랑을 받았다.

3° s'~ de qc/qn 《변화》〈…로 둘러싸이다〉 Elle s'*entourait* toujours de beaucoup d'amis. 그녀는 늘 많은 친구들에게 둘러싸였다.

entraîner I. 1° ~ qn/qc 〈이끌어가다; 야기시키다〉 J'avais *entrainé* Jacques dans le fond du jardin. (Gide) 나는 자크를 공원 속으로 끌고 갔다.

2° ~ qn à qc 〈…로 이끌다; 유혹하다; …의 훈련을 시키다〉 Ne l'écoutez pas, il vous *entrainerait* à la ruine. 그의 말을 듣지 마세요. 그는 당신을 파멸로 이끌지도 모릅니다. Il m'*entraine*(=me pousse) à des dépenses folles. 그는 내가 무분별한 낭비를 하도록 부추긴다. Il m'*entraine* à la natation. 그는 나에게 수영연습을 시킨다.

3° ~ qn à Inf Il *a entrainé* son camarade à voler. 그는 친구가 도둑질을 하도록 유혹했다.

4° ~ que P ind 〈(결과로서)…하는 것을 예상시키다〉 Vous prétendez refuser tout appui: cela *entraine* (=implique) que vous soyez en état de tout faire par vous-même. 당신은 모든 지원을 거부하겠다고 하는데 그러기 위해서는 모든 일을 당신 혼자서 해나갈 수 있어야 된다.

II. 1° s'~ 《변화》〈연습하다; 이끌리다〉 L'équipe de France de football s'*entraine*, depuis huit jours, aux environs de Paris. 프랑스 축구팀은 일주일 전부터 파리 교외에서 연습하고 있다.

2° s'~ à qc/Inf 〈…을 익히다〉 Il s'*entraine* au plongeon〔à plonger〕. 그는 잠수하는 법을 익히고 있다.

entrecouper 1° ~ N de N(pl)〈…로 군데군데 자르다; 중단하다〉 ~ son discours de plaisanteries 연설 중간중간에 농담을 섞다. ~ une longue étape de quelques haltes 긴 코스를 가는 도중도중에 휴식하다.

2° N(pl) ~ N 〈군데군데 자르다; 중단시키다〉 Des plaisanteries *entrecoupent* son discours. 그의 연설 도중에 농담이 간간이 섞인다.

3° N(pl) s'~ 《변화》〈서로 자르다〉 Les deux chemins s'*entrecoupent* plus loin. 조금 더 가면 두 길은 서로 교차한다.

entrecroiser 1° ~ N(pl)〈교차시키다〉 ~ des rubans 리본을 서로 교차시키다. ~ des brins d'osier 버드나무 가지를 교차시켜 엮다.

2° N(pl) s'~ 《변화》〈교차하다〉 un réseau de routes qui s'*entrecroisent* 서로 교차하는 도로들의 망상조직.

entrelarder ~ N (de N) 〈라아드를 바르다〉 ~ un rôti (de lard) 구운고기에 라드를 바르다.

◇ ~ N de N 〖구어〗〈집어넣다, 삽입하다〉 ~ son discours de citations 연설에 많은 인용구를 삽입하다.

entremêler 1° ~ N(pl) 〈섞다, 혼합하다〉 deux arbres qui *entremêlent* leurs branches 가지를 서로 엇갈려 뻗은 두 나무. ~ dans un récit des épisodes comiques et des

entrer

scènes pathétiques 이야기 속에 우스운 이야기와 감동적인 장면들을 섞어 넣다.
2° ~ **N de N** 〈…을 섞다〉 ~ son discours de citations savantes 연설에 현학적인 인용구들을 섞다. paroles *entremêlées* de sanglots 흐느낌이 섞인 말.

entremettre (s') qn s'~ (**entre N** (pl)) 《변화》〈중개·중재하다〉 Il acceptait quelquefois de s'~ entre deux amis brouillés. 그는 때때로 틀어진 두 친구를 중재하는 데 응했다. Pour apaiser le conflit il a proposé de s'~. 분규를 무마하기 위해서 그가 자원해서 중재에 나섰다.

entreprendre 1° ~ **qc** 〈시작하다; 기동 못하게 하다〉 Nous *avons entrepris* un nouveau projet de construction. 우리는 새 건설계획을 시작했다.
2° ~ **qn sur qc** 〈…에 대해서 …에게 이야기하다〉 Il m'*a entrepris* sur ses souvenirs de pêche. 그는 나에게 낚시질하던 이야기를 길게 늘어놓기 시작했다.
3° ~ **sur qc** 〈위협하다, 침해하다〉 On *entreprend* sans raison sur leur indépendance. (France) 정당한 이유없이 그들의 독립을 위협하고 있다.
4° ~ **de Inf** 〈…하기를 기도하다〉 Il *entreprend* de faire une expédition polaire. 그는 극지 탐험을 시도하고 있다. Je vais ~ de lui exliquer comment tout s'est passé. 일의 전말이 어떻게 되었는지 그에게 설명하도록 해보겠다.
5° **qc s'~** 《변화》〈착수되다, 시도되다〉 La construction du pont s'*entreprend* en mai. 교량건설은 5월에 착수된다.

entrer 〔아래 1°의 조동사는 avoir, 2°, 3°, 4°, 5°, 6°의 조동사는 être 임〕. 1° ~ **qc** 〈들이다, 넣다〉 Il *a entré* du vin en ville sans acquit. 그는 세금을 안물고 술을 시내로 들여왔다. ~ le bras dans une cavité 구멍 안에 팔을 넣다.
◇ ~ **ø** ~ sans frapper 노크하지 않고 들어오다.
2° ~ **dans qc** 〈들어가다, 들어오다〉 *Entrez* vite dans la classe. 빨리 교실로 들어오세요. Un bateau vient d'~ dans le port de New-York. 선박이 한 척 뉴욕항으로 들어왔다. On n'*entre* pas dans ce pays sans visa. 입국사증 없이는 이 나라에 입국할 수 없다. Il *est entré* dans le[au] cinéma. 그는 영화관에 들어갔다. La clef n'*entre* pas dans la serrure. 열쇠가 열쇠구멍에 맞지 않는다. Je voudrais ~ dans le parti républicain. 나는 공화당에 입당하고자 한다. Mon père *entre* dans sa soixante-dixième année. 아버지께서는 일흔살이 되셨다. Je n'*entre* pas dans vos idées. 나는 당신의 의견에 찬동하지 않는다.
3° ~ **à qc** 〈입학·입대·입회·입원·입소·입장하다〉 Il *est entré* au régiment[à l'Académie française, au jardin d'enfants]. 그는 입대했다[아카데미 회원이 되었다, 유치원에 입학했다].
4° ~ **en qc** (*qc*는 무관사 단수명사) Elle *est entrée* en religion[en prison]. 그여자는 入敎 하였다[투옥되었다]. Il *est entré* en colère. 그는 화가 났다. Au cours de mon voyage, je *suis entré* en conversation avec mon voisin. 여행중에 나는 이웃사람과 이야기를 주고 받기 시작했다. Ton point de vue personnel ne doit pas ~ en considération. 너의 개인적인 견해는 고려될 수 없다. (➪en¹, dans).
5° **Il ~ qc/qn** (SP) (비인칭 구문) 〈들다〉 Il y *entre* une part de comédie. 거기에는 희극적인 요소가 들어 있다.

6° ~ Inf ⟨…하러 들어오다⟩ Elle *est entrée* m'avertir. 그녀는 나에게 알리러 들어왔다.

entretenir 1° ~ qc ⟨유지하다⟩ ~ un feu en y mettant de grosses bûches 불에 큰 장작개비를 넣어서 계속 타게 하다. ~ de bonnes relations avec qn …와 원만한 관계를 유지하다. Les petits cadeaux *entretiennent* l'amitié. 사소한 선물의 교환이 우정을 유지케 한다. Cette attente *entretient* mon inquiétude. 나를 너무 기다리게 해서 불안스럽다. Ces bâtiments ont été mal *entretenus*. 이 건물은 유지를 잘 못했다.

2° ~ qn ⟨…의 생활을 유지시키다, 부양하다⟩ La maison ne peut pas vous ~ à ne rien faire. 우리 상사는 일도 하지 않고 놀기만 하는 당신에게 보수를 줄 수는 없소. une femme *entretenue* 첩. ~ une famille 가족을 부양하다.

3° ~ qn de/sur qc ⟨…에 관해서 …와 대화를 나누다⟩ Le conférencier *a entretenu* l'assistance de ses voyages à l'étranger. 연사는 청중에게 자기의 외국 여행 얘기를 들려 주었다.

4° qn(pl) s'~ (de/sur qc)⟨(변화)⟩ ⟨(…에 관해서) 얘기를 주고받다⟩ Nous *nous sommes entretenus* longuement de[sur] la grève. 우리는 파업 이야기를 오랫동안 했다.

5° qn s'~ avec qn (de/sur qc) ⟨(…에 관해서) …와 얘기하다⟩ Jacques *s'est entretenu* avec Marie du mariage de leur ami. 자크는 마리하고 그들의 친구의 결혼에 관해서 얘기를 했다.

entrevoir 1° ~ N ⟨얼핏보다, 일별하다⟩ ~ qn à travers une porte-fenêtre 창문 너머로 …를 얼핏 보다. Je *l'avais entrevue* quelques minutes dans le salon. 나는 그녀를 객실에서 잠시 보았을 뿐이다.

2° ~ N ⟨어렴풋이 느끼다, 막연하게 예감하다⟩ A partir de ce moment, j'ai *entrevu* la vérité. 나는 그때부터 사실을 눈치챘다.

3° ~ que P ind/subj ⟨주절이 부정문이거나 의문문이면 *subj*, 기타의 경우는 *ind*⟩⟨…라는 사실을 넌지시 알아채다, 눈치채다⟩ Il *a entrevu* que l'histoire allait changer. 그는 역사의 흐름의 방향이 바뀔 것이라는 것을 직감했다. N'*entrevoyez*-vous pas que l'on puisse penser autrement? 달리 생각할 수도 있을 것이라고 생각되지 않아요?

4° ~ P(int. ind.) Je commence à ~ pourquoi le ministre roule en 2 CV. 나는 장관이 2마력짜리 자동차를 타고 다니는 까닭을 이제야 알 것 같다.

5° ~ Inf J'ai *entrevu* dans un éclair de mémoire avoir déjà rencontré cette personne. 나는 그 사람을 어디에선가 만났다는 생각이 불현듯 떠올랐다.

énumérer ~ N(pl) (à qn) ⟨열거하다⟩ ~ les clochards de la ville (à l'agent de police) 그 도시의 부랑자들을 (경찰관에게) 낱낱이 말해주다.

envahir 1° qn ~ qc ⟨침입하다⟩ Les troupes ennemies ont *envahi* le pays. 적군이 그 나라를 침략했다. La foule *a envahi* le jardin. 사람들이 정원에 침입했다.

2° qc ~ qc ⟨휩쓸다, 뒤덮다⟩ Les produits étrangers *envahissent* le marché. 외국 상품이 시장을 휩쓸고 있다. Les mauvaises herbes ont *envahi* le jardin. 정원에는 잡초가 우거졌다. Le fleuve en crue *a envahi* la campagne. 하천이 범람하여 들판을 침수시켰다. la rue, *envahie* par une jeunesse bruyante 떠들썩한 젊은이들로 가득찬 거리.

3° qc ~ qn ⟨(감정 등이)사로잡다⟩

Aux premiers grondements du volcan, la terreur *envahit* les habitants des régions voisines. 첫번째의 화산 폭발음이 들리자, 인근지역의 주민들은 공포에 사로잡혔다. La douce influence de la nuit l'*envahissait* peu à peu. 달콤한 밤의 분위기가 차츰차츰 그를 사로잡았다.

envelopper 1° ~ qc/qn 〈싸다; 포장하다; 연루시키다〉 Où as-tu mis le papier qui *enveloppait* le fromage? 치즈 쌌던 종이 어디다 놓았니? Le brouillard nous *enveloppe* de tous côtés. 안개가 사방에서 우리를 감싼다. La forêt était *enveloppé* de brume. 숲은 안개에 싸여 있었다. Le vase *fut enveloppé* par les déménageurs. 꽃병은 이삿짐 운반인들이 포장했다.
◇ ~ ø(―).
2° ~ qc/qn dans qc 〈…안에 싸다〉 Dans quoi pourrait-on ~ les verres pour qu'ils ne se cassent pas. 이 잔들이 깨지지 않도록 하려면 어디에다 싸야 할까요?
3° ~ qc de/avec qc 〈…로 싸다〉 Le fruitier *enveloppa* les oranges avec un journal. 과일장수는 오렌지를 신문지로 쌌다. Il *enveloppe* ses livres de papier. 그는 책을 종이로 싼다.
4° ~ qc à qn 〈…에게 포장해주다〉 Vous pourriez m'~ ce paquet? C'est pour offrir. 이 짐을 내게 포장해 주시겠어요? 선물할 것인데요.
5° s'~ dans qc 《변화》〈몸을 싸다; 포장되다; 숨다〉 s'~ dans son manteau 외투 속에 몸을 싸다.

envier 1° ~ qn/qc 〈부러워하다, 샘내다〉 Tous ses amis l'*envient*. 그의 모든 친구들이 그를 부러워한다. Je n'*envie* pas son existence désœuvrée. 나는 그의 무위도식하는 생활을 부러워하지 않는다.
2° ~ qc à qn 〈…의 …을 부러워하다〉 Tous lui *envient* ses richesses. 모두들 그의 부를 부러워한다.
3° ~ qn de Inf 〈…이 …하는 것을 부러워하다〉 Je vous *envie* d'être si peu frileux! 당신이 그렇게 추위를 안 타는 것이 부럽군! Je vous *envie* d'avoir fini ce travail. 이 일을 벌써 끝낸 당신이 부럽습니다.

environner 1° ~ qn/qc 〈둘러싸다; 두르다〉 Un mur *environnait* la ville. 성벽이 그 도시를 에워쌌었다. Raphaël marchait, *environné* de ses élèves, escorté des cardinaux et des princes. 라파엘은 제자들에게 둘러싸이고 추기경들과 제후들의 수행을 받으며 걸었다.
2° s'~ de qn/qc 《변화》〈에워싸이다〉 Il s'*environnait* d'amis. 그는 친구들에게 둘러싸여 지냈다.

envisager 1° ~ N 〈생각하다; (…한 관점에서)보다; 계획하다〉 Avez-vous *envisagé* toutes les conséquences d'un échec éventuel? 실패할 경우에는 어떻게 될지 생각해 보셨어요? Tout cela nous porte à ~ notre avenir sous les aspects les plus sombres. 그런 모든 사실이 우리로 하여금 미래를 아주 어두운 각도에서만 보게 만든다. Nous *envisageons* des vacances sur la Côte d'Azur. 우리는 리비에라 해안에서 휴가를 보낼 것을 계획하고 있다.
2° ~ que P ind/subj 〈…라고 예측하다, 생각하다〉 Le ministre *envisage* que la situation économique pourrait s'améliorer. 장관은 경제사정이 호전될 것이라고 관망하고 있다. J'*envisage* que je puisse revenir sur ma décision. 나는 나의 결정을 취소할 수 있으리라고 생각한다.
3° ~ P(int. ind.) 〈생각하다〉 J'essaie d'~ comment cela pourrait se faire. 어떻게 해서 그런 일이 일어날 수 있을까 의심스럽다.

envoler (s')

4° ~ **de** Inf ⟨…할 것을 계획하다⟩ Il *envisage* de mettre ses enfants en pension. 그는 자기 아이들을 기숙사에 넣을 생각이다.

envoler (s') s'~ ((**de**) **qp**) ((변화)) ⟨날아오르다⟩ La perdrix *s'envola* (vers nous du bout du champ). 자고새가 밭 끝쪽에서 날아올라 우리 쪽으로 왔다.

envoyer 〔단순미래형은 j'enverrai [ɑ̃vɛʀe]〕. 1° ~ **qc/qn** (**à qn**) ⟨(…에게) 파견하다; 부치다; 발사하다⟩ Nous lui *avons envoyé* une lettre d'excuses. 우리는 그에게 사과편지를 보냈다. Qui est-ce qui vous *a envoyé* ce cadeau? 누가 당신에게 이 선물을 보냈읍니까? On a fait beaucoup d'efforts pour ~ une fusée dans la lune. 달에 로케트를 발사하기 위해 많은 노력이 기울여졌다. On l'*a envoyé* à Paris. 그는 파리로 파견되었다. Les parents *envoient* leurs enfants à l'école. 부모는 애들을 학교에 보낸다. Je vous *ai envoyé* mon fils. 내 아들을 당신에게 보냈읍니다. La lettre *fut envoyée* à Paris. 편지는 파리로 발송되었다.
◇ ~ ø(—).

2° ~ **qn** (**comme**) **Attr** ⟨…로서 파견하다⟩ On l'*a envoyé* (comme) ambassadeur à Paris. 그는 파리에 사절로 파견되었다.

3° ~ **qc/qn à** Inf ⟨…하러 보내다⟩ Voilà la bague que j'*ai envoyée* à réparer. 이것이 내가 수리하러 보냈던 반지이다.

4° ~ **qn/qc** Inf La mère *envoya* son enfant acheter du sel. 어머니는 아들을 소금을 사오도록 보냈다. J'*ai envoyé* la balle frapper le mur. 나는 공이 벽에 부딪치도록 던졌다.
◇ 1) Inf가 자동사일 때는 Inf의 주어명사가 후치될 수 있다: Il *envoie* travailler son frère.

2) Inf가 타동사이면 verbe de perception과 달리 ~ Inf qn/qc à/par qn/qc의 구문이 불가능하다: *Il *envoie* acheter le journal à [par] son frère.

3) Inf가 자동사일 때 Inf의 주어인 명사는 직접보어형태의 약세대명사로 대치되며, 복합시제에서 envoyer의 과거분사와 이 보어대명사와의 일치는 verbe de perception의 경우처럼 수의적이다: Ma fille, je l'*ai envoyé(e)* voir cette pièce.

4) Inf가 타동사일 때 Inf의 주어 또는 목적보어가 동시에 대명사화되어 envoyer 앞에 위치할 수 없다: *Il le lui *envoie* acheter. ((이때는 Il l'*envoie* l'acheter와 같은 문장만이 가능하다)).

5) ~ ø Inf J'*ai envoyé* chercher le médecin. 나는 의사를 부르러 사람을 보냈다. ((이 경우에 한해서 Inf의 목적보어가 인칭대명사로 대치되어 envoyer 앞에 위치할 수 있다: Je l'*ai envoyé* chercher(=J'*ai envoyé* le chercher). 나는 그를 부르러 보냈다)).

6) Inf는 y로 대치 가능함: Il y *envoie* son frère(=acheter le journal). 그는 동생을 신문을 사러 보냈다.

7) Inf는 의문사 où에 대응된다: Où *envoie*-t-il son frère? —Acheter le journal. 그는 동생을 어디 보내니? —신문사 사러요.

8) verbe de perception과 달리 ~ qn/qc qui V이나 ~ que P/P(int. ind.) 등의 구문은 모두 불가능하다. amener, conduire, emmener, mener, accompagner 등 타동사적 운동동사는 envoyer와 유사한 구문상의 속성을 나누어 갖고 있다.

9) ~ se Inf의 경우에 se Inf가 재귀적[상호적] 대명동사가 아닌 한 Inf는 se를 생략하고 쓸 수 있다: ~ promener[coucher] *qn*.

épancher 1° ~ N qp 〖문어〗〈흘러나가게 하다; 쏟다〉les eaux que les montagnes *épanchent* dans la plaine 산이 평야에 쏟아내는 물.
2° ~ N 〖문어〗〈고백하다〉~ ses sentiments[son cœur] 감정을[심중을] 털어놓다.
3° s'~ qp 《변화》〈흘러나가다〉Avec l'entorse, la lymphe *s'est épanchée* dans l'articulation. 捻挫로 인해 림프액이 관절로 흘러나왔다.
4° s'~(auprès de qn) 〈(…에게) 마음을 털어놓다〉s'~ dans ses lettres[dans un journal intime] 편지에다[내밀 일기에다] 심정을 토로하다. Il *s'est épanché* auprès de moi. 그는 나에게 자기 마음을 털어놓았다.

épandre ~ N(qp) 〈살포하다〉~ des engrais(dans[sur] un champ) 밭에 비료를 뿌리다.

épargner 1° ~ (N) 〈절약하다〉J'essaie d'~. 나는 절약하려고 노력한다. J'ai *épargné* mes sous. 나는 푼돈도 아꼈다.
2° ~ N 〈면하게 하다; 목숨을 부지하게 하다; 관대히 다루다〉les maisons *épargnées* par l'incendie 화재를 면한 집들. ~ les captifs 포로들을 살려두다. Les bombardements n'*ont* pas *épargné* la population civile. 그 폭격으로 시민들이 살아남지 못했다. Il n'*a épargné* personne dans sa critique. 그는 비평에 있어서 가혹했다.
3° ~ à N N 〈…에게 면하게 하다〉Cela m'*a épargné* des démarches inutiles. 그것이 나로 하여금 쓸데없이 왔다갔다하지 않아도 되게끔 만들었다. Je vous *épargne* les détails. 상세한 설명까지는 하지 않아도 좋아요.
4° ~ à N que P subj 〖드물게〗〈…에게 …하는 것을 면하게 하다〉Ses diplômes lui *ont épargné* qu'on lui fasse passer un concours d'entrée. 그의 졸업증서가 그에게 입학시험 치르는 것을 면하게 했다.
5° ~ à N de Inf 〈…에게 …하는 것을 면하게 하다〉Son coup de téléphone m'*a épargné* de devoir lui écrire. 그가 전화를 해주어서 나는 그에게 편지를 쓰지 않아도 좋게 되었다.

épiloguer ~(sur N) 〈(…에 대하여) 길게 늘어놓다〉Cessez d'~! 장광설은 그만두세요. On pourrait ~ interminablement sur les causes de cet échec. 그 실패의 원인을 얘기하자면 끝이 없을 거다.

épouser 1° ~ qn 〈…을 배우자로 삼다〉Le fils du dentiste *épouse* la fille du maire. 치과의사의 아들은 시장 딸과 결혼했다.
2° qn ~ qc 〈…에 꼭 들어맞다〉Ce fauteuil *épouse* parfaitement la forme des reins. 이 안락의자는 사람의 허리 부분의 형태에 꼭 들어맞는다.
3° qn ~ qc 〈…에 동조·찬동하다; …을 목적으로 결혼하다〉~ une grosse dot 막대한 지참금을 노리고 결혼하다. ~ les idées de *qn* …의 사상에 적극 찬동하다.
4° N(pl) s'~ 《변화》〈결혼하다〉Ils *se sont épousés*. 그들은 서로 결혼하였다.

éprendre(s') qn s'~ de N 《변화》〈…에 열중하다, 반하다〉Il *s'est épris* d'elle depuis son plus jeune âge. 그는 젊은 나이때부터 그녀를 몹시 열애하고 있었다.
◇ s'~ d'amour pour qn 〈…를 열애하다〉Il *s'est épris* d'un grand amour pour elle. 그는 그녀에게 홀딱 반해 있었다.

éprouver 1° ~ N 〈시험하다, 실험하다〉~ la résistance de sa voiture 자기 자동차의 내구성을 실험해 보다. ~ un ami 친구를 시험해 보다. ~ l'honnêteté de *qn* …의 정

직성을 시험해 보다. La vie l'a durement éprouvé. 인생은 그에게 모진 시련을 겪게 했다.

2° ~ qc 〈겪다, 실감하다, 경험하다〉 ~ une grande joie 커다란 기쁨을 맛보다. ~ un sentiment douloureux 고통스러운 감정을 경험하다. Je compte user de ce droit autant que j'en éprouverai le besoin. 나는 내가 필요하다고 느낄 때마다 이 권리를 사용할 작정이다. ~ de grandes difficultés 큰 어려움을 겪다. ~ d'énormes pertes 막대한 손실을 입다.

3° ~ que P ind 〈…라는 사실을 실감하다〉 Vous éprouverez bientôt qu'effectivement elles poussent la politesse au point que je dis. 당신네들도 조만간에, 그녀들이 내가 말한 정도로까지 극진한 정중성을 보이게 되는것을 보게 될 것이다.

épuiser 1° ~ qn/qc 〈마르게 하다, 다 써버리다 ; 지쳐버리게 하다〉 Elle m'épuise avec ses récriminations continuelles. 그녀는 계속적인 욕설로 나를 지치게 한다. La guerre a épuisé ce pays. 이 나라는 전쟁으로 국력을 모두 소모했다. Ce travail a épuisé toute son énergie. 그 일이 그의 온 기력을 다 없애버렸다. Je suis épuisé par cette course. 나는 이 경주로 힘이 다 빠졌다.

2° s'~ 《변화》〈말라버리다 ; 동나다〉 L'or et l'argent s'épuisent. Mais la vertu, la constance ne s'épuisent jamais. (Montesq) 금은보화는 없어지는 것이지만, 덕성과 지조는 결코 없어지지 않는다. La source s'épuise. 샘물이 마른다.

3° s'~ à qc 〈…에 지쳐버리다, 힘을 다 쓰다〉 Il s'épuise au travail. 그는 공부하느라 지쳐 있다.

4° s'~ en qc Il s'épuise en tentatives inutiles. 그는 쓸데없는 노력에 정력을 다 소모하고 있다.

5° s'~ à Inf Je m'épuise à vous le répéter. 당신에게 그것을 되풀이 얘기하느라 나는 지쳤소.

équiper 1° ~ N (de N)〈…에 필요한 장비를 갖추어 주다 ; (배를) 艤裝하다 ; (…을) 에 구비시켜 주다〉 ~ une armée 군대를 장비하다. ~ un bateau 배를 의장하다. ~ sa voiture d'une radio 자동차에 라디오를 설비하다.

2° ~ N en N(pl)〈(…을) …에 갖추어주다〉 ~ une armée en matériel moderne[en missiles] 군대에 최신 장비를〔미사일을〕 갖추게 하다.

équivaloir 1° ~ à N 〈…와 동등하다〉 Cette réponse équivaut à un refus. 그 대답은 거절이나 마찬가지이다.

2° ~ à ce que P subj Cela équivaut à ce qu'il faille tout recommencer. 그것은 결국 모든 것을 다시 시작해야 하는 거나 마찬가지다.

3° ~ à Inf Cela équivaut à tout recommencer. (위와 같은 뜻).

4° N(pl) s'~ 《변화》〈서로 같다〉 Ces deux méthodes s'équivalent. 그 두 가지 방법은 마찬가지다.

ériger 1° ~ N (à N)〈(…을 위해서) 세워주다, 건립해 주다〉 ~ un monument (à la gloire d'un despote) (폭군의 영광을 위해서) 기념비를 건립하다.

2° ~ N en+n (n은 무관사 명사로 속사)〈…으로 승격시키다, …으로 정하다〉 ~ une province en région 읍을 군으로 승격시키다. ~ une église en basilique 소성당을 대성당으로 승격시키다. Il a tendance à ~ son opinion en règle générale. 그는 자칫하면 자기 의견을 생활철칙처럼 생각하는 버릇이 있다.

3° qn s'~ en+n 《변화》 s'~ en juge de l'humanité 자기 자신을 전 인류의 심판자로 생각하다.

espérer 1° ~ qc 〈희망을 갖다 ; 기다리다〉 Il restait là parce qu'il

espérait un cadeau. 그는 선물을 기다리고 있었기 때문에 거기 남아 있었다.
◇1) ~ ø(+).
2) ~ **qc de qn** *J'espérais* de vous une autre réponse. 나는 당신이 다른 대답을 할 줄 알았다.
2° ~ **en qn/qc** 〈기대를 걸다〉 Nous ne pouvons plus ~ qu'en vous. 우리는 이제 당신밖에는 기대할 수가 없읍니다. *J'espère* en votre compréhension. 당신의 양해를 바랍니다.
3° ~ **Inf** 〈…하기를 기대하다〉 *J'espère* recevoir bientôt de vos nouvelles. 나는 당신의 소식을 곧 받게 되기를 기대합니다. (⇨infinitif III, 3°, ①).
◇1) ~ de Inf 는 옛날 어법인데 지금도 문어에서는 쓰이고 있다: Puis-je même ~ de les revoir tous? (Gide, *Journal*) 그들을 모두 다시 보리라고 기대조차 할 수 있을까? (이때 espérer 자신이 Inf로 쓰였기 때문에 de를 써야 한다고 Larousse XX°s 에선 설명하고 있으나 이 경우에도 de를 안 쓰는 것이 보통이다).
2) ~ **Inf** (passé) *J'espère* ne pas t'avoir trop fait attendre. 너를 너무 오래 기다리게 하지 않았기를 바란다.
3) Inf 는 le 로 대치 가능함.
4) ~ ø(+).
4° ~ **que P ind/cond/subj** 〈생각하다, 희망하다〉 *J'espère* qu'il le fera. 나는 그가 그것을 하리라고 생각한다. *J'espérais* qu'il le ferait. 나는 그가 그것을 하리라고 생각했다.
◇1) 위 예문처럼 ~ que P ind가 보통. ~ que P cond 는 종속절이 우발적, 가상적 사실을 나타낼 때: *J'espère* qu'il pourrait payer un peu mes dettes. (Stendhal, *Corr.*) 나는 그가 내 부채를 좀 갚아 줄 수 있기를 바란다. 《그러나 *J'espérais* qu'il viendrait 의 경우는 과거에서의 미래를 나타낸 직설법이다》.
2) ~ que P subj 는 옛날 어법이고 사투리에 남아 있으나 최근에 부활하는 경향이 있다. (Cohen, *Reg.*)
i) **ne pas ~ que P subj** (때로는 *ind*) Je n'*espère* pas que vous le fassiez. 당신이 그 일을 하는 것을 나는 기대하지 않는다. 《Je n'*espérais* pas qu'il vint (qu'il viendrait) 처럼 주절이 과거시제이면 viendrait (과거에서의 미래)가 보통 쓰인다고 H, 296 은 주장하고 있다》.
ii) 긍정의문: *Espérez*-vous qu'il vienne[viendra((미래성을 강조)]? *Espériez*-vous qu'il viendrait?
iii) 부정의문: N'*espérez*-vous pas qu'il viendra [vienne]?
3) que P 의 시제. ~ que P futur 가 보통 쓰이나 현재, 과거시제도 쓰인다: *J'espère* que je ne vous dérange pas.(Green, *Moïra*) 방해가 되지 않기를 바랍니다. *J'espère* que tu as compris.(Troyat, *Tête*) 네가 이해했다고 기대해 두자. 《그러나 이런 어법은 틀렸다고 Mart, 39 는 주장했다》.
4) que P 는 le 로 대치 가능함.
5) ~ **ø** Tu *espères* que je change d'avis?—Oui, j'*espère*. 너는 내가 생각을 바꾸기를 바라니? —응, 그러기를 바래.

esquinter 1° ~ **N** 〖구어〗 〈…을 혹사하다; 혼을 내주다〉 ~ sa voiture 차를 혹사하다. Il s'est fait ~ dans une bagarre. 싸움에서 그는 혼이 나도록 얻어맞았다. ~ sa voix[s'~ la voix] à force de crier 너무 고함을 쳐서 목소리가 변하다.
2° **qn s'~ à N/Inf** 《변화》 〈…하려고[…하는 데에] 혼이 나다〉 s'~ au travail(=à travailler) 일을 하느라고 지쳐빠지다.

essayer I. 1° ~ **qc** 〈시험하다; 입어보다〉 *Essayez* cette robe. 이 드레스를 입어 보시오. Il essaie[es-

essouffler

saye〕 ses nouvelles lunettes. 그는 새 안경을 써본다.
◇1) ~ ø(+).
2) ~ **qc à qn** 〈…의 …을 시험해 보다〉 Le tailleur lui *essaie* son manteau. 재단사는 그에게 외투를 입혀본다.
2° ~ **de qn/qc** *Essayez* de nous, vous en serez satisfait. 우리를 써 보시면 만족하실 것입니다. Il veut ~ de tout. 그는 무엇이나 다 해보려고 한다. *Essayez* de ce médicament(=*Essayez* ce médicament). 이 약을 써 보세요.
3° ~ **de Inf** 〈시도하다, 애쓰다〉 Il *a* toujours *essayé* de nous nuire. 그는 늘 우리를 해치려 했다.
◇1) Inf는 le로 대치 가능함.
2) ~ **ø** Je n'ai pas réussi à le convaincre, mais tu peux ~ à ton tour. 나는 그를 설득하지 못했다. 그러나 이번에는 네가 해보지 그래. Tu peux m'aider à faire ce problème?—*Essaie* tout seul d'abord. 너 이 문제 푸는 것 도와줄 수 있니? —우선 너 혼자 해봐.
4° ~ **P**(int. ind.) Ton frère ne peut plus mettre ce costume:*essaie* s'il te va. 네 형은 이제 이 옷을 입을 수 없으니 너에게 맞는지 입어 보아라.
5° ~ **que P subj** 〈…하도록 애쓰다〉 Il *a* essayé qu'on ne le voie pas. 그는 사람들 눈에 띄지 않으려고 했다. *J'essaierai* que tout se passe bien. 모든 일이 잘 되도록 해보겠다.
II. 1° **s'~ à/dans qc** 《변화》〈…로 자기 역량을 시험하다〉 Elle *s'essaye* à la couture. 그녀는 시험삼아 재봉일을 해본다.
2° **s'~ à Inf** 〈시험삼아 해보다〉 Elle *s'est essayée* à marcher sans béquilles. 그녀는 목발 없이 시험삼아 걸어보았다.

essouffler 1° ~ **N** 〈숨을 가쁘게 하다〉 La course nous *a essoufflés*. 달리기를 해서 숨이 가빠졌다.
2° **qn s'~ (à Inf)** 《변화》〈…하느라고) 숨이 가빠지다, 헐떡이다〉 Il *s'essoufflait* à suivre le cycliste. 그는 자전거 선수를 따라가느라 숨이 가빴다.

essuyer 1° ~ **qc** 〈입다, 당하다 (=subir)〉 L'armée *essuya* une grande défaite. 군대는 참패를 당했다.
2° ~ **qc (à/avec qc)** 〈(…을 갖고) 닦다; 말리다〉 Elle *a essuyé* les chaises. 그녀는 의자를 닦았다. Il *a essuyé* les mains à〔avec〕 une serviette. 그는 수건으로 손을 닦았다.
◇ ~ ø(+).
3° **s'~** 《변화》〈자기의 몸을 닦다〉 Tiens, voilà une serviette pour t'~. 자, 여기 네 몸을 씻을 수건이 있다.
4° **s'~ qc à/avec qc** 《가변》〈(…을 갖고) 자기의 …을 닦다〉 Elle *s'est essuyé* les mains à〔avec〕 une serviette. 그녀는 수건으로 손을 닦았다.
◇ 신체부위명사가 보어인 경우는 다음 세 구문이 모두 가능하다: Il *a essuyé* les mains. Il *a essuyé* ses mains. Il *s'est essuyé* les mains.

estimer 1° ~ **qn/qc** 〈존경하다, 존중하다〉 *J'estime* beaucoup votre frère. 나는 당신 형을 매우 존경한다. *J'estime* votre opinion. 나는 당신의 의견을 존중합니다. Il n'*est estimé* de personne. 그는 아무에게서도 존경을 못 받는다.
2° ~ **qc+**|가격| 〈평가하다, 값매기다〉 la somme qu'on *a estimé* ce bijou 이 보석의 평가액(⇨participe passé V, 2°, ③). Ce tableau *a été estimé* deux cent mille francs. 이 그림의 가격은 20만 프랑으로 평가되었다.
3° ~ **qc Adj/Adv** 〈생각하다, 간주

하다〉 J'*estime* cette maison trop chère pour mes moyens. 나는 이 집이 내 능력에 비해 너무 비싸다고 생각한다. La commission *a estimé* ma maison plus cher que je ne pensais. 복덕방은 내 집을 내가 생각한 것보다 더 비싸게 평가했다.

4° ~ qn (comme)+n Je crus voir que maître Mouche m'*estimait* un pauvre homme. 무슈씨가 나를 불쌍한 사람으로 생각한다는 점을 알았다. César l'*estimait* comme son meilleur lieutenant. 시이저는 그를 그의 가장 훌륭한 부관으로 생각했다.

5° ~ Inf 〈…한다고 생각하다〉 J'*estime* avoir droit à la plus grosse part. 나는 가장 큰 몫을 차지할 권리가 있다고 생각한다.

◇ ~ Inf (passé) J'*estime* avoir fait mon devoir. 나는 내 책임을 완수했다고 생각한다.

6° ~ que P ind/subj J'*estime* qu'il réussira. 나는 그가 성공하리라 생각한다. *Estimes*-tu que nous ayons [avons] raison? 너는 우리가 옳다고 생각하는가?

7° s'~ Attr (*Attr* 는 *Adj*) 《변화》〈자기가 …이라고 생각하다〉 Avant que de combattre, ils *s'estiment* perdus.(Corn) 싸우기도 전에 그들은 자기들이 패했다고 생각한다. *Estime-toi* heureux d'avoir pu trouver ce travail dans la période actuelle! 요즘 같은 때 그런 일자리를 구할 수 있는 것을 다행으로 여겨라.

établir 1° ~ N qp 〈설비하다; 자리잡아 놓다, (주소를) 정하다〉 La firme *a établi* une nouvelle succursale au centre de la ville. 회사에서 도시의 중심지에다 새로운 지점을 설치했다.

2° ~ N sur N 〈…을 근거로 하다; …의 덕이다〉 Il *a établi* sa réputation sur cet ouvrage. 그는 이 작품 덕택에 명성을 얻었다. Il *a établi* sa démonstration sur des faits solides. 그는 확고한 사실을 근거로 논증을 했다.

3° ~ N 〈작성하다; 제정하다, 수립하다〉 ~ une liste 명부를 작성하다. Ceux qui *ont établi* ce règlement n'avaient pas envisagé ce cas. 이 규칙을 제정한 사람들은 이러한 경우를 미처 생각지 못했다.

4° ~ N 〈확립하다; 밝혀 내다, 확증하다〉 ~ l'identité de *qn* …의 신원을 밝히다.

5° ~ que P ind (주절이 부정문일 때에는 *subj* 도 가능) Il *est* maintenant *établi* que ce tableau est un faux. 이제 이 그림이 위조품이라는 것이 드러났다. L'enquête n'*a* jamais *établi* qu'il était[fût] coupable. 수사 결과 그가 죄가 있는지 결코 밝혀지지 않았다.

6° ~ P (int. ind.) La direction aura besoin de vous tous pour ~ en quoi il peut être intéressant de développer ... les mécanismes. 기구를 확장하는 것이 어떤 점에서 유리한지를 확증하기 위해서, 집행부는 당신들 모두를 필요로 할 것이다.

7° s'~ qp 《변화》〈자리를 잡다〉 Les troupes *se sont établies* autour de la ville. 군대가 도시를 에워쌌다. Il *s'est établi* à son propre compte. 그는 자립했다.

8° s'~ 〈《질서·고요가》 나타나다; …이 행하여지다〉 L'ordre et la paix *se sont établis*. 질서와 평화가 이룩되었다. Le silence *s'établit* de nouveau. 다시 침묵이 감돈다.

étayer 1° ~ N (de N)〈(지주로) 떠받치다〉 Il a fallu ~ le mur du jardin qui menaçait de s'effondrer. 곧 무너져 버릴 것만 같은 정원의 벽을 떠받쳐야 했다.

2° ~ N sur/de N 〈(주장 따위를)

éteindre

지지하다〉 ~ son argumentation de citations pertinentes 적절한 인용을 들어가며 자기의 이론을 강하게 내세우다.
3° ~ N Cette conviction *est étayée* par le caractère mouvant de la linguistique actuelle. 이러한 신념은 현행의 언어학의 변모하는 특징이 뒷받침하고 있다.

éteindre 1° ~ qc 〈끄다; 소멸시키다; 진압시키다〉 *Eteignez* la lumière avant d'aller vous coucher. 자러 가기 전에 불을 끄시오. Cette émission n'est pas intéressante, *éteignez* la télévision. 이 프로는 재미가 없읍니다. 텔레비젼을 끄세요. Toutes les lumières *sont éteintes*, on n'y voit rien. 불이 모두 꺼져서 아무것도 안 보인다.
◇ ~ ∅(+).
2° s'~ 《변화》〈꺼지다; 사라지다〉 Le feu *s'éteint* faute de bois. 나무가 다 타서 불이 꺼진다. Son souvenir ne *s'éteindra* jamais. 그의 추억은 영원히 사라지지 않을 것이다. Elle *s'est éteinte* dans les bras de sa fille. 그녀는 딸의 품에 안겨 조용히 숨을 거두었다.

étendre 1° ~ qc(qp)〈펴다; 널다; 바르다〉 ~ son journal sur la table 탁자 위에 신문을 펼치다. ~ un tapis sur le sol 땅 위에 양탄자를 깔다.
2° qn ~ N (à/sur N)〈확장하다; (연구를) 전개하다〉 ~ sa méthode d'analyse à de nouveaux domaines 새로운 분야에 자기의 분석방법을 전개하다. Le roi *étend* son pouvoir sur de nouvelles régions. 왕이 새로운 영역에 권력을 확장한다.
3° s'~ (qp) 《변화》〈…에 이르다, 미치다; 드러눕다〉 La brume *s'étend* sur la vallée. 골짜기까지 안개가 자욱하다. s'~ sur son lit pour se reposer 휴식을 취하기 위해 자리에 눕다.

4° qn s'~ sur N 〈상술하다, (해석 따위가) 부연되다〉 J'aimerais m'~ quelque peu sur ce sujet. 이 주제에 관해서 어느 정도 상술하고 싶다.

étiqueter 1° ~ N 〈꼬리표를 붙이다〉 ~ des documents 문서에 꼬리표를 붙이다.
2° ~ qn(comme) N 〈유별하다, …라고 부르다〉 On l'*étiquette* comme socialiste. 그를 사회주의자라고 한다.

étonner I. 1° ~ qn 〈놀라게 하다, 아연케 하다; 심하게 흔들다〉 La mort ne vous *étonne*-t-elle point? 죽음이 전혀 두렵지 않은가? Il n'est pas encore arrivé;cela m'*étonne*. 그가 아직 도착하지 않은 것은 이상한 일이다.
2° Cela ~ qn que P subj 〈…을 놀라게 하다〉 Cela m'*étonne* qu'il ne soit pas encore arrivé. 그가 아직 도착하지 않았다니 놀랍다.
3° Cela ~ qn si P ind Cela m'*étonnerait*, s'il réussissait. 그가 성공한다면 정말 놀라운 일이 될 것이다.
4° qn être étonné de qc〔de Inf, que P subj, de ce que P ind/subj〕〈…하는 데 놀라다〉 Je *suis étonné* de l'intelligence de cet élève. 나는 이 학생의 총명함에 놀랐다. Je *suis étonné* de vous voir ici. 당신을 여기서 만나니 놀랍군요. Je *suis étonné* de ce que vous osez〔osiez〕 paraître devant moi. 당신이 감히 내 앞에 나타나다니 놀라운 일이다.
5° ne pas être étonné si P ind 〈…해도 놀라지 않다〉 Ne *soyez* pas *étonné* si cette vieille voiture tombe en panne. 이 낡은 차가 고장나더라도 놀라지 마세요.
II. 1° s'~ de qc 《변화》〈이상하게 여기다; 놀라다〉 Pourquoi *vous êtes*-vous *étonné* de cette nouvelle? 왜 이 소식에 놀라십니까?

2° **s'~ de Inf** Je *m'étonne* de ne pas avoir été invité chez mes amis. 내가 친구 집에 초대를 못 받다니 놀랍다. Nous *nous étonnions* de ne voir personne sur la place en plein midi. 우리는 대낮에 광장에서 아무도 볼 수 없어서 이상했다.

3° **s'~ que P subj** Je *m'étonne* qu'il ne soit pas venu. 그가 오지 않았다니 놀랍군요.

◇ **s'~ de ce que P ind/subj** Je ne *m'étonne* pas de ce que les Grecs ont fait l'Iliade.(Pascal) 그리스인들이 일리아드를 만든 데 나는 놀라지 않는다.

4° **ne pas s'~ si P** 〈설사 …해도 놀라지 않다〉 Ne *t'étonne* pas si on te laisse de côté, tu es si mauvais joueur! 너를 빼놓는다고 놀라지 마라. 너는 아주 서투른 선수니까!

étouffer 1° ~ **(de N)** 〈(…때문에) 숨이 막히다, 질식하다〉 J'*étouffe* de chaleur. 더워서 숨이 막힐 지경이다.

2° ~ **(qn)** 〈질식시키다〉 La chaleur de cette petite pièce nous *étouffait*. 이 비좁은 방의 더위로 질식할 것만 같았다.

3° ~ **qc** 〈(소리를) 약하게 하다; (불을) 끄다; 진압하다〉 D'épais rideaux *étouffent* le bruit de la rue. 두꺼운 커튼이 거리의 소음을 약하게 한다. ~ un scandale 추문을 적당히 수습하다.

être A. 활용. 서로 다른 동사를 어간으로 삼고 있다. (1) lat. essere > estre > être, essere+habeo > serai. (2) (고어) ester > estant (étant), esté(été), estoie(étais). (3) lat. fui > fus, fusse.

B. I. 조동사(⇨auxiliaires I)로 쓰이는 être. 1° ~ **à Inf** (1) 계속을 나타내는 준조동사. être의 주어는 Inf의 주어와 일치. 〈…하고 있다〉 Je *suis* ici à l'attendre. 여기서 나는 그를 기다리고 있다. Il *est* à travailler. 그는 일을 하고 있다. Il *est* à prendre sa sieste. 그는 낮잠자고 있다.

(2) devoir être+과거분사의 뜻. être의 주어는 Inf의 목적보어. 〈…해야 한다〉 Ce livre *est* à lire et à relire. 이 책은 정독하지 않으면 안 된다. Duhamel *est* à critiquer sur ce point. 뒤아멜은 이 점에서 비판되어야 한다. Cette maison *est-elle* à vendre? 이 집은 팔 집입니까?

◇ ~ **pour Inf** (⇨pour 1°, ⑤).

2° ~+과거분사 자동사, 대명동사의 복합시제를 만들어낸다.

(1) 대명동사의 과거분사: Les murs *sont* écroulés. 담이 무너졌다. La lune *est* levée. 달이 떠올랐다.

(2) 자동사의 과거분사(⇨passé composé 1°, ①; auxiliaires I, 3°, ②).

(3) 타동사의 과거분사. ① 한계가 없는 행위를 나타내는 동사는 수동적 동작을 표현한다: Il *est* aimé de tous. 그는 모든 사람들로부터 사랑을 받고 있다. Cette maison *est* habitée par des gens tranquilles. 이 집에는 조용한 사람들이 살고 있다.

② 한계가 있는 행위를 나타내는 동사가 보어를 동반하지 않으면 과거에 있은 행위의 결과인 상태를 나타낸다: La ville *est* délivrée. 그 도시는 해방되었다. Le crime *est* commis. 범죄가 저질러졌다. (⇨ verbes pronominaux I, 3°).

③ 동작주, 시간, 양태 등의 보어가 있으면 대부분 동작의 뜻이 들어 있다: Le crime *est* commis en état d'ivresse. 그 범죄는 취한 상태에서 저질러졌다. Il *fut* saisi par une main ferme. 그는 어느 튼튼한 손에 붙잡혔다.

④ 보어가 있어도 상태를 나타낼 수 있다: L'armée *est* coupée de ses communications par l'arrivée de

renforts ennemis. (Marouzeau) 그 부대는 적 증원군의 도착으로 통신 연락이 끊겼다.
II. 연계사 copule 로서의 être.
1° N ~ Attr (1) Attr 가 형용사:La terre *est* ronde. 지구는 둥글다.
(2) Attr 가 과거분사:Mon stylo *est* cassé. 만년필이 부서졌다.
(3) Attr 가 명사:Tu *seras* médecin. 나는 의사가 될 것이다. Elle *est* ma cousine. 그녀는 나의 사촌이다.
(4) Attr 가 약세대명사: Il paraît plus âgé qu'il ne l'*est* en réalité. 그는 실제보다 더 나이들어 보인다.
(5) Attr 가 「전치사+명사」로 이루어진 형용사구:Ta robe *est* à la mode. 네 옷이 요새 유행이다.
(6) Attr 가 형용사적 용법의 부사: Elle *est* bien. 그녀는 건강이 좋다. Il *est* mieux. 그는 나아졌다.
(7) ~ **comme Attr** Julien *est* comme son père. 줄리앙은 마치 그의 아버지 같다. Ils ont une maison qui *est* comme un château. 그는 마치 성 같은 집을 갖고 있다.
◇ ~ ø(一).
2° C'est ⇨ce¹.
3° ~ **SP/Adv** (*SP* 는 전치사+명사)
(1) ~ **à qc** La voiture *est* au garage. 차는 차고에 있다. Le rendez-vous *est* à quatre heures. 약속은 4시이다. Le bureau de tabac le plus proche *est* à cent mètres. 가장 가까운 담배가게는 100미터 떨어져 있다. Cette voiture *est* à son frère. 이 차는 그의 형 것이다. Le temps *est* à l'orage. 소나기가 쏟아지려 한다. Les prix des légumes *sont* à la baisse. 야채값이 떨어진다. Nous *sommes* à la recherche d'un petit appartement. 우리는 조그만 아파트를 찾고 있다.
(2) ~ **après qc/qn** 〖구어〗 〈…을 돌보다 (=s'occuper de)〉 Le peintre *était* après sa toile depuis quinze jours. 화가는 보름 전부터 그 그림과 씨름을 하고 있었다. Mes enfants, je ne peux pas ~ toujours après vous! 얘들아, 늘 내가 너희들만 따라다니며 봐줄 수는 없잖니!
(3) ~ **avec qn** Hier soir, j'*étais* avec les Dupont. 어제 저녁 나는 뒤퐁씨 가족과 함께 있었다. Si vous approuvez le projet, les socialistes *seront* avec vous. 당신이 그 계획에 찬성하면 사회당에서 당신을 지원할 것입니다.
(4) ~ **contre qn/qc**(↔~ **pour qn/qc**) Qui vous a dit que j'*étais* contre vous? 내가 당신에게 반대한다고 누가 말했어요? Les vrais démocrates *sont* contre la démagogie. 진정한 민주주의자는 선동에 반대한다.
◇ ~ **contre ø** Il suffit que je *sois* pour, pour qu'il *soit* contre. 내가 찬성하기만 하면 그는 틀림없이 반대한다.
(5) ~ **dans qc** Cette maison *est* dans le voisinage. 이 집은 근처에 있다. Pierre *est* dans sa chambre. 피에르는 그의 방에 있다. Le malade *est* dans un état désespéré. 환자의 상태는 절망적이다. Le laisser faire, ce n'*est* pas dans mes idées. 자유방임은 나의 주장이 아니다. Mon père *est* (=travaille) dans l'électricité. 아버지는 전기회사에서 근무하신다.
(6) ~ **de qn/qc** Il *est* du parti radical. 그는 급진당원이다. Vous *serez* des nôtres, mardi? 화요일에 우리 집에 오시겠어요? Il *est* du Midi. 그는 남부출신이다. Le nombre des élèves présents *est* de 32. 출석 학생수는 32명이다. L'âge moyen de mes élèves *est* de 15 ans. 내 학생들의 평균연령은 15세이다.
(7) ~ **en qc** Il *sera* en France l'année prochaine. 그는 내년에 프랑스에 갈 것이다. Les deux amis *sont* en conversation. 두 친구는 이야기를 나누고 있다. Tu *es* tou-

jours en colère contre moi? 너 여전히 내게 화내고 있니? La mariée *était* en robe longue. 신부는 긴 드레스를 입고 있었다. Elle *est* en hiver. 그녀는 겨울옷을 입고 있다. Est-ce que ta montre *est* en or? 네 시계는 금시계냐?

(8) ~ **pour qn/qc** Dans cette affaire, nous *sommes* pour les victimes. 이번 일에 있어서 우리는 희생자 편이다. Qui n'*est* pas pour la vote des femmes? 누가 여성의 참정권을 반대합니까?

◇ ~ **pour que P subj** Je *suis* pour qu'on omette les citations. 나는 그 인용문들을 생략하는 데 찬성이오.

(9) ~ **sans qc/qn** Il *est* sans argent. 그는 돈이 없다.

(10) ~ **sur qc** Les verres *sont* sur la table. 유리잔들이 테이블 위에 있다. Il *est* sur votre dossier. 그는 당신 서류를 검토중이다.

4° **en ~** (1) **en ~** 《일의 진척정도》 Où *sont* les préparatifs? 준비가 어떻게 되어가니? Où en *êtes*-vous? 당신 어디까지 했읍니까?

(2) **en ~ à qc** 《진도》 J'en *suis* à la rédaction de la première partie de ma thèse. 나는 내 논문의 제 일부를 쓰고 있는 중이다. Où en *êtes*-vous dans votre roman? —A la page 10. 당신은 소설을 어디까지 썼읍니까? —10페이지 쓰고 있어요.

(3) **en ~ à Inf** 〈…할 단계에 이르다〉 Le pays en *est* à se lever de ses ruines. 그 나라는 폐허를 딛고 일어서게 되었다. J'en *suis* encore à chercher les matériaux. 나는 아직도 자료를 찾고 있다.

(4) **n'en ~ pas à qc près** Nous n'en *sommes* pas à cent francs près. 우리는 100 프랑을 계산에 넣지 않았다.

(5) **Il en est de qn/qc comme de qn/qc** 〈…에 대해서도 …에 대해서와 동일하다〉 Il en *est* du jeu comme de l'alcool: tous les deux mènent à la ruine. 도박이나 술은 똑같다. 둘 다 사람을 파멸로 이끈다.

5° **y ~** Tout le monde y *est*, on peut partir. 모두 준비가 됐다. 이제 떠날 수 있다. Est-ce que monsieur Dubois y *est* encore? 뒤브와씨는 아직 집에 계십니까? J'y *suis*, j'ai compris. 됐어요. 알겠읍니다. Vous y *êtes*?(=Vous comprenez?).

III. 기타의 être. 1° **N ~** 《존재를 나타낸다 (=exister)》 Je pense, donc je *suis*.(Descartes) 나는 생각한다. 고로 존재한다. Cela n'*est* pas. 그렇지가 않다. cela *étant* 그렇기 때문에. Je pense à ceux qui ne *sont* plus(=aux morts). 나는 죽은 자들을 생각한다. Ainsi *soit*-il. 아멘. *Soit*〔*Soient*〕 deux triangles ABC et DEF. 두 삼각형 ABC와 DEF 가 있다고 가정하자.

2° **Il est**(=Il y a) 〔문어〕 Il n'*est* pire douleur qu'un souvenir heureux dans les jours de malheur.(Musset, *Le Saule*) 불행한 시절에 행복했던 추억을 하는 것보다 더 나쁜 고통은 없다. Il *est* aux bois des fleurs sauvages.(France, *Pierre Nozière*) 숲속에 야생꽃들이 있다. Il *était* (une fois) un roi qui n'avait pas d'enfant. 예전에 어린애가 없는 임금님이 있었다. Il en *est*(=Il y a des gens) qui disent ainsi. 이렇게 말하는 사람들이 있다. s'il en *fut*〔*est*〕(⇨si¹ IV).

3° (1) **n'étai(en)t**(=si ce n'*était* ⇨si¹ IV) 〈…이 아니라면, …이 없다면〉 **n'eût〔n'eussent〕 été**(=si ce n'*eût été*) 《대부분 다음에 오는 명사(주어)의 수에 일치하나 때로는 sans 의 뜻이 들어 있는 관용구로 보아 변화하지 않기도 한다》 N'*étaient* les fumées des toits, le village semblerait désert〔N'*eussent été* …, le village eût(aurait) semble…〕. 지붕

être 778

에서 나오는 연기가 없다면〔없었다면〕그 마을엔 사람이 없는 듯 보일〔보였을〕것이다. Tu n'entendrais même rien du tout, n'*était* les briques des faîtes.(Bernanos, *Nouv. Hist. de Mouchette*) 용마루의 벽돌들만 없다면 너는 전혀 알아차리지 못할 것이다.
n'était 가 주절의 조건법현재에 대응하는 외에, 조건법과거 (접속법대과거), 직설법 현재에 대응하는 경우도 있다:On se fût imaginé loin de la guerre, n'*étaient* les vols d'avions qui traversaient le ciel. (Fr. Ambrière, *Les Grandes Vacances*) 하늘을 건너가는 비행기들만 없다면 전쟁을 하고 있지 않다고 생각했을 것이다.

◇ **n'était que P** ind(=sauf que) Je ne pourrais pas le croire, n'*était* que je l'ai vu moi-même. 내눈으로 직접 보지 않았다면 그것을 믿지 못할 것이다.

(2) **fût-ce**(=serait-ce)〈설사 …라하더라도〉 ne *fût*-ce que(=ne serait-ce que, quand ce ne serait que). 무변화(⇨subjonctif III, 2°, ①).
4° (1) ~ **SP/Inf**(*SP* 는 전치사+명사)〈가다(=aller)〉 복합시제, 단순과거형으로 사용한다. 복합과거형은 특히 구어체이다. aller 가 간다는 동작을 나타낸다면 être 는 지금은 돌아와 있다는 뜻으로 쓰인다고 설명하기도 하지만, 보통 구별없이 쓰인다:Chacun *fut* se coucher.(Mérimée, *Colomba*) 모두 자러 갔다. J'ai *été* à la messe.(Flaub, *Corr.*, t, I) 나는 미사에 갔었다. Armand a *été* la prévenir.(Anouilh, *P. brill.*) 아르망은 그녀에게 알리러 갔었다.「*Est-il allé* à Paris? 그는 파리에 갔을까?」와「*A-t-il été* à Paris? 그는 파리에 간 적이 있을까?」는 뉘앙스가 다르긴 하다.

◇ ~ ø(−).

(2) **s'en** ~ (=aller) 직설법 단순과거와 접속법 반과거형으로만 쓰인다(보통 3인칭으로): Il *s'en fut* se mettre au lit.(Jaloux, *l'Alcyone*) 그는 자리에 누으러 갔다.

(3) ~ (**en**)+현재분사 (⇨aller B, I, 4°) Cela *a* toujours *été* en empirant. 그것은 계속 악화되기만 했다. Son succès *avait été* grandissant. 그의 성공은 나날이 커갔었다《이때 être 는 보통 복합시제로 쓰인다》.

étudier 1° ~ qc/qn〈공부하다, 연구·검토하다〉 Elle *étudie* le piano. 그녀는 피아노 공부를 한다. Le joueur *étudie* son partenaire. 그 선수는 자기의 상대방(의 기질)을 연구한다.

◇ 1) ~ ø(+).
2) Passif(+).

2° **s'**~ 《변화》〈자신을 검토하다〉 Socrate recommandait à l'homme de *s'*~ afin de se connaître. 자신을 알기 위해 스스로를 검토하라고 소크라테스는 인간들에게 권했다.

3° **s'**~ **à Inf**〈…하려고 애쓰다〉 Il *s'est étudié* à peindre les défauts des hommes. 그는 인간의 결점을 묘사하려고 노력하였다. Il *s'étudie* à satisfaire tout le monde. 그는 모든 사람들 마음에 들려고 애쓴다.

évacuer 1° ~ (de qp)〈(…를 비우다; 排氣하다〉 On *a évacué* la foule du théâtre à cause d'un incendie qui s'y est déclaré. 갑자기 발생한 화재로 사람들이 극장을 비웠다. Une haute cheminée *évacue* les gaz toxiques. 높은 굴뚝이 유독가스를 배출한다.

2° ~ **N de N**〈…에서 …를 철수시키다〉 On *a évacué* l'hôtel de ses clients. 호텔로부터 손님들을 나오게 했다.

3° ~ **N**〈철수하다, 나오다〉 La foule *évacue* le théâtre. 사람들이 극장을 나온다. Les manifestants ont brûlé un portrait du président

Assad, puis *ont évacué* les locaux, sans que la police ait eu à intervenir. 데모대원들이 아사드 대통령의 초상화를 불태우고 나서 그 장소를 철수했다. 그 결과, 경찰이 개입할 필요가 없었다.

évaluer 1° ~ N (Adv/à N) ⟨…을 평가하다;견적하다⟩ ~ une distance [un tableau] 거리를 측정하다[그림을 평가하다]. ~ un bijou à mille francs [à sa juste valeur, au dessus de sa valeur, trop bas] 보석을 천 프랑으로 [그의 가치에 맞게, 가치 이상으로, 너무 낮게] 평가하다.
◇ Sa maison *est évaluée* (à) mille francs. 그의 집은 천 프랑의 가격이다.
2° ~ P(int. ind.) Je ne suis pas en mesure d'~ combien de mois il faudrait pour atteindre Mars. 나는, 화성에 가기 위해 몇달이 걸리는가를 계산해 볼 수 없다.

évertuer (s') s'~ à/pour Inf ⟨…하기 위해 전력을 다하다⟩ L'orchestre *s'évertuait* à jouer un tango pour un unique couple de danseurs. 오케스트라는 단 한쌍의 춤추는 사람들을 위해 전력을 다하여 탱고를 연주했다.

éviter 1° ~ qc/qn ⟨피하다⟩ Un conducteur prudent *évite* les manœuvres dangereuses. 신중한 운전사는 위험한 운전을 피한다. Il m'*évite* depuis qu'il m'a emprunté de l'argent. 나에게서 돈을 꾸어간 이래로 그는 나를 피하고 있다.
2° ~ qc à qn ⟨…에게 …을 면해주다⟩ Il avait voulu ~ à sa vieille mère les fatigues d'une longue station. 늙은 어머니의 오랜 체재에서 오는 피로를 그는 덜어주고 싶었다.
3° ~ de Inf ⟨…하지 않도록 하다⟩ Il *évitait* lâchement de rencontrer ce regard. 그는 비겁하게 그 시선과 부딪치는 것을 피했었다.
4° ~ à qn de Inf Je l'ai rencontré dans la rue:cela m'*a évité* de lui écrire. 나는 길에서 그를 만났다. 그래서 그에게 편지 쓰지 않아도 되었다.
5° ~ que P(ne) subj ⟨…하지 않도록 하다⟩ J'*évitais* qu'il ne m'en parlât. 나는 그가 그것에 대해 나에게 말하지 않도록 했었다. Ma règle: ~ qu'une femme puisse fouiner dans mes affaires. 여자가 내 일에 쓸데없이 참견하지 못하게 하는 것이 내 방침이다(⇨empêcher 3°).
6° s'~ 《변화》 ⟨피해지다⟩ La guerre peut toujour *s'*~. 전쟁은 그래도 피할 수 있다.
7° s'~ qc 《가변》 ⟨…을 면하다⟩ pour *s'*~ des tracas 근심을 덜기 위해서.

évoquer 1° ~ N ⟨불러내다; 환기시키다; 나타내다⟩ Le sorcier *évoque* les mânes des aïeux. 마술사는 조상의 영혼을 불러낸다. Pierre *évoque* des souvenirs d'enfance. 피에르는 어린 시절의 추억들을 환기한다. J'*évoquerai* rapidement les événements principaux. 나는 주요 사건들에 신속하게 언급할 것이다. Le rapport *évoque* d'autres dommages laissés par la guerre. 이 보고서는 전쟁으로 인한 다른 피해들을 나타내고 있다.
2° ~ P(int. ind.) Le rapport *évoque* pourquoi les habitants quittent la ville. 이 보고서는 왜 주민들이 그 마을을 떠났는가에 대해 언급하고 있다.

exagérer 1° ~ (N) ⟨(…을) 과장해서 말하다⟩ Tu *exagères*! 너는 과장해서 말한다. ~ les qualités d'un film[ses paroles] 한 영화의 장점을 [그의 말을] 과장해서 말하다.
2° qn s'~ qc 《가변》 ⟨…을 과대시하다⟩ *s'*~ les qualités de *qn* …의 장점을 과대평가하다.

examiner 1° ~ qc/qn 〈검토하다; 시험하다; 진찰하다〉 Il faut ~ cela de plus près. 그것을 더 자세히 검토해야 한다. L'abbé Pirard *examina* Julien sur la théologie. 피라르신부님은 신학에 대해 쥴리앙에게 질문을 했다. Déshabillez-vous, je vais vous ~. 옷을 벗으세요. 진찰을 해 봐야겠어요.
◇ ~ +신체부위명사 Il *examine* les cheveux de Jeanne.(Il lui *examine* les cheveux. Il *examine* les cheveux à Jeanne. Il *examine* ses cheveux). 그는 잔의 머리털을 검사한다.
2° ~ P(int. ind.) ⇨si¹ III, 1°.
3° s'~ 《변화》〈자신을 살펴보다〉 Elle *s'est examinée* dans la glace. 그녀는 거울에 비친 자기 모습을 살폈다.

exaspérer 1° ~ qn/qc 〈화나게 하다; 격화시키다〉 Et tu sais que rien ne m'*exaspère* davantage que de te voir pleurer. 당신이 우는 것을 보기보다 더 짜증나는 일이 없다는 것을 당신은 잘 알 거요. Ses paroles ne faisaient qu'~ ma douleur. 그의 얘기는 내 피로움을 한층 더하게만 했다. J'*étais exaspéré* de cette réponse. 그 답변을 듣고 나는 몹시 화가 났었다.
2° s'~ de qc《변화》〈…에 몹시 화가 나다〉 Elle *s'est exaspérée* de cette réponse. 그녀는 그 답변을 듣고 몹시 화가 났다.

exceller 1° ~ dans/en/à qc 〈…에 뛰어나다〉 Cette actrice *excelle* dans la comédie. 이 여배우는 희극에 뛰어났다. Il *excelle* en latin. 그는 라틴어에 탁월하다. Il *excelle* au billard. 그는 당구를 아주 잘 친다.
2° ~ à Inf 〈…하는 데 뛰어나다〉 Racine *excelle* à peindre les caractères des femmes. 라신느는 여성의 성격을 묘사하는 데 뛰어났다. Il *excelle* à raconter des histoires drôles. 그는 우스운 이야기를 아주 잘한다.

excepter 1° ~ N(de N) 〈(…로부터) 제외하다〉 Je n'*excepterai* personne de cette mesure. 나는 이 처분에서 누구도 예외로 하지 않겠다. Je m'adresse à vous tous, sans ~ qui que ce soit. 나는 누구도 제외하지 않고 여러분 모두에게 말하고 있다.
2° qc ~ N 〈제외시키다〉 Cette mesure n'*exceptera* personne. 이 처분은 누구라도 예외로 하지 않는다.

exciter 1° ~ qn/qc 〈자극하다〉 Cela *excita* encore sa colère. 그 일은 또다시 그의 분노를 일으키게 했다. Cette vue l'*excitait*. 그 광경이 그를 흥분시켰다. *Excité* par le café et l'alcool, il ne tenait plus en place. 커피와 술 때문에 자극이 되어 그는 더 이상 제자리에 가만히 있지를 못했다.
2° ~ qn à/contre qc/qn 〈선동하여 …을 일으키게(…에 대항케) 하다〉 La mort de leur camarade les *excitera* à la révolte. 동료의 죽음이 그들을 자극해서 반란을 일으키게 할 것이다. On les *a excités* l'un contre l'autre. 그들을 서로 선동해서 다투게 했다.
3° ~ qn à Inf 〈…하도록 부추기다〉 Il les *excitera* à se révolter. 그는 그들이 폭동을 일으키도록 선동할 것이다.
4° s'~ 《변화》〈흥격하다〉 Elle *s'excita* en racontant son altercation. 그녀는 자기가 말다툼하던 이야기를 하면서 흥분했다.
5° s'~ sur qc 〖구어〗〈…에 큰 흥미를 느끼다〉 Elle *s'est excitée* sur l'affaire. 그녀는 그 사건에 흥미를 느꼈다.

exclure 1° ~ N de N 〈…에서 쫓아내다, 제명하다〉 Il *a été exclu* de son parti. 그는 당에서 제명당했다.

J'ai *exclu* de ma bibliothèque tous les périodiques encombrants. 나는 책장에서 거추장스런 모든 정기간행물들을 빼놓았다. L'O.E.A. restera surtout dans l'histoire pour *avoir exclu* Cuba du système inter-américain. O.E.A.는 쿠바를 美州機構에서 제명해 버린 것으로 역사에 남을 것이다.

2° ~ N de qp ~ *qn* d'un lieu public[d'un cinéma, d'un bar] …를 공공장소에서[극장에서, 바에서] 내쫓다.

3° ~ N 〈제명하다; 용납하지 않다〉 Son parti l'*a exclu*. 당은 그를 제명했다. L'un n'*exclut* pas l'autre. 전자는 후자와 모순되지 않는다. Les milieux officiels britanniques n'*excluent* pas toutefois la possibilité que M. K. ait des propositions concrètes à formuler. 영국 당국은 K 씨가 명백히 밝힐 수 있는 구체적인 제안을 가지고 있을 수 있다는 가능성을 배제하지 않는다.

4° ~ que P subj 〈거부하다, 떨쳐버리다〉 Notre handicap *exclut* que nous gagnions. 우리의 불리한 조건으로 인해, 우리는 이길 수 없다. On ne peut pas ~ que Moscou veuille pousser les trois Occidentaux à ouvrir les consultations. 우리는, 모스크바가 서방 삼국이 회담을 열도록 부추긴다는 사실을 간과할 수 없다.

5° ~ de Inf J'*exclus* de pouvoir gagner. 나는 이길 수 있다는 생각을 배제한다.

6° que P subj (cela) ~ N 〈…이란 것은 …을 배제한다〉 Qu'il soit en retard,(cela) n'*exclut* pas sa venue éventuelle. 그가 늦어진다는 사실은, 그가 불쑥 올 수 있다는 사실을 배제하지 않는다.

7° que P subj (cela) ~ que (ne) P subj Qu'il soit en retard (cela) n'*exclut* pas qu'il (ne) vienne encore. 그가 늦어진다 해도 올지도 모른다.

8° N(pl) s'~ 《변화》〈양립되지 않다〉 Nos deux propositions ne *s'excluent* pas. 우리의 두가지 제안은 서로 모순되지 않는다. Ces deux avis *s'excluent* mutuellement. 이 두 의견은 서로 모순된다.

excuser I. 1° ~ qn/qc 〈용서하다〉 Veuillez m'~. 용서하시기 바랍니다. Je vous *excuse* pour cette fois-ci, mais ne recommencez pas. 이번은 용서하지만, 다시는 그러지 마세요. On doit ~ les fautes de la jeunesse. 젊은 시절의 실수는 용서해야 한다. Vous *êtes* tout *excusé*. 당신 잘못이 아니니 괜찮습니다.

2° ~ qn de Inf 〈…가 …하는 것을 용서하다〉 *Excusez*-moi d'arriver si tard [d'être arrivé si tard]. 제가 너무 늦게 도착한 것을 용서하시오. ◇ Inf 는 대명사 en 으로 대치 가능함.

3° ~ qn pour Inf (passé)〈…이 …한 것을 용서하다〉 Veuillez m'~ pour n'avoir pas répondu immédiatement à votre lettre. 당신의 편지에 즉각 답장을 못한 것을 용서하시기 바랍니다.

4° ~ si P *Excusez*-moi si je vous dérange (=*Excusez*-moi de vous déranger). 방해가 되어 죄송합니다. *Excusez*-moi si je suis en retard. 늦어서 죄송합니다.

II. 1° s'~ 《변화》〈변명하다, 사과하다〉 Qui *s'excuse*, s'accuse. [격언] 변명하는 것은 속이 검은 증거이다. Il avait oublié un rendez-vous et téléphona pour s'~. 그는 약속을 잊었다. 그래서 사과하기 위해 전화를 걸었다.

2° s'~ auprès de qn 〈…에게 사과하다〉 Il *s'est excusé* auprès de ses hôtes. 그는 손님들에게 사과했다.

3° s'~ de qc 〈…에 대해 사과하

다〉 Il s'est excusé de l'erreur qu'il avait faite. 그는 자기가 저지른 실수에 대해 사과했다.
4° s'~ de Inf 〈…한 것을 사과하다〉 Je m'excuse de vous avoir fait attendre. 당신을 기다리게 한 것을 사과합니다.
5° s'~ que P subj Je m'excuse que ce soit ainsi. 일이 그렇게 된 것을 사과합니다.
6° s'~ de/sur ce que P ind Il s'est excusé sur ce qu'il ne connaissait pas le règlement. 규칙을 몰랐던 점에 대해 그는 사과했다.

exercer I. 1° ~ qc 〈단련하다; 시행하다; 행사하다〉 Le patron exerce une surveillance sévère. 주인은 엄격하게 감독을 한다. Mon père exerce la profession d'architecte depuis trente ans. 아버지는 30년전부터 건축가 일을 해 오셨다.
◇ ~ ∅ 〈영업을 하다〉 Ce notaire n'exerce plus. 그 공증인은 이제 폐업했다.
2° ~ qc sur qn/qc 〈…에 대해서 …을 미치게 하다〉 J'ai exercé toute mon influence sur lui. 나는 그에게 나의 모든 영향력을 행사했다. Le climat exerce une action déterminante sur la végétation. 기후는 식물의 생태에 결정적인 작용을 한다.
3° ~ qn à qc 〈…에게 …의 훈련을 시키다〉 Il m'exerce à la course. 그는 나에게 달리기 훈련을 시킨다.
4° ~ qn à Inf 〈…에게 …하는 것을 훈련시키다〉 Il exerce son fils à s'exprimer en anglais. 그는 아들에게 영어로 말하도록 훈련시킨다.
II. 1° s'~ 《변화》〈연습·훈련하다〉 Le bon pianiste s'exerce tous les jours. 훌륭한 피아니스트는 매일 연습을 한다. Pour arriver à ce résultat au saut en hauteur, il s'est exercé tous les jours pendant de nombreuses années. 높이뛰기에서 이와 같은 결과를 얻기 위해서 그는 수년동안 매일 연습했다.
2° s'~ à qc 〈…의 연습·훈련을 하다〉 Elle s'est exercée au violon. 그녀는 바이올린 연습을 하였다. Il s'exerce à de longues marches. 그는 오랫동안 걷는 연습을 한다.
3° s'~ sur qc/qn 〈…에 (힘·영향이) 미치다〉 Ce n'était pas seulement sur autrui, mais aussi sur lui-même que s'exerçait rageusement sa manie. 그의 광기가 격렬하게 영향을 미친 것은 비단 다른 사람뿐 아니라 자기 자신에게도 미쳤다.
4° s'~ à Inf 〈…하는 연습을 하다〉 Maintenant que je t'ai montré comment on se sert de cette machine, il faut que tu t'exerces à la faire marcher toute seule. 이제 이 기계를 어떻게 사용하는지 가르쳐 주었으니, 네가 혼자 그것을 다루는 연습을 해야 한다.

exhorter 1° ~ qn 〈격려·훈계하다〉 César exhorta ses troupes avant le combat. 시이저는 전투전에 그의 장병들을 격려했다.
2° ~ qn à qc 〈…에게 …을 권고하다〉 Nos amis nous ont exhortés à la patience (=Nos amis nous ont exhortés à patienter). 친구들은 우리에게 참으라고 권고했다.
3° ~ qn à Inf 〈…에게 …하라고 권하다〉 Il m'a exhorté à oublier ce malentendu. 그는 내게 그 오해는 잊으라고 부탁했다.
4° ~ qn que P subj 〈…에게 …하도록 권하다〉 Nous vous exhortons que vous ne receviez pas en vain la grâce de Dieu. 하느님의 은총을 헛되이 받지 말도록 당신들에게 권한다.
5° s'~ à 《변화》〈스스로 권하다〉 Je m'exhorte à la patience. 나는 참자고 스스로 달랜다.

exiger 1° ~ qc 〈요구하다〉 Son

état *exige* beaucoup de soins. 그의 상태는 많은 보살핌을 필요로 한다. Le maître *exige* le silence dans la classe pendant la leçon. 선생님은 수업시간 중에 교실에서 조용히 할 것을 요구한다.
2° ~ qc de qn 〈…에게 …을 요구하다〉 Il *exige* de ses ouvriers la propreté. 그는 직공들에게 청결을 요구한다.
3° ~ (de qn) que P subj 〈(…에게) …을 요구하다〉 Elle *exige* qu'il revienne. 그녀는 그가 다시 올 것을 요구한다. Son père *exige* de lui qu'il termine ses études avant de se marier. 아버지는 결혼 전에 학업을 끝내야 한다고 그에게 강력히 요구한다.
◇ 이 경우 때로는 ~ que P cond, 또는 ~ que futur 가 쓰이기도 한다: Il *exigea*, avant de signer, qu'on lui réserverait ce droit. 그는 서명하기 전에, 이 권한을 자기에게 남겨 달라고 요구했다.

exister 1° ~ 〈존재하다〉 Le monstre du Loche Ness n'*existe* pas. 네스 호의 괴물은 존재하지 않는다.
2° Il ~ N (비인칭구문)〈…이 존재하다〉 Il *existe* deux villes qui portent ce nom. 이 이름을 가진 도시가 둘 있다. Il ne semble pas qu'il *ait* jamais *existé* de telles situations. 이런 상황이 예전에 결코 존재했던 것 같지 않다.

exonérer ~ N(de N) 〈…에게 …을 면제해 주다〉 Les familles nombreuses *seront exonérées*(d'impôts). 많은 가족들이 (세금)면제를 받을 것이다.

expliquer I. 1° qn ~ (à N) N〈(…에게) 설명하다〉 Le professeur *explique* un problème à ses élèves. 교수는 학생들에게 문제를 설명한다.
◇ ~ un texte littéraire 문학 작품을 주해하다.
2° qn ~ (à N) que P ind Il *explique* à ses élèves que la terre est ronde. 그는 학생들에게 지구가 둥글다는 것을 설명한다.
3° qn ~ (à N) P(int. ind.) Il leur *explique* pourquoi les jours allongent. 그는 그들에게 왜 낮이 길어지는가를 설명한다. Je vais vous ~ comment aller à la gare. 당신에게 정거장까지 가는 방법을 설명해 주겠다.
4° qc ~ N 〈…의 원인처럼 보인다; …을 정당화하다〉 Sa maladie *explique* son absence. 그의 병은 그의 결석의 원인인 것 같다.
5° qc ~ que P subj Les termes de son discours *expliquent* cependant qu'en plein campagne électorale il ait trouvé le loisir de se rendre à l'invitation du P. C. français. 그의 연설문은 그가 막바지 선거유세 도중에 프랑스 공산당 초청에 응하는 여유를 가졌었다는 것을 정당화하고 있다.
II. 1° qn s'~ N《불변》〈이해되다, 납득하다〉 Je ne *m'explique* pas cela. 나는 그것을 이해할 수 없다.
2° s'~ P(int. ind.) Je cherche à *m'*~ pourquoi il a fait cela. 나는 그가 왜 그 일을 했는지를 이해하려고 노력한다.
3° s'~ que P subj Je n'arrive pas à *m'*~ qu'il ait pu faire cela. 나는 그가 그런 일을 했다는 것을 납득할 수 없다.
4° qn(pl) s'~ 《변화》〖속어〗〈토론하다; 싸우다〉 Nous *nous sommes* vivement *expliqués*. 우리는 열심히 토론했다. Ils sont allés *s'*~ dehors. 그들은 바깥으로 싸우러 나갔다.
5° s'~ avec N 〈…와 다투다, 말다툼하다〉 Pierre *s'est expliqué* avec Paul au sujet de l'héritage. 피에르는 상속문제로 폴과 다투었다.

exposer I. 1° ~ qc 〈내보이다; 설

명하다〉 Le conférencier *a exposé* les causes de la guerre de Cent Ans. 연사는 백년전쟁의 원인을 설명했다.

◇ ~ ø 〈출품하다〉 C'est un artiste qui *expose* pour la première fois. 이 사람은 처음으로 출품하는 화가이다.

2° ~ qc(à qn/qc) 〈…에게 드러내다, …에 노출시키다〉 Je lui *ai exposé* mes projets. 나는 그에게 내 계획을 설명했다. Le papier *a été* longtemps *exposé* au soleil. 종이는 오랫동안 햇볕에 노출되었다.

3° ~ qn à qc 〈…에 직면하게 하다〉 En l'envoyant seul de nuit, vous l'*avez exposé* à de graves dangers. 그를 밤중에 혼자 보내서 그를 큰 위험에 처하게 했다.

4° ~ qn à Inf 〈…을 당하게 하다〉 Son insouciance l'*a exposé* plusieurs fois à perdre sa fortune. 그의 무관심이 여러번 그의 재산을 잃어버릴 위험을 당하게 했다.

II. 1° s'~ 《변화》〈위험에 몸을 내맡기다〉 Les sauveteurs *se sont exposés* sans hésiter. 구조대는 주저없이 위험을 무릅썼다.

2° s'~ à qc/qn 〈…에 직면하다〉 Vous savez que vous *vous exposez* au danger? 당신이 위험에 빠져 있다는 것을 당신은 아시오?

3° s'~ à Inf 〈…할 위험에 처하다〉 Il *s'expose* à être critiqué. 그는 비판당할 우려가 있다.

4° s'~ à ce que P subj Vous *vous exposez* à ce que tout le monde vous voie sous un mauvais jour. 모든 사람들이 당신을 나쁘게 볼 우려가 있다.

exprimer 1° ~ qc 〈표현하다〉 Je me demande ce qu'on a voulu ~ dans ce tableau, je n'y comprends rien. 나는 이 그림에서 무엇을 표현하려 했는지 생각해 본다. 나는 그 그림을 하나도 이해하지 못하겠다.

2° ~ qc à qn 〈…에게 표명하다〉 Il *exprima* à ses hôtes sa reconnaissance en termes émus. 그는 자기 손님들에게 감격해서 감사하다고 말했다.

3° s'~ 《변화》〈자기 의사를 표현하다〉 Il *s'exprime* mal en anglais. 그는 영어로는 자기 의사를 잘 표현하지 못한다. Cet enfant *s'exprime* encore mal. 이 아이는 아직 말을 잘 못한다.

extorquer ~ N à N 〈…에게서 …을 강요하다; 강탈하다〉 L'assureur malhonnête *a extorqué* la signature au vieillard. 부정직한 보험업자가 그 노인에게 서명을 강요했다. Il nous *a extorqué* une somme considérable. 그는 우리에게서 상당한 금액을 갈취했다.

extraire 1° ~ N de N 〈…에서 …을 뽑아내다; 채굴하다; 발췌하다〉 ~ le noyau d'un fruit 과일에서 씨를 뽑아내다. ~ du charbon (d'une mine) (광산에서) 석탄을 채굴하다. ~ un passage(d'un texte) (책에서) 한 문장을 발췌하다.

2° ~ N (à N) 〈(…에서) …을 뽑다〉 ~ une dent (à *qn*) (…의) 이를 뽑다.

F

fâcher I. 1° ~ qn 〈화나게 하다〉 Il craint de ~ la jeune fille. 그는 그 처녀를 화나게 할까봐 걱정이다.
2° Cela ~ qn de Inf/que P subj 〈…하는 것이 …에게 괴롭다〉 Cela me *fâche* de voir un tel désordre. (Balzac) 그런 난잡한 행동을 보니 나로서는 괴롭다. 《같은 뜻으로 Il me fâche de Inf que P subj 도 쓰이지만 낡은 표현이다》.
3° être fâché avec qn 〈…와 틀어지다〉 Il ne me salue plus parce-qu'il *est fâché* (=brouillé) avec moi. 그는 나와 사이가 틀어져서 이제는 내게 인사하지 않는다.
4° être fâché contre qn 〈…에게 대해 화가 나 있다〉 Il ne m'a pas regardé parce qu'il *est fâché* contre moi. 그는 내게 화가 나 있기 때문에 나를 쳐다보지도 않는다.
5° être fâché de qc/Inf/que P subj 〈…을 유감스럽게 생각하다〉 Nous *sommes* bien *fâchés* de n'avoir pu l'aider. 우리는 그를 도울 수 없었던 것을 매우 유감스럽게 생각한다. Je *suis fâché* de ce retard. 늦어서 죄송합니다. Je *suis fâché* qu'il m'ait quitté si tôt. 나는 그가 나에게서 그렇게 일찍 떠난 것이 유감이다.
◇ 같은 뜻으로 être fâché de ce que P ind 의 표현도 쓰이나 ~ que P subj 가 일반적이다.
II. 1° se ~ 《변화》 〈화내다〉 Ne lui dites pas cela il va *se* ~. 그에게 그 말을 하지 마세요. 화내겠어요.
2° se ~ contre qn 〈…에게 대해서 화내다〉 Si vous lui dites ce qui s'est passé, il va finir par *se* ~ contre vous (=se mettre en colère). 당신이 무슨일이 일어났는가를 그에게 이야기 한다면 그는 당신에게 화를 내고야 말 거예요.
3° se ~ avec qn 〈…와 틀어지다〉 Depuis qu'il *s'est fâché* avec moi, il ne me salue plus. 그가 나와 사이가 틀어진 이후 그는 나에게 인사를 안한다.

faillir 〔부정법, 직설법단순과거(je faillis), 미래(je faillirai), 조건법 (je faillirais), 복합시제(j'ai failli, etc.) 이외에는 거의 쓰이지 않는다〕.
1° sans ~ 〈틀림없이, 반드시〉 Venez sans ~ (=sans y manquer). 틀림없이 오시오.
2° ~ à qc/Inf 〈…을 어기다, 게을리하다〉 Il *a failli* à sa promesse. 그는 약속을 어겼다. ~ à (faire) son devoir 의무 이행을 게을리하다.
3° ~ Inf 〈…할 뻔 하다〉 J'*ai failli* tomber(=J'ai manqué de tomber). 나는 넘어질 뻔했다 《~ à/de Inf 는 낡은 어법이다》.
◇ 1) ~ ∅ Est-il tombé? —Non, il *a* seulement *failli*. 그가 넘어졌읍니까? —아니요, 그럴 뻔했을 뿐입니다.
2) Pron-Inf (—).
3) Inf 는 Passif 로 사용될 수 있다: Il *faillit* plusieurs fois être renversé par les voitures. 그는 여러 번 차에 치일 뻔했다.

faire 〔faisant, faisons, faisions 처럼 -s [-z]로 시작되는 음절 앞에서 fai는 [fə]로 발음한다. 비인칭 동사로 쓰일 때 ⇨V. ~ Inf(⇨II) 때의 과거분사 fait 는 불변이다〕.
I. 1° ~ N (1) ~ qc (qc 는 구상명사)〈만들다, 창작·창조하다; (이가) 나다〉 Le boulanger *fait* le pain. 빵장수는 빵을 굽는다. Dieu, selon

faire

la Genèse, *a fait* le monde en six jours. 창세기에 의하면 하느님은 엿새 만에 세계를 창조하셨다. Mon fils *a fait* sa première dent. 내 아들은 첫 이가 났다. ~ un livre est un travail difficile. 책을 한권 쓴다는 것은 어려운 작업이다. C'est ta mère qui *fait* les lits à la maison? 너의 집에서는 엄마가 잠자리 준비를 해 놓으시냐?

(2) ~ qc/qn (*qc/qn*은 인물·동물 명사) ⟨낳다; 창조하다⟩ La chatte *a fait* ses petites. 고양이가 새끼를 낳았다. Dieu *a fait* l'homme à son image. 하느님은 당신의 형상대로 인간을 창조하셨다.

(3) ~ qn (*qn*은 정관사가 붙은 인물) ⟨…역을 맡다; …인 체(행동)하다⟩ Dans cette pièce, il *faisait* le père. 이 극에서 그는 아버지의 역을 하곤 했다. Pourquoi *fais*-tu le méchant avec ton petit frère? 너는 왜 동생에게 짓궂게 구니? Jules *fait* le Don Juan. 쥘은 돈환처럼 행동한다.

(4) ~ qc (*qc*는 상태·행위의 추상 명사) ⟨(일·연주·공부 따위를) 하다; 재배·수확하다⟩ ~ une faute 〔un discours, du blé, son droit, son devoir, un voyage〕 과오를 범하다 〔연설을 하다, 밀을 재배하다, 법학 공부를 하다, 의무를 다하다, 여행을 하다〕.

◇ ~+ 부분관사 +qc (*qc*는 학문·운동·오락 따위를 나타내는 명사) Il est allé ~ du ski. 그는 스키타러 갔다. Je ne sais pas ~ du golf. 나는 골프칠 줄 모른다. Vous *faites* du piano? 당신은 피아노를 치세요? Je *fais* de l'espagnol après mes heures du bureau. 나는 회사 근무가 끝나면 스페인어를 공부한다. Mon frère *fait* des droits à l'université. 내 형은 대학에서 법학을 공부한다. Je *ferai* de l'enseignement plus tard. 나는 장차 교직에 종사 하겠다. (cf. Jean *fait* de la 〔sa〕 médecine. 장은 의학 공부를 한다. Ici, nous *faisons* des carottes. 여기서 우리는 당근을 재배한다. Nous *avons fait* 5 tonnes de légumes cette année. 우리는 올해 5톤의 채소를 수확했다).

(5) ~+ 국명·장소 ⟨…을 돌아다니다 (=parcourir)⟩ *Avez*-vous déjà *fait* le Japon? 당신은 이미 일본 여행을 했습니까? J'ai fait tous les magasins, mais je n'ai pas trouvé le manteau que je voulais. 나는 가게라는 가게는 모두 돌아다녀 보았지만 내가 원하는 외투는 찾지 못했다.

(6) ~+ 속도/거리/병 ⟨…의 속도를 내다; …의 거리를 가다; (병에)걸리다⟩ Je n'aime pas ~ de la vitesse sur les petites routes. 나는 좁은 길에서 속력내는 것을 좋아하지 않는다. André *fait* du 120 kilomètres à l'heure avec sa voiture. 앙드레는 자기 차로 한 시간에 120킬로씩 달린다. Si tu *fais* de la fièvre, va te coucher. 열이 있으면 가서 누워라.

(7) ~+ 수/가격·금액/치수 등 ⟨(총계) …이 되다; 값이〔치수가〕…이다; …의 금액을 벌다⟩ 7 et 4 *font* 11. 6 fois 7 *font* 42. 42 moins 11 *fait* 31. 42 divisé par 7 *fait* 6. A l'usine, combien *faites*-vous de l'heure? 공장에서 당신은 시간당 얼마를 받습니까〔법니까〕? Mon fiancé (*se*) *fait* 1,800 francs par mois. 내 약혼자는 한달에 1,800프랑을 번다. Combien *fait* ce tableau? 이 그림은 얼마입니까? La table *fait* bien deux mètres de long. 그 식탁은 길이가 2m는 된다. A quinze ans, Lisette *faisait* déjà 1m 60. 리제트는 15살 때 벌써 키가 1m 60cm였다.

◇ ne ~ qu'un; n'en ~ qu'un(e) ⟨하나다, 같다⟩ 1) 주어가 관사, 지시사 등으로 한정을 받은 보통 명사

일 경우, ne font qu'un (un은 불변)은 비유적인 뜻으로, n'en font qu'un [une]은 고유의 의미로 쓰인다: Ces deux personnes ne *font* qu'un (=sont très unis). 그 두 사람은 일심동체이다. Ces deux personnes n'en *font* qu'une. 그 두 사람은 동일인물이다. 2) 한정을 받지 않은 고유명사에 대해서는 ne *font* qu'un 만을 쓰는데 이 경우 뜻이 애매할 때가 있다: Pierre et Jean ne *font* qu'un. 피에르와 장은 일심동체의 친구이다[동일인이다].

(8) ~+무한정명사+(SP) 《갖가지 숙어를 형성함》 Le nouveau cabinet italien *a fait* face à de nombreuses difficultés. 이태리의 신내각은 여러 어려운 문제에 봉착했다. L'inventeur du coca-cola *a fait* fortune. 코카 콜라의 발명자는 돈을 벌었다. Le magasin «Les Belles Modes» vient de ~ faillite. 상점은 최근에 파산했다. Tu m'*a* vraiment *fait* peur. 너는 정말 나를 겁나게 했다.

2° ~ qc (à qn) 〈(…에게)…해주다, 만들어주다〉 Attends, je vais te ~ un gâteau. 기다려라. 네게 과자를 만들어 줄께. Ce tailleur lui *fera* un habit noir. 이 재단사가 그의 예복을 만들어 줄 것이다. Il m'*a fait* une grande surprise à Noël. 그는 크리스마스 때 내게 아주 깜짝 놀랄 선물을 했다. On va vous ~ une réduction sur le prix. 당신에게 값을 깎아 줄 것이다.

3° ~ du mal/bien/tort (à qn/qc) 〈(…에) 해가 되다[좋다, 나쁘다]〉 Ce voyage lui *a fait* du bien. 이번 여행은 그의 건강에 이로왔다. Ses calomnies *ont fait* du tort à mon commerce. 그의 중상 모략은 내 장사에 손해를 입혔다.

◇ Cela/Ça ~ du mal/bien/tort de Inf (비인칭구문) Ça vous *ferait* du bien de prendre un bain. 목욕하는 것이 몸에 좋을 것입니다.

4° ~ quelque chose, ne ~ rien/pas grand-chose (à qn) 〈(…에) 지장이 있다[없다]〉 Toi aussi, tu peut venir, ça ne *fait* rien. 너도 와도 돼. 괜찮아. Cette nouvelle, ça m'*a fait* quelque chose. 그 소식은 내게 심각한 것이었다. Félicien a été mordu par un chien. Mais ça ne lui *a* rien *fait*. 펠리시엥은 개에게 물렸었는데, 아무렇지도 않았다. Qu'est-ce que cela vous *fait?* 그것이 당신과 무슨 관계가 있소?

◇ Cela[Ça] ne ~ rien[qc] de Inf/que P subj/si P 〈…해도 아무 상관없다[곤란하다]〉 Ça ne te *fait* donc rien de me voir embarrassée comme ça? 내가 이렇게 난처해진 것을 보아도 너는 아무렇지도 않니? Ça ne vous *fait* rien que nous ouvrions la fenêtre? 우리가 창문을 열어도 괜찮겠읍니까? Qu'est-ce que ça peut ~ si je lui en parle? 내가 그에게 그것에 대해 말하면 어떨까요?

5° ~ qc/qn de qc/qn 〈…을 …로 만들다, 취급하다, 처리하다〉 Qu'est-ce que j'*ai fait* de mes gants? 내가 장갑을 어떻게 했더라. Je ne sais pas ce qu'on va ~ de toi. 너를 어떻게 할지 나는 모르겠다. Les épreuves *ont fait* de M. Blin un homme de bon conseil. 많은 시련은 블랭씨를 분별있는 사람으로 만들었다. Il *a fait* d'elle une femme malheureuse. 그는 그 여자를 불행하게 만들었다. Je *ferai* un jardin de ce terrain. 나는 이 땅을 정원으로 가꾸겠다. Il veut ~ un avocat de son fils. 그는 아들을 변호사로 만들고 싶어한다.

6° (1) ~ qc 〈형성하다, 구성하다〉 Votre robe *fait* des plis. 당신 옷에 주름이 생겼다. Les montagnes *font* un amphithéâtre autour de la ville. 산들은 원형 극장처럼 시가지를 둘

러싸고 있다. Ces fruits *font* un excellent déjeuner. 이 과일들은 훌륭한 점심이 된다.
(2) ~ **qc de qc/qn** 〈…을 …하게 하다, …으로 만들다, 되게하다〉 Marie *fait* l'étonnement de Paul. 마리는 폴을 놀라게 한다. Ce spectacle *fait* l'ennui de Pauline. 이 연극은 폴린느를 지루하게 한다.
◇ 1) 이때 qc 앞에는 반드시 정관사만 올 수 있다: Marie *fait* *un [*cet] étonnement de Paul.
2) ~ qc ø (—) *Marie *fait* l'étonnement.
3) **Passif** (—) *L'étonnement de Paul *est fait* par Marie.
4) qc de qn은 대명사로 대치 불가능함: *Marie le *fait*, l'étonnement de Paul.
5) qc de qn은 의문사 que로 대치 불가능함.
7° ~ **Attr** (*Attr*는 명사·형용사, 형용사는 보통 불변) 〈…하는 것같이 보이다; …의 인상을 풍기다〉 Cet enfant *fait* grand pour son âge. 이 아이는 나이에 비해 키가 크다. Cet homme *fait* jeune (=a l'air jeune). 이 남자는 젊어 보인다 (cf. Cet homme *fait* le jeune (=Il affecte des airs de jeune homme). 이 남자는 젊은이 행세를 한다). Elle *fait* déjà très femme. 그녀는 벌써 아주 여인 티가 난다. Ses robes *font* moderne. 그녀의 옷들은 현대적이다. Mon fils *a fait* (=est devenu) un bon avocat. 내 아들은 훌륭한 변호사가 되었다.
8° ~ **qn/qc Attr** 〈…을 …으로 만들다〉 Je vous *ferai* riche. 당신을 부유하게 만들어 주겠소. Vous *ferez* la maison propre pour notre arrivée. 우리의 도착에 대비해서 집안을 깨끗이 해 놓으세요.
◇ ~ **sien qc** 〈…을 자기것으로 만들다〉 C'est une opinion que *j'ai faite* mienne (=que j'ai adoptée).

9° ~ **Adv** 〈(잘·잘못)하다〉 Alice *fait* très bien à l'université. 알리스는 대학에서 아주 공부를 잘하고 있다. Il *fait* très bien chez Fiat. 그는 피아트회사에서 일을 아주 잘하고 있다. Deux ouvriers *font* plus qu'un seul pour ce travail. 이 일은 혼자 하는 것보다 둘이 하는 것이 낫다. Votre nouveau chapeau *fait* bien. 당신 새 모자는 좋아 보인다. Restez ici, vous *ferez* bien. 여기 남아 있으세요. 그것이 좋을 것입니다.
10° ~ **bien/mal/mieux+de Inf** 〈…하는 편이 좋다(나쁘다, 낫다)〉 Vous *avez* bien *fait* de m'appeler. 당신이 나를 부르기 잘했다. Vous *ferez* mieux de vous éloigner. 물러나는 것이 더 좋을 것입니다.
11° **avoir vite** [**bientôt, tôt, etc.**] **fait de Inf** (복합시제로 쓰여 동작의 급속한 완료를 나타내는 표현법) Ils *eurent* vite *fait* d'écraser les hordes rebelles. (Beauvoir) 그들은 반란집단을 순식간에 분쇄했다.
12° ~+[직접화법];[직접화법]+~ **qn;**[직접화법]+**que qn** ~〈말하다〉 Oui! oui! oui! *fit*-elle agacée. (Sartre, *Mur*) 예, 예, 예, 라고 그녀는 역정을 내며 말했다. La petite friponne, qu'il *faisait*, elle a voulu me jouer un tour. (Sartre) 그 개구쟁이 소녀가 나를 속이려고 했지라고 그는 말했다. «Vieux cul!» qu'il lui *a fait*, en pleine figure. 이 바보야 라고 그는 그의 얼굴에 대고 말했다. Je monte une minute, qu'il *avait fait*, juste pour voir ta chambre. 자네 방을 보기 위해서 잠시 이층으로 올라가지 라고 그는 말했었다.
◇ que를 앞세우는 용법은 회화체에 속함 (⇨que³, VI, 4°).
II. [~ Inf의 구조: faire는 사역의 준조동사로 수동형으로 쓰일 수 없으며 Inf와 한 덩어리를 이루고 원칙적으로 다른 말에 의해 분리되지 않는다(긍정명령의 경우와 아래 2°의 7)의 경우는 예외). 또 복합시제에서 과거분사는 불변이다].

1° ~ Inf N (*Inf*는 직접목적어를 수반하지 않는 타동사 또는 자동사) 〈…을 …하게 하다〉 *J'ai fait* venir ma sœur. 나는 누이를 오게 했다. ma sœur que *j'ai fait* venir 내가 오게 한 내 누이. Je *l'ai fait* venir. 나는 그녀를 오게 했다. *Faites* venir ma sœur. 내 누이를 오게 하시오.

◇ 1) 명령법은 「*Faites*-la venir. 그녀를 오게 하시오. *Faites*-le [la, les] entrer. 그를 [그녀를, 그들을] 들어오게 해라」처럼 된다. 이때 le, la, les 는 *liaison이나 *élision이 이루어지지 않는다. 이 경우 faire와 entrer 사이엔 다른 말이 들어갈 수도 있다: *Faites*-le donc entrer. 그녀를 들어오게 하라니까요.

2) 이때 N은 Inf의 동작주.

2° ~ Inf N (à/par qn)〈(…로 하여금) …을 …하게 하다〉 Je *ferai* bâtir ma maison à[par] cet architecte. 나는 그 건축가에게 내 집을 짓게 하겠다. l'architecte à[par] qui *j'ai fait* bâtir ma maison 내가 내 집을 짓게 한 건축가. Je lui *ai fait* bâtir cette maison (=*J'ai fait* bâtir …par lui). 나는 그에게 그 집을 짓게했다. Je leur *ai fait* parler le français. 나는 그들에게 프랑스어로 말하게 했다 (=Je les *ai fait* parler français. parler français를 한 덩어리의 동사로 본 표현).

◇ 1) 이때 N은 Inf의 직접목적어이며 qn은 Inf의 동작주이다.

2) 동작주보어를 유도하는 전치사는 à 또는 par를 임의로 쓸 수 있으나 à를 쓰면 간접목적보어로 혼동될 우려가 있을 때는 par를 쓰는 것이 바람직하다: *J'ai fait* raconter l'incident par mon ami. 나는 친구에게 그 사건에 대해 얘기하도록 시켰다 ((à mon ami 라고 하면 「친구에게 얘기한다」의 뜻으로 해석될 수도 있다)). Vous me le *ferez* dire par la bonne. (Green, *Moïra*) 하녀보고 나에게 그 얘기를 전하라고 시키시오. Il *a fait* mettre par sa fille une étiquette à ce colis. 그는 딸에게 그 소포에 꼬리표를 붙이게 했다. Tu lui *as fait* donner de l'argent à Pierre. 자네는 그로 하여금 피에르에게 돈을 주도록 했다 (cf. ... par Pierre. 피에르를 시켜 그에게 돈을 주도록 했다). *J'ai fait* ~ un vêtement par[à] mon tailleur. 나는 재단사에게 양복을 만들게 했다. *J'ai fait* ~ un vêtement à mon fils. 나는 아들에게 주려고 양복을 만들게 했다.

3) ~ savoir/connaître 〈알리다〉, ~ observer/remarquer 〈주의시키다〉, ~ comprendre 〈이해시키다〉 등의 뒤에서는 동작주 보어로 à qn 만이 쓰인다. 이 경우엔 동작주 어라기 보다 ~ Inf의 간접목적보어로 느껴지기 때문이다 ((~ savoir qc à qn을 뜻이 비슷한 표현인 annoncer qc à qn과 비교할 것).

4) 동작주 보어 앞의 전치사로 par 나 à 중 어느것을 써도 무방할 경우에는, 일반적으로 동작주의 동작이 적극성을 띠는 경우에는 par, 그것이 소극적이거나 피동적(강요당할 때)일 때는 à를 쓰는 것이 관례이다: si tu *faisais* visiter le jardin à ton frère et à son ami (Troyat, *Araigne*) 만일 자네가 자네 아우와 그의 친구에게 그 정원을 구경하도록 시킨다면. *J'ai fait* manger ce gâteau à ma petite fille. 나는 어린딸에게 그 과자를 먹게 했다. Il *a fait* ~ la réparation à sa femme de ménage. 그는 가정부에게 수선하도록 했다. Je ne vais pas ~ épouser à ma fille un type de mon âge. (Achard, *Nouv. hist.*) 나는 딸을 내 나이또래의 남자와 결혼시킬 생각은 없다.

Il faut lui ~ chanter quelque chose à cette enfant. (Anouilh, *P. brill*) 그 아이에게 어떤 노래를 부르게 해야 한다. J'ai fait achever ce travail par ma petite fille. (Wartburg) 나는 딸에게 그 일을 끝마치게 했다 《따라서 Je *ferai* bâtir ma maison à[par] cet architecte 에선 par 를 쓰는 편이 옳다. Martinon 은 모든 경우에 par 만이 옳다고 주장한다(cf. Martinon, 456)》.

5) 부정법의 직접목적보어가 사람일 때는 동작주보어에 par 만을 쓴다 (cf. Le Bidois, II, 315) : Je te *ferai* inviter à goûter par maman.(Maurois, *Cercle*) 엄마에게 너를 오후의 간식에 초대하도록 하겠다. J'*ai fait* accompagner ma petite fille par mon frère. 나는 아우에게 내 딸과 함께 가도록 부탁했다.

6) 부정법의 직접목적보어와 동작주보어가 모두 3 인칭의 인칭대명사일 경우에는 동작주를 lui, leur 로 나타내어 le, la, les 와 함께 faire 앞에 쓴다: Je la lui *ferai* bâtir. 나는 그것을 그에게 짓게 하겠다 《*Je la ferai* bâtir par lui 라고 하지 않음. 긍정명령문: *Faites*-la-lui bâtir.》.

7) 1·2인칭의 대명사는 동시에 faire 앞에 올 수 없으므로, 동작주를 직접보어형으로 faire 앞에, 부정법의 직접보어는 부정법 앞에 각각 나누어서 놓는다: le hasard qui m'*a fait* vous rencontrer 나로 하여금 당신을 만나게 한 그 우연.

3° ~ Inf qn à N (*Inf* 는 간접목적보어 à *N*을 취하는 간접타동사, *qn* 은 동작주 보어명사) Cette chanson *faisait* songer le vieillard à sa jeunesse. 이 노래가 그 노인에게 젊었던 시절을 생각케 해주었다.

◇ 이 경우 qn 이 인칭대명사이면, 직접목적보어형을 쓰게 되어 있으나 간접목적보어의 형태를 써도 무방하다 : Cette chanson le[lui] *faisait* songer à sa jeunesse.

4° ~ Inf de N à qn (*Inf* 는 목적보어로 de *N*을 취하는 간접타동사, *qn* 은 동작주보어) Les accents (de ce jeune homme) *firent* changer de visage à Atala. (Chateaubr, *Atala*) 그 젊은이의 어조는 아탈라의 안색을 변하게 했다.

◇ 1) 이 경우 qn이 인칭 대명사이면 직접목적보어형 또는 간접목적보어형의 어느것을 써도 좋다 : Je les [leur] *ai fait* changer d'avis. 나는 그들로 하여금 생각을 바꾸게 했다. 2) parler de N à qn이 faire 와 결부되면 동작주보어는 par 를 쓴다 : J'*ai fait* parler de vous au ministre par un de mes amis. 내 친구 한 사람으로 하여금 당신에 대해 장관에게 말해달라고 시켰다.

5° ~+대명동사+qn (*qn*은 대명동사의 동작주) Je *fis* (s')asseoir mon ami. 나는 내 친구를 앉게 했다 (→Je le *fis* (s')asseoir.). (⇨verbes pronominaux III, 2°, ①).

◇ 1) 재귀대명사 se 는 의미상의 혼동이 없는 이상 생략될 때가 많다.
2) 수동적 대명동사 verbes pronominaux passifs 는 faire 뒤에 쓸 수 없다.

III. 1° ~ en sorte de Inf/que P subj 〈…하도록 하다〉 *Faites* en sorte d'être à l'heure pour le dîner. 저녁 시간에 대도록 하세요. *Faites* en sorte que le petit déjeuner soit prêt à 7 heures. 아침 식사가 7 시에 준비되도록 하세요.

2° ne ~ que Inf 〈늘 …만 하다, 겨우 …만 하다〉 Il ne *fait* que plaindre. 그는 늘 불평만 한다. Je ne *fis* que le toucher, et il tomba. 그를 슬쩍 건드리기만 했는데 그가 넘어졌다 (=Je le touchai à peine, ...).

3° ne ~ que de Inf 〈방금 …하다 (=venir de)〉 Il ne *fait* que

d'arriver. 그는 방금 도착했다.
4° ~ **que P ind** 〈결과적으로 …가 되게 하다〉 Sa maladie *a fait* qu'il n'a pas pu travailler. 그의 병은 그를 일할 수 없도록 만들었다. Je me suis levé trop tard. Ce qui *fait* que je suis arrivé en retard. 나는 너무 늦게 일어났다. 그래서 지각했다. Que vous *a-t-il fait*? —Il m'*a fait* qu'il est parti. 그가 당신에게 무엇을 했소? —가버렸지 뭐.
5° ~ **que P subj** 〈…하게 만들다〉 Mon Dieu, *faites* qu'il soit là! 하느님, 그가 거기에 있도록 하소서.
◇ 위 4°가 실지로 일어난 결과를 표현하는데 반해, 5°는 주어의 의지를 나타낸다.
IV. 대동사 Pron-verbe 로서의 faire.
1° (**le**) ~ 〈비교절에서 이미 나온 자동사를 대신함〉 Vous n'auriez pas dû lui répondre comme vous *avez fait*. (Arland, *Ordre*) 그에게 그런 식으로 대답하지 말았어야 했을 텐데요. Ne t'agite pas comme tu le *fais*. 그렇게 동요하지 말아.
2° ~ 〈비교절에서 주절의「타동사+목적어」를 대신함〉 Mon silence la touchait beaucoup plus que n'*avaient fait* mes paroles. (France, *Bonnard*) 나의 침묵이 나의 얘기보다 그녀를 더 감동시켰다. Il s'étudia comme *font* les acteurs pour apprendre leurs rôles. (Maupass, *Bel Ami*) 그는 배우들이 자기 역할을 익히려고 할 때 그렇듯이 자신을 관찰해 보았다.
3° ~ **N**; ~ **de/pour N** 〈주절동사의 목적어와 비교절의 대동사의 목적어가 서로 다를 때의 구문〉 Je saluai mon vieux maître comme j'*eusse fait* Shakespeare. 내가 셰익스피어에게 인사했었을 태도로 늙은 선생님에게 인사했다. Simon lui jeta ces mots à la tête, comme il *aurait fait* d'une pierre. (Maupass, *Papa de Simon*) 시몽은 돌을 던지듯이 말을 그의 머리에 내던졌다. Il regarda Gilbert, comme il *eût fait* pour un poulain. (Bazin) 그는 마치 망아지를 쳐다보듯 질베르를 쳐다보았다.
◇ 주절과 비교절의 주어와 목적어는 상이하되 동사만이 그 시제와 법이 동일할 때는 비교절에 동사만을 생략하는 구문도 쓰인다: Il vous accueillerait comme un père son enfant. 그는 마치 아버지가 아들을 맞이하듯, 당신을 맞을 것이다.
4° le ~ 〈대답의 문장에서〉 〈그렇게 하다〉 Tu as vérifié les pneus? —Oui, je l'*ai fait*. 너 타이어를 확인해 보았니? —응, 했어. Ton frère a pris son bain. Tu l'*as fait*, toi aussi? 네 형은 목욕했는데 너도 했니? Si vous pouvez me convaincre, *faites*-le. 나를 설득시킬 수 있다면 해보세요.
5° le ~ (Pron-Inf 가 불가능한 동사 또는 형용사의 부정법 보어를 대리한다) Le jardinier a-t-il taillé les rosiers? —Oui, il a commencé à le ~. 정원사가 장미나무 자르기를 했어요? —예, 그 일을 시작했어요 (=…*Oui, il l'a commencé.). Aimez-vous repeindre les plafonds? —Non. Je déteste le ~. 천장 다시 칠하는 게 좋아요? —아냐, 싫어 (*Non. Je le déteste.)).
V. 비인칭 동사로서의 faire.
1° Il ~ **Attr** (*Attr* 는 명사 또는 형용사) 〈날씨・명암〉 Il *fait* chaud [froid, beau, frais, sec, doux, sombre, noir]. Il *fait* jour [nuit]. 날이 밝았다[밤이 됐다]. Il *fait* du vent [du soleil, de la neige, du brouillard, de l'orage, des éclairs]. Il *fait* clair de lune. 달이 비치고 있다. Il *fait* beau temps. 날씨가 좋다. Il *fait* une tempête sur la Méditérranée. 지중해에는 폭풍우가 치고 있다. Quelle température *fait*-il? — Il *fait* 30° à l'ombre. 기온이

faire

몇도냐? —그늘에서 30도입니다. Il *a fait* 5° sous zéro pendant tout le voyage. 여행중 내내 영하 5도였다.

2° Il ~ cher/beau/bon Inf 〈…하는 것은 비싸게 치이다〔아름답다, 기분좋다〕〉 Il *fait* cher vivre à Paris. 파리에서 생활하는 것은 돈이 많이 든다. Il *ferait* beau voir cela. 그것은 보기에 아름다울 것이다. Il *faisait* bon marcher. 걷는 것은 기분 좋았었다. Il *fait* bon se promener par ce temps. 이런 날씨에 산책하는 것은 기분좋다. Il ne *fait* pas bon s'aventurer dans ce quartier la nuit. 밤에 이 동네를 돌아다니는 것은 좋지 않다.
3° Il fait bon de Inf 〈…하는 것은 좋은〔유익한〕 일이다〉 Il *fait* bon de vivre. 산다는 것은 즐거운 일이다.
4° Cela/Ça ~ +│시간표현│+ que P ind 〈(일정한 시각으로 부터 경과된 시간표시) …한지 …되다〉 Cela 〔Ça〕 *fait* deux ans que je ne l'ai pas vu 〔que je l'ai vu pour la dernière fois〕. 그를 못 만난 지 2년이 된다. Ça *fait* longtemps que je veux voir le film. 내가 그 영화를 보고 싶어한 지 오래 되었다.

VI. 1° se ~ 《변화》〈(형성)되다, 변하다, 훌륭해지다; 성숙해지다; 유행하다〉 Cette voiture ne *se fait* plus. 이 차는 이제 제작되지 않는다. La jupe longue *se fera*(=sera à la mode) cet hiver. 이번 겨울에는 긴 스커트가 유행일 것이다. La nuit *se fait*. 밤이 되어간다. Cette fille *se fait*. 이 처녀는 성숙해가고 있다.
2° se ~ Attr 〈…이 되다; 자기를 …으로 하다, (의식적으로 …이) 되다〉 Ton père *se fait* (=devient) vieux. 너의 아버지는 늙어 가고 있다. C'est un vin qui *se fait* rare. 이것은 구하기 힘든 포도주이다. Il *s'est fait* médecin de campagne. 그는 시골 의사가 되었다. Il *se fait* beaucoup plus malade qu'il ne l'est. 그는 실제보다도 훨씬 더 몸이 나쁘다고 과장한다.
3° se ~ mal 《불변》〈다치다〉 Elle *s'est fait* mal. 그녀는 다쳤다. Je *me suis fait* mal en tombant dans l'escalier. 나는 층계에서 넘어져서 다쳤다.
4° se ~ qc/qn 《가변》〈…을 얻다; (친구를) 사귀다; (관념·환상을) 품다, 형성하다, 인식을 갖다〉 Nous allons *nous* ~ une tasse de thé. 우리 차를 한 잔 타서 마십시다. Quelle idée *vous faisiez*-vous de la France avant d'y arriver? 당신은 프랑스에 오기 전에는 프랑스에 대해 어떻게 생각했읍니까? Je *me suis fait* des amis à Cherbourg. 나는 셰르부르에서 친구들을 사귀었다. Elle *se fait* trop de souci avec ses enfants. 그녀는 애들 걱정을 너무 한다.
◇ s'en ~ 〈걱정하다(=se ~ du souci)〉 Cette femme *s'en fait* trop, elle se rend malade. 이 여자는 너무 걱정을 해서 병이 난다.
5° se ~ à qc 《변화》〈…에 익숙해지다〉 Vous *vous faites* à Paris? 파리에 익숙해지셨읍니까? Les Esquimos *se font* difficilement au climat des pays chauds. 에스키모인들은 더운 나라의 기후에 익숙해지기 힘들다.
6° se ~ N de Inf/qc (N은 부정관사가 붙는 추상명사) 《가변》〈…(하는 것)을 …으로 삼다〉 Elle *se fait* un plaisir de rendre visite à ses amies malades. 그녀는 병든 친구들을 즐겨 문병한다. Je *me suis fait* un devoir d'aller prier sur sa tombe. 나는 그의 묘소로 기도하러 가는 것을 의무로 삼았다.
7° (1) se ~ Inf (*Inf* 는 자동사) 〈자신을 …하게 하다〉 Elle *se fait*

falloir

maigrir en suivant un régime sévère. 그녀는 엄한 음식제한으로 자기 몸을 마르게 하고 있다.
◇ se 는 Inf 의 동작주이다.
(2) **se ~ Inf (par/de qn)** (*Inf* 는 타동사, se 는 직접목적보어)〈(…를 시켜) 자기자신을 …하게 하다〉 Elle *se fait* masser. 그녀는 맛사지를 시킨다. Il *s'est fait* examiner par le docteur. 그는 의사에게 진찰을 받았다. Il *se fait* estimer de tous. 그는 모든 사람들에게서 존경을 받는 행동을 한다.
◇ 동작주 보어는 수동태의 경우처럼 de/par qn 임.
(3) **se ~ Inf N (par/de qn)** (se 는 *Inf*의 간접보어)〈(…으로 하여금) 자신에게 …를 [자신의 …을] …하게 하다〉 Il *s'est fait* écrire une lettre. 그는 자기에게 편지를 한 통 쓰도록 부탁했다. Il *se fait* lire le journal par sa femme. 그는 아내에게 신문을 읽어 달라고 한다. Il *s'est fait* couper les cheveux. 그는 머리를 깎았다.
8° Il se ~ (비인칭구문) (1) Il *se fait* tard. 늦어진다.
(2) **Il se ~ qc** 〈발생하다, 일어나다 (=se produire)〉 Il *se fait* un grand silence. 쥐죽은 듯이 고요하다. Comment cela *se fait*-il? 어떻게 그렇게 되지?
(3) **Comment (cela/ça) se fait-il que P subj/ind** 〈…는 어떤 까닭에서인가〉 Comment *se fait*-il qu'Hélène soit encore là? 어째서 엘렌이 아직도 거기 있지? Comment *se fait*-il qu'il n'est pas encore arrivé? 그가 어째서 아직도 오지 않았을까?
(4) **Il se ~ que P ind** 〈우연히도 …하다〉 Il *se fait* que nous nous trouvions là à ce moment-là. 우리는 그때 어쩌다가 거기 있게 되었다.
falloir 1° **Il ~ qc/qn (à qn/qc)** 〈(…에게) …이 필요하다〉 Il me *faut* de l'argent. 나에게는 돈이 필요하다. Il *faut* dix minutes à pied pour se rendre à la gare. 역에 가려면 걸어서 10분이 걸린다. Il *faudrait* plusieurs hommes comme lui. 그와 같은 사람이 여러명 필요하다.
◇ 과거분사 fallu 는 언제나 불변이다: Il n'a pas pu trouver les sommes qu'il lui *a fallu*. 그는 필요한 만큼의 돈을 구할 수가 없었다.
2° Il ~ Inf 〈…하지 않으면 안된다, …해야만 한다〉 Il *faut* agir vite, si nous voulons le sauver. 우리가 그를 구할려면 신속히 행동해야 한다.
◇ 부정법의 주어를 나타낼 필요가 있을 때는 간접보어를 사용한다: Il me[te, lui, etc.] *faut* partir. 나는 [너는, 그는] 출발해야 한다.
3° Il ~ que P subj Il *faut* que je lui écrive bientôt. 나는 그에게 곧 편지를 써야 한다. Que *faut*-il que je fasse? 나는 무엇을 해야 됩니까?
◇ 1) Inf 및 que P subj 는 다른 비인칭동사의 경우와 달리 le로 대치되거나 때로는 탈락될 수도 있다: Il viendra s'il le *faut*. 와야 한다면 그는 올 것이다. *Faut*-il que j'intervienne encore? —Oui, il le *faut*. (Rietsch) 내가 또 개입을 해야 됩니까? —예, 그럴 필요가 있읍니다. Vous êtes revenu à pied? —Il *a* bien *fallu*. 걸어서 돌아오셨소? —그럴 수밖에 없었지요. J'ai honte. —Mais, il ne *faut* pas. (Beauvoir, *Invitée*) 나는 부끄럽군요. —그럴 필요가 없읍니다.
2) Il fallait 는 Il aurait fallu 와 같은 뜻으로 쓰일 때가 있다(⇨imparfait de l'indicatif II, 7°, ③).
3) 부정문 Il ne faut pas Inf/que P subj 〈…해서는 안된다〉 Il ne *faut* pas rire (=Il est nécessaire de ne pas rire). 웃지 말아야 한다

falloir

《Il n'est pas nécessaire de rire의 뜻이 아님》. 그러나 드물게 〈…할 필요가 없다〉의 뜻으로 쓰이기도 함: Il ne *faut* pas que l'univers s'arme pour l'écraser. (Pascal) 그를 분쇄하기 위해 우주가 무장할 필요는 없다.

4) **Pour Inf… il faut que P(ne pas)** 〈…하는 것을 보면 …않는 모양이다〉 Pour être si peu au courant de ce qui se passe, il *faut* que vous ne lisiez pas[plus] un journal. 세상 사정을 그렇게 모르는 것을 보니 당신이 (이제) 신문을 읽지 않는 것이 틀림없다.

5) **Il faut que P(ne jamais[rien], personne, aucun); Il ne faut pas que P(jamais, rien, personne, aucun)** 〈절대 …해서는 안된다〉 Il *faut* qu'il ne revienne jamais [qu'on n'en dise rien]. 절대로 그가 돌아와서는 [그것에 대해 얘기를 해서는] 안된다(=Il ne *faut* pas qu'il revienne jamais [qu'on en dise rien]) 《이때 jamais, rien 은 긍정 ⇨devoir¹; vouloir》.

4° **Il s'en ~ de qc** 〈…이 모자란다, 부족하다〉 Il *s'en faut* de deux francs. 2프랑이 부족하다. Il *s'en faut*(de) beaucoup [Tant *s'en faut*]. 어림도 없다 (⇨beaucoup).

5° **Il s'en ~ (de beaucoup, de peu) que P subj (ne); tant/beaucoup/peu s'en faut que P subj (ne)** 〈…는 어림도 없다, 거의 …할 뻔하다〉 Il *s'en est fallu* de bien peu qu'il n'arrivât aux Ardriers avant moi. (Pérochon, *Nêne*) 자칫했으면 그는 나보다 먼저 아르드리에에 도착할 뻔했다. Peu *s'en faut* que la tempête ne les engloutisse. (Fustel, *La Cité*) 하마터면 폭풍이 그들을 집어삼킬 뻔했다 (⇨ peu *n.m.* ④). Il ne *s'en est* guère *fallu* que je ne fusse trompé par son air de candeur. 그의 순진한 태도 때문에 나는 자칫했으면 속을 뻔했었다. Tant [bien] *s'en faut* qu'il soit artiste. (Mart) 그가 예술가라는 것은 어림도 없는 얘기다 《옛날에는 Il s'en faut beaucoup 다음에서도 ne 를 사용했다 (cf. Haasse, 262; Littré, falloir 4°)》.

◇ 1) ne …pas 또는 peu, guère, rien 등 부정어를 동반하면 대부분 ne 를 쓴다.

2) 긍정 다음에선 특히 Il s'en faut (de) beaucoup, Tant [Bien] s'en faut que 다음에선 ne를 안 쓴다.

familiariser 1° **~ N (pl)** 〈친숙해지게 하다〉 ~ des enfants (entre eux) 어린애들이 (서로) 친해지게 하다.

2° **~ qn avec qn/qc** 〈…와 친해지게 [익숙해지게] 하다〉 Les vacances *ont familiarisé* Jean avec Marie. 방학 동안에 장은 마리와 친해졌다. Il faut ~ les étudiants avec de nouvelles méthodes. 학생들이 새로운 방법에 익숙해지도록 해야한다.

3° **N(pl) ~** 〈서로 친해지다〉 Vous savez comment les turfistes *familiarisent* vite. 경마꾼들은 서로 쉽사리 친해지는 법이다.

4° **se ~ avec N** 《변화》 〈…과 친숙해지다〉 *se* ~ avec une nouvelle voiture 새 차에 익숙해지다.

fatiguer 1° **~ qn** 〈피로하게 하다, 지치게 하다〉 Ce long travail nous *a fatigués*. 오랜 작업이 우리를 지치게 만들었다. Je *suis fatigué* de rester debout. 나는 서 있어서 지쳤다. Il s'est allongé dans un lit *fatigué* par les voyageurs de commerce. (Romains) 그는 외무사원들 때문에 지쳐서 침대에 누워버렸다.

2° **~** 〈피로해지다; 고생하다〉 Mon moteur *fatigue* beaucoup dans les montée. 내 차 엔진은 오르막길에서 몹시 허덕인다. Ce coureur est très rapide, mais il *fatigue* vite. 이 선수는 매우 빠르다, 그러나 빨리 지친다.

3° se ~ 《변화》〈피로해지다〉 Il *se fatigue* vite. 그는 빨리 지친다.

4° se ~ à/de Inf 〈…하는데 지치다〉 Je *me fatigue* à lui expliquer cela depuis deux heures. 나는 두 시간 전부터 그에게 이것을 설명하느라 지쳐 있다.

5° se ~ de qc/qn 〈…에 싫증나다, 진력나다〉 On *se fatigue* vite de la mode. 사람들은 유행에 곧 싫증을 낸다. Cela fait trente ans qu'ils vivent ensemble, et ils ne *se fatiguent* jamais l'un de l'autre. 그들은 30년이나 같이 살았는데도 결코 서로 싫증을 내지 않는다.

feindre 1° ~ qc 〈…인 체하다, 가장하다〉 Les hommes savent, mieux que les femmes, ~ la vertu. 남자들은 여자들보다 더 인격을 위장한다.

2° ~ de Inf 〈…하는체 하다〉 Brigitte faisait la sourde, *feignait* de ne rien comprendre aux allusions. (Mauriac) 브리지트는 못 들은 척했고 넌지시 한 얘기를 전혀 이해하지 못하는 척했었다.

féliciter I. 1° ~ qn 〈축하하다; 칭찬하다〉 Tout le monde s'empressait de le ~. 모두들 서둘러서 그를 축하했다.

2° ~ qn de/pour qc 〈…의 …을 축하하다〉 Il le *félicitait* de son mariage. 그는 그의 결혼을 축하했다. Je ne vous *félicite* pas pour votre perspicacité. 나는 당신의 통찰력 때문에 당신을 칭찬하는 것은 아니다.

3° ~ qn de Inf 〈…이 …한 것에 대해 축하하다〔치하하다〕〉 Il m'*a félicité* d'avoir été si prudent. 그는 내가 그토록 신중했던 것에 대해 치하했다.

II. 1° se ~ de qc 《변화》〈…을 기뻐하다, 만족해하다〉 Il *se félicite* de l'issue de l'affaire. 그는 그 사건의 결말에 대해 기뻐한다.

2° se ~ de Inf 〈…한 것을 기뻐하다〉 Il *se félicite* d'avoir gagné son procès. 그는 재판에서 이겼기 때문에 기뻐한다.

3° se ~ que P subj/de ce que P ind 〈…하다는 것을 기뻐하다〉 Je *me félicite* que Paul ne soit pas venu. 폴이 오지 않았다는 것을 나는 기쁘게 생각한다.

◇ de Inf 와 que P 는 en 으로 대치 가능함 : Tu es content d'avoir quitté cette entreprise? —Oui, je *m*'en *félicite* tous les jours. 너는 그 기업체를 그만둔 것이 만족스러우냐? —예, 매일 그 때문에 기뻐합니다.

fermer 1° ~ qc à qn 〈…을 닫고 …을 못들어 오게하다〉 Je lui *ai fermé* la porte. 문을 닫고 그가 못들어 오게 했다. Ne *fermez* pas votre cœur à la pitié. 매정하게 굴지 마시오. Mon jardin *est fermé* par une haie. 내 집 정원은 담이 둘러쳐져 있다.

◇ ~ ø (—).

2° ~ 〈문을 닫다〉 Les bureaux *ferment* à six heures. 사무실은 6시에 닫는다. Cette porte *ferme* mal. 이 문은 잘 안 닫힌다.

3° se ~ 《변화》〈감기다, 닫히다〉 Ses yeux *se ferment*. 그의 눈이 감긴다. Sa blessure *s'est* vite *fermée*. 그의 상처는 빨리 아물었다.

◇ se ~ sur qn 〈…가 들어온〔나간〕 후에 문이 닫히다〉 La porte *se ferme* sur lui. 그가 들어온 다음에 문이 닫힌다.

fiancer 1° ~ qn à/avec qn 〈…와 …를 약혼시키다〉 Ils *ont fiancé* leur fille à〔avec〕 un peintre. 그들은 딸을 어느 화가와 약혼시켰다.

◇ être fiancé à〔avec〕 qn 〈…와 약혼한 사이다〉 Elle *est fiancée* au 〔avec le〕 contrôleur. 그녀는 그 검표원과 약혼한 사이다.

ficher (se)

2° ~ N(pl) 《약혼시키다》 Le curé *fiança* les jeunes gens. 사제는 그 젊은이들의 약혼식 주례를 했다.

3° se ~ à/avec qn 《변화》 《…와 약혼하다》 Il *s'est fiancé* avec la fille de son patron. 그는 자기 주인의 딸과 약혼했다.

4° se ~ 《약혼하다》 Ils *se sont fiancés* aujourd'hui. 그들은 오늘 약혼했다. Elle *s'est fiancée* à vingt-deux ans. 그녀는 스물두살에 약혼했다.

ficher (se) 〖구어〗 1° qn se ~ de qc 《변화》 〈무시하다, 업신여기다, …을 상관하지 않다〉 Je *m'en fiche*. 그까짓것 내겐 아무래도 좋아. Il *se fiche* de mes conseils. 그는 내 충고를 전혀 듣질 않는다.

2° qn se ~ de ce que P subj Il *se fiche* de ce qu'on le lui défende. 그는 남들이 그러지 말라고 말리는 것쯤은 아무렇게도 생각하지 않는다. Il *se fiche* de ce qu'il doive rester à la maison. 그는 집에 있어야 한다는 것을 중시하려 들지 않는다.

3° qn se ~ de Inf Il *se fiche* de devoir rester à la maison. 그는 집에 있어야 한다는 것을 무시한다.

4° qn se ~ de qn 〈무시하다〉 Il *se fiche* de moi. 그는 나를 무시한다.

fier (se) se ~ à qc/qn 《변화》〈믿다, 신용하다〉 On ne peut pas *se* ~ à lui. 그를 믿을 수 없다. Pour relater les événements, je *me fie* en bloc à ma mémoire. 사건 경위를 말하는 데 있어 나는 완전히 내 기억에만 의지한다.

figurer 1° ~ qc/qn 〈그리다, 상징적으로 나타내다〉 L'artiste a voulu ~ une Vierge. 화가는 성모마리아상을 그리려 했다. On *figure* la fidélité sous la forme d'un chien. 충성심은 개로 상징된다. Sur la carte, les villes de plus de 30,000 habitants *sont figurées* par un point rouge. 지도에서 인구 3 만 이상의 도시는 붉은 점으로 표시되어 있다.

2° ~ 〈나타나다, 모습을 보이다〉 Les mers *figurent* en bleu sur les cartes de géographies. 바다는 지도에서 청색으로 표시된다. Son nom ne *figure* pas sur la liste. 그의 이름은 명단에 없다. Ce mot ne *figure* pas dans le dictionnaire. 이 단어는 사전에 없다.

3° se ~ qc 《불변》 〈상상하다, 생각하다〉 *Figurez-vous* ma situation. 내 처지를 상상해 보세요.

4° se ~ N Attr 《가변》 〈…이 …하다고 상상하다〉 *Figurez-vous* un homme seul dans une île. 어떤 사람이 섬에 홀로 있다고 상상해 보세요.

5° se ~ Inf 《불변》 〈…라고 생각하다〉 Il *s'était figuré* pouvoir me tromper. 그는 나를 속일 수 있다고 생각했다.

6° se ~ que P ind/subj Il *se figure* qu'il va réussir. 그는 자기가 성공하리라고 생각한다. *Figurez-vous* aue l'on ne vous croie pas. 사람들이 당신말을 믿지 않는다고 상상해 보세요.

7° se ~ P(int. ind.) Il *se figure* pourquoi on l'a éliminé. 그는 왜 자기가 제거되었는지 생각해본다.

8° se ~ + 감탄문 Vous ne pouvez pas *vous* ~ comme il a grandi [comme je suis heureux, quelle était ma surprise]. 당신은 그가 얼마나 컸는지〔내가 얼마나 행복한지, 내가 얼마나 놀랐는지〕상상할 수 없을 것입니다.

finir 1° ~ qc 〈끝내다〉 Je suis fatigué mais je veux absolument *avoir fini* ce travail avant mon départ. 나는 피곤하지만 내가 떠나기 전에 이 일을 꼭 끝내놓고 싶다.

J'ai fini un paquet de cigarettes. 나는 담배 한 갑을 다 피웠다. Ce peintre prétend qu'un tableau n'est jamais fini. 이 화가는 작품이란 결코 완성될 수 없다고 주장한다.
◇ ~ ø (+).
2° ~ **de** Inf 〈…하기를 끝내다, 그치다〉 Quand finirez-vous de faire le pitre. 당신은 실없는 짓을 언제나 그만 두렵니까?
◇ ~ ø Tu as fini de manger? — Oui, j'ai fini. 밥 다 먹었니? — 예, 다 먹었어요.
3° ~ **par** qc/Inf 〈…로 끝을 내다, 마침내 …하고야 말다〉 Le bal a fini par une farandole. 무도회는 파랑돌춤으로 끝났다. Il a fini par le mettre à la porte. 그는 드디어 상대를 내쫓았다. Il finissait d'une façon abrupte, par conseiller (= en conseillant) l'adhésion à son parti. 그는 자기 당에 가입할 것을 권하는 말을 하고는 말을 맺었다.
4° ~ 〈끝이 나다, 결말이 나다〉 Les vacances finissent. 방학이 끝난다. Ce garçon finira mal. 이 소년은 끝이 좋지 않을 것이다.
◇ ~ **en** qc 〈…으로 끝나다〉 Le clocher finit en pointe. 종루는 끝이 뾰족하다.
5° **en** ~ 〈결말을 내다〉 Encore un peu de courage, tu en auras bientôt fini. 조금만 더 기운을 내라. 이제 곧 끝날 테니까. Il faut en ~ vite. 빨리 끝장을 내야 한다. Il m'a raconté des histoires à n'en plus ~. 그는 끝도 한도 없는 이야기를 내게 했다.
6° **en** ~ **avec** qn/qc 〈…을 해결 짓다; …와 손을 끊다〉 On n'en finirai jamais avec cette affaire. 이 일을 결코 해결하지 못할 것이다.
7° **en** ~ **de** Inf 〈…을 끝장내다〉 On n'en finirait pas de visiter toutes les usines de cette région. 이 지방의 모든 공장을 구경하는 데는 시간이 오래 걸릴 것이다.
8° **se** ~ 《변화》〈끝나다, 완성되다〉 Le repas s'est fini en silence. 식사는 침묵 속에 끝났다. Le travail ne se finira pas tout seul. 이 일은 저절로 끝나지는 않을 것이다 (cf. se commencer 는 쓰지 않음).

fixer 1° ~ N (qp) 〈고정·고착·정착시키다〉 ~ une attache 압정으로 누르다. ~ un tableau au mur 벽에 그림을 붙이다. ~ une teinture sur un tissu 천에다 물감을 들이다. ~ qc dans son esprit …을 머리 속에 새겨두다. ~ qc sur le papier …을 잊지 않도록 적어두다.
2° ~ N (à N) 〈(…으로) 정하다〉 ~ le prix du beurre 버터의 값을 정하다. ~ un salaire à cent francs 월급을 백프랑으로 정하다. ~ une fête au premier mai 축제일을 5월 1일로 정하다.
3° ~ N 〈결정하다〉 ~ un programme 프로그램을 정하다. se ~ un but 자신의 목적을 정하다. ~ un rendez-vous 약속(시일)을 정하다.
4° ~ **que** P ind 〈…하도록 정하다〉 Le conseil minicipal a fixé que le marché du samedi terminera à midi. 시의회는 토요일의 주식시장은 열두시에 마감이 되도록 정했다.
◇주절이 부정 또는 의문형이면 종속절에 접속법 또는 직설법이 사용된다: La circulaire a-t-elle fixé que la réunion a〔ait〕 lieu demain? 회보에는 회합이 내일로 정해졌다는 소식이 나와 있습니까? La circulaire n'a pas fixé que l'on doit commencer le travail plus tôt. 회보에는 그 일을 더 일찍 시작해야 한다는 말이 나와 있지 않습니다.
5° ~ P(int. ind.) Une circulaire fixera quand les vacances se terminerons. 방학이 언제 끝날 것인지에 대해서는 회람에 공시가 될 것입니다.

6° ~ de Inf Nous *avons* ~ de nous rencontrer chaque semaine. 우리들은 매주 만나기로 약정했다.
7° **qn se** ~ **qp** 《변화》〈…에 보금자리를 정하다, …에 정착하다〉 Il *s'est fixé* dans le Midi. 그는 남불에 주거지를 정했다.

flatter 1° ~ **qn/qc** 〈기분좋게 하다, 만족시키다〉 Il se croit obligé de ~ son maître. 그는 자기가 주인의 비위를 맞춰야 된다고 생각한다. Les palmes académiques *flattent* son amour-propre. 아카데미 훈장들은 그의 자존심을 만족시킨다. Il sait ~. 그는 다른 사람의 비위를 맞출 줄 안다.
2° **se** ~ **de qc** 《변화》〈…에 우쭐해하다; 자기의 …을 미화하다〉 Elle *se flatte* de votre approbation. 그녀는 당신의 칭찬에 우쭐해한다. Il *se flatte* de ses vices. 그는 자신의 악덕을 미화한다.
3° **se** ~ **de Inf** 〈…하리라고 은근히 믿다〉 Elle *se flattait* de réussir. 그녀는 성공하리라고 자부하고 있었다. Il *se flatte* d'avoir triomphé de tous les obstacles. 그는 모든 난관을 극복했다고 우쭐해한다.
4° **se** ~ **que P ind/subj** *Vous flattez*-vous qu'il viendra [qu'il vienne]? 당신은 그가 오리라는 기대를 갖고 계십니까? Elle *se flatte* que nous ne pouvons la remplacer. 그녀는 우리가 그녀를 대신할 수 없다고 우쭐해한다.

fonder 1° ~ **N qp** 〈세우다, 짓다〉 ~ sa maison sur du sable 자기 집을 모래밭 위에 세우다.
2° ~ **N sur N** 〈…위에 …의 근거·기반을 두다〉 ~ une démonstration sur une expérience 시험을 통해서 증명을 하다. ~ de grands espoirs sur son fils 아들에게 큰 희망을 걸다.
3° ~ **qc** 〈…의 토대·기반이 되다〉 Des renseignements de bonne source *fondent* mon hypothèse. 내 가설은 확실한 정보에 근거를 두고 있다.
4° ~ **N** 〈창설하다〉 ~ une ville 도시를 창건하다. ~ un parti 정당을 창설하다. ~ une revue 잡지를 창간하다.

forcer 1° ~ **qc** 〈무리하게 다루다; 부수다〉 Ne *forcez* pas votre moteur. 모터에 무리가 가지 않도록 하세요. Il *a forcé* la porte. 그는 문을 부수고 들어갔다. Nous avons dû ~ la serrure pour entrer dans la pièce. 우리는 방안으로 들어가기 위해 자물쇠를 부수지 않을 수가 없었다.
◇ ~ ø (-).
2° ~ **qn à qc** 〈…을 억지로 …하게 하다〉 On *l'a forcé* (=obligé, réduit) à l'obéissance. 사람들은 그에게 복종을 강요했다. Son métier le *force* à fréquents voyages. 그는 직업상 자주 여행을 하지 않을 수 없다.
3° ~ **qn à Inf** Il voulait rester, mais je *l'ai forcé* à partir. 그는 남아 있기를 원했으나, 나는 그를 억지로 떠나보냈다.
◇ 1) à Inf는 y로 대치 가능함.
2) ~ ø à Inf (+), ~ ø ø (-).
3) ~ **qn ø** S'il ne veut pas manger, ne le *forcez* pas. 그가 먹고 싶어하지 않으면 강요하지 마세요.
4) **être forcé de Inf** 〈…할 수밖에 없는 형편이다〉 Nous *étions forcés* de rester. 우리는 남아 있어야 했다.
4° **qn se** ~ 《변화》〈무리하게 애를 쓰다〉 J'ai dû *me* ~ pour achever la lecture de ce roman. 나는 이 소설을 끝까지 마저 읽기 위해서 무리를 해야 했다.
5° **se** ~ **à qc/Inf** 〈억지로 …하다〉 Il *s'est forcé* à la patience. 그는 억지로 참았다. Je *me suis forcé* à

manger ce gâteau. 나는 억지로 그 과자를 먹었다.

fournir 1° ~ qc 〈공급하다; 조달하다〉 Le Brésil *fournit* du café. 브라질은 커피를 공급해준다. Vous *avez fourni* un gros effort. 당신은 대단한 노력을 했읍니다.

2° ~ qc à N〈…에 …을 공급하다, 제공하다, 배달하다〉 Le Brésil *fournit* du café aux hommes de tous les continents [à tous les continents]. 브라질은 전 세계 사람들에게〔전 세계에〕커피를 공급한다. Je lui *ai fourni* les renseignements qu'il me demandait. 나는 그에게 그가 요구하는 정보를 제공해 주었다.

3° ~ qn/qc de/en qc 〈…에게 …을 공급하다〉 Le Brésil *fournit* tous les continents de café [en café]. 브라질은 전 세계에 커피를 공급한다. Les réfugiés *ont été fournis* de vêtements chauds. 피난민들에게 따뜻한 의류가 지급되었다.

4° ~ à qc 〈…을 충족시키다, 보조하다〉 Sa famille *fournit* à son entretien. 그의 가족이 그의 생활비를 댄다.

5° se ~ (de/en qc) (qp) 《변화》〈(…에서) (…을) 조달하다〉 Je *me fournit* toujours chez le même commerçant. 나는 늘 같은 가게에서 생필품을 사다 쓴다. Je *me fournit* de tout [en alimentation] au Prisunic. 나는 모든 물건을〔식료품을〕프리쉬닉백화점에서 대놓고 쓴다.

frapper 1° ~ N 〈때리다;(타격을) 가하다;놀라게 하다〉 Elle me *frappe* au visage. 그 여자가 내 얼굴을 때린다. Un bruit *a frappé* mon oreille. 어떤 소리가 내 귓전에 울렸다. Ce qui me *frappe*, c'est son silence. 나에게 가장 감명을 주는 것은 그의 침묵이다. Cette nouvelle m'*a frappé*. 나는 그 소식에 놀랐다. Une taxe spéciale *frappe* les articles de luxe. 사치품에 대해서는 특별세가 부과된다. Il *a été frappé* et dévalisé. 그는 매맞고 물건을 빼앗겼다. Je *suis frappé* de votre transformation. 당신의 변모에 나는 놀랐읍니다. Je ne l'avais pas vu depuis la maladie et je *fus frappé* par sa mauvaise mine. 나는 그가 병을 앓게 된 이후로 보지 못했었는데, 나는 그가 안색이 좋지 않은 데 놀랐다.

◇ 1) ~ ø La première chose qui peut ~ quand on considère l'art moderne, c'est la rapidité de son évolution. 우리가 현대 미술을 살펴볼 때 첫번째로 놀라운 일은 그 변모의 급격함이다.

2) Cela ~ qn de Inf/que P subj Ça me *frappe*, de ne pas le voir. 그가 보이지 않으니 놀랍다. Ça me *frappe*, qu'il ne soit pas encore là. 그가 아직 안 보이다니 이상하다.

2° ~ SP 〈(…을) 치다〉 ~ avec la main 손으로 때리다. ~ des mains [dans ses mains] 손뼉치다, 박수하다. ~ du poing sur la table 주먹으로 책상을 치다. On *a frappé* à la porte. 누가 문을 두드렸다.

◇ ~ ø Entrez sans ~. 노크하지 말고 들어오시오.

3° se ~ qc (qc는 신체부위 명사) 《가변》〈자기의 …을 치다〉 se ~ la poitrine en signe de repentir 후회의 표시로 자기 가슴을 치다.

frayer 1° ~ N 〈(길 따위를) 열다, 개척하다〉 Le guide dut ~ un passage à travers la végétation. 안내인은 초목이 우거진 사이를 헤쳐서 길을 터 나가야만 했다.

2° ~ N à N〈…에게 (길을) 터 주다〉 Les motards n'arrivèrent pas à ~ une [la] voie au cortège. 경찰의 모터카부대는 행렬이 지나갈 수 있는 길을 열어주는 데에 실패했다. Nous *nous frayâmes* pénible-

frémir

ment un chemin à travers la foule. 우리들은 운집한 군중들 사이를 겨우 뚫고 나갔다. Ses recherches *frayèrent* la voie à d'importantes découvertes. 그의 연구는 중요한 발견에 길을 터 주었다.
3° ~ **avec N** 〈…와 사귀다〉 Il ne *fraie* plus qu'avec le beau monde. 그는 사회 저명 인사들하고 밖에는 교제를 하지 않는다.
4° ~ 〈(물고기가) 알을 까다, 생식하다〉 La truite *fraie* en hiver. 송어는 겨울에 알을 깐다.

frémir 1° ~ **(de N)** (N은 무관사 추상명사) 〈(…때문에) 떨다〉 L'eau *frémit* avant de bouillir. 물은 비등하기 전에 수면이 떤다. Pierre *frémit* de peur. 피에르는 무서워서 몸을 떤다. Le feuillage *frémit* dans le vent. 나무 잎사귀들이 바람에 가볍게 흔들린다.
2° ~ **de Inf** 〈…하는 것을 무서워하다〉 Pierre *frémit* de devoir passer cet examen. 피에르는 그 시험을 치러야 하는 것을 몹시 불안스럽게 여기고 있다.

frire 〔부정법, 직설법현재 단수(je fris, tu fris, il frit), 미래, 조건법 현재(je frirai(s), …), 과거분사 (frit), 복합시제(j'ai frit, etc.)에만 쓰이며 기타의 법이나 시제로 사용할 때는 faire frire를 사용한다: Je faisais ~〕.
1° ~ **qc** 〈기름에 튀기다〉 poêle à ~ 「프라이팬」, objets à ~ 「프라이할 재료」, de quoi ~ 「후라이로 만들 것」의 구문 이외는 거의 쓰이지 않음. ~ des légumes 는 옛날 표현이며 일반적으로 faire ~ des légumes라고 한다: Je fais ~ des pommes de terre. 감자를 튀긴다. Fais-moi ~ tout de suite ces petits animaux-là. (Maupass, *Deux amis*) 이 작은 놈을 프라이해주게.
2° ~ (이것의 활용형은 거의 자동사에 한한다) 〈기름에 튀겨지다〉 La pomme de terre *frit*. 감자가 튀겨진다. 《이것도 조동사의 발달로 드물게 쓰여진다: Les pommes de terre sont en train de ~ 〔vont ~〕. 감자가 튀겨지고 있다〔튀겨질 것이다〕》.

frissonner 1° ~ **(de N)** (N은 무관사 추상명사) 〈(…때문에) 떨다〉 La fraîcheur du soir nous faisait ~. 밤의 찬 기운으로 우리는 몸이 떨렸다. ~ de crainte 불안에 몸을 떨다.
2° ~ **de Inf** 〈…때문에 공포에 떨다〉 Il *frissonna* d'entendre la voix du spectre. 그는 유령의 목소리를 듣고서 공포에 떨었다.

froisser 1° ~ **N** 〈구기다; …에 타박상을 입히다〉 ~ du papier〔son pantalon〕종이를〔바지를〕구기다. ~ son poignet 〔se ~ le poignet〕 자기 손목을 삐다.
2° ~ **N** 〈…의 기분을 상하게 하다〉 J'espère ne pas vous *avoir froissé*. 당신 기분을 상하게 하지 않았기를 바랍니다.
3° **qn se** ~ **(de N)** 《변화》 〈(…으로) 기분이 상하다〉 Il *se froisse* facilement. 그는 자칫하면 성을 낸다. Il *s'est froissé* de ma remarque. 내 말을 듣고 그는 기분이 상했다.
4° **qn se** ~ **de ce que P ind/subj** Il *se froisse* de ce qu'on ne l'a 〔l'ait〕 pas invité. 그는 초대받지 못한 것을 기분 나쁘게 생각하고 있다.
5° **qn se** ~ **que P subj** Il *s'est froissé* qu'on ne l'ait pas invité. (위와 같은 뜻).
6° **qn se** ~ **de Inf** Il *se froisse* d'être mal reçu. 그는 소홀하게 접대받아서 기분이 상한다.

G

gager 1° ~ Inf 〈…을 보증・장담하다〉 Je *gage* le connaître! 그를 알고 말고!
2° ~ que P ind *Gageons* qu'il ne tiendra pas ses promesses. 그가 약속을 지키지 않으리라는 것은 틀림없소.

gagner¹ 1° ~ qc 〈벌다〉 Il *gagne* son pain en travaillant dur. 그는 힘들게 일해서 생활비를 번다. Pierre *gagne* 2,000 francs par mois. 피에르는 한달에 2,000 프랑을 번다. Ici *a été gagné* le gros lot de deux millions. 여기서 200만 프랑짜리 복권 특상이 당첨되었음.
2° ~ qc à qc 〈…에서 …을 얻다, 획득하다〉 Il *gagne* sa vie au jeu. 그는 도박을 해서 생활비를 번다.
3° ~ qc à Inf Elle *gagne* sa vie à chanter. 그녀는 노래해서 생활비를 번다.
4° ~ Adv 〈벌다, 벌이하다〉 Son père *gagne* bien. 그의 아버지는 돈을 잘 번다. Son père ne *gagne* pas gros. 그의 아버지는 수입이 좋지 않다.
5° ~ de Inf à qc/Inf 〈…에서 …라는 결과를 얻다〉 A se montrer trop bon, le professeur *a gagné* d'être chahuté. 그 선생은 너무 사람좋게 굴어서 수업중에 학생들이 떠들어댄다. Il *a gagné* à cette sortie d'attraper un bon rhume. 그는 이번 외출 때문에 심한 감기가 들었다.

gagner² 1° ~ qc 〈이기다〉 Il *a gagné* la partie〔la bataille, son pari〕. 그는 시합에〔전투에, 내기에〕 이겼다.
◇ ~ ø (+).
2° ~ qn à qc 〈…에서 …을 이기다〉 Il me *gagne* toujours à la belote. 그는 블롯놀이에서는 늘 나를 이긴다.
◇ ~ ø à qc Elle *gagne* toujours aux cartes. 그녀는 트럼프놀이에서 늘 이긴다.
3° ~ à Inf; ~ en+현재분사 〈…할수록 좋아지다〉 Ce vin *gagnerait* à vieillir. 이 포도주는 오래될수록 좋다. Votre ami *gagne* à être connu. 당신 친구는 사귈수록 좋아진다. Ce vin-là ne *gagnera* pas en vieillissant. 저 포도주는 오래될수록 좋지 않을 것이다.
4° ~ contre qn 〈…에 이기다〉 Limoges *a gagné* contre Nice. 리모주팀이 니스팀에 이겼다.

gagner³ 1° ~ qc/qn 〈(신뢰・애정 등을) 얻다〉 Le nouveau venu *gagna* vite la sympathie de ses collègues. 새로 온 사람은 쉽게 동료들의 호감을 샀다. J'ai été *gagné* par son amabilité. 나는 그의 친절에 마음이 끌렸다.
2° ~ qn à qc 〈…을 …로 이끌어들이다〉 Il *a gagné* ses camarades à sa cause. 그는 친구들을 자기 편으로 끌어들였다.

gagner⁴ ~ qc/qn 〈…에 이르다, …을 엄습하다〉 Le ministre *a gagné* Bordeaux. 장관은 보르도에 갔다. La nuit nous *gagna*. 밤이 왔다. Le sommeil le *gagne*. 그는 졸음이 왔다. Il *est gagné* par le découragement. 그는 낙담했다.

garantir 1° ~ (qn) de/contre N 〈…으로부터 막아주다, 보호하다〉 Le parapluie nous *garantit* de la pluie. 우산은 비를 막아준다. Ce

garantir

traitement ne vous *garantit* pas nécessairement contre une rechute. 이 치료가 반드시 당신 병의 재발을 막아준다고는 할 수 없어요.
2° ~ **qn de Inf** 〈…하는 것으로부터 보호하다〉 Elle était prête encore à s'enflammer: l'esprit n'a jamais *garantit* personne d'être fou. 그녀는 또 언제 흥분할지 몰랐다. 이지란 사람이 미치는 것을 막을 수 있다는 보장이 없으니까.
3° ~ **N (contre N)** 〈(…에 대비해서) …을 보험에 넣다〉 ~ un tableau (contre le vol) (도난에 대비해서) 그림을 보험에 넣다.
4° ~ **N** 〈보장하다〉 La constitution *garantit* les libertés individuelles. 헌법은 개인의 자유를 보장한다. Cette méthode d'enseignement *garantit* le succès. 이 교수법은 반드시 성공한다. Le traité *garantit* l'indépendance du pays. 이 조약은 그 나라의 독립을 보장하고 있다.
◇ ~ une voiture pour un an 〈자동차의 품질을 일년간 보장하다〉.
5° ~ **(à N) N** 〈(…에게) 보증하다〉 Je vous *garantis* mon soutien. 나는 당신을 지지할 것을 보증한다. Je ne peux refaire devant vous tous les calculs, mais je vous *garantis* le résultat. 나는 당신 앞에서 모든 계산을 다시 해볼 수는 없지만, 당신에게 그 결과는 보증할 수 있다.
6° ~ **(à N) que P ind** Je vous *garantis* qu'il s'en souviendra. 그가 그것을 기억하리라는 것을, 당신에게 보증합니다.
7° ~ **(à N) que P ind/subj** (주절이 부정문이거나 의문문일 때 *subj*) Je ne vous *garantis* pas que j'en ai de toutes les couleurs que vous me demandez. 당신이 주문하시는 모든 색깔의 것들을 내가 다 가지고 있다고 보장할 수는 없읍니다.

Me *garantissez*-vous que cela puisse〔pourra〕se faire? 당신은 그런 일이 생길 수 있다고 나에게 보장할 수 있읍니까?
8° ~ **(à N) Inf** Je vous *garantis* avoir transmis votre commande. 나는 당신의 주문을 전달했다는 것을 책임집니다.
9° ~ **(à N) de Inf** Je ne vous *garantis* pas de pouvoir faire cela pour vous. 당신을 위해 제가 그 일을 할수 있다고 보장할 수는 없읍니다. Si vous prenez ce train, je ne vous *garantis* pas d'arriver à temps. 당신이 그 기차를 다신다면, 제 시간에 도착하리라는 것을 보장할 수 없읍니다.
10° **se** ~ **de/contre N** 《변화》〈…으로부터 자신을 보호하다〉 *se* ~ de la pluie 비를 피하다.

garder 1° ~ **qc/qn** 〈지키다; 떠나지 않다; 붙잡아 두다〉 Le chien *garde* la maison. 개는 집을 지킨다. Le malade *garde* le lit. 환자는 침대에서 꼼짝 않는다. Elle *a gardé* sa bonne pendant treize ans. 그녀는 그 하녀를 13년이나 데리고 있었다. Il *a gardé* son ami dans sa maison. 그는 자기 친구를 집에 붙들어 두었다.
◇1) ~ ø (+).
2) ~ **qn de qc** 〈…에서 …을 지켜주다, 보호하다〉 Dieu vous *garde* d'un tel malheur. 신은 당신을 그런 불행으로부터 지켜주십니다.
2° ~ **qc Adj** 〈…이 …하게 보존하다, 간수하다〉 *Gardez* vos vêtements propres. 당신 옷들을 깨끗하게 보관하세요.
3° ~ **que P(ne) subj** 〈…하지 않도록 조심하다〉 *Gardez* qu'on ne vous voie. 사람들 눈에 뜨이지 않도록 주의하시오. *Garde* bien qu'on ne te voie. 《지금은 낡은 어법으로 드물게 쓰인다 (⇨empêcher 3°)》.
4° **se** ~ 《변화》〈조심하다〉 *Gardez-*

vous. 조심하세요.

5° se ~ de qc 〈…을 경계하다, …에서 자기를 방어하다〉 *Gardez-vous* de l'orgueil. 자만을 삼가세요.

6° se ~ de Inf 〈…하지 않도록 조심하다, 주의하다 (=éviter)〉 *Gardez-vous* bien de dire cela. 그것을 말하지 않도록 조심하시오. *Gardez-vous* bien de ne pas dire cela. 그것을 말하지 않아서는 안됩니다 (=Vous devez dire cela).

garnir 1° ~ N (de N) 〈(…로) 장식하다; 설비하다〉 La tour de contrôle au dernier étage *était garnie* de vitres sur trois côtés. 제일 위층의 사령탑은 3면이 유리로 되어 있었다. ~ une commode de fleurs 옷장을 꽃으로 장식하다.

2° ~ N 〈가득 채우다〉 Des fleurs *garnissent* le jardin. 꽃들이 정원을 가득 채우고 있다.

3° qc se ~ (de N) 《변화》〈(…으로) 가득 차다〉 La salle commence à *se* ~ (de monde). 방이 (사람들로) 가득 차기 시작한다. La bibliothèque *se garnit* peu à peu de livres. 책장이 점점 책으로 가득 채워진다.

gaver 1° ~ N (de N) 〈(…을) 억지로 먹이다; 많이 먹이다〉 ~ des oies [des cochons] (de pommes de terre) (감자를) 거위에게[돼지에게] 많이 먹이다.

2° se ~ de N 《변화》〈…을 포식하다〉 Au buffet, il *s'est gavé* de saumon fumé. 뷔페에서, 그는 훈제 연어를 포식했다.

◇ *se* ~ de romans policiers 〈탐정 소설을 실컷 읽다〉.

geler 1° Il ~ 〈얼음이 얼다〉 Il *gèle* en hiver. 겨울에는 얼음이 언다.

2° ~ 〈얼다〉 L'huile *a gelé* dans la cuisine. 부엌에서, 기름이 얼었다. La rivière *a gelé* cette nuit. 간밤에 강이 얼어붙었다.

3° qn ~ 〈몹시 춥다〉 On *gèle* ici. 이 곳은 몹시 춥다.

4° ~ N 〈얼리다; 동상에 걸리게 하다〉 L'hiver rude *a gelé* la rivière. 추운 겨울에 강이 얼었다. Le froid lui *a gelé* le pied. 추위 때문에 그의 발이 동상에 걸렸다.

gêner 1° ~ qc/qn 〈방해하다; 폐를 끼치다; 거북하게 하다〉 Cette décision *gêne* la libre entreprise. 그 조치는 자유 기업에게 압박을 가하고 있다. Est-ce que la fumée vous *gêne?* 담배 연기가 싫습니까?

◇ 1) ~ ø (−).

2) 분리구문: Ça gêne *qn* de Inf/que P subj 〈…하는 것은 불편하다〉.

2° se ~ 《변화》〈어렵게 여기다, 체면차리다〉 Il ne faut pas *vous* ~ dans notre maison. 우리집에서 어려워하실 필요는 없습니다(=Faites comme chez vous).

◇ se ~ pour Inf 〈…하는 것을 어렵게 여기다〉 Je ne *me gênerai* pas pour lui dire ses quatre vérités. 나는 체면차리지 않고 그에게 노골적으로 다 얘기하겠다.

glacer 1° Il ~ 〈얼다〉 Il *glace.* 얼음이 언다.

2° ~ 〈얼다〉 Pendant la nuit, la neige *a glacé.* 밤 동안, 눈이 얼었다.

3° ~ N 〈얼리다〉 Le froid *a glacé* l'étang. 추위로 연못이 얼었다.

4° ~ N (de N) 〈(…로) 소름끼치게 하다〉 Son regard me *glaça.* 그의 눈초리는 나를 소름끼치게 했다. Le spectacle nous *a glacé* d'horreur. 그 광경을 보고 우리는 무서워서 소름이 끼쳤다.

5° ~ N 〈윤나게 하다; 설탕을 입히다〉 ~ une poterie 도자기를 윤나게 하다. ~ un gâteau 과자에 설탕을 입히다.

6° se ~ 《변화》〈얼다; 소름이 끼치다〉 L'étang *se glace.* 연못이 얼

glisser

었다. Mon sang *se glaça* à ce spectacle. 이 광경을 보고, 나는 소름이 끼쳤다.

glisser 1° ~ (qp) ⟨(…에서, …로) 미끄러지다⟩ J'ai *glissé* en marchant sur une planche humide. 나는 젖은 판자 위를 걷다가 미끄러졌다. En tombant, il *a glissé* dans un trou. 그는 넘어질때 구멍 속에 빠졌다. Le savon m'*a glissé* des mains. 비누가 내 손에서 빠져 나갔다.

2° ~ N qp ⟨…을 …에 살짝 집어 넣다⟩ ~ une lettre dans une enveloppe 봉투에 편지를 집어넣다. ~ une remarque dans la conversation 대화중에 한 마디를 슬쩍 던지다.

3° qn ~ sur qc ⟨…을 지나쳐 버리다, 가볍게 스치다⟩ *Glissons* sur cette question. 이 문제를 지나쳐 버리자. *Glissons* sur le passé. 과거에 집착하지 말자.

4° qc ~ sur qn ⟨…에게 별로 인상을 주지 못하다, 지나쳐 버리다⟩ Ma remarque *a glissé* sur lui. 나의 말은 그에게 별로 인상을 주지 못했다. Les reproches lui *glissent* dessus comme l'eau sur les plumes d'un canard. 물이 오리 깃털 위를 미끄러 지나가듯이, 비난은 그의 귀를 스치고 지나갈 뿐이다.

5° ~ à qn N ⟨…에게 살짝 속삭이다; 넌지시 비치다⟩ Le maître d'hôtel m'*a glissé* discrètement le nom de la jeune fille. 여관 주인이 그 처녀의 이름을 나에게 조심스럽게 속삭여 주었다.

6° ~ à qn que P ind ⟨…에게 …라는 것을 살짝 속삭이다⟩ Le maître d'hôtel me *glissa* discrètement que le vin était empoisonné. 여관 주인이 나에게 그 술에는 독약이 들어 있다고 조심스럽게 속삭였다.

7° ~ à qn Inf Il me *glissa* avoir empoisonné le vin. 그는 자기가 술에 독약을 넣었다고 넌지시 말했다.

8° se ~ (qp) ⟪(변화)⟫⟨슬그머니 들어가다⟩ Le chat *s'est glissé* sous l'armoire. 고양이가 장롱 밑으로 슬그머니 들어갔다. Elle *s'est glissée* dans la pièce sans que personne la remarque. 그녀는 아무도 눈치 못 채게, 방안으로 슬쩍 들어갔다. Paul *se glissait* le long du mur. 폴은 담을 따라 슬그머니 걸어갔다.

9° se ~ qp ⟨…속에 끼어들다⟩ Une erreur *s'est glissée* dans le calcul. 계산에 틀린 데가 끼어 있었다. Le soupçon *se glissa* un instant dans son esprit. 한 순간 그의 머리속에 의혹이 생겼다.

◇ ~ qc à l'oreille de qn ⟨…에게 …을 살며시 귀띔하다⟩.

goûter 1° ~ qc/qn ⟨맛보다; 높이 평가하다; 즐기다⟩ Le cuisinier *goûte* les mets. 요리사가 음식맛을 본다. Mon père ne *goûte* pas notre projet. 아버지는 우리 계획을 좋게 생각하시지 않는다(=Il ne le trouve pas bon). On ne *goûte* pas ce peintre. 사람들은 이 화가를 좋아하지 않는다. A son temps, ce peintre *fut* plus *goûté* qu'aujourd'hui. 이 화가는 지금보다 당시에 더 높은 평가를 받았다.

2° ~ à qc ⟨…을 맛보다⟩ *Goûtez* à ce vin. 이 포도주 맛을 좀 보시오.

3° ~ de qc ⟨시식·시음하다; …을 경험하다, 겪다⟩ *Goûtez* de cette volaille, elle est excellente. 이 닭고기를 먹어 보세요. 맛이 훌륭합니다.

4° ~ ⟨간식을 먹다⟩ Nous donnerons à ~ aux enfants. 우리는 아이들에게 간식을 주겠다. Les enfants *ont goûté* à quatre heures. 애들은 4시에 간식을 먹었다.

grandir 〔조동사는 avoir, être ⇨ auxiliaires I, 3°, ②〕.

1° ~ ⟨자라다, 성장하다⟩ Les enfants *a* beaucoup *grandi* pendant

l'année scolaire. 애들은 학교다니는 동안에 많이 자랐다. Il *a grandi* de quatre centimètres cette année. 그는 올해 키가 4 cm 커졌다.

2° ~ qn/qc 〈크게 하다; 성장시키다; 위대하게 하다〉 Les épreuves l'*ont grandi*. 시련이 그를 위대하게 만들었다.

3° se ~ 《변화》 〈커보이게 하다 (=se faire paraître plus grand)〉 *se* ~ en se haussant sur la pointe des pieds. 발끝으로 서서 키를 더 커보이게 하다《se grandir 는 devenir plus grand의 의미가 아님》.

gratter 1° ~ qp 〈…를 긁다〉 Le chien *gratte* à la porte. 개가 문을 긁는다.

2° ~ qc/qn(qp)〈(…을) 긁다〉 *Gratte*-moi le dos〔*Gratte*-moi dans le dos〕. 내 등 좀 긁어 줘.

◇1) Ça me *gratte*. 〖구어〗 가렵다.

2) Tu peux toujours te ~! 〖속어〗 너는 아무 소득도 없을 걸.

3° ~ qc 〈…을 문지르다; 추월하다; 공부하다〉 ~ un mur 〔une façade〕 벽〔표면〕을 문지르다. On a réussi a le ~ sur l'autoroute. 우리는 고속도로 상에서 그를 추월하는 데 성공했다. Les étudiants *grattent* le cours du professeur. 학생들이 교수의 강의를 열심히 공부한다.

4° ~ N (de qp) 〈(…로부터) …을 긁어지우다; 털어내다〉 ~ la peinture d'une porte 문의 페인트칠을 긁어 지우다. ~ la terre de ses chaussures 그의 신발에서 흙을 털어내다. ~ une inscription 새겨진 글을 긁어내다.

5° ~ sur qc 〖구어〗〈…을 아끼다, …에 인색하게 굴다〉 ~ sur ses dépenses 돈을 아껴쓰다. ~ sur la bouffe 음식을 아끼다.

6° ~ qc sur qc 〈…에서 (…의 이득)을 취하다〉 Il a réussi à ~ quelques billets sur la commande. 그는 그 주문에서 얼마간의 이득을 취하는 데 성공했다.

7° ~ 〖속어〗〈일하다, 부지런히 공부하다〉 Il y a des étudiants qui *grattent* toute la journée. 하루 종일 공부만 하는 학생들이 있다.

greffer 1° ~ N sur N 〈…을 …에 접붙이다〉 ~ un surgeon 〔une pousse〕 sur un arbre 새 싹을 나무에 접목하다.

2° ~ N 〈접붙이다〉 ~ un pommier 사과나무를 접붙이다.

3° ~ N (à N) 〈(…에) …을 이식하다〉 ~ un foie 간장을 이식하다. On lui *a greffé* un rein artificiel. 그에게 인공 신장을 이식했다.

4° qc se ~ sur N 《변화》 〈…에 부가되다, 결합되다〉 Les difficultés de santé *s'étaient greffées* sur les problèmes qu'il avait déjà. 건강상의 어려움이 그가 이미 가지고 있었던 문제에 덧붙여졌다.

griser 1° ~ N 〈…을 회색으로 만들다〉 ~ une couleur 색깔을 회색으로 만들다.

2° ~ (N) 〈취하다; 도취시키다〉 Ce vin *grise* vite. 이 술은 빨리 취하게 한다. Cette odeur vous *grise*. 당신은 이 향기에 도취됐다. Son succès l'*ont grisé*. 그는 성공에 도취됐다. De remuer tant de pognon, ça l'*avait grisé*. 그렇게 많은 돈을 움직인다는 데에, 그는 도취됐었다.

3° se ~ 《변화》〈취하다〉 Il *se grise* vite. 그는 빨리 취한다.

4° se ~ de N 〈…에 도취하다〉 *se* ~ d'émotions 〔d'air pur, de vitesse〕 감정에 〔맑은 공기에, 속력에〕 도취되다.

grogner 1° ~ 〈꿀꿀거리다, 으르렁거리다; 투덜거리다〉 Le cochon 〔le chien〕 *grogne*. 돼지가 꿀꿀거린다〔개가 으르렁댄다〕. Le petit Nicolas obéissait sans ~. 어린 니

grossir

콜라스는 투덜거리지 않고 복종했다.
2° ~ contre/après qn 〈…에 대해 은근히 불만을 표시하다〉 ~ contre [après] tout le monde 모두에게 투덜거리다.
3° ~ N 〈…을 투덜대다; 으르렁대다〉 «Je m'en fiche» *grogna*-t-il. 「될 대로 되라지」라고 그는 투덜댔다. ~ des insultes 불평하며 욕설을 퍼붓다. Quest-ce que tu *grognes*? 무엇이 불만이야?

grossir 1° ~ qc 〈크게 하다; 확대하다; 과장하다〉 Le microscope *grossit* les objets de petite taille. 현미경은 작은 물체를 확대시킨다. Pendant ce temps, il *grossit* sa fortune. 그동안 그는 재산을 늘렸다. Les journaux *grossissent* l'affaire. 언론이 사건을 확대시킨다.
2° ~ 〈커지다; 살찌다〉 Je me suis pesé aujourd'hui, j'*ai grossi* de deux kilos en un mois. 나는 오늘 몸무게를 달아 보았더니, 한 달 사이에 2킬로가 늘었다. Ses économies *ont grossi*. 그의 저축은 불어났다.
◇ 조동사는 avoir 또는 être (⇨ auxiliaires).

grouiller 1° N(pl) ~ qp 〈우글우글하다〉 Les fourmis *grouillent* autour de la fourmilière. 개미집 주위에 개미들이 우글우글거린다. Les gens *grouillent* sur la place [dans la rue]. 사람들이 광장에 [길에] 우글거린다.
2° ~ (de N(pl)) 〈(…으로) 붐비다, 들끓다〉 La place *grouille* de monde. 광장은 사람들로 붐빈다. Le boulevard *grouille*. 그 거리는 복잡하다. Ça *grouille* de monde sur la place. 〖구어〗광장엔 사람들로 들끓는다.
3° (se) 〈(변화)〉〖속어〗〈서두르다〉 *Grouillez-vous!* 서두르세요! On a dû ~ pour arriver à l'heure. 우리는 제 시간에 도착하기 위해 서둘러야만 했다.

grouper 1° ~ N(pl) (en N)〈(…로) …을 모으다, 집결시키다〉 Il *a groupé* ensemble des objets disparates. 그는 잡다한 물건들을 함께 모았다. Il *groupe* les photos en série. 그는 일렬로 사진들을 모았다. Il *a groupé* ensemble les ronds, les petits et les blancs. 둥근 것, 작은 것, 흰 것들을 함께 모았다. ~ divers colis en un seul envoi 여러 소포물들을 같이 발송되도록 챙기다.
2° N(pl) se ~ (qp, autour de N) 《변화》〈(…에, …둘레에) 모이다, 집결하다〉 La famille *se groupe* autour du grand-père. 할아버지 주위로 식구들이 모인다. Les manifestants *se sont groupés* sur la place. 시위자들이 광장에 집결했다.

guérir 1° ~ qn/qc 〈쾌유시키다, 고치다〉 Alors que trois autres médecins l'avaient condamné, le docteur Dupont l'*a guéri*. 다른 세 의사들은 그가 가망이 없다고 선언했는데, 뒤퐁의사가 그를 완쾌시켰다. Les antibiotiques *guérissent* la tuberculose. 항생제가 결핵을 고친다.
2° ~ qn de qc 〈…을 …로부터 벗어나게 하다; 고쳐주다〉 Il faut le ~ de ce souci. 그를 그 근심에서 벗어나게 해주어야 한다. Le médecin m'*a guéri* de la grippe. 의사는 나의 유행성 감기를 낫게 해주었다.
◇ ~ ø (—).
3° ~ 〈치유되다, 회복되다〉 Le seul moyen de ~, c'est de se considérer comme ~. 병을 고치는 유일한 방법은 완쾌되었다고 스스로 생각하는 것이다. Cette grippe *guérira* vite. 이번 유행성 감기는 빨리 나을 것이다.
4° se ~ (de) 《변화》〈건강을 회복

하다; (…을)고치다, 바로잡다〉 Il *se guérira* peu à peu. 그는 조금씩 건강이 회복될 것이다. Il ne *s'est* pas encore *guéri* de ses préjugés. 그는 아직 편견을 버리지 못했다. Cette grippe mettra longtemps à *se* ~. 이번 유행성 감기는 완치되는 데 오래 걸릴 것이다.

guider 1° ~ **N**(qp) 〈(…로) …을 이끌다, 인도하다〉 ~ un groupe de touristes à travers la ville 그 도시를 가로질러 가며 여행단을 이끌다. Les poteaux indicateurs nous *ont* bien *guidés* dans Paris. 도로 푯말이 우리를 파리로 잘 인도해 주었다. C'est son flair qui *l'a guidé*. 바로 그의 후각이 그를 이끌었다.

◇ ~ **N dans N** 〈…의 길잡이가 되다〉 ~ qn dans ses études 그의 학업의 길잡이가 되다.

2° **qn se** ~ **sur N** 《변화》〈…을 따라 길을 가다, 향하다〉 *se* ~ sur les indications routières 도로 표시판을 따라 길을 가다. Nous *nous sommes guidés* sur le soleil. 우리는 해를 따라 길을 걸어갔다. Je *me guide* sur votre exemple. 나는 당신을 본받아 그대로 한다.

◇ **se laisser** ~ **par** 〈…에 이끌려지다〉 Il se laisse ~ par son intuition. 그는 그의 직관에 따라 행동한다.

H

habiller 1° ~ qn 〈(…에게) 옷을 입히다; 어울리다〉 Chaque matin elle *habille* sa petite sœur. 매일 아침 그녀는 어린 동생에게 옷을 입힌다. Ce costume vous *habille* bien. 이 옷이 당신에게 잘 어울린다.
◇ ~ ø (−).
2° ~ qn de/en qc 〈…에게 …을 입히다〉 *Habillez*-le de laine pour l'envoyer à la montagne. 그를 산에 보낼 수 있게 털옷으로 입혀라.
3° s'~ 《변화》 〈옷을 입다〉 Il lui faut une heure pour *s'~*. 그녀는 옷을 입는 데 한 시간이 필요하다.
4° s'~ de/en 〈…을 입다; …로 분장하다〉 une femme qui *s'est habillée* de noir 검은 옷을 입었던 여자. Le petit garçon *s'est habillé* en polichinelle. 어린 소년은 어릿광대로 분장했다.

habiter ~ qc/Prép qc (qc는 장소) 〈…에 살다〉 ~ (à) Paris 〔(à) la campagne, (dans) un pays, (dans) une maison〕 파리 〔시골, …〕에 살다. Il *habite* l'avenue de l'Opéra. 그는 오페라街에 살고 있다 (= Il *habite* avenue de l'Opéra. ⇨ nom² IV, 2°, ①, a)).
◇ ~ ø (−).

habituer 1° ~ qn à qc 〈…을 …에 익숙하게 하다, 길들이다〉 Il *a habitué* son cheval au bruit. 그는 자기 말이 소음에 길이 들도록 했다. Personne ne les *a habitués* à la politesse. 아무도 그들을 예의바르도록 길들이지 못했다.
2° ~ qn à Inf Il faut l'~ à obéir. 그가 순종하는 습관을 갖도록 해야 한다. J'*ai été habitué* dès l'enfance à me lever tôt. 나는 어렸을 때부터 일찍 일어나는 데 습관이 되었다.
◇ Inf의 대명사화는 y로 대치 가능함.
3° s'~ à qc/Inf 〈…에〔하는 데〕익숙해지다, 길들다〉 A la longue on *s'habitue* à ce climat. 결국에는 이 기후에 익숙해진다. Elle ne peut *s'~* à vivre seule. 그녀는 혼자 사는 것에 익숙해질 수 없다.
4° être habitué à qc/Inf 〈…에 익숙하다, 길들여지다〉 Je *suis habitué* au froid. 나는 추위에 익숙하다. Le chien *est habitué* à apporter le journal à son maître. 그 개는 주인에게 신문을 갖다주도록 길들여져 있다.
5° être habitué à ce que P subj Phèdre *est habituée* à ce qu'on ne lui résiste pas. 페드르는 남이 자기에게 반항하지 않는 것에 익숙하다.

haïr 〔finir처럼 변화한다. 직설법 현재와 명령법의 단수에는 tréma가 없어진다 (je hais, tu hais, il hait, nous haïssons…). 단순과거 (nous haïmes, vous haïtes)와 접속법 반과거(il haït)에는 tréma가 있기 때문에 accent circonflexe를 안쓴다. 일상어에서는 haïr 대신에 détester를 많이 쓴다〕.
1° ~ qn/qc 〈미워하다, 싫어하다〉 Nous le *haïssons* comme la peste. 우리는 그를 몹시 싫어한다. Je *hais* l'hypocrisie. 나는 위선을 증오한다.
2° ~ à/de Inf 〈…하기를 싫어하다〉 Je *hais* toujours de vous déplaire. 당신을 불쾌하게 만드는 것을 나는 늘 싫어한다.
◇ Pron-Inf (−).
3° ~ que P subj 〔드물게〕 Je *hais* qu'on demande toujours. 항상 요

구만 하는 것을 나는 싫어한다.
4° **se ~** 《변화》〈자기를 증오하다〉 La vraie et unique vertu est de se ~. (Pascal) 진정하고 유일한 미덕은 자신을 미워하는 것이다.
5° **se ~ de Inf** 〈자기가 …하는 것을 증오하다〉 Je *me hais* de ne pas y avoir pensé. 그 점을 생각하지 않았던 나 자신을 증오한다.

haleter [Littré는 이 동사가 jeter처럼 (je halette, tu halettes…) 변화한다고 주장하나 Larousse, Robert, Thomas, Collin 등은 acheter처럼 (je halète, tu halètes…) 변화한다고 주장함].
~ 〈헐떡거리다, 조마조마해하다〉 Le malade *haletait* de fièvre. 환자는 열이 나서 숨을 헐떡거리고 있었다.

harceler [Académie, Larousse 사전은 이 동사가 jeter처럼 (je harcelle, tu harcelles…) 변화한다고 하나, Robert, Thomas, Collin 등은 acheter처럼 (je harcèle, tu harcèles…) 변화한다고 주장함].
~ **qn(de qc)** 〈(…로) 귀찮게 굴다, 들볶다〉 Il *harcèle* son père pour qu'il lui achète un vélo. 그는 자전거를 사달라고 자기 아버지를 졸라댔다. La célèbre vedette *fut harcelée* de questions. 그 유명한 배우는 질문공세를 당했다. Les troupes *étaient harcelées* par l'ennemi [par les avions ennemis]. 아군은 적군의[적기의] 끈질긴 공격을 받고 있었다.

harmoniser 1° ~ **N(pl)** 〈조화시키다〉 ~ les différents services d'une administration 행정부의 각 부처를 조직화하다. ~ des couleurs (entre elles) 여러가지 색깔을 서로 조화시키다. ~ une chanson 노래에 반주를 붙이다.
2° ~ **N avec N** 〈…와 조화시키다〉 ~ les tapisseries avec les meubles 벽지를 가구와 어울리게 하다.

hasarder 1° ~ **qc** 〈내걸다, 위태롭게 한다〉 Il *a hasardé* toute sa fortune au jeu. 그는 모든 재산을 도박에 걸었다.
2° ~ **de Inf** 〈위험을 무릅쓰고 …하다〉 Il vaut mieux ~ de sauver un coupable que de condamner un innocent. 죄없는 사람에게 형을 선고하는 것보다 죄가 있는 사람을 구하는 모험을 하는 편이 더 낫다.
3° **se ~** 《변화》〈위험을 무릅쓰다〉 Il n'est pas prudent de s'y ~. 위험을 무릅쓰고, 그곳에 간다는 것은 신중하지 못한 노릇이다.
4° **se ~ à Inf** 〈위험을 무릅쓰고 …하다, 감히 …하다〉 Malgré la mauvaise humeur du patron, je *me suis hasardé* à le contredire. 주인의 기분이 나쁜데도 불구하고 나는 그에게 말대답을 했다.

hâter 1° ~ **N** 〈서두르다〉 ~ son allure 걸음을 재촉하다. ~ la construction d'un immeuble 가옥의 건축을 서두르다.
◇ ~ ø (-).
2° **se ~ (qp)** 《변화》〈걸음을 재촉하다, 급히 가다〉 Il *se hâta* vers la porte. 그는 급히 문을 향해서 달려갔다.
3° **se ~ de Inf** 〈서둘러 …하다〉 Il *se hâta* de m'introduire dans le bureau de son patron. 그는 서둘러서 나를 지배인의 사무실로 들여보냈다. Il *se hâta* de finir son travail. 그는 서둘러 일을 마쳤다. Ne *nous hâtons* pas de tirer des conclusions avant la fin de l'enquête. 조사도 끝나기 전에 서둘러 결론을 끄집어내려고 해서는 안된다.
◇ **se ~ ø** *Hâtons-nous*, le temps presse. 시간이 없어, 서둘러 해야지.

hériter 1° ~ **de qc** 〈…을 상속받다〉 Il *a hérité* de deux maisons. 그는 집 두채를 상속받았다. Cette musique *a hérité* d'une longue tra-

hésiter

dition. 이 음악은 오랜 전통을 이어 받은 것이다.
◇ ~ ∅ Il vient d'~. 그는 최근에 상속자가 되었다.
2° ~ qc de qn 〈…에게서 …을 상속받다〉 Il a hérité une maison de son oncle. 그는 삼촌에게서 집 한 채를 상속받았다. Il a hérité de son père le goût de la musique. 그는 아버지에게서 음악 취미를 이어받았다.
◇ 1) ~ qc ∅ Il a hérité une maison. 그는 집 한 채를 상속받았다.
2) ~ ∅ de qn Il a hérité de son oncle. 그는 삼촌의 상속자가 되었다.

hésiter 1° ~ 〈망설이다, 주저하다〉 N'hésitez plus, le temps presse. 더 주저하지 마시오, 시간이 절박하니까.
2° ~ à/de Inf 〈…하는 데 망설이다〉 Il n'a pas hésité à me rendre service. 그는 주저하지 않고 나를 도와주었다.
◇ 1) Pron-Inf (—).
2) ~ ∅ (+).
3° ~ sur/entre/dans qc Il a longtemps hésité sur le parti à prendre [dans ses réponses]. 그는 결심을[대답을] 하는 데 오랫동안 망설였다.
4° ~ P(int. ind.) 〖문어〗 Il hésite encore s'il doit accepter. 그는 승낙해야 할지 아직 주저하고 있다 (⇨si¹ III, 1°).

heurter I. 1° ~ N 〈…에 부딪히다, …와 충돌하다〉 La voiture a heurté un poteau [un piéton]. 자동차가 기둥을 [보행자를] 들이받았다. ~ qn en courant 뛰어가다가 …와 충돌하다.
2° ~ N(pl) 〈서로 부딪치게 하다〉 J'ai transporté ces bouteilles sans les ~. 나는 그 병들을 서로 부딪치게 하지 않고 날랐다.
3° ~ contre N 〖드물게〗 〈…에 부

딪치다〉 La voiture a heurté contre le bus. 자동차가 버스에 부딪쳤다. Son front a heurté contre l'armoire. 그는 이마를 장롱에 부딪쳤다.
4° ~ à N 〈…을 두드리다〉 ~ à la porte 문을 두드리다. L'oiseau heurta du bec à la fenêtre. 새가 주둥이로 창문을 두드렸다.
5° ~ (qc de) qn 〈거역하다, 거슬리다; (감정 따위를) 해치다〉 Cela ne sert à rien de ~ votre enfant. 당신 자식의 말에 반대한다 해도 아무 소용이 없다. Votre ton heurte ses sentiments. 당신의 말소리가 그에게 거슬린다. Son comportement heurte les idées reçues. 그의 행동은 기존 관념에 위배된다. Il heurte volontiers l'opinion établie. 그는 기꺼이 공론에 맞선다.

II. 1° N(pl) se ~ 《변화》〈서로 부딪치다〉 Les deux voitures se sont heurtées. 자동차 두 대가 서로 충돌했다.
2° qn se ~ à/contre qc/qn 〈…에[와] 부딪치다〉 Il s'est heurté à[contre] qn dans le noir. 그는 어둠 속에서 …와 충돌했다. Il s'est heurté à [contre] un arbre. 그는 나무에 부딪쳤다.
3° qn(pl) se ~ 〈서로 충돌 하다〉 Le père et le fils se sont heurtés lors d'une discussion politique. 그 부자는 정치토론을 할 때에 의견 충돌이 있었다.
4° qn se ~ avec qn 〈…와 상반되다〉 Le fils s'est heurté avec le père. 아들은 아버지와 의견이 상반되었다.
5° qn se ~ à/contre (qc de) qn 〈…에 반대하다〉 Le fils s'est heurté à[contre] le père[la volonté du père]. 아들은 아버지의 뜻을 거역했다.
6° qn se ~ à qc 《(장애 따위)에 부딪치다》 Nous nous sommes heurtés à de grandes difficultés. 우리

는 커다란 곤란에 직면했다. Je *me suis heurté* à un refus de sa part. 나는 그 사람 측으로부터 거절을 당했다.

7° **qc se ~ à qc** ⟨…에 부딪치다⟩ Ses idées *se heurtèrent* à une forte opposition. 그의 생각은 강한 반대 의견에 부딪쳤다.

honorer 1° **~ N** ⟨명예롭게 하다⟩ ~ Dieu 신에게 영광을 돌리다. ~ le souvenir de *qn* …를 추념하다. ◇ ~ un chèque 수표의 금액을 지급하다.

2° **~ N de N** ⟨…의 영광을 베풀다⟩ Mon voisin m'*a honoré* d'un long entretien. 나는 영광스럽게도 나의 이웃과 오랫동안 교제를 했다. ~ *qn* de sa visite [d'une récompense] …를 방문하는 […에게 포상하는] 영광을 베풀다.

3° **qn s'~ de N** ⟨변화⟩ ⟨…을 영광·자랑으로 삼다⟩ Il *s'honore* de sa réputation. 그는 자기의 명성을 자랑으로 삼는다. Je *m'honore* de son estime. 그가 나를 높이 평가해주니 영광이다.

4° **qn s'~ de ce que P ind/subj** Il *s'honore* de ce qu'il est[soit] arrivé à de tels résultats en si peu de temps. 그는 그렇게 짧은 시간 동안에 그와 같은 성과를 거둔 것을 자랑스러워한다.

5° **qn s'~ de Inf** Je *m'honore* d'être son ami. 내가 그의 친구라는 것이 영광스럽다. Le pays *s'honore* d'avoir vu naître tant d'hommes célèbres. 그 나라는 그토록 많은 인사들을 배출해냈다는 것을 자랑으로 삼고 있다.

humecter 1° **~ N** ⟨적시다⟩ Le brouillard *a humecté* le gazon. 안개가 잔디밭을 촉촉이 적셨다.

2° **~ N de N** ⟨…로 적시다⟩ ~ un chiffon d'eau 넝마 조각을 물로 적시다. L'herbe *est humectée* de rosée. 초목이 이슬에 젖어 있다.

humilier 1° **~ qn** ⟨모욕하다⟩ ~ ses subordonnés 자기의 부하 직원에게 창피를 주다. Sa fierté *a été humiliée* par l'indifférent ce de ceux qui l'écoutaient. 그는 자기 말을 듣고 있던 사람들의 무관심한 태도에 자존심이 상했다.

2° **qn s'~ devant qn** ⟪변화⟫ ⟨…앞에서 자기를 낮추다⟩ *s'~* devant ses supérieurs 상관 앞에서 자기를 낮추다 [겸손해지다]. refuser de *s'~* devant un vainqueur 승자에게 굴종하려 들지 않다.

hurler 1° **~ (de N)** ⟨짖다; (…로) 울부짖다; (폭풍이) 노호하다⟩ Le chien, attaché à sa niche, *a hurlé* toute la nuit. 그 개는 개집에 매어 있어 밤 내내 짖어댔다. Le blessé *hurlait* de douleur. 부상자는 고통으로 울부짖었다. La tempête *hurle* sur la mer. 바다에는 폭풍이 노호하고 있다. Le sirène *hurle*. 사이렌이 요란스럽게 울린다.

2° **~ N** ⟨고함치다, 말하다⟩ Vous *auriez hurlé* votre indignation. 당신이 아마 분개해서 소리친 모양이죠?

3° **~ N (à qn)** ⟨(…에게) 고함치다⟩ ~ à *qn* un mot grossier …에게 상소리를 하다. ~ des injures 큰 소리로 욕설을 퍼붓다.

I

identifier 1° ~ N 〈…의 신분을 확인하다;동일인시하다〉 ~ le coupable 범인의 신분을 확인하다.
2° ~ N à/avec N 〈…와 동일시하다, 동일물[동일인]임을 확인하다〉 ~ le beau et le bien 미와 선이 같은 것이라고 하다. ~ un style avec une époque 어떤 양식을 어떤 시대의 것이라고 확인하다. ~ Simonne à[avec] Marie 시몬느와 마리는 동일인임을 확인하다.
3° s'~ à/avec N 《변화》 〈…와 일치하다〉 L'auteur s'*identifie* à [avec] son personnage. 작중 인물은 작가 자신을 묘사한 것이다.

ignorer 1° ~ qc/qn 〈모르다〉 Les enfants *ignorent* encore l'importance de l'argent. 애들은 아직 돈의 중요성을 모른다. Personne ne doit ~ la loi. 아무도 법을 몰라서는 안된다. Ils nous *a ignorés*. 그는 우리를 모른 척했다.
2° ~ Inf 〈…을 모르다〉 J'*ignorais* vous avoir donné tant de soucis. 당신에게 그렇게 걱정을 끼쳐 드린 줄 몰랐읍니다.
3° ~ que P subj/ind (보통 *subj* 이지만 que P의 사실성을 강조할 때는 *ind* 도 사용한다) 〈…을 모르다〉 J'*ignorais* qu'il fût [était] malade.
◇ 의문문·부정문에서는 보통 ind 이나 subj 도 사용된다: Je n'*ignore* pas (=Je sais très bien) qu'il a voulu me dénoncer. 그가 나를 고발하려고 한 사실을 잘 알고 있다. *Ignorez*-vous qu'il était arrivé? 그가 도착한 것을 모르십니까?
4° ~ P(int. ind.) J'*ignore* complètement si elle est déjà revenue. 나는 그녀가 벌써 돌아왔는지 전혀 모른다. J'*ignore* pourquoi on vous a fait venir. 나는 왜 당신을 오라고 했는지 모르겠다. J'*ignore* où elle ira la semaine prochaine. 나는 그녀가 내주에 어디를 갈지 모른다.

illusionner 1° ~ qn (sur N) 〈(…에 관해서) 착각을 일으키게 하다〉 Son assurance m'*a illusionné*. 그가 확신하는 바람에 나는 속았다. ~ le consommateur sur la qualité de la marchandise 상품의 질에 관해서 선전을 과대하게 함으로써 소비자를 속이다. ~ le consommateur par la publicité 선전으로 소비자를 속이다.
2° qn s'~ sur N 《변화》 〈…에 대해서 착각을 일으키다〉 Il s'*illusionne* sur ses capacités réelles. 그는 자기 자신의 진정한 능력에 대해서 착각하고 있다.

illustrer 1° ~ N (de N) 〈설명하다, 명시하다〉 un artiste qui *illustre* des livres pour enfants 아동용 책에 삽화를 그리는 예술가. ~ un dictionnaire d'exemples 사전을 예문으로써 설명하다.
2° ~ P(int. ind.) 〈…인지를 설명하다〉 Ceci *illustre* combien il est difficile d'escalader le Mont-Blanc. 이러한 사실은 몽블랑을 등반하는 것이 얼마나 어려운지를 잘 설명해 주고 있다.
3° ~ N 〈유명하게 만들다〉 Ses victoires *ont illustré* cette équipe de football. 여러 번에 걸친 승리가 그 축구팀을 유명하게 만들었다.
4° qn s'~ (qp) (par N) 《변화》 〈(…에서[…으로 해서]) 저명해지다〉 Il s'*est illustré* à la guerre. 그는 전쟁에서 이름을 날렸다. Il s'est

illustré par sa bravoure. 그는 용감함으로 해서 유명해졌다.

imaginer I. 1° ~ N 〈상상하다〉 On ne peut ~ plus belle fleur. 더 아름다운 꽃을 우리는 상상할 수가 없다.

2° qn ~ 〈생각하다〉 Vous viendrez aussi, j'*imagine*. 당신도 오실 거라고 생각합니다만.

3° ~ que P ind/subj 〈생각하다, 상상하다, 그려보다〉 J'*imagine* qu'il a reçu ma lettre. 나는 그가 내 편지를 받았다고 생각해 본다. Pouvais-je ~ qu'il renseignerait Volodia sur vos manigances? 당신 계획에 대해 그가 볼로디아에게 말하리라고 내가 상상이나 할 수 있었겠어요?

4° ~ P(int. ind.) 〈…인지 상상하다〉 J'*imagine* mal comment il a pu faire cela. 나는 어떻게 그가 그것을 할 수 있었는지 상상할 수가 없다.

5° ~ Inf 〈…하다고 생각하다〉 Il *imagine* être le roi de Prusse. 그는 프러시아의 국왕이라고 생각하고 있다.

6° ~ N (être) Adj 〈…하다고 생각하다〉 Je l'*imaginais* être plus compétent. 나는 그가 더 유능하다고 생각하고 있었다. Je t'*imagine* à l'âge de cinquante ans. 나는 너의 쉰 살 때를 상상해 본다. J'*imagine* ma grand-mère en train de faire de la moto. 나는 할머니가 오토바이를 타고 있는 것을 상상해 본다. *Imaginons* le secrétaire du parti en costume de cardinal. 당의 서기가 주교의 정복을 입고 있는 장면을 상상해 봅시다.

7° ~ N Adv Je l'*imaginais* autrement. 나는 그를 달리 〔다른 사람으로〕 생각해 보았다.

8° ~ N (en) n (*n*은 속사 명사) 〈…이라고 상상하다〉 *Imaginons* ce garçon (en) père de famille. 그 소년이 가장이라고 상상해 보자.

9° ~ N Inf J'*imagine* mal ma grand-mère faire de la moto. 나는 할머니가 오토바이를 타는 장면을 상상하기가 어렵다.

10° ~ Adj de Inf 〈…하는 것을 …하다고 생각하다〉 Le caporal *a imaginé* bon de nous faire marcher 40 km. 하사는 우리가 40킬로나 행군하는 것을 좋다고 생각했다.

11° ~ N 〈생각해내다, 상상해내다〉 ~ un nouveau procédé 새로운 방법을 생각해내다. ~ l'intrigue d'une comédie 희곡의 줄거리를 생각해내다.

12° ~ de Inf Chez Citroën, personne n'*avait imaginé* avant lui de remplacer la traction arrière par la traction avant. 시트로엔 회사에서는 아무도 후륜구동대신에 전륜구동을 쓸 생각을 해낸 사람이 없다. Paul *avait imaginé* de nous faire boire de la bière après le cognac. 폴은 우리에게 코냑을 마신 후에 맥주를 마시게 할 생각이었다.

II. 1° s'~ N 《가변》 〈상상하다〉 Je *m'imagine* parfaitement la situation. 나는 정세가 어떤지를 충분히 상상할 수가 있다.

2° s'~ que P ind Je *m'imagine* qu'il a reçu ma lettre. 나는 그가 내 편지를 받았다고 상상한다. *Vous imaginez*-vous par hasard que je vais aller au loin avec votre parapluie? 당신은 혹시 내가 당신 우산을 가지고 멀리 갈 줄로 생각하시는 것 아닙니까?

3° s'~ que P ind/subj N'allez pas *vous* ~ que le premier devoir de notre Etat soit de vous venir en aide les uns aux autres. 우리의 국가가 제일 먼저 해야 할 일이 필요할 때 서로 돕는 거라고 생각해서는 안 된다.

4° s'~ que P subj (주절이 명령법일 때) *Imaginez-vous* que l'on puisse passer un week-end sur la

lune. 달에서 주말을 보낼 수가 있다고 생각해 보세요.
5° s'~ P(int. ind.) ⟨…인지 상상하다⟩ Je *m'imagine* mal comment il a pu faire cela. 나는 그가 어떻게 그것을 할 수 있었는지 상상하지 못하겠다.
6° s'~ Inf Il s'*imagine* être roi de Prusse. 그는 자기가 프러시아의 국왕이라고 생각하고 있다.
7° s'~ N (être) Adj ⟨…을 …하다고 생각하다⟩ Avant de faire sa connaissance je *me* l'*imaginais* (être) plus grand. 나는 그를 소개 받기 전에는 그의 키가 더 큰 줄로 생각하고 있었다.
8° s'~ N Adv Je *me* l'*imaginais* autrement. 나는 그 사람이 좀 더 다른 사람인 줄로 생각하고 있었다.
9° s'~ N (en) n (n은 속사 명사) ⟨…를 …이라고 생각하다⟩ *Imaginons-nous* ce garçon (en) père de famille. 그 소년이 가장이라고 상상해 보자. Je *me* l'*imagine* déjà ministre. 나는 그 사람이 벌써 장관이 된 것이라고 생각을 해 본다.
10° s'~ N Inf Je *m'imagine* mal ma grand-mère faire de la moto. 나는 내 할머니가 오토바이를 타는 것을 상상하기가 힘들다.

impliquer 1° ~ qn dans qc ⟨(어떤 사건에) 연루시키다⟩ ~ *qn* dans une affaire compromettante …를 어떤 위험스러운 사건에 연루시키다. Il *a été impliqué* dans une escroquerie. 그는 어떤 사기 사건에 연루되었다.
2° ~ N ⟨내포하다; …을 전제로 하다⟩ A *implique* B. A에는 B가 들어 있다. La réorganisation de Paris-Match *implique* de nouveaux licenciements. 파리마치사(잡지사) 의 개편은 새로운 해고 사태를 전제로 하고 있다.
3° ~ que P ind/subj Cela *implique*-t-il que la réalisation de l'entreprise est remise à plus tard? 그것은 결국 그 계획의 실현을 후일로 미룬다는 뜻입니까?
4° Que P subj (cela) ~ N Que vous vous inscriviez à cette organisation (cela) *implique* une participation active de votre part. 당신이 그 단체에 등록한다는 것은 당신의 적극적인 참여를 전제로 하는 일이다.
5° Que P subj (cela) ~ que P subj Que vous vous inscriviez à cette organisation (cela) *implique* de votre part que vous participiez activement.(위와 같은 뜻).

implorer 1° ~ qc (de qn) ⟨(…의) …을 간청하다⟩ J'*implore* votre appui. 당신의 도움을 간청하는 바입니다. L'avocat *implore* la clémence. 변호사는 관용을 베풀 것을 간청했다.
2° ~ qn ⟨…에게 간청하다, 애걸하다⟩ ~ Dieu 하느님께 기원하다. ~ ses juges 판사들에게 애걸하다.
3° ~ qn de Inf ⟨…에게 …할 것을 간청하다⟩ Je vous *implore* de m'écouter. 저의 말을 들어주시기를 간절히 바랍니다. Faites-le, je vous en *implore*. 그렇게 해주세요. 제발 부탁입니다.
4° ~ qn de ce que P subj 〖드물게〗 L'avocat *implora* les juges de ce qu'ils prennent en compte la jeunesse de l'accusé. 변호인은 판사들에게 피의자의 어린 나이를 고려해줄 것을 간청했다.

importer¹ ~ qc (de qp) ⟨(…로부터) …을 수입하다; 도입하다⟩ L'Allemagne *importe* pas mal d'agrumes d'Italie. 독일은 이태리로부터 꽤많은 감귤을 수입한다. Ces danses modernes *sont importées* d'Amérique. 이 현대 무용은 미국으로 부터 들어왔다.

importer² I. ~ ⟨중요하다⟩ La rapidité *importe* moins que la sécurité. 신속한 것은 안전한 것보다 덜 중요하다. Ce qui *importe* avant tout, c'est de conserver la santé. 무엇보다 중요한 것은 건강을 유지하는 일이다. Le repos moral *importe* beaucoup à la guérison. 정신적 안정이 완쾌에는 매우 중요하다.

◇ 1) 도치구문: Peu *importe*(*nt*) ses objections! 그의 반박은 아무래도 좋다.

2) **Peu/Que (m') ~ qc/que P subj** Qu'*importe* son avis! 그의 의견은 상관없다. Que m'*importe* que vous soyez ou non content! 당신이 만족하건 말건 내게 무슨 상관이냐! Peu (m')*importait* qu'il l'eût fait pour des motifs honorables. 그가 고상한 동기로 그렇게 했다 할지라도 그것은 내게 중요하지 않다.

II. 1° Il ~ de Inf 〈…하는 것이 중요하다〉 Il *importe* d'arriver à temps. 시간에 대어 도착해야 한다.

2° Il ~ que P subj Il *importe* que ce travail soit terminé avant la fin du mois. 이 일을 월말 전에 끝내놓는 것이 중요하다.

◇ 1) **Il ~ peu que P subj** 〈…하는 일은 중요하지 않다〉 Il *importe* peu qu'il ne vienne pas! 그가 안 와도 상관없다.

2) **Il n'~ ∅;N'~ ∅** 〈상관없다〉 Son roman est très discuté, n'*importe*, il a eu beaucoup de succès. 그의 소설은 많은 논란의 대상이 되어 있다. 하지만 상관 없다. 그는 많은 성공을 거두었다.

III. n'importe qui/quoi/lequel/où/quand/comment 〈어느 누구라도, 아무것이라도, 어느 것이라도, 어디서든지, 언제든지, 어떻게든지〉 N'*importe* qui pourrait le faire. 아무나 그일을 할 수 있을 것이다. Il dit n'*importe* quoi. 그는 아무 말이나 막 한다. Si vous n'avez pas cette marque, donnez-moi n'*importe*

laquelle. 이 상표도 없으면, 아무 것이나 주세요. Nous camperons n'*importe* où. 우리는 아무데서나 야영을 할 것이다. J'ai fait cela n'*importe* comment. 나는 아무렇게나 했다. Venez à n'*importe* quelle heure. 아무 시간에나 오세요.

◇ importer 는 시제 변화를 못함.

imposer I. 1° ~ qc 〈일어나게 하다〉 Cette attitude imperturbable *impose* le respect. 이 태연자약한 태도는 존경심을 불러 일으킨다.

2° ~ qc à qn 〈…에게 …을 강요하다, 과하다〉 La situation nous *impose* des décisions rapides. 사태는 우리에게 신속한 결정을 요구한다. Ses parents lui *imposèrent* une punition sévère. 그의 양친은 그에게 엄한 벌을 내렸다. L'ouvrage qui m'*est imposé* est pénible. 나에게 부과된 작업은 힘든 것이다.

3° ~ à qn de Inf Je ne vous *impose* pas de terminer ce travail avant ce soir. 오늘 저녁까지 이 일을 끝내라고 당신에게 강요하는 것은 아닙니다.

4° en ~ à qn 〈…에게(존경심, 두려움, 감탄)을 불러일으키다;…을 속이다〉 Sa barbe en *imposait* aux jeunes élèves(=leur inspirait le respect). 그의 턱수염은 어린 학생들에게 존경심을 불러 일으켰다.

◇ **s'en laisser ~ par qc/qn** 〈…에 속다, 현혹되다〉 Ne vous en laissez pas ~ par ses discours. 그의 연설에 현혹되지 마세요.

II. 1° s'~ 《변화》 〈면하지 못하다, 필요불가결하다(=impossible de l'éluder)〉 Cette question *s'impose*. 이 문제는 피할 수 없다. Le recours à la forte ne *s'impose* pas. 무력에 의거할 필요가 없다. Cela *s'impose*. 그것은 절대로 필요하다.

2° s'~ (à/chez qn) 〈위세를 떨치다〉 A ce poste, il *s'impose*. 이 부서에는 그가 적임자다. Il *s'im-*

pose comme le meilleur joueur de tennis actuel. 그는 현재 가장 훌륭한 테니스 선수로 부각되어 있다.
3° s'~ qc 《불변》〈자신에게 …을 과하다〉 Il *s'impose* le régime strict. 그는 엄격한 식사조절을 행하고 있다. Il *s'impose* une promenade à pied chaque jour. 그는 매일 산책하는 것을 일과로 삼고 있다.
4° s'~ de Inf Il *s'impose* de ne jamais intervenir dans les affaires privées des autres. 그는 다른 사람들의 사사로운 일에 절대 개입하지 않기로 작정하고 있다.
5° Il s'~ que P subj 〈…하는 것이 절대로 필요하다〉 Il *s'impose* que nous prenions des mesures immédiates. 우리는 즉각적인 조치를 취하지 않을 수 없다.

imprégner 1° ~ N 〈…에 액체가 스며들게 하다〉 ~ un tissu 천에 물이 스며들게 하다, 천을 적시다. Le liquide *a imprégné* le tissu. 액체가 천에 스며들었다.
2° ~ N_1 de N_2 (N_2는 액체)〈…에 …을 스며들게 하다〉 ~ un chiffon d'alcool 헝겊에다 알콜을 묻히다.
3° ~ N 〈…에 삼투하다, …에 영향을 미치다〉 Une atmosphère de tendresse *a imprégné* son enfance. 애정어린 분위기가 그의 유년기를 감싸주었다.
4° ~ N de N 〈…에 …을 주입하다〉 Son enfance *fut imprégné* d'une ambiance d'amour. 그의 유년기는 사랑의 분위기로 젖어있었다.

improviser 1° ~ N 〈즉흥적으로 만들다[연주하다, 하다]〉 ~ un discours à la fin d'un banquet 연회를 끝내면서 즉흥적인 연설을 하다. ~ une excuse 즉흥적으로 변명을 둘러대다.
◇ ~ ø ~ au piano 피아노 곡을 즉흥적으로 만들어 연주하다. Les musiciens *ont improvisé*. 악대는 즉흥적으로 곡을 연주했다.
2° ~ de Inf 〈즉석에서 …하다〉 Il *avait improvisé* au dernier moment d'organiser une fête. 그는 마지막 순간에 이르러서 갑자기 축제를 조직할 생각을 해냈다.
3° ~ N+n (n은 무관사 속사명사) 〖드물게〗〈즉석에서 …으로 행세하게 하다〉 Sur le chantier, on l'*a improvisé* maçon. 공사장에서 그는 난데없이 미장이 노릇을 하도록 지시를 받았다.
4° s'~ 《변화》〈준비 없이 즉석에서 이루어지다〉 Des secours *s'improvisèrent*. 구조대가 즉석에서 조직되었다.
5° s'~ n 〈갑자기 …행세를 하게 되다〉 Pour construire la maison, j'ai dû *m'*~ maçon. 그 집을 짓기 위해서 나는 미장이 노릇을 해야 했다.

imputer 1° ~ qc à N 〈…에게 …의 책임을 전가하다, …의 짓이라고 하다〉 A qui ~ aujourd'hui le million et demi de voix qui ont déserté le parti socialiste? 오늘날 사회당을 약화시킨 백오십만표의 책임을 누구에게 전가시켜야 하나? On *impute* le nombre des accidents au mauvais états des routes. 사람들은 사고가 잦은 이유를 도로 상태의 불량 때문이라고 하고 있다. Ce crime lui *sera* certainement *imputé*. 그 범죄는 틀림없이 그의 짓이라고 단정될 것이다.
2° ~ à N de Inf On lui *a imputé* d'avoir voulu détourner des fonds. 그는 자금을 횡령하려 했다는 혐의를 받았다.
3° ~ N sur N 〈…의 부담으로 넘기다〉 On *a imputé* cet investissement sur le budget de l'an passé. 이 투자의 자금은 전년도 예산으로 계정하였다.
4° ~ N à N 〈…에게 넘기다〉 On *impute* les frais d'hôpital au budget de la ville. 입원료는 시 예산

으로 충당한다.

inciter 1° ~ qn à qc 〈…를 자극하여 …하게 하다〉 L'oppression les *incitait* à la révolte. 억압은 그들을 반항으로 이끌었다.

2° ~ qn à Inf Une publicité tapageuse *incite* le client à acheter même des choses inutiles. 요란한 광고는 고객으로 하여금 쓸데없는 물건까지 사게 만든다.

◇ 1) à Inf 는 y 로 대치 가능함.
2) ~ qn ø (—).

incliner 1° ~ qc 〈굽게 하다, 숙이다〉 Le vent *incline* la cime des arbres. 바람은 나무의 꼭대기를 휘게 한다. Elle *inclina* la tête en signe de contentement. 그녀는 만족의 표시로 고개를 끄덕였다.

2° ~ qn à qc 〈…의 마음을 …하도록 돌리다〉 La jeunesse de l'accusé *inclinait* les juges à la clémence. 피고의 나이가 어리다는 것을 알고 나서 판사들은 관대하게 처분하기로 마음을 돌렸다.

3° ~ qn à Inf Sa conduite améliorée *inclinait* les juges à lui accorder des circonstances atténuantes. 그의 행실이 나아지자 판사들은 정상을 참작하기로 마음이 기울어졌다.

4° ~ 〈기울어지다(=pencher)〉 Le mur *incline* dangereusement. 담이 위험스럽게 기울어졌다.

5° ~ à/vers qc 〈…으로 마음이 기울어지다〉 Il *inclinait* à gauche. 그는 좌경했다. Il *incline* vers les solutions extrêmes. 그는 극단적인 해결책을 취하기로 마음이 기울어진다.

6° ~ à Inf 〈…할 마음이 되다〉 Le gouvernement *inclinerait* à rappeler son ambassadeur. 정부는 대사를 소환하게 될 것 같다.

7° s'~ 《변화》 〈기울어지다〉 Les tiges *s'inclinent* vers le sol. 이삭이 땅으로 고개를 숙인다. Il salua le professeur en *s'inclinant* profondément. 그는 허리를 굽혀 선생님께 인사한다. Il *s'est incliné* quand on lui a dit rester. 그는 남아 있으라고 하니까 그대로 따른다.

◇ s'~ devant qn/qc 〈…에게 굴복하다〉 Le boxeur a dû *s'~* devant son adversaire. 그 권투선수는 상대편에게 굴복하지 않을 수 없었다. Il ne *s'incline* devant aucune autorité. 그는 어떤 권위 앞에서도 굴복하지 않는다.

inclure 1° ~ qn/qc dans qc 〈…에 …을 포함시키다〉 Nous *avons inclus* un billet de 10 F dans notre lettre. 우리는 편지에 10프랑짜리 지폐를 동봉했다. Ils *ont inclus* son nom dans la liste. 그들은 그의 이름을 명단에 넣었다.

2° ~ que P subj 〈…이란 것을 내포하다〉 Cette acceptation *inclut* pour vous que vous partagiez les risques de l'entreprise. 이번 수락은 당신이 기업의 위험을 공동 부담한다는 것을 내포한다.

incomber 1° ~ à N 〈…에게 돌아오다, (의무·책임 따위가) …에 과해지다〉 Le maintien de l'ordre *incombe* aux forces de l'ordre. 질서 유지의 책임은 경찰에 있다.

2° Il ~ à N de Inf 〈…하는 것은 …의 의무이다〉 Il *incombe* au président de la république de nommer le premier ministre. 수상의 임명권은 대통령에게 있다.

inculper 1° ~ N (de N) 〈…에 (…의) 혐의를 걸다〉 ~ un suspect de meurtre 피의자에게 살인의 혐의를 걸다.

2° ~ N de/pour Inf ~ *qn* d'avoir [pour avoir] commis un crime …가 어떤 죄를 범했다는 혐의를 걸다.

indigner 1° ~ qn 〈분개시키다〉 La réponse du premier ministre *a indigné* l'opposition. 총리의 답변은 야당을 격분시켰다.

◇ 1) être indigné de qc 〈…에

분개하다〉 Je *suis indigné* de sa conduite. 그의 행동은 나를 격분시켰다.

2) **être indigné de** Inf Il *est indigné* d'avoir entendu une telle rumeur. 그는 그런 소문을 듣고 몹시 화가 났다.

3) **être indigné que** P subj Je *suis indigné* qu'il vous ait ainsi répondu. 나는 그가 당신에게 그렇게 대답한 데 대해 분개하고 있다.

2° **s'~ de/contre qc** 《변화》〈…에 분개하다〉 Il *s'indigne* de[contre] toutes les injustices sociales. 그는 모든 사회적 불의에 대해 분격한다.

3° **s'~ de** Inf 〈…하여 분개하다〉 Il *s'indigne* d'être écarté des négociations. 그는 협상에서 제외되어 분개한다.

4° **s'~ que** P subj Tout le monde *s'indigne* que tant de conducteurs soient imprudents. 모든 사람들은 그 많은 운전사들이 부주의한 데 대해 분개하고 있다.

◇ **s'~ de ce que** P ind/subj Je *m'indigne* de ce qu'il vous a[ait] ainsi répondu. 나는 그가 당신에게 그렇게 답변한 것에 대해 분개하고 있다.

indisposer 1° **~ N** 〈…의 기분을 상하게 하다;…의 몸을 불편하게 만들다〉 Le climat l'*indispose*. 기후 때문에 그의 몸이 고르지 못하다.

◇ **~ ø** Un repas trop lourd *indispose*. 과식을 하면 몸이 거북해진다.

2° **~ N contre N** 〖문어〗 〈…에게 나쁜 감정을 품게 하다〉 Le professeur *a indisposé* toute la classe contre lui par ses méthodes autoritaires. 선생님은 너무 독선적인 태도로 해서 학급 전체의 반감을 샀다.

induire¹ 1° **~ qn en qc** (*qc*는 무관사명사) 〈…를 …로 끌어넣다〉 Pour couvrir le crime, il *a induit* la police en erreur. 그는 범죄를 감추기 위해 경찰을 속였다 (=…, il a trompé la police).

2° **~ qn à** Inf 〈…가 …하도록 꾀다〉 Ce mauvais garçon nous *a induit* à quitter le droit chemin. 이 악동이 바른 길에서 벗어나도록 우리를 꾀었다.

induire² 1° **~ qc de qc** 〈…로부터 …을 결론짓다, 귀납하다〉 Que peut-on ~ de faits aussi disparates? 이렇게 산만한 사실들로부터 어떤 결론을 내릴 수 있겠습니까?

2° **~ de qc que** P ind De ses observations sur les animaux, La Fontaine *induisait* qu'ils sont doués de raison. 라퐁텐은 동물들을 관찰한 결과 동물들이 사리를 분별할 줄 안다는 결론을 얻었다.

◇ de qc는 de là로 대치 가능함.

inférer 1° **~ N de N** 〈…에서부터 …을 추론하다〉 ~ une conséquence d'une constatation 어떤 사실의 확인에서부터 어떤 결과를 추론하다.

2° **~ que** P ind **de ce que** P ind La police *a inféré* de ce que le suspect avait une jambe de bois que c'était bien lui l'assassin. 경찰은 피의자가 의족을 하고 있다는 사실로부터 암살자가 틀림없이 그라는 것을 추론했다. De ce qu'il avait une jambe de bois, la police *a inféré* qu'il était l'assassin. (위와 같은 뜻).

3° **~ de N que** P ind/subj (주절이 부정 또는 의문일 때) On ne peut pas ~ de l'enquête que le jardinier est[soit] l'assassin. 그 조사 결과로부터 정원사가 살인자라는 것을 추리해낼 수는 없다.

4° **~** Inf **de** Inf De me retrouver au sud de la ville *j'infère* avoir pris la fausse direction. 내가 다시 도시 남쪽으로 되돌아왔다는 사실로부터 나는 방향을 잘못 잡았다고 추론해 냈다.

infliger 1° ~ N à N 〈(벌·형을) 과하다〉 ~ à qn une amende …에게 벌금을 과하다. ~ à qn une peine …에게 고통을 주다.
2° ~ à N de Inf 〈(…할 것을) 강요하다〉 ~ à qn d'y aller …에게 거기 갈 것을 강요하다.
◇ ~ un démenti à N 〈결정적으로 …이 그릇되다고 단정하다〉 Les événements *ont infligé* un cruel démenti à notre optimisme. 그 사건들은 우리의 낙관주의가 틀렸음을 단적으로 보여 주었다.

informer I. 1° ~ qn 〈…에게 알리다, 통지하다〉 *Avez*-vous déjà *informé* le proviseur? 당신은 교장 선생님께 이미 알렸습니까?
2° ~ qn de qc 〈…에게 …을 알려주다〉 Il nous *a informé* par télégrammes de son arrivée. 그는 전보로 우리에게 도착을 알렸다. Il *a été informé* des difficultés. 그는 난점들을 통고받았다.
3° ~ qn que P ind On nous *a informé* que les magasins seront fermés jeudi 15 août. 우리는 8월 15일 목요일에는 상점이 닫힌다는 것을 알았다.
4° ~ (contre qn) 〈…의 죄상을 보고하다〉 Dans ce système les enfants sont encouragés à ~ contre leurs propres parents. 이런 조직속에서는 애들이 자기 부모들의 죄상을 보고하도록 되어 있다.
II. 1° s'~ 《변화》〈알아보다〉 Cherchez à *vous* ~ avant de décider. 결정하기 전에 알아보도록 하세요.
2° s'~ de qc 〈…에 대해 알아보다〉 *Informez-vous* du prix. 가격을 알아 보세요. Il *s'est informé* de votre santé. 그는 당신의 건강상태를 문의했다. Je suis allé à la gare pour *m*'~ de l'heure du train. 나는 기차시간을 알아보러 역에 나갔다.
3° s'~ (auprès de qn) P(int. ind.) 〈(…에게) …인지의 여부를 알아보다〉 *Informez-vous* auprès de lui s'il a l'intention de venir. 그에게 올 의사가 있는지 알아 보세요.

ingénier(s') s'~ à/pour Inf《변화》〈…하려고 이리저리 궁리하다, 애쓰다〉 Ils *se sont ingéniés* à (=Ils ont cherché un moyen habile pour) nous sortir d'embarras. 그들은 우리를 곤경에서 구해주기 위해 이리저리 궁리를 해 보았다.

ingérer 1° ~ qc 〈(약, 음식을) 먹다, 삼키다〉 ~ un médicament 약을 먹다.
2° s'~ dans qc 《변화》〈…에 간섭하다, 참견하다〉 Il *s'ingère* souvent dans la vie d'un ami sous prétexte de lui rendre service. 그는 도와준다는 핑계로 친구의 생활에 자주 참견을 한다.

initier 1° ~(N) à N 〈(최초로) 가르쳐주다, 소개하다〉 ~ qn à la philosophie …에게 최초로 철학을 가르쳐주다.
2° ~(N) à ce que P subj/à Inf 〈(…하는) 비결을 깨우쳐 주다〉 Ce manuel a pour but d'~ les élèves à ce qu'ils s'expriment [à s'exprimer] correctement. 이 교과서는 학생들에게 명확한 자기 의사 표시의 비결을 가르쳐 주는 것을 목적으로 한다.

inquiéter 1° ~ qn 〈…를 불안하게 하다, 걱정시키다; 성가시게 굴다〉 L'état de santé de ma mère m'*inquiète* beaucoup. 어머님의 건강 상태가 몹시 걱정된다. Il *a été inquiété* par la police. 그는 경찰에 쫓겼다.
2° s'~ 《변화》〈불안해지다, 걱정하다〉 Je *m'inquiète*, car je n'ai reçu aucune lettre de lui. 그는 불안하다. 왜냐하면 그로부터 편지를 한장도 못 받았기 때문이다.
3° s'~ de qc 〈…을 걱정하다; 알아보다〉 Ne *vous inquiétez* pas du retard du bateau. 배가 늦는다고

걱정하지 마세요. Je *me suis inquiété* de (=renseigné sur) l'heure d'arrivée du bateau. 나는 배의 도착 시간을 알아봤다.
4° s'~ de Inf Il *s'inquiète* de ne pas la voir rentrer. 그는 그녀가 돌아오는 것을 보지 못할까봐 걱정이다. Elle *s'inquiète* de ne pas avoir reçu de nouvelles de son mari. 그녀는 남편으로부터 소식이 없어 불안해한다.
5° s'~ que P subj Il *s'inquiète* qu'on ne lui réponde pas. 그는 답장이 없어 근심한다.
◇ s'~ de ce que P ind/subj Elle *s'inquiète* de ce que le facteur n'est [ne soit] pas encore arrivé. 그녀는 우체부가 아직 오지 않아서 걱정한다.
6° s'~ P(int. ind.) 〈…인지 아닌지 알아보다〉 T'es-tu *inquiété*(= T'es-tu renseigné) s'il y avait un train ce soir? 너 오늘 저녁에 기차가 있는지 알아봤니 ?

inscrire 1° ~ N qp 〈(…에) 적어 두다; 가입시키다〉 ~ un rendez-vous sur son carnet 만날 약속을 수첩에 적어 두다. ~ un enfant à l'école 아들을 학교에 입학시키다.
2° ~ qp que P ind/subj /P(int. ind.)/Inf 〈(…임을) 알리다, 명시하다〉 Il *a inscrit* au tableau que le cours commencerait demain [avoir réparé du chauffage]. 그는 강의가 내일 시작할 것임을 [난방수리를 했다고] 게시판에 명시해 놓았다. Il *a inscrit* au tableau à combien s'élevaient les frais de réparation du chauffage. 그는 난방 수리비가 얼마로 올랐는가를 게시판에 알려 놓았다.
3° s'~ qp (변화) 〈(…에) 속하다, 자리잡다〉 Le projet *s'inscrit* dans le cadre d'une réforme générale. 그 계획은 전반적 개혁에 속한다. s'~ à la faculté 대학에 등록하다.
◇ s'~ **en faux contre qc** 〈…을 부정 〔반박〕 하다〉 Il *s'inscrit* en faux contre tous les bruits qui courent sur lui. 그는 그에 대한 모든 풍문을 부인했다.

insinuer I. 1° ~ N qp 〖드물게〗 〈…에 끼워 넣다〉 Le médecin *a insinué* une sonde dans le cœur. 의사는 소식자를 심장에 끼워 넣었다.
2° ~ N (par qc) 〈의미하다〉 Que voulez-vous ~ par là? 그것은 무얼 의미하는 것입니까?
3° ~ que P ind/subj; ~ Inf (주절이 부정 혹은 의문일 때 *subj*) 〈암시하다, 넌지시 말하다〉 Je n'*insinue* pas qu'elle puisse [peut, pourrait] le faire. 나는 그녀가 그것을 할 수 있다는 것을 암시하는 것이 아니다.
4° ~ que P ind 〈완곡하게 표현하다〉 Il *a insinué* qu'il ne viendrait peut-être plus. 그는 아마도 더 이상 오지 않을 것이라는 것을 완곡하게 돌려 얘기했다.
5° ~ N à N 〖문어〗 〈암암리에 (…라는 생각이) 머리에 젖게 하다〉 Ils vous *ont insinué* cette opinion. 그들은 암암리에 당신이 이 견해를 갖게끔 만들었다.
II. 1° qc s'~ qp (변화) 〈스며들다, 배어들다〉 L'eau *s'insinue* dans le sol. 물이 토양 속에 스며든다.
2° qn s'~ qp 〈슬그머니 끼어들다; 용케 환심을 사다〉 s'~ dans une conversation 대화에 슬며시 끼어들다. s'~ dans les bonnes grâces de qn …의 환심을 사다. s'~ dans la foule 군중 속에 비집고 들어가다.

insister 1° ~ (sur N) 〈(…을) 강조하다〉 ~ sur ce point 이 점을 강조하다.
2° ~ (pour que P subj) 〈…을 역설하다, 강요하다〉 Ils *insistent* pour qu'elle participe à la réunion. 그들은 그녀가 모임에 참석할 것을

강요했다.

3° ~ pour Inf 〈…을 (하겠다고) 고집하다〉 ~ pour lui parler 그에게 말하겠다고 고집부리다.

4° ~ pour N 〈…을 계속 요구하다, 간청하다〉 J'*ai insisté* pour la réponse. 나는 대답해 줄 것을 계속 요구했다.

inspirer[1] ~ de l'air 〈공기를 불어넣다〉 ~ de l'air dans les poumons d'un noyé 물에 빠진 사람의 폐에 공기를 불어넣다.

◇ ~ ø 〈숨을 들이마시다〉 *Inspirez* profondément, puis expirez doucement. 숨을 깊이 들이마시세요. 그리고 나서 천천히 숨을 내쉬세요.

inspirer[2] 1° ~ qc 〈불러 일으키다, 품게 하다〉 Le ressentiment *a inspiré* ses propos. 원한이 그를 결심하게 했다.

2° ~ qn 〈(…에게) 영감을 주다, 영감을 일으키다〉 Les poètes symbolistes *ont inspiré* Debussy. 드뷔시는 상징주의 시인에게서 착상을 얻었다.

3° ~ qc à qn 〈…에게 …을 불러 일으키다〉 Le maître lui *inspirait* le respect. 선생님은 그에게 존경심을 불러일으켰다. L'état du malade *inspira* de l'inquiétude à sa famille. 환자의 용태에 대해 가족은 불안해했다. Le projet lui *fut inspiré* par un de ses collègues. 그는 자기 동료 중의 한 사람에게서 그 계획의 착상을 얻었다.

4° ~ à qn de Inf 〈…에게 …할 마음을 일으키다〉 Ses amis lui *ont inspiré* de retenter l'examen. 그의 친구들은 그에게 다시 응시해 보도록 응원했다.

5° s'~ de qn/qc 《변화》〈…로 부터 영감을 받다〉 Bossuet *s'est inspiré* de la Bible. 보쉬에는 성경에서 영감을 얻었다. Les poètes symbolistes *se sont inspirés* de Baudelaire. 상징주의 시인들은 보들레르에게서 영감을 받았다.

installer 1° ~ qc/qn 〈설치하다; 거주시키다〉 On *installe* dans la région une usine métallurgique. 그 지역에는 제련소가 설치된다. Il *a installé* sa famille à Lyon. 그의 가족은 리옹에 자리 잡았다. Leur appartement *est* bien mal *installé*. 그들의 아파트는 아주 잘못 꾸며졌다.

◇ ~ ø (-).

2° s'~ 《변화》〈자리잡다, 정착하다〉 Ils sont allés *s'~* à Paris. 그들은 파리로 가서 자리잡았다. Nous *nous sommes installés* à l'hôtel. 우리는 호텔에 묵었다.

instruire 1° ~ qn 〈가르치다, 교육하다〉 Elle *instruit* de jeunes élèves dans une école du quartier. 그녀는 동네 학교에서 어린 학생들을 가르친다. Je *suis instruit* par l'expérience. 나는 경험으로 배운다.

2° ~ qn à qc/Inf 〈…에게 …를 가르치다〉 Il *instruisait* progressivement ses élèves à la lecture de l'ancien français. 그는 단계적으로 학생들에게 고대불어를 가르쳤다.

3° ~ qn de qc 〈…에게 …을 알리다, 통지하다〉 Il m'*a instruit* de votre désir de collaborer à cet ouvrage. 그는 내게 당신이 이 일에 함께 참여하기를 원하고 있음을 알려주었습니다. Il n'*a pas été instruit* des décisions. 그에게는 그 결정이 통지되지 않았다.

4° s'~ 《변화》〈공부하다, 교양을 쌓다〉 Elle cherche à *s'~*. 그녀는 배우려고 노력한다.

5° s'~ (auprès de qn) de qc 〈(…에게) …을 문의하다〉 Il *s'est instruit* auprès d'un employé de l'heure du train. 그는 직원에게 기차시간을 문의했다.

insulter 1° ~ qn 〈경멸하다, 무시하다〉 Je n'avais pas l'intention de vous ~. 나는 당신을 모욕할 생각은 없었읍니다.

interdire

2° ~ à qn/qc 〚문어〛〈…을 멸시하다, 모욕하다〉 Ces propos *insultent* à la misère des gens. 이 말은 사람들의 비참한 생활을 모욕하는 것이다.

interdire 1° ~ qc 〈금지하다〉 Le Saint-Siège a formellement *interdit* la lecture des livres groupés dans Index. 교황청은 금서목록에 들어 있는 책을 읽는 것을 엄금했다. Le journal *a été interdit* pendant deux mois. 그 신문은 두 달간 정간처분을 받았다.

2° ~ qc à qn 〈…에게 …을 금하다〉 Le médecin lui *a interdit* le café pendant quelques mois. 의사는 그에게 몇 달동안 커피를 금했다. L'accès du bureau *est interdit* aux personnes étrangères. 외부인에게는 사무실 접근이 금지되어 있다.

3° ~ à qn de Inf 〈…에게 …하는 것을 금하다〉 Son père lui *interdit* de sortir. 그의 아버지는 그에게 외출을 금지한다. Il *est interdit* de pêcher ici. 이곳에서는 낚시가 금지되어 있다. Il *est interdit* d'ouvrir la portière pendant la marche du train. 기차가 달리는 동안에는 승강구의 문을 여는 것이 금지되어 있다.

4° ~ que P subj 〈금지하다〉 Le maire *a interdit* qu'on vende des pétards. 시장은 폭죽판매를 금지했다. Il *est interdit* qu'on vende des pétards. 폭죽판매는 금지되어 있다.

◇ que P에는 드물게 ne explétif를 사용하기도 한다: pour ~ qu'on n'exploite sa mort 자기 죽음이 이용당하지 않도록.

intéresser¹ 1° ~ qn/qc 〈영향을 미치다, (…에) 관계하다, 적용되다〉 Le plan économique *intéresse* l'avenir du pays. 경제계획은 국가의 장래에 영향을 미친다. Les nouveaux règlements *intéressent* les automobilistes. 새 규정은 자동차 운전수에게 적용된다.

2° ~ qn à/dans qc 〈…에서 …에게 이익을 얻게 하다〉 Le patron *a intéressé* son fils à son commerce. 주인은 자기 아들을 자기 장사에 참여시켰다. *être intéressé* aux bénéfices 이익분배에 한몫 끼다.

intéresser² 1° ~ qn 〈…에게 흥미를 끌다, 호기심을 돋구다〉 La littérature française m'*intéresse* beaucoup. 프랑스 문학은 몹시 내 흥미를 끈다.

◇ 1) ~ ø (-).

2) 주어가 Inf[que P subj]인 경우 분리구문 가능: Cela m'*intéresse* de Inf[que P subj].

2° ~ qn à qc 〈…에서 …의 관심을 끌다, …에게 흥미를 갖게 하다〉 Tâchez de l'~ à cette affaire. 그가 이 일에 관심을 갖도록 해 보세요.

3° s'~ à qn/qc 《변화》 〈…에 관심을 가지다, 흥미를 느끼다〉 Je m'*intéresse* à ce jeune homme. 나는 이 젊은이에게 관심이 있다. Elle s'*intéresse* beaucoup à la peinture abstraite. 그녀는 추상화에 관심이 많다.

◇ à qn은 약세 보어인칭대명사로 대치될 수 없으며, à qc는 y로 대치된다: Il s'*intéresse* beaucoup [trop] à elle. 그는 그녀에게 관심이 많다. Il s'y[à la peinture] *intéresse*. 그는 거기에[그림에] 흥미를 느낀다.

interroger 1° ~ N (sur N) 〈(…에 대해) 질문하다; 신문하다〉 ~ un témoin sur le déroulement d'un accident 사건 경위에 대해 증인을 신문하다. ~ un écrivain 작가에게 질문하다.

2° ~ N 〈조사하다; 더듬어 찾아내다; 참작하다〉 ~ le passé 과거를 조사하다. ~ la mémoire 기억을 더듬다. ~ la conscience 양심의 소리에 귀를 기울이다.

3° s'~ sur N 《변화》 〈(미심쩍어) 반문하다〉 Il s'*interroge* lui-même

sur la valeur ce qu'il a écrit. 그는 자신의 글의 가치에 대해 반문해 본다.

intervenir 1° qc ~ Adv 〈일어나다, 행해지다〉 Un accord *est intervenu* entre la direction et les grévistes. 경영자측과 파업자 사이에 합의가 이루어졌다.
2° qn ~ (dans N) 〈…에 참여하다; 출동하다〉 Les pompiers *interviennent* pour éteindre l'incendie. 소방수가 불을 끄기 위해 출동한다. ~ dans les affaires intérieures d'un Etat 국가의 내정에 간섭하다.
3° qn ~ auprès de N (en faveur de N) 〈(…을 위해) …에게 손을 쓰다, 영향력을 발휘하다〉 Le père *est intervenu* auprès du proviseur en faveur de son fils. 아버지는 아들을 위해 교장에게 손을 썼다.

introduire 1° ~ N(qp) 〈넣다; 수입하다; 안내하다〉 ~ la clef dans la serrure 열쇠를 열쇠 구멍에 넣다. ~ une nouvelle terminologie 새로운 학술 용어를 도입하다.
2° ~ (qn) à qc 〈(…에 대해) 소개하다; 알려 주다〉 Ce livre *introduit* à la linguistique. 이 책은 언어학에 대해 소개하고 있다. Il m'*a introduit* aux subtilités de ce jeu. 그는 나에게 이 놀이의 까다로운 규칙에 대해 알려 주었다.
3° s'~ (qp) 《변화》〈침입하다; 도입되다; 야기되다〉 Le voleur *s'est introduit* dans la maison. 도둑은 집안에 몰래 침입했다. Ces nouvelles techniques *se sont introduites*. 이 새로운 기술들이 도입되었다.

inventer 1° ~ N 〈창조하다, 발명하다〉 ~ un médicament 약제를 발명하다.
2° ~ que P ind 〈…라고 거짓으로 꾸며대다〉 Il *a inventé* que son train avait du retard. 그는 기차가 연착했었노라고 거짓말을 했다.
3° ~ de Inf 〈…할 생각을 갖다〉 Il *a inventé* de partir en montagne sans guide. 그는 안내자 없이 등산할 생각을 했다.

irriter 1° qc ~ (qc) 〈자극하다; 염증이 생기게 하다〉 Cet acide *irrite* la peau. 이 산은 피부를 자극한다. Ce savon *irrite*. 이 비누는 자극적이다. La fumée des cigarettes *irrite* la gorge. 담배 연기가 목에 염증을 일으킨다.
2° ~ qn/qc de qn 〈화나게 하다, 성가시게 하다, 신경을 날카롭게 만들다〉 N'*irrite* pas ce chien. 이 개를 귀찮게 굴지 말아라. Rien ne l'*irrite* plus que la nonchalance. 무기력보다 더 그를 화나게 하는 것은 없다.
3° qn s'~ (contre qn) 《변화》〈(…에게) 화를 내다〉 Il *s'irrite* facilement. 그는 화를 잘 낸다. Il *s'irrite* contre n'importe qui. 그는 아무에게나 화를 낸다.
4° qn s'~ de qc 〈…에 대해 화를 내다〉 *s'*~ du retard des invités 손님들의 지각에 대해 화를 내다.
5° qn s'~ de ce que P ind/subj 〈…때문에 화를 내다〉 *s'*~ de ce que le retard du tram lui fait manquer son train 전차의 연착으로 기차를 놓치게 되어 화를 내다.
6° qn s'~ de Inf 〈…하여 화를 내다〉 *s'*~ de voir qu'on ne le comprend pas 사람들이 그를 이해하지 못하는 것을 알고는 화를 내다.

isoler 1° ~ N (de N) 〈(…으로부터) 고립시키다, 떼어놓다〉 ~ un malade contagieux 전염병 환자를 격리시키다. ~ une phrase de son contexte 문맥에서 한 문장을 따로 떼어놓다.
2° ~ (N) 〈(전기를) 절연하다〉 ~ un fil électrique 전선을 절연시키다. Le bois *isole* bien. 나무는 절연이 잘 된다.

J

jeter 1° ~ qc/qn 〈던지다; 퍼뜨리다; 빠뜨리다〉 Les enfants s'amusent à ~ des pierres dans l'étang. 애들은 연못에 돌을 던지면서 논다. Il m'*a jeté* à terre. 그는 나를 땅바닥에 내동댕이쳤다. Il *a jeté* un cri. 그는 소리를 쳤다. J'ai *jeté* un coup d'œil sur ce papier. 나는 이 서류를 한번 훑어보았다.
◇ ~ ø(+).
2° ~ qc à qn 〈…에게 …을 던져주다〉 Le garçon *a jeté* une banane au singe. 그 소년은 원숭이에게 바나나를 하나 던져주었다.
3° se ~ SP 《변화》 (1) se ~ à qc 〈…에 뛰어들다, 달려들다〉 Elle *s'est jetée* à mon cou. 그녀는 내 목을 껴안았다. Elle *s'est jetée* à l'eau. 그녀는 물에 뛰어들었다.
(2) se ~ dans qc Les enfants *se jetèrent* dans les bras de leur père qui rentrait de voyage. 애들은 여행에서 돌아온 아버지의 품에 달려들었다. Le Marne *se jette* dans la Seine. 마른강은 센강으로 흘러든다. Un voyageur essoufié *s'est jeté* dans l'express qui partait. 숨을 헐떡이며 한 승객이 막 달리는 급행열차를 잡아탔다.
(3) se ~ devant qc Le malheureux *s'est jeté* devant le train. 그 불행한 남자는 열차에 뛰어들었다.
(4) se ~ sur qc/qn 〈…에게 덤벼들다〉 Deux gendarmes *se jetèrent* sur lui. 두 헌병이 그에게 달려들었다. Les clients *se sont jetés* sur les nouveautés. 고객들이 최신유행품들을 사러 몰려들었다.

joindre I. 1° ~ qc/qn 〈합치다, 결합시키다, 합류하다〉 *Joignons* nos efforts (=Travaillons ensemble). 함께 힘을 합쳐 일해봅시다. Le chrétien qui prie Dieu *joint* les mains. 기독교인은 신에게 기도할 때 손을 모은다. J'ai essayé en vain de le ~ par téléphone. 나는 그에게 전화연락을 하려 했으나 허사였다.
2° ~ qc à qc 〈…에 …을 첨가하다, 첨부하다〉 *Joignez* ce témoignage aux autres. 이 증언을 다른 증언에 첨가시키시오. Je *joins* à cette lettre un chèque de cent francs. 나는 이 편지에 100 프랑짜리 수표를 동봉한다. Une prime *a été jointe* au salaire. 보너스가 봉급에 가산되었다.
3° ~ 〈맞다, 들어맞다〉 La porte du placard *joint* mal. 벽장문이 잘 안 맞는다.
II. 1° se ~ 《변화》 〈합해지다; 맺어지다〉 Leurs mains *se joignent*. 그들 손이 합쳐진다.
2° se ~ (à qn) pour Inf 〈…하기 위해 (…와) 합류하다〉 Il *s'est joint* à nous pour la visite de la cathédrale. 그는 성당을 구경가기 위해 우리와 합류했다.
3° se ~ à qc 〈…에 가담하다, 참가하다〉 Il *s'est joint* au cortège. 그는 행렬에 끼었다. Nous *nous sommes joints* au débat. 우리는 토론에 참여했다.

jouer 1° ~ 〈놀다, 장난하다; 승부하다〉 Cet enfant ne pense qu'à ~. 이 아이는 놀 생각만 한다. Deux acteurs français *jouaient* dans ce film étranger. 프랑스 배우 두 사람이 이 외국 영화에 출연했다.
2° ~ SP (1) ~ avec qn/qc 〈…를 갖고[…와] 놀다〉 *Joue* avec ton

frère. 네 형하고 놀아라. Il *joue* avec le feu(=Il s'expose à des risques). Elle *joue* avec la santé. 그녀는 건강을 돌보지 않는다.
(2) ~ **de qc**(*qc*는 악기 또는 도구)〈연주하다, 사용하다〉Votre oncle *joue* admirablement du violon. 당신 아저씨는 바이올린을 썩 잘 연주한다.
(3) ~ **sur qc** 〈…놀이를 하다〉Shakespeare aime ~ sur les mots. 셰익스피어는 재담하기를 좋아한다.
(4) ~ **à qc** (*qc*는 경기 또는 놀이)〈경기[놀이]를 하다〉Les enfants *jouent* à cache-cache[aux soldats]. 애들은 숨바꼭질 놀이를[군대놀이를] 한다. Nous *jouons* au tennis pendant une heure. 우리는 한시간 동안 테니스를 친다.
3° ~ **qc/qn** 〈걸다; 연주하다; (희곡을) 상연하다; 역을 맡아하다; …인 체하다〉Il *a joué* une grosse somme d'argent. 그는 큰 돈을 걸었다. Elle *joue* une sonate[du Chopin]. 그녀는 소나타를[쇼팽의 곡을] 연주한다. Il *a joué* au piano un air de jazz. 그는 피아노로 재즈곡을 하나 연주했다. On *joue* ce soir une pièce de Corneille. 오늘 저녁에는 코르네이유의 작품을 공연한다. Il *a joué* un rôle important dans cette affaire. 그는 이 일에서 중요한 역할을 했다. Il *joue* les innocents [l'étonnement]. 그는 무죄인 척[놀라는 척]한다. Je veux ~ Alceste. 나는 알세스트역을 하고 싶다. J'ai été *joué* par un escroc. 나는 어느 사기꾼에게 속았다.
◇ ~ ∅(─).
4° **se ~** 《변화》〈행해지다; 상연되다; 연주되다〉Le bridge *se joue* à quatre. 브리지는 넷이서 한다. La pièce *se joue* à la Comédie-Française. 그 작품은 코메디 프랑제즈에서 공연되고 있다. La pièce *se joue* au piano. 이 곡은 피아노로 연주된다.
5° **se ~ de qn** 〖문어〗〈…을 놀리다, 속이다〉Elle *s'est jouée* de moi. 그녀는 나를 조롱했다.
jouir 1° ~ (**de N**)〈(…을) 즐기다, 향유하다, 누리다; 좋아하다, 만족해하다〉 ~ de la vie 삶을 즐기다. Il *jouit* d'une grande considération. 그는 대단히 존경받는다.
2° ~ **de ce que P subj** Il *jouit* de ce qu'on lui montre tant de respect. 그는 사람들이 그에게 그토록 존경을 표하는 것을 좋아한다.
3° ~ **que P subj** Elle *jouissait* qu'il fût haut placé à ses yeux par ses qualités propres. 그녀는 자기 면전에서 그가 그의 특성으로 인해 상석에 앉아 있는 것이 즐거웠다.
4° ~ **de Inf** Il *jouit* d'être considéré. 그는 존경받기를 좋아한다.
juger I. 1° ~ **qn/qc** 〈재판하다, 판단하다〉Le tribunal ne *jugera* pas cette affaire. 재판부는 이 사건을 다루지 않을 것이다. Le jury *a jugé* les candidats au concours. 심사원들은 경쟁시험의 응시자들을 심사했다.
◇ 1) ~ ∅ Le tribunal *a jugé*. 재판부는 판결을 내렸다.
2) ~ **qn/qc sur qc** 〈…를 보고 판단하다〉Il ne faut pas ~ les gens sur la mine(=sur l'apparence). 사람을 겉만 보고 판단해서는 안된다. Il est difficile de ~ la valeur de l'ouvrage sur ce seul extrait. 이 발췌부분에만 의거해서 저서의 가치를 평가하기는 어렵다.
2° ~ **qc Attr** (*Attr*는 형용사)〈…이 …하다고 판단하다, 생각하다〉*Jugez*-vous cela bien nécessaire? 당신은 그것이 아주 필요하다고 판단하십니까?
3° ~ **Attr de Inf** 〈…하는 것이 …하다고 판단하다〉Alors, je *jugeai*

juger

bon à propos de me sauver. 그때 나는 도망치는 것이 좋겠다고 판단했다.

4° ~ **Attr que P ind/subj** Je *juge* souhaitable qu'elle vienne. 나는 그녀가 오는 것이 바람직하다고 생각된다.

5° ~ **de qc/qn** 〈…을 판단하다; …을 평가하다〉 L'œil *juge* des couleurs. 눈은 색깔을 식별한다. Il ne faut pas ~ des gens sur les apparences. 사람을 외양으로만 판단해서는 안된다. Vous pouvez ~(= Vous rendre compte) de ma joie quand je la revis. 당신은 내가 그녀를 다시 보았을 때의 내 기쁨을 상상하실 수 있을 것입니다.

6° ~ **Inf** 〈…하다고 판단하다〉 J'ai *jugé* devoir le faire. 나는 그것을 해야 된다고 판단했다.

◇ Pron-Inf(−).

7° ~ **que P ind** 〈…라는 의견이다; 판단하다〉 Je *juge* qu'on m'a trompé. 나는 사람들이 나를 속였다고 판단된다. Le tribunal a *jugé* que l'accusé était coupable. 법정은 피고의 유죄를 판결했다.

◇ 1) 의문문, 부정문, 조건문에서는 que P subj[ind]를 씀: Il ne *juge* pas que votre travail est[soit] mauvais. *Juge*-t-il que vous devez [deviez] partir? Si vous *jugez* que je peux[puisse] m'en alle….
2) que P는 대명사로 대치 불가능함.

II. 1° se ~ 《변화》〈자기를 심판하다; 심판받다, 평가되다〉 Il *se juge* toujours avec une grande indulgence. 그는 늘 자기 자신에 대해서는 대단히 관대하다. Le procès *se jugera* à l'automne. 재판은 가을에 있을 것이다. Une décision politique *se jugera* à son efficacité. 정치적 결정은 그것의 효율성에 의해 평가된다.

2° se ~ **Attr** 〈자신을 …라고 생각하다〉 Il *se juge* perdu. 자기는 가망이 없다고 생각했다.

jurer 1° ~ SP (1) ~ **avec/entre qc** 〈…와 잘 어울리지 않는다〉 Sa toilette *jure*(=s'accorde mal) avec son physique. 그녀의 화장은 체격과 어울리지 않는다. Ces deux couleurs *jurent* entre elles. 이 두 색깔은 어울리지 않는다.

(2) ~ **de qc** 〈…을 맹세하다, 확언하다〉 Il ne faut ~ de rien. (Musset) 장래 일을 장담해서는 안된다. J'en *jurerais*. 그것은 틀림없다.

(3) ~ **par qn/qc** 〈…을 맹목적으로 찬양하다, 믿다〉 Il ne *jure* que par Sartre(=Il l'admire beaucoup). 그는 사르트르만 떠받든다. Aujourd'hui on ne *jure* plus que par les antibiotiques. 요새는 항생제에만 매달린다.

2° ~ **qc à qn** 〈…에게 …을 맹세하다〉 Il lui *jura* une loyauté fidèle. 그는 그에게 변함없는 충성심을 맹세했다.

3° ~ **de Inf** 〈…하겠다고 맹세하다, 약속하다(=promettre)〉 Il *jura* de ne plus boire d'alcool. 그는 앞으로는 술을 안 마시겠다고 맹세했다.

4° ~ **Inf**(passé) 〈…했다고 단언하다〉 Il *jura* avoir dit la vérité. 그는 진실을 말했다고 단언했다.

5° ~ **que P ind** 〈…을 맹세하다; 증언하다〉 Le jour du mariage, les époux *jurent* qu'ils seront fidèles l'un à l'autre. 결혼식날 부부는 서로에게 충실할 것을 맹세한다. Il *jure* qu'il a vu cet homme devant la maison. 그는 그 사람을 집 앞에서 보았다고 증언한다.

6° ~ **qn que P ind**(*qn*은 주로 sa foi 또는 le ciel, ses grands dieux) 〈…을(…라고) 천지신명 앞에 맹세하다〉 Il *jura* ses grands dieux qu'il n'était pas au courant. 천지신명께 맹세코 그는 정말 몰랐다고 말했다.

7° N(pl) se ~ **qc** 《가변》〈서로

…을 맹세하다〉 Ils *se sont juré* un amour éternel. 그들은 서로 영원한 사랑을 약속했다.

justifier 1° ~ **de qc/qn** 〈…을 증명하다, …의 구체적 증거를 대다〉 Il *a justifié* de sa présence en cet endroit(=Il en a donné la preuve). 그는 그 자리에 있었다는 것을 증명했다. Il *a justifié* de (son emploi de) ces trois secrétaires. 그는 이들 세 사람을 비서로 채용한 데는 이유가 있음을 분명히 했다.
2° ~ **qc/qn** 〈정당화하다, 변명하다〉 Comment *justifierez*-vous votre conduite? 당신의 처신을 어떻게 정당화하렵니까?
3° ~ **qn de qc** 〈…의 무죄를 증명하다〉 ~ *qn* de son crime …의 무죄를 증명하다. Il *a été justifié* de ce crime (=Son innocence a été prouvée). 그는 그 죄를 범하지 않았음이 증명됐다.
4° ~ **que P ind** 〈(…의 진실성을) 증명하다〉 Je suis prêt à ~(=prouver) que je suis son père. 나는 내가 그의 아버지라는 사실을 증명할 준비가 되어 있다.
5° **se** ~ 《변화》 〈자기의 무죄를 증명하다; 적합하다, 정당하다〉 Il doit *se* ~ devant ses accusateurs. 그는 고발자들 앞에서 자신의 무고함을 증명해야 한다. De tels propos ne *se justifient* en cette occasion. 그런 말은 이 경우에는 적합하지 않다.

L

laisser 1° ~ qn/qc 〈남겨두다; 맡기다〉 Quand nous allons au cinéma le soir, nous *laissons* les enfants à la maison. 저녁에 영화관에 갈 때 우리는 애들을 집에 남겨둔다. *J'ai laissé* ma valise à la consigne. 나는 여행가방을 수하물 보관소에 맡겼다. *Laisse* des fruits pour ce soir. 저녁에 먹게 과일을 남겨두어라. *J'ai laissé* mes gants chez lui. 나는 장갑을 그의 집에 두고 왔다.
◇ ~ ø(-).

2° ~ qn/qc Attr 〈…을 …인 채로 그대로 두다〉 *Laisse* ta sœur tranquille. 네 누이를 가만히 내버려 두어라. *J'ai laissé* la porte ouverte. 나는 문을 열린 채로 두었다. Le prévenu *a été laissé* en liberté. 피고인이 석방되었다.

3° ~ qn/qc à qn 〈…에게 …을 맡기다; 남겨주다; 양도하다〉 Il *a laissé* à ses enfants de grands biens. 그는 자식들에게 많은 재산을 남겨주었다. Je vous *laisse* ceci pour mille francs. 이것을 1,000 프랑에 드리겠소.

4° ~ à Inf 〈…할 여지를 남겨놓다〉 Ce travail *laisse* à désirer. 이 일은 완벽하게 되지 않았다. Je vous *laisse* à penser quelle fut notre joie. 우리 기쁨이 어떠했는지 생각 좀 해 보세요.

5° ~ (à qn) qc à Inf 〈(…에게) …을 하도록 내버려 두다, 맡기다〉 Je *laisse* une balle à renvoyer à mon partenaire. 나는 상대편에게 공이 굴러가도록 내버려둔다. Je te *laisse* à deviner sa réaction. 그의 반응이 어떠했는지 네가 알아맞추어 보아라. Je te *laisse* mes affaires à garder. 나는 내 옷가지들을 네가 보관하도록 맡긴다. Je lui *laisse* ma voiture à réparer. 내 차를 수리하도록 그에게 맡긴다.

6° ~ qn/qc Inf 〈…이 …하게 내버려두다〉 Il *laisse* tout le monde entrer. 그는 모두 다 들어오게 내버려둔다. Il *a laissé* un verre tomber. 그는 잔을 하나 떨어뜨렸다.

◇ 1) Inf 가 자동사이면 ~ Inf qn/qc 도 가능: *Laisse* jouer les enfants. 애들이 놀게 내버려두어라.

2) Inf 가 타동사일 때 Inf 의 주어가 후치되면 à/par N 으로 사용한다: *J'ai laissé* ces jardiniers planter des choux.→*J'ai laissé* planter des choux à〔par〕 ces jardiniers. 나는 이 정원사들이 양배추를 심도록 내버려두었다. On *a laissé* les ennemis envahir le pays.→On *a laissé* envahir le pays par les ennemis. *J'ai laissé* mon fils faire ce qu'il a voulu.→*J'ai laissé* faire ce qu'il a voulu à mon fils.

3) Inf 의 주어는 Inf 가 자동사일 때는 항상 직접보어 형태의 약세보어인칭대명사로 대치되고 Inf 가 타동사일 때는 직접보어 또는 간접보어 형태의 약세보어인칭대명사로 대치되며, laisser 가 복합시제일 때 과거분사는 인칭대명사와 일치시키거나 또는 그대로 둔다: *J'ai laissé* ma sœur partir.→Je l'*ai laissé(e)* partir. Je les *ai laissé(s)*〔Je leur *ai laissé*〕 faire tout ce qu'ils ont voulu.

4) Inf 의 주어는 명사이고, 목적보어가 보어인칭대명사로 대치되면 보어인칭대명사는 Inf 직전에 위치시키거나 또는 보어인칭대명사 +~

Inf par/à qn/qc의 구문을 사용하고 과거분사는 보어인칭대명사와 절대로 일치시키지 않는다:J'ai laissé ta sœur chanter la Marseillaise.→J'ai laissé ta sœur la chanter. →Je l'ai laissé chanter par〔à〕 ta sœur.

5) Inf의 주어와 목적보어가 동시에 대명사화되면 두가지 위치가 가능하다:Je laisse les enfants apprendre le français.→Je les laisse l'apprendre.→Je le leur laisse apprendre. 《두개의 보어인칭대명사가 laisser와 결합하게 되면 Inf의 주어를 반드시 간접보어형태로 사용한다:Laissez-le-leur apprendre./Laissez-les l'apprendre. Ne le leur laissez pas apprendre./Ne les laissez pas l'apprendre.

6) ~ qn/qc ø Tu as laissé partir Marie? —Oui, je l'ai laissée. 너는 마리를 떠나게 내버려두었니? —예, 그랬어요.

7) ~ ø Inf Il laisse (les gens) partir. 그는 사람들을 떠나게 내버려 두었다.

8) ~ ø ø(—), Pron-Inf(—).

9) Inf의 주어가 관계대명사화되면 que가 아니라 qui를 사용한다:les jardiniers à〔par〕 qui j'ai laissé planter des choux 양배추를 심도록 내가 내버려둔 정원사들.

10) 대명동사가 Inf로 올 때 Inf의 주어는 항상 직접보어형태의 인칭대명사로 사용한다:Il les a laissé s'accrocher à lui. 그는 그들이 자기에게 귀찮게 매달리는 것을 내버려두었다. 《se의 생략 ⇨verbes pronominaux III, 2°》.

7° **ne pas ~ de Inf** 〖문어〗〈…하지 않고는 못 배기다; 여전히 …하다〉 Il est pauvre, mais il ne laisse pas d'être généreux(=mais il n'en est pas moins généreux). 그는 가난하지만 마음이 너그럽다. Cela ne laisse pas de m'inquiéter. 그래도 마음이 안 놓인다.

8° **se ~ Inf** (1) **qn se ~ Inf(par qn)**〈(…가) …하는 대로 몸을 내맡기다, 가만히 있다〉 Pierre se laisse insulter par Paul. 피에르는 폴에게 욕을 먹고도 가만히 있는다. Il s'est laissé frapper. 그는 가만히 얻어 맞기만 했다(=Il a été vaincu sans opposer assez de résistance). Dans la célèbre entrevue avec Tartuffe, Elmire fait semblant de se ~ séduire. 타르튀프와 만나는 유명한 장면에서 엘미르는 유혹에 빠진 척한다.

(2) **qc se ~ Inf** 〖구어〗 〈…할 수 있다〉 Ce vin se laisse boire. 이 포도주는 먹을 수 있다. Ce film se laisse voir. 이 영화는 재미있게 볼 수 있다.

◇ **qn se ~ Inf** 〈…하는 대로 몸을 맡기다〉 Pourquoi te laisses-tu aller comme ça? 너는 왜 그렇게 되는대로 지내니? Il se laisse aller dans un fauteuil. 그는 안락의자에 힘없이 주저앉는다.

(3) **qn se ~ Inf par qc** Pierre se laisse décourager par la longueur de ce travail. 피에르는 이 일이 오래 걸려서 맥이 빠진다.

(4) **qn se ~ Inf qc(par/de qn)** Il s'est laissé imposer ce travail. 그는 남이 강요하는 대로 이 일을 맡았다.

◇ 1) **qn se ~ Inf à qn(par/de qn)** Marie se laisse recommander à Jacques par Paul. 마리는 폴이 자기를 자크에게 추천하는 대로 내버려둔다.

2) 과거분사는 se가 Inf의 주어인 경우에는 대체로 일치시키나 강제적은 아니다. 그 이외의 경우는 불변이다:Ils se sont laissé(s) glisser. 그들은 미끄러졌다. Elle s'est laissé tromper. 그녀는 속아 넘어갔다. Ces amis se sont laissé diviser par la politique. 정치문제로 그 친구들 사이가 벌어졌다.

lamenter(se) 1° se ~ (de/sur N) 《변화》〈(…을) 한탄하다, 탄식하다, 슬퍼하다〉 Il *se lamente* sur son sort. 그는 자기의 운명을 한탄한다.
2° **se ~ de ce que P ind/subj** Il *se lamente* de ce qu'il est〔soit〕incompris. 그는 자신이 인정받지 못함을 슬퍼한다.
3° **se ~ de Inf** Il *se lamente* de devoir rester à la maison. 그는 집에 남아 있어야 한다는 것을 몹시 못마땅해한다.

lancer 1° ~ **qc/qn**〈던지다; 발사하다; 세상에 내놓다〉J'*ai lancé* le journal par la fenêtre. 나는 창문으로 그 신문을 내던졌다. La France *a lancé* plusieurs fusées. 프랑스는 여러 개의 로케트를 발사시켰다. Le fabricant de savon *a lancé* un nouveau produit. 비누 제조회사는 신제품을 내놓았다. Flaubert *a lancé* Maupassant (=l'a fait connaître). 플로베르는 모파상을 세상에 알렸다. Le «France» *fut lancé* en 1956. 프랑스호는 1956년에 진수식을 가졌다.
◇ ~ ø(-).
2° ~ **qc à qn**〈…에게 …을 던지다〉Je lui *ai lancé* la balle. 나는 그에게 공을 던졌다.
3° ~ **à qn**+ 직접인용문 «Puisque les hommes ne veulent pas travailler, je vais travailler, moi», nous *lança*-t-elle sur la porte. (J.Guéhenno)「사내들이 일을 하지 않겠다니 내가 해야겠어요」하고 그녀는 문을 열고 나가면서 우리에게 쏘아붙였다.
4° **se ~ SP** 《변화》(1) **se ~ dans qc**〈…에 투신하다, 뛰어들다, 착수하다〉Mon frère *s'est lancé* dans la politique. 내 동생은 정계에 투신했다. Il *s'est lancé* dans la rivière du haut du pont. 그는 다리 위에서 강물로 뛰어들었다.
(2) **se ~ à qc** Ils *se sont lancés* à la poursuite d'un assassin. 그들은 살인자의 추적에 나섰다.
5° **se ~** 〈자기 자신을 알려지게 하다〉 Il cherche à *se ~*;il est présent à tous les cocktails. 그는 사람들에게 알려지려고 애쓴다. 그는 칵테일파티장마다 나타나는 것이다.

lasser 1° ~ **qn**〈진력나게 하다, 싫증나게 하다〉Cet écrivain *lasse* ses lecteurs par les mêmes récits. 이 작가는 같은 이야기로 독자를 지루하게 만든다.
2° **se ~** 《변화》〈지치다〉 Il parle des heures sans *se ~*. 그는 지치지도 않고 여러 시간을 말한다.
3° **se ~ de qc**〈…에 진저리나다, 싫증나다〉Elle *s'est lassée* de vos réclamations. 그녀는 당신 불평에 지쳤다.
4° **se ~ de Inf**〈…하기에 진저리나다〉Il *se lasse* de les attendre en vain. 그는 헛되게 그들을 기다리는 데 질렸다.
5° **se ~ à Inf**〈…하는데 지치다; 고생하여 …하다〉On *s'est lassé* à marcher de longues heures. 오랜 시간을 걸어서 지쳤다.

laver 1° ~ **N**〈씻다, 세탁하다, 깨끗이하다〉 ~ ses mains 그의 손을 씻어 주다. *se ~* les mains 자기 손을 씻다.
◇ ~ un dessin〈水彩로 그리다〉, ~ la tête à *qn*〔구어〕〈…을 심하게 꾸짖다〉.
2° ~ **qn de qc**〈…에서 벗어나게 하다〉 ~ *qn* d'un soupçon …를 혐의에서 벗어나게 하다. Il *s'est lavé* de cette accusation. 그는 이같은 비난에서 벗어났다.
◇ 1) ~ une injure, un affront dans le sang〈모욕을 피로 복수하다〉
2) **se ~ les mains de qc** 《가변》〈…에서 손을 떼다, 책임을 지지 않다, 물러나다〉Je *me lave* les mains de cette affaire. 난 이 일에 책임을 지지 않겠다.

lever 1° ~ qc 〈들다; 없애다; (농작물을) 거두어 들이다〉 Les policiers ordonnèrent aux bandits de ~ les mains en l'air. 경관들은 악당들에게 손을 들라고 명령했다. Le chien *lève* la patte. 개가 발을 든다. En *levant* le bras, je touche le haut de l'armoire. 나는 팔을 들면 장롱 꼭대기에 닿는다. Tous les obstacles *sont levés*. 모든 장애가 제거되었다.

◇ ~ ø(-).

2° ~ 〈싹이 트다, 돋아나다〉 Le blé commence à ~. 밀이 싹이 나기 시작한다.

3° **se** ~ 《변화》〈올려지다; 일어나다; 뜨다; (날씨가) 맑아지다〉 Je *me lève* tous les matins à sept heures. 나는 매일 아침 7시에 일어난다. Le rideau *s'est levé*. 막이 올랐다. Le soleil[la lune, le jour, le vent] *se lève*. 해가 뜬다[달이 뜬다, 날이 샌다, 바람이 인다].

libérer 1° ~ N(de N)〈(…에서) 석방하다, 구제하다, 자유롭게 놓아주다〉 ~ des esclaves 노예들을 해방하다. ~ le contingent après le service militaire 군복무 후에 징집병들을 제대시키다.

◇ 1) ~ son cœur, sa conscience 〈죄를 고백함으로써 양심의 가책을 덜다〉.

2) ~ les échanges économiques 〈무역통제를 철폐하다〉.

2° ~ N 〈방출하다, 배출하다〉 Cette réaction chimique *libère* de l'hydrogène. 이 화학반응은 수소를 배출한다.

3° **se** ~ (de N) 《변화》〈(…에서) 해방되다, (…을) 면하다〉 *se* ~ de l'emprise de *qn* [d'une dette, d'une obligation] …의 세력에서 벗어나다 [빚을 갚다, 의무를 면하다]. Je vais tâcher de *me* ~ pour demain. 내일을 위해 틈을 내보도록 노력하겠다.

lier 1° ~ N(pl)(en N)〈(밧줄·끈으로) 묶다, 매다, 연결하다; 결합시키다〉 ~ des fleurs en bouquet 꽃을 다발로 묶다. ~ des briques à l'aide de ciment 시멘트로 벽돌을 붙이다. ~ une sauce 소스를 진하게 하다. L'amitié les *a liés*. 우정이 그들을 결합시켰다.

2° ~ N à N 〈…에 연결하다〉 Un contrat de dix ans me *lie* à cette entreprise. 10년간의 계약이 이 사업에 나를 묶어둔다. ~ la cause à l'effet 원인과 결과를 연결짓다.

3° ~ N avec N 〈…와 연결하다〉 ~ un mot avec un autre 단어를 연독하다.

◇ 1) ~ conversation avec *qn* 〈…와 이야기를 시작하다〉.

2) ~ connaissance avec *qn* 〈…와 알게되다〉.

4° ~ N(qp) 〈(…에) 단단히 묶다, 비틀어매다〉 ~ un prisonnier (sur une chaise) 죄수를 (의자에) 단단히 묶다.

◇ ~ les mains[la langue] à *qn* 〈…을 속박하다[침묵하게 하다]〉.

5° N(pl) **se** ~ 《변화》〈교제하다〉 Pierre et Paul *se sont liés* d'amitié. 피에르와 폴은 친하다.

6° **se** ~ (avec N)〈…와 교제하다〉 Pierre *s'est lié* d'amitié avec Paul. 피에르와 폴은 친교를 맺었다.

limiter 1° ~ N(à N)〈(…까지로) 제한하다, 한정짓다, 제어하다〉 Le ministère *a limité* la vitesse à 100km à l'heure. 장관은 속도를 시속 100 km로 제한했다.

2° ~ N 〈경계를 긋다, 구획짓다〉 Les Pyrénées *limitent* l'Espagne au Nord. 피레네 산맥은 스페인의 북쪽 경계선을 이루고 있다.

3° **se** ~ à N 《변화》〈…으로 한정하다; 분수를 지키다〉 Je *me limite* à trois phrases. 나는 세마디만 말하겠다.

4° **se** ~ à Inf 〈…하는 것으로 그

lire

치다〉 se ~ à ne dire que trois phrases 단지 세마디만 하다.

lire 1° ~ (N)〈읽다〉Il *lit* vite. 그는 속독한다. ~ le capital 대문자를 읽다.

2° ~ que P ind〈…을 읽다, 읽어 알다〉Je viens de ~ que mon petit chien s'est fait écraser hier. 어제 내 개가 치었다는 사실을 방금 알았다.

3° ~ que P ind/subj (주절이 부정문이나 의문문일 때 접속법 사용) J'ai soixante-seize ans, dit-il, et je n'*ai lu* nulle part qu'il ait existé des juments vertes. 나는 73살인데 초록색 암말이 있다는 말을 들어본 적이 없어요 라고 그는 말했다.

4° ~ N à N〈…에게 읽어주다〉~ une histoire à ses enfants 어린애들에게 이야기를 읽어주다.

livrer 1° ~(qc) (à N)〈(…에게) 넘겨주다, 내맡기다〉Nous vous *livrerons* le piano prochainement. 빠른 시일 내로 피아노를 당신에게 배달해드리죠.

◇ 1) ~ N Nous ne *livrerons* plus ce produit. 우리는 더이상 이 제품을 생산하지 않겠습니다.

2) ~ à N Jeanne *fut livrée* au bûcher. 잔은 화형에 처해졌다. ~ une ville au pillage 도시를 약탈에 내맡기다.

2° ~ (N) qp Nous *livrons* nos marchandises à domicile. 우리는 상품을 댁까지 배달해드립니다.

3° ~ qn(en N)〈(…을) 조달하다, 공급하다〉 ~ une école en matérial scolaire 학교에 학습자료를 조달하다.

4° ~ qn de N ~ une école de nouveaux meubles 학교에 새 가구를 조달하다.

5° ~ qn (à N)〈(…에)인도하다; 배반하다〉Les autorités *ont livré* le coupable à la police. 당국은 범인을 경찰에 인도했다. Sous la crainte de la torture, il *a livré* ses camarades. 고문당할까 두려워 그는 동료를 배반했다.

6° ~ qc (à N)〈(…에) 누설하다; 바치다, 넘겨주다, 양도하다〉La situation politique *a livré* le pays à l'anarchie. 정치적 상황은 그 나라를 무정부 상태에 몰아넣었다. Un industriel américain à moitié ivre est peut-être sur le point de ~ des secrets. 거의 취한 어느 미국 실업가가 비밀을 누설할 뻔하다.

Il *a livré* sa vie à la science. 그는 그의 전 생애를 학문에 바쳤다.

◇ 1) ~ bataille (à l'ennemi)〈(적과) 교전하다〉.

2) ~ passage à N〈…을 지나가게 하다〉.

7° qn se ~ à qc《변화》〈…에 전념하다, 종사하다〉Il *s'est livré* à la science. 그는 학문에 전념했다. *se* ~ à des expériences[à des investigations] 실험을[조사를] 행하다.

8° qn se~(à N)〈(…에) 마음을 털어놓다; 자수하다〉Il *s'est livré* à moi. 그는 나에게 마음을 털어 놓았다. Le meurtrier *s'est livré* de lui-même (à la police). 살인자는 (경찰에) 자수했다.

louer¹ 1° ~ qc〈세놓다; 세내다; 예약하다〉J'*ai loué* une bicyclette. 나는 자전거를 세내었다. Nous *avons loué* un petit appartement pour six mois. 우리는 6개월기간으로 아파트에 전세들었다. Mon père *a loué* deux places dans le train. 아버지는 기차 두 좌석을 예약하셨다. J'*ai loué* notre villa. 나는 우리 별장을 세주었다. Dans les jardins publics, les chaises *sont louées*. 공원에서는 의자를 돈내고 빌린다.

◇ ~ ø(-).

2° ~ qc à qn〈…에게 …을 세주다; …에게서 …을 세로 빌리다〉Pierre *loue* une maison à Paul. 피에르는 폴에게 집을 세주었다[피

에르는 폴에게서 집을 빌렸다]. Il a loué sa maison à un jeune ménage. 그는 자기 집을 어느 젊은 부부에게 세주었다.

louer² I. 1° ~ N 〈칭찬하다(= faire l'éloge de qn)〉 On a loué votre courage. 사람들은 당신의 용기를 칭찬했습니다. Le maître loue ses élèves. 선생님은 학생들을 칭찬한다.

◇ ~ ∅ Il ne fait que critiquer, il ne sait pas ~. 그는 비판만 하고 남을 칭찬할 줄 모른다.

2° ~ qn de/pour qc 〈…의 …을 칭찬하다〉 Je te loue de[pour] ta discrétion. 나는 너의 신중함을 칭찬한다.

3° ~ qn de/pour Inf/Inf(passé) 〈…한 것을 칭찬하다〉 Le maître loue Paul d'avoir si bien travaillé. 선생님은 폴이 그렇게 공부를 잘 했다고 칭찬한다. On a loué ce bavard d'être resté discret. 사람들은 그 수다쟁이가 말없이 있었다고 칭찬했다.

II. 1° se ~ 《변화》〈서로 칭찬해주다〉 Ils se sont loués l'un l'autre. 그들은 서로 칭찬을 했다.

2° se ~ de N 〈…을 만족히 여기다, 기뻐하다〉 Elle s'est louée du succès de la soirée. 그녀는 야회가 성공적으로 끝난 것을 만족해 했다. Je n'ai qu'à me ~ de vous. 나는 당신을 만족스럽게 여기고 있을 뿐이다.

3° se ~ de Inf/Inf(passé) 〈…하는 것을 만족하게 여기다〉 Je me loue de l'avoir engagé. 나는 그를 참여시킨 것이 만족스럽다.

lutter 1° N(pl) ~ 〈싸우다, 다투다〉 Les deux boxeurs ont lutté avec acharnement. 두 권투 선수가 필사적으로 싸웠다.

2° ~ contre N 〈…와 다투다〉 ~ contre le sommeil 자지 않으려고 애쓰다.

3° ~ pour N 〈…을 위해 싸우다〉 ~ pour la première place 일등석을 차지하려고 애쓰다.

4° ~ pour Inf ~ pour obtenir satisfaction 만족을 얻으려고 노력하다.

M

maigrir ⇨auxiliaires I, 3°, ②.

maintenir 1° ~ N 〈억제하다, 지탱하다〉 La digue *maintient* l'eau en crue. 둑이 불어나는 물을 지탱하고 있다. Il faut qu'une bande *maintienne* le bras cassé. 붕대로 부러진 팔을 고정시켜야 한다.
2° ~ N Adj/Adv 〈유지하다, 그대로 간직하다〉 Le gouvernement veut ~ stable le coût de la vie. 정부는 생활비를 안정시키고자 한다. Marie nageait tout en *maintenant* la tête au-dessus de l'eau. 마리는 머리를 물 밖에 내놓은 채 헤엄쳤다.
3° ~ N 〈고집하다, 주장하다〉 ~ sa position 자기의 입장을 견지하다. ~ sa candidature 입후보를 철회하지 않다.
4° ~ que P ind/subj 〈주절이 부정문·의문문일 때에는 접속법도 가능〉 〈(어떤 의견을) 고집·주장하다〉 Je *maintiens* que j'ai raison. 내가 옳다고 단언한다. *Maintenez*-vous que cela est〔soit〕 vrai? 그래도 이것이 옳다고 여기십니까?
5° ~ Inf Je *maintiens* avoir payé la facture. 계산서를 이미 청산했다니까요.
6° se ~ Adv《변화》〈머무르다; 지속하다〉 La paix *s'est maintenue* vingt ans. 평화가 20년간 계속됐다. Le coureur *s'est maintenu* en tête pendant plusieurs étapes. 그 주자가 몇 구간 동안 선두를 지켰다.
7° se ~ 〈영속하다, 견디다〉 Cette coutume *s'est maintenue* pendant des siècles. 이러한 관습이 수세기간 지켜져 왔다.

manger 1° ~ qc 〈먹다〉 Il *a mangé* un gros morceau de pain. 그는 커다란 빵조각을 먹었다.
◇ 1) ~ qc/qn des yeux 〈뚫어지게 바라보다〉 Il la *mangeait* (=dévorait) des yeux. 그는 그녀를 뚫어지게 쳐다보고 있었다.
2) ~ ø 〈음식을 먹다〉 J'ai bien *mangé*. 잘 먹었다. Nous *mangerons* au jardin. 정원에서 식사합시다. Les pigeons *mangent* dans sa main〔Les pigeons lui *mangent* dans la main〕. 비둘기는 그의 손에 든 것을 먹는다.
3) **Passif** 〈먹히다〉 La soupe *a été mangée* (par Paul). 현재 및 반과거시제 형태로는 동작주보어가 생략되지 않은 수동문을 쓸 수 없다: *Le gâteau *est* entièrement *mangé* par Paul. Le gâteau *est* entièrement *mangé*. *Le gâteau *a été* entièrement *mangé* par Paul. Le gâteau *a été* entièrement *mangé*.
4) 비인칭 수동구문: Il *a été mangé* beaucoup de gâteaux.
5) 수동문에서 vers가 동작주보어이면 de, par 이외에 à를 쓰기도 한다: *mangé* des〔par les, aux〕 vers 벌레먹은.
2° ~ qc Attr 〈…한 상태로 만들어 먹다〉 Pierre *mange* ce gigot très froid. 피에르는 이 양의 넓적다리 고기를 아주 차게 해서 먹는다. Je *mange* la viande très cuite. 나는 고기를 아주 익혀 먹는다.
◇ 1) ~ ø Attr Ce monsieur n'aime pas *manger* froid. 이 분은 음식을 차게 먹는 것을 싫어한다.
2) Attr 는 comment 으로 대치된다: Comment *mange*-t-il ce gigot? — Froid. 그는 이 양고기를 어떻게 해서 먹어요? —차게 해서요.

manquer

3° se ~ 《변화》〈먹히다〉 Les escargots *se mangent* avec les doigts. 달팽이는 손가락으로 먹는다.

manifester 1° ~ (contre N)〈(…에 대항하여) 시위운동을 하다〉 Les gens *manifestent* contre la hausse des prix. 사람들이 가격인상에 대하여 시위를 한다.

2° ~ pour N/Inf〈…을 위해서 시위하다〉 Ils *manifestent* pour obtenir une augmentation de salaire. 그들은 임금인상을 위해서 시위를 한다.

3° ~ en faveur de N ~ en faveur d'un prisonnier politique 정치범을 위하여 시위운동을 하다.

4° ~ N〈나타내다, 알리다〉 ~ sa joie 기쁨을 나타내다. ~ son opinion 자기의 의견을 발표하다.

5° ~ que P ind/subj (주절이 부정문·의문문일 때에는 접속법도 가능) Les élections *ont manifesté* que le mécontentement était grand dans la population. 선거에서 국민들의 불만이 크다는 것이 밝혀졌다.

6° ~ P(int. ind.) Les élections *ont manifesté* combien le mécontentement était grand dans la population. 선거에서 국민들의 불만이 어느 정도로 큰지가 밝혀졌다.

7° ~ N à qn〈…에게 표명하다〉 Il m'*a* toujours *manifesté* la plus grande amitié. 그는 나에게 언제나 깊은 우정을 보여주었다.

8° se ~ 《변화》〈모습을 보이다, 자기 의사를 표명하다〉 Notre fils *se manifeste* de temps en temps par une carte postale. 우리 아들이 이따금 우편엽서로 소식을 전한다.

manquer 1° ~ qc/qn〈놓치다; 실수하다, 그르치다〉 Elle *a manqué* l'école [le train, le ballon, une occasion]. 그녀는 학교를 빼먹었다 [기차를 〔공을, 기회를〕 놓쳤다]. Il *a manqué* son travail[une photo]. 그는 일을 그르쳤다[사진을 잘못 찍었다]. Il *a manqué* son examen deux fois. 그는 두 번 시험에 떨어졌다. Je l'*ai manqué* de quelques minutes. 나는 몇 분 차이로 그를 못 만났다.

◇ ~ ø(-).

2° ~ 〈결핍하다, 결석하다;(계획·사업이) 실패하다〉 L'expérience *a manqué*(=échoué). 실험이 실패했다. Cet élève est souvent absent; il *a* encore *manqué* hier. 이 학생은 자주 결석한다. 그는 어제도 학교에 안 나왔다. Deux pages *manquent*. 두 페이지가 부족하다. Rien ne *manque*. 없는 것이 없다.

◇ Il ~ N (비인칭구문)〈…이 부족하다〉 Il *manque* deux élèves. 두 학생이 결석이다. Il *manque* cinq francs. 5 프랑이 부족하다.

3° ~ à qn〈…에게 없다, 결핍하다; …에게 결례하다〉 Le courage lui *manque*. 그에게는 용기가 부족하다. Les forces *manquent* à ce vieil homme. 이 노인은 기력이 없다. Le temps me *manque* pour aller le voir. 나는 그를 보러 갈 시간이 없다. Il m'*a* gravement *manqué*. 그는 나를 몹시 모욕했다.

◇ 1) Il ~ à qn N (비인칭구문)〈…에게 …이 부족하다〉 Il lui *a manqué* dix points pour avoir la moyenne. 그는 평균보다 10점이 모자랐다. Il lui *manque* du courage. 그에게는 용기가 부족하다. Il me *manque* du temps. 내게는 시간이 부족하다.

2) 관사 사용에 주의할 것: Le courage lui *manque*.→Il lui *manque* du courage.

4° ~ à qc〈…을 소홀히 하다, 위반하다〉 Il *a manqué* à son devoir [au respect dû à la vieillesse, à sa parole]. 그는 의무를 소홀히 했다 [노인에 대한 공경을 하지 않았다, 약속을 안 지켰다].

5° ~ de qc〈…이 없다, 부족하다〉

Il ne *manque* pas de courage. 그에게는 용기가 부족하지 않다. Je *manque* de temps pour ce travail. 나는 이 일을 할 시간이 부족하다. Cette pièce *manque* d'intérêt. 이 극작품은 재미가 없다. Il ne *manque* pas d'esprit. 그는 재치가 있다(=Il a de l'esprit).
6° ~ (de) Inf 〈…할 뻔하다(=risquer de, faillir)〉 Elle *a manqué* (de) se noyer. 그녀는 익사할 뻔했다. La situation *a manqué* de se gâter. 사태가 악화될 뻔했다.

◇ ne pas ~ de Inf 〈잊지 않고 꼭 …하다(=ne pas oublier de)〉 Je ne *manquerai* pas de l'avertir. 그에게 틀림없이 알리겠습니다. Ne *manquez* pas de venir nous voir à la campagne cet été. 이번 여름에는 꼭 시골로 우리를 보러 내려오십시오.

marchander 1° ~ (N) 〈에누리하다, 값을 깎다〉 ~ une voiture d'occasion 중고차의 값을 깎아내리다.
2° ~ N(à N)〈(…에게)마지못해 내놓다; 망설이다〉 Il nous *a marchandé* son appui. 그는 마지못해 우리를 후원했다. Il ne nous *a* pas *marchandé* son concours. 그는 우리를 기꺼이 도와주었다.

marcher 〔조동사는 avoir. ⇨participe passé V, 2°, ③〕.

~ 〈걷다; (일이) 되어가다〉 Nous *avons marché* pendant deux heures. 우리는 두 시간 동안 걸었다. Ma montre ne *marche* pas, je vais la faire réparer. 내 시계는 죽었다. 수선을 시켜야겠다. Ce magasin *marche* très bien. 이 상점은 아주 잘 된다.

◇ verbe de mouvement이지만 ~ Inf 및 비인칭구문으로 쓸 수 없다.
marier 1° ~ qn 〈결혼시키다〉 Le maire *a marié* les deux époux au milieu d'une nombreuse assistance. 시장은 많은 하객들이 모인 가운데 그 둘의 결혼식을 주례했다. Ils *ont été mariés* dans cette ville. 그들은 이 시에서 결혼했다.

◇ ~ ø(−).
2° ~ qn(à/avec qn)〈…와 결혼시키다〉 Son père l'*a marié* à[avec] la fille d'un de ses amis. 그의 아버지는 그를 친구의 딸과 결혼시켰다. M. Dupont *a marié* sa fille l'année dernière. 뒤퐁씨는 작년에 딸을 시집보냈다.

3° se ~ 《변화》〈결혼하다〉 Ils *se sont mariés* hier. 그들은 어제 결혼식을 올렸다.

4° se ~ à/avec qn 〈…와 결혼하다〉 Marie *s'est mariée* avec Jacques. 마리는 자크와 결혼했다.

marquer 1° ~ N(de N)〈(…으로) 표시하다; 인상을 남기다〉 La teinturerie *marque* les draps d'un numéro. 염색공장에서는 옷감에 번호를 매겨 표한다.

2° ~ N à/par/avec N 〈…을 가지고 표시하다〉 ~ au crayon un passage d'un livre 책의 한 구절을 연필로 표시하다. Je *marque* ce passage par un trait rouge. 나는 이 구절을 빨간 줄로 표시한다.

3° ~ N〈(시간을) 가리키다, 지시하다〉 Un astérisque *marque* les expressions inusitées. 별표는 쓰이지 않는 표현을 나타낸다. L'horloge *marquait* cinq heures. 괘종시계가 5시를 가리켰다.

4° ~ qc 〈명시하다〉 Il *a* nettement *marqué* son désaccord. 그는 의견이 같지 않다는 것을 분명히 했다.

5° ~ que P ind Son attitude *marque* bien qu'il n'est pas d'accord. 그의 태도로 보아서 그는 의견이 같지 않음이 분명하다.

◇ ~ la mesure 〈박자를 잡다〉, ~ un but 〈득점을 하다〉.
6° ~ qp 〈눈에 뜨이다; 진술할 가치가 있다〉 Cet événement *a mar-*

qué dans ma vie. 이 사건은 나의 생애에서 주목할 만하다. un homme d'Etat qui *a marqué* à notre époque 우리시대에서 뛰어난 정치가. ~ mal 인상이 나쁘다.

7° ~ N sur N ⟨…에 기입하다, 적어두다⟩ Les élèves *marquent* sur le cahier les devoirs à faire. 학생들이 공책에다 해야 할 숙제를 적는다.

8° ~ sur N que P ind Il *a marqué* sur son agenda qu'il m'avait fixé un rendez-vous. 그는 자기의 비망록에다 나와 만날 약속을 한 것을 기입했다.

9° ~ sur N Inf Il *marqua* sur un bout de papier avoir été empêché de venir. 그는 종이쪽지에다 갈 수 없게 되었다고 적었다.

10° se ~ qp 《변화》⟨나타나다, 드러나다⟩ La surprise *se marqua* sur son visage. 그의 얼굴에 놀라움이 나타났다.

masquer 1° ~ N ⟨가면을 씌우다⟩ ~ un enfant pour le carnaval 사육제를 위하여 아이에게 가면을 씌우다.

2° ~ N(à qn) ⟨(…에게) 숨기다, 가리다, 위장하다⟩ Cet immeuble nous *masque* la vue. 이 건물이 시야를 가린다. ~ ses projets véritables 실제로 계획하고 있는 것을 숨기다.

3° ~(à qn) que P ind Il a essayé de me ~ qu'il s'était marié avec ma meilleure amie. 그는 나의 가장 절친한 친구와 결혼했다는 것을 나에게 숨기려고 했다.

4° ~(à qn) P(int. ind.) Il ne m'*a pas masqué* comment il s'y est pris. 그는 어떻게 처신했는지를 나에게 알려줬다.

5° ~ (à qn) Inf Il a essayé de ~ avoir gagné à la loterie. 그는 복권에서 당첨되었다는 것을 감추려고 했다.

maudire [finir와 동일변화. 그러나 과거분사는 maudit].

~ qn/qc ⟨저주하다, 증오하다⟩ Dieu *maudit* Caïn et sa descendance. 신은 카인과 그 후예를 저주했다. Les mères *maudissent* la guerre. 어머니들은 전쟁을 타기한다.

méconnaître 1° ~ qc/qn ⟨알아차리지 못하다⟩ Il *méconnaît*(=ignorait) les principes mêmes de la méthode scientifique. 그는 과학적 방법의 원리조차 모르고 있었다.

2° ~ que P ind ⟨…한 것을 모르는 체하다, 인정하지 않다⟩ Il *méconnaît* que nous l'avons aidé. 그는 우리가 그를 도와준 것을 모르는 체한다.

3° ~ que P subj ⟨…한 것을 부인하다⟩ Il *méconnaît* que la situation soit critique. 그는 사태가 위급하다는 것을 부인한다.

◇ que P에서의 허사 ne 의 사용은 rien 과 동일.

médire [dire와 동일변화. 그러나 직설법 현재 2인칭 복수형은 vous médisez].

~ de qn ⟨…의 욕을 하다, …을 험구하다⟩ Il ne faut jamais ~ de son prochain. 결코 이웃을 헐뜯어서는 안된다.

◇ ~ ø Elles ne font que ~. 그 여자들은 남의 험만 꼬집는다.

méditer 1° ~ qc ⟨계획하다, 피하다⟩ Il *méditait*(=préparait mentalement) une vengeance terrible. 그는 무서운 복수를 계획하고 있었다.

2° ~ de Inf ⟨…하려고 피하다; 숙고하다⟩ Il *méditait* de se venger. 그는 복수할 궁리를 하고 있었다.

3° ~ si P ⟨…인지 생각해보다⟩ *Méditez* si mon projet est réalisable. 내 계획이 실현될수 있는 것인지 숙고해보시오.

4° ~ ⟨명상하다⟩ Le penseur de

méfier(se)

Rodin *médite*. 로댕의 생각하는 사람은 명상에 잠겨 있다.
5° ~ sur qc 〈…에 관해 명상하다, 사색하다〉 Les philosophes *ont médité* sur la question de mort. 철학자들은 오랫동안 죽음의 문제에 대해 사색했다.

méfier(se) 1° se ~ 《변화》〈조심하다〉 Voilà le carrefour, *méfie-toi*. 여기는 네거리니까 조심해라.
2° se ~ de qn/qc 〈…을 믿지 않다·경계하다〉 *Méfiez-vous* des pickpockets. 소매치기를 조심하세요. Je me *méfie* de lui〔des intuitions〕. 나는 그를〔직관을〕 믿지 않는다.

mélanger 1° ~ qc 〈혼합하다; 뒤섞다〉 Ces enfants *ont mélangé* leurs jouets. 이 애들은 장난감을 뒤섞어 놓았다. Il *mélange* des couleurs. 그는 색을 혼합한다. Je n'ai pas pu trouver ce que je cherchais, tellement tes papiers *sont mélangés*. 나는 원하는 것을 찾을 수 없다. 그 정도로 네 서류는 뒤섞여 있다.
2° ~ qc et qc 〈…와 …을 섞다, 혼합하다〉 Pour obtenir une couleur grise, le peintre *mélangea* du noir et du blanc. 회색을 만들려고 화가는 흑색과 백색을 섞는다.
3° ~ qc à/avec qc 〈…에 …을 타다, 혼합하다〉 Pour faire cette crème, il faut ~ un jaune d'œuf avec du sucre et du lait. 이 크림을 만들려면 달걀 노른자를 설탕과 우유에 혼합해야 한다.
4° se ~ 《변화》〈서로 섞이다〉.

mêler I. 1° ~ qc 〈섞다, 혼합하다〉 Il faut ~ les cartes. 카드를 섞어야 된다.
2° ~ qc et qc 〈…와 …을 섞다〉 Il *a mêlé* des œufs et de la farine pour faire une pâte. 그는 밀가루 반죽을 하려고 밀가루에 달걀을 넣고 개었다.
3° ~ qc à/avec qc 〈…을 …에 섞다〉 Il *a mêlé* un jaune d'œuf à du lait. 그는 우유에 달걀 노른자를 섞었다. Il *mêlait* la danse avec la musique. 그는 음악에 춤을 곁들였다.
4° ~ qn à qc 〈…을 …에 연루시키다〉 Ne *mêlez* pas ma femme à ce scandale. 내 처를 이 스캔들에 끌어들이지 마시오. Il *a été mêlé* à ce scandale. 그는 이 스캔들에 관련이 되었다.
5° ~ N_1 de N_2 (N_2는 무관사 명사) 〈…에 …을 섞다〉 Il *mêle* son vin d'eau. 그는 포도주에 물을 탄다. Il *mêlait* son récit de vers. 그는 이야기 속에 시를 삽입했다.

II. 1° se ~ 《변화》〈섞이다〉 Les dates *se mêlent* dans ma mémoire. 내 기억 속에서는 날짜가 서로 엇갈린다. Les races les plus diverses *se mêlent* dans la ville de Singapour. 싱가포르 시에는 아주 다양한 종족들이 뒤섞여 살고 있다.
2° se ~ à qc 〈…에 끼어들다〉 Il *se mêle* à la foule. 그는 군중 틈에 낀다. Il *se mêle* à toutes les conversations. 그는 번번히 말참견을 한다.
3° se ~ de qc 〈…에 참견하다, 관계하다〉 Il *se mêle* de nos affaires. 그는 우리 일에 끼어든다. Ne *vous en mêlez* pas. 그 일에 참견하지 마세요.
4° se ~ de Inf 〈…을 하려들다, …할 생각이 들다〉 Ne *vous mêlez* pas de les réconcilier. 그들을 화해시키려고 하지 마세요. Depuis quand *se mêle*-t-il d'apprendre le chinois? 그는 언제부터 중국어 배울 생각을 했느냐?

menacer[1] 1° qn ~ qn 〈…을 위협하다〉 Il alla jusqu'à ~ sa propre famille. 그는 자기 가족까지도 위협했다.
2° qn ~ qn de/avec qc 〈…으로 위협하다〉 Il m'*a menacé* de〔avec〕 sa canne. 그는 지팡이로 나를 위협했

다. Le bandit *menaçait* les deux hommes avec son arme. 강도는 그 두 사람을 무기로 협박했다.

menacer² 1° qc ~ qn 〈(위험 따위가)…에게 닥쳐오다〉 Des dangers nous *menacent*. 우리에게 위험이 닥칠지도 모른다.

2° qc ~ de Inf 〈…할 징조를 나타내다〉 Les murs *menacent* de s'écrouler. 담이 허물어지겠다.

◇ 1) Pron-Inf(—).

2) ~ ∅ La pluie *menace*. 비가 쏟아지려고 한다.

3) ~ qc(qc는 무관사명사) La maison *menace* ruine. 집이 무너지겠다.

3° qn ~ qn de N(N은 무관사명사)〈…으로 위협하다〉 Il m'*a menacé* de mort. 그는 나를 죽이겠다고 위협했다.

4° qn ~ qn de Inf 〈…하겠다고 위협하다〉 Le patron *a menacé* cet ouvrier de le renvoyer sur-le-camp. 주인은 그 직공에게 당장 해고해 버리겠다고 위협했다.

◇ 1) ~ ∅ de Inf 〈…하겠다고 큰 소리치다;위협하다〉 Il *menaça* de démissionner. 그는 사직해버리겠다고 위협했다.

2) de Inf 는 대명사 en 으로 대치 가능함.

5° ~ qn que P ind 〈…이라고 위협하다〉 Il *menaça* son patron que tout se saura. 그는 모든 일이 알려지게 될 것이라고 주인을 위협했다.

ménager 1° ~ N〈절약하다;주의해서 다루다〉 Il ne *ménage* pas sa santé. 그는 자기의 건강을 돌보지 않는다. Il faut que je *ménage* mon argent. 돈을 아껴써야 한다.

2° ~ N à N 〈…에게 …을 하지 않다, 아끼다〉 Je ne lui *ai* pas *ménagé* les éloges. 나는 그에게 찬사를 아끼지 않았다.

3° ~ N qp 〈길을 내다, 틈을 만들다〉 On *a ménagé* un chemin à travers les broussailles. 가시덤불을 가로질러 길이 났다.

4° ~ N 〈세심하게 준비하다, 채비하다〉 Le journaliste *a ménagé* une interview avec le président. 신문기자가 대통령과의 회견 준비를 했다.

5° ~ N à N 〈…에게 마련해 주다〉 Je compte bien lui ~ une surprise. 그녀에게 뜻밖의 기쁨을 주려고 한다.

6° se ~ N qp 〈(가변)〉 〈…을 만들다〉 Nous *nous sommes ménagé* un chemin à travers les broussailles. 우리는 가시덤불을 가로질러 길을 냈다.

◇ se ~ une porte de sortie 〈미리 도피구를 확보해 놓다〉.

7° se ~ N 〈…을 남겨두다〉 Il *s'est ménagé* quelques jours de voyage. 여행을 하기 위해 며칠을 남겨 놓았다.

mener 1° ~ qn/qc(SP) 〈인도하다; 데리고 가다; 끌고 가다(=emmener)〉 La mère *mène* son enfant chez le dentiste[à l'école, dans la cour]. 어머니는 아이를 치과에[학교에, 마당으로] 데리고 간다. La tante Henriette nous *menait* par la main. 앙리에트 아주머니는 우리를 손을 붙잡고 데리고 다니셨다. La jeune fille *mena* les vaches à l'abreuvoir. 처녀는 암소들을 물마시는 데로 데리고 갔다.

◇ ~ ∅ SP 〈(길이) 통하다; (결과에) 이르게하다〉 Tous les chemins *mènent* à Rome. 모든 길은 로마로 통한다. Ce chemin *mène* directement au village. 이 길은 곧장 마을로 통한다. Où est-ce que *mène* cette route? 이 길은 어디로 통하느냐? On dit quelquefois que les études de lettres ne *mènent* à rien. 사람들은 때로 문과공부는 해 봐야 소용이 없다고들 한다.

2° ~ qn/qc Inf 〈…하러 …을 데리

고 가다(=envoyer)〉 Il nous *a mené(s)* voir les singes. 그는 원숭이 구경시키러 우리를 데리고 갔다.
◇ 1) Inf 는 대명사 y로 대치 가능함.
2) Passif(—).
3° ~ qc 〈이끌다; 행하다〉 A soixante-dix-huit ans, son père *mène* encore son entreprise. 그의 아버지는 78세인데도 아직 자기 기업을 직접 운영하고 있다. Nous *mènerons* une enquête sur la jeunesse coréenne. 우리는 한국의 청소년에 대한 조사를 할 것이다.
◇ 1) ~ de front 〈여러가지 일을 동시에 하다〉 Il *mena* de front trois tâches. 그는 세가지 일을 동시에 했다.
2) ~ une vie Adj/de N 〈…한 생활을 하다〉 De quoi te plains-tu? Tu *mènes* une vie heureuse(=vis heureux). 너는 무엇을 불평하냐? 행복한 생활을 하고 있는데. Avec tout ce travail je *mène* une vie de fou(=vis comme un fou)! 이따위 일이나 하면서 참 미친 놈같이도 사는구나!
3) ~ qc qp/à bien/à terme/à bonne fin 〈…을 …로 이끌다〉 Je tiens à ~ ce travail à bonne fin[à bien]. 나는 이 일을 꼭 잘 해내고 말겠습니다.
4° ~(par) qc 〈(…의 점수로)리드하다〉 L'Angleterre *a mené*(=a l'avantage)(par) 2 à 1. 영국이 2대 1로 리드했다.
◇ ~ ø Il *a mené* pendant toute la première partie, puis il a été battu. 그는 전반전 내내 우세하더니 패했다.

mentionner 1° ~ N 〈언급하다, 진술하다; 기재하다〉 Il *a mentionné* dans son livre tous ses collaborateurs. 그는 자기의 저서에서 공동 편찬자들을 모두 언급했다.
2° ~ que P ind/subj (주절이 부정문·의문문일 때는 *subj* 도 가능) *Avez*-vous *mentionné* que l'on doit [doive] vous envoyer un double de la facture? 계산서 사본을 보내라고 말했습니까?
3° ~ P(int. ind.) Le journal ne *mentionne* pas dans quelles circonstances le meurtre du prince s'est déroulé. 황태자의 살해가 어떠한 상황에서 일어났는지에 대해서 신문은 언급하고 있지 않다.
4° ~ Inf Il *mentionne* dans son témoignage avoir vu le jardinier. 그는 증언중에 정원사를 보았노라고 진술한다.

mentir 1° ~ à qn 〈…에게 거짓말을 하다〉 Pourquoi *as*-tu *menti* à ton ami? 너는 왜 친구에게 거짓말했니?
◇ 1) ~ ø 〈거짓말하다〉 Tu n'as pas honte de ~? 너는 거짓말하는 것이 부끄럽지 않니? Son fils *ment* comme un arracheur de dents (=effrontément). 그의 아들은 뻔뻔스럽게 거짓말을 한다. Il *ment* comme il respire. 그는 거짓말을 밥먹듯이 한다.
2) à qn 은 약세보어인칭대명사로 대치 가능함. Pourquoi lui *as*-tu *menti?* 왜 그에게 거짓말했지?
2° se ~ 《불변》〈자기자신을 속이다〉 En faisant retomber la faute sur ses amis, elle *s'est menti* à elle-même. 그녀는 잘못을 친구에게 뒤집어 씌움으로써 자기 자신 마저 속였다.

méprendre(se) se ~ sur qc/qn 《변화》〈…에 대해 잘못 생각하다, 착각하다〉 On *s'est mépris* sur le sens de ses paroles. 사람들은 그의 말뜻을 잘못 알아들었다. Je *me suis mépris* sur ses intentions réelles. 나는 그의 진짜 의도를 잘못 알았었다.
◇ à s'y ~ 〈혼동하리만큼〉 Il ressemble à son père à s'y ~(=à s'y

tromper). 그는 혼동하리만큼 자기 아버지와 꼭 닮았다. Il n'y a pas à s'y ~. 잘못 생각할 리가 없다.

mépriser 1° ~ qn/qc 〈경멸하다; 등한시하다〉 On *méprise* les traîtres. 사람들은 배반자를 경멸한다. Il ne faut ~ personne. 아무도 경멸해서는 안된다. Il *méprise* les dangers. 그는 위험을 대수롭지 않게 여긴다. *Méprisé* par tous à la maison, il haïssait ses frères et son père. 온 집안 식구들로부터 멸시를 받고 있던 그는, 자기 형들과 아버지를 증오했다.

2° ~ de Inf 〈…하는 것을 꺼림칙하게 생각하다〉.

3° ~ qn de Inf 〈…이 …하는 것을 경멸하다〉 Je te *méprise* de nous avoir menti. 나는 우리에게 거짓말을 한 너를 경멸한다.

mériter 1° ~ qc/qn 〈…을 받을 자격이 있다〉 Il *mérite* le premier prix de sa classe. 그는 반에서 1등 상을 받을 만하다. Cette lettre *mériterait* une longue réponse. 이 편지에는 길게 답장을 해야 될 것이다. Il ne *mérite* pas la femme qu'il a. 그에게는 현 부인이 과분하다.

2° ~ de Inf 〈…하여 마땅하다, …할 만하다〉 Ce livre *mérite* d'être lu. 이 책은 읽을 만하다. Il *mérite* d'être sévèrement puni. 그는 엄벌을 받아 마땅하다.

◇ 흔히 Passif 로 쓰임.

3° ~ que P subj Il ne *mérite* pas qu'on se fasse du souci pour lui. 그는 걱정해 줄 필요도 없다. Ce restaurant *mérite* qn'on s'y arrête. 이 식당은 한번 들어가 볼 만하다.

mesurer 1° ~ qc 〈(길이를) 측정하다; 인색하게 주다;(언행을) 신중히 하다〉 L'officier *mesure* la distance entre les deux points. 장교는 두 지점 사이의 거리를 측정한다. Il faudrait ~ la pièce avant d'acheter du papier pour les murs. 벽지를 사기 전에 방의 치수를 재어야 할 것이다. Un homme d'Etat doit ~ ses paroles. 정치가는 말을 조심해야 한다. Il n'*a* pas *mesuré* la portée de ses paroles. 그는 자기 말이 어떤 결과를 가져올지를 예상하지 못했다. Elle *mesure* strictement l'argent de poche de ses enfants. 그녀는 애들 용돈 주는데 아주 인색하다.

◇ ~ ø(−).

2° ~ qc à qc 〈…에 비례시키다, …에 알맞게 조절하다〉 Le juge doit ~ la punition à la faute. 판사는 죄상에 따라 형량을 조절해야 한다.

3° ~ qc à qn 〈…에게 인색하게 주다〉 Les gardes *mesurent* l'eau aux prisonniers. 간수는 죄수들에게 물을 아껴서 나눠준다. Le temps nous *est mesuré;* pressons-nous. 시간이 별로 없다, 서두르자.

4° ~ +│치수│(길이・넓이・높이) 〈길이, 넓이, 양 따위가 …이다〉 Tu es grande, combien *mesures*-tu? — Un mètre soixante-quinze. 너 키가 큰데, 얼마나 되니? —1 m 75 cm 야. Cette pièce *mesure* —trois mètres sur cinq. 이 방은 폭이 3 m, 길이가 5 m 이다.

◇ 과거분사 불변:les deux hectares que cette propriété *a mesuré* avant l'expropriation(cf. les terrains que j'ai *mesurés* (⇨participe passé V, 2°, ③)).

5° se ~ 《변화》〈서로 노려보다〉 Les deux adversaires *se mesurent* (du regard[des yeux]). 두 적수는 서로 상대방을 노려보고 있다.

6° se ~ avec/à qn 〈…와 힘을 겨루다〉 Ils durent *se* ~ avec un ennemi redoutable. 그들은 무서운 적과 대결해야만 했다.

mettre I. 1° ~ qc (1) ~ +│의복・신발 등│〈착용하다〉 *Mettez* votre manteau, il fait froid dehors. 외투를 입으세요, 밖은 춥습니다.

mettre

Il *a mis* ses souliers neufs. 그는 새 신발을 신었다. Je n'ai rien à ~ pour sortir ce soir! 오늘 저녁 외출을 위해 입을 것이 하나도 없구나!
(2) ~ +│시간·돈│ 〈소요하다〉 De New-York au Havre, il faut ~ 4 jours en bateau. 뉴욕에서 르아브르까지는 배로 나흘 걸린다.
2° ~ qc SP/qp 〈…에 (옮겨) 놓다, 넣다〉 Où *ai-je mis* mes lunettes? 내 안경을 어디다 놓았더라? Tu devrais ~ ce bijoux ailleurs que dans le tiroir du bureau. 이 보석들은 책상 서랍 말고 딴데다 두어야 될 걸. *Mettez* votre nom au bas de la page. 그 페이지 밑에 당신 이름을 쓰세요.
3° ~ qn SP 〈…에 데려다 놓다〉 Le taxi nous *a mis* à la gare. 택시가 우리를 역에 내려놓았다. J'ai mis Marie-France dans le car de 3h. 나는 마리를 3시 차에 태웠다.
4° ~ N à qc(*N*은 추상명사)〈(노력·정성 따위를)…에 쏟다, 투입하다〉J'ai mis du soin à ce devoir. 나는 이 숙제를 하는 데 정성을 들였다.
5° ~ qn/qc Attr 〈…의 상태에 놓다, …하게 하다〉 Heureusement, ce mouvement singulier le *mit* de mauvaise humeur. 다행히 이 야릇한 동작이 그를 기분나쁘게 했다. (⇨attribut V, 2°).
6° ~ qc/qn à Inf (1) ~ +│시간│ +à/pour Inf 〈…하는데(시간이)…걸리다〉 Il *a mis* quatre heures à[pour] rédiger ce rapport. 그는 이 보고서를 작성하는 데 4시간이 걸렸다. Combien de temps *as-tu mis* pour résoudre ce problème? 너는 이 문제를 푸는 데 얼마 걸렸니? La viande *a mis* longtemps à cuire. 고기는 익는 데 오래 걸렸다.
(2) ~ qc à Inf(*qc*는 추상명사) 〈…하는데 …을 소요하다〉 Il *a mis* du soin à faire ce devoir. 그는 이 숙제를 하는 데 정성을 들였다. Il *a mis* son orgueil à ne pas céder. 그는 양보하지 않는 것을 자랑으로 여겼다.
(3) ~ +│음식·빨래│+à Inf 〈…을 …하게 하다〉 Vous avez fini de dîner? Je *mets* le café à chauffer. 저녁 식사 끝냈습니까? 커피를 끓이지요. Elle *a mis* du linge à sécher. 그녀는 속옷을 말렸다.
◇ 1) ~ Inf qc 의 구문도 가능하다:~ sécher du linge[~ chauffer de l'eau].
2) Passif 가 가능한데 이때는 반드시 ~ qc à Inf 의 구문이 사용된다:Du linge *est mis* à sécher.(⇨G, 759, Rem, 3;H, 435).
(4) ~ qn à Inf 〈…에게 …하게 하다〉 Paul *a mis* Marie à faire ce travail. 폴은 마리에게 이 일을 하도록 했다.
7° ~ que P ind/subj 〖구어〗〈…이라고 가정하다, 해두다〉 *Mettons* (=Admettons) que tu sois malade, qui fera le ménage? 네가 아프다고 한다면 누가 집안 일을 하겠느냐? *Mettez* que vous n'en savez rien. 아무 것도 모르는 것으로 해두시오.
8° ~ SP que P ind 〈…에 …을 적어넣다〉 Il a fait ~ dans son bail qu'il serait chauffé du 15 octobre au 15 avril. 그는 임대 계약서에 그 아파트가 10월 15일부터 4월 15일까지 난방이 된다는 조건을 적어 넣게 했다.
9°(1) ~ qc/qn à qc *Mettons* nos montres à l'heure. 우리 시계의 시간을 맞춥시다. Elle *m'a mis* au monde. 그녀가 나를 낳았다(=C'est ma mère). Il faudra ~ ce dossier à part. 이 서류는 별도로 보관해야 할 것이다. Je *l'ai mis* à la porte. 나는 그를 쫓아내었다〔해고시켰다〕. *Mettons* cette question bien au clair. 이 문제를 명백히 밝혀두자.

On *t'a mis* au courant de ce qui s'est passé hier? 어제 일어난 일을 네게 알려 주었느냐?
(2) ~ **qc/qn en qc**(*qc* 는 무관사 명사) ~ en ordre[en bouteille, en colère, en sac, en boîte, en danger, en liberté, en marche, en vente] etc. 정리하다[병에 넣다, 성나게 하다, 가방에 넣다, 상자에 넣다, 위험에 빠뜨리다, 석방하다, 움직이게 하다, 발매하다]. Il paraît que ce n'est pas lui, le voleur, on va le ~ en liberté. 도둑은 그 사람이 아닌 것같다. 그는 석방될 것이다.
(3) 기타: Il faudrait ~ un peu d'argent de côté. 돈을 좀 저축해 두어야 할 것이다.
II. 1° se ~ SP/qp 《변화》〈몸을 두다, 가다, 자리하다〉 Je *me mets* derrière toi, je ne veux pas qu'on me voie. 나는 네 뒤에 있겠다. 사람들 눈에 띄기 싫어. J'avais honte, je ne savais plus où *me ~*. 나는 부끄러워서 더 이상 몸둘 바를 몰랐다. *Mettons-nous* à table. 식탁에 앉읍시다.
2° se ~ SP (1) **se ~ en qc** 〈출발하다; 격분하다; 옷을 입다〉 *Mettons-nous* en route. 출발합시다. Il *s'est mis* en colère contre son chien. 그는 개에게 화를 냈다. Une minute, je vais *me ~* en robe. 잠시만 기다리세요. 옷입을 테니까요.
(2) **se ~ à qc** 〈…을 하기 시작하다, …에 착수하다〉 Ma mère *s'est mise* à l'étude de l'anglais. 어머니는 영어공부를 시작하셨다. Le temps *se met* au beau[à la pluie, au froid]. 날씨가 개기[비가 오기, 추워지기] 시작한다.
(3) **se ~ dans qc** 〈…에 몸을 두다〉 Son père *s'est mis* dans l'affaire. 그의 아버지는 사업에 손을 대셨다. *Mets-toi* un peu dans ma peau et tu comprendras. 내 처지가 좀 되어 봐라. 그러면 이해할 것이다.

3° se ~ dans la tête qc 《가변》〈…을 착상하다〉; **se ~ dans la tête de Inf** 《불변》〈…할 생각을 하다〉 Quelle drôle d'idée il *s'est mise* dans la tête! 별 야릇한 생각을 다 하는구나! Il *s'est mis* dans la tête d'apprendre Baudelaire par cœur. 그는 보들레르의 시를 암송해야겠다는 생각을 했다.
4° se ~ à Inf 《변화》〈…하기 시작했다〉 Aline *s'est mise* à pleurer. 알린느는 울기 시작했다. Juste au moment où on sortait, il *s'est mis* à pleuvoir. 막 나가려고 할 때 비가 오기 시작했다.
◇ à Inf 는 대명사 y로 대치 가능함. (cf. commencer).

miser ~ **(N) sur N** 〈(…에 돈을) 걸다〉 ~ 100 francs sur le mauvais numéro 나쁜 번호에 100 프랑을 걸다.

modeler 1° ~**(N)**〈…의 모양〔형상〕을 만들다〉 ~ une poterie 도자기를 만들다. L'érosion *a modelé* le relief de la vallée. 침식작용으로 계곡에 기복이 만들어졌다.
2° ~ **N** 〈형성하다, 이루다〉 Son enfance difficile *a modelé* son caractère. 어려웠던 어린 시절이 그의 성격을 형성했다.
3° ~ **N sur N** 〈…에 따라 결정하다, 규정하다〉 Il *modèle* sa conduite sur celle de son père. 그는 자기의 행동을, 아버지의 행동을 본떠서 정한다.
4° **qn se ~ sur N** 《변화》〈…을 본받다〉 Il *se modèle* totalement sur ceux qu'il admire. 그는 자기가 존경하는 사람들을 전적으로 본받는다.

monter I. 〔조동사는 être 또는 avoir〕. 1° ~ 〈올라가다; (물가가) 오르다; (à, dans, en 을)타다; (강물, 수량이)불다, 차다〉 Ne restons pas dans la rue, *montons* chez moi. 길에 있지 말고 우리 집으로 올라갑시

monter

다. Je ne *suis* jamais *monté* en avion. 나는 비행기를 타본 적이 없다. La sécheresse a fait ~ le prix des légumes. 가뭄 때문에 야채 값이 올랐다. La Seine *a monté* de plusieurs centimètres. 센강물이 몇 센티 불어났다. Les prix *ont* beaucoup *monté* cette année, la vie devient de plus en plus chère. 올해에는 물가가 많이 올랐다. 생활비가 점점 더 비싸진다. Nous *avons monté* pendant deux heures. 우리는 두 시간 동안 올라갔다.

◇ Il ~ N(비인칭구문, 조동사는 être)〈…이 올라오다〉 Il *monte* des bruits de la rue. 거리의 소음이 들려온다.

2° ~ Inf 〈…하러 올라가다〉 Jacques *est monté* au deuxième étage voir si les voisins sont là. 자크는 이웃 사람들이 있는지 보러 3층으로 올라갔다.

◇Inf 는 대명사 y로 대치 가능함. 그러나 venir 와 유사하게 〈올라오다〉의 의미로는 y로 대치될 수 없다. Inf 는 의문문에서 의문사 où에 대응된다: Où *est*-elle *montée?*—Elle *est montée* se coucher.

3° ~ à + 가격 (조동사는 avoir) 〈(가격이)…에 달하다〉 Les frais *ont monté* à mille francs. 비용은 1,000 프랑에 달했다.

4° ~ qc 〈…을 올라가다, …을 올라타다〉 J'ai *monté* l'escalier en courant. 나는 뛰어서 층계를 올라갔다. Je n'ai plus assez de forces pour ~ cette rue à bicyclette. 나는 이제는 이 길을 자전거로 올라갈 힘이 없다. Je n'*ai* jamais *monté* ce cheval. 나는 이 말을 타본 적이 없다. Arriva un tandem *monté* par un couple de jeunes gens. 한 쌍의 젊은이가 탄 2인승 자전거가 도착했다.

5° ~ qc à qn 〈…을 …에게 올리다〉 Je vais vous ~ vos bagages, monsieur. 짐을 올려다 드리지요. A quelle heure faut-il vous ~ le petit déjeuner? 아침식사는 몇 시에 올려드릴까요?

◇ ~ qc à qn(*qc* 는 신체부위 명사) Le vin lui *est monté* à la tête. 술기운이 머리로 올라왔다. Les larmes me *sont montées* aux yeux. 내 눈에는 눈물이 핑 돌았다.

6° ~ qn contre qn 〈…에게 대해 화나게 하다〉 Sa mère l'*a monté* contre moi. 그의 어머니는 그가 내게 격분하도록 만들었다. Il *est* très *monté* contre toi. 그는 너에 대해 몹시 화가 나 있다.

II. 1° se ~ 《변화》〈올라가다; 타다〉 un escalier qui *se monte* facilement 오르기 쉬운 계단.

2° se ~ à + 가격 〈(가격이) …에 달하다〉 Les réparations *se montent* à plus de mille francs. 수리비용은 1,000 프랑 이상이 된다.

montrer I.1° ~ qc/qn(à qn)〈(…에게) 보이다;제시하다;가리키다;가르치다〉 *Montrez*-moi la personne dont vous parliez. 당신이 말하던 사람을 가르쳐 주세요. Il m'*a montré* le chemin de la gare. 그는 내게 역으로 가는 길을 가르쳐주었다. Le maître nous *montre* le français. 선생님은 우리에게 불어를 가르치신다. *Montrez* votre passeport. 당신 여권을 보여 주시오. L'officier *a montré* beaucoup de courage pendant la bataille. 그 장교는 전투중에 많은 용기를 발휘했다.

◇ ~ ø(—).

2° ~ à qn à Inf 〈…에게 …하는 것을 가르치다〉 Il m'*a montré* à jouer de la guitare. 그는 나에게 기타 연주하는 것을 가르쳐 주었다.

3° ~ (à qn) que P ind 〈(…에게) …을 납득시키다; 증명하다〉 On lui *a montré* qu'il avait tort. 사람들은 그에게 그가 틀렸다는 것을 납득시켰다.

◇ que P는 대명사 le로 대치 가능함.

4° ~ (à qn) P (int. ind.) ⟨(…에게) …인지 가르쳐주다⟩ *Montre*-moi comment on fait marcher la machine à laver. 세탁기를 어떻게 쓰는지 가르쳐다오. L'avenir *montrera* qui a raison. 누가 옳은지는 두고 보면 알 것이다.

5° ~ (à qn)+감탄문 ⟨(…에게) 얼마나 …한지 보여주다⟩ Viens, je vais te ~ comme je suis adroit au tir. 이리 와봐, 내가 얼마나 사격 솜씨가 좋은지 보여주겠다.

II. 1° se ~ 《변화》⟨모습을 나타내다(=paraître)⟩ Le soleil *se montre* à l'horizon. 해가 지평선에 떠올랐다.

2° se ~ Attr ⟨…한 태도를 보이다;…임이 판명되다⟩ Il *se montre* intransigeant. 그는 비타협적인 태도를 보인다. Il *s'est montré* bon prophète. 그는 훌륭한 예언자임이 판명되었다.

moquer(se) 1° se ~ de qn/qc《변화》⟨…을 놀리다, 비웃다⟩ Elle *s'est moquée* de moi. 그녀는 나를 비웃었다. Elle *se moqua* de la maladresse de son voisin. 그녀는 자기 이웃의 실수를 비웃었다.

◇ ~ ∅ Vous *vous moquez*. 당신 농담하시는군요.

2° se ~ de Inf ⟨…하는 것에 개의치 않다⟩ Il *se moque* de tromper ses employés. 그는 자기 직원을 아무렇지도 않게 속여먹는다. Il *se moque* de commettre une injustice si cela lui est profitable. 그는 자기에게 이득이 된다면, 그는 불의를 저지르는 것도 불사한다.

3° se ~ que P ind/subj Il *se moque* que vous ne soyez pas content. 그는 당신이 만족스러워하지 않아도 아랑곳하지 않는다.

◇ 1) se ~ de ce que P ind/subj(+).

2) que P는 대명사 en으로 대치 가능함.

4° se ~ si P ind Il *se moque* si vous n'êtes pas content. 그는 당신이 만족해하지 않아도 아랑곳 하지 않는다.

mordre 1° ~ qn/qc ⟨물다;쏠다, 쓸다;괴롭히다⟩ Un serpent *l'a mordu*. 뱀이 그를 물었다. La lame *mord* le métal. 줄은 쇠를 쓴다. La jalousie le *mord*. 질투가 그를 괴롭힌다. Notre enfant *a été mordu* toute la nuit par les moustiques. 우리 애는 밤새 모기에 물렸다.

◇ ~ ∅ Ce chien aboie, mais ne *mord* pas. 이 개는 짖기만 하지 물지는 않는다.

2° ~ qc à qn(*qc*는 신체부위명사) ⟨…의 …을 물다⟩ La vipère lui *a mordu* la jambe. 독사가 그의 발을 물었다.

3° ~ SP (1) ~ à qc ⟨…을 물다; 〖구어〗…에 흥미를 갖다; 이해하다⟩ Un poisson *a mordu* à l'hameçon. 고기 한 마리가 낚시에 걸렸다. Ce garçon ne *mord* pas aux mathématiques. 이 학생은 수학은 하나도 모른다(=Il n'y comprend rien).

(2) ~ dans qc ⟨…을 깨물다⟩ La petite *mordait* goulûment dans la pomme. 어린 여자애는 게걸스럽게 사과를 깨물어 먹고 있었다.

(3) ~ sur qn/qc ⟨부식하다; …에 걸리다⟩ Le départ doit être redonné; un des concurrents *a mordu* sur la ligne. 출발을 다시 해야 한다. 한 선수가 출발선을 넘어서 있었기 때문이다. L'acide *mord* sur les métaux. 산은 금속을 부식시킨다.

4° se ~ qc(*qc*는 신체부위명사)《가변》⟨자기의 …을 물어뜯다, 깨물다⟩ Je *me suis mordu* la langue en mangeant. 나는 밥먹다가 혀를 깨물었다. Quand il réfléchit, il *se* *mord* légèrement le bout des doigts. 그는 깊이 생각할 때면, 손가락 끝을 가볍게 깨문다.

◇ se ~ les doigts de Inf (passé) 〈…한 것을 몹시 후회하다(=regretter)〉 Je *me mords* les doigts d'avoir consulté ce médecin. 나는 이 의사에게 진찰받은 것을 후회한다.

mourir 〔조동사는 être〕.

1° ~ 〈죽다; 사라지다〉 Nous ne savons pas quand nous *mourrons*. 우리는 언제 죽을지 모른다. Le feu va ~. 불이 꺼지겠다.

2° ~ Attr 〈…인 상태로 죽다〉 André Chénier *est mort* jeune. 앙드레 셰니에는 젊어서 죽었다. Son père *est mort* pauvre. 그의 아버지는 가난하게 죽었다. Il *est mort* académicien. 그는 아카데미 회원일 때 죽었다.

3° ~ de qc 〈…으로 죽다; 죽을 지경이다〉 Il *mourra* de vieillesse. 그는 늙어서나 죽을 것이다. Il *est mort* d'un cancer. 그는 암으로 죽었다. Je *meurs* de fatigue. 피곤해 죽겠다. On *meurt* de froid, ferme la fenêtre. 추워 죽겠다. 창문 닫아라.

4° se ~ 〖문어〗〈죽어가다〉 Il *se meurt* sur un lit d'hôpital. 그는 병상에서 죽어가고 있다.

muer 1° ~ (조동사는 avoir) 〈허물 벗다; 변성하다〉 Les serpents *muent*. 뱀이 허물을 벗는다. Sa voix *a mué*. 그는 변성을 했다. Les enfants *muent* vers douze ou treize ans. 애들은 12 내지 13살 때 변성한다.

2° se ~ en qc 《변화》〈…으로 바뀌다〉 Ma surprise *s'est muée*(=s'est changée) en épouvante. 나의 놀라움은 공포로 변했다.

munir 1° ~ qn/qc de qc 〈…에(게) …을 갖추어주다, 마련해주다〉 Ses parents l'*ont muni* de pain et de fromage pour son voyage. 그의 부모들은 여행떠나는 그를 위해 빵과 치즈를 꾸려 주었다. Le pont *est* enfin *muni* de parapets. 그 다리에는 마침내 난간이 설치되었다.

2° se ~ de qc 《변화》〈…을 갖추다, 마련하다〉 Si vous partez en voyage cet hiver, *munissez-vous* de vêtements chauds. 이번 겨울에 여행을 떠나려거든, 따뜻한 옷을 장만해 가세요. *Munissez-vous* d'un parapluie. 우산을 가져가세요.

N

naître 〔조동사는 être〕. 1° ~ 〈태어나다; (식물이) 싹트다, 꽃피다〉 Molière *naquit* à Paris. 몰리에르는 파리에서 태어났다. Les fleurs *naissent* au printemps. 꽃은 봄에 핀다.

◇ Il ~ N (비인칭구문) 〈…이 태어나다〉 Combien *naît*-il d'enfants dans le monde chaque jour? 전세계적으로 매일 몇명의 아이들이 출생합니까?

2° ~ de qn/qc 〈…출신이다; …의 결과로서 생기다〉 Il *est né* d'une famille d'ouvriers. 그는 노동자의 집안에서 태어났다. Il *est né* d'un second mariage. 그는 두번째 결혼으로 태어났다. Une guerre peut ~ de la peur. 전쟁은 두려움 때문에 야기될 수도 있다.

3° ~ à qc 〈…에 관심을 보이기 시작하다, …에 눈뜨다〉 Après son sauvetage inespéré, il *naquit* à une vie nouvelle. 예기치 않게 구조를 받고난 뒤 그는 새 삶을 살게 되었다. ~ à l'amour 사랑에 눈뜨기 시작하다.

4° ~ Attr 〈…으로 태어나다〉 Elle *est née* aveugle. 그녀는 태어날 때부터 장님이었다. Il *est né* poète. 그는 시인으로 타고 났다.

nécessiter 1° qc ~ N 〈필요로 하다〉 La situation *nécessite* des mesures urgentes. 사태는 긴급한 조치를 필요로 하고 있다.

2° qc ~ que P subj La multiplicité des affaires de trahison et de propagande antimilitariste *nécessitait* qu'on en finît une bonne fois avec la loi militaire. 수많은 반역사건과 반군국주의 선전공세 때문에 이번에야말로 부득이 군법문제를 해결지어야 했다.

3° qc ~ de Inf La situation *nécessite* de prendre des mesures urgentes. 그 사태는 긴급한 조치를 (취할 것을) 필요로 한다.

négliger 1° ~ qc/qn 〈소홀히 하다, 무시하다〉 Il *a négligé* les conseils du docteur et il est tombé malade. 그는 의사의 충고를 무시하더니 병이 났다. Pourquoi *négligez*-vous vos amis? 당신은 왜 친구들을 소홀히 합니까?

2° ~ de Inf 〈…하기를 소홀히 하다, 잊다(=oublier, omettre)〉 Il *a négligé* de m'avertir son changement d'adresse. 그는 내게 주소가 변경된 것을 알려주는 것을 잊었다.

négocier 1° ~ N(pl) 〈교섭·협상하다〉 Les deux pays *ont négocié* après les hostilités. 적대행위가 있은 후 그 두 국가는 상호 협상을 했다.

2° ~ (avec N) 〈(…와) 교섭·협상하다〉 ~ avec une puissance étrangère 강국과 협상을 벌이다. La direction a refusé de ~. 이사회는 교섭하기를 거절했다.

3° ~ N 〈협상·체결하다〉 ~ la paix 강화 협상을 하다. ~ un traité 조약을 체결하다. ~ un accord salarial 임금(에 관한) 협약을 맺다.

neiger Il ~ (비인칭 구문) 〈눈이 오다〉 Il *neigera* demain sur tout le nord de la France. 내일은 프랑스 북부의 전지역에 걸쳐 눈이 내릴 것입니다.

nier 1° ~ 〈부인〔부정〕하다〉 Il continue de ~. 그는 계속 부정한

다.
2° ~ qc 〈부정하다, 거부하다〉 Ne *niez* pas l'évidence. 너무나 분명한 데 부정하지 마시오.
3° ~ Inf (passé) 〈…한 것을 부인하다〉 Il *nie* être sorti après dix heures. 그는 10시 이후에 나간 일이 없다고 주장한다. Il *nie* avoir fait cela. 그는 그렇게 한 것을 부인한다.
◇ ~ de Inf 는 옛표현이나 부정문에서는 아직도 쓰인다.
4° ~ que P subj/ind Il *nie* qu'il soit[est] coupable. 그는 자기가 유죄라는 것을 부인한다. Qu'en rompant avec le naturalisme l'artiste moderne s'oppose à une riche et vénérable tradition ne saurait être *nié*.(J.E. Muller, *L'art moderne*) 현대의 예술가가 자연주의와 결별함으로써 풍요하고 존경할 만한 전통에 반기를 들었다는 점은 부정될 수 없다.
◇ 부정문에서 que P 는 흔히 subj 이 된다:On ne peut pas ~ que ce ne soit là une grande question. (France) 그 점이 큰 문제라는 것은 부정할 수 없다. 《현대 일상어에서 que P에는 허사 ne를 흔히 사용하지 않는다. 특히 que P의 내용이 명백한 사실일 때는 그렇다:Je ne *nie* pas que la terre soit ronde.》.
◇ 사실의 현실성을 강조할 때는 ne pas ~ que P ind 가 쓰인다: Vous ne pouvez pas ~ que vous étiez hier à Paris, puisque je vous y ai vu! 내가 당신을 어제 파리에서 보았으니, 거기에 없었다고 당신은 말할 수 없겠지요!
◇ 가정적 사실을 표현할 때는 que P cond 는 가능하다.
nommer 1° ~ N+n 〈…이라고 명명하다〉 Nous *avons nommé* notre fils Paul. 우리는 아들의 이름을 폴이라고 지었다.
2° ~ N(à N)〈(…에게) …의 이름을 말하다〉 *Nommez*-moi vos complices. 공범자들의 이름을 내게 대시오.
3° ~ N 〈지명·지정하다〉 Le président *a nommé* le premier ministre. 대통령은 수상을 지명했다.
4° ~ N+n 〈…으로 지명·지정하다〉 ~ *qn* son héritier …를 상속인으로 지정하다.
5° ~ N Adv 〈…로[…에] 지명·임명하다〉 On l'*a nommé* à une ambassade. 그는 대사관 근무로 발령받았다. ~ *qn* à un poste[à un ministère] …를 어떤 직위에 [어떤 부처에] 임명하다. Il *a été nommé* à la tête de la commission. 그는 위원회의 우두머리에 지명되었다.
noter 1° ~ N 〈표를 하다, 밑줄을 치다;적어넣다;알아채다, 확인하다; 주의하다;평가하다〉 ~ les passages intéressants d'un livre 어떤 책의 재미있는 귀절에 표시를 해놓다[밑줄을 치다]. ~ une adresse(sur son carnet) (수첩에다) 주소를 적어두다. J'*ai noté* son absence. 나는 그가 없는 것을 알아챘다. Je n'*ai noté* aucun changement dans son attitude. 나는 그의 태도에 있어 어떤 변화도 확인할 수가 없었다. *Notez* bien! 주의하시오. ~ un travail[un élève] 어떤 일에[학생에] 점수를 매기다.
2° ~ que P ind 〈알아채다, 주의하다〉 J'*ai noté* que le prix du beurre a augmenté. 나는 버터 값이 인상되었다는 것을 알았다. *Note* qu'il nous a observé pendant tout notre entretien. 우리가 이야기하는 동안 내내 그가 지켜보고 있었다는 것에 유의해라.
3° ~ P(int. ind.) *Notez* combien cela est curieux. 이것이 얼마나 이상한 일인가 잘 보아라.
4° ~ Inf Je n'*ai* pas *noté* avoir reçu cette lettre. 나는 그 편지를 받았었다는 것을 깨닫지 못했다.

notifier ~ N(à N)⟨(…에게) 통고하다⟩ ~ l'ordre d'expulsion à des locataires (가옥・토지의) 차용인에게 퇴거명령을 통고하다. ~ à un élève son renvoi du lycée 학생에게 고교 퇴학처분을 알리다. ~ un rendez-vous pour la semaine suivante 그 다음 주에 있을 회합을 알리다.

nourrir 1° ~(N)(de/avec N)⟨(…을 먹여) 기르다, 양육하다, 양분을 주다⟩ ~ un bébé 아기에게 젖을 주다. ~ un bébé de bananes 아기에게 바나나를 먹이다. ~ ses cochons avec des épluchures de pommes de terre 감자 찌꺼기를 먹여 돼지를 사육하다. Les bonbons ne *nourrissent* pas. 사탕에는 영양분이 없다. Il a cinq personne à ~. 그는 부양가족이 다섯 명이다.
2° ~ N ⟨(마음에) 품다⟩ ~ un préjugé 어떤 편견을 갖다. ~ de la haine contre *qn* …에 대한 증오심을 품다. ~ de noirs desseins 음흉한 흉계를 품다.
3° ~ N de N ⟨…으로 풍부하게 하다⟩ Il *nourrit* son récit de détails pittoresques. 그는 생생한 세부 묘사로 이야기를 풍성하게 엮어 나간다.
4° qn se ~ de N 《변화》⟨…을 마음에 품다⟩ Il *se nourrit* de vains espoirs. 그는 헛된 희망을 품고 있다.

nuire 1° ~ à qn/qc ⟨…을 해치다, 훼손하다⟩ Cela *nuit* à vos amis[à la santé]. 그것은 당신 친구들에게 [건강에] 해롭다. Cet incident risque de ~ aux négociations. 이 사건은 협상에 방해가 될 우려가 있다.
◇ 1) à qn은 약세보어인칭대명사로 대치되나 à qc는 y로 대치될 수 없다. 따라서 à qc는 à cela로 대치된다:Elle cherche à vous ~. *Cet incident va y ~ [=au règlement de l'affaire).
2) ~ ∅ Sa volonté de ~ est incontestable. 그의 악의는 의심할 여지가 없다.
2° se ~ 《불변》⟨자신에게[서로]해를 끼치다⟩ Il *se nuit* en insistant trop. 그는 너무 고집을 피워 손해를 본다. Ils *se sont nui* l'un à l'autre. 그들은 서로 해를 끼쳤다.

O

obéir ~ à N 〈…에 복종하다, …에 굴복하다, 따르다〉 Le soldat *obéit* aux ordres de ses chefs. 병사는 상관의 명령에 복종한다. Il *obéit* à son maître au doigt et à l'œil. 그는 주인에게 맹종한다. Vous m'*obéirez*, je l'exige. 내 말을 따를 것을 요구하는 바입니다. Vous *serez obéi* bientôt. 곧 사람들이 당신에게 복종할 것입니다 《obéir 는 직접보어를 취하는 타동사는 아니지만 pardonner 와 같이 17세기까지 직접타동사로 사용되던 흔적으로 수동문에서의 사용이 가능하다. 그러나 비인칭 수동이나 수동적 대명동사로는 그 사용이 불가능하다. 단 se faire obéir 는 가능하다: Il sait se faire ~. 그는 사람들이 자기말을 따르게 할 줄 안다》.
◇ ~ ∅ J'*ai* trop *obéi* dans ma vie. 나는 살아오면서 지나치게 순종했다.

objecter 1° ~ N à N 〈…을 내세워 …에 반박하다, 반대하다〉 Je n'*objecte* rien à cela. 나는 이 일에 반대할 아무런 이유도 없다. On m'*objecta* mon passé. 사람들은 나의 과거를 내세워 내 말에 반박했다.
◇ 1) ~ N ~ le peu de chance de succès d'une expérience 어떤 실험의 성공 가능성이 희박하다고 반대하다. Je lui demandai de venir, mais il *objecta* la fatigue pour pouvoir rester chez lui. 나는 그에게 와달라고 했으나, 그는 집에 머물러 있으려고 피곤하다는 이유를 내세워 반대했다.
2) ~ à N 〖드물게〗 Je suis certain que vous n'*objecterez* pas à cette décision. 나는 당신이 이 결정에 반대하지 않으리라고 확신한다.
2° ~ à N que P ind/subj (주절이 의문·부정이면 *subj* 도 가능) 〈…에 대해 …이라고 반박·반대하다〉 Il m'*objecta* qu'il avait un rendez-vous. 그는 약속이 있다고 하면서 내 말에 반대했다. A cela la linguistique moderne *objecte* qu'une langue ne peut être saisie que dans sa fonction. 이에 대해서, 현대 언어학은, 언어란 그 기능에 있어서만 파악될 수 있다고 반박하고 있다. Allez-vous ~ que vous n'avez [n'ayez] pas le temps de faire cela? 당신은 그 일을 할 시간이 없다고 해서 반대하시려는 겁니까?
3° ~ (à N) Inf Il *a objecté* n'avoir pas été prévenu. 그는 사전 통고를 받지 못했다고 반박했다.
4° ~ N à ce que P subj 〈…을 내세워 …에 반대·반박하다〉 Avez-vous quelque chose à ~ à ce que je fasse cela? 내가 이 일을 하는 데 대해서 반대할 이유라도 있습니까?

obliger¹ 〖문어〗 1° ~ qn 〈돌보아 주다, 친절을 베풀다〉 Vous ~, Madame, est le premier et le plus agréable de mes devoirs. 부인, 당신을 돌봐드리는 것이 나의 첫째가는 또 가장 유쾌한 임무입니다.
2° ~ qn gérondif 〈…에게 …하는 친절〔호의〕을 베풀다〉 Vous m'*obligerez* en fermant cette porte. 이 문을 닫아주시면 감사하겠습니다. Il *a obligé* son ami en lui prêtant sa bicyclette. 그는 친구에게 자기 자전거를 빌려주는 친절을 베풀었다.
3° ~ qn de Inf Il y a céans un souper préparé. Vous m'*obligerez*

d'y prendre part avec M. l'Abbé. (France) 집안에 저녁 준비가 되어 있습니다. 신부님과 함께 참석해 주시면 감사하겠습니다.

◇ **être obligé à qn de Inf** 〈…이 …하는 것을 감사히 여기다〉 Je vous *serais* fort *obligé* de bien vouloir m'accorder un entretien. 제게 면담을 허락해 주신다면 대단히 감사하겠습니다.

obliger² 1° ~ **qn à Inf** 〈…에게 …할 것을 강요하다, 의무를 지우다〉 La nécessité l'*a obligé* à accepter ce travail. 그는 돈이 필요해서 이 일을 맡지 않을 수 없었다. Ses parents l'*ont obligé* à vous écrire. 그의 부모는 억지로 그가 당신에게 편지를 쓰도록 한다.

◇ 1) à Inf 는 y 로 대치 가능함: La crainte l'*obligea* à se taire. 그는 겁이 나서 입을 다물었다. →La crainte l'y *obligea*.

2) ~ **qn ø** Marie *a obligé* Jean. 마리는 장에게 (그렇게 하라고)강요했다.

3) ~ **ø à Inf** Ce métier *oblige* à voyager. 이 직업에 종사하면 출장을 다녀야 된다.

4) ~ ø ø (ㅡ).

2° ~ **qn à qc** Son métier *oblige* Jean à de grands voyages. 장은 직업상 장기여행을 하지 않을 수 없다.

◇ 1) ~ **ø à qc** Ce métier *oblige* à de grands voyages. 이 직업은 원거리 여행을 자주 해야 하는 직업이다.

2) 상태표현의 경우는 Inf 앞의 전치사를 흔히 de 로 사용한다. Pron-Inf 가 가능한데 대리사는 전치사 à(de) 의 교체에 상관없이 y 를 사용한다: Marie *a été obligée* à téléphoner. Je *suis obligé* de partir demain. Je *suis obligé* par mes fonctions de vous fouiller. 나는 직책상 당신을 검색하지 않을 수 없습니다.

3° **s'~ à Inf** 《변화》 〈…할 의무를 지다〉 Il *s'est obligé* à acquitter la somme dans un délai de trois mois. 그는 3개월 안에 그 금액을 갚아야만 했다.

observer 1° ~ **N** 〈관찰하다; 감시하다〉 ~ une éclipse de soleil 일식을 관찰하다. Vous *observerez* son visage: il nous cache certainement quelque chose. 그의 얼굴을 잘 살펴보세요. 분명히 우리에게 뭔가 숨기고 있어요. Elle se sait *observée* et se méfie. 그녀는 자기가 감시당하고 있다는 걸 알고 경계한다.

◇ ~ **ø** Ne rien dire et ~. 아무 말도 하지 말고 잘 보기만 하시오.

2° ~ **P(int. ind.)** 〈관찰하다〉 L'étudiant *observe* au microscope comment les microbes réagissent. 그 학생은 미생물이 어떻게 반응하는가를 현미경으로 관찰하고 있다.

3° ~ **N** 〈주목하다〉 Enfin, on *a observé* un mieux chez ce convalescent. 드디어 그 회복기 환자는 차도를 보였다.

4° ~ **P ind** (주절이 의문·부정이면 *subj* 도 가능) J'*ai observé* que les arbres commencent à fleurir. 나는 나무들이 꽃을 피우기 시작하는 것을 (주목해) 보았다. *Avez*-vous *observé* que les jours ont augmenté? 당신은 낮이 길어진 걸 아셨어요? Je n'*ai* pas *observé* qu'il ait rendu la clef. 나는 그가 열쇠를 돌려주었다는 것을 모르고 있었다.

5° ~ **Inf** Je n'*ai* pas *observé* avoir perdu mes clefs. 나는 열쇠를 잃어버린 것을 알아채지 못했다.

6° ~ **N** 〈지키다, 준수하다〉 ~ les règles du jeu 놀이 규칙을 지키다. ~ les lois 법률을 준수하다. ~ les usages 관례에 따르다.

obstiner(s') 1° **s'~ Prép N** 《변화》 〈…을 고집하다〉 Il *s'obstine* au silence. 그는 끝끝내 입을 다물고 있다. Il *s'obstine* dans son opinion.

obtenir

그는 자기 의견을 고집한다. Pourquoi *vous obstinez*-vous sur cette question? 당신은 왜 이 문제에 집착하십니까?
2° s'~ à Inf〈끝끝내 …하려 들다〉 Malgré sa fatigue, il *s'est obstiné* à continuer son travail. 그는 피곤했지만 끝끝내 자기 일을 계속했다.
3° s'~ ø〈고집부리다〉 Inutile de chercher à le persuader il *s'obstine*. 그를 설득시키려고 애쓸 필요없다. 그는 고집을 부리고 있다. Tu as tort de *t'*~, car ton adversaire ne cédera rien. 네가 버티는 것은 잘못이다. 왜냐하면 네 상대편은 아무것도 양보하지 않을 테니까 말이다.

obtenir 1° ~ qc〈얻다, 획득하다〉 J'*ai obtenu* mon passeport. 나는 여권을 발급받았다.
2° ~ qc de qn〈…으로부터 얻다, 받다〉 Elle *a obtenu* de son père la permission de sortir une fois par semaine. 그녀는 아버지로부터 일주일에 한번씩의 외출허가를 받았다. L'autorisation de départ *fut obtenu* du général. 출발허가가 장군으로부터 내려졌다.
◇ Cette garantie formelle *a été obtenue* de Marie par Paul. 폴은 마리에게서 형식적인 보수를 받았다《능동문에서 obtenir 와 대치해서 나타날 수 있는 recevoir(Paul a reçu cette garantie formelle de Marie.)는 위의 수동에서는 사용이 불가하다》.
3° ~ qc à qn〈…에게 얻어주다〉 Je tâcherai de vous ~ cet ouvrage gratuitement. 당신에게 이 책을 무료로 얻어주도록 애써보겠습니다.
4° ~(de qn) de Inf〈(…으로부터) …하는 허가를 받다; …하는 목적을 달성하다〉 Il *a obtenu* d'être nommé président. 그는 의장에 당선되는 목적을 달성했다.
5° ~(de qn) que P subj/ind〈(…으로부터) …해 받다〉 J'*ai obtenu* de lui qu'il se taise sur cette affaire. 나는 그가 이 문제에 대해 입을 다물고 있도록 해놓았다. Tâche d'~ qu'il vienne. 그가 오도록 해보아라.
◇ que P는 le 로 대치가능함: Elle demanda à son mari que le lit de Xavier, le plus jeune, fût rapporté dans sa chambre. Elle ne put l'~. 그녀는 남편에게 막내인 크자비에의 침대를 그애의 방에 다시 갖다놓도록 부탁했다. 그러나 그는 그것을 허락하지 않았다.

occasionner 1° ~ N〈야기하다, 유발하다〉 Le brouillard[Un conducteur ivre] *ont occasionné* l'accident. 안개 때문에 사고가 났다 〔술에 취한 운전수가 사고를 냈다〕.
2° ~ N à qn〈…에게 …을 끼치다, 일으키다〉 Je vous *ai occasionné* de la peine. 제가 당신에게 괴로움을 끼쳤군요. Ce travail m'*a occasionné* beaucoup de peine. 그 일이 나에게 많은 고통을 안겨주었다.

occuper I. 1° ~ qc〈점령하다, 차지하다; (…에) 살다〉 J'*occupe* cet appartement depuis dix ans. 나는 10년전부터 이 아파트에서 산다. Les Allemands *ont occupé* la France pendant la Seconde Guerre Mondiale. 독일인들은 2차대전중에 프랑스를 점령했었다. Il *occupe* le poste de directeur depuis la mort de son père. 그는 자기 아버지가 죽은 후로 중역직을 맡고 있다. La Pologne *a* souvent *été occupée*. 폴랜드는 자주 점령당했다.
◇ ~ ø (一) 법률용어로 〈소송을 맡다〉의 의미로만 이 구문이 가능하다.
2° ~ N à qc(N은 시간을 나타내는 명사)〈…으로 (시간을) 보내다〉 A quoi peut-on ~ le temps ici? 여기

서는 무엇을 하며 시간을 보내죠?
◇ 1) ~ N à Inf/gérondif 〈…하며 시간을 보내다(=employer, passer)〉 Il *occupe* tout son temps à jouer aux échecs. 그는 자기 시간을 모두 장기두면서 보낸다. Il *a occupé* ses vacances en voyageant. 그는 여행하면서 휴가를 보냈다.
2) à Inf는 y로 대치 가능함.
3° ~ qn 〈일에 쫓기게 하다; 고용하다; 재미있게 (놀게)하다(=amuser)〉 Ce travail m'*a occupé* tout l'après-midi. 나는 오후 내내 그 일에 매달려 있었다. En vacances, le problème est d'~ les enfants les jours de pluie. 방학이면 비오는 날 애들을 놀게해 주는 것이 문제이다. L'usine ne peut ~ que six cents ouvriers. 그 공장은 600 명의 직공만을 고용할 수 있다.
◇ 1) ~ qn à qc 〈…에 몰두하게 하다〉 Il faut l'~ à des choses utiles. 그를 유익한 일에 전념하도록 해야 한다.
2) être occupé à Inf 〈…하느라고 바쁘다〉 Maman *est occupée* à faire la vaisselle. 엄마는 설거지하느라 바쁘다. Mon oncle *est occupé* à tailler les rosiers dans mon jardin. 아저씨는 우리 정원에서 장미나무의 전지를 하시느라 바쁘십니다.
II. 1° s'~ à Inf 《변화》〈…하며 시간을 보내다(=passer son temps à Inf)〉 Il *s'occupe* à classer des timbres. 그는 우표를 분류하면서 소일한다.
2° s'~ de qn/qc 〈…을 보살피다; …에 관계•개입하다; …을 맡아서 하다〉 *Occupe-toi* de lui. 그를 보살펴 주어라. Je ne *m'occupe* pas de politique. 나는 정치에는 관계 안한다. Peux-tu *m'~* du téléphone et de la porte pendant mon absence? 너 나없는 동안에 전화 좀 받고 집을 지켜 주겠니? Ne vous *occupez* pas de ce qui ne vous regarde pas. 당신과 관계없는 것은 상관 마세요.
◇ s'~ ø〈무슨 일인가를 하다(=ne pas rester oisif)〉 Elle arrange la table de nuit pour *s'~*. 그녀는 한가로움을 달래기 위해 침대옆 탁자를 정돈한다.
3° s'~ de Inf〈맡아서 …하다〉 Je *m'occuperai* de vous trouver une chambre. 내가 책임지고 당신에게 방을 하나 마련해 드리지요. Moi, je vais *m'~* de laver la vaisselle et toi, de l'essuyer. 내가 그릇을 씻을 테니 닦기는 네가 닦아라.

offenser 1° ~ (N) 〈감정을 상하게 하다, 화나게 하다;위반하다, 거스르다〉 Je ne voulais pas vous ~. 당신 기분을 상하게 할 의사는 없었어요. Ceci *offense* la raison. 이것은 이성에 위배된다. Ces couleurs *offensent* la vue. 이 빛깔들은 눈에 거슬린다.
2° s'~ (de N) 《변화》〈(…때문에) 화를 내다, 기분이 상하다〉 Il *s'offense* d'un rien. 그는 아무것도 아닌 일로 화를 낸다. Il *s'offense* facilement. 그는 쉽사리 기분이 상한다.
3° s'~ de ce que P ind/subj Il *s'est offensé* de ce qu'on a[ait] oublié de l'invité. 자기를 초대하는 걸 잊어버렸다고 그는 기분나빠했다.
4° s'~ de Inf Il *s'offense* de ne pas avoir été invité à la réunion. 그는 그 모임에 초대를 받지 못했다고 기분나빠한다.

offrir I. 1° ~ qc〈제공하다〉 Cette solution *offre* de nombreux avantages. 이 해결방안에는 많은 이점이 있다. Cette colline *offre* une belle vue sur la région. 이 언덕에서는 그 지역을 잘 내려다볼 수 있다.
◇ ~ ø(-).
2° ~ qc à qn 〈…에게 주다, 제공하다, 보내다〉 Les enfants *ont offert* un bouquet à leur mère. 애들은 어머니에게 꽃다발을 드렸다.

offrir

Je vous *offre* nos vœux de Nouvel An. 새해인사를 드립니다.
◇ 1) ~ **qc à qn pour qc** On lui *a offert* 1,000 francs pour ce travail. 사람들은 그에게 그 일의 댓가로 1,000 프랑을 내놓았다.
2) ~ **qc à qn de qc** On lui *a offert* 10,000 francs de son tableau. 사람들은 그에게 그의 그림을 10,000 프랑에 사겠다고 했다. Que m'*offrez-*vous de ce tableau? 당신은 내게서 이 그림을 얼마에 사시겠소?
3° ~ **(à qn) de Inf** ⟨…에게 …할 것을 제의하다, 청하다⟩ Je lui *ai offert* de le loger chez moi. 나는 그에게 우리집에서 숙박을 하도록 제의했다. Elle lui *offrit*, en riant, de prendre un verre de liqueur avec elle. (Flaub) 그녀는 웃으면서 그에게 자기와 함께 리큐르 술을 한잔 들자고 청했다.
◇ 위의 두 예문에서 보듯이 de Inf 의 의미상 주어는 offrir 의 주어와 일치할 수도 있고 그 간접보어와 일치할 수도 있다. parler 나 proposer 뒤의 de Inf 경우도 마찬가지이다.
4° ~ **que P subj**(+).
II. 1° **s'~ (pour qc)** ⟪변화⟫ ⟨…을 위해 몸을 바치다⟩ Elles *se sont offertes* (pour cette corvée). 그녀들은 그 사역에 자원했다.
2° **s'~ comme/en Attr** ⟨…으로 자원하다⟩ Il *s'est offert* comme guide. 그는 자진해서 안내자로 나섰다. Ils *se sont offerts* en otages. 그들은 인질을 자원했다.
3° **s'~ à qc** ⟨…에 자신을 내맡기다⟩ Il va *s'~* aux sarcasmes de ses adversaires. 그는 자기 적들의 빈정거림을 당할 것이다.
4° **s'~ à Inf** ⟨자진해서 …하다⟩ En nous voyant en panne sur la route, il *s'est* aimablement *offert* à nous aider. 우리 차가 길에서 고장난 것을 보자, 그는 친절하게도 우리를 돕겠다고 했다. Elles *se sont offertes* à accompagner le malade à l'hôpital. 그녀들은 자진해서 환자를 병원까지 데리고 가겠다고 나섰다.
5° **s'~ qc** ⟪가변⟫ ⟨즐기다(=se permettre, se payer)⟩ Elles *se sont offert* ce voyage de plaisance. 그녀들은 이 유람여행을 즐겼다.

omettre 1° ~ **qc/qn** ⟨빠뜨리다⟩ L'élève *a omis* une virgule. 그 학생은 쉼표 하나를 빠뜨렸다. Je crois n'*avoir omis* personne sur cette liste d'invités. 나는 이 초청자 명단에 아무도 빠뜨리지 않았다고 생각한다. Il *a été omis* dans la liste des reçus à l'examen. 그는 합격자명단에서 빠졌었다.
2° ~ **de Inf** ⟨…하는 것을 잊다; 빠뜨리다⟩ Malheureusement, *j'ai omis* de vous consulter. 불행히도 나는 당신과 협의하는 것을 잊었다. J'*ai omis* de donner le nom de l'éditeur. 나는 간행자 이름을 적는 것을 빠뜨렸다.
3° ~ **que P ind** Vous ne devez pas ~ que vous serez en public. 당신이 여러사람들 앞에 서게 된다는 것을 잊어서는 안됩니다.

opérer 1° **qn** ~ ⟨수행하다, 실시하다⟩ Les voleurs *opèrent* à l'aube. 도둑들은 새벽에 도둑질을 한다. Les guérilléros rhodésiens *opèrent* à partir du Mozambique. 로디지아의 게릴라들은 모잠비크로부터 행동을 개시했다.
2° **qc** ~ ⟨작용하다, 효과를 내다⟩ Le médicament *n'a pas opéré*. 약은 듣지 않았다.
3° **qc** ~ **sur N** ⟨…에 작용하다, …에 영향을 미치다⟩ La magie veux en *opérant* sur la matière, conquérir une domination interdite à l'homme. 마술이란 물질계에 작용함으로써 인력을 초월한 지배력을 인간에게 획득케해주는 것이다.
4° **qn** ~ **sur N** ⟨…을 조종하다⟩

Il nous est plus facile d'~ sur les signes des idées que sur les idées elle-mêmes. 어떤 개념 그 자체보다도 개념의 기호를 다루는 것이 더 쉽다.
5° ~ N 〈시행하다, 이루다〉 Il faut ~ un choix. 선택을 해야 한다. *J'ai opéré* un redressement de mes finances. 나는 재정상태를 복원시켰다. Les vacances *ont opéré* sur lui un heureux changement. 휴가가 그에게 좋은 변화를 가져왔다.
6° ~(N) 〈수술하다〉 ~ un cancer 암 수술을 하다. Le chirurgien *a opéré* ce matin. 그 외과의사는 오늘 아침 수술을 실시했다. ~ le bras de qn(>lui ~ le bras, l'~ au bras] …의 팔을 수술하다.
7° ~ qn de qc 〈…의 …를 수술하다〉 Il s'est fait ~ des reins[de l'appendicite]. 그는 콩팥[맹장] 수술을 받았다. ~ un œil de la cataracte 눈의 백내장 수술을 하다.
8° qc s'~ 《변화》 〈행해지다〉 L'implantation de l'idiome *s'est opérée* sans intermittences jusqu'à nos jours. 그 관용언어의 국어 속에의 정착작용은 오늘날까지 끊임없이 행해져왔다.

opiner 1° ~(sur N)〈…에 대해서 의견을 말하다, 발언하다〉 Tous les jurés *ont opiné* dans le même sens sur la question. 전 배심원들은 그 문제에 대해서 같은 방향으로 의견을 모았다.
2° ~ pour/contre/en faveur de N 〈…에 찬성하다 [반대하다, 유리하게 말하다]〉 Tous les notables *ont opiné* pour[contre] le projet. 저명인사 모두가 그 계획에 찬성[반대] 의사를 표명했다. Ils *ont opiné* en faveur de l'autre projet. 그들은 다른 계획에 대해서는 찬성했다.
3° ~ à N 〈…에 동의・찬동하다〉 Les jurés *ont opiné* à la proposition du parquet. 배심원들은 검찰의 제의에 동의했다.
◇ 1) ~ de la tête 〈고개를 끄덕여 동의를 표시하다〉.
2) ~ du bonnet 〖구어〗〈남의 의견에 전적으로 동의하다〉.

opposer I. 1° ~ qc à qn/qc 〈…에 대치시키다〉 Nos troupes *ont opposé* une résistance acharnée à l'armée ennemie. 아군은 적군에게 끈질기게 저항했다. Vous ne partirez pas, car le patron *a opposé* un refus à votre demande de congé. 당신은 떠나지 못할 것입니다. 왜냐하면 사장이 당신의 휴가요청을 거부했기 때문입니다. Il n'a rien à ~ à ce raisonnement. 이와같이 따지는데 대해, 그는 어찌할 도리가 없다.
2° ~ qn à qn 〈…에 대결시키다〉 Ce match *opposera* l'équipe de Reims à celle de Montpellier. 이번 경기에서는 렝스팀과 몽펠리에팀이 대결할 것입니다.
3° ~ qc(pl)/qn(pl); ~ qc/qn et qc/qn 〈(…와 …을) 대조・대결시키다〉 La famille *oppose* les avantages de la mer et ceux de la montagne. 가족들은 바다로 가는 이점과 산으로 가는 이점을 따져 비교한다. Les deux équipes de football *ont été opposées* l'une à l'autre. 그 두 축구팀은 서로 대결을 벌였다.
4° ~(à qn/qc) que P ind 〈(…에 대해) …이라고 반박하다〉 Je pourrais vous ~ que vous êtes en contradiction avec vous-même. 나로서는 당신이 자가당착에 빠져있다고 당신에게 반박할 수 있을 것입니다. A ce brillant plaidoyer, *j'oppose* que votre projet n'a qu'une chance sur cent de réussir. 이 뛰어난 변론에 대해 나는 당신 계획이 실현성이 지극히 희박하다고 반박하는 바이오. Paul m'a dit cela, à quoi *j'ai opposé* que c'était faux. 폴이 내게 그렇게 말하자 나는 그것은 사실이 아니라고 반박했다.

opter

II. 1° s'~ (Prép N) 《변화》〈서로 대조·대립되다〉 Leurs caractères *s'opposent*. 그들의 성격은 대조적이다. De nombreux orateurs *se sont opposés* au cours du débat. 토론중 많은 연사들의 의견이 대립되었다. Nos positions *s'opposent* sur ce problème. 이 문제에 관해 우리 입장은 대립적이다.
2° s'~ à qc/qn 〈…에 반대하다; 장애가 되다〉 Ses parents *se sont opposés* à son mariage. 그의 부모들은 그의 결혼에 반대했다. Ce garçon *s'oppose* continuellement à son père. 그 소년은 계속 아버지와 대립하고 있다. Qu'est-ce qui *s'oppose* à votre départ? 무엇이 당신 출발을 막고 있습니까?
3° s'~ à ce que P subj 〈…하는 것에 대해 반대하다〉 Le propriétaire *s'oppose* à ce qu'on modifie en quoi que ce soit l'appartement. 건물주인은 아파트를 조금이라도 변경하는 것을 반대한다.

opter ~ pour/en faveur de +N 〈…을 택하다, …으로 정하다〉 ~ en faveur d'un projet de loi 어떤 법안을 채택하다. *J'opte* pour une carrière diplomatique. 나는 외교관직을 택한다.

ordonner¹ 1° ~ qc 〈정돈하다〉 Il sait ~ ses idées. 그는 자기 생각을 정리할 줄 안다. Il *a* tout *ordonné* dans sa chambre. 그는 자기 방을 모두 정돈했다.
2° s'~ 《변화》〈정돈되다〉 Les maisons *s'ordonnent* le long des routes. 주택들은 길을 따라 규칙적으로 배열되어 있다.

ordonner² 1° ~ qc 〈명하다, 지시하다(=commander)〉 A l'heure H, le chef *ordonnera* l'assaut. H시에 상관은 공격을 명령할 것이다. Ce travail m'*a été ordonné*. 그 일이 내게 하달되었다.
◇ 1) **~ qc à qn** 〈…에게 지시하다〉 Le médecin lui *a ordonné* des promenades quotidiennes. 의사는 그에게 매일 산책을 하라고 지시했다.
2) **~ ∅** 〈명령을 내리다〉 Le souverain *ordonne*. 군주는 명령한다. Tu es mon maître! *Ordonne!* 그대는 나의 주인이오, 명령만 하십시오!
2° ~(à qn) de Inf 〈(…에게) …할 것을 명하다〉 Le capitaine *ordonna* au sous-officier de lui amener dix hommes. 중대장은 하사관에게 10명을 자기에게 데려오라고 명령했다. Il *a ordonné* d'apporter du papier. 그는 종이를 가져오라고 지시했다.
3° ~ (à qn) que P subj/ind Il *ordonne* que nous sortions. 그는 우리에게 나가라고 명령한다. Le maître *a ordonné* que tout le monde soit à l'heure. 선생님은 모두들 시간을 엄수하라고 명령하셨다. Le colonel *ordonne* que vous irez. 대령은 당신보고 가라고 명령합니다.

orner 1° ~ N(de N) 〈(…로써) 장식하다〉 ~ un mur de tableaux 벽을 그림으로 장식하다. ~ un discours de citations 연설문에 인용구를 넣어 꾸미다.
2° ~ N 〈장식하다〉 Des tableaux *ornent* le mur. 그림이 벽을 장식하고 있다.

oser ~ Inf 〈…을 감행하다, 감히 …하다〉 Lindberg *osa* le premier survoler l'Atlantique. 린드버그가 최초로 대서양 상공의 횡단비행을 감행했다. Il neigeait tellement qu'il n'*osait* pas sortir. 눈이 하도 많이 내리고 있어서 그는 밖에 나갈 엄두를 못 내었다.
◇ 1) oser 뒤의 Inf에는 제약이 있어 주어의 적극적 행동을 표현하지 않는 수동적 의미의 Inf는 사용될 수 없다: *L'équipe *a osé* être réunie. *Il *a osé* recevoir une lettre.
2) Pron-Inf(−).
3) **~ ∅** Je voudrais faire cette

démarche, mais je n'*ose* pas. 저는 이렇게 교섭을 해보고 싶습니다만 감히 그러지를 못하겠습니다.
4) 부정문에서 pas를 생략해서 쓸 수 있다: Il n'*osa* (pas) pousser les choses à l'extrême. 그는 감히 사태를 극단적으로 몰고가지는 못했다.
5) ~ quelque chose Neuf heures trois quarts viennent de sonner à l'horloge du château sans qu'il *eut* encore *osé* quelque chose. 그는 아직도 아무 일도 감행하지 못했는데 벽시계는 방금 9시 45분을 알렸다.

ôter 1° ~ qc 〈제거하다; 벗다〉 Aussitôt arrivé, il *ôta* son manteau et ses gants. 도착하자 마자 그는 외투와 장갑을 벗었다.
2° ~ N de qc 〈…으로부터 제거하다, 치우다〉 *Otez* deux de douze et vous aurez dix. 12에서 2를 빼면 10이 됩니다. Il *a ôté* le livre de la table. 그는 탁자에서 책을 치웠다. Pour protéger ses soldats, le lieutenant les *ôta* de ce point exposé. 중위는 자기 부하들을 보호하기 위해 그들을 이 위험지역으로부터 대피시켰다.
3° ~ qc à N 〈…에게서 빼앗다; 없애다〉 Cette affaire m'*a ôté* tous mes espoirs. 이 일로 나는 모든 희망을 잃었다. *Otez*-moi cette inquiétude. 내게서 이 불안을 없애 주십시오. Le remord incessant *ôta* le sommeil à Mme Vincent. 끊임없는 회한으로 뱅상부인은 잠을 못 이루었다. (cf. Pierre prend souvent des jouets à sa sœur. 피에르는 자주 자기 누이에게서 장난감을 빼앗는다).
4° s'~ de+장소 《변화》 『구어』 〈…에서 물러나다, 떠나다 (=se retirer, s'en aller)〉 *Ote*-toi de là. 거기서 물러나라. *Otez-vous* de mon passage. 길 좀 비켜 주십시오.

oublier I. 1° ~ qc/qn 〈잊다, 잊고 버려두다〉 Il nous *a oubliés*. 그는 우리를 잊었다. J'ai *oublié* mes papiers. 나는 서류를 깜박 잊고 안 가져왔다. Elle *a oublié* son parapluie dans le métro. 그녀는 우산을 지하철에 놓고 내렸다. Cette chanteuse *est* parfaitement *oubliée* aujourd'hui. 이 여가수는 오늘날 완전히 잊혀졌다.
◇ ~ ∅ Il faut savoir ~. 잊고 살 줄도 알아야지.
2° ~ de Inf 〈…해야 하는 것을 잊다〉 J'*ai oublié* de mettre cette lettre à la boîte aux lettres. 나는 우체통에 이 편지를 넣는 것을 잊었다. J'*ai oublié* de passer chez vous. 당신 집에 들르는 것을 잊었어요.
◇ 1) Pron-Inf(―).
2) ~ ∅ Avez-vous téléphoné à M. Vincent à propos de l'appartement?―Ah! J'*ai oublié*. 뱅상씨에게 아파트 건으로 전화하셨어요?―아, 잊어버렸군요.
3° ~ Inf 〈…한 것을 잊다〉 Pierre *a oublié* y être allé. 피에르는 자기가 거기에 갔었다는 것을 잊었다.
4° ~ que P ind 〈…라는 사실을 잊다〉 Vous *oubliez* qu'il a déjà fait le voyage. 당신은 그가 벌써 여행을 다녀온 것을 잊으셨군요. N'*oublie* pas que ce paquet est très fragile. 이 꾸러미는 아주 깨지기 쉽다는 것을 잊지 마라.
5° ~ P(int. ind.) 〈…인지를 잊다〉 J'*ai oublié* comment on prépare ce gâteau. 이 케이크를 어떻게 만드는지 잊었다.
II. 1° s'~ 《변화》 〈잊혀지다; 자신(의 이익)을 망각하다〉 La douleur s'*oublie* vite. 고통은 빨리 잊혀진다. Il ne s'*est* pas *oublié* dans le partage. 그는 분배하는 데 있어 자기 몫을 잊지 않았다.
2° s'~ à Inf 〈…하느라고 자신을 망각하다, 정신이 없다〉 Elle s'*oublie*

à lire. 그녀는 정신없이 독서에 열중하고 있다.
◇ s'~ jusqu'à Inf Il s'oublia jusqu'à injurier sa propre femme. 그는 자기 부인에게 욕지거리를 할 정도로 정신이 없었다.

ouïr 〔현대어에서는 과거분사 형태로 밖에는 거의 사용되지 않는다〕.
~ Inf 〖고어〗〈듣다(=entendre)〉 J'ai ouï dire qu'il est encore en vie. 나는 아직 그가 살아 있다는 말을 들었다.

ouvrir I. 1° ~ qc 〈열다〉 Il se hâta d'~ la lettre. 그는 급히 편지를 뜯었다. Cette clef a ouvert la porte. 이 열쇠로 문을 열었다. Ouvrez votre livre à la page 10. 당신 책 10페이지를 펴시오. Ouvrez bien vos yeux. 잘 보세요(=Regardez attentivement). La porte a été ouverte par le garçon avec cette clef. 소년이 그 열쇠로 문을 열었다. Un nouveau lycée a été ouvert dans cette banlieue. 이 교외지역에 중학교가 하나 신설되었다.
◇ ~ ø(+).
2° ~ qc à qn 〈…에게 개설·개방하다〉 Ma banque lui a ouvert un crédit. 내 은행이 그에게 대부해주기 시작했다. Ma maison est ouverte à mes amis. 내 집은 친구들에게 개방되어 있다.
3° ~ sur qc 〈…에로 통해 있다〉 Cette porte ouvre sur la rue, une autre ouvre sur le jardin. 이 문은 길로 통하고, 또 다른 문은 정원으로 통한다.
4° ~ 〈열리다, 시작되다〉 Ce magasin ouvre à huit heures (=On ouvre ce magasin à huit heures). 이 가게는 8시에 문을 연다.
II. 1° s'~ 《변화》〈열리다〉 La porte s'ouvrit tout à coup. 갑자기 문이 열렸다.
◇ Il s'~ qc (비인칭 구문) Il s'y est ouvert depuis peu de très beaux magasins. 그곳에는 얼마 전에 아주 예쁜 상점들이 문을 열었다.
2° s'~ à qc 〈…에 관심을 가지다〉 La petite vendeuse de fleurs, dans la célèbre pièce de Shaw, s'ouvre à un monde nouveau. 어린 꽃파는 소녀는 쇼의 유명한 작품을 읽고 새로운 세계를 발견한다.
3° s'~ à qn de qc 〈마음속을 털어놓다, 알리다〉 Il s'ouvrit à moi du coup d'Etat projeté. 그는 나에게 추진중인 정변에 대해 털어놓았다.

P

pallier 1° ~ qc 〈변명하다, 얼버무리다〉 Le professeur eut la bonté de ~ (=dissimuler) mes fautes devant mon père. 선생님께서는 친절하게도 아버지 앞에서 내 잘못을 감싸주셨다.

◇ ~ à qc 의 구문도 때로는 사용한다.

2° ~ qc par qc 〈일시적으로 대처하다〉 Il faudrait que le gouvernement *pallie* la baisse du pouvoir d'achat par des subventions. 정부는 구매력의 쇠퇴를 재정적 보조로 대처해야 될 것이다.

paraître[1] 〔조동사는 avoir〕. 〖문어〗 ~ 〈나타나다, 등장하다, 보이게 되다〉 Lorsque l'acteur *parut* sur la scène, les spectateurs applaudirent. 그 배우가 무대 위에 등장하자 관객들은 박수를 쳤다. Une comète *a paru* dans le ciel. 혜성이 하늘에 나타났다. Un sourire *parut* sur son visage. 그의 얼굴에는 미소가 떠올랐다.

◇ 비인칭구문: Il *parut* des hommes. 사람들이 나타났다. Il *paraît* un étrange individu au coin de la rue. 길 모퉁이에 이상한 자가 나타난다.

paraître[2] **I.** 인칭구문 1° ~ Attr 〈…인 것 같다, …인 듯이 보이다〉 Leur fille *paraissait* simple et bonne. 그들의 딸은 소박하고 착해 보였다. Elle *paraît* plus âgée qu'elle ne l'est en réalité. 그녀는 실제보다 더 나이들어 보인다.

◇ 1) ~ **Adj à qn** Cela me *paraît* vraisemblable. 그것은 내가 보기에 그럴듯하다. Il *paraît* intelligent à un ignorant. 모르는 사람에게는 그가 똑똑해 보인다.

2) ~ N(à qn) Le Laos m'*a paru* un pays peu développé. 라오스는 내가 보기에 저개발국 같았다. Votre frère *paraît* encore un enfant. 당신 동생은 아직도 어린애 같아 보인다

3) ~ + 나이 Mon oncle *paraît* 20 ans. 우리 아저씨는 스무살쯤 돼 보인다. Il ne *paraît* pas son âge (=Il semble plus jeune que son âge réel). Il *paraît* plus que son âge. 그는 실제보다 더 나이들어 보인다 《이때 「기수사+ans」은 les 로 대치될 수 있다: Cinquante ans, elle ne les *paraît* pas. Elle a trente ans, mais elle ne les *paraît* pas.》.

4) 속사형용사는 경우에 따라 le 로 대치하는 것이 가능함: Il est plus âgé que vous, mais il ne le *paraît* pas.

5) ~ + 형용사적 전치사구 Ils *paraissait* en bonne santé tous les deux. 그들 둘은 모두 건강해 보였다. Elle *paraît* de bonne humeur. 그녀는 기분 좋아 보인다.

2° ~ (à qn) Inf Il *paraît* vouloir se suicider. 그는 자살하기를 원하는 것 같다. Il *paraît* être convaincu. 그는 납득을 한 것 같다. Vous *paraissez* attendre l'autobus. 당신은 버스를 기다리는 것 같군요. Intelligente?—Elle ne me *paraît* pas l'être. 머리가 좋다고요? 그런것 같지 않은걸요.

◇ 1) 위의 예문에서 보는 바와 같이 Inf 의 제약은 없다.

2) Pron-Inf(-), ~ ø (-).

II. 비인칭 구문 1° Il ~ que P ind 〈…인 것 같다〉 Il *paraît* qu'il a voulu tuer sa femme. 그는 제 부인을 죽이려고 한 것 같다. Il *paraît*

paraître³

qu'il n'y a pas d'oxygène sur la lune. 달에는 산소가 없는 것같다.
2° **Il ~ à qn que P ind** Il nous *paraît* que votre proposition est inacceptable. 우리가 보기에 당신 제안은 받아들여질 수 없는 것 같다.
◇ 1) 1°, 2°구문이 否定文으로 변형 되면 que P는 subj가 된다:Il ne nous *paraît* pas que la situation soit si désespérée. 우리가 보기에 상태가 그렇게 절망적인 것 같지 않다. Il ne *paraît* pas que la maladie soit grave. 병이 심한 것 같지는 않다.
2) que P는 le로 대치될 수 있다. 그러나 생략문에서는 le는 탈락된 다: Ils ont perdu, il *paraît*. 그들이 진 모양이다. Il a, *paraît*-il, acheté une propriété à Chambéry.
3) que P가 否定文이면 non으로 대치될 수 있다:Il *paraît* que non.
4) **à ce qu'il(me) paraît** Elle est partie pour le Pérou, à ce qu'il me *paraît*. 아마도 그녀는 페루로 떠난 것 같다. A ce qu'il *paraît*, le maire va se marier. 보아하니, 시장은 결혼할 모양이야.
3° **Il ~ (à qn) Adj de Inf** 〈…하는 것은 …하다〉 Il me *paraît* impossible de revenir sur cette question. 내가 보기에 이 문제를 재론하기는 불가능한 것 같다.
4° **Il ~ (à qn) Adj que P ind/subj**(mode의 선택은 *Adj*의 성격에 따름) Il me *paraît* évident qu'il a raison. Il *paraît* certain que je suis reçu. Il *paraît* préférable que vous sortiez. 당신이 나가는 것이 더 나올 것 같습니다.

paraître³ 〔조동사는 avoir 또는 être〕. 〈출간되다; 태어나다〉 Le journal vient juste de ~. 신문이 방금 나왔다.
◇ 1) 복합시제를 구성할 때 procès 자체의 발발을 나타낼 때는 조동사 avoir를 사용하고, procès의 발생 후 그 결과로 계속되는 상태를 나타낼 때는 조동사 être를 사용한다: Ce livre *a paru* en 1963. 이 책은 1963년에 간행되었다. Ce livre *est paru* depuis 1968. 이 책은 1968년에 간행되어 현재까지도 구입해 볼 수 있다. L'ouvrage *est paru* en librairie. 그 서적은 서점에 나와 있다.

pardonner 1° ~ **qc (à qn)** 〈(…에게) …을 용서하다〉 Je lui *pardonne* son erreur. 나는 그의 잘못을 용서한다. Veuillez ~ mon indiscrétion. 저의 실례를 용서해 주십시오. Cette faute *sera pardonnée*. 이 잘못은 용서받을 것이다.
2° ~ **à qn** Pierre n'*a* pas *pardonné* à son frère. 피에르는 자기 동생을 용서하지 않았다. Il *a pardonné* à ses ennemis. 그는 자기 적들을 용서했다.
◇ 1) **Passif** Le garçon *sera pardonné*. 이 소년은 용서받을 것이다.
2) à qn은 lui, leur로 대치 가능함: Ces enfants sont bruyants, mais on leur *pardonne*, car ils n'ont pas l'habitude de la vie en appartement. 이 애들은 시끄럽게 굴지만 아파트 생활을 처음해 보는 애들이기 때문에 야단 맞지 않는다.
3° ~ ø Le courage ne consiste pas à ~. 용서하는 것이 용기가 아니다. On *pardonne* toujours bien de trop. 사람들은 늘 너무나 잘 용서한다.
4° ~ **à qn de Inf** Je lui *pardonne* de m'avoir désobéi. 나는 그가 내 말에 안 따른 것을 용서한다.
◇ de Inf는 대명사 le로 대치 가능함: Il m'*a pardonné* de l'avoir un peu vite quitté. → Il me l'*a pardonné*.
5° **se ~** (재귀적 및 상호적 대명동사) 《변화》 〈서로 용서하다〉 Elles *se sont pardonné* l'une à l'autre 《수동적 대명동사로는 사용불가》.

parer 1° ~ N(de N) ⟨(…으로) 꾸미다[장식하다]⟩ ~ une table de fleurs 꽃으로 식탁을 장식하다. Des fleurs *parent* la table. 꽃들이 식탁을 장식하고 있다.
2° ~ N de N ⟨(장점 따위를)갖추게하다⟩ Elle *pare* ses enfants de toutes les qualités. 그 여자는 자기 자녀들이 온갖 장점을 고루 지니게 한다.
3° ~ N ⟨…을 피하다⟩ On l'a attaqué sur la gestion de son entreprise, mais il *a* adroitement *paré* le coup. 그는 자기 회사의 관리에 관해 공격을 받았으나 교묘하게 그 공격을 피했다.
4° ~ à N ⟨…에 미리 대비[방비]하다⟩ ~ à un danger[un inconvénient] 사고에 미리 대비하다. Il *avait* heureusement *paré* à cet incident. 그는 다행스럽게도 이번 말썽에 미리 대비해 두었다. Il s'agit de ~ à toute éventualité. 어떤 일이 일어나도 괜찮게 미리 대비해 두는 것이 필요하다.

parfaire [verbe défectif, 부정법 및 복합시제로만 쓰임. faire와 동일변화].
~ qc ⟨완전한 것이 되게하다, 끝내다⟩ Il espère ~ la somme rapidement en faisant des heures supplémentaires. 그는 초과시간을 하면 그 액수를 빨리 채울 수 있으리라 기대하고 있다.

parfumer 1° ~ qc ⟨향기롭게 하다; 향수를 뿌리다⟩ Ce bouquet *parfume* la pièce. 이 꽃다발이 방안을 향기롭게 한다.
2° **se** ~ ⟨⟨변화⟩⟩⟨제 몸에 향수를 뿌리다⟩ Cette femme *se parfume* trop. 이 여자는 몸에 향수를 너무 바른다.
◇ 1) **se** ~ **qc**(*qc*는 신체부위 명사)⟨⟨가변⟩⟩ Elle *se parfume* les cheveux. 그녀는 머리에 향수를 뿌린다.
2) **se** ~ **à qc** ⟨⟨변화⟩⟩ Elle *se parfume* à l'eau de Cologne. 그녀는 오 드 콜로뉴 향수를 쓴다.
3° **se** ~ **de qc** Ces bois *se parfument* de fraises sauvages. 이 숲에서는 산딸기 향내가 풍긴다.

parier 1° ~ qc(avec/contre qn) ⟨내기에 걸다, (돈을) 걸다⟩ Je *parierais* bien cent francs(avec[contre] vous). 당신과 기꺼이 100프랑 내기라도 걸겠다.
◇ 1) ~ ∅ Il faut ~. 내기를 걸어야 한다.
2) ~(qc) **pour qn/qc** Il *a parié* pour Jacques[pour son succès]. 그는 자크가 이길 것이라고 [그가 성공할 것이라고] 내기를 걸었다.
3) ~ **qc sur/pour qc** Il *a parié* cent francs pour ce mauvais cheval. 그는 그 좋지 못한 말에 100프랑을 걸었다.
2° ~ **qc** (**avec qn**) **de Inf** Il *a parié* une bouteille de champagne avec son voisin de tout manger seul. 그는 혼자서 다 먹을 수 있다고, 그의 이웃사람과 샴페인 한 병 내기를 걸었다.
3° ~ **qc**(**avec qn**) **que P ind** Je *parie* tout ce que tu veux qu'il ne viendra pas. 그가 온다면 네게 원하는 것을 다 주겠다. Il *a parié* cent francs avec son voisin que personne n'y arrivera. 그는 아무도 그 일을 해내지 못할 것이라 하며 자기 이웃 사람과 100프랑 내기를 걸었다.
4° ~ **de Inf** ⟨장담하다, 보장하다⟩ Il *a parié* de tout manger seul. 그는 혼자 다 먹을 수 있다고 장담했다.
5° ~ **que P ind** Je *parie* qu'il a oublié de lui téléphoner(=je suis sûr que…). 틀림없이 그는 그녀에게 전화하는 것을 잊었다.

parler 1° ~ ⟨말을 하다, 발언하다; 연설하다⟩ Les enfants commencent à ~ vers le début de la deuxième

parler

année. 애들은 두 살 조금 지나면 말하기 시작한다. Si je pouvais ~ librement, je révélerais des fait surprenants. 내가 자유롭게 말할 수만 있다면 아주 놀라운 사실들을 털어놓을 텐데. Il déteste ~ en public. 그는 공석에서 연설하는 것을 싫어한다.

2° ~ à qn 〈말을 걸다, 이야기하다〉 Il *parlait* à un de ses amis. 그는 자기 친구들 중의 한 사람에게 이야기하고 있었다.

◇ 1) à qn은 lui로 대치 가능함: Depuis qu'il a brouillé avec son cousin, il ne lui *parle* plus. 그는 자기 사촌과 사이가 틀어진 이후로는 그에게 말하지 않는다.

2) ~ **avec qn** En *parlant* avec eux, vous connaîtrez ces hommes rudes, mais gais. 그 사람들과 말을 해보면, 당신은 그들이 거칠지만 명랑하다는 것을 아실 것입니다.

3) 비인칭 수동구문: Il *a été* beaucoup *parlé* de ses problèmes. Il *a été parlé* à Marie de cela.

4) se ~ (상호적 및 재귀적 대명동사) 《불변》 〈서로 말을 주고 받다〉 Il *se parle* à lui-même. Ils ne *se sont* pas *parlé*.

3° ~ (à qn) de qn/qc 〈…에 관한 이야기를 하다〉 De qui *parlez-vous*? 당신은 누구에 대해 이야기하는 것입니까? Nous *parlions* de lui quand il est entré. 우리는 그가 들어왔을 때 그에 관해 이야기를 하고 있었다. Le ministre *a parlé* à la radio des objectifs du plan. 장관은 라디오 방송을 통해 그 계획의 목표에 관해 말했다.

◇ 1) ~ **sur qc** L'orateur *parlera* sur l'agriculture en Bretagne. 연사는 브르타뉴지방의 농업에 관해 이야기할 것이다.

2) ~ ø **qc** (*qc*는 musique, politique, métier, affaires 등) 〖구어〗 〈논하다, 이야기를 하다〉 Quand il se rencontrent, ils *parlent* toujours affaires ou femmes. 그들은 서로 만나면 늘 사업 이야기나 여자 이야기를 한다.

3) ~ **de**+무관사 명사 〈…란 말을 쓰다〉 On *parle* sans cesse de bourgeoisie. 부르주와지란 말을 많이 듣는다.

4° ~ (à qn) **de Inf** 〈…할 작정이라 하다〉 Il *a parlé* de se marier(=Il a manifesté l'intention de …). 그는 결혼하겠다고 말했다.

◇ de Inf는 en으로 대치 가능함: Pierre *parle* à Marie de voyager.→ Pierre en *parle* à Marie.

5° ~ **qc** (*qc*는 언어, 언어명) 〈(언어를) 사용하다, 구사하다〉 Quelles langues étrangères *parlez-vous*? Ma tante *parle* le français. Le français *est parlé* dans une grande partie de l'Afrique. 불어는 아프리카의 여러 지역에서 사용된다.

◇ 1) 모국어를 말할 때는 언어명 앞에 보통 정관사를 사용한다. 그렇지 않은 경우는 관사를 생략할 수 있다 (Elle *parle* français. *Parlez*-vous français?). 그러나 parler를 부사가 수식하여 목적보어인 언어명이 동사와 분리되면 정관사를 다시 사용하고, 언어명에 형용사가 결합되면 부정관사를 사용한다(Elle *parle* couramment le français. Elle *parle* un français impeccable.). 「parler en+무관사 언어명」의 표현은 여러 언어를 구사할 줄 아는 화자가 그 중 하나를 선택하여 말할 때 사용된다: Essayez de ~ en français. 불어로 이야기하도록 해 보세요. Par la courtoisie de leur hôte, les deux Anglais *parlaient* en français. 자기들 손님에 대한 예의로, 그 두 영국인은 불어로 말했다.

2) **se** ~ 《변화》 〈말해지다〉 L'espagnol *se parle* en Amérique latine.

3) **Il se** ~ **de qn/qc** 《불변》 〈…이 화제가 되다〉 Il *se parle* beaucoup

de sa visite en Amérique. 그의 미국방문이 많이 화제에 오른다.

partager 1° ~ qc 〈공유하다, 같이하다〉 Je ne *partage* pas ses idées politiques. 나는 그의 정견에 동감이 아니다. Je ne *partage* pas votre optimisme(=Je ne m'y associe pas). Ils *partagent* la responsabilité de la situation financière de l'entreprise. 그들은 기업의 재정 상태에 대해 공동으로 책임을 진다. Là-dessus, les opinions *sont partagées*. 그 점에 있어 의견이 갈리고 있다.
2° ~ qc Prép N 〈나누다, 가르다, 분할하다〉 (1) ~ qc à qn Le patron *partagea* la tâche aux ouvriers. 사업주는 직공에게 일을 분담시켰다.
(2) ~ qc avec qn *Partage* cette orange avec moi. 이 오렌지를 나와 나누자. Pierre *partage* son gâteau avec Marie. 피에르는 그의 과자를 마리와 나눈다.
◇ ~ ø C'est un égoïste: il n'aime pas ~ avec ses voisins. 그는 이기주의자다. 그는 자기 이웃들과 무엇을 나누어 갖기를 좋아하지 않는다.
(3) ~ qc entre qn(pl) La mère *a partagé* le gâteau entre les enfants. 어머니는 그 케이크를 애들에게 나누어 주었다.
(4) ~ qc/qn en+󰀀수사󰀁+qc/qn *Partageons* la poire en deux. 그 배를 둘로 나눕시다. Il *partagea* ses hommes en trois équipes. 그는 자기 부하들을 세 팀으로 나누었다.
3° se ~ 《변화》〈나누어지다, 갈라지다〉 Les responsabilités ne *se partagent* pas. 책임은 나누어질 수 없다.
4° se ~ qc 《가변》〈나누어 갖다; 공유하다〉 Nous allons nous ~ la besogne. 우리는 일을 분담할 것이다. Elles *se sont partagé* l'héritage. 그녀들은 유산을 분배했다.

participer 1° qn ~ à qc 〈…에 참가하다; …을 함께하다〉 Je *participe* à votre chagrin. 나는 당신과 슬픔을 같이 나눕니다. Il n'*a* guère *participé* à la conversation. 그는 회화에 끼어든 일이 거의 없다. Le metteur en scène, les acteurs et les techniciens *participent* tous à la création du film. 연출가와 배우와 기술자가 모두 영화 제작에 협력한다.
2° ~ de N 〈…의 성질을 일부 띠고 있다〉 Le mulet *participe* de l'âne et du cheval. 노새는 나귀와 말을 닮았다. Le drame, en littérature, *participe* à la fois de la tragédie et de la comédie. 문학에서(낭만주의) 희곡은 비극의 성질 일부와 희극의 성질 일부를 동시에 띠고 있다.

partir 〔조동사는 être〕. 1° ~ 〈출발하다, 떠나다〉 Vous ne pouvez pas voir cette personne: elle *est* déjà *partie*. 당신은 그 사람을 볼 수 없습니다. 벌써 떠났으니까요. *Partons* vite, nous allons être en retard. 빨리 떠납시다. 늦겠어요.
2° ~ Prép N (1) ~ pour+󰀀장소󰀁 (국명, 도시명)〈…로 떠나다〉 Justin va ~ pour l'Espagne dans deux semaines. Il *est parti* pour l'Amérique l'année dernière.
(2) ~ à+󰀀장소󰀁 〖구어〗 Les Durand *sont partis* à Paris.
(3) ~ en +󰀀장소󰀁 (여성지명) / 󰀀특정명사󰀁(vacances, voyage, promenade…) Ils *partent* en Espagne pour les vacances. Quand *partez*-vous en voyage? Nous *partons* en vacances la semaine prochaine.
(4) ~ de+󰀀장소󰀁〈…을 떠나다〉 Je *pars* d'ici. L'avion *partira* d'Orly. M. Crépin *est parti* de chez lui à 5 heures.
3° 비인칭구문: Il *part* un train

toutes les cinq minutes. 5분에 한 대씩 기차가 떠난다.
4° ~ Inf 〈…하기 시작하다, …하러 가다〉 Il *est parti* faire un voyage. 그는 여행을 하러 떠났다. Ils *partiront* dans quelques minutes faire un tour à Chartres. 그들은 샤르트르를 한 바퀴 돌고 몇분 후에 출발할 것이다.
◇ ~ à Inf 〈…하기 시작하다(= commencer)〉 Là-dessus, nous *sommes* tous *partis* à rire. 그 말에 우리는 모두 웃기 시작했다.

parvenir 〔조동사는 être〕. 1° ~ 〈도달하다, 미치다, 이르다; 파급하다〉 Le paquet *est* enfin *parvenu*. 드디어 소포가 도착했다.
2° ~ à qn/qc La lettre ne lui *est* pas *parvenue*. 편지가 그에게 배달되지 않았다. Les ouvrages expédiés par votre université nous *sont* bien *parvenus*. 우리는 당신 대학에서 발송한 서적들을 잘 받았습니다. Au bout de deux heures d'ascension, les alpinistes *étaient parvenus* au refuge. 두 시간의 등반 끝에 등산객들은 대피소에 당도하였다. Notre héros *est parvenu* à ses fins. 우리 주인공은 목적을 달성했다.
◇ 비인칭 구문: Il lui *est parvenu* aux oreilles que tu étais allé là-bas. 네가 거기 갔었다는 소문이 그의 귀에까지 들어왔다 ((Il *est parvenu* à ses oreilles que P 도 가능하다)).
3° ~ à Inf 〈…하기에 이르다, …할 수 있게 되다(=arriver, réussir)〉 Il *est parvenu* à avoir ce qu'il voulait. 그는 자기가 원하던 것을 갖게 되었다. Le prisonnier *parvint* à s'échapper. 죄수는 탈옥에 성공했다.
4° ~ à ce que P subj Je *parvins* à ce qu'il fût placé dans mon bataillon. 나는 그를 내 대대에 배속시키는 데 성공했다.

passer 〔조동사는 être 또는 avoir〕.
I. 1° (1) ~ 〈지나가다, 통과하다; 지나는 길에 들르다〉 C'est midi, le facteur *est passé*. 지금은 정오이오. 우체부는 지나갔어요. Le facteur *a passé* tard hier. 어제는 우체부가 늦게 지나갔습니다. Ecartez-vous, laissez ~. 비켜요, 지나갑시다. Les voitures ne cessent de ~ dans la rue. 차량들이 끊임없이 거리를 지나다닌다.
(2) ~ 〈상연되다; 여과되다; 없어지다〉 Le film *passe* à deux heures. 그 영화는 두 시에 상연된다. Le café *passe* lentement. 커피가 천천히 걸러진다. La douleur *passe* en deux heures. 두 시간이면 고통은 없어진다. Le bleu *passe* au soleil. 청색은 햇볕에 바랜다. Le mois *a* vite *passé*. 이달은 빨리 지나갔다. La mode *passe*. 유행은 바뀐다. Le déjeuner ne *passe* pas. 점심먹은 것이 안 내려간다.
(3) 비인칭구문 〈통과하다〉 Il *passe* beaucoup de monde dans cette rue. 이 길은 통행인이 많다. Il *passe* souvent des camions dans la rue. 트럭들이 자주 거리를 지나간다. Il *est passé* bien des années depuis cet accident. 그 사고 이후로 여러 해가 흘렀다. Il *est passé* une bonne pièce à la télévision. 텔레비전에서 좋은 작품이 방영되었다. Il *est passé* une loi réprimant ce genre de délit. 이와 같은 경범죄를 처벌할 법률이 통과되었다.
2° ~ Prép N (1) ~ de … en/à 〈…에서 …로 가다, 옮겨가다, …로 넘어가다〉 Il *passe* de France en Allemagne. 그는 프랑스에서 독일로 건너간다. Il *est passé* de vie à trépas. 그는 죽었다. Il *passe* de la richesse à la misère. 그는 부자였다가 가난해진다.
(2) ~ à/dans/chez A sa mort, la propriété *passera* à son fils.

그가 죽으면, 그의 부동산은 아들 소유가 될 것이다. *Passons* à autre chose. 다른 문제로 넘어가자. Le candidat *a passé* à l'écrit, mais a échoué à l'oral de l'examen. 그는 필기시험은 합격했으나 구두시험에 떨어졌다. Ce mot *est passé* dans l'usage. 이 낱말은 상용어가 되었다. Nous allons ~ dans le salon pour prendre le café. 커피 마시기 위해 객실로 가십시다. Je dois ~ chez mon directeur. 나는 부장집에 들려야 된다. *Passez* à mon bureau, j'ai quelque chose à vous dire. 내 사무실로 들르십시오. 말씀드릴 것이 있습니다.

(3) ~ **par** 〈통과하다, 거치다〉 La droite XY *passe* par le point O. 직선 XY는 O점을 통과한다. *Passez* par les Etats-Unis au retour. 돌아올 때 미국으로 해서 오십시오. Elle *a passé* par l'Ecole Normal de Sèvres. 그녀는 세브르 사범학교 출신이다. *Passez* par ici, s'il vous plaît. 이리로 오십시오. *Passez* par derrière, la porte est fermée à clef. 문이 열쇠로 잠겼으니 뒤로 돌아오세요. Moi aussi, je *suis passé* par là, quand j'étais jeune. 나 역시 젊었을 때 그런 고생을 겪어봤다. Cette idée m'*est passée* par la tête. 이 생각이 내 머리를 스쳤다.

(4) ~ **en** Il n'a pas pu ~ en troisième à cause de sa tuberculose. 그는 결핵 때문에 3학년에 진급할 수 없었다. J'*ai passé* en chimie, mais pas en mathématiques. 나는 화학은 합격했으나 수학은 그러지 못했다.

(5) ~+ 기타전치사 Sa mère *passe* avant sa femme. 그에겐 아내보다 모친이 더 소중하다. Le camion *a passé* sur lui(=Le camions lui *est passé* sur le corps). 트럭이 그를 깔았다. Le directeur *passa*(= ferma les yeux) sur sa mauvaise conduite. 교장선생님은 그의 나쁜 행실을 눈감아 준다. Deux balles lui *ont passé* à travers le corps. 탄환 두 발이 그의 몸을 관통했다. Le froid *passera* au travers de ce manteau. 추위가 이 얇은 외투 속으로 스며들 것이다.

2° ~ **Inf** 〈…하러 들르다〉 Je *suis passé* voir Paul à l'hôpital. 나는 병원으로 폴을 만나보러 갔다. Pourquoi as-tu refusé de ~ me prendre? 왜 나를 데리러 오지 않았니? Je *passe* te prendre en voiture. 차로 너를 데리러 갈께.

◇ 1) **Passe encore de Inf** 〈…하는 것까지는 괜찮다〉 *Passe* encore d'emprunter, mais t'avise pas de voler. 꾸는 것은 할 수 없다 치더라도, 훔칠 생각은 말아라.

2) **Passe pour qn/qc, mais ...** *Passe* pour le plus jeune, mais l'aîné devait donner l'exemple. 막내는 그렇다고 치고 맏이는 모범을 보였어야 할 거 아니냐?

3) **passe encore mais ...** La négligence, *passe* encore mais la paresse, je ne peux pas permettre ça. 부주의는 용서하지만, 태만은 용허할 수 없다.

3° (1) ~ **pour Attr** 〈…라고 인정받다〉 Il *passe* pour juste. 그는 공정하다고 알려져 있다. Elle pourrait ~ pour sa fille. 그녀는 남들이 그의 딸로 알겠다.

(2) ~ **pour Inf** S'il n'est pas bon, du moins il *passe* pour l'être. 그는 선량하지는 않으나, 적어도 그렇게 알려져 있다. Il *passe* pour avoir inventé cette machine. 그는 이 기계를 발명한 것으로 알려져 있다.

3) ~ **Attr** 〈…인 채 지나버리다; …이 되다〉 Il *passe* inaperçu dans la ville. 그는 아무에게도 눈치채이지 않고 시내를 통과한다. Il *passera* capitaine dans trois ans. 그는 3년 후에 대위로 진급될 것이다.

passer

4° ~ qc/qn 〈건너가다, 횡단하다; (시험을)치르다; 빼먹다, 넘어서다〉 Il *a passé* le pont. 그는 다리를 지나갔다. Quand vous *aurez passé* le Rhin, vous serez en Allemagne. 라인강을 넘어서면, 독일이 됩니다. Il *a passé* la moitié du livre. 그는 그 책의 반은 보지 않고 넘겨버렸다. Il *a passé* son examen avec succès. 그는 시험에 합격했다. J'ai *passé* mon thé, car je n'aime pas trouver des feuilles dans ma tasse. 나는 차잎이 잔에 들어가는 것이 싫어 차를 걸른다. Cela *passe* ma capacité. 그것은 내 능력으로는 안되는 일이다.

5° (1) ~ qc à qn 〈넘겨주다; 눈감아주다〉 *Passez*-moi la salade afin que j'en prenne un peu. 사라다 조금만 먹어보게 이리 주십시오. Veuillez me ~ le sel. 소금 좀 주세요. Il *a passé* sa grippe à toute sa famille. 그가 감기를 온 식구에게 전염시켰다. *Passe*-moi l'appareil, je vais lui répondre. 수화기를 내게 줘. 내가 그에게 대답하지. On *passe* tout à cet enfant. 식구들은 이 애가 무슨 짓을 해도 내버려둔다. Sa mère a vraiment tort de lui ~ toutes ses impertinences. 그의 어머니가 그의 온갖 버릇없는 짓을 묵인하는 것은 정말 잘못하는 일이다. (2) ~ qc sur qc/qn Il *passe* sa colère sur les autres. 그는 남에게 화풀이를 한다. Il *passe* la cire sur le parquet (=Il *passe* le parquet à la cire). 그는 마루바닥에 초를 칠해 윤을 낸다.

6° ~ qc 〈시간〉 (1) ~ qc 〈(시간을) 보내다〉 Nous *avons passé* de bonnes vacances. 우리는 방학을 재미있게 보냈다. Cette distraction *passe* le temps. 이 오락은 시간을 잘 보낼 수 있게 한다. Je voudrais y ~ un ou deux jours. 나는 하루 이틀을 거기서 보내고 싶다.

(2) ~ qc à qc 〈…에 …을 보내다〉 J'ai *passé* tout mon temps à la lecture. 나는 책 읽는 데 온 시간을 보냈다.

(3) ~ qc à Inf Il *a passé* deux heures à lui écrire une lettre. 그는 그녀에게 편지 한장 쓰는 데 두 시간을 보냈다. Jean *a passé* sa journée à ne rien faire. 장은 아무것도 하지 않으며 하루를 보냈다.

II. 1° se ~ 〈(변화)〉〈발생하다, 경과하다, 일어나다〉 Tout *s'est* bien *passé?* 모두 다 잘 되었습니까? La scène *se passe* en Espagne. 무대는 스페인이다. La réunion, où est-ce qu'elle *se passe?* 집회는 어디서 있습니까? La journée *se passe* bien. 하루가 잘 지나간다. L'action *se passe* en un seul jour. 그 작품은 하루 동안에 일어나는 이야기를 줄거리로 하고 있다.

◇ 비인칭구문: Il *se passe* quelque chose que tu me caches. 네가 내게 감추는 무슨 일이 있구나. Il *s'est passé* bien des événements depuis notre dernière rencontre. 우리가 마지막으로 만난 이후로 많은 사건이 벌어졌다. Il ne *se passe* pas de jour qu'il ne vienne. 그가 하루도 오지 않는 날이 없다.

2° se ~ qc (qc 는 신체부위 명사) 《가변》 Il *se passe* les mains dans l'eau. 그는 손을 씻는다.

3° se ~ de qc 《변화》〈…이 불필요하다, …을 사용하지 않다〉 Cela *se passe* de commentaires. 그 일은 자명하다, 주석이 필요없다. Il essaie de *se passer* du tabac. 그는 담배를 피우지 않고 지내려고 해본다. Je *me suis passé* de vin pendant deux ans en Afrique. 나는 아프리카에서 2년 동안 포도주를 안 마시고 지냈다.

4° se ~ de Inf 〈…하지 않고 지내다〉 Il *se passera* de manger. 그는 단식을 할 것이다. Monsieur Perrot

ne peut pas *se* ~ de lire le journal chaque matin. 페로써는 매일 아침 신문을 읽지 않고는 못 배긴다.
◇ de Inf 는 en 으로 대치 가능함.

passionner 1° ~ (N) 〈열중시키다〉 Cette invention *avait passionné* les techniciens-chercheurs de la firme. 이 발명은 회사의 기술자이자 연구가들을 열중시켰다.
2° se ~ (pour N) 《변화》〈(…에) 열중하다〉 Il *se passionne* pour la peinture. 그는 그림에 열중한다. Il *se passionne* facilement. 그는 쉽게 열광한다.

payer 1° ~ qn/qc 〈지불하다 ; …의 값[임금]을 지불하다〉 Il n'a pas l'habitude de ~ ses dettes. 그는 자기 빚을 잘 갚지 않는다. J'ai oublié de ~ le café. 나는 커피값 내는 것을 잊었다. Le patron te *paiera* à la fin de la semaine. 주인은 네게 주말에 임금을 지불할 것이다. Les impôts doivent *être payés* avant le 15 du mois prochain. 세금은 내달 15일까지 내야 한다. Il *a été payé* en espèces. 그는 현금으로 지급받았다. Vous *serez payé* a la fin du mois. 당신은 월말에 봉급을 받을 것입니다.
◇ ~ ø Régalez-vous, c'est moi qui *paie*. 맛있게 드세요. 내가 낼 테니까요.
2° ~ qc+│가격│〈…을 ~에 사다〉 Combien *as-*tu *payé* cette robe? — Je l'*ai payée* cent francs. 너 이 옷 얼마줬니? —100프랑 주었어. Je l'*ai payée* très cher. 나는 그것을 아주 비싸게 주었다. Je l'*ai payé* un prix exorbitant. 나는 그것을 사는 데 아주 엄청난 값을 지불했다.
◇ 1) 〈…에게 …를 지불했다〉는 의미로 다음과 같은 세가지 구문이 가능하다: i) Paul *paie* à Marie cent francs pour cet objet. ii) Paul *paie* cet objet cent francs à Marie. iii) Paul *paie* Marie cent francs pour cet objet.
2) Nos troupes *ont payé* cher cette victoire. 아군은 값비싼 댓가를 치르고 승전했다. Il *a payé* de dix ans de prison cette tentative de meurtre. 그는 살인미수로 10년간 옥살이를 했다.
3° ~ qn Prép N (1) ~qn de qc 〈…에게 …의 댓가를 지불하다, 보상하다〉 Il m'*a payé* de mes services. 그는 나에게 내 수고의 댓가를 지불했다. Ce succès me *paie* de tous mes efforts. 이번 성공은 나의 모든 노력의 댓가이다. Il *a été payé* de ses peines par une belle lettre de félicitation. 그는 그의 수고의 댓가로 멋진 축하의 편지를 받았다.
(2) ~ qn de+│무관사명사│ Il m'*a payé* de compliments. 그는 나에게 칭찬을 해 주었다.
(3) ~ qn à+│정관사│+│명사│ Cet ouvrier *est payé* à l'heure. 이 직공은 시간제로 임금을 받는다.
(4) ~ qn en/par+│무관사명사│〈…으로 ~에게 지불하다〉 Préférez-vous *être payé* par chèque ou en espèces? 수표를 받으시겠어요? 현금으로 받으시겠어요? Je préfère *être payé* en petite monnaie. 잔돈으로 받으면 더 좋겠다.
4° ~ qc à qn 〈…에게 …의 비용을 내주다〉 Il nous *a payé* le café. 그가 우리 커피값을 냈다. Ses parents lui *a payé* un mois de vacances à la mer. 그의 부모는 그에게 한달 동안 바닷가에서 휴가를 지낼 비용을 주었다.
5° ~ de qc 〈…을 나타내다, 증명하다〉 Le garçon *paie* d'audace(=fait preuve d'audace). 그 소년은 뻔뻔스럽게 군다. Cet hôtel ne *paie* pas de mine(=n'inspire pas la confiance). 이 호텔은 믿음직스럽지가 못하다.
6° se ~ qc 《불변》〈자비로 …하다〉

pêcher

Il *s'est payé*(=Il s'est permis) une promenade en bateau. 그는 자기 돈으로 뱃놀이를 즐겼다.

7° **se ~ de qc**《변화》〈…에 만족하다〉 Les hommes exubérants tendent à *se ~ de* mots(=sans recourir à l'action). 말이 많은 사람은 행동은 하지 않고 말만으로 만족하는 경향이 있다.

pêcher **~ qc** 〈(고기를) 잡다, 낚시질하다〉 On *pêche* le hareng au filet. 청어는 그물로 잡는다.

◇ **~ ø** Il *pêche* à la ligne au bord de l'étang. 그는 연못가에서 낚시질을 한다.

peigner 1° **~ qn** 〈빗질하다, (…의 머리를) 빗어주다〉 La mère *peignait* ses jeunes enfants avant leur départ en classe. 어머니는 자기 어린 애들이 학교로 떠나기 전에 머리를 빗겨준다.

◇ **~ ø**(—).

2° **se ~** 《변화》〈자기 머리를 빗다〉 Elle a sorti un petit peigne pour *se ~* rapidement. 그녀는 급히 머리를 빗기 위해 작은 빗을 꺼냈다.

peindre 1° **~ qc/qn** 〈칠하다, 그리다; 표현하다〉 Il *peint* le mur de son jardin. 그는 자기집 정원 담을 칠한다. Cet artiste *a peint* de très beaux paysages et d'excellents portraits. 이 화가는 아주 아름다운 풍경화와 훌륭한 초상화를 그렸다. Il *a peint* les hommes de son temps dans un beau livre. 그는 아름다운 책 속에서 자기 시대의 사람들을 묘사했다. La porte de sa maison *a été peint* en bleu. 그의 대문은 청색으로 칠해졌다.

◇ 1) **~ ø** Il aime *~*. 그는 그림 그리기를 좋아한다.

2) **~ en/de**+색깔; **~ ø**+색깔 Je le *peindrai* gris. 나는 그것을 회색으로 칠하겠다. Il faut que je fasse *~* ces meubles en vert. 이 가구들은 녹색으로 칠해야겠다.

2° **se ~** 《변화》〈표현되다; 자화상을 그리다〉 Sa douleur ne saurait *se ~*. 그의 고통은 필설로 다 할 수 없다. Il aimait *se ~*. 그는 자화상을 즐겨 그렸다.

3° **se ~ qc**(*qc*는 신체부위 명사) 《불변》〈자신의 …를 화장하다〉 Elle *s'est peint* le visage. 그녀는 화장했다.

peiner 1° **~ (à Inf)** 〈(…하느라고) 고생을 하다[애쓰다]〉 Le coureur *peinait* dans la montée. 경주자는 오르막길에서 고생을 했다. Le cycliste *peine* à grimper la côte. 자전거선수가 언덕을 기어오르느라고 애를 쓴다. Il *a peiné* longtemps sur un problème de mathématiques. 그는 수학문제 하나를 가지고 오랫동안 고생을 했다.

2° **~ (pour Inf)**〈(…하기 위하여) 고생을 하다[애쓰다]〉 J'ai *peiné* pour faire cette traduction. 나는 이것을 번역하기 위해서 고생을 했다.

3° **~ qn** 〈슬프게 하다, 걱정시키다〉 Son ingratitude m'*a* beaucoup *peiné*. 그가 배은망덕하여 나는 대단히 슬펐다. Nous *sommes peinés* de ne pouvoir rien faire pour vous. 우리는 당신을 위해서 아무것도 해드릴 수 없는 것을 애석하게 생각합니다.

4° **se ~** 《변화》〈고생하다[애쓰다]〉 Il faut *se ~* pour avoir de l'esprit. 재치를 부리려면 애를 써야 한다.

pencher 1° **~ qc** 〈기울이다〉 Il *pencha* la bouteille pour nous verser du vin. 그는 우리에게 포도주를 따라주려고 병을 기울였다.

◇ 1) **~ ø**(—).

2) **~ qc**(*qc*는 신체부위 명사) Il *penche* la tête. 그는 머리를 수그린다.

2° **~** 〈기울어지다〉 Le mur *penche*, il faut le réparer. 벽이 기울어

졌다. 고쳐야겠다. Le tableau *penche* un peu à gauche, il faut le redresser. 그림이 왼쪽으로 조금 기울었다. 바로잡아야겠다.
3° (1) ~ **à/vers qc** 〈…쪽으로 기울어지다, 쏠리다〉 Deux des jurés *penchaient* à[vers] l'indulgence. 배심원 중 두 사람은 관대한 결정 쪽으로 마음이 기울어지고 있었다. Je *penche* vers cette idée. 나도 좀 그와 같은 생각이다.
(2) ~ **pour qc** Moi, je *penche* pour la première hypothèse. 나로서는 첫 번째 가정이 타당할 것 같다.
(3) ~ **du côté de qn** Le proviseur, au lieu de prendre le parti de ses collègues, semble ~ du côté de l'association des parents d'élèves. 교장은 자기 동료선생들 편은 안들고, 사친회 쪽으로 기우는 것 같다.
4° ~ **à Inf** 〈자칫 …하기 쉽다〉 On *penche* à croire qu'il a raison. 자칫 그가 옳다고 생각하기 쉽다.
5° **qn se** ~ 《변화》〈몸을 구부리다〉 Il est dangereux de *se* ~ au dehors. 밖으로 몸을 내미는 것은 위험하다. L'enfant *se pencha* à la fenêtre pour regarder les voitures qui passaient. 어린이는 차들이 지나가는 것을 구경하려고 창밖으로 몸을 내밀었다. Il *se pencha* pour examiner les traces de pas. 그는 발자국을 살펴보기 위해 몸을 굽혔다.
6° **se** ~ **sur qc** 〈…을 연구하다, …에 관심을 가지다〉 Le préfet *se penche* sur(=examine attentivement) le problème N°4, la circulation. 지사는 네번째 문제인 교통문제를 면밀히 검토한다.

pendre 1° ~ **qc/qc** 〈걸다, 매달다〉 Le charcutier *a pendu* des jambons au plafond de sa boutique. 돼지고기 장수는 햄을 가게 천장에 매달았다. Il *a pendu* son manteau. 그는 외투를 걸었다. En Angleterre, on avait coutume de ~ les condamnés à mort. 영국에서는 사형수들을 교수형에 처하는 관습이 있었다. Autrefois, les marins coupables de mutinerie *étaient pendus* aux vergues. 옛날에는 반란죄를 진 선원들을 활대에 목매어 죽였다.
◇ ~ ø(-).
2° **qc** ~ 〈매달리다, 걸리다〉 Les cerises *pendaient* aux branches. 버찌가 가지에 매달려 있었다.
◇ ~ **Attr** 〈…하게 매달려 있다〉 Son bras blessé *pendait* inerte. 그의 다친 손이 힘없이 늘어져 있었다.
3° **se** ~ 《변화》〈목매달아 죽다, 교수형을 당하다〉 Le criminel *se pendit* dans sa cellule. 죄수는 자기 감방에서 목매어 자살했다《재귀적 대명동사》. En Angleterre, les criminels *se pendent*. 영국에서는 죄수를 교수형에 처한다《수동적 대명동사》.
4° **se** ~ **à qn** 〈…에 매달리다, 늘어지다〉 Quand il rentrait de voyage, sa fillette *se pendait* à son cou. 그가 여행에서 돌아오면 그의 어린 딸이 그의 목에 매달리곤 했다.

pénétrer 1° ~ **qp** 〈(…의) 안으로 깊숙이 들어가다〉 Nous *avons pénétré* chez lui à l'improviste. 우리는 그의 집에 느닷없이 들어갔다. L'eau *avait pénétré* dans la chambre. 물이 침실 안으로 침투했다. La colonne avait de la peine à ~ plus avant dans la forêt. 종대는 숲 속에서 더 앞으로 뚫고 들어가기가 힘들었다. La cabine est hermétique pour que l'air n'y *pénètre* pas. (비행기의) 氣室은 공기가 스며들지 않도록 밀폐되어 있다. La première couche de peinture *a pénétré* dans le bois. 페인트의 애벌

철이 나무에 스며들었다. La balle *a pénétré* profondément dans la jambe. 총알이 다리에 깊숙이 뚫고 들어갔다.
2° qc ~ N 〈깊숙이 들어가다〉 Le froid nous *pénétrait* jusqu'aux os. 추위가 우리 뼈 속까지 스며들고 있었다. La balle *a pénétré* la planche. 총알이 널빤지 속으로 뚫고 들어갔다.
3° qc ~ N 〈…으로 스며들다〉 L'angoisse *pénétrait* son cœur (=lui *pénétrait* le cœur). 극도의 불안이 그의 마음 속에 스며들었다.
◇ **être pénétré de qc** 〈…을 확신하고 있다〉 Il *était pénétré* de la justesse de son point de vue. 그는 자기 관점이 옳다는 것을 확신하고 있었다.
4° qc ~ qc 〈…에 침투하다〉 La science n'*a* pas *pénétré* la vie de tous les jours. 과학은 일상생활에 스며들지 못했다.
5° qn ~ qc(de qn) 〈…을 알아채다〉 j'ai fini par ~ le sens de ses paroles. 나는 마침내 그의 말의 의미를 알아차렸다. Le général en chef cherchait à ~ le plan du commandement adverse. 총사령관은 적 사령관의 계획을 간파하려고 애쓰고 있었다. Je crois *avoir pénétré* son secret. 나는 그의 비밀을 간파했다고 생각한다.
6° qn se ~ de qc 《변화》〈…을 확신하다〉 Il *s'était pénétré* du caractère louche de ce rouleau. 그는 이 두루마리가 수상하다고 확신하고 있었다. Mais plus particulièrement il faut *se* ~ de ceci: pour apprendre à lire, il faut lire très lentement. 그러나 특히 다음과 같은 사실을 명심해야 한다. 독서하는 것을 배우려면 아주 천천히 읽어야 한다".

penser 1° ~ (de/sur qc) 〈(…에 대해) 생각하다〉 Je *pense* comme vous sur cette question. 나는 이 문제에 관해서 당신과 동감입니다. ~, c'est juger. 사고한다는 것은 판단하는 것이다. S'il ne dit rien, il n'en *pense* pas moins. 그는 아무 말도 하지 않지만, 그렇다고 그 일을 생각하지 않는 것은 아니다.
2° ~ à qc/qn 〈…의 생각을 하다〉 J'ai *pensé* à mon avenir. A quoi *pensez*-vous? Je *pense* à tous ceux qui souffrent. 나는 고통받는 모든 사람들을 생각한다.
◇ 1) à qc 는 y 로 대치되고, à qn 은 약세인칭대명사로 대치가 불가능해서 à+강세형을 사용한다: Nous ne parlons pas de cette affaire, mais nous y *pensons* souvent. 우리는 이일에 대해서 말은 안하지만, 자주 생각한다. En revoyant Paris, j'ai *pensé* à vous. 파리를 다시 보면서, 나는 당신을 생각했습니다. Je *pense* souvent à toi. Je *pense* à Marie.→*Je lui *pense*.
2) ~ ø(−).
3° ~ à Inf 〈…하려고 생각하다〉 Je n'*ai* pas *pensé* à vous avertir. 당신에게 알릴 것을 생각을 못했습니다. Tu *penseras* à fermer les fenêtres. 창문 닫는 것을 잊지 마라.
◇ 1) ~ ø(−).
2) à Inf 는 y로 대치 가능함.
4° ~ qc(qc 는 주로 대명사) 〈생각하다〉 Je le *pensais*. 나는 그렇게 생각하고 있었다. C'est ce que je *pense*. 그것이 내가 생각하는 바이다. Qu'est-ce qui vous fait ~ cela? 당신은 왜 그렇게 생각 하십니까? ~ une chose, en écrire une autre, cela arrive tous les jours. 생각한 것을 제대로 글로 옮기지 못하는 것은 비일비재하다. Vous n'*avez* pas suffisamment *pensé* ce problème. 당신은 이 문제를 충분히 생각해보지 않았습니다.
◇ **Passif**(plan, projet, problème 등이 주어인 경우) un plan mi-

nutieusement *pensé* 자세히 수립된 계획.

5° ~ **qc de qc/qn** 〈…에 대해 …이라고 생각하다〉 Qu'est-ce que tu *penses* d'Anatole France? 당신은 아나톨 프랑스를 어떻게 생각하십니까? Que *penses*-tu de ce film? 당신은 이 영화가 어떻습니까?

◇ 1) de 대신 sur 또는 à propos de 도 사용이 가능하다.

2) de qc 는 en 으로 대치되며, 이때 en 은 代文的 성격을 띨 때도 있다: On pourrait partir à 8 heures. Qu'en *pensez*-vous? 8시에 떠날 수 있겠는데요. 어떠세요? Donnons-lui 20 francs, qu'est-ce que tu en *penses*? 그에게 20 프랑을 주자. 너는 그러는 것을 어떻게 생각하니?

3) ~ **du bien/mal de qn/qc** Ne *pense* pas trop de mal de nous. 우리를 너무 나쁘게 생각하지 마라. Je *pense* beaucoup de bien de cet homme. 나는 이 사람을 아주 좋게 생각한다. Je ne *pense* que du bien de son attitude. 나는 그의 태도가 좋게만 생각된다.

6° ~ **Inf** 〈…할 생각이다〉 J'ai *pensé* pouvoir terminer mon travail aujourd'hui. 나는 오늘은 일을 끝낼 수 있을 것이라고 생각했다. Je *pense*(=crois) être libre demain. 나는 내일은 한가할 것이라고 생각이 된다. Je *pense*(=J'ai l'intention d') aller vous voir demain. 내일 당신을 만나보러 갈 생각이라니다. Pour votre anniversaire, j'*ai pensé* vous offrir un disque. 당신 생일에 나는 당신에게 레코드판을 하나 주려고 생각했다.

◇ Inf 는 le 로 대치가능, ~ ø(+).

7° ~ **que P ind** (부정문, 의문문에서는 *subj* 도 가능) Pascal *pensait* que l'homme n'est ni ange ni bête. 파스칼은 인간은 천사도 짐승도 아니라고 생각했다. Je *pense* que je serai libre demain. 나는 내일 한가할 거라고 생각된다. *Penses*-tu que Bruxelles est encore loin? 너는 부뤼셀이 아직도 멀다고 생각하니? Mon père ne *pense* pas que nous soyons à la veille d'un conflit mondial. 아버지는 우리가 세계대전의 위기에 직면해 있다고 생각하지 않으신다.

◇ 1) Inf 는 le 로 대치 가능함.

2) ~ ø(+).

3) que P 는 oui〔non〕로 대치될 수 있다: Je *pense* que non〔oui〕.

4) 삽입문 : Cette femme est, je *pense*, très ravissante. 이 여자는 내 생각에 아주 매혹적이다. Il est dur, *pensait*-il, d'être un juge. 판사직도 고뢰군, 하고 그는 생각했다.

8° ~ **si P ind** 〈얼마나 …하느냐고 생각하다〉 Papa me paye un voyage en Italie. Tu *pense* si je suis heureux. 아빠가 내게 이태리 여행비용을 대 주시니, 내가 얼마나 기쁜지 생각해봐. Il n'a même pas répondu à mes lettres. Vous *pensez* si j'étais furieux. 그는 내 편지에 답장도 안했어요. 내가 얼마나 화가 났는지 상상하시겠지요.

9° 관용적 표현 (1) **je pense bien** 〈틀림없이(=c'est certain)〉 Elle aura des difficultés, je *pense* bien, avec ce garçon-là. 그녀는 틀림없이 저 애하고 어려운 점이 많을 거야.

(2) **j'y pense** 〈내 생각으로는〉 Mais, j'y *pense*, tu n'aurais pas oublié ton parapluie dans le métro? 그런데, 혹시 너 우산을 지하철에 놓고 내린 것이 아니니?

(3) **penses-tu/pensez-vous!** 〈천만에요〉 Vous êtes d'accord avec lui?—*Pensez*-vous! 당신 그의 의견에 동의하세요? —천만에요!

(4) **pensez(que)/et ~ que P ind** Je suis allé le voir tous les jours à l'hôpital. Et ~ que je n'étais pas là quand il est mort. 나는 그를 병원으로 매일 찾아가 보았는데,

그의 임종을 못 지켜보다니!
(5) **Tu penses/Vous pensez** Tu penses bien, je n'allais pas lui annoncer cette nouvelle! 천만에! 나는 그에게는 이 소식을 전하려고도 하지 않았어.

percer 1° ~ N 〈…을 꿰뚫다〉 Une flèche *avait percé* son bras(=lui *avait percé* le bras). 화살 한 대가 그의 팔을 꿰뚫었다. Le soleil *perce* les nuages. 햇빛이 구름 사이로 새어나온다. Elle s'est percé l'oreille pour se mettre des boucles d'oreille. 그녀는 귀걸이를 달기 위해서 제 귀에 구멍을 뚫었다.
◇ L'enfant *perce* ses dents. 어린 애의 이가 난다.
2° ~ N (qp) 〈…을 뚫다〉 On *a percé* un tunnel sous le Mont-Blanc. 몽블랑 밑에 터널을 팠다. On est en train de ~ une nouvelle rue. 새 길을 하나 내고 있는 중이다. *J'ai percé* un trou dans le mur. 나는 벽에 구멍을 뚫었다. On *a percé* une fenêtre supplémentaire dans la façade. 건물정면에 창을 하나 추가로 내었다.
3° ~ (qp/à travers) 〈(…에 […을 통하여]) 나타나기 시작하다 [터지다]〉 Le soleil *a percé* à travers les nuages. 햇빛이 구름 사이로 나타나기 시작했다. L'eau *a percé* à travers la toile de la tente. 물이 천막의 천을 통하여 새어 들었다. La première dent vient de ~. 첫니가 지금 막 났다. L'abcès *a percé*. 고름주머니가 터졌다.
4° qn ~ N 〈알아내다〉 On n'arrive toujours pas à ~ ce mystère. 여전히 이 비밀을 알아내기에 이르지 못하고 있다.
5° ~ 〈두각을 나타내다〉 Déjà Napoléon *perçait* sous Bonaparte. 벌써 보나파르트 속에서 나폴레옹이 두각을 나타내고 있었다. Ce journaliste *a percé* vite. 이 기자는 빨리 유명해졌다.

percevoir 1° ~ N 〈감지하다〉 L'oreille humaine ne *perçoit* pas les ultra-sons. 사람의 귀는 초음파를 듣지 못한다. J'arrive mal à ~ ses intentions. 나는 그의 의도를 잘 파악하게 되지 않는다.
2° ~ que P ind 〈…하는 것을 지각하다〉 L'œil humain, à cette vitesse, ne *perçoit* pas qu'une roue tourne. 사람의 눈은 이만한 속도에서 바퀴가 도는 것을 보지 못한다.
3° ~ Inf 〈…하는 것을 감지하다〉 Je n'*ai* pas *perçu* avoir le moindre malaise. 나는 조금도 거북하다는 것을 느끼지 못했다.
4° ~ N 〈징수하다; 타다〉 L'Etat *perçoit* des droits de douane à l'importation. 국가는 수입관세를 징수한다. ~ les taxes sur les transactions immobilières 부동산매매에 대하여 세금을 징수하다. Vous pouvez ~ une indemnité de charges de famille. 당신은 가족수당을 타실 수 있습니다.

perdre 1° ~ qc/qn 〈잃다; 지다; 타락시키다〉 Ce monsieur *a perdu* son porte-monnaie dans le métro. 이 분은 지하철에서 지갑을 잃어버렸다. Il *perd* son temps. 그는 시간을 허비한다. Il *a perdu* son fils dans un bombardement. 그는 폭격에 자기 아들을 잃었다. L'équipe de football *a perdu* le match. 그 축구팀은 경기에서 졌다. Cet homme *a perdu* la vie en sauvant un enfant. 그 사람은 어린 아이를 구하고 자기는 죽었다. ~ le procès[la bataille] 패소[패전]하다.
2° ~ 〈가치가 떨어지다; 손해보다; 양이 줄다〉 La plupart des actions *ont* encore *perdu*. 대부분의 주가가 더욱 하락했다. Je *perds* toujours. 나는 늘 잃는다[진다]. Mon réservoir *perd*. 내 만년필은 샌다. Tu *as perdu* en n'assistant pas à ce

spectacle extraordinaire. 너는 이 기막힌 공연을 구경 못해 손해 봤다. **3° se ~** 《변화》〈없어지다, 약해지다〉 Rien ne *se perd*, rien ne se crée. 없어지는 것도 없고 생겨나는 것도 없다. Cette habitude *se perd*. 이런 습관은 없어진다. Avec cette chaleur, les fraises vont *se ~*. 이런 더위에는 딸기가 상하겠다.
4° se ~ dans/en qc 〈길을 잃다, …에 골몰하다〉 Les enfant *se sont perdus* dans la forêt. 애들은 숲 속에서 길을 잃었다.

périr 〔조동사는 avoir〕.
~ 〈죽다; 없어지다; 망하다〉 Trois personnes *ont péri* dans l'accident d'aviation qui a eu lieu hier. 어제 일어난 비행기 사고로 3명이 목숨을 잃었다.
◇ 1) **~ de qc** 〈…때문에 죽을 지경이다, 죽어가고 있다〉 Il *périt* d'ennui à la campagne. 그는 시골에서 심심해 죽을 지경이다. La population *périt* de faim. 국민들은 기아로 죽어가고 있다.
2) 비인칭구문 〈…이 없어지다, …을 잃다〉 Il *périt* un bon nombre de personnes. 많은 사람이 생명을 잃었다.

permettre I. **1° ~ qc** 〈허락하다, 가능하게 하다〉 Le texte ne *permet* pas d'autre interprétation. 이 텍스트는 다른 해석을 허용하지 않는다. Les règlements ne *permettent* pas le stationnement en cet endroit. 법규는 이 곳의 주차를 허용하지 않는다. L'importation de ce produit n'*est* pas *permise*. 이 품목은 수입이 허용되지 않는다.
◇ **~ ø(−)**.
2° ~ qc à qn 〈…에게 …을 허락하다〉 Le médecin lui *a permis* seulement deux cigarettes par jour. 의사는 그에게 담배를 하루 두 개피씩만 피우도록 허락했다. Le médecin m'*a permis* le café. 의사는 내게 커피를 마셔도 좋다고 했다.
3° ~ à qn de Inf 〈…에게 …할 것을 허락하다, …이 …하는 것을 가능하게 하다〉 Elle *permet* à sa fille de sortir le soir. 그녀는 딸애가 저녁에 외출하는 것을 허락했다. *Permettez*-moi de vous inviter à mon mariage. 당신을 저의 결혼식에 초청을 해도 괜찮겠습니까?
◇ 1) de Inf 는 le 로 대치 가능함: Si mes occupations me le *permettent*, je passerai vous voir. 틈이 나면 찾아뵙겠습니다.
2) **~ ø de Inf(+), ~ à qn ø(−)**.
3) 비인칭 수동구문:S'il m'*est permis* de faire une objection, je dirai ceci. 제가 한 말씀 드리는 것이 허락된다면, 다음과 같은 말씀을 드리겠습니다. Il *est permis* à tout le monde de se tromper. 누구나 잘못 생각할 수 있다.
4) **~ ø ø** (양해를 구할 때) *Permettez*, je voudrais dire un mot. 죄송스럽지만, 한 말씀드리겠습니다.
4° ~ (à qn) que P subj Il ne *permet* pas que ses enfants regardent la télévision le soir. 그는 애들이 저녁에 텔레비전 보는 것을 허락하지 않는다. *Permettez* que je vous dise la vérité. 당신에게 진실을 말씀드리는 것을 허락해주십시오.
II. **1° se ~ qc** 《가변》〈서슴지 않고 …하다, 감히 …하다〉 Elle s'*est permis* un voyage coûteux. 그녀는 비용이 많이 드는 여행을 서슴지 않고 했다.
2° se ~ de Inf 《불변》 Je ne *me permets* pas de parler de ce que je connais mal. 나는 내가 잘 모르는 것에 대해 감히 말할 수 없다. Puis-je *me ~* de vous offrir une cigarette? 당신에게 담배를 한대 권해도 괜찮겠습니까?

persévérer 1° ~ dans qc 〈끈질기게 …하다, 집요하게 …하다〉 Malgré plusieurs échecs, il *persévéra*

dans son travail. 여러 번의 실패에도 불구하고, 그는 끈질기게 작업을 계속했다. Il doit ~ dans ses efforts. 그는 끈기있게 노력을 계속해야 된다.
2° ~ à Inf *Persévérez* à bien faire. 계속해서 잘 해보세요. Il *persévère* à faire le bien. 그는 꾸준히 선행을 한다.
◇ 1) Pron-Inf(−).
2) ~ ø(+).

persister 1° ~ 〈오래 지속하다, 계속하다〉 Si le mauvais temps *persiste*(=S'il fait toujours mauvais), les pêcheurs n'iront pas en mer. 날씨가 계속 나쁘면, 어부들은 바다로 나가지 못할 것이다.
2° ~ dans qc 〈…을 고집하다〉 Malgré l'avis de ses amis, il *persiste* dans sa résolution d'épouser la jeune fille. 친구들이 얘기를 해도 그는 그 처녀와 결혼하려는 결심을 굽히지 않는다. Il *persiste* dans son erreur. 그는 자기 잘못을 고집한다.
3° ~ à Inf 〈끈질기게 …하다〉 Il *persiste* à vous dire que vous vous trompez. 그는 계속 당신이 틀렸다고 말합니다.
◇ 1) Pron-Inf(−).
2) ~ ø(+).

persuader 1° ~ qn 〈납득시키다, 믿게하다〉 Vous m'*avez persuadé* (=maintenant je partage votre opinion). 당신은 나를 설득시켰습니다. Son discours n'*a persuadé* personne. 그의 연설은 아무도 설득시키지 못했다.
2° ~ qn de qc 〈…에게 …을 사실로서 받아들이게 하다, 납득시키다〉 Il *a persuadé* les juges de sa bonne foi. 그는 판사들에게 자신의 정직함을 납득시켰다. Je suis *persuadé* de votre bonne foi. 나는 당신의 정직함을 믿습니다.
3° ~ qn de Inf 〈…하도록 설득시키다〉 Il m'*a persuadé* de prendre du repos. 그는 나를 휴식을 취하도록 설득시켰다. Tâche de ~ ton frère de se joindre à nous. 너의 동생이 우리에게 가담하도록 설득시켜 보아라.
4° ~ qn que P ind 〈…에게 …임을 납득시키다〉 Il m'*a persuadé* que je m'étais trompé. 그는 내가 착각했었다고 나를 설득시켰다. Il les *a persuadés* qu'ils n'avaient rien à craindre de ce côté-là. 그는 그들에게 그런 면은 염려할 것이 하나도 없다는 점을 납득시켰다. Je suis *persuadé* que vous avez raison. 당신이 옳다고 확신하고 있습니다.
◇ ~ à qn que P ind (드물게 사용된다) On *avait persuadé* à Charles IX que le massacre était inévitable. 신하들은 샤를르 9세에게 학살이 불가피하다는 점을 납득시켰다.
5° se ~ de qc 《가변》〈…을 (잘못) 믿다〉 Elle *s'est persuadé(e)* de ma bonne foi. 그녀는 나의 성실성을 믿었다.
6° se ~ que P ind (=croire faussement, s'imaginer à tort) Ils *se sont persuadé(s)* qu'on les trompait. 그들은 사람들이 자기들을 속이고 있다고 잘못 생각했다.

peser 1° ~ qc 〈…의 무게를 달다〉 L'épicier mit le sel sur la balance pour le ~. 식료품상 주인은 소금을 달기 위해 저울에 올려 놓았다. *Pèse* bien tes mots. 말을 신중히 해라.
◇ ~ ø(−).
2° ~ + 무게 /lourd 〈무게가 …나가다〉 Ce colis *pèse* lourd. 이 꾸러미는 무겁다. Ce pain *pèse* trois kilos. 이 빵은 무게가 3kg이 나간다. J'ai payé les dix kilos que ce colis *a pesé*. 나는 10kg이 나가는 소포의 송료를 치렀다. Je *pèse* 65 kilos. 나는 몸무게가 65kg이다.
◇ ~ ø un fardeau qui *pèse* 무거운 짐.

3° ~ à qn 〈…에게 짐스럽게[괴롭게] 여겨지다〉La solitude me *pèse*. 나는 고독을 견디기 힘들다. Cela me *pèse* d'aller si loin. 나는 그렇게 멀리 가는 것이 힘들다.

4° ~ sur qn/qc 〈…에 영향을 주다; …에게 과해지다, …을 짓누르다〉La mort subite de son père va ~ (=avoir une influence) sur sa décision. 아버지의 돌연한 죽음이 그의 결심에 영향을 미칠 것이다. La responsabilité de cet accident *pesait* sur(=incomber à) elle. 그 사고의 책임은 그녀에게로 돌아갔다. Le sommeil *pesait* sur eux. 그들은 졸려 죽을 지경이었다.

◇ influencer 의 의미로는 주어 제약이 없음. que P가 주어일 때 비인칭구문이 가능하다: Il *pèse* sur sa décision que tu aies fait cela. 네가 그렇게 한 것이 그의 결정에 영향을 미친다.

5° qn se ~ 《변화》〈체중을 달다〉A l'hôpital, il *se pesait* chaque matin. 병원에서 그는 매일 몸무게를 달았다.

photographier ~ qc/qn 〈…의 사진을 찍다〉Elle arrêta la voiture quelques instants pour ~ le château. 그녀는 성의 사진을 찍기 위해 잠시 차를 멈췄다. Il *a photographié* ses enfants. 그는 자기 애들의 사진을 찍었다.

◇ ~ ∅(−).

piquer 1° ~ qn/qc 〈찌르다; 자극하다〉Je crois que c'est une abeille qui m'*a piqué*. 나는 벌에 쏘인 것 같다. Pour donner cette injection, le docteur doit ~ le bras. 이 주사를 놓기 위해 의사는 팔을 찔러야 한다. Le secret d'un bon professeur, c'est de savoir ~ la curiosité. 훌륭한 교사의 비결은 호기심을 자극할 줄 아는 것이다.

◇ ~ ∅(+).

2° se ~ 《변화》〈시어지다〉Le vin *se pique*. 포도주가 시어진다.

3° se ~ SP 〈(…에) 찔리다〉Elle *s'est piqué* avec une épingle. 그녀는 바늘에 찔렸다.

4° se ~ qc 《가변》〈자기의 …을 찌르다; 찔리다〉Elle *s'est piqué* le doigt. 그녀는 손가락을 찔렸다.

5° se ~ de qc 《변화》〈…을 자랑하다; …로 화내다〉Il *se pique* de connaissances médicales. 그는 의학 지식을 뽐냈다. Il *se pique* d'un rien. 그는 사소한 일로 화낸다.

6° se ~ de Inf 〈…하는 것을 자랑하다〉Il *se piquait* d'obtenir rapidement une réponse favorable du ministre. 그는 장관의 호의적인 답변을 금방 얻어낼 수 있다고 뽐내었다.

placer 1° ~ qc/qn 〈놓다, 자리잡아주다〉J'ai *placé* la table devant la fenêtre. 나는 식탁을 창문 앞에 놓았다. Il *a* bien *placé* tous ses enfants. 그는 애들 모두에게 자리를 잘 잡아주었다. Quand il est entré dans la maison, on l'*a placé* aux écritures. 그가 그 상점에 취직했을 때, 그는 장부 기록을 맡았다. J'*ai été* bien *placé* au cinéma. 영화관에서 나는 좋은 자리에 앉았다.

◇ ~ ∅(−).

2° se ~ 《변화》〈자리에 앉다; 고용되다〉*Placez-vous* autour de moi. 내 둘레에 앉으세요. Elle *s'est placée* comme cuisinière au château. 그녀는 그 성에 요리사로 취직이 되었다.

plaider 1° ~(pour/contre N)〈(…을 위하여[…에 반대하여]) 소송하다[변호하다]〉L'avocat *a plaidé* pour [en faveur de] son client. 변호인은 자기 의뢰인을 변호했다. Il *a plaidé* contre l'accusé. 그는 피고에 반대하여 소송했다.

2° ~ N 〈변호하다〉 ~ la cause d'un accusé 어떤 피고의 입장을 변호하다. L'avocat *a plaidé* la

plaindre

légitime défense. 변호사는 정당방위를 주장했다.
◇ ~ ø **coupable** 〈유죄임을 인정하다〉 Le procureur a *plaidé* coupable. 검사는 유죄를 주장했다. L'accusé a *plaidé* coupable. 피고가 죄에 승복했다.
3° **qn ~ pour/en faveur de/contre N** 〈…을 위하여[…에 반대하여] 변호[주장]하다〉 ~ pour[contre] une cause 어떤 사건을 위하여[사건에 반대하여] 변호하다[주장하다]. La municipalité *a plaidé* en faveur du premier projet. 시의회는 제1안을 옹호했다.
4° **qc ~ en faveur de N** 〈…을 유리하게 뒷받침해주다〉 Son passé ne *plaide* pas en sa faveur. 그의 과거는 그에게 유리한 뒷받침이 되지 않는다. La politique sociale actuelle ne *plaide* pas en faveur du gouvernement. 현재의 사회정책은 정부에 유리한 도움이 되지 못한다.
5° **qn ~ qc** 〈…을 변호하다〉 Il *a plaidé* la cause des grévistes. 그는 동맹파업자들의 입장을 옹호했다.

plaindre 1° **~ qn** 〈불쌍히 여기다, 동정하다〉 Je vous *plains* de tout mon cœur. 당신을 진심으로 동정합니다.
◇ 1) ~ ø (−).
2) **être à ~** Cet homme n'est pas à ~. 이 사람은 동정받을 만하지 못하다 《à plaindre 는 형용사처럼 정도부사 beaucoup 를 배척하고 très 와 결합이 가능하다: Paul est très à ~[Paul est beaucoup à ~].》.
2° **~ qn de qc/Inf** 〈…의 …(하는 것)을 동정하다〉 Je *plains* ces gens-là de leur situation. 이 사람들은 처지가 딱하다. Je la *plains* d'avoir des enfants aussi difficiles. 나는 그녀가 그렇게 까다로운 자식들을 가진 것을 동정한다.
3° **se ~ (à qn)** 《(변화)》〈(…에게)불평·항의하다(=protester)〉 Si vous ne m'échangez pas cet article, je vais *me* ~ au chef de rayon. 당신이 이 물건을 교환해 주지 않으면, 판매계장에게 항의하겠소.
◇ à qn 은 à+강세형인칭대명사로 대치된다:Il *se plaint* à moi. 그는 나에게 불평이다.
4° **se ~ de qn/qc** 〈…에 대해서 불평[한탄]하다〉 Ils *se sont plaints* de nous. 그는 우리에게 불평한다. Il *se plaint* de fréquents maux de tête. 그는 자주 두통이 난다고 투덜댄다.
◇ **se ~ à qn de qn/qc** Pierre *se plaint* de son metier à Marie. 피에르는 마리에게 자기 직업에 대해 불평을 늘어놓는다.
5° **se ~ de Inf** Il *se plaignait* très souvent de ne pas avoir de nouvelles de son fils. 그는 아들 소식을 못 받아본다고 자주 불평하곤 하였다. Il *se plaint* d'avoir froid aux pieds. 그는 발이 시리다고 불평이다.
◇ à qn 대신 auprès de qn 도 가능하다:Pierre *se plaint* auprès de Paul d'avoir dû faire cela. 피에르는 폴에게 그 일을 하지 않을 수 없었다고 불평한다.
6° **se ~ (à qn) que P subj/ind** Il *se plaint* qu'on ne l'attende jamais. 그는 사람들이 자기를 기다려 주지 않는다고 불평이다. Il *se plaint* à Marie qu'il est malade. 그는 마리에게 몸이 아프다고 불평이다.
◇ 1) que P 는 en 으로 대치 가능함.
2) **se ~ de ce que P ind/subj** Je *me plains* de ce que vous ne m'écout(i)ez pas. 나는 당신이 내 말에 귀를 기울이지 않아 불만입니다.
3) **se ~ si P ind** Vous laissez votre voiture ouverte, ne vous *plaignez* pas si on vous vole ce qu'il y a dedans! 차를 열어 놓았으니, 그 안에 있는 것을 훔쳐가도

불평 마세요.

plaire 1° ~ à qn ⟨…의 마음에 들다⟩ La maison ne *plaisait* plus au propriétaire, qui décida de la vendre. 집주인은 이제 집이 마음에 안 들어서 팔기로 작정했다. Il ne fait que ce qui lui *plait*. 그는 자기 마음에 드는 일만 한다.
◇ 1) ~ ∅ ⟨환심을 사다⟩ Il y a des acteurs qui cherchent à ~ par tous les moyens. 갖은 수단으로 관객들의 비위를 맞추려는 배우들이 있다.
2) 분리구문: Ça me *plait*, de faire du piano. 피아노 치는 것은 내 마음에 든다. Ça ne me *plait* pas, que tu ne sois pas venu. 네가 오지 않은 것이 불만이다.
2° 비인칭구문(Inf 및 que P subj 주어에 한해 外置되고 주어위치에 Il을 사용한다)⟨…하는 것이 마음에 들다⟩ Il ne me *plait* pas d'agir ainsi. 그렇게 행동하는 것은 내 마음에 들지 않는다. Il ne me *plait* pas qu'on prétende s'occuper de mes affaires malgré moi. 나는 사람들이 내가 싫다는 데도 내 일에 참견하려는 것이 못마땅하다.
3° 관용적 표현 (1) s'il vous/te plaît ⟨부디, 미안하지만⟩ Fermer la porte, s'il vous *plait*. 문을 닫아 주세요. Puis-je sortir, Monsieur, s'il vous *plait?* 제가 나가도 될까요? Elle a une voiture de luxe, s'il vous *plait!* 그녀는 고급차를 갖고 있단말예요!
(2) **plaise à Dieu[au ciel] que P subj** ⟨…하는 일이 없기를 바라다⟩ *Plaise* à Dieu que le train ne soit pas en retard! 기차가 연착하지 않기를! *Plaise* au ciel qu'il soit encore vivant! 그가 아직 살아있기를!
(3) **plût à Dieu[au ciel]que P subj** *Plût* au ciel que rien de tout cela ne fût arrivé! 이 모든 일이 하나도 일어나지 않았더라면 좋았을 것을!
4° se ~ ⟪불변⟫⟨서로 마음에 들다⟩ Ils *se sont plu* l'un à l'autre. 그들은 서로 마음에 들었다.
5° se ~ à/dans/en+[장소] ⟨…에서 (있는 것을) 즐기다⟩ Alors, vous *vous plaisez* dans votre maison? 그래, 댁에 계신 게 좋습니까? Vous *vous plaisez* au bord de la mer? 당신은 해변가가 좋습니까?
6° se ~ à/dans qc ⟨…을 좋아하다, 즐기다, …이 마음에 들다⟩ Elle *se plait* à ce travail. 그여자는 이 일을 좋아한다. Elle *se plait* aux mathématiques. 그녀는 수학에 흥미가 있다. Elle *se plait* dans la fainéantise. 그녀는 무위도식을 즐긴다.
7° se ~ à Inf ⟨…하기를 즐기다⟩ Ils *se plaisent* à escalader les rochers le dimanche. 그들은 일요일이면 즐겨 바위를 탄다.

plaisanter 1° ~ (sur N)⟨(…에 관하여) 농담[희롱]하다⟩ Il aime à ~. 그는 농담하기를 좋아한다. Il *plaisante* sur tout. 그는 무엇에 대해서든지 농담한다. Il ne *plaisante* pas sur la discipline. 그는 규율에 대해서는 매우 엄하다.
◇ ~ (avec N)⟨(…을 가지고) 농담하다⟩ Comment peux-tu, ma chère enfant, ~ avec ces choses sérieuses? 얘야, 어떻게 너는 이런 중대한 문제를 가지고 농담을 할 수 있다는 말이냐? On ne *plaisante* pas avec ces choses-là. 이런 문제를 가지고는 농담하는 법이 아니다.
2° ~ qn(sur N)⟨(…에 관해) 놀리다⟩ On le *plaisante* sur ses aventures galantes. 사람들은 그의 연애사건에 관해 그를 놀린다.
3° ~ qn de ce que P ind/subj 〖드물게〗⟨…라고 …을 놀리다⟩ On l'*a* longtemps *plaisanté* de ce qu'il avait[ait] confondu «baiser» avec «biaiser». 그가 baiser와 biaiser

planter

를 혼동했다 하여 사람들은 오랫동안 그를 놀렸다.
4° ~ qn de Inf ⟨…라고 …를 놀리다⟩ On le *plaisantait* de regretter le temps de fiacre. 삯마차가 있던 시대를 그리워한다고를 그를 놀려댄다.

planter 1° ~ N ⟨…을 심다⟩ ~ des tulipes 튜울립을 심다. On *a planté* des hêtres pour reboiser la montagne. 재식림하기 위하여 산에 너도밤나무를 심었다.
2° ~ N (de N) ⟨…에 (…을) 심다⟩ On *a planté* une avenue de platanes. 가로에 플라타너스를 심었다.
3° ~ N(qp) ⟨(…에) …을 박다〔꽂다・세우다〕⟩ J'ai *planté* un clou dans le mur pour y accrocher un tableau. 나는 그림을 한 폭 걸기 위해 벽에 못을 하나 박았다. On *a planté* en terre des piquets pour faire une clôture. 울을 만들기 위해 땅에 말뚝을 박았다. Le lion *planta* ses griffes dans le bras du dompteur. 사자는 길들이는 사람의 팔에 발톱을 꽂았다. Les soldats ont *planté* un drapeau sur un pic conquis. 병정들이 정복한 산봉우리에 기를 꽂았다. Les campeurs *plantèrent* leur tente près de la rivière. 캠핑하는 사람들이 강가에 천막을 설치했다. L'inspecteur *a planté* son chapeau sur sa tête. 사복형사는 머리에 모자를 푹 덮어썼다. Le peintre *planta* son chevalet sur la place de la cathédrale. 화가는 성당의 광장에 이젤을 세웠다. ~ son regard sur qn …를 응시하다.

◇ 1) être 〔rester〕 planté qp ⟨…에 꼼짝하지 않고 서 있다⟩ Elle est *plantée* devant une vitrine. 그녀는 어떤 진열창 앞에 못박힌 듯 서 있다.
2) ~ là qc/qn 〖구어〗 ⟨내팽개치다⟩ Il m'*a planté* là pour partir en courant vers l'autobus. 그는 나를 버려두고 버스 쪽으로 뛰어가 버렸다. Je suis décidé à tout ~ là si vous continuez vos critiques. 당신이 계속해서 비난을 하시면 나는 모두 집어치우고 말겠어요.
4° qn se ~ qp/devant 《변화》〖구어〗 ⟨…에 〔…의 앞에〕 우뚝〔버티고〕 서다⟩ Il *s'est planté* devant moi. 그는 내 앞을 막아섰다. Je *me suis planté* devant la vitrine du magasin. 나는 가게의 진열창 앞에 우뚝 섰다.

pleurer 1° ~ ⟨울다⟩ Un petit garçon, qui avait perdu sa mère, *pleurait* au milieu de la foule. 어린 소년이 어머니를 잃고, 군중들 틈에서 울고 있었다.
◇ 1) ~ de qc Paul *pleure* de honte. 폴은 부끄러워 운다.
2) 비인칭구문(시에서 특수하게 사용됨): Il *pleure* dans mon cœur comme il *pleut* sur la ville. 거리에 비 내리듯 내 가슴에 눈물이 흐른다.
2° ~ sur qn/qc ⟨…에 대해 탄식하다⟩ Il *pleure* sur son propre malheur. 그는 자기 자신의 불행을 한탄한다.
3° ~ qn/qc ⟨…(의 죽음)을 슬퍼하다, 한탄하다⟩ Leur fils a été tué à la guerre et ils le *pleurent* encore. 그들의 아들은 전쟁 때 죽었는데, 그들은 아직도 그의 죽음을 슬퍼한다. Elle *pleure* ses fautes. 그녀는 자기 잘못을 후회한다. Elle *pleure* sa jeunesse disparue. 그녀는 흘러가버린 자기 청춘을 안타까와한다.

pleuvoir 1° Il ~ (비인칭구문) ⟨비가 오다⟩ Il va ~ ce soir. 오늘 저녁 비가 오겠다. Il *a plu* trois jours de suite. 사흘 계속해서 비가 왔다.
2° ~ ⟨비오듯 쏟아지다⟩ Les projectiles *pleuvaient*. 포탄이 비오듯 했다. Les critiques *pleuvaient* sur lui. 그에 대한 비판이 쏟아졌다.
◇ 비인칭구문: Il *pleut* des feuilles mortes. 낙엽이 우수수 떨어진다.

plier 1° ~ qc 〈접다, 굽히다〉 J'*ai plié* une lettre avant de la mettre dans l'enveloppe. 나는 편지를 봉투에 넣기 전에 접었다.
◇1) ~ qc(qc는 신체부위 명사) Elle s'est blessé au coude, et elle ne pouvait plus ~ le bras. 그녀는 팔꿈치를 다쳐서 팔을 굽힐 수가 없다.
2) ~ qc en+수사 Il *a plié* ce papier en quatre. 그는 그 종이를 넷으로 접었다.
3) ~ ø(-).
2° ~ qn à qc 〈…에 복종시키다〉 L'armée *plie*(=assujettit) les recrues à la discipline. 군대는 신병으로 하여금 규율을 지키게 한다.
3° ~ 〈굽다, 휘다〉 L'arbre *plie* sous le vent. 나무가 바람에 휘어진다. A Waterloo, même la Garde *a plié*(=recula). 워털루전투에서는 근위대마저 패퇴했다.
4° se ~ 《변화》〈휘다〉 Le roseau *se plie* sous le vent. 갈대가 바람에 굽는다.
5° se ~ à qc/qn 〈…에 순응하다〉 Il faut *se* ~ aux circonstances. 환경에 적응해야 한다. Il *se plie* à tout ce qu'on lui demande. 그는 사람들이 자기에게 해달라는 대로 한다.

porter[1] 1° ~ qc/qn 〈나르다; 착용하다, 지니고 있다〉 Il marchait lentement, car il *portait* deux grosses valises. 그는 천천히 걸어갔다. 왜냐하면 큰 여행용 가방을 두 개 들고 있었기 때문이었다. L'enfant était tellement fatigué par la promenade que son père a dû le ~ dans ses bras pour rentrer. 그 애는 산책으로 하도 피곤해서, 아버지가 팔에 안고 돌아와야 했다. En hiver, nous *portons* des vêtements chauds. 겨울에 우리는 따뜻한 옷을 입는다. ~ des lunettes[la montre, un chapeau, des gants, une bague, une décoration] 안경[시계, 모자, …]을 착용하고 다니다. Il *porte* sur son visage un air de lassitude. 그의 얼굴에 피곤한 기색이 보인다. La ville *porte* encore les traces du bombardement. 그 시에는 아직도 폭격의 흔적이 남아 있다. Cette lettre *porte* la date du 24 mai. 이 편지에는 5월 24일의 일부인이 찍혀 있다.
2° ~ N SP (1) ~ qc à qn/qc 〈…에(게) 가져가다[오다], 주다〉 Je vous *porterai* ce livre à mon prochain passage. 다음번 들를 때 이 책을 당신에게 갖다 드리겠습니다. La camionnette *portait* des légumes au marché. 소형트럭이 야채를 시장으로 운반했다. Il *porta* la main à sa bouche. 그는 손을 입에 대었다. Je lui *porte* une reconnaissance éternelle. 나는 그에게 무한한 사의를 품고 있다. Cette décision nous *portera* un tort considérable. 이번 결정은 우리에게 상당한 피해를 가져올 것이다. Cette réponse *porta* sa colère à son paroxysme. 이 대답은 그의 분노를 극에 달하게 했다. Cette nouvelle lui *a porté* un coup. 이 소식은 그에게 충격을 주었다.
(2) ~ qc/qn sur qc/qn 〈…를 향하게 하다; …에 기재하다〉 Nous *avons porté* toute notre attention sur cette question. 우리는 이 문제에 모든 주의를 쏟았다. Ils ne l'*ont* pas *porté* sur la liste. 그들은 그를 명단에 기재하지 않았다.
(3) ~ (qn) à qc 〈…으로 이끌다, …하게 하다〉 Cet échec le *portera* à plus de prudence. 이번 실패로 그는 더욱 신중하게 될 것이다.
3° ~ (qn) à Inf 〈…하게 하다〉 Tout cela me *porte* à croire qu'il a menti. 이 모든 것으로 미루어 봐서 나는 그가 거짓말했다고 생각한다. Tout *porte* à croire que vous avez raison. 모든 점으로 봐서 당신이 옳다고 믿게 된다.

porter²

4° se ~ 《변화》〈착용되다; 유행하다〉 Les cravates à pois *se portent* moins cette année. 올해는 물방울 무늬 넥타이를 많이 매지 않는다. Cela ne *se porte* plus. 그것은 이제 유행이 지났다.

5° se ~ sur qn 〈…으로 향하다, 쏠리다〉 Les regards *se portent* sur lui. 시선이 그에게 쏠린다.

porter² 1° ~ (Adv〔à+거리〕)〈명중하다; 도달하다; 효력이 있다〉 Le coup de canon *a porté* juste. 대포가 명중했다. Votre critique n'*a* pas *porté*(=a été sans effet). 당신의 비판은 실효를 거두지 못했다. Ce fusil *porte* à 2,400 m. 이 총은 사정거리가 2,400m이다.

2° ~ sur qc/qn 〈…에 (무게가) 걸리다; …을 목표로 하다; …에 영향을 미치다; …에 부딪치다〉 Tout le poids de l'édifice *porte* sur quatre piliers situés aux angles. 건물의 모든 무게가 모퉁이에 있는 네 기둥에 걸려 있다. La discussion *portait* sur la politique du gouvernement. 토론은 정부의 정책에 관한 것이었다. La perte *a porté* sur nous. 손해는 우리가 입었다. Il est tombé et sa tête *a porté* sur une pierre. 그는 넘어져서 머리가 돌에 부딪쳤다.

porter³ ~ (+동물의 새끼)〈(새끼를) 배다〉 La femelle du castor *porte* jusqu'à quatre petits. 해리는 한 번에 네 마리까지 새끼를 밸 수 있다. La jument *porte* onze mois. 암말은 임신기간이 11개월이다.

porter⁴ 1° se ~ bien/mal/comment,… 《변화》〈건강이 …하다〉 Comment *vous portez*-vous? 건강이 어떠세요? Il *se porte* comme un charme, malgré son grand âge. 그는 나이가 많은데도 아주 정정하다.

2° se ~ Attr 〈…으로〔…하게〕나타나다〔출마하다〕〉 Il *s'est porté* candidat à l'élection présidentielle. 그는 대통령 선거에 입후보했다.

poser I. 1° ~ 〈자세를 취하다〉 J'aurais du mal à ~, immobile, pendant des heures devant un peintre. 화가 앞에서 몇 시간씩 꼼짝않고 포즈를 취하는 것은 힘들 거야.

2° ~ à qn 〈…인 체하다〉 Ton frère *pose* au Don Juan. 네 형은 돈환인 체한다.

3° ~ qc/qn 〈놓다; (문제를) 제기하다〉 Il *posa* ses livres sur la table, à côté de la lampe. 그는 책을 책상 위 등 옆에 놓았다. J'ai acheté des rideaux et les *a posés* à la fenêtre. 나는 커튼을 사서 창에 다 쳤다. *Pose* les valises, enlève ton manteau et viens t'asseoir! 가방을 내려놓고, 외투를 벗어라. 그리고 이리 와서 앉아라. Votre cas *pose* un problème délicat. 당신의 경우는 문제가 복잡하다.

4° ~ qc à qn (*qc*는 question, problème) 〈…에게 질문〔문제를 제기〕하다〉 J'ai voulu lui ~ une question sur ce qu'il disait. 나는 그가 하는 말에 대해서 그에게 질문을 하나 하고 싶었다. L'examinateur *posa* plusieurs questions au candidat. 시험관은 응시자에게 여러 질문을 했다.

5° ~ que P ind 〈가정·상정하다〉 *Posons* que A+B=C. A+B=C라고 가정하자.

II. 1° se ~ 《변화》〈(문제가) 있다, 제기되다〉 Heureusement, la question ne *se pose* pas. 다행히 그 문제는 제기되지 않는다. Le problème *se posera* dans tous les cas. 그 문제는 어느 경우에나 다 있을 것이다.

◇ 비인칭구문: Il *se pose* un problème délicat. 복잡한 문제가 생긴다.

2° se ~ qc 《가변》〈자기에게 (문제를) 제기하다〉 Savoir s'il faut acheter ou louer un appartement, je *me suis* déjà *posé* la question, tu sais. 아파트를 하나 살 것이냐 세를

들 것이냐를 정해야겠는데, 너도 알다시피, 나는 이미 이 문제를 생각해 봤다.

3° se ~ SP 《변화》 〈…에 앉다, 착륙하다〉 L'avion *s'est posé* à 20 heures précises. 비행기는 정각 저녁 8시에 착륙했다. L'oiseau fatigué *s'était posé* sur une branche élevée de l'arbre. 지친 새는 높은 나무 가지에 앉았다.

4° se ~ en Attr 〈…으로 자처하다〉 Son frère *se pose* en Don Juan (=Il en prend les attitudes). 그의 형은 돈환같이 행동한다.

posséder 1° ~ N 〈소유하다; 숙달하다〉 Il *possède* une maison. 그는 집을 한 채 가지고 있다. Il possède des immeubles en grand nombre. 그는 부동산을 많이 가지고 있다. Le nouveau modèle *possède* un moteur plus puissant. 새 형에는 더 강력한 엔진이 달려 있다. Ce château *possède* une belle vue. 이 성에서의 조망은 아름답다. Il *possède* à fond sa grammaire française. 그는 불문법을 철저히 알고 있다. Cet acteur *possède* bien son rôle. 이 배우는 자기 배역을 잘 소화하고 있다.

2° qc ~ qn 〈…을 사로잡다〉 Le désespoir le *possède*. 그는 절망에 빠져 있다.

3° ~ qn 〖구어〗〈속이다〉 Il nous *a possédés*. 그는 우리를 속였다. J'ai été *possédé*. 나는 속았다.

4° se ~ (1) qn se ~ 《변화》〈자제하다〉 Il est resté calme et froid, il *se possédait* parfaitement. 그는 여전히 침착하고 냉정했다. 그는 완전히 자제하고 있었다.

(2) qn se ~ (de N)〈(…로 인하여) 자제하다〉 Quand il se met en colère, il ne *se possède* plus. 그가 왈칵 성을 내기 시작하면 더 이상 자제하지 못한다. ne plus *se* ~ de joie 기뻐서 어쩔 줄 모르다.

pourrir 1° ~ qc/qn 〈부패시키다; 타락시키다〉 L'abondance des pluies *a pourri* toutes les pommes sur les arbres. 비가 많이 와서 나무 위에 열린 사과들이 썩었다. La richesse *avait pourri* cet homme. 이 사람은 부자가 되더니 타락했다.

2° ~ 〈썩다〉 En été les fruits *pourrissent* vite. 여름에는 과일들이 빨리 상한다.

3° se ~ 《변화》〈악화되다(=pourrir)〉 La situation économique *se pourrit*. 경제사정이 악화된다.

pourvoir 1° ~ à qc 〈대주다, 조달해주다, 대비하다〉 ~ à l'entretien de ses parents 부모의 부양비를 대주다. ~ aux besoins de sa famille 가족에게 필요한 것을 마련해 주다.
◇ 1) ~ aux frais de qc 〈…의 비용을 마련하다〉 Il n'arrive plus à ~ à ses frais de voyage. 그는 이제 더 이상 여비를 마련할 길이 없다.
2) ~ à ce que P subj 〈…에 대비하다〉 Par cet ordre, la deuxième compagnie du quatrième bataillon devait ~ à ce que les objets mobiliers fussent portés à trois heures à M. Georges Devanne. 이 명령에 의해서 제4대대 2중대는, 가구들이 3시에 조르즈 드반느씨에게 운송되도록 대비해야 했다.

2° ~ qc/qn de qc 〈…에게 …을 마련해 주다〉 La nature l'*avait* pourtant *pourvu* des plus grandes qualités. 그러나 자연은 그에게 가장 훌륭한 자질을 주었다. Il *a pourvu* sa voiture de ceintures de sécurité. 그는 자기 자동차에 안전벨트를 갖추었다.

pousser 1° ~ qn/qc 〈밀다, 돌아나게 하다; 밀고 나가다; (소리를) 지르다〉 Cet arbre *pousse* des bourgeons. 이 나무에 싹이 텄다. Le bébé *a poussé* ses premières dents. 애기에게 첫니가 났다. Il *poussa* son

pouvoir

voisin. 그는 옆 사람을 밀었다. Vous *poussez* un peu trop loin la plaisanterie. 당신 농담이 좀 지나친데요. La jeune fille *a poussé* un cri, en apércevant la souris. 그 소녀는 생쥐를 보자 소리를 질렀다.
◇1) ~ ø Ne *poussez* pas. 밀지 마세요.
2) ~ qn de qc (*qc* 는 신체부위) ⟨…으로 밀다, 쿡찌르다⟩ ~ du genou(du pied, du coude). Jacques m'*a poussé* du coude pour me faire comprendre que je disais des bêtises. 내가 어리석은 소리를 하고 있다는 것을 깨닫게 해 주려고 자크는 팔꿈치로 나를 툭 쳤다.
2° ~ qn à qc ⟨…하도록 …을 부추기다⟩ Vous l'*avez poussé* au crime. 당신이 그를 사주하여 범죄를 저지르게 했다.
3° ~ qn à Inf Le besoin d'argent le *poussait* à voler. 돈이 급해서 그는 도둑질을 하게 되었다. Quel goût d'aventures le *poussa* à quitter la France? 어떤 모험심이 그로 하여금 프랑스를 떠나게끔 하였나?
4° ~ ⟨돋아나다, 자라다⟩ Les premiers bourgeons *poussent* déjà. 첫싹이 벌써 돋았다. Ses premières dents *ont* déjà *poussé*. 그는 첫니가 벌써 났다. Ses cheveux *poussent* très vite. 그의 머리는 빨리 자란다. Aujourd'hui nous *avons poussé* jusqu'à Avignon. 오늘 우리는 아비뇽까지 갔다.
◇ Il ~ qc (비인칭 구문) Je crois qu'il me *pousse* des ailes d'aigle. 내게 독수리의 날개가 돋아나는 것 같이 생각된다.
5° se ~ 《변화》⟨물러나다, 비키다⟩ *Poussez-vous* un peu pour que nous puissions nous asseoir. 우리가 앉을 수 있도록 조금 물러나세요.
pouvoir 1° ~ Inf ⟨…할 수 있다⟩
(1) capacité, permission 의 표현: La valise était si lourde qu'il ne *pouvait* pas la soulever. 그 여행용 가방은 너무 무거워서 그는 그것을 들 수가 없었다. La salle *peut* contenir cinq cents personnes. 회의장은 500명을 수용할 수 있다. Je ne *peux* pas vous le dire. 당신에게 그 것을 말할 수 없다. Est-ce que je *peux* entrer dans votre chambre pendant votre absence? 당신 안 계실 때, 당신 방에 들어가도 괜찮겠습니까? On ne *peut* pas fumer dans les salles de théâtre. 극장 내에서는 담배 피울 수 없습니다. Est-ce que nous *pourrions* vous dire un mot? 당신에게 한 말씀 드려도 될까요?
(2) possibilité, éventualité 의 표현: *Pourriez*-vous venir me voir la semaine prochaine? 내주에 나를 만나러 오실 수 있을까요? On ne sais jamais. Il *peut* se mettre à pleuvoir d'un moment à l'autre. 알 수 없다. 금방이라도 비가 내리기 시작할지도 모르겠는걸. Cet enfant *peut* avoir tout au plus six ans. 이 아이는 기껏해야 여섯 살쯤 될 것이다. Il *peut* pleuvoir ce soir. 오늘 저녁에 비가 올지도 모르겠다. Il *peut* se faire que Paul ait eu un accident. 폴에게 사고가 났는지도 모른다. A en croire le docteur, il *pourrait* bien s'agir d'un cancer du poumon. 의사 말을 믿는다면 폐암일 가능성이 있다.
◇ 1) je peux 와 je puis: je peux 는 tu peux 의 유추형. 의문문에서는 Peux-je? 는 안쓰고 Puis-je? 또는 Est-ce que je peux? 를 쓴다. 부정문에서는 Je ne puis(peux) pas 가 다 가능하나, pas 를 생략하는 경우는 Je ne puis를 쓰는 것이 보통이다(⇨ne I, 3°).
2) Inf 는 (1)의 의미로 주어가 인물명사일 경우 le로 대치될 수 있다: Je ne *peux* pas lire cette lettre.→

Je ne le *peux* pas. *Puis*-je sortir? —Oui, vous le *pouvez*. 단, Ce jouet *peut* se démonter. →*Ce jouet le *peut*. Il *peut* pleuvoir demain. →*Il le *peut* demain. 《pouvoir 가 조건법 과거형인 경우도 Pron-Inf(−): Il *aurait pu* m'aider.→*Il l'*aurait pu*.》.
3) ~ ∅ (1)의 의미로 대답에 사용되는 문장 및 si, dès que, quand 등의 접속사구문에서는 흔히 Inf 가 생략될 수 있다. (2)의 의미로는 불가능하다:*Puis*-je entrer? —Oui, vous *pouvez*. Faites-le si vous *pouvez*. Venez me voir dès que vous *pourrez*.
4) 부정문에서는 pas 가 생략될 수 있다: Je regrette de n'*avoir pu* venir. 나는 올 수 없었던 것을 유감으로 생각합니다. 《부정의 의미는 pouvoir 에 걸릴 수도 있고 Inf 에 걸릴 수도 있다: Il ne *peut* pas arriver avant 9 heures(=Il est impossible qu'il arrive avant). 〔Il *peut* ne pas arriver avant 9 heures(=Il est possible qu'il n'arrive pas avant)〕》.
5) (2)의 의미에 한해 Inf passé 가 가능한데 이때는 pouvoir 를 복합형으로 써도 동일의미를 표현할 수 있다:J'*ai pu* faire 〔Je *puis* avoir fait〕 une erreur. 내가 잘못했을 수도 있다.
6) ~ (bien) Inf 는 양보〔대립〕을 표현할 수 있다:Il *peut* bien promettre tout ce qu'il veut, mais je ne le crois pas. 그는 자기가 원하는 무슨 약속을 해온다 해도 그래도 나는 그를 믿지 않는다 (⇨bien 4°). Il *peut* revenir, il *peut* se traîner à genoux, je ne le regarderai même pas. 그가 돌아와서 무릎을 꿇는다 해도 나는 그를 쳐다보지도 않을 것이다.
7) pouvoir 를 접속법 형태로 단순도치 구문으로 사용하면 소망・기원을 나타낸다:*Puissiez*-vous réussir! 당신이 성공하기를 빕니다. *Puissé*-je arriver à temps. 제 때에 닿을 수 있으면 좋겠는데! *Puissent* vos projets réussir. 당신 계획이 성공하기를! *Puissent* tous les autres agir de même. 다른 사람들도 모두 마찬가지로 행동해준다면!
8) 의문문에 사용되어 조건법형태로는 완곡한 명령 또는 부탁, 직설법 형태로는 놀라움, 의혹, 난처함 등을 표현할 수 있다:*Pourriez*-vous me laisser passer, s'il vous plaît? 제가 지나가도록 길을 비켜주실 수 있으세요? Comment *a*-t-il *pu* venir jusqu'ici? 도대체 그가 어떻게 여기까지 왔을까? Où *peut* bien être le livre? 도대체 그 책이 어디 있단 말인가?
9) ce *peuvent*〔*peut*〕être eux (⇨ce¹ II, 12°, ①, c)).
10) Je pouvais, j'ai pu =J'*aurais pu* (⇨imparfait de l'indicatif II, 10°, ③; passé composé II, 8°).
11) pouvoir 와 savoir (⇨savoir 11°).

2° ~ qc(qc 는 의문〔부정, 중성〕대명사) Que *pouvez*-vous? 당신은 무엇을 할 수 있읍니까? Cet homme *peut* tout. 그는 모든 것을 할 수 있다. *Pouvez*-vous quelque chose? 당신은 무엇인가 할 수 있습니까? J'ai fait tout ce que j'*ai pu* pour le convaincre. 나는 그를 설득하기 위해 내가 할 수 있는 일은 모두 다 했다.

◇1) 이때는 대명사 앞에 faire 가 생략된 것으로 해석할 수 있다. faire 의 직접보어가 일반명사라도 관계절의 선행사로 쓰일때 만은 faire 를 탈락시킬 수 있다:J'ai fait tous les efforts que j'*ai pu*. 나는 할 수 있는 모든 노력을 다 기울여 보았다 《이때 pu 는 불변이다》 (⇨participe passé VI, 3°, ⑧).
2) Le mieux que je *peux* (⇨subjonctifs II, B, 2°, ②, d)).

précéder

3° ~ qc à qc ⟨…에 대해 …을 할 수 있다⟩ Je ne *peux* rien à cela [Je n'y *peux* rien]. 그것은 나로서 어쩔 도리가 없다. Qu'y *puis*-je? 나는 별 수 있겠나?

4° qn n'en ~ plus (de qc) ⟨기진맥진하다⟩ Je n'en *peux* plus (de fatigue) (=Je suis à bout de forces). 나는 기진맥진해 있다.

5° Il/Cela/Ça se ~ 《불변》 ⟨…일 수 있다⟩ Il [Cela, Ça] *se peut* (bien). 그럴 수도 있다[있을 수 있는 일이다].

◇ Il se ~ que P subj ⟨…할지도[일지도] 모른다⟩ Il *se peut* que vous vous soyez trompé. 당신이 착각했을 수도 있습니다. Il *se peut* que je vende ma voiture. 나는 차를 팔아버릴지도 모릅니다.

précéder ~ qc/qn ⟨앞서다, 능가하다⟩ Les actualités *précèdent* généralement le film. 보통 본영화에 앞서 뉴스영화가 상영된다. Laissez-moi vous ~, je vais vous montrer le chemin. 내가 앞장서게 해 주세요. 길을 가르쳐 드릴 테니까요. Il me *précède* en âge et en mérite. 그는 나이나 재능에 있어 나를 능가한다. *Précédé* de son aide-de-camp, le général fit son entrée dans la salle. 장군은 부관을 앞장 세우고 회의장에 입장했다.

prêcher 1° ~ (qc) (à qn) ⟨(…에게) (…을) 설교하다⟩ Les missionnaires *prêchent* l'évangile aux indigènes. 선교사들이 원주민들에게 복음을 전한다.

◇ ~ ø L'abbé ne *prêche* plus le dimanche. 이제는 신부가 일요일에 설교하지 않는다.

2° ~ qn ⟨…에게 복음을 전하다⟩ Il est parti ~ les aborigènes en Australie. 그는 원주민들에게 복음을 전하러 호주로 떠났다.

3° ~ (à qn) qc ⟨(…에게) 권장하다⟩ ~ la morale à ses élèves 제자들에게 도덕을 권장하다. Il *prêchait* la patience à ses subordonnés qui se plaignaient. 그는 불평하는 부하들에게 참으라고 권했다.

4° ~ que P ind ⟨…라고 강조하다⟩ Les clercs modernes *ont prêché* que l'Etat doit être fort et se moquer d'être juste. 현대 지식인들은 국가가 강해야 하고 정의로운 것을 무시해야 한다고 강조했다.

◇ ~ d'exemple [par l'exemple] ⟨몸소 본을 보여 격려하다⟩.

précipiter 1° ~ qn/qc ⟨떨어뜨리다; 재촉하다⟩ L'accusé *aurait précipité* sa femme du balcon. 피고는 부인을 발코니에서 밀어 떨어뜨린 모양입니다. Sa venue *a précipité* notre départ. 그가 와서 우리 출발이 앞당겨졌다.

2° se ~ 《변화》 ⟨서두르다, 빨라지다⟩ Inutile de tant *se* ~! 그렇게 서둘러댈 것 없다. Les battements du cœur *se précipitent*. 심장의 고동이 빨라진다.

3° se ~ qp ⟨뛰어들다, 돌진하다, 달려가다⟩ Le chien de garde *s'est précipité* sur moi quand j'ai ouvert la porte. 내가 문을 열자, 경비견이 내게 달려들었다. Il *s'est précipité* à la porte pour l'ouvrir. 그는 문을 열기 위해 달려갔다.

préconiser 1° ~ qc (à qn) ⟨(…에게) 권하다⟩ Les remèdes que le médecin *a préconisés* se révèlent sans effet. 의사가 권한 약들이 효험이 없다는 것이 드러난다. Le ministère de finance *préconise* une nouvelle répartition des impôts. 재무부는 조세의 새로운 할당을 권장한다.

2° ~ que P subj ⟨…을 권하다⟩ Il nous *a préconisé* que nous prenions du repos. 그는 우리에게 휴식을 취하라고 권했다.

3° ~ de Inf ⟨…라고 권하다⟩ Il nous *a préconisé* d'aller passer nos vacances en Angleterre. 그는 우리에게 영국에 가서 휴가를 보내라고 권했다.

prédire 1° ~ (à qn) N ⟨(…에게) 예언하다⟩ Elle lui avait *prédit* un brillant avenir. 그녀는 그에게 찬란한 미래를 예언했다. Vous me *prédisez* là tous les malheurs du monde! 저에게 세상의 온갖 불행이란 불행을 전부 예언하시는군요!
2° ~ que P ind ⟨…을 예언하다⟩ Mon horoscope m'*a prédit* que je tomberais dans les escaliers cette semaine. 나의 占星은 이번주에 계단에서 넘어질 것이라고 나에게 예언했다.
3° ~ P(int. ind.) ⟨…일 것인가를 예언하다⟩ Il *avait prédit* exactement comment l'événement allait se passer. 그는 사건이 어떻게 일어날 것인가를 정확하게 예언하였다.
4° ~ à N Inf ⟨…에게 …라고 예언하다⟩ Il m'*a prédit* avoir des chances de mourir vieux. 그는 내가 늙어서 죽을 가능성이 있다고 나에게 예언했다.

préférer 1° ~ qc/qn ⟨좋아하다, 바라다⟩ Elle *préfère* cette cravate. 그녀는 이 넥타이를 좋아한다. Qui *préférez*-vous? 당신은 누구를 좋아합니까?
◇ 1) ~ qc/qn à qc/qn ⟨…보다 더 좋아하다⟩ Je *préfère* Racine à Corneille. Ma femme et moi, nous *préférons* la ville à la campagne. 내 처와 나는 시골보다 도시를 더 좋아한다.
2) ~ ø(−).
3) à qn은 약세 인칭대명사로 대치 가능함: Je *préfère* Anne-Marie. — Moi, je lui *préfère* sa sœur.
2° ~ Inf ⟨…하는 것이 더 낫다[더 좋다]⟩ Dans ces conditions, je *préfère* rester chez moi. 그런 조건이라면 나는 집에 남아 있는 것이 더 낫겠다.
◇ 1) ~ ø Si tu *préfères*, nous irons au cinéma. 네가 그것이 더 좋다면, 영화관으로 가자.
2) Inf는 le로 대치할 수 없고 cela [ça]로만 대치할 수 있다.
3) 또 하나의 Inf가 보어가 될 때는 다음 세가지 구문이 가능하다.
i) ~ Inf à Inf ⟨…하는 것보다 …하는 것이 더 좋다⟩ Je *préfère* écouter de la musique à lire un livre. 나는 책을 읽는 것보다 음악 듣는 것을 더 좋아한다.
ii) ~ Inf plutôt que (de) Inf ⟨…하느니 차라리 …하는 게 낫다⟩ Ils *préfèrent* mourir plutôt que (de) se rendre. 그들은 항복하느니 차라리 죽으려 한다. (⇨plutôt 1°, ②).
iii) ~ Inf que (de) Inf Je *préfère* souffrir que (de) mourir. 나는 죽는 것보다는 고통을 받는 것이 낫다. 《aimer mieux... que(de) …의 영향으로 사용되는 구문으로 판단된다. Littré는 비난하지만 현재 많이 통용되고 있다》.
3° ~ que P subj ⟨…하는 것이 더 좋다, …하는 것을 더 바라다⟩ Il *préfère* que vous ne veniez pas. 그는 당신이 오지 않기를 더 바라고 있다. Je *préférerais* que vous m'attendiez ici. 당신께서는 여기서 저를 기다려 주시면 더 좋겠습니다.
◇ 또 다른 que P가 보어가 될 때는 이것을 Inf로 변형시켜 ~ que P subj plutôt que de Inf의 구문을 사용한다. 이때 que P와 Inf의 주어는 반드시 일치한다: Il *préfère* que tu viennes chez lui plutôt que de lui téléphoner. 그는 네가 그에게 전화하느니, 그의 집으로 오기를 더 바라고 있다. Je *préfère* que tu te taises plutôt que de le heurter inutilement. 나는 네가 쓸데없이 그의 비위를 거슬리는 것보다는 잠자코 있는 것이 더 좋겠다.

prendre I. 1° ~ qc/qn (1) 주어가

유정명사일 때.
a) ~+구상명사/유정명사 〈잡다, 쥐다; 사다; 입수하다〉 Il ouvrit son étui et *prit* une cigarette. 그는 담배갑을 열고 담배를 하나 집었다. Tu *prendras*, en passant, un litre d'huile chez l'épicier. 지나는 길에 식료품점에서 기름 1*l* 만 사오너라. J'ai *pris* l'aveugle par la main pour le conduire de l'autre côté de la rue. 나는 장님을 길 건너편으로 데려다 주기 위해 그의 손을 붙잡았다.
b) ~+장소 〈탈취하다, 차지하다〉 Nos troupes *ont pris* plusieurs villages. 아군은 여러 마을을 점령했다. L'élève *prit* sa place au troisième rang dans la classe. 그 학생은 교실에서 세번째 줄에 앉는다.
c) ~+음식물 〈먹다, 들다〉 Le malade n'*a* rien *pris* depuis deux jours. 환자는 이틀 전부터 아무것도 못 먹었다. J'ai *pris* mon petit déjeuner à sept heures. 나는 7시에 아침식사를 했다. Je ne *prends* jamais de vin en mangeant. 나는 식사하면서 절대로 포도주를 안 마신다.
d) ~+교통기관 〈타다〉 Il *prend* sa voiture pour se rendre à son travail. 그는 출근하기 위해 차를 탄다.
e) ~+길/방향 〈잡아들다〉 *Prenez* la première rue à droite. 오른쪽 첫째 길로 접어드시오.
f) ~+인물명사 〈고용하다; 데리러 가다〉 Il a dû ~ un secrétaire pour l'aider. 그는 자기를 도와줄 비서를 하나 구해야 했다. Je passerai te ~ à trois heures. 너를 데리러 세 시에 갈께. Nous *prendrons* nos enfants avec nous pendant les vacances. 우리는 휴가중에 애들을 함께 데리고 갈 것이다.
g) 기타숙어: J'ai *pris* les informations, ce matin, à la radio. 나는 오늘 아침 라디오에서 소식을 알았다. Il *prend* des leçons de guitare. 그는 기타 교습을 받는다. Pour rétablir l'ordre, le gouvernement *a pris* les mesures qui s'imposaient. 정부는 질서를 회복하기 위해 필요한 대책을 세웠다. Les policiers *ont pris* les empreintes digitales laissées sur la poignée. 경찰은 손잡이에 남은 지문을 채취했다. Sortons un peu pour ~ l'air. 바람 쐬러 좀 나갑시다.
(2) 주어가 유정명사 또는 무정명사일 때 동작, 상태의 시작을 표현하는 일종의 준조동사.
a) ~ qc 〈갖다, 취하다; (특색을) 띠다〉 Le détenu ne fut pas long à ~ la fuite. 구금자는 탈주하는 데 오래 걸리지 않았다. Les coureurs *ont pris* le départ sur la place de l'église. 경주자들은 교회앞 광장에서 출발했다. Vous *prendrez* vite l'habitude de ce travail. 당신은 곧 이 일을 하는 습관을 갖게 될 것입니다. A l'automne, les feuilles *prennent* une couleur dorée. 가을이면 나뭇잎들이 황금빛을 띠게 된다. Il *prit* un air menaçant. 그는 위협적인 태도를 취했다.
b) ~ qc(qc 는 무관사명사 〈(병에) 걸리다; …을 갖다〉 *Prenez* courage, ce n'est pas grave du tout. 기운을 내세요. 조금도 대단한 일이 아닙니다. Elle *a pris* froid en sortant sans manteau. 그녀는 외투를 안 입고 나갔다가 감기에 걸렸다. Les étables *prirent* feu tout de suite. 외양간에 곧 불이 붙었다.
(3) ~ qn (주어가 무정명사일 때)
a) 감정+~ 〈사로잡다〉 La colère l'*a pris* soudain. 갑자기 그는 화가 치밀어 올랐다. La fièvre l'*a pris* hier soir. 그는 어제 저녁 갑자기 열이 났다. L'accès [la faim, la frayeur, l'enthousiasme] le *prit*. 그는 발작을 일으켰다 [그는 갑자기 허기

를 느꼈다, 공포에 사로 잡혔다, 그는 열광했다]. Qu'est-ce qui te *prend*? 웬일이니?

◇ 1) Le sommeil lui vient에 같은 구문의 영향으로 Le sommeil lui *prend*에서 처럼 ~ à qn의 구문이 사용된다(⇨10°).

2) Ça ~ qn de Inf (비인칭구문) 〈…하고 싶은 생각이 들다〉 Ça te *prend* souvent de partir sans prévenir? 너는 남에게 알리지도 않고 휙 떠나버리고 싶은 생각이 들 때가 자주 있니?

b) 사건 +~ 〈기습하다〉 L'orage nous *a pris* sur la route. 우리는 도중에서 소나기를 만났다.

c) 일 +~ 〈잡아두다〉 Cette tâche le *prend* pendant deux ou trois heures chaque jour. 그는 매일 두세 시간씩 이 일에 매달려 있다. Il *est pris* par ses nombreux travaux. 그는 여러가지 일로 매우 바쁘다

2° ~ qc à qn 〈…에게서 빼앗다〔훔치다〕, …에게 요구하다〉 Un pickpocket lui *a pris* son portefeuille. 소매치기가 그에게서 지갑을 훔쳐갔다. Ce travail m'*a pris* un temps considérable. 나는 이 일 때문에 상당한 시간을 소비했다. Il m'*a pris* mille francs pour ces réparations. 그는 수리비용으로 내게 1,000 프랑을 요구했다.

3° ~ qc à qc 〈…에서 …을 취하다〔얻다〕〉 Il *a pris* du plaisir à la lecture. 그는 독서하는 데 즐거움을 느낀다.

4° ~ qc à Inf Elle *prend* du plaisir à l'écouter. 그녀는 즐겨 그의 이야기에 귀를 기울인다.

5° ~ qn/qc en qc 〈…를 …하게 생각하다〔여기다〕〉 Ce jour-là, je l'*ai pris* en pitié. 그날 나는 그를 측은히 여겼다. ~ *qn* 〔*qc*〕 en sympathie 〔en horreur〕 …을 동정하다〔몹시 싫어하다〕.

6° ~ qn/qc pour Attr 〈…를 …로 생각하다〔착각하다〕〉 Je le *prends* pour un des plus grands écrivains actuels. 나는 그를 현존하는 가장 위대한 작가 중의 한 사람이라고 생각한다. On le *prend* souvent pour son frère. 사람들은 흔히 그를 그의 형으로 착각한다.

7° ~ sur soi qc 〈자청해서 …의 책임을 지다〉 Pour vous sauver, je vais ~ sur moi la responsabilité. 당신을 구하기 위해 내가 책임을 떠맡겠소.

8° ~ sur soi de Inf Il *prit* sur lui d'informer la veuve de l'accident. 그는 미망인에게 사고를 통지하는 일을 자청해서 맡았다.

9° ~ qc à cœur/à la légère/au sérieux 〈…을 심각하게 생각하다〔경시하다, 중시하다〕〉 Le médecin *a pris* son échec très à cœur. 의사는 그의 실패를 아주 심각하게 생각했다. Tu as tort de ~ cette affaire à la légère. 너는 이 일을 가볍게 생각하는 것은 잘못이다.

10° ~ à qn 〈…을 사로잡다〉 Le frisson 〔l'envie〕 lui *prit*. 그는 전율〔욕망〕에 사로잡혔다. L'idée lui *a pris* d'aller à la campagne. 그는 시골에 가고 싶은 생각이 났다. Le vin lui *prit* à la tête. 술기운이 그의 머리로 올라왔다. Qu'est-ce qui lui *prend?*(=Qu'a-t-il?).

◇ 비인칭구문:Il lui *prend* un frisson〔une fantaisie, un dégoût〕. 그는 전율〔환상, 혐오감〕에 사로잡혔다. Il lui *prit* une envie de chanter. 그는 노래부르고 싶은 욕망을 느꼈다.

11° ~ (주어는 비인물 명사)〈굳어지다, 엉기다; 얼다; 인기를 끌다; (불이) 붙다〉 La rivière *a pris*(=gelé) cette nuit. 강이 간밤에 얼어붙었다. La crème *a pris*. 크림이 굳어졌다. Cette mode *prendra*(=se répandra). 이 유행은 인기를 끌 것이

다. Si le bois est trop humide, le feu ne *prendra* pas. 나무가 너무 젖었으면, 불이 붙지 않을 것이다.
II. 1° se ~ pour qn 《변화》〈자기를 …이라고 생각하다〉 Je *me prend* pour pas grand homme. 나는 나를 별로 대단한 놈이 아니라고 생각한다. Il fait *se* ~ pour un savant. 그는 자기를 학자로 통하게 했다.
2° se ~ qc 《가변》〈서로 잡다; 서로 뺏다〉 Les joueurs cherchent à *se* ~ le ballon. 선수들은 서로 공을 뺏으려고 애쓴다.
3° se ~ à Inf 《변화》〈…하기 시작하다〉 Elle *s'est prise* à rire. 그녀는 웃기 시작했다.
4° s'en ~ à qc/qn 〈…을 비난〔공격〕하다〉 S'il échoue, il *s'en prend* au sort(=il impute la faute au sort). 그는 실패하면 팔자를 탓한다. Ne *t'en prends* qu'à toi-même. 탓할 것은 자네 자신이야. Si tu as raté ton examen, ce n'est pas au professeur qu'il faut *t'en* ~, mais c'est à toi-même. 네가 시험에 실패를 했다면 탓할 것은 선생님이 아니라 네 자신이다.
5° s'y ~ Adv de manière 〈처신하다, 행동하다〉 Il *s'y prend* mal. 그는 잘못 처신한다. Il faut *vous* y ~ autrement. 당신은 달리 행동하셔야 합니다. Comment vas-tu *t'y* ~ pour lui annoncer la nouvelle? 그에게 소식을 알리기 위해 어떻게 할 거냐?
préparer I. 1° ~ qc 〈준비하다〉 Nous *préparons* un voyage en Italie. 우리는 이태리 여행을 준비하고 있다. Mon fils *prépare* Polytechnique. 내 아들은 이공과대학 시험준비를 한다.
◇ ~ ø (-).
2° ~ qc à qn 〈…에게 …을 준비해 주다, …의 전조를 보이다(=présager)〉 Ce temps pluvieux nous *prépare* un retour difficile par la route. 이렇게 비가 오니 우리가 차를 타고 돌아오기는 힘들 것 같다. Marie *prépare* un gâteau à〔pour〕 ses enfants. 마리는 애들을 위해 케이크를 만든다.
3° ~ qn à qc 〈…에게 …을 준비〔각오〕시키다〉 Il *prépare* ses élèves au baccalauréat. 그는 학생들에게 대학입학 자격고사 준비를 시킨다.
◇ **~ ø à qc** 〈…의 준비가 되다〉 Ces exercices *prépareront* aussi à la rédaction. 이 연습문제들은 작문 시험 준비도 될 것이다.
4° ~ qn à Inf 〈…하도록 준비시키다〉 *Préparez-le* à partir. 그에게 떠날 준비를 시켜라.
II. 1° se ~ 《변화》〈준비하다〉 Ma femme *se prépare*. 내 처가 (나갈) 준비를 하고 있습니다. Je crois que l'orage *se prépare*. 내 생각에는 폭풍우가 일 것 같다.
2° se ~ à qc 〈…에 대비하다〔준비하다〕〉 Nous *nous préparons* au départ. 우리는 출발 준비를 한다. *Prépare-toi* à une mauvaise nouvelle. 나쁜소식이 올지도 모르니 미리 알아둬라.
3° se ~ à Inf 〈…할 준비를 하다〉 *Préparez-vous* à sortir. 외출 준비를 하세요.
prescrire 1° ~ qc(à qn) 〈(…에게) 명령〔지시〕하다〉 Le médecin (lui) *a prescrit* un repos absolu. 의사는 (그에게) 절대 안정하라고 했다.
2° ~ à qn de Inf 〈…에게 …하도록 지시하다〉 Il faut ~ à ce malade de se reposer. 이 환자에게 안정을 하라고 지시해야 한다.
◇ **~ (à qn) que P** que P의 내용이 현실성이 강할 때는 ordonner의 경우와 같이 ind를 사용할 수 있다.
présenter I. 1° ~ qc 〈제시하다, 보이다〉 J'*ai présenté* mon passeport. 나는 여권을 제시했다. L'océ-

an *présentait* un spectacle grandiose. 태양은 웅장한 광경을 보여주고 있었다.
2° ~ qc à qn ⟨…에게 …을 보여주다[표명하다]⟩ On lui *a présenté* plusieurs chapeaux avant qu'elle en choisisse un. 그녀가 모자를 하나 고르기 전에 점원은 그녀에게 여러 개를 보여주었다. Je vous *présente* mes excuses. 당신에게 사과드립니다.
3° ~ qn à qn ⟨…에게 …를 소개하다⟩ Je lui *ai présenté* mon frère. 나는 그녀에게 내 동생을 소개했다. *Présentez*-le-lui. 그를 그녀에게 소개하세요. *Présentez*-moi à elle. 나를 그녀에게 소개해 주세요.
II. 1° se ~ 《변화》 ⟨자신을 소개하다; 일어나다, 생기다⟩ Permettez-moi de *me* ~; je suis votre nouveau collègue. 내 소개를 하겠습니다. 새로 당신과 함께 일하게 된 사람입니다.
◇ 비인칭구문: S'il *se présente* une occasion, ne la laisse pas échapper. 기회가 생기면 놓치지 마라.
2° se ~ à qn ⟨출두하다⟩ Dès son arrivée au régiment, le capitaine alla *se* ~ au colonel. 연대에 도착하자, 대위는 연대장에게 신고하러 갔다. Vous êtes prié de *vous* ~ à la direction demain à deux heures. 내일 두 시에 이사회에 출두하시기 바랍니다.
3° se ~ à qc ⟨…에 응시하다⟩ Il *s'est présenté* trois fois au baccalauréat. 그는 대학입학 자격고사에 세번이나 응시했다.
4° se ~ Adv de manière/Prép N ⟨…하게 보이다[나타나다]⟩ Il *se présente* bien. 그는 풍채가 좋아 보인다. L'affaire *se présentait* dans de mauvaises conditions. 일이 아주 좋지 않게 되었다.
préserver 1° ~ N ⟨지키다⟩ Il a pu ~ son honneur dans cette affaire. 그는 이 사건에서 제 명예를 지킬 수 있었다.
2° ~ (N) de N ⟨…으로부터 (…을) 지키다[구하다]⟩ Vous nous *avez préservés* d'un grand danger. 당신이 우리를 큰 위험에서 구해 주셨습니다. Ce produit *préserve* de la rouille. 이 제품은 녹이 슬지 않게 보호해 준다. Son manteau la *préservait* mal de la pluie. 그녀의 외투는 비를 잘 막아 주지 못했다. une loi destinée à ~ les intérêts des enfants mineurs 미성년자들의 이익 보호를 목적으로 하는 법.
3° ~ de ce que(ne) P subj 〚드물게〛 ⟨…하는것으로부터 보호하다⟩ ~ *qn* de ce qu'il (ne) tombe …가 넘어지지 않게 막아주다.
4° ~ de Inf ⟨…을 막아주다⟩ ~ *qn* d'être induit en erreur …가 그릇된 길로 끌려들어가는 것을 막아주다.
présider 1° qn ~ (N) ⟨(…의)의장이 되다[(…을) 사회하다]⟩ C'est lui qui *préside* le comité. 위원회를 사회하는 것은 그이다. En l'absence du président, c'est le secrétaire général qui *a présidé*. 회장 부재중에 사회를 한 것은 사무국장이다.
2° qc ~ à N ⟨…을 지배하다⟩ L'esprit de coopération *a présidé* à tous ces entretiens. 협력의 정신이 이 회담 전부를 지배했다.
presser¹ 1° ~ qc/qn ⟨껴안다; 짜다; 누르다, 죄다⟩ Il *pressa* son enfant dans ses bras. 그는 아이를 팔에 꼭 껴안았다. Il *pressa* l'orange pour en faire couler le jus. 그는 즙을 내기 위해 오렌지를 짰다. Pour ouvrir la boîte, ~ ici. 상자를 열려면 이곳을 누르시오.
2° se ~ 《변화》 ⟨붐비다, 몰려들다⟩ La foule *se pressait* autour de lui. 군중이 그의 주위에 몰려들고 있었다. Quand le feu se déclara, les gens *se pressèrent* devant la

presser²

sortie. 화재난 것이 알려지자, 사람들은 출구로 몰렸다.
presser² 1° ~ 〈바쁘다, 시급하다〉 L'affaire presse. 일이 급하다. Le temps presse(=Il faut se dépêcher). Allons, pressez(=Dépêchons-nous). 자, 서두릅시다. Rien ne presse. 조금도 서두를 것 없다.
2° ~ qn/qc 〈서두르게 하다, 재촉하다〉 Qu'est-ce qui vous presse? 무엇 때문에 서두르십니까? Il dut ~ le pas pour arriver à l'heure. 그는 정각에 도착하기 위해 걸음을 재촉했다.
3° ~ qn de qc 〈…으로 …을 괴롭히다[공격하다]〉 Il me pressait(=accablait) de questions. 그는 내게 질문을 해대서 나를 못살게 굴었다.
4° ~ qn de Inf 〈…을 …하도록 재촉하다〉 Il me pressa d'avouer ma faute. 그는 내 잘못을 고백하도록 내게 재촉을 했다.
5° se ~ de Inf 〈서둘러 …하다〉 Pressez-vous de partir avant la pluie. 비가 오기 전에 서둘러 출발하세요.
◇ 1) Pron-Inf(-).
2) ~ ø 〈서두르다〉 Pressez-vous, le train part dans cinq minutes. 서두르세요, 기차는 5분 후에 떠납니다.

présumer 1° ~ de qc 〈…을 과대평가하다〉 Il a trop présumé de ses forces, et il a dû abandonner avant la fin de la course. 그는 자기 힘을 과대평가했었기 때문에, 도중에서 달리기를 포기해야만 했었다.
2° ~ qn/qc+Attr 〈…을 …로 보다[생각하다]〉 On l'a présumé innocent. 사람들은 그가 무죄라고 보았다.
3° ~ de Inf 〈…하는 줄로 생각하다〉 Il présume de nous égaler. 그는 자기가 우리와 같다고 자처하고 있다.
4° ~ que P ind 〈…하다고 생각하다〉 Je présume que vous êtes heureux d'être en vacances. 나는 당신이 휴가 중이라서 기쁘시리라고 생각됩니다.
◇ Il est à ~ que P subj 〈…하다고 생각되다〉 Il n'est pas à ~ qu'il y consente. 그가 승낙하리라고는 생각되지 않는다.

prétendre¹ 1° ~ qc 〈주장하다(=affirmer)〉 C'est ce qu'il prétend. 그것이 그가 주장하는 바이다.
2° ~ qn Attr 〈…을 …하다고 주장하다〉 On le prétend méchant. 사람들은 그가 나쁘다고 한다. On le prétend fou. 사람들은 그를 미쳤다고 한다.
3° ~ Inf 〈…이라고 주장하다〉 Il prétend être le premier à avoir atteint le sommet. 그는 자기가 최초로 정상에 도달했다고 주장한다. Il prétend être le fils d'un inventeur célèbre. 그는 자기가 유명한 발명가의 아들이라고 우긴다.
4° ~ que P ind Vous prétendez que vous étiez hier en voyage, mais je vous ai vu ici. 당신은 어제 여행중이었다고 주장하지만, 나는 당신을 어제 여기서 보았소.

prétendre² 1° ~ à qc/Inf 〈…을 열망하다(=aspirer à obtenir[vouloir])〉 Il prétend aux honneurs du trône. 그는 왕좌에 오르기를 열망한다. Ceux-ci ne sauraient ~ à être des signes ou des symboles 이러한 것들은 징조나 상징이 될 수는 없다.
2° ~ Inf 〈…할 작정이다, …하기를 원하다〉 L'industrie automobile française prétend dominer le marché de ce pays. 프랑스 자동차 공업계는 이 나라의 시장을 장악하기를 원한다. Que prétendez-vous faire? 당신은 무엇을 하기를 원하십니까?
3° ~ que P subj Je prétends qu'il vienne. 나는 그가 오기를 원한다.

prêter 1° ~ qc à qn 〈…에게 …

을 빌려주다〉 *Prêtez*-moi votre clé pour quelques heures. 당신 열쇠를 몇시간만 빌려주세요. Comme il pleuvait, je lui *ai prêté* mon imperméable. 비가 오고 있었기 때문에 나는 그에게 내 우비를 빌려주었다.
2° ~ **à qc** 〈…을 부르다[초래하다]〉 Sa conduite *a prêté* à la critique. 그의 행동은 비판을 불러 일으켰다. Cette expression *prête* à équivoque (=est ambiguë). 이 표현은 모호하다.
3° ~ **à Inf** Sa conduite *a prêté* à rire. 그의 행동은 웃음거리가 되었다.
4° **se** ~ **à qc** 《변화》〈…에 적합하다〉 Cet instrument *se prête* à des usages divers. 이 도구는 여러 가지로 쓰일 수 있다. C'est un sujet qui *se prête* bien à un film. 이것은 영화화하기에 아주 적합한 주제이다.

prévenir 1° ~ **qc** 〈알리다, 기별하다; 예고하다〉 Il nous faut ~(= devancer) l'attaque des ennemis. 적의 공격을 미리 알려야 한다.
2° ~ **qn de qc** 〈…에게 …을 알리다〉 Elle est venue le ~ du changement intervenu en son absence. 그녀는 그가 없는 동안에 일어난 변화를 그에게 알리러 왔다.
◇1) de qc 는 대명사 en으로 대치 가능:Il m'*a prévenu* de son arrivée. →Il m'en *a prévenu*.
2) ~ qn de Inf (—).
3° ~ **qn que P ind** Je l'*ai prévenu* que nous arriverons la semaine prochaine. 나는 그에게 우리가 내주에 도착할 것이라고 알렸다. Je vous *préviens* que je serai absent cet après-midi. 나는 오늘 오후에 자리를 비울 것이라는 것을 알려 드립니다.
◇1) que P 는 대명사 en으로 대치 가능함.

2) 2°, 3°의 경우 ~ qn ø의 구문이 모두 가능함: S'il y a un accident au cours de l'opération, qui doit-on ~? 수술중에 사고가 나면 누구에게 알려야 할까요? L'attaque ne va plus tarder: un espion nous *a prévenus*. 공격은 더 이상 늦춰지지 않을 것이다. 어느 첩자가 그 사실을 우리에게 알려 왔다.

prévoir 1° ~ **qc** 〈예상하다, 미리 준비하다〉 On ne pouvait pas ~ les conséquences de cet acte. 이 행동의 결과를 예상할 수가 없었다. Elle n'*avait* rien *prévu* pour le repas et ils durent aller au restaurant. 그녀로서는 식사로 준비할 마땅한 것이 아무것도 없었기때문에, 그들은 음식점으로 가야 했다.
2° ~ **qn/qc Inf**(*qn, qc*가 관계사화되는 경우만 가능하다)〈…을 …하리라 예상하다〉 C'était l'affaire que l'on *prévoyait* devoir échouer. 그것은 실패하리라는 것이 예상되었던 일이었다.
3° ~ **que P ind** Il était facile de ~ que les prix allaient augmenter. 물가가 앙등하리라는 것을 예상하기는 어렵지 않았다
◇1) que P 는 대명사 le로 대치가 능함:Aujourd'hui, il fait très beau, comme je l'*ai prévu*. 오늘은 내가 예상했던 바와 같이 날씨가 매우 좋다.
2) 1°, 2°, 3°의 경우 모두 ~ ø의 가능: Gouverner, c'est ~. 통치한다는 것은 앞일을 예측하는 것이다.

prier¹ 1° ~(**Dieu/son dieu/la Vierge**)〈(…에게) 기원하다〉 Elle entra à l'église pour ~. 그녀는 기도를 드리러 교회로 들어갔다.
2° ~ **pour qn** 〈…을 위해 기도하다〉 *Priez* pour moi. 나를 위해 기도해 주세요.
3° ~ **pour que P subj** 〈…하기를 기원하다〉 Je *prie* pour que l'examinateur soit sourd. 나는 시

험관이 귀머거리이기를 빈다.

prier² 1° ~ qn de Inf 〈…에게 … 하도록 청하다〉 Je vous *prie* de me croire. 아무쪼록 나를 믿어주세요. Il m'*a prié* de lui servir de témoin à son mariage. 그는 내게 자기 결혼식의 증인이 되어 달라고 부탁했다. Vous *êtes priés* d'être à l'heure à la réunion, nous n'attendrons pas. 여러분, 모임에 정시에 나오시기 바랍니다. 우리는 기다리지 않겠습니다.

◇ 1) de Inf 는 대명사 en 으로 대치 가능함: Je l'*ai prié* d'attendre. → Je l'en *ai prié*. Merci beaucoup de vos fleurs, Monsieur. — Mais je vous en *prie*, Madame. 《je vous en prie 는 감사하다는 인사에 대하는 말로 사용된다》.
2) ~ qn de qc(-).
3) ~ ∅ de Inf(-).
4) ~ qn ∅(-). 단, je vous prie 〈부디〉의 표현에서만은 가능하다: Ne recommencez pas, je vous *prie*. 2° ~ qn à Inf (*Inf* 에 제약있음) 〈…을 …에 초대하다(=inviter)〉 Mon directeur m'*a prié* à déjeuner. 부장은 나를 점심식사에 초대했다.
3° se faire ~ 〈쉽사리 응하지 않다〉 Ne vous faites pas tant ~. 그렇게 거북해하지 마세요. 너무 사양 마세요.
◇ se faire ~ pour Inf 〈…하는 것을 쉽사리 응하지 않다〉 Ne vous faites pas tant ~ pour venir. 그렇게 사양하시지 말고 오세요.

priver 1° ~(N) de qc 〈(…에게서) …을 빼앗다〉 ~ un homme de ses droits civils 어떤 사람에게서 민법상의 권리를 박탈하다. J'ai été *privé* de la possibilité de répondre. 나는 대답을 할 수가 없었다. Je continue à ne pas voir pourquoi on *priverait* un être humain de liberté. 나는 어찌하여 사람들이 한 인간에게서 자유를 박탈하는지 아무래도 알 수가 없다.
◇ 1) ~ les enfants de dessert 〈(벌로) 아이들에게 디저트를 주지 않다〉.
2) être privé de 〈…이 없다〉 Nous *avons été privés* d'eau ce matin. 오늘 아침에는 수도물이 나오지 않았다. Ça faisait trois semaines que Barcelone *était privée* de tabac. 바르셀로나에 담배가 동이 난지 3주가 됐었다.
2° qn se ~ (de qc) 《변화》〈(…을) 스스로 금하다〉 Il *se prive* d'alcool et de tabac. 그는 금주와 금연을 한다. Il voudrait bien *se* ~ de mes services. 그는 내 시중을 받지 않기를 바란다. Il *s'est privé* de tout durant son adolescence. 그는 청년기에 모든 것을 자제했다. Elle a dû *se* ~ pour élever ses enfants. 그녀는 자녀를 키우기 위하여, 먹을 것을 먹지 않아야 했다.
3° qn se ~ de Inf 〈…하는 것을 삼가다〉 Elle ne peut pas *se* ~ de dire du mal des autres. 그녀는 남들을 나쁘게 말하지 않고는 못 배긴다. Je ne *me priverai* pas de lui dire ce que je pense. 나는 생각하는 바를 그에게 말하고야 말 것이다.

procéder 1° ~ de N 〈…에서 비롯하다〉 La philosophie de Marx *procède* de celle de Hegel et des socialistes utopiques français. 마르크스의 철학은 헤겔 철학과 프랑스의 공상적 사회주의자들의 철학에서 나온 것이다. Le Saint-Esprit *procède* du Père et du Fils. 성신은 성부와 성자에게서 나온 것이다.
2° ~ Adv 〈…하게 행동하다〉 Comment pensez-vous que nous devrions ~ pour mener une enquête? 어떤 조사를 진행하기 위하여 우리가 어떻게 행동해야 할 것이라고 당신은 생각하십니까? Ainsi *procède* la psychanalyse. 심리분석은 이렇게

해나간다. *Procédons* par étapes! 단계적으로 행동합시다!

3° ~ à N 〈…을 (착수)하다〉 Je *procède* à une inspection minutieuse de l'ensemble des sous-sols. 나는 지하실 전체를 면밀하게 검사한다. J'espère qu'on *procèdera* à une analyse détaillée. 나는 사람들이 상세한 분석을 하기 바란다. Maintenant nous allons ~ au vote. 이제 투표에 들어가겠습니다. Il faut maintenant ~ au démontage du moteur. 이제 엔진 분해에 착수해야 한다.

proclamer 1° ~ N 〈선언하다〉 Le gouvernement *a proclamé* l'état de siège. 정부는 계엄령을 선포했다. L'accusé *a proclamé* hautement son innocence. 피고는 그의 무죄를 소리 높이 주장했다.

2° ~ que P ind 〈…라고 선언하다〉 Le peuple français *proclame* à nouveau que tout être humain sans distinction de race, de religion ni de croyance possède des droits inaliénables et sacrés. 모든 사람은 인종, 종교, 신앙의 구별 없이, 양도할 수 없는 신성한 권리를 갖는다는 것을 프랑스 국민은 또 다시 선포한다. Ils font ~ que la vérité l'emportera. 그들은 진리가 승리하리라는 것을 알렸다.

3° ~ N Attr 〈…라고 선언하다〉 Il *fut proclamé* empereur. 그는 황제로 포고되었다. Le christianisme *proclame* les hommes frères et égaux devant Dieu. 기독교는 사람들이 신 앞에서는 형제이며 평등하다고 주장한다.

4° qn se ~ n 《변화》 〈…라고 자칭하다〉 Il *se proclame* maintenant le strict défenseur de l'équilibre budgétaire. 그는 이제 예산의 균형을 엄격히 지지하는 사람이라고 자칭한다.

5° qn se ~ Adj 〈…라고 스스로 주장하다〉 M. Smith *se proclame* en mesure de faire face «indéfiniment» à la montée du nationalisme noir. 스미드씨는 흑인 민족주의의 상승에「무한정으로」대항할 힘이 있다고 스스로 주장한다.

procurer 1° ~ N(à N) 〈(…에게)…을 얻게 하다〉 Il *a procuré* un appartement à son fils. 그는 아들에게 아파트를 한 채 얻어주었다. Votre visite m'*a procuré* un immense plaisir. 당신의 방문이 나에게 크나큰 기쁨을 안겨 주었습니다. ~ un avantage à *qn* …에게 이익을 주다.

2° que P subj (cela) ~ N (à N) 〈…라는 것이 (…에게) …을 제공하다〉 Qu'elle m'écrive cette lettre, (cela) me *procure* un plaisir immense. 그녀가 내게 이 편지를 쓴다는 것(그것)이 내게 크나큰 기쁨을 안겨준다.

◇ Cela ~(à N) N que P subj Cela me *procure* un plaisir immense qu'elle m'écrive cette lettre. 그녀가 나에게 이 편지를 쓴다는 것이 나에게 크나큰 기쁨을 안겨준다.

3° (de) Inf (cela) ~ N(à N) (De) faire de la bicyclette (cela) me *procure* un certain plaisir. 자전거를 타는 것이 나에게 상당한 즐거움을 가져다 준다.

◇ Cela ~ N(à N) (que) de Inf Cela me *procure* un certain plaisir (que) de faire de la bicyclette. 자전거를 타는 것이 나에게 상당한 즐거움을 가져다 준다.

produire 1° ~ qc 〈산출하다, 생산하다〉 Ce bassin houiller *produit* une très grande quantité de charbon. 이 탄전에서는 상당히 많은 양의 석탄이 생산된다. Cette méthode *produit* d'heureux résultats. 이 방법으로 좋은 결과를 얻었다.

2° se ~ 《변화》〈나타나다; 생기다, 일어나다〉 Tout à coup, un immen-

profiter

se vacarme *se produisit.* 갑자기 큰 소음이 일어났다.
◇ 비인칭구문: Il *s'est produit* un grand changement. 큰 변화가 생겼다.

profiter 1° ~ SP (1) ~ **de qc (pour Inf)** 〈(…하기 위해) …을 이용하다〉 J'ai *profité* de mon voyage à Paris pour revoir les musées. 나는 파리 여행을 기회로 박물관들을 다시 구경했다.
(2) ~ **sur qc** 〈…으로 이득을 올리다〉 Il *a* beaucoup *profité* sur les marchandises qu'il a vendues. 그는 자기가 판 물건으로 많은 이득을 보았다.
(3) ~ **en qc** 〈…이 발전・성장하다〉 Elle *a* beaucup *profité* en anglais pendant son stage. 그녀는 연수기간중 영어가 많이 나아졌다.
(4) ~ **à qn** 〈…에 이익・도움이 되다 (=servir à)〉 En quoi cela vous *profitera*-t-il? 어떤 점에서 그것이 당신에게 도움이 될까요? Les conseils que vous lui avez donnés lui *ont profité*. 당신이 해준 충고는 그에게 도움이 되었다.
2° ~ **de ce que P ind (pour Inf)** 〈…이란 사실을 이용하다〉 Les enfants *ont profité* de ce que nous n'étions pas là pour faire des bêtises. 애들은 우리가 없는 틈을 타서 바보같은 짓들을 했다.
3° ~ 〈성장하다, 발육하다; 이익을 갖다주다〉 Cet enfant *a* bien *profité*. 이 아이는 발육이 좋다. Cette année, les pommiers n'*ont* pas *profité*. 올해는 사과 수확이 좋지 않다.

projeter 1° ~ **qc** 〈투사하다, 비추다; 던지다; 계획하다〉 Le soleil *projette* ses rayons sur la campagne. 들판 위에 햇살이 내려 쪼이고 있다. Attention! les voitures *pro jettent* de la boue. 조심해라 ! 자동차가 진창을 튀긴다. Cette lettre de recommandation doit profiter au voyage qu'il *projette*. 이 추천장이 아마 그가 계획하고 있는 여행을 용이하게 할 것이다.
2° ~ **de Inf** 〈…할 예정이다〉 Ils *projettent* de faire une excursion en montagne. 그들은 등산을 갈 예정이다.

promener 1° ~ **qn/qc** 〈산책시키다; 끌고다니다〉 La grand-mère *promène* son petit-fils tous les jours dans le parc. 할머니는 매일 손자를 데리고 공원에서 산책한다. Il *promena* son regard sur la foule qui l'entourait. 그는 자기를 둘러싸고 있는 군중을 훑어보았다.
◇ ~ **qc**(*qc*는 신체부위명사) Il *promena* ses yeux sur la table. 그는 책상을 두루 살펴보았다.
2° **se** ~ 《변화》 〈산책하다〉 S'il fait beau, je prendrai ma bicyclette, et je *me promènerai* dans ma forêt. 날씨가 좋으면 내 자전거를 타고 숲으로 산책을 하겠다.
◇ 1) **mener/faire** ~ 〈데리고 산책하러 가다[산책하게 하다]〉.
2) **envoyer** ø ~ **qn/qc** 〈해고하다 […을 집어던지다]〉 Le patron l'a envoyé ~ (=l'a mis à la porte). 주인은 그를 해고시켰다. Il a envoyé ~ son briquet et a pris des allumettes. 그는 라이터를 내동댕이치고 성냥을 집어들었다.

promettre I. 1° ~ **qc** 〈…을 약속하다〉 Ce premier succès *promet* un bel avenir. 이 첫번째 성공은 양양한 전도를 약속해준다. Le temps *promet* de la chaleur. 날씨가 더워질 것 같다.
◇ ~ ø 〈장래성이 있다〉 A dix ans, le petit Dupont a déjà volé ses camarades. Il *promet*. 열살 때 꼬마 뒤퐁은 벌써 친구들의 물건을 훔쳤다. 그는 싹이 노랗다.
2° ~ **de Inf** (주어는 비인물 명사) 〈…할 것을 예고・예보하다〉 La lec-

ture de ce livre *promet* d'être passionnante. 이 책을 읽으면 흥미진진할 것 같다.
3° ~ qc/qn à qn 〈…에게 …을 약속하다〉 Il lui *a promis* sa fille en mariage. 그는 그에게 자기 딸과의 결혼을 약속했다. *J'ai promis* une montre à mon fils. 나는 아들에게 손목시계를 하나 사주겠다고 약속했다.
4° ~ à qn de Inf 〈…에게 …할 것을 약속하다〉 Je vous *promets* de faire mon possible. 최선을 다할 것을 약속드립니다.
5° ~ à qn que P ind 〈…에게 …할 것을 약속하다; 예고하다〉 Il *avait promis* à son père qu'il reviendrait à la maison. 그는 아버지에게 집에 돌아오겠다고 약속했다. Je vous *promets*(=Je me porte garant) qu'il ne reviendra plus. 그는 틀림없이 다시는 돌아오지 않을 것입니다.
◇ 1) 4°, 5°의 경우 모두 ~ ø de Inf/que P(+).
2) Inf 나 que P는 대명사 le로 대치 가능함: Je lui *ai promis* de venir [que je viendrait]. →Je le lui *ai promis*.
II. 1° se ~ qc 《가변》〈…을 기대하다〉 Elle *s'était* bien *promis* du plaisir de ce voyage. 그녀는 이 여행의 기쁨을 크게 기대했었다.
2° se ~ de Inf 《불변》〈…하기를 기대하다; 결심하다〉 Elle *s'était promis* (=Elle avait pris la résolution) de le mettre à sa place. 그녀는 그를 자기 후임으로 쓰기로 작정했었다.
◇ se ~ ailleurs 《변화》〈다른 곳에 가기로 약속하다〉 Je compte sur vous dimanche prochain: ne *vous promettez* pas ailleurs. 다음 일요일에 뵙겠어요. 딴 데 약속하지 마세요.
prononcer 1° ~ qc 〈발음하다;

연설을 하다; 선고하다; 발설하다〉 Il *prononce* très mal le français. 그의 불어 발음은 아주 나쁘다. On écrit «paon» et on *prononce*[pā]. «paon»이라고 쓰고 [pā]으로 읽는다. Le député *a prononcé* un discours devant ses électeurs. 국회의원은 선거구민들 앞에서 연설을 했다. Le juge *prononça* la condamnation. 판사는 판결을 내리었다. Dans son émotion, il n'a pas pu ~ un seul mot. 그는 감정이 북받치어서 말을 한 마디도 할 수가 없었다.
2° se ~ 《변화》〈발음되다〉 Comment cela *se prononce*-t-il? 그것은 어떻게 발음되느냐?
3° se ~ (sur qc) 〈(…에 대해)의사를 표시하다〉 Le médecin ne *s'est* pas encore *prononcé* sur ce cas. 의사는 아직 이 경우에 대해 자기 의견을 말하지 않았다.
4° se ~ pour/en faveur de/contre qn/qc 〈…에 대하여 찬성을〔반대를〕 표명하다〉 Presque tous les délégués *se sont prononcés* contre cette solution. 거의 모든 의원들이 이 안에 반대했다. Le directeur *s'est prononcé* en faveur du plus jeune candidat. 부장은 젊은 지원자를 택하기로 했다.
proposer I. 1° ~ qc/qn 〈제의하다; 추천하다〉 *J'ai proposé* mon avis, mais on ne l'a pas suivi. 나는 내 의견을 제시했지만, 사람들은 그것을 따르지 않았다. Il *a proposé* ce candidat. 그는 이 지원자를 추천했다. Quel prix *proposez*-vous? (얼마에 팔겠는지 〔사겠는지〕) 값을 말해 보시오. Le capitaine *a été proposé* pour le grade de commandant. 그 대위는 소령 진급 추천을 받았다.
◇ ~ ø L'homme *propose*, Dieu dispose. 일은 사람이 꾸미지만, 성사는 재천이다.

2° ~ qn/qc à qn 〈…에게 추천·제의·제시하다〉 Je lui *ai proposé* un plan d'action. 나는 그에게 행동계획을 제시했다. Il m'*a proposé* sa fille en mariage. 그는 내게 자기 딸과 결혼하면 어떻겠냐고 제의했다.
3° ~ qn comme/pour Attr 〈…을 …으로 추천하다〉 Il *a proposé* son gendre comme[pour] guide. 그는 자기 사위를 안내인으로 추천했다.
4° ~ à qn de Inf 〈…에게 …하도록 제안하다〉 Je vous *propose* de venir me voir. 나를 보러 오시는 게 어떻겠습니까?
5° ~ (à qn) que P subj Je *propose* que chacun donne son avis sur la question. 나는 각자 이 문제에 관한 의견을 개진할 것을 제의합니다.
II. 1° se ~ pour qc 《변화》 〈…을 지원하다〉 Elle *s'est proposée* pour cette course. 그녀는 이 심부름을 자기가 하겠다고 나섰다.
2° se ~ qc 《가변》 〈…을 꾀하다, 의도하다〉 Je *me propose* ceci. 나는 다음과 같은 일을 하고자 한다. Que te *proposes*-tu? 너는 무엇을 할 생각이냐?
3° se ~ pour Inf 《변화》 〈…할 것을 자청하다〉 Elle *s'est proposée* pour accompagner la malade à l'hôpital. 그녀는 환자를 병원까지 데리고 가겠다고 자청했다.
4° se ~ de Inf 《불변》 〈…하려고 마음먹다〉 Dans ce livre, l'auteur *s'est proposé* de traiter un sujet délicat. 이 책에서 저자는 까다로운 주제를 다루려고 했다.

protéger ~ (N) (de/contre N) 〈(…을)(…으로부터) 보호하다〉 Un toit de plastic nous *protégeait* de la pluie. 플라스틱 지붕이 비를 막아주고 있었다. ~ sa voiture contre la rouille 자동차를 녹슬지 않게 보호하다. Deux hélicoptères *protégeaient* les voltigeurs de la colonne militaire contre les attaques sur-prises. 헬리콥터 두 대가 군 종대의 소총수들을 기습공격으로부터 보호해 주고 있었다.
◇ 1) ~ N Le parapluie te *protégera*. 우산이 너를 보호해 줄 것이다. ~ du gibier 사냥할 짐승을 보호하다.
2) ~ de/contre N Un imperméable *protège* mieux de la pluie qu'un parapluie. 우비가 우산보다 비를 더 잘 막아준다. Ces lunettes *protègent* du soleil. 이 안경은 햇빛을 막아 준다. Prends ce cachet, ça *protège* contre la grippe. 이 정제를 복용해라. 이것은 감기를 예방해 준다.

protester 1° ~ contre qc 〈…에 항의하다〉 La presse *protesta* contre l'abus de pouvoir. 언론은 권력의 남용을 항의했다.
◇ ~ ø Il aurait beau ~, il n'a pas obtenu satisfaction. 그가 항의해 봐야 소용이 없었다. 그는 변상을 받지 못했다.
2° ~ de qc 〈…을 주장하다〉 L'accusé *protesta* de son innocence(= Il déclara formellement être innocent). 피고는 자신의 결백함을 주장했다.

prouver 1° ~ (à N) N 〈(…에게) 증명하다〉 Copernic *prouva* scientifiquement le mouvement de la terre autour du soleil. 코페르니쿠스는 지구가 태양 주위를 움직이는 것을 과학적으로 증명했다. Il *a prouvé* son courage en sauvant une personne qui allait se noyer. 그는 물에 빠져 죽어가는 사람을 구함으로써 용기가 있다는 것을 증명했다.
2° ~ que P ind/subj Il cherche à ~ qu'il était parti au moment du crime. 그는 범죄가 일어난 순간에는 떠나버리고 없었다는 것을 증명하려고 애쓴다. Il n'*est* pas *prouvé* que vous ayez raison. 당신이 옳

다는 것은 증명되지 않습니다. Mais qui est-ce qui vous *prouve*, après tout, que ses intentions soient si noires? 그러나 그의 의도가 그렇게 나쁘다는 것을 결국 누가 당신에게 증명해 줍니까? Si on te *prouvait* que ce n'est pas ton devoir, est-ce qu'on te ferait de la peine? 이것이 네 의무가 아니라는 것을 너에게 증명해 보인다면 너를 피롭히게 될까? Rien ne *prouve* que ses supérieurs lui permettront de reprendre demain une place qu'il a quittée. 그가 떠났던 직장에 내일 복귀하도록 그의 상사들이 허락할 것이라는 증거는 아무것도 없다.

3° ~ P(int. ind.) *Prouvez*-moi si vous en êtes capable. 당신에게 그만한 능력이 있는지 내게 증거를 보여 주시오.

4° ~ Inf Il m'a *prouvé* avoir vu une soucoupe volante. 그는 비행접시를 하나 보았다는 것을 나에게 증명해 보였다.

provenir 1° ~ de qp 〈…에서 나오다〉 La lumière *provient* du premier étage. 불빛은 2층에서 나온다.

2° ~ de N 〈…에서 유래하다〉 Cette détérioration semble ~ d'un mauvais rapport qualité-prix des produits français. 이런 품질저하는 프랑스 제품의 품질과 가격간의 관계에 결함이 있는 데서 유래하는 것 같다. Toutes ces difficultés *proviennent* de là. 이런 어려움은 모두가 거기에서 연유한다. Le résultat faux *provient* d'une erreur préalable. 잘못된 결과는 사전오류에서 생기는 것이다.

3° ~ de ce que P ind/subj Votre étonnement *provient* de ce que vous n'étiez pas au courant. 당신이 놀라는 것은 잘 알고 있지 못했다는 데서 오는 것입니다. Ma déconvenue *provenait* de ce que Jean-Pierre ne fût pas mort ou séquestré. 내 실망은 장 피에르가 죽지 않았거나 또는 유폐되지 않았다는 데서 오는 것이었다.

provoquer 1° ~ qc/qn 〈유발하다, 자극하다〉 Un homme ivre *provoquait* les passants en leur disant des injures. 취한이 지나가는 사람들에게 욕설을 해서 그들의 화를 돋구었다. Ces paroles *provoquèrent* sa colère. 이 말이 그를 화나게 했다. Les bouleversements politiques *ont été provoqués* par sa démission. 그의 사임으로 정치적 혼란이 야기되었다. J'ai été *provoqué* et il a reçu une bonne leçon. 그는 나를 화나게 하더니 내게 되게 당했다.

2° ~ qn à qc 〈…을 …에 선동하다[교사하다]〉 Son frère l'a *provoqué* au crime. 그의 형이 그를 사주해서 죄를 범하게 했다.

3° ~ qn à Inf 〈…을 선동[교사]하여 …하게 하다〉 Son frère l'a *provoqué* à commettre ce crime. 그의 형이 교사해서 그로 하여금 이 범죄를 저지르게 만들었다.

publier 1° ~ N 〈출판[공표]하다〉 On vient de ~ le premier roman d'un jeune écrivain. 젊은 작가의 처녀소설이 최근에 출판되었다.

◇ ~ ∅ Cet écrivain ne *publie* plus depuis longtemps. 이 작가는 오래 전부터 더 이상 작품을 발표하지 않는다.

2° ~ que P ind 〈…라고 공표하다〉 Le journal *a publié* que le ministre allait se remarier pour la troisième fois. 그 장관이 곧 세번째로 결혼할 것이라고 신문이 공표했다.

3° ~ P (int. ind.) 〈…인지 공표하다〉 Le journal *a publié* comment le crime s'est passé. 신문은 그 범죄가 어떻게 저질러졌는지를 공표했다.

puiser 1° ~ (N) (qp) 〈(…을)

(…에서) 푸다〉 ~ de l'eau dans un puits 우물에서 물을 긷다.
◇ 1) ~ N ~ de l'eau 물을 긷다.
2) ~ ø ~ dans son porte-monnaie 지갑에서 (돈을)꺼내다.
2° ~ N dans N 〈…에서 끌어 오다〉 ~ des renseignements dans une grammaire 참고사항을 문법서에서 인용하다. L'historien *a puisé* sa documentation dans les archives départementales. 역사가는 道의 고문서 보관소에서 참고자료를 끌어왔다.

punir 1° ~ qn/qc 〈…을 벌하다 [징벌하다]〉 Nous devons ~ cette faute. 우리는 이 잘못을 벌해야 한다. Le tribunal *a sévèrement puni* le délinquant. 그 경범자는 법정에서 엄벌에 처해졌다. De toute façon, il *sera puni*. 어쨌든 그는 벌을 받을 것이다.
◇ ~ ø(+).
2° ~ qn de/pour qc 〈…을 …때문에 벌하다〉 Le père *a puni* son enfant pour sa désobéissance. 아버지는 자기 애가 말을 안 듣는다고 벌했다. Cet échec *l'a puni* de son orgueil. 이 실패는 그의 교만에 대한 벌이다. Cet élève *sera puni* pour indiscipline. 이 학생은 규율위반으로 벌받을 것이다. Il *a été bien puni* de son orgueil. 그는 교만함으로 해서 벌을 받았다.
3° ~ qc de qc 〈…에 …형[형벌]을 내리다〉 La loi *punit* ce délit de 100 F d'amende[de trois mois de prison]. 법률에 따르면 이 죄는 100 프랑의 벌금형[3개월간의 금고형]에 해당된다. Ce crime *est puni* de mort. 이 범죄는 사형에 처해진다.
4° ~ qn de/pour Inf 〈…을 …때문에 처벌하다〉 Il faut le ~ d'avoir menti à sa mère. 그는 어머니에게 거짓말을 했기 때문에 벌해야 한다. Il *sera puni* pour avoir menti. 그는 거짓말을 했기 때문에 벌을 받을 것이다.
◇ 1) de Inf 인 경우 단순형의 Inf 도 사용할 수 있다: Il faut le ~ de mentir continuellement. 그는 계속 거짓말을 하니 벌을 줘야한다.
2) de Inf 는 대명사 en 으로 대치가 능함: Il en *sera puni*.

Q

qualifier 1° ~ **qn/qc de Attr** (*Attr*는 형용사 또는 무관사 명사) 〈…을 …이라고 규정짓다〉 ~ un travail de débilitant 어떤 일을 사기를 저하시키는 성질의 것이라고 규정짓다. Il *a qualifié* d'escroquerie cette simple négligence. 그는 이 단순한 태만을 사기라고 불렀다.
2° ~ **qn/qc Attr** (*Attr*는 형용사 또는 무관사 명사) Ces petits pois *sont qualifiés* superfins. 이 완두콩은 최상품으로 인정되고 있다. Cette mort *a été qualifiée* suicide. 이 죽음은 자살이라고 규정되었다.
◇ 이 구문은 수동태에서만 적용됨.
3° ~ **qc** 〈특징짓다, 규정하다〉 Il n'y a qu'un adjectif pour la ~. 그녀를 형용하는 데는 단 하나의 형용사밖에 없다. L'adjectif *qualifie* le nom auquel il se rapporte. 형용사는 자신이 관련되어 있는 명사를 수식한다. On manque de mots pour ~ une conduite aussi cruelle. 그렇게 잔인한 행동을 형용할 말이 없다.
4° ~ **qn pour qc/Inf** 〈…할 자격을 주다〉 Cela ne le *qualifie* nullement pour ce travail. 그것은 그에게 이 일을 할 만한 자격을 조금도 주지 않는다. Ces premiers travaux ne vous *qualifient* nullement pour vous poser en savant et en maître. 이 초기의 업적들이 당신에게 학자로서 그리고 대가로서 행세할 자격을 조금도 주지 못합니다.
◇ **être qualifié pour qc/Inf** 〈…할 자격이 있다〉 Vous *êtes* parfaitement *qualifié* pour occuper cet emploi. 당신은 이 일을 맡을 만한 자격을 완전히 갖추고 있습니다.
5° **se ~ de Attr** 《변화》 〈…라고 자칭하다〉 *se* ~ de génial 천재적이라고 자칭하다.
6° **se ~ pour qc** 〈…을 위한 자격을 얻다〉 Cet athlète *s'est qualifié* pour la finale. 이 운동선수는 결승전에 출전할 자격을 얻었다.

questionner 1° ~ **N (sur N)** 〈…에게 (…에 관하여) 질문하다〉 Au baccalauréat, le professeur *questionna* longuement le candidat. 대학입학자격고사에서 교수는 지원자에게 오랫동안 질문했다. On l'a *questionné* sur ce qu'il avait vu de l'accident. 그는 목격했던 사고에 관하여 질문을 받았다.
2° ~ **ø** «De quoi est-il mort au juste?» *questionna* le président. 「그는 정확히 무엇 때문에 사망했습니까?」하고 재판장이 질문했다.

quitter 1° **qn ~ ø** 〈수화기를 놓다〉 Ne *quittez* pas. 잠깐 기다리세요.
2° ~ **qn/qc** 〈떠나다 ; 버리다 ; 벗다〉 Il *quittait* son dur métier, devenait patron. 그는 힘든 직업을 그만두고 사업주가 되었다. Sa femme l'a *quitté*, il y a dix ans. 그의 아내는 10년 전에 그를 버렸다. En arrivant chez lui, il *quitta* ses chaussures et mit ses chaussons. 집에 와 그는 신발을 벗고 실내화를 신었다.
◇ ~ ø (—), Passif (—).
3° ~ **qc pour qc** 〈…을 위해 …을 떠나다〔버리다〕〉 ~ l'université pour l'industrie 대학을 떠나서 실업계로 가다.
4° **N(pl) se ~** 《변화》 〈헤어지다〉 Ils viennent de *se* ~. 그들은 방금 서로 헤어졌다.
5° **se ~ Attr** *se* ~ contents 만족한 채 서로 헤어지다.

R

rabattre 1° ~ N ⟨내려뜨리다⟩ ~ sa jupe 치마를 낮추다. ~ le col de son manteau 외투 깃을 접다. ~ les bords de son chapeau 모자 차양을 내리꺾다. Le vent *rabat* la fumée. 바람이 연기를 내리 몰아친다. ~ une balle au tennis 테니스에서 공을 내리치다. Il *a rabattu* la capote de sa voiture. 그는 자동차의 포장을 접어내렸다. ~ un strapontin 보조의자를 접어넣다.
◇ 1) ~ **une somme de qc** ⟨…에서 금액을 깎아주다⟩ Il m'*a rabattu* 10 francs de la facture. 그는 영수증에서 10프랑을 내게 깎아주었다.
2) ~ **l'orgueil de qn** ⟨…의 자만심을 꺾어주다⟩.
3) ~ **le caquet à/de qn** ⟨…을 침묵케 하다; …을 나무라다⟩.
4) ~ ∅ La cheminée *rabat*. 굴뚝이 연기를 빨아들이지 않고 낸다.
2° ~ **N (qp)** ⟨(…로) 몰아내다⟩ ~ le gibier vers les chasseurs 사냥할 짐승을 사냥꾼들 쪽으로 몰아가다. Les troupes *ont été rabattues* vers les lignes arrière. 부대들은 후방 방어선 쪽으로 밀려버렸다.
3° **en** ~ ⟨꺾이다; 자기 환상을 버리다⟩ Pour le moment, il se croit le plus fort, mais à mon avis il en *rabattra*. 그가 당장은 자기가 가장 강하다고 생각하고 있으나 내 생각으로는 자기 환상을 버리게 될 것이다. Beaucoup de gens avaient une grande confiance dans cet homme, mais il leur a fallu en ~. 많은 사람들이 그 사람을 크게 신뢰하고 있었으나 그에 대한 신뢰를 낮추어야 했다.
4° **qn se** ~ **sur N** 《변화》 ⟨…만으로 만족하다⟩ L'interprète étant malade, on *s'est rabattu* sur un remplaçant. 통역이 병이 나서 그 대신을 하는 사람으로 만족했다. Le restaurant chinois étant trop cher, on *s'est rabattu* sur une pizzéria. 중국요리점이 너무 비싸기 때문에 이탈리아식 요리점으로 만족했다.
5° **se** ~ **(qp)** ⟨(…으로) 갑자기 방향을 바꾸다⟩ Après s'être envolées à notre arrivée, les perdrix *se sont rabattues* dans un champ voisin. 자고새들은 우리가 당도하자 날아갔다가 옆에 있는 밭으로 갑자기 돌아와 앉았다. Le faucon *se rabat* sur un arbre. 매가 갑자기 나무에 돌아와 앉는다. La voiture *s'est rabattue* brusquement. 자동차가 별안간 방향을 바꾸었다. L'automobiliste *s'est rabattu* sur sa droite. 자동차 운전수는 갑자기 오른 쪽으로 방향을 바꾸었다.

raccommoder 1° ~ **(N)** ⟨(…을) 수선하다⟩ ~ des chaussettes 양말을 깁다.
2° **qn** ~ **N(pl)** ⟨화해시키다⟩ Un malentendu avait séparé ces deux amis, on les *a raccommodés*. 어떤 오해로 해서 이 두 친구는 의가 상했었는데 사람들이 그들을 화해시켰다.
3° ~ **N avec N** ⟨…와 화해시키다⟩ ~ *qn* avec sa femme …를 그의 아내와 화해시키다.

racheter 1° ~ **N (à N)** ⟨(…에게서) 다시 사다⟩ Je lui *ai racheté* sa voiture. 나는 그에게서 그의 자동차를 다시 샀다.
◇ ~ **un esclave** ⟨몸값을 주고 노예를 석방하다⟩.

2° ~ N 〈보상하다; 속죄하다〉 Le Christ *a racheté* les hommes. 그리스도는 사람들의 죄를 대속했다. Sa gentillesse *rachète* sa laideur. 그녀의 친절함이 못생긴 것을 메꾸고 있다. Si la Légion est un refuge, c'est à la condition de ~ les erreurs du passé. 외인부대는 피난처인데 그것은 과거의 잘못을 속죄한다는 조건하에서 그런 것이다.

3° qn se ~ 《변화》 〈속죄하다〉 Mécontent de tous et mécontent de moi, je voudrais bien *me* ~. 모든 사람들이 못마땅하고 나 자신이 못마땅하게 생각되는 나는 속죄하고자 한다.

raconter I. 1° ~ ø 〈이야기하다〉 Il ne sait pas ~. 그는 이야기할 줄을 모른다.

2° ~ qc 〈…을 이야기하다〉 Je *raconte* une histoire dont rien n'est inventé. (Maurois) 나는 하나도 꾸며내지 않은 이야기를 하고 있다. Tout cela *a été raconté*. 그런 이야기를 전부 했다.

◇ 비인칭수동 구문: Il *a été raconté* tout cela par beaucoup de monde. 많은 사람들이 그런 이야기를 했다.

3° ~ qc à qn 〈…에게 …이야기를 하다〉 *Raconter*-moi votre voyage. 나에게 당신 여행에 대해서 이야기하여 주십시오.

4° ~ (à qn) que P ind 〈(…에게) …이라고 이야기하다〉 On m'*a raconté* que vous aviez eu un accident. 당신이 사고를 당했다고 사람들이 나에게 말하더군요. On *raconte* qu'il a quitté sa famille. 그는 자기 가족과 헤어졌다고 한다.

5° ~ (à qn) Inf Pierre *raconte* à Marie être obligé de partir. 피에르는 마리에게 자기는 떠나야 된다고 말한다. Paul *raconte* savoir cela. 폴은 자기는 그것을 안다고 말한다.

6° ~ de qn/qc que P ind 〈…에 대해서 …이라고 이야기하다〉 ~ de ses voisins qu'ils sont brouillés avec tout le quartier 자기 이웃사람들에 관해서 그들이 온 동네와 사이가 나쁘다고 이야기하다.

7° ~ à qn P (int. ind.) 〈…에게 …인지 이야기하다〉 Vous nous *raconterez* comment s'est passé votre voyage. 당신의 여행이 어떠했는지 우리들에게 이야기하여 주십시오.

8° ~ de qn/qc P(int. ind.) 〈…에 대해서 …인지 이야기하다〉 ~ de son patron comment il a fait fortune 자기 주인에 관하여 그가 어떻게 재산을 만들었는지 이야기하다.

9° ~ qn 〖문어〗 〈…의 (생애를)이야기하다〉 Il est fort rare qu'on ne désoblige pas ceux qu'on *raconte*. (Cocteau) 어떤 사람의 이야기를 할 때 그 사람이 그로 인해 불쾌해지지 않는 경우는 드물다.

II. 1° se ~ 《변화》〈자기 이야기를 하다; 이야기되다〉 Je ne *me suis* pas *raconté* dans ce roman. 나는 이 소설 속에서 내 이야기를 하지 않았다. Cette histoire *se raconte* de toutes parts. 어디서나 그 이야기를 한다.

◇ Il se ~ N (비인칭 구문) Il *se racontait* beaucoup d'histoire sur les cardinaux. 추기경에 대해서 사람들은 많은 이야기를 하고 있었다.

2° se ~ qc 《가변》 〈서로 …을 이야기하다〉 *se* ~ des histoires 하찮은 이야기들을 주고받다.

3° se ~ que P ind 《불변》 〈서로 …라고 이야기하다〉 *se* ~ que tout est fini 이제 다 끝났다고 서로 이야기하다.

4° se ~ P (int. ind.) *se* ~ par quel hasard on est réunis 모두들이 한자리에 모이게 된 것이 꿈만 같다고 서로 말하다.

raidir 1° ~ N 〈팽팽하게 〔빳빳하게〕하다〉 ~ un câble 케이블을 팽팽

railler

하게 하다. Le sportif *raidit* ses muscles. 운동가가 근육을 긴장시킨다.

2° ~ N 〈…의 결심·태도를 굳히다〉 Mes objections n'ont fait que le ~. 내 항변은 그의 결심을 굳히기만 했다.

3° se ~ 《변화》〈팽팽해지다〉 Le câble *se raidit*. 케이블이 팽팽해진다.

4° qn se ~ 〈태도가 굳어지다〉 C'est que, naturellement bon, il avait dû *se* ~ pour se montrer dur envers elle. 그것은 본성이 착한 그가 그녀에게 냉혹한 태도를 보이기 위해서 태도가 굳어져야 했기 때문이다.

5° qn se ~ contre N 〈…에 꿋꿋이 저항하다〉 *se* ~ contre la douleur 고통을 꿋꿋이 견뎌나가다.

railler 1° ~ (N)〈(…을) 놀리다〉 ~ (les défauts de) qn …(의 결점)을 놀리다. Les écrivains *raillent* le régime par des satires. 작가들은 풍자하는 글로써 정체를 야유한다.

2° ~ N (de N) 〈…(의 …)을 놀리다〉 On me *raille* de mes fautes de prononciation. 사람들은 내 발음의 잘못을 놀린다.

3° ~ N (de Inf) 〈(…하다고) …을 놀리다〉 Je n'étais pas d'humeur à supporter qu'il me *raillât* de n'avoir pas embrassé Marthe en cachette. 나는 내가 마르트와 남몰래 키스하지 않았다고 그가 놀려대는 것을 참을 생각이 아니었다.

raisonner 1° ~ (sur N)〈(…에 대해) 이치를 따지다〉 Il *raisonne* sur tout et rien. 그는 무엇에 대해서든지 그리고 아무 것도 아닌 것에 대해 이치를 따진다. Il faut ~ avant d'agir. 행동하기 전에 추론해야 한다. ~ clairement d'après les règlements de la logique 논리의 규칙에 따라서 분명하게 추론하다. Il a la manie de ~. 그는 이치를 따지는 괴벽이 있다.

◇ ~ comme une pantoufle 〖구어〗〈궤변을 부리다〉.

2° ~ N 〈…을 이치를 따져 생각하다〉 C'est un artiste qui *raisonne* son art. 이 이는 자기 예술을 이치를 따져서 생각하는 예술가이다.

◇ ~ politique 〈정치를 논하다〉.

3° ~ avec N 〈…와 이치를 따져서 말하다〉 On ne peut pas ~ avec les fanatiques. 광신자들과는 이치를 따져서 말할 수 없다. Il est difficile de ~ avec lui. 그 사람과 이치를 따져서 말하기는 어렵다.

4° qn ~ qn 〈…를 이치를 따져 설득하다〉 J'ai essayé de le ~, mais il n'y a rien à faire. 나는 이치를 따져서 그를 설득하려고 했으나 별 수가 없었다. J'ai eu beau le ~, il n'a rien voulu entendre. 내가 아무리 이치를 따져 그를 설득해 보아야 소용이 없었다. 그는 아무 것도 들으려고 하지 않았다.

5° qn se ~ 《변화》〈이치로 따지다〉 *Raisonnez-vous* donc! 이치 좀 알아 들으시오!

rajeunir 〔조동사는 대부분의 경우 avoir, 간혹 être〕.

1° ~ qn/qc 〈젊어지게 하다; 새로와 보이게 하다〉 Cette coiffure vous *rajeunit*. 이 머리 모양은 당신을 젊어 보이게 한다. Le moyen infaillible de ~ une citation est de la faire exacte. 어떤 인용을 새롭게 하는 틀림없는 방법은 그것을 정확하게 하는 것이다.

2° qn ~ 〈젊어지다〉 Vous *rajeunissez*, chère Madame. 친애하는 부인, 당신은 젊어지십니다.

◇ qc ~ 〈새로와 보이다〉 La ville nettoyée *a rajeuni*. 말끔히 청소된 도시는 새로와졌다.

3° se ~ 《변화》〈젊게 보이려고 하다〉 Elle essaie de *se* ~ par tous les moyens. 그 여자는 온갖 방법으로 실제보다 젊게 보이려고 애쓴다.

rajuster 1° ~ N(pl)〈바로잡다〉~ ses cheveux (헝클어진)머리를 매만지다. ~ les divers éléments d'une vitrine 진열창의 여러가지 물건들을 바로잡아 놓다. ~ ses lunettes 안경을 고쳐쓰다. ~ sa cravate 넥타이를 매만지다. Il était en train de ~ les dernières phrases de son discours. 그는 연설의 마지막 문귀를 손질하고 있는 중이었다.
2° ~ N (à N)〈(…에)맞추어 조정하다〉 ~ un tuyau à un robinet 파이프를 수도꼭지에 맞게 고쳐끼다. ~ son langage à son auditoire 말을 청중(의 수준)에 맞추어 조정하다. ~ le couvercle (à la marmite) 뚜껑을 (냄비의 크기에) 맞추어 덮다. ~ le tir 사격을 (표적에 명중하도록)조정하다. Le tailleur *rajuste* le costume à la taille du client. 양복재단사가 양복을 고객의 치수에 맞추어 손질한다.

ralentir 1° ~ N〈늦추다〉La résistance des partisans *a ralenti* l'avance des troupes. 유격대원들의 저항이 부대의 전진을 지연시켰다. Les piétons *ralentissaient* la traversée de la ville. 보행자들 때문에 도시의 횡단이 늦추어지고 있었다. Le mauvais temps *a ralenti* la marche des travaux. 불순한 일기가 공사의 진척을 지연시켰다.
2° ~ (N)〈(…을) 늦추다〉~ son allure 걸음걸이를 늦추다. Le train *ralentissait* (son allure). 기차는 (그 진행)속도를 늦추고 있었다. 《~! Travaux!》「서행! 공사중!」.
3° qc ~ 〈느려지다〉Le progrès ne *ralentit* pas. 진보는 느려지지 않는다.
4° qc se ~ 《변화》〈느려지다〉Ses mouvements *se ralentirent* et il s'assit. 그의 움직임이 느려졌다. 그리고 그는 앉았다.

rallier 1° ~ N(pl)〈…을 집합시키다〉Le commandant *a rallié* ses troupes dispersées. 지휘관은 흩어진 그의 부대들을 집합시켰다. L'intérêt *rallie* les pires adversaires. 이익은 극단으로 맞선 적수들을 결속하게 한다. Son point de vue *a rallié* tous les suffrages. 그의 관점은 모든 사람의 찬성을 얻었다.
2° ~ N à N〈…에 가담·가맹시키다〉Le député *a rallié* les diverses fractions à son projet. 그 국회의원은 여러 분파를 자기 계획에 가담시켰다.
3° ~ N〈…에 복귀하다〉Un soldat *rallie* son unité après une permission. 병사가 휴가 후에 그의 부대로 귀대한다. Le matelot *rallie* son bâtiment. 선원이 그의 배로 돌아간다. Le navire *rallie* la côte au matin. 배가 아침에 해안으로 다가온다.
4° qn se ~ à qc《변화》〈…에 가담·동조하다〉Les Israéliens seraient maintenant enclins à *se* ~ à l'opinion de Washington. 이스라엘 사람들은 이제 워싱턴의 의견에 동조하는 경향이 있는 듯하다. *se* ~ à un point de vue 어느 관점에 동조하다. *se* ~ à une solution 어떤 해결책에 동조하다.

ramasser 1° ~ qc/qn〈줍다; 안아 일으키다〉Le brocanteur *ramasse* de vieux vêtements, de la ferraille, de vieux meubles pour les revendre. 고물장수는 헌옷이나 고철, 헌 가구들을 모아서 다시 판다. L'enfant ne voulait pas ~ le jouet qu'il avait fait tomber. 아이는 떨어뜨린 장난감을 주우려 하지 않았다. ~ un enfant qui est tombé 넘어진 아이를 일으켜 세우다.
◇ ~ ø(-).
2° se faire ~ 〖구어〗〈꾸지람을 듣다〉Il s'est fait ~ par son père quand il lui a présenté son carnet de notes. 아버지에게 성적표를 보였을 때 그는 아버지로부터 호되게

ramener

구지람을 받았다.
3° se ~ 《변화》〈몸을 움츠리다〉 Le hérisson *se ramasse* dès qu'on le touche. 고슴도치는 사람들이 건드리기만 하면 곧 몸을 움츠린다.

ramener **1° ~ qn(qp)**〈(…에)다시 데려오[가]다〉On *ramena* l'enfant chez ses parents. 어린애를 다시 그 부모에게 데려갔다. Il a encore de la fièvre, il faut que je le *ramène* chez le médecin. 그는 아직도 열이 있으니 내가 그를 병원으로 다시 데려가야 한다.

2° ~ qc(qp)〈(…로) 가져오다〉Je vous prête ce livre, mais *ramenez*-le rapidement. 당신에게 이 책을 빌려 드립니다. 그러나 빨리 돌려주십시오. Je veux bien vous prêter ma bicyclette, mais vous me la *ramènerez* demain. 당신에게 내 자전거를 빌려 드리겠읍니다. 그러나 내일 내게 그것을 도로 가져다 주십시오.

◇ 1) Au football, l'ailier *ramène* le ballon vers le centre du terrain. 축구에서 윙이 공을 운동장 중앙 쪽으로 찬다.

2) ~ sa fraise; la ~ 〖속어〗〈젠 체하다〉Il la *ramène* toujours. 그는 언제나 잘난 체한다.

3° ~ qc/qn de qp〈(…에서) 데려[가져]오다〉Ils *ont ramené* d'Espagne une belle guitare. 그들은 스페인에서 훌륭한 기타아를 하나 가져왔다. Il a habité quelque temps l'Angleterre et en *a ramené* une femme charmante. 그는 얼마동안 영국에서 살았다. 그리고 거기에서 어여쁜 부인을 데려왔다. Je l'*ai ramené* de Turquie en voiture. 나는 그를 터어키에서 자동차로 데려왔다.

4° ~ qc qp〈…에 오게 하다〉~ ses cheveux en arrière 머리털을 뒤로 넘기다. ~ ses bras derrière son dos 팔을 등 뒤로 돌리다. Elle s'assit en *ramenant* ses genoux sous elle. 그녀는 무릎을 꿇고 앉았다. En parlant, elle *ramenait* le pan de son manteau sur ses genoux. 말하면서 그녀는 외투 자락을 무릎 위로 끌어왔다.

5° ~ N à qn〈…에게 되돌려 보내다〉Nous vous *ramenons* votre chère Denise. 우리는 당신의 사랑하는 드니즈를 당신에게 돌려보냅니다.

6° ~ N à qc〈…으로 되돌아오게 하다〉~ un noyé à la vie 물에 빠져 죽어가는 사람을 되살리다. ~ qn à la raison …을 이성으로 되돌아오게 하다. Cela nous *ramène* au sujet de notre discussion. 이것은 우리를 토론의 주제로 되돌아오게 한다. L'objectif gouvernemental est de ~ le taux d'inflation à 7.5% en 1976. 정부의 목표는 1976년에 인플레이션율이 7.5%가 되게 하는 것이다. ~ plusieurs problèmes à un seul 여러 문제를 단 하나로 귀결시키다.

7° ~ N à Inf〈…을 …하게 만들다〉Le mythe matérialiste a l'avantage de ~ la pensée à n'être qu'une des formes de l'énergie universelle. 유물론의 신화는 사고를 보편적 에너지의 여러 형태중 하나에 불과하게 만든다는 잇점이 있다.

8° ~ N〈재생[회복]시키다〉La paix *ramène* la prospérité. 평화는 다시 번영을 가져다준다. Le gouvernement *a ramené* l'ordre. 정부는 질서를 회복시켰다. L'ordre *a ramené* la paix. 질서는 다시 평화를 가져다 주었다.

9° qn se ~ (qp) 《변화》〖속어〗〈(…로) 돌아오다〉Il *s'est ramené* chez nous à minuit. 그는 자정에 우리 집에 돌아왔다.

ranger 〔변화:je range, nous rangeons; je rangeais; je rangeai, nous rangeâmes; que je range, que je rangeasse; rangeant].

1° ~ N 〈정돈·정리하다〉 Je *rangeai* mes papiers. 나는 내 서류들을 정리했다. Le maître *a rangé* les élèves. 선생님은 학생들을 정렬시켰다.

◇ ~ ø Certaines femmes, c'est bon signe quand elles *rangent*. 어떤 여자들에게 있어서는 정돈하는 버릇은 좋은 징조다.

2° ~ qn/qc parmi N 〈…을 …중의 하나로 치다〉 Je m'étonne qu'on *range* cet auteur parmi les pionniers du nouveau roman. 이 작가를 누보로망의 선구자들 중의 한 사람으로 친다는 것에 나는 놀라고 있다. Je m'étonne qu'on *range* ce livre parmi les œuvres classiques de la littérature française. 이 책을 프랑스 문학의 고전작품들 중의 하나로 친다는 데에 나는 놀라고 있다.

3° qc se ~ 《변화》 〈자리잡다〉 un taxi en maraude qui vint *se* ~ contre un trottoir (M. du Gard) 인도 곁에 주차하러 온 빈 택시.

4° qn se ~ 〖구어〗 〈착실해지다; 비켜서다〉 Après une jeunesse bien dissipée, il *s'est* enfin *rangé*. 매우 방탕한 청년시절을 보낸 후 그는 드디어 얌전해졌다. Je *me suis rangé* quand l'auto est arrivée. 차가 도착하자 나는 옆으로 비켜섰다. Il *se range* pour laisser passer les autres voitures. 다른 차들이 지나가도록 그는 길을 비켜주었다.

5° qn se ~ parmi 〈…축에 들다〉 Malgré les lacunes dues à son oisiveté forcée, Elizabeth *se rangea* bientôt parmi les premières de la classe.(Beauvoir) 불가피하게 게으를 수밖에 없었던 얼마간의 공백기간에도 불구하고 엘리자벳은 곧 학급의 우등생들 축에 들었다.

◇ 1) se ~ du côté de qn 〈…의 편이 되다〉 Je *me range* de votre côté. 나는 당신 편입니다.

2) se ~ à l'avis/l'opinion de qn 〈…의 의견에 따르다〉 Il *se range* toujours à l'avis [à l'opinion] de ses supérieurs. 그는 항상 상관들의 의견에 따른다.

rappeler [appeler 와 같은 변화].
I. 1° ~ qn/qc 〈《특히 전화로》다시 부르다; 되찾다〉 Monsieur est sorti: veuillez le ~. 선생님께서는 외출하셨습니다. 그러니 다시 그에게 전화해 주십시오. Ses affaires le *rappellent* à Paris. 사업상 그는 다시 파리로 온다. Mon père *rappela* son courage. 아버지는 다시 기운을 차리셨다. Alors qu'il était en voyage, il *a été rappelé* auprès de sa femme qui a été victime d'un accident. 그는 여행 중이었는데 부인이 사고를 일으켜서 되돌아왔다.

2° ~ qn à qc 〈…을 …에 돌아오게 하다〉 Les médecins ont pu le ~ à la vie. 의사들은 그를 되살아나게 할 수 있었다. La cloche du président *rappela* les députés à l'ordre. 의장이 치는 종소리가 의원들에게 정숙을 요구했다.

3° ~ qc (en qn) 〈(…에게) …을 회상시키다〉 Ce paysage provençal *rappelle* la Grèce. 이 프로방스 지방의 풍경은 희랍을 연상시킨다. La vue inattendue du lac *rappelle* (en moi) maint souvenir oublié. 뜻밖에 호수를 보게 되니 (나에게서) 여러 가지 잊혀진 추억이 되살아난다.

4° ~ qn/qc à qn 〈…에게 …을 생각나게 하다〉 Il *m'a rappelé* sa promesse. 그는 내게 자기 약속을 다짐했다. Cela me *rappelle* la guerre. 그것은 나에게 전쟁을 생각나게 한다. Cela lui *rappela* son enfance. 그 일은 그에게 어린 시절을 회상시켰다. Cet enfant me *rappelle* son grand-père. 그 아이를 보면 그의 할아버지를 연상하게 된다.

◇ ~ ø(-).

rappeler 906

5° ~ à qn que P ind 〈…에게 … 이라는 것을 상기시키다〉 Cela me *rappelle* que je dois partir. 그것은 나에게 내가 떠나야 한다는 것을 생각나게 한다. Je vous *rappelle* que nous avons rendez-vous demain. 우리가 내일 약속이 있다는 것을 환기시켜 드리는 바입니다.

◇ 1) que P는 le로 대치 가능함: Cela me le *rappelle*.
2) rappeler의 주어와 que P의 주어가 일치하면 ~ à qn Inf 의 구문이 가능하다: Il me *rappela* m'avoir dit cela. 그는 내게 그런 말을 한 일이 있다는 사실을 내게 상기시켰다.

6° ~ à qn P(int. ind.) ~ à un visiteur pourquoi il est interdit de fumer. 방문객에게 왜 담배피우는 것이 금지되어 있는가 상기시킨다.

7° ~ à qn de Inf 〈…에게 …할 것을 상기시키다〉 ~ à quelqu'un de payer ses impôts 어떤 사람에게 세금을 내라고 주의를 환기시키다.

◇ 1) de Inf는 le로 대치 가능함: Il le lui *rappelle*.
2) ~ ø (一).

8° ~ à qn que P subj Il (lui) *rappelle* qu'elle vienne le plus vite possible. 그는 (그 여자에게) 될 수 있는 대로 빨리 오라고 주의를 환기시킨다.

◇ 1) que P subj 는 명령・의무의 개념을 내포할 때 쓰인다.
2) que P는 le로 대치 가능함: Il le lui *rappelle*.

II. 1° se ~ qn/qc 《가변》〈…을 기억하다〉 Je *me rappelle* fort bien notre premier entretien. 나는 우리들의 첫번 대담을 아주 잘 기억하고 있다. Je *me rappelle* un peu mon père. 나는 아버지를 좀 기억하고 있다.

◇ 1) se ~ ø Je ne *me rappelle* pas. 나는 그 일이 생각나지 않는다.
2) se ~ de + 인칭대명사 se

souvenir de 와의 유추로 특히 보어가 인칭대명사 me, te, nous, vous일 경우에는 전치사 de를 동반하는 구문이 빈번히 사용된다: Je *me rappelle* de toi. 나는 너를 기억하고 있다. *Je me te rappelle*. (⇨pronoms personnels).

2° se ~ Inf (passé) 《불변》〈…한 것을 기억하다〉 Il *se rappelle* vous avoir déjà rencontré quelque part. 그는 어디선가 벌써 당신을 만났던 일을 기억하고 있다. Je *me rappelle* avoir habité ici. 여기서 살았던 기억이 난다.

◇ 1) Inf (passé)는 le로 대치 가능함.
2) se ~ ø Il *se* (le) *rappelle*.

3° se ~ que P ind Je *me rappelle* que tu étais à Paris en 1970. 나는 네가 1970년에 파리에 있었다는 것을 기억하고 있다.

◇ 1) que P는 le나 ø로 대치 가능함: Je *me* (le) *rappelle*.
2) se ~ que P subj는 주절의 동사가 부정형이나 의문형일 경우: Je ne *me rappelle* pas que tu aies été à Paris en 1970. 나는 네가 1970년에 파리에 있었다는 것을 기억하지 못한다. *Vous rappelez-vous* qu'il ait été à Paris en 1970? 당신은 그가 1970년에 파리에 있었다는 것을 기억하십니까?

4° se ~ P(int. ind.) Elle ne *se rappelle* plus où elle a mis ses gants. 그 여자는 장갑을 어디에 두었는지 이미 기억하지 못하고 있다.

rapporter 1° ~ N (qc) 〈…을 (…에) 도로 가져 오다[돌려주다]〉 ~ un livre à la bibliothèque 책을 도서관에 돌려주다.

◇ 1) ~ N à qn Je lui *ai rapporté* son livre. 나는 그에게 그의 책을 돌려 주었다.
2) dresser son chien à ~ (le gibier) (사냥해서 잡은 짐승을) 가져

오도록 개를 훈련하다.
2° ~ N (de qp) 〈(…에서) …을 가지고 돌아오다〉 J'ai rapporté de Paris un tas de livres. 나는 파리에서 많은 책을 가지고 돌아왔다.
3° ~ (à N) N 〈(…에게) …을 보고 [이야기]하다〉 ~ à qn ses expériences …에게 자기의 경험을 이야기하다. On me demanda de ~ les circonstances de l'accident. 나는 그 사고의 상황을 이야기해 달라는 요청을 받았다. Je me permets de ~ cela au directeur. 나는 이것을 감히 국장께 보고합니다.

◇ 1) ~ (à N) que P ind Je lui ai rapporté que j'avais trouvé un rouleau de parchemin. 나는 양피지 두루마리 하나를 찾아냈다는 것을 그에게 보고했다.
2) ~ (à N) que P ind/subj|nég/int Aucun témoin n'a rapporté que le jardinier est [soit] passé devant la fenêtre à l'heure du crime. 어떤 증인도 정원사가 범행 시각에 창 앞을 지나갔다고 이야기하지 않았다. Qui a rapporté qu'il y est[soit] passé? 그가 그곳을 지나갔다고 누가 이야기했나?
3) ~ (à N) P(int. ind.) Le témoin a rapporté à quel moment il l'avait vu sortir. 그 증인은 어떤 순간에 그가 나가는 것을 보았는지를 이야기했다.
4) ~ (à N) Inf Les témoins ont rapporté avoir vu la marquise. 증인들은 후작부인을 보았다는 것을 이야기했다.
5) ~ ø 〈고자질하다〉 un élève qui rapporte 고자질하는 학생.
4° qc ~ (N) (à N) 〈(…을) (…에게) 가져다주다〉 Sa ferme lui rapporte un revenu considérable. 그의 농장은 나에게 막대한 수입을 올려준다.

◇ 1) ~ N Cette imposition avait touché un million quatre cent cinquante mille contribuables et rapporté 3, 3 millions de francs. 이번의 과세는 145만명의 납세자에 해당되어 330만프랑의 수입을 가져다 주었다. Sa ferme ne rapporte rien. 그의 농장은 아무런 수입도 가져다 주지 않는다.
2) ~ ø Sa ferme rapporte bien. 그의 농장은 수익이 좋다.
5° ~ N à N 〈…을 …(의 탓)으로 돌리다〉 L'égoïste rapporte tout à lui. 이기주의자는 만사를 자기에게 유리하도록 한다. On rapporte la richesse de cette ville à la présence de nombreuses usines. 사람들은 이 도시가 부유한 것이 공장이 많이 있는 탓이라고 한다.

◇ ~ N à ce que P ind/subj On rapporte la disparition de cette peuplade à ce qu'un maladie l'a [ait] décimée. 사람들은 이 미개인 집단의 소멸을 질병이 그 집단을 대량으로 죽인 탓으로 돌린다.
6° qn s'en ~ à N (qc de) qn (pour Inf) 《변화》〈(…하는 데)…(의 …)을 믿고 맡겨두다〉 Je m'en rapporte à vous pour l'avertir. 나는 그에게 알려주는 것을 당신에게 일임합니다. s'en ~ au jugement de qn …의 판단을 믿다.
7° qc/qn se ~ à N Le développement de votre dissertation ne se rapporte pas au sujet donné. 당신의 논문은 주어진 제목과 관계가 없습니다. Le pronom relatif se rapporte à son antécédent. 관계대명사는 그 선행사와 관계한다. Votre réponse ne se rapporte pas à ma question. 당신의 대답은 내 질문과 관계가 없습니다.

rapprocher 1° ~ N(pl) 〈…을 접근시키다〉 ~ deux objets éloignés l'un de l'autre 떨어져 있는 물체 두 개를 서로 다가 놓다. La construction de l'autoroute a rapproché les deux villes. 자동차도로의 건설은

두 도시를 접근시켰다. La réconciliation les *a rapprochés*. 화해에 의해서 그들의 사이가 친해졌다. Le besoin *rapproche* mutuellement les hommes, les lie, les réconcilie. 필요가 사람들을 상호간 접근시키고, 결합시키고, 화해시킨다. Dans son article, le critique *rapproche* deux passages d'un même roman. 비평가가 그의 기사에서 한 소설의 두 절을 비교한다.
2° N ~ qc de N ~ la chaise du bureau 의자를 책상에 다가 놓다. On peut ~ ce poème d'un poème de Baudelaire. 이 시를 보들레르의 시와 동류의 것으로 볼 수 있다. Il est piquant de ~ ces mots de ceux écrits par Bergson. 이 말을 베르그송이 쓴 말과 비교하는 것은 재미있다.
3° ~ N Les négociations *ont rapproché* l'issue du conflit. 협상이 그 분쟁의 해결을 당겨 놓았다 《de nous 의 생략》. *Rapprochez* la chaise! 의자를 다가 놓으시오! 《de moi, d'ici 의 생략》.
4° ~ (qn) de N Les négociations ne (nous) *rapprochent* pas d'une solution. 협상은 (우리들을) 해결책에 다가가게 해주지 않는다.
5° N(pl) se ~ 《변화》 En se développant, les deux villes *se rapprochent*. 이 두 도시는 발달하면서 서로 거리가 가까와진다. Ils *se sont rapprochés* après une longue inimitié. 그들은 오랜 반목 끝에 화해했다.
6° se ~ L'orage *se rapproche*. 뇌우가 다가온다 《de nous, d'ici 의 생략》.

raser 1° ~ 〈면도하다〉 Ici l'on *rasera* gratis demain. 여기서는 내일 무료로 면도해줄 것이다.
2° ~ qn/qc 〈면도하다; 스치다; 무너뜨리다〉 coiffeur qui *rase* un client 손님을 면도해 주는 이발사. L'avion *rase* le sol. 비행기가 땅에 닿을락말락 지나간다. On *a rasé* des maisons pour que la route soit plus large. 길을 넓히기 위해 집을 헐물었다. Pendant la guerre, les maisons du village *furent rasées* par l'ennemi. 전쟁틈에 마을의 집들은 적군에 의해 완전히 파괴되었다.
◇1) ~ qc à qn (*qc* 는 신체부위명사) On lui *a rasé* la barbe.
2)〖구어〗〈지루하게 하다〉 Vous nous *rasez* avec vos histoires. 당신은 그 쓸데없는 이야기로 우리들을 싫증나게 합니다.
3° se ~ 《변화》〈자기의 수염을 깎다;〖구어〗싫증나다〉 Il s'écorche le visage en *se rasant*. 그는 면도하다가 얼굴에 상처가 났다. Il *se rase* tous les matins. 그는 매일 아침 면도한다. Comme vous devez *vous* ~! (Proust) 참으로 당신은 싫증이 날 것입니다!
4° se ~ qc (*qc* 는 신체부위명사) 《가변》〈자기의 …을 면도질하다〉 Il *se rase* les moustaches. 그는 코밑수염을 깎는다.

rassembler 1° ~ N(pl) 〈…을 모으다, 수집하다〉 ~ des papiers épars 흐트러진 종이를 모으다. L'avocat *rassemble* des informations, des preuves, pour défendre un accusé. 변호사는 피고를 변호하기 위하여 정보와 증거를 수집한다. Il a de la peine à ~ ses souvenirs. 그는 추억을 더듬어 모으기가 힘들다. ~ ses amis autour de lui 친구들을 자기 주위에 모으다.
2° se ~ 《변화》 Les étudiants et les ouvriers *se rassemblèrent* de nouveau devant l'ambassade. 대학생들과 노동자들이 또다시 대사관 앞에 모였다.

rassir 1° qc ~ (*qc* 는 빵을 가리키는 명사) 《(빵이) 굳어지다》 Enveloppez votre pain, autrement il va

~. 빵을 싸세요. 그렇지 않으면 빵이 굳어질 거예요.
2° **se** 《변화》 〈(빵이) 굳어지다〉 Ce pain commence à se ~. 이 빵은 굳어지기 시작한다.

rassurer 1° ~ (qn) 〈(…을) 안심시키다〉 Ma lettre *l'a rassuré*. 내 편지가 그를 안심시켰다. *Rassurez-vous!* 안심하십시오! Avant son opération, le malade avait beaucoup d'appréhension, mais le chirurgien *l'a rassuré*. 수술 전에 환자가 매우 걱정을 했으나 의사가 안심시켰다.
2° que P subj (cela) ~ (qn) 〈…라는 것이 (…를) 안심시키다〉 Que je lui ait écrit (cela) *l'a rassuré*. 내가 그에게 편지한 것이 그를 안심시켰다.
◇ Cela ~ qn que P subj Cela le *rassurait* qu'on lui parlât de haricots. 그에게 제비콩 이야기를 한 것이 그를 안심시켰다.

rater 1° ~ 〈(총이) 불발하다 ; 〖구어〗실패하다〉 Il a voulu tirer, mais le coup *a raté*. 그는 발사하려고 했으나 총알이 나가지 않았다. Le tir *a raté*. 사격이 불발이었다. Cette entreprise *a raté*. 이 기업은 실패했다. Son affaire *a raté*. 그의 사업이 실패했다.
◇ Et ça n'*a pas raté*. 그것은 불가피했다〔예측한 대로이다〕.
2° ~ N 〈(겨눈 것을) 맞히지 못하다; …을 놓치다〉 Le chasseur *a raté* le lapin. 사냥꾼이 토끼를 (쏘아)맞히지 못했다. ~ le cible 과녁을 맞히지 못하다. ~ une balle au tennis 테니스에서 공을 놓치다. ~ un examen 시험에 실패하다. ~ le train 기차를 놓치다.
◇ ne pas ~ qn 〖구어〗〈…에게 따끔하게 한마디 쏘아주다〉 S'il commence à faire l'insolent, je ne le *raterai* pas. 그가 건방지게 굴기 시작하기만 하면 내가 혼을 내주겠다.

rattacher 1° ~ N(pl) 〈…을 다시 매다〉 ~ deux fils 실 두 가닥을 다시 잇다. *Rattache* tes lacets! 네 구두끈을 다시 매어라!
2° ~ N(à N) La barque s'en va à la dérive, il faut la ~. 작은 배가 물결치는 대로 표류하니 저 배를 다시 매놓아야 한다. Je *rattacherai* le ruban au rouleau de papier parchemin. 나는 양피지 두루마리에 리본을 다시 매야겠다.
3° ~ N à N 〈…을 …에 병합〔관련〕시키다〉 Le comté de Nice *a été rattaché* à la France au dix-neuvième siècle. 니스 백작령은 19세기에 프랑스에 병합되었다. Essayons de ~ ce problème à son contexte. 이 문제를 그 배경과 결부하도록 시도합시다. On ne sait à quel groupe linguistique ~ la langue basque. 바스크어를 어느 언어군에 관련시켜야 할지 모른다. Rien ne le *rattache* plus à sa ville natale. 이제는 아무 것도 그를 태어난 도시에 집착케 하지 못한다.
4° ~ N à ce que P subj On *rattache* la pauvreté de cette région périphérique à ce que la centralisation ait freiné son développement. 이 주변지방의 빈곤을 사람들은 중앙집권이 그 발달을 억제했다는 것에 결부시킨다.

rattraper 1° ~ N 〈…을 다시 잡다〉 ~ un animal échappé 도망친 동물을 다시 잡다. ~ une balle de justesse 공을 가까스로 (떨어지지 않게) 다시 잡다. Le petit enfant fit un faux pas et serait tombé si sa mère ne *l'avait rattrapé* à temps. 어린아이가 발을 헛디뎠다. 만일에 그 어머니가 알맞게 붙잡지 않았으면 그 아이는 넘어졌을 것이다. ~ ses lunettes (떨어지는) 안경을 붙잡다. Devancez-moi, je vous *rattrape*. 앞서 가십시오, 제가 따라 미치겠습니다. ~ le temps perdu 허비

한 시간을 벌충하다.

2° qn se ~ (qp)《(변화)》〈(…에) 매어 달리다〉 Dans sa chute, il s'est rattrapé à un buisson. 떨어지다가 그는 관목 덤불에 매어 달렸다.

3° qn se ~ 〈만회하다〉 Le coureur a du retard, mais il va se ~. 경주하는 사람은 늦어졌지마는 곧 만회할 것이다. Il s'est retenu pendant longtemps, mais maintenant il se rattrape. 그는 오랫동안 (먹는 것을)억제해 왔으나 이제 벌충을 한다.

◇ 1) ~ une erreur 〈과오를 바로잡다〔개과천선하다〕〉 ~ une parole malheureuse qu'on a dite dans une réunion 모임에서 한 실언을 취소〔정정〕하다. Il a failli faire une gaffe, mais il s'est rattrapé de justesse. 그는 하마터면 실수를 할 뻔했지만 가까스로 정정했다.

2) ~ un candidat (qui a échoué à l'écrit) par un oral de rattrapage (필기시험에 떨어진) 응시자를 보충 구두시험으로 실점을 회복시키다.

ravir 1° ~ qn/qc 〈황홀하게 하다; 강탈하다〉 Ils ont ravi l'enfant pour se faire payer une rançon. 그들은 몸값을 강요하기 위해서 어린이를 유괴했다. Cette musique a ravi tous ceux qui l'ont entendue. 이 음악은 듣는 모든 사람들을 황홀하게 했다. Pour ~ un trésor, il a toujours fallu tuer le dragon qui le garde. (Giraudoux) 보물을 약탈하기 위해서는 항상 그것을 지키고 있는 용을 죽이지 않으면 안 되었다.

2° ~ qn/qc à qn 〈…에게서 …을 강탈하다〉 La mort leur a ravi leur fille. 죽음은 그들에게서 딸을 앗아갔다. Sa fortune lui fut ravie par des hommes d'affaires malhonnêtes. 파렴치한 실업가들이 그에게서 재산을 강탈했다.

3° (1) être ravi de qc 〈…으로 매우 기쁘다〉 Je suis ravi de votre visite. 당신의 방문으로 매우 기쁩니다.

(2) être ravi de Inf Je suis ravi de vous revoir. 당신을 다시 뵙게 되어 매우 기쁩니다.

(3) être ravi que P subj Je suis ravi qu'il ait réussi son examen. 그가 시험에 합격하게 되어 매우 기쁩니다.

(4) être ravi de ce que P ind Je suis ravi de ce que vous êtes venu. 당신이 와주셔서 매우 기쁩니다.

ravoir 〔부정법 형태로만 사용됨〕.
1° ~ qc 〈되찾다, 회복하다〉 Les enfants veulent ~ ce qu'ils ont donné. 어린이들은 그들이 주었던 것을 다시 갖고 싶어한다.

2° ne ~ pas qc 〖구어〗 On ne peut ~ ces bronzes. 이 청동제품들을 깨끗한 상태로 되돌려 놓을 수는 없다.

rayer 1° ~ N(de N) 〈…을 (…에서) 말소하다〉 ~ un nom d'une liste 명부에서 어떤 이름을 삭제하다.

2° ~ N 〈…에 줄을 긋다〉 La moto a rayé la carrosserie de la voiture. 오토바이가 자동차의 차체에 줄을 그어 놓았다. ~ un disque 레코드에 홈을 넣다.

réagir 1° qc ~ (à N) 〈(…에) 반응을 일으키다〉 L'organisme n'a pas réagi (à l'excitation électrique). 그 유기체는 (전기 자극에) 반응을 일으키지 않았다. Le cardiographe ne réagit pas. 심장운동계가 반응을 일으키지 않는다.

◇ qc ~ contre N 〈…에 저항하다〉 L'organisme réagit contre la maladie. 유기체는 병에 저항한다.

2° qn ~ (à N) 〈(…에) 반응을 보이다〉 Il n'a pas réagi à ma lettre. 그는 내 편지에 반응을 보이지 않는다.

◇ qn ~ contre N 〈…에 저항하

다〉 ~ contre une attaque 공격에 저항하다. ~ contre une critique 비평에 대하여 항거하다. La population *a réagi* contre le projet de construction d'une centrale nucléaire. 주민은 핵발전소 건설계획에 항거했다.
3° qc/qn ~ sur N 〈…에 역작용을 일으키다〉 Le rythme de vie des grandes villes *réagit* sur l'organisme. 대도시들의 생활리듬은 유기체에 영향을 미친다. Les sentiments manifestés par un auditoire *réagissent* sur l'orateur. 청중이 나타내는 감정은 연설하는 사람에게 영향을 미친다. Les hommes *réagissent* sur les structures sociales et les structures sociales *réagissent* sur les hommes. 사람은 사회구조에 영향을 미치고 사회구조는 사람에게 영향을 미친다.

recevoir 1° ~ qc/qn 〈받다; (손님을) 접대하다; 받아들이다〉 Il nous *a reçu* chez lui. 그는 우리를 집에 초대했다. Il *a reçu* un cadeau pour sa fête. 그는 그의 본명 첨례를 위한 선물을 하나 받았다. Le projet *a reçu* de nombreuses modifications. 그 계획은 많은 수정을 받았다. Il *a reçu* une blessure au cours de la guerre. 그는 전쟁중에 부상당했다. Elle *a été reçu* au baccalauréat avec la mention bien. 그 여자는 평점 優로 대학입학 자격시험에 합격하였다. Il *a été reçu* à l'école Navale. 그는 해군사관학교에 입학했다.
◇ ~ ø Cet homme sait ~. 이 사람은 사람 초대할 줄을 안다. Nous *recevons* beaucoup. 우리는 초대를 많이 한다.
2° ~ qn/qc pour Attr(*Attr*는 형용사) 〈…을 …으로 받아들이다〉 ~ une idée pour vraie 어떤 생각을 사실로 받아들이다.
◇ ~ qn/qc comme Attr(*Attr*는 명사) ~ une critique comme une injure 비판을 모욕으로 받아들이다.
3° ~ qc de qn 〈…으로부터 …을 받다〉 J'*ai reçu* de Marie une longue lettre. 나는 마리로부터 긴 편지를 받았다. La lune *reçoit* sa lumière du soleil. 달은 해로부터 빛을 받는다.
4° se ~ 《변화》 〈서로 방문하다; (뛰어) 땅에 내리다〉 Ils *se reçoivent* beaucoup. 그들은 서로 방문을 많이 한다. sauteur qui *se reçoit* sur la jambe droite 오른쪽 다리로 땅에 내리는 도약선수. Il a bien franchi la barre, mais il *s'est* mal *reçu* et il s'est cassé la jambe. 그는 막대를 잘 뛰어넘었으나 착지가 좋지 않아 다리가 부러졌다.

réclamer 1° qn ~ qn 〈…을 갈구하다〉 Un petit enfant pleure et *réclame* sa mère. 어린애가 울며 어머니를 찾는다. On vous *réclame* au téléphone. 당신에게 전화 왔습니다.
2° qn ~ qc (pour N) 〈(…을 위하여) …을 요구하다[필요로 하다]〉 Les juges *ont réclamé* pour l'accusé la détention à perpétuité. 판사들은 피고에게 무기징역을 과할 것을 요구했다.
3° ~ qc (de la part de N) 〈(…으로서는) …을 필요로 한다〉 La vigne *réclame* beaucoup de soin. 포도밭은 손을 많이 탄다. L'enfant *réclame* beaucoup d'attention. 어린애는 많은 주의를 요구한다. Conduire *réclame* de la part du conducteur beaucoup d'attention. 운전하는 데는 운전사측에서 많은 주의를 필요로 한다.
4° qn ~ (à N) N 〈…을 (…에게) (정당한 권리로서) 요구하다〉 Je ne fais que de ~ mon dû. 나는 당연히 받을 것을 요구한 길이다. Les ouvriers *ont réclamé* une augmen-

tation à la direction. 직공들은 임금 인상을 사무소에 요구했다.
◇ **qn ~ (à N) de Inf** Il (nous) *a réclamé* de pouvoir sortir. 그는 (우리에게) 외출할 수 있게 해줄 것을 요구했다.
5° **~ (auprès de N)** 〈(…에게) 항의하다〉 Les marchandises étant endommagées, *j'ai réclamé* auprès du fournisseur. 상품이 훼손되었으므로 나는 출입상인에게 항의했다.
6° **~ contre N** 〈…에 대해 항의하다〉 L'équipe de football *a réclamé* contre la décision de l'arbitre. 축구팀은 심판의 결정에 항의했다.
7° **~ en faveur de qn** 〈…을 위하여 항의하다〉 Un comité *a réclamé* en faveur du détenu. 위원회는 피감금자를 위하여 항의했다.
8° **qn se ~ de qc** 《변화》〈…에 준거하다〉 L'artiste *se réclame* de la tradition surréaliste. 그 예술가는 초현실주의 전통에 준거하고 있다.
9° **qn se ~ de qn (pour Inf)** 〈(…하기 위하여) …을 내세우다〉 Il *s'est réclamé* d'un haut placé pour obtenir ce poste. 그는 이 지위를 얻기 위하여 고관인 사촌의 힘을 빌었다.

récolter 1° **~ qc** 〈수확하다〉 Nous *avons récolté* des pommes. 우리는 사과를 따 들였다. Le blé *a été récolté* avec des moissonneuses. 밀은 수확기로 거두어들였다.
2° **se ~** 《변화》〈수확되다〉 Ces fraises *se récoltent* en juin. 이 딸기는 6월에 따 들인다.

recommander 1° **~ qc** 〈등기로 부치다〉 Je vais **~** cette lettre. 나는 이 편지를 등기로 부치려 한다.
2° **~ qn/qc à qn** 〈…에게 …을 권고·추천하다〉 Je vais vous **~** à mon ami. 나는 당신을 내 친구에게 추천할 것입니다. Le médecin lui *a recommandé* le repos. 의사는 그에게 휴식을 권했다.
3° **~ à qn de Inf** 〈…에게 …할 것을 부탁·권고하다〉 Je vous *recommande* de vous taire. 나는 당신에게 침묵을 지키기를 부탁합니다. Je lui *ai recommandé* de bien s'habiller. 나는 그에게 옷을 잘 입으라고 권고했다.
◇ 비인칭 수동구문: Il *est recommandé* aux candidats de relire leur copie. 수험가들에게는 그들의 답안을 다시 읽는 것이 권유된다.
4° **se ~ de qn** 《변화》〈…을 내세워 추천받다〉 Il a obtenu cette place en *se recommandant* de son député. 그는 자기 고장 출신 국회의원의 이름을 내세워서 이 직장을 얻었다.
5° **se ~ à qn** 〈…의 보호를 청하다〉 Dans ce danger, je *me suis recommandé* à Dieu. 이 위험 속에서 나는 하느님의 가호를 빌었다.

recommencer 1° **~** 〈다시 시작하다〉 Les combats *ont recommencé*. 전투가 다시 시작됐다.
2° **~ qc** 〈되풀이하다〉 Il y a des choses que l'on *recommence* chaque jour, simplement parce qu'on n'a rien de mieux à faire; …. (Gide) 단지 더 좋은 할 일이 없기 때문에 매일 되풀이하는 일들이 있다.
◇ **~ ø** Si tu *recommences*, tu seras puni. 네가 또 그런 짓을 하면 벌 받을 것이다.
3° **~ à Inf** 〈다시 …하기 시작하다〉 Le vent *recommence* à souffler. 바람이 다시 불기 시작한다. Il *recommence* à neiger. 다시 눈이 오기 시작한다.
◇ Pron-Inf(−), **~ ø** (+).

récompenser 1° **~ (qn)(de/pour N)** 〈(…에 대해) (…에게) 보답[사례]하다〉 **~** *qn* de[pour] son aide 그의 도움에 대해 …에게 사례하다. Il *a été* largement *récompensé* de sa peine. 그는 수고에 대하여 충분

히 보답을 받았다. Vous *serez récompensé* de vos efforts. 당신의 노력은 보답받게 될 것입니다. ~ un élève 학생에게 상을 주다. Le succès *récompensera* de tant de peine. 성공함으로써 그 많은 수고에 대해 보답받게 될 것이다.
2° ~ qc 〈…에 보답하다〉 Le succès *récompensera* votre travail. 성공이 당신의 공부에 보답할 것입니다.

reconnaître I. 1° ~ qn/qc 〈…임을 알아보다, 분간하다; 정찰하다〉 Pierre *reconnait* Marie. 피에르는 마리를 알아본다. Pierre *reconnait* l'écriture de Marie. 피에르는 마리의 필적을 알아본다. On a envoyé des soldats ~ le village. 마을을 정찰하러 병사들을 보냈다. Marie *a été reconnue*. 사람들은 마리를 알아보았다.
◇ ~ ∅ Il ne *reconnait* déjà plus. 그는 이제는 이미 아무 것도 알아보지 못한다.
2° ~ Inf 〈…함을 인정하다〉 Je *reconnais* m'être trompé. 나는 내가 잘못 생각했다는 것을 인정한다.
3° ~ que P ind 〈인정하다〉 Il *a reconnu* que vous aviez raison. 그는 당신이 옳았다는 것을 인정했다.
4° ~ N pour/comme Attr 〈…으로 인정하다〉 Je vous *reconnais* pour mon roi. 나는 당신을 나의 왕으로 인정합니다. Je le *reconnais* pour vrai. 나는 그것을 진짜라고 인정한다. Toutes les tribus l'*ont reconnu* comme chef. 모든 부족들이 그를 추장으로 인정했다.
5° ~ qn/qc à qc 〈…으로써 …을 알아보다, 분간하다〉 Je l'*ai reconnu* à sa voix. 나는 목소리로 그를 알아보았다. On *a reconnu* le meurtrier à une cicatrice qu'il avait au front. 이마에 난 상처로 살인자를 분간해 내었다. On *reconnait* l'arbre à ses fruits. 열매로 그 나무를 알아본다.
◇ ~ qn/qc à ce que P ind Je *reconnais* Jean à ce qu'il ne porte pas de chapeau. 나는 장이 모자를 쓰고 있지 않다는 것으로 알아본다.
6° ~ qc à qn 〈…에게 …가 있음을 인정하다〉 Je ne vous *reconnais* pas le droit de me réprimander en public. 나는 네게 공공연하게 나를 질책할 권리를 인정하지 않는다. Il ne *reconnait* à personne le droit de le critiquer. 그는 아무에게도 자기를 비판할 권리를 인정하지 않는다.
II. 1° se ~ 《변화》 〈서로 알아보다; 자기 모습을〔자기가 있는 곳을〕 알아보다〉 Ils ne *se sont* pas *reconnus*, après dix ans de séparation. 이별한지 10년 후에 그들은 서로 알아보지 못했다. Après quelques jours de maladie, il se regarda dans une glace et il eut de la peine à se ~. 며칠동안 앓고난 후에 그는 거울을 보았는데 자기 모습을 알아보기 힘들었다. Je m'étais égaré dans le désert, mais, grâce à l'oasis, je *me suis reconnu*. 나는 사막에서 길을 잃었으나 오아시스 덕분에 내가 있는 곳을 알았다.
2° se ~ Attr(*Attr*는 형용사) 〈자기가 …임을 인정하다〉 Elle *se reconnait* vaincue〔coupable〕. 그녀는 자기가 패배한 것을〔죄인임을〕 인정한다.
3° se ~ qc 《가변》 〈자기의 …을 인정하다〉 se ~ des torts 잘못을 뉘우치다.
4° se ~ à qc 《변화》 〈…으로 분간되다〉 Le grand cuisinier *se reconnait* à... l'assaisonnement d'une salade. (Maurois) 훌륭한 요리사는 사라다의 양념으로 알아볼 수 있다.
◇ 수동적 대명동사이나 주어가 인물명사로 쓰인 특이한 예문이다.
5° se ~ dans qn/qc 〈…에서 자기 모습을 발견하다〉 Il *se recon-*

naît dans son fils, dans tout ce qu'il fait. 그는 아들에게서, 아들이 하는 모든 것에서 자기 모습을 발견한다.

recourir 1° ~ 〈다시 달리다〉 se mettre à ~ après une pause 쉰 후에 다시 달리기 시작하다. 2° ~ qc(*qc*는 경주의 명칭) 〈…를 다시 달리다〉 ~ un cent mètres 100미터 경주를 다시 하다. 3° ~ à qn/qc 〈…에 도움을 청하다〉 Je devrai ~ à la ruse pour avoir l'accord de Pierre. 피에르의 동의를 얻으려면 술책을 써야 하겠다. Il faut ~ à Jean pour cette affaire délicate. 이 어려운 일을 위해서는 장의 도움을 받아야 한다. ◇1) à qn은 약세형 대명사로 대치 불가능함: Je *recours* à vous pour que vous me donniez un conseil. 당신이 나에게 충고해 주시도록 나는 당신에게 도움을 청합니다. 2) 비인칭 수동구문: Il *est* beaucoup *recouru* à son étude sur les pronoms personnels. 인칭대명사에 대한 그의 연구는 많이 참조된다. 4° ~ ø 〈상소하다〉 ~ contre quelqu'un 어떤 사람을 상대로 상소하다.

recouvrir ~ N (de N)〈…을 (…으로) 다시 덮다〉 ~ qn d'une couverture …에게 이불을 다시 덮어주다. ~ un livre (d'une couverture) 책 표지를 다시 갈다. ~ un fauteuil 안락의자의 천갈이를 하다. La neige *a recouvert* le sol. 눈이 땅을 덮었다. Ce que le langage d'entreprise de cette époque *recouvrait* de pensées et d'arrière-pensées 그 시대의 기업에서 쓰던 언어가 생각과 저의를 내포하고 있던 것. Ce mot *recouvre* deux acceptions différentes. 이 말은 두가지 다른 뜻을 지닌다. L'usage de ce terme ne *recouvre* pas son sens traditionnel. 이 용어의 쓰임새는 그것이 전통적으로 지녀왔던 의미와 일치하지 않는다.

reculer 1° ~ 〈뒤로 물러서다〉 Il *recula* d'un pas. 그는 한걸음 뒤로 물러섰다. 2° ~ devant N 〈…앞에서 주저하다〉 Il *recule* devant le procès dont son voisin le menace. 그는 자기 이웃이 위협하고 있는 소송 앞에 주춤한다. 3° ~ qc 〈뒤로 물러서게 하다〉 *Reculez* un peu votre chaise. 의자를 약간 뒤로 물리시오. On *a reculé* d'une semaine la rentrée des classes. 개학을 일주일 연기했다. 4° se ~ 《변화》〈물러서다〉 Elle *se recula* pour contempler son œuvre.(Maupass) 그녀는 자기 작품을 감상하기 위해서 뒤로 물러섰다.

redoubler 1° ~ N 〈…을 배가〔되풀이〕하다〉 ~ des consonnes 자음들을 되풀이하다. ~ ses efforts 더욱 더 노력하다. 2° ~ (de N)〈(…을) 한층 더 증가하다〉 La tempête *a redoublé* d'intensité. 폭풍우는 더욱 세차게 몰아쳤다. A partir de ce jour-là, il *redoubla* de zèle. 그날부터 그는 한층 열성을 더했다. 3° ~ 〈(더한층) 심해지다〉 L'intensité de la tempête *a redoublé*. 폭풍우가 더한층 심해졌다. 4° ~ N 〈…의 안을 갈아대다〉 ~ un manteau 외투의 안을 갈다. 5° ~ (N) 〈(…학년에) 유급하다〉 Il *a redoublé* la troisième. 그는 제3학급에 유급했다. Cette année, il *a redoublé*. 금년에 그는 유급했다.

redouter 1° ~ qn/qc〈두려워하다〉 Toute la famille le *redoute* 〔*redoute* son humeur〕. 온 식구가 그를 〔그의 기분을〕 두려워한다. Les vieilles personnes *redoutent* l'hiver. 노인들은 겨울을 두려워한다. Ce sergent *est* très *redouté*. 사람들은 이 중사를 아주 무서워한다.

2° ~ de Inf 〈…하는 것을 두려워하다〉 Je *redoute* de tomber malade. 나는 병드는 것을 두려워한다.
3° ~ que P subj (ne) 〈…할까 두려워하다〉 Je *redoute* qu'il n'apprenne cette mauvaise nouvelle. 나는 그가 이 나쁜 소식을 알지나 않을까 두려워한다.
4° ~ de qn que P subj 〈…이 …할까 두려워하다〉~ d'un confident qu'il vous trahisse 속내 이야기를 하는 친구에 대해 그가 당신을 배반할까 두려워하다.

redresser 1° ~ N 〈…을 다시 세우다; 바로 고치다〉 ~ une poutre 들보를 바로잡다. ~ une tôle cabossée 찌부러진 양철판을 펴다. ~ un mât 돗대를 다시 세우다. ~ une statue 彫像을 다시 세우다. ~ la tête 머리를 쳐들다; 《비유적으로》 더 이상 복종하지 않다. ~ l'économie d'un pays 어떤 나라의 경제를 재건하다. C'est ainsi que j'ai pu ~ la situation et sauver l'essentiel. 그렇게 해서 나는 정세를 바로잡고 가장 중요한 것을 구해낼 수 있었다. ~ les opinions des hommes 사람들의 사상을 올바르게 고쳐주다.
2° qn se ~ 《변화》 〈다시 몸을 일으켜 세우다〉 *se* ~ dans son lit 침대에서 다시 몸을 일으켜 세우다. L'Allemagne *s'est* vite *redressée* après la guerre. 독일은 전후에 빨리 다시 일어섰다.

réduire 1° ~ N 〈…을 줄이다; 내리다〉 ~ la hauteur du mur 담 높이를 낮추다. ~ l'épaisseur de *qc* …의 두께를 줄이다. ~ la vitesse de sa voiture 자동차의 속도를 떨어뜨리다. ~ une photo 사진을 축소하다. ~ le personnel〔un salaire〕 직원〔봉급〕을 줄이다.
2° ~ N en N 〈…을 …이 되게 하다〉 ~ du café en poudre 커피를 가루가 되게 하다. ~ un arbre en bûches 나무를 장작이 되게 하다. Le feu *a réduit* la baraque en cendres. 불이 나서 가건축물은 재가 되었다. ~ des mètres cubes en litres 입방미터를 리터로 환산하다.
3° ~ N 〈…을 줄이다〉 ~ une sauce〔du jus〕 소스〔주스〕를 줄이다.
4° ~ 〈졸다〉 La sauce *a réduit*. 소스가 졸아들었다. faire ~ un bouillon 육수를 졸이다.
5° ~ N à N 〈…을 …이 되게 하다〉 ~ un problème à ses éléments de base 어떤 문제를 그 기초적 요소로 축소되게 풀어가다. ~ une structure à ses composantes 어떤 구조를 그 성분으로 환원하다.
6° ~ N 〈…을 축소하다〉 L'attitude intransigeante de Lagos *a* encore *réduit* les chances d'une solution négociée. 라고스의 완강한 태도는 협상에 의한 해결의 가능성을 더욱 감소시켰다.
7° ~ (N) à N 〈(…을) …에 몰아넣다〉~ *qn* au désespoir〔à la misère〕…을 절망〔빈곤〕에 몰아넣다. ~ *qn* au silence …을 찍소리 못하게 하다. la censure qui bâillonne la presse et la *réduit* à de pâles reproductions 언론에 함구령을 내려서 생기없는 轉載를 하는 지경으로 몰아 넣는 검열. Autrefois, le chômage *réduisait* à la misère. 전에는 실직이 빈곤으로 몰아넣었다.
◇ 1) ~ N à ce que P subj La misère *l'a réduit* à ce qu'il mendie. 가난은 그로 하여금 걸식을 하기에 이르게 했다.
2) ~ N à Inf La misère *l'a réduit* à quitter le pays. 가난은 그로 하여금 고향을 떠나게 했다.
3) ~ à néant/rien 〈완전히 멸망시키다〉 ~ à rien l'ambition de *qn* …의 야망을 수포로 돌아가게 하다. ~ les espoirs de *qn* à néant …의 희망을 무산시키다.

4) **en être réduit à** 〈… 할 수밖에 없는 궁지에 몰리다〉 Il *en est réduit* à la mendicité. 그는 걸식을 할 수밖에 없는 지경에 이르렀다.
5) **~ qn en esclavage** 〈…을 예속 상태에 빠지게 하다〉.
8° **~ N** 〈…을 진정[진압]하다〉 ~ l'opposition 반대를 진압하다. ~ toute résistance 일체의 저항을 진압하다.
9° **qc se ~ à N** 《변화》 Il est en effet grave de laisser croire à des millions de lecteurs que la pensée de René *se réduit* à ces formes de délire. 르네의 사상이 이런 망상의 형태로 요약된다고 수백만 독자들에게 믿게 한다는 것은 사실상 중대한 일이다.
10° **qc se ~ à Inf** La question *se réduit* à savoir si…. 그 문제는 …인지를 아는 것으로 요약된다.

refaire 1° **~ N** 〈…을 다시 하다[만들다]〉 J'*ai refait* plusieurs fois le même travail. 나는 똑같은 일을 여러 번 다시 했다. ~ un voyage 여행을 다시 하다. ~ le même chemin 같은 길을 다시 가다. ~ le toit d'une maison 집의 지붕을 고치다. ~ une façade 건물 정면을 다시 만들다. ~ un fauteuil 안락의자를 수선하다. ~ sa santé par un changement de climat 전지요양으로 건강을 회복시키다. ~ ses forces 기력을 되찾게 하다. ~ sa vie avec une autre femme 재혼하여 새 살림을 꾸미다.
2° **qn se ~** 《변화》 〈기력[건강]을 회복하다;(성격 따위를)고치다〉 J'ai grand besoin de *me* ~. 나는 건강을 회복할 절실한 필요가 있다. Il faut que tu changes, que tu *te refasses*. 너는 변해야 하고 성격을 고쳐야 한다.
3° **qn se ~ à N** 〈…에 다시 익숙해지다〉 On a de la peine à *se ~ au travail* après les congés. 휴가가 끝난 다음에는 일에 다시 익숙해지기가 힘들다.

réfléchir 1° **qn ~** 〈숙고하다〉 Avant de vous décider, il faut ~. 당신은 결단을 내리기 전에 깊이 생각해야 합니다.
2° **~ à/sur qc** 〈…에 대해서 숙고하다〉 J'*ai réfléchi* à[sur] votre affaire. 나는 당신의 일에 관해 깊이 생각해보았다. J'*y ai* longuement *réfléchi*. 나는 거기에 대해 오랫동안 숙고했다.
3° **~ qc** 〈반사하다〉 Les miroirs *réfléchissent* les images des objets. 거울은 사물의 모습을 비춘다.
4° **~ que P ind** 〈…이라는 것을 깊이 생각하다〉 En acceptant votre invitation, je n'*ai pas réfléchi* que je ne pourrai m'y rendre. 당신의 초대를 수락하면서 나는 거기에 갈 수 없을 것이라는 것을 생각하지 못했습니다.
5° **se ~ qp** 《변화》 〈비치다〉 La lune *se réfléchit* dans le lac. 달이 호수 속에 비친다.

refléter 1° **~ N** 〈…을 반사[반영]하다〉 L'eau *reflète* la lumière. 물이 빛을 반영한다. La surface de l'eau *reflète* les façades des maisons. 수면이 집들의 전면을 반영한다. Ce roman *reflète* la vie sociale de son époque. 이 소설은 그 시대의 사회생활을 반영한다. Cette position n'est guère originale et *reflète* celle de beaucoup de savants. 이런 태도는 그다지 독창적인 것이 못되고, 많은 학자들의 태도를 반영하고 있는 것이다.
2° **~ que P ind** Son visage *reflétait* que ma remarque l'avait blessé. 내가 한 비평이 그의 비위를 거슬렸다는 것이 그의 얼굴에 나타나고 있었다.
3° **~ que P subj** (주절이 부정 또는 부정의 뜻일 때) Les traits, le re-

gard, sans être répugnants, étaient loin de ~ qu'une étincelle s'y fût jamais allumée. 얼굴 모습이며 시선은 불쾌감을 주는 것은 아니었으나 재치의 번득임이 거기서 빛을 낸 적이 있다는 것을 나타내 주기에는 어림도 없는 것이었다.

réformer 1° ~ N 〈…을 개혁[개선]하다〉 ~ l'administration[le système fiscal] 행정을[세제를] 개혁하다. ~ l'enseignement secondaire 중등교육을 개혁하다. ~ un jugement 판결을 파기하다. ~ une recrue 신병을 제대시키다.

2° **qn se ~** 《변화》 〈소행을 고치다〉 Un jour, il décida brusquement de *se ~*. 어느날 그는 별안간 소행을 고치기로 결정했다.

refouler 1° ~ N(qp) 〈…을 (…로) 물러가게 하다〉 ~ un envahisseur 침략자를 격퇴하다. ~ un immigré à la frontière 타국으로부터의 이주민을 국경으로 추방하다.

2° ~ 〈역류하다〉 La cheminée *refoule.* 굴뚝에서 연기가 난다.

3° ~ N 〈…을 억제하다〉 ~ ses larmes[ses désirs] 눈물을[욕망을] 억제하다. ~ sa colère[ses instincts] 분노를[본능을] 억제하다. Moi, je *refoulais* péniblement une violente contrariété. 나는 맹렬한 불만을 가까스로 억눌렀다.

4° ~ (N) 〈(…을) 억압하다〉 ~ des souvenirs 기억을 억압하다.

refroidir 1° ~ N 〈…을 냉각하다〉 La neige *a refroidi* l'atmosphère. 눈이 대기를 차게 했다.

2° ~ 〈식다〉 L'eau *a refroidi.* 물이 식었다. laisser ~ la soupe 수프를 식게 놓아두다.

3° ~ N(qc de) qn 〈…(의 …)을 식게 하다〉 ~ l'ardeur[le zèle] de *qn* …의 열성을 식게 하다. Cet échec l'*a* nettement *refroidi.* 이번의 실패로 그는 분명히 낙담했다.

4° **qc se ~** 《변화》 Le temps *s'est refroidi.* 일기가 차졌다. Son ardeur s'est refroidie. 그의 열정이 식었다.

5° **qn se ~** Je *me suis refroidi.* 나는 감기에 걸렸다.

refuser I. 1° ~ **qn/qc** 〈사양·사절하다〉 J'*ai refusé* son invitation. 나는 그의 초대를 사양했다. On *a refusé* du monde à l'entrée du stade. 경기장 안으로 사람들이 들어오지 못하게 했다. Mon frère vient d'*être refusé* au baccalauréat. 내 동생은 최근에 대학입학 자격고사에 낙방을 했다.

◇ ~ ø J'ai préféré ~. 나는 거절하기를 택했다.

2° ~ **qc à qn** 〈…에게 …을 인정하지 않다[거절하다]〉 On lui *refuse* toute compétence en la matière. 사람들은 그에게 그 점에 관해 여하한 권한도 인정해주지 않는다. Les grands parents ne savent rien ~ à leurs petits-enfants. 할아버지 할머니는 손자들이 원하는 것은 무엇이든 거절하지 못한다.

3° ~ **de Inf** 〈…하기를 거부하다〉 Mon frère *refuse* d'assister au mariage de ma fille. 나의 형은 내 딸의 결혼식에 참석하기를 거부한다. Il *refuse* d'admettre qu'il a tort. 그는 자기가 잘못이라는 점을 인정하기를 거부한다.

II. 1° **se ~** 《변화》 〈거절당하다〉 Une telle offre ne *se refuse* pas. 그러한 제의는 거절당하지 않는다[거절하는 법이 아니다].

2° **se ~ qc/qn** 《가변》 〈…없이 지내다, 아끼다〉 L'avare *se refuse* le nécessaire. 수전노는 필수품까지도 절약한다.

3° **se ~ à qc** 〈…을 거부하다〉 Je *me refuse* à ce jeu. 나는 이 놀이를 거부한다.

◇ **se ~ à qn** (주어는 여자) Elle s'est longtemps *refusée* à lui. 그녀는 오랫동안 그에게 몸을 허락하지

않았다.
4° se ~ à Inf 《변화》〈…하기를 거부하다〉 Il *se refuse* à nous secourir. 그는 우리를 후원하는 것을 거부한다.
regagner 1° **~ (N)** 〈(…을) 되찾다[만회하다]〉 Il *a regagné* (de l'argent) à la loterie. 그는 복권에서 (돈을) 만회하였다.
2° **~ N** 〈…에 되돌아오다〉 Le naufragé *a regagné* la rive à la nage. 난파당한 사람이 헤엄쳐서 기슭으로 되돌아왔다. Je m'aspergeai d'eau fraîche et *regagnai* mon bureau. 나는 시원한 물을 몸에 끼얹고 사무실로 되돌아왔다. ~ du terrain 열세를 만회하다. ~ l'amitié de qn …의 우정을 다시 얻다. ~ le temps perdu 허비한 시간을 만회하다.
regarder A. voir 와의 비교 (1) voir 는 verbe statique 인 반면 regarder 는 verbe d'action 이다. (2) voir 와 달리 regarder 뒤에선 que P 가 보어로 올 수 없다. (3) se V Inf 또는 se V P.P. 등의 구문에서는 voir 가 주로 사용되고 regarder 는 별로 사용되지 않는다. (4) 이런 구분은 écouter/entendre 의 구분과 동일하다.
B. I. 1° **~ qn/qc** 〈바라보다〉 Je *regarde* une photo. 나는 사진을 들여다 본다. Le chien *regarde* son maître. 개는 주인을 바라본다.
◇ **~ ∅** Il *regarde*, mais il ne voit pas, en fait. 그는 바라보고 있으나 실제로는 보고 있지 않다.
2° **~ N Inf** 〈…이 …하는 것을 바라보다〉 Je *regarde* les enfants jouer au ballon. 나는 아이들이 공놀이하는 것을 바라본다. Elle *regarde* descendre le sentier. 그녀는 내가 오솔길을 내려오는 것을 바라본다.
◇ 1) Inf 에 제약있음.
2) Inf 가 타동사일 때 Inf 의 주어와 목적어가 동시에 대명사화되어 regarder 앞에 놓일 수 없다: *Je la lui *regarde* traverser.
3) **~ ∅ Inf** Je *regardais* travailler. 나는 사람들이 일하는 것을 쳐다보고 있었다.
4) Pron-Inf (—).
5) **~ ∅** Tu *as regardé* les enfants jouer? —Oui, je les *ai regardés*.
6) ~ que P(—).
7) **~ N en train de Inf** Je *regarde* les enfants en train de jouer au ballon. 나는 아이들이 공놀이하고 있는 것을 바라본다.
8) **~ N qui P ind** Je *regarde* les enfants qui jouent au ballon. 나는 아이들이 공놀이하는 것을 바라본다. Je les *regardais* qui passaient lentement. 나는 그들이 천천히 지나가는 것을 바라보고 있었다《이때 qui P 는 소위 relative attributive 이다 (⇨proposition relative)》.
3° **~ P(int. ind.)** 〈…인지 보다〉 *Regarde* s'il reste encore du vin. 아직 포도주가 남아 있는지 보아라. *Regarde* qui est là. 누가 있는지 보아라.
4° **~ qn** 〈…에 관계하다〉 Cela ne vous *regarde* pas. 그것은 당신에게는 관계없습니다.
◇ 1) Passif(—): 유사 의미의 concerner 는 Passif 가 가능하다.
2) ~ ∅(—).
5° **~ N comme+n** 〈…을 …으로 생각하다〉 Je vous *regarde* comme mon bienfaiteur. 나는 당신을 나의 은인으로 생각합니다. Je *regarde* cela comme un honneur. 나는 그것을 영광으로 생각합니다. Cela *a été regardé* comme un honneur. 그것은 영광으로 생각되었다.
6° **~ qc** 〈…쪽으로 향해 있다〉 Cette maison *regarde* le Midi. 이 집은 남쪽으로 향해 있다.
◇ 1) ~ ∅(—), Passif(—).
2) **~ SP** Les fenêtres de ma chambre *regardent* sur la rivière. 내 방의 창은 강쪽으로 향해 있다.

7° **~ à qc** 〈…을 아끼다; …에 세심한 주의를 하다〉 Il *regarde* beaucoup au sucre. 그는 설탕을 몹시 아낀다. *Regardez* bien à ce que vous allez dire. 당신이 말하려는 것에 아주 세심한 주의를 하시오.

◇ 1) **~ à Inf** Il *regarde* à venir nous voir. 그는 우리를 만나러 오는 일을 게을리하지 않는다.

2) **~ à ce que P subj** *Regardez* à ce que l'on fasse suivre notre courrier. 우편물을 이전된 주소로 보내주도록 신경을 써 주시오.

II. 1° se ~ 《변화》〈자기를 보다; 마주보다〉 *se ~* dans un miroir 거울에 자기 모습을 비춰보다. Nos deux maisons *se regardaient*. 우리 두 집은 서로 마주보고 있었다.

2° se ~ qc(qc는 신체부위명사)《가변》〈자기의 …을 보다〉 *se ~* les ongles 자기 손톱을 들여다보다.

3° se ~ Inf《se가 Inf의 주어이면 변화, Inf의 목적어이면 불변》 *se ~* faire des grimaces 자기가 여러 가지 표정 꾸미는 것을 바라보다.

4° se ~ comme Attr《변화》〈자기를 …으로 생각하다〉 *se ~* comme perdu 자기를 파멸했다고 생각하다.

régler 1° ~ N〈…을 결제[해결]하다〉 *~* une facture 청구서를 결제하다. Est-ce que tu *as réglé* le garagiste? 너는 차고경영자에게 대금을 청산했니? Il est intervenu pour *~* leur querelle. 그들의 싸움을 해결하기 위해서 그가 개입했다. Je n'arrive pas à *~* ce problème. 나는 이 문제를 해결해내지 못했다.

2° ~ N〈…을 조정[조절]하다〉 *~* le ralenti de son moteur 엔진의 완속운동을 조정하다. *~* une pendule [sa montre] 추시계[그의 회중시계]를 조정하다. *~* les freins de sa voiture 자동차의 브레이크를 조정하다.

3° ~ N sur N〈…을 …에 맞추다〉 *~* sa vie sur *qn* …을 본받다.

4° ~ N〈…을 정하다〉 *~* l'ordre d'une cérémonie 의식의 순서를 정하다. *~* l'emploi de ses journées 일과 시간표를 정하다. *~* la date et le lieu d'une entrevue 회견 날짜와 장소를 결정하다.

5° ~ P(int. ind.) Un arrêté municipal *règle* à quelle heure la piscine doit être fermée. 몇 시에 수영장의 문이 닫혀야 하는가를 시〔읍·면〕의 명령이 결정한다.

6° se ~ sur N《변화》〈…을 본받다〉 *se ~* sur *qn* …을 본받다.

régner 1° ~〈군립하다; 지배하다〉 Louis XIV *régna* de 1643 à 1715. 루이 14세는 1643년부터 1715년까지 군림했다. La confiance et la franchise *règnent* dans leurs entretiens. 신뢰와 솔직함이 그들의 대담에 깃들어 있다.

◇ **Il ~ N** Il *règne* la plus grande confusion. 최대의 혼란상태가 빚어지고 있다. Il *règne* un silence pesant. 무거운 침묵이 흐르고 있다.

2° ~ sur qc/qn〈…을 지배하다〉 A partir de 1707, le souverain britannique *régna* sur Anglais et Ecossais. 1707년부터 영국 군주가 영국인과 스코틀랜드인을 지배했다. Le calme *régnait* sur son visage. 고요함이 그의 얼굴에 깃들어 있었다.

regretter 1° ~〈후회하다; 유감스럽게 여기다〉 Il a beau *~*, le mal est fait. 후회해도 소용없다. 악은 이미 저질러졌다.

◇ Je regrette는 반박하거나 용서를 바랄 때 쓰는 표현이다: Tu l'as ratée. — Je *regrette*, je ne l'ai pas ratée. 너는 그 일에 실패했다. —미안하지만 나는 실패하지 않았다. La rue X, s'il vous plaît? —Je *regrette*, je ne suis pas du quartier. 미안하지만 X가가 어디에 있습니까? —죄송합니다만 저는 이 동네

사람이 아닙니다.
2° ~ qn/qc 〈뉘우치다; 그리워하다〉 Je *regrette* ma faute. 나는 내 과오를 뉘우치고 있다. Il *regrette* beaucoup son père, qui est mort il y a quelques années. 그는 몇년 전에 돌아가신 아버지를 몹시 그리워한다. Il *regrettait* ses montagnes depuis qu'il vivait dans la plate Beauce. (Zola) 그는 평야인 보스에서 살게 된 이후로 산을 그리워하고 있었다.
3° ~ de Inf 〈…하는 것을 후회하다〉 Il *regrette* de vous avoir parlé si durement. 그는 당신에게 그렇게 심하게 말한 것을 후회하고 있다. Je *regrette* de vous avoir fait attendre. 기다리게 해서 죄송합니다.
4° ~ que P subj 〈…을 유감스럽게 생각하다〉 Je *regrette* que vous ne soyez pas venu. 나는 당신이 오시지 않은 것을 유감스럽게 생각합니다.

rejeter 1° ~ N(qp) 〈…을 (…에) 다시 던지다〉 ~ des poissons à la mer 물고기를 바다에 다시 던지다. ~ des poissons trop jeunes 너무 어린 물고기를 다시 (바다[물]에) 던지다. ~ la tête en arrière 머리를 뒤로 홱 젖히다. ~ les cheveux en arrière 머리카락을 뒤로 넘기다. ~ un envahisseur 침입자를 물리치다.
2° ~ N 〈…을 내던지다〉 un malade qui *rejette* les aliments 음식을 토하는 환자. La mer *rejette* une épave. 바닷물이 표류물을 밀어내 놓는다.
3° ~ N sur N 〈…을 …에게 전가하다〉 ~ sur quelqu'un d'autre la responsabilité de ses actes 자기가 한 행위의 책임을 다른 사람에게 전가하다.
4° ~ N 〈…을 거절[부결]하다〉 ~ une demande 요청을 거절하다. ~ un projet de loi 법안을 부결하다.

rejoindre 1° ~ N(pl) 〈…을 다시 맞추다〉 ~ les lèvres d'une plaie 상처의 벌어진 곳을 접합하다.
2° ~ N 〈…을 다시 만나다〉 La recrue *rejoint* son unité militaire. 신병이 그의 부대에 귀대한다. A bientôt, je vous *rejoins* à midi au café. 곧 다시 만납시다, 오정에 카페에서 당신과 다시 만나지요. Cette route *rejoint* l'autoroute à dix kilomètres d'ici. 이 도로는 여기서 10킬로미터 되는 곳에 있는 자동차 도로와 연결된다. Il court trop vite, je ne peux pas le ~. 그는 너무 빨리 달려서 나는 그를 따라미치지 못한다. ~ son domicile 집에 도착하다.
3° N(pl) se ~ 《변화》〈다시 만나다[합치다]〉 Nous *nous rejoindrons* là-bas. 우리는 저승에서 다시 서로 만날 것이다. Les deux routes *se rejoignent* à dix kilomètres. 이 두 도로는 이 곳에서 10킬로미터 되는 곳에서 다시 합친다.

réjouir 1° ~ N 〈즐겁게 하다〉 Cette nouvelle *réjouit* tout le monde. 이 소식은 모든 사람을 기쁘게 한다. Le bon vin *réjouit* l'estomac. 좋은 술은 위를 즐겁게 한다.
2° se ~ 《변화》〈기뻐하다〉 *Réjouissez-vous*, j'apporte une bonne nouvelle. 제가 좋은 소식을 가져왔으니 기뻐하십시오. Je *me réjouis* à l'idée de voir bientôt mes amis. 곧 친구들을 만나볼 생각을 하니 기쁘다.
3° se ~ de qc 〈…을 기뻐하다〉 Je *me réjouis* de cette nouvelle. 나는 이 소식을 기뻐한다.
4° se ~ de Inf 〈…해서 기쁘다〉 Je *me réjouis* de vous revoir. 당신을 다시 뵙게 되어 반갑습니다.
5° se ~ que P subj Je *me réjouis* que vous soyez en bonne santé. 건강하시니 기쁩니다.
◇ se ~ de ce que P ind/subj

Je *me réjouis* de ce que vous êtes [soyez] là. 당신이 계셔서 기쁩니다.

relâcher 1° ~ N 〈…을 늦추다; 완화하다〉 ~ les cordes d'un violon 바이올린의 현을 늦추다. ~ un ressort 용수철을 늦추다. L'U.R.S.S. n'*a* pas *relâché* son étreinte sur l'Allemagne de l'Est. 소련은 동독에 대한 속박을 완화하지 않았다.
2° ~ N 〈…을 석방하다〉 ~ un prisonnier 죄수를 석방하다.
3° ~ qp 〈…에 기항하다〉 Des navires étrangers *relâchent* dans le port. 외국 선박들이 항구에 기항한다.
4° se ~ 《변화》 La discipline *se relâche*. 규율이 해이해진다. Il *se relâche* dans son travail. 그는 일에 소홀해진다. Il *se relâche* dans son zèle. 그는 열성이 식어진다. Son zèle *se relâche*. 그의 열성이 식는다.

relever 1° ~ N 〈…을 다시 일으키다; 끌어 올리다〉 ~ qn qui est tombé 넘어진 …을 다시 일으키다. ~ la tête 머리를 들다. ~ un pays 한 나라를 재건[복구]하다. ~ le niveau de vie de la population 주민의 생활수준을 높이다. ~ l'économie 경제를 재건하다. ~ le courage de qn …의 용기를 북돋아 주다.
◇ 1) Le professeur *relève* les copies. 교수가 답안지를 걷는다. ~ le courrier 우편물을 거두다.
2) ~ un plat 〈요리의 맛을 진하게 [짜게•맵게] 하다〉
3) ~ le gant 〈(결투의) 도전을 받아들이다〉.
2° ~ N 〈…을 적다; 지적하다〉 ~ une adresse[une date] 주소[날짜]를 적어두다. ~ l'électricité 전기 계량기에 나타난 숫자를 읽다. ~ le compteur 계량기를 읽다. Le professeur *relève* des fautes dans un devoir. 교수가 숙제의 틀린 것을 지적한다. Les policiers *ont relevé* des traces de balles dans la carrosserie abandonnée. 경찰관들은 버려진 (자동차의)차체에서 총알의 흔적을 확인했다. Cela ne mérite pas d'*être relevé*. 이것은 들추어낼 만한 가치가 없다.
3° ~ N 〈…을 교대시키다〉 ~ qn qui a monté la garde 보초를 선 …을 교대시키다.
4° ~ N de N 〈…을 …에서 풀어주다, 해제하다〉 ~ qn de ses fonctions …을 그 임무에서 해제해 주다. ~ qn d'une obligation …을 그 의무에서 면제해 주다. ~ qn de son serment …을 그의 선서에서 풀어주다.
5° ~ de N 〈…의 소관[영역]에 속하다〉 Ce bureau *relève* de l'administration municipale. 이 사무소는 시 행정의 소관에 속한다. Ce problème ne *relève* pas de votre compétence. 이 문제는 당신의 권한에 속하지 않습니다. Cette affaire *relève* du tribunal correctionnel. 이 사건은 경죄재판소 소관입니다. Il ne veut ~ de personne. 그는 어느 누구에게도 의존하려 하지 않는다.

remarquer I. 1° ~ qn/qc 〈…에 주목하다; …을 깨닫다〉 Je n'*ai* pas *remarqué* l'accident. 나는 사고를 알아차리지 못했다. J'*ai remarqué* mon ami au bout de la rue. 나는 그 길 끝에서 내 친구가 있는 것을 보았다.
◇ ~ ∅(-).
2° ~ que P ind 〈…을 알아채다〉 J'*ai remarqué* qu'il n'était pas là. 나는 그가 거기 없다는 것을 알았다. J'*ai remarqué* que le train arrive toujours à l'heure. 나는 이 기차가 정시에 도착하는 것을 알았다.
◇ ~ ∅ Oui, je (l')*ai remarqué*.
3° ~ P(int. ind.) 〈…인지 알아채

다〉 J'ai remarqué qui a répondu. 나는 누가 대답했는지 알아차렸다. Je n'ai pas remarqué s'il est venu. 나는 그가 왔는지 알지 못하고 있었다.
4° faire ~ qc à qn 〈…을 …에게 유의시키다〉 Je lui ai fait ~ la beauté de cet édifice. 나는 그에게 이 건물의 아름다움을 지적했다.
5° faire ~ à qn que P ind Je lui ai fait ~ que ma conduite s'est améliorée. 나는 그에게 내 행실이 좋아졌다는 것을 알렸다.
II. 1° se ~ 《변화》〈깨달아지다〉 une faute, une erreur qui se remarque difficilement 가려내기 힘든 오류.
2° se faire ~ 《불변》〈주목을 끌다〉 Ne te fais pas toujours ~. 항상 남의 주의를 끌도록 하지는 말아라.
3° se faire ~ par qc 〈…으로 눈에 띄다〉 Ce caporal s'est fait ~ par sa bravoure. 이 하사는 그 용맹으로 유달리 눈에 띄였다.

rembourser 1° ~ qn (de N) 〈…에게 (…를)갚아주다〉 ~ qn …에게 갚아주다. On le remboursera de ses frais d'hôtel. 그의 여관 비용을 그에게 갚아줄 것이다.
2° ~ qc (à qn) 〈…을 (…에게) 갚다, 지불하다〉 Je lui ai remboursé les 100 francs qu'il m'a avancés. 나는 그가 나에게 꾸어준 100프랑을 그에게 갚았다. On ne m'a pas remboursé mes frais d'hôtel. 나는 호텔비용을 반불받지 못했다. J'ai remboursé toutes mes dettes. 나는 부채를 모두 상환했다.
3° qn se ~ 《변화》 En fin de compte, je me suis remboursé. 결국 나는 (입체한 비용 따위를) 회수했다.

remercier 1° ~ qn 〈…에게 감사하다;해고하다〉 Le gagnant remercie le jury. 수상자는 심사원에게 감사한다. Je vous remercie. 감사합니다. Deux employés ont été remerciés cette semaine (de leur emploi). 두 고용인이 이번 주에 (일자리에서) 해고당했다.
◇ ~ ø Il ne sait pas ~. 그는 남에게 감사할 줄 모른다.
2° ~ qn de/pour qc 〖구어〗〈…에 대해서 …에게 감사하다〉 Je vous remercie de[pour] votre hospitalité. 당신의 환대에 대해 감사합니다.
3° ~ qn de Inf Je vous remercie de m'aider toujours. 항상 나를 도와주셔서 감사합니다. Je vous remercie de m'avoir si bien accueilli. 나를 그렇게 환대해 주셔서 감사합니다.
◇1) de Inf는 en으로 대치 가능함: Je l'en ai remerciée. 나는 그 일로 그녀에게 감사했다.
2) ~ ø de Inf(+), ~ qn ø(+).
4° ~ qn pour Inf (passé) Je vous remercie pour m'avoir aidé. 나를 도와주셔서 감사합니다.
5° N(pl) se ~ 《변화》〈서로 사례하다〉 Ils se sont remerciés. 그들은 서로 사례했다.

remonter 〔이동(verbe de mouvement)을 뜻할 때만 조동사는 être, 기타의 경우는 avoir〕.
I. 1° ~ 〈다시 오르다〉 Je suis remonté au quatrième étage. 나는 5층으로 다시 올라갔다. Le prix des légumes a remonté. 채소값이 다시 올랐다.
◇ Il ~ N Il est remonté beaucoup de monde. 많은 사람들이 다시 올라왔다.
2° ~ Inf 〈…하러 다시 올라가다 [오다]〉 Il remonte voir sa tante. 그는 아주머니를 뵈려고 다시 올라간다.
3° ~ à qc 〈…으로 거슬러 올라가다〉 Sa noblesse remonte à Charles X. 그의 귀족신분은 샤를르 10세로

거슬러 올라간다.
4° ~ qc 〈다시 오르다; 갖추다; (태엽을) 감다〉 ~ un escalier 계단을 다시 올라가다. *J'ai remonté* ma montre. 나는 내 시계 태엽을 감았다. ~ un ménage 살림에 필요한 물건을 다시 마련하다.
◇ ~ ø(-).
5° ~ qn 〈(기력, 사기를) 회복시키다〉 Ce cordial vous *remontera*. 이 강심제는 당신의 기력을 회복시켜줄 것이다. Un verre de vin vous *remontera*. 포도주 한잔 마시면 기운이 나실 것입니다.
II. 1° se ~ 《변화》〈원기를 회복하다; (태엽이) 감겨지다; 다시 갖추다〉 Il prend des vitamines pour *se* ~. 그는 원기를 회복하기 위해 비타민을 먹는다. un vieux phono qui *se remonte* à la manivelle 손잡이로 태엽이 감겨지는 낡은 축음기. *se* ~ en vêtements 옷을 다시 마련하다.
2° se ~ qc 《가변》〈…을 회복하다〉 *se* ~ le moral 기력을 회복하다.

remplacer 1° ~ N 〈대체[대신]하다, 갈다〉 Il faut ~ cet ouvrier. 이 직공을 대체해야 한다. Il a fallu ~ la vitre qui était cassé. 깨진 유리창을 갈아끼워야 했다. Quand il part en vacances, c'est moi qui le *remplace* dans son travail. 그가 휴가를 떠나면 내가 그를 대신하여 그의 일을 한다.
◇ ~ ø(-).
2° ~ qn/qc par qn/qc 〈…을 …으로 대체하다, 바꾸다〉 *J'ai remplacé* le gaz par l'électricité. 나는 가스를 전기로 대체했다.
3° se ~ 《변화》〈대체되다〉 Cette pièce peut *se* ~. 이 부속품은 대체될 수 있다.

remplir I. 1° ~ qc 〈가득채우다; 이행하다〉~ le verre d'un convive 회식자의 잔을 가득채우다. Il *a rempli* tous ses devoirs de père de famille. 그는 가장으로서의 그의 모든 의무를 다했다.
◇ ~ ø(-).
2° ~ qc de qc 〈…으로 가득 채우다〉 *J'ai rempli* mon panier de pommes. 나는 바구니에 사과를 채웠다. Elle *remplissait* le vase d'eau fraîche pour y mettre des fleurs. 그녀는 꽃병에 꽃을 꽂으려고 새 물을 가득 채우고 있었다.
3° ~ qn de qc 〈…으로 (…의 마음을) 온통 채우다〉 Cette nouvelle l'*a rempli* de joie. 이 소식은 그를 아주 기쁘게 했다.
II. 1° se ~ 《변화》〈가득차다〉 La salle commence à *se* ~. 홀은 가득차기 시작한다.
2° se ~ qc 《가변》〈자기의 …을 채우다〉 *se* ~ les poches 부자가 되다.
3° se ~ de qc 《변화》〈…으로 가득차다〉 Le réservoir *s'est rempli* d'eau. 저수지에는 물이 가득 찼다.

remporter 1° ~ N(qp) 〈…을 (…로) 도로 가져가다〉 ~ qc dans la cuisine …을 부엌으로 도로 가져가다. ~ cela! 도로 가져가시오!
2° ~ N 〈…을 획득[쟁취]하다〉 ~ une victoire[un succès] 승리를[성공을] 거두다. Le parti libéral *a remporté* mardi une incontestable victoire dans les élections législatives. 자유당은 화요일에 국회의원 선거에서 명백한 승리를 거두었다.

remuer 1° ~ 〈움직이다〉 Pierre *remue*. 피에르는 움직인다. Le bateau *remue*. 배가 흔들린다. Il n'est pas mort, il *remue* encore. 그는 죽지 않았다. 아직도 몸이 움직인다.
2° ~ qc/qn 〈움직이다; 감동시키다〉 Il *a remué* la tête. 그는 머리를 움직였다. Cette histoire m'*a remué*. 이 이야기는 나를 감동시켰다.
◇ ~ ø ~ pour mélanger 휘저어서 잘 뒤섞을 것 《내복약 처방》.

3° se ~ 《변화》〈몸을 움직이다〉 Il se remue beaucoup(=Il rumue beaucoup). 그는 몸을 많이 움직인다.

renaître [verbe défectif 로 단순시제에서만 사용됨]. 1° ~ 〈다시 태어나다, 소생하다〉 Les fleurs renaissent au printemps. 꽃은 봄에 소생한다. L'espoir renait dans les cœurs. 희망이 마음 속에 소생한다.
2° ~ à 〈…을 되찾다〉 Il renaissait à la vie après sa longue maladie. 오랜 병후에 그는 건강을 회복해 가고 있었다.

renchérir 1° ~ 〈값이 오르다〉 Les légumes ont encore renchéri. 채소가 또 값이 올랐다.
2° ~ qc 〈…의 값을 올리다〉 ~ le coût de la vie 생활비를 올리다.
3° ~ sur N 〈…보다 한술 더 뜨다〉 Yvonne renchérit sur son frère Jean. 이본느는 동생 장보다 한술 더 뜬다. Il renchérit sur tout ce qu'il entend raconter. 그는 남에게 들은 얘기는 무엇이든지 과장해서 말한다.

rencontrer 1° ~ qn/qc 〈만나다, 마주치다; …에 봉착하다〉 Je le rencontre tous les jours à la même heure. 나는 매일 같은 시간에 그를 만나곤 한다. Je n'ai jamais rencontré ce mot. 나는 이 단어를 본 적이 없다. Ce projet rencontre une violente opposition. 이 계획은 격렬한 반대에 부딪치고 있다.
2° N(pl) se ~ 《변화》〈서로 만나다; 서로 부딪치다〉 Ils se sont rencontrés chez des amis. 그들은 친구들 집에서 서로 만났다. Ces deux autos se sont rencontrées. 이 두 자동차는 충돌했다.
3° se ~ avec qn 〈…와 생각·감정이 일치하다〉 Je me suis déjà rencontré avec le comte. (Zola) 나는 이미 그 백작과 의견의 일치를 보고 있다.

4° Il se ~ N(비인칭 구문)〈존재하다; 나타나다〉 Il s'est rencontré un homme providentiel. 천우신조의 사람이 나타났다.

rendre I. 1° ~ 〈산출하다, 생산하다; (악기 등이) 소리를 내다; 판결 따위를 내리다; 의무를 이행하다; 토하다〉 Les arbres fruitiers ont bien rendu cette année. 과일나무들이 올해에는 수확이 좋았다.
2° ~ qc 〈산출하다; 소리를 내다; 판결을 내리다〉 Ces fruits rendent beaucoup de jus. 이 과일은 즙이 많이 난다. Cette cloche rend un son merveilleux. 이 종은 훌륭한 소리를 낸다. Un juge doit ~ des jugements. 재판관은 판결을 내려야 한다. Il a rendu l'âme. 그는 죽었다.
◇ ~ ø Il a trop bu et trop mangé, c'est pour ça qu'il a rendu. 그는 너무 많이 마시고 먹었다. 그래서 그는 토했다.
3° ~ qc à qn 〈…을 …에게 돌려 주다, 반환하다〉 Les ravisseurs ont rendu l'enfant à ses parents. 유괴범들은 아이를 그 부모에게 돌려 주었다.
4° ~ qn à qc 〈…에게 …을 회복 시켜 주다, 되찾게 해주다〉 L'art des médecins l'a rendu à la vie. 의사들의 기술이 그를 구했다.
5° ~ qc(à qn/qc) (qc 는 무관사명사)〖숙어〗〈…을 도와주다; …을 방문하다〉 Ce petit outil rend énormément service. 이 작은 도구는 대단히 유용하다. Le proviseur tient à ce qu'on lui rende visite. 그 교장은 사람들이 그를 방문하기를 몹시 바란다. Rendez-lui compte de vos dépenses. 그에게 당신 지출 내역을 보고하십시오.
◇ ~ sa visite à qn 〈…를 답례 방문하다〉.
6° ~ qn/qc Attr (Attr 는 형용사)〈…되게 하다, …하게 만들다〉 Son

invention l'*a rendu* célèbre. 그의 발명이 그를 유명하게 만들었다. L'absence de tout outil *rendit* la chose encore plus difficile. 무엇이든 도구의 결핍이 일을 더욱 더 어렵게 만들었다.
II. 1° se ~ à+장소보어 《변화》 〈가다; 이르다〉 Elle *s'est rendue* à l'étranger pendant les vacances. 그녀는 방학 동안 외국으로 갔다. Les fleuves *se rendent* à la mer. 강물은 바다로 흘러든다.
◇ se ~ chez qn 〈…를 방문하다〉 L'ambassadeur *s'est rendu* chez le chef du gouvernement. 대사는 수상을 예방하였다.
2° se ~ (à qn) 〈항복하다〉 Après de longs combats, la ville *s'est rendue* (aux assaillants). 오랜 전투 후에 그 도시는 (침략자들에게) 항복했다.
3° se ~ à qc 〈…에 응하다; 인정하다(=admettre)〉 Il faut bien que je *me rende* à l'évidence: j'ai eu tort. 나는 다음과 같은 명백한 사실을 인정해야 한다. 내가 옳지 않았던 것이다. Paul *s'est rendu* à mes raisons. 폴은 나에게 설득되었다.
4° se ~ Attr(*Attr*는 형용사) 〈…하게 보이다〉 Il veut *se* ~ utile, agréable à tout le monde. 그는 모든 사람에게 유익하고 유쾌하게 보이기를 원한다.

renfermer 1° ~ N(qp) 〈…을 (…에) 넣어두다〉 J'*ai renfermé* les papiers dans le tiroir. 나는 서류를 서랍에 넣어두었다.
2° ~ N〈…을 포함하다, 지니다〉Le tiroir *renferme* des documents importants. 그 서랍에는 중요한 자료가 들어 있다.
3° ~ N qp 〈…을 …에 담다〉 Il *renferme* sa pensée en peu de mots. 그는 자기의 사상을 몇마디 말 속에 담는다.
4° ~ N 〈…을 포함하다〉 Cette étude de *renferme* de nombreuses erreurs. 이 연구에는 많은 오류가 포함되어 있다.
5° qn se ~ qp 《변화》 *se* ~ dans le silence[le mutisme] 침묵에 잠기다.
6° se ~ dans sa coquille[en soi-même] 〈속마음을 전연 얘기하지 않다〉.

renifler 1° ~ 〈코를 훌쩍이다; 킁킁거리며 냄새맡다〉 Le cheval *renifle*. 말이 코를 킁킁거리며 냄새맡는다. L'enfant *renifle* après avoir pleuré. 어린애가 울고 나서 코를 훌쩍거린다.
2° ~ N 〈…을 코로 냄새맡다〉 La ménagère *renifle* d'un air soupçonneux le poisson. 주부가 의심스러운 표정으로 생선에 코를 가까이 대고 냄새맡는다. ~ du tabac 담배를 코로 냄새맡다. En entrant dans la salle à manger les narines *reniflaient* une odeur de graisse et de graillon. 식당에 들어가면서 콧구멍은 기름기 냄새와 기름타는 냄새를 맡았다. ~ une bonne affaire 재미볼 만한 거래를 눈치채다.

renoncer 1° ~ 〈(…을) 포기하다; 단념하다, 중지하다〉 Il a dû ~. 그는 단념했음에 틀림없다.
2° ~ à qc 〈(소유, 직업을) 포기하다, 단념하다〉 Nous avons dû ~ à cette entreprise. 우리는 이 사업을 단념하지 않으면 안되었다.
3° ~ à Inf 〈…하기를 단념하다〉 J'*ai renoncé* à lui en parler. 나는 그에게 그것에 관해서 말하기를 단념했다.

renouveler 1° ~ N 〈…을 갈다; 되풀이하다〉 ~ son passeport 여권을 갱신하다. ~ l'air d'une pièce 어떤 방을 환기하다. ~ son outillage 연장 한 벌을 갈다. ~ une demande 재신청하다. Son étude *a* entièrement *renouvelé* l'image que l'on avait de cet auteur. 그의 연

구는 이 저자에 대해 사람들이 품고 있는 이미지를 일신했다.
2° **se ~** 《변화》〈새로와지다, 변화를 가져오다〉 La vie monacale *s'est renouvelée* après la réforme de Cluny. 수도자의 생활은 클뤼니의 개혁 이후 새로와졌다. Cet auteur ne *se renouvelle* pas. 이 작가는 작품활동에 변화를 가져오지 않는다〔구태의연하다〕. Que ça ne *se renouvelle* pas, tu m'entends? 다시는 이런 일이 되풀이되지 않아야 한다. 알았지?

renseigner 1° **~ N(sur N)** 〈…에게 (…에 관해) 알려주다〉 ~ *qn* sur l'horaire du train …에게 열차시간표에 관해 알려주다. Je ne suis pas au courant parce que personne ne m'a *renseigné*. 나는 알고 있지 못했다. 왜냐하면 아무도 나에게 알려주지 않았기 때문이다.
2° **se ~ (sur N) (auprès de qn)** 《변화》〈(…에 관해) (…에게) 조회〔문의〕하다〉 Je *me suis renseigné* là-dessus auprès de lui. 나는 그 점에 관해서 그에게 문의했다.

rentrer A. 〔조동사는 avoir를 쓴다〕. **~ qc** 〈(안으로) 다시 들이다; 치우다〉 En automne, on *rentre* les chaises du jardin dans la cave. 가을에는 정원의 의자들을 지하실에 들여놓는다.
B. 〔조동사는 être를 쓴다〕. 1° **~** 〈《집에》돌아오다〔가다〕; 다시 들어오다〔가다〕〉 Quand *rentrerez*-vous? 언제 당신은 돌아오시렵니까?
2° **~ Inf** Je *rentre* préparer le dîner. 나는 저녁 준비하러 집에 돌아온다. En voyant la pluie, je *suis rentré* à la maison chercher mon imperméable. 비가 오는 것을 보고 나는 비옷을 찾으러 집에 다시 들어왔다.
3° **~ chez qn** 〈…의 집에 돌아오다〔가다〕〉 ~ tous les jours chez soi pour déjeuner 점심을 먹기 위해 매일 자기 집으로 돌아오다.
4° **~ de qc** 〈…에서 돌아오다〉 Nous *sommes rentrés* de promenade. 우리는 산책에서 돌아왔다.
5° **~ dedans/dans qc** 〖속어〗〈…에게 와락 달려〔덤벼〕들다〉 Il l'*injuriait* et voulait lui ~ dedans. 그는 그에게 욕설을 퍼붓고 있었고 그에게 와락 덤벼들고 싶어 했다. La voiture *est rentrée* dans un platane. 자동차가 플라타너스 나무를 들이받았다.
6° **~ dans son argent/dans ses frais** 〖숙어〗〈…을 되찾다, 회복하다; 다시 시작하다〉 Je ne sais pas s'il *rentrera* dans ses frais. 나는 그가 쓴 돈〔비용〕을 되찾을 것인지 모르겠다.
7° **~ dans l'ordre** 〈질서를 회복하다〉 Après une période troublée, tout *est rentré* dans l'ordre. 어지러운 시기가 지나자 모든 것이 질서를 회복했다.
8° **~ en fonctions** 〈복직하다, 다시 집무하다〉 Le chef du gouvernement *est rentré* en fonctions hier. 수상은 어제 집무를 시작했다.

renverser 1° **~ N(qp)** 〈…을 (…에) 넘어뜨리다; 엎지르다〉 ~ un verre de vin 포도주 한 컵을 엎지르다. ~ du vin sur la table 포도주를 좀 식탁 위에 엎지르다. ~ une chaise (음식점에서) 예약된 식탁의 의자를 앞으로 기울여 놓다. ~ son adversaire 적수를 쓰러뜨리다. ~ la tête en arrière 고개를 뒤로 젖히다. La voiture *a renversé* le piéton. 자동차가 보행자를 치어 쓰러뜨렸다.
2° **~ N** 〈…을 뒤집다〉 ~ toute une maison pour chercher *qc* …을 찾기 위하여 집안을 발칵 뒤집어 놓다. ~ le courant 전류의 극을 바꾸다.
3° **~** 〖드물게〗〈(방향을) 바꾸다〉 Le courant électrique *renverse*. 전류가

방향을 바꾼다. La mer *renverse*. 바다가 해류의 방향을 반대로 바꾼다.
4° ~ N 〈…을 전복하다, 무너뜨리다〉 ~ un gouvernement 정부를 무너뜨리다. ~ un ministre 장관을 실각시키다. ~ l'ordre établi [une tradition] 기존 질서를[전통을] 무너뜨리다. ~ l'ordre des mots 어순을 도치하다. Cette nouvelle m'*a renversé*. 이 소식을 듣고 나는 대경실색했다.
5° se ~ (qp) 《변화》 Lilian *se renversa* en arrière en riant aux éclats. 릴리앙은 껄껄 웃으면서 몸을 뒤로 젖혔다. La voiture *s'est renversée* dans le fossé. 자동차는 도랑 속에 전복했다.

renvoyer 1° ~ N 〈되돌려 보내다; 반사하다, 반향하다; 쫓아내다, 해고하다〉 L'écho *renvoie* les sons, les paroles. 메아리는 소리, 말을 반향한다. Le patron *a renvoyé* les grévistes. 고용주는 동맹파업자들을 해고했다.
2° ~ qn à qc 〈…에게 …을 참조케 하다〉 Un astérisque *renvoie* le lecteur au glossaire. 별표는 독자에게 고어사전을 참조케 한다.
3° ~ qc à qn 〈…을 …에게 반환하다〉 Je vous *renvoie* le livre que vous m'avez prêté. 나는 당신이 나에게 빌려준 책을 당신에게 반환합니다.
4° ~ qc à + 시간보어 〈(토의 따위)를 연기하다, 미루다〉 Je *renvoie* notre entrevue à lundi. 나는 우리의 회견을 월요일로 연기한다. La réunion *est renvoyée* à la fin du mois, le président étant absent. 회장이 부재중이라 회의는 월말로 연기되었다.
5° se ~ qc 《가변》〈서로 비난하다; 욕설하다〉 *se* ~ la balle 서로 잘못을 전가하다.

réparer ~ qc 〈수리하다; 복원하다; 속죄하다; 보상하다〉 Faites ~ cette maison, sinon elle va s'effondrer. 이 집을 수리하게 하십시오. 그렇지 않으면 곧 무너질 것입니다. ~ une erreur 잘못을 속죄하다. La terre ne peut plus ~ ses forces génératrices. (Michelet) 지구는 이미 그 생식능력을 회복할 수 없다.
◇ ~ ø(+) 《특별한 뜻으로만 가능하다》.

repartir A. [조동사는 avoir 를 쓴다]. ~ qc à qn 〈…에게 대꾸하다, 즉답하다〉 «Occupe-toi de tes affaires» m'*a-t-il reparti* (=répliqué). 「네 일에 전념해라」하고 그가 나에게 대꾸했다.
B. [조동사는 être 를 쓴다]. 1° ~ 〈되돌아가다〉 Mon ami *est reparti* ce matin. 내 친구는 오늘 아침 되돌아갔다.
◇ 1) ~ **Inf** 〈…하러 되돌아가다〉 Il *est reparti* acheter le journal. 그는 신문을 사러 되돌아갔다.
2) ~ à **Inf** 〈다시 …하기 시작하다〉 Nous voilà *repartis* à parler. (Vercors) 드디어 우리는 다시 말하기 시작했다.
2° ~ + 장소보어 〈…에 다시 돌아가다〉 ~ en Asie 아시아로 되돌아가다. Paul *repart* pour l'Angleterre, l'été prochain? 폴은 내년 여름에 영국으로 다시 떠납니까?

repasser 1° ~ (qp) 〈(…을) 다시 지나가다〉 Les coureurs *repassaient* toutes les vingt secondes. 경주자들이 20초마다 다시 지나갔었다. Voulez-vous ~ lundi prochain? 다음 월요일에 다시 들러 주시겠습니까? Il peut toujours ~ ! il n'aura rien quoi qu'il fasse. 〖구어〗다시 들를 테면 다시 들러 보라지 ! 아무리 애써도 헛수고일걸. passer et ~ 왔다 갔다 하다. ~ dans son pays 자기 고향으로 돌아가다. Toute ma jeunesse *repassait* en mes souvenirs. 내 청춘시대가 고스란히

repasser

내 기억에 떠올랐다.

2° ~ N 〈…을 다시 지나다; 다시 건네주다〉 ~ les monts[les mers] 산을[바다를] 다시 지나다. Le bac *a repassé* les voyageurs. 나룻배가 여행자들을 다시 건네주었다.

3° ~ N(qp) 〈…을 (…에) 떠올리다 [회상하다]〉 ~ les événements dans son esprit 사건들을 머리 속에 회상하다.

4° ~ N à N 〈…을 …에게 집어서 다시 건네주다〉 *Repassez*-moi le sel, s'il vous plaît. 미안하지만 소금을 나에게 또 집어 주십시오.

5° ~ 〈다시 지나가다〉 laisser ~ plusieurs fois une occasion 기회를 여러 차례 지나쳐 버리다.

6° ~ Adj 〈…하게 다시 지나가다〉 La faute *était repassée* inaperçue. 잘못이 다시 눈에 띄지 않고 지나갔다.

7° ~ (de N) à N 〈(…에서) …로 다시 넘어가다〉 Je *repasse* à un autre sujet. 나는 다시 다른 주제로 넘어간다. En quelques jours, le temps *est* brusquement *repassé* du beau temps à la pluie. 며칠 동안에 일기가 청명한 날씨에서 비오는 날씨로 다시 바뀌었다.

8° ~ par N 〈…을 다시 겪다〉 Il *a repassé* par une période difficile. 그는 어려운 시기를 다시 겪었다.

9° ~ N 〈…을 치르다; 복습하다〉 J'ai dû ~ l'examen. 나는 시험을 다시 치러야 했다. ~ un rôle[une leçon] pour s'en assurer la maîtrise 확실하게 습득하기 위하여 어떤 배역을[학과를] 복습하다.

◇ 1) ~ un film 〈영화를 재상영하다〉 Je vais vous ~ le film de nos vacances. 우리들이 휴가때 찍은 필름을 당신을 위해서 재상영하겠습니다.

2) ~ un plat au four 〈요리를 다시 데우다〉.

3) ~ les plats 〈손님들에게 요리를 다시 내놓다〉.

10° ~ N(qp) 〈…을 (…에) 갈다〉 ~ la lame de son rasoir sur un cuir 면도칼의 날을 가죽에 문질러 갈다. ~ les ciseaux[un couteau] 가위[칼]를 갈다.

11° ~ N à N 〈…을 …에게 다시 넘기다, 인계하다〉 Je vous *repasse* la parole. 언권을 당신에게 다시 넘깁니다. ~ une affaire[un travail] à qn 일[작업]을 …에게 다시 넘겨주다. ~ un élève à un autre professeur. 학생을 다른 교수에게 다시 넘겨주다.

12° ~ N (à Inf) 〈(…하며) …을 다시 보내다〉 Nous *repasserons* nos vacances au bord de la mer. 우리는 방학을 바닷가에서 다시 보낼 것이다. Nous *avons repassé* l'après-midi à jouer au baby-foot. 우리는 다시 오후를 베이비축구를 하며 보냈다.

13° ~ (N) 〈(…을) 다리다〉 ~ des draps[une chemise, un pantalon] 홑이불을[와이샤쓰·바지를] 다리다.

◇ ~ ø ~ avec la pattemouille 물에 적신 헝겊을 가지고 다리다.

14° se ~ 《변화》〈다려지다〉 Le nylon ne *se repasse* pas. 나일론은 다림질하지 않는 법이다.

répéter 1° ~ 〈복습하다, 연습하다〉 Ne vous lassez pas de ~. 복습하는데 진저리내지 마시오. Les comédiens sont en train de ~. 연극배우들은 연습중이다.

2° ~ qc 〈반복하다, 되풀이하다〉 Vous *répétez* toujours les mêmes mots. 당신은 항상 같은 말을 반복합니다. Les acteurs *ont répété* la pièce pendant un mois, paraît-il. 배우들은 그 작품을 한달간 연습한 것 같다.

3° ~ qc à qn 〈(비밀 따위를) 남에게 옮기다, 누설하다〉 ~ un secret à quelqu'un 어떤 사람에게 비밀을 누설하다.

4° ~ (à qn) que P ind ⟨(…에게) …라고 되풀이 말하다⟩ Pierre *répète* à Marie qu'il lui écrira. 피에르는 마리에게 그녀에게 편지할 것이라고 되풀이하여 말한다. ~ que tout est bien fini 모든 것이 완전히 끝났다고 되풀이하여 말한다.

◇ que P는 le로 대치 가능함: Pierre le *répète* à Marie.

5° ~ (à qn) P(int. ind.) ⟨(…에게) 되풀이 말하다⟩ ~ pourquoi on était malade 왜 병들었는지 되풀이하여 말한다. ~ à un ami pourquoi on ne peut pas l'aider 친구에게 왜 그를 도와줄 수 없는지 되풀이하여 말한다.

6° ~ (à qn) que P subj Ils *ont répété* que vous veniez. 그들은 당신이 오신다고 되풀이하여 말했다.

◇ que P는 le로 대치 가능함: Ils l'*ont répété*.

7° ~ à qn de Inf ⟨…하라고 되풀이 말하다⟩ Pierre *répète* à Marie de venir. 피에르는 마리에게 오라고 되풀이하여 말한다.

◇ de Inf는 le로 대치 가능함.

II. 1° se ~ 《변화》⟨같은 소리만 되풀이하다, 되뇌다 ; 누설되다⟩ C'est un conteur agréable, mais il *se répète* un peu trop. 그는 유쾌한 콩트작가이다. 그러나 좀 너무 같은 소리만 되풀이한다. Un secret ne doit pas *se* ~. 비밀은 누설되어서는 안된다.

2° se ~ N 《가변》⟨…을 되뇌다⟩ *se* ~ des phrases dépourvues de sens 뜻없는 문장을 되뇌다.

3° se ~ que P ind ⟨…라고 되뇌다⟩ *se* ~ que c'était mieux ainsi 그렇게 하여 더 좋았다고 되뇌다.

4° se ~ P(int. ind.)《불변》⟨…한지를 되풀이 말하다⟩ *se* ~ comment il aurait fallu faire 어떻게 했어야 할 것이었는지 되뇌다.

replier 1° ~ N ⟨…을 다시 접다⟩ ~ un journal[une chaise] 신문을 [의자를] 다시 접다. ~ un bras de son pantalon 바짓단을 걷어올리다. ~ une tente 천막을 접다.

◇ ~ une jambe sur l'autre ⟨다리를 포개다⟩.

2° ~ N ⟨…을 후퇴시키다⟩ Le général *a replié* les divisions d'une dizaine de kilomètres. 사단장은 사단을 약 10킬로미터 후퇴시켰다.

3° se ~ (sur N) 《변화》⟨몸을 구부리다 ; 접히다⟩ Les troupes *se replient* sur leur position initiale. 부대들은 원위치로 후퇴한다. La chaise *s'est repliée* d'elle-même. 의자는 저절로 접혔다.

◇ se ~ sur soi-même ⟨자기 자신을 성찰하다⟩.

répondre 1° ~ ⟨대답하다 ; 답장을 내다⟩ On a beau lui écrire, il ne *répond* pas. 그에게 편지를 쓴다 해도 소용없다. 그는 답장을 내지 않는다.

2° ~ qc ~ de mauvaises excuses 어설픈 변명을 하다.

3° ~ qc à qn ⟨…에게 …라고 답변하다⟩ Que lui *répondrai*-je? 내가 그에게 무엇이라고 대답할 것인가?

4° ~ (à qn) que P ind ⟨(…에게) …라고 답하다⟩ Il m'*a répondu* que vous étiez absent. 그는 나에게 당신이 부재중이라고 대답했다.

◇ 1) que P는 le로 대치 가능함: Il me l'*a répondu*.

2) 비인칭 수동구문: Il me *fut répondu* que mon cas serait examiné. 내 경우가 검토될 것이라는 답변이었다.

5° ~ oui/non/si Il *répond* non à tout ce qu'on lui demande. 그는 그에게 묻는 말에 모두 아니오 라고 대답한다. Papa n'*a répondu* ni oui ni non. 아빠는 싫다 좋다 대답을 안하신다.

6° ~ (à qn) Inf (종종 Inf는 과거형) Le gouvernement *a répondu*

avoir fait tout ce qui était possible. 정부는 가능한 모든 것을 했다고 답변했다.
7° ~ (à qn) que P subj ~ que l'on veuille bien accélérer le rythme des travaux. 공사의 속도를 빨리 하면 좋겠다고 대답했다.
8° ~ à qn de Inf Il m'a répondu de rester où j'étais. 그는 나에게 내가 있던 곳에 남아 있으라고 대답했다.
9° ~ à N 〈…에 응하다;일치하다, 부합하다〉 Je vous répondrai par écrit. 나는 당신에게 서면으로 답변할 것입니다. Le professeur répond à toutes les questions que lui posent ses étudiants. 선생님은 학생들의 질문에 모두 대답한다. Le succès répond à notre attente. 성공은 우리의 기대에 부응한다.
◇전치사 à 다음에 오는 명사가 사람을 나타내면 대명사는 인칭대명사, 사물을 나타내면 y로 받는다.
10° ~ de N 〈…을 책임지다, 보증하다〉 Je réponds de mon associé [de son honnêteté]. 나는 내 동업자를[그의 성실성을] 보증한다.
11° ~ à qn que P ind 〖구어〗 Je vous réponds que je ne me mêlerai plus de cette affaire. 나는 다시는 이 일에 관여하지 않을 것을 당신에게 단언합니다.
12° ~ pour qn 〈…의 빚을 갚다;책임지다〉 Je suis prêt à ~ pour mon fils s'il fait faillite. 나는 내 아들이 파산을 하는 경우 그의 빚을 갚을 각오가 되어 있다.
13° se ~ 《불변》〈서로 답하다, 응수하다〉 Dans un orchestre, les instruments se répondent. 오케스트라에서 악기들이 서로 화응한다.
reporter 1° ~ N(qp) 〈…을 (…로) 도로 가져가다〉 ~ un objet à sa place 어떤 물건을 제 자리로 도로 가져가다. Il reporta le verre à ses lèvres. 그는 컵을 입술로 다시 가져갔다.
◇ ~ un film à l'écran 〈재상영하다〉.
2° ~ N à qn 〈…을 …에게 돌려주다〉 Je lui ai reporté le livre qu'il m'a prêté. 나는 그가 빌려 준 책을 그에게 다시 돌려주었다.
3° ~ N 〈…을 다시 쓰다〉 Il reporte son chapeau depuis hier. 그는 어제부터 모자를 다시 쓴다. Il reporte des lunettes. 그는 안경을 다시 쓴다. Elle reporte le deuil. 그녀는 상복을 다시 입는다.
4° ~ N 〈…을 지다[맡다]〉 Il reporte une lourde responsabilité. 그는 중책을 맡는다.
5° ~ N qp 〈…을 …로 도로 가져가다, …을 …로 옮기다〉 Il reporte sans cesse le débat sur le plan politique. 그는 논쟁을 끊임없이 정치적인 면으로 도로 가져간다. Un putsch militaire a reporté de Gaulle au pouvoir. 군사폭동이 드골을 다시 집권케 했다. ~ son amour sur un enfant 사랑을 어린애에게로 옮기다. Beaucoup d'électeurs ont reporté leur voix sur un autre candidat. 많은 유권자가 다른 후보에게 투표했다. ~ en tête d'une colonne le total de la page précédente 앞면의 총계를 그 난의 첫머리로 이월하다. Le souvenir nous reporte dans le passé. 그 추억은 우리에게 과거를 되살려준다. L'arrêt de l'autobus a été reporté (plus loin). 버스 정거장이 (더 먼 곳으로) 옮겨졌다. L'auteur a reporté les remarques à la fin de l'ouvrage. 저자는 비고를 저서의 말미로 옮겼다.
6° ~ N (Adv) 〈…을 (…로) 연기하다〉 L'émission télévisée qui devait être diffusée jeudi 10 juin, a été reportée sine die. 6월 10일 목요일에 방영되기로 되었던 텔레비전 방송이 무기한으로 연기되었다. ~

qc à un autre jour [à plus tard] …을 다른 날로[나중으로] 연기하다.
7° **qn se ~ qp** 《변화》〈옮겨지다〉 Le lendemain, les curieux *se reportèrent* sur les lieux de l'explosion. 그 이튿날 호기심 많은 사람들은 폭발 현장에 다시 갔다. Le coureur *s'est reporté* en tête de la course. 그 경주자는 경주의 선두에 다시 나섰다.
8° **qn se ~ à N** 〈…을 참조하다; 회상하다〉 Pour l'essentiel, le lecteur pourra *se ~* au volume sur les patois à paraître ultérieurement dans notre collection. 요점에 관해서 독자는 우리 총서로 후에 발간될 사투리에 관한 책을 참조할 수 있을 것이다. *se ~* au texte d'une loi 법률의 본문을 참조하다. Il *se reportait* à l'époque où il était heureux. 그는 행복하던 시기를 회상했다.

reposer 1° **~** 〈쉬다, 잠자다, 눕다〉 Il n'*a* pas *reposé* de toute la nuit. 그는 밤새도록 한잠도 자지 않았다. Ma femme *repose*(=*se repose*). 내 처는 쉬고 있다.
2° **~ sur qc** 〈…에 근거를 두고 있다〉 La maison *repose* sur de solides fondations. 그 집은 견고한 기초 위에 서 있다. L'accusation *repose* sur des témoignages sûrs. 그 고소는 확실한 증거에 근거를 두고 있다.
3° **~ N** 〈…의 피로를 풀다, 상쾌하게 하다〉 La couleur verte *repose* les yeux. 초록색은 눈의 피로를 푼다. L'étudiant aimait lire les romans policiers, car cela lui *reposait* l'esprit. 그 학생은 탐정소설 읽는 것을 좋아했다. 왜냐하면 그것이 정신의 휴식을 가져다 주기 때문이었다. Il prend son verre, puis le *repose*. 그는 잔을 든다. 그리고나서 다시 놓는다.
4° **se ~** 《변화》〈쉬다, 휴식하다〉 Je vais *me ~* un peu. 나는 좀 쉴 것이다.
5° **se ~ de qc** 〈자기의 …을 쉬게 하다〉 *se ~* de ses fatigues 자기의 피로를 풀다.
6° **se ~ sur qn de qc** 〈…에 관해 …에게 의지하다〉 Je *me repose* sur ma femme de tous les soucis ménagers. 나는 모든 살림 걱정의 책임을 내 아내에게 넘긴다.

repousser 1° **~ N(qp)** 〈…을 (…로) 떼밀다, 밀어내다〉 ~ la table contre le mur 식탁을 벽으로 바싹 밀어 붙이다. Le vent changea de direction et *repoussa* les nuages vers l'est. 바람은 방향을 바꾸어 구름을 동쪽으로 밀었다. La foule nous *repoussait* sans cesse vers la sortie. 군중은 우리를 끊임없이 출구 쪽으로 밀고 있었다. Je la *repoussait* avec dédain et je fis deux ou trois pas en arrière pour m'éloigner d'elle. 나는 멸시하며 그녀를 떼밀고 그녀에게서 멀어지기 위하여 두어서너발 뒤로 물러섰다.
◇ ~ du cuivre 〈귀금속에서 구리를 산화시켜 제거하다; 구리를 정련하다〉.
2° **~ N** 〈…을 배척하다, 쫓아내다〉 Sa famille l'*a repoussé*. 그의 가족이 그를 쫓아냈다. ~ les conseils [l'aide] de *qn* …의 충고를[도움을] 물리치다. Votre demande d'augmentation *est repoussée*. 당신의 승급신청은 거절되었습니다. ~ une attaque[les assauts] de l'ennemi 적의 공격[돌격]을 격퇴하다.
3° **~ N à N** 〈(…로) …을 연기하다〉 Le mariage *a été repoussé* à plus tard. 결혼은 후일로 연기되었다.
◇ ~ (à N) de Inf Il *a repoussé* à plus tard de se marier. 그는 결혼하는 것을 후일로 연기했다.
4° **~** 〈다시 자라다〉 L'herbe *repousse*. 풀이 다시 자란다.

reprendre

5° ~ N 〖드물게〗⟨…를 다시 돋아 나게하다⟩ Cet arbre *a repoussé* de plus belles branches. 이 나무에서는 더 아름다운 가지들이 다시 돋아 났다.

reprendre 1° ~ ⟨(중단했던 것을) 다시 시작하다〔계속하다〕⟩ Les cours de faculté vont ~ dans quelques semaines. 대학은 몇 주 후에 개강 할 것이다. J'espère que les arbustes que le jardinier a plantés vont ~. 나는 정원사가 심은 작은 나무들이 살기를 바란다.

2° ~ N ⟨다시 잡다; 도로 찾아가 다; 다시 데려가다; 꾸중하다; 수정 하다⟩ *Reprends* ta place. 네 자리에 다시 앉아라. Je viendrai vous ~ après déjeuner. 나는 점심식사 후에 당신을 다시 데리러 올 것입니다. Il *reprend* ses élèves à chaque faute. 그는 틀릴 때마다 학생들을 나무란다. Cet élève *a été* souvent *repris* par ses maîtres et ses parents. 이 학생은 선생님과 부모에게 자주 꾸지람을 들었다.

3° ~ qc à qn ⟨…에게서 …을 빼앗다⟩ La petite fille pleura quand son frère voulut lui ~ la poupée qu'il lui avait donnée. 어린 소녀는 오빠가 주었던 인형을 다시 뺏으려 하자 울었다. ~ sa parole à quelqu'un 어떤 사람에게 약속을 취소하다.

4° ~ + 직접인용문 ⟨…라고 말을 잇다, 답하다⟩ Après avoir longuement réfléchi, il *reprit*: «Vous avez raison d'agir ainsi». 오랫동안 깊이 생각한 후에 그는 「당신이 그렇게 행동하는 것은 당연합니다」라고 말을 이었다.

5° se ~ ⟨(번화)⟩⟨자기의 말을 고치다, 고쳐 말하다⟩ Il a laissé échapper un mot un peu vif, mais il *s'est repris* aussitôt. 그는 무심코 좀 심한 말을 한마디 했으나 곧 고쳐 말했다.

6° se ~ à/pour Inf ⟨…을 다시 계속하다, …을 하기 시작하다⟩ Je *me reprends* à espérer. 나는 다시 희망을 갖기 시작한다.

représenter 1° ~ 〖구어〗⟨풍채가 늠름하다⟩ Comme il *représente* bien, on le met toujours en tête d'un défilé. 그는 풍채가 늠름하기 때문에 사람들은 그를 항상 행렬의 선두에 세운다.

2° ~ N ⟨표현하다, 나타내다; 그리다, 묘사하다; 상징하다, 대표하다; 공연하다⟩ Cet artiste s'applique à ~ avec exactitude la nature, les paysages. 이 예술가는 자연이나 풍경을 정확하게 그리는 데 전념하고 있다. Ce tableau *représente* la Nativité. 이 그림은 예수 탄생을 나타낸다. L'Assemblée nationale *représente* le peuple français. 국회는 프랑스 국민을 대표한다. Pour la fête de l'école, les élèves *représentèrent* une comédie. 학교 축제 때 학생들은 희극을 공연했다. Le maire *fut représenté* à la réception par son adjoint. 부시장이 시장을 대리하여 파티에 참석했다.

3° ~ qc à qn 〖문어〗⟨…에게 …을 지적하다; 주의시키다⟩ On eut beau lui ~ les inconvénients de cette démarche, il passe outre. 그에게 아무리 이러한 수법의 단점을 지적해도 소용없었다. 그는 개의치 않는다.

4° ~ à qn que P ind 〖문어〗⟨…에게 …할 것을 주의시키다⟩ ~ à quelqu'un qu'il doit agir autrement 어떤 사람에게 달리 행동해야 한다고 주의시키다.

5° ~ à qn P(int. ind.) 〖문어〗⟨…에게 …한지를 지적하다⟩ ~ à son fils pourquoi il a mal agi 아들에게 왜 그가 잘못 행동했는가를 지적하다.

6° ~ qc comme Attr ⟨…로서 취급하다⟩ ~ une mauvaise copie

comme un tableau de maître 서투른 복사를 대가의 그림으로 취급하다.
II. 1° se ~ 《변화》〈(사람, 기회가) 나타나다〉 Si l'occasion *se représente*, je crois qu'il en profitera. 그런 기회가 다시 온다면 그는 그것을 이용할 것이라고 나는 믿는다.
2° se ~ comme Attr 〈…로서 자기를 그리다〉 *se* ~ comme écrivain en renom 자신을 유명한 작가로 상상하다.
3° se ~ qc 〈상상하다〉 *se* ~ la scène 무대를 상상하다.
4° se ~ à qc 〈…에 다시 응하다; 출마하다〉 *se* ~ aux élections 선거에 다시 출마하다.
5° se ~ que P ind 《불변》〈…라고 상상하다〉 *se* ~ que la situation a évolué 상황이 변했다고 상상하다.
6° se ~ P(int. ind.) *se* ~ comment on pourrait faire 어떻게 할 수 있을지를 상상하다.

réputer 1° ~ Attr N 〈…이라고 간주하다, 생각하다, 여기다〉 ~ usurpé le prestige de quelqu'un 어떤 사람의 위세를 부당하게 얻은 것이라고 간주하다.
2° ~ N comme Attr ~ qn comme goujat 어떤 사람을 버릇없는 놈이라고 여기다.
3° ~ N pour Attr ~ un acte pour indélicat 어떤 행위를 무례하다고 여기다.
4° être réputé Attr 〈…으로 간주되다, 여겨지다〉 Les enfants nés de l'union d'un citoyen avec une étrangère *étaient réputés* bâtards. 한 시민과 외국여자의 결혼에서 태어난 아이들은 사생아로 간주되고 있었다.
5° être réputé pour Attr(*Attr* 는 명사) La Fronde *est réputée* pour une des périodes les plus amusantes de l'histoire de France.(Michelet) 프롱드의 난은 프랑스 역사의 가장 재미있는 시기의 하나로 간주되고 있다.
6° être réputé pour Inf 〈…한 것으로 알려지다, 생각되다〉 Cet homme n'*est* pas *réputé* pour être un bon payeur. 이 남자는 돈을 잘 내는 사람으로 알려져 있지 않다.

requérir 1° qc/qn ~(de N) qc 〈…을 (…에게) 요구[청]하다〉Le préfet *a requis* l'intervention de la police pour disperser la manifestation. 지사는 시위를 해산시키기 위하여 경찰의 개입을 요청했다. Ce travail va ~ de vous la plus grande attention. 이 일은 당신에게 극도의 주의를 요구합니다. Le procureur *a requis* 10 ans de réclusion criminelle pour l'accusé. 검사는 피고에 대하여 10년의 징역형을 구형했다. Là aussi, c'est le courage de braver une certaine impopularité qui *sera requis*. 거기서도 또한 상당히 나쁜 평판을 무릅쓰는 용기가 필요할 것이다. Cette discipline *requiert*, en plus de la connaissance du latin classique, celle du latin vulgaire. 이 분야는 고전라틴어의 지식 이외에도 속어라틴어의 지식을 필요로 한다. Soucieux, je décidai de ~ l'appui total de mon directeur. 걱정이 되어 나는 국장의 전적인 후원을 청하기로 결심했다.
2° qc/qn ~ que P subj Je *requiers* que l'on me prévienne. 나는 내게 알려줄 것을 요구한다.
3° qc/qn ~ de Inf Je *requiers* d'être mis en liberté. 나는 석방해 달라고 청원한다.
4° qn ~ qn de Inf 〈…이 …에게 …하라고 독촉하다〉 Il me *requiert* de vider mes comptes. 그는 나에게 셈을 청산하라고 독촉한다.
5° ~ (contre qn) Le procureur *requiert* contre l'accusé. 검사가 피고에 불리하게 논고한다.

réserver 1° ~ N (à/pour N) 〈…

réserver

을 (…에게) 예약하다; 남겨두다〉 On m'*a réservé* une chambre à l'hôtel. 사람들이 나를 위해 호텔에 방 하나를 잡아 두었다. Faites-vous ~ une place dans le train. 기차에 좌석을 하나 예약하십시오. Je vous *ai réservé* une part de gâteau. 내가 당신을 위해 과자 한 쪽을 남겨 두었습니다. L'agence *réservera* pour vous une place à l'hôtel. 여행사가 당신을 위해서 호텔에 자리를 하나 예약할 것입니다.
2° ~ N à N 〈…을 …에게 준비해 두다〉 L'auditoire m'*a réservé* un accueil bruyant. 청중은 나를 시끄럽게 맞아들이도록 미리 준비했다. Personne ne sait ce que l'avenir nous *réserve*. 장차 자기에게 무슨 일이 일어날지는 아무도 모른다. ce large sourire amical que le chef *réserve* à ses clients préférés 좋아하는 단골손님들에게 주방장이 예정해둔 그 활짝 피우는 다정한 미소. Ils *réservaient* ces caves au classement des archives[au logement du grand ordinateur]. 그들은 이 지하실들을 고문서를 분류해두게[대형 전자계산기를 놓게] 예정해두고 있었다.
3° ~ N(pour N/Inf) 〈(…을 위해) …을 마련해 두다; 보류하다〉 Il faudrait ~ une réunion pour la discussion[pour traiter de ce problème]. 토의를[이 문제를 다루기] 위해 모임을 마련해야 할 것이다. Il *réserve* volontiers son point de vue. 그는 기꺼이 그의 관점을 보류한다.
4° se ~ N 《가변》 Je *me réserve* une reponse pour plus tard. 나는 이 대답을 후일을 위해 보류해 둔다.
5° se ~ de Inf 《불변》 Je *me réserve* de lui dire ce que je pense. 후일 그에게 내 생각하는 바를 말할까보다.
6° se ~ pour qc 《변화》 〈…을 위해 사양하다〉 Reprendriez-vous du rôti? —Non, je *me réserve* pour le dessert. 구운고기를 더 잡수시겠습니까? —아니오, 디저트를 위해서 그만 먹겠습니다.

résider 1° ~ qp 〈…에 거주하다〉 Il *réside* actuellement en Italie. 그는 현재 이태리에 거주한다.
2° ~ dans N 〈…에 있다〉 La démocratie *réside* dans la représentation parlementaire. 민주주의는 의회를 통해 대표하는 데 있다. L'une des différences les plus aisément perceptibles *réside* dans l'emploi des arbres syntaxiques. 가장 용이하게 감지할 수 있는 차이 중의 하나는 구문을 나타내는 수형도의 사용에 있다.
3° ~ en N En quoi *réside* la difficulté? 곤란은 무엇에 있습니까?
4° ~ en ce que P ind La démocratie *réside* en ce que le citoyen est censé exercer librement ses droits. 민주주의는 시민이 그의 권리를 자유롭게 행사한다고 간주되는 데 있다.

résigner 1° ~ qc 〈사직하다; 사퇴하다, 물러나다〉 Il *résigna* ses fonctions. 그는 사임했다.
2° se ~ 《변화》〈체념하다〉 Mais lentement on *se résigne*.(Gide) 그러나 서서히 사람들은 체념한다.
3° se ~ à qc 〈…을 감수하다; …에 인종하다〉 Il *se résigna* à son sort. 그는 자기의 운명을 감수했다.
4° se ~ à Inf 〈체념하고(하는 수 없이) …하다〉 Il n'a pu *se* ~ à quitter sa famille. 그는 체념하고 자기의 가족을 떠날 수가 없었다.
5° se ~ à ce que P ind 〈…이라는 것을 감수하다〉 *se* ~ à ce que tout marche mal 모든 것이 잘못 되어가는 것을 감수하다.

résister 1° ~ 〈지탱하다;견디어 내다〉 Les assiégés ne pourront plus ~ longtemps. 농성군들은 더 이상 오래 지탱할 수 없을 것이다. Le vent était tellement fort que le toit n'*a* pas *résisté*, il est tombé. 바람이 하도 강해서 지붕이 견디지를 못하고 떨어졌다.
2° ~ à N 〈…에 저항하다, 맞서다〉 Dans ces conditions, comment ~ à l'ennemi? 이런 상황 속에서 어떻게 적에 저항할 것인가? ~ aux passions politiques 정치열을 억제하다.
3° ~ à Inf 〖문어〗〈쉽사리 …하려 하지 않다〉 Je *résiste* à croire à ces attractions mystérieuses. (Valéry) 나는 이 신비로운 引力을 믿기 어렵다.

résoudre 1° ~ qc 〈(문제를) 해결하다, 풀다〉 Pouvez-vous ~ ce problème? 당신은 이 문제를 해결할 수 있습니까? Le problème que posait votre départ *est résolu*. 당신 출발 문제는 해결되었다.
2° ~ de Inf 〈…하기로 결정하다〉 Il *a résolu* d'attendre. 그는 기다리기로 결정했다.
3° ~ que P ind 〈…할 것을 결정하다〉 Il *a résolu* qu'il fallait attendre. 그는 기다려야 한다고 결정했다.
4° ~ qn à qc 〈…에 …을(하도록) 결심시키다〉 ~ *qn* à une solution désespérée 어떤 사람에게 절망적인 해결책을 결심시키다.
5° ~ qn à Inf 〈…에 …하도록 결심시키다〉 ~ un commerçant à vendre ses fonds 어떤 상인에게 그의 영업권을 팔도록 결심시키다.
6° se ~ à qc 《변화》〈…으로 귀착하다〉 Elle *s'y est résolue* après de longues tergiversations. 그녀는 오랜 망설임 끝에 그것을 결심했다.
7° se ~ à Inf 〈…하기로 결심〔결정〕하다〉 On se demande si elle *se résoudra* à l'épouser. 그녀가 그와 결혼하기로 결정할 것인지 의아하게 생각하고 있다.
8° se ~ en N 〈…으로 변하다; 용해되다〉 Les nuages de grêle *se résoluent* en eau. 구름같이 쏟아진 우박이 물로 화한다.

respecter 1° ~ qn (pour N) 〈…을 (…때문에)존경하다〉 ~ *qn* pour ses qualités humaines …을 그의 인간적인 장점 때문에 존경하다.
2° ~ qc 〈…을 존중하다; 지키다〉 ~ un droit〔une tradition〕법률을〔전통을〕지키다. Les troupes de sécurité ont tué six civils noirs qui n'*avaient* pas *respecté* le couvre-feu. 치안부대들은 야간통행금지령을 지키지 않은 흑인 민간인 6명을 죽였다. ~ le sommeil d'autrui 남의 잠을 방해하지 않다.
3° ~ que P subj Je *respecte* que l'on puisse penser ainsi, mais je pense autrement. 나는 사람들이 이렇게 생각할 수 있다는 것을 존중하지마는 나는 다르게 생각한다.

respirer 1° ~ 〈숨쉬다, 호흡하다〉 On ne peut ~ ici. 여기서는 숨쉴 수가 없다.
2° ~ qc 〈(공기 따위를) 들이마시다, 호흡하다〉 *Respirons* le bon air. 좋은 공기를 마십시다. Cette odeur *a été respirée* par tout le monde. Son visage *respire* la santé →*La santé *est respirée* par son visage 《주어가 non-animé 일 때만 불가능하다》.

ressembler 1° ~ à N 〈…을 닮다, 유사하다〉 Il *ressemble* beaucoup à son père. 그는 아버지를 많이 닮았다. Votre montre *ressemble* à la mienne. 당신의 시계는 내 시계와 비슷하다.
◇ permutation(−) : *A son fils *ressemble* Pierre.
2° se ~ 《불변》〈서로 닮다, 비슷하다〉 Ces deux frères *se ressem-*

blent comme deux jumeaux. 이 두 형제는 쌍둥이처럼 서로 닮았다.

ressentir 1° ~ N 〈…을 느끼다〉 ~ une douleur[un sentiment] 고통[어떤 감정]을 느끼다. Telle est l'impression *ressentie* auprès des deux délégations. 양측 대표단에게서 받은 인상은 그러하다.
2° se ~ de N 《변화》〈…의 결과를[영향을] 느끼다〉 Jean *se ressent* toujours de sa grippe. 장은 여전히 감기의 뒤끝이 깨끗하지 않다. L'économie *se ressent* de la guerre. 경제가 전쟁의 여파에 시달리고 있다. Ces pays *se ressentent* de l'effort. 이 나라들은 그 노력을 감사하게 생각한다.
3° se ~ de Inf 〈…한 느낌이 있다〉 Ces pages *se ressentent* d'avoir été écrites à la hâte. 이 부분은 허둥지둥 쓴 것이 느껴진다.

ressortir A.[2군 규칙동사 finir처럼 활용]. ~ à qc 〈…의 영역에 속하다〉 L'étude des sons, comme l'étude des sens, *ressortissent* à la linguistique. 음성의 연구는 의미의 연구와 마찬가지로 언어학에 속한다.
◇ 이 경우 lui *ressortissent* 라고 해서는 안된다.
B. [3군 동사 sortir처럼 활용]. 1° ~ (qp) 〈(…에) 다시 나가다[나오다]〉 Il est rentré, puis *ressorti*. 그는 돌아왔다가 다시 나갔다. Tu viens d'entrer dans le magasin et tu veux déjà en ~? 너는 방금 상점 안으로 들어왔는데 벌써 거기에서 다시 나가고 싶으니?
2° ~ (sur qc) 〈(…위에) 드러나다, 두드러져 보이다〉 Cette broderie rouge *ressort* bien sur ce fond vert. 이 붉은색 자수는 초록색 바탕 위에 아주 뚜렷이 드러난다. Leurs pensées brillantes *ressortent* mieux que chez d'autres poètes. (Gautier) 그들의 뛰어난 사고는 다른 시인들에게서보다 더 잘 드러난다.
3° faire ~ qc 〈…을 뚜렷이 드러나게 하다, 부각시키다〉 faire ~ les difficultés d'une entreprise, les défauts d'une personne, les beautés d'un ouvrage 어떤 사업의 난점, 어떤 사람의 결점, 어떤 작품의 미를 부각시키다.
4° Il ~ de qc que P ind (비인칭 구문) 〈…에서 생기다;그 결과 …하게 되다〉 Il *ressort* de l'enquête que la victime n'avait pas d'ennemis. 조사 결과 그 피해자는 적이 없었던 것으로 나타난다.

rester [조동사는 être]. I. 1° ~ 〈남다, 남아 있다〉 Tant pis, je *reste*. 할 수 없지. 내가 남는다. Les noms de ces deux poètes *resteront*. 이 두 시인의 이름은 오래 남을 것이다.
2° ~ Attr (양태의 상황보어 또는 속사와 함께) 〈그대로 있다, …인 채로다, 여전히 …이다〉 Il est resté malade pendant plusieurs mois. 그는 여러 달 동안 앓고 있었다. Depuis la guerre, il *est resté* capitaine. 전쟁 이래로 그는 여전히 육군대위였다. Nous *sommes restés* amis pendant longtemps. 우리는 오랫동안 친구였다.
3° ~ +[장소보어] 〈(…에) 머무르다;거주하다, 살다〉 Il *est resté* deux jours à Paris. 그는 파리에 이틀간 체류했다. Mes amis *sont restés* chez moi jusqu'à minuit hier soir. 내 친구들은 어제 저녁 자정까지 내 집에 머물러 있었다. Jean *reste* chez lui. 장은 집에 머물러 있다.
4° ~ à Inf 〈…하려고 남다, 남아서 …하다〉 *Restez* à dîner avec nous. 남아서 우리와 함께 저녁식사를 하십시오. Il *restait* à fumer au coin du feu. (Flaub) 그는 난로가에서 담배를 피우며 시간을 보내고 있었다.

◇ 1) ~ + 기간 + à Inf Hier soir, je *suis resté* deux heures à regarder la télévision. 나는 어제 저녁 두 시간을 텔레비전을 보며 지냈다.
2) ~ sans Inf Je croyais que le chat était mort. Il *est resté* sans bouger. 나는 고양이가 죽은 줄 알았다. 고양이는 움직이지 않고 있었다.
5° ~ Inf 〖구어〗 *Restez* dîner. 남아서 저녁식사를 하십시오.
6° ~ à qn 〈(…의 소유로, …에게) 남아 있다〉 Un oncle, c'est le seul parent qui *reste* à cette fille. 삼촌이 이 소녀에게 남아 있는 유일한 친척이다. Dans cette affaire, l'avantage lui *est* toujours *resté*. 이 일에서 유리한 조건은 항상 그가 소유하고 있었다.
7° en ~ à qc 〈…에서 중단되다〉 J'en *suis resté* aux usages de ma jeunesse. 나는 내 청춘시대의 관습에 멈춰 있었다.
8° en ~ à Inf 〈…하는 데 그치다, 멈추다〉 Il en *est resté* à collectionner des timbres. 그는 우표수집 단계에 멈춰 있었다.
9° en ~ là 〈거기까지 해두다, 거기에서 그치다〉 Quand il aura obtenu son avancement, il n'en *restera* pas là. 승진을 하고나면 그는 거기서 그치지 않을 것이다. Faut-il en ~ là de cette discussion? 이 토론은 거기서 그쳐야 하나?
10° en ~ pour qc Les galants en *étaient restés* pour leurs frais. 여자에게 친절히 구는 그 남자들의 노력은 그들에게 아무런 이익을 가져다 주지 못했다.
II. 비인칭 구문. 1° Il ~ N 〈…이 남아 있다〉 Il *reste* peu de monde. 사람들이 거의 남아 있지 않다. Il *reste* encore une possibilité. 아직도 가능성이 있다.
2° Il ~ N à N 〈…에게 …이 남아 있다〉 Il me *reste* 100 francs. 나에게는 100 프랑이 남아 있다. Il nous *reste* trois semaines avant les vacances. 우리가 방학하려면 세 주일이 남아 있다.
3° Il ~ que P ind 〖구어〗〈그래도 역시 …한 것은 사실이다〉 Il *reste* que nous sommes en désaccord sur la forme. 그래도 우리가 형태에 관해서 의견이 일치하지 않는 것은 사실이다.
4° Reste que P ind 〖문어〗 *Reste* qu'il faudra bien lui en parler. 어쨌든 그에게 그것에 대해서 말해야 할 것이다.
5° (Il) reste à Inf 〈아직도 …해야 한다〉 Je ne serai jamais bourru. *Reste* à me rendre bienfaisant. 나는 결코 퉁명스러운 사람이 되지 않겠다. 아직은 나를 유익한 사람으로 만들어야 한다.
6° Il reste Attr que P ind 〈…하는 것은 …으로 간주되다, 여겨지다〉 Il *reste* entendu que vous arrivez mardi. 당신이 화요일에 도착하는 것으로 해둡니다.
7° Il reste N à Inf (*Inf*는 타동사) 〈…해야 할 …이 있다〉 Il *reste* une mission délicate à accomplir. 아직도 완수해야 할 까다로운 임무가 있다. Il *reste* une question à résoudre. 해결해야 할 문제가 남아 있다.
8° Il reste à N à Inf 〈…에게는 …할 것이 남아 있다〉 Il nous *reste* à faire la vaisselle. 우리에게는 아직도 설거지 할일이 남아 있다.
restreindre 1° ~ N (à N) 〈…을 (…로) 제한하다〉 ~ son langage aux mots les plus courants 말을 가장 일상적인 단어로 제한하다. Le département d'Etat propose de ~ les crédits militaires aux pays qui ne respectent pas les droits de l'homme. 미국국무성은 인권을 존중하지 않는 국가들에게는 군사원조를 제한할 것을 제의하고 있다.

résulter

Les pays en développement cherchent à ~ la zone où s'exercent les activités des Grands. 개발도상국들은 대국들의 활동이 행해지는 지대를 제한하려고 애쓴다.

◇ ~ ø à N Un petit salaire *restreint* à de petites dépenses. 적은 임금은 지출을 적게 하도록 제한을 가한다.

2° ~ N à Inf 〈…하게 …을 제한하다〉 Son salaire le *restreint* à ne dépenser que le nécessaire. 그의 임금은 필요한 것만 지출하게 그를 제한한다. Un petit salaire *restreint* à dépenser peu. 적은 임금은 지출을 적게 하도록 제한한다.

3° se ~ 《가변》〈비용을 절약하다〉 Depuis qu'il est à la retraite, il a dû *se* ~. 퇴직한 후로 그는 생활비를 축소해야만 했다.

résulter 〔복합시제에서 조동사로는 동작자체를 나타낼 때는 avoir, 그 동작에서 결과의 상태를 나타낼 때는 être 가 사용됨〕. 1° ~ de qc 〈…의 결과이다, 결과로서 생기다; …에 기인〔유래〕하다〉 Des désordres *ont* aussitôt *résulté* de la mesure. 혼란이 곧 절도로부터 생겼다. Que de destructions en *sont résultées!* 얼마나 많은 파괴가 그 결과로서 생겨났던가!

2° Il en ~ 〔Il ~〕 de qc 〈그 결과 …이다〉 Il en *résulte* des ruines. 그 결과는 폐허다. Il *est résulté* de grandes pertes de sa mauvaise gestion. 그의 서투른 관리의 결과는 커다란 손실이었다.

3° Il en ~ 〔Il ~ de qc〕 que P ind/subj 〔주절이 부정형이나 의문형일 경우 *subj*〕〈…에서 …한〔…이라는〕 결과가 나오다〉 Il en *résulte* que nous sommes ruinés. 그 결과 우리는 파산되었다. Il *résulte* des aveux du prévenu qu'il n'a pu agir seul. 피고인의 자백에서 그는 혼자 행동할 수 없었다는 결과가 나온다.

Il n'en *résulte* pas qu'il soit ruiné. 그가 그것으로 파산되었다는 결과가 되지는 않는다.

résumer 1° qn ~ (à N) N 〈(…에게) …을 요약하다〉 ~ un article〔les paroles de *qn*〕 기사를〔…의 말을〕 요약하다. Il nous *a résumé* en quelques mots ce qu'on lui avait dit. 그는 사람들이 그에게 말한 것을 몇마디 말로 우리들에게 요약해 주었다. *Résumez*-vous! 요약해서 말하시오!

2° qn ~ (à N) P(int. ind.) Il nous *a résumé* en quelques mots comment cela s'est passé. 그는 그것이 어떻게 일어났는지를 몇마디로 우리들에게 요약해 주었다.

3° qc ~ N 〈…이 …을 요약〔개괄〕하다〉 Le simple énoncé de ce prénom caressant *résumait* toute l'affection que lui vouait silencieusement l'un des peuples les plus sentimentaux de la planète. 그 다정한 이름을 인용하는 것만으로도 지구상에서 가장 감정적인 국민들 중의 하나가 조용히 그에게 바치고 있는 애정이 어떤 것인가를 말해주는 것이었다.

4° qc se ~ à qc (pour qn) 《변화》〈간단히 말해서 …이라고 결론지을 수 있다〉 Le nombre des reçus *se résume* à dix. 영수증의 수는 10장이라고 할 수 있다.

5° qc se ~ à Inf Le travail *se résume* (pour moi) à perforer des fiches. 그 작업이 (나에게는) 간단히 말해서 카드에 구멍뚫는 일이라고 할 수 있다.

rétablir 1° ~ qc 〈…을 복구시키다〉 ~ le courant électrique 전기를 복구하다. ~ l'ordre 질서를 회복시키다. ~ les faits 일의 진상을 밝히다. ~ la censure 검열을 다시 실시하다. ~ le texte original d'un poème 시의 원본을 찾아 확정하다.

2° ~ qn 〈…의 건강을 회복시키다〉

Ce traitement m'a *rétabli*. 이 치료를 받고 내 건강이 회복되었다. 3° ~ qn dans N ⟨…를 복직〔복권〕시키다⟩ ~ *qn* dans ses fonctions …를 그의 직무에 복귀시키다.

retarder 1° ~ N(de N) ⟨…을 (…만큼) 늦어지게 하다⟩ Jean *a retardé* notre travail (=nous *a retardés* dans notre travail). 장이 우리 일을 늦어지게 했다. ~ la date des vacances 휴가 날짜를 늦추다. J'ai *retardé* longtemps le moment de vous écrire. 나는 당신에게 편지 쓰는 순간을 오랫동안 연기했습니다. Le mauvais temps *a retardé* son arrivée d'une semaine. 악천후가 그의 도착을 일주일 지연시켰다. ~ de dix minutes une montre qui avance 빨리 가는 시계를 10분 늦추다. 2° ~ (de N) (sur N) ⟨(…만큼) (…에) 뒤지다⟩ Il *retarde* de cinquante ans sur son époque. 그는 시대에 50년 뒤떨어져 있다.

retenir 1° ~ ⟨기억해 두다, 잊지 않고 있다⟩ Il a beau apprendre, il ne *retient* pas. 그는 아무리 배워도 소용이 없다. 그는 기억하지 못한다. 2° ~ N ⟨…을 명심하다; …을 붙잡아 놓다;유치하다⟩ *Retenez* bien ce que je vais vous dire. 내가 당신에게 말하려는 것을 잘 명심해 두시오. Ses amis l'*ont retenu* plus longtemps qu'il ne l'avait pensé. 그의 친구들은 그가 생각했던 것보다 더 오랫동안 그를 붙들어 놓았다. 3° ~ que P ind ⟨…함을〔…이라는 것을〕 명심하다⟩ ~ que la banque ferme à 16 heures 은행은 오후 4시에 문을 닫는다는 것을 명심하다. 4° ~ qc à/pour qn ⟨(…을 위해) 예약해 두다; 정해두다⟩ *Retenez*-moi deux places〔*Retenez* deux places pour moi〕dans le rapide de Paris. 파리 특급열차에 나를 위해 좌석을 둘 예약해 두십시오. 5° ~ N Attr ⟨…을 …으로 잡아두다⟩ ~ quelqu'un prisonnier 어떤 사람을 포로로 잡아두다. 6° ~ N comme Attr ~ une certaine somme comme garantie 일정액을 보증금으로 유치하다. 7° ~ qn de Inf ⟨…이 …하는 것을 저지하다⟩ Il fallait que Marie la *retînt* de se mettre à genoux. (Mauriac) 마리는 그녀가 무릎을 꿇는 것을 저지해야 했다. 8° se ~ 《변화》⟨기억되다;자제하다⟩ La poésie *se retient* plus facilement que la prose. 시는 산문보다 더 쉽게 기억된다. Il est bien difficile de *se* ~ quand on est accusé injustement. 부당하게 고소를 당할 때는 자제하기가 아주 힘들다. 9° se ~ à qc ⟨…을 붙잡다; …에 매달리다⟩ Je *me suis retenu* au parapet pour ne pas tomber. 나는 떨어지지 않기 위해 난간을 붙잡았다. 10° se ~ de Inf ⟨…하기를 참다, 억제하다⟩ Elle ne peut *se* ~ d'y faire sans cesse allusion. (Mauriac) 그녀는 끊임없이 그것을 암시하지 않을 수 없다.

retentir 1° ~ ⟨울리다⟩ Un bruit *retentissait* dans la nuit. 소음이 밤에 울려퍼지고 있었다. 2° ~ de N ⟨(…을) 반향하다⟩ La nuit *retentissait* du chant des grillons. 밤은 귀뚜라미소리를 반향했다.

retirer 1° ~ N ((de)qp) ⟨…을 (…에서) 끌어내다⟩ Les parents *ont retiré* leur enfant de cette école. 부모는 아이를 그 학교에서 나오게 했다. ~ le courrier de la boîte aux lettres 우편물을 우편물함에서 꺼내다. Il *retira* vite sa main (de la mienne). 그는 자기 손을 (내 손에서) 얼른 빼었다. ~ des fonds d'une entreprise 기업에서 자본금을 빼내다. L'écrivain *a retiré* de

grands bénéfices de son roman. 그 작가는 그의 소설에서 큰 이득을 얻었다.
2° qn ~ qc (à ce que P subj/à Inf) Il semble ~ du plaisir à ce qu'on le flatte[à faire souffrir les autres]. 그는 사람들이 그에게 아첨하는 것에서[자기가 남들을 괴롭히는 것에서] 즐거움을 느끼는 것 같다.
3° ~ N 〈벗다〉 ~ ses chaussures [son manteau] 구두[외투]를 벗다.
4° ~ N(de N)〈(…에서) 거둬들이다〉 Les ouvriers avaient utilisé des bougies et les *avaient retirées* dès le retour de la lumière. 직공들은 촛불을 켰는데 전기불이 다시 들어오자마자 촛불을 치워버렸었다. Cette pièce de monnaie *a été retirée* de la circulation. 이 화폐는 유통 못하게 회수되었다.
◇ 1) ~ de l'argent(à la banque) 〈(은행에서)돈을 찾아내다〉.
2) ~ sa candidature〈입후보를 사퇴하다〉. ~ une plainte〈고소를 취하하다〉. ~ une promesse〈약속을 취소하다〉.
5° ~ N à N〈…에게서 도로 빼앗다〉 ~ à qn son appui …에 대한 후원을 거두다. ~ un enfant à sa mère 어머니에게서 어린애를 빼앗다. ~ à qn son permis de conduire …에게서 운전면허증을 회수하다. ~ ses vêtements à un enfant 어린애의 옷을 벗기다.
6° se ~ ((de) qp)《변화》〈…로(부터)물러가[나]다〉 se ~ chez soi 자기 집에 칩거하다. Il *s'est retiré* après quelques minutes. 그는 몇 분 후에 물러갔다. se ~ de la vie politique 정치생활에서 은퇴하다. La mer *se retire*. 바닷물이 썬다. L'ennemi *s'est retiré* dans les montagnes. 적은 산 속으로 후퇴했다.
retourner A. 〔조동사 avoir 와 함께〕. 1° ~ qc〈…을 뒤집다, 엎어놓다〉 Le vent *a retourné* mon parapluie. 바람이 내 우산을 뒤집어 놓았다.
2° ~ qn 〔구어〕〈…의 마음을 흔들어 놓다, 충격을 주다〉 La vue de certains spectacles, de certaines misères nous *retourne*. 어떤 광경이나 어떤 재난을 보게 되면 우리는 충격을 받는다.
3° ~ qc à qn〈…을 …에게 돌려 보내다, 반환하다〉 Je lui *ai retourné* sa lettre sans l'avoir lue. 나는 그에게 그의 편지를 읽지 않고 돌려보냈다.
4° ~ qc contre qn〈…을 …에게 불리하게 바꿔 놓다〉 ~ un argument contre celui qui l'a employé 어떤 논거를 그 사용자에게 불리하게 바꿔놓다.
B. 〔조동사 être 와 함께〕. 1° ~〈다시 가다, 돌아가다〉 Je *retournerai* demain. 나는 내일 돌아갈 것이다.
2° ~ qp (전치사 à, dans, chez 와 함께)〈…에 돌아가다〉 Elle *est retournée* dans son pays natal. 그녀는 고향으로 돌아갔다.
3° ~ Inf〈…하러 돌아가다〉 ~ se coucher 자러 돌아가다.
4° ~ qp Inf〈…하러 …에 돌아가다〉 Il *est retourné* chez lui prendre son parapluie. 그는 우산을 가지러 집으로 돌아갔다.
5° ~ à N〈(전의 상태로) 되돌아가다; …에게 반환되다〉 Un chat abandonné *retourne* facilement à l'état sauvage. 버림받은 고양이는 쉽게 야생상태로 되돌아간다. La maison et la terre *retourneraient* à sa sœur.(Zola) 집과 토지는 아마 그의 누이에게 반환될 것이다.
6° ~ **sur ses pas/en arrière**〔숙어〕〈길을 되돌아오다〉 *Retournons* en arrière[sur nos pas]. 길을 되돌아가자.
7° se ~ 《변화》〈뒤집히다; 몸의 방향을 바꾸다, 돌아앉다〉 La voi-

ture est tombée dans un fossé et *s'est* complètement *retournée*. 자동차가 도랑 속에 떨어져서 완전히 뒤집혔다. En classe, elle *se retourne* sans cesse pour bavarder avec ses camarades. 교실에서 그녀는 친구들과 잡담하기 위해 끊임없이 고개를 돌린다.
8° **se ~ contre qn** 〈…에게 불리해지다, 해롭다〉 Son ambition démesurée *s'est retournée* contre lui. 그의 과도한 야심은 그에게 해로왔다.
9° **s'en ~ qp** 〈…에 돌아가다〉 Il *s'en retournait* chez lui. 그는 집으로 돌아가곤 했다.
10° **s'en ~ Attr** 〈…하게 돌아가다〉 Il *s'en est retourné* content. 그는 만족해서 돌아갔다.
11° **Il ~ de qc** (비인칭 구문) De quoi *retourne*-t-il? 〖구어〗 대관절 무슨 일이냐? Il ne sais pas de quoi il *retourne*. 그는 어찌된 일인지 모르고 있다.

retrancher 1° **~ N(de N)** 〈(…에서) 떼내다〉 ~ un chapitre d'un livre 책에서 한 章을 삭제하다. ~ une cotisation d'un salaire 봉급에서 갹출금을 떼내다.
2° **se ~ (qp)** 《변화》 〈(…에) 몸을 감추다〉 *se* ~ dans une forteresse 요새 속에 피하다. *se* ~ derrière son autorité 자기의 권위를 방패삼다.

retrouver 1° **~ N** 〈(잃어버린 것을) 되찾다, 생각해 내다, (…의 모습을) 알아보다〉 Michel est tout heureuse d'*avoir retrouvé* son chat. 미셀은 고양이를 되찾아서 매우 기뻐하고 있다. On ne *retrouve* plus ce romancier dans ses dernières œuvres. 사람들은 이 소설가를 그의 최근 작품들에서 이미 알아보지 못한다.
2° **~ N Attr** 〈…한 상태의 …을 다시 보다, 재회하다〉 Nous le *retrouverons* vivant. 우리는 살아있는 그를 다시 만날 것이다.
3° **se ~** 《변화》〈갈 길을 알다, 갈피를 잡다〉 Elle ne *se retrouve* jamais dans cette ville. 그녀는 언제나 이 도시에서 자기가 있는 곳이 어딘지 모른다. Je *m'y retrouve*. 〖구어〗 나는 이해한다.
4° **se ~ Attr** 〈…한 상태에 놓이다; 빠지다〉 Il *s'est retrouvé* seul et sans ressources. 그는 다시 홀로 그리고 돈 한푼 없는 상태에 놓였다.

réunir 1° **~ N(pl)** 〈결합〔연결〕하다〉 Un projet prévoit de ~ les deux villes par une ligne de chemin de fer. 계획에 의하면 철도선으로 두 도시를 연결할 예정이다. ~ deux provinces 두 지방을 연결하다. ~ les deux bouts d'un câble 굵은 밧줄의 양 끝을 연결하다. ~ les lèvres d'une plaie 상처의 갈라진 두 부분을 봉합하다. Un pont *réunit* les deux rives de fleuves. 다리가 강의 兩岸을 연결한다.
2° **~ N à N** ~ une province à un état 한 지방을 국가의 행정관할 안에 편입하다. Un pont *réunit* une partie de la ville à l'autre. 다리 하나가 도시의 두 부분을 연결해 준다.
3° **~ N(pl)** 〈…을 모으다〉 Les conditions nécessaires n'*étaient* pas *réunies*. 필요한 제조건이 갖추어지지 않았었다. Ils ne sont pas arrivés à ~ des capitaux nécessaires. 그들은 필요한 자본을 모으지 못했다. Le candidat de la gauche *a réuni* 40% des voix. 좌익 입후보자는 40퍼센트의 표를 모았다.
◇ **~ le quorum** L'assemblée n'*a* pas *réuni* le quorum. 모임은 (의결에 필요한)정족수를 채우지 못했다.

réussir 1° **~** 〈(일이) 잘되다; 좋은 성과를 올리다, 성공하다〉 L'opé-

réveiller

ration *réussit*. 수술이 잘 되었다. Les hommes entreprenants *réussissent* mieux que les autres. 과감한 사람들은 다른 사람들보다 더 잘 성공한다.

2° **~ dans qc** ⟨…에 성공하다 ; …에서 좋은 결과를 얻다⟩ Ce garçon *réussit* dans tout ce qu'il entreprend. 이 소년은 그가 꾀하는 모든 일에 성공한다.

3° **~ qc** ⟨…을 잘해내다, 성공적으로 하다⟩ Vous *réussirez* vos photos. 당신은 사진을 성공적으로 제작할 것입니다.

◇ **~ ∅** J'ai *réussi*. 나는 (수술을) 잘 해내었다.

4° **~ à qc** ⟨…에 성공하다⟩ Il *a réussi* à ses examens. 그는 시험에 합격했다《Il a *réussi* ses examens 도 가능하다》.

5° **~ à Inf** ⟨…하는데 성공하다⟩ J'ai *réussi* à faire cela. 나는 그것을 하는 데 성공했다.

◇ à Inf 는 y 로 대치 가능. 그러나 pronominalisation zéro 인 절대구문이 보다 흔히 사용된다 : J'y *ai réussi*. J'ai *réussi*.

6° **~ à ce que P subj** J'ai *réussi* à ce que cela soit fini à l'heure. 나는 그것을 정해진 시간에 끝내도록 하는 데 성공했다.

◇ que P 는 zéro 나 y 로 대치 가능함.

7° **~ à qn** ⟨…에 도움이 되다 ; 좋은 결과를 주다⟩ L'air de la mer lui *réussit*. 바다 공기가 그에게 좋다.

réveiller 1° **~ N**⟨(잠을) 깨우다 ; 각성시키다, 고무시키다⟩ Le bruit du canon ne les *réveillerait* pas. 대포 소리도 그들을 깨우지 못할 것이다. ~ le courage de quelqu'un 어떤 사람의 용기를 고무시키다.

2° **se ~** 《변화》⟨잠에서 깨어 나다 ; (사물이) 되살아나다⟩ Il *se réveille* tous les matins de bonne heure. 그는 매일 아침 일찍 잠을 깬다. Les nobles sentiments refoulés au fond des cœurs *se réveillèrent*. 마음 속에 억압되어 있던 고귀한 감정들이 되살아났다.

3° **se ~ Attr** ⟨…상태로 깨어나다⟩ *se ~* courbatu 녹초가 되어 잠을 깨다.

4° **se ~ de qc** ⟨…에서 깨어나다⟩ Dès l'aube, il *se réveillait* d'un court sommeil. 새벽부터 그는 짧은 잠에서 깨어나곤 했다.

révéler 1° **~ (à qn) N** ⟨…을 (…에게) 알리다⟩ ~ un secret d'Etat 국가기밀을 누설하다. ~ à sa concierge un secret militaire (아파트) 관리인에게 군사기밀을 누설하다.

2° **~ (à qn) que P ind** Le journal *a révélé* que Karel Cott était un espion. 카렐 코트가 간첩이라는 것을 신문이 폭로했다. Son comportement n'avait *révélé* à personne qu'il était un espion. 그의 거동은 그가 간첩이라는 것을 누구에게도 드러내지 않았다. Il *a révélé* à cette occasion que son parti n'avait pas encore pris de décision. 자기 당이 아직 결정을 내리지 않았다는 것을 이 기회에 알렸다.

3° **~ (à qn) P(int. ind.)** Cet homme *révèle* comment un espion peut s'infiltrer dans le personnel de votre entreprise. 이 사나이는 어떻게 간첩이 당신네 기업의 직원 속에 침투해 들어갈 수 있는가를 밝혀준다.

4° **~ (à qn) Inf** Il m'*a révélé* avoir eu des relations avec elle. 그는 그녀와 성적관계를 가졌었다는 것을 나에게 밝혔다.

5° **se ~** 《변화》⟨드러〔나타〕나다⟩ Sa culpabilité ne *s'est révélée* que plus tard. 그의 죄상은 나중에 가서야 비로소 드러났다. Dans cette compétition, il *s'est révélé* comme un joueur de grande classe. 이번 대항경기에서 그는 제일급 경기자임이 밝혀졌다. Son génie *s'est révélé* tout à coup. 그의 천분은 갑자기 나타났다.

6° **se ~ (être) Adj/n** ⟨…임이 밝혀지다⟩ Comme trop souvent les Français *se révèlent* incapables de passer de l'énoncé de principes généraux aux réalisations contraires. 흔히 그렇듯이 프랑스인들은 일반 원리를 발표하고나면 그 반대 실현을 하지는 못한다는 것이 밝혀지고 있다. Ce travail *s'est révélé* être plus difficile qu'on ne le pensait. 이 작업은 생각보다 더 어렵다는 것이 밝혀졌다. Je ne doute pas qu'André ne *se révèle* excellent médecin. 앙드레가 뛰어난 의사임이 밝혀지는 것을 나는 의심하지 않는다. Il *s'est révélé* être un excellent pédagogue. 그는 자기가 탁월한 교육자임을 보여주었다.

revenir **1°** **~** ⟨다시 오다, 되돌아오다⟩ Le temps passé ne *revient* plus. 지나간 시간은 이제 다시 돌아오지 않는다.

2° **~ Attr** ⟨…해서 되돌아오다⟩ ~ déçu 실망해서 돌아오다.

3° **~ Inf** ⟨…하러 다시 오다⟩ Et je *reviens* faire la paix avec Castel-Benac. 그리고 나는 카스텔 베나크와 화해하러 다시 왔습니다.

4° **~ à N** ⟨…을 다시 착수하다, …에 되돌아가다; (기능・상태를) 회복하다; ‥의 소관이다; …의 마음에 들다⟩ Les forces me *reviennent*. 나는 다시 힘을 얻는다. Revenons à notre conversation de l'autre jour. 전날의 이야기를 계속합시다. Les soins du ménage *reviennent* à ma femme. 집안일은 내 아내의 소관이다. Il a un air, des manières qui ne me *reviennent* pas. 〖구어〗 그는 내 맘에 들지 않는 태도를 지니고 있다.

5° **~ de qc** ⟨…에서 돌아오다; …을 깨닫다; (미몽에서) 깨어나다⟩ Il *revient* de Paris. 그는 파리에서 돌아온다. Est-il *revenu* de son erreur? 그는 자기 잘못을 깨달았습니까?

6° **~ de Inf** ⟨…하고 돌아오다⟩ ~ de faire son cours 강의를 하고 돌아오다.

7° **~ sur qc** ⟨…을 재론하다; 취소하다⟩ Il *revient* sur sa promesse. 그는 약속을 취소한다.

8° **en ~ à qc** ⟨…에 되돌아오다⟩ J'en *reviens* à ce que vous me disiez. 나는 당신이 나에게 하시던 이야기로 다시 돌아갑니다.

9° **en ~ à Inf** ⟨…하기에 이르다, …하게 되다⟩ Nous en *revîmes* forcément à parler de la vie en général. (Céline) 우리는 불가피하게 인생 전반에 관한 이야기를 하기에 이르렀다.

10° **n'en ~ pas que P subj** ⟨…한 사실에 대해 대경실색하다, 어리둥절하다⟩ Je n'en *reviens* pas qu'il ait réussi à son examen. 나는 그가 시험에 합격했다는 사실에 몹시 놀라고 있다.

11° **s'en ~ de qc** 《변화》〖구어〗⟨…에서 돌아오다⟩ Je l'ai rencontré au moment où il *s'en revenait* du marché. 그가 시장에서 돌아오고 있을 때 나는 그를 만났다.

12° **cela revient à qc** ⟨결국 …이 되다, …와 같다⟩ Cela *revient* à une escroquerie. 그것은 속임수와 같다.

13° **cela revient à Inf** ⟨결국 …하게 되다⟩ Prêter cent francs à ce garçon, cela *revient* à les lui donner. 이 소년에게 100 프랑을 빌려 준다는 것은 그에게 그것을 그냥 주는 것이나 마찬가지다.

14° **Il revient à qn de Inf** ⟨…하는 것은 …의 소관〔책임〕이다⟩ Il *revient* à l'avocat de choisir le

rêver

meilleur système de défense. 가장 좋은 변호방법을 택하는 것은 변호사의 소관이다.
15° **Il revient à qn que P ind** 〈…가 …하다는 말을 듣다〉 Il m'*est revenu* que vous vous plaignez de moi. 나는 당신이 나에 대해 불평한다는 말을 들었다.
16° **Il revient à qn qc sur qc**(처음에 나오는 *qc* 는 가격을 나타냄) 〈…에 대하여 …에게 값이 지불되다〉 Il *revient* au transporteur cinquante centimes sur chaque caisse emportée. 운송인에게는 상자당 50 상팀씩의 운송료가 지불되는 것이다.

rêver 1° ~ 〈꿈꾸다〉 Je *rêve* rarement. 나는 좀처럼 꿈을 꾸지 않는다.
2° ~ **de N** 〈…에 대한〔…의〕 꿈을 꾸다; 꿈에 …을 보다; …을 열망하다〉 J'ai *rêvé* de vous cette nuit. 나는 어젯밤 당신 꿈을 꾸었습니다. Il y a quelques jours, j'*ai rêvé* d'un incendie. 며칠 전에 나는 화재가 난 꿈을 꾸었다. Les naufragés *rêvaient* d'eau potable et de fruits savoureux. 난파당한 사람들은 음료수와 맛있는 과일을 열망하고 있었다.
3° ~ **de Inf** 〈…하기를 열망하다〉 Il *rêve* de s'évader. 그는 탈출하기를 열망한다.
4° ~ **à qc** 〈…에 관해 숙고하다, 생각에 잠기다〉 J'ai longtemps *rêvé* à ce problème sans en trouver la solution. 나는 그 해결을 찾지 못한 채 오랫동안 이 문제에 관하여 숙고했다.
5° ~ **qc** 〈…을 꿈꾸다〉 Nous *avons rêvé* tous les deux la même chose. 우리는 둘 다 같은 것을 꿈꾸었다.
6° ~ **que P ind** 〈…한 것을 꿈꾸다〉 J'ai *rêvé* que je mourais. 나는 내가 죽는 꿈을 꾸었다.

revêtir 1° ~ **N** 〈…을 입다〉 ~ ses habits du dimanche 외출복을 입다. ~ l'uniforme 제복을 입다.
2° ~ **qc/qn de N** 〈…에게 …을 입히다〉 La firme *revêt* uniformément ses employés d'une blouse blanche. 그 회사는 종업원들에게 일률적으로 흰 작업복을 입힌다. ~ un sol 〔un mur〕 de carreaux 땅〔벽〕에 타일을 입히다. ~ un passeport d'un visa 여권에 사증을 갖추다.
3° **qc** ~ **qc** 〈지니고 있다, …을 띠다〉 La façade repeinte *revêt* un aspect plus gai. 다시 칠을 한 건물정면은 더 밝아 보인다. Le droit de passage à travers les détroits *revêt* pour leurs navires une très grande importance. 해협 통과권이 그들의 선박에게는 매우 커다란 중요성을 띠는 것으로 보인다. Les deux mesures que veut prendre le Kremlin *revêtent* un caractère différent en apparence, mais l'effet recherché est identique. 크레믈린이 취하려는 두가지 조치는 외견상 다른 성격을 띠고 있으나 추구하는 효과는 동일하다.
4° ~ **N de N** 〈…에게 …을 띠게 하다〉 Sa position sociale le *revêt* d'une certaine autorité. 그의 사회적 지위가 그에게 상당한 위신을 갖게 한다. ~ son argumentation des apparences de la vérité 논술이 진실같은 느낌을 주게 하다.

revivre 1° ~ 〈원기를 회복하다, 소생하다〉 Cette nouvelle m'a fait ~. 이 소식은 내 원기를 회복해 주었다. Il *revit* depuis qu'il est ici. 그는 여기에 있게 된 이래로 힘을 되찾았다. faire ~ une mode 유행을 부활시키다. un historien qui fait ~ une époque 한 시대를 생생하게 되살리는 역사가.
2° ~ **N** 〈…을 다시 살다〉 ~ sa vie 생애를 다시 한 번 살다. ~ son passé 과거를 회상하다.

revoir 1° ~ **N** 〈다시 보다, 다시

만나다〉 Je l'ai souvent revu depuis. 나는 그 후 그를 종종 다시 만났다. Il n'a pas revu son pays natal depuis de nombreuses années. 그는 여러해 전부터 고향으로 돌아오지 않았다.
2° ~ N Inf 〈…이 …하는 것을 다시 보다〉 ~ les fleurs s'épanouir 꽃들이 활짝 피는 것을 다시 보다.
3° ~ N en train de Inf 〈…이 …하고 있는 것을 다시 보다〉 Adrienne la revoyait en train de faire réciter les leçons, le livre à la main. (Green) 아드리엔느는 그녀가 책을 손에 들고 학과를 암송시키고 있는 것을 다시 보곤 했다.
4° ~ N+현재분사 ~ sa mère cousant sous la lampe 어머니가 램프 아래서 바느질하고 있는 것을 다시 보다.
5° se ~ 《변화》〈서로 다시 만나다〉 Ils ne se sont jamais revus. 그들은 결코 다시 만나지 않았다.

révolter 1° ~ N 〈(…를) 반항하게 하다, 격분케 하다〉 Son arrogance me révolte. 그가 건방진데 나는 격분한다.
◇ ~ ø C'est une injustice qui révolte. 이것은 분개심을 일으키는 부당한 짓이다.
2° se ~ 《변화》 Il se révolta devant l'arrogance de l'autre. 그는 상대방의 거만함에 분개했다.
3° se ~ contre N 〈…에 거역〔반항〕하다〉 se ~ contre l'injustice 〔contre l'autorité〕 de ses parents 부모의 부당함〔권위〕에 반항하다. se ~ contre ses supérieurs 윗사람들에게 거역하다.

rire 1° ~ 〈웃다, 웃음짓다〉 Vous riez et vous avez raison. 당신은 웃으시는데 그건 당연합니다.
2° ~ de N 〈…을 비웃다; 일소에 붙이다〉 Ne riez pas de moi. 나를 비웃지 마세요. Il rit de toutes les remontrances qu'on lui fait. 그는 남이 그에게 해주는 모든 훈계를 일소에 붙인다.
3° ~ de Inf 〈…때문에 웃다〉 ~ de voir un sot s'exprimer d'un ton doctoral 바보가 아는 체하는 어조로 자기 생각을 표현하는 것을 보고 웃다.
4° ~ de ce que P subj Jean rit de ce que Pierre soit tombé. 장은 피에르가 떨어져서 웃는다.
5° ~ à qn 〈…에게 웃음짓다, 미소짓다〉 La fortune lui rit. 행운이 그에게 미소짓는다.
6° se ~ de N 《불변》〈…을 무시하다, 우습게 여기다〉 Il se rit de vos menaces. 그는 당신의 위협에 끄떡도 하지 않는다. Elle s'est ri de moi. 그녀는 나를 비웃었다.

risquer 1° ~ qc 〈…을 위태롭게 하다; (…의) 위험을 무릅쓰다〉 Il a risqué sa vie pour sauver l'enfant. 그는 아이를 구하기 위해서 위험을 무릅썼다.
◇ ~ ø Il n'obtiendra jamais rien s'il ne sait ~. 그는 위험을 무릅쓸 줄 모르면 결코 아무 것도 얻지 못할 것이다.
2° ~ de Inf 〈…할 위험이 있다, …할 가능성이 있다〉 Ne vous penchez pas par la fenêtre, vous risquez de tomber. 창문으로 몸을 내밀지 마시오. 떨어질 위험이 있습니다. Le feu risque de s'éteindre. 불이 꺼질 위험이 있다.
3° ~ que P subj Vous risquez qu'il s'en aperçoive. 당신에게는 그가 그것을 알아차릴 위험이 있습니다.
4° se ~ dans qc 《변화》〈자신을 위태롭게 하다〉 N'allez pas vous ~ dans cette affaire. 이 사업에 위태롭게 손대지 마시오.
5° se ~ à Inf 〈위험을 무릅쓰고 감히 …하다〉 Je ne me risquerais pas à lui faire d'observations sur sa conduite. 나는 위험을 무릅쓰고

그에게 그의 행실에 대해 잔소리하지는 않을 것이다.
ronger 1° ~ (N) ⟨(…을)갉아먹다⟩ Le lapin *ronge* (sa carotte). 토끼가 (홍당무를) 갉아먹는다.
2° ~ N ⟨…을 썲다⟩ Les vers *ont rongé* le bois. 벌레가 나무를 쏠았다. Les soucis le *rongent*. 근심이 그를 바짝바짝 마르게 한다. le mal, profond, invétéré, universel qui *ronge* cette société 이 사회를 좀먹는, 깊이 뿌리박히고, 고질적이고, 널리 퍼진 악.
◇ ~ son frein ⟨(말이) 화가 나서 재갈을 깨물다 ; (사람이) 이를 악물고 참다⟩.
3° se ~ ⟨자기의 …을 썲다⟩ *se* ~ les ongles 자기의 손톱을 깨물다.
rôtir 1° ~ N ⟨…을 굽다⟩ ~ un bifteck 비프스테이크를 굽다.
2° ~ ⟨구워지다⟩ La viande est en train de ~. 고기가 구워지고 있는 중이다. mettre une viande à ~ 고기를 굽다. faire ~ un bifteck 비프스테이크를 굽다.
◇ Elle (*se*) *rôtit* au soleil. 그녀는 햇볕에 몸을 그을린다.
rougir 1° ~ (de N) ⟨(…때문에) (낯이)붉어지다⟩ ~ de honte 부끄러워서 얼굴이 빨개지다. Les crevettes *rougissent* à la cuisson. 작은 새우들은 익힐 때 붉어진다.
2° ~ qc ⟨…을 붉게 물들이다⟩ Il suffit d'une goutte de vin pour ~ tout un verre d'eau. 물 한 컵을 전부 붉게 물들이는 데는 포도주 한 방울이면 충분하다. ~ une barre de fer 쇠막대기를 빨갛게 달구다.
rouiller 1° ~ ⟨녹이 슬다⟩ Le fer *rouille*. 쇠가 녹슨다. La voiture commence à ~. 자동차가 녹슬기 시작한다.
2° ~ N ⟨…을 녹슬게 하다 ; 둔하게 하다⟩ L'inactivité *rouille* l'esprit[le corps]. 활동하지 않으면 정신이[육체가] 둔해진다.

3° se ~ ⟨⟨변화⟩⟩ L'athlète *se rouille* sans exercice. 운동가가 연습하지 않으면 둔해진다. L'esprit *se rouille* dans l'inaction. 정신은 가만히 있으면 둔해진다.
rouler 1° ~ ⟨굴러 떨어지다 ;(차가) 달리다 ; 좌우로 흔들리다 ;(북, 천둥이) 우르릉대다⟩ Il *a roulé* de haut en bas de l'escalier. 그는 계단 위에서 아래로 굴러 떨어졌다. Le train *roulait* à 140 km à l'heure. 그 기차는 시속 140킬로미터로 달리고 있었다. Le bateau *roule* au gré des flots. 그 배는 물결치는 대로 좌우로 흔들린다. Le tonnerre *roule*. 천둥이 우르릉댄다. Ça *roule*. 〖속어〗 일이 잘 되어간다(=Ça va bien).
2° ~ sur N ⟨…을 주제로 삼다⟩ Avec lui, les discussions *roulent* souvent sur l'argent et les femmes. 그하고는 토론이 자주 돈과 여인들 쪽으로 흘러가는 일이 많다.
3° ~ N ⟨…을 말다 ; 굴리다 ; 감다⟩ Il *roula* une cigarette. 그는 궐련을 한 개피 말았다. ~ un camarade dans la poussière 친구를 먼지 속에 굴리다.
4° ~ qn 〖구어〗 ⟨사람을 속이다⟩ Le vendeur a essayé de me ~. 그 판매원은 나를 속이려고 했다.
5° se ~ ⟨⟨변화⟩⟩⟨(몸을) 굴리다, 말다 ; 뒹굴다⟩ serpent qui *se* ~ 돌돌 말리는 뱀.
6° se ~ qp ⟨…에서 뒹굴다⟩ Pierre *se roule* par terre. 피에르는 땅바닥에 뒹군다.
7° se ~ les pouces ; se les ~ ⟨⟨불변⟩⟩〖구어〗⟨할일없이 시간만 보내다⟩.
rouvrir 1° ~ N ⟨…을 다시 열다⟩ Après des réparations, le magasin *a rouvert* ses portes. 그 상점은 수리를 하고 나서 문을 다시 열었다. ~ les hostilités[un débat] 적대행위를[토론을] 재개하다.
2° ~ ⟨다시 열리다⟩ Le magasin

rouvre à deux heures. 상점은 두 시에 다시 열린다.
3° ~ N à N 〈…을 …에게 다시 열다〉 ~ une route à la circulation 도로를 통행하도록 다시 개방하다. ~ ses portes à *qn* …에게 다시 문호를 개방하다[출입을 허용하다].

ruer 1° ~ 〈(말이) 뒷발로 차다〉 Prenez garde en passant derrière ce cheval, car il a l'habitude de ~. 이 말 뒤로 지나가면서 조심하시오. 뒷발로 차는 버릇이 있기 때문이오.
◇ qn ~ ~ dans les brancards 〖구어〗 항의[반항]하다.
2° **se** ~ **sur N** 《변화》 〈…에 달려들다, (…을 얻으려고) 몰려들다〉 *se* ~ sur l'ennemi 적에 달려들다. Les journalistes *se ruèrent* sur la vedette. 신문기자들은 인기배우에게 몰려들었다. Tout le monde *se ruait* sur le buffet. 모든 사람이 차려놓은 음식에 몰려들었다.

ruiner 1° ~ N 〈파괴하다〉 La grêle *a ruiné* les récoltes. 우박이 수확을 망쳤다. La guerre *a ruiné* le pays. 전쟁이 이 나라를 파괴했다.
2° **se** ~ **(à N/Inf)** 《변화》 〈(…으로 […하느라고]) 파산하다〉 *se* ~ au jeu[à jouer au poker] 노름으로[포커놀이 하느라고] 파산하다.

ruisseler 1° ~ (qp) 〈(…에) 철철 흐르다〉 La pluie *ruisselait* contre les vitres. 비가 창유리에 철철 흐르고 있었다. La foule *ruisselait* de toutes les portes. 군중이 문마다 철철 넘쳤다.
2° ~ **de N** 〈…에 흥건히 젖다〉 Son visage *ruisselait* de sueur. 그의 얼굴은 땀에 흠뻑 젖어 있었다. La salle à manger *ruisselait* de lumière. 식당에는 햇빛이 철철 넘치듯이 들어오고 있었다.

ruminer 1° ~ (N)〈(소 따위가) (…을) 새김질하다〉 La vache *rumine*. 암소가 새김질하고 있다. La vache *rumine* de l'herbe. 암소가 풀을 새김질하고 있다.
2° ~ N 〈심사숙고하다〉 ~ un projet[un problème] 계획을[문제를] 숙고하다.

S

sacrifier 1° ~ (N)(à N)⟨(…을) (…을 위해) 버리다, 전부 제공하다⟩ ~ sa vie à la science 학문을 위해 자기 일생을 전부 바치다. ~ son temps 시간을 희생〔할애〕하다. ~ ses amis à ses intérêts 자기의 이익을 위해 친구들을 버리다. Cet architecte *sacrifie* l'élégance à la solidité. 이 건축가는 견고성을 위해서 아름다움을 버린다.
2° ~ N (pour N) ⟨(…을 위해) 희생시키다, 바치다⟩ ~ son bonheur individuel pour le bonheur collectif 집단의 행복을 위해 개인의 행복을 희생시키다.
3° ~ à N ⟨…을 따르다⟩ ~ à la mode 〔au goût du public〕 유행에 〔대중의 기호에〕 추종하다. Il *a* toujours *sacrifié* aux préjugés. 그는 항상 편견에 따라갔다.

saigner 1° ~ (de N) ⟨(…에서) 출혈하다⟩ ~ du nez 코피가 나다.
2° ~ N ⟨…의 피를 뽑다⟩ ~ un malade 환자를 자락〔사혈〕하다. ~ un cochon 돼지를 찔러 피를 뽑아 죽이다. La guerre *a saigné* à blanc le pays. 전쟁은 이 나라를 황폐하게 했다.
3° se ~ (à blanc) ⟨피나는 듯한 희생을 하다⟩ Il a dû *se* ~ à blanc pour l'envoyer là-bas. 그는 그 사람을 거기에 보내기 위해 온갖 희생을 치러야 했다.

saisir 1° ~ N ⟨잡다; (감정 따위가) 엄습하다, 사로잡다; 이해하다, 알아듣다; (법) 압류하다⟩ Un malfaiteur se jeta sur lui et le *saisit* aux épaules. 한 악당이 그에게 달려들어 어깨를 잡았다. Vous *avez* mal *saisi* ce que j'ai dit. 당신은 내가 말한 것을 잘못 이해하셨습니다. Le fièvre l'*a saisi*. 신열이 그를 엄습했다. Il *fut saisi* de joie. 그는 기쁨에 사로잡혔다.
◇ ~ ø Quand on vous explique, vous *saisissez*? 사람들이 당신에게 설명할 때 당신은 알아듣습니까? L'huissier peut ~. 집달리는 압류할 수 있다.
2° se ~ de N 《변화》⟨…을 빼앗다; 점유하다; 붙잡다⟩ L'armée *se saisit* de la ville. 군대는 도시를 점유했다. Les agents *se sont saisis* des voleurs. 경관들이 도둑들을 붙잡았다.

salir 1° ~ N ⟨(손발, 옷, 명예를) 더럽히다; 손상하다⟩ Prenez garde de ~ le parquet. 마루바닥을 더럽히지 않도록 주의하세요. Prends garde de ne pas te ~. 너를 더럽히지 않도록 주의해라.
2° se ~ 《변화》⟨더러워지다⟩ Les étoffes blanches *se salissent* facilement. 흰 옷감은 쉽게 더러워진다.
3° se ~ qc 《가변》⟨자기의 …을 더럽히다⟩ Comme tu as peur de *te* ~ les mains ... 참으로 너는 네 손을 더럽히기를 두려워하는구나.

saluer 1° ~ N ⟨인사하다; 경의를 표하다; 환영하다⟩ Il *a salué* son directeur. 그는 지배인에게 인사했다. ~ le drapeau 국기에 경례하다. Son arrivée *fut saluée* par un tonnerre d'applaudissements. 그의 도착은 우뢰와 같은 박수갈채로 환영받았다.
◇ ~ ø Un soldat doit savoir ~. 군인은 경례할 줄 알아야 한다.
2° se ~ 《변화》⟨서로 인사하다⟩

Ils ne *se saluent* plus depuis longtemps. 그들은 이미 오래 전부터 서로 인사하지 않는다.

satisfaire 1° ~ N 〈만족시키다, 욕구를 채워주다〉 On ne peut ~ tout le monde. 모든 사람을 만족시킬 수는 없다. C'était pour ~ ma curiosité. 그것은 나의 호기심을 만족시키기 위해서였다.
2° ~ à qc 〈…을 충족시키다, 들어주다; …을 이행하다〉 Nous ne pouvons plus ~ à des demandes croissantes. 우리는 이제 증대하는 주문을 들어줄 수가 없다.
3° être satisfait de N/de Inf/de ce que P subj 〈…에 (…하는 것에) 만족하다〉 Votre professeur *est satisfait* de votre travail. 당신의 선생님은 당신의 공부에 만족하십니다.
4° se ~ de qc 《변화》〈…으로 만족하다〉 En guise de pourboire, le serveur dut *se* ~ d'un sourire. 팁 대신에 웨이터는 미소로 만족해야 했다.

sauter 1° ~ 〈뛰어오르다; 비약하다; 덤벼들다; 매어달리다〉 Le kangourou *saute*. 캥거루는 뛰어오른다. Je lui *sauterai* au cou. 나는 그의 목을 끌어안을 것이다. Cela *saute* aux yeux. 그것은 일목요연하다. Le bouchon de la bouteille *a sauté*. 병마개가 갑자기 튀어나왔다.
2° ~ qc 〈…을 건너뛰다; 빼먹다〉 Elle *a sauté* le fossé. 그녀는 도랑을 뛰어넘었다. Vous *avez sauté* un mot. 당신은 낱말을 하나 빠뜨렸습니다.

sauver 1° ~ N 〈구출하다; 보전하다; 살리다〉 Le bateau a fait naufrage, mais on a pu ~ presque tous les passagers. 배가 파선했으나 거의 모든 승객들을 구출할 수 있었다. Il essaie de ~ les apparences. 그는 간신히 체면이라도 차리려고 애쓴다.
2° ~ qn de N 〈…을 …에서 구출하다〉 Il *sauva* l'enfant de la noyade. 그는 아이를 익사에서 구출했다. ~ quelqu'un de ses ennemis 어떤 사람을 그의 적으로부터 구출하다.
3° ~ qc à qn 〈…의 …을 구해주다〉 Il lui *a sauvé* la vie. 그는 그의 생명을 구했다.
4° se ~ 《변화》〈달아나다, 도망치다〉 Les maraudeurs *se sont sauvés* quand ils ont aperçu le cultivateur. 밭도둑들은 농부를 보자 도망쳤다. *Sauve-toi* vite, tu vas être en retard pour ton cours. 〘구어〙 재빨리 떠나가라. 강의에 늦겠다.
5° se ~ de qc 〈…에서 빠져나가다; 모면하다〉 *se* ~ d'un incendie 화재를 모면하다.
6° sauve-qui-peut (변화하지 않고 이 형태로만 쓰인다) 〈각자 피신하다〉 Le navire commençait à prendre feu, ce fut un *sauve*-qui-peut général. 배가 불붙기 시작했으며 전반적인 패주현상이 일어났다.

savoir 〔문어에서는 부정형을 만들 때 pouvoir의 뜻을 지닌 조건법 형태이거나 의문절을 포함할 경우 ne만 사용한다: Je ne *saurais* refuser. Je ne *sais* si je partirai [à qui m'adresser, où j'irai].〕.
1° ~ qc (목적어로 사용될 수 있는 명사 qc의 목록은 극히 제한되어 있다. 이런 점에서 목적보어 명사 목록에 제한이 없는 connaître와 대조적이다) 〈…을 알다〉 Il *sait* sa leçon [le français]. 그는 자기의 학과[불어]를 (공부해서) 알고 있다. Il ne *sait* rien. 그는 아무것도 모르고 있다. Il *sait* tout. 그는 모든 것을 알고 있다. Il *sait* quelque chose. 그는 무엇인가 알고 있다.
◇ ~ ø Si j'*avais su*, je ne serais pas venu. 내가 그것을 알았더라면 나는 오지 않았을 텐데.
2° ~ qn Attr 〈…가 …인 것을 알고 있다〉 Je la *savais* intelligente.

scandaliser

나는 그녀가 똑똑하다는 것을 알고 있었다.

3° **~ qc de qn** 〈…에 대해 …을 알고 있다〉 Je ne *sais* pas grand-chose de lui. 나는 그에 대해 별로 알지 못한다.

4° **~ Inf** 〈…할 수 있다〉 Il *sait* vivre. 그는 처세에 능하다. (cf. le ~-vivre).

◇ **~ ∅** Tu *sais* ouvrir cette boîte? —Oui, je *sais*. 너는 이 상자를 열 줄 아니?—그래, 난 열 줄 안다.

5° **~ N Inf** 〈…이 …함을 알고 있다〉 Je ramenai la conversation sur des sujets que je *savais* l'intéresser. 나는 그의 흥미를 끈다는 것을 알고 있는 화제로 이야기를 끌어왔다.

◇ 이 구문은 관계대명사절 안에서와 문어에서만 사용된다.

6° **~ que P ind** 〈…이란 것을 알고 있다〉 Tu *sais* que j'avais fui de la maison? — Oui, je *sais*. 너는 내가 집에서 뛰쳐나왔다는 것을 알고 있지?—그래, 나는 그 사실을 알고 있다.

◇ 1) que P는 대명사 le로 대치 가능함.
2) **~ ∅** (+).

7° **~ P(int. ind.)** *Sais*-tu pourquoi je t'attendais ce soir? 너는 왜 내가 오늘 저녁 너를 기다리고 있었는지 아니? Pour ~ s'il y a là un critère, un certain nombre de démarches sont nécessaires. 거기에 어떤 기준이 있는지 알기 위해서는 상당수의 절차가 필요하다.

8° **se ~** 《변화》〈알려지다〉 Cela finira par *se* ~. 그것은 마침내 알려지고 말 것이다.

9° **se ~ Attr** 〈자기가 …임을 알다〉 Depuis qu'il *se sait* incurable, il est désespéré. 그는 자신이 불치의 병에 걸렸음을 안 이래로 절망하고 있다.

scandaliser 1° **~ qn** 〈(…의) 빈축을 사다, 분개시키다〉 Sa conduite *scandalise* tout le monde. 그의 행동은 모든 사람의 빈축을 산다.

◇ **~ ∅** Voilà qui *scandalise!* 이 것이야말로 사람들의 빈축을 사는 일이다!

2° **se ~** 《변화》〈얼굴을 찡그리다〉 Les gens honnêtes *se sont scandalisés* à la projection de ce film. 점잖은 사람들은 이 영화의 상영에 얼굴을 찡그렸다.

3° **se ~ de qc** 〈…에 대해 분개하다〉 *se* ~ d'un spectacle immoral 부도덕한 연극에 대해 분개하다.

4° **se ~ de Inf** *se* ~ d'entendre jurer à longueur de temps 계속 욕설을 늘어놓는 것을 듣고 분개하다.

5° **se ~ que P subj** Vous *vous scandalisez* que les autres ne soient pas de votre avis. 다른 사람들이 당신의 의견과 같지 않다는 것에 당신은 분개한다.

sculpter **~ N** 〈조각하다〉 Cet artiste *a sculpté* des chiens qui courent. 이 예술가는 달리는 개를 조각했다.

◇ **~ ∅** Il apprend à ~. 그는 조각하는 것을 배운다.

sécher 1° **~** 〈마르다; 초췌해지다; 답안을 못쓰다〉 Des linges *séchaient* aux fenêtres. 빨래가 창가에서 마르고 있었다. Elle *sèche* de jalousie. 〖구어〗그녀는 질투로 초췌해지고 있다. Elle aurait obtenu la mention «très bien» si elle n'*avait séché* dans son examen d'espagnol. 〖학교은어〗그녀는 스페인어 시험에서 답안을 못쓰지 않았더라면 평점「秀」를 받았을 텐데.

2° **~ qc** 〈말리다; (강의·수업을) 빼먹다〉 Le vent *a* vite *séché* le linge. 바람이 빨래를 빨리 말렸다. J'*ai séché* un cours. 〖학교은어〗나는 강의를 하나 빼먹었다.

3° **se ~** 《변화》〈몸〔옷〕을 말리다〉

se ~ avec une serviette 수건으로 몸의 물기를 없애다.
4° **se ~ qc** 《가변》〈자기의 …을 말리다〉 *se* ~ les mains 손의 물기를 없애다.

sembler 1° **~ Attr** (*Attr*는 형용사)〈…듯하다, …처럼 보이다〉 Elle *semble* triste. 그녀는 슬픈 듯이 보인다.

◇ bien 이나 mieux 가 속사로 사용될 수도 있다: Ça me *semble* bien. 그것은 나에게 좋은 것처럼 보인다.

2° **~ Attr à qn** 〈…에게 …처럼 보이다〉 Elle me *semble* triste. 그녀는 나에게 슬픈 듯이 보인다.

3° **~ Inf** 〈…인듯하다〉 Pierre *semble* s'intéresser au sport. 피에르는 운동에 관심이 있는 것처럼 보인다.

◇ Pron-Inf(-).

4° **Il me〔te, lui, etc.〕 semble Inf** 〈(나, 너, 그, 그녀로서는) …인 것 같다〉 Il me *semble* vous connaître. 나는 당신을 알고 있는 것 같다.

5° **Il me〔te, lui, etc.〕 semble Attr de Inf** (*Attr*는 형용사) 〈(나, 너, 그, 그녀로서는) …하는 것이 …인 것처럼 보인다〉 Il me *semble* inutile de vous en dire davantage. 당신에게 거기에 대해 더 이상 이야기하는 것은 쓸데 없을 것 같습니다.

6° **Il semble que P subj** 〈…인 것 같다〉 Il *semble* qu'il soit fâché. 그가 화난 것 같다. 《종속절에서는 보통 접속법이 사용되며 이런 구문은 의혹을 나타낸다》.

7° **Il semble que P ind** Il *semble* qu'il est fâché. 그는 화난 것 같다. 《드물긴 하지만 직설법이 사용된 이 구문은 확신을 나타낸다》.

8° **Il semble que P cond** 〖드물게〗 Il *semble* que les femmes auraient pu remporter la victoire. 여자들이 승리를 거둘 수 있었을 것 같다.

9° **Il me〔te, lui, etc.〕 semble que P ind** 〈(나, 너, 그로서는) …인 것 같다〉 Il me *semble* parfois que ma vraie vie n'a pas encore commencé. 가끔 나에겐 나의 진짜 인생은 아직 시작하지 않은 것처럼 여겨진다.

10° **Il ne semble pas〔Il ne me semble pas, Te semble-t-il〕 que P subj** Il ne *semble* pas qu'on puisse agir autrement. 달리 행동할 수 있는 것 같지 않다.

◇ 구어에서는 직설법의 사용도 가능하다:Il ne me *semble* pas qu'il nous a vus. 그가 우리를 본 것 같지 않다.

11° **Il (me) semble Attr que P** (*Attr*는 형용사)〈(나에게는) …인 것이 …처럼 보인다〉 Il lui *semblait* nécessaire que quelque chose de divin s'accomplît. 무엇인가 신성한 것이 이루어질 필요가 있는 것 같았다.

12° **ce me semble; me semble-t-il; à ce qu'il me semble** (삽입절로 사용된다)〈내 생각으로는〉 J'ai bien le droit, me *semble*-t-il, de vous dire que je n'approuve pas votre conduite. 내 생각으로는 나는 당신의 행동에 찬성하지 않는다는 것을 당신에게 말할 권리가 있습니다.

semer ~ **N** 〈뿌리다; 떨쳐버리다〉 Des gens malveillants *avaient semé* des clous sur la chaussée. 악의를 품은 사람들이 차도에 못을 뿌렸었다. Elle avait réussi à ~ l'importun qui la suivait. 그녀는 뒤따르고 있던 귀찮은 사람을 떼어버리는 데 성공했다.

sentir I. 1° **~ Attr** (*Attr*는 형용사, 명사, 명사화된 형용사)〈…한 냄새가 나다〉 Cette fleur *sent* très bon 〔mauvais, fort〕. 이 꽃은 향기가 매우 좋다〔나쁘다, 독하다〕. Cela *sent* le tabac. 그것은 담배 냄새가 난다. Cette cave *sent* le moisi. 이 지하실은 곰팡내가 난다.

sentir

◇ ~ ∅ Ce poisson commence à ~. 이 생선은 상한 냄새가 나기 시작한다.

2° ~ N 〈냄새맡다; 느끼다〉 Vous *sentez* cette odeur? 당신은 이 냄새가 납니까? Il est incapable de ~ la beauté d'un paysage. 그는 풍경의 아름다움을 느낄 수가 없다.

3° ~ N Attr 〈…가 …한 것을 느끼다, 알아채다, 의식하다〉 On la *sent* heureuse. 사람들은 그녀가 행복하다는 것을 느낀다.

4° ~ N Inf Je *sens* la fièvre monter. 나는 열이 오르는 것을 느낀다. Il *sentit* la colère le gagner. 그는 분노가 치밀어 오르는 것을 느꼈다.

5° ~ que P ind 〈…란 것을 느끼다; 감독하다〉 Je *sens* que la fièvre monte. 나는 열이 오르는 것을 느낀다.

◇ 1) que P는 대명사 le 로 대치 가능함: Je le *sens*.
2) 부정형이나 의문형의 주절 뒤에서는 접속법의 사용이 가능하다: *Sentez*-vous qu'il y ait eu 〔qu'il y a eu〕 une baisse de température? 당신은 기온이 낮아진 것을 느끼십니까?

6° faire ~ qc à qn 〈…에게 …을 느끼게 하다, 인식시키다〉 Il a l'intention de lui faire ~ son autorité. 그는 그 사람에게 자기의 권위를 깨닫게 할 작정이다.

7° ne pas pouvoir ~ N 〖구어〗 〈…을 못견디게 싫어하다〉 Ma femme ne peut pas ~ mon frère 〔les huîtres〕. 내 아내는 내 동생을 〔굴을〕 싫어한다.

8° se faire ~ 〈눈에 뜨이다〉 Les conséquences de la guerre se sont longtemps fait ~. 전쟁의 결과가 오랫동안 눈에 띄었다.

II. 1° se ~ 〘변화〙 〈느껴지다, 자각하다〉 Une petite augmentation de salaire, ça *se sent* à la fin du mois. 근소한 봉급의 인상은 월말에 느껴진다. un jeune artiste qui commence à *se* ~ 제 재능을 자각하기 시작한 젊은 예술가.

2° se ~ Attr (*Attr* 는 형용사, 과거분사, 명사, 대명사) 〈〈기분, 느낌이〉 …하다〉 Elle *s'est sentie* triste. 그녀는 슬픈 느낌이 들었다. Ils *se sont sentis* attirés par elle. 그들은 그녀에게 마음이 끌림을 느꼈다. Il *se sent* le maître 〔quelqu'un〕. 그는 자신을 대가 〔대단한 인물〕이라고 느낀다.

3° se ~ N Attr 〈자신이 …이 하다고 느끼다〉 *se* ~ l'âme triste 자기 마음이 슬픈 것같이 느끼다

4° se ~ Adv Je *me sens* bien 〔mal, mieux〕. 나는 기분이 좋다〔나쁘다, 더 좋다〕.

5° se ~ qc 〘불변〙 〈자신에게 …이 있음을 느끼다〉 Elle *s'est senti* une grande envie de partir. 그녀는 스스로 몹시 떠나고 싶은 욕망을 느꼈다.

6° se ~ Inf (1) 〘변화〙 se 가 Inf 의 주어인 경우: Elle *s'est sentie* revivre. 그녀는 살 것같은 느낌이 들었다. (2) 〘불변〙 se 가 Inf 의 직접 목적어인 경우 〘수동적 뜻〙: *se* ~ prendre par l'épaule 어깨를 잡힌 느낌이다.

7° ne pas se ~ de qc 〘변화〙 〈…때문에 어쩔 줄 모르다〉 A ces mots, le corbeau ne *se sent* pas de joie. 이 말을 듣고 까마귀는 기뻐서 어쩔 줄을 모른다.

8° ne pas pouvoir se ~ 〈서로 미워하다〉 Ils ne peuvent pas *se* ~. 그들은 서로 미워한다.

séparer 1° ~ N 〈나누다, 분할하다〉 Un mur *sépare* les deux jardins. 담이 두 정원의 경계가 되고 있다. La mésintelligence *a séparé* ces deux amis. 불화가 이 두 친구의 의를 상하게 했다.

2° ~ N de N 〈…에서 …을 떼어

놓다〉 Dix kilomètres nous *séparent* encore du village. 10킬로의 거리가 아직도 우리와 마을을 갈라놓고 있다. La mère était malade, on a dû la ~ de ses enfants. 어머니가 병들어 있어서 그녀와 아이들을 떼어 놓아야 했다.
3° **~ N d'avec N** 〈…을 …와 분리시키다〉 Il faut ~ les bons d'avec les mauvais. 선인과 악인을 분리시켜야 한다.
4° **~ N en N** 〈…을 …로 나누다, 쪼개다〉 ~ une chambre en deux par une cloison 칸막이로 방을 둘로 나누다.
5° **se ~** 《변화》〈서로 헤어지다, 떨어지다〉 Il est tard, il faut *nous* ~. 시간이 늦었으니 우리들은 서로 헤어져야 합니다.
6° **se ~ de N** 〈…에서 분리되다〉 Une œuvre ne peut *se* ~ de son époque. 작품은 그 시대와 불가분의 관계가 있다.
7° **se ~ en N** 〈…로 나누어지다, 갈라지다〉 une rivière qui *se sépare* en deux 두 줄기로 갈라지는 강.

serrer 1° **~ N** 〈죄다, 좁히다〉 Le candidat *serra* le nœud de sa cravate. 후보자는 넥타이 매듭을 죄었다. Il m'*a serré* dans ses bras. 그는 나를 껴안았다.
◇ **~ ø** *Serrez!* 간격을 좁히세요!
2° **~ qc à qn** (*qc*는 신체부위 명사)〈…의 …을 꽉 죄다〉 Je lui *ai serré* la main. 나는 그와 악수했다. L'annonce de ce malheur lui *serra* le cœur. 그 비보를 듣고 그는 가슴이 찢어질 듯했다.
3° **~ qn de près** 〈…을 맹렬히 추격하다, 비난하다〉 L'ennemi nous *serre* de près. 적이 우리를 바싹 추격한다.
4° **~ une question de près** 〈문제를 면밀히 검토하다〉 Il *a serré* la question de près. 그는 그 문제를 주의깊게 조사했다.
5° **se ~** 《변화》〈서로 간격을 좁히다〉 *Serrez-vous* davantage sur le banc pour que tout le monde soit assis. 모든 사람이 앉도록 바싹 다가 앉으세요.
6° **se ~ qc** 《불변》〈서로 …을 꽉 쥐다〉 *se* ~ la main 서로 악수하다.
7° **se ~ contre N** 《변화》〈…에게 바싹 다가서다〉 un enfant apeuré qui *se serre* contre sa mère 어머니에게 바싹 달라붙는 겁에 질린 아이.

servir I. 1° **~** 〈유용하다; (군에) 복무하다〉 Ça *sert*. 그것은 유용하다. Mon fils *sert* dans l'armée. 내 아들은 군대에 복무하고 있다.
2° **~ à N** 〈…에 쓸모있다〉 Ça *sert* aux chasseurs. 그것은 사냥꾼들에게 소용된다.
◇ 1)보어의 대명사화가 가능하다: Ça leur *sert*. Ça *sert* à la réparation des voitures 《(이 경우에는 보어의 대명사화가 불가능함)》.
2)격리구문 détachement도 가능하다: Ça m'*a* beaucoup *servi*, de savoir l'anglais [que vous soyez là]. 영어를 아는 것이 [당신이 거기 계신 것이] 나에게 많은 도움이 되었다.
3° **~ à qc à qn** 〈…에게 (…에) 소용이 되다〉 A quoi ça vous *sert?* Ça ne me *sert* à rien. 그것이 당신에게 무슨 소용이 있습니까? 그것은 나에게 아무 소용도 없습니다.
◇ 격리구문이 가능하다: Ça ne m'*a servi* à rien, d'y aller. 거기에 가는 것은 나에게 아무 소용이 없었다. Ça ne m'*a servi* à rien, que tu m'aies dit ça. 네가 나에게 그것을 말해 준 것은 나에게 아무 소용도 없었다.
4° **~ à Inf** 〈…하는 데에 쓰이다〉 Cet appareil *sert* à ouvrir les huîtres. 이 기구는 굴을 까는 데 쓰인다.

5° ~ à qn à Inf 〈…가 …하는 데에 소용이 되다〉 Ça *sert* aux ouvriers à réparer les voitures. 그것은 직공들이 자동차를 수리하는 데 쓰인다.
6° ~ de N 〈…의 구실을 하다; …으로서 고용되다〉 Cette planche *sert* de table. 이 널빤지는 식탁 구실을 한다.
◇ 보어의 대명사화는 불가능하다.
7° ~ à qn de N 〈…에게 …로 쓰이다, 사용되다〉 Cette planche me *sert* de table. 이 널빤지는 나에게 식탁 대신으로 사용된다.
8° ~ N 〈모시다; 봉사하다; 차리다〉 Il faut ~ ce client. 이 고객의 시중을 들어야 한다. Il *a servi* sa patrie. 그는 조국에 봉사했다. On *sert* la soupe au début du repas. 식사 초에 수프를 내놓는다.
9° ~ qc à qn 〈…에게 …을 대접하다〉 *Servez*-nous la soupe. 우리에게 수프를 주세요.
10° ~ qc Attr 〈…을 …하게 하여 대접하다〉 ~ la soupe chaude 수프를 식기 전에 대접하다 《여기서 속사 chaude는 pendant qu'elle est chaude를 뜻한다》.
11° ~ à manger [boire, etc.] à qn 〈…에게 식사를[마실것을] 대접하다〉 On nous *a servi* à dîner vers 9 heures. 우리는 9시경에 저녁을 대접받았다. Elle lui *a servi* à boire. 그녀는 그에게 마실 것을[술을] 대접했다.
12° Il ne sert à rien; A quoi sert-il+de Inf(비인칭구문) 〈(…해보았자) 아무 쓸모없다; …해서 무슨 소용이 있는가?〉 Il ne *sert* à rien. 아무 소용없다. A quoi *sert*-il de résister? 저항해 보았자 무슨 소용이냐?
II. 1° se ~ 《변화》 〈(음식·술 등이) 차려지다〉 Ce vin doit *se* ~ très frais. 이 포도주는 아주 차게 들어야 한다.
2° se ~ qc 《불변》 〈(요리를) 자기 접시에 덜어놓다〉 *se* ~ de la salade 샐러드를 들다.
3° se ~ de N 《변화》 〈…을 사용하다, …을 들다〉 Je *me sers* d'un dictionnaire. 나는 사전을 사용한다. Il voulait *se* ~ de toi. 그는 너를 이용하고 싶어했다. *Servez-vous* de rôti. 구운 고기요리를 드세요.

sévir 1° ~ (qp) 〈(…에서) 창궐하다〉 Cette épidémie *sévit* en Afrique. 이 전염병은 아프리카에서 창궐하고 있다. Le chômage *sévit* et l'on compte environ deux millions de noirs sans emploi. 실업이 만연해 있어서 흑인 실업자가 약 2백만명이나 된다.
2° ~ contre N 〈…을 엄중히 다스리다〉 ~ contre des coupables 죄인을 엄벌하다.

siffler 1° ~ 〈휘파람을 불다〉 se promener en *sifflant* 휘파람 불면서 산보하다.
2° ~ N 〈…을 휘파람으로 부르다〉 ~ un air 어떤 곡조를 휘파람으로 부르다. ~ un chien 개를 휘파람으로 부르다. ~ une pièce de théâtre [un acteur] 연극작품을[배우를] (휘파람을 불어) 야유하다.
3° ~ N 〖속어〗 〈단숨에 들이켜다〉 ~ un verre de bière 맥주 한 컵을 단숨에 들이켜다.

signaler 1° ~ (à qn) N 〈(…에게) …을 (신호로) 알리다〉 Il nous *a signalé* son arrivée. 그는 우리에게 자기의 도착을 알렸다. Un panneau *signalait* à l'entrée la hauteur de la porte. 게시판이 입구에서 문의 높이를 알리고 있었다. L'automobiliste a oublié de ~ son changement de direction. 자동차 운전사는 방향전환의 신호를 하는 것을 잊었다. ~ un espion à la police 간첩을 경찰에 신고하다. Il m'*a signalé* la présence de plu-

sieurs fautes dans le manuscrit. 그는 원고에 오류가 여러 개 있다는 것을 나에게 지적해 주었다.
2° ~ **(à qn) que P ind/subj** (주절이 부정·의문문일 때는 *subj*) 〈(…에게) 알리다, 지적하다, 특기하다〉 Je vous *signale* que vous avez perdu votre portefeuille. 나는 당신에게 지갑을 잃으셨다는 것을 알려 드립니다. La presse n'*a* pas *signalé* que le ministre était〔fût〕rentré d'Egypte. 신문·잡지는 장관이 이집트에서 돌아왔다는 것을 지적하지 않았다. La presse *a*-t-elle *signalé* que le ministre est〔soit〕rentré de son voyage? 신문·잡지는 장관이 여행에서 돌아왔다는 것을 지적했나?
3° ~ **(à qn) P(int. ind.)** 〈…인지 알리다〉 On n'*a* pas *signalé* si le train avait du retard. 기차가 연착인지를 알려주지 않았다.
situer **1°** ~ **N(qp)** 〈(…에) 위치시키다〉 ~ une ville sur une carte 지도 위에 어떤 도시의 위치를 잡아주다. ~ par erreur les Comorres au Sud de Madagascar 코모르군도의 위치를 잘못하여 마다가스카르의 남쪽에 잡다. ~ par erreur la chute de l'Empire en 1810 (나폴레옹)제국의 몰락을 1810년으로 잘못 설정하다.
◇ 1) J'ai du mal à ~ son point de vue. 나는 그의 관점을 잘 알 수가 없다.
2) **être situé** La maison *est* bien *située*. 그 집은 위치가 좋다. La ville *est située* dans la plaine. 그 도시는 평원에 자리잡고 있다.
2° se ~ **qp** 《(변화)》 〈…에 위치하다〉 L'apparition de la machine à vapeur *se situe* au début du dix-neuvième siècle. 증기기관의 출현은 19세기 초에 위치한다. L'augmentation réelle *se situera* plutôt aux alentours de 10%. 실제 인상은 오히려 10 퍼센트쯤일 것이다.
solliciter **1°** ~ **qc** 〈간청하다〉 ~ une entrevue 회견을 청하다.
2° ~ **à qc** 〈…하도록 촉구하다, 선동하다〉 ~ à la rébellion 반역을 하도록 선동하다.
3° ~ **de Inf** 〈…을 간청하다, 청원하다〉 ~ d'être entendu 접견을 요청하다.
4° ~ **qn de qc** 〈(어떤 혜택, 협조 등을) …에게 간청하다〉 ~ quelqu'un de son appui 어떤 사람에게 후원을 간청하다.
5° ~ **qn de Inf** 〈…에게 …해주기를 간청하다〉 ~ un homme influent d'intervenir 유력한 사람에게 개입해주기를 간청하다.
sombrer **1°** ~ 〈(배가) 침몰하다〉 Le navire *sombre* rapidement. 배가 빨리 침몰한다.
2° ~ **qp** 〈…에 빠져버리다〉 ~ dans l'alcoolisme〔dans la débauche, dans la folie〕 알콜중독〔방탕, 정신착란〕에 빠져버리다.
songer **1°** ~ 〚드물게〛〈공상하다, 생각에 잠기다〉 Il *songe* en veillant. 그는 잠 못 이루고 공상한다.
2° ~ **à N** 〈…을 생각하다〉 Avant de ~ à soi, il faut ~ aux autres. 자기 자신을 생각하기 전에 다른 사람들을 생각해야 한다. Ils *songeaient* aux choses nouvelles. 그들은 새로운 것들을 생각하고 있었다.
3° ~ **à Inf** 〈…할 작정이다, 생각이다〉 Il ne *songe* qu'à gagner de l'argent. 그는 돈을 벌 생각만 한다.
4° ~ **à ce que P ind** 〈…에 대해 생각하다〉 Jean *songe* à ce qu'il devrait bien aller là-bas. 장은 그가 꼭 거기에 가야할지도 모른다는 것에 대해 생각하고 있다.
5° ~ **que P ind** 〈생각하다, 고려하다〉 La marier? *Songez* qu'elle a seize ans! 그녀를 시집보내라구요?

그녀는 아직 열여섯살이라는 것을 잊지 마세요!

6° ~ **P**(int. ind.) ~ combien tout cela est compliqué 얼마나 그 모든 것이 복잡한지 생각해보다.

sonner 1° ~ 〈(소리가) 울리다〉 Quatre heures *sonnent*. 시계가 네 시를 친다.

2° ~ **qc** 〈…을 울리다, 치다〉 On *a sonné* les cloches. 종이 울렸다. faire ~ les cloches(=~ les cloches) 종을 울리다.

3° ~ **qn** 〈…을 종을 쳐서 부르다〉 *As*-tu *sonné* la femme de chambre? 네가 벨을 울려서 식모를 오게 했느냐?

sortir I. 〔조동사 être 와 함께 복합시제를 만든다〕. 1° ~ 〈외출하다, 나오다〉 Il *est sorti*, mais il va bientôt rentrer. 그는 외출했으나 곧 돌아올 것이다.

2° ~ **Inf** 〈…하러 나가다〉 Elle *est sortie* prendre l'air. 그녀는 바람쐬러 나갔다.

3° ~ **de qc** 〈…에서 나오다; 졸업하다〉 Ce jeune homme vient de ~ du collège. 이 젊은이는 중학교를 막 졸업했다.

4° ~ **de chez qn** 〈…의 집에서 나오다〉 Nous *sommes sortis* tard de chez les Legrand. 우리는 르그랑씨 댁에서 늦게 나왔다.

5° ~ **Attr de qc** 〈…에서 …하게 빠져나오다〉 ~ indemne d'un accident grave 중대한 사고를 무사히 면하다.

6° ~ **de Inf** 〚구어〛〈방금 …했다〉 Il *sort* de travailler (=Il vient de travailler). 그는 일하고 오는 길이다.

7° **en** ~ 〚구어〛〈끝을 맺다, 궁지에서 헤어나다(=s'en sortir)〉 C'est un travail sans fin et je n'en *sors* pas. 끝없이 계속되는 일이어서 끝맺을 길이 없다.

8° **se** ~ **de qc** 《변화》〈…에서 노력끝에 빠져나오다〉 Grâce à un très grand effort de volonté, les deux alpinistes ont pu *se* ~ de leur situation dangereuse. 아주 커다란 의지의 노력 덕분에 그 두명의 등산가들은 위험한 상태에서 빠져나올 수가 있었다.

9° **s'en** ~ 〚구어〛〈궁지에서 헤어나다〉 Il n'y a pas moyen de *s'en* ~. 궁지에서 헤어날 수가 없다.

II. 〔조동사 avoir 와 함께 복합시제를 만든다〕. 1° ~ **N** 〈…을 밖으로 데리고 나가다; 출간하다〉 Elle *sort* son enfant tous les jours. 그녀는 매일 아이를 밖으로 데리고 나간다. Cette maison d'édition *sort* beaucoup d'ouvrages dans l'année. 이 출판사는 한 해에 많은 작품들을 출간한다.

2° ~ **N de qc** 〈…에서 …를 꺼내다; 내쫓다〉 Il *a sorti* sa voiture du garage. 그는 차고에서 차를 꺼냈다. Comme un énergumène interrompait constamment l'orateur, on *l'a sorti* de la salle. 한 광신자가 끊임없이 연사의 말을 가로막았기 때문에 그를 회장에서 내쫓았다.

soucier(se) 1° **se** ~ **de N** 《변화》〈…을 근심하다, 염려하다〉 Il ne *se soucie* de personne ni de rien. 그는 아무도 아무것도 개의치 않는다.

2° **ne pas se** ~ **de Inf** 〈…할 생각이 없다〉 Je ne *me soucie* pas de le savoir. 나는 그것을 알 생각이 없다.

3° **ne pas se** ~ **que P subj** 〈…을 걱정하지 않다, …을 개의치 않다〉 Je ne *me soucie* pas qu'il vienne. 그가 오건 말건 별로 상관없다.

souffler 1° ~ 〈(바람이) 불다, 입김을 내불다〉 Le vent *soufflera* demain sur la Provence. 내일 프로방스 지방에 바람이 불 것이다.

~ sur une bougie〔sur la soupe〕 촛불을 입김으로 불다〔수우프를 불다〕. Il ne peut marcher quelques pas sans ~ comme un phoque. 그는 바다표범처럼 헐떡거리지 않고는 몇 발자욱도 걷지 못한다. ~ dans ses mains 손을 호호 불다.

2° ~ N〈불다; 바람으로 파괴하다〉 ~ une bougie 촛불을 불어 끄다. L'explosion *a soufflé* l'appartement. 폭발로 인하여 아파트가 파괴되었다.

◇ ne (pas) ~ mot〈아무 말도 하지 않다〉.

3° ~ N (à N) 〈(…에게) 소곤소곤 말하다〉 ~ qc à l'oreille de qn …을 …의 귀에 속삭이다〔…에게 비밀 이야기를 털어 놓다〕. ~ une replique à un acteur 배우에게 (답변) 대사를 소곤거려 (가르쳐) 주다.

4° ~ N (à N) 〔구어〕〈(…에게서) 가로채다〉 Elle lui *a soufflé* son amant. 그녀는 그 여자에게서 그 애인을 가로채었다. ~ un pion à son adversaire(서양장기에서 당연히 잡아야 할 말을 잡지 않은 벌로) 상대방의 졸을 빼앗다.

souffrir 1° ~ 〈피로와하다, 고통을 겪다〉 Il est malade depuis quelque temps et *souffre* beaucoup. 그는 얼마 전부터 병들어 있으며 몹시 피로와하고 있다. Il a fait froid cet hiver et les arbres fruitiers ont beaucoup *souffert*. 올 겨울에는 날씨가 추워서 과수들이 많은 피해를 입었다.

2° ~ **de qc**〈…이 아프다; …으로 피해를 입다〉 Elle *souffre* de la tête. 그녀는 머리가 아프다. Cette ville *a souffert* des bombardements. 이 도시는 폭격으로 피해를 입었다.

3° ~ **de Inf**〈…으로 고민하다, 피로와하다〉 Elle *souffre* d'être incomprise et de voir que tout le monde la fuit. 그녀는 남에게 인정받지 못할 뿐더러 남들이 자기를 피하는 것을 보고 피로와한다.

4° ~ **qc**〈견디다; 허용하다〉 ~ la torture sans se plaindre 불평하지 않고 고문을 당하다. Cette règle *souffre* quelques exceptions. 이 규칙은 약간의 예외를 허용한다.

5° ~ **qc à qn**〈…에게 …을 묵인하다, 허용하다〉 ~ quelques écarts à un jeune homme 젊은이에게 약간의 탈선을 묵인하다.

6° ~ **à qn de Inf** ~ à ses voisins de faire parfois du bruit 자기의 이웃에서 가끔 떠들어 대는 것을 묵인하다.

7° ~ **que P subj** 〔문어〕〈용서하다, 눈감아주다〉 *Souffrez* que je vous fasse une remarque. 내가 당신에게 한가지 주의시키는 것을 허용해주십시오.

8° **ne pas pouvoir** ~ **N**〈…을 참을 수 없다, …를 싫어하다〉 Elle ne peut pas ~ les enfants 〔le bruit〕. 그녀는 아이들을 〔소음을〕 싫어한다.

9° **ne pas pouvoir** ~ **que P subj** Il ne peut pas ~ qu'on le contredise. 그는 사람들이 자기에게 말대답하는 것을 싫어한다.

10° **se** ~ 《변화》〈견딜 수 있다, 서로 참다〉 Ces deux collègues ne peuvent *se* ~. 이 두 동료는 서로 싫어한다.

souhaiter 1° ~ **qc**〈바라다, 원하다〉 Elle *souhaitait* la mort. 그녀는 죽음을 원하고 있었다.

2° ~ **N Attr**〈…가 …하기를 바라다, 희구하다〉 ~ sa famille heureuse 자기 가족이 행복하기를 바라다. Vous me *souhaitez* déjà pendu peut-être? 아마도 당신은 내가 벌써 교수형에 처해졌기를 바라는가 보죠?

3° ~ **qc à qn**〈…을 위해 …을 바라다, 빌다〉 Je lui *ai souhaité* la bienvenue. 나는 그를 환영했다

soulager

《이 경우 désirer와 대치할 수 없다》.
4° ~ **à qn qc Attr** 〈…의 …가 … 하기를 바라다〉 ~ à ses parents une vieillesse heureuse 자기 부모의 노년이 행복하기를 바라다.
5° ~ **qc de qn** 〈…로부터 …을 바라다〉 ~ une aide efficace de ses collaborateurs 협력자들로부터 효과적인 도움을 바라다.
6° ~ **Inf** 〈…하기를 바라다〉 Il *souhaitait* continuer ses études à Paris. 그는 파리에서 공부를 계속하기를 바라고 있었다.
7° ~ **de Inf** Je ne *souhaitais* plus de les voir ni lui, ni sa mère. 나는 이미 그들, 즉 그도 그 어머니도 보고 싶지 않았습니다.
8° ~ **à qn de Inf** 〈…가 …하기를 바라다〉 Je vous *souhaite* de réussir. 나는 당신에게 성공하기를 빕니다 《이 경우 désirer와 대치할 수 없다》.
9° ~ **que P subj** 〈…이기를 바라다〉 Je *souhaite* que vous réussissiez. 나는 당신이 성공하기를 빕니다.
10° **se ~ qc**《불변》〈스스로 …을 위해 빌다, 바라다〉 se ~ longue vie 스스로 장수를 바라다.
11° **se ~ qc Attr** se ~ des jours meilleurs 자신에게 보다 나은 날이 오기를 바라다.

soulager 1° ~ **(qn) (de N)** 〈(…에게서) (…을) 경감해〔덜어〕주다〉 Une réforme *soulagea* les petits salaires de certains impôts. 개혁이 소액봉급자들에게 몇가지 세금을 경감해 주었다. ~ qn d'un travail …에게서 일을 덜어주다. Confessez-vous-en à votre ami, cela vous *soulagera*. 당신의 친구에게 그것을 고백하시오. 그렇게 하는 것이 당신의 마음을 편안하게 해 줄 것이오.
◇ 1) ~ **qn ø** Cette nouvelle me *soulage*. 이 소식을 듣고 나는 마음이 진정된다. ~ un malheureux 불행한〔가난한〕사람을 돕다.
2) ~ **ø de N** L'aspirine *soulage* des maux de tête. 아스피린은 두통을 완화해 준다.
3) ~ **ø** L'eau *soulage*. 물은 기분을 산뜻하게 해준다.
2° **que P subj (cela) ~ (qn) (de N)** 〈…이 (…에게서) (…을)경감해 주다〉 Que vous ayez trouvé un emploi, (cela) me *soulage* (de mes soucis). 당신이 일자리를 얻었다는 것이 내 걱정을 덜어줍니다.
◇ **Cela ~ (qn) (de N) que P subj** Cela me *soulage* (de mes soucis) que vous ayez trouvé un emploi. 당신이 일자리를 얻었다는 것이 내 걱정을 덜어줍니다.
3° **(de) Inf que P ind (cela) ~ (qn) de N)** 〈…이 (…에게서) (…을)경감해 주다〉 (D')apprendre qu'il est guéri (cela) me *soulage* (de mes craintes). 그가 완쾌된 것을 알게 됨으로써 나는 근심을 던다.
◇ **Cela ~ (qn) (de N) (que) de Inf que P ind** Cela me *soulage* (de mes craintes) (que) d'apprendre qu'il est guéri. 그가 완쾌된 것을 알게 됨으로써 나는 근심을 던다. Cela *soulage* (des maux de tête) (que) de prendre de l'aspirine. 아스피린을 먹으면 두통이 진통된다.
4° ~ **(qc (de qn))** 〈((…의) …을) 진정시키다〉 C'est un médicament qui *soulage* (la migraine). 이것은 (편두통을) 진통해 주는 약이다.
◇ ~ **qn** On appela le docteur, qui revint trois fois, sans la ~. 의사를 청해서 의사가 세번 왔는데 그녀의 고통을 진정시키지는 못하였다.

soulever 1° ~ **N** 〈들〔밀〕어 올리다〉 Je ne peux ~ ce sac, car il

est trop lourd. 나는 이 자루를 들어 올릴 수 없다. 너무 무겁기 때문이다. ~ qn qui est tombé 넘어진 …을 일으키다. Le vent *soulève* la poussière sur la route. 바람이 도로에서 먼지를 일으킨다. ~ le couvercle d'une casserole 냄비 뚜껑을 열다. ~ le bras 팔을 들어 올리다.
2° ~ N 〈제기하다, 일으키다〉 ~ un problème 문제를 제기하다. Les autres participants n'*avaient* pas *soulevé* d'objections. 다른 참가자들은 이의를 제기하지 않았었다. La méthode traditionnelle *soulève* de nombreuses difficultés. 전통적 방법은 수많은 어려움을 제기한다. Une pareille intervention *aurait soulevé* la désapprobation unanime. 그런 발언은 전원일치의 반대를 불러 일으켰을 것이다.
◇ ~ le cœur de qn 〈구역질나게 하다〉 Ce spectacle me *soulève* le cœur. 이 광경을 보고 나는 구역질이 났다.
3° ~ N (contre N) 〈(…에 반대하여) 봉기시키다〉 ~ le peuple 민중을 봉기시키다. ~ la population contre le régime communiste 주민을 공산체제에 대항하여 봉기시키다.
souligner 1° ~ N 〈강조하다〉 ~ l'importance de qc …의 중요성을 강조하다. ~ un mot 단어에 밑줄을 긋다.
2° ~ que P ind 〈…을 강조하다〉 Il convient de ~ que le tracteur représente pour lui un capital. 트랙터가 그에게는 자본에 상당한다는 것을 강조하는 것이 좋다.
3° ~ Inf 〈…라는 것을 강조하다〉 Il *a souligné* avoir déjà dit cela. 그는 벌써 그것을 말한 바 있다는 것을 강조했다.
soumettre 1° ~ N à N 〈…에 복종시키다〉 Les romains *ont soumis* de nombreux peuples à leurs lois. 로마인들은 여러 민족을 예속시켰다.
◇ L'armée *a soumis* la région révoltée. 군대는 반란을 일으킨 지방을 진압했다.
2° ~ N à N 〈…에 붙이다〉 ~ un produit à une analyse 제품을 분석하다. La rénovation d'un immeuble ancien *sera soumise* à une réglementation particulière. 옛 가옥의 개량은 특별규제를 받게 될 것이다.
3° ~ N à (qc de) qn 〈…을 …(의 …)에 위임하다, 맡기다〉 ~ une décision à qn 결정을 …에게 맡기다. ~ un projet au jugement de qn 계획을 …의 판단에 맡기다.
4° se ~ (à N) 《변화》〈(…에) 복종하다〉 Les mutins ont refusé de se ~ (aux ordres du général). 반란자들은 (장군의 명령에) 복종하기를 거부했다. se ~ à un arbitrage 중재에 따르다.
5° se ~ N 《가변》〈자기 자신에게 복종시키다〉 Ils *se sont soumis* de nombreux peuples. 그들은 여러 민족을 굴복시켰다.
soupirer 1° ~ 〈한숨짓다〉 Il *aura* assez *soupiré*! 한숨은 이제 그만큼 지었으면 충분할 것이다!
2° ~ après qc 〈…을 갈망하다〉 ~ après un peu de repos 약간의 휴식을 갈망하다.
3° ~ pour qn [문어] 〈…을 사모하다, 연모하다〉 ~ pour une femme 한 여인을 사모하다.
sourire 1° ~ 〈미소하다〉 Elle *sourit* machinalement. 그녀는 기계적으로 미소짓는다.
2° ~ à qn 〈…에게 미소짓다〉 Pierre *sourit* à Marie. 피에르는 마리에게 미소짓는다.
◇ 보어의 대명사화가 가능하다: Il lui *sourit*. Ce projet ne lui *sourit* guère. 이 계획은 거의 그의 마음에

들지 않는다.
3° ~ de qc 〈…을 비웃다, 조롱하다〉Il *sourit* de ma maladresse. 그는 나의 실수를 비웃는다.
4° se ~ 《불변》〈서로 미소짓다〉Elles *se sont souri*. 그녀들은 서로 미소지었다.

soustraire 1° ~ qc de qc 〈…에서 …을 빼어버리다, 없애다〉Vous n'avez plus qu'à ~ x de y. 이제는 y에서 x를 빼기만 하면 됩니다.
◇ ~ ø Il apprend à ~. 그는 뺄셈을 배운다.
2° ~ qc à qn 〈…에게서 …을 훔치다, 사취하다〉Elle *avait soustrait* à son mari la modeste fortune héritée de son père. 그녀는 남편에게서 그가 아버지로부터 상속받은 하찮은 재산을 사취했었다.
3° ~ qn à N 〈…에서 …을 떼어놓다, 벗어나게 하다〉Rien ne peut vous ~ à sa vengeance. 당신은 그의 복수를 면할 길이 없습니다. Dans un régime intègre, on ne peut pas ~ un accusé à ses juges naturels. 공정한 체제하에서는 피고가 그 자연법적인 재판관으로부터 벗어날 수가 없다.
4° se ~ à qc 《변화》〈…로부터 피하다, 벗어나다〉Je n'ai pas l'intention de *me* ~ à mes devoirs. 나는 내 의무에서 빠져나갈 생각이 없다.

soutenir 1° ~ N 〈받치다, 지지하다〉Ce mur *soutient* le toit. 이 벽이 지붕을 받치고 있다. Soutenez-vous toujours cette opinion? 당신은 항상 이 의견을 지지하십니까? Quiconque veut passer dans l'enseignement supérieur doit ~ une thèse. 고등교육을 받기를 원하는 자는 누구나 논문의 공개심사를 받아야 한다. Prenez un peu de nourriture, cela vous *soutiendra*. 식사를 좀 하십시오, 그러면 기운이 날 것입니다.
◇ ~ ø Une collation, même légère, *soutient*. 간식은 가벼운 것일지라도 힘을 돋군다.
2° ~ que P ind 〈주장하다; 옹호하다〉Je *soutiens* que ce n'est pas possible. 나는 그것은 불가능하다고 주장한다.
3° se ~ 《변화》〈몸을 지탱하다; 서로 돕다; 지속되다〉Il est si faible qu'il *se soutient* difficilement sur ses jambes. 그는 어찌나 허약한지 간신히 두 다리로 서 있다. Les membres de cette famille sont très unis, ils *se soutiennent* les uns les autres. 이 가족의 식구들은 매우 단합되어서 서로 서로 돕고 있다. L'intérêt d'un bon roman *se soutient* jusqu'à la fin. 훌륭한 소설의 흥미는 끝까지 지속된다.

souvenir(se) 1° se ~ de N 《변화》〈…을 기억하다, 회상하다〉Il ne *se souvient* plus de moi [de mon nom]. 그는 이미 나를 [내 이름을] 기억하지 못한다.
2° se ~ de Inf Il ne *se souvient* pas de vous avoir dit cela. 그는 당신에게 그런 말을 한 것을 기억하지 못하고 있다.
3° se ~ que P ind/subj (*subj*는 주절이 부정형이나 의문형일 경우) Je *me souviens* qu'il m'a dit cela. 나는 그가 나에게 그런 말을 한 것을 기억하고 있다. Je ne *me souviens* pas qu'il m'ait dit cela. 나는 그가 나에게 그런 말을 한 것을 기억하지 못한다. *Vous souvenez*-vous qu'il l'ait dit? 당신은 그가 그런 말을 한 것을 기억하십니까?
4° se ~ P(int. ind.) Je ne *me souviens* pas qui m'a raconté cette histoire. 나는 누가 나에게 그 이야기를 해 주었는지 기억하지 못하고 있다.
◇ 직접의문의 의문사가 que 인 경우에는 ~ de ce que P ind 가 됨

다:Je ne *me souviens* pas de ce que j'ai fait après 10 heures. 나는 10시이후에 무엇을 했는지 기억나지 않는다.
5° **Il me souvient de Inf** 〔문어〕 〈나에게 …인 것이 기억나다, 생각나다〉 Il ne me *souvient* pas de vous avoir rencontré. 나는 당신을 만난 기억이 없습니다.
6° **Il me souvient que P ind** Alors il me *souvient* que je vis…. 그런데 나는 내가 …을 본 것이 생각난다.

stationner 1° ~ (**qp**) 〈(…에) 주차하다〉 Il est interdit de ~ devant ce garage. 이 차고 앞에 주차하는 것은 금지되어 있다.
2° ~ **qp** 〈…에 주둔하다〉 Les troupes américaines vont-elles ~ encore longtemps en Europe? 미군은 아직도 오랫동안 유럽에 주둔할 것인가?

submerger 1° ~ **N** 〈물 속에 잠그다〉 La marée *submerge* l'ancienne jetée à marée haute. 한사리에 조수가 옛 선창을 물에 잠기게 한다.
2° ~ **N** 〈혼란의 와중에 휩쓸어 넣다〉 Les manifestants ont *submergé* le service d'ordre. 시위자들은 질서유지를 담당한 사람들을 도도한 인파 속에 휩쓸어 넣어버렸다.
3° ~ **N de N** 〈…에서 헤어나지 못하게 하다〉 Mon patron me *submerge* de lettres à écrire. 나의 고용주는 내가 써야 할 편지에 몰려서 헤어나지 못하게 한다.
◇ être submergé de travail 〈일에 몰려서 눈코 뜰 사이가 없다〉.

subsister 1° **qc** ~ 〈존속하다〉 des monuments qui *subsistent* depuis des millénaires 수천년 전부터 존속하는 기념 건조물들. Un assez fort contingent de chômeurs *subsiste* pendant des années. 상당히 많은 수의 실업자가 몇 해 동안 존속하고 있다.
◇ Il ~ **N** (비인칭 구문) 〈…이 존속하다〉 Il *subsiste* encore de nombreuses difficultés. 아직도 수많은 어려움이 존재한다.
2° **qn** ~ **de N** 〈…로 생계를〔생명을〕 유지하다〉 Il *subsiste* de la vente de prospectus. 그는 취지서 판매로 생계를 유지해 나간다.
3° **qn** ~ (**à l'aide de N**) 〈…의 도움으로 살아가다〉 Il *subsiste* tant bien que mal. 그는 그럭저럭 살아간다. Il *subsiste* à l'aide de petits travaux〔grâce à de petits travaux〕. 그는 자잘한 일거리의 덕으로 살아나간다.

succéder 1° ~ **à N** 〈…의 뒤를 잇다〉 La nuit *succède* au jour. 낮이 가고 밤이 온다. M. Dupont *succède* à M. Durand au poste de directeur. 뒤퐁씨가 뒤랑씨를 계승하여 국장자리에 오른다.
2° **N(pl) se** ~ 《변화》 〈…이 연달아 뒤를 잇다〉 Les délégations *se sont succédées* toute la matinée auprès du chancelier. 대표단들이 (독일)수상에게 오전내내 연달아 왔다. Les jours *se succèdent* et se ressemblent. 날이 연달아 뒤를 잇고 그 날들이 서로 비슷하다. Ils *se succèdent* de père en fils dans ce commerce. 그들은 이 장사에서 아버지에게서 아들로 대를 이어오고 있다.

succomber 1° ~ (**de N**) 〈(…로) 죽다〉 Quatre personnes *ont succombé* dans un accident d'avion. 네 사람이 비행기 사고에서 사망했다. Ils doivent marcher jusqu'au lever du soleil pour ne pas ~ de froid. 그들은 얼어 죽지 않기 위하여 해뜰 때까지 걸어야 한다.
2° ~ (**à** (**la suite de**) **N** 〈…로 (…이 원인이 되어) 죽다〉 Le conducteur de la voiture *a succombé* à (la suite de) ses blessures. 그

자동차 운전수는 부상으로 (부상이 원인이 되어) 죽었다.
3° ~ à N 〈…에 굴복하다〉 ~ à la tentation 유혹에 지다. ~ au sommeil 잠들어버리고 말다.
4° ~ (sous N) 〈(…에) 짓눌리다〉 ~ sous (le poids d')une charge 짐(의 무게)에 짓눌리다.

suer 1° ~ 〈땀을 흘리다〉 ~ à force d'avoir couru 하도 달려서 땀을 흘리다. des murs humides qui *suent* 물기가 스며 나오는 습기찬 벽들. ~ sur son travail (sur un devoir) 일을〔숙제를〕하는 데 무진 애를 쓰다.
◇ faire ~ qn 〖구어〗 〈귀찮게 굴다〉 Tu me fais ~. 네가 나를 귀찮게 하는구나. Ça me fait ~. 나는 이것에 진절머리난다.
2° ~ qc 〈스며나오게 하다〉 ~ de grosses gouttes (걱정·긴장 따위로 얼굴에) 구슬땀이 맺히다. ~ du sang 피가 스며나오게 하다. ~ sang et eau 피나는 노력을 하다; 큰 고통을 겪다.
3° ~ (N) (N은 정관사가 붙은 추상명사) 〈…의 티가 나다, 발산하다〉 ~ la bêtise 어리석은 티가 나다. ~ la richesse 부자 티가 나다. ~ la misère 가난이 뚝뚝 흐르다.

suffire I. 1° ~ 〈충분하다, 족하다〉 Cette dose suffit. 이 복용량은 충분하다.
2° ~ à N 〈…에 족하다, 충분하다〉 Cette maison me *suffit*. 이 집은 나에게 족하다. Deux hommes *suffisent* à la surveillance du pont. 두 사람이면 다리 감시에 충분하다.
3° ~ à qn pour Inf 〈…가 …하는 데 충분하다〉 Une heure leur *suffira* pour visiter le port. 그들에게 한 시간이면 그 항구를 구경하기에 충분할 것이다.
4° ~ à Inf 〈…하기에 충분하다〉 Cette somme *suffira* à payer vos dettes. 이 금액이면 당신의 빚을 갚기에 충분할 것입니다.
5° ~ pour N ~ pour un achat modeste 소량의 구매에는 충분하다.
6° ~ pour Inf Une goutte d'eau *suffit* pour faire déborder le vase. 물 한방울도 단지의 물을 넘치게 하기에 족하다(즉, 작은 일이 결정적인 파탄을 가져온다).
7° se ~ 《불변》 〈자족하다, 자립하다〉 Il n'est pas possible de se ~ à soi-même. 자족하는 것은 불가능하다.
II. 1° Il suffit de N 〈…만으로 충분하다〉 Il *suffit* d'un peu de bon sens. 약간의 양식만으로 충분하다.
2° Il suffit de Inf Il *suffit* de faire attention. 주의하는 것만으로 충분하다.
3° Il suffit que P subj Il *suffit* que vous arriviez à trois heures. 당신이 세 시에 도착하는 것만으로 족합니다.
4° Il suffit à N de N 〈…에게는 …만으로 족하다〉 Il *suffit* au postulant d'un minimum de culture. 지원자에게는 최소한의 교양만이 요구된다.
5° Il suffit à N de Inf Il lui *suffit* de vivre en paix. 그에게는 조용히 사는 것만으로 족하다.
6° Il suffit à N que P subj Il *suffit* à votre employeur que vous soyez consiencieux et exact. 당신 고용주에게는 당신이 양심적이고 정확하다는 것만으로 족합니다.
7° Il suffit de N pour Inf 〈…하기 위해서는 …만으로도 충분하다〉 Il *suffit* d'un peu de chance pour y parvenir. 거기에 이르기 위해서는 약간의 운만으로 충분하다.
8° Il suffit de Inf pour Inf Il ne *suffit* pas d'avoir de l'argent pour être heureux. 행복하기 위해서는 돈을 갖는 것만으로 충분하지 않다.

9°　Il suffit que P subj pour Inf
Il *suffit* que vous ayez du bon sens pour réagir sainement. 올바르게 처신하기 위해서는 당신이 양식을 지니는 것만으로 충분하다.

10°　Il suffit de N pour que P subj Il *suffit* d'un peu de chance pour que vous y parveniez. 당신이 거기에 이르기 위해서는 약간의 운만으로 충분합니다.

11°　Il suffit de Inf pour que P subj Il *suffit* de travailler une heure pour que vous compreniez. 당신이 이해하기 위해서는 한 시간 동안 공부하는 것만으로 충분합니다.

12°　Il suffit que P subj pour que P subj Il *suffit* qu'on lui interdise une chose pour qu'il la fasse aussitôt. 그로 하여금 어떤 일을 하게 하려면 그에게 그 일을 금하기만 하면 된다.

13°　Il suffit à N de N pour Inf 〈…가 …하기 위해서는 …만으로 충분하다〉 Il lui *suffit* de quelques gouttes de ce poison pour tuer un homme. 남자 한 명을 죽이는 데는 그에게 이 독약 몇 방울만으로 충분하다.

14°　Il suffit à N de N pour que P subj Il *suffit* au conférencier d'un minimum de simplicité pour que ses auditeurs puissent le suivre. 청중들이 열심히 듣기 위해서는 이 연사에게 최소한의 간략성만 있으면 충분하다.

15°　Il suffit à N de Inf pour Inf Il *suffit* à l'élève moyen de travailler une heure pour comprendre cette démonstration. 보통 학생에게는 이 논증을 이해하기 위해서는 한 시간 동안 공부하는 것만으로 충분하다.

16°　Il suffit à N de Inf pour que P subj Il *suffit* à un architecte de prévoir une insonorisation minimale des appartements pour que les habitants d'un grand ensemble puissent y vivre décemment. 커다란 아파트단지의 주민들이 온당하게 살 수 있기 위해서는 건축가가 아파트의 최소한의 방음장치를 하는 것만으로 족하다.

suffoquer　1°　~ (N) 〈(…을) 숨막히게 하다〉 Cette chaleur me *suffoque*. 이 더위가 내 숨을 콱콱 막는다. C'est une chaleur qui *suffoque*. 숨막히게 하는 더위이다. Je *suffoque* de chaleur. 나는 더위로 숨이 막힌다.

2°　~ N 〈기막히게 하다〉 Cette nouvelle l'*a suffoquée*. 이 소식을 듣고 그녀는 기가 막혔다.

3°　~ **de N** 〈…로 기가 막히다〉 ~ de colère 화가 나서 씨근거리다.

suggérer　1°　~ **qc** 〈암시하다, 연상시키다〉 Le bruit de la source *suggère* la fraîcheur. 샘물소리는 시원함을 연상시킨다.

◇　~ ø Au lieu d'ordonner, *suggérez*. 명령하지 말고 넌지시 알리시오.

2°　~ **qc à qn** 〈…에게 …을 암시하다, 넌지시 비치다〉 L'hypnotiseur peut lui ~ à distance certains actes à accomplir. 최면술사는 멀리서 그에게 해야 할 몇가지 행동들을 암시할 수 있다.

3°　~ **à qn de Inf** 〈…하려고 암시하다〉 Ils s'ennuyaient, je leur *ai suggéré* d'aller au cinéma. 그들이 지루해하고 있어서 나는 그들에게 영화관에 가도록 암시했다.

4°　~ **que P subj** Rien de tel que lui ~ qu'elle (la guerre) ressemble à un match de boxe. 그에게 전쟁은 권투시합과 비슷하다고 암시하는 것보다 더 나은 것은 없다.

5°　~ **à qn que P subj** Jean *suggère* à Pierre qu'il fasse la cuisine. 장은 피에르에게 요리를 하라고 넌지시 비친다.

suivre 1° ~ 〈열심히 듣다; 뒤따르다〉 Cet élève ne *suit* pas en classe. 이 학생은 수업시간에 열심히 듣지 않는다. Vous n'avez lu que le commencement de la lettre, voyez ce qui *suit*. 당신은 편지 첫머리만 읽으셨습니다. 그 다음을 보십시오.
2° ~ N 〈(…의) 다음에 오다, 뒤따르다; (강의를) 계속 청강하다〉 *Suivez* le guide. 안내자를 따라가시오. L'été *suit* le printemps. 여름은 봄 다음에 온다. Allez-vous ~ le cours de littérature? 당신은 문학 강의를 들으러 가십니까?
3° ~ qn des yeux 〈눈으로 …뒤를 쫓다, 감시하다〉 Vladimir le *suit* des yeux. 블라디미르는 그를 주시하고 있다.
4° Passif (1) être suivi 〈따라지다, 본받아지다〉 La grève *a été* largement *suivie*. 파업에는 근로자 다수가 가담하였다.
(2) être suivi par qn 〈…에게 추적당하다〉 Il *est suivi* de près par la police. 그는 경찰에 의해 바싹 추적당하고 있다.
(3) être suivi de qn 〈…을 거느리다, 동반하다〉 Il *était suivi* de son secrétaire. 그는 비서를 거느리고 있었다.
5° se ~ 《변화》〈차례차례 계속되다〉 Nos numéros *se suivent*. 우리들의 번호는 잇따라 있다.
6° Il suit de qc/de là que P ind 〈…을 따르면 [그 결과] …이 된다〉 Il *suit* de ce que vous dites que je n'ai pas tort. 당신이 말씀하신 것에 따르면 내가 잘못한 것이 아니다. Il *suit* de là que votre ami vous a menti. 그 결과 당신의 친구가 당신에게 거짓말을 한 것이 된다.
superposer 1° ~ N(pl)〈…을 겹쳐[포개] 놓다〉 ~ des assiettes 접시를 포개놓다.
2° ~ N à N 〈…에 포개놓다〉 ~ un livre à un autre 책 한 권을 다른 책에 포개놓다.
3° se ~ 《변화》〈서로 겹치다, 포개지다〉 des images qui *se superposent* 서로 겹치는 영상들.
suppléer 1° ~ qn 〈…을 대신하다〉 ~ un professeur en congé 휴가중인 교수의 대리로 일하다.
2° qc ~ à qc 〈…의 부족을 메우다〉 La quantité *supplée* à la qualité. 양이 질의 부족을 보충한다.
3° qn ~ à qc (par N) 〈…의 부족을 (…로) 메우다〉 Ils essaient de ~ à la qualité par la quantité. 그들은 질의 부족을 양으로 보충하려고 시도한다.
4° qn ~ qc 〈…을 채우다〉 Nous essayons de ~ la somme qui manque. 우리는 부족한 금액을 채우려고 애쓰고 있다. ~ une ellipse 생략된 것을 보충해 넣다.
supplier 1° ~ N 〈애원하다〉 Il m'a prié et *supplié*. 그는 나에게 요청하고 애원했다. ~ les instances supérieures 상급기관에 진정하다.
2° ~ qn de Inf 〈…에게 …해달라고 애원하다〉 Je vous *supplie* de me croire et de me pardonner. 제발 저를 믿어주시고 용서해주세요.
3° ~ que P subj Il *supplie* qu'on veuille l'écouter. 그는 자기 말에 귀를 기울여 달라고 애원한다.
4° ~ qn que P subj Jean *supplie* Pierre qu'il vienne dès que possible. 장은 피에르에게 가능한 한 빨리 와달라고 애원한다.
supporter 1° qc ~ N 〈받치다, 감당하다〉 La grue *supporte* jusqu'à 20 tonnes. 그 기중기는 20톤까지 들어올린다. D'énormes piliers *supportent* la voûte de l'église. 거대한 지주들이 교회의 둥근천장을 받치고 있다.
2° qn ~ qc/qn 〈참다, 견디다〉

Elle *a supporté* la douleur avec courage. 그녀는 용기있게 고통을 참았다. Je *supporte* mal ce climat. 나는 이 기후를 견디지 못한다. C'est moi qui *supporte* les conséquences de cette affaire. 이 일의 결과를 감당하는 것은 나요. J'ai décidé que notre firme *supporterait* les frais des obsèques. 나는 우리 회사가 장례비용을 부담하기로 결정했다. Il *supporte* une forte dose d'alcool. 그는 많은 양의 알콜을 견더낸다.
3° qc ~ qc 〈감당하다〉 Cette étude ne *supporte* pas un examen critique. 이 연구는 비판적 검토를 감당해 내지 못한다 (이 연구는 비판적 검토를 하면 곧 허점을 드러낼 것이다).
4° ~ que P subj 〈…을 참다〉 Je ne *supporte* pas qu'on me fasse attendre. 나는 사람들이 나를 기다리게 하는 것을 참지 못한다.
5° ~ de Inf Je ne *supporte* pas d'attendre. 나는 기다리는 것을 참지 못한다.

supposer 1° ~ qc 〈상상하다, 추측하다〉 *Supposez* un renversement de la situation. 사태의 역전을 가정해보시오.
2° ~ qc à qn 〈…에게 …가 있다고 짐작하다, 추측하다〉 Vous lui *supposez* des défauts qu'il n'a pas. 당신은 그에게 그가 갖고 있지 않은 결점이 있다고 추측합니다.
3° ~ qc chez qn ~ un peu d'esprit chez son lecteur 자기 독자에게 약간의 재치가 있다고 추측하다.
4° ~ qn Attr 〈…를 …하다고 생각하다〉 Vous le *supposez* bien intelligent. 당신은 그를 아주 영리하다고 생각합니다.
5° ~ que P ind 〈…이라고 생각하다(=juger vraisemblable)〉 Je *suppose* que vous me comprenez. 나는 당신이 나를 이해한다고 생각합니다.
6° ~ que P subj (사실에 반대되는 가정을 나타냄) 〈…을 가정하다〉 ~ que l'on soit devenu ministre 장관이 되었다고 가정하다.
7° ~ P(int. ind.) 〈상상하다, 추측하다〉 *Supposez* comment il a fini par se faire entendre. 어떻게 해서 그가 마침내 설득시켰는지 상상해보세요.
8° à ~ 〔en supposant〕 que P subj 〈…이라고 가정하고〉 A ~ 〔en *supposant*〕 qu'il vienne, nous partirons demain. 그가 오리라고 가정한다면 우리는 내일 출발할 것이다.

supprimer 1° ~ N 〈없애다〉 ~ une loi 법률을 폐지하다. ~ un mur 벽을 없애다. ~ une difficulté 어려움을 제거하다. ~ un mot 단어를 삭제하다. ~ un cours 강의를 폐강하다. ~ un document compromettant 위험한 기록을 인멸하다. ~ des postes déclarés superflus 〔des emplois〕 불필요하다고 공표된 자리들〔일자리들〕을 폐지하다. Il faudrait ~ les descriptions inutiles dans votre article. 당신의 글 속의 불필요한 묘사를 지워버려야 할 것입니다. La mafia *a supprimé* Jojo. 마피아는 조조를 죽였다. ~ un train 열차를 폐지하다.
2° ~ N à N 〈…에게서 빼앗다〉 On lui *a supprimé* son permis de conduire. 그에게서 운전면허증을 몰수했다.

surmonter 1° ~ N 〈…의 위에 있다〉 Une antenne *surmonte* la tour. 안테나가 탑 위에 있다. un dôme qui *surmonte* un édifice 건물 위에 있는 둥근 지붕.
2° ~ N 〈극복하다, 이겨내다〉 ~ des difficultés 곤란을 이겨내다. ~ un obstacle 장애를 극복하다〔타개하다〕. ~ sa timidité〔son émotion〕 소심함〔감동〕을 이겨내다.

surprendre 1° ~ N 〈현장에서 붙들다; 기습하다; 간파하다; 깜짝 놀라게 하다〉 J'ai *surpris* le voleur. 나는 도둑을 현장에서 붙들었다. La pluie nous *a surpris* au retour de la promenade. 산책에서 돌아오는 길에 우리는 갑자기 비를 만났다. Il *a surpris* mon secret dans mes yeux. 그는 내 눈에서 내 비밀을 간파했다. Cette nouvelle *a surpris* tout le monde. 이 소식은 모든 사람을 놀라게 했다.

2° ~ qn à Inf 〈…가 …하는 현장을 발견하다〉 Je l'*ai surpris* à lire mon courrier personnel. 나는 그가 내 사신을 읽는 것을 뜻하지 않게 발견했다.

3° ~ qn en train de Inf ~ des maraudeurs en train de voler des fruits dans un verger 밭도둑들이 과수원에서 과일을 훔치고 있는 현장을 발견하다.

4° ~ qn+현재분사 ~ sa fille se maquillant en cachette 자기 딸이 몰래 화장하고 있는 것을 뜻하지 않게 발견하다.

5° être surpris de Inf 〈…에 놀라다〉 Je *suis surpris* de vous voir. 나는 당신을 보고 놀라고 있습니다.

6° être surpris que P subj Je *suis surpris* que vous soyez venu. 나는 당신이 오신 것에 놀라고 있습니다.

7° être surpris de ce que P ind Je *suis surpris* de ce que vous êtes venu. 나는 당신이 오신 것에 놀라고 있습니다.

8° se ~ à Inf 《변화》 〈저도 모르게 …하고 있는 것을 깨닫다〉 Il *se surprit* à pleurer comme un enfant. 그는 저도 모르게 어린애처럼 울고 있음을 깨달았다.

surveiller 1° ~ N 〈지키다, 감시하다〉 ~ ses enfants 어린애들을 보살피다. ~ des travaux 공사를 감독하다. ~ son langage 주의해서 말하다. ~ sa santé 건강에 주의하다. ~ sa ligne 주의해서 선을 지키다.

2° ~ que P subj 〈…하도록 지키다〉 Il a fallu ~ que ça n'aille pas plus loin. 그런 일이 더 심해지지 않도록 주의해야 했다.

3° ~ P(int. ind.) 〈…인지 감시하다〉 Pourriez-vous ~ si tout se passe bien? 모든 것이 잘 되고 있는지 감독해 주실 수 있겠습니까?

survivre 1° ~ 〈살아남다〉 Dans cet accident personne n'*a survécu*. 이 사고에서 아무도 살아남지 못했다. L'Église ne *survit* qu'en s'ouvrant au rock'n roll. 교회는 로큰롤에 문호를 개방함으로써만 살아남았다.

2° ~ à qc/qn (de N) 〈…의 뒤에 〔보다〕(…만큼) 살아남다〔오래 살다〕〉 ~ à son mari 남편보다 오래 살다. ~ à un accident 사고를 모면하고 살아남다. Il *a survécu* de dix ans à son fils. 그는 아들을 잃고도 10년이나 더 살았다. un régime politique qui *a survécu* aux attaques de ses adversaires 정적들의 공격을 받고도 살아남았던 정치체제.

suspendre 1° ~ N qp 〈…에 매어달다〉 ~ un lustre au plafond 〔un tableau au mur〕 샹들리에를 천장에〔그림을 벽에〕매어달다.

2° ~ N 〈(일시) 중단시키다, 금지하다〉 Le président *a suspendu* la séance. 의장이 회의를 휴회시켰다. Il *a suspendu* sa campagne électorale pendent la journée du 31 janvier. 그는 1월 31일 하루 동안 그의 선거운동을 중지시켰다. Tout travail *est suspendu* dans notre usine, pendant les vacances. 우리 공장에서는 휴가중에 모든 작업이 일시 중단된다. ~ le traitement de qn …의 봉급을 지급정지하다. L'article 116-b *suspend* les libertés

suspendre

démocratiques. 제116조 b항은 민주주의적 자유를 유보시키고 있다. La direction *a suspendu* la publication de la revue. 이사회는 잡지의 발간을 정지했다. Les deux camps *ont suspendu* les hostilités. 양진영은 적대행위를 중지했다. Je *suspends* mon jugement jusqu'à plus ample information. 나는 더 자세한 정보를 입수할 때까지 내 판단을 보류한다. La commission de censure *a suspendu* la revue. 검열위원회는 그 잡지를 정간시켰다.

3° ~ qn 〈일시 정직시키다〉 Le ministre *a suspendu* le préfet. 장관은 지사를 정직시켰다.

◇ ~ **qn de N** ~ un fonctionnaire de son poste 관리를 그 직위에서 일시 해제하다.

T

tacher 1° ~ N 〈얼룩지게 하다〉 ~ ses vêtements 옷을 얼룩지게 하다. L'enfant *a taché* son livre avec de l'encre. 어린애는 책에 잉크를 묻혀서 얼룩을 만들었다.
2° ~ (N) 〈반점이 생기다〉 Les cerises *tachent*. 버찌에 반점이 생긴다.
3° ~ N 〈…에 오점을 찍다〉 ~ son honneur 명예를 더럽히다. ~ sa réputation 명성에 오점을 찍다.

tailler 1° ~ qc 〈자르다; 재단하다〉 Le tailleur *taille* un habit. 재단사는 옷을 재단한다. Nous *avons taillé* les arbres du jardin. 우리는 정원의 나무를 전지했다.
2° ~ qc à qn 〈…에게 맞추어 …을 재단하다〉 ~ un costume à quelqu'un 어떤 사람에게 양복을 재단해주다.
3° se ~ qc 《가변》*se* ~ un succès 사람의 이목을 끌다.

taire 1° ~ qc 〖문어〗〈숨기다, 말 안하다〉 Il faut savoir ~ un secret. 비밀을 지킬 줄 알아야 한다.
2° faire ~ N 〈입을 다물게 하다; 침묵시키다〉 Faites ~ cet enfant. 이 아이를 잠잠하게 하시오 《se 가 생략된 형태》.
3° se ~ 《변화》〈입을 다물다; 잠잠해지다〉 Elles *se sont tues* à notre approche. 그녀들은 우리가 가까이 가자 입을 다물었다. Les vents et la mer *se sont tus*. 바람과 바다가 잔잔해졌다.
4° se ~ sur qc/au sujet de qc 〈…에 대해 입을 다물다, 묵과하다〉 Ils *se sont tus* sur ce chapitre [au sujet de cette faute inadmissible]. 그들은 이 문제에 관하여 [이 용납할 수 없는 잘못에 관하여] 침묵을 지켰다.

taper I. 1° ~ (qp) 〈(…을) 때리다〔치다〕〉 ~ à la porte 문을 두드리다. Elles *tapèrent* sur le fond des boîtes à ordures. 그녀들은 쓰레기통 바닥을 쳤다. ~ sur un clou pour l'enfoncer 못을 박아 넣기 위해서 치다. joueur qui *tape* dans un ballon 공을 치는 경기자. ~ sur l'épaule de qn (=lui ~ sur l'épaule) …의 어깨를 치다.
◇ 1) ~ sur qn 〖구어〗〈…에 관해서 험담을 하다〉 Il *tape* sur tout le monde. 그는 모든 사람을 비방한다.
2) ~ sur qn 〖구어〗〈…을 때리다〉 Pierre *a tapé* sur sa sœur. 피에르는 자기 여동생을 때렸다.
3) ~ à côté 〖구어〗〈실패하다; 속다〉.
4) ~ dans le mille 〈성공하다; 꼭 들어맞히다, 옳게 생각하다〉.
5) ~ dans le tas 〖구어〗〈가리지 않고 많이 먹다〉.
6) ~ dans l'œil de qn Cela lui *a tapé* dans l'œil. 이것이 그의 마음에 꼭 들었다.
7) ~ sur les nerfs [sur le système] de qn 〖구어〗〈…를 신경질 나게 하다〉 Il me *tape* sur le système. 그는 내 비위를 긁는다.
2° ~ N 〖구어〗〈때리다〉 Pierre *a tapé* Marie. 피에르는 마리를 때렸다.
3° ~ N (qp) 〈(…에서) …을 두드리다〉 Il *tapa* trois coup à la porte. 그는 문을 세번 노크했다.
4° ~ 〈뜨겁게 내리쬐다〉 Le soleil *tape*. 해가 쨍쨍 쬔다, 몹시 덥다.

◇ Ça tape. 〖구어〗 고약한 냄새가 나는군.
5° ~ (N) (à N) 〈(…을) (…로) 찍다[치다]〉 ~ un texte à la machine à écrire 글을 타자기로 찍다. La secrétaire a tapé plusieurs lettres ce matin. 비서는 오늘 아침에 편지를 여러 통 타이프라이터로 쳤다. Elle tape bien. 그녀는 타이프라이터를 잘 친다.
6° ~ dans N 〈…을 대부분 먹다〉 Ils ont tapé dans les réserves de provisions. 그들은 저장된 식료품을 대부분 먹어버렸다. ~ dans un plat 요리를 대부분 먹다.
7° ~ qc à qn 〖구어〗 〈…에게 구걸해서 얻다〉 Il vient régulièrement me ~ une clope. 그는 나에게 담배꽁초를 구걸하러 규칙적으로 찾아온다. ~ de l'argent à qn …에게 돈을 구걸하여 받다.
8° ~ qn 〈…에게 돈을 구걸하다〉 Il est venu me ~. 그는 나에게 돈을 구걸하러 왔다.
II. 1° qn se ~ N 《가변》 〖구어〗 〈…을(맡아서)하다〉 se ~ un travail que personne ne veut faire 아무도 하고 싶어하지 않는 일을 하다.
2° qn se ~ N 〖구어〗 〈…을 즐기다〉 se ~ un bon gueuleton 음식을 (친구끼리 즐겁게) 잔뜩 먹다. Si l'on se tapit une petite belote. 카드놀이 한 판 해볼까.
◇ 1) se ~ la cloche 〖속어〗 〈성찬을 먹다〉.
2) se ~ le derrière par terre 〖속어〗 〈포복절도하다〉 C'est une histoire à se ~ le derrière par terre. 포복절도할 이야기이다.

tarder 1° ~ 〈지체하다, 늦다〉 Pourquoi tardez-vous? 당신은 왜 지체하십니까?
2° ~ à Inf 〈…하는 데 지체하다〉 Ne tardez pas à donner votre réponse. 곧 당신의 대답을 주시오. Le printemps tarde à apparaître. 봄이 늦게 온다.
3° Il me[te, lui, etc.] tarde de Inf 〈(나, 너, 그로서는) …하기가 기다려지다〉 Il me tarde de vous voir revenir. 나는 당신이 돌아오시는 것을 어서 보고 싶습니다.
4° Il me[te, lui, etc.] tarde que P subj 〈…이 몹시 기다려지다〉 Il lui tarde qu'elle revienne. 그는 그녀가 돌아오는 것이 몹시 기다려진다.

tâter 1° ~ (N) 〈(…을) 만지다〉 ~ un mur dans l'obscurité 어둠 속에서 벽을 만져보다. ~ une étoffe 옷감을 만져보다. Le médecin tâta son pouls(=lui tâta le pouls). 의사는 그의 맥을 짚었다. Il tâta sa poche de gilet pour voir s'il lui en restait. 그는 그것이 남아 있는지 보려고 조끼 호주머니를 만져보았다.
2° ~ N 〈타진하다, 살펴보다〉 ~ le terrain 지형을〔정세를〕 살피다; 남의 의중을 떠보다. ~ qn …의 의중을 떠보려고 물어보다.
3° ~ de N 〈…을 경험하다〉 Il a tâté de la prison. 그는 감옥살이를 경험해보았다. Cadet, et quelque peu dédaigné, il tâte de l'armée, faute de mieux. 막내아들이고 기다가 약간 무시받고 있는 그는 별 수없이 군대를 지원했다.
4° se ~ 《변화》 〈(결심하기 전에) 생각해보다〉 Je me tâte pour savoir si j'accepte son offre. 그의 제의를 수락할 것인지를 알기 위해서 나는 생각해본다.

taxer 1° ~ N (à N) 〈…에 (…에 따라) 과세하다; …의 (공정) 가격을 정하다〉 ~ l'alcool 알콜에 과세하다. Le gouvernement a taxé certains produits alimentaires. 정부는 몇가지 식료품의 가격을 정했다. C'est pourquoi le plus simple est de les ~ à leur valeur. 그러기 때문에 가장 간단한 것은 그 가치에 따라서 그것들에 과세하는 것

télégraphier

이다.
2° ~ qc/qn de Attr (*Attr*은 무관사 명사 또는 형용사) ⟨…을 …라고 생각하다⟩ ~ une entreprise d'escroquerie 어떤 기업을 사기라고 생각하다. ~ qn d'incapable …을 무능하다고 생각하다. ~ qc d'injuste …을 부당하다고 생각하다.
3° ~ N de N ⟨…에게 …을 비난하다⟩ ~ qn d'oisiveté …을 빈둥빈둥 놀고 있다고 비난하다.

télégraphier 1° ~ ⟨전보를 치다⟩ Pour aller plus vite, on *télégraphie*. 보다 신속한 일의 처리를 위해 사람들은 전보를 친다.
2° ~ qc ⟨…을 전보로 알리다⟩ ~ une nouvelle 전보로 소식을 알리다.
3° ~ à qn ⟨…에게 전보를 치다⟩ Il faut lui ~. 그에게 전보를 쳐야 한다.
4° ~ qc à qn ⟨…에게 …을 전보로 치다⟩ ~ une nouvelle à un ami 친구에게 전보로 소식을 알리다.
5° ~ (à qn) de Inf ⟨(…에게) …하도록 전보를 치다⟩ Pierre *télégraphie* à Marie de venir. 피에르는 마리에게 오라고 전보를 친다.
◇ de Inf는 le로 대치 가능함: Pierre le *télégraphie* à Marie.
6° ~ (à qn) que P ind ⟨(…에게) …이란 것을 전보로 알리다⟩ Il *télégraphie* à sa femme qu'il a manqué son train. 그는 자기 아내에게 기차를 놓쳤다고 전보를 친다.
◇ que P는 le로 대치 가능함: Il le *télégraphie* à sa femme.
7° ~ (à qn) que P subj ⟨(…에게) …하도록 전보를 치다⟩ Ils *ont télégraphié* que vous veniez. 그들은 당신이 오시도록 전보를 쳤습니다.
◇ que P는 le로 대치 가능함: Ils l'*ont télégraphié*.

téléphoner 1° ~ ⟨전화를 걸다⟩ Elle passe sa journée à ~. 그녀는 전화거는 데 하루를 보낸다.
2° ~ à qn ⟨…에게 전화걸다⟩ *Téléphonez*-moi demain. 내일 나에게 전화하시오.
3° ~ qc ⟨…를 전화로 알리다⟩ J'*ai téléphoné* la bonne nouvelle. 나는 희소식을 전화로 알렸다.
4° ~ qc à qn ⟨…에게 …을 전화로 알리다⟩ Je lui *ai téléphoné* la bonne nouvelle. 나는 그에게 희소식을 전화로 알렸다.
5° ~ (à qn) que P ind ⟨…라고 전화로 알려주다⟩ Il *téléphone* à sa femme qu'il a manqué son train. 그는 자기 아내에게 기차를 놓쳤다고 전화한다.
◇ que P는 le로 대치 가능함.
6° ~ (à qn) de Inf ⟨(…에게) …하도록 전화하다⟩ Ils *ont téléphoné* de venir. 그들은 오라고 전화했다.
◇ de Inf는 le로 대치 가능함.
7° ~ (à qn) que P subj Ils *ont téléphoné* que vous veniez. 그들은 당신을 오시라고 전화했다.

témoigner 1° ~ 〔법〕 ⟨증언하다, 진술하다⟩ Il doit ~. 그는 증언해야 한다.
2° ~ en faveur de qn; ~ pour qn 〔~ contre qn〕 ⟨…에게 유리한〔불리한〕 증언을 하다⟩ Cela *témoigne* en ma faveur 〔pour moi, contre lui〕. 그것은 나에게 유리한〔그에게 불리한〕증언이다.
3° ~ qc ⟨표시하다⟩ ~ sa fureur 자기의 분노를 표시하다.
4° ~ qc à qn ⟨…에게 …을 표시하다⟩ Il lui *témoigne* son ressentiment. 그는 그에게 자기의 원한을 표시한다.
5° ~ Inf ⟨…이라고 증언하다⟩ Il a *témoigné* l'avoir vu. 그는 그를 보았다고 증언했다.
6° ~ que P ind Il a *témoigné* qu'il l'a vu. 그는 그를 보았다고 증언했다.

7° ~ P(int. ind.) 〈(…이 정말임을) 보여주다〉 Ce geste *témoigne* combien il vous est attaché. 이런 행동을 보더라도 그가 얼마나 당신에게 애착을 갖고 있는지 알 수 있습니다.

8° ~ de qc 〈…을 증명하다, 나타내다〉 Il *a témoigné* de mon innocence. 그는 나의 무죄를 증명했다.

9° se ~ N 《불변》〈서로간에 …을 표시하다〉 Ils *se sont témoigné* une estime réciproque. 그들은 서로에게 상호간의 존경을 표시했다.

tenir I. 1° ~ 〈붙어있다; 머무르다; 들어갈 수 있다〉 Ce papier ne *tient* plus au mur. 이 종이는 이제 벽에 붙어 있지 않는다. La température est étouffante, on ne peut pas ~ dans cette pièce. 너무 무더워서 이 방 안에서 견딜 수가 없다. Tous vos meubles ne pourront pas ~ dans cette pièce. 당신의 모든 가구들은 이 방안에 들어갈 수 없을 것입니다. Ma réponse *tiendra* en trois mots. 내 대답은 세 마디로 요약될 것이다.

2° ~ N 〈붙잡다; 쥐다〉 ~ qn par le bras …의 팔을 잡다. Il *tient* son stylo. 그는 자기의 만년필을 쥐고 있다. L'amarre qui *tenait* le bateau s'est rompue. 배를 고정시키고 있던 닻줄이 끊어졌다.

3° ~ qc de qn 〈…에게서 …을 이어받다, 얻다〉 Tout homme *tient* la vie de ses parents. 사람은 누구든지 자기 부모로부터 생명을 얻는다.

4° ~ N pour/comme Attr (*Attr*는 형용사, 명사) 〈…를 …이라고 인정하다, 간주하다〉 Je le *tiens* pour un artiste [pour honnête]. 나는 그를 예술가로[정직하다고] 간주한다. Je *tient* cela pour vrai. 나는 그것을 사실이라고 간주한다. ~ cet homme comme génial 이 남자를 천재적이라고 간주하다.

5° ~ qn quitte de qc 〈…에게서 …의 의무를 면제해 주다〉 Je les *tiens* quittes de leurs dettes. 나는 그들에게서 그들의 빚을 면제해 준다.

6° ~ à N 〈…에 애착을 갖다, 집착하다〉 Pierre *tient* à Marie. 피에르는 마리에게 애착을 갖고 있다. Je *tiens* à la vie. 나는 생에 애착을 느낀다.

◇ 보어의 대명사화는 생물인 경우에는 à+moi [toi, lui, elle]로, 무생물인 경우에는 y로 대치 가능함: Pierre *tient* à elle. J'y *tiens*.

7° ~ à Inf 〈꼭 …하고 싶어하다〉 Il *tenait* à bien remplir sa tâche. 그는 자기 임무를 잘 수행하고 싶어했다.

◇ à Inf 는 y로 대치 가능함.

8° ~ à ce que P subj 〈…하기를 몹시 바라다(=souhaiter vivement que)〉 Je *tiens* à ce que vous veniez. 나는 당신이 꼭 오시기를 바랍니다.

9° ~ à ce que P ind 〈…이란 사실에 기인한다, …때문이다(=est dû au fait que)〉 Ce succès *tient* à ce que vous avez travaillé régulièrement. 이 성공은 당신이 규칙적으로 공부한 데에 기인한다.

10° ~ de N 〈…와 닮다, …의 성질을 가지고 있다〉 Cet enfant *tient* de son père. 이 아이는 자기 아버지를 닮았다.

II. 1° se ~ 《변화》〈서로 …을 잡다〉 Les enfants *se tenaient* par la main. 이 아이들은 서로 손을 잡고 있었다.

2° se ~ Attr (*Attr*는 형용사, 부사) 〈…하게 하고 있다〉 Il *se tenait* debout, près de la porte. 그는 문 가까이 서 있었다. *Tiens-toi* convenablement. 예의 바르게 처신해라.

3° se ~ pour Attr (*Attr*는 명

tenter 972

사, 형용사)〈자신을 …이라 여기다〉Il *se tient* pour un grand artiste [pour intelligent]. 그는 자기를 위대한 예술가로[똑똑하다고] 여긴다.

4° se ~ à N 〈…에 달라붙다, 매달리다〉Il *se tient* à une branche pour ne pas tomber. 그는 떨어지지 않기 위해서 나무가지에 매달린다.

5° se ~ N《불변》〈서로 …을 행하다〉*se* ~ des propos injurieux 서로 모욕적인 언사를 쓰다.

6° se ~ qc pour dit 〖성구〗 *Tenez-vous*-le pour dit. 반박하지 마시오, 잘 새겨 들으세요.

7° ne pouvoir se ~ de Inf 〈…하지 않을 수 없다〉Il n'a pu *se* ~ de crier. 그는 외치지 않을 수 없었다.

8° s'en ~ à qc《변화》〈…에 그치다, …로 만족하다〉Je *m'en tiens* aux propositions que vous m'avez faites. 나는 당신이 나에게 하신 제안으로 족합니다.

III. 1° Il ne tient qu'à qn de Inf 〈…하는 것은 …에게 달려 있다〉Il ne *tient* qu'à moi de vous recevoir. 당신을 접대하는 것은 오직 나에게 달려 있습니다.

2° Il ne tient qu'à qn que P subj Il ne *tient* qu'à vous que cela se fasse. 그것이 이루어지는 것은 오직 당신에게 달려 있습니다.

◇ 주절이 부정형이나 의문형인 경우 종속절에 허사 ne 가 사용되는 것이 보통이다: Il ne *tiendra* pas à moi qu'il ne réussisse. 그가 성공하는 것은 나에게 달려 있지 않을 것이다. A quoi *tient*-il que cela ne se fasse? 그것이 이루어지는 것은 무엇에 달려 있느냐?

tenter 1° ~ N 〈…을 유혹하다, …의 마음을 끌다〉L'occasion l'a *tenté*. 기회가 좋아서 그의 마음이 솔깃해졌다. ~ ses chances 성공은 운에 맡기고 한 번 해보다. Viens-tu au cinéma? — Cela ne me *tente* guère. 너 영화관에 가니? —별로 마음에 내키지 않는다.

2° (de) Inf (cela) ~ qn 〈…라는 것이 …의 마음을 끌다〉(D')aller au cinéma ce soir (cela) ne me *tente* guère. 오늘 저녁에 영화관에 가는 것이 별로 내 마음에 내키지 않는다.

◇ 1) Il/Cela ~ qn (que) de Inf Il [Cela] ne me *tente* guère (que) d'aller au cinéma ce soir. 오늘 저녁에 영화관에 가는 것이 내 마음에 별로 내키지 않는다.

2) être tenté de Inf 〈…하고 싶어지다〉Je *suis tenté* de croire que vous avez finalement raison. 나는 당신이 결국 옳다고 믿고 싶어진다.

3° qn ~ de Inf 〈…하려고 해보다〉Il *tente* de faire le tour du monde en bicyclette. 그는 자전거를 타고 세계일주를 하려고 한다. Nous *avons tenté* de démontrer dans ce livre le danger que représente l'énergie nucléaire. 나는 핵에너지가 나타내는 위험을 이 책에서 보여주려고 해 보았다.

◇ 1) ~ qc ~ une expérience 경험[교섭]을 해보다.

2) ~ l'impossible [le tout pour le tout] 〈성패를 걸고 한번 해보다〉.

terminer 1° ~ qc 〈끝마치다, (…의) 끝이다〉Il faut que je *termine* ce travail avant 10 heures. 나는 이 일을 10시 전에 끝내야 한다. Le dessert *termine* le repas. 디저트는 식사의 끝이다.

◇ ~ ø (주어가 사람일 경우) Il a *terminé*. 그는 그 일을 끝냈다.

2° ~ qc par qc 〈…로서 …을 끝마치다〉~ un repas par des fruits 식사를 과일로 끝마치다.

3° en avoir terminé avec N 〖성구〗〈…와의 관계를 끊다, …을 끝마치다〉Depuis cette histoire, j'en *ai terminé* avec eux. 이 사건 이후로 나는 그들과의 관계를 끊었다. J'en *ai terminé* avec cette longue lettre. 나는 이 긴 편지를 끝마쳤다.

4° qc se ~ 《변화》〈끝나다〉 Son travail *se termine* tard. 그의 일은 늦게 끝난다.

5° se ~ par qc 〈…로 끝나다, 막을 내리다〉 La soirée *se termine* par un petit bal. 야회는 작은 무도회로 끝난다.

6° se ~ en qc L'histoire *se termine* en queue de poisson. 그 이야기는 용두사미로 끝난다.

ternir 1° ~ N 〈흐리게 하다〉 L'humidité *a terni* la monture de mes lunettes. 습기가 내 안경테를 흐려 놓았다. La poussière *a terni* l'éclat des meubles. 먼지가 가구의 윤을 없앴다. ce jugement dont il osa ~ l'auguste mémoire de mon père 그가 감히 우리 아버지의 거룩한 명성을 손상시키려고 했던 그 비판. ~ la réputation de qn …의 명성을 흐리게 하다.

2° ~ 〈윤을〔광채를〕잃다〉 Le cuivre a fini par ~. 구리 그릇이 마침내 광채를 잃고 말았다.

3° se ~ 《변화》〈윤을〔광채를〕잃다〔흐려지다〕〉 Le miroir *se ternit*. 거울이 흐려진다. Sa réputation *s'est ternie*. 그의 명성이 흐려졌다. La sensibilité s'émousse; la pureté *se ternit*; les réactions se font moins vives; on tolère, on accepte …. 감수성은 무디어지고, 순수성은 흐려지고, 반응은 활발한 기운이 적어졌다. 너그러이 봐주고 받아들이게 된다.

terrasser 1° ~ (N) 〈(…의) 흙을 파다〉 ~ un champ 밭의 흙을 파다.

2° ~ N 〈…에 흙을 쌓다〉 ~ un chemin 길에 흙을 쌓다.

3° ~ N 〈…을 땅에 쓰러뜨리다〉 Selon la légende, St. Georges *terrassa* le dragon. 전설에 의하면 성 조르주가 용을 격파〔퇴치〕했다. ~ l'ennemi〔son adversaire〕적을〔대항자를〕격파하다. Cette nouvelle l'*a terrassé*. 이 소식을 듣고 그는 깜짝 놀랐다〔낙심했다〕.

tinter 1° ~ 〈(종이) 울리다〉 Les cloches des vaches *tintent* dans les prés. 풀밭에서 암소들의 방울이 울린다.

2° ~ N 〈…을 울리다〉 ~ une cloche 종을 울리다.

◇ ~ la messe 〈종을 쳐서 미사를 알리다〉.

tolérer 1° qc/qn ~ N 〈참다; 허용하다〉 Il ne *tolère* aucune contradiction. 그는 어떤 말대답도 용납하지 않는다. C'est un sport qui ne *tolère* aucune distraction. 이것은 방심이라고는 조금도 허용하지 않는 운동이다.

2° qc/qn ~ que P subj Il ne *tolère* pas qu'on le contredise. 그는 자기 말에 말대답하는 것을 용납하지 않는다.

3° qc/qn ~ de Inf Il ne *tolère* pas d'être contredit. 그는 자기 말에 말대답하는 것을 용납하지 않는다.

4° qn ~ N à qn 〈…을 …에게 허용하다〉 Elle ne lui *tolère* aucun défaut. 그녀는 그에게 어떤 결점도 허용하지 않는다.

tomber〔자동사로 쓰일 경우 조동사 être 와 함께, 타동사로 쓰일 경우 조동사 avoir 와 함께 복합시제를 만든다〕.

1° ~ 〈넘어지다; 떨어지다〉 Il a voulu courir et il *est tombé*. 그는 달리고 싶어했으나 넘어졌다.

(1) ~ à Il *est tombé* à genoux. 그는 무릎을 꿇었다. La falaise *tombe* à pic sur la mer. 절벽이 바다에 수직으로 드리워져 있다.

(2) ~ de Comment! tu *es tombé* du ciel! (St-Exup) 뭐라구! 너는

하늘에서 떨어졌구나! Je tombe de fatigue. 나는 피곤해서 쓰러질 것 같다.
(3) **~ dans** Vous êtes tombé dans un piège. 당신은 함정에 빠졌습니다. Elle *est tombée* dans le malheur. 그녀는 불행에 빠졌다.
(4) **~ en** Ma voiture *est tombée* en panne. 내 차는 고장났다. Cet usage *est tombé* en désuétude. 이 관습은 폐지되었다.
(5) **~ par** L'élève, en courant, *est tombé* par terre. 그 학생은 뛰다가 땅에 넘어졌다.
(6) **~ sous** Cette photo m'*est tombée* sous la main alors que j'avais renoncé à la chercher. 이 사진은 내가 이미 찾기를 포기하고 있었을때 우연히 내 손에 들어왔다. Ces deux candidats ont triché, cela *tombe* sous le sens. 이 두 수험생은 부정행위를 했다. 그것은 명약관화하다.
(7) **~ sur** En ouvrant le journal, je *suis tombé* sur une triste nouvelle. 신문을 펴다가 나는 우연히 슬픈 소식을 발견했다.
2° **~ Attr** (*Attr* 는 형용사, 과거분사)〈갑자기 …되다〉Il *est tombé* malade. 그는 갑자기 병이 들었다.
3° **~ qn** 『스포츠』〈넘어뜨리다〉Cent francs à qui *tombera* Kid Joe. 어깨를 땅에 닿게 해서 키드 조를 이길 사람에게는 100프랑을 줄 것이다.
◇ ~ une femme (=la séduire facilement) 『속어』〈여자를 손에 넣다〉.
4° **~ qc** 『구어』〈(저고리를) 벗다〉Vu la chaleur, nous *avions tombé* la veste. 더위 때문에 우리는 저고리를 벗었다.
5° Il **tombe N** (비인칭 구문)〈…가 내리다, 오다〉Il *tombe* de la pluie [de la neige, de la grêle]. 비가 [눈이, 우박이] 온다. Il *est tombé* beaucoup de pluie (=Beaucoup de pluie *est tombée*). 비가 많이 왔다.
◇ 1) 인칭구문에서는 La pluie [La neige, La grêle] *tombe* 가 된다.
2) 다분히 수량적으로 표현될 수 있는 명사가 비인칭 구문에 사용된다.

tonner 1° Il ~〈천둥치다〉Il *tonne*. 천둥이 친다.
2° **~ contre N**〈…에게 고함치다 [노발대발하다]〉~ contre la dépravation des mœurs 풍기의 문란에 대하여 노발대발하다.

tordre 1° **~ N**〈비틀다〉~ le bras de [à] *qn* (=lui ~ le bras) …의 팔을 비틀다. ~ le cou de [à] *qn* (=lui ~ le cou) …의 목을 비틀다; 『구어』…을 죽이다. ~ une barre de fer 쇠막대를 휘게하다. ~ du linge 빨래 [속옷 따위]를 짜다. Il *s'est tordu* le pied. 그는 발을 겹질렸다. Le choc *a tordu* le pare-choc. 그 충돌로 완충기가 휘었다. Le vent *tordait* les arbres. 바람이 나무들을 비틀 듯이 휘게 하고 있었다.
◇ **~ l'estomac de qn; lui ~ l'estomac** La douleur, l'angoisse lui *tordait* l'estomac. 고통, 불안이 그의 위에 심한 아픔을 주고 있었다.
2° **qn se ~ (de N)** 《변화》〈(…로 해서) 몸을 비틀다〉Il *se tordait* de douleur. 그는 고통을 못이겨 몸을 비틀었다. Il *s'est tordu* de rire. 그는 포복절도했다.

torturer 1° **~ (N)**〈(…을) 고문하다〉~ un prisonnier 죄수를 고문하다.
2° **~ N**〈몹시 괴롭히다〉Cette idée le *torturait* depuis plusieurs jours. 이런 생각이 여러날 전부터 그를 괴롭혀 왔다.
3° **se ~** (1) **se ~** 《변화》〈자신을 괴롭히다〉Elle *s'est torturée*. 그녀는 자신을 학대했다.
(2) **se ~ N** 《가변》〈…에 큰 고통

을 받다〉 se ~ le cerveau (l'esprit) 머리를 쥐어짜다 [큰 고통을 받다].

toucher 1° ~ N 〈(…에) 닿다; 손을 대다; 감동시키다〉 L'avion *touche* le sol au bout de la piste d'atterrissage. 비행기는 착륙 활주로 끝에서 착륙한다. Je *l'ai touché* du doigt. 나는 그를 손가락으로 만졌다. Votre lettre nous *a* beaucoup *touchés*. 당신의 편지는 우리를 몹시 감동시켰다.
◇ toucher가 추상적인 뜻을 지닐 때는 détachement이 가능하다: Ça m'*a touché*, de le voir dans cet état. 그런 상태에 있는 그를 보는 것이 나를 감동시켰다.
2° ~ à N 〈…에 손을 대다, …을 만지다; …에 가까이 가다〉 Ne *touche* pas à mon frère. 내 동생을 건드리지 말아라. Cet enfant *touche* à tout ce qu'il voit. 이 아이는 눈에 띄는 모든 것에 손을 댄다. L'année *touche* à sa fin. 연말이 가까와진다.
3° ~ de qc 〖문어〗〈…을 연주하다, 치다〉 Il *touchait* agréablement de la guitare. 그는 즐겁게 기타를 치고 있었다.
4° se ~ 《변화》〈인접하다〉 Leurs propriétés *se touchent*. 그들의 소유지는 인접하고 있다.

tourmenter 1° ~ N 〈괴롭히다〉 Cette idée le *tourmente* depuis quelque temps. 이 생각이 얼마 전부터 그를 괴롭히고 있다. Il se plaît à ~ son entourage. 그는 측근자들을 괴롭히기를 좋아한다.
2° qn se ~ 《변화》〈고민[근심]하다〉 Ne *vous tourmentez* pas, tout va s'arranger. 고민하지 마십시오, 모든 것이 잘될 것입니다.

tourner 1° ~ 〈돌다; (포도·우유 등이) 변질되다; 바뀌다〉 La roue *tourne*. 바퀴가 돈다. Le lait *a tourné*. 우유가 변질했다. La discussion *tourne* à son avantage. 토론은 그에게 유리하게 진전되고 있다.
◇ ~ **court** 〖성구〗〈갑자기 정지하다〉 Notre projet de voyage *a tourné* court. 우리의 여행계획은 갑자기 중단되었다.
2° ~ **autour de N** 〈…주위를 돌다; …의 호의를 사려고 하다〉 La terre *tourne* autour du soleil. 지구는 태양 주위를 돈다. Il *tourne* sans cesse autour du ministre. 그는 끊임없이 장관의 호의를 사려고 한다.
3° ~ qc 〈돌리다; 피하다; (영화를) 촬영하다〉 Il *a tourné* la tête. 그는 머리를 돌렸다. J'ai *tourné* l'obstacle. 나는 난관을 피했다. Il *a tourné* plusieurs films. 그는 여러 영화를 촬영했다.
◇ ~ ø *Tournez!* 돌리시오!
4° ~ qc à qn 〈…의 (에게) …을 돌려놓다; 뒤집어엎다〉 Je lui *ai tourné* le dos. 나는 그를 모르는 체했다. Le vin lui *tourne* la tête. 포도주가 그를 취하게 한다. Le spectacle de cet accident m'*a tourné* le cœur. 이 사고의 광경이 나를 메스껍게 했다.
5° ~ qc en bien/mal 〈…을 좋게[나쁘게] 해석하다〉 On ne peut pas se fier à lui, il *tourne* tout en mal. 그를 믿을 수 없다. 그는 모든 것을 나쁘게 해석한다.
6° ~ N en qc 〈…을 …로 만들다, 돌리다〉 Il essaie de vous ~ en ridicule. 그는 당신을 웃음거리로 만들려고 한다.
7° se ~ **vers N** 《변화》〈…쪽으로 향하다, 돌아보다〉 Tous les yeux *se tournèrent* vers lui. 모든 사람의 눈이 그 사람쪽으로 향했다.
8° se ~ **contre qn** 〈…을 거역하다, 적대시하다〉 Pourquoi *se tourne*-t-il contre son meilleur ami? 왜 그는 자기의 가장 좋은 친

구를 적대시하는가?
9° se ~ en qc ⟨…으로 바뀌다⟩ Son amour *se tourne* en haine. 그의 사랑은 증오로 바뀐다.

tousser ~ ⟨기침하다; 헛기침하다⟩ Cet enfant *tousse*. 이 아이는 기침을 한다.

traduire 1° ~ (N)(de N en N) ⟨(…을)(…에서 …로) 번역하다⟩ Ce roman *a été traduit* d'anglais en français. 이 소설은 영어에서 불어로 번역되었다. En parlant ou en écrivant une langue étrangère, ou en *traduisant* de cette langue dans l'idiome maternel, on est acculé à une impasse. 한 외국어를 말하거나 또는 쓰거나 하면서, 또는 이 언어를 국어로 번역하면서 막다른 골목에 몰리게 된다. Ce roman *est traduit* de l'anglais. 이 소설은 영어에서 번역되었다. ~ est presque impossible. 번역하기는 거의 불가능하다. On *a traduit* l'Ulysse de Joyce en allemand. 조이스의 율리시즈는 독일어로 번역되었다.
2° ~ N en N ⟨…로 표현하다⟩ Il *a traduit* la pensée de l'auteur en un langage accessible. 그는 그 저자의 사상을 알기 쉬운 말로 표현했다.
3° ~ N ⟨나타내다⟩ Son regard *traduisait* son inquiétude. 그의 시선은 그의 불안을 나타내고 있었다.
4° ~ N ⟨소환하다⟩ ~ qn en justice …을 고소하다. ~ qn devant un tribunal …을 고소하다〔법정에 소환하다〕.
5° se ~ (en/par N) 《변화》⟨(…로) 나타나다; 번역되다⟩ La joie des spectateurs *se traduisait* en exclamation. 관중들의 기쁨은 환호로 나타났다. La peur *se traduisait* sur son visage (par une grimace). 공포가 그의 얼굴에 (찌푸린 표정으로) 나타나고 있었다.

trahir 1° qn ~ N ⟨배반하다⟩ ~ un parti 어떤 당파를 배반하다. Judas *trahit* Jésus. 유다가 예수를 배반했다.
2° qn ~ que P ind/subj (주절이 부정·의문이면 *subj* 도 쓰임) ⟨…을 누설〔폭로〕하다⟩ Un journaliste *a trahi* que l'on allait procéder à une expérience atomique. 원자탄실험을 하려 한다는 것을 한 신문기자가 누설했다. Je n'ai pas *trahi* que vous l'avez〔l'ayez〕 dit. 나는 당신이 그것을 말했다는 것을 누설하지 않았습니다. Le journal n'a pas *trahi* que l'expérience aurait lieu. 신문은 원자탄실험이 있으리라는 것을 누설하지 않았다.
3° qn ~ Inf Le journaliste *a trahi* avoir été à l'origine de tout cela. 그 신문기자는 자기가 그 모든 것의 원천이었다는 것을 누설했다.
4° qc ~ N ⟨나타내다, 드러내다⟩ Son attitude *trahissait* son impatience. 그의 태도가 그의 초조감을 나타내고 있었다.
◇ 1) Ses forces l'*ont trahi*. 그의 힘은 그에게서 떠났다; 그에게는 이미 전과 같은 힘이 없었다.
2) Les événements *ont trahi* ses espoirs. 사건은 그의 희망에 어긋났다.
3) Je ne veux pas ~ votre pensée. 나는 당신의 생각을 왜곡하고 싶지 않습니다.
5° que P subj (cela) ~ N ⟨…이 …을 나타내다〔드러내다〕⟩ Qu'il ait tiqué, (cela) *trahit* sa surprise. 그가 움찔했다는 것이 그가 놀랐다는 것을 드러낸다.
◇ 1) que P subj (cela) ~ que P ind/subj (주절이 부정이면 접속법도 쓰임) Qu'il ait souri (cela) *trahissait* qu'il n'était pas d'accord. 그가 미소를 떠운 것을 보면 그는 동의하지 않는 모양이다. Qu'il ait souri (cela) ne *trahissait* pas qu'il était〔fût〕 au courant. 그가 미소를

떠웠다고 해서 알고 있다고 볼 수는 없는 일이었다.
2) **que P subj (cela) ~ P(int. ind.)** Qu'il ait souri(cela) *trahissait* à quel point il était surpris. 그가 미소를 띠운 것을 보면 그는 어느 정도 놀란 모양이다.
6° qc se ~ par N 《변화》〈…로 나타나다〉 Son émotion *se trahissait* par le tremblement de ses mains. 그의 감동은 그의 손이 떨리는 것으로 드러나고 있었다.

traîner 1° qc ~ qc 〈끌다〉 La locomotive *traine* vingt wagons. 기관차가 차량 20 량을 끈다.
2° qn ~ qc (qp) 〈(…에) 끌고[가지고] 가다〉 Il *traine* toujours toutes sortes de livres dans sa serviette. 그는 언제나 온갖 종류의 책을 가방 속에 넣어가지고 다닌다. Il *traina* sa chaise jusqu'à nous. 그는 의자를 우리에게까지 끌고 왔다.
◇ 1) **~ les pieds** 〈발을 질질 끌다〉.
2) **~ la jambe; se ~** 〈절름거리다〉.
3) **~ une maladie** 〈오랜 고질병을 가지고 있다〉.
4) **~ qc en longueur** Le tribunal *traine* l'affaire en longueur. 재판소는 사건을 오래 끌어간다.
5) **~ la voix sur les mots** 〈느릿느릿 말하다〉, **~ les fins de phrase** 〈말끝을 끌다〉.
3° qn ~ qn qp 〈…로 데리고 다니다〉 Il m'*a traîné* dans tous les magasins. 그는 나를 온갖 상점으로 데리고 다녔다.
◇ **~ qn dans la boue** 〈…의 명예를 더럽히다[…을 망신시키다]〉.
4° qc ~ (qp) 〈(…에) 질질 끌리다[(사라지기 전에) 남아 있다]〉 La robe de la mariée *trainait* par terre. 신부의상이 땅에 질질 끌리고 있었다. Une odeur de tabac *trainait* dans l'appartement. 담배 냄새가 아파트에 남아 있었다. Quelques nuages *trainaient* dans le ciel. 구름이 몇 점 하늘에 아직 떠 있었다. un poncif rebattu qui *traine* dans tous les manuels 어느 개론책에나 다 있는 진부한 상투어. Les papiers *trainaient* sur son bureau. 그의 책상위에 서류들이 널려 있었다. Il laisse toujours ~ ses affaires. 그는 자기 소지품을 챙기지 않고 방치해둔다.
5° qn ~ 〈얼쩡거리다〉 Les enfants *trainaient* sur le chemin de l'école. 어린애들이 학교길에서 얼쩡거리고 있었다. Quelques attardés *trainaient* à l'arrière 뒤처진 사람들이 뒤에서 얼쩡거리고 있었다. Il a passé l'après-midi à ~ dans les rues. 그는 길에서 어정거리며 오후를 보냈다. Ne *trainez* pas, le travail presse! 늦장부리지 마시오, 일이 급하오!
6° qc ~ 〈오래 끌다〉 L'affaire *traine*. 일이 오래 끈다. faire ~ un procès 소송사건을 질질 끌다. La conversation *traine*. 회화가 오래 끈다. Le film *traine* en longueur. 영화가 오래 끈다.
7° qn se ~ qp 《변화》〈기어가다; 기운없이 걷다〉 Les petits enfants aiment beaucoup *se ~* par terre. 어린애들은 땅바닥에서 기는 것을 좋아한다. A la fin de la promenade, il était tellement fatigué qu'il *se trainait*. 산책이 끝나갈 무렵에 그는 어찌나 지쳤던지 기운없이 걸었다.

traiter 1° ~ 〈협의하다, 담판하다〉 Je ne peux pas ~ avec vous sur cette base-là. 나는 그러한 근거 위에서는 당신과 협의할 수 없습니다.
2° ~ N 〈대접하다; 취급하다, 다루다〉 Il ne nous *a* pas bien *traités*. 그는 우리를 잘 대우하지 않았다. L'élève n'*a* pas *traité* le sujet. 그 학생은 그 주제를 논하지 않았다.

trancher

3° ~ N en N 〈…을 …로 취급하다〉 Nous l'*avons traité* en ennemi. 우리는 그를 적으로 취급했다. Dans quelques régions en Allemagne, le français *est traité* en parent pauvre. 독일의 몇몇 지방에서는 불어가 푸대접받고 있다.

4° ~ qn comme Attr 〈…을 …처럼 대우하다〉 ~ un étranger comme son père 낯선 사람을 자기 아버지처럼 대하다.

5° ~ qn en Attr ~ un enfant en homme 아이를 어른으로 대우하다.

6° ~ qn de Attr Il m'*a traité* de voleur. 그는 나를 도둑놈이라고 했다.

7° ~ qc avec qc 〈…로써 …을 처리하다, 치료하다〉 Le médecin *a traité* la blessure avec de la teinture d'iode. 그 의사는 상처를 옥도정기로 치료했다.

8° ~ de qc 〈…을 논하다, 다루다〉 Ce livre *traite* de la grammaire. 이 책은 문법을 다루고 있다.

9° se ~ 《변화》〈논의되다, 다루어지다〉 Les affaires *se traitent* à demi-voix. 장사는 낮은 목소리로 거래된다.

10° se ~ de Attr 〈서로를 …로 취급하다, …이라 부르다〉 Ils *se sont traités* d'idiots. 그들은 서로 바보 취급을 했다.

trancher 1° ~ N 〈자르다, 얇게 썰다〉 ~ de la viande 고기를 썰다. ~ une corde 줄을 끊다. ~ la tête [la gorge] de *qn* (=lui ~ la tête [la gorge]) …의 목을 베다.

2° ~ N 〈딱 잘라 해결하다〉 ~ un problème [une difficulté] 어떤 문제를[곤란을] 딱 잘라 해결하다.

3° ~ sur N 〈…에 관해 딱 잘라[독단적으로] 결정하다〉 Je me garderai bien de ~ sur cette question. 나는 이 문제에 관해 절대로 독단적인 결정을 하지 않겠다.

4° ~ en faveur de N 〈…쪽으로 딱 잘라 결정하다〉 Diverses considérations nous ont souvent fait ~ en faveur d'une solution plutôt que de l'autre. 여러가지 동기가 우리로 하여금 다른 해결책보다는 어떤 한 해결책 쪽으로 딱 잘라 결정을 하게 하는 일이 흔히 있다.

5° ~ SP (*Prép* 는 sur 나 auprès de 또는 avec) 〈…와 대조를 이루다〉 Son caractère *tranche* sur [avec] celui de ses frères. 그의 성격은 그의 형제들의 성격과 대조를 이룬다. Le rouge *tranche* auprès du bleu dans ce tableau. 이 그림에서는 빨강이 파랑색과 대조를 이룬다. une tache de couleur vive qui *tranche* sur un fond morne 어두운 배경과 대조를 이루는 선명한 빛깔의 조색.

◇ ~ ø Son style *tranche* nettement (sur celui des autres). 그의 문체는 다른 사람들의 문체와 확연히 대조된다.

transmettre 1° ~ N 〈전(달)하다〉 Les métaux *transmettent* le courant électrique. 금속은 전류를 전도한다. Le bois *transmet* mal la chaleur. 나무는 열을 잘 전도하지 않는다.

2° ~ (à N) N 〈(…에게) 전하다〉 Le rat *transmet* le virus de la peste (à l'homme). 쥐는 페스트병균을(사람에게) 옮긴다. L'arbre de transmission *transmet* le mouvement aux roues. 구동축은 운동을 바퀴에 전달한다. ~ une information [un ordre, une invitation] à *qn* 정보[명령, 초대]를 …에게 전하다. *Transmettez* mon souvenir à votre épouse. 영부인께 안부 전해 주십시오. On m'*a transmis* cette lettre. 이 편지가 나에게 전해졌다. Le secret de cette liqueur *a été transmis* d'une génération à l'autre. 이 리쾨르 술의 비결은 대대로 전해져 내려왔다. Le but d'une encyclopédie est de rassembler les connaissances, de ~ le système général des connaissances aux hommes qui viendront après nous. 백과전서의 목적은 지식을 집대성하고 지식의 전반적인 체계를 우리 뒤에 올 사람들에게 전달하는 것이다. On *a transmis* à la télévision le match de football. 텔레비전에서 축구경기를 중계했다.

3° ~ (à N) que P ind 〈(…에게) …라고 전하다〉 Mon partenaire m'*a transmis* par télégramme qu'il arriverait demain. 내 짝은 내일 도착할 것이라고 나에게 전보로 전해 왔다. La radio vient de ~ qu'il y a eu un tremblement de terre en Roumanie. 루마니아에 지진이 있었다고 라디오가 방금 알려 주었다.

4° ~ (à N) P(int. ind.) 〈(…에게) …인지 알리다〉 On n'*a* toujours pas *transmis* quelle était l'ampleur de la catastrophe. 그 재앙의 폭이 어떤지는 여전히 전해지지 않았다.

transporter 1° ~ N (qp) 〈(…에) 운반하다〉 ~ des marchandises en camion vers la capitale 상품을 화물자동차로 수도에 운송하다.

2° ~ N qp 〈…에 옮기다〉 Le conférencier nous *transporta* en imagination dans le passé. 연사는 우리들을 상상속에서 과거로 옮겨 놓았다. ~ un mot en français 한 단어를 불어로 옮기다. ~ la guerre à l'étranger 전쟁터를 외국으로 옮기다. ~ les conflits dans le tiers monde 분쟁을 제3세계로 옮기다.

3° ~ qn de qc (*qc*는 무관사 추상명사) 〈…으로 흥분·열광시키다〉 Cette nouvelle m'*a transporté* de joie. 이 소식은 나를 기뻐서 흥분하게 했다.

4° qn se ~ qp 《변화》 〈…에 가다〉 La commission s'*est transportée* sur les lieux de l'accident. 그 위원회는 사고현장으로 갔다.

◇ *Transportons-nous* dans le futur! 우리가 미래에 있는 것으로 상상합시다!

travailler 1° ~ 〈일하다; (포도주가) 발효하다; 뒤틀리다〉 Il *travaille* dans son jardin. 그는 정원에서 일한다. Le vin *travaille*. 포도주가 발효한다. Cette porte ne ferme plus: le bois *a travaillé*. 이 문은 이제 닫히지 않는다. 나무가 휘었기 때문이다.

2° ~ à qc 〈…에 힘을 기울이다, …하려고 애쓰다〉 Elle *travaille* à un roman. 그녀는 소설에 힘을 기울이고 있다.

3° ~ à Inf Il *travaille* depuis longtemps à me nuire. 그는 오래 전부터 나를 해치려고 애쓰고 있다.

4° ~ sur N 〈…에 관해 연구하다〉 Ce médecin *a travaillé* sur le cancer. 이 의사는 암에 관해 연구했다.

5° qn ~ N 〈공부하다; (반죽을) 이기다; 다듬다〉 Il faudra ~ encore les mathématiques. 수학을 더 공부해야 할 것이다. Maman *travaille* longtemps la pâte d'une tarte. 엄마는 오랫동안 과일파이의 반죽을 이기고 있다. Cet auteur *travaille* beaucoup son style. 이 작가는 문체를 매우 다듬는다. Mon père *travaille* le fer. 우리 아버지는 쇠를 가공한다.

6° qc ~ N 〈괴롭히다〉 Le désir de trouver une solution le *travaillait* jour et nuit. 해결책을 찾아내려는 욕구가 그를 밤낮으로 괴롭히고 있었다.

7° se ~ à Inf 《변화》 〈…하려고 애쓰다〉 *se* ~ à avoir de l'esprit 재치를 지니려고 애쓰다.

traverser 1° ~ N 〈가로지르다; 꿰뚫다〉 La Seine *traverse* Paris. 세느강은 파리를 가로지르고 있다. Un enfant *traversait* la rue. 한 아이가

길을 건너고 있었다. Une douleur fulgurante le *traverse* d'une épaule à l'autre. 쿡찌르는 아픔이 그의 어깨를 관통하고 있다.

◇ ø ~ Des gens attendaient cinq minutes avant de pouvoir ~, tant la queue des voitures s'allongeait. (Zola) 사람들은 길을 건너기 전에 5분동안이나 기다려야 했다. 그만큼 차의 행렬이 길게 늘어서 있었다.

2° se ~ 《변화》〈(말이) 가로 걷다; 건너지다〉 cheval qui *se traverse* 가로 걷는 말.

trébucher 1° ~ (contre/sur N) 〈(…에 걸려) 비틀거리다〉 ~ contre [sur] un obstacle[une pierre] 장애물에 걸려[돌에 채여] 비틀거리다. 2° ~ (sur N)〈(…에 부딪혀) 중단되다[실패하다]〉 ~ sur un mot 단어에 걸려(말이) 막히다. Ma mémoire même *trébuche* dès les premières mesures du morceau que je sais le mieux. 내 기억조차도 내가 가장 잘 알고 있는 악절의 처음 몇 소절부터 막혀버리는 것이다.

trembler 1° ~〈흔들리다, 진동하다〉 Les feuilles de l'arbre *tremblaient.* 나뭇잎들이 흔들리고 있었다. 2° ~ à qc〈…때문에 걱정하다〉 Je *tremble* à cette idée horrible que je pourrais perdre sa trace. 나는 그의 자취를 잃을 지도 모른다는 무서운 생각에 걱정하고 있다. 3° ~ de qc〈…로[때문에] 떨다〉 Il *tremblait* de froid[de peur]. 그는 추위로[두려움으로] 떨고 있었다. 4° ~ de Inf〈…하지나 않을까 걱정하다〉 Il *tremble* d'être grondé. 그는 꾸중을 듣지나 않을까 걱정하고 있다. 5° ~ que P subj (ne) Il *tremblait* qu'on ne le touchât. 그는 사람들이 자기를 건드리지나 않을까 걱정하고 있었다.

tremper 1° ~ N (qp)〈(…에) 담그다〉 ~ un bout de pain dans la soupe 빵을 한 조각 수프에 담그다. 2° ~ N〈적시다; 담금질하다〉 La pluie nous *a* complètement *trempés*. 우리는 비에 함빡 젖었다. ~ de l'acier 강철을 담금질하다. ◇ Les épreuves *ont trempé* son caractère. 시련을 받고 그의 성격이 도야되었다. 3° ~ (qp) 〈(…에) 담[잠]그다〉 mettre à ~ du linge 빨래거리를 [속옷을] 물에 담그다. mettre à ~ des fleurs 꽃을 물(이 든 꽃병)에 꽂다. 4° ~ qp〈…에 잠기다〉 Après l'inondation, le rez-de-chaussée *trempait* dans l'eau. 홍수가 지고 나서 1층이 물에 잠겼다. ◇ Il *trempe* dans une sale affaire. 그는 고약한 사건에 가담했다.

tricher 1° ~〈속임수를 쓰다〉 Il *a triché* au poker. 그는 포커에서 속임수를 썼다. 2° ~ (sur N)〈(…을) 속이다〉 Ce commerçant *triche* sur les prix. 이 상인은 가격을 속인다. Marie-Claude *a triché* sur son âge. 마리 클로드는 나이를 속였다.

tricoter 1° ~〈뜨게질하다〉 Elle aime ~. 그녀는 뜨게질하기를 좋아한다. 2° ~ qc〈짜다, 뜨다〉 Cette dame *tricote* des bas pour sa fille. 이 부인은 자기 딸을 위해 양말을 짠다. 3° ~ qc à qn 〖속어〗 ~ les côtes à un gars 소년을 때리다. 4° se ~ qc《가변》〈스스로 …을 뜨다〉 se ~ une veste de laine 스스로 털 저고리를 짜다.

triompher 1° ~〈개선하다; 의기양양하다〉 Jules César rentrait à Rome pour ~. 율리우스 케사르는 개선기념식전을 올리기 위해 로마로 돌아왔었다. Maintenant qu'il a gagné il *triomphe*. 승리를 거둔

지금 그는 의기양양하다.

2° ~ de N 〈…을 이기다〉 ~ d'un adversaire 적수를 물리치다. ~ d'une maladie 병을 이기다.

tromper 1° ~ N 〈속이다; 저버리다〉 Il nous *trompe* quand il nous dit qu'il n'était pas là. 그가 우리에게 자기는 거기에 없었다고 말할 때 그는 우리를 속이고 있는 것이다. L'échec de Pierre *a trompé* notre espérance. 피에르의 실패는 우리의 기대에 어긋났다.

◇ ~ ø Les apparences *trompent*. 외관은 우리를 속인다.

2° ~ qn avec qn 〈…와 짜고 …을 속이다〉 Elle *a trompé* son mari avec son meilleur ami. 그녀는 남편을 두고 남편의 가장 친한 친구와 불륜의 관계를 맺었다.

3° se ~ 《변화》〈잘못 생각하다, 착오를 일으키다〉 Méfiez-vous, il *se trompe* souvent! 조심하십시오, 그는 종종 착오를 일으킵니다!

4° se ~ dans qc 〈…에서 착오를 일으키다〉 Il *s'est trompé* dans ses calculs. 그는 계산에 착오를 일으켰다.

5° se ~ de qc 〈…을 잘못 생각하다〉 Elle *s'est trompée* de chemin. 그녀는 길을 잘못 알았다.

◇ 보어의 대명사화는 불가능.

6° se ~ sur N 〈…에 대해 오해하다〉 Je *m'étais trompé* sur vous [sur vos capacités]. 나는 당신에 대해[당신의 역량에 대해] 잘못 생각하고 있었다.

trouver 1° ~ N 〈찾아내다, 구하다〉 J'*ai trouvé* un ami[un appartement]. 나는 나의 친구를 [아파트를] 구했다.

◇ ~ ø J'*ai trouvé!* 나는 알아냈다!

2° ~ qc à qn 〈…에게서 …을 발견하다〉 Je lui *trouve* de grandes qualités. 나는 그에게서 훌륭한 자질들을 발견한다.

3° ~ que P ind 〈…이라고 생각하다, 판단하다〉 Elle *trouve* que son mari ne s'occupe pas d'elle. 그녀는 남편이 보살펴주지 않는다고 생각한다.

4° ~ à Inf 〈…할 기회가 있다, …할 수 있다〉 On ne *trouve* pas facilement à se distraire ici. 여기서는 쉽사리 기분전환할 기회가 없다.

5° ~ à Inf à qc 〈…에서 …할 것을 찾아내다〉 Il *trouve* à redire à tout. 그는 모든 것을 비판한다.

6° ~ N Attr 〈…을 …하다고 생각하다〉 Je vous *trouve* bien indulgent. 나는 당신이 매우 관대하다고 생각합니다. Je *trouve* ce livre intéressant. 나는 이 책을 재미있다고 생각합니다.

7° ~ bon[mauvais, drôle, etc.] de Inf 〈…하는 것이 좋다고[나쁘다고, 우습다고] 생각하다〉 Il *a trouvé* bon de s'absenter. 그는 결석하는 것이 좋다고 생각했다.

8° ~ bon[mauvais, etc.] que P subj Je *trouve* bon que nous allions le voir. 나는 우리가 그를 만나러 가는 것에 찬성한다.

9° se ~《변화》〈있다; 발견되다〉 La poste *se trouve* au bout du village. 우체국은 마을 끝에 있다.

10° se ~ Attr 〈(자기가) …이라고 느끼다; …이라고 판명되다〉 Il *s'est trouvé* malade. 그는 병들어 있었다. Elle *s'est trouvée* mal. 그녀는 기절했다.

11° se ~ être Attr/Inf (passé) 〈…이라고 판명되다〉 Le secrétaire *se trouvait* être un assez mauvais sujet. 비서는 우연히도 몹쓸 청년이었다. Sans avoir cherché à savoir vos secrets je *me trouve* les avoir appris en partie. 당신의 비밀을 알려고 애쓰지도 않았는데 나는 어쩌다가 그것을 부분적으로 알게 되었습니다.

tuer

12° **se ~ N** 《불변》〈스스로 …을 찾다〉 *se ~* une occupation 스스로 일거리를 찾아내다.
13° **Il se trouve que P ind**〈…하는 일이 있다〉Il *se trouve* que la porte était fermée. 어쩌다가 문이 닫혀 있었다.
14° **si ça se trouve**〚속어〛〈아마도 …일지도 모른다(=il est bien possible que)〉Je veux bien aller le voir, mais, si ça *se trouve*, il est déjà parti. 나는 그를 보러가고 싶지만 그는 벌써 떠났을지도 모른다.

tuer 1° **~ N**〈죽이다; 지겹게하다〉Il *a tué* cet homme d'un coup de revolver. 그는 이 남자를 권총으로 쏴 죽였다. Le travail le *tue*. 일이 그를 지치게 한다. La contrainte *tue* le désir. 속박이 욕망을 사라지게 한다.
◇ **~ ø** L'alcool *tue*. 알코올은 사람을 죽인다.
2° **se ~**《변화》〈자살하다; 죽다〉Cet homme *s'est tué* hier. 그 남자는 어제 자살했다.
3° **se ~ à qn**〈…때문에 과로하여 건강을 해치다〉Il *se tue* au [de] travail. 그는 일에 과로하여 건강을 해친다.
4° **se ~ à Inf**〚구어〛〈전심전력으로 …하다, 죽도록 고생하여 …하다〉Je *me tue* à vous le répéter. 나는 전심전력으로 그 말을 당신에게 되풀이합니다.

U

unir 1° ~ qn(pl)/qc(pl) 〈결합·병합하다〉 Le maire *a uni* les deux familles. 시장은 결혼으로 그 두 가정을 결합시켰다. Ces deux pays *ont uni* leurs forces. 이 두 나라는 힘을 합쳤다.
2° ~ N à N 〈…과 …을 연결시키다; 결혼시키다〉 Nous *unirons* notre fils à votre fille. 우리는 우리 아들을 당신딸에게 결혼시킬 것입니다. Il *unit* la science à la sagesse. 그는 학문과 지혜를 겸비하고 있다.
3° ~ N et N Il *unit* la force et la sagesse. 그는 힘과 지혜를 겸비하고 있다.
4° s'~ 《변화》 〈결합되다, 결혼하다〉 Les deux familles *se sont unies*. 이 두 가정은 결혼으로 결합되었다.
5° s'~ à N 〈…와 결혼하다; …와 합쳐지다〉 C'est demain que notre fille *s'unira* au comte de Ricard. 우리 딸이 리카르 백작과 결혼하는 것은 내일이다. Sa grâce *s'unit* à son esprit pour gagner tous les cœurs. 그녀는 우아함과 재치를 겸비하고 있어서 모든 사람의 사랑을 받는다.
6° s'~ avec N 〈…와 단결하다, 협력하다〉 Je *m'unirai* avec vous [avec vos action] pour atteindre ce but. 나는 이 목적을 달성하기 위해서 당신과[당신의 행동에] 협력할 것입니다.
7° s'~ contre qn 〈…에 대항하여 힘을 합치다, 단결하다〉 Les trois peuples *se sont unis* contre leur oppresseur commun. 이 세 민족은 그들의 공동 압제자에 대항하여 단결했다.

user 1° ~ N 〈(오래 사용하여) 상하게 하다〉 ~ ses chaussures 구두를 해지도록 신다. ~ sa santé[s'~ la santé] 건강을 해치다.
2° ~ de N (pour Inf) 〈(…하기 위하여) …을 사용하다〉 ~ de ruses 술책을 부리다. ~ légitimement de son droit 자기의 권리를 정당하게 행사하다. ~ de moyens illégaux pour dominer le marché 시장을 장악하기 위하여 불법수단을 사용하다.
◇ ~ de ce que P ind Il *a usé* de ce qu'il avait des relations pour obtenir ce poste. 그는 이 자리를 얻기 위하여, 권세 있는 사람들과의 교우관계를 이용했다.

utiliser 1° ~ N (pour Inf) 〈(…하기 위하여) 사용하다〉 ~ une cuiller pour ouvrir la porte 문을 열기 위하여 스푼을 이용하다. Quelle marque de lessive *utilisez*-vous? 어떤 표의 세제를 사용하십니까? A l'occasion il fallait ~ des méthodes russes et des capitaux américains. 필요한 경우에는 러시아식 방법과 미국의 자본을 이용해야 했다.
2° ~ N comme N 〈…을 …로 사용하다〉 ~ *qn* comme messager …을 심부름꾼으로 활용하다. ~ la cuillère comme clé 스푼을 열쇠로 이용하다.

V

vaincre 1° ~ contre N 〈…와 싸워서 이기다〉 Les bleus ont vaincu contre les rouges. 청군이 적군을 이겼다.
◇ ~ à N 〈…에서 이기다〉 L'équipe de Sainte-Etienne a vaincu à la coupe de France. 생테티엔팀이 프랑스배 쟁탈(축구) 경기에서 이겼다.
2° ~ N (à N) 〈…을 (…에서) 이기다〉 Il n'est pas facile de le ~ aux échecs. 서양장기에서 그를 이기기는 쉽지 않다.

valoir 1° ~ Adv/가격 〈값이 나가다; 가치가 있다〉 Il vaut quinze francs. 그것은 값이 15프랑이다. Ce livre vaut cher. 이 책은 값이 비싸다. acteur qui ne vaut rien 재능이 없는 배우.
2° ~ qc 〈…할 만한 보람이 있다, …만큼의 가치가 있다〉 Ce spectacle vaut bien un détour. 이 구경거리는 길을 돌아 가서라도 구경할 만하다.
3° ~ qc à qn 〈…에게 …을 가져다 주다, 가져오다〉 Sa vilaine conduite lui a valu des réprimandes de tous les côtés. 그의 비열한 행동은 그에게 사면팔방으로부터 책망을 가져다 주었다.
4° ~ à qn de Inf Cette œuvre lui a valu d'être connu du public du jour au lendemain. 이 작품은 하룻밤 새에 그를 대중에게 알려지게 하였다.
5° se ~ 《변화》〈우열이 없다; 값어치가 같다〉 Les deux frères se valent. 이 두 형제는 피차 우열이 없다. deux voitures qui se valent 값어치가 같은 두 대의 자동차.
6° 비인칭용법 (1) Il vaut mieux N 〈…이 더 좋다〉 Il vaut mieux un autre livre. 다른 책이 더 좋다.
(2) Il vaut mieux Inf 〈…하는 편이 더 좋다〉 Il vaut mieux sortir. 외출하는 편이 더 좋다.
(3) Il vaut mieux que P subj Il vaut mieux que vous sortiez. 당신이 외출하는 편이 더 좋습니다.
(4) Il vaut mieux[Mieux vaut]N/Adv que N/Adv 〈…보다 …이 더 좋다〉 Il vaut mieux ce livre-ci que celui-là. 이 책이 저 책보다 더 좋다. Mieux vaut tard que jamais. 《속담》 전혀 안하는 것보다 늦게라도 하는 것이 더 낫다.
(5) Il vaut mieux Inf que (de) Inf 〈…하는 것보다 …하는 편이 낫다〉 Il vaut mieux se taire que de dire des sottises. 어리석은 말을 하는 것보다 입을 다물고 있는 편이 더 낫다.
(6) Il vaut mieux[Mieux vaut] que P subj (plutôt) que de Inf Il vaudrait mieux qu'il se taise que de parler sur ce ton. 그는 이런 어조로 말하는 것보다 입을 다물고 있는 편이 더 나을지 모른다.

vanter 1° ~ N 〈칭찬하다, 찬양하다〉 Il vante ses amis. 그는 자기 친구들을 칭찬한다. Ils ont beaucoup vanté cette station d'hiver. 그들은 이 겨울 휴양지를 매우 찬양했다.
2° ~ N à N 〈…에게 …을 칭찬하다, 찬양하다〉 ~ un site à un touriste 관광객에게 경치를 찬양하다.
3° ~ N auprès de N ~ sa voiture auprès d'un acheteur éventuel 자기 자동차를 우발적인 구매자에게 선전하다.
4° se ~ 《변화》〈자기 자랑을 하

다〉 Elle *se vante* tout le temps. 그녀는 항상 자기 자랑을 한다.
5° se ~ de qc 〈…을 자랑하다, 뽐내다〉 Tartarin aime *se* ~ de sa bravoure. 타르타랭은 자기의 용맹을 자랑하기를 좋아한다.
6° se ~ de Inf 〈…을 할 수 있다고 자부하다〉 Il *se vante* de vaincre le champion. 그는 챔피언을 이긴다고 자부하고 있다.

vaquer **1°** ~ 〈공석[휴무]중이다〉 Les bureaux de l'entreprise *vaqueront* au mois d'août. 이 기업의 사무실은 8월에는 휴가로 비게 될 것이다.
2° ~ à N 〈…에 종사하다〉 ~ à ses occupations[à son travail] 자기의 일[작업]을 하다.

varier **1°** ~ 〈변하다, 다르다〉 Les mœurs *varient* d'un pays à l'autre. 풍습이 나라에 따라서 다르다. Le répertoire de ce cabaret *varie* souvent. 이 술집의 레파토리는 자주 변한다. Ses occupations *varient* (=Il *varie* dans ses occupations). 그가 종사하는 일은 바뀐다. Au cours de l'interrogatoire, l'accusé *a varié* dans ses réponses. 심문중에 피고의 답변이 여러가지로 바뀌었다.
2° ~ N 〈…에 변화를 주다〉 ~ ses distractions[son alimentation] 소일거리를[음식을] 여러가지로 바꾸다.

veiller **1°** ~ 〈밤새우다; 밤일[공부]하다〉 Il *veille* trop souvent. 그는 너무 자주 밤을 새운다.
2° ~ qn 〈밤새워 간호하다, (…곁에서) 밤샘하다〉 On *veille* un malade. 병자를 밤새워 간호하고 있다.
3° ~ sur N 〈…에 유의하다, …를 돌보다〉 *Veillez* sur cet enfant. 이 아이를 돌보시오. *Veille* sur les haricots qui cuisent. 제비콩 익히는 것을 감시해라.
4° ~ à qc 〈…에 주의하다〉 Il *veille* à vos intérêts. 그는 당신의 이익을 보살핍니다.
5° ~ à Inf *Veillez* à ne rien oublier. 아무것도 잊지 않도록 주의하시오.
6° ~ à ce que P subj *Veillez* à ce que tout soit clair. 모든 것이 분명하도록 주의하시오.

vendre **1°** ~ qc 〈팔다, 매도하다〉 Nous *avons vendu* notre vieille maison. 우리는 낡은 우리집을 팔았다.
◇ ~ ∅ Le problème, c'est de ~. 문제는 파는 것이다.
2° ~ qc à qn 〈…에게 …을 팔다〉 Il *a vendu* sa maison à son beau-frère[son âme au diable]. 그는 처남에게 자기 집을[악마에게 자기 영혼을] 팔았다.
3° ~ qc Adv (*Adv* 는 가격, 또는 bon marché, à bon marché, cher 와 같은 부사 (구))〈(얼마에) 팔다〉 Il *a vendu* cher[(à) bon marché] ses livres. 그는 자기 책들을 비싸게 [싸게] 팔았다. ~ qc mille francs …을 천프랑에 팔다.
4° qc se ~ 《변화》〈팔리다〉 Cela *se vend* bien. 그것은 잘 팔린다. Ce journal *se vend* 1 F. 이 신문은 1 프랑에 팔린다.
5° qn se ~ à 〈…에게 자기를 팔다, 지조를 팔다〉 Les collaborateurs *s'étaient vendus* à l'occupant. 대독협력자들은 점령자에게 자기를 팔았었다.
6° Il se vend qc (비인칭구문)《불변》〈…이 팔리다〉 Il *se vend* des choses incroyables. 기가 막히는 물건들이 팔리고 있다.

venger **1°** ~ N〈(…의) 원수를 갚다; 씻다〉 Il *a vengé* son père. 그는 자기 아버지의 원수를 갚았다. Il *a vengé* cet affront. 그는 이 모욕을 씻었다.
2° ~ qc sur qn 〈…에게 …에 대한 보복을 하다〉 Il *a vengé* sur ses

venir

enfants la faute de sa femme. 그는 자기 아이들에게 아내의 잘못에 대한 보복을 했다.
3° ~ qn de qc ⟨…가 받은 …에 대해 복수하다⟩ ~ sa sœur d'un outrage 자기 누이가 받은 치욕에 대하여 복수하다.
4° se ~ 《변화》⟨복수하다⟩ Je me vengerai! 나는 복수할 것이다!
5° se ~ de N ⟨…에 대하여 복수하다⟩ Il s'est vengé de ses ennemis. 그는 자기 적들에 대하여 복수했다. Il s'est vengé de son malheur. 그는 자기 불행에 대하여 복수했다.
6° se ~ de qn pour qc ⟨…에 대해 …에게 복수하다⟩ Je me vengerai de lui pour cet affront. 나는 이 모욕에 대하여 그에게 복수 할 것이다.
7° se ~ de qc par qc ⟨…로서 …을 복수하다⟩ Je me vengerai de cette insulte par une éclatante victoire. 나는 이 모욕을 빛나는 승리로 복수할 것이다.
8° se ~ sur N ⟨…에게 복수하다⟩ Privé de gâteau, il se vengea sur les fruits. 과자가 없어서 그는 그 보복을 과일에다 했다.
9° se ~ sur qn de qc ⟨…에게 …에 대한 복수를 하다⟩ Le jeune homme se vengea sur son collègue de cette calomnie. 그 청년은 자기 동료에게 이러한 중상에 대한 복수를 했다.

venir [venir는 본동사로서 쓰일 때도 있고 반조동사 semi-auxiliaire 로 쓰일 때도 있다]. 1° ~ ⟨오다; (상대방 쪽으로)가다⟩ Hâtez-vous, il vient. 서두르세요, 그가 옵니다.
2° ~ de qc ⟨…에서 오다; 출신이다⟩ Je viens de France. 나는 프랑스에서 온다. C'est la ville d'où elle vient. 그 도시는 그녀의 출신지다.
3° ~ qp N (qp는 전치사 à, chez, en, dans, sur 등)⟨…로 가다⟩ Elle est venue à Vincennes[chez Mme Poquelin, en France, dans cette ville, sur ce bateau]. 그녀는 뱅센느에 [포클렝씨 부인 댁에, 프랑스에, 이 도시에, 이 배 위로]왔다.
4° ~ Inf ⟨…하러 오다⟩ Je viens acheter des billets. 나는 표를 사러 옵니다.
◇ 운동을 나타내는 자동사는 그 뒤에 부정법이 직접 올 수도 있고 전치사 pour 에 의해 유도될 수도 있으나 전치사가 없는, 직접 부정법으로 된 구문이 더 자연스럽다. venir voir 와 같은 구문은 하나의 어휘단위로 간주되어 그 사이에 pour 를 허용하지 않는다. 이 구문에서 부정법의 대명사화는 불가능하여 필요한 경우에는 다른 수법에 의존한다: Tu es venu téléphoner?—Non, je ne suis pas venu pour ça. 너 전화 걸러 왔니?—아니, 난 그 때문에 오지 않았어.
5° ~ de Inf ⟨방금 …하다⟩ Son train vient de partir. 그의 기차는 방금 떠났다.
6° ~ à Inf ⟨우연히 …하게 되다, …하기에 이르다⟩ Le fils du roi vint à passer. 왕자가 우연히 지나가게 되었다.
7° en ~ à N ⟨마침내 …에 이르다⟩ Venez-en à votre conclusion. 이젠 당신의 결론을 말씀하시지요.
8° en ~ à Inf ⟨끝내 …하기에 이르다, 드디어 …하다⟩ Il en vint à les menacer. 그는 마침내 그들을 위협하기에 이르렀다.
9° Il (me, lui, etc.) vient N ⟨(…에게) …이 오다; …이 생기다⟩ Il est venu deux lettres pour vous. 당신에게 두 통의 편지가 왔습니다. Il me vient l'envie de tout abandonner. 모든 것을 포기하고 싶은 욕망이 나에게 생긴다.
10° De là vient que P ind ⟨…이란 사실은 바로 그런 이유에서다⟩ De là vient que vous êtes totalement désemparé. 당신이 어쩔

바를 모르는 것은 그런 이유에서 입니다.

11° **D'où vient que P ind** ⟨…은 어찌된 까닭인가?⟩ *D'où vient que tu as tant d'argent?* 네가 그렇게 많은 돈을 지니고 있는 것은 어찌된 까닭이냐?

vérifier **1°** **qn ~ N** ⟨확인[검사]하다⟩ *~ la production* 생산품을 확인[검사]하다. *~ la qualité d'un produit* 산품의 품질을 검사하다. *~ un calcul* 검산하다. *Nous allons ~ les comptes du caissier, pour voir s'il n'y a pas d'erreur.* 우리들은 현금출납계의 계산을 틀린 것이 없는지 보기 위하여 검사할 것이다.

2° **qn ~ que P ind/subj** *Avez-vous vérifié que tout le monde a reçu ça?* 모든 사람이 이것을 받았다는 것을 확인하셨습니까? *Vérifiez que tout fonctionne bien.* 모든 것이 기능을 잘 발휘하고 있는지 확인하시오. *Vérifiez que tout soit en bon état.* 모든 것이 좋은 상태인지 확인하시오.

3° **qn ~ P(int. ind.)** *Nous avons vérifié si ces verbes présentaient ou non certaines propriétés syntaxiques.* 우리는 이 동사들이 구문상의 몇가지 특성을 나타내고 있는지 아닌지를 조사했다

4° **qc ~ qc** ⟨증명하다⟩ *Les résultats ont vérifié nos pronostics.* 결과가 우리의 예측을 입증했다.

5° **qc ~ que P ind** *Une expérience constante semblait ~ que c'étaient les plus crapuleux qui avaient le plus de talent.* 가장 재능이 있는 사람들이 가장 음탕하다는 것을 한결같은 경험이 증명해주는 것 같았다.

verser **1°** **~ N (qp)** ⟨…(에) 붓다⟩ *~ de l'eau dans le lavabo* 세면대에 물을 붓다. *J'ai versé du vin dans mon verre.* 나는 유리잔에 포도주를 따랐다. *~ du café sur le tapis* 양탄자 위에 코오피를 흘리다.

◇ 1) *Il a été versé dans l'infanterie.* 그는 보병으로 배속되었다.
2) *~ une nouvelle pièce à un dossier* ⟨소송기록에 새 서류를 넣다⟩.
3) *~ des larmes* ⟨눈물을 흘리다⟩.
4) *~ son sang* ⟨피를 흘리다⟩.

2° **~ N (à qn)** ⟨(…에게) 따르다⟩ *Versez-moi s'il vous plaît un verre de vin.* 미안하지만 나에게 포도주를 한 잔 따라 주세요.

3° **~ (qp)** ⟨(…에) 엎질러지다⟩ *Le lait a versé (de la casserole, un peu partout).* 우유가 (냄비에서, 도처에) 엎질러졌다.

4° **~ qp** ⟨…에 전복하다⟩ *La diligence a versé dans le fossé.* 합승마차가 도랑에 전복했다.

5° **~ dans N** ⟨…에 빠져들어 가다⟩ *Vous avez tendance à ~ dans la paraphrase.* 당신은 장황한 설명에 빠져들어 가는 경향이 있습니다.

6° **~ N (à N)** ⟨(…에) 불입[납부]하다⟩ *~ une somme d'argent sur [à] un compte* 돈을 구좌에 불입하다. *J'ai versé à la caisse l'argent que je devais.* 나는 지불해야 할 돈을 회계에 지불했다. *~ mille francs à qn* …에게 1000프랑 지불하다. *~ des arrhes* 선금[계약금]을 지불하다.

vêtir **1°** **qn** ⟨(…에게) 옷을 입히다, 옷을 주다⟩ *~ un enfant* 아이에게 옷을 입히다.

2° **se ~** 《변화》 ⟨옷을 입다⟩ *se ~ des pieds à la tête* 발끝에서 머리끝까지 옷을 입다.

3° **se ~ de qc** ⟨…을 입다⟩ *se ~ de linge blanc* 흰 내의를 입다.

vider **1°** **~ N (de N)** ⟨…(에 들어 있는 것)을 비우다⟩ *~ une bouteille (de son contenu)* 한 병 (의 내용물)을 다 마셔버리다. *Il vida son verre d'un trait.* 그는 자기 컵에 있는

vieillir

것을 단숨에 마셔버렸다. Ils entraient dans le bâtiment *vidé* de ses 190 derniers occupants. 그들은 그곳을 점거했던 마지막 190명이 쫓겨난 건물로 들어갔다.
2° ~ N (qp) 〈비우다, 비워서 …에 넣다〉 ~ le contenu d'une bouteille dans une autre 어떤 병에 든 것을 다른 병에 쏟다.
◇ 1) Je *suis vidé*. 〖구어〗 나는 녹초가 되었다.
2) se faire ~ 〖속어〗〈쫓겨나다〉.
3° ~ N 〈…에서 퇴거하다〉 On nous pria de ~ les lieux. 우리는 퇴거해 달라는 부탁을 받았다.

vieillir 〔조동사는 avoir 또는 être〕.
1° ~ 〈늙다, 나이먹다〉 Ton père *a* beaucoup *vieilli* cette année. 네 아버지는 올해 많이 늙으셨다. Notre ami *est* très *vieilli*. 우리 친구는 매우 늙었다. Son visage *vieillit*. 그의 얼굴이 늙어간다.
2° qc ~ qn 〈…을 늙어 보이게 한다〉 Cette coiffure vous *vieillit*. 이 머리 모양은 당신을 늙어 보이게 합니다.
3° qc ~ qn de + 햇수 〈…을 …만큼 늙어 보이게 하다〉 Cette photo le ~ de dix ans. 이 사진은 그를 10년은 더 늙어 보이게 한다.

viser 1° ~ 〈겨냥을 하다〉 Je *vise*. 나는 겨냥을 한다.
2° ~ N 〈겨누다; 목표로 삼다, 노리다〉 Il *visa* le lion. 그는 사자를 겨냥했다. Cette remarque *vise* tout le monde. 이 주의는 모든 사람에게 적용된다.
3° ~ à qc 〈…을 목표로 삼다, …을 겨누다〉 Cette mesure *vise* à la stabilisation des prix. 이 조처는 가격의 안정을 목적으로 삼는다.
4° ~ à Inf 〈…하려고 노리다〉 Cette mesure *vise* à stabiliser les prix. 이 조처는 가격을 안정시키는 것을 목적으로 삼는다.

visiter 1° ~ qc 〈구경〔검사〕하다〉 ~ une usine 공장을 시찰하다. Elle *visite* les tiroirs de la commode. 그녀는 서랍달린 장의 서랍들을 검사한다.
2° ~ qn 〈방문하다〉 ~ les pauvres 빈민을 순방하다. ~ les malades 환자들을 문병하다; (의사가) 환자를 회진〔왕진〕하다. L'évêque *visite* son diocèse. 주교가 그의 교구를 순방한다.

vivre 1° ~ 〈살다, 생존하다〉 Cet enfant respire la joie de ~. 이 아이는 삶의 기쁨을 즐기고 있다.
2° ~ + 시간보어 〈…동안 살다〉 Il *a vécu* cent ans. 그는 100년 동안 살았다. les cent ans qu'il *a vécu* 그가 살아온 100년.
3° ~ **Attr** 〈…하게 살다〉 Pour ~ heureux, *vivons* caché. 행복하게 살기 위해서 숨어서 삽시다.
4° ~ **de qc** 〈…로 생활하다, …로 생계비를 벌다〉 Il *vit* de son travail. 그는 자기 노동으로 생활한다. Nous *vivons* d'espoir. 우리는 희망에 산다.
5° ~ **sur qc** 〈…에 의지하여 살다〉 Il *vit* sur ce capital. 그는 이 자본으로 산다.
6° ~ **qc** 〈살다; 체험하다, 겪다〉 Il *vaut* mieux rêver sa vie que la ~. 자기 인생을 몸소 체험하는 것보다 꿈꾸는 편이 더 낫다.
7° ~ **une époque/un moment, etc.** 〈…한 때〔시대〕에 살고 있다〉 Nous *vivons* une époque difficile. 우리는 어려운 시기에 살고 있다.

voiler 1° ~ N 〈(베일로) 가리다〉 ~ son visage(=se ~ le visage) 얼굴을 베일로 가리다. Il s'efforce de ~ son trouble. 그는 마음의 동요를 감추려고 애쓴다. Une brume *voilait* les contours du paysage. 안개가 풍경의 윤곽을 흐리게 하고 있었다.
2° ~ N 〈휘게 하다〉 Un choc *a voilé* la roue de la bicyclette. 충

돌로 인해서 자전거 바퀴가 휘었다.
voir 〔voir 동사는 부정법과 함께 쓰일 때는 반드시 지각의 물리적인 의미를 지닌다. 반면에 보족절과 함께 쓰였을때는 여러가지 다른 의미를 지닐 수 있다〕.
I. 1° ~ **N** 〈보다, 목격하다〉 J'*ai vu* mon ami〔un spectacle extraordinaire〕. 나는 내 친구를 〔놀랄 만한 광경을〕 보았다. Je ne *vois* pas les choses comme vous. 나는 사물을 보는 눈이 당신과 다릅니다.
◇ ~ ø Je *vois*(=Je comprends). 알겠다.
2° ~ **qc à qn** 〈…에게서 …을 보다, 발견하다〉 Je lui *vois* un bel avenir. 나는 그에게서 유망한 장래를 본다 (그의 장래가 유망하다고 본다).
3° ~ **qc à qc** Je ne *vois* pas de mal à cela. 나는 거기에 아무런 문제점도 없다고 생각한다.
4° ~ **qn Attr** 〈…가 …하다는 것을 인정하다, 알아차리다〉 Je le *vois* bien malade. 나는 그가 병들어 있다고 인정한다.
5° ~ **N Inf** (*N*은 *Inf*의 주어)〈…가 …하는 것을 보다〉 J'*ai vu* la voiture reculer. 나는 차가 뒷걸음질 치는 것을 보았다. Je le *vois* courir. 나는 그가 달리는 것을 본다. Cette actrice, je l'*ai* déjà *vue* jouer. 나는 이 여배우가 공연하는 것을 벌써 보았다 《이 경우 과거분사는 선행하는 부정법절의 대명사 주어와 일치한다》.
6° ~ **Inf N**(*N*은 *Inf*의 목적보어) 〈…하는 것을 보다〉 J'*ai* déjà *vu* jouer cette pièce. 나는 이 작품을 공연하는 것을 벌써 보았다. Cette pièce, je l'*ai* déjà *vu* jouer. 나는 이 작품을 공연하는 것을 벌써 보았다 《선행하는 대명사가 부정법의 목적보어일 경우에 과거분사는 일치하지 않는다》.
7° ~ **N Inf N** 〈…가 …하는 것을 보다〉 J'*ai vu* ces acteurs jouer cette pièce. 나는 이 배우들이 이 작품을 공연하는 것을 보았다.
◇ 1) 부정법절의 주어와 목적보어를 대명사화하는 경우에는 다음과 같이 표현한다: Je les *ai vus* (또는 *vu*)〔Je leur *ai vu*〕 jouer cette pièce. Je les *ai vus* (또는 *vu*) la jouer. Je la leur *ai vu* jouer. 이 구문은 또한 다음과 같이 표현할 수도 있다: J'*ai vu* jouer cette pièce par ces acteurs.
2) 부정법 절은 le 나 ø 로 대명사화가 가능함: Oui, j'*ai vu*. Oui, je l'*ai vu*.
8° ~ **N en train de Inf** 〈…가 …하고 있는 것을 보다〉 Je *vois* les enfants en train de jouer. 나는 아이들이 놀고 있는 것을 본다.
9° ~ **N**+ 관계 대명사절 〈…가 …하는 것을 보다〉 Je *vois* les enfants qui jouent. 나는 아이들이 노는 것을 본다.
10° ~ **que P ind** 〈…라는 것을 인정하다〉 Je *vois* que vous m'avez compris. 나는 당신이 내 말을 이해했다고 인정합니다.
◇ 보족절은 le 나 ø 로 대명사화가 가능하다.
11° ~ **que P subj** 〈…하도록 유의하다(=veiller à ce que)〉 *Voyez* que tout soit prêt. 모든 것이 준비되도록 유의하시오.
12° ~ **P(int. ind.)** 〈…라는 것을 이해하다〉 Je ne *vois* pas où cela peut vous mener. 나는 그것이 당신에게 어떤 결과를 초래할 수 있을지 알지 못합니다.
13° ~ **à N** 〈…에 주의하다, 배려하다〉 *Voyez* à la dépense. 지출에 주의하시오.
14° ~ **à Inf** 〈…하도록 유의하다, 주선하다〉 Nous *verrons* à entraîner votre oncle. 우리는 당신의 삼촌을 끌어들이도록 유의할 것입니다.
II. 1° **se ~** 《변화》〈눈에 띄다,

보이다; 자기를 보다〉 un fait qui ne *se voit* pas souvent 흔히 일어나지 않는 사건. Elle *se voit* dans la glace. 그녀는 거울에 비친 자기 모습을 본다.
2° **se ~ Attr** 〈자신을 …로 여기다, 생각하다〉 Elle *se voit* déjà première danseuse à l'Opéra. 그녀는 자기가 벌써 오페라 극장의 일급 무용수라고 생각한다.
3° **se ~ N** 《가변》 〈자신에 …이 있음을 보다〉 *se ~* une fortune colossale 막대한 재산이 생길 가능성이 보이다.
4° **se ~ Inf** (*se*는 직접목적) 〈자신이 …한다는 것을 느끼다〉 Elle ne *s'est* pas *vue* mourir. 그녀는 자기가 죽는다는 것을 느끼지 못했다.
5° **se ~ Inf** (*se*는 간접목적) 〈자기 자신이 …당한다는 것을 느끼다〉 Notre amie *s'est vu* reprocher d'avoir divorcé deux fois. 사람들은 우리 친구가 두번 이혼한 것을 비난했다.
6° **Il se voit N** 《불변》 (비인칭 구문) 〈…이 눈에 띄다〉 Il *se voit* des choses plus extraordinaires. 더욱 놀랄 만한 것들이 눈에 띈다.

voler 1° ~ 〈날다, 비행하다〉 Les oiseaux *volent* haut. 새들이 높이 날고 있다.
2° **~ N** 〈훔치다; (손님에게) 바가지를 씌우다〉 Ce mercanti *vole* tout le monde. 이 악질상인은 모든 사람에게 바가지를 씌운다. Qui *vole* un œuf *vole* un bœuf. 〖속담〗 바늘〔달걀〕도둑이 소도둑 된다.
◇ **~ ø** Il *vole*. 그는 도둑질한다.
3° **~ qc à qn** 〈…에게서 …을 훔치다, 빼앗다〉 Il *a volé* une montre au bijoutier. 그는 보석상한테서 시계를 훔쳤다. La montre *a été volée*. 시계가 도둑맞았다. Le bijoutier *a été volé*. 보석상이 도둑맞았다.
4° **se ~** 《변화》 〈서로 도둑질하다〉 Ils *se sont volés*. 그들은 서로 도둑질했다.
5° **se ~ qc** 《가변》 〈서로 서로 …을 훔치다〉 *se ~* mutuellement ses idées 서로서로 사상을 표절하다.

voter 1° ~ 〈투표하다〉 Le pays *vote* demain. 이 나라는 내일 투표한다.
2° **~ N** (*N*은 정당명으로 무관사) 〈…에 찬표를 던지다〉 ~ indépendant 무소속에 투표하다. Il faut préciser que c'est une commune de 693 habitants qui *vote* socialiste à l'unisson depuis 1975. 그곳은 1975년부터 일치하여 사회주의자에게 투표하는 인구 693 명의 면이라는 것을 명확히 알아둬야 한다.
◇ **~ à gauche〔à droite〕** 〈좌익〔우익〕에 투표하다〉.
3° **~ qc** 〈가결〔의결〕하다〉 L'assemblée nationale *a voté* un projet de loi modifiant le régime matrimonial. 국회는 부부재산제를 수정하는 법률안을 가결했다. Les conservateurs *voteront* les crédits. 보수당원들은 예산액의 승인을 의결할 것이다.
4° **~ pour/en faveur de/contre N** 〈…에 찬성하여〔유리하게, 반대하여〕 투표하다〉 Le conseil municipal *a voté* pour〔en faveur de〕 l'élargissement du trottoir. 시의회는 보도 확장계획에 찬성했다.

vouloir I. 1° **~ qc** 〈바라다; 마음먹다〉 Je *voudrais* une auto. 저는 자동차가 한 대 갖고 싶습니다.
◇ **~ ø** Il ne suffit pas de ~. 원하는 것만으로 족하지 않다.
2° **~ N Attr** 〈…이 …이기를 바라다〉 Je le *voudrais* plus gros. 나는 그가 더 뚱뚱하기를 바랍니다.
3° **~ qc à qn** 〈…에게 …을 바라다〉 ~ du bien à ses amis 자기 친구들에게 호의적이다.
4° **~ qc de qn** 〈…에게서 …을 기대하다〉 ~ une aide efficace de

son bureau d'étude 자기의 조사부로부터 효과적인 도움을 기대하다.
5° ~ **Inf** 〈…하고 싶다〉 Il *veut* partir aujourd'hui. 그는 오늘 떠나고 싶어한다.
6° ~ **que P subj** Je *veux* que tu viennes. 나는 네가 오기를 바란다.
◇ 주절과 종속절의 주어가 동일한 경우에는 부정법 구문을 사용해야 한다: Je *veux* venir. *Je *veux* que je vienne.
7° **ne pas** ~ **de N** 〈…을 받아들이지 않다〉 Il ne *veut* pas de vos excuses. 그는 당신의 변명을 들으려 하지 않는다.
8° **ne pas** ~ **de N comme/pour Attr** 〈…을 …로서 받아들이지 않다〉 Personne ne *veut* de lui comme camarade. 아무도 그를 친구로 받아주지 않는다.
9° ~ **bien** 〈동의하다, 승낙하다〉 Je *veux* bien (=J'accepte). 좋습니다, 그렇게 하겠습니다.
◇ 이 구문은 부정법이나 보족절이 ø로 대명사화된 형태이다.
10° ~ **bien N** 〈…을 승낙하다〉 Je *veux* bien ce travail. 나는 이 일을 수락합니다.
11° ~ **bien Inf** 〈…하기를 응낙하다, 승낙하다〉 Je *veux* bien faire ce que vous me demandez. 나는 당신이 나에게 요구하는 것을 하겠습니다.
12° ~ **bien que P subj** Je *veux* bien qu'il se soit trompé. 그가 잘못 생각했다는 것을 나는 인정합니다.
13° **en** ~ **à N** 〈…을 원망하다; …에 눈독을 들이다, …을 목적으로 하다〉 A qui en *voulez*-vous? 당신은 누구를 원망합니까? Il vous flatte, parce qu'il en *veut* à votre argent. 그는 당신의 돈에 눈독을 들이고 있기 때문에 당신에게 아첨하고 있습니다.
◇ 명령법 부정형: 《공손한 어투》 Ne m'en *veuille* pas. Ne m'en *veuillez* pas. 《일상어투》 Ne m'en *veux* pas. Ne m'en *voulez* pas.
14° **en** ~ **à qn de qc** 〈…의 …을 탓하다, 비난하다〉 Je lui en *veux* de son insouciance. 나는 그에게 그의 대범함을 탓한다.
15° **en** ~ **à qn de Inf** 〈…가 …한 것을 탓하다, 원망하다〉 Je lui en *veux* de n'être pas venu. 나는 그에게 오지 않은 것을 원망한다.
II. 1° **se** ~ **Attr** 《변화》 〈자기가 …하기를 바라다〉 *se* ~ compétent 자기가 유능하기를 바라다.
2° **se** ~ **qc** 《가변》 〈자기의 …을 바라다〉 *se* ~ du bien 자기의 이익을 생각하다.
3° **s'en** ~ 《불변》 〈후회하다〉 Moi, aller voir des femmes? Ah! je *m'en voudrais*! 내가 여자들을 보러 간다구? 아! 그러다가 난 후회하게 될껄!
4° **s'en** ~ **de N** 〈…을 후회하다, 뉘우치다〉 *s'en* ~ d'un échec 실패를 뉘우치다.
5° **s'en** ~ **de Inf** 〈…한 것을 후회하다〉 Je *m'en veux* d'avoir accepté. 나는 수락한 것을 후회한다.

voyager ~ 〈여행하다; 수송되다〉 Nous *avons voyagé* très confortablement. 우리는 매우 편하게 여행했다. Ce colis *a* bien *voyagé*. 이 소포는 잘 수송되었다.

찾 아 보 기

〈ㄱ〉

각괄호(crochets) ·················152
간접의문(interrogation indirect) ························ 257
간접화법(discours indirect) ···174
간투사(interjection) ···············254
감탄문(phrase exclamative) ···207
감탄부호(point d'exclamation) ························ 403
감탄형용사(adj. exclamatif) ···207
강세악센트(accent d'intensité) ·····························23
强意복수(pluriel augmentatif) ························ 394
강조악센트(accent d'insistance) ·····························23
격리(détachement) ···············171
견인(attraction) ······················71
결과사(résultatif) ·················469
결과상(résultatif) ····················70
硬子音(consonne dure) ···150, 181
계속음(consonne continue) ···150
계합동사(verbes copules) ···72, 558
고문체(archaïsme) ·················59
고유명사(nom propre) ············335
곡언법(litote) ·························282
과거분사(participe passé) ······364
과거에 있어서의 미래(futur dans le passé) ···············217
과거에 있어서의 전미래(futur antérieur dans le passé) ······217
관계대명사(pronoms relatifs) ························ 428
관계보어 (complément de relation) ························ 134
관계부사(adv. relatifs) ············45
관계사(relatifs) ······················468
관계사절(proposition relative) ························ 430
관계형용사(adj. relatif) ·········41
관사(article) ··························59
관사의 축약(contraction de l'article) ·······················150
괄호(parenthèses) ·················363
구강모음(voyelles orales) ······577
구강자음(consonnes orales) ···148
구개음(palatale) ····················359
구두법(ponctuation) ··············405
구두점(signes de ponctuation) ························ 493
구상명사(nom concret) ·········334
구, 숙어(locution) ················282
구조의미론(sémantique structurale) ·······················480
굴절접사(affixe flexionnel) ······46
級(degré de signification) ······164
기능기호소(monèmes fonctionnels) ······················308
起動動詞(inchoatif) ·········70, 244
基數詞(numéraux cardinaux) 346
기식음(aspiration) ·················148
기호소(monème) ····················308

〈ㄴ〉

亂喩(catachrèse) ······101
논리적 주어(sujet logique)
············ 108, 115, 122, 239, 522
능동동사(verbes actifs) ······558

〈ㄷ〉

다음절어(polysyllabe) ······404
단순과거(passé simple) ······379
단순미래(futur simple) ······217
단어의 연쇄발음(enchainement des mots) ······197
單人稱동사(verbes unipersonnels) ······556
단자음(consonne simple) ······148
대명동사(verbes pronominaux) ······562
대명사(pronom) ······419
대명사적 부사(adv. pronominaux) ······45
대명사적 형용사(adj. pronominaux) ······34
代名態(voix pronominale) ······429
대문자(majuscule) ······291
代身語(représentant) ······468
도구어(mots-outils) ······312
도치(inversion) ······259
동격(apposition) ······57
동격형용사(adj. apposé) ······30
동등비교급(comp. d'égalité) ······164
동사(verbe) ······558
동사구(locution verbale) ······282
동사문(phrase verbale) ······391
동사의 일치(accord du verbe) ······24
동사의 활용(conjugaison) ······146
동사파생(postverbal) ······405
동사파생명사(déverbal) ······172
동시시제 ······78
同音異意語(homophone) ······235
동의어반복(tautologie) ······531
동작명사(nom d'action) ······334
동작주보어(complément d'agent) ······47
동족목적어(objet interne) ······136
同綴字語(homographe) ······235
同形異意語(homonyme) ······235
동화(assimilation) ······71
頭音節생략(aphérèse) ······22, 56
등위접속사(conjonction de coordination) ······144

〈ㄹ〉

리듬요소(élément rythmique) 184

〈ㅁ〉

마찰음(consonne fricative) ······ 126, 148, 215
명령법(impératif) ······241, 304
명사(nom) ······328
명사문(phrase nominale) ······391
명사의 복수(pluriel des noms)···395
명사의 性(genre des noms) ···222
명사의 數(nombre des noms)···338
모음(voyelle) ······577
모음동화현상(harmonisation) 233
모음연속(liaison vocalique) ···198

모음의 길이 (durée vocalique) 181
모음전환 (apophonie) ········56, 100
목적동사 (verbes objectifs) ······562
목적보어 (complément d'objet)
　·····································　135
무성자음 (consonne sourde) ···499
文 (phrase) ·····························390
문법범주 (catégorie
　grammaticale) ·····················101
문법소 (morphèmes
　grammaticaux) ····················101
문법적 구속 (servitudes
　grammaticales) ····················482
문체론 (stylistique) ················502
물질명사 (nom de matière) ······335
尾音節생략 (apocope) ········22, 56
민중어원 (étymologie populaire)
　·····································　206

〈ㅂ〉

반모음 (semi-voyelles) ············482
반복동사 (fréquentatif) ·········215
반복상 (aspect itératif) ······70, 259
반어법 (antiphrase) ··············55
반어적 의문문 (interrogation
　oratoire) ····························256
반의어 (antonyme) ················55
반의절 (adversatif) ···············45
반조동사 (verbes semi-auxiliaires)
　·······································86
발음 (prononciation) ···············429
配分詞 (distributif) ················175
배수사 (multiplicatifs) ············313
범주 (catégorie) ······················101
법 (mode) ······························303

변화 (changement) ·················124
별표 (astérisque) ·····················71
병렬 (parataxe) ······················361
병치종합 (parasynthétique) ······361
병치종합파생법 (dérivation
　parasynthétique) ················169
보어 (complément) ·················134
보통명사 (nom commun) ·········332
復前未來 (futur antérieur
　surcomposé) ·······················217
복합과거 (passé composé) ······379
복합명사 (nom composé) ·········333
복합모음 (voyelles composées) 578
복합형용사 (adj. composés) ······30
본래의 대명동사 (v. pr. propres)
　·····································　564
附加辭 (épithète) ····················202
부분관사 (article partitif) ·········67
부사 (adverbe) ·······················41
부사의 s (s adverbial) ············474
부사적 대명사 (pronoms
　adverbiaux) ···············419, 426
부정 (négation) ······················324
부정관사 (article indéfini) ·········67
부정대명사 (pronoms indéfinis)
　·····································　419
부정법 (infinitif) ·····················246
부정법절 (proposition infinitive)
　·····································　251
부정어 (négatif) ·····················324
분사법 (mode participe) ·········363
비강모음 (voyelles nasales) ······578
비강자음 (consonnes nasales)
　·····································　148
비교절 (proposition comparative)
　·····································　132

비례절 (proposition de proportion) ……429
비원구모음 (voyelles non-arrondies) ……578
비음 (nasale) ……314
비인칭구문 (construction impersonnelle) ……243
비인칭동사 (verbes impersonnels) ……559

〈ㅅ〉

3음절어 (tris(s)yllabe) ……549
삼중모음 (triphtongue) ……549
삽입사 (infixe) ……253
삽입절 (proposition incise) ……244
相 (aspect) ……70
상대시제 (temps relatifs) ……78, 535
상대적 부정 ……70
상대최상급 (sup. relatif) ……67, 164
상용어 접미사 (suffixe populaire) ……518
상호적 대명동사 (v. pr. réciproques) ……478, 563
상황보어 (complément circonstanciel) ……134
생략 (ellipse) ……186
생략문 (phrase elliptique) ……186
생략부호 (apostrophe) ……56
생성의미론 (sémantique générative) ……481
序數詞 (numéraux ordinaux) ……348
서술체 부정법 (infinitif de narration) ……246
선립시제 ……78
선행사 (antécédent) ……55

舌端後齒槽音 (postalvéolaire) ……126
설명적 관계사 (relatives explicatives) ……431
性 (genre) ……222
小辭 (particule) ……410
소유대명사 (pronoms possessifs) ……427
소유형용사 (adj. possessifs) ……31
속사 (attribut) ……72
속사동사 (verbes attributifs) ……558
속사와 (épithète) ……75
속사적 관계사절 (prop. rel. attributives) ……431
數 (nombre²) ……338
수동적 대명동사 (v. pr. passifs) ……478, 564
수동태 (passif) ……381
수사 (numéraux) ……346
수형용사 (adj. numéraux) ……31
순간상 (aspect instantané) 70, 253
순간자음 (consonne momentané) ……308
脣音 (labiale) ……269
齒脣音 (labiodentale) ……269
술어 (prédicat) ……409
술어 기호소 (monèmes prédicatifs) ……309
술어적 보어 (complément prédicatif) ……134
쉼표 (virgule) ……569
시간의 표현 (expression du temps) ……536
시제 (temps²) ……535
시제의 일치 (concordance des temps) ……138
新造語 (néologisme) ……324

실재동사(verbe substantif) ···567	連辭(syntagme) ················101
쌍자음(consonne géminée) ······148	軟子音(consonne douce) ···150, 179
雙形語(doublet) ·················178	열등비교급(comp. d'infériorité) ················ 164

⟨ㅇ⟩

알파벳(alphabet) ················52	완곡어법(euphémisme) ·········206
양보의 종속절 ·····················94	완료상(aspect d'accomplissement) ····················70
양보의 표현(expression de la concession) ····················137	외관적 주어(sujet apparent) ················ 106, 521
兩脣音(bilabiale) ·················95	外破音(consonne explosive) ···208
양태사(modalités) ···············309	우등비교급(comp. de supériorité) ················ 164
語(mot²) ························311	迂言法(périphrase) ··········70, 384
어간(radical) ················168, 465	원구모음(voyelles arrondies) ···578
어근(racine) ·····················465	원인의 표현(expression de la cause) ························102
어말 모음자 생략(élision) ······185	원인절(proposition causale) ···101
어순(ordre des mots) ···········353	僞파생법(dérivation impropre) ················ 168
어원어(étymon) ··················206	
어원학(étymologie) ···············205	유성자음(consonne sonore) ···498
語族(famille de mots) ············210	流音(consonne liquide) ···149, 282
語中音消失(syncope) ·········22, 526	類音語(paronyme) ···············363
語中音첨가(épenthèse) ············202	類推(analogie) ····················54
語形成(formation des mots) ···214	은유(métaphore) ·················299
어휘론(lexicologie) ···············278	음성변화(changement phonétique) ·····················124
어휘범주(catégorie lexicale) ···101	
어휘소(morphèmes lexicaux) ···101	음성학(phonétique) ···············389
억양(intonation) ·················258	음소(phonème) ·············124, 388
억양악센트(accent d'intonation) ····················23	음소구조(structure phonématique) ················ 124
역사적 부정법(infinitif historique) ················ 246	음운구조(structure phonologique) ················ 124
역행동화(assimilation regressive) ····················71	음운론(phonologie) ···············390
연결선(trait d'union) ·············548	음운법칙(loi phonétique) ······283
軟口蓋音(vélaire) ··················557	음운변화(changement phonologique) ·····················124
연독(liaison) ·····················279	

音化轉換(métathèse) ·············300
의문대명사(pronoms interrogatifs)
································· 420
의문부호(point d'interrogation)
································· 403
의문절(proposition
　interrogative) ···················254
의문형용사(adj. interrogatifs)
·································31
의미론(sémantique) ················480
의미소(sémantème) ················479
의미의 移行(glissement de sens)
································· 229
의미의 제한(restriction de sens)
································· 469
擬聲音(onomatopée) ················352
意義的 일치(syllepse) ·············526
의존기호소(monèmes dépendants)
································· 309
의혹의 ne(ne dubitatif) ·········318
2음절어(dissyllabe) ················175
이중모음(diphtongue) ··············174
이중모음화(diphtongaison) ·······173
이차범주(catégorie secondaire)
································· 101
異化(dissimilation) ················175
인용부호(guillemets) ··············232
인칭(personne) ·······················385
인칭대명사(pronoms personnels)
································· 420
인칭형용사(adj. personnels) ·······31
일차범주(catégorie primaire) 101

〈ㅈ〉

자동사(verbes intransitifs) ···561

자유간접문체(style indirect libre)
································· 501
자율기호소(monèmes autonomes)
································· 308
자음(consonne) ·····················148
자음분류표 ····························149
자음연독(liaison consonantique)
································· 198
재귀대명사(pronoms réfléchis)
································· 428
재귀대명사의 생략···················565
재귀적 대명동사(v. pr. réfléchis)
································· 478, 562
재합성(recomposition) ·············136
전과거(passé antérieur) ·········378
전모음(voyelles antérieures) ···577
전미래(futur antérieur) ·········216
前部硬口蓋音(prépalatale) ······126
前接語(enclitique) ···················199
전치사(préposition) ················412
전환시제(temps transposés) ···536
절(proposition) ·····················430
절대시제(temps absolus) ······535
절대적 부정 ····························70
절대최상급(sup. absolu) ·········164
접두사(préfixe) ·····················410
접두사 파생법(préfixation) ···169
접미사(suffixe) ·····················518
접미사 파생법(suffixation) ······169
접사(affixe) ·····················46, 168
접속법(mode subjonctif) ···303, 502
접속부사(adv. conjonctifs) ·······45
접속사(conjonction) ··············143
접속사구(locutions conjonctives)
································· 145
접속사적 대명사(pronoms

conjonctifs) ……………419
정관사(article défini) …………62
正書法(orthographe) …………354
制辭(rection) ………………467
提喩(synecdoque) ……………526
조건법(mode conditionnel)
  …………………… 140, 304
조건의 표현(expression de la
  condition) ………………140
조동사(verbes auxiliaires) ……85
종속절(proposition subordonnée)
  ………………………… 431
종속접속사(conjonction de
  subordination) ………… 144
종지부(point²) ……………403
주동사……………………84, 119
주어(sujet²) ………………521
주어동사(verbes subjectifs) …566
주어의 강조용법 …………106
주어의 보어(complément de sujet)
  ………………………… 134
중단표(points de suspension)
  ………………………… 404
중복법(pléonasme) …………97, 394
중복합과거(passé surcomposé)
  ………………………… 381
중복합대과거(plus-que-parfait
  surcomposé) ……………401
중복합시제(temps surcomposés)
  ………………………… 537
중복합전과거(passé antérieur
  surcomposé) ……………379
중성(neutre) ………………325
중성(orgue) ………………354
중성모음(voyelle neutre) ……578
중성지시대명사 …………103, 113

指小辭(diminutif) ……………173
지속사(duratif) …………70, 180
지시대명사(pronoms
  démonstratifs) ……………419
지시사 ………………………104
지시형용사(adj. démonstratifs)
  …………………………………31
직설법(indicatif) …………245, 303
직설법대과거(plus-que-parfait
  de l'indicatif) ……………401
직설법반과거(imparfait de
  l'indicatif) ………………239
직설법현재(présent de l'indicatif)
  ………………………… 416
직접목적보어의 강조………106
직접의문(interrogation directe)
  ………………………… 255
직접화법(discours direct) ……174
진동음(vibrante) ……………567
진행동화(assimilation
  progressive) ………………71
진행상(progressif) …………70, 419
집합명사(nom collectif) ……… 332

〈ㅊ〉

차용(emprunt) ………………187
찰음(spirante) ………………500
철자기호(signes orthographiques)
  ………………………… 493
철자주의(orthographisme) ……354
超時的시제(temps virtuels ou
  atemporels) ………………536
최상급(superlatif) …………164, 523
최상급과 정관사 ………………65
추상명사(nom abstrait) ………332

側音(latérale) ·················148, 269
齒子音(consonne dentale) ······167
齒擦音(sifflante) ············126, 493

〈ㅋ〉

콜론(deux points) ·················172

〈ㅌ〉

타동사(verbes transitifs) ······567
통사범주(catégorie syntaxique)
·· 101
통사론(syntaxe) ·····················526
트레마(tréma) ·······················549

〈ㅍ〉

破格구문(anacoluthe) ···············54
파생법(dérivation) ················168
파생어(mot dérivé) ···············312
파생접사(affixe dérivationnel)
··46
파열음(explosives) ·················148
폐쇄음(consonnes occlusives)
····································· 148, 349
품사(parties du discours) ······375
품질형용사(adj. qualificatifs) ···34

〈ㅎ〉

학술접미사(suffixe savant) ······520

한정관계사(relatives
  déterminatives) ··················431
한정형용사(adj. déterminatifs)
·· 31, 81
합성법(composition) ·············136
합성어(mot composé) ············312
합성어 분리법(tmèse) ············540
해석의미론(sémantique
  interprétative) ·····················481
허사(explétif) ························208
허사의 ne(ne explétif) ············318
현재분사(participe présent) ···372
협착음(consonnes constrictives)
·· 148
협찰음화(spirantisation) ·········501
형용사(adjectif) ······················30
형용사 대명사(adjectifs-pronoms)
··34
형용사의 복수(pluriel des
  adjectifs) ·····························395
형용사의 여성형 (féminin des
  adjectifs) ····························211
형태론(morphologie) ·············310
형태소(morphème) ·················310
혼효(contamination) ···············150
확대사(augmentatif) ················76
환유(métonymie) ···················300
후모음(voyelles postérieures)
·· 578
喉音(gutturale) ······················232
後接語(proclitique) ················419

**DICTIONNAIRE
DE LA
LINGUISTIQUE
FRANÇAISE**

佛語學辭典

1994년 4월 30일 初版 發行
2006년 5월 15일 再版 發行

編　著　韓國佛語佛文學會
發行者　柳　　性　　根
印刷所　三和印刷株式會社
發行所　(株)三和出版社

서울특별시 구로구 구로동 237-10
電　話　850-0892, 776-6688
FAX　　850-0898
登　錄　第2-11號(1973.7.28)
ISBN 89-87846-13-X 91760

定價　25,000